# Korte gebruiksaanwijzing

**trefwoord:** woord dat je opzoekt (dik gedrukt).

**genummerde trefwoorden:** worden hetzelfde geschreven, maar de uitspraak of de woordsoort is verschillend.

**onderstreping:** onder de klinker(s) van de lettergreep waar de klemtoon op valt.
**puntjes in trefwoord:** geven aan waar je het woord mag afbreken aan het eind van een regel.
**uitspraak,** soms met de **taal** waar het woord vandaan komt (tussen rechte haken). *Bijzondere tekens:* k̂=zachte k; e͂n, a͂n, o͂n, u͂n=klinker door je neus uitspreken; u:=klinker ervóór rekken bij het uitspreken; e= stomme e (sjwa).

**vorm** van een woord die ook bestaat (dik gedrukt, na de komma).
→ **verwijzing** naar de juiste spelling of de meest voorkomende vorm van een woord. Daar kun je verder zoeken.

**taalkundige informatie** (tussen haakjes)
– *over zelfstandige naamwoorden:* de-woord of het-woord; sommige de-woorden zijn mannelijk (m.) of vrouwelijk (v.); meervoudsvorm van het trefwoord.
– *over werkwoorden:* verleden tijd en voltooid deelwoord; vervoeging met 'hebben' of 'zijn'.
– *over andere woorden:* woordsoort. Bijvoorbeeld 'bijv. nw.' (bijvoeglijk naamwoord) of 'onbep. vnw.' (onbepaald voornaamwoord).

**betekenissen** van een trefwoord.

**vaste combinatie** van een werkwoord of bijvoeglijk naamwoord met andere woorden (schuin gedrukt, vóór de betekenisomschrijving).

\* **verwijzing** naar het woord waarvan het trefwoord is afgeleid. Verder zoeken bij het woord met het sterretje. Let op: gemachtigd* betekent: kijk bij **machtigen**.

⇒ **synoniem:** woord dat hetzelfde betekent als het trefwoord (schuin gedrukt, na een ⇒).

◆ **voorbeelden:** zinnetjes waarin het trefwoord voorkomt (schuin gedrukt, na een wybertje). Soms wordt dit voorbeeld ook nog uitgelegd.

▼ voor **uitdrukkingen** die niets met een van de genoemde betekenissen van het trefwoord te maken hebben.

**gebruiksaanduiding** van een trefwoord, bijvoorbeeld 'grappig', 'medisch', 'in België' (tussen haakjes).

---

ka·det·je (het~; -s) broodje.
**m.a.w.** (afkorting) *met* **a**ndere **w**oorden.
**band**¹ (de~(m.); -en) rubberen ring met lucht erin, om wielen van fietsen, auto's enz.
**band**² (Engels) [bent, in België: bant] (de ~; -s) groep musici die moderne muziek speelt.

**mar·kant**

**im·pro·vi·se·ren**

**bun·ga·low** [bungk̂aaloo]
**bul·le·tin** (Frans) [bulle͂te͂n]
**mi·li·tair** [mielie:te:r]
**ba·ga·ge** [baagaa:ʒe]

**drup·pel, dr**oppel

**co·pie** → kopie

**brug** (de~; -gen)
**kaas** (de~(m.); kazen)
**mu·se·um** (het~; musea of -s)

**in·stap·pen** (stapte in, is ingestapt)
**ma·ti·gen** (matigde, heeft gematigd)

**scha·mel** (bijv. nw.)
**ie·mand** (onbep. vnw.)

**zus·ter** (de~(v.); -s) **1** vrouwelijke verpleegkundige ⇒ *verpleegster* **2** zus **3** vrouw die lid is van een kloosterorde ⇒ *non*.

**uit·han·gen** (hing uit, heeft uitgehangen) **1** *ergens uithangen:* ergens zijn, je ergens bevinden **2** *de stoere bink, de grote meneer enz. uithangen:* je zo gedragen, doen alsof je dat bent.

**mach·ti·ging** (de~(v.); -en) schriftelijk bewijs waarop staat dat iemand je gemachtigd* heeft.

**mas·cot·te** (de~; -s) voorwerp of poppetje waarvan je gelooft dat het geluk brengt ⇒ *gelukspop, amulet.*

**bam·boe** (de~(m.) of het~) tropische rietsoort met lange houtachtige stengels ◆*een fluit van bamboe.*

**koe** (de~(v.); koeien) **1** herkauwend dier met̵ ̵ ̵rns, dat meestal gevlekt is ▼ *koei̵* ̵ ̵ ̵ te fouten.

**on·̵** appig)
bee̵
**car·̵** rdig
kan̵
**F** (afk̵

*van Dale*

# Basiswoordenboek
van de Nederlandse taal

# van Dale

# Basiswoordenboek
## van de Nederlandse taal

door **Monique Huijgen** en **Marja Verburg**

tweede, herziene druk — in de nieuwe spelling

Van Dale Lexicografie

EPN

EDUCATIEVE
PARTNERS
NEDERLAND

*Vormgeving binnenwerk*
M. Gerritse BNO, Amsterdam

*Bandontwerp*
M. Gerritse BNO, Amsterdam

*Illustraties band*
Anna Ostrowska, Rotterdam

*Zetwerk*
Casparie, Heerhugowaard

*Druk*
Koninklijke Wöhrmann bv, Zutphen

© Copyright 1996
Educatieve Partners Nederland bv, Houten
Van Dale Lexicografie bv, Utrecht/Antwerpen

*Bibliografische gegevens*
Huijgen, Monique
Van Dale Basiswoordenboek van de Nederlandse taal /
door Monique Huijgen en Marja Verburg. -
Utrecht : Van Dale Lexicografie ; Houten : Educatieve
Partners Nederland bv.
Oorspr. uitg.: Gorinchem : De Ruiter, 1987. - Met reg.
ISBN 90.6648.0637 (Van Dale) geb.
ISBN 90.05.00910.1 (Educatieve Partners Nederland bv)
geb.
ISBN 90.6648.0645 (Van Dale) integraal
ISBN 90.05.00909.8 (Educatieve Partners Nederland bv)
integraal
NUR 222,252
Trefw.: Nederlandse taal ; woordenboeken
SVS 00 01 3
D/1996/0108/706 (geb.)
D/1996/0108/705 (integraal)
Van Dale Basiswoordenboek van de Nederlandse taal
R. 8064512

Dit is een gezamenlijke uitgave van De Ruiter, één van
de fondsen van Educatieve Partners Nederland bv, en
Van Dale Lexicografie bv.

De naam Van Dale is voor alle publicaties van Van Dale
Lexicografie bv als merknaam beschermd.

Ondanks alle aan de samenstelling van de tekst be-
stede zorg, kan noch de redactie, noch de uitgever aansprakelijkheid aanvaarden voor eventuele schade die
zou kunnen voortvloeien uit enige fout die in deze uitgave zou kunnen voorkomen.

Dit woordenboek bevat enkele woorden die als han-
delsnaam of merknaam worden gebruikt. Uit de opname van deze woorden kan niet worden afgeleid dat
afstand wordt gedaan van bepaalde (eigen-
doms)rechten, dan wel dat Van Dale Lexicografie bv
zulke rechten miskent.

# Basiswoordenboek
## van de Nederlandse taal

Het *Van Dale Basiswoordenboek van de Neder-landse taal* is een verklarend Nederlands woordenboek voor de leerlingen in de hoog-ste twee groepen van het basisonderwijs en de eerste jaren van het voortgezet onderwijs. Het boek is vooral bedoeld voor gebruik in de klas.
Daarnaast is het geschikt voor anderstaligen die Nederlands leren.

### Voor de leerlingen:
Dit is de tweede druk van het Van Dale Basis-woordenboek. Er zijn veel nieuwe woorden toegevoegd, de uitspraakweergave is ver-nieuwd, je kunt nu ook zien hoe je een woord moet afbreken, én het Basiswoorden-boek staat helemaal in de nieuwe spelling. Ook is er een andere, duidelijker drukletter gebruikt.
We hopen dat het je bevalt.

Helemaal voorin en helemaal achterin staat een heel beknopte gebruiksaanwijzing die je steeds kunt raadplegen als je wilt weten hoe het boek in elkaar zit. Op bladzijde 10 staat de uitgebreide gebruiksaanwijzing.

Als dit boek nog te moeilijk voor je is, dan heb je waarschijnlijk meer aan het *Van Dale Juniorwoordenboek* voor kinderen van onge-veer 8 tot 10 jaar.

### Voor de leerkrachten:
Op blz. 8 vindt u een opsomming van de be-langrijkste wijzigingen ten opzichte van de eerste druk.

Op blz. 593 staat een uitgebreide verant-woording van de opzet van het woorden-boek.

Voor deze tweede druk hebben wij dankbaar gebruik gemaakt van veel op- en aanmerkin-gen van gebruikers. Vaak namen kinderen zelf de pen ter hand om ons op een (ver-meende) fout te wijzen, of om een suggestie te doen voor een aanvulling. Ook in de toe-komst houden wij ons aanbevolen voor op-en aanmerkingen. Daartoe kunt u gebruik maken van het bijgesloten kaartje. Als u daar niet genoeg aan hebt: een briefje naar onderstaand adres hoeft vanuit Nederland niet te worden gefrankeerd.

Van Dale Lexicografie bv
Basiswoordenboek
Antwoordnummer 4013
3500 VB Utrecht

Zomer 1996,
*Monique Huijgen*
*Marja Verburg*

*Hoofdredactie*
Drs. M.W. Huijgen
Drs. M.E. Verburg

*Belgische redactie*
Prof.dr. P. van Hauwermeiren


Aan de eerste druk werkten mee:

*Hoofdredactie*
Drs. M.W. Huijgen
Drs. M.E. Verburg

*Lexicologische supervisie*
Dr. D.T. Greidanus
Lic. H. Janssen (Belgische redactie)

*Redactie*
F.S.M. Boerrigter
W. Dabekaussen
Drs. M.L. Hagers
Drs. M.J.M. Hooyman
Drs. E.C. van Rijsewijk
(tevens eindredactie)
Lic. C. Verstraeten (Belgische redactie)

*Tekstbeoordeling*
H.A.C. Schutz
J.A.B.M. Witjes

*Tekstverwerking*
W.M.E. Hendriks-Colenberg
J.H. Mol
G. van Vliet-van Beek
J.W.A. de Vos

# Inhoud

# Voorwoord
## bij de tweede druk

Hoewel het Basiswoordenboek blijkens de overwegend positieve reacties nog steeds goed voldoet -zowel op school als thuis-, achtte de uitgever na negen jaar de tijd gekomen om het boek aan te passen aan de actualiteit, en enkele structurele wijzigingen aan te brengen. Deze wijzigingen konden tegelijk worden aangebracht met het doorvoeren van de nieuwe spelling.

Hieronder volgt een opsomming van de belangrijkste veranderingen ten opzichte van de eerste druk:

### Nieuwe spelling

In 1995 heeft de Nederlandse Taalunie de regels voor de nieuwe spelling bekendgemaakt. Deze regels worden in alle Van Dale woordenboeken op dezelfde wijze toegepast. Men heeft zich daarbij laten adviseren door een redactieraad spelling, bestaande uit drs. W.Th. De Boer, prof.dr. D. Geeraerts en prof.dr. A.H. Neijt.
De nieuwe spelling wordt verplicht vanaf het schooljaar 1996/1997.

In enkele gevallen wijkt de spelling van een trefwoord af van die in de nieuwe Woordenlijst Nederlandse taal (Wdl). Voor zover zulke verschillen betrekking hebben op de ministeriële besluiten aangaande de spelling (en niet binnen de marges vallen waarbinnen die besluiten variatie toelaten) zijn de desbetreffende woorden (17 in getal) gemarkeerd met een sterretje. Dat ziet er bijvoorbeeld zo uit:
**\*apennootje** *(Wdl: apenootje).*

De nieuwe regels worden eenvoudig uitgelegd direct na de gebruiksaanwijzing, op blz. 16.

Voor meer informatie over de regels voor de nieuwe spelling verwijzen wij naar *De Nieuwe Spellinggids van de Nederlandse Taal* of de *Woordenlijst Nederlandse taal.*

### Nieuwe woorden en betekenissen

Aan deze tweede druk zijn zo'n 500 nieuwe woorden en betekenissen toegevoegd. Vaak gaat het om woorden die in 1987 nog niet algemeen gebruikt werden, of die ten onrechte niet waren opgenomen. Ook is rekening gehouden met het feit dat het Basiswoordenboek niet alleen door kinderen en jongeren wordt gebruikt, maar ook door een grote groep allochtone Nederlanders.
Voorbeelden van nieuwe woorden en betekenissen: **aanklikken, anita, asielzoeker, babbelbox, barcode, blauwhelm, boedelbak, briefing, bungeejumpen, catering, cd-i, co-ouder, depri, discman, ecotunnel, e-mail, EU, falafel, flappentap, flop** (in de betekenis: floppydisk)**, gameboy, gettoblaster, hardrock, heavy metal, hiv-virus, house, hype, inkijkoperatie, internet, jetski, karaoke, kinky, legging, lidstaat, markeerstift, moratorium, multimedia, new wave, notebook, NWO, on line, patatgeneratie, piercing, pincode, pitabroodje, polderpop, prompt** (in de betekenis: teken op je beeldscherm)**, rambo, rappen, rastakapsel, rave, relipop, roerbakken, salsa, skûtsjesilen, slobsok, sneaker, snowboard, soap, stagediven, steeldrum, stressen, tagliatelli, tbs, treintaxi, Unie 55+, vbo, verblijfsvergunning, virtueel, wereld-, zappen.**

### Aanpassing van definities en voorbeeldzinnen

Binnen de artikelen is de tekst aangepast aan de actualiteit. Zo zijn o.a. de definities en/of voorbeeldzinnen aangepast van **BRT, CPN, DDR, giro, IJzeren Gordijn, hogeschool, KGB, lbo, minister, Oostblok, Sovjets, tbr, unie, Warschaupact.**
Ook zijn verbeteringen aangebracht, o.a. naar aanleiding van suggesties van gebruikers.
Ten slotte zijn in voorbeeldzinnen naast Nederlandse en Vlaamse namen ook namen toegevoegd van landgenoten van allochtone afkomst, zoals *Fatima, Aswin, Chaib, Nadia, Mouna, Omar.*

## Hij/hem/zijn

Het is gebruikelijk in de lexicografie dat naar *iemand* in een voorbeeldzin in de verklaring verwezen wordt met *hij* of *hem*, en naar *iemands* met *zijn*. Door de grote hoeveelheid voorbeeldzinnen, spreekwoorden en uitdrukkingen kreeg het Basiswoordenboek een sterk 'mannelijk' karakter. In de gewone spreek- en schrijftaal bespeurt men steeds meer de tendens om aan *hij* toe te voegen 'of zij', en aan *hem* 'of haar'. Dat dat in woordenboeken tot nu toe nooit gebeurd is, komt mede door het feit dat de -toch al vaak moeilijk leesbare- definities en verklaringen vaak nog moeilijker leesbaar zouden worden. Om enigszins aan die 'hij'-overdaad te ontkomen, hebben wij voor deze druk daarom in de verklaring *iemand(s)* herhaald. In andere gevallen, als de leesbaarheid niet in gevaar kwam, hebben we aan *hij/hem/zijn* resp. *of zij/of haar* toegevoegd.
Wij zijn benieuwd naar de reacties van de gebruikers op dit punt.

## Uitspraakweergave

Voor de eerste druk werd een weergave van de uitspraak gegeven, die zo dicht mogelijk lag bij het schriftbeeld. In de praktijk bleken in die weergave enige inconsequenties te zitten. Inmiddels is er binnen Van Dale een nieuw consistent systeem van uitspraakweergave ontwikkeld, waarvan wij voor deze druk dankbaar gebruik gemaakt hebben.

## Afbreekinformatie

In een woordenboek dat zijn weg naar de scholen inmiddels heeft gevonden, mag, zo meenden wij, informatie over het afbreken van woorden niet ontbreken.
In deze tweede druk vindt u bij alle trefwoorden die uit meer dan één lettergreep bestaan, puntjes op de plaats waar het woord afgebroken dient te worden.

## Vlaams

Voor het Vlaams in deze druk ligt de verantwoordelijkheid bij prof.dr. P. van Hauwermeiren. Hij heeft een vijftigtal woorden en betekenissen toegevoegd, en een aantal wijzigingen aangebracht in definities en voorbeelden. De verantwoording daarvoor vindt u achterin, op p. 593.

## Onregelmatige werkwoorden

Waar moet je kijken voor de betekenis van **geblonken**, **rees** en **zoog**? Vooral ook met het oog op leerders van het Nederlands als tweede taal hebben wij in deze nieuwe druk alle onregelmatige enkelvouds- en meervoudsvormen, evenals de onregelmatige voltooide deelwoorden van werkwoorden opgenomen met een verwijzing naar de infinitief. Voorbeelden:
**zoog** → zuigen
**gezocht** → zoeken.

## Typografie

Voor deze druk is de typografie opnieuw onder de loep genomen. Er is gekozen voor een ander, moderner lettertype. Bovendien is de lay-out iets vereenvoudigd, en zijn enkele symbolen vervangen door andere, duidelijker tekens.
Ook de gebruiksaanwijzing en verantwoording hebben een helderder en plezieriger lay-out gekregen.

## Omslag

Al in 1994, bij de verschijning van het Juniorwoordenboek, is het Basiswoordenboek in een ander 'jasje' gestoken: het zachte geel maakte plaats voor een helderblauwe kleur, met vrolijke figuren op het omslag. Het ontwerp van 1994 is gehandhaafd. Echter, voor de herkenbaarheid van deze gewijzigde druk is de kleur veranderd van blauw in groen.

Van harte hopen wij, dat al deze veranderingen door onze gebruikers ook als verbeteringen worden ervaren. Wij houden ons ook nu aanbevolen voor op- en aanmerkingen die kunnen leiden tot een nog beter woordenboek.

Zomer 1996,
*Monique Huijgen*
*Marja Verburg*

# Gebruiksaanwijzing

## Inleiding

Stel je voor:

- Je zit naar het journaal te kijken en je hoort een minister zeggen: 'Dit is een zaak van buitengewone importantie'. Je denkt: wat bedoelt die man eigenlijk?
- Je bent een opstel aan het schrijven en je weet niet of je *enigszins* in het midden met sz of alleen met een s moet schrijven.
- Je ziet bij slager Botje op het raam staan: *Voor al uw vlezen moet u bij Botje wezen!* En je denkt: wat gek, *vlezen*, dat kun je toch helemaal niet zeggen?
- De juffrouw geeft jullie in de klas de opdracht de volgende zinnen af te maken:
  *zo brutaal als ...*
  *zo glad als ...*
  *zo gezond als ...*
  *zo stom als ...*
- Je kunt je broertje er maar niet van overtuigen dat hij moet zeggen: 'Ik heb gestofzuigd'. Hij houdt vol dat het moet zijn: 'Ik heb stofgezogen'.

Dit zijn allemaal gevallen waarin het niet zo gek zou zijn eens in een woordenboek te kijken. Dat gaat natuurlijk makkelijker als je weet hoe je zo'n boek precies moet gebruiken.
Hoe je dit woordenboek moet gebruiken en wat je er precies in vindt, kun je hieronder allemaal lezen.

## Welke woorden staan er in dit woordenboek?

In dit woordenboek vind je allerlei Nederlandse woorden die in Nederland en België gebruikt worden. Niet alleen moeilijke woorden, zoals **chauvinistisch**, **memoriseren** en **vivisectie**, maar ook makkelijke woorden, zoals **boom**, **gemeen**, **slapen** en **van**. Afkortingen staan er ook in: **EU**, **b.b.h.h.**, **z.o.z.**. En verder buitenlandse woorden die je hier veel hoort, bijvoorbeeld **copyright**, **rollerskate**, **soft**, en groepen van vreemde woorden die samen iets betekenen: **electric boogie**, **inside-information**, **Deo volente**. Al deze woorden, die we *trefwoorden* noemen, staan op alfabetische volgorde, óók de afkortingen. Bijv.: **B en W** staat tussen **benutten** en **benzine**; **jr.** staat tussen **joystick** en **jubelen**.

Voor in dit woordenboek vind je nog een paar handige lijsten. Om te beginnen: de *Regels voor de nieuwe spelling*. Daarin wordt kort verteld wat de belangrijkste verschillen zijn met de oude spelling.
Dan volgt een *Lijst van tekens die je in teksten kunt tegenkomen*. In deze lijst kun je onder andere vinden wat $ betekent, en wat § voor teken is.
Vervolgens kom je een overzicht van de *Romeinse cijfers* tegen.
Ten slotte vind je een *Lijst van aardrijkskundige namen*. Hierin staan de namen van de werelddelen, van de landen, van de provincies van Nederland en België en van de hoofdsteden van alle Europese landen. Daarachter staat de naam van een inwoner van dat werelddeel, dat land, die provincie of die hoofdstad en het bijvoeglijk naamwoord dat erbij hoort.

## Bij welk woord moet je zoeken?

In een woordenboek moet je altijd bij de onverbogen of onvervoegde vorm kijken. Dat betekent dat je voor een *werkwoord* bij het hele werkwoord moet zoeken. Wil je bijvoorbeeld weten wat *hij parasiteert* betekent, dan moet je bij **parasiteren** kijken. Voor de betekenis van *geëvacueerd worden* moet je bij **evacueren** kijken. Voor *zij heeft de vergadering geleid* zoek je bij **leiden**.
Sommige werkwoorden veranderen heel sterk in de verleden tijd en het voltooid deelwoord. Dat zijn de sterke of onregelmatige werkwoorden. Om het je iets gemakkelijker te maken, staan van die werkwoorden de verleden tijd en het voltooid deelwoord óók tussen de opzoekwoorden. Daarvandaan word je doorgestuurd naar het hele werkwoord. Als je dus het woord **rees** tegenkomt en opzoekt, word je doorverwezen naar **rijzen**.

Ook staan als opzoekwoord in dit woordenboek de voltooide deelwoorden die komen van een werkwoord dat niet meer gebruikt wordt, of die een betekenis hebben die niets meer met de betekenis van het hele werkwoord te maken heeft. Bijvoorbeeld: **gehavend** (**havenen** wordt niet meer gebruikt) of **getapt**, in *een getapte jongen* ('getapt' heeft niets met een van de betekenissen van **tappen** te maken).

Voor een *zelfstandig naamwoord* moet je bij de onverbogen vorm kijken, dat wil zeggen niet bij het meervoud of de verkleinvorm. Voor *bacteriën* kijk je bij **bacterie**, voor *schepen* bij **schip** en voor *haasje* bij **haas**. Zelfstandige naamwoorden die (in een bepaald gebruik) alléén in de meervoudsvorm of alléén in de verkleinvorm voorkomen, staan natuurlijk wel in die vorm in het woordenboek. Bijv.: **lurven**, **hersens** (*lurf* en *hersen* bestaan niet), en **ijsje** (een *ijs met slagroom* zeg je niet).

Ook voor een *bijvoeglijk naamwoord* geldt: kijk bij de onverbogen vorm. Bijv.: *vieze* zoek je op bij **vies** en *aangename* bij **aangenaam**.

Tot nu toe hebben we het alleen gehad over de plaats waar je een los woord kunt vinden, zoals een zelfstandig naamwoord of een werkwoord. Maar waar moet je nu zoeken om de *uitdrukkingen* en *spreekwoorden* te vinden, de zinnetjes en de vaste combinaties van woorden die een eigen speciale betekenis hebben? Bij welk woord zoek je bijvoorbeeld de betekenis op van: *open kaart spelen, oefening baart kunst, holle vaten klinken het hardst, je groen en geel ergeren* en *zo gewonnen, zo geronnen?*
Zulke uitdrukkingen en spreekwoorden kun je vinden op de volgende manier.

- Kijk of er een zelfstandig naamwoord in de uitdrukking of het spreekwoord staat. Als dat zo is, kun je de uitdrukking of het spreekwoord vinden bij dat zelfstandig naamwoord (en als er meer zelfstandige naamwoorden in de zin staan: bij het eerste zelfstandig naamwoord). *Open kaart spelen* staat dus bij **kaart**, *oefening baart kunst* staat bij **oefening** en *holle vaten klinken het hardst* staat bij **vat**.

- Staat er geen zelfstandig naamwoord in de uitdrukking of het spreekwoord? Kijk dan of er een bijvoeglijk naamwoord in staat. Als dat zo is, vind je de uitdrukking of het spreekwoord bij het (eerste) bijvoeglijke naamwoord. *Je groen en geel ergeren* staat dus bij **groen**.

- Als er ook geen bijvoeglijk naamwoord in de zin staat, zoek dan het (eerste) werkwoord op. De uitdrukking of het spreekwoord staat dan op die plaats in het woordenboek. *Zo gewonnen, zo geronnen* staat dus bij **winnen**.
Voor je een uitdrukking gaat opzoeken moet je je wel goed afvragen wat nu precies bij de uitdrukking hoort en wat niet. Kijk bijvoorbeeld eens naar de volgende zin: *onze buren leven van de hand in de tand.*
In deze zin is *buren* wel het eerste zelfstandige naamwoord, maar het hoort niet bij de uitdrukking. Je kunt op de plaats van 'onze buren' best iets anders invullen, bijvoorbeeld 'die mensen' of 'veel studenten'. De uitdrukking is: *van de hand in de tand leven* en die vind je bij het eerste zelfstandige naamwoord, bij **hand** dus.
Een ander voorbeeld: *hij begraaft zich in zijn werk* staat bij **begraven** en niet bij **werk**, omdat je je niet alleen in je *werk* kunt begraven, maar bijvoorbeeld ook in je *boeken*.

### Waarvoor kun je dit woordenboek gebruiken?

- *Je kunt opzoeken hoe je een woord (volgens de nieuwe spelling) moet schrijven.*
Een opzoekwoord of trefwoord is steeds dik gedrukt. Aan het dik gedrukte woord zie je hoe een woord precies geschreven wordt. Na de gebruiksaanwijzing, op blz. 16, vind je kort de regels voor de nieuwe spelling.

Soms heeft een woord een tweede vorm die anders uitgesproken wordt. Die tweede vorm noemen we *vormvariant*. Zo heb je bijvoorbeeld naast **druppel** ook **droppel**. De vormvariant staat in dit boek ook dik gedrukt, direct na het trefwoord. Bijv.: **druppel, droppel**.

Op de alfabetische plaats van de vormvariant vind je een pijltje dat verwijst naar de eerste vorm. Bijv.: **droppel → druppel**. Zo kun je zien dat het woord niet bij **droppel** maar bij **druppel** wordt omschreven.

■ *Je kunt opzoeken wat een woord betekent.*
De betekenis of definitie is afgedrukt in rechte letters. Als een woord meer dan één betekenis heeft, staan er nummers voor de verschillende betekenissen.
Bijv.: **cup 1** beker die je bij een wedstrijd kunt winnen **2** elk van de twee bolle gedeelten van een bustehouder.

Soms vind je vóór de betekenis in schuin gedrukte letters woorden die altijd samen met het trefwoord gebruikt worden. Dit kan voorkomen bij werkwoorden en bijvoeglijke naamwoorden.
Bijv.: **dol²** *dol zijn op iets of iemand:* heel veel van iets of iemand houden.
**doven 1** *een vuur of een lamp doven:* die laten ophouden met branden.
**vergissen** *je vergissen:* per ongeluk iets verkeerds doen of zeggen.

Een sterretje (*) in de betekenisomschrijving laat zien dat een woord van een ander woord is afgeleid; dat betekent dat het ene woord van het andere is gemaakt door er een stukje voor of achter te plakken of door er iets aan te veranderen. Bij het woord met het sterretje kun je verder zoeken voor meer informatie.
Bijv.: **fagottist** iemand die de fagot* bespeelt.
**ijverig** gezegd van iemand die met ijver* aan iets werkt.
**beet 2** wondje dat ontstaan is doordat je gebeten* (bet.1) bent.
Opgelet! gebeten* (bet.1) in het laatste voorbeeld betekent dat je verder kunt zoeken bij betekenis **1** van **bijten**.

Na de betekenis van een woord vind je vaak achter een dubbele pijl in schuine letters andere woorden die hetzelfde betekenen als het woord dat je opgezocht hebt (die noemen we *synoniemen*).
Bijv.: **beduusd** stil van verbazing en verlegenheid ⇒ *onthutst, bedremmeld.*
**nageslacht** kinderen, kleinkinderen, kinderen van kleinkinderen enz. ⇒ *nakomelingen.*
**jennen** *iemand jennen:* iemand steeds weer op een gemene manier plagen, tot hij of zij uiteindelijk kwaad wordt ⇒ *sarren, treiteren.*

■ *Je kunt voorbeelden vinden van zinnetjes waarin het trefwoord voorkomt.*
Voorbeeldzinnen komen na de betekenis.

Tussen de betekenis en de voorbeeldzinnen staat een wybertje (♦). De voorbeeldzinnen staan schuin gedrukt. Het woord dat je opgezocht hebt, staat iets dikker gedrukt dan de andere woorden in de zin.

Voorbeeldzinnen kunnen je helpen de betekenis van een woord beter te begrijpen, vooral van een moeilijk woord.
Bijv.: **impliceren** *iets impliceren:* iets met zich meebrengen, iets inhouden ♦ *mijn zakgeld is op; dat impliceert dat ik vanavond niet naar de film kan.*

Als het nodig is, vind je na het voorbeeld nog een uitleg:
**carte blanche** gelegenheid om geheel naar eigen inzicht iets te doen ♦ *je krijgt carte blanche om iets voor de meester te kopen:* je mag voor de meester kopen wat je maar wilt.

■ *Je kunt de betekenis van uitdrukkingen en spreekwoorden opzoeken.*
Bij welk woord je uitdrukkingen en spreekwoorden op moet zoeken staat hiervoor, op p. 10: *Bij welk woord moet je zoeken?*
Uitdrukkingen en spreekwoorden staan bij de betekenis waar ze bij horen.
Bijv.: **haan 1** mannelijk hoen ♦ *daar kraait geen haan naar:* (uitdr.) dat merkt niemand, omdat niemand zich ervoor interesseert; *zijn haan moet altijd koning kraaien:* (uitdr.) hij wil altijd zijn zin doordrijven.

Als uitdrukkingen en spreekwoorden niet bij een van de genoemde betekenissen horen, komen ze na een ▾ (een omgekeerde driehoek).
Bijv.: **koe 1** herkauwend dier met hoorns, dat meestal gevlekt is... ▾ *koeien van fouten:* heel grote fouten.
**kust** strook land langs de zee... ▾ *te kust en te keur:* in overvloed, voor het kiezen.

Als een woord alleen maar in een bepaalde uitdrukking of in een bepaald spreekwoord voorkomt, zie je direct na het woord een ▾ en daarachter de uitdrukking of het spreekwoord.
Bijv.: **katzwijm** ▾ *in katzwijm vallen:* flauwvallen of doen alsof je flauwvalt.
**bakzeil** ▾ *bakzeil halen:* minder eisen dan eerst, terugkrabbelen.

■ *Je kunt iets vinden over de uitspraak van een woord.*
In trefwoorden die uit meer dan één lettergreep bestaan, is aangegeven waar de klemtoon ligt. In de beklemtoonde lettergreep zijn de klinkers onderstreept.
Bijv.: **pat_a_t, w_oo_rdenboek, bev_a_llen, verd_a_cht.**

Als je de klemtoon ook op een andere lettergreep kunt leggen, laten we dat ook zien.
Bijv.: **r_oo_kvlees** [ook: rookvl_ee_s].

Bij woorden die je heel anders uitspreekt dan je ze schrijft, staat tussen rechte haken de uitspraak, met daarin onderstreept de klinkers van de beklemtoonde lettergreep.
Bijv.: **down** [d_au_n]
**enthousiast** [antœzj_a_st *of* entœzj_a_st]

Tussen rechte haken staat dus nooit een manier waarop het trefwoord geschreven mag worden; die staat immers altijd in dik gedrukte letters.

Alleen als er na het trefwoord een weergave van de uitspraak wordt gegeven (tussen vierkante haken), dan staat daarin de klemtoon aangegeven, en dus niet in het trefwoord.

Soms staat direct vóór de uitspraak nog de taal waar het woord vandaan komt.
Bijv.: **steward** (Engels) [stj_œ_wərt]
Door het woordje 'Engels' weet je misschien dat je de r in **steward** eigenlijk niet als een rollende r uit moet spreken, maar meer als een 'Gooise r'.

In de uitspraakweergave hebben we bijna alleen gewone letters gebruikt. Er zijn maar een paar tekens die je moet kennen:
– k̂ betekent: uitspreken tussen g en k in, als een 'zachte k', zoals in **grapefruit** [k̂reːpfrœt].
– uː betekent dat je die klinker een beetje langgerekt moet uitspreken. De e in **fair** [feːr] bijvoorbeeld duurt langer dan de e in **ver**. En de o in **roze** [rɔːzə] duurt langer dan de o in **tobbe**.
– ẽ, ãn, õn, ũn betekent dat je de klinker voor de n door je neus uitspreekt, alsof je verkouden bent, zoals in **enfin** [ãnfẽn]. De n zelf hoor je haast niet.
– ə is de stomme e, zoals in **lopen**.

■ *Je kunt opzoeken hoe je een woord moet afbreken.*
In een trefwoord met meer dan één lettergreep staan kleine puntjes. Op plaatsen waar die puntjes staan, mag je het woord aan het eind van een regel afbreken.
Voorbeelden: **avon·tuur, be·drem·meld, bron·stig, ma·noeu·vre.**
Soms staan die puntjes niet in het trefwoord, maar in een woord daarachter. Dat is omdat er dan een trema of ander teken in het woord zit, dat verdwijnt als er afgebroken wordt.
Voorbeeld: **hiërarchisch** hi·e·rar·chisch.

■ *Je kunt de woordsoort van een woord opzoeken, en vaak ook andere taalkundige informatie over een woord.*
Deze informatie staat nog vóór de betekenis, tussen haakjes: (...).
Taalkundige informatie is onder andere de *woordsoort*, zoals (voorz.) bij een voorzetsel (bijvoorbeeld **bij, met, over**) en (bijv. nw.) bij een bijvoeglijk naamwoord (bijvoorbeeld **blauw, kapot, verliefd**).

## werkwoorden

Bij werkwoorden vind je de verleden tijd en het voltooid deelwoord met het hulpwerkwoord van tijd.
Bijv.: **passen** (paste, heeft gepast)
**tasten** (tastte, heeft getast)
**vallen** (viel, is gevallen).

## zelfstandige naamwoorden; de ~ of het ~

Bij een zelfstandig naamwoord staat of het een de-woord of een het-woord is: (de ~) of (het ~) (~ staat in plaats van het trefwoord). Achter (de ~) kan nog (m.) staan. Dat betekent dat het woord alleen mannelijk is. Ook kan er (v.) staan. Dat betekent dat het woord alleen vrouwelijk is.
Bijv.: **paard** (het ~)
**jas** (de ~)
**schoen** (de ~ (m.))
**partij** (de ~ (v.)).

## zelfstandige naamwoorden; meervoud

Ook het meervoud van een zelfstandig naamwoord kun je tussen haakjes vinden. Als er aan een woord een of meer letters vastgeplakt worden om de meervoudsvorm te maken, staan die letters achter een streepje tussen de haakjes, na 'de ~' of 'het ~'.

Bijv.: **tak** (de ~ (m.); -ken). Het meervoud is dus *takken*.

**wijzer** (de ~ (m.); -s). Het meervoud is dus *wijzers*.

**ziekte** (de ~ (v.); -n of -s). Het meervoud is dus *ziekten* of *ziektes*.

Als er in het meervoud iets aan het woord zelf verandert, zie je de hele meervoudsvorm staan.

Bijv.: **huis** (het ~; huizen)
**raaf** (de ~ (v.); raven).

## zelfstandige naamwoorden; vrouwelijke vorm

Als het woord een persoon of dier is, vind je vaak ook een vrouwelijke vorm. Die wordt ook dik gedrukt. Het lidwoord en het meervoud van de vrouwelijke vorm staan daar weer tussen haakjes achter.

Bijv.: **leraar** (de ~ (m.); leraren of -s), vrouw: **lerares** (de ~ (v.); -sen)
**wolf** (de ~ (m.); wolven), vrouwtjesdier: **wolvin** (de ~ (v.); -nen).

De vrouwelijke vorm is ook als trefwoord opgenomen met een verwijzing (→) naar de mannelijke vorm, behalve als de vrouwelijke vorm en de mannelijke vorm direct na elkaar komen volgens het alfabet.

## verschillende betekenissen met verschillende taalkundige informatie

Soms is de taalkundige informatie niet voor iedere betekenis van het trefwoord hetzelfde. Dan wordt de informatie niet vóór de betekenisnummers afgedrukt, maar erachter.

Bijv.: *de* bal betekent iets anders dan *het* bal. En het meervoud van *de* bal is 'ballen', en van *het* bal 'bals'. Daarom zie je bij **bal** bij betekenis **1** staan:

**1** (de ~ (m.); -len) voorwerp dat bol en rond is, en waarmee je allerlei spelen en sporten kunt doen.
Bij betekenis **5** staat:
**5** (het ~; -s) deftig dansfeest.

Een ander voorbeeld: het woord **kijker** heeft maar in één betekenis een vrouwelijke vorm, namelijk in betekenis **3**: iemand die kijkt.
**Kijker** is wel in alle betekenissen een dewoord en heeft in alle betekenissen hetzelfde meervoud. Daarom staan het lidwoord en

het meervoud vooraan en de vrouwelijke vorm bij betekenis **3**.

**kijker** (de ~ (m.); -s) **1** verrekijker **2** oog **3** (vrouw: kijkster) iemand die kijkt* ⇒ *toeschouwer*.

## de aanduiding 'meestal...'

Soms wordt van een trefwoord meestal de meervoudsvorm of meestal de verkleinvorm gebruikt. Dan staat er tussen de haken 'meestal', met daarachter de vorm die het meest gebruikt wordt.

Bijv.: **niet** (de ~; -en; meestal: nietje)
**leesplank** (de ~; -en; meestal: leesplankje).

■ *Je kunt informatie opzoeken over het gebruik van een woord.*
Sommige woorden worden niet door iedereen of alleen in bepaalde situaties gebruikt. Informatie over het gebruik van woorden staat tussen haakjes vóór de betekenis.

Je kunt de volgende informatie tegenkomen:
### populair
Dit staat bij woorden die je rustig zult gebruiken als je met je vrienden of vriendinnen praat, maar niet als je iets tegen de meester of de juffrouw zegt, of als je een officiële brief schrijft.
Voorbeelden van woorden waar (populair) bij staat: **balen**, **lijp**, **jatten**, **maf**.
Ook bij uitdrukkingen kan (populair) staan, bijvoorbeeld bij *als de gesmeerde bliksem*.

### deftig
Dit staat bij woorden die je zelf waarschijnlijk niet zo gauw zult gebruiken, maar die je bijvoorbeeld een minister op de tv hoort zeggen, of die je in boeken en kranten tegenkomt.
Voorbeelden van woorden waar (deftig) bij staat: **coiffeur** (= kapper), **excellent** (= uitstekend) en **lafenis** (= een verfrissende drank).

### ouderwets
Dit staat bij woorden die je niet zo veel meer hoort, maar die oudere mensen nog wel gebruiken of die je nog in oude boeken tegen kunt komen.
Voorbeelden van woorden waar (ouderwets) bij staat: **belet** (= verhindering), **cachot** (= gevangenis), **diender** (= politieagent) en **jolijt** (= pret).

grappig
Dit staat bij woorden die je gebruikt om een grapje te maken.
Voorbeelden van woorden waar (grappig) bij staat:
**gemeentepils** (= water uit de kraan) en **jubeltenen** (= tenen die omhoog staan).
Ook bij uitdrukkingen kan (grappig) staan, bijvoorbeeld bij *jij solliciteert zeker naar een pak slaag* (dit zeg je tegen iemand die heel vervelend doet).

grof
Dit staat bij woorden die de meeste mensen beslist niet netjes vinden.
Voorbeelden van woorden waar (grof) bij staat: **bek** (in de betekenis: mond van een mens) en **klauw** (in de betekenis: hand).

spreektaal
Dit staat bij woorden die vrij gewoon zijn als je ze zegt, maar die een beetje slordig zijn als je ze opschrijft, bijvoorbeeld **effe** in plaats van **even**.

Soms vertelt de informatie tussen haakjes je iets over het vakgebied waar het woord vandaan komt. Bijvoorbeeld:

medisch
Dit staat bij vaktaal van dokters, bijvoorbeeld bij **pneumonie** (= longontsteking).

taal
Dit staat bij woorden die in de taallessen gebruikt worden, bijvoorbeeld bij **bijvoeglijk**.

De aanduiding (in België) staat bij namen die in België gebruikt worden voor bepaalde instellingen, beroepen enz., bijvoorbeeld bij **brugpensioen** (= vrijwillig vervroegd pensioen, in Nederland VUT) en bij **rijkswacht** (= nationale politie, te vergelijken met de marechaussee in Nederland).
De aanduiding (in België □) staat bij woorden en uitdrukkingen die in België vrij algemeen bekend zijn, en in Nederland niet, bijvoorbeeld bij **bolwassing** (= uitbrander), **droogzwierder** (= centrifuge) en bij *je mispakken aan iets* (= je in iets vergissen).
Voor woorden waar (in België) bij staat zónder □ is dus geen ander Nederlands woord.
Voor woorden waar (in België □) bij staat, zijn ook andere Nederlandse woorden.

**Ten slotte: Wat vind je niet in dit woordenboek?**
Woorden die in een encyclopedie thuishoren, bijvoorbeeld namen van beroemde personen (*Mozart, Rembrandt, Willem van Oranje*) en namen van steden, rivieren en gebergten (*Londen, de Maas, de Apennijnen*) staan niet in dit boek. Landen van de wereld en hun hoofdsteden vind je in de lijst met aardrijkskundige namen.

Planten en dieren staan er wel in, maar we hadden te weinig ruimte om er veel over te vertellen. Voor uitgebreidere informatie kun je in een planten- of dierenboek kijken; daar vind je vaak ook foto's.

Soms bestaat een woord uit twee of meer andere woorden. Zo'n woord noemen we een *samenstelling*. Samenstellingen hebben we weggelaten als je zelf wel na kunt gaan wat ze betekenen (als je weet wat de losse delen betekenen). **Kind** staat wel in dit woordenboek. **Fiets** ook. Als je weet wat die woorden betekenen, is het wel duidelijk wat een **kinderfiets** is. Daarom staat dat woord er niet in. Andere voorbeelden van woorden die we weggelaten hebben zijn: **hondenpoot** (= poot van een hond), **koffiekan** (= kan voor koffie) en **niertransplantatie** (= transplantatie van een nier).
Er zijn ook woorden die een betekenis hebben die je zelf kunt bedenken én een betekenis die niet zo logisch is. Bij die woorden geven we alleen de niet-logische betekenis. Bijvoorbeeld bij **uitgaan** hebben we niet opgenomen de betekenis 'ophouden met branden' (zoals in *het vuur gaat uit*), maar wel: *'van iets uitgaan*: iets aannemen bij wat je doet of denkt, iets veronderstellen'.
En achter **eksteroog** vind je niet de betekenis 'oog van een ekster', maar wel ... ach, zoek dat ook eigenlijk zelf maar op. Waar heb je dit woordenboek anders voor?

*Monique Huijgen*
*Marja Verburg*

# Regels voor de nieuwe spelling

In 1995 is er een nieuwe spelling afgesproken. Dat betekent niet dat nu ineens alle woorden anders geschreven staan dan vroeger. Van de ongeveer 25.000 trefwoorden in dit woordenboek zijn er maar 478 veranderd. In feite blijven de meeste woorden dus hetzelfde. Maar het is toch wel handig om te weten wat er nu precies verandert, zodat je ook van woorden die niet in het Basiswoordenboek staan, kunt leren hoe je ze spelt. Daarom volgen hier de belangrijkste wijzigingen in de nieuwe spelling:

■ *Geen spellingvarianten meer:* **kontroleren** *vervalt, alleen* **controleren** *is nog goed.*

Vroeger mocht je woorden soms op meer dan één manier schrijven. Je had toen 'voorkeursvormen' en 'toegelaten vormen'. Voorbeeld: **catastrofe** was de voorkeursvorm, **katastrofe** was de toegelaten vorm, en mocht dus ook. In de eerste druk van het Basiswoordenboek stonden die toegelaten vormen tussen haakjes achter de voorkeursvorm.

In de nieuwe spelling mogen woorden nog maar op één manier gespeld worden. Meestal heeft de voorkeursvorm het gewonnen. In een beperkt aantal gevallen, waarvan **kroket**, **product** en **insect** de bekendste zijn, is de oude toegelaten vorm nu de enig juiste.

Als je nu toch een woord in de vroegere toegelaten spelling opzoekt, vind je een doorverwijzing naar de nieuwe spelling. Voorbeeld: **katastrof-** → catastrof-, **sheik** → sjeik.

■ *Nieuwe regel voor de tussen-n:* **hondepoot** *wordt* **hondenpoot.**

Het gaat om aan elkaar geplakte woorden (= samenstellingen) waar je een -e tussen hoort, en soms -e, soms -en schrijft. Vroeger was het **hondepoot** (zonder tussenn), omdat het ging om de poot van één hond, maar **krentenbrood** (met een tussen-n), omdat daar meer krenten in zitten. Maar soms was het lastig om uit te maken of het ging

om één of meer van iets. Daarom is de regel nu:
Als het eerste deel zelf een meervoud op -en heeft, schrijf je die -en ook in samenstellingen. Dus **hondenpoot** (het is **hond - honden**), **plantenboek** en **kippenvel**. Maar: **rijstepap** (**rijst** heeft geen meervoud).
Uitzonderingen op deze regel:
– woorden die zelf op een -e eindigen, krijgen in de samenstelling alleen -e: **ziektebeeld**, **ladekast**. Als het gaat om een persoonsnaam die op -e eindigt, bijvoorbeeld **weduwe**, krijg je trouwens weer wel die -en in de samenstelling: **weduwenpensioen**.
– samenstellingen die je niet meer echt voelt als samenstelling krijgen ook alleen een -e: **elleboog**, **brandewijn**.
– andere uitzonderingsgevallen: samenstellingen met zon krijgen alleen -e (**zonnestelsel**), en **Koninginnedag** wordt ook zonder tussen-n gespeld.

■ *Trema in samenstellingen wordt streepje:* **naäpen** *wordt* **na-apen.**

Het trema (¨) wordt gebruikt om aan te geven dat twee klinkers niet samen één klank zijn, maar los worden uitgesproken. In **reus** zeg je een **eu**, maar in **reünie** spreek je die **e** en **u** los uit. Daarom staat er een trema op de u.
De verandering is nu, dat er in samenstellingen (aan elkaar geplakte woorden) in plaats van dat trema een streepje komt.
Voorbeelden: **na-apen**, **mede-eigenaar**.
Het streepje komt alleen op plaatsen waar vroeger een trema stond. Als de laatste letter van het eerste woord en de eerste letter van het tweede woord nooit als één klank kunnen worden uitgesproken, dus geen uitspraakverwarring kunnen geven, dan wordt het woord helemaal aan elkaar geschreven. Voorbeelden: **politieoverleg**, **guerrillaoorlog**.

- *Afleidingen van aardrijkskundige namen:* **Zuidhollands** *wordt* **Zuid-Hollands**.

  Bij aardrijkskundige namen met een streepje (**Zuid-Holland**, **West-Vlaanderen**) liet je vroeger dat streepje weg in het bijvoeglijk naamwoord dat erbij hoort. Het was dus: **Zuidhollands, Westvlaams**. Niet erg logisch eigenlijk. Nu komt dat streepje weer terug, en wordt het: **Zuid-Hollands** en **West-Vlaams**.

- *Leenwoorden:* **ragoût** *wordt* **ragout**.

  De Nederlandse taal kent heel veel woorden die uit een andere taal komen. We noemen ze *leenwoorden*. Soms worden die woorden precies zo gespeld als in de taal waar ze vandaan komen (**cognac**, **pocket**), soms zijn ze aangepast aan de Nederlandse spelling (**loep**, **bubbelgum**). Van sommige van die leenwoorden is in 1995 de spelling gewijzigd: het accent circonflexe ('dakje') op woorden die uit het Frans komen, is bijvoorbeeld vervallen (**ragoût** is **ragout** geworden).

- *Hoofdletters:* **Indiaan** *wordt* **indiaan**.

  Sommige woorden die vroeger een hoofdletter hadden, hebben die nu niet meer. En omgekeerd worden sommige woorden die eerst met een kleine letter geschreven werden, nu met een hoofdletter geschreven. Het is moeilijk aan te geven in welke gevallen dat veranderd is. Je kunt er het beste het woordenboek of een spellinggids voor raadplegen. Drie belangrijke veranderingen: **middeleeuwen** wordt **Middeleeuwen**, **Indiaan** wordt **indiaan** en **koninginnedag** wordt **Koninginnedag**.

# Lijst van tekens
### die je in teksten kunt tegenkomen

Hieronder vind je steeds: een teken en daarachter de naam van het teken. Soms volgt daarna de betekenis van het teken (als je die niet hierna in het woordenboek kunt vinden).

| teken | naam | betekenis |
|---|---|---|
| . | punt | |
| , | komma | |
| ; | puntkomma | |
| : | dubbelepunt | staat vóór een stuk van een zin dat een uitleg is van het stuk daarvoor en vóór een aanhaling in de directe rede |
| ! | uitroepteken | |
| ? | vraagteken | |
| ... | puntje puntje puntje | staat op een plaats in een zin waar je iets in kunt vullen |
| – | gedachtestreepje | |
| "..." | dubbele aanhalingstekens | |
| '...' | enkele aanhalingstekens | |
| (...) | ronde haakjes | |
| [...] | teksthaken of rechte haken | |
| <...> | punthaken | |
| {...} | accolades | |
| 't | apostrof | |
| vóór | teken om nadruk te geven | |
| â | accent circonflexe | |
| hé | accent aigu | geeft aan dat een klinker als een lange klinker wordt uitgesproken |
| hè | accent grave | geeft aan dat een klinker als een gerekte korte klinker wordt uitgesproken |
| ë | deelteken of trema | geeft aan dat de klinker niet één klank vormt met de klinker ervóór |
| - | koppelteken | |
| ç | cedille | |
| & | en-teken | en |
| * | sterretje of asterisk | |
| ~ | tilde | |
| / | schuine streep | geeft aan dat je kunt kiezen uit wat vóór en achter de streep staat |
| § | paragraafteken | |
| ƒ | guldenteken | geeft aan dat er een bedrag volgt dat is uitgedrukt in Nederlandse guldens |
| $ | dollarteken | geeft aan dat er een bedrag volgt dat is uitgedrukt in Amerikaanse dollars |
| £ | pondsterlingteken | geeft aan dat er een bedrag volgt dat is uitgedrukt in Engelse ponden |
| ± | plusminusteken | ongeveer |

| | | |
|---|---|---|
| + | plusteken of plus | |
| - | minteken of min | |
| × | maalteken of keerteken | |
| : | deelteken | |
| = | isgelijkteken of isteken | geeft aan dat wat ervoor staat gelijk is aan dat wat erachter staat |
| ≠ | ongelijkteken | geeft aan dat wat ervoor staat niet gelijk is aan dat wat erachter staat |
| % | procentteken | |
| ‰ | promilleteken | |
| √ | wortelteken | geeft aan dat de wortel uit het getal dat erachter staat bedoeld wordt |
| 10° | gradenteken | staat achter een getal dat een aantal graden uitdrukt |
| @ | apenstaartje | o.a. gebruikt in e-mailadressen |

# Romeinse cijfers

| | | | |
|---|---|---|---|
| I | 1 | XXX | 30 |
| II | 2 | XL | 40 |
| III | 3 | L | 50 |
| IV | 4 | LX | 60 |
| V | 5 | LXX | 70 |
| VI | 6 | LXXX | 80 |
| VII | 7 | XC | 90 |
| VIII | 8 | C | 100 |
| IX | 9 | CC | 200 |
| X | 10 | CCC | 300 |
| XI | 11 | CD | 400 |
| XII | 12 | D | 500 |
| XIII | 13 | DC | 600 |
| XIV | 14 | DCC | 700 |
| XV | 15 | DCCC | 800 |
| XVI | 16 | CM | 900 |
| XVII | 17 | M | 1000 |
| XVIII | 18 | MCMXCVI | 1996 |
| XIX | 19 | | |
| XX | 20 | | |

# Lijst van aardrijkskundige namen

Hieronder volgt een alfabetische lijst van de werelddelen, de landen van de wereld, de provincies van Nederland en België en de hoofdsteden van de landen van Europa.

Die namen staan in de linkerkolom. In de middelste kolom staat steeds het bijvoeglijk naamwoord dat van die aardrijkskundige naam is afgeleid. Bijvoorbeeld: achter **Finland** staat **Fins**. Meren in Finland zijn dus *Finse* meren. Achter **China** staat **Chinees**. Thee uit China is *Chinese* thee.

In de rechterkolom staat hoe de mannelijke inwoner heet van het werelddeel, het land, de stad of de provincie die in de eerste kolom genoemd staat. Bijvoorbeeld: iemand uit **Groot-Brittannië** heet een **Brit** (en geen Groot-Brittanniër). De vrouwelijke namen staan er niet bij als ze gevormd worden door het bijvoeglijk naamwoord plus e. Bijvoorbeeld: Een vrouw uit Groot-Brittanië is een *Britse*, een vrouw uit Cuba is een *Cubaanse* en een inwoonster van Antwerpen is een *Antwerpse*. Alleen als de namen van de vrouwelijke inwoners niet gevormd worden door het bijvoeglijk naamwoord plus e, staan ze tussen haakjes achter de mannelijke vorm. Bijvoorbeeld: **Parijzenaar (Parisienne)**.

| naam | bijvoeglijk naamwoord | inwoner |
|---|---|---|
| Afghanistan | Afghaans | Afghaan |
| Afrika | Afrikaans | Afrikaan |
| Albanië | Albanees, Albanisch | Albanees, Albaniër |
| Algerije | Algerijns | Algerijn |
| Amerika | Amerikaans | Amerikaan |
| Amsterdam | Amsterdams | Amsterdammer |
| Andorra | Andorrees, Andorraans | Andorrees, Andorraan |
| Angola | Angolees | Angolees |
| Ankara | Ankariotisch | Ankarioot |
| Antarctica | Antarctisch | Antarctiër |
| Antillen | Antilliaans | Antilliaan |
| Antwerpen | Antwerps | Antwerpenaar |
| Arctica | Arctisch | — |
| Argentinië | Argentijns | Argentijn |
| Armenië | Armeens, Armenisch | Armeniër, Armeen |
| Aruba | Arubaans | Arubaan |
| Athene | Atheens | Athener |
| Australië | Australisch | Australiër |
| Azerbeidzjan | Azerbeidzjaans | Azerbeidzjaan, Azeri |
| Azië | Aziatisch | Aziaat |
| Bahama's, Bahama-eilanden | Bahamaans, Bahamiaans | Bahamaan, Bahamiaan |
| Bahrein | Bahreins | Bahreiner |
| Bangladesh | Bengalees, Bengaals | Bengalees, Bengaal, Bengali |
| Barbados | Barbadaans, Barbadiaans | Barbadaan, Barbadiaan |
| België | Belgisch | Belg |
| Belgrado | Belgradoos | Belgradoër |
| Belize | Belizaans | Belizaan |
| Benin | Benins | Beniner |
| Berlijn | Berlijns | Berlijner |
| Bermuda's, Bermuda-eilanden | Bermudaans | Bermudaan |

| naam | bijvoeglijk naamwoord | inwoner |
|---|---|---|
| Bern | Berns | Berner |
| Bhutan | Bhutaans, Bhutanees | Bhutaan, Bhutanees |
| Birma (ook: Myanmar) | Birmaans, Birmees | Birmaan, Birmees |
| Boedapest | Boedapests | Boedapester |
| Boekarest | Boekarests | Boekarester |
| Bolivia | Boliviaans | Boliviaan |
| Bonn | Bonns | Bonner |
| Bosnië-Herzegovina | Bosnisch | Bosniër |
| Botswana | Botswaans | Botswaan |
| Brabant | Brabants | Brabander |
| Bratislava | — | — |
| Brazilië | Braziliaans | Braziliaan |
| Brunei | Bruneis | Bruneier |
| Brussel | Brussels | Brusselaar |
| Bulgarije | Bulgaars | Bulgaar |
| Burkina Faso | Burkinees | Burkinees |
| Burundi | Burundisch, Burundees | Burundiër, Burundees, Burundi |
| Cambodja (ook: Kampuchea) | Cambodjaans | Cambodjaan |
| Canada | Canadees | Canadees |
| Centraal-Afrikaanse Republiek, Centrafrika | Centraal-Afrikaans, Centrafrikaans | Centraal-Afrikaan, Centrafrikaan |
| Ceylon → Sri Lanka | | |
| Chili | Chileens | Chileen |
| China | Chinees | Chinees |
| Chisinau | — | — |
| Colombia | Colombiaans | Colombiaan |
| Comoren | Comorees, Comoors | Comorees, Comoor |
| Costa Rica | Costa Ricaans | Costa Ricaan |
| Cuba | Cubaans | Cubaan |
| Curaçao | Curaçaos | Curaçaoër, Curaçaoënaar |
| Cyprus | Cyprisch, Cypriotisch | Cprioot |

| naam | bijvoeglijk naamwoord | inwoner |
|---|---|---|
| Denemarken | Deens | Deen |
| Djibouti | Djiboutiaans, Djiboutisch | Djiboutiaan, Djiboutiër |
| Dominicaanse Republiek | Dominicaans | Dominicaan |
| Drenthe | Drents | Drent, Drentenaar |
| Dublin | Dublins | Dublinner |
| Duitsland | Duits | Duitser |
| Ecuador | Ecuadoraans, Ecuadoriaans | Ecuadoraan, Ecuadoriaan |
| Egypte | Egyptisch | Egyptenaar |
| El Salvador | Salvadoraans, Salvadoriaans, Salvadoreens | Salvadoraan, Salvadoriaan, Salvadoreen |
| Engeland | Engels | Engelsman (meervoud: Engelsen) |
| Equatoriaal-Guinea | Equatoriaal-Guinees | Equatoriaal-Guineeër |
| Eritrea | Eritrees | Eritreeër |
| Estland | Estlands, Ests, Estisch | Estlander, Est |
| Ethiopië | Ethiopisch | Ethiopiër |
| Europa | Europees | Europeaan |
| Faeröer | Faeröers | Faeröerder |
| Fiji | Fijisch | Fijiër |
| Filippijnen | Filippijns | Filippijn, Filippino |
| Finland | Fins, Finlands | Fin |
| Frankrijk | Frans | Fransman (vrouw: Française) |
| Friesland | Fries | Fries (vrouw: Friezin) |
| Gabon | Gabonees, Gabons | Gabonees, Gabonner |
| Gambia | Gambiaans | Gambiaan |
| Gelderland | Gelders, Gelderlands | Gelderlander |
| Georgië | Georgisch | Georgiër |
| Ghana | Ghanees | Ghanees |
| Grenada | Grenadaans | Grenadaan |
| Griekenland | Grieks | Griek |
| Groenland | Groenlands | Groenlander |
| Groningen | Gronings | Groninger |
| Groot-Brittannië | Brits | Brit |
| Guatemala | Guatemalaans, Guatemalteeks | Guatemalaan, Guatemalteek |
| Guinee | Guinees | Guineeër |
| Guinee-Bissau | Guinee-Bissaus | Guinee-Bissauer |
| Guyana | Guyaans, Guyanees | Guyaan, Guyanees |
| Haïti | Haïtiaans | Haïtiaan |
| Helsinki | Helsinkisch | Helsinkiër |
| Henegouwen | Henegouws | Henegouwer |
| Honduras | Hondurees, Hondureens | Hondurees, Hondureen |
| Hongarije | Hongaars | Hongaar |
| Hongkong | Hongkongs | Hongkonger |

| naam | bijvoeglijk naamwoord | inwoner |
|---|---|---|
| Ierland | Iers | Ier |
| IJsland | IJslands | IJslander |
| India | Indiaas, Indisch | Indiër, Indiaër |
| Indonesië | Indonesisch | Indonesiër |
| Irak | Iraaks, Irakees | Irakees, Irakiër, Iraki |
| Iran (vroeger: Perzië) | Iraans, Iranees | Iraniër |
| Israël | Israëlisch | Israëlier, Israëli |
| Italië | Italiaans | Italiaan |
| Ivoorkust | Ivoriaans, Ivoorkusts | Ivoriaan, Ivoorkuster |
| Jamaica | Jamaicaans | Jamaicaan |
| Japan | Japans | Japanner |
| Jemen | Jemenitisch | Jemeniet |
| Jerevan | — | — |
| Jordanië | Jordaans, Jordanisch | Jordaniër |
| Kaapverdische Eilanden, Kaapverdië | Kaapverdisch | Kaapverdiër |
| Kameroen | Kameroens | Kameroener |
| Kampuchea → Cambodja | | |
| Katar | Katarees | Katarees |
| Kazakstan | Kazaks | Kazak |
| Kenia | Keniaans, Keniaas | Keniaan, Keniaër |
| Kiev | — | — |
| Kirgizië | Kirgizisch | Kirgies |
| Kiribati | Kiribatisch | Kiribatiër |
| Klein-Joegoslavië | Klein-Joegoslavisch | — |
| Koeweit | Koeweits | Koeweiter, Koeweiti |
| Kongo | Kongolees | Kongolees |
| Kopenhagen | Kopenhaags | Kopenhagenaar |
| Kroatië | Kroatisch | Kroaat |
| Laos | Laotiaans, Laotisch | Laotiaan, Laotiër |
| Lesotho | Lesothaans | Lesothaan |
| Letland | Letlands, Lets | Letlander, Let |
| Libanon | Libanees | Libanees |
| Liberia | Liberiaans | Liberiaan |
| Libië | Libisch | Libiër |
| Liechtenstein | Liechtensteins | Liechtensteiner |
| Limburg | Limburgs | Limburger |
| Lissabon | Lissabons | Lissabonner |
| Litouwen | Litouws | Litouwer |
| Ljubljana | — | — |
| Londen | Londens | Londenaar |
| Luik | Luiks | Luikenaar |
| Luxemburg | Luxemburgs | Luxemburger |
| Macedonië | Macedonisch | Macedoniër |
| Madagaskar | Madagaskisch, Madagassisch, Malagassisch | Madagask, Madagas, Malagassiër |
| Madrid | Madrileens, Madrids | Madrileen |
| Malawi | Malawisch | Malawiër |
| Maleisië | Maleisisch | Maleisiër |
| Mali | Malinees | Malinees |

| naam | bijvoeglijk naamwoord | inwoner | naam | bijvoeglijk naamwoord | inwoner |
|---|---|---|---|---|---|
| Malta | Maltees | Maltees, Maltezer | Peru | Peruaans, Peruviaans | Peruaan, Peruviaan |
| Marokko | Marokkaans | Marokkaan | Perzië → Iran | | |
| Mauritanië | Mauritaans | Mauritaan, Mauritaniër | Polen | Pools | Pool |
| | | | Porto Rico | Porto Ricaans | Porto Ricaan |
| Mauritius | Mauritiaans | Mauritiaan | Portugal | Portugees | Portugees |
| Mexico | Mexicaans | Mexicaan | Praag | Praags | Prager |
| Minsk | — | — | | | |
| Moldavië, Moldova | Moldavisch, Moldovaans | Moldaviër, Moldovaan | Reykjavik | Reykjaviks | Reykjaviker |
| | | | Riga | Rigaas | Rigaër |
| Monaco | Monegaskisch | Monegask | Roemenië | Roemeens | Roemeen |
| Mongolië | Mongolisch, Mongools | Mongoliër, Mongool | Rome | Romeins | Romein |
| | | | Rusland | Russisch | Rus (vrouw: Russin) |
| Montenegro | Montenegrijns | Montenegrijn | | | |
| Moskou | Moskovitisch, Moskous | Moskoviet, Moskouer | Ruanda | Ruandees, Ruandaas | Ruandees, Ruandaër |
| Mozambique | Mozambikaans | Mozambikaan | | | |
| Myanmar → Birma | | | Salomons-eilanden | Salomons-eilands | Salomons-eilander |
| Namen | Naams | Namenaar | Saoedi-Arabië | Saoedisch, Saoedi-Arabisch | Saoediër, Saoedi-Arabiër, Saoedi |
| Namibië | Namibisch | Namibiër | | | |
| Nauru | Nauruaans | Nauruaan | | | |
| Nederland | Nederlands | Nederlander | Sao Tomé en Principe | — | — |
| Nepal | Nepalees | Nepalees | | | |
| Nicaragua | Nicaraguaans | Nicaraguaan | Sarajevo | — | — |
| Nieuw-Zeeland | Nieuw-Zeelands | Nieuw-Zeelander | Schotland | Schots | Schot |
| | | | Senegal | Senegalees | Senegalees |
| Niger | Nigerees, Nigeraans | Nigerees, Nigeraan | Servië | Servisch | Serviër, Serf |
| | | | Seychellen | Seychels | Seycheller |
| Nigeria | Nigeriaans | Nigeriaan | Sierra Leone | Sierra Leoons, Sierra Leonees | Sierra Leoner, Sierra Leonees |
| Noord-Amerika | Noord-Amerikaans | Noord-Amerikaan | Singapore | Singaporaans, Singaporees | Singaporaan, Singaporees |
| Noord-Brabant | Noord-Brabants | Noord-Brabander | Skopje | — | — |
| Noord-Holland | Noord-Hollands | Noord-Hollander | Slovenië | Sloveens | Sloveen |
| | | | Slowakije | Slowaaks | Slowaak |
| Noord-Korea | Noord-Koreaans | Noord-Koreaan | Soedan | Soedanees | Soedanees |
| Noorwegen | Noors | Noor | Sofia | Sofiotisch | Sofioot |
| | | | Somalië | Somalisch | Somaliër, Somali |
| Oeganda | Oegandees | Oegandees | | | |
| Oekraïne | Oekraïens | Oekraïner | Spanje | Spaans | Spanjaard |
| Oezbekistan | Oezbeeks | Oezbeek | Sri Lanka | Sri Lankaans | Sri Lankaan |
| Oman | Omanitisch | Omaniet | (vroeger: Ceylon) | | |
| Oostenrijk | Oostenrijks | Oostenrijker | | | |
| Oost-Vlaanderen | Oost-Vlaams | Oost-Vlaming | Stockholm | Stockholms | Stockholmer |
| | | | Suriname | Surinaams | Surinamer |
| Opper-Volta → Burkina Faso | | | Swaziland | Swazisch | Swaziër, Swazi |
| Oslo | Osloos | Osloër | Syrië | Syrisch | Syriër |
| Overijssel | Overijssels | Overijsselaar | | | |
| | | | Tadzjikistan | Tadzjieks | Tadzjiek |
| Pakistan | Pakistaans | Pakistaan, Pakistaner, Pakistani | Taiwan | Taiwanees, Taiwans | Taiwanees |
| | | | Tallinn | — | — |
| Palestina | Palestijns | Palestijn | Tanzania | Tanzaniaans | Tanzaniaan |
| Panama | Panamees | Panamees | Tbilisi | — | — |
| Papoea-Nieuw-Guinea | Papoeaas | Papoeaër | Thailand | Thais, Thailands | Thai, Thailander |
| | | | Tirana | Tiranees | Tiranees |
| Paraguay | Paraguayaans, Paraguays | Paraguayaan | Titograd | — | — |
| | | | Togo | Togolees, Togoos | Togolees, Togoër |
| Paramaribo | Paramariboos | Paramariboër | Tonga | Tongaans | Tongaan |
| Parijs | Parijs | Parijzenaar (vrouw: Parisienne) | Trinidad en Tobago | — | — |
| | | | Tsjaad | Tsjadisch, Tsjaads | Tsjadiër, Tsjader |

| naam | bijvoeglijk naamwoord | inwoner |
|---|---|---|
| Tsjechië | Tsjechisch | Tsjech |
| Tunesië | Tunesisch | Tunesiër |
| Turkije | Turks | Turk |
| Turkmenistan | Turkmeens | Turkmeen |
| Tuvalu | Tuvaluaans | Tuvaluaan |
| | | |
| Uruguay | Uruguayaans, Uruguays | Uruguayaan |
| Utrecht | Utrechts | Utrechter, Utrechtenaar |
| | | |
| Vaticaanstad | Vaticaans | Vaticaanstatter |
| Venezuela | Venezolaans | Venezolaan |
| Verenigde Arabische Emiraten | — | — |
| Verenigde Staten van Amerika, VS | Amerikaans | Amerikaan |
| Vietnam | Vietnamees | Vietnamees |
| Vilnius | — | — |
| Vlaanderen | Vlaams | Vlaming |
| | | |
| Wallonië | Waals | Waal |
| Wales | Welsh, Wels | Welshman, Welsman (vrouw: Welshwoman, Welswoman) |
| Warschau | Warschaus | Warschauer |
| Wenen | Weens | Wener |
| West-Samoa | West-Samoaans | West-Samoaan |
| West-Vlaanderen | West-Vlaams | West-Vlaming |
| Wit-Rusland | Wit-Russisch | Wit-Rus |
| | | |
| Zagreb | Zagrebs | — |
| Zaïre | Zaïrees | Zaïrees |
| Zambia | Zambiaans | Zambiaan |
| Zeeland | Zeeuws | Zeeuw |
| Zimbabwe | Zimbabwaans | Zimbabwaan |
| Zuid-Afrika | Zuid-Afrikaans | Zuid-Afrikaan |
| Zuid-Amerika | Zuid-Amerikaans | Zuid-Amerikaan |
| Zuid-Holland | Zuid-Hollands | Zuid-Hollander |
| Zuid-Korea | Zuid-Koreaans | Zuid-Koreaan |
| Zweden | Zweeds | Zweed |
| Zwitserland | Zwitsers | Zwitser |

**a¹** (de ~; a's) **1** de eerste letter van het alfabet ◆ *het abc: het alfabet; van a tot z:* (uitdr.) van het begin tot het einde, helemaal; *wie a zegt moet ook b zeggen:* (spreekwoord) als je ergens mee begonnen bent, moet je het ook afmaken **2** muzieknoot.

**a²** (afkorting) *are* (=100 m²).

**a-,** voor klinkers: **an-** (geeft het tegenovergestelde of de afwezigheid van iets aan) ◆ *hij is helemaal atechnisch:* hij is totaal niet technisch, hij heeft helemaal geen verstand van techniek; *een analfabeet:* iemand die het alfabet niet kent, die niet kan lezen of schrijven.

**à** (voorz.) **1** (om het aantal ongeveer aan te geven) ⇒ *tot* ◆ *kook de aardappels vijftien à twintig minuten* **2** (om aan te geven wat iets per stuk kost) ◆ *we kochten vier ijsjes à ƒ 1,50.*

**Aag·je** (zelfst. nw.) ▼ *een nieuwsgierig Aagje:* kind dat heel nieuwsgierig is.

**aai** (de ~(m.); -en) keer dat je met je hand zacht over iets of iemand heen strijkt ⇒ *streling.*

**aai·en** (aaide, heeft geaaid) *iemand of iets aaien:* iemand of iets aaitjes* geven ⇒ *strelen.*

**aak** (de ~; aken) boot met een platte bodem voor vrachtvervoer over rivieren en kanalen.

**aal** (de ~(m.); alen) vis die lijkt op een slang ⇒ *paling* ◆ *hij is zo glad als een aal:* (uitdr.) hij is erg slim, geslepen.

**aal·bes** (de ~; -sen) kleine rode bes die in trosjes groeit.

**aal·moes** (de ~; aalmoezen) geld dat je aan een bedelaar geeft.

**aal·moe·ze·nier** (de ~(m.); -s) priester die in gevangenissen en kazernes werkt.

**aal·schol·ver** (de ~(m.); -s) zwarte zwemvogel met een haakvormige snavel.

**aalt** (de ~) vocht dat uit koemest loopt ⇒ *gier.*

**aam·beeld, aan·beeld** (het ~; -en) **1** ijzeren werkblok van een smid **2** middelste van de drie gehoorbeentjes in je oor.

**aam·bei·en** (zelfst. nw.; meervoud) pijnlijke bobbeltjes bij de anus of in het laatste stukje van de endeldarm.

**aan¹** (bijw.) **1** op of om je lichaam ◆ *met een trui aan* **2** in werking, het tegenovergestelde van 'uit' ◆ *de radio staat aan* **3** (in verschillende vaste combinaties) ◆ *daar heb ik niets aan; rustig aan; hij is er beroerd aan toe* ▼ *het is aan tussen die twee:* ze hebben verkering.

**aan²** (voorz.) **1** (om aan te geven dat twee zaken aan elkaar vastzitten) ◆ *de poster hangt aan de muur; honden aan de lijn!* **2** (om aan te geven wie iets krijgt) ◆ *geef dit briefje maar aan de juf* **3** (in verschillende vaste combinaties van woorden) ◆ *aan iemand denken; ik ben aan vakantie toe:* ik heb vakantie nodig; *mijn vader is aan het afwassen:* is bezig af te wassen; *we moesten twee aan twee naar voren komen:* telkens met z'n tweeën tegelijk.

**aan·beeld** → aambeeld.

**aan·be·ste·den** (besteedde aan, heeft aanbesteed) *een werk aanbesteden:* het tegen een bepaalde prijs laten uitvoeren.

**aan·be·ta·ling** (de ~(v.); -en) klein deel van een bedrag dat je alvast betaalt, terwijl je de rest later zult betalen.

**aan·be·ve·len** (beval aan, heeft aanbevolen) *iets of iemand aanbevelen:* zeggen dat iets of iemand goed is ⇒ *aanprijzen, aanraden* ◆ *de sorbets hier kan ik je aanbevelen.*

**aan·be·ve·ling** (de ~(v.); -en) wat je zegt of opschrijft om iets of iemand aan te bevelen* ⇒ *aanraden* ◆ *ik ga naar die film op aanbeveling van mijn vriendin:* omdat mijn vriendin zegt dat hij goed is.

**aan·bid·den** (aanbad, heeft aanbeden of aangebeden) *iemand aanbidden:* iemand heel erg bewonderen, iemand de hoogste eer geven ⇒ *vereren, adoreren* ◆ *de drie koningen aanbaden het kindje Jezus.*

**aan·bid·der** (de ~(m.); -s), vrouw: **aan·bid·ster** (de ~(v.); -s) iemand die smoorverliefd op je is.

**aan·bid·ding** (de ~(v.)) diepe bewondering, grote eerbied.

**aan·bid·ster** → aanbidder.

**aan·bie·den** (bood aan, heeft aangeboden) *iemand iets aanbieden:* laten weten dat iemand iets kan krijgen ◆ *kan ik u een kopje koffie aanbieden?; te koop aangeboden:* een paar rolschaatsen; *iemand je hulp aanbieden.*

**aan·bie·ding** (de ~(v.); -en) artikel dat gedurende een korte tijd goedkoper is dan normaal ⇒ *koopje* ◆ *de tandpasta is in de aanbieding:* die is tijdelijk goedkoper.

**aan·blik** (de ~(m.)) **1** het kijken ◆ *bij de eerste aanblik zag ik al dat het mis was* **2** wat je ziet ◆ *het landschap bood een troosteloze aanblik:* het zag er troosteloos uit.

**aan·bod** (het ~) datgene wat iemand aanbiedt* ◆ *een aanbod aannemen; een aanbod afslaan.*

**aan·bouw** (zelfst. nw.) ▼ *in aanbouw zijn:* gebouwd worden.

**aan·bran·den** (brandde aan, is aangebrand) *(van eten):* aan de bodem van de pan gaan vastzitten en zwart worden ◆ *gauw aangebrand zijn:* (uitdr.) gauw boos worden.

**aan·bre·ken** (brak aan) **1** (is aangebroken) *(van een tijdstip of periode):* beginnen ◆ *eindelijk is de grote dag aangebroken* **2** (heeft aangebroken) *iets aanbreken:* iets openmaken ◆ *een nieuw pak koffie aanbreken.*

**aan·bren·gen** (bracht aan, heeft aangebracht) **1** *iets aanbrengen:* iets ergens op of in maken ◆ *grendels op een deur aanbrengen; verbeteringen in een opstel aanbrengen* **2** *iemand als lid aanbrengen:* iemand lid maken.

**aan·dacht** (de ~) het opletten, het met je gedachten ergens bij zijn ⇒ *attentie, oplettendheid* ◆ *mag ik even jullie aandacht?; de aandacht vestigen op iets:* zorgen dat de mensen op iets letten; *de aandacht van iets afleiden:* zorgen dat de mensen ergens anders op letten; *dat kind krijgt te weinig aandacht:* er wordt te weinig naar omgekeken.

**aan·dach·tig** (bijv. nw.) met aandacht* ⇒ *oplettend, attent.*

**aan·deel** (het ~; aandelen) **1** bewijs dat je geld hebt gestoken in een onderneming **2** bijdrage ◆ *wat is jouw aandeel in de ruzie?:* wat heb jij met de ruzie te maken?

**aan·deel·hou·der** (de ~(m.); -s), vrouw: **aan·deel·houd·ster** (de ~(v.); -s) iemand die een of meer aandelen (bet.1) in een bedrijf heeft.

**aan·den·ken** (het ~; -s) voorwerp waardoor je aan iemand of iets blijft denken ⇒ *souvenir, herinnering* ◆ *een schelp als aandenken aan de vakantie.*

**aan·dik·ken** (dikte aan, heeft aangedikt) *iets, bijv. een gebeurtenis of een verhaal, aandikken:* iets een beetje mooier of spannender maken ⇒ *overdrijven.*

**aan·doen** (deed aan, heeft aangedaan) **1** *iemand iets aandoen:* veroorzaken dat iemand iets moet ondergaan **2**

een plaats aandoen: die kort bezoeken **3** *prettig, onaangenaam enz. aandoen:* een prettige, onaangename enz. indruk maken ♦ *dat schilderij* **doet** *modern* **aan**.

**aan·doe·ning** (de ~ (v.); -en) **1** ziekte van een bepaald lichaamsdeel of van een bepaalde functie van je lichaam ⇒ *kwaal* ♦ *een oog***aandoening 2** ontroering ⇒ *emotie*.

**aan·doen·lijk** (bijv. nw.) zo dat er tedere gevoelens bij je opkomen ⇒ *vertederend, ontroerend*.

**aan·drang** (de ~ (m.)) **1** het aandringen*, nadruk ⇒ *klem* ♦ *met* **aandrang** *iets vragen* **2** innerlijke noodzaak ♦ *de* **aandrang** *voelen om te niezen*.

**aan·drift** (de ~; -en) natuurlijke neiging ⇒ *instinct*.

**aan·drin·gen** (drong aan, heeft aangedrongen) *ergens op aandringen:* steeds opnieuw en dringend om iets vragen ♦ *op hulp* **aandringen**.

**aan·dui·den** (duidde aan, heeft aangeduid) *iets aanduiden:* iets aangeven, iets duidelijk maken ⇒ *uitdrukken* ♦ *zijn antwoord* **duidt** *wel* **aan** *hoe teleurgesteld hij was*.

**aan·een** (bijw.) niet gescheiden, niet los ♦ *letters* **aaneen** *schrijven; zes weken* **aaneen:** *aan één stuk door*.

**aan·een·scha·ke·ling** (de ~ (v.); -en) lange rij ⇒ *serie, reeks* ♦ *een* **aaneenschakeling** *van gebeurtenissen*.

**aan·flui·ting** (de ~ (v.); -en) iets wat bespottelijk en schandelijk is ⇒ *afgang* ♦ *de eerste les van de nieuwe meester was een* **aanfluiting**.

**aan·gaan** (ging aan, is aangegaan) **1** een kort bezoek brengen ♦ *ga je nog bij oma* **aan?** **2** *het gaat niet aan dat ...:* het is niet netjes dat ..., het hoort niet dat ... **3** *het gaat mij aan:* ik heb daarmee te maken ♦ *dat* **gaat** *je niks* **aan!** **4** *iets aangaan:* met iets beginnen ♦ *een weddenschap* **aangaan**.

**aan·gaan·de** (voorz.) (deftig) over ⇒ *omtrent, betreffende, inzake* ♦ **aangaande** *de rapportcijfers kunnen wij nog niets meedelen*.

**aan·ga·pen** (gaapte aan, heeft aangegaapt) *iemand aangapen:* iemand met open mond aanstaren, omdat je verbaasd bent of iets niet snapt.

**aan·ge·bon·den** (bijv. nw.) ▼ *kort aangebonden zijn:* kort en onvriendelijk antwoord geven.

**aan·ge·bo·ren** (bijv. nw.) *(van eigenschappen):* die je al vanaf je geboorte hebt.

**aan·ge·daan** (bijv. nw.) ontroerd ⇒ *getroffen, bewogen*.

**aan·ge·le·gen·heid** (de ~ (v.); aangelegenheden) zaak ⇒ *kwestie* ♦ *financiële* **aangelegenheden:** geldzaken.

**aan·ge·naam** (bijv. nw.) prettig, fijn ⇒ *plezierig* ♦ **aangenaam** *kennis te maken:* (dit zeg je wanneer je iemand voor het eerst ontmoet).

**aan·ge·scho·ten** (bijv. nw.) een beetje dronken ⇒ *tipsy*.

**aan·ge·sla·gen** (bijv. nw.) uit je evenwicht gebracht, van slag ♦ *oma was* **aangeslagen** *toen opa naar het ziekenhuis moest*.

**aan·ge·ven** (gaf aan, heeft aangegeven) **1** *iemand iets aangeven:* iemand iets in handen geven ⇒ *overhandigen, aanreiken* ♦ *wil je de boter* **aangeven?** **2** *iets aangeven:* iets te kennen geven, iets laten weten ♦ *hij* **gaf aan** *dat hij vroeg naar huis wilde; de toon* **aangeven:** (muziek) de toon laten horen waarop anderen moeten afstemmen **3** *iemand of iets aangeven:* iemand of iets officieel melden ♦ *de dief heeft zichzelf* **aangegeven** *bij de politie; iets* **aangeven** *bij de douane:* vertellen dat je iets de grens over brengt ▼ *dat zou je hem niet* **aangeven:** (in België □) daartoe zou je hem niet in staat achten.

**aan·ge·we·zen** (bijv. nw.) **1** meest geschikt ♦ *jij bent de* **aangewezen** *persoon om dat te doen* **2** *op iets aangewezen zijn:* het met iets moeten doen, geen andere mogelijkheid hebben ♦ *wij zijn op het openbaar vervoer* **aangewezen**.

**aan·ge·zicht** (het ~; -en) voorkant van je hoofd ⇒ *gelaat, gezicht*.

**aan·ge·zien** (voegw.) omdat ⇒ *daar*.

**aan·gif·te** (de ~ (v.); -n) het aangeven* (bet.3) ♦ **aangifte** *doen van een geboorte; bij diefstal doen wij* **aangifte** *bij de politie*.

**aan·gren·zend** (bijv. nw.) dat of die ernaast ligt, naburig ⇒ *belendend* ♦ *een* **aangrenzend** *dorpje*.

**aan·grij·pen** (greep aan, heeft aangegrepen) **1** een gelegenheid, een kans aangrijpen: die gebruiken, die benutten **2** *(van gebeurtenissen) iemand aangrijpen:* een sterke ontroering bij iemand veroorzaken ⇒ *beroeren, treffen* ♦ *die film heeft me enorm* **aangegrepen**.

**aan·grij·pend** (bijv. nw.) gezegd van iets dat je sterk aangrijpt* (bet.2).

**aan·ha·len** (haalde aan, heeft aangehaald) **1** *iets aanhalen:* iets aantrekken, iets strakker trekken ♦ *je schoenveters* **aanhalen 2** *iemand aanhalen:* iemand liefkozen, iemand strelen **3** *iemands woorden aanhalen:* nazeggen wat iemand eerder gezegd of geschreven heeft ⇒ *citeren*.

**aan·ha·lig** (bijv. nw.) gezegd van een dier dat of een mens die steeds wil aanhalen* (bet.2) of aangehaald wil worden ♦ *een* **aanhalig** *katje*.

**aan·ha·ling** (de ~ (v.); -en) dat wat je aanhaalt* (bet.3) ⇒ *citaat*.

**aan·ha·lings·te·ken** (het ~; -s) teken in een tekst waarmee je aangeeft dat de woorden niet van jezelf maar van een ander zijn. Er zijn enkele ('...') of dubbele ("...") aanhalingstekens.

**aan·hang** (de ~ (m.)) degenen die een persoon of een partij aanhangen* ⇒ *volgelingen*.

**aan·han·gen** (hing aan, heeft aangehangen) *iemand of iets aanhangen:* iemand of iets steunen, het eens zijn met die persoon of die ideeën.

**aan·han·ger** (de ~ (m.); -s) **1** (vrouw: aanhangster) iemand die een persoon of groep aanhangt* ⇒ *volgeling* **2** aanhangwagen.

**aan·han·gig** (bijv. nw.) ▼ *een zaak aanhangig maken:* ervoor zorgen dat er aandacht aan besteed wordt, dat die behandeld wordt.

**aan·hang·sel** (het ~; -s) **1** wat ergens aan hangt **2** bijlage ⇒ *appendix, supplement*.

**aan·hang·wa·gen** (de ~ (m.); -s) wagen die aan een auto gekoppeld kan worden ⇒ *aanhanger*.

**aan·han·ke·lijk** (bijv. nw.) gezegd van iemand die zich snel aan anderen hecht ♦ *een* **aanhankelijk** *jongetje*.

**aan·hef** (de ~ (m.)) begin, vooral van een brief of een lied.

**aan·hef·fen** (hief aan, heeft aangeheven) *iets aanheffen:* iets beginnen te zeggen, te zingen of te spelen ♦ *een lied* **aanheffen**.

**aan·hik·ken** (hikte aan, heeft aangehikt) *ergens tegen aanhikken:* ergens tegenop zien, iets steeds uitstellen.

**aan·ho·ren** (hoorde aan, heeft aangehoord) *iets aanhoren:* naar iets luisteren zonder het te onderbreken ♦ *ik heb het hele verhaal* **aangehoord;** *dat was niet om* **áán te horen:** *het klonk verschrikkelijk*.

**aan·hou·den** (hield aan, heeft aangehouden) **1** *iemand aanhouden:* iemand tegenhouden, iemand vasthouden ♦ *iemand op straat* **aanhouden:** (om iets te zeggen of te vragen); *een inbreker* **aanhouden:** hem arresteren **2** *iets aanhouden:* iets niet wegdoen ♦ *een krant* **aanhouden:** abonnee blijven **3** door blijven gaan, volhouden ♦ *zij* **hield aan** *dat ik moest blijven eten; de regen* **hield** *de hele dag aan*.

**aan·hou·dend** (bijv. nw.) gezegd van iets dat aanhoudt* (bet.3) ⇒ *voortdurend, constant* ♦ *hij is* **aanhoudend** *ziek:* steeds weer, bijna altijd.

**aan·hou·der** (de ~ (m.); -s) iemand die aanhoudt* (bet.3) ◆ *de aanhouder wint:* (spreekwoord) als je maar blijft volhouden lukt het wel.

**aan·kaar·ten** (kaartte aan, heeft aangekaart) *iets aankaarten:* over iets beginnen te praten.

**aan·kij·ken** (keek aan, heeft aangekeken) **1** *iemand aankijken:* iemand in de ogen kijken ◆ *laten we de zaak nog even aankijken:* (uitdr.) laten we nog even wachten voor we ingrijpen **2** *iemand ergens op aankijken:* iemand ergens de schuld van geven ◆ *daar moet je mij niet op aankijken.*

**aan·klacht** (de ~; -en) officiële beschuldiging ◆ *er is een aanklacht tegen hem ingediend.*

**aan·kla·gen** (klaagde aan, heeft aangeklaagd) *iemand aanklagen:* een aanklacht* tegen iemand indienen.

**aan·klam·pen** (klampte aan, heeft aangeklampt) *iemand aanklampen:* iemand tegenhouden om iets te vragen of te zeggen.

**aan·kle·den** (kleedde aan, heeft aangekleed) **1** *iemand aankleden:* iemand kleren aandoen ◆ *kleed je snel aan!* **2** *iets aankleden:* iets versieren ◆ *de zaal aankleden:* die gezelliger maken.

**aan·klik·ken** (klikte aan, heeft aangeklikt) *iets op de computer aanklikken:* iets selecteren of oproepen door op de muisknop te drukken.

**aan·klop·pen** (klopte aan, heeft aangeklopt) kloppen om binnengelaten te worden ◆ *bij de gemeente aankloppen om geld:* (uitdr.) de gemeente om geld vragen.

**aan·kno·pen** (knoopte aan, heeft aangeknoopt) **1** *een gesprek, een praatje aanknopen:* daarmee beginnen **2** *bij iets aanknopen:* met iets verder gaan ⇒ *aansluiten* ◆ *ik wil aanknopen bij wat de vorige spreker gezegd heeft.*

**aan·kno·pings·punt** (het ~; -en) iets waar je bij aan kunt knopen* (bet.2).

**aan·ko·men** (kwam aan, is aangekomen) **1** na een reis ergens komen ⇒ *arriveren* ◆ *ze zien me aankomen!:* (uitdr.) dat krijg ik nooit voor elkaar! **2** dikker worden, het tegenovergestelde van 'afvallen' **3** hard terechtkomen, pijn doen ◆ *die klap kwam aan* **4** *iets aan laten komen op iemand of iets:* iets van een persoon of zaak af laten hangen ◆ *laat nu niet alles op de laatste dag aankomen:* zorg dat je voor die tijd al wat gedaan hebt; *nu komt het erop aan:* (uitdr.) nu valt de beslissing **5** *ergens aankomen:* iets aanraken, iets vastpakken ▼ *iets zien aankomen:* verwachten dat iets zal gebeuren.

**aan·ko·mend** (bijv. nw.) **1** gezegd van iemand die nog voor zijn of haar vak in de leer is ◆ *een aankomend timmerman* **2** aanstaand ◆ *aankomende dinsdag.*

**aan·komst** (de ~ (v.); -en) het aankomen* (bet.1).

**aan·komst·lijn** (de ~ (v.); -en) (in België □) finish ⇒ *eindstreep.*

**aan·kon·di·gen** (kondigde aan, heeft aangekondigd) **1** *iets aankondigen:* vertellen dat iets gaat gebeuren, dat iets gaat komen ◆ *sneeuwklokjes kondigen het voorjaar aan* **2** *iemand aankondigen:* vertellen dat iemand gaat spreken of optreden.

**aan·koop** (de ~ (m.); aankopen) **1** het kopen ◆ *bij aankoop van twee pakken een derde pak gratis* **2** dat wat je koopt ◆ *die auto was een dure aankoop.*

**aan·kun·nen** (kon aan, heeft aangekund) *iets of iemand aankunnen:* flink of sterk genoeg zijn voor iets of voor iemand, tegen iets of iemand opgewassen zijn ◆ *ik kan jou best aan!; zij kan die taak niet aan.*

**aan·lan·dig** (bijv. nw.) *(van de wind):* die van de zee naar het land waait, het tegenovergestelde van 'aflandig'.

**aan·leg** (de ~ (m.)) **1** aangeboren handigheid of geschiktheid voor iets ⇒ *talent, begaafdheid* ◆ *aanleg voor piano-*

spelen **2** het aanleggen* (bet.1) ◆ *de aanleg van een weg* ▼ *de rechtbank van eerste aanleg:* (in België) eerste rechtbank die oordeelt over zaken boven 50.000 frank.

**aan·leg·gen** (legde aan, heeft aangelegd) **1** *iets aanleggen:* iets maken, iets bouwen ◆ *een spoorlijn aanleggen; hoe zal ik dat eens aanleggen?:* (uitdr.) op welke manier zal ik te werk gaan? **2** *schepen aanleggen:* die vastleggen aan de kade **3** *(van schepen):* langs de kade gaan liggen om vastgemaakt te worden ⇒ *afmeren* **4** *de thermometer aanleggen:* die in of tegen het lichaam plaatsen **5** *het met iemand aanleggen:* een verhouding met iemand beginnen ▼ *het erop aanleggen dat ...:* proberen voor elkaar te krijgen dat ...; *ze legde het erop aan om uitgenodigd te worden.*

**aan·lei·ding** (de ~ (v.); -en) feit dat tot gevolg heeft dat iets gebeurt ◆ *naar aanleiding van uw advertentie ...:* uw advertentie heeft mij ertoe gebracht om ...; *aanleiding tot iets geven:* de oorzaak van iets zijn, iets tot gevolg hebben.

**aan·len·gen** (lengde aan, heeft aangelengd) *iets aanlengen:* iets verdunnen met water.

**aan·leu·nen** (ww.) *zich iets laten aanleunen:* iets waar je eigenlijk last van hebt toch goedvinden.

**aan·lok·ke·lijk** (bijv. nw.) waar je je toe aangetrokken voelt ⇒ *verleidelijk, aantrekkelijk* ◆ *een aanlokkelijk plan.*

**aan·loop** (de ~ (m.)) **1** (aanlopen) stukje dat je loopt om vaart te zetten voordat je springt ◆ *een aanloop nemen* **2** mensen die aanlopen* (bet.1).

**aan·lo·pen** (liep aan, is aangelopen) **1** *ergens aanlopen:* ergens zonder aankondiging lopend naar toe gaan om er een bezoek te brengen **2** (heeft aangelopen) *(van draaiende onderdelen):* niet vrij kunnen bewegen, ergens langs schuren ◆ *het voorwiel van mijn fiets loopt aan* ▼ *paars, blauw enz. aanlopen:* langzaam die kleur krijgen, bijv. van woede of benauwdheid.

**aan·ma·ken** (maakte aan, heeft aangemaakt) *iets aanmaken:* iets klaarmaken, iets toebereiden ◆ *sla aanmaken:* op smaak brengen met een sausje.

**aan·ma·nen** (maande aan, heeft aangemaand) *iemand aanmanen:* iemand nadrukkelijk aansporen ◆ *opa maande ons tot kalmte aan.*

**aan·ma·ning** (de ~ (v.); -en) woorden waarmee iemand aangemaand* wordt.

**aan·ma·ti·gen** (matigde aan, heeft aangematigd) *zich iets aanmatigen:* op een brutale manier doen of je recht op iets hebt ◆ *dat kind matigde zich aan om 'je' en 'jij' tegen Sinterklaas te zeggen.*

**aan·ma·ti·gend** (bijv. nw.) gezegd van iemand die zich heel wat aanmatigt* ⇒ *pretentieus.*

**aan·mel·den** (meldde aan, heeft aangemeld) *zich aanmelden:* laten weten dat je ergens aan mee wilt doen of ergens lid van wilt worden ◆ *er hebben zich tien vrijwilligers aangemeld.*

**aan·mer·ke·lijk** (bijv. nw.) behoorlijk groot of veel ⇒ *aanzienlijk* ◆ *het gaat aanmerkelijk beter.*

**aan·mer·ken** (merkte aan, heeft aangemerkt) *iets aanmerken op iets of iemand:* op iets of iemand kritiek leveren ◆ *jij hebt ook overal wat op aan te merken!:* het is bij jou ook nooit goed!

**aan·mer·king** (de ~ (v.); -en) wat je aan te merken* hebt ⇒ *kritiek.*

**aan·moe·di·gen** (moedigde aan, heeft aangemoedigd) *iemand aanmoedigen:* iemand enthousiast maken om iets te doen of om iets beter te doen ⇒ *aansporen, aanvuren, stimuleren.*

**aan·mon·ste·ren** (monsterde aan, heeft aangemonsterd)

een contract tekenen om als lid van de bemanning op een schip te gaan werken.

**aan·ne·me·lijk** (bijv. nw.) zo dat je het moet geloven of aannemen\* (bet.4) ⇒ *geloofwaardig, plausibel, acceptabel* ♦ *het is niet **aannemelijk** dat er deze winter nog een elfstedentocht zal komen.*

**aan·ne·men** (nam aan, heeft aangenomen) **1** *een boodschap aannemen:* ernaar luisteren om deze later door te geven ♦ *de telefoon **aannemen:*** als er opgebeld wordt de boodschap aanhoren en deze later doorgeven **2** *iets aannemen:* iets aanvaarden, iets niet weigeren, iets niet afslaan ⇒ *accepteren* ♦ *een voorstel **aannemen*** **3** *iets aannemen:* van iets uitgaan, veronderstellen ♦ *ik **neem aan** dat dit niet weer gebeurt!* **4** *iets aannemen:* iets geloven, accepteren ♦ ***neem** dat nu maar van mij **aan*** **5** *iets aannemen:* iets overnemen, iets je eigen maken ♦ *de kameleon **neemt** de kleur **aan** van zijn omgeving; zij heeft de naam van haar moeder **aangenomen*** **6** *iemand aannemen:* iemand als lid, medewerker enz. opnemen ♦ *een sollicitant **aannemen**; een kind **aannemen:*** het adopteren **7** *een karwei aannemen:* afspreken dat je dat voor een bepaald bedrag zult doen.

**aan·ne·mer** (de ~(m.); -s) iemand die werk aanneemt\* (bet.7).

**aan·pak** (de ~(m.); -ken) manier waarop je iets aanpakt\* (bet.2), waarop je iets doet ⇒ *werkwijze, methode.*

**aan·pak·ken** (pakte aan, heeft aangepakt) **1** *iets aanpakken:* iets vastpakken, iets beetpakken ♦ *hier, **pak aan** die centen!; iemand flink **aanpakken:*** (uitdr.) iemand niet zachtzinnig behandelen, iemand eens goed de waarheid zeggen **2** *iets aanpakken:* iets gaan doen, aan iets beginnen ♦ *hij weet van **aanpakken:*** hij is flink en ijverig.

**aan·pa·lend** (bijv. nw.) ernaast gelegen ⇒ *aangrenzend, belendend.*

**aan·pap·pen** (papte aan, heeft aangepapt) *met iemand aanpappen:* op een slijmerige manier contact met iemand maken.

**aan·pas·sen** (paste aan, heeft aangepast) **1** *zich aanpassen:* je zo gedragen als de omstandigheden van je vragen ⇒ *conformeren* ♦ *in het buitenland moet je je **aanpassen** aan de gewoonten van dat land* **2** *iets aanpassen:* iets voor een bepaald doel geschikt maken ♦ *een woning **aanpassen** voor invaliden.*

**aan·pas·sings·klas** (de ~(v.); -sen) (in België) klas waarin normaal begaafde kinderen die achterop geraakt zijn met taal en rekenen, bijgewerkt worden.

**aan·plak·bil·jet** (het ~; -ten) vel papier met informatie of reclame, dat op muren, reclamezuilen enz. geplakt wordt ⇒ *affiche.*

**aan·plant** (de ~(m.)) bomen, struiken enz. die pas geplant zijn.

**aan·po·ten** (pootte aan, heeft aangepoot) (populair) doorwerken of doorlopen ♦ *flink, stevig **aanpoten.***

**aan·pra·ten** (praatte aan, heeft aangepraat) **1** *iemand iets aanpraten:* iemand iets wijsmaken **2** *iemand iets aanpraten:* iemand iets aansmeren ♦ *hij heeft zich een veel te dure auto laten **aanpraten.***

**aan·prij·zen** (prees aan, heeft aangeprezen) *iets of iemand aanprijzen:* reclame maken voor iets of iemand ⇒ *aanbevelen.*

**aan·ra·den** (raadde aan of ried aan, heeft aangeraden) *iemand iets aanraden:* iemand de raad geven iets te doen, het tegenovergestelde van 'afraden' ⇒ *adviseren, aanbevelen.*

**aan·ra·ken** (raakte aan, heeft aangeraakt) *iets of iemand aanraken:* iets of iemand even vastpakken, tegen iets of iemand aankomen.

**aan·ra·king** (de ~(v.); -en) keer dat je iemand of iets aanraakt\* ♦ *met iemand in **aanraking** komen:* (uitdr.) iemand leren kennen.

**aan·ran·den** (randde aan, heeft aangerand) *iemand aanranden:* iemand lastig vallen, iemand met slechte bedoelingen te lijf gaan ♦ *een vrouw **aanranden:*** haar met geweld dwingen tot lichamelijk contact.

**aan·recht** (de ~(m.) of het ~; -en) werkblad met een gootsteen erin.

**aan·rei·ken** (reikte aan, heeft aangereikt) *iets aanreiken:* iets aangeven, iets in handen geven.

**aan·re·ke·nen** (rekende aan, heeft aangerekend) *iemand iets aanrekenen:* iemand de schuld van iets geven, iemand iets kwalijk nemen ♦ *een kind van vijf jaar kun je zoiets niet **aanrekenen.***

**aan·rich·ten** (richtte aan, heeft aangericht) *iets aanrichten:* iets veroorzaken, teweegbrengen ♦ *de storm heeft grote schade **aangericht.***

**aan·rij·den** (reed aan, heeft aangereden) *een mens of dier aanrijden:* rijdend tegen die persoon of dat dier aanbotsen.

**aan·rij·ding** (de ~(v.); -en) botsing waar een voertuig bij betrokken is.

**aan·roe·ren** (roerde aan, heeft aangeroerd) **1** *iets aanroeren:* iets aanraken ♦ *ze heeft haar eten niet **aangeroerd*** **2** *iets aanroeren:* over iets beginnen te praten ♦ *de ruzie van gisteren werd niet meer **aangeroerd.***

**aan·ruk·ken** (ww.) *iets, bijv. voedsel of drank, laten aanrukken:* iets laten brengen.

**aan·schaf** (de ~(m.); -fen) het aanschaffen\* ♦ *de **aanschaf** van een videorecorder.*

**aan·schaf·fen** (schafte aan, heeft aangeschaft) *iets aanschaffen:* iets kopen om zelf te gebruiken.

**aan·schie·ten** (schoot aan, heeft aangeschoten) **1** *kleren aanschieten:* die snel aantrekken ♦ *een trui **aanschieten*** **2** *iemand aanschieten:* iemand even aanhouden **3** *een dier aanschieten:* het door schieten verwonden.

**aan·schou·we·lijk** (bijv. nw.) zo dat je het voor je ziet ♦ *het onderwijs **aanschouwelijk** maken.*

**aan·schou·wen** (aanschouwde, heeft aanschouwd) *iemand of iets aanschouwen:* (deftig) iemand of iets aankijken, iemand of iets zien ⇒ *gadeslaan* ♦ *het levenslicht **aanschouwen:*** (uitdr.) geboren worden; *ten **aanschouwen** van de hele familie:* (uitdr.) terwijl de hele familie het zag.

**aan·slaan** (sloeg aan) **1** (heeft aangeslagen) *iets aanslaan:* iets snel en kort treffen ♦ *toetsen **aanslaan** op de piano* **2** (heeft aangeslagen) *iets of iemand aanslaan:* bepalen hoeveel iets of iemand waard is ♦ *wij zijn voor ƒ 6.000,- **aangeslagen** door de belasting:* we moeten ƒ 6.000,- belasting betalen; *die schrijver wordt hoog **aangeslagen:*** hij wordt erg gewaardeerd **3** (is aangeslagen) (van motoren): beginnen te lopen, beginnen te draaien, het tegenovergestelde van 'afslaan' **4** (is aangeslagen) (van honden): beginnen te blaffen, als waarschuwing **5** (is aangeslagen) in de smaak vallen ♦ *mijn plannetje **sloeg** wel **aan.***

**aan·slag** (de ~(m.); -en) **1** laagje dat zich ergens op vastgezet heeft ♦ *in deze pan zit een **kalkaanslag*** **2** manier waarop je iets aanslaat\* (bet.1) ♦ *ik typ met 200 **aanslagen** per minuut* **3** poging om iemand te vermoorden ♦ *er is een **aanslag** gepleegd op de paus* **4** aanslagbiljet ▼ *het geweer in de **aanslag:*** het geweer klaar om te schieten.

**aan·slag·bil·jet** (het ~; -ten) formulier waarop staat hoeveel belasting je moet betalen.

**aan·slib·ben** (slibde aan, is aangeslibd) (van land): groter of breder worden doordat er slib\* afgezet wordt.

**aan·slui·ten** (sloot aan) **1** (heeft aangesloten) *iets of iemand aansluiten*: iets of iemand in contact brengen of verbinden met iets ◆ *deze huizen zijn **aangesloten** op de kabel-tv* **2** (is aangesloten) *ergens bij aansluiten*: op iets volgen, met iets in verbinding staan ◆ *dit hoofdstuk **sluit** niet goed **aan** bij het vorige* **3** (heeft aangesloten) *zich aansluiten bij iemand of iets*: bij iemand of iets gaan horen ◆ *wij hebben ons **aangesloten** bij die sportclub: we zijn daar lid van geworden*.

**aan·slui·ting** (de ~ (v.); -en) verbinding, contact ◆ *zij vindt bij niemand in de klas **aansluiting**; een slechte **aansluiting** hebben*: lang moeten wachten met overstappen op trein of bus.

**aan·sme·ren** (smeerde aan, heeft aangesmeerd) *iemand iets aansmeren*: iemand met een mooi verhaal iets verkopen wat hij of zij helemaal niet nodig heeft ◆ *hij heeft zich een auto laten **aansmeren***.

**aan·snij·den** (sneed aan, heeft aangesneden) **1** *iets aansnijden*: het eerste stuk uit iets snijden ◆ *een verjaardagstaart **aansnijden*** **2** *een onderwerp aansnijden*: erover beginnen te praten.

**aan·span·nen** (spande aan, heeft aangespannen) *paarden, ezels enz. aanspannen*: ze voor de wagen spannen.

**aan·spoe·len** (spoelde aan, is aangespoeld) drijvend aan land komen ◆ *er is een dode haai **aangespoeld** op het strand*.

**aan·spo·ren** (spoorde aan, heeft aangespoord) *iemand aansporen*: iemand aanzetten om meer zijn of haar best te doen ⇒ *aanmoedigen*.

**aan·spraak** (de ~) **1** gelegenheid om met iemand te praten ◆ *die oude heer heeft wat **aanspraak** nodig* ▼ *aanspraak op iets maken*: iets opeisen waarvan je vindt dat je er recht op hebt.

**aan·spra·ke·lijk** (bijv. nw.) gezegd van iemand die ergens op aangesproken* (bet.2) kan worden, die ergens verantwoordelijk voor is ◆ *hij is **aansprakelijk** voor het ongeluk: het is zijn schuld, hij zal de schade moeten vergoeden*.

**aan·spre·ken** (sprak aan, heeft aangesproken) **1** *iemand aanspreken*: tegen iemand beginnen te praten, iemand toespreken ◆ *iemand met 'u' **aanspreken*** **2** *iemand ergens op aanspreken*: iemand verantwoordelijk stellen voor iets ◆ *als er iets fout gaat, word ik er op **aangesproken*** **3** *reserves, voorraden aanspreken*: die gaan gebruiken **4** *iemand aanspreken*: bij iemand in de smaak vallen ◆ *dat boek **spreekt** me niet **aan***.

**aan·staan** (stond aan, heeft aangestaan) *iemand aanstaan*: iemand bevallen ◆ *zijn gezicht **staat** me niet **aan***.

**aan·staand** (bijv. nw.) **1** eerstvolgend ⇒ komend ◆ *aanstaande maandag* **2** toekomstig ◆ *een **aanstaande** moeder*: een vrouw die haar eerste kind verwacht.

**aan·staan·de** (de ~; -n) toekomstige man of vrouw ⇒ *verloofde*.

**aan·stal·ten** (zelfst. nw.) ▼ *aanstalten maken*: laten merken dat je iets van plan bent; *aanstalten maken om weg te gaan*.

**aan·ste·ke·lijk** (bijv. nw.) zo dat je vanzelf mee gaat doen ◆ *Latifa zat **aanstekelijk** te gapen*.

**aan·ste·ken** (stak aan, heeft aangestoken) **1** *iets aansteken*: iets laten branden ⇒ ontsteken ◆ *een sigaret **aansteken*** **2** *iemand aansteken*: een besmettelijke ziekte op iemand overbrengen ◆ *als je griep hebt, kun je een ander **aansteken***.

**aan·ste·ker** (de ~ (m.); -s) apparaatje om vuur mee te maken, vooral om een sigaret mee aan te steken.

**aan·stel·len** (stelde aan, heeft aangesteld) **1** *iemand aanstellen*: iemand in dienst nemen ⇒ benoemen ◆ *er wordt*

een nieuwe conciërge *aangesteld* **2** *zich aanstellen*: erg overdrijven, kinderachtig doen ◆ *stel je niet **aan**!*

**aan·stel·ler** (de ~ (m.); -s), vrouw: **aan·stel·ster** (de ~ (v.); -s) iemand die zich aanstelt* (bet.2) ⇒ komediant.

**aan·stel·le·rij** (de ~ (v.)) gedrag van iemand die zich aanstelt* (bet.2) ⇒ komedie.

**aan·stel·ling** (de ~ (v.); -en) het aangesteld* (bet.1) zijn of worden ⇒ benoeming.

**aan·stel·ster** → aansteller.

**aan·stich·ten** (stichtte aan, heeft aangesticht) *iets, bijv. kwaad of ellende, aanstichten*: iets veroorzaken.

**aan·stich·ter** (de ~ (m.); -s), vrouw: **aan·sticht·ster** (de ~ (v.); -s) persoon die iets vervelends veroorzaakt.

**aan·stip·pen** (stipte aan, heeft aangestipt) **1** *iets aanstippen*: iets even aanraken ◆ *een wondje met jodium **aanstippen*** **2** *iets aanstippen*: terloops over iets praten.

**aan·stonds** (bijw.) (ouderwets) dadelijk, zo meteen.

**aan·stoot** (de ~ (m.)) ergernis ◆ *aanstoot geven*: de ergernis van anderen opwekken; *ik neem daar geen **aanstoot** aan: ik erger me er niet aan*.

**aan·sto·ten** (stootte aan, heeft aangestoten) *iemand aanstoten*: iemand een duwtje geven om zijn of haar aandacht te trekken.

**aan·stre·pen** (streepte aan, heeft aangestreept) *iets aanstrepen*: ergens een streepje bij zetten, als merkteken ◆ *een belangrijke zin in een boek **aanstrepen***.

**aan·stu·ren** (stuurde aan, heeft aangestuurd) *ergens op aansturen*: ergens heen sturen ◆ *met een schip op de wal **aansturen**; erop **aansturen** dat ...:* (uitdr.) proberen voor elkaar te krijgen dat ....

**aan·tal** (het ~; -len) bepaalde hoeveelheid, die je in een getal kunt uitdrukken ◆ *raad het juiste **aantal** knikkers dat in deze pot zit; een groot **aantal** mensen: een heleboel mensen*.

**aan·tas·ten** (tastte aan, heeft aangetast) *iets of iemand aantasten*: een nadelige werking hebben op iets of iemand ⇒ beschadigen ◆ *die fiets is flink door de roest **aangetast***.

**aan·te·ke·nen** (tekende aan, heeft aangetekend) **1** *iets aantekenen*: iets opschrijven, iets noteren ◆ *iets in een schrift **aantekenen**; een brief of pakket **aangetekend** versturen*: waarbij je een bewijs van afgifte krijgt, zodat je kunt aantonen dat je die brief of dat pakket verstuurd hebt **2** *iets ergens bij aantekenen*: iets ergens bij vermelden, ergens nog een opmerking over maken **3** in ondertrouw gaan.

**aan·te·ke·ning** (de ~ (v.); -en) **1** dat wat je aantekent* (bet.1 en 2) ⇒ notitie ◆ *aantekeningen maken* **2** soort diploma waaruit je een extra bevoegdheid hebt ◆ *je **aantekening** voor leraar halen*.

**aan·tij·ging** (de ~ (v.); -en) valse beschuldiging.

**aan·tik·ken** (tikte aan, heeft aangetikt) **1** *iemand of iets aantikken*: iemand of iets met een vlugge beweging aanraken, iemand of iets een tikje geven ◆ *bij slagbal moet je het honk even **aantikken*** ▼ *dat tikt aan*: dat loopt op tot een behoorlijk bedrag of aantal.

**aan·tocht** (zelfst. nw.) ▼ *in aantocht zijn*: eraan komen; *Sinterklaas is in **aantocht**!*

**aan·to·nen** (toonde aan, heeft aangetoond) *iets aantonen*: laten zien dat iets zo is ⇒ bewijzen, demonstreren.

**aan·to·nend** (bijv. nw.) ▼ *aantonende wijs*: (taal) vorm van een vervoegd werkwoord die geen gebod of wens uitdrukt.

**aan·tre·den** (trad aan, is aangetreden) je verzamelen en in het gelid gaan staan.

**aan·tref·fen** (trof aan, heeft aangetroffen) *iets of iemand* *aantreffen:* ergens komen en iets of iemand daar zien ♦ *ik **trof** in huis een grote ravage **aan**.*

**aan·trek·ke·lijk** (bijv. nw.) waardoor je aangetrokken* (bet.2) wordt ⇒ *aanlokkelijk, verleidelijk, attractief* ♦ *die pannenkoek ziet er heel **aantrekkelijk** uit.*

**aan·trek·ken** (trok aan, heeft aangetrokken) **1** iets aantrekken: iets strakker trekken, iets naar je toehalen ♦ *het touw **aantrekken*** **2** iemand of iets aantrekken: iemand of iets naar zich toehalen ♦ *stroop **trekt** vliegen **aan**; personeel **aantrekken**:* nieuwe medewerkers in dienst nemen **3** iemand aantrekken: aantrekkingskracht op iemand uitoefenen, iemand bekoren ♦ *jouw plan **trekt** mij helemaal niet **aan**; ze voelde zich tot die jongen **aangetrokken**:* ze vond het fijn om met hem om te gaan **4** zich iets aantrekken: je druk maken over iets, iets ter harte nemen ♦ *hij **trok** zich de dood van zijn vader erg **aan**; ik **trek** me er lekker niks van **aan!*** **5** kleren of schoenen aantrekken: die aandoen.

**aan·trek·kings·kracht** (de ~) kracht van iets of iemand om iets of iemand anders naar zich toe te halen ♦ *hij oefent een sterke **aantrekkingskracht** uit op kinderen:* kinderen vinden hem meestal erg leuk.

**aan·vaar·den** (aanvaardde, heeft aanvaard) **1** iets aanvaarden: je niet tegen iets verzetten, in iets berusten ⇒ *accepteren* ♦ *je lot **aanvaarden*** **2** iets aanvaarden: iets aannemen, iets ontvangen ⇒ *accepteren* ♦ *een geschenk **aanvaarden*** **3** iets aanvaarden: aan iets beginnen ♦ *een reis **aanvaarden**; een ambt **aanvaarden**.*

**aan·val** (de ~(m.); -len) **1** poging om iemand met lichaamskracht, wapens of woorden te verzwakken of te overmeesteren ⇒ *offensief* ♦ *een **aanval** doen; de **aanval** is de beste verdediging:* (uitdr.) je kunt beter zelf beginnen dan afwachten **2** korte hevige aandoening of uitbarsting ♦ *een **aanval** van epilepsie; een **aanval** van woede.*

**aan·val·len** (viel aan, heeft aangevallen) **1** iemand of iets aanvallen: een aanval* (bet.1) doen op iemand of iets **2** iemand ergens op aanvallen: kritiek op iemand leveren op een bepaald punt.

**aan·vang** (de ~(m.)) (deftig) begin ♦ ***aanvang** van de film: acht uur.*

**aan·van·gen** (ving aan, is of heeft aangevangen) (deftig) beginnen.

**aan·van·ke·lijk** (bijv. nw.) bij aanvang*, in het begin.

**aan·va·ring** (de ~(v.); -en) **1** botsing tussen twee schepen **2** conflict tussen twee mensen of partijen.

**aan·vecht·baar** (bijv. nw.) waar kritiek op te geven is ⇒ *betwistbaar* ♦ *de rechter deed een zeer **aanvechtbare** uitspraak.*

**aan·vech·ten** (vocht aan, heeft aangevochten) iets aanvechten: tegen iets ingaan, iets betwisten ♦ *een beslissing **aanvechten**.*

**aan·vech·ting** (de ~(v.); -en) onweerstaanbare neiging ⇒ *drang.*

**aan·ver·want** (bijv. nw.) daarop lijkend, soortgelijk ♦ *ze verkopen daar bezems, mattenkloppers en **aanverwante** artikelen.*

**aan·voe·gend** (bijv. nw.) ▼ **aanvoegende** wijs: (taal) vorm van een werkwoord die een wens of aansporing uitdrukt, bijv. 'ruste' in: 'hij ruste in vrede'.

**aan·voe·len** (voelde aan, heeft aangevoeld) **1** iets of iemand aanvoelen: met je gevoel weten of begrijpen hoe iets of iemand is ♦ *iemand goed **aanvoelen**:* snappen wat iemand wil of vindt zonder dat hij of zij dat zegt **2** koud, ruw, zacht enz. aanvoelen: een koud, ruw, zacht enz. gevoel geven bij het aanraken ♦ *deze stof **voelt** lekker zacht **aan**.*

**aan·voer** (de ~(m.)) het aanvoeren* (bet.2) ⇒ *aanlevering, toevoer* ♦ *nieuwe **aanvoer** van levensmiddelen.*

**aan·voer·der** (de ~(m.); -s), vrouw: **aan·voer·ster** (de ~ (v.); -s) iemand die een groep mensen aanvoert* (bet.1) ⇒ *captain, leider.*

**aan·voe·ren** (voerde aan, heeft aangevoerd) **1** een groep aanvoeren: die leiden **2** iets aanvoeren: iets met een vervoermiddel naar de bestemde plaats brengen **3** iets aanvoeren: iets als argument naar voren brengen ♦ *ze **voerde** haar ziekte **aan** als excuus.*

**aan·voer·ster** → aanvoerder.

**aan·vraag, aan·vra·ge** (de ~; aanvragen) iets dat je aanvraagt* ⇒ *verzoek* ♦ *zij hebben een **aanvraag** tot echtscheiding ingediend.*

**aan·vra·gen** (vroeg aan, heeft aangevraagd) iets aanvragen: officieel om iets vragen bij de instelling die erover gaat ♦ *ontslag **aanvragen**; folders **aanvragen** over Engeland; zij **vroeg** een muzieknummer **aan** voor haar oma:* ze vroeg de programmamaker een bepaald muzieknummer te draaien.

**aan·vul·len** (vulde aan, heeft aangevuld) iets of iemand aanvullen: het ontbrekende toevoegen ⇒ *completeren* ♦ *die twee **vullen** elkaar mooi **aan**:* wat de een niet kan, dat kan de ander.

**aan·vu·ren** (vuurde aan, heeft aangevuurd) iemand aanvuren: iemand enthousiast aansporen.

**aan·waai·en** (waaide of woei aan, is aangewaaid) **1** vanzelf, zonder inspanning lukken ♦ *alles **waait** hem zomaar **aan*** **2** komen aanwaaien: zonder afspraak op bezoek komen.

**aan·wak·ke·ren** (wakkerde aan, heeft aangewakkerd) **1** vuur aanwakkeren: het feller laten branden **2** een gevoel aanwakkeren: het krachtiger laten worden ♦ *haar enthousiasme werd **aangewakkerd**.*

**aan·was** (de ~(m.)) groei ⇒ *toename* ♦ *de bevolkings**aanwas**:* het toenemen van het aantal inwoners.

**aan·wen·den** (wendde aan, heeft aangewend) iets aanwenden: iets in het werk stellen, iets gebruiken ⇒ *toepassen* ♦ *we hebben alle mogelijke middelen **aangewend**.*

**aan·wen·nen** (wende aan, heeft aangewend) zich iets aanwennen: een gewoonte van iets maken.

**aan·wen·sel** (het ~; -s) iets hinderlijks dat je je aangewend* hebt, vervelende gewoonte ⇒ *tic, hebbelijkheid.*

**aan·wer·ven** (wierf aan, heeft aangeworven) personeel, arbeiders aanwerven: (in België □) in dienst nemen.

**aan·we·zig** (bijv. nw.) **1** gezegd van iemand die ergens bij is, het tegenovergestelde van 'afwezig' ⇒ *present* **2** gezegd van dingen die je tot je beschikking hebt ⇒ *beschikbaar, voorhanden* ♦ *voor de kleintjes is er speelgoed **aanwezig**.*

**aan·wij·zen** (wees aan, heeft aangewezen) **1** iets of iemand aanwijzen: naar iets of iemand wijzen **2** (van meters en wijzers) iets aanwijzen: iets aangeven ⇒ *registreren* ♦ *de thermometer **wijst** 21 graden **aan**.*

**aan·wij·zing** (de ~(v.); -en) informatie over hoe je te werk moet gaan ⇒ *instructie* ♦ *gebruiks**aanwijzing**.*

**aan·winst** (de ~(v.); -en) iets dat je erbij gekregen hebt, nieuw eigendom.

**aan·wrij·ven** (wreef aan, heeft aangewreven) iemand iets aanwrijven: iemand beschuldigen van iets ♦ *dat laat ik me niet **aanwrijven**.*

**aan·zet** (de ~(m.); -ten) handeling die ervoor zorgt dat er met iets begonnen wordt, eerste stoot ⇒ *impuls* ♦ *de **aanzet** tot iets geven.*

**aan·zet·ten 1** (zette aan, heeft aangezet) iets aanzetten: iets vastnaaien ♦ *knopen **aanzetten*** **2** (zette aan, heeft aangezet) iemand tot iets aanzetten: iemand ertoe brengen iets te doen ⇒ *opwekken* **3** komen aanzetten: eraan komen (gezegd als je iemand niet verwacht had of als je iemand niet graag ziet komen).

**aan·zien¹** (het ~) **1** uiterlijk ⇒ *voorkomen* ◆ *deze straat heeft een heel ander* **aanzien** *gekregen* **2** achting, waardering ◆ *zij staat bij iedereen hoog in* **aanzien**: *zij wordt door iedereen geacht* ▼ *ten* **aanzien** *van …: wat betreft …, met betrekking tot …* ▼ *zonder* **aanzien** *des persoons*: zonder onderscheid te maken tussen de een of de ander.

**aan·zien²** (zag aan, heeft aangezien) **1** iets aanzien: rustig naar iets kijken, zonder iets te doen ◆ *ik zal het nog even* **aanzien**; *het is niet om* **áán** *te zien*: (uitdr.) het is afschuwelijk lelijk **2** iemand voor iets of voor iemand anders aanzien: denken dat iemand een ander of iets anders is, iemand voor iets of iemand anders houden ◆ *hij* **zag** *mij voor een verkoopster* **aan**; *waar* **zie** *je me voor* **aan?**: je denkt toch niet dat ik zo iets zou doen? ▼ *het is haar* **aan** *te zien dat ze laat naar bed is gegaan*: dat kun je wel aan haar zien; *zonder* **aanzien** *des persoons*: zonder de een voor te trekken boven de ander; *naar het zich laat* **aanzien**: zoals het nu lijkt.

**aan·zien·lijk** (bijv. nw.) behoorlijk groot of behoorlijk veel ⇒ *aanmerkelijk*.

**aan·zoek** (het ~; -en) de vraag aan iemand of hij of zij met je wil trouwen ◆ *een* **aanzoek** *doen*.

**aan·zui·ve·ren** (zuiverde aan, heeft aangezuiverd) *een tekort aanzuiveren*: dat bijbetalen ⇒ *aanvullen*.

**aan·zwen·ge·len** (zwengelde aan, heeft aangezwengeld) *iets aanzwengelen*: ervoor zorgen dat er over iets gepraat wordt.

**aap** (de ~ (m.); apen), vrouwtjesdier: **apin** (de ~ (v.); -nen) zoogdier dat het meest op de mens lijkt ◆ *ik schrok me een* **aap**: (uitdr.) ik schrok verschrikkelijk; *voor* **aap** *staan*: (uitdr.) voor gek staan, belachelijk gemaakt worden; *in de* **aap** *gelogeerd zijn*: (uitdr.) onverwachts in moeilijkheden geraakt zijn; *daar komt de* **aap** *uit de mouw*: (uitdr.) nu blijkt wat er echt gebeurd is; *al draagt een* **aap** *een gouden ring, het is en blijft een lelijk ding*: (spreekwoord) als iemand die lelijk is heel mooie kleren of sieraden draagt, wordt hij of zij daar nog niet mooier van; *iemand voor de* **aap** *houden*: (in België □; uitdr.) iemand voor de gek houden.

**aar** (de ~; aren) bovenste stuk van een graanhalm, waarin de graankorrels zitten.

**aard** (de ~ (m.)) manier waarop iets of iemand in elkaar zit ⇒ *karakter, natuur, wezen* ◆ *Hakim is driftig van* **aard**; *hij heeft een* **aardje** *naar zijn vaartje*: (uitdr.) wat zijn karakter betreft lijkt hij op zijn vader.

**aard·ap·pel** (de ~ (m.); -en of -s) eetbare knol van een plant uit de familie van de nachtschaden ⇒ *pieper*.

**aard·bei** (de ~; -en) rode vrucht die fris en zoet smaakt.

**aard·be·ving** (de ~ (v.); -en) hevige trilling van de aardkorst.

**aard·bol** (de ~ (m.)) de aarde ⇒ *wereld*.

**aar·de** (de ~) **1** de planeet waarop wij wonen (kijk ook bij: **planeet**) ⇒ *aardbol, wereld* **2** bodemlaag waarin bomen en planten groeien ⇒ *grond* ◆ *het wil niet in goede* **aarde**: (uitdr.) men vond het niet leuk.

**aar·den¹** (bijv. nw.) van aarde* (bet.2) gemaakt ◆ *een* **aarden** *wal*.

**aar·den²** (aardde, heeft geaard) **1** *naar iemand aarden*: iemands aard*, iemands karakter hebben ◆ *Els* **aardt** *naar haar grootmoeder* **2** aan een nieuwe woonplaats wennen, je thuis gaan voelen ◆ *onze vroegere buren kunnen niet* **aarden** *in Limburg* **3** elektrische apparaten aarden: met metaal een verbinding tussen dat apparaat en de aarde* (bet.2) maken, zodat de buitenkant van het apparaat niet onder stroom kan komen te staan ◆ *een* **geaard** *stopcontact*.

**aar·de·werk** (het ~) gebakken aarde of klei, of servies dat daarvan gemaakt is.

**aard·gas** (het ~) gas dat in de grond zit, en dat o.a. wordt gebruikt om op te koken.

**aar·dig** (bijv. nw.) **1** prettig om mee om te gaan ⇒ *vriendelijk, sympathiek, geschikt* ◆ *wij hebben* **aardige** *buren* **2** leuk om te zien ◆ *wat een* **aardig** *huis is dat!* **3** nogal groot ⇒ *behoorlijk, flink* ◆ *het is nog een* **aardig** *eindje lopen*.

**aar·dig·heid** (de ~ (v.)) plezier ⇒ *lol* ◆ *voor mij is de* **aardigheid** *eraf*: ik vind het niet leuk meer.

**aar·dig·heid·je** (het ~; -s) **1** klein cadeautje ⇒ *presentje, kleinigheid* **2** grapje ⇒ *geintje*.

**aard·korst** (de ~) korst om de aarde, die ongeveer 30 km dik is.

**aard·laag** (de ~; -lagen) elk van de lagen waaruit de aardkorst bestaat.

**aard·man·ne·tje** (het ~; -s) (in verhalen) kabouter die onder de grond woont.

**aard·noot** (de ~ (m.); -noten) pinda.

**aard·olie** (de ~) olie die in de grond zit, en die na een bewerking o.a. gebruikt wordt als brandstof.

**aard·rijk** (het ~) (deftig) wereld.

**aard·rijks·kun·de** (de ~ (v.)) alles wat er te leren is over de aarde ⇒ *geografie*.

**aards** (bijv. nw.) te maken hebbend met het leven op aarde, het tegenovergestelde van 'hemels' ◆ *mensen zijn* **aardse** *wezens, engelen zijn hemelse wezens*.

**aard·schok** (de ~ (m.); -ken) korte hevige aardbeving.

**aard·stra·len** (zelfst. nw.; meervoud) stralen die, naar men zegt, uit de aarde komen en die van invloed kunnen zijn op mensen, planten en dieren.

**aard·var·ken** (het ~; -s) zoogdier met een spitse snuit dat zich voedt met een soort mieren.

**aars** (de ~ (m.); aarzen) uiteinde van het darmkanaal ⇒ *anus, poepgaatje*.

**aarts-** heel erg, door en door ◆ **aarts***lelijk; een* **aarts***leugenaar*.

**aarts·bis·schop** (de ~ (m.); -pen) bisschop die aan het hoofd staat van de andere bisschoppen in een bepaald gebied.

**aar·ze·len** (aarzelde, heeft geaarzeld) nog even wachten voordat je iets doet of zegt, uit onzekerheid ⇒ *weifelen*.

**aar·ze·ling** (de ~ (v.); -en) het aarzelen*.

**aas** (zelfst. nw.) **1** (het ~) voedsel waarmee vissen gelokt en gevangen worden **2** (het ~) voedsel voor dieren dat ze zelf zoeken **3** (de ~ (m.) of het ~; azen) speelkaart met de hoogste waarde ◆ *klaver***aas**; *van krommen* **aas** *gebaren*: (in België □; uitdr.) doen of je nergens van weet, je van de domme houden.

**aas·gier** (de ~ (m.); -en) bepaald soort roofvogel die zich voedt met dode dieren.

**aba·ca·da·bra** → abracadabra.

**abat·toir** [aabatwaar](het ~; -s) gebouw waarin dieren geslacht worden ⇒ *slachthuis*.

**abc** (het ~) het alfabet, dat zo genoemd wordt naar de eerste drie letters.

**ab·ces** (het ~; -sen) etterende ontsteking ⇒ *ettergezwel*.

**ab·di·ca·tie** (de ~ (v.); -s) het vrijwillig aftreden van een koning of koningin, bijv. omdat hij of zij te oud wordt ⇒ *troonsafstand*.

**ab·dij** (de ~ (v.); -en) klooster ⇒ *convent*.

**ab·dis** → abt.

**abeel** (de ~ (m.); abelen) bepaald soort populier.

**ABN** (het ~) Algemeen Beschaafd Nederlands; dit is de standaardtaal van Nederland en Vlaanderen, dus geen dialect.

**ab·nor·maal** (bijv. nw.) anders dan normaal ⇒ *onge-woon, afwijkend* ◆ *we hebben een* **abnormaal** *natte zomer.*

**A-bom** (de ~(v.); -men) atoombom.

**abo·mi·na·bel** (bijv. nw.) afschuwelijk, heel slecht ◆ *mijn handschrift is* **abominabel.**

**abon·nee** (de ~; -s) iemand die ergens een abonnement* op heeft.

**abon·nee·num·mer** (het ~; -s) telefoonnummer dat na het kengetal of netnummer gedraaid of getoetst moet worden.

**abon·ne·ment** (het ~; -en) bewijs dat je betaald hebt om ergens regelmatig naar binnen te mogen, of om regelmatig een krant of tijdschrift te ontvangen ◆ *een* **abonnement** *op de Donald Duck; een trein***abonnement.**

**abon·ne·ren** (abonneerde, heeft geabonneerd) **1** *je op iets, bijv. een krant, abonneren:* een abonnement* op iets nemen **2** *iemand abonneren op iets:* iemand een abonnement* op iets geven.

**abo·ri·gi·nal** (Engels) [ɛbɔoːrɪdʒɛnɛl], in België: [ɑbɔoːrɪdʒɛnɛl] (de ~(m.); -s) oorspronkelijke bewoner van Australië.

**abor·te·ren** (aborteerde, heeft geaborteerd) een zwangerschap laten ophouden.

**abor·tus** (de ~(m.); -sen) **1** ingreep bij een zwangere vrouw waarbij het ongeboren kindje uit haar buik wordt gehaald ⇒ *zwangerschapsonderbreking* **2** (deftig) miskraam.

**abra·ca·da·bra** (het ~) woorden die wel toverspreuken lijken, omdat je er niets van begrijpt.

**Abra·ham, Abram** (zelfst. nw.) ▼ *hij heeft* **Abraham** *gezien:* hij is vijftig jaar of ouder; *zij weet waar* **Abraham** *de mosterd haalt:* ze heeft heel wat meegemaakt, ze is niet zo naïef meer.

**abri** (de ~(m.); abri's) schuilplaats bij een tram- of bushalte ⇒ *wachthuisje.*

**abri·koos** (de ~; abrikozen) oranje vrucht met een dikke pit.

**ab·rupt** (bijv. nw.) heel plotseling.

**ab·sent** (bijv. nw.) niet aanwezig ⇒ *afwezig* ◆ *wie is er* **absent?**

**ab·so·lu·tie** (de ~(v.)) vergeving van zonden die je aan een geestelijke hebt opgebiecht.

**ab·so·luut** (bijv. nw.) **1** zonder beperking, helemaal ⇒ *volkomen, volstrekt* ◆ *er heerst* **absolute** *stilte:* er is helemaal niets te horen; *een* **absoluut** *vorst:* iemand die in zijn eentje alle macht heeft ▼ *een* **absoluut** *gehoor hebben:* precies weten wat voor toonhoogte een geluid heeft, zonder dat geluid te vergelijken met andere tonen.

**ab·sor·be·ren** (absorbeerde, heeft geabsorbeerd) *iets absorberen:* iets opzuigen, iets in zich opnemen ◆ *de gemorste limonade is door de vloerbedekking* **geabsorbeerd.**

**ab·stract** (bijv. nw.) gezegd van iets dat je niet kunt zien of vastpakken, maar waarvan je alleen met je verstand kunt begrijpen dat het er is, het tegenovergestelde van 'concreet' ◆ *een* **abstract** *schilderij:* een schilderij waarvan je niet kunt zien wat het voorstelt, maar waarbij je door de vormen en kleuren moet begrijpen wat de schilder bedoeld heeft.

**ab·surd** (bijv. nw.) niet logisch en heel onverstandig ⇒ *belachelijk, onzinnig, dwaas, ongerijmd* ◆ *het is* **absurd** *om in december in zee te gaan zwemmen.*

**abt** (de ~(m.); -en), vrouw: **ab·dis** (de ~(v.); -sen) hoofd van een abdij* ⇒ *overste.*

**abuis**[1] (het ~) vergissing ◆ *ik heb per* **abuis** *de tas van mijn zusje meegenomen.*

**abuis**[2] (bijv. nw.) ▼ **abuis** *zijn:* je vergissen; *je bent hier* **abuis:** je bent hier verkeerd, je moet niet hier zijn.

**abu·sie·ve·lijk** (bijv. nw.) per abuis[1]*, bij vergissing ◆ *uw post is* **abusievelijk** *bij ons bezorgd.*

**ABVV** (het ~) Algemeen Belgisch Vakverbond.

**aca·cia** (de ~(m.); acacia's) sierboom waaraan vruchten groeien die op peultjes lijken.

**aca·de·mi·cus** (de ~(m.); academici), vrouw: **aca·de·mi·ca** (de ~(v.); academica's) iemand die een diploma aan de universiteit heeft behaald.

**aca·de·mie** (de ~(v.); -s of academiën) school voor hoger onderwijs waar je voor één bepaald vak kunt leren ◆ *de kunst***academie;** *de sociale* **academie.**

**aca·de·misch** (bijv. nw.) **1** gezegd van alles wat met de universiteit te maken heeft ◆ *het* **academisch** *ziekenhuis:* het ziekenhuis dat bij een universiteit hoort **2** oninteressant, al te theoretisch ◆ *een* **academisch** *probleem:* een probleem dat in de praktijk niet zo gauw voor zal komen.

**aca·jou** [aːkaːʒœ] (het ~) mahonie.

**a ca·pel·la** ▼ *a capella zingen:* zonder begeleiding van muziekinstrumenten.

**ac·ce·le·re·ren** [akselereːrən] (accelereerde, heeft geaccelereerd) *(van motorvoertuigen):* sneller gaan, meer vaart maken ⇒ *versnellen.*

**ac·cent** (het ~; -en) **1** manier waarop iemand de woorden uitspreekt ⇒ *tongval* ◆ *ze spreekt met een Engels* **accent 2** klemtoon, nadruk ◆ *waar ligt het* **accent** *bij voornaam?*

**ac·cent cir·con·flexe** (Frans) [aksɑ̃sierkɔ̃fleks] (het ~; accents circonflexes) teken in de Franse spelling dat op een klinker geplaatst wordt (het teken ' ô ') ◆ *'Rhône' schrijf je met een* **accent circonflexe** *op de o.*

**ac·cen·tu·e·ren** (accentueerde, heeft geaccentueerd) *iets accentueren:* iets beter doen uitkomen, nadruk aan iets geven ⇒ *benadrukken* ◆ *dit kapsel* **accentueert** *de vorm van je gezicht.*

**ac·cep·ta·bel** [akseptaːbel] (bijv. nw.) gezegd van iets dat geaccepteerd* (bet.1) kan worden ⇒ *aanvaardbaar, aannemelijk* ◆ *je verhaal is* **acceptabel** *voor me:* ik geloof je verhaal wel.

**ac·cep·te·ren** [aksepteːrən] (accepteerde, heeft geaccepteerd) **1** *iets of iemand accepteren:* iets of iemand aanvaarden, iets of iemand goed vinden ◆ *mijn vriendin wordt door mijn ouders niet* **geaccepteerd 2** *iets accepteren:* iets aannemen, iets in ontvangst nemen ◆ *we* **accepteren** *geen inzendingen meer na de sluitingsdatum.*

**ac·cept·gi·ro·kaart** (de ~; -en) girokaart die al ingevuld is als je hem toegestuurd krijgt en waarop je alleen nog maar je handtekening hoeft te zetten om de betaling te regelen.

**ac·ces·soi·res** (Frans) [asɛswaːrəs, in België: akseswaːrəs] (zelfst. nw.; meervoud) extra onderdelen of toebehoren bij een apparaat of kledingstuk ◆ *de* **accessoires** *bij deze fiets zijn een spiegel en een snelheidsmeter.*

**ac·cijns** [akseins] (de ~(m.); accijnzen) extra belasting die betaald moet worden voor een aantal producten, zoals alcohol en tabak.

**ac·cla·ma·tie** (zelfst. nw.) ▼ *een voorstel bij* **acclamatie** *aannemen:* een voorstel aannemen omdat iedereen het ermee eens is, zonder de stemmen te tellen.

**ac·cli·ma·ti·se·ren** (acclimatiseerde, is geacclimatiseerd) aan een ander klimaat of een andere omgeving wennen.

**ac·co·la·de** (de ~(v.); -n of -s) teken waarmee je aangeeft dat dingen die naast of boven elkaar geschreven staan bij elkaar horen (het teken ' { ' of ' } ') ◆ *{dit} staat tussen* **accolades.**

**ac·com·mo·da·tie** (de ~(v.); -s) de ruimte en de voorzieningen die er zijn voor een bepaald doel ♦ *dit is geen geschikte* **accommodatie** *voor een vergadering; ons vakantieverblijf was een luxe* **accommodatie**.

**ac·coord** → akkoord.

**ac·cor·de·on** (de ~(m.) of het ~; -s) muziekinstrument met knoppen en toetsen dat je moet uittrekken en induwen om er geluid uit te krijgen ⇒ *trekharmonica*.

**ac·coun·tant** (Engels) [ǝkaunt∂nt](de ~(m.); -s) iemand die voor zijn of haar beroep andere mensen helpt met hun boekhouding en administratie.

**ac·cre·di·te·ren** (accrediteerde, heeft geaccrediteerd) iemand, bijv. *een gezant of een journalist, accrediteren*: officieel goedkeuren dat iemand ergens zijn of haar beroep uitoefent.

**ac·cu** (de ~(m.); accu's) apparaat waarin elektrische stroom wordt opgeslagen, bijv. in een auto of een boot.

**ac·cu·raat** (bijv. nw.) erg nauwkeurig ⇒ *stipt, nauwgezet, precies, punctueel*.

**ac·cu·ra·tes·se** (de ~(v.)) het accuraat* zijn ⇒ *stiptheid, nauwgezetheid, precisie*.

**ace·ton** [assɛton](de ~(m.) of het ~) oplos- en schoonmaakmiddel dat snel vervliegt en scherp ruikt; het wordt o.a. gebruikt om nagellak te verwijderen.

**ach** (tussenw.) **1** (om aan te geven dat je medelijden hebt) ♦ *ach, dat arme kind!* **2** (om aan te geven dat het allemaal wel meevalt) ♦ *ach, je moet het niet zo somber inzien* **3** (om aan te geven dat je geïrriteerd bent) ♦ *ach, ga toch weg jij!* **4** (om aan te geven dat het je niet zoveel kan schelen) ♦ *ach, zie maar wat je doet.*

**à char·ge** (Frans) [ãaʃarʒ∂] ▼ *een getuige à charge*: een getuige die wordt opgeroepen om de beklaagde te beschuldigen, het tegenovergestelde van 'een getuige à decharge'.

**achil·les·hiel** (de ~(m.); -en) zwakke plek, kwetsbare plaats.

**achil·les·pees** (de ~; -pezen) dikke, sterke pees tussen hiel en kuit.

**acht¹** (zelfst. nw.) ▼ *geef* **acht!**: let op!; *ergens* **acht** *op slaan*: op iets letten; *je moet je in* **acht** *nemen*: je moet goed voor jezelf zorgen.

**acht²** (hoofdtelw.) 8 ♦ *het is* **acht** *uur.*

**acht·baan** (de ~; -banen) spoorbaan die omhoog en in de rondte loopt op de kermis of in een pretpark en waar wagentjes met grote vaart overheen rijden.

**ach·te·loos** (bijv. nw.) zonder er veel tijd of moeite aan te besteden ⇒ *nonchalant* ♦ **achteloos** *beantwoordde hij alle vragen goed.*

**ach·ten** (achtte, heeft geacht) **1** *iemand achten*: achting*, respect voor iemand voelen ⇒ *waarderen* ♦ **geachte** *aanwezigen* **2** *iemand schuldig achten, iemand tot iets in staat achten enz.*: menen dat iemand schuldig is, in staat is tot iets enz. ♦ **acht** *jij haar tot zoiets gemeens in staat?*: denk jij dat zij zoiets gemeens zou kunnen doen? **3** *iets onjuist, onverantwoord enz. achten*: vinden dat iets onjuist, onverantwoord enz. is.

**ach·ter¹** (bijw.) **1** aan de achterkant, het tegenovergestelde van 'voor' ♦ *hij is* **achter**: hij is in de keuken of in de tuin; *opa is* **achter** *in de vijftig*: opa is bijna zestig; *naar* **achteren**: (uitdr.) naar de achterkant; *van* **achteren**: (uitdr.) aan de achterkant; ook: van de achterkant **2** (woordje dat aangeeft dat iemand minder goed of minder ver is dan de anderen, het tegenovergestelde van 'voor') ♦ *ze raken* **achter**: ze houden het niet bij; *we staan* **achter**: we zijn aan het verliezen.

**ach·ter²** (voorz.) **1** aan de achterkant van, het tegenovergestelde van 'voor' ♦ **achter** *ons huis is een sloot; ergens*

**achter** *staan*: (uitdr.) het met iets eens zijn, iets ook vinden; *ik sta* **achter** *je*: (uitdr.) je kunt op me rekenen, ik zal je verdedigen als dat nodig is **2** later dan, het tegenovergestelde van 'voor' ⇒ *na* ♦ *jij moet* **achter** *mij*; **achter** *elkaar*: de een na de ander **3** (in verschillende vaste combinaties van woorden) ♦ *ergens* **achter** *komen*: iets te weten komen; *daar zit vast iets* **achter**: dat heeft vast een bijbedoeling.

**ach·ter·aan** (bijw.) in het achterste gedeelte, achter de anderen of het andere ♦ **achteraan** *in het boek*: op het einde van het boek; *ergens* **achteraan** *gaan*: (uitdr.) iets proberen te krijgen.

**ach·ter·af** (bijw.) **1** niet tussen andere mensen, op de achtergrond ♦ *je moet je tent niet zo* **achteraf** *opzetten* **2** nadat iets voorbij is, na afloop ♦ *naderhand* ♦ **achteraf** *bekeken hebben we nog geluk gehad.*

**ach·ter·baks** (bijv. nw.) gezegd van mensen die je niet kunt vertrouwen ⇒ *stiekem, geniepig* ♦ *hij doet* **achterbaks**: hij doet dingen achter de rug van mensen om, hij is onbetrouwbaar.

**ach·ter·ban** (de ~(m.)) mensen die een persoon of een vereniging steunen zonder zelf actief mee te doen.

**ach·ter·blij·ven** (bleef achter, is achtergebleven) **1** op de plaats blijven, niet met anderen weggaan ♦ *de paraplu is hopelijk niet in de trein* **achtergebleven**; *toen iedereen een mop vertelde kon ik niet* **achterblijven**: (uitdr.) toen moest ik er ook wel een vertellen **2** anderen niet kunnen bijhouden ♦ *hij blijft* **achter** *bij de rest van de klas*; *een* **achtergebleven** *gebied*: een gebied dat armer of ouderwetser is dan de gebieden eromheen.

**ach·ter·buurt** (de ~; -en) wijk met armoedige, slechte huizen.

**ach·ter·docht** (de ~) gevoel dat iets of iemand niet te vertrouwen is ⇒ *wantrouwen, argwaan* ♦ *hij koestert* **achterdocht** *tegen iedereen*: hij vertrouwt niemand.

**ach·ter·doch·tig** (bijv. nw.) vol achterdocht* ⇒ *argwanend, wantrouwig.*

**ach·ter·een** (bijw.) zonder onderbreking, aan één stuk, achter elkaar ♦ *ik heb drie jaar* **achtereen** *een fietsvakantie gehouden.*

**ach·ter·een·vol·gens** (bijw.) na elkaar komend, in volgorde ⇒ *respectievelijk* ♦ *die club werd eerst landskampioen en toen* **achtereenvolgens** *Europees kampioen en wereldkampioen.*

**ach·ter·eind** (het ~; -en) **1** uiteinde aan de achterkant **2** billen van een mens of dier ⇒ *achterste, achterwerk* ♦ *hij is zo stom als het* **achtereind** *van een varken*: (uitdr.; populair) hij is heel dom.

**ach·ter·grond** (de ~(m.); -en) **1** omgeving waarin iets staat of gebeurt, het tegenovergestelde van 'voorgrond' ⇒ *decor* ♦ *een foto van Pol met de kathedraal op de* **achtergrond**; *dat speelt op de* **achtergrond** *ook nog mee*: (uitdr.) dat valt niet zo erg op maar is toch van belang **2** dat wat er eigenlijk achter zit, diepere oorzaak ♦ *ik ken de* **achtergrond** *van haar slechte rapport niet* **3** dat wat van tevoren gebeurd is ⇒ *voorgeschiedenis* ♦ *kinderen met een verschillende* **achtergrond**: kinderen die uit heel verschillende milieus komen.

**ach·ter·grond·in·for·ma·tie** (de ~(v.)) extra informatie waardoor je iets of iemand beter kunt begrijpen.

**ach·ter·grond·mu·ziek** (de ~(v.)) zachte muziek voor de sfeer.

**ach·ter·haald** (bijv. nw.) (van ideeën of theorieën) niet meer geldig, weerlegd ⇒ *verouderd* ♦ *de opvattingen van mijn opa over opvoeding zijn behoorlijk* **achterhaald**.

**ach·ter·ha·len** (achterhaalde, heeft achterhaald) *iets of iemand achterhalen*: iets of iemand opsporen, iets of iemand vinden ◆ *hoeveel mensen er precies geweest zijn, kunnen we niet meer* **achterhalen**.

**ach·ter·heen** (bijw.) ▼ *ergens* **achterheen** *zitten*: er moeite voor doen om iets te laten gebeuren.

**ach·ter·hoe·de** (de ~; -s of -n) **1** groep achter de anderen, laatste groep **2** verdediging bij een sportwedstrijd.

**ach·ter·hoofd** (het ~; -en) achterkant van het hoofd ◆ *ik zal het in mijn* **achterhoofd** *houden*: (uitdr.) ik zal het onthouden voor het geval ik het nog eens nodig heb; *niet op je* **achterhoofd** *gevallen zijn*: (uitdr.) lang niet gek zijn, alles wel in de gaten hebben.

**ach·ter·hou·den** (hield achter, heeft achtergehouden) *iets* **achterhouden**: iets verbergen, iets geheim houden ⇒ *verzwijgen* ◆ *hij* **hield** *al zijn slechte cijfers* **achter**.

**ach·ter·huis** (het ~; -huizen) deel van een huis dat achter een binnenplaats ligt.

**ach·ter·in** (bijw.) in het achterste gedeelte ◆ *de kinderen zaten* **achterin**: (bijv. in de bus of de auto).

**ach·ter·kant** (de ~ (m.); -en) kant waar je meestal niet het eerst tegenaan kijkt, het tegenovergestelde van 'voorkant' ⇒ *achterzijde*.

**ach·ter·klap** (de ~ (m.)) het opzettelijk vertellen van slechte dingen over iemand, kwaadsprekerij ⇒ *roddel, laster*.

**ach·ter·klein·kind** (het ~; -eren) kind van iemands kleinkind.

**ach·ter·land** (het ~) gebied waar een havenstad of een industriestad handel mee drijft.

**ach·ter·la·ten** (liet achter, heeft achtergelaten) *mensen of dingen* **achterlaten**: ze niet meenemen, ze laten waar ze zijn ◆ *de vluchtelingen hebben al hun bezittingen* **achter** *moeten laten*; *ze* **liet** *hem verdrietig* **achter**.

**ach·ter·lijk** (bijv. nw.) **1** (ouderwets) gezegd van iemand met een verstandelijke handicap ⇒ *zwakzinnig* **2** (populair) heel dom, stom ◆ *wat een* **achterlijke** *jurk*.

**ach·ter·lo·pen** (liep achter, heeft achtergelopen) **1** *(van klokken)*: te langzaam lopen, aanwijzen dat het vroeger is dan het werkelijk is **2** *(van mensen)*: niet modern zijn, niet weten wat er de laatste tijd gebeurd is.

**ach·ter·na** (bijw.) achter iets of iemand aan ◆ *hij loopt haar nu al maanden* **achterna**: (uitdr.) hij probeert al maanden bevriend met haar te worden.

**ach·ter·naam** (de ~ (m.); -namen) naam die de mensen van één familie delen ⇒ *familienaam*.

**ach·ter·neef** (de ~ (m.); -neven) zoon van een neef of nicht, of van een oudoom of oudtante.

**ach·ter·nicht** (de ~ (v.); -en) dochter van een neef of nicht, of van een oudoom of oudtante.

**ach·ter·om** (bijw.) langs of naar de achterkant ◆ *de melkboer komt* **achterom**: via de achterdeur.

**ach·ter·op** (bijw.) op het achterste gedeelte, aan de achterkant ◆ *je kunt* **achterop**: op de bagagedrager van de fiets, op de achterste zit van een motor enz.; **achterop** *raken*: het tempo niet bijhouden.

**ach·ter·op·ko·men** (kwam achterop, is achteropgekomen) *iemand* **achteropkomen**: iemand inhalen en dan verder met hem of haar meegaan.

**ach·ter·over** (bijw.) schuin naar achteren ◆ *hij viel* **achterover** *van verbazing*: (uitdr.) hij was heel erg verbaasd.

**ach·ter·over·druk·ken** (drukte achterover, heeft achterovergedrukt) *iets* **achteroverdrukken**: iets stiekem wegpakken of achterhouden ⇒ *verdonkeremanen*.

**ach·ter·over·slaan** (sloeg achterover) **1** (is achterovergeslagen) plotseling naar achteren vallen ◆ *toen hij dat hoorde,* **sloeg** *hij steil* **achterover**: (uitdr.) toen was hij heel erg verbaasd **2** (heeft achterovergeslagen) *iets* **achteroverslaan**: iets snel achter elkaar opdrinken.

**ach·ter·stal·lig** (bijv. nw.) gezegd van iets dat niet op tijd gedaan wordt ◆ *door* **achterstallig** *onderhoud is het huis er slecht aan toe*; **achterstallige** *huur*: huur die niet op tijd betaald is.

**ach·ter·stand** (de ~ (m.)) afstand tot degene die al verder is, verschil met degene die beter is, het tegenovergestelde van 'voorsprong' ◆ *een* **achterstand** *van twee punten*; *dat land heeft zijn technische* **achterstand** *snel ingehaald*.

**ach·ter·ste** (het ~; -n) **1** gedeelte aan de achterkant ◆ *niet het* **achterste** *van je tong laten zien*: (uitdr.) niet alles vertellen wat je weet **2** billen van mens of dier ⇒ *achterwerk, zitvlak*.

**ach·ter·stel·len** (stelde achter, heeft achtergesteld) *iemand* **achterstellen**: iemand slechter behandelen dan een ander, het tegenovergestelde van 'voortrekken' ◆ *je wordt heus bij niemand* **achtergesteld**: je wordt heus niet slechter behandeld dan een ander.

**ach·ter·ste·vo·ren** (bijw.) met de achterkant naar voren, verkeerd om ◆ *hij leest de krant* **achterstevoren**: van het einde naar het begin.

**ach·ter·uit**[1] (de ~ (m.)) stand van de versnelling waarbij een auto, trein enz. naar achteren gaat ◆ *hoe moet ik deze auto in zijn* **achteruit** *zetten?*

**ach·ter·uit**[2] (bijw.) naar achteren, het tegenovergestelde van 'vooruit' ⇒ *terug* ◆ *'allemaal* **achteruit***, hier kom ik!'.*

**ach·ter·uit·gaan** (ging achteruit, is achteruitgegaan) slechter, zwakker worden ◆ *de patiënt* **gaat** *erg* **achteruit**: hij wordt steeds zieker.

**ach·ter·voeg·sel** (het ~; -s) woorddeel dat los geen betekenis heeft, en dat je achter een woord kunt zetten om er een ander woord van te maken, bijv. '-heid' in 'gierigheid' ⇒ *suffix*.

**ach·ter·vol·gen** (achtervolgde, heeft achtervolgd) *iemand* **achtervolgen**: iemand achternazitten en te pakken proberen te krijgen.

**ach·ter·vol·ging** (de ~ (v.); -en) het achtervolgen* ◆ *de* **achtervolging** *inzetten*.

**ach·ter·waarts** (bijw.) achteruit, naar achteren, het tegenovergestelde van 'voorwaarts' ◆ *twee stappen* **achterwaarts**.

**ach·ter·we·ge** (bijw.) ▼ *iets* **achterwege** *laten*: (deftig) iets niet meer doen; *wil je dat smakken aan tafel* **achterwege** *laten?*

**ach·ter·werk** (het ~; -en) billen ⇒ *achterste, zitvlak, bips*.

**-ach·tig 1** daar iets van weg hebbend, erop lijkend ◆ *blauw***achtig**; *schoolmeester***achtig 2** met veel ... ◆ *berg***achtig**; *regen***achtig**.

**ach·ting** (de ~ (v.)) houding waaruit waardering blijkt voor iemand of iets ⇒ *eerbied, respect* ◆ *door die gemene streek is zij in mijn* **achting** *gedaald*: daardoor ben ik minder gunstig over haar gaan denken.

**acht·ste** (rangtelw.) komend als nummer acht ◆ *de* **achtste** *mei*.

**ach·tien** (hoofdtelw.) 18.

**acht·tien·de** (rangtelw.) komend als nummer achttien ◆ *op je* **achttiende** *jaar krijg je stemrecht*.

**acid jazz** (Engels) [essidzjez] (de ~ (m.)) moderne stijl in de jazzmuziek met invloeden van house en hiphop.

**ACLVB** (de ~) **A**lgemene **C**entrale der **L**iberale **V**akbonden van **B**elgië.

**ac·ne** [aknee ; ook: acné] (de ~) jeugdpuistjes.

**ACOD** (de ~) (in België) **A**lgemene **C**entrale der **O**penbare **D**iensten; dit is een afdeling van het ABVV.

**acro·baat** (de ~ (m.); acrobaten), vrouw: **acro·ba·te** (de ~ (v.); -n of -s) iemand die allerlei kunsten vertoont waarvoor je erg lenig moet zijn en waarvoor je je evenwicht goed moet kunnen bewaren.

**acro·ba·tiek** (de ~(v.)) de kunst van acrobaten.

**acros·ti·chon** (het ~; -s) gedicht waarvan de eerste letters van de regels of van de coupletten een woord of zin, vaak een naam, vormen ⇒ *naamdicht*.

**act** (Engels) [ekt, in België: akt] (de ~; -s) optreden van een artiest in een show ⇒ *nummer*.

**ac·te·ren** (acteerde, heeft geacteerd) een rol spelen in een film of toneelstuk ⇒ *toneelspelen*.

**ac·teur** (de ~(m.); -s), vrouw: **ac·tri·ce** (de ~(v.); -s) iemand die acteert* ⇒ *toneelspeler*.

**ac·tie** (de ~(v.)) **1** beweging, handeling ◆ *in actie komen*: aan de gang gaan, beginnen te werken; *in deze film zit veel actie* in **2** (-s) iets dat georganiseerd wordt om een bepaald doel te bereiken ◆ *actie voeren tegen de verkeersdrukte in de stad*: iets doen om te bereiken dat daar een einde aan komt.

**ac·tief** (bijv. nw.) met actie* (bet.1) te maken hebbend, het tegenovergestelde van 'passief' ⇒ *bezig, bedrijvig* ◆ *de actieven*: (uitdr.) mensen met betaald werk.

**ac·tie·groep** (de ~; -en) groep mensen die actie (bet.2) voeren.

**ac·ti·ve·ren** (activeerde, heeft geactiveerd) *iemand of iets activeren*: iemand of iets actief* maken ⇒ *stimuleren*.

**ac·ti·vist** (de ~(m.); -en), vrouw: **ac·ti·vis·te** (de ~(v.); -n of -s) iemand die door het voeren van actie* zijn of haar doel probeert te bereiken.

**ac·ti·vi·teit** (de ~(v.)) **1** het actief* zijn ⇒ *bedrijvigheid* **2** (-en) een bepaalde bezigheid ◆ *op Koninginnedag worden hier allerlei activiteiten georganiseerd*.

**ac·tri·ce** → acteur.

**ac·tu·a·li·teit** (de ~(v.); -en) een onderwerp dat of een gebeurtenis die actueel* is.

**ac·tu·eel** (bijv. nw.) op dit moment belangrijk ◆ *in het journaal worden actuele gebeurtenissen verteld*.

**acu·punc·tuur** (de ~(v.)) manier om mensen te genezen of ongevoelig te maken voor pijn door op bepaalde plaatsen naalden in de huid te steken.

**acuut** (bijv. nw.) **1** gezegd van iets waar meteen wat aan gedaan moet worden ⇒ *dringend* **2** *(van een ziekte)*: plotseling en hevig, het tegenovergestelde van 'chronisch' ◆ *een acute blindedarmontsteking*.

**ACV** (het ~) (in België) **A**lgemeen **C**hristelijk **V**akverbond.

**a/d** (afkorting) (in plaatsnamen) aan de ◆ *Alphen a/d Rijn*.

**A.D.** (afkorting) **a**nno **D**omini; dit is Latijn en het betekent: in het jaar van onze Heer ◆ *A.D. 1984*: in het jaar 1984.

**ada·gi·um** (het ~; adagia) spreuk die gebruikt wordt als leus ◆ *'Vrijheid, gelijkheid en broederschap' was het adagium van de Franse revolutie*.

**adams·ap·pel** (de ~(m.); -s) gedeelte van de strot dat je kunt zien zitten in de hals, doordat het uitsteekt.

**adams·kos·tuum** (zelfst. nw.) ▼ *in adamskostuum*: (grappig) bloot.

**adap·ter** (Engels) [ædaptər] (de ~; -s) hulpstuk van een elektrisch apparaat om het aan te sluiten op het stopcontact of op een ander apparaat.

**ad·der** (de ~; -s) kleine giftige slang ◆ *er schuilt een addertje onder het gras*: (uitdr.) pas op, er zit een gemenigheidje achter!

**à de·char·ge** (Frans) [ædeesjarjə] ▼ *een getuige à decharge*: getuige die wordt opgeroepen om de beklaagde te verdedigen, het tegenovergestelde van 'een getuige à charge'.

**ade·kwaat** → adequaat.

**adel** (de ~(m.)) vroeger: de edelen, mensen met allerlei voorrechten; nu: mensen die afstammen van de edelen ⇒ *adelstand* ◆ *van adel zijn*.

**ade·laar** (de ~(m.); -s of adelaren) grote roofvogel die heel scherp ziet ⇒ *arend*.

**adel·borst** (de ~(m.); -en) cadet die een opleiding volgt bij de marine (kijk ook bij: **cadet**).

**adel·lijk** (bijv. nw.) van adel* of horend bij de adel*.

**adem** (de ~(m.)) lucht die mensen en dieren opzuigen en weer uitblazen ◆ *buiten adem zijn van het hardlopen*: erg hijgen; *hij heeft een slechte adem*: er komt een vieze geur uit zijn mond; *je adem inhouden*: even niet ademen, bijv. omdat iets heel spannend is; *een boek in één adem uitlezen*: (uitdr.) zonder het weg te leggen, omdat het zo spannend is; *zijn laatste adem uitblazen*: (uitdr.) doodgaan; *op adem komen*: (uitdr.) tot rust komen, bijkomen; *iemand in één adem noemen met iemand anders*: (uitdr.) tegelijkertijd, in hetzelfde verband.

**adem·be·ne·mend** (bijv. nw.) heel spannend of heel mooi.

**ade·men** (ademde, heeft geademd) **1** lucht in je longen zuigen en weer uitblazen ⇒ *ademhalen* **2** lucht doorlaten ◆ *plastic ademt niet*.

**adem·ha·len** (haalde adem, heeft ademgehaald) ademen (bet.1).

**adem·ha·ling** (de ~(v.); -en) het ademen (bet.1) ◆ *kunstmatige ademhaling*: het inblazen van lucht bij iemand die niet meer ademt, om de ademhaling weer op gang te brengen.

**adem·loos** (bijv. nw.) met ingehouden adem*, van spanning of bewondering.

**adem·nood** (de ~(m.)) benauwdheid doordat je niet genoeg lucht in je longen krijgt.

**adem·pau·ze** (de ~; -s of -n) korte tijd om uit te rusten.

**adem·tocht** (de ~(m.)) de lucht die je in één keer in je longen zuigt of uitblaast ◆ *tot aan de laatste ademtocht*: tot zijn dood.

**ade·quaat** (bijv. nw.) toepasselijk, precies zoals nodig is ⇒ *passend, geschikt* ◆ *een adequate oplossing voor een probleem*: een oplossing die precies de juiste is.

**ader** (de ~; -s of -en) buis in je lichaam waar bloed doorheen stroomt ⇒ *bloedvat*.

**ader·la·ting** (de ~(v.); -en) het maken van een sneetje in de ader om er bloed uit te laten lopen; vroeger werd dit gedaan als behandeling van allerlei kwalen ◆ *een financiële aderlating*: (uitdr.) het moeten uitgeven van veel geld.

**ader·ver·kal·king** (de ~(v.)) het harder worden van de wand van de slagaders, een ziekte die vooral bij oude mensen voorkomt en vaak gepaard gaat met vergeetachtigheid ⇒ *arteriosclerose*.

**ad·he·sie** (de ~(v.)) (deftig) instemming ◆ *adhesie betuigen*: laten merken dat je het ergens mee eens bent.

**ad hoc** voor dit speciale geval ◆ *een ad-hocoplossing*: een oplossing die alleen voor dít probleem bedacht is.

**adieu** (tussenw.) (deftig) vaarwel.

**ad in·te·rim** (bijw.) voorlopig ⇒ *tijdelijk, tussentijds* ◆ *een minister ad interim*.

**ad·jec·tief** (het ~; adjectieven) (taal) bijvoeglijk naamwoord.

**ad·ju·dant** (de ~(m.); -en) hoge onderofficier.

**ad·junct** (de ~(m.); -en) helper-vervanger ◆ *adjunct-directeur*.

**ad·mi·ni·stra·teur** (de ~(m.); -s), vrouw: **ad·mi·ni·stra·tri·ce** (de ~(v.); -s) iemand die de administratie* (bet.1) doet.

**ad·mi·ni·stra·tie** (de ~(v.); -s) **1** het op papier bijhouden van alle gegevens van een bedrijf **2** kantoor waar alles van een bedrijf op papier bijgehouden wordt.

**ad·mi·ni·stra·tief** (bijv. nw.) gezegd van alles wat met de administratie* (bet.1) te maken heeft.

**ad·mi·ni·stre·ren** (administreerde, heeft geadministreerd) *iets administreren*: iets op papier bijhouden.

**ad·mi·raal** (de ~(m.); -s of admiralen) opperbevelhebber van een oorlogsvloot.

**ado·les·cent** [ædooləsɛnt] (de ~(m.); -en) opgroeiende jongen of opgroeiend meisje ⇒ *jongeling*.

**ado·nis** (de ~(m.); -sen) heel mooie jongen.

**adop·te·ren** (adopteerde, heeft geadopteerd) *een kind adopteren*: het aannemen als je eigen kind.

**adop·tie** (de ~(v.); -s) het adopteren*.

**ado·re·ren** (adoreerde, heeft geadoreerd) *iemand adoreren*: iemand heel erg bewonderen ⇒ *verafgoden*.

**ad rem** (bijv. nw.) gevat ⇒ *slagvaardig, snedig* ◆ *zij reageerde erg ad rem*.

**adre·na·li·ne** (de ~) stof in je lichaam die o.a. toeneemt als je boos of bang bent, waardoor je hart sneller gaat kloppen.

**adres** (het ~; -sen) de plaats, de straat en het huisnummer waar je woont of waar een kantoor, een winkel enz. gevestigd is ◆ *Erik de Wit, per adres: familie Zwart, Bosweg 6, Apeldoorn*: (gebruikt om aan te geven dat het niet Eriks eigen adres is).

**adres·se·ren** (adresseerde, heeft geadresseerd) *een brief, een kaart enz. adresseren*: er een adres* op schrijven.

**ad·spi·rant** → aspirant.

**adv** (de ~(v.)) (in Nederland) arbeidsduurverkorting; dit is een regeling waardoor mensen minder uren per week hoeven te werken.

**ad·vent** (de ~(m.)) de vier weken voor Kerstmis.

**ad·ver·bi·um** (Latijn) [atfɛrbiejum] (het ~; adverbia) (taal) bijwoord.

**ad·ver·ten·tie** (de ~(v.); -s) stukje dat je tegen betaling in een krant of tijdschrift plaatst, waarin je iets vraagt, aanbiedt of bekendmaakt ⇒ *annonce* ◆ *een advertentie zetten voor een tweedehands fiets*.

**ad·ver·te·ren** (adverteerde, heeft geadverteerd) *een advertentie* zetten ◆ *de school heeft geadverteerd voor een nieuwe onderwijzer*.

**ad·vies** (het ~; adviezen) raad ◆ *op advies van de dokter blijf ik een paar dagen thuis*.

**ad·vi·se·ren** (adviseerde, heeft geadviseerd) *iemand iets adviseren*: iemand een bepaald advies* geven ⇒ *aanraden*.

**ad·vi·seur** (de ~(m.); -s), vrouw: **ad·vi·seu·se** (de ~(v.); -s) iemand die het geven van adviezen als beroep of taak heeft ⇒ *consulent*.

**ad·vo·caat** (de ~(m.); advocaten), vrouw: **ad·vo·ca·te** (de ~(v.); -s of -n) **1** iemand die de rechten heeft gestudeerd en met zijn of haar kennis andere mensen helpt of voor de rechtbank verdedigt ⇒ *raadsman, verdediger* **2** gele drank gemaakt van brandewijn en eieren.

**ae·ro·bics** (Engels) [ɛːrɔbiks, in België: ajrɔbiks] (zelfst. nw.; meervoud) gymoefeningen op het ritme van popmuziek.

**aë·ro·dy·na·mi·ca** [ɛːroodienaamiekaa, in België: ajroodienaamiekaa] (de ~(v.)) wetenschap die zich o.a. bezighoudt met de weerstand die een voorwerp ondervindt als het door de lucht beweegt.

**aë·ro·dy·na·misch** [ɛːroodienaamies, in België: ajroodienaamies] (bijv. nw.) te maken hebbend met de aërodynamica* ◆ *een auto met een aërodynamische vorm*: een gestroomlijnde auto, een auto waar de wind makkelijk overheen glijdt, zodat hij sneller kan rijden.

**af** (bijw.) **1** klaar, gereed ◆ *moeder heeft mijn trui af* **2** om aan te geven dat iets of iemand ergens vanaf of vandaan gaat ◆ *de trap af; af en aan lopen*: heen en weer lopen, komen en gaan ▼ *je bent af!*: (spel) je hebt verloren, je mag niet meer meedoen; *(tegen honden) af!*: ga lig-

gen, rustig!; *we zijn weer terug bij af*: we zijn weer net zo ver als toen we begonnen, we zijn niets opgeschoten; *zij is voorzitter af*: ze is geen voorzitter meer.

**afa·sie** (de ~(v.)) het niet goed meer kunnen praten door een hersenbeschadiging.

**af·ba·ke·nen** (bakende af, heeft afgebakend) *een gebied afbakenen*: de grenzen ervan aangeven.

**af·beel·den** (beeldde af, heeft afgebeeld) *iets of iemand afbeelden*: er een afbeelding* van maken.

**af·beel·ding** (de ~(v.); -en) tekening of plaatje van iets of iemand.

**af·be·ta·len** (betaalde af, heeft afbetaald) *iets afbetalen*: steeds een deel betalen van een bedrag dat je iemand schuldig bent.

**af·be·ta·ling** (de ~(v.); -en) het afbetalen* ◆ *iets op afbetaling kopen*: iets kopen dat je in gedeelten betaalt.

**af·beu·len** (beulde af, heeft afgebeuld) *iemand afbeulen*: iemand zo hard laten werken dat hij of zij uitgeput raakt.

**af·bie·den** (bood af, heeft afgeboden) (in België □) afdingen.

**af·bij·ten** (beet af, heeft afgebeten) **1** *verf afbijten*: met behulp van scherpe chemische stoffen de verf van iets af halen **2** *van je afbijten*: je fel verdedigen, je niet op je kop laten zitten.

**af·blij·ven** (bleef af, is afgebleven) *van iets of iemand afblijven*: iets of iemand niet aanraken.

**af·bou·wen** (bouwde af, heeft afgebouwd) *iets afbouwen*: geleidelijk met iets ophouden.

**af·braak** (de ~(m.)) het afbreken* (bet.1).

**af·braak·prij·zen** (zelfst. nw.; meervoud) heel lage prijzen ⇒ *spotprijzen* ◆ *aanbieding van tv's tegen afbraakprijzen!*

**af·bran·den** (brandde af) **1** (is afgebrand) door brand volledig verwoest worden **2** (heeft afgebrand) *verf afbranden*: met een brander de verf van iets af halen.

**af·bre·ken** (brak af, heeft afgebroken) **1** *een gebouw, een tent enz. afbreken*: dat of die niet overeind laten staan, dat of die uit elkaar halen, het tegenovergestelde van 'opbouwen' ⇒ *slopen* ◆ *afbrekende kritiek*: negatieve kritiek waar je niets van leert **2** *iets afbreken*: voortijdig met iets ophouden ◆ *een partij schaak afbreken*.

**af·bren·gen** (bracht af, heeft afgebracht) **1** *iemand van een idee of plan afbrengen*: iemand zo bepraten dat hij of zij dat niet uitvoert **2** *het er goed, matig enz. van afbrengen*: iets moeilijks goed, matig enz. doen.

**af·breuk** (zelfst. nw.) ▼ *afbreuk doen aan iets*: iets minder mooi, minder goed maken; *dat doet geen afbreuk aan mijn gevoelens voor hem*: ik vind hem daar niet minder aardig om.

**af·dak** (het ~; -en) schuin dak tegen een muur, als beschutting tegen de regen.

**af·dan·ken** (dankte af, heeft afgedankt) *iets afdanken*: iets niet meer willen gebruiken en het wegdoen ◆ *kleren afdanken*.

**af·dan·ker·tje** (het ~; -s) kledingstuk dat je gekregen hebt van iemand die het afgedankt* heeft ⇒ *afleggertje*.

**af·de·ling** (de ~(v.); -en) deel van een winkel, ziekenhuis, kantoor, museum enz. met een eigen functie ◆ *op de schoenenafdeling koop je schoenen, en op de kinderafdeling …?*

**af·din·gen** (dong af, heeft afgedongen) proberen iets voor minder geld te krijgen dan eerst gevraagd werd ⇒ *marchanderen, pingelen* ◆ *je hoeft niet af te dingen, hij doet het niet voor minder dan tien gulden*.

**af·doen** (deed af, heeft afgedaan) **1** *ergens iets aan afdoen*: iets minder maken ◆ *zijn goede rapport doet niets af aan zijn vervelende karakter*: al heeft hij een goed rapport, hij blijft iemand met een vervelend karakter **2** *iets*

**afdoen**: iets klaar maken, iets afhandelen ⇒ *afwikkelen* ◆ *dat is een afgedane zaak; hij heeft het met een grapje afgedaan*: hij heeft er een grapje over gemaakt, maar er niets aan gedaan **3** *afgedaan hebben*: niets meer waard zijn, niet meer meetellen ◆ *hij heeft voor mij afgedaan*: ik wil niets meer van hem weten.

**af·doend** (bijv. nw.) gezegd van iets waarmee je precies kunt bereiken wat je wilt ⇒ *genoeg, voldoende* ◆ *zijn vingerafdruk is een afdoend bewijs*: daarmee kunnen we bewijzen dat hij de schuldige is.

**af·draai·en** (draaide af, heeft afgedraaid) *een verhaal afdraaien*: dat ongeïnteresseerd vertellen ◆ *hij draaide zijn lesje af en vertrok*.

**af·dra·gen** (droeg af, heeft afgedragen) **1** *kleren afdragen*: ze dragen tot ze versleten zijn **2** *iets aan iemand afdragen*: iets wat je zelf van anderen hebt gekregen geven aan degene voor wie het bestemd is ⇒ *overhandigen* ◆ *de collectanten droegen het geld dat ze opgehaald hadden af aan het Rode Kruis*.

**af·drij·ven** (dreef af) **1** (is afgedreven) uit de koers raken door de wind of de stroom, wegdrijven ◆ *als je de boot had vastgemaakt, was hij nu niet afgedreven* **2** (heeft afgedreven) *iets afdrijven*: zorgen dat iets het lichaam verlaat ◆ *een vrucht afdrijven*: een zwangerschap laten ophouden, abortus plegen.

**af·dro·gen** (droogde af, heeft afgedroogd) **1** *iets of iemand afdrogen*: iets of iemand droog maken ◆ *de vaat afdrogen* **2** *iemand afdrogen*: (populair) met een enorm verschil van iemand winnen.

**af·drui·pen** (droop af, is afgedropen) **1** *van iets afdruipen*: in druppels van iets af vallen ◆ *het water droop van hem af; de sentimentaliteit droop ervan af*: (uitdr.) het was vreselijk sentimenteel **2** bang of beschaamd weggaan ◆ *hij droop stilletjes af*.

**af·druk** (de ~ (m.); -ken) **1** figuur, vorm die ergens op of in is gedrukt ◆ *de afdruk van een voet in het zand; een vingerafdruk* **2** afbeelding die gedrukt of gekopieerd is ⇒ *kopie* ◆ *een afdruk van een brief, van een foto*.

**af·druk·ken** (drukte af, heeft afgedrukt) *iets afdrukken*: een afdruk* (bet.2) van iets maken ◆ *ze drukte haar tekeningen drie keer af*.

**af·dwa·len** (dwaalde af, is afgedwaald) zonder het te willen een andere richting gaan volgen ◆ *we waren zo ver afgedwaald, dat we niet op tijd terug waren; tijdens de preek dwaalden mijn gedachten alsmaar af*: moest ik steeds aan andere dingen denken; *we dwalen af*: (uitdr.) ongemerkt praten we niet meer over het onderwerp waar we eigenlijk mee bezig moeten zijn.

**af·dwin·gen** (dwong af, heeft afgedwongen) **1** *iemand een belofte afdwingen*: iemand dwingen die belofte te doen **2** *respect, eerbied enz. afdwingen*: ervoor zorgen dat iemand respect, eerbied enz. voelt.

**af·fai·re** (Frans) [affɛːrə] (de ~; -s) gebeurtenis, iets wat zich heeft afgespeeld (meestal iets vervelends) ◆ *Harry is altijd in de vreemdste affaires verwikkeld; een affaire met iemand hebben*: (uitdr.) een liefdesrelatie.

**af·fec·tie** (de ~ (v.); -s) liefde, genegenheid.

**af·fi·che** [afiʃə](de ~ of het ~; -s) **1** aanplakbiljet **2** grote gedrukte afbeelding om aan de muur te hangen ⇒ *poster*.

**af·fi·ni·teit** (zelfst. nw.) ▼ *affiniteit hebben met iets*: je aangetrokken voelen tot iets; *ik heb geen enkele affiniteit met muziek*: muziek zegt me niets.

**af·fix** (het ~; -en) (taal) voor- of achtervoegsel.

**af·freus** (bijv. nw.) (deftig) verschrikkelijk lelijk, afstotend ⇒ *afschuwelijk*.

**af·gaan** (ging af, is afgegaan) **1** *op iemand of iets afgaan*: recht naar iemand of iets toegaan ◆ *ze gingen op het huis af* **2** *op iemand of iets afgaan*: je door iemands woorden of berichten laten leiden omdat je er vertrouwen in hebt ◆ *iedereen zegt iets anders, op wie moet ik nu afgaan?* **3** (van wapens): knallen, ratelen ◆ *het geweer ging af* **4** dom lijken, een gek figuur slaan ▼ *het gaat hem goed, slecht af*: het lukt hem goed, slecht.

**af·gang** (de ~ (m.)) slechte prestatie waarom iemand uitgelachen wordt ⇒ *blamage*.

**af·ge·daan** → afdoen.

**af·ge·draaid** (bijv. nw.) uitgeput, doodmoe ⇒ *bekaf, op*.

**af·ge·la·den** (bijv. nw.) helemaal vol met mensen ⇒ *bomvol* ◆ *de zaal was afgeladen*.

**af·ge·las·ten** (gelastte af, heeft afgelast) *iets afgelasten*: iets niet door laten gaan ◆ *wegens het slechte weer werd de wedstrijd afgelast*.

**af·ge·le·gen** (bijv. nw.) ver verwijderd van de bewoonde wereld, ver van andere huizen ◆ *ze woont heel afgelegen*.

**af·ge·me·ten** (bijv. nw.) precies gemeten ⇒ *afgepast* ◆ *afgemeten glaasjes limonade*: glaasjes waar niet veel limonade in zit; *afgemeten spreken*: met korte, precieze zinnetjes spreken.

**af·ge·pei·gerd** (bijv. nw.) doodmoe door te grote inspanning.

**af·ge·vaar·dig·de** (de ~; -n) iemand die door anderen gestuurd is om in hun plaats iets te doen ◆ *de afgevaardigde van onze school heeft een prijs gewonnen; geachte afgevaardigde*: (zo spreken de leden van de Tweede Kamer elkaar in de vergadering aan); *bestendig afgevaardigde*: (in België) lid van een bestendige deputatie (het dagelijks bestuur van een provincie).

**af·ge·ven** (gaf af, heeft afgegeven) **1** *iets afgeven*: iets aan iemand geven ⇒ *overhandigen, aanreiken* ◆ *een pakje afgeven* **2** *iets afgeven*: iets verspreiden, iets voortbrengen ◆ *die kachel geeft geen warmte af* **3** kleur loslaten bij aanraking of bij het wassen, waardoor je vlekken krijgt ◆ *deze trui geeft gegarandeerd niet af* **4** *afgeven op iemand of iets*: slechte dingen over iemand of iets zeggen ⇒ *afkammen, afkraken* **5** *je afgeven met iemand*: met een minderwaardig iemand omgaan.

**af·ge·zaagd** (bijv. nw.) gezegd van iets dat vaak verteld of gedaan wordt, zodat het je verveelt ◆ *hij heeft altijd dezelfde afgezaagde plannetjes*.

**af·ge·zant** (de ~ (m.); -en) iemand die door een koning of een regering gestuurd wordt, meestal om plechtigheden bij te wonen of om te onderhandelen.

**af·ge·zien** (bijw.) ▼ *afgezien van …*: zonder te letten op …, zonder … mee te tellen; *je opstel is heel slecht, nog afgezien van de spelfouten*: en dan praat ik nog niet eens over de spelfouten.

**af·gie·ten** (goot af, heeft afgegoten) *groente, aardappels enz. afgieten*: het kookwater eraf laten lopen.

**af·gif·te** (de ~ (v.)) het overhandigen, het afgeven* (bet.1) ◆ *tegen afgifte van een consumptiebon krijg je een broodje; het loket voor afgifte van pakjes*.

**af·god** (de ~ (m.); -en) **1** onechte, valse god ◆ *afgoden vereren* **2** iets of iemand waar je veel van houdt, waar je grote eerbied voor voelt ⇒ *idool*.

**af·grij·se·lijk**[1], **af·grijs·lijk** (bijv. nw.) afschuwelijk, walgelijk ◆ *een afgrijselijke stank; ze kleedt zich afgrijselijk*: ze draagt erg lelijke kleren.

**af·grij·se·lijk**[2], **af·grijs·lijk** (bijw.) heel erg ◆ *het is er afgrijselijk mooi*.

**af·grij·zen** (het ~) grote afkeer, afschuw ⇒ *walging* ◆ *met afgrijzen keek ze naar het bloed*.

**af·grond** (de ~ (m.); -en) grote, steile diepte.

**af·gunst** (de ~ (v.)) jaloersheid, akelig gevoel omdat een ander iets moois of leuks heeft dat je hem of haar niet gunt ⇒ *jaloezie, nijd* ♦ *afgunst koesteren: een jaloers gevoel hebben.*

**af·gun·stig** (bijv. nw.) vol afgunst* ⇒ *jaloers.*

**af·ha·ken** (haakte af, heeft afgehaakt) niet meer meedoen omdat je geen zin meer hebt of omdat je het niet kunt volhouden ♦ *na een tijdje was ik alleen, iedereen had afgehaakt.*

**af·ha·len** (haalde af, heeft afgehaald) **1** iets of iemand afhalen: iets of iemand gaan halen en meenemen ♦ *we gaan haar afhalen van het station; in dit restaurant kun je ook afhalen: het bestelde eten meenemen* **2** bedden afhalen: de lakens en de dekens ervan verwijderen **3** bonen afhalen: de draden eraf trekken.

**af·han·de·len** (handelde af, heeft afgehandeld) iets afhandelen: met iets bezig zijn tot het klaar is ⇒ *afwikkelen, afdoen* ♦ *die kwestie is afgehandeld: die is geregeld, klaar.*

**af·han·dig** (bijw.) ▼ iemand iets afhandig maken: iemand iets afnemen, iets van iemand afpakken (meestal op een stiekeme manier).

**af·han·gen** (hing af, heeft afgehangen) **1** naar beneden hangen, naar onderen wijzen ♦ *een hond met afhangende oren* **2** van iets of iemand afhangen: van iets of iemand afhankelijk* (bet.1) zijn, door iets of iemand bepaald worden ♦ *het zal ervan afhangen: het is niet zeker, misschien wel, misschien niet; dat laten we afhangen van je rapport: dat beslissen we als we weten wat voor rapport je hebt.*

**af·han·ke·lijk** (bijv. nw.) **1** afhankelijk zijn van iets: door iets beslist of bepaald worden ♦ *winnen of verliezen; dat is afhankelijk van jullie inzet; afhankelijk van het weer gaan we binnen of buiten sporten* **2** afhankelijk zijn van iets of iemand: de steun van iets of iemand nodig hebben ♦ *dat dorp is afhankelijk van de visvangst: het leeft van de visvangst; een afhankelijk type: iemand die niet zelfstandig is.*

**af·hech·ten** (hechtte af, heeft afgehecht) een draad afhechten: die vastmaken aan andere draden, nadat je ermee hebt geborduurd, gebreid enz..

**af·hou·den** (hield af, heeft afgehouden) **1** iets of iemand afhouden: ervoor zorgen dat iets of iemand ergens niet bij kan komen ⇒ *tegenhouden* ♦ *iemand van zijn of haar werk afhouden; hij kon zijn ogen niet van zijn nieuwe fiets afhouden; hij moest er steeds naar kijken* **2** een bedrag afhouden van iets: het aftrekken, het in mindering brengen ♦ *wat je nu krijgt, wordt straks van je zakgeld afgehouden.*

**afijn** (tussenw.) **1** (populair) (om aan te geven dat het geen zin heeft ergens nog verder over te praten) ⇒ *enfin* ♦ *afijn, als het dan niet anders kan, blijf ik wel thuis* **2** (om aan te geven dat je iets kort samenvat) ⇒ *enfin, kortom* ♦ *afijn, ik heb uiteindelijk mijn zin gekregen.*

**afk.** (afkorting) *afkorting.*

**af·kal·ven** (kalfde af, is afgekalfd) (van oevers en gletsjers): afbreken en in het water verdwijnen.

**af·kam·men** (kamde af, heeft afgekamd) iets of iemand afkammen: veel kritiek op iets of iemand hebben, slechte dingen over iets of iemand zeggen ⇒ *afkraken.*

**af·kap·pen** (kapte af, heeft afgekapt) iets afkappen: plotseling een einde aan iets maken ♦ *ze kapte het gesprek af.*

**af·keer** (de ~ (m.)) gevoel dat je iets erg onaangenaam of afstotend vindt ⇒ *aversie, weerzin* ♦ *ik denk met afkeer aan die dag terug; hij heeft een grote afkeer van wormen.*

**af·ke·rig** (bijv. nw.) afkerig van iets zijn: een afkeer* van

iets hebben ♦ *ze is niet afkerig van lekker eten: ze houdt van lekker eten.*

**af·ket·sen** (ketste af, is afgeketst) **1** (van kogels) op iets afketsen: tegen iets aan botsen en daardoor van richting veranderen, zodat het doel niet geraakt wordt ⇒ *afstuiten* ♦ *de kogel ketste af op de helm van de soldaat* **2** (van plannen) ergens op afketsen: om een bepaalde reden niet doorgaan, om een bepaalde reden niet aangenomen worden ♦ *mijn plan was het beste, maar het is afgeketst op de weigering van het schoolhoofd.*

**af·keu·ren** (keurde af, heeft afgekeurd) **1** iets afkeuren: iets ongeschikt of niet goed vinden, het tegenovergestelde van 'goedkeuren' ♦ *zulk gedrag moet ik afkeuren; je gedichten zijn wel mooi maar voor de schoolkrant moeten we ze afkeuren* **2** iemand afkeuren: bij een keuring vaststellen dat iemand niet aan de eisen voldoet, dat iemand niet geschikt is, het tegenovergestelde van 'goedkeuren'.*

**af·keu·ring** (bijv. nw.) keer dat je iets of iemand afkeurt*, het tegenovergestelde van 'goedkeuring'.*

**af·kic·ken** (kickte af, is afgekickt) proberen af te komen van drugsverslaving.

**af·kij·ken** (keek af, heeft afgekeken) **1** iets afkijken: kijken hoe iemand iets doet zodat je het kunt nadoen ♦ *ik heb die truc van mijn broer afgekeken* **2** stiekem antwoorden van een ander overschrijven.

**af·klop·pen** (klopte af, heeft afgeklopt) iets afkloppen: op hout kloppen omdat je gelooft dat je zo het ongeluk waarover je spreekt, kunt afwenden ♦ *ik heb, even afkloppen, nog nooit een onvoldoende gehad.*

**af·knap·pen** (knapte af, is afgeknapt) **1** plotseling erg moe worden, overspannen worden, het opeens niet meer zien zitten ⇒ *instorten* **2** op iemand of iets afknappen: (populair) in iemand of iets teleurgesteld worden.

**af·knap·per** (de ~ (m.); -s) (populair) iets waar je op afknapt* (bet.2), grote teleurstelling ♦ *het slot van dat boek vond ik een afknapper.*

**af·knij·pen** (kneep af, heeft afgeknepen) iemand afknijpen: het uiterste van iemand vragen, het iemand moeilijk maken ♦ *ik zal jullie tijdens het proefwerk flink afknijpen.*

**af·koe·len** (koelde af, is afgekoeld) kouder worden ♦ *het is flink afgekoeld na de regenbui; laat hem eerst maar afkoelen: (uitdr.) uitrazen, tot bedaren komen.*

**af·ko·men** (kwam af, is afgekomen) **1** klaarkomen, afgemaakt worden ♦ *je werk komt nooit op tijd af* **2** van iets afkomen: van iets verlost raken, van iets bevrijd worden ♦ *deze keer ben je er goed afgekomen; als je eenmaal van die boekenclub lid bent, kom je er nooit meer van af* **3** (in België □) op bezoek komen ⇒ *overkomen* **4** met iets afkomen: (in België □) met iets aan komen zetten ▼ *ik hoor je al afkomen: (in België □) ik snap je bedoeling.*

**af·komst** (de ~ (v.)) plaats waar iemand vandaan komt, soort mensen waaruit iemand geboren is ⇒ *afstamming, komaf* ♦ *ze is van Indonesische afkomst.*

**af·kom·stig** (bijv. nw.) komend van, stammend van ♦ *ik ben afkomstig uit Limburg.*

**af·kon·di·gen** (kondigde af, heeft afgekondigd) **1** iets afkondigen: iets officieel aan iedereen bekendmaken ⇒ *proclameren* ♦ *er werd een nieuwe wet afgekondigd* **2** een programma afkondigen: vertellen dat het afgelopen is.

**af·ko·pen** (kocht af, heeft afgekocht) iets afkopen: geld betalen zodat je iets vervelends niet hoeft te doen, of zodat het jou niet wordt aangedaan ♦ *kan ik mijn afwasbeurt niet afkopen?*

**af·kor·ten** (kortte af, heeft afgekort) iets afkorten: iets korter maken door er iets uit weg te laten ◆ *in advertenties zie je vaak* **afgekorte** *woorden.*

**af·kor·ting** (de ~(v.); -en) woord of groepje woorden dat afgekort* is tot de eerste letter of tot enkele letters gevolgd door een punt ◆ *'enz.' en 'o.a.' zijn* **afkortingen.**

**af·kra·ken** (kraakte af, heeft afgekraakt) *iemand of iets afkraken:* alleen maar slechte eigenschappen van iemand of iets opsommen ⇒ *afkammen* ◆ *hij heeft alle opstellen* **afgekraakt.**

**afl.** (afkorting) *afl*evering.

**af·laat** (de ~(m.); aflaten) kwijtschelding door de rooms-katholieke kerk van de straf die iemand voor zijn of haar zonden heeft gekregen.

**af·lan·dig** (bijv. nw.) *(van de wind):* die van de kust af naar zee waait, het tegenovergestelde van 'aanlandig'.

**af·la·ten** (liet af, heeft afgelaten) ophouden, uitscheiden ◆ *wegens de niet* **aflatende** *regen werd de wedstrijd gestaakt.*

**af·leg·gen** (legde af, heeft afgelegd) **1** *iets afleggen:* iets verrichten, iets doen ◆ *ze* **legt** *examen* **af**; *we* **leggen** *een bezoekje aan oma* **af 2** *een weg afleggen:* die tot het einde volgen ◆ *we moeten nog een afstand van 30 kilometer* **afleggen 3** *een dode afleggen:* een dode verzorgen voordat hij of zij in de kist gelegd wordt **4** *het tegen iemand afleggen:* het van iemand verliezen ◆ *tegen die bink moet iedereen het* **afleggen.**

**af·leg·ger·tje** (het ~; -s) afdankertje.

**af·lei·den** (leidde af, heeft afgeleid) **1** *iets afleiden:* ervoor zorgen dat iets ergens anders terechtkomt ◆ *die draad is om de bliksem* **af** *te* **leiden**; *kun je haar aandacht niet even* **afleiden? 2** *iemand afleiden:* ervoor zorgen dat iemands aandacht ergens anders op gericht wordt ◆ *in de woonkamer word ik altijd* **afgeleid:** *daar kan ik me niet goed concentreren; ze heeft het zo druk, we moeten haar wat* **afleiden:** *we moeten haar wat plezier bezorgen, zodat ze zich ontspant* **3** *woorden afleiden:* die vormen uit andere woorden ◆ *'sprookje' is* **afgeleid** *van 'spreken'* **4** *iets afleiden:* iets uit of door iets anders begrijpen ⇒ *concluderen, opmaken* ◆ *uit zijn woorden kon ik* **afleiden** *dat het menens was.*

**af·lei·ding** (de ~(v.); -en) **1** iets dat de aandacht afleidt* (bet.1) ⇒ *ontspanning, amusement, verstrooiing* ◆ *mijn huiswerk is niet af: er was thuis te veel* **afleiding**; *die sombere kinderen hebben nooit eens wat* **afleiding 2** woord dat is afgeleid* (bet.3) van een ander woord.

**af·lei·dings·ma·noeu·vre** [afleidingsmaːnuːvrə, in België: afleidingsmaːnøːvər] (de ~ of het ~; -s) truc waarmee je iemands aandacht probeert af te leiden (bet.1).

**af·le·ren** (leerde af, heeft afgeleerd) **1** *iets afleren:* proberen om iets niet meer te doen ◆ *het is mogelijk duimzuigen* **af** *te* **leren 2** *iemand iets afleren:* ervoor zorgen dat iemand iets niet meer doet ◆ *ik zal het haar wel eens* **afleren.**

**af·le·ve·ren** (leverde af, heeft afgeleverd) *iets afleveren:* iets op een bepaalde plek brengen ⇒ *afgeven, bezorgen* ◆ *een pakketje* **afleveren.**

**af·le·ve·ring** (de ~(v.); -en) deel van een tv-serie of vervolgverhaal ◆ *door mijn vakantie heb ik een* **aflevering** *gemist.*

**af·loop** (de ~(m.)) einde ◆ *na* **afloop** *van het feest; het verhaal heeft een droevige* **afloop.**

**af·lo·pen** (liep af) **1** *(is afgelopen)* ten einde lopen, voorbijgaan ⇒ *eindigen, verstrijken* ◆ *het journaal is net* **afgelopen**; *de* **afgelopen** *week; het loopt snel* **af** *met hem: hij heeft niet erg lang meer te leven; het is een* **aflopende** *zaak: het zal snel voorbij zijn; hoe is het* **afgelopen?**: hoe is het gegaan? **2** *(is afgelopen) (van wekkers):* ratelen

**3** (heeft afgelopen) schuin naar beneden lopen ⇒ *hellen* ◆ *het huis staat recht, maar de vloer* **loopt af.**

**af·los·sen** (loste af, heeft afgelost) **1** *iemand aflossen:* iemands plaats innemen, het werk van iemand overnemen ◆ *als jullie elkaar* **aflossen**, *zijn jullie snel klaar* **2** *schuld aflossen:* die terugbetalen.

**af·luis·te·ren** (luisterde af, heeft afgeluisterd) *iemand of iets afluisteren:* stiekem naar iemand of iets luisteren.

**af·ma·ken** (maakte af, heeft afgemaakt) **1** *iets afmaken:* ervoor zorgen dat iets klaar is ⇒ *voltooien* ◆ *maak toch eens een keer iets* **af 2** *een mens of een dier afmaken:* een mens of een dier doden ◆ *het gewonde paard moest* **afgemaakt** *worden* **3** *iets of iemand afmaken:* iets of iemand een verschrikkelijk slechte beoordeling geven ◆ *dat toneelstuk is* **afgemaakt** *in de kranten* **4** *je ergens van afmaken:* iets niet zo serieus aanpakken als zou moeten ◆ *hij* **maakte** *zich er met een grapje van* **af.**

**af·mat·ten** (matte af, heeft afgemat) *iemand afmatten:* iemand heel erg moe maken ⇒ *uitputten* ◆ *de hele groep is* **afgemat** *door de gymnastiekles.*

**af·me·ren** (meerde af, heeft afgemeerd) *een boot of schip afmeren:* aan de wal leggen ⇒ *aanleggen.*

**af·me·ting** (de ~(v.); -en) maat die aangeeft hoe lang, breed of hoog iets is ◆ *iemand van geringe* **afmeting:** een klein iemand.

**af·na·me** (de ~; -s) **1** het afnemen* (bet.3), het tegenovergestelde van 'toename' **2** het afnemen* (bet.4) ◆ *de* **afname** *van melk in de kantine: de verkoop daarvan.*

**af·ne·men** (nam af, heeft afgenomen) **1** *iemand iets afnemen:* iets bij iemand weghalen terwijl hij of zij dat niet wil ⇒ *afpakken, ontnemen* ◆ *de politie heeft hem zijn wapens* **afgenomen 2** *iemand iets afnemen:* iemand iets laten doen, laten afleggen ◆ *ze gaan de groep het verkeersexamen* **afnemen**; *de agent heeft ons een verhoor* **afgenomen 3** minder worden, kleiner worden, het tegenovergestelde van 'toenemen' ◆ *de belangstelling* **neemt af**; *afnemende maan* **4** *iets afnemen:* kopen ◆ *hoeveel melk is er* **afgenomen? 5** *stof afnemen:* dat met een doek van meubels af halen **6** *iets afnemen:* met een doek over iets heen gaan om het vuil eraf te halen.

**af·ne·mer** (de ~(m.); -s), vrouw: **af·neem·ster** (de ~(v.); -s) iemand die iets afneemt* (bet.4) ⇒ *koper, klant.*

**afo·ris·me** (het ~; -n) korte, verrassende spreuk.

**af·pak·ken** (pakte af, heeft afgepakt) *iemand iets afpakken:* iets van iemand afnemen ⇒ *ontnemen.*

**af·pas·sen** (paste af, heeft afgepast) *iets afpassen:* iets heel precies meten of aftellen ◆ *er was voor iedereen een* **afgepaste** *portie.*

**af·per·sen** (perste af, heeft afgeperst) *iemand geld afpersen:* iemand dwingen jou geld te geven.

**af·poei·e·ren** (poeierde af, heeft afgepoeierd) *iemand afpoeieren:* iemand onvriendelijk of met een smoesje wegsturen ⇒ *afschepen.*

**af·prij·zen** (prijsde af, heeft afgeprijsd) *iets afprijzen:* de prijs van iets lager maken.

**af·ra·den** (raadde af, heeft afgeraden) *iemand iets afraden:* iemand de raad geven iets niet te doen, het tegenovergestelde van 'aanraden' ⇒ *ontraden.*

**af·raf·fe·len** (raffelde af, heeft afgeraffeld) *iets afraffelen:* iets te snel en daardoor slordig afmaken.

**af·ram·me·ling** (de ~(v.); -en) pak slaag.

**af·ras·te·ring** (de ~(v.); -en) hekwerk om iets heen ⇒ *omheining.*

**af·re·a·ge·ren** (reageerde af, heeft afgereageerd) *je stemming of gevoelens afreageren:* die proberen kwijt te raken ◆ *hij* **reageerde** *zijn woede* **af** *op de piano: hij ging pianospelen om zijn woede kwijt te raken; de man* **rea-**

*geerde zich op zijn vrouw af*: hij deed vervelend tegen haar omdat hij een slecht humeur had.

**af·re·ke·nen** (rekende af, heeft afgerekend) **1** *iets afrekenen*: de rekening van iets betalen ♦ *ober, ik wil de koffie graag afrekenen* **2** *ergens mee afrekenen*: niets meer met iets te maken willen hebben, vinden dat iets voorbij is ♦ *ze heeft voorgoed met het roken afgerekend*: ze is van plan dat nooit meer te doen.

**af·rich·ten** (richtte af, heeft afgericht) *een dier africhten*: het leren precies te doen wat jij wilt ⇒ *dresseren*.

**af·rij·den** (reed af, heeft afgereden) rijexamen doen.

**afri·kaan·tje** (het ~; -s) plantje met oranje of gele bloemen.

**af·rit** (de ~(m.); -ten) weg waarlangs je van de snelweg af kunt rijden ⇒ *afslag*.

**af·ro·men** (roomde af, heeft afgeroomd) *melk afromen*: de room van de melk scheppen ♦ *winst afromen*:(uitdr.) winst een stuk kleiner maken door er veel belasting over te laten betalen.

**af·ron·den** (rondde af, heeft afgerond) **1** *iets, bijv. een gesprek, afronden*: een eind aan iets maken ⇒ *afmaken, voltooien* **2** *een getal of een bedrag afronden*: er iets bij optellen of er iets van aftrekken zodat het een heel getal of een mooi rond bedrag wordt ♦ *ƒ 1,73 wordt in de winkels naar boven afgerond* tot ƒ 1,75; *ƒ 1,72 wordt naar beneden afgerond* tot ƒ 1,70.

**af·rui·men** (ruimde af, heeft afgeruimd) *de tafel afruimen*: na het eten de borden e.d. van de tafel halen.

**af·schaf·fen** (schafte af, heeft afgeschaft) *iets, bijv. een regel of een gewoonte, afschaffen*: een einde aan iets maken, niet meer aan iets doen ♦ *huiswerk moesten ze afschaffen!*

**af·scheid** (het ~) moment van het weggaan en wat daarbij gezegd en gedaan wordt ♦ *jongens, willen jullie afscheid van oom en tante nemen?*: willen jullie oom en tante gedag zeggen?

**af·schei·den** (scheidde af, heeft afgescheiden) **1** *iets afscheiden van iets anders*: een afscheiding* (bet.1) maken tussen het een en het ander ♦ *ik wil mijn tuin met een heg afscheiden* van die van de buren **2** *een vloeistof afscheiden*: een vloeistof maken en afstaan ♦ *melkklieren scheiden melk af* **3** *je afscheiden van iets*: je van iets losmaken ♦ *enkele leden hebben zich afgescheiden* van de politieke partij en een nieuwe partij opgericht.

**af·schei·ding** (de ~(v.); -en) **1** iets waardoor het ene gebied van het andere gescheiden wordt, bijv. een hek of prikkeldraad **2** afgescheiden* (bet.2) vloeistof.

**af·sche·pen** (scheepte af, heeft afgescheept) *iemand afschepen*: iemand onvriendelijk of met een smoesje wegsturen ♦ *Pietertje heeft zich bij de bakker laten afschepen* met een oud brood: ze hebben hem een oud brood in plaats van een vers brood verkocht.

**af·schie·ten** (schoot af, heeft afgeschoten) **1** *een dier afschieten*: het doodmaken door te schieten **2** *een geweer, kanon enz. afschieten*: het afvuren.

**af·schil·de·ren** (schilderde af, heeft afgeschilderd) **1** *iets afschilderen*: iets zo vertellen dat je het voor je ziet ♦ *Tjerk schilderde de gekke gebeurtenissen van het schoolreisje levendig af* **2** *iemand of iets afschilderen als …*: iemand of iets voorstellen als … ⇒ *beschrijven* ♦ *Martijn schilderde dat eindje hardlopen af* als een topprestatie.

**af·schrift** (het ~; -en) tekst die overgeschreven of overgedrukt is, kopie.

**af·schrij·ven** (schreef af, heeft afgeschreven) **1** (van de giro of bank) *een bedrag afschrijven*: dat van je rekening halen **2** *iemand of iets afschrijven*: iemand of iets uit je hoofd zetten, niet meer op iemand of iets rekenen ♦ *die vakantie in China kun je wel afschrijven*.

**af·schrij·ving** (de ~(v.); -en) **1** schriftelijk bewijs dat er geld van je rekening is afgeschreven* (bet.1) **2** schriftelijke afmelding ♦ *op die 75 uitnodigingen zijn maar 7 afschrijvingen gekomen.*

**af·schrik·ken** (schrikte af, heeft afgeschrikt) *iemand afschrikken*: iemand tegenhouden door hem of haar bang te maken ♦ *hij werd door de hoge golven afgeschrikt.*

**af·schud·den** (schudde af, heeft afgeschud) *iets afschudden van iets of iemand*: iets door schudden kwijtraken of doen vallen ♦ *oma schudde de sneeuw van haar hoed af*; *hij wist de achtervolgers van zich af te schudden*:(uitdr.) het lukte hem hen kwijt te raken.

**af·schui·men** (schuimde af, heeft afgeschuimd) *een stad, een markt enz. afschuimen*: overal kijken of je er iets kunt vinden dat je kunt gebruiken.

**af·schui·ven** (schoof af, heeft afgeschoven) *iets op iemand afschuiven*: iemand iets laten doen zodat jij ervan af bent, iemand met iets opzadelen ♦ *hij wilde de afwas op mij afschuiven*; *Stef probeerde de schuld op Roeland af te schuiven*: Stef probeerde Roeland er de schuld van te geven.

**af·schuw** (de ~(m.)) afkeer ⇒ *walging, weerzin* ♦ *die bloederige film wekte bij iedereen afschuw.*

**af·schu·we·lijk¹** (bijv. nw.) gezegd van iets dat of iemand die afschuw* opwekt ⇒ *weerzinwekkend, walgelijk, afgrijselijk* ♦ *het drankje smaakt afschuwelijk*: het drankje smaakt heel vies.

**af·schu·we·lijk²** (bijw.) heel erg ⇒ *ontzettend* ♦ *het is afschuwelijk heet vandaag.*

**af·slaan** (sloeg af) **1** (is afgeslagen) een andere richting op gaan ♦ *aan het eind van de straat moet je naar links afslaan* **2** (is afgeslagen) (van een motor): stoppen met draaien, het tegenovergestelde van 'aanslaan' **3** (heeft afgeslagen) *iets wat aangeboden wordt afslaan*: iets niet willen aannemen ♦ *het derde gebakje heb ik maar afgeslagen.*

**af·slag** (de ~(m.); -en) **1** weg waarlangs je van de snelweg af kan ⇒ *afrit* ♦ *… en dan neem je de afslag* Antwerpen **2** openbare verkoping waarbij de veilingmeester steeds een lager bedrag noemt, het tegenovergestelde van 'opbod' ♦ *iets bij afslag verkopen.*

**af·slan·ken** (slankte af, is afgeslankt) magerder worden ⇒ *afvallen* ♦ *door dat dieet is Inge behoorlijk afgeslankt.*

**af·slui·ten** (sloot af, heeft afgesloten) **1** *iets afsluiten*: ervoor zorgen dat er niets of niemand meer door kan ♦ *de deuren afsluiten*: die op slot doen; *bij mij thuis is het gas afgesloten*: er komt geen gas meer door de leidingen (door een ingreep van het gasbedrijf, bijv. als je de rekeningen niet betaald hebt); *als ik een boek lees, sluit ik me af voor alles en iedereen*:(uitdr.) dan hoor en zie ik niets meer om me heen **2** *een verzekering afsluiten*: er een officiële afspraak op papier over maken **3** *iets afsluiten*: een eind aan iets maken, met iets stoppen ♦ *de kampweek werd afgesloten met een bonte avond.*

**af·snau·wen** (snauwde af, heeft afgesnauwd) *iemand afsnauwen*: snauwend tegen iemand spreken.

**af·snij·den** (sneed af, heeft afgesneden) *een weg afsnijden*: een kortere weg of route nemen.

**af·spe·len** (speelde af, heeft afgespeeld) **1** (van gebeurtenissen enz.) *zich afspelen*: plaatsvinden ⇒ *gebeuren, voorvallen* ♦ *wanneer speelde die toestand zich ook alweer af?* **2** *een plaat, een bandje afspelen*: die of dat afdraaien, die of dat laten horen.

**af·spie·ge·len** (spiegelde af, heeft afgespiegeld) *iemand of iets afspiegelen als …*: iemand of iets voorstellen als … ⇒ *afschilderen* ♦ *Ghislaine spiegelde haar ex-man af als een grote nul.*

**af·spie·ge·ling** (de ~(v.)) voorstelling ⇒ *weerspiegeling, weergave* ♦ *Mischa gaf een valse **afspiegeling** van de feiten: Mischa verdraaide de feiten.*

**af·spraak** (de ~; afspraken) iets dat je iemand of elkaar belooft ⇒ *overeenkomst* ♦ *een **afspraak** maken met iemand; ik heb voor morgenochtend een **afspraak** bij de tandarts: ik moet morgenochtend naar de tandarts.*

**af·spre·ken** (sprak af, heeft afgesproken) iets afspreken: een afspraak* over iets maken ⇒ *overeenkomen* ♦ *we **spreken af** dat we vroeg beginnen.*

**af·sprin·gen** (sprong af, is afgesprongen) afspringen op iets of iemand: vanwege die reden de persoon niet doorgaan ⇒ *afketsen.*

**af·staan** (stond af, heeft afgestaan) iets afstaan: iets dat van jezelf is weggeven aan een ander ♦ *ik **stond** mijn plaatsje in de bus **af** aan een oude dame.*

**af·stam·me·ling** (de ~(m.); -en) persoon die van iemand anders afstamt* ⇒ *nakomeling, nazaat, telg.*

**af·stam·men** (stamde af, is afgestamd) van iemand afstammen: oorspronkelijk familie van iemand zijn, tot iemands geslacht behoren ♦ *koningin Beatrix **stamt af** van Willem van Oranje; de naam 'Klaas' **stamt af** van 'Nicolaas'.*

**af·stand** (de ~(m.); -en) ruimte tussen twee plaatsen, voorwerpen enz. ♦ *een **afstand** afleggen of overbruggen: van de ene plaats naar de andere plaats gaan; **afstand** nemen van iemand of iets: (uitdr.) proberen niet meer zo veel met iemand of iets bezig te zijn; iemand op een **afstand** houden: (uitdr.) iemand een beetje uit je buurt houden, niet te vertrouwelijk met iemand worden; **afstand** van iets doen: (uitdr.) iets opgeven, iets afstaan; **afstand** doen van de troon: (uitdr.) het koningschap opgeven.*

**af·stan·de·lijk** (bijv. nw.) alsof je er niet bij betrokken bent, onverschillig ♦ *hij praat altijd heel **afstandelijk** over zijn kinderen.*

**af·stands·be·die·ning** (de ~(v.)) apparaatje waarmee je van een afstand de tv of een ander apparaat bedient.

**af·stap·je** (het ~; -s) hoogteverschil van één of twee treden ♦ *pas op, een **afstapje**!*

**af·stap·pen** (stapte af, is afgestapt) **1** van de fiets af komen **2** van iets, bijv. een onderwerp of een idee, afstappen: niet langer met iets bezig zijn.

**af·ste·ken** (stak af, heeft afgestoken) **1** afsteken tegen of bij iets: erg van iets verschillen en daardoor opvallen ⇒ *contrasteren* ♦ *dat witte truitje **steekt af** bij die zwarte rok* **2** een speech afsteken: een toespraak houden.

**af·stel·len** (stelde af, heeft afgesteld) iets afstellen: iets zo instellen dat het goed werkt ♦ *kun jij de versnelling van mijn fiets **afstellen**?*

**af·stem·men** (stemde af, heeft afgestemd) **1** een radio afstemmen: hem op een bepaalde zender instellen ♦ *zij **stemde** de radio **af** op een popzender* **2** iets afstemmen op iets anders: ervoor zorgen dat iets goed bij iets anders past ♦ *die twee zijn goed op elkaar **afgestemd**: ze begrijpen elkaar goed, ze reageren goed op elkaar.*

**af·ster·ven** (stierf af, is afgestorven) (van lichaamsdelen, of delen van planten of bomen): langzaam maar zeker doodgaan.

**af·stij·gen** (steeg af, is afgestegen) (van ruiters): van het paard af komen.

**af·stom·pen** (stompte af, heeft afgestompt) iemand afstompen: iemand zo maken dat niets hem of haar meer kan schelen ♦ *werk aan de lopende band kan iemand behoorlijk **afstompen**.*

**af·sto·ten** (stootte af, heeft afgestoten) **1** iets, bijv. werk of een bedrijf, afstoten: je niet meer met iets bezighouden, met iets ophouden **2** (van het lichaam) een orgaan afstoten: het niet in het lichaam opnemen ♦ *de getransplanteerde nier werd **afgestoten*** **3** iemand afstoten: iemand tegenstaan ♦ *zo'n opschepper **stoot** me **af**.*

**af·strij·ken** (streek af, heeft afgestreken) **1** een lucifer afstrijken: hem langs iets strijken waardoor hij gaat branden ▼ *een **afgestreken** eetlepel:* (in recepten) de hoeveelheid die plat op een eetlepel past.

**af·strui·nen** (struinde af, heeft afgestruind) een gebied afstruinen: het helemaal aflopen om iets te vinden.

**af·stu·de·ren** (studeerde af, is afgestudeerd) je studie afmaken.

**af·taai·en** (taaide af, is afgetaaid) (populair) weggaan.

**af·ta·ke·len** (takelde af, is afgetakeld) steeds lelijker of zieker of slechter worden ⇒ *achteruitgaan.*

**af·tak·king** (de ~(v.); -en) zijweg, bijv. van een spoorbaan of een rivier.

**af·tands** (bijv. nw.) oud en versleten ♦ *een **aftandse** fiets.*

**af·tap·pen** (tapte af, heeft afgetapt) water, bloed enz. aftappen: het door een opening naar buiten laten stromen.

**af·tas·ten** (tastte af, heeft afgetast) een mening, een mogelijkheid enz. aftasten: voorzichtig proberen erachter te komen hoe die is ♦ *voor ik zeg wat ik ervan vind, wil ik eerst de mening van de anderen **aftasten**.*

**af·te·ke·nen** (tekende af, heeft afgetekend) zich aftekenen: te zien of te merken zijn ♦ *haar leeftijd begon zich al aardig op haar gezicht **af te tekenen**: je kon aan haar gezicht al vrij goed zien dat ze niet zo jong meer was.*

**af·tel·len** (telde af, heeft afgeteld) dagen, seconden enz. aftellen: die tellen tot het moment waarop je zit te wachten ♦ *hij **telt** de dagen **af** tot de grote vakantie: hij kan bijna niet meer wachten tot het grote vakantie is.*

**af·ten** (zelfst. nw.; meervoud) zweertjes in de mond, vooral bij baby's ⇒ *spruw.*

**af·ter·shave** (Engels) [a:ftərsjee f] (de ~(m.); -s) (letterlijk: na het scheren) vloeistof met een lekker luchtje om na het scheren de huid te verfrissen en te ontsmetten.

**af·tocht** (de ~(m.)) het wegvluchten uit een gevaarlijke of vervelende toestand ♦ *de **aftocht** blazen:* (uitdr.) ervandoor gaan.

**af·trap** (de ~(m.); -pen) eerste trap tegen de bal aan het begin van een voetbalwedstrijd.

**af·tre·den** (trad af, is afgetreden) je functie neerleggen ♦ *ik vind dat die minister moet **aftreden**: ik vind dat hij niet langer minister mag zijn.*

**af·trek** (de ~(m.)) **1** hoeveelheid die van iets wordt afgetrokken* ♦ *hij krijgt zeven maanden gevangenisstraf met **aftrek** van voorarrest: de tijd die hij vóór zijn veroordeling in de gevangenis heeft gezeten wordt van die zeven maanden afgetrokken* ▼ *aftrek vinden: gevraagd of verkocht worden; de tomatensoep vond gretig **aftrek**: veel mensen aten de tomatensoep.*

**af·trek·ken** (trok af, heeft afgetrokken) een hoeveelheid aftrekken van een andere hoeveelheid: de ene hoeveelheid van de andere hoeveelheid afhalen, het tegenovergestelde van 'optellen' ♦ *kun je 16 **aftrekken** van 13?*

**af·trek·ker** (de ~(m.); -s) **1** (in België □) flesopener **2** (in België □) kurkentrekker **3** (in België □; populair) trekker om de vloer mee schoon te maken.

**af·trek·sel** (het ~; -s) vloeistof waarin planten of kruiden getrokken zijn ⇒ *extract* ♦ *zijn verhaal is maar een slap **aftreksel** van de ware toedracht:* (uitdr.) hij vertelde het verhaal lang niet zo sterk als het in werkelijkheid was.

**af·troe·ven** (troefde af, heeft afgetroefd) iemand aftroeven: laten merken dat je het beter weet of kan dan iemand anders, iemand te slim af zijn.

**af·trog·ge·len** (troggelde af, heeft afgetroggeld) *iets van iemand aftroggelen*: iemand iets op een listige manier afhandig maken.

**af·tui·gen** (tuigde af, heeft afgetuigd) **1** *een schip aftuigen*: het tuig (bijv. de zeilen) eraf halen **2** *iemand aftuigen*: iemand hard slaan ⇒ *afranselen*.

**af·vaar·di·gen** (vaardigde af, heeft afgevaardigd) *iemand afvaardigen*: iemand sturen om een groep mensen te vertegenwoordigen.

**af·val** (het ~) resten die je weggooit.

**af·val·len** (viel af, is afgevallen) **1** niet meer meedoen ◆ *Wim en Niek zijn afgevallen* **2** *iemand afvallen*: iemand niet meer steunen, iemand in de steek laten **3** afslanken, gewicht verliezen, het tegenovergestelde van 'aankomen' **4** minder scherp, meer van de wind gaan zeilen, het tegenovergestelde van 'oploeven'.

**af·val·lig** (bijv. nw.) gezegd van iemand die iets of iemand in de steek laat ⇒ *ontrouw*.

**af·val·schei·ding** (de ~(v.)) het apart bewaren van huisvuil, zoals glas, papier en gft-afval.

**af·val·stof** (de ~; -fen) stof die overblijft of vrijkomt na een bepaalde bewerking.

**af·vloei·en** (vloeide af, is afgevloeid) *(van personeel)*: ontslagen worden (bijv. omdat een bedrijf inkrimpt of moet bezuinigen).

**af·voer** (de ~(m.)) **1** het afvoeren* ◆ *de aan- en afvoer van goederen* **2** (-en) buis of pijp waardoor water naar het riool wordt afgevoerd*.

**af·voe·ren** (voerde af, heeft afgevoerd) *iets of iemand afvoeren*: iets of iemand wegbrengen naar een andere plaats ◆ *de arrestant wordt door de politie afgevoerd*.

**af·vra·gen** (vroeg af, heeft afgevraagd) *je iets afvragen*: jezelf een vraag stellen en daarover nadenken.

**af·vu·ren** (vuurde af, heeft afgevuurd) *een pistool, geweer, kanon enz. afvuren*: ermee schieten ◆ *vragen op iemand afvuren*: (uitdr.) iemand de ene vraag na de andere stellen.

**af·wach·ten** (wachtte af, heeft afgewacht) *iets afwachten*: wachten tot iets gebeurt.

**af·was** (de ~(m.)) spullen die afgewassen* moeten worden ⇒ *vaat*.

**af·was·sen** (waste af, heeft afgewassen) het bestek, de borden enz. die je met eten gebruikt hebt, weer schoonmaken met water en zeep.

**af·wa·te·ring** (de ~(v.)) pijp of kanaal waar water door weg kan lopen.

**af·weer** (de ~(m.)) het afweren* ◆ *hij heeft geen afweer tegen de meeste ziekten*.

**af·weer·ge·schut** (het ~) wapens die gebruikt worden tegen aanvallende vliegtuigen.

**af·we·gen** (woog af, heeft afgewogen) *iets afwegen*: iets nauwkeurig wegen ◆ *hij woog een pond drop af*; *de voor- en nadelen van iets afwegen*: (uitdr.) die nauwkeurig met elkaar vergelijken; *dingen tegen elkaar afwegen*: (uitdr.) nagaan wat de voor- en nadelen van iets zijn.

**af·wen·den** (wendde af, heeft afgewend) **1** *iets afwenden*: iets een andere kant op draaien ◆ *hij wendde verlegen zijn ogen af* **2** *gevaar, een aanval enz. afwenden*: dat of die tegenhouden ⇒ *afweren*.

**af·wen·te·len** (wentelde af, heeft afgewenteld) *iets op iemand afwentelen*: ervoor zorgen dat iets bij iemand anders terechtkomt zodat jij er geen last meer van hebt ◆ *de schuld van de hele klas werd op mij alleen afgewenteld*.

**af·we·ren** (weerde af, heeft afgeweerd) *iets of iemand afweren*: iets of iemand op een afstand houden, iets of iemand niet dichtbij laten komen ◆ *ik kon die woeste klap*

niet *afweren*; *ze weerde alle vragen af*: ze wilde er niet op reageren.

**af·wer·ken** (werkte af, heeft afgewerkt) **1** *iets afwerken*: iets helemaal afmaken ⇒ *voltooien* **2** *iets afwerken*: het laatste aan iets doen dat nog moet gebeuren ◆ *een keurig afgewerkt breiwerk*: waarvan de begin- en einddraadjes mooi zijn weggewerkt, dat mooi in elkaar is gezet enz. ▼ *afgewerkte olie*: olie die niet meer bruikbaar is.

**af·wer·king** (de ~(v.)) laatste werk voor iets helemaal klaar is.

**af·we·ten** (ww.) ▼ *het laten afweten*: niet doen wat je moet doen.

**af·we·zig** (bijv. nw.) **1** gezegd van iemand die of iets dat er niet is, het tegenovergestelde van 'aanwezig' ⇒ *absent* ◆ *in dit krentenbrood zijn de krenten nagenoeg afwezig* **2** gezegd van iemand die verstrooid is, die zijn of haar hoofd er niet bij kan houden ◆ *wat zit je afwezig te staren?*

**af·wij·ken** (week af, is afgeweken) **1** *van iets afwijken*: je niet aan iets houden ◆ *we zijn van de route afgeweken*: we hebben een andere weg genomen; *hij is nogal van het lesboek afgeweken*: hij heeft heel iets anders verteld dan er in het lesboek staat **2** anders zijn, niet hetzelfde zijn ◆ *de kleur van de broek wijkt af van die van het jasje*; *een afwijkende mening*: een andere mening dan de anderen.

**af·wij·king** (de ~(v.); -en) verschil met hoe het meestal is, of verschil met hoe het hoort te zijn ◆ *een lichamelijke afwijking*; *je hebt een afwijking!*: (populair) je bent gek!

**af·wij·zen** (wees af, heeft afgewezen) *iemand of iets afwijzen*: iemand of iets niet goed genoeg vinden of niet willen hebben ⇒ *verwerpen* ◆ *tien sollicitanten zijn afgewezen*; *ze heeft hem afgewezen*: (uitdr.) ze wil niet met hem gaan.

**af·wik·ke·len** (wikkelde af, heeft afgewikkeld) *iets afwikkelen*: iets behandelen tot het klaar is, iets afhandelen ⇒ *afdoen* ◆ *begin jij maar, dan wikkel ik het verder af*.

**af·wim·pe·len** (wimpelde af, heeft afgewimpeld) *iets afwimpelen*: laten merken dat je iets niet wilt, dat je ergens niet voor voelt ◆ *je kunt zijn uitnodigingen niet blijven afwimpelen*.

**af·wis·se·len** (wisselde af, heeft afgewisseld) *iemand of iets afwisselen*: de plaats van iemand of iets innemen ◆ *straks wisselen jullie elkaar maar af*.

**af·wis·se·lend**[1] (bijv. nw.) gevarieerd, met veel afwisseling* ◆ *een afwisselende vakantie*.

**af·wis·se·lend**[2] (bijw.) beurtelings, om de beurt ◆ *de vakantie was afwisselend leuk en saai*.

**af·wis·se·ling** (de ~(v.); -en) opeenvolging van dingen die niet hetzelfde zijn ⇒ *verandering, variatie* ◆ *zullen we voor de afwisseling de tv uitzetten onder het eten?*: om het eens anders te doen dan anders.

**afz.** (afkorting) *afzender*.

**af·zak·ken** (zakte af, is afgezakt) **1** naar beneden zakken ◆ *je broek zakt af* **2** langzaam naar een lager gelegen gebied of naar het zuiden reizen ◆ *een rivier afzakken*.

**af·zak·ker·tje** (het ~; -s) glaasje sterke drank voordat je naar huis gaat.

**af·zeg·gen** (zei of zegde af, heeft afgezegd) *een afspraak afzeggen*: zeggen dat die niet door kan gaan ◆ *ik moet de tandarts afzeggen en een nieuwe afspraak maken*; *iedereen heeft afgezegd*: iedereen heeft laten weten dat hij niet kon komen.

**af·zen·der** (de ~(m.); -s), vrouw: **af·zend·ster** (de ~(v.); -s) iemand die een brief, pakje enz. verstuurd heeft.

**af·zet** (de ~(m.)) **1** verkoop **2** het afzetten* (bet.1) voor een sprong.

**af·zet·ten** (zette af, heeft afgezet) **1** je afzetten: je ergens tegen afduwen om vaart te zetten **2** een lichaamsdeel afzetten: het van het lichaam af halen ⇒ amputeren **3** iemand afzetten: iemand te veel geld laten betalen **4** een gebied afzetten: het van de omgeving afscheiden ♦ we hebben op het veld een crossbaan **afgezet 5** je tegen iemand of iets afzetten: laten merken dat je het niet met iemand of iets eens bent ♦ hij **zet** zich tegen zijn vader **af 6** een president, een directeur enz. afzetten: hem of haar de leiding ontnemen **7** producten afzetten: die verkopen **8** een stof afzetten met goud, zijde enz.: er een rand langs maken van goud, zijde enz..

**af·zet·ter** (de ~(m.); -s), vrouw: **af·zet·ster** (de ~(v.); -s) iemand die mensen afzet* (bet.3).

**af·zet·te·rij** (de ~(v.)) het afzetten* (bet.3).

**af·zet·ting** (de ~(v.); -en) **1** hek dat een gebied afsluit ♦ hij is over de **afzetting** geklommen **2** stof, ijs, deeltjes enz. die ergens op vast gaan zitten ♦ ijs**afzetting** op de vliegtuigvleugels.

**af·zet·tings·ge·steen·te** (het ~; -n) gesteente dat is ontstaan uit een stof, bijv. slib, die door water, wind of ijs is afgezet ⇒ sediment.

**af·zich·te·lijk** (bijv. nw.) heel erg lelijk ⇒ wanstaltig, afschuwelijk.

**af·zien** (zag af, heeft afgezien) **1** van iets afzien: iets niet meer willen ♦ we hebben **afgezien** van deelname aan de kampioenschappen **2** (populair) je heel erg inspannen ⇒ lijden ♦ het wordt **afzien** in de examenweek ▼ je kunt het nieuwe er niet aan **afzien**: je kunt niet zien dat het nieuw is.

**af·zien·baar** (bijv. nw.) ▼ binnen **afzienbare** tijd: over niet al te lange tijd, spoedig.

**af·zij·dig** (bijv. nw.) ▼ je **afzijdig** van iets houden: niet meedoen aan iets.

**af·zon·de·ren** (zonderde af, heeft afgezonderd) **1** je afzonderen: je van anderen verwijderen, niet met anderen omgaan ⇒ isoleren ♦ je moet je niet altijd zo **afzonderen**: je moet ook eens het gezelschap van anderen zoeken **2** iemand of iets afzonderen: iemand of iets bij anderen weghalen, iemand of iets apart houden ⇒ isoleren ♦ we moeten de zieke dieren **afzonderen**.

**af·zon·de·ring** (de ~(v.)) het gescheiden zijn van anderen ⇒ eenzaamheid, isolement ♦ hij leeft in **afzondering**.

**af·zon·der·lijk** (bijv. nw.) zonder anderen, van anderen gescheiden ⇒ apart ♦ elk kind kwam **afzonderlijk** naar voren; **afzonderlijke** kleedkamers voor jongens en meisjes.

**af·zuig·kap** (de ~; -pen) kap boven een fornuis die kookluchtjes en damp opzuigt.

**af·zwaai·en** (zwaaide af, is afgezwaaid) uit militaire dienst gaan.

**af·zwem·men** (zwom af, heeft afgezwommen) voor een diploma zwemmen.

**af·zwe·ren** (zwoer af, heeft afgezworen) iets afzweren: plechtig besluiten iets niet meer te zullen doen ♦ hij **zwoer** het snoepen **af**.

**agaat** (de ~(m.); agaten) edelsteen met verschillend gekleurde lagen.

**Aga·lev** (de ~) (in België) Anders gaan leven; dit is de politieke partij van de Vlaamse Groenen.

**aga·ve** (de ~; -n) tropische vetplant met spitse bladeren.

**agen·da** (de ~; agenda's) **1** boek of schrift waarin je opschrijft wat je moet doen en wanneer je dat moet doen ♦ schrijf je onze afspraak in je **agenda**? **2** lijst van de onderwerpen die op een vergadering besproken zullen worden.

**agent** (de ~(m.); -en), vrouw: **agen·te** (de ~(v.); -s of -n) **1** iemand die bij de politie of bij een veiligheidsdienst werkt ♦ de verkeers**agent** regelt het verkeer; oom **agent**: (vleiende of spottende naam voor een politieagent); een geheim **agent**: een spion **2** iemand die zaken doet voor een bank, fabriek, verzekeringsmaatschappij enz. ♦ na de brand werd de verzekerings**agent** meteen gewaarschuwd.

**age·ren** (ageerde, heeft geageerd) voor of tegen iets ageren: je best doen om iets te bereiken of te voorkomen ♦ ze **ageerden** tegen de te moeilijke proefwerken.

**ag·glo·me·ra·tie** (de ~(v.); -s) geheel van aan elkaar gegroeide steden en voorsteden.

**ag·gre·gaat** (het ~; aggregaten) stel werktuigen die met elkaar verbonden zijn ♦ toen de stroom uitviel werd meteen het nood**aggregaat** aangezet: een toestel dat elektrische stroom kan opwekken.

**ag·gre·ga·tie** (de ~(v.)) (in België) diploma waarmee je les mag geven in het secundair of hoger onderwijs.

**agi·ta·tie** (de ~(v.)) zenuwachtige opwinding ♦ de verhuizing veroorzaakte flinke **agitatie**.

**ago·gisch** (bijv. nw.) gezegd van iets dat te maken heeft met het welzijnswerk.

**agoog** (de ~(m.); agogen), vrouw: **ago·ge** (de ~(v.); -s of -n) welzijnswerker.

**agra·riër** agra·ri·er (de ~(m.); -s) (deftig) boer ⇒ landbouwer.

**agra·risch** (bijv. nw.) te maken hebbend met landbouw of met boeren ♦ de **agrarische** bevolking: de mensen op het platteland.

**agres·sie** (de ~(v.)) het gebruiken of willen gebruiken van geweld ♦ hun **agressie** tegen de buurlanden heeft een enorme oorlog ontketend.

**agres·sief** (bijv. nw.) **1** gauw geweld gebruikend, klaar om aan te vallen ♦ het is een lieve hond, maar als je hem plaagt, wordt hij **agressief 2** (van chemische stoffen): die gaten maken in kleren, huid, papier, lak enz. ⇒ bijtend ♦ opgepast! **agressieve** schoonmaakmiddelen.

**agres·si·vi·teit** (de ~(v.)) het agressief* (bet.1) zijn.

**agres·sor** (de ~(m.); -s) vijand die aanvalt ⇒ aanvaller.

**aha** (tussenw.) (dit zeg je als je verrast of voldaan bent) ♦ aha, daar is de jarige!

**aha-er·leb·nis** (Duits) [aɦaːɛrlɛpnis] (de ~; -sen) plotseling gevoel dat je iets herkent of begrijpt.

**ahob** (de ~(m.); -s) automatische halve overwegboom; dit is een bepaalde spoorboom.

**ahoi** (tussenw.) (om de bemanning van een schip toe te roepen).

**ahorn** (de ~(m.); -en of -s) boom met bladeren in de vorm van een hand ⇒ esdoorn.

**a.h.w.** (afkorting) als het ware (dit gebruik je om uit te leggen waarmee je iets kunt vergelijken) ♦ deze film neemt je **a.h.w.** mee op reis door het dierenrijk.

**ai** (tussenw.) (om aan te geven dat je iets vervelend vindt of dat je teleurgesteld bent).

**aids** (Engels) [eːts] (de ~) (medisch) acquired immuno deficiency syndrome; dit is een dodelijke ziekte, die wordt overgedragen door bloed of sperma en waarbij het afweersysteem van het lichaam tegen ziektekiemen niet goed werkt.

**air** (Frans) [eːr] (het ~; -s) houding waarmee iemand de indruk wekt anders of beter te zijn dan hij of zij echt is ♦ mijn zus kwam binnen met het **air** van een prinses.

**air·bag** (Engels) [eːrbɛk] (de ~(m.); -s) kussen vóór in een auto, dat zichzelf bij een ongeluk automatisch heel snel opblaast en zo de passagiers beschermt.

**air·con·di·tio·ning** (Engels) [eːrkɔndiʃəniŋ] (de ~(v.)) systeem waarmee de temperatuur en vochtigheid van de lucht in een huis, vliegtuig enz. worden geregeld.

**air·mail** (Engels) [ɛːrmeːl](de ~) luchtpost.

**Air·stop** (Engels) [ɛːrstop](de ~(m.))(in België) organisatie die heel goedkope vliegtickets kan aanbieden door lege plaatsen in charters op te vullen.

**aju** (tussenw.)(populair)(afscheidsgroet) ⇒ *ajuus* ◆ *aju paraplu!*: bekijk het maar!

**ajuin** (de ~(m.); -en)(in België □) ui.

**ajuus, aju** (tussenw.)(populair)(afscheidsgroet) ⇒ *dag.*

**akademi-** → academi-.

**ake·la** (de ~; akela's) leider of leidster van een groep welpen bij scouting (kijk ook bij: **scouting**).

**ake·lei** (de ~; -en) sierplant met trechtervormige bloemen.

**ake·lig** (bijv. nw.) **1** waar je liever niet mee te maken hebt ⇒ *naar* ◆ *de film was soms zo akelig, dat ik niet durfde te kijken; ze is een akelig kind met haar onsmakelijke verhalen* **2** een beetje ziek ⇒ *misselijk, onpasselijk* ◆ *ik werd helemaal akelig van de achtbaan.*

**aki** (de ~; aki's) **a**utomatische **k**nipperlicht**i**nstallatie; dit zijn waarschuwingslichten bij spoorwegen.

**ak·ke·fiet·je** (het ~; -s) onaangenaam of lastig karweitje ◆ *dat akkefietje knappen we wel even op.*

**ak·ker** (de ~(m.); -s) **1** stuk land waarop een boer granen, groenten enz. verbouwt ⇒ *veld* ▼ *op je dooie akkertje*: (uitdr.) langzaam en op je gemak.

**ak·ker·bouw** (de ~(m.)) het verbouwen van granen, bieten, aardappels enz. op het veld ◆ *die boer bedrijft akkerbouw en veeteelt.*

**akkl-** → accl-.

**ak·ko·la·de** → accolade.

**ak·kom·mo·da·tie** → accommodatie.

**ak·koord¹** (het ~; -en) **1** overeenkomst ◆ *een akkoord sluiten; een handelsakkoord tussen Nederland en België*: een stel afspraken over de handel; *het op een akkoordje gooien*: (uitdr.) allebei wat toegeven om het eens te worden **2** samenklank van drie of meer tonen ◆ *bij het eerste akkoord wist ik al welk lied het was.*

**ak·koord²** (bijv. nw.) gezegd van iets dat in orde is, waar je het mee eens bent ⇒ *goed* ◆ *akkoord gaan met iets*: zeggen dat iets wat jou betreft in orde is.

**ak·kor·de·on** → accordeon.

**ak·kre·di·te·ren** → accrediteren.

**akku(-)** → accu(-).

**akoe·pe·die** (de ~(v.)) hulp aan mensen die slecht horen.

**akoes·tiek** (de ~(v.)) manier waarop geluid in een ruimte klinkt ◆ *het theater heeft een goede akoestiek*: je kunt tot achter in de zaal horen, wat er op het toneel gefluisterd wordt.

**akroba-** → acroba-.

**aksent(-)** → accent(-).

**ak·sijns** → accijns.

**akt-** → act-.

**ak·te** (de ~; -n of -s) **1** officieel blad papier waarop een beschrijving van een gebeurtenis of een feit staat ◆ *een geboorteakte; de notaris maakt een akte op over de verkoop van ons huis* **2** officieel bewijs dat je iets kunt of mag ⇒ *diploma, vergunning* ◆ *zonder visakte mag je nergens vissen; mijn broer heeft een tekenakte*: hij mag tekenles geven **3** (ouderwets) elk van de delen waaruit een toneelstuk of opera bestaat ⇒ *bedrijf* ◆ *pauze na de tweede akte* ▼ *akte van iets nemen*: aandachtig naar iets luisteren zodat je het niet vergeet; *waarvan akte*:(dit zeg je als je een mededeling van iemand anders hebt doorgegeven, om aan te geven dat iedereen die goed moet onthouden).

**ak·te·tas** (de ~; -sen) platte tas voor papieren, schriften enz..

**AKW** (de ~)(in Nederland) **A**lgemene **K**inderbijslag**w**et.

**akwa·rel** → aquarel.

**al¹** (onbep. vnw.)(geeft aan dat de genoemde groep, hoeveelheid enz. helemaal bedoeld wordt, zonder uitzondering) ◆ *alle melk is op; ik heb al jouw boeken al gelezen.*

**al²** (bijw.) **1** eerder dan je gedacht had, het tegenovergestelde van 'pas' ⇒ *reeds* ◆ *ben je daar al?; je bent nu al groter dan je moeder; ik ben al blij, als ik geen onvoldende krijg*: dat zou me meevallen **2** gezegd om nadruk te leggen op het volgende of vorige woord ◆ *er lagen boeken, schriften, pennen en wat al meer; hij is niet al te snugger; al lachend fietsten we naar huis* ▼ *je kunt al of niet meekomen, dat moet je zelf weten*: wel of niet.

**al³** (voegw.) zelfs indien, ook als ◆ *al fluisteren jullie, ik kan het toch verstaan.*

**à la** op de manier van ◆ *zo'n flauwe grap, dat is echt à la Kim.*

**alaaf** (tussenw.)(groet op het carnavalsfeest).

**à la car·te** (Frans) [aːlaːkart](letterlijk: volgens de kaart) gezegd van restaurants waar je een menukaart krijgt met de gerechten die je kunt bestellen ◆ *een restaurant waar je à la carte kunt eten.*

**à la mi·nute** (Frans) [aːlaːmienyːt] direct, onmiddellijk ◆ *daar heb ik niet à la minute een oplossing voor.*

**alarm** (het ~) waarschuwing dat er gevaar dreigt of dat er een ongeluk is gebeurd ◆ *hij zag een boom over de weg liggen en sloeg meteen alarm*: hij waarschuwde meteen voor het gevaar; *de nieuwe alarminstallatie geeft altijd loos alarm*: die waarschuwt terwijl er niets aan de hand is.

**alar·me·ren** (alarmeerde, heeft gealarmeerd) iemand alarmeren: iemand waarschuwen dat er gevaar dreigt of dat er een ongeluk is gebeurd ◆ *toen ik hem niet meer zag zwemmen, heb ik de badmeester gealarmeerd; we schrokken van het alarmerende nieuws*: van het verontrustende nieuws.

**al·bast** (het ~) helder wit marmer, dat een beetje doorschijnend is.

**al·ba·tros** (de ~(m.); -sen) grote zeevogel die op een meeuw lijkt.

**al·bi·no** (de ~(m.); albino's) mens of dier zonder pigment, met een witte huid, wit haar en rode ogen.

**al·bum** (het ~; -s) boek of schrift om iets in te plakken.

**al·can·ta·ra** (het ~) kunstsuède.

**al·che·mie** (de ~(v.)) oude en geheime scheikunde waarin gezocht werd naar de 'steen der wijzen' om daarmee goud te maken.

**al·co·hol** (de ~(m.)) stof die in dranken zit die door gisting of distillatie zijn gemaakt en waar je dronken van kunt worden ◆ *hoeveel alcohol zit er in bier?*

**al·co·ho·lisch** (bijv. nw.)(van dranken): met alcohol* ⇒ *alcoholhoudend* ◆ *alcoholische dranken worden alleen verkocht aan mensen van zestien jaar en ouder.*

**al·co·ho·list** (de ~(m.); -en), vrouw: **al·co·ho·lis·te** (de ~(v.); -n of -s) iemand die verslaafd is aan alcoholische* dranken.

**al·co·hol·vrij** (bijv. nw.) zonder alcohol, of bijna zonder alcohol ⇒ *malt* ◆ *alcoholvrij bier.*

**al·daar** (bijw.) daar, in of op de eerder genoemde plaats ⇒ *ter plaatse* ◆ *we gingen naar Antwerpen en bezochten de musea aldaar.*

**al·dus** (bijw.) op deze manier ⇒ *zo* ◆ *we hebben aldus besloten: ....*

**al·eer** (voegw.)(ouderwets) voordat.

**alert** (bijv. nw.) oplettend, klaar om in te grijpen ⇒ *waakzaam* ◆ *de keeper reageerde alert.*

**al·fa** (de ~) **1** de eerste letter van het Griekse alfabet (α) **2**

(in Nederland) richting binnen het gymnasium waarin de nadruk ligt op talen, geschiedenis en cultuur, het tegenovergestelde van 'bèta'.

**al·fa·bet** (het ~; -ten) alle letters van een taal in een vaste volgorde ◆ *zet de boeken even op* **alfabet**: zó dat de beginletters in de volgorde van het alfabet staan.

**al·fa·be·tisch** (bijv. nw.) op volgorde van het alfabet* ◆ *in de telefoongids staan de namen* **alfabetisch**.

**al·fa·nu·me·riek** (bijv. nw.) ▼ *alfanumerieke toetsen op de computer*: toetsen voor letters én cijfers.

**al·ge·bra** (de ~) deel van de wiskunde, waarbij er gerekend wordt met letters die getallen voorstellen.

**al·ge·heel** (bijv. nw.) geheel ⇒ *totaal, volledig* ◆ *er heerste* **algehele** *verwarring*.

**al·ge·meen¹** (zelfst. nw.) ▼ *in het* **algemeen**: (dit zeg je als je het geheel van iets bedoelt); *ik houd van bloemen in het* **algemeen** *en van rozen in het bijzonder*; *over het* **algemeen**: meestal, gewoonlijk; *over het* **algemeen** *ben ik het wel met hem eens*.

**al·ge·meen²** (bijv. nw.) **1** voor of van iedereen ◆ *het voorstel is met* **algemene** *stemmen aangenomen*: iedereen heeft vóór gestemd; *Algemeen Beschaafd Nederlands (ABN)*: de standaardtaal, dus geen dialect; *het* **algemeen** *kiesrecht*: kiesrecht voor iedereen, dus voor mannen én vrouwen; *dat is* **algemeen** *bekend*: dat weet iedereen **2** gewoon, niet speciaal ◆ *de* **algemeen** *directeur*: niet van een speciale afdeling.

**al·gen** (zelfst. nw.; meervoud) verschillende soorten planten, vaak met lange stengels en sprieten, die in zee of in zoet water groeien ⇒ *wieren*.

**al·hier** (bijw.) (deftig) hier, in deze plaats.

**al·hoe·wel** (voegw.) hoewel ⇒ *ofschoon*.

**ali·as** (bijw.) ook wel genaamd ... (gezegd van iemand met een bijnaam of schuilnaam) ◆ *Laurel en Hardy,* **alias** *de Dikke en de Dunne*.

**ali·bi** (het ~; alibi's) bewijs dat je op het moment van een misdaad ergens anders was en dus onschuldig bent.

**ali·kruik** (de ~; -en) zeeslak die je kunt eten.

**ali·men·ta·tie** (de ~(v.)) geld dat iemand die gescheiden is moet betalen voor het levensonderhoud van de vroegere partner en kinderen.

**à l'im·pro·vis·te** (Frans) [ɑlɛ̃proˈviɛst] zonder voorbereiding, voor de vuist weg.

**ali·nea** (de ~(v.); alinea's) gedeelte van een tekst dat begint met een nieuwe regel en dat doorloopt tot de volgende nieuwe regel; soms wordt er bij een nieuwe alinea ingesprongen of een regel overgeslagen.

**alkohol(-)** → alcohol(-).

**al·koof** (de ~; alkoven) (ouderwets) klein kamertje achteraf naast een grote kamer.

**Al·lah** [ɑlˈlaː] (de ~(m.)) naam van God bij de moslims.

**al·le** (onbep. vnw.) elk van de genoemde dieren of dingen ⇒ *allemaal* ◆ *de proefwerken zijn* **alle** *nagekeken*.

**al·le·bei** (hoofdtelw.) alle twee, beide of beiden ◆ *jullie moeten* **allebei** *ophouden*.

**al·le·daags** (bijv. nw.) van elke dag, gewoon ◆ *een* **alledaags** *gezichtje*: niet erg opvallend.

**al·leen¹** (bijv. nw.) zonder anderen, in je eentje ◆ *ik heb de tv helemaal* **alleen** *gerepareerd!*: zonder hulp van anderen.

**al·leen²** (bijw.) **1** slechts, enkel ◆ *ik vroeg* **alleen** *op welke bladzijde we waren* **2** maar, echter ◆ *ik zou best eens naar IJsland willen,* **alleen** *is het daar altijd zo koud*.

**al·leen·spraak** (de ~(v.); alleenspraken) het lang achter elkaar spreken van één persoon in een gesprek of op het toneel ⇒ *monoloog*.

**al·leen·staand** (bijv. nw.) zonder vaste partner.

**al·le·gaar·tje** (het ~) rommeltje van allerlei verschillende dingen bij elkaar ⇒ *mengelmoes*.

**al·le·go·rie** (de ~(v.); allegorieën) verhaal waarmee ook nog iets anders bedoeld wordt dan wat er verteld wordt.

**al·le·lu·jah** → halleluja.

**al·le·maal** (onbep. vnw.)(geeft aan dat de hele groep bedoeld wordt) ◆ *gaan jullie* **allemaal** *mee?*; *ik heb die dropjes* **allemaal** *opgegeten*.

**al·le·mans·vriend** (de ~(m.); -en) iemand die tegen iedereen even aardig doet.

**al·len** (onbep. vnw.) alle mensen ⇒ *allemaal, iedereen* ◆ **allen** *waren het met mij eens*; *ons* **aller** *vriend*: de vriend van ons allemaal.

**al·lengs** (bijw.)(deftig) langzamerhand ⇒ *zoetjesaan* ◆ *het gaat* **allengs** *beter met haar*.

**al·ler** → allen.

**aller-** ▼ *de* **aller**grootste, *de* **aller**dikste, *de* **aller**beste, *de* **aller**liefste enz.: de grootste, dikste, beste, liefste enz. van iedereen, van allemaal.

**al·ler·gie** (de ~(v.); allergieën) overgevoeligheid van je lichaam voor een bepaalde stof waardoor je bijv. jeuk krijgt of moet niezen.

**al·ler·gisch** (bijv. nw.) met allergie* te maken hebbend of daaraan lijdend ⇒ *overgevoelig* ◆ *ik ben* **allergisch** *voor wol*: ik kan niet tegen wol.

**al·ler·han·de** (onbep. vnw.) allerlei ◆ **allerhande** *koekjes*.

**Al·ler·hei·li·gen** (de ~) feestdag waarop de heiligen worden vereerd (1 november; in België een vrije dag).

**al·ler·ijl** ▼ *in* **allerijl**: zo snel mogelijk, met spoed; *hij is in* **allerijl** *naar het ziekenhuis gebracht*.

**al·ler·lei** (onbep. vnw.) van alle soorten ⇒ *allerhande* ◆ *er dreef* **allerlei** *rommel in de gracht*.

**al·ler·minst** (bijw.) helemaal niet ⇒ *geenszins, allesbehalve* ◆ *'stoor ik?' '*allerminst*!'*.

**al·les** (onbep. vnw.) elk ding ◆ *hebben jullie* **alles** *opgeruimd?*; *zij weet* **alles** *van goudvissen*.

**al·les·be·hal·ve** [ook: allesbehalve](bijw.) helemaal niet ⇒ *allerminst, geenszins* ◆ *zij is* **allesbehalve** *dik*: ze is helemaal niet dik, maar juist dun.

**al·les·zins** (bijw.) helemaal, geheel en al ⇒ *volkomen, volledig* ◆ *zijn boosheid is* **alleszins** *te begrijpen*.

**al·li·an·tie** (de ~(v.); -s) bondgenootschap ⇒ *verbond*.

**al·licht** (bijw.) natuurlijk, vanzelfsprekend ⇒ *uiteraard* ◆ *'heb je het licht wel uitgedaan?' 'ja,* **allicht***!'*.

**al·li·ga·tor** (de ~(m.); -s) bepaald soort krokodil.

**all-in** (Engels) [ɔlˈlin](bijw.) alles bij elkaar, alle kosten inbegrepen ⇒ *inclusief* ◆ *die vakantie kost me 800 gulden* **all-in**.

**al·li·te·ra·tie** (de ~(v.); -s) het verschijnsel dat woorden met dezelfde letters beginnen, bijv. in: door dik en dun ⇒ *beginrijm*.

**al·loch·toon¹** (de ~(m.); -tonen) iemand die zelf afkomstig is uit een ander, niet rijk land, of wiens familie afkomstig is uit een ander, niet rijk land, het tegenovergestelde van 'autochtoon'.

**al·loch·toon²** (bijv. nw.) afkomstig uit een ander land of een andere streek, het tegenovergestelde van 'autochtoon'.

**al·looi** (het ~) waarde van iemand of iets ⇒ *gehalte, kwaliteit* ◆ *een film van laag* **allooi**; *twee schurken van hetzelfde* **allooi**: die allebei even slecht zijn.

**all right** (Engels) [ɔlˈrajt](tussenw.) okay.

**all-risk·ver·ze·ke·ring** [ɔlˈrɪskvərzekəriŋ](de ~(v.); -en) verzekering tegen alle mogelijke schade.

**all·round** (Engels) [ɔlˈraʊnd](bijv. nw.) gezegd van iemand die alles kan op een bepaald gebied ◆ *een* **allround** *tennisser*.

**all ter·rain bike** (Engels) [ɔːltɛrrɛnbajk of ɑːlterrɛɛnbajk] (de ~; -s) (letterlijk: fiets voor elk terrein) mountainbike.

**al·lu·re** (de ~; -s) manier van doen, houding of stijl waarmee je een bepaalde indruk maakt ♦ *een gebouw met* **allure**: een indrukwekkend en stijlvol gebouw.

**alm** (de ~ (m.); -en) weide in de Alpen.

**al·macht** (de ~ (v.)) macht over alles en iedereen.

**al·mach·tig** (bijv. nw.) met macht over alles en iedereen ♦ *de* **almachtige** *God*.

**al·ma·nak** (de ~ (m.); -ken) jaarboekje met praktische gegevens, bijv. over sterren, planeten, weersvoorspellingen enz..

**aloë** [aːloːwɛɛ] (de ~ (v.); aloë's) vetplant met een korte geschubde stam, puntige bladeren en bloemen in trossen.

**al·om** (bijw.) overal ♦ *circus Krone is* **alom** *bekend*.

**alp** (de ~ (m.); -en) berg in de Alpen.

**al·pi·nist** (de ~ (m.); -en), vrouw: **al·pi·nis·te** (de ~ (v.); -s of -n) bergbeklimmer.

**al·pi·no** (de ~ (m.); alpino's) zwarte vilten pet zonder klep.

**als** (voegw.) **1** (geeft een tijdstip aan) ⇒ *wanneer* ♦ **als** *ik 's morgens opsta, maak ik eerst een koprol* **2** (geeft een voorwaarde of een mogelijkheid aan) ⇒ *indien, ingeval, wanneer, zo* ♦ **als** *er brand uitbreekt, kunt u door deze deur naar buiten* **3** (geeft aan in welke functie of hoedanigheid iemand iets doet) ♦ **als** *moeder van drie kinderen wil ik hierop reageren* **4** (geeft een vergelijking aan) ⇒ *gelijk* ♦ *ze ziet er uit* **als** *een oude heks; Harm is net zo oud* **als** *Jaap*.

**als·je·blieft** (tussenw.) (beleefdheidswoord wanneer je iemand iets geeft of iets van iemand vraagt) ♦ *willen jullie* **alsjeblieft** *zachtjes doen?*

**als·me·de** (voegw.) (deftig) en ook ⇒ *benevens, evenals* ♦ *de directeur* **alsmede** *zijn vrouw waren aanwezig.*

**als·nog** (bijw.) nog steeds, ook nu nog, toch nog ♦ *mislukt het, dan kun je er* **alsnog** *vandoor gaan.*

**als·of** (voegw.) (geeft aan dat iets niet is zoals het lijkt) ⇒ *of* ♦ *hij deed* **alsof** *hij de hond wilde slaan;* **alsof** *ik dat niet weet!*: dat weet ik heus wel!

**als·ook** (voegw.) en ook ⇒ *alsmede, evenals, benevens.*

**al·stu·blieft** → alsjeblieft.

**alt** (de ~; -en) (muziek) de op één na hoogste zangstem, tussen sopraan en tenor in.

**al·taar** (de ~ (m.) of het ~; altaren) tafel waarachter een priester staat als hij de mis opdraagt ♦ *een vrouw naar het* **altaar** *voeren*: (uitdr.; ouderwets) met haar trouwen.

**al·ter ego** (het ~) (letterlijk: andere ik) iemand die je altijd helpt of zo nodig vervangt.

**al·ter·na·tief**[1] (het ~; alternatieven) andere goede mogelijkheid ♦ *wie bedenkt een goed* **alternatief?**: wie bedenkt een andere oplossing?

**al·ter·na·tief**[2] (bijv. nw.) anders dan anders, apart ♦ *Nelleke kleedt zich tamelijk* **alternatief**; **alternatieve** *geneeswijzen*: geneeswijzen, zoals homeopathie of acupunctuur, waarbij de artsen van andere principes uitgaan dan de gewone artsen.

**al·ter·na·tie·ve·ling** (de ~ (m.); -en) iemand die in kleding en levensstijl teruggrijpt naar de jaren zestig.

**al·thans** (bijw.) tenminste ♦ *het gaat regenen,* **althans** *dat hebben ze voorspeld.*

**al·tijd** (bijw.) **1** onafgebroken, zonder ophouden ⇒ *altoos, immer, voortdurend* ♦ *ademhalen doe je* **altijd** **2** iedere keer weer, telkens ⇒ *steeds* ♦ *Freek pest me* **altijd!** **3** in elk geval ♦ *als mijn brommer kapot is, kan ik* **altijd** *nog op de fiets naar school.*

**al·to** (de ~ (m.); alto's) (populair) alternatieveling.

**al·toos** (bijw.) (ouderwets) altijd (bet.1).

**altruïsme** al·tru·is·me (het ~) manier van doen van een altruïst*, het tegenovergestelde van 'egoïsme' ⇒ *onbaatzuchtigheid.*

**altruïst** al·tru·ist (de ~ (m.); -en) iemand die veel over heeft voor andere mensen en niet in de eerste plaats aan zichzelf denkt, het tegenovergestelde van 'egoïst'.

**altruïstisch** al·tru·is·tisch (bijv. nw.) gezegd van iemand die zich gedraagt als een altruïst*, het tegenovergestelde van 'egoïstisch' ⇒ *onbaatzuchtig, onzelfzuchtig.*

**alu·mi·ni·um** (het ~) zilverkleurig metaal dat heel weinig weegt. Er worden bijv. vliegtuigen van gemaakt, en pannen.

**alu·mi·ni·um·fo·lie** (het ~) dun vel aluminium waarin levensmiddelen bewaard kunnen worden.

**al·vlees·klier** (de ~; -en) klier achter de maag die stoffen afscheidt die helpen bij de spijsvertering ⇒ *pancreas.*

**al·vo·rens** (voegw.) (deftig) voordat ♦ **alvorens** *u het pak opent, moet u goed schudden.*

**Alz·hei·mer** (Duits) [altshajmɛr of altsheimɛr] (zelfst. nw.) ▼ *de ziekte van* **Alzheimer**: ziekte waarbij iemand steeds meer in de war raakt en steeds meer vergeet.

**a.m.** (afkorting) ante meridiem; dit is Latijn en het betekent: vóór de middag ⇒ *v.m.* ♦ *u wordt verwacht om 10 uur* **a.m.**: om 10 uur 's ochtends.

**amal·gaam** (het ~) mengsel van kwikzilver met een ander metaal, waarmee de tandarts je kiezen vult.

**aman·del** (de ~; -en) **1** bittere pit van de amandelvrucht, waarvan marsepein of spijs gemaakt wordt **2** klier achter in je keel, die onder andere als een soort filter voor schadelijke bacteriën ⇒ *tonsil.*

**ama·nu·en·sis** (de ~ (m.); -sen of amanuenses) iemand die helpt bij het voorbereiden en uitvoeren van proeven op school of in een laboratorium.

**ama·ryl·lis** (de ~; -sen) plant die uit een bol groeit en grote bloemen krijgt met de vorm van een kelk.

**ama·teur** (de ~ (m.); -s) **1** iemand die alleen voor zijn of haar plezier een sport beoefent, muziek maakt enz., en niet voor zijn of haar beroep, het tegenovergestelde van 'professional' **2** iemand die op een onhandige manier met iets bezig is waar hij of zij weinig verstand van heeft ⇒ *prutser, dilettant.*

**ama·teu·ris·tisch** (bijv. nw.) op de manier van een amateur* (bet.2), het tegenovergestelde van 'professioneel' ⇒ *prutserig* ♦ *dit elftal voetbalt wel erg* **amateuristisch!**

**ama·zo·ne** [aːmaːzɔːnɛ, in België: amazɔɔnɛ] (de ~ (v.); -s of -n) vrouw te paard.

*****ama·zo·nen·zit** *(Wdl: amazonezit)* (de ~) manier om op een paard te zitten, met twee benen aan één kant.

**am·bacht** (het ~; -en) vak waarbij je iets met je handen maakt ⇒ *stiel* ♦ *pottenbakken is een oud* **ambacht**; *hij is iemand van twaalf* **ambachten** *en dertien ongelukken*: (uitdr.) hij mislukt in elke baan die hij krijgt.

**am·bach·te·lijk** (bijv. nw.) gezegd van alles wat met een ambacht* te maken heeft ♦ **ambachtelijk** *brood*: brood dat door een echte bakker gebakken is, geen fabrieksbrood.

**am·bas·sa·de** (de ~ (v.); -s) de ambassadeur* van een bepaald land en zijn medewerkers, of het gebouw waarin ze zitten.

**am·bas·sa·deur** (de ~ (m.); -s of -en), vrouw:

**am·bas·sa·dri·ce** (de ~ (v.); -s) iemand die als hoogste vertegenwoordiger van zijn of haar regering in een ander land woont.

**am·ber** (de ~ (m.)) **1** lekker ruikende stof uit de darm van de potvis **2** barnsteen.

**am·bi·an·ce** (Frans) [ambiejãsɛ, in België: ambiejãs(ɛ)]

(de ~) sfeer, omgeving, aankleding ◆ *het kasteel vormde een schitterende* **ambiance** *voor het feest.*

**ambiëren** am·bi·e·ren (ambieerde, heeft geambieerd) *iets ambiëren*: de ambitie* hebben om iets te bereiken of te krijgen, naar iets streven.

**am·bi·gu** (bijv. nw.) gezegd van iets dat je op twee manieren kunt uitleggen ⇒ *dubbelzinnig.*

**am·bi·tie** (de ~(v.); -s) verlangen en streven om hogerop te komen in je werk ⇒ *eerzucht.*

**am·bi·ti·eus** (bijv. nw.) gezegd van iemand die ambities* heeft of van iets waarvoor ambitie* nodig is ⇒ *eerzuchtig* ◆ *zij is erg* **ambitieus**; **ambitieuze** *plannen.*

**am·bi·va·lent** (bijv. nw.) onzeker omdat iets zowel plus- als minpunten heeft ◆ *Lieve staat erg* **ambivalent** *tegenover Vincents aanzoek*: ze vindt zijn aanzoek aan de ene kant leuk, maar aan de andere kant weer niet, ze weet niet wat ze ervan moet vinden.

**am·bro·zijn** (het ~) heel lekker voedsel, zoals de Griekse en Romeinse goden aten ⇒ *godenspijs.*

**ambt** (het ~; -en) openbare functie waarin je door de overheid benoemd wordt, of openbare functie in een protestantse kerk ◆ *zij heeft tien jaar het* **ambt** *van rechter uitgeoefend*: zij is tien jaar rechter geweest; *hij bekleedt het* **ambt** *van dominee*: hij is dominee.

**amb·te·lijk** (bijv. nw.) gezegd van alles wat met een ambt* of met ambtenaren* te maken heeft.

**amb·te·naar** (de ~(m.); -s of ambtenaren), vrouw:
**amb·te·na·res** (de ~(v.); -sen) iemand die in dienst is van het Rijk, de provincie of de gemeente ◆ *hij is* **ambtenaar** *bij het ministerie van Landbouw, Natuurbeheer en Visserij*: hij werkt bij dat ministerie.

**ambts·ge·heim** (het ~; -en) verplichting om dingen die je door je ambt weet geheim te houden.

**ambts·hal·ve** (bijw.) vanwege je werk, officieel ◆ *ik draag u dit* **ambtshalve** *op.*

**am·bu·lan·ce** (Frans) [ambuːlãːse, in België: ambuːlãːs(e)] (de ~; -s) ziekenauto.

**am·bu·lant** (bijv. nw.) niet gebonden aan een vaste plaats ◆ **ambulante** *patiënten*: die niet in bed hoeven te blijven maar mogen rondlopen; *een* **ambulant** *schoolhoofd*: een schoolhoofd dat zelf geen groep heeft.

**amech·tig** (bijv. nw.) (ouderwets) helemaal buiten adem, zwaar hijgend ◆ **amechtig** *van het klimmen stond hij boven op de toren.*

**amen** (letterlijk: het zij zo) laatste woord van een gebed of een preek ◆ *ja en* **amen** *zeggen*: (uitdr.) alles goedvinden, nooit kritiek hebben.

**amen·de·ment** (het ~; -en) voorstel tot verandering in een wet of reglement, vooral zo'n voorstel in de Tweede Kamer (in België: van de Kamer van Volksvertegenwoordigers) ◆ *de nieuwe schoolwet is zonder* **amendement** *aangenomen.*

**ame·thist** (de ~(m.); -en) paarse edelsteen.

**ameu·ble·ment** (het ~; -en) bij elkaar horende meubels voor een kamer of huis ◆ *een slaapkamer***ameublement**: een bed met bijbehorende kasten.

**am·fe·ta·mi·ne** (de ~ of het ~; -n of -s) soort pepmiddel, vooral gebruikt in de sport.

**am·fi·bie** (de ~(m.); amfibieën) dier dat zowel in het water als op het land kan leven, zoals de kikvors.

**am·fi·the·a·ter** (het ~; -s) ronde of ovale schouwburg uit de Griekse of Romeinse oudheid in de open lucht, met schuin oplopende rijen zitplaatsen.

**am·foor** (de ~; amforen) amfora.

**am·fo·ra** (de ~; amfora's) buikige vaas uit de Griekse of Romeinse oudheid met twee oren.

**ami·caal** (bijv. nw.) vriendschappelijk, vooral gezegd van

iemand die zich niet stijf aan beleefdheidsregels houdt.

**ami·no·zuur** (het ~; -zuren) (biologie) stof waarvan in het lichaam eiwitten worden gemaakt (kijk ook bij: **eiwit**).

**am·mo·nia** (de ~(m.)) oplossing van ammoniak* in water die o.a. als schoonmaakmiddel gebruikt wordt.

**am·mo·ni·ak** (de ~(m.)) scherp ruikend gas van stikstof en waterstof, waarvan o.a. kunstmest gemaakt wordt.

**am·mu·ni·tie** (de ~(v.)) alles wat met wapens weggeschoten kan worden, bijv. kogels en bommen ⇒ *munitie.*

**am·ne·sie** (de ~(v.)) (medisch) geheugenverlies.

**am·nes·tie** (de ~(v.)) kwijtschelding van straf door het staatshoofd.

**amok** [ook: aːmɔk] (zelfst. nw.) ▼ **amok** *maken*: ruzie maken, rellen schoppen; *een paar voetbalsupporters begonnen* **amok** *te maken.*

**amou·reus** (bijv. nw.) gezegd van iets dat met verliefdheid of liefde te maken heeft ◆ **amoureuze** *avonturen*: liefdesavonturen.

**am·pel** (bijv. nw.) breedvoerig, uitgebreid ⇒ *uitvoerig* ◆ *na* **ampele** *overwegingen hebben we de knoop doorgehakt.*

**am·per** (bijw.) ternauwernood, nauwelijks ◆ *ik heb zo'n pijn in mijn been, dat ik* **amper** *kan lopen; hij was* **amper** *drie toen hij leerde lezen*: hij was nog maar net drie jaar.

**am·pè·re** [ampɛːrə] (de ~(m.); -s) maat die de sterkte van een elektrische stroom aangeeft.

**am·pex** (de ~; -en) magnetische band waarop beelden worden opgenomen voor uitzending op de tv.

**am·pul** (de ~; -len) glazen buisje waarin vloeistof voor een injectie zit.

**am·pu·te·ren** (amputeerde, heeft geamputeerd) *een lichaamsdeel amputeren*: het van het lichaam verwijderen ⇒ *afzetten* ◆ *zijn arm is verbrijzeld, maar hoeft niet* **geamputeerd** *te worden.*

**am·ster·dam·mer·tje** (het ~; -s) paaltje aan de stoeprand dat automobilisten verhindert om op de stoep te parkeren.

**amu·let** (de ~; -ten) voorwerp waarvan degene die het bij zich draagt gelooft dat het hem of haar beschermt tegen ongeluk ⇒ *talisman.*

**amu·sant** (bijv. nw.) gezegd van iemand of iets waar je plezier om hebt, waar je om kunt lachen ⇒ *komisch, vermakelijk* ◆ *een* **amusant** *verhaal.*

**amu·se·ment** (het ~) dingen die bedoeld zijn om mensen te amuseren* (bet.1) ⇒ *vermaak, plezier.*

**amu·se·ren** (amuseerde, heeft geamuseerd) **1** *iemand amuseren*: iemand plezier geven, iemand aangenaam bezig houden ⇒ *vermaken* ◆ *als jij de kleintjes een uurtje* **amuseert**, *dan ga ik boodschappen doen* **2** *je amuseren*: plezier hebben, je tijd aangenaam doorbrengen ⇒ *je vermaken* ◆ *we hebben ons kostelijk* **geamuseerd** *met het nieuwe spel.*

**an-** → **a-**.

**anaal** (bijv. nw.) gezegd van iets dat te maken heeft met de anus* ◆ *zetpillen zijn voor* **anaal** *gebruik*: die moeten via het achterwerk worden ingebracht.

**ana·bool** (bijv. nw.) ▼ **anabole** *steroïden*: stoffen die de opbouw van eiwitten in het lichaam bevorderen, en die sportlieden soms gebruiken als dopingmiddel.

**ana·chro·nis·me** (het ~; -n) iemand die of iets dat te modern is voor het tijdperk waarin die persoon of die zaak geplaatst is, bijv. een auto die voorkomt in een verhaal dat speelt in de Middeleeuwen.

**ana·gram** (het ~; -men) woord dat je kunt maken met de letters van een ander woord ◆ *'ezelin' is een* **anagram** *van 'zeilen'.*

**anal·fa·beet** (de ~(m.); analfabeten) iemand die niet kan lezen of schrijven.

**ana·list** (de ~(m.); -en), vrouw: **ana·lis·te** (de ~(v.); -n of -s) iemand die in een laboratorium onderzoekt hoe stoffen in elkaar zitten ♦ *analiste in een medisch laboratorium.*

**ana·loog** (bijv. nw.) **1** gezegd van iets dat op dezelfde manier gebeurt of in elkaar zit als iets anders ⇒ *overeenkomstig, overeenkomend ♦ de film is niet analoog aan het boek* **2** *(van meet- en rekenapparatuur):* in staat om alle waarden tussen begin- en eindwaarde aan te geven, het tegenovergestelde van 'digitaal' (een analoge personenweegschaal kan bijv. ieder gewicht tussen 0 en 120 kg aanwijzen; bij een digitale weegschaal zitten er steeds stapjes tussen twee gewichten die de aangegeven worden) ♦ *een analoog horloge:* een horloge met een wijzerplaat en wijzers; *een grammofoonplaat die analoog wordt afgespeeld:* met een naald die de groeven volgt waarin het geluid is vastgelegd (door de trillingen die de naald veroorzaakt komt het geluid tot stand).

**ana·ly·se** (de ~(v.); -s of -n) onderzoek dat of uitleg die duidelijk maakt hoe iets in elkaar zit ♦ *volgens mijn analyse is de diefstal na twaalf uur gepleegd.*

**ana·ly·se·ren** (analyseerde, heeft geanalyseerd) *iets analyseren:* een analyse* van iets geven of maken ⇒ *ontleden ♦ je moet het probleem eerst analyseren voor je het kunt oplossen.*

**ana·lyst** → analist.

**ana·ly·tisch** (bijv. nw.) gezegd van iemand die vaak analyses* maakt, of van iets dat uit analyses* bestaat ♦ *hij moet leren om analytisch te denken.*

**ana·ly·ze·ren** → analyseren.

**ana·nas** (de ~; -sen) tropische vrucht, van binnen geel, met een geschudde roodbruine schil.

**anar·chie** (de ~(v.); anarchieën) toestand waarin er niemand is die de leiding heeft, vooral een land zonder leiding ♦ *toen de juf de klas uit was, heerste er meteen totale anarchie.*

**anar·chis·me** (het ~) het streven naar een situatie waarin er niemand is die de leiding heeft.

**anar·chist** (de ~(m.); -en), vrouw: **anar·chis·te** (de ~(v.); -n of -s) iemand die zich niet aan wetten en regels van anderen wil houden, omdat hij of zij vindt dat ieder mens eigen baas is.

**ana·to·mie** (de ~(v.)) kennis over de bouw van het menselijk of dierlijk lichaam ⇒ *ontleedkunde.*

**an·der¹** (bijv. nw.) **1** niet dezelfde of niet hetzelfde ♦ *je mag een andere keer mee; dit is een ander boek ▼ om de andere dag:* de ene dag wel, de volgende dag niet; *een en ander:* dingen die niet nader aangeduid worden; *ik heb nog het een en ander met je te bespreken; een of ander(e):* het doet er niet toe welk(e); *we hebben een of andere voorbijganger de weg gevraagd.*

**an·der²** (onbep. vnw.) niet dezelfde persoon of zaak ♦ *luister maar niet naar wat een ander zegt; zij kan liegen als geen ander; onder andere (o.a.):* (uitdr.) het genoemde en ook nog andere dingen; *ik vraag onder andere een trui voor mijn verjaardag; onder anderen (o.a.):* (uitdr.) de genoemde persoon en ook nog andere mensen; *op het feest was onder anderen de burgemeester.*

**an·der·half** (hoofdtelw.) een en een half ♦ *hij heeft anderhalve dag naar zijn horloge lopen zoeken.*

**an·der·mans** (onbep. vnw.) van iemand anders ♦ *je moet van andermans spullen afblijven.*

**an·ders¹** (bijv. nw.) niet hetzelfde ⇒ *afwijkend ♦ zijn Italianen anders dan wij?; het is niet anders:* (uitdr.) er is niets aan te doen, we moeten het accepteren.

**an·ders²** (bijw.) **1** op een andere manier ♦ *in het noorden spreken ze de woorden anders uit dan in het zuiden* **2** op andere tijden, in andere omstandigheden ♦ *zeg eens wat, je bent anders nooit zo stil* **3** in het andere of tegenovergestelde geval, als het niet zo is ♦ *ik kom naar jou, of anders kom jij naar mij; hij is geslaagd; waarom zou hij anders zo blij kijken?* **4** in feite, eigenlijk ♦ *ben je in bad geweest? daar zie je anders niet naar uit ▼ iemand anders, iets anders:* een andere persoon, een ander ding; *ergens anders:* op een andere plaats.

**an·ders·om** (bijw.) tegenovergesteld of omgekeerd ♦ *als je mijn tekening andersom houdt, kun je zien wat ik getekend heb.*

**an·ders·zins** (bijw.) op een andere manier ♦ *schrijven op deuren met pen, viltstift of anderszins wordt bestraft.*

**an·der·zijds** (bijw.; meestal voorafgegaan door 'enerzijds') aan de andere kant, van de andere kant bekeken ♦ *ik vind het enerzijds wel leuk om te gaan zwemmen maar anderzijds wil ik ook mijn huiswerk afmaken.*

**an·dij·vie** (de ~(m.)) een beetje bitter smakende bladgroente.

**an·dra·go·gie** (de ~(v.)) studie van de ontwikkeling en vorming van volwassenen.

**an·dre·as·kruis** (het ~; -en) kruis in de vorm van een x, zoals op het waarschuwingsbord bij een spoorwegovergang.

**an·dro·gyn** [androogien] (bijv. nw.) *(van mensen):* met mannelijke en vrouwelijke eigenschappen tegelijk.

**anek·do·te** (de ~; -s of -n) kort verhaal, meestal over een leuke gebeurtenis uit iemands leven ♦ *van mijn overgrootouders weet ik niet meer dan een paar anekdotes.*

**ane·mie** (de ~(v.)) (medisch) bloedarmoede.

**ane·moon** (de ~; anemonen) plant met rode, blauwe of paarsachtige bloemen en een donker hart.

**anes·the·sie** (de ~(v.)) (medisch) gevoelloosheid door verdoving of narcose.

**anes·the·sist** (de ~(m.); -en), vrouw: **anes·the·sis·te** (de ~(v.); -n of -s) (medisch) iemand die je voor een operatie onder narcose brengt (kijk ook bij: **narcose**) ⇒ *narcotiseur.*

**an·gel** (de ~(m.); -s) steekorgaan van bijen, wespen enz..

**an·gi·na** (de ~) (medisch) keelontsteking.

**an·gli·caans** (bijv. nw.) gezegd van iemand die of iets dat te maken heeft met de Engelse staatskerk.

**an·glist** (de ~(m.); -en) iemand die Engels gestudeerd heeft.

**an·go·ra** (de ~) wol van de angorageit of haar van het angorakonijn.

**angst** (de ~(m.); -en) beklemd gevoel als je bang bent voor een ongeluk of gevaar ⇒ *vrees ♦ als je even gebeld had, hadden wij niet zo in angst gezeten.*

**ang·stig** (bijv. nw.) in angst*, bang ♦ *hij liep angstig langs het hondenhok; angstige ogenblikken beleven:* bang zijn.

**angst·val·lig** (bijv. nw.) bang dat er iets mis zou kunnen gaan ♦ *angstvallig legde hij alles weer op dezelfde plaats terug.*

**anijs** (de ~(m.)) plant met geurige zaadjes die gebruikt worden als kruid ♦ *toen ik verkouden was, dronk ik anijsmelk.*

**ani·maal** (bijv. nw.) dierlijk.

**ani·ma·tie·film** (de ~(m.); -s) film die gemaakt is door foto-opnamen die een klein beetje van elkaar verschillen achter elkaar te monteren, zodat het bij het afdraaien lijkt of het bewegende beelden zijn.

**ani·mo** (de ~(m.) of het ~) zin om iets te doen ♦ *er is weinig animo voor dat uitstapje:* er gaan maar weinig mensen mee.

**ani·ta** (de ~ (v.); anita's) (populair) bepaald type sullig en ordinair meisje (zo genoemd door andere jongeren) ◆ *er zitten veel sjonnies en anita's bij mij op school.*

**an·je·lier** (de ~; -en) anjer.

**an·jer** (de ~; -s) geurende bloem die in veel kleuren gekweekt wordt ⇒ *anjelier*.

**an·ker** (het ~; -s) zware ijzeren balk met zijarmen om een schip op het water mee vast te leggen aan de bodem ◆ *vlak voor de kust gingen we voor anker:* lieten we het anker zakken; *het anker lichten:* het opheffen, zodat het schip weer kan varen.

**an·klet** (Engels) [ɛŋklət] (de ~ (m.); -s) korte sok.

**an·na·len** (zelfst. nw.; meervoud) beschrijving van gebeurtenissen zoals die jaar na jaar hebben plaatsgevonden ⇒ *jaarboeken* ◆ *zo'n gek voorval komt in de annalen van onze familie niet voor:* (uitdr.) in de geschiedenis van onze familie.

**an·nex** (voegw.) en tevens ◆ *een sigarenwinkel annex postkantoor.*

**an·nexe·ren** (annexeerde, heeft geannexeerd) *een gebied annexeren:* het bij het eigen grondgebied trekken ⇒ *inlijven* ◆ *de buurman heeft brutaalweg een stuk van onze tuin geannexeerd.*

**an·no** in het jaar ◆ *ons huis is anno 1925 gebouwd.*

**an·non·ce** (Frans) [anɔ̃sə] (de ~; -s) (deftig) advertentie, aankondiging ◆ *in de krant stond een annonce van het huwelijk van mijn broer.*

**an·no·ta·tie** (de ~ (v.); -s) aantekening, toevoeging om iets te verduidelijken.

**an·nu·le·ren** (annuleerde, heeft geannuleerd) *iets annuleren:* iets niet door laten gaan ⇒ *afgelasten* ◆ *de voorstelling was geannuleerd.*

**ano·niem** (bijv. nw.) gezegd van iemand van wie je de naam niet weet ⇒ *onbekend* ◆ *wij krijgen anonieme brieven:* brieven zonder afzender; *de schrijver van dit stuk wenst anoniem te blijven:* hij wil niet dat bekend wordt dat hij het geschreven heeft.

**ano·rak** (de ~; -s) gesloten windjack met capuchon, dat je over je hoofd moet aantrekken.

**ano·rexia ner·vo·sa** (de ~ (v.)) (medisch) ziekte waarbij je helemaal geen zin hebt om te eten en steeds magerder wordt.

**ANP** (het ~) **A**lgemeen **N**ederlands **P**ersbureau, een dienst in Nederland die nieuws verzamelt en doorgeeft.

**an·sicht·kaart** (de ~; -en) briefkaart met aan één kant een afbeelding ⇒ *prentbriefkaart.*

**an·sjo·vis** (de ~ (m.); -sen) klein, haringachtig visje dat vaak gezouten gegeten wordt.

**an·tarc·tis** (de ~) gebied rond de zuidpool.

**an·te·ce·den·ten** (zelfst. nw.; meervoud) de dingen die eerder in je leven gebeurd zijn, je voorgeschiedenis ◆ *van elke sollicitant worden de antecedenten onderzocht.*

**an·ten·ne** (de ~; -s of -n) **1** draad of stang waarmee radio-, tv- of telefoonsignalen worden uitgezonden of ontvangen ◆ *met de nieuwe antenne kunnen we veel meer zenders ontvangen* **2** voelspriet van een insect.

**anti-** tegen, het tegenovergestelde van 'pro' ◆ *antiapartheid; anti-autoritair.*

**an·ti·bi·o·ti·cum** (het ~; antibiotica) geneesmiddel dat helpt tegen ziekteverwekkende bacteriën, maar niet tegen virussen.

**an·ti·christ** (de ~ (m.)) door de duivel gezonden vijand die Christus' plaats in wil nemen.

**an·ti·ci·pe·ren** (anticipeerde, heeft geanticipeerd) *ergens op anticiperen:* rekening houden met iets waarvan je verwacht dat het zal gebeuren.

**an·ti·cli·max** (de ~ (m.); -en) tegenvaller, terwijl je juist iets heel fijns of spannends verwacht had.

**an·ti·con·cep·tie** (de ~ (v.)) het voorkomen dat je zwanger wordt ⇒ *geboortebeperking.*

**an·tiek¹** (het ~) oude, waardevolle kunst- en gebruiksvoorwerpen (meestal gebruikt voor voorwerpen van meer dan 100 jaar oud).

**an·tiek²** (bijv. nw.) **1** oud en daardoor waardevol (meestal gezegd van voorwerpen van meer dan 100 jaar oud) ◆ *een antiek kastje; wat een antieke ideeën houd jij er op na!:* (uitdr.) ouderwetse ideeën **2** van de Griekse of Romeinse oudheid (de tijd van ± 600 v. Chr. tot ± 450 na Chr.) ◆ *de antieken:* de Grieken en Romeinen uit de oudheid.

**an·ti·held** (de ~ (m.); -en) (in boeken, films enz.) het tegenovergestelde van een held, degene die alles verkeerd doet en helemaal niet stoer is.

**an·ti·kon·cep·tie** → anticonceptie.

**an·ti·krist** → antichrist.

**an·ti·kwa·ri·aat** → antiquariaat.

**an·ti·kwi·teit** → antiquiteit.

**an·ti·li·chaam** (het ~; -lichamen) stof die je lichaam maakt om je te beschermen tegen ziektekiemen ⇒ *antistof.*

**an·ti·lo·pe** (de ~; -n) (naam voor verschillende herkauwende diersoorten met hoorns, die veel in Afrika voorkomen).

**an·ti·pa·thie** (de ~ (m.)) afkeer van iemand zonder dat je kunt zeggen waarom, het tegenovergestelde van 'sympathie' ◆ *de eerste keer dat ik hem zag voelde ik al antipathie voor hem:* toen kreeg ik meteen een hekel aan hem.

**an·ti·po·de** (de ~; -n) **1** iemand die precies aan de andere kant van de aardbol woont ⇒ *tegenvoeter* **2** iemand die precies de tegenovergestelde eigenschappen heeft van een ander.

**an·ti·quair** [antiekɛːr] (de ~ (m.); -s) iemand die in antiek¹* handelt.

**an·ti·qua·ri·aat** (het ~; antiquariaten) winkel waar je zeldzame en oude boeken kunt kopen.

**an·ti·qui·teit** [antiekieteit, in België: antiekwieteit] (de ~ (v.); -en) antiek²* oud voorwerp.

**an·ti·se·mi·tisch** (bijv. nw.) vijandig tegenover joden.

**an·ti·sep·tisch** (bijv. nw.) dat of die ontstekingen voorkomt ⇒ *steriel.*

**an·ti·stof** (de ~; -fen) bepaalde stof in je lichaam die je beschermt tegen ziekten.

**an·to·niem** (het ~; -en) woord met de tegenovergestelde betekenis van een ander woord, het tegenovergestelde van 'synoniem' ◆ *'licht' is het antoniem van 'donker'.*

**an·tra·ciet** (de ~ (m.) of het ~) zwartgrijze steenkool, die veel warmte ontwikkelt.

**antropo-** mens- ◆ *antropofobie: mensenschuwheid.*

**an·tro·po·lo·gie** (de ~ (v.)) wetenschap die de mens en zijn eigenschappen bestudeert.

**an·tro·po·so·fie** (de ~ (v.)) de leer van Rudolf Steiner, die zegt dat de krachten in de mens samenhangen met de krachten in de kosmos (de Vrije Scholen en de biologisch-dynamische landbouw komen o.a. uit de antroposofie voort).

**ant·woord** (het ~; -en) wat je zegt of schrijft naar aanleiding van een vraag ◆ *een bevestigend antwoord geven:* 'ja' zeggen; *zij heeft altijd wel een antwoord klaar:* ze weet overal wat op te zeggen; *in antwoord op uw schrijven …:* (begin van een brief die je terugschrijft na zelf een brief gekregen te hebben); *ik moet het antwoord schuldig blijven:* (uitdr.) ik weet het niet.

**ant·woord·ap·pa·raat** (het ~; -apparaten) apparaat dat de telefoon automatisch beantwoordt via een bandje.

**ant·woor·den** (antwoordde, heeft geantwoord) een antwoord* geven ♦ *hij wist niet wat hij op die vraag moest antwoorden*.

**ant·woord·num·mer** (het ~; -s) nummer dat je kunt gebruiken in plaats van een adres, om gratis een bedrijf, instelling enz. te schrijven, bijv. om iets te bestellen.

**anus** (de ~(m.); -sen, ani) opening aan het eind van de endeldarm, waardoor de ontlasting naar buiten komt.

**ANWB** (de ~(m.))(eigenlijk: **A**lgemene **N**ederlandse **W**ielrijders **b**ond)(naam van de Koninklijke Nederlandse Toeristenbond).

**aor·ta** (de ~; aorta's) de grote lichaamsslagader die vanuit je hart door een groot deel van je romp loopt.

**AOV** (het ~) **A**lgemeen **O**uderen**v**erbond; dit is een politieke partij in Nederland.

**AOW** (de ~)(in Nederland) **A**lgemene **O**uderdoms**w**et, die regelt dat iedereen na zijn 65e elke maand geld krijgt van de regering.

**A.P.** (het ~)(in Nederland) **A**msterdams **P**eil; dit is een aanduiding die gebruikt wordt om de hoogte van rivieren e.d. aan te geven.

**Apa·che** [æapatsje of æapagge](de ~(m.); -n) indiaan in het zuidwesten van de Verenigde Staten.

**apart** (bijv. nw.) **1** gescheiden van anderen of van een ander, los ⇒ *afzonderlijk* ♦ *aparte slaapzalen voor jongens en meisjes; de delen van deze serie zijn apart verkrijgbaar: je kunt ook alleen één deel kopen* **2** anders dan anders of dan anderen, bijzonder ⇒ *speciaal* ♦ *je kunt daar heel aparte kleren kopen; Rik is altijd al wat apart geweest*.

**apart·heid** (de ~(v.)) systeem in Zuid-Afrika waarbij blanken, zwarten en kleurlingen gescheiden leefden; afgeschaft in het begin van de jaren '90.

**apart·je** (het ~; -s) gesprek onder vier ogen.

**apa·thie** (de ~(v.)) toestand waarin je duf bent en nergens zin in hebt ⇒ *lusteloosheid*.

**apa·thisch** (bijv. nw.) zonder gevoelens, wensen en plannen ⇒ *lusteloos*.

**ape·ga·pen** (ww.) ▼ *op apegapen liggen:* (populair) doodop zijn, niet meer kunnen.

**ape·kool** (de ~)(populair) onzin, flauwekul ⇒ *larie*.

*****apen·noot·je** *(Wdl: apenootje)* (het ~; -s) pinda.

**apen·pak** (het ~; -ken)(populair) overdreven net pak of opvallend uniform ♦ *kijk hem eens in zijn apenpakkie!*

**apen·staart·je** (het ~; -s) het teken ' **@** ' op de computer (een a met een staart), bijv. gebruikt in e-mailnummers (kijk ook bij: **e-mail**).

**ape·ri·tief** (het ~; aperitieven) drankje met alcohol vóór het eten, waardoor je trek krijgt.

**apert** (bijv. nw.) zeer duidelijk, overduidelijk ⇒ *onmiskenbaar* ♦ *wat hij daar vertelt is een aperte leugen*.

**ape·zuur** (zelfst. nw.) ▼ *je het apezuur schrikken:* (populair) vreselijk schrikken.

**apin** → **aap**.

**APK-keu·ring** (de ~(v.); -en)(in Nederland) **a**lgemene **p**eriodieke **k**euring, een verplichte jaarlijkse keuring van oudere auto's.

**aplomb** [aaplõ](zelfst. nw.) ▼ *met veel aplomb:* heel stoer en zelfverzekerd.

**Apo·ca·lyps** (de ~(v.)) voorspelling in de bijbel over de ondergang van de wereld.

**apo·crief** (bijv. nw.) niet echt, niet officieel ♦ *apocriefe bijbelboeken:* de boeken waarvan men denkt dat ze niet echt bij de bijbel horen.

**apo·lo·gie** (de ~(v.); apologieën) toespraak of brief waarin je jezelf of iemand anders verdedigt ⇒ *verdedigingsrede, verweerschrift*.

**apos·tel** (de ~(m.); -en of -s) ieder van de twaalf leerlingen van Jezus ⇒ *discipel* ♦ *de apostel Petrus*.

**apos·trof** (de ~; -fen of -s) hoge komma om aan te geven dat er een of meer letters of cijfers weggelaten zijn ♦ *in '84 geeft de apostrof aan dat 19 weggelaten is*.

**apo·theek** (de ~; apotheken) **1** winkel waar ze medicijnen klaarmaken en verkopen **2** verschillende soorten medicijnen bij elkaar.

**apo·the·ker** (de ~(m.); -s), vrouw: **apo·the·ke·res** (de ~(v.); -sen) iemand die ervoor gestudeerd heeft om medicijnen klaar te maken en te verkopen.

**apo·the·o·se** (de ~(v.); -n) indrukwekkend einde van iets, bijv. van een toneelvoorstelling of muziekuitvoering.

**ap·pa·raat** (het ~; apparaten) **1** toestel, meestal elektrisch, waarmee je bepaalde dingen makkelijk kunt doen ♦ *een scheerapparaat; een kopieerapparaat* **2** groep mensen die met elkaar iets besturen of doen ♦ *het overheidsapparaat:* alle mensen die het land regeren; *het ambtenarenapparaat:* alle ambtenaren.

**ap·pa·ra·tuur** (de ~(v.)) verschillende apparaten* (bet.1) die bij elkaar horen.

**ap·par·te·ment** (het ~; -en) afzonderlijk woongedeelte in een groot huis of gebouw ♦ *een appartement huren voor de vakantie*.

**ap·pel¹** (de ~(m.); -en of -s) ronde vrucht met wit vruchtvlees en een klokhuis met pitjes ♦ *een appeltje voor de dorst:* (uitdr.) geld dat je opzij legt voor later; *voor een appel en een ei:* (uitdr.) voor heel weinig geld; *een appeltje met iemand te schillen hebben:* (uitdr.) iemand nog over iets moeten onderhouden; *de appel valt niet ver van de boom (of: stam):* (spreekwoord)(dit zeg je als een kind op dezelfde manier reageert als een van zijn ouders).

**ap·pel²** (het ~; -s) **1** het verzamelen om te controleren of iedereen er is ▼ *een appel doen op een bepaald gevoel van iemand:* proberen dat gevoel weer bij iemand op te roepen en hem of haar van daaruit te laten handelen; *hij zocht een tehuis voor het jonge katje en deed een appel op onze dierenliefde; een appel doen op iemand:* een beroep op iemand doen, iemands hulp inroepen.

**ap·pel·beig·net** [appelbenjee, in België: appelbenrje](de ~(m.); -s) appelflap.

**ap·pel·boor** (de ~; appelboren) boortje waarmee je het klokhuis uit een appel kunt halen.

**ap·pel·flap** (de ~; -pen) **1** schijf in beslag gedoopte en gefrituurde appel ⇒ *appelbeignet* **2** gebak van bladerdeeg en appel, in de vorm van een driehoek.

**ap·pel·le·ren** (appelleerde, heeft geappelleerd) *appelleren aan een bepaald gevoel van iemand:* daar een appel²* op doen ♦ *hij appelleerde in zijn toespraak aan ons verantwoordelijkheidsgevoel*.

**ap·pel·moes** (de ~(m.) of het ~) moes van gekookte appels.

**ap·pel·sien** (de ~; -en)(in België □) sinaasappel.

**ap·pel·wan·gen** (zelfst. nw.; meervoud) ronde, blozende wangen.

**ap·pen·di·ci·tis** (de ~(v.))(medisch) ontsteking van de appendix* ⇒ *blindedarmontsteking*.

**ap·pen·dix** (de ~(m.) of het ~; appendices) **1** (medisch) hol aanhangsel van de blindedarm van ongeveer tien centimeter lang, dat het 'wormvormig aanhangsel' genoemd wordt **2** aanhangsel bij een boek.

**ap·pe·tij·te·lijk** (bijv. nw.) zodat je trek krijgt, smakelijk ♦ *die soep ziet er niet erg appetijtelijk uit!*

**ap·plau·dis·se·ren** (applaudisseerde, heeft geapplaudisseerd) in je handen klappen uit bewondering of omdat je het ergens mee eens bent.

**ap·plaus** (het ~) het applaudisseren* ♦ *een daverend applaus; applaus voor Ciska.*

**ap·por·te·ren** (apporteerde, heeft geapporteerd) *(van honden) iets apporteren:* iets weer terugbrengen nadat de baas het weggeworpen heeft.

**appreciëren** ap·pre·ci·e·ren (apprecieerde, heeft geapprecieerd) *iets appreciëren:* iets goed of aardig vinden, iets op prijs stellen ⇒ *waarderen.*

**april** (de ~(m.)) vierde maand van het jaar, ook wel 'grasmaand' genoemd ♦ *een een-aprilmop:* grap die je uithaalt op één april; *april doet wat hij wil:* (uitdr.) in die maand is het weer erg wisselvallig.

**april·vis** (de ~(m.); -sen) (in België □) grap die je uithaalt op één april.

**a pri·ma vis·ta** (Italiaans) [aapriemaaviestaa] ▼ *muziek spelen of zingen a prima vista:* (letterlijk: op het eerste gezicht) zonder het eerst geoefend te hebben, direct van het blad.

**a pri·o·ri** (bijw.) van tevoren ⇒ *vooraf, bij voorbaat* ♦ *Ruud gaat er a priori al van uit dat John wel niet mee zal willen:* zonder het eerst te vragen.

**apro·pos** (Frans) [aaproopoo] (zelfst. nw.) ▼ *van je apropos raken:* de draad kwijtraken, niet meer weten waar je het over had of waar je bent gebleven.

**à pro·pos** (Frans) [aaproopoo] (tussenw.) voor ik het vergeet, tussen haakjes ♦ *à propos, hoe laat begint het concert?*

**aqua·duct** (het ~; -en) plaats waar een rivier of kanaal over een weg of een dal heen wordt geleid.

**aqua·ma·rijn** (de ~(m.); -en) edelsteen met een blauwgroene kleur.

**aqua·pla·ning** [aakwaaplæning] (de ~) het onbestuurbaar worden van een auto op een natte weg, doordat je bij hard rijden een laagje water krijgt tussen de weg en de banden.

**aqua·rel** (de ~; -len) schilderij met waterverf.

**aqua·ri·um** (het ~; -s of aquaria) glazen bak met water voor waterdieren, zoals vissen, en waterplanten.

**ar** (de ~; -ren) arrenslee.

**à rai·son van** [aare:zõnvan] tegen betaling van ♦ *u kunt deze boeken meenemen à raison van 50 gulden.*

**ar·beid** (de ~(m.)) werk dat je doet ♦ *ongeschoolde arbeid:* werk waarvoor je geen opleiding nodig hebt.

**ar·bei·den** (arbeidde, heeft gearbeid) arbeid* verrichten ⇒ *werken.*

**ar·bei·der** (de ~(m.); -s), vrouw: **ar·beid·ster** (de ~(v.); -s) iemand die vooral lichamelijk werk doet waar vrij weinig opleiding voor nodig is, bijv. in fabrieken of havens ♦ *gastarbeider:* arbeider uit het buitenland die hier werkt.

**ar·beids·bu·reau** [arbeitsbuuroo] (het ~; -s) bureau dat probeert mensen die een baan zoeken en bedrijven die personeel zoeken met elkaar in contact te brengen.

**Ar·beids·in·spec·tie** (de ~(v.)) (in Nederland) dienst die controleert of mensen niet te lang werken, of hun werkplek wel veilig is, of er voldoende licht is enz..

**ar·beids·in·ten·sief** (bijv. nw.) gezegd als er voor het maken van iets heel veel mensen nodig zijn of heel veel tijd nodig is.

**ar·beids·kracht** (de ~; -en) iemand die arbeid verricht of kan verrichten ♦ *in sommige landen is een tekort aan arbeidskrachten:* zijn er te weinig mensen om het werk te doen.

**ar·beids·loon** (het ~) geld dat iemand krijgt voor het werk dat hij of zij doet.

**ar·beids·markt** (de ~) hoeveelheid betaalde banen die er zijn tegenover het aantal mensen dat werk zoekt.

**ar·beids·on·ge·schikt** (bijv. nw.) door ziekte of een afwijking niet in staat om te werken ♦ *zij is gedeeltelijk arbeidsongeschikt verklaard:* zij kan niet meer hele dagen werken.

**ar·beids·over·een·komst** (de ~(m.); -en) afspraken over loon, werktijden enz. die een werkgever met zijn werknemers maakt ♦ *collectieve arbeidsovereenkomst (cao):* afspraken tussen alle werkgevers en werknemers in een bepaalde bedrijfstak.

**ar·beids·plaats** (de ~(v.); -en) baan ♦ *vanwege bezuinigingen worden zestig arbeidsplaatsen geschrapt.*

**ar·beids·the·ra·pie** (de ~(v.)) manier om sneller beter te worden door bepaald werk te doen, vooral voor psychiatrische patiënten.

**ar·beids·voor·waar·den** (zelfst. nw.; meervoud) voorwaarden waaronder werk verricht wordt, zoals het salaris, het aantal vakantiedagen, reiskostenvergoeding enz. ♦ *primaire arbeidsvoorwaarden:* regeling van het salaris en de tijd die er gewerkt moet worden; *secundaire arbeidsvoorwaarden:* regelingen die niet met het werk zelf te maken hebben, bijv. de pensioenregeling.

**ar·beid·zaam** (bijv. nw.) ijverig en werklustig.

**ar·bi·ter** (de ~(m.); -s) scheidsrechter.

**ar·bi·tra·ge** [arbietraazje] (de ~(v.)) 1 het nemen van een beslissing door een scheidsrechter 2 uitspraak in een ruzie door een onafhankelijke persoon of instantie.

**ar·bi·trair** [arbietre:r] (bijv. nw.) zoals het toevallig uitkomt, volkomen willekeurig.

**ar·bo·dienst** (de ~(m.); -en) (in Nederland) dienst die zich bezighoudt met de controle en begeleiding van zieke werknemers, en met de veiligheid in bedrijven.

**ar·bo·re·tum** (het ~; -s of arboreta) tuin met allerlei in- en uitheemse bomen.

**Ar·bo·wet** (de ~(m.); -ten) de wet op de arbeidsomstandigheden, volgens welke bedrijven verplicht zijn zich bij een arbodienst aan te sluiten (kijk ook bij: **arbodienst**).

**ar·ce·ren** (arceerde, heeft gearceerd) *iets arceren (in een tekening):* strepen op iets zetten om het op te laten vallen ♦ *op deze landkaart zijn de steden gearceerd.*

**archaïsme** ar·cha·is·me (het ~; -n) zin of uitdrukking die ouderwets klinkt, die niet meer bij deze tijd hoort.

**ar·che·o·lo·gie** (de ~(v.)) wetenschap die zich bezighoudt met oude geschiedenis door het opgraven en bestuderen van heel oude voorwerpen, gebouwen enz..

**ar·che·o·loog** (de ~(m.); archeologen), vrouw: **ar·che·o·lo·ge** (de ~(v.); -n of -s) iemand die aan archeologie* doet.

**ar·chief** (het ~; archieven) bewaarplaats voor papieren, akten, documenten enz..

**ar·chi·pel** (de ~(m.); -s) grote groep eilanden die dicht bij elkaar liggen.

**ar·chi·tect** [arsjietekt of argietekt] (de ~(m.); -en), vrouw: **ar·chi·tec·te** (de ~(v.); -n of -s) iemand die bedenkt en tekent hoe een bouwwerk gebouwd moet worden.

**ar·chi·tec·to·nisch** [arsjietektoonies of argietektoonies] (bijv. nw.) gezegd van iets dat te maken heeft met architectuur*.

**ar·chi·tec·tuur** [arsjietektuur of argietektuur] (de ~(v.)) kunst om gebouwen te ontwerpen ⇒ *bouwkunst.*

**ar·chi·va·ris** (de ~(m.); -sen) iemand die moet zorgen voor het archief*.

**arc·tisch** (bijv. nw.) gezegd van iets dat met het noordpoolgebied te maken heeft ♦ *de ijsbeer voelt zich thuis in de arctische kou.*

**ar·duin** (het ~) harde blauwgrijze steen.

**are** (de ~; -n) oppervlaktemaat van 100 vierkante meter.

**are·na** (de ~; arena's) rond met zand bedekt stuk grond met tribunes eromheen, waar gevechten of wedstrijden worden gehouden ⇒ *strijdperk* ◆ *de stierenvechter stond in de* **arena**.

**arend** (de ~(m.); -en) adelaar.

**ar·ge·loos** (bijv. nw.) gezegd van iemand die niet beseft wat er gebeurt of gaat gebeuren ⇒ *nietsvermoedend* ◆ *ik deed* **argeloos** *de deur open en toen bleek de hele kamer vol te zitten.*

**arg·lis·tig** (bijv. nw.) met boze of gemene bedoelingen ⇒ *boosaardig* ◆ *een* **arglistig** *plan.*

**ar·gu·ment** (het ~; -en) goede reden ◆ *wat voor* **argument** *heb je om meisjes niet mee te laten doen?; dat is geen* **argument**: *dat is geen goede reden.*

**ar·gu·men·te·ren** (argumenteerde, heeft geargumenteerd) argumenten* opsommen om gelijk te krijgen ◆ *je kunt* **argumenteren** *wat je wil, je krijgt je zin niet.*

**ar·gus·ogen** (zelfst. nw.) ▼ *iets met* **argusogen** *bekijken*: heel wantrouwig en onderzoekend; *met* **argusogen** *keken de kinderen toe hoe de taart verdeeld werd.*

**arg·waan** (de ~(m.)) vermoeden dat iets of iemand niet betrouwbaar is ⇒ *achterdocht, wantrouwen* ◆ *ik had helemaal geen* **argwaan** *totdat de hond begon te grommen;* **argwaan** *koesteren*: argwaan hebben.

**arg·wa·nend** (bijv. nw.) met argwaan* ⇒ *achterdochtig, wantrouwig* ◆ *mijn moeder bekeek me* **argwanend** *toen ik beloofde dat ik elke dag zou afwassen.*

**aria** (de ~; aria's) zangstuk, vooral in opera's, voor één stem met begeleiding van instrumenten.

**Ariër** Ari·er (de ~(m.); -s) (bij de nazi's) blanke die geen jood is.

**aris·to·craat** (de ~(m.); aristocraten), vrouw: **aris·to·cra·te** (de ~(v.); -n of -s) iemand uit een adellijke of aanzienlijke familie van regerende en leidende personen ◆ *ze gedraagt zich als een echte* **aristocrate**: voornaam en beschaafd.

**aris·to·cra·tie** (de ~(v.)) **1** de oude, voorname families in een stad of land **2** regering van een land door aristocraten*.

**aris·to·cra·tisch** (bijv. nw.) gezegd van iemand die of iets dat tot de aristocratie* (bet.1) behoort ◆ *hij heeft iets* **aristocratisch** *in zijn manieren.*

**ark** (de ~; -en) **1** schip dat Noach bouwde om zijn familie en de dieren te redden van de zondvloed (volgens een verhaal in de bijbel) **2** woonboot ▼ *de* **Ark** *van het Verbond*: bergplaats voor de wetsrollen van de joden.

**ark·tisch** → arctisch.

**arm¹** (de ~(m.); -en) **1** elk van de twee ledematen van de mens van hand tot schouder ◆ *we liepen* **arm** *in* **arm** *naar huis; geef me maar een* **arm**, *dan glij je niet uit; iemand in de* **arm** *nemen*: (uitdr.) iemands hulp inroepen; *iemand met open* **armen** *ontvangen*: (uitdr.) heel erg hartelijk; *iemand in je* **armen** *sluiten*: (uitdr.) iemand omhelzen; *de sterke* **arm**: (uitdr.) de politie; *de sterke* **arm** *maakte een eind aan de relletjes; met de* **armen** *overeen*: (in België □; uitdr.) zonder iets te doen **2** uitstekend gedeelte van een voorwerp of machine, dat dient om iets te pakken of te dragen ◆ *op tafel stond een kandelaar met vier* **armen 3** zijrivier.

**arm²** (bijv. nw.) **1** gezegd van iemand of iets met weinig geld of bezittingen, het tegenovergestelde van 'rijk' ◆ *tien gulden* **armer** *kwam ik van de kermis terug: ik had er tien gulden uitgegeven; de* **arme** *landen*: de ontwikkelingslanden; *zo* **arm** *als Job*: (uitdr.) heel erg arm **2** gezegd van iemand met wie je medelijden hebt ⇒ *zielig,*

beklagenswaardig ◆ *die* **arme** *mensen hebben uren door de regen gelopen; laat dat* **arme** *poesje met rust.*

**ar·ma·da** (de ~; armada's) grote oorlogsvloot.

**arm·band** (de ~(m.); -en) sieraad om je pols of arm.

**ar·me·lijk** (bijv. nw.) zonder luxe, armoedig ⇒ *schamel* ◆ *ze leiden een* **armelijk** *leven.*

**ar·me·tie·rig** (bijv. nw.) gezegd van iets dat te armoedig is, dat niet voldoende is ⇒ *miezerig* ◆ *dat* **armetierige** *cadeautje heb ik van mijn rijke oom.*

**arm·las·tig** (bijv. nw.) afhankelijk van financiële hulp ⇒ *behoeftig.*

**ar·moe·de, ar·moe** (de ~) **1** toestand van iemand die weinig of onvoldoende geld heeft om van te leven, het tegenovergestelde van 'rijkdom' ◆ *ze waren rijk maar leven nu in* **armoede**; *er heerst na de ramp een bittere* **armoede**; *het is bij ons* **armoe** *troef*: (uitdr.) we zijn erg arm ▼ *van* **armoe** *iets doen*: omdat je niets beters kunt bedenken; *van* **armoe** *zijn we maar met een taxi gegaan.*

**ar·moe·dig** (bijv. nw.) gezegd van iemand die in armoede* leeft, of van iets waaruit armoede* blijkt ⇒ *schamel* ◆ *sinds haar ontslag leidt ze een* **armoedig** *bestaan; een* **armoedig** *resultaat*: een slecht, tegenvallend resultaat.

**ar·moed·zaai·er** (de ~(m.); -s) iemand die altijd geldgebrek heeft (gezegd door iemand die zich daaraan ergert).

**arm·slag** (de ~(m.)) mogelijkheid om verschillende dingen te doen ◆ *als jij straks ook verdient, hebben we wat meer* **armslag**: dan hebben we wat meer geld te besteden.

**arm·za·lig** (bijv. nw.) armoedig en onbeduidend ⇒ *nietig, gering, pover, schamel* ◆ *zij werkt voor een* **armzalig** *loontje*: voor heel weinig geld.

**aro·ma** (het ~; aroma's) geur waaraan je kruiden, groente, drank enz. herkent.

**aro·ma·tisch** (bijv. nw.) vooral van specerijen, tabak, koffie enz.: met een speciale, karakteristieke geur.

**arons·kelk** (de ~; -en) plant met een kelkvormige witte bloem op een lange stengel.

**ar·ran·ge·ment** [arrãnzjəment] (het ~; -en) **1** regeling, bijv. van een vakantie, waarbij er verschillende dingen bij de prijs zijn inbegrepen ◆ *in het weekend* **arrangement** *is een bezoek aan de dierentuin inbegrepen* **2** verandering van een muziekstuk voor andere instrumenten dan waar het voor geschreven is ◆ *hij heeft van de pianomuziek een* **arrangement** *voor gitaar en fluit gemaakt.*

**ar·ran·ge·ren** [arrãnzjeerən] (arrangeerde, heeft gearrangeerd) **1** iets arrangeren: iets regelen, iets op touw zetten ⇒ *organiseren* ◆ *zijn ouders* **arrangeerden** *een feestje voor zijn thuiskomst* **2** iets arrangeren: iets op de goede plaats zetten ⇒ *ordenen, schikken* **3** een muziekstuk arrangeren: het aanpassen aan een bepaald instrument of orkest.

**ar·ren·slee** (de ~; -sleeën) slee die door een of meer paarden wordt getrokken ⇒ *ar.*

**ar·rest** (het ~) **1** gevangenschap van een verdachte voordat de rechter het vonnis heeft uitgesproken ◆ *alle verdachten van de moord worden in* **arrest** *gehouden; onder* **arrest** *staan*: in voorlopige gevangenschap genomen zijn **2** (in Nederland) uitspraak van de Hoge Raad of van een gerechtshof; (in België) uitspraak van het Hof van Cassatie, een Hof van Beroep, een Hof van Assisen of het krijgshof.

**ar·res·tant** (de ~(m.); -en), vrouw: **ar·res·tan·te** (de ~(v.); -n of -s) iemand die gearresteerd* is ◆ *alle* **arrestanten** *zijn uit het politiebureau ontsnapt.*

**ar·res·ta·tie** (de ~(v.); -s) gevangenneming door de politie ⇒ aanhouding ◆ bij de rellen zijn tien **arrestaties** verricht.

**ar·res·te·ren** (arresteerde, heeft gearresteerd) (van politieagenten) iemand arresteren: iemand gevangen nemen ⇒ inrekenen ◆ de inbreker werd op heterdaad betrapt en meteen **gearresteerd**.

**ar·ri·ve·ren** (arriveerde, is gearriveerd) ergens arriveren: ergens aankomen ◆ de eerste gasten zijn op het feest **gearriveerd**.

**ar·ro·gant** (bijv. nw.) gezegd van iemand die verwaand is en neerkijkt op andere mensen ⇒ hooghartig.

**ar·ron·dis·se·ments·recht·bank** (de ~; -en) **1** (in Nederland) rechtbank die boven het kantongerecht staat, maar onder het gerechtshof en de Hoge Raad **2** (in België) rechtbank die de lagere rechtbanken controleert.

**ar·se·naal** (het ~; arsenalen) **1** opslagplaats voor wapens **2** grote verzameling van iets, grote hoeveelheid ◆ toen ik hem vroeg om mee te doen had hij een heel **arsenaal** smoesjes.

**ar·se·ni·cum** (het ~) heel erg giftige stof.

**art.** (afkorting) artikel.

**ar·te·rie** (de ~ (v.); arteriën of -s) (medisch) slagader.

**ar·te·rio·scle·ro·se** (de ~ (v.)) (medisch) slagaderverkalking.

**ar·ti·cu·la·tie** (de ~ (v.)) het articuleren*.

**ar·ti·cu·le·ren** (articuleerde, heeft gearticuleerd) woorden articuleren: die duidelijk en nauwkeurig uitspreken ◆ je moet beter **articuleren**, als je zo mompelt verstaat niemand je.

**ar·tiest** (de ~ (m.); -en), vrouw: **ar·ties·te** (de ~ (v.); -s of -n) iemand die kunst maakt, of die iets op een kunstige manier doet ⇒ kunstenaar ◆ de **artiesten** in het circus.

**ar·ti·fi·ci·eel** (bijv. nw.) kunstmatig.

**ar·ti·kel** (het ~; -en of -s) **1** stuk in een krant, tijdschrift, encyclopedie enz., dat over één onderwerp gaat ◆ ik heb wat **artikelen** uit de krant geknipt voor mijn werkstuk **2** voorwerp in een winkel ◆ je vindt alle school**artikelen** op één afdeling bij elkaar **3** bepaling in een reglement, wetboek enz. ◆ op grond van **artikel** 5 mag onze club niet meer dan 100 leden hebben; verboden toegang, **artikel** 461, wetboek van strafrecht.

**artiku·** → **articu·**.

**ar·til·le·rie** (de ~ (v.)) **1** kanonnen en zware mitrailleurs ⇒ geschut **2** (leger) onderdeel dat de bediening van de kanonnen en zware mitrailleurs verzorgt.

**ar·ti·sa·naal** (bijv. nw.) (in België □) ambachtelijk ◆ een **artisanaal** gemaakt meubelstuk.

**ar·ti·sjok** (de ~; -ken) distelachtige plant met bloemen die voor een gedeelte eetbaar zijn.

**ar·tis·tiek** (bijv. nw.) gezegd van iemand met gevoel voor kunst of van iets waaruit gevoel voor kunst blijkt ⇒ kunstzinnig ◆ met jouw **artistieke** gaven kun je best schilder of ontwerper worden.

**ar·to·theek** (de ~ (v.); artotheken) gebouw waar je kunstvoorwerpen, zoals schilderijen en beelden, kunt lenen.

**ar·tri·tis** (de ~ (v.)) (medisch) gewrichtsontsteking.

**arts** (de ~ (m.); -en) dokter.

**as** (de ~) **1** rest die na verbranding overblijft ◆ hij knoeide met de **as** van zijn sigaret; na de crematie werd de **as** van de overledene in een urn gedaan; in de **as** gelegd worden: (uitdr.) door brand helemaal verwoest worden; uit zijn **as** herrijzen: (uitdr.) (na verwoest te zijn geweest) weer helemaal opbloeien, weer sterk en welvarend worden; **as** is verbrande turf: (uitdr.) (gezegd tegen iemand die over oninteressante dingen zeurt met de woorden 'maar áls nou eens ...') **2** (-sen) balk of staaf waaraan of waaromheen iets draait ◆ de wielen draaien om de **as**

van de auto; om je **as** draaien: ronddraaien; de aarde draait om een denkbeeldige **as** die door de noord- en zuidpool loopt **3** (-sen) lijn door het midden ◆ ze hebben een witte streep over de **as** van de weg getrokken **4** (-sen) muzieknoot, verlaagde a.

**a.s.** (afkorting) **a**an**s**taande ◆ zaterdag **a.s.**.

**as·bak** (de ~ (m.); -ken) bakje waar rokers hun as en hun peuken in doen.

**as·best** (het ~) onbrandbare stof die gebruikt wordt om warmte tegen te houden.

**as·blond** (bijv. nw.) grijsachtig blond.

**as·ceet** [asseet] (de ~ (m.); asceten) iemand die uit overtuiging een sober en streng leven leidt.

**as·cen·dant** [assendant] (de ~ (m.); -en) (astrologie) sterrenbeeld dat naast je eigen sterrenbeeld van belang is.

**as·ce·se** [asseeze] (de ~ (v.)) levenswijze van een asceet*.

**as·ce·tisch** [asseeties] (bijv. nw.) als een asceet*.

**asem** (de ~ (m.)) (spreektaal) adem.

**as·falt** (het ~) zwarte straatbedekking van een mengsel van beton en een vloeistof die uit aardolie verkregen wordt.

**as·fal·te·ren** (asfalteerde, heeft geasfalteerd) een straat of weg asfalteren: die met asfalt* bedekken.

**as·falt·jeugd** (de ~) jongeren in een grote stad die hun tijd voornamelijk op straat doorbrengen.

**as·grauw** (bijv. nw.) (van gezichten en van luchten): met een akelige grijze kleur ◆ **asgrauw** van schrik kwam hij binnen; een **asgrauwe** lucht: een dreigende, donkere lucht.

**asiel** (het ~) **1** (-en) gebouw waar dieren verzorgd worden als ze geen baas hebben of als hun baas een tijdje weg is **2** opvang of bescherming van buitenlanders die in hun eigen land vervolgd worden of gevaar lopen ◆ aan de vluchtelingen werd **asiel** verleend; politiek **asiel**: bescherming aan mensen die in hun eigen land om politieke redenen vervolgd worden.

**asiel·zoe·ker** (de ~ (m.); -s) iemand die buiten zijn eigen land asiel* (bet.2) probeert te krijgen.

**as·je·me·nou** (tussenw.) (om aan te geven dat je verbaasd of onder de indruk van iets bent).

**as·kruis·je** (het ~; -s) kruisje dat op Aswoensdag in de katholieke kerk met as op je voorhoofd wordt getekend, als teken van vergankelijkheid.

**aso** (de ~ (m.); aso's) (populair) iemand die zich asociaal gedraagt.

**a.s.o.** (het ~) (in België) **a**lgemeen **s**ecundair **o**nderwijs (kijk ook bij: **secundair**).

**aso·ci·aal** (bijv. nw.) gezegd van iemand die geen rekening houdt met anderen ◆ onze **asociale** buren begrijpen niet hoeveel last ze iedereen bezorgen.

**as·pect** (het ~; -en) onderdeel of kant van een zaak waar je over praat of denkt ◆ ze belichtte in haar redevoering verschillende **aspecten** van het energieprobleem: ze bekeek dat probleem van verschillende kanten.

**as·per·ge** [asperzje] (de ~; -s) witte stengel van een bepaalde plant, die in het voorjaar gegeten wordt.

**as·pi·rant, ad·spi·rant** (de ~ (m.); -en), vrouw: **as·pi·ran·te** (de ~ (v.); -n of -s) **1** iemand die het genoemde wil worden ◆ **aspirant**-koper: iemand die van plan is iets te kopen; **aspirant**-lid: iemand die nog niet als volwaardig lid in een vereniging is opgenomen; **aspirant**-onderofficier: soldaat die tot onderofficier wordt opgeleid **2** jong iemand die bij een vereniging aan sport doet ◆ een **aspiranten**team.

**as·pi·ra·tie** (de ~ (v.); -s) het verlangen of het streven naar iets ◆ wie heeft er **aspiraties** om naar de universiteit te gaan?

**as·pi·rien·tje** (het ~; -s) tabletje dat een medicijn is tegen hoofdpijn, koorts enz..

**as·pi·ri·ne** (de ~; -s) geneesmiddel tegen o.a. hoofdpijn en spierpijn in de vorm van een pil.

**as·sem·bla·ge** (Frans) [assamblaazje](de ~(v.)) het in elkaar zetten van losse onderdelen tot een compleet toestel of apparaat ◆ *de onderdelen van mijn fiets zijn Italiaans, maar hij is in een assemblagebedrijf in ons land in elkaar gezet.*

**as·ser·tief** (bijv. nw.) in staat om voor jezelf op te komen ⇒ *zelfbewust, zelfverzekerd.*

**as·si·mi·la·tie** (de ~(v.); -s) het aan elkaar gelijk worden of maken, aanpassing.

**as·si·mi·le·ren** (assimileerde, heeft geassimileerd) *iets dat nieuw of vreemd is assimileren: iets opnemen, iets in zich op laten gaan ◆ de Verenigde Staten hebben grote groepen immigranten geassimileerd.*

**as·si·sen·hof** (het ~; -hoven) (in België) gerechtshof met een jury van twaalf burgers, dat oordeelt over zware misdaden, bijv. over moorden (kijk ook bij: **jury (bet.2)**).

**as·si·stent** (de ~(m.); -en), vrouw: **as·si·sten·te** (de ~(v.); -n of -s) iemand die een ander bij zijn of haar werk helpt ◆ *de baas zelf zie je nooit, maar wel zijn assistenten; assistent aan de universiteit:* (in België) wetenschappelijk medewerker.

**as·si·sten·tie** (de ~(v.)) hulp bij werk dat je doet ◆ *assistentie vragen.*

**as·si·ste·ren** (assisteerde, heeft geassisteerd) *iemand assisteren: iemand helpen bij zijn of haar werk.*

**as·so·ci·a·tie** (de ~(v.); -s) **1** het associëren* (bet.1) ◆ *bij sommige mensen roept het geronk van vliegtuigen associaties op met de oorlog* **2** twee of meer mensen die met elkaar samenwerken.

**as·so·ci·a·tief** (bijv. nw.) te maken hebbend met associatie* (bet.1).

**associëren** as·so·ci·e·ren (associeerde, heeft geassocieerd) **1** *iets met iets anders associëren: door het één vanzelf aan het ander moeten denken ◆ ik associeer de geur van dennenbomen altijd met Kerstmis* **2** *je met iemand, een bedrijf associëren: met die persoon of dat bedrijf gaan samenwerken.*

**as·sor·ti·ment** (het ~; -en) alle verschillende soorten artikelen die in een winkel te koop zijn ⇒ *keuze* ◆ *deze winkel heeft een ruim assortiment: er zijn veel verschillende dingen te koop.*

**as·su·ra·deur** (de ~(m.); -en of -s) iemand bij wie je je kunt verzekeren tegen brand, ongevallen enz. ⇒ *verzekeraar.*

**as·su·ran·tie** (de ~(v.); -s of assurantiën) verzekering.

**as·ter** (de ~; -s) bloem die in de herfst bloeit.

**as·te·risk** (de ~(m.); -en) teken in een tekst waarmee je ergens naar verwijst (het teken ' * ') ⇒ *sterretje.*

**ast·ma** (de ~(m.) of het ~) ziekte waardoor je soms erg benauwd bent en moet hoesten.

**ast·ma·tisch** (bijv. nw.) gezegd van iemand die last heeft van astma*.

**as·tro·lo·gie** (de ~(v.)) leer van de invloed die de stand van de sterren en planeten op je leven heeft.

**as·tro·naut** (de ~(m.); -en), vrouw: **as·tro·nau·te** (de ~(v.); -n of -s) ruimtevaarder.

**as·tro·no·mie** (de ~(v.)) sterrenkunde.

**as·tro·no·misch** (bijv. nw.) **1** gezegd van iets wat met sterrenkunde te maken heeft ◆ *het astronomisch jaar: de tijd die de aarde erover doet om rond de zon te draaien* **2** onvoorstelbaar groot ◆ *computers kunnen rekenen met astronomische getallen.*

**As·woens·dag** (de ~(m.)) de woensdag na carnaval, voor rooms-katholieken de eerste dag van de vasten.

**asyl** → asiel.

**asym·me·trisch** (bijv. nw.) gezegd als de twee helften van iets niet precies elkaars spiegelbeeld zijn, het tegenovergestelde van 'symmetrisch'.

**at** → eten.

**ATB** (de ~(m.); ATB's) *all terrain bike* ⇒ *mountainbike.*

**ateïs-** → atheïs-.

**ate·lier** (Frans) [atteljee](het ~; -s) werkplaats van een kunstenaar of kleermaker enz..

**aten** → eten.

**ate·ne·um** → atheneum.

**atheïsme** athe·is·me (het ~) het geloof dat God niet bestaat.

**atheïst** athe·ist (de ~(m.); -en), vrouw: **atheïste** athe·is·te (de ~(v.); -s of -n) iemand die gelooft dat God niet bestaat.

**atheïstisch** athe·is·tisch (bijv. nw.) gezegd van iets wat met het atheïsme* te maken heeft.

**athe·ne·um** (het ~; -s of athenea) **1** middelbare schoolopleiding waarvan het diploma toegang geeft tot de universiteit **2** (in België) gemeenschapsschool voor algemeen secundair onderwijs.

**at·jar** (de ~) zoetzure groente als onderdeel van een Indische of Chinese maaltijd.

**At·lan·tisch** (bijv. nw.) die of dat te maken heeft met de landen die aan de Atlantische Oceaan liggen ◆ *het Atlantisch Bondgenootschap:* de NAVO.

**at·las** (de ~(m.); -sen) **1** boek met kaarten en plattegronden van landen en zeeën **2** bovenste wervel in je nek.

**at·leet** (de ~(m.); atleten), vrouw: **at·le·te** (de ~(v.); -n of -s) iemand die aan atletiek* doet.

**at·le·tiek** (de ~(v.)) naam voor een aantal sporten, zoals hardlopen, hoogspringen, speerwerpen en kogelstoten.

**at·le·tisch** (bijv. nw.) **1** gezegd van iets wat met atletiek* te maken heeft **2** zoals een atleet*, sterk en soepel.

**at·mos·feer** (de ~) **1** het omhulsel van gas dat om de aarde heen zit ⇒ *dampkring* **2** de lucht om ons heen, buiten en binnen ◆ *oude huizen hebben vaak een vochtige atmosfeer* **3** sfeer ⇒ *stemming* ◆ *er heerste een onvriendelijke atmosfeer.*

**atol** (het ~; -len) ringvormig eiland dat uit koralen is opgebouwd.

**atoom** (het ~; atomen) kleinste deeltje van een stof dat nog de eigenschappen van die stof heeft, bestaande uit een kern met daaromheen bewegende elektronen (kijk ook bij: **elektron**).

**atoom·bom** (de ~; -men) bom die een grote stad in één keer kan verwoesten door de geweldige kracht die vrijkomt bij het splitsen van atomen ⇒ *kernbom.*

**atoom·ener·gie** (de ~(v.)) kracht die vrijkomt bij het uiteenvallen of samensmelten van kernen van atomen ⇒ *kernenergie.*

**atoom·wa·pen** (het ~; -s) kernwapen.

**at·ta·ché** (Frans) [attasjee](de ~(m.); -s) iemand die bij een consulaat of ambassade werkt (kijk ook bij: **consulaat en ambassade**) ⇒ *diplomaat.*

**at·ta·ché·kof·fer** [attasjeekoffer](de ~(m.); -s) plat, stevig koffertje voor je papieren ⇒ *diplomatenkoffer.*

**at·taque** (Frans) [attak](de ~; -s) (medisch) beroerte.

**at·ta·que·ren** [attakkeeren](attaqueerde, heeft geattaqueerd) *iemand of iets attaqueren:* (deftig) aanvallen.

**at·ten·de·ren** (attendeerde, heeft geattendeerd) *iemand ergens op attenderen: iemand attent* (bet.1) op iets maken, ervoor zorgen dat iemand iets ziet of hoort.

**at·tent** (bijv. nw.) **1** opmerkzaam, oplettend ◆ *de meester maakte ons attent op de paddestoelen* **2** met zorg en aandacht voor anderen ⇒ *voorkomend, hoffelijk* ◆ *hij stuurde een bedankbriefje; erg attent!*

**at·ten·tie** (de ~(v.)) **1** aandacht, oplettendheid ◆ *attentie dames en heren, hier komt een olifant die kan dansen!* **2** (-s) iets waaruit zorg en aandacht voor iemand blijkt ◆ *iemand attenties bewijzen*: kleine dingen voor iemand doen waaruit je zorg en aandacht voor hem of haar blijken ▼ *ter attentie van dhr. Willemsen*: (op een brief die aan een bedrijf of instelling geadresseerd is, om aan te geven dat deze bestemd is voor dhr. Willemsen).

**at·test** (het ~; -en) briefje met een verklaring erop ◆ *een doktersattest*: briefje van de dokter waarop staat hoe het met je gezondheid is.

**at·ti·tu·de** (de ~(v.); -s of -n) instelling ten opzichte van iemand of iets ⇒ *houding*.

**at·trac·tie** (de ~(v.); -s) iets leuks dat veel mensen willen zien of doen ◆ *in de stad is een kermis met veel attracties*.

**at·trac·tief** (bijv. nw.) aantrekkelijk, leuk.

**at·tri·bu·tief** (bijv. nw.) (taal) gezegd van een bijvoeglijk naamwoord dat als bijvoeglijke bepaling gebruikt is en voor het zelfstandig naamwoord staat ◆ in *'de harde klap'* is *'hard' attributief* gebruikt, in *'de klap was hard'* predikatief.

**at·tri·buut** (het ~; attributen) iets dat typisch bij iemand hoort en waaraan je kunt zien dat hij of zij een bepaalde functie heeft ◆ *een kroon en een scepter zijn de attributen van een koning of koningin*.

**atv** (de ~(v.)) (in Nederland) arbeidstijdverkorting.

**au** (tussenw.) (om aan te geven dat je pijn hebt).

**a.u.b.** (afkorting) alstublieft.

**au·ba·de** (Frans) [oobaade of aubaade] (de ~(v.); -s) muziekuitvoering waarmee je iemand 's ochtends in de open lucht hulde brengt ('s avonds heet dat 'serenade').

**au bain-ma·rie** (Frans) [oobeñmaarie] ▼ *eten au bain-marie verwarmen*: door de pan in een bak kokend water te zetten.

**au·ber·gi·ne** (Frans) [ooberzjiene, in België: auberzjiene] (de ~(v.); -s) donkerpaarse komkommerachtige vrucht met wit, sponzig vruchtvlees die als groente wordt gegeten.

**audiëntie** au·di·en·tie [audiejensie of oodiejensie] (de ~(v.); -s) bezoek aan een hooggeplaatst persoon ◆ *de paus verleende haar audiëntie*: hij ontving haar.

**audio-** luister-, geluids- ◆ *audioapparatuur*: cd-speler, versterker, boxen enz..

**au·dio·ap·pa·ra·tuur** (de ~(v.)) geluidsapparatuur.

**au·dio·rack** [audiejoorek] (het ~; -s) speciale kast voor een geluidsinstallatie.

**au·dio·vi·su·eel** (bijv. nw.) om naar te luisteren en om naar te kijken (meestal gezegd van apparatuur) ◆ *audiovisuele hulpmiddelen op school*: filmapparatuur, schooltelevisie, videorecorder enz..

**au·di·tie** [audie(t)sie] (de ~(v.); -s) gelegenheid die een toneel-, ballet- of muziekgezelschap geeft aan sollicitanten om een proefoptreden te komen doen ◆ *als je naar het conservatorium wilt, moet je eerst een auditie doen*: dan moet je eerst wat voorspelen of voorzingen.

**au·di·tief** (bijv. nw.) gezegd van iets dat met het horen te maken heeft ◆ *auditief ingestelde kinderen onthouden beter wat ze horen, visueel ingestelde kinderen onthouden beter wat ze zien*.

**au fond** (Frans) [oofoñ] (bijw.) eigenlijk.

**au·gurk** (de ~; -en) klein soort komkommer, die meestal in azijn en kruiden ingemaakt wordt, ook 'zure bom' genoemd.

**au·gus·tijn** (de ~(m.); -en), vrouw: **au·gus·ti·nes** (de ~(v.); -sen) lid van een kloosterorde die leeft volgens de regels van Sint-Augustinus.

**au·gus·tus** (de ~) achtste maand van het jaar, ook wel 'oogstmaand' genoemd.

**au·la** (de ~(v.); aula's) grote zaal voor samenkomsten ⇒ *gehoorzaal* ◆ *de weekopening werd altijd in de aula van de school gehouden*.

**au pair** (Frans) [oope:r] gezegd van werk in een gezin waarvoor je geen geld krijgt, maar kost, inwoning en omgang met de gezinsleden ◆ *mijn zus werkt een jaar au pair in Frankrijk*.

**au·ra** (de ~(v.); aura's) rand van licht om iets of iemand heen, die alleen helderzienden kunnen zien.

**au·re·ool** (de ~ of het ~; aureolen) stralenkrans rond het hoofd van een heilige, bijv. van Maria of Christus.

**au sé·ri·eux** (Frans) [oosæeriejeu, in België: ooseerjeu] ernstig, serieus ◆ *iemand au sérieux nemen*: denken dat het belangrijk is wat iemand zegt of doet; *iets au sérieux nemen*: denken dat iets belangrijk is.

**auspiciën** au·spi·ci·en [auspiesiejen] (zelfst. nw.) ▼ *onder auspiciën van ...*: onder toezicht, onder bescherming van ...; *deze film is gemaakt onder auspiciën van de minister*.

**au·tar·kisch** (bijv. nw.) met voldoende middelen om voor jezelf te zorgen, niet van anderen afhankelijk ⇒ *zelfvoorzienend*.

**au·ten·tiek** → authentiek.

**au·teur** [aut̥eur of oot̥eur] (de ~(m.); -s) schrijver (bet.2) of schrijfster (bet.2).

**au·teurs·recht** (het ~; -en) het recht om te beslissen over iets dat je gemaakt hebt, bijv. een boek, muziekstuk of film, openbaar gemaakt wordt ⇒ *copyright*.

**au·then·tiek** [autentiek of oot̥entiek] (bijv. nw.) echt, niet nagemaakt ◆ *dit zijn authentieke Romeinse munten*.

**au·tis·tisch** (bijv. nw.) sterk in zichzelf gekeerd, afgesloten voor de buitenwereld ◆ *een autistisch kind*: een kind dat geen contact kan maken met de mensen om hem of haar heen.

**au·to** [autoo of ootoo] (de ~(m.); auto's) vervoermiddel met o.a. een ingebouwde motor, een versnellingsbak en meer dan twee wielen ⇒ *automobiel, wagen*.

**auto-** [autoo of ootoo] zelf- ◆ *autodidact*: iemand die dingen zelf geleerd heeft zonder dat hij of zij daar les in heeft gehad.

**au·to·bi·o·gra·fie** (de ~(v.); -biografieën) boek dat je over je eigen leven hebt geschreven.

**au·to·bus** (de ~(m.); -sen) voertuig met o.a. een motor en plaats voor enkele tientallen passagiers, gebruikt voor groepsvervoer of als openbaar vervoermiddel ⇒ *bus*.

**au·toch·toon**[1] (de ~(m.); autochtonen) autochtone[2]* bewoner van een land of streek, het tegenovergestelde van 'allochtoon' ◆ *de indianen zijn de autochtonen van Amerika*: in Amerika woonden oorspronkelijk indianen.

**au·toch·toon**[2] (bijv. nw.) gezegd van bewoners van een land of streek van wie de voorouders al generaties lang in dat land of die streek wonen.

**au·to·di·dact** (de ~(m.); -en) iemand die dingen zelf geleerd heeft zonder dat hij of zij daar les in heeft gehad.

**au·to·fo·cus** (de ~(m.)) systeem waardoor een foto- of filmtoestel zichzelf scherp stelt.

**au·to·kerk·hof** (het ~; -kerkhoven) plek waar afgedankte auto's heengebracht worden.

**au·to·luw** (bijv. nw.) zo dat er weinig verkeer komt ◆ *de binnenstad wordt binnenkort autoluw gemaakt*.

**au·to·maat** (de ~(m.); automaten) toestel dat iets doet dat vroeger alleen door mensen gedaan werd, zoals koffie maken, de was doen of iets verkopen ◆ *een koffieautomaat, een sigarettenautomaat*: apparaat waar je koffie of sigaretten uit kunt halen als je er geld in stopt; *sommige auto's zijn* **automaten**: ze schakelen vanzelf van de ene naar de andere versnelling.

**au·to·ma·tiek** (de ~ (v.) of het ~; -en) hal met automaten* waar je een hartige hap, zoals kroketten en slaatjes, uit kunt halen.

**au·to·ma·tisch** (bijv. nw.) **1** gezegd van iets dat zelf iets kan doen of vanzelf gaat ♦ **automatische** *deuren*: die opengaan als je aan komt lopen; *vliegtuigen hebben een* **automatische** *piloot*: apparaat dat de besturing van het vliegtuig van de piloot over kan nemen **2** uit gewoonte handelend, zonder erbij na te denken ♦ *achter op de enveloppe schreef ik* **automatisch** *ons vroegere adres*.

**au·to·ma·ti·se·ren** (automatiseerde, heeft geautomatiseerd) *een bedrijf automatiseren*: er computers gaan gebruiken.

**au·to·ma·tis·me** (het ~; -n) iets dat je telkens opnieuw vanzelf doet, zonder erbij na te denken ♦ *dat krabben op mijn hoofd is een* **automatisme**.

**au·to·mo·biel** (de ~ (m.); -en) (ouderwets) auto.

**au·to·mo·bi·list** (de ~ (m.); -en), vrouw: **au·to·mo·bi·lis·te** (de ~ (v.); -n of -s) iemand die een auto bestuurt.

**au·to·no·mie** (de ~ (v.)) **1** recht van een land om zichzelf te besturen en eigen wetten te maken ⇒ *zelfbestuur, onafhankelijkheid* **2** (filosofie) mogelijkheid die ieder mens heeft om zelf uit te maken wat hij of zij goed of slecht vindt, wat hij of zij wel en niet wil enz..

**au·to·noom** (bijv. nw.) autonomie* bezittend ⇒ *zelfstandig, onafhankelijk* ♦ *Indonesië, dat vroeger een kolonie van Nederland was, is nu weer* **autonoom**.

**au·to·ped** (de ~ (m.); -s) speelgoed dat bestaat uit een plankje op twee wielen met een stuur, dat je met één voet vooruitduwt terwijl je er met je andere voet op staat ⇒ *step*.

**au·top·sie** (de ~ (v.); -s of autopsieën) sectie (bet.1).

**au·to·rij·den** (reed auto, heeft autogereden) een auto besturen ⇒ *chaufferen*.

**au·to·ri·tair** [aut͡ooriete:r of oot͡ooriete:r] (bijv. nw.) gezegd van iemand die zijn of haar wil aan anderen oplegt, die de baas over hen speelt ♦ *een* **autoritaire** *opvoeding*: een opvoeding waarbij de kinderen weinig te zeggen hebben.

**au·to·ri·teit** (de ~ (v.); -en) **1** persoon of instelling die iets te zeggen heeft over andere mensen ⇒ *gezaghebber* ♦ *de plaatselijke* **autoriteiten** *hebben bepaald dat het zwembad op zondag gesloten is*: de burgemeester en wethouders **2** iemand die erom bekend staat dat hij of zij veel van iets afweet ⇒ *deskundige* ♦ *zij is een* **autoriteit** *op het gebied van de opvoeding*.

**au·to·stop** (zelfst. nw.) ▼ *autostop doen*: (in België □; populair) liften.

**au·to·stra·de** (de ~ (v.); -s) (in België □) snelweg.

**au·to·te·le·foon** (de ~ (m.); -s) telefoon in de auto.

**au·to·weg** (de ~ (m.); -en) weg die alleen bestemd is voor auto's, bussen enz., en niet voor fietsers en brommers en die andere wegen op gelijke hoogte kruist (dus niet door middel van viaducten; zo'n weg heet een snelweg).

**avan·ces** [aavan͡ses] (zelfst. nw.; meervoud) pogingen om contact met iemand te maken, vooral met iemand op wie je verliefd bent ⇒ *toenaderingspogingen* ♦ *avances maken*: proberen contact met iemand te maken, toenadering zoeken.

**avant-gar·de** (Frans) [aavan͡kard͡e] (de ~) groep jonge kunstenaars die allerlei nieuwe vormen en technieken uitproberen.

**avant la let·tre** (Frans) [aavan͡l aaletr͡e] voordat er een woord voor was of voordat het uitgevonden was ♦ *zij was een bommoeder* **avant la lettre**: toen het woord 'bommoeder' nog helemaal niet gebruikt werd.

**ave·nue** (de ~; -s) brede laan met aan beide kanten bomen erlangs.

**ave·recht** (bijv. nw.) *(van breisteken)*: aan de achterkant ingestoken, het tegenovergestelde van 'recht[2]' (bet.3) ♦ *brei één naald recht en één naald* **averecht**.

**ave·rechts** (bijv. nw.) precies het omgekeerde van wat eigenlijk de bedoeling was ⇒ *tegenovergesteld* ♦ *ik wilde haar opvrolijken, maar het pakte* **averechts** *uit*: ze begon te huilen.

**ave·rij** (de ~ (v.); -en) schade aan een schip of aan de lading daarvan.

**aver·sie** (de ~ (v.)) weerzin, afkeer ♦ *waarom heeft ze een* **aversie** *tegen je?*

**avi·fau·na** (de ~) de vogels in een bepaald gebied ⇒ *vogelwereld*.

**avo·ca·do** (de ~; avocado's) groene, peervormige vrucht met een dikke pit.

**avond** (de ~ (m.); -en) tijd tussen middag en nacht in ♦ *mijn ouders zijn een* **avondje** *uit*; *'s avonds kijk ik vaak tv*.

**avond·kle·ding** (de ~ (v.)) speciale kleren om 's avonds in uit te gaan, zoals een smoking voor heren en een lange jurk voor dames.

**avond·klok** (de ~; -ken) verbod om na een bepaalde tijd op straat te komen, meestal bij een opstand of oorlog ♦ *de* **avondklok** *gaat om negen uur in*.

**avond·maal** (het ~) **1** diner **2** (protestantse kerk) het nemen van brood en wijn als teken van verbondenheid met Christus.

**avond·rood** (het ~) rode lucht bij zonsondergang ♦ **avondrood**, *water in de sloot*: (uitdr.) als de lucht 's avonds rood is, gaat het de volgende dag regenen.

**avond·vier·daag·se** (de ~ (m.); -n) wandeltocht die op vier achtereenvolgende avonden gehouden wordt.

**avon·tu·rier** (de ~ (m.); -s), vrouw: **avon·tu·rier·ster** (de ~ (v.); -s) iemand die eropuit is om avonturen* te beleven.

**avon·tuur** (het ~; avonturen) iets spannends of onverwachts dat je meemaakt ⇒ *belevenis* ♦ *het is een heel* **avontuur** *om met die gladheid naar school te fietsen*; *ze heeft op reis allerlei* **avonturen** *beleefd*.

**avon·tuur·lijk** (bijv. nw.) **1** vol avonturen* ♦ *een* **avontuurlijk** *leven leiden* **2** met een voorliefde voor spannende en onverwachte gebeurtenissen ♦ *mijn zus is een* **avontuurlijk** *type, ze zwerft de halve wereld rond*.

**avon·tuur·tje** (het ~; -s) korte liefdesgeschiedenis.

**AVRO** (de ~ (v.)) **A**lgemene **V**ereniging **R**adio-**O**mroep; dit is een omroep in Nederland.

**à vue** (Frans) [aavuu] ▼ *muziek à vue spelen*: zonder het eerst geoefend te hebben, direct van het blad.

**AWBZ** (de ~) (in Nederland) **A**lgemene **W**et **B**ijzondere **Z**iektekosten; dit is een verplichte verzekering tegen bijzondere ziektekosten, zoals de kosten voor opname in een ziekenhuis of verpleeginrichting.

**AWW** (de ~) (in Nederland) **A**lgemene **W**eduwen- en **W**ezenwet.

**axi·o·ma** (het ~; axioma's of -ta) uitgangspunt dat je niet kunt bewijzen.

**ay·a·tol·lah** [aajaatollaa] (de ~ (m.); ayatollahs) godsdienstig leider van bepaalde groepen islamieten.

**aza·lea** (de ~; azalea's) sierplant met kleine donkergroene bladeren en bloemen in verschillende kleuren.

**azen** (aasde, heeft geaasd) **1** *op iets azen*: iets heel graag willen hebben en dat ook laten merken ◆ *ze **aasden** op de taartjes die overbleven* **2** *(van roofdieren) op iets azen:* iets als prooi zoeken.

**azijn** (de ~ (m.); -en) zure vloeistof die gebruikt wordt om gerechten smaak te geven of om voedsel lang in te bewaren ◆ *olie en **azijn** op de sla.*

**azuur** (het ~) hemelsblauwe kleur.

# Bb

**b** (de ~; b's) **1** de tweede letter van het alfabet **2** muzieknoot.

**baai** (de ~; -en) inham van de zee in het land.

**baai·en** (bijv. nw.) gemaakt van een dikke wollen stof.

**baal** (de ~; balen) grote zak van jute of linnen, waar iets in bewaard wordt ◆ *een **baal** rijst.*

**baal·dag** (de ~ (m.); -dagen) dag waarop je niet werkt omdat je er geen zin in hebt.

**baan** (de ~; banen) **1** het werk dat je doet en waarvoor je betaald wordt ⇒ *betrekking, werkkring, job* **2** weg of terrein waarover je kunt lopen of rijden, vooral bij sporten ◆ *de auto**baan**; de tennis**baan**; de race**baan**; de ijs**baan**; iets op de lange **baan** schuiven:* (uitdr.) iets een hele tijd uitstellen; *dat plannetje is van de **baan**:* (uitdr.) het gaat niet door; *iets in goede **banen** leiden:* (uitdr.) ervoor zorgen dat iets goed verloopt; *ik kan er niet mee over de **baan**:* (in België □; uitdr.) ik kan er niet mee overweg **3** koers die een ruimtevaartuig van planeet volgt ◆ *de aarde beschrijft een **baan** om de zon* **4** strook van stof of papier ⇒ *reep.*

**baan·bre·kend** (bijv. nw.) gezegd van iets dat nieuwe mogelijkheden biedt ◆ *hij heeft **baanbrekend** onderzoek verricht.*

**baan·vak** (het ~; -ken) deel van een spoorweg tussen stations in ⇒ *traject.*

**baar¹** (de ~; baren) **1** toestel waar een dode op gelegd wordt **2** staaf van kostbaar metaal, bijv. goud.

**baar²** (bijv. nw.) zuiver ⇒ *puur* ◆ ***baar** geld:* geldstukken, klinkende munt.

**baard** (de ~ (m.); -en) **1** haren die bij een man op zijn kin groeien ◆ *de **baard** in de keel hebben:* (uitdr.) wat schor zijn doordat je je jongensstem verliest en een mannenstem krijgt; *een mop met een **baard**:* (grappig) een mop die iedereen al kent **2** het platte stuk aan het einde van een sleutel, dat in het slot gestoken wordt.

**baar·lijk** (bijv. nw.) zo duidelijk als het maar kan ⇒ *klinkklaar* ◆ *dat is **baarlijke** nonsens!*

**baar·moe·der** (de ~; -s) peervormig orgaan in de buik van vrouwen waarin een baby kan groeien ⇒ *uterus.*

**baars** (de ~ (m.); baarzen) vis met stekels aan de vinnen, die in zoet water leeft.

**baas** (de ~ (m.); bazen) **1** (vrouw: bazin) iemand die de leiding heeft, die hoger in rang is ⇒ *chef, hoofd, leider, directeur* ◆ *ze wil de **baas** over mij spelen:* (uitdr.) ze wil meer te vertellen hebben dan ik; *er is altijd **baas** boven **baas**:* (uitdr.) er is altijd wel iemand die nóg beter is; *ik ben zo druk als een klein **baasje**:* (uitdr.) ik moet van alles regelen **2** (vrouw: bazin) eigenaar van een hond ◆ *Bobby, kom eens bij de **baas**!* **3** (populair) man of jongen ⇒ *vent, kerel* ◆ *'t is een gezellig **baasje**.*

**baat¹** (de ~) **1** waar je wat aan hebt ⇒ *nut* ◆ *Margriet heeft geen **baat** gehad bij het aspirientje:* het heeft haar niet geholpen; *een actie ten **bate** van Afrika:* (uitdr.) een actie waarvan de opbrengst naar Afrika gaat; *de gelegenheid te **baat** nemen om iets te doen:* (uitdr.) van de gelegenheid gebruik maken **2** (baten) winst ◆ *kosten en ba-*

**ten**: wat je ergens voor uitgeeft en wat je eraan verdient.

**baat²** → baten.

**bab·bel** (de ~(m.); -s) (populair) praatje, verhaaltje ♦ *een gezellig babbeltje; die kleine Aswin krijgt babbels!*: hij krijgt praatjes, hij wordt eigenwijs.

**bab·be·laar** (de ~(m.); -s) **1** (vrouw: babbelaarster) iemand die veel babbelt* ⇒ *kletskous, kwebbel* **2** snoepje van boter en suiker in de vorm van een kussentje.

**bab·bel·box** (de ~(m.); -en) 06-telefoonlijn die je kunt bellen om met onbekende mensen te kletsen.

**bab·be·len** (babbelde, heeft gebabbeld) gezellig praten over onbelangrijke dingen ⇒ *keuvelen*.

**bab·bel·kous** (de ~; -en) iemand die veel babbelt.

**ba·bi pan·gang** (de ~(m.)) gerecht uit de oosterse keuken, dat bestaat uit geroosterd varkensvlees in een zoetzure tomatensaus.

**ba·boe** (de ~(v.); -s) Indische vrouw die in het vroegere Nederlands-Indië voor kinderen van blanken zorgde.

**ba·by** (Engels) [beebie] (de ~(m.); baby's) kind dat jonger is dan één jaar ⇒ *zuigeling*.

**ba·by·doll** (Engels) [beebiedol] (de ~(m.); -s) pyjama met een pofbroek, voor meisjes.

**ba·by·foon** [beebiefoon] (de ~(m.); -s) apparaatje waarmee je op een afstand geluiden uit de babykamer kunt horen.

**Ba·by·lo·nisch** (bijv. nw.) ▼ *een Babylonische spraakverwarring*: toestand waarin iedereen langs elkaar heen praat, waarin niemand elkaar nog begrijpt.

**ba·by·sit** (Engels) [beebiesit] (de ~(m.); -s) oppas voor de kinderen.

**ba·by·sit·ten** [beebiesitten] (ww.) babysit* zijn.

**ba·by·sit·ter** (Engels) [beebiesitter] (de ~(m.); -s) babysit* ⇒ *kinderoppas*.

**bac·cha·naal** [baggaanaal] (het ~; bacchanalen) drinkfeest.

**ba·cil** (de ~(m.); -len) uiterst klein deeltje dat o.a. ziekte en bederf van voedsel veroorzaakt, een bepaalde bacterie (kijk ook bij: **bacterie**).

**back** (Engels) [bek] (de ~(m.); -s) (sport) achterspeler ⇒ *verdediger*.

**back·gam·mon** (Engels) [bekkemmen] (het ~) kansspel voor twee personen dat gespeeld wordt op een bord met schijven en dobbelstenen ⇒ *triktrak*.

**back·hand** (Engels) [bekhent] (de ~; -s) tennisslag waarbij de rug van je hand naar het net gekeerd is, het tegenovergestelde van 'forehand'.

**back-up** (Engels) [bek·up] (de ~; -s) kopie die gemaakt wordt van een computerbestand, als reserve.

**ba·co** → bahco.

**ba·con** (Engels) [beeken, in België: bakkon] (het ~) heel mager gerookt spek.

**ba·co·ve** (de ~; -n) Surinaamse banaan om te bakken ⇒ *bakbanaan*.

**bac·te·rie** (de ~(v.); bacteriën) naam voor verschillende soorten uiterst kleine deeltjes die nodig zijn voor het leven op aarde, maar die soms ook ziekte of bederf veroorzaken.

**bad¹** (het ~; -en) **1** kuip om je in te wassen ⇒ *badkuip* **2** water waar je je in onderdompelt ♦ *een warm bad nemen*: in een kuip met warm water gaan.

**bad²** → bidden.

**bad·de·ren** (badderde, heeft gebadderd) (populair) een bad* (bet.2) nemen ⇒ *poedelen*.

**ba·den¹** (baadde, heeft gebaad) **1** iemand baden: iemand in bad* (bet.2) doen ♦ *we baadden ons elke ochtend in de rivier* **2** in iets baden: heel veel van iets hebben ♦ *mijn oom en tante baden in het geld; toen hij wakker werd, baadde hij in het zweet*.

**ba·den²** → bidden.

**badge** (Engels) [bedzj, in België: batsj] (de ~; -s) **1** speld met een naamkaartje erop **2** speld met een tekst of een afbeelding erop ⇒ *button*.

**bad·huis** (het ~; -huizen) gebouw waar je tegen betaling een douche of bad neemt.

**ba·di·ne·rend** (bijv. nw.) als grapje bedoeld, luchtig ⇒ *gekscherend*.

**bad·jas** (de ~; -sen) jas van badstof die je na het bad of na het zwemmen aantrekt.

**bad·juf·frouw** (de ~(v.); -en) vrouwelijke badmeester.

**bad·ka·mer** (de ~; -s) ruimte met een bad of douche.

**bad·la·ken** (het ~; -s) grote handdoek.

**bad·mees·ter** (de ~(m.); -s) iemand die bij het zwembad of de zee op de zwemmers let.

**bad·min·ton** (Engels) [betminton *of* betminten, in België: batminton] (het ~) spel waarbij je met rackets een pluimpje heen en weer slaat.

**bad·pak** (het ~; -ken) broek met bovenlijfje uit één stuk, om in te zwemmen ⇒ *zwempak*.

**bad·plaats** (de ~; -en) stad of dorp aan zee waar veel mensen komen zwemmen.

**bad·stof** (de ~) katoenen stof met lusjes.

**bad·zout** (het ~) speciaal zout waardoor het badwater zacht wordt en lekker gaat ruiken.

**ba·ga·ge** [baagaazje] (de ~(v.)) alles wat je bij je hebt als je op reis bent.

**ba·ga·ge·dra·ger** (de ~(m.); -s) rekje achter op de fiets om spullen op mee te nemen.

**ba·ga·tel** (de ~ *of* het ~) iets dat heel onbelangrijk is ⇒ *kleinigheid*.

**ba·ga·tel·li·se·ren** (bagatelliseerde, heeft gebagatelliseerd) iets bagatelliseren: iets kleiner of onbelangrijker laten lijken dan het eigenlijk is.

**bag·ger** (de ~) natte, zware grond ⇒ *blubber, modder*.

**bag·ge·ren** (baggerde, heeft gebaggerd) **1** bagger* uit sloten, plassen enz. halen **2** door de modder baggeren: door een diepe laag modder lopen.

**ba·guet·te** (Frans) [baaket] (de ~; -s) stokbrood.

**bah** (tussenw.) (om aan te geven dat je iets vies of vervelend vindt) ♦ *bah, het stinkt hier!*

**bah·co** [baakoo] (de ~(m.); bahco's) verstelbare sleutel waarmee je moeren van verschillende grootte los of vast draait.

**ba·jes** (de ~) (populair) gevangenis ⇒ *bak, nor, lik*.

**ba·jes·klant** (de ~(m.); -en) (populair) iemand die regelmatig in de gevangenis zit.

**ba·jo·net** (de ~; -ten) steekwapen op de loop van een geweer ⇒ *geweerdolk*.

**bak** (de ~(m.); -ken) **1** soort kist of doos zonder deksel, waarin je iets kunt zetten, leggen of opbergen ♦ *een bak met planten* **2** (populair) grap ⇒ *mop* ♦ *bakken vertellen* **3** (populair) gevangenis ⇒ *nor, lik, bajes* **4** (in België □) kist van plastic of van hout ⇒ *krat* ♦ *een bak bier* ▼ *aan de bak komen*: aan de slag komen, werk krijgen; *een bakje koffie, thee enz.*: (populair) een kopje koffie, thee enz.; *een bakje troost*: (populair) een kop koffie.

**bak·beest** (het ~; -en) iets dat onhandig groot en lomp is ♦ *een bakbeest van een kast*.

**bak·boord** (het ~) linkerkant van een schip, het tegenovergestelde van 'stuurboord'.

**ba·ke·liet** (het ~) bepaalde kunststof.

**ba·ken** (het ~; -s) merkteken op het water waaraan schippers zien waar ze kunnen varen ♦ *de bakens verzetten*: (uitdr.) je plannen veranderen omdat de omstandigheden veranderd zijn.

**ba·ker** (de ~ (v.); -s) (ouderwets) kraamverzorgster.

**ba·ker·mat** (de ~; -ten) plaats of land waar iets het allereerst begonnen is.

**ba·ker·praat·je** (het ~; -s) praatje dat je niet moet geloven, kletspraatje.

**bak·fiets** (de ~; -en) fiets met een bak ervoor om spullen in te vervoeren.

**bak·ke·baard** (de ~ (m.); -en) haar dat een man laat groeien langs zijn oren, maar niet op zijn kin.

**bak·ke·lei·en** (bakkeleide, heeft gebakkeleid) ruzie maken ⇒ kibbelen.

**bak·ken** (bakte) 1 (heeft gebakken) koekjes, taarten enz. bakken: die in de oven gaar laten worden ♦ nou, nou, jij bakt ze wel bruin!: (uitdr.) jij doet dingen die eigenlijk niet kunnen of mogen 2 (heeft gebakken) vlees, aardappels enz. bakken: dat of die in heet vet in de koekenpan gaar maken ♦ liggen bakken in de zon: (uitdr.) liggen te zonnebaden 3 (heeft gebakken) potten bakken: van klei gemaakte potten in de oven hard laten worden 4 (is gebakt) (populair) zakken voor je examen ⇒ stralen.

**bak·ker** (de ~ (m.); -s) 1 iemand die voor zijn of haar beroep brood, koekjes enz. bakt* (bet.1) of verkoopt ♦ een warme bakker: die het brood dat hij verkoopt niet van de fabriek krijgt maar zelf bakt ▼ het komt voor de bakker!: het komt dik in orde.

**bak·ke·rij** (de ~ (v.); -en) plaats waar brood gebakken* (bet.1) wordt.

**bak·kes** (het ~; -en) (populair) gezicht ⇒ smoel, tronie.

**bak·kie** (het ~; -s) 1 zendertje waardoor je met anderen kunt spreken 2 (populair) aanhangwagentje voor achter een auto.

**ba·ko·ve** → bacove.

**bak·poe·der** (het ~) poeder dat je gebruikt wanneer je iets bakt dat moet rijzen.

**bak·steen** (het ~; -stenen) gebakken steen die bijv. gebruikt wordt om huizen te bouwen ♦ zakken als een baksteen: (uitdr.) je examen op geen stukken na halen; het regent bakstenen: (uitdr.) het regent heel hard.

**bak·te·rie** → bacterie.

**bak·vis** (de ~ (v.); -sen) (ouderwets) meisje dat geen kind meer wil zijn, maar ook nog niet volwassen is.

**bak·zeil** (zelfst. nw.) ▼ bakzeil halen: minder eisen dan eerst, terugkrabbelen.

**bal** (zelfst. nw.) 1 (de ~ (m.); -len) voorwerp dat bol en rond is, en waarmee je allerlei spelen en sporten kunt doen ♦ een balletje trappen: (populair) een partijtje voetballen; wie kaatst moet de bal verwachten: (uitdr.) als je iemand plaagt kun je verwachten dat je teruggeplaagd wordt 2 (de ~ (m.); -len) iets dat bol en rond gemaakt is ♦ een bal gehakt 3 (de ~ (m.); -len) zaadbal ⇒ testikel 4 (de ~ (m.); -len) het bolle deel van je voetzool aan de kant van je tenen 5 (het ~; -s) dansfeest, in Nederland: deftig dansfeest ♦ een gemaskerd bal: dansfeest waarbij iedereen zich zo verkleedt dat hij niet herkend wordt ▼ ik snapte er geen bal van: (populair) helemaal niets.

**ba·la·lai·ka** (de ~; balalaika's) muziekinstrument uit Rusland, een soort platte, driehoekige gitaar met twee of drie snaren.

**ba·lan·ce·ren** (balanceerde, heeft gebalanceerd) wankelen maar toch niet vallen, in evenwicht proberen te blijven ♦ de clown balanceerde op het slappe koord.

**ba·lans** (de ~; -en) 1 toestel om mee te wegen, dat bestaat uit twee schalen die aan weerszijden van een hefboom hangen 2 evenwicht ♦ moeder is helemaal uit balans vandaag: ze is helemaal uit haar gewone doen 3 een overzicht op papier van wat iemand bezit, nog te goed heeft en wat hij of zij nog schuldig is

♦ de balans opmaken: (uitdr.) achteraf kijken wat voor resultaat je inspanning heeft gehad.

**bal·da·dig** (bijv. nw.) wild en ondeugend.

**bal·da·kijn** (de ~ (m.) of het ~; -en of -s) sierdak van mooie stof op palen, bijv. boven een troon.

**ba·lein** (de ~; -en) staafje van metaal of plastic, bijv. in paraplu's.

**ba·len¹** (zelfst. nw.) ▼ de balen van iets hebben: (populair) meer dan genoeg van iets hebben, iets spuugzat zijn.

**ba·len²** (baalde, heeft gebaald) van iets balen: (populair) iets heel erg vervelend vinden ♦ balen als een stier: (uitdr.) heel erg balen.

**ba·lie** (de ~ (v.); -s) toonbank in een hotel, bank, reisbureau enz..

**ba·lie·klui·ver** (de ~ (m.); -s) iemand die gewoonlijk niets uitvoert ⇒ leegloper, lanterfanter, nietsnut.

**bal·juw** (de ~ (m.); -s) iemand die vroeger namens de heer van een bepaalde streek voor de rechtspraak zorgde.

**balk** (de ~ (m.); -en) langwerpig blok, meestal van hout of ijzer ⇒ bint.

**bal·ken** (balkte, heeft gebalkt) (van ezels): 'ia' roepen.

**bal·ken·brij** (de ~ (m.)) gerecht gemaakt van o.a. stukjes vlees en meel.

**bal·kon** (het ~; -s) 1 uitbouw met een hekwerk erom aan de bovenverdieping van een huis 2 bepaalde rang in de bioscoop, de schouwburg enz. met duurdere plaatsen.

**bal·la·de** (de ~ (v.); -n of -s) verhaal op rijm over een romantische gebeurtenis.

**bal·last** (de ~ (m.)) 1 extra lading in een schip waardoor het stabieler ligt 2 dingen waar je alleen maar last van hebt als je ze meeneemt.

**bal·len** (balde, heeft gebald) 1 met een bal* (bet.1) spelen 2 je vuisten ballen: je handen tot vuisten maken.

**bal·le·ri·na** (de ~ (v.); ballerina's) balletdanseres.

**bal·let** (het ~) 1 danskunst ♦ een balletvoorstelling 2 (-ten) dans die op het toneel wordt uitgevoerd ♦ 'het Zwanenmeer' is een bekend ballet.

**bal·ling** (de ~ (m.); -en) iemand die uit een bepaald gebied is weggestuurd en daar niet meer terug mag keren ⇒ banneling.

**bal·ling·schap** (de ~ (v.)) het leven als balling* ♦ hij werd veroordeeld tot levenslange ballingschap.

**bal·lon** (de ~ (m.); -nen of -s) dun zakje van rubber dat je kunt opblazen.

**bal·lo·ta·ge** [balloota̲zje] (de ~ (v.)) het stemmen over de vraag of iemand lid mag worden van een club.

**ball·point** (Engels) [bo̲lpojnt of ba̲lpojnt] (de ~; -s) balpen.

**bal mas·qué** [balmaske̲e] (het ~; -s) gemaskerd bal, dansfeest waar iedereen een masker op heeft.

**ba·lo·rig** (bijv. nw.) in een eigenwijze bui, tegen de draad in ⇒ recalcitrant, weerspannig.

**bal·pen** (de ~; -nen) pen met een bolletje in de punt ⇒ ballpoint.

**bal·sem** (de ~ (m.); -s) geurige zalf gemaakt van hars en olie ♦ dat is balsem voor de ziel: (uitdr.) dat is een hele troost.

**bal·se·men** (balsemde, heeft gebalsemd) iemand balsemen: iemand met balsem* insmeren ♦ een lijk balsemen: het behandelen met stoffen waardoor het goed blijft.

**balts** (de ~ (m.)) alle vaste bewegingen en handelingen van vogels en andere dieren voor ze gaan paren.

**ba·lu·stra·de** (de ~ (v.); -s of -n) hekwerk om een balkon of langs een trap.

**bal·zak** (de ~ (m.); -ken) rimpelig vel om de teelballen heen (kijk ook bij: teelbal) ⇒ scrotum.

**bam·boe** (de ~(m.) of het ~) tropische rietsoort met lange houtachtige stengels ♦ *een fluit van bamboe.*

**ba·mi** (de ~(m.)) platte deegsliertjes die gegeten worden met groenten en vlees.

**bam·zaai·en** (ww.) spel waarbij je moet raden hoeveel lucifers iemand in zijn of haar hand houdt.

**ban** (zelfst. nw.) ▼ *in de ban zijn van iemand of iets:* heel sterk door iemand of iets geboeid zijn; *zij is helemaal in de ban van computerspelletjes; iemand in de ban doen:* (van de paus) beslissen dat iemand geen lid meer mag zijn van de rooms-katholieke kerk; *de paus heeft Luther in de ban gedaan.*

**ba·naal** (bijv. nw.) akelig alledaags, op het platvloerse af ⇒ triviaal ♦ *hij wist alleen maar wat banale dingen te zeggen.*

**ba·naan** (de ~; bananen) kromme witte vrucht met een gele schil, die in de tropen groeit.

**band¹** (de ~(m.); -en) **1** rubberen ring met lucht erin, om wielen van fietsen, auto's enz. ♦ *je banden oppompen* **2** reep stof of ander materiaal bijv. om iets mee vast te maken ♦ *de bagage was met banden vastgesjord op het dak van de auto; schouderbandjes:* reepjes stof waaraan een kledingstuk over je schouder hangt; *een lopende band:* (uitdr.) brede strook waarop producten in een fabriek langs de arbeiders gaan (die moeten bij elk product steeds dezelfde bewerking uitvoeren); *ik moet jou aan de lopende band waarschuwen:* (uitdr.) steeds opnieuw **3** lint voor in een cassetterecorder, bandrecorder of videorecorder, om geluiden of beelden op vast te leggen ♦ *iets op de band opnemen* **4** gevoel dat je bij elkaar hoort ⇒ verbondenheid ♦ *ik heb een sterke band met mijn zusje* **5** stevige omslag die de bladen van een boek bij elkaar houdt ♦ *een boek in een leren band* ▼ *uit de band springen:* gekke, dwaze dingen doen die je je anders nooit doet.

**band²** (Engels) [bent, in België: bant] (de ~; -s) groep musici die moderne muziek speelt.

**ban·da·na** (de ~; bandana's) felgekleurde doek die je om je hoofd kunt dragen.

**band·breuk** (de ~(v.); -en) (in België □) bandenpech.

**ban·de·loos** (bijv. nw.) wild, ongeremd ♦ *de bandeloze groep vernielde van alles.*

**ban·den·lich·ter** (de ~(m.); -s) metalen staafje om de buitenband van een fiets af te halen.

**ban·den·plak** (het ~) lijm om binnenbanden van fietsen te plakken ⇒ solutie.

**ban·de·rol** (de ~; -len) **1** strookje papier om sigaren als bewijs dat de fabrikant belasting heeft betaald ⇒ sigarenbandje **2** adresbandje om een poststuk.

**ban·diet** (de ~(m.); -en) misdadiger ⇒ schurk, boef.

**band·op·ne·mer** (de ~(m.); -s) (in België □) bandrecorder.

**band·re·cor·der** (de ~; -s) apparaat om geluiden mee op te nemen en af te spelen ⇒ taperecorder.

**ba·nen** (baande, heeft gebaand) *je een weg banen:* een doorgang voor jezelf maken ♦ *wij baanden ons een weg door de sneeuwhopen.*

**ba·nen·pool** [bɑːnənpoːl] (de ~(m.); -s) banen voor werklozen die gedeeltelijk door de overheid betaald worden.

**bang** (bijv. nw.) met een vervelend, onrustig gevoel, omdat je het idee hebt dat er iets akeligs met je gaat gebeuren ⇒ angstig, bevreesd ♦ *mijn vader is bang voor muizen; ik ben bang dat we de trein niet halen:* het is vervelend, maar ik denk dat we de trein niet halen; *dat waren bange dagen:* in die tijd hadden we veel angst; *zo bang als een wezel:* (uitdr.) heel erg bang.

**ban·ge·lijk** (bijv. nw.) gauw bang*.

**ban·gerd** (de ~(m.); -s) iemand die bang* is of gauw bang* is ⇒ bangerik.

**ban·ge·rik** (de ~(m.); -en) bangerd.

**ba·nier** (de ~; -en) vlag van een legeraanvoerder.

**ban·je·ren** (banjerde, heeft gebanjerd) met grote passen lopen ♦ *door de stad banjeren:* door de stad zwerven.

**ban·jo** (de ~(m.); banjo's) rond tokkelinstrument dat een beetje op een gitaar lijkt.

**bank** (de ~; -en) **1** meubelstuk waar twee of meer personen op kunnen zitten ♦ *een bankje in het park* **2** kantoor waar je o.a. geld kunt lenen en sparen **3** een- of tweepersoonstafeltje met een ingebouwd kastje en met een zitplaats voor de leerlingen ⇒ schoolbank.

**bank·bil·jet** (het ~; -ten) bedrukt stukje papier om mee te betalen ♦ *een bankbiljet van tien gulden.*

**ban·ket** (het ~; -ten) **1** zoet gebak van bladerdeeg met amandelspijs erin **2** feestelijke maaltijd voor hoge gasten.

**ban·ket·bak·ker** (de ~(m.); -s) bakker die taart, gebakjes en koekjes bakt.

**ban·kier** (de ~(m.); -s) baas van een bank* (bet.2).

**bank·roet¹** (het ~) toestand dat iemand zijn of haar schulden niet meer kan betalen ⇒ faillissement.

**bank·roet²** (bijv. nw.) met grote schulden en zonder geld om die te betalen ⇒ failliet ♦ *die zaak gaat bankroet:* die kan de schulden niet meer betalen.

**bank·schroef** (de ~; -schroeven) werktuig om iets stevig vast te klemmen, bijv. een stuk ijzer dat omgebogen moet worden.

**bank·stel** (het ~; -len) zitbank met bijpassende stoelen.

**ban·ne·ling** (de ~(m.); -en) iemand die uit een bepaald gebied is weggestuurd en daar niet meer mag terugkeren ⇒ balling.

**ban·vloek** (de ~; -en) woorden waarmee iemand in de ban wordt gedaan (kijk ook bij: **ban**).

**bap·tist** (de ~(m.); -en) aanhanger van een godsdienstige richting waarbij de gelovigen gedoopt worden als ze volwassen zijn.

**bar¹** (Engels) [bɑːr] (de ~; -s) **1** hoge toonbank in een café, waarachter de drankjes ingeschonken worden ⇒ buffet, tapkast, tap, toog **2** café.

**bar²** (bijv. nw.) verschrikkelijk ♦ *de reddingsploeg deed haar werk in barre omstandigheden; het is bar koud vandaag; het is bar en boos:* (uitdr.) allerverschrikkelijkst.

**ba·rak** (de ~; -ken) houten gebouw dat tijdelijk ergens staat ⇒ keet.

**bar·baar** (de ~(m.); barbaren) onbeschaafd en ruw mens ⇒ woesteling, bruut.

**bar·baars** (bijv. nw.) zoals past bij een barbaar*, ruw ⇒ wreed, onmenselijk ♦ *die hond werd op een barbaarse manier mishandeld.*

**bar·be·cue** (Engels) [bɑːrbɛkjœ] (de ~; -s) bak met een rooster, waar je vlees op kunt roosteren.

***barbecueën** bar·be·cue·en (Wdl: barbecuen) [bɑːrbɛkjœwən] (barbecuede, heeft gebarbecued) vlees roosteren op een barbecue*.

**bar·ber·tje** (het ~; -s) mandje om onder aan een kastplank te hangen.

**Bar·ber·tje** (zelfst. nw.) ▼ *Barbertje moet hangen:* (gezegd als er per se iemand de schuld moet krijgen, of dat nu eerlijk is of niet).

**bar·bie·pop** (de ~; -pen) kleine pop die eruitziet als een tienermeisje of -jongen, of als een volwassen vrouw of man.

**bar·bier** (de ~(m.); -s) (ouderwets) kapper.

**bar·co·de** [bɑrkoːdə] (de ~(m.); -s) rij streepjes van verschillende dikte op de verpakking van artikelen, waarin in code gegevens over die artikelen staan ⇒ streepjescode, zebracode.

**ba·ren**[1] (zelfst. nw.; meervoud)(ouderwets) golven.

**ba·ren**[2] (baarde, heeft gebaard)(van een vrouw) een kind baren: het ter wereld brengen.

**ba·ret** (de ~; -ten) slappe pet zonder klep.

**Bar·goens** (het ~) taal die dieven en andere onderwereldfiguren onder elkaar praten ◆ 'bajes' is Bargoens voor 'gevangenis'.

**ba·ri·ton** (de ~(m.); -s) zangstem van mannen tussen hoog (tenor) en laag (bas) in.

**bar·kee·per** (Engels) [barkieper](de ~; -s) iemand die achter de bar staat en drankjes inschenkt.

**bar·kruk** [barkruk](de ~; -ken) hoge kruk om aan de bar te zitten.

**barm·har·tig** (bijv. nw.) gezegd van iemand die vol medelijden is en hulp biedt.

**barn·steen** (de ~(m.); -stenen) gele, rode of bruinrode halfedelsteen ⇒ amber.

**ba·rok**[1] (de ~(m.) of het ~) periode in de kunstgeschiedenis van ± 1550 tot ± 1750, toen kunstwerken gekenmerkt werden door uitbundige versieringen en overdadige uitdrukking van gevoelens.

**ba·rok**[2] (bijv. nw.) met rijke, overdadige versieringen ⇒ grillig ◆ een barok bouwwerk.

**ba·ro·me·ter** (de ~(m.); -s) toestel dat de luchtdruk meet en waarop je ziet of het weer beter of slechter zal worden.

**ba·ron** (de ~(m.); -nen), vrouw: **ba·ro·nes** (de ~(v.); -sen) man van adel, iets lager dan een graaf.

**ba·ro·nes** (de ~(v.); -sen) 1 vrouwelijke baron* 2 vrouw van een baron*.

**bar·ra·ge** (Frans) [barraazje](de ~(v.); -s)(paardensport) extra wedstrijdronde tussen de ruiters die gelijk geëindigd zijn.

**bar·rels** (zelfst. nw.) ▼ de vaas viel aan barrels: in stukken, kapot.

**bar·re·voets** (bijw.) op blote voeten.

**bar·ri·ca·de** (de ~(v.); -n) op elkaar gestapelde dingen om de weg te versperren ⇒ versperring ◆ de krakers wierpen barricaden op; op de barricade gaan staan voor iets: (uitdr.) je uiterste best voor iets willen doen, voor iets willen knokken.

**bar·ri·ca·de·ren** (barricadeerde, heeft gebarricadeerd) een straat, een deur enz. barricaderen: die afsluiten door een barricade*.

**bar·riè·re** (de ~; -s) iets dat in de weg staat of dat je tegenhoudt ⇒ belemmering, hinderpaal ◆ dat die mensen geen Nederlands spreken is voor mij een barrière om bij ze op bezoek te gaan: daardoor ga ik niet zo makkelijk bij ze op bezoek.

**bars** (bijv. nw.) onvriendelijk en kortaf ◆ met barse stem stuurde zij hem weg.

**barst** (de ~; -en) 1 scheur in iets breekbaars ▼ geen barst: (populair) helemaal niets; je ziet er geen barst van.

**bar·sten** (barstte, is gebarsten) 1 barsten* krijgen 2 iemand laten barsten: (populair) iemand in de steek laten, iemand laten stikken ▼ het barst hier van de automatieken: (populair) er zijn hier verschrikkelijk veel automatieken; ik lachte me te barsten: (populair) tot ik niet meer kon, heel erg; barstende hoofdpijn: heel erge hoofdpijn.

**Bart·jens** (zelfst. nw.) ▼ 2 + 2 = 4 volgens Bartjens: dat is zeker, daar is geen speld tussen te krijgen (Bartjens heeft in de zeventiende eeuw een boek over rekenen geschreven).

**bar·zoi** (de ~(m.); -s) Russische windhond.

**bas** (de ~; -sen) 1 laagste zangstem (lager dan tenor) 2 het grootste strijkinstrument, dat het laagste speelt ⇒ contrabas.

**ba·salt** (het ~) heel harde, donkergrijze steensoort, o.a. gebruikt in de wegenbouw.

**bas·cu·le** (de ~; -s) weegschaal voor zware dingen.

**base·ball** (Engels) [beezbol, in België: beezbal](het ~) honkbal.

**base·ball·pet·je** [beezbolpetje](het ~; -s) petje van baseballspelers, ook wel door jongeren buiten het baseball gedragen.

**ba·se·ment** [in België: baazement](het ~; -en) voetstuk voor een beeld of een zuil.

**ba·se·ren** (baseerde, heeft gebaseerd) een mening, overtuiging enz. baseren op iets: van iets uitgaan en zo tot een mening, overtuiging enz. komen ◆ waar baseer je dat idee op?: hoe kom je bij dat idee?

**ba·si·li·cum** (het ~) kruid met een frisse smaak.

**ba·si·liek** (de ~(v.); -en) eretitel voor een bijzondere rooms-katholieke kerk.

**ba·sis** (de ~(v.); -sen of bases) 1 datgene waarop iets steunt ⇒ voet, fundament ◆ de basis van een toren 2 datgene wat vastligt, waar je van uit moet gaan ⇒ uitgangspunt, grondslag ◆ op die basis kan ik met je samenwerken 3 vaste plaats waarvandaan soldaten, vliegtuigen enz. vertrekken ◆ een vliegbasis; een raketbasis.

**ba·sis·edu·ca·tie** (de ~(v.)) basisonderwijs aan volwassenen die vroeger niet de kans hadden om goed te leren rekenen, lezen en schrijven.

**ba·sis·on·der·wijs** (het ~) onderwijs op de basisschool.

**ba·sis·school** (de ~; -scholen) school voor kinderen van vier tot twaalf jaar.

**ba·sis·vor·ming** (de ~(v.)) (in Nederland) eerste drie jaar van het voortgezet onderwijs in Nederland, waarbij kinderen in elk geval dezelfde vijftien vakken krijgen.

**ba·sis·woor·den·boek** (het ~; -en) woordenboek waarin de belangrijkste woorden voor een bepaalde doelgroep zijn opgenomen.

**bas·ket** (Engels) [basket, in België: basket](de ~; -s)(sport) ring met een netje eraan boven aan een paal, waar je een bal doorheen moet gooien.

**bas·ket·bal** [basketbal](het ~)(sport) spel waarbij je een bal door de basket* van de tegenpartij moet gooien.

**bas·kuul** → bascule.

**bas·sen** (baste, heeft gebast)(van honden): blaffen.

**bas·set** (de ~(m.); -en) korthadige witte hond met donkere vlekken, korte poten en lange hangoren.

**bas·sin** (Frans) [bassin](het ~; -s) 1 (deftig) zwembad 2 grote kuil waar water in bewaard wordt ⇒ waterbekken.

**bas·sist** (de ~(m.); -en), vrouw: **bas·sis·te** (de ~(v.); -n of -s) iemand die bas* (bet.2) speelt.

**bast** (de ~(m.); -en) 1 buitenste laag van een boom ⇒ schors 2 (populair) huid of lichaam ◆ lekker, die zon op je blote bast.

**bas·taard** (de ~(m.); -s of -en) 1 (ouderwets) kind waarvan de ouders niet met elkaar getrouwd zijn 2 dier dat maar voor een gedeelte van een bepaald ras is.

**bas·taard·vloek** (de ~(m.); -en) vloek die een beetje veranderd is, zodat hij niet meer als een vloek klinkt, bijv. 'jeetje' in plaats van 'jezus'.

**bas·terd·sui·ker** (de ~(m.)) soort minder zuivere suiker die wit, geel of bruin kan zijn.

**bas·ti·on** (het ~; -s) deel van een stadsmuur dat uitsteekt, om vandaaruit de muur te beschermen tegen aanvallen van buiten.

**bat** (Engels) [bet](het ~; -s) rond plankje met een handvat waarmee je bij tafeltennis een balletje heen en weer slaat.

**Ba·taafs** (bijv. nw.) ▼ de Bataafse Republiek: (zo werd Nederland van 1795 tot 1806 genoemd).

**ba·tal·jon** (het ~; -s) groep van 500 tot 1000 soldaten.

**ba·te** → baat.

**ba·ten** (baatte, heeft gebaat) baat* (bet.1) geven, voordeel opleveren ⇒ helpen ◆ hoe hij ook zijn best deed, het mocht niet baten: (uitdr.) het hielp niets, het was vergeefse moeite; baat het niet, het schaadt ook niet: (uitdr.) het helpt misschien niet, maar het zal je ook geen kwaad doen.

**ba·tig** (bijv. nw.) ▼ batig saldo: de winst die iets je oplevert.

**ba·tik·ken** (batikte, heeft gebatikt) stukken stof in verf dompelen, nadat figuren die niet gekleurd moeten worden met was zijn ingesmeerd.

**bats** (de ~; -en) grote schop met ronde hoeken om zand enz. mee te scheppen.

**bat·te·rij** (de ~(v.); -en) **1** voorwerp dat een beperkte hoeveelheid stroom kan leveren en waarop sommige radio's, zaklantaarns, horloges enz. werken **2** een heleboel dezelfde dingen op een rij ◆ er stond een hele batterij computers.

**bauxiet** (het ~) grondstof waarvan aluminium gemaakt wordt.

**ba·va·rois** (Frans) [bavvaarwa](de ~(v.)) romige, luchtige pudding.

**ba·vi·aan** (de ~(m.); bavianen) grote aap met een korte staart en een vooruitstekende snuit.

**bax·ter** (de ~(m.); -s) (in België □) infuus.

**ba·zaar** (de ~(m.); -s) rommelmarkt voor een goed doel ⇒ fancy-fair ◆ we gaan huis aan huis spullen inzamelen voor de bazaar.

**ba·zalt** → basalt.

**ba·zar** → bazaar.

**ba·ze·len** (bazelde, heeft gebazeld) onzin praten, dom kletsen ⇒ zwammen.

**ba·zig** (bijv. nw.) gezegd van iemand die de baas* (bet.1) wil spelen ⇒ bedillerig.

**ba·zin** → baas.

**ba·zuin** (de ~; -en) soort trompet of hoorn met een harde, schelle klank.

**BB** (de ~(v.)) (in Nederland) Bescherming Burgerbevolking; dit was vroeger een organisatie die bij rampen, oorlogen enz. mensen hielp.

**BBC** (Engels) [biebiesie] (de ~) British Broadcasting Corporation; dit is een Engelse radio- en tv-omroep.

**b.b.h.h.** (afkorting) bezigheden buitenshuis hebbende (dit gebruik je in advertenties als je woonruimte zoekt, zodat de verhuurder weet dat je niet de hele dag thuis bent).

**BBL** (de ~(m.)) (in België) Bond Beter Leefmilieu.

**bè** (tussenw.) (geluid van een blatend schaap).

**beach·vol·ley·bal** [bietsjfolliebal] (het ~) volleybal op het strand.

**be·ade·men** (beademde, heeft beademd) iemand beademen: kunstmatige ademhaling bij iemand toepassen, met de mond of met een speciaal apparaat.

**be·amb·te** (de ~(m.); -n) iemand die een lagere functie heeft bij de overheid ◆ zijn vader is douanebeambte: werkt bij de douane.

**be·amen** (beaamde, heeft beaamd) iets beamen: zeggen dat iets klopt of dat je het met iets eens bent ⇒ bevestigen.

**be·ang·sti·gen** (beangstigde, heeft beangstigd) iemand beangstigen: iemand angstig* maken, iemand angst* aanjagen.

**be·ant·woor·den** (beantwoordde, heeft beantwoord) **1** een vraag, een brief enz. beantwoorden: er antwoord* op geven **2** aan een verwachting, beschrijving enz. beantwoorden: zó zijn als de verwachting, beschrijving enz. was.

**beat** (Engels) [biet] (de ~(m.)) popmuziek met een bepaald ritme, die rond 1957 in Engeland opkwam.

**beau·ty** (Engels) [bjoetie] (de ~(v.); beauty's) (letterlijk: schoonheid) heel mooi mens, dier of ding ◆ kijk die zonnebloem, wat een beauty!

**beau·ty·case** (Engels) [bjoetiekees] (de ~(m.); -s) koffertje om opmaakspullen in op te bergen.

**be·bop** (Engels) [biebop] (de ~) **1** bepaald soort jazzmuziek ▼ bebophaar: korte stekeltjes.

**be·bou·wing** (zelfst. nw.) ▼ halfopen bebouwing: (in België □) twee huizen onder één kap.

**becommentariëren** be·com·men·ta·ri·e·ren (becommentarieerde, heeft becommentarieerd) iets becommentariëren: commentaar* op iets geven.

**be·cri·ti·ze·ren** → bekritiseren.

**bed** (het ~; -den) **1** slaapplaats die bestaat uit een matras en een onderstel ◆ oma moet van de dokter het bed houden: ze mag niet opstaan en rondlopen; hij staat ermee op en gaat ermee naar bed: (uitdr.) hij denkt er steeds aan; dat is ver van mijn bed: (uitdr.) daar maak ik me niet druk over, dat staat te ver van mij af; iemand uit bed trommelen: (uitdr.) iemand wakker maken en aansporen om op te staan **2** stukje tuin dat van de rest is afgescheiden en waar één soort bloemen of groente groeit ◆ een bedje aardbeien.

**be·daagd** (bijv. nw.) niet meer zo jong, maar ook nog niet echt oud.

**be·daard** (bijv. nw.) niet opgewonden, rustig ⇒ kalm, onbewogen.

**be·dacht** (bijv. nw.) op iets bedacht zijn: rekening met iets houden, op iets voorbereid zijn, op iets verdacht zijn ◆ wees erop bedacht dat je hier nog een hele tijd mee moet doen!

**be·dacht·zaam** (bijv. nw.) gezegd van iemand die goed nadenkt voor hij of zij wat doet of zegt.

**be·dan·ken** (bedankte, heeft bedankt) **1** iemand voor iets bedanken: iemand zeggen dat je blij met iets bent, 'dank je wel' voor iets zeggen ◆ bedankt voor je medewerking, Marlies **2** bedanken voor iets: beleefd zeggen dat je iets niet wilt ◆ hij vroeg of ik dat katje wilde hebben, maar ik heb ervoor bedankt.

**be·dank·je** (het ~; -s) briefje waarin je iemand bedankt* (bet.1).

**be·da·ren** (bedaarde, is bedaard) rustiger, kalmer worden ⇒ kalmeren ◆ het snikkende meisje bedaarde alweer: ze werd alweer stil, hield weer op met huilen.

**be·de** (de ~; -n) (ouderwets) smeekbede.

**be·deesd** (bijv. nw.) een beetje bang om iets te zeggen of te doen ⇒ verlegen, bleu, timide.

**be·dek·ken** (bedekte, heeft bedekt) iets bedekken: iets ergens overheen leggen ◆ die lelijke vlek moet je maar bedekken.

**be·dekt** (bijv. nw.) niet openlijk ◆ in bedekte termen over iets praten: niet openlijk zeggen wat je bedoelt, maar wel op zo'n manier dat je begrepen wordt.

**be·de·laar** (de ~(m.); -s), vrouw: **be·de·la·res** (de ~(v.); -sen) iemand die bedelt²* om aan geld te komen.

**be·de·len¹** (bedeelde, heeft bedeeld) iemand ruim, karig enz. bedelen: iemand een ruime, karige enz. hoeveelheid geven ◆ ik ben goed bedeeld met mijn verjaardag: ik heb veel cadeautjes gekregen.

**be·de·len²** (bedelde, heeft gebedeld) geld vragen aan vreemde mensen om eten enz. te kopen.

**be·de·ling** (zelfst. nw.) ▼ van de bedeling leven: (vroeger) je voedsel en kleding krijgen van liefdadige instellingen.

**be·del·staf** (zelfst. nw.) ▼ tot de bedelstaf geraken: arm worden.

**be·del·tje** (het ~; -s) zilveren of gouden figuurtje om aan een ketting of armband te hangen.

**be·del·ven** (bedolf, heeft bedolven) *iemand of iets bedelven onder iets:* iemand of iets helemaal met iets bedekken ⇒ *overstelpen* ♦ *zij raakten **bedolven** onder het puin; wij worden **bedolven** onder het huiswerk:* (uitdr.) we krijgen vreselijk veel huiswerk.

**be·den·ke·lijk** (bijv. nw.) **1** ongerustheid wekkend ⇒ *zorgelijk* ♦ *de toestand van de zieke is **bedenkelijk*** **2** waaruit ongerustheid blijkt ♦ *een **bedenkelijk** gezicht trekken.*

**be·den·ken** (bedacht, heeft bedacht) **1** *iets, bijv. een verhaal, bedenken:* iets verzinnen **2** *iets bedenken:* aan iets denken, iets in gedachten houden ♦ *bedenk wel, dat je datzelfde eind ook weer terug moet!* **3** *iemand met iets bedenken:* iemand iets cadeau geven ♦ *Sinterklaas heeft mij **bedacht** met een horloge* **4** *je bedenken:* iets dat je van plan was toch maar niet doen ♦ *ik zou gaan zwemmen, maar ik heb me **bedacht**.*

**be·den·king** (de ~(v.); -en) bezwaar, nadeel dat je ziet ♦ *wij hadden er veel zin in, maar pa had zijn **bedenkingen**.*

**be·denk·tijd** (de ~(m.)) tijd om na te denken voor je een antwoord geeft ♦ *je krijgt voor iedere vraag vijftien minuten **bedenktijd**.*

**be·derf** (het ~) het bederven* (bet.1).

**be·der·fe·lijk** (bijv. nw.) gezegd van iets dat gauw bederft* (bet.1) ♦ *vlees is erg **bederfelijk**.*

**be·der·ven** (bedierf) **1** (is bedorven) (van eten, drinken enz.): rotten, onsmakelijk worden omdat het te oud is **2** (heeft bedorven) *iets bederven:* iets kapot maken, iets beschadigen.

**be·de·vaart** (de ~; -en) reis naar een heilige plaats waar je wilt bidden.

**be·dien·de** (de ~(m.); -n of -s) iemand die voor een ander werkt, in het huishouden, in een winkel of op kantoor ⇒ *hulp* ♦ *kantoorbediende; bankbediende; pompbediende.*

**be·die·nen** (bediende, heeft bediend) **1** *iemand bedienen:* iemand helpen, vooral in een winkel, restaurant enz. ♦ *sommige mensen verwachten dat ze op hun wenken bediend worden:* dat ze meteen geholpen worden, dat iedereen voor hen klaarstaat; *in een restaurant bedienen:* het eten en drinken dat besteld is, brengen **2** *je van iets bedienen:* iets nemen of gebruiken ♦ *bedien je gerust van deze lekkere hapjes; hij **bediende** zich van leugens* **3** *iets, bijv. een apparaat, bedienen:* zorgen dat iets werkt **4** *een stervende bedienen:* (rooms-katholieke kerk) een stervende de communie geven en het heilig oliesel.

**be·die·ning** (de ~(v.)) het bedienen* (bet.1 en 3) ♦ *de bediening is hier erg goed; de **bediening** van deze keukenmachine is bar ingewikkeld.*

**be·die·nings·pa·neel** (het ~; -panelen) bord met knoppen en metertjes om een toestel, bijv. een vliegtuig, te bedienen (bet.3).

**be·dierf** → bederven.

**be·dier·ven** → bederven.

**be·dil·len** (bedilde, heeft bedild) *iemand bedillen:* alles voor iemand regelen, de baas over iemand spelen ⇒ *betuttelen.*

**be·ding** (zelfst. nw.) ▼ *onder geen beding:* onder geen voorwaarde, beslist niet.

**be·din·gen** (bedong, heeft bedongen) *iets bedingen:* gedaan krijgen dat iets afgesproken wordt ⇒ *stipuleren* ♦ *ik heb **bedongen** dat we om twee uur stoppen tijdens die reis.*

**be·dis·se·len** (bedisselde, heeft bedisseld) *iets bedisselen:* iets volgens je eigen idee regelen ♦ *mijn ouders hebben **bedisseld** dat ik met mijn oom en tante op vakantie ga.*

**bed·le·ge·rig** (bijv. nw.) gezegd van iemand die altijd ziek in bed ligt.

**be·doe·ïen** be·doe·ien (de ~(m.); -en) lid van een zwervend volk in de woestijnen van Noord-Afrika en het Midden-Oosten.

**be·doe·len** (bedoelde, heeft bedoeld) **1** *iemand of iets bedoelen:* willen dat anderen snappen dat je het over die persoon of zaak hebt ♦ *je weet best wat ik **bedoel**; zo heb ik het niet **bedoeld**:* dat was niet wat ik wilde zeggen **2** *iets goed, slecht enz. bedoelen:* willen dat iets een goede, slechte enz. uitwerking heeft.

**be·doe·ling** (de ~(v.); -en) **1** wat je bedoelt* (bet.2) ⇒ *betekenis, zin, strekking* ♦ *snap jij de **bedoeling** van dit gedicht?* **2** wat je wilt bereiken ⇒ *doel, opzet* ♦ *wat is de **bedoeling** van die actie?*

**be·doe·ning** (de ~(v.)) **1** gedoe, drukte ♦ *wat een **bedoening**!* **2** huis met huisraad ♦ *zij heeft haar eigen **bedoening**.*

**be·dompt** (bijv. nw.) met te weinig frisse lucht ⇒ *benauwd, duf.*

**be·don·de·ren** (bedonderde, heeft bedonderd) *iemand bedonderen:* (populair) iemand bedriegen.

**be·dor·ven** → bederven.

**be·dot·ten** (bedotte, heeft bedot) *iemand bedotten:* iemand foppen, iemand voor de gek houden ⇒ *beetnemen.*

**be·dra·ding** (de ~(v.); -en) alle elektrische draden in een bepaald gebouw of van een bepaald toestel.

**be·drag** (het ~; -en) hoeveelheid geld ♦ *zij wonnen in de loterij een bedrag van ƒ 6.000,-.*

**be·dra·gen** (bedroeg, heeft bedragen) *een bepaalde hoeveelheid bedragen:* zoveel kosten, zo groot zijn enz. ♦ *de kosten van het schoolreisje **bedragen** ƒ 25,- per kind.*

**be·drei·gen** (bedreigde, heeft bedreigd) *iemand bedreigen:* iemand bang maken, een gevaar voor iemand zijn ♦ *in die fabriek worden 100 mensen met ontslag **bedreigd**:* 100 mensen lopen het risico ontslagen te worden; *een bedreigde diersoort:* een diersoort die de kans loopt uit te sterven.

**be·drei·ging** (de ~(v.); -en) iets waarmee iemand dreigt*, iets dat gevaarlijk kan zijn ♦ *de aanhoudende regen vormt een **bedreiging** voor de aardappeloogst:* de kans is groot dat de aardappeloogst daardoor mislukt.

**be·drem·meld** (bijv. nw.) verward en verlegen tegelijk ⇒ *beduusd, onthutst.*

**be·dre·ven** (bijv. nw.) gezegd van iemand die ergens heel goed in is, die de kneepjes van het vak goed kent ⇒ *kundig, ervaren* ♦ *die metselaar is heel **bedreven** in zijn vak.*

**be·drie·gen** (bedroog, heeft bedrogen) *iemand bedriegen:* op een gemene manier niet eerlijk tegen iemand zijn ♦ *bedrogen uitkomen:* flink teleurgesteld worden.

**be·drie·ger** (de ~(m.); -s), vrouw: **be·drieg·ster** (de ~(v.); -s) iemand die bedriegt*.

**be·drieg·lijk** (bijv. nw.) gezegd van dingen die niet zijn zoals ze lijken ⇒ *misleidend* ♦ *er heerste een **bedrieglijke** stilte in de klas:* het leek heel rustig in de klas, maar dat was helemaal niet zo.

**be·drieg·ster** → bedrieger.

**be·drijf** (het ~; bedrijven) **1** plaats waar iets gemaakt of gedaan wordt om geld te verdienen ⇒ *onderneming* ♦ *een garagebedrijf; een landbouwbedrijf* **2** apart deel van een toneelstuk ⇒ *akte* ♦ *iets tussen de **bedrijven** door doen:* (uitdr.) tussen andere werkzaamheden door, even tussendoor ▼ *in, buiten bedrijf:* in, buiten werking; *de studio is buiten bedrijf:* er wordt nu niet gewerkt in de studio.

**be·drijfs·kun·de** (de ~(v.)) wetenschap die zich ermee bezighoudt hoe bedrijven werken of hoe een bedrijf opgezet kan worden.

**be·drijfs·lei·der** (de ~(m.); -s) iemand die de leiding heeft over een bedrijf ⇒ *manager, chef.*

**be·drijfs·le·ven** (het ~) alle bedrijven bij elkaar.

**be·drijfs·ver·eni·ging** (de ~(v.); -en) vereniging van bedrijven die er o.a. voor zorgt dat werknemers doorbetaald worden als ze ziek zijn of ontslagen worden.

**be·drij·ven** (bedreef, heeft bedreven) *iets, vooral iets slechts, bedrijven: iets doen* ⇒ *plegen, verrichten* ◆ *kwaad* **bedrijven**; *de liefde* **bedrijven**: geslachtsgemeenschap hebben.

**be·drij·vend** (bijv. nw.) ▼ *de* **bedrijvende** *vorm van een werkwoord:* de actieve vorm, waarbij het onderwerp van de zin iets doet, het tegenovergestelde van 'lijdende vorm'.

**be·drij·vig** (bijv. nw.) druk, bezig ⇒ *actief.*

**be·drij·vig·heid** (de ~(v.)) drukte, bezigheid ⇒ *activiteit.*

**be·drin·ken** (bedronk, heeft bedronken) *je bedrinken:* zoveel drinken dat je dronken wordt.

**be·droefd** (bijv. nw.) verdrietig ⇒ *treurig, droevig* ◆ *ik was* **bedroefd** *toen onze hond afgemaakt moest worden.*

**be·droe·ven** (bedroefde, heeft bedroefd) *iemand bedroeven:* iemand verdriet bezorgen, iemand droevig maken ◆ *het* **bedroefde** *de leraar zeer dat er tien leerlingen gezakt waren.*

**be·droe·vend** (bijv. nw.) zo dat het droevig maakt ⇒ *triest, treurig* ◆ *de opbrengst van de bazaar was* **bedroevend.**

**be·drog** (het ~) het bedriegen* ⇒ *misleiding.*

**be·dro·gen** → bedriegen.

**be·droog** → bedriegen.

**be·drui·pen** (bedroop, heeft bedropen) *jezelf kunnen bedruipen:* genoeg geld verdienen om voor jezelf te kunnen zorgen.

**be·druk·ken** (bedrukte, heeft bedrukt) *iets bedrukken: ergens iets op drukken* (bet.4) ◆ *een lap stof* **bedrukken:** er allerlei figuren of motieven op drukken met verf.

**be·drukt** (bijv. nw.) vol zorgen, somber ⇒ *neerslachtig.*

**bed·stee, bed·ste·de** (de ~; bedsteden) ouderwetse slaapplaats die bestaat uit een bed in een grote kast.

**be·ducht** (bijv. nw.) *beducht zijn voor iets of iemand:* bang zijn voor iets of iemand ⇒ *bevreesd* ◆ *bij juffrouw Prins is iedereen* **beducht** *voor straf.*

**be·dui·den** (beduidde, heeft beduid) **1** *iemand iets beduiden:* iemand iets met gebaren duidelijk maken ◆ *de politie* **beduidde** *ons te stoppen* **2** *iets beduiden:* iets betekenen, iets voorstellen ◆ *wat heeft die rommel hier te* **beduiden**?: wat moet die rommel hier?

**be·dui·dend** (bijv. nw.) aanzienlijk, behoorlijk ⇒ *aanmerkelijk* ◆ *mijn tempo ligt* **beduidend** *lager dan het zijne.*

**be·dui·meld** (bijv. nw.) vaak vastgepakt en daardoor smoezelig ◆ *een* **beduimeld** *boek.*

**be·duusd** (bijv. nw.) stil van verbazing en verlegenheid ⇒ *onthutst, bedremmeld.*

**be·dwang** (zelfst. nw.) ▼ *iemand of iets in* **bedwang** *houden:* meester over iemand of iets zijn, iemand of iets onder controle hebben; *zij hield het vurige paard in be-* **dwang:** ze hield het onder controle, zodat het geen kwaad kon doen.

**be·dwel·men** (bedwelmde, heeft bedwelmd) *(van gas, luchtjes, drugs enz.) iemand bedwelmen:* iemand heel duizelig of bewusteloos maken ⇒ *benevelen.*

**be·dwin·gen** (bedwong, heeft bedwongen) **1** *gevoelens, tranen enz. bedwingen:* ze onder controle houden, ze niet de vrije loop laten ⇒ *inhouden, tegenhouden, beheersen* ◆ *wij konden ons lachen niet* **bedwingen 2** *een opstand bedwingen:* die niet verder laten komen, die in toom houden ⇒ *beteugelen, terugdringen.*

**beëdigen** be·e·di·gen (beëdigde, heeft beëdigd) *iemand beëdigen:* iemand een eed* laten afleggen.

**beëindigen** be·ein·di·gen (beëindigde, heeft beëindigd) *iets beëindigen: een eind* (bet.1) aan iets maken, met iets stoppen ⇒ *besluiten.*

**beek** (de ~; beken) smal en ondiep riviertje ⇒ *vliet, stroom.*

**beeld** (het ~; -en) **1** afbeelding van iets of iemand in een bepaald materiaal ⇒ *beeldhouwwerk* ◆ *bij de Westerkerk staat een* **beeldje** *van Anne Frank; een pasgeboren kind is een* **beeld** *van onschuld:* (uitdr.) daaraan zie je precies wat onschuld is **2** iets zichtbaars dat weergegeven wordt op een foto, film, tv enz. ⇒ *plaatje, opname* ◆ *mooie* **beelden** *van de Ardennen; zonder antenne is het* **beeld** *wazig; een vertekend* **beeld** *van iets geven of krijgen:* (uitdr.) een verkeerde indruk wekken of krijgen, een valse voorstelling van zaken geven of krijgen **3** idee dat je van iets of iemand hebt ⇒ *voorstelling* ◆ *wat voor* **beeld** *heb jij van de Middeleeuwen?:* hoe stel jij je de Middeleeuwen voor? **4** iets dat heel erg mooi, beeldig is ◆ *wat een* **beeld** *van een jas!*

**beeld·band** (de ~(m.); -en) magnetische band waarop je beelden kunt vastleggen ⇒ *videoband, videotape.*

**beeld·buis** (de ~; -buizen) **1** buis in een tv-toestel die de signalen uit de lucht omvormt tot beelden **2** televisietoestel ⇒ *buis.*

**beel·dend** (bijv. nw.) **1** zó dat je het voor je ziet, levendig ⇒ *plastisch, aanschouwelijk* ◆ *zij beschreef het ongeluk heel* **beeldend** ▼ **beeldende** *kunst:* kunstvorm die werkt met afbeeldingen, bijv. beeldhouwen, tekenen, schilderen.

**beel·den·storm** (de ~(m.)) de vernielingen die de calvinisten in 1566 aanrichtten in de katholieke kerken, o.a. omdat ze tegen de verering van beelden waren.

**beeld·hou·wen** (beeldhouwde, heeft gebeeldhouwd) een beeld maken uit hout, steen, staal enz..

**beeld·hou·wer** (de ~(m.); -s), vrouw: **beeld·houw·ster** (de ~(v.); -s) kunstenaar die beelden maakt.

**beeld·houw·werk** (het ~; -en) kunstwerk dat gebeeldhouwd* is ⇒ *sculptuur.*

**beel·dig** (bijv. nw.) heel mooi, enig ⇒ *snoezig, schattig.*

**beeld·scherm** (het ~; -en) scherm waarop iets afgebeeld wordt, bijv. een tv-scherm, een monitor enz..

**beeld·schoon** (bijv. nw.) heel erg mooi om te zien, enig ◆ *een* **beeldschoon** *kopje.*

**beeld·spraak** (de ~(m.)) het gebruik van woorden in een figuurlijke betekenis, zoals in 'hij is een stijve hark', 'de hals van een fles'.

**beeld·ver·slag** (het ~; -en) verslag van een gebeurtenis met beelden erbij, bijv. filmbeelden.

**beel·te·nis** (de ~(v.); -sen) afbeelding, portret ◆ *op Nederlandse munten staat de* **beeltenis** *van de koningin.*

**beemd** (de ~(m.); -en) (ouderwets) weiland.

**been** (het ~; benen) **1** elk van de twee lichaamsdelen vanaf je billen, waar je mee staat en loopt ◆ *Anna heeft haar* **been** *gebroken; slecht ter* **been** *zijn:* niet zo goed kunnen lopen; *ik zei iets tegen Ibrahim, maar dat was tegen het zere* **been:** (uitdr.) hij voelde zich erdoor gekwetst; *je beste* **beentje** *voorzetten:* (uitdr.) heel erg je best doen; *je bent zeker met je verkeerde* **been** *uit bed gestapt!:* (uitdr.) (dit zeg je tegen iemand met een slecht humeur); *je de* **benen** *uit het lijf lopen:* (uitdr.) hard lopen; *op je achterste* **benen** *staan:* (uitdr.) heel verontwaardigd reageren; *geen* **been** *hebben om op te staan:* (uitdr.) geen enkel argument hebben om te bewijzen dat je gelijk hebt; *de* **benen** *nemen:* (uitdr.) ervandoor gaan; *hij staat met één* **been** *in het graf:* (uitdr.) hij zal niet lang meer leven; *die mensen staan niet met beide* **benen** *op de grond*: (uitdr.) ze hebben te hoge idealen, ze houden te weinig rekening met de werkelijkheid; *je hebt het aan je* **been**: (in België □; uitdr.; populair) je zit ermee, dat werd je aangesmeerd; *het zijn sterke* **benen** *die de weelde kunnen dragen*: (spreekwoord) het is niet makkelijk om, als je veel geld hebt, een goed en eerlijk mens te blijven **2** iets wat op een been lijkt en waarvan er ook twee zijn ◆ *de* **benen** *van een passer; de* **benen** *van een driehoek*: de twee gelijke zijden **3** deel van het geraamte van een mens of dier ⇒ *bot, knekel* ◆ *er zitten* **benen** *in de erwtensoep* ▼ *ze ziet er geen* **been** *in om dat te doen*: daar heeft ze geen bezwaar tegen, dat doet ze rustig.

**been·hou·wer** (de ~(m.); -s) (in België □; ouderwets) slager.

**been·war·mer** (de ~(m.); -s) gebreide lange kous zonder voet, om je benen te verwarmen.

**beep** (Engels) [biːp] (de ~; -s) korte pieptoon, bijv. zoals de computer laat horen als er iets fout gaat, of als er een mededeling op je scherm verschijnt.

**beer** (de ~(m.); beren) **1** (vrouwtjesdier: berin) zwaar roofdier met een dikke vacht en kleine oren, dat rechtop kan zitten ◆ *panda*beer; *ijs*beer; *zo sterk als een* **beer**: (uitdr.) heel erg sterk; *de* **beer** *is los!*: (uitdr.) de herrie is aan de gang! **2** mannetjesvarken.

**beer·put** (de ~(m.); -ten) put waarin de ontlasting van mensen of dieren bewaard wordt.

**beest** (de ~(m.); -en) **1** levend wezen dat geen plant en geen mens is ⇒ *dier* ◆ *ik noem het* **beestje** *bij de naam*: (uitdr.) ik zeg precies wat ik denk, ik draai er niet omheen; *'t is bij de* **beesten** *af*: (uitdr.) het is mensonwaardig, schandalig **2** wreed, onbeschoft mens.

**beest·ach·tig** (bijv. nw.) als beesten, schandalig, gruwelijk ◆ *de voetbalsupporters gedroegen zich* **beestachtig**.

**bees·ten·boel** (de ~(m.)) (populair) verschrikkelijke troep ⇒ *bende, puinhoop*.

**beet**¹ (de ~(m.); beten) **1** het bijten* (bet.1) hap ◆ *ik nam een flinke* **beet** *van de koek* **2** wondje dat ontstaan is doordat je gebeten* (bet.1) bent ◆ *een muggen*beet.

**beet**² (bijw.) ▼ **beet** *hebben*: een vis aan je haak hebben.

**beet**³ → bijten.

**beet·je**¹ (het ~; -s) een kleine hoeveelheid ◆ *een* **beetje** *melk in de thee; alle* **beetjes** *helpen*.

**beet·je**² (bijw.) niet veel, iets ⇒ *enigszins* ◆ *ze is een* **beetje** *verkouden*.

**beet·ne·men** (nam beet, heeft beetgenomen) *iemand beetnemen*: iemand voor de grap iets laten geloven wat niet waar is, iemand voor de gek houden ⇒ *foppen*.

**beet·wor·tel** (de ~(m.); -s of -en) suikerbiet.

**bef** (de ~; -fen) stijve witte strook aan de boord van een toga (kijk ook bij: **toga**).

**BEF** (afkorting) *B*elgische *f*rank.

**be·faamd** (bijv. nw.) beroemd ⇒ *vermaard* ◆ *Johan Cruijff was vroeger een* **befaamd** *voetballer*.

**be·gaafd** (bijv. nw.) met aanleg voor iets ⇒ *talentvol* ◆ *ze is een* **begaafd** *pianiste*.

**be·gaan**¹ (bijv. nw.) ▼ **begaan** *zijn met iemand*: met iemand meeleven in een nare situatie.

**be·gaan**² (beging, heeft begaan) **1** *iemand laten begaan*: iemand zijn of haar gang maar laten gaan **2** *iets, bijv. een fout of misdaad, begaan*: iets doen, iets plegen ⇒ *volvoeren, bedrijven*.

**be·gaan·baar** (bijv. nw.) zó dat je er overheen kunt lopen of rijden ◆ *door de sneeuw is de weg niet meer* **begaanbaar**.

**be·ga·ne** (bijv. nw.) ▼ *de* **begane** *grond*: de verdieping die op hetzelfde niveau is als de straat.

**be·geer·lijk** (bijv. nw.) dat of die iedereen graag wil hebben ⇒ *aantrekkelijk, aanlokkelijk* ◆ *in de etalage lagen* **begeerlijke** *gebakjes*.

**be·geer·te** (de ~(v.); -n) heel sterk verlangen naar iets ⇒ *zucht, lust* ◆ *in een supermarkt krijg ik de* **begeerte** *om van alles te kopen*.

**be·ge·lei·den** (begeleidde, heeft begeleid) **1** *iemand begeleiden*: met iemand meegaan, iemand vergezellen ⇒ *escorteren* **2** *iemand begeleiden*: iemand op een instrument muzikaal ondersteunen ◆ *een pianist* **begeleidt** *het zangkoor* **3** *iemand begeleiden*: iemand leiding geven, iemand helpen bij wat hij of zij doet ⇒ *ondersteunen, coachen*.

**be·ge·lei·der** (de ~(m.); -s), vrouw: **be·ge·leid·ster** (de ~ (v.); -s) iemand die een ander begeleidt*.

**be·ge·lei·ding** (de ~(v.)) het begeleiden*.

**be·ge·leid·ster** → begeleider.

**be·ge·na·digd** (bijv. nw.) heel erg begaafd ◆ *een begenadigd schrijver*.

**be·ge·ren** (begeerde, heeft begeerd) *iets begeren*: iets heel graag willen of willen hebben, sterk naar iets verlangen ⇒ *zij begeren dure sieraden*.

**be·ge·rens·waar·dig** (bijv. nw.) gezegd van iets dat iedereen graag wil hebben ⇒ *begeerlijk* ◆ *zij wonen in een* **begerenswaardige** *villa*.

**be·ge·rig** (bijv. nw.) waaruit blijkt dat je iets begeert* ⇒ *gulzig, gretig* ◆ *met* **begerige** *blikken keek ze naar het speelgoed in de winkel*.

**be·ge·ven** (begaf) **1** het begeven: kapotgaan, bezwijken, het niet meer doen ◆ *we hoorden een knal en toen* **begaf** *de auto het* **2** *je ergens heen begeven*: ergens naar toe gaan, op weg gaan naar iets ◆ *wilt u zich allemaal naar de hal* **begeven**?

**be·gif·ti·gen** (begiftigde, heeft begiftigd) *iemand met iets begiftigen*: (deftig) iemand iets geven, iemand iets schenken.

**be·gijn** (de ~(v.); -en) ongetrouwde vrouw die met andere vrouwen een soort kloosterleven leidt, maar toch niet echt non is.

**be·gin** (het ~) dat waarmee iets begint* (bet.3), het tegenovergestelde van 'eind' of 'slot' ⇒ *aanvang, start* ◆ *in het* **begin** *durfde ze niets te zeggen; een goed* **begin** *is het halve werk*: (spreekwoord) als je met een goed plan en veel energie aan iets begint, is de rest van het karwei niet zo moeilijk meer.

**be·gin·ne·ling** (de ~(m.); -en) iemand die pas met iets begonnen* (bet.1) is, die het nog moet leren.

**be·gin·nen** (begon, is begonnen) **1** *aan of met iets beginnen*: iets gaan doen ◆ *zuchtend* **begon** *hij aan zijn corvee* **2** *iets beginnen*: iets starten, iets op touw zetten ◆ *zij zijn een modezaak* **begonnen** **3** van start gaan ⇒ *aanvangen, starten* ◆ *het programma* **begint** *om acht uur precies*.

**be·gin·sel** (het ~; -en of -s) regel waaraan je je in ieder geval wilt houden ⇒ *principe, stelregel* ◆ *ik ga uit van het* **beginsel** *dat je vrienden nooit in de steek mag laten*.

**be·gin·se·len** (zelfst. nw.; meervoud) basiskennis, grondslagen ◆ *hij heeft me de* **beginselen** *van de algebra bijgebracht*.

**be·gla·zing** (de ~(v.)) glazen ruiten in een huis of ander gebouw ◆ *ons huis heeft dubbele* **beglazing**.

**be·gon** → beginnen.

**be·go·nia** (de ~; begonia's) kamerplant met bloemen in allerlei kleuren.

**be·gon·nen** → beginnen.

**be·graaf·plaats** (de ~; -en) terrein waar doden begraven worden ⇒ *kerkhof*.

**be·gra·fe·nis** (de ~(v.); -sen) het begraven* van een dode ⇒ *teraardebestelling, uitvaart.*

**be·gra·ven** (begroef, heeft begraven) *iets of iemand begraven:* iets of iemand onder de aarde verbergen ♦ *een schat begraven; een dode begraven:* een dode in een kist in de aarde laten zakken; *hij begraaft zich in zijn werk:* (uitdr.) hij werkt zo hard dat hij verder nergens tijd voor heeft.

**be·gra·zen** (begraasde, heeft begraasd) *(van dieren) een terrein begrazen:* op een terrein grazen ♦ *Schotse hooglanders begraasden het natuurgebied.*

**be·greep** → begrijpen.

**be·grensd** (bijv. nw.) met duidelijke grenzen, niet eindeloos ⇒ *beperkt.*

**be·gre·pen**[1] (ww.) ▼ *het niet zo op iemand begrepen hebben:* iemand niet zo mogen, iemand niet zo vertrouwen; *ik heb het niet zo begrepen op herdershonden.*

**be·gre·pen**[2] → begrijpen.

**be·grij·pe·lijk** (bijv. nw.) goed te begrijpen, verklaarbaar ♦ *het is heel begrijpelijk dat je bang bent voor die grote hond.*

**be·grij·pen** (begreep, heeft begrepen) **1** *iets begrijpen:* iets met je verstand kunnen volgen ⇒ *snappen* ♦ *ik begrijp er niets van!* **2** *iemand of iets begrijpen:* iemand aanvoelen of je voor kunnen stellen waarom iemand iets doet ⇒ *snappen* ♦ *mijn moeder begrijpt mij niet.*

**be·grip** (het ~; -pen) **1** *het begrijpen** ♦ *hij is erg snel van begrip:* hij begrijpt de dingen snel, weet snel hoe de dingen in elkaar zitten; *ik heb geen enkel begrip voor zo'n gemene streek:* ik snap niet hoe iemand zo iets gemeens kan doen **2** alles wat onder een bepaald woord valt, wat daarmee te maken heeft ♦ *het begrip vrijheid is moeilijk te omschrijven:* het is moeilijk te zeggen wat het precies inhoudt **3** iets dat of iemand die iedereen kent ♦ *Van Dale is een begrip in woordenboekenland.*

**be·groef** → begraven.

**be·groeid** (bijv. nw.) bedekt met planten, mos enz. ♦ *een dode boom begroeid met klimop.*

**be·groe·ten** (begroette, heeft begroet) *iemand begroeten:* iemand gedag zeggen bij aankomst ⇒ *verwelkomen* ♦ *de jarige werd met gejuich begroet.*

**be·groe·ven** → begraven.

**be·gro·ten** (begrootte, heeft begroot) *iets begroten:* uitrekenen hoeveel iets gaat kosten.

**be·gro·ting** (de ~(v.); -en) berekening vooraf van de kosten ♦ *de overheid maakt jaarlijks een begroting van de inkomsten en de uitgaven.*

**be·gun·sti·gen** (begunstigde, heeft begunstigd) *iemand begunstigen:* iemand bevoordelen, iemand een gunst bewijzen.

**be·gun·sti·ger** (de ~(m.); -s), vrouw: **be·gun·stig·ster** (de ~(v.); -s) iemand die een persoon of instelling begunstigt*, meestal door geld te geven ⇒ *donateur* ♦ *hij is begunstiger van de dierenbescherming.*

**be·ha** (de ~(m.); beha's) bh, bustehouder.

**be·haag·lijk** (bijv. nw.) lekker warm en gezellig ♦ *het was behaaglijk warm binnen.*

**be·haag·ziek** (bijv. nw.) gezegd van iemand die zich uitslooft om aardig gevonden te worden ⇒ *koket.*

**be·haard** (bijv. nw.) met haar[1]* (bet.2) begroeid.

**be·ha·gen**[1] (het ~) plezier, genoegen ♦ *ergens behagen in scheppen.*

**be·ha·gen**[2] (behaagde, heeft behaagd) **1** *(van personen) iemand behagen:* bij iemand in de smaak vallen ⇒ *bevallen* ♦ *zij probeert alle jongens te behagen* **2** *het behaagt mij …:* (deftig) ik vind het prettig ♦ *het heeft de koningin behaagd u een onderscheiding te verlenen.*

**be·ha·len** (behaalde, heeft behaald) *iets behalen:* iets door inspanning krijgen, iets in de wacht slepen ♦ *groep drie heeft vijftien punten behaald.*

**be·hal·ve** (voegw.) op … na, … niet meegerekend ⇒ uitgezonderd ♦ *behalve met Kerstmis gaan zij nooit meer naar de kerk.*

**be·han·de·len** (behandelde, heeft behandeld) **1** *iemand of iets goed, slecht enz. behandelen:* goed, slecht enz. met iemand of iets omgaan ♦ *behandel die jongen toch eens wat vriendelijker!; 'voorzichtig behandelen' stond er op de doos met glazen* **2** *een onderwerp, een boek enz. behandelen:* het bespreken, erover praten of schrijven ♦ *een radioprogramma dat boeken en schrijvers behandelt* **3** *een patiënt behandelen:* een patiënt proberen beter te maken.

**be·han·de·ling** (de ~(v.); -en) **1** verzorging door een arts ♦ *mijn vader is onder behandeling van een internist* **2** manier waarop iemand of iets behandeld* (bet.2) wordt ♦ *we zijn op school bezig met de behandeling van de Tweede Wereldoorlog.*

**be·hang** (het ~) papier om de wanden in een huis mee te bekleken.

**be·han·gen** (behing, heeft behangen) *een kamer, een huis behangen:* behang* op de muur plakken.

**be·han·ger** (de ~(m.); -s) iemand die behangt* voor zijn of haar beroep.

**be·hap·pen** (ww.) *iets (niet) kunnen behappen:* (populair) iets (niet) aankunnen.

**be·har·ti·gen** (behartigde, heeft behartigd) *iets, bijv. belangen, zaken, behartigen:* goed voor iets zorgen.

**be·heer** (het ~) de zorg en de verantwoordelijkheid voor de eigendommen van iemand anders ♦ *wie heeft het beheer over deze bossen?*

**be·heer·der** (de ~(m.); -s), vrouw: **be·heer·ster** (de ~(v.); -s) iemand die ergens het beheer* over heeft ♦ *de beheerder van de camping.*

**be·heer·sen** (beheerste, heeft beheerst) **1** *je beheersen:* jezelf in bedwang houden, kalm blijven ♦ *het liefst had hij eropin geslagen, maar hij kon zich beheersen:* je inhouden, je bedwingen **2** *iets of iemand beheersen:* meester zijn over iets of iemand, iets of iemand in bedwang hebben ♦ *hij wordt beheerst door de gedachte dat hij achtervolgd wordt* **3** *iets, bijv. een taal of een vak, beheersen:* iets kunnen ♦ *hij beheerst de kunst van het pottenbakken.*

**be·heerst** (bijv. nw.) gezegd van iemand die zijn of haar boosheid, verdriet enz. niet laat merken ♦ *de moeder van Jacques reageert beheerst op zijn driftbuien.*

**be·hekst** (bijv. nw.) betoverd ♦ *wat klappert dat raam eng, het lijkt wel behekst!*

**be·hel·pen** (behielp, heeft beholpen) *je behelpen:* het met minder moeten doen dan je zou willen ♦ *mijn zakgeld is wat krap, maar ik zal me ermee moeten behelpen.*

**be·hel·zen** (behelsde, heeft behelsd) *iets behelzen:* op iets neerkomen, iets inhouden ⇒ *omvatten* ♦ *zijn toespraak behelsde deze drie punten.*

**be·hen·dig** (bijv. nw.) handig en snel ♦ *behendig klom ze de boom in.*

**be·hept** (bijv. nw.) *behept zijn met iets:* iets als vervelende eigenschap hebben ♦ *hij is behept met een grote krenterigheid.*

**be·he·ren** (beheerde, heeft beheerd) *iets beheren:* het beheer* over iets hebben, over iets gaan.

**be·hoe·den** (behoedde, heeft behoed) *iemand voor iets behoeden:* (ouderwets) ervoor zorgen dat iets iemand niet overkomt, iemand tegen iets beschermen ♦ *onze zwemvesten behoeden ons voor verdrinking.*

**be·hoed·zaam** (bijv. nw.) voorzichtig en zacht ♦ *behoedzaam deed hij de deur open, om niemand wakker te maken.*

**be·hoef·te** (de ~(v.); -n) het feit dat je iets hard nodig hebt ♦ *ik heb behoefte aan rust; de nieuwe sporthal voorziet in een grote behoefte; die was hard nodig; je behoefte doen:* (uitdr.) naar de wc gaan.

**be·hoef·tig** (bijv. nw.) ouderwets: gezegd van iemand die de meest gewone dingen, zoals eten en kleren, niet heeft ⇒ *nooddruftig.*

**be·hoe·ve** ▼ *ten behoeve van:* voor, ten gunste van; *we halen geld op ten behoeve van de dierenbescherming.*

**be·hoe·ven** (behoefde, heeft behoefd) **1** *iets behoeven:* (ouderwets) iets nodig hebben ♦ *hij behoeft hulp:* hij heeft hulp nodig, hij kan het niet alleen af **2** *iets behoeven:* (deftig) hoeven ♦ *u behoeft geen postzegel op de brief te plakken.*

**be·hoor·lijk** (bijv. nw.) **1** zoals het hoort, netjes ⇒ *fatsoenlijk* ♦ *gedraag je eens behoorlijk!* **2** vrij veel ⇒ *tamelijk* ♦ *Chaib is een behoorlijk eind gegroeid in de vakantie!*

**be·ho·ren** (behoorde, heeft behoord) **1** *behoren aan iemand:* iemands eigendom zijn, van iemand zijn ⇒ *toebehoren* ♦ *dit album behoort aan mij:* het is van mij **2** (deftig) moeten volgens de normen van het fatsoen ⇒ *horen* ♦ *mensen behoren goed te zijn voor dieren* **3** *tot iets, een groep, behoren:* tot iets gerekend worden ♦ *dat behoort tot de uitzonderingen.*

**be·houd** (het ~) het behouden[2]*, het bewaren ♦ *wij voeren actie voor het behoud van onze school; de vereniging tot behoud van natuurmonumenten:* die probeert natuurgebieden te bewaren.

**be·hou·den**[1] (bijv. nw.) (deftig) zonder ongelukken, veilig ♦ *een behouden vaart!:* (dit zeg je tegen iemand die gaat varen).

**be·hou·den**[2] (behield, heeft behouden) *iets behouden:* iets niet kwijtraken ⇒ *houden, bewaren* ♦ *ondanks alle pech heeft hij zijn gevoel voor humor behouden.*

**be·hou·dend** (bijv. nw.) gezegd van iemand die niet wil dat er dingen veranderen, die alles wil houden zoals het is ⇒ *conservatief.*

**be·hou·dens** (voorz.) niet meegerekend, op ... na ⇒ *behalve* ♦ *behoudens enkele uitzonderingen komt dat niet voor.*

**be·huisd** (bijv. nw.) ▼ *krap, ruim enz. behuisd zijn:* een krap, ruim enz. huis hebben.

**be·hui·zing** (de ~(v.); -en) onderkomen ♦ *het bedrijf heeft een nieuwe behuizing:* het zit in een nieuw gebouw.

**be·hulp** (zelfst. nw.) ▼ *met behulp van iets:* door iets te gebruiken; *met behulp van iemand:* door iemands hulp.

**be·hulp·zaam** (bijv. nw.) gezegd van iemand die een ander graag helpt ⇒ *hulpvaardig.*

**bei·aard** (de ~(m.); -s of -en) klokkenspel ⇒ *carillon.*

**bei·aar·dier** (de ~(m.); -s) iemand die een beiaard* bespeelt ⇒ *klokkenspeler.*

**bei·de** (hoofdtelw.) alle twee ⇒ *allebei* ♦ *mijn beide tantes kwamen op bezoek; ik gaf mijn ouders beiden een zoen.*

**bei·der·lei** (onbep. vnw.) (deftig) van beide soorten ♦ *personen van beiderlei kunne:* van het mannelijke en het vrouwelijke geslacht.

**bei·e·ren** (beierde, heeft gebeierd) (van klokken): luiden ♦ *in de hele stad beierden de klokken.*

**bei·ge** (Frans) [bɛːʒə] (bijv. nw.) heel lichtbruin ♦ *hij droeg een beige kostuum.*

**beig·net** [bɛːɲee, in België: bɛːɲə] (de ~; -s) gebak met vruchten erin, dat in olie gefrituurd is ♦ *een appelbeignet.*

**be·ij·ve·ren** (beijverde, heeft beijverd) *je beijveren voor iets:* je best voor iets doen.

**be·ïn·vloe·den** be·in·vloe·den (beïnvloedde, heeft beïnvloed) *iemand of iets beïnvloeden:* invloed* op iemand of iets uitoefenen.

**bei·tel** (de ~(m.); -s) gereedschap om hout en steen mee te bewerken.

**bei·te·len** (beitelde, heeft gebeiteld) met een beitel* werken ♦ *in marmer beitelen.*

**beits** (de ~(m.) of het ~; -en) vloeistof om hout te kleuren of te beschermen.

**beit·sen** (beitste, heeft gebeitst) *hout beitsen:* het met beits* bestrijken.

**be·jaard** (bijv. nw.) oud, meestal gezegd van mensen van 65 jaar en ouder.

**be·jaar·de** (de ~; -n) iemand die bejaard* is.

**be·jaar·den·huis** (het ~; -huizen) groot huis waar bejaarden wonen en verzorgd worden ⇒ *bejaardentehuis.*

**be·je·ge·nen** (bejegende, heeft bejegend) *iemand op een bepaalde manier bejegenen:* zo tegen iemand doen, iemand zo behandelen ♦ *we worden onvriendelijk bejegend.*

**bek** (de ~(m.); -ken) **1** mond van een dier ♦ *de kat sperde zijn bek wijd open* **2** (grof) mond van een mens ♦ *breek me de bek niet open!:* (uitdr.) daar zou ik heel wat over kunnen vertellen!; *op je bek gaan:* (uitdr.) vallen; afgaan.

**be·kaaid** (bijv. nw.) ▼ *er bekaaid afkomen:* maar weinig krijgen, er slecht vanaf komen.

**bek·af** (bijv. nw.) doodmoe, uitgeput.

**be·kakt** (bijv. nw.) overdreven netjes of deftig ♦ *praat niet zo bekakt!*

**be·keek** → bekijken.

**be·ke·ken** → bekijken.

**be·kend** (bijv. nw.) **1** gezegd van iets dat of iemand die je kent ♦ *u komt me bekend voor:* ik denk dat ik u ken **2** gezegd van iets dat of iemand die veel mensen kennen ♦ *die goochelaar is een bekende Nederlander* **3** gezegd van iemand die iets kent, die op de hoogte is ♦ *ben jij hier bekend?:* weet jij hier de weg?; *ben je bekend met de regels?:* weet je hoe de regels zijn?

**be·ken·de** (de ~; -n) iemand die je kent, een kennis.

**be·kend·heid** (de ~) het bekend* zijn ♦ *bekendheid krijgen:* bekend worden.

**be·kend·ma·ken** (maakte bekend, heeft bekendgemaakt) *iets bekendmaken:* ervoor zorgen dat mensen iets te weten komen ⇒ *meedelen.*

**be·ken·nen** (bekende, heeft bekend) **1** *iets bekennen:* uitkomen voor iets slechts dat je gedaan hebt ♦ *hij bekende dat hij dat geld gestolen had; Truus moest bekennen dat ze helemaal vergeten was op te bellen!* ▼ *er is daar geen mens te bekennen:* er is daar niemand te zien, het is daar helemaal verlaten.

**be·ken·te·nis** (de ~(v.); -sen) het bekennen* ♦ *een bekentenis afleggen:* (rechtspraak) vertellen dat je de misdaad gepleegd hebt.

**be·ker** (de ~(m.); -s) **1** smalle, hoge kop zonder oor om uit te drinken ♦ *een beker chocolademelk* **2** soort vaas van metaal, die je als prijs kunt winnen ⇒ *cup, bokaal.*

**be·ke·ren** be·ke·ren (bekeerde, heeft bekeerd) **1** *iemand bekeren:* ervoor zorgen dat iemand jouw geloof of overtuiging aanneemt **2** *je bekeren:* een ander geloof aannemen dan je eerst had.

**be·keu·ren** (bekeurde, heeft bekeurd) *iemand bekeuren:* iemand een bekeuring* geven ♦ *de agent bekeurde de jongen die door het rode licht reed.*

**be·keu·ring** (de ~(v.); -en) formulier waarop staat dat je een boete moet betalen omdat je een overtreding hebt begaan ⇒ *bon.*

**be·kij·ken** (bekeek, heeft bekeken) **1** *iets of iemand bekijken*: heel goed naar iets of iemand kijken **2** *iets bekijken*: over iets nadenken, je een oordeel over iets vormen ♦ *zo had ik het nog niet bekeken*; *dat is zo bekeken!*:(uitdr.) dat is zo klaar ▼ *bekijk het maar*: zoek het zelf maar uit, ik bemoei me niet meer met je.

**be·kijks** (zelfst. nw.) ▼ *veel bekijks hebben*: veel toeschouwers trekken; *de clown had veel bekijks*.

**bek·ken** (het ~; -s) **1** het gedeelte van je lichaam dat tussen je heupen zit **2** elk van de twee schijven van koper of brons die tegen elkaar worden geslagen om muziek te maken ⇒ cimbaal **3** wijde, ondiepe kom.

**be·klaag·de** (de ~; -n) iemand die voor de rechter van iets beschuldigd wordt.

**be·klad·den** (bekladde, heeft beklad) *iets bekladden*: op iets kliederen met verf, inkt enz. ⇒ besmeuren ♦ *het stadhuis is vannacht met leuzen beklad*.

**be·klag** (zelfst. nw.) ▼ *je beklag doen, je beklag indienen*: je beklagen; *de buren deden hun beklag over het lawaai in de straat*.

**be·kla·gen** (beklaagde, heeft beklaagd) **1** *iemand beklagen*: medelijden met iemand hebben ♦ *ik beklaag de kinderen die in deze buurt opgroeien* **2** *je beklagen over iets*: een klacht* over iets indienen ♦ *zij heeft zich in het restaurant beklaagd over de slechte bediening*.

**be·kle·den** (bekleedde, heeft bekleed) **1** *iets bekleden*: iets overtrekken met een stof **2** *een functie, ambt bekleden*: die of dat als taak hebben ⇒ uitoefenen ♦ *hij bekleedt een hoge positie op het ministerie*: hij is daar een heel belangrijke man.

**be·kle·ding** (de ~(v.); -en) stof die over iets heen zit, bijv. over een stoel of bank ♦ *een grijze auto met rode bekleding*.

**be·klemd** (bijv. nw.) benauwd ♦ *we voelen ons beklemd in die kleine ruimte*.

**be·klem·mend** (bijv. nw.) zo dat je het er benauwd van krijgt ⇒ beangstigend, benauwend ♦ *er hangt in die grotten een beklemmende sfeer*.

**be·klem·to·nen** (beklemtoonde, heeft beklemtoond) *iets beklemtonen*: de nadruk op iets leggen ⇒ benadrukken, accentueren ♦ *onder de beklemtoonde lettergreep staat een streepje; de dokter beklemtoonde dat de patiënt veel rust nodig had*.

**be·klij·ven** (beklijfde, is beklijfd) in de geest blijven hangen, je bijblijven ♦ *zou er nog iets beklijven van een toespraak die twee uur duurt?*: zou iemand daar nog iets van onthouden?

**be·klon·ken** (bijv. nw.) ▼ *het, de zaak is beklonken*: er is een vaste afspraak gemaakt, de zaak is geregeld.

**be·kneld** (bijv. nw.) in de knel, vast ♦ *m'n hand zat bekneld tussen de deur*.

**be·knib·be·len** (beknibbelde, heeft beknibbeld) *beknibbelen op iets*: op iets bezuinigen, proberen iets minder te laten kosten ♦ *het bedrijf beknibbelt op de reiskosten van het personeel*.

**be·knopt** (bijv. nw.) met zo min mogelijk woorden, kort ♦ *een beknopt antwoord graag!*

**be·knot·ten** (beknotte, heeft beknot) *iemand in zijn vrijheid beknotten*: iemand daarin beperken.

**be·kocht** (bijv. nw.) ▼ *je bekocht voelen*: het gevoel hebben dat je teveel voor iets betaald hebt; ook: je bedrogen voelen.

**be·koe·len** (bekoelde, is bekoeld) koeler* (bet.2) worden ♦ *de vriendschap tussen hen is bekoeld*: ze zijn niet zulke goede vrienden meer.

**be·ko·ge·len** (bekogelde, heeft bekogeld) *iemand bekogelen met iets*: iets naar iemand toegooien ♦ *we bekogelden elkaar met sneeuwballen*.

**be·kok·sto·ven** (bekokstoofde, heeft bekokstoofd) *iets bekokstoven*: iets in het geheim regelen of afspreken ⇒ bekonkelen ♦ *we hebben een plannetje bekokstoofd voor de verjaardag van de juf*.

**be·ko·men** (bekwam, is bekomen) **1** *(van voedsel) iemand goed, slecht bekomen*: een goede of slechte uitwerking op iemand hebben ♦ *wel bekome het u!*:(beleefdheidszin na het eten) **2** *ergens van bekomen*: weer van iets bijkomen ♦ *ik ben nog niet bekomen van de schok*.

**bekommentariëren** be·kom·men·ta·ri·e·ren → **becommentariëren**.

**be·kom·me·ren** (bekommerde, heeft bekommerd) *je bekommeren om iets*: je zorgen over iets maken, je ongerust over iets maken.

**be·komst** (zelfst. nw.) ▼ *je bekomst van iets hebben*: iets verschrikkelijk zat zijn, schoon genoeg van iets hebben.

**be·koor·lijk** (bijv. nw.) lief en leuk om te zien, aantrekkelijk ⇒ lieftallig.

**be·ko·pen** (ww.) *iets met de dood moeten bekopen*: met je leven voor iets moeten betalen ♦ *de zeiler moest zijn roekeloosheid met de dood bekopen*.

**be·ko·ren** (bekoorde, heeft bekoord) *iemand bekoren*: aantrekkelijk voor iemand zijn, iemand in verleiding brengen ⇒ aantrekken ♦ *een wintersportvakantie kan mij absoluut niet bekoren*.

**be·ko·ring** (de ~(v.); -en) aantrekkingskracht, verleidelijkheid ⇒ charme.

**be·kos·ti·gen** (bekostigde, heeft bekostigd) *iets bekostigen*: de kosten van iets betalen.

**be·krach·ti·gen** (bekrachtigde, heeft bekrachtigd) *iets bekrachtigen*: iets officieel geldig laten zijn ♦ *ze bekrachtigden hun afspraken met een contract*.

**be·kri·ti·se·ren** (bekritiseerde, heeft bekritiseerd) *iets of iemand bekritiseren*: op iets of iemand kritiek* leveren ⇒ kritiseren.

**be·krom·pen** (bijv. nw.) **1** nauw, niet ruim ⇒ krap ♦ *ze wonen daar heel bekrompen op een bovenkamer* **2** niet ruimdenkend, zonder begrip voor ideeën en wensen van anderen ⇒ kortzichtig ♦ *bij mijn vriendje thuis mag je niks; hij heeft van die bekrompen ouders*.

**be·kro·nen** (bekroonde, heeft bekroond) **1** *iets ergens mee bekronen*: iets ergens op een mooie manier mee beëindigen ♦ *Elisa's inspanningen werden bekroond met een mooi rapport* **2** *iets bekronen*: iets een prijs geven ♦ *de bekroonde tekeningen worden afgedrukt in het tijdschrift*.

**be·krui·pen** (bekroop, heeft bekropen) *(van gevoelens) iemand bekruipen*: bij iemand opkomen ♦ *het gevoel bekroop haar, dat ze bespied werd*.

**bek·vech·ten** (ww.) ruzie maken ⇒ ruziën, kibbelen, kijven.

**be·kwaam** (bijv. nw.) heel goed in zijn vak ⇒ kundig, capabel ♦ *een bekwaam arts*.

**be·kwaam·heids·di·plo·ma** (het ~; -diploma's)(in België) bijzonder diploma dat je kunt behalen na zes jaar secundair onderwijs, en dat je nodig hebt als je bijv. aan de universiteit wilt studeren (kijk ook bij: **secundair**).

**be·kwa·men** (bekwaamde, heeft bekwaamd) *je bekwamen in of tot iets*: door studie en oefening heel goed in iets worden.

**bel** (de ~; -len) **1** apparaatje dat je laat klinken om aan te geven dat je er bent of dat je er aan komt ⇒ schel ♦ *de bel gaat; ergens over aan de bel trekken*:(uitdr.) proberen ergens bijtijds voor te waarschuwen; *gaat er een belletje rinkelen?*:(uitdr.) herken je dat? **2** bol van gas of lucht ♦ *bellen blazen met zeepsop*.

**be·lab·berd** (bijv. nw.) (populair) heel erg naar of slecht ⇒ *ellendig, beroerd.*

**be·la·che·lijk** (bijv. nw.) heel raar ⇒ *bespottelijk, ridicuul, idioot* ♦ *een belachelijke jas; iets of iemand belachelijk maken:* (uitdr.) iets of iemand bespotten.

**be·la·den** (bijv. nw.) **1** vol geladen ♦ *een zwaar beladen wagen* ▼ *een beladen onderwerp:* iets waar je voorzichtig over moet praten, omdat je er gauw ruzie over krijgt.

**be·la·gen** (belaagde, heeft belaagd) *iemand belagen:* op iemand loeren en hem of haar te pakken nemen ⇒ *overvallen* ♦ *we werden door duizenden muggen belaagd.*

**be·lan·den** (belandde, is beland) *ergens belanden:* ergens terecht komen, ergens verzeild raken ♦ *uiteindelijk belandde Bastiaan bij de keizerin.*

**be·lang** (het ~; -en) **1** iets waar je veel aandacht aan schenkt omdat het je voordeel kan geven ♦ *ik heb daar geen belang bij:* dat is niet in mijn voordeel; *meneer is met vakantie maar zijn vrouw behartigt zijn belangen:* zij zorgt voor zijn zaken; *het belang van de brief is me nog niet duidelijk:* de waarde, de betekenis ervan ▼ *'t is op het strand een drukte van belang:* het is heel druk op het strand.

**be·lan·ge·loos** (bijv. nw.) zonder er zelf voordeel van te hebben, onbaatzuchtig ♦ *honderden mensen hielpen belangeloos mee om de actie te laten slagen.*

**be·lang·rijk** (bijv. nw.) **1** van groot belang*, van grote betekenis ♦ *de directeur deed een belangrijke mededeling* **2** aanzienlijk, vrij groot ⇒ *aanmerkelijk* ♦ *hij heeft een belangrijke voorsprong.*

**be·lang·stel·lend** (bijv. nw.) vol belangstelling*, vol interesse ⇒ *geïnteresseerd.*

**be·lang·stel·ling** (de ~(v.)) het hebben of tonen van aandacht voor iemand of iets ⇒ *interesse* ♦ *dank u voor de belangstelling bij ons huwelijk; niemand toonde belangstelling voor de tentoongestelde schelpen:* niemand keek ernaar.

**be·lang·wek·kend** (bijv. nw.) gezegd van iets dat belangstelling wekt, interessant ♦ *zij heeft een belangwekkend boek geschreven.*

**be·las·ten** (belastte, heeft belast) **1** *iemand met iets belasten:* iemand iets als last opleggen, iemand iets opdragen ♦ *zij is belast met de zorg voor twintig kinderen; belast en beladen:* (uitdr.) met veel bagage **2** *iemand belasten:* iemand belasting* (bet.1) laten betalen **3** *iets belasten:* iets zwaarder maken, iets een gewicht laten dragen ♦ *de lift wordt te zwaar belast.*

**be·las·te·ren** (belasterde, heeft belasterd) *iemand belasteren:* kwaad over iemand spreken.

**be·las·ting** (de ~(v.)) **1** (-en) deel van je inkomen dat je aan het Rijk moet geven voor wegenaanleg, scholen enz. **2** gewicht dat ergens op of in geladen is ♦ *bij te zware belasting werkt de lift niet* **3** taak waar iemand zich voor moet inspannen ♦ *het huiswerk is een te grote belasting voor deze kinderen.*

**be·las·ting·vrij** (bijv. nw.) van artikelen: waarover geen belasting geheven wordt, dus goedkoper ♦ *op Schiphol kun je belastingvrij artikelen kopen.*

**be·la·ta·feld** (bijv. nw.) ▼ *ben je belatafeld!:* (populair) ben je gek, dat kun je niet maken!

**bel·bus** (de ~; -sen) bus in een streek waar weinig mensen wonen, die alleen rijdt als je van tevoren opbelt.

**be·le·den** → belijden.

**be·le·di·gen** (beledigde, heeft beledigd) *iemand beledigen:* iets zeggen of doen waardoor iemand in zijn of haar eer geraakt wordt, iemand kwetsen ⇒ *grieven, krenken* ♦ *zij voelde zich diep beledigd.*

**be·le·di·ging** (de ~(v.); -en) iets waarmee je iemand beledigt*.

**be·leed** → belijden.

**be·leefd** (bijv. nw.) met goede manieren, zoals het hoort ⇒ *wellevend, voorkomend.*

**be·leg** (het ~) **1** wat je op brood doet **2** insluiting van een stad door een leger ⇒ *belegering* ♦ *de staat van beleg:* situatie dat in een land de militairen de baas zijn in plaats van de ministers **3** band dat je aan de binnenkant tegen een zoom aannaait.

**be·le·gen** (bijv. nw.) gezegd van iets dat al een hele tijd heeft liggen rijpen ♦ *belegen kaas.*

**be·le·ge·ren** (belegerde, heeft belegerd) *iets, bijv. een stad, belegeren:* iets met een leger omsingelen ♦ *de koningin werd op haar vakantie door fotografen belegerd:* (uitdr.) die verdrongen zich om haar te fotograferen.

**be·leg·gen** (belegde, heeft belegd) **1** *geld beleggen:* er dingen voor kopen, bijv. aandelen of grond waarvan je verwacht dat ze steeds meer waard worden **2** *brood beleggen:* er beleg* (bet.1) op doen **3** *iets, bijv. een vergadering, beleggen:* iets organiseren, ervoor zorgen dat iets gehouden wordt.

**be·leid** (het ~) **1** manier waarop je een belangrijke zaak aanpakt ♦ *de winkelier heeft een slecht beleid gevoerd en nu is zijn zaak failliet* ▼ *iets met beleid doen:* na goed nadenken en met voorzichtigheid.

**be·lem·me·ren** (belemmerde, heeft belemmerd) *iemand of iets belemmeren:* iemand of iets tegenwerken, ervoor zorgen dat iemand of iets niet door kan gaan ⇒ *tegenhouden* ♦ *die hijskraan belemmert ons uitzicht.*

**be·lem·me·ring** (de ~(v.); -en) iets wat je belemmert* ♦ *Kims gekneusde pols was een belemmering bij het schrijven.*

**be·len·dend** (bijv. nw.) aangrenzend, er naast gelegen.

**be·le·nen** (beleende, heeft beleend) *iets belenen:* iets als onderpand geven voor geld ⇒ *verpanden.*

**be·let** (het ~) (ouderwets) verhindering ♦ *iemand belet geven:* zeggen dat iemand niet ontvangen kan worden; *belet vragen:* toestemming vragen om binnengelaten te worden; *is er geen belet?:* (in België □) stoor ik niet?, kom ik niet ongelegen?

**be·let·sel** (het ~; -s of -en) hindernis, belemmering ⇒ *bezwaar.*

**be·let·ten** (belette, heeft belet) *iemand iets beletten:* iemand verhinderen iets te doen.

**be·le·ven** (beleefde, heeft beleefd) **1** *iets beleven:* iets meemaken ♦ *dat opa dit nog mag beleven!; hier is ook niks te beleven:* het is hier een saaie boel **2** *iets op een bepaalde manier beleven:* iets zo voelen, ervaren, ondergaan ♦ *ze beleefden hun vriendschap als iets waardevols.*

**be·le·ve·nis** (de ~(v.); -sen) dat wat je beleeft* (bet.1) ⇒ *avontuur, lotgeval* ♦ *de belevenissen van Kuifje.*

**be·le·zen** (bijv. nw.) gezegd van iemand die veel gelezen heeft.

**bel·fort** (het ~; -en) wachttoren die in de Middeleeuwen vaak in Zuid-Nederlandse steden werd gebouwd.

**Bel·ga** (naam van het Belgisch persbureau) (kijk ook bij: **persbureau**).

**Bel·ga·com** (de ~(v.)) (in België) overheidsbedrijf dat de telegrafie en telefonie verzorgt (vroeger: RTT, Regie van Telegrafie en Telefonie).

**Bel·gisch** (bijv. nw.) te maken hebbend met België, of bij België horend.

**bel·ha·mel** (de ~(m.); -s) ondeugend kind, deugniet.

**be·li·cha·ming** (de ~(v.)) het voorgesteld worden in een lichaam of vorm ⇒ *incarnatie.*

**be·lich·ten** (belichtte, heeft belicht) *iets belichten:* licht* (bet.1) op iets laten vallen ♦ *iets uit een andere hoek be-lichten*: (uitdr.) iets vanuit een ander standpunt laten zien.

**be·lie·ven**[1] (zelfst. nw.) ▼ *naar believen*: (deftig) naar wens; *u mag naar believen broodjes nemen*: zoveel u maar wilt.

**be·lie·ven**[2] (beliefde, heeft beliefd) *iets believen*: (deftig) iets blieven.

**be·lij·den** (beleed, heeft beleden) **1** *schuld, zonden belijden*: er eerlijk voor uit komen en zeggen dat je er spijt van hebt ⇒ *opbiechten* **2** *een geloof belijden*: er aanhanger van zijn.

**be·lij·de·nis** (de ~(v.); -sen) het belijden* (bet.1) ♦ *schuldbelijdenis*.

**bel·len** (belde, heeft gebeld) **1** *een bel** (bet.1) laten klinken ♦ *daar belt de ijscoman!* **2** *iemand bellen*: iemand opbellen, naar iemand telefoneren ♦ *ik bel je nog wel.*

**be·lof·te** (de ~(v.); -n) dat wat je belooft* ♦ *je belofte houden, nakomen*: doen wat je beloofd hebt; *je belofte breken*: niet doen wat je beloofd hebt; *belofte maakt schuld*: (spreekwoord) wat je belooft, moet je doen.

**be·lo·ken** (bijv. nw.) ▼ *beloken Pasen*: de zondag na Pasen.

**be·lo·nen** (beloonde, heeft beloond) *iemand belonen*: iemand iets geven omdat hij of zij iets goed gedaan heeft ♦ *de eerlijke vinder wordt beloond met een taart.*

**be·lo·ning** (de ~(v.); -en) datgene waarmee je beloond* wordt ♦ *er wordt een beloning uitgeloofd voor wie de meeste kinderpostzegels verkoopt.*

**be·loop** (zelfst. nw.) ▼ *iets op zijn beloop laten*: iets gewoon maar laten gebeuren, je niet met iets bemoeien.

**be·lo·ven** (beloofde, heeft beloofd) **1** *iemand iets beloven*: iemand vertellen dat je iets beslist voor hem of haar zult doen of dat je hem of haar beslist iets zult geven ⇒ *toezeggen* ♦ *tante heeft mij een ijsje beloofd*; *ik beloof niks* ▼ *dat belooft wat!*: dat zal me wat moois, vervelends enz. worden!

**be·luis·te·ren** (beluisterde, heeft beluisterd) *iets beluisteren*: waarnemen met je oren, horen ♦ *ik beluister teleurstelling in je verhaal.*

**be·lust** (bijv. nw.) belust zijn op iets: heel erg naar iets verlangen, verzot op iets zijn ♦ *hij is belust op avontuur.*

**be·mach·ti·gen** (bemachtigde, heeft bemachtigd) *iets bemachtigen*: iets na veel moeite te pakken krijgen ♦ *hij weet altijd het beste plekje te bemachtigen.*

**be·man·nen** (bemande, heeft bemand) *iets bemannen*: ergens aanwezig zijn als personeel ♦ *het kantoor is nu dagelijks bemand.*

**be·man·ning** (de ~(v.)) het personeel van een vliegtuig, een schip enz. ⇒ *crew.*

**be·men·sen** (bemenste, heeft bemenst) *een project of een kraampje bemensen*: ervoor zorgen dat er mensen aan een project werken of in een kraampje staan ⇒ *bemannen.*

**be·mer·ken** (bemerkte, heeft bemerkt) *iets bemerken*: (deftig) iets merken.

**be·meu·be·len** (bemeubelde, heeft bemeubeld) *een kamer bemeubelen*: (in België □) een kamer meubileren.

**be·mid·de·laar** (de ~(m.); -s), vrouw:
   **be·mid·de·laar·ster** (de ~(v.); -s) iemand die bemiddelt* ⇒ *tussenpersoon, intermediair.*

**be·mid·deld** (bijv. nw.) met ruim voldoende geld om van te leven ⇒ *welgesteld, vermogend.*

**be·mid·de·len** (bemiddelde, heeft bemiddeld) *ergens in bemiddelen*: als buitenstaander een oplossing voor iets proberen te vinden, tussenbeide komen ♦ *Koen bemiddelt altijd in de ruzies tussen Irene en Susanne.*

**be·mid·de·ling** (de ~(v.)) het bemiddelen* ⇒ *tussenkomst* ♦ *zij hebben elkaar leren kennen door bemiddeling van een huwelijksbureau.*

**be·min·ne·lijk** (bijv. nw.) aardig, van wie je kunt houden ⇒ *sympathiek.*

**be·min·nen** (beminde, heeft bemind) *iemand of iets beminnen*: (deftig) van iemand of iets houden ⇒ *liefhebben.*

**be·moe·de·ren** (bemoederde, heeft bemoederd) *iemand bemoederen*: al te zorgzaam voor iemand zijn.

**be·moei·al** (de ~(m.); -len of -s) iemand die zich overal mee bemoeit*.

**be·moei·en** (bemoeide, heeft bemoeid) *je met iets of iemand bemoeien*: je bezighouden met iets of iemand, vooral waarmee of met wie je niets te maken hebt ♦ *bemoei je er niet mee!*

**be·moei·e·nis** (de ~(v.); -sen) keer dat je je met iets of iemand bezighoudt ♦ *ik heb geen enkele bemoeienis gehad met het aanleggen van de tuin.*

**be·moei·zucht** (de ~) de neiging om je overal mee te bemoeien.

**ben** → zijn.

**be·na·de·len** (benadeelde, heeft benadeeld) *iemand of iets benadelen*: iemand of iets nadeel* bezorgen ♦ *Nadia voelde zich benadeeld toen zij als enige niet mee mocht.*

**be·na·de·ren** (benaderde, heeft benaderd) **1** *iemand of iets benaderen*: in de buurt van iemand of iets komen ♦ *die vrouw is niet te benaderen*: (uitdr.) je kunt geen contact met haar krijgen **2** *iemand benaderen*: naar iemand toegaan of iemand opbellen om hem of haar ergens voor te vragen ♦ *de tennisclub heeft mevrouw X. benaderd met het verzoek om bestuurslid te worden.*

**be·na·druk·ken** (benadrukte, heeft benadrukt) *iets benadrukken*: de nadruk* op iets leggen ⇒ *beklemtonen, accentueren* ♦ *de tandarts benadrukte het belang van goed tanden poetsen.*

**be·na·ming** (de ~(v.); -en) naam* die je aan iemand of iets geeft ♦ *de oude benaming van Sri Lanka is Ceylon.*

**be·nard** (bijv. nw.) zó dat je het er benauwd van krijgt, hachelijk ♦ *Lambik zat in een benarde positie toen hij door de leeuw werd achtervolgd.*

**be·nauwd** (bijv. nw.) **1** met te weinig frisse lucht ⇒ *bedompt, muf* **2** met te weinig adem ♦ *de zieke heeft het 's nachts benauwd* **3** angstig, bang.

**be·nau·wen** (benauwde, heeft benauwd) *iemand benauwen*: iemand een zwaar, benauwd* (bet.3) gevoel geven ⇒ *beklemmen* ♦ *de dagelijkse zorg voor de hond begon hem te benauwen.*

**ben·de** (de ~; -n of -s) **1** vreselijke rommel, grote troep ⇒ *keet, rotzooi* **2** (populair) een heleboel ⇒ *massa, hoop* ♦ *Chazia kreeg een bende cadeautjes voor haar verjaardag* **3** groep boeven of rovers.

**be·ne·den**[1] (bijw.) op een plaats die lager ligt, onder, het tegenovergestelde van 'boven' ♦ *van boven naar beneden komen.*

**be·ne·den**[2] (voorz.) lager dan, het tegenovergestelde van 'boven' ⇒ *onder* ♦ *een groot deel van Nederland ligt beneden de zeespiegel.*

**be·ne·den·huis** (het ~; -huizen) huis waarvan het woongedeelte op gelijke hoogte ligt met de straat.

**be·ne·dic·tie** (de ~(v.); -s) zegen van een priester over iets of iemand.

**be·ne·dic·tijn** (de ~(m.); -en), vrouw: **be·ne·dic·ti·nes** (de ~(v.); -sen) lid van een kloosterorde die leeft volgens de regels van Sint-Benedictus.

**benefiet-** waarvan de opbrengst naar een goed doel gaat ♦ *een benefietconcert.*

**be·ne·fit of the doubt** (Engels) [bennefittovdedaut] (de

~) het voordeel van de twijfel ♦ *iemand de **benefit of the doubt** geven*: bij twijfel ervan uitgaan dat iemand eerlijk is of dat iemand tot iets in staat is.

**Be·ne·lux** (de ~)(naam voor **Be**lgië, **Ne**derland en **Lux**emburg samen).

**be·ne·men** (benam, heeft benomen) *iemand iets benemen*: iets van iemand wegnemen ⇒ *ontnemen* ♦ *jouw praatjes **benemen** mij alle lust om te eten; je het leven **benemen**:* zelfmoord plegen.

**be·nen** (beende, heeft of is gebeend) *met flinke passen lopen* ♦ *hij **beende** door de gang.*

**be·nen·wa·gen** (zelfst. nw.) ▼ *met de **benenwagen** komen:*(grappig) lopend komen.

**be·ne·pen** (bijv. nw.) *waaraan te merken is dat je bang bent* ♦ *met een **benepen** stemmetje zegt Wiske: 'ik zie een spook!'.*

**ben·gel** (de ~(m.); -s) ondeugende jongen of ondeugend meisje ⇒ *deugniet, rakker.*

**ben·ge·len** (bengelde, heeft gebengeld) *een beetje heen en weer slingeren* ⇒ *bungelen* ♦ *aan zijn riem **bengelt** een ketting.*

**be·nieuwd** (bijv. nw.) *benieuwd naar iets zijn:* iets graag willen weten, nieuwsgierig naar iets zijn.

**be·nieu·wen** (benieuwde, heeft benieuwd) *het benieuwt mij, het zal me benieuwen:* ik ben er nieuwsgierig naar ♦ *het zal me **benieuwen** hoe dat verhaal afloopt.*

**be·nig** (bijv. nw.) zonder veel vlees, van wie of wat je de botten goed kunt zien ⇒ *knokig, schonkig* ♦ *een lange **benige** man.*

**be·nij·den** (benijdde, heeft benijd) *iemand benijden:* jaloers op iemand zijn ♦ *Arie **benijdt** zijn broer om zijn tekentalent:* hij wilde dat híj zo goed kon tekenen.

**ben·ja·min** (de ~) jongste kind in een gezin.

**be·no·digd** (bijv. nw.) nodig[1]* om iets te doen of te maken ♦ *de **benodigde** ingrediënten voor de appeltaart zijn niet in huis.*

**be·no·digd·he·den** (zelfst. nw.; meervoud) spullen die je ergens voor nodig (bet.1) hebt.

**be·noe·men** (benoemde, heeft benoemd) **1** *iemand benoemen:* iemand een functie geven ♦ *zij wordt **benoemd** tot hoofdcommissaris* **2** *iets of iemand benoemen:* iets of iemand een bepaalde naam geven ♦ *kun je de bomen in het bos **benoemen**?; ze kon niet **benoemen** wat voor pijn ze had.*

**be·noe·ming** (de ~(v.); -en) aanstelling in een bepaalde functie of een bepaald ambt.

**bent** → zijn.

**be·nul** (het ~) besef ⇒ *notie* ♦ *heb jij enig **benul** van de tijd?; mijn broertje heeft nog helemaal geen **benul** van goede manieren.*

**be·nut·ten** (benutte, heeft benut) *iets benutten:* gebruik van iets maken ♦ *hij **benutte** zijn kans om een doelpunt te maken.*

**B en W** (afkorting)(in Nederland) **B**urgemeester en **W**ethouders (in België: Burgemeester en Schepenen).

**ben·zi·ne** (de ~) vloeistof die wordt verkregen uit aardolie en wordt gebruikt als brandstof voor motoren.

**ben·zi·ne·pomp** (de ~; -en) toestel waarmee je benzine tankt.

**beo** (de ~(m.); beo's) zwart-gele Indische vogel, die je kunt leren praten.

**be·oe·fe·nen** (beoefende, heeft beoefend) *een vak, sport of kunst beoefenen:* je daarmee bezighouden ♦ *de dichtkunst **beoefenen**.*

**be·ogen** (beoogde, heeft beoogd) *iets beogen:* iets proberen te bereiken, iets als doel hebben ♦ *wat **beoog** jij toch met dat poeslieve gedrag?*

**be·oor·de·len** (beoordeelde, heeft beoordeeld) *iets of iemand beoordelen:* een oordeel* over iets of iemand geven ♦ *hoe **beoordelen** jullie het nieuwste boek van Els Pelgrom?:* wat vinden jullie daarvan?

**be·paald¹** (bijv. nw.) **1** waarvan duidelijk is om wat of wie het gaat, nauwkeurig vastgesteld ⇒ *zeker* ♦ *vingerhoedskruid is een **bepaalde** wilde bloem; neem een **bepaald** getal onder de tien in gedachten* ▼ *het **bepaald** lidwoord:*(taal) 'de' of 'het' voor een zelfstandig naamwoord.

**be·paald²** (bijv.) nou echt wat je noemt ♦ *Jean-Louis komt elke dag te laat; dat is **bepaald** storend.*

**be·pak·ken** (bepakte, heeft bepakt) *een mens of dier bepakken:* een mens of dier een last te dragen geven ♦ *bepakt en bezakt stonden zij op het station:* met veel bagage.

**be·pak·king** (de ~(v.); -en) datgene waarmee iets of iemand bepakt* is ♦ *bergbeklimmers kunnen niet veel **bepakking** meenemen.*

**be·pa·len** (bepaalde, heeft bepaald) **1** vaststellen, nauwkeurig aangeven of omschrijven ♦ *ik kon niet precies **bepalen** of we naar het noorden of naar het oosten reden; ik **bepaal** wat er hier gebeurt!* **2** *je ergens toe bepalen:* je alleen daarmee bezighouden, je daartoe beperken ♦ *wil je je tot de hoofdzaken **bepalen**?* **3** *ergens bij bepaald worden:* met iets te maken krijgen en er daardoor bij stilstaan ♦ *als je een dier ziet dat overreden is, word je ineens bij de dood **bepaald**.*

**be·pa·ling** (de ~(v.); -en) **1** het bepalen* (bet.1) ♦ *de **bepaling** van de diepte van de zee* **2** wat bepaald* (bet.1) is ⇒ *voorschrift, regel* ♦ *er is een wettelijke **bepaling** dat je een politieagent niet mag uitschelden* **3** (taal) een of meer woorden die een nadere omschrijving aangeven van een deel van een zin.

**be·per·ken** (beperkte, heeft beperkt) **1** *iets beperken:* een grens aan iets stellen, iets klein houden ♦ *ik wil het geloop tijdens de les zoveel mogelijk **beperken*** **2** *je beperken tot iets:* niet verder gaan dan een bepaald punt, het ergens bij laten ♦ *Paul **beperkte** zich in zijn spreekbeurt over apen tot de gorilla.*

**be·per·king** (de ~(v.); -en) iets dat beperkt* (bet.1) is ♦ *op dit kampeerterrein zijn heel wat **beperkingen**:* er zijn veel dingen verboden.

**be·perkt** (bijv. nw.) niet volledig, binnen grenzen ♦ *zij kan haar linkerarm maar **beperkt** bewegen:* niet helemaal; *een **beperkt** aantal kinderen kan aan de wedstrijd meedoen:* niet allemaal.

**be·plei·ten** (bepleitte, heeft bepleit) *iets bepleiten:* ervoor pleiten* (bet.2) dat iets gebeurt, iets verdedigen met woorden ♦ *we hebben **bepleit** dat we naar het buitenland op vakantie gaan.*

**be·proefd** (bijv. nw.) uitgetest en goedgekeurd ⇒ *probaat, deugdelijk* ♦ *dat is een **beproefd** middel tegen hoofdpijn.*

**be·proe·ven** (beproefde, heeft beproefd) **1** *iets beproeven:* een proef* (bet.1) met iets nemen, iets uittesten ♦ *deze wasmachines zijn grondig **beproefd*** **2** *iemand of iets beproeven:* iemand of iets op de proef* (bet.1) stellen ♦ *de dreinerige kinderen stelden haar geduld zwaar op de **proef**.*

**be·proe·ving** (de ~(v.); -en) iets waarmee je beproefd* (bet.2) wordt ♦ *dat land is door zware **beproevingen** getroffen.*

**be·raad** (het ~) het je beraden* ♦ *na rijp **beraad** is er besloten dat ...:* na lang nadenken en overleggen; *dat houd ik nog even in **beraad**:* daar wil ik nog over nadenken voordat ik een beslissing neem.

**be·raad·sla·gen** (beraadslaagde, heeft beraadslaagd) *er-gens over beraadslagen: ergens uitgebreid over overleg-gen*.

**be·raad·sla·ging** (de ~(v.); -en) het beraadslagen*.

**be·ra·den** (beried of beraadde, heeft beraden) *je beraden over iets: iets bij jezelf overwegen*.

**be·ra·men** (beraamde, heeft beraamd) *iets, bijv. een plan, beramen: iets bedenken en voorbereiden*.

**ber·ber** (de ~(m.); -s) wollen vloerkleed dat met de hand geknoopt is.

**ber·de** (zelfst. nw.) ▼ *iets te berde brengen: iets ter sprake brengen*.

**bere-** (populair) heel erg, zeer ⇒ *reuze* ♦ *bereleuk; bere-goed; beresterk*.

**be·rech·ten** (berechtte, heeft berecht) *iemand berechten:* (in België □; rooms-katholieke kerk) *iemand de laatste sacra-menten toedienen* ⇒ *bedienen*.

**be·red·de·ren** (beredderde, heeft beredderd) *iets beredde-ren: iets in orde brengen, iets verzorgen* ♦ *toen haar moeder in het ziekenhuis lag, heeft Olga de boel thuis be-reddderd*.

**be·re·den** (bijv. nw.) ▼ *de bereden politie: de politie die te paard gaat*.

**be·re·de·ne·ren** (beredeneerde, heeft beredeneerd) *iets be-redeneren: iets met je verstand proberen te begrijpen of verklaren* ♦ *het gaat niet alleen om de goede oplossing maar je moet ook beredeneren hoe je die gevonden hebt*.

**be·reid** (bijv. nw.) *ergens toe bereid zijn: iets wel willen doen* ♦ *je bereid verklaren tot iets: zeggen dat je iets wilt doen*.

**be·rei·den** (bereidde, heeft bereid) **1** *iets bereiden: iets klaarmaken* ♦ *een warme maaltijd bereiden* **2** *iemand een welkom of ontvangst bereiden: iemand verwelkomen of ontvangen*.

**be·reid·wil·lig** (bijv. nw.) gezegd van iemand die graag wil helpen.

**be·reik** (het ~) het gebied dat bereikt* kan worden ♦ *dit zendertje heeft een bereik van twee kilometer; medicijnen moeten buiten bereik van kleine kinderen gehouden wor-den: ze moeten zo neergezet worden dat kleine kinde-ren er niet bij kunnen; een nieuwe auto ligt buiten hun bereik: dat is voor hen niet mogelijk, dat is te duur*.

**be·reik·baar** (bijv. nw.) dat of die je kunt bereiken* (bet.1 en 2) ♦ *de dokter is dit weekend niet bereikbaar*.

**be·rei·ken** (bereikte, heeft bereikt) **1** *een plaats, een be-stemming bereiken: daar komen* ♦ *eindelijk bereikte Roodkapje het huis van haar grootmoeder* **2** *iemand berei-ken: contact met iemand krijgen* ♦ *u kunt ons telefo-nisch bereiken* **3** *iets bereiken: iets halen, iets verwerven* ♦ *hij bereikte de leeftijd van 83 jaar*.

**be·reisd** (bijv. nw.) gezegd van iemand die veel gereisd heeft.

**be·re·kend** (bijv. nw.) ▼ *op iets berekend zijn: voor iets geschikt zijn; het ziekenhuis is berekend op hooguit 100 patiënten; berekend zijn voor iets: tot iets in staat zijn; de jonge koning was nog niet voor zijn taak berekend*.

**be·re·ke·nen** (berekende, heeft berekend) **1** *iets berekenen: iets door rekenen te weten komen* ⇒ *becijferen* ♦ *ik heb berekend dat de excursie ƒ 25,- per persoon kost* **2** *iemand iets berekenen: iemand iets laten betalen, iets in reke-ning brengen* ♦ *de caissière berekende mij een tientje te veel*.

**be·re·ke·nend** (bijv. nw.) gezegd van iemand die zo han-delt dat hij of zij het meeste voordeel heeft ⇒ *uitge-kookt, uitgekiend* ♦ *wat een berekenende egoïst is dat!*

**be·re·ke·ning** (de ~(v.); -en) **1** het berekenen* (bet.1) ⇒ *becijfering, calculatie* ♦ *volgens mijn berekening zijn*

*jullie om 10 uur in Rotterdam; een berekening maken van de kosten* **2** overweging wat het meeste voordeel ople-vert ♦ *die man geeft alleen iets weg uit berekening: hij geeft alleen iets weg als hij verwacht er meer voor te-rug te krijgen*.

**be·ren·klauw** (de ~; -en) in het wild groeiende plant met grote witte schermbloemen.

**berg** (de ~(m.); -en) **1** sterke verhoging van het aardop-pervlak ♦ *bergen en dalen; een vuurspuwende berg; zij kan bergen verzetten:* (uitdr.) ze kan een heleboel werk verrichten, ze is erg sterk; *ik zie er als een berg tegenop:* (uitdr.) ik heb er helemaal geen zin in; *de berg heeft een muis gebaard:* (uitdr.) alle drukte blijkt voor niets te zijn geweest; *iemand gouden bergen beloven:* (uitdr.) iemand veel te mooie dingen beloven; *als de berg niet tot Mo-hammed komt, dan moet Mohammed tot de berg gaan:* (spreekwoord) als iemand stijf op zijn of haar standpunt blijft staan, moet je zelf maar wat toegeven **2** grote sta-pel of hoop ♦ *een berg rommel opruimen*.

**berg·af·waarts** (bijw.) **1** langs de berg naar beneden **2** steeds slechter ⇒ *achteruit* ♦ *het ging langzaam bergaf-waarts met de zieke*.

**ber·gen** (borg, heeft geborgen) **1** *iets bergen: iets ergens in stoppen* ⇒ *opbergen* **2** *iemand bergen: iemand onderdak geven, iemand herbergen* ♦ *hoeveel mensen kunnen jul-lie bergen?* **3** *een schip bergen: een gestrand schip de ha-ven binnen brengen*.

**ber·ging** (de ~(v.); -en) **1** schuur of ruimte waarin spul-len opgeborgen kunnen worden **2** het bergen* (bet.3) van een schip.

**berg·kam** (de ~(m.); -men) lijn die een aantal bergtop-pen samen vormen.

**berg·kris·tal** (het ~) kleurloos, hard edelgesteente.

**berg·pas** (de ~(m.); -sen) lager stuk tussen hoge bergtop-pen dat als doorgang dient.

**berg·plaats** (de ~; -en) plaats waar je spullen kunt op-bergen.

**be·ri·be·ri** (de ~) ziekte die in een aantal verre landen voorkomt en veroorzaakt wordt door een tekort aan vi-tamine B.

**be·richt** (het ~; -en) mondelinge of schriftelijke medede-ling ⇒ *tijding* ♦ *als je de uitslag weet, stuur je dan een be-richtje?; het weerbericht*.

**be·rich·ten** (berichtte, heeft bericht) *iemand iets berichten: iemand iets laten weten* ⇒ *melden*.

**be·rig** (bijv. nw.) *(van vrouwtjesvarkens)*: verlangend om gedekt te worden.

**be·rij·den** (bereed, heeft bereden) *een paard, ezel enz. be-rijden*.

**be·ril** (de ~(m.); -len) edelsteen die meestal doorzichtig is en die in verschillende kleuren voorkomt.

**be·rin** → beer.

**be·ris·pen** (berispte, heeft berispt) *iemand berispen: ie-mand streng toespreken om die persoon te zeggen dat je zijn of haar gedrag afkeurt*.

**be·ris·ping** (de ~(v.); -en) woorden waarmee je iemand berispt* ⇒ *reprimande*.

**berk** (de ~(m.); -en) loofboom met een witte schors, die in het voorjaar katjes draagt.

**berm** (de ~(m.); -en) graskant van de weg of de spoor-baan.

**berm·toe·ris·me** (het ~) het verschijnsel dat mensen langs de kant van de autoweg picknicken.

**ber·mu·da** (de ~; bermuda's) broek met pijpen tot aan de knie.

**be·roemd** (bijv. nw.) door veel mensen gekend en be-wonderd ♦ *dat restaurant is beroemd om zijn visgerech-ten*.

**be·roemd·heid** (de ~(v.); beroemdheden) iemand die beroemd* is.

**be·roe·men** (beroemde, heeft beroemd) je op iets beroemen: over iets opscheppen ◆ Annet **beroemt** zich erop dat ze familie is van een minister.

**be·roep** (het ~; -en) **1** dat wat je doet om je geld te verdienen ⇒ vak ◆ hij is timmerman van **beroep** ▼ op iemand een **beroep** doen: iemand om hulp vragen; in hoger **beroep** gaan: bij een hogere rechter protesteren tegen de straf die je is opgelegd.

**be·roe·pen** (beriep, heeft beroepen) je op iemand of iets beroepen: iemand of iets noemen omdat daaruit blijkt dat jij gelijk hebt ◆ zij **beriep** zich op de wet toen ze vond dat zij verkeerd behandeld was.

**beroeps-** van beroep* ◆ hij is **beroeps**voetballer.

**be·roeps·be·vol·king** (de ~(v.)) alle mensen die ervoor in aanmerking komen een beroep te hebben.

**be·roeps·ge·heim** (het ~; -en) iets dat je door je werk te weten gekomen bent en dat je geheim moet houden.

**be·roeps·hal·ve** (bijw.) door je beroep*, uit hoofde van je beroep* ◆ een journalist moet **beroepshalve** veel lezen.

**be·roeps·school** (de ~; -scholen)(in België) school waar je een praktisch beroep leert ⇒ vakschool.

**be·roerd** (bijv. nw.) heel vervelend of slecht ⇒ ellendig, rot, akelig ◆ wat een **beroerde** dag was dit; ik ben heus niet te **beroerd** om te werken:(uitdr.) ik wil heus wel werken.

**be·roe·ren** (beroerde, heeft beroerd) iemand of iets beroeren: iemand of iets heel even aanraken.

**be·roe·ring** (de ~(v.)) **1** beweging ◆ de grote boot bracht het water in **beroering 2** onrust, opschudding ⇒ tumult ◆ er ontstond enige **beroering** na dat bericht.

**be·roer·te** (de ~(v.); -n of -s) bloeding in de hersenen ⇒ attaque.

**be·rok·ke·nen** (berokkende, heeft berokkend) iemand schade of verdriet berokkenen: schade of verdriet bij iemand veroorzaken.

**be·roofd** (bijv. nw.) ergens van beroofd zijn: iets kwijt zijn doordat het van je afgenomen is ◆ hij is van zijn vrijheid **beroofd**.

**be·rooid** (bijv. nw.) gezegd van iemand die alles kwijtgeraakt is ◆ **berooid** kwam hij terug uit Amerika.

**be·rouw** (het ~) erge spijt van iets dat je verkeerd gedaan hebt ⇒ wroeging ◆ ze had veel **berouw** over die gemene daad.

**be·rou·wen** (berouwde, heeft berouwd) het berouwt me: ik heb er erge spijt van ◆ dat zal je **berouwen**!: daar zul je spijt van krijgen!

**be·ro·ven** (beroofde, heeft beroofd) **1** een mens of een bank beroven: zijn geld of bezittingen afnemen **2** jezelf van het leven beroven: zelfmoord plegen.

**be·rucht** (bijv. nw.) erg bekend door een vervelende eigenschap ◆ spruitjes zijn **berucht** om hun doordringende geur.

**be·rus·ten** (berustte, heeft berust) **1** in iets berusten: aanvaarden dat iets nu eenmaal zo is, je niet tegen iets verzetten ◆ hij **berustte** in de straf die hij gekregen had **2** op iets berusten: op iets gebaseerd zijn, iets als grond hebben ◆ dit verhaal **berust** op ware gebeurtenissen **3** bij iemand berusten: bij iemand in bewaring zijn ◆ de documenten **berusten** bij de notaris; de leiding **berust** bij meneer S.: meneer S. heeft de leiding.

**be·ryl** → beril.

**bes** (zelfst. nw.; -sen) **1** (de ~) kleine ronde vrucht ◆ kruisbes; zwarte **bes 2** (de ~) muzieknoot, verlaagde b **3** (de ~ (v.); meestal: besje) oude vrouw.

**be·schaafd** (bijv. nw.) **1** met goede manieren, goed opgevoed ⇒ keurig, net ◆ hij gedraagt zich altijd heel **beschaafd 2** met beschaving* (bet.1), niet primitief ◆ **beschaafde** volken.

**be·schaamd** (bijv. nw.) **1** vol schaamte* ◆ iemand **beschaamd** maken: maken dat iemand zich schaamt **2** (in België □) verlegen ⇒ schuchter, bedeesd.

**be·scha·di·gen** (beschadigde, heeft beschadigd) iets beschadigen: iets een beetje kapot maken ◆ met die rolschaatsen **beschadig** je de vloer.

**be·scha·men** (beschaamde, heeft beschaamd) iemands verwachtingen, vertrouwen enz. beschamen: die of dat niet waarmaken ◆ toen Magda ons geheimpje verklapte, **beschaamde** ze mijn vertrouwen.

**be·scha·mend** (bijv. nw.) zo erg of slecht dat je je moet schamen* ◆ de uitvoering was **beschamend**.

**be·scha·ving** (de ~(v.); -en) **1** bepaalde ontwikkeling die een volk bereikt heeft, en die o.a. blijkt uit het niveau van de kunst, de techniek en de wetenschap ⇒ cultuur ◆ de westerse **beschaving** is al eeuwen oud **2** het beschaafd* (bet.1) zijn.

**be·scheid** (zelfst. nw.) ▼ iemand bescheid geven:(deftig) iemand antwoorden.

**be·schei·den¹** (zelfst. nw.; meervoud) officiële papieren die je ergens voor nodig hebt ⇒ stukken.

**be·schei·den²** (bijv. nw.) **1** gezegd van iemand die zichzelf niet op de voorgrond plaatst ◆ hij is beroemd geworden, maar erg **bescheiden** gebleven **2** (van dingen): niet groot of niet veel ◆ hij nam een **bescheiden** portie eten.

**be·schei·den·heid** (de ~(v.)) het bescheiden²* (bet.1) zijn ◆ valse **bescheidenheid**: het bescheiden doen terwijl je het niet meent.

**be·scher·me·ling** (de ~(m.); -en) iemand die je onder je hoede neemt, voor wie je zorgt ⇒ protégé.

**be·scher·men** (beschermde, heeft beschermd) **1** iemand of iets beschermen: ervoor zorgen dat iemand of iets geen kwaad overkomt, dat iemand of iets veilig is ⇒ behoeden ◆ de kip **beschermt** haar kuikens **2** iemand of iets ergens tegen beschermen: ervoor zorgen dat iemand of iets ergens geen last van heeft ⇒ beschutten ◆ deze jas **beschermt** me prima tegen de regen.

**be·scherm·en·gel** (de ~(m.); -en) engel die je dag en nacht beschermt* (bet.1) ⇒ engelbewaarder.

**be·scherm·hei·li·ge** (de ~; -n) heilige die mensen met een bepaald beroep beschermt* (bet.1) ⇒ schutspatroon ◆ Sint-Jozef is de **beschermheilige** van de timmerlieden.

**be·scher·ming** (de ~(v.); -en) het beschermen* ◆ die boom biedt **bescherming** tegen de regen; iemand in **bescherming** nemen:(uitdr.) voor iemand opkomen, iemand verdedigen; civiele **bescherming**:(in België) dienst die de bevolking moet helpen en beschermen wanneer er bijv. een ramp is gebeurd.

**be·scheu·ren** (bescheurde, heeft bescheurd) je bescheuren: (populair) heel erg lachen ◆ Geert **bescheurde** zich om die mop.

**be·schik·baar** (bijv. nw.) over wie of waarover beschikt* (bet.1) kan worden ◆ is er een ziekenauto **beschikbaar**?

**be·schik·ken** (beschikte, heeft beschikt) **1** beschikken over iemand of iets: gebruik van iemand of iets kunnen maken ◆ je kunt de hele middag over mijn fiets **beschikken**; zij **beschikt** over een goede gezondheid: zij bezit een goede gezondheid **2** over iets beschikken: over iets beslissen, bepalen wat er met iets gebeurt ◆ de juffrouw **beschikt** over het tekenmateriaal.

**be·schik·king** (de ~(v.)) **1** het beschikken* (bet.1) ◆ Annelies heeft de **beschikking** over een typemachine; hij stelt zijn lichaam ter **beschikking** van de wetenschap: de wetenschap mag na zijn dood zijn lichaam voor onderzoek gebruiken **2** wat beschikt* (bet.2) is ⇒ besluit.

**be·schim·meld** (bijv. nw.) met schimmel* (bet.1) bedekt ◆ dit brood is helemaal **beschimmeld**.

**be·schim·pen** (beschimpte, heeft beschimpt) iemand beschimpen: op een spottende manier lelijke dingen tegen iemand zeggen.

**be·schoei·ing** (de ~(v.); -en) verstevigde walkant van een rivier of kanaal, tegen het afbrokkelen van de oever.

**be·schon·ken** (bijv. nw.) dronken.

**be·scho·ren** (bijv. nw.) ▼ dat geluk is mij niet **beschoren**: dat is niet voor mij weggelegd.

**be·schot** (het ~; -ten) wand van hout.

**be·schou·wen** (beschouwde, heeft beschouwd) 1 iets beschouwen als …: iets zo opvatten ◆ ik **beschouw** dat als mijn plicht 2 iets of iemand beschouwen: iets of iemand bekijken ◆ de man **beschouwde** mij aandachtig; goed **beschouwd** valt het wel mee: als we de zaak eens goed overdenken valt het wel mee.

**be·schou·wing** (de ~(v.); -en) praatje of artikel waarin je vertelt hoe je over iets denkt ⇒ verhandeling ◆ iets buiten **beschouwing** laten:(uitdr.) niet over iets praten, iets niet bij de overwegingen betrekken.

**be·schrij·ven** (beschreef, heeft beschreven) 1 iemand of iets beschrijven: precies vertellen hoe iemand of iets eruitziet ◆ kun je die man **beschrijven**? 2 een baan, route beschrijven: die afleggen ◆ de raket **beschreef** een baan om de aarde.

**be·schrij·ving** (de ~(v.); -en) woorden waarmee je iets of iemand beschrijft* (bet.1) ◆ hij gaf een uitvoerige **beschrijving** van de stad.

**be·schroomd** (bijv. nw.) aarzelend en verlegen, niet op je gemak ◆ **beschroomd** kwam Peter-Paul voor de klas staan.

**be·schuit** (de ~; -en) rond bros baksel van tarwe ◆ als er een baby geboren is, eet je **beschuit** met muisjes.

**be·schul·di·gen** (beschuldigde, heeft beschuldigd) iemand ergens van beschuldigen: zeggen dat iemand iets gedaan heeft ⇒ betichten ◆ de politie **beschuldigde** hem van moord.

**be·schul·di·ging** (de ~(v.); -en) het beschuldigen* ⇒ aanklacht.

**be·schut** (bijv. nw.) beschermd tegen regen, wind of zon ◆ daar onder die bomen is een lekker **beschut** plekje.

**be·schut·ten** (beschutte, heeft beschut) iemand of iets beschutten: iemand of iets beschermen tegen regen, wind of zon.

**be·sef** (het ~) dat wat je beseft* ⇒ notie, benul ◆ we hadden geen **besef** van tijd: we hadden geen idee hoe laat het was.

**be·sef·fen** (besefte, heeft beseft) iets beseffen: je iets bewust zijn, iets in de gaten hebben ◆ José **besefte** maar half wat ze allemaal had aangericht: het drong niet helemaal tot haar door.

**be·slaan** (besloeg) 1 (is beslagen)(van glas): vochtig en daardoor ondoorzichtig worden ◆ de ruiten zijn helemaal **beslagen** 2 (heeft beslagen) een paard beslaan: hoefijzers onder zijn hoeven slaan 3 (heeft beslagen) een ruimte beslaan: die in beslag* nemen, die innemen ◆ dat bankstel **beslaat** de halve kamer!

**be·slag** (het ~) 1 vloeibaar mengsel van meel en melk of water, om iets van te bakken ◆ **beslag** voor pannenkoeken 2 gouden, koperen enz. versiering van meubels of boeken ▼ ruimte in **beslag** nemen: die bezet houden; iemand helemaal in **beslag** nemen: al iemands aandacht vragen; iets, bijv. een wapen, in **beslag** nemen: iets op wettige gronden van iemand afnemen; **beslag** op iemands bezittingen leggen: die op bevel van de rechter

van iemand afnemen, bijv. om er zijn of haar schulden van te betalen; tenslotte kreeg de zaak zijn **beslag**: ten slotte werd bepaald hoe de zaak geregeld moest worden.

**be·slech·ten** (beslechtte, heeft beslecht) een ruzie, een geschil beslechten: daar een eind aan maken.

**be·slis·sen** (besliste, heeft beslist) iets beslissen: iets besluiten, iets bepalen ◆ de jury **beslist** wie er gewonnen heeft.

**be·slis·send** (bijv. nw.) doorslaggevend ◆ morgen spelen ze de **beslissende** wedstrijd: de wedstrijd die bepaalt wie de winnaar is.

**be·slis·sing** (de ~(v.); -en) het beslissen* ⇒ besluit ◆ je zult nu toch echt een **beslissing** moeten nemen: je zult nu toch echt moeten beslissen.

**be·slist**[1] (bijv. nw.) gezegd van iemand die zeker is en daardoor snel in zijn of haar reacties ⇒ vastberaden, resoluut ◆ een **beslist** antwoord.

**be·slist**[2] (bijw.) zeer zeker, stellig ⇒ pertinent, absoluut ◆ is dat echt waar? ja, **beslist**.

**be·slom·me·rin·gen** (zelfst. nw.; meervoud) zorgen voor dingen die je moet doen ◆ ik word gek van al die **beslommeringen**.

**be·sloot** → besluiten.

**be·slo·ten**[1] (bijv. nw.) 1 niet open, alleen voor genodigden, leden enz. ◆ een **besloten** club: waar alleen leden mogen komen ▼ een **besloten** vennootschap (BV): een zaak waarvan de aandelen niet openbaar gekocht of verkocht kunnen worden.

**be·slo·ten**[2] → besluiten.

**be·sluit** (het ~; -en) 1 het besluiten* (bet.1) ⇒ beslissing ◆ het **besluit** nemen om met roken te stoppen: dat besluiten; hij kwam tot het **besluit** dat er ingebroken moest zijn: na allerlei overwegingen kwam hij tot die conclusie 2 slot, einde van iets ◆ tot **besluit** van de middag werd een tekenfilm vertoond.

**be·slui·te·loos** (bijv. nw.) gezegd van iemand die niet gemakkelijk een besluit* (bet.1) kan nemen ⇒ weifelend, onzeker ◆ **besluiteloos** liep ze heen en weer.

**be·slui·ten** (besloot, heeft besloten) 1 iets besluiten: uit een aantal mogelijkheden kiezen om iets te doen ⇒ beslissen ◆ hij **besloot** toch maar de gele jas te kopen 2 iets besluiten: iets beëindigen, iets afsluiten ◆ de feestmiddag werd **besloten** met limonade.

**be·sluit·vaar·dig** (bijv. nw.) gezegd van iemand die snel besluiten* (bet.1) neemt.

**be·smet·te·lijk** (bijv. nw.) 1 (van ziekten): gemakkelijk van de een op de ander overgaand ◆ griep is erg **besmettelijk** 2 licht vuil ◆ lichte kleuren zijn **besmettelijk**: daar zie je snel vlekken op.

**be·smet·ten** (besmette, heeft besmet) iemand besmetten: een ziekte op iemand overbrengen ⇒ aansteken.

**be·smeu·ren** (besmeurde, heeft besmeurd) iets of iemand besmeuren: iets of iemand vuil maken.

**be·smuikt** (bijw.) ▼ **besmuikt** lachen: stiekem en geniepig lachen.

**be·snij·den** (besneed, heeft besneden) een jongen besnijden: zijn voorhuid wegnemen (kijk ook bij: **voorhuid**).

**be·snij·de·nis** (de ~(v.)) het besnijden* van een jongetje volgens de regels van de joodse of mohammedaanse godsdienst, en de plechtigheid die daarbij hoort.

**be·snoei·en** (besnoeide, heeft besnoeid) 1 iets besnoeien: iets verminderen, iets kleiner maken 2 op iets besnoeien: op iets bezuinigen ⇒ beknibbelen ◆ we moeten op de uitgaven **besnoeien**: we moeten minder geld uitgeven.

**be·sog·nes** (Frans) [bəzɔɲəs](zelfst. nw.; meervoud) dingen die je moet doen, bezigheden ◆ kom je op bezoek of heb je andere **besognes**?

**be·spa·ren** (bespaarde, heeft bespaard) **1** geld besparen: minder geld uitgeven, geld overhouden ♦ als je de verwarming 's nachts uitdraait, **bespaar** je veel geld **2** iemand iets besparen: ervoor zorgen dat iets iemand niet overkomt, iemand niet met iets belasten ♦ die ellende wil ik haar **besparen**.

**be·spe·len** (bespeelde, heeft bespeeld) **1** een instrument bespelen: erop spelen, er muziek mee maken **2** een zaal, een publiek bespelen: het publiek boeien en het laten reageren zoals jij wilt.

**be·speu·ren** (bespeurde, heeft bespeurd) iets bespeuren: iets bemerken ⇒ gewaarworden ♦ de spreker **bespeurde** wat onrust in de zaal.

**be·spie·den** (bespiedde, heeft bespied) iemand of iets bespieden: iemand of iets begluren, stiekem bekijken ⇒ bespioneren, beloeren.

**be·spie·ge·ling** (de ~(v.); -en) overpeinzing, beschouwing.

**be·spoe·di·gen** (bespoedigde, heeft bespoedigd) iets bespoedigen: ervoor zorgen dat iets sneller gebeurt, haast met iets maken ⇒ versnellen.

**be·spot·te·lijk** (bijv. nw.) belachelijk, gek ⇒ ridicuul ♦ stel je niet zo **bespottelijk** aan.

**be·spot·ten** (bespotte, heeft bespot) iemand of iets bespotten: iemand of iets belachelijk maken.

**be·spre·ken** (besprak, heeft besproken) **1** iets bespreken: over iets praten ♦ ik heb mijn plan met vader **besproken 2** iets bespreken: van tevoren afspreken dat iets voor jou bestemd is ⇒ reserveren ♦ een tafel in een restaurant **bespreken 3** een boek, een voorstelling enz. bespreken: er in een artikel een oordeel over geven ⇒ recenseren.

**be·spre·king** (de ~(v.); -en) gesprek over iets belangrijks ♦ ze kunnen niet gestoord worden, want ze zijn in **bespreking**.

**be·spren·ke·len** (besprenkelde, heeft besprenkeld) iets of iemand besprenkelen: druppels op iets of iemand laten vallen ♦ ze **besprenkelde** haar zakdoek met eau de cologne.

**best¹** (zelfst. nw.) ▼ je haalt het makkelijk als je je best doet: als je je zo goed mogelijk inspant, als je doet wat je kunt; in computerspelletjes is ze op haar best: daarin is ze beter dan in alle andere dingen; op het feest gaven ze een toneelstukje ten beste: ze voerden het op.

**best²** (bijv. nw.) **1** (overtreffende trap van 'goed') ♦ voorzichtig, het zijn je beste kleren; mijn fiets heeft zijn beste tijd gehad: hij begint te verslijten; als je me helpt, ben je een bovenste beste: (uitdr.) dan ben ik je erg dankbaar **2** uitstekend, van goede kwaliteit ♦ dit zijn beste aardappels; onze buren zijn beste mensen: plezierige, lieve mensen **3** (gebruikt om iemand vriendelijk aan te spreken) ♦ beste jongens en meisjes, welk verhaal zal ik voorlezen?

**best³** (bijw.) **1** zeer goed ⇒ uitstekend, prima ♦ ik heb me best geamuseerd **2** heus wel ♦ het zag er vreemd uit, maar het was best lekker; niet zo nerveus, het lukt je best **3** eigenlijk wel ♦ ik voel me best eenzaam in de nieuwe buurt.

**be·staan¹** (het ~) het er zijn, het zijn ♦ geloven jullie in het **bestaan** van spoken?; een feest voor het 50-jarig bestaan van de school.

**be·staan²** (bestond, heeft bestaan) **1** er zijn ♦ spoken bestaan niet; sinds de ruzie bestaan we voor hen niet meer: (uitdr.) sindsdien negeren ze ons helemaal **2** uit (of in) iets bestaan: iets zijn, uit iets opgebouwd zijn ♦ haar werk bestaat uit het rondleiden van bezoekers; de nieuwe tv-serie bestaat uit tien delen **3** van iets bestaan: je brood met iets verdienen, van iets leven ♦ deze antiquair be-

staat van de verkoop van oude boeken **4** mogelijk zijn ♦ het bestaat niet dat jullie nu al klaar zijn met de afwas; heb je een voldoende? hoe **bestaat** het! **5** het bestaan om ...: dat wagen, dat durven ♦ ze heeft het **bestaan** om mij twee uur te laten wachten.

**be·staans·recht** (het ~) recht om er te zijn ♦ het bestaansrecht van de schoolbibliotheek is wel aangetoond: het is wel bewezen dat de schoolbibliotheek er moet zijn.

**be·stand¹** (het ~; -en) **1** wapenstilstand **2** reeks namen en gegevens van mensen of dingen die in één verzameling zijn opgenomen ♦ een adressenbestand.

**be·stand²** (bijv. nw.) tegen iets bestand zijn: tegen iets kunnen, sterk genoeg voor iets zijn.

**be·stand·deel** (het ~; -delen) een deel ergens van, of een stof die ergens in zit ♦ eiwit is een **bestanddeel** van melk en kaas; het voornaamste **bestanddeel** van dit nagerecht is slagroom.

**be·ste·den** (besteedde, heeft besteed) iets ergens aan besteden: iets ergens voor gebruiken ♦ als je niet wat meer zorg besteedt aan je huiswerk, raak je helemaal achter; hoeveel geld mag ik besteden aan nieuwe schoenen?

**be·stek** (het ~; -ken) **1** lepels, vorken en messen waar je mee eet **2** beschrijving van de manier waarop een bepaald werk aangepakt zal worden ⇒ werkplan ♦ iets in kort bestek vertellen: (uitdr.) alleen de belangrijkste dingen van iets vertellen **3** (in België □) begroting ⇒ kostenraming.

**be·stel** (het ~; -len) alle regelingen en organisaties op een bepaald gebied ♦ het Belgische omroepbestel is heel anders dan het Nederlandse.

**be·ste·len** (bestal, heeft bestolen) iemand bestelen: geld of spullen van iemand stelen*.

**be·stel·len** (bestelde, heeft besteld) **1** iets bestellen: opdracht geven om iets te brengen ♦ een kop chocola bestellen; het boek is niet in de winkel voorradig, ze moeten het bestellen **2** post bestellen: die aan huis bezorgen ▼ een overledene ter aarde bestellen: hem begraven.

**be·stel·ling** (de ~(v.); -en) dingen die iemand besteld* (bet.1) heeft ♦ de slager bracht de **bestellingen** rond.

**be·stel·wa·gen** (de ~(m.); -s) auto met een laadruimte waarin goederen vervoerd kunnen worden.

**be·stem·me·ling** (de ~(m.); -en) (in België □; ouderwets) persoon aan wie een brief of pakje gericht is.

**be·stem·men** (bestemde, heeft bestemd) iets voor iemand of iets bestemmen: beslissen dat een persoon of een instantie iets krijgt ♦ dit pakje had ik voor jou **bestemd**: dat krijg jij; die opmerking was niet voor jou **bestemd**: die hoefde jij niet te horen.

**be·stem·ming** (de ~(v.); -en) doel ♦ ze vertrokken met **bestemming** Amsterdam; niemand weet nog wat voor **bestemming** het lege gebouw krijgt: wat ermee gedaan wordt, wie er in komt.

**be·stem·mings·plan** (het ~; -nen) plan van de gemeente waarin staat wat er met een bepaald gebied moet gebeuren.

**be·stem·pe·len** (bestempelde, heeft bestempeld) iemand of iets bestempelen als ...: iemand of iets zo noemen ♦ hij heeft een keer gestolen en wordt nu door iedereen als een dief **bestempeld**.

**be·sten·dig** (bijv. nw.) hetzelfde blijvend, het tegenovergestelde van 'veranderlijk' ♦ bestendig weer.

**-bestendig** bestand tegen, geen last hebbend van ♦ roestbestendig; vochtbestendig.

**be·sten·di·gen** (bestendigde, heeft bestendigd) iets bestendigen: ervoor zorgen dat iets niet verandert, iets laten duren ♦ als we dit succes kunnen **bestendigen** worden we kampioen.

**be·ster·ven** (bestierf, is bestorven) **1** *het besterven van de honger of de dorst:* heel veel honger of dorst hebben **2** *het besterven van het lachen:* heel erg moeten lachen ▼ *de woorden bestierven op zijn lippen:* terwijl hij op het punt stond om ze uit te spreken, deed hij dat toch niet.

**be·stie·ren** (bestierde, heeft bestierd) *iets bestieren:* (ouderwets) iets besturen, iets leiden ◆ *mijn oma bestierde een huishouden met twaalf kinderen.*

**be·stij·gen** (besteeg, heeft bestegen) *iets bestijgen:* op iets klimmen ◆ *hij besteeg zijn paard; de troon bestijgen:* (uitdr.) koning of koningin worden.

**be·sto·ken** (bestookte, heeft bestookt) *iemand of iets bestoken:* iemand of iets zwaar beschieten, zwaar aanvallen ◆ *de soldaten bestookten de stad van alle kanten; toen de minister binnenkwam, werd hij met vragen bestookt:* (uitdr.) toen werden hem veel vragen tegelijk gesteld.

**be·stor·men** (bestormde, heeft bestormd) *iemand of iets bestormen:* iemand of iets zwaar aanvallen met oprukkende manschappen ◆ *men durfde het gekaapte vliegtuig niet te bestormen; de ijscokar werd door de klanten bestormd:* er kwamen heel veel klanten tegelijk op af.

**be·straf·fen** (bestrafte, heeft bestraft) *een mens of een dier bestraffen:* een mens of een dier straf* geven.

**be·stra·len** (bestraalde, heeft bestraald) *een kankerpatiënt bestralen:* die persoon met radioactieve stralen behandelen om hem of haar beter te maken (kijk ook bij: **radioactief**).

**be·stra·ting** (de ~(v.); -en) asfalt of tegels van een weg of stoep ⇒ *plaveisel.*

**be·strij·den** (bestreed, heeft bestreden) *iemand of iets bestrijden:* tegen iemand of iets vechten, je verzetten tegen iemand of iets ◆ *de politie bestrijdt de bende bankovervallers met alle middelen; ik bestrijd de mening dat kinderen altijd vroeg naar bed moeten:* ik ga tegen die mening in; *hoe kunnen we de onkosten bestrijden?:* hoe kunnen we aan geld komen om de onkosten te betalen?

**be·strij·dings·mid·del** (het ~; -en) middel tegen onkruid of ongedierte.

**be·strij·ken** (bestreek, heeft bestreken) *een gebied bestrijken:* zover kunnen komen ◆ *de scheepskanonnen bestrijken de hele havenplaats.*

**best·sel·ler** (de ~(m.); -s) boek dat heel veel verkocht wordt ◆ *Roald Dahl schreef de ene bestseller na de andere.*

**be·stu·de·ren** (bestudeerde, heeft bestudeerd) *iemand of iets bestuderen:* ervoor zorgen dat je meer van iemand of iets te weten komt, je in iemand of iets verdiepen.

**be·stui·ven** (bestoof, heeft bestoven) **1** *iets bestuiven:* deeltjes van een stof of nevel op iets laten neerkomen ◆ *de bakker bestuift de broodjes met meel* **2** *bloemen bestuiven:* ervoor zorgen dat er stuifmeel op de stampers komt ◆ *de wind en de bijen zorgen voor het bestuiven van de bloemen.*

**be·stu·ren** (bestuurde, heeft bestuurd) **1** *een voertuig, schip enz. besturen:* ervoor zorgen dat het de juiste richting uit gaat **2** *een vereniging, stad of land besturen:* die of dat leiden, aan het hoofd ervan staan ◆ *de ministers besturen het land.*

**be·stuur** (het ~; besturen) **1** leiding, gezag ◆ *het bestuur van het land is in handen van militairen* **2** de mensen die de leiding, het gezag hebben ◆ *vooraan in de zaal zat het schoolbestuur.*

**be·stuur·der** (de ~(m.); -s), vrouw: **be·stuur·ster** (de ~ (v.); -s) iemand die iets bestuurt* ◆ *een busbestuurder; de bestuurders van de stad.*

**best·wil** (zelfst. nw.) ▼ *voor je eigen bestwil:* omdat het

het beste voor je is; *een leugentje om bestwil:* een leugentje uit goede bedoelingen.

**bè·ta** (de ~; bèta's) **1** de tweede letter uit het Griekse alfabet (β) **2** (in Nederland) richting binnen het gymnasium waarin je veel rekenvakken krijgt, het tegenovergestelde van 'alfa'.

**be·taal·baar** (bijv. nw.) niet te duur ◆ *je mag zelf nieuwe kleren uitkiezen, als ze maar wel een beetje betaalbaar zijn.*

**be·taal·kaart** (de ~(m.); -en) cheque van de Postbank waarmee je kunt betalen zonder geld bij je te hebben.

**be·taal·pas** (de ~(m.); -sen) pasje met je naam en handtekening dat je moet laten zien als je met een betaalkaart betaalt.

**be·ta·len** (betaalde, heeft betaald) **1** *iemand een bedrag betalen:* iemand geld geven in ruil voor iets ◆ *ik heb mijn broer ƒ 40,- betaald voor zijn oude fiets; dat werk betaalt slecht:* het levert niet veel geld op **2** *iets betalen:* in ruil voor iets geld geven ◆ *ik betaal onze ijsjes wel.*

**be·ta·men** (betaamde, heeft betaamd) *het betaamt:* het hoort, het past ◆ *gelukkig hebben ze zich bij oma gedragen zoals het betaamt.*

**be·tas·ten** (betastte, heeft betast) *iemand of iets betasten:* met je hand over iemand of iets heen gaan, en die persoon of die zaak voelen.

**bê·te** (Frans) [bɛːt](bijv. nw.) dom, onnozel ⇒ schaapachtig ◆ *zit me niet zo bête aan te staren!*

**be·te·ke·nen** (betekende, heeft betekend) **1** *iets betekenen:* iets aanduiden, iets willen zeggen, de betekenis* (bet.1) van iets hebben ◆ *een tien betekent 'uitmuntend'; ik weet niet wat deze Italiaanse woorden betekenen; wat heeft dat te betekenen?:* wat moet dat, wat doe je daar? **2** *veel, weinig betekenen voor iemand:* erg belangrijk, niet zo belangrijk voor iemand zijn ◆ *het betekent erg veel voor me dat je me zo goed helpt.*

**be·te·ke·nis** (de ~(m.); -sen) **1** dat wat aangeduid of bedoeld wordt, dat wat iets wil zeggen ◆ *de betekenis van Nederlandse woorden kun je in dit woordenboek opzoeken; ken je de betekenis van de verkeersborden?* **2** belang, waarde ◆ *ik hecht geen betekenis aan zijn mening:* ik vind die niet belangrijk.

**be·ten** → bijten.

**be·ten·ge·len** (betengelde, heeft betengeld) *een wand betengelen:* die met dunne latjes bedekken.

**be·ter** (bijv. nw.) **1** (vergrotende trap van 'goed') ◆ *zijn eerste opstel was goed, maar zijn tweede was beter; ik kan beter zingen dan toneelspelen; de betere boekhandel:* een erg goede boekwinkel; *jij kunt beter je mond houden:* zwijg jij maar; *hij wist niet beter of Breda lag in België:* hij dacht het echt; *bij gebrek aan beter schrijf ik met een potlood:* omdat ik niets beters heb **2** niet meer ziek, gezond ⇒ hersteld ◆ *ik was erg ziek maar ik ben nu weer beter.*

**be·te·ren** (beterde, heeft gebeterd) *je leven beteren:* geen slechte of foute dingen meer doen, je beter* (bet.1) gaan gedragen ◆ *de dief beloofde zijn leven te beteren.*

**be·te·rend** (bijv. nw.) ▼ *aan de beterende hand zijn:* weer gezond worden na een ziekte.

**be·ter·schap** (de ~(v.)) **1** herstel van een ziekte ◆ *ik wens je beterschap* **2** verbetering van gedrag ◆ *ze heeft beterschap beloofd.*

**be·teu·ge·len** (beteugelde, heeft beteugeld) *iets beteugelen:* iets in bedwang houden ⇒ bedwingen ◆ *je moet tot je verjaardag je ongeduld beteugelen.*

**be·teu·terd** (bijv. nw.) teleurgesteld en verbaasd tegelijk ◆ *ze stond beteuterd naar de scherven te kijken.*

**be·tich·ten** (betichtte, heeft beticht) *iemand ergens van betichten:* iemand van iets beschuldigen.

**be·tij·en** (ww.) iemand of iets laten betijen: je niet met iemand of iets bemoeien tot die persoon of die zaak weer rustig is ♦ laat haar maar **betijen**, straks wordt ze vanzelf weer vrolijk.

**be·toe·terd** (bijv. nw.) (populair) gek, niet goed wijs, niet goed snik ⇒ dwaas ♦ ben je helemaal **betoeterd** om me zo te laten schrikken!

**be·to·gen** (betoogde, heeft betoogd) 1 iets betogen: proberen iets aannemelijk te maken, iets beweren ♦ hij stond te **betogen** dat de wereld zou vergaan 2 meelopen in een demonstratie om je mening te uiten ⇒ demonstreren ♦ duizenden mensen **betoogden** tegen het racisme.

**be·to·ger** (de ~ (m.); -s) iemand die meedoet aan een betoging* ⇒ demonstrant ♦ de **betogers** stuurden een afgevaardigde naar de burgemeester.

**be·to·ging** (de ~ (v.); -en) optocht of bijeenkomst die als doel heeft een bepaalde mening nadrukkelijk onder de aandacht te brengen ⇒ demonstratie.

**be·ton** (het ~) mengsel van water, zand, grind en kalk of cement dat voor de bouw van huizen, bruggen enz. wordt gebruikt ♦ gewapend **beton**: beton met ijzeren draden erdoor om het sterker te maken.

**be·to·nen** (betoonde, heeft betoond) iemand iets betonen: iemand iets laten merken ⇒ betuigen ♦ je dankbaarheid **betonen**.

**be·ton·rot** (het ~) het afbrokkelen van beton, veroorzaakt door het wegroesten van de ijzeren versteviging in het beton ♦ de hele flat werd wegens **betonrot** afgebroken.

**be·toog** (het ~; betogen) reeks argumenten, verhaal waarmee iemand iets aannemelijk wil maken ⇒ uiteenzetting ♦ hij hield een lang **betoog**; het behoeft geen **betoog** dat jullie je netjes moeten gedragen: dat spreekt vanzelf.

**be·to·ve·ren** (betoverde, heeft betoverd) iemand of iets betoveren: iemand of iets door tovenarij veranderen of in je macht krijgen ♦ het leek een gewone kikker, maar het was een **betoverde** prins; het uitzicht is **betoverend** mooi: (uitdr.) heel erg mooi, onweerstaanbaar mooi.

**bet·over·groot·ou·ders** (zelfst. nw.; meervoud) de ouders van je overgrootouders.

**be·trach·ten** (betrachtte, heeft betracht) iets betrachten: (ouderwets) iets in acht nemen, je aan iets houden ♦ je moet eerbied **betrachten** tegenover oude mensen; je plicht **betrachten**.

**be·trap·pen** (betrapte, heeft betrapt) iemand betrappen: merken dat iemand bezig is met iets wat hij of zij ongemerkt of stiekem wilde doen ♦ de juf **betrapte** Eddie toen hij probeerde af te kijken; ik heb haar nog nooit op een leugen **betrapt**.

**be·tre·den** (betrad, heeft betreden) iets betreden: (deftig) over iets lopen, ergens naar binnen lopen ♦ de koning zal om elf uur het stadhuis **betreden**; het is verboden het grasveld te **betreden**.

**be·tref·fen** (betrof, heeft betroffen) iemand of iets betreffen: iemand of iets aangaan, op iemand of iets betrekking hebben ♦ wat jouw probleem **betreft**, dat kan ik nu niet oplossen; wat mij **betreft** gaan we naar de film: voor zover het van mij afhangt; mijn opmerkingen **betreffen** niet iedereen in de klas: ze slaan niet op iedereen.

**be·tref·fend** (bijv. nw.) over wie het gaat, die of dat ermee te maken heeft ♦ de **betreffende** leerling krijgt nog bericht.

**be·tref·fen·de** (voorz.) over ⇒ omtrent, aangaande, inzake ♦ de gymnastiekleraar kan alle inlichtingen **betreffende** de sportdag geven.

**be·trek·ke·lijk¹** (bijv. nw.) 1 gezegd van iets waarvan de betekenis of waarde alleen iets zegt als je het met iets anders vergelijkt ⇒ relatief ♦ ze hebben een groot huis, nou ja, groot is **betrekkelijk** ▼ **betrekkelijke** voornaamwoorden: (taal) woorden die naar een eerder genoemde persoon of zaak verwijzen, bijv. 'die' in 'de vrouw die op straat loopt'.

**be·trek·ke·lijk²** (bijw.) tamelijk, nogal ⇒ relatief ♦ het is **betrekkelijk** dichtbij.

**be·trek·ken** (betrok) 1 (heeft betrokken) iemand of iets ergens bij betrekken: iemand of iets ergens bij halen, ergens in mengen ♦ als ze huiswerk zit te maken **betrekt** ze de hele familie erbij; ik was niet **betrokken** bij die vechtpartij: ik had er niets mee te maken 2 (heeft betrokken) een huis of kamer betrekken: er gaan wonen ♦ ze hebben een zolderetage **betrokken**; de soldaat **betrekt** de wacht: (uitdr.) hij gaat de wacht houden 3 (heeft betrokken) goederen betrekken: die kopen of halen ♦ we **betrekken** onze eieren van een boer 4 (is betrokken) (van de lucht): met wolken bedekt worden 5 (is betrokken) (van een gezicht): somber worden ♦ zijn gezicht **betrok** toen ik zei dat hij niet mee mocht.

**be·trek·king** (de ~ (v.); -en) 1 baan ♦ ze heeft een **betrekking** bij de apotheek 2 band, omgang ♦ we onderhouden een goede **betrekking** met de familie; de twee landen hebben hun diplomatieke **betrekkingen** verbroken 3 verband ⇒ relatie ♦ mijn klacht heeft geen **betrekking** op jou: die slaat niet op jou; hij wil een gesprek met **betrekking** tot mijn plannen: over mijn plannen.

**be·treu·ren** (betreurde, heeft betreurd) iets betreuren: spijt van iets hebben, iets jammer vinden ♦ ik **betreur** mijn fout; bij het ongeluk vielen twee doden te **betreuren**: er kwamen twee mensen bij om.

**be·trok·ken** (bijv. nw.) 1 (van een gezicht): treurig, bedroefd ⇒ somber ♦ met **betrokken** gezicht nam hij afscheid 2 ermee te maken hebbend ♦ u moet een brief schrijven naar de **betrokken** ambtenaar.

**be·trok·ke·ne** (de ~; -n) iemand die ergens mee te maken heeft, die ergens bij betrokken* (bet.2) is ♦ hij noemde geen namen, maar de **betrokkenen** begonnen te blozen.

**be·trouw·baar** (bijv. nw.) gezegd van iemand in wie of iets waarin je vertrouwen kunt hebben ♦ ik heb mijn spullen zo lang aan een **betrouwbaar** persoon gegeven.

**bet·ten** (bette, heeft gebet) een lichaamsdeel of een wond betten: dat of die met een vochtig doekje voorzichtig nat maken ♦ hij **bette** zijn vermoeide ogen.

**be·tui·gen** (betuigde, heeft betuigd) iemand dank, medeleven enz. betuigen: iemand met nadruk zeggen dat je dankbaar bent, meeleeft enz..

**be·tut·te·len** (betuttelde, heeft betutteld) iemand betuttelen: alles voor iemand regelen, iemand niets zelf laten beslissen.

**bet·we·ter** (de ~ (m.); -s), vrouw: **bet·weet·ster** (de ~ (v.); -s) iemand die denkt dat hij of zij alles beter weet.

**be·twij·fe·len** (betwijfelde, heeft betwijfeld) iets betwijfelen: denken dat iets waarschijnlijk niet waar is ♦ ik **betwijfel** of ik mijn werk op tijd af krijg.

**be·twis·ten** (betwistte, heeft betwist) 1 iemand het recht betwisten om ...: zeggen dat iemand dat recht niet heeft 2 iets betwisten: zeggen dat iets niet waar is tegen iemand die zegt dat het wél waar is ⇒ tegenspreken ♦ ik **betwist** niet dat je het goed hebt gedaan hebt.

**beu** (bijv. nw.) ▼ iets beu zijn: genoeg van iets hebben, iets zat zijn; ik ben dat gezeur **beu**.

**beu·gel** (de ~ (m.); -s) 1 band van ijzer of kunststof die iets op zijn goede plaats moet houden of op de goede plaats moet brengen ♦ er zat een zware **beugel** om de *kapotte pilaar; hij loopt met een **beugel**:* (om zijn been recht te houden); *ik krijg een **beugel** voor mijn scheve tanden*: (om ze weer recht te duwen) ▼ *dat kan niet door de **beugel**: het is zo slecht dat het onaanvaardbaar is.*

**beuk** (de ~ (m.); -en) **1** loofboom uit Midden-Europa waar eetbare vruchtjes aan komen ▼ *de **beuk** erin!*: (populair) (als aansporing om flink aan de gang te gaan).

**beu·ken** (beukte, heeft gebeukt) *op iets beuken*: hard tegen iets slaan ⇒ *bonken* ♦ *de golven **beuken** op het strand; ze stonden op de deur te **beuken**.*

**beu·ken·noot·je** (het ~; -s) driehoekig, bruin vruchtje van de beuk.

**beul** (de ~ (m.); -en) iemand die lijfstraffen of doodstraffen uitvoert ♦ *de **beul** voltrok de doodstraf; zo brutaal als de **beul**:* (uitdr.) heel erg brutaal.

**beun·haas** (de ~ (m.); -hazen) iemand die zonder toestemming een beroep uitoefent, en daarom minder geld voor zijn of haar werk vraagt (vaak met de bijbetekenis: iemand die slecht is in zijn of haar vak).

**beu·ren** (beurde, heeft gebeurd) **1** *iets beuren*: iets opbeuren, iets tillen ♦ *ze **beurde** die zware kist in haar eentje!* **2** *geld beuren*: geld ontvangen waar je recht op hebt ⇒ *innen* ♦ *voor die krantenwijk **beurt** Sandra f 60,- per week.*

**beurs¹** (de ~; beurzen) **1** portemonnee ⇒ *knip* ♦ *een ruil met gesloten **beurzen**:* (uitdr.) zonder bijbetaling **2** geldbedrag van het Rijk gedurende een beperkt aantal jaren voor mensen die studeren **3** tentoonstelling waarop handelaars en fabrikanten laten zien wat ze te koop hebben ♦ *huishoud**beurs**; meubel**beurs*** **4** gebouw waarin effecten verhandeld worden (kijk ook bij: **effect** (bet.2)).

**beurs²** (bijv. nw.) (van vruchten) te zacht, overrijp ♦ *een peer met **beurse** plekken.*

**beurt** (de ~; -en) keer dat iemand of iets behandeld wordt ♦ *wie is er aan de **beurt**?; de keuken krijgt een grote **beurt**: die wordt grondig schoongemaakt; Tom maakte een goede **beurt** toen hij voor een oude dame opstond in de bus*: (uitdr.) hij maakte toen een goede indruk; *om de **beurt***: (uitdr.) eerst de een, dan de ander; *Dorine viel de eer te **beurt** de minister bloemen aan te bieden*: (uitdr.) zij had het geluk dat ze dat mocht doen.

**beur·te·lings** (bijw.) afwisselend, achter elkaar ♦ *die toverbal wordt **beurtelings** blauw, paars en oranje.*

**beurt·rol** (de ~) (in België) toerbeurt, afwisseling van beurt ♦ *zullen we voor het opruimen een **beurtrol** instellen?*

**beurt·schip·per** (de ~ (m.); -s) schipper die steeds tussen twee plaatsen heen en weer vaart.

**beu·ze·la·rij** (de ~ (v.); -en) onbelangrijk gedoe of gepraat.

**be·val** → bevelen.

**be·va·len** → bevelen.

**be·val·len** (beviel, is bevallen) **1** (van vrouwen): een kind ter wereld brengen **2** *goed of slecht bevallen*: wel of niet in de smaak vallen, wel of niet gewaardeerd worden ♦ *hoe **bevalt** je nieuwe fiets?*

**be·val·lig** (bijv. nw.) (van gebaren): mooi en sierlijk.

**be·val·ling** (de ~ (v.); -en) het bevallen* (bet.1) ⇒ *verlossing, partus* ♦ *het was een zware **bevalling**:* (uitdr.; populair) (dit zeg je nadat je een moeilijk karwei hebt volbracht).

**be·van·gen** (beving, heeft bevangen) (van kou, slaap, schrik enz.) iemand bevangen: plotseling over iemand komen, iemand overmeesteren.

**be·vat·ten** (bevatte, heeft bevat) **1** *iets bevatten*: iets inhouden, iets in zich hebben ♦ *dit schip **bevat** 60 ton graan* **2** *iets bevatten*: iets tot je door laten dringen, iets

helemaal begrijpen ♦ *ze kon nog niet **bevatten** dat ze haar hond nooit meer zou zien.*

**be·vei·li·gen** (beveiligde, heeft beveiligd) iemand of iets beveiligen: iemand of iets beschermen tegen gevaar of schade ♦ *ons huis is tegen inbraak **beveiligd**.*

**be·vel** (het ~; -en) opdracht die je moet uitvoeren ⇒ *order* ♦ *op **bevel** van de brandweer moest iedereen het gebouw verlaten; de commandant voerde het **bevel** over de soldaten*: de soldaten moesten de commandant gehoorzamen.

**be·ve·len** (beval, heeft bevolen) iemand iets bevelen: iemand een bevel* geven ♦ *de kaper **beval** de machinist om te stoppen.*

**be·vel·heb·ber** (de ~ (m.); -s) iemand die de leiding heeft over een groep soldaten ⇒ *commandant.*

**be·ven** (beefde, heeft gebeefd) **1** voortdurend heel kleine heen en weer gaande bewegingen maken (bijv. van kou of van angst) ⇒ *trillen, bibberen* ♦ *haar handen **beven**; zijn stem **beefde**: zijn stemgeluid was niet steeds even krachtig* **2** *voor iemand beven*: heel bang voor iemand zijn ⇒ *sidderen* ♦ *iedereen **beeft** voor de directrice.*

**be·ver** (de ~ (m.); -s) knaagdier met een grote platte staart, dat kan zwemmen.

**be·ves·ti·gen** (bevestigde, heeft bevestigd) **1** *iets bevestigen*: iets vastmaken ♦ *een plankje aan de muur **bevestigen*** **2** *iets bevestigen*: zeggen dat iets klopt, 'ja' op iets zeggen, het tegenovergestelde van 'ontkennen' ♦ *wij dachten dat Jan ziek was, en zijn moeder **bevestigde** dat; belgenmoppen **bevestigen** de vooroordelen over Belgen*: ze tonen duidelijk aan dat die vooroordelen bestaan **3** iemand bevestigen (in een ambt, functie enz.): iemand officieel een ambt, een functie geven ♦ *de nieuwe dominee wordt zondag **bevestigd**.*

**be·vind** (zelfst. nw.) ▼ *naar **bevind** van zaken handelen*: handelen zoals je op dat moment denkt dat nodig is.

**be·vin·den** (bevond, heeft bevonden) **1** *je ergens bevinden*: ergens zijn ♦ *de minister **bevindt** zich in het buitenland* **2** *iets of iemand geschikt, voldoende enz. bevinden*: er door onderzoek achter komen dat iets of iemand geschikt, voldoende enz. is ♦ *de inspecteur heeft de onderwijzer ongeschikt **bevonden**.*

**be·vin·ding** (de ~ (v.); -en) uitkomst van wat je onderzoekt ♦ *de rechercheur heeft zijn **bevindingen** op papier gezet.*

**be·vlie·ging** (de ~ (v.); -en) iets wat je plotseling heel leuk vindt, maar na een tijdje niet meer ⇒ *gril* ♦ *vorig jaar wilde Mark per se naar de toneelschool, maar dat was een **bevlieging**.*

**be·voegd** (bijv. nw.) gezegd van iemand die ergens de diploma's voor heeft ♦ *mijn moeder is **bevoegd** om les te geven op de middelbare school.*

**be·vo·len** → bevelen.

**be·vol·ken** (bevolkte, heeft bevolkt) (van mensen of dieren) een land, plaats bevolken: er als bewoner leven ♦ *tientallen konijnen **bevolken** het park.*

**be·vol·king** (de ~ (v.)) de mensen die in een bepaald land of gebied wonen.

**be·vol·kings·dicht·heid** (de ~ (v.)) aantal inwoners per vierkante kilometer.

**be·vol·kings·re·gis·ter** (het ~; -s) namenlijst met gegevens van alle inwoners van een gemeente.

**be·vol·kings·vraag·stuk** (het ~; -ken) het probleem dat ontstaat als er te veel mensen in een land wonen.

**be·voog·den** (bevoogdde, heeft bevoogd) iemand bevoogden: iemand behandelen alsof je iets over hem of haar te zeggen hebt.

**be·voor·de·len** (bevoordeelde, heeft bevoordeeld) iemand

*bevoordelen*: iemand voordeel* bezorgen, partij voor iemand trekken ⇒ *voortrekken*.

**be·voor·oor·deeld** (bijv. nw.) met je oordeel van tevoren al klaar ⇒ *partijdig* ◆ *de scheidsrechter was bevooroordeeld*: hij trok één partij voor omdat hij vond dat die moest winnen.

**be·voor·rech·ten** (bevoorrechtte, heeft bevoorrecht) iemand bevoorrechten: iemand voorrechten* geven ⇒ *voortrekken, bevoordelen*.

**be·vor·de·ren** (bevorderde, heeft bevorderd) 1 iets bevorderen: een gunstige invloed op iets hebben, iets beter laten verlopen ◆ *bruin brood bevordert de spijsvertering* 2 iemand bevorderen: iemand een hogere rang geven, iemand naar een hogere groep laten gaan ◆ *de luitenant werd bevorderd tot majoor*.

**be·vor·der·lijk** (bijv. nw.) gezegd van iets dat iets bevordert* (bet.1) ◆ *snoepjes zijn niet bevorderlijk voor de slanke lijn*: van snoepjes word je niet magerder.

**be·vre·di·gen** (bevredigde, heeft bevredigd) iemand bevredigen: iemand een tevreden gevoel geven, voldoende voor iemand zijn ◆ *jouw verklaring voor je wegblijven bevredigt mij niet; ik zal proberen je nieuwsgierigheid te bevredigen*: ik zal proberen je te vertellen wat je weten wilt.

**be·vre·di·gend** (bijv. nw.) gezegd van iets dat je bevredigt* ⇒ *voldoende* ◆ *dat antwoord vind ik niet bevredigend*: ik ben er niet tevreden mee.

**be·vreem·den** (bevreemdde, heeft bevreemd) iemand bevreemden: iemand verbazen ⇒ *verwonderen*.

**be·vreesd** (bijv. nw.) met vrees*, bang ⇒ *angstig*.

**be·vriend** (bijv. nw.) door vriendschap verbonden ◆ *zij is goed bevriend met onze tandarts*.

**be·vrie·zen** (bevroor) 1 (is bevroren) door vorst* (bet.1) tot ijs worden of ijskoud worden ◆ *de planten zijn bevroren*: doodgegaan door de vorst; *mijn tenen bevriezen in deze laarzen!* 2 (heeft bevroren) lonen, prijzen bevriezen: beslissen dat ze niet hoger of lager mogen worden ◆ *de minister heeft de lonen bevroren*.

**be·vrij·den** (bevrijdde, heeft bevrijd) een mens of dier bevrijden: vrij* (bet.1) maken ⇒ *verlossen* ◆ *zijn vrienden hebben hem uit de gevangenis bevrijd; voortaan ben ik van die vervelende plicht bevrijd*: voortaan ben ik daar van af.

**be·vrij·ding** (de ~(v.)) het bevrijd* worden, bijv. van de overheersing door een ander land.

**be·vrij·dings·dag** (de ~(m.)) dag waarop de bevrijding herdacht wordt; in Nederland is dit 5 mei, in België 8 mei.

**be·vroe·den** (bevroedde, heeft bevroed) iets bevroeden: een vermoeden van iets hebben ◆ *zij kon toen niet bevroeden dat ze elkaar nooit meer zouden zien*.

**be·vruch·ten** (bevruchtte, heeft bevrucht) een vrouw of vrouwtjesdier bevruchten: haar of het zwanger maken.

**be·vruch·ting** (de ~(v.); -en) het samensmelten van twee geslachtscellen waaruit nieuw leven ontstaat ⇒ *conceptie*.

**be·waar·heid** (ww.) ▼ *bewaarheid worden*: waar of juist blijken te zijn, uitkomen; *mijn bange voorgevoel werd gelukkig niet bewaarheid*.

**be·wa·ken** (bewaakte, heeft bewaakt) iemand of iets bewaken: heel zorgvuldig op iemand of iets passen, bijvoorbeeld om te voorkomen dat iemand ontsnapt ◆ *twee schildwachten bewaken het paleis*.

**be·wa·ker** (de ~(m.); -s), vrouw: **be·waak·ster** (de ~(v.); -s) iemand die gebouwen of mensen bewaakt*.

**be·wa·king** (de ~(v.)) het bewaken* ⇒ *toezicht, surveillance* ◆ *onder bewaking van de politie werd hij naar de rechtszaal gebracht*.

**be·wan·de·len** (bewandelde, heeft bewandeld) een bepaalde weg bewandelen: daarover lopen, die nemen ◆ *als je de officiële weg bewandelt, duurt het een jaar voor je aan de beurt bent*: (uitdr.) als je volgens de regels te werk gaat.

**be·wa·pe·nen** (bewapende, heeft bewapend) iemand of iets bewapenen: iemand of iets van wapens* (bet.1) voorzien ◆ *de veiligheidsagent was zwaar bewapend*: hij had veel wapens bij zich.

**be·wa·pe·nings·wed·loop** (de ~(m.)) de toestand dat landen uit vrees voor elkaar steeds meer wapens nemen.

**be·wa·ren** (bewaarde, heeft bewaard) 1 iets bewaren: iets niet wegdoen ⇒ *houden* ◆ *we moeten wat eten voor morgen bewaren; bewaar jij je oude rapporten?; wie wat bewaart, heeft wat*: (uitdr.) het is verstandig om iets te bewaren; je kúnt het nog eens nodig hebben 2 iets bewaren: iets niet verliezen, iets handhaven ◆ *hij kon z'n kalmte niet bewaren*.

**be·wa·ring** (de ~(v.)) het bewaren* (bet.1) ◆ *we gaven onze koffers bij het loket in bewaring; iemand in verzekerde bewaring stellen*: (uitdr.) iemand gevangen zetten.

**be·weeg·lijk** (bijv. nw.) gezegd van iemand die zich veel beweegt* (bet.3) ⇒ *druk* ◆ *wat een beweeglijk meisje*: ze zit geen ogenblik stil.

**be·weeg·re·den** (de ~; -en) de reden waarom je iets doet ⇒ *motief, drijfveer* ◆ *wat waren hun beweegredenen om dat huis in brand te steken?*

**be·we·gen** (bewoog, heeft bewogen) 1 iets bewegen: ervoor zorgen dat iets van stand of plaats verandert ◆ *beweeg je linkervoet eens* 2 van plaats of stand veranderen ◆ *het zeil bewoog* 3 je bewegen: van plaats of houding veranderen ⇒ *verroeren* ◆ *vlak na de operatie kon Mouna zich niet bewegen* 4 iemand tot iets bewegen: iemand tot iets aansporen ◆ *wat heeft jou ertoe bewogen om van huis weg te lopen?* 5 je ergens bewegen: ergens zijn, je ergens ophouden ◆ *mijn tante weet zich overal te bewegen*: ze kan met allerlei soorten mensen omgaan.

**be·we·ging** (de ~(v.); -en) 1 het bewegen* (bet.1, 2 en 3) ◆ *langzaam kwam de stoet in beweging*: langzaam begon de stoet zich te verplaatsen; *uit eigen beweging begon hij aan de afwas*: (uitdr.) zonder dat anderen hem ertoe aanspoorden 2 groep mensen die samen iets willen bereiken ◆ *de vredesbeweging*.

**be·we·ren** (beweerde, heeft beweerd) iets beweren: zeggen dat iets zo is ⇒ *stellen* ◆ *hij beweert dat hij nergens van af wist*.

**be·we·ring** (de ~(v.); -en) datgene wat je beweert* ⇒ *uitspraak* ◆ *de verdachte deed valse beweringen tegen de rechter*.

**be·wer·ke·lijk** (bijv. nw.) waarin of waaraan veel werk te doen is ◆ *wij wonen in een oud, bewerkelijk huis*.

**be·wer·ken** (bewerkte, heeft bewerkt) 1 iets bewerken: aan iets werken, vooral om het ergens geschikt voor te maken ⇒ *omwerken* ◆ *de boer bewerkte zijn akker; een woordenboek bewerken*: een bestaand woordenboek zo veranderen dat het weer goed bruikbaar is 2 iemand bewerken: zo tegen iemand praten dat jij je zin krijgt ⇒ *overhalen* ◆ *ik weet nog niet of ik mee mag naar Frankrijk; ik moet mijn ouders nog bewerken* 3 iets, bijv. hout, bewerken: versieringen aan iets maken ◆ *een mooi bewerkt kastje*.

**be·wer·king** (de ~(v.); -en) 1 het bewerken* (bet.1) ◆ *het toneelstuk is een bewerking van een spel uit de Middeleeuwen* 2 verandering aan getallen door berekeningen, bijv. door optellen, aftrekken enz. ◆ *de computer voert allerlei bewerkingen uit*.

**be·werk·stel·li·gen** (bewerkstelligde, heeft bewerkstelligd) *iets bewerkstelligen: ervoor zorgen dat iets gebeurt* ◆ *wie heeft er **bewerkstelligd** dat hier geen auto's meer mogen rijden?*

**be·wie·ro·ken** (bewierookte, heeft bewierookt) *iemand bewieroken: iemand overdreven prijzen.*

**be·wijs** (het ~; bewijzen) **1** *iets waaruit blijkt dat iets waar is* ◆ *bij gebrek aan **bewijs** werd de gearresteerde vrouw vrijgelaten: omdat er niet voldoende feiten waren waaruit bleek dat ze schuldig was; een **bewijs** van trouw: iets waaruit blijkt dat je trouw bent* **2** *papier dat iets bewijst\** (bet.1) ◆ *een **bewijs** van betaling; rij**bewijs**.*

**be·wij·zen** (bewees, heeft bewezen) **1** *iets bewijzen: duidelijk maken dat iets waar is* ⇒ *aantonen* ◆ *dat zij twee piano's heeft **bewijst** nog niet dat ze piano kan spelen; de jongen kon zijn onschuld niet **bewijzen*** **2** *jezelf bewijzen: laten zien hoe goed je bent.*

**be·wind** (het ~) *leiding, vooral de leiding van een land* ⇒ *regering* ◆ *wie voert het **bewind** in China?; na Willem van Oranje kwam zijn zoon Maurits aan het **bewind**.*

**be·winds·man** (de ~(m.); -lieden), vrouw: **be·winds·vrouw** (de ~(v.); -en) *degene die het bewind\* voert.*

**be·winds·per·soon** (de ~(m.); bewindspersonen) *degene die het bewind\* voert, bijv. de minister of staatssecretaris.*

**be·wind·voer·der** (de ~(m.); -s), vrouw: **be·wind·voer·ster** (de ~(v.); -s) *bewindsman of bewindsvrouw.*

**be·wo·gen¹** (bijv. nw.) **1** *ontroerd* ◆ *ze was diep **bewogen** door de toespraak: ze was er erg van onder de indruk* **2** *vol spannende of aangrijpende gebeurtenissen* ⇒ *roerig* ◆ *we hebben een **bewogen** week achter de rug.*

**be·wo·gen²** → **bewegen.**

**be·wol·king** (de ~(v.)) *de wolken die samen de hemel bedekken.*

**be·wolkt** (bijv. nw.) *met wolken bedekt* ◆ *in Amsterdam is het zwaar **bewolkt**.*

**be·won·de·raar** (de ~(m.); -s), vrouw: **be·won·de·raar·ster** (de ~(v.); -s) *persoon die iemand of iets bewondert\** ⇒ *fan* ◆ *zijn **bewonderaars** hebben een fanclub opgericht.*

**be·won·de·ren** (bewonderde, heeft bewonderd) *iemand of iets bewonderen: iemand of iets heel erg mooi, knap of goed vinden* ◆ *ik **bewonder** haar moed; kom je mijn nieuwe boekenkast **bewonderen**?*

**be·won·de·ring** (de ~(v.)) *het bewonderen\** ◆ *met **bewondering** bekeken de ouders de werkstukken van de kinderen.*

**be·wo·nen** (bewoonde, heeft bewoond) *een gebied of een huis bewonen: daar wonen\** ◆ *die streek wordt **bewoond** door indianen; die dame **bewoont** een kast van een villa.*

**be·wo·ner** (de ~(m.); -s), vrouw: **be·woon·ster** (de ~(v.); -s) *iemand die een gebied of een huis bewoont\** ◆ *eilandbewoners; flat**bewoners**.*

**be·woog** → **bewegen.**

**be·woor·din·gen** (zelfst. nw.; meervoud) *de woorden waarmee je iets meedeelt* ◆ *in onduidelijke **bewoordingen** gaf zijn baas te kennen dat hij ontslagen was.*

**be·wust** (bijv. nw.) **1** *gezegd van iets dat je met je volle bewustzijn doet, waarvan je heel goed weet dat je het doet* ◆ *een **bewuste** keuze; Gerard gaf **bewust** een verkeerd adres op* **2** *je (van) iets bewust zijn: iets met je bewustzijn weten, beseffen dat je iets doet of vindt* ◆ *ze zong een versje en was zich er niet van **bewust** dat iedereen luisterde* **3** *dat of die je bedoelt* ◆ *nou, die **bewuste** donderdag kwam ik thuis en ....*

**be·wus·te·loos** (bijv. nw.) *buiten kennis, buiten bewustzijn* ◆ *na het ongeluk was Douwe een paar uur **bewusteloos**.*

**be·wust·zijn** (het ~) *het besef dat je er bent, en dat de mensen, dieren en dingen om je heen er zijn* ◆ *door de klap verloor hij zijn **bewustzijn**.*

**be·zaaid** (bijv. nw.) *bedekt met een heleboel dezelfde dingen* ⇒ *vol* ◆ *de grond lag **bezaaid** met papieren.*

**be·za·digd** (bijv. nw.) *rustig, kalm* ◆ *een **bezadigde** oude heer.*

**be·zat·ten** (bezatte, heeft bezat) *je bezatten:* (populair) *je bedrinken.*

**be·ze·ge·len** (bezegelde, heeft bezegeld) *een afspraak, een belofte enz. bezegelen: nog eens extra duidelijk maken dat je die afspraak gemaakt hebt of die belofte gedaan hebt* ⇒ *bevestigen, bekrachtigen* ◆ *wij **bezegelden** onze vriendschap met een vriendschapsring.*

**be·zem** (de ~(m.); -s) *werktuig met een lange steel dat dient om te vegen* ◆ *de nieuwe directeur heeft de **bezem** door het bedrijf gehaald:* (uitdr.) *hij heeft allerlei maatregelen genomen om het bedrijf beter te laten lopen; nieuwe **bezems** vegen schoon:* (spreekwoord) *iemand die ergens net werkt heeft vaak een frisse kijk op de zaak waardoor hij of zij voor veranderingen zorgt.*

**be·zem·wa·gen** (de ~(m.); -s) *auto die sporters, bijv. wielrenners, oppikt die het niet volhouden.*

**be·ze·ren** (bezeerde, heeft bezeerd) *iemand of iets bezeren: iemand of iets pijn doen* ◆ *Tanja heeft haar voet **bezeerd**.*

**be·zet** (bijv. nw.) *gevuld met mensen of dingen, het tegenovergestelde van 'vrij'* ◆ *is deze plaats vrij of **bezet**?; een **bezet** gebied: een gebied dat door een ander land overheerst wordt; ze zijn ieder weekend **bezet**: ze hebben ieder weekend veel te doen.*

**be·ze·ten** (bijv. nw.) *van iets bezeten zijn: helemaal gek van iets zijn* ◆ *Jacco is **bezeten** van stripverhalen: hij is daar dol op.*

**be·zet·ten** (bezette, heeft bezet) *iets, bijv. een plaats, bezetten: iets in beslag nemen* ⇒ *innemen* ◆ *onze familie **bezette** een hele rij stoelen; een actiegroep heeft het stadhuis **bezet**: heeft uit protest het stadhuis in beslag genomen; in de Tweede Wereldoorlog heeft Duitsland Nederland **bezet**: heeft Duitsland soldaten naar Nederland gestuurd en de leiding overgenomen.*

**be·zet·ting** (de ~(v.); -en) **1** *het bezet\* zijn door een actiegroep of door een leger* ◆ *de **bezetting** van het stadhuis duurde de hele middag; een boek over ons land tijdens de Duitse **bezetting*** **2** *de personen die de partijen of de rollen in een muziek- of toneelstuk spelen* ◆ *een koor met een sterke **bezetting**: met goede zangers en zangeressen.*

**be·zich·ti·gen** (bezichtigde, heeft bezichtigd) *iets bezichtigen: iets uitgebreid bekijken.*

**be·zield** (bijv. nw.) *heel enthousiast, waaruit blijkt dat je geïnspireerd bent* ⇒ *geestdriftig* ◆ *hij speelt wel knap op de fluit, maar niet erg **bezield**.*

**be·zie·len** (bezielde, heeft bezield) **1** *iemand bezielen: iemand erg enthousiast maken* ⇒ *inspireren* ▼ *wat **bezielt** jou?: waarom doe je zo gek, wat mankeert je?*

**be·zie·ling** (de ~(v.)) *het geïnspireerd zijn* ⇒ *geestdrift, enthousiasme.*

**be·zien** (ww.) ▼ *het staat nog te **bezien**: dat is nog niet zeker; het valt nog te **bezien** of mijn ouders het wel goedvinden.*

**be·ziens·waar·dig·heid** (de ~(v.); -waardigheden) *iets dat de moeite waard is om bekeken te worden* ◆ *een busrit langs de **bezienswaardigheden** van de stad.*

**be·zig** (bijv. nw.) gezegd van iemand die ergens aan werkt ♦ *we zijn bezig met ons huiswerk.*

**be·zi·gen** (bezigde, heeft gebezigd) *bepaalde woorden bezigen:* (deftig) die gebruiken ♦ *om op te vallen bezigt ze altijd moeilijke woorden.*

**be·zig·heid** (de ~(v.); bezigheden) iets dat je doet ⇒ *activiteit* ♦ *lezen behoort tot mijn dagelijkse bezigheden.*

**be·zig·hou·den** (hield bezig, heeft beziggehouden) *iemand bezighouden:* iemands tijd of aandacht in beslag nemen ♦ *ik hield vader bezig, zodat de anderen ongemerkt weg konden gaan; ze houdt zich bezig met elektronische spelletjes.*

**be·zij·den** (voorz.) (deftig) naast ♦ *bezijden de paleistuin bevinden zich de koninklijke stallen; dat is bezijden de waarheid:* (uitdr.) dat is niet waar.

**be·zink·sel** (het ~; -s) vaste deeltjes die in een vloeistof naar beneden gezakt zijn.

**be·zin·nen** (bezon, heeft bezonnen) *je ergens op bezinnen:* over iets nadenken ♦ *bezint eer ge begint:* (spreekwoord) je moet eerst nadenken voor je iets gaat doen.

**be·zin·ning** (de ~(v.)) het nadenken, het gebruik van je verstand ♦ *uren later kwam hij tot bezinning:* toen kon hij weer rustig nadenken.

**be·zit** (het ~) dat wat iemand in eigendom heeft, dat wat van iemand is ♦ *ik ben in het bezit van twee vulpennen: die heb ik.*

**be·zit·te·lijk** (bijv. nw.) ▼ *bezittelijk voornaamwoord:* (taal) woordje dat aanduidt van wie iets is, bijv. 'mijn' en 'jouw'.

**be·zit·ten** (bezat, heeft bezeten) *iets bezitten:* de eigenaar van iets zijn, iets hebben ♦ *ze bezit een eigen huis.*

**be·zit·ting** (de ~(v.); -en) iets dat je bezit* ⇒ *eigendom* ♦ *al mijn bezittingen kunnen in één tas.*

**be·zocht** → bezoeken.

**be·zoch·ten** → bezoeken.

**be·zoe·de·len** (bezoedelde, heeft bezoedeld) *iemands goede naam bezoedelen:* iets zeggen of doen waardoor iemand die goede naam verliest ♦ *ze bezoedelen de naam van onze school door hun geroddel.*

**be·zoek** (het ~; -en) **1** het bezoeken* van iemand of iets ⇒ *visite* ♦ *we krijgen bezoek van de buren; hij gaat vaak bij zijn oma op bezoek* **2** mensen die bij iemand langsgaan, die iemand opzoeken ⇒ *visite* ♦ *zal ik het bezoek uitlaten?*

**be·zoe·ken** (bezocht, heeft bezocht) *iemand of iets bezoeken:* naar iemand of iets toe gaan, iemand of iets opzoeken ♦ *al mijn vriendinnen hebben me bezocht toen ik ziek was; een museum bezoeken.*

**be·zoe·ker** (de ~(m.); -s), vrouw: **be·zoek·ster** (de ~(v.); -s) iemand die ergens op bezoek* (bet.1) is of gaat ♦ *bezoekers moeten zich melden bij de portier; er waren niet veel bezoekers in het theater.*

**be·zoe·king** (de ~(v.); -en) iets dat je heel vervelend vindt ⇒ *kwelling.*

**be·zoek·ster** → bezoeker.

**be·zoek·uur** (het ~; bezoekuren) vaste tijd waarop mensen in een ziekenhuis of in een andere instelling bezoek mogen krijgen ♦ *het bezoekuur is van drie tot half vijf.*

**be·zol·di·gen** (bezoldigde, heeft bezoldigd) *iemand bezoldigen:* (deftig) iemand betalen voor het werk dat hij of zij doet.

**be·zon·di·gen** (bezondigde, heeft bezondigd) *je bezondigen aan iets:* iets doen hoewel het eigenlijk niet mag of niet goed is ♦ *af en toe bezondig ik me aan het eten van heel veel ijs.*

**be·zon·ken** (bijv. nw.) gezegd van iets waar rustig en goed over is nagedacht ⇒ *weloverwogen* ♦ *een bezonken oordeel.*

**be·zo·pen** (bijv. nw.) **1** (populair) dronken **2** (populair) heel dom, belachelijk ⇒ *idioot* ♦ *wat een bezopen idee om mijn tas te verstoppen.*

**be·zorgd** (bijv. nw.) gezegd van iemand die ergens zorgen over heeft of die ongerust is ♦ *ze keken bezorgd naar het overstekende kind; moeder is altijd bezorgd over mijn gezondheid.*

**be·zor·gen** (bezorgde, heeft bezorgd) **1** *iemand iets bezorgen:* ervoor zorgen dat iemand iets krijgt ⇒ *verschaffen* ♦ *hij bezorgde ons een vrijkaartje voor het circus; je bezorgt me kippenvel met je akelige verhaal* **2** *iets ergens bezorgen:* iets ergens brengen, iets ergens afgeven ⇒ *afleveren* ♦ *de post is nog niet bezorgd.*

**be·zui·ni·gen** (bezuinigde, heeft bezuinigd) minder geld uitgeven ⇒ *besparen* ♦ *ik ga bezuinigen op snoep en kleren.*

**be·zu·ren** (bezuurde, heeft bezuurd) *het moeten bezuren:* de nare gevolgen van iets ondervinden ♦ *je zult het nog moeten bezuren als je me zo blijft pesten.*

**be·zwaar** (het ~; bezwaren) **1** iets waardoor iets niet ideaal of probleemloos is ♦ *er kleven veel bezwaren aan zijn plan voor een wandeltocht; het zwembad heeft één bezwaar: het is zo ver weg* **2** argument om duidelijk te maken dat iets niet moet gebeuren ⇒ *bedenking, tegenwerping* ♦ *we hebben geen bezwaar tegen een dag vrij; hij maakt altijd bezwaar als je hem vraagt iets te doen.*

**be·zwaard** (bijv. nw.) met een naar gevoel omdat je je schuldig of beschaamd voelt ♦ *een bezwaard geweten; u hoeft zich niet bezwaard te voelen omdat ik u kom helpen.*

**be·zwaar·lijk** (bijv. nw.) gezegd van iets dat problemen oplevert ⇒ *lastig, problematisch.*

**be·zwaar·schrift** (het ~; -en) brief waarin je protesteert tegen een beslissing van een instelling, bedrijf, gemeente enz. ♦ *een bezwaarschrift indienen.*

**be·zwa·rend** (bijv. nw.) gezegd van feiten of gebeurtenissen die iemand in moeilijkheden brengen ♦ *er zijn bezwarende feiten tegen de verdachte gevonden.*

**be·zweek** → bezwijken.

**be·zweet** (bijv. nw.) nat van het zweet.

**be·zwe·ken** → bezwijken.

**be·zwe·ren** (bezwoer, heeft bezworen) **1** *iets bezweren:* iets in je macht krijgen, iets de baas zijn ♦ *op straat zat iemand slangen te bezweren; door het snelle ingrijpen van de brandweer was het gevaar gauw bezworen* **2** *iemand iets bezweren:* met de grootste nadruk tegen iemand zeggen ♦ *hij bezwoer me dat hij de hele dag thuis was geweest; Yamila bezwoer me niet op zolder te komen: ze vroeg me dat dringend.*

**be·zwij·ken** (bezweek, is bezweken) **1** niet sterk genoeg zijn, stuk gaan ♦ *de stoel bezweek toen we er met z'n drieën op gingen zitten; hij dreigde te bezwijken onder de zware last; bezwijken voor de verleiding:* (uitdr.) er geen weerstand aan kunnen bieden, eraan toegeven **2** *ergens aan bezwijken:* ergens aan doodgaan ♦ *de poes bezweek aan de gevolgen van het ongeluk.*

**be·zwij·men** (bezwijmde, is bezwijmd) flauwvallen.

**BF** → BEF.

**b.g.g.** (afkorting) bij geen gehoor; dit betekent: als er niet wordt opengedaan of opgenomen.

**bh** (de ~(m.); bh's) bustehouder ⇒ *beha.*

**bib·be·ren** (bibberde, heeft gebibberd) beven, vooral van kou of van angst ⇒ *rillen.*

**bi·bli·o·gra·fie** (de ~(v.); bibliografieën) lijst met boeken, artikelen enz. die iemand geschreven heeft of met boeken, artikelen enz. die allemaal over één onderwerp gaan.

**bi·bli·o·the·ca·ris** (de ~(m.); -sen), vrouw:
**bi·bli·o·the·ca·res·se** (de ~(v.); -n) iemand die een bibliotheek* verzorgt of leidt.

**bi·bli·o·theek** (de ~(v.); bibliotheken) gebouw of kamer waar je boeken kunt lenen en lezen.

**bi·ceps** (de ~(m.); -en) dikke spier in je bovenarm waar je spierballen mee kunt maken.

**bid·den** (bad, heeft gebeden) **1** hardop of in gedachten praten tegen God ◆ *we baden het onzevader* **2** *iemand om iets bidden*: iemand dringend iets vragen ⇒ *smeken* ◆ *hij liet zich niet bidden toen hij ijs moest halen*: je hoefde het hem geen twee keer te vragen **3** *(van roofvogels)*: op één punt in de lucht stil hangen.

**bi·det** (Frans) [bie̱de̲] (de ~of het ~; -s) lage wasbak met een sproeiertje om je van onderen te wassen.

**bid·prent·je** (het ~; -s) kaartje met aan de ene kant een plaatje en aan de andere kant een bijbeltekst of een gebed, bijv. voor een overledene.

**bie** (bijv. nw.) (verkorting; populair) bijzonder ⇒ *geweldig* ◆ *ik vind dat boek niet zo bie*.

**bieb** (de ~(v.)) (verkorting; populair) bibliotheek.

**biecht** (de ~; -en) het biechten* ◆ *uit de biecht klappen*: (in België □; uitdr.) geheimen doorvertellen, uit de school klappen.

**biech·ten** (biechtte, heeft gebiecht) je fouten en zonden bekennen aan een priester, die je dan in Gods plaats vergeving schenkt.

**bie·den** (bood, heeft geboden) **1** aanreiken, geven ◆ *vader bood oma zijn arm, om haar te ondersteunen; de inbrekers boden geen verzet bij hun arrestatie* **2** een bedrag bieden: zeggen dat je dat wilt betalen ◆ *ik bied je vijf gulden voor dat zakmes*.

**bief·stuk** (de ~(m.); -ken) stuk vlees van de bovenbil van een rund.

**biels** (de ~; -en of bielzen) dwarsbalk tussen de twee rails van het spoor, ook gebruikt als sierrand in tuinen of in huis.

**bier** (het ~; -en) gele of bruine alcoholhoudende drank gemaakt uit graan.

**bier·buik** (de ~(m.); -en) dikke buik van het vele bierdrinken.

**bier·kaai** (zelfst. nw.) ▼ *dat is vechten tegen de bierkaai*: dat is een strijd die je nooit kunt winnen.

**bier·kaart·je** (het ~; -s) bierviltje.

**bier·vilt·je** (het ~; -s) stukje zacht karton om een bierglas op te zetten.

**bies** (de ~; biezen) **1** reepje stof om een kledingstuk te versieren **2** oeverplant met hoge stengels waar o.a. manden en vloermatten van gevlochten worden ▼ *je biezen pakken*: ervandoor gaan, vluchten.

**bies·look** (het ~) kruid met holle groene sprieten dat een beetje naar ui ruikt.

**biest** (de ~) eerste melk van een koe nadat ze gekalfd heeft.

**biet** (de ~; -en) **1** plant met een eetbare knol ◆ *suikerbiet; voederbiet; rode biet; hij kreeg een hoofd als een biet* (of: *hij werd zo rood als een biet*): (uitdr.) hij kreeg een heel rood hoofd ▼ *dat interesseert me geen biet*: (populair) dat interesseert me helemaal niet; *mij een biet*: het kan me niet schelen.

**biet·sen** (bietste, heeft gebietst) **1** *iets bietsen*: om iets bedelen, om iets schooien ◆ *een sigaret bietsen* **2** *iets bietsen*: (populair) iets snel wegpakken, iets stelen ⇒ *jatten, gappen*.

**biezonder(-)** → bijzonder(-).

**big** (de ~; biggen) jong van een varken ⇒ *keu*.

**bi·ga·mie** (de ~(v.)) toestand waarin een man met meer dan één vrouw getrouwd is of waarin een vrouw met meer dan één man getrouwd is.

**big·ge·len** (biggelde, heeft of is gebiggeld) *(van tranen)*: in dikke druppels naar beneden rollen ◆ *de tranen biggelden langs haar wangen*.

**big·gen** (bigde, heeft gebigd) *(van zeugen)*: biggen* werpen, jongen krijgen.

**bij¹** (de ~; -en) insect met vier dunne vleugels, dat honing maakt uit nectar en dat kan steken met zijn angel ◆ *een bezige bij*: (uitdr.) iemand die altijd actief is.

**bij²** (bijv. nw.) **1** niet bewusteloos, bij kennis ◆ *niet lang na de operatie was hij weer bij* **2** net zo ver als de anderen, niet achter ◆ *ik ben nog niet bij met m'n sommen; ze is goed bij*: ze is slim, ze heeft een vlug verstand.

**bij³** (bijw.) (woordje dat dezelfde betekenissen kan hebben als het voorzetsel 'bij', maar anders in de zin gebruikt wordt) ◆ *doe je er wat suiker bij?; daar kan ik niet bij*: (uitdr.) dat kan ik niet begrijpen; *hoe kom je daar nu bij?*: (uitdr.) hoe kom je op dat idee?

**bij⁴** (voorz.) **1** dicht in de buurt van ◆ *leg je schrift maar bij de andere; bij de stoplichten moet u linksaf* **2** (om aan te geven dat iemand ergens aanwezig is) ◆ *bij iemand logeren; ik was ook bij de bruiloft* **3** (om aan te geven dat iets toegevoegd wordt) ◆ *doe nog wat zout bij de aardappels* **4** (bij het afleggen van een eed, om aan te geven hoe ernstig je het meent) ◆ *iets zweren bij God* **5** (in verschillende vaste combinaties van woorden) ◆ *heb je je waterpistool bij je?; ik kan bij jou geen goed meer doen*: in jouw ogen, volgens jouw opvatting doe ik alles verkeerd.

**bij·baan·tje** (het ~; -s) baantje dat iemand naast zijn of haar eigenlijke werk heeft.

**bij·be·ho·rend** (bijv. nw.) gezegd van iets dat ergens bij hoort of past ◆ *een tas met bijbehorende handschoenen*.

**bij·bel** (de ~(m.); -s) volgens de christenen het boek van God, waarop het christelijk geloof gebaseerd is ◆ *dat boek is een bijbel voor windsurfers*: (uitdr.) daar staat alles in wat ze belangrijk vinden.

**bij·bel·boek** (het ~; -en) elk van de boeken waarin de bijbel is onderverdeeld.

**bij·bels** (bijv. nw.) gezegd van mensen of dingen die met de bijbel* te maken hebben.

**bij·bel·vast** (bijv. nw.) gezegd van iemand die de bijbel goed kent.

**bij·be·nen** (ww.) *iemand of iets (niet) kunnen bijbenen*: iemand of iets (niet) kunnen bijhouden ◆ *ik kan jouw tempo niet bijbenen*.

**bij·blij·ven** (bleef bij, is bijgebleven) *iemand bijblijven*: in iemands geheugen blijven ◆ *je behulpzaamheid zal me altijd bijblijven*.

**bij·bren·gen** (bracht bij, heeft bijgebracht) *iemand iets bijbrengen*: iemand iets leren ◆ *je kunt die slome hond niets bijbrengen*.

**bij·de·hand** (bijv. nw.) vlug van begrip, snel reagerend.

**bij·draai·en** (draaide bij, is bijgedraaid) minder boos of koppig worden.

**bij·dra·ge** (de ~; -n) aandeel dat je ergens in hebt, deel dat je bijdraagt* (bet.1) ◆ *het feest werd een succes dankzij de bijdrage van onze klas; heeft u een bijdrage voor de hongerbestrijding?*: wilt u er wat geld voor geven?

**bij·dra·gen** (droeg bij, heeft bijgedragen) **1** *iets bijdragen*: iets als je aandeel leveren, iets bij een groter geheel doen ◆ *de hele klas heeft bijgedragen voor de zieke*: de hele klas heeft geld gegeven **2** *ergens toe bijdragen*: ergens goed voor zijn, ergens aan meewerken ◆ *lezen draagt bij tot je ontwikkeling.*

**bij·een** (bijw.) bij elkaar, samen.

**bij·een·komst** (de ~(v.); -en) het samenkomen ⇒ *vergadering, samenkomst, ontmoeting* ◆ *ik houd van familiebijeenkomsten.*

**bij·en·kast** (de ~; -en) kast waarin bijen gehouden worden.

**bij·en·korf** (de ~; -korven) mand van stro of riet waarin bijen gehouden worden.

**bij·gaand** (bijv. nw.) gezegd van iets dat met een brief wordt meegezonden ⇒ *ingesloten, bijgevoegd.*

**bij·ge·bouw** (het ~; -en) huis, schuur of stal bij een hoofdgebouw.

**bij·ge·loof** (het ~) geloof dat bepaalde dingen geluk of ongeluk brengen ◆ *het is een bijgeloof dat je een ongeluk krijgt als je onder een ladder door loopt.*

**bij·ge·lo·vig** (bijv. nw.) gezegd van iemand die een bijgeloof* heeft.

**bij·ge·naamd** (bijv. nw.) met als bijnaam* ..., de bijnaam* hebbend van ....

**bij·ge·val** (bijw.) misschien, soms ⇒ *toevallig* ◆ *heb je bijgeval wat geld voor me te leen?*

**bij·ge·volg** (bijw.) daarom ⇒ *dus, derhalve.*

**bij·hou·den** (hield bij, heeft bijgehouden) **1** iemand of iets bijhouden: het tempo van iemand of iets kunnen volgen, niet op iemand of iets achter raken ⇒ *bijbenen* **2** iets bijhouden: regelmatig aan iets werken zodat het op het goede niveau blijft ◆ *ik heb het pianospelen niet bijgehouden; ik houd een dagboek bij:* ik schrijf regelmatig in mijn dagboek.

**bij·huis** (het ~; -huizen) (in België □) filiaal.

**bij·kans** (bijw.) (ouderwets) bijna.

**bij·keu·ken** (de ~; -s) ruimte naast de keuken om de was te doen, dingen te bewaren enz..

**bij·ko·men** (kwam bij, is bijgekomen) **1** weer wakker worden uit een verdoving of nadat je flauwgevallen bent **2** op adem komen, uitrusten ◆ *ik heb zo hard gelopen, ik moet eerst even bijkomen; mijn zus kwam niet meer bij van het lachen:* (uitdr.) ze moest vreselijk lachen.

**bij·kom·stig** (bijv. nw.) niet zo belangrijk.

**bij·kom·stig·heid** (de ~(v.); bijkomstigheden) iets wat er toevallig nog bij komt, iets onbelangrijks.

**bijl** (de ~; -en) gereedschap om mee te hakken, dat bestaat uit een steel met een blok metaal eraan dat aan één kant scherp is ◆ *met dat bijltje heb ik vaker gehakt!:* (uitdr.) zo'n karweitje heb ik al vaker gedaan; *het bijltje erbij neergooien:* (uitdr.) ergens mee ophouden omdat je geen zin meer hebt of omdat je moe bent; *voor de bijl gaan:* (uitdr.) tenslotte niet meer kunnen weigeren; *ergens met de botte bijl doorheen gaan:* (uitdr.) grof te werk gaan.

**bij·la·ge** (de ~; -n) geschreven of gedrukt stuk dat bij iets anders hoort, bijv. bij een krant of brief.

**bij·leg·gen** (legde bij, heeft bijgelegd) **1** iets, bijv. een ruzie, bijleggen: een einde aan iets maken, iets weer goedmaken **2** geld bijleggen: het bijbetalen, het erbij doen.

**bij·les** (de ~; -sen) extra les in een vak waar je niet zo goed in bent ◆ *mijn broer krijgt bijles in Frans.*

**bij·na** (bijw.) nog net niet helemaal ⇒ *haast, vrijwel, praktisch, nagenoeg, bijkans* ◆ *wacht even, ik ben bijna klaar.*

**bij·naam** (de ~(m.); -namen) naam die niet je echte naam is en die mensen je geven om een eigenschap van je te benadrukken of om je te plagen ◆ *zijn bijnaam was 'Bolle'.*

**bij·na·dood·er·va·ring** (de ~(v.); -en) bijzondere ervaring van iemand die bijna dood geweest is en het gevoel heeft gehad in het hiernamaals geweest te zijn.

**bi·jou** (Frans) [biezjœ] (het ~; -s) (deftig) sieraad, zoals een ring of een armband.

**bij·pas·sen** (paste bij, heeft bijgepast) geld bijpassen: geld bijbetalen dat iemand te kort komt.

**bij·pas·send** (bijv. nw.) passend bij iets anders ◆ *een tafel met bijpassende stoelen.*

**bij·pra·ten** (praatte bij, heeft bijgepraat) vertellen wat er allemaal gebeurd is sinds je elkaar voor het laatst zag.

**bij·rij·der** (de ~(m.); -s) iemand die meerijdt met een vrachtwagen om de chauffeur af te lossen en te helpen.

**bij·scha·ven** (schaafde bij, heeft bijgeschaafd) iets bijschaven: nog wat kleine dingen aan iets veranderen, zodat het beter wordt ⇒ *bijwerken.*

**bij·slaap** (de ~(m.)) het met elkaar naar bed gaan, het vrijen.

**bij·slui·ter** (de ~(m.); -s) briefje bij een geneesmiddel, waarop staat wat erin zit, waar het voor is enz..

**bij·smaak** (de ~(m.); -smaken) vieze of gekke smaak die er niet bij hoort ◆ *deze koffie heeft een bijsmaak.*

**bij·spij·ke·ren** (spijkerde bij, heeft bijgespijkerd) iemand of iets bijspijkeren: iemand die of iets dat achtergebleven is weer op het goede niveau brengen ◆ *ik moet nodig mijn aardrijkskunde bijspijkeren.*

**bij·sprin·gen** (sprong bij, is bijgesprongen) tijdelijk meehelpen.

**bij·staan** (stond bij, heeft bijgestaan) **1** iemand bijstaan: iemand helpen en steunen **2** het staat me bij: ik kan het me vaag herinneren ◆ *het staat me bij dat ik hier al eens eerder geweest ben.*

**bij·stand** (de ~(m.)) hulp ◆ *hij leeft van de bijstand:* hij leeft van het geld dat de gemeente hem maandelijks geeft.

**bij·stel·len** (stelde bij, heeft bijgesteld) iets bijstellen: iets zo verdraaien of verschuiven dat het weer goed werkt ◆ *de fietsenmaker heeft mijn remmen en de versnelling bijgesteld.*

**bijs·ter**[1] (bijv. nw.) ▼ *het spoor bijster zijn:* de weg kwijt zijn.

**bijs·ter**[2] (bijw.) ▼ *niet bijster:* niet zo heel erg; *zij is niet bijster slim.*

**bijt** (de ~; -en) in het ijs gehakte opening, voor eenden of om in te vissen.

**bij·tan·ken** (tankte bij, heeft bijgetankt) er nieuwe brandstof bij nemen ◆ *in de vakantie kan ik altijd lekker bijtanken:* (uitdr.) nieuwe energie opdoen.

**bij·ten** (beet, heeft gebeten) **1** in of op iets bijten: je tanden in iets zetten, in iets happen ◆ *hij beet in de appel; jij kunt wel tv kijken terwijl ik lees, dat bijt elkaar niet:* (uitdr.) dat kan wel tegelijk **2** (van dieren) iemand bijten: de tanden in iemand zetten ◆ *pas op, die cavia bijt* **3** een gemeen prikkend gevoel geven ◆ *au, die jodium bijt!; de bijtende vrieskou; een bijtende opmerking:* (uitdr.) een gemene opmerking **4** inwerken op het oppervlak van iets ◆ *soda is een bijtend product:* soda kan de buitenste lagen van iets aantasten.

**bij·tijds** (bijw.) op tijd (bet.2) ⇒ *tijdig* ◆ *hij haalde haar nog bijtijds in.*

**bijt·ring** (de ~(m.); -en) ring van stevig materiaal waar baby's op kunnen bijten* (bet.1).

**bijv.** (afkorting) bijvoorbeeld.

**bij·vak** (het ~; -ken) vak dat studenten er naast hun hoofdvak nog bijdoen ◆ *zij studeert Nederlands, met als bijvak economie.*

**bij·val** (de ~(m.)) duidelijk teken dat je het ergens mee eens bent, bijv. applaus ⇒ *instemming* ◆ *zijn plan vond grote bijval.*

**bij·ver·dien·ste** (de ~(v.); -n) geld dat iemand extra verdient, naast zijn of haar loon of zakgeld ◆ *die krantenwijk is een leuke **bijverdienste**.*

**bij·voeg·lijk** (bijv. nw.)(taal) gezegd van woorden of zinnen die een eigenschap van een mens, dier of ding noemen ◆ ***bijvoeglijk** naamwoord*: woord dat een eigenschap noemt, bijv. 'stout' in: 'het stoute kind'.

**bij·voor·beeld** (bijw.) als voorbeeld, om er één te noemen ◆ *sommige bomen hebben rode bladeren, **bijvoorbeeld** de rode beuk.*

**bij·wer·king** (de ~(v.); -en) vervelende extra werking van medicijnen naast de bedoelde uitwerking ◆ *deze tabletten kunnen misselijkheid als **bijwerking** hebben.*

**bij·wo·nen** (woonde bij, heeft bijgewoond) *iets, bijv. een vergadering, **bijwonen***: ergens bij zijn.

**bij·woord** (het ~; -en)(taal) woord dat een bijzonderheid noemt bij een bijvoeglijk naamwoord, een werkwoord, een hele zin of een ander bijwoord, bijv. 'heel' in: 'zij is heel sterk' ⇒ *adverbium*.

**bijz.** (afkorting) *bijzonder*.

**bij·zaak** (de ~; -zaken) zaak die niet zo belangrijk is, het tegenovergestelde van 'hoofdzaak' ◆ *je moet wel de hoofdzaak van de **bijzaak** kunnen onderscheiden*: je moet kunnen zien wat belangrijk en niet belangrijk is.

**bij·zet·ten** (zette bij, heeft bijgezet) *een dode **bijzetten***: plaatsen bij andere doden, bijv. in een grafkelder.

**bij·ziend** (bijv. nw.) gezegd van iemand die de dingen in de verte niet zo goed kan zien, het tegenovergestelde van 'verziend' ⇒ *kippig*.

**bij·zijn** (het ~) aanwezigheid ◆ *in het **bijzijn** van al zijn vriendjes klom hij op het dak*: waar al zijn vriendjes bij waren.

**bij·zin** (de ~(m.); -nen)(taal) zin die hoort bij een hoofdzin, bijv. 'die daar loopt' in: 'ik ken de man die daar loopt'.

**bij·zon·der**¹ (bijv. nw.) **1** ongewoon, apart ⇒ *opmerkelijk* ◆ *een kerstbal als oorbel is tamelijk **bijzonder*** **2** niet algemeen of openbaar, speciaal ◆ ***bijzondere** scholen*: scholen die niet door de overheid maar door groepen mensen gesticht zijn, bijv. katholieke en christelijke scholen; *ik had het tegen jou in het **bijzonder***: speciaal, vooral tegen jou.

**bij·zon·der**² (bijw.) erg ⇒ *zeer* ◆ *hij was **bijzonder** blij met die vulpen.*

**bij·zon·der·heid** (de ~(v.); bijzonderheden) kleine, speciale wetenswaardigheid ◆ *de **bijzonderheden** vertel ik jullie morgen.*

**bi·ki·ni** (de ~(m.); bikini's) badpak voor vrouwen en meisjes dat bestaat uit een broekje en een bovenstukje.

**bik·kel** (de ~(m.); -s) botje uit een schapenpoot waar kinderen vroeger mee speelden.

**bik·kel·hard** (bijv. nw.) zo hard als een bikkel, heel gevoelloos ⇒ *keihard, spijkerhard*.

**bik·ken** (bikte, heeft gebikt) **1** stukken van steen of ijzer afhakken ◆ *m'n vader wil een gat in de muur **bikken*** **2** *iets **bikken***: (populair) iets eten ◆ *is er nog iets te **bikken**?*

**bil** (de ~; -len) **1** elk van de twee heuveltjes van spieren onderaan je rug ◆ *hij moet met de **billen** bloot*: (uitdr.) hij moet dingen vertellen die hij liever verborgen had gehouden **2** (in België □) dij.

**bi·la·te·raal** (bijv. nw.) van of aan twee kanten ⇒ *tweezijdig*.

**bil·jard** (hoofdtelw.) miljoen maal miljard; een één met vijftien nullen.

**bil·jart** (het ~) **1** (-en of -s) langwerpige tafel met een opstaande rand en bekleed met een groen laken, om het biljartspel te spelen **2** spel dat je op zo'n tafel speelt met een stok en drie ballen.

**bil·jar·ten** (biljartte, heeft gebiljart) *biljart** (bet.2) spelen.

**bil·jet** (het ~; -ten) stuk papier waarop iets geschreven of gedrukt staat ◆ *stem**biljet**; bank**biljet**; aanplak**biljet**.*

**bil·joen** (hoofdtelw.) miljoen maal miljoen; een één met twaalf nullen.

**bill·board** (Engels) [bilbɔːrd](het ~; -s) groot reclamebord langs de weg.

**bil·len·koek** (de ~(m.))(grappig) klappen op je billen.

**bil·lijk** (bijv. nw.) redelijk en eerlijk ◆ *ik vind het heel **billijk** dat ik je de schade vergoed.*

**bil·lij·ken** (billijkte, heeft gebillijkt) *iets **billijken***: iets billijk* vinden ⇒ *goedkeuren*.

**bil·ve·ter** (de ~(m.); -s) piepkleine zwembroek waarvan de achterkant alleen een veter tussen de billen is.

**bim·bam** (tussenw.)(geluid van een klok die slaat of geluid wordt).

**bin·den** (bond, heeft gebonden) **1** *een touw enz. om iets **binden***: het om iets heen doen en vastmaken met een knoop **2** *een saus, soep enz. **binden***: die dikker maken met een bindmiddel **3** *een boek **binden***: er een band omheen doen **4** *iemand **binden***: iemand een verplichting opleggen, iemand in zijn of haar vrijheid beperken ◆ *mijn moeder is erg aan huis **gebonden** door mijn zieke broertje*: ze kan door hem niet van huis weg.

**bin·dend** (bijv. nw.) waaraan je gebonden* (bet.4) bent, waaraan je vast zit ◆ *deze afspraak is **bindend**.*

**bin·di** (de ~(m.); bindi's) rode stip die hindoevrouwen op het voorhoofd hebben.

**bin·ding** (de ~(v.); -en) band tussen mensen ⇒ *relatie* ◆ *hij heeft **bindingen** met de universiteit*: hij heeft iets te maken met mensen van de universiteit.

**bind·mid·del** (het ~; -en) middel, meestal meel, om soep, saus enz. dikker te maken.

**bind·weef·sel** (het ~; -s) weefsel in je lichaam dat andere weefsels en organen bij elkaar houdt of steunt.

**bin·go** [bɪŋɡoo](het ~) spel waarbij nummers voorgelezen worden; als alle nummers die op jouw kaart staan zijn genoemd, roep je 'bingo'.

**bink** (de ~(m.); -en) stoere jongen.

**bin·nen**¹ (bijw.) in een bepaalde ruimte, het tegenovergestelde van 'buiten' ◆ *de oogst is **binnen**; nu hij die erfenis gekregen heeft, is hij **binnen***: nu is hij zo rijk dat hij nooit meer hoeft te werken; *hè, die naam wil me maar niet te **binnen** schieten*: die kan ik me maar niet herinneren; *ze leek rustig, maar van **binnen** kookte ze van woede*: inwendig was ze woedend.

**bin·nen**² (voorz.) **1** (om aan te geven dat iets in een bepaalde ruimte gebeurt) het tegenovergestelde van 'buiten' ◆ *je moet **binnen** de gele lijnen blijven* **2** in kortere tijd dan ◆ ***binnen** een uur waren we klaar.*

**bin·nen·band** (de ~(m.); -en) band met lucht in de buitenband van een fiets, auto enz..

**bin·nen·door** (bijw.) langs een binnenweg, het tegenovergestelde van 'buitenom'.

**bin·nen·drin·gen** (drong binnen, is binnengedrongen) *ergens **binnendringen***: ergens met geweld naar binnen gaan.

**bin·nen·huis·ar·chi·tect** [bɪnnənhuisarsjietekt of bɪnnənhuisargietekt](de ~(m.); -en) iemand die voor zijn of haar beroep huizen inricht.

**bin·nen·kant** (de ~(m.); -en) kant die naar binnen gekeerd is ◆ *er zit een zak aan de **binnenkant** van mijn jas.*

**bin·nen·ko·men** (kwam binnen, is binnengekomen) ergens in gaan.

**bin·nen·ko·mer·tje** (het ~; -s)(populair) grapje aan het begin van een toespraak of optreden.

**bin·nen·kort** (bijw.) binnen korte tijd ⇒ *gauw, weldra, spoedig, eerdaags*.

**bin·nen·land** (het ~) **1** (-en) deel van een land dat niet aan de kust ligt ◆ *hij reisde dagenlang door de binnenlanden van Afrika* **2** het land binnen de grenzen, het tegenovergestelde van 'buitenland'.

**bin·nen·lands** (bijv. nw.) van, in, uit enz. het binnenland* (bet.2) ◆ *binnenlands nieuws.*

**bin·nen·plaats** (de ~; -en) plein omringd door een gebouw of door gebouwen.

**bin·nen·pret·je** (het ~; -s) iets waarom je in jezelf moet lachen.

**bin·nen·schip·per** (de ~(m.); -s) schipper die op kanalen en rivieren vaart.

**bin·nens·huis** (bijw.) in huis, binnen, het tegenovergestelde van 'buitenshuis'.

**bin·nens·ka·mers** (bijw.) ▼ *dit moet binnenskamers blijven*: dit moet geheim blijven, anderen mogen er niets van horen.

**bin·nens·monds** (bijw.) ▼ *binnensmonds praten*: mompelen, onduidelijk praten.

**bin·nen·stad** (de ~; -steden) centrum van de stad, waar de meeste winkels, restaurants enz. zijn.

**bin·nen·ste** (het ~) **1** gedeelte van iets dat het meest binnenin zit **2** hart, innerlijk ◆ *in mijn binnenste was ik heel jaloers*: diep in mijn hart, zonder het te zeggen.

**bin·nen·ste·bui·ten** (bijw.) met de binnenkant naar buiten ◆ *je hebt je trui binnenstebuiten aan.*

**bin·nen·vaart** (de ~) scheepvaart op rivieren en kanalen.

**bin·nen·vet·ter** (de ~(m.); -s) iemand die alles opkropt in plaats van erover te praten.

**bin·nen·weg** (de ~(m.); -en) weg die rustiger en vaak ook bochtiger en smaller is dan een hoofdweg.

**bin·nen·werk** (het ~) onderdelen van gebouwen, machines enz. die binnenin zitten.

**bi·no·cle** (de ~(m.); -s) kleine dubbele verrekijker om in grote zalen op het toneel te kunnen kijken ⇒ *toneelkijker.*

**bint** (het ~; -en) elk van de zware balken die een dak dragen.

**bint·je** (het ~; -s) stevige aardappelsoort.

**bio-** gezegd van iets dat met leven te maken heeft.

**bio·bak** (de ~(m.); -ken) kunststof bak voor groente-, fruit- en tuinafval ⇒ *gft-bak.*

**bi·o·gar·de®** (de ~(m.)) soort yoghurt.

**bio·gas** (het ~; -sen) gas dat uit mest of ander afval komt en dat je als brandstof kunt gebruiken.

**bi·o·gra·fie** (de ~(v.); biografieën) levensbeschrijving ◆ *een biografie van Rembrandt*: een boek met de levensbeschrijving van Rembrandt.

**bio-in·du·strie** (de ~(v.); bio-industrieën) het houden van bijv. heel veel kippen, varkens of koeien op een klein oppervlak om met zo min mogelijk kosten zoveel mogelijk te verdienen.

**bi·o·lo·ge·ren** (biologeerde, heeft gebiologeerd) *iemand biologeren*: zoveel invloed op iemand hebben, dat hij of zij helemaal geen eigen wil meer heeft ◆ *ze keek als gebiologeerd naar de foto*: alsof ze niet anders kon, alsof een geheimzinnige macht haar dat opdroeg.

**bi·o·lo·gie** (de ~(v.)) studie van alles wat leeft, dus van planten, bomen, dieren en mensen.

**bi·o·lo·gisch** (bijv. nw.) **1** gezegd van iets dat met de biologie* te maken heeft **2** op een natuurlijke manier werkend, gebruik makend van krachten uit de natuur ◆ *biologische oorlogvoering*: het opzettelijk verspreiden van bacteriën die ziekten veroorzaken **3** op een natuurlijke manier gegroeid of gemaakt ◆ *biologische groenten*: die gekweekt zijn zonder kunstmest of schadelijke bestrijdingsmiddelen.

**bi·o·lo·gisch-dy·na·misch** (bijv. nw.) *(van groenten, granen enz.)*: geteeld op een natuurlijke manier, vanuit de ideeën van de antroposofie (kijk ook bij: **antroposofie**).

**bi·o·loog** (de ~(m.); biologen), vrouw: **bi·o·lo·ge** (de ~(v.); -n of -s) iemand die zich bezighoudt met biologie*.

**bio·rit·me** (het ~; -n) natuurlijke regelmaat in het leven van mensen, waardoor je je soms heel goed, en dan weer minder goed voelt.

**bi·os** (de ~(m.); -sen) (verkorting; populair) bioscoop.

**bi·os·coop** (de ~(m.); bioscopen) gebouw waar je tegen betaling een film kunt zien.

**bi·o·toop** (de ~(m.); biotopen) gebied waarin bepaalde dier- en plantensoorten voorkomen, zoals het bos of de weide.

**bips** (de ~; -en) billen ⇒ *achterwerk, zitvlak.*

**bis** [bies] (bijw.) **1** nog een keer ◆ *lang zal ze leven (bis)* **2** (na een nummer, om aan te geven dat er nog iets is met hetzelfde nummer) ◆ *Hugo de Grootstraat 6bis.*

**bis·cuit** (de ~(m.) of het ~; -s) droog, knapperig koekje ⇒ *kaakje.*

**bis·dom** (het ~; -men) gebied dat door één bisschop bestuurd wordt ⇒ *diocees* ◆ *het bisdom Roermond.*

**bi·sek·su·eel** (bijv. nw.) gezegd van iemand die zowel op mannen als op vrouwen verliefd kan worden.

**bis·kwie** → biscuit.

**bis·schop** (de ~(m.); -pen) hoofd van alle rooms-katholieke geestelijken in een bepaald gebied.

**bis·sec·tri·ce** (de ~; -n) (wiskunde) lijn die een hoek middendoor deelt.

**bis·sen** [biesᵉn] (biste, heeft gebist) (in België □) een studiejaar overdoen.

**bi·stro** (de ~(m.); bistro's) restaurant in Franse stijl.

**bit** (zelfst. nw.) **1** (het ~; -ten) ijzeren mondstuk waaraan de teugels van een paard, ezel enz. vastzitten **2** (de ~; -s) eenheid om aan te geven hoeveel informatie een computer op kan slaan.

**bits** (bijv. nw.) kortaf en stekelig ⇒ *snibbig, vinnig.*

**bit·ter** (bijv. nw.) **1** met de speciale, scherpe smaak van bijv. grapefruit of witlof **2** gezegd van dingen die je een onaangenaam gevoel geven ◆ *bittere kou* **3** waaruit blijkt dat je verbitterd* bent ⇒ *zuur, wrang* ◆ *een bittere opmerking.*

**bit·ter·bal** (de ~(m.); -len) gefrituurd balletje met vleesragout erin, als borrelhapje.

**bit·ter·zoet** (het ~) bepaald soort klimplant uit de familie van de Nachtschaden.

**bi·tu·men** (het ~; bitumina) grondstof waarvan o.a. asfalt wordt gemaakt.

**bi·vak** (het ~; -ken) slaapplaats in de open lucht, vooral van soldaten.

**bi·vak·ke·ren** (bivakkeerde, heeft gebivakkeerd) *ergens bivakkeren*: ergens een tijdje blijven.

**bi·zar** (bijv. nw.) heel vreemd, heel gek ⇒ *wonderlijk* ◆ *een bizar verhaal.*

**bi·zon** (de ~(m.); -s) rund met ruige manen dat in het wild leeft.

**blaag** (de ~; blagen) vervelend, lastig kind met veel praatjes ⇒ *snotneus.*

**blaam** (zelfst. nw.) ▼ *mij treft geen blaam*: mij valt niets te verwijten.

**blaar** (de ~; blaren) **1** blaasje op de huid met vocht erin ◆ *ik krijg altijd blaren op mijn voeten van nieuwe schoenen* **2** witte plek op de kop van een koe.

**blaas** (de ~; blazen) **1** rekbaar zakje in het lichaam van mens en dier waar de urine in zit **2** bobbeltje op de huid met vocht erin ◆ *na het zwemmen had hij ineens allemaal blaasjes op zijn lichaam.*

**blaas·balg** (de ~ (m.); -en) soort luchtpomp om vuur aan te wakkeren.

**blaas·in·stru·ment** (het ~; -en) muziekinstrument dat lucht nodig heeft om tonen voort te brengen, zoals de fluit.

**blaas·kaak** (de ~ (m.); -kaken) opschepper.

**blaas·pijp·je** (het ~; -s) buisje waarin de politie automobilisten laat blazen om te controleren of ze niet te veel gedronken hebben.

**bla·bla** (de ~ (m.)) (populair) mooie woorden die niets te betekenen hebben, zinloos geklets.

**black box** (Engels) [blekbɔks] (de ~ (m.)) (letterlijk: zwarte doos) apparaat aan boord van een vliegtuig waarop gegevens van de vlucht (hoogte, snelheid, koers enz.) worden vastgelegd.

**black-out** (Engels) [blek·aut] (de ~ (m.); -s) moment waarop je even niets meer weet, niets meer kunt zien of bewusteloos bent.

**blad** (het ~) **1** (-eren of bladeren) plat, meestal groen onderdeel aan de takken van bomen en aan de stengels van planten ◆ *ze is omgedraaid als een blad aan de boom:* (uitdr.) ze gedraagt zich opeens heel anders dan eerst **2** (-en) vel papier ◆ *kun jij van blad spelen?:* van bladmuziek, zonder geoefend te hebben; *hij is een onbeschreven blad:* (uitdr.) iemand op wie nog niets is aan te merken **3** (-en) tijdschrift **4** (-en) plat, breed voorwerp of onderdeel ◆ *schouderblad; tafelblad; dienblad; het blad van een zaag* ▼ *geen blad voor de mond nemen:* alles meteen zeggen wat je denkt; *bij iemand in een goed blaadje staan:* gunstig door iemand beoordeeld worden omdat hij of zij tevreden over je is.

**blad·de·ren** (bladderde, heeft gebladderd) (van verf): loslaten op sommige plekken.

**bla·der·deeg** (het ~) deeg van verschillende laagjes op elkaar, dat na het bakken heel knapperig is.

**bla·de·ren** (bladerde, heeft gebladerd) in een krant, boek enz. bladeren: de bladzijden ervan even bekijken en weer omslaan.

**blad·goud** (het ~) tot een dun blad geplet goud, waarmee voorwerpen verguld worden.

**blad·groen·te** (de ~ (v.); -n of -s) groente die bestaat uit bladeren, zoals sla, kool en andijvie.

**blad·moes** (het ~) weefsel van een blad tussen de nerven.

**blad·mu·ziek** (de ~ (v.)) papier met muziek in notenschrift.

**blad·stil** (bijv. nw.) zo windstil dat er geen blad beweegt.

**blad·vul·ling** (de ~ (v.); -en) een minder belangrijk stuk tekst of een tekening om een bladzijde op te vullen.

**blad·wij·zer** (de ~ (m.); -s) strook van karton, leer enz. die je in een boek kunt leggen op de plaats waar je gebleven bent ⇒ *boekenlegger.*

**blad·zij·de, blad·zij** (de ~; -n) **1** één kant van een blad uit een boek, tijdschrift enz. ⇒ *pagina* ◆ *sla allemaal je boek open op bladzijde veertien* **2** ieder blad uit een boek, tijdschrift enz..

**blaf·fen** (blafte, heeft geblaft) **1** (van honden): 'waf waf' roepen **2** hard hoesten omdat je ziek of verkouden bent.

**blaf·fer** (de ~ (m.); -s) (populair) pistool.

**bla·ken** (blaakte, heeft geblaakt) **1** gloeien, hitte uitstralen ◆ *blakende vlammen* **2** (van mensen) blaken van ijver, enthousiasme enz.: heel erg ijverig, enthousiast enz. zijn.

**bla·ker** (de ~ (m.); -s) ouderwetse kandelaar op een soort schoteltje met een oor eraan.

**bla·ke·ren** (blakerde, heeft geblakerd) iets blakeren: iets verschroeien van de hitte ⇒ *verzengen* ◆ *een zwart geblakerde schoorsteen.*

**bla·ma·ge** (Frans) [blaamaazjə] (de ~ (v.); -s) enorme blunder ◆ *Annie heeft zich verslapen toen ze examen moest doen. Wat een blamage!*

**bla·me·ren** (blameerde, heeft geblameerd) jezelf blameren: een enorme blunder begaan, afgaan.

**blan·che·ren** [blãnsjeerən] (blancheerde, heeft geblancheerd) groente blancheren: heel even koken of stomen.

**blan·co** (bijv. nw.) oningevuld, opengelaten ◆ *een blanco pagina; ergens blanco tegenover staan:* (uitdr.) ergens niet vóór maar ook niet tegen zijn.

**blank** (bijv. nw.) **1** ongekleurd of ongeverfd ◆ *blank hout* **2** (van mensen): met een huid die niet zwart, bruin, geel of rood is ▼ *blank staan:* onder water staan, overstroomd zijn; *na die regenbui stond de hele kelder blank.*

**blan·ke** (de ~ (m.); -n) iemand van het blanke ras, met een lichte huidskleur.

**bla·sé** (bijv. nw.) zó verwend dat je nergens meer van kunt genieten.

**blas·fe·mie** (de ~ (v.)) het bespotten van God ⇒ *godslastering.*

**bla·ten** (blaatte, heeft geblaat) (van schapen): 'bè' of 'mè' roepen.

**blauw** (bijv. nw.) met de kleur van een wolkeloze lucht ◆ *René sloeg Hans een blauw oog:* (uitdr.) een dik, gekleurd oog.

**blauw·baard** (de ~ (m.)) man die wreed is ten opzichte van vrouwen (naar de Blauwbaard uit het sprookje die zijn zeven vrouwen vermoordde).

**blauw·bek·ken** (ww.) zitten, staan te blauwbekken: het heel erg koud hebben, vooral als je staat te wachten ◆ *we hebben een uur staan blauwbekken voor we naar binnen mochten.*

**blauw·blauw** (bijv. nw.) ▼ *iets blauwblauw laten:* niet meer over iets praten, doen of er niets gebeurd is.

**blauw·druk** (de ~ (m.); -ken) plan op papier ⇒ *ontwerp.*

**blauw·helm** (de ~ (m.); -en) soldaat van de Verenigde Naties die probeert vrede te brengen in landen waar oorlog is.

**blauw·kous** (de ~ (v.); -en) (spotnaam voor een geleerde vrouw).

**blauw·tje** (zelfst. nw.) ▼ *een blauwtje lopen:* afgewezen worden door iemand met wie je verkering wil.

**bla·zen** (blies, heeft geblazen) **1** met bolle wangen en getuite lippen hard uitademen ◆ *iedereen zat te puffen en te blazen van de hitte; op een trompet blazen:* erop spelen **2** (van katten, zwanen enz.): een sissend geluid maken, om mensen of dieren weg te jagen **3** bellen of glas blazen: zeepbellen of voorwerpen van glas maken met behulp van een blaaspijp.

**bla·zer** (Engels) [bleezər] (de ~ (m.); -s) jasje van soepele stof.

**bla·zoen** (het ~; -en) schild met een afbeelding erop ⇒ *wapenschild.*

**bleef** → *blijven.*

**bleek¹** (de ~; bleken) (vroeger) grasveld waarop de witte was wordt neergelegd om gebleekt* te worden door de zon.

**bleek²** (bijv. nw.) **1** (van mensen): wit, zonder een gezonde kleur **2** heel licht van kleur ◆ *er scheen die dag een bleek zonnetje.*

**bleek³** → *blijken.*

**bleek·ge·zicht** (het ~; -en) (in verhalen) blanke (gezegd door een indiaan).

**bleek·neus·je** (het ~; -s) mager, bleek kind.

**bleek·scheet** (de ~; -scheten) (populair) iemand die er erg bleek uitziet.

**bleek·sel·de·rij** (de ~(m.)) selderij waarvan je de dikke bleke stengel als groente kunt eten.

**blein** (de ~(v.); -en)(in België □) blaar.

**ble·ken¹** (bleekte, heeft gebleekt) *iets, bijv. de was, bleken:* iets lichter van kleur of wit laten worden.

**ble·ken²** → blijken.

**blen·der** (de ~(m.); -s) mixer waarmee je voedsel kunt mengen en heel fijn kunt malen.

**blè·ren** (blèrde, heeft geblèrd)*(vooral van kinderen):* mekkerend en hard huilen.

**bles** (de ~; -sen) **1** witte streep die van boven naar beneden midden over het hoofd van een paard loopt **2** paard met zo'n streep.

**bles·su·re, bles·suur** (de ~(v.); -n of -s) verwonding die je bij het sporten hebt opgelopen.

**bleu** (bijv. nw.) **1** verlegen, een beetje schutterig ⇒ *bedeesd* **2** (ouderwets) blauw, vooral lichtblauw.

**ble·ven** → blijven.

**bliep** (tussenw.)(geluid van een computer of een robot).

**blies** → blazen.

**blie·ven** (bliefde, heeft gebliefd) *iets blieven:* iets graag willen, wensen ♦ *wie blieft er nog worteltjes?; wat blieft u?:* wat wilt u?; wat zegt u?

**blie·zen** → blazen.

**blij,** ouderwets: **blij·de** (bijv. nw.) verheugd, in een goede stemming ♦ *ik ben zo blij met mijn nieuwe walkman®*; ik ben *blij dat je gekomen bent; in blijde verwachting zijn:* (ouderwets) een baby verwachten; *de blijde boodschap:* (uitdr.) de bijbel; *blij toe:*(uitdr.)(dit zeg je als je opgelucht bent) gelukkig maar!; *zo blij als een kind:*(uitdr.) heel erg blij.

**blijd·schap** (de ~(v.)) het blij* zijn ⇒ *vreugde* ♦ *ze kreeg een kleur van blijdschap.*

**blijf** ▼ *met iemand of iets geen blijf weten:* (in België □) geen weg, geen raad met iemand of iets weten.

**blijf-van-mijn-lijf·huis** (het ~; -huizen) huis waar vrouwen met hun kinderen tijdelijk naar toe kunnen als ze thuis mishandeld worden.

**blijk** (het ~; -en) dat waaruit iets blijkt* ⇒ *teken* ♦ *als blijk van waardering gaf hij me een cadeautje; de meester gaf er blijk van ons smoesje niet te geloven:* hij liet dat merken.

**blijk·baar** (bijv. nw.) zoals blijkt*, zoals je kunt merken ⇒ *kennelijk* ♦ *als ze er nog niet is, heeft ze zich blijkbaar verslapen.*

**blij·ken** (bleek, is gebleken) duidelijk zijn, te merken zijn ♦ *ze blijkt een rekenwonder; het bleek dat niemand zin had:* dat werd duidelijk.

**blij·kens** (voorz.)(deftig) zoals blijkt uit ... ♦ *blijkens de berekeningen komen we geld te kort.*

**blij·moe·dig** (bijv. nw.) vrolijk, opgewekt ⇒ *opgeruimd.*

**blij·spel** (het ~; -spelen) vrolijk toneelstuk met grapjes erin ⇒ *komedie.*

**blij·ven** (bleef, is gebleven) **1** niet weggaan, niet verder gaan ♦ *zullen we vertrekken of blijven?; 'blijf staan!'* brulde de boze man; al gelooft niemand me, ik *blijf* bij wat ik zei:(uitdr.) ik houd het vol **2** niet ophouden, doorgaan ♦ *het bleef maar regenen* **3** blijven bij een mening, een standpunt: die of dat volhouden.

**blij·vend** (bijv. nw.) onveranderlijk, niet verdwijnend ♦ *een blijvend verdriet:* dat niet overgaat.

**blik** (zelfst. nw.) **1** (de ~(m.); -ken) keer dat je naar iets kijkt ⇒ *kijkje* ♦ *een vooruitblik:* een kijkje in de toekomst; *iemand geen blik waardig keuren:*(uitdr.) expres niet op iemand letten; *hij wierp een blik in mijn boek:* (uitdr.) hij keek even in mijn boek **2** (de ~(m.); -ken) manier van kijken ♦ *een droevige blik in zijn ogen* **3** (het ~)

geplet staal met een tinlaagje ♦ *een speelgoedautootje van blik; we eten vandaag groente uit blik* **4** (het ~; -ken) doos, trommel of bus van dun staal om iets in te bewaren ♦ *een blikje bier; groente uit blik* **5** (het ~; -ken) bord van plastic of metaal om vuil op te vegen ♦ *stoffer en blik.*

**blik·ken** (blikte, heeft geblikt) **1** (ouderwets) kijken ♦ *hij blikte uit het treinraampje* ▼ *zonder blikken of blozen:* (uitdr.) zonder verlegenheid of schaamte.

**blik·ke·ren** (blikkerde, heeft geblikkerd) een scherp, flikkerend licht uitstralen ⇒ *glinsteren* ♦ *een blikkerend zwaard.*

**blik·ope·ner** (de ~(m.); -s) apparaat waarmee je blikken* (bet.4) openmaakt.

**blik·scha·de** (de ~) beschadiging aan de buitenkant van een auto, lichte beschadiging.

**blik·sem** (de ~(m.); -s) het bliksemen* ⇒ *weerlicht* ♦ *de bliksem sloeg vlak naast ons in; hete bliksem:* (uitdr.) stamppot van aardappels met appelmoes en vlees; *als door de bliksem getroffen bleef hij staan:*(uitdr.) heel plotseling; *ik moet als de gesmeerde bliksem naar school:* (uitdr.; populair) zo snel als ik maar kan; *iemand op zijn bliksem geven:*(uitdr.; populair) iemand een uitbrander geven; *alles is naar de bliksem door je stomme fout:* (uitdr.; populair) alles is verloren, bedorven; *loop naar de bliksem:*(uitdr.; populair)(dit zeg je als je kwaad op iemand bent en niets meer met hem of haar te maken wilt hebben).

**blik·sem·ac·tie** (de ~(v.); -s) snelle actie, snel ingrijpen, meestal van leger of politie.

**blik·sem·af·lei·der** (de ~(m.); -s) ijzeren spriet op een gebouw waarlangs de bliksem wordt afgeleid zodat er geen brand komt.

**blik·sem·be·zoek** (het ~; -en) heel snel en kort bezoek.

**blik·se·men** (bliksemde, heeft gebliksemd) het bliksemt: er schieten lichtflitsen door de lucht ⇒ *weerlichten.*

**blik·sem·flits** (de ~(m.); -en) lichtflits aan de hemel bij onweer ⇒ *bliksemschicht.*

**blik·sems¹** (bijv. nw.)(populair) gehaaid, bijdehand ♦ *die bliksemse meid heeft alweer de eerste prijs gewonnen.*

**blik·sems²** (bijw.) zeer, erg ♦ *je weet bliksems goed hoe het moet.*

**blik·sem·schicht** (de ~(m.); -en) bliksemflits.

**blik·van·ger** (de ~(m.); -s) voorwerp dat onmiddellijk de aandacht vangt.

**blik·veld** (het ~) gebied dat je kunt overzien ♦ *dat valt buiten haar blikveld:*(uitdr.) daar interesseert ze zich helemaal niet voor.

**blind¹** (het ~; -en) luik voor een raam.

**blind²** (bijv. nw.) **1** gezegd van mensen of dieren die niet kunnen zien ♦ *mijn vriendin is blind aan haar linkeroog; blind schaken:*(uitdr.) zonder een schaakbord en stukken te gebruiken, uit je hoofd; *blind typen:*(uitdr.) typen zonder naar de toetsen te kijken; *je ergens blind op staren:*(uitdr.) veel te lang naar iets kijken of veel te intens met iets bezig zijn, waardoor je vergeet op andere dingen te letten **2** onzichtbaar ♦ *een blinde sluiting in een jas; de blinde kaart van Limburg:* de kaart waarop de plaatsen wel staan aangegeven, maar de namen niet **3** zonder opening ♦ *een blinde muur:* zonder raam of deur; *de winkel ligt in een blinde steeg:* een doodlopende steeg; *een blind vertrouwen in iemand of iets hebben:* iemand of iets volkomen vertrouwen, zonder erbij na te denken.

**blind date** (Engels) [blajndeet](de ~) afspraakje met iemand die je nog nooit gezien hebt.

**blind·doek** (de ~(m.); -en) doek voor je ogen, waardoor je niets ziet.

**blin·de** (de ~; -n) iemand die blind* (bet.1) is.

**blin·de·darm** (de ~ (m.); -en) doodlopend deel van de dikke darm ◆ *ik moest naar het ziekenhuis wegens een **blinde**darmontsteking.*

**blin·de·lings** (bijw.) **1** zonder te hoeven kijken ◆ *ik weet **blindelings** de weg van school naar huis* **2** zonder na te denken ◆ *ze gehoorzaamt haar ouders **blindelings**.*

**blin·den·ge·lei·de·hond** (de ~ (m.); -en) hond die gedresseerd is om blinde mensen door het verkeer te leiden.

**blin·de·ren** (blindeerde, heeft geblindeerd) *een raam blinderen*: het met blinden[1]* dichtmaken of het met papier of lappen bedekken.

**blind·gan·ger** (de ~ (m.); -s) bom of granaat die wel afgeschoten maar niet ontpl
oft is.

**blin·ken** (blonk, heeft geblonken) een zacht en regelmatig licht weerkaatsen ⇒ glanzen, glimmen.

**blits**[1] (zelfst. nw.) ▼ *de **blits** met iets maken:* (populair) de aandacht met iets trekken omdat het bijzonder is.

**blits**[2] (bijv. nw.) (populair) leuk en modern ◆ *ze draagt altijd **blitse** kleren.*

**blits·kik·ker** (de ~ (m.); -s) (populair) iemand die erg blits is.

**bliz·zard** (Engels) [bliᴢᴢᴇrd] (de ~; -s) plotselinge zware sneeuwstorm.

**b.l.o.** (het ~) **1** **B**ijzonder **L**ager **O**nderwijs; dit is een oude naam voor het speciaal onderwijs **2** (in België) **B**uitengewoon **L**ager **O**nderwijs; dit is onderwijs aan kinderen met een handicap.

**bloc·note** (de ~ (m.); -s) schrijfblok waar je blaadjes uit kunt scheuren.

**bloed** (het ~) rode vloeistof in het lichaam van mensen en dieren ◆ *er werd tijdens het gevecht veel **bloed** vergoten:* (uitdr.) er zijn veel mensen gedood of gewond; *ze hebben blauw **bloed**:* (uitdr.) ze zijn van adel; *hij is in koelen **bloede** vermoord:* (uitdr.) op een harde, gevoelloze manier; *mijn **bloed** kookte:* (uitdr.) ik was vreselijk boos; *die leugen heeft veel kwaad **bloed** gezet:* (uitdr.) die heeft veel boosheid veroorzaakt; *ze kon mijn **bloed** wel drinken:* (uitdr.) ze was heel erg kwaad op me; *dat zit haar in het **bloed**:* (uitdr.) dat doet ze van nature; *je haalt me het **bloed** onder de nagels vandaan:* (uitdr.) je tergt me tot het uiterste; *het **bloed** kruipt waar het niet gaan kan:* (spreekwoord) als het erop aankomt doe je toch wat je aard je ingeeft.

**bloed-** heel erg, in hoge mate ⇒ zeer ◆ *het is **bloed**heet vandaag; het is **bloed**link om zonder licht over de drukke weg te fietsen:* het is heel gevaarlijk.

**bloed·ar·moe·de** (de ~) tekort aan rode bloedlichaampjes in het bloed (kijk ook bij: **bloedlichaampje**) ⇒ anemie.

**bloed·bad** (het ~; -en) geweld waarbij veel doden of gewonden vallen ⇒ slachtpartij.

**bloed·bank** (de ~; -en) gebouw waar van gezonde mensen bloed wordt afgetapt dat aan zieke mensen wordt toegediend.

**bloed·broe·der** (de ~ (m.); -s) iemand die plechtig beloofd heeft je trouwe vriend te zullen zijn en die die belofte met een paar druppels van zijn bloed heeft bekrachtigd.

**bloed·dor·stig** (bijv. nw.) gezegd van mensen of dieren die willen doden.

**bloed·druk** (de ~ (m.)) druk van het bloed in je aderen.

**bloed·ei·gen** (bijv. nw.) van dezelfde familie ◆ *mijn **bloedeigen** vader liet me in de steek.*

**bloe·de·loos** (bijv. nw.) (van een gezicht, van lippen): bleek doordat er geen of te weinig bloed door stroomt.

**bloe·den** (bloedde, heeft gebloed) bloed* verliezen ◆ *je **bloedt** aan je oor; haar hart **bloedde**:* (uitdr.) ze had heel erg veel verdriet.

**bloe·de·rig** (bijv. nw.) gezegd van iets waar veel bloed* bij te pas komt.

**bloed·geld** (het ~) geld dat betaald wordt voor het plegen van een misdaad.

**bloed·groep** (de ~ (m.); -en) het soort bloed dat je hebt (belangrijk om te weten bij bloedtransfusie).

**bloe·dig** (bijv. nw.) **1** gezegd van iets waar bloed* bij te pas komt ◆ *de ontvoering had een **bloedige** ontknoping* ▼ *het was hem **bloedige** ernst:* hij meende het heel serieus; *ik heb **bloedig** gewerkt om een voldoende te halen:* ik heb heel hard gewerkt.

**bloe·ding** (de ~ (v.); -en) keer dat iets bloedt* ◆ *een neus**bloeding**.*

**bloed·je** (zelfst. nw.) ▼ *bloedjes van kinderen:* arme, zielige kinderen.

**bloed·ko·raal** (het ~) **1** het harde, bloedrode skelet van een bepaald soort zeediertjes, waarvan sieraden worden gemaakt **2** (-koralen) kraal van bloedkoraal.

**bloed·li·chaam·pje** (het ~; -s) deeltje in het bloed dat een bepaalde functie heeft ◆ *rode **bloedlichaampjes**:* (die zuurstof door je lichaam vervoeren); *witte **bloedlichaampjes**:* (die je lichaam beschermen tegen ziekten).

**bloed·neus** (de ~ (m.); -neuzen) bloedende neus ◆ *de woesteling sloeg me een **bloedneus**.*

**bloed·proef** (de ~ (m.); -proeven) onderzoek van je bloed, vooral om te kijken of je alcohol hebt gedronken.

**bloeds·om·loop** (de ~ (m.)) het stromen van je bloed via hart en longen.

**bloed·stol·sel** (het ~; -s) stukje hard geworden bloed.

**bloed·trans·fu·sie** (de ~ (v.); -s) het toedienen van bloed bij iemand die te veel bloed verloren heeft, bijv. bij een ongeluk of een operatie.

**bloed·uit·stor·ting** (de ~ (v.); -en) opeengehoopt bloed van een onderhuidse bloeding, blauwe plek.

**bloed·vat** (het ~; -vaten) buisje in het lichaam van mensen en dieren waar bloed door stroomt ⇒ ader.

**bloed·ver·gif·ti·ging** (de ~ (v.); -en) ontsteking die ontstaat door vuil in het bloed.

**bloed·ver·want** (de ~ (m.); -en) iemand die familie van je is, die dezelfde stamvader of stammoeder heeft.

**bloed·worst** (de ~; -en) worst gemaakt van bloed, meel en kruiden.

**bloed·wraak** (de ~) het wreken van de moord op een familielid op de moordenaar en zijn familie ⇒ vendetta.

**bloed·zui·ger** (de ~ (m.); -s) ringworm die zich op je huid vastzet en bloed uit je aderen zuigt.

**bloei** (de ~ (m.)) **1** keer dat een boom of plant bloeit* (bet.1) ◆ *de kersenboom staat in **bloei*** **2** toestand waarin iemand of iets op zijn of haar best is ◆ *tien jaar geleden kwam de club tot volle **bloei**:* toen begon het erg goed te gaan; *een vrouw in de **bloei** van haar leven.*

**bloei·en** (bloeide, heeft gebloeid) **1** (van bomen en planten): bloemen dragen, in bloei* (bet.1) staan **2** op zijn best zijn ◆ *in de Gouden Eeuw **bloeiden** handel en kunst.*

**bloei·maand** (de ~ (m.)) de maand mei.

**bloei·wij·ze** (de ~; -n) manier waarop de bloemen op een stengel geplaatst zijn, zoals aar of tros.

**bloem** (de ~; -en; bloempje of bloemetje) **1** de stamper, meeldraden en de meestal gekleurde blaadjes eromheen waarmee een plant vruchten en zaadjes maakt ◆ *het vriest zo hard dat er **bloemen** op de ruiten zitten:* bevroren damp met bloemfiguren; *een bosje **bloemen**; de **bloemetjes** buiten zetten:* (uitdr.) flink feest vieren **2** het beste deel ergens van ⇒ puikje ◆ *de **bloem** der natie:*

(daarmee wordt vaak de jeugd bedoeld) **3** fijn meel waar de zemelen uit gezeefd zijn.

**bloem·bol** (de ~(m.); -len) bolvormig gedeelte van een stengel waaruit een bloem groeit ⇒ *bol*.

**bloe·men·cor·so** (het ~; -corso's) optocht van met bloemen versierde wagens.

**bloe·me·tje** (het ~; -s) (populair) een bos bloemen.

**bloe·mig** (bijv. nw.) gezegd van bepaalde soorten aardappelen die na het koken goed droog zijn ⇒ *kruimig*.

**bloe·mist** (de ~(m.); -en), vrouw: **bloe·mis·te** (de ~(v.); -n of -s) iemand die bloemen verkoopt of kweekt.

**bloem·kool** (de ~; -kolen) koolsoort waarvan het witte gedeelte als groente wordt gegeten.

**bloem·le·zing** (de ~(v.); -en) verzameling gedichten, verhalen of stukjes die iemand bij elkaar heeft gezocht en die bij elkaar in een boekband zitten.

**bloem·rijk** (bijv. nw.) *(van taalgebruik)*: met veel uitdrukkingen en vergelijkingen.

**bloem·schik·ken** (ww.) het kunstig bij elkaar zetten van bloemen in een vaas of bakje.

**bloem·stuk** (het ~; -ken) kunstig bij elkaar gezette bloemen.

**bloes, blou·se** (de ~(v.); bloezen) kledingstuk van soepele stof met knopen, dat op een rok of broek gedragen wordt.

**bloe·sem** (de ~(m.); -s) bloemen van een boom of struik, vooral van een vruchtboom.

**bloe·zen** (bloesde, heeft gebloesd) *(van kleren)*: bollend overhangen.

**blok** (het ~; -ken) **1** hoekig stuk hout, steen enz. ◆ *de peuters speelden met de blokkendoos; blokken hout voor de open haard; een blok aan iemands been zijn*: (uitdr.) iemand erg tot last zijn; *iemand voor het blok zetten*: (uitdr.) iemand dwingen een keuze te maken; *als een blok in slaap vallen*: (uitdr.) meteen diep in slaap vallen; *bij de ruzie stond de hele klas als één blok achter me*: (uitdr.) de hele klas was het met me eens en steunde me **2** vierkant motiefje in schilderwerk, op papier, stof enz. **3** aantal huizen die aan elkaar vastzitten en waar straten omheen lopen ⇒ *huizenblok* ◆ *een blokje om lopen*: een eindje lopen om een blok huizen heen.

**blok·fluit** (de ~(m.); -en) houten fluit die je bij het spelen recht voor je houdt.

**blok·ka·de** (de ~(v.); -s) het blokkeren* (bet.1), de manier waarop je een doorgang blokkeert*, vooral bij acties.

**blok·ken** (blokte, heeft geblokt) heel hard studeren ⇒ *vossen* ◆ *blokken voor een examen*.

**blok·ke·ren** (blokkeerde, heeft geblokkeerd) **1** de ingang, doorgang enz. blokkeren: die afsluiten zodat er niemand meer door kan ◆ *na het ongeluk was de spoorbaan urenlang geblokkeerd* **2** een giro- of bankrekening blokkeren: ervoor zorgen dat er geen geld af gehaald kan worden **3** iets, bijv. een stuur, blokkeren: iets vastzetten, ervoor zorgen dat iets niet meer kan draaien of bewegen.

**blok·let·ter** (de ~; -s) rechte geschreven hoofdletter.

**blok·noot** → blocnote.

**blok·uur** (het ~; -uren) les van twee lesuren achter elkaar.

**blond** (bijv. nw.) *(van haar)*: met een lichte kleur.

**blon·de·ren** (blondeerde, heeft geblondeerd) *je haar blonderen*: het blond* maken.

**blon·di·ne** (de ~(v.); -s) blond* meisje of blonde* vrouw.

**blond·je** (het ~; -s) (populair) blondine.

**blonk** → blinken.

**blon·ken** → blinken.

**bloo·per** (Engels) [bloepər] (de ~(m.); -s) tv- of filmopname die grappig is omdat er iets misgaat.

**bloot** (bijv. nw.) **1** *(van mensen)*: zonder kleren aan ⇒ *naakt* ◆ *op blote voeten lopen; iets met je blote handen doen*: (uitdr.) zonder gereedschap; *een versje uit je blote hoofd opzeggen*: (uitdr.) zonder het voor te lezen; *iets met het blote oog kunnen zien*: (uitdr.) zonder hulpmiddelen ▼ *onder de blote hemel slapen*: in de openlucht.

**bloot·ge·ven** (gaf bloot, heeft blootgegeven) *jezelf blootgeven*: eerlijk laten merken hoe je bent, wat je denkt of voelt.

**bloot·je** (zelfst. nw.) ▼ *in je blootje*: zonder kleren aan, in je nakie.

**bloot·leg·gen** (legde bloot, heeft blootgelegd) *iets blootleggen*: iets zichtbaar maken door dat wat er overheen zit weg te halen ◆ *er werden Romeinse fundamenten blootgelegd*.

**bloots·hoofds** (bijw.) zonder muts, hoed enz. op je hoofd.

**bloot·staan** (stond bloot, heeft blootgestaan) *aan gevaar, storm, kritiek enz. blootstaan*: er niet tegen beschermd zijn, het moeten ondervinden.

**bloot·stel·len** (stelde bloot, heeft blootgesteld) *iemand of iets aan gevaar, kou enz. blootstellen*: iemand of iets dat laten ondervinden ◆ *de zwerver was blootgesteld aan weer en wind*.

**blos** (de ~(m.); -sen) rode kleur op je wangen ◆ *na het schaatsen had iedereen een gezonde blos; een blos van verlegenheid*.

**BLO·SO** (het ~) (in België) **B**estuur voor **L**ichamelijke **O**pvoeding, **S**port en **O**penluchtleven.

**blou·se** → bloes.

**blo·wen** (blowde, heeft geblowd) een sigaret met drugs erin roken, hasj roken (kijk ook bij: **drug**).

**blo·zen** (bloosde, heeft gebloosd) rood worden van verlegenheid, schaamte enz. ◆ *ze bloosde tot achter haar oren*.

**blub·ber** (de ~(m.)) modder, vettig vuil.

**blue jeans** (Engels) [bloedzjiens] (de ~) spijkerbroek.

**blues** (Engels) [bloes] (de ~) langzame, wat weemoedige muziek die afkomstig is van de negers uit Amerika.

**bluf** (de ~(m.)) **1** woorden om iets meer of mooier te laten lijken dan het is ⇒ *grootspraak* ▼ *Haagse bluf*: opgeklopt eiwit met bessensap, als nagerecht.

**bluf·fen** (blufte, heeft gebluft) proberen indruk te maken door iets mooier voor te stellen dan het is.

**blun·der** (de ~(m.); -s) heel stomme fout ⇒ *stommiteit, flater*.

**blus·sen** (bluste, heeft geblust) *een brand blussen*: die doven, die uitmaken, meestal door er water op te gooien.

**blut** (bijv. nw.) gezegd van iemand die geen geld meer heeft ⇒ *rut, platzak* ◆ *toen Daniël van de kermis thuiskwam, was hij helemaal blut*.

**bluts** (de ~; -en) deuk, gekneusde plek ◆ *die appel hoef ik niet, daar zit een bluts in*.

**blz.** (afkorting) *bl*adzijde ◆ *zie blz. 126*.

**BM'er** BM-er (de ~; -s) zeilboot uit de **B**ergumermeerklasse.

**boa** (de ~(m.); boa's) slang die niet giftig is en die zijn prooi wurgt.

**board** (Engels) [bord] (het ~) tot platen geperste houtvezels die vooral in de bouw gebruikt worden.

**BOB** (de ~) (in België) **B**ijzondere **O**psporings**b**rigade; dit is een afdeling van de rijkswacht.

**bob·bel** (de ~(m.); -s) verdikking of bult ◆ *er zit een bobbel in het vloerkleed*.

**bob·be·len** (bobbelde, heeft gebobbeld) bobbels* vertonen ◆ *het behang is gaan bobbelen*.

**bob·by** (de ~(m.); bobby's) politieagent in Engeland.

**bo·bijn** (de ~; -en) klos.

**bo·bo** (de ~ (m.); bobo's) (verkorting van bondsbonze; populair) officiële, belangrijke persoon, vooral in de sportwereld.

**bob·slee** (de ~; -sleeën) platte slee op twee ijzers, om van hellingen af te glijden.

**bo·chel** (de ~ (m.); -s) bult op de rug door een vergroeiing van de ruggengraat.

**bocht** (zelfst. nw.) **1** (de ~; -en) ombuiging, kromming ◆ *een scherpe bocht in de weg; je in allerlei bochten wringen*: (uitdr.) heel veel moeite moeten doen om iets voor elkaar te krijgen; *kijk nou, Max weer in de bocht!*: (uitdr.) hij is weer bezig iets geks te doen **2** (het ~) drank die je niet lekker vindt.

**bod** (het ~) **1** bedrag dat je voor iets biedt* (bet.2) ◆ *mijn vader heeft een bod gedaan op dat huis* ▼ *wie is er aan bod?*: wie is er aan de beurt?; *Carla wilde wat zeggen tegen Sinterklaas maar ze kwam niet aan bod*: ze kreeg daar niet de kans voor.

**bo·de** (de ~ (m.); -n of -s) iemand die voor zijn of haar beroep berichten of pakjes rondbrengt ⇒ *koerier*.

**bo·de·ga** (de ~ (m.); bodega's) wijnkelder waar je wijn uit het vat kunt drinken.

**bo·dem** (de ~ (m.); -s) **1** onderkant van een ding waar je iets in kunt stoppen ◆ *er zit een gat in de bodem van die doos; een verhaal met een dubbele bodem*: (uitdr.) waar meer achter zit dan je eerst zou denken; *de ruzie werd tot op de bodem uitgezocht*: (uitdr.) alles werd uitgezocht: wie er wat gedaan en gezegd had enz. **2** grond.

**bo·dem·loos** (bijv. nw.) zonder bodem ◆ *een bodemloze put*: (uitdr.) iets waar je steeds opnieuw geld of tijd in moet stoppen, en dat nooit klaar komt.

**bo·den** → bieden.

**bo·dy** (Engels) [boddie] (de ~ (m.) of het ~; body's) (populair) lichaam.

**bo·dy·buil·der** (Engels) [boddiebild‍er] (de ~; -s) (letterlijk: lichaamsbouwer) iemand die oefeningen doet om steeds grotere en sterkere spieren te krijgen.

**bo·dy·guard** (Engels) [boddieɡaːrd] (de ~; -s) lijfwacht.

**bo·dy·milk** (Engels) [boddiemilk] (de ~; -s) vloeibare, niet-vette crème voor je huid.

**bo·dy·stoc·king** (Engels) [boddiestokking] (de ~; -s) pakje dat strak om je hele lichaam zit.

**bo·dy·war·mer** (Engels) [boddiewormer] (de ~; -s) jasje zonder mouwen met een lekker warme voering.

**boe** (tussenw.) **1** (geluid van een loeiende koe) **2** (geluid om iemand aan het schrikken te maken) **3** (geluid om te laten merken dat je iets slecht vindt of het er niet mee eens bent).

**Boed·dha** (de ~ (m.)) de stichter van het boeddhisme, de Indische prins Gautama (± 560-480 v. Chr.).

**boed·dhis·me** (het ~) belangrijke godsdienst in India die gesticht is door Boeddha*.

**boed·dhist** (de ~ (m.); -en) aanhanger van het boeddhisme*.

**boe·del** (de ~ (m.); -s) alles wat iemand aan spullen bezit, dus kleren, boeken, meubels enz. ⇒ *inboedel*.

**boe·del·bak*** (de ~ (m.); -ken) aanhangwagen die je kunt huren, bijv. voor verhuizingen.

**boef** (de ~ (m.); boeven) **1** misdadiger ⇒ *schurk, bandiet* **2** ondeugend kind.

**boeg** (de ~ (m.); -en) het voorste gebogen gedeelte van een schip ◆ *iets voor de boeg hebben*: (uitdr.) iets in het vooruitzicht hebben, iets nog moeten doen; *het over een andere boeg gooien*: (uitdr.) iets op een heel andere manier proberen.

**boeg·beeld** (het ~; -en) beeld dat voor de sier op de boeg van een schip zit.

**boei** (de ~; -en) **1** drijvend felgekleurd baken in het water, bijv. om een vaargeul aan te duiden ◆ *een kop als een boei*: (uitdr.) een knalrood hoofd **2** zware ketting met een klem om de handen of voeten van een arrestant of gevangene vast te binden ⇒ *keten, kluister* ◆ *een dief in de boeien slaan*.

**boei·en** (boeide, heeft geboeid) **1** *een arrestant, een gevangene boeien*: een arrestant, een gevangene met boeien* (bet.2) vastmaken ⇒ *ketenen, kluisteren* **2** *iemand boeien*: iemands aandacht vasthouden, iemand in beslag nemen ⇒ *fascineren* ◆ *voetbal kan mijn vader niet boeien*.

**boei·end** (bijv. nw.) wat je boeit* (bet.2), spannend ⇒ *fascinerend*.

**boek** (het ~; -en) **1** bedrukte of beschreven bladen papier in een band, waarin je kunt lezen ◆ *een bijbelboek*: een afgerond deel van de bijbel; *zij is een open boek*: (uitdr.) je kunt aan haar duidelijk merken wat ze vindt; *een boekje over iemand opendoen*: (uitdr.) aan anderen slechte dingen vertellen die je over iemand weet; *je boekje te buiten gaan*: (uitdr.) dingen zeggen of doen die je niet mag zeggen of doen, te ver gaan **2** schrift waar de inkomsten en uitgaven van een kantoor in opgeschreven worden ◆ *iets te boek stellen*: (uitdr.) iets opschrijven; *te boek staan als …*: (uitdr.) als … bekend staan.

**boe·ka·nier** (de ~ (m.); -s) zeerover in Zuid-Amerika in de zeventiende en achttiende eeuw.

**boek·deel** (het ~; -delen) boek uit een serie van meer boeken ◆ *zijn gezicht spreekt boekdelen*: (uitdr.) aan zijn gezicht kun je precies zien wat hij denkt of voelt.

**boek·druk·kunst** (de ~ (v.)) het maken van boeken door de tekst op te bouwen uit losse metalen letters, en die steeds weer af te drukken.

**boe·ke·bon** → boekenbon.

**boe·ke·leg·ger** → boekenlegger.

**boe·ken** (boekte, heeft geboekt) **1** *een reis enz. boeken*: die bespreken **2** *een bedrag boeken*: dat bijschrijven in de boekhouding (kijk ook bij: **boekhouding**) ◆ *winst boeken*: (uitdr.) winst behalen; *vooruitgang boeken*: (uitdr.) vooruitgaan.

**boe·ken·beurs** (de ~; -beurzen) soort markt waar oude of nieuwe boeken tentoongesteld en verkocht worden.

**boe·ken·bon** (de ~ (m.); -nen) bon met een bepaalde geldwaarde die je in een winkel kunt inruilen voor een of meer boeken.

**boe·ken·leg·ger** (de ~ (m.); -s) strook van papier, leer enz. die je in je boek kunt leggen, zodat je weet waar je gebleven bent ⇒ *bladwijzer*.

**boe·ken·lijst** (de ~; -en) lijst waarop de boeken staan die je moet kopen of lezen, bijv. voor school.

**boe·ken·taal** (de ~) een beetje deftige en stijve taal.

**boe·ken·week** (de ~; -weken) week in het jaar waarin boeken extra onder de aandacht gebracht worden, om te zorgen dat meer mensen boeken gaan lezen en kopen.

**boe·ken·wijs·heid** (de ~ (v.); -wijsheden) dingen die je uit boeken hebt geleerd, en niet uit eigen ervaring.

**boe·ken·wurm** (de ~ (m.); -en) iemand die graag en veel leest.

**boe·ket** (de ~ (m.) of het ~; -ten) aantal bloemen die bij elkaar gebonden zijn ⇒ *ruiker* ◆ *een boeket rozen*.

**boek·han·del** (de ~ (m.); -s) winkel waar boeken worden verkocht.

**boek·hou·den** (ww.) de inkomsten en uitgaven van een bedrijf bijhouden op papier.

**boek·hou·der** (de ~ (m.); -s), vrouw: **boek·houd·ster** (de ~ (v.); -s) iemand die zich voor zijn of haar beroep bezighoudt met boekhouden*.

**boek·hou·ding** (de ~ (v.); -en) **1** alle papieren enz. waarop de inkomsten en uitgaven van een bedrijf zijn bijgehouden **2** afdeling in een bedrijf waar men zich bezighoudt met boekhouden.

**boek·maag** (de ~; -magen) derde maag van een herkauwend dier.

**boek·rol** (de ~; -len) boek in de vorm van een lang opgerold stuk papier of perkament.

**boek·sta·ven** (boekstaafde, heeft geboekstaafd) *iets boekstaven*: iets opschrijven om het vast te leggen.

**boek·weit** (de ~) soort graan.

**boel** (de ~) **1** dingen, spullen ◆ *zullen we de boel maar de boel laten?*: (uitdr.) zullen we alles maar laten liggen zoals het ligt?; *laat de boel maar waaien*: (uitdr.) laat de dingen maar op hun beloop, laten we ons niet druk maken **2** toestand, bedoening ◆ *wat een saaie boel daar*: wat is het daar saai **3** grote hoeveelheid ⇒ *hoop, massa* ◆ *we kregen een boel snoep.*

**boem** (tussenw.) (geluid van een botsing).

**boe·man** (de ~ (m.); -nen) man die jou bang probeert te maken.

**boe·mel** (zelfst. nw.) ▼ *aan de boemel gaan*: boemelen, uitgaan en feestvieren.

**boe·me·len** (boemelde, heeft geboemeld) in cafés rondhangen en feestvieren.

**boe·mel·trein** (de ~ (m.); -en) trein die bij alle stations die hij passeert, stopt ⇒ *stoptrein*.

**boe·me·rang** (de ~ (m.); -s) gebogen houten voorwerp dat vanzelf terugkeert naar degene die het weggooit.

**boe·me·rang·ef·fect** (het ~; -en) effect van een maatregel die je zelf bedacht hebt, maar waar je later zelf last van krijgt.

**boe·nen** (boende, heeft geboend) *iets, bijv. de vloer, boenen*: iets schoonmaken en inwrijven met was.

**boen·was** (de ~ (m.) of het ~) middel om vloeren en meubels mee te boenen.

**boer** (de ~ (m.); -en) **1** (vrouw: boerin) iemand die van beroep landbouwer of veehouder is ⇒ *agrariër* ◆ *lachen als een boer die kiespijn heeft*: (uitdr.) niet van harte lachen **2** iemand zonder manieren ⇒ *lomperd* **3** keer dat er lucht uit je maag ontsnapt, wat een geluidje veroorzaakt ⇒ *oprisping* ◆ *een boer laten* **4** bepaalde kaart in het kaartspel ▼ *de boer opgaan*: eropuit trekken om dingen te verkopen.

**boer·de·rij** (de ~ (v.); -en) huis met stallen waar een boer* (bet.1) woont.

**boe·ren** (boerde, heeft geboerd) **1** *goed of slecht boeren*: goede of slechte zaken doen **2** een boer* (bet.3) laten.

**boe·ren·be·drog** (het ~) bedrog dat je snel doorhebt.

**boe·ren·bont** (het ~) **1** aardewerk servies met gekleurde bloemfiguren **2** geblokte stof, meestal rood-wit of blauw-wit.

**boe·ren·jon·gens** (zelfst. nw.; meervoud) rozijnen op brandewijn.

**boe·ren·kin·kel** (de ~ (m.); -s) ruwe en onbeleefde jongen of man ⇒ *pummel, lomperik*.

**boe·ren·kool** (de ~; -kolen) kool met gekrulde donkergroene bladeren.

**boe·ren·markt** (de ~ (v.); -en) markt waar boeren zelf hun producten te koop aanbieden.

**boe·ren·slim·heid** (de ~ (v.)) praktische slimheid, zoals men zegt dat boeren die hebben.

**boe·ren·ver·stand** (het ~) het gewone, gezonde verstand.

**boe·ren·worm·kruid** (het ~) in het wild veel voorkomende plant met kleine gele bloemetjes en een sterke geur.

**boe·rin** (de ~ (v.); -nen) **1** vrouw van een boer* **2** vrouw die op een boerderij werkt.

**boer·noes** (de ~ (m.); -en) Arabische lange mantel met een kap.

**boers** (bijv. nw.) **1** onbeleefd ⇒ *lomp, grof* ◆ *hij gedraagt zich boers tegen iedereen* **2** als een boer*, afkomstig van het platteland ⇒ *dorps, provinciaals* ◆ *er zaten een paar boerse mensen in de trein.*

**boe·te** (de ~ (v.); -s of -n) **1** geld dat je voor straf moet betalen ◆ *ik moest vijftien gulden boete betalen* ▼ *boete doen*: straf ondergaan voor iets dat je verkeerd hebt gedaan.

**boe·te·ling** (de ~ (m.); -en), vrouw: **boe·te·lin·ge** (de ~ (v.); -s of -n) iemand die berouw heeft over zijn of haar fouten en die boete* doet.

**boe·ten** (boette, heeft geboet) **1** *ergens voor boeten*: voor iets gestraft worden ◆ *je speelt vals, daar zul je voor boeten*: dat zet ik je nog betaald **2** *een net boeten*: het repareren.

**boe·tiek** (de ~ (v.); -s) winkeltje met spullen die in de mode zijn.

**boet·se·ren** (boetseerde, heeft geboetseerd) *een beeld of figuur boetseren*: het vormen uit klei of ander kneedbaar materiaal.

**boet·vaar·dig** (bijv. nw.) gezegd van iemand die boete* wil doen ⇒ *berouwvol*.

**boe·ze·laar** (de ~ (m.); -s) wijd jurkschort zoals die vroeger door vrouwen en kinderen gedragen werd.

**boe·zem** (de ~ (m.); -s) **1** borst van een mens, vaak de borsten van een vrouw ◆ *ik kon hem eindelijk aan mijn boezem drukken*: omarmen **2** de linker- of rechterholte boven in het hart waar de aderen in uitkomen **3** binnenwater waar water uit de polders op geloosd wordt.

**boe·zem·vriend** (de ~ (m.); -en) erg goede vriend, iemand met wie je heel veel omgaat en met wie je heel vertrouwd bent.

**boe·ze·roen** (de ~ (m.) of het ~; -s of -en) kort, wijd overhemd met lange mouwen zoals dat vroeger gedragen werd.

**bof** (de ~ (m.)) **1** gelukkig toeval, geluk ◆ *wat een bof dat we vandaag vrij hebben* **2** besmettelijke ontsteking van een speekselklier, waarbij je een opgezwollen wang krijgt ◆ *Marjolein heeft de bof.*

**bof·fen** (bofte, heeft geboft) geluk hebben ◆ *bof jij even met die nieuwe rolschaatsen.*

**bof·kont** (de ~ (m.); -en) (populair) iemand die ergens geluk mee heeft.

**bo·gen¹** (boogde, heeft geboogd) *ergens op kunnen bogen*: reden hebben om ergens trots op te zijn ◆ *ze kan erop bogen de beste van de klas te zijn.*

**bo·gen²** → buigen.

**bo·hé·mien** (Frans) [booheemjęn] (de ~ (m.); -s) artistiek persoon die zich in zijn manier van leven en kleden niets aantrekt van anderen, en die een ongeregeld bestaan leidt.

**boi·ler** (de ~ (m.); -s) tank waarin water opgewarmd en warm gehouden wordt voor de keuken, het bad of de verwarming.

**bok** (de ~ (m.); -ken) **1** mannetjesgeit ◆ *hij stinkt als een bok*: (uitdr.) hij stinkt heel erg; *de bokken van de schapen scheiden*: (uitdr.) de vrouwen van de mannen scheiden; ook: de goede mensen van de slechte scheiden; *een oude bok lust nog wel een groen blaadje*: (uitdr.) (dit zeg je als een oude man verliefd is op een jong meisje) **2** gymtoestel waar je overheen springt ◆ *bok staan*: (uitdr.) gebogen staan, zodat anderen over je heen kunnen springen **3** zitplaats van de koetsier op een rijtuig **4** grote hijskraan op twee of drie poten waarmee zware lasten opgetild kunnen worden **5** schijf die bij het sjoelen op een andere schijf terechtkomt ▼ *een bok schieten:* een grote fout maken.

**bo·kaal** (de ~ (m.); bokalen) **1** beker op een voet, vaak als prijs na een wedstrijd gegeven **2** (in België □) glazen pot of fles met wijde mond, vooral gebruikt als inmaakglas ◆ *een bokaaltje uitjes.*

**bok·ken** (bokte, heeft gebokt) **1** vervelend of nors doen uit ontevredenheid, dwars zijn ◆ *ze loopt te bokken omdat ze haar zin niet krijgt* **2** *(van paarden):* de achterbenen in de lucht gooien.

**bok·ken·pruik** (zelfst. nw.) ▼ *de bokkenpruik op hebben:* een slecht humeur hebben.

**bok·ken·spron·gen** (zelfst. nw.) ▼ *bokkensprongen maken:* gekke dingen doen, capriolen uithalen; *met dit geld kan ik geen bokkensprongen maken:* daarmee kan ik niet veel gekke dingen doen.

**bok·kig** (bijv. nw.) **1** chagrijnig en lastig **2** *(van geiten):* verlangend om door de bok\* (bet.1) gedekt te worden.

**bok·king** (de ~ (m.); -en) gerookte haring.

**bok·sen** (bokste, heeft gebokst) **1** vechten met je vuisten, vooral als sport **2** *iets voor elkaar boksen:* (populair) iets klaarspelen, iets voor elkaar krijgen.

**bok·ser** (de ~ (m.); -s) iemand die bokst\*.

**bok·sprin·gen** (ww.) op of over een bok\* (bet.2) springen.

**bol¹** (de ~ (m.); -len) **1** voorwerp dat aan alle kanten rond is ◆ *de aardbol; een bol wol* **2** (populair) hoofd ◆ *het hoog in de bol hebben:* (uitdr.) erg ambitieus zijn; *het is haar in haar bol geslagen:* (uitdr.) ze is gek geworden; *uit je bol gaan:* (uitdr.) helemaal uitzinnig worden **3** bloembol.

**bol²** (bijv. nw.) met de vorm van een bol¹\* (bet.1), rond ◆ *zijn bril heeft bolle glazen:* ze zijn naar buiten toe gebogen, ze zijn niet hol; *een baby met een bolle toet:* met een dik en rond gezichtje; *bol staan van iets, bijv. van fouten:* (uitdr.) vol zitten met iets.

**bol·der·kar** (de ~; -ren) kar met vier wielen die je kunt trekken.

**bo·leet** (de ~; boleten) paddestoel van een vlezige soort, bijv. eekhoorntjesbrood.

**bo·le·ro¹** (de ~ (m.); bolero's) kort jasje zonder mouwen.

**bo·le·ro²** (de ~ (m.); bolero's) langzame Spaanse dans.

**bol·ge·was** (het ~; -sen) plant waarvan de bladeren en bloemen groeien uit een bol onder de grond, zoals de tulp en de narcis.

**bo·li·de** (de ~; -n of -s) raceauto ◆ *daar heb je hem in zijn bolide:* (uitdr.) in zijn snelle sportwagen.

**bol·knak** (de ~; -ken) dikke sigaar die van de kop naar het mondstuk smal toeloopt.

**bol·le·boos** (de ~ (m.); bollebozen) iemand die goed kan leren.

**bol·len** (bolde, heeft gebold) bol²\* gaan staan ◆ *met bollende zeilen kwam de boot langs.*

**bol·le·tje** (het ~; -s) klein rond broodje.

**bol·sje·wiek** (de ~ (m.); -en) aanhanger van een bepaalde stroming in het Russisch communisme.

**bol·ster** (de ~ (m.); -s) bast van noten, kastanjes enz. ◆ *ruwe bolster, blanke pit:* (uitdr.) (dit zeg je van iemand die een gevoelig en aardig karakter heeft, maar die zich ruw en onvriendelijk gedraagt).

**bo·lus** (de ~ (m.); -sen) **1** plat, rond broodje dat bedekt is met gebrande suiker **2** drol ⇒ hoop.

**bol·was·sing** (de ~ (v.); -en) (in België □) uitbrander.

**bol·werk** (het ~; -en) gebouw met zware muren of stad met zware wallen vanwaaruit je je verdedigt tegen een aanval ⇒ vesting ◆ *Kampen is een bolwerk van protestanten:* (uitdr.) daar wonen erg veel protestanten.

**bol·wer·ken** (ww.) het kunnen bolwerken: de moeilijkheden aankunnen, het volhouden.

**bom¹** (de ~; -men) **1** voorwerp dat gemaakt is om te ontploffen ◆ *het nieuws sloeg in als een bom:* (uitdr.) het was verrassend en verbijsterend nieuws; *ze zeiden eerst niets, maar na een dag barstte de bom:* (uitdr.) toen konden ze hun woede niet langer inhouden ▼ *een zure bom:* een grote zure augurk; *een bom duiten:* (populair) een hoop geld.

**bom²** (tussenw.) (geluid van iets zwaars dat valt) ◆ *bom! daar lag hij languit in de kamer.*

**BOM** (de ~ (v.)) bewust ongehuwde moeder; dit is een vrouw die een kind heeft en ervoor kiest om niet te trouwen ⇒ bommoeder, bomvrouw.

**bom·bar·de·ment** (het ~; -en) het bombarderen\*.

**bom·bar·de·ren** (bombardeerde, heeft gebombardeerd) **1** een stad of gebied bombarderen: er bommen¹\* (bet.1) op laten vallen ◆ *de groep bombardeerde de meester met vragen:* (uitdr.) de groep stelde hem een heleboel vragen **2** iemand tot iets bombarderen: iemand onverwacht tot iets benoemen ◆ *ze bombardeerden hem tot leider van de club.*

**bom·ba·rie** (de ~ (v.)) overdreven opwinding en drukte.

**bom·bas·tisch** (bijv. nw.) met overdreven veel mooie woorden ⇒ hoogdravend.

**bom·ber·jack** (Engels) [bomᵉrjek] (het ~; -s) kort gewatteerd jack, vooral gedragen door jongens.

**bo·men** (boomde, heeft geboomd) **1** een lang en diepgaand gesprek hebben **2** een boot met een vaarboom voortduwen.

**bom·mel·ding** (de ~ (v.); -en) melding dat er ergens een bom zal ontploffen.

**bom·men** (ww.) ▼ *het kan me niet bommen:* (populair) het kan me niets schelen.

**bom·men·wer·per** (de ~ (m.); -s) vliegtuig voor het vervoeren en afwerpen van bommen.

**bom·moe·der** (de ~ (v.); -s) vrouw die een kind heeft en ervoor kiest om niet te trouwen ⇒ BOM, bomvrouw.

**bom·vrouw** (de ~ (v.); -en) bommoeder.

**bon** (de ~ (m.); -nen) **1** stuk papier waarop staat hoeveel iets gekost heeft ⇒ nota, rekening, kassabon **2** stuk papier in ruil waarvoor je iets kunt krijgen ⇒ waardebon ◆ *bon voor een gratis pakje soep; boekenbon; platenbon; cadeaubon; in de oorlog waren veel artikelen op de bon:* (uitdr.) je had toen een bewijs nodig dat recht gaf op een bepaalde hoeveelheid van iets **3** bekeuring ◆ *iemand op de bon slingeren:* (uitdr.; populair) iemand een bekeuring geven.

**bo·na·fi·de** (bijv. nw.) betrouwbaar, het tegenovergestelde van 'malafide' ◆ *antiek moet je kopen bij een bonafide zaak.*

**bon·bon** (de ~ (m.); -s) chocolade omhulsel met een zoete vulling ⇒ praline.

**bon·bon·niè·re** (de ~; -s) mooi doosje voor bonbons.

**bond¹** (de ~ (m.); -en) vereniging van mensen of landen die samenwerken omdat ze hetzelfde doel hebben ◆ *de bond van fietsers wil veiliger fietspaden.*

**bond²** → binden.

**bon·den** → binden.

**bond·ge·noot** (de ~ (m.); -genoten), vrouw: **bond·ge·no·te** (de ~ (v.); -s of -n) iemand die belooft je te helpen of met wie je samen iets wilt bereiken.

**bon·dig** (bijv. nw.) met weinig woorden, maar wel duidelijk ◆ *een bondig antwoord.*

**bo·nen·kruid** (het ~) tuinkruid dat je gebruikt voor bonen.

**bo·nen·staak** (de ~ (m.); -staken) **1** lange stok waarlangs bonen groeien **2** (populair) iemand die lang en mager is.

**bon·gerd** (de ~(m.); -s) boomgaard.

**bon·go** [bongko] (de ~; bongo's) kleine trommel die je met de hand bespeelt (meestal zijn er twee bongo's aan elkaar gebonden).

**bo·ni·fi·ca·tie** (de ~(v.); -s) extra punten die je krijgt voor een prestatie tijdens een wedstrijd.

**bon·je** (zelfst. nw.) ▼ *bonje hebben:* (populair) ruzie hebben.

**bon·jour** (Frans) [bonzjœr] (tussenw.) goedendag.

**bon·jou·ren** [bonzjœren] (bonjourde, heeft gebonjourd) *iemand eruit bonjouren:* (populair) iemand buiten de deur zetten.

**bonk** (de ~(m.); -en) groot stuk van iets ◆ *er lag een bonk vlees op het slagersblok; ze is één bonk gezondheid:* (uitdr.) je kunt goed aan haar zien dat ze helemaal gezond is.

**bon·ken** (bonkte, heeft gebonkt) *bonken op of tegen iets:* hard op iets slaan, of hard tegen iets aan slaan.

**bon·ne·fooi** (zelfst. nw.) ▼ *op de bonnefooi:* op goed geluk, zonder van tevoren iets te regelen.

**bons** (de ~(m.); bonzen) **1** dreunende klap of slag **2** (niet officieel) bonze ▼ *iemand de bons geven:* de verkering met iemand uitmaken.

**bon·sai** (de ~(m.); -s) dwergboompje dat volgens een Japanse methode gekweekt wordt.

**bont**[1] (het ~) **1** vacht van een dier die als kledingstuk gebruikt wordt ▼ *een tafellaken van Brabants bont:* van rood-wit geruite stof.

**bont**[2] (bijv. nw.) **1** met verschillende kleuren ◆ *de bonte was:* het gekleurde wasgoed; *hij is bont en blauw geslagen:* (uitdr.) hij is zo hard geslagen dat hij onder de plekken zit **2** samengesteld uit heel verschillende dingen of mensen ◆ *er zat een bont gezelschap aan tafel* ▼ *nu maak je het al te bont:* wat je nu doet is te erg, nu ga je te ver.

**bont·je** (het ~; -s) klein kledingstuk van bont* (bet.1), meestal voor om de hals.

**bon ton** (Frans) [bontõn] (zelfst. nw.) ▼ *het is bij ons geen bon ton om dat te doen:* we vinden dat niet zoals het hoort, wij doen dat niet.

**bo·nus** (de ~(m.); -sen) extra beloning die je krijgt bij een bijzondere gebeurtenis ⇒ gratificatie.

**bon·vi·vant** (Frans) [bonvievãn] (de ~(m.); -s) iemand die zijn of haar tijd doorbrengt met plezier maken en eten en drinken.

**bon·ze** (de ~(m.); -n) heel belangrijk persoon in een partij of organisatie.

**bon·zen** (bonsde, heeft gebonsd) **1** *op of tegen iets bonzen:* met een harde klap of bons[1]* (bet.1) op iets slaan of tegen iets aan komen ◆ *het meisje bonsde met haar hoofd tegen de deur* ▼ *(van je hart):* heftig kloppen van angst of spanning ⇒ bonken ◆ *met bonzend hart wachtte hij op de uitslag.*

**boo·by·trap** (Engels) [bœbietrep] (de ~; -s) bom die verstopt is in een ongevaarlijk alledaags ding.

**bood** → bieden.

**bood·schap** (de ~(v.); -pen) **1** iets dat je in de winkel gekocht hebt of gaat kopen ◆ *ik moet even boodschappen doen* **2** mededeling, bericht ◆ *hij belde me met de boodschap dat de wedstrijd niet doorging; de Blijde Boodschap:* het Evangelie ▼ *daar heb ik geen boodschap aan:* dat kan me niet schelen; *een grote of een kleine boodschap doen:* poepen of plassen.

**boog**[1] (de ~(m.); bogen) **1** gebogen deel van een gebouw, een brug, een lijn enz. ◆ *de bogen tussen de pilaren van een kerk; hij liep in een boog om de blazende poes heen* **2** reep hout of kunststof die je spant door een draad aan de uiteinden vast te maken en waarmee je pijlen afschiet ◆ *we hebben met pijl en boog gespeeld; de boog kan niet altijd gespannen zijn:* (uitdr.) je moet niet alleen maar serieuze en moeilijke dingen doen, je moet je ook af en toe ontspannen.

**boog**[2] → buigen.

**boo·gie-woo·gie** (Engels) [bœɤiewœɤie] (de ~(m.)) bepaald soort snelle, ritmische pianomuziek.

**book·ma·ker** (Engels) [bœkmeeker] (de ~(m.); -s) iemand bij wie je weddenschappen afsluit over de uitslag van een sportwedstrijd, verkiezing enz..

**boom** (de ~(m.); bomen) **1** plant met een stevige stam waaraan takken groeien ◆ *hij is een boom van een vent:* (uitdr.) hij is een grote, zware kerel; *ik kon door de bomen het bos niet meer zien:* (uitdr.) het was zo veel of ingewikkeld dat ik niet meer wist waar het over ging; *hoge bomen vangen veel wind:* (spreekwoord) iemand die belangrijke beslissingen moet nemen, krijgt vaak ook veel kritiek ▼ *een boom opzetten over iets:* een lang en interessant gesprek over iets voeren.

**boom·gaard** (de ~(m.); -gaarden) tuin of weiland met fruitbomen ⇒ bongerd.

**boom·grens** (de ~; -grenzen) lijn op een berg of in een poolgebied waarboven geen bomen meer groeien omdat het daar te koud is.

**boon** (de ~; bonen) **1** lange smalle peulvrucht die je als groente eet ◆ *laat hij zijn eigen boontjes maar doppen!:* (uitdr.) laat hij zijn eigen zaken maar regelen **2** het ovale of ronde zaad uit een peulvrucht ◆ *witte bonen in tomatensaus* ▼ *een heilig boontje:* iemand die erg braaf is; *in de bonen zijn:* in de war zijn; *ik ben een boon als ik het weet:* ik weet het absoluut niet; *boontje komt om zijn loontje:* (uitdr.) (dit zeg je als iemand gestraft wordt voor zijn of haar eigen stommiteiten); *een boontje voor iemand hebben:* (in België □) iemand heel aardig vinden; ook: verliefd zijn op iemand.

**boor** (de ~; boren) apparaat waarmee je ergens gaten in maakt ◆ *een elektrische boor.*

**boord** (de ~of het ~; -en) **1** rand, stijve kraag ◆ *de boord van een overhemd* **2** (in België □) rand, kant ◆ *de boorden van de Schelde:* de oevers ▼ *aan boord van een schip, een vliegtuig:* op een schip, in een vliegtuig; *hoe moet ik dat aan boord leggen?:* (in België □) hoe moet ik dat aanleggen?

**boord·werk·tuig·kun·di·ge** (de ~(m.); -n) technicus die aan boord van een vliegtuig werkt.

**boor·ei·land** (het ~; -en) kunstmatig eiland vanwaaraf in de zeebodem wordt geboord naar olie of gas.

**boor·ling** → boreling.

**boor·to·ren** (de ~(m.); -s) stellage die gebruikt wordt bij het boren in de grond.

**boor·wa·ter** (het ~) middel waarmee men vroeger wonden schoonmaakte en ontsmette.

**boos** (bijv. nw.) **1** gezegd van iemand die een ander iets erg kwalijk neemt ⇒ kwaad, vertoornd **2** gemeen, slecht ◆ *hij heeft boze plannen.*

**boos·aar·dig** (bijv. nw.) gemeen, met slechte bedoelingen ◆ *een boosaardig karakter.*

**boos·doe·ner** (de ~(m.); -s), vrouw: **boos·doen·ster** (de ~(v.); -s) iemand die iets verkeerds of iets slechts doet ◆ *bij een lekke band is een glassplinter vaak de boosdoener:* die is er vaak de oorzaak van.

**boos·wicht** (de ~(m.); -en) boef.

**boot** (de ~; boten) voertuig waarin je vaart ⇒ schip, vaartuig ◆ *de boot afhouden:* (uitdr.) duidelijk maken dat je ergens niet in betrokken wilt raken; *uit de boot vallen:* (uitdr.) niet meer mee mogen doen; *iemand in de boot nemen:* (uitdr.) iemand voor de gek houden; *je hebt de boot gemist:* (uitdr.) je bent te laat.

**boots·man** (de ~(m.); bootslui of bootslieden) hoogste onderofficier op een schip die zorgt voor alles wat er aan dek moet gebeuren.

**boot·vluch·te·ling** (de ~(m.); -en) iemand die in een bootje zijn of haar land ontvlucht in de hoop dat een schip van een ander land hem of haar oppikt.

**boot·wer·ker** (de ~(m.); -s) iemand die schepen laadt of lost ♦ hij eet als een **bootwerker**: (uitdr.) hij eet veel en snel.

**bord** (het ~; -en) **1** plank of plaat waar iets op geschreven is of waar een teken op staat ♦ verkeers**borden**; ik moest voor het **bord** komen: voor het schoolbord; het **bord** afvegen: (in België □) het schoolbord schoonvegen; hij heeft een **bord** voor zijn kop: (uitdr.) hij heeft niet in de gaten wat andere mensen van hem denken of willen; de **bordjes** zijn verhangen: (uitdr.) alles is veranderd, nu zijn anderen de baas **2** voorwerp waar je van eet ♦ een **bord** pap **3** houten of kartonnen vlak met vakjes waarop je een spel speelt ♦ een dam**bord**.

**bor·deaux¹** (Frans) [bordo͜o] (de ~(m.)) rode of witte wijn uit de streek rondom Bordeaux in Frankrijk.

**bor·deaux²** [bordo͜o] (bijv. nw.) wijnrood.

**bor·deel** (het ~; bordelen) huis of gebouw waarin mannen tegen betaling met vrouwen kunnen vrijen.

**bor·der** (de ~(m.); -s) strook grond langs een muur, stoep of grasveld, waarin planten en bloemen staan.

**bor·de·rel** (het ~; -len) lijst met een nauwkeurige omschrijving, bijv. van een bestelling of een rekening.

**bor·des** (het ~; -sen) hoge stoep met trappen bij een huis of gebouw.

**bord·pa·pier** (het ~) (ouderwets) karton.

**bor·du·ren** (borduurde, heeft geborduurd) met naald en garen ergens figuurtjes of versieringen op maken.

**bo·re·ling** (de ~(m.); -en) pasgeboren kind.

**bo·ren** (boorde, heeft geboord) **1** een gat in iets boren: met een boor een gat in iets maken ♦ iemand de grond in boren: (uitdr.) vernietigende kritiek op iemand hebben **2** zich ergens doorheen boren: ergens doorheen gaan ♦ zij **boorde** zich door de menigte.

**borg¹** (de ~(m.); -en) **1** iemand die belooft de schulden van een ander te betalen als dat nodig is ♦ ergens **borg** voor staan: (uitdr.) iets garanderen **2** borgsom.

**borg²** → bergen.

**bor·gen** → bergen.

**borg·som** (de ~(m.); -men) extra geld dat je betaalt als je iets huurt of leent en dat je terugkrijgt als je het gehuurde of geleende onbeschadigd teruggeeft ⇒ borg.

**borg·tocht** (de ~(m.); -en) geld dat een gearresteerde betaalt om de gevangenis te mogen verlaten tot hij of zij voor de rechter moet komen ♦ de verdachte is op **borgtocht** vrijgelaten.

**bor·rel** (de ~(m.); -s) drankje met alcohol ♦ ze drinken een **borreltje**; een jonge **borrel**: een glaasje jonge jenever.

**bor·re·len** (borrelde, heeft geborreld) **1** (van vloeistoffen): bewegen en geluid maken door opstijgende luchtbellen ♦ als het water **borrelt**, kookt het **2** borrels* drinken.

**bor·rel·praat** (de ~(m.)) geklets, woorden die je niet ernstig moet nemen ⇒ kletspraat.

**borst** (zelfst. nw.; -en) **1** (de ~) het gewelfde deel van je lichaam waar je ribben, je hart en je longen zitten ♦ hij drukte me aan zijn **borst**: hij omarmde me; uit volle **borst** zingen: (uitdr.) heel hard; het stuit me tegen de **borst**: (uitdr.) het vervult me met afkeer; je op de **borst** kloppen: (uitdr.) duidelijk laten merken dat je vindt dat je iets goeds gedaan hebt **2** (de ~) elk van de twee verdikkingen bij vrouwen die in een tepel uitlopen en die

melk af kunnen scheiden ♦ ze gaf haar kind de **borst**: ze voedde het kind met melk uit haar borst ▼ een brave **borst**: een goedige man.

**borst·beeld** (het ~; -en) beeld van iemands hoofd en schouders ⇒ buste.

**bor·stel** (de ~(m.); -s) **1** handvat waarin bosjes haar, draad enz. zijn vastgemaakt en waarmee je iets schoonmaakt of gladstrijkt ♦ haar**borstel**; kleer**borstel** **2** (in België □) gereedschap gebruikt bij het verven of scheren ⇒ kwast **3** (in België □) gereedschap gebruikt bij het vegen ⇒ veger, stoffer ♦ er met de grove **borstel** door gaan: (uitdr.) de botte bijl hanteren, een zaak ruw aanpakken.

**bor·ste·len** (borstelde, heeft geborsteld) iets borstelen: iets met een borstel* schoonmaken of gladstrijken.

**borst·kas** (de ~; -sen) bovenste deel van je romp.

**borst·plaat** (de ~) lekkernij in verschillende kleuren en smaken die van suiker is gemaakt.

**borst·rok** (de ~(m.); -ken) wollen onderhemd.

**borst·voe·ding** (de ~(v.)) het voeden van een baby aan de borst (bet.2).

**borst·we·ring** (de ~(v.); -en) muur of hek om een bouwwerk te beveiligen of te verdedigen.

**bos** (zelfst. nw.; -sen) **1** (het ~) een heleboel bomen bij elkaar ♦ iemand het **bos** in sturen: (uitdr.) iemand met een smoesje afschepen **2** (de ~(m.)) aantal langwerpige dingen die bij elkaar gehouden worden ♦ een takken**bos**; een **bos** wortels; de kinderen vielen bij **bosjes** op het gladde ijs: (uitdr.) het ene kind na het andere viel.

**bos·bouw** (de ~(m.)) het planten, verzorgen en kappen van bomen in een bos (bet.1).

**bos·je** (het ~; -s) groepje struiken die dicht op elkaar staan.

**bos·wach·ter** (de ~(m.); -s) iemand die het toezicht houdt op een bos (bet.1).

**bot¹** (zelfst. nw.; -ten) **1** (het ~) deel van een geraamte ⇒ been, knook ♦ een bot afkluiven **2** (de ~) platte vis die in zoutachtig water leeft ▼ bot vangen: (uitdr.) 'nee' als antwoord krijgen, terwijl je 'ja' wilt horen, geen succes hebben met je voorstel.

**bot²** (bijv. nw.) **1** (van snijwerktuigen): niet goed geslepen, het tegenovergestelde van 'scherp' ⇒ stomp ♦ een **bot** mes **2** onvriendelijk, onbeleefd en kortaf ♦ ze gaf een **bot** antwoord.

**bo·ta·ni·cus** (de ~(m.); botanici) iemand die veel van planten weet en ze bestudeert ⇒ plantkundige.

**bo·ta·nisch** (bijv. nw.) te maken hebbend met plantkunde ⇒ plantkundig ♦ een **botanische** tuin: een tuin met bijzondere planten.

**bo·ta·ni·se·ren** (botaniseerde, heeft gebotaniseerd) planten verzamelen om ze te onderzoeken.

**bo·ter** (de ~) uit melk gemaakt vet voor op brood of om te bakken en te braden ♦ je kunt dat boek van me kopen, maar ik wil **boter** bij de vis: (uitdr.) ik wil dat je direct betaalt; **boter** op het hoofd hebben: (uitdr.) zelf ook schuldig zijn aan datgene waarvan je een ander beschuldigt; het is **boter** aan de galg gesmeerd: (uitdr.) het is moeite voor niets.

**bo·ter·berg** (de ~(m.)) de hoeveelheid boter die in Europa te veel gemaakt is.

**bo·ter·bloem** (de ~; -en) kleine gele bloem die vooral in weilanden groeit.

**bo·ter·brief·je** (het ~; -s) (populair) bewijs dat iemand getrouwd is ⇒ trouwakte.

**bo·te·ren** (boterde, heeft geboterd) het botert niet tussen ons: wij kunnen het niet goed met elkaar vinden.

**bo·ter·ham** (de ~; -men) snee brood ♦ een **boterham**

*met tevredenheid:* (uitdr.) brood zonder boter en beleg; *hij verdient een flinke* **boterham** *met zijn baan:* (uitdr.) daar verdient hij veel geld mee.

**bo·ter·koek** (de ~ (m.); -en) platte koek gemaakt van suiker, boter en meel.

**bo·ter·let·ter** (de ~; -s) letter van bladerdeeg dat gevuld is met amandelspijs ⇒ *banketletter.*

**bo·ter·melk** (de ~) (in België □) karnemelk.

**bo·ter·vloot** (de ~; -vloten) schaaltje met deksel om boter in te bewaren.

**bot·sen** (botste, heeft gebotst) *tegen iemand of iets botsen:* met een klap tegen iemand of iets aan stoten ◆ *de auto botste tegen een lantaarnpaal; hun karakters* **botsen**: (uitdr.) ze kunnen niet goed met elkaar overweg.

**bot·sing** (de ~ (v.); -en) het botsen*, het hard tegen elkaar aan komen.

**bot·te·len** (bottelde, heeft gebotteld) *drank, bijv. wijn, bottelen:* die in een fles doen.

**bot·ter** (de ~ (m.); -s) bepaald soort vissersboot met zeilen.

**bot·te·rik** (de ~ (m.); -en) iemand die bot²* (bet.2) is ⇒ *lomperik.*

**bot·tle·neck** (Engels) [bɔtᵉlnek] (de ~) (letterlijk: flessenhals) punt waar dingen vastlopen, waar je niet goed langs kunt ⇒ *knelpunt.*

**bo·tu·lis·me** (het ~) vergiftiging van bijv. watervogels door bacteriën in het water en het voedsel.

**bot·vie·ren** (vierde bot, heeft botgevierd) *je gevoelens botvieren:* die naar hartenlust uitleven ◆ *je hoeft je slechte humeur niet op mij* **bot te vieren**: je hoeft mij er niet mee lastig te vallen.

**bot·weg** (bijw.) op een botte²* (bet.2) manier ◆ *ik heb hem* **botweg** *de waarheid gezegd:* zonder moeite te doen om niet hard te klinken.

**bou·clé** [bœkle̞] (het ~) wol of ander garen met lusjes.

**boud** (bijv. nw.) *(van uitspraken, beweringen):* wat al te kras ◆ *een* **boude** (of: **boute**) *bewering.*

**bou·doir** (Frans) [bœdwa̠ar] (het ~; -s) kleine en mooi ingerichte kamer van een vrouw.

**bou·gie** [bœʒie̞] (de ~ (v.); -s) staafvormig apparaatje in de cilinder van een benzinemotor dat vonkjes geeft.

**bouil·lon** [bœjɔn of bœljɔn] (de ~ (m.); -s) aftreksel van vlees of groenten.

**bou·le·vard** [bœlᵉva̠ar, in België: bœlva̠ar] (de ~ (m.); -s) lange, brede wandelstraat langs de zee.

**bou·le·vard·blad** (het ~; -en) tijdschrift met verhalen over het privéleven van beroemde mensen ⇒ *roddelblad, schandaalblad.*

**bou·quet** (Frans) [bœke̞] (de ~ of het ~) fijne geur waaraan je een sigaar- of wijnsoort herkent.

**bour·geois** (Frans) [bœrʒwa̠] (bijv. nw.) burgerlijk.

**bour·gog·ne** (Frans) [bœrɔ̃ɲe̞ of bœrɡɔ̃ɲe̞] (de ~ (m.)) rode of witte wijn uit Bourgondië.

**bout** (de ~ (m.); -en) **1** schroef met moer **2** apparaat waarmee je strijkt of apparaat waarmee je soldeert **3** stuk vlees van wild of gevogelte om op te eten ◆ *kippenbout; hazenbout.*

**bou·tique** → boetiek.

**bou·vier** [bœvje̞] (de ~ (m.); -s) vrij grote hond met een ruige, donkere vacht.

**bouw** (de ~ (m.)) het bouwen* ◆ *in de* **bouw** *werken:* bouwvakker zijn.

**bouw·doos** (de ~; -dozen) doos met blokken of andere onderdelen waarmee je iets kunt bouwen.

**bou·wen** (bouwde, heeft gebouwd) **1** *iets bouwen:* iets in elkaar zetten, iets maken uit losse onderdelen ⇒ *construeren* ◆ *een viool* **bouwen**; *een feestje* **bouwen**: (uitdr.) dat

organiseren **2** *op iemand kunnen bouwen:* van iemand op aan kunnen.

**bouw·jaar** (het ~; -jaren) jaar waarin iets gemaakt is.

**bouw·kun·de** (de ~ (v.)) de wetenschap van het maken van bouwwerken.

**bouw·land** (het ~; -en) land waarop een boer groenten, graan enz. verbouwt ⇒ *akker.*

**bouw·pak·ket** (het ~; -ten) pakket met losse onderdelen die je zelf nog in elkaar moet zetten.

**bouw·plaat** (de ~; -platen) stuk karton waar de onderdelen van iets op getekend zijn. Deze kun je uitknippen en in elkaar zetten.

**bouw·put** (de ~ (m.); -ten) grote kuil om te werken aan het gedeelte van een nieuw gebouw onder de grond.

**bouw·vak** (de ~ (v.)) (verkorting) bouwvakantie; dit is de vakantie van de bouwvakkers.

**bouw·vak·ker** (de ~ (m.); -s) arbeider die in de bouw werkt.

**bouw·val** (de ~ (m.); -len) gebouw dat bijna in elkaar stort.

**bouw·val·lig** (bijv. nw.) *(van bouwwerken):* als een bouwval* ⇒ *gammel, vervallen.*

**bouw·werf** (de ~; -werven) (in België □) plaats waar een huis, flatgebouw enz. gebouwd wordt ⇒ *bouwterrein.*

**bouw·werk** (het ~; -en) iets dat gebouwd is ⇒ *constructie.*

**bo·ven¹** (bijw.) op een hogere plaats, het tegenovergestelde van 'beneden' en van 'onder' ◆ *de vierde regel van* **boven**; *ben je* **boven**?: op de verdieping hoger dan de begane grond; *hij komt de schrik wel weer te* **boven**: (uitdr.) hij komt er wel overheen; *dat gaat mijn verstand te* **boven**: (uitdr.) dat kan ik niet begrijpen.

**bo·ven²** (voorz.) hoger dan, het tegenovergestelde van 'onder' ◆ *zij wonen* **boven** *een café; een film voor* **boven** *de zestien:* voor mensen die ouder dan zestien zijn; *een klein plaatsje even* **boven** *Brussel:* iets ten noorden van Brussel.

**bo·ven·aan** (bijw.) op de hoogste plaats, het tegenovergestelde van 'onderaan'.

**bo·ven·al** (bijw.) vooral.

**bo·ven·bouw** (de ~ (m.)) de hoogste klassen of groepen leerlingen van een school.

**bo·ven·dien** (bijw.) ook nog, daarbij ◆ *de film is spannend en* **bovendien** *erg leerzaam.*

**bo·ven·ge·noemd** (bijv. nw.) al eerder in deze tekst genoemd ⇒ *voornoemd.*

**bo·ven·hands** (bijv. nw.) *(van een manier van gooien):* met je hand boven je schouders, het tegenovergestelde van 'onderhands' ◆ *een bal* **bovenhands** *gooien.*

**bo·ven·huis** (het ~; -huizen) huis dat niet op de begane grond ligt.

**bo·ven·in** (bijw.) in het bovenste gedeelte, het tegenovergestelde van 'onderin' ◆ *de brief lag helemaal* **bovenin**.

**bo·ven·ka·mer** (de ~ (m.); -s) (grappig) hoofd, hersens ◆ *mankeer je iets in je* **bovenkamer**?: ben je niet goed bij je verstand?

**bo·ven·kant** (de ~ (m.); -en) gedeelte dat naar boven is gekeerd of dat boven hoort, het tegenovergestelde van 'onderkant'.

**bo·ven·ko·men** (kwam boven, is bovengekomen) *(van gedachten, gevoelens enz.):* in je opkomen, weer in je herinnering komen.

**bo·ven·laag** (de ~ (m.); -lagen) hoogste laag, toplaag ◆ *de* **bovenlaag** *van de samenleving:* de belangrijkste mensen, de mensen met het meeste geld of de beste opleiding.

**bo·ven·lei·ding** (de ~(v.); -en) elektrische leidingen boven de grond ♦ *de bovenleiding van de spoorweg.*

**bo·ven·li·chaam** (het ~; -lichamen) gedeelte van je lichaam boven je middel.

**bo·ven·ma·te** (bijw.) meer dan gewoon ⇒ *buitengewoon, extreem.*

**bo·ven·men·se·lijk** (bijv. nw.) groter of meer dan je van gewone mensen verwachten zou ♦ *met bovenmenselijke krachtsinspanning.*

**bo·ven·na·tuur·lijk** (bijv. nw.) geheimzinnig en niet te verklaren ♦ *heksen hebben een bovennatuurlijke kracht.*

**bo·ven·op** (bijw.) op de bovenkant, het tegenovergestelde van 'onderop' ♦ *er weer bovenop komen:* (uitdr.) je weer helemaal goed voelen (na een akelige tijd).

**bo·ven·staand** (bijv. nw.) eerder in deze tekst vermeld of gegeven ♦ *zie bovenstaande plattegrond.*

**bo·ven·toon** (zelfst. nw.) ▼ *de boventoon voeren:* de meeste aandacht krijgen.

**bo·ven·uit** (bijw.) boven iets anders uitstekend ♦ *ik kan er niet bovenuit komen:* (uitdr.) ik kan me door het lawaai niet verstaanbaar maken.

**bo·vist** (de ~; -en) bolvormige paddestoel.

**bowl** (Engels) [bool] (de ~(m.); -s) drank met stukjes fruit erin.

**bow·len** [boolen] (ww.) spel waarbij je met een zware bal kegels om moet gooien.

**bow·ling** (Engels) [booling] (het ~) gebouw waar je kunt bowlen*.

**box** (de ~(m.); -en) 1 kruipvloertje met een rek eromheen voor kleine kinderen 2 kastje met een luidspreker erin 3 hok voor een paard 4 berghok of garage bij een flat.

**boxer** (de ~(m.); -s) rashond met korte haren en een korte snuit die een beetje op een grote buldog lijkt.

**boy** (Engels) [boj] (de ~(m.); -s) (populair) jongen.

**boy·cot** (de ~(m.); -ten) het boycotten*.

**boy·cot·ten** (boycotte, heeft geboycot) 1 iets boycotten: expres niet aan iets meedoen of iets expres tegenwerken ♦ *producten boycotten:* die niet kopen uit protest tegen degene die ze wil verkopen 2 iemand boycotten: iemand niet mee laten doen, iemand buitensluiten.

**bo·ze** (zelfst. nw.) ▼ *uit den boze:* verboden omdat het slecht is; *afkijken is uit den boze.*

**braaf** (bijv. nw.) gehoorzaam, niet ondeugend ⇒ *zoet.*

**braak** (bijv. nw.) ▼ *dat stuk grond ligt braak:* het is nog niet bebouwd.

**braak·sel** (het ~) wat er door je mond naar buiten komt als je braakt* ⇒ *kots.*

**braam** (de ~; bramen) 1 zwarte vrucht die uit een heleboel kleine bolletjes bestaat 2 oneffen rand aan een schaats of mes na het slijpen.

**brab·be·len** (brabbelde, heeft gebrabbeld) (van baby's): allerlei geluidjes maken die dog geen woorden zijn.

**bracht** → brengen.

**brach·ten** → brengen.

**bra·den** (braadde, heeft gebraden) vlees braden: het in heet vet gaar maken.

**bra·de·rie** (de ~(v.); braderieën) winkelfeest waarbij de winkeliers marktkraampjes voor hun deur op straat zetten.

**brail·le** [braje] (het ~) letters die bestaan uit bobbeltjes in het papier, zodat blinden ze met hun vingers kunnen 'lezen' ⇒ *blindenschrift.*

**brain·stor·men** [breenstormen] (brainstormde, heeft gebrainstormd) spontaan alles zeggen of opschrijven wat er over een bepaald onderwerp in je opkomt.

**brak¹** (bijv. nw.) (van water): een beetje zout doordat er zeewater in zit.

**brak²** → breken.

**bra·ken¹** (braakte, heeft gebraakt) wat in je maag zit door je mond naar buiten laten komen ⇒ *overgeven, spugen, kotsen.*

**bra·ken²** → breken.

**bral·len** (bralde, heeft gebrald) hard en opschepperig praten.

**bran·card** [brangkaar] (de ~(m.); -s) draagbed om zieke of gewonde mensen op te vervoeren ⇒ *draagbaar.*

**bran·che** (Frans) [bransj, in België: bransj(e)] (de ~; -s) bedrijven die producten maken die met elkaar te maken hebben ⇒ *bedrijfstak* ♦ *de levensmiddelenbranche.*

**brand** (de ~(m.); -en) het branden* ⇒ *fik* ♦ *iets in brand steken:* er vlam bij iets houden zodat het gaat branden; *in brand vliegen:* gaan branden; *wij zijn weer uit de brand:* (uitdr.) wij zijn geholpen, onze moeilijkheden zijn voorbij.

**brand·brief** (de ~(m.); -brieven) heel dringende brief met een dreigende ondertoon.

**bran·den** (brandde, heeft gebrand) 1 verwoest of vernietigd worden door vuur ♦ *een brandend huis* 2 je branden aan iets heets: je aan iets heets bezeren 3 (van kachels of lampen): warmte of licht uitstralen 4 akelig prikkelen ♦ *ik heb brandende ogen; sambal brandt op je tong; de vraag brandde me op de lippen:* (uitdr.) ik kon de vraag haast niet vóór me houden; *wij brandden van ongeduld, nieuwsgierigheid enz.:* (uitdr.) wij waren heel ongeduldig, nieuwsgierig enz. ▼ *hij was brandend nieuwsgierig:* heel erg nieuwsgierig; *een brandende kwestie:* een zaak die heel belangrijk is.

**bran·der** (de ~(m.); -s) apparaatje waar een vlam uit kan komen ♦ *de branders van een fornuis.*

**bran·de·rig** (bijv. nw.) akelig prikkelend ♦ *een branderige wond.*

**bran·de·wijn** (de ~(m.)) drank met veel alcohol, meestal gemaakt uit wijn of graan ⇒ *brandy.*

**brand·gang** (de ~(m.); -en) smal pad tussen gebouwen waardoor de brandweer beter bij het vuur kan komen.

**brand·glas** (het ~; -glazen) glas waarin je zonnestralen op één punt richt, zodat je er iets mee in brand kunt steken.

**brand·hout** (het ~) hout om te verbranden ♦ *jouw opstel was brandhout!:* (uitdr.) het was waardeloos, heel slecht.

**bran·ding** (de ~(v.)) ondiepe plaats voor de kust waar de golven met veel gespat en geschuim terugslaan.

**brand·kast** (de ~; -en) stalen kast met een goed slot om spullen tegen brand en diefstal te beschermen ⇒ *kluis, safe.*

**brand·merk** (het ~; -en) merk dat in de huid van dieren, in houten kisten enz. wordt geschroeid als herkenningsteken.

**brand·mer·ken** (brandmerkte, heeft gebrandmerkt) 1 dieren, goederen brandmerken: ze een brandmerk* geven 2 iemand brandmerken: iemand voorgoed een slechte naam bezorgen.

**brand·ne·tel** (de ~; -s) onkruid met harige bladeren dat bij aanraking een branderig gevoel geeft.

**brand·punt** (het ~; -en) punt waarin licht- of warmtestralen samenkomen ♦ *in het brandpunt van de belangstelling staan:* (uitdr.) alle aandacht krijgen.

**brand·slang** (de ~; -en) dikke, lange slang waardoor bij brand het bluswater aangevoerd wordt.

**brand·sta·pel** (de ~(m.); -s) stapel hout om iets op te verbranden ♦ *in de Middeleeuwen werden heksen op de brandstapel verbrand.*

**brand·stich·ter** (de ~(m.); -s) iemand die expres een brand aansteekt.

**brand·stof** (de ~; -fen) iets dat verbrand wordt om warmte of energie te geven, zoals benzine of kolen.

**brand·trap** (de ~(m.); -pen) stalen trap waarlangs je bij brand kunt ontvluchten.

**brand·weer** (de ~) groep mensen met als taak het blussen van branden.

**bran·dy** (Engels) [brɛndie, in België: brandie](de ~) brandewijn.

**brand·zalf** (de ~) zalf om op brandwonden te smeren.

**bra·nie** (de ~(m.)) houding waaruit blijkt dat je graag brutale of gevaarlijke dingen doet ◆ *Pietje Bell heeft veel branie.*

**bra·nie·schop·per** (de ~(m.); -s) iemand met veel branie.

**bra·sem** (de ~(m.); -s) lichtbruine vis die in zoet en brak water leeft.

**bras·sen** (braste, heeft gebrast) overdreven veel eten en drinken.

**bra·vo** (tussenw.)(dit zeg je als je iemand toejuicht of het met hem of haar eens bent).

**bra·vou·re** [braavoer of bravvoer(e)](de ~) gedrag waaruit blijkt dat je veel lef hebt.

**BRD** (de ~) *B*undesrepubliek *D*eutschland; dit is de officiële naam van Duitsland.

**break·beat** (Engels) [breɛkbiet](de ~) heel snelle beatmuziek.

**break·dan·cing** (Engels) [breɛkdensing](het ~) manier van dansen waarbij de dansers allerlei kunstjes uithalen en stoterig bewegen.

**breed** (bijv. nw.) **1** een bepaalde breedte* (bet.1) hebbend ◆ *de kamer is drie meter breed* **2** wijd, ruim, het tegenovergestelde van 'smal' ◆ *wat een brede weg; zij hebben het niet breed*: (uitdr.) ze hebben weinig geld; *wie het breed heeft, laat het breed hangen*: (spreekwoord) wie veel geld heeft, kan ook veel geld uitgeven.

**breed·beeld·te·le·vi·sie** (de ~(v.); -s) televisietoestel met een extra breed beeld.

**breed·spra·kig** (bijv. nw.) met veel omhaal van woorden, lang van stof.

**breed·te** (de ~(v.); -n of -s) **1** afstand van de ene zijkant tot de andere ◆ *wat is de breedte van je kamer?* **2** (aardrijkskunde) afstand van een punt op aarde tot de evenaar, in graden gemeten ◆ *Arnhem ligt op 52 graden noorderbreedte.*

**breed·te·cir·kel** (de ~(m.); -s) elk van de 180 denkbeeldige cirkels tussen de noord- en de zuidpool die evenwijdig lopen aan de evenaar ⇒ *parallel.*

**breed·te·graad** (de ~(m.); -graden) afstand tussen twee breedtecirkels.

**breed·uit** (bijw.) in de volle breedte ◆ *ze ging er breeduit bij zitten; hij lachte breeduit*: duidelijk zichtbaar.

**breed·voe·rig** (bijv. nw.) uitvoerig, zonder iets over te slaan ⇒ *omstandig, wijdlopig.*

**breek·baar** (bijv. nw.) gezegd van iets dat gemakkelijk kan breken.

**breek·ijzer** (het ~; -s) gereedschap om deuren, sloten enz. mee open te breken.

**breek·punt** (het ~; -en) het punt waarop besprekingen of onderhandelingen afgebroken worden.

**brei·del** (de ~(m.); -s) teugel.

**brei·en** (breide, heeft gebreid) iets, bijv. een trui, breien: iets maken met wol, katoen of ander garen met behulp van twee lange naalden.

**brein** (het ~; -en) hersens, verstand, denkvermogen.

**brei·naald** (de ~; -en) elk van de lange naalden waarmee je breit ⇒ *breipen.*

**brei·pen** (de ~; -nen) breinaald.

**brei·ster** (de ~(v.); -s) vrouw die breit ◆ *de beste breister laat wel eens een steek vallen*: (spreekwoord) al ben je nog zo goed, je zult toch wel eens een fout maken.

**bre·ken** (brak) **1** (heeft gebroken) iets breken: iets in twee of meer stukken verdelen, bijv. door er kracht op uit te oefenen of door het te laten vallen ◆ *een tak van een boom breken; een arm breken* **2** (is gebroken) in scherven of stukken vallen ◆ *er zijn drie koekjes gebroken* **3** (heeft gebroken) door iets heen breken: zich een doorgang maken ◆ *de zon brak door de wolken* **4** (heeft gebroken) met iets breken: met iets kappen, met iets ophouden ◆ *Ella heeft gebroken met haar vroegere vrienden*: ze wil niet meer met hen omgaan.

**brem** (de ~(m.)) struik met felgekleurde, vaak gele bloemen, die vooral op zandgrond groeit.

**bren·gen** (bracht, heeft gebracht) **1** iemand of iets ergens heen brengen: iemand of iets ergens heen vervoeren of begeleiden ◆ *de kinderen naar school brengen; morgen brengen!*: (uitdr.; populair) daar komt niets van in! **2** iemand ergens toe brengen: iemand tot iets aanzetten ◆ *wat heeft haar ertoe gebracht haar kinderen zo te verwaarlozen?* **3** het tot iets brengen: zover komen, iets bereiken ◆ *hij heeft het tot advocaat gebracht* **4** iets of iemand in een bepaalde toestand brengen: ervoor zorgen dat iets of iemand in die toestand komt ◆ *hij bracht het water aan de kook; de poppenkast bracht Shivana in verrukking.*

**bres** (de ~; -sen) **1** gat, opening ◆ *een bres in de verdediging schieten; dat slaat een bres in de financiën*: (uitdr.) dat kost veel geld ▼ *voor iemand in de bres springen*: iemand vurig verdedigen, voor iemand opkomen.

**bre·tel** (de ~; -s of -len) elk van de twee verstelbare elastieken banden waarmee je een broek of een rok op kunt houden.

**breuk** (de ~; -en) **1** het gebroken* (bet.1) zijn van iets, vooral van botten in je lichaam ◆ *een beenbreuk; je een breuk lachen*: (uitdr.; populair) heel erg lachen; *het is tussen hen tot een breuk gekomen*: (uitdr.) de vriendschap tussen hen is verbroken **2** (rekenen) een niet heel getal ◆ *een decimale breuk*: die bestaat uit een getal met daarachter een komma en daarachter nog een getal, bijv. 1,75.

**bre·vet** (het ~; -ten) bewijs dat je iets kan en mag doen ◆ *een vliegbrevet; een brevet van onvermogen*: (uitdr.) iets waaruit blijkt dat je niet in staat bent de taak goed te vervullen.

**bre·vier** (het ~; -en) boek met rooms-katholieke gebeden voor alle momenten van de dag.

**bridge** (Engels) [bridzj](het ~) kaartspel voor vier mensen met 52 kaarten.

**brie** (de ~(m.)) zachte witte Franse schimmelkaas.

**brief** (de ~(m.); brieven) **1** geschreven mededelingen aan iemand ◆ *een open brief in de krant*: (uitdr.) een boodschap aan iemand waarvan de bedoeling is dat ook anderen het lezen; *dat geef ik je op een briefje*: (uitdr.) dat weet ik heel zeker; *een brief op poten*: (uitdr.) een boze brief waarin je iemand duidelijk zegt wat je van hem of haar vindt **2** bankbiljet ◆ *een briefje van honderd.*

**brief·hoofd** (het ~; -en) naam, adres en andere belangrijke gegevens die gedrukt staan bovenaan briefpapier.

**brie·fing** (de ~(v.); -s) laatste instructie of informatie aan een groep mensen.

**brief·kaart** (de ~; -en) kaart met een gedrukte postzegel erop, waarop je een kort berichtje kunt schrijven.

**brief·wis·se·ling** (de ~(v.); -en) het over en weer aan elkaar brieven schrijven ⇒ *correspondentie.*

**bries** (de ~) zachte, frisse wind.

**brie·sen** (brieste, heeft gebriest) *(van paarden)*: hard blazend uitademen ◆ *hij brieste van woede*: (uitdr.) hij ging vreselijk tekeer.

**brie·ven·bus** (de ~; -sen) **1** gleuf in de deur of bus in de tuin waar de postbode de post in doet **2** bus op straat waar je de post in gooit die nog verstuurd moet worden.

**bri·ga·de** (de ~(v.); -s) groep mensen met een bepaalde taak ◆ *reddingsbrigade*.

**bri·ga·dier** (de ~(m.); -s) iemand die bij de gemeentepolitie werkt, hoger dan een adjudant en lager dan een hoofdagent.

**brij** (de ~(m.); -en) dikke pap, vooral van rijst, gort of bloem.

**brik** (de ~; -ken) **1** open rijtuigje op vier wielen **2** (populair) fiets of auto.

**bri·ket** (de ~; -ten) langwerpig blok turf of samengeperst kolengruis, dat goed brandt.

**bril** (de ~(m.); -len) **1** houder met twee geslepen glazen erin die mensen op hun neus dragen om beter te kunnen zien ◆ *een bril dragen* **2** ring op de wc waar je op kunt zitten.

**bril·jant¹** (de ~(m.); -en) diamant met meer dan 50 geslepen vlakjes.

**bril·jant²** (bijv. nw.) heel knap, heel goed ⇒ *geniaal* ◆ *wat een briljant idee!*

**bril·lan·ti·ne** [briljantiene] (de ~) crème om je haar te laten glanzen.

**bril·slang** (de ~; -en) grote giftige slang met twee ringvormige vlekken in de hals.

**brink** (de ~(m.); -en) pleintje in het midden van een boerendorp, vaak beplant met bomen.

**brits** (de ~; -en) houten slaapbank voor soldaten of gevangenen.

**broc·co·li** (de ~(m.)) groene groente, die op bloemkool lijkt.

**bro·che** [brosj] (de ~; -s) sierspeld voor op een kledingstuk.

**bro·chu·re** [brosjure] (de ~; -s) drukwerk met informatie of reclame ⇒ *folder*.

**brod·de·len** (broddelde, heeft gebroddeld) slordig handwerken ⇒ *prutsen*.

**bro·de·loos** (bijv. nw.) zonder werk en geld.

**broe·den** (broedde, heeft gebroed) *(van vogels)*: op de eieren zitten tot de jongen eruit komen ◆ *op iets zitten te broeden*: (uitdr.) iets in stilte uitdenken.

**broe·der** (de ~(m.); -s) **1** (ouderwets) broer ◆ *er zitten een paar zwakke broeders in die klas*: (uitdr.) een paar jongens die niet goed mee kunnen komen **2** verpleger **3** man in een klooster die geen priester is ⇒ *frater*.

**broe·der·dienst** (de ~(m.)) militaire dienstplicht waar twee oudere broers al aan voldaan hebben (waardoor een jongere broer vrijstelling krijgt).

**broe·der·lijk** (bijv. nw.) zoals het tussen broers* toegaat.

**broed·ma·chi·ne** (de ~(v.); -s) machine die eieren kan uitbroeden.

**broeds** (bijv. nw.) *(van vogels)*: toe aan het broeden, klaar om te broeden ◆ *een broedse kip*.

**broei** (de ~(m.)) het broeien* ◆ *de brand is door broei ontstaan*.

**broei·en** (broeide, heeft gebroeid) **1** heet en vochtig tegelijk zijn **2** *er broeit iets*: er dreigt iets, er gaat iets gebeuren ◆ *er broeit een staking*.

**broei·e·rig** (bijv. nw.) warm en benauwd ◆ *een broeierige hitte*.

**broei·kas** (de ~; -sen) glazen kast waarin planten en groenten gekweekt worden, en waarin het vochtig warm is.

**broei·nest** (het ~; -en) plek waar iets vervelends, bijv. een ziekte of een misdaad, ontstaat.

**broek** (de ~; -en) kledingstuk met twee pijpen om je benen en billen te bedekken ◆ *een pak voor je broek*: (uitdr.) klappen op je achterste.

**broek·je** (het ~; -s) jong ventje, man die nog niet voor vol wordt aangezien.

**broek·riem** (zelfst. nw.) ▼ *de broekriem aanhalen*: zuiniger gaan leven.

**broek·zak** (zelfst. nw.) ▼ *ik ken Utrecht als mijn broekzak*: ik weet er goed de weg.

**broer,** ouderwets: **broe·der** (de ~(m.); -s) jongen of man met dezelfde ouders als jij ◆ *ik heb een broertje dood aan rekenen*: (uitdr.) ik heb er een vreselijke hekel aan.

**brok** (de ~of het ~; -ken) afgebroken deel van iets, grof stuk ⇒ *stuk* ◆ *wil je een brok speculaas?*; *een brokje zelfvertrouwen*: (uitdr.; populair) wat zelfvertrouwen; *ze had een brok in haar keel van ontroering*: (uitdr.) ze was heel ontroerd; *pas maar op dat je geen brokken maakt!*: dat je niets kapotmaakt of beschadigt.

**bro·kaat** (het ~) zware zijden stof waar zilver- of gouddraad doorheen geweven is.

**brok·ke·len** (brokkelde) **1** (heeft gebrokkeld) *iets brokkelen*: iets in stukjes breken **2** (is gebrokkeld) in stukjes breken ◆ *de kaas brokkelt*.

**brok·stuk** (het ~; -ken) zomaar een onaf gedeelte van iets ◆ *brokstukken van een verhaal*.

**brom·beer** (de ~(m.); -beren) humeurige, mopperige man ⇒ *brompot, mopperpot*.

**bro·me·lia** (de ~; bromelia's) kamerplant met lange, dikke bladeren en één bloem in het midden.

**brom·fiets** (de ~; -en) fiets met een lichte motor erop ⇒ *brommer*.

**brom·men** (bromde, heeft gebromd) **1** onduidelijk en laag praten **2** *op iemand brommen*: een beetje boos tegen iemand praten, op iemand mopperen **3** (populair) in de gevangenis zitten **4** op een bromfiets rijden ▼ *wat ik je brom!*: let op mijn woorden!

**brom·mer** (de ~(m.); -s) bromfiets.

**brom·pot** (de ~(m.); -ten) iemand die veel moppert, ontevreden mens ⇒ *brombeer, mopperpot*.

**brom·tol** (de ~(m.); -len) grote tol die een brommend geluid maakt als hij hard ronddraait.

**brom·vlieg** (de ~; -en) dikke, blauwe vlieg, die een brommend geluid maakt als hij vliegt.

**bron** (de ~; -nen) **1** plaats waar water door een natuurlijke oorzaak uit de grond omhoog komt ⇒ *wel* ◆ *de bronnen van de rivier de Nijl*: de oorsprong van de Nijl, verschillende stroompjes die samen het begin van de Nijl vormen **2** datgene waar iets uit ontstaat of waar iets vandaan komt ⇒ *oorsprong* ◆ *de speeltuin is een bron van vermaak; wat is uw bron van inkomsten?*: hoe komt u aan geld om van te leven?; *die informatie komt uit betrouwbare bron*: van iemand die het weten kan.

**bronchiën** bron·chi·en (zelfst. nw.; meervoud) vertakkingen van de luchtpijp.

**bron·chi·tis** (de ~(v.)) ontsteking van het slijmvlies van de bronchiën*.

**brons** (het ~) goudbruin metaal dat een mengsel is van koper en tin.

**bron·stig** (bijv. nw.) *(van dieren)*: verlangend om te paren.

**bronst·tijd** (de ~(m.); -en) tijd waarin dieren paren.

**bron·wa·ter** (het ~) water dat uit een bron* (bet.1) komt en dat soms enigszins geneeskrachtig is.

**bron·zen** (bronsde, heeft gebronsd) *(van de zon)* iets of iemand bronzen: iets of iemand bruin kleuren ◆ *door de zon gebronsde gezichten*.

**brood** (het ~) **1** baksel van gekneed deeg, dat voor veel mensen dagelijks voedsel is ♦ *wat wil jij op je **brood**?; iets op je **brood** krijgen*: (uitdr.) de schuld van iets krijgen; *met dat werk is geen droog **brood** te verdienen*: (uitdr.) het betaalt heel slecht; *geen **brood** op de plank hebben*: (uitdr.) niet genoeg geld hebben om van te leven; *Frans **brood***: (in België □; populair) stokbrood **2** blok samengeperste stof ♦ *een **brood** klei*.

**brood·dron·ken** (bijv. nw.) overmoedig en uitgelaten door te veel van het goede.

**brood·je** (het ~; -s) klein brood, ongeveer zo groot als een vuist, bijv. een puntje, bolletje of kadetje ♦ *zoete **broodjes** bakken*: (uitdr.) een beetje al te lief zijn voor iemand, omdat je iets goed wilt maken of gedaan wilt krijgen; *zijn **broodje** is gebakken*: (in België □; uitdr.) zijn fortuin is gemaakt; *een **broodje** gezond*: (uitdr.) broodje met kaas, ei en rauwkost.

**brood·nijd** (de ~(m.)) het jaloers zijn op iemand die hetzelfde werk doet als jij, maar met meer succes.

**brood·no·dig** (bijv. nw.) beslist nodig ⇒ *hoognodig*.

**brood·roos·ter** (de ~(m.) of het ~; -s) apparaat om sneetjes brood mee te roosteren.

**brood·schrij·ver** (de ~(m.); -s) iemand die veel schrijft om van de opbrengst te leven.

**brood·win·ning** (de ~(v.)) werk of zaak waarmee iemand zijn of haar geld verdient ♦ *die moestuin is zijn **broodwinning***.

**broos** (bijv. nw.) zeer breekbaar, dun en zwak ♦ *oma heeft een **broze** gezondheid*: ze is vaak ziek.

**bros** (bijv. nw.) hard aanvoelend maar makkelijk breekbaar ♦ *brosse beschuit*.

**bros·sen** (broste, heeft gebrost) (in België □; populair) stiekem niet naar school gaan ⇒ *spijbelen*.

**brou·wen** (brouwde) **1** (heeft gebrouwen) *iets*, bijv. *bier*, *brouwen*: iets maken uit verschillende ingrediënten ♦ *ik ben benieuwd wat vader heeft **gebrouwen***: (uitdr.; populair) wat voor eten hij heeft gemaakt; *ik heb er niet veel van **gebrouwen***: (uitdr.) ik heb er niet veel van terechtgebracht **2** (heeft gebrouwd) de r achter in de keel uitspreken.

**brou·we·rij** (de ~(v.); -en) gebouw waar bier wordt gebrouwen*.

**brouw·sel** (het ~; -s) iets dat gebrouwen* is ♦ *ik kreeg een **brouwseltje** voor mijn griep*: een zelfgemaakt drankje.

**brow·ning** (Engels) [brauning] (de ~(m.); -s) pistool waarbij de voorraad kogels in het handvat zit.

**brr** (tussenw.) (om aan te geven dat je het koud hebt of dat je iets eng of vies vindt).

**BRT** (de ~(v.)) Belgische Radio en Televisie; dit is de oude naam voor de Vlaamse omroep, nu BRTN.

**BRTN** (de ~) (in België) Belgische Radio en Televisie, Nederlands gesproken; dit is in België de Nederlandstalige publieke omroep.

**brug** (de ~; -gen) **1** verbinding over een rivier ♦ *een **brug** slaan tussen twee groepen*: (uitdr.) ze met elkaar in contact brengen, ervoor zorgen dat ze elkaar gaan begrijpen; *over de **brug** komen*: (uitdr.) iemand tegemoet komen in wat hij of zij wil of eist **2** stukje kunstgebit dat tussen twee tanden of kiezen wordt vastgemaakt **3** gymnastiektoestel met twee horizontale leggers waarvan de hoogte versteld kan worden **4** verhoogd gedeelte op een schip voor de stuurman en de kapitein.

**brug·gen·hoofd** (het ~; -en) **1** (leger) punt dat in vijandelijk gebied bezet wordt om vandaaruit verder aan te vallen **2** metselwerk in het water waarop een brug rust.

**brug·klas** (de ~(v.); -klassen) (in Nederland) klas na het basisonderwijs waarin je moet kiezen welk voortgezet onderwijs je gaat doen.

**brug·klas·ser** (de ~(m.); -s) (in Nederland) leerling uit de brugklas.

**Brug·man** (zelfst. nw.) ▼ *praten als **Brugman***: erg lang praten om te overtuigen.

**brug·pen·si·oen** (het ~) (in België) vrijwillig vervroegd pensioen (in Nederland VUT).

**brug·pie·per** (de ~(m.); -s) (in Nederland; grappig) leerling uit de brugklas ⇒ *brugklasser*.

**brui** (zelfst. nw.) ▼ *er de **brui** aan geven*: ergens mee ophouden.

**bruid** (de ~(v.); -en) vrouw die trouwt.

**brui·de·gom,** ouderwets: **brui·gom** (de ~(m.); -men) man die trouwt.

**bruids·da·gen** (zelfst. nw.; meervoud) de dagen tussen iemands ondertrouw en huwelijksdag.

**bruids·jon·ker** (de ~(m.); -s) jongen die de bruid helpt, vaak samen met een bruidsmeisje.

**bruids·meis·je** (het ~; -s) meisje dat de bruid helpt, bijv. door het dragen van haar sleep.

**bruids·schat** (de ~(m.); -ten) geld en goederen die de bruid meebrengt als ze trouwt.

**bruids·slui·er** (de ~(m.); -s) snel groeiende klimplant met witte bloemetjes.

**brui·gom** → bruidegom.

**bruik·baar** (bijv. nw.) gezegd van iemand die of iets dat ergens voor gebruikt* (bet.1) kan worden ⇒ *geschikt*.

**bruik·leen** (zelfst. nw.) ▼ *iets in **bruikleen** hebben*: iets te leen hebben om het te gebruiken; *iets in **bruikleen** geven*: iets uitlenen.

**brui·loft** (de ~; -en) feest van twee mensen die trouwen ⇒ *trouwerij, trouwfeest*.

**bruin** (bijv. nw.) met de kleur van koffie ♦ *een **bruin** café*: een café met donkergeverfde muren en stoelen, ouderwets gezellig café; *hij bakt ze weer **bruin***: (uitdr.) hij gaat eigenlijk te ver, hij is eigenlijk te brutaal.

**Bruin** (zelfst. nw.) ▼ *dat kan **Bruin** niet trekken*: daar is geen geld voor.

**brui·nen** (bruinde, heeft gebruind) *iets bruinen*: iets bruin* laten worden ♦ *een **gebruinde** huid*.

**brui·ne·ren** (bruineerde, heeft gebruineerd) *iets bruineren*: (in België □) iets in boter bruin braden.

**bruin·kool** (de ~) donkerbruine delfstof die als brandstof wordt gebruikt.

**bruin·vis** (de ~; -sen) dier dat familie is van de dolfijn.

**brui·sen** (bruiste, heeft gebruist) hoorbaar schuimen ♦ *bruisende golven*; *bruisen van energie*: (uitdr.) heel veel energie hebben; *een **bruisend** feest*: (uitdr.) waar veel gebeurt.

**bruis·ta·blet** (het ~; -ten) geneesmiddel in de vorm van een tablet dat bruisend in water oplost.

**brul·boei** (de ~; -en) **1** boei op zee die als waarschuwing een dof gebrul laat horen **2** iemand die veel brult, raast en tiert.

**brul·len** (brulde, heeft gebruld) hard schreeuwen, huilen of loeien.

**brunch** (Engels) [brunsj] (de ~; -es) maaltijd die tegelijk ontbijt en middageten is.

**bru·net·te** (de ~(v.); -s) meisje of vrouw met bruine haren.

**bru·taal** (bijv. nw.) gezegd van iemand met te weinig ontzag voor mensen of dingen, erg onbeleefd ⇒ *vrijpostig* ♦ *zo **brutaal** als de beul*: (uitdr.) heel erg brutaal; *brutalen hebben de halve wereld*: (spreekwoord) ze krijgen meestal eerder hun zin dan andere mensen.

**bru·ta·li·teit** (de ~(v.)) **1** lef om iets brutaals* te doen ⇒ *vrijpostigheid* **2** (-en) brutale* opmerking.

**bru·to** (bijv. nw.) **1** zonder aftrek van belastingen, onkosten en dergelijke, het tegenovergestelde van 'netto' ⇒ *vuil* ♦ *bruto uitbetaald krijgen* **2** met verpakking en al gewogen, het tegenovergestelde van 'netto'.

**bruusk** (bijv. nw.) **1** kortaf en onvriendelijk ⇒ *nors* ♦ *een bruusk antwoord* **2** zo onverwacht dat je ervan schrikt ♦ *een bruusk gebaar*.

**bruus·ke·ren** (bruuskeerde, heeft gebruuskeerd) *iemand bruuskeren*: iemand bruusk\* (bet.1) behandelen ♦ *toen het niet lukte, probeerde hij de zaak te bruuskeren*: toen probeerde hij de zaak door te drijven.

**bruut**¹ (de ~(m.); bruten) iemand die bruut² is, ruw en gewelddadig persoon.

**bruut**² (bijv. nw.) ruw, gewelddadig ♦ *ze hebben de wedstrijd door bruut geweld gewonnen*.

**bso** (het ~)(in België) beroeps secundair onderwijs.

**BTK** (het ~)(in België) Bijzonder Tijdelijk Kader; dit is een systeem waarbij werklozen een tijdelijke baan krijgen.

**btw** (de ~(v.)) belasting op de toegevoegde waarde; dit is een extra belasting op alles wat mensen kopen.

**bub·bel·bad** (het ~; -baden) bad waarin het water door een apparaat in beweging wordt gehouden ⇒ *whirlpool*.

**bub·bel·gum** (Engels) [bubbelgum of bubbelkum](de ~ (m.) of het ~) klapkauwgom.

**bub·blin'** (het ~) het dansen op reggaemuziek met hiphopinvloeden, terwijl je schokt met je heupen en je billen laat trillen.

**bud·get** (Engels) [budzjet; ook: budget](het ~; -s of -ten) bedrag dat bedoeld is om ergens aan te besteden ♦ *dat horloge gaat mijn budget te boven*: (uitdr.) het kost meer dan ik betalen kan.

**buf·fel** (de ~(m.); -s) rund met grote hoorns uit tropische of subtropische gebieden.

**buf·fer** (de ~(m.); -s) **1** stootblok aan een trein ♦ *ze diende als buffer tussen de twee ruziemakers*: (uitdr.) doordat zij erbij was maakten de twee minder ruzie **2** geheugen van computers en rekenmachines waarin gegevens tijdelijk worden bewaard.

**buf·fe·ren** (bufferde, heeft gebufferd) een voorraad aanleggen.

**buf·fer·staat** (de ~(m.); -staten) klein land tussen twee grote en machtige landen in.

**buf·fer·voor·raad** (de ~(m.); -voorraden) grote reservevoorraad.

**buf·fet** [bufet](het ~; -ten) **1** lage kast voor bestek en servies **2** tapkast in een café ⇒ *toog, tap* ▼ *koud buffet*: grote schalen met koude gerechten waar je langs loopt en zelf van opschept.

**bug·gy** (Engels) [bukkie](de ~(m.); buggy's) **1** opvouwbaar wandelwagentje **2** kleine open auto voor ruw terrein.

**büh·ne** (Duits) [bune](de ~) podium, toneel ♦ *ze heeft al als kind op de bühne gestaan*.

**bui** (de ~(m.); -en) **1** regen, sneeuw of hagel die gedurende een bepaalde tijd neervalt ♦ *we moeten de bui laten overdrijven*: (uitdr.) we moeten wachten tot de narigheid voorbij is; *ik zag de bui al hangen*: (uitdr.) ik zag de narigheid al van tevoren **2** voorbijgaande aanval of stemming ♦ *de juf verkeerde in een vrolijke bui*; *ik kreeg een enorme huilbui*.

**bui·del** (de ~(m.); -s) **1** zak of tas, meestal voor geld ♦ *ik heb diep in mijn buidel moeten tasten voor mijn nieuwe vulpen*: (uitdr.) ik heb er veel voor moeten betalen **2** zakvormige huidplooi bij sommige dieren, bijv. kangoeroes, waarin ze hun jongen dragen.

**bui·del·dier** (het ~; -en) dier met een buidel (bet.2), zoals de kangoeroe.

**bui·gen** (boog) **1** (heeft gebogen) *iets buigen*: iets krom ma-

ken, een bocht of knik in iets maken ♦ *een stuk ijzer buigen* **2** (heeft gebogen)(van mensen): een buiging\* maken ♦ *de kleermaker boog diep voor de koning*; *hij boog als een knipmes voor me*: (uitdr.) hij hielp me op een onderdanige manier; *het is buigen of barsten*: (uitdr.) als je niet toegeeft, zul je er nadeel van hebben **3** (is gebogen) (van dingen): een bocht of knik maken ♦ *de weg buigt naar links* **4** *je over iets buigen*: je in iets verdiepen.

**bui·ging** (de ~(v.); -en) beweging met je hoofd en je schouders naar voren en naar beneden, vooral om iemand eerbiedig te groeten.

**buig·zaam** (bijv. nw.) gezegd van iets dat makkelijk buigt\* (bet.3) ⇒ *soepel, flexibel* ♦ *ze heeft geen buigzaam karakter*: (uitdr.) ze is niet meegaand, ze past zich niet makkelijk aan.

**bui·ig** (bijv. nw.) waarbij het af en toe regent.

**buik** (de ~(m.); -en) **1** het zachte middengedeelte van het lichaam, bij mensen aan de voorzijde, bij dieren aan de onderkant ♦ *ik heb er mijn buik van vol*: (uitdr.) ik heb er genoeg van; *schrijf het maar op je buik*: (uitdr.) je krijgt je zin niet, het gaat niet door **2** het ronde gedeelte van iets ♦ *de buik van een fles*.

**buik·dan·sen** (ww.) dansen waarbij je vooral je buik en heupen beweegt.

**buik·griep** (de ~) griep waarbij je vooral buikpijn en diarree hebt.

**bui·kig** (bijv. nw.) met een dikke buik\* ♦ *een buikige heer*; *er stond een buikig vaasje*: een bol vaasje.

**buik·lan·ding** (de ~(v.); -en) noodlanding van een vliegtuig op de onderkant van zijn romp in plaats van op de wielen.

**buik·loop** (de ~(m.)) diarree.

**buik·riem** (zelfst. nw.) ▼ *de buikriem aanhalen*: zuiniger gaan doen.

**buik·spre·ker** (de ~(m.); -s) iemand die net doet of hij of zij een pop laat spreken, maar die dat zelf doet door te praten zonder zijn of haar lippen of kaken te bewegen.

**buil** (zelfst. nw.; -en) **1** (de ~) zwelling op de huid ⇒ *bult* ♦ *daar zul je je geen buil aan vallen*: (uitdr.) als dat misgaat, is er nog niets aan de hand **2** (de ~(m.); meestal: builtje) papieren of stoffen zakje ♦ *de thee zit in builtjes*.

**buil·ding** [bilding](de ~(m.); -s)(in België □) groot en hoog modern gebouw.

**buis** (zelfst. nw.; meervoud: buizen) **1** langwerpig hol voorwerp van stevig materiaal ⇒ *pijp, koker* ♦ *een buisje aspirine*; *de buis van Eustachius*: (medisch) de verbinding tussen het oor en de keelholte **2** (populair) beeldbuis, televisie **3** (in België □; populair) onvoldoende ♦ *een buis voor wiskunde*.

**buis·wa·ter** (het ~) water dat bij harde wind op het schip spat.

**buit** (de ~(m.)) dingen die je hebt veroverd ♦ *de vos sleepte de buit naar zijn hol*.

**bui·te·len** (buitelde, heeft gebuiteld) een koprol maken, rollen ⇒ *duikelen*.

**bui·te·ling** (de ~(v.); -en) koprol, gekke val.

**bui·ten**¹ (het ~; -s) buitenhuis.

**bui·ten**² (bijw.) **1** op een plek die niet binnen iets ligt, aan de buitenkant, het tegenovergestelde van 'binnen' ♦ *ik wil naar buiten*: de buitenlucht in; *die kinderen komen van buiten*: (uitdr.) ze komen niet uit de stad; *jij staat hier buiten*: (uitdr.) jij hebt hier niets mee te maken ▼ *iets van buiten leren*: iets uit je hoofd leren.

**bui·ten**³ (voorz.) **1** (van aan te geven dat iets niet in een bepaalde ruimte gebeurt, het tegenovergestelde van 'binnen') ♦ *buiten de deur eten*: niet thuis; *ze was buiten zichzelf van woede*: (uitdr.) ze was heel kwaad; *jullie* houden mij altijd overal **buiten**:(uitdr.) jullie vertellen mij nooit wat er aan de hand is **2** zonder ◆ *hij kan niet buiten zijn sigaretten; ze was buiten adem*: ze hijgde van moeheid **3** (om aan te geven dat iets of iemand niet meegerekend wordt) ◆ *buiten mijn zusje weet niemand ervan* **4** (in verschillende vaste combinaties van woorden) ◆ *buiten schooltijd*: als het geen schooltijd is; *de lift is buiten werking*: hij doet het niet.

**bui·ten·aards** (bijv. nw.) gezegd van wezens of dingen die van buiten de aarde afkomstig zijn.

**bui·ten·af** (bijw.) aan de buitenkant* ◆ *hij begon van buitenaf te werken*: vanaf de buitenkant; *ze wonen nogal buitenaf*: nogal afgelegen.

**bui·ten·band** (de ~(m.); -en) band om de binnenband heen.

**bui·ten·been·tje** (het ~; -s) iemand die anders doet of is dan de mensen om hem of haar heen.

**bui·ten·ech·te·lijk** (bijv. nw.) buiten het huwelijk om gebeurend ◆ *een buitenechtelijke relatie; een buitenechtelijk kind*: waarvan de moeder niet met de vader getrouwd is.

**bui·ten·gaats** (bijw.) buiten de haven, op zee.

**bui·ten·ge·meen** (bijv. nw.) (deftig) buitengewoon.

**bui·ten·ge·woon** (bijv. nw.) **1** niet gewoon, afwijkend ⇒ *apart, bijzonder* ◆ *een school voor buitengewoon onderwijs*: voor onderwijs aan kinderen die het gewone onderwijs niet kunnen volgen **2** meer dan gewoon, boven het gemiddelde uitstekend ⇒ *uitzonderlijk, bijzonder* ◆ *hij kan buitengewoon goed leren.*

**bui·ten·huis** (het ~; -huizen) huis op het platteland ⇒ *buiten, buitenplaats, buitenverblijf, landhuis.*

**bui·te·nis·sig** (bijv. nw.) opvallend, zonderling ⇒ *excentriek* ◆ *de meester ging buitenissig gekleed.*

**bui·ten·kans** (de ~) onverwachte kans, onverwacht voordeel ⇒ *meevaller.*

**bui·ten·kant** (de ~(m.); -en) gedeelte dat naar buiten is gekeerd, dat van buitenaf zichtbaar is, het tegenovergestelde van 'binnenkant' ⇒ *uitwendige, exterieur.*

**bui·ten·land** (het ~) land dat buiten de grenzen van je eigen land ligt, het tegenovergestelde van 'binnenland'.

**bui·ten·lan·der** (de ~(m.); -s) iemand uit het buitenland* ⇒ *vreemdeling.*

**bui·ten·lands** (bijv. nw.) **1** gezegd van mensen of dingen die uit het buitenland* komen **2** gezegd van dingen die met het buitenland* te maken hebben ◆ *het ministerie van Buitenlandse Zaken.*

**bui·ten·lucht** (de ~) lucht die er buiten is.

**bui·ten·mens** (de ~(m.) of het ~; -en) iemand die graag of veel buiten is.

**bui·ten·mo·del** (bijv. nw.) met een ongewoon model, afwijkend van wat normaal is.

**bui·ten·om** (bijw.) langs de buitenkant, het tegenovergestelde van 'binnendoor'.

**bui·ten·plaats** (de ~; -en) **1** buitenhuis **2** afgelegen plaats ▼ *ik noem maar een buitenplaats*:(populair) ik noem maar een willekeurig voorbeeld.

**bui·tens·huis** (bijw.) niet in huis, buiten, het tegenovergestelde van 'binnenshuis'.

**bui·ten·slui·ten** (sloot buiten, heeft buitengesloten) iemand buitensluiten: ervoor zorgen dat iemand niet naar binnen kan door de deuren op slot te doen ◆ *ik word bij hun spelletjes altijd buitengesloten*:(uitdr.) ik mag nooit meedoen.

**bui·ten·spel** (het ~) (voetbal; hockey) het staan op een plaats waar je volgens de spelregels niet mag staan als je de bal aangespeeld krijgt ◆ *iemand buitenspel zetten*:

(uitdr.) ervoor zorgen dat iemand geen invloed meer heeft op wat er gebeurt, iemand uitschakelen.

**bui·ten·spo·rig** (bijv. nw.) abnormaal, overdreven ◆ *oma geeft altijd buitensporige cadeaus.*

**bui·ten·staan·der** (de ~(m.); -s) iemand die er niet bij hoort of die er niets vanaf weet ⇒ *outsider* ◆ *medische gesprekken zijn voor buitenstaanders niet te volgen.*

**bui·ten·ver·blijf** (het ~; -verblijven) buitenhuis.

**bui·ten·wacht** (de ~) de mensen die er niets mee te maken hebben, de buitenstaanders ◆ *jullie moeten ons geheim voor de buitenwacht verborgen houden.*

**bui·ten·we·reld** (de ~) de mensen die niet bij iemands gezin of vriendenkring horen ◆ *voor de buitenwereld was er niets van haar verdriet te merken.*

**bui·ten·wijk** (de ~; -en) wijk aan de rand van een dorp of stad.

**buit·ma·ken** (maakte buit, heeft buitgemaakt) iets buitmaken: iets krijgen door ervoor te vechten of door er moeite voor te doen.

**bui·zen** (buisde, is gebuisd) (in België □; populair) zakken voor een examen.

**bui·zerd** (de ~(m.); -s) middelgrote roofvogel met brede vleugels en een brede staart.

**buk·ken** (bukte, heeft gebukt) (je) bukken: je voorover buigen ◆ *ze bukte (zich) om een dubbeltje op te rapen.*

**buks** (de ~; -en) licht geweer voor de jacht en voor de schietsport.

**bul** (zelfst. nw.; -len) **1** (de ~(m.)) stier **2** (de ~) diploma van iemand die is afgestudeerd aan de universiteit.

**bul·de·ren** (bulderde, heeft gebulderd) **1** een heel hard rommelend of dreunend geluid geven dat een tijdje aanhoudt ⇒ *razen* ◆ *een bulderende storm* **2** met een zware stem schreeuwen ◆ *'maak dat je wegkomt!' bulderde hij.*

**bul·dog** (de ~(m.); -gen) stevige, gedrongen hond met een brede, korte kop en een zware onderkaak.

**bulk** (de ~(m.)) grote onverpakte hoeveelheid van bijv. graan of kolen ◆ *in de haven zijn opslagplaatsen voor bulkgoederen.*

**bul·ken** (bulkte, heeft gebulkt) **1** brullen, loeien ▼ *bulken van het geld*:(populair) heel erg veel geld hebben.

**bull·do·zer** (de ~(m.); -s) zware machine met een schuif waarmee grond verplaatst of vlak gemaakt wordt.

**bul·le·bak** (de ~(m.); -ken) grote, onvriendelijke man die je liever uit de weg gaat.

**bul·len** (zelfst. nw.; meervoud) (populair) spullen, eigendommen ◆ *hij pakte zijn bullen en vertrok.*

**bul·le·tin** (Frans) [bulleten, in België: buuleten](het ~; -s) kort officieel bericht ◆ *er is een bulletin uitgevaardigd over de geboorte van de prins.*

**bull·shit** (Engels) [bœlsjit](de ~) (populair) flauwekul, onzin.

**bult** (de ~(m.); -en) min of meer rond heuveltje op een lichaam ⇒ *buil, bochel* ◆ *we hebben ons een bult gelachen*:(uitdr.) we hebben erg gelachen.

**bum·per** (de ~(m.); -s) stootbalk aan de voor- en achterkant van een auto.

**bun·del** (de ~(m.); -s) **1** pak van samengebonden dingen ◆ *een bundel kleren* **2** boek dat is samengesteld uit een aantal losse gedichten of verhalen.

**bun·de·len** (bundelde, heeft gebundeld) iets bundelen: een bundel* van iets maken ◆ *gedichten bundelen; als we onze krachten bundelen, winnen we vast*:(uitdr.) als we samenwerken.

**bun·der** (de ~(m.) of het ~; -s) (ouderwets) hectare.

**bun·ga·low** [bungǩæaloo of bunggæaloo](de ~(m.); -s) losstaand huis met alle kamers op de begane grond.

**bun·gee·jum·pen** [bunzjiedzjumpen](ww.) het springen vanaf een grote hoogte, terwijl je aan een elastiek vastzit, als stunt.

**bun·ge·len** (bungelde, heeft gebungeld) hangend heen en weer bewegen ⇒ *bengelen* ◆ hij *bungelt* er maar wat bij: (uitdr.) hij hoort er niet echt bij.

**bun·ker** (de ~(m.); -s) betonnen schuilplaats van soldaten vanwaaruit wegen, bruggen enz. verdedigd kunnen worden.

**bun·ke·ren** (bunkerde, heeft gebunkerd) **1** (scheepvaart) brandstof innemen, tanken **2** (populair) schransen.

**bun·zing** (de ~(m.); -s of -en) slank, donkerbruin roofdiertje dat erg kan stinken.

**bups** (de ~(m.)) (populair) groep, verzameling ⇒ *zootje, kluit, zwik* ◆ de hele *bups* krijgt straf.

**burcht** (de ~; -en) kasteel met zware muren ⇒ *slot.*

**bu·reau** [buuroo](het ~; -s) **1** schrijftafel met laden eronder **2** gebouw of kamer waar een kantoor in gevestigd is ◆ *politiebureau.*

**bu·reau·cra·tie** [buurookraa(t)sie](de ~(v.); bureaucratieën) toestand waarin alles met papieren en formulieren geregeld wordt ⇒ *ambtenarij.*

**bu·ren·ge·rucht** (het ~) lawaai van je buren waar je last van hebt.

**bur·ge·mees·ter** (de ~(m.); -s) hoogste bestuurder van een gemeente.

**bur·ger** (de ~(m.); -s) **1** inwoner van een gemeente of land ◆ de eerste *burger* van onze stad: de burgemeester; dat geeft de *burger* moed: (uitdr.) dat geeft goede moed, nu kunnen we er weer tegen **2** gefrituurde schijf met bijv. vlees, groente of kaas ▼ een politieagent in *burger*: in gewone kleren en niet in uniform.

**bur·ge·rij** (de ~(v.)) bevolking van een gemeente of land.

**bur·ger·lijk** (bijv. nw.) **1** gezegd van mensen die burger* zijn of van dingen die bij een burger* horen ◆ de *burgerlijke* stand: de afdeling van het gemeentehuis waar geboorte, overlijden, huwelijk en scheiding worden geregistreerd; *burgerlijke* ongehoorzaamheid: het opzettelijk en openlijk overtreden van de wet door burgers **2** akelig braaf en gewoon, vooral niet anders dan anderen ⇒ *bourgeois, bekrompen* ◆ zij eten altijd heel *burgerlijk* precies om zes uur.

**bur·ger·oor·log** (de ~(m.); -en) oorlog tussen groepen burgers in één land.

**bur·ger·plicht** (de ~; -en) plicht die je hebt omdat je burger van een gemeente of land bent ◆ het is je *burgerplicht* om de politie te waarschuwen bij een ongeval.

**bur·ger·recht** (het ~; -en) recht dat je hebt omdat je burger bent van een gemeente of land.

**bur·ger·va·der** (de ~(m.); -s of -en) burgemeester.

**bur·ger·wacht** (de ~(m.); -en) groep van gewapende vrijwilligers die onveiligheid op straat en inbraken in huizen willen tegengaan.

**bu·ro** → bureau.

**bus** (de ~; -sen) **1** autobus **2** kleine ronde of vierkante doos, meestal van blik of metaal, waar je iets in kunt doen ◆ een *bus* met suiker; wie doet de brief op de *bus*?: wie post de brief, wie doet hem in de brievenbus?; dat komt in de *bus*: (uitdr.) dat komt in orde, ik zal ervoor zorgen **3** cilinder of buis die ergens omheen zit ▼ ze kwamen als de besten uit de *bus*: ze bleken de besten; het klopt als een *bus*: het klopt helemaal, het klopt perfect.

**bus·chauf·feur** (de ~(m.); -s) iemand die een autobus bestuurt.

**bus·hal·te** (de ~; -n of -s) plaats waar een autobus stopt om passagiers in of uit te laten.

**busi·ness** (Engels) [bisnis](de ~) zaak, handel ◆ de *showbusiness.*

**bus·kruit** (het ~) mengsel van stoffen dat makkelijk ontploft ◆ ze heeft het *buskruit* niet uitgevonden: (uitdr.) ze is nogal dom.

**bus·lich·ting** (de ~(v.); -en) het leeghalen van de brievenbus door iemand van de post, meestal op vaste tijden.

**bu·so** (het ~) (in België) *bu*itengewoon *s*ecundair *o*nderwijs.

**bus·sel** (de ~(m.); -s) (in België □) bundel ◆ een *bussel* prei; een *bussel* stro.

**bus·te** [buuste](de ~; -s of -n) **1** borsten van een vrouw ⇒ *boezem* **2** borstbeeld.

**bus·te·hou·der** (de ~(m.); -s) stuk ondergoed dat de borsten van een vrouw ondersteunt ⇒ *beha, bh.*

**bus·tier** (Frans) [buustjee](de ~(m.); -s) strak bovenlijf zonder mouwen, door vrouwen gedragen.

**bu·ta·gas** (het ~) gas dat in metalen flessen is geperst en waarmee je iets kunt verwarmen of verlichten ◆ bij het kamperen koken we op *butagas.*

**but·ler** (de ~(m.); -s) hoofd van het huishouden en het huispersoneel ⇒ *huisknecht.*

**buts** (de ~; -en) deuk.

**but·ton** (Engels) [butten](de ~; -s) speld met een tekst of afbeelding ⇒ *badge.*

**buur** (de ~(m.); buren) iemand die naast of dicht bij je woont ◆ beter een goede *buur* dat een verre vriend: (spreekwoord) je hebt meer aan de hulp van een buurman dan aan een vriend die te ver weg is om iets voor je te doen.

**buur·man** (de ~(m.); -nen), vrouw: **buur·vrouw** (de ~(v.); -en) iemand die naast je woont, of naast je zit of staat ◆ al te goed is *buurmans* gek: (spreekwoord) als je te goed bent, wordt daar misbruik van gemaakt.

**buurt** (de ~; -en) **1** groep huizen die bij elkaar staan ◆ we hebben de hele *buurt* uitgenodigd: alle mensen die in de huizen vlakbij ons wonen **2** nabijheid ◆ je moet bij die hond uit de *buurt* blijven; je woont hier wel erg uit de *buurt*: erg ver weg.

**buur·ten** (buurtte, heeft gebuurt) bij de buren* op bezoek gaan, een praatje met de buren* maken.

**buurt·huis** (het ~; -huizen) gebouw waarin mensen uit de buurt allerlei dingen samen doen.

**buurt·schap** (de ~(v.); -pen) gehucht, buurt.

**buur·vrouw** → buurman.

**buut** (het ~) eindpunt of centraal punt bij spelletjes.

**b.v.** (afkorting) *b*ij*v*oorbeeld ⇒ *bijv..*

**BV** (de ~(v.); -'s) (in Nederland) *B*esloten *V*ennootschap; dit is de wettelijke naam van een bepaald soort bedrijven.

**BVBA** (de ~(v.)) (in België) *B*esloten *V*ennootschap met *B*eperkte *A*ansprakelijkheid; dit is een vennootschap waarvan de aandelen in het bezit zijn van maar enkele personen.

**BVD** (de ~(m.)) *B*innenlandse *V*eiligheids*d*ienst; dit is een groep mensen die Nederland moet beschermen tegen spionnen, terroristen enz..

**B-weg** (de ~(m.); -en) (in Nederland) weg waarover brede of zware auto's niet mogen rijden.

**bye** (Engels) [baaj](tussenw.) (populair) (afscheidsgroet) ⇒ *dag.*

**byte** (Engels) [bajt](de ~; -s) vaste hoeveelheid bits, meestal acht (kijk ook bij: **bit**).

# Cc

**c** (de ~; c's) **1** de derde letter van het alfabet **2** muzieknoot.

**C¹** Romeins cijfer voor 100.

**C²** (afkorting) **C**elsius.

**ca.** (afkorting) **c**irca.

**ca·ba·ret** [kaabaare(t)] (het ~; -s) voorstelling op het toneel met o.a. liedjes en toneelstukjes, meestal om te lachen.

**ca·ba·re·tier** [kaabaaretjee] (de ~(m.); -s), vrouw: **ca·ba·re·tiè·re** (de ~(v.); -s) iemand die optreedt in een cabaret*.

**ca·bi·ne** (de ~(v.); -s) **1** afgesloten ruimte, bijv. voor een bestuurder of voor passagiers ◆ *een lift**cabine**; een cabine van een vrachtwagen* **2** kleedhokje.

**ca·bri·o·let** (de ~(m.); -ten) personenauto met een linnen dak dat helemaal ingevouwen kan worden.

**ca·cao** [kaakau, in België: kakkaoo] (de ~(m.)) grondstof voor chocolade, gehaald uit de bonen van de cacaoboom.

**ca·cao·bo·ter** [kaakaubooter, in België: kakkaoobooter] (de ~(m.)) vet uit cacaobonen dat je kunt gebruiken om je lippen tegen uitdroging te beschermen.

**ca·che·pot** (Frans) [kasjpoo] (de ~(m.); -s) (in België □) sierbloempot.

**ca·chet** [kasje] (het ~) iets extra's waardoor iets een beetje deftig wordt ⇒ stijl ◆ *die mooie Perzische loper geeft **cachet** aan onze antieke tafel.*

**ca·chot** [kasjot] (het ~; -ten) (ouderwets) gevangenis.

**ca·co·fo·nie** → kakofonie.

**cac·tus** (de ~(m.); -sen) plant met stekels, die in warme, droge streken in het wild groeit.

**ca·dans** (de ~; -en) ritme van een beweging, een muziekstuk of een gedicht ◆ *de ruiter bewoog mee met de cadans van zijn paard.*

**ca·da·ver** → kadaver.

**ca·deau** [kaadoo] (het ~; -s) iets dat je van iemand krijgt zonder dat je er iets voor terug hoeft te doen ⇒ geschenk, gift, presentje ◆ *een verjaars**cadeau**; dat kun je van mij **cadeau** krijgen*: (uitdr.) *ik moet er niets van hebben*; *iets **cadeau** krijgen*: (uitdr.) *ergens niets voor hoeven doen.*

**ca·det** (de ~(m.); -ten) iemand die opgeleid wordt tot legerofficier ⇒ adelborst.

**ca·det·ten** (zelfst. nw.; meervoud) (in België; sport) spelers van dertien tot veertien jaar die deelnemen aan een competitie.

**ca·duc** → kaduuk.

**ca·fé** (het ~; -s) gebouw waar mensen naar toe gaan om iets te drinken ⇒ kroeg, bar, pub.

**ca·fé·baas** (de ~(m.); -bazen) (in België □) caféhouder, kroegbaas.

**cafeïne** ca·fe·ï·ne (de ~) opwekkende, giftige stof die in zeer kleine hoeveelheden voorkomt in koffie, thee, cacao en cola.

**cafeïnevrij** ca·fe·ï·ne·vrij (bijv. nw.) zonder cafeïne erin ◆ *cafeïnevrije koffie.*

**ca·fe·ta·ria** (de ~(m.); cafetaria's) eenvoudig en goedkoop restaurant waar je snacks, zoals friet en frikadellen, kunt eten of afhalen.

**ca·hier** (Frans) [kaajee] (het ~; -s) schrift.

**CAI** (de ~(v.)) (in Nederland) **C**entrale **A**ntenne **I**nrichting; dit is de officiële naam voor 'de kabel' die radio- en televisieprogramma's doorgeeft.

**cais·siè·re** (Frans) [kasjɛːrə] (de ~(v.); -s) vrouw die aan de kassa van een winkel of restaurant zit.

**cais·son** (Frans) [kessõ] (de ~(m.); -s) grote bak die onder water kademuren, dijken of pijlers van een dam verstevigt.

**cake** (Engels) [keek] (de ~(m.); -s) zachte, vrij luchtige koek die je in plakken snijdt.

**cal** (afkorting) **cal**orie.

**ca·la·mi·teit** (de ~(v.); -en) ramp, ellende.

**cal·cu·la·tie** (de ~(v.); -s) berekening die laat zien hoeveel iets gaat kosten.

**cal·cu·la·tor** (de ~(m.); -s) rekenapparaat.

**cal·cu·le·ren** (calculeerde, heeft gecalculeerd) *iets calculeren*: iets berekenen, iets uitrekenen.

**ca·lè·che** (Frans) [kaalesj] (de ~; -s) open rijtuig op vier wielen.

**ca·lei·dos·coop** (de ~(m.); caleidoscopen) kijker die bij elke beweging een andere regelmatige kleurige figuur te zien geeft.

**cal·la·ne·tics** (Engels) [kellenettiks] (zelfst. nw.; meervoud) het verfraaien van je figuur door lichte oefeningen te doen die je steeds herhaalt.

**cal·li·gra·fie** → kalligrafie.

**ca·lo·rie** (de ~(v.); calorieën) eenheid voor een hoeveelheid energie die je uit voedsel kunt halen en voor een hoeveelheid warmte die een apparaat kan leveren ◆ *in pinda's zitten heel veel **calorieën**.*

**cal·que·ren** (calqueerde, heeft gecalqueerd) *een tekening calqueren*: die overtrekken.

**cal·vi·nis·me** (het ~) protestants geloof volgens de leer van Calvijn.

**cal·vi·nist** (de ~(m.); -en) iemand die wil leven volgens het calvinisme*.

**cal·vi·nis·tisch** (bijv. nw.) **1** volgens het calvinisme* ⇒ protestants **2** streng en serieus ◆ *mijn vader heeft een **calvinistische** kijk op het leven*: hij kan nooit eens zomaar voor de lol iets doen, alles moet altijd een zwaarwegende reden hebben.

**ca·mee** (de ~(v.); cameeën) siersteen die zo uitgesneden is dat er een gezicht of een ander plaatje op staat.

**ca·mel** (Engels) [kemmel] (bijv. nw.) bruinbeige.

**ca·mem·bert** (Frans) [kaamambɛr] (de ~(m.)) zachte witte Franse schimmelkaas.

**ca·me·ra** (de ~(m.); camera's) apparaat waarmee je foto's, films of video-opnamen kunt maken.

**ca·mi·on** (de ~(m.); -s) (in België □) vrachtwagen.

**ca·mou·fla·ge** [kaamoeflaazje] (de ~(m.); -s) iets dat een mens, dier of ding camoufleert* ◆ *camouflage**kleuren**: kleuren die hetzelfde zijn als die van de omgeving zodat ze niet opvallen.

**ca·mou·fle·ren** (camoufleerde, heeft gecamoufleerd) *iets of iemand camoufleren*: ervoor zorgen dat iets of iemand niet opvalt ◆ *de soldaten **camoufleerden** de tanks met takken en bladeren.*

**cam·pag·ne** [kampanje] (de ~(m.); -s) uitgebreide actie om iets aan te prijzen of om iets juist af te keuren ◆ *een reclame**campagne**; Amnesty International voert al jaren een **campagne** tegen het martelen*: zij wil bereiken dat het martelen van mensen ophoudt.

**cam·per** (Engels) [kemper, in België: kamper] (de ~(m.); -s) bestelauto die is ingericht om er tijdens vakanties in te wonen ⇒ *kampeerwagen.*

**cam·ping** (Engels) [kɛmping, in België: kɑmping](de ~; -s) kampeerterrein.

**cam·pus** (de ~(m.); -sen) terrein van een universiteit of kostschool waar studenten of scholieren wonen.

**ca·nail·le** (Frans) [kɑnɑjjə](het ~) het ordinaire, ruwe volk, de niet erg ontwikkelde mensen (gezegd door mensen die zichzelf wel ontwikkeld vinden) ⇒ *gepeupel.*

**ca·na·pé** (de ~(m.); -s) lage, beklede bank met leuningen ⇒ *sofa.*

**can·ce·len** [kɛnsələn](cancelde, heeft gecanceld) *iets cancelen:* iets niet door laten gaan ⇒ *afgelasten* ◆ *de voetbalwedstrijd werd* **gecanceld** *vanwege het weer.*

**candida-** → kandida-.

**can·na·bis** (de ~(v.)) hennep.

**ca·non** (de ~(m.); -s) zangstuk voor twee of meer stemmen, waarbij alle partijen wel dezelfde melodie zingen, maar na elkaar beginnen ◆ *'Vader Jacob' is een bekende* **canon.**

**can·ta·te** (de ~; -s of -n) groot zangstuk voor solozangers, koor en meestal met orkest.

**can·tha·rel** (de ~(m.); -len) eetbare paddestoel ⇒ *hanenkam.*

**can·ti·ne** → kantine.

**can·to·rij** (de ~(v.); -en) kerkkoor.

**can·vas** (het ~) sterke linnen stof waar o.a. boodschappentassen van gemaakt worden.

**cao** (de ~(v.); cao's) collectieve arbeidsovereenkomst; dit zijn een aantal afspraken tussen werkgevers en werknemers over het loon, het aantal vakantiedagen enz..

**ca·out·chouc** [kɑɑʊtsjɔk, in België: kɑtsjoe](de ~(m.) of het ~) rubber ⇒ *gummi.*

**cap** (Engels) [kɛp](de ~; -s) pet met een harde bol voor ruiters.

**ca·pa·bel** (bijv. nw.) geschikt en in staat om iets goed te doen ⇒ *bekwaam, competent.*

**ca·pa·ci·teit** (de ~(v.); -en) **1** maximale hoeveelheid, of maximale kracht ⇒ *vermogen* ◆ *deze kachel heeft een behoorlijke* **capaciteit***: hij kan een flinke ruimte goed verwarmen; het ziekenhuis heeft een* **capaciteit** *van 1000 bedden: er kunnen 1000 mensen tegelijk verpleegd worden; de thermoskan heeft een* **capaciteit** *van anderhalve liter: er gaat anderhalve liter in* **2** geschiktheid, bekwaamheid ◆ *hij heeft beslist de* **capaciteiten** *om naar de universiteit te gaan.*

**cape** (Engels) [keːp](de ~; -s) mantel zonder mouwen ◆ *regencape.*

**ca·pi·tu·la·tie** (de ~(v.); -s) het capituleren* ⇒ *overgave* ◆ *de Tweede Wereldoorlog eindigde met de* **capitulatie** *van Duitsland.*

**ca·pi·tu·le·ren** (capituleerde, heeft gecapituleerd) je overgeven, je verzet opgeven.

**cap·puc·ci·no** (Italiaans) [kɑppoetsjienoo](de ~; cappuccino's) kop koffie met schuimende melk en cacaopoeder erbovenop.

**ca·pri·ool** (de ~(m.); capriolen) malle beweging of rare streek ⇒ *toer, bokkensprong* ◆ *de trapezewerkers maakten allerlei* **capriolen** *in de nok van de circustent; zulke* **capriolen** *moet je niet meer uithalen: zulke malle streken.*

**cap·su·le** (de ~(m.); -s) **1** cabine voor de bemanning van een ruimteraket **2** omhulsel om een poeder of vloeistof dat ervoor zorgt dat dat poeder of die vloeistof pas in je maag of darmen opgelost wordt ◆ *hoofdpijnpoeders in* **capsules** **3** (ouderwets) dop van aluminiumfolie op flessen melk, vla en yoghurt.

**cap·tain** (Engels) [kɛptən](de ~(m.); -s) **1** gezagvoerder in een vliegtuig, de eerste piloot **2** aanvoerder van een sportteam.

**ca·pu·chon** [kɑapuusjon](de ~(m.); -s) muts die aan een jas vastzit.

**capucijn(-)** → kapucijn(-).

**ca·ra** (afkorting; meervoud) verzamelnaam voor alle ziekten aan de luchtwegen, zoals astma en bronchitis. Een kenmerk van dit soort aandoeningen is benauwdheid.

**ca·ram·bo·le** [kɑarambool](de ~(m.); -s) het raken van een rode en een witte bal met de andere witte bal bij het biljartspel.

**ca·ra·mel** → karamel.

**ca·ra·van** (Engels) [kɛrreven, in België: kɑrravvan](de ~; -s) vakantiehuisje op wielen dat als aanhangwagen achter de auto meegenomen kan worden.

**car·bo·li·ne·um** (het ~) donkerbruine vloeistof met een sterke geur, die geschikt is om houtwerk tegen verrotting te beschermen.

**car·bon·pa·pier** (het ~) dun vel papier met aan één kant een inktlaag die makkelijk afgeeft, waarmee je al schrijvend een doorslag, een kopie kunt maken.

**car·bu·ra·teur** (de ~(m.); -s) onderdeel van een motor waarin de brandstof met lucht wordt vermengd, waardoor de brandstof beter verbrand wordt ⇒ *carburator.*

**car·bu·ra·tor** (de ~(m.); -en of -s) carburateur.

**car·ci·noom** (het ~; carcinomen) (medisch) kwaadaardig kankergezwel.

**car·di·o·gram** (het ~; -men) door een apparaat gemaakte tekening van de bewegingen van het hart, waarop je kunt zien of er afwijkingen zijn.

**car·di·o·loog** (de ~(m.); cardiologen) specialist in hartziekten ⇒ *hartspecialist.*

**ca·ri·ca·tuur** → karikatuur.

**cariës** ca·ri·es (de ~)(medisch) gaatjes in je tanden die o.a. ontstaan door het eten van suiker, bijv. in snoep ⇒ *tandbederf.*

**ca·ril·lon** [kɑariljon](het ~; -s) muziekinstrument in kerktorens dat bestaat uit een rij klokken van klein naar groot ⇒ *klokkenspel, beiaard.*

**car·na·val** (het ~; -s) volksfeest dat zes weken voor Pasen wordt gevierd en waarbij mensen drie dagen lang verkleed de straat op en de cafés in gaan.

**car·ni·voor** (de ~(m.); carnivoren) vleesetend dier, roofdier.

**car·pe di·em** (Latijn) [kɑrpədiejem](letterlijk: pluk de dag) leef bij de dag, geniet, maak je geen zorgen voor morgen.

**car·poo·len** (Engels) [kɑːrpoelən] met twee of meer mensen in één auto naar een gezamenlijke bestemming rijden, in plaats van elk voor zich in een eigen auto.

**car·port** (Engels) [kɑːrport](de ~(m.); -s) afdak om een auto onder te stallen.

**car·ré** (de ~(m.) of het ~; -s) vierkant ◆ *de soldaten stonden in* **carré** *opgesteld.*

**car·riè·re** (de ~(m.); -s) verschillende, steeds betere banen en functies die iemand achter elkaar heeft ⇒ *loopbaan* ◆ **carrière** *maken: snel een hoge positie bereiken, goed vooruitkomen.*

**car·ros·se·rie** (de ~(m.); carrosserieën) bovenbouw van een auto, bestaande uit het dak, de portieren, de spatborden, de motorkap en het kofferdeksel.

**car·rou·sel** (de ~(m.); -s) ouderwetse draaimolen met houten paarden.

**car·te blan·che** (Frans) [kardblɑ̃sj] gelegenheid om geheel naar eigen inzicht iets te doen, onbeperkte volmacht ◆ *je krijgt* **carte blanche** *om iets voor de meester* *te kopen:* je mag voor de meester kopen wat je maar wilt.

**car·tel** → kartel.

**car·toon** (Engels) [kartoe:n] (de ~ m.); -s) getekende mop.

**car·too·na·le** [kartoen aale] (de ~ v.); -s) (in België □) cartoonwedstrijd en/of tentoonstelling van cartoons (kijk ook bij: **cartoon**).

**cas·co** (het ~) buitenkant, plaatwerk van een auto, een schip, een vliegtuig enz..

**cash** (Engels) [kesj, in België: kasj] (bijv. nw.) *(van betalingen):* meteen bij aankoop ⇒ *contant.*

**cash-and-car·ry** (Engels) [kesjenkerrie] (de ~; cash-and-carry's) zelfbedieningswinkel waar je artikelen goedkoop kunt krijgen, als je maar contant betaalt en de spullen zelf vervoert.

**ca·shew·noot** [kesjoewnoot] (de ~ m.); -noten) kromme, eetbare noot.

**ca·si·no** (het ~; casino's) **1** gebouw waar je allerlei gokspelen, zoals roulette en pokeren kunt spelen ⇒ *speelhal* **2** rechthoekig, in blik gebakken, fijn witbrood.

**cas·sa** → kassa.

**cas·sa·tie** (de ~ v.); -s) (rechtspraak) het vernietigen van een vonnis dat eerder uitgesproken is ◆ *hof van cassatie:* (in België) het hoogste gerechtshof van het land.

**cas·se·ro·le** → kasserol.

**cas·set·te** (de ~ m.); -s of -n) **1** kleine geluidsband **2** kistje of koffertje met inhoud (bijv. met tafelbestek).

**cas·set·te·deck** (de ~ m.); -s) apparaat voor het opnemen en afspelen van cassettebandjes, waar je een aparte versterker en luidsprekers bij nodig hebt.

**cas·set·te·re·cor·der** [kassetteriekoorder] (de ~ m.); -s) apparaat met ingebouwde versterker en luidspreker voor het opnemen en afspelen van cassettebandjes.

**cas·siè·re** → caissière.

**cas·sis** (de ~) frisdrank die van zwarte bessen is gemaakt.

**cas·tag·net·ten** (zelfst. nw.; meervoud) Spaans muziekinstrument dat bestaat uit houtjes die je aan je vingers bindt en zo tegen elkaar slaat.

**cas·tre·ren** (castreerde, heeft gecastreerd) *een mannetjesdier castreren:* zijn teelballen weghalen zodat hij geen vrouwtjesdier meer kan bevruchten.

**ca·su quo** of als dat van toepassing is ◆ *je kunt remmen door achteruit te trappen, casu quo door de handremmen in te knijpen.*

**ca·ta·com·be** (de ~; -n) onderaardse ruimte uit de Romeinse tijd waarin doden begraven werden.

**ca·ta·lo·gus** (de ~ m.); -sen of catalogi) lijst met een opsomming van voorwerpen, bijv. boeken of schilderijen die ergens te bezichtigen of te koop zijn.

**ca·ta·loog** (de ~ m.); catalogen) (in België □) catalogus.

**ca·ta·ma·ran** (de ~ m.); -s) zeilvaartuig dat bestaat uit twee evenwijdige drijvers die onderling verbonden zijn.

**ca·ta·pult** → katapult.

**ca·ta·stro·faal** (bijv. nw.) met de uitwerking van een catastrofe* ⇒ *rampzalig, noodlottig* ◆ *mijn vergissing had catastrofale gevolgen.*

**ca·ta·stro·fe** (de ~; -s of -n) grote ramp.

**ca·te·che·se** (de ~ v.)) godsdienstonderwijs.

**ca·te·chi·sa·tie** (de ~ v.); -s) onderwijs in de protestantse godsdienst waarin je je voorbereidt op de openbare geloofsbelijdenis.

**ca·te·chis·mus** (de ~ m.); -sen) leer van een godsdienst in de vorm van vraag en antwoord.

**ca·te·go·rie** (de ~ v.); categorieën) groep, soort waar iemand of iets bij wordt ingedeeld ⇒ *klasse* ◆ *leeftijdscategorieën.*

**ca·te·go·risch** (bijv. nw.) waar je niet aan hoeft te twijfelen, volkomen duidelijk ⇒ *pertinent, absoluut* ◆ *iets categorisch weigeren.*

**ca·te·ring** (Engels) [keetering] (de ~ v.)) het verzorgen van eten en drinken voor grote groepen mensen, bijv. voor mensen die op hun werk eten, of bij feesten.

*****ca·the·ter** *(Wdl: katheter)* (de ~ m.); -s) heel dun buisje dat in een holte wordt gebracht om vocht, bijv. bloed of urine, af te tappen.

**cat·walk** (Engels) [ketwook] (de ~; -s) podium voor modeshows.

**cau·saal** (bijv. nw.) gezegd van iets dat een oorzaak aangeeft ⇒ *oorzakelijk* ◆ *er is een causaal verband tussen snoepen en een slecht gebit:* snoepen en een slecht gebit hebben met elkaar te maken.

**cau·se·rie** [kauzerie of koozerie] (de ~ v.); causerieën) korte toespraak of verhandeling over één onderwerp ⇒ *praatje.*

**cau·seur** [kauzeur of koozeur] (de ~ m.); -s) iemand die een praatje houdt.

**ca·va·le·rie** (de ~ v.)) **1** soldaten te paard ⇒ *ruiterij* **2** legeronderdeel met tanks en gevechtswagens.

**ca·va·lier** (Frans) [kavaljee] (de ~ m.); -s) galante man die je helpt of begeleidt.

**ca·via** (de ~; cavia's) klein knaagdier dat als huisdier wordt gehouden, Guinees biggetje.

**CBS** (het ~) (in Nederland) Centraal Bureau voor de Statistiek.

**CCOD** (de ~ v.)) (in België) Christelijke Centrale der Openbare Diensten.

**cd** (de ~; cd's) compact disc.

**CD** (zelfst. nw.) **1** (de ~ v.)) Centrumdemocraten; dit is een politieke partij in Nederland **2** (het ~) Corps Diplomatique.

**CDA** (het ~) Christen Democratisch Appel; dit is een politieke partij in Nederland.

**cd-i** (de ~) compact disc interactief; dit is een schijfje met beeld, tekst en geluid dat je op je tv afspeelt in een volgorde en op een manier die je zelf kunt bepalen.

**cd-maxi·sin·gle** [seedeemaksiesingel] (de ~; -s) cd met meer nummers dan op een cd-single, maar weer minder nummers dan op een cd.

**cd-rom** (de ~; -s) compact disc read only memory, een compact disc die je op de computer kunt gebruiken, en waarop informatie staat die je kunt lezen, bekijken of beluisteren.

**cd-sin·gle** [seedeesingel] (de ~; -s) cd met maar één of twee nummers.

**cd-spe·ler** (de ~ m.); -s) apparaat waarop je cd's kunt afspelen.

**ce·der** (de ~ m.); -s) naaldboom uit subtropische gebieden.

**ce·dil·le** (Frans) [seedieje] (de ~; -s) teken onder de letter c waarmee je aangeeft dat die c als een s wordt uitgesproken, zoals in 'reçu'.

**cein·tuur** [sentuur] (de ~ v.); ceinturen of -s) riem of band om je middel.

**cel** (de ~; -len) **1** kleine kamer in een gevangenis of klooster ◆ *hij heeft twee weken cel:* hij moet twee weken de gevangenis in **2** levend deeltje met een kern, dat je meestal alleen met een microscoop kunt zien ◆ *de grijze cellen:* (uitdr.) de hersenen.

**ce·le·bre·ren** (celebreerde, heeft gecelebreerd) *een mis celebreren:* die plechtig vieren.

**ce·li·baat** (het ~) het ongetrouwd zijn, vooral van rooms-katholieke geestelijken.

**cel·list** (de ~ m.); -en), vrouw: **cel·lis·te** (de ~ v.); -n of -s) iemand die cello* speelt.

**cel·lo** [seloo of tsjeloo] (de ~ (m.); cello's of celli) laagklinkend strijkinstrument dat eruit ziet als een grote viool ⇒ *violoncello*.

**cel·lo·faan** (het ~) luchtdicht, doorzichtig verpakkingsmateriaal.

**cel·lu·lair** (bijv. nw.) **1** met een cel* (bet.1) te maken hebbend ◆ *cellulaire gevangenisstraf:* opsluiting in een cel **2** met cellen* (bet.2) te maken hebbend of bestaande uit cellen* (bet.2) ◆ *de cellulaire ontwikkeling:* de ontwikkeling van cellen in levend weefsel.

**cel·lu·loid** (het ~) buigzame, harde kunststof die erg brandbaar is en gebruikt wordt om er o.a. filmbanden van te maken.

**cel·lu·lo·se** (de ~) stof uit de wanden van de cellen* (bet.2) van planten, onder andere gebruikt bij het maken van papier ⇒ *celstof*.

**Cel·si·us** schaalverdeling voor de temperatuur ◆ *het is 22 graden Celsius*.

**cel·stof** (de ~; -en) cellulose.

**ce·ment** (de ~ (m.) of het ~) middel dat in de bouw gebruikt wordt om, gemengd met water en zand, stenen op elkaar te metselen, en dat van kalk gemaakt wordt.

**cen·sor** (de ~ (m.); -s of -en) iemand die moet onderzoeken of er in boeken en films geen ontoelaatbare teksten of beelden zitten.

**cen·su·re·ren** (censureerde, heeft gecensureerd) *een tekst of film censureren:* er censuur* op toepassen.

**cen·suur** (de ~ (v.)) het schrappen van onfatsoenlijke stukken of overtredingen van de wet uit teksten, films enz..

**cent** (de ~ (m.); -en) (in Nederland) het honderdste deel van een gulden, tot 1983 als munt in gebruik ◆ *hij heeft een aardig centje verdiend:* (uitdr.) een aardig bedrag; *ik heb geen rooie cent:* (uitdr.) helemaal geen geld; *ze is erg op de centen:* (uitdr.) erg gierig of zuinig; *ik ben vandaag geen cent waard:* (uitdr.) ik voel me vandaag beroerd; *ik ben er geen cent wijzer van geworden:* (uitdr.) ik heb er helemaal niets aan verdiend; *hij is zo gek als een cent:* (uitdr.) hij is hartstikke gek; *daar heb je geen centje pijn van:* (uitdr.) daar ondervind je geen nadeel van.

**cen·taur, ken·taur** (de ~ (m.); -en) (in verhalen) wezen met het bovenlijf van een mens en het lichaam van een paard.

**cen·ten·bak** (de ~ (m.); -ken) (grappig) mond met vooruitstekende onderkaak.

**centi-** honderdste deel van ◆ *centi*liter.

**cen·ti·me** (de ~ (m.); -s) honderdste deel van een Belgische frank.

**cen·ti·me·ter** (de ~ (m.); -s) **1** honderdste deel van een meter **2** meetlint.

**cen·traal** (bijv. nw.) in het centrum* (bet.1) gelegen, in één punt bij elkaar komend ◆ *het Centraal Station; de centrale verwarming:* die vanuit één punt komt; *de hele dag stond de jarige centraal:* was die het middelpunt.

**cen·tra·le** (de ~; -s) plaats waar de verbindingen in een telefoonnet, elektriciteitsnet enz. bij elkaar komen en van waaruit het net bestuurd wordt.

**cen·tra·li·se·ren** (centraliseerde, heeft gecentraliseerd) *iets centraliseren:* iets in één centrum* (bet.1), in één punt samenbrengen, het tegenovergestelde van 'decentraliseren' ◆ *de bestuurlijke macht is in dat land sterk gecentraliseerd:* zoveel mogelijk beslissingen worden op één punt genomen.

**cen·tri·fu·ge** [sentriefuuzje] (de ~; -s) trommel die heel snel kan ronddraaien, bijv. om natte was droger te maken.

**cen·trum** (het ~; -s of centra) **1** punt of gebied in het midden ⇒ *middelpunt* **2** deel van een stad of dorp waar de openbare gebouwen, winkels en uitgaansgelegenheden zijn ⇒ *binnenstad* **3** gebouw of wijk met een speciale bestemming ◆ *een centrum voor de surfsport; een winkelcentrum*.

**ce·ra·miek** → keramiek.

**ce·ra·misch** → keramisch.

**ce·re·mo·nie** (de ~ (v.); -s of ceremoniën) plechtigheid, plechtige handelingen, meestal bij officiële gebeurtenissen ◆ *in Japan is theedrinken een hele ceremonie*.

**ce·re·mo·ni·eel** (bijv. nw.) met veel ceremonie*, plechtig ◆ *de koningin hield een ceremoniële ontvangst op het paleis*.

**ce·re·mo·nie·mees·ter** (de ~ (m.); -s) leider van een plechtigheid of van een feest.

**cer·ti·fi·caat** (het ~; certificaten) officiële schriftelijke verklaring, bewijs ◆ *deze antieke klok heeft een certificaat van echtheid*.

**cer·ve·laat·worst** (de ~) sterk gekruide, gekookte worst als broodbeleg.

**ce·sar·the·ra·pie** (de ~ (v.)) therapie waarbij je natuurlijke houdingen en bewegingen aanleert.

**cf.** (afkorting) con*f*er; dit is Latijn en het betekent: vergelijk ⇒ *vgl.*.

**cfk** (de ~; cfk's) **c**hloor**f**luor**k**oolwaterstof; dit is een stof die de ozonlaag sterk aantast, en die bijv. voorkomt in spuitbussen en oudere koelkasten (kijk ook bij: **ozonlaag**).

**cha·grijn** (zelfst. nw.) **1** (het ~) humeur waarbij je onvriendelijk bent en op alles en iedereen moppert ◆ *je bent een stuk chagrijn:* (uitdr.) een chagrijnig mens **2** (de ~ (m.); -en) onvriendelijke mopperaar.

**cha·grij·nig** (bijv. nw.) in een slecht humeur, mopperig.

**cha·let** (Frans) [sjaale] (de ~ (m.) of het ~; -s) houten huis zoals je in Zwitserland in de bergen ziet.

**cham·pag·ne** [sjampanje] (de ~ (m.)) bruisende witte wijn uit Frankrijk.

**cham·pig·non** [sjampiejon] (de ~ (m.); -s) eetbare paddestoel.

**chan·son** (Frans) [sjãsõ] (de ~ (m.) of het ~; -s) lied, meestal met een verhalende tekst ⇒ *luisterlied*.

**chan·son·nier** (Frans) [sjãsõnjee] (de ~ (m.); -s), vrouw: **chan·son·niè·re** (de ~ (v.); -s) iemand die chansons* zingt.

**chan·ta·ge** [sjantaazje] (de ~ (v.)) het chanteren* ⇒ *afpersing* ◆ *hij heeft chantage gepleegd*.

**chan·te·ren** [sjanteeren] (chanteerde, heeft gechanteerd) *iemand chanteren:* iemand iets afdwingen door te dreigen met verraad of geweld.

**chan·teur** [sjanteur] (de ~ (m.); -s) iemand die mensen chanteert* ⇒ *afperser*.

**cha·oot** (de ~ (m.); chaoten) (populair) iemand die chaotisch* is ⇒ *warhoofd*.

**cha·os** (de ~ (m.)) toestand waarin alles door elkaar ligt of door elkaar gebeurt ⇒ *warboel, wanorde*.

**cha·o·tisch** (bijv. nw.) verward, ordeloos.

**cha·pe·ron·ne** [sjapperonne] (de ~ (v.); -s) iemand die met je mee gaat om op je te passen.

**cha·pi·ter** [sjappieter] (het ~; -s) (ouderwets) hoofdstuk ◆ *dat is een heel ander chapiter:* (uitdr.) dat doet hier niet ter zake.

**char·cu·te·rie** [sjarkuuterie] (de ~ (v.)) (in België □) fijne vleeswaren.

**char·ge** [sjarzje] (de ~; -s) aanval door een rij politieagenten naast elkaar.

**char·ge·ren** [sjarzjeeren] (chargeerde, heeft gechargeerd) *iets chargeren:* iets overdrijven.

**cha·ris·ma** (het ~; charisma's) sterke kracht in iemands persoonlijkheid waardoor hij of zij mensen boeit of overtuigt ⇒ *uitstraling*.

**cha·ri·ta·tief** (bijv. nw.) liefdadig, voor het goede doel ♦ *een charitatieve instelling*.

**char·la·tan** [sjarlaatan](de ~(m.); -s) bedrieger, oplichter.

**charles·ton** (Engels) [tsjarlsten, in België: sjarleston](de ~ (m.)) dans die rond 1925 in de mode was.

**char·mant** [sjarmant](bijv. nw.) gezegd van mensen of dingen die charme* hebben ⇒ *innemend, bekoorlijk, aantrekkelijk*.

**char·me** [sjarme](de ~(v.); -s) iets waar je je door aangetrokken voelt, iets dat een goede indruk op je maakt ⇒ *aantrekkelijkheid, bekoorlijkheid, innemendheid*.

**char·me·ren** [sjarmeeren](charmeerde, heeft gecharmeerd) *van iemand gecharmeerd zijn: iemands charmes* ondergaan, je tot iemand aangetrokken voelen.

**char·meur** [sjarmeur](de ~(m.); -s) iemand die erg zijn best doet anderen voor zich in te nemen.

**char·ter** (Engels) [tsjarter](het ~; -s) vlucht waarvoor het vliegtuig speciaal gehuurd wordt, het tegenovergestelde van 'lijnvlucht'.

**char·te·ren** [sjarteren](charterde, heeft gecharterd) *iemand of iets charteren: iemand of iets voor een bepaald doel gebruiken of huren* ♦ *een boot charteren*.

**chas·sis** (Frans) [sjassie](het ~; chassis) onderkant van een auto met de assen, de wielen en de motor.

**chauf·fe·ren** [sjoofeeren](chauffeerde, heeft gechauffeerd) een auto besturen ⇒ *autorijden*.

**chauf·feur** [sjoofeur](de ~(m.); -s), vrouw: **chauf·feu·se** (de ~(v.); -s) iemand die chauffeert* ⇒ *bestuurder* ♦ *een vrachtwagenchauffeur*.

**chau·vi·nis·me** [sjoovienisme](het ~) overdreven liefde voor je eigen land.

**chau·vi·nist** [sjoovienist](de ~(m.); -en), vrouw: **chau·vi·nis·te** (de ~(v.); -n of -s) iemand met overdreven vaderlandsliefde.

**chau·vi·nis·tisch** [sjoovienisties](bijv. nw.) gezegd van een chauvinist* of van dingen die typisch zijn voor chauvinisten*.

**check** → cheque.

**chec·ken** [tsjekken](checkte, heeft gecheckt) *iets checken: kijken of iets klopt* ⇒ *nakijken, nagaan, controleren*.

**chef** [sjef](de ~(m.); -s), vrouw: **chef·fin** (de ~(v.); -nen) iemand die aan het hoofd van een bedrijf of afdeling staat ⇒ *baas, leider*.

**chemicaliën** che·mi·ca·li·en (zelfst. nw.; meervoud) stoffen die door chemische* fabrieken gemaakt worden, scheikundige stoffen.

**che·mi·cus** (de ~(m.); chemici), vrouw: **che·mi·ca** (de ~ (v.); chemica's) scheikundige.

**che·mie** (de ~(v.)) scheikunde.

**che·misch** (bijv. nw.) scheikundig ♦ *chemische industrie: fabrieken die producten maken met behulp van scheikundige reacties; kleren chemisch reinigen: niet met water en zeep, maar met behulp van een scheikundige stof*.

**che·mi·sier** (Frans) [sjemiezjee](de ~(m.); -s)(in België □) hemdbloes.

**che·mo·bak** (de ~(m.); -ken) bak voor klein chemisch afval.

**che·mo·kar** [geemookar](de ~; -ren) vuilniswagen die chemisch afval ophaalt.

**cheque** [sjek](de ~(m.); -s) betaalkaart waarop je een bedrag invult en waarmee je via de bank of de giro geld kunt betalen.

**che·rub** (de ~(m.); -s) cherubijn.

**che·ru·bijn** (de ~(m.); -en) engel van de op een na hoogste rang.

**chi·an·ti** (Italiaans) [kiejantie, in België: gieantie](de ~) droge rode of witte wijn uit een streek in Toscane.

**chic** [sjiek](bijv. nw.; verbogen: chique) gezegd van iets dat laat zien dat je een goede en dure smaak hebt ♦ *wat heb jij een chique jas aan!*

**chim·pan·see** [sjimpansee](de ~(m.); -s) mensaap die voorkomt in Afrika.

**chip** (Engels) [tsjip](de ~(m.); -s) **1** heel klein plaatje in veel apparaten en machines dat allerlei functies kan vervullen waarvoor je vroeger verschillende onderdelen nodig gehad zou hebben (het kan bijv. dienst doen als radio-ontvanger of als onderdeel waardoor een rekenmachine kan functioneren) **2** heel dun gefrituurd schijfje aardappel dat als zoutje gegeten wordt ♦ *een zakje chips*.

**chi·que** → chic.

**chi·ro·prac·tor** (de ~(m.); -s) iemand die een soort harde massage toepast ⇒ *bottenkraker*.

**chi·rurg** [sjierurg](de ~(m.); -en) dokter die mensen opereert ⇒ *heelkundige*.

**chi·rur·gie** [sjierurgie](de ~(v.)) deel van de geneeskunde dat te maken heeft met operaties ⇒ *heelkunde*.

**chi·rur·gisch** [sjierurgies](bijv. nw.) te maken hebbend met chirurgie* ⇒ *heelkundig* ♦ *een chirurgische ingreep: een operatie*.

**chloor** (de ~(m.) of het ~) stof die o.a. gebruikt wordt als bleekmiddel en als ontsmettingsmiddel.

**chloor·gas** [gloorgas](het ~) heel erg giftig gas, dat onder andere soms bij oorlogvoering is gebruikt.

**chlo·ro·form** (de ~(m.)) zoetig ruikende stof die vroeger gebruikt werd om mensen te bedwelmen tijdens operaties.

**cho·co·la** → chocolade.

**chocolaatje** cho·co·la·tje (het ~; -s) schijfje of figuurtje van chocola*.

**cho·co·la·de** [sjookoolaade], **cho·co·la** (de ~(m.)) snoepgoed dat gemaakt is van cacao en suiker ♦ *een reep chocola; een beker chocola: met een drank van melk, cacao en suiker*.

**choke** (Engels) [sjook, in België: sjok](de ~; -s) knop in een auto met een benzinemotor die je gebruikt om het starten gemakkelijker te maken.

**cho·le·ra** (de ~) heel besmettelijke darmziekte waarbij je moet overgeven en diarree hebt.

**cho·le·risch** (bijv. nw.)(van een temperament): driftig, opvliegend.

**cho·les·te·rol** (de ~(m.)) vettige stof die voorkomt in dierlijke vetten, en in gal, bloed en hersenen ⇒ *galvet*.

**cho·que·ren** (choqueerde, heeft gechoqueerd) *iemand choqueren: iemand een grote schok bezorgen*.

**cho·re·o·graaf** (de ~(m.); choreografen), vrouw: **cho·re·o·gra·fe** (de ~(v.); -s of -n) iemand die bepaalt hoe dansers zich bewegen in een ballet en welke figuren ze maken.

**cho·re·o·gra·fie** (de ~(v.); choreografieën) balletontwerp.

**chow-chow** [tsjautsjau, in België: sjausjau](de ~(m.); -s) Chinese hond met een dikke wollige vacht en een blauwe tong.

**Chr.** (afkorting) *Christus* ♦ *opgravingen uit de derde eeuw na Chr.: na het begin van onze jaartelling*.

**chris·te·lijk** (bijv. nw.) die of dat te maken heeft met het geloof in Christus* ♦ *een christelijke school; Kerstmis is een christelijk feest; op een christelijke tijd opstaan: (uitdr.) op een fatsoenlijke tijd, niet te vroeg en niet te laat*.

**chris·ten** (de ~ (m.); -en), vrouw: **chris·tin** (de ~ (v.); -nen) iemand die gelooft dat Christus* de zoon van God is en die volgens de bijbel probeert te leven.

**chris·ten·dom** (het ~) het geloof in Christus*, de christelijke godsdienst.

**chris·tin** → christen.

**Chris·tus** (de ~) volgens de christenen de zoon van God, naar wie het christendom genoemd is.

**chro·mo·soom** (het ~; chromosomen) elk van de piepkleine staafjes in je lichaamscellen die je erfelijke eigenschappen bepalen.

**chro·nisch** (bijv. nw.) voortdurend ◆ een *chronische* ziekte: die nooit echt overgaat.

**chro·no·lo·gie** (de ~ (v.)) opeenvolging van gebeurtenissen in de volgorde waarin ze plaatsgevonden hebben.

**chro·no·lo·gisch** (bijv. nw.) volgens de chronologie* ◆ schrijf de gebeurtenissen in *chronologische* volgorde op.

**chro·no·me·ter** (de ~ (m.); -s) stopwatch.

**chroom** (het ~) zilverkleurig metaal dat heel hard is.

**chry·sant** (de ~; -en) herfstbloem die in heel veel kleuren voorkomt.

**CIA** [sieajee] (de ~) **C**entral **I**ntelligence **A**gency; dit is de Amerikaanse geheime dienst.

**ciao** (Italiaans) [tsjau] (tussenw.) (populair) (afscheidsgroet) ⇒ dag.

**ci·cho·rei** (de ~) wild plantje, waarvan de wortel wel gebruikt wordt om namaakkoffie van te maken.

**ci·der** (de ~) wijn die gemaakt is van appels.

**cij·fer** (het ~; -s) **1** teken om een getal te noteren ◆ zeventien is in *cijfers*: 17; in de rode *cijfers* terechtkomen: (uitdr.) schulden maken **2** aantal punten dat je krijgt voor een prestatie ◆ wat voor een *cijfer* had jij voor rekenen?

**cij·fe·ren** (cijferde, heeft gecijferd) rekenen.

**ci·ko·rei** → cichorei.

**ci·lin·der** (de ~ (m.); -s) **1** buis, koker **2** onderdeel van een motor waarin een zuiger heen en weer gaat.

**cim·baal** (de ~ (m.); cimbalen) bekken (bet.3).

**ci·ne·ast** (de ~ (m.); -en), vrouw: **ci·ne·as·te** (de ~ (v.); -n of -s) filmmaker.

**ci·ne·ma** (de ~ (m.); cinema's) bioscoop.

**ci·pier** (de ~ (m.); -s) iemand die voor gevangenen zorgt en ze bewaakt ⇒ gevangenbewaarder.

**ci·pres** (de ~ (m.); -sen) naaldboom die altijd groen is en die vooral in Zuid-Europa voorkomt.

**cir·ca** (bijw.) ongeveer, omstreeks ◆ we eten *circa* zeven uur.

**cir·cuit** [sirkwie] (het ~; -s) **1** racebaan ◆ het *circuit* van Zandvoort **2** groep mensen, instellingen, apparaten enz. waarbinnen iets rondgaat ⇒ keten, kring ◆ een gesloten tv-*circuit*: zonder ontvangst van programma's, voor gebruik in één gebouw; het zwarte *circuit*: (uitdr.) omloop van zwart geld.

**cir·cu·lai·re** (de ~; -s) brief die verschillende mensen of instellingen tegelijk krijgen ⇒ rondschrijven.

**cir·cu·la·tie** (de ~ (v.); -s) omloop, kringloop ◆ een bankbiljet uit de *circulatie* nemen; heteluchtcirculatie.

**cir·cu·le·ren** (circuleerde, heeft gecirculeerd) rondgaan, de ronde doen ◆ bloed *circuleert* door je hele lichaam; er *circuleerde* een briefje door de klas.

**cir·cus** (de ~ (m.) of het ~; -sen) rondtrekkende groep acrobaten, clowns, dierentemmers enz. die in een tent hun kunsten voor publiek vertonen.

**cir·kel** (de ~ (m.); -s) gesloten ronde lijn ⇒ kring, ring ◆ het vliegtuig beschrijft een *cirkel*: het maakt een rondje.

**cir·ke·len** (cirkelde, heeft gecirkeld) een rondje maken, in cirkels* ronddraaien, vooral in de lucht ◆ er *cirkelde* een roofvogel boven de berg.

**cis** [sies] (de ~) muzieknoot, verhoogde c.

**cis·ter·ciën·zer** cis·ter·ci·en·zer (de ~ (m.); -s) lid van de kloosterorde die gesticht is in de Franse plaats Cîteaux.

**ci·taat** (het ~; citaten) letterlijke herhaling, mondeling of schriftelijk, van wat iemand anders geschreven heeft ⇒ aanhaling.

**ci·ta·del** (de ~; -len of -s) soort kasteel dat vroeger gebouwd werd om de stad te verdedigen.

**ci·ter** (de ~; -s) snaarinstrument met een groot aantal snaren.

**ci·te·ren** (citeerde, heeft geciteerd) (de woorden van) iemand, een stukje uit een boek citeren: de tekst letterlijk weergeven ⇒ aanhalen.

**CI·TO** (het ~) (in Nederland) **C**entraal **I**nstituut voor **T**oetsontwikkeling.

**ci·troen** (de ~; -en) gele, erg zure zuidvrucht ◆ een *citroen* uitpersen.

**ci·trus·vrucht** (de ~; -en) bepaald soort zuidvrucht, zoals de sinaasappel, de citroen, de grapefruit enz..

**ci·ty** (Engels) [sittie] (de ~; city's) centrum van een grote stad ⇒ binnenstad.

**ci·viel** (bijv. nw.) voor of van burgers (dus niet voor of van soldaten of geestelijken) ◆ de *civiele* rechtbank.

**ci·vi·li·sa·tie** (de ~ (v.); -s) beschaving die blijkt uit ziekenzorg, sociale wetten, woningbouw enz..

**CJP** (het ~; CJP's) **C**ultureel **J**ongeren **P**aspoort; dit is een kaart waarmee je tot je 25e jaar goedkoop naar toneel, musea enz. kunt gaan.

**cl** (afkorting) centi/liter.

**claim** (Engels) [kleem] (de ~ (m.); -s) eis ◆ een *claim* op iemand leggen: aanspraak op iemand maken, beslag op iemand leggen.

**clai·men** [kleemən] (claimde, heeft geclaimd) iets, meestal een geldbedrag, claimen: iets opeisen, aanspraak op iets maken ◆ die gebroken ruit kun je bij de verzekering *claimen*; mag ik jou voor vanavond *claimen*?: mag ik beslag op je tijd leggen?

**clan** (Engels) [klen, in België: klan] (de ~ (m.); -s) **1** stam, familiegroep **2** groep mensen die onderling een sterke band hebben.

**clan·des·tien** (bijv. nw.) gezegd van iets dat eigenlijk verboden is maar toch stiekem gebeurt ⇒ illegaal ◆ een *clandestiene* radiozender; *clandestien* jenever stoken.

**clas·seur** (de ~ (m.); -s) (in België □) opbergmap.

**classi-** → klassi-.

**clas·si·caal** → klassikaal.

**clas·si·cis·me** (het ~) periode in de kunst, vooral in de zeventiende en achttiende eeuw, waarin men de Griekse en Romeinse oudheid navolgde.

**clas·si·cus** (de ~ (m.); classici), vrouw: **clas·si·ca** (de ~ (v.); classica's) iemand die Grieks en Latijn heeft gestudeerd.

**claus·tro·fo·bie** (de ~ (v.)) ziekelijke angst om in dichte ruimtes te zijn ⇒ engtevrees.

**clau·su·le** (de ~; -s) aparte bepaling in een wet, contract enz..

**claveci-** → klaveci-.

**claxon** (de ~ (m.); -s) toeter in een auto.

**claxon·ne·ren** (claxonneerde, heeft geclaxonneerd) toeteren.

**clean** (Engels) [klien] (bijv. nw.) **1** zo strak en zakelijk dat het kil is **2** niet meer verslaafd aan drugs.

**cle·ma·tis** (de ~; -sen) klimplant met grote bloemen in allerlei kleuren.

**cle·ment** (bijv. nw.) mild, gezegd van iemand die iets door de vingers ziet.

**cle·men·tie** (de ~ (v.)) het clement* zijn ⇒ mildheid.

**cle·ri·caal** → klerikaal.

**cle·rus** (de ~(m.)) alle geestelijken van de rooms-katholieke kerk ⇒ *geestelijkheid.*

**cli·ché** [kliesjee](het ~; -s) afgezaagde uitdrukking, uitdrukking die zijn kracht verloren heeft ⇒ *gemeenplaats.*

**cliënt** cli·ent (de ~(m.); -en), vrouw: **cliënte** cli·en·te (de ~ (v.); -s of -n) klant van een notaris, advocaat, psychiater enz..

**cli·en·tè·le** [kliejăntele](de ~) alle klanten ⇒ *klantenkring.*

**clig·no·teur** [klienjooteur](de ~(m.); -s) knipperlicht, richtingaanwijzer in een auto.

**cli·max** (de ~(m.); -en) hoogtepunt waarna de spanning afneemt ♦ *de spanning in de zaal kwam tot een* ***climax.***

**clinch** (Engels) [klinsj](zelfst. nw.) ▼ *met iemand in de* ***clinch*** *liggen:* ruzie met iemand hebben, met iemand overhoop liggen.

**clip** (de ~(m.); -s) **1** klemmetje om iets mee vast te maken ♦ *haarclip; paperclip* **2** videoclip.

**cli·to·ris** (de ~; clitores) gevoelig deel van het vrouwelijk geslachtsorgaan, vlak boven de schaamlippen ⇒ *kittelaar.*

**clo·chard** (Frans) [klosjaar](de ~; -s) iemand die dakloos is en in de stad rondzwerft.

**close** (Engels) [kloos](bijv. nw.)(populair) dicht bij elkaar, dichtbij ♦ *ik ben niet zo* ***close*** *met hen:* niet zo dik bevriend, niet zo vertrouwelijk met hen.

**clo·set** (het ~; -s) wc, toilet.

**close-up** (Engels) [kloosup](de ~; -s) filmopname of foto die van heel dichtbij gemaakt is.

**clou** [kloe](de ~(m.); -s) datgene waar het om draait bij een mop of een verhaal ⇒ *pointe* ♦ *ik snap de* ***clou*** *van de mop niet.*

**clown** [klaun](de ~(m.); -s) grappenmaker met malle kleren aan en een geverfd gezicht.

**clow·nesk** [klaunesk](bijv. nw.) zoals een clown* doet, grappig.

**club** (de ~; -s) **1** vereniging waar je een sport, hobby enz. kunt beoefenen ♦ *tennisclub* **2** groep mensen die met elkaar iets ondernemen ♦ *vanmiddag gaan we met een* ***club*** *naar de film* **3** stok waarmee je het balletje weg slaat bij golf ⇒ *golfclub* **4** grote leunstoel.

**clus·ter** (de ~(m.); -s) aantal dingen die sterk met elkaar samenhangen en daardoor een groep vormen ⇒ *bundeling.*

**cm** (afkorting) *centim*eter.

**CNV** (het ~)(in Nederland) *C*hristelijk *N*ationaal *V*akverbond.

**co** (de ~(m.); co's) **1** (verkorting) coassistent **2** (achter een firmanaam) compagnon ♦ *Klaassen en* ***co.***

**co-** samen- ⇒ *mede-* ♦ *coauteur.*

**coach** (Engels) [kootsj](de ~; coaches) leider.

**coa·chen** [kootsjen](coachte, heeft gecoacht) *iemand, een club coachen:* iemand, een club leiding geven, sturen.

**co·a·li·tie** (de ~(v.); -s) verbond tussen groepen, partijen, landen enz. om samen te werken.

**co·as·si·stent** (de ~(m.); -en) iemand die voor dokter studeert en die als deel van zijn of haar studie een tijdje in een ziekenhuis werkt.

**coas·ter** (Engels) [kooster](de ~; -s) kustvaarder.

**co·bra** (de ~; cobra's) grote slang uit tropische oerwouden.

**COC** (het ~)(in Nederland) *C*ultuur- en *o*ntspannings*c*entrum; dit is een vereniging van mensen die willen dat homoseksuelen hetzelfde behandeld worden als andere mensen.

**cocaïne** co·ca·i·ne (de ~) opwekkend middel dat gemaakt wordt uit de bladeren van de cocaplant.

**cockerspaniël** coc·ker·spa·ni·el [kokkerspenjel](de ~(m.); -s) kleine langharige jachthond met lange oren.

**cock·pit** (de ~(m.); -s) bestuurdersruimte in een vliegtuig.

**cock·tail** (Engels) [kokteel](de ~(m.); -s) mengsel van verschillende alcoholische dranken.

**co·con** (de ~(m.); -s) omhulsel dat een larve om zich heen weeft en waarin hij zich ontwikkelt tot volwassen insect, bijv. tot vlinder.

**co·coo·nen** [kookoenen](cocoonde, heeft gecocoond) gezellig thuis zitten kneuteren en je even helemaal afsluiten van de buitenwereld.

**co·de** (de ~(m.); -s) **1** bepaalde manier om informatie door te geven, anders dan in gewone taal ♦ *de streepjescode op een verpakking; een bericht in* ***code:*** *in geheimschrift* **2** serie regels en afspraken ♦ *zij houden zich aan hun eigen beleefdheidscode.*

**co·de·ren** (codeerde, heeft gecodeerd) *iets coderen:* een code* (bet.1) aan iets geven, iets in een code* (bet.1) omzetten, het tegenovergestelde van 'decoderen'.

**co·di·cil** (de ~; -len) donorcodicil.

**coëxistentie** co·exi·sten·tie (de ~(v.)) het samen bestaan, het naast elkaar bestaan.

**cof·fee·shop** (Engels) [koffiesjop](de ~(m.); -s) **1** café waar je koffie kunt drinken, meestal in een ander gebouw, zoals een station of een warenhuis **2** café waar je softdrugs kunt kopen en roken.

**cog·nac** [konjak](de ~(m.); -s) Franse brandewijn uit de streek om de stad Cognac.

**cog·ni·tief** (bijv. nw.) gezegd van dingen die met het verstand of met kennis te maken hebben.

**co·he·rent** (bijv. nw.) samenhangend ♦ *door de koorts waren haar woorden niet erg* ***coherent.***

**co·he·sie** (de ~(v.))(natuurkunde) aantrekkingskracht tussen moleculen in een stof (kijk ook bij: **molecule**).

**coif·feur** (Frans) [kwaffeur](de ~(m.); -s), vrouw: **coif·feu·se** (de ~(v.); -s)(deftig) kapper.

**coïtus** co·i·tus (de ~(m.)) het vrijen, geslachtsdaad.

**cokes** (de ~) brandstof gemaakt van steenkool.

**col** (de ~(m.); -s) **1** (ook: kol) opstaande kraag rond de hals **2** hooggelegen bergpas in Frankrijk en Zwitserland.

**co·la** (de ~(m.)) bruine priklimonade.

**col·bert** [kolberr](de ~(m.) of het ~; -s) korte jas die ook in huis gedragen wordt, meestal door mannen ⇒ *jasje.*

**col·la·bo·ra·teur** (de ~(m.); -s) iemand in een bezet land die met de vijand samenwerkt.

**col·la·ge** [kollaazje](de ~(v.); -s) kunstwerk dat bestaat uit een verzameling teksten, plaatjes of voorwerpen die ergens op gelijmd zijn.

**col·lec·tant** (de ~(m.); -en), vrouw: **col·lec·tan·te** (de ~ (v.); -n of -s) iemand die collecteert*.

**col·lec·te** (de ~(v.); -n of -s) inzameling van geld, meestal voor een goed doel.

**col·lec·te·ren** (collecteerde, heeft gecollecteerd) geld inzamelen door bij de mensen langs te gaan, meestal voor een goed doel.

**col·lec·tie** (de ~(v.); -s) verzameling, vaak van waardevolle of interessante dingen.

**col·lec·tief¹** (het ~; collectieven) groep mensen die hetzelfde beroep uitoefenen en daarin samenwerken ♦ *een schrijverscollectief; een advocatencollectief.*

**col·lec·tief²** (bijv. nw.) gezamenlijk, gemeenschappelijk, met z'n allen ♦ *we hebben* ***collectief*** *straf gekregen.*

**col·le·ga** (de ~(m.); collega's of collegae) iemand die hetzelfde werk doet als jij, of die in hetzelfde bedrijf werkt, op ongeveer hetzelfde niveau.

**col·le·ge** [kollee zje](het ~; -s) **1** school voor middelbaar of voorbereidend hoger onderwijs **2** les van een docent op een universiteit ◆ *college lopen*: de lessen volgen aan een universiteit **3** de bestuurders van een gemeente, kerk enz. ◆ *het college van burgemeester en wethouders; het schepencollege*: (in België) de wethouders **4** (in België) katholieke school voor lager en secundair onderwijs.

**col·le·gi·aal** (bijv. nw.) zoals collega's* doen ◆ *je gedroeg je niet erg collegiaal*: je werkte niet erg mee, je liet de anderen in de steek.

**col·lie** (de ~(m.); -s) meestal langharige, Schotse herdershond.

**col·lier** [koljee] (de ~(m.) of het ~; -s) halsketting.

**co·lo·fon** (de ~(m.) of het ~; -s) stukje tekst in een boek of tijdschrift waarin staat door wie en wanneer het uitgegeven is, door wie het gedrukt is enz..

**co·lon·ne** (de ~; -s) lange rij soldaten, vrachtauto's enz. ⇒ *stoet* ◆ *een militaire colonne*.

**col·por·te·ren** (colporteerde, heeft gecolporteerd) *met boeken, verzekeringen colporteren*: ermee langs de deuren gaan om er klanten voor te winnen.

**col·por·teur** (de ~(m.); -s) iemand die colporteert*.

**colt** (de ~(m.); -s) revolver met een lange loop.

**co·lumn** (Engels) [kɔllɛm] (de ~; -s) kort stukje dat iemand regelmatig en op een vaste plek in een krant of tijdschrift schrijft.

**co·ma** (het ~) diepe bewusteloosheid ◆ *in coma liggen*.

**com·bi** (de ~; combi's) (verkorting) combinatie.

**com·bi·na·tie** (de ~(v.); -s) twee of meer dingen, groepen of personen die samengevoegd zijn ◆ *de combinatie van zoet met zuur kan erg lekker zijn; een vrachtwagencombinatie*: een trekker met oplegger.

**com·bi·na·tie·tang** (de ~; -en) tang die je voor verschillende dingen kunt gebruiken, bijv. om draad te buigen, te knippen of vast te houden.

**com·bine** (Engels) [kombajn] (de ~; -s) landbouwmachine die graan maait en meteen dorst (kijk ook bij: **dorsen**) ⇒ *maaidorser*.

**com·bi·ne·ren** (combineerde, heeft gecombineerd) *dingen combineren*: ze bij elkaar plaatsen, ze met elkaar in verband brengen ◆ *ik kan al dat sporten niet met mijn huiswerk combineren; je vindt de oplossing door alle gegevens te combineren*.

**com·bo** (de ~(m.) of het ~; combo's) groepje muzikanten, orkestje.

**come·back** (Engels) [kombɛk] (de ~; -s) het opnieuw beroemd worden van een artiest, een sporter enz..

**com·fort** [komfɔːr, in België: komfort] (het ~) iets dat het leven of het werken gemakkelijker en aangenamer maakt ⇒ *gemak, gerief* ◆ *het comfort van een centrale verwarming*.

**com·for·ta·bel** (bijv. nw.) met comfort* ⇒ *geriefelijk, gemakkelijk* ◆ *een comfortabele leunstoel*.

**co·mi·té** [kɔmietee] (het ~; -s) groep mensen die samen iets organiseren of samen een bepaalde taak uitvoeren ◆ *we werden verwelkomd door een ontvangstcomité*.

**com·man·dant** (de ~(m.); -en) persoon die de leiding heeft op een politiebureau, in een brandweerkazerne, een legerkazerne enz..

**com·man·de·ren** (commandeerde, heeft gecommandeerd) *iemand commanderen*: iemand bevelen geven ◆ *hij laat zich door mij niet commanderen*.

**com·man·do** (het ~; commando's) **1** bevel ◆ *hij doet niets op commando*: hij laat zich niet bevelen; *wie voert het commando?*: wie deelt de bevelen uit, wie heeft de leiding? **2** soldaat of groep soldaten met een speciale training.

**com·me il faut** (Frans) [kommielfoo] zoals het hoort ⇒ *correct, netjes* ◆ *zijn kleding was niet comme il faut*.

**com·men·taar** (de ~(m.) of het ~; commentaren) opmerking over iets, uitleg van iets ◆ *de minister wilde geen commentaar geven; iedereen had commentaar op mijn nieuwe kapsel*: iedereen had er iets over te zeggen.

**com·men·ta·tor** (de ~(m.); -s of -en), vrouw: **com·men·ta·tri·ce** (de ~(v.); -s) iemand die commentaar* levert ◆ *een televisiecommentator*: iemand die op de tv uitleg geeft over gebeurtenissen die in het nieuws zijn.

**com·mer·cie** (de ~(v.)) handel.

**com·mer·ci·eel** (bijv. nw.) gezegd van mensen of dingen die met de commercie* te maken hebben ◆ *dat is een winkel op commerciële grondslag*: het gaat er in die winkel om dat er winst gemaakt wordt; *hij heeft geen commerciële instelling*: geen zakelijke instelling; *commerciële televisie*: televisiestation dat geld verdient door reclamefilms uit te zenden.

**com·mies** (de ~(m.); commiezen) bepaalde rang van ambtenaren die bij de overheid werken.

**com·mis·sa·ris** (de ~(m.); -sen) **1** politiechef **2** iemand die namens andere mensen ergens toezicht houdt ◆ *de commissarissen van een bedrijf*: de mensen die toezicht houden op de directie van het bedrijf.

**com·mis·sie** (de ~(v.); -s) groep mensen die de taak heeft iets te organiseren ◆ *feestcommissie*.

**com·mo·de** (de ~(v.); -s) lage kast met laden en een breed blad.

**com·mo·tie** (de ~(v.); -s) opwinding, druk gedoe.

**com·mu·nau·tair** [kommuunooteer] (bijv. nw.) (in België) betrekking hebbend op de relaties tussen de gemeenschappen (kijk ook bij: **gemeenschap (bet.2)**).

**com·mu·ne** (de ~(v.); -s) groep mensen die samenwonen en alles samen delen.

**com·mu·ni·cant** (de ~(m.); -en) iemand die zijn of haar eerste communie doet.

**com·mu·ni·ca·tie** (de ~(v.); -s) het uitwisselen of overbrengen van informatie, nieuws, kennis enz. ◆ *televisie is een communicatiemiddel; de onderlinge communicatie in het bedrijf is niet zo goed*: de mensen daar houden elkaar niet goed op de hoogte van wat ze doen.

**com·mu·ni·ce·ren** (communiceerde, heeft gecommuniceerd) **1** *met elkaar communiceren*: een contact hebben waarbij je informatie, nieuws, kennis enz. met elkaar uitwisselt of aan elkaar overbrengt **2** *ter communie* gaan, de communie* ontvangen ◆ *communicerende vaten*: vaten die met elkaar in verbinding staan; *in communicerende vaten staat een vloeistof even hoog*.

**com·mu·nie** (de ~(v.); -s) (rooms-katholieke kerk) de eenwording met Christus door het eten van de hostie (kijk ook bij: **hostie**) ◆ *eerste communie*: plechtigheid waarbij je voor de eerste keer de hostie eet.

**com·mu·ni·qué** (het ~; -s) officiële mededeling ◆ *perscommuniqué*: persverklaring.

**com·mu·nis·me** (het ~) systeem binnen een maatschappij waarbij goederen, fabrieken enz. van iedereen zijn, en niet van een paar mensen.

**com·mu·nist** (de ~(m.); -en) aanhanger van het communisme*.

**com·mu·nis·tisch** (bijv. nw.) gezegd van iemand die het communisme* aanhangt of van dingen die in overeenstemming zijn met het communisme*.

**com·pact** (bijv. nw.) dicht ineengedrongen, dicht op elkaar ◆ *een compacte massa; het is een compact toestelletje*: het is klein, maar er zitten toch veel onderdelen in.

**com·pact disc** (de ~; -s) **1** schijfje voor geluid dat met behulp van een laserstraal wordt afgespeeld (kijk ook bij: **laserstraal**) **2** apparaat om zo'n schijfje af te spelen.

**com·pag·nie** [kɔmpɑnjie] (de ~ (v.); compagnieën of -s) **1** groep van ongeveer 150 soldaten met meestal een kapitein aan het hoofd **2** (ouderwets) handelsbedrijf, handelsmaatschappij ♦ de Verenigde Oost-Indische **Compagnie**: (een grote Nederlandse handelsmaatschappij uit de zeventiende eeuw).

**com·pag·non** [kɔmpɑnjɔn] (de ~ (m.); -s) iemand die samen met jou een bedrijf heeft ⇒ vennoot.

**com·pa·ra·tief** (de ~ (m.)) (taal) vergelijkende ofwel vergrotende trap, bijv. 'groter' bij 'groot'.

**com·par·ti·ment** (het ~; -en) aparte afdeling, vooral in een treinwagon ♦ het bagagecompartiment.

**com·pen·sa·tie** (de ~ (v.); -s) vergoeding ♦ vrije dagen als compensatie voor overwerk.

**com·pen·se·ren** (compenseerde, heeft gecompenseerd) iets compenseren: iets vergoeden, iets weer goed maken, iets in evenwicht brengen ♦ een onvoldoende kun je compenseren door een hoog cijfer voor een ander vak.

**com·pe·tent** (bijv. nw.) geschikt en in staat om iets goed te doen ⇒ deskundig, capabel ♦ hij is niet competent op het gebied van computers.

**com·pe·ten·tie** (de ~ (v.); -s) bekwaamheid, bevoegdheid ♦ dat valt buiten mijn competentie: dat kan ik niet, ook: dat mag ik niet.

**com·pe·ti·tie** (de ~ (v.); -s) **1** serie wedstrijden waarin om het kampioenschap wordt gestreden **2** poging, streven om te winnen, om beter te zijn dan anderen ⇒ rivaliteit, wedijver.

**com·pi·la·tie** (de ~ (v.); -s) stukjes van verschillende schrijvers of uit verschillende boeken of films waar een nieuw geheel van gemaakt is ♦ een compilatie van oorzaken: (uitdr.) een opeenhoping van oorzaken.

**com·pleet** (bijv. nw.) volledig, totaal ♦ ik heb deze serie stripverhalen compleet; ik ben het compleet vergeten.

**com·ple·ment** (het ~; -en) iets dat iets anders aanvult ♦ 'koe' en 'stier' zijn elkaars complement.

**com·ple·men·tair** (bijv. nw.) gezegd van mensen of dingen die elkaar aanvullen.

**com·ple·te·ren** (completeerde, heeft gecompleteerd) iets completeren: iets compleet* maken, iets aanvullen tot een geheel.

**com·plex¹** (het ~; -en) **1** groep dingen die bij elkaar horen ♦ een kantorencomplex; een complex van maatregelen **2** bij elkaar horende gevoelens en gedachten die uit één karaktertrek voortkomen ♦ je hebt een complex: (uitdr.) het is ziekelijk zoals jij je altijd met hetzelfde bezighoudt.

**com·plex²** (bijv. nw.) ingewikkeld.

**com·pli·ca·tie** (de ~ (v.); -s) wat iets ingewikkelder of lastiger maakt, vervelend bijverschijnsel ⇒ verwikkeling ♦ er zijn geen complicaties bij de ziekte opgetreden.

**com·pli·ment** (het ~; -en) uiting van waardering, lof ♦ ze maakt nooit een compliment als je iets goed doet; vissen naar een complimentje: (uitdr.) het gesprek brengen op iets dat je gedaan hebt, in de hoop dat je daar een complimentje voor zult krijgen; zonder veel complimenten: (uitdr.) zonder zich ergens iets van aan te trekken, brutaalweg; Franse complimenten: (in België □) overdreven beleefd en vriendelijk gedrag.

**com·pli·men·te·ren** (complimenteerde, heeft gecomplimenteerd) iemand met iets complimenteren: iemand geluk wensen met iets, iemand om iets prijzen.

**com·pli·men·teus** (bijv. nw.) gezegd van iemand die een ander complimenten* geeft ⇒ lovend, prijzend.

**com·plot** (het ~; -ten) samenzwering, geheime afspraak om samen iets te doen tegen iets of iemand ♦ een complot tegen iemand smeden.

**com·po·nent** (de ~ (m.); -en) onderdeel, deel dat ergens in zit ⇒ bestanddeel ♦ mijn plan bestaat uit verschillende componenten; componentenlijm: lijm waarvan je de bestanddelen vlak voor het gebruik moet mengen.

**com·po·ne·ren** (componeerde, heeft gecomponeerd) **1** muziek componeren: muziek schrijven, muziek uitdenken **2** iets componeren: iets uit onderdelen maken, iets samenstellen ♦ hij heeft met weinig ingrediënten toch een feestelijk maal gecomponeerd.

**com·po·nist** (de ~ (m.); -en), vrouw: **com·po·nis·te** (de ~ (v.); -n of -s) iemand die muziek schrijft, iemand die componeert* (bet.1).

**com·po·si·tie** (de ~ (v.); -s) **1** muziekstuk **2** opbouw van iets dat uit verschillende delen is samengesteld ♦ de compositie van een schilderij: de manier waarop de figuren bij elkaar gezet zijn; de roman heeft een mooie compositie: hij zit mooi in elkaar.

**com·post** (de ~ (m.) of het ~; -en) meststof van verteerbaar afval, zoals schillen en bladeren ♦ de composthoop.

**com·po·te** [kɔmpɔt] (de ~; -s) gerecht dat bestaat uit gekookte vruchten.

**com·pri·me·ren** (comprimeerde, heeft gecomprimeerd) iets comprimeren: iets samenpersen, een kleiner geheel van iets maken ♦ tien hoofdstukken zijn gecomprimeerd in één samenvatting.

**com·pro·mis** [kɔmproomie of kɔmproomis] (het ~; -sen of compromis) (bij een ruzie enz.) oplossing waarbij beide partijen een beetje toegeven ⇒ tussenoplossing, vergelijk, schikking.

**com·pro·mit·te·ren** (compromitteerde, heeft gecompromitteerd) jezelf compromitteren: maken dat de mensen over je gaan roddelen, dat je je goede naam kwijtraakt.

**com·pu·ter** (Engels) [kɔmpjoeter] (de ~; -s) machine die heel grote hoeveelheden informatie kan verwerken en door een programma wordt bestuurd.

**com·pu·te·ren** [kɔmpjoeteren] (computerde, heeft gecomputerd) op de computer werken of spelen.

**com·pu·ter·kra·ker** [kɔmpjoeterkraaker] (de ~ (m.); -s) iemand die inbreekt in een computersysteem en daar geheime informatie uit haalt.

**com·pu·ter·net·werk** [kɔmpjoeternetwerk] (het ~; -en) computers die met elkaar verbonden zijn ♦ internet is een computernetwerk dat over de hele wereld aansluitingen heeft.

**con·cen·tra·tie** (de ~ (v.)) **1** aandacht die je op één onderwerp of bezigheid richt ♦ stil, je haalt me uit mijn concentratie **2** het dicht opeen zijn van een aantal dezelfde dingen ♦ de concentratie van cafés in de binnenstad **3** hoeveelheid van een bepaalde stof die in een andere stof is opgelost ♦ een hoge concentratie van uitlaatgassen in de lucht.

**con·cen·tra·tie·kamp** (het ~; -en) kamp buiten een stad waar veel mensen die de machthebbers hinderen, gevangen gehouden worden, vooral een gevangenkamp voor joden in de Tweede Wereldoorlog.

**con·cen·tre·ren** (concentreerde, heeft geconcentreerd) **1** je concentreren: je aandacht richten op datgene waar je mee bezig bent ♦ concentreer je op je werk!; alle aandacht was geconcentreerd op de koorddanser **2** iets concentreren: op of in één punt samenbrengen ♦ de macht is daar geconcentreerd in handen van één persoon **3** een vloeistof concentreren: het water eruit halen zodat de oplossing sterker wordt ♦ geconcentreerd vruchtensap.

**con·cen·trisch** (bijv. nw.) (van cirkels): met hetzelfde middelpunt, in elkaar passend.

**con·cept** (het ~; -en) voorlopig ontwerp van iets dat je wilt maken ⇒ *plan, opzet*.

**con·cep·tie** (de ~(v.); -s) bevruchting van een eicel door een zaadcel.

**con·cern** (Engels) [konsu:rn] (het ~; -s) grote onderneming die uit verschillende bedrijven bestaat.

**con·cert** (het ~; -en) muziekuitvoering voor publiek ◆ *ik ga vanavond naar een popconcert*.

**con·cer·te·ren** (concerteerde, heeft geconcerteerd) een concert* geven.

**con·ces·sie** (de ~(v.); -s) het voor een deel toegeven aan wat de ander van je wil ⇒ *tegemoetkoming* ◆ *je moet wel eens een concessie doen*.

**con·ciër·ge** [konsjerzje] (de ~(m.); -s) iemand die de zorg heeft voor een gebouw, bijv. een school, en voor de gang van zaken in dat gebouw ◆ *als je te laat komt, moet je je melden bij de conciërge*.

**con·ci·lie** (het ~; -s) vergadering van bisschoppen over zaken die met het geloof te maken hebben ⇒ *synode*.

**con·claaf** (het ~; conclaven) vergadering waarin de kardinalen een nieuwe paus kiezen ◆ *in conclaaf zijn*: (uitdr.) met iets belangrijks bezig zijn en niet gestoord mogen worden.

**con·clu·de·ren** (concludeerde, heeft geconcludeerd) *iets concluderen*: tot een conclusie* komen ◆ *'daar is niets meer aan te doen', concludeerde ze*; *ik concludeer uit jouw woorden dat je niet meedoet*.

**con·clu·sie** (de ~(v.); -s) gevolgtrekking, dat wat je ergens uit opmaakt ⇒ *besluit, slotsom* ◆ *welke conclusie kunnen we hieruit trekken?*; *hij kwam tot de conclusie dat ze boos op hem was*.

**con·cours** [kongkœr] (de ~(m.) of het ~; -en) grote wedstrijd ◆ *een concours voor muziekkorpsen*.

**con·cours hip·pique** (Frans) [kongkœrhippiek] (de ~(m.) of het ~; concoursen hippique) wedstrijd in de paardensport.

**con·creet** (bijv. nw.) **1** gezegd van iets dat je aan kunt raken of dat je kunt zien, het tegenovergestelde van 'abstract' ⇒ *tastbaar* ◆ *een concreet bewijs* **2** duidelijk, zó dat je nergens naar hoeft te raden, niet vaag ◆ *hij kwam met een concreet voorbeeld*.

**con·cu·bi·ne** (de ~(v.); -s) vrouw die een verhouding heeft met een getrouwde man.

**con·cur·rent** (de ~(m.); -en), vrouw: **con·cur·ren·te** (de ~ (v.); -s of -n) iemand die op hetzelfde uit is als jij en dat probeert te bereiken door jou te overtreffen ⇒ *mededinger* ◆ *die bedrijven zijn elkaars concurrent*: die proberen met hetzelfde product geld te verdienen.

**con·cur·ren·tie** (de ~(v.)) het concurreren* ◆ *door de sterke concurrentie worden video's steeds goedkoper*: doordat er zoveel bedrijven zijn die video's verkopen; *ze had bij die wedstrijd helemaal geen concurrentie*: er was niemand die tegen haar op kon.

**con·cur·re·ren** (concurreerde, heeft geconcurreerd) *met iemand concurreren*: met iemand wedijveren, proberen iemand op een bepaald gebied te verslaan.

**con·dens** (de ~) tot druppels geworden waterdamp ◆ *er zit condens op de ramen*.

**con·den·se·ren** (condenseerde, heeft gecondenseerd) **1** (van waterdamp of gassen): vloeistof worden **2** *melk condenseren*: dikker maken door het water eruit te verdampen.

**con·di·tie** (de ~(v.); -s) **1** lichamelijke toestand, uithoudingsvermogen ◆ *Victor is in goede conditie*: hij is goed in vorm, hij is fit en sterk **2** voorwaarde, iets dat je eist in ruil voor iets anders ◆ *ik doe mee, op één conditie*.

**con·di·tio si·ne qua non** (letterlijk: voorwaarde zonder welke niet) noodzakelijke voorwaarde, voorwaarde waaraan per se voldaan moet zijn.

**con·do·lé·an·ce** (Frans) [kondooleejãse] (de ~(v.)) condoleantie.

**con·do·le·an·tie** (de ~(v.); -s) het condoleren* ⇒ *deelneming, rouwbeklag* ◆ *een condoleantiebrief*.

**con·do·le·ren** (condoleerde, heeft gecondoleerd) *iemand condoleren*: zeggen dat je meeleeft met iemands verdriet om het overlijden van iemand anders, iemand je deelneming betuigen.

**con·doom** (het ~; -s) soort rubber zakje dat de man bij het vrijen om zijn penis schuift om geslachtsziekte te voorkomen, of om het zaad op te vangen, zodat de vrouw niet zwanger kan worden.

**con·dor** (de ~(m.); -s) soort gier die vooral in het Andesgebergte voorkomt.

**con·duc·teur** (de ~(m.); -s), vrouw: **con·duc·tri·ce** (de ~ (v.); -s) iemand die in de trein de kaartjes controleert.

**con·fec·tie** (de ~(v.)) kleding die in grote aantallen en volgens standaardmaten gemaakt wordt, het tegenovergestelde van 'maatkleding'.

**con·fe·ren·ce** (Frans) [konferãse] (de ~(v.); -s) geestige voordracht van iemand voor een publiek.

**con·fe·ren·cier** (Frans) [konferãsjee] (de ~(m.); -s) iemand die conferences* houdt.

**con·fe·ren·tie** (de ~(v.); -s) bijeenkomst waar over een bepaald onderwerp gepraat wordt ⇒ *bespreking* ◆ *een conferentie houden*.

**con·fe·re·ren** (confereerde, heeft geconfereerd) een conferentie* houden ⇒ *vergaderen*.

**con·fes·si·o·neel** (bijv. nw.) volgens de geloofsbelijdenis ◆ *een confessionele partij*: die de geloofsbelijdenis als uitgangspunt heeft.

**con·fet·ti** (de ~(m.)) kleine ronde snippers papier in allerlei kleuren om bij een feest rond te strooien.

**con·fis·que·ren** (confisqueerde, heeft geconfisqueerd) *eigendommen confisqueren*: die in beslag nemen, die verbeurd verklaren.

**con·fi·tu·re**, in België □: **con·fi·tuur** (de ~(v.); -s) jam.

**con·fi·tu·ren** (zelfst. nw.; meervoud) in suiker ingelegde vruchten, zoals kersen, pruimen enz..

**con·flict** (het ~; -en) ruzie, verschil van mening ⇒ *onenigheid* ◆ *een gewapend conflict*: ruzie die met wapens uitgevochten wordt.

**con·form** (voorz.) (plechtig) gelijk aan ⇒ *overeenkomstig, volgens* ◆ *de beslissing was conform het advies*.

**con·for·me·ren** (conformeerde, heeft geconformeerd) *je conformeren aan iets*: je aan iets aanpassen, je naar iets schikken ◆ *hij wil zich niet aan de meerderheid conformeren*.

**con·fron·ta·tie** (de ~(v.); -s) het geconfronteerd* worden met elkaar, emotionele ontmoeting ◆ *toen ik haar na die ruzie weer zag was dat een pijnlijke confrontatie*.

**con·fron·te·ren** (confronteerde, heeft geconfronteerd) *iemand confronteren met iets of iemand*: zorgen dat iemand de zaak of die persoon tegenover zich krijgt ◆ *de minister werd met de actievoerders geconfronteerd*.

**con·fuus** (bijv. nw.) in de war en verlegen ⇒ *onthutst, beduusd* ◆ *na haar klap stond hij er wat confuus bij*.

**con·gé** (Frans) [kõzjee] (de ~(m.) of het ~; -s) **1** (in België □; populair) vakantie ▼ *iemand zijn of haar congé geven*: iemand ontslaan.

**con·gre·ga·tie** (de ~(v.); -s) **1** groep mensen die in een klooster leven volgens minder strenge regels dan monniken en nonnen **2** rooms-katholieke vereniging waarvan de leden bij elkaar komen om godsdienstoefeningen te houden, meestal ter ere van Maria.

**con·gres** (het ~) grote bijeenkomst waarbij lezingen gehouden worden ◆ *er namen 1500 dokters deel aan het* **congres** *over hartziekten.*

**con·gru·ent** (bijv. nw.) *(van figuren)*: (wiskunde) met dezelfde vorm en dezelfde grootte.

**co·ni·feer** (de ~(m.); coniferen) bepaald soort naaldboom.

**co·nisch** (bijv. nw.) met de vorm van een kegel (bet.3), schuin toelopend ⇒ *taps.*

**con·junc·tuur** (de ~(v.); conjuncturen) tijdsomstandigheden die gunstig of ongunstig zijn voor de bedrijven ◆ *hoog***conjunctuur**: *tijd van welvaart, dus gunstige omstandigheden voor de bedrijven.*

**con·nec·tie** (de ~(v.); -s) **1** relatie, betrekking ◆ *ik heb geen* **connecties** *met dat bedrijf* **2** handige relatie, kennis aan wie je wat kunt hebben ◆ *dank zij haar* **connecties** *kreeg ze gratis kaartjes.*

**con·rec·tor** (de ~(m.); -en of -s) onderdirecteur van een middelbare school.

**con·sciën·ti·eus** [konsensjeus](bijv. nw.) heel precies ⇒ *nauwgezet, zorgvuldig.*

**con·se·cra·tie** (de ~(v.); -s) deel van de rooms-katholieke mis waarin het brood en de wijn genoemd worden als het lichaam en bloed van Christus.

**con·sen·sus** (de ~) het met elkaar eens zijn, overeenstemming van meningen en gevoelens ◆ *we konden geen* **consensus** *bereiken.*

**con·se·quent** (bijv. nw.) logisch voortvloeiend uit iets wat je eerder gezegd of gedaan hebt ◆ *als je niet wilt dat je hond bedelt is het niet* **consequent** *om hem steeds koekjes te voeren.*

**con·se·quen·tie** (de ~(v.); -s) logisch gevolg van iets ◆ *de* **consequentie** *van laat naar bed gaan is dat je de volgende dag duf bent.*

**con·ser·va·tief** (bijv. nw.) gezegd van iemand die alles bij het oude wil laten, het tegenovergestelde van 'progressief' ⇒ *behoudend* ◆ *hij is lid van een* **conservatieve** *partij*: *een politieke partij die tegen grote veranderingen in de maatschappij is.*

**con·ser·va·tis·me** (het ~) het conservatief* zijn ⇒ *behoudzucht.*

**con·ser·va·tor** (de ~(m.); -s of -en), vrouw: **con·ser·va·tri·ce** (de ~(v.); -s) iemand die het toezicht heeft over een museum of een afdeling daarvan.

**con·ser·va·to·ri·um** (het ~; -s of conservatoria) opleiding waar je allerlei muziekvakken kunt studeren, bijv. zingen, een instrument bespelen of dirigeren.

**con·ser·ven** (zelfst. nw.; meervoud) levensmiddelen in blik of glas, die je lang goed kunt houden.

**con·ser·ve·ren** (conserveerde, heeft geconserveerd) levensmiddelen conserveren: ze zo verpakken dat je ze goed kunt bewaren.

**con·si·de·ra·tie** (de ~(v.)) het niet te streng zijn voor iemand, omdat je rekening houdt met zijn of haar omstandigheden ⇒ *toegeeflijkheid* ◆ *toon eens wat* **consideratie** *met hem; zonder enige* **consideratie**: *meedogenloos.*

**con·sig·ne** [konsienje](het ~; -s) opdracht die aangeeft wat je gedurende een bepaalde tijd te doen staat ◆ *'opletten' was het* **consigne**.

**con·si·stent** (bijv. nw.) goed samenhangend ◆ *een consistente massa; een* **consistent** *verhaal*: *dat goed en logisch in elkaar zit.*

**con·si·sto·rie** (zelfst. nw.; -s) **1** (de ~(v.)) kamer waar de kerkenraad vergadert **2** (het ~) kerkenraad **3** (het ~) vergadering van kardinalen met de paus als voorzitter.

**con·so·li·de·ren** (consolideerde, heeft geconsolideerd) *een*

toestand consolideren: die op dezelfde manier laten voortduren ⇒ *bestendigen.*

**con·so·nant** (de ~; -en)(taal) medeklinker.

**con·sor·ten** (zelfst. nw.; meervoud) mensen die bij iemand horen, mensen van hetzelfde slag (gezegd door mensen die er juist niet bij willen horen) ◆ *Frank en* **consorten**.

**con·stant**[1] (bijv. nw.) steeds hetzelfde, onveranderlijk ◆ *de temperatuur van het water is* **constant**.

**con·stant**[2] (bijw.) steeds, voortdurend ◆ *ze is* **constant** *verkouden.*

**con·sta·te·ren** (constateerde, heeft geconstateerd) iets constateren: iets vaststellen ◆ *ik* **constateer** *dat er nog drie mensen ontbreken.*

**con·stel·la·tie** (de ~(v.); -s) **1** stand van de sterren ten opzichte van elkaar **2** toestand, manier waarop iets in elkaar zit ◆ *de politieke* **constellatie** *in Europa.*

**con·ster·na·tie** (de ~(v.)) opschudding, verwarring ◆ *in de* **consternatie** *wist de dief te ontsnappen.*

**con·sti·tu·tie** (de ~(v.); -s) **1** manier waarop je lichaam in elkaar zit en functioneert ⇒ *gestel* ◆ *zij heeft een zwakke* **constitutie** **2** grondwet.

**con·sti·tu·ti·o·neel** (bijv. nw.) grondwettelijk, in overeenstemming met de grondwet.

**con·struc·tie** (de ~(v.); -s) het construeren* of de manier waarop iets geconstrueerd* is ⇒ *bouw* ◆ *de* **constructie** *van deze tafel is heel degelijk.*

**con·struc·tief** (bijv. nw.) opbouwend, waar je iets aan hebt ◆ *hij leverde een* **constructieve** *bijdrage aan de discussie.*

**con·stru·e·ren** (construeerde, heeft geconstrueerd) iets construeren: iets in elkaar zetten, iets samenstellen ⇒ *bouwen* ◆ *een machine* **construeren**.

**con·sul** (de ~(m.); -s) vertegenwoordiger van een buitenlandse regering die de belangen van zijn land behartigt.

**con·su·laat** (het ~; consulaten) kantoor van een consul*.

**con·su·lent** (de ~(m.); -en), vrouw: **con·su·len·te** (de ~ (v.); -s of -n) iemand die je kunt raadplegen over problemen op een bepaald gebied ◆ *een belasting***consulent**.

**con·sult** (het ~; -en) het consulteren* van een deskundige, vooral een dokter.

**con·sul·ta·tie·bu·reau** (het ~; -s) bureau waar je gratis adviezen over gezondheid kunt krijgen.

**con·sul·te·ren** (consulteerde, heeft geconsulteerd) iemand consulteren: iemand om raad vragen ⇒ *raadplegen.*

**con·su·ment** (de ~(m.); -en) iemand die iets koopt of voor het verbruik van iets betaalt, het tegenovergestelde van 'producent' ⇒ *gebruiker.*

**con·su·me·ren** (consumeerde, heeft geconsumeerd) iets consumeren: iets opeten, iets nuttigen.

**con·sump·tie** (de ~(v.)) **1** (-s) iets wat je in een café of restaurant eet of drinkt ◆ *alle* **consumpties** *kosten f 1,50;* **consumptie**bon: *bon in ruil waarvoor je iets te eten of te drinken krijgt; met* **consumptie** *spreken*: (grappig) vocht rondspetterend **2** het consumeren* van iets ◆ *deze bieten zijn niet geschikt voor* **consumptie**.

**con·tact** (het ~; -en) **1** aanraking ◆ *vermijd* **contact** *van dit middel met de ogen*: *zorg dat het niet in je ogen komt* **2** het met elkaar van gedachten kunnen wisselen ◆ *ik heb een goed* **contact** *met mijn opa; hij heeft telefonisch* **contact** *opgenomen; zij maakt niet zo makkelijk* **contact** *als ze alleen ergens heen gaat: ze maakt niet makkelijk een praatje, leert niet makkelijk nieuwe mensen kennen.*

**con·tact·lens** (de ~; -lenzen) plastic lensje dat tegen je oogbol aan zit, in plaats van een bril.

**con·tact·sleu·tel** (de ~(m.); -s) sleutel waarmee je een auto kunt starten.

**con·tac·tu·eel** (bijv. nw.) te maken hebbend met het leggen van contact\* (bet.2) ◆ *hij heeft goede contactuele eigenschappen: hij gaat gemakkelijk met mensen om.*

**con·tai·ner** (Engels) [kont<u>ee</u>nɘr] (de ~ (m.); -s) grote laadbak om goederen of afval in te vervoeren.

**con·ta·mi·na·tie** (de ~ (v.); -s) het aan elkaar plakken van twee verschillende uitdrukkingen, bijv. 'optelefoneren' zeggen in plaats van 'opbellen' of 'telefoneren'.

**con·tant** (bijv. nw.) *(van betalingen)*: meteen bij aankoop ⇒ *cash.*

**con·tan·ten** (zelfst. nw.; meervoud) geld en cheques.

**con·tent** (bijv. nw.) tevreden.

**con·text** (de ~ (m.); -en) **1** tekst die om een woord of zin heen staat ◆ *uit de context kon je begrijpen wat er met dat woord bedoeld werd* **2** dingen die voor en na iets gebeurd zijn ⇒ *situatie, verband.*

**con·ti·nent** (het ~; -en) **1** vasteland ◆ *de veerboten van Engeland naar het continent* **2** werelddeel ◆ *het Afrikaanse continent.*

**con·ti·nen·taal** (bijv. nw.) gezegd van mensen of dingen die tot het continent\* (bet.1) behoren.

**con·ti·nu** (bijv. nw.) zonder onderbreking ⇒ *voortdurend, onafgebroken.*

**con·ti·nu·be·drijf** (het ~; -bedrijven) bedrijf waar in ploegen dag en nacht wordt gewerkt.

**con·ti·nu·e·ren** (continueerde, heeft gecontinueerd) *iets continueren: iets blijven doen, doorgaan met iets* ⇒ *voortzetten.*

**con·to** (zelfst. nw.) ▼ *iets op iemands conto schrijven:* iemand iets aanrekenen.

**con·tour** [kont<u>oe</u>r] (de ~ (m.); -en) omtrek ◆ *er doemden in de mist vage contouren van een huis op.*

**con·tra¹** (het ~; contra's) punt in het nadeel, het tegenovergestelde van 'pro' ◆ *de pro's en contra's van iets afwegen.*

**con·tra²** (bijw.) tegen, het tegenovergestelde van 'pro' ⇒ *anti* ◆ *iedereen was ervoor, maar hij stemde contra.*

**con·tra³** (voorz.) tegenover ◆ *de rechtszaak van De Groot contra De Wit.*

**con·tra·ban·de** (de ~) smokkelwaar.

**con·tra·bas** (de ~ (m.); -sen) grootste strijkinstrument met de laagste klank ⇒ *bas.*

**con·tract** (het ~; -en) schriftelijke afspraak over werk, huur, verkoop enz. ⇒ *overeenkomst* ◆ *een contract afsluiten; het huurcontract moet een maand van tevoren worden opgezegd.*

**con·trac·te·ren** (contracteerde, heeft gecontracteerd) *iemand contracteren: een contract\* met iemand sluiten met betrekking tot werk dat hij of zij gaat doen.*

**con·trac·tu·eel** (bijv. nw.) volgens contract\* ◆ *de zangers zijn contractueel verplicht om elke maand op te treden.*

**con·tra·dic·tie** (de ~ (v.); -s) tegenstrijdigheid ⇒ *tegenspraak.*

**con·tra·mi·ne** (zelfst. nw.) ▼ *in de contramine zijn:* (uitdr.) overal tegenin gaan, steeds iets anders willen.

**con·tra·spi·o·na·ge** (de ~ (v.)) het opsporen en uitschakelen van vijandelijke spionnen.

**con·trast** (het ~; -en) opvallend verschil ⇒ *tegenstelling* ◆ *haar vrolijkheid vormt een contrast met de somberheid van de anderen.*

**con·tras·te·ren** (contrasteerde, heeft gecontrasteerd) een contrast\* vormen, tegen elkaar afsteken.

**con·trei·en** (zelfst. nw.; meervoud) streek ⇒ *omgeving, omstreken* ◆ *ze woont in de Antwerpse contreien.*

**con·tri·bu·tie** (de ~ (v.); -s) geld dat je voor een lidmaatschap betaalt.

**con·tro·le** (de ~; -s) **1** het controleren\* (bet.1) ⇒ *inspectie*

◆ *kaartjescontrole; ik sta onder controle van de huisarts* **2** het controleren\* (bet.2) ◆ *als hij boos wordt heeft hij geen controle over zichzelf; de politie heeft de relletjes onder controle: de politie heeft die in de hand, beheerst die.*

**con·tro·le·ren** (controleerde, heeft gecontroleerd) **1** *iemand of iets controleren: kijken of iemand of iets in orde is, goed werkt enz.* ⇒ *nakijken, inspecteren, checken* ◆ *heb je gecontroleerd of het gas uit is?* **2** *iets controleren: iets beheersen, iets laten verlopen zoals jij dat wilt.*

**con·tro·leur** (de ~ (m.); -s) iemand die controleert\* (bet.1).

**con·tro·ver·se** (de ~ (v.); -n of -s) meningsverschil, ruzie ⇒ *geschil.*

**con·tro·ver·si·eel** (bijv. nw.) gezegd van mensen of dingen waarover de meningen sterk verdeeld zijn.

**con·ve·ni·ë·ren** con·ve·ni·e·ren (convenieerde, heeft geconvenieerd) *het convenieert me:* (deftig) het komt me van pas, het komt gelegen.

**con·ven·tie** (de ~ (v.); -s) **1** algemeen aanvaarde regel die ontstaan is op grond van een afspraak of uit gewoonte ◆ *hij heeft altijd moeite de conventies in acht te nemen* **2** verdrag waarbij verschillende landen afspreken om bepaalde regels in acht te nemen.

**con·ven·ti·o·neel** (bijv. nw.) volgens de conventie\* (bet.1) ◆ *conventionele wapens: alle wapens behalve kernwapens.*

**con·ver·gent** (bijv. nw.) bij elkaar komend, op één punt gericht, het tegenovergestelde van 'divergent'.

**con·ver·ge·ren** (convergeerde, heeft geconvergeerd) zich naar één punt richten, in één punt samenvallen, het tegenovergestelde van 'divergeren' ◆ *convergerende lichtstralen.*

**con·ver·sa·tie** (de ~ (v.); -s) gesprek ◆ *het spijt me dat ik jullie conversatie moet storen.*

**con·ver·se·ren** (converseerde, heeft geconverseerd) een gesprek voeren.

**con·vo·ca·tie** (de ~ (v.); -s) oproep voor een vergadering of bijeenkomst.

**cool** (Engels) [k<u>oe</u>l] (bijv. nw.) **1** (populair) tof, gaaf ◆ *cool man, die film!* **2** (populair) zogenaamd onverschillig, alsof er niets aan de hand is (maar ondertussen behoorlijk zenuwachtig).

**co·öpe·ra·tie** co·o·pe·ra·tie (de ~ (v.); -s) vereniging van mensen die samenwerken, bijv. boeren of winkeliers.

**co·öpe·ra·tief** co·o·pe·ra·tief (bijv. nw.) **1** bereid om met anderen samen te werken ◆ *je coöperatieve houding wordt gewaardeerd* **2** gebaseerd op coöperatie\*, in samenwerking met anderen ◆ *een coöperatieve zuivelfabriek.*

**co·ör·di·na·tor** co·or·di·na·tor (de ~ (m.); -s), vrouw: **co·ör·di·na·trice** co·or·di·na·tri·ce (de ~ (v.); -s) iemand die dingen coördineert\*.

**co·ör·di·ne·ren** co·or·di·ne·ren (coördineerde, heeft gecoördineerd) *gebeurtenissen, handelingen, fasen enz. coördineren: ze op elkaar afstemmen, ze op elkaar laten aansluiten* ◆ *de ceremoniemeester coördineert de bijdragen voor de feestavond.*

**co-ou·der** (de ~ (m.); -s) gescheiden ouder die om de beurt met de andere ouder voor hun kind of kinderen zorgt.

**co·pie** → kopie.

**copiëren** co·pi·e·ren → kopiëren.

**co·pi·eus** (bijv. nw.) *(van maaltijden)*: uitgebreid, overvloedig.

**co·pro·duc·tie** (de ~ (v.); -s) gezamenlijke productie, werk dat door verschillende mensen tot stand gebracht wordt.

**co·pu·le·ren** (copuleerde, heeft gecopuleerd)(deftig) geslachtsgemeenschap hebben ⇒ *paren, vrijen.*

**co·py·right** (Engels) [koppierajt](het ~; -s) auteursrecht.

**co·py·wri·ter** (Engels) [koppierajter](de ~(m.); -s) tekstschrijver, meestal van reclameteksten.

**cor·don** → kordon.

**cor·du·roy** (het ~) ribfluweel.

**cor·ner** (de ~(m.); -s)(voetbal) hoekschop.

**cor·po·ra·tie** (de ~(v.); -s) vereniging van mensen met dezelfde belangen ♦ *een woningbouwcorporatie.*

**corps** [kɔr of korps](het ~) bepaalde studentenvereniging.

**corps di·plo·ma·tique** (Frans) [kɔrdieploomaatiek](het ~) de diplomaten die ergens zijn als vertegenwoordigers van een ander land (kijk ook bij: **diplomaat**).

**cor·pu·lent** (bijv. nw.)(deftig) dik ⇒ *zwaarlijvig, gezet.*

**cor·pus** (het ~; corpora) verzameling teksten, documenten, wetten enz. ⇒ *bestand.*

**cor·pus de·lic·ti** (het ~)(rechtspraak) voorwerp waarmee het misdrijf is gepleegd.

**cor·rect** (bijv. nw.) **1** zonder fouten, waar niets op aan te merken valt ⇒ *juist, foutloos* **2** onberispelijk, zoals het hoort ♦ *ze kleden zich altijd zeer correct; je correct gedragen; politiek correct: zo dat je geen groepering discrimineert of beledigt.*

**cor·rec·tie** (de ~(v.); -s) verbetering van een fout of van fouten ♦ *een correctie aanbrengen.*

**cor·rec·ti·o·neel** (bijv. nw.) ▼ *correctionele rechtbank:* (in België; rechtspraak) rechtbank die oordeelt over misdrijven waarvoor je gestraft kunt worden met een boete of minstens acht dagen gevangenisstraf.

**cor·re·la·tie** (de ~(v.); -s) verband tussen dingen waarbij als het ene toeneemt, het andere ook toeneemt en als het ene afneemt, het andere ook afneemt ♦ *de correlatie tussen werkeloosheid en vandalisme.*

**cor·res·pon·dent** (de ~(m.); -en), vrouw:
**cor·res·pon·den·te** (de ~(v.); -n of -s) iemand die vanuit een andere stad of een ander land nieuws doorgeeft aan een krant, een omroep enz..

**cor·res·pon·den·tie** (de ~(v.); -s) brieven van mensen aan elkaar ⇒ *briefwisseling* ♦ *hij voert een drukke correspondentie met zijn familie in Suriname.*

**cor·res·pon·de·ren** (correspondeerde, heeft gecorrespondeerd) **1** (met iemand corresponderen) iemand brieven schrijven en brieven van hem of haar ontvangen **2** op elkaar aansluiten, met elkaar overeenstemmen ♦ *corresponderende treinverbindingen; jouw plannen corresponderen niet met die van mijne.*

**cor·ri·ge·ren** [korriejeeren](corrigeerde, heeft gecorrigeerd) iemand of iets corrigeren: iemand of iets verbeteren, correcties* aanbrengen.

**cor·ro·sie** (de ~(v.)) aantasting van metaal door roest of verwering.

**cor·rupt** (bijv. nw.) gezegd van iemand die stiekem geld aanneemt en in ruil daarvoor mensen voortrekt of diensten bewijst ⇒ *omkoopbaar.*

**cor·rup·tie** (de ~(v.)) het stiekem geld aannemen van mensen en ze in ruil daarvoor voortrekken of een dienst bewijzen ⇒ *omkoping.*

**cor·sa·ge** (Frans) [korsaazje](de ~(v.) of het ~; -s) versiersel van bloemen dat op een kledingstuk gedragen wordt.

**cor·se·let** (het ~; -ten of -s) korset en bustehouder aan elkaar.

**cor·so** (het ~; corso's) optocht met versierde wagens ♦ *fruitcorso; bloemencorso.*

**cor·vee** (de ~(v.); -s) verplichte beurt om huishoudelijk werk te doen.

**co·ry·fee** (de ~(m.); coryfeeën) iemand die opvallende prestaties levert in kunst, wetenschap, sport enz..

**cos·me·ti·ca** (zelfst. nw.; meervoud) schoonheidsmiddelen, zoals poeder en oogschaduw.

**cos·misch** → kosmisch.

**cosmo-** → kosmo-.

**cos·tuum** → kostuum.

**cou·chet·te** [kœsjet](de ~; -s) slaapplaats in een trein of op een boot.

**cou·lant** (bijv. nw.) welwillend ⇒ *gemakkelijk, soepel, mild* ♦ *mijn moeder is gauw boos, maar mijn vader is gelukkig wat coulanter.*

**cou·lis·sen** [kœliesen](zelfst. nw.; meervoud) zijkant van het toneel ♦ *achter de coulissen:* (uitdr.) in het geheim, voor de meeste mensen verborgen.

**coun·ter·te·nor** [kauntertenner of kauntertenɔr, in België: kontertinnoor](de ~(m.); -s) man die een altpartij zingt (kijk ook bij: **alt**).

**coun·try** (de ~) muziekstijl van het platteland in het zuiden van de Verenigde Staten.

**coup** (Frans) [kœp, in België: kœ](de ~(m.); -s) plotselinge overname van de macht ⇒ *staatsgreep* ♦ *de militairen hebben een coup gepleegd.*

**coupe** (Frans) [kœp](de ~; -s) **1** manier waarop de stof van een kledingstuk geknipt is, die bepaalt of het goed past ⇒ *snit* **2** manier waarop haren geknipt zijn **3** breed glas met vruchten, ijs enz..

**cou·pé** (Frans) [kœpee](de ~(m.); -s) passagiersafdeling in een treinwagon.

**cou·pe·ren** [kœpeeren](coupeerde, heeft gecoupeerd) *iets couperen:* ergens stukken uithalen, ergens stukken afsnijden ♦ *er is in de film flink gecoupeerd; een hond met een gecoupeerde staart:* een hond waarvan een stuk van de staart is afgesneden.

**cou·plet** (het ~; -ten) afzonderlijk deel van een lied; meestal hebben alle delen evenveel regels ⇒ *vers.*

**cou·pon** (de ~(m.); -s) rest van een rol stof of vloerbedekking ⇒ *lap.*

**cou·rant¹** → krant.

**cou·rant²** [kœrant](bijv. nw.) **1** veel voorkomend, gebruikelijk ⇒ *gangbaar* ♦ *het model van zijn jas was vroeger zeer courant* **2** (van geld): in omloop, geldig als betaalmiddel ⇒ *gangbaar.*

**cou·reur** (Frans) [kœreur](de ~(m.); -s) iemand die wedstrijden rijdt met een auto, motor of fiets.

**cour·get·te** [kœrzjet](de ~; -s) komkommerachtige vrucht die als groente wordt gegeten.

**coû·te que coû·te** (Frans) [kœtkekœt] koste wat het kost, in ieder geval, tot elke prijs ♦ *hij wil zijn hond coûte que coûte meenemen.*

**cou·vert** (Frans) [kœveːr](het ~) **1** (-s) bestek en servies voor één persoon ♦ *een tafel met twee couverts:* voor twee mensen gedekt **2** (-en) enveloppe ♦ *ik kreeg een cadeau onder couvert:* (uitdr.) in enveloppe met geld.

**cou·veu·se** [kœveuze](de ~(v.); -s) bedje in een warme glazen kast voor zieke of te vroeg geboren baby's.

**co·ver** (Engels) [kavver of kovver](de ~(m.) of het ~; -s) omslag van een tijdschrift of boek.

**cow·boy** (Engels) [kauboj](de ~(m.); -s) man in de Verenigde Staten die te paard een kudde koeien bewaakt.

**CP** (de ~(v.)) Centrumpartij; dit is een politieke partij in Nederland.

**CPN** (de ~(v.)) Communistische Partij Nederland; in 1991 opgegaan in GroenLinks.

**c.q.** (afkorting) casu quo.

**crack** (Engels) [krek, in België: krak](de ~(m.)) **1** heel erg verslavende drug met cocaïne erin **2** (-s) iemand die heel goed in iets is, vooral in een sport.

**crac·ker** (Engels) [kr<u>e</u>kkər, in België: kr<u>a</u>kkər](de ~(m.); -s) droge biscuit van bladerdeeg.

**cran·ber·ry** (Engels) [kr<u>e</u>nberrie](de ~; cranberry's) donkerrode bes die je kookt voordat je hem opeet ⇒ *veenbes.*

**cra·puul** (het ~)(in België □) gespuis, tuig.

**crash** (Engels) [kresj](de ~(m.); -es) ernstig ongeluk door een botsing.

**crawl** (Engels) [kr<u>aw</u>l](de ~(m.)) manier van zwemmen waarbij je maaiende bewegingen met je armen maakt.

**craw·len** [kr<u>aw</u>lən](crawlde, heeft gecrawld) zwemmen met een maaiende beweging van je armen.

**cra·zy** (Engels) [kr<u>ee</u>zie](bijv. nw.)(populair) gek, maf.

**cre·a·tie** (de ~(v.); -s) iets dat iemand, vooral een kunstenaar, gemaakt heeft ⇒ *schepping, ontwerp* ◆ *op de modeshow waren enkele schitterende **creaties** te zien.*

**cre·a·tief** (bijv. nw.) gezegd van mensen die makkelijk nieuwe of mooie dingen kunnen bedenken en maken ◆ *een **creatieve** vakantie: waarin je cursussen volgt in schilderen, tekenen enz..*

**cre·a·tuur** (het ~; creaturen) schepsel, vooral de mens.

**crèche** [kresj](de ~; -s) plaats waar op kleine kinderen gepast wordt.

**cre·dit** [kr<u>e</u>dit](het ~) bedrag dat je van iemand of van de bank tegoed hebt, het tegenovergestelde van 'debet'.

**cre·di·teur** (de ~(m.); -s of -en) iemand die nog geld tegoed heeft van een bank, een bedrijf enz., het tegenovergestelde van 'debiteur'.

**cre·do** (het ~; credo's)(letterlijk: 'ik geloof') de woorden waarmee mensen in de kerk hun geloof belijden ⇒ *geloofsbelijdenis.*

**creëren** cre·e·ren (creëerde, heeft gecreëerd) *iets creëren:* iets maken, iets doen ontstaan ⇒ *scheppen.*

**cre·ma·tie** (de ~(v.); -s) het cremeren* van een dode, en de plechtigheid daaromheen.

**cre·ma·to·ri·um** (het ~; -s of crematoria) gebouw waar doden gecremeerd* worden.

**crème¹** (de ~; -s) **1** smeersel voor je huid ⇒ *zalf* **2** dikke zachte vulling, bijv. in bonbons ▼ *de **crème** de la **crème**:* het allerfijnste.

**crème²** (bijv. nw.) roomkleurig.

**cre·me·ren** (cremeerde, heeft gecremeerd) *een dode cremeren:* zijn lichaam in een oven verbranden.

**cre·ool** (de ~(m.); creolen) **1** Zuid-Amerikaan die een afstammeling is van Europeanen **2** kleurling of neger die in Suriname geboren is.

**crêpe** [kr<u>e</u>p](de ~(m.)) **1** dunne gerimpelde stof **2** (-s) dunne Franse pannenkoek.

**crêpe·pa·pier** [kreppapi<u>e</u>r](het ~) dun gerimpeld papier.

**cre·pe·ren** (crepeerde, heeft of is gecrepeerd) **1** op ellendige wijze doodgaan ◆ *de aangereden hond lag te **creperen**; ik **crepeer** van de honger:* (uitdr.) ik heb heel erg veel honger **2** *je haar creperen:* (in België □) het touperen.

**crew** (Engels) [kr<u>oe</u>](de ~(m.); -s) **1** de bemanning van een schip, een vliegtuig enz. **2** ploeg mensen die samen een film opnemen.

**cric·ket** [kr<u>i</u>kkət](het ~) soort slagbal in de open lucht voor twee elftallen.

**crime** (Frans) [kriem](de ~; -s) iets afschuwelijk vervelends ⇒ *verschrikking* ◆ *het is een **crime** om dat verwarde haar weer uit de knoop te krijgen.*

**cri·mi·na·li·teit** (de ~(v.)) misdadigheid ◆ *kleine **criminaliteit**: kleine misdrijven, zoals winkeldiefstal, zakkenrollen enz..*

**cri·mi·neel¹** (de ~(m.); criminelen) misdadiger.

**cri·mi·neel²** (bijv. nw.) misdadig.

**cri·no·li·ne** (de ~(v.); -s) hoepelrok.

**cri·sis** (de ~(v.); -sen of crises) moment waarop iets op zijn ergst is en waarvan afhangt hoe het verder gaat ◆ *zij maakte in haar ziekte een ernstige **crisis** door; een **crisis** in een huwelijk.*

**cri·te·ri·um** (het ~; criteria) norm ⇒ *maatstaf, toetssteen* ◆ *welke **criteria** worden er aangelegd bij het verkeersexamen?: aan welke eisen moet je voldoen? Wanneer zak of slaag je?*

**cri·ti·cus** (de ~(m.); critici) iemand die in kranten en tijdschriften zijn of haar oordeel geeft over nieuwe films of boeken, concerten enz. ⇒ *recensent, beoordelaar.*

**cri·ti·se·ren** → kritiseren.

**cro·cus** → krokus.

**crois·sant** (Frans) [krwass<u>añ</u>](de ~; -s) halvemaanvormig broodje van bladerdeeg.

**croque-mon·sieur** (Frans) [krokməsj<u>eu</u>](de ~(m.); -s)(in België □) tosti.

**cro·quet** → kroket.

**cross** (de ~; -es of -en) snelheidswedstrijd op een terrein dat moeilijk begaanbaar is ◆ *auto**cross**; motor**cross**.*

**cros·sen** (croste, heeft gecrost) **1** hard en wild rijden ⇒ *scheuren* **2** aan een cross* meedoen, snel over moeilijk begaanbaar terrein gaan.

**crou·pier** (Frans) [kr<u>oe</u>pj<u>ee</u>](de ~(m.); -s) spelleider bij een gokspel, bijv. roulette.

**cru** (bijv. nw.) zonder te proberen het te verzachten, pijnlijk openhartig.

**cru·ci·aal** (bijv. nw.) heel belangrijk, doorslaggevend ⇒ *beslissend* ◆ *dat was een **cruciaal** moment in de film.*

**cru·ci·fix** (het ~; -en) beeld van Christus aan het kruis ⇒ *kruisbeeld.*

**cruise** (Engels) [kr<u>oe</u>z](de ~; -s) vakantietocht op een groot zeeschip.

**crux** (de ~(v.); cruces of -en) kern van een probleem ⇒ *knelpunt, struikelblok.*

**cryp·te** [kriptə], **crypt** (de ~; -n) grafkelder in een onderaardse ruimte, vooral onder een kerk.

**cryp·tisch** (bijv. nw.) met een verborgen betekenis ⇒ *duister* ◆ *in de fles zat een briefje met een **cryptische** tekst.*

**cryp·to·gram** (het ~; -men) kruiswoordpuzzel waarbij de woorden die je in moet vullen raadselachtig omschreven zijn.

**c.s.** (afkorting) cum suis (dat betekent: met degenen die bij hem of haar horen).

**CS** (afkorting)(in Nederland) Centraal Station ◆ *we vertrekken vanaf Utrecht **CS**.*

**CSSR** (de ~) het vroegere Tsjecho-Slowakije.

**cu·li** (de ~(m.); culi's)(populair) iemand die van koken en lekker eten houdt.

**cu·li·nair** (bijv. nw.) wat met koken, vooral met het klaarmaken van bijzondere gerechten te maken heeft ◆ *hij is een **culinair** expert: hij weet heel veel over koken.*

**cul·mi·ne·ren** (culmineerde, heeft geculmineerd)(in iets culmineren) dat als toppunt bereiken, daarop uitlopen ◆ *zijn toespraak **culmineerde** in een loflied op zichzelf.*

**cul·ti·ve·ren** (cultiveerde, heeft gecultiveerd) **1** *land, grond cultiveren:* het vruchtbaar maken, het bebouwen ⇒ *ontginnen* **2** *een land, een volk cultiveren:* het tot ontwikkeling brengen ⇒ *beschaven* **3** *iets cultiveren:* een cultus* van iets maken ◆ *je verdriet **cultiveren**.*

**cul·tu·reel** (bijv. nw.) met cultuur* (bet.1 en 2) te maken hebbend ◆ *een **cultureel** centrum: waar aan toneel, muziek enz. gedaan wordt; **cultureel** werk: sociaal werk waarbij mensen met cultuur in aanraking gebracht worden.*

**cul·tus** (de ~(m.); culten) verering van een godheid ◆ *een* *cultus van iets maken*: zo overdreven met iets bezig zijn dat het lijkt alsof je het vereert.

**cul·tuur** (de ~(v.); culturen) **1** kunst en wetenschappen ◆ *in Parijs vind je een schat aan cultuur* **2** manier waarop een volk leeft ⇒ *beschaving* ◆ *de indianen in Amerika leven in een heel andere cultuur dan wij* **3** het verbouwen van gewassen ◆ *woeste grond in cultuur brengen*: zorgen dat er iets op groeien kan.

**cum lau·de** (Latijn) [kœmlaude, in België: kœmlaudee] ▼ *cum laude slagen voor een examen*: (letterlijk: met lof) zo goed dat je een speciale vermelding krijgt.

**cum suis** (Latijn) [kœmsœwies] met degenen die bij hem of haar horen.

**cu·mu·la·tie** (de ~(v.); -s) opeenhoping, opeenstapeling ◆ *door de cumulatie van nieuwe taken kon hij zijn werk niet meer aan.*

**cu·mu·la·tief** (bijv. nw.) zó dat het volgende steeds bij het totaal wordt opgeteld ◆ *een cumulatieve reeks getallen.*

**cu·mu·lus** (de ~(m.); cumuli)(weerkunde) stapelwolk.

**cup** (de ~(m.); -s) **1** beker die je bij een wedstrijd kunt winnen ◆ *de Europacup* **2** elk van de twee bolle gedeelten van een bustehouder.

**cu·ra·re** (het ~) pijlgif van de indianen in Zuid-Amerika, dat soms ook voor narcose gebruikt wordt.

**cu·ra·te·le** (zelfst. nw.) ▼ *iemand onder curatele stellen*: iemand officieel onder toezicht stellen.

**cu·ra·tor** (de ~(m.); -s of -en), vrouw: **cu·ra·tri·ce** (de ~(v.); -s) iemand die het toezicht moet houden op een persoon of een instelling ⇒ *voogd.*

**cu·ret·ta·ge** [kuurettaazje, in België: kuurtaazje](de ~(v.)) het schoon schrapen van de baarmoeder.

**cu·rie** (de ~(v.)) de mensen die de bisschop bijstaan bij het besturen van zijn bisdom.

**cu·ri·eus** (bijv. nw.) heel vreemd omdat het weinig voorkomt, merkwaardig ⇒ *opmerkelijk* ◆ *een curieuze vondst.*

**cu·ri·o·sa** (zelfst. nw.; meervoud) heel vreemde en zeldzame voorwerpen ⇒ *curiositeiten.*

**cu·ri·o·si·teit** (de ~(v.); -en) iets dat heel curieus* (bet.1) is ⇒ *rariteit* ◆ *hij verzamelt vierkante schelpen en andere curiositeiten.*

**cur·ri·cu·lum vi·tae** (Latijn) [kuuriekuulemvietee, in België: kuuriekulumvietaj](het ~; curricula vitae) officiële beschrijving van je levensloop, vooral van je opleiding en werkervaring, bijv. voor een sollicitatie.

**cur·ry** (Engels) [kurrie](de ~(m.))(in België □) kerrie ◆ *kip met curry.*

**cur·sief** (bijv. nw.) schuin gedrukt ◆ *cursieve letters.*

**cur·sief·je** (het ~; -s) kort, niet al te ernstig stukje op een vaste plaats in de krant.

**cur·sist** (de ~(m.); -en), vrouw: **cur·sis·te** (de ~(v.); -n of -s) iemand die een cursus* volgt ⇒ *leerling.*

**cur·si·ve·ren** (cursiveerde, heeft gecursiveerd) *tekst cursiveren*: die in schuine letters drukken of schrijven.

**cur·sor** (de ~(m.); -s of -en) blokje op het beeldscherm van een computer dat bij het typen aangeeft waar het volgende teken komt.

**cur·sus** (de ~(m.); -sen) aantal lessen die over hetzelfde onderwerp gaan en die bij elkaar horen ◆ *ik volg een cursus typen.*

**cur·ve** (de ~(m.); -n) kromme lijn in een grafiek.

**cus·tard** (de ~; -s) poeder om vanillepudding van te maken.

**cv** (zelfst. nw.) **1** (de ~(v.)) **c**entrale **v**erwarming **2** (het ~) curriculum **v**itae.

**cv-ke·tel** (de ~(m.); -s) reservoir waarin water voor de centrale verwarming verhit wordt.

**CVP** (de ~(v.))(in België) **C**hristelijke **V**olks**p**artij; dit is een politieke partij in België.

**cy·aan·ka·li** (de ~(m.)) bepaald soort zwaar vergif.

**cyber-** (Engels) [sajber, in België: sieber] alles wat te maken heeft met de mogelijkheden van computernetwerken (kijk ook bij: **computernetwerk**).

**cy·ber·space** (Engels) [sajberspees](de ~) de wereld van de computernetwerken, waarin miljoenen mensen over de hele wereld met elkaar kunnen communiceren.

**cy·claam** (de ~; cyclamen) kamerplant met witte, rode of roze bloemen.

**cy·clisch** (bijv. nw.) dat of die een cyclus* vormt.

**cy·clo·cross** (de ~(m.))(in België □) wielerwedstrijd op een terrein met natuurlijke hindernissen ⇒ *veldrijden.*

**cy·cloon** (de ~(m.); cyclonen) wervelwind ⇒ *tornado.*

**cy·clus** (de ~(m.); cycli of -sen) iets dat zich steeds herhaalt, dat in een kring rondgaat ⇒ *kringloop* ◆ *de cyclus van de jaargetijden; een cyclus van verhalen over Dik Trom*: bij elkaar horende verhalen die allemaal over Dik Trom gaan; *de menstruatiecyclus*: periode van ongeveer een maand die zich steeds herhaalt en waarbinnen een vrouw haar menstruatie en vruchtbare dagen heeft.

**cy·lin·der** → cilinder.

**cy·ni·cus** (de ~(m.); cynici) iemand die erg cynisch* is.

**cy·nisch** (bijv. nw.) gezegd van iemand die harde en pijnlijke dingen zegt omdat hij of zij niet in het goede gelooft.

**cy·pers** (bijv. nw.) ▼ *een cyperse kat*: vrij grote zwartbruine kat met grijze strepen.

**cy·pres** → cipres.

**cys·te** [kieste](de ~; -n)(medisch) gezwel met een harde buitenkant en een zachte binnenkant.

# Dd

**d** (de ~; d's) **1** de vierde letter van het alfabet **2** muzieknoot.

**D** Romeins cijfer voor 500.

**D66** (de ~ (v.)) **D**emocraten **66**; dit is een politieke partij in Nederland die in 1966 is opgericht.

**daad** (de ~; daden) iets dat je met opzet doet, bewuste handeling ♦ als je haar helpt, verricht je een goede **daad**; een **daad** stellen: (uitdr.) iets met nadruk doen zodat anderen er een voorbeeld aan kunnen nemen; de **daad** bij het woord voegen: (uitdr.) onmiddellijk doen wat je gezegd hebt.

**daad·krach·tig** (bijv. nw.) doortastend ♦ de politie trad **daadkrachtig** op.

**daad·wer·ke·lijk** (bijv. nw.) met daden ⇒ metterdaad ♦ iemand **daadwerkelijke** hulp bieden.

**daags¹** (bijv. nw.) van elke dag* ⇒ dagelijks ♦ **daagse** kleren: gewone kleren.

**daags²** (bijw.) **1** per dag ♦ ze nam driemaal **daags** medicijnen in ▼ **daags** tevoren: op de dag die eraan voorafging.

**daal·der** (de ~ (m.); -s) één gulden vijftig (vroeger was een daalder een zilveren munt met die waarde).

**daar¹** (bijw.) **1** op die plaats ♦ het postkantoor is **daar** bij de kerk; **daar** is het erg gezellig; kijk eens wie we **daar** hebben: (dit zeg je als je verrast bent iemand te zien) **2** er ♦ wie klopt **daar**? **3** (in allerlei verbindingen, zonder vaste betekenis) ♦ ik zal me **daar** gek wezen: ik ben niet van plan om zoiets te doen; ik hoef geen spinazie, maar het ziet er lekker uit, **daar** niet van: ik vind wél dat het er lekker uitziet; dat is tot **daar** aan toe: dat is nog een beetje te begrijpen.

**daar²** (voegw.) omdat.

**daar·en·te·gen** (bijw.) maar, echter ⇒ evenwel ♦ ik ben groot, mijn broer **daarentegen** is klein.

**daar·ge·la·ten** (bijv. nw.) niet meegeteld, niet in aanmerking genomen ♦ spelfouten **daargelaten** heb je een goede brief geschreven.

**daar·om** (bijw.) om die reden, wegens die oorzaak ⇒ derhalve ♦ hij kan niet fietsen; **daarom** moet hij lopen; waarom doe je dat? **daarom**!: om een reden die ik je niet uit ga leggen.

**daar·op** (bijw.) vervolgens ⇒ daarna ♦ **daarop** gingen we naar de speeltuin.

**daas¹** (de ~; dazen) grote vlieg die bloed zuigt uit paarden, koeien enz..

**daas²** (bijv. nw.) versuft, verdwaasd ♦ ik word helemaal **daas** van de drukte.

**DAC** (het ~) (in België) **D**erde **A**rbeids**c**ircuit; dit is een stelsel waarin werklozen een baan krijgen in projecten in verband met leefmilieu, kunst, wetenschappelijk onderzoek enz..

**dacht** → denken.

**dach·ten** → denken.

**da·del** (de ~; -s) subtropische, langwerpige, donkerbruine vrucht, die meestal gekonfijt wordt.

**da·de·lijk** (bijw.) **1** zonder uitstel, zonder te wachten ⇒ onmiddellijk, direct ♦ als ik roep, moet je **dadelijk** ko-

men **2** over een poosje, straks ♦ wacht even, ik kom **dadelijk**.

**da·der** (de ~ (m.); -s), vrouw: **da·de·res** (de ~ (v.); -sen) iemand die iets gedaan heeft dat strafbaar is ♦ de politie arresteerde de **daders**.

**dag¹** (de ~ (m.); -en) **1** tijd waarin het licht is, het tegenovergestelde van 'nacht' ♦ het wordt **dag**; we gaan een **dagje** uit; **dag** en nacht met iets bezig zijn: (uitdr.) voortdurend; verschillen als **dag** en nacht: (uitdr.) heel erg verschillen; voor **dag** en dauw: (uitdr.) heel erg vroeg; het is morgen weer vroeg **dag**: (uitdr.) we moeten morgen vroeg opstaan; aan de **dag** komen: (uitdr.) ontdekt worden, uitkomen; ijver aan de **dag** leggen: (uitdr.) laten zien dat je ijverig bent; iets voor de **dag** halen: (uitdr.) iets te voorschijn halen; goed voor de **dag** komen: (uitdr.) een goede prestatie leveren; het is kort **dag**: (uitdr.) er is nog maar weinig tijd; prijs de **dag** niet voor het avond is: (spreekwoord) wees niet enthousiast over iets als het nog niet af is **2** tijd van middernacht tot middernacht (24 uur) ⇒ etmaal ♦ welke **dag** is het vandaag?; over veertien **dagen**; ik herinner me als de **dag** van gisteren: (uitdr.) alsof het gisteren gebeurd is; ik heb vandaag mijn **dag** niet: (uitdr.) alles mislukt me; **dag** in **dag** uit: (uitdr.) steeds, iedere dag; al een **dagje** ouder worden: (uitdr.) niet zo jong meer zijn; van de ene **dag** op de andere: (uitdr.) heel plotseling; bij de **dag** leven: (uitdr.) niet nadenken over je toekomst; de **dag** des Heren: (uitdr.) zondag; ze loopt op alle **dag**: (uitdr.) ze kan elk moment bevallen; de oude **dag** komt met gebreken: (spreekwoord) als je oud wordt, gaat je gezondheid achteruit.

**dag²** (tussenw.) **1** (begroeting) ⇒ hallo, hoi, ha **2** (afscheidsgroet) ⇒ adieu, tabee, ajuus, aju, ciao, bye, doeg, doei.

**dag·blad** (het ~; -en) krant.

**dag·boek** (het ~; -en) boek of schrift waarin je elke dag iets uit je leven opschrijft ♦ ze houdt een **dagboek** bij.

**dag·dief** (de ~ (m.); -dieven) iemand die in werktijd niets uitvoert.

**dag·dro·men** (ww.) fantaseren terwijl je niet let op wat er om je heen gebeurt.

**da·ge·lijks** (bijv. nw.) **1** van elke dag*, op elke dag* ♦ mijn **dagelijkse** fietstocht naar school; ik zie hem **dagelijks 2** gewoon, niet bijzonder ⇒ alledaags, daags ♦ de **dagelijkse** dingen.

**da·gen** (daagde, heeft gedaagd) **1** het daagt: het begint dag* (bet.1) te worden, het wordt licht ♦ het begint me te **dagen**: (uitdr.) ik begin het te begrijpen, er gaat me een licht op **2** iemand voor het gerecht dagen: een ruzie met iemand uitvechten voor de rechter.

**da·ge·raad** (de ~ (m.)) het aanbreken van de dag (bet.1), het opkomen van de zon ⇒ ochtendgloren.

**dag·jes·men·sen** (zelfst. nw.; meervoud) mensen die een dagje uit zijn.

**dag·licht** (het ~) het licht van de zon ⇒ zonlicht ♦ die stof ziet er bij **daglicht** heel anders uit dan bij lamplicht; wat hij doet kan het **daglicht** niet verdragen: (uitdr.) hij doet dingen die beter niet ontdekt kunnen worden; iemand in een kwaad **daglicht** stellen: (uitdr.) dingen over iemand rondvertellen waardoor mensen slecht over hem of haar denken.

**dag·or·de** (de ~) (in België □) lijst van onderwerpen waarover op een vergadering gepraat wordt ⇒ agenda.

**dag·prijs** (de ~ (m.); -prijzen) prijs, meestal van verse etenswaren, die per dag kan veranderen.

**dag·scho·tel** (de ~; -s) gerecht dat in een restaurant op een bepaalde dag speciaal wordt aanbevolen.

**dag·slui·ting** (de ~ (v.); -en) praatje van een geestelijke op radio of tv aan het eind van de dag.

**dag·taak** (de ~) 1 werk dat je elke dag doet ◆ *m'n bed opmaken is het begin van mijn* **dagtaak** 2 werk dat je binnen één dag doet ◆ *ik heb een* **dagtaak** *aan m'n huiswerk voor rekenen: ik doe er de hele dag over.*

**dag·te·ke·ning** (de ~(v.); -en) datum op een stuk die aangeeft op welke dag het geschreven is.

**dag·tocht** (de ~(m.); -en) uitstapje van één dag.

**dag·vaar·den** (dagvaardde, heeft gedagvaard) *iemand dagvaarden:* iemand zeggen dat hij of zij voor de rechter moet verschijnen als verdachte of getuige.

**dag·vaar·ding** (de ~(v.); -en) brief waarmee je gedagvaard* wordt.

**dag·ver·blijf** (het ~; -verblijven) 1 plaats waar iemand die niet voor zichzelf kan zorgen overdag naar toe kan 2 plaats waar dieren in een dierentuin overdag zijn.

**dah·lia** (de ~; dahlia's) sierknolplant met bloemen in verschillende kleuren, die bloeit in de nazomer.

**daim** (Frans) [dẽ] (het ~)(in België □) suède.

**dak** (het ~; -en) bovenste bedekking van een huis, auto enz. ◆ *een auto met open* **dak**: dat je open en dicht kunt schuiven; *ze is onder* **dak**:(uitdr.) er is voor haar gezorgd; *iemand op je* **dak** *krijgen*:(uitdr.; populair) iemand onverwacht op bezoek krijgen; *dat viel me koud op mijn* **dak**:(uitdr.) dat was een onaangename verrassing voor me; *iets van de* **daken** *schreeuwen*:(uitdr.) iets aan iedereen vertellen; *je kunt op het* **dak** *gaan zitten*:(uitdr.; populair) ik doe niets meer voor je; *geen* **dak** *boven je hoofd hebben*:(uitdr.) geen huis om in te wonen.

**dak·goot** (de ~; -goten) goot langs de onderste rand van het dak waar het regenwater in loopt.

**dak·ka·pel** (de ~; -len) naar voren springend raam in een schuin dak ⇒ koekoek.

**dak·loos** (bijv. nw.) gezegd van mensen die geen huis hebben.

**dak·pan** (de ~; -nen) gebogen plaat van gebakken klei die gebruikt wordt om daken mee te bedekken ⇒ pan.

**dal** (het ~; -en) laag gelegen gebied tussen bergen of heuvels ⇒ vallei ◆ *door een diep* **dal** *gaan*:(uitdr.) een erg slechte tijd doormaken.

**da·len** (daalde, is gedaald) omlaag gaan, het tegenovergestelde van 'stijgen' ⇒ zakken ◆ *het vliegtuig* **daalt**; *de gulden is* **gedaald**: hij is minder waard geworden.

**dal·grond** (de ~(m.); -en) land waar het hoogveen is afgegraven.

**da·lia** → dahlia.

**dalmatiër** dal·ma·ti·er, **dal·ma·ti·ner** (de ~(m.); -s) witte hond met veel kleine zwarte vlekken.

**dal·ton·school** (de ~) type school waarbij je sommige taken zelf mag kiezen en andere taken verplicht moet doen.

**dal·ven** (dalfde, heeft gedalfd) *(van politieagenten en ambtenaren)*: voor zichzelf kortingen eisen in winkels en restaurants in ruil voor minder strenge controles en minder bekeuringen.

**dam** (zelfst. nw.; -men) 1 (de ~(m.)) wal in een rivier, kanaal, meer enz., die dient om het water tegen te houden 2 (de ~) dubbele schijf bij het damspel.

**da·mast** (het ~) glanzende katoenen, zijden of wollen stof waar figuren in geweven zijn, meestal gebruikt voor tafellakens.

**da·me** (de ~(v.); -s) 1 (deftig) vrouw ◆ **dames** *en heren, welkom* 2 deftige vrouw ◆ *je ziet eruit als een echte* **dame** 3 koningin in kaart- en schaakspel.

**dam·men** (damde, heeft gedamd) het damspel spelen.

**damp** (de ~(m.); -en) wolk van stoom, rook enz..

**dam·pen** (dampte, heeft gedampt) damp* afgeven ◆ *ze zaten te* **dampen** *in de achterkamer:* ze zaten te roken.

**damp·kap** (de ~(v.); -pen)(in België □) toestel boven een fornuis dat etenslucht, vetdeeltjes en wasem wegzuigt ⇒ afzuigkap, wasemkap.

**damp·kring** (de ~(m.); -en) luchtlaag rond de aarde of rond een ander hemellichaam ⇒ atmosfeer.

**dam·schijf** (de ~; -schijven) elk van de zwarte of witte houten schijfjes waarmee je het damspel speelt ⇒ damsteen.

**dam·spel** (het ~) spel voor twee personen dat je speelt met twintig witte en twintig zwarte schijven op een bord met 100 witte en zwarte vakken.

**dam·steen** (de ~(m.); -stenen) damschijf.

**dan**[1] (bijw.) 1 op die tijd, op dat moment ◆ *kom maar niet om twee uur, want* **dan** *ben ik er niet; tot* **dan**!: tot op het afgesproken moment 2 daarna, vervolgens ◆ *eerst douchen en* **dan** *naar bed* 3 (in allerlei verbindingen zonder vaste betekenis) ◆ *goed,* **dan** *krijg jij je zin:*(gezegd als je van het gezeur af wilt zijn); *vooruit* **dan** *maar:* ik vind het wel goed; *en wat* **dan** *nog?*: wat zou het, wat geeft dat?

**dan**[2] (voegw.; na een vergrotende trap of na 'anders', 'niets' of 'niemand')(geeft een vergelijking aan) ◆ *mijn moeder is ouder* **dan** *mijn vader; 's winters ziet het bos er heel anders uit* **dan** *'s zomers.*

**dan·cing** (Engels) [dɛnsing, in België: dɑnsing](de ~(m.); -s) gebouw waar je kunt dansen.

**dan·dy** (Engels) [dɛndie, in België: dɑndie](de ~(m.); dandy's) man die overdreven veel tijd aan zijn uiterlijk en kleren besteedt.

**da·nig** (bijw.) erg ⇒ terdege, zeer ◆ *we hebben ons* **danig** *verveeld.*

**dank** (de ~(m.)) datgene waarmee je iemand laat merken dat je blij bent met wat hij of zij voor je doet, bijv. aardige woorden of een cadeautje ◆ *iemand* **dank** *betuigen:* iemand bedanken; *hij heeft haar hulp in* **dank** *aanvaard:* hij was er blij mee; *geen* **dank**!:(dit geef je als antwoord als iemand je bedankt).

**dank·baar** (bijv. nw.) 1 blij met wat je gekregen hebt ⇒ erkentelijk 2 gezegd van dingen die de moeite waard zijn, die je voldoening geven ◆ *dat is* **dankbaar** *werk.*

**dan·ken** (dankte, heeft gedankt) 1 *iemand danken:* iemand laten merken dat je hem of haar dankbaar*(bet.1) bent ◆ *ik* **dank** *je voor je hulp* 2 *iets aan iemand of iets te danken hebben:* door iemand of iets gekregen hebben ◆ *mijn baan heb ik aan jou te* **danken** ▼ *'doe je mee?' 'dank je feestelijk!'*: nee, ik denk er niet over!

**dank·zij** (voorz.) door, door toedoen van ◆ **dankzij** *jou ben ik geslaagd.*

**dans** (de ~(m.); -en) 1 manier van dansen*(bet.1) ◆ *Marijke kent alle moderne* **dansen**; *hij vroeg het meisje ten* **dans**: hij vroeg haar of ze met hem wilde dansen ▼ *hij is de* **dans** *ontsprongen:* hij is aan het gevaar ontsnapt.

**dan·sen** (danste, heeft gedanst) 1 je lichaam op de maat van muziek bewegen ◆ *ze* **dansten** *een wals:* ze maakten de passen van een wals 2 wild op en neer bewegen ◆ *ik had zo lang gelezen dat de letters voor mijn ogen* **dansten**; *Willem* **danste** *van blijdschap:* hij sprong en huppelde.

**dan·ser** (de ~(m.); -s), vrouw: **dan·se·res** (de ~(v.); -sen) iemand die voor zijn of haar hobby of beroep danst.

**dans·ma·rie·ke** (het ~; -s) meisje dat in een kleurig uniform danst op de muziek van een muziekkorps ⇒ majorette.

**dap·per** (bijv. nw.) gezegd van iemand die gevaarlijke of moeilijke dingen durft te doen, het tegenovergestelde van 'laf' ⇒ moedig, onverschrokken, koen ◆ *ze verdedigden zich* **dapper**.

**dar** (de ~(m.); -ren) mannetjesbij.

**darm** (de ~(m.); -en) **1** lang en kronkelig gedeelte van het spijsverteringskanaal tussen je maag en je anus ◆ *de dunne en de dikke darm* **2** (in België □) slang van metaal, rubber of plastic.

**dar·tel** (bijv. nw.) vrolijk en beweeglijk ⇒ *speels.*

**dar·te·len** (dartelde, heeft gedarteld) dartel* zijn, vrolijk rondspringen ◆ *de lammetjes dartelen in de wei; ze dartelt door het leven:* (uitdr.) ze leeft vrolijk en ziet geen problemen.

**darts** (Engels) [daːrts](zelfst. nw.; meervoud) spel waarbij je pijltjes midden in een rond bord moet gooien dat aan de muur hangt.

**das** (zelfst. nw.; -sen) **1** (de ~) lange strook van een warme stof die je om je hals draagt ⇒ *sjaal* ◆ *ze heeft een das voor me gebreid; dat heeft hem de das omgedaan:* (uitdr.) daardoor is het misgegaan **2** (de ~) stropdas **3** (de ~(m.)) zoogdier met korte poten en een zwart-witte streep over zijn rug.

**dash·board** (Engels) [dɛʃbɔrt, in België: dɑʃbort](het ~; -s) paneel met meters en knoppen in een auto of vliegtuig waarop het stuur vastzit.

**das·hond** (de ~(m.); -en) teckel.

**dat¹** (vnw.) **1** (aanw. vnw.)(geeft aan dat iets of iemand een eindje bij de spreker vandaan is) ◆ *dit boek heb ik uit, maar dat nog niet; het is niet je dát:* (uitdr.) het is niet geweldig **2** (aanw. vnw.)(om te verwijzen naar iets of iemand waarover je het eerder gehad hebt) ◆ *ik heb nog nooit van dat land gehoord* **3** (betr. vnw.)(woord waarmee je aan het begin van een bijzin verwijst naar iets of iemand uit de hoofdzin) ◆ *de dame bracht het armbandje dat ze gevonden had naar het politiebureau.*

**dat²** (voegw.) **1** (verbindt een hoofdzin met een bijzin) ◆ *ik zie dat je weer beter bent* **2** (geeft een beperking aan) ⇒ *voor zover* ◆ *niet dat ik weet* **3** (in uitroepende zinnen) ◆ *snurken dat hij kan!*

**da·ta** (zelfst. nw.; meervoud) gegevens, feiten ◆ *databank:* centrale opslagplaats voor informatie; *datatypiste:* iemand die cijfers en gegevens op een computer intikt.

**da·te·ren** (dateerde, heeft gedateerd) **1** *van of uit een bepaalde tijd dateren:* uit die tijd afkomstig zijn ◆ *die volksfeesten dateren van vroeger; een gedateerd toneelstuk:* (uitdr.) een ouderwets, verouderd stuk **2** *iets dateren:* een datum op iets zetten ⇒ *dagtekenen* ◆ *hij dateert zijn brieven nooit.*

**dat·ge·ne** (aanw. vnw.)(verwijst naar een zaak) ◆ *je moet datgene zeggen wat het eerst in je opkomt.*

**da·to** (Latijn) [daːtoo](bijw.) ▼ *uw brief de dato* 21 november: uw brief van die datum; *een week na dato:* een week na de genoemde datum of gebeurtenis.

**da·tum** (de ~(m.); -s of data) cijfers of woorden die dag, maand en jaar aangeven ◆ *de yoghurt blijft vers tot de datum die op de verpakking staat; we moeten een datum afspreken:* een afspraak maken op een bepaalde dag.

**dauw** (de ~(m.)) kleine waterdruppels die je vroeg in de ochtend buiten ziet op bijv. planten ◆ *van de hemelse dauw leven:* (uitdr.; in België □) van niets leven, van de wind leven.

**dauw·trap·pen** (ww.) vroeg in de ochtend gaan wandelen.

**da·ver** (de ~(m.)) **1** (in België □) trilling **2** (in België □) schrik ◆ *de daver op het lijf krijgen.*

**da·ve·ren** (daverde, heeft gedaverd) **1** een zwaar, dreunend geluid maken ◆ *er daverde een vrachtwagen voorbij; een daverend applaus* **2** (in België □) trillen, beven.

**da·ve·rend** (bijv. nw.) geweldig leuk, heel groot ◆ *een daverend feest; een daverend succes:* een overweldigend succes.

**da·vid·ster** (de ~; -ren) ster met zes punten die het symbool is van het joodse volk.

**da·zen** (daasde, heeft gedaasd)(populair) onzin praten ⇒ *zwammen.*

**dB** (afkorting) **d**eci**b**el.

**dcc** (de ~; dcc's) **d**igitale **c**ompact **c**assette; dit is een bandje voor digitale weergave van hoge kwaliteit.

**d.d.** (afkorting) **d**e **d**ato.

**DDR** (de ~(v.)) **D**eutsche **D**emokratische **R**epublik; dit was tot 1990 de officiële naam van Oost-Duitsland.

**de** (lidw.) **1** (woordje dat je gebruikt voor een mannelijk of vrouwelijk zelfstandig naamwoord in het enkelvoud dat precies aangeduid wordt) ◆ *wie is de beste van de groep?; dat is dé oplossing:* (uitdr.) dat is de beste, de enig juiste oplossing **2** (woordje dat je gebruikt voor zelfstandige naamwoorden in het meervoud) ◆ *de meisjes.*

**de-** (vóór een werkwoord)(om aan te geven dat wat in het werkwoord genoemd wordt, wordt weggehaald) ◆ *dereguleren:* regels afschaffen; *iemand demotiveren:* iemand zijn of haar motivatie ontnemen.

**dead·line** (Engels) [dɛdlajn](de ~; -s) tijdstip waarop iets af moet zijn ◆ *bij die krant is elf uur de deadline:* de artikelen die in de krant komen moeten om elf uur klaar zijn.

**deal** (Engels) [dieːl](de ~; -s) afspraak om iets voor elkaar te doen ⇒ *overeenkomst* ◆ *zij hebben een deal gesloten.*

**dea·len** [dieːlen](dealde, heeft gedeald) **1** *in iets dealen:* in iets handelen ◆ *in auto's dealen* **2** handelen in verdovende middelen.

**dea·ler** (Engels) [dieːlər](de ~(m.); -s) iemand die dealt* ⇒ *handelaar.*

**de·ba·cle** [debaːkel](de ~of het ~; -s) rampzalige mislukking.

**de·bar·deur** (de ~(m.); -s)(in België □) truitje zonder mouwen ⇒ *slip-over, spencer.*

**de·bar·ke·ren** (debarkeerde, is gedebarkeerd) van boord gaan ⇒ *ontschepen* ◆ *alle passagiers zijn in Rotterdam gedebarkeerd.*

**de·bat** (het ~; -ten) gesprek over een bepaald onderwerp tussen de voor- en tegenstanders waar toehoorders bij zijn ◆ *in het parlement worden veel debatten gevoerd.*

**de·bat·te·ren** (debatteerde, heeft gedebatteerd) *over iets debatteren:* een debat* voeren over iets.

**de·bet¹** (het ~) het geld dat iemand of de bank van jou tegoed heeft, het tegenovergestelde van 'credit' ⇒ *schuld.*

**de·bet²** (bijv. nw.) ▼ *ergens debet aan zijn:* ergens schuldig aan zijn, ergens de oorzaak van zijn.

**de·biel¹** (de ~(m.); -en) **1** iemand met een lichte verstandelijke handicap **2** scheldwoord voor een dom mens.

**de·biel²** (bijv. nw.) stom ◆ *wat een debiele schoenen heb jij aan!*

**de·bi·te·ren** (debiteerde, heeft gedebiteerd) **1** *een bedrag debiteren:* het in de boekhouding als schuld opschrijven **2** *leugens of grappen debiteren:* ze vertellen.

**de·bi·teur** (de ~(m.); -s of -en) persoon die bij iemand of bij een bank een schuld heeft.

**de·bu·tant** (de ~(m.); -en), vrouw: **de·bu·tan·te** (de ~(v.); -n of -s) iemand die debuteert*.

**de·bu·te·ren** (debuteerde, heeft gedebuteerd) voor het eerst optreden ◆ *Tonke Dragt debuteerde met 'De Verhalen van de Tweelingbroers':* dat was haar eerste boek.

**de·buut** (het ~; debuten) **1** het debuteren* ◆ *je debuut maken* **2** datgene waarmee je debuteert*, bijv. je eerste boek.

**deca-** tien ◆ *decameter:* tien meter.

**de·caan** (de ~(m.); decanen) iemand die op een school of

universiteit helpt de studieproblemen van leerlingen of studenten op te lossen en studieadviezen geeft.

**de·ca·dent** (bijv. nw.) **1** gezegd van mensen die door overdaad geen innerlijke kracht hebben **2** gezegd van dingen die getuigen van overdaad ◆ *een lang weekend naar New York: wat een decadente vakantie!*

**de·cem·ber** (de ~(m.)) twaalfde maand van het jaar, ook wel 'wintermaand' genoemd.

**de·cen·ni·um** (het ~; decennia of decenniën) periode van tien jaar.

**de·cent** (bijv. nw.) fatsoenlijk ◆ *haar kleding was decent.*

**de·cen·tra·li·se·ren** (decentraliseerde, heeft gedecentraliseerd) *bevoegdheden decentraliseren:* ze verspreiden over de verschillende delen van een organisatie, het tegenovergestelde van 'centraliseren'.

**de·cep·tie** (de ~(v.); -s) (deftig) teleurstelling ⇒ *ontgoocheling.*

**deci-** het tiende deel van iets ◆ *tien decimeter is één meter.*

**de·ci·bel** (de ~(m.); -s) maat waarmee de sterkte van geluid wordt aangegeven ◆ *het geluid van een straaljager die overvliegt is 130 decibel.*

**de·ci·maal¹** (de ~; decimalen) cijfer achter de komma ◆ *in het getal 1,8 is de 8 een decimaal.*

**de·ci·maal²** (bijv. nw.) gezegd van getallen die je schrijft met cijfers achter de komma ◆ *8,45 is een decimale breuk.*

**de·ci·me·ter** (de ~(m.); -s) het tiende deel van een meter.

**de·cla·ma·tie** (de ~(v.); -s) het declameren* ⇒ *voordracht.*

**de·cla·me·ren** (declameerde, heeft gedeclameerd) *gedichten, verzen enz. declameren:* ze voordragen.

**de·cla·ra·tie** (de ~(v.); -s) het declareren* (bet.1) ◆ *een declaratie indienen:* formulier waarop je onkosten staan.

**de·cla·re·ren** (declareerde, heeft gedeclareerd) **1** *kosten declareren:* een rekening indienen van de onkosten die je voor je werk hebt moeten maken **2** *goederen declareren:* die bij de douane aangeven.

**de·co·de·ren** (decodeerde, heeft gedecodeerd) *iets decoderen:* iets dat in code* (bet.1) is geschreven weer in gewone informatie omzetten ⇒ *ontcijferen.*

**de·col·le·té** (het ~; -s) laag uitgesneden hals in dameskleding ◆ *de zangeres droeg een avondjurk met een diep decolleté.*

**de·con·fes·si·o·na·li·se·ren** (deconfessionaliseerde, is gedeconfessionaliseerd) *(van een organisatie):* het godsdienstige karakter kwijtraken.

**de·cor** [dæko:r] (het ~; -s) **1** alle voorwerpen samen die de plaats voorstellen waar een toneelstuk zich afspeelt **2** omgeving waarin iets zich afspeelt ⇒ *setting* ◆ *dat bos is een mooi decor voor een picknick.*

**de·co·ra·tie** (de ~(v.); -s) **1** versiering ◆ *dat schilderij is een mooie decoratie* **2** ereteken in de vorm van een versiersel ◆ *de generaal had veel decoraties op zijn uniform.*

**de·co·ra·tief** (bijv. nw.) gezegd van voorwerpen die als versiering kunnen dienen ◆ *de vaas is decoratief.*

**de·co·re·ren** (decoreerde, heeft gedecoreerd) **1** *iets decoreren:* (deftig) decoraties* (bet.1) in of op iets aanbrengen ⇒ *versieren* ◆ *een zaal decoreren* **2** *iemand decoreren:* iemand een decoratie* (bet.2) geven.

**de·co·rum** (het ~) de regels van het fatsoen ◆ *het decorum bewaren:* fatsoenlijk blijven.

**de·creet** (het ~; decreten) **1** bevel van de regering ◆ *een decreet uitvaardigen* **2** (in België) wet van een gemeenschap of een gewest (kijk ook bij: **gemeenschap en gewest**) ◆ *een decreet van de Vlaamse regering.*

**dé·dain** (Frans) [dædɛ̃] (het ~) (deftig) minachting ◆ *iemand met dédain behandelen.*

**de da·to** (bijw.) van de datum die volgt.

**de·den** → doen.

**de·du·ce·ren** (deduceerde, heeft gededuceerd) *iets deduceren:* iets als logische, bijzondere conclusie trekken uit algemene feiten, het tegenovergestelde van 'induceren'.

**deed** → doen.

**deeg** (het ~; degen) gekneed mengsel van o.a. meel en bijv. boter en water, om brood of gebak van te maken.

**deel** (zelfst. nw.; delen) **1** (het ~) iets dat kleiner is dan het geheel waar het bij hoort ⇒ *gedeelte, onderdeel, part, stuk* ◆ *de woonkamer is een deel van het huis; de encyclopedie bestaat uit twintig delen:* twintig boekbanden; *de edele delen:* de geslachtsorganen; *dit programma maakt deel uit van een serie:* het vormt samen met andere programma's een serie; *ten dele:* (uitdr.) gedeeltelijk, niet helemaal **2** (de ~) grote ruimte in een boerderij met een stenen vloer.

**deel·ach·tig** (bijv. nw.) ▼ *iets deelachtig zijn of worden:* (deftig) iets hebben of krijgen.

**deel·ge·noot** (zelfst. nw.) ▼ *iemand deelgenoot maken van iets,* bijv. *van een geheim:* iemand iets vertellen.

**deel·na·me** (de ~(v.)) het deelnemen*.

**deel·ne·men** (nam deel, heeft deelgenomen) *aan iets deelnemen:* aan iets meedoen ⇒ *participeren.*

**deel·ne·mer** (de ~(m.); -s), vrouw: **deel·neem·ster** (de ~ (v.); -s) iemand die aan iets deelneemt* ⇒ *participant* ◆ *er zijn 100 deelnemers aan de wedstrijd.*

**deel·ne·ming** (de ~(v.)) **1** het deelnemen* ⇒ *deelname* ◆ *zij werd uitgesloten van deelneming:* zij mocht niet meedoen **2** het meeleven met iemand die verdriet heeft ◆ *hij betuigt zijn deelneming aan de familie van de overledene.*

**deels** (bijw.) voor een deel* (bet.1), ten dele ⇒ *gedeeltelijk* ◆ *de groep bestaat deels uit jongens, deels uit meisjes.*

**deel·staat** (de ~(m.); -staten) **1** staat die samen met een of meer andere staten een unie vormt en min of meer zelfstandig is ◆ *de Bondsrepubliek Duitsland bestaat uit een aantal deelstaten* **2** (in België) elk van de gemeenschappen en de gewesten.

**deel·tal** (het ~; -len) (rekenen) getal dat door een ander getal gedeeld wordt, het tegenovergestelde van 'deler' ◆ *in de som 15 : 3 = 5 is 15 het deeltal.*

**deel·te·ken** (het ~; -s) **1** (rekenen) het teken ' : ', waarmee je aangeeft dat het getal dat ervoor staat gedeeld wordt door het getal dat erachter staat **2** (taal) leesteken boven een klinker waarmee je aangeeft dat er een nieuwe lettergreep begint ⇒ *trema* ◆ *op de laatste e van knieën staat een deelteken.*

**deeltijd-** gezegd van iets dat maar een gedeelte van de werkdag of de werkweek betreft ⇒ *parttime* ◆ *een deeltijdbaan.*

**deel·woord** (het ~; -en) (taal) bepaalde vorm van het werkwoord die aangeeft of een handeling aan de gang is of al gebeurd is ◆ *het voltooid deelwoord van 'draaien' is 'gedraaid'; het tegenwoordig of onvoltooid deelwoord van 'draaien' is 'draaiende'.*

**dee·moed** (de ~(m.)) nederigheid, onderworpenheid ⇒ *ootmoed.*

**deer·lijk** (bijw.) erg ⇒ *danig* ◆ *hij heeft zich deerlijk vergist.*

**deern, deer·ne** (de ~(v.); -en of -s) (ouderwets) meisje.

**deer·nis** (de ~(v.)) diep medelijden.

**deer·nis·wek·kend** (bijv. nw.) gezegd van iets dat deernis* opwekt.

**de·fai·tis·me** [dæfettìsmɘ] (het ~) stemming van moedeloosheid ⇒ *fatalisme*.

**de·fect¹** (het ~; -en) dat wat kapot is ♦ *de monteur probeerde het defect aan de auto te vinden*.

**de·fect²** (bijv. nw.) gezegd van iets dat niet meer werkt ⇒ *kapot, stuk* ♦ *de machine is defect*.

**de·fen·sie** (de ~(v.)) verdediging ♦ *het ministerie van Defensie*.

**de·fen·sief¹** (het ~) verdediging, het tegenovergestelde van 'offensief' ♦ *in het defensief zijn*: je verdedigt.

**de·fen·sief²** (bijv. nw.) verdedigend, het tegenovergestelde van 'offensief' ♦ *een defensief optreden*.

**de·fi·lé** (het ~; -s) het defileren* ⇒ *optocht* ♦ *een defilé houden voor de koningin*.

**de·fi·le·ren** (defileerde, heeft gedefileerd) in een stoet langs iemand of iets lopen.

**de·fi·ni·ë·ren** de·fi·ni·e·ren (definieerde, heeft gedefinieerd) *een begrip, woord enz. definiëren*: er een definitie* van geven.

**de·fi·ni·tie** (de ~(v.); -s) nauwkeurige omschrijving van een woord of begrip.

**de·fi·ni·tief** (bijv. nw.) gezegd van iets dat niet meer verandert ♦ *een definitief antwoord*.

**de·fla·tie** (de ~(v.)) waardevermeerdering van geld, waardoor je met dezelfde hoeveelheid geld meer kunt kopen, het tegenovergestelde van 'inflatie'.

**de·for·ma·tie** (de ~(v.); -s) misvorming.

**def·tig** (bijv. nw.) **1** horend bij mensen die uit een goede, rijke familie komen, met goede manieren ⇒ *voornaam* ♦ *een deftige buurt* **2** (in België □) fatsoenlijk, net ♦ *deftig dienstmeisje gevraagd*.

**de·ge·lijk¹** (bijv. nw.) gezegd van iets dat stevig of goed in elkaar zit ⇒ *deugdelijk* ♦ *een degelijk huis*.

**de·ge·lijk²** (bijw.) ▼ *wel degelijk*: echt, zeker wel; *ik meen het wel degelijk*.

**de·gen** (de ~(m.); -s) smal steekwapen.

**de·ge·ne** (aanw. vnw.) de persoon ♦ *zij is degene die je moet hebben*.

**de·ge·ne·re·ren** (degenereerde, is gedegenereerd) *(van geslachten of rassen)*: in de loop van de tijd de goede eigenschappen verliezen ⇒ *ontaarden*.

**de·gen·slik·ker** (de ~(m.); -s) circus- of straatartiest die een degen in zijn keel laat glijden.

**de·gout** (Frans) [dɘɣœ] (zelfst. nw.) (in België □) afkeer, walging.

**de·gra·da·tie** (de ~(v.); -s) het degraderen*, het tegenovergestelde van 'promotie'.

**de·gra·de·ren** (degradeerde) **1** (heeft gedegradeerd) *iemand degraderen*: iemand een lagere rang geven ♦ *de generaal degradeerde de luitenant tot soldaat* **2** (is gedegradeerd) naar een lagere rang of klasse teruggaan ♦ *de sportclub is gedegradeerd van de derde naar de vierde klasse*.

**dei·nen** (deinde, heeft gedeind) rustig op en neer gaan op de golven ♦ *het bootje deinde op het water*.

**dei·ning** (de ~(v.)) opschudding ♦ *dat bericht veroorzaakt veel deining*.

**dé·jà vu** (Frans) [dee zj aa vuu] (het ~; déjà vu's) sterk gevoel dat je iets al eens eerder hebt meegemaakt, terwijl je tegelijk weet dat dat niet zo is.

**dek** (het ~; -ken) **1** laag die over iets heen ligt ♦ *het wegdek*: het asfalt of de stenen; *het dek opschudden*: het laken en de dekens **2** vloer op een schip ♦ *alle passagiers stonden buiten op het dek te zwaaien*.

**deka-** → deca-.

**dek·bed** (het ~; -den) hoes met een donzige vulling die je gebruikt als deken.

**de·ken** (zelfst. nw.; -s) **1** (de ~) rechthoekige warme lap stof op een bed, waar je onder slaapt **2** (de ~(m.)) priester die de leiding heeft over een aantal parochies (kijk ook bij: **parochie**).

**dek·ken** (dekte, heeft gedekt) **1** *iemand dekken*: iemand tegen een aanval beschermen ♦ *hou je gedekt!*: zorg dat ze je niet kunnen zien of horen! **2** *iets dekken*: iets ergens mee bedekken ♦ *de tafel dekken*: borden, bestek enz. op tafel zetten voor het eten; *de verf dekt*: je kunt de laag onder de verf niet meer zien **3** *kosten, schade dekken*: vergoeden ♦ *de verzekering dekt de kosten van de tandarts* **4** *(van een mannetjesdier)* een vrouwtjesdier dekken: het zwanger maken ⇒ *bevruchten*.

**dek·king** (de ~(v.)) bescherming tegen aanvallen ♦ *de soldaten zoeken dekking achter een muur*.

**dekla-** → decla-.

**dek·man·tel** (de ~(m.)) voorwendsel ♦ *onder de dekmantel van echte belangstelling probeerde hij haar uit te horen*: terwijl hij net deed of hij echte belangstelling had.

**de·ko·de·ren** → decoderen.

**de·kon·fes·si·o·na·li·se·ren** → deconfessionaliseren.

**de·kor** → decor.

**dekora-** → decora-.

**de·ko·re·ren** → decoreren.

**de·kreet** → decreet.

**dek·sel** (het ~; -s) **1** losse bovenkant waarmee je iets, bijv. een pan, pot of doos kunt afsluiten **2** (in België □) deken (bet.1) ♦ *al het deksel naar je toehalen*: (uitdr.) jezelf bevoordelen.

**dek·sels¹** (bijv. nw.) gezegd van iemand die ondeugend maar ook vertederend is ⇒ *drommels* ♦ *die dekselse meid!*

**dek·sels²** (tussenw.) (om aan te geven dat je verbaasd bent) ♦ *deksels, wat een mooi huis!*

**del** (de ~(v.); -len) ordinaire vrouw die eropuit is mannen te versieren.

**de·le·ga·tie** (de ~(v.); -s) een paar mensen die een groep vertegenwoordigen ⇒ *afvaardiging, deputatie* ♦ *bij de bespreking was een delegatie van de regering aanwezig*.

**de·le·ge·ren** (delegeerde, heeft gedelegeerd) **1** *iemand delegeren*: iemand als vertegenwoordiger sturen ⇒ *afvaardigen* **2** *werk of macht delegeren aan iemand*: dat of die aan iemand overlaten ♦ *de burgemeester delegeert veel werk aan zijn wethouders*.

**de·len** (deelde, heeft gedeeld) **1** *iets delen*: iets in stukken splitsen ⇒ *verdelen* ♦ *hij deelt de taart in tien stukken* **2** *iets met iemand delen*: een deel* (bet.1) van iets krijgen terwijl iemand anders ook een deel* (bet.1) krijgt ♦ *zij moesten de reep chocola eerlijk met elkaar delen* **3** *iemands mening delen*: het met iemand eens zijn **4** *in de winst delen*: er een deel* (bet.1) van krijgen **5** *een getal door een ander getal delen*: (rekenen) het getal zoeken dat je met het tweede moet vermenigvuldigen om het eerste te krijgen ♦ *100 gedeeld door 4 is 25*.

**de·ler** (de ~(m.); -s) (rekenen) getal waardoor je een ander getal deelt, het tegenovergestelde van 'deeltal' ♦ *in 50 : 10 = 5 is 10 de deler*.

**delf·stof** (de ~; -fen) stof, bijv. erts, die uit de grond opgegraven wordt om er iets van te maken.

**de·li·be·re·ren** (delibereerde, heeft gedelibereerd) (deftig) overleggen ♦ *na lang delibereren werden zij het eens*.

**de·li·caat** (bijv. nw.) **1** teer, kwetsbaar ♦ *dat bleke kind heeft een delicate gezondheid*: ze is snel ziek **2** gezegd van iets dat heel gevoelig ligt, pijnlijk ⇒ *netelig* ♦ *op zo'n delicate vraag moet je voorzichtig antwoorden om niemand te beledigen*.

**de·li·ca·tes·se** (de ~(v.); -n) iets bijzonders dat heel erg lekker is ♦ *kreeft in wijnsaus is een delicatesse*.

**de·lict** (het ~; -en) (rechtspraak) daad waarvoor je gestraft kunt worden ⇒ *misdaad, misdrijf, vergrijp* ◆ *zedendelict.*

**de·ling** (de ~ (v.); -en) som waarbij je een getal door een ander getal deelt* (bet.5) ⇒ *deelsom.*

**de·lin·quent** (de ~ (m.); -en) iemand die een delict* heeft gepleegd ⇒ *misdadiger.*

**de·li·ri·um** (het ~; deliria) koortstoestand waarin je allerlei dingen ziet die er niet zijn.

**del·ta** (de ~ (v.); delta's) gebied waar een rivier zich vertakt in kleinere rivieren die samen in de vorm van een driehoek in de zee uitmonden.

**del·ta·vlie·gen** (ww.) vliegen terwijl je aan een zweeftoestel met grote driehoekige vleugels hangt ⇒ *hanggliding.*

**del·ven** (dolf of delfde, heeft gedolven) **1** iets delven: iets uit de grond halen door te graven ◆ *de mijnwerkers dolven steenkool* **2** iets, bijv. een gat, kuil, graf delven: iets graven.

**de·ma·go·gie** (de ~ (v.)) de kunst om tegen een grote massa mensen zulke mooie praatjes te houden dat iedereen precies doet wat jij wilt ⇒ *volksmennerij.*

**de·mar·que·ren** (demarqueerde, heeft gedemarqueerd) iets demarqueren: de grens van iets aangeven ⇒ *afbakenen* ◆ *het weiland was met paaltjes en prikkeldraad gedemarqueerd.*

**de·mar·re·ren** (demarreerde, heeft gedemarreerd) bij het wielrennen opeens sneller gaan en de andere deelnemers achter je laten ⇒ *uitlopen.*

**de·mas·qué** (het ~; -s) het moment op een gemaskerd bal waarop iedereen z'n masker afdoet ◆ *die ontdekking betekende het demasqué van de spionnen:* (uitdr.) de ontmaskering.

**de·ment** (bijv. nw.) gezegd van mensen die van ouderdom dingen vergeten en door elkaar gaan halen.

**de·mi·li·ta·ri·se·ren** (demilitariseerde, heeft gedemilitariseerd) een gebied demilitariseren: het leger ervandaan halen.

**de·mis·si·o·nair** (bijv. nw.) aftredend ◆ *een demissionaire minister:* een minister die ontslag heeft gevraagd, maar die blijft werken totdat er een opvolger voor hem of haar is.

**de·mo** (de ~ (m.); demo's) **1** (verkorting) demonstratiebandje; dit is een proefbandje met muziek waarmee muzikanten zichzelf bekendheid willen geven **2** diskette waarop een computerprogramma gedemonstreerd wordt.

**de·mo·craat** (de ~ (m.); democraten) iemand die voor de democratie* is.

**de·mo·cra·tie** (de ~ (v.); democratieën) staatsvorm waarbij het volk veel invloed heeft op hoe het land geregeerd wordt ⇒ *volksregering* ◆ *Nederland is een democratie.*

**de·mo·cra·tisch** (bijv. nw.) zoals past bij een democratie* ◆ *er werd een democratische beslissing genomen:* iedereen mocht erover stemmen.

**de·mo·cra·ti·se·ren** (democratiseerde, heeft gedemocratiseerd) een land of instelling democratiseren: dat of die democratisch* maken.

**de·mo·de·ren** (demodeerde, is gemodeerd) (in België □) uit de mode raken.

**de·mo·gra·fie** (de ~ (v.)) deel van de aardrijkskunde die beschrijft uit welke groepen een volk samengesteld is, en hoe die zich ontwikkelen.

**demokra-** → democra-.

**de·mon** (de ~ (m.); demonen of -s) duivel, boze geest.

**de·mon·strant** (de ~ (m.); -en), vrouw: **de·mon·stran·te** (de ~ (v.); -s of -n) iemand die demonstreert* (bet.2).

**de·mon·stra·tie** (de ~ (v.); -s) het demonstreren* ◆ *in de winkel was een demonstratie van stofzuigers; op het plein was een demonstratie tegen kernwapens.*

**de·mon·stra·tief** (bijv. nw.) met opzet de aandacht trekkend om iets duidelijk te maken dat je niet zegt ⇒ *ostentatief* ◆ *met een demonstratief gebaar zette hij de radio wat zachter.*

**de·mon·stre·ren** (demonstreerde, heeft gedemonstreerd) **1** iets demonstreren: laten zien hoe iets werkt ◆ *de winkelier demonstreerde het koffiezetapparaat* **2** een optocht of een bijeenkomst houden of eraan meedoen om te laten zien dat je ergens voor of tegen bent ◆ *de stakers demonstreerden voor meer loon.*

**de·mon·ta·bel** (bijv. nw.) gezegd van iets dat je kunt demonteren* ◆ *deze kinderstoel is helemaal demontabel.*

**de·mon·te·ren** (demonteerde, heeft gedemonteerd) iets demonteren: iets uit elkaar halen, het tegenovergestelde van 'monteren' ◆ *een bom demonteren:* hem uit elkaar halen, zodat hij niet meer kan ontploffen.

**de·mo·ra·li·se·ren** (demoraliseerde, heeft gedemoraliseerd) iemand demoraliseren: iemand ontmoedigen ◆ *zijn ontslag heeft hem gedemoraliseerd.*

**dem·pen** (dempte, heeft gedempt) **1** een gracht, sloot enz. dempen: die dichtgooien met aarde **2** geluid dempen: ervoor zorgen dat je het minder goed hoort.

**den**[1] (de ~ (m.); -nen) naaldboom met naalden die in groepjes van twee aan de takken zitten ⇒ *dennenboom* ◆ *zij is een slanke den:* (uitdr.) ze is heel erg slank.

**den**[2] (lidw.) (in vaste verbindingen) de of het ◆ *in den beginne; op den duur.*

**den·de·ren** (denderde, heeft gedenderd) hard en met een dreunend geluid rijden ◆ *de trein denderde door de tunnel.*

**den·de·rend** (bijv. nw.) geweldig ◆ *ze gaf een denderend feest; mijn rapport was niet denderend.*

**de·nier** (Frans) [dənjee] (de ~; -s) maat om uit te drukken hoe dik nylonkousen en panty's zijn ◆ *panty's van 20 en 60 denier:* heel dunne en heel dikke panty's.

**de·ni·gre·rend** (bijv. nw.) waarmee je laat merken dat je op iemand of iets neerkijkt ⇒ *kleinerend, minachtend* ◆ *na haar denigrerende opmerking durfde hij niets meer te zeggen.*

**de·nim** (het ~) katoenen stof waar o.a. spijkerbroeken van worden gemaakt ⇒ *spijkerstof, jeans.*

**denk·baar** (bijv. nw.) voorstelbaar, mogelijk ◆ *het is denkbaar dat ze niets voor het plan voelen.*

**denk·beeld** (het ~; -en) idee, gedachte, opvatting ◆ *die dominee houdt er vreemde denkbeelden op na.*

**denk·beel·dig** (bijv. nw.) gezegd van dingen die alleen in je gedachten en niet in het echt bestaan, het tegenovergestelde van 'werkelijk' ◆ *de judoleraar vocht tegen een denkbeeldige tegenstander; dat is niet denkbeeldig!: dat zou wel eens waar kunnen zijn.*

**den·ken** (dacht, heeft gedacht) **1** je hersens laten werken ⇒ *nadenken, peinzen* ◆ *voor ik zeg of ik meega, moet ik eerst even denken; zij kan heel helder denken; ik denk er niet over!:* geen sprake van! **2** iets denken: die mening hebben, die indruk hebben ◆ *ik denk dat je ongelijk hebt; ze dacht dat hij niet meer kwam* **3** aan iets of iemand denken: iets of iemand in je gedachten hebben ◆ *waar denk je aan?* **4** om iets denken: iets niet vergeten, op iets letten ◆ *denk om het afstapje!* **5** over iets denken: iets van plan zijn ◆ *ik denk erover om in de vakantie naar Italië te gaan.*

**den·nen·ap·pel** (de ~ (m.); -s of -en) geschudde houten vrucht van de den, die de vorm heeft van een kegel.

**den·nen·scheer·der** (de ~ (m.); -s) torretje dat dennen

ziek maakt, zodat ze hun naalden verliezen en doodgaan.

**de·o·do·rant** (de ~(m.); -s of -en) middel tegen onaangename lichaamsluchtjes, zoals zweetgeur.

**Deo vo·len·te** (Latijn) [dɛejoovoolɛntɐ] als God het wil ◆ we zien elkaar, **Deo volente**, volgend jaar terug.

**de·pan·ne·ren** (depanneerde, heeft gedepanneerd) **1** een toestel, een voertuig depanneren: (in België □) het ter plekke repareren of weer op gang brengen **2** iemand depanneren: (populair) iemand uit de nood helpen.

**de·par·te·ment** (het ~; -en) afdeling van een regering die zich met bepaalde zaken bezighoudt ⇒ ministerie ◆ het **departement** van Buitenlandse Zaken.

**de·pen·dan·ce** [dɛependãs, in België: dippãdãsɐ](de ~; -s) bijgebouw ◆ we krijgen Engels in een **dependance** van de school aan de overkant.

**de·po·ne·ren** (deponeerde, heeft gedeponeerd) **1** iets ergens deponeren: iets ergens neerleggen, plaatsen ◆ ze **deponeerde** haar jas midden op tafel **2** iets ergens deponeren: iets ergens in bewaring geven ◆ het is verstandig je spaargeld bij de bank te **deponeren** ▼ wettig **gedeponeerd** handelsmerk: merk dat in een register staat ingeschreven en dat beschermd wordt door de wet.

**de·por·ta·tie** (de ~(v.); -s) het deporteren*.

**de·por·te·ren** (deporteerde, heeft gedeporteerd) iemand deporteren: iemand naar een strafkamp brengen ◆ in de Tweede Wereldoorlog werden er veel joden naar concentratiekampen **gedeporteerd**.

**de·po·si·to** (het ~; deposito's) het voor een bepaalde, van tevoren afgesproken tijd in bewaring geven van geld op zo'n manier dat je er rente van krijgt ◆ hij gaf zijn geld in **deposito** bij de bank.

**de·pot** [dɛepoo](de ~(m.) of het ~; -s) **1** plaats waar je dingen kunt afgeven die daar verzameld of bewaard worden ◆ in de hal van het station was een **depot** voor bagage **2** voorraadkamer, magazijn.

**dep·pen** (depte, heeft gedept) een paar keer met een doekje of spons op een vochtige plaats drukken en zo het vocht opzuigen.

**de·pres·sie** (de ~(v.); -s) **1** neerslachtige stemming die niet snel overgaat **2** gebied met een lage luchtdruk ⇒ lagedrukgebied ◆ het zal wel slecht weer worden, want er hangt een **depressie** boven ons land.

**de·pres·sief** (bijv. nw.) gezegd van iemand die last heeft van depressies* (bet.1) ⇒ neerslachtig.

**de·pri** (bijv. nw.) **1** (populair) een beetje depressief ⇒ somber, neerslachtig **2** (populair) deprimerend, depressief makend ◆ wat een **depri** weer vandaag!

**de·pri·me·ren** (deprimeerde, heeft gedeprimeerd) iemand deprimeren: iemand droevig en neerslachtig maken ◆ deze donkere kamer **deprimeert** me.

**de·pu·ta·tie** (de ~(v.); -s) **1** groep mensen die afgevaardigd worden om uit naam van iemand anders te spreken en te handelen ⇒ afvaardiging, delegatie ◆ de minister zond een **deputatie** naar het buitenland ▼ Bestendige **Deputatie**: (in België) het dagelijks bestuur van een provincie.

**der** (lidw.; voor een vrouwelijk zelfstandig naamwoord of voor een zelfstandig naamwoord in het meervoud) van de ◆ in naam **der** wet.

**de·rail·le·ren** [dɛerajjeerɐn](derailleerde, is gederailleerd) (van treinen): ontsporen.

**de·rail·leur** [dɛerajjeur](de ~(m.); -s) versnelling van een sportfiets die je bedient met een versnellingspookje.

**der·de** (rangtelw.) komend als nummer drie ◆ je moet er niet met **derden** over spreken: (uitdr.) met anderen die er niets mee te maken hebben.

**der·de·graads** (bijv. nw.) (van verbrandingen): in de meest ernstige vorm.

**der·de·rangs** (bijv. nw.) van een hele slechte kwaliteit ◆ ze gingen naar een **derderangs** cafeetje.

**de·ren** (deerde, heeft gedeerd) pijn doen, hinderen ◆ de kou **deerde** haar niet.

**derg.** (afkorting) **derg**elijke.

**der·ge·lijk** (aanw. vnw.) van die soort, zulk of zo'n ⇒ soortgelijk ◆ **dergelijke** dingen kun je beter niet zeggen.

**der·hal·ve** (bijw.) (deftig) daarom, dus ◆ het was koud; **derhalve** trokken ze hun jas aan.

**de·ri·vaat** (het ~; derivaten) iets dat ergens van afgeleid is ◆ boter is een **derivaat** van melk.

**der·ma·te** (bijw.) (deftig) zo, in die mate ◆ ze was **dermate** teleurgesteld, dat ze niets meer kon zeggen.

**der·ma·to·loog** (de ~(m.); dermatologen) dokter voor huidziekten ⇒ huidarts.

**der·rie** (de ~) vieze, kleverige stof ⇒ smurrie.

**der·riè·re** (Frans) [derrieerrɐ of derrjɛerɐ](de ~; -s) achterwerk ⇒ achterste.

**der·tien** (hoofdtelw.) 13 ◆ **dertien** maart.

**der·tien·de** (rangtelw.) komend als nummer dertien ◆ vrijdag de **dertiende**: (volgens bijgelovige mensen een ongeluksdag).

**der·tig** (hoofdtelw.) 30.

**der·tig·ste** (rangtelw.) komend als nummer 30.

**der·ven** (derfde, heeft gederfd) iets derven: (deftig) iets missen ⇒ ontberen ◆ door haar ziekte moest ze een maand loon **derven**.

**des¹** (de ~) muzieknoot, verlaagde d.

**des²** (bijw.; altijd gevolgd door 'te' en een woord in de vergrotende trap) nog veel ◆ wil je eerder komen? **des** te beter!: dat is nog veel beter.

**des³** (lidw.; voor een mannelijk of onzijdig zelfstandig naamwoord) van de ◆ de heer **des** huizes; de plaats **des** onheils.

**de·sa** (de ~; desa's) dorp in Indonesië.

**des·al·niet·te·min** (bijw.) ondanks dat, toch ⇒ desondanks ◆ de film vond ik helemaal niet leuk; **desalniettemin** bleef ik kijken.

**de·sas·treus** (bijv. nw.) vernietigend, rampzalig ◆ die grap van haar had **desastreuze** gevolgen.

**des·be·tref·fend** (bijv. nw.) gezegd van dingen die te maken hebben met iets dat je al eerder hebt genoemd ◆ ik wilde mijn paspoort laten verlengen en zocht het **desbetreffende** loket.

**des·crip·tief** (bijv. nw.) beschrijvend.

**de·sem** (de ~(m.)) stukje zuur geworden deeg dat je kunt gebruiken in plaats van gist ⇒ zuurdesem.

**de·ser·te·ren** (deserteerde, is gedeserteerd) weglopen, vooral uit het leger ⇒ drossen ◆ de soldaat **deserteerde**; de jongens **deserteerden** toen ze moesten nablijven: ze gingen ervandoor.

**de·ser·teur** (de ~(m.); -s) iemand die deserteert*.

**des·ge·vraagd** (bijw.) toen ernaar gevraagd werd ◆ **desgevraagd** vertelde hij dat hij 78 jaar was.

**des·ge·wenst** (bijw.) als het gewenst wordt ◆ **desgewenst** kun je de verwarming wat hoger zetten: als je het wilt.

**de·si·de·ra·ta** (zelfst. nw.; meervoud) (deftig) de dingen die je wilt hebben of nodig hebt ◆ de leerlingen overhandigden de leraar een lijstje met **desiderata**: een lijstje met dingen die ze in de klas veranderd wilden zien.

**de·sign** (Engels) [diezajn](het ~; -s) ontwerp, vooral van producten die in de industrie gemaakt worden ⇒ vormgeving ◆ deze auto heeft een schitterend **design**: een mooi ontworpen vorm.

**des·il·lu·sie** (de ~(v.); -s) teleurstelling ⇒ ontgoocheling ◆

alles was veranderd in het dorp waar ik vroeger heb ge-woond; wat een **desillusie**!

**des·in·fec·te·ren** (desinfecteerde, heeft gedesinfecteerd) iets desinfecteren: iets ontsmetten ◆ voor je een pleister op je vinger plakt, moet je de wond eerst **desinfecteren**.

**des·in·te·res·se** (de ~(v.)) gebrek aan belangstelling, het tegenovergestelde van 'interesse' ◆ hij toonde zo'n **desinteresse**, dat ik maar niet verder ging met m'n verhaal.

**desk** (Engels) [desk] (de ~; -s) groot bureau of grote balie met een strakke, moderne vormgeving ◆ je moet je sleutels afgeven aan de **desk** van het hotel.

**des·krip·tief** → descriptief.

**desk·top pu·bli·shing** (Engels) [desktoppublisjing] (de ~ (v.)) het werken met een computer om drukwerk te maken.

**des·kun·dig** (bijv. nw.) gezegd van iemand die ergens verstand van heeft ◆ in dat boek staan **deskundige** be-schrijvingen van het gedrag van roofdieren; ze legde heel **deskundig** uit hoe het apparaat werkte.

**des·kun·di·ge** (de ~(m.); -n) iemand die deskundig* is ⇒ specialist, kenner, expert.

**des·noods** (bijw.) als het echt nodig is ◆ ik kan **desnoods** wel op de baby passen.

**de·so·laat** (bijv. nw.) troosteloos en verlaten ◆ op onze zwerftocht kwamen we in een **desolaat** dorp terecht.

**des·on·danks** (bijw.) toch, ondanks dat ⇒ desalniettemin ◆ de kaft van dat boek is beschadigd; **desondanks** wil ik het wel kopen.

**des·pe·ra·do** (de ~(m.); desperado's) iemand die zo tot het uiterste gedreven is dat hij of zij heel roekeloos is geworden.

**des·poot** (de ~(m.); despoten) iemand die in z'n eentje op een strenge en vaak onrechtvaardige manier re-geert.

**des·sa** → desa.

**des·sert** [dessert of dessert] (het ~; -s) nagerecht, toetje ◆ na het **dessert** dronken we koffie.

**des·sin** [dessĕn] (het ~; -s) motief, patroon ◆ ze kocht een lap stof met een vrolijk **dessin**.

**des·tijds** (bijw.) toen, in die tijd ◆ **destijds** droeg ik nog geen bril.

**des·til·le·ren, dis·til·le·ren** (destilleerde, heeft gedestil-leerd) **1** een vloeistof destilleren: die zuiver maken door hem te laten verdampen en de dampdruppels op te vangen ◆ de dokter maakte mijn ontstoken oog schoon met **gedestilleerd** water **2** een stof uit een andere stof des-tilleren: de ene vloeistof uit de andere halen ◆ uit eau de cologne kun je alcohol **destilleren 3** sterke drank destil-leren: die bereiden ⇒ stoken ◆ jenever wordt **gedestil-leerd 4** iets uit iemands woorden destilleren: iets eruit af-leiden, eruit opmaken.

**des·ti·na·tie** (de ~(v.); -s) lot, bestemming.

**des·truc·tief** (bijv. nw.) vernietigend, bedoeld om af te breken, het tegenovergestelde van 'constructief' ◆ een atoombom is een **destructief** wapen; als je geagiteerd met die **destructieve** opmerkingen, komen we niet verder.

**de·ta·che·ment** [deetasjĕment] (het ~; -en) groep solda-ten.

**de·ta·che·ren** [deetasjeeren] (detacheerde, heeft gedeta-cheerd) iemand detacheren: iemand voor een tijdje op een andere plaats laten werken dan waar hij of zij hoort ◆ hij werkte eerst in Den Haag en is nu **gedeta-cheerd** in Brussel.

**de·tail** [deetaj] (het ~; -s) klein onderdeel van een geheel ◆ op die foto zijn de **details** niet goed te zien; ze vertelde me in **detail** wat voor kleren iedereen droeg op het feest: precies tot in de kleinste kleinigheden; interessante **de-**

tails: bijzonderheden; in **details** treden: kleine bijzon-derheden vertellen.

**de·tail·han·del** [deetajhandel] (de ~(m.); -s) bedrijf dat producten direct aan de verbruikers levert, winkel.

**de·tec·ti·ve** [dietektif of deetektif] (de ~(m.); -s) **1** iemand die voor zijn of haar beroep misdadigers opspoort ◆ de **detective** bekeek nauwkeurig de vingerafdrukken **2** boek of film over een misdaad en de oplossing daarvan.

**de·tec·tor** (de ~(m.); -s) apparaat waarmee je dingen die je niet ziet op kunt sporen doordat het stralingen op-vangt ⇒ verklikker ◆ als je met een metaal**detector** over het strand loopt, vind je soms geld of sieraden.

**de·ter·mi·nant** (de ~(m.); -en) iets dat bepaalt dat een ei-genschap erfelijk is ◆ de **determinanten** wijzen erop dat de baby rood haar krijgt.

**de·ter·mi·ne·ren** (determineerde, heeft gedetermineerd) een plant determineren: die deeltje voor deeltje bekijken om te weten wat voor soort het is.

**deugd** (de ~; -en) **1** goede eigenschap ◆ zijn vriendelijk-heid is zijn grootste **deugd ▼** het doet me **deugd**: het doet me goed, ik vind het fijn; ergens **deugd** van hebben: (in België □) van iets genieten.

**deug·de·lijk** (bijv. nw.) degelijk, niet makkelijk kapot te krijgen ⇒ solide ◆ **deugdelijk** speelgoed.

**deugd·zaam** (bijv. nw.) gezegd van iemand die veel goede eigenschappen heeft, maar die ook een beetje saai is ◆ een **deugdzaam** leven leiden: geen verkeerde dingen doen.

**deu·gen** (deugde, heeft gedeugd) niet deugen: niet goed, niet in orde zijn ◆ dit apparaat **deugt** niet; die kerel **deugt** niet volgens mij: hij is niet te vertrouwen; zij **deugt** niet voor dit soort werk: ze is er niet geschikt voor.

**deug·niet** (de ~(m.); -en) iemand die ondeugend is ⇒ rak-ker.

**deuk** (de ~; -en) put in het oppervlak van een voorwerp doordat er iets hards tegenaan is gekomen ◆ door de botsing zaten er drie **deuken** in de auto; we lagen in een **deuk** toen hij die mop vertelde: (uitdr.; populair) we moes-ten verschrikkelijk lachen.

**deu·ken** (deukte, heeft gedeukt) iets deuken: een deuk* in iets maken ◆ hij **deukte** het lege colablikje en gooide het weg.

**deun** (de ~(m.); -en) makkelijk liedje of wijsje ◆ speel nog eens een **deuntje**!; hij begon een **deuntje** te huilen: (uitdr.) hij begon te huilen.

**deur** (de ~; -en) scharnierend of schuivend schot waar-door je in een huis, kamer of kast kunt komen ◆ ze is net de **deur** uit: ze is net weg; een open **deur** intrappen: (uitdr.) iets beweren dat iedereen al weet; ik val maar met de **deur** in huis: (uitdr.) ik vertel maar meteen waar het over gaat; dat doet de **deur** dicht!: (uitdr.) nu moet er iets aan gedaan worden, nu is de maat vol; Amsterdam is hier naast de **deur**: (uitdr.) Amsterdam ligt niet ver hiervandaan; hij loopt de **deur** bij ons plat: (uitdr.) hij komt heel vaak bij ons; hij is zo gek als een **deur**: (uitdr.) hij is hartstikke gek; de vakantie staat weer voor de **deur**: (uitdr.) het is weer bijna vakantie.

**deur·post** (de ~(m.); -en) balk langs het gat van de deur ◆ ze leunde tegen de **deurpost**.

**deur·waar·der** (de ~(m.); -s) iemand die voor zijn of haar beroep mensen aanmaant om hun belastingen of schulden te betalen ◆ als je de huur niet betaalt, komt er een **deurwaarder** langs.

**de·us ex ma·chi·na** (Latijn) [deejoeseksmaagienaa] (de ~ (m.)) (letterlijk: een god uit een machine) iemand die plot-seling en onverwacht verschijnt en die alle problemen oplost, een soort reddende engel.

**deux-piè·ces** (Frans) [dœupjɛːs] (de ~of het ~; deux-pièces) (letterlijk: twee stukken) pakje voor vrouwen dat bestaat uit een jasje en een rok.

**de·va·lu·a·tie** (de ~ (v.); -s) vermindering van de waarde van een munt ten opzichte van de waarde van buitenlands geld, het tegenovergestelde van 'revaluatie'.

**de·va·lu·e·ren** (devalueerde, heeft of is gedevalueerd) minder waarde krijgen, vooral gezegd van geld ◆ de Amerikaanse dollar is in 1995 **gedevalueerd** naar f 1,55.

**de·vies** (het ~; deviezen) 1 leus, zinspreuk ⇒ motto ◆ mijn **devies** is: vroeg naar bed en vroeg opstaan ▼ buitenlandse **deviezen**: buitenlands geld.

**de·voot** (bijv. nw.) vroom en eerbiedig, vol toewijding ◆ **devoot** knielde hij in de kerk.

**dex·tro·se** (de ~) suiker van druiven ⇒ druivensuiker.

**de·ze** (aanw. vnw.) (woordje dat aangeeft dat iemand of iets bij de spreker in de buurt is) ◆ **deze** klok loopt een uur achter; bij **deze(n)** verklaar ik het nieuwe station voor geopend: hierbij, op dit moment; één **dezer** dagen ...: binnenkort.

**d.i.** (afkorting) **d**at **i**s of **d**it **i**s.

**dia** (de ~ (m.); dia's) klein doorzichtig fotootje dat je alleen goed kunt bekijken als je het in een projector doet (kijk ook bij: **projector**).

**di·a·beet** (de ~ (m.); diabeten), vrouw: **di·a·be·te** (de ~ (v.); -s of -n) iemand die aan diabetes* lijdt.

**di·a·be·tes** (de ~ (m.)) ziekte waarbij je te veel suiker in je bloed hebt ⇒ suikerziekte.

**di·a·be·ti·cus** (de ~ (m.); diabetici) diabeet.

**di·a·bo·lo** (de ~ (m.); diabolo's) speelgoed dat bestaat uit twee open kegels (bet.3) die met de punten aan elkaar zitten en die je in evenwicht moet houden op een koord.

**di·a·co·nes** (de ~ (v.); -sen) protestantse verpleegster die haar werk uit liefde voor God doet.

**di·a·co·nie** (de ~ (v.); diaconieën) organisatie van een protestantse kerkelijke gemeente die maatschappelijke hulp verleent aan mensen die dat nodig hebben.

**di·a·deem** (de ~ (m.) of het ~; diademen) sieraad in de vorm van een klein kroontje voor in je haar.

**di·a·frag·ma** (het ~; diafragma's) ronde opening in een fototoestel waarmee je regelt hoeveel licht er binnenkomt ⇒ sluiter.

**di·ag·no·se** (de ~ (v.); -n of -s) het vaststellen van de ziekte die iemand heeft door hem of haar te onderzoeken ◆ een **diagnose** stellen.

**di·a·go·naal¹** (de ~; diagonalen) schuine lijn in een vlak die twee hoekpunten die tegenover elkaar liggen, verbindt.

**di·a·go·naal²** (bijv. nw.) schuin, overdwars ◆ een jurk met **diagonale** strepen.

**di·a·gram** (het ~; -men) schema, grafiek.

**di·a·ken** (de ~ (m.); -s of -en) 1 man die werkt voor de diaconie* 2 rooms-katholieke geestelijke van een lage rang.

**diakon- → diacon-.**

**di·a·lect** (het ~; -en) taal die in een bepaalde streek gesproken wordt ◆ ze spreken het Gronings **dialect**.

**di·a·loog** (de ~ (m.); dialogen) gesprek tussen twee mensen of twee groepen mensen, het tegenovergestelde van 'monoloog'.

**di·a·ly·se** (de ~ (v.); -n) zuivering van iemands bloed door een machine als de nieren van die persoon niet meer goed werken.

**di·a·mant** (de ~ (m.); -en) hardste en dure edelsteen, die het licht in mooie regenboogkleuren kan terugkaatsen.

**di·a·me·ter** (de ~ (m.); -s) doorsnede ⇒ middellijn ◆ deze cirkel heeft een **diameter** van 15 cm.

**di·a·me·traal** (bijv. nw.) recht tegenover elkaar ◆ deze punten liggen **diametraal** tegenover elkaar; hun ideeën staan **diametraal** tegenover elkaar: (uitdr.) ze zijn het helemaal niet met elkaar eens.

**dia·po·si·tief** (het ~; -positieven) dia.

**di·ar·ree** (de ~ (v.)) buikziekte waarbij je steeds naar de wc moet ⇒ buikloop.

**di·as·po·ra** (de ~) het verspreid wonen van mensen van één geloof tussen mensen met een ander geloof; vooral gezegd van de verspreiding van joden over de hele wereld.

**dicht** (bijv. nw.) 1 gesloten, het tegenovergestelde van 'open' ⇒ toe ◆ doe het raam eens **dicht**; de sloot ligt **dicht**: er ligt ijs 2 nauw aaneengesloten, zonder veel tussenruimte ◆ er hing een **dichte** mist: waar je bijna niet doorheen kon kijken; de auto's reden veel te **dicht** op elkaar: met te weinig ruimte ertussen; we zijn **dicht** bij huis: ons huis is niet ver meer.

**dicht·be·volkt** (bijv. nw.) van gebieden: waar relatief veel mensen wonen ◆ Nederland is **dichtbevolkt**: er wonen gemiddeld veel mensen op een vierkante kilometer.

**dicht·bij** (bijv. nw.) op een kleine afstand, het tegenovergestelde van 'ver' ⇒ nabij ◆ we zijn er zo, het is **dichtbij**.

**dicht·bun·del** (de ~ (m.); -s) boekje met gedichten.

**dich·ten** (dichtte, heeft gedicht) 1 gedichten maken ◆ zij kan prachtig **dichten** over de natuur 2 iets dichten: iets dicht* maken ◆ de loodgieter **dichtte** het lek in de waterleiding.

**dich·ter** (de ~ (m.); -s), vrouw: **dich·te·res** (de ~ (v.); -sen) iemand die gedichten maakt ⇒ poëet.

**dich·ter·lijk** (bijv. nw.) als van een dichter* ⇒ poëtisch ◆ hij gebruikte **dichterlijke** taal.

**dicht·klap·pen** (klapte dicht, is dichtgeklapt) opeens niet meer verder kunnen praten of denken ◆ bij een spreekbeurt **klap** ik altijd helemaal **dicht**.

**dicht·slib·ben** (slibde dicht, is dichtgeslibd) (van havens enz.): door slib ontoegankelijk worden.

**dichtst·bij·zijnd** (bijv. nw.) het minst ver weg ◆ de **dichtstbijzijnde** benzinepomp is één kilometer verderop.

**dic·taat** (het ~; dictaten) aantekeningen die je in de les maakt terwijl je luistert.

**dic·ta·foon** (de ~ (m.); -s) bandrecorder waarop je teksten inspreekt die later uitgetypt worden ⇒ dicteermachine.

**dic·ta·tor** (de ~ (m.); -s) iemand die in z'n eentje op een strenge en wrede manier regeert ⇒ tiran.

**dic·ta·to·ri·aal** (bijv. nw.) op de manier van een dictator* ◆ dit land wordt **dictatoriaal** geregeerd: door een dictator; een **dictatoriale** man: die zich gedraagt als een dictator, een erg strenge man.

**dic·ta·tuur** (de ~ (v.); dictaturen) regering van een dictator*.

**dic·tee** (het ~; -s) oefening om goed te leren spellen waarbij je woorden die opgelezen worden precies opschrijft.

**dic·te·ren** (dicteerde, heeft gedicteerd) iets dicteren: iets zo zeggen dat iemand anders het op kan schrijven ◆ de juf **dicteerde** drie zinnen met moeilijke woorden.

**di·dac·tiek** (de ~ (v.)) de kunst van het onderwijzen.

**die** (vnw.) 1 (aanw. vnw.) (woordje dat aangeeft dat iemand of iets een eindje van de spreker af is) ◆ **die** trui kriebelt, maar deze zit lekker; mevrouw **die en die**: (dit zeg je als de naam niet zo belangrijk is); ha, **die** Kees! 2 (aanw. vnw.) (woordje om te verwijzen naar iets of iemand waarover je het eerder gehad hebt) ◆ waar heb je **die** pen gelaten? 3 (betr. vnw.) (woordje waarmee je aan het begin van een bijzin verwijst naar iets of iemand uit de hoofdzin) ◆ *de koe die daar loopt, heeft net een kalfje gekregen.*

**di·eet** (het ~; diëten) regel die zegt wat je wel en niet mag eten, bijv. als je ziek bent of af wilt slanken ◆ *de dokter stelde de patiënt op een streng dieet.*

**di·eet·win·kel** (de ~(m.); -s) (in België □) reformhuis.

**dief** (de ~(m.); dieven), vrouw: **die·veg·ge** (de ~(v.); -n) **1** iemand die steelt ◆ *wie eens steelt, is altijd een dief!*: (spreekwoord) als je één keer gestolen hebt, zullen de mensen je nooit meer vertrouwen ▼ *diefje* met verlos: kinderspel; soort tikkertje.

**dief·stal** (de ~(m.); -len) het stelen ◆ *de jongen werd beschuldigd van diefstal.*

**die·ge·ne** (aanw. vnw.) die persoon ◆ *diegenen die jarig zijn, mogen naar voren komen.*

**dien·aan·gaan·de** (bijw.) daarover, wat dat betreft ◆ *dienaangaande heb ik niets op te merken.*

**die·naar** (de ~(m.); dienaren of -s), vrouw: **die·na·res** (de ~ (v.); -sen) iemand die dient* (bet.3 en 4) ⇒ knecht, bediende ◆ *een dienaar des woords*: (uitdr.) een dominee.

**dien·blad** (het ~; -en) blad waarop je eten en drinken kunt rondbrengen ⇒ presenteerblad.

**dien·der** (de ~(m.); -s) (ouderwets) politieagent ◆ *een dooie diender*: (uitdr.) een saai persoon.

**die·nen** (diende, heeft gediend) **1** ergens voor dienen: voor iets bedoeld zijn ◆ *een zonnebril dient om je ogen tegen het licht te beschermen* **2** (deftig) moeten ◆ *dat dien je te begrijpen* **3** iemand of iets dienen: je aan iemand of iets wijden, je voor iemand of iets inzetten ◆ *die politicus heeft zijn hele leven de staat gediend; waarmee kan ik je dienen?*: (uitdr.) waarmee kan ik je helpen, van dienst zijn? **4** voor iemand werken tegen betaling ◆ *hij dient als knecht op een grote boerderij.*

**dien·over·een·kom·stig** (bijw.) in overeenstemming daarmee.

**dienst** (de ~(m.); -en) **1** de periode dat jongens als soldaat in het leger moeten dienen, militaire dienst ◆ *heeft jouw vader in dienst gezeten?* **2** het werken of tijd waarin je werkt ◆ *ik heb avonddienst tot 12 uur; hij is in dienst bij een groot kantoor: daar werkt hij; de dokter heeft geen dienst vandaag: hij werkt vandaag niet* **3** handeling waarmee je iemand helpt ◆ *als je op de kinderen wilt passen, bewijs je me een grote dienst; de ene dienst is de andere waard: als jij mij helpt, help ik jou; tot uw dienst !: (dit zeg je als iemand je bedankt omdat je iets voor hem of haar gedaan hebt); wat is er van je dienst?*: waarmee kan ik je helpen? **4** afdeling met een bepaalde taak ◆ *de plantsoenendienst van de gemeente zorgt ervoor dat de parken netjes blijven* ▼ *wie maakt er hier de dienst uit?*: wie is er hier de baas?; *de lift is buiten dienst*: buiten werking.

**dienst·baar** (bijv. nw.) ondergeschikt ◆ *een volk dienstbaar maken*: het onderwerpen.

**dienst·bo·de** (de ~(v.); -n of -s) vrouw die of meisje dat helpt in de huishouding ⇒ dienstmeisje.

**dienst·doend** (bijv. nw.) gezegd van iemand die dienst (bet.2) heeft, die in functie is ◆ *de dienstdoende verpleegster moet voor het avondeten zorgen.*

**dien·ster** (de ~(v.); -s) vrouw die of meisje dat eten en drinken rondbrengt in een café of restaurant ⇒ serveerster.

**dienst·fiets** (de ~; -en) **1** fiets die je gebruikt voor je werk en die eigendom is van het bedrijf ◆ *de postbode reed op een zwarte dienstfiets* **2** ronde bril die soldaten dragen.

**dien·stig** (bijv. nw.) (ouderwets) nuttig, geschikt ◆ *het is dienstig om eerst te vragen hoe laat de bus vertrekt.*

**dienst·klop·per** (de ~(m.); -s) iemand die overdreven ijverig en nauwkeurig werkt.

**dienst·meis·je** (het ~; -s) vrouw die of meisje dat helpt in de huishouding ⇒ dienstbode.

**dienst·plicht** (de ~) plicht om het leger in te gaan ◆ *vervangende dienstplicht*: de plicht om een tijd buiten het leger te werken als je weigert in militaire dienst te gaan.

**dienst·re·ge·ling** (de ~(v.); -en) overzicht van vertrek- en aankomsttijden van treinen, bussen, vliegtuigen en boten.

**dienst·vaar·dig** (bijv. nw.) (ouderwets) behulpzaam ⇒ gediienstig.

**dienst·ver·band** (het ~) gebondenheid door de baan die je hebt ◆ *ik werk niet meer in een vast dienstverband*: ik heb geen vaste baan meer; *na 40 jaar werd zijn dienstverband beëindigd*: toen hield hij op met werken.

**dien·ten·ge·vol·ge** (bijw.) (deftig) als gevolg daarvan ◆ *ik ga te laat naar bed, dientengevolge ben ik 's morgens niet uitgerust.*

**diep** (bijv. nw.) **1** gezegd van dingen waarvan de bodem ver van de oppervlakte van de bovenrand af is ◆ *het zwembad is drie meter diep; in het diepe springen*: (uitdr.) iets doen waarvan je totaal niet weet hoe het zal uitpakken; *diep in zijn hart wilde hij liever thuisblijven*: (uitdr.) als hij eerlijk tegen zichzelf was **2** gezegd van dingen waarvan de achterwand ver van de voorwand af is ◆ *dit huis is erg diep* **3** erg, enorm ◆ *ze slaakte een diepe zucht*: een goed hoorbare zucht; *er heerste een diepe duisternis*: het was ontzettend donker; *dieprode gordijnen*: met een volle, warme kleur rood; *ik slaap zo diep, dat ik de wekker bijna niet hoor*: zo vast; *je hebt haar diep beledigd*: heel erg.

**diep·gaand** (bijv. nw.) uitvoerig, grondig ◆ *een diepgaand onderzoek.*

**diep·gang** (de ~(m.)) afstand tussen de kiel van een schip en het wateroppervlak ◆ *dit bootje heeft een diepgang van 30 cm*: de kiel ervan komt 30 cm onder water; *hij heeft weinig diepgang*: (uitdr.) hij is nogal oppervlakkig.

**diep·lood** (het ~; -loden) toestel waarmee je kunt meten hoe diep het water is ⇒ peillood.

**diep·te** (de ~(v.); -n of -s) **1** het diep* (bet.1 en 2) zijn ◆ *wat is de diepte van deze put?*: hoe diep is hij?; *een schilderij met diepte*: dat de indruk wekt dat verschillende figuren achter elkaar in plaats van naast elkaar afgebeeld zijn **2** iets dat diep* (bet.1) is ◆ *de bergbeklimmers keken omlaag in de diepte van het dal.*

**diep·te·punt** (het ~; -en) het ergste of slechtste moment, het tegenovergestelde van 'hoogtepunt' ◆ *ik ben over het dieptepunt heen*: het ergste is nu voorbij.

**diep·te·wer·king** (de ~(v.)) eigenschap van een foto, schilderij enz. waardoor het lijkt of er diepte (bet.2) in zit ⇒ perspectief ◆ *je krijgt meer dieptewerking als je de figuren op deze tekening schaduwen geeft.*

**diep·vries** (de ~(m.)) ruimte waarin je levensmiddelen bevroren kunt bewaren ⇒ vriezer ◆ *soep uit de diepvries.*

**diep·zin·nig** (bijv. nw.) met een bepaalde wijsheid die je krijgt door veel te denken ◆ *zij is een diepzinnige vrouw; een diepzinnig antwoord.*

**dier** (het ~; -en) beest ◆ *wilde dieren; 't is een lekker dier*: (uitdr.) een lief, leuk kind.

**dier·baar** (bijv. nw.) gezegd van mensen van wie en dingen waarvan je veel houdt ⇒ geliefd ◆ *zij is mij erg dierbaar.*

**die·ren·arts** (de ~(m.); -en) dokter voor huisdieren.

**die·ren·beul** (de ~(m.); -en) iemand die slecht is voor dieren en ze pijn doet.

**die·ren·riem** (de ~(m.)) serie van twaalf sterrenbeelden die bij elkaar horen ♦ *Steenbok, Waterman, Tweelingen en Vissen zijn tekens van de dierenriem.*

**die·ren·tuin** (de ~(m.); -en) plaats waar veel verschillende dieren in hokken of op een omheind stuk grond leven om door mensen bekeken te worden ⇒ *diergaarde, dierenpark, zoo.*

**dier·gaar·de** (de ~; -n of -s) dierentuin.

**dier·lijk** (bijv. nw.) van dieren* of als van dieren*.

**die·sel** (de ~(m.); -s) bepaald soort olie ⇒ dieselolie ♦ *een dieselauto: die op dieselolie rijdt.*

**dië·tist** di·e·tist (de ~(m.); -en), vrouw: **diëtiste** di·e·tis·te (de ~(v.); -s of -n) iemand die voor zijn of haar beroep diëten* maakt.

**die·veg·ge** → dief.

**die·ven·klauw** (de ~; -en) metalen pen tussen deur en deurpost of tussen raam en raamkozijn waardoor een dief de deur of het raam niet open kan krijgen.

**differentiëren** dif·fe·ren·ti·e·ren (differentieerde, heeft gedifferentieerd) onderscheid maken ♦ *gedifferentieerd onderwijs:* onderwijs waarbij de lesstof wordt aangepast aan het niveau van iedere leerling afzonderlijk.

**dif·fuus** (bijv. nw.) *(van licht):* dat niet uit één bron lijkt te komen, verspreid.

**dif·te·rie, dif·te·ri·tis** (de ~(v.)) besmettelijke keelziekte.

**dig·gels, dig·ge·len** (zelfst. nw.) ▼ *aan diggels zijn, vallen, slaan* enz.: in scherven, aan barrels; *de vaas viel aan diggels.*

**dig·gen** [dɪkḱən] (digte, heeft gedigt) *iemand diggen:* (populair) iemand graag mogen.

**di·gi·taal** (bijv. nw.) *(van meet- en rekenapparatuur):* die waarden aangeeft waar kleine stapjes tussen zitten, het tegenovergestelde van 'analoog' (een digitale thermometer bijv. springt van de ene stand op de andere; een analoge thermometer kan elke temperatuur tussen (bijv.) -30° C en 50° C aangeven) ♦ *een digitaal horloge:* een horloge met verspringende cijfers; *een digitale geluidsopname:* opname waarbij het geluid wordt vastgelegd in getallen (bij het afspelen worden de getallen weer omgezet in geluid); *de digitale snelweg:* (uitdr.) de mogelijkheid om via computernetwerken zeer snel te communiceren.

**dij** (de ~; -en) deel van je been boven je knie.

**dij·en·klet·ser** (de ~(m.); -s) grap die zo leuk is dat je je van plezier op je dijen slaat.

**dijk** (de ~(m.); -en) **1** aarden wal om het land tegen het water te beschermen ⇒ dam ♦ *iemand aan de dijk zetten:* (uitdr.) iemand ontslaan; ook: de verkering met iemand uitmaken ▼ *een dijk van een huis, een salaris* enz.: een heel groot huis, een geweldig salaris enz..

**dijk·graaf** (de ~(m.); -graven) iemand die ervoor zorgt dat een dijk goed onderhouden wordt.

**dijk·ver·zwa·ring** (de ~(v.); -en) het versterken van de dijken, om de kans op overstroming te verkleinen.

**dik** (bijv. nw.) **1** met een grote breedte of omvang, het tegenovergestelde van 'dun' ♦ *een dik boek; hij heeft een dikke buik; maak je niet dik!:* (uitdr.) wind je niet op!; *iemand trouw zijn door dik en dun:* (uitdr.) wat er ook gebeurt **2** weinig vloeibaar, het tegenovergestelde van 'dun' ♦ *dikke pap* **3** nauw aaneengesloten, met weinig tussenruimte, het tegenovergestelde van 'dun' ♦ *een dikke haardos* **4** ruim, royaal ♦ *je hebt een dikke negen gehaald:* ruim een negen; *ze zijn dikke vrienden:* heel goede vrienden; *dat zit er dik in:* dat kun je verwach-

ten; *ze doen graag dik:* ze scheppen graag op; *dat is dik voor elkaar:* helemaal in orde; *het er dik bovenop leggen:* (uitdr.) je bedoeling wel heel duidelijk laten merken.

**dik·doe·ne·rij** (de ~(v.)) opschepperij.

**dik·kop** (de ~(m.); -pen) kikkervisje ⇒ *donderkopje.*

**dik·oor** (de ~) (in België □) bof.

**dikt-** → dict-.

**dik·te** (de ~(v.); -n of -s) het dik* (bet.1) zijn ♦ *de dikte van die plank is drie centimeter.*

**dik·tee** → dictee.

**dik·te·ren** → dicteren.

**dik·wijls** (bijw.) vaak.

**dik·zak** (de ~(m.); -ken) (populair) iemand die dik is.

**di·lem·ma** (het ~; dilemma's) moeilijke keuze tussen twee dingen ⇒ tweestrijd ♦ *daarmee stel je me voor een groot dilemma.*

**di·let·tant** (de ~(m.); -en), vrouw: **di·let·tan·te** (de ~(v.); -n of -s) iemand die niet veel verstand heeft van zijn of haar vak ♦ *ik laat m'n auto niet graag door zo'n dilettant repareren.*

**di·li·gen·ce** (Frans) [dieliezjāᶰsə] (de ~; -s) (vroeger) koets om reizigers en post te vervoeren ⇒ *postkoets.*

**dil·le** (de ~) tuinkruid met schermbloemen en platte, ovale zaadjes.

**di·men·sie** (de ~(v.); -s) afmeting ♦ *een doos heeft drie dimensies: hoogte, breedte en diepte.*

**dim·men** (dimde, heeft gedimd) licht dimmen: het minder fel laten schijnen ⇒ temperen, dempen ♦ *de chauffeur dimde het licht van de koplampen toen er een tegenligger aankwam; dimmen!:* (uitdr.; populair) een beetje rustiger of zachter!

**di·nar** (de ~; -s) munteenheid in o.a. Algerije en Tunesië.

**di·ner** (Frans) [dienee] (het ~; -s) (deftig) maaltijd, meestal avondmaaltijd.

**di·ne·ren** (dineerde, heeft gedineerd) (deftig) het diner* gebruiken.

**ding** (het ~; -en) voorwerp of zaak ♦ *hoe heet dat ding ook alweer?; ik denk vaak aan de dingen die vroeger gebeurd zijn; ik heb er een lief ding voor over om ...:* (uitdr.) ik zou heel graag willen dat ...; *een aardig, een eigenwijs* enz. *ding:* (uitdr.) een aardig, een eigenwijs enz. kind.

**din·gen** (dong, heeft gedongen) *naar de hand van een vrouw dingen:* proberen haar tot vrouw te krijgen.

**din·ges** (de ~) een ding waarvan of een mens van wie je de naam even niet weet ♦ *ik ben m'n dinges kwijt; heb je mevrouw Dinges al een kaart gestuurd?*

**di·no** (de ~(m.); dino's) (verkorting) dinosaurus ♦ *er heerste een paar jaar geleden een ware dinorage.*

**di·no·sau·rus** (de ~(m.); -sen) uitgestorven voorhistorisch reptiel, soms van enorme omvang (kijk ook bij: voorhistorisch).

**dins·dag** (de ~(m.); -en) de tweede dag van de week.

**di·o·cees** (het ~; diocesen) gebied dat bestuurd wordt door een bisschop ⇒ bisdom.

**dip** (de ~; -s) (populair) sombere toestand ♦ *een dip hebben:* (uitdr.) je erg somber voelen.

**di·plo·ma** (het ~; diploma's) bewijs dat je voor een examen geslaagd bent.

**di·plo·maat** (de ~(m.); diplomaten) elk van de ambtenaren die zorgen voor contacten tussen de regering van een land en buitenlandse regeringen.

**di·plo·ma·ten·kof·fer** (de ~(m.); -s) attachékoffer.

**di·plo·ma·tiek** (bijv. nw.) van of als van een diplomaat* ♦ *hij is in diplomatieke dienst getreden:* hij is diplomaat* geworden; *ze gaf een diplomatiek antwoord:* een voorzichtig antwoord met zorgvuldig gekozen woorden.

**dip·pen** (dipte, heeft gedipt) *iets ergens in dippen: iets er-gens even in dopen* ◆ *ze dipte een stukje brood in de kaassaus.*

**di·rect** (bijv. nw.) **1** meteen, onmiddellijk, zonder omweg ⇒ *rechtstreeks* ◆ *kom na schooltijd direct naar huis; zij is heel direct: ze zegt meteen waar het om gaat* ▼ *directe rede:* (taal) het letterlijk weergeven van wat gezegd is, met gebruik van aanhalingstekens; *in de zin: hij zei: 'ik heb honger' is 'ik heb honger' directe rede; direct object:* (taal) lijdend voorwerp.

**di·rec·teur** (de ~(m.); -en of -s), vrouw: **di·rec·tri·ce** (de ~ (v.); -s) hoofdleider van een bedrijf, een school enz..

**di·rec·tie** (de ~(v.); -s) hoofdbestuur ◆ *de directie van onze school vergadert iedere week.*

**di·rec·tief** (bijv. nw.) sturend ◆ *een directieve opmerking: een opmerking waarmee je probeert anderen tot jouw mening over te halen.*

**di·rect mail** (Engels) [dajrektmɛel] (de ~(m.)) reclame die per post toegestuurd wordt.

**di·rec·toi·re** [dierektwaar] (de ~(m.); -s) ouderwetse vrouwenonderbroek.

**di·rec·tri·ce** → directeur.

**dir·ham** (de ~; -s) Marokkaanse munteenheid.

**di·ri·gent** (de ~(m.); -en), vrouw: **di·ri·gen·te** (de ~(v.); -s of -n) iemand die dirigeert* (bet.1).

**di·ri·ge·ren** (dirigeerde, heeft gedirigeerd) **1** *een koor of or-kest dirigeren: dat leiden bij het uitvoeren van een mu-ziekstuk, o.a. door de maat aan te geven* **2** *iemand er-gens heen dirigeren: iemand ergens heen sturen* ◆ *ze werd door de leraar de klas uit gedirigeerd.*

**dir·ty mind** (Engels) [durtiemajnd] (de ~) (letterlijk: vieze geest) gedachtegang van iemand die snel een dubbel-zinnige, seksuele betekenis aan iets hecht.

**dis** (de ~(m.); -sen) (deftig) tafel waarop de maaltijd staat ◆ *ze zetten zich aan de dis: ze gingen aan tafel.*

**dis·ci·pel** (de ~(m.); -en of -s) volgeling, leerling ◆ *Jezus had twaalf discipelen.*

**dis·ci·pli·ne** [diesieplienə] (de ~(v.)) **1** tucht, orde ◆ *hij heeft geen discipline genoeg om zo hard te werken: hij kan het niet van zichzelf gedaan krijgen* **2** (-s) tak van wetenschap, onderzoeksgebied ◆ *het samenwerken van verschillende disciplines.*

**disc·joc·key** → diskjockey.

***disc·man** *(Wdl: diskman)* (Engels) [diskmen] (de ~; -s) walkman® voor cd's.

**dis·co** (de ~; disco's) **1** (verkorting) discotheek **2** (verkorting) discomuziek.

**dis·co·theek** (de ~(v.); discotheken) **1** plaats waar je kunt dansen op de muziek van platen en cd's **2** plaats waar je tegen betaling grammofoonplaten en cd's kunt lenen ◆ *boven de bibliotheek is een grote discotheek.*

**dis·count** [diskaunt, in België: diskont] (de ~(m.); -s) win-kel waar je op alle artikelen grote korting krijgt ⇒ *cash-and-carry.*

**dis·cre·diet** → diskrediet.

**dis·creet** (bijv. nw.) sterk rekening houdend met wat be-ter wel en niet gezegd kan worden ⇒ *kies, fijngevoelig* ◆ *we zullen dit geval discreet behandelen.*

**dis·cre·pan·tie** (de ~(v.)) verschil, afwijking waardoor dingen niet meer met elkaar kloppen ◆ *er is een grote discrepantie tussen wat zij zegt en wat ze doet.*

**dis·cre·tie** (de ~(v.)) het discreet* zijn ◆ *ik vraag u om discretie.*

**dis·cri·mi·na·tie** (de ~(v.)) het discrimineren*.

**dis·cri·mi·ne·ren** (discrimineerde, heeft gediscrimineerd) *iemand discrimineren: iemand op een oneerlijke manier achterstellen omdat hij of zij een bepaalde eigenschap*

heeft ◆ *bij ons op school worden buitenlandse kinderen niet gediscrimineerd.*

**dis·cus** (de ~(m.); -sen) platte, ronde werpschijf.

**dis·cus·sie** (de ~(v.); -s) gesprek waarin je over een be-paald onderwerp met anderen van gedachten wisselt ◆ *in de klas hielden we een discussie over milieuvervui-ling; dat staat nog ter discussie: daar is nog geen beslis-sing over genomen.*

**discussiëren** dis·cus·si·e·ren (discussieerde, heeft gediscus-sieerd) *ergens over discussiëren: ergens een discussie* over houden.*

**dis·cu·ta·bel** (bijv. nw.) waarover men van mening ver-schilt ⇒ *aanvechtbaar, betwistbaar* ◆ *het plan om de school te verbouwen is erg discutabel.*

**dis·cu·te·ren** (discuteerde, heeft gediscuteerd) *ergens over discuteren: ergens een discussie* over houden.*

**disk** (de ~; -s) schijfje voor in een computer waarop je gegevens kunt opslaan ⇒ *diskette.*

**dis·ket·te** (de ~; -s) disk.

**disk·joc·key** (Engels) [diskdzjokkie] (de ~(m.); -s) iemand die in een discotheek of voor de radio de platen draait.

**disko(-)** → disco(-).

**dis·kre·diet** (zelfst. nw.) ▼ *iemand in diskrediet brengen: iemand een slechte naam bezorgen.*

**dis·kreet** → discreet.

**dis·kre·tie** → discretie.

**disku-** → discu-.

**dis·kwa·li·fi·ce·ren** (diskwalificeerde, heeft gediskwalifi-ceerd) *iemand diskwalificeren:* (sport) iemand niet meer mee laten doen aan een wedstrijd omdat hij of zij zich niet aan de spelregels gehouden heeft.

**dis·pen·sa·tie** (de ~(v.); -s) ontheffing, vrijstelling van een regel of voorschrift.

**dis·po·ni·bel** (bijv. nw.) (deftig) beschikbaar ◆ *ik ben dis-ponibel vanaf vier uur.*

**dis·pu·te·ren** (disputeerde, heeft gedisputeerd) *disputeren over iets: over iets redetwisten* ⇒ *debatteren* ◆ *ze bleven maar over de vakantie disputeren.*

**dis·puut** (het ~; disputen) **1** redetwist, discussie ◆ *de rapportenvergadering liep uit op een heftig dispuut tussen de leraren* **2** studentenvereniging waar veel gedispu-teerd* wordt.

**dis·qua·li·fi·ce·ren** → diskwalificeren.

**dis·sel** (de ~(m.); -s) **1** trekstang aan een caravan **2** hou-ten balk tussen twee paarden die een wagen trekken ⇒ *disselboom.*

**dis·ser·ta·tie** (de ~(v.); -s) proefschrift.

**dis·si·dent** (de ~(m.); -en), vrouw: **dis·si·den·te** (de ~(v.); -n of -s) iemand die op politiek of godsdienstig gebied een mening heeft die sterk afwijkt van de mening van de machthebbers ◆ *in China worden dissidenten soms verbannen.*

**dis·so·nant** (de ~(m.); -en) **1** valse toon **2** iets dat niet past bij de rest ⇒ *wanklank* ◆ *die knalblauwe vloerbe-dekking is een dissonant in deze kamer.*

**dis·tan·tie** (de ~(v.); -s) afstand.

**distantiëren** dis·tan·ti·e·ren (distantieerde, heeft gedistanti-eerd) *je distantiëren van iets of iemand: afstand nemen van iets of iemand, je niet meer met iets of iemand be-moeien* ◆ *ik wil me distantiëren van mijn vroegere vrien-den.*

**dis·tel** (de ~; -s) stekelige plant, vaak met paarse bloe-men.

**dis·til·le·ren** → destilleren.

**dis·tinc·tie** (de ~(v.); -s) voornaamheid, beschaafdheid waardoor je je van anderen onderscheidt.

**dis·tri·bu·e·ren** (distribueerde, heeft gedistribueerd) *iets* *distribueren*: iets verspreiden, iets uitdelen ◆ *het Leger des Heils **distribueert** soep en koffie onder daklozen.*

**dis·tri·bu·tie** (de ~(v.); -s) het distribueren* ◆ *de **distributie** van levensmiddelen in de oorlog*: de verdeling van de schaarse levensmiddelen door de overheid.

**dis·trict** (het ~; -en) onderafdeling van een gebied ◆ *ieder **district** in deze stad heeft z'n eigen politiebureau.*

**dit** (aanw. vnw.)(geeft aan dat iemand of iets bij de spreker in de buurt is) ◆ ***dit** boek heb ik uit, maar dat nog niet.*

**dit·jes** (zelfst. nw.) ▼ *we kletsen wat over **ditjes** en datjes*: over allerlei kleine, onbelangrijke dingen.

**di·to** (bijv. nw.) hetzelfde, net zo ◆ *ze droeg een gebloemde rok en een **dito** jasje*: een jasje dat ook gebloemd was.

**di·va** (de ~(v.); diva's) beroemde zangeres of toneelspeelster.

**di·van** (de ~(m.); -s) bank zonder leuningen speciaal om op te liggen ⇒ *rustbank.*

**di·ver·gent** (bijv. nw.) uiteenlopend, het tegenovergestelde van 'convergent' ◆ *deze schemerlamp zorgt voor **divergent** licht*: een lichtbundel die naar onderen toe steeds breder wordt.

**di·ver·ge·ren** (divergeerde, heeft gedivergeerd) uiteenlopen, zich verspreiden vanuit één punt, het tegenovergestelde van 'convergeren' ◆ ***divergerende** lichtstralen.*

**di·vers** (bijv. nw.) **1** verschillend, uiteenlopend ◆ *je kunt hier **diverse** uitstapjes maken* **2** meer dan één ⇒ *verscheiden* ◆ ***diverse** leerlingen kwamen te laat.*

**di·ver·sen** (zelfst. nw.; meervoud) dingen van verschillende aard, die buiten een indeling vallen.

**di·vi·dend** (het ~; -en) rente die je krijgt als je een aandeel in een bedrijf hebt gekocht (kijk ook bij: **aandeel**).

**di·vi·sie** (de ~(v.); -s) **1** afdeling in het leger **2** afdeling in het beroepsvoetbal ◆ *Telstar speelt in de eerste **divisie**.*

**dixie·land** (Engels) [diksielent](de ~) bepaald soort jazzmuziek.

**diz·zy** (bijv. nw.) duizelig ◆ *hij werd **dizzy** van al die kermisdrukte.*

**dj** (Engels) [diedzjee](de ~; dj's) *disk*jockey.

**dji·oe-djit·soe** → jioe-jitsoe.

**dm** (afkorting) *deci*meter.

**DM** (afkorting) *D*uitse *M*ark.

**d.m.v.** (afkorting) *d*oor *m*iddel *v*an.

**DNA** (het ~) onderdeel van de celkernen van de mens, met een soort code waarin erfelijke eigenschappen vastliggen.

**do** (de ~) de eerste noot van de toonladder.

**dob·be·len** (dobbelde, heeft gedobbeld) een gokspel spelen met dobbelstenen.

**dob·bel·steen** (de ~(m.); -stenen) klein vierkant blokje met op de vlakken één tot zes stippen, gebruikt bij spelletjes ◆ *spek in **dobbelsteentjes** snijden*: in kleine vierkante blokjes.

**dob·ber** (de ~(m.); -s)(visserij) drijvend blokje of bolletje dat beweegt of onder water verdwijnt als je beet hebt ◆ *hij heeft er een harde **dobber** aan*: (uitdr.) het is een moeilijke opdracht voor hem.

**dob·be·ren** (dobberde, heeft gedobberd) op het water drijven en daarbij zacht heen en weer gaan ◆ *het bootje **dobberde** dagen lang op zee.*

**do·cent** (de ~(m.); -en), vrouw: **do·cen·te** (de ~(v.); -s of -n) **1** iemand die les geeft op een school waar je na het basisonderwijs heen kunt ⇒ *leraar* **2** (in België) iemand die les geeft in het hoger onderwijs.

**do·ce·ren** (doceerde, heeft gedoceerd) *een vak **doceren***: daar les in geven ⇒ *onderwijzen* ◆ *hij **doceert** Engels aan de universiteit.*

**doch** (voegw.)(deftig) maar.

**doch·ter** (de ~(v.); -s) meisje of vrouw als kind van iemand.

**doch·ter·on·der·ne·ming** (de ~(v.); -en) bedrijf dat opgericht is door een ander, groter bedrijf en daar min of meer afhankelijk van is ⇒ *filiaal.*

**do·ciel** (bijv. nw.) volgzaam, gedwee.

**doc·tor** (de ~(m.); -en of -s)(universitaire titel die een doctorandus, meester in de rechten of ingenieur krijgt als hij of zij gepromoveerd is)(kijk ook bij: **promoveren**).

**doc·to·raal** (het ~)(in Nederland) eindexamen aan een algemene universiteit, waarna je doctorandus wordt (kijk ook bij: **doctorandus**).

**doc·to·ran·dus** (de ~(m.); -sen of doctorandi), vrouw: **doc·to·ran·da** (de ~(v.); doctoranda's)(in Nederland)(titel van iemand die afgestudeerd is aan een algemene universiteit).

**doc·tri·ne** (de ~(v.); -s) regel, opvatting ◆ *zij leven volgens de **doctrines** van de kerk*: volgens de leer van de kerk.

**do·cu·ment** (het ~; -en) belangrijk papier, gedrukt of geschreven bewijsstuk.

**do·cu·men·tai·re** (de ~; -s) film- of radioverslag van bestaande of gebeurde dingen.

**do·cu·men·ta·tie** (de ~(v.)) verzameling van gegevens en bewijsstukken.

**do·cu·men·te·ren** (documenteerde, heeft gedocumenteerd) **1** *iets documenteren*: iets van gegevens, bewijzen voorzien ◆ *dit boek is goed **gedocumenteerd***: er staat veel achtergrondinformatie en bewijsmateriaal in **2** *je documenteren*: gegevens verzamelen.

**do·daars** (de ~(m.); dodaarzen) kleine fuut.

**dod·dig** (bijv. nw.) leuk om te zien ⇒ *snoezig, enig.*

**do·de¹** (de ~; -n) iemand die overleden is ◆ *van de **doden** niets dan goeds*: (spreekwoord) laten we over dode mensen alleen maar goede dingen vertellen.

**do·de²** → dood.

**do·de·lijk** (bijv. nw.) zó dat de dood* erop volgt ◆ *een **dodelijk** schot; een **dodelijke** verveling overviel me*: (uitdr.) een enorme verveling.

**do·de·mans·knop** (de ~(m.); -pen) knop die een bestuurder, bijv. van een trein, in moet drukken om vooruit te kunnen komen. Als die hem loslaat komt het voertuig of vaartuig automatisch tot stilstand.

**do·den** (doodde, heeft gedood) *een mens of dier doden*: een eind maken aan het leven van een mens of dier ◆ *de tijd **doden***: (uitdr.) de verveling proberen te verdrijven.

**do·den·her·den·king** (de ~(v.); -en) plechtigheid waarbij men doden herdenkt, vooral de slachtoffers van de Tweede Wereldoorlog.

**do·den·sprong** (de ~(m.); -en) levensgevaarlijke sprong, vooral van acrobaten ⇒ *salto mortale.*

**doe·del·zak** (de ~(m.); -ken) blaasinstrument met een luchtzak en verschillende pijpen, waarop vaak volksmuziek gespeeld wordt, vooral in Schotland.

**doeg** (tussenw.)(populair)(afscheidsgroet) ⇒ *dag.*

**doe-het-zel·ver** (de ~(m.); -s) iemand die zelf dingen repareert of installeert.

**doei** (tussenw.)(populair)(afscheidsgroet) ⇒ *dag.*

**doek** (zelfst. nw.; -en) **1** (de ~(m.)) lap stof ◆ *vaat**doek**; hoofd**doek**; ergens geen **doekjes** om winden*: (uitdr.) openlijk voor iets uitkomen; *een **doekje** voor het bloeden*: (uitdr.) een flauw goedmakertje, iets waar je mee afgescheept wordt; *ze ziet zo wit als een **doek***: (uitdr.) ze ziet heel bleek **2** (het ~) scherm of gordijn ◆ *het **doek** gaat op*: het gordijn dat voor het toneel hangt, wordt omhoog gehaald; *helden van het witte **doek***: (uitdr.) filmsterren; *een open doekje*: (uitdr.) applaus tijdens de voorstelling **3** (het ~) schilderstuk ◆ *een kostbaar doek van Rembrandt* ▼ *iets uit de doeken doen*: iets uitleggen.

**doel** (de ~ (m.) of het ~; -en) **1** wat je wilt bereiken ⇒ *oogmerk* ◆ *een collecte voor een goed doel; het doel van de reis*: het eindpunt, de bestemming; *het doel heiligt de middelen*: (uitdr.) alles mag om een goed doel te bereiken; *je doel voorbijstreven*: (uitdr.) zo overdrijven dat je juist niet bereikt wat je wilde bereiken **2** plek waar je de bal moet zien te krijgen bij balsporten ⇒ *goal*.

**doel·be·wust** (bijv. nw.) met een duidelijk idee van wat je wilt ⇒ *vastberaden*.

**doel·ein·de** (het ~; -n) wat er met iets gedaan wordt ⇒ *bestemming* ◆ *deze stof kan voor vele doeleinden gebruikt worden*.

**doe·len** (doelde, heeft gedoeld) *op iets doelen*: iets bedoelen ⇒ *zinspelen*.

**doel·groep** (de ~; -en) de mensen voor wie iets bestemd is.

**doel·loos** (bijv. nw.) zonder plannen, zonder nut ◆ *doelloos tegen een paaltje trappen*.

**doel·man** (de ~ (m.); -nen) iemand die de bal uit het doel (bet.2) moet zien te houden ⇒ *keeper, doelverdediger*.

**doel·ma·tig** (bijv. nw.) geschikt voor het doel, handig, praktisch ⇒ *functioneel* ◆ *de keuken was zeer doelmatig ingericht*.

**doel·punt** (het ~; -en) punt omdat je de bal in het doel (bet.2) van de tegenstander hebt gekregen ⇒ *goal*.

**doel·stel·ling** (de ~ (v.); -en) datgene waar je naar streeft, wat je wilt bereiken.

**doel·tref·fend** (bijv. nw.) gezegd van iets dat ervoor zorgt dat je je doel bereikt ⇒ *effectief* ◆ *doeltreffende maatregelen*.

**doel·wit** (het ~) **1** iets waarop speciaal gericht wordt ⇒ *mikpunt* ◆ *zij is het doelwit van zijn plagerijen* **2** (deftig) doel ⇒ *oogmerk*.

**doem** (de ~ (m.)) vloek, slechte invloed.

**doem·den·ken** (ww.) verwachten dat alles toch slecht zal aflopen.

**doen** (deed, heeft gedaan) **1** *iets doen*: iets uitvoeren, aan iets werken ◆ *hij doet niets; de vaat doen; jammer, maar er is niets aan te doen*: er is niets aan te veranderen; *zo gezegd, zo gedaan*: (uitdr.) zoals we het afgesproken hadden, voerden we het uit; *al doende leert men*: (spreekwoord) terwijl je ergens mee bezig bent gaat het beter door de ervaring die je opdoet; *iets van iemand gedaan krijgen*: (uitdr.) voor elkaar krijgen dat iemand iets doet, iets van iemand gedaan krijgen **2** het doen: functioneren, werken ◆ *de auto deed het weer* **3** *iemand doen huiveren, struikelen enz.*: maken dat iemand huivert, struikelt enz. ⇒ *laten* ◆ *het deed mij walgen; dat doet me denken aan vroeger* **4** *iets ergens in, op enz. doen*: maken dat iets ergens in, op enz. gaat ◆ *slagroom op de koffie doen* **5** het doen: (populair) geslachtsgemeenschap hebben ▼ *iemand een plezier, verdriet, pijn enz. doen*: maken dat iemand plezier, verdriet, pijn enz. heeft; *je ergens aan tegoed doen*: van iets smullen; *doen alsof*: iets spelen; *die muziek doet me niets*: die ontroert me niet, die laat me onverschillig; *dat doet er niet toe*: dat is totaal onbelangrijk; *ik heb met je te doen*: ik heb medelijden met je; *het is haar te doen om …*: daar gaat het haar om, daar is ze op uit; *voor zijn doen*: in vergelijking met hoe hij anders is; *uit zijn doen*: in de war, van streek; *ik heb gedaan*: (in België □) ik ben klaar, mijn werk is af; *je laten doen*: (in België □) met je laten sollen.

**doen·lijk** (bijv. nw.) uitvoerbaar, te doen ◆ *zoveel huiswerk, dat is niet doenlijk!*

**doe·rak** (de ~ (m.); -s of -ken) ondeugend kind ⇒ *rakker, deugniet*.

**doe·tje** (het ~; -s) iemand die van alles met zich laat uithalen ⇒ *slappeling, sul*.

**doe·ze·len** (doezelde, heeft gedoezeld) half slapen ⇒ *soezen*.

**dof** (bijv. nw.) **1** (van geluiden): niet helder klinkend, gedempt ◆ *een doffe dreun* **2** (van kleuren en metaal): zonder glans, mat ◆ *doffe kleuren*.

**dof·fer** (de ~ (m.); -s) mannetjesduif.

**dog** (de ~ (m.); -gen) vaak grote hond met een brede zware kop en een zwaar lijf ◆ *een Deense dog*.

**do·ge** (de ~ (m.); -s of -n) president van Venetië in de tijd dat dat nog een stadstaat was.

**dog·ma** (het ~; dogma's) regel in een leer of geloof waarover niet te discussiëren valt ◆ *het dogma van de onfeilbaarheid van de paus*.

**dog·ma·tisch** (bijv. nw.) streng en onbuigzaam, niet vatbaar voor discussie.

**dok** (het ~; -ken) plaats om schepen te repareren.

**do·ka** (de ~; doka's) (verkorting) *do*nkere *ka*mer; dit is een ruimte om foto's te ontwikkelen en af te drukken.

**do·ken** → duiken.

**dok·ken** (dokte, heeft gedokt) (populair) betalen.

**dok·ter** (de ~ (m.); -s), vrouw: **dok·te·res** (de ~ (v.); -sen) iemand die ervoor gestudeerd heeft om je te helpen als je ziek of gewond bent ⇒ *arts, medicus, geneesheer*.

**dok·te·ren** (dokterde, heeft gedokterd) *aan iets dokteren*: iets trachten te verhelpen of verbeteren ◆ *aan zo'n wond moet je niet zelf dokteren*.

**dok·te·res** → dokter.

**dokument(-)** → document(-).

**dol¹** (de ~ (m.); -len) bevestiging aan een roeiboot voor een roeispaan.

**dol²** (bijv. nw.) **1** *dol zijn op iets of iemand*: heel veel van iets of iemand houden ◆ *ik ben dol op spruitjes* **2** gezegd van iemand die heel erg opgewonden is en niet rustig na kan denken ◆ *die herrie maakt me dol; dat is toch al te dol*: dat kunnen we niet goedvinden, dat gaat te ver; *een dolle boel*: een vrolijke boel waarbij mensen niet meer zo nadenken wat ze doen **3** gezegd van iets dat dóórdraait, dat geen rustpunt vindt ◆ *het kompas is dol; die schroef is dol; door het dolle heen zijn*: heel uitgelaten zijn.

**dol-** (populair) heel erg ◆ *dol*blij; *dol*komisch.

**dol·by** (Engels) [dɔlbie] (het ~) systeem in cassetterecorders om hinderlijk geruis onhoorbaar te maken.

**do·len** (doolde, heeft gedoold) zwerven, dwalen ◆ *een dolende ridder*: die rondzwerft op zoek naar avontuur.

**dolf** → delven.

**dol·fijn** (de ~ (m.); -en) zoogdier dat in zee leeft en hoog boven water uit kan springen, verwant aan de walvis.

**dolk** (de ~ (m.); -en) kort mes, wapen om mee te steken.

**dol·lar** (de ~ (m.); -s) munteenheid, o.a. in de USA.

**dol·len** (dolde, heeft gedold) uitgelaten doen ◆ *ze liepen te dollen als jonge honden*.

**dol·ven** → delven.

**dom¹** (de ~ (m.)) hoofdkerk van een bisdom ⇒ *kathedraal*.

**dom²** (bijv. nw.) **1** niet slim, niet verstandig ◆ *een domme streek; een dom jochie; zo dom als 't paard van Christus*: (in België □; uitdr.; populair) heel dom; *te dom om te helpen donderen*: (in België □; uitdr.) heel dom ▼ *je van de domme houden*: onnozel doen, doen alsof je het niet weet of niet snapt.

**dom·bo** (de ~ (m.); dombo's) (populair) domme persoon ⇒ *sufferd*.

**do·mein** (het ~; -en) gebied ◆ *de kroondomeinen*: gebieden van een koningin of koning; *de keuken is mijn do-mein*: daar ben ik de baas.

**do·mi·ci·lie** (het ~; -s) plaats waar iemand een vaste woonplaats heeft.

**do·mi·na** → dominee.

**do·mi·nant** (bijv. nw.) overheersend ◆ *zwart is in zijn kamer erg dominant*: er is erg veel zwart in zijn kamer.

**do·mi·nee** (de ~(m.); -s), vrouw: **do·mi·na** (de ~(v.); domina's) iemand die in een protestantse kerk de dienst leidt ⇒ *predikant* ◆ *er gaat een dominee voorbij*: (uitdr.) (gezegd als het in een kamer met veel mensen plotseling stil wordt).

**do·mi·nee·se** (de ~(v.); -n) vrouw van een dominee.

**do·mi·ne·ren** (domineerde, heeft gedomineerd) *iemand of iets domineren*: iemand of iets overheersen ◆ *de droefheid domineert in zijn verhalen; zij heeft een dominerend karakter*: zij speelt graag de baas.

**do·mi·ni·caan** (de ~(m.); dominicanen), vrouw: **do·mi·ni·ca·nes** (de ~(v.); -sen) lid van de kloosterorde die door Sint-Dominicus is opgericht.

**do·mi·no** (het ~; domino's) spel waarbij stenen met hetzelfde aantal stippen tegen elkaar aangelegd moeten worden.

**dom·me·kracht** (de ~; -en) **1** soort hefboom **2** iemand die alleen maar sterk is en niet slim.

**dom·me·len** (dommelde, heeft gedommeld) licht slapen, waarbij je steeds weer even wakker wordt.

**dom·oor** (de ~; -oren) iemand die iets onverstandigs doet.

**dom·pe·len** (dompelde, heeft gedompeld) **1** *iets of iemand in een vloeistof dompelen*: iets of iemand daarin onder laten gaan **2** *in ellende, schulden enz. gedompeld zijn*: vreselijk veel ellende, schulden enz. te dragen hebben.

**dom·per** (de ~(m.); -s) teleurstelling, iets wat een goede stemming bederft ◆ *dat was een hele domper voor mij; een domper op de blijheid zetten*: (in België; uitdr.) de blijheid verminderen, temperen.

**domp·teur** (de ~(m.); -s), vrouw: **domp·teu·se** (de ~(v.); -s) iemand die wilde beesten dresseert en daarmee optreedt.

**dom·weg** (bijw.) zonder nadenken, als vanzelfsprekend ◆ *iets domweg overschrijven; ik voelde me domweg gelukkig.*

**do·na·teur** (de ~(m.); -s), vrouw: **do·na·tri·ce** (de ~(v.); -s) iemand die geld geeft aan een vereniging, vaak een vast jaarlijks bedrag.

**do·na·tie** (de ~(v.); -s) geld dat je geeft, meestal aan een goed doel ⇒ *schenking, gift.*

**don·der** (de ~(m.); -s) dreunend geluid in de lucht na of tegelijk met een bliksemflits ⇒ *donderslag* ◆ *als de donder*: (uitdr.; populair) zo snel mogelijk; *kom als de donder hier!*

**don·der·dag** (de ~(m.); -en) de vierde dag van de week.

**don·de·ren** (donderde, heeft gedonderd) **1** het geluid van de donder* geven ◆ *hij kijkt of hij het in Keulen hoort donderen*: (uitdr.) hij kijkt heel verbaasd, erg verbaasd ▼ *het dondert niet*: (populair) het geeft niet, het doet er niet toe.

**don·der·ja·gen** (ww.) lastig zijn door druk te doen ⇒ *klieren* ◆ *jongens, lig niet zo te donderjagen.*

**don·der·preek** (de ~; -preken) standje van iemand die goed laat merken dat hij of zij heel boos is.

**don·ders** (bijw.) (populair) heel erg ◆ *jij weet donders goed, dat dat niet mag.*

**don·der·slag** (de ~(m.)) donder ◆ *als een donderslag bij heldere hemel*: (uitdr.) heel onverwacht.

**don·der·steen** (de ~(m.); -stenen) (populair) ondeugend, maar vertederend kind, stouterd ⇒ *doerak.*

**dong** → dingen.

**don·gen** → dingen.

**Don Ju·an** (Spaans) [dongœw**a**n] (de ~; -s) man die veel vriendinnetjes heeft.

**don·ker¹** (het ~) tijd waarin het niet licht is ⇒ *duister, duisternis* ◆ *ben je voor donker thuis?*: voor de avond; *we hebben uren in het donker gezeten*: zonder elektrische verlichting.

**don·ker²** (bijv. nw.) **1** niet licht ⇒ *duister* ◆ *de donkere dagen voor Kerstmis*: waarop het maar heel kort licht is **2** *(van kleuren)*: dichter bij zwart dan bij wit liggend, het tegenovergestelde van 'licht' **3** somber, treurig ◆ *ze ziet de toekomst donker in*: (uitdr.) ze verwacht veel problemen **4** *(van klanken en geluiden)*: laag en zwaar, het tegenovergestelde van 'helder' ◆ *een donkere stem.*

**do·nor** (de ~(m.); -s) iemand die bloed of een van zijn of haar organen afstaat om daarmee een zieke te helpen.

**do·nor·co·di·cil** [d**o**onork**o**odiesiel] (het ~; -len) verklaring waarin je zegt dat delen van je lichaam na je dood gebruikt mogen worden voor transplantatie.

**dons** (het ~) **1** de kleinste en zachtste vogelveertjes **2** zachte haartjes, bijv. op een perzik ◆ *Matthias heeft al wat dons op z'n kin*: het eerste baardhaar.

**do·nut** (de ~(m.); -s) lekkernij, bestaande uit een ring van gefrituurd deeg met suiker.

**dood¹** (de ~) toestand waarin je niet meer leeft ◆ *iemand ter dood veroordelen*: bepalen dat iemand voor straf moet sterven; *de zieke is ten dode opgeschreven*: (uitdr.) hij zal sterven; *Ankie is als de dood voor spinnen*: (uitdr.) daarvoor is ze heel bang; *dood en verderf zaaien*: (uitdr.) ervoor zorgen dat er mensen sterven of erg ongelukkig worden; *de dood van Pierlala*: (uitdr.) de dood, voorgesteld als een lange dunne pop; *Pietje de Dood*: (in België □; uitdr.; populair) de dood, magere Hein; *de een zijn dood is de ander zijn brood*: (spreekwoord) wat voor de een heel vervelend is, is voor de ander heel gunstig.

**dood²** (bijv. nw.) niet meer levend ◆ *een dood vogeltje; die hond is op sterven na dood*: (uitdr.) hij is er heel slecht aan toe; *ik schrok me dood*: (uitdr.) ik schrok heel erg; *zo dood als een pier*: (uitdr.) helemaal dood; *een dooie kerel*: (uitdr.) een saaie vent; *ik heb dooie vingers van de kou*: (uitdr.) gevoelloos.

**dood·bloe·den** (bloedde dood, is doodgebloed) langzaam maar zeker ophouden, aflopen ◆ *hun vriendschap was doodgebloed.*

**dood·doen** (deed dood, heeft doodgedaan) **1** *een mens of een dier dooddoen*: (in België □) een mens of een dier doden, slachten **2** *er niet veel aan dooddoen*: (in België □; populair) niet veel uitvoeren.

**dood·doe·ner** (de ~(m.); -s) nietszeggende opmerking waarmee je je makkelijk van iets, bijv. een lastige vraag, afmaakt.

**dood·en·kel** (bijv. nw.) ▼ *een doodenkele keer*: heel soms, niet vaak.

**dood·gaan** (ging dood, is doodgegaan) ophouden met leven ⇒ *sterven* ◆ *dat doe ik niet, ik ga liever gewoon dood!*: (uitdr.) dat vind ik veel te eng.

**dood·ge·moe·de·reerd** (bijw.) heel kalm, alsof het heel gewoon is ⇒ *doodkalm.*

**dood·ge·woon** (bijv. nw.) heel erg gewoon, niets bijzonders ◆ *het gebeurde op een doodgewone dag.*

**dood·gooi·en** (gooide dood, heeft doodgegooid) *iemand ergens mee doodgooien*: iemand ergens mee overstelpen, overladen ◆ *je wordt op school doodgegooid met informatiefolders.*

**dood·gra·ver** (de ~(m.); -s) iemand die graven graaft.

**dood·klap** (de ~(m.)) hele harde klap ◆ *iemand een dood-*

*klap* geven; *de staking was de* **doodklap** *voor het bedrijf: die betekende de ondergang.*

**dood·leuk** (bijw.) rustig en nuchter terwijl je dat niet zou verwachten.

**dood·lo·pen** (liep dood, is doodgelopen) **1** *(van straten):* aan één kant afgesloten zijn **2** niet lukken, niet voltooid worden ⇒ *stranden* ♦ *de mooie plannen zijn* **doodgelopen** *door alle tegenwerking.*

**dood·op** (bijv. nw.) heel erg moe, uitgeput ⇒ *bekaf.*

**dood·rij·der** (de ~(m.); -s)(in België □) wegpiraat.

**doods** (bijv. nw.) saai, somber en stil ♦ *wat een* **doods** *stadje; er heerste een* **doodse** *stilte: een diepe, absolute stilte.*

**dood(s)-** (voor bijvoeglijke naamwoorden) heel erg, zeer ♦ **dood**eenvoudig; **dood**moe; **dood**stil; **doods**bang.

**doods·angst** (de ~(m.); -en) grote angst die je bijv. kunt voelen als je doodgaat ♦ *ze stond* **doodsangsten** *uit op die hoge berg: ze was verschrikkelijk bang; we zaten in* **doodsangst***: we waren vreselijk ongerust.*

**doods·brief** (de ~(m.); -brieven)(in België□) rouwkaart.

**doods·hoofd** (het ~; -en) hoofd van een geraamte ⇒ *doodskop.*

**doods·kist** (de ~; -en) kist waarin een dode begraven wordt.

**doods·kop** (de ~(m.); -pen) doodshoofd.

**dood·slag** (de ~(m.)) het doodmaken van iemand door geweld te gebruiken.

**doods·nood** (de ~(m.)) erg gevaarlijke situatie of grote angst ♦ *in* **doodsnood** *verkeren.*

**dood·steek** (de ~(m.)) vernietigende opmerking of daad ♦ *iemand de* **doodsteek** *geven.*

**dood·straf** (de ~) straf waarbij de veroordeelde gedood wordt.

**doods·vij·and** (de ~(m.); -en) grote vijand.

**dood·tij** (het ~) korte tijd tussen eb en vloed, waarin het water niet daalt en niet stijgt ♦ *het is* **doodtij***.*

**dood·val·len** (viel dood, is doodgevallen) ▼ *val dood; je kunt* **doodvallen!***:* (populair) ik heb genoeg van je!

**dood·ver·ven** (doodverfde, heeft gedoodverfd) *iemand doodverven als iets:* van tevoren zeggen dat iemand iets wordt ♦ *ze* **doodverven** *hem als de nieuwe kampioen.*

**dood·von·nis** (het ~; -sen) uitspraak waarmee de rechter iemand ter dood veroordeelt ♦ *daarmee teken je je eigen* **doodvonnis***:* (uitdr.) je doet iets waarmee je jezelf erg benadeelt.

**dood·wond** (zelfst. nw.) ▼ *kalm maar, 't is geen* **doodwond***:* het valt wel mee, zo erg is het niet.

**dood·zon·de¹** (de ~; -n) heel erge zonde of fout ♦ *kom, het is geen* **doodzonde***:* zo erg is het nu ook weer niet.

**dood·zon·de²** (bijv. nw.) heel erg jammer ♦ *de vaas is kapotgevallen; ik vind het* **doodzonde!**

**dood·zwij·gen** (zweeg dood, heeft doodgezwegen) *iets of iemand doodzwijgen:* expres niet over iets of iemand praten ♦ *we moeten deze pijnlijke kwestie maar* **doodzwijgen***.*

**doof** (bijv. nw.) gezegd van iemand die niet of niet goed kan horen ♦ *schreeuw niet zo, ik ben niet* **doof***!*: ik hoor je wel; *zo* **doof** *als een kwartel:* (uitdr.) heel erg doof; *hij is Oost-Indisch* **doof***:* (uitdr.) hij doet alsof hij niets hoort omdat dat hem beter uitkomt.

**doof·pot** (zelfst. nw.; -ten) ▼ *iets in de* **doofpot** *stoppen:* niet meer over iets praten.

**doof·stom** (bijv. nw.) gezegd van iemand die niet kan horen en niet kan praten.

**dooi** (de ~(m.)) buitentemperatuur van meer dan nul graden Celsius waarbij, na een periode van vorst, ijs en sneeuw smelten ♦ *de* **dooi** *is ingevallen:* nu beginnen ijs en sneeuw te smelten.

**dooi·en** (dooide, heeft gedooid) *het dooit:* de temperatuur buiten is hoger dan nul graden Celsius (gezegd als het gevroren heeft).

**dooi·er** (de ~(m.); -s) het gele gedeelte in een ei ⇒ *eigeel, eierdooier.*

**dook** → duiken.

**dool·hof** (de ~(m.); doolhoven) tuin met kronkelpaden en hoge heggen waar je makkelijk verdwaalt ⇒ *labyrint* ♦ *ik kan in die wijk nooit de weg vinden, het is er zo'n* **doolhof** *van straten:* (uitdr.) een wirwar.

**doop** (de ~(m.); dopen) **1** het dopen* (bet.2 en 3) ♦ *een kind ten* **doop** *houden:* het in de kerk laten dopen; *de* **doop** *van een schip:* de feestelijke gebeurtenis waarbij een nieuw schip een naam krijgt en voor het eerst in het water gaat **2** (in België □) bijeenkomst waarop nieuwe studenten allerlei plagerijen moeten ondergaan.

**doop·ceel** (zelfst. nw.) ▼ *iemands* **doopceel** *lichten:* alles van iemand willen weten, vooral de minder leuke dingen.

**doop·naam** (de ~(m.)) voornaam of voornamen waaronder je bij je doop wordt ingeschreven als lid van de kerk ♦ *zijn* **doopnaam** *is Gerardus Cornelis, maar we noemen hem Gert.*

**doop·sel** (het ~; -s) doop* (bet.1) in een rooms-katholieke kerk ♦ *ik heb het* **doopsel** *ontvangen:* ik ben gedoopt.

**doops·ge·zind** (bijv. nw.) behorend bij een groep in de protestantse kerk die mensen pas wil dopen als ze oud genoeg zijn om er zelf over te beslissen.

**doop·vont** (de ~; -en) kom met water dat bij de doop gebruikt wordt.

**door¹** (bijw.) ▼ *door en door:* erg grondig, totaal; *dat boek ken ik* **door en door***.*

**door²** (voorz.) **1** van het ene uiteinde naar het andere ♦ *haal maar een streep* **door** *die som* **2** van de ene kant van een opening naar de andere ♦ *zijn teen stak* **door** *het gat* **3** om aan te geven dat iets vermengd is met iets anders ♦ *zit er wel zout* **door** *de spinazie?* **4** (om een oorzaak aan te geven) ♦ **door** *een ongeluk is ze blind geworden* **5** (in zinnen in de lijdende vorm, om aan te geven wie iets doet) ♦ *hij wordt* **door** *zijn zusjes geplaagd* **6** (in verschillende vaste combinaties van woorden) ♦ **door** *de week:* op werkdagen; **door** *de jaren heen:* gedurende vele jaren.

**door-** verder ♦ **door**gaan; **door**fietsen.

**door·bij·ten** (beet door, heeft doorgebeten) **1** *iets doorbijten:* iets kapotbijten ♦ *een zuurtje* **doorbijten***; die hond* **bijt** *niet* **door***:* hij bijt niet zo hard dat je gaat bloeden **2** iets waar je geen zin in hebt tóch doen ⇒ *doorzetten, volhouden* ♦ *even* **doorbijten!**

**door·bor·du·ren** (borduurde door, heeft doorgeborduurd) *ergens op doorborduren:* ergens verder over praten of fantaseren.

**door·bo·ren** (doorboorde, heeft doorboord) *iets doorboren:* een gat in iets maken met iets scherps ♦ *ze keek hem aan met een* **doorborende** *blik:* (uitdr.) met felle, priemende ogen.

**door·braak** (de ~; doorbraken) **1** het doorbreken²* (bet.1) ♦ *een dijk***doorbraak** **2** het plotseling plaatsvinden van iets dat allang was voorbereid ♦ *die hit betekende de* **doorbraak** *van die zanger:* daardoor werd hij plotseling beroemd.

**door·bran·den** (brandde door, is doorgebrand)(van lampen): tijdens het branden kapotgaan.

**door·bre·ken¹** (doorbrak, heeft doorbroken) *iets, bijv. de stilte, doorbreken:* iets veranderen door juist iets anders te doen.

**door·bre·ken²** (brak door, is doorgebroken) **1** stukbreken, openbreken ◆ *de dijk brak door* **2** beroemd worden, carrière maken ◆ *die zangeres is eindelijk doorgebroken*.

**door·bren·gen** (bracht door, heeft doorgebracht) **1** *een tijd ergens doorbrengen*: ergens een tijd zijn ◆ *ik heb de vakantie aan zee doorgebracht* **2** *tijd met iets doorbrengen*: met iets bezig zijn, je tijd aan iets besteden ◆ *ik heb de hele dag doorgebracht met verven*.

**door·dacht** (bijv. nw.) gezegd van iets waar goed over nagedacht is ⇒ *weloverwogen* ◆ *dat is een doordacht voorstel*.

**door·dat** (voegw.)(geeft een oorzaak aan) ◆ *doordat de dame haar bril niet op had, botste ze overal tegenaan*.

**door·den·ker·tje** (het ~; -s) grapje of raadsel waar je eerst even over moet nadenken voor je het snapt.

**door·doen** (deed door, heeft doorgedaan) *groenten doordoen*: (in België □) ze klein maken, ze zeven ◆ *de soep doordoen*.

**door·dou·wer** (de ~(m.); -s) iemand die hard werkt om te bereiken wat hij of zij wil ⇒ *doorzetter*.

**door·draai·en** (draaide door, heeft doorgedraaid) **1** *fruit of groente doordraaien*: wat er te veel geproduceerd wordt vernietigen om de prijzen niet te laag te laten worden **2** *doorgedraaid zijn*: uitgeput zijn, tot niets meer in staat zijn doordat je hard hebt gewerkt.

**door·dram·men** (dramde door, heeft doorgedramd) *over iets doordrammen*: eindeloos over iets zeuren, niet over iets ophouden.

**door·dra·ven** (draafde door, is doorgedraafd) steeds maar over iets blijven redeneren ◆ *wat draaft hij weer door!*

**door·drij·ven** (dreef door, heeft doorgedreven) *iets doordrijven*: ervoor zorgen dat iets toch gebeurt, terwijl anderen het wilden tegenhouden ⇒ *doordrukken* ◆ *je zin doordrijven*.

**door·drin·gen¹** (doordrong, heeft doordrongen) *iemand ergens van doordringen*: iemand grondig van iets overtuigen, iemand iets inprenten.

**door·drin·gen²** (drong door, is doorgedrongen) **1** *tot iemand doordringen*: na veel moeite contact met iemand krijgen ◆ *ik kan niet tot haar doordringen*: ik kan haar niet bereiken, ik krijg geen contact met haar **2** *tot iemand doordringen*: duidelijk voor iemand worden ◆ *het drong niet tot me door dat je iets zei*.

**door·drin·gend** (bijv. nw.) dwars door alles heen gaand ◆ *een doordringende gil; iemand met een doordringende blik aankijken*: iemand fel en aandachtig aankijken om te weten te komen wat hij of zij denkt.

**door·druk·ken** (drukte door, heeft doorgedrukt) *iets doordrukken*: iets doordrijven.

**door·een** (bijw.)(in België □) door elkaar, ongeordend.

**door·gaan** (ging door, is doorgegaan) **1** *doorgaan met iets*: iets blijven doen ◆ *we gaan door met de strijd*: we houden vol **2** toch plaatsvinden terwijl het er eerst naar uitzag dat het niet zou gebeuren ◆ *gelukkig, het feest gaat door* **3** *ergens voor doorgaan*: door anderen als zodanig beschouwd worden ◆ *ze gaat door voor handig* **4** (in België □) plaatsvinden.

**door·gaand** (bijv. nw.) ▼ *een doorgaande trein*: waarmee je zonder over te stappen naar je plaats van bestemming kunt rijden; *doorgaand verkeer*: dat door een plaats rijdt op weg naar een andere plaats.

**door·gaans** (bijw.) meestal ⇒ *gewoonlijk, veelal*.

**door·gang** (de ~(m.); -en) **1** het doorgaan* (bet.2) ◆ *de plechtigheid kan geen doorgang vinden*: die kan niet doorgaan **2** plaats waardoorheen je moet gaan om van het ene punt naar het andere te komen ◆ *de doorgang werd hem belet*.

**door·ge·ven** (gaf door, heeft doorgegeven) **1** *iets aan iemand doorgeven*: iets via anderen aan iemand geven ◆ *wil je het zout even doorgeven?* **2** *iets, bijv. een boodschap, een bericht, aan iemand doorgeven*: iets overbrengen, vertellen ◆ *ik geef wel door dat je gebeld hebt*.

**door·ge·win·terd** (bijv. nw.) gezegd van iemand die door ervaring heel goed is in wat hij of zij doet ⇒ *geroutineerd* ◆ *een doorgewinterd zakenman*.

**door·gron·den** (doorgrondde, heeft doorgrond) *iemand of iets doorgronden*: iemand of iets helemaal begrijpen.

**door·ha·len** (haalde door, heeft doorgehaald) *iets doorhalen*: iets doorstrepen, wegstrepen ◆ *doorhalen wat niet van toepassing is*.

**door·heb·ben** (had door, heeft doorgehad) *iemand of iets doorhebben*: iemand of iets doorzien, begrijpen waar iemand op uit is ◆ *ik heb het door!*

**door·ja·ger** (de ~(m.); -s) **1** (in België □; populair) verkwister **2** (in België □; populair) iemand die veel en gulzig eet en toch mager blijft.

**door·kneed** (bijv. nw.) gezegd van iemand die erg goed is in een bepaald vak, die door ervaring precies weet hoe iets moet ⇒ *bedreven* ◆ *hij is doorkneed in de wiskunde*.

**door·ko·men** (kwam door, is doorgekomen) **1** *iets, bijv. een nare tijd, doorkomen*: afwachten tot iets voorbij is terwijl je bezig blijft met dagelijkse dingen ◆ *dat jaar op kostschool kom je ook wel door* ▼ *er is geen doorkomen aan!*: het is zo druk dat je de plaats waar je naar toe wilt niet kunt bereiken; ook: het is zoveel werk, dat ik het niet afkrijg.

**door·krui·sen** (doorkruiste, heeft doorkruist) **1** *een gebied doorkruisen*: er kriskras doorheen gaan **2** *plannen doorkruisen*: ervoor zorgen dat ze niet uitgevoerd kunnen worden ◆ *het slechte weer doorkruiste mijn plan om uit te gaan*.

**door·le·ven** (doorleefde, heeft doorleefd) *iets doorleven*: iets doormaken, iets meemaken en bewust beleven ◆ *tijdens het onweer doorleefde hij angstige ogenblikken; een doorleefd gezicht*: (uitdr.) een gezicht waaraan je kunt zien dat iemand veel heeft meegemaakt.

**door·lich·ten** (lichtte door, heeft doorgelicht) **1** *iets doorlichten*: iets grondig onderzoeken **2** *iemand doorlichten*: iemand onderzoeken met röntgenstralen (kijk ook bij: röntgenstralen).

**door·lig·gen** (lag door, is doorgelegen)(van zieken): wonden krijgen door heel lang in bed te liggen.

**door·lo·pen¹** (liep door, is doorgelopen)(van kleuren): uitvloeien, door een andere kleur heen vloeien ◆ *het rood van die trui is helemaal doorgelopen in de was*.

**door·lo·pen²** (doorliep, heeft doorlopen) *een cursus, een school doorlopen*: die volgen van begin tot eind.

**door·lo·pend** (bijv. nw.) voortdurend, steeds doorgaand zonder ophouden ◆ *'s winters ben ik doorlopend verkouden; een doorlopende filmvoorstelling*: waarbij geen pauzes zijn en het programma na afloop onmiddellijk opnieuw begint.

**door·lo·per** (de ~(m.); -s) **1** kruiswoordpuzzel zonder zwarte vakjes **2** houten schaats die van voren uitloopt in een krul ◆ *Friese doorlopers*.

**door·luch·tig** (bijv. nw.)(deftig) voornaam, verheven ◆ *'Doorluchtige Hoogheid', zei de ridder, en hij knielde voor de koning*.

**door·ma·ken** (maakte door, heeft doorgemaakt) *iets doormaken*: iets ondergaan, beleven ⇒ *meemaken*.

**door·mid·den** (bijw.) in tweeën ⇒ *middendoor* ◆ *ze brak een reep chocola doormidden*.

**doorn** (de ~(m.); -en of -s) stekel van een plant ◆ *rozen* met scherpe **doornen**; dat was haar een **doorn** in het oog: (uitdr.) zij ergerde zich eraan.

**door·ne·men** (nam door, heeft doorgenomen) iets doornemen: iets doorlezen, iets bekijken ◆ voor geschiedenis moeten jullie hoofdstuk twaalf **doornemen**.

**door·prik·ken** (prikte door, heeft doorgeprikt) **1** iets doorprikken: door iets heen prikken ◆ er komt lijm uit de tube als je de tuit **doorprikt** ▼ een verhaal **doorprikken**: laten zien dat het niet klopt.

**door·re·gen** (bijv. nw.) (van vlees): bestaande uit laagjes vet en vlees ◆ **doorregen** spek.

**door·reis** (de ~) reis waarbij je maar kort op een plaats blijft omdat je weer verder reist ⇒ doortocht ◆ op **doorreis** naar Spanje ben ik een dag in Parijs geweest.

**door·sche·me·ren** (ww.) iets laten doorschemeren: iets een beetje laten merken ◆ als je te veel laat **doorschemeren**, is het geen verrassing meer voor haar.

**door·schie·ten** (schoot door, is doorgeschoten) **1** (van groenten): te hard groeien zodat er harde stengels met bloemen uitkomen ◆ **doorgeschoten** sla, andijvie **2** te hard gaan, niet op tijd kunnen stoppen ◆ ik **schoot door** bij het stoplicht omdat mijn rem het niet deed; **doorschieten** naar de andere kant: (uitdr.) van het ene uiterste in het andere vervallen.

**door·slaan** (sloeg door, is doorgeslagen) **1** niet ophouden te zeggen wat er in je opkomt ⇒ doordraven ◆ als hij eenmaal aan het woord is, kan hij ontzettend **doorslaan 2** overhellen naar het zwaarste punt ◆ als je aan de rechterkant van de weegschaal een kilo legt en aan de linkerkant een pond, **slaat** hij **door** naar rechts **3** (van stoppen): de stroom onderbreken ◆ bij kortsluiting **slaan** de stoppen **door** en valt het licht uit **4** na een verhoor bekennen **5** vocht doorlaten ◆ de muren van de gang zijn helemaal **doorgeslagen**.

**door·slaand** (bijv. nw.) overtuigend ◆ haar feestje was een **doorslaand** succes: (uitdr.) een geweldig succes.

**door·slag** (de ~ (m.); -en) **1** kopie die je schrijvend of typend maakt, tegelijk met het origineel, met behulp van carbonpapier (kijk ook bij: **carbonpapier**) ▼ de **doorslag** geven: de beslissing bepalen; we aarzelden of we weg zouden gaan, maar het slechte weer gaf de **doorslag**: we bleven thuis.

**door·slag·ge·vend** (bijv. nw.) gezegd van iets dat de doorslag* geeft, beslissend ◆ een **doorslaggevend** argument.

**door·slik·ken** (slikte door, heeft doorgeslikt) iets doorslikken: zo slikken dat iets wat in je mond zit, in je keel komt.

**door·sme·ren** (smeerde door, heeft doorgesmeerd) iets, bijv. een auto, doorsmeren: de motor van binnen schoonmaken en er nieuwe olie in doen.

**door·snee, door·sne·de** (de ~; -sneden) **1** middellijn ⇒ diameter ◆ een cirkel met vijf cm **doorsnee 2** snijvlak ◆ teken eens een **doorsnee** van een kokosnoot: wat je ziet als je een kokosnoot doorsnijdt **3** gemiddelde ◆ in **doorsnee** zijn ze 60 jaar: gemiddeld; de **doorsnee** Fransman: de gewone, gemiddelde Fransman.

**door·spek·ken** (doorspekte, heeft doorspekt) iets dat je schrijft of zegt ergens mee doorspekken: iets er rijkelijk aan toevoegen ⇒ larderen ◆ dat krantenartikel is **doorspekt** met moeilijke woorden.

**door·spe·len** (speelde door, heeft doorgespeeld) iets doorspelen aan iemand: ervoor zorgen dat iemand iets krijgt ◆ de voetballer **speelde** de bal per ongeluk **door** aan zijn tegenstander; die vraag **speel** ik aan jou **door**: daar moet jij het antwoord op geven.

**door·staan** (doorstond, heeft doorstaan) iets moeilijks of pijnlijks doorstaan: het meemaken en erbovenop komen ⇒ verduren, verdragen ◆ ze heeft die ziekte goed **doorstaan**.

**door·sto·ten** (stootte of stiet door, heeft doorgestoten) tot iets doorstoten: tot iets doordringen ◆ laten we maar meteen **doorstoten** tot de kern van de zaak.

**door·stre·pen** (streepte door, heeft doorgestreept) iets doorstrepen: een streep door iets heen trekken ⇒ doorhalen, schrappen ◆ ik **streepte** de foute zin **door**.

**door·stro·men¹** (doorstroomde, heeft doorstroomd) (van gevoelens) iemand doorstromen: als een stroom* (bet.2) door iemand heengaan ◆ een gevoel van vreugde **doorstroomde** hem.

**door·stro·men²** (stroomde door, stroomde of is doorgestroomd) als een stroom* (bet.2) door iets heengaan ◆ de tuinslang **stroomt** niet **door**: hij is verstopt; ze **stroomde door** van de mavo naar de havo: ze ging naar een hogere school; door de botsing midden op de weg kon het verkeer niet **doorstromen**: doorrijden.

**door·tas·tend** (bijv. nw.) flink en krachtig, zonder te aarzelen ◆ de politie trad **doortastend** op; hij is zo **doortastend** dat hij altijd te weten komt wat hij weten wil.

**door·tim·merd** (bijv. nw.) goed in elkaar zittend ⇒ degelijk, doorwrocht ◆ dat plan is goed **doortimmerd**.

**door·tocht** (de ~ (m.); -en) **1** doorreis ◆ we zijn op **doortocht** naar België: daarheen onderweg **2** doorgang ◆ die geparkeerde auto's versperren de **doortocht** in zo'n smalle straat.

**door·trapt** (bijv. nw.) slim en gemeen ⇒ sluw ◆ de **doortrapte** inbreker werd nooit gearresteerd.

**door·trek·ken** (trok door, heeft doorgetrokken) de wc doortrekken: die met water uit de stortbak schoonspoelen.

**door·voed** (bijv. nw.) goed gevoed.

**door·voer** (de ~ (m.)) vervoer van goederen van het ene land naar het andere via het grondgebied van een derde land ⇒ transito.

**door·voe·ren** (voerde door, heeft doorgevoerd) plannen, maatregelen doorvoeren: ervoor zorgen dat die uitgevoerd worden.

**door·vor·sen** (doorvorste, heeft doorvorst) iets doorvorsen: iets heel goed bestuderen ◆ voor het examen **doorvorste** zij al haar aantekeningen.

**door·waad·baar** (bijv. nw.) gezegd van een plaats in een rivier die zo ondiep is dat je erdoorheen kunt lopen.

**door·weekt** (bijv. nw.) (vooral van kleren): helemaal nat.

**door·wer·ken** (werkte door, heeft doorgewerkt) ergens invloed op hebben ◆ de acties **werkten** nog jaren **door**.

**door·wrocht** (bijv. nw.) goed doordacht ⇒ doortimmerd ◆ een goed **doorwrocht** plan.

**door·za·gen** (zaagde door, heeft doorgezaagd) over iets doorzagen: over iets blijven zeuren ◆ **zaag** toch niet zo **door** over dingen die allang voorbij zijn!

**door·zak·ken** (zakte door, is doorgezakt) tot laat in de nacht praten en alcohol drinken.

**door·zeefd** (bijv. nw.) vol met gaatjes van kogels.

**door·zet·ten** (zette door, heeft doorgezet) **1** iets doorzetten: iets volhouden, iets niet opgeven ◆ het lukt als je nog even **doorzet**; ze heeft haar plannen **doorgezet 2** sterker worden ◆ de vorst **zet** niet **door**.

**door·zet·ter** (de ~ (m.); -s), vrouw: **door·zet·ster** (de ~ (v.); -s) iemand die de doorzet* (bet.1) ⇒ doordouwer, volhouder.

**door·zet·tings·ver·mo·gen** (het ~) de kracht om door te zetten* (bet.1) ⇒ vasthoudendheid ◆ je moet heel wat **doorzettingsvermogen** hebben om zo'n saai boek uit te lezen.

**door·zich·tig** (bijv. nw.) **1** gezegd van dingen waar je doorheen kunt kijken ⇒ *transparant* ◆ *vensterglas is* **doorzichtig 2** duidelijk en begrijpelijk ⇒ *helder* ◆ *zijn woorden zijn niet altijd even* **doorzichtig**.

**door·zien** (doorzag, heeft doorzien) *iemand of iets doorzien:* begrijpen hoe iemand of iets in werkelijkheid is ⇒ *doorgronden, doorhebben* ◆ *hij doet of het hem niets kan schelen, maar ik* **doorzie** *hem wel: ik weet dat het hem wél kan schelen.*

**doos** (de ~; dozen) **1** bak van karton, plastic of dun hout, meestal met een deksel ◆ *wil je de puzzel weer in de* **doos** *doen?; sigarendoos; lucifersdoosje; een liedje uit de oude doos:* (uitdr.) een liedje van vroeger **2** (populair) wc ▼ *een oude* **doos**: (in België □; populair) een oude vrouw.

**dop** (de ~(m.); -pen) **1** rond dingetje waarmee je bijv. een fles of een tube afsluit ◆ *ik spaar* **doppen** *van bierflessen* **2** harde schil van een noot, een boon enz. ◆ *pindadoppen; ze is een zangeres in de* **dop**: (uitdr.) ze heeft aanleg om later zangeres te worden **3** (in België □; populair) uitkering voor werklozen ⇒ *steun* ▼ *kijk uit je* **doppen**!: kijk uit, gebruik je ogen!

**dope** (Engels) [doop] (de ~; -s) stimulerend middel ⇒ *pepmiddel, doping* ◆ *hij is aan de* **dope**: hij gebruikt drugs.

**do·pen** (doopte, heeft gedoopt) **1** *iets ergens in dopen:* iets natmaken door het in een vloeistof te dompelen ◆ *hij* **doopte** *een stukje brood in de soep* **2** *iemand dopen:* (kerk) iemand in de kerk opnemen door een zegen over hem of haar uit te spreken, waarbij water op zijn of haar hoofd gesprenkeld wordt **3** *iemand of iets dopen:* iemand of iets een naam geven ◆ *een schip dopen:* (en fles tegen het schip stukslaan en daarbij de naam van het schip uitspreken (als teken dat het afgebouwd is en kan gaan varen).

**dop·hei·de** (de ~) heideplantje met paarse of witte bloemetjes ⇒ *erica*.

**do·ping** (de ~(v.)) dope.

**dop·pen** (dopte, heeft gedopt) **1** *erwten, pinda's enz.* **doppen**: er de dop* (bet.2) vanaf halen ⇒ *pellen* **2** (in België □; populair) een uitkering krijgen omdat je werkloos bent ⇒ *stempelen*.

**dor** (bijv. nw.) **1** droog, uitgedroogd ⇒ *schraal* ◆ *op die* **dorre** *vlakte wil niets groeien* **2** saai ◆ *een* **dor** *boek.*

**do·ren** → doorn.

**dorp** (het ~; -en) plaats die kleiner is dan een stad ◆ *ze komt uit een boeren***dorp**.

**dor·pel** (de ~(m.); -s) (ouderwets) drempel.

**dor·pe·ling** (de ~(m.); -en), vrouw: **dor·pe·lin·ge** (de ~(v.); -n) iemand die in een dorp* woont ⇒ *dorpsbewoner*.

**dorps** (bijv. nw.) zoals in een dorp*.

**dor·sen** (dorste, heeft gedorst) *graan dorsen:* de korrels uit de aren slaan.

**dorst**[1] (de ~(m.)) **1** behoefte om te drinken ◆ *je* **dorst** *lessen:* iets drinken omdat je daar behoefte aan hebt **2** sterk verlangen naar iets ◆ **dorst** *naar rijkdom.*

**dorst**[2] → durven.

**dor·sten**[1] (dorstte, heeft gedorst) *dorsten naar iets:* sterk naar iets verlangen ⇒ *smachten* ◆ *de koning* **dorstte** *naar nog meer macht.*

**dor·sten**[2] → durven.

**dor·stig** (bijv. nw.) dorst* hebbend.

**dors·vle·gel** (de ~(m.); -s) stok met aan het uiteinde een beweegbare knuppel waarmee je kunt dorsen.

**do·se·ren** (doseerde, heeft gedoseerd) *iets doseren:* een bepaalde hoeveelheid van iets afmeten en die toedienen ◆ *de zuster* **doseerde** *het drankje; de meester* **doseerde** *zijn kritiek op het werk: hij gaf de kritiek niet allemaal in één keer.*

**do·sis** (de ~(v.); -sen of doses) hoeveelheid van een medi-

cijn die je in één keer moet gebruiken ⇒ *dosering* ◆ *de* **dosis** *is: driemaal daags één tablet; ze heeft een flinke* **dosis** *humor:* (uitdr.) ze heeft veel gevoel voor humor.

**dos·sier** (Frans) [dosjee, in België: dossier] (het ~; -s) verzameling papieren met allerlei gegevens over één onderwerp of één persoon.

**dot** (de ~; -ten) **1** pluk ◆ *een* **dot** *watten* **2** iemand die je schattig vindt ◆ *een* **dot** *van een kind.*

**do·ta·tie** (de ~(v.); -s) (in België) toelage of subsidie van de overheid.

**dot·ter·be·han·de·ling** (de ~(v.); -en) behandeling waarbij een buisje met een ballonnetje in een slagader wordt ingebracht, waarna het ballonnetje wordt opgeblazen om de ader wijder te maken.

**dot·ter·bloem** (de ~; -en) waterplant waarvan de bloemen op grote boterbloemen lijken.

**dou·a·ne** (zelfst. nw.) **1** (de ~) kantoor aan de grens waar o.a. je paspoort gecontroleerd wordt ⇒ *grenswacht* **2** (de ~(m.); -n) douanier.

**dou·a·nier** [doewaanjee, in België: doeannier] (de ~(m.); -s) iemand die bij de douane* (bet.1) werkt ⇒ *douane, douanebeambte*.

**dou·blé** (bijv. nw.) bedekt met een laagje bladgoud ◆ *een* **doublé** *horloge.*

**dou·ble·ren** [doebleeren] (doubleerde, heeft gedoubleerd) blijven zitten, dezelfde klas nog een keer doen.

**dou·ceur·tje** (Frans) [doeseurtje] (de ~; -s) een beetje geld dat je krijgt als cadeautje of als fooi ⇒ *extraatje*.

**dou·che** (Frans, in België: doesj] (de ~; -s) **1** apparaat met kleine gaatjes waar water uit stroomt, waaronder je je wast ◆ *onder de* **douche** *staan* **2** wasbeurt onder zo'n apparaat ⇒ *stortbad* ◆ *een* **douche** *nemen; dat was een koude douche:* (uitdr.) een onverwachte teleurstelling.

**dou·chen** [doesjen] (douchte, heeft gedoucht) een douche* (bet.2) nemen.

**douw** (de ~(m.); -en) (populair) duw.

**dou·wen** (douwde, heeft gedouwd) *iemand of iets douwen:* (populair) iemand of iets duwen.

**do·ve** (de ~(m.); -n) iemand die doof* is.

**do·ve·mans·oren** (zelfst. nw.) ▼ *dat was aan geen* **dovemansoren** *gezegd:* iedereen wilde dat graag horen en reageerde er dan ook onmiddellijk op.

**do·ven** (doofde) **1** (*een vuur of een lamp doven:* die laten ophouden met branden ⇒ *uitmaken* **2** (is gedoofd) uitgaan ◆ *het vuur* **dooft**.

**do·ve·ne·tel** (de ~; -s) weideplant met o.a. witte of paarse bloemen.

**down** (Engels) [daun] (bijv. nw.) terneergeslagen, somber.

**down·syn·droom** [daunsindroom] (het ~) het syndroom van Down, een verstandelijke handicap, veroorzaakt door de aanwezigheid van een extra chromosoom (kijk ook bij: **chromosoom**).

**do·zijn** (het ~; -en) twaalf stuks ⇒ *twaalftal* ◆ *een* **dozijn** *pennen.*

**dr.** (afkorting) **1** d*r*uk **2** d*octor*.

**d'r**[1] (vnw.) **1** (pers. vnw.) (spreektaal) haar[2] (bet.1) **2** (bez. vnw.) (spreektaal) haar[2] (bet.2).

**d'r**[2] (bijw.) (spreektaal) er.

**dra.** (afkorting) d*octoranda*; dit is een vrouwelijke doctorandus.

**draad** (de ~(m.); draden) **1** dun spinsel van vezels, of iets van plastic of metaal in die vorm ◆ *de* **draad** *door de naald steken; een elektriciteits***draad***; de tv is stuk: er zit een* **draadje** *los; tot op de* **draad** *versleten zijn:* (uitdr.) helemaal versleten zijn; *geen droge* **draad** *meer aan je lijf hebben:* (uitdr.) helemaal nat zijn; *de* **draad** *kwijtraken:* (uitdr.) niet meer begrijpen waar het over gaat; *de rode* *draad* van een verhaal: (uitdr.) het onderwerp dat steeds terugkomt en waar al het andere omheen is gebouwd; *tegen de draad ingaan:* (uitdr.) altijd precies doen wat je niet wilt of wat niet mag; *aan een zijden draadje hangen:* (uitdr.) ernstig in gevaar komen ▼ *met iets voor de draad komen:* iets na enige aarzeling vertellen.

**draad·na·gel** (de~(m.); -s) dunne spijker.

**draag·baar** (de ~; draagbaren) soort bed waarop je iemand kunt dragen ⇒ *brancard*.

**draag·kracht** (zelfst. nw.) ▼ *betalen naar draagkracht:* veel betalen als je veel kunt missen, en weinig als je weinig kunt missen.

**draag·moe·der** (de ~(v.); -s) een vrouw die zwanger wordt met de bedoeling haar kindje weg te geven aan een vrouw die zelf geen kinderen kan krijgen.

**draag·vlak** (het ~; -ken) het vlak waarop iets steunt ◆ *ons financiële draagvlak is niet zo groot:* (uitdr.) we hebben niet zoveel geld.

**draag·wijd·te** (de ~(v.)) 1 reikwijdte ⇒ *bereik* ◆ *zijn stem heeft een grote draagwijdte:* je kunt hem van een grote afstand horen 2 de volledige betekenis met alle gevolgen erbij ⇒ *portee* ◆ *ze overzag de draagwijdte van haar opmerking niet.*

**draai** (de~(m.); -en) 1 keer dat iets of iemand draait* (bet.2) ◆ *er zit een draai in het snoer; ergens een draai aan geven:* (uitdr.) iets zo verdraaien dat het lijkt te kloppen ▼ *een draai om je oren:* een klap tegen de zijkant van je hoofd; *je draai ergens vinden:* je ergens op je gemak gaan voelen.

**draai·bank** (de ~; -en) gereedschap waarmee je stukken hout of metaal kunt laten ronddraaien om ze te bewerken.

**draai·boek** (het ~; -en) 1 boek waarin staat hoe en in welke volgorde een bepaalde film moet worden opgenomen ⇒ *scenario* 2 plan waarin staat hoe en in welke volgorde iets moet gebeuren ◆ *ze namen het draaiboek voor het bezoek van de koningin nog eens door.*

**draai·en** (draaide) 1 (heeft gedraaid) *iets draaien:* iets in een andere of tegengestelde richting keren ⇒ *wenden* ◆ *je kunt een koordje maken door een draad wol te draaien; hij draaide zijn gezicht naar de zon* 2 (heeft gedraaid) in de rondte gaan, rondjes maken ◆ *de aarde draait om de zon; de motor draait:* de motor loopt, werkt; *er draait een goede film:* die wordt vertoond; *dit is waar het om draait:* (uitdr.) hier gaat het om, dit is het belangrijkste; *eromheen draaien:* (uitdr.) niet precies vertellen wat je zou willen of zou moeten zeggen 3 (is gedraaid) een andere richting nemen, een andere kant opgaan ◆ *de weg draait hier naar links; de wind is gedraaid.*

**draai·e·rig** (bijv. nw.) duizelig, een beetje misselijk ◆ *in een lift word ik altijd draaierig.*

**draai·kont** (de~(m.); -en) (populair) iemand die niet stil kan zitten ⇒ *draaitol.*

**draai·mo·len** (de~(m.); -s) draaiende schijf, soms met autootjes en dierfiguren, waarop je je op de kermis rond kunt laten draaien.

**draai·or·gel** (het ~; -s) verrijdbaar orgel dat gaat spelen als je aan een slinger draait ⇒ *pierement.*

**draai·ta·fel** (de ~; -s) platenspeler zonder versterker.

**draai·tol** (de~(m.); -len) iemand die niet stil kan zitten ⇒ *draaikont.*

**draak** (de~(m.); draken) 1 (in verhalen) monster dat lijkt op een grote hagedis 2 iemand die, of iets dat heel vervelend of lelijk is ◆ *wat een draak is dat mens; die film is een draak!* ▼ *de draak steken met iemand:* iemand niet serieus nemen en grapjes over hem of haar maken.

**drab** (de ~of het ~) modderige substantie ⇒ *prut* ◆ *er zit drab in de koffie.*

**drach·me** (de ~of het ~; -n) Griekse munteenheid.

**dracht** (de ~; -en) manier van kleden ◆ *dat is een moderne dracht.*

**drach·tig** (bijv. nw.) gezegd van vrouwtjesdieren bij wie een jong dier in de buik groeit.

**draf** (de~(m.)) looppas ◆ *ze kwam op een drafje naar me toe:* hollend; *het paard liep in gestrekte draf over de renbaan:* het draafde met zo groot mogelijke stappen.

**dra·gee** [draazjee *of* draagee] (de ~(v.); -s) pil waar suiker omheen zit.

**dra·gen** (droeg, heeft gedragen) 1 *iets of iemand dragen:* iets of iemand zo meenemen dat dat ding of die persoon de grond niet raakt ◆ *de dos was zo zwaar dat ik hem niet kon dragen; het leed was voor hem niet te dragen:* (uitdr.) het was te veel voor hem, hij kon er niet tegen 2 *iets dragen:* iets aan je lichaam hebben ◆ *ze draagt liever een broek dan een rok; een bril dragen* 3 *(van geluid) ver dragen:* over grote afstand te horen zijn ▼ *een naam dragen:* die hebben; *verantwoordelijkheid, schuld dragen:* die op je genomen hebben, daarmee belast zijn.

**drag·line** (Engels) [dreklajn] (de ~; -s) graafmachine met een grijper.

**dra·gon** (de~(m.)) bepaald soort tuinkruid.

**dra·gon·der** (de~(m.); -s) vrouw die zwaar, groot en lomp is.

**drain** (Engels) [dreen, in België: drẽ̃] (de ~) slangetje om wondvocht weg te laten lopen.

**drai·ne·ren** [drenneeren] (draineerde, heeft gedraineerd) *iets, bijv. een stuk land, draineren:* het overtollige water door buizen ergens uit laten lopen.

**dra·len** (draalde, heeft gedraald) treuzelen voordat je met iets begint ⇒ *talmen* ◆ *zonder dralen dook zij in het koude water.*

**dra·ma** (het ~; drama's) 1 toneelstuk ⇒ *treurspel, tragedie* 2 droevige gebeurtenis ◆ *van zoiets kleins moet je geen drama maken:* je moet niet doen of het erger is dan het is.

**dra·ma·tiek** (de ~(v.)) 1 toneelkunst 2 wat iets tot een drama* (bet.2) maakt ⇒ *tragiek.*

**dra·ma·tisch** (bijv. nw.) heftig of aangrijpend als in een drama* ◆ *moet je daar nou zo dramatisch over doen?*

**dra·ma·ti·se·ren** (dramatiseerde, heeft gedramatiseerd) 1 *iets dramatiseren:* een toneelstuk of film van iets maken ◆ *het leven van de beroemde zanger werd gedramatiseerd* 2 *iets dramatiseren:* iets erger voorstellen dan het is ◆ *hij dramatiseert dat ongeluk nogal.*

**dra·ma·turg** (de~(m.); -en) iemand die toneelteksten leest en analyseert, en adviezen geeft aan regisseurs en spelers.

**dram·men** (dramde, heeft gedramd) zeuren door steeds opnieuw over hetzelfde te beginnen, meestal om je zin te krijgen.

**drang** (de~(m.)) het sterke verlangen om iets te doen ⇒ *aandrang* ◆ *zodra ze thuis is, voelt ze weer de drang om te gaan reizen.*

**dran·ger** (de~(m.); -s) scharnierende stang met een veer op een deur waardoor hij vanzelf zachtjes sluit.

**drang·hek** (het ~; -ken) verplaatsbaar ijzeren hek om publiek op een afstand te houden, bijv. bij een optocht of demonstratie.

**drank** (de~(m.); -en) 1 iets dat je kunt drinken* (bet.1) ◆ *melk is een gezonde drank* 2 drank (bet.1) waar veel alcohol in zit, sterke drank ◆ *ze is aan de drank:* (uitdr.) ze is verslaafd aan alcohol 3 (meestal: drankje) medicijn dat je kunt drinken ◆ *dit drankje helpt goed tegen keelpijn.*

**drank·or·gel** (het ~; -s) (populair) iemand die veel sterke drank drinkt ⇒ *zuiplap.*

**dra·pe·ren** (drapeerde, heeft gedrapeerd) *iets, bijv. een lap, draperen:* iets mooi in plooien neerleggen of neerhangen ◆ *achter in de zaal was een vlag tegen de muur gedrapeerd.*

**dra·pe·rie** (de ~(v.); draperieën)(in België □) overgordijn.

**dras·sig** (bijv. nw.) *(van grond):* week door veel water ◆ *aan de slootkant is het weiland drassig.*

**dras·tisch** (bijv. nw.)*(van een maatregel, een ingreep enz.):* krachtig en direct ◆ *de politie nam drastische maatregelen.*

**dra·ven** (draafde, heeft gedraafd) hardlopen.

**dread·locks** (Engels) [drɛdlɔks](zelfst. nw.; meervoud) kapsel met allemaal pluizige vlechtjes of strengen.

**dreef¹** (de ~; dreven) **1** landweg met bomen ⇒ *laan* ▼ *op dreef komen:* beginnen te werken, praten enz.; op gang komen; *tjonge, oom Gijs is op dreef vanavond:* hij is enthousiast, vertelt leuk.

**dreef²** → drijven.

**dreg** (de ~; -gen) stok met een haak eraan waarmee je drenkelingen of dingen die in het water gevallen zijn, er weer uit kunt halen.

**dreg·gen** (dregde, heeft gedregd) met een dreg* zoeken naar iets dat of iemand die in het water ligt ◆ *de politie dregde naar het verdronken meisje.*

**drei·ge·ment** (het ~; -en) bedreiging met woorden.

**drei·gen** (dreigde, heeft gedreigd) **1** *iemand met iets dreigen:* iemand ergens bang mee maken ◆ *iemand met een mes dreigen; ze dreigde ermee, weg te zullen lopen* **2** eraan komen, bijna gebeuren ◆ *er dreigt onweer; het kopje dreigde van tafel te vallen.*

**drei·ging** (de ~(v.)) het dreigen* (bet.1) ◆ *iedereen voelde de dreiging van de oorlog.*

**drei·nen** (dreinde, heeft gedreind) huilerig zeuren ⇒ *drenzen, jengelen* ◆ *het kind begon te dreinen toen het zijn zin niet kreeg.*

**drek** (de ~(m.)) uitwerpselen.

**drem·pel** (de ~(m.); -s) plat plankje op de vloer onder een deur ⇒ *dorpel* ◆ *een drempel vormen:* (uitdr.) een belemmering zijn.

**drem·pel·vrees** (de ~) angst die je moet overwinnen als je voor het eerst ergens heen gaat.

**dren·ke·ling** (de ~(m.); -en) iemand die in het water gevallen is en verdrinkt of al verdronken is ◆ *met een reddingsboot werd de drenkeling uit zee gehaald.*

**dren·ken** (drenkte, heeft gedrenkt) **1** *iets ergens in drenken:* iets ergens mee natmaken ◆ *hij maakte de spiegel schoon met een in spiritus gedrenkt lapje* **2** *een mens, plant of dier drenken:* een mens, plant of dier te drinken geven.

**dren·te·len** (drentelde, heeft gedrenteld) met kleine pasjes en zonder doel heen en weer lopen ◆ *in afwachting van de uitslag drentelden we wat voor de school heen en weer.*

**dren·zen** (drensde, heeft gedrensd) huilerig zeuren, meestal om je zin te krijgen ⇒ *dreinen, jengelen.*

**dres·se·ren** (dresseerde, heeft gedresseerd) *een dier dresseren:* het leren jou te gehoorzamen ⇒ *africhten* ◆ *gedresseerde olifanten.*

**dres·sing** (de ~; -s) koud sausje om sla mee aan te maken.

**dress·man** (Engels) [drɛsmɛn](de ~(m.); dressmen) man die kleding showt op een modeshow.

**dres·soir** [drɛswaːr](de ~(m.) of het ~; -s) lage en brede kast om kopjes en glazen in op te bergen ⇒ *buffet.*

**dres·suur** (de ~(v.)) het dresseren* ◆ *paardendressuur.*

**dreu·mes** (de ~(m.); -en) klein kind ⇒ *hummel, puk, uk.*

**dreun** (de ~(m.); -en) **1** doffe klap ◆ *de zware kist viel met* een **dreun** op de grond; *iemand een dreun geven:* iemand een klap geven **2** eentonig ritme ◆ *op één dreun zeiden de kinderen de tafel van zeven op.*

**dreu·nen** (dreunde, heeft gedreund) dof klinken en trillen ◆ *het hele huis dreunde toen er een vrachtwagen voorbij kwam.*

**dre·vel** (de ~(m.); -s) puntig stukje ijzer waarmee je spijkers diep in hout kunt slaan.

**dre·ven¹** (zelfst. nw.; meervoud) streek, omgeving ◆ *Roosendaals dreven.*

**dre·ven²** → drijven.

**drib·be·len** (dribbelde, heeft gedribbeld) **1** met kleine pasjes lopen ◆ *de poes dribbelt me steeds achterna* **2** je met een bal voortbewegen terwijl je hem laat stuiten of er steeds een kleine schop tegenaan geeft ◆ *de voetballer dribbelde langs zijn tegenstander.*

**drie** (hoofdtelw.) 3 ◆ *drie dagen achter elkaar.*

**3d** (bijv. nw.) driedimensionaal; dit heeft betrekking op beelden waarvan je niet alleen de breedte en de hoogte, maar ook de diepte ziet.

**drie·di·men·si·o·naal** (bijv. nw.) met drie afmetingen, namelijk hoogte, breedte en diepte (bet.2) ◆ *een kijkdoos is driedimensionaal.*

**drie·gen** (driegde, heeft gedriegd) een zoom, een jurk driegen:(in België □) die rijgen.

**drie·hoek** (de ~(m.); -en) vlakke figuur met drie hoeken ◆ *een gelijkzijdige driehoek:*(meetkunde) waarvan de drie lijnen tussen de hoekpunten even lang zijn; *Amsterdam, Utrecht en Den Haag vormen samen de hoekpunten van een driehoek.*

**drie·kleur** (de ~) vlag met drie kleuren ◆ *op de kerktoren wapperde de Belgische driekleur.*

**Drie·ko·nin·gen** (de ~(m.)) christelijke feestdag op 6 januari, waarop gevierd wordt dat de Drie Koningen het kindje Jezus aanbaden.

**drie·kwart** (bijv. nw.) drie vierde deel ◆ *ze droeg een driekwart broek:* een broek met pijpen tot op de kuiten; *de fles is al voor driekwart leeg:* er zit nog maar een vierde deel in.

**drie·ling** (de ~(m.); -en) drie kinderen van dezelfde vader en moeder die binnen enkele uren na elkaar geboren zijn.

**drie·luik** (het ~; -en) schilderij dat uit drie delen bestaat die bij elkaar horen ⇒ *triptiek.*

**drie·sprong** (de ~(m.); -en) plaats waar drie wegen bij elkaar komen.

**driest** (bijv. nw.) wild en brutaal ⇒ *overmoedig.*

**drie·werf** (bijw.)(ouderwets) driemaal ◆ *driewerf hoera voor de jarige!*

**drie·wie·ler** (de ~(m.); -s) fiets met één voorwiel en twee achterwielen.

**drift** (de ~) **1** felle aanval van boosheid ◆ *in haar drift zei ze dingen waar ze later spijt van had* **2** (-en) sterke aandrang ◆ *geslachtsdrift:* de natuurlijke aandrang om te paren ▼ *het roeibootje raakte op drift:* het dreef af door de stroom.

**drif·tig¹** (bijv. nw.) gezegd van iemand die gauw kwaad wordt ⇒ *opvliegend.*

**drif·tig²** (bijw.) druk en verwoed ◆ *ze zat driftig te breien.*

**drift·kik·ker** (de ~(m.); -s)(populair) driftkop.

**drift·kop** (de ~(m.); -pen) iemand die gauw driftig wordt ⇒ *driftkikker.*

**drijf·gas** (het ~; -sen) vloeibaar gas in een spuitbus.

**drijf·jacht** (de ~; -en) **1** jacht waarbij de dieren worden opgejaagd **2** grootscheepse zoekactie ⇒ *klopjacht.*

**drijf·veer** (de ~; -veren) iets dat je ertoe aanzet iets te doen ⇒ *beweegreden, motief.*

**drijf·zand** (het ~) vochtig zand waarin je wegzakt als je erop loopt ♦ *dat idee berust op drijfzand*: (uitdr.) dat kan niets worden.

**drij·ven** (dreef, heeft gedreven) **1** in een vloeistof aan de oppervlakte blijven, niet zinken ♦ *als je een kurk in een glas water doet, blijft hij drijven* **2** iemand ergens heen drijven: iemand een bepaalde kant opjagen ♦ *de jager dreef het hert naar een open plek in het bos* **3** iemand tot iets drijven: iemand aanzetten tot iets ♦ *wat drijft je ertoe om zo onaardig tegen hem te zijn?* ▼ *handel drijven*: je met handel bezighouden.

**dril·boor** (de ~; -boren) elektrische boormachine waarmee je in harde materialen kunt boren.

**dril·len** (drilde, heeft gedrild) *iemand drillen*: iemand op een strenge manier trainen ♦ *de soldaten werden gedrild.*

**drin·gen** (drong, heeft gedrongen) **1** mensen opzij duwen om zelf vooraan te komen ♦ *iedereen stond te dringen bij de kassa* ▼ *schiet op, de tijd dringt!*: we hebben bijna geen tijd meer.

**drin·gend** (bijv. nw.) **1** erg nodig ♦ *ik moet je dringend spreken* **2** met nadruk ♦ *hij vroeg me dringend of ik de radio wat zachter wilde zetten.*

**drin·ke·broer** (de ~(m.); -s) iemand die veel alcohol drinkt.

**drin·ken¹** (het ~) drank* (bet.1) ♦ *we hebben eten en drinken bij ons.*

**drin·ken²** (dronk, heeft gedronken) **1** een vloeistof drinken: die in je mond laten lopen en doorslikken ♦ *heb je iets fris voor me te drinken?* **2** regelmatig drank* (bet.2) gebruiken ♦ *als hij problemen heeft, gaat hij drinken.*

**drink·ge·lag** (het ~; -en) bijeenkomst waarop veel alcoholhoudende drank gedronken wordt.

**drink·wa·ter** (het ~) water dat geschikt is om te drinken.

**drink·yog·hurt** [dringkjoggurt] (de ~(m.); -s) zoete, dunne yoghurt die je kunt drinken.

**drive-in-** (Engels) [drajvin] (letterlijk: rijd binnen) gezegd van huizen, bioscopen enz. waar je met de auto naar binnen kunt rijden ♦ *een drive-inwoning*: een huis met een garage eronder; *een drive-indiscotheek*: discotheek die steeds verplaatst wordt.

**droef** (bijv. nw.) droevig.

**droe·fe·nis** (de ~(v.)) verdriet ⇒ *droefheid.*

**droef·gees·tig** (bijv. nw.) in een treurige, sombere stemming ⇒ *melancholiek* ♦ *van die gitaarmuziek word ik droefgeestig.*

**droeg** → dragen.

**droe·gen** → dragen.

**droes** (de ~(m.)) **1** droesem **2** ontsteking van het neusslijmvlies van een paard.

**droe·sem** (de ~(m.); -s) bezinksel in wijn ⇒ *droes.*

**droe·vig** (bijv. nw.) treurig, verdrietig ♦ *de begrafenis was een droevige gebeurtenis; ze had een droevig rapport*: met veel slechte cijfers.

**drog·beeld** (het ~; -en) waanvoorstelling ⇒ *waanbeeld.*

**dro·gen** (droogde, heeft gedroogd) **1** iets drogen: iets droog* (bet.1) maken ♦ *de borden drogen; tuttifrutti bestaat uit gedroogde vruchten* **2** droog* (bet.1) worden ♦ *de was hangt aan de lijn te drogen.*

**dro·gist** (de ~(m.); -en) winkelier die dingen verkoopt die met lichaamsverzorging te maken hebben zoals zeep, make-up enz..

**drog·re·den** (de ~(m.); -en) redenering die lijkt te kloppen, maar die niet echt klopt.

**drol** (de ~(m.); -len) vaste ontlasting.

**drol·len·van·ger** (de ~(m.); -s) (populair) wijde, halflange

broek waarvan de pijpen een eindje onder de knie vastgemaakt worden ⇒ *plusfour.*

**drom** (de ~(m.); -men) menigte mensen ⇒ *massa* ♦ *er stond een hele drom mensen voor de etalage.*

**dro·me·da·ris** (de ~(m.); -sen) een soort kameel met één bult, die als rij- en lastdier gebruikt wordt.

**dro·men** (droomde, heeft gedroomd) **1** iets dromen: iets in je slaap beleven ♦ *zij droomde dat zij op reis was; dit huis is precies zoals ik het mij gedroomd had*: zoals ik het me in mijn fantasie had voorgesteld; *dat had je gedroomd!*: (uitdr.) dat zou je wel willen **2** met je gedachten ergens anders zijn dan waar je echt bent ♦ *wat zit je weer te dromen, Aleid!* **3** iets kunnen dromen: iets helemaal van buiten kennen, iets precies weten ♦ *ik kan dat boek wel dromen.*

**dro·men·land** (zelfst. nw.) ▼ *in dromenland zijn*: slapen.

**dro·mer** (de ~(m.); -s) **1** (vrouw: droomster) iemand die weinig let op wat er om hem of haar heen gebeurt, iemand die vaak loopt te fantaseren **2** dijk waar nog twee andere dijken voor liggen, die 'waker' en 'slaper' heten.

**dro·me·rig** (bijv. nw.) als iemand die droomt*, als in een droom* ♦ *ze is een dromerig kind*: ze is met haar gedachten vaak ergens anders.

**drom·mel** (zelfst. nw.; -s) ▼ *een arme drommel*: een stakker, een zielig figuur; *om de drommel niet*: zeker niet.

**drom·mels** (bijw.) (populair) heel erg ♦ *het was drommels koud; je weet drommels goed wat ik bedoel.*

**drom·men** (dromde, is gedromd) in een drom komen of gaan ♦ *zij dromden het stadion binnen.*

**drong** → dringen.

**dron·gen** → dringen.

**dronk¹** (de ~(m.); -en) het drinken* ♦ *een dronk uitbrengen op de gastheer*: (uitdr.) op zijn gezondheid drinken, toasten; *een kwade dronk hebben*: (uitdr.) hatelijk of lastig worden als je alcohol gedronken hebt.

**dronk²** → drinken.

**dronk·aard** (de ~(m.); -s) iemand die vaak dronken* is ⇒ *dronkenlap, zuiplap.*

**dron·ke·lap** → dronkenlap.

**dron·ken¹** (bijv. nw.) zo onder invloed van alcohol dat je niet meer helder kunt denken ⇒ *beschonken, zat, teut* ♦ *zo dronken als een tor*: (uitdr.) heel erg dronken.

**dron·ken²** → drinken.

**\*dron·ken·lap** (Wdl: dronkelap) (de ~(m.); -pen) dronkaard.

**droog** (bijv. nw.) **1** niet vochtig, niet nat ♦ *hij kon het niet met droge ogen aanzien*: hij moest erbij huilen; *ik heb een droge keel*: ik heb dorst; *de baby is droog*: hij heeft niet in zijn luier geplast; *droog brood*: (uitdr.) zonder boter en beleg **2** gezegd van iemand die grappige dingen zegt op een serieuze manier ♦ *een droge opmerking* **3** (van wijn): niet zoet.

**droog·bloem** (de ~; -en) bloem die mooi blijft als hij gedroogd is.

**droog·je** (zelfst. nw.) ▼ *op een droogje zitten*: niets te drinken hebben of krijgen.

**droog·kap** (de ~; -pen) apparaat dat je over je hoofd zet en waar warme lucht uit komt die je haar droog maakt.

**droog·ko·miek** (de ~(m.); -en) iemand die grapjes maakt met een ernstig gezicht.

**droog·kuis** (de ~(m.)) (in België □) stomerij.

**droog·stop·pel** (de ~(m.); -s) zeurderig iemand zonder fantasie of idealisme.

**droog·te** (de ~(v.)) periode dat er geen regen valt.

**droog·trom·mel** (de ~; -s) apparaat met een ronddraaiende trommel waarin wasgoed snel droogt.

**droog·zwier·der** (de ~(m.); -s)(in België □) centrifuge.

**droom** (de ~(m.); dromen) iets wat je in gedachten beleeft terwijl je slaapt ♦ *een natte droom:* (uitdr.) een zaadlozing in je slaap; *het huis van mijn dromen:* het huis dat ik altijd al graag had willen hebben; *iemand uit de droom helpen:* (uitdr.) iemand precies vertellen hoe iets zit, zodat hij of zij niet aan een verkeerd idee vast blijft houden; *dromen zijn bedrog:* (spreekwoord) ze voorspellen niets.

**droom·ster** → dromer.

**droop** → druipen.

**drop¹** (de ~of het ~) snoep dat o.a. uit zoethout is gemaakt en dat meestal zwart is.

**drop²** → drup.

**dro·pen** → druipen.

**drop-out** (Engels) [drop-a͟ut] (de ~; -s)(letterlijk: uitvaller) iemand die niet mee kan komen in de maatschappij, op school enz., en daardoor overal buiten staat.

**drop·pel** → druppel.

**drop·pe·len** → druppelen.

**drop·pen** (dropte, heeft gedropt) **1** iets of iemand droppen: (populair) iets of iemand achterlaten, neerzetten ♦ *kan ik de baby even bij jou droppen?* **2** iets of iemand droppen: iets of iemand uit een vliegtuig laten neerdalen ♦ *voedsel droppen; parachutisten droppen.*

**drop·ping** (Engels) [dro͟pping] (de ~; -s) spel waarbij het erom gaat dat je 's nachts zo snel mogelijk terugkomt vanaf een onbekende plaats waar je afgezet bent.

**dros·sen** (droste, is gedrost)(populair) weglopen, vooral uit het leger ⇒ deserteren.

**drost** (de ~(m.); -en) iemand die vroeger een plattelandsgebied bestuurde.

**drs.** (afkorting) *d*octorandu*s*.

**drug** (Engels) [dru͟k, in België: drug] (de ~; -s) middel dat je geest verdooft of bedwelmt of waardoor je dingen ziet die er in werkelijkheid niet zijn ♦ *soft drugs:* waar je niet zo gauw aan verslaafd raakt, zoals hasj; *hard drugs:* waar je gemakkelijk aan verslaafd raakt, zoals heroïne.

**druïde** dru·i·de (de ~(m.); -n) priester bij de oude Kelten, die een soort toverkracht had.

**druif** (de ~; druiven) blauwe of groene vrucht die in trossen groeit, waar o.a. wijn van gemaakt wordt ♦ *het is een rare druif:* (uitdr.) een mal mens; *de druiven zijn zuur:* (dit zeg je als iemand net doet of hij iets niet wil hebben, omdat hij het toch niet kan krijgen).

**druif·jes** (zelfst. nw.) ▼ *blauwe druifjes:* plant die uit een bol groeit, en in het voorjaar bloeit met fijne blauwe bloemetjes.

**drui·le·rig** (bijv. nw.) regenachtig en somber ♦ *een druilerige dag.*

**druil·oor** (de ~; druiloren) sloom persoon.

**drui·pen** (droop, heeft gedropen) **1** in druppels neervallen ♦ *het zweet droop van haar voorhoofd; de verwaandheid druipt van hem af:* (uitdr.) het is overduidelijk te merken dat hij verwaand is **2** zo nat zijn dat de druppels eruit vallen ♦ *mijn kleren dropen na de regenbui.*

**drui·per** (de ~(m.); -s) bepaalde geslachtsziekte ⇒ gonorroe.

**druip·steen** (de ~(m.); -stenen) steen in de vorm van een ijspegel die in kalksteengrotten ontstaat door het neerdruppelende water ♦ *de druipsteengrotten van Han.*

**drui·ve·laar** (de ~(m.); -s)(in België □) wijnstok.

**drui·ven·sui·ker** (de ~(m.)) bepaald soort suiker die snel in het bloed opgenomen wordt en die o.a. voorkomt in druiven ⇒ dextrose, glucose ♦ *tijdens de marathon gebruikte iedereen druivensuiker.*

**druk¹** (de ~(m.); -ken) **1** aanhoudende dwang, drang of kracht ⇒ pressie ♦ *de druk werd te groot en de dam barstte; luchtdruk; bloeddruk; iemand onder druk zetten:* (uitdr.) op allerlei manieren proberen iemand ergens toe te dwingen; *de druk is van de ketel:* (uitdr.) de grootste spanning is voorbij **2** keer dat een boek gedrukt* wordt ♦ *de eerste druk van een boek.*

**druk²** (bijv. nw.) **1** met veel beelden, geluiden, bewegingen enz., het tegenovergestelde van 'rustig' ⇒ onrustig, woelig ♦ *wat ben je druk vandaag!; drukke gordijnen:* met een onrustig dessin; *je druk maken over iets:* (uitdr.) je over iets opwinden; *zo druk zijn als een klein baasje:* (uitdr.) het heel erg druk hebben **2** waar veel te doen is, het tegenovergestelde van 'rustig' ♦ *een drukke baan; een drukke straat:* met veel verkeer; *een druk bezochte tentoonstelling:* waar veel mensen komen kijken.

**druk·fout** (de ~; -en) verkeerd afgedrukt woord of verkeerd afgedrukte letter.

**druk·ken** (drukte, heeft gedrukt) **1** iets ergens op, in, door drukken: iets ergens met kracht op, in, door duwen ♦ *zij drukte de kurk op de fles; iemand de hand drukken:* iemand een hand geven; *we hebben dat voorstel erdoor gedrukt:* (uitdr.) we hebben ervoor gezorgd dat dat voorstel aangenomen wordt **2** op iets drukken: op iets duwen ♦ *op een knop drukken; het verdriet drukte zwaar op hem:* (uitdr.) het gaf hem een beklemd gevoel **3** een boek, krant enz. drukken: er een of meer afdrukken van maken ♦ *dit boek is keurig gedrukt* **4** letters of figuren drukken: die door middel van een pers op papier of op een andere stof overbrengen **5** je behoefte doen ⇒ poepen **6** prijzen, kosten drukken: die laag houden of lager maken **7** je drukken: je aan je plicht onttrekken, niet doen wat je zou moeten doen.

**druk·kend** (bijv. nw.) waarvan je het benauwd krijgt ♦ *een drukkende hitte; een drukkende stilte.*

**druk·ker** (de ~(m.); -s) iemand die drukwerk maakt.

**druk·kings·groep** (de ~; -en)(in België □) groep mensen met dezelfde belangen die druk uitoefenen op het parlement, de regering enz. ⇒ pressiegroep.

**druk·pers** (de ~; -en) machine waarmee drukwerk wordt gemaakt ♦ *de vrijheid van drukpers:* het recht om dingen af te drukken en te verspreiden zonder dat je daarvoor eerst toestemming moet vragen.

**druk·te** (de ~(v.)) **1** veel mensen bij elkaar, gedrang ♦ *het was een drukte van belang op het plein* **2** toestand waarin je veel te doen hebt, waarin er veel werk is ♦ *door de drukte op kantoor is die brief nog niet beantwoord; maak maar geen drukte voor mij:* doe voor mij maar niets bijzonders; *kouwe drukte:* (uitdr.) veel ophef zonder dat het nodig is.

**druk·te·ma·ker** (de ~(m.); -s) iemand die veel lawaai en onrust veroorzaakt.

**druk·werk** (het ~; -en) alles wat gedrukt is, zoals kranten, tijdschriften, boeken en folders.

**drum** (de ~(m.); -s) **1** trommel van een drumstel **2** oliedrum, olievat.

**drum·band** [dru͟mbent, in België: dru͟mbant] (de ~(m.); -s) muziekkorps dat vooral uit trommelaars bestaat.

**drum·men** (drumde, heeft gedrumd) **1** op een drumstel spelen **2** (in België □) dringen, duwen.

**drum·mer** (de ~(m.); -s), vrouw: **drum·ster** (de ~(v.); -s) iemand die een drumstel bespeelt ⇒ slagwerker.

**drum·stel** (het ~; -len) set trommels en bekkens, die door één persoon bespeeld kan worden.

**drup, drop** (de ~(m.); -s) druppel.

**drup·pel, drop·pel** (de ~(m.); -s) klein bolletje van een vloeistof ♦ *een druppel bloed; zij lijken op elkaar als twee* *druppels* water: (uitdr.) ze lijken erg veel op elkaar; *dat was de **druppel** die de emmer deed overlopen*: (uitdr.) de toestand was al moeilijk, maar toen werd het echt te veel; *dat is een **druppel** op een gloeiende plaat*: (uitdr.) het is zo weinig dat het niet helpt.

**drup·pe·len, drop·pe·len** (druppelde, heeft gedruppeld) in druppels* vallen of druppels* laten vallen ◆ *de kraan **druppelt**.*

**drup·pen** (drupte, heeft gedrupt) druppelen.

**ds.** (afkorting) (oorspronkelijk: *d*ominu*s*) dominee.

**du·a·lis·tisch** (bijv. nw.) bestaande uit twee verschillende, vaak tegengestelde dingen.

**dub·bel** (bijv. nw.) bestaande uit twee gelijke of overeenkomstige dingen ◆ *een **dubbele** punt*: het teken ' : '; *een **dubbele** longontsteking*: van allebei de longen; *ramen met **dubbel** glas*: twee ruiten met een luchtlaag ertussen die een isolerende werking heeft; ***dubbel** zes gooien*: (met twee dobbelstenen); *die postzegel heb ik **dubbel***: daar heb ik er twee van; *dat heb je **dubbel** en dwars verdiend*: (uitdr.) dat heb je heel duidelijk verdiend; *dat heb je **dubbel** en dik verdiend*: (in België □; uitdr.) dat heb je heel duidelijk verdiend; *zij lagen **dubbel** van het lachen*: (uitdr.) zij moesten ontzettend lachen.

**dub·bel·dek·ker** (de ~(m.); -s) bus met twee verdiepingen.

**dub·bel·drank** (de ~(m.); -en) drank gemaakt van twee fruitsoorten.

**dub·be·len** (dubbelde, heeft gedubbeld) *een klas dubbelen*: (in België □) blijven zitten, dezelfde groep nog een keer doen ⇒ doubleren.

**dub·be·le·punt** (de ~) het teken ' : ', als leesteken.

**dub·bel·gan·ger** (de ~(m.); -s), vrouw:

**dub·bel·gang·ster** (de ~(v.); -s) iemand die zo op een ander lijkt, dat hij of zij met die persoon verward kan worden.

**dub·bel·har·tig** (bijv. nw.) oneerlijk, vals.

**dub·bel·le·ven** (zelfst. nw.) ▼ *een **dubbelleven** leiden*: zulke verschillende dingen doen, dat het bijna lijkt of je uit twee verschillende personen bestaat.

**dub·bel·spi·on** (de ~(m.); -nen) iemand die spioneert voor twee partijen.

**dub·bel·tje** (het ~; -s) Nederlands muntje van tien cent, het tiende deel van een gulden ◆ *het was een **dubbeltje** op zijn kant*: (uitdr.) het liep maar net goed af; *je weet nooit hoe een **dubbeltje** kan rollen*: (uitdr.) je kan nooit voorspellen hoe iets af zal lopen; *zij wil voor een **dubbeltje** op de eerste rij zitten*: (uitdr.) zij wil het beste hebben zonder er veel moeite voor te doen; *zo plat als een **dubbeltje***: (uitdr.) heel erg plat; *als je voor een **dubbeltje** geboren bent, word je nooit een kwartje*: (spreekwoord) als je van gewone afkomst bent, zul je nooit horen bij de hogere standen.

**dub·bel·zin·nig** (bijv. nw.) **1** met twee of meer mogelijke betekenissen ⇒ ambigu ◆ *een **dubbelzinnig** antwoord* **2** met een schuine, gewaagde bijbetekenis ◆ ***dubbelzinnige** praatjes ophangen*.

**dub·ben** (dubde, heeft gedubd) twijfelen, piekeren.

**du·bi·eus** (bijv. nw.) twijfelachtig, vermoedelijk niet goed ◆ *een **dubieuze** beslissing*.

**duch·ten** (duchtte, heeft geducht) *niets te duchten hebben*: nergens bang voor hoeven zijn, niets te vrezen hebben.

**duch·tig** (bijv. nw.) flink, erg ⇒ danig ◆ *hij werd **duchtig** afgeranseld*.

**du·el** (het ~; -s of -len) strijd of wedstrijd tussen twee mensen of twee groepen ⇒ tweegevecht ◆ *de ridders vochten een **duel** uit*; *een **duel** tussen schakers*.

**du·el·le·ren** (duelleerde, heeft geduelleerd) een duel* voeren ◆ *zij **duelleerden** op de degen*: met de degen als wapen.

**du·et** (het ~; -ten) muziekpartij voor twee zangers of spelers.

**duf** (bijv. nw.) niet levendig, saai ◆ *wat een **duffe** boel is het hier*; *ik voelde me zo **duf** vanmorgen*: ik voelde me niet helder en fris.

**duf·fels** (bijv. nw.) ▼ *een **duffelse** jas*: die gemaakt is van een bepaald soort dikke wollen stof.

**dug-out** (Engels) [duk·aut] (de ~; -s) hokje aan de zijlijn van een sportveld voor de trainer en de reservespelers.

**dui·de·lijk** (bijv. nw.) **1** goed te begrijpen ◆ *dat is een **duidelijk** antwoord* **2** goed te horen, te zien, te lezen ◆ *een **duidelijk** handschrift; jij bent **duidelijk** te laat naar bed gegaan*.

**dui·den** (duidde, heeft geduid) **1** iets duiden: zeggen wat iets betekent ⇒ uitleggen, verklaren ◆ *een droom **duiden*** **2** ergens op duiden: ergens op wijzen ◆ *de verschijnselen **duiden** op blindedarmontsteking*.

**duif** (de ~; duiven) bepaald soort vogel, die ook tam gehouden wordt; symbool van vrede ◆ *een post**duif**; duiven melken*: duiven houden; *de gebraden **duiven** vliegen je niet zomaar in de mond*: (uitdr.) je moet er wel moeite voor doen als je iets hebben wilt; *onder iemands **duiven** schieten*: (uitdr.) op een oneerlijke manier iets krijgen wat voor een ander bestemd was.

**duig** (de ~; -en) gebogen plank van een ton ◆ *in **duigen** vallen*: (uitdr.) mislukken.

**duik** (de ~(m.)) sprong schuin naar voren en voorover, met gestrekt lichaam ◆ *een **duik** nemen*: gaan zwemmen; *een **duik** in het verleden nemen*: (uitdr.) je verdiepen in het verleden.

**duik·boot** (de ~; -boten) schip dat onder water kan varen ⇒ onderzeeër.

**dui·ke·laar** (de ~(m.); -s) speelgoedpoppetje dat wankelt maar steeds weer overeind komt ◆ *een slome **duikelaar***: (uitdr.) een sufferd.

**dui·ke·len** (duikelde, heeft of is geduikeld) plotseling voorover vallen of springen ⇒ buitelen.

**dui·ke·ling** (de ~(v.); -en) val waarbij je over de kop gaat.

**dui·ken** (dook, heeft of is gedoken) een duik* maken ◆ *de keeper **dook** op de bal; de vogel **dook** op zijn prooi; ze **dook** naar een muntje op de bodem van het zwembad; in iets, bijv. een boek, **duiken***: (uitdr.) je helemaal in iets verdiepen.

**dui·ker** (de ~(m.); -s) **1** (vrouw: duikster) iemand die met speciale kleren en apparatuur lang onder water blijft ⇒ kikvorsman **2** buis waardoor een sloot onder een weg door loopt.

**dui·ker·klok** (de ~; -ken) cabine die op de zeebodem wordt neergelaten met mensen die onder water moeten werken.

**duik·plank** (de ~; -en) verende plank in een zwembad om vanaf te duiken.

**duik·vlucht** (de ~; -en) vliegbeweging steil naar beneden.

**duim** (de ~(m.); -en) **1** de kortste, dikste en meest beweeglijke vinger ◆ *iemand onder de **duim** houden*: (uitdr.) iemand in je macht houden; *iets op je **duimpje** kennen*: (uitdr.) iets heel goed kennen; *iets uit je **duim** zuigen*: (uitdr.) iets verzinnen; *de **duimen** leggen*: (in België) het onderspit delven, je overgeven **2** oude lengtemaat, ongeveer 2,5 cm (in Engeland nog gebruikelijk onder de naam inch).

**duim·breed** (zelfst. nw.) ▼ *geen **duimbreed** wijken*: niets toegeven, vastbesloten op je standpunt blijven staan.

**dui·me·lot** (de ~(m.); -ten) plagende naam voor iemand die duimzuigt.

**dui·men** (duimde, heeft geduimd) **1** op je duim* zuigen ⇒ *duimzuigen* **2** bewegingen met je duimen* maken omdat je denkt dat dat geluk brengt ♦ *zul je voor me duimen, als ik examen moet doen?*

**dui·men·dik** (bijw.) ▼ *het ligt er duimendik bovenop:* het is duidelijk te merken.

**dui·men·draai·en** (ww.) met gevouwen handen je duimen om elkaar heen draaien ♦ *ze zitten daar een beetje duimen te draaien:* (uitdr.) ze hebben daar niets te doen, ze zitten zich daar te vervelen.

**duim·schroef** (de ~; -schroeven) martelwerktuig om iemands duimen te pijnigen ♦ *iemand de duimschroeven aandraaien:* (uitdr.) iemand streng ondervragen.

**duim·spij·ker** (de ~(m.); -s) (in België □; ouderwets) punaise.

**duim·stok** (de ~(m.); -ken) opvouwbare meetlat.

**duin** (de ~of het ~; -en) zandheuvel die door de wind is gevormd, vaak aan de kust.

**duin·af·slag** (de ~(m.)) het wegspoelen van stukken duin door de zee.

**duin·pan** (de ~; -nen) dalletje tussen de duinen in.

**duis·ter¹** (het ~) afwezigheid van licht ⇒ *duisternis, donker* ♦ *wat zitten jullie in het duister!:* helemaal zonder licht aan; *over de oorzaak van het ongeluk tasten wij in het duister:* (uitdr.) we hebben er geen idee van wat de oorzaak geweest is.

**duis·ter²** (bijv. nw.) **1** donker², zonder licht **2** zó dat je niet weet wat je van iemand of iets moet denken ⇒ *onduidelijk* ♦ *een duistere figuur verscheen boven aan de trap; dat is een duister zaakje:* dat is niet helemaal in de haak; *het is me nog altijd duister:* ik begrijp het nog steeds niet.

**duis·ter·nis** (de ~(v.)) afwezigheid van licht ⇒ *duister, donker* ♦ *de duisternis viel in:* het werd donker.

**duit** (de ~; -en) muntje van vroeger ♦ *dat kost een aardige duit:* vrij veel geld; *ik heb geen rooie duit meer:* (uitdr.) helemaal geen geld meer; *een duit in het zakje doen:* (uitdr.) een bijdrage leveren, meepraten.

**dui·vel,** populair: **du·vel** (de ~(m.); -s of -en) **1** het kwaad, vaak voorgesteld als een mannetje met hoorns, bokkenpoten en een staart ⇒ *Satan* ♦ *het is of de duvel ermee speelt:* (uitdr.) het is heel gek dat alles steeds anders loopt dan we willen; *voor de duvel niet bang zijn:* (uitdr.) nergens bang voor zijn; *bij de duivel te biecht gaan:* (uitdr.) om raad gaan vragen bij je vijand; *de duvel en z'n (ouwe) moer:* (uitdr.) iedereen; *te stom zijn om voor de duvel te dansen:* (uitdr.) ontzettend stom zijn; *te voorschijn komen als een duveltje uit een doosje:* (uitdr.) heel onverwacht; *hij was des duivels:* (uitdr.) hij was woedend; *iemand de duivel aandoen:* (uitdr.; in België □) iemand treiteren, pesten, plagen; *als je van de duvel spreekt, trap je op z'n staart:* (spreekwoord) net als je het over iemand hebt, zie je hem of haar; *als je van de duivel spreekt, zie je z'n staart:* (spreekwoord; in België □) net als je het over iemand hebt, zie je hem of haar ▼ *arme duivel:* (zo noem je iemand waar je medelijden mee hebt); *de rode duivels:* het Belgisch nationale voetbalelftal.

**dui·vel-doet-al** (de ~(m.)) (in België □) duvelstoejager, manusje-van-alles.

**dui·ve·lin** (de ~(v.); -nen) gemene, boosaardige vrouw.

**dui·vels,** populair: **du·vels** (bijv. nw.) **1** gemeen, boosaardig ♦ *een duivels plan; hij schepte er een duivels genoegen in haar te pesten* **2** (populair) lastig, vervelend ♦ *duvelse kwajongen!*

**dui·vels·kun·ste·naar** (de ~(m.); -s) iemand die ongelofelijke dingen kan.

**dui·ven·mel·ker** (de ~(m.); -s) iemand die duiven houdt.

**dui·ven·til** (de ~; -len) duivenhok op een paal met verscheidene ingangen.

**dui·ze·len** (duizelde, heeft geduizeld) *het duizelt me:* ik word duizelig* van wat ik zie, hoor, of bedenk ♦ *het duizelde me toen ik al die cijfertjes had overgeschreven.*

**dui·ze·lig** (bijv. nw.) met een draaierig gevoel in je hoofd alsof je gaat vallen ♦ *ik word duizelig als ik in een afgrond kijk.*

**dui·ze·ling** (de ~(v.); -en) het gevoel dat je gaat vallen.

**dui·ze·ling·wek·kend** (bijv. nw.) zo groot, zo veel dat je er duizelingen* van zou krijgen ♦ *duizelingwekkende bedragen.*

**dui·zend** (hoofdtelw.) tien maal honderd; 1000 ♦ *ik heb duizend angsten uitgestaan:* (uitdr.) heel veel; *hij had duizend en één bezwaren:* (uitdr.) heel veel; *iemand of iets uit duizenden:* (uitdr.) een persoon of zaak die uniek en geweldig is.

**dui·zend·poot** (de ~(m.); -poten) **1** langwerpig diertje met heel veel pootjes **2** iemand die veel verschillende dingen goed kan.

**dui·zend·schoon** (de ~; -schonen) bloem die bestaat uit allemaal kleine bloemetjes die boven aan een steel zitten, wit, roze, rood of paars van kleur.

**dui·zend·ste** (rangtelw.) komend als nummer duizend.

**du·kaat** (de ~(m.); dukaten) gouden munt van vroeger.

**duk·dalf** (de ~(m.); dukdalven) zware paal in het water om schepen aan af te meren.

**dul·den** (duldde, heeft geduld) *iets of iemand dulden:* je er niet tegen verzetten dat iets of iemand er is, iets of iemand toelaten ⇒ *gedogen, tolereren* ♦ *ik duld geen tegenspraak; hij werd geduld, meer niet:* hij werd niet weggestuurd, maar hij was ook niet echt welkom.

**dum·my** (de ~; dummy's) voorbeeld waaraan je kunt zien hoe iets dat nog in de maak is eruit zal gaan zien, bijv. een boek met lege bladzijden.

**dump** (de ~(m.); -s) **1** voorraadplaats van goederen van het leger **2** winkel in afgedankte legerspullen.

**dum·pen** (dumpte, heeft gedumpt) *iets dumpen:* iets ergens storten zodat je er vanaf bent ♦ *afval in zee dumpen.*

**dun** (bijv. nw.) **1** met een kleine breedte of omvang, het tegenovergestelde van 'dik' ♦ *dunne vingers* **2** heel vloeibaar, het tegenovergestelde van 'dik' ♦ *dunne soep* **3** met veel tussenruimte, het tegenovergestelde van 'dik' ♦ *dun haar; een dun bevolkt land:* waar gemiddeld weinig mensen per vierkante kilometer wonen.

**dun·doek** (het ~; -en) vlag.

**dunk** (de ~(m.)) wat je ergens van vindt ♦ *ik heb geen hoge dunk van hem als keeper.*

**dun·ken** (ww.) *het dunkt mij dat ..., mij dunkt dat ...:* ik denk dat ..., het lijkt me dat ... ♦ *mij dunkt dat de voorzitter gelijk heeft; het dunkt mij dat we het hier maar bij moeten laten.*

**dun·ne** (zelfst. nw.) ▼ *aan de dunne zijn:* diarree hebben.

**dun·ne·tjes** (bijv. nw.) ▼ *iets dunnetjes overdoen:* iets overdoen, en dan flink.

**duo** (het ~; duo's) twee mensen die bij elkaar horen ♦ *een zangduo:* twee mensen die samen zingen.

**duo·baan** (de ~; -banen) baan die je met z'n tweeën hebt.

**du·pe** (zelfst. nw.) ▼ *de dupe zijn of worden van iets:* de akelige gevolgen van iets ondervinden, het slachtoffer van iets zijn of worden.

**du·pe·ren** (dupeerde, heeft gedupeerd) *iemand duperen:* iemand benadelen ♦ *wij hebben geen auto, dus we waren zwaar gedupeerd door de treinstaking.*

**du·plex** (de ~(m.); -en)(in België □) appartement dat zich uitstrekt over twee etages die verbonden zijn door een trap.

**du·pli·caat** (het ~; duplicaten) tweede exemplaar ⇒ kopie.

**du·plo** ▼ in duplo: in tweevoud.

**dup·pie** (het ~; -s)(in Nederland; spreektaal) dubbeltje.

**du·ren** (duurde, heeft geduurd) **1** een bepaalde tijd duren: die tijd in beslag nemen ◆ die film duurt twee uur; het duurt nog vier maanden voor we vakantie hebben; het duurt niet lang meer of we kunnen schaatsen **2** doorgaan, hetzelfde blijven ⇒ voortduren ◆ zo lang als het duurt: (uitdr.) het zal wel niet lang zo blijven.

**durf** (de ~(m.)) eigenschap dat je niet bang bent om spannende of gevaarlijke dingen te doen ⇒ lef.

**durf·al** (de ~(m.); -len) iemand die veel durft* ⇒ waaghals.

**dur·ven** (durfde of dorst, heeft gedurfd) iets durven: je niet door angst of onzekerheid laten tegenhouden iets te doen ⇒ wagen ◆ ik durfde niet te vragen of ik mee mocht.

**dus** (voegw.)(geeft een logisch gevolg aan) ◆ het regent, dus we gaan niet wandelen.

**dus·da·nig¹** (aanw. vnw.) zodanig.

**dus·da·nig²** (bijw.) in die mate, op zo'n manier ⇒ zo, zodanig ◆ het schip was dusdanig beschadigd dat het niet meer kon varen.

**dus·ter** (de ~(m.); -s) ochtendjas voor dames.

**dut·je** (het ~) kort slaapje ◆ een dutje doen.

**duts** (de ~(m.); -en)(in België □) sukkelaar, stakker.

**dut·ten** (dutte, heeft gedut) **1** een dutje* doen **2** soezen.

**duur¹** (de ~) tijd die ergens voor nodig is ◆ de pret was van korte duur: was gauw voorbij; op den duur, op de lange duur: (uitdr.) na verloop van tijd.

**duur²** (bijv. nw.) **1** veel kostend, het tegenovergestelde van 'goedkoop' ◆ een dure jas; het is een dure plicht: een plicht die je per se moet nakomen; dat zal je duur komen te staan!: (uitdr.) daar zal je voor moeten boeten **2** gewichtig ◆ dure woorden gebruiken; die vrouw doet graag een beetje duur.

**duur·zaam** (bijv. nw.) gezegd van iets dat lang meegaat, dat lang blijft bestaan ◆ een duurzame vriendschap; duurzaam materiaal.

**du·vel¹** (zelfst. nw.) ▼ hij kreeg op z'n duvel: (populair) hij kreeg een pak slaag; ook: hij werd boos en bestraffend toegesproken.

**du·vel²** → duivel.

**du·vels** → duivels.

**du·vels·toe·ja·ger** (de ~(m.); -s) **1** iemand die erop let dat anderen goed werken en doorwerken ◆ ik heb geen zin hier voor duvelstoejager te spelen **2** iemand die allerlei klusjes doet ⇒ manusje-van-alles.

**duw** (de ~(m.); -en) de handeling van duwen* ⇒ zet, douw ◆ iemand een duwtje in de goede richting geven: (uitdr.) iemand helpen een goede beslissing te nemen.

**duw·boot** (de ~; -boten) boot die een vrachtschip of een bak met containers duwt.

**du·wen** (duwde, heeft geduwd) iets of iemand duwen: kracht uitoefenen op iets of iemand om die zaak of die persoon voor je uit te verplaatsen ⇒ douwen ◆ hij duwde me zomaar opzij!; ze duwden de kar de heuvel op.

**D.V.** (afkorting) Deo Volente; dit is Latijn voor: als God het wil.

**dwaal·licht** (het ~; -en) vlammetje boven moerassen dat zich steeds verplaatst, waardoor mensen kunnen verdwalen.

**dwaal·spoor** (zelfst. nw.) ▼ iemand op een dwaalspoor brengen: maken dat iemand aan de verkeerde oplossing denkt bij het uitzoeken van iets.

**dwaas¹** (de ~(m.); dwazen) iemand die onverstandig of gek doet.

**dwaas²** (bijv. nw.) onverstandig of gek ⇒ zot ◆ een dwaas voorstel.

**dwa·len** (dwaalde, heeft gedwaald) geen duidelijke richting hebben, of de richting kwijt zijn ⇒ dolen ◆ hij dwaalde door de stad; haar blik dwaalde over de rijen boeken.

**dwa·ling** (de ~(v.); -en) mening die niet klopt ◆ een rechterlijke dwaling: een vergissing van de rechtbank.

**dwang** (de ~(m.)) het dwingen* of het gedwongen* worden ◆ de dwang der omstandigheden: (uitdr.) omstandigheden die zó zijn, dat je iets wel móét doen.

**dwang·be·vel** (het ~; -en) brief van een deurwaarder waarin staat dat je onmiddellijk je belastingschulden moet betalen.

**dwang·buis** (het ~; -buizen) soort vest waardoor iemand zijn of haar armen nog maar beperkt kan bewegen, o.a. gebruikt voor gevaarlijke psychiatrische patiënten.

**dwang·ge·dach·te** (de ~(v.); -n) gedachte die je volledig in beslag neemt, die je niet meer loslaat ⇒ obsessie.

**dwang·ma·tig** (bijv. nw.) waar je je niet tegen kunt verzetten, gezegd van iets dat je niet kunt laten ◆ dwangmatige handelingen.

**dwar·re·len** (dwarrelde, heeft gedwarreld) met onregelmatige bewegingen door de lucht zweven ◆ dwarrelende sneeuwvlokjes.

**dwars** (bijv. nw.) in een richting die een kruis vormt met de hoofdrichting ◆ het schip lag dwars op de golven; een dwarsbalk; er lag een ladder dwars voor de deur; dwars liggen: (uitdr.) bezwaren maken en tegenwerken; ergens dwars tegenin gaan: (uitdr.) ergens helemaal tegenin gaan; dat zit me dwars: (uitdr.) dat vind ik vervelend, daar moet iets aan gedaan worden.

**dwars·bo·men** (dwarsboomde, heeft gedwarsboomd) iemand of iemands plannen dwarsbomen: zorgen dat iemand zijn of haar plannen niet uit kan voeren ⇒ tegenwerken.

**dwars·fluit** (de ~; -en) fluit die je bij het spelen dwars voor je mond houdt.

**dwars·lig·ger** (de ~(m.); -s) iemand die niet mee wil werken.

**dwars·straat** (zelfst. nw.) ▼ ik noem maar een dwarsstraat: ik noem zo maar een voorbeeld.

**dweep·ziek** (bijv. nw.) geneigd tot overdreven bewondering.

**dweil** (de ~(m.); -en) doek om de vloer mee schoon of droog te maken ◆ je ziet eruit als een dweil: (uitdr.) je ziet er bleek en slap uit.

**dwei·len** (dweilde, heeft gedweild) de vloer dweilen: die schoon of droog maken met een dweil*.

**dwe·pen** (dweepte, heeft gedweept) dwepen met iemand of iets: overdreven, kritiekloze bewondering voor iemand of iets hebben ◆ zij dweept met de gymnastiekjuf.

**dwerg** (de ~(m.); -en) **1** iemand die erg achtergebleven is in groei **2** klein wezen uit sprookjes, meestal met het uiterlijk van een oud mannetje.

**dwerg-** gezegd van mensen, dieren of dingen die heel klein zijn in hun soort ◆ dwergpoedel; Monaco is een dwergstaat.

**dwin·ge·land** (de ~(m.); -en) iemand die op een vervelende manier probeert anderen te laten doen wat híj wil.

**dwin·ge·lan·dij** (de ~(v.)) gedrag van een dwingeland* ⇒ tirannie.

**dwin·gen** (dwong, heeft gedwongen) iemand dwingen: zorgen dat iemand wel moet doen wat jíj wilt ◆ *de kapers werden* **gedwongen** *tot overgave; de gladheid* **dwong** *ons langzaam te rijden:* door de gladheid moesten we langzaam rijden.

**dwin·gend** (bijv. nw.) noodzakelijk ⇒ *onontkoombaar* ◆ *je hebt geen* **dwingende** *reden om thuis te blijven.*

**dwong** → dwingen.

**dwon·gen** → dwingen.

**d.w.z.** (afkorting) *d*at *w*il *z*eggen.

**dy·na·miek** (de ~(v.)) beweging, vaart, actie ◆ *de* **dynamiek** *van een wereldstad.*

**dy·na·miet** (het ~) stof die ontploffingen kan veroorzaken.

**dy·na·misch** (bijv. nw.) veranderlijk, steeds in beweging, het tegenovergestelde van 'statisch' ◆ *een* **dynamische** *baan; een* **dynamische** *persoonlijkheid.*

**dy·na·mo** (de ~(m.); dynamo's) apparaat dat, al draaiend, stroom opwekt.

**dy·nas·tie** (de ~(v.); dynastieën) regerende familie, vorstenhuis.

**dy·sen·te·rie** (de ~(v.)) besmettelijke ziekte van je darmen, waarbij er bloed in je ontlasting kan voorkomen.

**dys·lexie** (de ~(v.)) het niet goed kunnen lezen van hele woorden ⇒ *woordblindheid.*

# Ee

**e** (de ~; e's) **1** de vijfde letter van het alfabet **2** muzieknoot.

**e.a.** (afkorting) *e*n *a*nderen.

**eau de co·log·ne** (Frans) [oodᵉkoolonjᵉ](de ~) water met een lekker geurtje ⇒ *reukwater, odeur.*

**eb**, ouderwets: **eb·be** (de ~) het teruglopen van de zee, laag getij, het tegenovergestelde van 'vloed' ⇒ *laagwater.*

**EBA** (de ~(v.); EBA's) (in België) *E*enpersoonsvennootschap met *B*eperkte *A*ansprakelijkheid (kijk ook bij: **vennootschap**).

**eb·be** → eb.

**eb·ben·hout** (het ~) duur, hard hout, zwart of donkerbruin.

**e.c.g.** (het ~; e.c.g.'s) **e**lektro**c**ardio**g**ram.

**echec** (Frans) [eesjek](het ~; -s) mislukking ⇒ *fiasco.*

**echo** (de ~(m.); echo's) **1** het weerkaatsen van geluid tegen een wand, buiten of binnen ⇒ *weerklank, nagalm* **2** echografie.

**echoën** echo·en (echode, heeft geëchood) **1** als een echo* naklinken ⇒ *weergalmen* ◆ *in een tunnel* **echoot** *je stem* **2** *woorden, geluiden* **echoën**: die herhalen.

**echo·gra·fie** (de ~(v.); echografieën) manier om door middel van geluidstrillingen een afbeelding te maken van iets in het lichaam, bijv. van een baby die nog in de buik zit ⇒ *echoscopie, echo.*

**echo·lood** (het ~; -loden) toestel om de diepte van de zee te meten met behulp van teruggekaatst geluid.

**echos·co·pie** (de ~(v.); echoscopieën) echografie.

**echt¹** (de ~(m.)) (deftig) huwelijk ◆ *zij zijn in de* **echt** *verbonden:* zij zijn getrouwd.

**echt²** (bijv. nw.) niet vals, geen namaak ⇒ *zuiver, onvervalst, authentiek* ◆ **echt** *zilver; een* **echte** *vriend:* met alle eigenschappen die je van een vriend kunt verwachten.

**echt³** (bijw.) **1** werkelijk, heus ◆ *is het* **echt** *waar?* **2** zoals precies bij iets of iemand past ⇒ *typisch* ◆ *dat is nou* **echt** *iets voor Hanneke.*

**echt·breuk** (de ~(v.)) (deftig) overspel ◆ **echtbreuk** *plegen.*

**ech·te·lijk** (bijv. nw.) van een echtpaar ◆ *de* **echtelijke** *slaapkamer.*

**ech·ter** (bijw.) (deftig) maar ⇒ *evenwel.*

**echt·ge·noot** (de ~(m.); echtgenoten), vrouw: **echt·ge·no·te** (de ~(v.); -s of -n) degene met wie je getrouwd bent, je man of vrouw ⇒ *eega, gade, gemaal.*

**echt·paar** (het ~; -paren) man en vrouw die samen getrouwd zijn.

**echt·schei·ding** (de ~(v.); -en) beëindiging van een huwelijk ⇒ *scheiding.*

**echt·ver·eni·ging** (de ~(v.); -en) (deftig) huwelijk.

**ecla·tant** (bijv. nw.) daverend, schitterend ◆ *een* **eclatante** *overwinning.*

**eclips** (de ~; -en) het onzichtbaar worden van een hemellichaam doordat er een ander hemellichaam voor zit, bijv. een zonsverduistering of maansverduistering.

**eco-** te maken hebbend met het milieu ◆ **eco**winkel: winkel waar natuurvoeding verkocht wordt.

**eco·lo·gie** (de ~(v.)) wetenschap die bestudeert op wat voor manier planten en dieren elkaar en hun omgeving nodig hebben.

**eco·lo·gisch** (bijv. nw.) te maken hebbend met ecologie*, volgens de ecologie* ◆ *ecologische landbouw*: waarbij de natuurlijke omgeving zo min mogelijk geschaad wordt.

**eco·no·mie** (de ~(v.); economieën) alle maatregelen die erop gericht zijn de inkomsten en uitgaven van een land zó te besteden dat er zoveel mogelijk welvaart is ⇒ *staathuishoudkunde*.

**eco·no·misch** (bijv. nw.) 1 met economie* te maken hebbend ◆ *de minister van Economische Zaken* 2 zuinig, spaarzaam ◆ *een economische auto*: die niet zoveel benzine verbruikt.

**eco·noom** (de ~(m.); economen), vrouw: **eco·no·me** (de ~ (v.); -s of -n) 1 iemand die zich met economie* bezighoudt 2 (in België) huismeester in een kostschool.

**eco·tun·nel** (de ~(m.); -s) tunnel die speciaal is aangelegd om wild veilig te laten oversteken.

**ecru** (bijv. nw.) met een natuurlijke, zachtgele kleur.

**ec·sta·sy** (Engels) [ɛkstəsie](de ~) middel dat soms geslikt wordt op houseparty's, en waarvan je gaat hallucineren (kijk ook bij: **hallucineren**) ⇒ XTC.

**ecu** (de ~(m.); ecu's) *E*uropean *C*urrency *U*nit; dit is een munteenheid die alleen op papier bestaat en waarmee je in heel Europa per bank kunt betalen.

**ec·zeem** (het ~) uitslag op de huid die jeuk kan geven.

**e.d.** (afkorting) en dergelijke ◆ *het grasveld lag bezaaid met blikjes, plastic zakken e.d.*.

**ede** → **eed**.

**edel** (bijv. nw.) voortreffelijk, hoogstaand ⇒ *nobel* ◆ *een edel karakter; edel metaal*: niet roestend, zoals zilver en goud; *de edele delen*: de geslachtsdelen.

**edel·acht·baar** (bijv. nw.) ▼ *Edelachtbare Heer*: titel om een rechter, een burgemeester en een wethouder aan te spreken.

**ede·le** (de ~; -n) iemand die van adel is.

**edel·man** (de ~(m.); edellieden) man van adel in vroeger tijd.

**edel·moe·dig** (bijv. nw.) gezegd van iets waaruit blijkt dat iemand veel voor een ander over heeft ⇒ *grootmoedig, onbaatzuchtig*.

**edel·smid** (de ~(m.); -smeden) smid die siervoorwerpen maakt uit edele metalen, zoals zilver en goud.

**edel·steen** (de ~(m.); -stenen) bewerkte, kostbare natuursteen, bijv. diamant, robijn, saffier.

**edel·weiss** (Duits) [eedəlwajs](het ~) plantje met witte bloemen, dat hoog in de Alpen groeit.

**edict** (het ~; -en) officieel besluit dat door een vorst genomen wordt ◆ *een edict uitvaardigen*: dat bekendmaken.

**edi·tie** (de ~(v.); -s) 1 de exemplaren van een krant die in één keer gedrukt worden ⇒ *oplage* ◆ *de middageditie* 2 manier waarop of vorm waarin een boek is uitgegeven ⇒ *uitgave* ◆ *een pocketeditie*.

**edu·ca·tie** (de ~(v.)) opvoeding, vorming en onderwijs ◆ *volwasseneneducatie*: onderwijs aan volwassenen.

**edu·ca·tief** (bijv. nw.) te maken hebbend met educatie* ◆ *een educatieve vakantie*: waar je iets van kunt leren.

**eed** (de ~(m.); eden) plechtige belofte ◆ *een eed zweren, een eed afleggen*: een plechtige belofte doen; *hij staat onder ede*: (rechtspraak) hij heeft plechtig beloofd de waarheid te zullen spreken; *ik wil er een eed op doen*: (uitdr.) ik weet zeker dat het zo is als ik gezegd heb.

**e.e.g.** (het ~; e.e.g.'s) elektro-encefalogram.

**EEG** (de ~(v.)) *E*uropese *E*conomische *G*emeenschap; dit is een onderdeel van de EG (kijk ook bij: **EG**).

**ee·ga** (de ~; -as of eega's)(deftig) echtgenoot of echtgenote.

**eek·hoorn** (de ~(m.); -s) roodbruin knaagdiertje met een lange pluimstaart.

**eek·hoorn·tjes·brood** (het ~) grote, eetbare paddestoel.

**eelt** (het ~) laag huid die hard en ongevoelig is geworden ◆ *zij heeft eelt op haar ziel*: (uitdr.) ze heeft niet gauw medelijden of verdriet.

**een¹** (bijv. nw.) 1 niet te scheiden, helemaal verbonden ◆ *de ruiter is één met zijn paard* ▼ *één en al*: helemaal, volkomen; *de weg was één en al modder*: lag vol modder.

**een²** (hoofdtelw.) 1 ◆ *je mag nog één keer meedoen; één voor één kwamen ze naar buiten*: na elkaar; *dat lukt niet zo één twee drie*: (uitdr.) niet direct, niet zo maar; *op één, twee, drie*: (in België □; uitdr.) in een ogenblik, in een oogwenk.

**een³, 'n** (lidw.) 1 (woordje dat je gebruikt voor een zelfstandig naamwoord in het enkelvoud dat niet precies aangeduid wordt) ◆ *wil je een appel of een banaan?* 2 (ook: ene) een zekere ◆ *er heeft een meneer Vingerling voor je gebeld* 3 (als voorbeeld van iemand die erg bekend is op het gebied waar het over gaat) ◆ *ik noem een Guus Kuijer, een Thea Beckman (dit zijn bekende Nederlandse schrijvers van kinderboeken)* ▼ *er waren me daar een mensen*: er waren daar erg veel mensen.

**een·ak·ter** (de ~(m.); -s) toneelstuk dat bestaat uit één bedrijf.

**eend** (de ~; -en) watervogel ◆ *een vreemde eend in de bijt*: (uitdr.) iemand die een vreemdeling is in een groep.

**een·dags·vlieg** (de ~; -en) 1 vlieg die maar een paar dagen leeft vanaf het moment dat hij volwassen is ⇒ *haft* 2 iemand die maar korte tijd populair is.

**een·den·kooi** (de ~; -en) plek om wilde eenden te lokken en te vangen.

**een·der** (bijv. nw.) hetzelfde ⇒ *gelijk*.

**een·dracht** (de ~) het bij elkaar zijn in goede sfeer, zonder onenigheid ⇒ *eensgezindheid, harmonie* ◆ *eendracht maakt macht*: (spreekwoord) als je het met elkaar eens bent over wat je wilt bereiken, ben je samen sterk.

**een·dui·dig** (bijv. nw.) waarvoor maar één uitleg mogelijk is ◆ *dat is geen eenduidig antwoord*: dat kan verschillende dingen betekenen.

**een·ei·ig** (bijv. nw.) ▼ *een eeneiige tweeling*: twee broertjes of twee zusjes die uit dezelfde eicel gegroeid zijn en daardoor sprekend op elkaar lijken.

**een·en·twin·tig** (hoofdtelw.) 21.

**een·en·twin·tig·ste** (rangtelw.) komend als nummer 21.

**een·ge·zins·wo·ning** (de ~(v.); -en)(je hoort ook wel eens 'eensgezinswoning', maar dat is fout) huis dat bedoeld is voor één gezin.

**een·heid** (de ~(v.); eenheden) 1 maat die in een bepaald stelsel, bijv. het gewichtenstelsel of het muntstelsel, de basis vormt van meten en tellen ◆ *de meter is een eenheid van lengte* 2 zelfstandige afdeling van iets ◆ *hier worden twintig wooneenheden gebouwd*: twintig woningen in één gebouw; *de mobiele eenheid (afgekort ME)*: speciaal opgeleide groep politieagenten in Nederland die optreedt bij relletjes 3 iets dat een duidelijk geheel vormt, dat niet verdeeld is ◆ *dat team vormt geen eenheid*: de teamleden spelen niet goed samen.

**een·heids·worst** (de ~) gezegd van een groep van dingen of mensen die zo hetzelfde zijn dat het niet leuk meer is.

**een·hoorn** (de ~(m.); -s) ontembaar paard met een hoorn op zijn hoofd, dat in fabels voorkomt.

**een·ie·der** (onbep. vnw.) (ouderwets) iedereen.

**een·ken·nig** (bijv. nw.) bang voor vreemden (meestal gezegd van kleine kinderen en dieren).

**een·ling** (de ~(m.); -en) iemand die niet bij een bepaalde groep hoort ◆ *u bent een eenling in deze zaak:* niemand is het met u eens.

**een·maal** (bijw.) **1** één keer ◆ *ik heb hem nog niet eenmaal gezien* **2** eens, ooit ◆ *voor het eenmaal zover is* **3** (geeft aan dat ergens niets aan te veranderen is) ◆ *het is nu eenmaal gebeurd*.

**een·ma·lig** (bijv. nw.) zoals maar één keer voorkomt.

**een·ou·der·ge·zin** (het ~; -nen) gezin met alleen een vader of alleen een moeder.

**eenpersoons-** bedoeld voor één persoon ◆ *eenpersoonsbed*.

**eens¹** (bijv. nw.) **1** het met iemand eens zijn: dezelfde mening hebben als iemand anders heeft ◆ *zij zijn het roerend eens* **2** het ergens mee eens zijn: iets goed vinden, ergens mee akkoord gaan ◆ *ik ben het er niet mee eens dat je vertrekt*.

**eens²** (bijw.) **1** op een keer ⇒ ooit ◆ *er was eens …; kom eens langs* **2** nog één keer ◆ *mijn kamer is eens zo groot als deze:* hij heeft twee keer de oppervlakte van deze **3** (zonder speciale betekenis) ◆ *dat zou best eens kunnen; wacht eens …*.

**eens·ge·zind** (bijv. nw.) gezegd van mensen die het met elkaar eens zijn en samen hetzelfde willen bereiken ⇒ eendrachtig.

**eens·klaps** (bijw.) plotseling, onverwachts ⇒ ineens.

**eens·lui·dend** (bijv. nw.) zelfde, gelijk ⇒ gelijkluidend ◆ *tot een eensluidend oordeel komen:* het eens worden.

**een·stem·mig** (bijv. nw.) zonder verschil van mening ⇒ unaniem, eensgezind ◆ *de leraren hebben dit eenstemmig besloten*.

**een·tje** (hoofdtelw.) **1** één exemplaar ⇒ een ◆ *mag ik er eentje?* **2** (gebruikt als het over iemand gaat die alleen is) ◆ *in je eentje ergens heengaan; op je dooie eentje:* helemaal alleen.

**een·to·nig** (bijv. nw.) zonder afwisseling ⇒ saai, monotoon ◆ *eentonig voorlezen:* steeds op dezelfde toon.

**een·voud** (de ~(m.)) het eenvoudig* zijn, simpelheid ◆ *zij zijn in alle eenvoud getrouwd:* zonder drukte en poespas; *eenvoud is het kenmerk van het ware:* (spreekwoord) als iets goed en echt is, is het nooit ingewikkeld.

**een·vou·dig¹** (bijv. nw.) niet ingewikkeld ⇒ simpel ◆ *een eenvoudige gebruiksaanwijzing; een eenvoudig etentje:* een etentje dat niet erg uitgebreid en duur is.

**een·vou·dig²** (bijw.) volkomen, zonder meer ⇒ gewoonweg ◆ *het is eenvoudig belachelijk*.

**een·zaam** (bijv. nw.) **1** alleen, of het gevoel hebbend alleen te zijn ◆ *een eenzaam bestaan; temidden van de grote mensenmassa voelde hij zich eenzaam* **2** stil, verlaten ◆ *het eenzame strand*.

**een·zaam·heid** (de ~(v.)) het eenzaam* (bet.1) zijn ◆ *de eenzaamheid zoeken:* graag ver van andere mensen zijn, in afzondering willen leven.

**een·zaat** (de ~(m.); eenzaten) ▼ leven als een eenzaat: (in België) heel teruggetrokken, op jezelf leven.

**een·zel·vig** (bijv. nw.) gezegd van iemand die het liefst alleen is, die op zichzelf is ⇒ teruggetrokken.

**een·zij·dig** (bijv. nw.) **1** aan één kant ◆ *een lap stof die eenzijdig bedrukt is; een eenzijdige afspraak:* een afspraak waar maar één partij van weet of het mee eens is **2** vanuit één kant bekeken ⇒ partijdig, bevooroordeeld ◆ *een eenzijdig verslag van wat er gebeurd is*.

**eer¹**, ouderwets: **ere** (de ~) datgene wat iemand een goede naam geeft, waarom iemand bewonderd wordt ⇒ achting, aanzien, roem ◆ *met de eer gaan strijken:* (uitdr.) de bewondering voor iets krijgen, terwijl een ander die verdient; *ergens eer mee inleggen:* (uitdr.) bewonderd worden om iets wat je gedaan of gemaakt hebt; *je naam eer aandoen:* (uitdr.) doen wat bij je naam past; *de tafel eer aandoen:* (uitdr.) goed eten van wat er op tafel staat; *een cadeautje ter ere van je verjaardag:* (uitdr.) omdat je jarig bent; *dat is mijn eer te na:* (uitdr.) daar voel ik mij te goed voor, daar ben ik te trots voor; *iets doen naar eer en geweten:* (uitdr.) op zo'n manier dat je denkt dat het goed en eerlijk is; *ere wie ere toekomt:* (uitdr.) wie iets goed gedaan heeft, mag er ook de waardering voor krijgen; *iemand eer bewijzen:* (uitdr.) iemand laten merken dat je hem of haar eert; *de overledene de laatste eer bewijzen:* (uitdr.) bij de begrafenisplechtigheid zijn; *iets in ere herstellen:* (uitdr.) iets opnieuw gaan waarderen of gebruiken; *de eer aan jezelf houden:* (uitdr.) iets doen om te voorkomen dat je vernederd wordt, bijv. je ontslag nemen als je vermoedt dat je anders ontslagen wordt.

**eer²** (voegw.) voordat ◆ *eer ze er erg in had, was haar tas gestolen*.

**eer·be·toon** (het ~) bewijs of bewijzen van verering ⇒ hulde.

**eer·be·wijs** (het ~; -bewijzen) blijk van verering.

**eer·bied** (de ~(m.)) gevoel van bewondering en ontzag ⇒ respect, achting ◆ *eerbied koesteren voor iemand*.

**eer·bie·dig** (bijv. nw.) met eerbied*, uit eerbied* ⇒ respectvol ◆ *zij groette de paus eerbiedig*.

**eer·bie·di·gen** (eerbiedigde, heeft geëerbiedigd) *iets eerbiedigen:* vinden dat iets mag bestaan en er ook rekening mee houden ⇒ respecteren ◆ *hij eerbiedigde haar mening*.

**eer·bied·waar·dig** (bijv. nw.) gezegd van iemand die eerbied verdient ⇒ respectabel.

**eer·daags** (bijw.) binnenkort.

**eer·der** (bijw.) **1** vroeger ◆ *we moeten morgen wat eerder opstaan* **2** zoals dichter bij de waarheid ligt ◆ *zij is eerder blond dan donker* **3** (in België □) tamelijk, nogal ◆ *de toets was eerder moeilijk*.

**eer·gis·te·ren** (bijw.) de dag vóór gisteren.

**eer·lijk** (bijv. nw.) zonder leugen of bedrog ⇒ oprecht, fair ◆ *jij gaat voor je beurt; dat is niet eerlijk; eerlijk gezegd vind ik de kleuren niet mooi; eerlijk is eerlijk:* (uitdr.) als we niet willen liegen moeten we dat toegeven; *zo eerlijk als goud:* (uitdr.) heel eerlijk; *eerlijk duurt het langst:* (spreekwoord) als je liegt of bedriegt, kom je niet ver.

**eerst** (bijw.) **1** vóór alle anderen, vóór iets anders ◆ *Karin was het eerst klaar; ik ben eerst!:* (aan de beurt); *eerst en vooral:* (in België □) op de eerste plaats **2** in het begin ⇒ aanvankelijk ◆ *eerst was hij wat verlegen, later niet meer*.

**eer·ste** (rangtelw.) komend als nummer één ◆ *ze zit in de eerste klas*.

**eer·ste·graads** (bijv. nw.) **1** (van leraren): bevoegd om les te geven op middelbare scholen **2** (van verbrandingen): in de minst ernstige vorm.

**eer·ste·klas** (bijv. nw.) van de hoogste kwaliteit, van de beste soort ⇒ uitmuntend, voortreffelijk ◆ *een eersteklas sigaar*.

**eer·tijds** (bijw.) (deftig) vroeger ⇒ voorheen.

**eer·vol** (bijv. nw.) waarmee je waardering verdient ◆ *eervolle vermelding:* (bij een wedstrijd) naamsvermelding als onderscheiding voor iemand die nét geen prijs heeft gehaald; *iemand eervol ontslag verlenen:* iemand met lof ontslaan na een hele mooie loopbaan (dus niet omdat hij of zij niet goed werkt, maar om andere redenen).

**eer·waard** (bijv. nw.) ▼ *eerwaarde heer:* (titel om een dominee of pastoor aan te spreken).

**eer·zucht** (de ~) verlangen, ijverig streven om roem te behalen ⇒ *ambitie.*

**eer·zuch·tig** (bijv. nw.) vol eerzucht* ⇒ *ambitieus* ◆ *een eerzuchtige leerling.*

**eet·baar** (bijv. nw.) gezegd van iets dat je kunt eten ◆ *eetbare paddestoelen.*

**eet·lust** (de ~ (m.)) zin in eten ⇒ *trek* ◆ *de eetlust verging me, toen ik die vuile keuken zag.*

**eeuw** (de ~; -en) periode van 100 jaar ◆ *de twintigste eeuw:* de periode van 1900 tot 2000; *ik heb jou in geen eeuwen gezien:* (uitdr.) al heel lang niet.

**eeu·wig** (bijv. nw.) zonder einde ⇒ *altijddurend* ◆ *ten eeuwigen dage:* (uitdr.) voor altijd; *het eeuwige leven:* (uitdr.) het leven na de dood; *doe een beetje voorzichtig, die stoel heeft ook niet het eeuwige leven:* (uitdr.) die kan heus wel kapotgaan; *dat eeuwige gezeur van jou:* (uitdr.) dat gezeur elke keer.

**ef·fe** (bijw.) (spreektaal) even of eventjes ◆ *mag ik effe?*

**ef·fect** (het ~; -en) **1** gevolg van iets ⇒ *uitwerking, resultaat* ◆ *de medicijnen hebben totaal geen effect* **2** waardepapier als bewijs dat iemand geld heeft gestoken in een zaak of in een lening.

**ef·fect·bal** (de ~ (m.); -len) bal die zo geraakt of geworpen wordt dat hij, om zijn eigen as draaiend, een andere richting uitgaat dan je zou verwachten.

**ef·fec·ten·beurs** (de ~; -beurzen) gebouw waarin effecten verhandeld worden (kijk ook bij: **effect (bet.2)**).

**ef·fec·tief** (bijv. nw.) met effect* (bet.1), met een goede uitwerking ⇒ *doeltreffend* ◆ *een effectieve maatregel:* een maatregel die werkt.

**ef·fen** (bijv. nw.) **1** van één kleur ◆ *een effen blauwe trui* **2** vlak ⇒ *egaal* **3** zonder gevoelens te tonen ⇒ *koel, onaangedaan* ◆ *een effen gezicht zetten.*

**ef·fe·nen** (effende, heeft geëffend) *iets effenen:* iets glad maken, iets gelijk maken.

**ef·fi·cien·cy** (Engels) [effɪsjɛnsie] (de ~) efficiëntie.

**ef·fi·ciënt** (bijv. nw.) snel en met zoveel mogelijk resultaat ⇒ *doelmatig, handig* ◆ *die secretaresse kan niet efficiënt werken; een efficiënt opbergsysteem.*

**ef·fi·ciën·tie** (de ~ (v.)) het bereiken van een zo goed mogelijk resultaat met zo weinig mogelijk middelen ⇒ *efficiency, doelmatigheid.*

**eg** (de ~; -gen) landbouwwerktuig dat bestaat uit een ijzeren raamwerk met punten, om grove kluiten fijn te maken.

**EG** (de ~ (v.)) Europese Gemeenschap; dit is een groep Europese landen die samenwerken op allerlei gebied.

**egaal** (bijv. nw.) **1** (van kleuren): zonder afwisseling van licht en donker, over het hele oppervlak gelijk ◆ *de lucht is egaal blauw:* er is geen wolkje te bekennen **2** vlak.

**ega·li·se·ren** (egaliseerde, heeft geëgaliseerd) *iets, bijv. een stuk grond, egaliseren:* iets egaal* (bet.2) maken.

**egel** (de ~ (m.); -s) klein zoogdier met scherpe stekels op zijn rug en kop.

**ege·lan·tier** (de ~ (m.); -en of -s) struik met bloemen die op rozen lijken.

**eg·gen** (egde, heeft geëgd) met een eg* de grove kluiten op de akker fijnmaken.

**EGKS** (de ~ (v.)) Europese Gemeenschap voor Kolen en Staal; dit is een onderdeel van de Europese Gemeenschap.

**eglan·tier** → egelantier.

**ego** (Latijn) [eːɡoː] (het ~) (letterlijk: ik) je eigen persoon ⇒ *persoonlijkheid* ◆ *zijn ego kreeg een flinke deuk:* (uitdr.) zijn zelfvertrouwen werd een stuk minder.

**ego·cen·trisch** (bijv. nw.) gezegd van iemand die doet alsof de hele wereld om hém of om háár draait.

**egoïsme** ego·is·me (het ~) houding van een egoïst*, het tegenovergestelde van 'altruïsme' ⇒ *zelfzucht.*

**egoïst** ego·ist (de ~ (m.); -en), vrouw: **egoïste** ego·is·te (de ~ (v.); -n of -s) iemand die alleen aan zichzelf denkt, het tegenovergestelde van 'altruïst'.

**egoïstisch** ego·is·tisch (bijv. nw.) op de manier van een egoïst* ⇒ *zelfzuchtig* ◆ *doe toch niet zo egoïstisch, je moet een ander ook wat gunnen!*

**ego·trip** (de ~; -s) gedrag van een egotripper*.

**ego·trip·per** (de ~ (m.); -s) iemand die zo opgaat in zichzelf dat hij of zij verder alles vergeet.

**EHBO** (de ~) Eerste Hulp Bij Ongelukken; dit is de hulp die iemand met een EHBO-diploma kan geven direct na een ongeluk, wanneer er nog geen dokter bij de hand is.

**ei** (het ~; -eren) kiem met een schaal of vlies erom, waar een jong dier uit kan groeien ◆ *het meesje broedt de eitjes uit; onze kippen leggen iedere dag een ei; eieren voor je geld kiezen:* (uitdr.) met wat minder tevreden zijn, als je merkt dat je toch niet alles kunt krijgen wat je wilt; *je ei niet kwijt kunnen:* (uitdr.) de kans niet krijgen te doen of te vertellen wat je wilde doen of vertellen; *kun je soms je ei niet kwijt?:* (uitdr.) (dit zeg je tegen iemand die heel onrustig doet); *op eieren lopen:* (uitdr.) heel voorzichtig lopen of heel voorzichtig iets doen; *het ei van Columbus:* (uitdr.) een oplossing die eigenlijk heel eenvoudig is, maar waar niemand op gekomen was; *het ei is gelegd:* (uitdr.) (dit zeg je als een moeilijk karwei gedaan is); *een eitje met iemand te pellen hebben:* (uitdr.; in België □) met iemand over iets onaangenaams moeten spreken; *beter een half ei dan een lege dop:* (spreekwoord) beter iets, al is het maar weinig, dan helemaal niets.

**ei·cel** (de ~; -len) cel die groeit in het lichaam van vrouwen en vrouwtjesdieren en waaruit na bevruchting door een mannelijke zaadcel nieuw leven kan ontstaan.

**ei·er·dooi·er** (de ~ (m.); -s) het binnenste, gele deel van een ei ⇒ *eigeel, dooier.*

**ei·er·dop·je** (het ~; -s) houdertje om gekookte eieren rechtop in te zetten.

**ei·er·stok** (de ~ (m.); -ken) orgaan in de buik van vrouwen en vrouwtjesdieren waarin eicellen gevormd worden ⇒ *ovarium.*

**ei·geel** (het ~) geel van een ei ⇒ *dooier.*

**ei·gen** (bijv. nw.) **1** van jezelf ◆ *bemoei je met je eigen zaken; ik heb het met mijn eigen ogen gezien:* ik heb het zelf gezien; *je eigen vreemde taal eigen maken:* een vreemde taal leren **2** eigen zijn aan iemand of iets: bij iemand of iets horen ◆ *een scherpe smaak is eigen aan dit gerecht.*

**ei·ge·naar** (de ~ (m.); eigenaren of -s), vrouw: **ei·ge·na·res** (de ~ (v.); -sen) degene van wie iets is ⇒ *bezitter.*

**ei·gen·aar·dig** (bijv. nw.) zoals je niet vaak tegenkomt, waar je aan moet wennen ⇒ *typisch, apart, merkwaardig* ◆ *zij is een eigenaardig meisje.*

**ei·gen·aar·dig·heid** (de ~ (v.); -aardigheden) ongewone eigenschap ⇒ *bijzonderheid* ◆ *iedereen heeft zo zijn eigenaardigheden.*

**ei·ge·na·res** → eigenaar.

**ei·gen·be·lang** (het ~) wat alleen voor jezelf belangrijk is, je eigen voordeel ◆ *dat doet hij alleen uit eigenbelang:* omdat hij er zelf beter van wordt.

**ei·gen·dom** (het ~; -men) iets wat van jou is, waarvan je eigenaar bent ⇒ *bezit* ◆ *dat boek is mijn eigendom.*

**ei·gen·dunk** (de ~ (m.)) idee van jezelf dat je goed bent, terwijl dat helemaal niet zo hoeft te zijn ⇒ *verbeelding, verwaandheid, zelfingenomenheid.*

**ei·gen·ge·reid** (bijv. nw.) gezegd van iemand die zijn of haar eigen gang gaat zonder zich iets van het advies van anderen aan te trekken ⇒ *eigenwijs.*

**ei·gen·han·dig** (bijv. nw.) met eigen handen gemaakt of gedaan.

**ei·gen·hei·mer** (de ~(m.); -s) aardappelsoort.

**ei·gen·lijk¹** (bijv. nw.) feitelijk, werkelijk ◆ *de eigenlijke reden durf ik niet te vertellen.*

**ei·gen·lijk²** (bijw.) in de grond van de zaak, in werkelijkheid, in wezen ◆ *ze doet wel kattig, maar eigenlijk is ze helemaal niet zo.*

**ei·gen·mach·tig** (bijv. nw.) zonder aan iemand toestemming te vragen.

**ei·gen·naam** (de ~(m.); -namen)(taal) naam van een mens, dier of ding (geschreven met een hoofdletter).

**ei·gen·schap** (de ~(v.); -pen) iets wat typisch is voor iets of iemand ◆ *slordigheid is een slechte eigenschap van hem; elastiek heeft de eigenschap dat het rekbaar is.*

**ei·gen·tijds** (bijv. nw.) passend bij deze tijd ⇒ *modern, hedendaags.*

**ei·gen·wijs** (bijv. nw.) **1** gezegd van iemand die niet naar goede raad wil luisteren ◆ *wees nou niet zo eigenwijs* **2** gezegd van iets dat of iemand die er grappig-brutaal uitziet ◆ *wat een eigenwijs mutsje heeft hij op.*

**ei·gen·zin·nig** (bijv. nw.) gezegd van iemand die zijn of haar eigen zin doet, zonder zich iets aan te trekken van wat anderen zeggen.

**eik** (de ~(m.); -en) boom waaraan eikels groeien.

**ei·kel** (de ~(m.); -s) **1** vrucht van de eikenboom **2** voorste, verdikte uiteinde van de penis.

**ei·ken** (bijv. nw.) gemaakt van eikenhout ◆ *eiken meubels.*

**ei·land** (het ~; -en) stuk land dat aan alle kanten omringd is door water.

**ei·lan·der** (de ~(m.); -s) iemand die op een eiland* woont ⇒ *eilandbewoner.*

**ei·lei·der** (de ~(m.); -s) buisje in de buik van een vrouw of vrouwtjesdier, waardoor de rijpe eicellen van de eierstok naar de baarmoeder gaan.

**eind** (het ~; -en) **1** (ook: einde of end) het laatste gedeelte van iets ⇒ *slot, uiteinde, afloop* ◆ *het eind(e) van de straat; het eind(e) van de film; ergens een eind(e) aan maken:* (uitdr.) met iets stoppen; *hij heeft er zelf een eind(e) aan gemaakt:* (uitdr.) hij heeft zelfmoord gepleegd; *het einde van het liedje was dat ...:* (uitdr.) het draaide erop-uit dat ...; *hij is aan het eind van zijn Latijn:* (uitdr.) hij is doodmoe, hij kán bijna niet meer; *als we dat goedvinden, is het eind zoek:* (uitdr.) dan is alles mogelijk, dan is de boel niet meer te overzien; *ten einde raad zijn:* (uitdr.) wanhopig zijn, niet meer weten wat je moet doen; *moeder had het bij het verkeerde eind:* (uitdr.) ze had ongelijk; *doorgaan tot het bittere einde:* (uitdr.) net zo lang doorgaan tot het klaar is; *met moeite de eindjes aan elkaar kunnen knopen:* (uitdr.) heel zuinig moeten doen om rond te komen; *dat is het einde!:* (uitdr.; populair) dat is enig, dat is te gek! **2** (ook: end) bepaalde afstand of lengte ⇒ *stuk* ◆ *we gaan een heel eind fietsen; laat je de deur een eindje open?; een eind heen zijn:* (uitdr.) erg in de war of ziek zijn.

**ein·de** → eind (bet.1).

**ein·de·jaars·fees·ten** (zelfst. nw.; meervoud)(in België ☐) kerst- en nieuwjaarsfeesten.

**ein·de·jaars·pre·mie** (de ~(v.); -s)(in België) uitkering in december boven op het loon.

**ein·de·lijk** (bijw.) op het laatst, na lang wachten ⇒ *ten slotte, uiteindelijk* ◆ *hèhè, ben je daar eindelijk?*

**ein·de·loos** (bijv. nw.) **1** waar geen einde aan lijkt te komen ⇒ *oneindig* ◆ *de dag duurde eindeloos lang* **2** (populair) geweldig, enig ⇒ *fantastisch, heerlijk.*

**ein·der** (de ~(m.); -s)(ouderwets) horizon ⇒ *kim.*

**ein·di·gen** (eindigde) **1** (is geëindigd) ophouden, niet verder gaan ⇒ *stoppen* ◆ *de school eindigt om drie uur* **2** (is geëindigd) een bepaald einde* hebben, op een bepaalde manier aflopen ◆ *de film eindigt heel zielig* **3** (heeft geëindigd) bidden of danken aan het einde van iets, bijv. na het eten.

**eind·streep** (de ~; -strepen) streep die het einde aangeeft van een wedstrijdparcours ⇒ *finish* ◆ *de eindstreep halen:* (uitdr.) ergens voor slagen, iets afmaken.

**eind·werk** (het ~; -en)(in België ☐) scriptie aan het eind van een studie.

**eis** (de ~(m.); -en) wat je eist* ⇒ *voorwaarde* ◆ *die pianoleraar stelt hoge eisen:* is niet zo gauw tevreden.

**ei·sen** (eiste, heeft geëist) iets eisen: iets beslist willen hebben, verlangen ◆ *de kapers eisten onmiddellijke vrijlating van de gevangenen.*

**ei·ser** (de ~(m.); -s), vrouw: **ei·se·res** (de ~(v.); -sen) iemand die iets eist*, vooral iemand die de rechter heeft gevraagd een uitspraak te doen in een meningsverschil.

**ei·sprong** (de ~(m.); -en) moment waarop een eicel in de buik van een vrouw of vrouwtjesdier loskomt van de eierstok (kijk ook bij: **eicel en eierstok**) ⇒ *ovulatie.*

**ei·tand** (de ~(m.); -en) puntje aan de snavel van een jong vogeltje waarmee het zelf het ei openbreekt.

**ei·tje** (het ~; -s) eicel.

**ei·wit** (het ~; -ten) **1** het doorzichtige witte deel van een ei dat om de dooier heen zit **2** voedingsstof die de bouwstenen vormt voor de lichaamscellen ⇒ *proteïne.*

**eja·cu·le·ren** (ejaculeerde, heeft geëjaculeerd) *(van mannen):* een zaadlozing krijgen.

**e.k.** (afkorting) **1** eerste kwartier; dit is een bepaalde stand van de maan **2** eerstkomende.

**EK** (het ~) Europees Kampioenschap.

**eklips** → eclips.

**ekologi-** → ecologi-.

**ekonomi-** → economi-.

**eksam-** → exam-.

**ek·seem** → eczeem.

**eksempl-** → exempl-.

**eksku-** → excu-.

**ek·ster** (de ~; -s) vogel met zwarte en witte veren, die erom bekend staat dat hij glimmende voorwerpen meesleept naar zijn nest.

**ek·ster·oog** (het ~; -ogen) meestal pijnlijk knobbeltje van eelt op één van de tenen ⇒ *likdoorn.*

**ekwa·tor** → equator.

**ekwi·pa·ge** → equipage.

**ekwi·va·lent** → equivalent.

**el** (de ~; -len) oude lengtemaat, ongeveer 69 centimeter.

**elan** (het ~) enthousiasme waarmee je iets doet ⇒ *geestdrift* ◆ *met veel elan leidde zij het zangkoor.*

**eland** (de ~(m.); -en) groot soort hert, dat vooral in koude streken voorkomt.

**elas·ti·ci·teit** (de ~(v.)) de eigenschap die elastiek* heeft, namelijk het terugkrijgen van de oude vorm na uitgerekt te zijn geweest ⇒ *veerkracht, rekbaarheid.*

**elas·tiek** (het ~) koord of band dat de oude vorm weer terug kan krijgen nadat het uitgerekt is ◆ *het elastiek van mijn pyjamabroek is gesprongen.*

**elas·tie·ken¹** (bijv. nw.) van elastiek* gemaakt ⇒ *rekbaar* ◆ *een broek met een elastieken band.*

**elas·tie·ken²** (ww.) spel waarbij je op en over een gespannen stuk elastiek* springt en daarmee allerlei figuren maakt.

**elas·tiek·je** (het ~; -s) ringvormig rubberen bandje of koordje.

**elas·tisch** (bijv. nw.) met de eigenschap van elastiek* ⇒ rekbaar.

**el·ders** (bijw.) ergens anders, niet hier.

**el·do·ra·do** (het ~; eldorado's) heerlijke plaats, plaats waar je gelukkig kunt zijn ♦ Friesland is een eldorado voor watersporters.

**elec·to·raat** (het ~) alle mensen die mogen stemmen bij verkiezingen, de kiezers.

**electr-** → elektr-.

**elec·tric boo·gie** (Engels) [ielektrikboegie] (de ~) moderne manier van dansen waarbij de dansers allerlei kunstjes uithalen en sierlijk bewegen.

**ele·gant** (bijv. nw.) sierlijk (vooral gezegd van iemands uiterlijk of houding) ♦ elegante kleding.

**elek·to·raat** → electoraat.

**elek·tra** (zelfst. nw.) elektriciteit die je gebruikt ♦ wij betalen f 100,- per maand voor gas en elektra.

**elek·tri·cien** [ælektriesjēn] (de ~(m.); -s) iemand die elektrische apparaten plaatst en elektrische leidingen aanlegt en repareert.

**elek·tri·ci·teit** (de ~(v.)) vorm van energie die o.a. opgewekt kan worden door de kracht van stromend water, de verbranding van kolen, gas of olie of door kernreacties.

**elek·tri·ci·teits·be·drijf** (het ~; -bedrijven) bedrijf dat zorgt voor de toevoer van elektrische stroom naar huizen, fabrieken enz..

**elek·tri·ci·teits·cen·tra·le** (de ~) fabriek waar elektrische energie wordt opgewekt.

**elek·trisch** (bijv. nw.) te maken hebbend met elektriciteit* of werkend op elektriciteit* ♦ een elektrische trein; elektrische leidingen; de elektrische stoel: stoel die onder stroom gezet wordt om een ter dood veroordeelde te doden.

**elektro-** met behulp van elektriciteit of te maken hebbend met elektriciteit.

**elek·tro·car·di·o·gram** (het ~; -men) weergave op een beeldscherm of op een vel papier van de bewegingen die het hart maakt, zodat je kunt zien of er afwijkingen zijn ⇒ e.c.g..

**elek·tro·cu·te·ren** (elektrocuteerde, heeft geëlektrocuteerd) iemand elektrocuteren: iemand doden door elektrische stroom.

**elek·tro·en·ce·fa·lo·gram** (het ~; -men) weergave op een beeldscherm of op een vel papier van de werking van de hersenen, zodat je kunt zien of er afwijkingen zijn ⇒ e.e.g..

**elek·tro·mag·neet** (de ~(m.); -magneten) ijzeren buis die tijdelijk magnetisch wordt doordat er elektrische stroom doorheen gaat.

**elek·tro·mon·teur** (de ~(m.); -s) iemand die elektrische apparaten aansluit en repareert.

**elek·tro·mo·tor** (de ~(m.); -en of -s) motor die op elektriciteit werkt.

**elek·tron** (het ~; -en) (natuurkunde) deel van een atoom met een negatieve elektrische lading (kijk ook bij: atoom).

**elek·tro·ni·ca** (de ~(v.)) onderdeel van de elektriciteitsleer dat zich o.a. bezighoudt met de werking van radio, televisie, telefoon, computers enz..

**elek·tro·nisch** (bijv. nw.) gezegd van iets dat te maken heeft met elektronica* ♦ een elektronische rekenmachine.

**elek·tro·shock** [ælektroosjok] (de ~; -s) (medisch) stroomstoot door het hoofd als behandelingswijze van iemand die geestelijk ziek is.

**elek·tro·tech·niek** (de ~(v.)) wetenschap die bestudeert hoe elektriciteit werkt en wat je er allemaal mee kunt doen.

**ele·ment** (het ~; -en) 1 elk van de delen waaruit iets is opgebouwd, onderdeel ♦ een driezitsbank die bestaat uit losse elementen; in die film zit een element van spanning 2 gedeelte aan de arm van een pick-up, waar de naald in zit 3 kracht van de natuur ♦ de elementen trotseren: ondanks zwaar weer naar buiten gaan; de vier elementen: water, vuur, aarde en lucht ▼ je in je element voelen: je thuis voelen; ergens mee in je element zijn: heel blij zijn met iets.

**ele·men·tair** (bijv. nw.) 1 onmisbaar, noodzakelijk ♦ er is een elementair onderdeel kapot 2 te maken hebbend met de meest eenvoudige kennis ⇒ fundamenteel ♦ elementaire regels voor de spelling: basisregels.

**elf**[1] (de ~; -en) sprookjesfiguur, meestal een kleine sierlijke vrouwengedaante met vleugels.

**elf**[2] (hoofdtelw.) 11.

**elf·de** (rangtelw.) komend als nummer elf.

**el·fen·bank·je** (het ~; -s) bruingele paddestoel die vaak op vochtig hout groeit.

**elf·en·der·tigst** ▼ op zijn elfendertigst: (grappig) heel langzaam en treuzelig.

**elf·tal** (het ~; -len) groep van elf, meestal een sportploeg van elf spelers ♦ een voetbalelftal.

**eli·mi·ne·ren** (elimineerde, heeft geëlimineerd) iemand of iets elimineren: iemand of iets laten verdwijnen ⇒ wegwerken, uitschakelen ♦ een vijandelijke spion elimineren: die spion uit de weg ruimen, vermoorden.

**eli·tair** [ælietær] (bijv. nw.) alleen voor de elite*, niet voor de 'gewone man' ♦ een elitaire school.

**eli·te** (de ~) de meest machtige, rijke of geleerde mensen; de hoogste kringen ⇒ toplaag.

**elixer, elixir** (het ~; -s) drankje waarin men kruiden heeft laten trekken, en dat daarna ingedikt is ♦ een geneeskrachtig elixer.

**elk** (onbep. vnw.) ieder.

**el·kaar,** deftig: **el·kan·der** (wederkerig vnw.) 1 (geeft aan dat de een naar de ander toe hetzelfde doet als de ander naar de een toe) ♦ zij schrijven elkaar lange brieven 2 (samen met een voorzetsel, zonder vaste betekenis) ♦ achter elkaar lopen: de een achter de ander; door elkaar lopen: niet netjes in rijen; je haalt twee dingen door elkaar: je verwart ze; iets in elkaar zetten: iets opbouwen; iemand in elkaar slaan: iemand zo hard en lang slaan tot die persoon niet meer op zijn of haar benen kan staan; wij zijn weer onder elkaar: zonder vreemden; uit elkaar gaan: niet langer samenblijven; het is voor elkaar: het is in orde.

**el·kan·der** → elkaar.

**elk·een** (onbep. vnw.) (ouderwets) iedereen.

**el·le·bo·gen·werk** (het ~) het benadelen van andere mensen om zelf vooruit te komen, om carrière te maken.

**el·le·boog** (de ~(m.); -bogen) gewricht tussen boven- en onderarm, waardoor je je arm kunt buigen en strekken en je onderarm kunt draaien ♦ met je ellebogen werken: (uitdr.) proberen vooruit te komen, carrière te maken ten koste van anderen; het achter je ellebogen hebben: (uitdr.) stiekem, achterbaks zijn.

**el·len·de** (de ~) bijzonder akelige toestand ⇒ narigheid, misère ♦ dat wordt een doffe ellende: niets dan narigheid; die auto valt van ellende uit elkaar: (uitdr.) is in een zeer slechte toestand.

**el·len·de·ling** (de ~(m.); -en) slecht, gemeen mens ⇒ *schurk, rotzak.*

**el·len·dig** (bijv. nw.) **1** vol van ellende* ⇒ *erbarmelijk, jammerlijk, beklagenswaardig, miserabel* ◆ *de mensen leven daar in ellendige omstandigheden* **2** gezegd van iemand die of iets dat ellende* geeft ⇒ *vreselijk, afschuwelijk* ◆ *die ellendige sommen ook!; het is hier ellendig koud.*

**el·len·lang** (bijv. nw.)*(van gesproken of geschreven stukken)*:(populair) heel lang ◆ *wij schrijven elkaar ellenlange brieven.*

**el·le·pijp** (de ~; -en) bot in je onderarm, aan de kant van de pink.

**el·lips** (de ~) uitgerekte cirkel in de vorm van een ei ⇒ *ovaal.*

**el·pee** (de ~; -s) langspeelplaat ⇒ *lp.*

**el·pen·been** (het ~)(ouderwets) ivoor.

**els** (de ~(m.); elzen) **1** boom met donkergroene kleverige blaadjes, die in het voorjaar katjes draagt **2** priem die schoenmakers gebruiken.

**email** [æmaj](het ~) glasachtige laag als bescherming of versiering op metaal en aardewerk ◆ *er is een stukje email van de pan gestoten.*

**e-mail** (Engels) [iemɛɛl](de ~) het versturen van teksten en berichten via een computernetwerk.

**email·le·ren** [æmajjeeren](emailleerde, heeft geëmailleerd) *iets emailleren*: iets met email* bekleden.

**eman·ci·pa·tie** (de ~(v.)) ontwikkeling waarbij er gestreefd wordt naar gelijke rechten en kansen voor een groep die achtergesteld is ◆ *de emancipatie van de vrouw*: het streven om vrouwen dezelfde rechten en kansen te geven als mannen.

**em·bal·la·ge** (de ~(v.)) verpakking van goederen die verzonden worden ◆ *de emballage moet apart betaald worden.*

**em·bar·go** (het ~) **1** verbod om bepaalde goederen aan een land te leveren uit protest tegen iets wat dat land doet ◆ *er rust een embargo op wapenleveranties aan Irak* **2** verbod voor journalisten om iets vóór een afgesproken datum bekend te maken.

**em·bleem** (het ~; emblemen) herkenningsteken, bijv. van een club op kleding.

**em·bo·lie** (de ~(v.)) verstopping van een bloedvat.

**em·bryo** (het ~; embryo's) het allereerste begin van een baby of een jong dier.

**eme·ri·taat** (het ~) pensioen van priesters, dominees en professoren ◆ *met emeritaat gaan.*

**eme·ri·tus** (bijv. nw.)*(van priesters, dominees en professoren)*: met pensioen ◆ *een emeritus predikant.*

**emier** → emir.

**emi·grant** (de ~(m.); -en) iemand die gaat emigreren*, het tegenovergestelde van 'immigrant'.

**emi·gre·ren** (emigreerde, is geëmigreerd) verhuizen naar een ander land, het tegenovergestelde van 'immigreren'.

**emi·nent** (bijv. nw.) erg goed, uitstekend ⇒ *voortreffelijk, excellent* ◆ *een eminent pianist.*

**emir** (de ~(m.); -s) titel van Arabische vorsten.

**emi·raat** (het ~; emiraten) rijk van een emir* of een sjeik.

**em·mer** (de ~(m.); -s) vat met een hengsel waar je van alles in kunt vervoeren of bewaren ◆ *een emmer water; alsof je een emmer leeggooit!*: (uitdr.) verbazend veel, alsof het niks is!

**em·me·ren** (emmerde, heeft geëmmerd)(populair) zeuren, zaniken ⇒ *mekkeren.*

**emoe** (de ~; -s) Australische vogel, een soort struisvogel, die niet kan vliegen.

**emo·tie** (de ~(v.); -s) gevoel waardoor je in verwarring raakt, bijv. woede, vreugde of verdriet ⇒ *ontroering* ◆ *van emotie kon zij niet meer praten.*

**emo·ti·o·neel** (bijv. nw.) gauw ontroerd of vol emoties* ◆ *een emotioneel mens; een emotionele brief.*

**em·pi·risch** (bijv. nw.) gebaseerd op ervaring of proefnemingen ◆ *een empirisch bewijs.*

**em·pla·ce·ment** [amplassement, in België: ãnplassemãn] (het ~; -en) terrein bij een station, waar ook treinen staan die op dat moment niet gebruikt worden.

**em·plooi** (het ~) bezigheid, werk ◆ *hij kon daar geen emplooi vinden; emplooi voor iets vinden*: belangstelling voor iets weten te wekken zodat je er geld mee kunt verdienen.

**em·ployé** [emplwajee](de ~(m.); -s), vrouw: **em·ploy·ee** (de ~(v.); -s) iemand die op een kantoor of bank werkt ⇒ *beambte, bediende.*

**emul·ga·tor** (de ~(m.); -s) stof die zorgt dat vet en water goed vermengd blijven, bijv. in de mayonaise.

**emul·sie** (de ~; -s) mengsel van vet en water, zoals margarine en zalf.

**en** (voegw.) **1** (verbindt twee hoofdzinnen met elkaar) ◆ *oom Pieter en tante Hilda; ze liep naar voren en maakte een buiging* **2** (in optelsommen) plus ◆ *acht en zes is veertien.*

**en bloc** (Frans) [ãnblok] zonder uitzondering, met z'n allen ◆ *de hele klas stemde en bloc tegen.*

**en·cla·ve** (de ~; -s) gebied dat door vreemd grondgebied wordt omsloten ◆ *Baarle-Hertog is een Belgische enclave in Nederland.*

**en·cy·cliek** (de ~(v.); -en) officiële brief van de paus aan alle bisschoppen waarin hij belangrijke uitspraken doet.

**en·cy·clo·pe·die** (de ~(v.); encyclopedieën) boek met plaatjes en tekst waarin je informatie op kunt zoeken over mensen, dieren of dingen.

**end** → eind.

**en·del·darm** (de ~(m.); -en) laatste gedeelte van de dikke darm, waar die uitkomt in de anus ⇒ *rectum.*

**ene** → een².

**enen·ma·le** ▼ *ten enenmale*: geheel en al, volkomen; *dat is ten enenmale onmogelijk.*

**ener·gie** [eenerzjie](de ~(v.)) **1** kracht en zin om iets te doen ⇒ *werkkracht, pit, fut* ◆ *na de verhuizing had ze geen energie meer* **2** kracht die omgezet kan worden in licht, warmte, beweging enz. ◆ *aardolie is een belangrijke bron van energie; we moeten zuinig zijn met energie*: niet meer gas, elektriciteit enz. gebruiken dan nodig is; *zonne-energie*: kracht die door de warmte van de zon wordt opgewekt; *alternatieve energie*: waarvan de bron nooit uitgeput raakt en de opwekking het milieu zo min mogelijk aantast, bijv. windenergie, zonne-energie.

**ener·giek** [eenerzjiek](bijv. nw.) vol energie*, krachtig ◆ *een energieke oude dame*: die levenslustig is.

**ener·ve·rend** (bijv. nw.) spannend en vermoeiend tegelijk ◆ *dat was een enerverende wedstrijd.*

**ener·zijds** (bijw.) aan de ene kant (het wordt verderop in de zin meestal gevolgd door 'anderzijds') ◆ *enerzijds voel ik wel voor het plan, anderzijds schrikt het me af.*

**en face** (Frans) [ãnfas] van voren gezien, het tegenovergestelde van 'en profil' ◆ *een portretfoto en face.*

**en·fant ter·ri·ble** (Frans) [ãnfãnterrieble](het ~; enfants terribles)(letterlijk: verschrikkelijk kind) persoon die door zijn gedrag of woorden anderen in verlegenheid brengt.

**en·fin** (Frans) [ãnfẽn](tussenw.) **1** (om aan te geven dat het geen zin heeft ergens nog verder over te praten) ⇒ *afijn* ◆ *enfin, we moeten maar doen wat hij zegt* **2** (om aan te geven dat je iets kort samenvat) ⇒ *afijn* ◆ *enfin, ze vroeg dus of ik meeging* ....

**eng** (bijv. nw.) **1** gezegd van iets dat of iemand die je een gevoel van angst geeft ⇒ *griezelig* ◆ *een eng geluid* **2** (ouderwets) smal, nauw ◆ *een enge doorgang*.

**en·gel** (de~(m.); -en) **1** hemelwezen dat eruit ziet als een mens met vleugels ◆ *een reddende engel*: (uitdr.) iemand die op het moeilijkste moment komt helpen; *het is alsof er een engeltje over mijn tong fietst (of: op mijn tong piest)*: (uitdr.; grappig) het is heel lekker **2** iemand die heel lief of behulpzaam is ⇒ *schat*.

**en·gel·be·waar·der** (de~(m.); -s) engel die je beschermt tegen gevaar.

**en·ge·len·ge·duld** (het ~) heel groot geduld.

**en·ge·len·haar** (het ~) draden van glaswol waarmee je de kerstboom kunt versieren.

**En·gels** (bijv. nw.) ▼ *Engelse drop*: zoetige drop in laagjes met felle kleuren; *Engelse sleutel*: verstelbaar stuk gereedschap waarmee je moeren vast- of losdraait.

**en·ger·ling** (de~(m.); -en) larve van de meikever.

**eng·gees·tig** (bijv. nw.) (in België □) bekrompen, kleinzielig.

**enig¹** (bijv. nw.) **1** waarvan er maar één is ◆ *zij is enig kind*: ze heeft geen broertjes of zusjes; *dat is de enige manier*: op een andere manier gaat het niet **2** heel erg leuk ⇒ *prachtig, fantastisch* ◆ *wat een enige oorbellen*.

**enig²** (onbep. vnw.) **1** een kleine hoeveelheid, een beetje ◆ *met enige bezorgdheid keek hij toe* **2** welk ander of welke andere je ook maar noemt ◆ *de mensen daar zijn armer dan in enig ander land*.

**eni·ger·lei** (onbep. vnw.) (ouderwets) een of andere ◆ *hij probeerde op enigerlei wijze te ontsnappen*.

**enigst** (bijv. nw.) (spreektaal) enig ◆ *hij is enigst kind*: hij heeft geen broertjes of zusjes.

**enigs·zins** (bijw.) een beetje ◆ *we moeten ons enigszins haasten*.

**en·kel¹** (de~(m.); -s) gewricht dat de voet met het been verbindt.

**en·kel²** (bijv. nw.) niet dubbel, niet samengesteld ◆ *wil je een enkele of een dubbele boterham?*; *een enkel Groningen, een enkele reis Groningen*: een kaartje alleen voor de heenreis, geen retour.

**en·kel³** (onbep. vnw.) weinig, een paar ◆ *we hebben enkele mensen uitgenodigd*; *voor die enkele keer*: alleen voor die ene keer.

**en·kel⁴** (bijw.) alleen maar, niets anders dan ⇒ *louter* ◆ *je zag enkel sneeuw*; *enkel en alleen*: alleen maar.

**en·kel·band** (de~(m.); -en) band van bindweefsel om je enkelgewricht, die je enkel verstevigt.

**en·ke·ling** (de~(m.); -en) iemand in z'n eentje ◆ *een enkeling waagde zich op het ijs*: maar een paar mensen.

**en·kel·tje** (het ~; -s) kaartje voor een enkele reis, het tegenovergestelde van 'retourtje' ◆ *een enkeltje Rotterdam*.

**en·kel·voud** (het ~; -en) (taal) vorm van een zelfstandig naamwoord of werkwoord die je gebruikt als het gaat om één persoon of zaak, het tegenovergestelde van 'meervoud' ◆ *wat is het enkelvoud van koeien?*

**en mas·se** (Frans) [ãmas̲] met een hele menigte tegelijk ◆ *de mensen gingen en masse de straat op*.

**en·ne** (voegw.) (populair) langere vorm van en*, die je gebruikt als je even niet weet hoe je verder moet gaan.

**enorm** (bijv. nw.) heel groot, fijn, leuk of veel ⇒ *geweldig* ◆ *een enorm flatgebouw; we hebben enorm gelachen*.

**enor·mi·teit** (de~(v.); -en) erg domme daad, grote stomheid ⇒ *blunder, flater* ◆ *een enormiteit begaan*.

**en pas·sant** (Frans) [ãpassã] even tussendoor, alsof het niet belangrijk is ⇒ *terloops* ◆ *ze wenste me en passant nog even succes*.

**en plein pu·blic** (Frans) [ãplẽpuubliek] terwijl iedereen het kan horen en zien, in het openbaar ◆ *ze zoende hem en plein public*.

**en pro·fil** (Frans) [ãproofiel] van opzij gezien, het tegenovergestelde van 'en face' ◆ *een foto van iemand en profil*.

**en·quê·te** [angkɛːtə] (de ~; -s) onderzoek dat je doet door aan een heleboel mensen dezelfde vragen te stellen.

**en·quê·te·ren** [angkɛtteeːrən] (enquêteerde, heeft geënquêteerd) een enquête* houden.

**en·quê·teur** [angkɛttøːr] (de~(m.); -s), vrouw: **en·quê·tri·ce** (de~(v.); -s) iemand die een enquête* houdt.

**en·sce·ne·ren** [ãsenɛːrən] (ensceneerde, heeft geënsceneerd) **1** een gebeurtenis ensceneren: die zogenaamd toevallig laten plaatsvinden ◆ *ze ensceneerde een ontmoeting* **2** een situatie ensceneren: die uitbeelden op het toneel of voor de filmcamera.

**en·sem·ble** [ãsãblə] (-s) **1** groep toneelspelers of musici ⇒ *gezelschap* **2** dameskostuum dat uit meerdere delen bestaat.

**ent** (de ~; -en) tak van een boom of plant die zó op een andere stam wordt vastgezet dat hij daarop verder groeit.

**en·ten** (entte, heeft geënt) een tak enten: hem zó op een andere stam vastzetten dat hij daarop verder kan groeien.

**en·ter** (de~(m.); -s) veulen of kalf dat één jaar oud is.

**en·te·ren** (enterde, heeft geënterd) een schip enteren: je eigen schip eraan vastmaken en aan boord klimmen om het te veroveren.

**en·thou·si·as·me** [antœzjasmə of entœzjasmə] (het ~) stemming waarin je zó vol van iets bent dat je er alles voor zou willen doen ⇒ *geestdrift*.

**en·thou·si·ast** [antœzjast of entœzjast] (bijv. nw.) vol enthousiasme* ⇒ *geestdriftig*.

**en·tou·ra·ge** (Frans) [antœraːzjə] (de~(v.); -s) omgeving ◆ *een geschikte entourage voor een feest*.

**entousias-** → enthousias-.

**en·tre·co·te** (Frans) [antrəkoːt] stuk vlees van tussen de ribben van een koe.

**en·tree** [entreː of ãtreː] (de ~(v.) of het ~; -s) **1** de plaats waar je een gebouw binnenkomt ⇒ *toegang, ingang* ◆ *je verspert de entree*; *entree betalen*: toegangsgeld; *je entree maken*: (uitdr.) binnenkomen **2** (deftig) voorgerecht.

**en·ve·lop** [envəlop of ãvəlop], **en·ve·lop·pe** (de ~; -pen) papieren hoesje waarin je een brief verstuurt.

**enz.** (afkorting) *enz*ovoort.

**en·zo·voort, en·zo·voorts** (woord dat je gebruikt als je stopt met opsommen, omdat de rest wel duidelijk is) ⇒ *et cetera* ◆ *ze verkopen daar schriften, pennen enzovoort*.

**en·zym** [enziem] (het ~; -en) stof die mensen, dieren en planten in hun lichaam vormen en die ervoor zorgt dat andere stoffen sneller werken ◆ *een wasmiddel met enzymen*.

**e.o.** (afkorting) *e*n *o*mstreken.

**EO** (de ~(m.)) *E*vangelische *O*mroep; dit is een omroep in Nederland.

**epau·let** [æpoolet] (de~; -ten) reepje versierde stof op de schouder van een kledingstuk ◆ *een uniform met epauletten*.

**epi·cen·trum** (het ~; epicentra of -s) het punt op de aardkorst dat recht boven de plaats ligt vanwaaruit aardbevingsgolven zich verbreiden.

**epi·de·mie** (de ~(v.); epidemieën) besmettelijke ziekte die zich heel snel verspreidt ♦ *een griepepidemie*.

**epiek** (de ~(v.)) verhalen en gedichten die vooral over heldhaftige daden gaan.

**epi·goon** (de ~(m.); epigonen) kunstenaar of geleerde die werkt in de stijl van een beroemde voorganger ⇒ *navolger*.

**epi·gram** (het ~; -men) kort, geestig en kritisch gedicht ⇒ *puntdicht*.

**epi·lep·sie** (de ~(v.)) ziekte waarbij je af en toe bewusteloos raakt en wilde bewegingen maakt.

**epi·lep·ti·cus** (de ~(m.); epileptici), vrouw: **epi·lep·ti·ca** (de ~(v.); epileptica's) iemand die aan epilepsie* lijdt ⇒ *epilepsiepatiënt*.

**epi·le·ren** (epileerde, heeft geëpileerd) *haartjes epileren*: ze uittrekken om een mooier uiterlijk te krijgen.

**epi·loog** (de ~(m.); epilogen) slotstuk als het eigenlijke verhaal al is afgelopen ⇒ *nawoord*.

**epis·co·paat** (het ~; episcopaten) alle bisschoppen samen.

**epi·so·de** (de ~(v.); -n of -s) periode of fase die op zichzelf staat ♦ *hij vertelde over een moeilijke episode uit zijn leven*.

**epis·tel** (de ~(m.) of het ~; -s) (deftig) brief.

**epos** (het ~; epen of -sen) gedicht over de avonturen van een held.

**equa·tor** (de ~(m.)) evenaar.

**equi·pa·ge** [ækiepaazjə](de ~(v.); -s) alles waarmee je bepakt en bezakt op reis gaat ⇒ *reisuitrusting*.

**equi·pe** (Frans) [ækiep](de ~; -s) sportploeg die meedoet aan een wedstrijd.

**equi·va·lent** [æk(w)ievaalent](het ~; -en) iets met dezelfde waarde als iets anders dat daarvoor in de plaats kan komen.

**er,** populair: **d'r** (bijw.) **1** op de plaats waar het over gaat ⇒ *daar* ♦ *ik was er al eerder geweest* **2** van die dingen of van die mensen ♦ *heb je nog snoepjes? ja, ik heb er nog een paar; hoeveel mensen verwacht je? ik heb er tien uitgenodigd* **3** (woordje zonder vaste betekenis) ♦ *wat is er gebeurd?; er is telefoon voor je*.

**er-** (verbonden met een voorzetsel)(staat in plaats van 'het' of 'de', iets dat eerder genoemd is) ♦ *hij heeft een gat in zijn sok, zijn teen steekt erdoor*: door het gat.

**er·bar·me·lijk** (bijv. nw.) om van te huilen ⇒ *droevig, ellendig* ♦ *een erbarmelijk resultaat*.

**er·bar·men** (erbarmde, heeft erbarmd) *je over iemand erbarmen*: iemand uit medelijden helpen.

**er·bij** (bijw.) ▼ *erbij zijn*: betrapt worden.

**ere** ⇒ eer.

**erec·tie** (de ~(v.); -s) stijve penis.

**ere·dienst** (de ~(m.); -en) kerkdienst.

**ere·lijst** (de ~(v.); -en)(in België □) lijst van overwinningen en knappe prestaties.

**ere·loon** (het ~; -lonen)(in België □) honorarium.

**eren** (eerde, heeft geëerd) *iemand eren*: eerbied of bewondering voor iemand tonen ⇒ *vereren* ♦ *eert uw vader en uw moeder*:(een van de tien geboden in de bijbel).

**ere·prijs** (de ~(m.); ereprijzen) plantje met blauwe bloempjes.

**ere·woord** (zelfst. nw.) ▼ *op mijn erewoord!*: ik beloof het je plechtig; *iemand je erewoord geven*: iemand beloven dat je doet wat je toezegt.

**erf** (het ~; erven) onbebouwd stuk grond om een boerderij.

**erf·deel** (het ~; erfdelen) deel van een erfenis waar iemand recht op heeft.

**er·fe·lijk** (bijv. nw.) gezegd van zaken die van ouders op

kinderen, kleinkinderen enz. overgaan ♦ *een erfelijke ziekte*: die in de familie zit.

**er·fe·nis** (de ~(v.); -sen) het geld of bezit dat iemand die overleden is nalaat ⇒ *nalatenschap, legaat*.

**erf·ge·naam** (de ~(m.); erfgenamen), vrouw: **erf·ge·na·me** (de ~(v.); -n of -s) iemand die een erfenis krijgt of zal krijgen.

**erf·stuk** (het ~; -ken) waardevol voorwerp dat iemand van de familie heeft geërfd ⇒ *familiestuk*.

**erg¹** (zelfst. nw.) ▼ *zonder erg iets doen*: vanzelf, zonder erop te letten; *sorry, ik had er geen erg in*: ik had het niet gemerkt, ik had het niet in de gaten.

**erg²** (bijv. nw.) **1** vervelend, naar ♦ *het is meer dan erg*: het is ontzettend vervelend **2** heel of heel veel ⇒ *ontzettend, vreselijk* ♦ *erge buikpijn; het was erg gezellig*.

**er·gens** (bijw.) **1** op de een of andere plek ♦ *we gaan ergens anders heen*: naar een andere plaats **2** in een of ander opzicht, op een bepaalde manier ♦ *ergens mag ik haar wel* **3** iets ♦ *ik zit ergens mee*: ik heb een probleem.

**er·ge·ren** (ergerde, heeft geërgerd) **1** *iemand ergeren*: iemand storen ⇒ *irriteren* ♦ *het ergert me dat je zo hard praat* **2** *je aan iemand of iets ergeren*: je aan iemand of iets storen, iemand of iets vervelend vinden ♦ *ze ergert zich aan alles en iedereen*: ze is gauw geprikkeld.

**er·ger·lijk** (bijv. nw.) gezegd van iets dat je ergert* (bet.1) ⇒ *irritant* ♦ *een ergerlijke gewoonte*.

**er·ger·nis** (de ~(v.); -sen) het gevoel dat iemand heeft die zich ergens aan ergert* (bet.2) ⇒ *irritatie, aanstoot*.

**er·go·the·ra·pie** (de ~(v.)) behandeling van mensen die bepaalde lichaamsdelen niet goed meer kunnen gebruiken, waarbij ze al werkend en spelend oefenen.

**eri·ca** (de ~; erica's) heideplant met paarse of witte bloemetjes ⇒ *dopheide*.

**er·kend** (bijv. nw.) **1** officieel bevoegd of officieel toegelaten ♦ *een erkend verhuizer; een erkend diploma* **2** waar iedereen het over eens is ♦ *een erkend talent*.

**er·ken·nen** (erkende, heeft erkend) **1** *iets erkennen*: iets inzien en daar ook voor uitkomen, toegeven ♦ *een fout erkennen* **2** *iets of iemand erkennen*: verklaren dat iets of iemand echt of officieel is.

**er·ken·ning** (de ~(v.)) waardering, roem ♦ *eindelijk kreeg hij de erkenning die hij verdiende*.

**er·ken·te·lijk** (bijv. nw.)(deftig) dankbaar.

**er·ker** (de ~(m.); -s) uitbouw met ramen.

**ernst** (de ~(m.)) het ernstig* zijn ♦ *we moeten ernst maken met de verbouwing*: we moeten er eens aan beginnen; *het wordt ernst*: het wordt menens.

**ern·stig** (bijv. nw.) **1** gezegd van iemand die goed over iets nadenkt en er geen grapjes over maakt ⇒ *serieus* ♦ *wees nu eens even ernstig!; meen je dat ernstig?; maak je geen grapje?* **2** met grote en onaangename gevolgen ♦ *een ernstige ziekte; een ernstige vergissing*.

**er·op** (bijw.) ▼ *met alles erop en eraan*: helemaal compleet, zonder dat er ook maar iets ontbreekt; *het zit erop*: het werk is gedaan; *het zit erop*:(in België □; populair) er is ruzie, er is herrie.

**er·op·uit** (bijw.) ▼ *eropuit zijn om iets te doen*: daar alle moeite voor doen; *ze is eropuit om mij te dwarsbomen*.

**ero·sie** (de ~(v.); -s) afslijting van land door wind of water.

**ero·tiek** (de ~(v.)) alle gevoelens van opwinding en spanning die liefde of verliefdheid je kunnen bezorgen.

**ero·tisch** (bijv. nw.) met erotiek* te maken hebbend ⇒ *opwindend, prikkelend*.

**er·ra·tum** (Latijn) [erraatum](het ~; errata)(letterlijk: vergissing) drukfout.

**erts** (het ~; -en) delfstof die metalen bevat.

**eru·diet** (bijv. nw.) met veel algemene ontwikkeling, die veel geleerd en gelezen heeft ⇒ *ontwikkeld, geleerd, belezen*.

**er·uit·zien** (zag eruit, heeft eruitgezien) een bepaald uiterlijk hebben ♦ *wat zie je er netjes uit!; hij is niet zo dom als hij eruitziet; wat zien je schoenen eruit!*: (uitdr.) wat zijn ze vuil.

**erup·tie** (de ~ (v.); -s) uitbarsting, bijv. van een vulkaan.

**er·va·ren**[1] (bijv. nw.) gezegd van iemand die iets vaak gedaan heeft en het daardoor goed kan ⇒ *geroutineerd* ♦ *een ervaren bergbeklimmer*.

**er·va·ren**[2] (ervaarde of ervoer, heeft ervaren) *iets ervaren*: iets meemaken en daardoor weten hoe het is ⇒ *ondervinden*.

**er·va·ring** (de ~ (v.); -en) iets dat je ervaart* ⇒ *ondervinding* ♦ *ze wisselen hun ervaringen uit; ik weet het uit ervaring*: omdat ik het zelf heb meegemaakt.

**er·ven** (erfde, heeft geërfd) *iets erven*: iets krijgen van iemand die overleden is ♦ *hij heeft zijn tekentalent van zijn moeder geërfd*: dat heeft hij van haar meegekregen.

**er·voer** → ervaren.

**er·voe·ren** → ervaren.

**erwt** [ert] (de ~; -en) groene, ronde peulvrucht ♦ *doperwten; spliterwten*.

**es** (zelfst. nw.; -sen) **1** (de ~ (m.)) in Nederland en België veel voorkomende loofboom **2** (de ~) muzieknoot, een verlaagde e.

**es·ca·le·ren** (escaleerde, is geëscaleerd) *(van gespannen situaties, ruzies enz.)*: steeds erger of heviger worden, hoog oplopen.

**es·ca·pa·de** (de ~ (v.); -s) (letterlijk: ontsnapping) het ertussenuit knijpen of eruit breken om dolle dingen te doen.

**es·cor·te** (het ~; -s) groepje mensen dat iemand begeleidt om hem of haar te beschermen of als bewijs van eer ⇒ *begeleiding, geleide* ♦ *een escorte te paard*.

**es·cor·te·ren** (escorteerde, heeft geëscorteerd) *iemand escorteren*: iemand begeleiden als escorte*.

**es·cu·do** [eskœdoo] (de ~ (m.); escudo's) Portugese munteenheid.

**es·cu·laap** (de ~ (m.); esculapen) afbeelding van een slang die om een staf kronkelt, als herkenningsteken van artsen.

**es·doorn** (de ~ (m.); -s) boom met handvormige bladeren.

**es·ka·der** (het ~; -s) **1** groep marineschepen of militaire vliegtuigen **2** groep gewapende mannen met een bepaalde opdracht ♦ *de doodseskaders*: die de opdracht hebben bepaalde mensen te vermoorden.

**es·ki·mo** (de ~ (m.); eskimo's) oorspronkelijke bewoner van de noordpoolstreken ⇒ *Inuit*.

**es·ku·laap** → esculaap.

**esp** (de ~ (m.); -en) boom met bladeren aan lange stelen, die al bij een klein beetje wind bewegen ⇒ *ratelpopulier*.

**es·pen·blad** (zelfst. nw.; -en of -eren) ▼ *trillen als een espenblad*: heel erg trillen of beven; ook: heel zenuwachtig zijn.

**Es·pe·ran·to** (het ~) bepaalde kunsttaal, dat wil zeggen taal die niet bij een bepaald land hoort, maar speciaal ontworpen is om contacten tussen mensen uit verschillende landen makkelijker te maken.

**es·pres·so** (de ~ (m.)) sterke zwarte koffie, volgens Italiaans recept gezet in een speciaal apparaat.

**es·prit** (Frans) [esprie] (de ~ (m.); -s) geestigheid en levendigheid samen.

**es·say** [essee, in België: esse] (het ~; -s) opstel over een onderwerp op het gebied van kunst of wetenschap.

**es·sen·tie** (de ~ (v.)) datgene waar het om gaat, het belangrijkste ⇒ *wezen, kern, kwintessens* ♦ *de essentie van een verhaal*.

**es·sen·ti·eel** (bijv. nw.) heel belangrijk, de essentie* vormend ⇒ *wezenlijk*.

**es·ta·blish·ment** (Engels) [esteblisjment] (het ~) groep mensen die in een land veel macht of invloed heeft.

**es·ta·fet·te** (de ~; -s) snelheidswedstrijd tussen ploegen waarbij ieder lid van een ploeg een stukje aflegt.

**es·the·tisch** (bijv. nw.) gezegd van iets dat met schoonheid te maken heeft.

**es·tu·a·ri·um** (Latijn) [estuuwaariejum] (het ~; estuaria) monding van een rivier die door eb en vloed breder geworden is.

**eta·blis·se·ment** (het ~; -en) hotel, café of restaurant.

**eta·ge** [eetaazje] (de ~ (v.); -s) verdieping.

**eta·la·ge** [eetaalaazje] (de ~ (v.); -s) ruimte achter een winkelraam waar artikelen te zien zijn die in de winkel verkocht worden ♦ *etalages kijken*.

**eta·le·ren** (etaleerde, heeft geëtaleerd) *artikelen etaleren*: ze uitstallen in een etalage* of in een winkel ♦ *de verkoopster heeft de boeken geëtaleerd; je kennis etaleren*: (uitdr.) duidelijk laten merken hoeveel je weet.

**eta·leur** (de ~ (m.); -s), vrouw: **eta·leu·se** (de ~ (v.); -s) iemand die voor zijn of haar beroep etalages* inricht.

**etap·pe** (de ~; -n of -s) (sport) elk deel van de route van een wedstrijd dat tussen twee rustplaatsen ligt ♦ *de tweede etappe van de Tour de France*.

**etc.** (afkorting) *et cetera* ⇒ *enz.*.

**et ce·te·ra** enzovoort.

**eten**[1] (het ~) dat wat je eet* ⇒ *maaltijd, voedsel* ♦ *we hebben eten en drinken bij ons*.

**eten**[2] (at, heeft gegeten) *iets eten*: iets als voedsel tot je nemen, iets als maaltijd gebruiken ⇒ *opeten, nuttigen* ♦ *eet smakelijk!; dat is niet te eten!*: (uitdr.) dat is niet lekker; *ik heb al gegeten en gedronken*: (uitdr.) (dit zeg je als je van tevoren een vervelende indruk van iets krijgt, waardoor je er al geen zin meer in hebt).

**etens·waar** (de ~; -waren) voedsel.

**ether** (de ~ (m.)) **1** sterk ruikende vloeistof die vroeger gebruikt werd om iemand te verdoven en die nu nog als ontsmettingsmiddel wordt gebruikt **2** de lucht waardoorheen de beelden en het geluid van de radio en televisie gezonden worden ♦ *het programma gaat om drie uur de ether in*: dan wordt het uitgezonden.

**ethiek** (de ~ (v.)) leer van goed en kwaad ⇒ *zedenleer* ♦ *beroepsethiek*: dat wat je in je beroep wel of niet mag doen vanuit je geweten.

**ethisch** (bijv. nw.) gezegd van iets dat met ethiek* te maken heeft ♦ *ethische bezwaren*.

**etiek** → ethiek.

**eti·ket** (het ~; -ten) plakplaatje waarop je kunt schrijven waar iets vandaan komt, wat of van wie het is enz. ♦ *het etiket van een wijnfles; een etiket opgeplakt krijgen*: (uitdr.) op een bepaalde manier bekeken worden en niet de kans krijgen te laten zien dat je anders bent.

**eti·quet·te** [eetiekette] (de ~) de regels die aangeven hoe je je hoort te gedragen ⇒ *fatsoensregels*.

**etisch** → ethisch.

**et·maal** (het ~; etmalen) periode van 24 uur, een dag en een nacht.

**et·nisch** (bijv. nw.) te maken hebbend met volkeren of de kennis van volkeren ⇒ *volkenkundig* ♦ *etnische minderheden*: bevolkingsgroepen die in een ander land wonen dan waar ze oorspronkelijk thuishoren, zoals in Nederland en België bijv. Turken en Marokkanen.

**ets** (de ~; -en) afdruk van een voorstelling die op een plaat geëtst* is ⇒ *gravure*.

**et·sen** (etste, heeft geëtst) *een tekening etsen:* die volgens een bepaalde werkwijze graveren in een metalen plaat en er daarna een afdruk van maken op papier.

**et·te·lij·ke** (onbep. vnw.) tamelijk veel.

**et·ter** (de ~(m.)) **1** geelachtig vocht dat uit een ontstoken wond komt ⇒ *pus* **2** (-s)(populair) iemand die vervelend is ⇒ *naarling.*

**et·te·ren** (etterde, heeft geëtterd) **1** etter* afscheiden ♦ *de wond ettert* **2** (populair) vervelend doen ⇒ *klieren.*

**etu·de** (de ~(v.); -s) muziekstuk dat gemaakt is om bepaalde technische vaardigheden op een instrument te oefenen.

**etui** [eetwie](het ~; -s) koker of tasje om iets in op te bergen, bijv. pennen of een bril.

**ety·mo·lo·gie** (de ~(v.)) wetenschap die onderzoekt waar woorden en betekenissen vandaan komen.

**EU** (de ~(v.)) *E*uropese *U*nie; dit is een organisatie waarin Europese landen samenwerken.

**eu·ca·lyp·tus** [uikaaliptus *of* eukaaliptus](de ~(m.); -sen) meestal hoge boom met leerachtige blauwgroene bladeren die in de herfst niet afvallen.

**eu·cha·ris·tie** [uigaaristie *of* eugaaristie](de ~(v.)) rooms-katholieke kerkdienst waarin het laatste avondmaal herdacht wordt met brood en wijn ♦ *de eucharistie vieren.*

**eu·fe·mis·me** [uifæmisme *of* eufæmisme](het ~; -n) woord of uitdrukking waarmee je iets mooier of minder erg laat lijken dan het is, bijv. 'heengaan' in plaats van 'sterven'.

**eu·fo·rie** [uifæmisme *of* eufæmisme](de ~(v.)) stemming van grote vreugde.

**eu·ka·lyp·tus** → eucalyptus.

**eu·nuch** [uinug *of* eunug](de ~(m.); -en) gecastreerde oppasser van een harem (kijk ook bij: **castreren**).

**Eur·atom** (het ~) Europese atoomgemeenschap.

**eu·re·ka** (Grieks) [uireekaa *of* eureekaa, in België: eureekaa], **heu·re·ka** (tussenw.)(letterlijk: ik heb het gevonden) woord dat je roept wanneer je een belangrijke vondst of ontdekking doet.

**eu·ro** (de ~; euro's) Europese munt, die waarschijnlijk in 1999 ingevoerd zal worden.

**euro-** te maken hebbend met Europa ♦ *euro*verkiezin*gen.*

**Eu·ro·ci·ty** (Engels) [euroosittie](de ~) snelle trein tussen de grote steden van Europa.

**eu·tha·na·sie** [uitanaazie *of* eutanaazie](de ~(v.))(letterlijk: zachte dood) het bespoedigen van het sterven van een ongeneeslijk zieke die heel veel pijn heeft en niet verder wil leven ♦ *actieve euthanasie:* waarbij er middelen worden toegediend om de patiënt te laten sterven; *passieve euthanasie:* waarbij er geen middelen meer worden toegediend om de patiënt in leven te houden.

**eu·vel¹** (het ~; -s of -en) gebrek, fout ⇒ *mankement* ♦ *dat euvel zullen we even verhelpen:* (gezegd als je iets gaat repareren of een situatie gaat verbeteren).

**eu·vel²** (bijv. nw.) ▼ *waar haal je de euvele moed van-daan?:* hoe durf je!; *iemand iets euvel duiden:* iemand iets kwalijk nemen.

**e.v.** (afkorting) **1** *e*erst*v*olgende **2** *e*n *v*olgende.

**e.v.a.** (afkorting) *e*n *v*ele *a*nderen.

**eva·cué** (de ~(m.); -s), vrouw: **eva·cu·ee** (de ~(v.); -s) iemand die geëvacueerd* is.

**eva·cu·e·ren** (evacueerde, heeft geëvacueerd) *mensen evacueren:* ze ergens anders onder dak brengen als ze gevaar lopen.

**eva·lu·a·tie** (de ~(v.); -s) het evalueren* ⇒ *nabespreking, beoordeling.*

**eva·lu·e·ren** (evalueerde, heeft geëvalueerd) *iets evalueren:* iets na afloop bespreken om te weten te komen wat iedereen ervan vond ⇒ *nabespreken.*

**evan·ge·lie** (het ~; evangeliën of -s)(letterlijk: goede boodschap) leer en leven van Jezus zoals die door Mattheus, Marcus, Lucas en Johannes in de bijbel beschreven zijn.

**evan·ge·li·sa·tie** (de ~(v.)) het bekendmaken van het evangelie*.

**evan·ge·list** (de ~(m.); -en) **1** een van de schrijvers van de evangeliën*: Mattheus, Marcus, Lucas of Johannes **2** (vrouw: evangeliste) iemand die voor zijn of haar beroep het evangelie* verkondigt.

**evan·ge·li·za·tie** → evangelisatie.

**even¹** (bijv. nw.) **1** deelbaar door twee, het tegenovergestelde van 'oneven' ♦ *twaalf is een even getal* ▼ *het is mij om het even:* het maakt mij niets uit.

**even²** (bijw.) **1** net zo ♦ *wij zijn even groot* **2** korte tijd ♦ *even mijn haar kammen; even verderop:* een klein stukje verderop; *als het even kan:* als het ook maar enigszins mogelijk is **3** (in allerlei verbindingen zonder speciale betekenis) ♦ *zitten wij hier even goed!; is me dat even schrikken!*

**eve·naar** (de ~(m.); -s) denkbeeldige cirkel tussen de noordpool en de zuidpool die de wereldbol in twee helften verdeelt ⇒ *equator.*

**even·als** (voegw.) net als ♦ *hij is bouwvakker evenals zijn broer.*

**eve·na·ren** (evenaarde, heeft geëvenaard) *iets of iemand evenaren:* even goed zijn, hetzelfde niveau bereiken als die zaak of die persoon ♦ *deze prestatie is nog nooit geëvenaard.*

**even·beeld** (het ~; -en) iemand die of iets dat sprekend op iemand of iets anders lijkt ♦ *zij is het evenbeeld van haar moeder.*

**even·eens** (bijw.) ook ⇒ *tevens* ♦ *ik ben mijn portemonnee kwijt en mijn sleutels eveneens.*

**eve·ne·ment** (het ~; -en) grootse gebeurtenis, iets dat bedoeld is voor een groot publiek ⇒ *happening* ♦ *de elfstedentocht is een evenement in Nederland.*

**even·goed** (bijw.) toch maar mooi ♦ *je hebt het dan niet expres gedaan, maar ik zit evengoed in de problemen.*

**even·knie** (de ~; evenknieën) iemand die net zo goed is ♦ *hij is haar evenknie in de zangkunst.*

**even·min** (bijw.) ook niet ♦ *ik wil niet en mijn zus evenmin.*

**even·re·dig** (bijv. nw.) gezegd van iets dat groter wordt als iets anders ook groter wordt en dat kleiner wordt als iets anders ook kleiner wordt ♦ *het loon is evenredig met de inspanning.*

**even·tjes** (bijw.) even²* (bet.2) ♦ *ik ben eventjes weg.*

**even·tu·a·li·teit** (de ~(v.); -en) iets dat wel eens zou kunnen gebeuren, toevalligheid ♦ *we zijn op alle eventualiteiten voorbereid.*

**even·tu·eel¹** (bijv. nw.) zoals kan gebeuren ⇒ *mogelijk* ♦ *bij een eventueel gelijkspel wordt de wedstrijd verlengd.*

**even·tu·eel²** (bijw.) als het nodig is ♦ *eventueel kan ik nog komen helpen.*

**even·veel** (onbep. hoofdtelw.) dezelfde hoeveelheid ♦ *Esther en ik krijgen evenveel zakgeld.*

**even·wel** (bijw.)(deftig) maar ⇒ *echter* ♦ *dat is evenwel niet mogelijk.*

**even·wicht** (het ~) toestand waarin iets aan alle kanten even zwaar is, zodat het niet valt ⇒ *balans* ♦ *ik verloor mijn evenwicht en viel om; dat bericht bracht hem uit zijn evenwicht:* (uitdr.) hij raakte ervan in de war.

**even·wich·tig** (bijv. nw.) zonder uitschieters, gelijkmatig, rustig ⇒ *stabiel, harmonieus* ◆ *een **evenwichtig** karakter*.

**even·wichts·balk** (de ~(m.); -en) smalle, horizontale balk op steunen, waarop je turnoefeningen kunt doen.

**even·wij·dig** (bijv. nw.) met overal dezelfde tussenruimte, op elk punt even ver van elkaar ⇒ *parallel* ◆ *twee **evenwijdige** lijnen*.

**ever** (de ~(m.); -s) everzwijn.

**ever·zwijn** (het ~; -en) wild zwijn ⇒ *ever*.

**evi·dent** (bijv. nw.) heel duidelijk ⇒ *zonneklaar* ◆ *het is **evident** dat het een vergissing was*.

**evo·lu·e·ren** (evolueerde, is geëvolueerd) zich geleidelijk ontwikkelen, langzamerhand beter of sterker worden.

**evo·lu·tie** (de ~(v.); -s) verandering die geleidelijk plaatsvindt.

**EVP** (de ~(v.)) *E*vangelische *V*olkspartij; dit is een politieke partij in Nederland die in 1991 is opgegaan in GroenLinks.

**ex** (de ~) vroegere echtgenoot of echtgenote, ex-man of ex-vrouw.

**ex-** (woordje dat aangeeft dat iemand iets niet meer is) ⇒ *voormalig, gewezen, oud-* ◆ *de kinderen zijn bij zijn **ex**vrouw*.

**exact** (bijv. nw.) precies, nauwkeurig ◆ *de **exacte** wetenschappen*: (uitdr.) wiskunde, natuurkunde en scheikunde.

**ex ae·quo** (Latijn) [ekseːkwoo] op dezelfde plaats geëindigd in een wedstrijd ◆ *Vos en Van Loon zijn **ex aequo** op de eerste plaats geëindigd*.

**exa·men** (het ~; -s of examina) proef waarbij je moet laten zien wat je kunt of weet ◆ *slagen voor een **examen***.

**exa·men·zit·tijd** (de ~(m.); -en) (in België) periode waarbinnen examens afgenomen worden ◆ *ze heeft een tweede **examenzit(tijd)***: ze moet in de tweede examenperiode (september) de examens overdoen.

**exa·mi·na·tor** (de ~(m.); -s of -en), vrouw: **exa·mi·na·tri·ce** (de ~(v.); -s) iemand bij wie je examen* doet.

**exa·mi·ne·ren** (examineerde, heeft geëxamineerd) *iemand examineren*: iemand een examen* afnemen.

**Exc.** (afkorting) *Exc*ellentie.

**ex·cel·lent** (bijv. nw.) (deftig) uitstekend, voortreffelijk ⇒ *uitmuntend*.

**Ex·cel·len·tie** (de ~(v.); -s) (titel waarmee je een minister aanspreekt).

**ex·cel·le·ren** (excelleerde, heeft geëxcelleerd) (deftig) uitmunten, uitblinken.

**ex·cen·triek** (bijv. nw.) heel anders dan anders en daardoor opvallend ⇒ *buitenissig, apart*.

**ex·cep·ti·o·neel** (bijv. nw.) buitengewoon, uitzonderlijk.

**ex·cer·pe·ren** (excerpeerde, heeft geëxcerpeerd) *iets, bijv. een boek, excerperen*: (deftig) een uittreksel van iets maken.

**ex·cerpt** (het ~; -en) (deftig) uittreksel.

**ex·ces** (het ~; -sen) iets dat alle grenzen overschrijdt, dat buitensporig is ⇒ *uitspatting, uitwas*.

**excl.** (afkorting) *excl*usief².

**ex·clu·sief¹** (bijv. nw.) **1** waarbij iets anders uitgesloten wordt ◆ *dit model is **exclusief** voor deze zaak*: het mag nergens anders verkocht worden **2** bijzonder, speciaal ◆ *exclusieve gordijnen*.

**ex·clu·sief²** (bijw.) niet inbegrepen, zonder, het tegenovergestelde van 'inclusief' ◆ *de huur is f 400,- per maand **exclusief** verwarming*.

**ex·com·mu·ni·ce·ren** (excommuniceerde, heeft geëxcommuniceerd) *iemand excommuniceren*: bepalen dat iemand niet meer bij de rooms-katholieke kerk hoort.

**ex·cur·sie** (de ~(v.); -s) leerzaam uitstapje ◆ *een **excursie** naar een museum*.

**ex·cu·se·ren** (excuseerde, heeft geëxcuseerd) **1** iemand excuseren: iemand verontschuldigen ◆ ***excuseert** u mij even!*: (uitdr.) staat u mij toe dat ik even wegga **2** *jezelf excuseren*: je verontschuldigen, excuus vragen ◆ *ze **excuseerde** zich toen ze hem op zijn tenen trapte*.

**ex·cuus** (het ~; excuses) dat wat je zegt als je ergens spijt van hebt, verontschuldiging ◆ *dat je tante jarig is, is geen **excuus** om te laat te komen*: dat is geen geldige reden; *iemand **excuus** vragen*: iemand vragen of hij of zij je wil vergeven; *iemand je **excuses** aanbieden*: iemand zeggen dat je spijt hebt.

**exe·cu·te·ren** (executeerde, heeft geëxecuteerd) *iemand executeren*: iemand doden als straf ⇒ *terechtstellen*.

**exe·cu·tie** (de ~(v.); -s) **1** het executeren* **2** het in beslag nemen en verkopen van de spullen van iemand die diep in de schulden zit ◆ *verkoop bij **executie***.

**exe·ge·se** (de ~(v.); -n) verklaring van een moeilijke tekst, vooral van de bijbel.

**exem·plaar** (het ~; exemplaren) afzonderlijk ding van een soort waarvan er meer zijn ◆ *er zijn 10.000 **exemplaren** van dat boek gedrukt; je bent ook een mooi **exemplaar**!*: (uitdr.) (dit zeg je tegen iemand die iets doet dat je eigenlijk niet goedkeurt).

**exem·pla·risch** (bijv. nw.) bij wijze van voorbeeld.

**exer·ci·tie** (de ~(v.); -s) bewegingsoefening van militairen.

**ex·hi·bi·ti·o·nist** (de ~(m.); -en) iemand die het fijn vindt zijn of haar blote lichaam, vooral zijn of haar geslachtsdelen te laten zien.

**exi·sten·tie** (de ~(v.)) het zijn, het bestaan van de mens.

**exi·ste·ren** (existeerde, heeft geëxisteerd) bestaan, leven, zijn.

**ex·kom·mu·ni·ce·ren** → excommuniceren.

**ex·kur·sie** → excursie.

**ex·li·bris** (Latijn) [eksliːbris] (het ~; -sen) (letterlijk: uit de boeken) naamkaartje voor in een boek waarmee je laat zien dat het jouw eigendom is.

**exo·dus** (de ~(m.); -sen) het vertrek uit een land van heel veel mensen tegelijk ⇒ *uittocht*.

**exor·bi·tant** (bijv. nw.) buitensporig, overdreven.

**exo·tisch** (bijv. nw.) uit of zoals in verre, vreemde landen ⇒ *uitheems* ◆ *exotische vruchten*: (bijv. kiwi's en avocado's).

**ex·pan·sie** (de ~) het steeds verder uitbreiden van invloed en macht.

**ex·pe·di·teur** (de ~(m.); -s) iemand die voor zijn of haar beroep goederen verzendt ⇒ *vrachtvervoerder*.

**ex·pe·di·tie** (de ~(v.); -s) **1** onderzoekingstocht, vooral naar een vreemd land ◆ *die verhuizing was een hele **expeditie***: (uitdr.) een hele onderneming **2** verzending van goederen ◆ *een **expeditie**bedrijf*.

**ex·pe·ri·ment** (het ~; -en) proef om iets uit te proberen ◆ *deze appeltaart is een **experiment***.

**ex·pe·ri·men·teel** (bijv. nw.) gezegd van iets dat de kenmerken heeft van een experiment*.

**ex·pe·ri·men·te·ren** (experimenteerde, heeft geëxperimenteerd) *ergens mee experimenteren*: een proef nemen met iets, de mogelijkheden van iets uitproberen.

**ex·pert** [ekspeːr] (de ~(m.); -s) iemand die erg veel verstand van iets heeft ⇒ *deskundige, specialist*.

**ex·per·ti·se** [ekspertiːzə] (de ~(v.); -s of -n) **1** onderzoek door experts*, bijv. om vast te stellen hoeveel iets waard is **2** vakbekwaamheid, deskundigheid.

**ex·pli·ca·tie** (de ~(v.); -s) uitleg, verklaring.

**ex·pli·ce·ren** (expliceerde, heeft geëxpliceerd) *iets expliceren*: iets uitleggen, verklaren.

**ex·pli·ciet** (bijv. nw.) in duidelijke woorden en met nadruk, het tegenovergestelde van 'impliciet' ⇒ *uitdrukkelijk*.

**ex·pli·ci·te·ren** (expliciteerde, heeft geëxpliciteerd) *iets expliciteren*: iets expliciet* maken.

**ex·pli·que·ren** → expliceren.

**ex·plo·de·ren** (explodeerde, is geëxplodeerd) uit elkaar knallen, ontploffen.

**ex·ploi·te·ren** [eksplwatɛɛrən] (exploiteerde, heeft geëxploiteerd) *iets exploiteren*: iets zó gebruiken dat het winst oplevert ♦ *een café exploiteren*.

**ex·plo·re·ren** (exploreerde, heeft geëxploreerd) *een gebied exploreren*: het verkennen.

**ex·plo·sie** (de ~(v.); -s) ontploffing, uitbarsting ♦ *een bevolkingsexplosie*: (uitdr.) een grote en plotselinge stijging van het aantal kinderen dat geboren wordt.

**ex·plo·sief¹** (de ~(m.) of het ~; explosieven) stof die kan exploderen*, bijv. buskruit.

**ex·plo·sief²** (bijv. nw.) gezegd van iets dat kan exploderen* ⇒ *ontplofbaar* ♦ *een explosieve groei*: (uitdr.) een zeer snelle groei.

**ex·po·nent** (de ~(m.); -en) **1** (wiskunde) cijfer boven een getal, dat aangeeft hoe vaak je dat getal met zichzelf moet vermenigvuldigen ♦ in $4^2$ is 2 de *exponent* **2** iemand die alle kenmerken heeft van de groep waar hij of zij bij hoort ⇒ *representant* ♦ *ze is een exponent van de punks*.

**ex·port** (de ~(m.)) uitvoer, het tegenovergestelde van 'import'.

**ex·por·te·ren** (exporteerde, heeft geëxporteerd) *iets exporteren*: iets uitvoeren, het tegenovergestelde van 'importeren'.

**ex·po·se·ren** (exposeerde, heeft geëxposeerd) *iets, bijv. kunstwerken of bijzondere voorwerpen, exposeren*: iets uitstallen zodat het publiek het kan bekijken ⇒ *tentoonstellen*.

**ex·po·si·tie** (de ~(v.); -s) uitstalling van kunstwerken of bijzondere voorwerpen ♦ *een expositie houden*.

**ex·pres¹** (de ~(m.); -sen) (verkorting) exprestrein.

**ex·pres²** (bijw.) met opzet, het tegenovergestelde van 'per ongeluk' ⇒ *opzettelijk*.

**ex·pres·brief** (de ~(m.); -brieven) brief die zeer snel bezorgd wordt.

**ex·pres·se** (zelfst. nw.) ▼ *een brief per expresse versturen*: zó dat hij extra snel bezorgd wordt.

**ex·pres·sie** (de ~(v.); -s) uitdrukking van gevoelens ♦ *aan de expressie van haar gezicht kon je zien hoe ze erover dacht*; *dramatische expressie*: het uitdrukken van je gevoelens door middel van toneelspel.

**ex·pres·sief** (bijv. nw.) waaruit gevoelens duidelijk blijken ♦ *een expressief gezicht*.

**ex·pres·weg** (de ~(m.); -en) (in België) weg voor snelverkeer.

**ex·quis** [ekskiɛːs], **ex·qui·siet** (bijv. nw.) (deftig) uitstekend, voortreffelijk ⇒ *uitgelezen* ♦ *een exquise maaltijd*.

**ex·ta·se** (de ~(v.)) toestand van grote verrukking, waardoor je buiten jezelf raakt ⇒ *geestvervoering* ♦ *ze raakte in extase*.

**ex·tern** (bijv. nw.) van buiten, het tegenovergestelde van 'intern' ♦ *hij vroeg raad aan een externe deskundige*.

**ex·tra** (bijv. nw.) meer dan normaal ♦ *trek een extra trui aan*; *voor de vakantie krijg je een tientje extra*.

**extraatje** ex·tra·tje (het ~; -s) geld dat je krijgt terwijl je er niet op gerekend had ♦ *oom gaf me een extraatje van 25 gulden*.

**ex·tract** (het ~; -en) onverdunde vloeistof waarin stoffen, bijv. kruiden, zijn opgelost ⇒ *aftreksel*.

**ex·tra·va·gant** (bijv. nw.) heel ongewoon ⇒ *buitenissig*, *buitensporig*.

**ex·tra·vert** (bijv. nw.) gezegd van iemand die niet in zichzelf gekeerd is en die erg open is, het tegenovergestelde van 'introvert'.

**ex·treem** (bijv. nw.) tot aan het uiterste, uitzonderlijk, buitengewoon ♦ *het is extreem koud*; *dat is een extreem geval*: een geval dat normaal gesproken niet voorkomt.

**ex·tre·mist** (de ~(m.); -en) iemand die hoe dan ook zijn of haar politieke ideeën wil doordrijven.

**ex·tre·mi·tei·ten** (zelfst. nw.; meervoud) armen en benen ⇒ *ledematen*.

**eye·li·ner** [aɪlajnər] (de ~; -s) make-up waarmee je een lijntje om je ogen kunt trekken.

**ezel** (de ~(m.); -s), vrouwtjesdier: **eze·lin** (de ~(v.); -nen) **1** grijs zoogdier dat op een paard lijkt en dat vaak gebruikt wordt als lastdier ♦ *zo koppig als een ezel*: (uitdr.) heel erg koppig; *wat ben ik toch een ezel!*: (uitdr.) wat dom van me; *een ezel stoot zich in 't gemeen niet tweemaal aan dezelfde steen*: (spreekwoord) alleen als je nog dommer bent dan een ezel, maak je tweemaal dezelfde fout **2** standaard om een schilderij op te zetten waar je aan werkt ⇒ *schildersezel*.

**ezels·brug·ge·tje** (het ~; -s) hulpmiddel om iets te onthouden of om iets op te lossen.

**ezels·oor** (het ~; -oren) omgevouwen of omgekrulde hoek van een bladzijde in een boek of schrift.

# Ff

**f** (de ~; f's) **1** de zesde letter van het alfabet **2** muzieknoot.

**f.** (afkorting)(in Nederland) florijn; dit is de oude naam
voor gulden ⇒ fl. ◆ f. 25,-.

**F** (afkorting)(in België) frank.

**fa** (de ~) de vierde noot van de toonladder.

**fa.** (afkorting) firma.

**faam** (de ~) roem, bekendheid ⇒ vermaardheid ◆ Jan
Terlouw geniet faam als kinderboekenschrijver.

**fa·bel** (de ~; -s of -en) dierenverhaal waarin de dieren
zich gedragen als mensen en waarvan je iets kunt leren ◆ de fabel van Reinaert de Vos.

**fa·bel·ach·tig** (bijv. nw.) onvoorstelbaar veel, mooi of
groot ◆ hij vroeg een fabelachtig bedrag voor zijn postze-
gelverzameling.

**fa·bel·tje** (het ~; -s) kletspraatje, praatje dat niet waar
is.

**fa·bri·ca·ge** [faabriekaazje](de ~(v.)) het maken, het fabriceren*.

**fa·bri·ce·ren** (fabriceerde, heeft gefabriceerd) iets fabriceren: iets in grote aantallen maken, iets op grote schaal
vervaardigen.

**fa·briek** (de ~(m.); -en) groot bedrijf waar met behulp
van machines producten worden gemaakt.

**fa·brie·ken** (fabriekte, heeft gefabriekt) iets fabrieken: (populair) het maken van materiaal dat er eigenlijk niet
voor bedoeld is.

**fa·bri·kaat** (zelfst. nw.) ▼ van eigen fabrikaat: zelfgemaakt; van Nederlands, Engels enz. fabrikaat: in Nederland, Engeland enz. gemaakt; een walkman® van Japans
fabrikaat.

**fa·bri·ka·ge** → fabricage.

**fa·bri·kant** (de ~(m.); -en) degene die iets fabriceert*.

**fa·bu·leus** (bijv. nw.) onwaarschijnlijk, fabelachtig.

**fa·ça·de** [faasaade](de ~(v.); -s of -n) voorgevel van een
gebouw ◆ haar vrolijke gezichtje is alleen maar een
façade:(uitdr.) dat is maar schijn, ze verbergt er iets anders achter.

**face-à-main** (Frans) [fas-aa-mẽ](de ~(m.); face-à-mains)
bril met één poot, waaraan je hem vasthoudt.

**face·lift** (Engels) [feeslift](de ~(m.); -s) operatie waarbij
de rimpels in de huid van het gezicht weer glad worden
getrokken om iemand er jonger uit te laten zien ◆ iets
een facelift laten ondergaan:(uitdr.) iets (bijv. een gebouw, een tijdschrift) een nieuw uiterlijk geven.

**fa·cet** (het ~; -ten) één kant van een zaak, een manier
om ergens tegenaan te kijken ⇒ aspect ◆ nu wil ik nog
een ander facet belichten: een andere kant van de zaak.

**fa·cie** (de ~ of het ~; -s)(populair) gezicht ⇒ smoel.

**fa·ci·li·teit** (de ~(v.); -en) voorziening waar je gebruik
van kunt maken ◆ een sporthal met allerlei faciliteiten.

**fa·ci·li·tei·ten** (zelfst. nw.; meervoud)(in België) speciale
tegemoetkomingen in een gemeente voor mensen die
de andere landstaal spreken, bijv. onderwijs en officiële papieren in het Nederlands of in het Frans ◆ in het
Franstalige Komen zijn er faciliteiten voor Vlamingen en

in het Nederlandstalige Ronse zijn er faciliteiten voor
Franssprekenden.

**fac·tor** (de ~(m.); -en) **1** omstandigheid of medeoorzaak
waardoor iets tot stand komt of gebeurt ▼ een getal ontbinden in factoren:(rekenen) de getallen noemen die, als
je ze met elkaar vermenigvuldigt, het bedoelde getal
opleveren (bijv. 14 kun je ontbinden in de factoren 2 en
7).

**fac·to·tum** (de ~ of het ~; -s) iemand die allerlei klusjes
opknapt ⇒ manusje-van-alles.

**fac·tuur** (de ~(v.); facturen) rekening ◆ bij de boeken die
besteld waren, zat een factuur.

**fa·cul·ta·tief** (bijv. nw.) niet verplicht, dat of die je kunt
kiezen ◆ de kerstviering op school is facultatief: je hoeft
er niet heen.

**fa·cul·teit** (de ~(v.); -en) afdeling van een universiteit ◆
de faculteit der geneeskunde.

**faecaliën** fae·ca·li·en → fecaliën.

**fae·ces** → feces.

**fa·got** (de ~(m.); -ten) houten blaasinstrument dat lage
tonen geeft.

**fa·got·tist** (de ~(m.); -en), vrouw: **fa·got·tis·te** (de ~(v.);
-n of -s) iemand die de fagot* bespeelt.

**Fah·ren·heit** bepaalde schaalverdeling voor de temperatuur ◆ ijs smelt bij 32 graden Fahrenheit (nul graden
Celsius).

**fai·en·ce** [faajãs(e)](de ~; -s)(in België □) soort geglazuurd en beschilderd aardewerk.

**fail·liet** [faajiet](bijv. nw.) gezegd van iemand die zijn of
haar schulden niet meer kan betalen ⇒ bankroet ◆ dat
bedrijf gaat failliet: het moet sluiten omdat het zijn
schulden niet meer kan betalen.

**fail·lis·se·ment** [faajiesement](het ~; -en) het failliet*
gaan of zijn ⇒ bankroet.

**fair** (Engels) [feːr](bijv. nw.) eerlijk en sportief.

**fait ac·com·pli** (Frans) [fet-akkomplie](het ~; faits accom-
plis) iets dat nu eenmaal zo is, voldongen feit.

**fake** (Engels) [feek](de ~(m.))(populair) namaak, nep.

**fa·kir** (de ~(m.); -s) oosterse monnik die slangen kan bezweren en op een spijkerbed kan liggen.

**fak·kel** (de ~(m.); -s) stok waar een speciale stof op zit
waardoor hij goed kan branden ⇒ toorts ◆ fakkelop-
tocht.

**fak·tor** → factor.

**fak·tuur** → factuur.

**fakult-** → facult-.

**fa·la·fel** (de ~) paté van kikkererwten met kruiden.

**fa·len** (faalde, heeft gefaald) mislukken, niet slagen, tekort schieten.

**fa·lie** (zelfst. nw.) ▼ iemand op zijn of haar falie slaan of geven:(populair) iemand een pak slaag geven.

**fa·lie·kant** (bijw.) ▼ ergens faliekant tegen zijn: ergens
absoluut tegen zijn; dat gaat faliekant fout: dat gaat totaal fout.

**fall-out** (Engels) [fol-aut](de ~) neerslag van radioactieve
stofdeeltjes (kijk ook bij: radioactief).

**fal·lus** (de ~(m.); -sen) stijve penis.

**fal·si·fi·ce·ren, falsifiëren** fal·si·fi·e·ren (falsificeerde,
heeft gefalsificeerd) **1** iets falsificeren: iets vervalsen **2** iets
falsificeren: aantonen dat iets onjuist is.

**fa·meus** (bijv. nw.) beroemd ⇒ vermaard.

**fa·mi·li·aal** (bijv. nw.)(in België □) gezegd van iets dat betrekking heeft op het gezin ◆ familiale helpster: gezins-
verzorgster.

**fa·mi·li·air** [faamieliejeːr, in België: fammieljeːr], ouderwets: **fa·mi·li·aar** (bijv. nw.) ongedwongen, zonder
plichtplegingen ⇒ informeel ◆ een familiaire kerel; dat is
wat al te familiair: dat is een beetje brutaal.

**fa·mi·lie** (de ~(v.); -s) **1** alle bloedverwanten zoals vader, moeder, oma, opa, broers, zusters, neven, nichten, ooms en tantes ◆ *zij heeft dezelfde achternaam maar ze is geen familie van me; die klok is al 200 jaar in de familie; die eigenschap zit bij hen in de familie*: veel familieleden hebben die eigenschap overgeërfd; *het komt in de beste families voor*: (uitdr.) het kan iedereen overkomen; *familie van het zevende knoopsgat*: (in België □; uitdr.; populair) heel verre familie **2** groep van planten of dieren die een of meer gezamenlijke eigenschappen en kenmerken hebben ◆ *de wolf behoort tot de familie van de hondachtigen.*

**fa·mi·lie·lid** (het ~; -leden) iemand die lid is van je familie, bijv. vader, moeder, broer, zus, oom of tante.

**fa·mi·lie·ziek** (bijv. nw.) overdreven gehecht aan familieleden.

**fan** (Engels) [fɛn, in België: fan](de ~(m.); -s) enthousiaste bewonderaar ◆ *fanclub.*

**fa·naat** (de ~(m.); fanaten), vrouw: **fa·na·te** (de ~(v.); -s of -n) iemand die ergens overdreven enthousiast voor is ⇒ *fanatiekeling, bezetene* ◆ *Thijs is een hockeyfanaat.*

**fa·na·tiek** (bijv. nw.) ontzettend enthousiast, bezeten ◆ *na haar slechte rapport is ze fanatiek aan de slag gegaan.*

**fa·na·tie·ke·ling** (de ~(m.); -en) fanaat.

**fan·cy-fair** (Engels) [fɛnsiefɛːr](de ~(m.); -s) bazaar.

**fan·fa·re** (de ~; -s of -n) **1** muziekkorps zonder trommels, alleen met blaasinstrumenten **2** vrolijk muziekstuk voor koperen blaasinstrumenten.

**fan·mail** (Engels) [fɛnmeːl](de ~) post van fans.

**fan·ta·se·ren** (fantaseerde, heeft gefantaseerd) **1** iets fantaseren: iets verzinnen ◆ *ik fantaseer graag dat ik beroemd word; alles wat ze me vertelde, bleek gefantaseerd te zijn*: er was niets van waar **2** over iets fantaseren: over iets dagdromen ◆ *ze fantaseerde over de vakantie.*

**fan·ta·sie** (de ~(v.)) **1** de kunst om dingen, bijv. verhalen, te verzinnen ⇒ *verbeeldingskracht* ◆ *zij schudt verhaaltjes gewoon uit haar mouw, ze heeft een grote fantasie* **2** verbeelding, droomwereld ◆ *in mijn fantasie zat ik in een vliegtuig* **3** (fantasieën) wat je gefantaseerd* (bet.1) hebt ◆ *je fantasieën aan iemand vertellen.*

**fan·tast** (de ~(m.); -en), vrouw: **fan·tas·te** (de ~(v.); -s of -n) iemand die veel fantaseert* (bet.1).

**fan·tas·tisch** (bijv. nw.) **1** onwerkelijk mooi, goed of groot ◆ *een fantastisch schouwspel* **2** alleen in de fantasie* (bet.2) bestaand, verzonnen ◆ *fantastische avonturen.*

**fan·toom** (het ~; fantomen) afschrikwekkende geestverschijning ⇒ *spook, schim.*

**FAO** (de ~(v.)) *F*ood and *A*gricultural *O*rganization; dit is een organisatie die zich bezighoudt met de landbouw en voedselvoorziening in de wereld, een afdeling van de Verenigde Naties.

**fa·rao** (de ~(m.); farao's) Egyptische koning in de Oudheid.

**far·ce** (fars](de ~; -s of -n) iets wat niets blijkt voor te stellen ⇒ *schijnvertoning.*

**farm** (Engels) [faːrm](de ~(m.); -s) groot landbouwbedrijf in de Verenigde Staten en Australië.

**far·ma·ceu·tisch** [farmaːsuːtis of farmaːseuːties](bijv. nw.) met farmacie* te maken hebbend ◆ *een farmaceutische fabriek*: waar geneesmiddelen worden gemaakt.

**far·ma·cie** (de ~(v.)) kennis van de werking van geneesmiddelen en van de manier waarop ze gemaakt worden.

**fas·ci·ne·ren** (fascineerde, heeft gefascineerd) iemand fascineren: iemand boeien ◆ *hij zat gefascineerd naar de muziek te luisteren*: hij werd er helemaal door in beslag genomen.

**fas·cis·me** [fasjismə of fassismə](het ~) politiek systeem waarbij de leider zijn wil aan anderen oplegt, en waarbij ieder die niet gehoorzaamt, streng wordt gestraft.

**fas·cist** [fasjist of fassist](de ~(m.); -en) aanhanger van het fascisme*.

**fas·cis·tisch** [fasjisties of fassisties](bijv. nw.) van of door fascisten*.

**fa·se** (de ~(v.); -n of -s) periode die deel is van een ontwikkeling ⇒ *stadium* ◆ *die baby is in de fase dat hij alles in zijn mond steekt; de puberteitsfase.*

**fast·food** (Engels) [faːstfœːd](het ~) gemaksvoedsel, voedsel dat je kant-en-klaar koopt (bijv. snacks, of diepvriesmaaltijden).

**fat** (de ~(m.); -ten) jongen of man die zich overdreven precies en volgens de mode kleedt ⇒ *dandy.*

**fa·taal** (bijv. nw.) noodlottig, rampzalig ◆ *een ongeluk met fatale gevolgen.*

**fa·ta·lis·tisch** (bijv. nw.) ervan overtuigd dat je zelf niets kunt veranderen aan de manier waarop de dingen lopen.

**fa·ta mor·ga·na** (de ~; fata morgana's) weerspiegeling in de lucht van iets dat een heel eind verderop in werkelijkheid bestaat. Deze ontstaat door bepaalde weersomstandigheden, en komt veel voor in woestijnen ⇒ *luchtspiegeling.*

**fat·soen** (het ~) **1** manier waarop je je hoort te gedragen ⇒ *welgemanierdheid* ◆ *hou je fatsoen!*: gedráág je!; *ik kan met goed fatsoen (of: voor m'n fatsoen) nu niet weggaan*: ik hoor nu te blijven ▼ *die hoed is helemaal uit z'n fatsoen*: het model is er helemaal uit.

**fat·soe·ne·ren** (fatsoeneerde, heeft gefatsoeneerd) iets fatsoeneren: iets weer in model brengen ◆ *de dame probeerde haar verwaaide kapsel te fatsoeneren.*

**fat·soen·lijk** (bijv. nw.) **1** netjes, welgemanierd, welopgevoed ⇒ *welvoeglijk* ◆ *met je voeten op tafel zitten is niet fatsoenlijk* **2** behoorlijk, redelijk ◆ *in Engeland kun je bijna nergens een fatsoenlijk kopje koffie krijgen; zij kan van haar uitkering heel fatsoenlijk rondkomen.*

**fau·na** (de ~) **1** alle diersoorten die in een bepaald gebied voorkomen ⇒ *dierenwereld* **2** boek waarin diersoorten beschreven en afgebeeld worden.

**fau·teuil** (Frans) [foːtui](de ~(m.); -s) **1** luie stoel **2** (in de bioscoop, schouwburg enz.) bepaalde rang van zitplaatsen.

**fa·vo** (bijv. nw.)(verkorting; populair) favoriet.

**fa·vo·riet¹** (de ~(m.); -en) **1** persoon of zaak die je voorkeur heeft, die je boven allen of alles kiest **2** degene die je de meeste kansen geeft ◆ *Jacqueline was de favoriet voor de 100 meter*: iedereen dacht dat zij wel zou winnen.

**fa·vo·riet²** (bijv. nw.) meest geliefd ◆ *dit is mijn favoriete spijkerbroek.*

**fax** (de ~(m.); -en) **1** apparaat waarmee je via een telefoonlijn binnen een paar seconden berichten op papier kunt sturen naar iemand die ook een fax heeft **2** bericht dat per fax (bet.1) verstuurd wordt.

**fa·zant** (de ~(m.); -en) vogel met een lange staart.

**fa·ze** → fase.

**FBI** (Engels) [efbieaj](de ~) *F*ederal *B*ureau of *I*nvestigation; dit is de opsporings- en inlichtingendienst in de Verenigde Staten van Amerika.

**FC** (afkorting) *F*ootball *C*lub; dit is Engels en het betekent: voetbalclub ◆ *FC Den Bosch.*

**fe·bru·a·ri** (de ~(m.)) tweede maand van het jaar, ook wel 'sprokkelmaand' genoemd.

**fecaliën** fe·ca·li·en (zelfst. nw.; meervoud) uitwerpselen ⇒ *ontlasting.*

**fe·ces** [feeses of feetsjes] (de ~) uitwerpselen ⇒ ontlasting.

**fe·de·ra·tie** (de ~ (v.); -s) groep staten of verenigingen die met elkaar samenwerken ⇒ bond.

**fee** (de ~ (v.); feeën) vrouwelijke sprookjesfiguur.

**feed·back** (Engels) [fiedbek] (de ~) de reacties die je krijgt van degenen op wie je je richt ⇒ terugkoppeling ♦ voor een beginnend onderwijzer is *feedback* vanuit de groep heel belangrijk.

**feeëriek** fee·e·riek (bijv. nw.) sprookjesachtig, betoverend mooi ♦ een *feeërieke* verlichting.

**feeks** (de ~ (v.); -en) felle, boosaardige vrouw ⇒ heks, helleveeg, serpent.

**fee·ling** (Engels) [fieling] (zelfst. nw.) ▼ *feeling* voor iets hebben: iets goed aanvoelen, gevoel voor iets hebben; zij heeft *feeling* voor het kweken van planten.

**feest** (het ~; -en) **1** viering van een plechtige of vrolijke gebeurtenis ♦ Kerstmis vind ik het gezelligste *feest* van het jaar **2** bijeenkomst van mensen die iets vieren ⇒ fuif, party ♦ een *feestje* bouwen: (populair) een feest houden; dat *feest* gaat niet door: (uitdr.) daar komt niets van in.

**fees·te·lijk** (bijv. nw.) **1** bij een feest* horend ♦ een *feestelijke* jurk ▼ dank je *feestelijk*: alsjeblieft niet, ik heb er helemaal geen zin in.

**fees·ten** (feestte, heeft gefeest) feest* (bet.2) vieren.

**feest·neus** (de ~ (m.); -neuzen) **1** gekke namaakneus die je op je eigen neus kunt zetten **2** iemand die graag naar feestjes gaat ⇒ fuifnummer.

**feest·num·mer** (de ~ (m.); -s) iemand die graag naar feestjes gaat ⇒ fuifnummer.

**feest·var·ken** (het ~; -s) persoon die het middelpunt is van een feest, om wie het feest gevierd wordt.

**fei·len** (feilde, heeft gefeild) een fout maken, tekort schieten ⇒ falen.

**feil·loos** (bijv. nw.) zonder fouten, volkomen juist ♦ een kat weet altijd *feilloos* de goede richting naar huis.

**feit** (het ~; -en) gebeurtenis waarvan vaststaat dat die ook werkelijk gebeurd is, bijvoorbeeld omdat iemand het heeft gezien of gehoord ♦ hij heeft een strafbaar *feit* gepleegd: hij heeft iets gedaan waarvoor de rechter hem kan straffen; het was een voldongen *feit*: er viel niets meer aan te veranderen; het is een *feit* dat ...: het staat vast dat ...; in *feite*: (uitdr.) eigenlijk, als puntje bij paaltje komt; achter de *feiten* aan lopen: (uitdr.) pas maatregelen nemen als het al te laat is; of: pas met een mening komen terwijl al gebleken is dat die niet meer kan kloppen.

**fei·te·lijk** (bijv. nw.) in werkelijkheid ⇒ eigenlijk ♦ Tim kreeg straf, maar *feitelijk* was Pieter de schuldige; de koningin of de koning is het staatshoofd, maar de *feitelijke* macht berust bij de ministers: in werkelijkheid hebben de ministers de macht.

**fel** (bijv. nw.) **1** hevig, sterk ♦ *felle* kou **2** vurig, hartstochtelijk ♦ een *fel* protest **3** (van kleuren): opvallend ♦ *fel*rood.

**fe·li·ci·ta·tie** (de ~ (v.); -s) gelukwens ♦ een schriftelijke *felicitatie*; dat mooie rapport is een *felicitatie* waard.

**fe·li·ci·te·ren** (feliciteerde, heeft gefeliciteerd) iemand feliciteren: iemand gelukwensen ♦ *gefeliciteerd* met je verjaardag.

**fe·mi·nis·me** (het ~) beweging die strijdt voor de emancipatie van vrouwen (kijk ook bij: emancipatie) ⇒ vrouwenbeweging.

**fe·mi·nist** (de ~ (m.); -en), vrouw: **fe·mi·nis·te** (de ~ (v.); -s of -n) iemand die zich inzet voor het feminisme*.

**fe·mi·nis·tisch** (bijv. nw.) te maken hebbend met het feminisme*.

**fem·me fa·ta·le** (Frans) [famfataal] (de ~ (v.); femmes fatales) (letterlijk: noodlottige vrouw) erg verleidelijke vrouw voor wie mannen zich in het ongeluk storten.

**fe·niks** (de ~ (m.); -en) vogel uit de Griekse mythologie die om de 500 jaar verbrandde en dan weer jong uit de as te voorschijn kwam ♦ als een *feniks* uit de as herrezen: (uitdr.) weer als herboren, helemaal opgeknapt.

**fe·no·meen** (het ~; fenomenen) opvallend verschijnsel, vaak een natuurverschijnsel ♦ hij is een muzikaal *fenomeen*: (uitdr.) hij is opvallend goed in muziek.

**fe·no·me·naal** (bijv. nw.) buitengewoon, verbazingwekkend ♦ wat zij allemaal van katten afweet is *fenomenaal*.

**fe·o·daal** (bijv. nw.) waarbij ondergeschikten erg afhankelijk zijn van de mensen met bezit en macht, zoals vroeger de boeren van de grondbezitters ♦ op dat bedrijf heersen *feodale* toestanden.

**ferm** (bijv. nw.) flink en dapper ♦ *ferm* stapte zij op de grommende hond af; een *ferme* handdruk: stevig.

**fer·met·te** [fermet(e)] (de ~ (v.); -s) (in België □) boerderijtje of huis dat op een boerderijtje lijkt.

**fer·ry·boot** (de ~; -boten) veerboot waarop auto's, vrachtwagens enz. overgezet worden.

**fer·vent** (bijv. nw.) vurig, geestdriftig ♦ hij is een *fervente* doe-het-zelver.

**fes·tijn** (het ~; -en) groots feest.

**fes·ti·val** (het ~; -s) muziek-, toneel- of filmfeest, dat enkele dagen of weken duurt ♦ er is volgende week een *popfestival*.

**fes·ti·vi·teit** (de ~ (v.); -en) feestelijke gebeurtenis.

**fê·te·ren** (fêteerde, heeft gefêteerd) iemand fêteren: (deftig) een feest voor iemand houden, iemand in het zonnetje zetten.

**feuil·le·ton** [fuijeton] (de ~ (m.) of het ~; -s) vervolgverhaal in een krant of tijdschrift.

**fez** (de ~ (m.); -zen) rood hoofddeksel, soms met een kwastje eraan, dat in Noord-Afrikaanse landen gedragen wordt.

**fi·as·co** (het ~; fiasco's) grote mislukking.

**fi·at** (Latijn) [fiejat] (het ~) (letterlijk: laat het gebeuren) toestemming, goedkeuring ♦ ze gaf me haar *fiat*.

**fi·che** [fiesje] (de ~ of het ~; -s) **1** schijfje dat je gebruikt bij kaarten of gokspelen als voorlopig geld **2** kaart uit een kaartsysteem ♦ in de bibliotheek staan de titels van de boeken op *fiches*.

**fic·tie** (de ~ (v.)) datgene wat uit je fantasie voortkomt ♦ dit verhaal is niet echt gebeurd, het is *fictie*.

**fic·tief** (bijv. nw.) niet echt, verzonnen ♦ een *fictief* voorbeeld.

**fi·cus** (de ~ (m.); -sen) kamerplant waarvan verschillende soorten bestaan.

**fi·deel** (bijv. nw.) hartelijk en betrouwbaar ♦ wat een *fidele* kerel!

**fi·du·cie** (de ~ (v.)) vertrouwen dat het goed gaat of is ♦ ik heb niet veel *fiducie* in dat plan.

**fie·de·len** (fiedelde, heeft gefiedeld) zomaar wat op de viool spelen.

**fielt** (de ~ (m.); -en) schoft, gemene vent.

**fier** (bijv. nw.) trots, zelfverzekerd ♦ een *fiere* houding; ergens *fier* op zijn: (in België □) ergens trots op zijn; hij is zo *fier* als een gieter: (in België □; uitdr.; populair) heel trots.

**fier·ljep·pen** (ww.) polsstokverspringen over sloten, uit Friesland afkomstige sport.

**fiets** (de ~; -en) vervoermiddel met twee wielen waarop je je al trappend voortbeweegt ⇒ rijwiel ♦ wat heb ik nou aan mijn *fiets* hangen?: (uitdr.; populair) wat is er nu aan de hand, wat overkomt me nu?

**fiet·sen** (fietste, heeft gefietst) op een fiets* rijden ◆ *het is een uur fietsen naar het volgende dorp; mens, ga toch fietsen!*: (uitdr.; populair) ga weg; ook: hou op.

**fiet·sen·rek** (het ~; -ken) (populair) gebit met veel ruimte tussen de tanden.

**fiet·ser** (de ~ (m.); -s), vrouw: **fiets·ster** (de ~ (v.); -s) iemand die met de fiets* deelneemt aan het verkeer ⇒ *wielrijder*.

**fiets·pad** (het ~; -en) weg alleen voor fietsers ⇒ *rijwielpad*.

**fif·ty-fif·ty** (Engels) [fiftiefiftie] (bijw.) (letterlijk: vijftig-vijftig) zó dat ieder de helft krijgt of geeft ◆ *zullen we fifty-fifty doen?*

**fig.** (afkorting) *fig*uur ◆ *zie fig. 12.*

**fi·gu·rant** (de ~ (m.); -en), vrouw: **fi·gu·ran·te** (de ~ (v.); -n of -s) iemand die in een film of toneelstuk meespeelt en niets hoeft te zeggen.

**fi·gu·ra·tief** (bijv. nw.) met afbeeldingen van dingen uit de werkelijkheid, niet abstract ◆ *figuratieve schilderkunst; een figuratief schilderij*: waarvan je kunt zien wat het voorstelt.

**fi·gu·re·ren** (figureerde, heeft gefigureerd) **1** figureren als …: optreden als … ◆ *hij figureerde daar als portier* **2** als figurant* optreden.

**fi·guur** (zelfst. nw.; figuren) **1** (het ~) vorm van een lichaam ⇒ *gestalte* ◆ *ze heeft een slank figuur; hij wist zich met zijn figuur geen raad*: (uitdr.) hij wist niet hoe hij zich moest gedragen **2** (de ~) afbeelding van een mens, dier of ding ◆ *een behang met fantasiefiguren; een figuurtje van klei* **3** (de ~) schematische, wiskundige voorstelling ◆ *een cirkel is een meetkundige figuur* **4** (de ~) persoon, type ⇒ *personage* ◆ *wat een eng figuur!; in dat boek treden drie belangrijke figuren op* ▼ *een gek figuur slaan*: jezelf belachelijk maken; *je figuur redden*: nog net op tijd voorkomen dat anderen een slechte indruk van je te hebben.

**fi·guur·lijk** (bijv. nw.) niet letterlijk, bij wijze van spreken ◆ *in: 'ze kookte van woede' is 'koken' figuurlijk gebruikt.*

**fi·guur·zaag** (de ~; -zagen) beugelzaag om figuren (bet.2) uit dun hout te zagen.

**fijn** (bijv. nw.) **1** prettig, plezierig ⇒ *aangenaam* ◆ *ik vind het fijn dat je meegaat; het is een fijne vent; fijne manieren heb jij!*: (uitdr.) jij hebt helemaal niet zulke goede manieren **2** samengesteld uit kleine of dunne deeltjes, het tegenovergestelde van 'grof' ◆ *een fijne kam*: waarvan de tanden dicht op elkaar staan; *fijn zand*: zand dat bestaat uit hele kleine korreltjes **3** verfijnd, bijzonder ◆ *een fijne sigaar; ze heeft een fijne neus*: ze ruikt alles heel goed.

**fijn·be·snaard** (bijv. nw.) erg gevoelig.

**fijn·ge·voe·lig** (bijv. nw.) gezegd van iemand die rekening houdt met de gevoelens van anderen, die probeert andere mensen niet te kwetsen ⇒ *tactvol*.

**fijn·proe·ver** (de ~ (m.); -s) iemand die verstand heeft van lekker eten en drinken.

**fijn·tjes** (bijw.) slim en een beetje spottend, als iemand die alles doorheeft ◆ *fijntjes glimlachen.*

**fijt** (de ~ of het ~) ontsteking binnen in je vingertop.

**fik** (de ~ (m.); -ken) (populair) brand, vuur ◆ *zullen we die kerstboom in de fik steken?; een fikkie stoken.*

**fik·ken¹** (zelfst. nw.; meervoud) (populair) vingers ⇒ *poten, tengels, jatten* ◆ *blijf eraf met je fikken!*

**fik·ken²** (fikte, heeft gefikt) (populair) branden.

**fik·kie** (zelfst. nw.) ▼ *geef mijn portie maar aan fikkie!*: daar voel ik niets voor.

**fiks** (bijv. nw.) flink, behoorlijk ◆ *hij kreeg een fikse boete.*

**fik·sen** (fikste, heeft gefikst) *iets fiksen*: (populair) iets voor elkaar maken, iets klaarspelen ⇒ *leveren, lappen.*

**fikt-** → fict-.

**fi·lan·troop** (de ~ (m.); filantropen) iemand die veel goeds doet voor andere mensen ⇒ *weldoener.*

**fi·lan·tro·pisch** (bijv. nw.) liefdadig, menslievend ◆ *een filantropische instelling.*

**fi·la·te·lie** (de ~ (v.)) het verzamelen van postzegels.

**fi·la·te·list** (de ~ (m.); -en) iemand die postzegels verzamelt.

**fi·le** (de ~; -s) rij auto's die bij een verkeersopstopping heel langzaam of helemaal niet vooruitkomt ◆ *aan de Duitse grens staat een file van 14 km.*

**fi·le·ren** (fileerde, heeft gefileerd) vis of gevogelte fileren: die of dat verdelen in dunne stukken zonder graatjes of botjes.

**fi·let** [fielee] (de ~ (m.) of het ~; -s) dun stuk vis of gevogelte zonder graten of botjes.

**fi·let amé·ri·cain** [fielee aameerieken] (de ~) gemalen en gekruide biefstuk, als broodbeleg.

**fil·har·mo·nisch** [fielharmoonies] (bijv. nw.) ▼ *een filharmonisch orkest*: een symfonieorkest.

**fi·li·aal** (het ~; filialen) winkel of bedrijf waar er meer van zijn met dezelfde naam, maar niet het hoofdkantoor ⇒ *dochteronderneming* ◆ *dit bedrijf heeft zes filialen over het hele land verspreid.*

**fi·li·stij·nen** (zelfst. nw.) ▼ *naar de filistijnen gaan*, zijn: (populair) kapot gaan, kapot zijn.

**film** (de ~ (m.); -s) **1** lange, opgerolde strook celluloid met opnamen die bewegende beelden worden bij het afdraaien op een speciaal apparaat ◆ *ik heb een film gezien over eskimo's* **2** opgerolde strook celluloid waarmee je foto's of filmopnamen kunt maken ◆ *zit er wel een filmpje in dat fototoestel?*

**fil·men** (filmde, heeft gefilmd) *iets of iemand filmen*: beelden van iets of iemand vastleggen op een film* (bet.2).

**film·ster** (de ~; -ren) beroemde acteur of actrice die in films speelt.

**fi·lo·so·fe·ren** (filosofeerde, heeft gefilosofeerd) peinzen, diep nadenken over grote levensvragen.

**fi·lo·so·fie** (de ~ (v.); filosofieën) **1** wijsbegeerte **2** samenhangende ideeën, gedachtegang ◆ *met die filosofie ben ik het niet eens.*

**fi·lo·so·fisch** (bijv. nw.) met de filosofie* te maken hebbend ⇒ *wijsgerig.*

**fi·lo·soof** (de ~ (m.); filosofen) iemand die zich met de filosofie* (bet.1) bezighoudt ⇒ *wijsgeer.*

**fil·ter** (de ~ (m.) of het ~; -s) **1** soort zeef waarmee je zuivere en onzuivere deeltjes scheidt ◆ *een koffiefilter*: plastic bakje met gaatjes dat je gebruikt bij het koffiezetten; ook: het papier dat je daarin doet **2** mondstuk van een sigaret.

**fil·te·ren** (filterde, heeft gefilterd) *iets, bijv. een vloeistof, filteren*: iets door een filter* (bet.1) laten gaan ⇒ *filtreren* ◆ *koffie filteren*: koffie zetten met een koffiefilter.

**fil·tre·ren** (filtreerde, heeft gefiltreerd) *iets filtreren*: iets filteren.

**fi·naal** (bijv. nw.) helemaal, volkomen, totaal ◆ *het is finaal mislukt.*

**fi·na·le** (de ~; -s) **1** laatste en beslissende wedstrijd ◆ *de halve finale*: de wedstrijden vóór de echte finale **2** krachtig laatste deel van een muziekstuk.

**fi·nan·ci·eel** (bijv. nw.) met geld te maken hebbend ◆ *dat bedrijf zit in financiële moeilijkheden.*

**financiën** fi·nan·ci·en (zelfst. nw.; meervoud) geld of geldzaken ◆ *het ministerie van Financiën; het staat er slecht voor met mijn financiën*: ik heb weinig geld.

**fi·nan·cier** (de ~(m.); -s) iemand die geld geeft of uit-leent.

**fi·nan·cie·ren** (financierde, heeft gefinancierd) *iets finan-cieren*: het benodigde geld voor iets leveren ♦ *haar ouders financieren haar studie.*

**fi·neer** (het ~) dun laagje van een mooi soort hout dat over dingen van minder mooi hout heen geplakt wordt ♦ *de kast is uitgevoerd in eiken fineer.*

**fi·nes·ses** (zelfst. nw.) ▼ *tot in de finesses*: tot in de klein-ste bijzonderheden; *het feest was tot in de finesses gere-geld.*

**fi·nish** (Engels) [finnisj] (de ~) lijn die het einde aangeeft van de af te leggen afstand bij een wedstrijd ⇒ *eind-streep.*

**fi·ni·shen** [finnisjen] (finishte, heeft of is gefinisht) over de finish* gaan.

**fi·ni·shing touch** (Engels) [finnisjingtatsj] (de ~) dat wat iets helemaal áf maakt.

**fir·ma** (de ~; firma's) bedrijf, winkel ⇒ *handelsonderne-ming* ♦ *de firma van Zoelen in tafels en stoelen.*

**fir·ma·ment** (het ~; -en) de wijde hemel ⇒ *uitspansel, hemelgewelf* ♦ *de sterren aan het firmament.*

**fir·mant** (de ~(m.); -en), vrouw: **fir·man·te** (de ~(v.); -n of -s) iemand die samen met anderen een firma* heeft.

**fis** [fies] (de ~) muzieknoot, verhoogde f.

**fis·caal** (bijv. nw.) met de belastingen te maken hebbend.

**fis·cus** (de ~(m.)) belastingdienst.

**fis·tel** (de ~; -s) zweer die een kanaaltje in je lichaam maakt.

**fit** (bijv. nw.) sterk en gezond, in goede conditie.

**fit·ness** (Engels) [fitnes] (de ~) gymnastiek om je lichaam in conditie te brengen of te houden.

**fit-o-me·ter** (de ~(m.); -s) (in België □) parcours met hin-dernissen voor conditietraining.

**fit·ting** (de ~(m.); -s of -en) gedeelte van een lamp waar je een gloeilamp in draait.

**fixe·ren** (fixeerde, heeft gefixeerd) **1** *foto's of tekeningen fixeren*: ze met een stof behandelen waardoor ze niet meer uit te wissen zijn of niet meer verkleuren **2** *ie-mand fixeren*: iemand strak en onafgebroken aansta-ren.

**fjord** (de ~(m.); -en) smalle, steile inham in een rotsach-tige zeekust, zoals die o.a. in Noorwegen voorkomen.

**fl.** (afkorting) (in Nederland) florijn; dit betekent: gulden.

**fla·con** (de ~(m.); -s) kleine fles voor eau de cologne, shampoo, medicijnen enz..

**flad·de·ren** (fladderde, heeft of is gefladderd) (van dieren die kunnen vliegen): met snel op en neer gaande vleu-gels vliegen ♦ *een fladderende vlinder; ze fladdert door het leven*: (uitdr.) ze vat het leven luchtig op.

**fla·grant** (bijv. nw.) overduidelijk ♦ *in flagrante tegen-spraak met iets*: lijnrecht in tegenspraak met iets.

**flair** [fle:r] (de ~) charmante vlotheid in je manier van doen.

**flak·ke·ren** (flakkerde, heeft geflakkerd) (van een vlam): on-rustig heen en weer bewegen.

**fla·kon** → flacon.

**flam·bard** [flambạːr] (de ~(m.); -s) slappe vilten hoed met een brede rand ⇒ *flaphoed.*

**flam·be·ren** (flambeerde, heeft geflambeerd) *een gerecht flamberen*: er sterke drank over schenken en die aanste-ken.

**flam·bouw** (de ~; -en) (ouderwets) fakkel, toorts.

**fla·min·gant** (de ~(m.); -en) iemand die opkomt voor de rechten van de Vlamingen in België.

**fla·min·go** (de ~(m.); flamingo's) witte of roze vogel met een lange hals en dunne steltpoten.

**fla·nel** (het ~) zachte geruwde stof van katoen die ge-bruikt wordt voor lakens, ondergoed enz..

**fla·ne·ren** (flaneerde, heeft geflaneerd) wandelen om ge-zien te worden, vooral als het 's zomers mooi weer is.

**flank** (de ~; -en) zijkant, zijde ♦ *hij sloeg het paard met een zweep op zijn flanken; het leger werd in de flank aan-gevallen.*

**flan·ke·ren** (flankeerde, heeft geflankeerd) *iets of iemand flankeren*: iets of iemand aan twee kanten omgeven ♦ *het huis wordt geflankeerd door rijen bomen.*

**flan·sen** (flanste, heeft geflanst) *iets in elkaar flansen*: iets snel en slordig in elkaar zetten of maken ♦ *hij heeft het opstel in tien minuten in elkaar geflanst.*

**flap** (de ~(m.); -pen) deel van een boekomslag dat naar binnen gevouwen is ♦ *de tekst op de flap van een boek.*

**flap·drol** (de ~(m.); -len) (populair) iemand waar je niets aan hebt, onnozele grapjas.

**flap·oren** (zelfst. nw.; meervoud) wijd uitstaande oren.

**flap-over** → flip-over.

**flap·pen** (flapte, heeft geflapt) *er iets uit flappen*: wat er in je opkomt meteen zeggen.

**flap·pen·tap** (de ~(m.); -pen) (grappig) geldautomaat.

**flap·uit** [ook: flapuit] (de ~(m.); -en) iemand die dingen er-uit flapt*.

**flard** (de ~; -en) los, rafelig stuk ♦ *er hingen flarden mist; mijn broek was aan flarden*: hij was helemaal kapot; *ik heb maar een flard van hun gesprek opgevangen*: ik heb er maar een klein stukje van gehoord, zonder te begrij-pen waar het over ging.

**flash·back** (Engels) [flesjbek] (de ~; -s) stukje van een boek of film dat eerder in het verhaal zou horen als je het vertelt in de volgorde waarin de gebeurtenissen zich hebben afgespeeld.

**flat** [flet, in België: flat] (de ~(m.); -s) **1** hoog gebouw met boven elkaar gelegen woningen of kantoren ⇒ *flatgebouw* **2** woning in zo'n gebouw ⇒ *flatwoning.*

**fla·ter** (de ~(m.); -s) domme fout ⇒ *blunder* ♦ *een flater slaan*: (uitdr.) een erg domme fout maken.

**flat·te·ren** (flatteerde, heeft geflatteerd) **1** *(van kleren) ie-mand flatteren*: iemand goed doen uitkomen, leuk staan ♦ *die muts flatteert hem* **2** *iemand of iets flatteren*: ie-mand of iets mooier of beter laten lijken dan die per-soon of die zaak in werkelijkheid is ♦ *dit rapport geeft een geflatteerd beeld van haar prestaties.*

**flat·teus** (bijv. nw.) gezegd van dingen die iemand flatte-ren* (bet.1) ♦ *een flatteuze jurk.*

**flauw** (bijv. nw.) **1** *(van voedsel)*: met te weinig zout of kruiden **2** slap of zwak, niet sterk ♦ *de gang was flauw verlicht; een flauwe bocht in de weg; we waren flauw van de honger*: we hadden veel honger **3** niet leuk ♦ *een flauwe grap; doe niet zo flauw.*

**flau·we·kul** (de ~(m.)) (populair) onzin, dom geklets ⇒ *la-rie, nonsens.*

**flau·wi·teit** (de ~(v.); -en) flauwe* (bet.3) grap of opmer-king.

**flauw·te** (de ~(v.); -n of -s) bewusteloosheid die niet erg diep is ♦ *hij kreeg een flauwte.*

**flauw·val·len** (viel flauw, is flauwgevallen) voor korte tijd bewusteloos raken ⇒ *bezwijmen.*

**fleece** (Engels) [flie:s] (het ~) heel lichte en zachte stof, waar o.a. jacks en shirts van gemaakt worden.

**fleg·ma** (het ~) onverstoorbaarheid, voortdurende kalmte.

**fleg·ma·tiek** (bijv. nw.) onverstoorbaar, altijd kalm.

**fleg·ma·tisch** (bijv. nw.) gezegd van een type mens dat traag en onverstoorbaar is.

**fle·men** (fleemde, heeft gefleemd) overdreven lief tegen

iemand doen om iets van hem of haar gedaan te krijgen ⇒ *stroopsmeren, slijmen, flikflooien.*

**flens·je** (het ~; -s) dun pannenkoekje.

**fles** (de ~; -sen) hol voorwerp met een brede buik en een smalle hals, meestal van glas ◆ *ze drinkt een **fles** melk per dag; mag ik de baby de **fles** geven?; op de **fles** gaan:* (uitdr.) failliet gaan.

**fles·sen** (fleste, heeft geflest) **1** *iemand flessen:* (populair) iemand oplichten, iemand beetnemen ◆ *de winkelier is voor f 500,-* **geflest 2** *iemand flessen:* (in België □; populair) iemand laten zakken voor een examen.

**fles·sen·trek·ker** (de ~ (m.); -s) (populair) oplichter ⇒ *zwendelaar.*

**flets** (bijv. nw.) vaal, dof ◆ *fletse kleuren; zijn ogen staan* **flets.**

**fleur** (de ~) frisheid en aantrekkelijkheid ◆ *die vrolijke kussens geven de kamer **fleur**; de **fleur** is eraf.*

**fleu·rig** (bijv. nw.) fris en vrolijk ◆ *een **fleurige** gezicht, die wapperende vlaggetjes.*

**flexi·bel** (bijv. nw.) buigzaam ⇒ *soepel* ◆ *rubber is **flexibel** materiaal; ze is erg **flexibel:** (uitdr.) ze past zich makkelijk aan.*

**flie·re·flui·ter** (de ~ (m.); -s) iemand die zorgeloos door het leven gaat ⇒ *pierewaaier.*

**flik** (de ~ (m.); -ken) **1** klein, plat chocolaatje **2** (in België □; populair) politieagent.

**flik·flooi·en** (flikflooide, heeft geflikflooid) **1** flemen **2** iemand aanhalig liefkozen.

**flik·ken** (flikte, heeft geflikt) *iets flikken:* (populair) iets doen, iets handig maar op een onplezierige manier voor elkaar krijgen ⇒ *lappen, leveren* ◆ *hij heeft het weer* **geflikt**; *dat moet je me niet meer **flikken.***

**flik·ker** (de ~ (m.); -s) mannelijke homoseksueel.

**flik·ke·ren** (flikkerde, heeft geflikkerd) *(van lampen):* onrustig en snel aan- en uitgaan.

**flink¹** (bijv. nw.) **1** groot, fors ⇒ *robuust* **2** gezegd van iemand die zich goed houdt als hij of zij met moeilijke of vervelende dingen te maken krijgt ◆ *hij heeft zich **flink** gehouden.*

**flink²** (bijw.) erg, zeer ⇒ *danig, duchtig, behoorlijk* ◆ *we moeten **flink** doorlopen; **flink** wat mensen:* tamelijk veel, nogal veel.

**flip-over, flap-over** (de ~; -s) groot schrijfblok dat op een standaard is vastgemaakt en waarvan de bladen omgeslagen of afgescheurd kunnen worden.

**flip·pen** (flipte, heeft geflipt) **1** je heel rot voelen na het gebruik van drugs **2** (populair) je zelfbeheersing verliezen, driftig worden.

**flip·per·kast** (de ~; -en) speelautomaat die je met knoppen bedient, waarbij je met een bewegend balletje zoveel mogelijk punten moet halen.

**flirt** (Engels) [flʌːrt, in België: flirt] (zelfst. nw.; -s) **1** (de ~) iemand die van flirten* houdt **2** (de ~ (m.)) vluchtige, niet al te serieuze liefdesverhouding.

**flir·ten** (Engels) [flʌːrtən, in België: flirtən] (flirtte, heeft geflirt) *met iemand flirten:* verliefd tegen iemand doen zonder dat je het heel serieus meent.

**flits** (de ~ (m.); -en) **1** fel en kortdurend licht ◆ *een bliksemflits* **2** kort moment, kort ogenblik waarin iets gebeurt ◆ *flitsen van een voetbalwedstrijd:* korte opnamen; *in een flits kwam de herinnering aan de vakantie weer terug:* plotseling en heel even.

**flit·sen** (flitste) **1** (is geflitst) *(van licht):* een fel en kortdurend licht geven **2** (is geflitst) snel, in een flits* (bet.2) bewegen ⇒ *schieten* ◆ *de fietser flitste voorbij* **3** (heeft geflitst) je flitser* gebruiken bij het fotograferen.

**flit·ser** (de ~ (m.); -s) apparaatje dat een flits* (bet.1) geeft

en dat je gebruikt om foto's te maken als er geen licht genoeg is.

**flod·der** (zelfst. nw.) ▼ *een losse **flodder**:* een patroon voor een geweer of pistool die wel knalt, maar waar geen kogel uit komt; ook: een opmerking zonder veel betekenis.

**flod·de·ren** (flodderde, heeft geflodderd) **1** *(van kleren):* te ruim en slordig zitten **2** slordig werken ⇒ *knoeien* **3** (in België □; populair) aanhalig liefkozen.

**floe·pen** (floepte, is gefloept) snel bewegen ⇒ *glippen, glijden* ◆ *alles **floepte** uit haar handen.*

**floers** (het ~; -en) waas van tranen of oogvocht waardoor je niet goed meer kunt kijken ◆ *ze keek me aan door een **floers** van tranen.*

**floks** → flox.

**flon·ke·ren** (flonkerde, heeft geflonkerd) met een diep, warm licht schitteren ⇒ *fonkelen* ◆ *een **flonkerende** oorbel.*

**floot** → fluiten.

**flop** (zelfst. nw.) **1** (de ~ (m.); -s) iets dat mislukt, dat geen succes heeft ⇒ *fiasco* **2** (de ~; -pen) floppy.

**flop·pen** (flopte, is geflopt) mislukken, geen succes hebben ◆ *de nieuwe musical is **geflopt**.*

**flop·py** (de ~; floppy's) schijfje voor in de computer, waarop je gegevens kunt opslaan ⇒ *floppydisk, diskette.*

**flop·py·disk** (de ~; -s) floppy.

**flo·ra** (de ~; flora's) **1** alle plantensoorten samen die in een bepaald gebied voorkomen ⇒ *plantenwereld* ◆ *de flora en fauna van de Alpen* **2** boek waarin plantensoorten beschreven en afgebeeld worden.

**flo·re·ren** (floreerde, heeft gefloreerd) in volle bloei zijn, het goed doen ⇒ *gedijen, bloeien* ◆ *een **florerend** bedrijf.*

**flo·rijn** (de ~ (m.); -en) (oude naam voor gulden).

**flo·ris·sant** (bijv. nw.) welvarend, bloeiend ◆ *het ziet er niet **florissant** voor je uit:* je vooruitzichten zijn somber.

**flos·sen** (floste, heeft geflost) met een draadje tandzijde tandplak en etensresten tussen je tanden en kiezen uit halen.

**flo·ten** → fluiten.

**flox** (de ~ (m.); -en) sierplant met rode en witte bloemen.

**fluc·tu·e·ren** (fluctueerde, heeft gefluctueerd) meer en minder worden, niet constant zijn ⇒ *schommelen* ◆ *fluctuerende koffieprijzen.*

**fluim** (de ~; -en) slijm of speeksel dat je uitspuugt.

**fluis·ter·as·falt** (het ~) waterdoorlatend asfalt dat bij de verharding van snelwegen gebruikt wordt tegen geluidshinder.

**fluis·te·ren** (fluisterde, heeft gefluisterd) heel zacht spreken ◆ *Ahyan heeft me zijn plan in het oor **gefluisterd**.*

**fluit** (de ~; -en) **1** lang blaasinstrument van hout of metaal met gaatjes of kleppen ▼ *het kan me geen **fluit** schelen:* (populair) helemaal niets.

**flui·ten** (floot, heeft gefloten) **1** door blazen een hoog geluid maken ◆ *fluitende vogels; daar kun je naar **fluiten**:* (uitdr.) dat ben je kwijt, dat krijg je nooit terug **2** op een fluit* spelen ◆ *hij **fluit** in het orkest* **3** op een fluitje* (bet.1) blazen ◆ *de badmeester **floot*** **4** *een melodie fluiten:* met een fluit* of met je tong en lippen de tonen ervan blazen **5** *iemand fluiten:* iemand met een fluitje* roepen ◆ *hij **floot** zijn hond.*

**flui·ten·kruid** (het ~) plant met witte schermbloemen.

**flui·tist** (de ~ (m.); -en), vrouw: **flui·tis·te** (de ~ (v.); -n of -s) iemand die fluit* speelt ⇒ *fluitspeler.*

**fluit·je** (het ~; -s) **1** kleine fluit met één of twee tonen ◆ *een politie**fluitje*** **2** kort gefluit ◆ *toen ik zijn **fluitje** hoorde, heb ik de deur opengemaakt* ▼ *een **fluitje** van een cent:* een makkelijk karweitje, iets dat zo gebeurd is.

**fluks** (bijw.)(ouderwets) haastig, snel.

**fluk·tu·e·ren** → fluctueren.

**flu·or** (het ~) stof waarvan je tanden sterker worden ♦ *tandpasta met* **fluor**.

**flu·o·res·ce·ren** (fluoresceerde, heeft gefluoresceerd) licht uitstralen dat eerder is geabsorbeerd (kijk ook bij: **absorberen**) ♦ *een wekker met* **fluorescerende** *wijzers: die licht geven in het donker*.

**flu·o·ri·de·ren** (florideerde, heeft gefluorideerd) *tandpasta of drinkwater fluorideren:* fluor* erin doen om tandbederf te voorkomen.

**flut** (bijv. nw.)(populair) waardeloos, slecht ⇒ *snert* ♦ *een* **flut**boek; het was een **flut**feest.

**flu·weel** (het ~) zachte, glanzende stof met opstaande haartjes ♦ *een feestjurk van* **fluweel**.

**fly·er** (Engels) [flaɪjer] (de ~; -s) folder.

**FM** (afkorting) *f*requentie*m*odulatie; dit is een manier waarop radio's zijn gebouwd, zodat ze bepaalde radiogolven kunnen ontvangen.

**fnui·kend** (bijv. nw.) vernietigend, rampzalig ⇒ *funest*.

**FNV** (de ~(v.)) *F*ederatie van *N*ederlandse *V*akverenigingen.

**fo·bie** (de ~(v.); fobieën) grote, beklemmende angst voor een bepaald soort dingen of situaties ♦ *claustro***fobie**: *angst voor kleine kamers, liften enz.*.

**fo·cus** (de ~(m.) of het ~; -sen) brandpunt.

**fo·cus·sen** (focuste, heeft gefocust) *op iemand of iets focussen:* iemand of iets in het brandpunt of middelpunt plaatsen ♦ *de camera* **focust** *op haar gezicht: als je door de camera kijkt, is haar gezicht scherp en de rest niet; alle belangstelling was op hem* **gefocust**: *die was op hem gericht*.

**foe·draal** (het ~; foedralen) hoes die precies om een voorwerp past.

**foe·fe·len** (foefelde, heeft gefoefeld)(in België □) niet eerlijk handelen, knoeien, bedriegen ⇒ *sjoemelen*.

**foef·je** (het ~; -s) slimmigheidje, handigheidje ⇒ *truc* ♦ *als je het* **foefje** *eenmaal kent, is het niet moeilijk meer*.

**foei** (tussenw.)(om aan te geven dat je iets afkeurt) ♦ **foei**, *wat zit je te knoeien!*

**foe·lie** (de ~) specerij die gemaakt is van het vlies dat om de muskaatnoot zit.

**foe·ra·ge** [fœraːʒe](de ~(v.)) levensmiddelen, voedsel ♦ *we gingen op* **foerage** *uit*.

**foe·ra·ge·ren** [fœraːʒeerɛn] voedsel halen, op foerage* uitgaan.

**foe·rier** (de ~(m.); -s) iemand in het leger die ervoor zorgt dat de soldaten kleren en een uitrusting krijgen.

**foe·te·ren** (foeterde, heeft gefoeterd) luid mopperen ♦ *ze stond tegen iedereen te* **foeteren**.

**foet·sie** (bijv. nw.)(populair) verdwenen, weg.

**foe·tus** [fœtus](de ~(m.) of het ~; -sen) mens die of dier dat nog in de moederbuik zit ⇒ *vrucht*.

**föhn** [fœn](de ~(m.)) **1** (-en of -s) apparaat waar hete, droge lucht uit komt en dat je gebruikt om je haar te drogen **2** warme, droge wind in de Alpen.

**föh·nen** [fœnɛn](föhnde, heeft geföhnd) *je haar föhnen:* het met een föhn* (bet.1) droogmaken.

**fok** (de ~; -ken) **1** driekantig zeil vóór de mast of onderste zeil van de voormast ⇒ *fokzeil* **2** (populair) bril.

**fok·ken** (fokte, heeft gefokt) *dieren fokken:* ervoor zorgen dat dieren jongen krijgen, en die verzorgen of verkopen ♦ *ze* **fokken** *honden*.

**fok·sia** → fuchsia.

**fol·der** (de ~(m.); -s) blaadje met reclame of informatie.

**fo·li·ant** (zelfst. nw.) groot, lijvig boek.

**fo·lie** (de ~(m.) of het ~) flinterdun metaal of kunststof,

waarin je bijv. etenswaren kunt verpakken ♦ *aluminiumfolie*.

**folk** (Engels) [fook](de ~) volksmuziek.

**fol·klo·re** (de ~) traditionele volkskunst en oude volksgebruiken.

**fol·te·ren** (folterde, heeft gefolterd) *iemand folteren:* iemand opzettelijk pijn laten lijden ⇒ *pijnigen, martelen*.

**fon·dant**[1] (de ~(m.) of het ~) zacht suikergoed dat smelt in je mond.

**fon·dant**[2] (bijv. nw.) ▼ **fondant** *chocolade:* (in België □) pure chocolade.

**fonds** (het ~; -en) **1** geld dat voor een bepaald doel bestemd is ♦ *een boeken***fonds** **2** vereniging die aan haar leden geld uitkeert bij bijv. ziekte of pensioen ♦ *pensioenfonds; ziekenfonds* **3** alle boeken die bij één uitgever verschijnen.

**fon·due** [fonduː](de ~; -s) maaltijd waarbij je stukjes brood in gesmolten kaas doopt of stukjes vlees aan een vorkje in hete olie gaar laat worden.

**fon·du·en** (heeft gefonduud) een fondue*maaltijd houden.

**fo·ne·tiek** (de ~(v.)) wetenschap die spraakklanken bestudeert.

**fo·ne·tisch** (bijv. nw.) volgens de fonetiek* ♦ **fonetisch** *schrift:* spelling waarbij iedere klank door een afgesproken teken wordt aangeduid.

**fon·ke·len** (fonkelde, heeft gefonkeld) fel en levendig licht uitstralen ⇒ *flonkeren*.

**fo·no·plaat** (de ~(m.); -platen)(in België □) grammofoonplaat.

**fon·ta·nel** (de ~; -len) zachte plek boven op het hoofdje van een baby, waar de schedel nog niet dichtgegroeid is.

**fon·tein** (de ~; -en) omhoogspuitend water voor de sier ♦ *in het park is een* **fontein**.

**fon·tein·tje** (het ~; -s) wasbakje met een kraan.

**fon·te·nel** → fontanel.

**fooi** (de ~; -en) extra geld dat je iemand geeft als dank voor zijn of haar diensten ⇒ *tip* ♦ *hij gaf een gulden* **fooi**.

**fop·pen** (fopte, heeft gefopt) *iemand foppen:* een grapje met iemand uithalen, iemand voor de gek houden ⇒ *bedotten, beetnemen*.

**fop·speen** (de ~; -spenen) losse speen* (bet.2) die bij baby's in de mond wordt gedaan om ze zoet te houden.

**for·ce·ren** (forceerde, heeft geforceerd) **1** *deuren of sloten forceren:* die met geweld openmaken **2** *iets forceren:* iets met geweld aanpakken, iets beschadigen door het verder te draaien, te buigen enz. dan goed is ♦ *ze heeft de volumeknop* **geforceerd**; *ze proberen een beslissing te* **forceren**: *ze dringen erop aan dat er een beslissing genomen wordt, terwijl de tijd daar nog niet rijp voor is*.

**fore·hand** (Engels) [foorhent](de ~) tennisslag waarbij je het racket zó vasthoudt dat je handpalm naar voren wijst, het tegenovergestelde van 'backhand'.

**fo·rel** (de ~; -len) kleine riviervis.

**fo·rens** (de ~(m.); forenzen) iemand die heen en weer reist tussen de plaats waar hij of zij woont en de plaats waar hij of zij werkt ⇒ *pendelaar*.

**for·fait** [forfe](zelfst. nw.) ▼ **forfait** *geven:* (in België □) niet op komen dagen voor een wedstrijd, of weigeren te spelen, met het gevolg dat de tegenpartij automatisch wint.

**for·fai·tair** [forfetɛːr](bijv. nw.) vooraf vastgesteld of overeengekomen ♦ *een* **forfaitair** *bedrag*.

**for·maat** (het ~; formaten) afmeting, grootte ♦ *een klein* **formaat** *schrift; hij is een sporter van* **formaat**: (uitdr.) hij is een groot, belangrijk sporter.

**for·ma·li·teit** (de ~ (v.); -en) iets dat gedaan moet worden omdat het officieel moet of hoort ⇒ *plichtpleging* ◆ *het afwikkelen van de* **formaliteiten** *bij de douane ging heel snel.*

**for·ma·teur** (de ~ (m.); -s) iemand die in opdracht van de koning of koningin een kabinet samenstelt ⇒ *kabinetsformateur.*

**for·ma·tie** (de ~ (v.); -s) **1** manier waarop mensen of dingen gegroepeerd zijn ⇒ *opstelling* ◆ *vliegtuigen die in* **formatie** *vliegen; het leger viel in gesloten* **formaties** *aan; ganzen vliegen vaak in V-***formatie**: in de vorm van een V **2** groep sporters, muzikanten of soldaten die geformeerd* is ◆ *een nieuwe rock***formatie**; *de Nederlandse* **formatie** *betreedt het veld* **3** vorming, samenstelling van een regering door de formateur*.

**for·meel** (bijv. nw.) **1** volgens de regels, volgens de vorm, op papier ◆ *formeel heb je gelijk, maar …; formeel is hij nog voorzitter maar in werkelijkheid niet meer* **2** zoals het eigenlijk moet of hoort, het tegenovergestelde van 'informeel' ⇒ *vormelijk* ◆ *ik werd heel* **formeel** *ontvangen.*

**for·me·ren** (formeerde, heeft geformeerd) groepen *formeren*: ze vormen, ze samenstellen ◆ *ik heb twee elftallen* **geformeerd**; *een kabinet* **formeren**.

**for·mi·ca** (het ~) erg harde kunststof, gebruikt als bovenkant van tafelbladen.

**for·mi·da·bel** (bijv. nw.) reusachtig, geweldig ◆ *hij kan* **formidabel** *rekenen.*

**for·mu·le** (de ~; -s) **1** combinatie van letters of van cijfers en letters in de scheikunde of wiskunde die een samenstelling of waarde uitdrukt ◆ *de* **formule** *van water is* $H_2O$; *een algebraïsche* **formule** **2** vaste combinatie van woorden of zinnen die je bij een bepaalde gelegenheid uitspreekt ◆ *een geheimzinnige tover***formule** **3** korte beschrijving van de manier waarop iets gedaan moet worden ⇒ *aanpak.*

**for·mu·le·ren** (formuleerde, heeft geformuleerd) iets *formuleren*: iets met bepaalde woorden zeggen ◆ *de vraag is niet goed* **geformuleerd**.

**for·mu·le·ring** (de ~ (v.); -en) woorden waarmee je iets formuleert*.

**for·mu·le·wa·gen** (de ~ (m.); -s) raceauto die aan bepaalde wedstrijden deel mag nemen.

**for·mu·lier** (het ~; -en) voorbedrukt papier waarop je iets moet invullen ◆ *een bestel***formulier**.

**for·nuis** (het ~; fornuizen) kooktoestel met een oven.

**fors** (bijv. nw.) groot en stevig ⇒ *flink* ◆ *een fors kind; een fors bedrag*: een aanzienlijk bedrag.

**for·sy·thia** [forsietsiejaa] (de ~; forsythia's) sierstruik met kleine gele bloemen.

**fort** (het ~; -en) bouwwerk met zware muren dat aan alle kanten verdedigd kan worden.

**for·tuin** (zelfst. nw.) **1** (de ~) geluk, gunstig lot ⇒ *voorspoed* ◆ *hij gaat zijn* **fortuin** *ergens anders zoeken; ik hoop in Canada mijn* **fortuin** *te maken*: ik hoop er een goed bestaan op te bouwen **2** (het ~; -en) grote som geld ◆ *hij heeft een* **fortuin** *verdiend met tennissen.*

**for·tuin·lijk** (bijv. nw.) met geluk, met een goede afloop ⇒ *voorspoedig, gelukkig.*

**fo·rum** (het ~; -s) groep deskundigen die voor publiek over een probleem discussiëren ◆ *deze vraag leggen we voor aan het* **forum**.

**fos·faat** (het ~; fosfaten) chemische verbinding met fosfor* die o.a. aan sommige wasmiddelen wordt toegevoegd.

**fos·for** (de ~ (m.) of het ~) chemische stof die makkelijk brandt.

**fos·siel** (het ~; -en) versteend overblijfsel van een plant of dier uit de oertijd.

**fo·to** (de ~; foto's) afbeelding die gemaakt is met een toestel waarin door een opening licht op een film valt ⇒ *kiek* ◆ *een foto van iets of iemand nemen.*

**fo·to·ge·niek** [footoozjeniek] (bijv. nw.) gezegd van mensen die er op foto's mooi uitzien.

**fo·to·graaf** (de ~ (m.); fotografen), vrouw: **fo·to·gra·fe** (de ~ (v.); -n of -s) iemand die voor zijn of haar beroep foto's* maakt.

**fo·to·gra·fe·ren** (fotografeerde, heeft gefotografeerd) iemand of iets fotograferen: een foto* van iemand of iets maken.

**fo·to·gra·fie** (de ~ (v.)) het fotograferen*.

**fo·to·gra·fisch** (bijv. nw.) gezegd van iets dat te maken heeft met het fotograferen* ◆ *een fotografische afbeelding*: een foto; *een fotografisch geheugen*: een geheugen waarbij je je heel goed beelden herinnert.

**fo·to·ko·pie** (de ~ (v.); fotokopieën) afdruk die met een kopieermachine gemaakt is.

**fotokopiëren** fo·to·ko·pi·e·ren (fotokopieerde, heeft gefotokopieerd) iets fotokopiëren: een of meer fotokopieën* van iets maken.

**fo·to·mo·del** (het ~; -len) iemand die voor zijn of haar beroep foto's van zich laat maken, bijv. voor reclame, mode of kunst.

**fo·to·toe·stel** (het ~; -len) toestel waarmee je foto's kunt maken ⇒ *camera.*

**fouil·le·ren** [foejeeren] (fouilleerde, heeft gefouilleerd) iemand fouilleren: iemand bevoelen of betasten om te kijken of hij of zij verboden of gezochte spullen bij zich heeft.

**foun·da·tion** (Engels) [faundeesjen] (de ~ (v.); -s) **1** onderkleding voor vrouwen zoals korsetten en bh's **2** crème als onderlaag voor poeder of make-up.

**fourage(-)** → **foerage(-)**.

**four·ni·tu·ren** [foernietuuren] (zelfst. nw.; meervoud) kleine dingen die nodig zijn voor het maken en afwerken van kleren, zoals knopen en garen.

**fout**[1] (de ~; -en) iets dat niet goed is, iets verkeerds ◆ *iemand op zijn of haar* **fouten** *wijzen; een stof met een weeffout; hij heeft drie* **fouten** *in zijn proefwerk; in de fout gaan*: (uitdr.) iets verkeerds doen.

**fout**[2] (bijv. nw.) verkeerd, niet zoals het hoort, het tegenovergestelde van 'goed' ⇒ *foutief* ◆ *ik heb alle antwoorden* **fout**; *ze waren* **fout** *in de Tweede Wereldoorlog*: (uitdr.) ze werkten samen met de Duitsers.

**fou·tief** (bijv. nw.) met een fout* ⇒ *verkeerd, fout, onjuist* ◆ *mijn naam is* **foutief** *gespeld.*

**fout·loos** (bijv. nw.) zonder fout* ⇒ *juist, goed, correct.*

**foxterriër** fox·ter·ri·er (de ~ (m.); -s) kleine jachthond.

**fox·trot** (de ~ (m.); -s) dans voor twee personen die bestaat uit snelle stapjes ⇒ *quickstep.*

**foy·er** (Frans) [fwajee] (de ~ (m.)) ruimte in een schouwburg of bioscoop, waar je in de pauze iets te drinken kunt kopen.

**fr.** (afkorting) (in België) *frank.*

**fraai** (bijv. nw.) mooi en sierlijk ◆ *een fraaie optocht; een fraaie prestatie*: een heel goede prestatie.

**frac·tie** (de ~ (v.); -s) **1** klein gedeelte ◆ *hij is een fractie groter dan ik; hij was in een* **fractie** *van een seconde bij haar*: (uitdr.) hij was heel snel bij haar **2** de leden van één politieke partij in het parlement, het bestuur van een gemeente enz..

**frac·tuur** (de ~ (v.); fracturen) breuk van een bot ◆ *een kaakfractuur.*

**fra·giel** (bijv. nw.) makkelijk te breken ⇒ *teer* ◆ *fragiel aardewerk.*

**frag·ment** (het ~; -en) stuk uit een groter geheel, vooral een deel van een film of een boek ⇒ *gedeelte* ◆ *op tv werd een fragment vertoond van de nieuwe film.*

**frak-** → frac-.

**fram·boos** (de ~; frambozen) kleine, rozerode, eetbare vrucht die aan struiken groeit.

**frame** (Engels) [freem] (het ~; -s) constructie waaraan de onderdelen van iets zijn vastgemaakt ◆ *het frame van een fiets.*

**fran·cis·caan** (de ~ (m.); franciscanen), vrouw:

**fran·cis·ca·nes** (de ~ (v.); -sen) lid van een kloosterorde die leeft volgens de regels van Sint-Franciscus.

**fran·co** (bijv. nw.) gezegd van post waarvan de verzend-kosten door de verzender betaald worden ⇒ *portvrij* ◆ *de zending wordt franco thuisbezorgd.*

**fran·co·foon** (bijv. nw.) (in België □) Franstalig.

**fran·gi·pa·ne** (de ~ (v.)) **1** (in België □) amandelspijs als vulling voor gebak **2** (in België □) amandelgebakje.

**fran·je** (de ~; -s) versiering van afhangende draadjes of kwastjes ◆ *een sjaal met franje; een plechtigheid zonder franje:* (uitdr.) zonder overbodigheden.

**frank**[1] (de ~ (m.); -en) Belgische, Luxemburgse, Franse of Zwitserse munteenheid ◆ *zijn frank valt:* (in België □; uitdr.) nu snapt hij het.

**frank**[2] (bijv. nw.) **1** zonder angst of verlegenheid ⇒ *vrijmoe-dig* ◆ *ze sprak frank en vrij:* ze sprak open en ongeremd **2** (in België □) brutaal, vrijpostig.

**fran·ke·ren** (frankeerde, heeft gefrankeerd) *post frankeren:* er postzegels op plakken ◆ *de brief was onvoldoende ge-frankeerd.*

**fran·ko** → franco.

**frans·kil·jon** (de ~ (m.); -s) Vlaming die in Vlaanderen liever Frans dan Nederlands spreekt.

**frap·pant** (bijv. nw.) gezegd van iets dat je opvalt en treft ⇒ *opvallend, treffend* ◆ *er is een frappante gelijkenis tus-sen die twee schilderijen.*

**frap·pe·ren** (frappeerde, heeft gefrappeerd) *(van zaken)* ie-mand frapperen: iemand treffen, iemand opvallen.

**fra·se** (de ~ (v.); -n of -s) zin, vaak een die wel mooi klinkt, maar waarmee je niets zegt ◆ *ik heb niets aan je holle frasen.*

**fra·ter** (de ~ (m.); -s) kloosterling die niet tot priester ge-wijd is.

**frat·sen** (zelfst. nw.; meervoud) (populair) gek gedoe, vreemde streken ◆ *wat zijn dat voor malle fratsen!*

**frau·de** (de ~) zwendel ◆ *ze hebben belastingfraude ge-pleegd.*

**frau·de·ren** (fraudeerde, heeft gefraudeerd) *fraude\* ple-gen* ⇒ *zwendelen.*

**fra·ze** → frase.

**freak** (Engels) [friek] (de ~; -s) **1** iemand die zich ergens fa-natiek mee bezighoudt ◆ *een sportfreak; een boeken-freak* **2** iemand die zich zonderling gedraagt ⇒ *maf-kees.*

**frea·ken** [frieken] (freakte, heeft gefreakt) je helemaal uit-leven.

**free·lance** (Engels) [frielâns] (bijv. nw.) gezegd van iemand die per opdracht betaald wordt, die niet in vaste dienst werkt ◆ *een freelance medewerker.*

**frees** (de ~; frezen) **1** gereedschap waarmee je ijzer of hout kunt uithollen of tot de juiste dikte afslijpen **2** werktuig om kluiten in de grond fijn te maken.

**free·whee·len** (Engels) [friewielen] (freewheelde, heeft ge-freewheeld) **1** je fiets laten rijden zonder te trappen **2** luieren, je nergens voor inspannen.

**fre·gat** (het ~; -ten) klein oorlogsschip.

**frei·net·on·der·wijs** (het ~) (in Nederland) basisonder-wijs gebaseerd op de ideeën van de Franse pedagoog

Célestin Freinet, die interesses en ervaringen van de leerlingen als uitgangspunt neemt.

**frekwent(-)** → frequent(-).

**frê·le** (Frans) [freele] (bijv. nw.) *(van personen):* fijngebouwd, teer en broos ◆ *een frêle kind.*

**fre·quent** (bijv. nw.) vaak voorkomend, vaak ⇒ *herhaal-delijk, veelvuldig* ◆ *de bus rijdt frequent; een frequent bezoeker van de schouwburg.*

**fre·quen·tie** (de ~ (v.); -s) aantal keren dat iets met regel-maat gebeurt binnen een bepaalde tijd ◆ *de frequentie van je hartslag.*

**fres·co** (het ~; fresco's) muur- of wandschildering met waterverf.

**fre·sia** (de ~; fresia's) ranke, sterk geurende snijbloem.

**fres·ko** → fresco.

**fret** (zelfst. nw.) **1** (het ~; -ten) soort kleine witte bunzing **2** (de ~ (m.); -ten) dunne, scherpe schroefboor **3** (de ~ (m.); -s) richeltje dwars op de hals van een gitaar en van sommige andere snaarinstrumenten.

**freu·di·aans** [frojdiejaans] (bijv. nw.) ▼ *een freudiaanse vergissing:* een vergissing waarmee je je verraadt, waar-mee je per ongeluk laat merken wat je werkelijk denkt.

**freu·le** [freule] (de ~ (v.); -s) ongetrouwde adellijke dame.

**fre·zen** (freesde, heeft gefreesd) **1** *iets frezen:* iets met een frees\* (bet.1) uithollen of tot de gewenste dikte afscha-ven **2** *grond frezen:* met een frees\* (bet.2) de kluiten er-van klein maken.

**fri·can·deau** [friekandoo] (de ~ (m.); -s) mager kalfs- of varkensvlees van de bil of de schouder.

**fric·tie** (de ~ (v.); -s) wrijving ◆ *er is tussen die twee altijd frictie geweest:* (uitdr.) ze hebben nooit goed met elkaar kunnen opschieten.

**frie·me·len** (friemelde, heeft gefriemeld) met onrustig be-wegende vingers iets betasten ⇒ *wriemelen.*

**fries** (de ~ of het ~; friezen) geschilderde of gebeeld-houwde lijst boven langs een muur.

**friet** (de ~) gefrituurde reepjes aardappel ⇒ *frites, patat frites, patat* ◆ *een portie friet mét:* (met mayonaise).

**frie·ten** (zelfst. nw.; meervoud) (in België □) frites.

**fri·gi·de** (bijv. nw.) *(van vrouwen):* ongevoelig, onverschil-lig voor seks.

**fri·go·box** (de ~ (v.); -en) (in België □) koelbox.

**frik** (de ~ (m.); -ken) pietluttige schoolmeester of school-juffrouw.

**fri·ka·del, fri·kan·del** (de ~; -len) snack met gehakt erin, in de vorm van een worst.

**fri·kan·deau** → fricandeau.

**fri·kan·del** → frikadel.

**frik·tie** → frictie.

**fris**[1] (de ~ (m.) of het ~) (verkorting) frisdrank ◆ *een glaasje fris.*

**fris**[2] (bijv. nw.) **1** koel, verkoelend ◆ *fris water; een frisse wind* **2** niet oud of bedorven ⇒ *vers* ◆ *ik begon met frisse moed:* (uitdr.) ik ging opgewekt aan het werk **3** schoon, helder ◆ *fris gewassen beddengoed; ze heeft een frisse kijk op de zaak:* (uitdr.) ze kijkt er op een verras-send nieuwe manier tegenaan.

**fris·bee** (Engels) [frisbie] (de ~; frisbee's) plastic schijf met een gebogen rand die je naar elkaar toe gooit of laat zweven ⇒ *werpschijf.*

**fris·drank** (de ~ (m.); -en) verfrissende drank zonder al-cohol ⇒ *fris.*

**fri·tes** [friet] (zelfst. nw.; meervoud) friet ⇒ *patat, patat fri-tes* ◆ *graag een frites met:* een portie frites met mayo-naise.

**fri·teu·se** (de ~ (v.); -s) elektrische frituurpan.

**fri·tu·ren** (frituurde, heeft gefrituurd) *iets frituren:* iets

bakken door het in heet vet of hete olie onder te dompelen.

**fri·tuur** (de~(v.); frituren) **1** (in België □) frietkraam **2** (in
België □) eenvoudig restaurant.

**fri·tuur·pan** (de ~; -nen) pan die speciaal geschikt is om
in te frituren.

**fri·vool** (bijv. nw.) vrolijk en een beetje uitdagend ⇒ lichtzinnig ◆ *frivool gedrag*.

**from·me·len** (frommelde, heeft gefrommeld) **1** *iets ergens
tussen frommelen*: iets ergens slordig tussen stoppen **2**
*iets in elkaar frommelen*: kreukels in iets maken door
het samen te knijpen, iets verfrommelen.

**frons** (de ~; -en of fronzen) plooi, rimpel op je voorhoofd
als je diep nadenkt of boos kijkt.

**fron·sen** (fronste, heeft gefronst) **1** *je wenkbrauwen of je
voorhoofd fronsen*: rimpels in je voorhoofd trekken, bijv.
als je nadenkt of boos bent **2** (in België □) kleine plooien
in een kledingstuk maken.

**front** (het ~; -en) **1** voorkant, voorste gedeelte ◆ *het
front van een gebouw* **2** (leger) gebied waar gevochten
wordt, voorste linie ◆ *hij is gesneuveld aan het front*;
*front maken tegen iets*: (uitdr.) je tegen iets verzetten; *op
alle fronten winnen*: (uitdr.) in alle opzichten ▼ *een kou-
front*: lucht die zorgt voor koud weer.

**fron·taal** (bijv. nw.) aan of op de voorkant ◆ *een frontale
botsing*.

**fron·ton** (het ~; -s) versiering boven een gevel, deur of
raam in de vorm van een boog of driehoek.

**frou-frou** (de~(m.); -s) (in België □; populair) ponyhaar.

**fruit** (het ~) **1** vruchten die je rauw kunt eten, bijv. appels, peren, pruimen, bessen ▼ *Turks fruit*: gekleurd
zacht zoet snoep.

**fruit·au·to·maat** (de~(m.); -automaten) gokmachine
waarbij je moet proberen om een aantal afbeeldingen
van hetzelfde fruit op één rij te krijgen.

**frui·ten** (fruitte, heeft gefruit) *uien fruiten*: die bruin laten
worden in heet vet of hete olie.

**fruit·sap** (het ~; -pen) (in België □) vruchtensap.

**frun·ni·ken** (frunnikte, heeft gefrunnikt) *aan iets of iemand
frunniken*: steeds met je vingers aan iets of iemand zitten ⇒ friemelen.

**frus·tra·tie** (de~(v.); -s) ontevredenheid of ergernis omdat je iets niet kunt of krijgt.

**frus·tre·ren** (frustreerde, heeft gefrustreerd) *iemand frus-
treren*: iemand ontevreden maken, iemand ergeren
omdat hij of zij iets niet kan of niet krijgt ◆ *gefrustreerd raken door voortdurende tegenwerking*.

**frut·sel** (het ~; -s) klein dingetje, versierseltje ◆ *een jurk
met frutsels*.

**frut·se·len** (frutselde, heeft gefrutseld) *ergens aan frutse-
len*: ergens met je vingers aan zitten ⇒ frunniken, friemelen.

**fuch·sia** [fuksiejaa] (de ~; fuchsia's) sierplant met rode,
paarse of witte klokvormige, hangende bloemen.

**fu·ga** (de ~; fuga's) meerstemmig muziekstuk waarin
één partij begint met het thema en de volgende partij-
en één voor één invallen.

**fuif** (de ~; fuiven) feest, partijtje.

**fuif·num·mer** (het ~; -s) iemand die van fuiven* houdt
⇒ feestneus.

**fuik** (de ~; -en) lang, smal toelopend visnet dat gespannen is over hoepels en waar de vis makkelijk inzwemt,
maar niet makkelijk uit kan.

**fui·ven** (fuifde, heeft gefuifd) **1** (populair) feestvieren **2** ie-
*mand op iets fuiven*: iemand op iets trakteren.

**full·speed** (Engels) [fœlspie:d] (bijw.) met volle snelheid
◆ *hij reed fullspeed naar het ziekenhuis*.

**full·time** (Engels) [fœltajm] (bijv. nw.) voor de volle werktijd, het tegenovergestelde van 'parttime' ◆ *een fulltime baan*.

**ful·mi·ne·ren** (fulmineerde, heeft gefulmineerd) *tegen iemand fulmineren*: boos tegen iemand te keer gaan ⇒ uitvaren.

**func·tie** (de~(v.); -s) **1** bepaald werk dat je moet doen ◆
*een belangrijke functie bekleden*; belediging van een ambtenaar in *functie*: die bezig is met de uitoefening van
zijn ambt **2** dat waarvoor iets dient ◆ *ik heb de functie
van dit knopje nooit begrepen*.

**func·ti·o·na·ris** (de~(m.); -sen) iemand die een functie*
(bet.1) vervult.

**func·ti·o·neel** (bijv. nw.) gezegd van dingen die geschikt
zijn voor hun functie* (bet.2) en die niets overbodigs
hebben ⇒ doelmatig.

**func·ti·o·ne·ren** (functioneerde, heeft gefunctioneerd) de
functie* verrichten waarvoor iets of iemand bedoeld is
⇒ werken ◆ *deze machine functioneert niet meer; hij
functioneert slecht op de nieuwe school*.

**fun·da·ment** (het ~; -en) **1** gedeelte van een gebouw dat
onder de grond zit en waarop het gebouw steunt **2** datgene waarop iets gebaseerd is ⇒ grondslag, basis ◆ *het
fundament van je theorie klopt niet*.

**fun·da·men·teel** (bijv. nw.) gezegd van iets dat te maken heeft met het fundament* (bet.2), met de basis
⇒ wezenlijk, diepgaand ◆ *dat is van fundamenteel belang*.

**fun·de·ring** (de~(v.); -en) constructie waarop iets rust ◆
*een fundering van heipalen*.

**fu·nest** (bijv. nw.) met heel schadelijke gevolgen ⇒ fnui-
kend ◆ *ze heeft een funeste invloed op hem*.

**fun·ge·ren** (fungeerde, heeft gefungeerd) *als iets fungeren*:
een rol of taak vervullen, een functie* hebben ◆ *ik fun-
geer als secretaris van de club*.

**funk** (de ~) muziekstijl die beïnvloed is door soul en
jazz, met een sterk basritme.

**funkti-** → **functi-**.

**fu·rie** (de ~ (v.); -s) vrouw die woedend te keer gaat ◆ *ze
stormde als een furie binnen*.

**fu·ri·eus** (bijv. nw.) woedend, razend.

**fu·ro·re** (zelfst. nw.) ▼ *furore maken*: steeds bekender en
beroemder worden.

**fu·se·ren** (fuseerde, is gefuseerd) (van bedrijven, instellingen enz.): samengaan ◆ *de twee clubs zijn gefuseerd*.

**fu·sie** (de ~ (v.); -s) het fuseren* ◆ *ze willen een fusie aangaan*.

**fu·sil·le·ren** [fuuziejeeren] (fusilleerde, heeft gefusilleerd)
*iemand fusilleren*: iemand voor straf doodschieten.

**fust** (het ~; -en) ton, houten vat ◆ *een fust wijn*.

**fut** (de ~) zin en energie om iets te doen ⇒ puf ◆ *ik heb
geen fut meer om te gaan fietsen; de fut is eruit*.

**fu·tiel** (bijv. nw.) onbelangrijk, onbeduidend ⇒ nietig.

**fu·ti·li·teit** (de~(v.); -en) iets dat onbelangrijk is ⇒ kleinigheid, bagatel, beuzelarij ◆ *ze bleef zeuren over futilitei-
ten*.

**fut·loos** (bijv. nw.) zonder fut*, krachteloos en slap.

**fu·tu·ris·tisch** (bijv. nw.) gezegd van dingen die uit de
toekomst lijken te komen ◆ *een futuristische trein*.

**fuut** (de~(m.); futen) watervogel met een kuif en een
witte buik.

**FVD** (de~(m.)) (in België □) Federale Voorlichtingsdienst (tot
1991 Inbel: Belgisch Instituut voor Voorlichting en Do-
cumentatie).

**fy·si·ca** (de~(v.)) natuurkunde.

**fy·si·cus** (de~(m.); fysici) natuurkundige.

**fy·siek** (bijv. nw.) lichamelijk, het tegenovergestelde van
'psychisch' en 'mentaal' ◆ *fysiek geweld*.

**fy·si·ka** → fysica.

**fy·si·o·lo·gisch** (bijv. nw.) gezegd van dingen die met de normale processen in menselijke en dierlijke lichamen en in planten te maken hebben (kijk ook bij: **proces**).

**fy·sio·the·ra·peut** [fieziejooteeraapuit *of* fieziejooteeraapeut] (de ~ (m.); -en) iemand die voor zijn of haar beroep fysiotherapie* geeft.

**fy·sio·the·ra·pie** (de ~ (v.)) therapie die bestaat uit massage en lichaamsoefeningen om afwijkingen aan je botten, gewrichten of spieren te verhelpen of te voorkomen.

**fy·sisch** (bijv. nw.) natuurkundig.

# Gg

**g¹** (de ~; g's) de zevende letter van het alfabet.

**g²** (afkorting) **g**ram ⇒ gr.

**gaaf** (bijv. nw.) **1** niet beschadigd ⇒ *ongeschonden, intact* ◆ *die antieke klok is nog helemaal* **gaaf 2** (populair) erg goed ◆ *wat een* **gave** *cd!*

**gaai** (de ~ (m.); -en) Vlaamse gaai; dit is een lichtbruine vogel, ongeveer zo groot als een duif, met blauw-zwart gestreepte veertjes in zijn vleugels.

**gaan** (ging, is gegaan) **1** je verplaatsen, je voortbewegen ◆ *we* **gaan** *met de auto naar zee; kom op, laten we* **gaan**: laten we vertrekken; *ervandoor* **gaan**: wegvluchten, ontsnappen **2** gaan lopen, zitten, spelen enz.: daarmee beginnen ◆ *zullen we boodschappen* **gaan** *doen?* **3** verlopen, lopen ◆ *alles* **gaat** *naar wens* **4** kunnen, mogelijk zijn ◆ *weet je zeker dat dat* **gaat**?; *er* **gaat** *één liter limonade in die fles* **5** het gaat goed, slecht enz. met iets of iemand: iets of iemand is er goed, slecht enz. aan toe ◆ *hoe* **gaat** *het met je?*; *het* **gaat** *wel*: ik maak het redelijk **6** ergens over gaan: de leiding over iets hebben of de verantwoordelijkheid voor iets hebben ◆ *wie* **gaat** *hier over het geld?* **7** ergens over gaan: iets behandelen, iets als onderwerp hebben ◆ *dat boek* **gaat** *over dieren* **8** (van een bel, telefoon enz.): geluid laten horen **9** het gaat erom dat …: het is de bedoeling dat …, de kern van de zaak is dat … ◆ *het* **gaat** *erom dat ze niet wil luisteren; het* **gaat** *hem om het geld*: daar is hij op uit ▼ *er flink tegenaan* **gaan**: hard werken; *eraan* **gaan**: kapotgaan; ook: omkomen; *ervoor* **gaan**: (uitdr.) heel erg je best doen om iets te laten lukken.

**gaan·de** (bijv. nw.) aan de gang, in beweging ◆ *hij probeerde het gesprek* **gaande** *te houden; wat is daar* **gaande**?: wat gebeurt daar, wat is daar aan de hand?

**gaan·de·rij** (de ~ (v.); -en) galerij.

**gaan·de·weg** (bijw.) langzamerhand, zoetjesaan ⇒ *allengs*.

**gaap** (de ~ (m.); gapen) keer dat je gaapt* (bet.1) ⇒ *geeuw*.

**gaar** (bijv. nw.) (van eten): lang genoeg gekookt, gebakken enz. ◆ *ik ben helemaal* **gaar**: (uitdr.) ik ben doodmoe, uitgeput.

**gaard, gaar·de** (de ~ (m.); -en) (ouderwets) grote tuin met een omheining eromheen.

**gaar·keu·ken** (de ~; -s) keuken waar voor veel mensen tegelijk eenvoudig eten klaargemaakt wordt.

**gaar·ne** (bijw.) (deftig) graag.

**gaas** (het ~) **1** stof die nogal grof geweven is, zodat je erdoorheen kunt kijken ◆ *een* **gaasje** *voor op een wond*: een stukje verband van die stof **2** gevlochten metaaldraad, dat voor omheiningen, hokken enz. gebruikt wordt.

**GAB** (het ~) (in Nederland) **G**ewestelijk **A**rbeids**b**ureau.

**ga·bar·di·ne** (de ~) stof van wol, katoen of zijde die waterdicht gemaakt is en voor regenkleding gebruikt wordt.

**gab·ber** (de ~ (m.); -s) **1** (populair) maat, vriend, kerel ◆ *hé, ouwe* **gabber**! **2** (populair) bepaald type jongere, gekenmerkt door een kaal hoofd, trainingspak en oorbelletjes, met een voorkeur voor housemuziek.

**gab·ber·house** (de ~) benaming voor allerlei soorten heftige housemuziek.

**ga·de** (de ~; -n)(deftig) echtgenoot of echtgenote ⇒ *eega*.

**ga·de·slaan** (sloeg gade, heeft gadegeslagen) *iets of iemand gadeslaan*: aandachtig naar iets of iemand kijken ⇒ *observeren*.

**ga·ding** (zelfst. nw.) ▼ *iets van je gading*: iets dat je graag wilt hebben of goed kunt gebruiken.

**ga·do·ga·do** [ʀaadooʀaadoo](de ~) oosters gerecht van groenten en pindasaus.

**gaf** → geven.

**gaf·fel** (de ~; -s) **1** schuin omhoog staande balk die onder aan de mast van een zeilschip vastzit **2** stok, staaf enz. met twee punten aan het eind, bijv. een hooivork.

**ga·ge** [gaazje](de ~; -s) loon van mensen die op een schip werken, of van artiesten en beroepssporters.

**gai·ne** (Frans) [genə](de ~; -s)(in België □) elastisch buikkorset voor vrouwen ⇒ *step-in*.

**ga·jes** (het ~)(populair) slechte mensen ⇒ *tuig, schorem* ◆ *met dat gajes ga ik niet om.*

**GAK** (het ~)(in Nederland) Gemeenschappelijk Administratiekantoor (in België: VDAB).

**gak·ken** (gakte, heeft gegakt)(van ganzen): 'gak' roepen.

**gal** (de ~) bittere vloeistof die uit de lever komt en helpt bij de spijsvertering ◆ *hij heeft last van zijn gal*: van zijn galblaas (dat is de blaas waarin de gal zich verzamelt); *gisteren heb ik eindelijk mijn gal gespuwd*:(uitdr.) toen heb ik eindelijk verteld wat me dwars zat.

**ga·la** (het ~) **1** (gala's) deftig, groot en schitterend feest **2** deftige feestkleren.

**ga·lant** (bijv. nw.) *(van mannen)*: extra aardig en beleefd tegenover vrouwen ⇒ *hoffelijk, ridderlijk* ◆ *hij hield galant de deur voor haar open.*

**gal·ap·pel** (de ~(m.); -s) bolletje op een boomblad dat daar gegroeid is nadat een galwesp er zijn eitjes heeft gelegd.

**ga·lei** (de ~; -en) lang en smal schip, waarin vroeger misdadigers of slaven moesten roeien.

**ga·le·rie** (de ~(v.); -s of galerieën) ruimte waarin moderne kunst tentoongesteld en ook verkocht wordt.

**ga·le·rij** (de ~(v.); -en) **1** gang langs een gebouw, waarop alle deuren uitkomen ⇒ *gaanderij* ◆ *de galerij van een flat* **2** lange, smalle ruimte waar bijv. schilderijen tentoongesteld worden ◆ *een portrettengalerij*.

**galg** (de ~; -en) **1** stellage van haaks op elkaar staande balken, waaraan vroeger misdadigers opgehangen werden ◆ *hij is veroordeeld tot de galg*: tot de dood door ophanging; *opgroeien voor galg en rad*:(uitdr.) zo opgroeien dat er niets van je terecht komt **2** bretel of stoffen band aan een kledingstuk ◆ *een broek met galgjes*.

**gal·gen·hu·mor** (de ~(m.)) grappen die je maakt in moeilijke omstandigheden.

**gal·gen·maal** (het ~) laatste keer dat je ergens eet ⇒ *afscheidsmaal*.

**gal·joen** (het ~; -en of -s) groot zeilschip met drie of vier dekken, uit de zestiende tot achttiende eeuw.

**gal·li·cist** (de ~(m.); -en), vrouw: **gal·li·cis·te** (de ~(v.); -s of -n) iemand die Frans heeft gestudeerd.

**gal·lisch** (bijv. nw.) ▼ *ergens gallisch van worden*:(populair) gek van iets worden, de kriebels, de zenuwen van iets krijgen.

**galm** (de ~(m.); -en) **1** zwaar en hol geluid, dat op grote afstand te horen is **2** weerkaatsing van geluid tegen bijv. muren.

**gal·men** (galmde, heeft gegalmd) **1** luid en hol klinken of weerklinken ⇒ *resoneren* ◆ *haar stem galmde door de gang* **2** hard en schallend praten of zingen ◆ *'beminde gelovigen', galmde de pastoor.*

**ga·lon** (de ~(m.) of het ~; -s of -nen) lint, koord of band om o.a. uniformen mee te versieren.

**ga·lop** (de ~(m.); -s) het hardlopen van een paard in een bepaald ritme ◆ *we gingen in galop naar school*:(uitdr.) hardlopend.

**ga·lop·pe·ren** (galoppeerde, heeft gegaloppeerd)(van paarden): in galop* lopen.

**gal·steen** (de ~(m.); -stenen) steenachtige stof die zich in de galblaas van mensen en dieren kan vormen.

**gal·va·ni·se·ren** (galvaniseerde, heeft gegalvaniseerd) *iets, bijv. ijzer, galvaniseren*: een laagje zink op iets aanbrengen.

**gam·ba** (Italiaans) [ʀambaa](de ~; gamba's) verkorting van viola da gamba; dit is een soort viool met zes of zeven snaren die je tussen je knieën klemt.

**game** (Engels) [ʀeem](de ~; -s)(letterlijk: spel) afgerond deel van een wedstrijd, vooral een deel van een set bij tennis.

**game·boy** (Engels) [ʀeemboj](de ~(m.); -s) kleine spelcomputer.

**ga·mel** (de ~; -len) eetketel, vooral van soldaten.

**ga·me·lan** (de ~(m.); -s) Javaans orkest, dat bestaat uit strijk-, blaas-, tokkel- en slaginstrumenten.

**gam·ma¹** [gammaa of ʀammaa](de ~; gamma's) de derde letter van het Griekse alfabet (γ) ◆ *de gammawetenschappen*: de sociale wetenschappen, o.a. sociologie en psychologie.

**gam·ma²** (de ~of het ~; gamma's) reeks waarin de onderdelen in oplopende of aflopende volgorde gerangschikt zijn ◆ *kleurengamma.*

**gam·mel** (bijv. nw.) **1** niet stevig in elkaar zittend ◆ *een gammel tafeltje* **2** (populair) slap, zwak en lusteloos, niet fit ◆ *na zijn ziekte was hij erg gammel.*

**gang¹** (de ~(m.); -en) **1** lange en smalle ruimte binnen in een gebouw, waarop deuren uitkomen ◆ *hij ontsnapte via een onderaardse gang*: door een soort tunnel **2** manier van lopen, het gaan* ⇒ *tred* ◆ *een eend heeft een waggelende gang*; *ga je gang!*:(uitdr.) doe het maar zoals je het wilt doen; ook: pak maar wat je hebben wilt; *iemand op gang helpen*:(uitdr.) iemand helpen te beginnen met wat hij of zij moet doen; *dat is een vreemde gang van zaken*:(uitdr.) de zaken verlopen op een vreemde manier; *iemands gangen nagaan*:(uitdr.) controleren wat iemand doet, hoe iemand leeft, waar iemand komt enz.; *hij zette er flink de gang in*:(uitdr.) hij maakte vaart; ook: hij ging druk aan het werk **3** onderdeel van een maaltijd ◆ *een diner met drie gangen*: met een voorgerecht, een hoofdgerecht en een nagerecht.

**gang²** (Engels) [ʀeng](de ~; -s) bende, meestal van boeven.

**gang·baar** (bijv. nw.) **1** veel voorkomend, gebruikelijk ⇒ *courant* ◆ *is dit gangbaar Nederlands?*: kun je dit zo zeggen? **2** (van geld): in omloop, geldig als betaalmiddel ⇒ *courant* ◆ *de cent is geen gangbare munt meer.*

**gang·boord** (de ~(m.) of het ~; -en) smal looppad langs de reling van een schip.

**gang·ma·ker** (de ~(m.); -s), vrouw: **gang·maak·ster** (de ~(v.); -s) **1** iemand die de stemming erin brengt, bijv. op een feest **2** iemand die op een motorfiets voor een wielrenner uit rijdt.

**gan·green** [ganggreen, in België: ʀenggrie:n](het ~) ziekte waarbij een gewond lichaamsdeel afsterft ⇒ *koudvuur.*

**gang·ster** (Engels) [ʀengstər](de ~(m.); -s) lid van een bende zware misdadigers.

**gans¹** (de ~; ganzen) **1** vrij grote zwemvogel die familie is van de eend **2** dom meisje.

**gans²** (bijv. nw.) heel, totaal, helemaal ◆ *hij was de ganse dag in de weer.*

**gan·zen·bord** (het ~; -en) spel dat je speelt met pionnen op een bord waarop ganzen (bet.1) getekend staan.

**gan·zen·mars** (zelfst. nw.) ▼ in *ganzenmars lopen*: op een rij achter elkaar.

**gan·zen·voet** (de ~(m.); -en) wilde plant met grote, hoekige bladeren.

**gan·ze·rik** (zelfst. nw.; -en) **1** (de ~(m.)) mannetjesgans **2** (de ~) plant die op een roos lijkt ♦ *kruipende ganzerik*.

**ga·pen** (gaapte, heeft gegaapt) **1** uit vermoeidheid of verveling onwillekeurig je mond wijd opensperren terwijl je diep inademt ⇒ *geeuwen* **2** een grote opening hebben, wijd open zijn ♦ *een gapende wond*.

**ga·per** (de ~(m.); -s) houten hoofd met open mond, soms met uitgestoken tong, dat gebruikt wordt als uithangbord en drogisterijen.

**gap·pen** (gapte, heeft gegapt) *iets gappen*: (populair) iets stelen ⇒ *pikken, jatten*.

**ga·ra·ge** [ɣaraːʒə] (de ~(v.); -s) **1** stalling voor auto's **2** zaak waar auto's gerepareerd en verkocht worden.

**ga·ran·de·ren** (garandeerde, heeft gegarandeerd) **1** *iets garanderen*: garantie* (bet.1) geven op iets ⇒ *waarborgen* ♦ *de kwaliteit van het apparaat wordt vijf jaar gegarandeerd*: als het binnen die tijd kapotgaat, wordt het gratis gerepareerd **2** *iets garanderen*: iets verzekeren ♦ *ik garandeer je dat ik terugkom*: ik kom zeker terug.

**ga·rant** (zelfst. nw.) ▼ *ergens garant voor staan*: voor iets instaan, iets verzekeren.

**ga·ran·tie** (de ~(v.); -s) **1** verzekering dat iets echt of goed is ⇒ *waarborg* ♦ *u krijgt een jaar garantie op deze wekker*: als hij binnen die tijd kapotgaat, wordt hij gratis gerepareerd **2** verzekering, belofte ♦ *ik geef je de garantie dat ik terugkom*.

**gar·çon** [ɡarsɔ̃] (de ~(m.); -s) (in België □) (aanspreekwoord voor kelner) ⇒ *ober*.

**gar·de** (de ~) **1** (-s) keukengereedschap dat bestaat uit een aantal metalen lussen met een handvat eraan, waarmee je bijv. slagroom kunt kloppen ⇒ *klutser* **2** (-n; ook gard) bij elkaar gebonden takjes, waarmee vroeger stoute kinderen geslagen werden ⇒ *roe* **3** (-s) lijfwacht, bewakingsdienst **4** groep van de beste soldaten ⇒ *keurtroepen* ♦ *de oude garde*: (uitdr.) de oudere mensen van een groep.

**gar·de·ro·be** [ɡardərɔbə *of* kardərɔbə] (de ~; -s) **1** alle kleren die je hebt ♦ *mijn zus heeft een uitgebreide garderobe* **2** plaats in de schouwburg, bioscoop enz. waar je je jas op kunt hangen ⇒ *vestiaire*.

**ga·reel** (zelfst. nw.) ▼ *in het gareel lopen*: doen wat er van je verwacht wordt.

**ga·ren** (het ~; -s) gesponnen draad van bijv. katoen of wol die je gebruikt bij het handwerken ♦ *een winkel in garen en band*: waar dingen worden verkocht die je nodig hebt bij het handwerken; *er valt met jou geen goed garen te spinnen!*: (uitdr.) ik kan met jou niets beginnen, je bent onhandelbaar; *hij heeft het zwarte garen niet uitgevonden*: (uitdr.) hij is niet erg slim.

**ga·ri·bal·di** (de ~(m.); garibaldi's) zwarte bolhoed.

**gar·naal** (de ~(m.); garnalen) klein roze schelpdiertje dat in zee leeft ♦ *garnalen pellen*.

**gar·ne·ren** (garneerde, heeft gegarneerd) *eten of kleding garneren*: dat of die versieren ♦ *de hals van haar jurk was gegarneerd met een biesje*; *een salade garneren met schijfjes tomaat, augurk en ei*.

**gar·ne·ring** (de ~(v.); -en) versiering op kleding of bij eten ⇒ *garnituur*.

**gar·ni·tuur** (het ~; garnituren) **1** garnering **2** stel voorwerpen die bij elkaar horen ⇒ *set* ♦ *een nagelgarnituur*: een etui met o.a. een nagelschaar en een nagelvijl.

**gar·ni·zoen** (het ~; -en) vaste standplaats van een legerafdeling ♦ *mijn broer zit bij het garnizoen in Utrecht*.

**gas** (het ~; -sen) **1** stof die de vorm heeft van lucht ♦ *traangas*: gas waarvan je tranen in je ogen krijgt en dat gebruikt wordt door de politie; *gas geven*: (uitdr.) ervoor zorgen, bijv. door een pedaal in te trappen, dat er extra brandstof naar een motor toegevoerd wordt **2** aardgas ♦ *kook jij elektrisch of op gas?* **3** kookplaat die of fornuis dat brandt door gas ⇒ *gasstel, gasfornuis* ♦ *zet die pan even op het gas*.

**gas·bel** (de ~; -len) opeenhoping van aardgas onder de grond ♦ *in de Noordzee zijn gasbellen ontdekt*.

**gas·fit·ter** (de ~(m.); -s) iemand die voor zijn of haar beroep gasleidingen aanlegt en repareert.

**gas·fles** (de ~; -sen) fles met gas (bet.2) erin, dat je op plaatsen waar geen gasleiding is gebruikt voor verwarming, verlichting en om te koken.

**gas·for·nuis** (het ~; -fornuizen) op gas brandende kookplaat met een ingebouwde oven.

**gas·ka·mer** (de ~; -s) **1** ruimte waarin schadelijke dieren met een gas (bet.1) worden gedood **2** ruimte waarin in de Tweede Wereldoorlog mensen, vooral joden, vergast werden.

**gas·mas·ker** (het ~; -s) masker dat je opzet om jezelf te beschermen tegen het inademen van giftige gassen (bet.1).

**gas·pe·daal** (het ~; -pedalen) pedaal in een voertuig met een motor waarmee je de toevoer van brandstof naar de motor regelt.

**gas·pit** (de ~; -ten) een van de branders van een gasstel ⇒ *pit* ♦ *zet de fluitketel maar op de grootste gaspit*.

**gas·stel** (het ~; -len) kookplaat die op gas brandt.

**gast** (de ~(m.); -en) **1** iemand die je bij je thuis uitnodigt, bijv. om te komen eten ♦ *hoeveel gasten komen er op je vaders verjaardag?*; *ze was bij ons te gast* **2** bezoeker van een café, restaurant, hotel of een vakantieoord ♦ *de zomergasten zijn alweer gearriveerd* **3** (populair) type, figuur ♦ *een vreemde gast* **4** (in België □) knecht, helper ♦ *een bakkersgast*.

**gast-** voor de gelegenheid uitgenodigd ♦ *gastdirigent*; *gastspreker*.

**gast·ar·bei·der** (de ~(m.); -s) arbeider uit het buitenland, meestal een arm land, die hier komt werken.

**gast·heer** (de ~(m.); -heren), vrouw: **gast·vrouw** (de ~(v.); -en) iemand die gasten ontvangt.

**gast·huis** (het ~; -huizen) ziekenhuis.

**gas·tri·tis** (de ~(v.)) (medisch) maagontsteking.

**gas·tro·noom** (de ~(m.); gastronomen) iemand die verstand heeft van lekker eten en dat graag doet.

**gast·vrij** (bijv. nw.) hartelijk voor gasten ♦ *een gastvrij gezin*: waar je altijd welkom bent.

**gast·vrouw** → gastheer.

**gas·vuur** (het ~; -vuren) (in België □) gasfornuis.

**gat** (het ~; gaten) **1** opening, ongevulde ruimte ♦ *hij viel een gat in zijn hoofd*: een grote wond; *ze heeft een gaatje in haar hoofd*: (uitdr.) ze is niet goed wijs; *daar is het gat van de deur!*: (uitdr.) ga weg!; *ik kwam in een zwart gat terecht*: (uitdr.) ik werd erg somber; *een gat in de dag slapen*: (uitdr.) tot laat in de ochtend slapen; *een gat in de lucht springen*: (uitdr.) heel blij zijn; *een gat in je hand hebben*: (uitdr.) niet met geld kunnen omgaan, veel geld uitgeven; *een gat in de markt*: (uitdr.) iets waar behoefte aan is en dat er nog niet is **2** (populair) achterwerk, billen ⇒ *kont* ♦ *wie zijn gat verbrandt, moet op de blaren zitten*: (spreekwoord) als je iets doms doet, moet je daarvoor boeten **3** kleine plaats, dorp ⇒ *gehucht* ▼ *iemand in de gaten hebben*: doorzien waar iemand op uit is; *iets in de gaten hebben*: iets beginnen te merken.

**ga·ten·plant** (de ~; -en) klimplant met grote groene bladeren waarin gaten zitten.

**gauw** (bijw.) **1** snel, vlug ⇒ spoedig ◆ ik kom **gauw** terug; tot **gauw**!; ga nou **gauw**!: (uitdr.) (dit zeg je als je niet kunt geloven wat iemand zegt) ▼ hij weegt **gauw** 50 kilo: hij weegt vast wel 50 kilo.

**gauw·dief** (de ~(m.); -dieven) sluwe, doortrapte dief.

**gau·wig·heid** (zelfst. nw.) ▼ in de **gauwigheid**: in de haast; ik ben het in de **gauwigheid** vergeten.

**ga·ve** (de ~; -n) **1** iets dat je krijgt ⇒ gift, cadeau, geschenk ◆ bedankt voor je goede **gaven**!; het is een **gave** als je zo mooi kunt zingen: een geschenk van God **2** iets dat je van nature goed kunt ⇒ talent ◆ ze bezit de **gave** om met mensen om te gaan.

**ga·ven** → geven.

**ga·zel·le, ga·zel** (de ~; -n) soort antilope die snel en sierlijk kan lopen.

**ga·zet** (de ~; -ten) (in België □; populair) krant.

**ga·zeu·se** (de ~) limonade met koolzuur ⇒ priklimonade.

**ga·zon** (het ~; -s) grasveld bij een tuin of park.

**ge** (pers. vnw.) gij.

**ge·aard** (bijv. nw.) (van elektrische apparaten): beveiligd door verbinding met de aarde ◆ een **geaard** stopcontact.

**ge·aard·heid** (de ~(v.); geaardheden) het hebben van een bepaalde aard*, karaktertrek of eigenschap ⇒ natuur, inborst.

**ge·acht** (bijv. nw.) gezegd tegen iemand voor wie je achting* voelt ⇒ geëerd ◆ **geachte** aanwezigen.

**ge·af·fec·teerd** (bijv. nw.) gezegd van iemand die zich onnatuurlijk en aanstellerig gedraagt ⇒ gekunsteld, gemaakt, onecht ◆ ze spreekt **geaffecteerd**.

**ge·ag·gre·geer·de** (de ~; -n) (in België) iemand die les mag geven in het secundair of in het hoger onderwijs (kijk ook bij: **secundair**).

**ge·agi·teerd** (bijv. nw.) opgewonden en zenuwachtig ⇒ gejaagd.

**ge·al·li·eer·den** (zelfst. nw.; meervoud) bondgenoten, vooral de landen die in de Tweede Wereldoorlog samen tegen de Duitsers vochten.

**ge·ani·meerd** (bijv. nw.) levendig ⇒ opgewekt ◆ een **geanimeerd** gesprek.

**ge·avan·ceerd** (bijv. nw.) volgens de nieuwste kennis of methoden ⇒ vooruitstrevend ◆ **geavanceerde** techniek.

**geb.** (afkorting) **1** geboren **2** (van boeken): gebonden.

**GEB** (het ~) (in Nederland) Gemeentelijk Energiebedrijf; dit is het bedrijf dat elektriciteit en gas levert.

**ge·baar** (het ~; gebaren) **1** beweging waarmee je iets uitdrukt ◆ de vreemdeling maakte met **gebaren** duidelijk dat hij brood wilde kopen **2** handeling waaruit je goede wil blijkt ◆ die bos bloemen is een aardig **gebaar** van haar.

**ge·bak** (het ~) deeg met een zoete of hartige vulling, zoals taarten en pasteien.

**ge·bak·je** (het ~; -s) lekkernij gemaakt van deeg met een zoete vulling ⇒ taartje.

**ge·ba·ren·taal** (de ~) gebaren waarmee doven met elkaar praten.

**ge·bed** (het ~; -en) woorden waarmee je bidt* (bet.1) ◆ God verhoorde haar **gebed**: Hij vervulde de wensen die ze in haar gebed had geuit; het was een **gebed** zonder end: (uitdr.) er kwam geen eind aan (gezegd van iets vervelends of iets saais).

**ge·be·den** → bidden.

**ge·been·te** (zelfst. nw.) ▼ wee je **gebeente**!: pas op, anders krijg je een forse straf!

**ge·bei·teld** (bijv. nw.) ▼ hij zit **gebeiteld**: (populair) hij hoeft zich nergens meer zorgen te maken; het zit **gebeiteld**: (populair) het is helemaal in orde.

**ge·bekt** (bijv. nw.) ▼ hij is goed **gebekt**: hij kan zich door praten goed verdedigen, hij kan van zich af praten.

**ge·belgd** (bijv. nw.) ergens gebelgd over zijn: boos en verontwaardigd om iets zijn ⇒ verbolgen.

**ge·be·ne·dijd** (bijv. nw.) (ouderwets) gezegend.

**ge·berg·te** (het ~; -n of -s) groep bergen, berggebied.

**ge·be·ten**¹ (bijv. nw.) gebeten zijn op iets of iemand: boos op iets of iemand zijn uit haat of jaloezie.

**ge·be·ten**² → bijten.

**ge·beu·ren**¹ (het ~) grote of belangrijke gebeurtenis* ◆ wanneer vindt het grote **gebeuren** plaats?

**ge·beu·ren**² (gebeurde, is gebeurd) zich afspelen, zich voordoen ⇒ geschieden, voorvallen, plaatsvinden, plaatsgrijpen, plaatshebben ◆ er is iets vreemds **gebeurd**; dat kan de beste **gebeuren**: dat kan iedereen overkomen; het zal je **gebeuren**!: het is niet leuk als het je overkomt; het is zo **gebeurd**: het is snel klaar.

**ge·beur·te·nis** (de ~(v.); -sen) iets dat gebeurt* ⇒ voorval.

**ge·bied** (het ~; -en) **1** landstreek, stuk land ⇒ streek, terrein ◆ een achtergebleven **gebied**: een streek waar de techniek en de economie niet zo ver ontwikkeld zijn als in andere streken **2** alles wat bij een vak, kunst of hobby hoort ⇒ terrein, vlak ◆ ze weet alles op het **gebied** van de ruimtevaart.

**ge·bie·den** (gebood, heeft geboden) **1** iemand iets gebieden: iemand iets bevelen ⇒ opdragen, gelasten ◆ de agent **gebiedt** iedereen door te lopen; voorzichtigheid is **geboden**: (uitdr.) die is vereist ▼ **gebiedende** wijs: (taal) vorm van een werkwoord die een bevel uitdrukt, bijv. 'loop'.

**ge·bint, ge·bin·te** (het ~; -en) balken die stevigheid aan een gebouw geven, vooral die waarop het dak is vastgemaakt.

**ge·bi·o·lo·geerd** (bijv. nw.) gezegd van mensen of dieren die ergens zo door geboeid zijn dat ze niets anders meer merken ◆ hij zat **gebiologeerd** naar een spin te kijken.

**ge·bit** (het ~; -ten) je tanden en kiezen.

**ge·ble·ken** → blijken.

**ge·bles·seerd** (bijv. nw.) gewond ◆ de voetballer raakte **geblesseerd**.

**ge·ble·ven** → blijven.

**ge·blon·ken** → blinken.

**ge·bod** (het ~; -en) wat geboden* of voorgeschreven is, vooral door God of door de wet ⇒ wet, voorschrift ◆ ze overtreedt alle verkeers**geboden**; de tien **geboden**: de tien voorschriften uit de wet van Mozes; hij at met zijn tien **geboden**: (uitdr.; grappig) met zijn vingers.

**ge·bo·den** → bieden.

**ge·bo·gen** → buigen.

**ge·bon·den** → binden.

**ge·boor·te** (de ~(v.); -n) het geboren* worden, het ter wereld komen ◆ de **geboorte** van een lammetje; hij is van hoge **geboorte**: hij komt uit een adellijke of deftige familie; hij is Italiaan van **geboorte**: hij is in Italië geboren.

**ge·boor·te·be·per·king** (de ~(v.)) vermindering van het aantal geboorten, bijv. door voorbehoedmiddelen te gebruiken ◆ aan **geboortebeperking** doen.

**ge·boor·te·golf** (de ~; -golven) grote toename van het aantal geboorten gedurende een bepaalde tijd.

**ge·boor·te·land** (het ~; -en) land waar iemand geboren is.

**ge·boor·ten·be·per·king** → geboortebeperking.

**ge·boor·ten·golf** → geboortegolf.

**ge·bo·ren** (bijv. nw.) ter wereld gekomen ◆ **geboren**

*worden*: ter wereld komen; *mevrouw Jansen*, **geboren** *Peters*: die Peters heette voordat ze met meneer Jansen was getrouwd; *ze is voor het toneel* **geboren**: ze heeft er veel aanleg voor; *een* **geboren** *komiek*: (uitdr.) een erg goede, een rasechte komiek; *ergens* **geboren** *en getogen zijn*: (uitdr.) ergens ter wereld gekomen en opgegroeid zijn.

**ge·bor·gen¹** (bijv. nw.) beschut, veilig voor gevaar ♦ *je bij iemand* **geborgen** *voelen*.

**ge·bor·gen²** → bergen.

**ge·bouw** (het ~; -en) iets dat gebouwd* (bet.1) is en waarin je bijv. kunt wonen of werken ⇒ *bouwwerk*.

**gebr.** (afkorting) **gebr**oeders.

**ge·bracht** → brengen.

**ge·brand** (bijv. nw.) *ergens op* **gebrand** *zijn*: iets heel graag willen.

**ge·brand·schil·derd** (bijv. nw.) *(van ramen)*: versierd met figuren in allerlei kleuren die er ingebrand zijn.

**ge·brek** (het ~; -en) **1** iets dat er niet is terwijl het er wel zou moeten zijn, of iets dat er te weinig is ⇒ *gemis, schaarste, tekort* ♦ *er heerst groot* **gebrek** *aan voedsel*; *bij* **gebrek** *aan pennen schrijven we met potlood*; *in* **gebreke** *blijven*: (uitdr.) niet doen wat je moet doen **2** fout ⇒ *mankement, ongemak, handicap* ♦ *hij heeft een lichamelijk* **gebrek**; *het gebouw zit vol* **gebreken**.

**ge·brek·kig** (bijv. nw.) met gebreken* (bet.2) ♦ *ze spreekt* **gebrekkig** *Engels*; *hij loopt* **gebrekkig**: hij loopt mank.

**ge·broe·ders** (zelfst. nw.; meervoud) de broers* samen.

**ge·bro·ken¹** (bijv. nw.) **1** doodmoe ♦ *hij is* **gebroken** *na een dag sjouwen* ▼ **gebroken** *wit*: wit met een heel klein beetje kleur erdoor; *hij spreekt* **gebroken** *Nederlands*: met fouten en een vreemd accent.

**ge·bro·ken²** → breken.

**ge·brouil·leerd** [gebrœjeert] (bijv. nw.) **gebrouilleerd** *zijn met iemand*: ruzie met iemand hebben en hem of haar daarom niet meer willen zien ♦ *we zijn met mijn tante* **gebrouilleerd**.

**ge·bruik** (het ~; -en) **1** het gebruiken* (bet.1 en 3) ♦ *deze zalf is voor uitwendig* **gebruik**; *we kweken groente voor eigen* **gebruik**: die we zelf opeten; *mag ik van jullie telefoon* **gebruik** *maken?*: mag ik hem gebruiken? **2** de gewone manier waarop je iets doet ⇒ *gewoonte, regel* ♦ *het is bij hem thuis* **gebruik** *om je schoenen uit te trekken*; *dat* **gebruik** *is al lang afgeschaft*.

**ge·brui·ke·lijk** (bijv. nw.) gezegd van iets dat een gebruik* (bet.2) is ⇒ *gewoon, gangbaar* ♦ *het is* **gebruikelijk** *om kaartjes rond te sturen als je een kind hebt gekregen*: dat is de gewoonte.

**ge·brui·ken** (gebruikte, heeft gebruikt) **1** iets gebruiken: iets benutten ♦ *ik kan je hulp wel* **gebruiken**; *hij* **gebruikt** *de mixer om eieren te kloppen*; **gebruik** *je verstand!*: denk na! **2** iemand gebruiken: misbruik maken van iemands goedheid ♦ *hij laat zich door zijn vriendjes* **gebruiken 3** voedsel of drank gebruiken: eten of drinken ⇒ *nuttigen* ♦ *we hebben de maaltijd* **gebruikt** *in een restaurant*; **gebruik** *je suiker in je thee?*; *die jongen* **gebruikt**: (uitdr.) hij gebruikt heroïne, hij is daaraan verslaafd.

**ge·brui·ker** (de ~ (m.); -s), vrouw: **ge·bruik·ster** (de ~ (v.); -s) **1** iemand die iets gebruikt* (bet.1) ♦ *een* **weggebruiker**: iemand die met een voertuig deelneemt aan het verkeer **2** iemand die heroïne gebruikt* (bet.3), die daaraan verslaafd is.

**ge·bruiks·aan·wij·zing** (de ~ (v.); -en) schriftelijke uitleg hoe je iets moet gebruiken (bet.1) ⇒ *handleiding* ♦ *iemand met een* **gebruiksaanwijzing**: (uitdr.) iemand met wie je niet makkelijk om kunt gaan.

**ge·bruik·ster** → gebruiker.

**ge·bruiks·voor·werp** (het ~; -en) voorwerp bedoeld om te gebruiken, zoals een vork, een computer of een handdoek (in tegenstelling tot bijv. een kunstvoorwerp, dat bedoeld is om naar te kijken).

**ge·bukt** (bijv. nw.) *ergens onder* **gebukt** *gaan*: ergens veel last van hebben, het om een bepaalde reden zwaar hebben ♦ *ze gaan* **gebukt** *onder zorgen*.

**ge·char·meerd** [gesjarmeert] (bijv. nw.) *van iemand of iets* **gecharmeerd** *zijn*: iemand of iets erg charmant*, erg aantrekkelijk vinden.

**ge·ci·vi·li·seerd** (bijv. nw.) beschaafd, netjes.

**ge·com·mit·teer·de** (de ~; -n) iemand die toezicht houdt bij mondelinge examens.

**ge·com·pli·ceerd** (bijv. nw.) ingewikkeld, moeilijk.

**ge·con·cen·treerd** (bijv. nw.) *(van vloeistoffen)*: waar naar verhouding weinig water in zit ♦ **geconcentreerd** *afwasmiddel*; **geconcentreerd** *vruchtensap*: waar je water bij moet doen om het te kunnen drinken.

**ge·con·di·ti·o·neerd** (bijv. nw.) gezegd van iemand die onder dezelfde omstandigheden op dezelfde manier reageert.

**ge·cos·tu·meerd** → gekostumeerd.

**ge·daag·de** (de ~; -n) iemand die gedaagd* (bet.1) is, iemand die voor de rechter moet komen.

**ge·daan¹** (bijv. nw.) ▼ *het is met hem* **gedaan**: hij is dood; ook: hij is verloren; *dat is niks* **gedaan**: het is niets waard, het kan zo niet.

**ge·daan²** → doen.

**ge·daan·te** (de ~ (v.); -n of -s) zichtbare vorm, vooral van een mens ⇒ *gestalte, figuur* ♦ *er bewoog een* **gedaante** *door de mist*; *hij is van* **gedaante** *veranderd*: hij ziet er anders uit; *in de* **gedaante** *van een ridder*: er zo uitziend; *je ware* **gedaante** *tonen*: (uitdr.) laten zien hoe je werkelijk bent.

**ge·daan·te·ver·wis·se·ling** (de ~ (v.); -en) verandering van uiterlijk, bijv. van bepaalde dieren ⇒ *metamorfose* ♦ *een rups ondergaat een* **gedaanteverwisseling** *voordat hij een vlinder wordt*.

**ge·dacht** → denken.

**ge·dach·te** (de ~ (v.); -n) dat wat je denkt*, de voorstelling die je van iets of iemand in je hoofd hebt ♦ *de* **gedachte** *aan eten doet me watertanden*; *iemand op andere* **gedachten** *brengen*: zó met iemand praten dat die persoon zijn of haar mening verandert; *van* **gedachte** *veranderen*: een andere mening, andere plannen krijgen dan eerst; *je* **gedachten** *erbij houden*: opletten; *je* **gedachten** *over iets laten gaan*: over iets nadenken; *iets in* **gedachten** *houden*: op twee **gedachten** *hinken*: (uitdr.) niet kunnen kiezen.

**ge·dach·te·gang** (de ~ (m.); -en) opeenvolging van gedachten die met elkaar te maken hebben ⇒ *redenering, denkwijze* ♦ *ik kan je* **gedachtegang** *niet volgen*.

**ge·dach·te·loos** (bijv. nw.) zonder bewuste gedachten*, zonder erbij na te denken ♦ *ze roerde* **gedachteloos** *in haar kopje*.

**ge·dach·te·streep·je** (het ~; -s) leesteken dat een rustpunt of onderbreking aangeeft (het teken ' - ').

**ge·dach·tig** (bijv. nw.) denkend* aan iemand of iets, in herinnering aan iemand of iets ♦ *de overledenen* **gedachtig**.

**ge·dag** (tussenw.) ▼ *iemand* **gedag** *zeggen*: iemand groeten.

**ge·de·ci·deerd** (bijv. nw.) vastberaden, vastbesloten ⇒ *kordaat, beslist, resoluut*.

**ge·deel·te** (het ~; -n of -s) stuk, deel* ♦ *het laatste* **gedeelte** *van het boek*; *voor het grootste* **gedeelte** *zijn het pestkoppen*: de meesten van hen zijn pestkoppen.

**ge·deel·te·lijk** (bijv. nw.) voor een gedeelte*, niet helemaal ◆ *een gedeeltelijke bekentenis; het is gedeeltelijk waar.*

**ge·de·gen** (bijv. nw.) van goede kwaliteit ⇒ *degelijk, grondig* ◆ *ze maakt er een gedegen studie van.*

**ge·deisd** (bijv. n.w.) ▼ *je gedeisd houden:* (populair) je rustig houden, op de achtergrond blijven.

**ge·dekt** (bijv. nw.) **1** beschut, beveiligd ◆ *ze had gezorgd dat ze aan alle kanten gedekt was:* ze kon geen problemen krijgen met wat ze gedaan had **2** *(van kleuren):* niet fel ⇒ *stemmig* ▼ *een gedekt kapsel:* kort geknipt, maar niet opgeschoren; *een gedekte cheque:* waar genoeg geld voor op de bank- of girorekening staat.

**ge·dempt** (bijv. nw.) *(van licht en geluid):* zacht, dof.

**ge·den·ken** (gedacht, heeft gedacht) *iemand of iets gedenken:* aan iemand of iets denken om die persoon of die zaak niet te vergeten ◆ *we gedenken je in ons gebed.*

**ge·denk·te·ken** (het ~; -s of -en) bouwwerk of beeld dat gemaakt is ter herinnering aan een gebeurtenis of een persoon.

**ge·denk·waar·dig** (bijv. nw.) gezegd van mensen, dingen of gebeurtenissen die de moeite waard zijn om herinnerd te worden ◆ *het was een gedenkwaardige dag.*

**ge·de·pu·teer·de** (de ~; -n) **1** iemand die namens andere mensen ergens, bijv. op een vergadering, aanwezig is ⇒ *afgevaardigde* ▼ *Gedeputeerde Staten:* het dagelijks bestuur van een provincie.

**ge·des·il·lu·si·o·neerd** (bijv. nw.) erg teleurgesteld, zonder illusies* ⇒ *ontgoocheld.*

**gedesoriënteerd** ge·des·ori·en·teerd (bijv. nw.) gezegd van iemand die zijn of haar gevoel voor richting kwijt is ◆ *ik was gedesoriënteerd na het gesprek:* (uitdr.) ik was in de war.

**ge·des·til·leerd** → gedistilleerd.

**ge·de·tail·leerd** [gədeetajjeert] (bijv. nw.) tot in details*, met veel bijzonderheden ◆ *een gedetailleerde landkaart.*

**ge·de·ti·neer·de** (de ~; -n) gevangene.

**ge·dicht** (het ~; -en) tekst die in een dichterlijke stijl is geschreven of waarbij het metrum heel belangrijk is (kijk ook bij: **metrum**) ⇒ *vers.*

**ge·diend** (bijv. nw.) *ergens niet van gediend zijn:* iets niet willen, ergens niets van moeten hebben.

**ge·dien·stig** (bijv. nw.) klaar staand om anderen te helpen ⇒ *hulpvaardig.*

**ge·dij·en** (gedijde, heeft of is gedijd) zich goed ontwikkelen, voorspoedig groeien ◆ *de sla gedijt hier goed.*

**ge·ding** (het ~; -en) rechtszaak ◆ *een kort geding:* voor zaken die snel afgehandeld moeten worden; *dat is nu niet in het geding:* (uitdr.) daar zijn we nu niet mee bezig.

**ge·di·plo·meerd** (bijv. nw.) met een diploma* ◆ *een gediplomeerd loodgieter.*

**ge·dis·ci·pli·neerd** [gədiesieplieneert] (bijv. nw.) gewend aan orde en regelmaat ◆ *een gedisciplineerd leger.*

**ge·dis·po·neerd** (bijv. nw.) (deftig) in de stemming voor iets.

**ge·dis·til·leerd** (het ~) drank die door distilleren* bereid is.

**ge·dis·tin·geerd** (bijv. nw.) erg verzorgd, erg beschaafd.

**ge·doe** (het ~) drukte, moeizame bezigheid ◆ *het was een heel gedoe voor we die koffer op zolder hadden; wat een kinderachtig gedoe!:* wat gedragen jullie je kinderachtig!

**ge·doemd** (bijv. nw.) voorbeschikt voor iets slechts ◆ *de expeditie was gedoemd te mislukken.*

**ge·do·gen** (gedoogde, heeft gedoogd) *iets gedogen:* (deftig) je niet tegen iets verzetten, iets toestaan ⇒ *dulden.*

**ge·do·ken** → duiken.

**ge·dol·ven** → delven.

**ge·don·der** (het ~) **1** zwaar, rommelend geluid ⇒ *gebulder* ◆ *in de verte hoorden wij het gedonder van kanonnen* **2** (populair) last, moeilijkheden ◆ *daar komt gedonder van; daar heb je het gedonder in de glazen!:* (uitdr.) nu beginnen de moeilijkheden die ik al verwachtte.

**ge·don·gen** → dingen.

**ge·drag** (het ~) manier waarop je je gedraagt[2]*.

**ge·dra·gen**[1] (bijv. nw.) ▼ *op gedragen toon iets voorlezen:* erg plechtig.

**ge·dra·gen**[2] (gedroeg, heeft gedragen) *je goed, vreemd enz. gedragen:* zo doen, zo handelen ◆ *hij wist zich niet te gedragen:* hij deed onbeleefd; *hoe gedraagt ijzer zich in de kou?:* hoe reageert ijzer op kou?

**ge·dra·gin·gen** (zelfst. nw.; meervoud) manier waarop een mens of dier zich gedraagt.

**ge·drang** (het ~) een heleboel duwende mensen ◆ *zij raakte verdwaald in het gedrang; in het gedrang komen:* (uitdr.) verdrukt dreigen te worden.

**ge·dre·ven**[1] (bijv. nw.) met een sterke drang van binnenuit ⇒ *bezield* ◆ *hij is een gedreven kunstenaar.*

**ge·dre·ven**[2] → drijven.

**ge·drocht** (het ~; -en) wanstaltig, misvormd mens of dier ⇒ *monster.*

**ge·dron·gen**[1] (bijv. nw.) **1** klein en breed ◆ *een gedrongen gestalte* **2** alsof er te veel in een kleine ruimte is samengeperst ⇒ *compact* ◆ *een gedrongen stijl:* waarbij heel veel informatie in weinig woorden wordt gegeven.

**ge·dron·gen**[2] → dringen.

**ge·dron·ken** → drinken.

**ge·dro·pen** → druipen.

**ge·druis** (het ~) veel geluiden door elkaar ⇒ *rumoer* ◆ *feestgedruis.*

**ge·drukt** (bijv. nw.) niet opgewekt, neerslachtig ◆ *een gedrukte stemming.*

**ge·ducht** (bijv. nw.) **1** gevreesd, waar je ontzag voor hebt ◆ *hij is een geduchte tegenstander* **2** hevig, flink, erg ◆ *een geducht pak slaag.*

**ge·duld** (het ~) vermogen en bereidheid om af te wachten ◆ *geduld moeten oefenen:* (uitdr.) geduldig moeten zijn; *iemands geduld op de proef stellen:* (uitdr.) iemand in een situatie brengen waarin hij of zij lang af moet wachten.

**ge·dul·dig** (bijv. nw.) met geduld*.

**ge·du·ren·de** (voorz.) zolang als iets duurt ⇒ *tijdens* ◆ *gedurende de vakantie logeerde hij bij zijn oma.*

**ge·durfd** (bijv. nw.) met veel durf*, zonder angst, schaamte of verlegenheid ⇒ *gewaagd* ◆ *een gedurfd plan.*

**ge·du·rig** (bijw.) aanhoudend, voortdurend ◆ *hij zat mij gedurig aan te staren.*

**ge·dwee** (bijv. nw.) zonder verzet, volgzaam.

**ge·dwon·gen** → dwingen.

**geef** ▼ *dat is te geef!:* dat is bijna voor niks.

**geëigend** ge·ei·gend (bijv. nw.) geschikt voor het doel, passend.

**geel** (bijv. nw.) met de kleur van citroenen ◆ *de gele kaart:* kaart die een scheidsrechter als waarschuwing laat zien aan een speler die een ernstige overtreding begaat.

**geel·tje** (het ~; -s) (in Nederland; populair) biljet van 25 gulden.

**geel·zucht** (de ~) ziekte van de gal, waarbij je een geelachtige huid krijgt ⇒ *hepatitis.*

**geëmancipeerd** ge·eman·ci·peerd (bijv. nw.) gezegd van iemand die zich bevrijd heeft van de maatschappelijke normen die voor hem of haar golden op grond van zijn of haar geslacht, afkomst, positie of ras.

**geëmotioneerd** ge-emo-ti-o-neerd (bijv. nw.) met veel emoties* ◆ *een geëmotioneerde vergadering.*

**geen** (onbep. vnw.) **1** niet een, niet één ◆ *geen mens*: niemand; *ik wil geen woord meer horen*: helemaal niets **2** niet ◆ *ze is nog geen twintig; we hadden geen zin meer*: we hadden niet langer zin.

**geëngageerd** ge-en-ga-geerd [gᵉangᶨaazjᵉert](bijv. nw.) betrokken bij maatschappelijke problemen ◆ *een geëngageerde schrijver.*

**geens-zins** (bijw.)(deftig) helemaal niet ⇒ *allerminst.*

**geërfd** ge-erfd → **erven.**

**geest** (de ~(m.)) **1** het onstoffelijke deel van een mens, het onbewuste of het innerlijke, dat volgens gelovigen voortleeft na je dood ⇒ *ziel, psyche* ◆ *de geest geven*: (uitdr.) sterven **2** verstand, het vermogen om te denken ◆ *je iets voor de geest halen*: (uitdr.) je iets herinneren **3** manier van doen en denken ⇒ *mentaliteit* ◆ *de geest van de tijd; zij handelden in de geest van hun voorganger*: zoals hij gedaan zou hebben **4** (-en) persoon zonder lichaam ⇒ *spook* ◆ *om twaalf uur kwamen de geesten te voorschijn* ▼ *de geest krijgen*: ineens enthousiast aan het werk gaan, inspiratie krijgen; *ze zei iets in de geest van dat ze morgen zou komen*: zoiets zei ze, dat zei ze ongeveer.

**geest-do-dend** (bijv. nw.)(van werk): vervelend, omdat je helemaal niet hoeft na te denken ⇒ *afstompend.*

**geest-drift** (de ~) stemming waarin je zó vol van iets bent dat je er alles voor zou willen doen ⇒ *enthousiasme.*

**geest-drif-tig** (bijv. nw.) vol geestdrift* ⇒ *enthousiast.*

**gees-te-lijk** (bijv. nw.) **1** gezegd van iets dat te maken heeft met de geest* (bet.1 en 2), het tegenovergestelde van 'lichamelijk' ◆ *geestelijk in de war zijn* **2** godsdienstig, het tegenovergestelde van 'wereldlijk' ⇒ *stichtelijk* ◆ *een geestelijk lied.*

**gees-te-lij-ke** (de ~; -n) iemand in dienst van de kerk, zoals een dominee of een priester.

**gees-te-lijk-heid** (de ~(v.)) alle geestelijken* ⇒ *clerus.*

**gees-tes-kind** (het ~; -eren) iets dat door iemand bedacht is ◆ *de stoommachine is het geesteskind van Watt.*

**gees-tes-oog** (zelfst. nw.) ▼ *iets voor je geestesoog zien*: iets in je gedachten voor je zien.

**gees-tes-ziek** (bijv. nw.) ziek van geest* (bet.1 en 2) ⇒ *krankzinnig.*

**geest-grond** (de ~(m.); -en) zanderige grond achter de duinen, die erg geschikt is voor het telen van bloembollen.

**gees-tig** (bijv. nw.) grappig, om te lachen ⇒ *humoristisch* ◆ *een geestige opmerking.*

**gees-tig-heid** (de ~(v.); geestigheden) grappige, gevatte opmerking.

**geest-kracht** (de ~) energie, wilskracht en doorzettingsvermogen samen.

**geest-rijk** (bijv. nw.) ▼ *geestrijk vocht*: drank met alcohol erin.

**geest-ver-rui-mend** (bijv. nw.) met een verruimende invloed op de geest* (bet.1 en 2) ◆ *geestverruimende middelen*: drugs waardoor je de werkelijkheid anders ziet dan die is.

**geest-ver-schij-ning** (het ~; -en) spook.

**geest-ver-want** (de ~(m.); -en) iemand die dezelfde opvattingen heeft als jij.

**geeuw** (de ~(m.); -en) keer dat je geeuwt*.

**geeu-wen** (geeuwde, heeft gegeeuwd) gapen.

**geëxalteerd** ge-exal-teerd (bijv. nw.)(deftig) heel erg opgewonden en overdreven.

**ge-fe-li-ci-teerd** (tussenw.)(om iemand geluk te wensen) ⇒ *proficiat* ◆ *gefeliciteerd met je verjaardag.*

**ge-fin-geerd** (bijv. nw.) verzonnen, bedacht, niet echt ◆ *een gefingeerde naam.*

**ge-flipt** (bijv. nw.)(populair) gezegd van iemand die op een bepaald gebied mislukt is ◆ *een geflipte student.*

**ge-flo-ten** → **fluiten.**

**ge-for-ceerd** (bijv. nw.) gedwongen en daardoor onecht ◆ *een geforceerd glimlachje.*

**ge-for-tu-neerd** (bijv. nw.) met veel geld ⇒ *rijk, vermogend.*

**ge-fu-meerd** (bijv. nw.)(van glas): (in België □) enigszins gekleurd ⇒ *getint* ◆ *een bril met gefumeerde glazen.*

**ge-fun-deerd** (bijv. nw.) *ergens op gefundeerd zijn*: ergens op rusten, ergens op gebaseerd zijn ⇒ *gegrond* ◆ *een gefundeerd oordeel*: waarvoor goede argumenten te geven zijn.

**ge-ga-dig-de** (de ~; -n) iemand die belangstelling heeft voor bijv. een baan of iets dat te koop is.

**ge-ga-ran-deerd** (bijw.) zeker, vast ⇒ *beslist* ◆ *als je zonder jas naar buiten gaat, word je gegarandeerd ziek.*

**ge-ge-ven¹** (het ~; -s) **1** feit dat bekend is ◆ *uit de gegevens viel niet op te maken of er winst gemaakt was*: uit de berekeningen, de cijfers **2** onderwerp van een boek of film ⇒ *thema.*

**ge-ge-ven²** (bijv. nw.) bepaald ◆ *op een gegeven moment kreeg ik een lekke band.*

**ge-gij-zel-de** (de ~; -n) iemand die gegijzeld* wordt ⇒ *gijzelaar.*

**ge-gle-den** → **glijden.**

**ge-glom-men** → **glimmen.**

**ge-goed** (bijv. nw.) met veel bezittingen, vooral met veel geld ⇒ *welgesteld* ◆ *een gegoede familie.*

**ge-gol-den** → **gelden.**

**ge-go-ten¹** (bijv. nw.) ▼ *als gegoten zitten*: precies passen.

**ge-go-ten²** → **gieten.**

**ge-gra-du-eer-de** (de ~(m.); -n)(in België) iemand die aan een hogeschool het diploma heeft behaald van een basisopleiding van één cyclus (dit noem je niet zo in het studiegebied onderwijs).

**ge-gre-pen** → **grijpen.**

**ge-groefd** (bijv. nw.) met groeven*, rimpels of gleuven ◆ *een gegroefd gezicht.*

**ge-grond** (bijv. nw.) **1** terecht, waar je goede redenen voor hebt ⇒ *gefundeerd* ◆ *een gegronde afkeer van iemand hebben* **2** *ergens op gegrond zijn*: ergens op steunen, ergens op gebaseerd zijn ◆ *waarop is jouw mening gegrond?*

**ge-grond-vest** (bijv. nw.) *op iets gegrondvest zijn*: erop steunen, erop gebaseerd zijn.

**ge-haaid** (bijv. nw.) kattig en bijdehand ◆ *hij is zo gehaaid, hem pakken ze niet.*

**ge-haast** (bijv. nw.) waarbij je haast¹* hebt, erg snel en vluchtig ◆ *een gehaast afscheid.*

**ge-had** → **hebben.**

**ge-hakt** (het ~) vlees dat fijngemalen is ◆ *een gehaktbal.*

**ge-hal-te** (het ~; -n of -s) **1** verhouding tussen een bepaald bestanddeel van een stof en de rest ⇒ *percentage* ◆ *het zuurstofgehalte in de lucht* **2** waarde, kwaliteit ◆ *een onderzoek van hoog gehalte.*

**ge-han-di-capt** [gᵉhendiekept, in België: gᵉhandiekapt] (bijv. nw.) met een handicap*.

**ge-hard** (bijv. nw.) *ergens tegen gehard zijn*: zo sterk geworden zijn dat je ergens tegen kunt ♦ *hij is gehard tegen de kou.*

**ge·har·re·war** (het ~) gekibbel, geruzie.

**ge·ha·vend** (bijv. nw.) beschadigd, toegetakeld.

**ge·heel¹** (het ~; gehelen) **1** alle delen bij elkaar ♦ *deze verzameling vormt één geheel; hij verloor het overzicht over het geheel; over het geheel genomen:* (uitdr.) als je niet op de bijzonderheden let, in het algemeen ▼ *in het geheel niets:* helemaal niets.

**ge·heel²** (bijv. nw.) zonder dat er iets aan ontbreekt ⇒ *heel, compleet, volledig, totaal* ♦ *zij is de gehele week weggebleven; zij was geheel in het zwart:* helemaal in het zwart; *een geheel getal:* (rekenen) een getal dat geen breuk is.

**ge·heel·ont·hou·der** (de ~ (m.); -s) iemand die uit principe nooit iets drinkt waar alcohol in zit.

**ge·heid** (bijw.) (populair) vast en zeker, absoluut ♦ *dat wordt geheid een succes.*

**ge·heim¹** (het ~; -en) iets dat anderen niet mogen weten ♦ *daar maak ik geen geheim van:* dat mag iedereen weten; *de geheimen van de diepzee:* het leven dat zich afspeelt onder water en dat niemand precies kent; *in het geheim bereidden zij het feestje voor:* zonder dat anderen het mochten weten; *het is een publiek geheim:* (uitdr.) het is eigenlijk nog een geheim, maar iedereen weet het al; *het geheim van de smid:* (uitdr.) een middel dat of een manier die alleen bekend is aan ingewijden.

**ge·heim²** (bijv. nw.) gezegd van iets dat een geheim[1*] is of moet blijven ♦ *een geheime schuilplaats; de geheime dienst:* dienst van de overheid die in het geheim werkt en die zorgt voor de staatsveiligheid, o.a. door spionage.

**ge·heim·hou·ding** (de ~ (v.)) het niet-bekendmaken ♦ *ik vraag je om geheimhouding.*

**ge·heim·schrift** (het ~; -en) manier om dingen op te schrijven waarbij je geen gebruik maakt van gewone taal, maar van tekens die alleen te begrijpen zijn voor degene voor wie het bericht is bedoeld ⇒ *code.*

**ge·heim·zin·nig** (bijv. nw.) niet te verklaren ⇒ *mysterieus, raadselachtig* ♦ *een geheimzinnige figuur; zij doet zo geheimzinnig:* alsof ze een geheim heeft.

**ge·he·mel·te** (het ~; -n of -s) het bovenste deel van de binnenkant van je mond ⇒ *verhemelte* ♦ *dat streelt het gehemelte:* (uitdr.) dat smaakt heel lekker.

**ge·he·sen** → hijsen.

**ge·heu·gen** (het ~; -s) vermogen om je dingen te herinneren ♦ *dat ligt nog vers in mijn geheugen:* dat herinner ik me nog goed; *het geheugen van een computer:* het deel waarin gegevens worden opgeslagen; *iemands geheugen opfrissen:* iets herhalen wat hij of zij al eerder gehoord heeft; *een geheugen als een ijzeren pot hebben:* (uitdr.) alles onthouden.

**ge·heu·gen·steun·tje** (het ~; -s) hulpmiddel om iets te onthouden.

**ge·he·ven** → heffen.

**ge·hol·pen** → helpen.

**ge·hoor** (het ~) **1** vermogen om te horen[2*] (bet.1) ♦ *zijn gehoor gaat sterk achteruit; zij speelde alles op het gehoor:* (uitdr.) zij speelde alles zomaar na, zonder bladmuziek; *een lied ten gehore brengen:* (uitdr.) het zingen; *gehoor geven aan een uitnodiging:* (uitdr.) die aannemen **2** mensen die luisteren ⇒ *publiek* ♦ *gehoor vinden:* (uitdr.) iemand vinden die naar je wil luisteren.

**ge·hoor·zaal** (de ~; -zalen) zaal in een openbaar gebouw waarin voorstellingen en uitvoeringen worden gegeven ⇒ *aula.*

**ge·hoor·zaam** (bijv. nw.) bereid om te doen wat je opgedragen wordt.

**ge·hoor·za·men** (gehoorzaamde, heeft gehoorzaamd) iemand gehoorzamen: doen wat iemand je opdraagt.

**ge·ho·rig** (bijv. nw.) zó gelegen of gemaakt dat je geluiden uit de omgeving goed hoort ♦ *de flat is erg gehorig.*

**ge·hou·den** (bijv. nw.) (deftig) verplicht ♦ *ik voel me gehouden u alles te vertellen.*

**ge·hucht** (het ~; -en) kleine plaats, dorpje ⇒ *gat.*

**ge·huwd** (bijv. nw.) (deftig) getrouwd.

**gei·ger·tel·ler** [ɣajɣərtɛlər, in België: ɣɛiɣərtɛlər] (de ~ (m.); -s) instrument waarmee je radioactieve stralen kunt opsporen en meten (kijk ook bij: **radioactief**).

**ge·ijkt** (bijv. nw.) gezegd van iets dat je vaak hoort of ziet en daardoor niet meer zo leuk is ⇒ *gangbaar, gebruikelijk* ♦ *de fanfare speelde de geijkte deuntjes.*

**geil** (bijv. nw.) gezegd van een mens die de een dier dat verlangt naar geslachtsgemeenschap.

**gein** (de ~ (m.)) (populair) lol, pret ♦ *gein trappen:* plezier maken.

**gei·nig** (bijv. nw.) (populair) lollig, leuk.

**geïnteresseerd** ge·in·te·res·seerd (bijv. nw.) vol interesse* (bet.1), belangstellend.

**gein·tje** (het ~; -s) (populair) grapje, plagerijtje ♦ *joh, het was maar een geintje.*

**gei·ser** (de ~ (m.); -s) **1** toestel in de badkamer of de keuken dat water verwarmt **2** natuurlijke bron waar warm water uit komt.

**gei·sha** [ɣɛiʃaː] (de ~ (v.); geisha's) Japanse vrouw die o.a. met zang en dans de gasten moet vermaken.

**geit** (de ~; -en) herkauwend dier met hoorns en een sik ♦ *vooruit met de geit!:* (uitdr.; populair) kom op, we gaan beginnen.

**gei·zer** → geiser.

**ge·jaagd** (bijv. nw.) erg haastig en een beetje zenuwachtig ⇒ *jachtig.*

**ge·juich** (het ~) luid vreugdegeroep van een menigte mensen.

**gek¹** (de ~ (m.); -ken) iemand die niet helemaal bij zijn of haar verstand is ⇒ *zot, dwaas* ♦ *iedere gek heeft z'n gebrek:* (uitdr.) er is met iedereen wel wat, niemand is volmaakt; *iemand voor de gek houden:* (uitdr.) voor de grap tegen iemand liegen; *hij is zo gek als een cent, als een deur:* (uitdr.) hij is erg gek; *een jongensgek:* (uitdr.) een meisje dat alleen maar belangstelling voor jongens heeft; *voor gek staan:* (uitdr.) jezelf belachelijk maken; *gekken en dwazen schrijven hun naam op deuren en glazen:* (uitdr.) (dit zeg je als iemand zijn of haar naam overal op schrijft); *één gek kan meer vragen stellen dan tien wijzen kunnen beantwoorden:* (spreekwoord) er zijn vragen waarop je geen zinnig antwoord kunt geven.

**gek²** (bijv. nw.) **1** niet goed bij zijn of haar verstand ⇒ *dwaas, zot* **2** raar, vreemd, eigenaardig ♦ *dat is lang niet gek!:* dat is heel leuk; *dat is te gek om los te lopen:* (uitdr.) dat gaat te ver; *het is van de gekke:* (uitdr.; populair) het is belachelijk **3** gek zijn op iemand of iets: veel van iemand of iets houden ⇒ *dol, verzot* ♦ *ik ben gek op chocola* **4** gek zijn met iemand of iets: uit liefde veel met iemand samendoen of iets veel gebruiken ♦ *hij is gek met z'n nieuwe walkman®; ze is gek met haar broertje.*

**ge·kant** (bijv. nw.) ergens fel tegen gekant zijn: ergens fel tegen zijn, je ergens hevig tegen verzetten.

**ge·ke·ken** → kijken.

**ge·ke·ven** → kijven.

**gek·heid** (de ~ (v.)) malligheid, grapjes, uitgelatenheid ♦ *zonder gekheid, ik meen het:* ik maak geen grapjes; *alle gekheid op een stokje:* (uitdr.) even ernstig zijn.

**gek·ken·huis** (het ~; -huizen) (populair) inrichting voor mensen die krankzinnig zijn ⇒ *gesticht* ♦ *wat is dat hier voor gekkenhuis?:* (uitdr.) een dolle boel, een bende.

**gek·ken·werk** (het ~) veel te veel of veel te gevaarlijk werk, iets dat helemaal niet kan.

**ge·kleed** (bijv. nw.) (van kleding): netjes en geschikt voor officiële gelegenheden ♦ zij droeg een geklede jurk.

**ge·klom·men** → klimmen.

**ge·klon·ken** → klinken.

**ge·klo·ven** → kluiven.

**ge·kne·pen** → knijpen.

**ge·kocht** → kopen.

**gekom-** → gecom-.

**gekon-** → gecon-.

**ge·kor·ven** → kerven.

**ge·kos·tu·meerd** (bijv. nw.) ▼ een gekostumeerd bal: een bal waarop de gasten verkleed zijn.

**ge·ko·zen** → kiezen.

**ge·kre·gen** → krijgen.

**ge·kre·ten** → krijten.

**ge·krom·pen** → krimpen.

**ge·kro·pen** → kruipen.

**gek·sche·rend** (bijv. nw.) vrolijk spottend, om te plagen ⇒ schertsend.

**gek·te** (de ~(v.)) dwaasheid, het helemaal gek zijn van iets ♦ computergekte.

**ge·kun·steld** (bijv. nw.) onecht, onnatuurlijk ⇒ gemaakt.

**ge·kwe·ten** → kwijten.

**gel** [dzjel, in België: zjel] (de ~(m.) of het ~; -s) doorzichtige, niet-vloeibare haarversteviger.

**ge·laat** (het ~) (deftig) gezicht ⇒ aangezicht.

**ge·la·den** (bijv. nw.) vol onplezierige spanning ♦ er heerste een geladen stilte.

**ge·lag** (zelfst. nw.) ▼ het gelag betalen: opdraaien voor een straf die voor meer mensen bedoeld is; dat is een hard gelag: dat is moeilijk te verdragen.

**ge·lag·ka·mer** (de ~; -s) (ouderwets) ruimte in een café, restaurant of hotel waar je wat kunt eten of drinken.

**ge·lang** (zelfst. nw.) ▼ al naar gelang: afhankelijk van, overeenkomstig; mensen kunnen geld geven al naar gelang hun inkomen.

**ge·las·ten** (gelastte, heeft gelast) iemand iets gelasten: iemand iets opdragen, iemand zeggen dat hij of zij iets moet doen ⇒ bevelen, gebieden.

**ge·la·ten** (bijv. nw.) zonder verzet, zonder iets terug te doen of te zeggen ⇒ berustend, lijdzaam ♦ gelaten liet hij haar boze woorden over zich heen komen.

**ge·la·ti·ne** [zjelaatiene] (de ~) stof die uit eiwit bestaat en die je bijv. aan pudding kunt toevoegen om die stevig te maken.

**geld** (het ~) munten en bankpapier om mee te betalen ♦ met gepast geld betalen: met precies zoveel munten en briefjes als nodig is; klein geld: munten; groot geld: bankpapier; voor half geld reizen: voor de halve prijs; het geld groeit me niet op de rug: (uitdr.) ik kan niet zomaar veel geld uitgeven; dat zou ik voor geen geld doen!: (uitdr.) nooit; voor hetzelfde geld was het anders geweest: (uitdr.) het had net zo goed anders kunnen zijn; met geld smijten: (uitdr.) erg veel geld uitgeven; zwemmen in het geld: (uitdr.) erg rijk zijn; geld als slijk verdienen: (in België □; uitdr.) heel veel geld; enkel geld: (in België □) kleingeld.

**geld·au·to·maat** (de ~(m.); -automaten) automaat, bijv. in de muur van een bank of postkantoor, waaruit je met een pinpas en pincode geld kunt halen ⇒ flappentap.

**gel·de·lijk** (bijv. nw.) gezegd van iets dat met geld* te maken heeft ⇒ financieel ♦ iemand geldelijk steunen: met geld, door geld te geven.

**gel·den** (gold, heeft gegolden) van toepassing, van kracht

zijn ♦ hier geldt de regel dat iedereen op tijd moet komen; dat doelpunt geldt niet: het telt niet mee; wat ik zeg, geldt ook voor jou: dat is ook voor jou bedoeld; je doen gelden: (uitdr.) laten merken dat je macht en invloed hebt.

**gel·dig** (bijv. nw.) bruikbaar, van kracht ♦ dit treinkaartje is maar één dag geldig.

**geld·schie·ter** (de ~(m.); -s) iemand die andere mensen veel geld leent.

**geld·stuk** (het ~; -ken) munt die een bepaalde waarde heeft, zoals een kwartje of een vijffrankstuk.

**ge·le·den¹** (bijv. nw.) een bepaalde tijd terug ♦ 100 jaar geleden waren er nog geen computers.

**ge·le·den²** → lijden.

**ge·le·de·ren** (zelfst. nw.; meervoud) groep, vooral van soldaten en strijders ♦ ze liep mee in de achterste gelederen: achteraan in de groep.

**ge·le·ding** (de ~(v.); -en) deel dat met een beweegbare verbinding aan een ander deel verbonden is.

**ge·leed** (bijv. nw.) verdeeld in delen die aan elkaar vastzitten ♦ armen en benen zijn geleed.

**ge·leed·po·ti·gen** (zelfst. nw.; meervoud) ongewervelde dieren waarvan het lichaam uit geledingen bestaat, zoals insecten en kreeften (kijk ook bij: **geleding**).

**ge·leerd** (bijv. nw.) met veel kennis die uit boeken komt ⇒ ontwikkeld, erudiet ♦ een geleerde professor; dat is me te geleerd: dat is zó moeilijk dat ik het niet snap.

**ge·leer·de** (de ~; -n) iemand die erg geleerd* is.

**ge·le·gen¹** (bijv. nw.) **1** liggend op een bepaalde plaats ♦ ons huis is aan een rivier gelegen ▼ er is mij veel aan gelegen: het is heel belangrijk voor mij; gelegen komen: op een geschikt moment komen.

**ge·le·gen²** → liggen.

**ge·le·gen·heid** (de ~(v.); gelegenheden) **1** kans, gunstig moment, mogelijkheid ♦ hij maakte van de gelegenheid gebruik om weg te gaan; iedereen wordt in de gelegenheid gesteld vragen te stellen: iedereen krijgt daartoe de kans; bij gelegenheid: als het een keer goed uitkomt **2** plechtige of feestelijke gebeurtenis ♦ bij zo'n bijzondere gelegenheid hoor je er netjes uit te zien; ik trakteer ter gelegenheid van mijn verjaardag: (uitdr.) omdat ik jarig ben **3** restaurant of café ♦ laten we bij die gelegenheid daar uitrusten.

**gelegenheids-** voor een bepaalde gelegenheid* (bet.2) ♦ gelegenheidskleding.

**ge·lei** [zjelei] (de ~; -en) vloeistof die tot een weke massa gestold is ♦ vruchtengelei: jam.

**ge·lei·de** (het ~) **1** het geleiden* (bet.1) ♦ wij gaan altijd onder geleide van de juf naar het sportveld **2** personen die iemand geleiden* (bet.1).

**ge·lei·de·lijk** (bijv. nw.) gezegd van iets dat langzaam maar zeker tot stand komt ♦ een geleidelijke verandering.

**ge·lei·den** (geleidde, heeft geleid) **1** iemand geleiden: meegaan om iemand de weg te wijzen of te beschermen ⇒ begeleiden, vergezellen **2** iets, bijv. warmte, stroom of geluid, geleiden: iets van het ene punt naar het andere brengen ♦ rubber geleidt niet: daar kan elektrische stroom niet doorheen komen.

**ge·le·ken** → lijken.

**ge·let·terd** (bijv. nw.) gezegd van iemand die veel gelezen heeft ⇒ belezen, erudiet.

**ge·lid** (het ~; gelederen) opstelling van soldaten in een rij ♦ in het gelid staan.

**ge·liefd** (bijv. nw.) gezegd van iemand van wie je veel houdt of van iets wat je graag doet ♦ mijn geliefde zus Marleen; wielrennen is een geliefde sport.

**ge·lief·de** (de ~; -n) man of vrouw van wie je het meeste houdt ⇒ *beminde, liefste.*

**ge·lief·koosd** (bijv. nw.) van wie of waarvan je het meeste houdt ⇒ *lievelings-, uitverkoren, favoriet.*

**ge·lie·ve** ▼ *gelieve* te ...: wees zo vriendelijk om ...; *gelieve hier geen fietsen te plaatsen.*

**ge·lijk¹** (zelfst. nw.) ▼ *gelijk hebben*: iets zeggen dat waar is of klopt; *iemand gelijk geven*: zeggen dat het goed is wat iemand doet of zegt; *de feiten stellen hem in het gelijk*: die bewijzen dat het waar is, dat het klopt wat hij zegt.

**ge·lijk²** (bijv. nw.) hetzelfde als iemand of iets anders ⇒ *identiek, eender, hetzelfde* ♦ *van deze handgemaakte vaasjes zijn er geen twee gelijk.*

**ge·lijk³** (bijw.) **1** op dezelfde manier ⇒ *identiek, eender, hetzelfde* ♦ *zij denken daar gelijk over; mijn horloge loopt precies gelijk*: het geeft de juiste tijd aan **2** op hetzelfde moment ⇒ *tegelijk, tegelijkertijd* ♦ *je kunt niet gelijk praten en opletten* **3** dadelijk, direct ⇒ *onmiddellijk, meteen* ♦ *ik kom gelijk* ▼ *gelijk wie kan dit gedaan hebben*: (in België □) iedereen, wie dan ook; *in gelijk welk geval*: (in België □) in alle gevallen.

**ge·lijk⁴** (voegw.) (ouderwets) zoals.

**ge·lij·ke** (de ~; -n) iemand die in een bepaald opzicht, bijv. in maatschappelijk opzicht of in bekwaamheid, gelijk²* is aan een ander ♦ *hij behandelde mij als gelijke*: hij stelde zichzelf niet boven of beneden mij.

**ge·lij·ke·lijk** (bijw.) (ouderwets) op dezelfde manier ♦ *ze verdeelde de taart gelijkelijk*: ze gaf iedereen een even groot stuk.

**ge·lij·ken** (geleek, heeft geleken) *op iemand of iets gelijken*: (ouderwets) op iemand of iets lijken.

**ge·lij·ke·nis** (de ~(v.); -sen) **1** het hebben van dezelfde uiterlijke kenmerken als iemand of iets anders ⇒ *overeenkomst* ♦ *zij vertoont een grote gelijkenis met haar oma*: zij lijkt uiterlijk erg op haar oma **2** verhaal met een verborgen diepere betekenis ⇒ *parabel* ♦ *in de bijbel staan veel gelijkenissen.*

**ge·lijk·lui·dend** (bijv. nw.) (van woorden, antwoorden, meningen enz.): met dezelfde betekenis ♦ *gelijkluidende voorstellen*: die op hetzelfde neerkomen.

**ge·lijk·ma·tig** (bijv. nw.) steeds gelijk, zonder uitschieters ♦ *ze heeft een erg gelijkmatig humeur*: ze is nooit erg droevig en nooit erg blij.

**ge·lijk·spel** (het ~) wedstrijduitslag waarbij de partijen hetzelfde aantal punten behalen, zodat geen van beide wint of verliest ♦ *de wedstrijd eindigde in gelijkspel.*

**ge·lijk·stroom** (de ~(m.)) elektrische stroom zoals die bijv. uit een accu of batterij komt.

**ge·lijk·tij·dig** (bijv. nw.) op hetzelfde moment ⇒ *tegelijk, tegelijkertijd.*

**ge·lijk·vloers** (bijv. nw.) op de begane grond ♦ *in dit huis liggen alle kamers gelijkvloers; een gelijkvloerse verkeerskruising*: zonder viaducten.

**ge·lijk·waar·dig** (bijv. nw.) met dezelfde waarde, kracht enz., even goed of sterk ♦ *William is een gelijkwaardige tegenstander.*

**ge·likt** (bijv. nw.) zo dat mensen het direct mooi of leuk vinden (gezegd door anderen die het oppervlakkig vinden) ♦ *een gelikte vent; gelikte muziek.*

**ge·li·mi·teerd** (bijv. nw.) begrensd, beperkt ♦ *er was een gelimiteerd aantal plaatsen beschikbaar.*

**ge·li·ni·eerd** (bijv. nw.) ▼ *gelinieerd* papier: papier met lijntjes.

**ge·lof·te** (de ~(v.); -n) plechtige belofte.

**ge·lo·gen** → liegen.

**ge·lood** (bijv. nw.) waar lood in zit ♦ *gelode* benzine.

**ge·loof** (het ~; geloven) **1** vast vertrouwen in het bestaan van een god ♦ *het christelijk geloof*: het vertrouwen in God en in de waarheid van de bijbel **2** overtuiging dat het waar is wat iemand zegt ♦ *geloof aan iets hechten*: denken dat het waar is wat gezegd wordt.

**ge·loofs·be·lij·de·nis** (de ~(v.); -sen) vaste formule waarmee je je geloof (bet.1) belijdt.

**ge·loofs·brie·ven** (zelfst. nw.; meervoud) papieren waaruit blijkt wat je achtergronden zijn en wat je overtuiging is (bijv. bij een sollicitatie).

**ge·loofs·over·tui·ging** (de ~(v.); -en) datgene waarin je vast gelooft, het geloof (bet.1) waarvan je overtuigd bent.

**ge·loof·waar·dig** (bijv. nw.) waarvan je wel kunt geloven (bet.3) dat het waar is ⇒ *overtuigend, aannemelijk* ♦ *ik vind zijn verhaal niet erg geloofwaardig.*

**ge·lo·ven** (geloofde, heeft geloofd) **1** in iemand of iets geloven: volledig op iemand of iets vertrouwen, veel goeds van iemand of iets verwachten ♦ *zij gelooft* in astrologie; *geloof jij?*: (uitdr.) geloof jij in God? **2** iemand geloven: aannemen, erop vertrouwen dat het waar is wat iemand zegt ♦ *geloof hem toch niet, hij liegt!* **3** iets geloven: iets als waar, echt beschouwen ♦ *niet te geloven* zo mooi: onwaarschijnlijk mooi ▼ *eraan moeten geloven*: aan de beurt zijn om iets vervelends te doen of te ondergaan.

**ge·lo·vig** (bijv. nw.) gezegd van iemand die gelooft* (bet.1) in God en de bijbel ⇒ *godsdienstig, religieus, vroom.*

**ge·lo·vi·ge** (de ~; -n) iemand met een bepaalde godsdienst.

**ge·luid** (het ~; -en) iets dat je kunt horen en dat zich door middel van trillingen door de lucht voortbeweegt ♦ *het geluid van kerkklokken; dat is eens een ander geluid*: (uitdr.) dat is een andere mening dan je gewoonlijk hoort.

**ge·luids·ap·pa·ra·tuur** (de ~(v.)) apparatuur waarmee je geluid kunt opnemen en afspelen ⇒ *audioapparatuur.*

**ge·luids·bar·riè·re** (zelfst. nw.) ▼ *de straaljager doorbreekt de geluidsbarrière*: hij gaat sneller dan het geluid, waardoor je een enorme knal hoort.

**ge·luids·hin·der** (de ~(m.)) last die je hebt van geluid, bijv. van een vliegveld, de snelweg of de buren ⇒ *geluidsoverlast.*

**ge·luids·in·stal·la·tie** (de ~(v.); -s) combinatie van apparaten die voor muziek zorgen, zoals een radio, een platenspeler, een cassettedeck en een versterker.

**ge·luids·muur** (de ~(v.); -muren) (in België □) geluidsbarrière.

**ge·luids·wal** (de ~(m.); -len) wal of muur langs een snelweg die dient om geluidsoverlast te verminderen.

**ge·luimd** (bijv. nw.) goed, slecht enz. geluimd zijn: in een goede, slechte enz. stemming zijn ⇒ *gestemd, gehumeurd.*

**ge·luk** (het ~) gunstige samenloop van omstandigheden, gunstig toeval ⇒ *fortuin, voorspoed* ♦ *een klavertje vier brengt geluk; hij zei maar wat op goed geluk*: (uitdr.) in de hoop dat het toevallig goed zou zijn; *ze mag wel van geluk spreken dat het zo afgelopen is*: (uitdr.) daar mag ze blij mee zijn.

**ge·luk·ken** (gelukte, is gelukt) (ouderwets) lukken.

**ge·luk·kig** (bijv. nw.) **1** heel blij en tevreden met iets of iemand ♦ *ze zijn erg gelukkig met elkaar; als je niet ophoudt, ben je nog niet gelukkig!*: (dit zeg je als dreigement) **2** geluk* brengend, vol geluk* ♦ *gelukkig nieuwjaar; toen kwam ik op de gelukkige gedachte Bram mee te vragen*: dat was een goed idee.

**ge·luk·kig**[2] (bijw.) tot je blijdschap ♦ *gelukkig werd ze snel weer beter.*

**ge·luks·vo·gel** (de ~(m.); -s) iemand die altijd geluk heeft, wie alles meezit, het tegenovergestelde van 'pechvogel' ⇒ *bofferd, bofkont.*

**ge·luk·za·lig** (bijv. nw.) heel erg gelukkig, innig tevreden.

**ge·maakt** (bijv. nw.) onecht, onnatuurlijk ⇒ *gekunsteld* ♦ *ze spreekt erg gemaakt:* ze spreekt de woorden op een zogenaamd deftige manier uit.

**ge·maal** (zelfst. nw.; gemalen) **1** (de ~(m.); vrouw: gemalin) (deftig) echtgenoot, man **2** (het ~) pomp of molen die een polder droog moet maken of houden.

**ge·mak** (het ~) **1** rust, kalmte, bedaardheid ♦ *hou je gemak!:* ga niet zo tekeer!; *je op je gemak voelen:* niet bang of onrustig zijn, je thuis voelen; *op z'n duizend gemakken:* (in België □; uitdr.) rustig, zonder inspanning **2** toestand waarin geen inspanning nodig is ♦ *hij deed die sommen met het grootste gemak:* zonder moeite **3** (-ken) iets dat je moeite en inspanning bespaart ⇒ *comfort, gerief* ♦ *de caravan is van alle gemakken voorzien; ergens veel gemak van hebben; gemak dient de mens:* (uitdr.) (dit zeg je als je gebruik maakt van iets dat een gemak voor je betekent).

**ge·mak·ke·lijk** (bijv. nw.) **1** gezegd van iets dat je zonder veel inspanning kunt doen, het tegenovergestelde van 'moeilijk' ⇒ *makkelijk* ♦ *gemakkelijke sommen; dat is gemakkelijk te leren; zij is niet gemakkelijk:* ze is lastig in de omgang **2** comfortabel, gerieflijk ⇒ *makkelijk* ♦ *een gemakkelijke stoel; maak het je gemakkelijk:* ga lekker zitten.

**ge·maks·hal·ve** (bijw.) voor het gemak* (bet.2), omdat het minder moeite kost ♦ *gemakshalve hadden ze de afwas in de regen gezet.*

**ge·mak·zucht** (de ~) houding waarbij je je niet wilt inspannen omdat je daar het nut niet van inziet ♦ *het is pure gemakzucht dat hij niet wil leren koken.*

**ge·mak·zuch·tig** (bijv. nw.) gezegd van iemand die erop uit is om zich niet te hoeven inspannen.

**ge·ma·lin** → gemaal.

**ge·mas·kerd** (bijv. nw.) met een masker* op ♦ *een gemaskerde bandiet; een gemaskerd bal:* waarbij iedereen een masker op heeft.

**ge·ma·tigd** (bijv. nw.) niet tot het uiterste gaand, niet onbeheerst, maat* (bet.1) houdend ♦ *een gematigd persoon:* iemand die niet overdreven is in zijn of haar denken of doen; *een gematigd klimaat:* dat niet al te koud en niet al te warm is.

**gem·ber** (de ~(m.)) geelachtige wortel van een tropische plant, die gedroogd of gekonfijt gegeten wordt.

**ge·me·den** → mijden.

**ge·meen** (bijv. nw.) **1** niet eerlijk, vals, kwetsend ⇒ *laag* ♦ *een gemene streek* **2** (ouderwets) gemeenschappelijk ♦ *iets met iemand gemeen hebben:* (uitdr.) eenzelfde eigenschap hebben als iemand anders **3** (ouderwets) gewoon, alledaags ♦ *het gemene volk.*

**ge·meen·goed** (het ~) idee dat algemeen bekend en aanvaard is ♦ *die ideeën zijn gemeengoed geworden.*

**ge·meen·plaats** (de ~; -en) iets dat vaak gezegd wordt en dat daardoor niet veel betekenis meer heeft ⇒ *cliché.*

**ge·meen·schap** (de ~(v.)) **1** (-pen) groep mensen die volgens bepaalde afspraken samenwerkt of samenwerkt ♦ *een klooster**gemeenschap**; de Europese Gemeenschap:* organisatie van een aantal Europese landen die o.a. samenwerken op het gebied van de handel; *het onderwijs wordt betaald door de gemeenschap:* de hele samenleving betaalt eraan mee **2** (in België) elk van de drie culturele groepen van het land ♦ *de Vlaamse, de Franse en de*

Duitstalige *gemeenschap* ▼ *in gemeenschap van goederen getrouwd zijn:* zo dat alle bezittingen van man en vrouw samen zijn; *gemeenschap hebben:* geslachtsgemeenschap.

**ge·meen·schap·pe·lijk** (bijv. nw.) van meer mensen, gezamenlijk ♦ *gemeenschappelijk bezit; dat hebben we in gemeenschappelijk overleg besloten:* met elkaar.

**ge·meen·schaps·mi·nis·ter** (de ~(m.); -s) (in België) minister van de Vlaamse, de Franse of de Duitstalige gemeenschap ♦ *de gemeenschapsminister van cultuur.*

**ge·meen·schaps·on·der·wijs** (het ~) (in België) onderwijs dat georganiseerd wordt door de Vlaamse, Franse of Duitstalige Gemeenschap (tot 1985: rijksonderwijs).

**ge·meen·te** (de ~(v.); -n of -s) **1** gebied dat door een burgemeester en wethouders (in België: schepenen) wordt bestuurd ♦ *de gemeente Goes omvat de stad Goes en de omliggende dorpen* **2** groep gelovigen van een protestantse kerk ♦ *bij het binnenkomen van de dominee staat de gemeente op.*

**ge·meen·te·huis** (het ~; -huizen) gebouw waar het bestuur van een gemeente (bet.1) gevestigd is ⇒ *raadhuis, stadhuis.*

**ge·meen·te·lijk** (bijv. nw.) van de gemeente* (bet.1), met de gemeente* (bet.1) te maken hebbend.

**ge·meen·te·pils** (het ~) (grappig) water uit de kraan.

**ge·meen·te·raad** (de ~(m.); -raden) raad die door de burgers van een gemeente (bet.1) gekozen is om, onder leiding van de burgemeester, die gemeente te besturen.

**ge·meen·te·rei·ni·ging** (de ~(v.)) gemeentelijke dienst die zorgt voor het ophalen van vuilnis en het schoonhouden van straten.

**ge·meen·zaam** (bijv. nw.) (deftig) als gelijke met iemand omgaand, informeel ♦ *de ouders vonden dat de leraar te gemeenzaam met de leerlingen was.*

**ge·mê·leerd** (bijv. nw.) uit mensen of dingen bestaand die veel van elkaar verschillen, gemengd ♦ *een gemêleerd gezelschap; het tapijt is gemêleerd:* er zitten verschillende kleuren in.

**ge·me·lijk** (bijv. nw.) knorrig, chagrijnig.

**ge·mengd** (bijv. nw.) bestaande uit verschillende soorten ♦ *een gemengd huwelijk:* tussen mensen van verschillend ras of geloof; *een gemengd bedrijf:* een boerenbedrijf met landbouw en veeteelt; *gemengde gevoelens over iets hebben:* bedenkingen bij iets hebben, geen enthousiast voorstander van iets zijn.

**ge·meu·bi·leerd** (bijv. nw.) van kamers: waar meubels in staan.

**ge·mid·deld** (bijv. nw.) **1** ergens tussen de uitersten in gelegen, gewoon ⇒ *doorsnee* ♦ *de gemiddelde Nederlander; een huis van gemiddelde grootte* **2** met precies die waarde die ontstaat door alle getallen bij elkaar te tellen en te delen door het aantal getallen ♦ *een gemiddelde snelheid van 50 km per uur; de gemiddelde regenval per jaar.*

**ge·mid·del·de** (het ~; -s of -n) getal dat ontstaat door alle getallen op te tellen en door het aantal getallen te delen ♦ *het gemiddelde van 3, 4 en 8 is 5.*

**ge·mier** (het ~) gezeur, gedoe ♦ *dat gemier over die afwas!*

**ge·mis** (het ~) het ontbreken van iets dat of iemand die je nodig hebt ♦ *het is een heel gemis dat hij niet meer hier woont.*

**ge·moed** (het ~; -eren) innerlijk, binnenste ♦ *op iemands gemoed werken:* iemand proberen te overtuigen met argumenten die zijn of haar gevoelens raken; *de gemoederen waren verhit:* (uitdr.) iedereen was erg emotioneel; *zijn gemoed schoot vol:* (uitdr.) hij werd emotioneel; *de gemoederen waren gesust:*(uitdr.) de mensen waren gekalmeerd.

**ge·moe·de·lijk** (bijv. nw.) vriendelijk en gezellig, niet stijf ◆ *gemoedelijke mensen; hij vatte het nogal gemoedelijk op:* hij deed er niet moeilijk over.

**ge·moeds·rust** (de ~) innerlijke rust, vooral de rust die je hebt als je niets verkeerds hebt gedaan.

**ge·moeds·toe·stand** (de ~(m.); -en) stemming waarin je bent.

**ge·moeid** (bijv. nw.) *(van zaken) ergens mee gemoeid zijn:* ergens voor nodig zijn ◆ *daar is veel werk mee gemoeid.*

**ge·mol·ken** → melken.

**ge·mo·to·ri·seerd** (bijv. nw.) met een motor* (bet.1) ◆ *gemotoriseerd verkeer:* dat bestaat uit auto's, motoren en brommers.

**gems** (de ~; gemzen) dier dat op een geit lijkt en dat in de bergen leeft ⇒ *klipgeit, berggeit.*

**ge·munt** (bijv. nw.) ▼ *het op iemand gemunt hebben:* iemand te pakken willen nemen; *hij heeft het op mijn geld gemunt:* hij wil me mijn geld afpakken.

**gen** (het ~; -en) deeltje in de cellen van levende organismen dat ervoor zorgt dat erfelijke eigenschappen worden overgedragen (kijk ook bij: **organisme**).

**ge·naamd** (bijv. nw.) met de naam*.

**ge·na·de** (de ~) **1** vergeving van iets dat iemand fout heeft gedaan ⇒ *vergiffenis* ◆ *de gevangene smeekte om genade; iemand genade schenken; Gods genade:* de goedheid van God, die alle mensen hun zonden vergeeft; *dat plan vindt geen genade in mijn ogen:* ik keur dat plan af ▼ *goeie genade!:* (uitroep van verbazing of verontwaardiging).

**ge·na·de·brood** (zelfst. nw.) ▼ *genadebrood eten:* voor je levensonderhoud afhankelijk zijn van de goedheid van anderen.

**ge·na·de·loos** (bijv. nw.) zonder enig medelijden ◆ *een genadeloze afstraffing.*

**ge·na·de·schot** (het ~) dodelijk schot, waarmee een mens of dier uit zijn lijden verlost wordt.

**ge·na·de·slag** (de ~(m.)) laatste slag, waarmee iemand of iets definitief te gronde wordt gericht ◆ *dat was de genadeslag voor ons bedrijf.*

**ge·na·dig** (bijv. nw.) welwillend, niet al te streng ◆ *hij werd genadig behandeld; ze gaf me een genadig knikje:* ze knikte me vriendelijk maar ook wat uit de hoogte toe.

**ge·na·geld** (ww.) ▼ *als aan de grond genageld staan:* niet van je plaats kunnen door schrik of verwondering.

**ge·na·ken** (genaakte, is genaakt) (deftig) naderen ⇒ *naken* ◆ *de lente genaakt.*

**gê·nant** [zɛnant] (bijv. nw.) gezegd van iets dat je in verlegenheid brengt ⇒ *beschamend* ◆ *wat een gênante vertoning!*

**ge·nas** → genezen.

**ge·na·zen** → genezen.

**ge·ne** (aanw. vnw.) (ouderwets) die daar ⇒ *gindse* ◆ *aan gene zijde van de rivier:* aan de overkant; *deze en gene:* (uitdr.) sommige mensen.

**gê·ne** (Frans) [zɛːnə] (de ~) schaamte, verlegenheid.

**ge·ne·a·lo·gie** (de ~(v.); genealogieën) **1** leer van familiestambomen ⇒ *geslachtkunde* **2** stamboom.

**ge·nees·heer** (de ~(m.); -heren) (deftig) dokter.

**ge·nees·krach·tig** (bijv. nw.) helpend tegen ziekte ◆ *een geneeskrachtige bron.*

**ge·nees·kun·de** (de ~(v.)) wetenschap van ziekten en de genezing daarvan ⇒ *geneeskunst.*

**ge·nees·kun·dig** (bijv. nw.) te maken hebbend met geneeskunde* ⇒ *medisch* ◆ *een geneeskundig onderzoek.*

**ge·nees·kunst** (de ~(v.)) geneeskunde.

**ge·nees·mid·del** (het ~; -en) middel dat bedoeld is om je beter te maken ⇒ *medicijn.*

**ge·nees·wij·ze** (de ~(v.); -n) manier om iemand te genezen ◆ *alternatieve geneeswijzen:* andere manieren om mensen te genezen dan die in de studie medicijnen geleerd wordt.

**ge·ne·gen¹** (bijv. nw.) **1** *tot iets genegen zijn:* tot iets bereid zijn ◆ *daartoe was ze niet genegen:* dat wilde ze niet doen **2** *iemand genegen zijn:* iemand gunstig gestemd zijn, welwillend tegen iemand zijn ◆ *zij is mij zeer genegen.*

**ge·ne·gen²** → nijgen.

**ge·ne·gen·heid** (de ~(v.)) gevoel dat je voor iemand hebt die je aardig vindt ⇒ *sympathie* ◆ *ik koester een grote genegenheid voor hem.*

**ge·neigd** (bijv. nw.) *tot iets geneigd zijn:* ergens voor voelen, ergens toe overhellen ◆ *ik ben geneigd het te geloven; ze is erg geneigd tot overdrijven.*

**ge·ne·pen** → nijpen.

**ge·ne·raal¹** (de ~(m.); -s) hoogste officier in het leger.

**ge·ne·raal²** (bijv. nw.) algemeen ◆ *de directeur-generaal:* de hoogste directeur, de topdirecteur; *de generale repetitie van een toneelstuk:* de laatste oefening voor de uitvoering, met alles erop en eraan.

**ge·ne·ra·li·se·ren** (generaliseerde, heeft gegeneraliseerd) op grond van één geval een heleboel gevallen op dezelfde manier beoordelen.

**ge·ne·ra·tie** (de ~(v.); -s) mensen van ongeveer dezelfde leeftijd, die in dezelfde periode jong, volwassen of oud zijn ◆ *hij is van mijn generatie; een nieuwe generatie computers:* (uitdr.) computers van een nieuw model, met nieuwe mogelijkheden; *de generatie nix:* de jongeren van nu, zo genoemd door mensen die een erg negatief beeld van hen hebben; *immigranten van de eerste, tweede enz. generatie:* immigranten die uit het buitenland hier zijn komen wonen, hun kinderen die hier zijn opgegroeid enz..

**ge·ne·ra·tie·kloof** (de ~; -kloven) verschil in opvattingen tussen mensen van verschillende generaties, vooral tussen kinderen en ouders.

**ge·ne·ra·tor** (de ~(m.); -en of -s) machine die stroom opwekt.

**ge·ne·ren** [zəˈneːrən] (geneerde, heeft gegeneerd) *je ergens voor generen:* je voor iets schamen ◆ *hij geneert zich voor zijn afkomst; geneer je niet!:* (uitdr.) ga rustig je gang!

**ge·ne·reus** (bijv. nw.) royaal, grootmoedig ◆ *met een genereus gebaar schonk ze de vereniging honderd gulden.*

**ge·ne·riek** (de ~(v.); -en) (in België □) lijst met de titels en de namen van de medewerkers aan een film of tv-programma, die verschijnt bij het begin of het einde ervan ⇒ *titelrol.*

**ge·ner·lei** (onbep. vnw.) (ouderwets) geen enkele ◆ *dat kunnen we op generlei wijze bereiken.*

**ge·ne·tisch** (bijv. nw.) te maken hebbend met erfelijkheid ◆ *genetisch onderzoek:* onderzoek naar erfelijke eigenschappen.

**ge·neug·ten** (zelfst. nw.; meervoud) (deftig) genoegens.

**ge·ne·zen** (genas) **1** (heeft genezen) *iemand genezen:* iemand beter, gezond maken ◆ *de dokter heeft hem genezen; iemand ergens van genezen:* (uitdr.) iemand ergens vanaf helpen **2** (is genezen) beter, gezond worden ◆ *de wond wilde maar niet genezen.*

**ge·ni·aal** (bijv. nw.) als een genie* (bet.1) of als van een genie* (bet.1) ◆ *dat is een geniaal idee:* een heel goed idee.

**ge·nie** [zjəni̯e](zelfst. nw.) **1** (het ~; genieën) iemand die ergens ontzettend veel aanleg voor heeft ◆ *Bach was een muzikaal genie* **2** (de ~(v.)) onderdeel in het leger dat o.a. voor de aanleg van bruggen zorgt.

**ge·niep** (zelfst. nw.) ▼ *in het geniep:* (populair) stiekem.

**ge·nie·pig** (bijv. nw.) stiekem en een beetje gemeen ◆ *een geniepige streek.*

**ge·nie·ten** (genoot, heeft genoten) **1** ergens van genieten: ergens plezier aan beleven ◆ *ik genoot van zijn verbaasde gezicht* **2** iets genieten: (deftig) iets hebben, iets krijgen ◆ *hij genoot een goed salaris; dat geniet mijn voorkeur* ▼ *niet te genieten zijn:* een slecht humeur hebben, heel vervelend doen.

**genitaliën** ge·ni·ta·li·en (zelfst. nw.; meervoud) geslachtsorganen.

**ge·ni·us** (Latijn) [geːni̯əjus](zelfst. nw.) ▼ *mijn goede genius:* mijn beschermengel; *hij is mijn kwade genius:* hij verleidt mij tot kwaad.

**ge·no·dig·de** (de ~; -n) iemand die uitgenodigd* (bet.1) is ⇒ *gast.*

**ge·noeg** (onbep. vnw.) **1** zoveel als nodig is ⇒ *voldoende* ◆ *er is genoeg te eten voor iedereen; we hebben geen melk genoeg; hij is oud genoeg om zelf te beslissen; er genoeg van hebben:* (uitdr.) niet meer door willen gaan, het zat zijn; *ergens geen genoeg van kunnen krijgen:* (uitdr.) iets steeds heel leuk blijven vinden ▼ *vreemd genoeg kwam hij terug:* het was nogal vreemd dat hij terugkwam; *jammer genoeg is het mislukt:* helaas.

**ge·noeg·doe·ning** (de ~(v.); -en) vergoeding voor de schade die of het onrecht dat je geleden hebt ◆ *ik eis genoegdoening voor deze belediging; iemand genoegdoening schenken.*

**ge·noe·gen** (het ~) **1** tevredenheid, plezier ◆ *tot zijn genoegen bleef er nog veel pudding over; ergens genoegen mee nemen:* (uitdr.) ergens tevreden mee zijn **2** (-s) iets leuks, iets plezierigs ◆ *de genoegens van het buitenleven; het was mij een waar genoegen:* ik vond het erg leuk; *doe me een genoegen en houd je mond.*

**ge·noeg·lijk** (bijv. nw.) gezellig en knus.

**ge·noeg·zaam** (bijv. nw.) voldoende ◆ *deze kwestie is nu genoegzaam besproken.*

**ge·no·men** → nemen.

**ge·noot** → genieten.

**ge·noot·schap** (het ~; -pen) vereniging, bond.

**ge·not** (het ~) **1** het genieten* (bet.1) ◆ *onder het genot van een kopje koffie bespraken we het plan* **2** groot genoegen, iets waarvan je geniet* (bet.1) ◆ *het was een waar genot om die twee samen te zien dansen.*

**ge·no·ten** → genieten.

**ge·not·mid·del** (het ~; -en) dingen die je voor je plezier gebruikt, namelijk koffie, tabak en alcohol.

**gen·re** [zjãːrə](het ~; -s) soort, stijl, vooral in de kunst ◆ *schilderijen van dat genre vind ik erg mooi.*

**gen·ster** (de ~; -s) (in België □; ouderwets) vonk.

**gen·ti·aan** (de ~; gentianen) klein plantje met langwerpige blauwpaarse bloemetjes, dat in de bergen groeit.

**gent·le·man** (Engels) [dzjentəlmən](de ~; gentlemen) heer, vooral iemand die zich tegenover vrouwen galant gedraagt ◆ *als een echte gentleman hielp hij zijn zus in haar jas.*

**gent·le·men's agree·ment** (de ~) herenakkoord.

**ge·nu·an·ceerd** (bijv. nw.) waarbij je fijne onderscheidingen maakt ◆ *een genuanceerd oordeel.*

**geo·drie·hoek** (de ~(m.); -en) hulpmiddel om hoeken te tekenen.

**ge·oe·fend** (bijv. nw.) met veel ervaring of training ◆ *een geoefend zwemmer.*

**ge·o·gra·fie** (de ~(v.)) aardrijkskunde.

**ge·o·gra·fisch** (bijv. nw.) aardrijkskundig, te maken hebbend met geografie*.

**ge·o·lo·gie** (de ~(v.)) wetenschap van de samenstelling en van het ontstaan van de aardkorst.

**ge·oor·loofd** (bijv. nw.) toegestaan, toegelaten.

**ge·or·ven** → erven.

**ge·ou·til·leerd** [geːœtieje̯eːrt](bijv. nw.) voorzien van apparaten, daarmee uitgerust ◆ *een goed geoutilleerde keuken.*

**ge·paard** (bijv. nw.) *ergens mee gepaard gaan:* ergens van vergezeld gaan.

**ge·par·fu·meerd** (bijv. nw.) met een kunstmatig geurtje ◆ *geparfumeerde zeep.*

**ge·past** (bijv. nw.) **1** zoals hoort, fatsoenlijk ◆ *zo'n opmerking is niet gepast* ▼ *met gepast geld betalen:* met precies zoveel geld als nodig is, zodat er niet terugbetaald hoeft te worden.

**ge·pa·voi·seerd** [geːpaːvwazze̯eːrt](bijv. nw.) met vlaggen versierd.

**ge·pen·si·o·neerd** (bijv. nw.) met pensioen* ◆ *zijn vader is gepensioneerd.*

**ge·pe·perd** (bijv. nw.) *(van eten):* met veel peper* erin ⇒ *scherp* ◆ *hij gebruikt gepeperde taal:* (uitdr.) scherpe, wat grove taal; *een gepeperde rekening:* (uitdr.) die erg hoog is.

**ge·peu·pel** (het ~) gewone mensen (zo genoemd door mensen die daarop neerkijken) ⇒ *plebs, grauw.*

**ge·pi·keerd** (bijv. nw.) geërgerd en beledigd, op je teentjes getrapt ⇒ *geraakt.*

**ge·plo·zen** → pluizen.

**ge·por·teerd** (bijv. nw.) *voor iemand of iets geporteerd zijn:* veel met iemand of iets ophebben, veel in iemand of iets zien ◆ *hij is daarvoor geporteerd:* hij vindt dat een goed idee.

**ge·pre·oc·cu·peerd** (bijv. nw.) **1** vooringenomen **2** in beslag genomen door je gedachten.

**ge·pres·seerd** (bijv. nw.) (deftig) gehaast.

**ge·pre·zen** → prijzen.

**ge·prik·keld** (bijv. nw.) uit je humeur, geïrriteerd.

**ge·pro·non·ceerd** (bijv. nw.) gezegd van iets dat duidelijk uitkomt ⇒ *uitgesproken* ◆ *hij heeft daar een geprononceerde mening over:* het is duidelijk wat hij daarvan vindt; *een geprononceerde neus:* die erg opvalt.

**ge·pro·por·ti·o·neerd** (bijv. nw.) met bepaalde proporties* ◆ *die jongen is goed geproportioneerd:* hij heeft een goede, evenwichtige lichaamsbouw.

**ge·raakt** (bijv. nw.) boos en beledigd, op je teentjes getrapt ⇒ *gepikeerd.*

**ge·raam·te** (het ~; -n of -s) **1** alle botten van een mens of dier zonder vlees eromheen ⇒ *skelet* **2** vaste onderdelen die de vorm van iets bepalen ⇒ *frame* ◆ *het geraamte van een schip.*

**ge·rad·braakt** (bijv. nw.) heel erg moe en overal pijn voelend ◆ *na de lange wandeltocht was hij geradbraakt.*

**ge·ra·den** (bijv. nw.) raadzaam, aan te raden* ◆ *dat is je geraden!:* dat kun je maar beter doen!

**ge·raf·fi·neerd** (bijv. nw.) doortrapt, sluw ◆ *zij kan geraffineerd liegen:* op zo'n listige manier dat je het bijna niet doorhebt.

**ge·ra·ken** (geraakt, is geraakt) (deftig) raken* (bet.4) ◆ *ik geraak niet op tijd klaar:* (in België □) ik krijg mijn werk niet op tijd af; *hoe geraak ik in Brussel?:* (in België □) hoe kom ik in Brussel?

**ge·ra·ni·um** (de ~; -s) plant met rode, roze of witte bloemen, die je vaak in bloembakken ziet.

**ge·rant** [zjeːrãː, in België: geːrant](de ~(m.); -en of -s) iemand die de leiding heeft in een hotel of restaurant.

**ger·be·ra** (de ~; gerbera's) bepaalde snijbloem.

**ge·recht** (het ~; -en) **1** onderdeel van een maaltijd dat in één schaal wordt opgediend ⇒ *schotel* ◆ *in dat kookboek staan lekkere gerechten; als voorgerecht kregen we soep* **2** plaats waar rechters recht spreken ⇒ *rechtbank* ◆ *de misdadiger moest voor het gerecht verschijnen*.

**ge·rech·te·lijk** (bijv. nw.) gezegd van iets dat te maken heeft met het gerecht* (bet.2) ◆ *een gerechtelijk onderzoek: dat door de rechter is ingesteld.*

**ge·rech·tigd** (bijv. nw.) gezegd van iemand die het recht* (bet.3) of de bevoegdheid heeft iets te doen ◆ *de onderwijzer is gerechtigd om les te geven; daar ben je niet toe gerechtigd.*

**ge·rech·tig·heid** (de ~ (v.)) rechtvaardigheid ◆ *eindelijk gerechtigheid!:* (dit zeg je als er iets gebeurt waarvan jij al lang vond dat het moest gebeuren).

**ge·rechts·die·naar** (de ~ (m.); -dienaren of -s) (ouderwets) politieagent.

**ge·rechts·hof** (het ~; -hoven) (in Nederland) hogere rechtbank (waarvan er in Nederland vijf zijn) (in België: hof van beroep).

**ge·recht·vaar·digd** (bijv. nw.) gezegd van iets waar voldoende reden voor is ⇒ *terecht* ◆ *de woede van zijn vader was niet gerechtvaardigd.*

**ge·re·den** → rijden.

**ge·reed** (bijv. nw.) klaar ◆ *alle kinderen stonden gereed om te vertrekken.*

**ge·reed·schap** (het ~; -pen) werktuigen die je nodig hebt om iets te doen of te maken ◆ *een hamer is een handig stuk gereedschap; keukengereedschap:* werktuigen zoals mixers en messen.

**ge·re·for·meerd** (bijv. nw.) protestant volgens de ideeën van de theoloog Calvijn.

**ge·re·geld** (bijv. nw.) **1** ordelijk, waarin regelmaat zit ◆ *hij leidt een geregeld leven:* een kalm leven, volgens vaste gewoonten **2** regelmatig terugkerend ◆ *hij komt geregeld te laat; zij is een geregelde bezoekster van de bioscoop:* ze gaat vaak naar de film.

**ge·re·gen** → rijgen.

**ge·rei** (het ~) alles wat je nodig hebt om iets te doen of te maken ⇒ *benodigdheden* ◆ *keukengerei:* pannen, lepels enz.; *naaigerei:* naalden, garen, spelden enz..

**ge·remd** (bijv. nw.) gezegd van iemand die zich niet vrij voelt om te laten merken wat hij of zij vindt ◆ *in een grote groep mensen is zij geremd.*

**ge·ren** (geerde, heeft gegeerd) (van kleding): naar onderen toe iets wijder worden.

**ge·re·nom·meerd** (bijv. nw.) gezegd van iets dat of iemand die bekend staat als heel goed ⇒ *vermaard* ◆ *dat is een gerenommeerd restaurant.*

**ge·re·ser·veerd** (bijv. nw.) met een afwachtende houding, op een afstand blijvend ⇒ *terughoudend* ◆ *we werden gereserveerd begroet.*

**ge·re·ten** → rijten.

**ge·re·zen** → rijzen.

**ge·ri·a·trie** (de ~ (v.)) zorg voor de gezondheid van oude mensen.

**ge·richt** (het ~) (ouderwets) gerecht (bet.2).

**ge·rief** (het ~) (ouderwets) gemak, comfort ◆ *zij heeft veel gerief van haar auto; er werd koffie verkocht ten gerieve van de bezoekers:* (uitdr.) om het voor de bezoekers aangenaam te maken.

**ge·rief·lijk, ge·rie·fe·lijk** (bijv. nw.) met veel gerief* ⇒ *comfortabel* ◆ *dat huis is gerieflijk ingericht:* het is van alle gemakken voorzien.

**ge·rie·ven** (geriefde, heeft geriefd) *iemand gerieven:* iemand van dienst zijn, iemand een plezier doen ◆ *om haar te gerieven zette hij de radio zachter.*

**ge·ring** (bijv. nw.) **1** klein in hoeveelheid ◆ *een gering aantal leerlingen had een voldoende gehaald; de kosten waren gering:* niet hoog **2** met weinig betekenis, niet belangrijk ◆ *hij heeft een geringe dunk van haar:* hij vindt haar als persoon niet veel waard; *dat is niet gering!:* dat is niet mis!

**ge·ring·schat·tend** (bijv. nw.) waaruit blijkt dat je iemand of iets niet belangrijk of niet veel waard vindt ◆ *zij keek hem geringschattend aan:* een beetje minachtend.

**Ger·maans** (bijv. nw.) ▼ *Germaanse talen:* talen zoals Nederlands, Duits en Engels die aan elkaar verwant zijn.

**ger·ma·nist** (de ~ (m.); -en), vrouw: **ger·ma·nis·te** (de ~ (v.); -s of -n) iemand die Germaanse talen bestudeert.

**ge·roe·ze·moes** (het ~) gedempt geluid van veel mensen die door elkaar praten ◆ *toen de leraar even de klas uit was, begon het geroezemoes.*

**ge·ro·ken** → ruiken.

**ge·ron·nen** (bijv. nw.) (van bloed): opgedroogd, gestold.

**ge·rou·ti·neerd** [ɡəroetienee̯rt] (bijv. nw.) met veel routine* ⇒ *ervaren, bedreven.*

**gers** (bijv. nw.) (populair) geweldig.

**gerst** (de ~) bepaald soort graan.

**ger·ste·nat** (het ~) bier.

**ge·rucht** (het ~; -en) **1** bericht dat wordt rondverteld, maar waarvan je niet zeker weet of het waar is ◆ *het gerucht gaat dat de vakantie een dag eerder begint* **2** geluid, zacht lawaai.

**ge·rucht·ma·kend** (bijv. nw.) gezegd van iets dat opzien baart ⇒ *opzienbarend* ◆ *er stond een geruchtmakend interview in de krant.*

**ge·ruim** (bijv. nw.) tamelijk lang ◆ *het zal nog geruime tijd duren voor we klaar zijn.*

**ge·ruis·loos** (bijv. nw.) geen geluid makend, onhoorbaar ◆ *een geruisloze motor; hij vertrok geruisloos:* zonder dat iemand het merkte.

**ge·rust¹** (bijv. nw.) **1** kalm, rustig, omdat je nergens bang voor hoeft te zijn ◆ *hij ging gerust slapen; zij is er niet gerust op:* zij maakt zich er zorgen over ▼ *iemand gerust laten:* (in België □) iemand met rust laten.

**ge·rust²** (bijw.) zonder bezwaar ◆ *komt gerust binnen!; dat durf ik gerust!*

**ge·rust·stel·len** (stelde gerust, heeft gerustgesteld) *iemand geruststellen:* iemand zeggen dat hij of zij niet meer bezorgd of bang hoeft te zijn ◆ *vader was pas gerustgesteld toen we weer thuis waren.*

**ge·scha·keerd** (bijv. nw.) met verschillende kleuren ◆ *een bont geschakeerd bloemperk.*

**ge·scha·pen** → scheppen.

**ge·sche·nen** → schijnen.

**ge·schenk** (het ~; -en) cadeau.

**ge·sche·ten** → schijten.

**ge·schie·den** (geschiedde, is geschied) (deftig) gebeuren ◆ *er is een wonder geschied; wat gij niet wilt dat u geschiedt, doe dat ook een ander niet:* (spreekwoord) je moet een ander niet iets aandoen waarvan je niet zou willen dat het jou overkwam.

**ge·schie·de·nis** (de ~ (v.)) **1** wetenschap die zich bezighoudt met wat er in het verleden is gebeurd ⇒ *historie* ◆ *hij geeft les in geschiedenis; de vaderlandse geschiedenis:* de geschiedenis van je eigen land; *de geschiedenis herhaalt zich:* (dit zeg je als er iets gebeurt dat al eerder gebeurd is) **2** (-sen) verhaal over iets dat gebeurd is ⇒ *historie* ◆ *dat is een vreemde geschiedenis.*

**ge·schied·kun·dig** (bijv. nw.) gezegd van iets dat te maken heeft met de geschiedenis* (bet.1) ⇒ *historisch* ◆ *een geschiedkundig boek.*

**ge·schied·schrij·ver** (de ~(m.); -s) iemand die de geschiedenis (bet.1) beschrijft.

**ge·schied·ver·val·sing** (de ~(v.)) het expres niet juist weergeven van wat er in het verleden gebeurd is.

**ge·schift** (bijv. nw.)(populair) niet goed wijs ⇒ getikt.

**ge·schikt** (bijv. nw.) **1** geschikt zijn voor iets: goed voor iets gebruikt kunnen worden, iets goed kunnen doen ♦ hij is heel **geschikt** voor dat werk; die oude fiets is niet **geschikt** voor fietstochten; die film is niet **geschikt** voor kinderen: kinderen kunnen er beter niet naar kijken **2** met wie je prettig kunt omgaan ♦ die leraar is een **geschikte** vent.

**ge·schil** (het ~; -len) onenigheid, verschil van mening.

**ge·schol·den** → schelden.

**ge·scho·len** → schuilen.

**ge·schon·den** → schenden.

**ge·schon·ken** → schenken.

**ge·schoold** (bijv. nw.) gezegd van iemand die op een school* (bet.1) geleerd heeft voor het werk dat hij of zij doet ♦ een **geschoolde** arbeider; zij heeft een **geschoolde** stem: zij heeft zangles gehad.

**ge·scho·ren** → scheren.

**ge·scho·ten** → schieten.

**ge·scho·ven** → schuiven.

**ge·schre·den** → schrijden.

**ge·schre·ven** → schrijven.

**ge·schrift** (het ~; -en) geschreven of gedrukt stuk tekst.

**ge·schrok·ken** → schrikken.

**ge·schulpt** (bijv. nw.) met een versiering van ronde, schelpvormige boogjes ♦ een rok met een **geschulpt** randje aan de zoom.

**ge·schut** (het ~) kanonnen en mitrailleurs ♦ hij begint met grof **geschut**:(uitdr.) met zware dreigementen.

**ge·sel** (de ~(m.); -s) zweep die wordt gebruikt om iemand te straffen.

**ge·se·len** (geselde, heeft gegeseld) iemand geselen: iemand met een gesel* slaan ♦ hij werd door angst **gegeseld**: (uitdr.) hij werd daardoor gekweld; de hagel **geselt** de ruiten:(uitdr.) die slaat er hard tegenaan.

**ge·ser·reerd** (bijv. nw.)(van taal): met weinig woorden, waarin je kort en krachtig zegt wat je bedoelt ⇒ bondig ♦ ze schrijft in een **geserreerde** stijl.

**ge·set·teld** (bijv. nw.) gezegd van iemand die iets bereikt heeft in de maatschappij en daar erg tevreden mee is.

**ge·si·tu·eerd** (bijv. nw.) in een bepaalde maatschappelijke positie ♦ ze is goed **gesitueerd**: ze heeft behoorlijk veel geld.

**ge·sjoch·ten** (bijv. nw.) **1** (populair) helemaal getikt, gek ⇒ mesjogge **2** arm, verloederd.

**ge·slaagd** (bijv. nw.) gezegd van iets dat een succes is ♦ dat feest was **geslaagd**.

**ge·slacht** (het ~; -en) **1** mannelijke of vrouwelijke soort waartoe een mens of dier behoort ⇒ sekse, kunne ♦ een kater is een dier van het mannelijk **geslacht**; het zwakke **geslacht**:(uitdr.) de vrouwen **2** alle personen die dezelfde stamvader hebben ⇒ familie ♦ zij stamt uit een adellijk **geslacht 3** geslachtsorgaan **4** (taal) mannelijke, vrouwelijke of onzijdige woordsoort ♦ het **geslacht** van het woord 'onderneming' is vrouwelijk, dat van 'vader' is mannelijk en dat van 'huis' is onzijdig **5** (biologie) groep dieren of planten die een afdeling vormen van een dieren- of plantenfamilie.

**ge·slach·te·lijk** (bijv. nw.) gezegd van iets dat te maken heeft met het mannelijk of vrouwelijk geslacht* (bet.1) ⇒ seksueel ♦ **geslachtelijke** verschillen: verschillen in geslacht, tussen mannen en vrouwen.

**ge·slachts·daad** (de ~; -daden) daad bij het vrijen waarbij de man zijn penis in de vagina van de vrouw brengt ⇒ coïtus, geslachtsgemeenschap.

**ge·slachts·deel** (het ~; -delen) orgaan waarmee mannen zich kunnen voortplanten en waardoor ze plassen ⇒ penis.

**ge·slachts·de·len** (zelfst. nw.; meervoud) lichaamsdelen van mannen en vrouwen die nodig zijn voor de voortplanting.

**ge·slachts·ge·meen·schap** (de ~(v.)) geslachtsdaad ⇒ coïtus.

**ge·slachts·or·gaan** (het ~; -organen) deel van het lichaam dat nodig is bij de voortplanting.

**ge·slachts·rijp** (bijv. nw.) gezegd van mensen en dieren die zo ver ontwikkeld zijn dat ze zich kunnen voortplanten.

**ge·slachts·ziek·te** (de ~(v.); -n of -s) ziekte zoals aids of syfilis, die je kunt krijgen door met iemand seks te hebben zonder bescherming van een condoom.

**ge·sla·gen** → slaan.

**ge·sle·pen**[1] (bijv. nw.) gezegd van iemand die zijn of haar slimheid alleen gebruikt om er zelf beter van te worden ⇒ listig, sluw, uitgekookt.

**ge·sle·pen**[2] → slijpen.

**ge·sle·ten** → slijten.

**ge·slon·ken** → slinken.

**ge·slo·pen** → sluipen.

**ge·slo·ten**[1] (bijv. nw.) gezegd van iemand die niet of bijna niet laat merken wat hij of zij voelt of vindt.

**ge·slo·ten**[2] → sluiten.

**ge·smeerd** (bijw.) ▼ het loopt **gesmeerd**:(populair) zonder moeilijkheden, soepeltjes.

**ge·sme·ten** → smijten.

**ge·smol·ten** → smelten.

**ge·sne·den** → snijden.

**ge·sno·pen** (voltooid deelwoord)(grappig maar eigenlijk fout) gesnapt ♦ heb je dat **gesnopen**?: begrijp je dat?

**ge·sno·ten** → snuiten.

**ge·sno·ven** → snuiven.

**ge·soig·neerd** [gǝswanjɛɛrt](bijv. nw.) verzorgd, keurig netjes ♦ hij zag er **gesoigneerd** uit.

**ge·sor·teerd** (bijv. nw.) met verschillende soorten bij elkaar ♦ een doos **gesorteerde** koekjes; dat warenhuis is goed **gesorteerd**: er is veel keus in artikelen.

**gesp** (de ~; -en) beugeltje met een pennetje eraan waarmee je een riem dichtmaakt.

**ge·span·nen** (bijv. nw.) **1** gezegd van iets waarin een uitbarsting dreigt ♦ ze hebben een **gespannen** verhouding: ze kunnen ieder moment ruzie krijgen **2** gezegd van iemand die geestelijk veel moet verwerken en daardoor zenuwachtig en prikkelbaar is.

**ge·speend** (bijv. nw.) ergens van gespeend zijn: iets niet hebben, iets missen ♦ hij is **gespeend** van ieder gevoel voor humor.

**ge·spe·ten** → spijten.

**ge·spierd** (bijv. nw.) met sterke spieren* ♦ zij gebruikt gespierde taal:(uitdr.) zij durft nogal wat te zeggen.

**ge·spitst** (bijv. nw.) ergens op gespitst zijn: ergens speciaal op letten ♦ hij is **gespitst** op ieder geluid: hij let gespannen op of hij iets hoort.

**ge·sple·ten** → splijten.

**ge·spo·gen** → spugen.

**ge·spon·nen** → spinnen.

**ge·spo·ten** → spuiten.

**ge·sprek** (het ~; -ken) het met elkaar praten ♦ zij voeren een lang **gesprek**; zij is in **gesprek** met de directeur; dat telefoonnummer is in **gesprek**:(dit zeg je als degene die je op wilt bellen op dat moment met een ander aan het telefoneren is, zodat je hem of haar niet kunt bereiken); *dat is het **gesprek** van de dag:* (uitdr.) daar wordt veel over gepraat.

**ge·spreks·stof** (de ~) onderwerpen waarover je met iemand kunt praten ♦ *die film leverde veel **gespreksstof.***

**ge·spro·ken** → spreken.

**ge·spron·gen** → springen.

**ge·spro·ten** → spruiten.

**ge·spuis** (het ~) slecht volk ⇒ *gajes.*

**ge·staag, ge·sta·dig** (bijw.) zonder ophouden en in een tempo dat steeds gelijk blijft ♦ *hij werkte **gestaag** door; de hoeveelheid nam **gestaag** toe.*

**ge·stal·te** (de ~ (v.); -n of -s) vorm van een lichaam ⇒ *gedaante, figuur* ♦ *een lange **gestalte; gestalte** geven aan een plan:* (uitdr.) er vorm aan geven, het uitvoeren.

**ge·stand** (bijv. nw.) ▼ *je belofte **gestand** doen:* doen wat je beloofd hebt.

**Ges·ta·po** (Duits) [ʁɛstaːpoː of ɡɛstaːpoː] (de ~) (verkorting) **Ge**heime **Sta**ats**po**lizei; dit was de Duitse geheime staatspolitie in de tijd dat Hitler regeerde (1933-1945).

**ges·te** [ʒɛstə] (de ~; -s) handeling waaruit je goede wil blijkt ⇒ *gebaar* ♦ *ze bood mij haar hulp aan; dat was een vriendelijke **geste.***

**ge·steen·te** (het ~; -n of -s) steensoort ♦ *de ruimtevaarders namen allerlei **gesteenten** mee van de maan.*

**ge·ste·gen** → stijgen.

**ge·stel** (het ~; -len) aangeboren toestand van je lichaam ⇒ *constitutie* ♦ *hij heeft een zwak **gestel**:* hij is gauw ziek.

**ge·steld** (bijv. nw.) ▼ *hoe is het met jou **gesteld**?:* hoe gaat het me je?; *op iemand **gesteld** zijn:* iemand aardig vinden, van iemand houden.

**ge·steld·heid** (de ~ (v.); gesteldheden) toestand, staat ⇒ *conditie* ♦ *zijn lichamelijke **gesteldheid** laat te wensen over; de weers**gesteldheid.***

**ge·stemd** (bijv. nw.) vrolijk, somber enz. gestemd zijn: in een vrolijke, sombere enz. stemming* (bet.1) zijn.

**ge·stern·te** (het ~; -n) **1** alle sterren* (bet.1) ♦ *bij helder weer kun je 's nachts het **gesternte** goed zien* **2** groep sterren* (bet.1) die op een bepaalde manier aan de hemel staan ⇒ *sterrenbeeld* ♦ *ik dank mijn goede **gesternte** dat ik het ongeluk aan zag komen:* (uitdr.) ik ben blij dat ik het ongeluk aan zag komen (zodat ik iets kon doen waardoor het niet gebeurde).

**ge·ste·ven** → stijven.

**ge·sticht** (het ~; -en) plaats waar mensen die krankzinnig zijn wonen en verzorgd worden (kijk ook bij: **krankzinnig**) ⇒ *inrichting.*

**ges·ti·cu·le·ren** (gesticuleerde, heeft gegesticuleerd) gebaren maken ♦ *na de botsing stapten de chauffeurs uit en begonnen ze heftig te **gesticuleren.***

**ge·sto·ken** → steken.

**ge·sto·len** → stelen.

**ge·ston·ken** → stinken.

**ge·stoord** (bijv. nw.) gezegd van mensen die een geestelijke stoornis hebben ⇒ *gek, krankzinnig.*

**ge·stor·ven** → sterven.

**ge·sto·ven** → stuiven.

**ge·stre·den** → strijden.

**ge·stre·ken** → strijken.

**ge·strest** (bijv. nw.) druk en zenuwachtig.

**ge·stroom·lijnd** (bijv. nw.) *(o.a. van auto's, boten en vliegtuigen):* gebouwd in een model met vloeiende lijnen, waardoor bij voortbeweging de lucht- of waterweerstand kleiner wordt (kijk ook bij: **weerstand**) ♦ *de raceauto was **gestroomlijnd.***

**ge·taand** (bijv. nw.) *(van huid):* bruingeel verkleurd ♦ *de*

boer had een **getaand** gezicht door het werken in de buitenlucht.

**ge·tal** (het ~; -len) nummer dat uit een of meer cijfers bestaat ♦ *noem eens een **getal** onder de tien; het publiek stroomde toe in groten **getale**:* (uitdr.) er kwam veel publiek.

**ge·tand** (bijv. nw.) met tanden* (bet.2) ♦ *om brood te snijden gebruik je een **getand** mes; de bladeren van een brandnetel zijn **getand.***

**ge·tapt** (bijv. nw.) gezegd van iemand die door veel mensen aardig gevonden wordt ⇒ *populair.*

**ge·tei·sem** (het ~) (populair) tuig, schooiers ⇒ *gespuis, schorremorrie.*

**ge·te·kend** (bijv. nw.) **1** *(van mensen):* met scherpe lijnen van verdriet of vermoeidheid in het gezicht ♦ *haar gezicht was **getekend** door gebrek aan slaap* **2** *(van dieren):* met een bepaald patroon op de huid ♦ *tropische vissen zijn vaak prachtig **getekend.***

**ge·tij, ge·ti·je** (het ~; -den) eb of vloed ⇒ *tij* ♦ *het **getij** is laag:* het is eb.

**ge·tikt** (bijv. nw.) (populair) gek ⇒ *geschift.*

**ge·tint** (bijv. nw.) gekleurd ♦ *ze droeg een geel met rood **getinte** trui.*

**ge·ti·teld** (bijv. nw.) met de titel* (bet.1) ♦ *dit boek is **getiteld** 'Alice in Wonderland':* zo heet het.

**ge·to·gen¹** (bijv. nw.) ▼ *ik ben geboren en **getogen** in Zeeland:* ik ben daar geboren en opgegroeid.

**ge·to·gen²** → tijgen.

**ge·trof·fen** → treffen.

**ge·trok·ken** → trekken.

**ge·troos·ten** (getroostte, heeft getroost) *je ergens moeite voor getroosten:* ergens moeite voor doen.

**ge·trouw** (bijv. nw.) (ouderwets) trouw ♦ *de **getrouwe** hond volgde zijn baas overal; ze bleef haar belofte **getrouw**:* ze deed wat ze beloofd had; *naast de koning zaten zijn **getrouwen**:* zijn trouwe dienaren.

**ge·trouwd** (bijv. nw.) gezegd van mensen die samen een huwelijk hebben gesloten ⇒ *gehuwd* ♦ *mijn ouders zijn in juli 25 jaar **getrouwd.***

**get·to** [ʁɛttoː of ɡɛttoː] (het ~; getto's) apart woongebied van mensen die samen een groep vormen ♦ *in de Tweede Wereldoorlog mochten joden alleen in **getto's** wonen:* in speciaal voor hen bedoelde woonwijken.

**get·to·blas·ter** (Engels) [ʁɛttoːblaːstər] (de ~ (m.); -s) grote draagbare stereo radiocassetterecorder, die keihard kan spelen.

**ge·tui·ge¹** (de ~; -n) iemand die bij een gebeurtenis is geweest, zodat hij of zij later kan vertellen hoe die gebeurtenis plaatsvond ♦ *ik was **getuige** van het ongeluk; de rechter vroeg aan de **getuige** wat hij zich van de bankoverval herinnerde; een **getuige** bij een huwelijk:* iemand, bijv. een vriend, vriendin of familielid van bruid of bruidegom, die met een handtekening bevestigt dat het huwelijk voltrokken is.

**ge·tui·ge²** (voorz.) zoals blijkt uit ⇒ *blijkens* ♦ ***getuige** haar vele vrienden is ze erg populair.*

**ge·tui·gen** (getuigde, heeft getuigd) **1** *iets getuigen:* als getuige* een verklaring van iets afleggen ♦ *ze **getuigde** dat ze drie mannen met revolvers had gezien* **2** *ergens van getuigen:* iets laten zien, ergens blijk van geven ♦ *die opmerking **getuigt** niet van fijngevoeligheid.*

**ge·tui·ge·nis** (de ~ (v.) of het ~; -sen) verklaring van een getuige* ⇒ *getuigenverklaring* ♦ *hij legde **getuigenis** af van de misdaad.*

**ge·tuig·schrift** (het ~; -en) officieel papier waarop staat dat je je werk goed hebt gedaan.

**geul** (de ~; -en) smalle langwerpige uitholling waar water door kan stromen.

**geur** (de ~(m.); -en) dat wat je ruikt ⇒ *lucht* ♦ *de geur van gebakken uien; hij vertelde het verhaal in geuren en kleuren:*(uitdr.) *hij vertelde het op een leuke manier met alle bijzonderheden erbij.*

**geu·ren** (geurde, heeft gegeurd) **1** (deftig) lekker ruiken ♦ *hij gaf haar een bos geurende seringen* **2** met iets geuren: met iets pronken ♦ *ze geurde met haar nieuwe tas.*

**geu·rig** (bijv. nw.) lekker ruikend ⇒ *geurend.*

**geur·vlag** (de ~; -gen) spoor dat een dier maakt met urine om zijn gebied af te bakenen.

**geus** (de ~(m.); geuzen) **1** (geschiedenis) tegenstander van de regering van koning Philips II tijdens de Tachtigjarige Oorlog in de Nederlanden **2** (in België ◻)(scheldnaam voor iemand die niet katholiek is).

**geu·ze** (de ~(m.)) zwaar, donker Brussels bier.

**ge·vaar** (het ~; gevaren) kans dat er iets ergs gebeurt ♦ *zonder licht op je fiets loop je het gevaar aangereden te worden; de zieke is buiten gevaar; die auto is een gevaar op de weg; het gevaar is geweken:*(uitdr.) *er is geen gevaar meer.*

**ge·vaar·lijk** (bijv. nw.) gevaar* opleverend ⇒ *onveilig* ♦ *zwaai niet zo gevaarlijk met dat mes!; dat is een gevaarlijke spoorwegovergang:* de kans op ongelukken is daar groot.

**ge·vaar·te** (het ~; -n of -s) iets dat zo groot is dat je ervan onder de indruk bent.

**ge·val** (het ~) **1** toestand, situatie ♦ *in jouw geval zou ik nooit meer bij hem op bezoek gaan: als ik jou was; in geval van brand moet je op de alarmknop drukken:* als er brand is; *we dachten dat hij zou komen, maar dat was niet het geval:* dat gebeurde niet, hij kwam niet **2** ding waarvan je niet precies wilt of kunt zeggen wat het is ♦ *hoe heet zo'n geval ook alweer waarmee je slagroom klopt?*

**ge·vang** (het ~) gevangenis ♦ *de boeven zitten in het gevang.*

**ge·van·gen** (bijv. nw.) opgesloten in de gevangenis ♦ *de dief werd gevangen genomen.*

**ge·van·ge·ne** (de ~; -n) iemand die in de gevangenis zit.

**ge·van·ge·nis** (de ~(v.); -sen) gebouw waarin misdadigers worden opgesloten ⇒ *gevang, nor, bajes, lik, bak* ♦ *in de gevangenis zitten.*

**ge·van·ge·nis·straf** (de ~; -fen) straf die eruit bestaat dat je opgesloten wordt in de gevangenis.

**ge·van·gen·schap** (de ~(v.)) het gevangen* zijn.

**ge·va·ren·drie·hoek** (de ~(m.); -en) driehoek van rood reflecterend plastic die je als waarschuwing op de weg zet bij autopech.

**ge·vat** (bijv. nw.) gezegd van iemand die overal iets op terug weet te zeggen ⇒ *ad rem, slagvaardig* ♦ *ze antwoordde steeds gevat; dat was een gevatte opmerking.*

**ge·vecht** (het ~; -en) keer dat je vecht* (bet.1) ⇒ *vechtpartij* ♦ *in het gevecht raakten veel soldaten gewond; het was een gevecht op leven en dood:*(uitdr.) *het ging om overleven of sterven.*

**ge·ve·derd** (bijv. nw.) met veren* (bet.1) ♦ *vogels zijn onze gevederde vrienden.*

**ge·vel** (de ~(m.); -s) voorkant van een gebouw ♦ *aan de gevel van de winkel hing een lichtreclame.*

**ge·vel·steen** (de ~(m.); -stenen) bijzondere steen waarmee je een gevel versiert.

**ge·vel·toe·rist** (de ~(m.); -en)(grappig) inbreker die gebouwen binnen probeert te komen door langs de gevel omhoog te klimmen.

**ge·ven** (gaf, heeft gegeven) **1** iemand iets geven: iemand iets schenken, iemand iets aanreiken ♦ *hij gaf haar een paar nieuwe wanten; geef mij dat kopje eens; het was*

haar niet **gegeven** een keer te winnen: *het mocht niet zo zijn dat ze een keer won; eens gegeven blijft gegeven!:* (uitdr.) *als je iets geeft, moet je het niet terug willen hebben* **2** *iets geven:* iets verschaffen, iets bezorgen ♦ *die kinderen geven een hoop last; raad geven; gelegenheid geven; een koe geeft melk* **3** *om iemand of iets geven:* van iemand of iets houden ♦ *ik geef niets meer om hem; geef jij om chocola?* **4** *je aan iemand of iets geven:* je aan iemand of iets overgeven, je helemaal voor iemand of iets inzetten ♦ *hij gaf zich volledig aan de muziek* **5** *iemand of iets een klap, duw, trap enz. geven:* iemand of iets die toebrengen **6** *iets geven:* iets onderwijzen ♦ *meneer Smidt geeft natuurkunde* ▼ *een feest geven:* een feest houden; *dat geeft niets:* dat is niet erg.

**ge·vest** (het ~; -en) handvat van een steekwapen.

**ge·ves·tigd** (bijv. nw.) **1** vaststaand ♦ *de gevestigde orde:* de manier waarop de maatschappij in elkaar zit **2** allang bestaand ♦ *die gevestigde zaak gaat steeds over van vader op zoon.*

**ge·vierd** (bijv. nw.) beroemd en door iedereen geprezen ♦ *het concert van de gevierde zangeres was al snel uitverkocht.*

**ge·vleid** (bijv. nw.) blij met een compliment ♦ *je gevleid voelen.*

**ge·vleu·geld** (bijv. nw.) **1** met vleugels* (bet.1) ♦ *een vleermuis is een gevleugeld dier* ▼ *gevleugelde woorden:* spreuk die of gezegde dat iedereen kent en gebruikt.

**ge·vlij** (zelfst. nw.) ▼ *bij iemand in het gevlij proberen te komen:* moeite doen om te zorgen dat iemand je aardig vindt.

**ge·vloch·ten** → vlechten.

**ge·vlo·den** → vlieden.

**ge·vlo·gen** → vliegen.

**ge·voch·ten** → vechten.

**ge·voeg** (zelfst. nw.) ▼ *je gevoeg doen:*(deftig) je behoefte doen, poepen.

**ge·voeg·lijk** (bijw.) zonder dat het onbehoorlijk is ♦ *na de pauze kun je gevoeglijk weggaan.*

**ge·voel** (het ~; -ens) dat wat je voelt* ♦ *als ik aan haar denk, krijg ik een prettig gevoel; daar heb ik gemengde gevoelens over:* ik weet niet wat ik daarvan moet vinden; *op je gevoel afgaan:* doen wat je vindt dat je moet doen, zonder lang na te denken; *hij heeft weinig gevoel voor humor:* hij is niet grappig en vindt grapjes niet leuk.

**ge·voe·len** (gevoelde, heeft gevoeld) iets gevoelen:(deftig) iets voelen.

**ge·voe·lig** (bijv. nw.) **1** gezegd van iemand die snel met zijn of haar gevoel* op iets reageert ⇒ *sensitief* ♦ *ze is erg gevoelig voor muziek* **2** pijnlijk ♦ *de plek op m'n arm waar ik me gestoten heb, is nog steeds gevoelig* **3** (van instrumenten): nauwkeurig ♦ *om hele lichte dingen te wegen heb ik een gevoelige weegschaal nodig* **4** (in België ◻) ingrijpend ♦ *een gevoelige verbetering.*

**ge·voel·loos** (bijv. nw.) zonder gevoel* ♦ *mijn handen waren gevoelloos door de kou.*

**ge·voels·ma·tig** (bijv. nw.) volgens je gevoel*, het tegenovergestelde van 'verstandelijk' ⇒ *intuïtief* ♦ *gevoelsmatig ben ik ertegen, maar als ik erover nadenk heb je misschien wel gelijk.*

**ge·vo·gel·te** (het ~) **1** dode vogels die opgegeten worden, zoals kip en eend ♦ *de poelier verkocht wild en gevogelte* **2** (ouderwets) alle vogels.

**ge·volg** (het ~; -en) **1** dat wat ergens uit volgt* (bet.4) ⇒ *consequentie* ♦ *ze kon de gevolgen van haar daad niet overzien; ze legde het rijexamen met goed gevolg af:* ze slaagde; *gevolg geven aan een uitnodiging:* daarop ingaan; *ten gevolge van het slechte weer kon hij niet ko-*

men: (uitdr.) door het slechte weer **2** groep mensen die iemand volgt* (bet.1) ◆ *de prins en zijn **gevolg** keerden terug naar het paleis.*

**ge·volg·trek·king** (de ~(v.); -en) dat wat je ergens uit af-leidt ⇒ *conclusie* ◆ *gevolgtrekkingen maken.*

**ge·von·den** → vinden.

**ge·vor·derd** (bijv. nw.) tamelijk hoog, ver of goed ◆ *een cursus voor **gevorderden**; hij is een man van **gevorderde** leeftijd: hij is tamelijk oud.*

**gevreeën** ge·vree·en → vrijen.

**ge·vro·ren** → vriezen.

**ge·waad** (het ~; gewaden) (deftig) kledingstuk, meestal een jurk ◆ *de bruid droeg een lang, wit **gewaad**.*

**ge·waagd** (bijv. nw.) **1** gezegd van dingen die een gevaar met zich meebrengen ⇒ *gevaarlijk, gedurfd* ◆ *zeilen bij storm is mij te **gewaagd** **2** bijna niet meer fatsoenlijk ⇒ *pikant* ◆ *een avondjapon met een **gewaagde** split aan de zijkant* **3** *aan iemand gewaagd zijn*: ongeveer even goed zijn als iemand anders.

**ge·waar·wor·den** (werd gewaar, is gewaargeworden) **1** ie-mand of iets gewaarworden: iemand of iets opmerken, zien ⇒ *ontwaren* ◆ *in de verte **werd** ik een man op een paard **gewaar** **2** iets gewaarworden: (in België □) zich be-wust worden van iets, iets merken ⇒ *beseffen, inzien* ◆ *hij **werd** niet **gewaar** dat iedereen hem uitlachte.*

**ge·waar·wor·ding** (de ~(v.); -en) het gewaarworden* (bet.1) ⇒ *sensatie* ◆ *het was een rare **gewaarwording** voor haar toen ze wakker werd in een andere kamer.*

**ge·wag** (zelfst. nw.) ▼ *ergens gewag van maken*: (deftig) iets bekendmaken, iets melden; *de krant maakte geen **gewag** van de brand in de binnenstad*: (deftig) in de krant stond niets over de brand.

**ge·wa·gen** (gewaagde, heeft gewaagd) *van iets gewagen*: (deftig) melding maken van iets, ergens iets over vertel-len ◆ *haar dagboek **gewaagt** van haar jeugd.*

**ge·wa·pend** (bijv. nw.) **1** met wapens* ◆ *een **gewapende** overval* **2** beschermd of versterkt ◆ *in **gewapend** beton of glas zitten metalen staven of draden om het sterker te maken.*

**ge·was** (het ~; -sen) al wat er aan planten groeit ◆ *de boer vond dat het **gewas** er goed bij stond: het koren, de aardappelen, de sla enz..*

**ge·wat·teerd** (bijv. nw.) gezegd van stof en kleding die uit twee laagjes bestaat waar watten* tussen zitten ◆ *het ski-jack was **gewatteerd**.*

**ge·weer** (het ~; geweren) **1** wapen met een lange loop, waar je kogels mee afschiet door met je vinger een trekker over te halen ▼ *in het **geweer** komen*: in actie komen (om iemand te helpen); *toen er een kind in het water viel, kwam hij in het **geweer**.*

**ge·weest** → zijn.

**ge·wei** (het ~; -en) hoorns van een hert.

**ge·we·ken** → wijken.

**ge·weld** (het ~) **1** ruwe kracht, dwang ◆ *de politie moest **geweld** gebruiken toen de misdadiger niet mee wilde naar het bureau; jezelf geen **geweld** aandoen*: (uitdr.) jezelf niet dwingen iets te doen wat je niet kunt of wilt **2** lawaai ◆ *met donderend **geweld** stortte de toren in elkaar* ▼ *met al-le **geweld**: per se.*

**ge·weld·da·dig** (bijv. nw.) met of door geweld* (bet.1) ◆ *ze stierf een **gewelddadige** dood: ze stierf doordat ie-mand geweld tegen haar gebruikte.*

**ge·wel·de·naar** (de ~(m.); -s of geweldenaren) iemand die geweld* (bet.1) gebruikt.

**ge·wel·dig¹** (bijw.) erg, zeer ⇒ *enorm* ◆ *het eten was **ge-weldig** lekker.*

**ge·wel·dig²** (bijv. nw.) heel goed, mooi, groot enz.

⇒ *fantastisch* ◆ *dat heb je **geweldig** gedaan!; aan de rand van de stad ligt een **geweldig** park.*

**ge·weld·loos** (bijv. nw.) zonder geweld* (bet.1) ◆ *ze deed mee aan het **geweldloze** verzet tegen de kernwapens.*

**ge·welf** (het ~; gewelven) **1** hol gebogen plafond ◆ *het **gewelf** van de kerk* **2** ruimte met zo'n plafond ◆ *we stapten het kelder**gewelf** binnen.*

**ge·welfd** (bijv. nw.) in de vorm van een gewelf* (bet.1), in de vorm van een gebogen lijn of vlak ◆ *een **gewelfd** plafond.*

**ge·wend** (bijv. nw.) ergens mee vertrouwd, het gewoon vindend ⇒ *gewoon* ◆ *ik kan maar niet aan het verkeersla-waai **gewend** raken; ze is **gewend** laat naar bed te gaan.*

**ge·wen·ning** (de ~(v.)) het wennen* ergens aan ◆ *ge-wenning aan slaappillen leidt vaak tot verslaving.*

**ge·west** (het ~; -en) **1** gebied, landstreek ◆ *de Vlaamse **gewesten** hoorden vroeger bij Nederland* **2** deel van een land met een eigen bestuur ⇒ *provincie* ◆ *in België zijn er drie **gewesten**: Vlaanderen, Wallonië en Brussel.*

**ge·west·plan** (het ~; -nen) (in België) plan waarop de toe-komstige bestemming van een gebied staat ◆ *op het **ge-westplan** is dit gebied aangeduid als landbouwzone.*

**ge·we·ten** (het ~) besef van goed en kwaad ◆ *na de dief-stal had ze een kwaad **geweten**: daarna voelde ze zich schuldig; wie heeft dit op zijn **geweten**?: wie heeft dit gedaan?*

**ge·we·ten·loos** (bijv. nw.) zonder besef van goed en kwaad ◆ *hij is een **gewetenloze** misdadiger.*

**ge·we·tens·be·zwaar** (het ~; -bezwaren) bezwaar dat je hebt omdat iets voor je gevoel slecht is ◆ *hij wilde niet in militaire dienst vanwege zijn **gewetensbezwaren**.*

**ge·we·tens·nood** (zelfst. nw.) ▼ *in **gewetensnood** zijn, verkeren*: iets moeten doen of gedaan hebben dat naar je gevoel eigenlijk niet goed is.

**ge·we·tens·vol** (bijv. nw.) heel nauwkeurig of voorzich-tig omdat je je verantwoordelijk voelt ⇒ *consciëntieus, scrupuleus* ◆ *ze gaat **gewetensvol** om met de spullen die ze van anderen leent.*

**ge·we·tens·zaak** (de ~) iets waarbij je heel goed na-denkt of het goed of slecht is.

**ge·we·zen¹** (bijv. nw.) vroeger geweest ⇒ *ex-, voormalig* ◆ *hij is haar **gewezen** echtgenoot: hij is vroeger met haar getrouwd geweest.*

**ge·we·zen²** → wijzen.

**ge·wicht** (het ~; -en) **1** dat wat iets weegt* (bet.2) ⇒ *zwaarte* ◆ *de kaas heeft een **gewicht** van acht kilo: de kaas weegt acht kilo; ze is haar **gewicht** in goud waard*: (uitdr.) ze is heel waardevol, ze is onbetaalbaar; *dat legt veel **gewicht** in de schaal*: (uitdr.) dat is heel belangrijk **2** metalen blok dat of staaf die een bepaalde zwaarte heeft ◆ *de **gewicht**heffer tilde met gemak een **gewicht** van 50 kilo op* **3** belang ◆ *deze zaak heeft veel **gewicht**: die is erg belangrijk.*

**ge·wicht·hef·fen** (ww.) sport waarbij je je spieren traint door zware gewichten (bet.2) op te tillen.

**ge·wich·tig** (bijv. nw.) belangrijk ◆ *over zoiets onbenul-ligs hoef je niet zo **gewichtig** te doen: alsof het belangrijk is.*

**ge·wiekst** (bijv. nw.) bijdehand en slim.

**ge·wijd** (bijv. nw.) gezegd van iets waarover of iemand over wie een zegen is uitgesproken ◆ *wij begroeven hem in **gewijde** grond.*

**ge·wild¹** (bijv. nw.) geliefd, in trek ◆ *Spanje is een **gewild** vakantieland.*

**ge·wild²** (bijw.) niet oprecht ⇒ *geforceerd* ◆ *ze deed ge-wild aardig tegen me.*

**ge·wil·lig** (bijv. nw.) zonder tegenstribbelen ◆ *hij ging **gewillig** met ons mee.*

**ge·win** (het ~) winst, voordeel ♦ *hij is altijd uit op eigen gewin; het eerste gewin is kattengespin:* (spreekwoord) wat je in het begin wint, verlies je later vaak weer.

**ge·wis** (bijv. nw.) (ouderwets) zeker ⇒ *wis* ♦ *de schipbreukelingen gingen een gewisse dood tegemoet:* het was zeker dat ze zouden sterven.

**ge·wo·gen** → wegen.

**ge·wond** (bijv. nw.) met een wond* ♦ *in het gevecht raakte de soldaat gewond.*

**ge·won·de** (de ~; -n) iemand die gewond* is.

**ge·won·den** → winden.

**ge·won·nen**[1] (bijv. nw.) ▼ *je gewonnen geven:* je overgeven, toegeven dat je niet kunt winnen.

**ge·won·nen**[2] → winnen.

**ge·woon**[1] (bijv. nw.) **1** normaal, gebruikelijk ♦ *doe maar gewoon, dan doe je al gek genoeg!; het was een gewone doordeweekse dag:* waarop niets bijzonders gebeurde; *hij is een gewone jongen:* een eenvoudige jongen **2** gewend ♦ *iets gewoon zijn:* iets gewend zijn, iets gewoonlijk doen; *ik ben gewoon voor het slapengaan een stukje te wandelen:* dat is mijn gewoonte.

**ge·woon**[2] (bijw.) nu eenmaal, zonder meer ♦ *roken vind ik gewoon lekker.*

**ge·woon·lijk** (bijw.) zoals het meestal gebeurt ♦ *gewoonlijk zijn ze om vijf uur thuis.*

**ge·woon·te** (de ~ (v.); -n of -s) **1** dat wat je gewend bent ♦ *ik drink graag melk bij het eten, dat is mijn gewoonte* **2** dat wat gebruikelijk is ⇒ *gebruik* ♦ *het is de gewoonte om met Pasen eieren te versieren.*

**ge·woon·te·ge·trouw** (bijw.) zoals je doet uit gewoonte ♦ *gewoontegetrouw waste ze direct na het eten de borden en pannen af.*

**ge·woon·weg** (bijw.) ronduit, zonder meer ♦ *het is gewoonweg verschrikkelijk wat er gebeurd is.*

**ge·wor·pen** → werpen.

**ge·wor·teld** (ww.) ergens diep in geworteld zijn: ergens diep of heel stevig in vastzitten.

**ge·wor·ven** → werven.

**ge·wraakt** (bijv. nw.) gezegd van iets waarover eerder in ongunstige zin gesproken is ♦ *ik lees u een stukje voor uit de gewraakte brief.*

**ge·wre·ven** → wrijven.

**ge·wricht** (het ~; -en) beweegbare plaats waar twee botten samenkomen.

**ge·wrocht** (het ~; -en) iets dat erg lelijk gemaakt is, mislukt kunstwerk.

**ge·wro·ken** → wreken.

**ge·wron·gen**[1] (bijv. nw.) onnatuurlijk, gekunsteld ♦ *dat boek is geschreven in een gewrongen stijl.*

**ge·wron·gen**[2] → wringen.

**ge·zag** (het ~) **1** macht die je krijgt omdat mensen je belangrijk vinden ⇒ *autoriteit* ♦ *het gezag van de koning was groot; ze heeft gezag, want iedereen luistert naar haar* **2** persoon of instelling die macht heeft ♦ *hierover moet het bevoegd gezag beslissen:* degene die daartoe het recht heeft ▼ *neem dat maar op mijn gezag aan:* omdat ik het zeg.

**ge·zag·dra·ger** (de ~ (m.); -s), vrouw: **ge·zag·draag·ster** (de ~ (v.); -s) iemand die mag handelen uit naam van de overheid ⇒ *gezaghebber, autoriteit.*

**ge·zag·heb·bend** (bijv. nw.) gezegd van iemand die of iets dat gezag heeft ♦ *hij is een gezaghebbend schrijver:* hij is een belangrijke schrijver die veel invloed heeft.

**ge·zag·voer·der** (de ~ (m.); -s), vrouw: **ge·zag·voer·ster** (de ~ (v.); -s) eerste piloot van een vliegtuig of kapitein van een schip ⇒ *bevelhebber.*

**ge·za·men·lijk** (bijv. nw.) met elkaar, samen ♦ *zullen we gezamenlijk naar de film gaan?*

**ge·zang** (het ~) **1** het zingen* ♦ *ik hoor het gezang van kinderstemmen* **2** (-en) lied, vooral een lied dat in de kerk gezongen wordt.

**ge·zant** (de ~ (m.); -en) **1** boodschapper in vroeger tijd ♦ *de gezant bracht de koning een brief* **2** iemand die de regering van zijn of haar land in het buitenland vertegenwoordigt ⇒ *afgevaardigde.*

**ge·za·pig** (bijv. nw.) rustig en saai ♦ *onze buren leiden een gezapig leven.*

**ge·zeg·de** (het ~; -n of -s) **1** vaste manier om iets te zeggen ⇒ *zegswijze* ♦ *'komt tijd, komt raad' is een bekend gezegde* **2** (taal) naam van het zinsdeel waar de persoonsvorm in zit ♦ *in de zin 'ik heb Robert geslagen' is 'heb geslagen' het gezegde* **3** (in België; taal) zinsdeel dat bij een koppelwerkwoord hoort ♦ *in 'Luc is slim' is 'slim' het gezegde.*

**ge·ze·gend** (bijv. nw.) gezegd van iemand die geluk heeft of iets dat geluk geeft ♦ *hij kwam op een gezegend ogenblik:* op het juiste moment; *daar ben je mooi mee gezegend!:* (dit zeg je als je denkt dat iemand ergens niet blij mee is).

**ge·zeg·gen** (ww.) je iets laten gezeggen: je door een ander laten vertellen wat je moet doen ♦ *ik laat me door jou niets gezeggen.*

**ge·zeg·lijk** (bijv. nw.) gehoorzaam, die zich laat gezeggen* ♦ *ze is een gezeglijk kind.*

**ge·zel** (de ~ (m.); -len) **1** (vrouw: gezellin) iemand die je vergezelt*, reisgenoot ♦ *onderweg vond ik een gezel met wie ik verder reisde* **2** rang in een beroep ♦ *eerst ben je leerling, dan gezel en ten slotte meester.*

**ge·zel·lig** (bijv. nw.) **1** een aangename sfeer in een bepaalde ruimte gevend ⇒ *knus* ♦ *die kussens op de bank staan erg gezellig* **2** waarbij de sfeer aangenaam is ⇒ *prettig* ♦ *we hadden een gezellige avond.*

**ge·zel·lin** → gezel.

**ge·zel·schap** (het ~; -pen) **1** groep mensen die samen iets doen ♦ *het gezelschap ging aan tafel; hij is lid van een toneelgezelschap:* een toneelvereniging; *in goed gezelschap zijn:* (uitdr.) een eigenaardigheid hebben die een beroemd persoon ook heeft **2** het samenzijn met anderen ♦ *ik houd je vanavond wel gezelschap:* ik blijf of kom wel bij je; *hij zoekt gezelschap in cafés:* hij zoekt er mensen om mee te praten.

**ge·zet** (bijv. nw.) **1** dik ♦ *de kok is een gezette man* ▼ *op gezette tijden:* op een vast tijdstip en regelmatig.

**ge·ze·ten**[1] (bijv. nw.) ▼ *de gezeten burgerij:* de mensen die altijd ruim voldoende geld hebben om van te leven.

**ge·ze·ten**[2] (ww.) gezeten zijn: (deftig) zitten.

**ge·ze·ten**[3] → zitten.

**ge·zicht** (het ~; -en) **1** voorkant van je hoofd, met je ogen, neus en mond ⇒ *gelaat* ♦ *na een dag in de zon is mijn gezicht al bruin; ik durf het hem recht in zijn gezicht te zeggen:* ronduit, direct; *iemand van gezicht kennen:* weten hoe iemand er uitziet, maar meer niet; *je gezicht ergens laten zien:* (uitdr.) ergens even op bezoek gaan; *dat geeft scheve gezichten:* (uitdr.) dat maakt anderen jaloers; *met een stalen gezicht:* (uitdr.) zonder enige emotie te tonen; *met een gezicht als een oorwurm:* (uitdr.) met een heel ontevreden gezicht **2** aanblik ♦ *die bloeiende bloemen zijn een mooi gezicht:* zien er mooi uit; *op het eerste gezicht:* als je er voor de eerste keer oppervlakkig naar kijkt; *een zeegezicht:* een schilderij van de zee; *de auto verdween uit het gezicht:* je zag hem niet meer; *het is géén gezicht:* het is raar om te zien ▼ *je gezicht verliezen:* iets doen waardoor je afgaat, waardoor je je goede naam kwijtraakt.

**ge·zichts·be·drog** (het ~) het zien van dingen die er in werkelijkheid anders uitzien ◆ *in de lachspiegel lijk je dik en klein, maar dat is gezichtsbedrog.*

**ge·zichts·hoek** (de ~ (m.); -en) standpunt vanwaaruit je iets bekijkt ⇒ oogpunt, perspectief ◆ *hij bekeek de zaak vanuit een andere gezichtshoek dan wij.*

**ge·zichts·punt** (het ~; -en) punt vanwaaruit je ergens tegenaan kijkt, waardoor je mening bepaald wordt ⇒ standpunt ◆ *dat is een nieuw gezichtspunt: zo had ik het nog niet bekeken.*

**ge·zichts·veld** (het ~; -en) ruimte die je kunt zien zonder je te verplaatsen ◆ *die bril vergroot mijn gezichtsveld; zij heeft geen interesse voor dingen die buiten haar gezichtsveld vallen:* (uitdr.) *ze heeft alleen maar interesse voor de dingen die direct met haarzelf te maken hebben.*

**ge·zichts·ver·lies** (het ~) verlies van achting en waardering.

**ge·zichts·ver·mo·gen** (het ~) het kunnen zien ◆ *zijn gezichtsvermogen is erg slecht.*

**ge·zien¹** (bijv. nw.) gezegd van iemand die iedereen graag ziet* (bet.1), populair ◆ *de burgemeester is in het dorp erg gezien.*

**ge·zien²** (voorz.) als je rekening houdt met ..., gelet op ... ◆ *gezien alle zorg die eraan besteed is, is het niet waarschijnlijk dat het zal mislukken.*

**ge·zin** (het ~; -nen) man met een vrouw met een of meer kinderen ⇒ huisgezin, familie ◆ *ze komt uit een groot gezin: ze heeft veel broertjes en zusjes; een eenoudergezin: een gezin zonder vader of moeder.*

**ge·zind** (bijv. nw.) 1 met bepaalde gevoelens voor iemand ◆ *hij is mij vijandig gezind: hij heeft vijandige gevoelens voor mij* 2 (in België □) in een bepaalde stemming, in een bepaald humeur ◆ *Jos is goed gezind omdat hij een uitstekend rapport heeft.*

**ge·zind·heid** (de ~ (v.)) manier van denken of voelen ◆ *door ons te helpen heeft ze haar goede gezindheid laten blijken: daardoor heeft ze laten merken dat ze sympathie voor ons voelt.*

**ge·zind·te** (de ~ (v.); -n en -s) groep mensen die dezelfde godsdienstige overtuiging hebben ⇒ kerkgenootschap ◆ *ze hoort tot een protestantse gezindte.*

**ge·zins·ver·pak·king** (de ~ (v.); -en) grote hoeveelheid van een product in één fles, doos of pak.

**ge·zins·ver·zorg·ster** (de ~ (v.); -s) vrouw die voor haar beroep helpt in de huishouding, bijv. als de moeder ernstig ziek is.

**ge·zocht¹** (bijv. nw.) op een ingewikkelde manier verzonnen en daardoor niet makkelijk te begrijpen ◆ *die grap is erg gezocht.*

**ge·zocht²** → zoeken.

**ge·zo·gen** → zuigen.

**ge·zond** (bijv. nw.) 1 gezegd van iemand die lichamelijk niets mankeert, het tegenovergestelde van 'ziek' ◆ *door de buitenlucht kreeg het kind een gezonde kleur* 2 goed voor je lichaam ◆ *zwemmen is gezond; je moet gezond eten: je moet dingen eten die goed zijn voor je lichaam; zo gezond als een vis:* (uitdr.) *heel gezond.*

**ge·zon·den** → zenden.

**ge·zond·heid** (de ~ (v.)) toestand waarin je gezond* bent, het tegenovergestelde van 'ziekte' ◆ *ik wens je een goede gezondheid.*

**ge·zond·heids·zorg** (de ~) alle instellingen die zich bezighouden met de zorg voor gezondheid, zoals ziekenhuizen, consultatiebureaus, gezondheidscentra enz. ◆ *hij werkt in de gezondheidszorg.*

**ge·zon·gen** → zingen.

**ge·zon·ken** → zinken.

**ge·zon·nen** → zinnen.

**ge·zo·pen** → zuipen.

**ge·zus·ters** (zelfst. nw.; meervoud) de zusters* (bet.2) samen ◆ *de gezusters Faber.*

**ge·zwe·gen** → zwijgen.

**ge·zwel** (het ~; -len) bult die ontstaat door een ziekte ⇒ tumor.

**ge·zwind** (bijv. nw.) (ouderwets) vlug, snel ◆ *met gezwinde spoed: heel snel.*

**ge·zwol·gen** → zwelgen.

**ge·zwol·len¹** (bijv. nw.) 1 (van lichaamsdelen): dik, opgezet ⇒ opgezwollen 2 (van taal): hoogdravend ◆ *de taal van de toespraak was erg gezwollen.*

**ge·zwol·len²** → zwellen.

**ge·zwom·men** → zwemmen.

**ge·zwo·ren¹** (bijv. nw.) ▼ *ze zijn gezworen kameraden: ze zijn al heel lang goede en trouwe vrienden.*

**ge·zwo·ren²** → zweren.

**ge·zwor·ven** → zwerven.

**gft-af·val** (het ~) afval van groente, fruit en de tuin, dat apart verzameld wordt om er compost van te maken.

**g.g.d.** (afkorting) (rekenen) grootste gemene deler.

**GGD** (afkorting) (in Nederland) Gemeentelijke Geneeskundige Dienst.

**GG en GD** (afkorting) (in Nederland) Gemeentelijke Geneeskundige en Gezondheidsdienst.

**gids** (de ~ (m.); -en) 1 iemand die bezoekers of toeristen rondleidt of de weg wijst ◆ *de gids vertelde wie er vroeger in het kasteel hadden gewoond* 2 boek waarin gegevens overzichtelijk bij elkaar staan ◆ *telefoongids* 3 (in Nederland) meisje tussen tien en veertien jaar dat lid is van scouting (kijk ook bij: **scouting**) ⇒ padvindster 4 (in België) meisje tussen de veertien en zeventien jaar dat lid is van scouting.

**gid·sen** (gidste, heeft gegidst) *iemand gidsen: als gids** (bet.1) iemand rondleiden ◆ *hij gidste ons door de bergen.*

**gie·be·len** (giebelde, heeft gegiebeld) giechelen.

**gie·che·len** (giechelde, heeft gegiecheld) zachtjes, hoog en onderdrukt lachen ⇒ giebelen ◆ *de meisjes giechelden om hun geheimpje.*

**giek** (de ~ (m.); -en) dwarsbalk aan de mast van een zeilboot waar de onderkant van het zeil aan vastgemaakt wordt.

**gier** (zelfst. nw.) 1 (de ~ (m.); -en) grote roofvogel met een lange nek en een kale kop 2 (de ~) vocht dat uit mest loopt ⇒ mestvocht, aalt.

**gie·ren** (gierde, heeft gegierd) 1 snel voortbewegen met een suizend, fluitend geluid ◆ *de wind giert om het huis; de auto gierde door de bocht* 2 hard lachen ◆ *ik heb zitten gieren bij die lachfilm* 3 het land bemesten met gier* (bet.2).

**gie·rig** (bijv. nw.) gezegd van iemand die nooit iets weggeeft ⇒ vrekkig ◆ *hij is veel te gierig om iets te geven voor een goed doel.*

**gie·rig·aard** (de ~ (m.); -s) iemand die gierig* is ⇒ vrek.

**gierst** (de ~) graansoort met kleine, gele korrels.

**gie·ten** (goot, heeft gegoten) 1 *een vloeistof gieten: die in een straal uitstorten of schenken* ◆ *giet het afwaswater maar in de gootsteen* 2 *iets gieten: iets in vloeibare toestand in een vorm doen en hard laten worden* ◆ *van gips kun je leuke poppetjes gieten* 3 *het giet: het regent heel hard* 4 *de planten gieten:* (in België) de planten besproeien, water geven.

**gie·ter** (de ~ (m.); -s) soort emmer met een handvat en een lange tuit om planten te begieten.

**giet·ijzer** (het ~) ijzer dat in een vorm gegoten is.

**gif, gift** (het ~; -fen) stof met een schadelijke en soms dodelijke werking ⇒ *vergif*.

**gif·grond** (de ~(m.); -en) grond die vervuild is door chemisch afval.

**gif·kik·ker** (de ~(m.); -s)(populair) iemand die gauw driftig is en gauw heftig reageert.

**gift¹** (de ~; -en) iets, vooral geld, dat je geeft* (bet.1) ⇒ *donatie, schenking, gave* ◆ *die vereniging krijgt veel **giften**: geld van mensen die de vereniging willen steunen.

**gift²** → gif.

**gif·tig** (bijv. nw.) **1** gif* bevattend ⇒ *vergiftig* ◆ *de bessen van de nachtschade zijn **giftig** **2** (populair) erg kwaad, nijdig ⇒ *pissig* ◆ *ze werd erg **giftig** toen ik een vlek in haar boek maakte; een **giftige** opmerking*: een opmerking die bedoeld is om te kwetsen.

**gi·gant** (de ~(m.); -en) iemand die of iets dat heel groot is, reus.

**gi·gan·tisch** (bijv. nw.) heel erg groot ⇒ *reusachtig, kolossaal* ◆ *de schouwburg is een **gigantisch** gebouw*.

**gi·go·lo** [dzjiek̆ooloo, in België: giegolloo](de ~(m.); gigolo's) minnaar van een vrouw die door haar betaald wordt.

**gij** (pers. vnw.) **1** (deftig) jij, u of jullie ◆ ***gij** zult niet stelen* **2** (in België □) je, jullie of jij (vooral in gesproken taal).

**gij·pen** (gijpte, heeft gegijpt) het zeil om laten klappen als je met de wind mee zeilt.

**gij·ze·laar** (de ~(m.); -s), vrouw: **gij·ze·laar·ster** (de ~(v.); -s) **1** iemand die gegijzeld* wordt ⇒ *gegijzelde* **2** iemand die gijzelt* ⇒ *gijzelhouder*.

**gij·ze·len** (gijzelde, heeft gegijzeld) *iemand gijzelen*: iemand gevangen houden en met de dood bedreigen om anderen eisen af te dwingen ◆ *de kapers **gijzelden** de reizigers in het vliegtuig*.

**gij·zel·hou·der** (de ~(m.); -s) iemand die gijzelt*.

**gij·ze·ling** (de ~(v.); -en) het gijzelen*.

**gil** (de ~(m.); -len) hoge, harde schreeuw ◆ *hij gaf een **gil** van angst; als je je boek weer terug wilt hebben, geef je maar een **gil***: (uitdr.) dan zeg je het maar.

**gil·de** (de ~of het ~; -n) vereniging in de Middeleeuwen van mensen met hetzelfde beroep ◆ *het kleermakersgilde*.

**gi·let** (Frans) [zjielet](het ~; -s) mouwloos kort vestje dat je over een blouse of trui draagt.

**gil·len** (gilde, heeft gegild) **1** met een hoog en doordringend geluid schreeuwen ◆ ***gillen** als een mager (speen)varken*:(uitdr.) heel hard gillen **2** heel hard lachen ⇒ *gieren* ◆ *we hebben **gegild** om die mop*.

**gil·ler** (de ~(m.); -s)(populair) iets dat verschrikkelijk leuk is ◆ *dat carnavalspak is een **giller***.

**gin** (Engels) [dzjin](de ~) jeneversoort.

**gin·der** (bijw.) daar, op die plaats ⇒ *ginds* ◆ *ik heb m'n fiets **ginder** aan een paal vastgemaakt*.

**ginds** (bijw.) ginder.

**gind·se** (aanw. vnw.)(ouderwets) die daar ⇒ *gene* ◆ *achter **gindse** heuvels*.

**ging** → gaan.

**gin·gen** → gaan.

**gin·ne·gap·pen** (ginnegapte, heeft geginnegapt) stilletjes spottend lachen.

**gips** (het ~) wit poeder dat hard wordt als je het met water mengt en laat drogen ◆ *haar pols zit in het **gips***: er zit een gipsverband omheen.

**gips·kruid** (het ~) wilde plant met hele fijne witte bloemetjes.

**gips·plaat** (de ~; -platen) dunne plaat van hard gips, die veel gebruikt wordt om muren en plafonds te bedekken.

**gi·raal** (bijv. nw.) **1** (van geld): op de giro* of bank ◆ *ik heb f 1000,- **giraal** geld* **2** via de giro* ◆ *ik betaal liever **giraal** dan contant*: met een girokaart.

**gi·raf·fe** [zjieraf], **gi·raf** (de ~; -n) Afrikaans zoogdier met een bruin en geel gevlekte huid en een lange nek.

**gi·re·ren** (gireerde, heeft gegireerd) *een bedrag gireren*: het betalen via de giro* ⇒ *overschrijven, overmaken*.

**gi·ro** (de ~(m.))(verkorting) girorekening; dit is een rekening bij de Postbank.

**gis¹** [gies](de ~) muzieknoot, verhoogde g.

**gis²** (bijv. nw.)(populair) slim, pienter ◆ *de **gisse** jongen had meteen door waar het om ging*.

**gis·pen** (gispte, heeft gegispt) *iets of iemand gispen*:(ouderwets) iets of iemand scherp bekritiseren ⇒ *laken*.

**gis·sen** (giste, heeft gegist) *ergens naar gissen*: proberen iets te raden, je vermoeden over iets uitspreken ⇒ *gokken*.

**gis·sing** (de ~(v.); -en) dat wat je gist* ◆ *ergens **gissingen** over maken*: ergens naar raden.

**gist** (de ~(m.)) stof die je aan deeg toevoegt om het te laten rijzen.

**gis·ten** (gistte, heeft gegist)(van vloeistoffen): schuimen of bruisen waarbij de suiker uit de vloeistof verandert in alcohol ◆ *de wijn **gistte** in het vat*.

**gis·te·ren** (bijw.) de dag voor vandaag ◆ ***gisteren** zijn we thuisgekomen; zij is niet van **gisteren!***:(uitdr.) ze is pienter.

**gi·taar** (de ~; gitaren) muziekinstrument met een lange hals en zes of twaalf snaren, dat je met je vingers bespeelt.

**gi·ta·rist** (de ~(m.); -en), vrouw: **gi·ta·ris·te** (de ~(v.); -n of -s) iemand die gitaar* speelt ⇒ *gitaarspeler*.

**gla·cé** (de ~(m.); -s) handschoen van dun, glanzend leer.

**glad¹** (bijv. nw.) **1** met een oppervlak zonder bobbels en putjes ⇒ *vlak, effen, egaal* ◆ *hij schuurde het hout **glad**; het is **glad** op de weg*: je kunt er uitglijden **2** handig en slim ◆ *hij is een **gladde** jongen; zo **glad** als een aal*:(uitdr.) heel slim, heel gewiekst ▼ *dat is nogal **glad!***:(populair) dat spreekt vanzelf.

**glad²** (bijw.)(populair) helemaal ⇒ *gladweg* ◆ *ik ben **glad** vergeten boodschappen te doen*.

**gla·di·a·tor** (de ~(m.); -en of -s) Romeins zwaardvechter.

**gla·di·ool** (de ~; gladiolen) plant met lange, spitse bladeren en een lange stengel met grote bloemen.

**glad·ja·nus** (de ~(m.); -sen)(populair) slimme en handige man of jongen.

**glad·weg** (bijw.)(populair) helemaal ⇒ *glad* ◆ *ze heeft er **gladweg** niet aan gedacht*.

**gla·mour** (Engels) [klemmᵊr, in België: glammœr](de ~) bedrieglijke luxe, schone schijn ◆ *ze leeft in een wereld van **glamour** en glitter*: waarin alles heel mooi en fijn lijkt maar het niet echt is.

**glans** (de ~(m.); -en of glanzen) weerschijn van een glad oppervlak ⇒ *gloed* ◆ *die stof heeft een mooie **glans**; hij is met **glans** geslaagd*:(uitdr.) met hele goede cijfers.

**glans·rijk** (bijv. nw.) schitterend, prachtig ◆ *ze is **glansrijk** geslaagd*: met hele goede cijfers.

**glan·zen** (glansde, heeft glansd) *een glans* geven ⇒ *blinken, glimmen* ◆ *als je je schoenen poetst, gaan ze **glanzen***.

**glas** (zelfst. nw.) **1** (het ~) harde, breekbare stof, die meestal doorzichtig is ◆ *ramen zijn gemaakt van **glas*** **2** (het ~; glazen) voorwerp, vooral een drinkbeker, van de stof ◆ *een **glas** wijn; je eigen **glazen** ingooien*:(uitdr.) je eigen zaak verprutsen; *te diep in het **glaasje** gekeken hebben*:(uitdr.) te veel alcohol gedronken hebben.

**glas·bak** (de ~(m.); -ken) grote verzamelbak voor afvalglas dat weer opnieuw gebruikt kan worden ⇒ *glascontainer.*

**glas·draad** (de ~(m.)) tot dun draad uitgetrokken glas waarvan bijv. glaswol wordt gemaakt.

**glas·gor·dijn** (het ~; -en) dun, doorzichtig gordijn ⇒ *vitrage.*

**glas·hard** (bijv. nw.) erg gevoelloos ⇒ *ijskoud* ◆ *ze heeft me glashard weggestuurd.*

**glas-in-lood·raam** (het ~; -ramen) raam dat bestaat uit verschillende stukjes glas die met reepjes lood aan elkaar zitten.

**glas·wol** (de ~) dikke stof die op wol lijkt en gemaakt is van glasdraad, vooral gebruikt als isolatiemateriaal.

**gla·zen** (bijv. nw.) gemaakt van glas ◆ *een glazen wand.*

**gla·zen·was·ser** (de ~(m.); -s) iemand die voor z'n beroep ramen schoonmaakt.

**gla·zig** (bijv. nw.) **1** een beetje doorzichtig, net als glas* ⇒ *glasachtig* ◆ *glazige aardappelen:* doorschijnende en harde aardappelen **2** wezenloos, suf ◆ *ze keek me glazig aan.*

**gla·zuur** (het ~) **1** harde, glasachtige laag waarmee aardewerk bedekt wordt ◆ *het glazuur van het kopje is gebarsten* **2** harde laag op je tanden en kiezen ⇒ *tandglazuur.*

**gld.** (afkorting)(in Nederland) *guld*en.

**gle·den** → glijden.

**gleed** → glijden.

**glet·sjer** [kletsjer](de ~(m.); -s) grote, dikke ijskorst hoog in de bergen, die langzaam naar beneden zakt.

**gleuf** (de ~; gleuven) lange, smalle spleet ⇒ *kier, sleuf* ◆ *ze maakte met een mes een gleuf in het karton.*

**glib·be·ren** (glibberde, is geglibberd) **1** lopen en steeds uitglijden ◆ *het kind glibberde over het ijs* **2** glijdend bewegen ◆ *de zeep glibberde uit mijn handen.*

**glib·be·rig** (bijv. nw.) glad, nat en vettig ◆ *een paling is een glibberige vis.*

**glij·baan** (de ~; -banen) **1** speeltoestel dat bestaat uit een gladde schuine metalen of kunststof baan met opstaande randen waar je vanaf kunt glijden **2** gladde baan van ijs of sneeuw waarop je kunt glijden.

**glij·den** (gleed) **1** (heeft of is gegleden) bijna vanzelf voortbewegen over een glad oppervlak ◆ *ga je mee glijden op het ijs?* **2** (is gegleden) ergens langs zakken ◆ *de stola gleed van haar schouders.*

**glim·lach** (de ~(m.)) lachende gezichtsuitdrukking waarbij je geen geluid maakt.

**glim·la·chen** (glimlachte, heeft geglimlacht) lachen met een glimlach*.

**glim·men** (glom, heeft geglommen) een regelmatig licht weerkaatsen ⇒ *blinken* ◆ *de spiegel glimt; hij glimt van plezier:*(uitdr.) je kunt zien dat hij plezier heeft.

**glimp** (zelfst. nw.) ▼ *een glimp opvangen van iets of iemand:* iets of iemand heel even, in een flits, zien; *toen ik langs het huis liep, ving ik een glimp op van het feest.*

**glim·worm** (de ~(m.); -en) kever die een zwak licht uitstraalt in het donker.

**glin·ste·ren** (glinsterde, heeft geglinsterd) een fel en onregelmatig licht weerkaatsen ⇒ *schitteren, fonkelen* ◆ *een diamant glinstert.*

**glip·pen** (glipte, is geglipt) glijdend ontsnappen ◆ *de bloempot glipte uit haar handen; het geld glipt me door de vingers:*(uitdr.) mijn geld raakt op zonder dat ik weet waaraan ik het uitgeef.

**glit·ter** (de ~(m.); -s) versierseltje dat fel schittert ⇒ *paillet, lovertje* ◆ *de zangeres droeg een lange jurk met glitters.*

**glo·baal** (bijv. nw.) in grote lijnen, ongeveer ◆ *hij rekende globaal uit wat het zou kosten.*

**glo·be** (de ~; -s) wereldbol.

**glo·be·trot·ter** (de ~(m.); -s) iemand die veel reist naar alle delen van de wereld ⇒ *wereldreiziger.*

**gloed** (de ~(m.)) licht dat of warmte die iets uitstraalt ◆ *de rode gloed van de ondergaande zon.*

**gloed·vol** (bijv. nw.) fel en overtuigend ⇒ *vurig* ◆ *ze hield een gloedvol betoog.*

**gloei·en** (gloeide, heeft gegloeid) licht of warmte uitstralen door verhitting ◆ *ijzer gaat gloeien als je het warm maakt; mijn huid gloeit door de hitte van de haard:* die is daardoor heel warm.

**gloei·end** (bijv. nw.) heel erg, helemaal ◆ *ik ben het gloeiend met je eens; je bent er gloeiend bij!:* je bent gepakt!

**gloei·lamp** (de ~; -en) glazen lamp met een dun metalen draadje erin dat gaat gloeien door elektrische stroom.

**glom** → glimmen.

**glom·men** → glimmen.

**glooi·en** (glooide, heeft geglooid) met een flauwe helling aflopen ◆ *we liepen door een landschap met glooiende heuvels.*

**glo·ren** (gloorde, heeft gegloord) *de ochtend gloort:* het wordt licht, de dag breekt aan.

**glo·ria** (zelfst. nw.) ▼ *lang zullen ze leven in de gloria!:* (liedje waarmee je iemand feliciteert).

**glo·rie** (de ~(v.)) **1** roem, eer ◆ *ze vierden de glorie van de overwinning* **2** pracht ⇒ *luister* ◆ *in volle glorie aanwezig zijn:*(uitdr.) met alle mooie dingen die erbij horen; *vergane glorie:*(uitdr.) iets dat vroeger heel mooi was, maar nu vervallen is.

**glo·ri·eus** (bijv. nw.) met veel glorie* ⇒ *roemrijk, glansrijk* ◆ *het was een glorieuze overwinning:* een geweldige overwinning.

**glos·sy** (Engels) [klossie, in België: glossie](bijv. nw.)(*van tijdschriften*): chic, glanzend uitgevoerd.

**gloxi·nia** (de ~; gloxinia's) kamerplant met fluweelachtige bladeren en grote kelkvormige bloemen.

**glu·co·se** (de ~) druivensuiker ⇒ *dextrose.*

**glui·perd** (de ~(m.); -s)(populair) iemand die stiekem en gemeen doet ⇒ *stiekemerd.*

**glui·pe·rig** (bijv. nw.) stiekem en gemeen ⇒ *vals* ◆ *ze kijkt gluiperig uit haar ogen.*

**glun·der** (bijv. nw.) stralend van plezier of tevredenheid ◆ *glunder van trots toonde hij zijn baby.*

**glun·de·ren** (glunderde, heeft geglunderd) stralen van plezier of tevredenheid ⇒ *glimmen.*

**glu·ren** (gluurde, heeft gegluurd) nieuwsgierig kijken waarbij je niet gezien wilt worden ⇒ *loeren* ◆ *hij gluurde door een kier van de deur naar binnen.*

**gluur·der** (de ~(m.); -s) man die blote of vrijende mensen begluurt ⇒ *voyeur.*

**gly·ce·ri·ne** (de ~) vette stof waar zalf van gemaakt wordt.

**gnif·fe·len** (gniffelde, heeft gegniffeld) stiekem lachen uit leedvermaak ⇒ *gnuiven* ◆ *ze gniffelde toen hij uitgleed over een bananenschil.*

**gnoe** (de ~(m.); -s) antilopesoort.

**gnoom** (de ~(m.); gnomen) aard- of bergkabouter ⇒ *kobold.*

**gnui·ven** (gnuifde, heeft gegnuifd) gniffelen.

**goal** (Engels) [kool, in België: gool](de ~(m.); -s) **1** doel waar de bal in moet bij balsporten en balspelen ◆ *de keeper verdedigt de goal* **2** doelpunt ◆ *in deze wedstrijd heeft zij drie goals gemaakt.*

**goa·lie** (Engels) [koolie, in België: goolie](de ~(m.); -s) keeper.

**go·be·lin** (Frans) [kobelễn](de ~(m.) of het ~; -s) wandtapijt waarin met veel kleuren allerlei figuren geweven zijn, zoals die oorspronkelijk in Frankrijk gemaakt werden.

**god** (de ~(m.); -en), vrouw: **go·din** (de ~(v.); -nen) bovenaards opperwezen ⇒ godheid ♦ Venus is de **godin** van de liefde.

**God** (de ~(m.)) het bovenaardse Opperwezen dat volgens de christelijke leer de wereld geschapen heeft ♦ **Gods** water over **Gods** akker laten lopen: (uitdr.) de dingen maar laten gebeuren, zonder je ergens voor in te spannen; hij leeft als **God** in Frankrijk: (uitdr.) hij leidt een fijn en onbezorgd leven; je van **God** en iedereen verlaten voelen: (uitdr.) je heel eenzaam voelen; zij stoort zich aan **God** noch gebod: (uitdr.) ze doet precies waar ze zin in heeft; ben je nou helemaal van **God** los?: (uitdr.) ben je nou helemaal gek geworden?

**god·de·lijk** (bijv. nw.) **1** gezegd van iets dat met God* of met een god* te maken heeft ♦ de **goddelijke** liefde: de liefde van God voor de mensen **2** heerlijk, verrukkelijk ⇒ zalig ♦ het is **goddelijk** weer vandaag.

**god·de·loos** (bijv. nw.) gezegd van iemand die leeft op een manier die ingaat tegen de geboden van God* ⇒ zondig ♦ ze leidt een **goddeloos** leven.

**god·ge·leerd·heid** (de ~(v.)) wetenschap die zich bezighoudt met godsdienst ⇒ theologie.

**god·heid** (de ~(v.); -heden) een god* of godin*.

**go·din** → god.

**gods·dienst** (de ~(m.); -en) leer van het geloof ⇒ religie.

**gods·dien·stig** (bijv. nw.) met godsdienst* te maken hebbend ♦ **godsdienstige** mensen: die gelovig zijn.

**gods·dienst·oe·fe·ning** (de ~(v.); -en) bijeenkomst om God te eren ⇒ kerkdienst.

**gods·huis** (het ~; -huizen) kerk.

**god·vre·zend** (bijv. nw.) gezegd van iemand die eerbied heeft voor God ⇒ godvruchtig, vroom.

**god·vruch·tig** (bijv. nw.) godvrezend ⇒ vroom.

**goed¹** (het ~) **1** (-eren) spullen, bezittingen ♦ hij verloor al zijn geld en **goed**; onroerend **goed**: dingen die je niet kunt verplaatsen, zoals huizen **2** dat wat goed² is, het tegenovergestelde van 'kwaad' ♦ ze kent het verschil niet tussen **goed** en kwaad; ik kan bij hem geen **goed** meer doen: hij vindt alles wat ik doe verkeerd; wie **goed** doet, **goed** ontmoet: (spreekwoord) als je goede daden verricht, ondervind je zelf ook goedheid van anderen; gestolen **goed** gedijt niet: (spreekwoord) iets waar je op een oneerlijke manier aan gekomen bent, geeft je geen voordeel of geluk **3** stof ⇒ textiel ♦ die jurk is van katoenen **goed** gemaakt; het vuile **goed** moet in de was: de vuile kleren ▼ iets te **goed** hebben: iets nog moeten krijgen; je aan iets te **goed** doen: lekker van iets smullen; aan iets ten **goede** komen: ergens aan geschonken worden; de opbrengst komt ten **goede** aan de kerk; het is voor je (eigen) **goed** dat ik dit zeg: (in België ⬚) voor je bestwil.

**goed²** (bijv. nw.; vergrotende trap: beter; overtreffende trap: best) **1** niet slecht ♦ ze heeft een **goed** karakter; Hanner is **goed** in tekenen: hij kan mooie tekeningen maken **2** zoals het hoort, in orde, het tegenovergestelde van 'fout' ⇒ juist ♦ het is niet **goed** om al je zakgeld in één keer uit te geven; ze gaf het **goede** antwoord ▼ **Goede** Vrijdag: de vrijdag voor Pasen, waarop Christus' kruisiging wordt herdacht; waar is dat **goed** voor?: wat heeft dat voor zin?; net **goed**!: (dit zeg je als je vindt dat iemand zijn of haar verdiende loon krijgt); hou je **goed**!: (dit zeg je om iemand sterkte te wensen); niet **goed** worden: misselijk, duizelig worden.

**goed³** (bijw.) **1** behoorlijk, erg ⇒ flink ♦ die tas zit **goed** vol; Ina is **goed** ziek geweest ▼ **goed** en wel: nauwelijks,

nog maar net; hij was **goed** en wel thuis toen ...; zo **goed** als ...: bijna; die trui is zo **goed** als nieuw.

**goed·aar·dig** (bijv. nw.) **1** met een goed karakter, vriendelijk ⇒ goedig **2** (van gezwellen): niet gevaarlijk of dodelijk.

**goed·deels** (bijw.) voor het grootste gedeelte ♦ in de was is de vlek er **goeddeels** uitgegaan.

**goed·dun·ken¹** (dacht goed, heeft goedgedacht) het dunkt mij goed: ik vind het wenselijk, ik wil ⇒ welgevallen ♦ het **dunkt** me **goed** dat we daar eens uitgebreid over praten: het lijkt me nodig; hij doet wat hem **goeddunkt**: wat hij wil.

**goed·dun·ken²** (zelfst. nw.) ▼ naar eigen **goeddunken** handelen: doen wat je denkt dat goed is.

**goe·de·mid·dag, goeie·mid·dag** (tussenw.) (begroeting in de middag).

**goe·de·mor·gen, goeie·mor·gen** (tussenw.) (begroeting in de ochtend).

**goe·de·nacht, goeie·nacht** (tussenw.) (om iemand een goede nachtrust toe te wensen) ⇒ welterusten.

**goe·den·avond, goei·en·avond** (tussenw.) (begroeting in de avond).

**goe·den·dag¹, goei·en·dag** (tussenw.) (begroeting overdag).

**goe·den·dag²** (de ~(m.); -s) dikke knots met ijzeren punten, in de Middeleeuwen als wapen gebruikt.

**goe·de·ren** (zelfst. nw.; meervoud) handelswaren, koopwaar ♦ een vrachtauto brengt de **goederen** van de fabriek naar de winkels.

**goe·der·tie·ren** (bijv. nw.) (ouderwets) zachtmoedig, barmhartig.

**goed·geefs** (bijv. nw.) gul.

**goed·ge·lo·vig** (bijv. nw.) gezegd van iemand die snel gelooft wat anderen zeggen.

**goed·ge·mutst** (bijv. nw.) in een vrolijke, opgewekte stemming.

**goed·gun·stig** (bijv. nw.) (ouderwets) welwillend, gunstig gezind.

**goed·heid** (de ~(v.)) **1** vriendelijkheid, welwillendheid ♦ zoveel **goedheid** had ik niet van haar verwacht; je bent de **goedheid** zelve: (uitdr.) je bent heel vriendelijk en behulpzaam ▼ grote **goedheid**!: alle mensen! (uitroep van verbazing of schrik).

**goe·dig** (bijv. nw.) aardig en zacht voor anderen ⇒ goeiig ♦ hij is veel te **goedig** om kwaad van iemand te denken.

**goed·je** (het ~) (populair) spul ♦ dat **goedje** is er bijna niet af te krijgen: (bijv. verf, kauwgom, modder, vuil enz.); in die fles zit een gevaarlijk **goedje**: een gevaarlijke vloeistof.

**goed·keu·ren** (keurde goed, heeft goedgekeurd) **1** iets goedkeuren: met iets instemmen of in iets toestemmen, het tegenovergestelde van 'afkeuren' ⇒ goedvinden ♦ het plan werd **goedgekeurd 2** iemand goedkeuren: bij een keuring vaststellen dat iemand aan de eisen voldoet, dat iemand geschikt is, het tegenovergestelde van 'afkeuren' ♦ hij is **goedgekeurd** voor militaire dienst.

**goed·keu·rend** (bijv. nw.) instemmend, toestemmend ♦ een **goedkeurend** knikje.

**goed·keu·ring** (de ~(v.)) het goedkeuren* (bet.1) ⇒ instemming, toestemming ♦ het mag alleen als hij er zijn **goedkeuring** aan geeft: als hij het goedvindt.

**goed·koop** (bijv. nw.) **1** gezegd van iets waar je niet veel voor hoeft te betalen, het tegenovergestelde van 'duur' ⇒ voordelig ♦ een tweedehands auto is **goedkoper** dan een nieuwe **2** met weinig waarde of stijl ⇒ ordinair ♦ **goedkope** grapjes: flauwe grapjes waar al gauw om gelachen wordt.

**goed·lachs** (bijv. nw.) gezegd van iemand die graag en gauw lacht.

**goed·ma·ken** (maakte goed, heeft goedgemaakt) *iets dat je verkeerd hebt gedaan goedmaken*: iets herstellen ◆ *een ruzie goedmaken*: ervoor zorgen dat je geen ruzie meer hebt.

**goed·pra·ten** (praatte goed, heeft goedgepraat) *iets goedpraten*: zo over iets praten dat het niet meer verkeerd lijkt, iets aannemelijk maken ⇒ vergoelijken ◆ *ze probeert haar onvriendelijke gedrag goed te praten*.

**goed·schiks** (bijw.) ▼ *niet goedschiks, dan maar kwaadschiks*: als het niet op een vriendelijke manier lukt, dan maar met geweld.

**goed·vin·den** (vond goed, heeft goedgevonden) *iets goedvinden*: met iets instemmen of in iets toestemmen ⇒ goedkeuren.

**goed·zak** (de~(m.); -ken) iemand die aardig en vriendelijk is, maar ook een beetje sullig.

**goe·ge·meen·te** (de~(v.)) de eenvoudige, goedgelovige mensen ◆ *de goegemeente zit 's avonds voor de televisie*.

**goeie(n)-** → goede(n)-.

**goei·erd** (de~(m.); -s) iemand die aardig en goed is.

**goei·ig** (bijv. nw.) goedig.

**goe·roe** (de~(m.); -s) wijze leermeester, vooral een die een bepaalde godsdienst onderwijst.

**goes·ting** (de~(v.)) **1** (in België □; populair) zin ◆ *tegen zijn goesting* **2** (in België □; populair) trek ◆ *ik heb goesting in een ijsje* **3** (in België □; populair) smaak ⇒ schoonheidsgevoel ◆ *goesting is koop*: (uitdr.) over iemands smaak kun je niet redetwisten.

**goe·ver·nan·te** → gouvernante.

**goe·ver·neur** → gouverneur.

**gok** (de~(m.)) **1** het proberen van iets met de kans dat het mislukt ◆ *een gokje wagen*: proberen of je geluk hebt in een geluksspel; *ik ging op de gok naar hem toe*: (uitdr.) zonder dat ik wist of hij thuis zou zijn **2** (populair) neus.

***go-kart** (Wdl: gocart) (Engels) [ḳookaːrt] (de~; -s) laag wagentje met een motor, op vier wielen, waarmee wedstrijden op racebanen gehouden worden.

**gok·ken** (gokte, heeft gegokt) **1** een geluksspel spelen waarmee je geld kunt winnen ◆ *ze gokken met dobbelstenen* **2** *ergens op gokken*: aannemen dat iets zo is of zal gebeuren zonder het zeker te weten, het risico nemen ◆ *ik gok erop dat hij thuis is*.

**gok·ver·sla·ving** (de~(v.)) verslaving aan gokspelen.

**gold** → gelden.

**gol·den** → gelden.

**gol·den re·trie·ver** [ḳoldɛnrietrievər] (de~(m.); -s) jachthond met golvend goudblond haar.

**golf¹** (de~; golven) **1** watermassa die omhooggestuwd is, meestal door de wind ◆ *door de storm waren er hoge golven op zee*; *een geboortegolf*: (uitdr.) een plotselinge stijging van het aantal geboorten **2** baai, inham ◆ *de Golf van Mexico* **3** (natuurkunde) trilling die zichzelf voortbeweegt en die de mens waarneemt als bijv. licht of geluid ◆ *geluidsgolven*.

**golf²** (Engels) [ḳolf of golf] (het ~) sport op een glooiend grasveld waarbij je met een stick een klein hard balletje in een gat moet slaan.

**golf·bre·ker** (de~(m.); -s) stenen dam of rij houten palen die recht op de kust staat om de kracht van de golven te verminderen.

**golf·leng·te** (de~(v.); -n of -s) (natuurkunde) lengte van een golf (bet.3) van geluid of licht ◆ *de radio zendt programma's uit op verschillende golflengten; we zitten niet op dezelfde golflengte*: (uitdr.) we kunnen elkaar niet goed begrijpen omdat we allebei met dezelfde woorden iets anders bedoelen.

**golf·plaat** (de ~; -platen) plaat van golvend ijzer, plastic enz..

**golf·slag·bad** (het ~; -en) zwembad waarin af en toe kunstmatig golven gemaakt worden.

**gol·ven** (golfde, heeft gegolfd) **1** op- en neergaan als een golf* (bet.1) ◆ *golvend haar; het koren golft door de wind* **2** in golven* (bet.1) stromen ⇒ gutsen ◆ *het bloed golfde uit de wond*.

**gom** (zelfst. nw.) **1** (het ~) stukje rubberachtig materiaal waarmee je o.a. potloodlijnen uit kunt vegen ⇒ gum, stuf, vlakgom **2** (de ~(m.) of het ~) lijmsoort ◆ *op de flap van een envelop zit een laagje gom*.

**gom·elas·tiek** (het ~) rubbersoort ⇒ gummi.

**gom·men, gum·men** (gomde, heeft gegomd) **1** een gom* (bet.1) gebruiken **2** *iets gommen*: iets met gom* (bet.2) insmeren ◆ *een gegomd etiket*: met een laagje gom.

**gon·del** (de ~; -s) smalle roeiboot uit Venetië met puntig omhooglopende uiteinden.

**gon·de·lier** (de ~(m.); -s) iemand die een gondel* bestuurt.

**gong** (de ~(m.); -s) rond metalen slaginstrument dat een hol en eentonig geluid geeft ◆ *de gong gaat voor het avondeten*.

**go·nor·roe** [ḳonoorrøa] (de ~(v.)) bepaalde geslachtsziekte ⇒ druiper.

**gon·zen** (gonsde, heeft gegonsd) een zacht, brommend geluid maken ⇒ zoemen ◆ *de muggen gonzen om de lamp; het refrein gonsde steeds door mijn hoofd*: ik hoorde dat steeds opnieuw in mijn hoofd.

**goo·che·laar** (de ~(m.); -s) iemand die goochelt*.

**goo·che·len** (goochelde, heeft gegoocheld) trucjes uithalen waardoor het lijkt of je tovert ◆ *hij goochelde met een spel kaarten*.

**goo·chem** (bijv. nw.) (populair) slim, handig.

**goo·che·merd** (de ~(m.); -s) (populair) iemand die goochem* is.

**good·will** (Engels) [ḳoetwil] (de ~(m.)) **1** stemming van welwillendheid ◆ *ze heeft veel goodwill gekweekt voor de actie*: ze heeft ervoor gezorgd dat mensen er sympathie voor gingen voelen **2** waarde die een zaak heeft door de klanten die er komen ◆ *toen hij de kaaswinkel kocht, moest hij geld betalen voor de goodwill*.

**gooi** (de ~(m.); -en) het gooien* ⇒ worp ◆ *degene die de hoogste gooi met de dobbelsteen doet, mag beginnen; doe eens een gooi!*: (uitdr.) raad eens, probeer eens; *hij deed een gooi naar het presidentschap*: (uitdr.) hij probeerde tot president gekozen te worden.

**gooi·en** (gooide, heeft gegooid) *iets gooien*: iets werpen ◆ *de kinderen gooiden sneeuwballen naar elkaar; zes gooien met een dobbelsteen; ergens een grapje tussendoor gooien*: (uitdr.) even een grapje maken terwijl je het over andere dingen hebt; *ze werd eruit gegooid*: (uitdr.; populair) ze werd de klas uit gestuurd; ook: ze werd ontslagen.

**goor** (bijv. nw.) **1** niet helder en fris ◆ *de lakens zijn goor* **2** plat, grof ◆ *een gore mop*.

**goot¹** (de ~; goten) **1** lange smalle plaat, meestal van zink, met opstaande randen langs de rand van een dak, bedoeld om regenwater op te vangen ⇒ dakgoot **2** geul tussen stoep en straat waarlangs regenwater wegstroomt ◆ *ze heeft mij uit de goot gehaald*: (uitdr.) ze heeft me geholpen toen het heel slecht met me ging.

**goot²** → gieten.

**goot·steen** (de ~(m.); -stenen) waterbak in een aanrecht, onder de kraan ⇒ spoelbak ◆ *de gootsteen is verstopt*: de afvoerbuis zit dicht.

**gor·del** (de ~ (m.); -s) band of riem voor om je middel ⇒ *ceintuur* ◆ *een judopak sluit met een* **gordel**; *een trap onder de* **gordel**: in je kruis.

**gor·del·dier** (het ~; -en) zoogdier zonder tanden en met een pantser van schubben, dat vooral voorkomt in Zuid-Amerika.

**gor·del·roos** (de ~) huidziekte waarbij vochtblaasjes in de vorm van een kring ontstaan, waarbij je pijn en jeuk hebt.

**gor·dijn** (de ~ of het ~; -en) **1** lap stof die je voor een raam hangt of voor iets anders dat je wilt afsluiten of bedekken ▼ *het IJzeren* **Gordijn**: tot 1989 de scheidslijn tussen het gedeelte van Europa dat onder Russische invloed stond en de overige landen.

**gor·ge·len** (gorgelde, heeft gegorgeld) je keel spoelen door een vloeistof achter in je keel te laten borrelen.

**go·ril·la** (de ~ (m.); gorilla's) grote mensaap.

**gors** (zelfst. nw.; gorzen) **1** (de ~) vogelsoort die tot de familie van de vinken behoort **2** (de ~ of het ~) stuk aangeslibd land dat buiten de dijken ligt ⇒ *schor, kwelder.*

**gort** (de ~ (m.)) gerst waar de schil vanaf gepeld is ◆ *zo droog als* **gort**: heel erg droog; *iets aan* **gort** *slaan*: (uitdr.) iets in stukken slaan.

**gort·droog** (bijv. nw.) helemaal of heel erg droog ◆ *dat boek is* **gortdroog**: het is ontzettend saai.

**gor·tig** (bijw.) ▼ *dat was wat al te* **gortig**: al te erg.

**GOS** (het ~) Gemenebest van Onafhankelijke Staten; dit is sinds 1992 de naam voor wat vroeger de Sovjet-Unie heette.

**gos·pel** (Engels) [ɡɔspəl] (de ~) godsdienstig lied van negers.

**go·ten** → gieten.

**go·tiek** (de ~ (v.)) bouwstijl uit het eind van de Middeleeuwen gekenmerkt door hoge, spitse bogen en torens.

**go·tisch** (bijv. nw.) behorend tot de gotiek* ◆ *de kerk was gebouwd in de* **gotische** *stijl.*

**got·spe** (Jiddisch) [ɡɔtspə] (de ~) brutaliteit.

**gou·a·che** [ɡœwaʃ(ə) of ʀœwaʃ(ə)] (de ~; -s) waterverfschilderij waarbij het hele papier beschilderd is.

**goud** (het ~) geel edelmetaal ◆ *hij droeg een ring van* **goud**; *zo eerlijk als* **goud**: (uitdr.) heel erg eerlijk; *voor geen goud spring ik van de hoge duikplank*: (uitdr.) zelfs als ik er een grote beloning voor zou krijgen, zou ik het nog niet doen; *het is niet alles* **goud** *wat er blinkt*: (spreekwoord) laat je niet misleiden door de mooie buitenkant van dingen.

**gou·den** (bijv. nw.) ▼ *de* **Gouden** *Eeuw*: de zeventiende eeuw, toen er veel welvaart was in Nederland; *mijn opa en oma vieren hun* **gouden** *bruiloft*: ze vieren feest omdat ze 50 jaar getrouwd zijn.

**gou·den·re·gen** (de ~ (m.); -s) struik die bloeit met lange, gele bloemtrossen.

**goud·mijn** (de ~; -en) iets waar je rijk van wordt ◆ *die winkel is een* **goudmijn**: die winkel levert veel winst op.

**goud·re·net** (de ~; -ten) appelsoort die licht zuur smaakt.

**gouds·bloem** (de ~; -en) oranje sierbloem voor in de tuin.

**goud·schaal** (de ~; -schalen) gevoelige weegschaal om goud te wegen ◆ *je woorden op een* **goudschaaltje** *wegen*: (uitdr.) goed opletten dat je niet de verkeerde woorden kiest.

**goud·vis** (de ~ (m.); -sen) oranjegele zoetwatervis ◆ *een aquarium met* **goudvissen**.

**gou·lash** [ʀœlaʃ of ɡœlaʃ] (de ~ (m.)) pittig vleesgerecht uit Hongarije.

**gou·ver·nan·te** [ɡœvɛrnantə of ʀœvɛrnantə] (de ~ (v.); -s) vrouw die kinderen bij hen thuis les geeft.

**gou·ver·neur** [ɡœvɛrnøːr of ʀœvɛrnøːr] (de ~ (m.); -s) **1** bestuurder in het vroegere Nederlands-Indië **2** (in België) hoofd van een provincie.

**go·zer** (de ~ (m.); -s) (populair) man, jongen ◆ *hij is een leuke* **gozer**.

**GPV** (het ~) Gereformeerd Politiek Verbond; dit is een politieke partij in Nederland.

**gr** (afkorting) **1** *gr*aden **2** *gr*am ⇒ g.

**graad** (de ~ (m.); graden) **1** kleinste deel van de schaalverdeling op een thermometer ◆ *het is 25* **graden** *Celsius* **2** (meetkunde) 90e deel van een rechte hoek ◆ *een hoek van 45* **graden**: een hoek die zo groot is als de helft van een rechte hoek **3** rang ◆ *ze heeft een* **graad** *gehaald aan de universiteit*: een bepaalde titel; *een eerste*graads *leraar*: iemand die in alle klassen van het vwo les mag geven; *zij is nog een* **graadje** *onvriendelijker dan haar moeder*: nog een tikkeltje onvriendelijker **4** (aardrijkskunde) afstand tussen twee breedtecirkels of tussen twee lengtecirkels ◆ *Arnhem ligt op 52* **graden** *noorderbreedte en 6* **graden** *oosterlengte* **5** (in België) niveau van een schoolopleiding ◆ *derde* **graad**: vijfde en zesde klas van de lagere school, of vijfde en zesde leerjaar van het secundair onderwijs.

**graad·me·ter** (de ~ (m.); -s) norm waarnaar je iets beoordeelt ⇒ *maatstaf* ◆ *de kleur van zijn huid is een* **graadmeter** *voor zijn gezondheid*: daaraan kun je zien hoe gezond hij is.

**graaf** (de ~ (m.); graven), vrouw: **gra·vin** (de ~ (v.); -nen) iemand van adel.

**graaf·schap** (het ~; -pen) gebied dat door een graaf* of gravin wordt bestuurd.

**graag¹** (bijv. nw.) begerig, gretig ◆ *hij is een* **grage** *eter*; *ze is erg koop*graag: ze houdt ervan om dingen te kopen.

**graag²** (bijw.; vergrotende trap: liever; overtreffende trap: liefst) met plezier ⇒ *gaarne* ◆ *ik ga* **graag** *met je mee*; *jij liever dan ik*: (uitdr.) ik heb daar geen zin in; *of liever gezegd …*: (uitdr.) of beter gezegd …; *wil je nog thee? ja,* **graag**!: ja, lekker!

**graag·te** (de ~ (v.)) begerigheid, gretigheid ◆ *ze at met* **graagte** *haar bord leeg.*

**graai·en** (graaide, heeft gegraaid) **1** wild of haastig proberen iets te pakken ⇒ *grabbelen* ◆ *de kinderen* **graaiden** *in de koffer met oude kleren* **2** iets ergens vandaan graaien: iets snel ergens vandaan wegpakken ⇒ *snaaien* ◆ *hij* **graaide** *een reep chocola van de toonbank.*

**graal** (de ~ (m.)) (in verhalen) schotel waarvan men zegt dat Jezus hem gebruikte bij het Laatste Avondmaal of schaal waarin Jezus' bloed is opgevangen toen hij aan het kruis hing.

**graan** (het ~) vruchtkorrels in korenaren, zoals rogge, haver, tarwe of gerst ◆ *ergens een* **graantje** *van mee pikken*: (uitdr.) ook van iets profiteren.

**graat** (de ~; graten) **1** bot of geraamte van een vis ▼ *ik val bijna van de* **graat**: ik heb zo'n honger, dat ik bijna flauwval; *hij is niet zuiver op de* **graat**: hij is niet helemaal eerlijk; *overal* **graten** *in zoeken*: (in België □) vitten, spijkers op laag water zoeken; *ergens geen* **graten** *in vinden*: (in België □; uitdr.) ergens geen bezwaar tegen hebben.

**grab·bel** ▼ *je naam te* **grabbel** *gooien*: je zó gedragen dat andere mensen slecht van je gaan denken.

**grab·be·len** (grabbelde, heeft gegrabbeld) grijpend zoeken, bijv. in een bak.

**gracht** (de ~; -en) **1** smal kanaal in of om een stad ◆ *ze wonen in een groot huis aan de* **gracht** **2** (in België □) sloot.

**gra·ci·eus** (bijv. nw.) (van bewegingen, gebaren enz.): sierlijk ◆ *de danseres danste* **gracieus** *over het podium.*

**gra·da·tie** (de ~(v.); -s) het verloop van moeilijk naar makkelijk, van sterk naar zwak, van licht naar donker enz., of omgekeerd ♦ *op een zwart-wit foto zie je verschillende gradaties grijs.*

**gra·du·eel** (bijv. nw.) gezegd van iets dat met graad* (bet.3) te maken heeft ♦ *tussen die twee dingen is een gradueel verschil:* een verschil dat zo klein is, dat het niet belangrijk is.

**graf** (het ~; graven) ruimte, meestal een kuil, waarin een dode begraven wordt ♦ *je eigen graf graven:* (uitdr.) iets op touw zetten dat je eigen ondergang veroorzaakt; *zwijgen als het graf:* (uitdr.) helemaal niets zeggen.

**graf·fi·ti** [ɣrɛffittie of ɣrafiˌetie]de (de ~) woorden en tekeningen die zonder toestemming op o.a. muren, trams en standbeelden worden aangebracht.

**gra·fiek** (de ~(v.)) **1** (-en) schematische voorstelling met lijnen en figuren ⇒ *diagram* ♦ *op de grafiek kun je zien dat er de laatste jaren in West-Europa steeds minder kinderen geboren worden* **2** tekenkunst ♦ *deze kunstschilder maakt ook grafiek:* tekeningen.

**gra·fiet** (het ~) grijszwarte, zachte, vettige stof die o.a. in potloden zit.

**gra·fisch** (bijv. nw.) **1** gezegd van iets dat met een grafiek* (bet.1) te maken heeft ♦ *een grafische voorstelling:* een voorstelling door middel van een grafiek **2** gezegd van iets dat met grafiek* (bet.2) te maken heeft ♦ *de grafische kunst:* de tekenkunst **3** gezegd van iets dat met het drukken van boeken, tijdschriften enz. te maken heeft ♦ *de grafische industrie.*

**gra·fo·loog** (de ~(m.); grafologen), vrouw: **gra·fo·lo·ge** (de ~(v.); -s of -n) iemand die voor zijn of haar beroep handschriften bestudeert ⇒ *handschriftkundige* ♦ *een grafoloog kan aan je handschrift zien hoe je karakter is.*

**graf·schen·nis** (de ~) het vernielen of beschadigen van een graf.

**graf·schrift** (het ~; -en) tekst op een grafsteen.

**graf·steen** (de ~(m.); -stenen) steen die op een graf ligt of staat ⇒ *grafzerk.*

**graf·stem** (de ~; -men) ernstige, donkere stem ♦ *met een grafstem las zij het bericht voor.*

**gram** (het ~; -men) gewichtsmaat, het honderdste deel van een ons ♦ *één kilo is hetzelfde als 1000 gram.*

**gram·ma·ti·ca** (de ~(v.); grammatica's) het deel van de taalwetenschap dat zich bezighoudt met de taalregels ⇒ *spraakkunst.*

**gram·ma·ti·caal** (bijv. nw.) volgens de regels van de grammatica* ♦ *deze zin is grammaticaal:* het is een goede zin.

**gram·mo·foon** (de ~(m.); -s of grammofonen) apparaat om platen op te draaien ⇒ *pick-up.*

**gram·schap** (de ~(v.)) (ouderwets) boosheid.

**gra·naat** (zelfst. nw.; granaten) **1** (de ~) bom die bij het ontploffen in scherven uiteenspat **2** (de ~(m.)) edelsteen die in allerlei kleuren kan voorkomen.

**gran·di·oos¹** (bijv. nw.) geweldig, schitterend ♦ *ze wonen in een grandioos huis.*

**gran·di·oos²** (bijw.) heel erg ♦ *ik heb me grandioos vergist.*

**gra·niet** (het ~) harde steensoort.

**grap** (de ~; -pen) iets dat je vertelt of doet om iemand anders te laten lachen ⇒ *mop* ♦ *wat een flauwe grap!:* die grap is niet leuk; *grappen maken:* dingen zeggen om anderen aan het lachen te maken; *een grap met iemand uithalen:* iemand iets geks laten overkomen omdat jij dat leuk vindt; *voor de grap hebben mijn vriendin en ik onze kleren geruild:* omdat we dat leuk vinden.

**grape·fruit** (Engels) [ɡreːpfrœt](de ~; -s) grote bitter en zuur smakende citrusvrucht met een gele schil.

**grap·jas** (de ~(m.); -sen) grappenmaker.

**grap·pen·ma·ker** (de ~(m.); -s) iemand die grappen maakt of grappen uithaalt ⇒ *grapjas, lolbroek.*

**grap·pig** (bijv. nw.) waar je om moet lachen, leuk ⇒ *geestig, komisch* ♦ *het was een grappige tekenfilm; jonge poesjes vind ik altijd zo grappig.*

**gras** (het ~; -sen) groene plant met smalle blaadjes, waar bijv. een weiland mee begroeid is ♦ *koeien en geiten eten gras; ergens geen gras over laten groeien:* (uitdr.) iets meteen doen, iets niet uitstellen; *iemand het gras voor de voeten wegmaaien:* (uitdr.) iets doen wat iemand anders net van plan was, zodat het geen zin meer heeft dat die persoon dat doet; *hij is zo groen als gras:* (uitdr.) heel onervaren en onbedorven.

**gras·dui·nen** (grasduinde, heeft gegrasduind) *ergens in grasduinen:* ergens naar hartenlust in rondkijken ♦ *ik vind het leuk om in zijn boekenkast te grasduinen.*

**gras·maand** (de ~(m.)) de maand april.

**gras·mat** (de ~; -ten) stuk grond dat met gras begroeid is (meestal gebruikt voor 'voetbalveld').

**gras·spriet** (de ~(m.); -en) stengel gras ⇒ *grashalm.*

**gra·tie** (de ~(v.)) **1** sierlijkheid ♦ *hij beweegt zich met veel gratie:* met mooie vloeiende bewegingen **2** gunst ♦ *bij de gratie Gods mocht ik mee:* (uitdr.) het was een grote gunst dat ik mee mocht; *bij iemand uit de gratie raken:* (uitdr.) niet meer gunstig door iemand beoordeeld worden **3** kwijtschelding van straf ♦ *de misdadiger had twee jaar gevangenisstraf, maar na één jaar kreeg hij gratie:* na één jaar werd hij vrijgelaten.

**gra·ti·fi·ca·tie** (de ~(v.); -s) extra geld dat je krijgt naast je loon ♦ *de werknemers van de fabriek krijgen dit jaar een kerstgratificatie.*

**gra·ti·ne·ren** (gratineerde, heeft gegratineerd) *een gerecht gratineren:* er in de oven een korstje op laten komen van kaas of paneermeel.

**gra·tis** (bijv. nw.) zonder dat je ervoor hoeft te betalen, voor niets ♦ *als je twee bossen bloemen koopt, krijg je vandaag de derde bos gratis.*

**gra·tuit** (Frans) [ɡratwiˌet](bijv. nw.) gezegd van iets dat heel erg voor hand ligt, dat heel makkelijk is, en waar je dus niets mee opschiet ♦ *die opmerking is gratuit.*

**grauw¹** (zelfst. nw.) **1** (het ~) het gewone volk (gezegd door mensen die vinden dat ze daar zelf boven staan) ⇒ *gepeupel, plebs* ♦ (de ~(m.); -en) onvriendelijk woord ⇒ *snauw* ♦ *hij gaf me een grauw toen ik hem stoorde.*

**grauw²** (bijv. nw.) **1** vaalgrijs ♦ *een ezel is grauw van kleur* **2** gezegd van iets dat de indruk wekt van somberheid ♦ *grauw weer; ze gaat grauw gekleed.*

**gra·vel** (Engels) [ɡrɛvvel](het ~) fijngemaakte roodbruine steentjes ♦ *tennisbanen zijn vaak bedekt met gravel.*

**gra·ven** (groef, heeft gegraven) *een gat, kuil of gang graven:* dat of die maken door grond weg te halen ♦ *de tuinman graaft een gat met een spa; het konijn graaft een hol.*

**gra·ve·ren** (graveerde, heeft gegraveerd) *iets ergens in graveren:* iets ergens met een dunne, scherpe naald in krassen ♦ *ze hebben hun namen in hun trouwringen laten graveren.*

**gra·vin** (de ~(v.); -nen) **1** vrouw of dochter van een graaf* **2** vrouwelijke graaf.

**gra·vu·re** (de ~; -s of -n) afdruk van een houten of metalen plaat waarin een tekening gegraveerd* is.

**gra·zen** (graasde, heeft gegraasd) **1** (van dieren): gras (met de tanden) afscheuren en het opeten ▼ *iemand te grazen nemen:* een grap met iemand uithalen.

**gra·zig** (bijv. nw.) (van grond): begroeid met veel gras ♦ *dat is een grazig weiland.*

**greep¹** (zelfst. nw.; grepen) **1** (de ~(m.)) het grijpen* (bet.1), het vastpakken ◆ *doe maar een **greep** uit de koektrommel*: pak maar wat koekjes; *ergens geen **greep** op krijgen*: (uitdr.) iets niet goed kunnen begrijpen, ergens geen vat op krijgen; *een gouden **greep***: (uitdr.) een hele goede keuze **2** (de ~) handvat ⇒ *handgreep* ◆ *op de kastdeur zitten houten **grepen***.

**greep²** → grijpen.

**gre·go·ri·aans** (bijv. nw.) *(van kerkgezang)*: eenstemmig, zoals ingesteld door Paus Gregorius IV.

**grein** (zelfst. nw.; meestal: greintje) ▼ *geen **grein** ...*: helemaal geen ...; *ik heb geen **greintje** plezier gehad die avond.*

**gre·na·dier** (de ~(m.); -s) soldaat uit de keurtroepen van de infanterie (kijk ook bij: **keurtroepen en infanterie**).

**gre·na·di·ne** (de ~) limonadesoort.

**gren·del** (de ~(m.); -s) rond of plat stukje hout of ijzer waarmee je een deur afsluit door het te verschuiven ⇒ *knip, schuif.*

**gre·nen·hout** (het ~) blank hout van een den.

**grens** (de ~; grenzen) scheidingslijn, bijv. tussen twee landen ◆ *aan de **grens** controleert de douane de paspoorten; je **grenzen** kennen*: (uitdr.) weten tot hoever je kunt gaan.

**grens·ge·val** (het ~; -len) geval waarvan je moeilijk kunt zeggen waar het bij past, omdat je het van twee verschillende kanten kunt bekijken ◆ *Gert-Jan zal wel blijven zitten en Lucien niet, maar Kathleen is een **grensgeval***: het is moeilijk te zeggen of ze nou zal blijven zitten of niet.

**grens·hos·pi·ti·um** (het ~; grenshospitia) gebouw waar asielzoekers moeten afwachten of ze in het land mogen blijven.

**gren·ze·loos¹** (bijv. nw.) heel groot, zonder grenzen* ⇒ *eindeloos* ◆ *vanaf het schip leek de zee een **grenzeloze** vlakte.*

**gren·ze·loos²** (bijw.) heel erg ◆ *je **grenzeloos** vervelen.*

**gren·zen** (grensde, heeft gegrensd) *ergens aan **grenzen***: vlak naast iets liggen ◆ *Nederland en België **grenzen** aan elkaar; dat **grenst** aan het onmogelijke!*: (uitdr.) dat kan bijna niet!

**gre·pen** → grijpen.

**grep·pel** (de ~; -s) geul in het land voor de afvoer van water ◆ *langs de weg loopt een **greppel**.*

**gre·tig** (bijv. nw.) vol begeerte, een beetje hebberig ⇒ *begerig* ◆ *ze keek met een **gretige** blik naar de schaal met koekjes.*

**gri·bus** (de ~(m.); -sen) armoedige en enge buurt.

**grief** (de ~; grieven) bezwaar, klacht, gevoel van ontevredenheid ◆ *ze heeft allerlei **grieven** tegen haar ouders.*

**griend** (de ~; -en) stuk land langs rivieren waar lage wilgen groeien.

**grie·nen** (griende, heeft gegriend) *(populair)* huilen ⇒ *janken.*

**griep** (de ~) besmettelijke ziekte waarbij je verkouden bent en koorts hebt ⇒ *influenza.*

**gries·meel** (het ~) fijngemaakt, maar niet gemalen graan, waar je pap van kunt maken.

**griet** (zelfst. nw.; -en) **1** (de ~(v.)) *(populair)* meisje of vrouw **2** (de ~(m.)) grutto **3** (de ~(m.)) erg brede platvis.

**grie·ven** (griefde, heeft gegriefd) *iemand **grieven***: iemand verdriet doen of beledigen ⇒ *kwetsen, krenken* ◆ *ze heeft me diep **gegriefd** met die gemene opmerking.*

**grie·zel** (de ~(m.); -s) eng mens of dier ◆ *slangen vind ik maar **griezels**.*

**grie·ze·len** (griezelde, heeft gegriezeld) rillen van angst of van afkeer ◆ *de kinderen **griezelden** toen ze het sprookje van de heks hoorden; ik **griezel** van spinnen.*

**grie·ze·lig** (bijv. nw.) eng, om van te griezelen* ⇒ *huiveringwekkend* ◆ *ga niet zo **griezelig** dicht bij dat vuur staan!*

**grif** (bijw.) graag en snel ◆ *dat tijdschrift wordt **grif** gekocht*: er zijn veel mensen die het meteen kopen.

**grif·fel** (de ~; -s) stift van leisteen waar men vroeger mee schreef.

**grif·fen** (grifte, heeft gegrift) *iets ergens in **griffen***: iets ergens in krassen met iets scherps ◆ *in de grafsteen was een datum **gegrift**; die woorden staan in mijn geheugen **gegrift***: (uitdr.) ik zal ze nooit vergeten.

**grif·fie** (de ~(v.); -s) secretariaat van bijv. de rechtbank of het bestuur van een provincie.

**grif·fier** (de ~(m.); -s) degene die aan het hoofd staat , van een griffie*.

**grif·fi·oen** (de ~(m.); -en) soort draak die van voren vogel en van achteren leeuw is.

**grijns** (de ~; grijnzen) spottende of voldane lachende gezichtsuitdrukking ◆ *hij keek met een **grijns** naar het geploeter van de anderen.*

**grijn·zen** (grijnsde, heeft gegrijnsd) je gezicht in een grijns* trekken ◆ *ze begon te **grijnzen** toen ik me voor de tweede keer vergiste.*

**grij·pen** (greep, heeft gegrepen) **1** *iets of iemand **grijpen***: iets of iemand vastpakken met je hand ◆ *hij **greep** het touw en trok het naar zich toe; het lekkers ligt voor het **grijpen***: er is heel veel lekkers en je kunt ervan nemen zoveel je wilt; *ergens door **gegrepen** zijn*: (uitdr.) ergens bezeten van zijn, ergens heel vol van zijn **2** om zich heen grijpen: zich snel uitbreiden ◆ *het vuur **grijpt** om zich heen.*

**grijp·stui·ver** (de ~(m.); -s) *(populair)* klein geldbedrag ⇒ *schijntje, prikkie* ◆ *met zwartwerken heeft hij een aardige **grijpstuiver** verdiend*: behoorlijk wat geld als bijverdienste.

**grijs** (bijv. nw.) met de kleur van lood ◆ *als je oud wordt, worden je haren **grijs**; in het **grijze** verleden*: (uitdr.) heel lang geleden.

**grijs·aard** (de ~(m.); -s) oude man met grijs haar.

**gril** (de ~; -len) plotselinge gedachte of stemming, die vaak weer snel overgaat ⇒ *bevlieging* ◆ *het was een **gril** van haar om een racefiets te willen hebben; ik ben niet van plan om aan zijn **grillen** toe te geven; aprilse **grillen**:* (in België □) veranderlijk, buiig weer in april.

**grill** (de ~(m.); -s) apparaat waarmee je bijv. vlees kunt roosteren.

**gril·len** (grilde, heeft gegrild) *iets **grillen***: iets roosteren met een grill* ⇒ *grilleren.*

**gril·le·ren** (grilleerde, heeft gegrilleerd) *iets **grilleren***: iets grillen.

**gril·lig** (bijv. nw.) **1** onregelmatig van vorm ◆ *de **grillige** takken van de boom staken scherp af tegen de lucht **2** onberekenbaar, steeds van gedachte of van stemming veranderend ⇒ *wispelturig* ◆ *hij heeft een **grillig** karakter.*

**gri·mas** (de ~; -sen) vreemd of grappig vertrokken gezicht ◆ *de clown maakte allerlei **grimassen**.*

**grime** [griem, in België: gri̱em(e)](de ~) **1** het grimeren* **2** spullen waarmee je je opmaakt voor het toneel ⇒ *schmink.*

**gri·me·ren** (grimeerde, heeft gegrimeerd) *iemand **grimeren***: iemand opmaken voor het toneel ⇒ *schminken.*

**gri·meur** (de ~(m.); -s) iemand die toneelspelers grimeert*.

**grim·mig** (bijv. nw.) kwaadaardig, boos ◆ *de hond begon **grimmig** te blaffen; er heerste een **grimmige** sfeer bij de demonstratie.*

**grind** (het ~) kleine kiezelsteentjes ⇒ kiezel ◆ *het tuin-pad is bedekt met grind.*

**grin·ni·ken** (grinnikte, heeft gegrinnikt) zachtjes lachen met je mond dicht ◆ *ze grinnikte om zijn grapjes.*

**grint** → grind.

**gri·ot** (de~(m.); -ten) zacht dropje in de vorm van een kubus.

**grip** (de~(m.)) houvast, vat ◆ *ik kan maar geen grip krij-gen op dit probleem: ik weet niet hoe ik het moet aan-pakken; de auto heeft geen grip op de weg: hij glijdt mak-kelijk weg.*

**gris·sen** (griste, heeft gegrist) iets ergens uit grissen: iets er-gens snel uit wegpakken en naar je toe halen ◆ *voor ik erop bedacht was, had hij de portemonnee uit mijn handen gegrist.*

**grit** (het ~) fijngemalen schelpen die als voer aan kippen worden gegeven.

**groef**[1] (de ~; groeven) inkerving, gleuf ◆ *de oude man had diepe groeven in zijn gezicht; de groeven van deze oude lp zitten vol stof.*

**groef**[2] → graven.

**groei** (de~(m.)) het groeien* ◆ *de groei van de vereniging is enorm: er komen steeds maar leden bij; die rok is op de groei gekocht: hij is te groot, je kunt er nog in groei-en; lezen is belangrijk voor je persoonlijke groei: daar word je innerlijk sterker van.*

**groei·en** (groeide, is gegroeid) groter of talrijker worden ◆ *het aantal leerlingen op de school groeit; die puber is hele-maal uit zijn krachten gegroeid: hij is heel lang gewor-den; groeien als kool: (uitdr.) heel snel groeien; je zag hem groeien toen zijn vader hem een complimentje gaf: (uitdr.) je zag dat hij trots werd.*

**groei·stad** (de ~; -steden) gemeente die door de over-heid is aangewezen om meer inwoners aan te trekken en nieuwe huizen te bouwen.

**groei·stuip** (de ~; -en) kramp bij jonge kinderen die sa-menhangt met een snelle groei ◆ *de nieuwe club heeft last van groeistuipen:* (uitdr.) door de grote groei ont-staan er moeilijkheden.

**groen** (bijv. nw.) **1** met de kleur van gras ◆ *een groen stoplicht betekent 'doorlopen'; je groen en geel ergeren:* (uitdr.) je verschrikkelijk ergeren; *de groene partij:* (uitdr.) de politieke partij die opkomt voor het milieu; *mijn tan-te heeft groene vingers:* (uitdr.) bij haar doen de planten het altijd erg goed **2** jong en onervaren, het tegenover-gestelde van 'rijp' ◆ *hij is zo groen als gras:* (uitdr.) heel onervaren en onbedorven ▼ *groene haring:* verse, jonge haring.

**Groen·Links** (het ~) politieke partij in Nederland.

**groen·te** (de ~(v.); -s of -n) eetbare planten of delen hier-van, die rauw of gekookt gegeten worden.

**groen·te·boer** (de~(m.); -en) verkoper van groenten en fruit ⇒ groenteman.

**groen·te·man** (de~(m.); -nen) groenteboer.

**groen·tje** (het ~; -s) iemand die jong en onervaren is ◆ *op het gebied van de liefde is hij nog een groentje:* weet hij nog van niks.

**groep** (de ~; -en) aantal mensen, dieren of dingen die bij elkaar horen ◆ *olifanten leven in groepen bij elkaar; een eilandengroep; een actiegroep:* een aantal mensen die samen actie voeren; *gooi het maar in de groep:* (uitdr.) kom maar op met je probleem, dan zullen we er samen over nadenken.

**groe·pe·ren** (groepeerde, heeft gegroepeerd) **1** mensen, die-ren of dingen groeperen: die in groepen* bij elkaar zetten ⇒ rangschikken **2** zich groeperen: zich in een groep* ver-enigen ◆ *de leerlingen groepeerden zich rond de koffie-automaat.*

**groe·pe·ring** (de~(m.); -en) groep van personen die een zelfde doel proberen te bereiken ⇒ partij.

**groeps·ver·band** (zelfst. nw.) ▼ *in groepsverband:* sa-men met anderen.

**groet** (de~(m.); -en) woord of gebaar waarmee je ie-mand groet* ◆ *ik eindig mijn brief met 'hartelijke groe-ten'; iemand de groeten doen:* iemand namens een an-der groeten.

**groe·ten** (groette, heeft gegroet) iemand groeten: iemand door een woord of gebaar goedendag zeggen ◆ *hij groette mij niet eens; de militairen groetten de koningin:* ze brachten een officiële groet uit, ze salueerden.

**groe·ve** (de ~; -n) **1** plaats waar de grond open ligt om-dat er een delfstof gewonnen wordt **2** grafkuil.

**groe·ven**[1] (groefde, heeft gegroefd) iets ergens in groeven: iets ergens met iets scherps in krassen ⇒ kerven ◆ *mijn opa heeft een gegroefd gezicht:* hij heeft diepe rimpels.

**groe·ven**[2] → graven.

**groe·ze·lig** (bijv. nw.) een beetje vuil ⇒ smoezelig ◆ *een groezelige trui.*

**grof** (bijv. nw.) **1** groot, niet klein en fijn ◆ *hij is grof ge-bouwd; grof gemalen koffiebonen; een werkster voor het grove werk:* voor het zware werk **2** ruw, onbeschaafd ◆ *grove opmerkingen; met grof geweld:* zeer onbehouwen **3** van enorme betekenis, buitengewoon ◆ *een grove nalatigheid:* iets dat je niet gedaan hebt terwijl het wel had gemoeten en dat grote gevolgen heeft.

**grof·weg** (bijw.) in het groot, niet tot in bijzonderheden uitgewerkt ⇒ globaal ◆ *een complete elektrische trein kost grofweg 10.000 gulden:* zo ongeveer, het kan iets meer of iets minder zijn.

**grog** (Engels) [grok] (de ~(m.); -s) mengsel van rum of cog-nac met heet water en citroen.

**grog·gy** (Engels) [kroĸkie, in België: groggie] (bijv. nw.) (po-pulair) onvast op de benen, slingerend, waggelend.

**grok** → grog.

**grol** (de ~; -len) grap die een beetje ordinair is ◆ *grappen en grollen verkopen:* lollig proberen te zijn.

**grom·men** (gromde, heeft gegromd) **1** (van dieren): een laag brommend geluid maken, om te dreigen ◆ *als de kat in de buurt komt, gromt de hond* **2** (van mensen): mop-peren, boos zijn ⇒ brommen.

**grond** (de~(m.); -en) **1** oppervlakte van de aarde ⇒ bodem ◆ *ik ben met gymnastiek keihard op de grond gevallen; wij wonen op de begane grond:* de benedenverdieping; *iets met de grond gelijkmaken:* (uitdr.) iets afbreken; *hij bleef als aan de grond genageld staan:* (uitdr.) hij kon zich niet meer bewegen van schrik; *door de grond gaan:* (uitdr.) je diep schamen; *een plan de grond in boren:* (uitdr.) het afkraken; *iets van de grond krijgen:* (uitdr.) erin slagen iets te organiseren; *aan de grond zitten:* (uitdr.) geen geld meer hebben; *iemand te gronde rich-ten:* (uitdr.) iemand vernietigen, iemand in het verderf storten; *dat komt uit de grond van mijn hart:* (uitdr.) ik zeg het met volle overtuiging; *in de grond is hij best een aardige jongen:* (uitdr.) eigenlijk; *iets uit de grond stam-pen:* (uitdr.) iets heel snel tot stand brengen; *de grond werd hem te heet onder de voeten:* (uitdr.) hij wilde vluch-ten **2** zandachtige, korrelige aarde ◆ *Zeeland heeft vruchtbare grond; deze plantenbak heeft te weinig grond* **3** reden ⇒ grondslag ◆ *jaloezie is de grond van veel ver-driet; we hebben goede gronden om niet te komen* ▼ *op grond van:* vanwege, wegens; *hij werd gediskwalificeerd op grond van dopinggebruik.*

**grond·be·gin·sel** (het ~; -en of -s) **1** uitgangspunt, prin-cipe ◆ *een van de grondbeginselen van het katholicisme* **2** (meestal: grondbeginselen) basiskennis of basisvaardig-heden ◆ *de grondbeginselen van het vioolspel.*

**gron·de·rig** (bijv. nw.) naar grond* (bet.2) smakend ♦ *deze vis heeft een **gronderige** smaak.*

**grond·ge·bied** (het ~; -en) stuk grond* (bet.1) dat je in bezit hebt of waar je de baas over bent ⇒ *domein, territorium* ♦ *het **grondgebied** van Luxemburg is maar klein vergeleken met dat van Duitsland.*

**gron·dig** (bijv. nw.) diepgaand en uitgebreid ♦ *de diefstal op school werd **grondig** uitgezocht; ik heb er een **grondige** hekel aan: een heel erge hekel.*

**grond·leg·ger** (de ~(m.); -s), vrouw: **grond·leg·ster** (de ~(v.); -s) degene die met iets begint en daarmee een verdere ontwikkeling mogelijk maakt ⇒ *stichter, oprichter* ♦ *Maria Montessori was de **grondlegster** van het montessorionderwijs.*

**grond·slag** (de ~(m.); -en) uitgangspunt bij iets wat je doet ⇒ *grondbeginsel, basis* ♦ *ijver is de **grondslag** van zijn succes op school; ergens aan ten **grondslag** liggen:* (uitdr.) de basis van iets vormen.

**grond·stof** (de ~; -fen) **1** ruw materiaal dat nog bewerkt moet worden tot producten waar je iets aan hebt ♦ *ijzer en steenkool zijn belangrijke **grondstoffen** voor onze industrie* **2** belangrijkste bestanddeel van iets ♦ *boter, melk en eieren zijn de **grondstoffen** van gebak.*

**grond·toon** (de ~(m.); -tonen) laagste toon van een toonladder.

**grond·verf** (de ~; -verven) goed beschermende verf die als eerste verflaag dient ♦ *iets in de **grondverf** zetten:* (uitdr.) iets in ruwe vorm opzetten, om het later uit te werken.

**grond·vest** (het ~; -en) muur onder de grond waarop een gebouw kan rusten ⇒ *fundament* ♦ *het huis schudde op zijn **grondvesten**: het trilde en beefde.*

**grond·wa·ter** (het ~) water dat in de bodem zit, en dat gebruikt kan worden als drinkwater.

**grond·wet** (de ~; -ten) wet waarin staat hoe een land geregeerd moet worden.

**groos** (bijv. nw.) ▼ *ergens **groos** mee zijn:* trots zijn op iets, verguld zijn met iets.

**groot** (bijv. nw.) **1** van flinke afmetingen, het tegenovergestelde van 'klein' ♦ *zij is **groot** voor haar leeftijd; een **groot** huis; de **grote** mensen: de volwassenen; de **grote** vakantie: de zomervakantie; in het **groot** inkopen: met grote hoeveelheden tegelijk* **2** belangrijk, voornaam ♦ *Ghandi was een **groot** man; de **grote** school: de basisschool* ▼ ***groot** zijn met iemand:* nogal dik bevriend met iemand zijn.

**groot·bren·gen** (bracht groot, heeft grootgebracht) *een kind **grootbrengen**:* het opvoeden.

**groot·grond·be·zit·ter** (de ~(m.); -s) iemand die veel land bezit.

**groot·han·del** (de ~(m.); -s) bedrijf dat producten koopt van de fabriek en die doorverkoopt aan winkels ⇒ *grossier*.

**groot·heid** (de ~(m.); -heden) **1** belangrijk mens ♦ *alle **grootheden** uit de popwereld deden mee aan het concert* **2** rekenkundige maat ♦ *kilo's en meters kun je niet bij elkaar optellen, want het zijn verschillende **grootheden**.*

**groot·heids·waan·zin** (de ~(m.)) vorm van gek zijn waarbij iemand zich inbeeldt heel belangrijk te zijn.

**groot·hoek·lens** (de ~; -lenzen) lens voor een foto- of filmtoestel, waarmee je vanaf een kleine afstand een heleboel in beeld kunt krijgen.

**groot·je** (het ~; -s)(populair) oma, grootmoeder ♦ *iets naar z'n **grootje** helpen:* (uitdr.) iets kapotmaken.

**groot·mees·ter** (de ~(m.); -s) iemand die op een bepaald gebied, bijv. schaken, heel goed is.

**groot·moe·der** (de ~(v.); -s) de moeder van je vader of moeder ⇒ *oma, opoe*.

**groot·moe·dig** (bijv. nw.) gezegd van iemand die erop uit is om voor anderen iets te betekenen in plaats van alleen maar aan zichzelf te denken ♦ ***grootmoedig** stond ze haar pop af aan haar broertje.*

**groot·oom** (de ~(m.); -s)(in België □) oom van je vader of moeder ⇒ *oudoom*.

**groot·ou·ders** (zelfst. nw.; meervoud) de ouders van je vader of moeder.

**groots** (bijv. nw.) fantastisch, enorm ♦ *mijn tiende verjaardag was een **groots** feest.*

**groot·scha·lig** (bijv. nw.)(van bedrijven): met meer mankracht, meer materiaal en op een grotere oppervlakte dan de meeste bedrijven, het tegenovergestelde van 'kleinschalig' ♦ *een **grootschalig** bedrijf:* waar veel tegelijk geproduceerd wordt.

**groot·scheeps** (bijv. nw.) groots opgezet ♦ *een **grootscheepse** actie voor het buurthuis.*

**groot·spraak** (de ~) opschepperij, bluf ♦ *ik word écht zwemkampioen, dat is geen **grootspraak**.*

**groot·tan·te** (de ~(v.); -s)(in België □) tante van je vader of moeder ⇒ *oudtante*.

**groot·te** (de ~(v.); -n of -s) afmeting van iets, de lengte, breedte, dikte, hoogte, oppervlakte enz. ⇒ *formaat* ♦ *posters van verschillende **grootte**; een afbeelding op ware **grootte**: net zo groot als in het echt; ter **grootte** van ...:* (uitdr.) zo groot als ....

**groot·va·der** (de ~(m.); -s) de vader van je moeder of vader ⇒ *opa*.

**groot·zeil** (het ~; -en) zeil van een zeilschip dat aan de mast en aan de giek vastzit.

**gros** (het ~; -sen) **1** hoeveelheid van 144, twaalf keer een dozijn ♦ *een **gros** potloden* **2** grootste deel, meerderheid ⇒ *merendeel* ♦ *het **gros** van de bezoekers vond de toneelvoorstelling prachtig.*

**gros·sier** (de ~(m.); -s) groothandel.

**gros·sie·ren** (grossierde, heeft gegrossierd) *in iets grossieren:* een grote verzameling van iets aanleggen ♦ *zij **grossierde** in medailles: ze behaalde er veel.*

**gros·so mo·do** (Latijn) [grossoomoodoo] niet nauwkeurig geschat, ongeveer ⇒ *ruwweg* ♦ *een fabriek met **grosso modo** 500 werknemers.*

**grot** (de ~; -ten) holle ruimte in een rots ⇒ *spelonk*.

**gro·ten·deels** (bijw.) voor het grootste gedeelte ⇒ *voornamelijk, hoofdzakelijk* ♦ *als je blijft zitten, is het **grotendeels** je eigen schuld.*

**gro·tesk** (bijv. nw.) wonderlijk en buitensporig ♦ *een **grotesk** verhaal.*

**grou·pie** (Engels) [kroepie, in België: groepie] (de ~(v.); -s) meisje dat haar favoriete popster overal achterna reist en er alles voor over heeft om met hem in contact te komen.

**gruis** (het ~) fijn verbrokkeld steen ♦ *als je een gat in de muur boort, komt er **gruis** uit.*

**grunge** (Engels) [krundzj] (de ~) **1** (-s) modestijl, gekenmerkt door slobberige en kapotte kleren die over elkaar heen gedragen worden **2** gitaarrockmuziek, afkomstig uit Seattle.

**grut** (het ~) kleine kinderen ♦ *het **grut** moet vroeg naar bed.*

**grut·ter** (de ~(m.); -s)(ouderwets) kruidenier.

**grut·to** (de ~(m.); grutto's) lichtbruine gespikkelde weidevogel met een lange snavel ⇒ *griet*.

**gru·wel** (de ~(m.); -en) iets afschuwelijks, iets waar je een afkeer van hebt ♦ *dat is me een **gruwel**: daar moet ik niks van hebben.*

**gru·we·len** (gruwelde, heeft gegruweld) *van iets gruwelen:* van iets griezelen, van iets huiveren.

**gru·we·lijk** (bijv. nw.) afschuwelijk, afgrijselijk, huiveringwekkend ◆ *de hond van onze buren wordt gruwelijk
mishandeld; ik heb een gruwelijke hekel aan fietsen.*

**gru·wen** (gruwde, heeft gegruwd) *van iets gruwen:* een afschuw van iets hebben ◆ *ik gruw van Franse kaas: ik
vind die niet lekker.*

**gru·ze·le·men·ten** (zelfst. nw.) ▼ *aan gruzelementen
vallen:* in scherven vallen, kapot vallen.

**gu·a·no** (de ~(m.)) gedroogde mest van zeevogels.

**guer·ril·la** (Spaans) [ɣerielj ɑɑ, in België: gᵉrieljɑɑ](de ~(m.);
guerrilla's) **1** (letterlijk: kleine oorlog) een vaak nogal ongeordende strijd van burgers tegen hun eigen regering, of
tegen indringers in hun land **2** vechter in zo'n strijd.

**guil·lo·ti·ne** (Frans) [ɣiejootienᵉ, in België: giejootienᵉ](de
~(v.); -s) toestel waarmee mensen onthoofd werden.

**guir·lan·de** (Frans) [ɣierlãⁿde, in België: gierlãⁿde](de ~
(v.); -s) slinger van bloemen en bladeren.

**guit** (de ~(m.); -en) iemand die op een grappige manier
iets doet wat niet mag ⇒ *deugniet, bengel, ondeugd.*

**gui·tig** (bijv. nw.) ondeugend, maar wel grappig.

**gul** (bijv. nw.) gezegd van iemand die makkelijk iets weggeeft, niet gierig ⇒ *royaal, vrijgevig* ◆ *hij geeft met gulle
hand:* hij geeft veel weg; *een gulle lach:* een hartelijke,
spontane lach; *de gulle gever:* de gever van een cadeau
of van geld.

**gul·den¹** (de ~(m.); -s) Nederlandse munteenheid ⇒ *piek.*

**gul·den²** (bijv. nw.) (ouderwets) gouden, als goud blinkend
◆ *de gulden stralen van de zon.*

**gulp** (de ~; -en) **1** sluiting aan de voorkant van een
broek, meestal met rits **2** dikke straal die plotseling begint te stromen ◆ *er kwam opeens een gulp water uit de
tuinslang.*

**gul·pen** (gulpte, heeft gegulpt) naar buiten stromen met
een dikke straal ⇒ *golven, gutsen* ◆ *het bloed gulpte uit
de wond.*

**gul·zig** (bijv. nw.) gezegd van iemand die heel snel en
gretig eet of drinkt ◆ *als je gulzig eet, krijg je de hik; met
gulzige blikken keek hij naar de taartjes.*

**gum** (de ~(m.) of het ~) stukje soepel rubber waarmee je
iets dat je op papier geschreven of getekend hebt, uit
kunt wissen ⇒ *stuf.*

**gum·men** → gommen.

**gum·mi** (de ~(m.) of het ~) elastisch materiaal, zoals rubber.

**gun·nen** (gunde, heeft gegund) **1** *iemand iets gunnen:* zonder jaloezie zien en toestaan dat iemand iets heeft dat
jij niet hebt ◆ *het is je gegund* **2** *jezelf iets gunnen:* jezelf
iets toestaan ◆ *ze gunt zichzelf nooit een ogenblik rust.*

**gunst¹** (de ~(v.); -en) goedheid die je vrijwillig geeft, die
je niet verplicht bent te geven ◆ *mag ik je een gunst
vragen?:* wil je iets voor me doen?; *bij iemand uit de
gunst zijn:* (uitdr.) niet meer zo aardig door iemand gevonden worden; *ten gunste van:* (uitdr.) als voordeel
voor; *ze deed afstand van de troon ten gunste van haar
zoon:* (uitdr.) hij mocht haar opvolgen.

**gunst²** (tussenw.) (om aan te geven dat je verbaasd bent)
⇒ *gut* ◆ *gunst, daar had ik geen idee van!*

**gun·stig** (bijv. nw.) dat of die iemand voordeel geeft ◆
*het lot was mij gunstig gezind; het boek werd gunstig ont-
vangen; ik wacht nog op een gunstige gelegenheid.*

**gunst·koop·je** (het ~; -s) (in België □) iets dat goedkoop is
⇒ *koopje.*

**gup** (de ~(m.); -pen) aquariumvisje dat afkomstig is uit
tropische gebieden in Midden- en Zuid-Amerika.

**gut** (tussenw.) (om aan te geven dat je verbaasd bent)
⇒ *gunst* ◆ *gut, dat wist ik niet!*

**guts** (de ~(m.); -en) **1** hoeveelheid water of andere vloei-

stof die plotseling wordt uitgestort of wegvloeit ⇒ *gulp*
**2** gereedschap dat bestaat uit een handvat en een hol
gebogen stuk metaal, bedoeld om geulen in hout te
maken.

**gut·sen** (gutste, heeft gegutst) (van vloeistoffen): met grote
hoeveelheden tegelijk neerstorten of wegvloeien ⇒ *gul-
pen* ◆ *het zweet gutste langs zijn gezicht.*

**guur** (bijv. nw.) koud en winderig ◆ *het was guur weer.*

**gym** (zelfst. nw.) **1** (de ~(v.)) (verkorting) gymnastiek of gymnastiekles **2** (het ~) (verkorting; populair) gymnasium ◆
*ze zit op het gym.*

**gym·men** (gymde, heeft gegymd) (populair) bezig zijn met
gymnastiek.

**gym·na·si·ast** (de ~(m.); -en), vrouw: **gym·na·si·as·te**
(de ~(v.); -n of -s) leerling van het gymnasium*.

**gym·na·si·um** (het ~; -s of gymnasia) (in Nederland)
school voor voortgezet onderwijs waar je o.a. Latijn en
als je wilt ook Grieks leert, en die voorbereidt op een
studie aan de universiteit.

**gym·nast** (de ~(m.); -en) iemand die aan gymnastiek*
doet.

**gym·nas·tiek** (de ~(v.)) lichaamsoefeningen om je spieren lenig en sterk te maken en om gezond te blijven ◆
*wij hebben drie uur gymnastiek per week.*

**gym·nas·tisch** (bijv. nw.) met gymnastiek* te maken
hebbend ◆ *gymnastische toeren.*

**gym·pje** (het ~; -s) (populair) gymnastiekschoen.

**gy·nae·co·lo·ge** → gynaecoloog.

**gy·nae·co·lo·gie** [ɣienæekooloogie] (de ~(v.)) leer van de
ziekten die speciaal bij vrouwen voorkomen.

**gy·nae·co·loog** [ɣienæekooloog] (de ~(m.); gynaecologen),
vrouw: **gy·nae·co·lo·ge** (de ~(v.); -n of -s) arts die gespecialiseerd is in gynaecologie* ⇒ *vrouwenarts.*

# Hh

**h** (de ~; h's) de achtste letter van het alfabet.

**H.** (afkorting) **H**eilige.

**ha¹** (afkorting) **h**ectare.

**ha²** (tussenw.) (om iemand te groeten, om blijdschap of verrassing uit te drukken) ◆ *ha, ben je daar?; ha, dat had ik niet verwacht.*

**haag** (de ~; hagen) rij dicht op elkaar geplante struiken of bomen die een land begrenzen ◆ *een haag van mensen:* (uitdr.) een rij mensen waar je moeilijk doorheen kunt komen.

**haai** (de ~ (m.); -en) grote roofvis die in zeeën leeft (sommige soorten zijn ook gevaarlijk voor mensen) ◆ *naar de haaien:* (uitdr.) zo kapot dat het niet meer gerepareerd kan worden.

**haai·baai** (de ~ (v.); -en) (populair) bazige vrouw.

**haai·en·tan·den** (zelfst. nw.; meervoud) witte geverfde driehoeken op de weg op het punt waar die uitkomt op een voorrangsweg.

**haak** (de ~ (m.); haken) stukje metaal of plastic dat zo'n vorm heeft dat je er iets aan op kunt hangen ◆ *de jassen hangen aan de haken van de kapstok; een haakje aan een hengelsnoer:* (om vis mee te vangen); *hier is iets niet in de haak:* (uitdr.) hier is iets niet in orde; *iemand aan de haak slaan:* (uitdr.; populair) verkering met iemand krijgen; *daar zitten wat haken en ogen aan:* (uitdr.) dat is niet eenvoudig, daar komt heel wat bij kijken; *dat verhaal hangt aaneen met haken en ogen:* (in België □; uitdr.; populair) het klopt niet, het zit vol leugens.

**haak·je** (het ~; -s) leesteken voor en na een stukje tekst dat minder belangrijk is (het teken ' ( ' of ' ) ') ◆ *tussen haakjes:* (uitdr.) (dit zeg je als je iets vertelt dat niet zo belangrijk is of dat niet met het gespreksonderwerp te maken heeft); *tussen haakjes, ik ben nog even naar de kapper geweest.*

**haak·naald** (de ~; -en) staafje met aan één uiteinde een haakje, bedoeld om mee te haken (bet.1) ⇒ haakpen.

**haaks** (bijv. nw.) **1** gezegd van lijnen, planken enz. die in een rechte hoek staan ◆ *de vier kanten van een fotolijstje staan haaks op elkaar; onze meningen hierover staan haaks op elkaar:* (uitdr.) we denken hier zo verschillend over dat we het nooit eens kunnen worden ▼ *hou je haaks!:* sterkte!

**haal** (de ~ (m.); halen) **1** keer dat je trekt ◆ *ze gaf een paar flinke halen aan het touw* ▼ *met iets aan de haal gaan:* er met iets vandoor gaan, hard met iets weglopen.

**haal·baar** (bijv. nw.) gezegd van iets dat uitgevoerd kan worden ◆ *ze heeft leuke plannen, maar ze zijn niet haalbaar.*

**haan** (de ~ (m.); hanen) **1** mannelijk hoen ◆ *daar kraait geen haan naar:* (uitdr.) dat merkt niemand, omdat niemand zich ervoor interesseert; *zijn haan moet altijd koning kraaien:* (uitdr.) hij wil altijd zijn zin doordrijven **2** deel van een geweer dat gespannen wordt voor het schot wordt gelost.

**haan·tje-de-voor·ste** (het ~) iemand die overal het eerste bij is of die de baas speelt.

**haar¹** (zelfst. nw.) **1** (de ~ of het ~; haren) elk van de heel dunne buigzame buisjes die in de huid van mensen en dieren geworteld zijn ◆ *ober, er zit een haar in mijn soep!; elkaar in de haren vliegen:* (uitdr.) beginnen te vechten; *ik kan me de haren wel uit het hoofd trekken!:* (uitdr.) ik heb verschrikkelijk veel spijt; *het scheelde maar een haar:* (uitdr.) het scheelde maar heel weinig; *geen haar op m'n hoofd die eraan denkt:* (uitdr.) ik pieker er niet over; *je wilde haren kwijtraken:* (uitdr.) verstandiger en minder onbezonnen worden als je ouder wordt; *grijze haren van iets krijgen:* (uitdr.) je heel veel zorgen om iets maken; *de haren rijzen me te berge:* (uitdr.) (dit zeg je als je heel erg schrikt of heel verontwaardigd bent); *iemand tegen de haren instrijken:* (uitdr.) opzettelijk iets zeggen of doen waaraan iemand zich ergert; *iets ergens met de haren bij slepen:* (uitdr.) iets noemen terwijl het niets met het onderwerp te maken heeft **2** (het ~) alle haren bij elkaar, meestal de haren op je hoofd ◆ *hoofdhaar; ze draagt haar haar in een vlecht; haar op je tanden hebben:* (uitdr.) altijd wel iets terug weten te zeggen en niet bang zijn; *iemand van haar noch pluimen kennen:* (in België □) iemand helemaal niet kennen; *hij spreekt Frans met haar op:* (in België □; uitdr.; populair) slecht Frans, met zeer veel fouten; *dat is bij (of met) het haar getrokken:* (in België □; uitdr.; populair) dat is te ver gezocht, overdreven.

**haar²** (vnw.) **1** (pers. vnw.) (derde persoon enkelvoud, vrouwelijke vorm; lijdend of meewerkend voorwerp) ◆ *ik zag het eerst!; hij zei geen woord tegen haar* **2** (bez. vnw.) (derde persoon enkelvoud, vrouwelijke vorm) ◆ *haar schooltas is zoek.*

**haard** (de ~ (m.); -en) **1** kachel ◆ *een open haard:* stookplaats direct onder de schoorsteen; *eigen haard is goud waard:* (spreekwoord) het is nergens zo fijn als thuis **2** plaats waar iets ontstaat en vanwaaruit het zich uitbreidt ◆ *de haard van de relletjes was in de binnenstad.*

**haar·dos** (de ~ (m.)) haar op je hoofd ◆ *hij heeft een opvallende rode haardos.*

**haar·dracht** (de ~; -en) manier waarop je je haar draagt ⇒ kapsel ◆ *een moderne haardracht.*

**haar·fijn** (bijv. nw.) heel duidelijk en precies ◆ *dat zal ik je eens haarfijn uitleggen.*

**haar·klo·ve·rij** (de ~ (v.); -en) gezeur of ruzie over kleine, onbenullige dingen ⇒ muggenzifterij.

**haar·scherp** (bijv. nw.) heel erg scherp of duidelijk ◆ *een haarscherpe foto; een haarscherpe definitie.*

**haar·scheur·tje** (het ~; -s) heel dun scheurtje of barstje ◆ *van dichtbij zie je dat die ovenschaal vol zit met haarscheurtjes.*

**haar·speld** (de ~; -en) speld waarmee je je haar bij elkaar houdt of versiert.

**haar·speld·bocht** (de ~; -en) heel scherpe bocht waarna een weg bijna de tegenovergestelde kant op gaat ◆ *de weg naar de top van de berg zat vol haarspeldbochten.*

**haar·stuk·je** (het ~; -s) kleine pruik voor een kale plek op het hoofd van een man ⇒ toupet.

**haar·zak·je** (het ~; -s) klein putje in je huid op de plaats waar een haar groeit.

**haas** (zelfst. nw.) **1** (de ~ (m.) of het ~; hazen) knaagdier dat op een konijn lijkt, maar langere oren en langere achterpoten heeft ◆ *er als een haas vandoor gaan:* (uitdr.) heel snel weggaan; *het haasje zijn:* (uitdr.) de dupe zijn **2** (de ~ (m.)) stuk vlees uit de lendenen van een geslacht dier ◆ *haaskarbonade.*

**haas·je-over** (het ~) kinderspel waarbij je over iemand die voorover gebogen staat heen springt.

**haast¹** (de ~) toestand waarin je snel iets moet doen om op tijd te zijn ◆ *ik kan nu niet naar je luisteren, want ik heb haast; is er haast bij?*: moet je snel gebeuren?; *in zeven haasten*: (in België □; uitdr.) inderhaast; *haast en spoed is zelden goed*: (in België □; spreekwoord) je moet je nooit te veel haasten.

**haast²** (bijw.) bijna ◆ *het is haast tijd om naar school te gaan.*

**haas·ten** (haastte, heeft gehaast) *je haasten*: iets snel doen omdat je weinig tijd hebt ◆ *ze haastte zich naar de bushalte*: ze liep heel snel.

**haas·tig** (bijv. nw.) in haast¹*, vlug, snel ◆ *hij schreef me een haastig briefje.*

**haast·je-rep·je** (bijw.) heel erg haastig en snel ◆ *ze holde haastje-repje naar school.*

**haat** (de ~(m.)) gevoel van grote afkeer en woede, het tegenovergestelde van 'liefde' ◆ *hij voelde veel haat voor zijn tegenstander; het is altijd haat en nijd tussen die twee*: (uitdr.) ze hebben altijd ruzie en zijn jaloers op elkaar.

**haat·dra·gend** (bijv. nw.) gezegd van iemand die haat voelt, ook als hij of zij daarvoor geen reden meer heeft ◆ *die ruzie ben ik alweer vergeten, ik ben niet haatdragend.*

**hab·be·krats, hab·be·kras** (zelfst. nw.) ▼ *voor een habbekrats*: (populair) voor heel weinig geld.

**ha·bijt** (het ~; -en) lang kledingstuk van kloosterlingen ⇒ *pij.*

**ha·bi·tus** (de ~(m.)) 1 houding, gedrag 2 uiterlijk, voorkomen ◆ *de habitus van het landschap is door de eeuwen heen veranderd.*

**ha·chee** [hasjee] (de ~(m.) of het ~) dikke saus van stukjes vlees, uien en kruiden.

**ha·che·lijk** (bijv. nw.) gezegd van iets dat makkelijk verkeerd kan aflopen, gevaarlijk, riskant ◆ *in een hachelijke situatie verkeren.*

**hach·je** (zelfst. nw.) ▼ *alleen maar aan je eigen hachje denken*: aan jezelf, aan je eigen belang; *voor je eigen hachje zorgen*: voor jezelf en je eigen spullen; *bang zijn voor je hachje*: bang zijn dat je leven gevaar loopt.

**hac·ker** (Engels) [hekkər] (de ~(m.); -s) iemand die inbreekt in een computersysteem.

**had** → hebben.

**had·den** → hebben.

**hae·ma·toom** → hematoom.

**haft** (het ~; -en) eendagsvlieg.

**ha·ge·dis** (de ~; -sen) klein reptiel met een lange staart en een huid vol kleine schubben.

**ha·gel** (de ~(m.)) 1 neerslag in de vorm van ijskorrels 2 kleine loden kogeltjes ◆ *een schot hagel.*

**ha·ge·len** (hagelde, heeft gehageld) *het hagelt*: er valt hagel* (bet.1) uit de lucht.

**ha·gel·slag** (de ~(m.)) broodbeleg in de vorm van korreltjes chocola.

**ha·gel·snoer** (het ~; -en) slijmerige draad waarmee een eierdooier vastzit binnen een ei.

**ha·gel·steen** (de ~(m.); -stenen) een korrel hagel (bet.1).

**ha·ha** (tussenw.) (geluid van iemand die lacht).

**hai·ku** [hajkœ] (de ~; haiku's) gedichtje van drie regels en zeventien lettergrepen (haiku's werden voor het eerst in Japan geschreven).

**hak** (de ~; -ken) 1 onderste en achterste deel van je voet of van je schoen ◆ *schoenen met hoge hakken; slagen met je hakken over de sloot*: (uitdr.) maar net, op het nippertje ▼ *van de hak op de tak springen*: achter elkaar dingen vertellen die niets met elkaar te maken hebben; *iemand een hak zetten*: een gemene streek met iemand uithalen; *iemand of iets op de hak nemen*: de spot met iemand of iets drijven.

**ha·ken** (haakte, heeft gehaakt) 1 *iets haken*: iets maken door met een haaknaald steeds een lus door de vorige lus te halen ◆ *ze haakt een sprei voor het bed* 2 *iets ergens op of aan haken*: iets ergens op of aan hangen met haken* ◆ *dit mandje kun je aan het stuur van je fiets haken* 3 *ergens aan blijven haken*: ergens onbedoeld aan vast komen te zitten ◆ *ik ben met m'n jas aan het prikkeldraad blijven haken* 4 *ergens naar haken*: (ouderwets) hevig naar iets verlangen.

**ha·ken·kruis** (het ~; -en of -kruizen) plusteken met aan alle vier de uiteinden een haakje (het embleem van de nazi's) ⇒ *swastika.*

**hak·ke·len** (hakkelde, heeft gehakkeld) met moeite en met korte onderbrekingen iets zeggen, vaak omdat je bang of verlegen bent ⇒ *stamelen.*

**hak·ken** (hakte, heeft gehakt) 1 met een bijl of mes op iets slaan om er een spleet in te maken, er een stuk uit te halen of om het in stukken te verdelen ⇒ *kappen* ◆ *de houthakker hakt de boomstam in stukken; dat hakt er flink in*: (uitdr.) dat kost veel geld 2 *op iemand hakken*: voortdurend vervelende aanmerkingen op iemand maken ⇒ *vitten.*

**hak·ke·tak·ken** (ww.) ruzie maken over iets onbelangrijks ⇒ *kibbelen.*

**hal** (de ~; -len) 1 ruimte in een huis vlak achter de voordeur waar o.a. plaats is om jassen op te hangen ⇒ *vestibule* 2 grote overdekte ruimte ◆ *een fabriekshal; een veilinghal.*

**ha·len** (haalde, heeft gehaald) 1 *iemand of iets halen*: naar iemand of iets toegaan en die persoon of dat ding met je meenemen ⇒ *ophalen* ◆ *haal even een doekje uit de keuken; ik kom je om half acht halen voor de film* 2 *iets halen*: erin slagen iets te bereiken ◆ *de helft van de deelnemers heeft de finish niet gehaald; de trein halen*: op tijd zijn om mee te kunnen 3 *een examen halen*: ervoor slagen ▼ *dat haalt het niet bij ...*: dat is lang niet zo goed als ...; *het nieuwe boek van die schrijver haalt het niet bij het vorige.*

**half** (bijv. nw.) 1 gezegd van iets dat de helft* is van een geheel ◆ *mag ik een half bruin?; die fles is maar half vol; beter ten halve gekeerd dan ten hele gedwaald*: (spreekwoord) als je een tijdje iets verkeerd hebt gedaan en je gaat dat voortaan goed doen, is dat beter dan dat je tot het einde toe op de verkeerde manier doorgaat 2 niet helemaal, voor een deel ◆ *hij zat maar half op te letten; een halve wees*: kind waarvan een van de ouders is overleden; *half en half*: (uitdr.) zo'n beetje, maar niet echt.

**half·bak·ken** (bijv. nw.) niet helemaal in orde ⇒ *gebrekkig* ◆ *ik laat me niet door een halfbakken dokter onderzoeken!*: door een dokter die geen goede dokter is.

**half·bloed** (de ~(m.); -en) kind van ouders die van een verschillend ras zijn.

**half·broer** (de ~(m.); -s) broer met dezelfde vader als jij maar met een andere moeder of met dezelfde moeder als jij maar met een andere vader.

**half·edel·steen** (de ~(m.); -stenen) steen die iets minder hard is en minder waard is dan een edelsteen ◆ *diamant is een edelsteen en onyx is een halfedelsteen.*

**half·gaar** (bijv. nw.) (populair) niet goed wijs ⇒ *getikt.*

**half·rond** (het ~; -en) elk van de helften van de aardbol ⇒ *hemisfeer* ◆ *het noordelijk en het zuidelijk halfrond; het oostelijk en het westelijk halfrond.*

**half·slach·tig** (bijv. nw.) onzeker, weifelend ◆ *ze gaf een halfslachtig antwoord; een halfslachtig mens*: iemand die niet weet wat hij of zij wil, die geen duidelijke keuzes maakt.

**half·was** (de ~ (m.); -sen) iemand die nog leert voor zijn of haar vak.

**half·zus·ter** (de ~ (v.); -s) zus met dezelfde vader als jij maar met een andere moeder, of met dezelfde moeder als jij maar met een andere vader.

**hal·le·lu·ja, al·le·lu·ja** (tussenw.)(Hebreeuws voor: loof de Heer).

**hal·lo** (tussenw.)(begroeting) ⇒ dag, hoi, ha.

**hal·lu·ci·na·tie** (de ~ (v.); -s) iets dat je in een soort droomtoestand ziet en dat niet echt is ⇒ waanvoorstelling ♦ door de koorts krijgt de zieke *hallucinaties*.

**hal·lu·ci·ne·ren** (hallucineerde, heeft gehallucineerd) hallucinaties* hebben.

**halm** (de ~ (m.); -en) stengel van een gras- of graanplant.

**hal·ma** (het ~) spel waarbij je al je pionnen in een vak aan de overkant van het bord moet zien te krijgen.

**ha·lo** (de ~ (m.); halo's) lichtkring om de zon of de maan.

**ha·lo·geen·lamp** (de ~; -en) kleine, met een bepaalde stof (halogeen) gevulde lamp die een sterk, wit licht geeft.

**hals** (de ~ (m.); halzen) **1** lichaamsdeel waarmee je hoofd aan je romp zit ⇒ nek ♦ ze droeg een ketting om haar *hals*; *hals* over kop: (uitdr.) erg haastig; *je iets vervelends op de hals halen*: (uitdr.) door je eigen toedoen ergens last mee krijgen **2** het smalle bovenste gedeelte van bepaalde dingen ♦ de *hals* van een fles; de *hals* van een gitaar, van een viool enz. ▼ een onnozele *hals*: een sufferd.

**hals·band** (de ~ (m.); -en) band voor om de hals van een dier ♦ de poes draagt een *halsband* tegen vlooien.

**hals·bre·kend** (bijv. nw.) ▼ *halsbrekende* toeren verrichten: dingen doen waarbij je gemakkelijk kunt vallen.

**hals·mis·daad** (de ~; -daden) misdaad waarvoor je met de dood gestraft kunt worden ♦ dat is geen *halsmisdaad*: (uitdr.) dat is niet zo'n heel erge fout.

**hals·over·kop** (bijw.) in grote haast ♦ Wiebe werd *halsoverkop* naar het ziekenhuis gebracht.

**hals·star·rig** (bijv. nw.) koppig ♦ ze bleef *halsstarrig* weigeren ons te helpen.

**hal·ster** (de ~ (m.) of het ~; -s) stel riemen om het hoofd van een paard om hem aan te vast te binden of vast te houden.

**hals·zaak** (de ~; -zaken) belangrijke, ernstige zaak waar veel van afhangt ♦ je moet er geen *halszaak* van maken: je moet het niet zo ernstig opvatten.

**halt¹** (zelfst. nw.) ▼ *halt* houden: stoppen; *iets een halt toeroepen*: ervoor zorgen dat iets ophoudt.

**halt²** (tussenw.)(om aan te geven dat iets of iemand moet stoppen) ⇒ ho.

**hal·te** (de ~; -n of -s) vaste plaats waar een bus of tram stopt ♦ bij de volgende *halte* moet ik uitstappen.

**hal·ter** (de ~ (m.); -s) staaf met aan allebei de uiteinden een gewicht, om je spieren te trainen.

**hal·va·ri·ne** (de ~) margarine met ongeveer de helft minder vet dan gewone margarine.

**hal·ve·ren** (halveerde, heeft gehalveerd) iets halveren: iets in twee helften* verdelen ♦ hij *halveerde* een citroen en perste de helften uit.

**hal·ver·we·ge** (bijw.) op de helft ♦ *halverwege* de wandeling moesten we schuilen voor de regen.

**ham** (de ~; -men) stuk vlees van de bil of schouder van een varken.

**ham·bur·ger** (de ~ (m.); -s) platte schijf gekruid gehakt.

**ha·mer** (de ~ (m.); -s) stuk gereedschap met een steel en een ijzeren kop, waarmee je spijkers in slaat ♦ iets onder de *hamer* brengen: (uitdr.) iets veilen, iets bij opbod verkopen.

**ha·me·ren** (hamerde, heeft gehamerd) **1** met een hamer* slaan ♦ die woorden *hamerden* maar door mijn hoofd: (uitdr.) in gedachten hoorde ik ze steeds opnieuw en heel nadrukkelijk **2** ergens op hameren: op iets aandringen, de nadruk op iets leggen.

**ha·mer·stuk** (het ~; -ken) punt op een vergadering waarover niet gepraat hoeft te worden omdat iedereen het erover eens is.

**ha·mer·teen** (de ~ (m.); -tenen) vergroeide, naar binnen gebogen teen.

**ham·mond·or·gel** [hɛmmɛntorgɛl, in België: haːmontorgɛl](het ~; -s) elektronisch muziekinstrument dat lijkt op een orgel.

**ham·ster** (de ~ (v.); -s) klein knaagdier met een korte staart en wangzakken.

**ham·ste·ren** (hamsterde, heeft gehamsterd) iets hamsteren: een voorraad van iets aanleggen, omdat je verwacht dat het schaars wordt.

**ham·vraag** (de ~; -vragen) belangrijkste vraag ♦ de *hamvraag* was of er geld genoeg was om het plan uit te voeren.

**hand** (de ~; -en) lichaamsdeel aan het uiteinde van je armen waarmee je iets kunt vasthouden ♦ iemand een *hand* geven: (uitdr.) iemands hand drukken om die persoon te begroeten, te bedanken, afscheid van hem of haar te nemen enz.; in goede *handen* zijn: (uitdr.) een goede bescherming of verzorging krijgen; je *handen* thuishouden: (uitdr.) niet aan iets of iemand komen; de laatste *hand* aan iets leggen: (uitdr.) iets afmaken; het loopt uit de *hand*: (uitdr.) het is niet meer te beheersen, het is niet meer onder controle te houden; jezelf in de *hand* houden: (uitdr.) je beheersen; de *handen* uit de mouwen steken: (uitdr.) ijverig aan het werk gaan; met de *handen* in het haar zitten: (uitdr.) helemaal niet meer weten wat je moet doen; de *hand* over het hart strijken: (uitdr.) voor één keer minder streng zijn; daar draai ik mijn *hand* niet voor om: (uitdr.) dat vind ik niet moeilijk om te doen; iemand de *hand* boven het hoofd houden: (uitdr.) iemand met woorden verdedigen en beschermen; de *hand* lichten met een regel, een voorschrift: (uitdr.) je daar niet zo precies aan houden; streng de *hand* houden aan een regel, een voorschrift: (uitdr.) je er precies aan houden of zorgen dat anderen zich er precies aan houden; je *hand* ophouden: (uitdr.) om geld vragen; de *hand* aan jezelf slaan: (uitdr.) zelfmoord plegen; dat zijn twee *handen* op één buik: (uitdr.) die twee zijn het altijd eens, ze nemen het altijd voor elkaar op; de *hand* in eigen boezem steken: (uitdr.) erkennen dat je zelf schuld hebt; met harde *hand* optreden: (uitdr.) streng; een *handje* helpen: (uitdr.) even meehelpen; met de *hand* op het hart iets verklaren: (uitdr.) iets zeggen en het ook eerlijk menen; je met *hand* en tand tegen iets verzetten: (uitdr.) op alle mogelijke manieren proberen iets tegen te houden; van de *hand* in de tand leven: (uitdr.) al het geld dat je ontvangt onmiddellijk weer uitgeven, zonder dat je weet wanneer je weer nieuw geld ontvangt; mijn *handen* jeuken om ...: (uitdr.) ik kan bijna niet wachten om ..., ik heb heel veel zin om ...; geen *hand* voor ogen kunnen zien: (uitdr.) in het donker helemaal niets kunnen zien; *handen* te kort komen: (uitdr.) het heel druk hebben; dat ligt voor de *hand*: (uitdr.) dat is heel logisch, dat spreekt vanzelf; iets in de *hand* werken: (uitdr.) door iets te doen iets anders bevorderen, vaak zonder dat dat je bedoeling is; een voorstel van de *hand* wijzen: (uitdr.) het niet accepteren, het weigeren; iets achter de *hand* hebben: (uitdr.) iets in reserve hebben; iemand een idee aan de *hand* doen: (uitdr.) iemand dat vertellen; vele *handen* maken licht werk: (uitdr.) als iedereen meehelpt, is het werk snel gedaan; om de *hand* van een meisje vragen: (uitdr.; ouderwets) toestemming vragen om met haar

te trouwen; *wat is er aan de hand?*:(uitdr.) wat scheelt eraan, wat is er mis?; *aan de beterende hand zijn*:(uitdr.)
langzaam maar zeker genezen; *zwaar op de hand zijn*:
(uitdr.) erg serieus zijn; *ergens een handje van hebben*:
(uitdr.) geneigd zijn iets te doen; *iemand op je hand hebben*:(uitdr.) iemand hebben die het met je eens is en die
het voor je opneemt; *hand over hand toenemen*:(uitdr.)
steeds erger worden; *iemand een handje toesteken*:(in België □; uitdr.) iemand helpen; *uit iemands handen eten*:(in
België □; uitdr.; populair) van iemand afhankelijk zijn;
*wat aan de hand hebben*:(in België □; uitdr.; populair) last,
moeilijkheden hebben.

**hand·ba·ga·ge** [ḥandbaagaazjɛ](de ~(v.)) bagage die je
tijdens een vliegreis bij je houdt (in tegenstelling tot
bagage die in het ruim geladen wordt, zoals koffers).

**hand·bal** (het ~) teamsport waarbij je moet proberen
een bal met je handen in het doel te gooien.

**hand·be·reik** (zelfst. nw.) ▼ *binnen handbereik*: zó dat je
er bij kunt vanaf de plaats waar je je bevindt.

**hand·boei·en** (zelfst. nw.; meervoud) soort armbanden
verbonden door een ketting, waarmee iemands handen geboeid worden.

**hand·boek** (het ~; -en) boek waarin de belangrijkste
dingen over een onderwerp overzichtelijk bij elkaar
staan ⇒ *naslagwerk* ◆ *bij de computer hoort een dik
handboek*.

**hand·doek** (de ~(m.); -en) doek van badstof om je mee
af te drogen ◆ *een badhanddoek*.

**hand·druk** (de ~(m.); -ken) het drukken van iemands
hand om die persoon te begroeten, te bedanken, afscheid van hem of haar te nemen enz. ◆ *een gouden
handdruk krijgen*:(uitdr.) een flink geldbedrag toe krijgen bij het afscheid van je werk.

**han·del¹** (de ~(m.)) **1** het kopen en verkopen ◆ *handel
drijven met het buitenland; dat boek is uit de handel genomen*: het wordt niet meer verkocht **2** zaak die of bedrijf
dat koopt en verkoopt ◆ *ze heeft een handel in tweedehands kleding; rijwielhandel* **3** (populair) spullen ◆ *je mag
die hele handel meenemen* ▼ *iemands handel en wandel*:
alles wat iemand doet, al iemands gedragingen.

**han·del²** → hendel.

**han·de·laar** (de ~(m.); -s of handelaren), vrouw: **han·de·
laar·ster** (de ~(v.); -s) iemand die handel* (bet.1) drijft.

**han·de·len** (handelde, heeft gehandeld) **1** *in iets handelen*:
iets kopen en verkopen **2** iets doen ◆ *hij heeft verkeerd
gehandeld; we moeten snel handelen* **3** *over iets handelen*: ergens over gaan, iets als onderwerp hebben ◆ *dit
artikel handelt over windenergie*.

**han·de·ling** (de ~(v.); -en) **1** daad, iets dat je doet ⇒ *ver-
richting* ◆ *de man die de machine bediende, verrichtte allerlei handelingen die ik niet begreep* ▼ *handeling van
iets hebben*:(in België □) iets goed kunnen.

**han·dels·ba·lans** (de ~; -en) overzicht van de waarde
van de goederen die een land in- en uitvoert ◆ *een positieve handelsbalans*: een overzicht waaruit blijkt dat het
land meer goederen heeft uitgevoerd dan ingevoerd.

**han·dels·be·trek·kin·gen** (zelfst. nw.; meervoud) contact tussen mensen, bedrijven of landen doordat ze
handel drijven ◆ *Duitsland heeft goede handelsbetrekkin-
gen met het buitenland*.

**han·dels·merk** (het ~; -en) vaste afbeelding of naam die
iemand op de spullen zet die hij of zij verkoopt ◆ *het
handelsmerk van de Spar-supermarkten is een klein spar-
renboompje met een gezicht; een gedeponeerd handelsmerk*: een handelsmerk dat beschermd is door de wet,
zodat de concurrentie het niet mag gebruiken.

**han·dels·rei·zi·ger** (de ~(m.); -s)(ouderwets) vertegenwoordiger.

**han·dels·waar** (de ~) artikelen die bedoeld zijn om te
verkopen ⇒ *handelswaren, koopwaar* ◆ *de marktkoopman had zijn handelswaar in zijn kraam uitgestald*.

**han·dels·wa·ren** (zelfst. nw.; meervoud) handelswaar
⇒ *koopwaar*.

**han·den·ar·beid** (de ~(m.)) vak op school waarbij je
dingen maakt van hout, papier, wol, klei enz.
⇒ *handvaardigheid*.

**han·den·bin·der** (de ~(m.); -s; meestal: handenbindertje)
kind dat al je aandacht opeist, zodat je niet kunt doen
wat je zelf wilt.

**hand- en span·dien·sten** (zelfst. nw.; meervoud) kleine
karweitjes waarmee je iemand helpt ◆ *bij de versiering
van de feestzaal wil ik wel hand- en spandiensten verrichten*.

**hand·geld** (het ~; -en) vrij klein bedrag dat je iemand
geeft als je afspreekt dat je iets van hem of haar zult
kopen en dat je kwijt bent als je je niet aan de afspraak
houdt.

**hand·ge·meen¹** (het ~) gevecht van man tegen man ◆
*het kwam niet tot een handgemeen*.

**hand·ge·meen²** (bijv. nw.) ▼ *handgemeen raken*: gaan
vechten.

**hand·gra·naat** (de ~; -granaten) kleine bom die je met
de hand weggooit.

**hand·greep** (zelfst. nw.; -grepen) **1** (de ~) handvat ⇒ *greep*
◆ *aan de kist zaten ijzeren handgrepen* **2** (de ~(m.)) eenvoudige handeling om iets handig te doen ◆ *die machine is met een paar handgrepen te bedienen*.

**hand·ha·ven** (handhaafde, heeft gehandhaafd) **1** *iets
handhaven*: iets laten voortbestaan, iets in stand houden ◆ *de politie handhaaft de orde; de maatregelen blijven nog een paar weken gehandhaafd*: ze blijven nog
een paar weken gelden; *ik handhaaf mijn bezwaren tegen uw plan*: ik geef ze niet op, ik blijf erbij **2** *jezelf handhaven*: ervoor zorgen dat je niet wordt verdrongen.

**han·di·cap** [ḥendiekep, in België: ḥandiekap](de ~(m.); -s)
belemmering in iemands lichamelijk of verstandelijk
functioneren ◆ *door zijn handicap moet hij in een rol-
stoel zitten*.

**han·dig** (bijv. nw.) **1** gezegd van iemand die iets goed en
zonder onnodige handelingen kan doen ⇒ *vaardig, behendig* ◆ *hij is handig met naald en draad; ze is heel handig met kinderen*: ze kan goed met kinderen omgaan **2**
makkelijk in het gebruik ⇒ *handzaam* ◆ *zo'n tas is heel
handig als je veel mee moet nemen*.

**han·dig·heid** (de ~(v.)) **1** het handig* (bet.1) zijn ⇒ *behendigheid, vaardigheid* ◆ *als je veel oefent, krijg je meer
handigheid* **2** (handigheden) slimme manier om iets te
doen ⇒ *truc, foefje, kunstgreep* ◆ *ik weet wel een handigheidje om dat slot open te krijgen*.

**hand·je·klap** (het ~) het elkaar op de open hand slaan
bij het loven en bieden ◆ *handjeklap doen*.

**hand·je·vol** (zelfst. nw.) ▼ *een handjevol …*: een paar ….

**hand·kus** (de ~(m.); -sen) kus op de rug van de hand.

**hand·lan·ger** (de ~(m.); -s), vrouw: **hand·lang·ster** (de ~
(v.); -s) iemand die een ander helpt bij een misdaad
⇒ *medeplichtige*.

**hand·lei·ding** (de ~(v.); -en) boek of folder waarin staat
hoe je iets moet gebruiken, hoe je het in elkaar moet
zetten enz. ⇒ *gebruiksaanwijzing*.

**hand·le·zen** (ww.) de lijnen op iemands handen bekijken om te weten te komen hoe zijn of haar karakter of
levensloop is.

**hand·lijn·kun·de** (de ~(v.)) kennis van wat de lijnen op
iemands handen te maken hebben met zijn of haar karakter en levensloop.

**hand·om·draai** (zelfst. nw.) ▼ *in een* **handomdraai**: vlug, in korte tijd; *dat is in een* **handomdraai** *gebeurd.*

**hand·palm** (de ~(m.); -en) de binnenkant van je hand.

**hand·rei·king** (de ~(v.); -en) hulp om de eerste moeilijkheden op te lossen.

**hand·rem** (de ~; -men) rem die je met de hand bedient ◆ *een fiets met* **handremmen**; *op de pont moet de auto op de* **handrem**.

**hands** (Engels) [hents] (de ~) (sport) overtreding waarbij de bal met de handen wordt aangeraakt terwijl dat volgens de spelregels verboden is.

**hand·schoen** (de ~; -en) kledingstuk voor je handen dat de vorm heeft van een hand.

**hand·schrift** (het ~; -en) **1** manier waarop je schrijft ◆ *ze heeft een duidelijk* **handschrift 2** boek dat niet gedrukt, maar met de hand geschreven is ◆ *in het klooster worden oude* **handschriften** *uit de Middeleeuwen bewaard.*

**hand·stand** (de ~(m.); -en) gymnastiekoefening waarbij je op je handen staat en je benen omhoog houdt.

**hand·tas** (de ~; -sen) tas om kleine spulletjes in te doen, vooral van vrouwen.

**hand·tas·te·lijk** (bijv. nw.) gezegd van iemand die je steeds op een vervelende manier aanraakt.

**hand·te·ke·ning** (de ~(v.); -en) je naam zoals je die op een karakteristieke manier met de hand schrijft ◆ *de directeur zette zijn* **handtekening** *onder de brief.*

**hand·vaar·dig·heid** (de ~(v.)) vak op school waarbij je dingen maakt van hout, papier, wol, klei enz. ⇒ *handenarbeid.*

**hand·vat** (het ~; -ten) onderdeel van iets waaraan je het vastpakt ⇒ *handgreep, greep* ◆ *het* **handvat** *van een koffer.*

**hand·vest** (het ~; -en) verdrag tussen een groot aantal landen ◆ *het* **handvest** *van de Verenigde Naties.*

**hand·werk** (het ~; -en; meestal: handwerkje) **1** iets dat geborduurd, genaaid, gebreid of gehaakt wordt ◆ *oma heeft altijd een* **handwerkje** *bij zich als ze op bezoek komt* **2** iets dat met de hand gemaakt is.

**hand·wer·ken** (handwerkte, heeft gehandwerkt) iets breien, haken, borduren of naaien.

**hand·zaam** (bijv. nw.) makkelijk in het gebruik ⇒ *handig* ◆ *die atlas heeft een* **handzaam** *formaat.*

**ha·nen·balk** (de ~(m.); -en) horizontale balk vlak onder het dak.

**ha·nen·kam** (de ~(m.); -men) **1** rood, gekarteld uitsteeksel op de kop van een haan **2** punkkapsel waarbij in een baan midden over je hoofd plukken haar recht omhoog staan **3** eetbare paddestoel ⇒ *cantharel.*

**ha·nen·poot** (de ~(m.); -poten) lelijk geschreven letter ◆ *die* **hanenpoten** *kan ik niet lezen.*

**hang** (de ~(m.)) verlangen naar iets waardoor je als vanzelf dingen of mensen opzoekt die ermee te maken hebben ◆ *hij heeft een sterke* **hang** *naar roem en macht.*

**han·gar** [hangɣaar, in België: hanggaar] (de ~(m.); -s) garage voor vliegtuigen.

**han·gen** (hing, heeft gehangen) **1** aan een punt boven de grond vastgemaakt zijn ◆ *het schilderij* **hangt** *aan de muur* **2** iets ergens aan hangen: iets met de bovenkant ergens aan vasthechten terwijl het verder los blijft ⇒ *ophangen* ◆ **hang** *je jas maar aan de kapstok* **3** niet rechtop staan of zitten ◆ *de bloemen lieten hun kopjes* **hangen**; *hij* **hangt** *maar wat in zijn stoel* **4** voor straf aan de galg ter dood gebracht worden ◆ *ik mag* **hangen** *als hij niet waar is*: (uitdr.) ik weet zeker dat het waar is; *met* **hangen** *en wurgen*: (uitdr.) met heel veel moeite.

**han·gen·de** (voorz.) (deftig) gedurende, tijdens ◆ **hangende** *het onderzoek* of terwijl het onderzoek bezig is.

**hang- en sluit·werk** (het ~) scharnieren, sloten, grendels en haakjes voor deuren en ramen.

**han·ger** (de ~(m.); -s) **1** gebogen stuk hout of plastic met een haak in het midden om kleren op te hangen ⇒ *kleerhanger, knaapje* **2** lange oorbel of siervoorwerp dat je aan een ketting hangt.

**han·ge·rig** (bijv. nw.) sloom, lusteloos, geneigd tot hangen* (bet.3) ◆ *ik denk dat het kind ziek is, het is zo* **hangerig**.

**hang·gli·ding** (Engels) [hengɣlajding] (de ~(v.)) sport die bestaat uit het door de lucht zweven terwijl je aan een grote driehoekige vleugel hangt.

**hang·ijzer** (zelfst. nw.) ▼ *een heet* **hangijzer**: een groot probleem dat volop in de belangstelling staat.

**hang·mat** (de ~; -ten) net om in te liggen, dat je aan de uiteinden ophangt.

**hang·op** (de ~(m.)) soort yoghurt die je maakt door karnemelk in een doek te doen en het vocht eruit te laten druipen.

**hang·slot** (het ~; -en) slot dat ergens aan gehangen kan worden.

**ha·nig** (bijv. nw.) **1** (*van mannen*): eropuit om vrouwen te versieren **2** (*van mannen*): fel en agressief.

**han·ne·sen** (ww.) onhandig bezig zijn ⇒ *knoeien, klungelen.*

**han·sop** (de ~(m.); -pen) kinderpyjama uit één stuk.

**hans·worst** (de ~(m.); -en) (ouderwets) iemand die zich gek of grappig gedraagt ⇒ *potsenmaker* ◆ *iedereen moest lachen om de* **hansworst** *in het toneelstuk.*

**han·te·ren** (hanteerde, heeft gehanteerd) *iets* hanteren: met iets omgaan, iets gebruiken ◆ *hij kan de zaag goed* **hanteren**; *die doos is veel te groot, hij is niet te* **hanteren**: hij is niet op te pakken en te verplaatsen.

**hap** (de ~(m.); -pen) hoeveelheid eten die je in één keer in je mond neemt ◆ *nog drie* **hapjes**, *dan is je bordje leeg*; *er is een* **hap** *uit de koek*; *dat cadeau betekende een flinke* **hap** *uit mijn zakgeld*: (uitdr.) het kostte me een groot deel van mijn zakgeld.

**ha·pe·ren** (haperde, heeft gehaperd) **1** blijven steken ◆ *de motor* **haperde** *even en draaide toen verder; toen ze het gedicht voordroeg,* **haperde** *ze steeds* ▼ *er* **hapert** *iets aan*: er is iets niet in orde, er mankeert iets aan.

**hap·je** (het ~; -s) klein gerecht ⇒ *snack* ◆ *een* **hapje** *en een drankje: iets te eten en te drinken; we aten* **hapjes** *bij de borrel*: kaas, toastjes enz..

**hap·pen** (hapte, heeft gehapt) **1** een hap* nemen, iets met je mond pakken ◆ *ze* **hapte** *voorzichtig van het koude ijsje; de hond* **hapte** *naar een vlieg* **2** serieus reageren, serieus ingaan op iets dat gezegd wordt om je te plagen ◆ *als je iets zegt ten nadele van zijn favoriete popgroep,* **hapt** *hij altijd meteen* ▼ **happen** *en snappen*: (in België □) snauwen.

**hap·pe·ning** (Engels) [heppɘning] (de ~; -s) bijeenkomst van veel mensen die gekenmerkt wordt door bijzondere, meestal vrolijke gebeurtenissen ◆ *het popconcert was een hele* **happening**.

**hap·pig** (bijv. nw.) **1** happig op iets zijn: laten merken dat je iets graag zou willen hebben ⇒ *tuk* ◆ *ze is* **happig** *op gouden sieraden* **2** niet zo happig op iets zijn: wat bezwaar tegen iets hebben ◆ *ik ben niet zo* **happig** *op die gevaarlijke spelletjes.*

**hap·py** (Engels) [heppie] (bijv. nw.) (populair) gelukkig, tevreden ◆ *ze is erg* **happy** *met dat cadeau; ik voel me niet zo* **happy** *bij die mensen: niet zo op m'n gemak; een boek met een* **happy** *end*: een boek dat goed afloopt.

**hap·py few** (Engels) [heppiefjoe] (de ~(m.)) (letterlijk: de weinige gelukkigen) de enkele mensen die door hun rijkdom onbeperkt van het leven kunnen genieten ◆ *zo'n groot huis met een zwembad is alleen maar weggelegd voor de **happy few***.

**hap·snap** (bijw.) op een willekeurige manier, zonder systeem ◆ *ze haalde **hapsnap** wat kleren uit de kast*.

**hap·to·no·mie** (de ~(v.)) therapie waarbij je je lichamelijke en geestelijke spanningen leert loslaten door middel van aanrakingen (kijk ook bij: **therapie**).

**ha·ra·ki·ri** (het ~) Japanse manier van zelfmoord waarbij je je buik opensnijdt.

**hard¹** (bijv. nw.) **1** niet makkelijk in te drukken, het tegenovergestelde van 'zacht' ◆ *een **harde** matras; de grond is **hard** door de vorst* **2** *(van geluid)*: krachtig, luid, het tegenovergestelde van 'zacht' ◆ *ze houdt niet van **harde** popmuziek* **3** streng, zonder medelijden ◆ *de politie neemt **harde** maatregelen; het gaat **hard** tegen **hard** tussen die twee*: (uitdr.) *ze tonen geen enkel medelijden met elkaar, ze doen alles om hun wil door te drijven; hij is zo **hard** als een spijker*: (uitdr.) *hij is heel gevoelloos* **4** moeilijk, zwaar ◆ *dat is **hard** voor hem* **5** hevig, krachtig ◆ *een **harde** wind; de kachel brandt **hard*** **6** *(van kleuren)*: fel ◆ ***hard** blauw* **7** *(van gegevens of cijfers)*: waarvan je kunt aantonen dat ze kloppen, waar bewijzen voor zijn ◆ *kun je dat **hard** maken?* **8** *(van munteenheden)*: steeds dezelfde hoge waarde hebbend ▼ ***hard** water*: met veel kalk erin.

**hard²** (bijw.) **1** snel ◆ ***hard** rijden* **2** heel erg ◆ *je hebt je rust **hard** nodig*.

**hard·board** [haːrdbɔrd](het ~) dun, hard plaatmateriaal van samengeperste houtvezels.

**hard·core** (Engels) [haːrtkɔːr](de ~) heftige stijl, bijv. in muziek en mode.

**hard·drug** (Engels) [haːrdruˑk, in België: haˑdrug](de ~; -s) drug waar je makkelijk aan verslaafd raakt, zoals heroïne en cocaïne (kijk ook bij: **drug**).

**har·den** (hardde, heeft of is gehard) **1** hard* (bet.1) worden ◆ *stopverf moet eerst **harden** voor je het kunt schilderen* **2** *iets **harden***: iets hard* (bet.1) maken ◆ *in het bankgebouw zaten ruiten van **gehard** glas*.

**hard·han·dig** (bijv. nw.) ruw en streng ◆ *hij pakte me **hardhandig** beet*.

**hard·ho·rend** (bijv. nw.) gezegd van iemand die bijna doof is ⇒ *slechthorend, hardhorig*.

**hard·ho·rig** (bijv. nw.) hardhorend.

**hard·leers** (bijv. nw.) gezegd van iemand die niet wil luisteren en eigenwijs is ◆ *als ze niet zo **hardleers** was, zou ze niet steeds dezelfde fouten maken*.

**hard·lij·vig·heid** (de ~(v.)) het last hebben met naar de wc gaan, het hebben van een moeilijke stoelgang.

**hard·lo·pen** (ww.) sport waarbij je zo snel mogelijk een bepaalde afstand te voet af moet leggen.

**hard·nek·kig** (bijv. nw.) **1** koppig en beslist ⇒ *halsstarrig* ◆ *ze bleef **hardnekkig** ontkennen* **2** gezegd van een kwaal of ziekte die niet overgaat ◆ *die verkoudheid is erg **hardnekkig***.

**hard·op** (bijw.) met gebruik van je stem, zó dat anderen het kunnen horen ◆ *wil je die brief **hardop** lezen?*

**hard·rij·den** (ww.) sport waarbij je zo snel mogelijk een bepaalde afstand met een voertuig of op de schaats moet afleggen.

**hard·rock** (Engels) [haːrdrok](de ~) heftige, harde rockmuziek.

**hard·voch·tig** (bijv. nw.) wreed, zonder enig medelijden.

**hard·ware** (Engels) [haːrdweːr](de ~) computerapparatuur.

**ha·rem** (de ~(m.); -s) **1** alle vrouwen die met dezelfde man samenleven (in sommige oosterse landen) **2** ruimte waarin die vrouwen wonen.

**ha·ring** (de ~(m.); -en) **1** kleine zilvergrijze zeevis ◆ *haring kaken*: er de ingewanden uit halen; *ze zaten daar als **haringen** in een ton*: (uitdr.) *ze zaten daar heel erg dicht op elkaar* **2** pin waarmee je de scheerlijnen van een tent vastzet.

**hark** (de ~; -en) tuingereedschap dat bestaat uit een soort grote kam met een steel eraan ◆ *een stijve **hark***: (uitdr.) *iemand die heel stijf en houterig is*.

**har·ken** (harkte, heeft geharkt) *iets **harken***: iets met een hark* in orde brengen of bijeenhalen.

**har·ke·rig** (bijv. nw.) stijf en houterig ◆ *ze beweegt zich **harkerig***.

**har·le·kijn** (de ~(m.); -s) clownspop met een bontgeruit pak aan.

**har·mo·ni·ca** (de ~(v.); harmonica's) accordeon ⇒ *trekharmonica*.

**har·mo·nie** (de ~(v.)) **1** het mooi bij elkaar klinken of passen ◆ *de valse toon verstoorde de **harmonie** van het muziekstuk*: door de valse toon klonk het niet meer mooi; *die gymschoenen zijn niet in **harmonie** met dat nette pak*: ze passen er niet bij **2** (-s) vereniging van muzikanten die blaas- en slaginstrumenten bespelen ⇒ *fanfare, muziekkorps*.

**harmoniëren** har·mo·ni·e·ren (harmonieerde, heeft geharmonieerd) *ergens mee harmoniëren*: ergens mee in harmonie* (bet.1) zijn ◆ *die gordijnen **harmoniëren** goed met de vloerbedekking*.

**har·mo·ni·eus** (bijv. nw.) mooi klinkend of passend ⇒ *harmonisch* ◆ *dat lied klinkt erg **harmonieus***: er zitten geen valse klanken in.

**har·mo·ni·ka** → harmonica.

**har·mo·nisch** (bijv. nw.) harmonieus ◆ *ze hebben een **harmonisch** huwelijk*: een huwelijk zonder moeilijkheden, omdat ze goed bij elkaar passen.

**har·mo·ni·um** (het ~; -s) klein kamerorgel waarbij je door op pedalen te trappen voor de luchttoevoer zorgt ⇒ *traporgel*.

**har·nas** (het ~; -sen) metalen pak van een krijgsman in vroeger tijden, vooral van een ridder ◆ *iemand tegen je in het **harnas** jagen*: (uitdr.) *dingen zeggen of doen waardoor iemand kwaad op je wordt*; *in het **harnas** sterven*: (uitdr.) *sterven terwijl je bezig bent met je werk*.

**harp** (de ~; -en) **1** groot snaarinstrument dat je met je vingers bespeelt **2** U-vormig schakeltje dat je met een pin sluit.

**har·pij** (de ~(v.); -en) bazige, boosaardige vrouw.

**har·pist** (de ~(m.); -en), vrouw: **har·pis·te** (de ~(v.); -n of -s) iemand die harp* speelt.

**har·poen** (de ~(m.); -en) pijl of spies met weerhaken waarmee je o.a. walvissen kunt vangen.

**hars** (de ~(m.) of het ~; -en) geurig en stroperig sap van bomen.

**har·ses** (zelfst. nw.; meervoud)(populair) hoofd.

**hart** (het ~; -en) **1** orgaan achter je borst dat klopt en dat het bloed door je lichaam pompt; het is het symbool van je innerlijk en als figuur stelt het de liefde voor ◆ *diep in zijn **hart** gaf hij naar gelijk*: als hij heel eerlijk tegen zichzelf was; *iemand iets op het **hart** drukken*: (uitdr.) *iemand iets nadrukkelijk zeggen*; *iets op je **hart** hebben*: (uitdr.) *een probleem hebben waarover je wilt praten*; *je **hart** bij iemand uitstorten*: (uitdr.) *iemand al je moeilijkheden vertellen*; *het gaat me aan het **hart***: (uitdr.) *het doet me verdriet, ik vind het heel jammer*; *dat is iets naar mijn **hart***: (uitdr.) *precies waar ik van houd*; *een **hart** van goud hebben*: (uitdr.) *vriendelijk en behulpzaam zijn*; *iets doen met **hart** en ziel*: (uitdr.) *met heel veel inzet en overtuiging*; *hij is een voetballer in **hart** en nieren*:

(uitdr.) hij houdt ontzettend veel van voetbal en doet het graag; *het hart op de tong dragen:* (uitdr.) direct alles zeggen wat je denkt; *je hart aan iets of iemand verpanden:* (uitdr.) heel erg enthousiast over iets of iemand zijn; *ze heeft een grote mond, maar een klein hartje:* (uitdr.) als het erop aankomt durft ze niets; *je hart aan iets ophalen:* (uitdr.) enorm van iets genieten; *neem mijn raad ter harte:* (uitdr.) doe er je voordeel mee; *het gaat mij ter harte:* (uitdr.) ik voel me erbij betrokken; *die woorden waren haar uit het hart gegrepen:* (uitdr.) ze was het er helemaal mee eens; *hart voor de zaak hebben:* (uitdr.) er erg je best voor doen, je ervoor inzetten; *ik hou mijn hart vast!:* (uitdr.) ik maak me zorgen; *je moet van je hart geen moordkuil maken:* (uitdr.) als je boos bent moet je dat niet opkroppen, maar uiten; *iemand een warm hart toedragen:* (uitdr.) iemand heel graag mogen; *waar het hart van vol is, loopt de mond van over:* (uitdr.) (dit zeg je als iemand ergens vol van is en erover wil praten); *het hart klopte haar in de keel:* (uitdr.) ze was heel bang; *ik kan het niet over m'n hart verkrijgen om die spullen weg te geven:* (uitdr.) ik kan er niet toe besluiten, omdat ik eraan gehecht ben; *heb het hart niet om ...!:* (uitdr.) waag het niet om ...!; *iemand een hart onder de riem steken:* (uitdr.) iemand moed inspreken; *er het hart van in zijn:* (in België □; uitdr.) erg geschokt, erg verdrietig zijn; *van je hart een steen maken:* (in België □; uitdr.) je medelijden overwinnen, hard zijn; *laat het niet aan je hart komen:* (in België □; uitdr.) trek het je niet aan **2** centrum, binnenste ♦ *hij woont in het hart van de stad; hartje zomer:* midden in de zomer.
**hart·aan·val** (de~(m.); -len) plotselinge kramp in je hart, vooral als gevolg van een hartinfarct.
**hart·be·wa·king** (de~(v.)) afdeling in een ziekenhuis waar mensen liggen van wie de hartslag voortdurend gecontroleerd wordt ⇒ *intensive care.*
**har·te** (zelfst. nw.) ▼ *van harte:* van binnenuit, oprecht; *ik steun dit plan van harte; van harte gefeliciteerd.*
**har·te·lijk** (bijv. nw.) oprecht vriendelijk ♦ *ze is altijd even hartelijk als je op bezoek komt; doe hem de hartelijke groeten!; hartelijk bedankt, Wilfried!*
**har·te·loos** (bijv. nw.) zonder gevoel of medelijden ♦ *wat een harteloze daad om zo'n oud mens te bestelen!*
**har·te·lust** → hartenlust.
**har·ten** (de ~; harten of -s) een van de vier figuren in het kaartspel, dat rood van kleur is en dat de vorm heeft van een hart* (bet.1).
***har·ten·lust** *(Wdl: hartelust)* (zelfst. nw.) ▼ *naar hartenlust:* zoveel als je wilt; *de kinderen konden er naar hartenlust spelen.*
**har·ten·wens** (de~(m.); -en) iets dat je het liefste wilt.
**hart·gron·dig** (bijv. nw.) gezegd als versterking van gevoelens van haat of afkeer ♦ *ik heb een hartgrondige hekel aan haar.*
**har·tig** (bijv. nw.) pittig, met zout ♦ *na iets zoets heb ik altijd trek in iets hartigs.*
**hart·in·farct** (het ~; -en) het gedeeltelijk afsterven van de hartspier doordat de bloedsomloop belemmerd wordt.
**hart·roe·rend** (bijv. nw.) gezegd van iets waardoor je erg vertederd wordt ⇒ *aandoenlijk* ♦ *het afscheid was hartroerend.*
**harts·ge·heim** (het ~; -en) diep geheim over de liefde.
**hart·slag** (de~(m.); -en) het slaan of kloppen van je hart.
**hart·stik·ke** (bijw.) (populair) heel erg ⇒ *ontzettend, geweldig* ♦ *ik ben er hartstikke blij mee.*
**harts·tocht** (de~(m.); -en) groot verlangen of grote liefde ⇒ *passie* ♦ *ze kan haar hartstochten niet bedwingen:* haar begeerten.

**harts·toch·te·lijk** (bijv. nw.) vol hartstocht*, vurig ♦ *iemand hartstochtelijk beminnen; ze is een hartstochtelijk liefhebster van klassieke muziek.*
**hart·ver·ove·rend** (bijv. nw.) zó mooi, leuk of aardig dat je ervan gaat houden ♦ *ze zag er hartveroverend uit.*
**hart·ver·scheu·rend** (bijv. nw.) zo erg of droevig dat je er diep door getroffen wordt ♦ *opeens hoorden we een hartverscheurende gil:* een doordringende gil, van iemand die in nood zit.
**hart·ver·ster·king** (de~(v.); -en) iets om te eten of te drinken waardoor je je beter gaat voelen, vooral een borrel.
**hart·ver·war·mend** (bijv. nw.) gezegd van iets waar je een warm gevoel van krijgt ♦ *het was hartverwarmend dat hij zo aardig tegen ons deed.*
**hart·zeer** (het ~) verdriet, leed ♦ *ik heb er veel hartzeer van dat ik mijn boeken verkocht heb:* ik heb er erge spijt van.
**ha·schisch** → hasjiesj.
**hasj** (de ~(m.)) (verkorting) hasjiesj.
**ha·sjiesj** (de~(m.)) drug die gemaakt is van hennepplanten; je gaat er de werkelijkheid anders, soms mooier, door zien (kijk ook bij: **drug**).
**has·pel** (de~(m.); -s) rol waarop je touw, snoer, garen enz. kunt winden.
**has·pe·len** (haspelde, heeft gehaspeld) onhandig bezig zijn ⇒ *knoeien, stuntelen* ♦ *wat zit je toch met die snoeren te haspelen!; laat mij het verhaal maar vertellen, jij haspelt alles door elkaar:* je vertelt alles verkeerd en in de verkeerde volgorde.
**ha·te·lijk** (bijv. nw.) opzettelijk onvriendelijk en beledigend ♦ *een hatelijke opmerking.*
**ha·te·lijk·heid** (de~(v.); hatelijkheden) hatelijke* opmerking.
**ha·ten** (haatte, heeft gehaat) iemand of iets haten: een grote afkeer van iemand of iets hebben ♦ *hij haat zijn buurman; ik haat parfum.*
**hat·sjie** (tussenw.) (geluid van iemand die niest).
**haus·se** (Frans) [hoos] (de~(v.)) plotselinge opleving van de economie.
**hau·tain** (Frans) [(h)ooteñ] (bijv. nw.) gezegd van iemand die zich verheven voelt boven anderen ⇒ *arrogant, hooghartig* ♦ *ze deed of ze me niet zag en draaide zich hautain om.*
**hau·te cou·tu·re** (Frans) [ootkœtuur] (de~(v.)) dure kleding die door beroemde modeontwerpers ontworpen is.
**ha·ve** (zelfst. nw.) ▼ *levende have:* huisdieren en vee.
**ha·ve·loos** (bijv. nw.) armoedig, slordig en slecht onderhouden ⇒ *sjofel* ♦ *een haveloze spijkerbroek.*
**ha·ven** (de ~; -s) plaats waar schepen kunnen aanleggen, vooral een plaats waar vrachtschepen gelost en geladen worden ♦ *de haven van Rotterdam; een haven binnenlopen; een veilige haven:* (uitdr.) een plaats waar je je veilig voelt.
**ha·ven·hoofd** (het ~; -en) dam bij een haven ⇒ *pier.*
**ha·ver** (de ~) bepaalde graansoort ♦ *iemand van haver tot gort kennen:* (uitdr.) iemand heel goed kennen, precies weten hoe iemand is.
**ha·ver·klap** (zelfst. nw.) ▼ *om de haverklap:* iedere keer weer, steeds opnieuw; *de machine gaat om de haverklap kapot.*
**ha·ver·mout** (de~(m.)) haver die gepeld en gebroken is, vooral als pap gegeten.
**ha·vik** (de~(m.); -en) bepaalde roofvogel.
**ha·viks·neus** (de~(m.); -neuzen) scherp gebogen neus die zo krom is als de snavel van een havik.
**ha·vo** (het ~) (in Nederland) **h**oger **a**lgemeen **v**oortgezet **o**nderwijs.

**ha·ze·hart** → hazenhart.

**ha·ze·lip** → hazenlip.

**ha·ze·laar** (de ~ (m.); -s of hazelaren) heester waaraan hazelnoten groeien.

**ha·zel·noot** (de ~; -noten) kleine bruine noot.

**ha·zen·hart** (het ~; -en) iemand die gauw bang is ⇒ *bangerik.*

**ha·zen·lip** (de ~; -pen) gespleten bovenlip en verhemelte; dit is een aangeboren afwijking.

**ha·zen·pad** (zelfst. nw.) ▼ *het hazenpad kiezen:* op de vlucht slaan.

**ha·zen·slaap·je** (het ~) kort en licht slaapje.

**ha·ze·wind** (de ~ (m.); -en) jachthond met een spitse kop en een slank achterlijf ⇒ *windhond.*

**hbo** (het ~) (in Nederland) *h*oger *b*eroeps*o*nderwijs.

**H-bom** (de ~; -men) waterstofbom.

**hbs** (de ~ (v.)) (in Nederland) *h*oger*eb*urger*s*chool; dit is een school die in 1968 is opgesplitst in havo en atheneum.

**hdtv** (de ~) *h*igh *d*efinition *t*elevision; dit is een televisietechniek waarbij het beeld veel scherper en dieper is dan normaal.

**hé** (tussenw.) **1** (om iemands aandacht te trekken) ◆ *hé, kom eens hier jij!* **2** (om aan te geven dat je verbaasd bent) ◆ *hé, wat is hier aan de hand?*

**hè** (tussenw.) **1** (om aan te geven dat je iets niet goed verstaan of begrepen hebt, of dat je het niet kunt geloven) ⇒ *wat* ◆ *hè, is de koekjestrommel nu al leeg?* **2** (om aan te geven dat je teleurgesteld bent) ◆ *hè, moet ik nu al naar bed?* **3** (om te vragen of het klopt wat je zegt) ◆ *de bibliotheek is 's maandags gesloten hè?*

**head·ban·gen** [hedbengen] (ww.) dansen op harde muziek waarbij je ritmisch met je hoofd heen en weer beweegt.

**he·ao** (het ~) (in Nederland) *h*oger *e*conomisch en *a*dministratief *o*nderwijs.

**hea·vy** (Engels) [hevvie] (bijv. nw.) (populair) zwaar en moeilijk ◆ *het gesprek met mijn ouders was heel heavy.*

**hea·vy me·tal** (Engels) [hevviemettel] (de ~) keiharde rockmuziek.

**heb·be·din·ge·tje** (het ~; -s) dingetje dat leuk is om te hebben, maar waar je niets nuttigs mee kunt doen ⇒ *snuisterij.*

**heb·be·lijk·heid** (de ~ (v.); hebbelijkheden) vervelende gewoonte ◆ *het is een hebbelijkheid van haar om steeds 'dus' te zeggen.*

**heb·ben** (had, heeft gehad) **1** *iets hebben:* iets bezitten ◆ *hij heeft een nieuwe broek; je hele hebben en houden:* (uitdr.) al je spullen **2** (hulpwerkwoord van tijd dat aangeeft dat iets al gebeurd is) ◆ *ik heb lekker geslapen vannacht* **3** *het ergens over hebben:* over iets praten **4** *ergens iets aan hebben:* ergens iets mee kunnen doen ◆ *je mag mee, maar je hebt er niets aan:* je vindt het vast niet leuk **5** *iets met iemand hebben:* een bepaald contact met iemand hebben ◆ *ze heeft iets met de buurjongen:* ze heeft verkering met hem; *wat heb je eraan?:* wat schiet je ermee op? ▼ *ik wil het niet hebben:* ik wil niet dat het gebeurt; *daar heb je hem weer:* hij begint weer te zeuren, domme opmerkingen te maken enz.; *als ik het wel heb:* als ik goed geïnformeerd ben; *ik hád het niet meer:* (populair) ik kon niet meer (van het lachen, van de zenuwen enz.); *'m om hebben:* (populair) dronken zijn.

**heb·berd** (de ~ (m.); -s) iemand die hebberig* is ◆ *die hebberd neemt zelf het grootste stuk.*

**heb·be·rig** (bijv. nw.) begerig en inhalig ⇒ *hebzuchtig.*

**heb·bes** (tussenw.) ik heb het! (om aan te geven dat je iets te pakken hebt of gevonden hebt).

**He·breeuws** (het ~) taal van de joden in Israël.

**heb·zucht** (de ~) sterke neiging om alles voor jezelf te willen hebben.

**heb·zuch·tig** (bijv. nw.) begerig en inhalig ⇒ *hebberig.*

**hecht** (bijv. nw.) **1** stevig vastzittend ⇒ *solide, degelijk* ◆ *die tafel zit hecht in elkaar* **2** nauw verbonden, innig ◆ *we hebben al jaren een hechte vriendschap:* we zijn al jaren heel goede vrienden.

**hech·ten** (hechtte, heeft gehecht) **1** *iets hechten:* iets vastmaken ◆ *de ene draad moet je aan de andere hechten; de dokter hechtte de wond:* hij naaide de wond dicht **2** *vast blijven zitten* ⇒ *pakken* ◆ *deze verf hecht niet op een gladde ondergrond* **3** *je hechten aan iemand of iets:* je met iemand of iets verbonden gaan voelen ◆ *ik heb me erg aan haar gehecht de laatste tijd.*

**hech·te·nis** (de ~ (v.)) gevangenisstraf van ten minste één dag en ten hoogste een jaar en vier maanden ◆ *iemand in hechtenis nemen:* iemand arresteren.

**hech·ting** (de ~ (v.); -en) draad waarmee een wond is dichtgenaaid ◆ *ik heb drie hechtingen in mijn arm.*

**hec·ta·re** (de ~; -n of -s) 10.000 m$^2$ ⇒ *bunder.*

**hec·tisch** (bijv. nw.) heel erg druk en rommelig ◆ *er ontstond een hectische situatie op de tribune.*

**hecto-** honderd ◆ *hecto*liter: 100 liter; *hecto*meter: 100 meter.

**he·den¹** (het ~) de tegenwoordige tijd ⇒ *nu.*

**he·den²** (bijw.) nu, vandaag ◆ *heden verse asperges; heden ten dage:* (uitdr.) tegenwoordig; *tot op heden heb ik nog geen last van verkoudheid:* tot nu toe.

**he·den·daags** (bijv. nw.) van nu, van deze tijd ⇒ *huidig, modern, tegenwoordig* ◆ *de hedendaagse mode is heel anders dan die van vroeger.*

**he·do·nis·me** (het ~) leer die zegt dat genot het belangrijkste is dat er bestaat, en dat je daarnaar moet streven.

**heeft** → hebben.

**heel¹** (bijv. nw.) **1** waaraan geen enkel stukje ontbreekt ⇒ *geheel, totaal* ◆ *ik zou wel een hele ijstaart lusten; ze werkt vier hele dagen per week; een heel getal:* een getal dat geen breuk is **2** niet kapot, niet gebroken, gebarsten of gescheurd ◆ *de vaas is gevallen, maar gelukkig is hij nog heel.*

**heel²** (bijw.) erg, zeer ◆ *daar ben ik heel blij mee!; 't is heel erg jammer.*

**heel·al** (het ~) ruimte waarin de aarde, de andere planeten en de sterren zich bevinden ⇒ *kosmos, universum.*

**heel·huids** (bijw.) zonder dat er een ongeluk met je gebeurd is ⇒ *ongedeerd* ◆ *we kwamen heelhuids thuis.*

**heel·kun·de** (de ~ (v.)) deel van de geneeskunde dat zich bezighoudt met operaties ⇒ *chirurgie.*

**heel·mees·ter** (de ~ (m.); -s) (ouderwets) iemand die opereert ⇒ *chirurg* ◆ *zachte heelmeesters maken stinkende wonden:* (spreekwoord) als je een misstand niet meteen krachtig bestrijdt, maak je het alleen maar erger.

**heem·kun·de** (de ~ (v.)) kennis van de eigen omgeving, plaatselijke geschiedenis, aardrijkskunde en folklore.

**heen** (bijw.) ergens naar toe, het tegenovergestelde van 'terug' ◆ *waar ga je heen?; de schommel gaat heen en weer:* eerst naar de ene kant en dan naar de andere kant; *mijn oma is ver heen:* (uitdr.) ze is geestelijk erg achteruit gegaan.

**heen-en-weer** (zelfst. nw.) ▼ *het heen-en-weer hebben, krijgen:* erg zenuwachtig zijn, worden.

**heen·gaan** (ging heen, is heengegaan) **1** weggaan, vertrekken ◆ *hij nam afscheid en ging heen* **2** (deftig) doodgaan ⇒ *sterven, overlijden.*

**heen·ko·men** (zelfst. nw.) ▼ *een goed heenkomen zoeken:* vluchten en een plekje zoeken waar je veilig bent.

**heen·ron·de** (de ~; -s of -n) (in België □) eerste helft van een competitie, waarbij alle clubs tegen elkaar spelen, het tegenovergestelde van 'terugronde'.

**heen·wed·strijd** (de ~ (m.); -en) (in België □) uitwedstrijd, het tegenovergestelde van 'thuiswedstrijd'.

**heen·weg** (de ~ (m.)) het gaan ergens naar toe, het tegenovergestelde van 'terugweg' ♦ *wil je op de* **heenweg** *even langs de bakker lopen?*

**heer** (zelfst. nw.; heren) **1** (de ~ (m.)) (deftig) man ♦ *goedenavond dames en* **heren**!; *de* **heer** *Verhoeven: meneer Verhoeven* **2** (de ~ (m.)) deftige, beschaafde man ♦ *hij ziet eruit als een* **heer** *in dat deftige pak; wees een* **heer** *in het verkeer!*: (uitdr.) gedraag je in het verkeer volgens de regels **3** (de ~ (m.)) (ouderwets) iemand die de baas is ⇒ *meester* ♦ *de* **heer** *des huizes: de man die aan het hoofd van het gezin staat; m'n oude* **heer**: (grappig) mijn vader; *je kunt geen twee* **heren** *dienen*: (uitdr.) je kunt het niet iedereen naar de zin maken **4** (de ~ (m.)) koning in het kaartspel **5** (het ~) (ouderwets) leger.

**Heer, He·re** (de ~ (m.)) God of Christus ♦ *de dominee bad tot de* **Heer**.

**heer·kracht,** ouderwets: **heir·kracht** (de ~ (m.)) (in België □) overmacht.

**heer·lijk** (bijv. nw.) **1** heel lekker smakend ♦ *dat was een* **heerlijk** *gebakje* **2** heel fijn ♦ *we hadden een* **heerlijke** *vakantie.*

**heer·lijk·heid** (de ~ (v.); heerlijkheden) iets lekkers ⇒ *zaligheid* ♦ *er stonden allerlei* **heerlijkheden** *op tafel.*

**heer·oom** (de ~ (m.); -s) oom die rooms-katholiek geestelijke is.

**heer·schaar,** ouderwets: **heerscharen** (ouderwets) groep soldaten ⇒ *leger, troep* ♦ *de heer der* **heerscharen**: (uitdr.) God.

**heer·schap** (het ~; -pen) **1** (ouderwets) man tegen wie je opkijkt **2** (populair; grappig) man ♦ *dat* **heerschap** *is niet te vertrouwen.*

**heer·schap·pij** (de ~ (v.)) macht over een volk, het regeren ⇒ *bewind* ♦ *de* **heerschappij** *voeren over een volk: dat regeren.*

**heer·sen** (heerste, heeft geheerst) **1** over iemand of iets heersen: de macht over iemand of iets hebben, de baas over iemand of iets zijn ♦ *de koning* **heerst** *over het volk* **2** veel voorkomen ♦ *er* **heerst** *griep; de opvatting* **heerst**, *dat ....*

**heer·ser** (de ~ (m.); -s), vrouw: **heer·se·res** (de ~ (v.); -sen) iemand die heerst* (bet.1).

**heers·zuch·tig** (bijv. nw.) gezegd van iemand die graag de baas wil spelen.

**heer·tje** (zelfst. nw.) ▼ *het* **heertje** *zijn*: (van mannen) er keurig uitzien.

**hees¹** (bijv. nw.) (van stemmen): bijna zonder klank.

**hees²** → hijsen.

**hees·ter** (de ~ (m.); -s) struik.

**heet** (bijv. nw.) **1** erg warm ♦ *het was een* **hete** *zomerdag* **2** (van voedsel): een scherp, branderig gevoel in je mond gevend ♦ *het vlees was* **heet** *door te veel peper.*

**heet·ge·ba·kerd** (bijv. nw.) driftig, opvliegend.

**heet·hoofd** (de ~ (m.); -en) iemand die snel driftig is.

**hef·boom** (de ~ (m.); -bomen) stang waarmee je aan de ene kant iets zwaars omhoog tilt door aan het andere einde kracht uit te oefenen.

**hef·fe** (zelfst. nw.) ▼ *de* **heffe** *des volks*: het gewone volk, het gepeupel.

**hef·fen** (hief, heeft geheven) **1** iets heffen: iets optillen ⇒ *opheffen* ♦ *de hond* **hief** *zijn poot en plaste tegen de muur; het glas* **heffen**: (als gebaar om iets te vieren of elkaar geluk te wensen) **2** iets, bijv. belasting of tolgeld, heffen: iets verplicht laten betalen ♦ *de regering* **heft** *belastingen.*

**hef·fing** (de ~ (v.); -en) geld dat je verplicht bent te betalen, bijv. belasting.

**hef·schroef·vlieg·tuig** (het ~; -en) helikopter.

**heft** (het ~; -en) handvat van een mes ♦ *het* **heft** *in handen nemen*: (uitdr.) de leiding nemen.

**hef·tig** (bijv. nw.) **1** fel, onstuimig ♦ *ze werd bang van zijn* **heftige** *woorden* **2** (populair) heel erg leuk ♦ *met z'n vieren naar Ameland, dat wordt* **heftig**!

**hef·truck** [h_e_ftruik of h_e_ftruk] (de ~ (m.); -s) vorkheftruck.

**heg** (de ~; -gen) **1** omheining van struiken ▼ *ergens* **heg** *noch steg weten*: ergens totaal de weg niet weten.

**he·ge·mo·nie** (de ~ (v.)) overwicht van de groep met de meeste invloed ♦ *de* **hegemonie** *van de communisten in Cuba.*

**hè·hè** (tussenw.) (om aan te geven dat iets lang geduurd heeft en dat je blij bent dat het achter de rug is) ♦ *hè·hè, eindelijk klaar!*

**hei, hei·de** (de ~; -den) **1** zandvlakte waar heideplanten groeien **2** lage struikachtige plant met paarse of witte bloemetjes.

**hei·bel** (de ~ (m.)) **1** (populair) lawaai ⇒ *herrie, kabaal* ♦ *hij maakt een hoop* **heibel** *met zijn drumstel* **2** (populair) ruzie ♦ *ze heeft weer* **heibel** *met haar vriend.*

**hei·de** → hei.

**hei·den** (de ~ (m.); -en), vrouw: **hei·din** (de ~ (v.); -nen) iemand die niet in de christelijke God gelooft (gezegd door iemand die dat wel doet).

**hei·dens** (bijv. nw.) **1** van of als van een heiden* ▼ *een* **heidens** *kabaal: een erg groot lawaai; een* **heidens** *karwei: dat groot en moeilijk is.*

**hei·din** → heiden.

**hei·en** (heide, heeft geheid) palen in de grond slaan die als fundament voor een gebouw dienen.

**hei·ig** (bijv. nw.) (van weer): nevelig, mistig.

**hei·kel** (bijv. nw.) hachelijk, netelig, pijnlijk ♦ *een* **heikele** *kwestie.*

**heil** (het ~) geluk ⇒ *voorspoed* ♦ *ik wens je veel* **heil** *en zegen voor het nieuwe jaar!; hij zag geen* **heil** *in mijn plan: hij verwachtte niet dat er iets goeds uit voort zou komen; ergens je* **heil** *in zoeken: je toevlucht tot iets nemen, je geluk in iets proberen te vinden.*

**Hei·land** (de ~ (m.)) degene die volgens de christelijke godsdienst heil* brengt, namelijk Jezus.

**heil·bot** (de ~ (m.); -ten) grote platvis.

**heil·gym·nas·tiek** (de ~ (v.)) gymnastiekoefeningen om je lichaamshouding te verbeteren.

**hei·lig** (bijv. nw.) **1** gezegd van iemand die door God is uitverkoren, aan wie Gods heil* ten deel valt ♦ *de* **heilige** *apostelen; de* **Heilige** *Maagd: Maria, de moeder van Jezus* **2** gezegd van mensen of dingen die voor gelovigen een speciale betekenis hebben ⇒ *gewijd* ♦ *in India is de koe een* **heilig** *dier; de* **Heilige** *Schrift: de bijbel; het* **Heilige** *Land: Palestina, dat nu Israël heet; de* **Heilige** *Vader: de paus; het is mij* **heilig**: (uitdr.) het is mij heel dierbaar* **3** ernstig, zeer gemeend ♦ *je iets* **heilig** *voornemen;* **heilige** *verontwaardiging.*

**hei·lig·dom** (het ~; -men) heilige* (bet.2) plaats, vooral een tempel of kerk ♦ *mijn werkkamer is mijn* **heiligdom**: (uitdr.) er mag niemand anders komen.

**hei·li·ge** (de ~; -n) iemand die volgens de rooms-katholieke kerk openlijk vereerd mag worden, die heilig* (bet.1) verklaard is ♦ *ter ere van welke* **heilige** *doe je dat?*: (in België □; uitdr.; populair) waarom doe je dat?

**hei·li·gen** (heiligde, heeft geheiligd) iets of iemand heiligen: iets of iemand aan God wijden ♦ *de zondag* **heiligen**: je die dag aan God wijden.

**hei·lig·schen·nis** (de ~(v.)) het misbruiken of vernielen van iets dat heilig* (bet.2) is.

**heil·loos** (bijv. nw.) ▼ *een heilloze onderneming, een heilloos plan:* waarvan geen goed resultaat te verwachten is.

**heil·sol·daat** (de ~(m.); -soldaten) iemand die lid is van het Leger des Heils.

**heil·staat** (de ~(m.); -staten) denkbeeldig land waar alles goed is en waar iedereen gelukkig is ⇒ *Utopia.*

**heil·zaam** (bijv. nw.) gezegd van iets dat je beter of gelukkiger maakt ◆ *een heilzaam drankje; hij sprak heilzame woorden.*

**hei·me·lijk** (bijv. nw.) op zo'n manier dat anderen het niet merken ◆ *de kinderen zaten heimelijk een sigaretje te roken.*

**heim·wee** (het ~) een sterk verlangen naar huis of naar iets dat of iemand die je vertrouwd is ◆ *toen het kind voor het eerst uit logeren ging, werd het ziek van heimwee.*

**Hein** (zelfst. nw.) ▼ *magere Hein:* (populair) de dood, voorgesteld als een levend skelet met een zeis.

**hein·de** (bijw.) ▼ *van heinde en verre:* overal vandaan; *van heinde en verre kwamen de mensen naar de kermis.*

**hei·ning** (de ~(v.); -en) iets waarmee je een stuk grond van een ander stuk grond afscheidt, bijv. een hek of een schutting ⇒ *omheining* ◆ *een heining van prikkeldraad.*

**heir·kracht** → heerkracht.

**heir·schaar** → heerschaar.

**hei·sa** (de ~(m.)) (populair) toestand, gedoe, drukte ⇒ *soesa* ◆ *het was een hele heisa toen de familie kwam logeren.*

**heit·je** (zelfst. nw.) ▼ *een heitje voor een karweitje:* (in Nederland) een klein klusje om wat mee te verdienen.

**hek** (het ~; -ken) **1** afscheiding van houten latten, van gaas of van spijlen ◆ *om het bouwterrein stonden grote hekken van stevig gaas* **2** deel van een afscheiding dat open en dicht kan ◆ *een tuinhek; het hek is van de dam:* (uitdr.) alle grenzen worden overschreden, het wordt een chaos.

**he·kel** (zelfst. nw.) ▼ *een hekel hebben aan iets of iemand:* een afkeer hebben van iets of iemand; *iemand over de hekel halen:* iemand afkraken, iemand scherp bekritiseren.

**he·kel·dicht** (het ~; -en) gedicht waarin met iemand of iets de spot wordt gedreven ◆ *hij schreef een hekeldicht over de politiek.*

**he·ke·len** (hekelde, heeft gehekeld) *iemand of iets hekelen:* op een spottende manier kritiek leveren op iemand of iets ◆ *in het toneelstukje hekelden de leerlingen de leraren.*

**hek·ken·slui·ter** (de ~(m.); -s) laatste persoon die iets mag of moet doen ◆ *Kamal was met zijn voordracht de hekkensluiter van de avond:* hij trad als laatste op.

**heks** (de ~(v.); -en) gemene vrouw die in sprookjes voorkomt en toveren kan ⇒ *toverkol, toverheks* ◆ *de heks veranderde de prins in een kikker.*

**hek·sen** (hekste, heeft gehekst) toveren ◆ *wees toch niet zo ongeduldig; ik kan niet heksen!:* ik kan niet alles tegelijk doen.

**hek·sen·jacht** (de ~; -en) het op grote schaal achtervolgen van mensen ◆ *er werd een heksenjacht ontketend op belastingontduikers.*

**hek·sen·ke·tel** (de ~(m.)) (populair) lawaaiige en drukke toestand.

**hek·sen·kring** (de ~(m.); -en) groep paddestoelen van dezelfde soort die in een kring staan.

**hek·sen·toer** (de ~(m.); -en) (populair) iets dat heel moeilijk en ingewikkeld is ◆ *een trui breien is voor mij een heksentoer.*

**hektare-** → hectare-.

**hel¹** (de ~) **1** plaats waar volgens sommige opvattingen de duivel woont en waar zondaren na hun dood gestraft worden **2** plaats waar je het verschrikkelijk vindt ◆ *de kostschool was een hel voor haar.*

**hel²** (bijv. nw.) **1** *(van geluiden en stemmen):* hoog en hard ⇒ *schel* ◆ *dat fluitje geeft een hel geluid* **2** *(van licht en kleuren):* fel ◆ *we keken recht in het helle zonlicht; ze had een helrode bloes aan.*

**he·la** (tussenw.) (om iemand te roepen).

**he·laas¹** (bijw.) jammer genoeg ◆ *helaas kon ik niet op tijd komen:* tot mijn spijt.

**he·laas²** (tussenw.) (om aan te geven dat je iets jammer vindt) ◆ *helaas, ik heb hem nooit meer gezien.*

**held** (de ~(m.); -en), vrouw: **hel·din** (de ~(v.); -nen) iemand die dappere daden verricht om anderen te helpen ◆ *de held versloeg het monster; hij is geen held in slootjespringen:* dat durft hij niet zo goed; *hij is een held op sokken:* (uitdr.) hij heeft wel een grote mond, maar hij durft niets.

**hel·der** (bijv. nw.) **1** niet troebel, doorzichtig ⇒ *klaar* ◆ *helder glas:* waar je doorheen kunt kijken **2** *(van licht en kleuren):* sterk schijnend of glanzend, zonder dat die schijn of glans door iets wordt tegengehouden ◆ *helder rood; een heldere lucht* **3** *(van klanken):* zuiver en vrij hoog klinkend, duidelijk te horen ◆ *een heldere stem* **4** waaruit inzicht en verstand blijkt ◆ *een helder betoog; hij kreeg opeens een helder ogenblik:* een moment waarop hij zag hoe alles in elkaar zat **5** schoon, netjes ⇒ *proper* ◆ *een heldere keuken* **6** duidelijk, begrijpelijk ◆ *zo helder als koffiedik:* (uitdr.) heel onduidelijk, heel onbegrijpelijk.

**hel·der·zien·de** (de ~; -n) iemand die dingen ziet die anderen niet kunnen zien, bijv. wat er gebeurt op een plaats die ver weg is of op een tijdstip dat nog in de toekomst ligt ⇒ *paragnost.*

**held·haf·tig** (bijv. nw.) erg dapper en moedig, als een held ⇒ *heroïsch.*

**hel·din** → held.

**he·le·boel** (hoofdtelw.) heel veel ◆ *of we huiswerk hebben? een heleboel!; een heleboel kinderen.*

**he·le·maal** (bijw.) **1** totaal, geheel en al ◆ *het brood was helemaal op; helemaal niet!:* volstrekt niet!; *ben je nou helemaal!:* (uitdr.; populair) ben je nou helemaal gek geworden?; *zij heeft het helemaal:* (uitdr.; populair) zij is erg goed in wat ze doet; ook: ze ziet er vlot en aantrekkelijk uit **2** (woordje om aan te geven dat iets ver weg is) ◆ *het was helemaal in Weesp; je moet helemaal achteraan beginnen.*

**he·len** (heelde) **1** (is geheeld) gezond, weer beter worden ⇒ *genezen* ◆ *de wond is snel geheeld* **2** (heeft geheeld) *iets helen:* iets gezond, weer beter maken ⇒ *genezen* **3** (heeft geheeld) *iets kopen waarvan je weet dat het gestolen is.*

**he·ler** (de ~(m.); -s) iemand die heelt* (bet.3).

**helft** (de ~; -en) elk van de twee gelijke delen die je krijgt als je iets door midden deelt ◆ *de helft van de velden op een schaakbord is wit; we zijn op de helft:* we zijn net zover van het begin af als van het einde; *je hebt de helft van dat verhaal verzonnen!:* (uitdr.) een groot deel; *hij neemt altijd de grootste helft:* (uitdr.) het grootste deel.

**he·li·kop·ter** (de ~(m.); -s) kleine vliegmachine die recht omhoog kan stijgen door de wieken die op het dak zitten ⇒ *hefschroefvliegtuig.*

**he·li·um** (het ~) gas dat o.a. gebruikt wordt om luchtballons te vullen.

**hel·le·baard** (de ~; -en) ouderwets wapen dat bestaat uit een lans met dwars op de punt een bijl.

**Hel·leens** (bijv. nw.) uit Hellas (dit is het oude Griekenland) ◆ de **Helleense** beschaving.

**hel·len** (helde, heeft geheld) schuin staan, liggen, lopen of hangen ◆ deze vloer **helt**; de mast **helt** voorover.

**hel·le·veeg** (de ~(v.); hellevegen) boosaardige vrouw die anderen het leven zuur maakt ⇒ feeks, serpent.

**hel·ling** (de ~(v.); -en) 1 schuin aflopend vlak ◆ op de **hellingen** van de heuvels groeiden druiven; er zit een steile **helling** in deze weg 2 schuin aflopende werf om schepen op te bouwen of te repareren ◆ het schip gleed van de **helling**; op de **helling** komen te staan: (uitdr.) gevaar lopen te verdwijnen.

**helm** (zelfst. nw.) 1 (de ~(m.); -en) kap van hard materiaal, waarmee je je hoofd beschermt ◆ een brandweer**helm**; hij is met de **helm** geboren: (uitdr.) bij zijn geboorte zat het vruchtvlies nog om zijn hoofd (men zegt wel dat zo iemand bijzondere gaven heeft, vooral helderziendheid); hij is met de **helm** geboren: (in België □; uitdr.) hij heeft altijd geluk 2 (de ~) helmgras.

**helm·gras** (het ~) duinplant die gekweekt wordt om het zand vast te houden ⇒ helm.

**helm·stok** (de ~(m.); -ken) stok waarmee je het roer van een boot beweegt.

**help** (tussenw.) ▼ lieve **help**, goeie **help**!: (dit roep je als je verbaasd bent).

**help·desk** (de ~; -s) afdeling van een bedrijf die gebruikers van computerprogramma's helpt om problemen op te lossen.

**hel·pen** (hielp, heeft geholpen) 1 iemand helpen: iemand van dienst zijn, bijv. met raad, verzorging of steun ⇒ bijstaan ◆ **help**!: (dit roep je als je hulp nodig hebt); zij **hielp** mij met mijn sommen; de patiënt moet door de zuster **geholpen** worden; iemand iets **helpen** onthouden: ervoor zorgen dat iemand iets niet vergeet; iemand erbovenop **helpen**: (uitdr.) ervoor zorgen dat iemand uit de moeilijkheden komt 2 iemand helpen in een winkel: iemand bedienen ◆ wordt u al **geholpen**? 3 iemand ergens aan helpen: ervoor zorgen dat iemand iets krijgt ◆ kun je mij aan een baan **helpen**? 4 van nut zijn, effect hebben ⇒ baten ◆ ik nam een aspirientje, maar het **hielp** niets 5 iets niet kunnen helpen: ergens niets aan kunnen doen, ergens geen schuld aan hebben ◆ ik kan het niet **helpen** dat alles mislukt is.

**hels** (bijv. nw.) 1 heel erg boos ⇒ ziedend, woedend ◆ zij was **hels** toen we te laat waren 2 afschuwelijk, heel erg ◆ een **hels** kabaal; **helse** pijnen.

**hem** (pers. vnw.) (derde persoon enkelvoud, mannelijke vorm; meewerkend of lijdend voorwerp) ◆ je bent **hem**!: (uitdr.) jij bent de tikker of de vanger.

**he-man** (Engels) [hiemen] (de ~) (letterlijk: hij-man) man die er erg mannelijk uitziet.

**he·ma·toom** (het ~; hematomen) (medisch) bloeduitstorting onder je huid.

**hemd** (het ~; -en) kledingstuk dat je op je blote lijf draagt, meestal met iets anders erover ◆ iemand het **hemd** van het lijf vragen: (uitdr.) iemand helemaal uithoren; iemand in zijn of haar **hemd** zetten: (uitdr.) iemand voor gek zetten; geen **hemd** aan je lijf hebben: (uitdr.) heel erg arm zijn; het **hemd** is nader dan de rok: (spreekwoord) je doet meer voor familie dan voor vreemden.

**he·mel** (de ~(m.); -s of -en) 1 ruimte boven de aarde, de lucht ⇒ uitspansel ◆ de maan verscheen aan de **hemel**; onder de blote **hemel** slapen: (uitdr.) in de open lucht slapen, niet in een tent of een gebouw 2 plaats waar volgens sommige opvattingen God woont en waar gelovi-

gen na hun dood naar toe gaan ◆ lieve **hemel**!: (uitroep van schrik of verbazing); je in de zevende **hemel** voelen: (uitdr.) je heel gelukkig voelen; de **hemel** mag het weten!: (uitdr.) ik weet het echt niet!; iemand de **hemel** in prijzen: (uitdr.) iemand heel erg prijzen; je **hemel** op aarde verdienen: (in België □; uitdr.) een zwaar, moeilijk leven hebben 3 dakje of overdekking van stof of hout, meestal boven een bed ⇒ baldakijn ◆ een **hemelbed**.

**he·mel·bed** (het ~; -den) bed met een hemel (bet.3).

**he·mel·hoog** (bijw.) ▼ iemand **hemelhoog** prijzen: iemand heel erg prijzen.

**he·mel·li·chaam** (het ~; -lichamen) iets dat een baan in de ruimte beschrijft, zoals de zon, de maan en de sterren.

**he·mels** (bijv. nw.) 1 met de hemel* (bet.2) te maken hebbend ◆ de **hemelse** Vader: God; **hemels** kijken: (uitdr.) heel gelukkig kijken 2 heerlijk, fantastisch, prachtig ⇒ goddelijk ◆ het smaakt **hemels**.

**he·mels·breed¹** (bijv. nw.) ▼ een **hemelsbreed** verschil: een heel groot verschil.

**he·mels·breed²** (bijw.) in een rechte lijn gemeten, zonder rekening te houden met de omwegen die je moet maken ◆ **hemelsbreed** is het twee kilometer, maar je loopt er een uur over.

**he·mels·naam** (zelfst. nw.) ▼ in **hemelsnaam**: alsjeblieft; doe in **hemelsnaam** gewoon.

**he·mel·vaarts·dag** (de ~(m.)) christelijke feestdag, de 40e dag na Pasen, waarop gevierd wordt dat Jezus naar de hemel ging.

**he·mis·feer** (de ~; hemisferen) helft van de aardbol ⇒ halfrond.

**hen¹** (de ~(v.); -nen) 1 kip ◆ **hennen** en hanen 2 vrouwelijk hoen ◆ een fazanten**hen**.

**hen²** (pers. vnw.) (derde persoon meervoud; lijdend of -na een voorzetsel- meewerkend voorwerp) ◆ laten we **hen** opbellen; we kunnen het aan **hen** vragen.

**hen·del** (de ~(m.) of het ~; -s) beweegbaar handvat waarmee je een machine bedient ◆ als je de **hendel** overhaalt, gaat de machine draaien.

**hen·gel** (de ~(m.); -s) stok met een snoer en een haakje om mee te vissen.

**hen·ge·len** (hengelde, heeft gehengeld) 1 vissen met een hengel* 2 naar iets hengelen: proberen iets te krijgen of te weten te komen ⇒ vissen ◆ hij zit te **hengelen** naar complimentjes.

**heng·sel** (het ~; -s) 1 handvat van een tas, mand of emmer 2 scharnier ◆ een deur uit de **hengsels** tillen.

**hengst** (de ~(m.); -en) 1 mannetjespaard 2 (populair) harde klap ⇒ dreun, optater, opdoffer, opduvel, opstopper.

**heng·sten** (hengstte, heeft gehengst) (populair) hard en wild slaan ⇒ beuken, timmeren, rammen ◆ sta niet zo op de deur te **hengsten**.

**heng·stig** (bijv. nw.) (van een merrie): verlangend om gedekt te worden.

**hen·na** (de ~) plantaardige kleurstof waarmee je je haren rood maakt.

**hen·nep** (de ~(m.)) plant waarvan touw, hasjiesj en marihuana gemaakt kunnen worden.

**hens** (zelfst. nw.) ▼ alle **hens** aan dek!: allemaal aan dek komen!; ook: er is gevaar!; in de **hens** staan: (populair) in brand staan.

**he·pa·ti·tis** (de ~(v.)) (medisch) leverontsteking ⇒ geelzucht.

**her** (bijw.) 1 sedert, geleden ◆ dat is iets van jaren **her**: van jaren geleden; die familie woont van oudsher op een boerderij: vroeger al en nu nog steeds ▼ **her** en der: overal, naar alle kanten; de papieren lagen **her** en der verspreid.

**her-** opnieuw, weer, nog eens ⇒ re- ◆ *herbouwen:* opnieuw bouwen; *land heroveren:* het terugveroveren.

**her·ade·men** (herademde, heeft heremd) opgelucht ademhalen als de spanning voorbij is.

**he·ral·diek** (de ~(v.)) leer van o.a. stads- en familiewapens ⇒ *wapenkunde.*

**he·raut** (de ~(m.); -en) iemand die vroeger aankondigingen deed namens een vorst en die ook voorop liep in optochten.

**her·ba·ri·um** (het ~; -s of herbaria) verzameling van gedroogde planten.

**her·berg** (de ~; -en) soort hotel of café in vroegere tijden.

**her·ber·gen** (herbergde, heeft geherbergd) **1** *iemand herbergen:* iemand onderdak geven ◆ *ik kan drie logés herbergen* **2** *iets herbergen:* iets bevatten ◆ *het museum herbergt vele meesterwerken.*

**her·ber·gier** (de ~(m.); -s), vrouw: **her·ber·gier·ster** (de ~(v.); -s) iemand die een herberg* heeft ⇒ *waard, kastelein.*

**her·bi·voor** (de ~(m.); herbivoren) dier dat alleen planten eet ⇒ *planteneter.*

**her·bo·ren** (bijv. nw.) met nieuwe levenslust, alsof je opnieuw geboren bent ◆ *na het zwemmen voelde zij zich (als) herboren.*

**her·den·ken** (herdacht, heeft herdacht) *iets of iemand herdenken:* iets of iemand tijdens een plechtigheid weer in je gedachten brengen ◆ *de gesneuvelde soldaten herdenken; de bevrijding herdenken:* de herinnering daaraan vieren.

**her·der** (de ~(m.); -s) **1** (vrouw: herderin) iemand die voor een kudde zorgt ◆ *schaapherder; de Goede Herder:* (uitdr.) Jezus **2** herdershond ◆ *een Duitse herder.*

**her·der·lijk** (bijv. nw.) van of als van een herder* (bet.1) ⇒ *pastoraal* ◆ *een herderlijk schrijven:* (deftig) een brief van een bisschop aan al zijn gelovigen.

**her·ders·hond** (de ~(m.); -en) hond van een ras dat o.a. gebruikt wordt om schapen bij elkaar te drijven ⇒ *herder.*

**her·ders·tas·je** (het ~; -s) weideplantje waarvan de zaaddoosjes op kleine hartjes lijken ⇒ *tasjeskruid.*

**her·druk** (de ~(m.); -ken) nieuwe druk van een boek dat al eerder uitgegeven is ◆ *het boek is in herdruk:* men is bezig er een nieuwe druk van te maken.

**He·re** → Heer.

**he·re·boer** → herenboer.

**he·re·miet** (de ~(m.); -en) kluizenaar.

**he·re·mijn·tijd** (tussenw.) (om aan te geven dat je verbaasd of geschrokken bent).

**he·ren·ak·koord** (het ~; -en) overeenkomst die niet schriftelijk wordt vastgelegd, omdat je elkaar toch wel vertrouwt ⇒ *gentlemen's agreement.*

**he·ren·boer** (de ~(m.); -en) rijke boer die anderen het werk laat doen en die zelf leeft als een heer.

**he·ren·huis** (het ~; -huizen) groot en luxe woonhuis.

**her·eni·gen** (herenigde, heeft herenigd) *mensen herenigen:* ze weer bij elkaar brengen ◆ *zij zijn herenigd na een scheiding van elf jaar.*

**her·exa·men** (het ~; -s) kans die je krijgt om het examen in een bepaald vak opnieuw af te leggen, en waarvan de uitslag bepaalt of je slaagt of zakt ◆ *hij heeft een herexamen voor geschiedenis.*

**herfst** (de ~(m.)) het derde jaargetijde, het seizoen tussen zomer en winter, waarin het kouder wordt en de bladeren van de bomen vallen ⇒ *najaar.*

**herfst·maand** (de ~(m.)) de maand september.

**herfst·tij·loos** (de ~; herfsttijlozen) plant die in het najaar bloeit met bloemen die op krokussen lijken.

**her·ge·bruik** (het ~) het opnieuw bewerken en gebruiken* van afvalstoffen, vooral met de bedoeling grondstoffen te sparen ⇒ *recycling.*

**her·haal·de·lijk** (bijw.) telkens, steeds weer, bij herhaling* (bet.1) ◆ *zij maakt herhaaldelijk dezelfde fouten.*

**her·ha·len** (herhaalde, heeft herhaald) **1** *iets herhalen:* iets nog eens doen, zeggen, vertonen enz. ◆ *kunt u die zin even herhalen?* **2** *jezelf herhalen:* nog eens doen of zeggen wat je al gedaan of gezegd hebt ◆ *dat heb je al gezegd, je herhaalt jezelf* **3** *(van gebeurtenissen) zich herhalen:* opnieuw gebeuren ◆ *het is niet te hopen dat die ramp zich herhaalt.*

**her·ha·ling** (de ~(v.); -en) **1** het herhalen* (bet.1) van iets dat al eerder te zien of te horen was, of gedaan of behandeld is ◆ *bij het sportjournaal lieten ze de herhaling van het winnende doelpunt zien; een herhalingsoefening aan het eind van een hoofdstuk; dit is niet voor herhaling vatbaar:* dit is niet geschikt om te herhalen; *bij herhaling komt hij te laat:* meer dan eens, herhaaldelijk; *hij is op herhaling:* (uitdr.) hij is voor korte tijd terug in militaire dienst **2** het zich herhalen* ◆ *je vervalt in herhalingen:* je zegt iets dat je al eerder hebt gezegd; *om herhaling te voorkomen werd de dief opgesloten:* om te voorkomen dat hij weer zou gaan stelen.

**her·in·ne·ren** (herinnerde, heeft herinnerd) **1** *je iets of iemand herinneren:* iets of iemand in je gedachten terugbrengen ◆ *ik herinner mij hoe ik als kind op de slee zat; ze kon zich zijn naam niet herinneren* **2** *iemand ergens aan herinneren:* iets in iemands gedachten terugbrengen ◆ *dat boek herinnert mij aan mijn jeugd* **3** *iemand ergens aan herinneren:* ervoor zorgen dat iemand iets niet vergeet ◆ *herinner me eraan dat ik nog brood moet kopen; wij herinneren u aan onze rekening van 3 mei.*

**her·in·ne·ring** (de ~(v.)) **1** (-en) iets van vroeger dat je je herinnert* (bet.1) ◆ *ik heb mooie herinneringen aan het dorp waar ik ben geboren* **2** het vermogen je dingen te herinneren* (bet.1) die eerder gebeurd zijn ⇒ *geheugen, memorie* ◆ *in mijn herinnering was hij niet blond, maar donker:* zoals ik hem mij herinner; *iets in herinnering brengen:* ervoor zorgen dat er opnieuw aan iets gedacht wordt **3** iets dat bedoeld is om ervoor te zorgen dat je je iets blijft herinneren* (bet.1) ⇒ *aandenken* ◆ *iedereen kreeg een foto ter herinnering aan groep zeven.*

**her·kan·sing** (de ~(v.); -en) nieuwe kans die je krijgt kort nadat je de eerste keer geen succes hebt gehad ◆ *een herkansing bij een examen.*

**her·kau·wen** (herkauwde, heeft herkauwd) **1** *(van bepaalde dieren) voedsel herkauwen:* het uit de maag in de mond laten komen en het opnieuw kauwen ◆ *de koeien lagen te herkauwen* **2** *iets herkauwen:* iets zo vaak herhalen dat het gaat vervelen.

**her·kau·wer** (de ~(m.); -s) dier dat zijn voedsel herkauwt* (bet.1).

**her·ken·nen** (herkende, heeft herkend) **1** *iemand of iets herkennen:* je herinneren wie iemand of wat iets is op het moment dat je die persoon of die zaak weer ziet, hoort enz. ◆ *ik herkende hem aan zijn stem; je herkent een kameel aan zijn twee bulten; herken je die tas?:* weet je van wie die tas is? **2** *jezelf in iets of iemand herkennen:* je in iets of iemand terugvinden, een sterke band met iets of iemand voelen ◆ *oma herkende zichzelf in het jonge meisje:* in het meisje zag ze eigenschappen die ze zelf ook had.

**her·ken·ning** (de ~(v.); -en) het herkennen* (bet.1) of herkend* (bet.1) worden ◆ *zij gaf geen enkel teken van herkenning toen ik langs haar liep:* ze deed niets waaruit bleek dat ze me herkende.

**her·komst** (de ~(v.); -en) dat waar iets of iemand vandaan komt, de oorsprong of afkomst van iets of iemand.

**her·lei·den** (herleidde, heeft herleid) **1** iets herleiden tot iets anders: iets omzetten in een andere, eenvoudige vorm ◆ breuken *herleiden*: die vereenvoudigen **2** iets herleiden tot iets anders: ontdekken waar iets van afgeleid is ◆ ik kan dit niet *herleiden* tot de oorzaak: ik kan niet ontdekken hoe dit komt.

**her·le·ven** (herleefde, is herleefd) weer gaan leven door nieuwe kracht ⇒ opleven ◆ door de gunstige berichten *herleefde* de hoop; door het toneelstuk *herleefde* de Gouden Eeuw: in het toneelstuk werd de Gouden Eeuw opnieuw uitgebeeld.

**her·ma·fro·diet** (de ~; -en) mens of dier dat de kenmerken heeft van het mannelijk en het vrouwelijk geslacht samen.

**her·man·dad** (Spaans) [hermandad] (de ~(v.)) (populair) politie.

**her·me·lijn** (de ~(m.); -en) klein roofdier dat in de winter een witte vacht en een zwarte staart heeft ◆ de koning droeg een bontjas van *hermelijn*.

**her·me·tisch** (bijv. nw.) luchtdicht, helemaal dicht ◆ de deur van de kluis was *hermetisch* gesloten.

**her·ne·men** (hernam, heeft hernomen) **1** iets hernemen: na een uitweiding of onderbreking met iets verder gaan ◆ 'toch blijft het vreemd', *hernam* hij **2** (in België □) weer beginnen ◆ een toneelstuk *hernemen*: het opnieuw opvoeren.

**hern·hut·ter** (de ~(m.); -s) lid van een bepaalde protestantse geloofsgemeenschap.

**her·nia** (de ~) (medisch) verschuiving van kraakbeen tussen je rugwervels, waardoor vaak een zenuw klem komt te zitten.

**her·nieu·wen** (hernieuwde, heeft hernieuwd) iets hernieuwen: iets weer nieuw* (bet.1) maken, iets nieuwe kracht geven ◆ met *hernieuwde* moed ging hij aan het werk; een *hernieuwde* poging doen; de kennismaking *hernieuwen*: opnieuw kennismaken.

**heroïne** he·ro·i·ne (de ~) bepaalde harddrug (kijk ook bij: **harddrug**).

**heroïsch** he·ro·isch (bijv. nw.) erg dapper en moedig, als een held ⇒ heldhaftig.

**her·ove·ren** (heroverde, heeft heroverd) iets heroveren: iets veroveren om het terug te krijgen ◆ een stad *heroveren* op de vijand.

**her·pes** (de ~(m.)) (medisch) besmettelijke ontsteking van je huid, die in veel vormen voorkomt.

**her·rie** (de ~) **1** veel harde geluiden door elkaar ⇒ lawaai, kabaal, leven ◆ het was een *herrie* van je welste in het stadion **2** ruzie ⇒ heibel ◆ zij kregen *herrie*.

**her·rij·zen** (herrees, is herrezen) er weer bovenop komen, opleven na een periode van moeilijkheden ◆ dat land is na de oorlog *herrezen*.

**her·roe·pen** (herriep, heeft herroepen) iets herroepen: zeggen dat iets toch niet zo is als je eerst had beweerd ⇒ terugnemen, intrekken ◆ zij heeft haar verklaring *herroepen*.

**her·se·nen, her·sens** (zelfst. nw.; meervoud) orgaan dat in je schedel zit, dat het centrum is van je zenuwstelsel en waarmee je o.a. denkt.

**her·sen·gym·nas·tiek** (de ~(v.)) spel of oefening waarbij je goed na moet denken ◆ een kruiswoordpuzzel is goede *hersengymnastiek*.

**her·sen·kron·kel** (de ~(m.); -s) vreemde manier van denken, raar idee.

**her·sen·pan** (de ~; -nen) bovenste deel van je schedel.

**her·sens** (zelfst. nw.; meervoud) **1** hersenen, verstand ◆ gebruik je *hersens*!; ze heeft een goed stel *hersens*; je *hersens* afpijnigen: je uiterste best doen om je iets te herinneren of om op een idee te komen; hoe haal je het in je *hersens*!: hoe kun je zo dom zijn!; ook: hoe durf je! **2** (populair) hoofd, schedel ⇒ harses ◆ hij kreeg een klap op zijn *hersens*; iemand de *hersens* inslaan.

**her·sen·schim** (de ~; -men) iets dat alleen in je gedachten bestaat ◆ *hersenschimmen* najagen: (uitdr.) onmogelijke plannen koesteren.

**her·sen·schud·ding** (de ~(v.); -en) schok die je hersenen krijgen door een harde klap op je hoofd.

**her·sen·spin·sel** (het ~; -s) verzinsel, vaak een vervelende gedachte die je niet los kunt laten.

**her·sen·spoe·ling** (de ~(v.); -en) sterke en systematische beïnvloeding van je manier van denken, waardoor je op den duur geen zelfstandige ideeën meer kunt ontwikkelen.

**her·sen·vlies·ont·ste·king** (de ~(v.)) ontsteking van je hersenvlies ⇒ meningitis.

**her·stel** (het ~) **1** het herstellen* (bet.1) ◆ het *herstel* van de patiënt gaat langzaam: de genezing; het *herstel* van de economie na de oorlog: de verbetering **2** het herstellen* (bet.2) ⇒ reparatie, restauratie ◆ het *herstel* van de brug duurde een week.

**her·stel·len** (herstelde) **1** (is hersteld) weer gezond of sterk worden ◆ zij *herstelde* vlug na het ongeluk **2** (heeft hersteld) iets herstellen: iets weer maken zoals het vroeger was ⇒ repareren ◆ de schade was snel *hersteld* **3** (heeft hersteld) je herstellen: er weer bovenop komen, een schok verwerken ◆ even werd hij bleek, toen *herstelde* hij zich weer.

**hert** (het ~; -en) zoogdier met ranke poten en vaak met een gewei ◆ een edelhert.

**her·tog** (de ~(m.); -gen), vrouw: **her·to·gin** (de ~(v.); -nen) iemand met een hoge adellijke titel.

**herts·hoorn** (zelfst. nw.) **1** (de ~(m.); -s) varen met een bruine bast en met bladeren in de vorm van een gewei ⇒ hertshoornvaren **2** (de ~(m.) of het ~) stof waaruit geweien bestaan.

**hertz** (de ~(m.)) (natuurkunde) maat om aan te geven hoeveel trillingen, bijv. van radiogolven, er plaatsvinden per seconde.

**herv.** (afkorting) hervormd.

**her·vat·ten** (hervatte, heeft hervat) iets hervatten: na een onderbreking met iets verder gaan ◆ de stakers zullen het werk morgen *hervatten*.

**her·vormd** (bijv. nw.) horend bij de Nederlandse Hervormde Kerk; dit is een bepaalde richting in de protestantse kerk (kijk ook bij: **protestant**).

**her·vor·men** (hervormde, heeft hervormd) iets, bijv. het onderwijs of de maatschappij, hervormen: iets veranderen met de bedoeling het te verbeteren.

**her·vor·ming** (de ~(v.); -en) verandering die een verbetering inhoudt ◆ maatschappelijke *hervormingen* invoeren.

**Her·vor·ming** (de ~(v.)) beweging in de zestiende eeuw onder leiding van Maarten Luther, die de rooms-katholieke kerk wilde hervormen en waaruit de protestantse kerken zijn ontstaan ⇒ Reformatie.

**her·zien** (herzag, heeft herzien) iets herzien: iets aanpassen en verbeteren ◆ de tekst is geheel *herzien*; ik moet mijn oordeel *herzien*.

**hes** (de ~; -sen) kort, loshangend jasje zonder mouwen.

**he·sen** → hijsen.

**hesp** (de ~; -en) (in België □) ham.

**het**[1] (pers. vnw.) (derde persoon enkelvoud, onzijdige

vorm) ◆ *het duurt zo lang, nu ben ik het zat; ze denkt dat ze het is:* (in België □; uitdr.; populair) ze is heel verwaand.

**het²**, spreektaal: **'t** (lidw.)(woordje dat je gebruikt voor een onzijdig zelfstandig naamwoord dat precies aangeduid wordt) ◆ *het weer; het stoeltje; wij kijken naar het jeugdjournaal; Frankrijk is hét wijnland van Europa:* het belangrijkste land waar wijn gemaakt wordt.

**he·ten** (heette, heeft geheten) **1** ... *heten:* zo genoemd worden, die naam hebben ◆ *hoe heet jij?; een woordenboek heet ook wel een lexicon* ▼ *het heet dat ...:* dat zegt men; *wat heet!:* (uitroep om te zeggen dat je iets nog zwak uitgedrukt vindt).

**he·ter·daad** (zelfst. nw.) ▼ *iemand op heterdaad betrappen:* iemand betrappen die met een misdaad bezig is.

**he·te·ro** (verkorting) heterofiel.

**he·te·ro·fiel¹** (de ~; -en) iemand die zich seksueel aangetrokken voelt tot mensen van het andere geslacht ⇒ hetero, heteroseksueel.

**he·te·ro·fiel²** (bijv. nw.) gezegd van iets dat of iemand die te maken heeft met heterofilie* ⇒ hetero, heteroseksueel.

**he·te·ro·fi·lie** (de ~(v.)) het seksueel aangetrokken worden tot mensen van het andere geslacht ⇒ heteroseksualiteit.

**he·te·ro·geen** (bijv. nw.) samengesteld uit dingen van verschillende soort, het tegenovergestelde van 'homogeen' ◆ *een heterogene bevolking:* die bestaat uit mensen van verschillende rassen, leeftijden enz..

**he·te·ro·sek·su·a·li·teit** (de ~(v.)) het seksueel aangetrokken worden tot mensen van het andere geslacht ⇒ heterofilie.

**he·te·ro·sek·su·eel¹** (de ~; heteroseksuelen) iemand die zich seksueel aangetrokken voelt tot mensen van het andere geslacht ⇒ hetero, heterofiel.

**he·te·ro·sek·su·eel²** (bijv. nw.) gezegd van iets dat of iemand die te maken heeft met heteroseksualiteit* ⇒ hetero, heterofiel.

**het·geen** (betr. vnw.)(deftig) wat ◆ *mijn zoon heeft per ongeluk uw ruit ingegooid, hetgeen hij betreurt; ik blijf bij hetgeen ik gezegd heb.*

**het·ze** (de ~(v.); -s) het verdacht maken en belasteren van iemand en het ophitsen van mensen tegen die persoon ◆ *een hetze tegen iemand voeren.*

**het·zelf·de** (aanw. vnw.)(woord waarmee je uitdrukt dat iets gelijk is aan iets anders) ◆ *we wonen in hetzelfde dorp; dat komt op hetzelfde neer.*

**het·zij** (voegw.)(woord waarmee je een tegenstelling of verschillende mogelijkheden aangeeft) ⇒ of ◆ *hetzij dit, hetzij dat; hetzij warm, hetzij koud.*

**heug** (zelfst. nw.) ▼ *tegen heug en meug:* met grote tegenzin; *het kind at tegen heug en meug zijn bord leeg.*

**heu·gen** (heugde, heeft geheugd) *iemand heugen:* iemand bijblijven, in iemands geheugen blijven ◆ *het zal mij nog lang heugen hoe koud het toen was; dat zal je heugen!:* daar zul je nog lang een nare herinnering aan hebben, dat zal je berouwen!

**heug·lijk** (bijv. nw.) **1** om blij van te worden ◆ *een heuglijk feit* **2** zo prettig dat je je het lang zult blijven herinneren ◆ *een heuglijke dag.*

**heul** (zelfst. nw.) ▼ *ergens je heul zoeken:* proberen daar troost of steun te vinden.

**heu·len** (heulde, heeft geheuld) *met de vijand heulen:* met de vijand samenspannen, de vijand helpen.

**heup** (de ~; -en) **1** elk van beide gedeelten aan de zijkant van je lichaam, op de plaats waar je bovenbeen aan je romp vastzit ▼ *het op je heupen krijgen:* fanatiek aan de slag gaan op een manier die voor anderen vervelend is.

**heu·re·ka** → eureka.

**heus** (bijv. nw.) echt, echt waar ◆ *hij zat in een kooi bij een heuse leeuw; is het heus?:* meen je het?; *maar niet heus!:* (dit zeg je om duidelijk te maken dat je iets zei om te plagen, dat het niet waar is).

**heu·vel** (de ~(m.); -s of -en) verhoging in het landschap die lager en minder steil is dan een berg.

**he·vel** (de ~(m.); -s) buis of slang die je gebruikt om vloeistof over te brengen van het ene vat in het andere.

**he·ve·len** (hevelde, heeft geheveld) *vloeistof hevelen:* die van het ene vat in het andere overbrengen door aan de laagste kant van de hevel* de lucht weg te zuigen; de vloeistof loopt er dan vanzelf doorheen ◆ *het aquarium moet eerst leeg geheveld worden.*

**he·vig** (bijv. nw.) sterk, erg, fel ◆ *hevig verontwaardigd zijn; hevige regenval; een hevige brand.*

**hg** (afkorting) hectogram; dit is 100 gram.

**hi·aat** (de ~(m.) of het ~; hiaten) plaats waar iets ontbreekt ⇒ leemte, lacune ◆ *een hiaat in je kennis:* het niet weten van iets dat je wel zou moeten weten.

**hi·bis·cus** (de ~(m.)) plant uit warme landen, die lijkt op een roos.

**hief** → heffen.

**hiel** (de ~(m.); -en) achterkant van je voet ◆ *sandalen met open hielen:* waarbij je hielen niet bedekt zijn; *je hielen lichten:* (uitdr.) ervandoor gaan; *iemand op de hielen zitten:* (uitdr.) vlak achter iemand aan zitten, iemand achtervolgen; *iemands hielen likken:* (uitdr.) iemand op een kruiperige manier vleien, slijmen.

**hield** → houden.

**hiel·den** → houden.

**hie·len·lik·ker** (de ~(m.); -s) iemand die op een kruiperige manier vleit ⇒ slijmerd.

**hielp** → helpen.

**hiel·pen** → helpen.

**hier** (bijw.) **1** op deze plaats ◆ *hier woon ik; het zit me tot hier:* (uitdr.) ik ben het zat; *van hier tot gunder:* (uitdr.) heel groot; *hij ving een snoek van hier tot gunder* **2** naar de spreker toe ◆ *kom hier!; geef dat eens hier!*

**hier-** (gevolgd door een voorzetsel)(staat in plaats van 'dit' of 'deze', iets dat eerder genoemd is) ◆ *hierover wil hij niets meer zeggen.*

**hiërarchie** (de ~(v.); hiërarchieën) rangorde, volgorde van belangrijkheid ◆ *volgens de hiërarchie op een schip staat de kapitein aan het hoofd.*

**hiërarchisch** hi·e·rar·chisch (bijv. nw.) opgebouwd uit rangen en standen ◆ *een hiërarchische maatschappij.*

**hier·na·maals** (het ~) plaats waar je volgens sommige opvattingen na je dood verder leeft.

**hiëroglief** hi·e·ro·glief (de ~; -en) teken van het beeldschrift van de oude Egyptenaren.

**hieuw** → houwen.

**hieu·wen** → houwen.

**hie·ven** → heffen.

**hi·fi** (Engels) [hajfaj, in België: hajfie](bijv. nw.)*(van geluidsapparatuur):* met high fidelity ◆ *een hifi-installatie.*

**high** (Engels) [haj](bijv. nw.) in een roes doordat je drugs hebt gebruikt.

**high fi·de·li·ty** (Engels) [hajfiddellittie](de ~) natuurgetrouwe weergave van geluid door geluidsapparatuur.

**high so·ci·e·ty** (Engels) [hajsoosajjetie](de ~) de rijke en belangrijke mensen in een land, stad of streek.

**high·tech** [hajtek](bijv. nw.) passend bij de snelle technische ontwikkelingen van deze tijd ◆ *een kantoor met een hightech interieur:* met een inrichting die strak en zakelijk is.

**hi·hi** (tussenw.)(geluid van iemand die grinnikt of giechelt).

**hij** (pers. vnw.)(derde persoon enkelvoud, mannelijke vorm; onderwerp).

**hi·jab** (Arabisch) [h<u>e</u>dzjaab](de ~(m.); -s) hoofddoek van moslimmeisjes.

**hij·gen** (hijgde, heeft gehijgd) snel en hoorbaar ademen, bijv. als je hard gelopen hebt.

**hij·ger** (de ~(m.); -s) man die vrouwen opbelt om er seksueel opgewonden van te raken.

**hij·sen** (hees, heeft gehesen) **1** iets hijsen: iets omhoog trekken, soms met een machine ◆ *ze hesen de auto uit het laadruim; de vlag hijsen; je in je jas hijsen:* (uitdr.; populair) je jas aantrekken **2** (populair) veel alcohol drinken ◆ *ze zaten tot diep in de nacht te hijsen.*

**hijs·kraan** (de ~; -kranen) machine om dingen mee te hijsen (bet.1).

**hik** (de ~(m.)) krampachtige samentrekking van je middenrif, waarbij je zonder dat je er iets aan kunt doen diep inademt en een hoog keelgeluid maakt ◆ *de hik hebben.*

**hik·ken** (hikte, heeft gehikt) **1** last hebben van de hik*, of geluiden maken die op de hik* lijken ◆ *hij hikte van het lachen* ▼ *ergens tegenaan hikken:* (populair) ergens erg tegenop zien.

**hi·la·ri·teit** (de ~(v.)) vrolijkheid en gelach om iets of iemand ◆ *zijn gedrag leidde tot enige hilariteit.*

**hin·de** (de ~(v.); -n) vrouwtjeshert.

**hin·der** (de ~(m.)) dat wat je hindert* of belemmert ⇒ *last, overlast, ongemak* ◆ *geluidshinder; hinder van iets ondervinden:* belemmerd worden door iets.

**hin·de·ren** (hinderde, heeft gehinderd) *iemand hinderen:* iemand last bezorgen door hem of haar te storen of te belemmeren ◆ *hij hinderde mij bij mijn werk; haar nauwe rok hinderde haar in haar bewegingen; het hindert niet:* (uitdr.) het geeft niet, het doet er niet toe.

**hin·der·laag** (de ~; -lagen) plaats waar je je verstopt om iemand aan te vallen als hij of zij het niet verwacht ⇒ *val, valstrik* ◆ *zij liepen in een hinderlaag.*

**hin·der·lijk** (bijv. nw.) gezegd van iets waarvan je hinder* hebt ◆ *een hinderlijk geluid; die stoelen staan hinderlijk in de weg.*

**hin·der·nis** (de ~(v.); -sen) **1** iets dat hindert* ⇒ *belemmering* ◆ *een tocht met hindernissen* **2** hek of ander obstakel waar hardlopers of paarden met ruiters bij een wedstrijd overheen moeten.

**hindoeïsme** hin·doe·is·me (het ~) oosterse godsdienst waarvan het geloof in reïncarnatie een belangrijk onderdeel is (kijk ook bij: **reïncarnatie**).

**hing** → hangen.

**hin·gen** → hangen.

**hin·ke·len** (hinkelde, heeft gehinkeld) op één been springen, als spel.

**hin·ken** (hinkte, heeft gehinkt) mank lopen.

**hin·ke·poot** (de ~(m.); -poten)(scheldwoord voor iemand die hinkt).

**hin·ni·ken** (hinnikte, heeft gehinnikt) **1** *(van paarden):* hihi roepen **2** lachen met het geluid als van een paard ◆ *zit niet zo dom te hinniken!*

**hint** (de ~(m.); -s) tip, aanwijzing ◆ *ik zeg niet wat de oplossing van het raadsel is, maar ik wil je wel een hint geven.*

**hip** (bijv. nw.)(populair) opvallend, modern en passend bij de jeugd (gebruikt in de jaren 60 en 70).

**hip·hop** (de ~) stroming in de popmuziek met rap, breakdancing en elektronische middelen, waarbij dj's een belangrijke rol spelen.

**hip·pen** (hipte, heeft gehipt) *(van kleine dieren):* een sprongetje vooruit maken met twee poten tegelijk ◆ *de mussen hipten over het grasveld.*

**hip·pie** (de ~(m.); -s) jongere die zich in de jaren 60 en 70 verzette tegen de bestaande maatschappij door zich anders te gedragen en te kleden.

**hip·pisch** (bijv. nw.) gezegd van iets dat met paarden of paardensport te maken heeft ◆ *de hippische sport.*

**hip·po·droom** (de ~(m.) of het ~; hippodromen) renbaan voor paarden.

**his·to·ri·cus** (de ~(m.); historici), vrouw: **his·to·ri·ca** (de ~ (v.); historica's) iemand die zich voor zijn of haar beroep bezighoudt met geschiedenis.

**his·to·rie** (de ~(v.); -s of historiën) **1** verhaal over iets dat gebeurd is ⇒ *geschiedenis* ◆ *volgens mij heb je die hele historie verzonnen* **2** (ouderwets) geschiedenis (bet.1) ◆ *vaderlandse historie.*

**his·to·risch** (bijv. nw.) te maken hebbend met gebeurtenissen uit het verleden ◆ *een historische roman is een roman over hoe de mensen vroeger leefden; een historisch moment: een belangrijk moment voor de geschiedenis; dat verhaal is historisch: het is echt gebeurd, niet verzonnen.*

**hit** (zelfst. nw.) **1** (de ~(m.); -s) nummer uit de popmuziek dat veel succes heeft ⇒ *tophit* **2** (de ~(m.); -ten) klein paard **3** (de ~(v.); -ten)(ouderwets) dienstmeisje.

**hit·pa·ra·de** (de ~(v.); -s) lijst van de best verkochte cd's of cd-singles in een bepaalde periode.

**hit·sig** (bijv. nw.) gezegd van iemand die veel zin heeft om te vrijen.

**hit·te** (de ~(v.)) grote warmte ◆ *ik stik van de hitte:* (uitdr.) ik heb het heel erg warm; *in de hitte van de strijd:* (uitdr.) toen de strijd het hevigst was.

**hit·te·golf** (de ~; -golven) aantal dagen waarin het rond of boven de 30° C is.

**hiv-be·smet·ting** (de ~(v.); -en) besmetting met het hiv-virus, dat de ziekte aids veroorzaakt (kijk ook bij: **aids**).

**hiv-vi·rus** (het ~; -sen) virus dat de ziekte aids veroorzaakt (kijk ook bij: **aids**).

**H.K.H.** (afkorting) *H*are *K*oninklijke *H*oogheid; dit is de titel van een prinses.

**hl** (afkorting) *h*ecto*l*iter; dit is 100 liter.

**hls** (de ~)(in Nederland) *h*ogere *l*andbouw*s*chool.

**hm¹** (afkorting) *h*ecto*m*eter; dit is 100 meter.

**hm²** (tussenw.) **1** (geluid van iemand die zijn of haar keel schraapt) **2** (geluid waaraan iemand laat merken dat hij of zij luistert).

**H.M.** (afkorting)(in Nederland) *H*are *M*ajesteit; dit is de titel van een koningin.

**ho** (tussenw.)(om aan te geven dat iemand of iets moet stoppen) ⇒ *halt.*

**hob·bel** (de ~(m.); -s) bult in het wegdek.

**hob·be·len** (hobbelde, heeft gehobbeld) heen en weer schudden omdat je over een weg vol hobbels* rijdt ◆ *de vrachtwagen hobbelde over de landweg.*

**hob·be·lig** (bijv. nw.) vol hobbels* ◆ *op die hobbelige weg kun je niet fietsen.*

**hob·bel·paard** (het ~; -en) kinderspeelgoed dat bestaat uit een houten paard op halfronde houten bogen, waarop je kunt schommelen.

**hob·be·zak** (de ~(m.); -ken) groot en vormeloos kledingstuk ◆ *die oude trui is een hobbezak geworden.*

**hob·by** (de ~(m.); hobby's) iets dat je in je vrije tijd graag doet ⇒ *liefhebberij* ◆ *zijn hobby is fotograferen.*

**hob·by·is·me** (het ~) het bezig zijn met iets uit liefhebberij.

**ho·bo** (de ~(m.); hobo's) houten muziekinstrument waarop je door een dun pijpje moet blazen.

**hoboïst** ho·bo·ist (de ~(m.); -en), vrouw: **hoboïste** ho·bo·is·te (de ~(v.); -s of -n) iemand die hobo* speelt.

**ho·bu** (het ~)(in België) *h*oger *o*nderwijs *b*uiten de *u*niversiteit.

**hoc·key** [hokkie](het ~) teamsport waarbij je met een stok met een gebogen uiteinde een bal in het doel van de tegenpartij moet slaan.

**hoc·key·en** [hokkiejən](hockeyde, heeft gehockeyd) hockey* spelen.

**ho·cus po·cus** (tussenw.) formule bij het goochelen of toveren ◆ *de goochelaar zei hocus pocus en haalde een bos bloemen uit zijn zak.*

**hoe**¹ (bijw.) **1** op welke wijze ⇒ hoedanig ◆ *weet jij hoe je een band moet plakken?; hoe bestaat het!:*(dit zeg je als je heel verbaasd bent); *we komen, hoe dan ook:*(uitdr.) in ieder geval **2** (om te vragen naar een aantal of grootte) ◆ *hoe vaak ben je daar al geweest?; wie weet hoe hoog de Eiffeltoren is?*

**hoe**² (voegw.; gevolgd door 'hoe' of 'des te')(geeft een maat of verhouding aan) ◆ *hoe eerder we beginnen, des te eerder zijn we klaar; hoe meer zielen hoe meer vreugd:*(uitdr.) naarmate er meer mensen zijn, wordt het gezelliger.

**hoed** (de ~(m.); -en) **1** hoofddeksel dat bestaat uit een soort koker of bol met een rand eromheen ◆ *de boerin droeg een strooien hoed tegen de zon; onder een hoedje te vangen zijn:*(uitdr.) rustig en gehoorzaam zijn; *met iemand onder één hoedje spelen:*(uitdr.) met iemand samenzweren; *met de hoed in de hand kom je door het ganse land:*(spreekwoord) als je beleefd bent, is iedereen aardig tegen je ▼ *je een hoedje schrikken:* heel erg schrikken.

**hoe·da·nig** (bijw.) hoe¹* (bet.1).

**hoe·da·nig·heid** (de ~(v.); hoedanigheden) **1** functie, rol ◆ *de journalist vroeg de agent in burger of hij bij de demonstratie was in de hoedanigheid van politieagent of in de hoedanigheid van demonstrant: of hij daar was als politieagent of als demonstrant* **2** eigenschap ⇒ kwaliteit ◆ *ze heeft enkele slechte hoedanigheden.*

**hoe·de** (zelfst. nw.) ▼ *iemand of iets onder je hoede nemen:* op iemand of iets passen; *op je hoede zijn:* goed opletten omdat er gevaar dreigt.

**hoe·den** (hoedde, heeft gehoed) **1** vee hoeden: erop passen terwijl het in een open veld loopt te grazen ◆ *de herder hoedt de kudde* **2** je ergens voor hoeden: ergens voor oppassen ◆ *hoed je voor de hond!; hoed je voor spelfouten:* pas op dat je die niet maakt.

**hoe·den·plank** (de ~; -en) rand achter de achterbank in een auto, waar je spullen neer kunt leggen.

**hoef** (de ~(m.); hoeven) onderste gedeelte van de poot van een koe, een geit, een paard enz., dat uit hoorn bestaat.

**hoef·blad** (het ~) weideplant met halfronde bladeren.

**hoef·ijzer** (het ~; -s) gebogen stuk ijzer waarmee o.a. paardenhoeven beslagen worden om ze tegen slijten te beschermen; het is het symbool van geluk.

**hoef·slag** (de ~(m.); -en) spoor dat dieren met hun hoeven maken.

**hoe·ge·naamd** [ook: hoegenaamd](bijw.; met ontkenning) bijna, zo goed als ◆ *na het feestje was er hoegenaamd niets van al het lekkers over; zonder bril ziet hij hoegenaamd niets.*

**hoek** (de ~(m.); -en) ruimte tussen twee vlakken die op elkaar staan of tussen twee lijnen die elkaar snijden ◆ *de schemerlamp staat in een hoek van de kamer; een vierkant heeft rechte hoeken; zij woont op de hoek van de straat; hij zat stilletjes in een hoekje te lezen; in alle hoeken en gaten zoeken:*(uitdr.) overal; *je in een hoekje laten drukken:*(uitdr.) toelaten dat anderen de baas over je spelen; *leuk uit de hoek komen:*(uitdr.) leuke opmerkin-

gen maken; *het is wel duidelijk uit welke hoek de wind waait:*(uitdr.) het is wel duidelijk wie dat gedaan of gezegd heeft; *het hoekje om gaan:*(uitdr.; populair) doodgaan.

**hoe·kig** (bijv. nw.) met hoeken* ◆ *dat is een hoekig gebouw:* een gebouw met veel uitspringende delen, nissen, portieken enz..

**hoek·schop** (de ~(m.); -pen)(sport) bal die op de eigen speelhelft over de achterlijn is gespeeld en die vanuit een hoek van het speelveld in het spel wordt gebracht ⇒ corner.

**hoek·steen** (zelfst. nw.) ▼ *het gezin is de hoeksteen van de samenleving:*(dit wordt gezegd door mensen die het gezin heel belangrijk vinden voor de maatschappij).

**hoe·la** (zelfst. nw.) ▼ *aan m'n hoela!:*(populair) dat doe ik niet, daar begin ik niet aan!

**hoe·la·hoep** (de ~(m.)) hoepel.

**hoem·pa** (de ~(m.)) muziek van een fanfarekorps.

**hoen** (het ~; -ders of -deren) vogelsoort waartoe kippen, fazanten, patrijzen enz. behoren ◆ *zo fris als een hoentje:*(uitdr.) goed uitgeslapen.

**hoe·pel** (de ~(m.); -s) **1** grote, dunne ring van hout of plastic, die je bijvoorbeeld rond je lichaam laat draaien door golvende bewegingen te maken, als spel ⇒ hoelahoep **2** kinderspeelgoed uit vroeger tijd dat bestaat uit een grote ijzeren of houten ring die je met een stokje voor je uit over de weg laat rollen **3** metalen band om een houten ton ◆ *om de regenton zitten drie hoepels; zo krom als een hoepel:*(uitdr.) heel erg krom.

**hoe·pe·len** (hoepelde, heeft gehoepeld) met een hoepel* (bet.1 en 2) spelen.

**hoe·pel·rok** (de ~(m.); -ken) ouderwetse rok die door een versteviging van hoepels (bet.1) wijduit blijft staan ⇒ crinoline.

**hoer** (de ~(v.); -en) vrouw die tegen betaling met mannen vrijt ⇒ prostituee.

**hoe·ra** (tussenw.)(om aan te geven dat je blij met iets bent) ◆ *hiep hiep hiep hoera!; hoera voor Sofia!*

**hoes** (de ~; hoezen) zak of bedekking die op maat is gemaakt om iets te beschermen ◆ *het fototoestel zit in een leren hoes; grammofoonplaten hebben een binnenhoes van dun papier.*

**hoest** (de ~(m.)) schraperig, stotend geluid dat je met je keel maakt door een prikkeling van het slijmvlies ◆ *met die hoest moet je naar de dokter; hij heeft een rokershoestje:* hij moet steeds hoesten doordat hij veel rookt.

**hoes·ten** (hoestte, heeft gehoest) een hoest* laten horen ◆ *toen ze zich verslikte, begon ze te hoesten.*

**hoe·ve** (de ~; -n)(ouderwets) boerderij.

**hoe·veel** (hoofdtelw.) welk aantal of welk bedrag ◆ *hoeveel kost dat?; met z'n hoevelen zijn jullie?*

**hoe·veel·heid** (de ~(v.); hoeveelheden) **1** (woord waarmee je aangeeft dat er veel of weinig van iets is, of dat je niet weet hoeveel er van iets is) ◆ *in de bibliotheek staat een grote hoeveelheid boeken; dat is een grote hoeveelheid werk* **2** gedeelte, portie ◆ *een baby eet maar kleine hoeveelheden.*

**hoe·veel·ste** (rangtelw.)(woord waarmee je naar een aantal vraagt) ◆ *de hoeveelste keer is dit?; de hoeveelste is het vandaag?:* welke datum?

**hoe·ven** (hoefde, heeft gehoeven) **1** niet hoeven: niet verplicht zijn, niet moeten, niet nodig zijn ⇒ behoeven ◆ *je hoeft me niet meer te helpen, want het werk is al af; het hoeft niet; de hoeft me niet zo uit te lachen!:* het is niet netjes van je dat je me uitlacht **2** iets niet hoeven: geen trek in iets hebben ◆ *dank je, ik hoef geen soep meer.*

**hoe·ver·re** (bijw.) ▼ *in hoeverre:* voor welk gedeelte, tot op welk punt; *in hoeverre kunt u het met ons eens zijn?*

**hoe·wel** (voegw.) (geeft een tegenstelling aan) ⇒ *ofschoon* ◆ *hoewel het pijpenstelen regende, ging de wedstrijd gewoon door.*

**hoe·zee** (tussenw.) (ouderwets) hoera ◆ *hoezee, we hebben gewonnen!*

**hoe·zeer** (voegw.) (deftig) hoe, hoedanig ◆ *hoezeer het me ook spijt, ik kan u niet helpen.*

**hoe·zo** (bijw.) hoe bedoel je?

**hof** (zelfst. nw.; hoven) **1** (het ~) paleis, personeel en huishouden van een vorst ◆ *er kwam een gezant naar het hof van de koning* **2** (de ~(m.)) (deftig) aangelegde tuin ◆ *in deze hof worden geneeskrachtige kruiden gekweekt; de hof van Eden:* het paradijs van Adam en Eva, dat in de bijbel wordt beschreven ▼ *een vrouw of meisje het hof maken:* extra aardig voor haar zijn en zo proberen verkering met haar te krijgen; *het hof van beroep:* (in België) rechtbank waartoe je je kunt wenden als je in hoger beroep wilt gaan.

**hof·da·me** (de ~(v.); -s) vrouw die een vorstin gezelschap houdt en helpt.

**hof·fe·lijk** (bijv. nw.) beleefd en aardig voor anderen ⇒ *attent, galant* ◆ *de deur voor iemand openhouden is een hoffelijk gebaar.*

**hof·hou·ding** (de ~(v.); -en) alle mensen en bedienden aan het hof (bet.1) van een vorst.

**hof·je** (het ~; -s) groep huizen die om een pleintje of binnenplaats gebouwd zijn, vaak met een poort ervoor.

**hof·le·ve·ran·cier** (de ~(m.); -s) (titel van een winkelier die levensmiddelen of andere goederen aan het hof van een vorst heeft geleverd).

**hof·maar·schalk** (de ~(m.); -en) hoofd van de huishouding van een vorst.

**hof·nar** (de ~(m.); -ren) grappenmaker aan het hof van een vorst in vroeger tijd.

**ho·ge·druk·ge·bied** (het ~; -en) gebied waarin de luchtdruk hoog is, waardoor het mooi weer is.

**ho·ge·druk·pan** (de ~; -nen) snelkookpan.

**ho·ge·lijk, hoog·lijk** (bijw.) heel erg, hevig ◆ *het verbaasde me hooglijk.*

**ho·ger·hand** [ook: hogerhand] (zelfst. nw.) ▼ *van hogerhand:* door de regering, het bestuur, het gezag; *van hogerhand werden maatregelen genomen tegen het vandalisme.*

**ho·ger·op** (bijw.) verder naar boven, hoger ◆ *ze doet alles om hogerop te komen:* om carrière te maken, een betere baan te krijgen; *als je het niet eens bent met de uitspraak van de rechter, kun je het hogerop zoeken:* dan kun je klagen bij een andere rechtbank die meer macht en invloed heeft.

**ho·ge·school** (de ~; -scholen) (in Nederland) school voor hoger onderwijs in bepaalde vakken ◆ *de hogeschool voor de kunsten.*

**ho·ge·snel·heids·trein** (de ~(m.); -en) trein op lange afstanden die heel erg snel kan rijden, zoals de TGV en de Eurostar.

**hoi** (tussenw.) **1** (populair) (begroeting) ⇒ *dag* **2** (populair) (afscheidsgroet) ⇒ *dag* **3** (om aan te geven dat je ergens blij mee bent) ⇒ *hoera* ◆ *hoi, we eten pannenkoeken.*

**hok** (het ~; -ken) **1** ruimte waarin je dingen opbergt of waarin je dieren houdt ◆ *in de schuur is een kolenhok; vader timmerde een hok voor de konijnen; mensen in een hokje plaatsen:* (uitdr.) een vooroordeel hebben over hoe ze zijn **2** kleine ruimte met een bepaalde functie ◆ *een kleedhokje:* waar je je kunt verkleden, bijv. in het zwembad.

**hok·je** (het ~; -s) vakje op een formulier ◆ *een hokje op een formulier aankruisen.*

**hok·ken** (hokte, heeft gehokt) **1** (populair) samenwonen zonder getrouwd te zijn (gezegd door mensen die vinden dat dit niet hoort) **2** bij elkaar op één plaats blijven zitten ◆ *na schooltijd hokt ze met haar vriendinnen op haar kamer.*

**ho·kus po·kus** → hocus pocus.

**hol¹** (het ~; -en) **1** ruimte die een dier onder de grond graaft om er te wonen ◆ *konijnen en vossen leven in holen; je in het hol van de leeuw wagen:* (uitdr.) naar de plaats gaan waar je de grootste moeilijkheden kunt verwachten ▼ *op hol slaan:* (van dieren) wild beginnen te rennen van schrik; *op een holletje:* hollend omdat je haast hebt.

**hol²** (bijv. nw.) gezegd van iets dat een lege ruimte in zich heeft, het tegenovergestelde van 'massief' ◆ *een kokosnoot is hol van binnen; een kamer waar geen meubels staan, klinkt hol:* alle geluiden klinken er extra hard, omdat ze weerkaatsen tegen de kale muren; *dat zijn holle woorden:* (uitdr.) woorden die niets betekenen.

**ho·la** (tussenw.) (woordje dat je gebruikt om iemand tegen te houden) ⇒ *stop* ◆ *hola, niet verder rijden!*

**hol·der·de·bol·der** (bijw.) met plotselinge haast, vaak met lawaai ◆ *hij rende holderdebolder van de trap om de deur open te doen.*

**hold-up** (Engels) [holdup] (de ~; -s) (in België □) roofoverval.

**Hol·land** (het ~) **1** Nederland ◆ *het is weer Holland op z'n smalst:* (uitdr.) (dit zeg je als je verontwaardigd bent over de bekrompenheid van Nederlanders) **2** de provincies Noord-Holland en Zuid-Holland samen.

**Hol·lan·der** (de ~(m.); -s), vrouw: **Hol·land·se** (de ~(v.); -n) **1** iemand uit Holland* (bet.1) ▼ *een vliegende hollander:* een ouderwetse speelgoedkar die je voortbeweegt met een hefboom.

**Hol·lands¹** (het ~) de Nederlandse taal.

**Hol·lands²** (bijv. nw.) van, uit of als in Holland* (bet.1).

**Hol·land·se** → Hollander.

**hol·len** (holde, heeft gehold) hardlopen, rennen ⇒ *draven* ◆ *het is met haar hollen of stilstaan:* (uitdr.) de ene keer moet je haar afremmen en de volgende keer moet je haar tot iets aanzetten; *de zieke holt achteruit:* (uitdr.) zijn toestand wordt veel slechter.

**ho·lo·caust** (Engels) [hoolookɔːst *of* hoolookaust] (de ~(m.)) massale vernietiging van een volk, met name van de joden in de Tweede Wereldoorlog.

**ho·lo·gram** (het ~; -men) driedimensionaal beeld dat gemaakt is met bepaalde lichtstralen (kijk ook bij: **driedimensionaal**).

**holst** (zelfst. nw.) ▼ *in het holst van de nacht:* midden in de nacht.

**hol·ster** (de ~(m.); -s) leren houder voor een pistool of revolver.

**hol·te** (de ~(v.); -n of -s) **1** lege ruimte binnen in iets ◆ *deze rots is niet massief, er zitten holtes in* **2** uitholling, kom waar iets in rust ◆ *je tong ligt in je mondholte; de holte van je hand:* de holle binnenkant.

**hom** (de ~) **1** zaadvocht van een vis ◆ *hom en kuit* **2** (-men) klier van mannetjesvissen, waar de zaadcellen gemaakt worden ◆ *gebakken hom.*

**home** (Engels) [hoom] (het ~; -s) **1** gezellig huis, thuis **2** (in België □) tehuis.

**ho·me·o·paat** (de ~(m.); homeopaten), vrouw: **ho·me·o·pa·te** (de ~(v.); -s of -n) dokter die werkt volgens de leer van de homeopathie*.

**ho·me·o·pa·thie** (de ~(v.)) geneeswijze waarbij je als geneesmiddel juist die stof gebruikt die de ziekte veroorzaakt.

**ho·me·o·pa·thisch** (bijv. nw.) te maken hebbend met homeopathie* ◆ *homeopathische* geneesmiddelen; een *homeopathische* arts.

**ho·me·risch** (bijv. nw.) net als bij Homerus (een Griekse dichter) ◆ *een homerische* strijd:(uitdr.) een lange, hevige strijd; *een homerisch* gelach:(uitdr.) een luid, onbedaarlijk gelach.

**home·run** (Engels) [hoomrun](de ~; -s)(honkbal) keer dat een slagman in één beurt langs alle honken naar de thuisplaats rent.

**home·trai·ner** (Engels) [hoomtrænɘr](de ~; -s) toestel op een standaard en zonder wielen, waarop je fietst om jezelf te trainen.

**hom·ma·ge** (Frans) [ommaazjɘ](de ~(v.); -s) eerbetoon, het brengen van hulde ◆ *het publiek bracht een hommage* aan de pianist.

**hom·mel** (de ~; -s) bepaald soort grote, harige bij.

**hom·me·les** (zelfst. nw.) ▼ *het is hommeles:*(populair) het gaat fout, er is ruzie.

**ho·mo¹** (de ~(m.); homo's) homofiele man.

**ho·mo²** (bijv. nw.) gezegd van een man die homofiel is.

**homoeopa-** → homeopa-.

**ho·mo·fiel¹** (de ~(m.); -en) iemand die zich seksueel aangetrokken voelt tot mensen van het eigen geslacht ⇒ homoseksueel.

**ho·mo·fiel²** (bijv. nw.) gezegd van iets dat of iemand die te maken heeft met homofilie* ⇒ homoseksueel ◆ *een homofiele* man.

**ho·mo·fi·lie** (de ~(v.)) het seksueel aangetrokken worden tot mensen van je eigen geslacht.

**ho·mo·geen** (bijv. nw.) samengesteld uit dingen van dezelfde soort, het tegenovergestelde van 'heterogeen' ◆ *een homogeen* elftal: waarin alle spelers ongeveer even goed zijn.

**ho·mo·lo·ga·tie** (de ~(v.))(in België) officiële erkenning van een diploma.

**ho·mo·sek·su·a·li·teit** (de ~(v.)) het seksueel aangetrokken worden tot mensen van je eigen geslacht.

**ho·mo·sek·su·eel¹** (de ~; homoseksuelen) iemand die zich seksueel aangetrokken voelt tot mensen van het eigen geslacht ⇒ homofiel.

**ho·mo·sek·su·eel²** (bijv. nw.) gezegd van iets dat of iemand die te maken heeft met homoseksualiteit* ⇒ homofiel ◆ *een homoseksueel* meisje.

**homp** (de ~; -en) dik stuk van iets dat je kunt eten en dat grof afgesneden of afgebroken is ◆ *een homp* brood.

**hond** (de ~(m.); -en) 1 huisdier dat kan blaffen, kwispelen en janken ◆ *commandeer je hondje* en blaf zelf!:(uitdr.) je hebt niet het recht mij iets te bevelen!; *de gebeten hond* zijn:(uitdr.) de schuld krijgen; *de hond in de pot vinden:*(uitdr.) te laat thuiskomen voor het eten en ontdekken dat het op is; *je moet geen slapende honden wakker maken:*(uitdr.) je moet niet de aandacht vestigen op iets dat anderen maar beter niet kunnen weten; *er kwam geen hond:*(uitdr.) er kwam niemand; *zo moe, zo ziek als een hond:*(uitdr.) heel erg moe, heel erg ziek; *het was zo erg dat de honden er geen brood van lusten:*(uitdr.) het was ontzettend erg; *er zijn meer hondjes die fikkie heten:*(uitdr.) er zijn meer mensen met dezelfde naam, zodat je je makkelijk kunt vergissen; *blaffende honden bijten niet:*(spreekwoord) mensen die dreigen of schreeuwen zijn niet echt gevaarlijk; *als twee honden vechten om een been, loopt de derde er snel mee heen:*(spreekwoord) als twee mensen ruzie om iets maken, krijgt een derde het vaak; *met onwillige honden is het kwaad hazen vangen:*(spreekwoord) als mensen iets niet willen, zullen ze niet meewerken; *ergens ontvangen worden als een hond*

*in een kegelspel:*(in België □; uitdr.) ergens heel slecht ontvangen worden, ergens niet welkom zijn ▼ *rode hond:* ziekte waarbij je rode vlekken op je huid krijgt.

**hon·den·le·ven** (het ~) leven vol ellende.

**hon·derd¹** (zelfst. nw.) ▼ *in het honderd lopen:* in de war raken en mislukken; *de plannen liepen in het honderd;* *tien ten honderd:*(in België □) tien procent.

**hon·derd²** (hoofdtelw.) 100 ◆ *ik heb je nu al honderd keer gewaarschuwd:* heel vaak.

**hon·derd·dui·zend** (hoofdtelw.) honderd maal duizend; 100.000 ◆ *de honderdduizend winnen:* honderdduizend gulden, een van de grote prijzen in de staatsloterij.

**hon·derd·dui·zend·ste** (rangtelw.) komend als nummer honderdduizend.

**hon·derd·ste** (rangtelw.) komend als nummer 100 ◆ *voor de honderdste keer …:*(dit zeg je als je iets al heel vaak gezegd of gedaan hebt).

**hon·derd·uit** (bijw.) ▼ *honderduit praten:* heel veel praten.

**honds** (bijv. nw.) slecht, gemeen, onbeschoft ◆ *een hondse* behandeling.

**honds·da·gen** (zelfst. nw.; meervoud) tijd van 19 juli tot 18 augustus, waarin het vaak erg warm is.

**honds·dol·heid** (de ~(v.)) besmettelijke ziekte die vooral bij honden voorkomt ⇒ rabiës.

**honds·draf** (de ~) weideplantje met paarse bloemetjes.

**ho·nen** (hoonde, heeft gehoond) iemand of iets honen: met verachting over iemand of iets praten, iemand of iets bespotten ◆ *de verliezer werd gehoond; 'je kunt het lekker toch niet!', hoonde* zij.

**hon·ger** (de ~(m.)) 1 sterke behoefte om te eten, het gevoel van een lege maag ◆ *honger lijden; honger maakt rauwe bonen zoet:*(spreekwoord) als je honger hebt, lust je alles 2 grote begeerte ⇒ dorst ◆ *honger naar geld.*

**hon·ger·dood** (de ~) dood door gebrek aan voedsel ◆ *de hongerdood* sterven.

**hon·ge·ren** (hongerde, heeft gehongerd) 1 honger* (bet.1) lijden 2 naar iets hongeren: sterk naar iets verlangen.

**hon·ge·rig** (bijv. nw.) honger* (bet.1), trek hebbend ◆ *een hongerige* maag; zij kwamen *hongerig* thuis.

**hon·ger·loon** (het ~; -lonen) heel laag loon ◆ *ze werkt voor een hongerloontje.*

**hon·gers·nood** (de ~(m.); -noden) toestand waarin er veel te weinig voedsel is.

**hon·ger·sta·king** (de ~(v.); -en) het weigeren van voedsel om daarmee iets af te dwingen ◆ *de gevangene ging in hongerstaking.*

**hon·ger·win·ter** (de ~(m.)) de winter van 1944 - 1945, toen er in een groot deel van Nederland hongersnood heerste.

**ho·ning** (de ~(m.)) geelachtige, zoete en stroperige stof die door bijen wordt gemaakt uit bloemvocht.

**ho·ning·raat** (de ~; -raten) plat bouwsel van zeskantige vakjes, dat bijen van was maken om honing in te bewaren.

**ho·ning·zoet** (bijv. nw.) vleierig, zogenaamd lief ◆ *honingzoete* woordjes.

**honk** (het ~; -en) 1 elk van de plaatsen op het speelveld van o.a. honkbal en softbal waar je langs moet en waar je niet afgetikt mag worden 2 plaats waar je thuis bent.

**honk·bal** (het ~) sport waarbij een kleine bal met een knuppel weggeslagen wordt. De ene partij moet dan zo snel mogelijk de bal terugbrengen, terwijl spelers van de andere partij proberen langs de honken (bet.1) te komen zonder afgetikt te worden ⇒ baseball.

**honk·vast** (bijv. nw.) gezegd van iemand die niet graag van huis gaat of die niet vaak verhuist.

**hon·ne·pon** (de ~; -nen) liefje, snoesje, schatje.
**hon·neurs** (zelfst. nw.) ▼ *de honneurs waarnemen:* de rol op je nemen van gastheer of gastvrouw.
**ho·no·ra·ri·um** (het ~; -s of honoraria) loon voor werk dat je niet in een vast en regelmatig dienstverband verricht ◆ *het honorarium van een journalist.*
**ho·no·re·ren** (honoreerde, heeft gehonoreerd) *iets honoreren:* ergens iets tegenover stellen dat als beloning dient ◆ *zijn gedrag werd gehonoreerd met een medaille; ik kan uw verzoek niet honoreren:* ik kan niet doen wat u vraagt.
**ho·no·ris cau·sa** (Latijn) [hoono͜ooriskau͜zaa] vanwege de eer, als eerbewijs ◆ *hij werd benoemd tot doctor honoris causa:* hij kreeg de titel 'doctor' zonder dat hij een proefschrift geschreven had.
**hoofd** (het ~; -en) **1** bovenste deel van je lichaam, waarin o.a. je ogen, oren, mond, neus en hersens zitten ◆ *iets uit je hoofd leren:* (uitdr.) iets zo leren dat je het kunt herhalen zonder hulpmiddelen te gebruiken; *ergens je hoofd niet bij kunnen houden:* (uitdr.) steeds je concentratie op iets verliezen; *je hoofd over iets breken:* (uitdr.) door diep nadenken proberen een oplossing voor iets te vinden; *het hoofd boven water houden:* (uitdr.) ervoor zorgen dat je genoeg geld hebt om van te leven; *het hoofd laten hangen:* (uitdr.) de moed opgeven; *problemen het hoofd bieden:* (uitdr.) ze proberen op te lossen door krachtig op te treden; *iemand voor het hoofd stoten:* (uitdr.) iets doen waarmee je iemand kwetst; *iets uit je hoofd laten:* (uitdr.) iets niet doen omdat het dom of verkeerd is; *hij is niet goed bij zijn hoofd:* (uitdr.) hij is niet goed wijs; *niet weten wat je boven het hoofd hangt:* (uitdr.) wat voor verschrikkelijks er zal gaan gebeuren; *het groeit me boven het hoofd:* (uitdr.) het wordt te veel voor me; *iemand het hoofd op hol brengen:* (uitdr.) ervoor zorgen dat iemand verliefd op je wordt; *veel aan je hoofd hebben:* (uitdr.) veel te doen hebben; *iets, bijv. scheldwoorden of verwijten, naar iemands hoofd slingeren:* (uitdr.) iets tegen iemand zeggen in een ruzie; *aan het hoofd van de stoet reed de prins:* (uitdr.) vooraan; *aan het hoofd van de tafel zitten:* (uitdr.) aan een van de korte zijden, waar de belangrijkste plaats is; *iets over het hoofd zien:* (uitdr.) iets per ongeluk niet zien, terwijl het wel zou moeten; *zoveel hoofden, zoveel zinnen:* (spreekwoord) zoveel mensen als er zijn, zoveel verschillende meningen zijn er **2** iemand die de leiding heeft, die boven anderen staat in rang ◆ *de paus is het hoofd van de rooms-katholieke kerk; het schoolhoofd.*
**hoofd-** belangrijkste, grootste, eerste enz. ◆ *de hoofdschakelaar:* de schakelaar waarmee je alle andere schakelaars buiten werking kunt stellen; *het hoofdbureau van politie:* het centrale bureau, waarvan de andere bureaus zelfstandige afdelingen vormen.
**hoofd·bre·kens** (zelfst. nw.) ▼ *dat heeft heel wat hoofdbrekens gekost:* daar is lang en diep over nagedacht.
**hoofd·dek·sel** (het ~; -s) kledingstuk waarmee je je hoofd bedekt, bijv. een hoed of pet.
**hoof·de** (zelfst. nw.) ▼ *uit hoofde van:* op grond van, wegens; *uit hoofde van zijn functie als voorzitter hield hij een toespraak.*
**hoof·de·lijk** (bijv. nw.) per persoon ◆ *de kosten werden hoofdelijk omgeslagen:* iedereen betaalde een gelijk deel; *een hoofdelijke stemming:* waarbij iedere persoon afzonderlijk een stem uitbrengt.
**hoofd·je** (het ~; -s) regeltje of woordje boven een tekst dat kort aangeeft waar die tekst over gaat ⇒ kopje ◆ *onder het hoofdje 'onkosten' werden alle uitgaven opgesomd.*

**hoofd·kus·sen** (het ~; -s) kussen in bed, waar je je hoofd op legt.
**hoofd·kwar·tier** (het ~; -en) plaats vanwaaruit de zaken geregeld worden, vooral in een leger ◆ *het hoofdkwartier van een roversbende.*
**hoofd·let·ter** (de ~; -s) grote letter die je o.a. gebruikt aan het begin van een zin ⇒ kapitaal.
**hoofd·lijn** (de ~; -en) belangrijkste trek ◆ *de hoofdlijn in een betoog; in hoofdlijnen komt het erop neer dat ...:* in grote lijnen, zonder de bijzonderheden die erbij horen.
**hoofd·man** (de ~ (m.); -nen of -lieden) leider of aanvoerder van een troep.
**hoofd·moot** (de ~; -moten) grootste en belangrijkste deel ◆ *de reisbeschrijving vormt de hoofdmoot van het boek.*
**hoofd·per·soon** (de ~ (m.); -personen) degene die in een boek, film of toneelstuk het meest in de aandacht staat.
**hoofd·re·ke·nen** (ww.) rekenen uit je hoofd, zonder pen en papier of een rekenmachientje te gebruiken.
**hoofd·scho·tel** (de ~; -s) belangrijkste gerecht van een maaltijd ◆ *het optreden van de poppenspeler vormde de hoofdschotel:* (uitdr.) dat was het belangrijkste deel van de voorstelling, de middag enz..
**hoofd·schud·dend** (bijv. nw.) je hoofd heen en weer bewegend als teken van afkeuring, weigering of onbegrip.
**hoofd·stad** (de ~; -steden) belangrijkste stad van een land of een provincie, vanwaaruit dat land of die provincie meestal ook bestuurd wordt.
**hoofd·stel** (het ~; -len) tuig van riemen om het hoofd van een paard, waaraan de teugels of leidsels vastzitten.
**hoofd·stuk** (het ~; -ken) deel van een boek dat een afgerond geheel vormt ◆ *we begonnen aan een nieuw hoofdstuk in ons leven:* (uitdr.) aan een nieuwe periode, een nieuwe fase; *dat is een heel ander hoofdstuk!:* (uitdr.) dat is een ander onderwerp.
**hoofd·te·le·foon** (de ~ (m.); -s) luisterapparaat met twee kleine luidsprekers, dat met een beugeltje over je hoofd tegen je oren aangedrukt zit en dat je aansluit op een radio, tv enz. ⇒ koptelefoon.
**hoofd·tel·woord** (het ~; -en) (taal) (woord dat een aantal aangeeft) ◆ *vier en elf zijn hoofdtelwoorden.*
**hoofd·vo·gel** (zelfst. nw.) ▼ *de hoofdvogel afschieten:* (in België □) iets heel bijzonders doen; ook: een flater begaan.
**hoofd·zaak** (de ~; -zaken) erg belangrijke zaak ◆ *de hoofdzaak is dat er bij het ongeluk niemand gewond is; hoofdzaken van bijzaken kunnen onderscheiden:* weten wat belangrijk en wat minder belangrijk is.
**hoofd·za·ke·lijk** (bijw.) voornamelijk, vooral.
**hoofd·zin** (de ~ (m.); -nen) (taal) zin die geen deel is van een andere zin.
**hoofs** (bijv. nw.) **1** beleefd en stijlvol ⇒ hoffelijk, galant ◆ *een hoofse buiging* **2** te maken hebbend met de manier van leven en liefhebben aan een middeleeuws hof* (bet.1) ◆ *de troubadour zong hoofse liederen.*
**hoog** (bijv. nw.) **1** tamelijke ver van de grond, het tegenovergestelde van 'laag' ◆ *het vliegtuig vloog hoog; een hoge sprong; de ruzie liep hoog op:* (uitdr.) die was erg heftig; *dat zit haar erg hoog:* (uitdr.) dat houdt haar erg bezig, daar wil ze steeds over praten; *hoog en droog thuis zitten:* (uitdr.) veilig thuis zitten; *iets zweren bij hoog en bij laag:* (uitdr.) zeggen dat iets heel zeker waar is **2** met een grote waarde, het tegenovergestelde van 'laag' ◆ *een hoge prijs; hoge koorts; met hoge snelheid* **3** (van geluiden): scherp en helder, het tegenovergestelde

van 'laag' ◆ *een* **hoge** *stem* **4** ver in rang of in volgorde, het tegenovergestelde van 'laag' ◆ *de* **hoge** *adel; hij is overgegaan naar een* **hogere** *klas; iemand* **hoog** *aanslaan:* (uitdr.) veel achting voor iemand hebben; *hoger onderwijs:* (uitdr.) onderwijs aan een universiteit of hogeschool; *het* **hoog** *op hebben:* (in België □; uitdr.) erg trots zijn, heel wat van jezelf denken ▼ *het is de* **hoogste** *tijd:* het is nu echt tijd.

**hoog·ach·tend** [ook: hoogachtend] (bijv. nw.) met hoogachting* (dit zet je uit beleefdheid onder aan een brief).

**hoog·ach·ting** (de ~ (v.)) grote achting ⇒ *eerbied, respect* ◆ *met de meeste* **hoogachting**, *E.J. Vermeiren:* (dit schrijft E.J. Vermeiren onder aan een officiële brief).

**hoog·be·gaafd** (bijv. nw.) gezegd van iemand die een buitengewone intelligentie heeft.

**hoog·blond** (bijv. nw.) goudblond.

**hoog·con·junc·tuur** (de ~ (v.); -conjuncturen) welvaart, tijd waarin de economie bloeit.

**hoog·dag** (de ~ (m.); -en) (rooms-katholiek) kerkelijke feestdag.

**hoog·dra·vend** (bijv. nw.) overdreven plechtig ◆ **hoogdravende** *taal.*

**hoog·ge·berg·te** (het ~; -n of -s) gebergte met toppen die hoger zijn dan 2000 meter.

**hooggeëerd** hoog·ge·eerd (bijv. nw.) zeer geëerd ◆ **hooggeëerd** *publiek!*

**hoog·ge·span·nen** (bijv. nw.) ▼ **hooggespannen** *verwachtingen:* heel grote verwachtingen.

**hoog·har·tig** (bijv. nw.) gezegd van iemand die zichzelf erg geweldig vindt en anderen minacht ⇒ *arrogant, hoogmoedig, hautain* ◆ *een* **hooghartige** *houding.*

**hoog·heid** (de ~ (v.); hoogheden) (titel van een vorst) ◆ *Hare Koninklijke* **Hoogheid** *prinses Juliana.*

**hoog·le·raar** (de ~ (m.); -leraren of -s) iemand die de titel van professor heeft behaald en les geeft aan een universiteit of hogeschool.

**hoog·lijk** → hogelijk.

**hoog·lo·pend** (bijv. nw.) ▼ **hooglopende** *ruzie:* erge, hevige ruzie.

**hoog·moed** (de ~ (m.)) houding waarbij je jezelf beter vindt dan anderen ⇒ *hovaardij, trots* ◆ **hoogmoed** *komt voor de val:* (spreekwoord) als je te goed over jezelf denkt, gaat het een keer mis.

**hoog·moe·dig** (bijv. nw.) gezegd van iemand die een houding aanneemt waaruit blijkt dat hij of zij zichzelf beter vindt dan anderen ⇒ *verwaand, arrogant, hovaardig, trots* ◆ *ze is te* **hoogmoedig** *om onze hulp aan te nemen.*

**hoog·moeds·waan·zin** (de ~ (m.)) levensgevoel waarbij je denkt dat je beter bent dan ieder ander ◆ *hij lijdt aan* **hoogmoedswaanzin.**

**hoog·oven** (de ~ (m.); -s) oven waarin door smelting uit ijzererts ijzer gehaald wordt.

**hoog·sei·zoen** (het ~) periode waarin de meeste mensen met vakantie gaan.

**hoog·span·ning** (de ~ (v.)) elektrische spanning van meer dan 300 volt ◆ *onder* **hoogspanning** *leven of werken:* (uitdr.) onder grote spanning of druk.

**hoog·sprin·gen** (ww.) sport waarbij het erom gaat zo hoog mogelijk te springen.

**hoogst**[1] (zelfst. nw.) ▼ *ten* **hoogste**, *op z'n* **hoogst**: hooguit, maximaal; *ik kan ten* **hoogste** *een uur blijven:* ik kan een uur blijven, maar niet langer.

**hoogst**[2] (bijw.) heel erg, bijzonder ◆ *het is* **hoogst** *onbeleefd om met volle mond te praten.*

**hoog·staand** (bijv. nw.) gezegd van iemand die eerlijk, goed en betrouwbaar is.

**hoog·stand·je** (het ~; -s) iets dat heel knap of kunstig gemaakt of gedaan is ◆ *dat apparaat is een technisch* **hoogstandje.**

**hoogst·ei·gen** (bijv. nw.) ▼ *in* **hoogsteigen** *persoon:* zelf; *de directeur nam in* **hoogsteigen** *persoon de telefoon op.*

**hoog·stens** (bijw.) ten hoogste ⇒ *maximaal, hooguit* ◆ *over m'n huiswerk doe ik* **hoogstens** *een uur:* zeker niet meer dan een uur; *je hebt na de operatie* **hoogstens** *wat spierpijn:* in het ergste geval.

**hoogst·waar·schijn·lijk** (bijw.) zeer waarschijnlijk, bijna zeker.

**hoog·te** (de ~ (v.); -n of -s) **1** afstand van het hoogste tot het laagste punt ◆ *de meeste eettafels hebben een* **hoogte** *van 75 cm* **2** hoog gelegen punt of plaats ◆ *het huis lag op een* **hoogte**: op een heuvel; *uit de* **hoogte** *doen:* (uitdr.) erg op anderen neerkijken ▼ *ter* **hoogte** *van Antwerpen:* vlak bij Antwerpen, daar in de buurt; *tot op zekere* **hoogte**: een beetje, maar niet helemaal; *iemand van iets op de* **hoogte** *brengen of stellen:* iemand iets vertellen, iemand over iets informeren; *van iets op de* **hoogte** *zijn:* iets weten; *geen* **hoogte** *van iemand krijgen:* er niet achter kunnen komen hoe iemand precies is; *de* **hoogte** *hebben:* dronken zijn.

**hoog·te·punt** (het ~; -en) punt waarna de spanning die eerst is opgebouwd, afneemt ⇒ *climax* ◆ *het aansnijden van de bruidstaart is het* **hoogtepunt** *van de bruiloft.*

**hoog·te·vrees** (de ~) angst als je op een hoog punt staat en naar beneden kijkt.

**hoog·te·zon** (de ~; -nen) apparaat met een lamp erin waarvan de stralen dezelfde werking op je huid hebben als zonnestralen.

**hoog·tij** (zelfst. nw.) ▼ **hoogtij** *vieren:* veel voorkomen; *het vandalisme viert daar* **hoogtij.**

**hoog·tij·da·gen** (zelfst. nw.; meervoud) feestdagen ◆ *op* **hoogtijdagen** *is de familie altijd bij elkaar.*

**hoog·veen** (het ~) veen dat gevormd is boven het niveau van het grondwater.

**hoog·ver·raad** (het ~) het verraden van belangrijke staatsgeheimen ⇒ *landverraad.*

**hoog·vlak·te** (de ~ (v.); -n of -s) vlakte die in de bergen ligt ⇒ *plateau.*

**hoog·vlie·ger** (de ~ (m.); -s) iemand die erg goed kan leren ◆ *ze is geen* **hoogvlieger.**

**hoog·waar·dig·heids·be·kle·der** (de ~ (m.); -s) iemand die een hoge functie heeft, bijv. in de politiek of in de kerk.

**hoog·wer·ker** (de ~ (m.); -s) auto met een uitschuifbare stang met een bak eraan, die bijv. gebruikt wordt om lantaarnpalen te repareren.

**hooi** (het ~) **1** gemaaid en gedroogd gras ◆ *te veel* **hooi** *op je vork nemen:* (uitdr.) meer werk aanpakken dan je aankunt ▼ *te* **hooi** *en te gras:* op willekeurige plaatsen of tijden; *te* **hooi** *en te gras maakte ze wat opmerkingen over mijn werk:* zo hier en daar, maar niet systematisch.

**hooi·berg** (de ~ (m.); -en) vier palen met een dak erop, waaronder hooi bewaard wordt.

**hooi·en** (hooide, heeft gehooid) hooi* van het land halen.

**hooi·koorts** (de ~) overgevoeligheid voor stuifmeel van bloeiende grassen, waardoor je moet niezen en tranende ogen krijgt.

**hooi·maand** (de ~ (m.)) de maand juli.

**hooi·mijt** (de ~; -en) stapel hooi die op het land staat ⇒ *hooischelf, hooiopper.*

**hooi·op·per** (de ~ (m.); -s) hooimijt.

**hooi·schelf** (de ~; -schelven) hooimijt ⇒ *hooiopper.*

**hooi·vork** (de ~; -en) grote vork met twee tanden die je gebruikt bij het hooien.

**hooi·wa·gen** (de ~(m.); -s) spin met een klein lijfje en lange, dunne poten.

**hoo·li·gan** (Engels) [hœliꝭꝭən] (de ~(m.); -s) (in België □) voetbalsupporter die relletjes schopt en geweld pleegt.

**hoon** (de ~(m.)) spottende belediging ⇒ *smaad*.

**hoop** (zelfst. nw.) **1** (de ~(m.); hopen) ongeordende verzameling voorwerpen ◆ *hij heeft al z'n kleren op een hoop gegooid; iedereen op één hoop gooien:* (uitdr.) net doen of iedereen hetzelfde is; *te hoop lopen:* (uitdr.) overal vandaan ergens heen komen **2** (de ~(m.); hopen) grote hoeveelheid ⇒ *boel, massa* ◆ *in de vakantie ga ik een hoop leuke dingen doen; het gaat van de grote hoop:* (uitdr.) als je toch al aan veel dingen geld hebt uitgegeven, maakt het niet uit of je nog een uitgave doet **3** (de ~(m.); hopen) drol ◆ *een hondenhoop* **4** (de ~) wens en verwachting dat er iets gebeurt wat je graag wilt ◆ *ik heb goede hoop dat hij nog op tijd komt; de dokter zei dat er geen hoop meer was voor de zieke:* dat de zieke zou sterven; *je moet niet te gauw de hoop opgeven:* je moet niet te gauw denken dat het niet lukt; *leven tussen hoop en vrees:* (uitdr.) heel onzeker zijn over hoe iets af zal lopen; *op hoop van zegen doe ik examen:* (uitdr.) ik hoop dat het lukt, maar ik ben er niet zeker van; *hoop doet leven:* (uitdr.) je moet de moed nooit opgeven; *de hoop is vervlogen:* (uitdr.) er is geen hoop meer; *de hoop werd de bodem in geslagen:* (uitdr.) we verloren in één klap alle hoop.

**hoop·ge·vend** (bijv. nw.) gezegd van iets waardoor je de hoop krijgt dat iets goed afloopt ◆ *de koorts zakt; dat is een hoopgevend teken.*

**hoop·vol** (bijv. nw.) gezegd van iets waaruit hoop (bet.4) blijkt ◆ *een hoopvolle blik.*

**hoor¹** (zelfst. nw.) ▼ *hoor en wederhoor:* het luisteren naar beide partijen; *het krantenbericht over de ruzie tussen de twee winkeliers was geschreven volgens het principe van hoor en wederhoor:* beide winkeliers kregen de kans hun kant van de zaak te vertellen.

**hoor²** (tussenw.) (woordje waarmee je een uitspraak of mededeling versterkt) ◆ *je moet opschieten, hoor!; ja hoor!*

**hoorn** (zelfst. nw.; -s of -en) **1** (de ~(m.)) hard en puntig uitsteeksel op de kop van sommige dieren ◆ *koeien en geiten hebben hoorns; de hoorn des overvloeds:* (uitdr.) een hoorn waarin volgens een oud Grieks verhaal alles zit wat je maar wilt, vooral bloemen en fruit **2** (de ~(m.)) koperen blaasinstrument **3** (de ~(m.)) gedeelte van een telefoon dat je aan je oor houdt en waarin je praat ◆ *de hoorn op de haak leggen:* de hoorn op de telefoon neerleggen waardoor de verbinding verbroken wordt **4** (het ~) stof waaruit hoorns van dieren bestaan ◆ *deze kam is gemaakt van hoorn.*

**hoorn·dol** (bijv. nw.) gezegd van iemand die gek wordt van lawaai of drukte ◆ *ik word hoorndol van die harde muziek.*

**hoorn·laag** (de ~; -lagen) buitenste laag van je huid die zonder dat je het merkt slijt en zich vernieuwt.

**hoorn·vlies** (het ~; -vliezen) dun doorzichtig vlies voor je oog dat als lens dienst doet.

**hoor·spel** (het ~; -en) toneelstuk op de radio.

**hoor·zit·ting** (de ~(v.); -en) openbare vergadering waarop iedereen kan zeggen wat hij of zij van de plannen van de overheid vindt ⇒ *hearing*.

**hoos** (de ~; hozen) plotselinge stormwind ⇒ *wervelwind* ◆ *zandhoos.*

**hop¹** (de ~) klimplant die gebruikt wordt bij het maken van bier.

**hop²** (tussenw.) (aansporing bij het springen).

**ho·pe·lijk** (bijv. nw.) zoals te hopen* is ◆ *hopelijk hoef ik niet lang te wachten.*

**ho·pe·loos** (bijv. nw.) zonder hoop* (bet.4) op verbetering of op een goede afloop ◆ *die jongen is hopeloos:* er is niets met hem te beginnen; *ze is hopeloos verliefd:* (uitdr.) heel erg verliefd.

**ho·pen** (hoopte, heeft gehoopt) (op) iets hopen: graag willen dat iets gebeurt en dat verwachten ◆ *we hopen allemaal dat je komt; denk je dat het leuk wordt? ik hoop van wel!; het is niet te hopen dat hij de trein heeft gemist; ik hoop op een goed rapport; ik had niet durven hopen dat zoiets zou gebeuren:* ik ben er heel blij mee, maar ik had het niet verwacht.

**hop·la** (tussenw.) (aansporing bij het springen).

**hop·man** (de ~(m.); hoplieden) (in Nederland) leider van een groep leden van scouting (kijk ook bij: **scouting**).

**hop·sen** (hopste, heeft gehopst) springend dansen ◆ *ze hopste door de kamer van vreugde.*

**hor** (de ~; -ren) scherm van gaas dat je voor een open raam of deur kunt zetten, zodat er geen insecten binnen kunnen komen.

**hor·de** (de ~; -n of -s) **1** grote groep mensen ◆ *tijdens de uitverkoop kwamen er horden mensen naar de winkel* **2** hindernis bij het hordelopen.

**hor·de·lo·pen** (ww.) sport waarbij het erom gaat zo snel mogelijk over een aantal hindernissen te lopen.

**ho·re·ca** (de ~(m.)) café-, restaurant- en hotelbedrijf.

**ho·ren¹** → **hoorn**.

**ho·ren²** (hoorde, heeft gehoord) **1** iets of iemand horen: iets of iemand met je oren waarnemen ◆ *ik heb niet gehoord dat er gebeld werd; de rechter hoorde de verdachte:* hij luisterde naar zijn verhaal; *iets van horen zeggen hebben:* (uitdr.) van iets afweten omdat je anderen erover hebt horen praten; *wie niet horen wil, moet maar voelen:* (uitdr.) als je niet gehoorzaamt, krijg je klappen; *horen en zien vergaat je:* (uitdr.) het is een verschrikkelijke herrie **2** behoren ◆ *je hoort te doen wat ik zeg!* **3** bij iets of iemand horen: bij iets of iemand passen, met die zaak of die persoon een geheel vormen ◆ *deze kop en schotel horen bij elkaar; die jongen hoort niet bij ons:* hij maakt geen deel uit van ons groepje.

**ho·ren·dol** → **hoorndol**.

**ho·ri·ge** (de ~; -n) iemand die in de Middeleeuwen een stuk grond beheerde maar daarbij sterk afhankelijk was van de eigenaar van het land.

**ho·ri·zon** (de ~(m.); -nen) lijn in de verte waar de aarde en de lucht elkaar lijken te raken ⇒ *kim, einder* ◆ *de zon verdwijnt achter de horizon.*

**ho·ri·zon·taal** (bijv. nw.) evenwijdig aan de horizon*, het tegenovergestelde van 'verticaal'.

**hor·lo·ge** (horlɔɔzjə] (het ~; -s) klokje dat je bij je draagt, meestal aan je pols.

**hor·moon** (het ~; hormonen) stof die door klieren in je lichaam wordt afgescheiden en die een remmende of juist een prikkelende werking heeft op de werking van andere organen.

**ho·ros·coop** (de ~(m.); horoscopen) beschrijving van iemands karakter of levensloop op grond van de stand van de sterren bij zijn of haar geboorte.

**hor·rel·voet** (de ~(m.); -en) vergroeide en misvormde voet ⇒ *klompvoet*.

**hor·ror** (de ~(m.)) griezelverhalen en griezelfilms.

**hors-d'oeu·vre** (Frans) [(h)ɔrdurvrə] (de ~(m.) of het ~; -s) voorgerecht, vooral een koud en hartig gerecht.

**horst** (de ~(m.); -en) **1** hoger gelegen stuk land dat langs een breuk in de aarde omhooggekomen is **2** groot en hoog nest van roofvogels, reigers enz..

**hort** (zelfst. nw.) ▼ *met horten en stoten:* met schokken, haperend; *de trein ging met horten en stoten vooruit; de*

**hort** op zijn: van huis weg zijn, uit zijn; ze is iedere avond de **hort** op.

**hor·ten·sia** (de ~; hortensia's) sierstruik met roze, witte of blauwe bloemen die in een grote bol aan elkaar zitten.

**hor·tus** (Latijn) [hortus] (de ~(m.); -sen) (letterlijk: tuin) tuin waarin planten gekweekt worden om ze te onderzoeken.

**hor·zel** (de ~; -s) grote vlieg die kan steken en die eitjes legt onder de huid van koeien en paarden.

**hos·pes** (de ~(m.); -sen of hospites), vrouw: **hos·pi·ta** (de ~ (v.); hospita's) iemand bij wie je op kamers woont.

**hos·pi·taal** (het ~; hospitalen) ziekenhuis.

**hos·pi·tant** (de ~(m.); -en), vrouw: **hos·pi·tan·te** (de ~ (v.); -n of -s) iemand die voor leraar studeert en die op een school oefent in het les geven.

**hos·pi·te·ren** (hospiteerde, heeft gehospiteerd) als hospitant* op een school werken.

**hos·sen** (hoste, heeft gehost) in een rij springen en dansen, met de armen om elkaar heen.

**hos·tess** (Engels) [hoostes, in België: hostes] (de ~(v.); -es) gastvrouw namens een organisatie.

**hos·tie** (de ~(v.); -s) plat, rond stukje van een soort brood dat je bij een rooms-katholieke kerkdienst krijgt als symbool van het lichaam van Jezus Christus.

**hot** (bijw.) ▼ van **hot** naar haar lopen: haastig van de ene plaats naar de andere lopen.

**hot·dog** (Engels) [hotdok, in België: hoddog] (de ~; -s) broodje met een warm knakworstje ertussen.

**ho·tel** (het ~; -s) gebouw waar je tegen betaling kunt eten en overnachten.

**ho·tel·de·bo·tel** (bijv. nw.) (populair) dol ♦ ik word **hoteldebotel** van die drukte: ik kan er niet tegen; ze is **hoteldebotel** van die blonde jongen: ze is smoorverliefd op hem.

**ho·te·me·toot** (de ~(m.); hotemetoten) (populair) officiële, belangrijke persoon.

**hot·line** (Engels) [hotlajn] (de ~; -s) (letterlijk: hete lijn) directe telefoonverbinding tussen belangrijke personen.

**houd·baar** (bijv. nw.) **1** (van etenswaren): die je langere tijd kunt bewaren **2** (van beweringen, stellingen): die je kunt blijven verdedigen omdat je er goede argumenten voor hebt.

**hou·den** (hield, heeft gehouden) **1** iets houden: iets hebben en bewaren ♦ je mag die foto **houden**: je hoeft hem niet meer terug te geven **2** iets of iemand houden: iets of iemand vasthouden ♦ de kinderen **hielden** elkaar bij de hand; ik kan die zware tas niet **houden 3** dieren houden: ze fokken en verzorgen ♦ de boer **houdt** koeien en schapen **4** uithouden, verdragen ♦ het is hier niet te **houden** van de warmte **5** iets, bijv. een feestje, houden: iets geven, iets organiseren ♦ een congres **houden 6** van iemand of iets houden: iemand of iets heel lief of mooi vinden ⇒ liefhebben ♦ ouders **houden** van hun kinderen; ze **houdt** van popmuziek **7** iets voor je houden: iets niet zeggen ♦ dat kun je maar beter voor je **houden 8** vast blijven zitten, niet loslaten ⇒ pakken ♦ deze lijm **houdt** niet goed **9** je aan iets, bijv. regels of afspraken, houden: iets nakomen, iets doen **10** je flink, goed, dom enz. houden: je zo gedragen, doen alsof je zo bent **11** het ergens op houden: iets afspreken, aan een afspraak vasthouden ♦ ik **houd** het erop dat je volgende week komt **12** het houden: niet losraken, niet breken ♦ die schommel **houdt** het niet ▼ houden zo!: zorg dat het zo blijft!; ik **houd** het hier voor gezien: ik ga hier weg.

**hou·der** (de ~(m.); -s) **1** ding waarin je iets kunt bewaren of opbergen ♦ een **houder** voor de tandenborstels **2**

(vrouw: houdster) eigenaar, bezitter ♦ vee**houder**; café**houder**.

**houd·greep** (de ~(m.)) judogreep waarmee je je tegenstander vasthoudt en tegen de grond drukt, zodat hij of zij niet los kan komen ♦ iemand in de **houdgreep** nemen.

**hou·ding** (de ~(v.); -en) **1** stand van je lichaam ♦ hij heeft een slechte **houding**: hij loopt krom, zit gebogen enz. **2** manier waarop je je gedraagt ♦ je moet tegen haar een andere **houding** aannemen: je moet je tegen haar anders gaan gedragen; ze weet zich geen **houding** te geven tegenover kinderen: ze weet niet hoe ze met hen om moet gaan.

**houd·ster** → houder.

**house** (Engels) [haus] (de ~) stroming in de popmuziek waarbij synthesizers, drumcomputers en andere elektronische instrumenten gebruikt worden.

**house·broek** [hauzbrœk] (de ~(m.); -en) ruim zittende broek van soepele stof, zoals gedragen door liefhebbers van housemuziek.

**hou·sen** (houste, heeft gehoust) dansen op housemuziek.

**house·par·ty** (Engels) [hauspaːrtie] (de ~; houseparty's) gelegenheid om massaal op housemuziek te dansen.

**hout** (het ~) **1** stof waaruit bomen bestaan ♦ de boekenkast was van **hout**; uit het goede **hout** gesneden zijn: (uitdr.) betrouwbaar en eerlijk zijn; van dik **hout** zaagt men planken: (uitdr.) (gezegd als je iets slordig, grof of snel doet); dat snijdt geen **hout**: (uitdr.) daar hebben we niets aan; op een **houtje** bijten: (uitdr.) niets te eten hebben; niet meer weten van welk **hout** pijlen (te) maken: (in België □; uitdr.) ten einde raad zijn ▼ op eigen **houtje**: op eigen initiatief en zonder hulp van anderen; op eigen **houtje** had ze de kamer versierd; dat gaat over zijn **hout**: (in België □) dat gaat te ver, dat loopt de spuigaten uit.

**hou·te·rig** (bijv. nw.) niet soepel, stijf ♦ ze beweegt zich **houterig**.

**hout·je-touw·tje·jas** (de ~(m.); -sen) dikke, halflange jas die sluit met houten staafjesknopen en touwlussen.

**houts·kool** (de ~) zwartgebrand en verkoold hout ♦ een tekening met **houtskool**.

**hout·sne·de** (de ~; -n) afbeelding die in een stuk hout is uitgesneden en op papier is afgedrukt ♦ het boek was versierd met **houtsneden**.

**hout·snij·werk** (het ~) voorwerpen, meestal voor de sier, die uit hout zijn gesneden.

**hout·ves·ter** (de ~(m.); -s) iemand die toezicht houdt op een bos ⇒ boswachter.

**hout·wal** (de ~(m.); -len) omheining van struiken of bomen.

**hout·wol** (de ~) lange, dunne houtsnippers ♦ de wijnflessen waren verpakt in een kistje met **houtwol**.

**hout·worm** (de ~(m.); -en) insectenlarve die in hout leeft en er gaatjes in maakt.

**hou·vast** [ook: houvast] (het ~) **1** iets waaraan je je vasthoudt, dat je als steun gebruikt ⇒ steun ♦ het gladde ijs biedt geen **houvast 2** iets waar je steun aan hebt als je een probleem probeert op te lossen ♦ aan de gebruiksaanwijzing had ik geen **houvast**.

**houw** (de ~(m.); -en) slag met een bijl, een groot mes, een zwaard enz..

**houw·de·gen** (de ~(m.); -s) lomp, agressief persoon.

**hou·weel** (het ~; houwelen) stok met een puntig stuk ijzer om gaten in harde grond te slaan, stukken rots los te hakken enz..

**hou·wen** (hieuw, heeft gehouwen) met een groot en scherp stuk gereedschap hakken ♦ de slager **houwt** het vlees in stukken.

**ho·vaar·dig** (bijv. nw.) gezegd van iemand die trots is en zichzelf beter vindt dan anderen ⇒ *hoogmoedig* ◆ *hij is te hovaardig om toe te geven dat hij ongelijk heeft.*

**ho·vaar·dij** (de ~(v.)) houding van iemand die hovaardig* is ⇒ *hoogmoed.*

**ho·ve·ling** (de ~(m.); -en) iemand die bij het hof* (bet.1) van een vorst hoort ◆ *de hovelingen dienen de koning.*

**ho·ve·nier** (de ~(m.); -s) iemand die voor zijn of haar beroep hoven* (bet.2), tuinen verzorgt ⇒ *tuinman.*

**ho·ver·craft** (Engels) [hɔevɛrkraːft] (de ~; -s) schip dat op samengeperste lucht boven het wateroppervlak zweeft en zich zo verplaatst ⇒ *luchtkussenvaartuig.*

**ho·zen** (hoosde, heeft gehoosd) **1** water uit een boot scheppen ◆ *de roeiboot was lek; we moesten hozen* **2** *het hoost:* (populair) het regent heel hard ⇒ *gieten, plenzen.*

**hr·ke·tel** (de ~(m.); -s) *h*oogrendementsketel; dit is een cv-ketel die minder energie verbruikt dan andere cv-ketels.

**hso** (het ~) (in België) *h*oger *s*ecundair *o*nderwijs (vierde, vijfde en zesde klas) (kijk ook bij: **secundair**).

**hts** (de ~) (in Nederland) *h*ogere *t*echnische *s*chool.

**huf·ter** (de ~(m.); -s) (populair) iemand die onbeschoft is.

**hu·ge·noot** (de ~(m.); hugenoten) iemand van het protestantse geloof die in de zestiende of zeventiende eeuw in Frankrijk woonde (veel hugenoten zijn naar het buitenland gevlucht omdat ze in Frankrijk vervolgd werden).

**hui·che·laar** (de ~(m.); -s), vrouw: **hui·che·laar·ster** (de ~(v.); -s) iemand die huichelt* ⇒ *hypocriet, schijnheilige.*

**hui·che·len** (huichelde, heeft gehuicheld) vriendelijk en aardig doen terwijl je het niet meent.

**huid** (de ~; -en) buitenste laag van het lichaam van mensen en dieren, die met haren of haartjes bedekt is ⇒ *vel* ◆ *negers hebben een donkere huid; de leeuw verslond het konijn met huid en haar:* (uitdr.) hij at het helemaal op; *iemand de huid vol schelden:* (uitdr.) iemand heel erg uitschelden; *een dikke huid hebben:* (uitdr.) je niet snel beledigd voelen; *iemand op de huid zitten:* (uitdr.) iemand onder druk zetten; *je huid duur verkopen:* (uitdr.) jezelf zolang als je kunt verdedigen; *je moet de huid niet verkopen voor de beer geschoten is:* (spreekwoord) je moet geen geld uitgeven als je het nog niet hebt; ook: je moet iemand geen dingen beloven waar je nog niet over kunt beschikken.

**hui·dig** (bijv. nw.) van nu, van deze tijd ⇒ *tegenwoordig, hedendaags, modern* ◆ *het huidige Amsterdam is veel groter dan het Amsterdam van vroeger; tot op de huidige dag:* tot vandaag aan toe.

**huif** (de ~; huiven) kap van stof over een wagen.

**huif·kar** (de ~; -ren) paardenkar waar een kap van stof overheen gespannen is.

**huig** (de ~; -en) lelletje achter in je keel.

**huik** (zelfst. nw.) ▼ *de huik naar de wind hangen:* doen wat voordelig voor je is.

**hui·le·balk** (de ~(m.); -en) iemand die om het minste of geringste al huilt.

**hui·len** (huilde, heeft gehuild) **1** tranen laten vloeien van verdriet of pijn, maar ook wel van vreugde, waarbij je soms een klaaglijk geluid maakt ⇒ *janken, wenen, grienen, schreien* ◆ *het kind begon te huilen bij de tandarts; het is om te huilen:* (uitdr.) het is heel erg slecht **2** een geluid maken dat op huilen lijkt ◆ *de hongerige wolven huilden in het bos; de storm huilt om het huis.*

**huis** (het ~; huizen) gebouw of deel van een gebouw dat bedoeld is om in te wonen ⇒ *woning* ◆ *van huis uit ben ik gewend te bidden voor het eten:* (uitdr.) bij ons in het gezin doen of deden we dat zo; *ten huize van ...:* (uitdr.) in

het huis van ..., bij ...; *je moet wel van goede huize komen om ...:* (uitdr.) je moet wel heel goed zijn om ...; *het huis van bewaring:* (uitdr.) de gevangenis; *als hij kwaad wordt, is het huis te klein:* (uitdr.) dan is niets en niemand meer veilig; *het koninklijk huis:* (uitdr.) de koninklijke familie; *het was niet om over naar huis te schrijven:* (uitdr.) het was niet erg goed; *zo raak je nog verder van huis:* (uitdr.) zo worden de moeilijkheden alleen maar groter; *een heilig huisje:* (uitdr.) een onderwerp waarover iemand geen enkele kritische opmerking verdraagt; *heel wat in huis hebben:* (uitdr.) goede kwaliteiten bezitten, heel wat kunnen; *dat staat als een huis:* (uitdr.) dat is heel solide, heel stevig; *daar komt niets van in huis:* (in België □; uitdr.) dat gebeurt niet, daar komt niets van in; *ieder huisje heeft z'n kruisje:* (spreekwoord) ieder gezin heeft z'n eigen problemen.

**huis·ar·rest** (het ~) straf die eruit bestaat dat je je huis niet uit mag.

**huis·arts** (de ~(m.); -en) dokter naar wie je het eerst toe gaat als je ziek bent ⇒ *huisdokter* ◆ *de huisarts heeft de zieke doorverwezen naar een specialist.*

**huis·baas** (de ~(m.); -bazen) eigenaar van het huis dat je huurt.

**huis·dier** (het ~; -en) tam dier dat je in of bij je huis houdt voor je plezier, of een stuk vee.

**hui·se·lijk, huis·lijk** (bijv. nw.) **1** gezellig, knus ◆ *je hebt je kamer huiselijk ingericht* **2** gezegd van iemand die graag thuis is ◆ *hij is een huiselijk type* **3** te makend hebbend met het gezin of met het huishouden ◆ *huiselijke bezigheden.*

**huis·ge·noot** (de ~(m.); -genoten) iemand met wie je in hetzelfde huis woont.

**huis·ge·zin** (het ~; -nen) gezin, familie.

**huis·houd·boek·je** (het ~; -s) boekje waarin je opschrijft hoeveel geld je aan het huishouden uitgeeft.

**huis·hou·de·lijk** (bijv. nw.) **1** gezegd van iets dat met het huishouden[1]* (bet.1) te maken heeft ◆ *een winkel in huishoudelijke apparaten:* in wasmachines, stofzuigers, broodroosters enz. **2** gezegd van iemand die zich graag met het huishouden[1]* (bet.1) bezighoudt ◆ *mijn vader is erg huishoudelijk.*

**huis·hou·den**[1] (het ~) **1** al het werk dat in huis gedaan moet worden ⇒ *huishouding* ◆ *het huishouden doen:* schoonmaken, eten koken enz. **2** (-s) bewoners van een huis, gezin ⇒ *huishouding* ◆ *hij komt uit een raar huishouden; het is daar een huishouden van Jan Steen:* (uitdr.) het is daar in huis een rommelige, ongeorganiseerde boel.

**huis·hou·den**[2] (hield huis, heeft huisgehouden) tekeer gaan, schade aanrichten ◆ *de storm heeft behoorlijk huisgehouden.*

**huis·hou·ding** (de ~(v.); -en) **1** al het werk dat in huis gedaan moet worden ⇒ *huishouden* ◆ *een huishouding voeren; een hulp in de huishouding* **2** (-en) bewoners van een huis, gezin ⇒ *huishouden* ◆ *dit huis is te klein voor een huishouding met drie kinderen.*

**huis·houd·ster** (de ~(v.); -s) vrouw die voor haar beroep voor iemand het huishouden[1]* (bet.1) doet.

**huis·jes·mel·ker** (de ~(m.); -s) iemand die goedkope huizen tegen een hoge prijs verhuurt en er veel aan verdient.

**huis·ka·mer** (de ~; -s) kamer die door het hele gezin het meest gebruikt wordt ⇒ *woonkamer.*

**huis·lijk** → huiselijk.

**huis·man** (de ~(m.); -nen) man die voor het huishouden[1]* (bet.1) en het gezin zorgt ◆ *mijn moeder heeft een baan buitenshuis en mijn vader is huisman.*

**huis·mid·del** (het ~; -en; meestal: huismiddeltje) eenvoudig genees- of hulpmiddel dat meestal wel in huis aanwezig is ◆ *een doorgesneden ui naast je bed is een goed huismiddeltje tegen verkoudheid.*

**huis·moe·der** (de ~ (v.); -s) moeder van een gezin.

**huis·mus** (de ~; -sen) **1** gewone mus **2** iemand die veel en graag thuis zit.

**huis·num·mer** (het ~; -s) nummer van een huis in een straat.

**huis·raad** (het ~) spullen waarmee je een huis inricht ⇒ *inboedel* ◆ *de mannen laadden alle huisraad in de verhuisauto.*

**huis-, tuin- en keuken-** heel gewoon, alledaags ◆ *een huis-, tuin- en keukenrecept.*

**huis·va·der** (de ~ (m.); -s) vader van een gezin.

**huis·ves·ten** (huisvestte, heeft gehuisvest) *iemand huisvesten: iemand onderdak geven* ◆ *in de oorlog heeft de boer vluchtelingen gehuisvest; het kantoor is gehuisvest in een groot gebouw: daar is het gevestigd.*

**huis·ves·ting** (de ~ (v.)) plaats om te wonen, woonruimte ⇒ *onderdak* ◆ *huisvesting zoeken; het huisvestingsbureau van de gemeente: het bureau waar je je aan moet melden als je een woning zoekt.*

**huis·vlijt** (de ~) het binnenshuis maken van dingen in je vrije tijd ◆ *dat beeldje is een mooi stukje huisvlijt.*

**huis·vre·de·breuk** (de ~) het binnendringen in een huis terwijl de bewoner ervan dat niet wil.

**huis·vrouw** (de ~ (v.); -en) vrouw die thuis voor haar gezin zorgt.

**huis·vuil** (het ~) vuil en afval van een huishouding* (bet.1).

**huis·werk** (het ~) opdrachten die je thuis voor school moet maken ◆ *de leraar gaf veel huiswerk op.*

**huis·zoe·king** (de ~ (v.); -en) het doorzoeken van een huis door de politie ◆ *de politie deed huiszoeking bij de verdachte en vond smokkelwaar.*

**hui·ve·ren** (huiverde, heeft gehuiverd) een rilling door je lichaam voelen gaan, bijv. van kou of angst ◆ *ze huiverde toen het licht plotseling uit ging.*

**hui·ve·rig** (bijv. nw.) *huiverig voor iets zijn: niet zo graag aan iets beginnen omdat je bang bent dat het akelige gevolgen heeft* ◆ *vader was er huiverig voor om mij 's avonds alleen naar huis te laten komen.*

**hui·ze** → huis.

**hui·zen** (huisde, heeft gehuisd) wonen, verblijven ◆ *ze huist bij haar vriendin tot haar ouders terugkomen.*

**hui·zen·hoog** (bijv. nw.) ▼ *huizenhoge golven:* heel erg hoge golven.

**hul·de** (de ~ (v.)) bewijs van eer of waardering ◆ *ze brachten hulde aan de koning.*

**hul·di·gen** (huldigde, heeft gehuldigd) **1** *iemand huldigen: iemand hulde* brengen **2** *een mening, een opvatting huldigen:* die hebben.

**hul·len** (hulde, heeft gehuld) *iemand of iets ergens in hullen: iemand of iets ergens mee omwikkelen* ◆ *ze hulde zich in haar regenjas: ze trok die aan; het kasteel was in nevelen gehuld: het kasteel was door nevelen omgeven.*

**hul·lie** (pers. vnw.) (spreektaal) zij (meervoud).

**hulp** (de ~) **1** het helpen* (bet.1) ◆ *bedankt voor je hulp!* **2** (-en) iemand die helpt* (bet.1) ◆ *hij heeft een vakantiebaantje als hulp in een winkel.*

**hulp·be·hoe·vend** (bijv. nw.) gezegd van iemand die hulp (bet.1) nodig heeft, omdat hij of zij niet meer voor zichzelf kan zorgen ◆ *mijn oma is hulpbehoevend.*

**hul·pe·loos** (bijv. nw.) gezegd van iemand die zichzelf niet kan helpen* (bet.1) ◆ *een pasgeboren baby is hulpeloos; ik kon alleen maar hulpeloos toekijken: ik kon niets doen.*

**hulp·mid·del** (het ~; -en) middel waardoor je iets makkelijker kunt doen ◆ *een mixer is een hulpmiddel om beslag te maken.*

**hulp·vaar·dig** (bijv. nw.) gezegd van iemand die graag bereid is een ander te helpen (bet.1) ◆ *als ik in moeilijkheden zit, is ze altijd heel hulpvaardig.*

**hulp·ver·le·ner** (de ~ (m.); -s), vrouw:

**hulp·ver·leen·ster** (de ~ (v.); -s) iemand die voor zijn of haar beroep mensen helpt (bet.1) die in moeilijkheden zitten.

**hulp·ver·le·ning** (de ~ (v.)) het geven van professionele hulp (bet.1) aan mensen die in moeilijkheden zitten (kijk ook bij: **professioneel**) ◆ *een maatschappelijk werkster houdt zich bezig met hulpverlening.*

**hulp·werk·woord** (het ~; -en) (taal) werkwoord in een zin dat niet het hoofdwerkwoord is en dat de tijd, de lijdende vorm of de wijze uitdrukt ◆ *in de zin: hij is gekomen is 'is' hulpwerkwoord van tijd; in de zin: ik word geslagen is 'word' hulpwerkwoord van de lijdende vorm.*

**huls** (de ~; hulzen) kokertje om iets in op te bergen ◆ *naainaalden in een hulsje; de huls van een patroon.*

**hulst** (de ~ (m.)) struik met dikke, glimmende en stekelige bladeren en rode besjes.

**hum** (het ~) (verkorting; populair) humeur ◆ *ik ben uit m'n hum vandaag: ik heb een slecht humeur.*

**hu·maan** (bijv. nw.) menselijk, zachtzinnig.

**hu·ma·ni·o·ra** (zelfst. nw.; meervoud) (in België) verouderde benaming voor een onderwijsvorm, te vergelijken met het hoofdonderwijs in Nederland (tegenwoordig a.s.o. geheten) ◆ *in de oude humaniora leerde je Latijn, soms ook Grieks; in de moderne humaniora vooral wiskunde, natuurkunde en scheikunde.*

**hu·ma·nis·me** (het ~) levensbeschouwing waarin menselijke waardigheid en vrijheid heel belangrijk zijn en die niet uitgaat van het geloof in een god (kijk ook bij: **levensbeschouwing**).

**hu·ma·nist** (de ~ (m.); -en) iemand die het humanisme* aanhangt.

**hu·ma·nis·tisch** (bijv. nw.) van het humanisme* of de humanisten*.

**hum·bug** [humbuk of humbug] (de ~ (m.)) schijnvertoning, dikdoenerij.

**hu·meur** (het ~; -en) je stemming ◆ *ze was in een goed humeur.*

**hu·meu·rig** (bijv. nw.) gezegd van iemand die vaak of snel in een slecht humeur* is ◆ *opa is erg humeurig.*

**hum·mel** (de ~ (m.); -s) klein kind ⇒ *dreumes, puk, uk* ◆ *wat een lief hummeltje!*

**hum·men** (humde, heeft gehumd) 'hm' zeggen om de aandacht te trekken of om je keel te schrapen.

**hu·mor** (de ~ (m.)) het komische, het geestige van dingen ◆ *ze ziet overal de humor van in; hij heeft geen gevoel voor humor: hij ziet de grappige kant van dingen niet.*

**hu·mo·rist** (de ~ (m.); -en) iemand die komische dingen voordraagt of schrijft.

**hu·mo·ris·tisch** (bijv. nw.) vol humor*, komisch ⇒ *geestig* ◆ *hij kan heel humoristisch vertellen.*

**hu·mus** (de ~ (m.)) grond die erg vruchtbaar is doordat er verteerde plantendelen in zitten.

**hun** (vnw.) **1** (pers. vnw.) (meewerkend voorwerp, derde persoon meervoud) ◆ *ik heb hun de nodige informatie gegeven* **2** (bez. vnw.) (derde persoon meervoud) van hen ◆ *zij hebben hun boeken niet bij zich.*

**hu·ne·bed** (het ~; -den) prehistorisch graf dat bestaat uit op elkaar gestapelde grote keien.

**hunk** (de ~ (m.); -s) (populair) heel knappe en gespierde jongen.

**hun·ke·ren** (hunkerde, heeft gehunkerd) *naar iets hunkeren*: heel sterk naar iets verlangen ♦ *ik hunker 's winters naar de warme zon.*

**hup** (tussenw.) (aansporing) ♦ *hup meiden, hollen!*

**hup·pe·len** (huppelde, heeft of is gehuppeld) steeds eerst op het ene en dan op het andere been een sprongetje vooruit maken.

**hup·pen** (hupte, heeft of is gehupt) sprongetjes vooruit maken met twee benen tegelijk.

**hup·sa·kee** (tussenw.) (aansporing) kom op!

**hu·ren** (huurde, heeft gehuurd) *iets huren*: iets lenen of gebruiken tegen betaling ♦ *hij heeft voor een week een video gehuurd; ze huurt een kamer.*

**hur·ken**[1] (hurkte, heeft gehurkt) op de grond zitten of gaan zitten met je voeten plat en je knieën gebogen, zonder dat je achterwerk de grond raakt ♦ *de juf hurkte naast de huilende kleuter.*

**hur·ken**[2] (zelfst. nw.) ▼ *op je hurken zitten*: gehurkt* zitten.

**hus·se·len** → hutselen.

**hut** (de ~; -ten) **1** primitief huisje van bijv. planken **2** kamer op een boot ♦ *een hut voor twee personen; stuurhut* ▼ *hutje bij mutje leggen*: al het geld bij elkaar leggen om samen te betalen.

**hut·kof·fer** (de ~ (m.); -s) grote koffer, die op een kist lijkt.

**hut·se·kluts** (de ~ (m.)) (in België □; populair) rommel ⇒ *allegaartje, zootje.*

**hut·se·len, hus·se·len** (hutselde, heeft gehutseld) *dingen door elkaar hutselen*: ze door elkaar schudden of gooien, ze mengen ♦ *ze hutselt al onze namen door elkaar*: (uitdr.) ze kan niet onthouden welke naam bij wie hoort.

**hut·se·pot** (de ~ (m.)) (in België □) gerecht van vlees, aardappelen en allerlei wintergroenten.

**huts·pot** (de ~ (m.)) gerecht van gestampte aardappelen met wortelen en uien.

**huur** (de ~; huren) **1** afspraak met de eigenaar van iets, bijv. een huis, stuk land of apparaat, om het te huren* ♦ *boten te huur; ze hebben hem de huur van het huis opgezegd*: ze hebben gezegd dat hij het huis niet langer mag huren **2** geld dat je moet betalen als je iets huurt* ♦ *de huur van een fiets is ƒ 7,50 per dag.*

**huur·der** (de ~ (m.); -s), vrouw: **huur·ster** (de ~ (v.); -s) iemand die iets huurt*.

**huur·ling** (de ~ (m.); -en) iemand die tegen betaling vecht in landen waar oorlog is ⇒ *huursoldaat.*

**huur·ster** → huurder.

**hu·we·lijk** (het ~; -en) het trouwen of het getrouwd zijn ⇒ *echt* ♦ *een huwelijk met iemand sluiten*: met die persoon trouwen; *in het huwelijk treden*: trouwen.

**hu·we·lijks·boot·je** (zelfst. nw.) ▼ *in het huwelijksbootje stappen*: trouwen.

**hu·wen** (huwde) **1** (is gehuwd) in het huwelijk treden, iemand tot je wettige man of vrouw nemen ⇒ *trouwen* ♦ *zij zijn vorige week gehuwd; hij is met zijn buurmeisje gehuwd* **2** (heeft gehuwd) *iemand huwen*: die persoon tot je wettige man of vrouw nemen, met die persoon in het huwelijk treden ⇒ *trouwen.*

**hu·zaar** (de ~ (m.); huzaren) **1** soldaat op een tank (vroeger reed zo'n soldaat op een paard) **2** (populair) grote, grof gebouwde vrouw.

**hu·za·ren·sa·la·de** (de ~; -salades) koud gerecht van o.a. vlees, aardappel, ui, ei en mayonaise.

**hu·za·ren·stuk·je** (het ~; -s) prestatie waarvoor veel durf en slimheid nodig is.

**hy·a·cint** (de ~; -en) plant met geurige paarse, witte of roze bloemen, die uit een bol groeit.

**hy·bri·de** (de ~ (m.); -n) kruising tussen twee verschillende soorten planten of dieren ⇒ *bastaard.*

**hy·drau·lisch** (bijv. nw.) waarbij gebruik wordt gemaakt van vloeistof, bijv. water of olie, om kracht over te brengen ♦ *hydraulische remmen.*

**hydro-** water- ♦ *hydrofobie*: angst voor water.

**hy·e·na** (de ~; hyena's) roofdier met een gevlekte of gestreepte huid, dat voornamelijk dode dieren eet.

**hygiëne** hy·gi·e·ne (de ~) zorg voor de gezondheid door netjes en schoon te zijn ⇒ *zindelijkheid, properheid.*

**hygiënisch** hy·gi·e·nisch (bijv. nw.) te maken hebbend met hygiëne* ⇒ *zindelijk, proper* ♦ *een hygiënisch ziekenhuis.*

**hy·men** (het ~) (medisch) maagdenvlies.

**hym·ne** (de ~; -n) plechtig lied waarin je een godheid looft ⇒ *lofzang.*

**hype** (Engels) [hajp] (de ~; hypes) golf van aandacht in de media voor een bepaald verschijnsel of een bepaalde gebeurtenis.

**hyper-** in sterke mate ♦ *ze is hypernerveus.*

**hy·per·ven·ti·la·tie** (de ~ (v.)) het te snel en te diep ademhalen, dat gepaard gaat met benauwdheid en hartkloppingen.

**hy·per·ven·ti·le·ren** (hyperventileerde, heeft gehyperventileerd) last hebben van hyperventilatie*.

**hyp·no·se** (de ~ (v.)) kunstmatige slaap waar je in terechtkomt doordat iemand anders bepaalde dingen tegen je zegt, waardoor dingen uit je onderbewustzijn bovenkomen ♦ *ze is onder hypnose gebracht.*

**hyp·no·tisch** (bijv. nw.) gezegd van iets dat met hypnose* te maken heeft ♦ *een hypnotische blik*: een blik die je onder hypnose brengt.

**hyp·no·ti·se·ren** (hypnotiseerde, heeft gehypnotiseerd) *iemand hypnotiseren*: iemand onder hypnose* brengen.

**hyp·no·ti·seur** (de ~ (m.); -s) iemand die mensen onder hypnose* kan brengen.

**hy·po·chon·der** [hiepoogonder] (de ~ (m.); -s) iemand die voortdurend denkt dat hij of zij allerlei ziektes heeft, zonder dat daar aanleiding toe is.

**hy·po·criet**[1] (de ~ (m.); -en) iemand die vriendelijk en aardig doet terwijl hij of zij het niet meent ⇒ *huichelaar, schijnheilige.*

**hy·po·criet**[2] (bijv. nw.) gezegd van iemand die vriendelijk en aardig doet terwijl hij of zij het niet meent ⇒ *huichelachtig, schijnheilig.*

**hy·po·cri·sie** (de ~ (v.)) het hypocriet* zijn ⇒ *huichelarij, gehuichel.*

**hy·po·theek** (de ~ (v.); hypotheken) geld dat je leent met een huis of een stuk land als onderpand.

**hy·po·the·se** (de ~ (v.); -n of -s) stelling waarvan je nog niet weet of die waar is, maar die je voorlopig wel als waarheid beschouwt ⇒ *vooronderstelling.*

**hy·po·the·tisch** (bijv. nw.) gezegd van iets waarvan je niet zeker weet of het waar is, maar dat je voorlopig wel als waar aanneemt ♦ *het bestaan van leven op die planeet is hypothetisch.*

**hy·sop** (de ~ (m.)) heester met smalle bladeren en blauwe bloemen uit het Middellandse-Zeegebied, waarvan een geneesmiddel wordt gemaakt.

**hys·te·ri·cus** (de ~ (m.); hysterici), vrouw: **hys·te·ri·ca** (de ~ (v.); hysterica's) iemand die hysterisch* is.

**hys·te·rie** (de ~ (v.)) zenuwziekte waarbij je de controle over jezelf verliest en waarbij je bijv. gaat schreeuwen, krampen krijgt of sterk wisselende stemmingen hebt.

**hys·te·risch** (bijv. nw.) gezegd van iemand die aan hysterie* lijdt of van iets dat met hysterie* te maken heeft ♦ *hysterisch geschreeuw.*

# I i

**i** (de ~; i's) de negende letter van het alfabet.

**I** Romeins cijfer voor 1.

**ia** (tussenw.) (geluid van een balkende ezel).

**ib., ibid.** (afkorting) *ib*idem; dit is Latijn en het betekent: op dezelfde plaats.

**ib·bel** → iebel.

**Ibe·risch** (bijv. nw.) ▼ *het Iberisch schiereiland:* Spanje en Portugal.

**ibid.** → ib..

**ibis** (de ~ (m.); -sen) grote vogel op lange poten die vereerd werd in het oude Egypte.

**i.c.** (afkorting) *in c*asu; dit is Latijn en het betekent: in dit geval.

**icoon** (de ~; iconen) gestileerde afbeelding van Jezus of een heilige, vaak op hout geschilderd (kijk ook bij: **stileren**).

**IC·TO** (het ~) (in Nederland) *I*nterkerkelijk *C*omité voor *T*weezijdige *O*ntwapening.

**id.** (afkorting) *id*em; dit is Latijn en het betekent: dezelfde, hetzelfde.

**ide·aal¹** (het ~; idealen) idee dat je heel graag verwezenlijkt wilt zien en waarnaar je streeft ◆ *een boerderijtje in Friesland, dat is zijn ideaal.*

**ide·aal²** (bijv. nw.) zo goed of fijn als je je maar kunt wensen ◆ *voor Arthur is Italië een ideaal vakantieland.*

**ide·a·li·se·ren** (idealiseerde, heeft geïdealiseerd) *iets of iemand idealiseren:* je iets of iemand mooier voorstellen dan die zaak of die persoon in werkelijkheid is ◆ *ze idealiseert die toneelspeler.*

**ide·a·lis·me** (het ~) het hebben van idealen* ◆ *uit idealisme is hij dokter geworden:* omdat hij geloofd dat hij als dokter de mensen het beste kan helpen.

**ide·a·list** (de ~ (m.); -en), vrouw: **ide·a·lis·te** (de ~ (v.); -n of -s) iemand die idealen* heeft en nastreeft.

**ide·a·lis·tisch** (bijv. nw.) gezegd van iemand die idealen* heeft.

**ide·a·li·ter** (bijw.) in het beste, ideale geval ◆ *idealiter zou er niemand op de wereld honger hoeven lijden.*

**ide·a·li·ze·ren** → idealiseren.

**idee** (het ~; ideeën) **1** omlijnde gedachte, denkbeeld ◆ *het is moeilijk om zijn ideeën te begrijpen; ik heb geen flauw idee:* (uitdr.) ik zou het echt niet weten **2** inval, ingeving ◆ *ze kreeg opeens een idee; iemand op een idee brengen* **3** mening, opvatting ◆ *naar mijn idee is dat verkeerd:* volgens mij.

**ideëel** ide-eel (bijv. nw.) **1** gezegd van iets dat alleen in je gedachten en niet in werkelijkheid bestaat ⇒ *denkbeeldig* ◆ *dat zijn ideële problemen* **2** gezegd van iets dat te maken heeft met het verwerkelijken van idealen* ◆ *deze vereniging heeft een ideëel doel:* (bijv. om mensen te helpen zonder winst te maken).

**idee-fixe** (Frans) [iedəefiks] (de ~ (v.) of het ~; -n) gedachte die niet klopt, maar die je niet van je af kunt zetten ⇒ *waanidee* ◆ *het is een idee-fixe van haar dat niemand haar aardig vindt:* dat denkt ze steeds (maar het is niet zo).

**idem** (aanw. vnw.) hetzelfde of dezelfde ◆ *ik krijg vijf gulden zakgeld en mijn broer idem:* mijn broer krijgt evenveel.

**idem di·to** (aanw. vnw.) idem.

**iden·tiek** (bijv. nw.) precies gelijk, precies hetzelfde of dezelfde ◆ *de tweeling draagt identieke kleren.*

**iden·ti·fi·ce·ren** (identificeerde, heeft geïdentificeerd) **1** *iemand of iets identificeren:* na een onderzoek vaststellen wie iemand of wat iets is ◆ *de politie identificeerde de verdronken man* **2** *je identificeren:* aantonen wie je bent, bijv. door je paspoort te laten zien ◆ *als je een pakje ophaalt bij het postkantoor, moet je je soms identificeren* **3** *je met iemand identificeren:* je voorstellen dat je een ander bent ⇒ *vereenzelvigen* ◆ *hij identificeerde zich met de held van het verhaal.*

**iden·ti·teit** (de ~ (v.)) je eigen persoonlijkheid, dat wat je onderscheidt van anderen ◆ *een identiteitsbewijs:* (bijv. een paspoort of rijbewijs); *de identiteit van de dader is nog niet bekend:* er is nog niet bekend wie het gedaan heeft.

**iden·ti·teits·kaart** (de ~; -en) (in België) officiële kaart waaruit je identiteit blijkt.

**ide·o·lo·gie** (de ~ (v.); ideologieën) stelsel van gedachten en ideeën* (bet.3), vaak over politiek ◆ *de communistische ideologie:* de leer van het communisme.

**idi·oom** (het ~; idiomen) bijzondere uitdrukkingen en formuleringen die maar voor één taal gelden en die meestal niet letterlijk in een andere taal zijn te vertalen ⇒ *taaleigen.*

**idi·oot¹** (de ~ (m.); idioten) **1** iemand die een ernstige verstandelijke handicap heeft **2** scheldwoord voor een dom mens.

**idi·oot²** (bijv. nw.) (populair) heel raar, belachelijk ◆ *ze droeg een idiote zonnebril.*

**ido·laat** (bijv. nw.) *idolaat zijn van iemand of iets:* helemaal gek of bezeten zijn van iemand of iets.

**idool** (het ~; idolen) iemand die je aanbidt, van wie je bezeten bent ⇒ *afgod* ◆ *die voetballer is zijn idool.*

**idyl·le** (de ~; -n of -s) romantische, lieflijke beschrijving of situatie.

**idyl·lisch** (bijv. nw.) gezegd van iets dat doet denken aan een idylle* ⇒ *lieflijk* ◆ *we reden door een idyllisch landschap.*

**ie** (pers. vnw.) (spreektaal; verkorting) hij ◆ *is ie er nu nog niet?*

**i.e.** (afkorting) *id est*; dit is Latijn en het betekent: dat is, dat wil zeggen ◆ *hij heeft zijn examen gehaald i.e. hij is geslaagd.*

**ie·bel, ib·bel** (bijv. nw.) (populair) geprikkeld, kregel ◆ *ik word iebel van dat gezeur.*

**ie·der** (onbep. vnw.) (geeft aan dat alle genoemde mensen, dieren of dingen meegeteld zijn) ⇒ *elk.*

**ie·der·een** (onbep. vnw.) ieder mens ⇒ *elkeen, eenieder* ◆ *dat kan iedereen overkomen.*

**iel** (bijv. nw.) smal en dun ⇒ *schriel* ◆ *ze heeft een iel figuur.*

**ie·mand** (onbep. vnw.) (dit gebruik je als je niet weet of niet duidelijk maakt over wie het precies gaat) ◆ *er heeft iemand voor je opgebeld.*

**iem·ker** → imker.

**iep** (de ~ (m.); -en) bepaald soort loofboom ⇒ *olm.*

**iets¹** (bijw.) een beetje, wat ⇒ *enigszins, ietsje, ietwat* ◆ *we zijn iets te laat; ze krijgt iets scheel.*

**iets²** (onbep. vnw.) (dit gebruik je als je niet weet of niet duidelijk maakt waarover het precies gaat) ⇒ *wat* ◆ *ik ga iets voor mijn moeder kopen.*

**iet·se·piets·je** (het ~) (populair) ietsje.

**iets·je**[1] (het ~) klein beetje ⇒ *ietsepietsje, pietsje* ♦ *ik wil graag een ietsje suiker in de thee.*

**iets·je**[2], **iets·jes** (bijw.) een klein beetje ⇒ *enigszins, iets, ietwat* ♦ *de soep is ietsje te zout.*

**iet·wat** (bijw.) een beetje, enigszins ⇒ *iets, ietsje* ♦ *hij heeft een ietwat kromme neus.*

**ie·ze·grim** (de ~ (m.); -men) iemand die nors en onvriendelijk is ⇒ *brompot.*

**ig·lo** (de ~ (m.); iglo's) ronde hut die gebouwd is van blokken ijs ♦ *de eskimo's wonen in iglo's.*

**i-grec** [ie`k`rek] (de ~; -s) de letter ' y ', de Griekse ij ⇒ *ypsilon.*

**i.h.a.** (afkorting) *in het algemeen.*

**ij·del** (bijv. nw.) **1** gezegd van iemand die veel aandacht aan zijn of haar uiterlijk besteedt of die erop uit is bewonderd te worden om zijn of haar uiterlijk **2** vergeefs, nutteloos ♦ *hij had de ijdele hoop dat het zou lukken: hij hoopte het, maar er was geen kans op.*

**ij·del·tuit** (de ~; -en) iemand die erg ijdel (bet.1) is.

**ij·ken** (ijkte, heeft geijkt) *gewichten of meetapparatuur ijken:* die keuren om te zien of ze voldoen aan de eisen die de wet eraan stelt ♦ *deze weegschaal is geijkt:* hij geeft het juiste gewicht aan van de dingen die je ermee weegt.

**ijl** (bijv. nw.) dun, verdund ♦ *in de bergen is de lucht ijl:* er zit weinig zuurstof in, zodat je duizelig kunt worden.

**ijl·bo·de** (de ~ (m.); -n of -s) (ouderwets) koerier.

**ij·len** (ijlde) **1** (is geijld) snel of hard lopen ⇒ *snellen* ♦ *vlak voor sluitingstijd ijlde ze naar de winkel* **2** (heeft geijld) verwarde dingen zeggen, vooral als je hoge koorts hebt.

**ij·lings** (bijw.) snel, haastig ♦ *hij pakte ijlings zijn jas en holde naar buiten.*

**ijs** (het ~) **1** bevroren water ♦ *als er ijs ligt, kunnen we schaatsen; frisdrank met een blokje ijs; na een kwartier was het ijs tussen hen gebroken:* (uitdr.) toen waren ze over hun verlegenheid heen; *je op glad ijs begeven:* (uitdr.) gaan praten over iets dat gevoelig ligt of waar je weinig vanaf weet; *goed beslagen ten ijs komen:* (uitdr.) ergens goed voorbereid aan beginnen of over gaan praten **2** bevroren mengsel van o.a. melk en suiker, als lekkernij ♦ *aardbeienijs.*

**ijs·baan** (de ~; -banen) aangelegde ijsvlakte waar je kunt schaatsen.

**ijs·beer** (de ~ (m.); -beren) witte beer die in de poolgebieden leeft.

**ijs·be·ren** (ijsbeerde, heeft geijsbeerd) onrustig heen en weer lopen ♦ *wat loop je te ijsberen, is er iets?*

**ijs·berg** (de ~ (m.); -en) groot stuk ijs dat in poolgebieden in de zee drijft.

**ijs·berg·sla** (de ~) knapperige sla met gekrulde en gekartelde bladeren ⇒ *ijssla.*

**ijs·blok·je** (het ~; -s) blokje bevroren water dat je in drankjes doet om ze koel te maken.

**ijs·bre·ker** (de ~ (m.); -s) schip dat het ijs kapotmaakt, zodat andere schepen zonder moeite door kunnen varen.

**ijs·co** (de ~ (m.); ijsco's) ijsje.

**ijse·lijk** (bijv. nw.) om van te ijzen*, verschrikkelijk ♦ *we hoorden 's nachts een ijselijke gil.*

**ijs·gang** (de ~ (m.)) het bewegen en wegdrijven van grote stukken ijs, bijv. op zee.

**ijs·hei·li·gen** (zelfst. nw.; meervoud) gedenkdagen van heiligen, van 11 tot 14 mei, wanneer het 's nachts nog erg koud kan zijn ♦ *sommige groenten moet je pas na de ijsheiligen zaaien.*

**ijs·hoc·key** [eishokkie] (het ~) hockey op het ijs.

**ijs·je** (het ~; -s) portie ijs* (bet.2), bijv. in een bekertje, tussen wafels of op een stokje ⇒ *ijsco.*

**ijs·kast** (de ~; -en) kast waarin je levensmiddelen bij een lage temperatuur bewaart, zodat ze niet snel bederven ⇒ *koelkast* ♦ *iets in de ijskast zetten:* (uitdr.) je voorlopig niet met iets bezighouden.

**ijs·koud**[1] (bijv. nw.) heel erg koud.

**ijs·koud**[2] (bijw.) onverstoorbaar ♦ *terwijl iedereen stil werd, bleef hij ijskoud doorpraten.*

**ijs·kris·tal** (het ~; -len) ijs in de vorm van kristallen (bet.2).

**ijs·sa·lon** (de ~ (m.); -s) zaak waar je ijs (bet.2) kunt kopen en opeten.

**ijs·sla** (de ~) ijsbergsla.

**ijs·tijd** (de ~ (m.); -en) periode waarin een groot deel van de aarde door ijs bedekt was.

**ijs·vrij** (het ~) dag of dagen in de winter waarop je niet naar school hoeft, zodat je kunt gaan schaatsen.

**ij·ver** (de ~ (m.)) het aandachtig, ingespannen en met toewijding bezig zijn ⇒ *vlijt* ♦ *de kinderen werkten met ijver aan de sommen:* ze deden erg hun best.

**ij·ve·raar** (de ~ (m.); -s), vrouw: **ij·ve·raar·ster** (de ~ (v.); -s) iemand die ijvert* voor een bepaald doel ♦ *een ijveraar voor de vrede.*

**ij·ve·ren** (ijverde, heeft geijverd) *voor iets ijveren:* heel erg je best doen om iets voor elkaar te krijgen ♦ *die leraar ijvert voor kleinere groepen.*

**ij·ve·rig** (bijv. nw.) gezegd van iemand die met ijver* aan iets werkt ⇒ *vlijtig.*

**ij·zel** (de ~ (m.)) dun laagje bevroren regen ♦ *door de ijzel zijn de wegen glad.*

**ij·ze·len** (ijzelde, heeft geijzeld) *het ijzelt:* er wordt ijzel* gevormd.

**ij·zen** (ijsde, heeft geijsd) een gevoel van angst, van schrik of van afschuw in je op voelen komen ⇒ *griezelen, gruwen* ♦ *ze ijsde van de vreemde geluiden die ze 's nachts hoorde.*

**ij·zer** (het ~) **1** bepaald soort metaal ♦ *ijzer gaat roesten als het in aanraking komt met water; je kunt geen ijzer met handen breken:* (uitdr.) je moet iets dat veel tijd kost niet te snel willen doen; *je moet het ijzer smeden als het heet is:* (uitdr.) je moet je kans grijpen op het juiste moment **2** (-s) voorwerp dat van ijzer gemaakt is ♦ *het paard werd beslagen met nieuwe ijzers:* hoefijzers; *de ijzers onderbinden:* je schaatsen vastmaken; *meerdere ijzers in het vuur hebben:* (uitdr.) een aantal plannen hebben, zodat als het ene niet lukt, je met een ander plan verder kunt gaan.

**ij·ze·ren** (bijv. nw.) **1** van ijzer gemaakt ♦ *de ijzeren Rijn:* (in België □) goederenspoorlijn die de haven van Antwerpen verbindt met het Roergebied in Duitsland **2** heel erg sterk ♦ *ze heeft een ijzeren gezondheid:* ze is niet gauw ziek.

**ijzer·sterk** (bijv. nw.) **1** heel erg sterk ♦ *die stof is ijzersterk:* die slijt niet snel; *hij heeft een ijzersterk geheugen:* hij onthoudt alles **2** (populair) heel erg goed of leuk ♦ *een ijzersterke mop.*

**ij·zig** (bijv. nw.) **1** heel erg koud ♦ *er waaide een ijzige wind* **2** (van personen) kil en koel ♦ *ze keek me ijzig aan.*

**ij·zing·wek·kend** (bijv. nw.) om van te ijzen, griezelig ♦ *hij viel van een ijzingwekkende hoogte naar beneden.*

**ik**[1] (pers. vnw.) (eerste persoon enkelvoud; onderwerp).

**ik**[2] (het ~) jijzelf als persoon ⇒ *ego* ♦ *mijn betere ik is het hier niet mee eens:* mijn geweten; *mijn andere ik:* mijn vriend, vriendin, vrouw of man.

**ik·ke** (pers. vnw.) (spreektaal) ik.

**IKON** (de ~ (m.)) **I**nter**k**erkelijke **O**mroep **N**ederland.

**ikoon** → icoon.

**IKV** (het ~) (in Nederland) **I**nter**k**erkelijk **V**redesberaad.

**il-** → in-.

**il·le·gaal** (bijv. nw.) in strijd met de wet, het tegenovergestelde van 'legaal' ⇒ *onwettig* ◆ *in de oorlog luisterden de mensen naar een illegale radiozender*: naar een zender die door de bezetters verboden was.

**il·le·ga·li·teit** (de ~ (v.)) geheime organisatie van mensen die zich in de Tweede Wereldoorlog tegen de Duitsers verzetten ⇒ *ondergrondse, verzet.*

**il·lu·mi·na·tie** (de ~ (v.)) feestverlichting.

**il·lu·sie** (de ~ (v.); -s) hoopvolle gedachte, die vaak niet uitkomt ◆ *ze maakte zich veel illusies over het feest*: ze stelde zich er veel van voor.

**il·lus·ter** (bijv. nw.) schitterend, beroemd ◆ *een illustere schrijver*: die door iedereen gekend en gewaardeerd wordt.

**il·lu·stra·tie** (de ~ (v.); -s) **1** plaatje in een boek of tijdschrift **2** verduidelijking, toelichting ◆ *ter illustratie zal ik een paar voorbeelden noemen.*

**il·lu·stra·tief** (bijv. nw.) verduidelijkend ◆ *dat is een illustratief voorbeeld.*

**il·lu·stra·tor** (de ~ (m.); -s), vrouw: **il·lu·stra·tri·ce** (de ~ (v.); -s) iemand die illustraties* (bet.2) maakt voor een boek of tijdschrift.

**il·lu·stre·ren** (illustreerde, heeft geïllustreerd) **1** *een boek of tijdschrift illustreren*: het versieren met plaatjes of tekeningen ⇒ *verluchten* ◆ *de encyclopedie was rijk geïllustreerd* **2** iets illustreren: iets toelichten, iets verduidelijken ◆ *met een voorbeeld zal ik illustreren wat ik bedoel.*

**il·lu·zie** → illusie.

**im-** → in-.

**image** (Engels) [imitsj] (het ~; -s) beeld dat mensen van iemand of iets hebben ⇒ *imago* ◆ *die zaak heeft een geweldig image opgebouwd*: de mensen hebben een heel goede indruk van die zaak.

**ima·gi·nair** [iemaazjiener] (bijv. nw.) denkbeeldig ◆ *hij tekende een imaginair landschap*: een landschap dat niet in het echt zou kunnen bestaan.

**ima·go** (het ~; imago's) image.

**imam** [iemam] (de ~ (m.); -s) leider van een mohammedaanse kerk.

**im·be·ciel**[1] (de ~ (m.); -en) **1** iemand die in een bepaalde mate verstandelijk gehandicapt is **2** scheldwoord voor een dom mens.

**im·be·ciel**[2] (bijv. nw.) (populair) belachelijk, idioot ◆ *die imbeciele kleren trek ik niet aan.*

**imi·ta·tie** (de ~ (v.); -s) iets dat nagemaakt is ⇒ *nabootsing* ◆ *een imitatie van een beroemd schilderij.*

**imitatie-** namaak- ◆ *een tros imitatiedruiven van plastic.*

**imi·ta·tor** (de ~ (m.); -s) iemand die bekende mensen imiteert* om anderen aan het lachen te maken.

**imi·te·ren** (imiteerde, heeft geïmiteerd) *iemand of iets imiteren*: iemand of iets nadoen ⇒ *nabootsen* ◆ *ze kan heel goed vogelgeluiden imiteren.*

**im·ker, iem·ker** (de ~ (m.); -s) iemand die bijen houdt ⇒ *bijenhouder.*

**im·mens** (bijv. nw.) heel groot ⇒ *enorm, reusachtig* ◆ *in New York staan immense flatgebouwen.*

**im·mer** (bijw.) (ouderwets) altijd.

**im·mers** (bijw.) **1** toch, toch zeker ◆ *ik doe het echt, ik heb het immers beloofd* **2** want, namelijk ◆ *zwemmen is een gezonde sport; daarbij gebruik je immers al je spieren.*

**im·mi·grant** (de ~ (m.); -en), vrouw: **im·mi·gran·te** (de ~ (v.); -n of -s) iemand die immigreert*, het tegenovergestelde van 'emigrant'.

**im·mi·gre·ren** (immigreerde, is geïmmigreerd) in een land komen wonen, het tegenovergestelde van 'emigreren'.

**immobiliën** im·mo·bi·li·en (zelfst. nw.; meervoud) (in België □) onroerende goederen, bijv. stukken grond, huizen, flats ⇒ *vastgoed.*

**im·mo·reel** (bijv. nw.) iets dat ingaat tegen je gevoel voor eer en plicht ◆ *ik vind het immoreel dat hij zijn vader heeft aangegeven bij de politie.*

**im·muun** (bijv. nw.) niet vatbaar voor ziekte ⇒ *resistent* ◆ *die prik maakt je immuun voor griep; ze was immuun voor zijn beledigingen*: (uitdr.) die raakten haar niet.

**im·pas·se** (de ~ (v.); -s of -n) moeilijke situatie waar je niet uit kunt komen ◆ *omdat niemand van ons wilde toegeven, raakten we in een impasse.*

**im·pe·ra·tief** (de ~ (m.); imperatieven) (taal) gebiedende wijs ◆ *in de zin 'kom hier!' staat 'kom' in de imperatief.*

**im·pe·ri·aal** (de ~ of het ~; imperialen) bagagerek op het dak van een auto.

**im·pe·ri·a·lis·me** (het ~) streven om het gebied waarover je macht uitoefent te vergroten.

**im·pe·ri·a·lis·tisch** (bijv. nw.) te maken hebbend met imperialisme*.

**im·pe·ri·um** (het ~; -s of imperia) rijk dat door één vorst bestuurd wordt ◆ *Frankrijk hoorde vroeger bij het Romeinse imperium.*

**im·per·ti·nent** (bijv. nw.) brutaal, onbeschaamd ◆ *op zo'n impertinente vraag geef ik geen antwoord.*

**im·pli·ca·tie** (de ~ (v.); -s) dat wat geïmpliceerd* wordt ◆ *wat zijn de implicaties daarvan voor ons?*: wat betekent dat voor ons?

**im·pli·ce·ren** (impliceerde, heeft geïmpliceerd) *iets impliceren*: iets met zich meebrengen, iets inhouden ◆ *mijn zakgeld is op; dat impliceert dat ik vanavond niet naar de film kan.*

**im·pli·ciet** (bijv. nw.) ergens in besloten liggend, niet openlijk, het tegenovergestelde van 'expliciet' ◆ *dat ik geen uitnodiging kreeg, is een impliciete belediging.*

**im·po·ne·ren** (imponeerde, heeft geïmponeerd) *iemand imponeren*: indruk op iemand maken, iemand ontzag inboezemen.

**im·port** (de ~ (m.)) invoer, het tegenovergestelde van 'export' ◆ *de import van sinaasappels uit Spanje.*

**im·por·tan·tie** (de ~ (v.)) (deftig) belangrijkheid ◆ *dit is een zaak van buitengewone importantie*: deze zaak is erg belangrijk.

**im·por·te·ren** (importeerde, heeft geïmporteerd) *iets importeren*: iets invoeren, het tegenovergestelde van 'exporteren' ◆ *Nederland importeert o.a. auto's en camera's uit Japan.*

**im·por·teur** (de ~ (m.); -s) iemand die voor zijn of haar beroep goederen importeert*.

**im·po·sant** (bijv. nw.) gezegd van iemand die of iets dat imponeert* ⇒ *indrukwekkend* ◆ *de kerk was een imposant gebouw.*

**im·po·tent** (bijv. nw.) gezegd van een man die geen stijve penis kan krijgen.

**im·po·ten·tie** (de ~ (v.)) het impotent* zijn.

**im·preg·ne·ren** (impregneerde, heeft geïmpregneerd) *iets impregneren*: iets doordrenken met een vloeistof, bijv. om het waterdicht te maken of om verrotting tegen te gaan ◆ *hout met speciale verf impregneren.*

**im·pre·sa·rio** (de ~ (m.); impresario's) iemand die voor zijn of haar beroep optredens van artiesten regelt.

**im·pres·sie** (de ~ (v.); -s) indruk ◆ *tijdens mijn reis heb ik veel impressies opgedaan.*

**im·pres·si·o·nis·me** (het ~) stroming in de schilderkunst waarbij het vooral ging om de indruk van de schilder, niet om hoe iets er precies uitzag.

**im·pro·vi·sa·tie** (de ~ (v.); -s) uitvoering van een muziekstuk, toneelstuk enz. dat je ter plekke bedenkt.

**im·pro·vi·se·ren** (improviseerde, heeft geïmproviseerd) **1** *een muziekstuk, toneelstuk enz. improviseren*: het bedenken tijdens de uitvoering ◆ *hij improviseerde een vrolijk wijsje op de piano* **2** *iets improviseren*: iets voor elkaar brengen met de middelen die je op dat moment hebt ◆ *we kunnen wel een paar slaapplaatsen improviseren.*

**im·puls** (de ~ (m.); -en) **1** opwelling ◆ *iets in een impuls kopen* **2** het op gang brengen van een ontwikkeling, duwtje in een bepaalde richting ◆ *door het pretpark kreeg het toerisme een nieuwe impuls*: daardoor kwamen er veel meer toeristen.

**im·pul·sief** (bijv. nw.) gezegd van iemand die meteen doet wat er in hem of haar opkomt ◆ *impulsief gaf ze hem een zoen*: in een opwelling, spontaan.

**in¹** (bijw.) **1** (woordje waarmee je een richting aangeeft) ◆ *ze trokken het binnenland in* **2** in de mode, het tegenovergestelde van 'uit' ◆ *felle kleuren zijn in* **3** (sport) binnen de lijn (van bijv. een bal) ▼ *ergens helemaal in zijn*: ergens helemaal in opgaan; *ergens in kunnen komen*: iets kunnen begrijpen.

**in²** (voorz.) **1** (om aan te geven binnen welke ruimte iets is of gebeurt) ◆ *de kopjes staan in de kast; ik heb pijn in mijn buik* **2** (om een richting van buiten naar binnen aan te geven, het tegenovergestelde van 'uit') ◆ *giet de melk maar in de kan* **3** (om een tijdstip of tijdsduur aan te geven) ◆ *in de lente; in het jaar 2000; in een uur kun je er zijn* **4** (in verschillende vaste combinaties van woorden) ◆ *in slaap vallen; in stilte; zij is goed in sport; hij is even in de 40*: hij is iets ouder dan 40.

**in-** **1** (voor woorden die met een m, b, of p beginnen: im-; voor woorden die met een l beginnen: il-; voor woorden die met een r beginnen: ir-) niet, on- ◆ *inacceptabel; impopulair; illegaal; irrationeel* **2** zeer, heel erg ◆ *ingemeen; inkoud.*

**in·acht·ne·ming** (zelfst. nw.) ▼ *met inachtneming van ...*: rekening houdend met ....

**in·ac·tief** (bijv. nw.) niet actief ◆ *de inactieven*: (uitdr.) de mensen zonder betaald werk.

**in·ade·men** (ademde in, heeft ingeademd) **1** lucht in je longen laten stromen, het tegenovergestelde van 'uitademen' **2** *iets inademen*: iets in je longen krijgen ◆ *giftige gassen inademen.*

**inas** (de ~ (v.); -sen) (in Nederland) verkorting van: *in*wonend *as*sistente of: *in*richtings*as*sistente; dit is een gediplomeerd helpster in inrichtingen.

**in·au·gu·ra·tie** (de ~ (v.); -s) plechtige aanvaarding van een hoge functie, vooral door een hoogleraar.

**in·au·gu·reel** (bijv. nw.) horend bij een inauguratie* ◆ *de professor hield een inaugurele rede.*

**in·beel·den** (beeldde in, heeft ingebeeld) *je iets inbeelden*: je voorstellen dat iets echt waar is ◆ *ze beeldt zich in dat ze ernstig ziek is.*

**in·be·gre·pen** (bijv. nw.) erbij geteld, meegerekend ⇒ incluis, inclusief ◆ *we waren met 40 mensen, kinderen inbegrepen.*

**in·be·grip** (zelfst. nw.) ▼ *met inbegrip van ...*: dat inbegrepen*, dat meegerekend.

**in·bin·den** (bond in, heeft ingebonden) **1** *losse bladen of tijdschriften inbinden*: er een boek van maken door er een boekband om te doen **2** kalmer worden, wat terugnemen van je felheid ◆ *toen ik kwaad werd, bond ze wat in.*

**in·blik·ken** (blikte in, heeft ingeblikt) *iets inblikken*: iets in een blik* doen om het te bewaren ◆ *ingeblikte vruchten op sap.*

**in·boe·del** (de ~ (m.); -s) spullen in een huis ◆ *door de brand was de hele inboedel vernield.*

**in·boe·ten** (boette in, heeft ingeboet) *aan iets inboeten*: iets gedeeltelijk verliezen ◆ *die antieke kast heeft aan waarde ingeboet*: hij is minder waard geworden.

**in·boe·ze·men** (boezemde in, heeft ingeboezemd) *iemand ontzag of vertrouwen inboezemen*: iemand met ontzag of vertrouwen vervullen.

**in·boor·ling** (de ~ (m.); -en) lid van een stam die in de wildernis leeft.

**in·borst** (de ~) aard, karakter.

**in·braak** (de ~; inbraken) het inbreken* ◆ *een inbraak plegen.*

**in·bre·ken** (brak in, heeft ingebroken) een gebouw binnengaan door een deur of een andere opening die je opengebroken hebt, met de bedoeling om te stelen.

**in·bre·ker** (de ~ (m.); -s) iemand die inbreekt*.

**in·breng** (de ~ (m.)) dat wat iemand inbrengt* ⇒ bijdrage ◆ *haar inbreng in de discussie was niet groot*: ze zei niet veel.

**in·bren·gen** (bracht in, heeft ingebracht) **1** *iets inbrengen*: iets binnen iemands lichaam brengen ◆ *de zuster bracht het infuus in bij de patiënt* **2** *iets inbrengen*: iets naar voren brengen in een gesprek ◆ *daar heb ik niets tegen in te brengen; niets in te brengen hebben*: (uitdr.) niets te vertellen hebben, geen invloed hebben.

**in·breuk** (zelfst. nw.) ▼ *inbreuk op iets maken*: iets schenden, verbreken of overtreden; *inbreuk maken op iemands privéleven*: je ongevraagd met zijn privéleven bemoeien.

**in·cal·cu·le·ren** (calculeerde in, heeft ingecalculeerd) *iets incalculeren*: van tevoren rekening met iets houden ◆ *bij de planning hebben we vakanties en feestdagen ingecalculeerd.*

**in·car·na·tie** (de ~ (v.)) belichaming.

**in·cas·se·ren** (incasseerde, heeft geïncasseerd) **1** geld incasseren: het ontvangen ⇒ innen ◆ *de ambtenaar incasseert de belasting* **2** *iets incasseren*: iets opvangen, iets verduren krijgen ◆ *hij incasseerde een klap op zijn hoofd; die mensen hebben heel wat tegenslagen moeten incasseren.*

**in·cas·so** (het ~; incasso's) **1** het incasseren* (bet.1) van geld ◆ *een incassobureau*: bureau dat je opdracht kunt geven om geld dat je aan iemand te goed hebt voor jou te incasseren **2** extra geld dat je als administratiekosten moet betalen aan degene die geld int.

**in ca·su** in dit geval (vaak afgekort tot i.c.).

**in·cest** (de ~ (m.)) geslachtsgemeenschap met een familielid ◆ *incest plegen.*

**inch** (Engels) [insj] (de ~ of het ~; -es) Engelse lengtemaat (ongeveer 2,5 cm).

**in·chec·ken** [intsjekkən] (checkte in, heeft ingecheckt) je in laten schrijven als passagier voor een boot- of vliegreis, korte tijd voor het vertrek, als je al een kaartje hebt.

**in·ci·dent** (het ~; -en) storend voorval ◆ *er deden zich bij de betoging geen incidenten voor.*

**in·ci·den·teel** (bijv. nw.) maar af en toe voorkomend ◆ *dat zijn incidentele gevallen.*

**in·ci·sie** (de ~ (v.); -s) (medisch) insnijding, snee ◆ *de chirurg maakte een incisie.*

**in·ci·viek** (de ~; -en) (in België □) persoon die in de Tweede Wereldoorlog samenwerkte met de Duitsers ⇒ collaborateur.

**incl.** (afkorting) *incl*usief.

**in·cluis** (bijw.) inclusief.

**in·clu·sief** (bijw.) met inbegrip van, het tegenovergestelde van 'exclusief' ⇒ inbegrepen, incluis.

**in·cog·ni·to** (bijw.) zonder je echte naam bekend te maken ◆ *de filmster reisde incognito.*

**in·com·pe·tent** (bijv. nw.) niet geschikt voor zijn of haar taak.

**in·com·pleet** (bijv. nw.) niet compleet, onvolledig ◆ *de puzzel is helaas incompleet*: er ontbreken puzzelstukjes.

**in con·cre·to** in dit bepaalde geval, in werkelijkheid.

**in·con·ti·nent** (bijv. nw.) gezegd van iemand die zijn of haar plas niet en ontlasting niet op kan houden.

**in·crowd** (Engels) [inkraud](de ~) kliek van zogenaamde kenners ◆ *de hele incrowd was bij het popconcert aanwezig.*

**in·cu·ba·tie·tijd** (de ~(m.); -en) tijd tussen de besmetting en het uitbreken van een ziekte.

**in·dach·tig** (bijv. nw.) denkend aan, in gedachten houdend ◆ *indachtig de mooie zomer van vorig jaar, zijn we dit jaar met vakantie in eigen land gebleven.*

**in·dek·ken** (dekte in, heeft ingedekt) *je tegen iets indekken*: door voorzorgsmaatregelen ervoor zorgen dat iets jou niet overkomt.

**in·de·len** (deelde in, heeft ingedeeld) **1** *iets indelen*: een ordening in iets aanbrengen door het te verdelen in stukken ◆ *de school is in groepen ingedeeld* **2** *iemand of iets ergens bij indelen*: iemand of iets ergens een deel* (bet.1) van maken ◆ *ik werd ingedeeld bij groep 5.*

**in·de·ling** (de ~(v.); -en) manier waarop iets ingedeeld* is.

**in·den·ken** (dacht in, heeft ingedacht) *je iets indenken*: iets in gedachten vóór je zien.

**in·der·daad** (bijw.)(om aan te geven dat je iets ook zo vindt) ⇒ *werkelijk* ◆ *het is inderdaad een mooi land.*

**in·der·haast** (bijw.) in haast[1]* ⇒ *haastig* ◆ *ze is inderhaast vertrokken.*

**in·der·tijd** (bijw.) vroeger, destijds ◆ *indertijd stonden hier nog geen huizen.*

**in·dex** (de ~(m.); -en of indices) **1** alfabetische lijst van woorden of onderwerpen in een boek ⇒ *register* **2** (in België) cijfer dat aangeeft hoeveel de prijzen in een bepaalde periode zijn gestegen of gedaald ⇒ *prijsindex.*

**in·dexe·ren** (indexeerde, heeft geïndexeerd)(in België) lonen en tarieven aan de kosten voor levensonderhoud aanpassen.

**in·di·aan** (de ~(m.); indianen), vrouw: **in·di·aan·se** (de ~ (v.); -n) iemand die behoort tot het volk dat in Amerika woonde voor er blanken kwamen.

**in·di·ca·tie** (de ~(v.); -s) iets dat aangeeft in welke richting je moet denken of zoeken ⇒ *aanwijzing.*

**in·dien** (voegw.) in het geval dat, op voorwaarde dat ⇒ *als, wanneer, zo, ingeval* ◆ *wilt u bellen indien u verhinderd bent?; je mag wegblijven indien je een goede reden hebt.*

**in·die·nen** (diende in, heeft ingediend) *een voorstel, klacht enz. indienen*: het aanbieden aan het bevoegde gezag ◆ *je ontslag indienen; de minister diende een wetsvoorstel in.*

**Indiër** In·di·er (de ~(m.); -s) **1** iemand uit India **2** iemand uit de vroegere kolonie Nederlands-Indië (nu Indonesië).

**in·di·ges·tie** (de ~(v.)) verstoorde spijsvertering doordat je te veel hebt gegeten.

**in·di·go** (het ~) donkerblauwe kleurstof, die o.a. gebruikt wordt voor spijkerbroeken.

**in·di·ka·tie** → indicatie.

**in·di·rect** (bijv. nw.) **1** gezegd van iets dat langs een omweg gaat, het tegenovergestelde van 'direct' ◆ *indirecte verlichting*: waarbij de lampen op de muur schijnen en de muren het licht weerkaatsen; *een indirecte vraag*: die niet rechtstreeks gesteld wordt ▼ *indirecte*

*rede*:(taal) het niet rechtstreeks weergeven van wat gezegd is, met een dat-zin; *de zin: 'hij zei dat hij honger had'* is *indirecte* rede; *indirect* object:(taal) meewerkend voorwerp.

**in·di·vi·du** (het ~; -en of individu's) **1** mens, los gezien van alle andere mensen ⇒ *enkeling* ◆ *ieder individu heeft zijn eigen mening* **2** man (meestal in ongunstige zin) ⇒ *sujet* ◆ *in de donkere straat liep een duister individu*: iemand die er verdacht uitzag.

**in·di·vi·du·a·lis·me** (het ~) levenshouding waarbij je je zelfstandigheid als individu* (bet.1) het belangrijkst vindt.

**in·di·vi·du·a·list** (de ~(m.); -en) iemand die alles graag alleen doet, die erg op zichzelf is.

**in·di·vi·du·a·lis·tisch** (bijv. nw.) te maken hebbend met een individualist*.

**in·di·vi·du·a·li·teit** (de ~(v.)) alles wat iemand tot een individu* (bet.1) maakt ⇒ *persoonlijkheid.*

**in·di·vi·du·eel** (bijv. nw.) te maken hebbend met een individu* (bet.1) ◆ *individueel onderwijs*: waarbij iedere leerling apart les krijgt.

**in·doc·tri·na·tie** (de ~(v.)) het indoctrineren*.

**in·doc·tri·ne·ren** (indoctrineerde, heeft geïndoctrineerd) *iemand indoctrineren*: iemand net zo lang en net zo vaak bepaalde ideeën voorhouden totdat hij of zij ze aanneemt zonder er verder over na te denken.

**in·do·lent** (bijv. nw.) gezegd van iemand die uit lusteloosheid geen beslissingen neemt, die niet in actie komt.

**indoor-** in een sporthal, binnen ◆ *indoorwedstrijden.*

**in·drin·gend** (bijv. nw.) gezegd van iets dat een diepe indruk bij je achterlaat ◆ *zij schreef een indringend verhaal over de ramp.*

**in·drin·ger** (de ~(m.); -s), vrouw: **in·dring·ster** (de ~(v.); -s) iemand die ergens binnendringt.

**in·drui·sen** (druiste in, heeft ingedruist) *ergens tegen indruisen*: ergens mee in strijd zijn, ergens niet mee overeenstemmen ◆ *dat druist tegen de waarheid in.*

**in·druk** (de ~(m.); -ken) uitwerking die iets of iemand heeft op je gedachten of je gevoel ◆ *hij heeft een goede indruk gemaakt; ergens van onder de indruk komen; de indruk wekken dat* …: anderen het idee geven dat … (terwijl dat niet zo is).

**in·druk·wek·kend** (bijv. nw.) gezegd van iets dat veel indruk op je maakt ⇒ *imponerend* ◆ *er staat een indrukwekkend aantal boeken in de boekenkast.*

**in du·bio** ▼ *in dubio staan*: twijfelen, niet zeker zijn van wat je moet kiezen.

**in·du·ce·ren** (induceerde, heeft geïnduceerd) *iets induceren*: iets als logische, algemene conclusie trekken uit bijzondere, in één geval geldende feiten, het tegenovergestelde van 'deduceren'.

**in·duf·fe·len** (duffelde in, heeft ingeduffeld) *iemand induffelen*:(in België □) iemand warm aankleden.

**in·du·stri·a·li·se·ren** (industrialiseerde, is geïndustrialiseerd)(van een land): de industrie* tot belangrijk middel van bestaan maken.

**in·du·strie** (de ~(v.); industrieën) **1** alle fabrieken bij elkaar ⇒ *fabriekswezen* ◆ *zware industrie*: ijzer- en staalfabrieken; *lichte industrie*: de productie van voedsel, kleding enz. **2** bedrijven waar een bepaald soort producten wordt gemaakt ◆ *de filmindustrie.*

**in·du·stri·eel** (bijv. nw.) te maken hebbend met industrie* (bet.1) ◆ *industrieel gebied*: waar industrieën zijn gevestigd; *industriële vormgeving*: het ontwerpen van modellen voor producten die in de industrie gemaakt worden.

**in·du·strie·ter·rein** (het ~; -en) stuk grond waar veel industrieën (bet.2) gevestigd zijn, meestal aan de rand van een stad.

**in·een** (bijw.) in elkaar ◆ *ze sloeg haar handen ineen*.

**in·eens** (bijw.) **1** in één keer, tegelijk ◆ *zij kan die drie tassen niet ineens naar boven brengen* **2** plotseling ◆ *ineens stond hij voor onze neus*.

**in·en·ten** (entte in, heeft ingeënt) *iemand inenten tegen een ziekte*: een stof in iemands lichaam spuiten die ervoor zorgt dat hij of zij een bepaalde ziekte niet krijgt.

**in·ert** (bijv. nw.) traag en sloom.

**in ex·ten·so** helemaal, van het begin tot het eind ⇒ *volledig* ◆ *het artikel wordt in extenso in het tijdschrift afgedrukt*.

**in·faam** (bijv. nw.) schandelijk, waaruit blijkt dat iemand geen eergevoel heeft.

**in·fan·te·rie** (de ~(v.)) onderdeel van het leger dat bestaat uit gewapende soldaten te voet.

**in·fan·tiel** (bijv. nw.) kinderachtig en dom.

**in·farct** (het ~; -en) hartinfarct.

**in·fec·te·ren** (infecteerde, heeft geïnfecteerd) *iemand of iets infecteren*: iemand of iets met een ziekte besmetten die in bepaalde gevallen een ontsteking tot gevolg heeft ◆ *de wond raakte geïnfecteerd*: die raakte ontstoken.

**in·fec·tie** (de ~(v.); -s) besmetting die in bepaalde gevallen een ontsteking tot gevolg heeft.

**in·fe·ri·eur** (bijv. nw.) slecht, minderwaardig ◆ *een inferieur product*: van slechte kwaliteit.

**in·fil·tre·ren** (infiltreerde, is geïnfiltreerd) *in iets infiltreren*: omzichtig in iets binnendringen, vaak om iets te weten te komen ◆ *de spion infiltreerde in de bende misdadigers*.

**in·fi·ni·tief** (de ~(m.); infinitieven) (taal) vorm van het hele werkwoord, onbepaalde wijs ◆ *de infinitief van 'liep' en 'gelopen' is 'lopen'*.

**in·fla·tie** (de ~(v.)) waardevermindering van het geld, waardoor je met dezelfde hoeveelheid geld minder kunt kopen, het tegenovergestelde van 'deflatie'.

**in·flu·en·za** (de ~) (medisch) griep.

**in·fo** (de ~(v.)) (verkorting) informatie.

**in·for·mant** (de ~(m.); -en), vrouw: **in·for·man·te** (de ~ (v.); -n of -s) iemand die informatie* geeft ⇒ *zegsman*.

**in·for·ma·teur** (de ~(m.); -s) iemand die aangesteld is om te onderzoeken op welke manieren een nieuw kabinet gevormd kan worden (kijk ook bij: **kabinet**).

**in·for·ma·ti·ca** (de ~) wetenschap die zich bezighoudt met het verzamelen en verwerken van gegevens met een computer.

**in·for·ma·tie** (de ~(v.)) inlichtingen, gegevens waardoor je meer over iets te weten komt ◆ *zij vraagt om nadere informatie over vliegreizen*: zij wil er meer van weten.

**in·for·ma·tief** (bijv. nw.) waar je informatie* uit kunt halen ◆ *een informatief gesprek*.

**in·for·ma·tri·ce** (de ~(v.); -s) vrouw die voor haar beroep informatie* geeft ◆ *de informatrice van het reisbureau*.

**in·for·meel** (bijv. nw.) niet formeel (bet.2), niet officieel ◆ *een informeel gesprek*: waarin geen vaste afspraken worden gemaakt; *ze gaan heel informeel met elkaar om*: losjes, als goede vrienden.

**in·for·me·ren** (informeerde, heeft geïnformeerd) **1** *ergens naar informeren*: vragen hoe iets zit, ergens informatie* over vragen ◆ *hij informeert naar de vertrektijd van de trein* **2** *iemand informeren*: iemand informatie* geven ⇒ *inlichten* ◆ *de schooldecaan informeert de leerlingen over beroepen*.

**in·fo·tain·ment** [infootænmɛnt] (het ~) radio-, tv- of computerprogramma's die een mengeling zijn van informatie en amusement.

**in·fra·rood** (bijv. nw.) *(van licht)*: bestaande uit bepaalde stralen waarvan o.a. in de geneeskunde en in de fotografie gebruik gemaakt wordt ◆ *een infrarode lamp*: een lamp die infrarood licht uitzendt dat bijv. stijve spieren geneest.

**in·fra·struc·tuur** (de ~(v.); -structuren) voorzieningen in een land zoals wegen, vliegvelden, bruggen.

**in·fuus** (het ~) naald, meestal in je arm, met een slangetje eraan waardoorheen een vloeistof met voeding of geneesmiddelen direct in je bloed wordt gebracht.

**ing.** (afkorting) **1** (in Nederland) *ing*enieur (titel van iemand die aan een technische of agrarische school heeft gestudeerd) **2** (in België) *i*ngenieur (titel van een industrieel ingenieur; dat is een ingenieur die afgestudeerd is aan een hogeschool).

**in·gaan** (ging in, is ingegaan) **1** *ergens op ingaan*: op iets reageren door er aandacht aan te besteden ◆ *de directeur ging niet op de vraag in*: hij gaf er geen antwoord op **2** beginnen, van kracht worden ◆ *de vakantie gaat op 15 juli in*; *de nieuwe regels gaan volgende week in*.

**in·gang** (de ~(m.); -en) **1** opening in een gebouw of in een ruimte waardoor je naar binnen gaat, het tegenovergestelde van 'uitgang' ⇒ *entree* ◆ *zij stond bij de ingang van het station te wachten* ▼ *ingang vinden*: (van woorden, opvattingen enz.) aangenomen worden, weerklank vinden; *met ingang van …*: vanaf die datum; *de school is met ingang van 15 juli gesloten*.

**in·ge·bak·ken** (bijv. nw.) gezegd van iets dat een vaste gewoonte van iemand is geworden, dat hem of haar niet meer af te leren is ◆ *die eigenwijsheid zit bij hem ingebakken*.

**in·ge·bed** (bijv. nw.) *ergens in of tussen ingebed zijn, liggen*: ergens als in een bed liggen ◆ *de rivier ligt ingebed tussen de dijken*.

**in·ge·bur·gerd** (bijv. nw.) **1** gezegd van iemand die zich in een vreemde omgeving helemaal thuis is gaan voelen ◆ *hij is in die stad aardig ingeburgerd geraakt* **2** gezegd van iets dat iedereen gewoon is gaan vinden, dat iedereen is gaan gebruiken ◆ *die Engelse uitdrukking is ingeburgerd*: die wordt door iedereen gebruikt.

**in·ge·kap·seld** (bijv. nw.) *ingekapseld zijn in iets*: helemaal in iets vastzitten, in iets verstrikt zitten.

**in·ge·maakt** (bijv. nw.) ▼ *een ingemaakte kast*: (in België □) een ingebouwde kast, een muurkast.

**in·ge·ni·eur** (de ~(m.); -s) iemand die is afgestudeerd aan een technische universiteit of een landbouwuniversiteit, of aan een technische of agrarische hogeschool ◆ *civiel ingenieur*: ingenieur in de weg- en waterbouw; *burgerlijk ingenieur*: (in België) ingenieur die afgestudeerd is aan de faculteit toegepaste wetenschappen; *industrieel ingenieur*: (in België) ingenieur met een diploma van een hogeschool.

**in·ge·ni·eus** (bijv. nw.) vernuftig, slim bedacht ◆ *het apparaat zat heel ingenieus in elkaar*.

**in·ge·no·men** (bijv. nw.) *ergens mee ingenomen zijn*: blij zijn met iets ◆ *ze was erg ingenomen met haar nieuwe baan*.

**in·ge·roest** (bijv. nw.) *(van ideeën, gewoontes enz.)*: zo vast geworden dat je het niet meer kunt veranderen.

**in·ge·span·nen** (bijv. nw.) met al je aandacht erbij ⇒ *geconcentreerd* ◆ *hij zat ingespannen een brief te schrijven*.

**in·ge·to·gen** (bijv. nw.) zedig en bescheiden, niet uitbundig ◆ *zij leiden een ingetogen leven*.

**in·ge·val** (voegw.) in het geval dat ⇒ *als*, *indien*.

**in·ge·ven** (gaf in, heeft ingegeven) *iemand iets ingeven*: iemand op een gedachte brengen ◆ *doe wat je hart je in-geeft*: doe wat je voelt dat je moet doen.

**in·ge·ving** (de~(v.); -en) idee dat bij je opkomt ⇒ *inval* ◆ *opeens kreeg ik een ingeving*: een goed idee.

**in·ge·voerd** (bijv. nw.) *ergens in ingevoerd zijn*: veel van iets af weten, in iets thuis zijn ◆ *hij is goed ingevoerd in de natuurkunde.*

**in·ge·vol·ge** (voorz.)(deftig) naar aanleiding van, ten gevolge van ◆ *ingevolge uw verzoek is het volgende beslist.*

**in·ge·wan·den** (zelfst. nw.; meervoud) organen in je buikholte, zoals je maag en je darmen.

**in·ge·wij·de** (de ~; -n) iemand die op een bepaald gebied is ingewijd* (bet.2).

**in·ge·wik·keld** (bijv. nw.) in elkaar zittend op een manier die moeilijk te doorgronden is, het tegenovergestelde van 'eenvoudig' ⇒ *complex, gecompliceerd.*

**in·ge·ze·te·ne** (de ~; -n) deftig: burger ⇒ *inwoner.*

**in·gooi·en** (gooide in, heeft ingegooid) *ruiten ingooien*: die kapotmaken met iets dat je gooit.

**ingrediënt** in·gre·di·ent (het ~; -en) bestanddeel van een gerecht ◆ *de ingrediënten voor pannenkoekbeslag zijn meel, melk en eieren.*

**in·greep** (de ~(m.); -grepen) handeling waarmee je ingrijpt* (bet.1) ◆ *het weghalen van wratten is maar een kleine ingreep.*

**in·grij·pen** (greep in, heeft ingegrepen) **1** je ergens mee bemoeien als het verkeerd dreigt te gaan ◆ *toen de jongens elkaar begonnen te schoppen, greep vader in* **2** diep ingrijpen in iets: grote invloed op iets hebben ◆ *die gebeurtenis greep diep in in haar leven.*

**in·grij·pend** (bijv. nw.) gezegd van iets dat diep ingrijpt* (bet.2) ◆ *de verhuizing was een ingrijpende verandering voor de kinderen.*

**in·ha·ken** (haakte in, heeft ingehaakt) **1** *ergens op inhaken*: ergens op reageren door iets te zeggen dat erbij aansluit ◆ *hij haakte in op dat idee* **2** *bij iemand inhaken*: iemand een arm geven.

**in·ha·len** (haalde in, heeft ingehaald) **1** een auto, een fietser enz. inhalen: die voorbij gaan door harder te rijden ◆ *verboden in te halen* **2** *iets inhalen*: iets doen wat je nog niet gedaan hebt, maar wat je wel had moeten doen ◆ *je huiswerk inhalen* **3** *iemand inhalen*: iemand feestelijk ontvangen ◆ *de koningin werd met muziek ingehaald* **4** *iemand die verder is dan jij inhalen*: gelijk met iemand komen door op te schieten.

**in·ha·le·ren** (inhaleerde, heeft geïnhaleerd) *rook inhaleren*: die inademen.

**in·ha·lig** (bijv. nw.) erg hebberig ⇒ *hebzuchtig.*

**in·ham** (de ~(m.); -men) plaats waar het land inspringt, waar de kustlijn een naar binnen gebogen bocht vormt.

**in·hech·te·nis·ne·ming** (de ~(v.)) arrestatie, gevangenneming.

**in·heems** (bijv. nw.) van of uit het land zelf, niet ingevoerd, het tegenovergestelde van 'uitheems' ⇒ *inlands* ◆ *inheemse planten.*

**in·he·rent** (bijv. nw.) *ergens inherent aan zijn*: ergens onverbrekelijk mee verbonden zijn, ergens altijd mee samengaan.

**in·houd** (de ~(m.); -en) **1** wat ergens in zit of in kan ◆ *zij schudt de inhoud van haar tas op tafel; de inhoud van die koelkast is heel groot*: die kan veel bevatten **2** alles wat in een boek of andere tekst staat ◆ *de inhoud van de brief kent hij uit zijn hoofd; een film met weinig inhoud*: waarvan het verhaal weinig voorstelt.

**in·hou·de·lijk** (bijv. nw.) te maken hebbend met de in-houd* (bet.2) ◆ *je opstel is inhoudelijk goed, maar er zitten veel taalfouten in.*

**in·hou·den** (hield in, heeft ingehouden) **1** *iets inhouden*: iets betekenen ◆ *wat houdt dat voorstel in?* **2** *je inhouden*: je beheersen, je niet uiten terwijl je dat wel zou willen ⇒ *bedwingen* ◆ *zij moest zich inhouden om niet te gaan lachen* **3** *een bedrag inhouden*: dat niet uitbetalen ◆ *zakgeld inhouden.*

**in·hul·di·gen** (huldigde in, heeft ingehuldigd) **1** *iemand inhuldigen*: een plechtige bijeenkomst houden om te vieren dat hij of zij een belangrijke functie aanvaardt ◆ *de nieuwe burgemeester is gisteren ingehuldigd* **2** *iets inhuldigen*: (in België □) iets plechtig openen ◆ *de nieuwe school werd door de minister ingehuldigd.*

**in·hu·ren** (huurde in, heeft ingehuurd) *iemand inhuren*: iemand tijdelijk in dienst nemen voor een bepaald karwei.

**ini·ti·a·len** (zelfst. nw.; meervoud) eerste letters van je voor- en achternaam.

**ini·ti·a·tief** (het ~; initiatieven) voorstel dat je als eerste doet of actie die je als eerste onderneemt, eerste aanzet tot iets ◆ *zij nam het initiatief tot het organiseren van een feest.*

**ini·ti·eel** (bijv. nw.) te maken hebbend met het begin van iets ◆ *initiële kosten*: die je maakt als je met iets, bijv. een bedrijf, begint.

**initiëren** ini·ti·e·ren (initieerde, heeft geïnitieerd) *iets initiëren*: de aanzet tot iets geven, met iets beginnen ◆ *die kunstenaar heeft een nieuwe stijl van schilderen geïnitieerd.*

**in·jec·te·ren** (injecteerde, heeft geïnjecteerd) *een mens of een dier injecteren*: een mens of een dier een injectie* geven.

**in·jec·tie** (de ~(v.); -s) inspuiting van een vloeistof met behulp van een naald, vooral de inspuiting van een geneesmiddel in het lichaam ◆ *een injectie tegen de griep; een bedrijf een financiële injectie geven*: (uitdr.) het geld geven om het te helpen.

**in·kar·na·tie** → incarnatie.

**in·kas·se·ren** → incasseren.

**in·keer** (zelfst. nw.) ▼ *tot inkeer komen*: berouw, spijt krijgen over iets dat je verkeerd gedaan hebt; *iemand tot inkeer brengen*: ervoor zorgen dat iemand berouw krijgt, dat iemand zijn of haar fouten inziet.

**in·ke·ping** (de ~(v.); -en) groef, kerf.

**in·kijk** (de ~(m.)) mogelijkheid of gelegenheid om ergens naar binnen te kijken ◆ *ze sloot de gordijnen tegen de inkijk.*

**in·kijk·ope·ra·tie** (de ~(v.); -s) inbraak door de politie bij een verdachte, om te zien of er bewijsmateriaal te vinden is.

**in·klap·pen** (klapte in, heeft ingeklapt) **1** *iets inklappen*: iets naar binnen vouwen, ergens iets kleins van maken ◆ *een muziekstandaard inklappen* **2** een geestelijke inzinking krijgen, waardoor je niet meer verder kunt ⇒ *instorten.*

**in·kla·ren** (klaarde in, heeft ingeklaard) *goederen, schepen of vliegtuigen inklaren*: ze melden bij de douane om ze het land in te mogen brengen, het tegenovergestelde van 'uitklaren'.

**in·kle·den** (kleedde in, heeft ingekleed) *iets inkleden*: iets op een bepaalde manier zeggen of naar voren brengen, omdat je een bepaalde bedoeling hebt ◆ *als je die baan wilt hebben, moet je dat tactisch inkleden.*

**in·klin·ken** (klonk in, is ingeklonken)(van grond of van metselwerk): inzakken, lager en vaster worden.

**in·kluis** → incluis.

**in·ko·men**[1] (het ~; -s) geld dat iemand krijgt voor zijn of haar werk ◆ *een vast inkomen*: geld waarvan je zeker kunt zijn dat je het regelmatig krijgt.

**in·ko·men**[2] (kwam in, is ingekomen) **1** naar binnen komen, het tegenovergestelde van 'uitgaan' ⇒ *binnenkomen* ◆ *inkomende post* ▼ *daar komt niets van in*: dat gebeurt niet.

**in·kom·sten** (zelfst. nw.; meervoud) geld dat binnenkomt, bijv. uit een erfenis of als rente.

**in·kon·ti·nent** → incontinent.

**in·koop** (de ~(m.)) het inkopen[2]* van artikelen en goederen voor een winkel of bedrijf ◆ *de afdeling inkoop van een warenhuis.*

**in·ko·pen**[1] (zelfst. nw.; meervoud) dingen die je koopt*, boodschappen ◆ *inkopen doen.*

**in·ko·pen**[2] (kocht in, heeft ingekocht) *iets inkopen*: iets kopen om het zelf te gebruiken of om het aan anderen te verkopen.

**in·krim·pen** (kromp in) **1** (heeft ingekrompen) *iets inkrimpen*: iets kleiner maken, beperken ◆ *je uitgaven inkrimpen* **2** (is ingekrompen) kleiner worden ◆ *het bedrijf moet inkrimpen*: het moet mensen ontslaan.

**inkt** (de ~(m.); -en) gekleurde vloeistof om mee te schrijven ◆ *Oost-Indische inkt*: onuitwisbare zwarte inkt.

**inkt·vis** (de ~(m.); -vissen) in zee levend weekdier met een krans van tentakels rond de kop, dat een soort inkt kan spuiten als hij achtervolgd wordt.

**in·ku·ba·tie·tijd** → incubatietijd.

**in·kui·len** (kuilde in, heeft ingekuild) *iets, bijv. witlof, bieten of gras, inkuilen*: iets in een kuil doen om het te bewaren.

**in·kwar·tie·ren** (kwartierde in, heeft ingekwartierd) *militairen inkwartieren*: ze in de huizen van burgers laten wonen.

**in·lan·der** (de ~(m.); -s) oorspronkelijke bewoner van een land waar later blanken zijn gaan wonen.

**in·lands** (bijv. nw.) van het land zelf, van de oorspronkelijke bevolking afkomstig ⇒ *inheems.*

**in·las·sen** (laste in, heeft ingelast) *iets inlassen*: iets ergens tussen of in voegen ◆ *er wordt een optreden van een goochelaar ingelast.*

**in·la·ten** (liet in, heeft ingelaten) *je met iemand of iets inlaten*: je bemoeien met iemand of iets terwijl dat beneden je waardigheid is.

**in·leg** (de ~(m.)) geld dat je inlegt* (bet.1).

**in·leg·gen** (legde in, heeft ingelegd) **1** geld inleggen: het naar een spaarbank brengen of het inzetten bij een spel **2** *vruchten, groenten enz. inleggen*: ze met zout, zuur, suiker enz. in potten doen om ze lang te kunnen bewaren ⇒ *inmaken* **3** *iets inleggen*: figuren in iets snijden en die opvullen met stukjes gekleurd hout, glas enz. ◆ *een ingelegd tafelblad.*

**in·lei·den** (leidde in, heeft ingeleid) *iemand of iets inleiden*: iets zeggen over iemand die gaat optreden of over iets dat gaat gebeuren ⇒ *introduceren.*

**in·leid·ster** → inleider.

**in·le·ven** (leefde in, heeft ingeleefd) *je in iemand of iets inleven*: je in gedachten in iemand of iets verplaatsen, je voorstellen dat je iemand bent, of dat je in een bepaalde situatie bent ◆ *ze leefde zich helemaal in in de hoofdpersoon van het boek.*

**in·le·ve·ren** (leverde in, heeft ingeleverd) *iets inleveren*: iets afgeven, iets overhandigen ◆ *de ambtenaren moeten inleveren*: ze krijgen minder loon omdat er bezuinigd moet worden.

**in·lich·ten** (lichtte in, heeft ingelicht) *iemand inlichten over iets*: iemand inlichtingen* over iets geven, iemand van iets op de hoogte brengen ⇒ *informeren* ◆ *de politie heeft de familie over het ongeluk ingelicht.*

**in·lich·ting** (de ~(v.); -en) mededeling over iets, als antwoord op een vraag ◆ *inlichtingen inwinnen*: om informatie vragen.

**in·lij·ven** (lijfde in, heeft ingelijfd) **1** *iemand bij een groep inlijven*: iemand daarin opnemen, bepalen dat iemand daarbij hoort **2** *een gebied inlijven*: het met een leger bezetten en bij het eigen land voegen ⇒ *annexeren.*

**in·lo·pen** (liep in) **1** (heeft ingelopen) *een achterstand inlopen*: die verkleinen **2** (is ingelopen) de achterstand verkleinen.

**in·los·sen** (loste in, heeft ingelost) *een belofte inlossen*: doen wat je beloofd hebt.

**in·lui·den** (luidde in, heeft ingeluid) *iets inluiden*: het begin van iets aankondigen of aanduiden ◆ *sneeuwklokjes luiden de lente in.*

**in·maak** (de ~(m.)) het inmaken* (bet.1) van fruit, groenten enz..

**in·ma·ken** (maakte in, heeft ingemaakt) **1** *vruchten, groenten enz. inmaken*: ze met zout, zuur of suiker in potten doen om ze lang te kunnen bewaren ⇒ *inleggen* **2** *een tegenstander inmaken*: (populair) heel overtuigend van een tegenstander winnen.

**in me·mo·ri·am** ter herinnering aan een overledene ◆ *in memoriam: J.H. Verkerk*: (als titel boven een geschreven stuk waarin de overleden J.H. Verkerk herdacht wordt).

**in·men·ging** (de ~(v.)) ongevraagde bemoeienis ⇒ *interventie, tussenkomst* ◆ *inmenging van een ander land in binnenlandse aangelegenheden.*

**in·mid·dels** (bijw.) intussen, ondertussen.

**in na·tu·ra** ▼ *iets in natura betalen*: iets niet met geld betalen, maar met goederen of diensten.

**in·ne·men** (nam in, heeft ingenomen) **1** *geneesmiddelen innemen*: ze gebruiken, ze slikken **2** *ruimte innemen*: die nodig hebben, die in beslag nemen ◆ *dat neemt niet veel plaats in*; *een standpunt innemen*: (uitdr.) dat hebben **3** *een stad of gebied innemen*: die of dat veroveren **4** *kleren innemen*: ze nauwer maken, het tegenovergestelde van 'uitleggen' **5** *lading, brandstof innemen*: die aan boord halen ◆ *het schip neemt olie in* **6** *iemand voor of tegen je innemen*: een goede of slechte indruk op iemand maken, iemands sympathie winnen of verspelen.

**in·ne·mend** (bijv. nw.) (van mensen of gedrag): aantrekkelijk ⇒ *charmant, beminnelijk.*

**in·nen** (inde, heeft geïnd) *geld innen*: het ontvangen, het krijgen ⇒ *beuren.*

**in·ner·lijk**[1] (het ~) binnenste van een mens, zijn gedachten en gevoelens.

**in·ner·lijk**[2] (bijv. nw.) van binnen, aan de binnenkant, te maken hebbend met het innerlijk[1]* ◆ *innerlijke beschaving*: die niet direct blijkt uit je uiterlijk, maar uit je gedrag; *een innerlijke strijd*: die zich in je binnenste afspeelt, die je voor jezelf uit moet vechten.

**in·nig** (bijv. nw.) **1** diep in je hart ◆ *dat is mijn innige overtuiging; mijn innigste gedachten*: mijn diepste, intiemste gedachten **2** waaruit nieuwe verbondenheid blijkt ◆ *een innige omhelzing.*

**in·no·ve·ren** (innoveerde, heeft geïnnoveerd) nieuwe producten, technieken, methoden enz. gaan gebruiken.

**in·op·ti·ma for·ma** op zijn best ◆ *toneelspel in optima forma*.

**in·pak·ken** (pakte in, heeft ingepakt) **1** *iets inpakken*: een verpakking om iets doen, iets in een koffer, kist enz. doen ⇒ *verpakken* ◆ *kunt u het als een cadeautje inpakken?*; *de koffers inpakken*: kleren en spullen erin doen **2** *iemand inpakken*: iemand in dikke kleren hullen **3** *iemand inpakken*: ervoor zorgen dat iemand je aardig vindt en helemaal geen kritiek op je heeft.

**in·pal·men** (palmde in, heeft ingepalmd) *iemand inpalmen*: iemand voor je innemen, ervoor zorgen dat iemand je aardig vindt.

**in·pas·sen** (paste in, heeft ingepast) *iemand of iets inpassen*: iemand of iets op een bepaalde plaats invoegen, tussen andere mensen of dingen plaatsen.

**in·pe·pe·ren** (peperde in, heeft ingepeperd) *iemand iets inpeperen*: iemand iets op een harde manier duidelijk maken, iemand flink de waarheid zeggen.

**in·per·ken** (perkte in, heeft ingeperkt) *iets inperken*: grenzen aan iets stellen, iets binnen de perken houden ⇒ *beperken, intomen, beteugelen* ◆ *we moeten de kosten een beetje inperken*.

**in pet·to** ▼ *iets in petto hebben*: iets van plan zijn en er iemand mee willen verrassen; *als jullie komen, heb ik nog wel een verrassing voor jullie in petto*.

**in·pik·ken** (pikte in, heeft ingepikt) **1** *iets inpikken*: (populair) iets van anderen afpakken, iets wegnemen ◆ *pik in, 't is winter*: (uitdr.) (dit zeg je als je een voordeeltje hebt) **2** *ergens op inpikken*: (in België □) ergens op inhaken.

**in·pol·de·ren** (polderde in, heeft ingepolderd) *een gebied inpolderen*: er een polder* van maken, er dijken om leggen.

**in·pren·ten** (prentte in, heeft ingeprent) *iemand iets inprenten*: iemand van iets doordringen, ervoor zorgen dat iemand iets heel goed weet.

**in·put** (Engels) [inpœt] (de ~) gegevens die je in een computer invoert, het tegenovergestelde van 'output'.

**in·qui·si·tie** (de ~ (v.)) rooms-katholieke rechtbank die vroeger de taak had ketters op te sporen en te straffen (kijk ook bij: **ketter**).

**in·re·ke·nen** (rekende in, heeft ingerekend) *iemand inrekenen*: iemand gevangen nemen ⇒ *arresteren, aanhouden*.

**IN·RI** (afkorting) *I*esus *N*azarenus *R*ex *I*udaeorum; dit is Latijn en het betekent: Jezus van Nazareth, koning der joden.

**in·rich·ten** (richtte in, heeft ingericht) **1** *een huis of kamer inrichten*: dat of die met meubels, gordijnen enz. geschikt maken om erin te wonen of te werken ◆ *dit huis is niet ingericht op het houden van feestjes*; *een tentoonstelling inrichten*: alle voorwerpen, schilderijen enz. op de juiste plaats zetten en hangen **2** *een wedstrijd inrichten*: (in België □) die organiseren.

**in·rich·ting** (de ~ (v.)) **1** (-en) psychiatrisch ziekenhuis, tehuis voor mensen met psychische problemen **2** manier waarop een huis of kamer is ingericht* (bet.1) ⇒ *interieur* ◆ *een moderne inrichting* **3** de manier waarop iets in elkaar is gezet, waarop het georganiseerd is ◆ *de staatsinrichting*.

**in·rui·len** (ruilde in, heeft ingeruild) *iets inruilen*: iets voor iets anders ruilen ⇒ *inwisselen* ◆ *een auto inruilen*: je oude auto inleveren als je een nieuwe koopt en zodoende minder betalen.

**in·rui·men** (ruimde in, heeft ingeruimd) **1** *een kast inruimen*: er dingen in opbergen **2** *plaats inruimen voor iemand of iets*: ruimte voor iemand of iets vrijmaken.

**in·ruk·ken** (rukte in, is ingerukt) weggaan, naar je plaats teruggaan ◆ *ingerukt (mars!)*: (dit zeg je als je iemand beveelt weg te gaan).

**in·scha·ke·len** (schakelde in, heeft ingeschakeld) **1** *een toestel inschakelen*: het aanzetten, het in werking stellen, het tegenovergestelde van 'uitschakelen' **2** *iemand inschakelen*: iemand erbij halen, iemand te hulp roepen ◆ *de politie inschakelen*.

**in·scha·len** (schaalde in, heeft ingeschaald) *iemand op een bepaalde manier inschalen*: iemand een bepaald salaris geven.

**in·schat·ten** (schatte in, heeft ingeschat) *iemand of iets inschatten*: iemand of iets vooraf beoordelen ⇒ *taxeren* ◆ *hij had het peil van het examen verkeerd ingeschat*.

**in·sche·pen** (scheepte in, heeft ingescheept) *je inschepen*: aan boord van een schip* gaan.

**in·schie·ten** (schoot in, is ingeschoten) **1** *erbij inschieten*: achterwege blijven, niet plaatsvinden ◆ *het ontbijt schoot er in de haast bij in* **2** *iets erbij inschieten*: iets verliezen, iets kwijtraken ◆ *je leven erbij inschieten*: sterven.

**in·schik·ke·lijk** (bijv. nw.) gezegd van iemand die geen problemen maakt, die zich aanpast ⇒ *toegeeflijk, meegaand, flexibel*.

**in·schrij·ven** (schreef in, heeft ingeschreven) **1** *op iets inschrijven, je voor iets inschrijven*: je schriftelijk voor iets opgeven, schriftelijk laten weten dat je aan iets meedoet ⇒ *intekenen* ◆ *op een cursus inschrijven*; *ik heb me ingeschreven voor de 300 meter hardlopen* **2** *iemand inschrijven*: iemands naam op een lijst zetten en daarmee aangeven dat de persoon aan iets mee wil doen of ergens in is opgenomen ◆ *nieuwe leden inschrijven*.

**in·schrij·ving** (de ~ (v.); -en) schriftelijke opgave voor deelname aan iets ◆ *de inschrijving sluit over twee weken*.

**in·scrip·tie** (de ~ (v.); -s) letters die ergens in gegraveerd zijn, meestal een datum of naam, als herinnering ◆ *een gouden horloge met inscriptie*.

**in·sect** (het ~; -en) diertje uit de klasse van de geleedpotigen dat uit drie delen bestaat: een kop met sprieten, een borststuk met zes poten en meestal vleugels, en een achterlijf.

**in·sec·ti·ci·de** (het ~; -n) gif dat insecten doodt.

**in·se·mi·na·tie** (de ~ (v.); -s) het inbrengen van zaad in de vrouwelijke geslachtsorganen ◆ *kunstmatige inseminatie*: bevruchting zonder seksueel contact, door middel van een soort injectiespuit.

**in·se·mi·ne·ren** (insemineerde, heeft geïnsemineerd) *een vrouw of vrouwtjesdier insemineren*: haar of het kunstmatig bevruchten.

**ins en outs** (zelfst. nw.; meervoud) alles wat ergens bij komt kijken, de details.

**ins·ge·lijks** (bijw.) hetzelfde, ook zo ◆ *'prettig weekend!' 'insgelijks!'*.

**in·side-in·for·ma·tion** (Engels) [insajtinformeesjən] (de ~) inlichtingen van iemand die het weten kan, van iemand die nauw bij de zaak betrokken is.

**in·si·der** (Engels) [insajdər] (de ~; -s) iemand die ergens precies van op de hoogte is doordat hij of zij er nauw bij betrokken is, het tegenovergestelde van 'outsider' ⇒ *ingewijde* ◆ *dat is alleen voor insiders te begrijpen*.

**in·sig·ne** [insienjə] (het ~; -s) officieel kenteken dat je onderscheiden bent ⇒ *onderscheidingsteken*.

**in·si·nu·a·tie** (de ~ (v.); -s) bedekte, niet rechtstreekse beschuldiging of verdachtmaking.

**in·si·nu·e·ren** (insinueerde, heeft geïnsinueerd) *iets ongunstigs insinueren*: iets op een bedekte manier zeggen, iets bedoelen zonder het precies te zeggen.

**in·skrip·tie** → inscriptie.

**in·slaan** (sloeg in) **1** (heeft ingeslagen) *iets inslaan: iets kapot slaan* ◆ *in geval van nood het ruitje inslaan* **2** (heeft ingeslagen) *iets inslaan: iets in voorraad nemen, een voorraad van iets aanleggen* ◆ *50 kilo aardappels inslaan* **3** (is ingeslagen)*(van bliksem, kogels, granaten, meteorieten) ergens inslaan: ergens met een klap of met kracht in doordringen* ◆ *het sloeg in als een bom:*(uitdr.) het kwam heel onverwachts en maakte grote indruk **4** (is ingeslagen) *een weg inslaan: die ingaan.*

**in·slag** (de ~(m.); -en) **1** *het inslaan\** (bet.3) ◆ *de inslag van meteorieten* **2** *instelling, sfeer die ergens uit spreekt* ⇒ *karakter* ◆ *een boek met een christelijke inslag* **3** *draden die in de dwarsrichting van een weefsel lopen.*

**in·sla·pen** (sliep in, is ingeslapen) **1** *in slaap vallen* **2** *doodgaan* ⇒ *sterven.*

**in·slik·ken** (slikte in, heeft ingeslikt) *iets inslikken: iets van je mond in je keel laten komen.*

**in·slui·per** (de ~(m.); -s), vrouw: **in·sluip·ster** (de ~(v.); -s) *dief die ongemerkt een huis binnen sluipt.*

**in·slui·ten** (sloot in, heeft ingesloten) **1** *iemand of iets insluiten: iemand of iets ergens in stoppen of ergens in vastmaken* ◆ *ingesloten bij deze brief vind je mijn foto* **2** *iemand of iets insluiten: iemand of iets aan alle kanten omgeven, omsingelen.*

**in·span·nen** (spande, heeft ingespannen) **1** *je inspannen: je krachten gebruiken* ◆ *ze moest zich tot het uiterste inspannen om die kist te verslepen; hij mag zich vooral niet inspannen van de dokter: hij moet het kalm aan doen* **2** *je inspannen voor iets: je best voor iets doen* **3** *een trekdier inspannen: het voor een kar of wagen spannen* **4** *een proces tegen iemand inspannen:* (in België □) iemand een proces aandoen.

**in·span·ning** (de ~(v.); -en) *het inspannen\** (bet.1 en 2) ⇒ *moeite* ◆ *je inspanning getroosten: moeite doen, je best doen.*

**in spe** (Latijn) [inspee] *in de toekomst te verwachten, toekomstig* ◆ *mijn schoonzus in spe: de vrouw die binnenkort mijn schoonzus wordt.*

**in·spec·te·ren** (inspecteerde, heeft geïnspecteerd) *iets inspecteren: iets bekijken om te onderzoeken of het in orde is* ◆ *een ambtenaar van de gemeente kwam de geiser inspecteren.*

**in·spec·teur** (de ~(m.); -s), vrouw: **in·spec·tri·ce** (de ~(v.); -s) *iemand die voor zijn of haar beroep zaken inspecteert\** ◆ *een inspecteur van de belastingdienst; een inspecteur van politie: iemand met een bepaalde rang bij de politie.*

**in·spec·tie** (de ~(v.); -s) *het inspecteren\** ◆ *bij een nauwkeurige inspectie vond ik nog heel wat fouten; de onderwijsinspectie: de dienst die toezicht houdt op het onderwijs.*

**in·spec·tri·ce** → inspecteur.

**in·spe·len** (speelde in, heeft ingespeeld) *op iets of iemand inspelen: snel en gemakkelijk op iets of iemand reageren* ◆ *dit bedrijf speelt in op de behoeften van de mensen: het brengt op de markt wat de mensen willen kopen; zij zijn op elkaar ingespeeld: zij kunnen goed samenwerken.*

**in·spi·ra·tie** (de ~(v.); -s) *toestand waarin je goede ingevingen krijgt en bezield raakt* ◆ *ik heb geen inspiratie voor een opstel: ik kan niet op goede ideeën komen.*

**in·spi·re·ren** (inspireerde, heeft geïnspireerd) **1** *iemand inspireren: iemand een goede ingeving bezorgen, iemand bezielen* ◆ *ik ben vandaag niet geïnspireerd: ik heb geen goede ideeën; dit boek inspireert me: het brengt me op allerlei gedachten en ideeën* **2** *ergens op*

*geïnspireerd zijn: ergens de ideeën vandaan hebben* ◆ *de film is geïnspireerd op een krantenbericht.*

**in·spraak** (de ~) *gelegenheid om je mening te laten horen, en daardoor invloed te krijgen op beslissingen* ⇒ *medezeggenschap* ◆ *de buurtbewoners eisen inspraak in wat er met het wijkgebouw zou gebeuren.*

**in·sprin·gen** (sprong in, is ingesprongen) **1** *voor iemand inspringen: iets doen in plaats van iemand anders als die persoon onverwacht verhinderd is* ◆ *onze oppas is ziek; wil jij vanavond inspringen?* **2** *een stukje openlaten en een eindje verderop beginnen* ◆ *bij elke nieuwe alinea moet je een stukje inspringen: het begin van de eerste regel moet je leeg laten* **3** *ergens op inspringen: direct op iets reageren, op iets inhaken* ◆ *dat programma springt in op actuele gebeurtenissen.*

**in·staan** (stond in, heeft ingestaan) **1** *ergens voor instaan: zeggen dat op iets gerekend kan worden en je er aansprakelijk voor stellen* ⇒ *garanderen* ◆ *ik sta ervoor in dat je niets zal overkomen:*(uitdr.) je kunt daar zeker van zijn; *ik sta niet in voor de gevolgen:*(uitdr.) houd er maar rekening mee dat het verkeerd kan aflopen; *als je dát doet, sta ik niet voor mezelf in:*(uitdr.) dan kon ik wel eens ontzettend driftig worden **2** *voor iets instaan:* (in België □) voor iets verantwoordelijk zijn ◆ *hij staat in voor de orde op school.*

**in·stal·la·teur** (de ~(m.); -s) *iemand die voor zijn of haar beroep elektrische apparaten, verwarmingen enz. installeert\** (bet.1).

**in·stal·la·tie** (de ~(v.); -s) **1** *het installeren\** (bet.1 en 2) ◆ *de installatie van een geiser; de installatie van de nieuwe burgemeester* **2** *bij elkaar horende technische of elektrische apparaten* ◆ *een stereo-installatie; een alarminstallatie.*

**in·stal·le·ren** (installeerde, heeft geïnstalleerd) **1** *apparaten installeren: die zo plaatsen en aansluiten dat ze gebruikt kunnen worden* **2** *iemand installeren: plechtig vieren dat iemand een bepaald ambt gaat bekleden, of dat iemand in een vereniging wordt opgenomen* **3** *je ergens installeren: ergens een plek voor jezelf inrichten en die gezellig maken* ◆ *je met een boek en een glas cola op de bank installeren.*

**instant-** *snel klaar* ◆ *instantpudding.*

**in·stan·tie** (de ~(v.); -s) **1** *afdeling of organisatie van de overheid die bepaalde zaken behandelt* ◆ *bij welke instantie moet ik zijn om een paspoort aan te vragen?* ▼ *in eerste instantie: op het eerste gezicht, aanvankelijk; in eerste instantie leek het antwoord juist, maar in tweede instantie bleek het niet te kloppen.*

**in·stap·pen** (stapte in, is ingestapt) *een auto, bus, trein enz. in gaan, het tegenovergestelde van 'uitstappen'* ◆ *achteraan instappen alstublieft!*

**in·stel·len** (stelde in, heeft ingesteld) **1** *iets instellen: iets oprichten, stichten, tot stand brengen* ◆ *er werd een commissie ingesteld om het feest te organiseren; een nieuwe regeling instellen: die van kracht laten worden, die laten gelden; een onderzoek instellen: het organiseren en uitvoeren* **2** *een apparaat instellen: het klaarmaken voor gebruik* ◆ *heb je de camera goed ingesteld?* **3** *je ergens op instellen: verwachten dat iets gebeurt en je ernaar richten* ◆ *hij had zich al helemaal op de vakantie ingesteld* **4** *iets, bijv. een huis, instellen:* (in België □) een eerste bod op iets doen bij een verkoping ◆ *dit huis is slechts 100.000 frank ingesteld.*

**in·stel·ling** (de ~(v.)) **1** *het instellen\** (bet.1 en 2) ◆ *de instelling van een commissie; de instelling van een camera* **2** (-en) *organisatie, dienst, stichting enz. met een bepaalde taak* ◆ *de bibliotheek is een instelling die boeken* uitleent **3** innerlijke houding die je tegenover allerlei zaken aanneemt ⇒ *mentaliteit* ◆ *hij heeft een zakelijke instelling* **4** instituut (bet.2).

**in·stem·men** (stemde in, heeft ingestemd) *ergens mee instemmen*: het met iets eens zijn, iets goedkeuren ◆ *iedereen stemde met het voorstel in*.

**in·stem·ming** (de~(v.)) goedkeuring, waardering ⇒ *bijval* ◆ *mijn plan werd met instemming begroet*.

**in·sti·ga·tie** (zelfst. nw.) ▼ *op instigatie van iemand*: omdat iemand dat sterk aanraadt; *op instigatie van hun vrienden gingen ze op vakantie naar Engeland.*

**in·stinct** (het ~; -en) ingeboren drang om op een bepaalde manier te handelen ◆ *het instinct van dieren; mijn instinct zegt me dat ik moet oppassen*: mijn gevoel.

**in·stinc·tief** (bijv. nw.) vanuit je instinct*, gevoelsmatig ◆ *instinctief voelde ik dat hij loog*: ik wist het zeker, al kon ik het niet bewijzen.

**in·stin·ker** (de~(m.); -s) vraag waar je, als je niet heel goed nadenkt, een verkeerd antwoord op geeft.

**in·sti·tuut** (het ~; instituten) **1** instelling (bet.2) waar onderwijs wordt gegeven of onderzoek wordt verricht ◆ *een opleidingsinstituut; een doveninstituut* **2** iets dat door de maatschappij is ingesteld (bet.1) en waarvoor bepaalde regels gelden ⇒ *instelling* ◆ *het instituut van het huwelijk; de kerk als instituut*.

**in·stop·pen** (stopte in, heeft ingestopt) **1** *iemand instoppen*: iemand die in bed ligt lekker toedekken **2** *lakens, dekens instoppen*: ze vastleggen op een bed door ze om de matras te vouwen.

**in·stor·ten** (stortte in, is ingestort) **1** in stukken uit elkaar vallen ◆ *dit gebouw staat op instorten* **2** ziek en depressief worden ◆ *toen hij werkloos werd, stortte hij helemaal in*.

**in·struc·teur** (de~(m.); -s), vrouw: **in·struc·tri·ce** (de~(v.); -s) iemand die voor zijn of haar beroep anderen instructies* (bet.1) geeft ◆ *een zweminstructeur*: iemand die je leert zwemmen.

**in·struc·tie** (de~(v.); -s) **1** aanwijzing voor hoe iets gebruikt of gedaan moet worden ◆ *instructies voor een computerspel* **2** opdracht, order ◆ *ik heb instructie je te helpen*: dat is mij opgedragen.

**in·struc·tief** (bijv. nw.) waar je van kunt leren, die of dat iets duidelijk maakt ⇒ *leerzaam* ◆ *een instructieve tekening bij de tekst*: die helpt bij het begrijpen van de tekst.

**in·struc·tri·ce** → instructeur.

**in·stru·e·ren** (instrueerde, heeft geïnstrueerd) **1** *iemand instrueren*: iemand instructies* (bet.1) geven, iemand iets leren ◆ *ik zal je instrueren over het gebruik van de afwasmachine* **2** *iemand iets instrueren*: iemand iets opdragen, iemand een instructie* (bet.2) geven ◆ *ik heb hem geïnstrueerd zijn mond te houden*.

**instrukt-** → instruct-.

**in·stru·ment** (het ~; -en) **1** voorwerp om muziek mee te maken ⇒ *muziekinstrument* ◆ *een instrument bespelen* **2** stuk gereedschap voor fijn werk ◆ *naast de tandartsstoel staat een tafeltje met instrumenten*.

**in·stru·men·taal** (bijv. nw.) met muziekinstrumenten* ◆ *instrumentale muziek*: waarbij niet gezongen wordt.

**in·stru·men·ta·ri·um** (het ~; -s of instrumentaria) alle instrumenten* (bet.1 en 2) die je ergens voor nodig hebt ◆ *het instrumentarium van een popgroep; het instrumentarium van een chirurg*.

**in·stu·de·ren** (studeerde in, heeft ingestudeerd) *iets instuderen*: iets steeds beter leren door veel te oefenen ◆ *ik ben een nieuw liedje aan het instuderen*.

**in·stuif** (de~(m.); instuiven) feest of bijeenkomst waar iedereen in en uit kan lopen.

**in·sub·or·di·na·tie** (de~(v.)) ongehoorzaamheid of verzet tegen de bevelen van een meerdere in het leger.

**in·su·li·ne** (de ~) stof in je lichaam die het suikergehalte in je bloed verlaagt, en die gebruikt wordt als geneesmiddel voor mensen met suikerziekte.

**in·sult** (het ~; -en) (medisch) aanval van epilepsie (kijk ook bij: **epilepsie**).

**in·tact** (bijv. nw.) helemaal heel, ongeschonden ⇒ *gaaf* ◆ *de motor is intact gebleven bij het ongeluk*.

**in·take·ge·sprek** [intækgəsprek] (het ~; -ken) gesprek dat mensen van een hulpverlenende instelling houden met een nieuwe cliënt, om te weten te komen wat voor soort hulp die cliënt nodig heeft.

**in·takt** → intact.

**in·teelt** (de ~) voortplanting van verwante mensen of dieren, waardoor afwijkingen kunnen ontstaan.

**in·te·gen·deel** (bijw.) juist niet ◆ *'ben je moe?' 'integendeel, ik kan nog uren doorlopen'*.

**in·te·ger** (bijv. nw.) eerlijk en betrouwbaar ⇒ *onkreukbaar, rechtschapen*.

**in·te·graal** (bijv. nw.) waaraan niets ontbreekt, in z'n geheel ◆ *de Mattheuspassion van Bach wordt elk jaar rond Pasen integraal uitgevoerd*.

**in·te·graal·helm** (de~(m.); -en) valhelm met kinbescherming uit één stuk.

**in·te·gra·tie** (de~(v.)) het in elkaar opgaan van verschillende groepen ◆ *de integratie van buitenlanders in Nederland*.

**in·te·gre·ren** (integreerde) **1** (is geïntegreerd) één geheel worden, opgaan in een andere groep ◆ *de nieuwe leerlingen integreerden snel in de klas* **2** (heeft geïntegreerd) *twee zaken integreren*: ze samenvoegen tot één geheel, ze in elkaar laten opgaan ◆ *twee scholen integreren*.

**in·te·gri·teit** (de~(v.)) het integer* zijn ⇒ *onkreukbaarheid, rechtschapenheid*.

**in·te·ke·nen** (tekende in, heeft ingetekend) *intekenen op een boek*: schriftelijk laten weten dat je er een exemplaar van wilt hebben als het verschijnt.

**in·tel·lect** (het ~) verstand, geestelijke vermogens ◆ *Einstein was een man met een groot intellect*: hij was een knap denker.

**in·tel·lec·tu·eel¹** (de~(m.); intellectuelen) iemand die wetenschappelijk ontwikkeld is.

**in·tel·lec·tu·eel²** (bijv. nw.) te maken hebbend met het intellect* ◆ *het intellectuele deel van de bevolking*: de mensen met een grote geestelijke ontwikkeling.

**in·tel·li·gent** (bijv. nw.) met een scherp verstand, snel van begrip ⇒ *schrander*.

**in·tel·li·gen·tie** (de~(v.)) het vermogen om met je verstand iets te leren en te begrijpen ⇒ *schranderheid* ◆ *kunstmatige intelligentie*: computerprogramma's die zichzelf steeds verbeteren, zodat een bepaalde opdracht steeds beter wordt uitgevoerd, en het onderdeel van de wetenschap dat hieraan werkt.

**in·tens** (bijv. nw.) gezegd van iets dat je hevig en diep voelt ◆ *een intens verlangen; wat intens gemeen!*

**in·ten·sief** (bijv. nw.) vergaand, diepgaand ◆ *een intensief contact met iemand onderhouden*: iemand vaak ontmoeten, opbellen, schrijven enz..

**in·ten·si·teit** (de~(v.)) hevigheid, kracht ◆ *hij werkt met een intensiteit waar je versteld van staat*: hij werkt ontzettend hard.

**in·ten·sive care** (Engels) [intenzifkɛːr] (de ~) (letterlijk: intensieve zorg) afdeling in een ziekenhuis waar ernstig zieke patiënten onder voortdurende controle worden verpleegd.

**in·ten·si·ve·ren** (intensiveerde, heeft geïntensiveerd) *iets* *intensiveren:* iets heviger, krachtiger maken ⇒ *versterken* ♦ de politie *intensiveerde* de bewaking: er werden meer agenten ingezet.

**in·ten·tie** (de ~(v.); -s) bedoeling, plan ⇒ *oogmerk, opzet* ♦ ik had niet de *intentie* je te kwetsen.

**inter-** tussen ♦ *interlokaal* verkeer: tussen verschillende plaatsen; een *interlandwedstrijd*: tussen verschillende landen.

**in·ter·ac·tie** (de ~(v.)) wisselwerking, het steeds op elkaar reageren ♦ de *interactie* tussen de acteurs en het publiek.

**in·ter·bel·lum** (Latijn) [interbellum] (het ~; -s) (letterlijk: tussen de oorlogen) periode tussen twee oorlogen, vooral tussen de Eerste en de Tweede Wereldoorlog (1918-1940).

**in·ter·ce·dent** (de ~(m.); -en) iemand die bij een uitzendbureau werkt en bemiddelt tussen bedrijven en uitzendkrachten.

**in·ter·ci·ty** (Engels) [intersittie] (de ~; intercity's) sneltrein die alleen stopt in grote steden.

**in·ter·com** (de ~(m.); -s) soort telefoonverbinding over kleine afstanden, bijv. tussen de verschillende kamers in een huis of kantoor ⇒ *huistelefoon.*

**in·ter·com·mu·naal** (bijv. nw.) tussen gemeenten onderling ⇒ *interlokaal.*

**in·ter·com·mu·na·le** (de ~(v.); -s) (in België) samenwerking van gemeenten, bijv. voor water-, gas- en elektriciteitsvoorziening of voor het ophalen van huisvuil.

**in·ter·con·ti·nen·taal** (bijv. nw.) tussen continenten onderling ♦ *intercontinentaal* luchtverkeer.

**in·te·ren** (teerde in, heeft ingeteerd) op je kapitaal interen: het kleiner, minder laten worden, doordat je meer uitgeeft dan je aan inkomsten ontvangt.

**in·te·res·sant** (bijv. nw.) gezegd van iets dat je interesse* (bet.1) opwekt ♦ een *interessante* film; onze meester kan *interessant* vertellen; een *interessante* prijs: een aantrekkelijke, lage prijs.

**in·te·res·se** (de ~(v.) of het ~) 1 belangstelling ♦ heb je *interesse* in deze tweedehands fiets?: zou je die willen kopen? 2 (-s) iets waar je belangstelling voor hebt ♦ zijn *interesses* liggen op het gebied van computers.

**in·te·res·se·ren** (interesseerde, heeft geïnteresseerd) 1 je ergens voor interesseren: ergens belangstelling voor hebben, door geboeid zijn of nieuwsgierig naar zijn ♦ ze *interesseert* zich voor kunst 2 iemand interesseren: iemand belangstellend of nieuwsgierig maken ♦ het *interesseert* me niet wat je ervan vindt: het kan me niet schelen.

**in·te·rest, in·trest** (de ~(m.); -en) rente.

**in·ter·fe·ren·tie** (de ~(v.)) het verschijnsel dat golven interfereren* (bet.2).

**in·ter·fe·re·ren** (interfereerde, heeft geïnterfereerd) 1 (deftig) tussenbeide komen, je ergens mee bemoeien 2 (van golven): bij elkaar komen en op elkaar inwerken.

**in·te·ri·eur** (het ~; -s) aankleding van de binnenkant van een huis, gebouw of auto met vloerbedekking, meubels enz..

**in·te·rim** (Latijn) [interim] (het ~; -s) 1 tussentijd, tijd tussen de ene en de andere gebeurtenis ♦ een *interim*kabinet: een kabinet dat na het aftreden van het vorige kabinet de lopende zaken afhandelt tot er een nieuwe regering is gevormd 2 (in België □) vervanging 3 (in België □) tijdelijke betrekking.

**in·te·ri·ma·ris** (de ~(m.); -sen) 1 (in België) plaatsvervanger van een leerkracht of een ambtenaar 2 (in België □) iemand die tijdelijk werkt.

**in·ter·kom·mu·naal** → intercommunaal.

**in·ter·kon·ti·nen·taal** → intercontinentaal.

**in·ter·land** (de ~(m.); -s) sportwedstrijd tussen teams uit verschillende landen.

**in·ter·li·ner** (Engels) [interlajner] (de ~(m.); -s) snelle en luxe bus die tussen grote steden rijdt, en niet in tussenliggende plaatsen stopt.

**in·ter·li·nie** (de ~(v.); -s) ruimte tussen twee regels ⇒ *regelafstand.*

**in·ter·lock** (de ~(m.) of het ~; -s) onderhemd voor mannen, van een bepaalde fijne stof.

**in·ter·lo·kaal** (bijv. nw.) tussen gemeenten onderling ⇒ intercommunaal ♦ mag ik even *interlokaal* telefoneren?

**in·ter·me·di·air** (de ~(m.); -s) bemiddelaar ⇒ *tussenpersoon.*

**in·ter·mez·zo** [intermedzoo] (het ~; intermezzo's of intermezzi) korte onderbreking ♦ na dit *intermezzo* kunnen we weer met frisse moed verder gaan.

**in·tern** (bijv. nw.) van binnen, het tegenovergestelde van 'extern' ♦ de leerling-verpleegsters wonen *intern*: in een gebouw dat bij het ziekenhuis hoort; dat is een *interne* kwestie: dat gaat buitenstaanders niets aan; de *interne* geneeskunde: die zich o.a. bezighoudt met stoornissen van de ingewanden, infectieziekten, reumatische aandoeningen, allergische ziekten en vergiftigingen.

**in·ter·naat** (het ~; internaten) kostschool.

**in·ter·na·ti·o·naal** (bijv. nw.) waar verschillende landen mee te maken hebben ♦ de Europese Gemeenschap is een *internationale* organisatie: er zijn veel landen lid van; Engels is een *internationale* taal: het wordt in veel landen gesproken.

**In·ter·na·ti·o·na·le** (de ~) strijdlied van de socialistische beweging.

**in·ter·ne·ren** (interneerde, heeft geïnterneerd) iemand interneren: iemand een verblijfplaats aanwijzen die hij of zij niet mag verlaten ♦ de krijgsgevangenen werden *geïnterneerd* in een kamp.

**in·ter·net** (het ~) systeem waardoor computers over de hele wereld met elkaar verbonden zijn.

**in·ter·nist** (de ~(m.); -en) (medisch) dokter die zich heeft gespecialiseerd in inwendige ziekten.

**in·ter·pel·la·tie** (de ~(v.); -s) politieke vraag om opheldering of inlichtingen aan het bestuur, meestal een vraag van een kamerlid aan een minister.

**in·ter·pel·le·ren** (interpelleerde, heeft geïnterpelleerd) om opheldering of inlichtingen vragen bij het bestuur, meestal in de politiek.

**in·ter·pre·ta·tie** (de ~(m.); -s) uitleg waaruit blijkt hoe je iets opvat ♦ ik weet al wat jij ervan vindt, nu wil ik háár *interpretatie* horen: nu wil ik weten hoe zíj het ziet; de *interpretatie* van een muziekstuk: de vertolking ervan, de manier waarop iemand het speelt.

**in·ter·pre·te·ren** (interpreteerde, heeft geïnterpreteerd) iets interpreteren: iets uitleggen of verklaren op een manier waaruit blijkt hoe je het opvat ♦ ik weet niet hoe ik zijn weigering moet *interpreteren.*

**in·ter·punc·tie** (de ~(v.)) het plaatsen van leestekens ♦ de *interpunctie* van het opstel is slordig: de leestekens staan vaak niet op de goede plaats.

**in·ter·rum·pe·ren** (interrumpeerde, heeft geïnterrumpeerd) iemand interrumperen: iemand onderbreken, iemand in de rede vallen.

**in·ter·rup·tie** (de ~(v.); -s) onderbreking van iemand die aan het praten is.

**in·ter·val** (het ~; -len) tussentijd ♦ je moet met een *interval* van telkens twee weken voor controle naar het ziekenhuis: om de twee weken.

**in·ter·ve·ni·ë·ren** in·ter·ve·ni·e·ren (interveneerde, heeft geïntervenieerd) tussenbeide komen, bemiddelen ◆ *interveniëren in een geschil.*

**in·ter·ven·tie** (de ~ (v.); -s) tussenkomst, bemiddeling ⇒ *inmenging* ◆ *door interventie van Amerika werd een oorlog tussen Israël en Syrië voorkomen.*

**in·ter·view** [ɪntərvjʊ] (het ~; -s) gesprek tussen twee personen waarbij de één vragen stelt die de ander beantwoordt ⇒ *vraaggesprek* ◆ *een interview geven.*

**in·ter·vie·wen** [ɪntərvjʊwən] (interviewde, heeft geïnterviewd) *iemand interviewen*: een interview* met iemand houden.

**in·ter·vie·wer** [ɪntərvjʊwər] (de ~ (m.); -s) degene die in een interview* de vragen stelt.

**in·tiem** (bijv. nw.) **1** erg persoonlijk ◆ *intieme gedachten* **2** erg vertrouwelijk ◆ *een intieme vriendin; zij vierden Kerstmis in intieme kring:* met alleen hun familie en hun beste vrienden.

**in·ti·mi·de·ren** (intimideerde, heeft geïntimideerd) *iemand intimideren*: iemand bang maken om iets van hem of haar gedaan te krijgen.

**in·ti·mi·teit** (de ~ (v.)) **1** vertrouwde, besloten sfeer **2** (-en) handeling of mededeling waaruit vertrouwelijkheid blijkt ◆ *ze vertelde me allerlei intimiteiten*: allerlei dingen over haar privéleven; *ongewenste intimiteiten*: aanrakingen met een seksuele bijbedoeling, waar iemand niet van gediend is.

**in·ti·mus** (de ~ (m.); intimi; meestal meervoud) iemand met wie je heel vertrouwelijk bent.

**in·tocht** (de ~ (m.); -en) het officieel en met veel vertoon binnenkomen in een stad ◆ *de intocht van Sinterklaas.*

**in·to·le·rant** (bijv. nw.) onverdraagzaam.

**in·to·men** (toomde in, heeft ingetoomd) **1** *je intomen*: je matigen, je bedwingen ⇒ *inhouden* **2** *gevoelens of begeerten intomen*: ze bedwingen ⇒ *beteugelen* ◆ *je boosheid intomen.*

**in·to·na·tie** (de ~ (v.); -s) verloop in toonhoogte tijdens het spreken ⇒ *stembuiging* ◆ *een vragende intonatie*: waarbij aan het eind van de zin de toon omhoog gaat.

**in·tran·si·tief** (bijv. nw.) *(van werkwoorden)*: (taal) onovergankelijk.

**in·tra·ve·neus** (bijv. nw.) (medisch) gezegd van een injectie waarbij in een ader gespoten wordt.

**in·tre·de, in·tree** (zelfst. nw.) ▼ *zijn intrede doen*: in gebruik, in zwang raken; *jaren geleden deed de video zijn intrede.*

**in·tre·den** (trad in, is ingetreden) **1** beginnen ◆ *een nieuw tijdperk was ingetreden; de dood trad spoedig in bij de gewonde*: hij stierf al gauw **2** monnik of non worden.

**in·tree** → intrede.

**in·trek** (zelfst. nw.) ▼ *ergens je intrek nemen*: ergens tijdelijk of voorgoed gaan wonen.

**in·trek·ken** (trok in) **1** (heeft ingetrokken) *iets intrekken*: iets terugnemen, ongedaan maken of niet meer laten gelden ◆ *ze hebben dat verbod weer ingetrokken; je woorden intrekken* **2** (is ingetrokken) *bij iemand intrekken*: tijdelijk of voorgoed bij iemand gaan wonen ◆ *zij is bij haar vriend ingetrokken.*

**in·trest** → interest.

**in·tri·gant** (de ~ (m.); -en), vrouw: **in·tri·gan·te** (de ~ (v.); -s of -n) iemand die intrigeert* (bet.1).

**in·tri·ge** [ɪntriːʒə, in België: ɪntriːɣə] (de ~; -s) **1** stiekem, gemeen plan ◆ *hij bedenkt allerlei intriges om zijn doel te bereiken* ◆ *een intrige vertellen* **2** dingen die er aan de hand zijn in een verhaal, film of toneelstuk en die er de spanning in brengen ⇒ *plot* ◆ *dit boek heeft een spannende intrige.*

**in·tri·ge·ren** (intrigeerde, heeft geïntrigeerd) **1** op een stiekeme, gemene manier proberen je doel te bereiken, vooral door ruzie tussen anderen te veroorzaken **2** *iemand intrigeren*: iemand boeien en nieuwsgierig maken ◆ *haar geheimzinnige glimlach intrigeert mij mateloos.*

**in·tro·du·cé** (de ~ (m.); -s), vrouw: **in·tro·du·cee** (de ~ (v.); -s) iemand die jij meeneemt als je ergens bent uitgenodigd ◆ *elke bezoeker mocht één introducé meebrengen.*

**in·tro·du·ce·ren** (introduceerde, heeft geïntroduceerd) **1** *iemand ergens introduceren*: iemand op een bepaalde plaats met mensen in contact brengen en ervoor zorgen dat hij of zij daar kan komen ◆ *hij introduceerde haar in zijn vriendenkring* **2** *iets of iemand introduceren*: iets zeggen over iemand die gaat optreden of over iets dat gaat gebeuren ⇒ *inleiden* ◆ *wie introduceert de sprekers?* **3** *iets introduceren*: iets als eerste op de markt brengen, iets invoeren ⇒ *lanceren* ◆ *wij introduceren de nieuwe lentemode!*

**in·tro·duc·tie** (de ~ (v.); -s) **1** eerste kennismaking ◆ *elk jaar is er een introductie voor nieuwe leden; ter introductie van ons nieuwe product krijgt u korting* **2** inleiding ◆ *zonder introductie begon hij over de moeilijkste dingen te praten.*

**in·tro·spec·tie** (de ~ (v.)) manier om jezelf te leren kennen waarbij je je bewust probeert te worden van wat er in je innerlijk omgaat.

**in·tro·vert** (bijv. nw.) gezegd van iemand die in zichzelf gekeerd is en die zich niet uitbundig uit, het tegenovergestelde van 'extravert'.

**in·tui·nen** (tuinde in, is ingetuind) er intuinen: (populair) er inlopen als er een grap met je wordt uitgehaald, je beet laten nemen.

**intuïtie** in·tu·ï·tie (de ~ (v.); -s) het aanvoelen, het gevoelsmatig weten van iets zonder erover na te hoeven denken ◆ *bij intuïtie wist ik dat ze loog.*

**intuïtief** in·tu·ï·tief (bijv. nw.) gezegd van iets dat je aanvoelt door intuïtie* ◆ *wij begrepen elkaar intuïtief*: direct, zonder dat we veel woorden nodig hadden.

**in·tus·sen** (bijw.) **1** in die tijd ⇒ *ondertussen* ◆ *ik was af; wil jij intussen stofzuigen?* **2** ondanks dat ⇒ *ondertussen, desalniettemin* ◆ *het vriest, maar intussen loopt zij nog zonder jas!*

**In·u·it** [ɪnnʊwiːt] (de ~ (m.); -s) eskimo.

**in·val** (de ~ (m.); -len) **1** het plotseling ergens binnenvallen ◆ *de politie deed een inval in een goktent; de zoete inval*: (uitdr.) een plaats waar je op elk moment binnen kunt komen en waar je altijd prettig ontvangen wordt **2** plotseling opkomend idee ⇒ *ingeving* ◆ *wat een goeie invallen heb jij!*

**in·va·li·de** (bijv. nw.) gezegd van iemand die niet meer de beschikking heeft over al zijn of haar ledematen.

**in·val·len** (viel in, is ingevallen) **1** *voor iemand invallen*: tijdelijk iemands werk doen, iemand tijdelijk vervangen **2** plotseling beginnen ◆ *de invallende duisternis belemmerde het zoeken* **3** op het juiste moment mee gaan spelen of zingen in een muziekstuk waarmee anderen al bezig zijn.

**in·val·ler** (de ~ (m.); -s), vrouw: **in·val·ster** (de ~ (v.); -s) iemand die voor een ander invalt* (bet.1) ◆ *we hebben les van een invalster.*

**in·vals·hoek** (de ~ (m.); -en) manier waarop je een probleem benadert.

**in·val·ster** → invaller.

**in·va·sie** (de ~ (v.); -s) plotselinge inval van een vijandelijk leger ◆ *een invasie van bezoekers*: (uitdr.) een heleboel bezoekers tegelijk.

**in·ven·ta·ris** (de ~ (m.); -sen) alle spullen in een huis, bedrijf of winkel ◆ *de inventaris opmaken*: (uitdr.) een lijst van aanwezige voorwerpen maken; ook: een overzicht geven van wat er allemaal gezegd is.

**in·ven·ta·ri·sa·tie** (de ~(v.); -s) het opmaken van een inventaris* ♦ *de winkel was vanwege de jaarlijkse inventarisatie gesloten.*

**in·ven·ta·ri·se·ren** (inventariseerde, heeft geïnventariseerd) **1** *goederen en voorwerpen inventariseren:* er een lijst van maken ♦ *de winkelier is aan het inventariseren* **2** *dingen inventariseren:* ze opsommen zodat je een overzicht hebt voor je iets gaat doen.

**in·ven·tief** (bijv. nw.) vindingrijk.

**in·ves·te·ren** (investeerde, heeft geïnvesteerd) **1** *geld in een bedrijf investeren:* dat bedrijf met geld steunen of verbeteren, in de hoop dat dat later winst oplevert **2** *tijd, geld of energie in iets investeren:* die of dat aan iets besteden ♦ *zij investeert al haar tijd in haar hobby.*

**in·ves·te·ring** (de ~(v.); -en) keer dat je ergens in investeert* ♦ *zo'n auto is een hele investering:* die kost veel.

**in·vi·ta·tie** (de ~(v.); -s) (deftig) uitnodiging.

**in·vi·te·ren** (inviteerde, heeft geïnviteerd) *iemand inviteren:* (deftig) iemand vragen je gast te zijn ⇒ *uitnodigen, nodigen, noden.*

**in·vloed** (de ~(m.); -en) vermogen om iets of iemand te veranderen of om te bepalen hoe iets of iemand wordt ♦ *zij heeft veel invloed op haar vriend; hij reed onder invloed:* (uitdr.) hij reed terwijl hij te veel alcohol gedronken had.

**in·vloed·rijk** (bijv. nw.) met veel invloed.

**in·voe·gen** (voegde in, heeft ingevoegd) in een rijdende verkeersstroom mee gaan rijden ♦ *invoegen op de snelweg.*

**in·voer** (de ~(m.)) het invoeren* (bet.1) van goederen uit het buitenland, het tegenovergestelde van 'uitvoer' ⇒ *import* ♦ *de invoer van koffie.*

**in·voe·ren** (voerde in, heeft ingevoerd) **1** *goederen invoeren:* ze vanuit het buitenland het eigen land binnenbrengen, het tegenovergestelde van 'uitvoeren' ⇒ *importeren* ♦ *koffie invoeren* **2** *iets invoeren:* als eerste met iets beginnen, iets als eerste gaan gebruiken, iets laten gelden ♦ *wie heeft die gewoonte ingevoerd?; belastingmaatregelen invoeren.*

**in·vrie·zen** (vroor in, heeft ingevroren) *iets, bijv. groente, invriezen:* iets bevriezen om het te bewaren.

**in·vul·len** (vulde in, heeft ingevuld) **1** *iets, bijv. een formulier, invullen:* ergens gegevens op schrijven op plaatsen die daarvoor opengelaten zijn **2** *iets invullen:* iets opschrijven op een plek die daarvoor is opengelaten ♦ *de datum invullen* **3** *iets op een bepaalde manier invullen:* een bepaalde inhoud aan iets geven ♦ *het is nog niet duidelijk hoe ze die taak zal invullen.*

**in·vul·ling** (de ~(v.)) het invullen*.

**in·wen·dig** (bijv. nw.) van binnen, binnen in je lichaam, het tegenovergestelde van 'uitwendig' ♦ *inwendige kneuzingen; inwendig moest ik erom lachen:* in mezelf (dus zonder het te laten blijken); *medicijnen voor inwendig gebruik:* om in te nemen.

**in·wer·ken** (werkte in, heeft ingewerkt) **1** *op iemand of iets inwerken:* op iemand of iets invloed hebben ♦ *water werkt in op ijzer; ze liet alles wat ze onderweg zag op zich inwerken:* ze liet het goed tot zich doordringen **2** *iemand inwerken:* iemand vertrouwd maken met het werk dat hij of zij moet gaan doen.

**in·wij·den** (wijdde in, heeft ingewijd) **1** *iets inwijden:* het plechtig in gebruik nemen ♦ *een kerk inwijden* **2** *iemand ergens in inwijden:* iemand alles bijbrengen wat hij of zij moet weten, meestal over iets geheimzinnigs ♦ *zij wijdde ons in in de kunst van het koken.*

**in·wij·ding** (de ~(v.)) het inwijden* ♦ *de inwijding van de nieuwe school.*

**in·wil·li·gen** (willigde in, heeft ingewilligd) *een verzoek inwilligen:* doen wat gevraagd wordt, er gunstig over beslissen.

**in·win·nen** (won in, heeft ingewonnen) *inlichtingen inwinnen:* om informatie vragen.

**in·wo·nen** (woonde in, heeft ingewoond) *bij iemand inwonen:* bij iemand in huis wonen ♦ *zijn moeder woont bij hem in.*

**in·wo·ner** (de ~(m.); -s), vrouw: **in·woon·ster** (de ~(v.); -s) iemand die in een bepaalde plaats of in een bepaald land woont.

**in·worp** (de ~(m.); -en) **1** worp waardoor de bal weer in het spel gebracht wordt als hij uit is geweest ⇒ *ingooi* **2** geld dat je in een automaat moet doen ♦ *inworp twee kwartjes.*

**in·za·ge** (de ~) het inzien[2]* (bet.1) van boeken of papieren ♦ *wij verlangden inzage in de kasboeken; wij sturen u dit boek ter inzage:* (uitdr.) zodat u het eens in kunt kijken.

**in·za·ke** (voorz.) (deftig) over ⇒ *betreffende, aangaande, omtrent* ♦ *inzake diefstal wilde de politie nog niets bekendmaken.*

**in·za·me·len** (zamelde in, heeft ingezameld) *geld of kleren inzamelen:* er veel van ophalen om er iets mee te gaan doen ♦ *geld inzamelen voor een goed doel.*

**in·za·me·ling** (de ~(v.); -en) het inzamelen* van spullen of geld ♦ *een inzameling houden.*

**in·ze·ge·nen** (zegende in, heeft ingezegend) *iets inzegenen:* het inwijden door er een zegen* (bet.1) over uit te spreken ♦ *een huwelijk inzegenen; een kerk inzegenen.*

**in·zen·den** (zond in, heeft ingezonden) *iets inzenden:* iets inleveren door het op te sturen ⇒ *insturen* ♦ *u kunt uw oplossingen inzenden tot 14 april.*

**in·ze·pen** (zeepte in, heeft ingezeept) **1** *iemand of iets inzepen:* iemand of iets met zeep* insmeren **2** *iemand inzepen:* iemands gezicht met sneeuw inwrijven.

**in·zet** (de ~(m.)) **1** toewijding, inspanning ♦ *de deelnemers toonden veel inzet* **2** geld dat je inzet* (bet.3) bij een gokwedstrijd ♦ *mijn inzet was ƒ 25,-* **3** dat waar het om gaat, waar ruzie om is ♦ *het boek was de inzet van een fikse ruzie* **4** kleine afbeelding in de hoek van een grotere afbeelding in een krant of tijdschrift.

**in·zet·baar** (bijv. nw.) gezegd van iemand die of iets dat ingezet* (bet.5) kan worden ♦ *de verpleegkundige was op alle afdelingen inzetbaar.*

**in·zet·ten** (zette in, heeft ingezet) **1** *iets inzetten:* iets ergens in bevestigen ♦ *een ruit inzetten; een ritssluiting inzetten* **2** *je inzetten voor iets:* moeite voor iets doen, je voor iets inspannen **3** *geld inzetten:* het geven bij een gokspel, het in de pot doen die de winnaar krijgt **4** *iets inzetten:* met iets beginnen ♦ *een aanval inzetten; het volkslied inzetten* **5** *iets of iemand inzetten:* iets of iemand in actie laten komen ♦ *de agenten werden ingezet bij de relletjes* **6** (van jaargetijden): beginnen ♦ *de winter zette vroeg in.*

**in·zicht** (het ~; -en) **1** het inzien[2]* (bet.1) van iets, begrip van hoe iets in elkaar zit ♦ *hij heeft een helder inzicht in de problemen; tot inzicht komen:* (uitdr.) spijt, berouw krijgen **2** opvatting, mening ♦ *wij verschillen van inzicht* **3** (in België □) bedoeling, opzet.

**in·zich·te·lijk** (bijv. nw.) goed te begrijpen, waarvan je inzicht* (bet.1) krijgt ⇒ *helder* ♦ *ze kon het inzichtelijk uitleggen.*

**in·zien**[1] (zelfst. nw.) ▼ *bij nader inzien:* na er nog eens over gedacht te hebben; *bij nader inzien voel ik er niets voor; mijns inziens:* volgens mij.

**in·zien²** (zag in, heeft ingezien) **1** iets inzien: begrijpen hoe iets in elkaar zit, iets beseffen ◆ *hij moet toch inzien wat dat betekent; ik zie niet in waarom dat anders moet* **2** iets somber, rooskleurig enz. inzien: verwachten dat iets somber, rooskleurig enz. zal verlopen ◆ *ik zie de toekomst somber in.*

**in·zin·king** (de ~(v.); -en) plotseling verlies van kracht, moed, energie enz. ◆ *na dertig kilometer krijgen de meeste hardlopers een inzinking.*

**in·zit·ten** (zat in, heeft ingezeten) ergens over inzitten: je zorgen om iets maken ◆ *we hebben erg over je ingezeten.*

**in·zit·ten·de** (de ~; -n) persoon die in een voertuig zit dat genoemd is ◆ *de auto sloeg over de kop, maar geen van de inzittenden raakte gewond.*

**in·zoo·men** [inzoemen] (zoomde in, heeft ingezoomd) op iets inzoomen: iets met een camera steeds dichterbij halen door de lenzen te verstellen ◆ *de camera zoomde in op de ingang van het gebouw.*

**i.o.** (afkorting) **1** *in oprichting* (dit gebruik je voor iets dat al wel een naam heeft, maar dat nog niet officieel opgericht is) ◆ *wandelclub 'De Flierefluiter' i.o.* **2** *in opdracht.*

**ion** (het ~; -en) atoom met een elektron te veel of te weinig, waardoor het elektrisch geladen is (kijk ook bij: **atoom en elektron**).

**i.p.v.** (afkorting) *in plaats van.*

**ir.** (afkorting) **1** (in Nederland) *ingenieur* (titel van iemand die aan een technische universiteit heeft gestudeerd) **2** (in België) *ingenieur* (titel van een ingenieur die aan een universiteit is afgestudeerd).

**ir-** → **in-.**

**iris** (de ~; -sen) **1** het gekleurde rondje in je oog ⇒ *regenboogvlies* **2** plant met grote gekleurde bloemen.

**iris·co·pie** (de ~(v.)) manier om vast te stellen welke ziekte iemand heeft door zijn of haar iris (bet.1) met lenzen te bekijken.

**iro·nie** (de ~(v.)) manier van uitdrukken waarbij er een grappige en spottende tegenstelling is tussen wat gezegd wordt en wat bedoeld wordt ◆ *de ironie van het lot:* (uitdr.) het feit dat het toeval soms het tegenovergestelde brengt van wat je gehoopt had.

**iro·nisch** (bijv. nw.) vol ironie*, met bedekte spot ◆ *een ironische opmerking.*

**ir·ri·ga·tie** (de ~(v.)) kunstmatige bevloeiing van grond die te droog is.

**ir·ri·ge·ren** (irrigeerde, heeft geïrrigeerd) land kunstmatig bevloeien.

**ir·ri·tant** (bijv. nw.) gezegd van iemand die of iets dat je irriteert* (bet.1) ⇒ *ergerlijk.*

**ir·ri·ta·tie** (de ~(v.); -s) **1** het geïrriteerd* (bet.1) worden ⇒ *ergernis* ◆ *zoiets leidt tot irritatie: daar erger je mensen mee* **2** reactie van je lichaam op iets waar het niet tegen kan ◆ *irritatie van de slijmvliezen.*

**ir·ri·te·ren** (irriteerde, heeft geïrriteerd) **1** iemand irriteren: iemand ergeren, iemand geprikkeld of boos maken ◆ *zijn brutale antwoorden irriteren mij* **2** iets, bijv. je huid, irriteren: daar een reactie veroorzaken ◆ *zijn huid is geïrriteerd door de zon.*

**IRT** (het ~) *Interregionaal Rechercheteam;* dit is een team rechercheurs dat probeert criminele organisaties op te sporen.

**is** → **zijn.**

**ISBN** (het ~) *International Standard Book Number;* dit is een cijfercode die voor elk boek anders is en die o.a. aangeeft wie het boek heeft uitgegeven.

**is·chi·as** [isgie-jas] (de ~) pijn in je bil en je been door een zenuwontsteking.

**is·ge·lijk·te·ken** (het ~; -s) twee liggende streepjes boven elkaar, waarmee wordt aangegeven dat wat links staat evenveel is als wat rechts staat (het teken' = ').

**is·lam** [islaam, in België: islam] (de ~(m.)) godsdienst van de mohammedanen.

**is·la·mi·tisch** (bijv. nw.) die of dat te maken heeft met de islam* ◆ *veel islamitische vrouwen dragen een hoofddoek.*

**i.s.m.** (afkorting) *in samenwerking met.*

**iso·la·tie** (de ~(v.); -s) het isoleren* ◆ *na de isolatie waren de stookkosten lager; een isolatiecel:* een cel in een psychiatrische inrichting waarin iemand die gevaarlijk is voor zijn of haar omgeving alleen wordt opgesloten.

**iso·le·ment** (het ~) afzondering, het alleen zijn ◆ *eindelijk wist zij haar isolement te doorbreken.*

**iso·le·ren** (isoleerde, heeft geïsoleerd) **1** iemand of iets isoleren: iemand of iets afzonderen, iemand of iets afsluiten van de omgeving ◆ *dat land ligt heel geïsoleerd achter de bergen; hij isoleert zich veel te veel:* hij zoekt te weinig contact met anderen **2** iets, bijv. een huis of een leiding, isoleren: iets bedekken met iets dat geen warmte, kou, geluid of elektriciteit geleidt ◆ *muren isoleren met glaswol.*

**is·sue** (Engels) [isjoe] (de ~; -s) iets waarover mensen denken, spreken of schrijven, iets dat in de belangstelling staat ⇒ *item, kwestie, onderwerp.*

**it.** (afkorting) *item².*

**ITAR/TASS** (de ~) (naam voor het officiële Russische persbureau).

**item¹** (Engels) [ajtem] (het ~; -s) onderwerp, punt dat behandeld wordt.

**item²** (Latijn) [ietem] (bijw.) op dezelfde manier ⇒ *idem.*

**i.t.t.** (afkorting) *in tegenstelling tot.*

**ivbo** (het ~) (in Nederland) *individueel voorbereidend beroepsonderwijs.*

**i.v.m.** (afkorting) *in verband met.*

**ivoor** (het ~) witte stof waaruit de slagtanden van een olifant bestaan ⇒ *elpenbeen.*

**Ivriet** (het ~) taal die in het tegenwoordige Israël wordt gesproken.

**ize·grim** → **iezegrim.**

# Jj

**j** (de ~; j's) de tiende letter van het alfabet.

**ja** (tussenw.)(om aan te geven dat je iets bevestigt, het tegenovergestelde van 'nee' ) ♦ *ja knikken; 'wil je koffie?' 'ja, graag'.*

**jaag·pad** (het ~; -en) pad langs een kanaal of rivier waarover vroeger de paarden liepen die trekschuiten trokken.

**jaap** (de ~; japen)(populair) diepe snijwond.

**jaar** (het ~; jaren) periode van twaalf maanden, van 52 weken, van 365 dagen ♦ *een kleuter van vier jaar; in het jaar 2000; het kalenderjaar:* de periode van 1 januari tot en met 31 december; *het schooljaar:* de periode van augustus tot augustus; *in mijn jonge jaren:* (uitdr.) in mijn jeugd; *de jaren des onderscheids (in België: de jaren van verstand):* (uitdr.) de leeftijd waarop je in staat bent om zelf over dingen te kunnen oordelen; *iemand op jaren:* (uitdr.) die oud, bejaard is; *sinds jaar en dag:* (uitdr.) sinds lange tijd; *vette en magere jaren:* (uitdr.) tijden waarin het goed gaat afgewisseld met tijden waarin het slecht gaat; *van het jaar nul:* (uitdr.) ouderwets, verouderd; *in 't jaar één als de uilen preken:* (in België □; uitdr.; populair) nooit, met sint-juttemis.

**jaar·beurs** (de ~; -beurzen) grote handelsbeurs, meestal voor verschillende landen, die regelmatig, bijv. eenmaal per jaar, wordt gehouden.

**jaar·gang** (de ~(m.); -en) alle nummers van een krant of tijdschrift uit één jaar.

**jaar·ge·tij·de** (het ~; -n) elk van de vier perioden waarin het jaar wordt verdeeld, namelijk lente, zomer, herfst of winter ⇒ *seizoen.*

**jaar·lijks** (bijv. nw.) elk jaar eenmaal gebeurend ♦ *de jaarlijkse schoolreis; hij verdient jaarlijks ƒ 25.000,–:* per jaar.

**jaar·re·ke·ning** (de ~(v.); -en) overzicht van de inkomsten en uitgaven in een jaar van een bedrijf of vereniging.

**jaar·ring** (de ~(m.); -en) elk van de cirkels die je in het hout van een doorgezaagde boomstam ziet, en die aangeven hoe oud de boom is (iedere ring staat voor één jaar).

**jaar·tal** (het ~; -len) getal dat aangeeft in welk jaar iets gebeurde of gemaakt is ♦ *een jaartal op een brug; jaartallen leren:* uit je hoofd leren in welk jaar bepaalde gebeurtenissen uit de geschiedenis hebben plaatsgevonden.

**jaar·tel·ling** (de ~(v.); -en) manier om de jaren van de geschiedenis van een land of volk te berekenen ⇒ *tijdrekening* ♦ *de christelijke jaartelling:* die begint bij de geboorte van Christus, en waarbij een jaar 365 dagen heeft.

**jaar·wis·se·ling** (de ~(v.)) moment waarop het oude jaar afloopt en het nieuwe begint ♦ *prettige jaarwisseling!*

**JAC** (het ~) **J**ongeren **A**dvies **C**entrum; dit is een hulpdienst in Nederland voor jonge mensen met problemen.

**jacht** (zelfst. nw.) **1** (de ~) achtervolging van dieren om ze te vangen of te doden, waarbij je meestal wapens gebruikt, het jagen* (bet.1) ♦ *de jacht op groot wild; de jacht openen:* het seizoen openen waarin op dieren gejaagd* (bet.1) mag worden; *jacht op iets of iemand maken:* (uitdr.) fanatiek proberen iets of iemand te pakken te krijgen; *op huizenjacht gaan:* (uitdr.) proberen een geschikt huis te vinden om in te wonen; *op koopjesjacht gaan:* (uitdr.) proberen in winkels goedkope artikelen te vinden **2** (het ~; -en) luxe en comfortabele plezierboot ♦ *een zeiljacht.*

**jach·ten** (jachtte, heeft gejacht) grote haast maken op een zenuwachtige manier.

**jach·tig** (bijv. nw.) erg haastig en een beetje zenuwachtig ⇒ *gejaagd.*

**jacht·lui·paard** (het ~; -en) groot soort luipaard.

**jacht·op·zie·ner** (de ~(m.); -s) iemand die een jachtgebied beschermt tegen stropers en jagers die zich niet aan de wet houden.

**jacht·scho·tel** (de ~; -s) ovenschotel van vlees, uien, zure appels en aardappels.

**jack** [jek](het ~; -s) sportief kort jasje voor buiten, dat meestal strak om je heupen zit.

**jac·ket** (Engels) [dzjɛkət](de ~; -s) porseleinen kroon die over een tand wordt vastgezet (kijk ook bij: **kroon**).

**jack·pot** [dzjekpot](de ~; -s of -ten) al het geld dat spelers in een gokautomaat stoppen en dat je kunt winnen.

**Ja·cob** → Jakob.

**ja·cobs·lad·der** → jakobsladder.

**jac·quet** [zjakkɛt](de ~of het ~; -s of -ten) deftige zwarte jas met lange panden aan de achterkant, die door mannen wordt gedragen ⇒ *pandjesjas.*

**ja·de** (de ~(m.) of het ~) bepaald soort edelsteen, die meestal groen is.

**jae·ger** [jɛːɡər](het ~) dunne wollen stof waarvan ouderwets ondergoed wordt gemaakt.

**ja·gen** (jaagde of joeg, heeft gejaagd) **1** *op dieren jagen:* ze achternazitten om ze te vangen of te doden, meestal met wapens ♦ *op konijnen jagen* **2** *een mens of een dier in een bepaalde richting jagen:* achter een mens of een dier lopen en die mens of dat dier dwingen snel die richting op te gaan ♦ *ze joeg de koeien de stal in; de hond joeg de inbreker op de vlucht* **3** heel snel gaan, je snel bewegen ♦ *de wolken jaagden voorbij* **4** (in België □) hard trekken ♦ *de kachel jaagt* ▼ *geld erdoor jagen:* het in korte tijd in grote hoeveelheden uitgeven.

**ja·ger** (de ~(m.); -s) **1** iemand die op wild jaagt* (bet.1) **2** snel oorlogsvliegtuig.

**ja·gu·ar** [dzjekkœwar](de ~(m.); -s) Zuid-Amerikaans roofdier dat op een panter lijkt.

**Jah·weh** [jɑːwe](de ~)(naam van God bij de joden).

**jak** (de ~(m.); -ken) wijd, kort kledingstuk van stijve stof, dat een bloes en een jasje tegelijk is.

**jak·hals** (de ~(m.); jakhalzen) roofdier dat op een hond lijkt en dat zich voedt met kadavers.

**jak·ke·ren** (jakkerde, heeft gejakkerd) grote haast maken door hard te rijden of te rennen.

**jak·kes** (tussenw.)(om aan te geven dat je iets vies of vervelend vindt) ⇒ *jasses* ♦ *jakkes, ik heb helemaal geen zin!*

**ja·knik·ker** (de ~(m.); -s) pomp met een op en neer bewegende arm, waarmee olie uit de grond wordt gehaald.

**Ja·kob** (zelfst. nw.) ▼ *de ware Jakob:* de ideale man om mee te trouwen.

**ja·kobs·lad·der** (de ~; -s) ketting zonder begin of einde waaraan bakken zijn vastgemaakt die bijv. graan of modder omhoog brengen.

**ja·loers** (bijv. nw.) *jaloers zijn op iemand of iets:* een akelig gevoel hebben omdat iemand iets heeft dat jij ook wilt hebben ⇒ *afgunstig* ◆ *hij is jaloers op mijn boeken; ik ben jaloers op je omdat je zo goed kunt tekenen.*

**ja·loe·zie** [zj aalœzie *of* jallœzie](de ~ (v.)) akelig gevoel dat je hebt als je iets wilt hebben dat een ander heeft, als je hem of haar benijdt ⇒ *afgunst.*

**jaloezieën** ja·loe·zie·en [zj aalœziejen *of* j aalœziejen] (zelfst. nw.; meervoud) zonnescherm dat bestaat uit horizontale latjes ◆ *de jaloezieën neerlaten.*

**jam** [zjem, in België: jam](de ~; -s) ingedikt mengsel van fijngekookte vruchten en suiker, dat je als broodbeleg eet.

**jam·bo·ree** (Engels) [dzjemboorie *of* dzjamboorie](de ~) internationale bijeenkomst van scouts.

**jam·mer** (bijv. nw.) gezegd van iets dat je een beetje verdriet doet, van iets waarover je jezelf of een ander een beetje beklaagt ⇒ *spijtig, betreurenswaardig* ◆ *het is jammer van alle moeite; jammer voor je.*

**jam·me·ren** (jammerde, heeft gejammerd) klagende, huilende geluiden maken ⇒ *lamenteren, weeklagen, jeremiëren.*

**jam·mer·lijk** (bijv. nw.) betreurenswaardig, bedroevend, erbarmelijk ◆ *een jammerlijke mislukking; jammerlijk gehuil; we hebben jammerlijk verloren.*

**jam·ses·sion** (Engels) [dzjemsesjen](de ~; -s) bijeenkomst van jazzmusici waarop ze samen spelen zonder dat er van tevoren een programma is.

**Jan** (zelfst. nw.) ▼ *Jan en alleman:* iedereen; *Jan Soldaat:* een gewone, gemiddelde soldaat; *Jan met de pet:* een gewone arbeider; *Jan modaal:* een gewone man, die niet rijk en niet arm is; *Jan Publiek:* het publiek dat een oordeel geeft over iets waar het geen verstand van heeft; *Jan Rap en zijn maat:* iedereen, alle mensen uit het volk; *hij is weer boven Jan:* hij heeft de moeilijkheden overwonnen, het gaat hem weer goed; *Jantje lacht, Jantje huilt:* (dit zeg je als iemand het ene moment blij en het andere moment bedroefd is).

**jan·boel** (de ~ (m.)) grote rommel, chaos ⇒ *rotzooi, bende, troep.*

**jan·boe·ren·fluit·jes** (zelfst. nw.) ▼ *op z'n janboerenfluitjes:* slecht en slordig door te weinig aandacht.

**jan·ken** (jankte, heeft gejankt) **1** (populair) huilen **2** *(van honden en wolven):* klaaglijke geluiden maken met hoge, langgerekte tonen.

**jan·ple·zier** (de ~ (m.); -s *of* -en) overdekte wagen met banken voor een groot gezelschap, die door een paard getrokken wordt.

**jan·tje** (het ~; -s; meestal meervoud) **1** matroos van de Nederlandse oorlogsvloot ▼ *je met een jantje-van-leiden ergens van afmaken:* iets niet ernstig opvatten, een smoesje voor iets verzinnen.

**ja·nu·a·ri** (de ~ (m.)) eerste maand van het jaar, ook wel 'louwmaand' genoemd.

**jap** (de ~ (m.); -pen) (verkorting) Japanner.

**ja·pon** (de ~ (m.); -nen) (deftig) jurk ⇒ *robe.*

**jap·pen·kamp** (het ~; -en) concentratiekamp waar Japanners tijdens de Tweede Wereldoorlog mensen in opsloten.

**jar·gon** (het ~; -s) vaktaal of groepstaal ◆ *wetenschappelijk jargon:* taal waarin veel termen voorkomen die alleen wetenschappers begrijpen.

**ja·rig** (bijv. nw.) gezegd van iemand op de datum van zijn of haar geboorte ◆ *ik ben zes februari jarig; dan ben je nog niet jarig!:* (uitdr.) dan ziet het er niet prettig voor je uit!

**jar·re·tel** [zjarretel], **jar·re·tel·le** (de ~; -s) gordeltje voor

om het middel van vrouwen, met aan iedere kant twee elastieken bandjes met klemmetjes, om lange kousen aan vast te maken.

**jas** (de ~; -sen) kledingstuk met mouwen dat je over je andere kleren heen draagt als je naar buiten gaat ◆ *iemand aan zijn of haar jas trekken:* (uitdr.) iemand aanspreken om hem of haar iets te vragen of ergens aan te herinneren.

**jas·be·scher·mer** (de ~ (m.); -s) halfrond schermpje aan weerskanten van het achterwiel van een fiets, dat voorkomt dat je jas tijdens het fietsen tussen je spaken komt.

**jas·je** (het ~; -s) korte jas die ook binnenshuis gedragen wordt, meestal voor mannen ⇒ *colbert.*

**jas·mijn** (de ~; -en) heester met sterk ruikende bloemen.

**jas·pis** (de ~ (m.); -sen) ondoorzichtige edelsteen in verschillende kleuren.

**jas·sen** (jaste, heeft gejast) *piepers jassen:* (populair) aardappels schillen.

**jas·ses** (tussenw.) (om aan te geven dat je iets vies of vervelend vindt) ⇒ *jakkes* ◆ *jasses, alweer spruitjes!*

**jat·ten¹** (zelfst. nw.; meervoud) (populair) handen ⇒ *tengels, fikken.*

**jat·ten²** (jatte, heeft gejat) *iets jatten:* (populair) iets stelen ⇒ *gappen, pikken.*

**ja·wel** (tussenw.) (als bevestigend antwoord op een vraag met een ontkenning) ◆ *'heb je geen zin?' 'jawel!'.*

**ja·woord** (zelfst. nw.) ▼ *iemand het jawoord geven:* met iemand trouwen.

**jazz** [dzje:rz](de ~ (m.)) bepaald soort muziek, ontwikkeld door Noord-Amerikaanse negers en beïnvloed door Afrikaanse en westerse muziek.

**J.C.** (afkorting) Jezus Christus.

**je** (vnw.) **1** (pers. vnw.) jij **2** (pers. vnw.) jou **3** (bez. vnw.) jouw **4** (wederkerend vnw.) (eerste persoon enkelvoud en meervoud) ◆ *je vergist je; hebben jullie je vermaakt?* **5** (onbep. vnw.) men ◆ *dat zie je niet zo vaak* ▼ *jé van hét:* het allerbeste; *dat is niet je dát:* dat is niet zo geweldig.

**jeans** (Engels) [dzjiens](de ~) **1** stevige katoenen stof, die meestal blauw geverfd is ⇒ *denim, spijkerstof* **2** broek van zulke stof ⇒ *spijkerbroek, blue jeans.*

**jeep** (Engels) [dzjiep](de ~ (m.); -s) kleine, sterke auto die geschikt is voor ruw terrein (oorspronkelijk gebruikt in het leger).

**je·gens** (voorz.) ten opzichte van ⇒ *tegenover* ◆ *gedraag je wat beleefder jegens onze gast.*

**Je·ho·va** (de ~) (naam van God bij een bepaalde godsdienstige beweging, de Jehova's getuigen).

**jek·ker** (de ~ (m.); -s) korte jas van dikke stof ⇒ *jopper.*

**je·na·plan·school** (de ~; -scholen) school van een bepaald type waarbij het erom gaat dat leerlingen zich volledig ontplooien en waarbij naast de gewone vakken ook veel aan expressie wordt gedaan.

**je·ne·ver** (de ~ (m.); -s) sterk alcoholische, kleurloze drank die gemaakt is van graan en jeneverbessen ◆ *jenever stoken:* die bereiden in een ketel.

**je·ne·ver·bes** (de ~; -sen) zwarte bes van de jeneverstruik die o.a. gebruikt wordt bij het bereiden van jenever.

**jen·ge·len** (jengelde, heeft gejengeld) huilerig zeuren ⇒ *dreinen, drenzen.*

**jen·nen** (jende, heeft gejend) *iemand jennen:* iemand steeds weer op een gemene manier plagen, tot hij of zij uiteindelijk kwaad wordt ⇒ *sarren, treiteren.*

**jeremiëren** je·re·mi·e·ren (jeremieerde, heeft gejeremieerd) jammeren, klagen.

**jer·ry·can** (Engels) [dzjerrieken, in België: zjerriekan] (de ~; -s) draagbaar vat met een schroefdop voor benzine, water enz..

**Je·sus** → Jezus.

**jet** (Engels) [dzjet of jet, in België: zjet] (de ~; -s) straalvliegtuig.

**jet·je** (zelfst. nw.) ▼ geef hem van jetje!: zet hem op, doe je best!

**jet·lag** (Engels) [dzjetlerk] (de ~) groot tijdsverschil tussen twee landen waar je na lange vliegreizen mee te maken krijgt, en waardoor je je ziek kunt gaan voelen.

**jet·set** (Engels) [dzjetset] (de ~) rijke mensen, artiesten enz. die een luxe leven leiden en die vaak in de belangstelling staan.

**jet·ski**° (Engels) [dzjetskie] (de ~ (m.); jetski's) soort scooter voor op het water.

**jeu de bou·les** (Frans) [zjeudəbœl] (het ~) spel waarbij je om de beurt probeert met een zware bal een klein balletje te raken.

**jeugd** (de ~) **1** tijd waarin je jong bent ◆ in mijn jeugd was dat anders; hij is in zijn tweede jeugd: (uitdr.) (dit zeg je van een volwassene die zich weer jong voelt en die zich jeugdig gedraagt); wie de jeugd heeft, heeft de toekomst: (spreekwoord) als je jong bent, heb je invloed op de toekomst **2** jonge mensen ⇒ jongelui ◆ de jeugd van tegenwoordig.

**jeugd·her·berg** (de ~; -en) gebouw waar jonge mensen tijdens hun vakantie voor weinig geld kunnen eten en slapen.

**jeug·dig** (bijv. nw.) gezegd van iemand die jong is of jong lijkt ◆ een tv-programma voor jeugdige kijkers; die jas maakt haar jeugdig; met jeugdige overmoed: overmoedig als iemand die jong is.

**jeugd·puist·jes** (zelfst. nw.; meervoud) puistjes in je gezicht die je in de puberteit kunt krijgen ⇒ acne.

**jeugd·zon·de** (de ~ (v.); -n) iets dat je in je jeugd (bet.1) hebt gedaan of gemaakt en waar je nu spijt van hebt, meestal gezegd van een kunstwerk ◆ die dichter beschouwt zijn eerste dichtbundel als een jeugdzonde.

**jeuk** (de ~ (m.)) onaangenaam kriebelend gevoel aan je huid ⇒ kriebel.

**jeu·ken** (jeukte, heeft gejeukt) een onaangenaam kriebelend gevoel geven ⇒ kriebelen ◆ muggenbulten jeuken.

**je·zelf** (wederkerend vnw.) (tweede persoon enkelvoud en meervoud) ◆ je hebt jezelf niet meegeteld; gaan jullie maar iets voor jezelf doen; iets uit jezelf doen: (uitdr.) iets doen zonder dat iemand het je gevraagd heeft.

**jezuïet** je·zu·iet (de ~ (m.); -en) lid van de kloosterorde die oorspronkelijk 'Sociëteit van Jezus' heette.

**Je·zus** (v) stichter van het christendom, volgens zijn volgelingen de zoon van God.

**jg.** (afkorting) jaargang.

**JH** (de ~) (in België) jeugdherberg.

**jhr.** (afkorting) **1** jonkheer **2** jongeheer.

**jicht** (de ~) ziekte waarbij gewrichten en pezen erg pijn doen.

**Jid·disch** (het ~) taal van de joden in Oost-Europa, een mengsel van Hebreeuws, Duits en Slavisch.

**jij** (pers. vnw.) (tweede persoon enkelvoud; onderwerp) ⇒ je.

**jij·en** (ww.) ▼ iemand jijen en jouen: 'jij' en 'jou' tegen iemand zeggen, vriendschappelijk met iemand omgaan.

**jin·gle** (Engels) [dzjingrel] (de ~; -s) herkenningsmelodie van een programma, omroep of reclameboodschap op radio of tv ⇒ tune.

**ji·oe-jit·soe** [jieœjitsœ] (het ~) Japanse worsteltechniek, die meestal als sport beoefend wordt.

**jip·pie** (tussenw.) (populair) (om aan te geven dat je blij met iets bent).

**jkvr.** (afkorting) jonkvrouw(e).

**jl.** (afkorting) jongstleden.

**JNM** (zelfst. nw.) (in België) Jeugdbond voor Natuurstudie en Milieubescherming.

**job** (Engels) [dzjop, in België: jop] (de ~; -s) (populair) baan ⇒ betrekking ◆ ze heeft een leuke job als verkoopster.

**Job** (zelfst. nw.) ▼ zo arm als Job: heel erg arm.

**jobs·ge·duld** (het ~) heel groot geduld ⇒ engelengeduld ◆ je moet wel een jobsgeduld hebben om dat te kunnen.

**jobs·tij·ding** (de ~ (v.); -en) heel naar bericht, erg slecht nieuws.

**job·stu·dent** [dzjopstuudent] (de ~ (m.); -en) (in België □) student die werkt om zijn studie te betalen of om een extraatje te verdienen ⇒ werkstudent.

**joch** (het ~) (populair) jongen ⇒ jong.

**jo·chie** (het ~; -s) jongetje.

**joc·key** (Engels) [dzjokkie] (de ~ (m.); -s) paardrijder die aan paardenrennen meedoet.

**jo·de·len** (jodelde, heeft gejodeld) zingen op een manier waarbij je snel overgaat van hoge naar lage tonen (vooral in de bergen, waar dat ver klinkt).

**jo·den·dom** (het ~) **1** joodse godsdienst **2** alle joden samen.

**jo·den·ster** (de ~; -ren) davidster van gele stof die de joden in de Tweede Wereldoorlog verplicht op hun kleding moesten dragen (kijk ook bij: **davidster**).

**jo·din** → jood.

**jo·di·um** (het ~) scheikundige stof, waarvan een oplossing gebruikt wordt om wonden te ontsmetten.

**joe·chei** (tussenw.) (ouderwets) (om aan te geven dat je blij met iets bent) ⇒ hoera, jippie.

**joeg** → jagen.

**joe·gen** → jagen.

**joe·kel** (de ~ (m.); -s) (populair) iets dat heel groot is ⇒ knots, kanjer, knaap ◆ ze had een joekel van een gat in haar kous.

**joe·len** (joelde, heeft gejoeld) luid roepen om te laten merken dat je ergens enthousiast over bent of dat je het afkeurt ◆ de menigte joelde bij het eerste doelpunt.

**joe·pie** (tussenw.) (populair) (om aan te geven dat je blij met iets bent).

**joet** (de ~; -en) (in Nederland; populair) briefje van tien gulden.

**jo·fel** (bijv. nw.) (populair) aardig, leuk ⇒ tof ◆ een jofele meid.

**jog·gen** [dzjokken, in België: joggen] (jogde, heeft gejogd) hardlopen voor je gezondheid en voor je conditie.

**jog·ging·pak** [dzjokkingpak] (het ~; -ken) pak van soepele stof om in te joggen.

**jog·hurt** → yoghurt.

**joh** (tussenw.) (populair) jongen ◆ hè joh, schiet eens op!

**joint** (Engels) [dzjojnt] (de ~; -s) zelfgedraaide sigaret met hasj erin ⇒ stickie.

**jo·jo** (de ~ (m.); jojo's) speelgoed dat bestaat uit twee schijven aan elkaar met een touwtje ertussen, dat je op en neer laat gaan.

**jo·ker** (de ~ (m.); -s) de 53e kaart van het kaartspel, waarop een nar staat; die kan elke andere kaart vervangen of geldt als de kaart met de hoogste waarde ◆ voor joker staan: (uitdr.) voor gek staan.

**jo·ke·ren** (jokerde, heeft gejokerd) een bepaald kaartspel spelen waarbij de joker* erg belangrijk is.

**jok·ke·brok** (de ~ (m.); -ken) kind dat vaak of erg jokt ⇒ liegbeest.

**jok·ken** (jokte, heeft gejokt) met opzet niet de waarheid spreken ⇒ liegen ◆ 'heb jij dat gedaan?' 'nee', jokte ze.

**jol** (de ~; -len) lichte roei- of zeilboot met een puntige voorsteven en een rechte, platte achtersteven.

**jo·lig** (bijv. nw.) heel vrolijk, uitgelaten ◆ *ze was in een jolige bui.*

**jo·lijt** (de ~of het ~)(ouderwets) pret ⇒ *jool.*

**jo·nas·sen** (jonaste, heeft gejonast) *iemand jonassen:* iemand met z'n tweeën bij armen en benen pakken en hem of haar zo heen en weer slingeren.

**jong¹** (het ~) **1** (-en) pasgeboren dier ◆ *een hond met vijf jongen* **2** (populair) jongen ◆ *ach jong, hoepel op!*

**jong²** (bijv. nw.) **1** gezegd van iemand die of iets dat nog niet lang geleefd heeft of bestaat, het tegenovergestelde van 'oud' ◆ *jong en oud:* jonge en oude mensen, iedereen; *die kleren maken oma jong:* daarmee ziet ze er jeugdig uit; *van jongs af aan:* (uitdr.) vanaf je jeugd, altijd al; *jong geleerd, oud gedaan:* (uitdr.) wat je in je jeugd leert, kun je later toepassen **2** nog maar kort bestaand ◆ *de dag is nog jong:* die is nog maar net begonnen; *het jonge paar:* het pas getrouwde stel; *de jongste dag:* (uitdr.) de dag waarop de doden herrijzen en waarop God oordeelt over alle mensen.

**jon·ge** (tussenw.)(om aan te geven dat je verbaasd bent of onder de indruk van iets) ⇒ *sjonge, tjonge.*

**jon·ge·lui** (zelfst. nw.; meervoud) jongens en meisjes ◆ *zo jongelui, zullen we met de les beginnen?*

**jon·gen¹** (de ~(m.); -s) kind van het mannelijk geslacht ◆ *een jongen van Jan de Witt:* (uitdr.) een flinke, dappere vent; *daarbij vergeleken is hij maar een kleine jongen:* (uitdr.) daarbij vergeleken is hij lang zo goed niet, is hij de mindere.

**jon·gen²** (jongde, heeft gejongd)*(van dieren):* jongen¹* (bet.1) krijgen.

**jon·gens** (zelfst. nw.; meervoud) kinderen, jongelui ◆ *jongens, even goed luisteren!*

**jon·ge·re** (de ~; -n) iemand van ongeveer 15 tot 20 jaar ◆ *werkende jongeren; oudere jongere:* iemand van boven de dertig die nog graag bij de jeugd wil horen.

**jon·ge·ren·werk** (het ~) vormingswerk voor jongeren*.

**jong·le·ren** (jongleerde, heeft gejongleerd) voorwerpen, zoals ballen of borden, behendig de lucht in gooien en weer opvangen, meestal voor publiek.

**jong·leur** (de ~(m.); -s) iemand die jongleert*.

**jongst·le·den** (bijv. nw.) gezegd van een dag in de afgelopen week of een datum in het afgelopen jaar (vaak afgekort als 'jl.') ⇒ *laatstleden, afgelopen* ◆ *jongstleden zaterdag:* de zaterdag die net voorbij is; *13 november jongstleden.*

**jonk** (de ~(m.); -en) Chinees schip met een omhooglopende voor- en achterkant.

**jon·ker** (de ~(m.); -s) jonge man van adel ◆ *een kale jonker:* (uitdr.) iemand van stand die geen geld heeft.

**jonk·heer** (de ~(m.); -heren), vrouw: **jonk·vrouw** (de ~ (v.); -en) iemand van adel.

**jon·kie** (het ~; -s)(populair) jong dier.

**jonk·vrouw** → jonkheer.

**jood** (de ~(m.); joden), vrouw: **jo·din** (de ~(v.); -nen) **1** iemand die tot het volk behoort dat afstamt van aartsvader Jakob ⇒ *Israëliet* **2** iemand die het joodse geloof aanhangt.

**joods** (bijv. nw.) te maken hebbend met het geloof of het volk van de joden*.

**jool** (de ~(m.))(ouderwets) vrolijkheid, pret ⇒ *jolijt.*

**Joost** (zelfst. nw.) ▼ *Joost mag het weten:* ik heb geen idee, ik weet het niet.

**jop·per** (de ~(m.); -s) korte jas van dikke stof ⇒ *jekker.*

**Jo·ris** (zelfst. nw.) ▼ *een Joris Goedbloed:* een goeiige sul.

**jo·ta** (de ~; jota's) de negende letter van het Griekse alfabet (ι) ◆ *ik snap er geen jota van:* (uitdr.) helemaal niets.

**jou** (pers. vnw.)(tweede persoon enkelvoud; meewerkend of lijdend voorwerp) ⇒ *je.*

**jour·naal** [zjœrnaal](het ~) **1** (-s) programma met nieuwsberichten dat dagelijks op radio en tv wordt uitgezonden ◆ *het journaal van acht uur* **2** (journalen) boek waarin wordt opgeschreven wat er van dag tot dag gebeurt, vooral bij een zeereis ⇒ *logboek.*

**jour·na·list** [zjœrnalist](de ~(m.); -en), vrouw: **jour·na·lis·te** (de ~(v.); -n of -s) iemand die stukken schrijft over het nieuws, vooral voor een krant of tijdschrift.

**jour·na·lis·tiek¹** [zjœrnalistiek](de ~(v.)) werk van journalisten*.

**jour·na·lis·tiek²** [zjœrnalistiek](bijv. nw.) te maken hebbend met het werk van journalisten* ◆ *een journalistieke loopbaan.*

**jouw** (bez. vnw.)(tweede persoon enkelvoud) van jou ⇒ *je* ◆ *dit is jouw jas en niet de mijne.*

**jo·vi·aal** (bijv. nw.) hartelijk en gul.

**joy·ri·der** (Engels) [dzjojrajder](de ~; -s)(letterlijk: plezierrijder) iemand die een auto steelt om daar voor de lol in te rijden.

**joy·stick** (Engels) [dzjojstik](de ~; -s) hendeltje waarmee je een computerspel speelt.

**jr.** (afkorting) junior.

**ju·be·len** (jubelde, heeft gejubeld) roepen van blijdschap of vreugde, vreugdekreten slaken.

**ju·bel·te·nen** (zelfst. nw.; meervoud)(grappig) tenen die omhoog staan.

**ju·bi·la·ris** (de ~(m.); -sen), vrouw: **ju·bi·la·res·se** (de ~ (v.); -n) iemand die een jubileum* viert.

**ju·bi·le·ren** (jubileerde, heeft gejubileerd) een jubileum* vieren, jubilaris* zijn.

**ju·bi·le·um** (het ~; -s of jubilea) feest om te vieren dat iets een bepaald aantal jaren bestaat of dat iemand ergens een bepaald aantal jaren werkt ◆ *het 25-jarig jubileum van de secretaris.*

**jucht·leer** (het ~) sterk, waterdicht leer, waar o.a. schoenen van gemaakt worden.

**ju·das** (de ~(m.); -sen) **1** verrader **2** iemand die anderen op een gemene manier plaagt.

**ju·das·pen·ning** (de ~(m.); -en) plant waarvan de zaden tussen twee platte vliezen zitten.

**ju·das·sen** (judaste, heeft gejudast) *iemand judassen:* iemand op een gemene manier plagen ⇒ *treiteren.*

**ju·di·ci·um** (het ~; judicia of -s) **1** (rechtspraak) vonnis **2** uitslag van een universitair examen.

**ju·do** (het ~) Japanse zelfverdedigingssport.

**ju·do·ka** (de ~(m.); judoka's) iemand die aan judo* doet.

**juf** (de ~(v.); -fen of -s)(verkorting) juffrouw (bet.1).

**juf·fers·hond·je** (het ~; -s) schoothondje ◆ *ze beefde als een juffershondje:* (uitdr.) ze beefde heel erg.

**juf·frouw** (de ~(v.); -en) **1** vrouwelijke leerkracht op de basisschool ⇒ *schooljuffrouw* **2** (ouderwets)(woord waarmee je een niet-getrouwde vrouw aanspreekt).

**jui·chen** (juichte, heeft gejuicht) uitbundig roepen omdat je erg blij bent.

**juist¹** (bijv. nw.) goed, zoals het moet ⇒ *correct* ◆ *dat is het juiste antwoord.*

**juist²** (bijw.) net (in tegenstelling tot wat je zou denken) ◆ *dat vind ik juist lekker!; dat had je juist niet moeten doen.*

**ju·jit·su** → jioe-jitsoe.

**ju·ju·be** (de ~; -s) plat, vierkant dropje.

**juk** (het ~; -ken) **1** draagbalk die je over je schouders legt en waaraan je aan iedere kant een emmer of mand hangt ◆ *het juk afwerpen:* (uitdr.) je bevrijden uit een toestand waarin je overheerst wordt **2** balk om de nek van een trekdier waarmee het een last trekt.

**juk·been** (het ~; -deren) bot boven aan je wang dat iets uitsteekt.

**juke·box** (Engels) [dzjœːˈk̇boks] (de ~; -en) apparaat waar je geld in doet om een grammofoonplaat die je hebt uitgekozen te laten spelen.

**ju·li** (de ~(m.)) zevende maand van het jaar, ook wel 'hooimaand' genoemd.

**jul·lie** (vnw.) **1** (pers. vnw.) (tweede persoon meervoud) ◆ *jullie mogen ook komen* **2** (bez. vnw.) (tweede persoon meervoud) van jullie ◆ *jullie klas is groter dan de onze.*

**jum·bo·jet** (de ~; -s) groot straalvliegtuig, vooral de Boeing 747.

**ju·me·la·ge** (Frans) [zjuumelaazje] (de ~(v.); -s) vriendschappelijke band tussen gemeenten uit verschillende landen.

**jum·per** (de ~(m.); -s) trui voor vrouwen.

**jump·suit** (Engels) [dzjumpsœt] (de ~; -s) (letterlijk: springpak) broekpak uit één stuk.

**jun·gle** (Engels) [dzjungk̇el] (de ~(m.)) **1** (-s) dichtbegroeide wildernis in tropische landen ⇒ *oerwoud* **2** snelle reggaeachtige muziek, met veel oerklanken en geroffel.

**ju·ni** (de ~(m.)) zesde maand van het jaar, ook wel 'zomermaand' genoemd.

**ju·ni·or** (bijv. nw.) gezegd van de jongere van twee mensen uit één gezin met dezelfde naam ◆ *N.P. Dekker junior.*

**ju·ni·o·ren** (zelfst. nw.; meervoud) ploeg van jongeren binnen een sportclub ◆ *junioren*voetbal.

**junk** [dzjungk], **jun·kie** (de ~(m.); -s) iemand die aan drugs verslaafd is (kijk ook bij: **drug**).

**junk·food** (Engels) [dzjungkfœːd] (het ~) goedkoop voedsel zonder voedingswaarde, zoals frites, kroketten en hamburgers.

**jun·kie** → junk.

**jun·ta** (Spaans) [gœntaa] (de ~; junta's) regering van militairen, die meestal door een staatsgreep aan de macht gekomen zijn (kijk ook bij: **staatsgreep**).

**ju·re·ren** [zjuureeren] (jureerde, heeft gejureerd) als lid van een jury* een oordeel geven.

**ju·ri·disch** (bijv. nw.) te maken hebbend met het recht en de rechtbank ⇒ *rechtskundig* ◆ *op juridische gronden werd het voorstel afgewezen:* omdat het volgens de wet niet uitgevoerd mocht worden.

**ju·rist** (de ~(m.); -en), vrouw: **ju·ris·te** (de ~(v.); -n of -s) iemand die rechten gestudeerd heeft ⇒ *rechtskundige, rechtsgeleerde.*

**jurk** (de ~; -en) kledingstuk voor vrouwen dat bestaat uit een rok met een bovenstuk eraan vast ⇒ *japon.*

**ju·ry** [zjuurie] (de ~; jury's) **1** groep mensen die bij een wedstrijd een oordeel geeft over de prestaties van de deelnemers **2** groep mensen die zijn aangewezen om in een rechtszaak de rechter te helpen om te beslissen of de verdachte schuldig is (rechtspraak door middel van een jury komt o.a. in België en in de VS voor).

**jus** [zjuu] (de ~(m.)) saus die je maakt van boter waarin vlees gebraden is.

**jus d'oran·ge** (Frans) [zjuudooransj] (de ~) sinaasappelsap.

**jus·ti·tie** (de ~(v.)) rechterlijke macht ◆ *deze inbreker is al vaker met justitie in aanraking geweest.*

**jus·ti·ti·eel** (bijv. nw.) te maken hebbend met justitie* ⇒ *gerechtelijk, rechterlijk* ◆ *een justitieel onderzoek.*

**jus·ti·tie·pa·leis** (het ~; -paleizen) (in België □) (naam van het gerechtshof in grote steden).

**Jut** (zelfst. nw.) ▼ *ze zijn net Jut en Jul:* (dit zeg je van twee slome, vreemde mensen die samen een stel vormen).

**ju·te** (de ~) grove, ruwe stof van hennep of vlas, waarvan o.a. aardappelzakken gemaakt worden.

**jut·ten** (jutte, heeft gejut) langs het strand lopen op zoek naar aangespoelde voorwerpen.

**ju·weel** (het ~; juwelen) **1** kostbaar sieraad, vaak met een edelsteen erin ◆ *een juweel van een vrouw:* (uitdr.) een heel aardige vrouw; *een juweel van een auto:* (uitdr.) een heel mooie auto **2** edelsteen, vooral een diamant.

**ju·we·lier** (de ~(m.); -s) iemand die voor zijn of haar beroep juwelen* en vaak ook horloges verkoopt.

# Kk

**k¹** (de ~; k's) de elfde letter van het alfabet.

**k²** (afkorting) **k**ilo.

**'k** (pers. vnw.) (spreektaal) ik.

**ka¹** (de ~(v.); ka's) vrouw die de baas speelt ⇒ *haaibaai*.

**ka²** → kade.

**kaai·man** (de ~(m.); -s of -nen) krokodil uit Zuid-Amerika.

**kaak** (de ~; kaken) **1** bot waar je tanden en kiezen aan vastzitten ♦ *onderkaak*: het onderste deel van dit bot; je kunt dit los bewegen; *bovenkaak*: het bovenste deel van dit bot **2** (in België □) wang ▼ *iets aan de kaak stellen*: duidelijk laten zien dat iets verkeerd is.

**kaak·je** (het ~; -s) droog knapperig koekje ⇒ *biskwietje*.

**kaal** (bijv. nw.) **1** *(van mensen)*: zonder haar op je hoofd **2** *(van dingen)*: zonder bedekking of bekleding ♦ *kale bomen*: zonder bladeren; *kale muren*: zonder versieringen, zonder schilderijen enz.; *de kale huur*: het bedrag dat je voor de huur betaalt zonder de extra kosten voor gas, licht enz..

**kaal·slag** (de ~(m.)) het kappen van alle bomen op een stuk grond.

**kaan·tje** (het ~; -s) uitgebakken stukje vet of spek.

**kaap** (de ~; kapen) gebergte dat uitloopt in zee.

**kaars** (de ~; -en) ronde staaf van was of een ander vet met in het midden een draad die je aan kunt steken ♦ *je moet zo iemand met een kaarsje zoeken*: (uitdr.) zo iemand is moeilijk te vinden.

**kaart** (de ~; -en) **1** rechthoekig stukje karton waarop figuurtjes of getallen staan gedrukt; een aantal van deze kartonnetjes vormen samen een kaartspel ⇒ *speelkaart* ♦ *dat is geen haalbare kaart*: (uitdr.) dat is niet te verzenlijken; *het was doorgestoken kaart*: (uitdr.) het was van tevoren afgesproken, het was geen toeval; *iemand in de kaart spelen*: (uitdr.) iemand ongewild bevoordelen; *je in de kaart laten kijken*: (uitdr.) niet kunnen verbergen wat je zou willen verbergen; *niet alles op één kaart zetten*: (uitdr.) je geluk niet van één ding laten afhangen; *open kaart spelen*: (uitdr.) niets achterhouden, alles eerlijk zeggen **2** rechthoekig stuk dik papier waarop je iets kunt schrijven of drukken ♦ *trouwkaart*: zo'n stuk dik papier waarop staat dat twee mensen met elkaar gaan trouwen; *een ansichtkaart*: zo'n stuk dik papier met aan de ene kant een foto en aan de andere kant ruimte om te schrijven **3** rechthoekig stuk papier of karton dat je krijgt als je de toegang voor iets betaald hebt ♦ *kaarten voor de bioscoop* **4** rechthoekig stuk papier waarop de aarde of een stuk van de aarde staat afgebeeld en waar je bijv. op kunt zien waar de landen, steden en rivieren liggen ♦ *de kaart van Europa; dit gebied is nog niet in kaart gebracht*: het staat nog niet op een landkaart afgebeeld; *problemen in kaart brengen*: (uitdr.) die duidelijk op een rijtje zetten ▼ *helemaal van de kaart zijn*: totaal in de war zijn.

**kaar·ten** (kaartte, heeft gekaart) een spel spelen met kaarten* (bet.1).

**kaar·ten·huis** (zelfst. nw.) ▼ *het stortte als een kaartenhuis in elkaar*: er bleef ineens niets meer van over.

**kaart·je** (het ~; -s) stuk papier of karton dat je krijgt als je toegang voor iets betaald hebt ♦ *treinkaartje*.

**kaart·le·zen** (las kaart, heeft kaart gelezen) op een kaart (bet.4) kijken om te zien welke weg je moet nemen.

**kaart·sy·steem** (het ~; -systemen) aantal beschreven of bedrukte kaarten (bet.2) die bij elkaar horen, gerangschikt op alfabetische volgorde ♦ *adressen op een kaartsysteem*.

**kaas** (de ~(m.); kazen) zuivelproduct, meestal geel van kleur, dat je o.a. eet als broodbeleg ♦ *jonge, belegen kaas; ergens geen kaas van gegeten hebben*: (uitdr.) ergens geen verstand van hebben; *je moet je de kaas niet van het brood laten eten*: (uitdr.) je moet je niet laten ontnemen wat je toekomt.

**kaas·doek** (het ~) katoenen stof die wordt gebruikt bij het kaas maken.

**kaas·schaaf** (de ~; -schaven) schaafje aan een handvat om dunne plakjes kaas te snijden.

**kaat·sen** (ww.) balsport waarbij je met je hand een bal naar een ander slaat.

**ka·baal** (het ~) lawaai ⇒ *herrie* ♦ *kabaal maken*.

**kabaret(-)** → cabaret(-).

**kab·be·len** (kabbelde, heeft gekabbeld) *(van water)*: met kleine golfjes stromen ♦ *een kabbelend beekje*.

**ka·bel** (de ~(m.); -s) **1** dik en sterk touw, vaak van staaldraad ♦ *sleepkabel* **2** draad waarmee elektriciteit doorgegeven wordt ♦ *telefoonkabel* **3** draad waarmee radio- en televisieprogramma's worden doorgegeven.

**ka·bel·baan** (de ~; -banen) rij stoeltjes of bakken die aan een kabel (bet.1) hangen en zo worden voortgetrokken ♦ *zij gingen met de kabelbaan naar de top van de berg*.

**ka·bel·jauw** (de ~(m.); -en) bepaalde zeevis.

**ka·bel·krant** (de ~; -en) nieuws dat je via de kabeltelevisie kunt ontvangen (kijk ook bij: **kabeltelevisie**).

**ka·bel·slot** (het ~; -en) stalen kabel (bet.1) met een slot aan de uiteinden, om iets, bijv. je fiets, mee vast te zetten.

**ka·bel·te·le·vi·sie** (de ~(v.)) manier om televisiebeelden die door één grote antenne worden opgevangen via kabels (bet.3) naar de aangesloten televisietoestellen te brengen.

**ka·bi·ne** → cabine.

**ka·bi·net** (het ~; -ten) **1** ouderwetse, grote kast met deuren en laden **2** alle ministers bij elkaar ♦ *het kabinet is gevallen*: de ministers houden op met regeren.

**ka·bi·nets·cri·sis** (de ~(v.); -sen of -crises) een zo groot verschil van mening tussen de ministers en het parlement dat de ministers niet verder willen regeren (kijk ook bij: **parlement**).

**ka·bi·nets·for·ma·teur** (de ~(m.); -s) man of vrouw die een kabinet moet samenstellen ⇒ *formateur*.

**ka·bou·ter** (zelfst. nw.; -s) **1** (de ~(m.)) klein mannetje met een puntmuts dat in sprookjes voorkomt ♦ *dat hebben de kaboutertjes gedaan*: (dit zeg je als je niet wilt laten weten wie het gedaan heeft) **2** (de ~(v.)) meisje tussen de zeven en tien jaar dat lid is van scouting (kijk ook bij: **scouting**).

**ka·bri·o·let** → cabriolet.

**ka·chel¹** (de ~; -s) toestel dat warmte verspreidt ♦ *gaskachel*.

**ka·chel²** (bijv. nw.) (populair) dronken.

**ka·dans** → cadans.

**ka·das·ter** (het ~) beschrijving van alle stukken grond, waarin je bijv. kunt opzoeken hoe groot een bepaald stuk grond is.

**ka·da·ver** (het ~; -s) dood dier ⇒ *kreng*.

**ka·de,** ouderwets: **ka** (de ~; -n) stenen kant van een rivier of kanaal, waar schepen kunnen aanleggen.

**ka·der** (het ~; -s) **1** lijnen die om een stuk tekst heen staan ◆ *dat artikel staat in een rood **kader**; in het **kader** van ...*: (uitdr.) als onderdeel van ...; *in het **kader** van de bezuinigingen krijgen zij minder loon* **2** mensen in een bedrijf of partij die de leiding hebben.

**ka·de·ren** (kaderde, heeft gekaderd) *ergens in kaderen*: (in België □) ergens in passen ◆ *dat **kadert** niet in onze plannen.*

**ka·det** → cadet.

**ka·det·je** (het ~; -s) broodje.

**ka·det·ten** → cadetten.

**ka·do** → cadeau.

**ka·duuk** (bijv. nw.) (populair) kapot ◆ *mijn fiets is **kaduuk**.*

**kaf** (het ~) vlies om graankorrels ◆ *het **kaf** van het koren scheiden*: (uitdr.) het goede van het slechte scheiden.

**kaf·fer** (de ~ (m.); -s) **1** (populair) iemand die zich lomp gedraagt ⇒ lomperik **2** neger die in het oosten van Zuid-Afrika leeft.

**kaft** (de ~ of het ~; -en) papieren of kartonnen buitenkant van een schrift of extra hoes van papier om een boek.

**kaf·tan** (de ~ (m.); -s) kledingstuk tot op de grond dat door mannen in oosterse landen wordt gedragen.

**kaf·ten** (kaftte, heeft gekaft) *boeken kaften*: er een kaft* omheen maken.

**ka·jak** (de ~ (m.); -s of -ken) bepaald soort kano voor één persoon.

**ka·juit** (de ~; -en) overdekte ruimte op een boot waar je kunt zitten.

**kak** (de ~ (m.)) (populair) ontlasting van een mens of dier ⇒ poep ◆ *wat een kale kak*: (uitdr.) wat een verbeelding.

**ka·kel·bont** (bijv. nw.) met veel verschillende en felle kleuren die niet goed bij elkaar passen ◆ *zij heeft een **kakelbonte** jurk aan.*

**ka·ke·len** (kakelde, heeft gekakeld) **1** *(van kippen)*: 'toktok' roepen **2** *(van personen)*: hard en druk praten ⇒ snateren, kwekken ◆ *kakel niet zo!*

**ka·ken** (kaakte, heeft gekaakt) *haring kaken*: die schoonmaken door de ingewanden eruit te halen.

**ka·ke·nest·je** (het ~; -s) (in België □; populair) jongste kind in een gezin.

**ka·ke·toe** (de ~ (m.); -s) papegaai met een kuif en met een kromme snavel.

**ka·ki** (k[aa]kie of k[ee]kie] (bijv. nw.) geelgrijs, met de kleur van de stof kaki.

**kak·ken** (kakte, heeft gekakt) je behoefte doen ⇒ poepen, drukken ◆ *iemand te kakken zetten*: (uitdr.) iemand belachelijk maken.

**kak·ker** (de ~ (m.); -s) (populair) bepaald type jongere met dure merkkleding in een bepaalde stijl (zo genoemd door jongeren die daar niets van moeten hebben).

**kak·ker·lak** (de ~ (m.); -ken) vrij groot, plat, donkerbruin insect dat zich vooral bevindt op warme plaatsen waar eten ligt.

**kak·kies** (zelfst. nw.) ▼ *op blote kakkies*: (populair) op blote voeten.

**ka·ko·fo·nie** (de ~ (v.); kakofonieën) lawaai van een heleboel klanken door elkaar heen ◆ *in de klas was het een kakofonie van stemmen.*

**kak·tus** → cactus.

**ka·la·mi·teit** → calamiteit.

**ka·le·bas** (de ~; -sen) grote, ronde siervrucht met een geel- of groengevlekte bast.

**ka·lei·dos·koop** → caleidoscoop.

**ka·len** (ww.) kaal* (bet.1) worden ◆ *hij begint al te **kalen**.*

**ka·len·der** (de ~ (m.); -s) lijst waarop je de maanden, weken en dagen van een jaar kunt zien.

**kalf** (het ~; kalveren) jong van een koe ◆ *als het **kalf** verdronken is, dempt men de put*: (spreekwoord) de fout wordt pas goedgemaakt als het te laat is.

**ka·li** (de ~ (m.)) bepaald soort kunstmest.

**ka·li·ber** (het ~; -s) **1** maat van een kogel of van een geweer ▼ *iemand van zijn of haar kaliber*: iemand met zoveel kennis en ervaring als hij of zij.

**ka·lief** (de ~ (m.); -en) (oude titel van de leiders van islamitische landen).

**kalk** (de ~ (m.)) **1** stof waarmee je een smeersel kunt maken om te metselen of om een muur te witten of te pleisteren **2** stof in je lichaam die je botten, nagels enz. stevig maakt.

**kal·ken** (kalkte, heeft gekalkt) **1** *een muur kalken*: kalk* (bet.1) erop smeren **2** *iets ergens op kalken*: iets ergens snel en slordig op schrijven.

**kal·ke·ren** → calqueren.

**kal·koen** (de ~ (m.); -en) vogel met knobbels op zijn kop en hals en lellen langs zijn snavel die opzetten als hij kwaad wordt.

**kalk·steen** (de ~ (m.) of het ~) gesteente dat vooral kalk bevat.

**kalkul-** → calcul-.

**kal·li·gra·fie** (de ~ (v.)) het schrijven van mooie letters ⇒ schoonschrijfkunst.

**kalm** (bijv. nw.) niet opgewonden, rustig ⇒ bedaard ◆ *hij bleef met moeite **kalm**; een kalme zee*: zonder hoge golven; *doe je het een beetje **kalm** aan?*: span je je niet te veel in?

**kal·me·ren** (kalmeerde) **1** (heeft gekalmeerd) *iemand kalmeren*: iemand rustig maken, tot bedaren brengen **2** (is gekalmeerd) rustig worden ⇒ bedaren.

**kalm·te** (de ~ (v.)) het kalm* zijn ◆ *hij verloor zijn **kalmte***: hij werd driftig.

**ka·lo·rie** → calorie.

**ka·lot** (de ~; -ten) (meestal: kalotje) plat mutsje dat door priesters wordt gedragen.

**kal·ven** (kalfde, heeft gekalfd) *(van koeien)*: een kalf* krijgen.

**kal·ver·lief·de** (de ~ (v.); -s of -n) verliefdheid van jongens of meisjes die erg jong zijn.

**kam** (de ~ (m.); -men) **1** voorwerp met tanden waarmee je je haren netjes kunt maken ◆ *iedereen over één kam scheren*: (uitdr.) geen onderscheid maken tussen mensen terwijl je dat wel zou moeten doen **2** gekartelde rand van taai rood vlees die sommige vogels op hun kop hebben ◆ *deze haan heeft een mooie kam.*

**ka·mee** → camee.

**ka·meel** (de ~ (m.); kamelen) groot dier met twee bulten op zijn rug ◆ *de kameel wordt wel 'het schip van de woestijn' genoemd.*

**ka·me·le·on** (de ~ (m.) of het ~; -s) **1** bepaalde hagedis die van kleur kan veranderen zodat hij niet opvalt in zijn omgeving **2** iemand die telkens van mening verandert.

**ka·me·nier** (de ~ (v.); -s) vrouwelijke bediende die een vorstin helpt, bijv. met haar kleding en kapsel.

**ka·me·nier·ster** (de ~ (v.); -s) kamenier.

**ka·mer** (de ~; -s) **1** ruimte in een gebouw met vier muren, een vloer en een plafond ⇒ vertrek ◆ *woonkamer; hij woont op kamers*: op zichzelf, maar bij anderen in huis; *een donkere kamer*: ruimte waar geen daglicht kan komen, om foto's te ontwikkelen; *het kleinste kamertje*: (grappig) de wc **2** de linker- of rechterholte in de onderste helft van het hart, vanwaaruit het bloed in de slagaders stroomt.

**Ka·mer** (de ~; -s) **1** groep mensen die het volk vertegenwoordigen bij de regering ◆ *de Eerste **Kamer***: de Senaat; dit is een van de twee groepen volksvertegenwoordigers in Nederland, met o.a. als taak het tegenhouden van beslissingen die door de Tweede Kamer te haastig genomen zijn; *de Tweede **Kamer***: een van de twee groepen volksvertegenwoordigers in Nederland, die rechtstreeks door de burgers wordt gekozen en o.a. als taak heeft de regering te controleren; *de **Kamer** van Volksvertegenwoordigers*: (in België) deel van het parlement, vergelijkbaar met de Tweede Kamer in Nederland ▼ *de **Kamer** van Koophandel en Fabrieken*: bestuur dat de belangen van handel en industrie behartigt.

**ka·me·raad** (de ~ (m.); kameraden of -s) iemand met wie je optrekt ⇒ *vriend, makker* ♦ *zij zijn gezworen **kameraden***: zij zijn hele goede vrienden.

**ka·me·raad·schap·pe·lijk** (bijv. nw.) als een kameraad* of als kameraden* ⇒ *vriendschappelijk*.

**ka·mer·ge·leer·de** (de ~; -n) geleerde die weinig weet van het gewone leven en alleen met zijn neus in de boeken zit.

**ka·mer·heer** (de ~ (m.); -heren) edelman die werkt aan het hof van een vorst.

**ka·mer·jas** (de ~; -sen) lange jas die je binnenshuis draagt.

**ka·mer·lid** (het ~; -leden) in Nederland: iemand die in de Eerste of Tweede Kamer zit, in België: lid van de Kamer van Volksvertegenwoordigers (kijk ook bij: **Kamer**) ⇒ *volksvertegenwoordiger*.

**ka·mer·meis·je** (het ~; -s) vrouw die in een hotel de kamers schoonmaakt, de bedden opmaakt enz..

**ka·mer·mu·ziek** (de ~ (v.)) muziek die door een paar personen wordt gespeeld, meestal in een kleine zaal.

**ka·mer·scherm** (het ~; -en) scherm waarmee je een gedeelte van een kamer kunt afscheiden.

**kam·fer** (de ~ (m.)) stof die sterk ruikt, gebruikt tegen motten en als geneesmiddel ♦ *zij legt een zakje **kamfer** bij haar kleren*.

**kam·ga·ren** (het ~) geweven stof waarvan kostuums worden gemaakt.

**ka·mi·ka·ze** (de ~ (m.); -s) strijder die een actie uitvoert terwijl hij weet dat hij daarbij zelf gedood zal worden ⇒ *zelfmoordstrijder*.

**ka·mil·le** (de ~) wilde plant met witte bloemen en een geel hart.

**ka·mi·on** → camion.

**kam·men** (kamde, heeft gekamd) *je haren kammen*: die met een kam* (bet.1) netjes maken.

**kamp** (het ~; -en) **1** groep tenten, woonwagens of houten gebouwen op een stuk grond ♦ *leger**kamp**; vluchtelingen**kamp*** **2** vakantie voor jongeren die door een bepaalde instelling is georganiseerd ♦ *op **kamp** gaan*.

**kam·pen** (kampte, heeft gekampt) **1** *met iets kampen*: last van iets hebben ♦ *zij hebben te **kampen** met slecht weer* **2** *met iemand kampen*: (ouderwets) met iemand strijden.

**kam·pe·ren** (kampeerde, heeft gekampeerd) in een tent of caravan slapen ♦ *van de zomer gaan zij een week **kamperen***.

**kam·per·foe·lie** (de ~; -s) slingerplant met zoet geurende bloemen.

**kam·pi·oen** (de ~ (m.); -en), vrouw: **kam·pi·oe·ne** (de ~ (v.); -n of -s) persoon of ploeg die de beste is in een bepaalde sport ♦ *de wereld**kampioen** hardlopen*.

**kam·pi·oen·schap** (het ~; -pen) toernooi waarvan de winnaar zich kampioen* mag noemen ♦ *de wereld**kampioenschappen** zwemmen*.

**kam·pong** (de ~ (m.); -s) dorp in voormalig Nederlands-Indië.

**kamp·vuur** (het ~; -vuren) vuur in de open lucht.

**kan¹** (de ~; -nen) grote schenkbeker om vloeistoffen uit te schenken ♦ *een melk**kan**; alles was in **kannen** en kruiken*: (uitdr.) alles was klaar, geregeld; *wie het onderste uit de **kan** wil hebben, krijgt het lid op de neus*: (spreekwoord) wie te veel wil hebben, zal teleurgesteld worden.

**kan²** → kunnen.

**ka·naal** (het ~; kanalen) **1** gegraven waterweg ♦ *via welk **kanaal** kan ik achter de adressen komen?*: (uitdr.) op welke manier, langs welke weg **2** zender van een tv of radio.

**ka·naal·zwem·men** (ww.) (grappig) met de afstandsbediening steeds overschakelen naar een ander televisiekanaal ⇒ *zappen*.

**Kanaän** Ka·na·an (het ~) (bijbelse naam voor het beloofde land voor de Israëlieten).

**ka·na·li·se·ren** (kanaliseerde, heeft gekanaliseerd) **1** *een rivier kanaliseren*: die recht maken door bochten af te snijden **2** *iets kanaliseren*: iets in goede banen leiden, iets regelen.

**ka·na·pee** → canapé.

**ka·na·rie** (de ~ (m.); -s) zangvogeltje dat in een kooi gehouden wordt.

**kan·deel** (de ~) kruidige warme drank die bij kraambezoek geschonken wordt.

**kan·de·laar** (de ~ (m.); -s of kandelaren) sierlijke houder voor een of meer kaarsen.

**kan·de·la·ber** (de ~ (m.); -s) (ouderwets) kroonluchter.

**kan·di·daat** (de ~ (m.); kandidaten), vrouw: **kan·di·da·te** (de ~ (v.); -s of -n) **1** iemand die een bepaalde baan of functie wil hebben ⇒ *gegadigde* ♦ *zij is **kandidaat** voor de gemeenteraad; je **kandidaat** stellen* **2** iemand die examen doet ♦ *alle **kandidaten** waren geslaagd* **3** deelnemer aan een quiz.

**kan·di·daats·exa·men** (het ~; -s) universitair examen, dat vroeger na ongeveer drie jaar afgelegd werd.

**kan·di·da·te** → kandidaat.

**kan·di·da·tuur** (de ~ (v.); kandidaturen) **1** het kandidaat* (bet.1) zijn ⇒ *kandidaatstelling* **2** (in België) eerste jaren aan de universiteit ♦ *hij is geslaagd in de tweede **kandidatuur***.

**kan·dij** (de ~) suiker die in brokken gekristalliseerd is (kijk ook bij: **kristalliseren**).

**ka·neel** (de ~ (m.) of het ~) specerij voor zoete dingen, zoals appeltaart en speculaas ♦ *een pijpje **kaneel***.

**ka·nen** (ww.) (populair) gretig en met smaak eten ⇒ *bikken*.

**kan·goe·roe** (de ~ (m.); -s) dier dat zich springend voortbeweegt en dat een buidel heeft om zijn jongen in te dragen.

**ka·nis** (de ~ (m.)) (populair) hoofd, kop ♦ *hou je **kanis**!*: wees stil!

**kan·jer** (de ~ (m.); -s) **1** iets dat heel groot is in zijn soort ⇒ *knoert, joekel* ♦ *een **kanjer** van een vis; een **kanjer** van een fout* **2** (populair) een heel knappe of leuke persoon.

**kan·ker** (de ~ (m.)) ernstige, vaak dodelijke ziekte waarbij gezwellen ontstaan die gezonde lichaamsdelen verwoesten ♦ *aan **kanker** lijden*.

**kan·ke·ren** (kankerde, heeft gekankerd) *kankeren op of over iets of iemand*: (populair) mopperend je ontevredenheid over iets of iemand uiten.

**kan·ni·baal** (de ~ (m.); kannibalen) iemand die mensenvlees eet.

**ka·no** (de ~ (m.); kano's) lange smalle boot die je met een peddel voortbeweegt.

**kanoën** ka·no·en (kanode, heeft gekanood) in een kano* varen.

**ka·non** (het ~; -nen) **1** vuurwapen met een lange loop op een onderstel ♦ *je kunt daar een **kanon** afschieten*: (uitdr.)

het is er heel saai en stil ▼ *zo dronken als een **kanon***: (populair) stomdronken.

**kans** (de ~; -en) **1** mogelijkheid of waarschijnlijkheid ◆ *er is een **kans** dat hij zal komen; ergens **kans** toe zien; er is **kans** op regen; grijp je **kans**!*: maak van de mogelijkheid gebruik!; *de **kansen** keren*: de omstandigheden veranderen zó dat een ander in het voordeel komt; *je **kans** schoon zien*: (uitdr.) een gunstige gelegenheid benutten om te doen wat je allang wilt doen **2** gok ◆ *waag eens een **kansje**!; een **kans**spel*.

**kans·arm** (bijv. nw.) met weinig mogelijkheden om zich op te werken of om verder te komen.

**kan·sel** (de ~ (m.); -s) preekstoel.

**kan·se·lier** (de ~ (m.); -s of -en) hoge bestuurder of ambtenaar.

**kans·spel** (het ~; -en) spel dat vooral afhangt van geluk, en niet van behendigheid ⇒ gokspel.

**kant** (zelfst. nw.) **1** (de ~ (m.); -en) buitenste strook ⇒ zijkant, rand ◆ *een huisje aan de **waterkant**; ga eens aan de **kant**!; dat raakt **kant** noch wal*: (uitdr.) dat is onzin; *de scherpe **kantjes** van iets wegnemen*: (uitdr.) iets wat minder erg maken, iets wat verzachten; *de **kantjes** ervanaf lopen*: (uitdr.) iets proberen te doen met zo weinig mogelijk inspanning; *het was **kantje** boord*: (uitdr.) het liep maar net goed af **2** (de ~ (m.); -en) elk van twee tegenover elkaar gelegen delen ⇒ zijde ◆ *zij woont aan de andere **kant** van de stad; aan de ene **kant** ..., aan de andere **kant** ...*: enerzijds ..., anderzijds ...; *welke **kant** moet jij uit?*: welke richting?; *van moeders **kant** is hij een Rus*: de familie van zijn moeder komt uit Rusland; *aan welke **kant** sta jij?*: (uitdr.) bij welke groep, partij hoor jij?; *hij is van de verkeerde **kant***: (uitdr.) hij is homoseksueel; *geen **kant** meer op kunnen*: (uitdr.) in het nauw zitten, niet meer weten wat je moet doen; *daar kun je alle **kanten** mee uit*: (uitdr.) dat kun je op verschillende manieren gebruiken of opvatten **3** (de ~ (m.); -en) zijvlak ◆ *de zes **kanten** van een dobbelsteen; er zitten meer **kanten** aan de zaak*: (uitdr.) je kunt de zaak op verschillende manieren bekijken **4** (de ~ (m.) of het ~) kunstig weefsel met opengewerkte patronen ◆ *een **kanten** kraagje ▼ je van **kant** maken*: zelfmoord plegen; *iets niet over je **kant** laten gaan*: je tegen iets verzetten.

**kan·ta·rel** → cantharel.

**kan·ta·te** → cantate.

**kan·teel** (de ~ (m.); kantelen) uitstekend stuk boven op de muur van een middeleeuws kasteel.

**kan·te·len** (kantelde) **1** (heeft gekanteld) *iets kantelen*: iets op een andere zijkant wentelen ◆ *wij **kantelden** de zware steen* **2** (is gekanteld) wankelen en dan plat vallen ◆ *de fles **kantelde** en viel om*.

**kan·ten** (kantte, heeft gekant) *je kanten tegen iemand of iets*: tegen iemand of iets ingaan, je tegen iemand of iets verzetten ◆ *zij **kantten** zich tegen dat voorstel*.

**kant-en-klaar** (bijv. nw.) helemaal klaar voor gebruik ◆ *kant-en-klare maaltijden*.

**kan·ti·ne** (de ~ (v.); -s) goedkoop restaurant dat hoort bij een school, bedrijf, sportveld enz..

**kant·klos·sen** (ww.) kant (bet.4) maken met behulp van klosjes met garen.

**kant·lijn** (de ~; -en) witte ruimte naast een geschreven of gedrukte tekst ⇒ marge ◆ *opmerkingen in de **kantlijn***.

**kan·ton** (het ~; -s) kleinste gebied dat onder één rechtbank valt.

**kan·ton·ge·recht** (het ~; -en) laagste rechtbank, waar kleine overtredingen en geschillen behandeld worden.

**kan·toor** (het ~; kantoren) **1** bedrijf waar vooral administratief werk verricht wordt (kijk ook bij: **administratief**)

**2** schrijf- of werkkamer ◆ *'kom je straks even in het **kantoor**?' zei de garagehouder tegen de monteur*.

**kan·toor·tuin** (de ~ (m.); -en) grote kantoorruimte waarin veel mensen werken en waarin plantenbakken vaak de afscheidingen vormen.

**kant·te·ke·ning** (de ~ (v.); -en) kleine opmerking, commentaar ◆ *een **kanttekening** bij iets maken*.

**ka·nun·nik** (de ~ (m.); -en) rooms-katholieke geestelijke die bij een kathedraal hoort.

**kan·vas** → canvas.

**kap** (de ~; -pen) **1** hoofdbedekking, los of aan een kledingstuk vast ◆ *nonnen dragen vaak geen **kap** meer* **2** afsluitend deel, bovenste stuk van iets ◆ *een lampenkap; de motorkap van een auto; twee huizen onder één kap*: onder hetzelfde dak ▼ *op iemands **kap** leven*: (in België □) op iemands kosten leven.

**ka·pa·ci·teit** → capaciteit.

**ka·pel** (de ~; -len) **1** kleine ruimte voor kerkdiensten, soms een apart gebouwtje ◆ *de **kapel** van een kasteel* **2** muziekkorps ◆ *een militaire **kapel***.

**ka·pe·laan** (de ~ (m.); -s) rooms-katholieke geestelijke, assistent van een pastoor.

**ka·pen** (kaapte, heeft gekaapt) **1** *iets kapen*: (populair) iets stelen, iets in bezit nemen ⇒ gappen, snaaien ◆ *hij heeft mijn pen **gekaapt*** **2** *een vliegtuig, trein, schip enz. kapen*: je met geweld daarvan meester maken en de passagiers gijzelen om iets af te dwingen (kijk ook bij: **gijzelen**).

**ka·per** (de ~ (m.); -s) **1** zeerover ⇒ piraat ◆ *er zijn **kapers** op de kust*: (uitdr.) er zijn meer mensen die hetzelfde willen hebben **2** iemand die een vervoermiddel kaapt* (bet.2).

**ka·ping** (de ~ (v.); -en) het kapen* (bet.2) ◆ *een vliegtuigkaping*.

**ka·pi·taal¹** (zelfst. nw.; kapitalen) **1** (het ~) grote hoeveelheid geld ◆ *zij heeft een **kapitaal** verloren; hij heeft een **kapitaal** aan boeken* **2** (de ~) hoofdletter.

**ka·pi·taal²** (bijv. nw.) aanzienlijk, heel groot ◆ *een kapitale villa; een kapitale fout*.

**ka·pi·taal·krach·tig** (bijv. nw.) gezegd van iemand die veel geld heeft ⇒ vermogend.

**ka·pi·ta·lis·me** (het ~) systeem in een maatschappij waarbij fabrieken en bedrijven eigendom zijn van particulieren, en niet van de staat.

**ka·pi·ta·list** (de ~ (m.); -en) **1** iemand die het kapitalisme* aanhangt **2** iemand die veel geld heeft.

**ka·pi·ta·lis·tisch** (bijv. nw.) met het kapitalisme* te maken hebbend ◆ *wij leven in een **kapitalistische** maatschappij*.

**ka·pi·teel** (het ~; kapitelen) bovenste deel van een zuil, vaak met een versiering.

**ka·pi·tein** (de ~; -s) **1** baas op een schip ◆ *er kunnen geen twee **kapiteins** op één schip zijn*: (uitdr.) er kan er maar één de baas zijn **2** hoge officier in het leger.

**ka·pit·tel** (het ~; -s of -en) **1** vergadering van kloosterlingen **2** (ouderwets) hoofdstuk uit een boek, vooral uit de bijbel.

**ka·pit·te·len** (kapittelde, heeft gekapitteld) *iemand kapittelen*: iemand een standje geven ⇒ berispen.

**kapitul-** → capitul-.

**kap·je** (het ~; -s) eerste of laatste snee van een brood, met een korst eraan.

**ka·poen** (de ~ (m.); -en) (in België □) deugniet, bengel.

**ka·pok** (de ~ (m.)) vlokken vruchtpluis van de kapokplant, gebruikt om kussens of matrassen te vullen.

**ka·pot** (bijv. nw.) **1** stuk ◆ *een **kapotte** wekker; het kopje is **kapot** gevallen; ze was **kapot** toen ze thuiskwam*: (uitdr.)

ze was bekaf **2** *ergens kapot van zijn:* (populair) erg van iets onder de indruk zijn.

**ka·pot·je** (het ~; -s) condoom.

**kap·pen** (kapte, heeft gekapt) **1** *bomen e.d. kappen:* ze omhakken, ze in stukken hakken **2** *iemand kappen:* iemands haren in model brengen **3** *met iets kappen:* iets afbreken, met iets stoppen ♦ *hij heeft met haar gekapt:* hij heeft de vriendschap met haar verbroken.

**kap·per** (de ~ (m.); -s), vrouw: **kap·ster** (de ~ (v.); -s) iemand die haren knipt en in model brengt.

**kap·per·tjes** (zelfst. nw.; meervoud) groene vruchtjes, gebruikt als specerij.

**ka·pri·ool** → capriool.

**kap·sa·lon** (de ~ (m.) of het ~; -s) zaak waar je je haar kunt laten wassen, knippen enz..

**kap·sei·zen** (kapseisde, is gekapseisd) *(van schepen):* omslaan.

**kap·sel** (het ~; -s) manier waarop iemands haar is gekapt* (bet.2) ⇒ coiffure, haardracht.

**kap·so·nes** (zelfst. nw.) ▼ *kapsones hebben, maken:* (populair) veel praatjes hebben, veel verbeelding hebben.

**kap·ster** → kapper.

**kap·stok** (de ~ (m.); -ken) plank of standaard met haken om jassen aan op te hangen.

**ka·pu·cijn** (de ~ (m.); -en) bedelmonnik in een bruine pij met een puntige kap.

**ka·pu·cij·ner** (de ~ (m.); -s) soort grauwe erwt die donkerbruin wordt bij het koken.

**kar** (de ~; -ren) **1** voertuig dat geduwd of getrokken moet worden ♦ *iemand voor je karretje spannen:* (uitdr.) iemand gebruiken om jouw klusjes op te knappen **2** (populair) auto of fiets.

**ka·raat** (het ~; -s of karaten) **1** eenheid waarmee de hoeveelheid goud in een voorwerp wordt uitgedrukt ♦ *24 karaats goud:* zuiver goud **2** eenheid waarin het gewicht van edelstenen wordt uitgedrukt.

**ka·ra·bijn** (de ~; -en) kort geweer.

**ka·raf** (de ~; -fen) schenkkan van glas.

**ka·rak·ter** (het ~; -s) **1** innerlijke eigenschappen die je kenmerken ⇒ aard, natuur, inborst ♦ *een zacht karakter; een opvliegend karakter; zij heeft geen karakter:* (uitdr.) ze is geen sterke persoonlijkheid **2** aard, hoedanigheid ♦ *de ziekte had een goedaardig karakter.*

**ka·rak·te·ri·se·ren** (karakteriseerde, heeft gekarakteriseerd) *iets of iemand karakteriseren:* het karakter* van iets of iemand aangeven door de meest kenmerkende eigenschappen te noemen ⇒ kenschetsen, typeren.

**ka·rak·te·ri·se·ring** (de ~ (v.); -en) **1** het karakteriseren* ⇒ typering **2** karakteristiek[1]*.

**ka·rak·te·ris·tiek¹** (de ~ (v.); -en) beschrijving van de kenmerkende eigenschappen van iets of iemand ⇒ karakterisering, typering ♦ *een karakteristiek van het zeeklimaat.*

**ka·rak·te·ris·tiek²** (bijv. nw.) waaraan je iemand of iets onmiddellijk herkent ⇒ typerend, kenmerkend ♦ *die tabak heeft een karakteristieke geur.*

**ka·rak·te·ri·ze·ren** → karakteriseren.

**ka·rak·te·ri·ze·ring** → karakterisering.

**ka·ram·bol** → carambole.

**ka·ra·mel** (de ~) gebrande suiker, waar o.a. snoepjes van gemaakt worden.

**ka·ra·o·ke** (het ~) het nazingen van een lied terwijl je begeleid wordt door een opname van de echte muziek.

**ka·ra·te** (het ~) Japanse vechtsport.

**ka·ra·vaan** (de ~; karavanen) **1** groep reizigers die op kamelen door de woestijn trekt **2** lange rij, optocht ♦ *een circuskaravaan.*

**kar·bo·na·de** (de ~ (v.); -s of -n) plat stuk vlees met een bot ⇒ kotelet ♦ *Vlaamse karbonaden:* (in België □) stukjes gestoofd vlees in een dikke saus.

**kar·bon·pa·pier** → carbonpapier.

**kar·bouw** (de ~ (m.); -en) tamme buffel die als trekdier wordt gebruikt, o.a. in Azië en Afrika.

**karbura-** → carbura-.

**kar·di·naal¹** (de ~ (m.); kardinalen) titel van een hoogwaardigheidsbekleder in de rooms-katholieke kerk, die meekiest wie er paus mag zijn.

**kar·di·naal²** (bijv. nw.) belangrijkste, waar het om gaat ♦ *het kardinale punt.*

**ka·re·kiet, kar·kiet** (de ~ (m.); -en) bruin zangvogeltje.

**ka·ri·boe** (de ~ (m.); -s) Noord-Amerikaans rendier.

**ka·rig** (bijv. nw.) niet al te veel, aan de zuinige kant ♦ *een karig maal; zij is karig met woorden:* niet spraakzaam.

**ka·ri·ka·tuur** (de ~ (v.); karikaturen) overdreven voorstelling van iets of iemand, waardoor die zaak of die persoon belachelijk wordt.

**kar·kas** (de ~ of het ~; -sen) geraamte ⇒ skelet.

**kar·kiet** → karekiet.

**kar·ma** (het ~; karma's) iemands levenslot, zoals hij of zij dat volgens sommige oosterse godsdiensten tot stand brengt met goede en slechte daden.

**kar·me·liet** (de ~ (m.); -en), vrouw: **kar·me·lie·tes** (de ~ (v.); -sen) lid van de kloosterorde die op de berg Karmel in Palestina opgericht is.

**karn** (de ~; -en) vat waarin boter gemaakt wordt.

**kar·na·val** → carnaval.

**kar·ne·melk** (de ~ (v.)) friszure melksoort, waar de vetdeeltjes uit gehaald zijn.

**kar·nen** (karnde, heeft gekarnd) *melk of room karnen:* die zo roeren dat er boter ontstaat.

**ka·ros** (de ~; -sen) rijtuig dat door paarden getrokken wordt.

**kar·per** (de ~ (m.); -s) zoetwatervis.

**kar·pet** (het ~; -ten) los vloerkleed met verschillende kleuren.

**kar·ren** (karde, is of heeft gekard) (populair) rijden.

**kar·tel** (het ~; -s) verbond van bedrijven die niet elkaars concurrenten willen zijn (kijk ook bij: **concurrent**).

**kar·te·len** (kartelde, heeft gekarteld) *iets kartelen:* inkepingen in iets maken waardoor een zigzagrand ontstaat ♦ *een gekarteld mes.*

**kar·ton** (het ~; -s) stijf dik papier, waar bijv. dozen van gemaakt worden ♦ *strokarton.*

**kar·tui·zer** (de ~ (m.); -s), vrouw: **kar·tui·ze·rin** (de ~ (v.); -nen) lid van de kloosterorde die opgericht is in Chartreuse.

**kar·wats** (de ~; -en) leren rijzweep.

**kar·wei** (de ~ of het ~; -en) afgerond stuk werk ⇒ klus ♦ *het karwei is geklaard:* de klus is af.

**kar·wij** (de ~) naar anijs smakend kruid ⇒ kummel.

**kas** (de ~; -sen) **1** glazen huisje waarin groente sneller groeit omdat het er warmer is dan buiten ⇒ broeikas **2** plaats waar geld bewaard, ontvangen of uitbetaald wordt ♦ *de kas houden:* het geld beheren; *de winkelier maakt aan het eind van de dag de kas op:* hij telt het geld en kijkt of dat klopt met de kassabonnen; *er zit nog 100 gulden in kas:* zoveel is er nog; *goed bij kas zijn:* (uitdr.) voldoende geld hebben **3** holte waarin iets bevestigd is ♦ *haar ogen puilden uit de kassen.*

**kas·ba** (de ~; kasba's) oude binnenstad in Arabische steden.

**kas·boek** (het ~; -en) schrift waarin iemand bijhoudt wat er uitgegeven en ontvangen is.

**kas·plant·je** (het ~; -s) zwak, teer mens.

**kas·sa** (de ~; kassa's) apparaat dat een bon maakt en waar een geldla in zit.

**kas·sa·tie** → cassatie.

**kas·sei** (de ~; -en) bolle straatkei ⇒ *kinderhoofdje.*

**kas·se·rol** (de ~; -len) grote koperen braadpan.

**kas·sier** (de ~(m.); -s) iemand die de kas* (bet.2) beheert.

**kas·sie·wij·le** (bijv. nw.) ▼ *kassiewijle* zijn: (populair) dood zijn.

**kast** (de ~; -en) 1 opbergplaats met laden of planken ◆ *iemand op de kast* jagen: (uitdr.) iemand expres kwaad maken; *van het kastje naar de muur gestuurd worden:* (uitdr.) steeds doorgestuurd worden, zodat je geen antwoord krijgt op je vraag; *een kast van een huis:* (uitdr.) een heel groot huis 2 beschermend omhulsel ◆ *de kast van een versterker; kastje kijken:* (uitdr.) televisie kijken.

**kas·tan·je** (de ~(m.)) glanzende roodbruine vrucht van de kastanjeboom ◆ *tamme kastanjes; de kastanjes voor iemand uit het vuur halen:* (uitdr.) de moeilijke dingen voor iemand opknappen.

**kas·tan·jet·ten** → castagnetten.

**kas·te** (de ~; -n) afgesloten bevolkingsgroep, stand, waartoe je in een bepaald leven behoort volgens het hindoeïsme in India en Nepal.

**kas·teel** (het ~; kastelen) 1 groot middeleeuws gebouw met sterke dikke muren, zodat het goed te verdedigen was in tijden van oorlog ⇒ *slot, burcht* 2 bepaald schaakstuk ⇒ *toren.*

**kas·te·lein** (de ~(m.); -s), vrouw: **kas·te·lein·se** (de ~(v.); -n) (ouderwets) iemand die in een café of herberg achter de tapkast staat ⇒ *waard, barkeeper.*

**kas·tie** (het ~) balspel met een slaghout en een kleine, harde bal.

**kas·tij·den** (kastijdde, heeft gekastijd) *iemand kastijden:* (ouderwets) iemand slaag geven om hem of haar te straffen ⇒ *tuchtigen.*

**kas·tre·ren** → castreren.

**kat** (de ~; -ten) 1 klein huisdier dat op muizen en vogels jaagt ⇒ *poes* ◆ *ze zag eruit als een verzopen kat:* (uitdr.) ze was drijfnat; *een kat in de zak kopen:* (uitdr.) iets kopen dat heel erg tegenvalt; *zij leven als kat en hond:* (uitdr.) zij hebben steeds ruzie; *de kat de bel aanbinden:* (uitdr.) aan een moeilijke zaak beginnen; *de kat in het donker knijpen:* (uitdr.) stiekem gemene dingen doen; *de kat uit de boom kijken:* (uitdr.) de boel eerst eens rustig aankijken; *maak dat de kat wijs:* (uitdr.) daar geloof ik niks van; *de kat op het spek binden:* (uitdr.) iemand heel erg in verleiding brengen; *ergens omheen draaien als een kat om de hete brij:* (uitdr.) ergens erg tegenop zien en het daarom steeds uitstellen; *je voelen als een kat in een vreemd pakhuis:* (uitdr.) je helemaal niet op je gemak voelen; *zij is geen katje om zonder handschoenen aan te pakken:* (uitdr.) ze reageert altijd fel, je moet voorzichtig met haar omgaan; *een kat in het nauw maakt vreemde sprongen:* (spreekwoord) als je in moeilijkheden zit, doe je soms gekke dingen; *als de kat van huis is, dansen de muizen (op tafel):* (spreekwoord) als er geen toezicht is, doen kinderen, ondergeschikten enz. dingen die niet mogen; *nu komt de kat op de koord:* (in België □; uitdr.) nu begint de narigheid, nu heb je de poppen aan het dansen 2 meisje dat vinnig en fel reageert 3 (populair) hatelijke opmerking.

**ka·ta·kom·be** → catacombe.

**ka·ta·loog** → cataloog.

**ka·ta·ly·sa·tor** (de ~(m.); -s of -en) scheikundige stof die helpt een verandering in andere stoffen tot stand te brengen ◆ *werken als katalysator:* (uitdr.) degene zijn die er de oorzaak van is dat iets versneld plaatsvindt.

**ka·ta·pult** (de ~(m.); -en) V-vormig stokje met een elastiekje ertussen, waarmee je iets weg kunt schieten.

**katastrof-** → catastrof-.

**katech-** → catech-.

**ka·te·der** → katheder.

**ka·te·draal** → kathedraal.

**katego-** → catego-.

**ka·ter** (de ~(m.); -s) 1 mannetjeskat 2 akelig gevoel nadat je te veel gedronken hebt, of na een grote teleurstelling.

**ka·tern** (de ~of het ~; -en) gedeelte van een boek of krant dat gedrukt is op één vel en dat later gevouwen wordt.

**kath.** (afkorting) *kath*oliek.

**ka·the·der** (de ~(m.); -s) lessenaar waarop een spreker de tekst van zijn toespraak kan leggen ⇒ *spreekgestoelte.*

**ka·the·draal** (de ~; kathedralen) grote rooms-katholieke kerk, meestal de hoofdkerk van een plaats.

**ka·tho·li·cis·me** (het ~) christelijke godsdienst volgens de leer van Rome.

**ka·tho·liek** (bijv. nw.) volgens of horend bij het katholicisme* ◆ *de katholieke kerk; dat ziet er niet katholiek uit:* (in België □; uitdr.; populair) dat lijkt niet in orde, dat is niet zoals het hoort.

**kat·jang** (de ~; -s) pinda.

**kat·je** (het ~; -s) bloeiwijze van sommige boomsoorten in de vorm van een bolletje of sliertje ◆ *wilgenkatjes.*

**ka·toen** (de ~of het ~) 1 pluizig zaad van de katoenplant 2 weefsel, gemaakt uit dat zaad ◆ *'m van katoen geven:* je flink inspannen, ertegenaan gaan.

**ka·to·li·cis·me** → katholicisme.

**ka·to·liek** → katholiek.

**kat·oog** (de ~(m.); -ogen) groenige of bruinige steen met een lichte streep, die glinstert als een kattenoog als je hem onder het licht beweegt.

**ka·trol** (de ~; -len) wieltje waarover een koord rolt.

**kat·te·bak** → kattenbak.

**kat·te·bel·le·tje** (het ~; -s) (populair) kort briefje dat met de hand geschreven is.

**kat·te·kop** → kattenkop.

**kat·te·kwaad** → kattenkwaad.

**kat·ten** (ww.) hatelijke opmerkingen maken.

**kat·ten·bak** (de ~(m.); -ken) 1 bak waarop de kat zijn behoefte doet 2 extra ruimte in een auto achter de achterbank.

**kat·ten·kop** (de ~(m.); -pen) kattig mens.

**kat·ten·kwaad** (zelfst. nw.) ▼ *kattenkwaad* uithalen: ondeugende streken uithalen.

**kat·ten·mep·per** (de ~(m.); -s) iemand die katten dood slaat voor hun vacht.

**kat·ten·pis** (zelfst. nw.) ▼ *dat is geen kattenpis:* (populair) dat is geen kleinigheid, dat is niet mis.

**kat·te·rig** (bijv. nw.) 1 vervelend, een beetje ziek ⇒ *hangerig* 2 teleurgesteld ◆ *we bleven zitten met een katterig gevoel.*

**kat·tig** (bijv. nw.) gezegd van iemand die snel onaardige dingen zegt ⇒ *snibbig, vinnig* ◆ *doe niet zo kattig!*

**kat·zwijm** (zelfst. nw.) ▼ *in katzwijm vallen:* flauwvallen of doen alsof je flauwvalt.

**kau·saal** → causaal.

**kauw** (de ~; -en) grijszwarte kleine kraai, die gemakkelijk te temmen is.

**kau·wen** (kauwde, heeft gekauwd) 1 voedsel met je tanden fijn maken 2 *op iets kauwen:* op iets bijten, zonder de bedoeling het door te slikken ◆ *zij zat op haar potlood te kauwen.*

**kauw·gom, kauw·gum** (de ~(m.) of het ~) taai snoepje

met een smaakje, om op te kauwen en niet om op te eten.

**ka·va·le·rie** → cavalerie.

**ka·vel** (de ~ (m.); -s of -en) stuk grond ⇒ *perceel*.

**ka·vi·aar** (de ~ (m.)) eitjes van sommige vissen, vooral de steur, die als bijzondere lekkernij gegeten worden.

**ka·ze·mat** (de ~; -ten) ondergrondse bunker.

**ka·zer·ne** (de ~; -s of -n) aantal gebouwen waarin soldaten, brandweerlieden enz. ondergebracht zijn.

**ka·zui·fel** (de ~ (m.); -s) bovenkleed van een priester tijdens de mis.

**KB** (zelfst. nw.; KB's) **1** (het ~) *K*oninklijk *B*esluit; dit is een beslissing van de regering, die niet zoals een wet door het parlement goedgekeurd hoeft te worden **2** (de ~ (v.)) (in Nederland) *K*oninklijke *B*ibliotheek.

**keef** → kijven.

**keek** → kijken.

**keel** (de ~; kelen) achterste gedeelte van je mond, waar het slikken plaatsvindt ♦ *een droge keel; je keel schrapen:* slijm loshoesten om weer helder te kunnen praten; *een keel opzetten:* (uitdr.) heel hard huilen of schreeuwen; *het hangt mij de keel uit:* (uitdr.) ik ben het zat.

**keel·gat** (het ~; -en) opening achterin je mond, waardoor je iets naar binnen slikt ♦ *het schoot mij in het verkeerde keelgat:* (uitdr.) ik werd er boos, verontwaardigd over.

**keep** (de ~; kepen) kleine insnijding of holte.

**kee·pen** [kiepən] (keepte, heeft gekeept) ballen uit het doel proberen te houden.

**kee·per** [kiepər] (de ~ (m.); -s) persoon die keept* ⇒ *doelverdediger*.

**keer**[1] (de ~ (m.); keren) **1** elk van de momenten waarop iets gebeurt ⇒ *maal* ♦ *de hoeveelste keer was dat?;* in *één keer:* (uitdr.) ineens, plotseling; *keer op keer:* (uitdr.) telkens weer; *voor deze keer:* (uitdr.) alleen nu, bij deze gelegenheid **2** verandering ⇒ *wending* ♦ *de omstandigheden namen een gunstige keer:* ze veranderden ten goede.

**keer**[2] (voorz.) (om aan te geven dat het eerste getal met het tweede vermenigvuldigd moet worden) ♦ *drie keer vier is twaalf*.

**keer·kring** (de ~ (m.); -en) elk van de twee denkbeeldige lijnen over de aardbol ten noorden en zuiden van de evenaar, die de grens van de tropische zone vormen.

**keer·punt** (het ~; -en) tijdstip van een beslissende verandering ♦ *het was een keerpunt in haar leven*.

**keer·zij·de** (de ~; -n) achterkant, minder mooie kant ♦ *de keerzijde van de medaille:* (uitdr.) het nadeel (van iets dat op zich goed is).

**kees·hond** (de ~ (m.); -en) hondensoort met spitse snuit, rechtopstaande oren en een krulstaart.

**keet** (de ~; keten) **1** tijdelijk gebouwtje, loods ♦ *bouwkeet* **2** (populair) rommel ⇒ *bende, troep, zooi* ♦ *keet schoppen:* (uitdr.) luidruchtig plezier maken.

**kef·fen** (kefte, heeft gekeft) (van honden): vinnig blaffen.

**kef·fer·tje** (het ~; -s) klein luidruchtig hondje.

**ke·fir** (de ~ (m.)) soort yoghurt.

**ke·gel** (de ~ (m.); -s) **1** houten voorwerp in de vorm van een fles, gebruikt bij het turnen of het kegelen* **2** adem die erg naar drank ruikt **3** meetkundige figuur die een rond grondvlak heeft en uitloopt in een punt.

**ke·ge·len** (kegelde, heeft gekegeld) spel waarbij je moet proberen met een bal kegels* (bet.1) om te gooien ♦ *iemand eruit kegelen:* (populair) iemand eruit gooien.

**kei** (de ~ (m.); -en) **1** rond stuk natuursteen ♦ *de Amersfoortse kei; iemand op de keien zetten:* (uitdr.) iemand ont

slaan; ook: iemand uit zijn of haar huis zetten **2** iemand die heel goed in iets is ⇒ *kraan* ♦ *zij is een kei in rekenen*.

**kei·kop** (de ~ (m.); -pen) (in België □) stijfkop.

**keil·bout** (de ~ (m.); -en) bout die breder wordt bij het inschroeven zodat hij zich stevig in de muur vastzet.

**kei·len** (keilde, heeft gekeild) iets keilen: iets gooien ♦ *steentjes over het water keilen*.

**kei·zer** (de ~ (m.); -s), vrouw: **kei·ze·rin** (de ~ (v.); -nen) vorst van een heel groot rijk.

**kei·ze·rin** (de ~ (v.); -nen) **1** vrouwelijke keizer* **2** vrouw van een keizer[2]*.

**kei·zer·lijk** (bijv. nw.) **1** van een keizer* **2** zoals een keizer*.

**kei·zer·snee** (de ~; -sneden) operatie waarbij een kind dat niet op de natuurlijke manier geboren kan worden, door een snee uit de buik van zijn moeder gehaald wordt.

**ke·ken** → kijken.

**kel·der** (de ~ (m.); -s) ruimte onder een huis waar je dingen donker en koel kunt bewaren.

**kel·de·ren 1** (kelderde, is gekelderd) sterk in waarde dalen ♦ *de prijs van het brood is gekelderd* **2** (kelderde, heeft gekelderd) *een plan kelderen:* (in België □) een plan verijdelen, ervoor zorgen dat het niet doorgaat.

**ke·len** (keilde, heeft gekeild) iemand kelen: iemand de keel* afsnijden of iemands keel* dichtknijpen.

**kelk** (de ~ (m.); -en) **1** buitenste deel van een bloem **2** drinkglas op een voet ⇒ *roemer*.

**kel·ner** (de ~ (m.); -s) iemand die in een café of restaurant eten en drinken rondbrengt ⇒ *ober*.

**kemp·haan** (de ~ (m.); -hanen) mannetje van een bepaald soort vogel, dat goed kan vechten ♦ *zij stonden als kemphanen tegenover elkaar:* (uitdr.) zij waren heel vechtlustige tegenstanders.

**ke·nau** (de ~ (v.); -s) grote, bazige vrouw ⇒ *manwijf*.

**ken·baar** (bijv. nw.) zó dat het duidelijk is of wordt ♦ *iets kenbaar maken:* iets duidelijk laten merken.

**ken·ge·tal** (het ~; -len) nummer dat je eerst moet draaien als je iemand in een andere plaats belt ⇒ *netnummer* ♦ *het kengetal van Utrecht is 030*.

**ken·merk** (het ~; -en) dat waaraan je iemand of iets kunt herkennen, dat wat iemand of iets van iemand of iets anders onderscheidt ⇒ *kenteken* ♦ *het kenmerk van de Nederlandse politie is het blauwzwarte uniform*.

**ken·mer·ken** (kenmerkte, heeft gekenmerkt) iemand of iets kenmerken: een kenmerk* van iemand of iets vormen ⇒ *typeren, karakteriseren, kentekenen*.

**ken·mer·kend** (bijv. nw.) gezegd van iets dat een kenmerk* vormt ⇒ *typerend, karakteristiek*.

**ken·nel** (de ~ (m.); -s) **1** groot hondenhok **2** hondenfokkerij.

**ken·ne·lijk** (bijw.) duidelijk te zien, zoals je kunt afleiden ⇒ *blijkbaar* ♦ *hij is te laat, kennelijk heeft hij de bus gemist*.

**ken·nen** (kende, heeft gekend) **1** iemand of iets kennen: weten wie, wat of hoe iemand of iets is ♦ *ik ken je al langer dan vandaag:* ik weet wat ik aan je heb; *je laten kennen:* (uitdr.) laten zien hoe je in werkelijkheid bent; *iets te kennen geven:* (uitdr.) iets duidelijk laten merken **2** iets kennen: iets weten doordat je het geleerd hebt ♦ *ik ken mijn huiswerk;* en rijmpje van buiten kennen: het uit je hoofd op kunnen zeggen **3** iemand ergens in kennen: iemand van iets op de hoogte stellen.

**ken·ner** (de ~ (m.); -s) iemand die veel van iets af weet ⇒ *specialist, deskundige*.

**ken·nis** (zelfst. nw.) **1** (de ~ (m.); -sen) iemand die je kent

⇒ *bekende* **2** (de ~(v.)) dat wat je weet doordat je het geleerd hebt ▼ *buiten* **kennis** *zijn:* bewusteloos zijn.

**ken·nis·ge·ving** (de ~(v.); -en) (deftig) bericht, mededeling ◆ *iets voor* **kennisgeving** *aannemen:* (uitdr.) iets aannemen zonder er iets mee te doen.

**ken·nis·ma·ken** (maakte kennis, heeft kennisgemaakt) *kennismaken met iemand of iets:* iemand of iets leren kennen.

**ken·nis·ma·king** (de ~(v.); -en) het kennismaken*.

**ken·schet·sen** (kenschetste, heeft gekenschetst) *iemand of iets kenschetsen:* in grote lijnen de dingen noemen die iemand of iets kenmerken ⇒ *typeren, karakteriseren.*

**ken·taur** → centaur.

**ken·te·ken** (het ~; -s of -en) **1** kenmerk **2** nummer van een voertuig dat op het nummerbord staat.

**ken·te·ken·be·wijs** (het ~; -bewijzen) officieel papier waarop het kenteken van een voertuig staat.

**ken·te·ke·nen** (kentekende, heeft gekentekend) *iemand of iets kentekenen:* iemand of iets kenmerken.

**ken·te·ring** (de ~(v.); -en) verandering ⇒ *ommekeer.*

**ke·per** (de ~(m.); -s) ribbelpatroon dat in een stof is geweven ◆ *op de* **keper** *beschouwd:* (uitdr.) van dichtbij bekeken.

**ke·pie** (de ~(m.); -s) (in België □) dienstpet, uniformpet ◆ *de* **kepie** *van een politieagent.*

**ke·ra·miek, ce·ra·miek** (de ~(v.)) **1** aardewerk, porselein **2** kunst van het pottenbakken.

**ke·ra·misch, ce·ra·misch** (bijv. nw.) gemaakt van een bepaald hittebestendig materiaal dat lijkt op glas ◆ *keramische kookplaten.*

**ke·rel** (de ~(m.); -s) man, vent ◆ *dag* **kerel**, *hoe gaat het?*

**ke·ren** (keerde) **1** (heeft gekeerd) *iets keren:* iets omdraaien, iets in tegengestelde richting brengen ◆ *de auto* **keren 2** (is gekeerd) in tegengestelde richting gaan, teruggaan ⇒ *omkeren* ◆ *na de wandeling* **keerden** *we naar huis; de wind is* **gekeerd.**

**kerf** (de ~; kerven) snee, insnijding, meestal bedoeld als merkteken.

**kerf·stok** (zelfst. nw.) ▼ *heel wat op je* **kerfstok** *hebben:* veel verkeerd gedaan hebben.

**kerk** (de ~; -en) **1** gebouw waar gelovige mensen samenkomen ◆ *'s zondags naar de* **kerk** *gaan* **2** groep mensen die hetzelfde geloof hebben ◆ *ze horen tot de rooms-katholieke* **kerk.**

**ker·ke·lijk** (bijv. nw.) **1** gezegd van iets dat met de kerk* te maken heeft ◆ **kerkelijke** *geschiedenis; het burgerlijk en het* **kerkelijk** *huwelijk:* het huwelijk dat op het stadhuis gesloten wordt en het huwelijk dat in de kerk gesloten wordt **2** horend bij een kerk* ◆ *wij zijn niet* **kerkelijk.**

**ker·ken·raad** (de ~(m.); -raden) bestuur van een protestantse kerk.

**ker·ker** (de ~(m.); -s) kelder die vroeger als gevangenis diende.

**kerk·fa·briek** (de ~(v.); -en) (in België) kerkbestuur van een rooms-katholieke kerk dat inkomsten en uitgaven regelt.

**kerk·hof** (het ~; -hoven) stuk grond waar mensen worden begraven ⇒ *begraafplaats.*

**kerks** (bijv. nw.) gezegd van iemand die in God gelooft en vaak naar de kerk* (bet.1) gaat.

**kerk·va·der** (de ~(m.); -s) man die belangrijk is geweest voor de leer van de kerk.

**ker·men** (kermde, heeft gekermd) onverstaanbare geluiden maken van pijn of verdriet.

**ker·mis** (de ~; -sen) feest in de open lucht met tenten en kraampjes, een draaimolen enz. ◆ *van een koude ker-*

*mis* thuiskomen: (uitdr.) ergens slecht vanaf komen terwijl je hoge verwachtingen had; *Vlaamse* **kermis**: (in België □) fancy-fair; *het zal* **kermis** *zijn:* (in België □; uitdr.; populair) er zal wat zwaaien, je zult er van langs krijgen.

**kern** (de ~; -en) **1** het allerbinnenste van iets ◆ *een walnoot heeft een eetbare* **kern**; *de* **kern** *van de stad:* het centrum; *de harde* **kern**: (uitdr.) de trouwste, ijverigste groep mensen **2** belangrijkste van iets ◆ *de* **kern** *van het verhaal; in de* **kern** *van de zaak heb je gelijk:* (uitdr.) in wezen.

**kern·ach·tig** (bijv. nw.) kort, krachtig en duidelijk ◆ *het verhaal werd* **kernachtig** *samengevat.*

**kern·af·val** (de ~(m.) of het ~) radioactief afval van een kerncentrale (kijk ook bij: **radioactief**).

**kern·bom** (de ~; -men) atoombom.

**kern·cen·tra·le** (de ~; -s) fabriek waar elektriciteit opgewekt wordt met kernenergie (kijk ook bij: **kernenergie**).

**kern·doel** (het ~; -en) vaardigheden en kennis die leerlingen na bepaald onderwijs moeten hebben.

**kern·ener·gie** (de ~(v.)) kracht die vrijkomt bij het splitsen of samenvoegen van atomen (kijk ook bij: **atoom**) ⇒ *atoomenergie.*

**kern·kop** (de ~(m.); -pen) het deel van een kernwapen waar kernenergie in zit ◆ *een raket met vier* **kernkoppen.**

**kern·oor·log** (de ~(m.); -en) oorlog die gevoerd wordt met kernwapens ⇒ *atoomoorlog.*

**kern·wa·pen** (het ~; -s of -en) wapen dat met kernenergie geladen is en daardoor een grote vernietigingskracht heeft ⇒ *atoomwapen.*

**ke·ro·si·ne** (de ~) uit aardolie gemaakte vloeistof, die vooral gebruikt wordt als brandstof voor vliegtuigen.

**ker·rie** (de ~(m.)) donkergeel specerijmengsel met een pittige smaak.

**kers** (de ~; -en) kleine rode vrucht aan een steeltje ◆ *Oost-Indische* **kers**: bepaald soort sierplant; *het is met hem kwaad* **kersen** *eten:* (uitdr.) met hem kun je beter niet te maken hebben.

**kerst** (de ~) (verkorting) Kerstmis ◆ *we krijgen ons rapport vóór de* **kerst.**

**kerst·boom** (de ~(m.); -bomen) spar die je met Kerstmis versiert en in of bij je huis zet.

**ker·ste·nen** (kerstende, heeft gekerstend) *iemand kerstenen:* (ouderwets) iemand tot christen maken.

**kerst·man** (de ~(m.)) (in verhalen) man met een lange witte baard en een rood pak, die kerstcadeautjes rondbrengt.

**Kerst·mis** (de ~(m.)) christelijk feest op 25 en 26 december om de geboorte van Jezus te vieren ⇒ *kerst.*

**kerst·nacht** (de ~(m.); -en) nacht van 24 op 25 december, waarin Jezus' geboorte herdacht wordt.

**kerst·roos** (de ~; -rozen) sierplant met rode of witte stervormige bloemen, die mensen vaak met Kerstmis in huis zetten ⇒ *kerstster.*

**kerst·ster** (de ~) **1** ster die na Jezus' geboorte boven de stal in Bethlehem stond **2** (-ren) kerstroos.

**ker·vel** (de ~(m.)) tuinkruid met fijne witte bloemen in de vorm van een scherm.

**ker·ven** (kerfde of korf, heeft gekerfd of gekorven) *iets ergens in kerven:* iets met iets scherps ergens in krassen ⇒ *groeven* ◆ *ze* **kerfden** *hun naam in de boom.*

**ket·chup** [ketsjup] (de ~) pittige saus van tomatenpuree en kruiden.

**ke·tel** (de ~(m.); -s) metalen pan om vloeistoffen in te koken.

**ke·tel·bink** (de ~(m.); -en) jongen aan boord van een schip die allerlei karweitjes opknapt.

**ke·tel·steen** (de ~(m.) of het ~; -stenen) kalkaanslag in een ketel.

**ke·ten**[1] (de ~; -s of -en) **1** rij van dezelfde dingen die aan elkaar vastzitten ⇒ ketting ♦ *de burgemeester droeg een gouden ambtsketen* **2** aantal dingen die met elkaar te maken hebben ♦ *een winkelketen*: aantal winkels die samenwerken, bijv. in het inkopen en in het maken van reclame; *een keten van gebeurtenissen*: een aaneenschakeling van gebeurtenissen **3** zware ketting waarmee vroeger mensen in de gevangenis werden geboeid ⇒ boei ♦ *iemand in de ketenen slaan*: iemand gevangen nemen.

**ke·ten**[2] (keette, heeft gekeet)(populair) herrie schoppen, lol maken ⇒ donderjagen.

**ke·te·nen** (ketende, heeft geketend) *iemand ketenen*: iemand met een keten[1]* (bet.3) vastmaken ⇒ boeien.

**ket·jap** (de ~(m.)) bepaald soort sojasaus.

**ket·sen** (ketste, heeft of is geketst) met een kort en hard geluid ergens tegenaan stoten ♦ *de steen ketste tegen de ruit*.

**ket·ter** (de ~(m.); -s) iemand die in zijn of haar geloof afwijkt van de officiële leer ♦ *vloeken, roken als een ketter*: (uitdr.) heel erg vloeken, heel veel roken.

**ket·te·ren** (ketterde, heeft geketterd) vloeken, tekeergaan.

**ket·ters** (bijv. nw.) van of als van een ketter* ♦ *ketterse ideeën*: afwijkende ideeën.

**ket·ting** (de ~; -en) **1** rij van dezelfde dingen (bijv. kralen of schakels) die aan elkaar vastzitten ⇒ keten ♦ *een parelketting; een fietsketting; een ketting rijgen; een hond aan de ketting leggen* **2** draden die in de lengterichting van een weefsel lopen ⇒ schering.

**ket·ting·bot·sing** (de ~(v.); -en) het op elkaar botsen van een hele rij auto's.

**ket·ting·brief** (de ~(m.); -brieven) brief die je overschrijft en aan verschillende mensen stuurt die hem dan ook weer overschrijven en doorsturen enz..

**ket·ting·ro·ker** (de ~(m.); -s) iemand die zoveel rookt dat hij of zij de ene sigaret met de andere aan kan steken.

**keu** (de ~; -s of -en) **1** biljartstok **2** big.

**keu·ken** (de ~; -s) **1** ruimte waar eten klaargemaakt wordt **2** manier waarop eten klaargemaakt wordt ♦ *ik houd erg van de Italiaanse keuken*: (o.a. van pizza's en spaghetti).

**keu·ken·hand·doek** (de ~(m.); -en)(in België □) theedoek.

**keu·ken·meid** (de ~(v.); -en) **1** vrouw die helpt in de keuken ▼ *een gillende keukenmeid*: een bepaald soort vuurwerk dat veel lawaai maakt als je het afsteekt.

**keu·ken·mei·den·ro·man** (de ~(m.); -s) goedkoop boekje met een makkelijk en sentimenteel verhaal over de liefde ⇒ stuiversroman.

**keu·ken·rol** (de ~; -len) rol met papier dat je gebruikt om in de keuken snel iets af te vegen of schoon te maken.

**Keu·len** (zelfst. nw.) ▼ *hij keek alsof hij het in Keulen hoorde donderen*: hij keek heel verbaasd.

**keur** (de ~) een heleboel waaruit je kunt kiezen ♦ *een keur van lekkers*.

**keu·ren** (keurde, heeft gekeurd) *iemand of iets keuren*: iemand of iets onderzoeken en beoordelen ♦ *kaas keuren; iemand keuren voor militaire dienst*.

**keu·rig** (bijv. nw.) gezegd van iemand of iets waar niets op aan te merken is, netjes en mooi.

**keu·ring** (de ~(v.); -en) het keuren*.

**keurs·lijf** (het ~; -lijven) korset waarmee vrouwen vroeger ingesnoerd werden om slank te lijken ♦ *in een keurslijf zitten*: (uitdr.) niet vrij zijn om te doen wat je wilt.

**keur·troe·pen** (zelfst. nw.; meervoud) de beste troepen die er zijn, troepen die speciaal zijn uitgezocht ⇒ keurkorps, elite.

**keus, keu·ze** (de ~; keuzen of keuzes) **1** keer dat je kiest* ♦ *een keus maken; de keus viel op hem*: hij werd gekozen; *ik had geen keus*: (uitdr.) ik kon niet kiezen, ik moest wel **2** dingen waaruit je kunt kiezen* ⇒ aanbod, sortering ♦ *in de winkel was een ruime keus aan winterjassen*.

**keu·tel** (de ~(m.); -s) klein en hard uitwerpsel van een mens of een dier ♦ *muizenkeutels*.

**keu·te·len** (keutelde, heeft gekeuteld)(populair) op je dooie gemak wat onbelangrijke dingen doen.

**keu·ter·boer** (de ~(m.); -en) boer met een klein bedrijf.

**keu·ve·len** (keuvelde, heeft gekeuveld) gezellig praten over onbelangrijke dingen ⇒ babbelen.

**keu·ze** → keus.

**keu·ze·vak** (het ~; -ken) vak op school dat niet verplicht is, maar dat je kunt kiezen als je het leuk vindt.

**ke·ven** → kijven.

**ke·ver** (de ~(m.); -s) **1** insect met een rugschild waar vleugels onder zitten ⇒ tor ♦ *meikever* **2** oud model auto (Volkswagen) dat op een kever lijkt.

**key·board** (Engels) [kiːbɔːrd](het ~; -s) toetsinstrument waarvan het geluid elektronisch versterkt wordt (kijk ook bij: elektronisch).

**kg** (afkorting) kilogram.

**KGB** (de ~(m.)) geheime dienst van de voormalige Sovjet-Unie.

**KI** (de ~(v.)) **1** kunstmatige inseminatie (kijk ook bij: inseminatie) **2** kunstmatige intelligentie (kijk ook bij: intelligentie).

**kib·be·len** (kibbelde, heeft gekibbeld) ruzie maken over iets kleins ⇒ harrewarren.

**kib·boets** (de ~(m.); -en) leefgemeenschap in Israël waar mensen samen wonen en werken.

**kick** (de ~(m.); -s) prettig, opwindend gevoel ⇒ oppepper ♦ *van die muziek krijg ik een kick*.

**kic·ken** (kickte, heeft gekickt) *kicken op iets*: een kick* van iets krijgen ♦ *Katja kickt op groene laarzen*.

**kid·nap·pen** [kitneppən, in België: kitnappən](kidnapte, heeft gekidnapt) *iemand kidnappen*: iemand ontvoeren.

**kie·ke·boe** (tussenw.)(dit zeg je als je plotseling weer te voorschijn komt, nadat je je verstopt hebt) ♦ *kiekeboe spelen*.

**kie·ken** (kiekte, heeft gekiekt) *iemand of iets kieken*: (populair) van iemand of iets een foto maken ⇒ fotograferen.

**kie·ken·dief** (de ~(m.); -dieven) roofvogel die op een valk lijkt, maar groter is.

**kiek·je** (het ~; -s)(populair) foto ⇒ plaatje ♦ *een kiekje nemen*: fotograferen.

**kiel** (zelfst. nw.; -en) **1** (de ~(m.)) werkjasje van katoen ⇒ buis, boezeroen **2** (de ~) onderkant van een schip die in een punt uitloopt.

**kie·le·kie·le** (het ~) ▼ *het was kiele-kiele*: het was bijna niet gelukt, het was op het nippertje.

**kiel·ha·len** (kielhaalde, heeft gekielhaald) *iemand kielhalen*: iemand vastbinden en in het water onder de kiel van een schip doortrekken, wat vroeger als straf werd gedaan.

**kiel·zog** (het ~) schuimend water achter een varend schip ♦ *in iemands kielzog varen*: (uitdr.) iemand tot voorbeeld nemen.

**kiem** (de ~; -en) pril begin van iets dat groeit ♦ *iets in de kiem smoren*: (uitdr.) iets onderdrukken voordat het de kans krijgt groter te worden; *de rellen werden door de politie in de kiem gesmoord*.

**kiem·blad** (het ~; -eren) elk van de eerste blaadjes die ontstaan als een zaadje ontkiemt.

**kie·men** (kiemde, is gekiemd)(van zaden): een kiem* vormen, beginnen te groeien ⇒ ontkiemen.

**kien** (bijv. nw.) **1** slim, pienter ⇒ *uitgekookt* ◆ *een kiene vent* **2** *ergens kien op zijn:* ergens speciaal op letten.

**kie·nen** (kiende, heeft gekiend) bingo spelen.

**kie·pen** (kiepte) **1** (heeft gekiept) *iets, bijv. een wagen of een bak, kiepen:* iets omkeren en leegstorten ⇒ *omkiepen, kieperen* ◆ *een kruiwagen kiepen* **2** (heeft gekiept) *iets ergens kiepen:* (populair) iets ergens neergooien ⇒ *kieperen* ◆ *hij kiepte al z'n boeken op de grond* **3** (is gekiept) (populair) omvallen ⇒ *kieperen* ◆ *het glas kiepte van tafel.*

**kie·pe·ren** (kieperde, heeft of is gekieperd) kiepen.

**kier** (de ~; -en) lange, smalle opening ⇒ *reet, spleet* ◆ *de deur staat op een kier:* hij staat een klein beetje open.

**kie·re·wiet** (bijv. nw.) (populair) gek, niet goed snik ⇒ *knots.*

**kies**[1] (de ~; kiezen) elk van je achterste grote tanden, waarmee je voedsel fijnmaalt ◆ *je brood net achter je kiezen hebben:* net brood gegeten hebben; *iets voor je kiezen krijgen:* (uitdr.) iets te verwerken krijgen.

**kies**[2] (bijv. nw.) goed rekening houdend met de gevoelens van anderen, fijngevoelig ◆ *in kiese bewoordingen iets zeggen:* met woorden die je zorgvuldig hebt uitgekozen om niemand te beledigen.

**kies·kau·wen** (ww.) langzaam en met tegenzin eten.

**kies·keu·rig** (bijv. nw.) niet gauw tevreden, erg kritisch ten aanzien van wat je kiest.

**kies·recht** (het ~; -en) recht om aan verkiezingen mee te doen ⇒ *stemrecht.*

**kies·schijf** (de ~; -schijven) draaibare schijf op een telefoon waarmee je een nummer kiest.

**kies·toon** (de ~(m.); -tonen) lage zoemtoon die je hoort als je de telefoon oppakt om een nummer te gaan draaien.

**kiet** → quitte.

**kie·te·laar** → kittelaar.

**kie·te·len** (kietelde, heeft gekieteld) *iemand kietelen:* iemand plagerig prikkelen door hem of haar met snel bewegende vingers aan te raken.

**kieuw** (de ~; -en) orgaan vlak achter de kop van een vis, waarmee hij ademhaalt.

**kie·viet** (de ~(m.); -en) weidevogel met een witte buik en een zwart kuifje ◆ *lopen als een kieviet:* (uitdr.) goed ter been zijn.

**kie·zel** (de ~(m.); -s) glad steentje ⇒ *kiezelsteen.*

**kie·zen** (koos, heeft gekozen) *iemand of iets kiezen:* iemand of iets uitzoeken uit meerdere mensen, dingen of mogelijkheden ⇒ *uitkiezen* ◆ *wie is er tot voorzitter gekozen?; een beroep kiezen.*

**kie·zer** (de ~(m.); -s) iemand die stemt bij verkiezingen.

**kift, kif** (zelfst. nw.) ▼ *het is de kift:* het komt voort uit jaloezie.

**kif·ten** (kiftte, heeft gekift) scheldend ruzie maken ⇒ *krakelen, kijven.*

**kijf** (zelfst. nw.) ▼ *dat staat buiten kijf:* daar kun je niet aan twijfelen, dat is beslist waar.

**kijk** (de ~(m.)) **1** manier waarop je over iets denkt of over iets oordeelt ⇒ *visie, zienswijze* ◆ *hij heeft altijd een eigen kijk op problemen* ▼ *te kijk zitten:* zo dat iedereen je kan zien; *iemand te kijk zetten:* iets doen of zeggen waardoor iemand belachelijk gemaakt wordt; *tot kijk!:* tot ziens!

**kijk·cij·fers** (zelfst. nw.; meervoud) cijfers die aangeven hoeveel mensen naar een televisieprogramma gekeken hebben.

**kijk·doos** (de ~; -dozen) doos met een kleine opening waardoor je een mooi schouwspel kunt zien.

**kij·ken** (keek, heeft gekeken) **1** je ogen gebruiken ◆ *ergens van staan te kijken:* (uitdr.) verbaasd over iets zijn; *voor een verjaardagsfeest komt heel wat kijken:* (uitdr.) daarvoor moet veel gedaan worden; *die jongen komt pas kijken!:* (uitdr.) hij is heel jong; ook: hij weet nog niet veel **2** *naar iemand of iets kijken:* je ogen op iemand of iets gericht houden om die persoon of die zaak te zien ◆ *naar de televisie kijken; laat naar je kijken!:* (uitdr.) je vertelt onzin **3** *boos, vrolijk, verbaasd enz. kijken:* een boos, vrolijk, verbaasd enz. gezicht zetten.

**kij·ker** (de ~(m.); -s) **1** verrekijker ◆ *in de kijker(d) lopen:* (uitdr.) de aandacht trekken, gezien worden **2** (populair) oog **3** (vrouw: kijkster) iemand die kijkt* ⇒ *toeschouwer.*

**kijk·geld** (het ~; -en) belasting die je moet betalen als je een televisie hebt.

**kijk·je** (zelfst. nw.) ▼ *ergens een kijkje nemen:* ergens even gaan kijken.

**kijk·ster** → kijker.

**kijk·wo·ning** (de ~(v.); -en) (in België □) modelwoning.

**kij·ven** (keef, heeft gekeven) scheldend ruzie maken ⇒ *kiften, krakelen.*

**kik** (de ~(m.); -ken) klein geluidje van pijn, schrik of verdriet ◆ *geen kik geven:* (uitdr.) heel stil of heel flink zijn.

**kik·ken** (kikte, heeft gekikt) een kik* geven.

**kik·ker** (de ~(m.); -s) amfibie met lange poten en zwemvliezen die kan springen en kwaken (kijk ook bij: **amfibie**) ⇒ *kikvors* ◆ *een koude kikker:* (uitdr.) iemand die niet snel enthousiast wordt; *een kikker in je keel hebben:* (uitdr.) even een beetje hees zijn.

**kik·ker·bad** (het ~; -en) ondiep zwembadje voor peuters ⇒ *pierenbad.*

**kik·ker·dril** (de ~) glibberige en doorzichtige eitjes van kikkers; de eitjes zitten meestal in trosjes aan elkaar.

**kik·ker·land** (het ~) (grappige naam voor Nederland).

**kik·ker·proef** (de ~(v.); -proeven) ouderwetse manier om uit te zoeken of een vrouw zwanger is.

**kik·ker·vis·je** (het ~; -s) klein, zwart visje dat uitgroeit tot een kikker ⇒ *donderkopje.*

**kik·vors** (de ~(m.); -en) kikker.

**kik·vors·man** (de ~(m.); -nen) man in een duikerspak.

**kil** (bijv. nw.) **1** op een akelige manier koud ◆ *kil weer* **2** niet hartelijk, niet vriendelijk ⇒ *koel, koud* ◆ *een kille ontvangst.*

**kil·len** (kilde, heeft gekild) **1** *iemand killen:* iemand op een afschuwelijke manier doodmaken ⇒ *afmaken* **2** *(van zeilen):* klapperen.

**ki·lo** (het ~; kilo's) 1000 gram.

**kilo-** 1000 ◆ *kilogram:* 1000 gram; *kilometer:* 1000 meter.

**ki·lo·byte** (Engels) [kieloobajt] (de ~(m.); -s) eenheid waarmee je uitdrukt hoeveel geheugenruimte een computer heeft.

**ki·lo·gram** (het ~; -men) kilo.

**ki·lo·jou·le** [kieloozjœl] (de ~(m.); -s) eenheid voor een hoeveelheid energie die je uit voedsel kunt halen.

**ki·lo·me·ter** (de ~(m.); -s) duizend meter.

**kilt** (de ~(m.); -s) geruite Schotse rok.

**kim, kim·me** (de ~; -men) (ouderwets) horizon ⇒ *einder.*

**ki·mo·no** (de ~(m.); kimono's) Japanse jas met wijde mouwen die sluit met een band of koord.

**kin** (de ~; -nen) deel van je gezicht onder je mond.

**kind** (het ~; -eren) **1** nog niet volwassen mens ◆ *ook al is hij 40, hij blijft een kind; zo blij als een kind:* (uitdr.) heel erg blij; *je moet het kind niet met het badwater weggooien:* (uitdr.) je moet niet tegelijk met het slechte ook het goede wegdoen **2** iemand van wie jij de vader of moeder bent ⇒ *koter* ◆ *ze hebben zes kinderen; hij was een kind van zijn tijd:* (uitdr.) hij paste precies in de tijd waarin hij leefde; *het kind van de rekening zijn:* (uitdr.) de nadelen ondervinden, de dupe zijn.

**kin·der·ach·tig** (bijv. nw.) **1** waar je te groot voor bent ◆ *ik vind dat een **kinderachtig** boek*; *kinderachtig gegiebel* **2** gezegd van iemand die gauw gekwetst of beledigd is ⇒ *flauw, kleinzielig* ◆ *doe niet zo **kinderachtig**!; de prijs van die sportwagen is niet **kinderachtig**: hij kost heel veel.*

**kin·der·be·scher·ming** (de ~(v.)) instelling die kinderen beschermt als ze door hun ouders mishandeld of verwaarloosd worden.

**kin·der·bij·slag** (de ~(m.); -en) geld dat je krijgt van de staat als je een kind hebt.

**kin·der·boer·de·rij** (de ~(v.); -en) boerderij met dieren, speciaal ingericht voor kinderen.

**kin·der·dag·ver·blijf** (het ~; -blijven) ruimte waar tegen betaling voor kinderen tot vier jaar wordt gezorgd, op tijden dat hun ouders niet voor hen kunnen zorgen.

**kin·der·geld** (het ~)(in België; populair) kinderbijslag.

**kin·der·hand** (zelfst. nw.) ▼ *een **kinderhand** is gauw gevuld*: als je niet veel wensen hebt, zijn ze makkelijk te vervullen.

**kin·der·hoofd·je** (het ~; -s) bolle straatkei ⇒ *kassei*.

**kin·der·lijk** (bijv. nw.) van een kind, als van een kind ◆ *die vrouw heeft een **kinderlijk** gezichtje*.

**kin·der·lok·ker** (de ~(m.); -s) iemand die op straat kinderen lokt om ze kwaad te doen.

**kin·der·meis·je** (het ~; -s) meisje dat bij een gezin inwoont om voor de kinderen te zorgen ⇒ *kinderjuffrouw*.

**kin·der·op·vang** (de ~(m.)) verzorging en opvang van kinderen als de ouders er niet zijn.

**kin·der·post·ze·gel** (de ~(m.); -s) elk van de postzegels die jaarlijks door kinderen verkocht worden, en waarvan de extra opbrengst aan kinderen ten goede komt.

**kin·der·schoe·nen** (zelfst. nw.) ▼ *dat staat nog in de kinderschoenen*: dat is nog maar in het beginstadium.

**kin·der·spel** (zelfst. nw.) ▼ *dat is **kinderspel***: dat is heel eenvoudig.

**kin·der·stoel** (de ~(m.); -en) hoge stoel met een tafeltje eraan vast, speciaal voor kinderen.

**kin·der·te·le·foon** (de ~(m.); -s of -telefonen) nummer dat kinderen kunnen bellen als ze in de moeilijkheden zitten.

**kin·der·ver·lam·ming** (de ~(v.)) ziekte die je als kind en als volwassene kunt krijgen en waarbij je verlamd raakt ⇒ *polio*.

**kin·der·wa·gen** (de ~(m.); -s) wagen waarin je een baby voortduwt.

**kin·der·ziek·te** (de ~(v.); -n of -s) **1** ziekte die vooral voorkomt bij kinderen ◆ *mazelen is een **kinderziekte*** **2** probleem dat voortkomt uit het feit dat iets nog in het beginstadium is, dat er nog geen ervaring mee is ◆ *de **kinderziektes** van een toneeluitvoering*.

**kinds** (bijv. nw.) gezegd van iemand die al oud is en zich weer als kind gaat gedragen ⇒ *seniel*.

**kinds·been** (zelfst. nw.) ▼ *van **kindsbeen** af*: al vanaf jonge leeftijd.

**kinds·deel** (het ~; -delen) deel van de erfenis van je ouders waar je als kind recht op hebt.

**ki·ne·sist** (de ~(m.); -en)(in België) fysiotherapeut.

**ki·ne·si·the·ra·peut** (de ~(m.); -en)(in België) fysiotherapeut.

**king·size** (Engels) [kiŋsajz](bijv. nw.) extra groot of lang ◆ *een **kingsize** sigaret*.

**ki·ni·ne** (de ~) ouderwets geneesmiddel tegen de koorts dat gemaakt is van een plant.

**kink** (zelfst. nw.) ▼ *een **kink** in de kabel*: een onvoorzien probleem.

**kink·hoest** (de ~(m.)) kinderziekte waarbij je erg moet hoesten.

**kin·ky** (Engels) [kiŋkie](bijv. nw.)(populair) leuk en een beetje gewaagd ◆ *een **kinky** café*.

**kin·ne·bak** (de ~; -ken) onderkaak.

**kin·ne·sin·ne** (Jiddisch) [kinnesinne](de ~) jaloezie ⇒ *kif, afgunst*.

**ki·osk** (de ~; -en) klein gebouwtje waar je kranten, sigaretten, bloemen of snoep kunt kopen.

**kip** (de ~(v.); -pen) vrouwelijk hoen met een rood kammetje op de kop, dat vaak wordt gehouden om de eieren ⇒ *hen* ◆ *kletsen als een **kip** zonder kop*: (uitdr.) in het wilde weg, zonder je verstand te gebruiken; *er als de **kippen** bij zijn*: (uitdr.) er snel bij zijn, omdat er iets te halen valt wat je graag wilt hebben; *er was geen **kip***: (uitdr.) er was niemand; *met de **kippen** op stok gaan*: (uitdr.) vroeg gaan slapen.

**kip·lek·ker** (bijv. nw.) goed uitgerust en gezond ◆ *ik voel me weer **kiplekker**!*

**kip·pen·eind·je** (het ~; -s) heel kleine afstand ◆ *van hier naar de bakker is maar een **kippeneindje***.

**kip·pen·vel** (het ~) puntjes op je huid als je het koud hebt of van iets schrikt ◆ *van zo'n griezelfilm krijg ik **kippenvel***.

**kip·pig** (bijv. nw.) gezegd van iemand die alleen goed kan zien wat dichtbij is ⇒ *bijziend*.

**kir·ren** (kirde, heeft gekird) **1** (van mensen): hoog en opgewonden praten ⇒ *kraaien* ◆ *'o, wat enig!' **kirde** zij* **2** (van duiven): koeren.

**kirsch** [kiersj](de ~(m.)) kleurloze sterke drank gestookt uit kersen.

**kis·se·bis·sen** (kissebiste, heeft gekissebist) ruzie maken over onbelangrijke dingen ⇒ *harrewarren, kibbelen*.

**kist** (de ~; -en) **1** rechthoekige houten doos ◆ *een **kist** met appels*; *doodskist* **2** (populair) vliegtuig.

**kis·ten** (kistte, heeft gekist) *een overledene **kisten***: een overledene in een doodskist leggen ◆ *laat je niet **kisten**!*: (uitdr.) hou vol, ook al maken ze het je moeilijk.

**kist·je** (het ~; -s)(populair) hoge lompe schoen, bijv. een soldatenschoen.

**kist·kalf** (het ~; -kalveren) kalf dat in een klein hok opgefokt wordt.

**kit** (zelfst. nw.; -ten) **1** (de ~) hoge smalle bak waarin je kolen naast de kachel zet ⇒ *kolenkit* **2** (de ~ of het ~) lijm of stof om gaten op te vullen.

**kit·che·net·te** [kitsjenet(e)](de ~(m.); -s) klein keukentje.

**kits** (bijv. nw.)(populair) in orde, o.k. ◆ *alles **kits**?*

**kitsch** (Duits) [kietsj](de ~(m.)) namaakkunst ⇒ *nep* ◆ *de antiekhandelaar verkocht ook veel **kitsch***.

**kit·te·laar, kie·te·laar** (de ~(m.); -s) clitoris.

**kit·tig** (bijv. nw.) vlot en energiek ◆ *met **kittige** pasjes*.

**ki·wi** (de ~(m.); kiwi's) **1** ovale tropische vrucht met een harige bruine schil en groen vruchtvlees **2** vogel, iets groter dan een kip, die niet kan vliegen en in Nieuw-Zeeland voorkomt.

**kJ** (afkorting) *k*ilo*j*oule.

**KJT** (het ~)(in België) *K*oninklijk *J*eugd*t*heater.

**k.k.** (afkorting) *k*osten *k*oper (dat wil zeggen dat de koper de overdrachtsbelasting moet betalen) ◆ *het huis kost f 80.000,- **k.k.**.*

**klaag·lijk** (bijv. nw.) als iemand die klaagt* ⇒ *klagerig* ◆ *toen zijn baas op vakantie was maakte de hond de hele dag **klaaglijke** geluiden*.

**klaag·zang** (de ~(m.); -en) lied waarin je over iemand of iets klaagt ⇒ *treurdicht, elegie* ◆ *een **klaagzang** aanheffen*: (uitdr.) beginnen te klagen.

**klaar** (bijv. nw.) **1** af ⇒ *gereed* ◆ *klaar voor de start? af!; over een uur ben ik **klaar** met m'n huiswerk*: dan heb ik het af **2** (ouderwets) helder, duidelijk ◆ *klare taal spre-*

ken: (uitdr.) iets ronduit zeggen; *zo **klaar** als een klontje:* (uitdr.) volkomen duidelijk **3** *(van vloeistoffen, licht en klanken):* (ouderwets) helder.

**klaar·blij·ke·lijk** (bijv. nw.) zoals duidelijk blijkt ◆ *hij heeft zich **klaarblijkelijk** vergist.*

**klaar·heid** (de ~ (v.)) duidelijkheid ◆ *iets tot **klaarheid** brengen:* duidelijk maken hoe iets in elkaar zit.

**klaar·ko·men** (kwam klaar, is klaargekomen) een orgasme krijgen (kijk ook bij: **orgasme**).

**klaar·licht** (bijv. nw.) ▼ *op **klaarlichte** dag:* overdag, als het licht is.

**klaar·ma·ken** (maakte klaar, heeft klaargemaakt) *iets **klaarmaken:** iets in orde maken, iets bereiden ◆ *gisteren heb ik alles voor de vakantie **klaargemaakt**; het eten was heerlijk **klaargemaakt**.*

**klaar-over** (de ~ (m.); -s) iemand die in een opvallende oranje jas bij een zebrapad staat en ervoor zorgt dat kinderen veilig over kunnen steken ⇒ *verkeersbrigadier*.

**klaar·spe·len** (speelde klaar, heeft klaargespeeld) *iets **klaarspelen:** iets voor elkaar krijgen ⇒ *fiksen, bolwerken* ◆ *hoe heb je dat **klaargespeeld**?*

**klaar·staan** (stond klaar, heeft klaargestaan) *voor iemand **klaarstaan:** bereid zijn iemand te helpen ◆ *onze buurvrouw **staat** altijd voor ons **klaar**.*

**klaar·sto·men** (stoomde klaar, heeft klaargestoomd) *iemand **klaarstomen:** ervoor zorgen dat iemand in korte tijd veel leert zodat hij of zij examen kan doen.

**klaar·wak·ker** (bijv. nw.) helemaal wakker ◆ *toen ik vannacht een eng geluid hoorde, was ik opeens **klaarwakker**.*

**klaas** (zelfst. nw.) ▼ *een houten **klaas:** iemand die zich niet soepel beweegt of die zich stug gedraagt.

**Klaas** (zelfst. nw.) ▼ ***Klaas** Vaak:* mannetje uit kinderverhalen dat zand in je ogen strooit zodat je slaap krijgt.

**klacht** (de ~; -en) woorden waarmee je klaagt* ◆ *voor mijn buik**klachten** moest ik naar het ziekenhuis; een **klacht** indienen bij de chef van het bedrijf.*

**klad** (zelfst. nw.) **1** (het ~) voorlopige vorm van een tekst of tekening, het tegenovergestelde van 'net' ◆ *mijn opstellen maak ik altijd eerst in het **klad**; een **kladje** met aantekeningen:* een stukje kladpapier ▼ *de **klad** komt erin:* het gaat achteruit, het gaat slechter; *iemand bij de **kladden** grijpen:* (populair) iemand beetpakken, iemand bij de kraag pakken.

**klad·blok** (het ~; -ken) blok met goedkoop papier waarop je dingen in het klad kunt maken.

**klad·den** (kladde, heeft geklad) slordig schrijven of schilderen ⇒ *kladderen, kalken, kliederen* ◆ *hij **kladde** zijn naam op het papier; die moderne schilders **kladden** maar raak.*

**klad·de·ren** (kladderde, heeft gekladderd) kladden.

**kla·gen** (klaagde, heeft geklaagd) laten merken dat je ontevreden bent, pijn of verdriet hebt ◆ *ze **klaagt** al een paar dagen over hoofdpijn; je hebt niets te **klagen**:* je hebt geen reden om ontevreden te zijn.

**kla·ge·rig** (bijv. nw.) als iemand die klaagt* ⇒ *huilerig, zeurderig* ◆ *op **klagerige** toon vroeg hij of hij met ons mee mocht.*

**klak·ke·loos** (bijw.) zonder na te denken, niet kritisch ◆ *dat antwoord is **klakkeloos** overgenomen.*

**klak·ken** (klakte, heeft geklakt) een hol, knappend geluid maken ◆ *de koetsier **klakte** met z'n tong om de paarden in beweging te zetten.*

**klakson(-)** → claxon(-).

**klam** (bijv. nw.) vochtig en koud ◆ *de muren van de kelder zijn helemaal **klam**; ik had het **klamme** zweet op mijn rug.*

**klam·boe** (de ~ (m.); -s) net rond je bed tegen muggen ⇒ *muskietennet*.

**klamp** (de ~; -en) haak of uitsteeksel waarmee je iets vastmaakt of waaraan je iets ophangt ◆ *de matroos zette de loopplank met **klampen** aan het schip vast.*

**klam·pen** (klampte, heeft geklampt) *iemand of iets tegen je aan klampen:* iemand of iets stevig vasthouden.

**klan·des·tien** → clandestien.

**klan·di·zie** (de ~ (v.)) alle klanten van een winkel.

**klank** (de ~ (m.); -en) manier waarop iets klinkt* (bet.1), geluid ◆ *zijn stem heeft een warme **klank**.*

**klank·bord** (het ~; -en) houten plaat uit één stuk, bijv. boven een preekstoel, die door mee te trillen het geluid versterkt ◆ *als **klankbord** voor iemand dienen:* (uitdr.) degene zijn tegen wie iemand aan praat, zodat die persoon zijn of haar gedachten op een rijtje kan zetten.

**klank·kast** (de ~; -en) kast van een viool, gitaar e.d., waardoor het geluid versterkt wordt.

**klank·kleur** (de ~) speciale klank waaraan je een stem of instrument herkent ⇒ *timbre*.

**klant** (de ~ (m.); -en) iemand die iets koopt ⇒ *cliënt* ◆ *er stond een rij **klanten** voor de kassa; wij zijn vaste **klant** bij deze bakker; wij kopen altijd bij deze bakker; de **klant** is koning:* (uitdr.) die mag zeggen hoe hij het hebben wil.

**klap** (de ~ (m.); -pen) **1** geluid van iets hards dat valt of ergens tegenaan komt ◆ *met een **klap** botste de auto tegen een boom; de **klap** op de vuurpijl:* (uitdr.) het hoogtepunt aan het einde van iets **2** keer dat iemand geslagen wordt ⇒ *slag, mep, tik, dreun* ◆ *iemand een **klap** verkopen:* iemand slaan; *een **klap** krijgen:* (uitdr.) iets moeilijks te verwerken krijgen; *dat was een **klap** in mijn gezicht:* (uitdr.) iets moeilijks of vervelends waar ik niet op gerekend had; *een **klap** van de molen gehad hebben:* (uitdr.) niet goed wijs zijn; *in één **klap** rijk worden:* (uitdr.) in één keer **3** (in België □; populair) praat ◆ *iemand aan de **klap** houden:* iemand aan de praat houden ▼ *ik geef er geen **klap** om:* (populair) het kan me niets schelen.

**klap·lo·per** (de ~ (m.); -s) iemand die misbruik maakt van andermans goedheid door van zijn of haar geld te leven ⇒ *uitvreter, parasiet*.

**klap·pen** (klapte, heeft geklapt) **1** *in je handen klappen:* met je handen tegen elkaar slaan, bijv. om te laten zien dat je iets mooi vindt **2** kapotgaan met een klap* (bet.1) ◆ *mijn band is **geklapt*** **3** een klapgeluid maken ◆ *het zeil **klapt** tegen de mast; het **klappen** van de zweep kennen:* (uitdr.) ervaring hebben.

**klap·per** (de ~ (m.); -s) **1** ringband **2** kokosnoot of kokosnotenboom.

**klap·pe·ren** (klapperde, heeft geklapperd) heen en weer gaan en een klapgeluid maken ⇒ *klepperen* ◆ *toen de storm opstak, begonnen de ramen te **klapperen**.*

**klap·per·tan·den** (klappertandde, heeft geklappertand) je tanden ongewild tegen elkaar laten slaan van de kou, van de zenuwen of van de schrik.

**klap·per·tje** (het ~; -s) papiertje met een beetje kruit erop dat je kunt laten ontploffen, bijv. in een speelgoedpistool.

**klap·roos** (de ~; -rozen) weidebloem met dunne rode blaadjes en een zwart hart.

**klap·stuk** (het ~; -ken) **1** stuk vlees van de rib van een rund ◆ *hutspot met **klapstuk*** **2** hoogtepunt ◆ *ons toneelstukje was het **klapstuk** van de bruiloft.*

**klap·wie·ken** (klapwiekte, heeft geklapwiekt) *(van vogels):* met de vleugels op en neer gaan ◆ *de vogels vlogen **klapwiekend** weg.*

**klap·zoen** (de ~ (m.); -en) uitbundige zoen die je goed kunt horen.

**kla·re** (de ~ (m.)) jenever ◆ *oude **klare**; jonge **klare**.*

**kla·ren** (klaarde, heeft geklaard) *iets klaren:* iets in orde maken, iets afhandelen ◆ *kun je dat karwei alleen klaren?*

**kla·ri·net** (de ~; -ten) houten blaasinstrument met een riet waar je door blaast.

**kla·ri·net·tist** (de ~ (m.); -en), vrouw: **kla·ri·net·tis·te** (de ~ (v.); -n of -s) iemand die klarinet* speelt.

**kla·roen** (de ~; -en) trompet zonder knoppen met een schel geluid.

**klas, klas·se** (de ~; -sen) **1** (meestal: klas) groep leerlingen die samen les krijgen ◆ *ik zit in de zesde klas* **2** (meestal: klas) lokaal waarin leerlingen les krijgen ◆ *ik heb m'n boeken in de klas laten liggen* **3** afdeling van een trein of vliegtuig ◆ *eerste klas reizen.*

**klas·se** (de ~; -n) **1** soort, groep ⇒ *categorie* ◆ *de koe hoort tot de klasse van de zoogdieren; de arbeidersklasse; die auto is een klasse apart:* die is heel bijzonder, enig in zijn soort **2** kwaliteit ◆ *dat is klasse!:* dat is heel goed.

**klas·se·ment** (het ~; -en) lijst van mensen of ploegen die aan een wedstrijd meedoen, waarop de beste bovenaan en de slechtste onderaan staat.

**klas·se·ren** (klasseerde, heeft geklasseerd) *je klasseren:* door een wedstrijd een plaats krijgen in het klassement* ◆ *de hardloopster klasseerde zich als tweede:* ze kwam op de tweede plaats.

**klas·si·cis·me** → classicisme.

**klas·siek** (bijv. nw.) **1** van de oude Grieken en Romeinen ◆ *de klassieke oudheid; klassieke talen:* Grieks en Latijn **2** van vroeger, maar niet uit de tijd ⇒ *traditioneel* ◆ *klassieke muziek; klassieke kleding:* die niet uit de mode raakt; *een klassiek voorbeeld:* een voorbeeld dat steeds weer gebruikt wordt, een bekend voorbeeld.

**klas·sie·ken** (zelfst. nw.; meervoud) de oude Griekse en Romeinse schrijvers en kunstenaars, zoals Homerus en Cicero.

**klas·sie·ker** (de ~ (m.); -s) iets van vroeger waarvoor mensen steeds weer belangstelling hebben ⇒ *evergreen.*

**klas·si·kaal** (bijv. nw.) met de hele klas* (bet.1) ◆ *wij krijgen klassikaal onderwijs.*

**kla·te·ren** (klaterde, heeft geklaterd) het heldere geluid maken van water dat naar beneden valt ◆ *op het pleintje stond een klaterende fontein.*

**kla·ter·goud** (zelfst. nw.) ▼ *het is klatergoud:* het heeft veel minder waarde dan je op het eerste gezicht zou denken.

**klau·te·ren** (klauterde, heeft of is geklauterd) met handen en voeten klimmen ◆ *de kinderen klauterden in een boom.*

**klauw** (de ~; -en) **1** dierenpoot met nagels ◆ *de tijger haalde uit met zijn klauw* **2** (grof) hand ⇒ *poot.*

**klauw·ha·mer** (de ~ (m.); -s) hamer met een gespleten uiteinde waarmee je spijkers uit kunt trekken.

**kla·var·scri·bo** (het ~) makkelijk te leren muziekschrift voor piano.

**kla·ve·cim·bel** (de ~ (m.) of het ~) toetsinstrument met een droge tokkelende klank; het is een voorloper van de piano.

**kla·ve·ci·nist** (de ~ (m.); -en), vrouw: **kla·ve·ci·nis·te** (de ~ (v.); -n of -s) iemand die klavecimbel* speelt.

**kla·ver** (de ~; -s) **1** klein groen plantje met drie en heel soms vier blaadjes in de vorm van hartjes ◆ *als je een klavertje vier vindt, betekent dat geluk* (oud bijgeloof) **2** klaveren ▼ *van de klaver naar de biezen lopen:* (in België □) een vervelende of ongunstige situatie proberen te verbeteren en dan juist in een ergere situatie terechtkomen.

**kla·ver·blad** (het ~; -en) kruispunt van snelwegen dat lijkt op een klaverblad met vier blaadjes.

**kla·ve·ren** (zelfst. nw.; meervoud) een van de vier figuren van een kaartspel, dat zwart van kleur is en de vorm heeft van een klaver (bet.1) ⇒ *klaver.*

**kla·ver·jas·sen** (klaverjaste, heeft geklaverjast) een bepaald kaartspel spelen.

**kla·vier** (het ~; -en) **1** (deftig) piano **2** rij toetsen op een piano of orgel ◆ *een kerkorgel met twee klavieren.*

**kled·der¹** (de ~ (m.); -s) hoopje van een weke massa ⇒ *kwak.*

**kled·der²** (bijv. nw.) (populair) door en door nat ⇒ *kleddernat, kletsnat, drijfnat.*

**kled·de·ren** (kledderde, heeft gekledderd) morsen, knoeien ⇒ *kliederen.*

**kle·den** (kleedde, heeft gekleed) *iemand kleden:* iemand kleren aandoen ⇒ *aankleden* ◆ *kleed je een beetje netjes!; de dokter was gekleed in een witte jas:* hij had een witte jas aan.

**kle·der·dracht** (de ~; -en) kleren die typerend zijn voor mensen in een bepaalde streek of een bepaald land ◆ *klompen horen bij de Nederlandse klederdracht.*

**kle·dij** (de ~ (v.)) (deftig) kleding.

**kle·ding** (de ~ (v.)) kleren.

**kle·ding·stuk** (het ~; -ken) iets dat je kunt aantrekken ◆ *hemden, broeken en rokken zijn kledingstukken.*

**kleed** (het ~; kleden) **1** lap waarmee je iets bedekt ◆ *tafelkleed; vloerkleed* **2** (in België □) jurk ◆ *iets in een nieuw kleedje steken:* (in België □; uitdr.) iets een nieuw uiterlijk geven; *dat tijdschrift is in een nieuw kleedje gestoken; het ziet er nu veel leuker uit.*

**kleer·han·ger** (de ~ (m.); -s) houten of plastic latje waaraan een kledingstuk opgehangen kan worden.

**kleer·ma·ker** (de ~ (m.); -s) iemand die voor zijn of haar beroep kleren op maat maakt.

**kleer·scheu·ren** (zelfst. nw.) ▼ *ergens zonder kleerscheuren afkomen:* zonder schade.

**klef** (bijv. nw.) **1** kleverig en vochtig ◆ *kleffe handen* **2** gezegd van iemand die steeds op een overdreven vriendelijke manier je aandacht wil trekken.

**klei** (de ~ (v.)) vette vruchtbare grondsoort ◆ *boetseerklei:* bepaald soort klei waar je figuurtjes van kunt vormen; *uit de klei getrokken zijn:* (uitdr.) onbehouwen, boers zijn.

**klei·en** (kleide, heeft gekleid) dingen maken van boetseerklei ⇒ *boetseren.*

**klein** (bijv. nw.) **1** gezegd van iemand die of iets dat weinig ruimte inneemt, het tegenovergestelde van 'groot' ◆ *ze is klein voor haar leeftijd; nog een klein eindje lopen; die broek is hem te klein:* die is niet groot genoeg voor hem; *iemand klein krijgen:* (uitdr.) iemand overwinnen; *wie het kleine niet eert, is het grote niet weerd:* (spreekwoord) wie met iets kleins niet blij is, is het niet waard iets groots te krijgen **2** jong ◆ *daar ben je nog te klein voor.*

**klein·bur·ger·lijk** (bijv. nw.) gezegd van mensen die al heel gauw vinden dat iets niet hoort ⇒ *bekrompen.*

**klein·doch·ter** (de ~ (v.); -s) dochter van je kind.

**klei·ne** (de ~; -n) jong kind, baby ◆ *wil jij de kleine de fles geven?*

**klei·ne·ren** (kleineerde, heeft gekleineerd) *iemand kleineren:* zo over iemand praten dat het lijkt of hij of zij niets waard is.

**klein·gees·tig** (bijv. nw.) zoals past bij mensen die niet ruim denken ⇒ *bekrompen* ◆ *hij wordt altijd boos om mijn grapjes, wat kleingeestig!*

**klein·geld** (het ~) muntstukken.

**klei·nig·heid** (de ~ (v.); kleinigheden) iets onbelangrijks

⇒ *bagatel* ◆ *over zulke* **kleinigheden** *maak ik me niet druk.*

**klei·nig·heid·je** (het ~; -s) klein cadeautje ⇒ *aardigheidje.*

**klein·kind** (het ~; -eren) zoon of dochter van je kind.

**klein·kunst** (de ~(v.)) cabaret.

**klei·nood** [ook: kleinood] (het ~; kleinoden of kleinodiën) klein voorwerp dat veel waard is ◆ *een gouden ring is een kleinood.*

**klein·scha·lig** (bijv. nw.) *(van bedrijven)*: met minder mankracht, minder materiaal en op een kleinere oppervlakte dan de meeste bedrijven, het tegenovergestelde van 'grootschalig'.

**klein·steeds** (bijv. nw.) zoals past bij een kleine stad of de mensen die daar wonen ◆ *hij heeft allerlei* **kleinsteedse** *manieren.*

**klein·tje** (het ~; -s) **1** iemand die of iets dat klein is ◆ *een* **kleintje** *pils: een klein glas pils; vele* **kleintjes** *maken één grote:* (uitdr.) *alle beetjes helpen; op de* **kleintjes** *letten:* (uitdr.) *erop letten dat je niet te veel geld uitgeeft* **2** jong kind ◆ *de* **kleintjes** *geloofden allemaal in Sinterklaas* ▼ *voor geen* **kleintje** *vervaard zijn:* niet gauw bang zijn.

**klein·vee** (het ~) schapen, geiten en varkens.

**klein·ze·rig** (bijv. nw.) al bang voor een klein beetje pijn ◆ *durf je niet naar de tandarts? ben je zo* **kleinzerig**?

**klein·zie·lig** (bijv. nw.) gezegd van iemand die gauw gekwetst of beledigd is, kinderachtig.

**klein·zoon** (de ~(m.); -s of -zonen) zoon van je kind.

**klem**¹ (de ~; -men) **1** stuk metaal met een veer om dieren mee te vangen ◆ *een mollen***klem** **2** voorwerp waarmee je iets vast kunt klemmen* (bet.1) ◆ *de papieren zaten met een* **klem** *aan elkaar; iemand de* **klem** *op de neus zetten:* (uitdr.) *iemand in het nauw drijven* **3** (in België □) tetanus ▼ *iets met* **klem** *beweren:* met veel nadruk, als iemand die heel zeker is van wat hij of zij zegt.

**klem**² (bijv. nw.) vast, bekneld ◆ *mijn vinger zat* **klem** *tussen de deur; je* **klem** *praten:* (uitdr.) *allemaal dingen vertellen die niet met elkaar kloppen.*

**klement(-)** → clement(-).

**klem·men** (klemde, heeft geklemd) **1** iemand of iets tussen, tegen, in iets klemmen: iemand of iets stevig vasthouden of vastzetten ◆ *het meisje hield haar pop tegen zich aan* **geklemd** **2** strak tussen of in iets zitten en daardoor moeilijk te bewegen te zijn ◆ *die deur* **klemt**.

**klem·mend** (bijv. nw.) gezegd van iets waar je je wel iets van aan móet trekken ◆ *een* **klemmende** *vraag:* een vraag die opgelost moet zijn om verder te kunnen.

**klem·toon** (de ~(m.); -tonen) hogere toon waarop je een lettergreep van een woord uitspreekt ⇒ *accent, nadruk* ◆ *in het woord 'boerderij' ligt de* **klemtoon** *op 'rij'; de* **klemtoon** *verkeerd leggen:* de nadruk leggen op het verkeerde deel van een woord.

**klep** (de ~; -pen) **1** soort deksel dat aan één kant vast zit ◆ *de* **klep** *van de brievenbus* **2** deel van een pet dat je ogen tegen het licht beschermt **3** (populair) mond ⇒ *bek, waffel* ◆ *houd je* **klep** *dicht!*

**kle·pel** (de ~(m.); -s) metalen staaf die in een klok (bet.2) hangt en bij het luiden tegen de binnenkant slaat.

**klep·pen** (klepte, heeft geklept) **1** een kort, helder geluid maken ◆ *ik hoorde de brievenbus* **kleppen**; *de klompjes* **klepten** *op de straat* **2** *(van klokken)*: geluid maken doordat de klepel steeds tegen dezelfde kant van de klok slaat **3** (populair) kletsen.

**klep·per** (de ~(m.); -s) houten slipper.

**klep·pe·ren** (klepperde, heeft geklepperd) steeds een kleppend geluid maken ◆ *er staat een deur te* **klepperen**.

**klep·to·maan** (de ~(m.); -manen) iemand die aan kleptomanie* lijdt.

**klep·to·ma·nie** (de ~(v.)) ziekelijke drang om te stelen.

**kle·ren** (zelfst. nw.; meervoud) jassen, broeken, truien, jurken enz. ⇒ *kledingstukken* ◆ **kleren** *maken de man:* (uitdr.) *als je goed gekleed bent, maak je een goede indruk; dat gaat je niet in je kouwe* **kleren** *zitten:* (uitdr.) *je hebt even tijd nodig om er van bij te komen.*

**kle·ri·kaal** (bijv. nw.) gezegd van dingen die met de clerus*, met de geestelijken te maken hebben.

**klerk** (de ~(m.); -en) iemand op een kantoor die het schrijfwerk moet doen.

**kle·rus** → clerus.

**kles·se·bes·sen** (klessebeste, heeft geklessebest) gezellig kletsen (bet.1).

**klets** (de ~) **1** onzin ⇒ *kletspraat, nonsens, lariekoek* ◆ *dat is allemaal* **klets**! **2** (-en) iemand die kletst* ⇒ *kletskous, kletsmajoor, kletsmeier* **3** (-en) mep, slag ◆ *straks krijg je een* **klets** *om je oren!*

**klet·sen** (kletste, heeft gekletst) **1** praten **2** onzin praten ⇒ *zwammen, bazelen* ◆ *volgens mij zit je te* **kletsen** **3** een geheim aan andere mensen doorvertellen ◆ *wie heeft er* **gekletst**? **4** een scherp geluid laten horen door een krachtige beweging ◆ *het* **kletsen** *van een zweep.*

**klets·koek** (de ~(m.)) kletspraat, onzin ⇒ *nonsens, lariekoek* ◆ **kletskoek** *verkopen:* onzin praten.

**klets·kous** (de ~; -en) iemand die veel kletst ⇒ *kletsmajoor, kletsmeier.*

**klets·ma·joor** (de ~(m.); -s) kletskous.

**klets·mei·er** (de ~(m.); -s) kletskous.

**klet·te·ren** (kletterde, heeft gekletterd) met harde, scherpe geluiden tegen iets aan komen ◆ *de pannen* **kletteren** *op de grond; de regen* **klettert** *tegen het raam.*

**kleu·men** (kleumde, heeft gekleumd) bibberen en stijf zijn van de kou ◆ *ik loop te* **kleumen** *in dat dunne jasje.*

**kleur** (de ~; -en) zwart, wit, rood, geel, blauw of een menging daarvan, bijv. groen en paars ◆ *hij droeg een stropdas in een vrolijke* **kleur**; *een* **kleur** *krijgen:* blozen; *primaire* **kleuren**: rood, blauw en geel; *een* **kleur** *als een biet (of: als een boei) hebben:* (uitdr.) *een vuurrood hoofd hebben;* **kleur** *geven aan iets:* (uitdr.) *iets opvrolijken;* **kleur** *bekennen:* (uitdr.) *laten merken hoe je ergens over denkt.*

**kleu·ren** (kleurde, heeft gekleurd) **1** iets kleuren: een kleur* aan iets geven ◆ *een tekening* **kleuren**; *een verhaal* **kleuren**: (uitdr.) *het zo vertellen dat je eigen mening er in uitkomt; er* **gekleurd** *op staan:* (uitdr.) *opvallen doordat je iets negatiefs gedaan hebt* **2** een kleur* krijgen ◆ *in de zon* **kleurt** *je huid snel; toen ik hem vroeg waar hij woonde,* **kleurde** *hij al:* toen bloosde hij al.

**kleu·ren·blind** (bijv. nw.) gezegd van mensen die geen verschil kunnen zien tussen bepaalde kleuren.

**kleu·rig** (bijv. nw.) met veel vrolijke kleuren ⇒ *kleurrijk, bont* ◆ *een* **kleurige** *hoofddoek.*

**kleur·ling** (de ~(m.); -en), vrouw: **kleur·lin·ge** (de ~(v.)) -s of -n) iemand met een blanke moeder en een zwarte vader of een zwarte moeder en een blanke vader.

**kleur·loos** (bijv. nw.) saai, onopvallend ⇒ *alledaags* ◆ *een* **kleurloos** *leven leiden; een* **kleurloze** *vrouw.*

**kleur·stof** (de ~; -fen) stof waarmee je iets kleurt ◆ *in deze pudding zitten* **kleurstoffen**.

**kleur·tje** (het ~; -s) kleurpotlood.

**kleu·ter** (de ~(m.); -s) kind van vier tot zes jaar ◆ *peuters worden* **kleuters**.

**kleu·ter·school** (de ~; -scholen) school voor kinderen van vier (in België: tweeëneenhalf) tot zes jaar; in Nederland vroeger een aparte school, nu de eerste twee jaar van de basisschool.

**kle·ven** (kleefde, heeft gekleefd) plakken, vast blijven zitten ◆ *de boter* **kleeft** *aan het mes.*

**kle·ve·rig** (bijv. nw.) plakkerig ◆ *stroop is een kleverige stof.*

**kle·wang** (de ~(m.); -s) bepaald soort sabel uit Indonesië.

**klez·mer** (Jiddisch) [kle̱zmer] (de ~(m.)) traditionele joodse muziek.

**klie·de·ren** (kliederde, heeft gekliederd) knoeien, morsen ⇒ *kladderen* ◆ *zit niet zo met je eten te kliederen!*

**kliek** (de ~; -en) **1** (meestal: kliekje) restje eten ◆ *vandaag eten we de kliekjes van gisteren* **2** groep mensen die altijd samen optrekken en die elkaar altijd helpen ◆ *de hele kliek schrijft het huiswerk van elkaar over.*

**kli·ënt** kli·ent → cliënt.

**klier** (de ~; -en) **1** deeltje van je lichaam dat vocht afscheidt ◆ *speekselklier; traanklieren* **2** (populair) vervelend iemand ◆ *die klier nodig ik niet uit op m'n feestje.*

**klie·ren** (klierde, heeft geklierd) (populair) vervelend doen.

**klie·ven** (kliefde, heeft gekliefd) *(door) iets klieven: iets splijten* ◆ *het schip klieft door de golven: het gaat door de golven heen.*

**klif** (het ~; -fen) steile, afgebrokkelde rotskust.

**klik** (de ~(m.); -ken) kort geluid dat je hoort als twee metalen dingen met kracht in elkaar geschoven worden ◆ *het fietsslot sprong met een klik open.*

**klik·ken** (klikte, heeft geklikt) **1** een klikgeluid maken **2** verkeerde dingen die iemand heeft gedaan doorvertellen aan degene die hem of haar er straf voor kan geven **3** *het klikt tussen ons: wij voelen ons bij elkaar op ons gemak, we kunnen goed met elkaar opschieten* **4** de muisknop van de computer indrukken.

**klik·spaan** (de ~; -spanen) iemand die klikt (bet.2).

**kli·maat** (het ~; klimaten) het soort weer dat bij een land of streek hoort ◆ *Nederland en België hebben een regenachtig klimaat.*

**klim·men** (klom, heeft of is geklommen) **1** op handen en voeten naar boven of naar beneden gaan ⇒ *klauteren* ◆ *in, uit een boom klimmen* **2** omhoog gaan ⇒ *stijgen* ◆ *het water klimt: het wordt vloed; met het klimmen der jaren:* (uitdr.) *als je ouder wordt.*

**klim·op** (de ~(m.) of het ~) plant met stevige, donkergroene blaadjes die tegen huizen, bomen enz. op groeit.

**kling** (de ~; -en) zwaard ◆ *iemand over de kling jagen:* (uitdr.) *iemand vermoorden.*

**klin·ge·len** (klingelde, heeft geklingeld) het geluid maken van metalen of glazen dingen die zachtjes tegen elkaar komen ◆ *ik hoor een bel klingelen.*

**kli·niek** (de ~(v.); -en) ziekenhuis ⇒ *hospitaal* ◆ *een kliniek voor hartziekten.*

**kli·nisch**[1] (bijv. nw.) gezegd van dingen die met een kliniek* te maken hebben ◆ *een klinische les: les aan jonge dokters bij het bed van een zieke.*

**kli·nisch**[2] (bijw.) ▼ *klinisch dood zijn: geen hartslag en ademhaling meer hebben.*

**klink** (de ~; -en) metalen staaf aan een deur die in een haak aan de deurpost kan vallen, zodat de deur goed dicht zit.

**klin·ken** (klonk, heeft geklonken) **1** een bepaald geluid laten horen ◆ *hij klonk verkouden; de viool klinkt vals; dat plannetje klinkt leuk: zo te horen is het een leuk plan* **2** je glas tegen dat van iemand anders tikken om hem of haar geluk te wensen ⇒ *proosten, toasten* ◆ *om 12 uur klonken we op het nieuwe jaar* **3** *iets ergens aan iets anders klinken: iets ergens aan vastmaken met klinknagels* ◆ *de metalen platen werden aan elkaar geklonken.*

**klin·ker** (de ~(m.); -s) **1** (taal) a, e, i, o, u en y, het tegenovergestelde van 'medeklinker' ⇒ *vocaal* ◆ *in het woord 'mager' zitten twee klinkers en drie medeklinkers* **2** straatsteen ⇒ *kassei* ◆ *een klinkerpad.*

**klink·klaar** (bijv. nw.) ▼ *klinkklaar goud: puur goud; klinkklare onzin: niets anders dan onzin.*

**klink·na·gel** (de ~(m.); -s) soort grote spijker om metalen platen aan elkaar vast te maken ◆ *het schip werd met klinknagels in elkaar gezet.*

**klip** (de ~; -pen) steile rots in zee ⇒ *rif* ◆ *het schip is op een klip gevaren; op de klippen lopen:* (uitdr.) *mislukken; tussen de klippen door zeilen:* (uitdr.) *proberen moeilijkheden uit de weg te gaan; tegen de klippen op werken, eten enz.:* (uitdr.) *heel veel en snel werken, eten enz..*

**klip·per** (de ~(m.); -s) groot rank zeilschip met 3 à 4 masten, dat vooral in de negentiende eeuw als handelsschip gebruikt werd.

**klis·ma** → klysma.

**klit** (de ~; -ten) **1** bosje haar, touw, wol enz. dat in de war zit ⇒ *knoop* **2** stekelig bolletje van een bepaalde plant dat aan je kleren blijft zitten ◆ *als klitten aan elkaar hangen: de hele tijd dicht bij elkaar blijven.*

**klit·ten** (klitte, heeft geklit) **1** *aan iemand of iets klitten: op een vervelende manier steeds bij iemand of iets in de buurt blijven* ◆ *ze blijft aan me klitten* **2** *(van haar, touw enz.): in de war zitten, knoopjes vormen.*

**klit·ten·band** (het ~) band met kleine nylon lusjes en haakjes waarmee je twee stukken stof, leer enz. aan elkaar vast kunt maken ⇒ *kleefband* ◆ *mijn jaszakken sluiten met klittenband.*

**KLM** (de ~(v.)) (in Nederland) **K**oninklijke **L**uchtvaart**m**aatschappij.

**klod·der** (de ~; -s) hoopje van een weke massa dat je geknoeid hebt ◆ *een klodder verf; een klodder pap.*

**klod·de·ren** (klodderde, heeft geklodderd) knoeien, morsen ⇒ *kliederen* ◆ *de kleuters zaten met verf te klodderen.*

**kloek**[1] (de ~(v.); -en) kip met kuikens.

**kloek**[2] (bijv. nw.) **1** flink, krachtig ◆ *een kloeke jongen; een kloek besluit* **2** groot en stevig ⇒ *fors* ◆ *het woordenboek bestaat uit drie kloeke delen.*

**klof·fie** (het ~; -s) (populair) kleren ◆ *thuis loop ik het liefst in m'n oude kloffie.*

**klok** (de ~; -ken) **1** apparaat dat de tijd aangeeft ⇒ *uurwerk* ◆ *de klok loopt achter; het klokje rond slapen: twaalf uur slapen; hij is een man van de klok:* (uitdr.) *hij komt altijd op tijd; het klokje van gehoorzaamheid:* (uitdr.) *de tijd waarop je naar bed moet; de klok terugdraaien:* (uitdr.) *iets doen waardoor het weer zo wordt als het eerder of vroeger was* **2** muziekinstrument waarin een klepel hangt die tegen de binnenkant slaat als het instrument bewogen wordt (kijk ook bij: klepel) ◆ *hoor de klokken luiden?; iets aan de grote klok hangen:* (uitdr.) *iets aan iedereen vertellen; het klinkt als een klok:* (uitdr.) *het is heel erg goed; het is allemaal … wat de klok slaat:* (uitdr.) *het is niets anders dan …; de klokken zijn naar Rome:* (in België □; uitdr.) *(gezegd als ze de dagen voor Pasen niet geluid worden); hij heeft de klok horen luiden, maar hij weet niet waar de klepel hangt:* (spreekwoord) *hij weet het wel ongeveer, maar niet precies; zoals het klokje thuis tikt, tikt het nergens:* (spreekwoord) *het is nergens beter dan thuis.*

**klok·huis** (het ~; -huizen) binnenste deel van appels en peren waar de pitjes in zitten.

**klok·ken** (klokte, heeft geklokt) **1** het geluid maken van een vloeistof die door een nauwe opening stroomt ◆ *de melk klokte uit de fles* **2** de tijd bijhouden, bijv. bij wedstrijden **3** (van kleren): een model hebben dat van onderen wijder is dan van boven ◆ *ze droeg een klokkende rok.*

**klok·ken·spel** (het ~; -len) muziekinstrument dat bestaat uit een serie klokken (bet.2) die je met een toetsenbord bespeelt ⇒ *carillon, beiaard* ◆ *ieder heel uur speelt het klokkenspel een liedje.*

**klok·ken·stoel** (de ~(m.); -en) stellage waaraan klokken (bet.2) hangen, bijv. bij een kerk.

**klok·slag** (de ~(m.); -en) keer dat een klok slaat ◆ *klokslag vier uur was hij thuis:* precies om vier uur.

**klok·vast** (bijv. nw.)(in België □) stipt op tijd ◆ *klokvaste treinen en bussen.*

**klom** → klimmen.

**klom·men** → klimmen.

**klomp** (de ~(m.); -en) **1** houten schoen ◆ *nou breekt m'n klomp:*(uitdr.) ik ben stomverbaasd **2** grof stuk van een zware stof ⇒ *brok* ◆ *een klomp goud.*

**klomp·voet** (de ~(m.); -en) voet die zo misvormd is dat je op de buitenste rand loopt ⇒ *horrelvoet.*

**klonk** → klinken.

**klon·ken** → klinken.

**klont** (de ~; -en) klein beetje van een stof die aan elkaar kleeft ⇒ *kluit* ◆ *een klont aarde; een klontje suiker; zo klaar als een klontje:*(uitdr.) helemaal duidelijk.

**klon·ter** (de ~(m.); -s) klont in een vloeistof ◆ *er zitten klonters in de pap.*

**klon·te·ren** (klonterde, is geklonterd) klonters* vormen ◆ *de pudding is geklonterd.*

**kloof¹** (de ~; kloven) spleet, barst ◆ *een kloof tussen twee bergen:* een ravijn; *'s winters heb ik kloofjes in m'n lippen:* barstjes van de kou; *de kloof tussen die mensen is niet te overbruggen:*(uitdr.) er is zo'n groot verschil in hun manier van denken dat ze nooit goed met elkaar om zullen kunnen gaan.

**kloof²** → kluiven.

**klooi·en** (klooide, heeft geklooid)(populair) maar wat aan rommelen ⇒ *klungelen.*

**kloos·ter** (het ~; -s) gebouw waar mensen wonen die al hun aandacht op het geloof willen richten ⇒ *convent* ◆ *in het klooster gaan:* monnik of non worden.

**kloos·ter·ling** (de ~(m.); -en), vrouw: **kloos·ter·lin·ge** (de ~(v.); -n of -s) iemand die in een klooster* leeft.

**kloos·ter·mop** (de ~; -pen) vierkante baksteen waarmee vroeger kloosters werden gebouwd.

**kloot·schie·ten** (ww.) spel uit Twente waarbij je een houten bal waar lood in zit, zover mogelijk weg moet gooien.

**kloot·zak** (de ~(m.); -ken)(grof)(scheldwoord voor iemand op wie je heel boos bent).

**klop** (de ~(m.); -pen) korte doffe slag ◆ *een klop op de deur:*(teken dat je binnen wilt komen); *een klopje op je schouder:*(teken dat je iets goed gedaan hebt); *de klop van de hamer krijgen:* (in België □; uitdr.) moeten opgeven, bijv. vanwege vermoeidheid.

**klop·jacht** (de ~; -en) grote jacht op mensen of dieren ⇒ *drijfjacht* ◆ *de boeren hielden een klopjacht op vossen; een klopjacht op inbrekers.*

**klop·pen** (klopte, heeft geklopt) **1** een klopgeluid maken ◆ *op de deur kloppen* **2** in overeenstemming zijn met andere dingen ◆ *er klopt iets niet in haar verhaal:* er is iets niet logisch; *dat klopt:* dat is juist **3** (van het hart, de aderen enz.): steeds samenknijpen en weer ontspannen ◆ *ik voelde de zwerende vinger kloppen* **4** iemand of iets kloppen: iemand of iets slaan op een tikje geven ◆ *iemand op z'n rug kloppen; een deken kloppen:* het stof eruit slaan; *slagroom kloppen:* die stijf slaan **5** *iemand kloppen:* van iemand winnen ⇒ *verslaan* ▼ *je uurtjes kloppen:* (in België □; populair) je werk doen zonder enig enthousiasme, en niets meer dan dat.

**klop·per** (de ~(m.); -s) ding waarmee je klopt* (bet.1 en 4) ◆ *op de deur hing een koperen klopper; een slagroomklopper.*

**klos** (de ~; -sen) **1** stukje hout waar je een draad omheen kunt winden ◆ *een klos vliegertouw* **2** blokje hout waarmee je iets ondersteunt of verhoogt ◆ *een bed op klossen* ▼ *de klos zijn:* degene zijn die de nadelen ondervindt.

**klo·set** → closet.

**klos·sen** (kloste, heeft of is geklost) op zware schoenen lopen zonder je voeten op te tillen ◆ *ben je soms moe? je loopt zo te klossen!*

**klot·sen** (klotste, heeft geklotst) het geluid maken van een vloeistof die heen en weer gaat of ergens tegenaan komt ◆ *de golven klotsten tegen de boot.*

**klo·ven¹** (kloofde, heeft gekloofd) iets kloven: iets splijten door te hakken ◆ *hout kloven.*

**klo·ven²** → kluiven.

**klown(-)** → clown(-).

**klub** → club.

**klucht** (de ~; -en) kort en grappig toneelstuk over een gebeurtenis uit het dagelijks leven.

**kluch·tig** (bijv. nw.) grappig en een beetje gek ⇒ *potsierlijk* ◆ *een kluchtige gebeurtenis.*

**kluif** (de ~; kluiven) bot met vlees eraan ◆ *onze hond krijgt iedere week een kluif; ergens een hele kluif aan hebben:*(uitdr.) veel moeite met iets hebben, veel werk aan iets hebben.

**kluis** (de ~; kluizen) metalen kast om kostbare spullen te beschermen tegen diefstal en brand ⇒ *brandkast, safe.*

**kluis·ter** (de ~; -s) boei ⇒ *keten* ◆ *iemand in de kluisters slaan:* iemand boeien omdoen.

**kluis·te·ren** (kluisterde, heeft gekluisterd) iemand kluisteren: iemand boeien ◆ *de agent kluisterde de dief; aan iets, bijv. aan huis of aan de tv, gekluisterd zijn:*(uitdr.) daar niet weg willen of kunnen.

**kluit** (de ~; -en) **1** klont, brok ◆ *een kluit aarde; op een kluitje staan:*(uitdr.) dicht bij elkaar staan ▼ *hij is flink uit de kluiten gewassen:* hij is groot en stevig gebouwd; *iemand met een kluitje in het riet sturen:* iemand een antwoord geven waar hij of zij niets aan heeft.

**klui·ven** (kloof, heeft gekloven) *op een bot kluiven:* met je tanden het vlees ervanaf halen ◆ *op je pen kluiven:* er met je tanden langs schrapen en eraan zuigen.

**klui·ze·naar** (de ~(m.); -s of kluizenaren) iemand die ver van andere mensen woont en niet naar gezelschap verlangt.

**klu·nen** (kluunde, heeft gekluund) over land lopen met schaatsen onder je voeten langs een stuk waar niet geschaatst kan worden.

**klun·gel** (de ~; -s) iemand die erg onhandig is ⇒ *kluns, sukkel* ◆ *die klungel laat alles uit z'n handen vallen!*

**klun·ge·len** (klungelde, heeft geklungeld) je als een klungel* gedragen ⇒ *knoeien, klunzen* ◆ *als je zo blijft klungelen, doe ik het liever zelf.*

**kluns** (de ~(m.); klunzen) klungel ⇒ *sukkel.*

**klun·zen** (klunsde, heeft geklunsd) je als een kluns* gedragen ⇒ *stuntelen, stumperen* ◆ *hij stond te klunzen voor de klas toen hij een beurt kreeg.*

**klus** (de ~(m.); -sen) karwei ◆ *klusjes opknappen in huis; dat wordt nog een hele klus!:* dat is nog veel werk.

**klus·sen** (kluste, heeft geklust)(populair) klusjes* opknappen ◆ *in het nieuwe huis was nog heel wat te klussen.*

**kluts** (zelfst. nw.) ▼ *de kluts kwijt zijn:* in de war zijn.

**klut·sen** (klutste, heeft geklutst) iets klutsen: iets door elkaar kloppen ◆ *een ei klutsen.*

**kluut** (de ~(m.); kluten) vogel met lange poten en een lange naar boven gebogen snavel.

**klu·wen** (het ~; -s) bol van opgewonden draad ⇒ *knot* ◆ *een kluwen wol; een kluwen voetballers vocht om de bal:* (uitdr.) *een groep voetballers die helemaal in elkaar verstrikt leek te zijn.*

**klys·ma** (het ~; klysma's) (medisch) het schoonspoelen van je darmen ⇒ *lavement* ◆ *voor de operatie kreeg de zieke een klysma.*

**km** (afkorting) *kilo*meter.

**KMA** (de ~(v.)) *K*oninklijke *M*ilitaire *A*cademie.

**KMI** (het ~) (in België) *K*oninklijk *M*eteorologisch *I*nstituut; dit is een instituut waar mensen zich o.a. bezighouden met het voorspellen van het weer.

**KMO** (de ~(v.); KMO's) (in België) *K*leine of *M*iddelgrote *O*nderneming; dit is een bedrijf met minder dan 50 werknemers.

**knaag·dier** (het ~; -en) dier met scherpe snijtanden dat z'n voedsel fijnknaagt, bijv. de muis, de rat en het konijn.

**knaak** (de ~; knaken) (populair) rijksdaalder ⇒ *riks.*

**knaap** (de ~(m.); knapen) **1** jongen **2** iets dat heel groot is ⇒ *kanjer, joekel* ◆ *de visser ving een knaap van een snoek.*

**knaap·je** (het ~; -s) kleerhanger.

**knab·be·len** (knabbelde, heeft geknabbeld) op of aan iets *knabbelen:* van iets eten door er kleine stukjes vanaf te bijten ◆ *op, aan een koekje knabbelen.*

**knäc·ke·bröd** [knɛkəbrœt] (het ~) dun en knapperig Zweeds brood in de vorm van een rechthoek.

**kna·gen** (knaagde, heeft geknaagd) **1** op of aan iets *knagen:* stukjes uit iets bijten ◆ *de ratten knagen aan het hout* ▼ *het verdriet knaagt:* het blijft pijn doen; *een knagend geweten:* dat je niet met rust laat.

**knak** (de ~(m.); -ken) **1** geluid van iets hards en droogs dat breekt ◆ *de houten stokjes braken met een knak* **2** scherpe bocht in iets waaraan je kunt zien dat het gebroken is ◆ *er zat een knak in de bloemsteel; zijn gezondheid heeft een knak gekregen:* (uitdr.) hij is niet meer zo gezond als vroeger.

**knak·ken** (knakte) **1** (is geknakt) een *knak** (bet.2) krijgen ◆ *de rozen waren geknakt* **2** (heeft geknakt) iets *knakken:* een *knak** (bet.2) in iets maken ⇒ *knikken* ◆ *het verdriet heeft haar geknakt:* ze kan het niet verwerken.

**knak·ker** (de ~(m.); -s) (populair) raar mens ⇒ *snuiter* ◆ *die knakker geeft nooit antwoord als je hem iets vraagt.*

**knak·worst** (de ~; -en) klein, zacht worstje.

**knal** (de ~(m.); -len) geluid van iets dat met kracht ergens uit springt of uit elkaar springt ◆ *met een knal vloog de kurk van de fles.*

**knal·len** (knalde, heeft of is geknald) een knalgeluid maken ◆ *de geweren knalden.*

**knal·ler** (de ~(m.); -s) (populair) iets dat veel succes heeft ◆ *dat feest was de knaller van het jaar.*

**knal·pijp** (de ~; -en) buis aan een motor waardoorheen de uitlaatgassen naar buiten gaan ⇒ *uitlaat.*

**knal·pot** (de ~(m.); -ten) deel van een motoruitlaat dat het geluid dempt ⇒ *knaldemper.*

**knap** (bijv. nw.) **1** met een goed verstand ⇒ *slim, intelligent* ◆ *de knapste van de groep heeft het beste rapport* **2** mooi om te zien ◆ *alle meisjes zijn verliefd op die knappe jongen.*

**knap·pen** (knapte) **1** (is geknapt) (van iets waar spanning op staat): breken ◆ *het elastiek knapte* **2** (heeft geknapt) een geluid maken als van iets hards waar een barst in springt ◆ *een knappend haardvuur.*

**knap·pe·ren** (knapperde, heeft geknapperd) steeds een knappend geluid maken.

**knap·pe·rig** (bijv. nw.) (van etenswaren): met een korstje erop, zodat het knappert als je erop bijt ⇒ *krokant.*

**knap·zak** (de ~(m.); -ken) zak of tas waarin je eten meeneemt ◆ *we liepen met een knapzak door de bergen.*

**knar** (de ~(m.); -ren) **1** (populair) hoofd ◆ *iemand op z'n knar slaan* ▼ *een oude knar:* een oud mens.

**knar·sen** (knarste, heeft geknarst) een krasserig, schurend geluid maken ◆ *het grind knarst onder mijn schoenen.*

**knar·se·tan·den** (knarsetandde, heeft geknarsetand) een schurend geluid maken met je tanden ◆ *hij knarsetandde van kwaadheid; knarsetanden in je slaap.*

**knauw** (de ~(m.); -en) harde beet ◆ *de hond gaf hem een knauw; die woorden gaven hem een knauw:* (uitdr.) die deden hem veel verdriet.

**knau·wen** (knauwde, heeft geknauwd) op of aan iets hards *knauwen:* stevig op iets bijten.

**knecht** (de ~(m.); -en of -s) jongen of man die iemand helpt met werk ◆ *de boer had drie knechten.*

**knech·ten** (knechtte, heeft geknecht) iemand *knechten:* zo de baas over iemand spelen dat die persoon geen kans meer krijgt te bedenken wat hij of zij zelf wil ⇒ *onderdrukken.*

**kne·den** (kneedde, heeft gekneed) een massa *kneden:* die soepel maken of door elkaar mengen door er steeds in te knijpen ◆ *klei kneden; deeg kneden.*

**kneep¹** (de ~; knepen) **1** keer dat je knijpt* (bet.1) ◆ *een kneepje in je wang* **2** handigheidje ⇒ *truc* ◆ *de kneepjes van het vak kennen:* er alles van weten ▼ *daar zit hem de kneep!:* dat is precies waar het om gaat.

**kneep²** → **knijpen.**

**kne·kel** (de ~(m.); -s) bot van een dode ⇒ *knook.*

**knel¹** (zelfst. nw.) ▼ *in de knel zitten:* vastzitten, niet los kunnen komen; ook: in moeilijkheden zitten.

**knel²** (bijv. nw.) ▼ *knel zitten:* vastzitten, niet los kunnen komen; ook: moeilijkheden hebben.

**knel·len** (knelde, heeft gekneld) **1** te strak zitten ◆ *die broek knelt* **2** iemand of iets tegen je aan, je armen *knellen:* iemand of iets stevig vasthouden.

**knel·punt** (het ~; -en) punt waar de moeilijkheden zitten ⇒ *bottleneck* ◆ *een knelpunt in het verkeer:* punt waarop het verkeer vastloopt.

**kne·pen** → **knijpen.**

**kner·pen** (knerpte, heeft geknerpt) een scherp krakend of knarsend geluid maken ◆ *een knerpende machine.*

**kner·sen** (knerste, heeft geknerst) knarsen.

**knet·te·ren** (knetterde, heeft geknetterd) scherpe, knallende geluiden maken ◆ *een knetterend vuur.*

**kneus·je** (het ~; -s) **1** iemand die niet goed mee kan komen **2** iets dat beschadigd is ◆ *bij de eierboer krijg je de kneusjes voor de halve prijs.*

**kneu·te·ren** (kneuterde, heeft gekneuterd) het gezellig en knus hebben.

**kneu·te·rig** (bijv. nw.) gezellig en knus ◆ *een kneuterig huisje.*

**kneu·zen** (kneusde, heeft gekneusd) iets *kneuzen:* iets beschadigen door er tegen te drukken ◆ *mijn arm is niet gebroken, maar gekneusd; een gekneusde appel.*

**kneu·zing** (de ~(v.); -en) beschadiging door druk ◆ *blauwe plekken zijn kneuzingen.*

**kne·vel** (de ~(m.); -s) (deftig) snor.

**kne·ve·len** (knevelde, heeft gekneveld) iemand *knevelen:* iemand vastbinden ◆ *de politie knevelde de inbrekers.*

**knic·ker·boc·ker** (Engels) [nɪkərbɔkər] (de ~(m.); -s) halflange broek met gespen onder de knie.

**knie** (de ~; knieën) deel van je been waarmee je dat been kunt buigen ◆ *iets onder de knie hebben:* (uitdr.) weten hoe iets moet; *door de knieën gaan:* (uitdr.) eindelijk toegeven; *over de knie gaan:* (uitdr.) een pak voor je broek krijgen.

**knie·len** (knielde, heeft of is gekniend) je op je knieën laten zakken ♦ de kinderen lagen **gekniend** bij het jonge hondje; de ridder **knielde** voor de prinses: (als teken van eerbied).

**knies·oor** (zelfst. nw.) ▼ het is een **kniesoor** die daar op let: daar moet je niet moeilijk over doen.

**knie·val** (de ~ (m.); -len) het op de knieën vallen om te laten zien dat je eerbied voor iemand hebt ♦ een **knieval** doen voor iemand: (uitdr.) je aan iemand onderwerpen.

**knie·zen** (kniesde, heeft gekniesd) kniezen over iets: lang over iets nadenken en er verdrietig om zijn ♦ hij blijft maar **kniezen** over z'n slechte rapport.

**knijp** (zelfst. nw.) ▼ in de **knijp** zitten: (populair) in moeilijkheden zitten of bang zijn.

**knijp·bril** (de ~ (m.); -len) bril zonder poten die je op je neus vastknijpt ⇒ lorgnet.

**knij·pen** (kneep) **1** (heeft geknepen) een mens of een dier knijpen: een mens of een dier pijn doen door zijn of haar vel tussen je vingers te drukken ♦ je moet me niet zo gemeen **knijpen 2** (heeft geknepen) in iets knijpen: met je vingers aan verschillende kanten tegelijk op iets drukken **3** (heeft geknepen) 'm knijpen: (populair) bang zijn, in de rats zitten **4** (is geknepen) ertussenuit knijpen: (populair) er stiekem vandoor gaan.

**knij·per** (de ~ (m.); -s) wasknijper.

**knijp·kat** (de ~; -ten) zaklamp waarvan je de dynamo met de hand aanknijpt.

**knijp·tang** (de ~ (m.); -en) nijptang.

**knik** (de ~ (m.); -ken) **1** scherpe bocht in iets ♦ een **knik** in een stuk karton: een vouw; een **knik** in de weg **2** gebaar met je hoofd waarmee je ja of nee uitdrukt of waarmee je iemand groet.

**knik·ke·bol·len** (knikkebolde, heeft geknikkebold) steeds ongewild je hoofd voorover of opzij laten zakken van slaap.

**knik·ken** (knikte, heeft geknikt) **1** je hoofd bewegen om 'ja', 'nee', of een groet uit te drukken ♦ de lerares **knikte** goedemorgen **2** doorbuigen ♦ hij was zo bang, dat zijn knieën **knikten 3** iets knikken: een knik* (bet.1) in iets maken ⇒ knakken.

**knik·ker** (de ~ (m.); -s) klein kogeltje van gekleurd glas, waarmee je kunt spelen ♦ het gaat niet om de **knikkers**, maar om het spel: (uitdr.) het is niet belangrijk of je wint, maar dat je plezier hebt in het spel.

**knik·ke·ren** (knikkerde, heeft geknikkerd) **1** met knikkers* spelen **2** iemand ergens uit knikkeren: (populair) iemand buiten de deur zetten ♦ die man is eruit **geknikkerd** door zijn baas: hij is ontslagen.

**knip** (zelfst. nw.; -pen) **1** (de ~ (m.)) het knippen* (bet.2) met je vingers ♦ hij is geen **knip** voor de neus waard: (uitdr.) je hebt niets aan hem, het is een waardeloos persoon **2** (de ~ (m.)) snee die gemaakt is met een schaar of gaatje dat gemaakt is met een tang ♦ ze maakte **knipjes** langs de rand van het papier; de conducteur gaf een **knip** in het treinkaartje **3** (de ~) grendel ⇒ schuif ♦ de deur zit op de **knip 4** (de ~) portemonnee met een sluiting die bestaat uit twee beugeltjes met een veer.

**knip·kaart** (de ~; -en) toegangskaart die voor een paar keer geldig is en waarin je iedere keer als je komt een knipje* (bet.2) krijgt ♦ met deze **knipkaart** kan ik vijf keer naar het zwembad.

**knip·ogen** (knipoogde, heeft geknipoogd) één oog even dichtdoen om iemand een teken te geven ♦ toen hij **knipoogde** begreep ik dat hij een grapje maakte.

**knip·oog** (de ~ (m.); -ogen) keer dat je knipoogt* ♦ hij gaf me een **knipoogje**.

**knip·pen** (knipte, heeft geknipt) **1** met een schaar een snee in iets maken, een stuk uit iets halen of iets in stukken verdelen ♦ een stukje uit de krant **knippen**; heb je je haar laten **knippen?**; de conducteur **knipt** de kaartjes: hij maakt er met een tang gaatjes in **2** met je vingers knippen: een vinger met kracht over je duim laten springen en zo geluid maken.

**knip·pe·ren** (knipperde, heeft geknipperd) **1** (van lampen): snel achter elkaar aan- en uitgaan **2** met je ogen knipperen: ze snel achter elkaar open- en dichtdoen ♦ we stonden met onze ogen te **knipperen** in de felle zon.

**knip·sel** (het ~; -s) iets dat je uit een krant of een blad geknipt* hebt ♦ ik heb een map met **knipsels** over de dierenbescherming: een map met artikelen die ik uitgeknipt heb.

**KNMI** (het ~) **K**oninklijk **N**ederlands **M**eteorologisch **In**stituut; dit is een instituut waar mensen zich o.a. bezighouden met het voorspellen van het weer.

**KNO-arts** (de ~ (m.); -en) dokter voor **k**eel-, **n**eus- en **o**orziekten.

**knob·bel** (de ~ (m.); -s) hard halfrond uitgroeisel ⇒ bobbel ♦ de heks had een **knobbel** op haar neus; dat meisje heeft een wiskunde**knobbel**: (uitdr.) ze is heel erg goed in wiskunde.

**knock-out** (Engels) [nok·a̲u̲t] (bijv. nw.) zo hard neergeslagen, dat je niet meer kunt vechten ♦ de bokser werd door zijn tegenstander **knock-out** geslagen.

**knoe·del** (de ~ (m.); -s) **1** knot haar ⇒ knoet ♦ zij draagt haar lange haar in een **knoedel 2** knot garen ⇒ kluwen **3** meelballetje, o.a. voor in de soep ⇒ noedel.

**knoei** (zelfst. nw.) ▼ in de **knoei** zitten: in moeilijkheden zitten.

**knoei·en** (knoeide, heeft geknoeid) **1** door onhandigheid of slordigheid druppels, klodders of kruimels laten vallen ⇒ kliederen, morsen ♦ wat zit je weer met je eten te **knoeien! 2** slordig werken ⇒ prutsen **3** met iets knoeien: oneerlijk met iets te werk gaan om jezelf te bevoordelen ♦ er was met het rapport **geknoeid**: iemand had van alle zevens negens gemaakt.

**knoei·pot** (de ~ (m.); -en) iemand die knoeit (bet.1 en 2) ⇒ knoeier.

**knoe·per, knoe·perd** (de ~ (m.); -s) (populair) knoert.

**knoert** (de ~ (m.); -en) (populair) iets dat heel groot is ⇒ knoeper, joekel, kanjer, knots ♦ in dat opstel zaten **knoerten** van fouten.

**knoest** (de ~ (m.); -en) **1** bobbel in het hout van een boom **2** hard stuk in een plank op de plaats waar een tak van de boom aan de stam heeft gezeten ⇒ noest, kwast.

**knoes·tig** (bijv. nw.) vol met knoesten* (bet.1) ♦ een **knoestige** oude eik.

**knoet** (de ~ (m.); -en) **1** knot haar ⇒ knoedel **2** soort zweep waarmee mensen vroeger voor straf geslagen werden.

**knof·look** (de ~ (m.) of het ~) wit, uivormig knolletje met een sterke smaak en een sterke geur, dat je gebruikt als keukenkruid.

**kno·kig** (bijv. nw.) gezegd van mensen en dieren bij wie je de botten door hun vel kunt zien ⇒ benig ♦ het oude vrouwtje had **knokige** handen; een **knokig** paard.

**knok·kel** (de ~ (m.); -s) uitstekend bot boven op je hand op de plaats waar je vinger vastzit.

**knok·ken** (knokte, heeft geknokt) vechten ♦ die jongens zijn altijd aan het **knokken**; ik moet hard **knokken** voor een goed cijfer: (uitdr.) ik moet hard werken en m'n best doen.

**knok·ploeg** (de ~; -en) mensen die een groep gevormd hebben om met z'n allen een tegenstander af te tuigen.

**knol** (de ~ (m.); -len) **1** dikke wortel van bepaalde planten ♦ een biet is een **knol** die je kunt eten; iemand **knollen**

*voor citroenen verkopen:* (uitdr.) iemand bedriegen **2** (populair) paard ◆ *een stevige boerenknol* **3** (populair) gat in een sok.

**knol·len·tuin** (zelfst. nw.) ▼ *in je knollentuin zijn:* tevreden zijn en overal plezier in hebben.

**knook** (de ~; knoken) bot.

**knoop** (de ~(m.); knopen) **1** plat, meestal rond dingetje waarmee je kleding dichtmaakt door het door een knoopsgat te steken **2** vastgetrokken lus in een draad ◆ *de veters van mijn schaatsen raken altijd in de knoop; de knoop doorhakken:* (uitdr.) een beslissing nemen terwijl dat moeilijk is; *in de knoop zitten:* (uitdr.) in moeilijkheden **3** maat om uit te drukken hoe hard een schip vaart ◆ *de boot had een snelheid van negen knopen* ▼ *van de blauwe knoop zijn:* tegen het gebruik van alcoholhoudende drank zijn.

**knoop·punt** (het ~; -en) plaats waar wegen bij elkaar komen en waar het altijd druk is.

**knoops·gat** (het ~; -en) gat in een kledingstuk, om een knoop door te doen.

**knop** (de ~(m.); -pen) **1** dingetje dat je in moet drukken of waar je aan moet draaien om een apparaat aan of uit te doen ⇒ *schakelaar* ◆ *waar zit de knop van het licht?* **2** bloem die nog niet bloeit of blad dat nog niet uitgekomen is ◆ *in het voorjaar staan alle planten in knop* **3** bolletje, als handvat of ter versiering ◆ *een wandelstok met een ivoren knop* **4** klein bol sieraad om in je oor te doen ◆ *gouden oorknopjes* ▼ *naar de knoppen zijn:* (populair) kapot en niet meer te repareren zijn.

**kno·pen** (knoopte, heeft geknoopt) iets knopen: knopen* (bet.2) in iets maken, iets vastbinden ◆ *knoop je veters toch niet zo strak!; de kinderen knoopten hun dassen aan elkaar tot een lange sliert.*

**knor·ren** (knorde, heeft geknord) **1** *(van varkens):* 'grroh' roepen ◆ *mijn maag knort:* (uitdr.) ik heb honger **2** *op iemand knorren:* boos tegen iemand praten ⇒ *mopperen* ◆ *de juf knorde op ons toen we gespiekt hadden.*

**knot** (de ~; -ten) **1** op een bolletje gewonden wol, draad of touw ⇒ *kluwen, knoedel* ◆ *voor die trui heb je zes knotten wol nodig* **2** in elkaar gevlochten of gedraaid haar dat boven op het hoofd wordt gedragen ⇒ *knoet, knoedel.*

**knots** (de ~; -en) **1** stuk hout dat aan de ene kant dikker is dan aan de andere kant en dat bedoeld is om mee te slaan ◆ *de holbewoner doodde de beer met zijn knots;* bij gymnastiek doen we soms oefeningen met *knotsen:* met kleine houten kegels **2** (populair) iets dat heel groot is ⇒ *knoeper, knoert, joekel, kanjer* ◆ *die mensen hebben een knots van een zwembad in de tuin.*

**knot·ten** (knotte, heeft geknot) bomen knotten: ze snoeien ◆ *elk jaar worden de wilgen geknot.*

**know·how** (Engels) [nohau] (de ~) (letterlijk: het weten hoe) vakkennis ◆ *die automonteur heeft veel knowhow.*

**knud·de** (bijv. nw.) (populair) waardeloos, snert ◆ *die film was knudde; knudde met een rietje:* (uitdr.) heel erg slecht.

**knuf·fel** (de ~(m.); -s) **1** zacht speelgoedbeest **2** zoen of aai.

**knuf·fe·len** (knuffelde, heeft geknuffeld) *iemand knuffelen:* iemand knuffels* (bet.2) geven.

**knuist** (de ~; -en) (populair) hand ◆ *die kerel heeft flinke knuisten; de baby wreef met zijn knuistjes in zijn ogen.*

**knul** (de ~(m.); -len) jongen, jongeman.

**knul·lig** (bijv. nw.) onhandig ⇒ *stuntelig* ◆ *ze stuurde me een knullig briefje om te zeggen dat ze niet kon komen.*

**knup·pel** (de ~(m.); -s) **1** dikke ronde stok om mee te slaan ◆ *de agent droeg een rubberen knuppel aan zijn*

riem; *de knuppel in het hoenderhok gooien:* (uitdr.) iets zeggen waarvan je weet dat mensen er boos of verschrikt op zullen reageren **2** (populair) iemand die onhandig is of die iets verkeerds doet ⇒ *knurft, oen, klungel* ◆ *knuppel, kijk uit waar je loopt!*

**knurft** (de ~(m.); -en) (populair) knuppel (bet.2).

**knus** (bijv. nw.) gezellig, huiselijk ◆ *wat heb je je kamer knus ingericht!*

**knut·se·len** (knutselde, heeft geknutseld) **1** kleine dingen maken van hout, papier, touw, lapjes enz. omdat je het leuk vindt **2** *aan iets knutselen:* iets uit elkaar halen en weer in elkaar zetten, bijv. om het te repareren ◆ *hij knutselt graag aan oude radio's.*

**k.o.** (afkorting) knock-out.

**ko·a·la** (de ~(m.); koala's) kleine bruingrijze beer uit Australië met een zwarte dopneus en scherpe nagels waarmee hij in bomen klimt.

**ko·a·li·tie** → coalitie.

**ko·balt** (het ~) felle kleur blauw.

**ko·bold** (de ~(m.); -en of -s) kwaadaardige kabouter.

**ko·bra** → cobra.

**kocht** → kopen.

**koch·ten** → kopen.

**kod·de·bei·er** (de ~(m.); -s) (ouderwets) politieagent ⇒ *veldwachter.*

**kod·dig** (bijv. nw.) gek en grappig ◆ *in de dierentuin zag ik van die koddige aapjes.*

**kode(-)** → code(-).

**koe** (de ~(v.); koeien) **1** herkauwend dier met hoorns, dat meestal gevlekt is en dat op boerderijen gehouden wordt om de melk en het vlees (het mannetjesdier heet 'stier') ◆ *de boer ging twee keer per dag de koeien melken; over koetjes en kalfjes praten:* (uitdr.) over kleine, dagelijkse dingen; *de koe bij de hoorns vatten:* (uitdr.) hard aan de oplossing van een probleem gaan werken; *oude koeien uit de sloot halen:* (uitdr.) over dingen beginnen die al uitgepraat zijn; *de auto is bij ons thuis een heilige koe:* (uitdr.) niemand mag eraan zitten of er een kwaad woord over zeggen; *iemand koeien met gouden hoorns beloven:* (uitdr.) iemand beloften doen die je niet waar kunt maken; *je weet nooit hoe een koe een haas vangt:* (uitdr.) misschien lukt het toch nog op een of andere onverwachte manier; *men noemt geen koe bont of er zit wel een vlekje aan:* (spreekwoord) als er veel kwaad over iemand gesproken wordt, is er vast wel iets van waar **2** vrouwtjesdier van o.a. de olifant, de walvis en de buffel ▼ *koeien van fouten:* (populair) heel grote fouten.

**koe·han·del** (de ~(m.)) afspraak tussen twee mensen of groepen om iets voor elkaar te doen, waarbij het er vooral om gaat dat ze er zelf beter van worden.

**koei·en·let·ter** (de ~; -s) (populair) hele grote letter.

**koei·o·ne·ren** (koeioneerde, heeft gekoeioneerd) iemand koeioneren: de baas over iemand spelen en vervelend tegen hem of haar doen ◆ *ik laat me niet door die ellendeling koeioneren.*

**koek** (de ~(m.); -en) van deeg gebakken zoete lekkernij ◆ *wil je een koekje bij de thee?; de tekenfilm ging er bij de kinderen in als koek:* (uitdr.) ze vonden de film heel leuk; *dat is andere koek:* (uitdr.) dat is iets heel anders; *het is weer koek en ei:* (uitdr.) de ruzie is voorbij; *dat is voor haar gesneden koek:* (uitdr.) ze vindt het heel makkelijk; *iets voor zoete koek aannemen:* (uitdr.) iets zomaar geloven of accepteren; *dat is ouwe koek:* (uitdr.) dat is allang bekend; *een koekje van eigen deeg krijgen:* (uitdr.) vervelend behandeld worden nadat je zelf anderen ook vervelend behandeld hebt.

**koe·ke·loe·ren** (koekeloerde, heeft gekoekeloerd) (populair) kijken ◆ *zullen we even door het raam* **koekeloeren** *om te zien of ze thuis is?*

**koe·ken·pan** (de ~(m.); -nen) ondiepe pan met steel, om in te bakken.

**koe·koek** (de ~(m.); -en) **1** vogel die 'koekoek' roept en die z'n eieren bij andere vogels in het nest legt om ze uit te laten broeden **2** uitbouw met een raampje op een dak ⇒ *dakkapel* ▼ *dat haal je de* **koekoek***!*: (populair) dat geloof ik direct!; *Mechelse* **koekoek**: (in België □) kip met pluimen aan de poten.

**koel** (bijv. nw.) **1** een beetje koud ⇒ *fris* ◆ *vlees moet je* **koel** *bewaren* **2** niet hartelijk ⇒ *afstandelijk* ◆ *hij doet altijd* **koel** *aan de telefoon.*

**koel·bloe·dig** (bijv. nw.) kalm, niet in paniek rakend ◆ **koelbloedig** *sprong hij in het water om het kind te redden.*

**koel·box** (de ~(m.); -en) doos met een speciale wand waardoor levensmiddelen er koel in kunnen worden bewaard en meegenomen.

**koe·len** (koelde, heeft gekoeld) *iets koelen: iets koel\** (bet.1) maken ◆ *witte wijn is lekkerder als je hem eerst* **koelt***.*

**koe·lie** (de ~(m.); -s) niet-blanke bediende die je in de tropen kunt huren om zwaar werk te doen.

**koe·ling** (de ~(v.)) **1** ruimte waar je iets koel\* (bet.1) kunt bewaren ◆ *leg de boter maar in de* **koeling** **2** deel van een motor dat ervoor zorgt dat de motor niet te warm wordt als hij draait.

**koel·kast** (de ~; -en) kast waarin je levensmiddelen koel kunt bewaren ⇒ *ijskast.*

**koel·te** (de ~(v.)) het koel\* (bet.1) zijn ◆ *hij wuifde zich* **koelte** *toe met een opgevouwen krant.*

**koen** (bijv. nw.) flink, dapper ◆ *de* **koene** *ridder versloeg de draak.*

**koe·pel** (de ~(m.); -s) **1** bol dak ◆ *een kerk met een* **koepel** **2** tuinhuisje met een bol dak.

**koe·pel·tent** (de ~(m.); -en) tent in de vorm van een koepel ⇒ *iglotent.*

**koe·plet** → couplet.

**koe·pon** → coupon.

**koer** (de ~; -en) (in België □) open plaats bij of binnen een gebouw ⇒ *binnenplaats.*

**koe·ren** (koerde, heeft gekoerd) *(van duiven):* 'roekoe' roepen ⇒ *kirren.*

**koe·rier** (de ~(m.); -s), vrouw: **koe·rier·ster** (de ~(v.); -s) iemand die snel berichten, brieven of pakjes overbrengt ⇒ *ijlbode.*

**koers** (zelfst. nw.; -en) **1** (de ~(m.)) richting ◆ *het schip zette* **koers** *naar het noorden: het voer naar het noorden;* **koers** *houden: de goede kant op blijven gaan; uit de* **koers** *raken, de* **koers** *kwijt zijn: niet langer de goede kant op gaan; iemand een andere* **koers** *gaan varen: (uitdr.) het op een heel andere manier proberen* **2** (de ~(m.)) waarde van geld in vergelijking met de waarde van geld in het buitenland ⇒ *wisselkoers* ◆ *de* **koers** *van de Amerikaanse dollar is gedaald, hij was in 1995 nog maar f 1,55 waard* **3** (de ~) snelheidswedstrijd, o.a. bij wielrennen en in de paardensport.

**koer·sen** (koerste, heeft of is gekoerst) **1** *ergens heen koersen: een bepaalde kant op gaan* ◆ *ze* **koerste** *direct op hem af toen ze hem zag staan* **2** (in België □) racen.

**koest** (bijw.) ▼ *hou je* **koest***!: wees stil;* **koest***! riep hij tegen de blaffende hond.*

**koes·te·ren** (koesterde, heeft gekoesterd) **1** *iemand of iets koesteren: iemand of iets met liefde behandelen en beschermen* ◆ *de moeder* **koesterde** *haar kind; hij* **koestert** *het horloge dat hij van z'n opa geërfd heeft* **2** *een gevoel koesteren: dat lange tijd hebben* ◆ *hij* **koesterde** *het verlangen een grote reis te maken: dat wilde hij graag; ze*

**koesterde** *de hoop dat alles weer goed zou komen: dat hoopte ze* **3** *je koesteren: je lekker laten verwarmen* ◆ *de kat* **koesterde** *zich in de zon.*

**koet** (de ~(m.); -en) zwarte vogel met een klein kopje, die je vaak in sloten ziet zwemmen.

**koe·ter·waals** (het ~) onverstaanbare of onbegrijpelijke taal.

**koets** (de ~; -en) dicht rijtuig dat getrokken wordt door paarden.

**koet·sier** (de ~(m.); -s) man die voor op een koets\* zit om de paarden te sturen.

**koe·voet** (de ~(m.); -en) metalen staaf die aan één kant omgebogen is of twee tanden heeft en die je gebruikt om zware voorwerpen op te heffen of te verplaatsen.

**kof·fer** (de ~(m.); -s) soort stevige doos met een scharnierend deksel en een handvat, waarin je spullen meeneemt als je op reis gaat ◆ *in het hotel pakten we onze* **koffers** *uit; vanavond duik ik vroeg de* **koffer** *in: (uitdr.) dan ga ik vroeg naar bed.*

**kof·fie** (de ~(m.)) **1** gebrande en gemalen bonen van de koffieplant ◆ *een pak* **koffie** **2** bruine drank die je maakt door heet water op gemalen koffiebonen te gieten ◆ *kom je vanavond op de* **koffie***?: kom je koffie drinken?;* **koffie** *verkeerd: (uitdr.) koffie met veel warme melk; dat is geen zuivere* **koffie***!: (uitdr.; populair) dat is niet helemaal te vertrouwen.*

**kof·fie·dik** (het ~) bruine stof die in een koffiefilter achterblijft als je koffie (bet.2) zet ⇒ *koffiedrab, koffieprut* ◆ *dat is me zo helder als* **koffiedik***: (uitdr.) daar begrijp ik niets van; dat is* **koffiedik** *kijken: (uitdr.) nu doe je voorspellingen over dingen waar nog niets over te zeggen is.*

**kof·fie·leut** (de ~(m.); -en) iemand die graag en veel koffie (bet.2) drinkt.

**kof·fie·ta·fel** (de ~; -s) maaltijd in de middag waarbij je koffie (bet.2) drinkt.

**kof·schip** (het ~; -schepen) **1** zeilboot met twee masten, vroeger gebruikt voor de kustvaart **2** ezelsbruggetje om te onthouden welke voltooide deelwoorden op een t eindigen ◆ *als de stam van een werkwoord eindigt op een medeklinker uit 't kofschip (dus op een t, k, f, s, ch, of p), dan eindigt het voltooid deelwoord op een t: ik werk, ik heb gewerkt.*

**ko·gel** (de ~(m.); -s) **1** hard metalen balletje dat met een geweer of een pistool afgeschoten wordt ◆ *de* **kogel** *krijgen: (uitdr.) doodgeschoten worden nadat je veroordeeld bent* **2** harde, massieve bal van metaal of hout ◆ *het uiteinde van de trapleuning was versierd met een houten* **kogel** ▼ *eindelijk is de* **kogel** *door de kerk: eindelijk is de beslissing genomen.*

**ko·gel·la·ger** (de ~(m.) of het ~; -s) busje met metalen kogeltjes (bet.2) om de as van een wiel, bedoeld om het wiel soepel te laten draaien.

**ko·gel·rond** (bijv. nw.) helemaal rond ◆ *de kok had een* **kogelronde** *buik.*

**ko·gel·sto·ten** (ww.) sport waarbij je een zware kogel (bet.2) zover mogelijk weg moet gooien.

**ko·gel·vrij** (bijv. nw.) gezegd van dingen waar kogels (bet.1) niet doorheen kunnen komen ◆ *de agent droeg een* **kogelvrij** *vest.*

**ko·he·rent** → coherent.

**ko·he·sie** → cohesie.

**kok** (de ~(m.); -s), vrouw: **kok·kin** (de ~(v.); -nen) iemand die voor zijn of haar beroep eten klaarmaakt ◆ *het zijn niet allen* **koks** *die lange messen dragen: (spreekwoord) als iemand eruitziet of hij geschikt is, wil dat niet zeggen dat hij dat ook werkelijk is.*

**ko·ken** (kookte, heeft gekookt) **1** *iets koken*: iets eetbaar maken door het gaar te maken in heet water ◆ *eten koken*: de warme maaltijd klaarmaken **2** *(van vloeistof)*: zo warm zijn dat er luchtbellen aan de oppervlakte komen ◆ *water kookt bij 100° C; de vulkaan kookte; koken van woede*: (uitdr.) heel boos zijn.

**ko·ker** (de ~(m.); -s) ronde buis waar je iets in kunt stoppen ⇒ *huls* ◆ *de dure sigaar zat in een goudkleurige koker; dat idee komt niet uit mijn koker*: (uitdr.; populair) ik heb het niet bedacht, het komt niet van mij.

**ko·ket** (bijv. nw.) gezegd van een meisje dat probeert met haar uiterlijk en maniertjes in de smaak te vallen ⇒ *behaagziek.*

**ko·ket·te·ren** (koketteerde, heeft gekoketteerd) **1** je best doen om met je uiterlijk in de smaak te vallen **2** *met iets koketteren*: met iets te koop lopen, met iets pronken ◆ *hij koketteert met zijn kennis.*

**kok·hal·zen** (kokhalsde, heeft gekokhalsd) met je keel een braakbeweging maken ◆ *ik moest kokhalzen van de stank.*

**kok·kel** (de ~(m.); -s) witte geribbelde strandschelp.

**kok·kerd, kok·ker** (de ~(m.); -s) (populair) grote, dikke neus.

**kok·ke·rel·len** (kokkerelde, heeft gekokkereld) lekker bezig zijn met koken.

**kok·kin** → kok.

**ko·kon** → cocon.

**ko·kos** (het ~) wit vruchtvlees van de kokosnoot.

**ko·kos·melk** (de ~) sap van een kokosnoot, dat melkachtig wit is ⇒ *klappermelk.*

**ko·kos·noot** (de ~; -noten) ovale, harde vrucht van de kokospalm ⇒ *klapper.*

**kol** → col.

**kol·bert** → colbert.

**kol·choz** (de ~(m.); -en) Russisch landbouwbedrijf van een aantal boeren samen, waarin de meeste bezittingen gemeenschappelijk zijn.

**kol·der** (de ~(m.)) gekheid, dwaasheid ⇒ *onzin, nonsens* ◆ *hij heeft de kolder in zijn kop*: hij is dwaas.

**kol·de·riek** (bijv. nw.) gek, dwaas ⇒ *mal, zot.*

**ko·len** (zelfst. nw.; meervoud) stukken steenkool, die als brandstof worden gebruikt ◆ *een kolenkachel; op hete kolen zitten*: (uitdr.) van ongeduld niet rustig kunnen blijven zitten.

**kolf** (de ~; kolven) **1** handvat van een geweer of een pistool **2** glazen bol met een hals eraan om scheikundige proeven in te doen **3** bloeiwijze in de vorm van een aar; de bloemen worden later vruchten ◆ *maïskolf* ▼ *dat is een kolfje naar mijn hand*: dat is echt iets voor mij.

**ko·li·brie** (de ~(m.); -s) klein kleurig vogeltje met een lange snavel, dat in de lucht stil kan blijven staan door zijn vleugels heel snel te bewegen.

**ko·liek** (de ~(v.) of het ~; -en) hevige kramp in de onderbuik.

**kolk** (de ~; -en) diep, snel ronddraaiend water ⇒ *draaikolk.*

**kol·ken** (kolkte, heeft gekolkt) *(van water)*: snel ronddraaien, een kolk* vormen.

**koll-** → coll-.

**ko·lo·fon** → colofon.

**ko·lom** (de ~; -men) **1** elk van de rijen waarin de bladzijden van een krant en van sommige boeken verdeeld zijn ◆ *lees verder op pag. vijf, kolom drie* **2** zuil, pilaar ◆ *een rookkolom* **3** reeks getallen of woorden die onder elkaar staan.

**ko·lo·nel** (de ~(m.); -s) hoofdofficier van de hoogste rang ⇒ *overste.*

**ko·lo·nie** (de ~(v.); -s of koloniën) **1** land dat door een ander land veroverd is en bestuurd wordt, om er handel mee te drijven enz. ⇒ *wingewest* ◆ *Indonesië was vroeger een kolonie van Nederland en Zaïre was een kolonie van België* **2** groep dieren van één soort die met elkaar in een bepaald gebied leven ◆ *een meeuwenkolonie* **3** groep vreemdelingen uit een bepaald land die in dezelfde plaats of streek wonen ◆ *er zijn veel Hollandse kolonies in Canada.*

**ko·lo·nist** (de ~(m.); -en) iemand die in een kolonie* (bet.3) gaat wonen.

**ko·lon·ne** → colonne.

**ko·los** (de ~(m.); -sen) iets heel groots.

**ko·los·saal** (bijv. nw.) enorm, reusachtig.

**kol·por·te·ren** → colporteren.

**kol·ven** (kolfde, heeft gekolfd) melk uit de borst halen met een speciaal apparaatje.

**kom** (de ~; -men) **1** rond bakje, meestal bestemd voor vloeistoffen ◆ *een kom soep* **2** holte waarin de gewrichten van je armen en benen zitten ◆ *haar arm is uit de kom* ▼ *de bebouwde kom*: het deel van een dorp of stad waar de huizen staan.

**kom·aan** (tussenw.) (om iemand aan te sporen) ⇒ *vooruit* ◆ *komaan, naar bed!*

**kom·af** (de ~(m.)) **1** afkomst ◆ *ze is van goede komaf*: ze komt uit een deftige familie ▼ *ergens komaf mee maken*: (in België □) ergens een eind aan maken.

**kombin-** → combin-.

**kom·buis** (de ~; kombuizen) keuken aan boord van een schip.

**ko·me·di·ant** (de ~(m.); -en), vrouw: **ko·me·di·an·te** (de ~(v.); -n of -s) iemand die een beetje toneelspeelt, die doet alsof ⇒ *aansteller.*

**ko·me·die** (de ~(v.); -s) **1** grappig, vrolijk toneelstuk ⇒ *blijspel* **2** aanstellerij ◆ *komedie spelen*: (uitdr.) doen alsof.

**ko·meet** (de ~; kometen) ster met een soort staart eraan ⇒ *staartster.*

**ko·men** (kwam, is gekomen) **1** *ergens komen*: dat punt, die plaats bereiken, daar verschijnen ◆ *kom maar binnen!; te laat komen; daar komt de postbode aangelopen; kom op!*: (uitdr.) laat de moed niet zakken!; *het komt wel goed*: (uitdr.) het zal wel goed aflopen; *tot jezelf komen*: (uitdr.) weer rustig en helder worden; *ik kan niet op zijn naam komen*: (uitdr.) die wil me niet te binnen schieten; *hoe kom je daar nu bij?*: (uitdr.) waar haal je dat idee vandaan?; *ergens achter komen*: (uitdr.) iets ontdekken, zodat je het weet; *tussenbeide komen*: (uitdr.) bemiddelen in een ruzie; *ergens overheen komen, ergens bovenop komen*: (uitdr.) iets, bijv. verdriet, verwerken; *die het eerst komt, het eerst maalt*: (spreekwoord) wie er het eerste bij is, heeft de eerste keus **2** *ergens uit, vandaan komen*: een bepaalde richting verschijnen, ergens uit stammen of ontstaan ◆ *er kwam bloed uit de wond; hoe komt dat?; de naam 'Maaike' komt van 'Maria'.*

**kom·foor** (het ~; komforen) (ouderwets) toestel waarop je iets kunt warmhouden of koken ⇒ *brander.*

**komfort(-)** → comfort(-).

**ko·miek¹** (de ~(m.); -en) iemand die voor zijn of haar beroep mensen aan het lachen maakt ⇒ *grappenmaker.*

**ko·miek²** (bijv. nw.) grappig, om te lachen.

**ko·mijn** (de ~(m.)) zaad van de komijnplant, als kruid gebruikt o.a. in komijnekaas.

**ko·misch** (bijv. nw.) grappig, om te lachen ◆ *een komische televisieserie.*

**ko·mi·tee** → comité.

**kom·kom·mer** (de ~; -s) lange vrucht met een groene schil, die rauw gegeten wordt.

**kom·kom·mer·tijd** (de ~ (m.)) tijd dat er geen belangrijk nieuws valt te melden voor kranten en tijdschriften (bijv. in de vakantie).

**kom·ma** (de ~ (m.) of het ~; komma's) leesteken dat een pauze in de zin aangeeft (het teken ' , ').

**komman-** → comman-.

**komment-** → comment-.

**kom·mer** (de ~) (ouderwets) zorgen, verdriet ◆ *het is alles **kommer** en kwel*: (uitdr.) een en al ellende.

**kommi-** → commi-.

**kom·mo·de** → commode.

**kommun-** → commun-.

**kompagn-** → compagn-.

**kom·pakt** → compact.

**kompar-** → compar-.

**kom·pas** (het ~; -sen) instrument waarop je kunt aflezen waar het noorden is en dat o.a. op zee gebruikt wordt.

**kompens-** → compens-.

**kompet-** → compet-.

**kom·pi·la·tie** → compilatie.

**komple-** → comple-.

**kompli-** → compli.

**kom·plot** → complot.

**kompo-** → compo-.

**kom·pres** (het ~; -sen) natte gevouwen doek, die je op de plek legt waar je pijn hebt.

**kom·pri·me·ren** → comprimeren.

**kom·pro·mis** → compromis.

**kom·pro·mit·te·ren** → compromitteren.

**komst** (de ~ (v.)) het komen* (bet.1), vooral de aankomst ◆ *er is onweer op **komst***: er komt onweer.

**kon** → kunnen.

**Kon.** (afkorting) *Kon*inklijk.

**konc-** → conc-.

**kond** (bijv. nw.) *iemand kond doen van iets*: (deftig) iemand van iets op de hoogte brengen, iemand iets meedelen.

**kon·den** → kunnen.

**kondens(-)** → condens(-).

**kon·di·tie** → conditie.

**kondo-** → condo-.

**kon·duk·teur** → conducteur.

**konf-** → conf-.

**kon·fij·ten** (konfijtte, heeft gekonfijt) *vruchten konfijten*: ze inleggen in suiker zodat ze goed bewaard kunnen blijven.

**kongr-** → congr-.

**kong·sie** (de ~; kongsies) groep mensen die plannen maakt waar ze zelf voordeel van hebben ⇒ kliek.

**ko·ni·feer** → conifeer.

**ko·nijn** (het ~; -en) knaagdier met lange oren en een pluimstaartje.

**ko·ning** (de ~ (m.); -en) **1** (vrouw: koningin) vorst die een land regeert ◆ *de **koning** der dieren*: (uitdr.) de leeuw; *koning Voetbal*: (uitdr.) de voetbalsport waar alles voor moet wijken, die alles overheerst **2** bepaald schaakstuk **3** bepaalde speelkaart ⇒ heer.

**ko·nin·gin** (de ~ (v.); -nen) **1** vrouw van een koning* **2** vrouwelijke koning* ◆ *ze was de **koningin** van het feest*: (uitdr.) ze was de mooiste, ze was het middelpunt **3** bepaald schaakstuk ⇒ dame **4** bepaalde speelkaart ⇒ vrouw, dame **5** vrouwelijke bij, mier, wesp of termiet.

**Ko·nin·gin·ne·dag** (de ~ (m.); -en) dag waarop de Nederlandse koningin (bet.2) haar verjaardag viert.

**ko·nings·huis** (het ~; -huizen) de koning of koningin en zijn of haar familie ⇒ vorstenhuis.

**ko·nink·lijk** (bijv. nw.) **1** gezegd van iets dat met een ko-

ning* (bet.1) of koningin te maken heeft ◆ *het **Koninklijk Huis***: de koning of koningin en zijn of haar familie **2** overdadig en mooi als van een koning* (bet.1) ⇒ vorstelijk ◆ *een **koninklijk** leven leiden*.

**ko·nink·rijk** (het ~; -en) land waarover een koning (bet.1) of koningin (bet.2) regeert ◆ *het Verenigd **Koninkrijk***: (uitdr.) Engeland; *het **koninkrijk** van God*: (uitdr.) de hemel.

**ko·nisch** → conisch.

**kon·junk·tuur** → conjunctuur.

**kon·ke·len** (konkelde, heeft gekonkeld) mensen tegen iemand of tegen elkaar opzetten door roddels te vertellen ⇒ konkelfoezen.

**kon·kel·foe·zen** (konkelfoesde, heeft gekonkelfoesd) konkelen.

**konklu-** → conclu-.

**kon·nek·tie** → connectie.

**kon·rek·tor** → conrector.

**kons-** → cons-.

**kont** (de ~; -en) achterste ⇒ billen, gat, zitvlak ◆ *die zit de hele dag op zijn luie **kont***: hij doet niets; *je kunt hier je **kont** niet keren*: (uitdr.) het is hier klein en vol; *je **kont** tegen de krib gooien*: (uitdr.) je verzetten, ergens dwars tegenin gaan; *die fabriek ligt op zijn **kont***: (uitdr.) die ligt stil.

**kont-** → cont-.

**konve-** → conve-.

**kon·vo·ka·tie** → convocatie.

**kon·vooi** (het ~; -en) groep oorlogsschepen die met gewone schepen meevaren om ze te beschermen ◆ *onder **konvooi** varen*.

**kooi** (de ~; -en) **1** hok met tralies of gaas ervoor, waarin dieren gehouden worden **2** bed op een schip ◆ *te **kooi** gaan*: (uitdr.) naar bed gaan.

**kooi·ker** (de ~ (m.); -s) iemand die een eendenkooi heeft.

**kook** (zelfst. nw.) ▼ *vloeistof aan de **kook** brengen*: die verwarmen tot hij kookt; *van de **kook** zijn*: helemaal in de war zijn.

**kook·punt** (het ~) temperatuur waarbij een vloeistof begint te koken.

**kooks** → cokes.

**kool** (de ~; kolen) wintergroente die meestal een ronde vorm heeft ◆ *rode **kool**; bloemkool; de **kool** en de geit willen sparen*: (uitdr.) beide partijen in een ruzie tevreden willen stellen; *iemand een **kool** stoven*: (uitdr.) iemand voor de gek houden; *groeien als **kool***: (uitdr.) heel snel groeien.

**kool·hy·draat** (het ~; koolhydraten) voedingsstof die je elke dag nodig hebt en die vooral in brood en bonen zit.

**kool·mees** (de ~; -mezen) kleine vogel met een zwarte kop en een geel met blauw en zwart lijfje.

**kool·mo·noxi·de** (het ~) giftig gas dat ontstaat als kolen niet helemaal verbranden ⇒ kolendamp.

**kool·raap** (de ~; -rapen) wintergroente in de vorm van een grote knol.

**kool·ra·bi** (de ~; koolrabi's) groente die familie is van de kool en waarvan de knol wordt gegeten.

**kool·stof** (de ~) chemische stof die voorkomt in alles wat leeft.

**kool·zaad** (het ~) plant met gele bloemen waarvan het zaad gebruikt wordt om er olie uit te persen.

**kool·zuur** (het ~) gas zoals dat bijv. in bronwater voorkomt, en dat o.a. gebruikt wordt om van limonade priklimonade te maken.

**koon** (de ~; konen) (ouderwets) wang ◆ *ze heeft rode konen van de kou*.

**koop** (de ~ (m.); kopen) het kopen* van iets ◆ *ons huis* *staat te* **koop**: het kan door iemand anders gekocht worden; *de* **koop** *is gesloten*: de koper en de verkoper zijn het eens geworden; *iets (vervelends) op de* **koop** *toenemen*: (uitdr.) het er extra bij nemen, het er wel voor over hebben; *ergens mee te* **koop** *lopen*: (uitdr.) iets aan iedereen laten merken of laten zien; *iets te* **koop** *hebben*: (in België □; uitdr.) iets in overvloed hebben, heel veel van iets hebben; *hij heeft gezondheid te* **koop**: hij is kerngezond.

**koöperatie(-)** (-) → coöperatie(-).

**koop·je** (het ~; -s) iets dat je gekocht hebt en dat je niet duur vindt.

**koop·kracht** (de ~) geld dat iemand of een hele groep mensen heeft om dingen te kopen.

**koop·man** (de ~(m.); kooplui of kooplieden) iemand die leeft van de handel ⇒ *handelsman*.

**koop·vaar·dij** (de ~(v.)) handelsscheepvaart.

**koop·waar** (de ~; -waren) spullen die te koop zijn ⇒ *negotie*.

**koop·ziek** (bijv. nw.) gezegd van iemand die steeds weer nieuwe dingen koopt of wil kopen.

**koor** (het ~; koren) **1** groep mensen die samen zingen ⇒ *zanggroep* ◆ *'nee', riepen ze in* **koor**: (uitdr.) allemaal tegelijk **2** gedeelte in een rooms-katholieke kerk waar het altaar staat ⇒ *priesterkoor*.

**koord** (de ~(m.) of het ~; -en) gevlochten draden ◆ *het slappe* **koord**: (uitdr.) het koord waarop koorddansers dansen.

**koord·dan·ser** (de ~(m.); -s) acrobaat die zijn kunsten vertoont op een koord hoog boven de grond.

**koördin-** → coördin-.

**koorts** (de ~; -en) te hoge lichaamstemperatuur die ontstaat als je ziek bent.

**koorts·ach·tig** (bijv. nw.) opgewonden, gejaagd ◆ *er heerste een* **koortsachtige** *drukte op het vliegveld*.

**koort·sig** (bijv. nw.) koorts* hebbend ◆ *het kind is wat* **koortsig**.

**koorts·ther·mo·me·ter** (de ~(m.); -s) thermometer waarmee je je lichaamstemperatuur kunt meten.

**koos** → kiezen.

**koos·jer** (Jiddisch) [koosjer] (bijv. nw.) *(van voedsel)*: zo klaargemaakt dat het door joden volgens hun godsdienst gegeten mag worden ◆ *varkensvlees is niet* **koosjer**: het mag niet gegeten worden, het is onrein; *dat is niet helemaal* **koosjer**: (uitdr.; populair) dat is niet helemaal zuiver, niet helemaal eerlijk.

**koos·naam** (de ~(m.); -namen) naam die je bedacht hebt voor iemand die je erg lief vindt ⇒ *troetelnaam*.

**koot·je** (het ~; -s) elk van de botjes van je vingers en je tenen.

**kop** (de ~(m.); -pen) **1** hoofd van dieren en ook wel van mensen ◆ *Chris heeft een leuke* **kop** *met haar; de kat geeft* **kopjes**: hij duwt met zijn kop tegen je aan; *er zit aan dat verhaal* **kop** *noch staart*: (uitdr.) er is niets van te begrijpen; *een knappe* **kop**: (uitdr.) iemand die veel weet; *dat zal me de* **kop** *niet kosten*: (uitdr.) dat risico wil ik wel nemen; *kop* **op**!: (uitdr.) houd moed!; *iets de* **kop** *indrukken*: (uitdr.) ervoor zorgen dat iets geen kans krijgt groter of erger te worden; *een* **kop** *als een boei*: (uitdr.) een vuurrood hoofd; *laat je niet op je* **kop** *zitten*: (uitdr.) verdedig je als iemand vervelend tegen je doet; *je* **kop** *uitwerken*: (in België □; uitdr.) je zin doen **2** bovenkant van sommige dingen ◆ *houd die doos niet op zijn* **kop**: ondersteboven; *de* **kop** *van een tulp; de* **kop** *van Overijssel*: het noordelijk deel van Overijssel; *de hele zaal stond op zijn* **kop**: (uitdr.) het publiek was razend enthousiast; *de keuken staat op zijn* **kop**: (uitdr.) het is er een grote bende; *over de* **kop**

*slaan*: (uitdr.) met een voertuig in volle vaart omslaan **3** voorste gedeelte van iets ◆ *wie loopt er op* **kop**?: wie loopt er vooraan? **4** vetgedrukte regel boven een artikel in een krant enz. ◆ *ik lees alleen de* **koppen** *in de krant* **5** kommetje met een oor om uit te drinken ◆ *een mooie* **kop** *en schotel* ▼ *de winkel bestaat op de* **kop** *af tien jaar*: precies tien jaar.

**ko·pen** (kocht, heeft gekocht) *iets kopen*: iets aanschaffen in ruil voor geld ◆ *een kaartje* **kopen** *voor de trein; wat* **koop** *ik daarvoor?*: (uitdr.) wat heb ik daaraan?

**ko·per** (het ~) roodbruin, zacht metaal ◆ **koper** *poetsen*.

**ko·pe·ren** (bijv. nw.) ▼ *een* **koperen** *bruiloft*: feest voor een 12½-jarig huwelijk.

**ko·pie** (de ~(v.); kopieën) **1** iets dat precies is nagemaakt ◆ *dit schilderij is geen origineel, maar een* **kopie** **2** (verkorting) fotokopie ◆ *hij maakt van de brief een* **kopie**.

**kopiëren** ko·pi·e·ren (kopieerde, heeft gekopieerd) *iets kopiëren*: een kopie* van iets maken.

**ko·pi·eus** → copieus.

**ko·pij** (de ~(v.)) tekst die bestemd is voor een krant, tijdschrift of boek ◆ *de* **kopij** *voor het volgende nummer van de schoolkrant moet voor het eind van de maand ingeleverd worden*.

**kop·je-on·der** (bijw.) ▼ **kopje-onder** *gaan*: even helemaal onder water verdwijnen.

**kop·lamp** (de ~(m.); -en) lamp aan de voorkant van een motorvoertuig.

**kop·lo·per** (de ~(m.); -s) iemand of een vereniging die in een wedstrijd of competitie de eerste plaats inneemt ◆ *die voetbalclub is* **koploper** *in de eerste divisie*.

**kop·man** (de ~(m.); -nen) wielrenner die in een ploeg de meeste kans heeft om te winnen, en daarom door de andere ploegleden geholpen moet worden.

**kop·pel** (zelfst. nw.; -s) **1** (het ~) paar (gezegd van mensen en dieren) ⇒ *span, tweetal, duo* ◆ *de ploeg werd getrokken door een* **koppel** *ossen; de jongen en het meisje vormen een leuk* **koppel** **2** (het ~) groep, troep ◆ *een* **koppel** *ganzen* **3** (de ~) riem om een sabel, pistool enz. aan te dragen.

**kop·pel·baas** (de ~(m.); -bazen) iemand die arbeiders in dienst neemt en ze voor een ander laat werken.

**kop·pe·len** (koppelde, heeft gekoppeld) *twee mensen, dieren of dingen koppelen*: ze met elkaar verbinden ◆ *op het station werd de locomotief aan de wagon* **gekoppeld**; *zij probeert de jongen en het meisje te* **koppelen**: zij probeert een paartje van hen te maken.

**kop·pe·ling** (de ~(v.); -en) onderdeel van een auto waardoor je de versnelling kunt bedienen, en dat je bedient met een pedaal.

**kop·pel·te·ken** (het ~; -s) leesteken dat twee woorden met elkaar verbindt, het teken ' - ') ⇒ *verbindingsstreepje, trait-d'union* ◆ *in 'kruidje-roer-mij-niet' staan drie* **koppeltekens**.

**kop·pel·tje·dui·ke·len** (ww.) een koprol maken.

**kop·pel·werk·woord** (het ~; -en) (taal) werkwoord dat samen met een zelfstandig of bijvoeglijk naamwoord een naamwoordelijk gezegde vormt, zoals 'zijn', 'blijken' en 'worden'.

**kop·pen** (kopte, heeft gekopt) *een bal koppen*: die met je hoofd een zet geven.

**kop·pen·snel·len** (ww.) gewoonte van bepaalde volksstammen om de hoofden van de vijanden die ze gedood hebben mee te nemen.

**kop·pie kop·pie** (zelfst. nw.) ▼ **koppie koppie** *hebben*: (populair) heel slim zijn.

**kop·pig** (bijv. nw.) **1** gezegd van iemand die zijn of haar ongelijk niet makkelijk toe wil geven, die vasthoudt aan wat hij of zij eenmaal gezegd heeft ◆ zo **koppig** als een ezel: (uitdr.) erg koppig 2 (van alcoholhoudende drank): sterk ◆ een **koppige** wijn.

**kop·po·ter** (de ~(m.); -s) poppetje met alleen een hoofd, armen en benen, zoals getekend door peuters.

**ko·pra** (de ~) gedroogd vruchtvlees van een kokosnoot.

**kop·rol** (de ~; -len) beweging waarbij je met je hele lichaam een draai voor- of achterover maakt.

**kop·schuw** (bijv. nw.) bang om je te laten zien of om iets te doen ⇒ schichtig.

**kop·stuk** (het ~; -ken) opvallend persoon die in een bepaalde groep de leiding heeft ◆ de **kopstukken** van een politieke partij.

**kop·te·le·foon** (de ~(m.); -s of -telefonen) luisterapparaat met twee kleine luidsprekers, dat met een beugeltje over je hoofd tegen je oren aangedrukt zit en dat je aansluit op een radio enz. ⇒ hoofdtelefoon.

**ko·pu·le·ren** → copuleren.

**kop·zorg** (zelfst. nw.) ▼ je **kopzorg(en)** maken over iets: bezorgd over iets piekeren; **kopzorgen** hebben: bezorgd over iets piekeren.

**ko·raal** (het ~; koralen) 1 verkalkte skeletten van koraaldiertjes, meestal rood van kleur, die in de oceaan gevonden worden ◆ **koraal**eiland; **koraal**rif 2 plechtig gezang dat door een koor wordt gezongen.

**ko·ran** [kor͟aan, in België: k͟oran] (de ~(m.)) heilig boek van de mohammedanen.

**kor·daat** (bijv. nw.) dapper en vastberaden ◆ zij liep **kordaat** op de inbreker af.

**kor·don** (het ~; -s) groep soldaten of politieagenten die een gebied of een gebouw omsingelen, zodat niemand er meer door kan.

**ko·ren** (het ~) naam voor veel soorten graan, zoals haver, gerst, tarwe en rogge ◆ **koren**veld; dat is **koren** op zijn molen: (uitdr.) dat komt hem heel goed van pas.

**ko·ren·bloem** (de ~; -en) helblauwe bloem die tussen het koren groeit.

**korf¹** (de ~(m.); korven) 1 mand ◆ bijen**korf** 2 ronde mand zonder bodem boven aan een paal waar je de bal doorheen moet gooien bij korfbal.

**korf²** → kerven.

**korf·bal** (het ~) sport waarbij je moet proberen een bal door een korf (bet.2) te gooien.

**kor·hoen** (het ~; -ders) vogel met veren aan zijn poten die op de hei voorkomt.

**ko·ri·an·der** (de ~(m.)) plant waarvan het zaad naar anijs ruikt en als kruid gebruikt wordt.

**kor·jaal** (de ~(m.); korjalen) lange, smalle boot die gemaakt is van een uitgeholde boomstam.

**kor·nuit** (de ~(m.); -en) makker, vriend ⇒ kameraad.

**kor·po·raal** (de ~(m.); -s) iemand die de rang heeft tussen soldaat en sergeant ◆ de kleine **korporaal**: (uitdr.) Napoleon.

**kor·po·ra·tie** → corporatie.

**korps** (het ~; -en) 1 muziekkorps 2 groep mensen die door hun beroep bij elkaar horen ◆ het leraren**korps** van onze school; het **korps** rijkspolitie.

**kor·pu·lent** → corpulent.

**kor·pus** → corpus.

**korrekt(-)** → correct(-).

**kor·rel** (de ~(m.); -s) klein, rond en hard onderdeeltje van een stof ◆ zand**korrel**; tarwe**korrel**; je moet dat met een **korreltje** zout nemen: (uitdr.) je moet dat niet allemaal geloven, het is wat overdreven; iemand op de **korrel** nemen: (uitdr.) kritiek op iemand hebben en hem of haar een beetje belachelijk maken.

**kor·re·la·tie** → correlatie.

**kor·re·lig** (bijv. nw.) met veel korrels* ◆ dat cement is **korrelig**.

**korrespond-** → correspond-.

**korri-** → corri-.

**kor·ro·sie** → corrosie.

**korrupt(-)** → corrupt(-).

**kor·set** (het ~; -ten) stuk ondergoed voor vrouwen om de buik in te snoeren.

**korst** (de ~; -en) harde laag aan de buitenkant van iets dat zacht is ◆ op de wond was een **korstje** gekomen; een **korst** brood.

**kort¹** (zelfst. nw.) ▼ iets in het **kort** vertellen: met weinig woorden; tot voor **kort**: tot een tijdje geleden.

**kort²** (bijv. nw.) 1 met een kleine lengte, het tegenovergestelde van 'lang' ◆ zij heeft **kort** haar; dat is de **kortste** weg naar school; iemand **kort** houden: (uitdr.) iemand niet veel toestaan, streng zijn; alles **kort** en klein slaan: (uitdr.) alles helemaal kapot slaan 2 gezegd van iets dat weinig tijd in beslag neemt, het tegenovergestelde van 'lang' ◆ zij houden een **korte** pauze; op de achterkant van het boek staat de **korte** inhoud; **kort** en bondig: (uitdr.) met weinig woorden.

**kort³** (bijw.) ▼ te **kort** komen: niet genoeg hebben; te **kort** schieten: niet zoveel doen als nodig is; iemand te **kort** doen: iemand niet behandelen zoals hij of zij verdient.

**kort·aan·ge·bon·den** (bijv. nw.) kortaf, snauwerig.

**kort·ade·mig** (bijv. nw.) gauw buiten adem.

**kort·af** (bijv. nw.) met zo weinig woorden dat het onvriendelijk klinkt ◆ zij was **kortaf** tegen haar moeder.

**kor·te·lings** (bijw.) onlangs.

**kor·ten** (kortte) 1 (is gekort) (van de dagen): korter* (bet.1) worden ◆ tegen de herfst beginnen de dagen te **korten** 2 (heeft gekort) de tijd korten: iets gaan doen waardoor de tijd minder lang lijkt 3 (heeft gekort) op iets korten: minder geld aan iets uitgeven ◆ de regering heeft op het salaris van de ambtenaren **gekort**.

**kor·ting** (de ~(v.); -en) het kleiner maken van een bedrag ◆ hij kocht de schoenen met een flinke **korting** in de uitverkoop.

**kort·om** [ook: kort͟om] (bijw.) kort gezegd, om het voorgaande samen te vatten.

**kort·slui·ting** (de ~(v.)) storing die ontstaat als twee verschillende elektrische draden tegen elkaar aan komen ◆ de brand was ontstaan door **kortsluiting**.

**kort·ston·dig** (bijv. nw.) gezegd van iets dat niet lang duurt ◆ een **kortstondige** vreugde.

**kort·weg** (bijw.) met weinig woorden ◆ hij vertelde **kortweg** wat er gebeurd was.

**kort·wie·ken** (kortwiekte, heeft gekortwiekt) 1 een vogel kortwieken: de slagpennen uit zijn vleugels halen, zodat hij niet meer kan vliegen ◆ iemand **kortwieken**: (uitdr.) iemands haren heel kort knippen 2 de macht van iemand kortwieken: ervoor zorgen dat iemands macht minder wordt of niet groter wordt.

**kort·zich·tig** (bijv. nw.) gezegd van iemand die niet ver vooruit kijkt of die niet ruimdenkend is.

**kor·vee** → corvee.

**kor·ven** → kerven.

**kor·ze·lig** (bijv. nw.) in een slecht humeur, geprikkeld.

**kos·me·ti·ca** → cosmetica.

**kos·misch** (bijv. nw.) gezegd van zaken die met de kosmos* te maken hebben.

**kos·mo·naut** (de ~(m.); -en) ruimtevaarder uit Oost-Europa.

**kos·mo·po·liet** (de ~(m.); -en) iemand die zich in alle landen van de wereld thuis voelt ⇒ wereldburger.

**kos·mos** (de ~(m.)) heelal.

**kost** (de ~ (m.)) **1** (-en; meestal: kosten) dat wat je ergens voor moet betalen ◆ *de kosten van de reparatie zijn hoog*: de reparatie is duur; *hij heeft de kosten eruit*: wat hij ervoor heeft betaald, heeft hij terugverdiend; *iemand op kosten jagen*: (uitdr.) ervoor zorgen dat iemand veel moet betalen; *dat gaat ten koste van ...*: (uitdr.) daar moet ... onder lijden; *de kost gaat voor de baat uit*: (spreekwoord) om iets te kunnen verdienen, moet je eerst geld uitgeven **2** dat wat je nodig hebt om te kunnen leven, om in je onderhoud te voorzien ◆ *de kost verdienen; wat doet hij voor de kost?*; *zij weet niet hoe ze aan de kost moet komen*; *zijn kostje is daar gekocht*: (uitdr.) hij kan daar zeker genoeg geld verdienen om in zijn onderhoud te voorzien **3** dat wat je elke dag eet ⇒ *voedsel, eten* ◆ *boerenkool is stevige kost*; *ergens kost en inwoning hebben*: (uitdr.) ergens eten en slapen; *zij is bij die familie in de kost*: (uitdr.) ze eet er mee en betaalt daar geld voor; *dat boek is zware kost*: (uitdr.) het is erg moeilijk.

**kost·baar** (bijv. nw.) **1** gezegd van iets dat veel geld waard is ◆ *een kostbare vaas* **2** gezegd van iets dat veel waarde voor je heeft ⇒ *waardevol* ◆ *de fiets is voor haar een kostbaar bezit*; *mijn tijd is kostbaar*: ik heb niet veel tijd.

**kos·te·lijk** (bijv. nw.) heel erg goed, voortreffelijk ◆ *het toneelstuk was kostelijk*; *zij hebben zich kostelijk geamuseerd*.

**kos·ten** (kostte, heeft gekost) **1** een bepaald bedrag kosten: voor dat bedrag te koop zijn ◆ *die broek kost 50 gulden*; *dat gaat hem geld kosten*: daar zal hij veel geld aan kwijt zijn **2** moeite, tijd enz. kosten: moeite, tijd enz. vragen ⇒ *vergen* ◆ *het huiswerk kost hem veel tijd*; *koste wat het kost*: (uitdr.) wat er ook voor gedaan moet worden.

**kos·ter** (de ~ (m.); -s), vrouw: **kos·te·res** (de ~ (v.); -sen) beheerder van een kerkgebouw.

**kos·te·res** (de ~ (v.); -sen) **1** vrouw van de koster* **2** vrouwelijke koster*.

**kost·gan·ger** (de ~ (m.); -s) iemand die ergens in de kost* (bet.3) is.

**kost·geld** (het ~) geld dat je moet betalen om elke dag bij iemand in huis mee te eten en te slapen.

**kost·huis** (het ~; -huizen) huis waar je elke dag slaapt en mee-eet.

**kost·school** (de ~; -scholen) school waar de leerlingen blijven eten en slapen ⇒ *internaat*.

**kos·tuum** (het ~; -s) **1** kleding die je draagt bij een speciale gelegenheid ◆ *de toneelspelers droegen prachtige kostuums* **2** broek met een jasje en soms een vest, voor mannen ⇒ *pak*.

**kost·win·ner** (de ~ (m.); -s) iemand die voor zichzelf en voor zijn of haar gezin het geld verdient om van te leven.

**kot** (het ~; -ten) **1** armoedig huisje **2** hok voor dieren ◆ *varkenskot* **3** (in België □; populair) berghok **4** (in België □; populair) studentenkamer ◆ *op kot zijn*: op kamers wonen.

**ko·te·let** (de ~; -ten) karbonade.

**ko·ter** (de ~ (m.); -s) (populair) kind.

**ko·tiënt** → quotiënt.

**kot·ma·dam** (de ~ (v.); -men of -s) (in België □; populair) vrouw die studentenkamers verhuurt ⇒ *hospita*.

**kots** (de ~ (m.)) (populair) braaksel.

**kot·sen** (kotste, heeft gekotst) (populair) overgeven ⇒ *braken*.

**kots·mis·se·lijk** (bijv. nw.) heel erg misselijk ◆ *ergens kotsmisselijk van worden*: (uitdr.) iets heel erg afschuwelijk vinden.

**kot·ter** (de ~ (m.); -s) bepaald soort vissersboot.

**kou, kou·de** (de ~ (v.)) het koud* zijn, het tegenovergestelde van 'warmte' ◆ *kou lijden*: het heel erg koud hebben; *iemand in de kou laten staan*: (uitdr.) iemand in de steek laten.

**koud** (bijv. nw.) **1** met een lage temperatuur, het tegenovergestelde van 'warm' ⇒ *kil* ◆ *in de winter is het koud buiten*; *koude melk; koude koorts*: waarbij je rilt en bibbert; *iemand koud maken*: (uitdr.; populair) iemand vermoorden **2** zonder gevoel, zonder enige hartelijkheid ⇒ *onverschillig, koel, kil* ◆ *hij zei dit op koude toon*; *we werden koud ontvangen*.

**koud·bloe·dig** (bijv. nw.) ▼ *koudbloedige dieren*: dieren zonder vaste lichaamstemperatuur zodat ze die kunnen aanpassen aan die van de omgeving.

**kou·de** → kou.

**koud·vuur** [ook: koudvuur] (het ~) ziekte waarbij delen van je lichaam afsterven en waarbij je een koud gevoel krijgt ⇒ *gangreen*.

**kou·kleum** (de ~ (m.); -en) iemand die het vaak koud heeft.

**kous** (de ~; -en) kledingstuk voor om je voet en been ◆ *kniekous; nylonkous*; *daarmee is de kous af*: (uitdr.) daarmee is het afgelopen; *de kous op de kop krijgen*: (uitdr.) geen succes hebben, ergens niet in slagen, terwijl je gedacht had dat het je makkelijk zou lukken.

**kou·sen·band** (de ~ (m.); -en) Surinaamse peulvrucht.

**kout** (de ~ (m.)) gezellig gepraat ⇒ *gebabbel*.

**kou·ten** (koutte, heeft gekout) gezellig met elkaar praten ⇒ *babbelen*.

**kou·we·lijk** (bijv. nw.) gezegd van iemand die het snel koud* (bet.1) heeft.

**ko·zak** (de ~ (m.); -ken) vroeger een ruiter in het Russische leger.

**ko·zen** → kiezen.

**ko·zijn** (het ~; -en) omlijsting van een raam of deur.

**kraag** (de ~ (m.); kragen) **1** rand van een kledingstuk bij de halsopening, die meestal omgeslagen is ◆ *iemand in de kraag grijpen*: (uitdr.) iemand arresteren; *een stuk in je kraag hebben*: (uitdr.; populair) dronken zijn **2** rand ◆ *een glas bier met een kraag van schuim*.

**kraai** (de ~; -en) **1** grote zwarte vogel die veel voorkomt en een krassend geluid maakt **2** man in zwarte kleren die de doodskist draagt ⇒ *aanspreker, doodgraver*.

**kraai·en** (kraaide, heeft gekraaid) **1** (van hanen): 'kukeleku' roepen **2** (van kleine kinderen): geluidjes maken van plezier.

**kraai·en·nest** (het ~; -en) uitkijkpost hoog in de mast van een schip.

**kraai·en·poot·je** (het ~; -s) rimpeltje bij het oog, dat de vorm heeft van de poot van een kraai.

**kraak** (de ~ (m.); kraken) **1** (populair) inbraak ◆ *een kraak zetten*: inbreken ▼ *er zit kraak noch smaak aan*: er zit helemaal geen smaak aan.

**kraak·been** (het ~) weefsel in het lichaam van een mens of dier dat zachter is dan bot en dat dient als ondersteuning van organen ◆ *je knieschijf is van kraakbeen*.

**kraak·pand** (het ~; -en) huis of gebouw dat is gekraakt* (bet.3).

**kraal** (de ~; kralen) bolletje met een gat in het midden, waarmee je een ketting kunt rijgen.

**kraam** (de ~ of het ~; kramen) tentje waar je iets kunt kopen ◆ *marktkraam*; *dat komt in haar kraam te pas*: (uitdr.) dat kan zij goed gebruiken.

**kraam·af·de·ling** (de ~ (v.); -en) afdeling in een ziekenhuis waar baby's geboren worden.

**kraam·ver·zorg·ster** (de ~(v.); -s) vrouw die komt helpen in een huis waar net een kindje is geboren.

**kraam·vrouw** (de ~(v.); -en) vrouw die net een kindje heeft gekregen.

**kraan** (zelfst. nw.; kranen) **1** (de ~) voorwerp dat je open kunt draaien om er water of een andere vloeistof uit te laten stromen ♦ *dweilen met de kraan open*:(uitdr.) zinloos werk doen **2** (de ~) hijskraan **3** (de ~(m.)) iemand die ergens heel goed in is ⇒ *kei*.

**kraan·vo·gel** (de ~(m.); -s) grote, sierlijke vogel die lijkt op een reiger.

**krab** (de ~; -ben) schaaldier met tien poten dat scheef loopt ♦ *zo scheef als een krab*:(uitdr.) erg scheef.

**krab·bel** (de ~; -s) letter die snel en slordig is geschreven.

**krab·be·len** (krabbelde, heeft gekrabbeld) **1** *iets krabbelen*: iets snel en slordig opschrijven of tekenen **2** zachtjes krabben **3** steeds weer vallen en opstaan, vooral op de schaats ♦ *de kinderen krabbelen op het ijs*.

**krab·bel·tje** (het ~; -s) kort briefje dat snel is geschreven.

**krab·ben** (krabde, heeft gekrabd) *iemand of iets krabben*: met de nagels of met een scherp voorwerp over iemand of iets heen gaan ♦ *hij krabt zich op zijn hoofd*.

**krab·ber** (de ~(m.); -s) (in België □; populair) iemand die niet vooruitkomt, die heel zwak is.

**krab·be·tje** (het ~; -s) stukje rib van een varken met vlees eraan.

**krach** (de ~(m.); -s) algemene paniek in en instorting van het zakenleven ⇒ *crash*.

**kracht** (de ~; -en) **1** sterkte van je lichaam ♦ *hij heeft veel kracht in zijn armen; met vereende krachten*:(uitdr.) met zijn allen; *in de kracht van je leven*:(uitdr.) in je beste tijd **2** werking of invloed die van iemand of iets uitgaat ⇒ *vermogen* ♦ *een klein gedicht heeft soms meer kracht dan een dik boek; van kracht zijn*:(uitdr.) gelden **3** arbeidskracht ♦ *zij is een goede kracht voor dit bedrijf*.

**kracht·bron** (de ~; -nen) iets dat kracht levert, bijv. een motor.

**kracht·da·dig** (bijv. nw.) gezegd van iets dat krachtig werkt ♦ *een krachtdadig optreden*: een flink optreden.

**krach·tens** (voorz.) (deftig) op grond van ♦ *krachtens de wet mag hij dat doen*.

**krach·tig** (bijv. nw.) met veel kracht* (bet.1), het tegenovergestelde van 'zwak' ⇒ *sterk* ♦ *de rivier heeft een krachtige stroom*.

**kracht·pat·ser** (de ~(m.); -s) man die heel sterk is en daarmee opschept.

**kracht·proef** (de ~; -proeven) test om te meten hoeveel kracht (bet.1) je hebt of hoe goed je in iets bent ♦ *het dictee was voor de leerlingen een krachtproef*.

**krachts·in·span·ning** (de ~(v.)) het gebruiken van je krachten (bet.1).

**kracht·sport** (de ~; -en) sport waarvoor je heel sterk moet zijn, zoals gewichtheffen.

**kracht·term** (de ~(m.); -en) woord dat meestal niet netjes is en waarmee je een gevoel krachtig uitdrukt ♦ *toen hij zich op zijn duim had geslagen, gebruikte hij een krachtterm*.

**kracht·toer** (de ~(m.); -en) daad waarvoor veel krachtsinspanning nodig is ⇒ *tour de force*.

**kracht·voer** (het ~) veevoer dat erg voedzaam is.

**krak** (tussenw.) (geluid van iets dat met kracht scheurt, barst of breekt).

**kra·ke·len** (krakeelde, heeft gekrakeeld) scheldend ruzie maken ⇒ *kiften, kijven*.

**kra·ken** (kraakte, heeft gekraakt) **1** het scherpe geluid ma-

ken van iets hards dat barst ♦ *de trap kraakt; een krakende stem* **2** noten kraken: de bast ervan openbreken **3** *een huis kraken*: het bezetten om erin te gaan wonen **4** *iets of iemand kraken*:(populair) heel negatief over iets of iemand schrijven of spreken ⇒ *afkraken* ♦ *dat nieuwe boek is helemaal gekraakt* **5** *een bank, een kluis kraken*: er inbreken.

**kra·ker** (de ~(m.); -s) **1** iemand die een huis heeft gekraakt* (bet.3) **2** (populair) succesnummer ⇒ *hit* ♦ *een carnavalskraker*.

**krak·ke·mik·kig** (bijv. nw.) niet stevig ⇒ *gammel* ♦ *een krakkemikkige stoel*.

**kram** (de ~; -men) metalen haak in de vorm van een U met scherpe punten ♦ *de draad dat met krammen tegen de muur; in of uit de krammen schieten*:(in België □; uitdr.; populair) erg kwaad worden; ook: in actie komen.

**kra·miek** (de ~(m.); -en)(in België □) krentenbrood.

**kramp** (de ~; -en) pijnlijke samentrekking van je spieren zonder dat je het zelf wilt ♦ *de hardloper kreeg kramp in zijn been*.

**kramp·ach·tig** (bijv. nw.) met meer inspanning dan nodig is ♦ *zij hield haar tas krampachtig vast*.

**kra·nig** (bijv. nw.) flink en dapper ♦ *hij hield zich kranig bij de tandarts*.

**krank·jo·rum** (bijv. nw.) (populair) waanzinnig, gek ⇒ *knots*.

**krank·zin·nig** (bijv. nw.) **1** *(van mensen)*: geestelijk ziek ⇒ *gek* **2** *(van zaken)*: heel dwaas ⇒ *idioot* ♦ *dat is een krankzinnig voorstel; de jas is krankzinnig duur*.

**krans** (de ~(m.); -en) ring van in elkaar gevlochten bloemen, bladeren of takjes ♦ *de burgemeester legde een krans bij het standbeeld*.

**krant, ** ouderwets: **cou·rant** (de ~; -en) blad met nieuws en advertenties dat elke dag wordt gemaakt ⇒ *dagblad, nieuwsblad* ♦ *dat mag wel in de krant*:(uitdr.) dat is heel bijzonder.

**krap** (bijv. nw.) een beetje strak ⇒ *nauw* ♦ *de jas zit krap; krap bij kas zitten*:(uitdr.) weinig geld hebben.

**kra·puul** → crapuul.

**kras**[1] (de ~; -sen) streep of lichte beschadiging die je maakt door met een potlood, pen of met een scherp voorwerp ergens overheen te gaan ♦ *er zitten krassen op de tafel*.

**kras**[2] (bijv. nw.) **1** *(van oude mensen)*: nog goed gezond en bij de tijd ⇒ *vitaal* ♦ *hij is een krasse oude baas* **2** krachtig, sterk ♦ *krasse maatregelen* **3** moeilijk te geloven, sterk ⇒ *stug* ♦ *een kras verhaal*.

**kras·lot** (het ~; -en) lot (bet.1) waarop je moet krassen om afbeeldingen te voorschijn te laten komen waaraan je kunt zien of je gewonnen hebt of niet.

**kras·sen** (kraste, heeft gekrast) met een pen, potlood of scherp voorwerp krassen[1]* maken.

**krat** (het ~; -ten) kist van latjes of plastic waarin je iets kunt vervoeren ♦ *een krat bier*.

**kra·ter** (de ~(m.); -s) trechtervormig gat in een vuurspuwende berg of in het oppervlak van de maan.

**krats** (zelfst. nw.) ▼ *voor een krats*: voor heel weinig geld; *zij kan de auto voor een krats kopen*.

**kreat-** → creat-.

**kre·diet** (het ~; -en) het lenen van geld aan iemand waarbij je erop vertrouwt dat je het later weer terug zult krijgen ♦ *hij kan bij de bank een bedrag tot 1000 gulden lenen; iets op krediet kopen*: iets kopen zonder het met een te betalen.

**kreeft** (de ~; -en) schaaldier met een lang achterlijf en tien poten, met scharen aan de twee voorste poten ♦ *zo rood als een kreeft*:(uitdr.) heel rood.

**kreefts·keer·kring** (de ~(m.)) keerkring ten noorden van de evenaar ⇒ *noorderkeerkring*.

**kreeg** → krijgen.

**kreek** (de ~; kreken) kleine inham in het land, met stilstaand water.

**kreet** (de ~(m.); kreten) hard geluid met je stem, bijv. van angst, vreugde of pijn ⇒ *schreeuw* ♦ *hij slaakte een kreet van vreugde*.

**kre·gel** (bijv. nw.) in een slecht humeur, geprikkeld ⇒ *kregelig, kriegel*.

**kre·ge·lig** (bijv. nw.) kregel.

**kre·gen** → krijgen.

**krek** (bijw.)(ouderwets) precies ♦ *de twee huizen zijn krek eender: ze zijn precies hetzelfde*.

**kre·kel** (de ~(m.); -s) insect dat een tsjirpend geluid maakt door zijn vleugels langs elkaar te bewegen.

**kre·ma·tie** → crematie.

**kre·me·ren** → cremeren.

**kreng** (het ~; -en) **1** iemand aan wie of iets waaraan je een grote hekel hebt **2** kadaver.

**kren·ken** (krenkte, heeft gekrenkt) *iemand krenken*: iemand onaangenaam raken in zijn of haar gevoel ⇒ *kwetsen, grieven* ♦ *zij was door die gemene opmerking gekrenkt*.

**krent** (de ~; -en) **1** gedroogde druif ♦ *dat zijn de krenten in de pap*: (uitdr.) dat geeft er iets extra's aan **2** (populair) gierigaard ⇒ *vrek* **3** (populair) billen ⇒ *achterwerk, gat* ♦ *op je krent zitten*: (uitdr.) niets uitvoeren.

**kren·ten·brood** (het ~; -broden) brood met krenten (bet.1) erin.

**kren·ten·kak·ker** (de ~(m.); -s) **1** (populair) gierigaard **2** bekrompen en kleingeestig mens.

**kren·ten·mik** (de ~; -ken) krentenbrood.

**kren·ten·we·ger** (de ~(m.); -s) iemand die erg zuinig is.

**kren·te·rig** (bijv. nw.) overdreven zuinig ⇒ *gierig*.

**kre·pe·ren** → creperen.

**kre·ten** → krijten.

**kreuk** (de ~; -en) vouw in papier of stof die er niet hoort ⇒ *kreukel* ♦ *het overhemd zit vol kreuken; die auto zit helemaal in de kreuk*: (uitdr.) hij is helemaal gedeukt en beschadigd.

**kreu·kel** (de ~; -s) kreuk.

**kreu·ke·len** (kreukelde) **1** (heeft gekreukeld) *papier of stof kreukelen*: er kreukels* in maken **2** (is gekreukeld)(van papier of stof): kreukels* krijgen ♦ *dit overhemd is gekreukeld*.

**kreu·ken** (kreukte, heeft of is gekreukt) kreukelen.

**kreu·nen** (kreunde, heeft gekreund) een klagend geluid maken ⇒ *kermen, steunen* ♦ *zij kreunde van pijn*.

**kreu·pel** (bijv. nw.) gezegd van iemand die niet goed kan lopen ⇒ *mank*.

**kreu·pel·hout** (het ~) lage boompjes met dunne takken die door elkaar zijn gegroeid.

**krib** (de ~; -ben) **1** voederbak voor dieren **2** dam van gevlochten rijshout en stenen in een rivier, waardoor de bedding smaller wordt en de vaargeul voldoende diep blijft.

**krib·big** (bijv. nw.) in een slecht humeur, geprikkeld ♦ *als ze gestoord wordt, doet ze kribbig*.

**krie·bel** (de ~(m.); -s) kietelend gevoel waar je meestal niet tegen kunt ⇒ *jeuk* ♦ *ergens de kriebels van krijgen*: (uitdr.) ergens niet goed tegen kunnen en er geïrriteerd door raken.

**krie·be·len** (kriebelde, heeft gekriebeld) **1** *iemand kriebelen*: iemand zachtjes kietelen ♦ *ze kriebelt hem onder zijn voet* **2** een kietelend gevoel geven ♦ *het kriebelt als er een mier over je been loopt* **3** klein schrijven ♦ *hij kriebelde zijn naam op een papiertje*.

**krie·be·lig** (bijv. nw.) klein geschreven.

**krie·gel** (bijv. nw.) in een slecht humeur ⇒ *kregel* ♦ *ze wordt er kriegel van*.

**kriek** (de ~) **1** rood bier van krieken (bet.2) **2** (-en)(in België □) bepaald soort zure kers ▼ *je een kriek lachen*: heel erg moeten lachen.

**krie·ken** (ww.) ▼ *bij het krieken van de dag*: bij het licht worden.

**kriel** (de ~; -en) **1** (meestal: krieltje) kleine aardappel **2** klein persoon.

**kriel·kip** (de ~(v.); -pen) klein soort kip.

**krijg** (de ~(m.))(ouderwets) oorlog.

**krij·gen** (kreeg, heeft gekregen) **1** *iets krijgen*: in het bezit van iets komen ⇒ *ontvangen* ♦ *hij krijgt op zijn verjaardag een fiets; ik krijg hem nog wel!*: (uitdr.) ik zal het hem betaald zetten **2** *ruzie, slaap, honger enz. krijgen*: in een toestand komen waarin je ruzie, slaap, honger enz. hebt.

**krij·ger** (de ~(m.); -s)(ouderwets) iemand die een strijd voert.

**krij·ger·tje** (het ~) spelletje waarbij je moet proberen iemand te tikken ⇒ *tikkertje*.

**krijgs·ge·van·ge·ne** (de ~; -n) militair die door de vijand gevangen is genomen.

**krijgs·haf·tig** (bijv. nw.) niet bang om een strijd te voeren ⇒ *dapper*.

**Krijgs·hof** (het ~)(in België) hoogste militaire rechtbank.

**krijgs·macht** (de ~) alle soldaten en wapens van een land of partij bij elkaar ⇒ *leger*.

**krijgs·raad** (de ~(m.); -raden) rechtbank van het leger ♦ *krijgsraad houden*: (uitdr.) overleg plegen.

**krij·sen** (krijste, heeft gekrijst of krees, heeft gekresen) hard en doordringend schreeuwen ⇒ *gillen*.

**krijt** (het ~) **1** staafje waarmee je kunt kleuren ♦ *kleurkrijt; pastelkrijt* **2** witte of witgele delfstof ♦ *langs de Engelse kust liggen hoge krijtrotsen* ▼ *bij iemand in het krijt staan*: iemand iets schuldig zijn.

**krij·ten** (kreet, heeft gekreten) hard schreeuwen.

**krijt·je** (het ~; -s) staafje gips waarmee je op een schoolbord schrijft.

**krik** (de ~; -ken) werktuig om een auto een eindje van de grond te tillen.

**krimin-** → crimin-.

**krimp** (zelfst. nw.) ▼ *geen krimp geven*: niets laten merken, bijv. van pijn, volhouden.

**krim·pen** (kromp, is gekrompen) **1** kleiner worden ♦ *hout krimpt door de droogte; de trui is in de was gekrompen* **2** (van de wind): draaien tegen de richting van de klok in, bijv. van het noorden naar het westen, het tegenovergestelde van 'ruimen'.

**kring** (de ~(m.); -en) **1** figuur in de vorm van een cirkel ♦ *de dansers staan in een kring; er zitten kringen op de tafel*: vlekken in de vorm van een cirkel; *in een kringetje ronddraaien*: (uitdr.) geen vorderingen maken **2** groep mensen die bij elkaar horen ♦ *vriendenkring; familiekring; hij verkeert in de hogere kringen*: hij gaat met rijke, deftige mensen om.

**krin·ge·len** (kringelde, heeft gekringeld) kringetjes* vormen ♦ *de rook kringelde uit de schoorsteen*.

**kring·loop** (de ~(m.)) ontwikkeling waarbij dezelfde toestand telkens terugkomt ♦ *de kringloop van de jaargetijden*.

**kringloop-** gezegd van voorwerpen die gemaakt zijn uit materiaal dat al eerder gebruikt is ♦ *kringlooppapier*: papier dat gemaakt is van oud papier.

**kri·oe·len** (krioelde, heeft gekrioeld) **1** zich naar alle kanten door elkaar bewegen ♦ *de mieren krioelen in hun* nest 2 *het krioelt er van de mensen, vissen enz.*: het zit er vol met mensen, vissen enz. ⇒ *wemelen.*

**kris** (de ~; -sen) soort dolk.

**kri·sis** → crisis.

**kris·kras** (bijw.) schots en scheef door elkaar ◆ *alles stond kriskras door de kamer.*

**kris·tal** (het ~) 1 helder glanzend glas waar drinkglazen, vazen enz. van gemaakt worden 2 (-len) deeltje van een stof met een regelmatige, hoekige vorm ◆ *zoutkristallen; sneeuwkristallen.*

**kris·tal·li·se·ren** (kristalliseerde, is gekristalliseerd) 1 kristallen* (bet.2) vormen 2 een duidelijke vorm krijgen, duidelijk worden ⇒ *uitkristalliseren* ◆ *ik heb een vaag plan, het moet nog wat kristalliseren.*

**kriste-** → christe-.

**kri·tiek¹** (de ~(v.)) 1 het noemen van de fouten van iemand of iets, afkeurende opmerking ◆ *ik kan niet goed tegen kritiek; kritiek op iemand leveren; afbrekende kritiek*: negatieve kritiek waar je niets aan hebt; *opbouwende kritiek*: kritiek waar je iets van kunt leren 2 (-en) beoordeling van een deskundige van een kunstwerk die in een tijdschrift of krant gepubliceerd wordt ⇒ *bespreking, recensie* ◆ *het toneelstuk kreeg een gunstige kritiek.*

**kri·tiek²** (bijv. nw.) gezegd van iets waarvan het erg spannend is of het goed of slecht zal aflopen ◆ *toen het ijs onder onze voeten begon te kraken, beleefden we enkele kritieke momenten.*

**kri·tisch** (bijv. nw.) 1 met veel kritiek* (bet.1), met veel op- en aanmerkingen ◆ *ze gedraagt zich anders na mijn kritische woorden* 2 gezegd van iemand die iets aandachtig onderzoekt, die niet zomaar alles gelooft ◆ *als je kritisch leest, merk je dat er fouten in het verhaal zitten.*

**kri·ti·se·ren** (kritiseerde, heeft gekritiseerd) *iemand of iets kritiseren*: kritiek* (bet.1) op iemand of iets leveren ⇒ *bekritiseren.*

**KRO** (de ~(m.)) **K**atholieke **R**adio **O**mroep; dit is een omroep in Nederland.

**kroeg** (de ~; -en)(populair) café.

**kroep** (de ~(m.)) ontsteking aan het strottenhoofd waarbij je het benauwd hebt en moet hoesten.

**kroe·poek** (de ~(m.)) krokant, luchtig Indonesisch bijgerecht, gemaakt van gedroogde vis, vlees of vruchten.

**kroes** (de ~(m.); kroezen) drinkbeker, meestal van metaal.

**kroes·haar** (het ~) haar met kleine stugge krulletjes.

**kroe·zen** (kroesde, heeft gekroesd)(van haren): kleine stugge krulletjes vormen.

**kro·kant** (bijv. nw.)(van etenswaren): knapperig.

**kro·ket** (de ~; -ten) gepaneerde en gefrituurde rol bestaande uit fijngemaakte hartige ingrediënten.

**kro·ko·dil** (de ~; -len) reptiel met een grote bek en een lange staart dat lijkt op een heel grote hagedis (kijk ook bij: reptiel).

**kro·ko·dil·len·tra·nen** (zelfst. nw.; meervoud)(grappig) tranen van niet echt gemeend verdriet of berouw ◆ *hij huilt krokodillentranen.*

**kro·kus** (de ~(m.); -sen) kleine bloem uit een bol die vroeg in het voorjaar bloeit ◆ *krokusvakantie*: voorjaarsvakantie.

**krols** (bijv. nw.)(van poezen): verlangend om te paren.

**krom** (bijv. nw.) 1 gebogen, niet recht ◆ *kromme spijkers; zo krom als een hoepel*:(uitdr.) erg krom 2 verkeerd, onbeholpen ◆ *een kromme redenering*: die niet klopt; *het kind praatte krom.*

**krom·lig·gen** (lag krom, heeft kromgelegen) hard werken en toch weinig geld hebben, omdat je het aan anderen

geeft of omdat je een schuld moet afbetalen ◆ *mijn ouders liggen krom om de kinderen te laten studeren.*

**krom·me** (de ~; -n)(wiskunde) gebogen lijn.

**krom·men** (kromde) 1 (is gekromd) krom* (bet.1) worden of zijn, een bocht maken ⇒ *buigen* ◆ *de weg kromt* 2 (heeft gekromd) *iets krommen*: iets krom* (bet.1) maken ⇒ *buigen* ◆ *de kat kromde zijn rug.*

**krom·ming** (de ~(v.); -en) het krom* (bet.1) zijn ⇒ *bocht.*

**kromp** → krimpen.

**krom·pen** → krimpen.

**kro·nen** (kroonde, heeft gekroond) *iemand kronen*: iemand een kroon* (bet.1) opzetten om hem of haar koninklijke waardigheid te geven ◆ *de prins wordt tot koning gekroond.*

**kro·niek** (de ~(v.); -en) verslag waarin feiten en voorvallen worden opgesomd in de volgorde waarin ze gebeurd zijn.

**kron·kel** (de ~(m.); -s) onregelmatige kromming, grillige bocht ◆ *de weg maakt een kronkel; hij heeft een rare kronkel*:(uitdr.) hij zegt of doet soms vreemde dingen.

**kron·ke·len** (kronkelde, heeft gekronkeld) kronkels* maken ◆ *een kronkelend beekje; de poes kronkelde zich in allerlei bochten om vrij te komen.*

**kroon** (de ~; kronen) 1 hoofdversiering van keizers en koningen, die symbool is van hun waardigheid en macht ◆ *de kroon op het werk*:(uitdr.) de laatste en beste prestatie; *iemand naar de kroon steken*:(uitdr.) iemand dreigen te overtreffen; *dat spant de kroon*:(uitdr.) dat is het beste, dat overtreft de rest 2 koning of koningin en de ministers ◆ *de burgemeester wordt door de kroon benoemd* 3 kunstkies die op het stompje van een echte kies wordt vastgezet ◆ *een gouden kroon* 4 Noorse, Zweedse of Deense munteenheid.

**kroon·ge·tui·ge** (de ~; -n) belangrijkste getuige in een rechtszaak.

**kroon·jaar** (het ~; -jaren) elk vijfde of tiende jaar dat iemand leeft.

**kroon·kurk** (de ~; -en) stevig metalen dopje waarmee flessen worden afgesloten.

**kroon·lijst** (de ~; -en) versiering aan de voorgevel van een huis, waar de dakgoot achter verborgen zit.

**kroon·luch·ter** (de ~(m.); -s) versierde hangende lamp met veel armen en met lampjes in de vorm van kaarsen ⇒ *kandelaber.*

**kroon·pre·ten·dent** (de ~(m.); -en) iemand die er aanspraak op maakt de nieuwe koning of keizer te worden.

**kroon·prins** (de ~(m.); -en) zoon van een keizer of koning die hem later zal opvolgen.

**kroon·steen·tje** (het ~; -s) verbindingsstukje voor elektriciteitsdraden.

**kroop** → kruipen.

**kroos** (het ~) kleine groene plantjes die het wateroppervlak van een sloot of meer bedekken.

**kroost** (het ~) iemands kinderen, iemands nakomelingen.

**kroot** (de ~; kroten) rode biet.

**krop** (de ~(m.); -pen) 1 ronde struik bladgroente ◆ *een krop sla* 2 verwijding in de slokdarm van vogels, waarin het voedsel geweekt wordt 3 gezwel aan de hals ⇒ *struma.*

**kro·pen** → kruipen.

**krot** (het ~; -ten) kleine vervallen of slechte woning ◆ *een krottenwijk in Londen.*

**kruid** (het ~; -en) 1 plant die gebruikt wordt als geneesmiddel of bij het klaarmaken van eten ◆ *daar is geen kruid tegen gewassen*:(uitdr.) daar is niets tegen te doen 2 plant zonder houtachtige stengels.

**krui·den** (kruidde, heeft gekruid) *eten kruiden*: er met kruiden\* (bet.1) meer smaak aan geven ◆ *ze kruidt haar verhalen met grappen*: (uitdr.) ze maakt haar verhalen er boeiender, aantrekkelijker mee.

**krui·den·bit·ter** (de ~(m.)) bitterzoete alcoholische drank die van kruiden (bet.1) is gemaakt.

**krui·de·nier** (de ~(m.); -s) iemand die voor zijn of haar beroep levensmiddelen verkoopt.

**krui·dig** (bijv. nw.) als of als van kruiden\* (bet.1) ⇒ *pittig* ◆ *er hing een kruidige geur in huis; een kruidige bouillon.*

**kruid·je-roer-mij-niet** (het ~; -en of kruidjes-roer-mij-niet) **1** plantje waarvan de blaadjes dichtklappen als je ze aanraakt **2** iemand die zich al te snel beledigd of aangesproken voelt.

**kruid·na·gel** (de ~(m.); -en of -s) specerij gemaakt van de bloemknoppen van een tropische boom.

**krui·en** (kruide, heeft gekruid) **1** *(van ijsschotsen)*: losraken en over elkaar schuiven **2** *iets kruien*: iets met een kruiwagen verplaatsen ◆ *mest kruien.*

**krui·er** (de ~(m.); -s) iemand die voor zijn of haar beroep op een station of vliegveld bagage van passagiers vervoert.

**kruik** (de ~; -en) **1** fles van aardewerk of metaal ◆ *een kruik jenever; de kruik gaat zolang te water tot hij barst*: (spreekwoord) uiteindelijk gaat het een keer mis **2** metalen fles of rubberen zak die met heet water gevuld wordt, om een bed te verwarmen ◆ *ze neemt een warme kruik mee naar bed.*

**kruim** (de ~of het ~) **1** kruimels\* van brood of gekookte aardappels **2** (in België □) fijnste, beste deel van iets ◆ *het kruim van de maatschappij*: de elite; *iemand waar kruim in steekt*: (uitdr.) iemand met pit, met verstand.

**krui·mel** (de ~(m.); -s) korreltje brood, koek enz..

**krui·mel·dief** (de ~(m.); -dieven) **1** iemand die kleine diefstallen pleegt **2**ᵉ klein stofzuigertje zonder snoer.

**krui·me·len** (kruimelde, heeft gekruimeld) **1** *iets kruimelen*: kruimels\* van iets maken ◆ *beschuit kruimelen* **2** tot kruimels\* worden ◆ *dit brood kruimelt erg.*

**krui·mig** (bijv. nw.) *(van aardappels)*: in kruimels\* uiteenvallend na het koken ⇒ *bloemig.*

**kruin** (de ~; -en) **1** plek op je hoofd waar je haren in het rond groeien **2** top van een boom.

**krui·pen** (kroop, heeft of is gekropen) **1** *(van mensen)*: je op handen en knieën verplaatsen ◆ *we kropen onder het hek door; bij elkaar kruipen*: (uitdr.) gezellig bij elkaar gaan zitten; *voor iemand kruipen*: (uitdr.) precies doen wat iemand wil, omdat je bang voor hem of haar bent of iets gedaan wilt krijgen **2** *(van dieren)*: over de grond schuiven, zich langzaam schuivend verplaatsen ◆ *er kroop een spin langs de muur* **3** *(van planten)*: over de grond groeien, en niet omhoog ◆ *komkommers kruipen over de grond* **4** langzaam voortgaan, langzaam voorbijgaan ◆ *de uren kropen voorbij.*

**krui·pe·rig** (bijv. nw.) onderdanig en slaafs, met de bedoeling er zelf beter van te worden ◆ *hij nam een kruiperige houding aan tegenover de agent.*

**kruis** (het ~; kruizen of -en) **1** twee lijnen of balken die elkaar snijden en die meestal loodrecht op elkaar staan ◆ *Christus is aan het kruis gestorven; een kruis slaan*: met je rechterhand een beweging van hoofd naar borst en van je linker- naar je rechterschouder maken (bijv. voordat je gaat bidden); *ergens een kruis over maken*: (uitdr.; populair) ergens niet meer over spreken of er geen moeite meer voor doen; *hij zette een kruisje in plaats van een handtekening*: het teken ' X '; *het Rode Kruis*: een vereniging die slachtoffers van rampen, oorlogen enz. helpt **2** groot probleem, zware belasting ⇒ *be-*

*proeving* ◆ *al dat huiswerk is een kruis* **3** *(van mensen en dieren)*: plaats waar de benen bij elkaar komen ◆ *je in je kruis getast voelen*: (uitdr.; populair) je erg beledigd voelen, vinden dat je slecht behandeld bent **4** (muziek) teken (♯) dat aangeeft dat een noot een halve toon hoger gespeeld moet worden **5** kant van een munt waar de afbeelding van de koning of koningin op staat ◆ *kruis of munt gooien.*

**kruis·bes** (de ~; -sen) groene of groenrode bes met stekelachtige haren.

**kruis·boog** (de ~(m.); -bogen) **1** middeleeuws schietwapen dat bestaat uit een middenstuk waarop de boog dwars is bevestigd **2** boog op de plek waar twee gewelven elkaar kruisen, vooral in de gotische bouwstijl (kijk ook bij: **gotisch**).

**krui·se·lings** (bijv. nw.) met de vorm van een kruis\* (bet.1) ⇒ *gekruist* ◆ *met de armen kruiselings voor de borst.*

**krui·sen** (kruiste, heeft gekruist) **1** *iets kruisen*: een kruis\* (bet.1) met iets vormen ◆ *de weg kruist de spoorbaan; onze brieven hebben elkaar gekruist*: (uitdr.) ze waren tegelijk onderweg **2** *dieren of planten kruisen*: ze laten bevruchten door een andere soort of een ander ras **3** heen en weer gaan, zich in verschillende richtingen bewegen (vooral van schepen) ◆ *het schip kruiste voor de kust* **4** *(van zeilschepen)*: zigzaggend tegen de wind in varen ⇒ *laveren.*

**krui·ser** (de ~(m.); -s) oorlogsschip dat snel en over grote afstanden kan varen.

**krui·si·gen** (kruisigde, heeft gekruisigd) *iemand kruisigen*: iemand aan een kruis\* (bet.1) slaan, iemand aan een kruis\* (bet.1) laten sterven (dit werd vroeger gedaan als straf).

**krui·sing** (de ~(v.); -en) **1** plaats waar wegen, lijnen enz. elkaar kruisen\* (bet.1) ⇒ *kruispunt, snijpunt* **2** dier of plant met ouders van verschillend ras of van verschillende soorten ⇒ *bastaard.*

**kruis·punt** (het ~; -en) plaats waar wegen, spoorlijnen enz. elkaar kruisen (bet.1) ⇒ *kruising* ◆ *een druk verkeerskruispunt.*

**kruis·ra·ket** (de ~; -ten) atoomraket voor de middellange afstand; dit is een atoomwapen.

**kruis·snel·heid** (de ~(v.); -snelheden) hoogste snelheid waarmee een auto, schip, vliegtuig enz. zich lange tijd kan voortbewegen.

**kruis·spin** (de ~; -nen) bepaald soort spin met een kruis op zijn rug.

**kruis·tocht** (de ~(m.); -en) massale gewapende tocht van christenen in de Middeleeuwen om het Heilige Land te bevrijden van de mohammedanen ◆ *een kruistocht tegen iets houden*: (uitdr.) felle actie tegen iets voeren.

**kruis·vaar·der** (de ~(m.); -s) iemand die meedoet aan een kruistocht.

**kruis·ver·hoor** (het ~; -verhoren) zware ondervraging, vaak door meer personen tegelijk ◆ *de verdachte werd aan een kruisverhoor onderworpen.*

**kruis·weg** (de ~(m.); -wegen) gang van Christus van Pilatus naar Golgotha, waar hij gekruisigd is, zoals die in rooms-katholieke kerken vaak op veertien afbeeldingen wordt weergegeven ⇒ *lijdensweg.*

**kruis·woord·raad·sel** (het ~; -s) puzzel waarop woorden moeten worden ingevuld; waar de woorden elkaar kruisen hebben ze een letter gemeen.

**kruit** (het ~) mengsel van verschillende stoffen dat snel ontploft ⇒ *buskruit* ◆ *al je kruit verschoten hebben*: (uitdr.) niets meer te bieden hebben.

**krui·wa·gen** (de ~(m.); -s) **1** bak met één wiel en twee handvatten om dingen mee te vervoeren **2** iemand met veel invloed die je helpt om iets voor elkaar te krijgen.

**krui·ze·munt** (de ~) plant met blaadjes die naar pepermunt smaken, gebruikt voor thee en als keukenkruid.

**kruk** (zelfst. nw.; -ken) **1** (de ~) stoel zonder leuningen **2** (de ~) stok als steun bij het lopen voor invaliden **3** (de ~) knop of handvat om ergens aan te draaien, vooral om het slot van een deur open te draaien ♦ *de kruk van de deur* **4** (de ~(m.)) iemand die er in een vak of sport niets van terechtbrengt.

**kruk·as** (de ~; -sen) as met een dwarsstuk of knik, die een heen en weer gaande beweging omzet in een draaiende.

**kruk·kig** (bijv. nw.) onhandig, stuntelig ♦ *een krukkige presentatie van een televisieprogramma.*

**krul** (de ~; -len) **1** lus met een sierlijke draai ♦ *door al die krullen is zijn handschrift onleesbaar; de juf heeft een krul bij mijn opstel gezet:* (als teken dat het goed is) **2** plukje gebogen haar.

**krul·len** (krulde, heeft gekruld) **1** krullen* hebben of krijgen ♦ *het papier krult in het vuur* **2** iets krullen: krullen* in iets maken ♦ *je haar krullen; een lach krulde zijn lippen.*

**krul·len·bol** (de ~(m.); -len) iemand met krullen (bet.2) in het haar.

**krul·speld** (de ~; -en) hulpmiddel om krullen (bet.2) in je haar te maken ⇒ *roller.*

**kry·sant** → chrysant.

**kso** (het ~)(in België) **k**unst**s**ecundair **o**nderwijs (kijk ook bij: **secundair**).

**kst** (tussenw.)(om dieren weg te jagen).

**ku·biek** (bijv. nw.) *(van maten):* om aan te geven dat de inhoud of het volume bedoeld wordt ♦ *een kubieke meter water:* zoveel water als in een bak gaat van een meter lang, een meter breed en een meter hoog (1000 liter).

**ku·bus** (de ~(m.); -sen) blok waarvan de lengte, de breedte en de hoogte hetzelfde zijn.

**kuch** (zelfst. nw.) **1** (de ~(m.)) het kuchen* ♦ *een droge kuch* **2** (het ~) brood dat soldaten eten in de kazerne.

**ku·chen** (kuchte, heeft gekucht) een beetje hoesten met een kort en droog geluid.

**kud·de** (de ~; -s of -n) grote groep samenlevende zoogdieren ♦ *een kudde schapen.*

**kud·de·dier** (het ~; -en) dier dat gewoonlijk in een kudde leeft ♦ *koeien zijn kuddedieren; de mens is een kuddedier:* (uitdr.) de mens doet het liefst wat anderen doen of wat de leider zegt.

**kui·e·ren** (kuierde, heeft of is gekuierd) rustig lopen of wandelen ⇒ *slenteren.*

**kui·er·lat·ten** (zelfst. nw.) ▼ *de kuierlatten nemen:* (populair) ervandoor gaan.

**kuif** (de ~; kuiven) **1** omhoogstaand haar voor op het hoofd **2** opstaande veren op de kop van vogels ♦ *je in je kuif gepikt voelen:* (uitdr.) je beledigd voelen.

**kui·ken** (het ~; -s) jong van sommige vogels, vooral van een kip of eend.

**kuil** (de ~(m.); -en) gat, uitholling ♦ *een kuiltje in de kin; wie een kuil graaft voor een ander, valt er zelf in:* (spreekwoord) wie een ander kwaad wil doen, heeft daar vaak zelf last van.

**kui·len** (kuilde, heeft gekuild) *iets, bijv. gras of maïs, kuilen:* iets in een langwerpige kuil* onder plastic leggen om te bewaren ⇒ *inkuilen.*

**kuip** (de ~; -en) wijde, niet al te diepe bak, vooral voor vloeistoffen en vetten ♦ *een margarinekuipje; badkuip.*

**kui·pe·rij** (de ~(v.); -en)(ouderwets) gemeen, listig bedrog.

**kuis** (bijv. nw.) gezegd van iemand die zich zeer netjes gedraagt wat betreft seksuele dingen ⇒ *eerbaar.*

**kui·sen** (kuiste, heeft gekuist) **1** *een tekst of uitzending kuisen:* onfatsoenlijke of oneerbiedige stukken eruit halen **2** *iets kuisen:* (in België □) iets schoonmaken, reinigen, poetsen.

**kuit** (de ~; -en) **1** achterkant van het onderbeen **2** eieren of eierstokken van een vis ♦ *de vis schiet kuit:* die legt eieren.

**kui·ten·flik·ker** (de ~(m.); -s) sprong waarbij je je voeten in de lucht tegen elkaar klapt.

**ku·ke·le·ku** (tussenw.)(geluid van een kraaiende haan).

**ku·ke·len** (kukelde, is gekukeld)(populair) vallen, buitelen ♦ *de vaas kukelde van tafel.*

**kul** (de ~(m.)) flauwekul.

**kul·mi·ne·ren** → culmineren.

**kult-** → cult-.

**kum·mel** (de ~(m.)) zaadje van de kummelplant dat als keukenkruid gebruikt wordt ⇒ *karwij.*

**kumul-** → cumul-.

**-kunde** vaardigheid in en kennis over dat wat in het eerste deel van het woord genoemd wordt ♦ *natuurkunde; vliegtuigbouwkunde.*

**kun·dig** (bijv. nw.) gezegd van iemand die iets goed kan of die ergens veel van weet ⇒ *bekwaam, bedreven, knap* ♦ *een kundig vakman.*

**kun·ne** (de ~)(ouderwets) sekse ⇒ *geslacht* ♦ *mensen van beiderlei kunne:* mannen en vrouwen.

**kun·nen** (kon, heeft gekund) **1** iets kunnen: geschikt of in staat zijn om iets te doen ♦ *ze kan mooi schrijven; ergens niet onderuit kunnen:* (uitdr.) iets wel móéten doen; *ik kan vandaag niet:* (uitdr.) ik heb vandaag geen tijd of gelegenheid; *van iemand op aan kunnen:* (uitdr.) op iemand kunnen rekenen, iemand kunnen vertrouwen; *ergens goed, slecht tegen kunnen:* (uitdr.) iets goed, slecht kunnen verdragen; *ik kán niet meer:* (uitdr.) ik ben bekaf; *daar kan ik niet bij (met m'n verstand):* (uitdr.) daar begrijp ik niets van; *hij kan er wat van:* (uitdr.) hij is erg goed, hij doet het prima **2** iets kunnen doen: iets mogen ♦ *je kunt gaan* **3** mogelijk zijn ♦ *zo kan het niet langer; dit apparaat kan niet stuk; dat kapsel kán niet:* het staat gek; *hij kan het gedaan hebben:* hij heeft het misschien gedaan; *het kan ermee door:* (uitdr.) het is acceptabel, zo gaat het wel; *het kan niet op:* (uitdr.) er komt geen eind aan; *zo kan het wel weer:* (uitdr.) zo is het wel genoeg; *ergens niet aan uit kunnen:* (in België □; uitdr.) iets niet snappen, ergens geen wijs uit kunnen worden; ook: iets niet kunnen doen voor een bepaalde prijs ▼ *jullie kunnen me wat:* (populair) ik doe niet wat jullie willen.

**kunst** (de ~(v.)) **1** (-en) het scheppen van iets moois, of het product daarvan ♦ *de beeldende kunsten:* schilderen en beeldhouwen; *uit de kunst!:* (uitdr.) uitstekend! **2** vaardigheid in het doen van iets moeilijks ♦ *kunstjes doen aan een rekstok; zwarte kunst:* (uitdr.) toverij, magie; *er is geen kunst aan:* (uitdr.) het is helemaal niet moeilijk; *de kunst van iemand afkijken:* (uitdr.) bij iemand kijken hoe het moet; *volgens de regelen der kunst:* (uitdr.) zoals het hoort; *de kunst verstaan om ...:* (uitdr.) goed zijn in ...; *hij verstaat de kunst om mensen op hun gemak te stellen* **3** iets dat is nagemaakt ⇒ *namaak* ♦ *het was geen echt fruit maar kunst.*

**kunst-** gezegd om aan te geven dat dat wat in het tweede deel van het woord genoemd wordt niet echt is, maar namaak ♦ *kunstgebit; kunstbloemen.*

**kun·sten** (zelfst. nw.; meervoud) malligheden, fratsen.

**kun·ste·naar** (de ~(m.); -s), vrouw: **kun·ste·na·res** (de ~(v.); -sen) iemand die zich bezighoudt met kunst* (bet.1).

**kunst- en vlieg·werk** (zelfst. nw.) ▼ met veel *kunst- en vliegwerk*: met allerlei handigheidjes die in de haast bedacht zijn; *met veel kunst- en vliegwerk waren we nog net op tijd klaar.*

**kunst·greep** (de ~(m.); -grepen) handigheid, truc om iets voor elkaar te krijgen ◆ *kunstgrepen toepassen.*

**kun·stig** (bijv. nw.) knap gemaakt of gedaan ◆ *de bloemen waren kunstig in de vaas geschikt.*

**kunst·je** (het ~; -s) bijzondere handigheid, bijzondere manier om iets te doen ⇒ *truc* ◆ *de hond kent veel kunstjes; dat is een koud kunstje*: (uitdr.) dat is niet moeilijk.

**kunst·ma·tig** (bijv. nw.) door mensen gemaakt of gedaan ◆ *hij is door kunstmatige ademhaling gered*: doordat anderen zijn ademhaling op gang hebben gebracht (bij drenkelingen, gewonden enz.).

**kunst·rij·den** (ww.) schaatssport waarbij het erom gaat sierlijke figuren en bewegingen te maken.

**kunst·schaats** (de ~(m.); -en) korte schaats, speciaal voor het kunstrijden.

**kunst·schil·der** (de ~(m.); -s) iemand die schilderijen maakt.

**kunst·stof** (de ~; -fen) niet-natuurlijke stof die gemaakt is op een scheikundige manier, zoals plastic.

**kunst·stuk** (het ~; -ken) iets dat kunstig gemaakt of gedaan is.

**kunst·werk** (het ~; -en) werk van een kunstenaar, iets dat tot de kunst (bet.1) behoort.

**kunst·zin·nig** (bijv. nw.) met gevoel voor kunst (bet.1) ⇒ *artistiek.*

**ku·ras** (het ~; -sen) harnas voor borst en rug.

**ku·ra·te·le** → curatele.

**ku·ren**[1] (zelfst. nw.; meervoud) vreemd, onvoorspelbaar gedrag ⇒ *grillen, nukken* ◆ *mijn radio heeft kuren*: hij doet vreemd.

**ku·ren**[2] (kuurde, heeft gekuurd) een kuur* doen, behandeld worden.

**kuri(-)** → curi(-).

**kurk** (de ~) **1** materiaal van de schors van een Zuid-Europese eik ◆ *vloertegels van kurk* **2** (-en) ronde stop voor flessen die van dat materiaal gemaakt is ◆ *ik heb nog iets onder de kurk*: (uitdr.) ik heb nog alcoholische drank, vooral wijn; *zij is de kurk waarop onze club drijft*: (uitdr.) ze is de drijvende kracht, zonder haar zou de club niet bestaan.

**kur·ken·trek·ker** (de ~(m.); -s) voorwerp met een metalen spiraal eraan waarmee je kurken (bet.2) uit flessen trekt.

**kurs-** → curs-.

**kus** (de ~(m.); -sen) aanraking met de lippen als groet of teken van liefde ⇒ *zoen* ◆ *een kusje stelen*: (uitdr.) iemand zomaar onverwacht kussen.

**kus·sen**[1] (het ~; -s) hoes die met veren of schuimrubber gevuld is en die je gebruikt om je hoofd op te leggen of om zacht op te zitten ◆ *vetkussentjes*: bobbeltjes vet op de handen, bij de heupen enz.; *kaneelkussentje*: snoepje met kaneelsmaak in de vorm van een kussen.

**kus·sen**[2] (kuste, heeft gekust) iemand of iets kussen: iemand of iets een kus* geven ◆ *iemand vaarwel kussen.*

**kust** (de ~; -en) **1** strook land langs de zee, grens tussen land en zee ◆ *onder de kust varen*: erlangs varen; *is de kust vrij?*: (uitdr.) kunnen we veilig onze gang gaan? ▼ *te kust en te keur*: in overvloed, voor het kiezen.

**kust·vaar·der** (de ~(m.); -s) boot die alleen langs de kust vaart ⇒ *coaster.*

**kut** (de ~; -ten) **1** (populair) vagina ⇒ *schede* **2** (populair) ingang van de vagina met de schaamlippen ⇒ *vulva.*

**kuub** (de ~(m.)) (verkorting) kubieke meter.

**kuur** (de ~; kuren) regels over eten, medicijnen, oefeningen enz. waaraan je je een tijdje moet houden om beter te worden, te vermageren enz. ◆ *een vermageringskuur.*

**KvK** (de ~) *K*amer *v*an *K*oophandel; dit is een instelling waar alle winkels en bedrijven staan ingeschreven.

**kW** (afkorting) *k*ilo*w*att; dit is duizend watt.

**kwaad**[1] (het ~) iets dat schade veroorzaakt of slecht is, het tegenovergestelde van 'goed' ◆ *wees niet bang, hij doet geen kwaad; hij kan er geen kwaad*: hij kan er niets verkeerds doen; *het kwaad was al geschied*: het was te laat om in te grijpen; *een noodzakelijk kwaad*: (uitdr.) iets vervelends dat nu eenmaal moet; *bij iemand geen kwaad kunnen doen*: (uitdr.) altijd aardig gevonden worden door iemand, wat je ook doet; *je moet geen kwaad met kwaad vergelden*: (uitdr.) je moet geen wraak nemen door zelf iets slechts te doen.

**kwaad**[2] (bijv. nw.) **1** boos ◆ *je moet niet kwaad worden* **2** slecht ◆ *ik heb het niet kwaad bedoeld; op een kwade dag gebeurde er een ongeluk; ze is de kwaadste niet*: ze is wel aardig; *het ging met haar van kwaad tot erger*: (uitdr.) zij deed steeds slechtere dingen; *het te kwaad krijgen*: (uitdr.) moeten huilen van ontroering.

**kwaad·aar·dig** (bijv. nw.) **1** (van gezwellen): die veel schade doen aan je lichaam **2** (van mensen of dieren): die anderen opzettelijk pijn doen of schade berokkenen ⇒ *boosaardig, gemeen* ◆ *een kwaadaardige hond.*

**kwaad·schiks** (bijw.) ▼ niet goedschiks, dan maar *kwaadschiks*: als het niet op een vriendelijke manier lukt, dan maar met geweld.

**kwaad·spre·ken** (sprak kwaad, heeft kwaadgesproken) *kwaadspreken over iemand*: slechte dingen over iemand vertellen, proberen iemand een slechte naam te bezorgen ⇒ *roddelen, lasteren.*

**kwaad·wil·lig** (bijv. nw.) met slechte bedoelingen.

**kwaal** (de ~; kwalen) iets waar je vaak last van hebt, waar je aan lijdt ◆ *een geneesmiddel tegen allerlei kwalen.*

**kwab** (de ~; -ben) week, min of meer rond afhangend deel van je huid of van een orgaan ◆ *een kin met kwabben.*

**kwa·draat** (het ~; kwadraten) **1** een getal vermenigvuldigd met zichzelf, de tweede macht ◆ *vijf in het kwadraat*: vijf maal vijf **2** vierkant.

**kwa·dra·fo·nie** → quadrafonie.

**kwa·jon·gen** (de ~(m.); -s) ondeugende jongen die kattenkwaad uithaalt.

**kwak**[1] (de ~; -ken) hoopje van een weke massa ⇒ *kledder* ◆ *een kwak mayonaise.*

**kwak**[2] (tussenw.) (geluid van een kwakende eend).

**kwak·den·ken** (het ~) het geloof dat elke ziekte uit het denken voortkomt, dus een psychische oorzaak heeft.

**kwa·ken** (kwaakte, heeft gekwaakt) (van eenden en kikkers): 'kwak' roepen.

**kwak·kel** (de ~; -s) (in België □) vals bericht.

**kwak·ke·len** (kwakkelde, heeft gekwakkeld) **1** *kwakkelen met je gezondheid*: vaak ziek zijn ⇒ *sukkelen* **2** *het kwakkelt*: het vriest en dooit afwisselend.

**kwak·kel·win·ter** (de ~(m.); -s) winter waarin het afwisselend vriest en dooit.

**kwak·ken** (kwakte, heeft gekwakt) *iemand of iets op iets, tegen iets enz. kwakken*: (populair) iemand of iets ergens hard op of tegenaan gooien ◆ *hij kwakte zijn fiets tegen de muur.*

**kwak·zal·ver** (de ~(m.); -s) slechte dokter zonder doktersopleiding.

**kwal** (de ~; -len) **1** doorschijnend glibberig zeedier met de vorm van een halve bol **2** (populair) naar, vervelend persoon ◆ *een kwal van een vent.*

**kwa·li·fi·ca·tie** (de ~ (v.); -s) het noemen van een eigenschap die iemand ergens voor geschikt maakt ◆ *ze bezat de gevraagde kwalificaties voor de baan.*

**kwa·li·fi·ce·ren** (kwalificeerde, heeft gekwalificeerd) **1** iemand of iets kwalificeren als …: iemand of iets zo aanduiden, iemand of iets zo noemen ◆ *iemand als opschepper kwalificeren* **2** je voor iets kwalificeren: ervoor zorgen dat je geschikt voor iets bent ◆ *de kandidaat heeft zich voor de volgende ronde gekwalificeerd.*

**kwa·lijk¹** (bijv. nw.) **1** zoals niet had mogen gebeuren ◆ *zijn fout had kwalijke gevolgen* **2** iemand iets kwalijk nemen: iets als iemands fout beschouwen ◆ *ik neem het je niet kwalijk dat je niet op tijd was; neem me niet kwalijk:* pardon, sorry.

**kwa·lijk²** (bijw.) bezwaarlijk, moeilijk ◆ *ik kon kwalijk doorgaan met mijn verhaal toen hij binnenkwam: het zou gek zijn als ik daarmee doorging.*

**kwa·li·ta·tief** (bijv. nw.) wat de kwaliteit* (bet.1) betreft ◆ *deze jas kost meer, maar hij is kwalitatief ook beter.*

**kwa·li·teit** (de ~ (v.)) **1** waarde, geschiktheid met betrekking tot het doel waarvoor iemand of iets bestemd is ◆ *ze heeft een eerste kwaliteit balletuitrusting; deze zaak verkoopt alleen kwaliteitsproducten: alleen goede producten* **2** (-en) functie die je vervult ⇒ hoedanigheid ◆ *in haar kwaliteit van oudste kleinkind heeft ze oma het cadeau aangeboden.*

**kwam** → komen.

**kwa·men** → komen.

**kwan·ti·ta·tief** (bijv. nw.) wat de kwantiteit* betreft ◆ *we zijn kwantitatief sterker: we zijn met meer mensen.*

**kwan·ti·teit** (de ~ (v.); -en) hoeveelheid, grootte.

**kwan·tum** (het ~; -s) hoeveelheid.

**kwark** (de ~ (m.)) wit zuivelproduct dat dikker is dan yoghurt.

**kwart** (het ~; -en) een vierde deel van iets ◆ *ik heb de appel in vier kwarten gedeeld; het is kwart voor twaalf: over een kwartier is het twaalf uur.*

**kwar·taal** (het ~; kwartalen) drie maanden, het vierde deel van een jaar.

**kwar·tel** (de ~; -s) vogel die familie is van de fazant ◆ *zo doof als een kwartel:* (uitdr.) heel erg doof, stokdoof.

**kwar·tet** (het ~; -ten) **1** groep van vier mensen die samen muziek maken **2** vier speelkaarten die bij elkaar horen.

**kwar·tier** (het ~; -en) **1** een vierde gedeelte van een uur, vijftien minuten ◆ *ik heb een kwartiertje gewacht* **2** verblijfplaats, onderdak (vooral van militairen) **3** deel van een stad ⇒ wijk ▼ *eerste kwartier:* maanstand tussen nieuwe maan en volle maan; *laatste kwartier:* maanstand tussen volle maan en nieuwe maan.

**kwart·je** (het ~; -s) Nederlandse munt van 25 cent ◆ *is het kwartje gevallen?:* (uitdr.) heb je door waar het om gaat?

**kwarts** (het ~) steensoort die o.a. als siersteen gebruikt wordt en waartoe bijv. bergkristal en agaat horen.

**kwart·slag** (zelfst. nw.) ▼ *een kwartslag draaien:* een vierde deel van een hele slag draaien.

**kwa·si** → quasi.

**kwast** (de ~ (m.); -en) **1** samengebonden haren op een steel of handvat, om mee te verven, iets mee te smeren of om mee af te wassen **2** samengebonden draadjes of franje als sieraad aan gordijnen, mutsen enz. ◆ *een sprei met kwastjes* **3** (populair) gekke vent ⇒ zot, kwibus **4** drankje met citroensap, water en suiker **5** hard

stuk in een plank op de plaats waar een tak van de boom aan de stam heeft gezeten ⇒ knoest, noest.

**kweb·be·len** (kwebbelde, heeft gekwebbeld) druk praten over onbelangrijke dingen ⇒ snateren, kwekken.

**kweek** (zelfst. nw.; kweken) **1** (de ~ (m.)) dat wat gekweekt* (bet.1 en 2) is ◆ *een kweekje maken: cellen, bijv. van menselijk weefsel, of bacteriën laten groeien in een laboratorium om ze te bestuderen* **2** (de ~) kruipende tarwe, een moeilijk uit te roeien onkruid ⇒ tarwegras.

**kweek·re·ac·tor** (de ~ (m.); -s of -en) bepaald soort reactor voor kernenergie (kijk ook bij: **kernenergie en reactor**).

**kweek·school** (de ~; -scholen) (ouderwets) school waar je voor onderwijzer kunt leren (tegenwoordig: pedagogische academie of pabo).

**kweek·ster** → kweker.

**kweet** → kwijten.

**kwek** (de ~ (m.); -ken) (populair) mond of mens die altijd maar aan het praten is ⇒ kwebbel ◆ *hou je kwek.*

**kwe·ke·ling** (de ~ (m.); -en) (ouderwets) iemand die voor onderwijzer leert op een kweekschool.

**kwe·ken** (kweekte, heeft gekweekt) **1** planten of veldgewassen kweken: ze laten groeien uit het zaad **2** nieuwe plantenrassen kweken: die ontwikkelen door andere rassen te kruisen ◆ *hij wil een zwarte roos kweken* **3** iemand of iets kweken: ervoor zorgen dat iemand of iets er komt ◆ *sport kweekt vriendschap: door sport ontstaat vriendschap.*

**kwe·ker** (de ~ (m.); -s), vrouw: **kweek·ster** (de ~ (v.); -s) iemand die voor zijn of haar beroep kweekt* (bet.1 en 2).

**kwe·ke·rij** (de ~ (v.); -en) bedrijf waar planten, bloemen enz. gekweekt* (bet.1 en 2) worden.

**kwek·ken** (kwekte, heeft gekwekt) druk praten over onbelangrijke dingen ⇒ kwebbelen.

**kwel·der** (de ~; -s) aangeslibd land in Noord-Nederland ⇒ schor, gors.

**kwe·len** (kweelde, heeft gekweeld) mooi zingen of fluiten ◆ *de vogels kweelden in het bos; ze kweelde een liedje.*

**kwel·len** (kwelde, heeft gekweld) een mens of een dier kwellen: een mens of een dier pijn doen, leed bezorgen of gemeen plagen ⇒ martelen, folteren ◆ *hij werd gekweld door hoofdpijn.*

**kwel·ling** (de ~ (v.); -en) erg pijnlijke of vervelende toestand, groot ongemak.

**kwe·ru·lant** → querulant.

**kwes·tie** (de ~ (v.); -s) **1** probleem, onopgeloste vraag ◆ *de kwestie is: hoe komen we door de regen zonder nat te worden?; dat is buiten kwestie: daar kan geen probleem over bestaan* **2** zaak, gelegenheid waarvan sprake is ◆ *ik heb de kwestie besproken; de persoon in kwestie komt eraan; het is een kwestie van snel beslissen* ▼ *daar is geen kwestie van:* daar komt niets van in.

**kwe·ten** → kwijten.

**kwets·baar** (bijv. nw.) gezegd van mensen, dieren of dingen die gemakkelijk gekwetst* (bet.1) of beschadigd kunnen worden ⇒ teer ◆ *ze stelt zich erg kwetsbaar op: ze gedraagt zich zó, dat anderen haar makkelijk kwaad kunnen doen, ze geeft zich bloot.*

**kwet·sen** (kwetste, heeft gekwetst) **1** iemand kwetsen: iemands gevoelens pijnlijk treffen ⇒ grieven, krenken, beledigen ◆ *ze was gekwetst omdat ik haar verjaardag vergeten had* **2** een mens of dier kwetsen: (in Nederland: ouderwets) een mens of dier verwonden.

**kwet·suur** (de ~ (v.); kwetsuren) verwonding, pijnlijke plek ⇒ blessure.

**kwet·te·ren** (kwetterde, heeft gekwetterd) (van vogels): druk lawaai maken.

**kwe·zel** (de ~(v.); -s) iemand die overdreven vroom en godsdienstig is.

**kwi·bus** (de ~(m.); -sen) gekke man of vrouw ⇒ *kwast, zot.*

**kwiek** (bijv. nw.) levendig en vlug.

**kwij·len** (kwijlde, heeft gekwijld) speeksel uit je mond laten lopen ◆ *de baby kwijlde.*

**kwij·nen** (kwijnde, heeft gekwijnd) steeds zwakker, slapper of minder worden, niet gedijen ◆ *een kwijnende plant op de vensterbank; kwijnende liefde.*

**kwijt** (bijv. nw.) weg, zoek ◆ *iets kwijt* zijn: iets niet meer hebben; *hij is altijd veel tijd kwijt aan zijn huiswerk*: hij doet er lang over.

**kwij·ten** (kweet, heeft gekweten) *je van een taak, plicht kwijten*:(deftig) die vervullen ◆ *je hebt je prima van je taak gekweten!*

**kwijt·ra·ken** (raakte kwijt, is kwijtgeraakt) *iets of iemand kwijtraken*: iets of iemand verliezen ◆ *door de inbraak raakte ze al haar geld kwijt.*

**kwijt·schel·den** (schold kwijt, heeft kwijtgescholden) *iemand een schuld of straf kwijtschelden*: meedelen dat iemand niet meer hoeft te betalen of geen straf zal krijgen.

**kwik** (het ~) vloeibaar zilverkleurig metaal, dat o.a. in thermometers zit ⇒ *kwikzilver* ◆ *de zieke had koorts, het kwik wees 39° aan.*

**kwik·staart** (de ~(m.); -en) vogeltje met een lange staart die op en neer wipt.

**kwik·zil·ver** (het ~) kwik ◆ *dat meisje is net kwikzilver*:(uitdr.) ze is druk en beweeglijk.

**kwink·slag** (de ~(m.); -en) grappige, gevatte opmerking ◆ *een kwinkslag maken.*

**kwin·tes·sens** (de ~) het belangrijkste, de kern ⇒ *essentie* ◆ *de kwintessens van het verhaal was dat hij door z'n eigen schuld in het water terecht kwam.*

**kwin·tet** (het ~; -ten) groep van vijf mensen die een muziekstuk uitvoeren.

**kwis(-)** → quiz(-).

**kwis·pe·door** (de ~(m.) of het ~; -s of kwispedoren) bakje om in te spugen, o.a. gebruikt door mannen die pruimen.

**kwis·pe·len** (kwispelde, heeft gekwispeld)*(van honden)*: met de staart heen en weer bewegen van blijdschap of opwinding ⇒ *kwispelstaarten.*

**kwis·pel·staar·ten** (kwispelstaartte, heeft gekwispelstaart) kwispelen.

**kwis·tig** (bijv. nw.) niet zuinig, royaal ◆ *ze strooide kwistig met zout over de aardappelen.*

**kwi·tan·tie** (de ~(v.); -s) bewijs dat je ergens voor betaald hebt ◆ *het garantiebewijs van deze radio is alleen geldig als je de kwitantie bewaart.*

**kwo·tum** → quotum.

**ky·no·loog** (de ~(m.); kynologen), vrouw: **ky·no·lo·ge** (de ~(v.); -s of -n) iemand die alles van honden weet ⇒ *hondenkenner.*

# LI

**l¹** (de ~; l's) de twaalfde letter van het alfabet.

**l²** (afkorting) *liter.*

**L¹** Romeins cijfer voor 50.

**L²** (afkorting)*(van kleren)*: *large*; dit is Engels en het betekent: groot.

**la¹, la·de** (de ~; la's of laas) bak in een bureau, tafel of kast die je open en dicht kunt schuiven en waarin je iets kunt opbergen.

**la²** (de ~) de zesde noot van de toonladder.

**laag¹** (de ~; lagen) hoeveelheid van een stof die ergens op, tussen of onder zit ◆ *wat heb jij een laag hagelslag op je brood!; de aardkorst is opgebouwd uit lagen; de volle laag krijgen*:(uitdr.) fel aangevallen worden.

**laag²** (bijv. nw.) **1** tamelijk dicht bij de grond, het tegenovergestelde van 'hoog' ◆ *een laag dak* **2** met een kleine waarde, het tegenovergestelde van 'hoog' ◆ *een lage temperatuur*: dicht bij het vriespunt, of eronder **3** *(van geluiden)*: zwaar, donker, het tegenovergestelde van 'hoog' ◆ *een lage stem* **4** niet ver in rang of volgorde, het tegenovergestelde van 'hoog' ◆ *een lage rang*: een baan of functie waarbij je veel mensen boven je hebt **5** gemeen, minderwaardig ⇒ *min, laaghartig* ◆ *een lage streek.*

**laag-bij-de-gronds** (bijv. nw.) platvloers.

**laag·har·tig** (bijv. nw.) gemeen, minderwaardig ⇒ *laag, min* ◆ *een laaghartige streek.*

**laag·tij** (het ~) eb, het tegenovergestelde van 'hoogtij'.

**laag·veen** (het ~) veen dat gevormd is op het niveau van het grondwater.

**laag·vlak·te** (de ~(v.); -n of -s) vlak land dat iets boven, gelijk aan of beneden de zeespiegel ligt ⇒ *laagland.*

**laai·en** (laaide, heeft gelaaid)*(van vuur)*: hevig branden met grote vlammen.

**laai·end¹** (bijv. nw.) woedend, heel erg kwaad ◆ *hij was laaiend toen hij het bedrog ontdekte.*

**laai·end²** (bijw.) ▼ *laaiend enthousiast zijn*: heel erg enthousiast zijn.

**laak·baar** (bijv. nw.)(deftig) af te keuren, afkeurenswaardig.

**laan** (de ~; lanen) weg met aan allebei de kanten bomen ⇒ *dreef* ◆ *iemand de laan uit sturen*:(uitdr.) iemand ontslaan.

**laar** (het ~; laren) open plek in een bos.

**laars** (de ~; laarzen) **1** dichte schoen die ook je kuit bedekt ◆ *iets aan je laars lappen*:(uitdr.) je ergens niets van aantrekken ▼ *het kan me geen laars schelen!*:(populair) het kan me helemaal niets schelen!

**laat** (bijv. nw.) verder in de tijd dan gebruikelijk of afgesproken is, het tegenovergestelde van 'vroeg' ◆ *we gaan naar bed, het is al laat; hij komt altijd te laat op school; hoe laat is het?*: wat is de tijd die de klok aanwijst?; *beter laat dan nooit!*:(uitdr.)(dit zeg je als iets toch nog gebeurt, terwijl je het niet meer had verwacht); *dan weet je wel hoe laat het is!*:(uitdr.) dan weet je wel wat er gaat gebeuren!

**laat·bloei·er** (de ~(m.); -s) iemand die pas op latere leeftijd laat zien wat hij of zij kan.

**laat·dun·kend** (bijv. nw.) minachtend, uit de hoogte ⇒ *geringschattend*.

**laatst¹** (bijv. nw.) **1** waar niets of niemand meer op volgt ♦ *vrijdag is de laatste schooldag; een laatste redmiddel:* waarna echt niets meer te bedenken valt; *ik ben de laatste om dat te zeggen:* (uitdr.) ik zou het niet in m'n hoofd halen dat te zeggen; *op het laatst:* (uitdr.) ten slotte **2** het kortst geleden ♦ *de laatste tijd heb ik veel gefietst; de laatste mode:* de nieuwste mode; *vorige week heb ik hem voor het laatst gezien:* (uitdr.) daarna heb ik hem niet meer gezien.

**laatst²** (bijw.) pas geleden, onlangs ♦ *ik zag hem laatst nog.*

**laatst·le·den** (bijv. nw.) (deftig) net voorbij ⇒ *afgelopen, jongstleden* ♦ *uw brief van donderdag laatstleden.*

**lab**, in België □: **la·bo** (het ~; -s) (verkorting) laboratorium.

**la·bel** (Engels) [lɛbəl] (de ~; -s) **1** kaartje met je adres erop, dat je aan een koffer of tas hangt **2** merk van grammofoonplaten en cd's **3** aanduiding, bijv. in een woordenboek.

**la·beur** (het ~) (in België □) zwaar werk.

**la·biel** (bijv. nw.) wankel, onevenwichtig of vaak veranderend, het tegenovergestelde van 'stabiel' ♦ *zij heeft een labiel karakter:* ze is gauw uit haar evenwicht gebracht.

**la·bo** → lab.

**la·bo·rant** (de ~ (m.); -en), vrouw: **la·bo·ran·te** (de ~ (v.); -n of -s) iemand die in een laboratorium* werkt.

**la·bo·ra·to·ri·um** (het ~; laboratoria of -s) ruimte, bijv. in een ziekenhuis of universiteit, waar proeven gedaan worden voor medisch en ander wetenschappelijk onderzoek.

**la·bra·dor** (de ~ (m.); -s) jachthond met kort haar en hangoren.

**la·by·rint** (het ~; -en) doolhof.

**lach** (de ~ (m.)) het lachen* ♦ *hij antwoordde met een spottend lachje; er kon geen lachje bij haar af:* ze bleef ernstig; *in de lach schieten:* (uitdr.) plotseling gaan lachen; *de slappe lach:* (uitdr.) lachbui waarmee je niet kunt stoppen.

**la·che·bek** (de ~ (m.); -ken) meisje dat veel giechelt.

**la·chen** (lachte, heeft gelachen) omdat je iets leuk vindt een geluid maken dat ongeveer klinkt als 'hahaha' ♦ *in jezelf lachen:* zonder dat iemand het merkt, stiekem; *groen lachen:* (in België □; uitdr.) gedwongen lachen, tegen je zin lachen; *wie het laatst lacht, lacht het best:* (spreekwoord) (dit zeg je om iemand duidelijk te maken dat zijn of haar leedvermaak voorbarig is).

**la·cher·tje** (het ~; -s) (populair) iets dat je niet serieus neemt, iets belachelijks.

**lach·sal·vo** (het ~; -salvo's) uitbundig gelach van een aantal mensen tegelijk.

**lach·spie·gel** (de ~ (m.); -s) spiegel die een vervormd beeld laat zien van degene die ervoor staat.

**lach·wek·kend** (bijv. nw.) een beetje belachelijk ♦ *ze zag er erg lachwekkend uit.*

**la·co·niek** (bijv. nw.) kalmpjes, heel rustig, terwijl je dat niet zou verwachten ⇒ *doodkalm* ♦ *ze nam die nare mededeling laconiek op.*

**lac·to·se** (de ~ (v.)) suikerbestanddelen die in melk zitten.

**la·cu·ne** (de ~; -s) niet ingevulde plek, ontbrekend gedeelte ⇒ *hiaat, leemte.*

**lad·der** (de ~; -s) **1** twee verticale balken met daartussen korte, horizontale latjes op gelijke afstand van elkaar, als hulpmiddel bij het klimmen ♦ *hoger komen op de maatschappelijke ladder:* (uitdr.) een betere baan krijgen;

meer status krijgen **2** gevallen steek of kapotte lus in een kous of breiwerk, die een rij gaatjes onder elkaar vormt.

**la·de** → la.

**la·de·lich·ter** (de ~ (m.); -s) dief die kassaladen leeghaalt.

**la·den** (laadde, heeft geladen) **1** iets, bijv. *een vrachtwagen, laden:* een vracht in iets doen ⇒ *bevrachten* ♦ *het schip was geladen met steenkool; auto's laden en lossen:* er een vracht in doen en er een vracht uit halen **2** *iets laden:* ergens iets in doen waardoor het kan werken ♦ *een geweer laden:* er kogels in doen; *een accu laden:* ervoor zorgen dat er weer elektriciteit in opgeslagen wordt; *een fototoestel laden:* er een filmpje in doen.

**la·ding** (de ~ (v.); -en) dat waarmee je iets laadt* ⇒ *vracht* ♦ *een lading grind; ik kreeg een hele lading water over me heen:* (uitdr.) een heleboel water; *je woorden een bepaalde lading geven:* (uitdr.) een bepaalde spanning, zodat duidelijk is hoe ze opgevat moeten worden.

**la·dy** (Engels) [lɛdie] (de ~ (v.); lady's) deftige dame.

**la·dy·kil·ler** (Engels) [lɛdiekilər] (de ~ (m.); -s) (letterlijk: damesdoder) man die vrouwen verleidt ⇒ *Don Juan.*

**la·dy·like** (Engels) [lɛdielajk] (bijv. nw.) damesachtig, chic en vrouwelijk.

**laf** (bijv. nw.) **1** zonder moed, niet flink of dapper ⇒ *lafhartig* ♦ *het zou laf zijn om nu weg te lopen* **2** (van voedsel): flauw van smaak, met te weinig zout **3** flauw, niet leuk of grappig ♦ *wat een laffe grap!* **4** (van het weer): (in België □) drukkend, zwoel.

**laf·aard** (de ~ (m.); -s) iemand die laf* (bet.1) is.

**la·fe·nis** (de ~ (v.); -sen) (deftig) verfrissende drank.

**laf·har·tig** (bijv. nw.) laf.

**lag** → liggen.

**la·ge·druk·ge·bied** (het ~; -en) gebied waarin de luchtdruk laag is, waardoor het er slecht weer is ⇒ *depressie.*

**la·gen** → liggen.

**la·ger·wal** (zelfst. nw.) ▼ *aan lagerwal raken:* in slechte omstandigheden terechtkomen.

**la·gu·ne** (de ~; -n of -s) meertje op het strand dat door een lange strook land van de zee gescheiden is ⇒ *strandmeer.*

**lak** (de ~ (m.) of het ~; -ken) **1** soort verf die doorzichtig of gekleurd is ▼ *ergens lak aan hebben:* (populair) je ergens niets van aantrekken.

**la·kei** (de ~ (m.); -en) huisknecht in een uniform.

**la·ken¹** (het ~; -s) **1** rechthoekige lap katoen voor op bed ♦ *tussen de lakens kruipen:* (uitdr.) naar bed gaan; *de lakens uitdelen:* (uitdr.) de baas zijn, het voor het zeggen hebben **2** fijn geweven, gladde wollen stof ♦ *het groene laken:* de groene stof waarmee een biljart bekleed is; *dat is van hetzelfde laken een pak:* (uitdr.) dat gaat op dezelfde manier.

**la·ken²** (laakte, heeft gelaakt) *iets laken:* iets sterk afkeuren.

**lak·ken** (lakte, heeft gelakt) *iets lakken:* iets met lak* bestrijken ♦ *ik heb de vloer gelakt.*

**la·ko·niek** → laconiek.

**laks** (bijv. nw.) traag en gemakzuchtig.

**lal·len** (lalde, heeft gelald) onduidelijke en onsamenhangende klanken uitstoten als je dronken bent.

**lam¹** (het ~; -meren) jong van een schaap ♦ *zo mak als een lammetje:* erg kalm en rustig; *zo onschuldig als een pasgeboren lammetje:* (uitdr.) heel erg onschuldig.

**lam²** (bijv. nw.) **1** gezegd van iemand die of iets dat niet kan bewegen ⇒ *verlamd* ♦ *een lamme arm; het verkeer is tijdelijk lam gelegd:* (uitdr.) het kan niet doorrijden; *ik was helemaal lam geslagen:* (uitdr.) ik kon niets meer doen (van schrik, van verbazing enz.); *de lamme leidt de blinde:* (uitdr.) (dit zeg je als je geen van tweeën iets goed kunt en elkaar helpt) **2** (populair) akelig, vervelend, naar ◆ *ik vind het lam voor je dat je gezakt bent.*

**la·ma** (de ~(m.); lama's) dier dat op een kameel lijkt, maar dat kleiner is en geen vetbult heeft.

**lam·ba·da** (de ~; lambada's) snelle Zuid-Amerikaanse dans in vierkwartsmaat.

**lam·biek** (de ~(m.)) zwaar Brussels bier.

**lam·bri·se·ring** (de ~(v.); -en) houtbekleding tegen de onderkant van een wand ⇒ *beschot.*

**la·mel** (de ~; -len) dunne strook van metaal, kunststof of hout ◆ *een zonwering van lamellen.*

**la·men·te·ren** (lamenteerde, heeft gelamenteerd) klagen, jammeren ⇒ *weeklagen, jeremiëren.*

**la·mi·naat** (het ~; laminaten) bepaalde kunststof, waarvan o.a. parket gemaakt wordt.

**lam·len·dig** (bijv. nw.) lusteloos, futloos ◆ *van die hitte word je zo lamlendig.*

**lam·men, lam·me·ren** (lamde, heeft gelamd) (van schapen en geiten): een of meer lammetjes krijgen.

**lamp** (de ~; -en) voorwerp dat licht geeft als je het aandoet ◆ *een schemerlamp; tegen de lamp lopen:* (uitdr.) ontdekt worden, moeten bekennen dat je iemand bedrogen hebt.

**lam·pet·kan** (de ~; -nen) kan om waswater in te doen, die vroeger samen met een kom gebruikt werd in plaats van een wastafel.

**lam·pi·on** (de ~(m.); -s of -nen) ballon of cilinder van papier die bedoeld is om er een kaarsje in te doen ◆ *met Koninginnedag wordt er een lampionnenoptocht gehouden.*

**lams·oor** (de ~; -oren) **1** plant met paarse bloemetjes die op zoute klei groeit **2** zeeaster, plant die als groente gegeten wordt.

**lan·ce·ren** (lanceerde, heeft gelanceerd) **1** *een raket enz. lanceren:* die afschieten, die de lucht in laten gaan **2** *een bericht, idee enz. lanceren:* het de wereld in sturen, het verbreiden.

**lan·cet** (het ~; -ten) vlijmscherp plat mesje met een scherpe punt, dat bij een operatie gebruikt wordt ⇒ *ontleedmes.*

**land** (het ~; -en) **1** gedeelte van de aarde dat niet door water bedekt is ◆ *aan land gaan:* uit een boot stappen; *er is met dat kind geen land te bezeilen:* (uitdr.) er is niets mee te beginnen **2** gebied binnen bepaalde grenzen dat een eigen regering heeft ⇒ *rijk, staat, natie* ◆ *een werelddeel bestaat uit verschillende landen; Andreas is ook weer in het land:* hij is teruggekomen uit het buitenland; *je land dienen:* (uitdr.) in het leger zitten; *in het land der blinden is eenoog koning:* (spreekwoord) als jij iets kunt doen dat anderen niet lukt, lijkt het al gauw of je er heel veel verstand van hebt; *'s lands wijs, 's lands eer:* (spreekwoord) ieder land heeft zijn eigen gewoonten en daaraan moet je je aanpassen **3** bouwland of weiland van een boer ⇒ *grond* ◆ *zijn vader heeft twintig hectare land* **4** platteland, het gebied dat geen stad is ◆ *wij wonen op het land* ▼ *ergens het land aan hebben:* een hekel aan iets hebben.

**lan·dau·er** (de ~(m.); -s) vierpersoons rijtuig met vier wielen en een kap die neergeklapt kan worden.

**land·bouw** (de ~(m.)) het bewerken van land* (bet.3) om er graan enz. van te oogsten ⇒ *akkerbouw.*

**land·bou·wer** (de ~(m.); -s) boer die leeft van de landbouw*.

**Land·bouw·uni·ver·si·teit** (de ~(v.); -en) universiteit waar wetenschappelijk landbouwkundig onderwijs wordt gegeven (vroeger Landbouwhogeschool).

**lan·de·lijk** (bijv. nw.) **1** als op het platteland, met de rust en de eenvoud van het platteland ⇒ *rustiek* ◆ *een landelijke omgeving* **2** te maken hebbend met het hele land ◆ *landelijke verkiezingen.*

**lan·den** (landde, is geland) (van vliegtuigen enz.): uit de lucht op het land* (bet.1) neerkomen.

**land·eng·te** (de ~(v.); -n of -s) smalle strook land die twee gebieden met elkaar verbindt.

**lan·de·rig** (bijv. nw.) hangerig, vervelend ◆ *de kinderen hingen wat landerig rond.*

**lan·de·rij·en** (zelfst. nw.; meervoud) akkers, weiland, velden met graan enz..

**land·ge·noot** (de ~(m.); landgenoten), vrouw:

**land·ge·no·te** (de ~(v.); landgenotes of landgenoten) iemand die de inwoner is van hetzelfde land als waarvan jij inwoner bent.

**land·goed** (het ~; -eren) groot buitenhuis met land* (bet.3) eromheen.

**land·huis** (het ~; -huizen) buitenhuis.

**lan·ding** (de ~(v.); -en) het landen* ◆ *het vliegtuig maakte een geslaagde landing.*

**land·ju·weel** (het ~; -juwelen) (in België) jaarlijkse officiële wedstrijd voor amateurtoneel.

**land·kaart** (de ~(m.); -en) kaart met een plattegrond van de aarde of een deel van de aarde.

**land·kli·maat** (het ~) klimaat met hete zomers en erg koude, lange winters.

**land·lo·per** (de ~(m.); -s) iemand die geen huis heeft en altijd rondzwerft ⇒ *zwerver, vagebond.*

**land·macht** (de ~) deel van het leger dat op het vasteland dient.

**land·me·ter** (de ~(m.); -s) iemand die voor zijn of haar beroep stukken land opmeet voor het maken van landkaarten.

**lan·dou·wen** (zelfst. nw.; meervoud) (deftig) uitgestrekte akkers, velden en weiland ⇒ *landerijen.*

**land·rot** (de ~; -ten) iemand die op het vasteland woont (gezegd door zeelui).

**land·schap** (het ~; -pen) aanblik die een stuk land biedt ◆ *een heuvelachtig landschap; er hing een boslandschap aan de muur:* een schilderij daarvan.

**land·tong** (de ~; -en) smalle strook land die uitloopt in de zee ⇒ *nes.*

**land·ver·raad** (het ~) misdaad waarmee je je eigen land* (bet.2) in gevaar brengt.

**land·voogd** (de ~(m.); -en) iemand die vroeger namens een vorst een land bestuurde als deze afwezig was ⇒ *stadhouder.*

**land·weg** (de ~(m.); -en) onverharde weg op het platteland.

**lang¹** (bijv. nw.) **1** met een grote lengte, het tegenovergestelde van 'kort' ◆ *ik vind deze rok te lang; ergens lang en breed over praten:* (uitdr.) ergens heel uitvoerig over praten; *dames in het lang:* (uitdr.) in lange jurken, in avondkleding **2** met een bepaalde lengte ◆ *hij is twee meter lang; hoe lang is jouw kamer?* **3** een hele tijd durend ◆ *ik heb lang staan wachten; dames en heren, ik zal het niet lang maken:* (uitdr.) mijn toespraak zal kort zijn; *hij zal het niet lang meer maken:* (uitdr.) hij zal binnenkort sterven.

**lang²** (bijw.) **1** gedurende een bepaalde tijd ◆ *de hele zomer lang heb ik in de tuin gewerkt; hoe lang ga jij uit logeren?* ▼ *lang niet slecht, gek enz.:* behoorlijk goed, leuk enz.; *bij lange na nog niet:* nog lang niet.

**lang·dra·dig** (bijv. nw.) te uitgebreid en erg saai ⇒ *wijdlopig* ◆ *een langdradig verhaal.*

**lang·du·rig** (bijv. nw.) een hele tijd durend ◆ *we hebben langdurig in spanning gezeten.*

**lang·ge·rekt** (bijv. nw.) **1** lang en smal ◆ *een langgerekt eiland* **2** een hele tijd durend, lang aangehouden ◆ *een langgerekte kreet.*

**lang·lau·fen** (ww.) sport waarbij je glijdend loopt op een soort smalle ski's.

**langs**[1] (bijw.) **1** op bezoek ◆ *ik kom nog wel eens langs* ▼ *ervan langs krijgen:* een pak slaag of een standje krijgen.

**langs**[2] (voorz.) **1** in de lengte van, evenwijdig aan ◆ *de duinen langs de kust* **2** voorbij, via ◆ *we liepen langs het paleis; ga je even langs de bakker?:* doe je daar even een boodschap?

**lang·speel·plaat** (de ~; -platen) grammofoonplaat waarvoor je per kant ongeveer 25 minuten nodig hebt om hem af te spelen ⇒ *lp, elpee.*

**langs·zij** (bijw.) langs de zijkant van een schip ◆ *de motorboot kwam langszij.*

**lang·uit** (bijw.) met de hele lengte die iemand of iets heeft ◆ *zij viel languit op de grond.*

**lang·wer·pig** (bijv. nw.) gezegd van iets dat meer lang dan breed is ◆ *een bed is langwerpig.*

**lang·zaam** (bijv. nw.) in een laag tempo, het tegenovergestelde van 'vlug' en 'snel' ⇒ *traag* ◆ *langzaam maar zeker werd hij beter.*

**lang·za·mer·hand** (bijw.) telkens een beetje meer of verder ⇒ *geleidelijk* ◆ *dat begint me langzamerhand te vervelen.*

**lank·moe·dig** (bijv. nw.) gezegd van iemand die niet gauw boos wordt, die veel kan hebben.

**la·no·li·ne** (de ~) vet van schapenwol of zalf die daarvan wordt gemaakt.

**lans** (de ~; -en) lang steekwapen met een metalen punt ⇒ *spies* ◆ *een lans voor iemand of iets breken:* (uitdr.) voor iemand of iets pleiten, iemand of iets verdedigen.

**lan·taarn** (de ~; -s) bepaald soort lamp met een doorzichtige glazen kap eromheen ◆ *een straatlantaarn.*

**lan·taarn·paal** (de ~(m.); -palen) hoge paal met een lamp erin, om de weg te verlichten.

**lan·ter·fan·ten** (lanterfantte, heeft gelanterfant) (populair) je tijd verknoeien door rond te hangen.

**lap** (de ~(m.); -pen) **1** stuk stof ◆ *dat werkt op hem als een rode lap op een stier:* (uitdr.) dat maakt hem woedend **2** stuk ◆ *een lap vlees; bij dat huis hoort een lap grond; een lap tekst:* een lange tekst ▼ *iemand voor het lapje houden:* iemand voor de gek houden.

**la·pis la·zu·li** (de ~(m.)) blauwe edelsteen.

**lap·jes·kat** (de ~; -ten) kat met een gevlekte huid in drie kleuren.

**lap·mid·del** (het ~; -en) middel dat niet helemaal helpt, dat niet goed genoeg is.

**lap·pen** (lapte, heeft gelapt) **1** *ramen lappen:* ze schoonmaken ⇒ *zemen* **2** (populair) geld bij elkaar brengen ◆ *de hele buurt heeft voor dat cadeau gelapt* **3** *het 'm lappen:* (populair) erin slagen, het voor elkaar krijgen ⇒ *fiksen* ◆ *zij heeft het 'm gelapt* **4** *iemand iets lappen:* (populair) iemand iets aandoen ⇒ *leveren* ◆ *dat zou je mij niet moeten lappen!*

**lap·pen·mand** (zelfst. nw.) ▼ *in de lappenmand zijn:* ziek zijn.

**lap·top** (Engels) [leptop] (de ~(m.); -s) kleine computer met ingebouwde batterijen, zodat je geen stopcontact in de buurt hoeft te hebben ⇒ *schootcomputer.*

**lap·werk** (het ~) verbetering die niet goed genoeg is.

**lap·zwans** (de ~(m.); -en) (populair) man waar je niks aan hebt, vent van niets.

**lar·de·ren** (lardeerde, heeft gelardeerd) **1** *vlees larderen:* er hier en daar stukjes spek in doen ◆ *gelardeerde lever* **2** *iets ergens mee larderen:* iets ergens rijkelijk van voorzien ◆ *het programma werd met liedjes gelardeerd.*

**larf** → *larve.*

**la·rie** (de ~(v.)) (populair) onzin, nonsens ⇒ *lariekoek.*

**la·rie·koek** (de ~(m.)) (populair) larie.

**la·riks** (de ~(m.); -en) naaldboom met naalden die in bosjes aan de takken zitten.

**lar·moy·ant** (Frans) [larmwajant] (bijv. nw.) overdreven huilerig of sentimenteel ◆ *een larmoyante vertoning.*

**lar·ve, larf** (de ~; -n) vorm van sommige insecten en van kikkers die net uit het ei zijn gekomen en later van gedaante veranderen ◆ *de rups is de larve van de vlinder.*

**las**[1] (de ~; -sen) plaats waar twee onderdelen van iets aan elkaar gelast* zijn.

**las**[2] → *lezen.*

**la·sag·ne** [lazanje] (de ~) Italiaanse pasta die bestaat uit grote vellen deeg.

**la·ser·disk** (Engels) [leezerdisk] (de ~; -s) compact disc die zo groot is als een lp, met beeld en geluid van hoge kwaliteit.

**la·ser·prin·ter** (Engels) [leezerprinter] (de ~(m.); -s) printer die gebruik maakt van laserstralen, waardoor een mooie afdruk mogelijk is (kijk ook bij: **laserstraal**).

**la·ser·straal** [leezerstraal] (de ~; -stralen) sterke straal van een bepaald soort gebundeld licht.

**las·sen** (laste, heeft gelast) *iets lassen:* twee delen van iets aan elkaar vastmaken door de uiteinden aan elkaar te smelten ◆ *de loodgieter last de pijpen van de waterleiding.*

**las·so** (de ~(m.); lasso's) werptouw met een lus waarmee je grote dieren vangt.

**last** (de ~(m.)) **1** (-en) vracht ◆ *het karretje zakte bijna door onder de zware last* **2** iets dat je hindert ⇒ *hinder* ◆ *ergens last van hebben; iemand tot last zijn* **3** (-en) geld dat je ergens voor moet betalen ◆ *de vaste lasten:* het geld dat je iedere maand moet betalen voor de huur, het gas enz. ▼ *iemand iets ten laste leggen:* iemand van iets beschuldigen; *op last van ...:* op bevel van ...; *het gebouw moest op last van de brandweer gesloten worden.*

**last·dier** (het ~; -en) dier dat wordt gebruikt om een last (bet.1) te dragen, bijv. een ezel.

**las·ter** (de ~(m.)) het rondvertellen van onvriendelijke dingen over iemand zonder dat je bewijzen hebt dat het waar is wat je zegt.

**las·te·ren** (lasterde, heeft gelasterd) *iemand lasteren:* laster* over iemand verspreiden.

**las·tig** (bijv. nw.) **1** gezegd van iemand van wie of iets waarvan je last* (bet.2) hebt ⇒ *vervelend, hinderlijk* ◆ *een lastig kind; iemand lastig vallen:* iemand storen; ook: iemand tegen zijn of haar zin aanraken **2** moeilijk ◆ *bij het examen kreeg zij een lastige vraag.*

**last·pak** (de ~(m.); -ken) iemand die lastig is ⇒ *lastpost.*

**last·post** (de ~(m.); -en) lastpak.

**lat** (de ~; -ten) lang, dun en smal stuk hout ◆ *een meetlat; de lange latten:* (uitdr.) ski's; *zo mager als een lat:* (uitdr.) heel erg mager; *de lat gelijk leggen:* (in België □; uitdr.) iedereen op dezelfde manier behandelen.

**la·ten** (liet, heeft gelaten) **1** *iets laten:* iets niet doen ⇒ *nalaten* ◆ *laat dat!; laat maar!:* het hoeft niet meer **2** *iemand laten ...:* iemand niet verhinderen iets te doen ◆ *iemand laten slapen* **3** *iemand laten ...:* veroorzaken dat iemand dat doet ◆ *ik zal hem eens laten schrikken* **4** *iets in een bepaalde toestand laten:* ergens niets aan veranderen, iets in een bepaalde toestand houden ◆ *laat de deur maar open* **5** *iets of iemand ergens laten:* ergens vandaan vertrekken zonder dat ding of die persoon mee te nemen ◆ *je kunt je paraplu wel hier laten* 6 *iets ergens laten: iets ergens opbergen* ◆ *waar moet ik al die rommel laten?* 7 *laten we …:* (aansporing om dat te doen) ◆ *laten we opschieten* 8 *een mens of dier ergens in of uit laten:* het mogelijk maken dat een mens of dier ergens in gaat of uit komt ◆ *laat hem maar binnen; de kat wordt 's avonds uit de kamer gelaten* ▼ *een boer, een wind laten:* die niet inhouden; *laat hij dat nou nog doen ook!:* tot mijn verbazing deed hij het nog ook!; *het ergens bij laten:* niet meer zeggen of doen dan dat; *hier moeten we het maar bij laten*.

**la·tent** (bijv. nw.) verborgen, onzichtbaar aanwezig.

**la·ter** (bijw.) na enige tijd ⇒ *naderhand* ◆ *dat komt later wel*.

**la·te·raal** (bijv. nw.) aan de zijkant van iets gelegen.

**la·tex** (de ~ (m.) of het ~) stof die op rubber lijkt ◆ *latexverf:* afwasbare muurverf.

**la·thy·rus** (de ~ (m.); -sen) klimplant met kleine gekleurde bloemetjes en zaden die in peulen zitten, net als bij een erwt.

**La·tijn** (het ~) taal van de Romeinen, die nu nog in de wetenschap wordt gebruikt ◆ *je moet er je Latijn niet in steken:* (in België □; uitdr.) je moet er geen moeite voor doen.

**lat·re·la·tie** (de ~ (v.); -s) liefdesverhouding tussen twee mensen die niet bij elkaar wonen (LAT betekent *living apart together*; dit is Engels en het betekent: apart samenleven).

**la·tri·ne** (de ~ (v.); -s) wc in een legerkamp.

**la·ty·rus** → lathyrus.

**lau·re·aat** (de ~ (m.); laureaten) iemand die een wedstrijd wint of een prijs behaalt ◆ *de laureaten van de Elisabethwedstrijd voor piano of viool*.

**lau·rier** (de ~ (m.); -en) sierstruik die altijd groen is en waarvan de bladeren worden gebruikt als kruid.

**lauw** (bijv. nw.) 1 een beetje warm ◆ *lauwe thee* 2 niet erg enthousiast ◆ *zij reageerde lauw op het voorstel*.

**lau·we·ren¹** (zelfst. nw.; meervoud) ▼ *op je lauweren rusten:* zoveel succes hebben, dat je verder niets meer hoeft te doen.

**lau·we·ren²** (lauwerde, heeft gelauwerd) *iemand lauweren:* iemand iets, bijv. een lauwerkrans, geven omdat hij of zij gewonnen heeft ⇒ *huldigen*.

**lau·wer·krans** (de ~ (m.); -en) krans van laurierbladeren als teken van overwinning.

**la·va** (de ~) gloeiend hete, gesmolten stoffen die bij een vulkaanuitbarsting naar buiten komen.

**la·va·bo** (de ~ (m.); lavabo's) (in België □) wastafel, fonteintje.

**la·vas** (de ~; -sen) plant die gebruikt wordt als keukenkruid ⇒ *maggiplant*.

**la·ve·loos** (bijv. nw.) heel erg dronken ⇒ *stomdronken*.

**la·ve·ment** (het ~; -en) klysma.

**la·ven** (laafde, heeft gelaafd) *iemand laven:* iemand te drinken geven als hij of zij erge dorst heeft ◆ *waarmee kan ik je laven?; hij laafde zich aan het koele water*.

**la·ven·del** (de ~) lage struik met paarse bloemen die sterk ruiken.

**la·ve·ren** (laveerde, heeft gelaveerd) 1 met een zeilboot zigzaggend tegen de wind in zeilen 2 proberen de moeilijkheden te ontwijken ◆ *de politicus wist handig tussen de moeilijkheden door te laveren*.

**la·vet** (de ~ (m.); -ten) grote wasbak die kleiner is dan een badkuip en dieper dan een douchebak.

**la·waai** (het ~) veel en onaangenaam geluid ⇒ *kabaal, herrie* ◆ *de auto's die langsrijden maken veel lawaai; zij kwamen met veel lawaai binnen:* overdreven luidruchtig, om de aandacht te trekken.

**la·wi·ne** (de ~ (v.); -s of -n) lading sneeuw of stenen die langs een berghelling naar beneden stort ◆ *een lawine van scheldwoorden:* (uitdr.) heel veel scheldwoorden vlak achter elkaar.

**laxeer·mid·del** (het ~; -en) middel waardoor je makkelijker kunt poepen.

**laxe·rend** (bijv. nw.) waardoor je ontlasting makkelijker gaat.

**lay-out** (Engels) [leːjaut] (de ~; -s) indeling van stukken tekst, foto's enz. op papier dat gedrukt moet worden ⇒ *opmaak* ◆ *de lay-out van dat tijdschrift is erg goed*.

**la·za·ret** (het ~; -ten) ziekenhuis in een legerkamp ⇒ *veldhospitaal*.

**la·za·rus** (bijv. nw.) (populair) heel erg dronken ⇒ *stomdronken, laveloos*.

**la·zen** → lezen.

**lb.** (afkorting) *libra*; dit betekent pond (een Engelse gewichtseenheid).

**lbo** (het ~) (in Nederland) *lager beroepsonderwijs*; dit heet nu voorbereidend beroepsonderwijs.

**ldo** (het ~) (in Nederland) *lager detailhandelsonderwijs*.

**lea·der** (Engels) [liːdər] (de ~; -s) herkenningsmelodie op radio of tv ⇒ *tune, jingle*.

**leao** (het ~) (in Nederland) *lager economisch en administratief onderwijs*; inmiddels opgegaan in het voorbereidend beroepsonderwijs.

**lea·sen** [liːsən] (leaste, heeft geleast) *iets leasen:* iets voor een bepaalde tijd huren, waarbij de verhuurder onderhoud en reparaties betaalt ◆ *bij dat bedrijf kun je auto's leasen*.

**leb·be·ren** (lebberde, heeft gelebberd) met kleine slokjes hoorbaar drinken.

**leb·maag** (de ~; -magen) de laatste maag van een herkauwend dier.

**lec·tor** (de ~ (m.); -en of -s) 1 iemand die vroeger les gaf op een universiteit of hogeschool, en die één rang lager was dan een professor 2 (in België) iemand die aan de universiteit een tijdelijke of een bijzondere opdracht heeft 3 (in België) laagste rang van onderwijzend personeel aan een hogeschool.

**lec·tuur** (de ~ (v.)) 1 boeken en tijdschriften ◆ *zij bracht wat lectuur voor de zieke mee* 2 het lezen.

**le·de·ma·ten** (zelfst. nw.; meervoud) armen en benen.

**le·den** → lijden.

**le·den·pop** (de ~; -pen) 1 pop waarvan je de armen, benen en het hoofd kunt bewegen, en die wordt gebruikt in plaats van echte mensen bij bijv. filmtrucs 2 iemand die precies doet wat een ander zegt.

**le·der** → leer.

**le·dig** → leeg.

**le·di·gen** → legen.

**le·dig·heid** (zelfst. nw.) ▼ *ledigheid is des duivels oorkussen:* (spreekwoord) nietsdoen is slecht.

**le·di·kant** (het ~; -en) ijzeren of houten bed met een hoog hoofd- en voeteneinde.

**leed¹** (het ~) verdriet ⇒ *smart* ◆ *het leed is geleden:* (uitdr.) de moeilijkheden zijn voorbij.

**leed²** → lijden.

**leed·ver·maak** (het ~) plezier dat je hebt als een ander iets vervelends overkomt.

**leed·we·zen** (het ~) (deftig) spijt ◆ *tot mijn leedwezen kan ik niet op uw feest komen*.

**leef·baar** (bijv. nw.) 1 gezegd van iets waar je prettig kunt leven* ◆ *die nieuwe flats zijn heel leefbaar* 2 (in België □) rendabel.

**leef·kli·maat** (het ~) sfeer van de omgeving waarin je leeft ◆ *deze stad heeft een goed leefklimaat:* het is prettig daar te wonen.

**leef·net** (het ~; -ten) net dat in het water hangt en waarin gevangen vissen in leven worden gehouden.

**leef·tijd** (de ~(m.); -en) tijd die je geleefd hebt ♦ *op achtjarige leeftijd kreeg hij zijn eerste fiets*: toen hij acht jaar was; *een vrouw op leeftijd*: een bejaarde vrouw; *de derde leeftijd*: (in België □; uitdr.) de mensen die 65 jaar of ouder zijn, de bejaarden; *de vierde leeftijd*: (in België □; uitdr.) mensen van 80 jaar of ouder.

**leef·tocht** (de ~(m.)) eten en drinken voor onderweg ⇒ *proviand*.

**leef·wij·ze** (de ~(v.); -n) manier waarop iemand leeft.

**leeg,** ouderwets: **le·dig** (bijv. nw.) gezegd van iets waar niets in zit, het tegenovergestelde van 'vol' ♦ *zij ging met een lege maag op stap*: zonder dat ze iets had gegeten; *een ledig uurtje*: waarin je niets te doen hebt.

**leeg·goed** (het ~) lege verpakking waarvoor je statiegeld krijgt, bijv. flessen.

**leeg·hoofd** (de ~of het ~; -en) iemand die nooit goed nadenkt.

**leeg·lo·per** (de ~(m.); -s) iemand die niets uitvoert ⇒ *nietsnut*.

**leeg·te** (de ~(v.); -n of -s) het leeg* zijn.

**leek¹** (de ~(m.); leken) **1** iemand die niets of bijna niets van een bepaald vak af weet ♦ *op het gebied van voetballen ben ik een leek* **2** iemand die geen rooms-katholieke geestelijke is.

**leek²** → lijken.

**leem** (de ~(m.) of het ~) geelbruine grondsoort die op klei lijkt.

**leem·te** (de ~(v.); -n of -s) tekort, gemis ⇒ *lacune, hiaat*.

**leen** (het ~; lenen) **1** stuk grond in de Middeleeuwen dat de eigenaar door een ander liet bewerken ▼ *iets te leen hebben*: iets van een ander geleend hebben om het te gebruiken.

**leen·heer** (de ~(m.); -heren) eigenaar van een leen*.

**leen·man** (de ~(m.); -nen) iemand die grond van een leenheer bewerkte (kijk ook bij: **leenheer**) ⇒ *vazal*.

**leen·tje·buur** (zelfst. nw.) ▼ *leentjebuur spelen*: (dit zeg je als iemand iets komt lenen die al heel vaak iets geleend heeft).

**leen·woord** (het ~; -en) woord dat aan een andere taal is ontleend ⇒ *bastaardwoord* ♦ *'opera' is een leenwoord uit het Italiaans*.

**leep** (bijv. nw.)(populair) slim, sluw ♦ *een lepe vent*.

**leer** (zelfst. nw.) **1** (het ~; ook: leder) dierenhuid die op een speciale manier bewerkt is ♦ *een tas van echt leer* **2** (de ~; leren) aantal ideeën of regels die bij elkaar horen en die samen een theorie vormen ♦ *de mohammedaanse leer*: het mohammedaanse geloof; *hij is streng in de leer*: (uitdr.) hij houdt zich strikt aan de voorschriften **3** (de ~; leren)(ouderwets) trap, ladder ⇒ *trapleer* ▼ *bij iemand in de leer gaan*: een vak leren bij iemand die het vak uitoefent; *van leer trekken*: uit boosheid tekeergaan.

**leer·con·tract** (het ~; -en)(in België) overeenkomst waarbij iemand je in zijn of haar eigen zaak voor een vak opleidt ♦ *Rudy heeft een leercontract bij een kapper*.

**leer·gang** (de ~(m.); -en) reeks lessen over één onderwerp ⇒ *cursus*.

**leer·geld** (zelfst. nw.) ▼ *leergeld betalen*: door ervaring wijs worden.

**leer·gie·rig** (bijv. nw.) gezegd van iemand die graag wil leren (bet.1).

**leer·kracht** (de ~; -en) iemand die les geeft ⇒ *leraar, onderwijzer, docent*.

**leer·ling** (de ~(m.); -en), vrouw: **leer·lin·ge** (de ~(v.); -n of -s) **1** iemand die les krijgt, scholier of student **2** volge

ling, aanhanger ⇒ *discipel* ♦ *de leerlingen van Jezus*.

**leer·ling·we·zen** (het ~)(in Nederland) systeem waarbij een leerling afwisselend op school zit en werkt.

**leer·mees·ter** (de ~(m.); -s) **1** iemand die je een vak leert **2** wijs persoon, iemand om na te volgen ⇒ *goeroe*.

**leer·mid·del** (het ~; -en) iets dat je gebruikt bij het leren, bijv. een boek, video enz..

**leer·pik** (de ~(m.); -ken)(populair) iemand die erg ijverig leert (zo genoemd door mensen die dat uitsloverig vinden).

**leer·plicht** (de ~) wettelijke verplichting om vanaf een bepaalde leeftijd tot een bepaalde leeftijd onderwijs te volgen.

**leer·plich·tig** (bijv. nw.) op een leeftijd waarop je volgens de wet verplicht bent onderwijs te volgen.

**leer·school** (zelfst. nw.) ▼ *dat was een harde leerschool voor hem*: dat was een nare ervaring, waar hij veel van heeft geleerd.

**leer·stoel** (de ~(m.); -en) baan voor een hoogleraar ♦ *er komt een leerstoel in de natuurkunde vrij*.

**leer·tje** (het ~; -s) stukje leer of rubber in een kraan dat voorkomt dat hij lekt.

**leer·zaam** (bijv. nw.) waar je van leert* ♦ *een leerzame ervaring*.

**lees·baar** (bijv. nw.) duidelijk te lezen* ♦ *een leesbaar handschrift*.

**lees·blind** (bijv. nw.) gezegd van iemand die er moeite mee heeft om van letters woorden te vormen.

**lees·plank** (de ~; -en; meestal: leesplankje) plank met plaatjes waaronder je met losse letters de juiste woorden moet vormen.

**lees·por·te·feuil·le** [leːsportəfœijə](de ~(m.); -s) map met tijdschriften die je iedere week of maand te leen krijgt als je abonnee bent ⇒ *leesmap*.

**leest** (de ~; -en) **1** houten of metalen vorm waarop een schoen wordt gemaakt of gerepareerd ♦ *dat is op dezelfde leest geschoeid*: (spreekwoord) dat gaat uit van dezelfde grondgedachte; *schoenmaker, hou je bij je leest!*: (spreekwoord; populair) beperk jezelf tot de dingen waar je goed in bent **2** middel ⇒ *taille* ♦ *ze heeft een slanke leest*.

**lees·te·ken** (het ~; -s) teken dat je in een zin gebruikt om het lezen gemakkelijker te maken, zoals een komma, punt of vraagteken.

**lees·toets** (de ~(m.); -en) onderzoek naar de leesvaardigheid van een kind op de basisschool.

**lees·voer** (het ~)(populair) boeken, tijdschriften, kranten die je kunt lezen.

**lees·zaal** (de ~; -zalen) ruimte, vaak in een bibliotheek, waar je gratis boeken en kranten kunt lezen.

**leeuw** (de ~(m.); -en), vrouwtjesdier: **leeu·win** (de ~(v.); -nen) groot, krachtig roofdier met een goudgele pels ♦ *de leeuw is de koning der dieren; zo moedig als een leeuw*: (uitdr.) heel erg moedig; *voor de leeuwen gegooid worden*: (uitdr.) in een moeilijke situatie gebracht worden en zelf maar moeten zien hoe je je eruit redt.

**leeu·wen·bek** (de ~(m.); -ken) plant met bloemetjes die op een rij langs de steel zitten.

**leeu·wen·deel** (het ~) grootste deel ♦ *hij nam het leeuwendeel voor zijn rekening*: hij heeft het meeste werk gedaan.

**leeu·we·rik** (de ~(m.); -en) vogeltje dat 's zomers hoog in de lucht zingt.

**leeu·win** → leeuw.

**lef** (de ~(m.) of het ~)(populair) durf ♦ *als je het lef hebt!*: als je het waagt!

**leg** (de ~(m.)) het eieren leggen van vogels ♦ *de kippen raakten van de leg af*: ze legden geen eieren meer.

**le·gaal** (bijv. nw.) wettelijk toegestaan, het tegenovergestelde van 'illegaal' ◆ *legale wapens.*

**le·gaat** (het ~; legaten) bedrag dat of goederen die iemand die geen erfgenaam is volgens een testament krijgt.

**le·ga·li·se·ren** (legaliseerde, heeft gelegaliseerd) *iets legaliseren:* iets wettig verklaren, iets toelaten voor de wet ◆ *de handel in drugs is niet gelegaliseerd:* het is bij de wet verboden in drugs te handelen.

**le·ga·te·ren** (legateerde, heeft gelegateerd) *iets legateren:* iets als legaat* nalaten.

**le·ga·to** [leˈɣaːtoː](bijw.)(muziek) zo dat alle tonen in elkaar overvloeien ⇒ *gebonden.*

**leg·bat·te·rij** (de ~(v.); -en) ruimte met een heleboel kleine hokjes waarin kippen eieren leggen.

**le·gen, le·di·gen** (leegde, heeft geleegd) *iets legen:* iets leeg* maken ◆ *de vuilnisemmer legen.*

**le·gen·da** (de ~; legenda's) lijst met verklaringen van de tekens en kleuren die op een landkaart of plattegrond zijn gebruikt.

**le·gen·da·risch** (bijv. nw.) als in een legende* (bet.1) ◆ *een legendarische figuur:* over wie iedereen nog steeds bijzondere verhalen vertelt.

**le·gen·de** (de ~; -s of -n) **1** wonderlijk verhaal dat steeds doorverteld is, soms eeuwenlang ◆ *Marialegende; hij is een levende legende:* (uitdr.) er worden over hem fantastische verhalen verteld **2** spreuk op de rand van een munt ⇒ *randschrift* ◆ *op de Nederlandse gulden staat de legende 'God zij met ons'* **3** (in België □) verklaring van de tekens op een kaart ⇒ *legenda.*

**le·ger** (het ~; -s) **1** groep militairen die vecht om het land te verdedigen tegen een vijand, of om een ander land te veroveren ⇒ *krijgsmacht* ◆ *hij zit bij het leger* **2** (populair) grote groep ⇒ *massa, menigte, drom* ◆ *een leger journalisten* **3** hol van een dier ◆ *het leger van een haas.*

**le·ger·dienst** (de ~(m.))(in België □) militaire dienst.

**le·ge·ren¹** (legeerde, heeft gelegeerd) *metalen legeren:* ze met elkaar mengen door ze te smelten, om een nieuw metaal te maken.

**le·ge·ren²** (legerde, heeft gelegerd) *iemand ergens legeren:* iemand een verblijfplaats geven ◆ *de soldaten werden in woonhuizen gelegerd; de vijand had zich in de vlakte gelegerd:* hij had daar zijn kamp opgeslagen.

**le·ge·ring** (de ~(v.); -en) mengsel van gesmolten metalen ◆ *brons is een legering van tin en koper.*

**le·ger·ste·de** (de ~; -n)(ouderwets) bed.

**le·ges** (zelfst. nw.; meervoud) administratiekosten die je moet betalen aan instanties van de overheid, bijv. aan de gemeente als je een nieuw paspoort aanvraagt ⇒ *schrijfkosten.*

**leg·gen** (legde, heeft gelegd) **1** *iets leggen:* iets zó plaatsen dat het plat ligt ◆ *leg deze plaatjes in de juiste volgorde; een kind op bed leggen* **2** (van vogels en vissen) eieren leggen: die voortbrengen **3** *iets leggen:* iets aanleggen, iets aanbrengen ◆ *een kabel leggen.*

**leg·ger** (de ~(m.); -s) dwarsbalk ⇒ *ligger* ◆ *de vloer wordt gesteund door leggers.*

**leg·ging** (Engels) [lɛɣɪŋ](de ~(v.); -s) voetloze maillot.

**le·gio** (bijv. nw.) niet te tellen, talrijk ◆ *de mogelijkheden zijn legio:* er zijn heel veel mogelijkheden.

**le·gi·oen** (het ~; -en) **1** legerafdeling, leger ◆ *het vreemdelingenlegioen:* leger in Noord-Afrika waarin mensen uit allerlei landen als huurling dienst kunnen nemen; *het legioen van eer:* groep militairen die met een bepaalde ridderorde zijn onderscheiden **2** grote groep ◆ *een legioen muggen; supporterslegioen.*

**le·gi·o·nair** (de ~(m.); -s) lid van het vreemdelingenlegioen of het legioen* van eer.

**le·gis·la·tuur** (de ~(v.))(in België) zittingstijd van het parlement tussen twee verkiezingen.

**le·gi·tiem** (bijv. nw.) **1** gebaseerd op de wet ⇒ *wettig* ◆ *een legitiem huwelijk* **2** gerechtvaardigd ⇒ *rechtmatig* ◆ *ik vind het heel legitiem dat je voor jezelf opkomt:* dat vind ik terecht.

**le·gi·ti·ma·tie** (de ~(m.); -s) bewijs dat je bent wie je zegt te zijn ◆ *een paspoort of een rijbewijs kan dienen als legitimatie.*

**le·gi·ti·ma·tie·plicht** (de ~(v.)) verplichting om altijd je paspoort of een ander legitimatiebewijs bij je te hebben.

**le·gi·ti·me·ren** (legitimeerde, heeft gelegitimeerd) *jezelf legitimeren:* bewijzen dat je bent wie je zegt te zijn door middel van een legitimatie*.

**leg·puz·zel** (de ~(m.); -s) afbeelding die bestaat uit een verzameling kartonnen of houten stukjes die je aan elkaar moet passen.

**le·gu·aan** (de ~(m.); leguanen) groot soort hagedis met een kam op zijn rug.

**lei** (zelfst. nw.) **1** (het ~) donkergrijze steensoort die in dunne platen gespleten kan worden **2** (de ~) plaat van leisteen in een lijst, bedoeld om op te schrijven ◆ *schrijf je de boodschappen even op het leitje?; weer met een schone lei beginnen:* (uitdr.) opnieuw beginnen zonder aan je fouten van vroeger te denken **3** (in België □) laan in Antwerpen.

**lei·band** (zelfst. nw.) ▼ *aan iemands leiband lopen:* je door die persoon laten leiden, niet zelfstandig genoeg zijn.

**lei·den** (leidde, heeft geleid) **1** *iets leiden:* iets besturen, aangeven hoe iets zich moet ontwikkelen ◆ *een bedrijf leiden; de voorzitter leidt de vergadering* **2** *iemand of iets leiden:* iemand of iets een bepaalde richting uit laten gaan, iemand of iets sturen ◆ *zij leidde ons uit de doolhof* **3** in een bepaalde richting gaan ◆ *leidt deze weg naar Rome?; dit leidt tot niets:* dit levert geen resultaat op **4** *je door iets of iemand laten leiden:* door iets of iemand laten bepalen hoe je handelt ◆ *zij liet zich leiden door haar gevoel* **5** *je leven leiden:* leven ◆ *een makkelijk leventje leiden* **6** bij een wedstrijd voorop gaan of bovenaan staan ◆ *in leidende positie:* vóór alle anderen.

**Lei·den** (zelfst. nw.) ▼ *Leiden is in last:* er zijn grote moeilijkheden.

**lei·der** (de ~(m.); -s), vrouw: **leid·ster** (de ~(v.); -s) iemand die leidt* (bet.1 en 6) ◆ *de bedrijfsleider:* de chef; *de leider van het klassement:* de sporter die op de eerste plaats staat.

**lei·ding** (de ~(v.)) **1** het leiden* (bet.1) ◆ *leiding geven aan een bedrijf; onder leiding van Reinier gingen we naar de dierentuin* **2** de mensen die leiden* (bet.1) ⇒ *bestuur* ◆ *de leiding komt om elf uur bij elkaar* **3** (-en) draad of buis waardoor iets, bijv. elektriciteit of water, geleid* (bet.2) wordt ◆ *de waterleiding.*

**lei·draad** (de ~(m.); -draden) iets waardoor je je laat leiden* (bet.4) ⇒ *richtsnoer* ◆ *hij heeft de bijbel als leidraad.*

**leid·sel** (het ~; -s) riem waarmee je een paard stuurt ⇒ *toom, teugel.*

**leid·ster** → *leider.*

**leip** → *lijp.*

**lek¹** (het ~; -ken) plaats waar vloeistof of gas ontsnapt ◆ *er zit een lek in de leiding; nu hebben we het lek boven water:* (uitdr.) nu zijn de grootste problemen opgelost.

**lek²** (bijv. nw.) vloeistof of gas doorlatend, terwijl dat niet moet ◆ *een lekke band.*

**le·ken** → *lijken.*

**lek·ka·ge** [lɛkaːʒə](de ~(v.); -s) het lek* zijn ◆ *we hebben lekkage aan het dak:* het dak laat water door.

**lek·ken** (lekte, heeft gelekt) een vloeistof of gas doorlaten die of dat tegengehouden zou moeten worden ◆ *een lekkende buis; het lekt hier:* er komt water door het dak.

**lek·ker¹** (bijv. nw.) **1** aangenaam smakend, het tegenovergestelde van 'vies' ⇒ *smakelijk* ◆ *een lekker hapje* **2** prettig, aangenaam ◆ *dat parfum ruikt lekker; hij zat lekker te lezen; die deken is lekker warm; dat zit me niet lekker:*(uitdr.) dat bevalt me niet **3** gezond, fit ◆ *ik voel me niet zo lekker vandaag; je bent niet lekker!:* (uitdr.) je bent gek! ▼ *iemand lekker maken:* iemand iets vertellen of iets in het vooruitzicht stellen dat hij of zij erg leuk vindt.

**lek·ker²** (bijw.)(populair) (woord om leedvermaak uit te drukken) ◆ *jij mag lekker niet mee!*

**lek·ker·bek** (de ~(m.); -ken) iemand die van lekker eten houdt.

**lek·ker·bek·je** (het ~; -s) gefrituurde schelvis met een knapperig korstje.

**lek·ker·nij** (de ~(v.); -en) iets dat heel lekker¹* (bet.1) is.

**lek·kers** (het ~) lekkere¹* (bet.1) dingen, vooral snoep ◆ *wie zoet is krijgt lekkers ....*

**lekt-** → lect-.

**lel** (de ~; -len) **1** dik stukje huid dat aan één kant vastzit en dat naar beneden hangt ◆ *een oorlelletje; de lel onder de snavel van een kalkoen* **2** (populair) klap, trap, schop ◆ *iemand een lel geven* **3** (populair) iets dat heel groot is ⇒ *kanjer, joekel* ◆ *een lel van een tuin.*

**le·lie** (de ~; -s of leliën) bepaald soort bloem.

**le·lie·tje-van-da·len** (het ~; lelietjes-van-dalen) lelieachtig plantje met witte, lekker ruikende bloempjes.

**le·lijk¹** (bijv. nw.) **1** onaangenaam om te zien of om te horen, het tegenovergestelde van 'mooi' ◆ *een lelijk gebouw; wat een lelijke klank heeft die gitaar; wat kijk je lelijk!:* wat kijk je boos!; *zo lelijk als de nacht:* (uitdr.) heel erg lelijk **2** ongunstig, slecht ◆ *het ziet er lelijk uit; het is lelijk weer* **3** gemeen ◆ *lelijke bedrieger!; zij heeft lelijke dingen over mij gezegd.*

**le·lijk²** (bijw.) behoorlijk, erg ◆ *hij had het lelijk mis!*

**lel·le·bel** (de ~(v.); -len) hoerige vrouw ⇒ *del.*

**lem·ma** (het ~; lemmata of lemma's) woord met de bijbehorende omschrijving in een woordenboek of encyclopedie.

**lem·met** (het ~; -en) deel van een mes waarmee je snijdt.

**lem·ming** (de ~; -en) klein knaagdier dat in Noord-Europa leeft.

**len·de** (de ~; -n of -nen) **1** onderste deel van je rug ◆ *je de lendenen omgorden:* (uitdr.) je klaarmaken voor de strijd of voor het werk **2** (van dieren): achterste deel van de rug ◆ *een mals lendestuk.*

**le·nen** (leende, heeft geleend) **1** *iets van iemand lenen:* iets tijdelijk van iemand in gebruik krijgen ◆ *je mag dat boek wel van mij lenen* **2** *iets aan iemand lenen:* iemand iets tijdelijk in gebruik geven ◆ *hij leende mij tien gulden* **3** *je ergens voor lenen:* je beschikbaar stellen voor iets ◆ *ik leen me niet meer voor dat werk* **4** (van dingen) *zich ergens voor lenen:* geschikt zijn voor iets ◆ *dat boek leent zich niet voor een verfilming.*

**len·gen** (lengde, zijn gelengd) (van dagen): langer* worden ◆ *de dagen lengen:* het is 's avonds langer licht.

**leng·te** (de ~(v.); -n of -s) langste afmeting van een figuur ◆ *de lengte van een tafel; zij viel op door haar lengte:* doordat ze erg lang is; *tot in lengte van dagen:* (uitdr.) nog heel lang.

**leng·te·cir·kel** (de ~(m.); -s) denkbeeldige halve cirkel over de aardbol tussen noord- en zuidpool ⇒ *meridiaan.*

**leng·te·graad** (de ~(m.); lengtegraden) graad van een breedtecirkel (kijk ook bij: **breedtecirkel**).

**le·nig** (bijv. nw.) soepel bewegend ◆ *de turnster is erg lenig.*

**le·ni·gen** (lenigde, heeft gelenigd) nood of pijn lenigen: die verlichten, die verzachten.

**le·ning** (de ~(v.); -en) geld dat je hebt geleend* (bet.1), bijv. van een bank ◆ *een lening sluiten:* geld lenen.

**lens¹** (de ~; lenzen) **1** bol of hol voorwerp van glas of hard, doorzichtig plastic waardoor je iets duidelijk kunt waarnemen, eventueel vergroot of verkleind ◆ *een microscoop met drie lenzen* **2** deel van je oog **3** contactlens.

**lens²** (bijv. nw.)(populair) lam, krachteloos ◆ *hij trapte zich lens:* hij raakte uitgeput door het harde fietsen; *iemand lens slaan:* iemand in elkaar slaan.

**len·te** (de ~; -s) seizoen waarin de planten weer uitlopen en het weer warmer wordt ⇒ *voorjaar* ◆ *een meisje van achttien lentes:*(uitdr.) van achttien jaar.

**len·te·maand** (de ~(m.)) de maand maart.

**le·pel** (de ~(m.); -s) eetgerei waarmee je bijv. soep of pap eet ◆ *een theelepeltje suiker:* de hoeveelheid suiker die op een theelepeltje kan.

**le·pe·laar** (de ~(m.); -s of lepelaren) vogel die op een ooievaar lijkt en een snavel heeft in de vorm van een lepel.

**le·pe·len** (lepelde, heeft gelepeld) iets lepelen: iets met een lepel* eten.

**le·pra** (de ~) ernstige besmettelijke huidziekte ⇒ *melaatsheid.*

**le·proos** (de ~(m.); leprozen) iemand die aan lepra* lijdt ⇒ *lepralijder.*

**le·raar** (de ~(m.); leraren of -s), vrouw: **le·ra·res** (de ~(v.); -sen) **1** iemand die les geeft op een basisschool of in het voortgezet onderwijs **2** (in België) iemand die les geeft in het secundair onderwijs (kijk ook bij: **secundair**).

**le·ren** (leerde, heeft geleerd) **1** *iets leren:* je bepaalde kennis of een bepaalde vaardigheid eigen maken ◆ *heb jij je aardrijkskunde al geleerd?; Mustafa wilde leren schaatsen* **2** *iemand iets leren:* iemand iets bijbrengen, zodat hij of zij het ook kan of weet ◆ *oom leert zijn neefje schaken; ik zal je leren!:* (uitdr.) (dit zeg je als je iemand voor iets gaat straffen).

**le·ring** (de ~(v.); -en) (ouderwets) dat wat je leert*, kennis ◆ *ergens lering uit trekken:* ergens iets van leren; *tot lering en vermaak:*(uitdr.) om van te leren, maar ook om van te genieten.

**les** (de ~; -sen) **1** keer dat iemand je iets leert ⇒ *onderricht* ◆ *zij gaf ons les in rekenen; hij krijgt autorijles; iemand de les lezen:*(uitdr.) iemand een standje geven; *iemand een lesje geven:* (uitdr.) iemand een ervaring bezorgen waardoor die persoon inziet dat hij of zij zich voortaan anders moet gedragen **2** dat wat je leert of opkrijgt om te leren ◆ *ken jij je les?; we moeten les 1 tot en met 5 leren.*

**les·bi·en·ne** [lezbiejenn<small>e</small>](de ~(v.); -s) vrouw die verliefd wordt op vrouwen ⇒ *pot.*

**les·bisch** (bijv. nw.) (van vrouwen): homoseksueel.

**les·bo** (de ~(m.); lesbo's) (populair) lesbische vrouw of lesbisch meisje.

**les·roos·ter** (het ~; -s) rooster dat aangeeft wanneer welke lessen gegeven worden.

**les·sen** (leste, heeft gelest) **1** *je dorst lessen:* drinken tot je genoeg hebt **2** rijles nemen ◆ *in wat voor auto ga jij lessen?*

**les·se·naar** (de ~(m.); -s) tafeltje met een schuin blad om aan te lezen of te schrijven.

**lest** (bijv. nw.) (ouderwets) laatste ◆ *lest best!:* (spreekwoord) wat of wie het laatste komt, is het of de beste.

**le·thar·gie** (de ~(v.)) toestand waarin je in niets geïnteresseerd bent en niets doet.

**let·sel** (het ~; -s) verwonding ♦ *letsel* oplopen: gewond raken.

**let·ten** (lette, heeft gelet) **1** *op iemand of iets letten*: extra aandacht aan iemand of iets besteden ♦ *let* op het verkeer van links!; *let* op je woorden: wees voorzichtig met wat je zegt ▼ *wat let je?*: wat zou je tegen kunnen houden? (niets toch!).

**let·ter** (de ~; -s) teken dat samen met andere tekens een woord kan vormen ♦ *de letter* k; *een woord van vijf letters*; *iets niet naar de letter, maar naar de geest beoordelen*: (uitdr.) iets opvatten zoals het bedoeld is en niet zoals het er letterlijk staat.

**let·te·ren** (zelfst. nw.; meervoud) geschreven kunstwerken, zoals romans en gedichten ♦ *de schone letteren*: (deftig) de literatuur; *de faculteit der letteren*: de afdeling van de universiteit waar je o.a. talen kunt studeren.

**let·ter·greep** (de ~; -grepen) elk van de stukjes waarin je een woord bij het schrijven kunt afbreken ⇒ *syllabe* ♦ *het woord 'tafel' bestaat uit twee lettergrepen*.

**let·ter·kun·de** (de ~(v.)) deel van de wetenschap dat zich bezighoudt met literatuur.

**let·ter·lijk¹** (bijv. nw.) volgens de exacte betekenis van de woorden, het tegenovergestelde van 'figuurlijk' ♦ *een letterlijke vertaling*; *leukemie betekent letterlijk 'wit bloed'*.

**let·ter·lijk²** (bijw.) absoluut, helemaal ♦ *hij is letterlijk nooit tevreden*.

**let·ter·woord** (het ~; -en) woord dat ontstaan is uit de beginletters van andere woorden ♦ *'NAVO' is een letterwoord*.

**leu·gen** (de ~; -s) keer dat je liegt* ♦ *een leugentje om bestwil*: (uitdr.) een kleine leugen om iemand te ontzien; *al is de leugen nog zo snel, de waarheid achterhaalt haar wel*: (spreekwoord) de waarheid achter een leugen wordt toch ontdekt.

**leu·ge·naar** (de ~(m.); -s), vrouw: **leu·ge·naar·ster** (de ~ (v.); -s) iemand die liegt*.

**leu·gen·de·tec·tor** (de ~; -s) toestel dat aangeeft of je liegt.

**leuk** (bijv. nw.) **1** waar je om kunt lachen ⇒ *aardig, grappig* ♦ *ze vertelde een leuk verhaal* **2** waarvan je in een goede stemming komt ⇒ *fijn, prettig, aangenaam* ♦ *leuke vakantie gehad?* **3** aantrekkelijk, aardig om te zien ♦ *een leuk jurkje*.

**leu·ke·mie** [luikₑmie of leukₑmie] (de ~(v.)) ziekte van het bloed waarbij de vorming van witte bloedlichaampjes ontregeld is ⇒ *bloedkanker*.

**leu·ko·plast®** (de ~(m.) of het ~) smalle pleister om verbandgaasjes mee vast te plakken.

**leu·nen** (leunde, heeft geleund) *op of tegen iets leunen*: iets als steun gebruiken ⇒ *steunen* ♦ *ze leunden tegen de muur*.

**leu·ning** (de ~(v.); -en) iets om op of tegen te leunen* ♦ *een stoel met armleuningen*; *een trapleuning*.

**leun·stoel** (de ~(m.); -en) makkelijke stoel met leuningen voor je armen en je rug ⇒ *fauteuil*.

**leu·ren** (leurde, heeft geleurd) *met iets leuren*: iets te koop aanbieden, meestal op straat of aan de deur.

**leus, leu·ze** (de ~; leuzen) zin die in het kort zegt waarnaar je streeft ⇒ *devies* ♦ *de leuzen van een politieke partij*.

**leut** (de ~) **1** (populair) plezier, pret ⇒ *lol* ♦ *leut hebben* **2** (populair) koffie ♦ *een bakje leut*.

**leu·te·ren** (leuterde, heeft geleuterd) kletsen, zeuren.

**leu·ze** → leus.

**le·ven¹** (het ~) **1** (-s) tijd tussen je geboorte en je dood ♦

het volle *leven*: (uitdr.) het bestaan met alle fijne en moeilijke kanten; *iets nieuw leven inblazen*: (uitdr.) ervoor zorgen dat ergens weer actie van uitgaat; *hij heeft geen leven bij haar*: (uitdr.) ze plaagt hem altijd heel erg; *iemand het leven zuur maken*: (uitdr.) iemand plagen en dwarszitten; *om het leven komen*: (uitdr.) sterven door een ongeluk; *dat brengt leven in de brouwerij*: (uitdr.) dat zorgt voor actie en vrolijkheid; *haar leven hangt aan een zijden draadje*: (uitdr.) ze verkeert in levensgevaar; *bij leven en welzijn*: (uitdr.) als alles gaat zoals het moet; *van mijn leven niet!*: (uitdr.) nooit!; *iets in het leven roepen*: (uitdr.) iets laten ontstaan; *dat lied is uit het leven gegrepen*: (uitdr.) de dingen waar het over gaat, zijn voor iedereen herkenbaar; *je leven niet zeker zijn*: (uitdr.) in heel gevaarlijke omstandigheden verkeren **2** herrie, lawaai ♦ *wat een leven op straat*; *een leven als een oordeel*: (uitdr.) een ontzettend lawaai.

**le·ven²** (leefde, heeft geleefd) **1** ademen en kunnen bewegen, het tegenovergestelde van 'dood zijn' ♦ *ze leefden lang en gelukkig*; *eenjarige planten leven maar één seizoen*; *hij leeft voor zijn werk*: zijn werk is het belangrijkste voor hem; *leve de koningin!*: hoera voor de koningin!; *wie dan leeft, wie dan zorgt*: (uitdr.) laten we ons geen zorgen maken voor het nodig is; *langs elkaar heen leven*: (uitdr.) samenleven zonder werkelijk contact te hebben; *hij weet van voren niet dat hij van achteren leeft*: (uitdr.) hij is helemaal in de war; ook: hij is erg dom; *het er levend van afbrengen*: (uitdr.) blijven leven, niet omkomen bij een ongeluk **2** je bestaan op een bepaalde manier inrichten ♦ *hij leeft van zijn pensioen*; *je moet leven en laten leven*: (uitdr.) je moet accepteren dat iedereen leeft zoals hij of zij wil **3** *ergens naar toe leven*: op iets gericht zijn, naar iets uitkijken ♦ *ze leefde naar het feest toe*.

**le·vend** (bijv. nw.) niet dood.

**le·ven·dig** (bijv. nw.) **1** beweeglijk, druk en opgewekt ♦ *een levendig meisje*; *hij zat levendig te praten* **2** zo dat je het precies voor je ziet ⇒ *duidelijk, treffend* ♦ *hij schetste een levendig beeld van de vechtpartij*; *ik kan mij dat levendig voorstellen*.

**le·vens·be·hoef·ten** (zelfst. nw.; meervoud) dingen die je nodig hebt om in leven te blijven, zoals eten, kleding en onderdak.

**le·vens·be·lang** (zelfst. nw.) ▼ *dat is van levensbelang*: dat is heel erg belangrijk.

**le·vens·be·schou·wing** (de ~(v.); -en) samenhangende ideeën over wat belangrijk is in het leven, en over hoe het geleefd moet worden ♦ *de katholieke levensbeschouwing*.

**le·vens·duur** (de ~(m.)) tijd dat iets gebruikt kan worden ♦ *de levensduur van een auto*.

**le·vens·echt** (bijv. nw.) precies lijkend op de werkelijkheid ♦ *een levensecht portret*.

**le·vens·er·va·ring** (de ~(v.)) rijpheid en wijsheid die je krijgt naarmate je langer leeft, vooral als je leven niet makkelijk is ♦ *hij heeft veel levenservaring*.

**le·vens·ge·vaar·lijk** (bijv. nw.) zo gevaarlijk, dat je dood kunt gaan ♦ *een levensgevaarlijk kruispunt*.

**le·vens·kun·ste·naar** (de ~(m.); -s) iemand die erin slaagt van zijn of haar leven iets moois te maken.

**le·vens·lang** (bijv. nw.) (verkorting) levenslange gevangenisstraf; dit is een gevangenisstraf die de rest van je leven duurt ♦ *levenslang krijgen*.

**le·vens·licht** (zelfst. nw.) ▼ *het levenslicht aanschouwen*: (deftig) geboren worden.

**le·vens·lied** (het ~; -eren) gevoelig lied over aangrijpende gebeurtenissen uit het gewone leven ⇒ *smartlap*.

**le·vens·lus·tig** (bijv. nw.) opgewekt, plezier hebbend in het leven.

**le·vens·mid·de·len** (zelfst. nw.; meervoud) dingen waar je maaltijden mee samenstelt, etenswaren.

**le·vens·moe** (bijv. nw.) gezegd van iemand die geen zin meer heeft om te leven.

**le·vens·on·der·houd** (het ~) wat nodig is in het dagelijks leven, zoals eten en kleding ◆ in je **levensonderhoud** voorzien.

**le·vens·stan·daard** (de ~(m.)) peil van de welvaart ◆ West-Europa heeft een hoge **levensstandaard**.

**le·vens·te·ken** (zelfst. nw.) ▼ een **levensteken** van iemand ontvangen: bericht van iemand krijgen.

**le·vens·vat·baar** (bijv. nw.) sterk genoeg om te kunnen leven ◆ het jonge dier was niet **levensvatbaar**; dat plan is niet **levensvatbaar**: (uitdr.) dat is niet geschikt om uitgevoerd te worden.

**le·vens·ver·ze·ke·ring** (de ~(v.); -en) verzekering waarbij aan de nabestaanden geld wordt uitbetaald als iemand is overleden.

**le·vens·werk** (het ~) werk waaraan je bijna je hele leven wijdt.

**le·ver** (de ~; -s) orgaan in je buikholte dat o.a. gal afscheidt en je bloed zuivert ◆ iets op je **lever** hebben: (uitdr.) iets graag willen vertellen omdat je ermee zit; dat ligt op zijn **lever**: (in België □; uitdr.) hij kan het niet verkroppen, hij heeft het er moeilijk mee.

**le·ve·ran·cier** (de ~(m.); -s) iemand die regelmatig iets levert* (bet.2) ◆ Nederland is een belangrijke **leverancier** van kaas.

**le·ve·ren** (leverde, heeft geleverd) **1** iets leveren: iets geven, zodat er iets mee gedaan kan worden ◆ deze koe **levert** veel melk; het bewijs is **geleverd**; Erica heeft prima werk **geleverd 2** iets leveren: iets tegen betaling komen brengen ⇒ bezorgen ◆ bier **leveren** aan cafés **3** iemand iets leveren: iemand iets aandoen ◆ wie heeft me dat **geleverd**? **4** het 'm leveren: het voor elkaar brengen ⇒ fiksen, lappen ◆ ze heeft het 'm **geleverd**!

**le·ver·traan** (de ~(m.)) olie uit de lever van bepaalde vissen, gebruikt als extra voedingsstof vanwege de vitamine die erin zit.

**le·ver·worst** (de ~; -en) worst waarin lever is verwerkt.

**lexi·co·graaf** (de ~(m.); lexicografen), vrouw:
**lexi·co·gra·fe** (de ~(v.); -n of -s) iemand die een woordenboek samenstelt.

**lexi·con** (het ~; -s of lexica) woordenboek.

**le·zen** (las, heeft gelezen) iets lezen: letters van iets zien, er woorden van maken en begrijpen wat er staat ◆ een krant **lezen**; noten kunnen **lezen**: kunnen zien aan de noten die op papier staan hoe de muziek moet klinken.

**le·zer** (de ~(m.); -s), vrouw: **le·ze·res** (de ~(v.); -sen) iemand die leest*.

**le·zing** (de ~(v.)) **1** (-en) voordracht in het openbaar ◆ een **lezing** over het leven van de dieren **2** (-en) manier waarop een gebeurtenis wordt weergegeld ◆ er zijn verschillende **lezingen** van het ongeluk **3** het lezen* ⇒ lectuur ◆ pas bij de tweede **lezing** begreep ik wat er stond: pas toen ik het voor de tweede keer las.

**LH** (afkorting) (in Nederland) **L**andbouw **H**ogeschool; die heet nu Landbouwuniversiteit.

**lhno** (het ~) (in Nederland) **l**ager **h**uishoud- en **n**ijverheidsonderwijs; inmiddels opgegaan in het voorbereidend beroepsonderwijs.

**li·aan** (de ~; lianen) tropische slingerplant.

**li·ai·son** (Frans) [liejɛːzɔ̃] (de ~; -s) liefdesverhouding, meestal in het geheim en kort van duur.

**li·bel** (de ~; -len) insect met een lang lichaam en vleugeltjes ⇒ waterjuffer.

**li·be·raal** (bijv. nw.) **1** vrijzinnig, ruimdenkend ◆ ze heeft **liberale** opvattingen **2** gezegd van iemand die niet wil dat de overheid veel invloed heeft op het maatschappelijk leven en op de economie ◆ een **liberale** partij.

**li·be·ra·lis·me** (het ~) politieke leer die ervan uitgaat dat de overheid zich zo min mogelijk met het maatschappelijk leven en de economie moet bemoeien.

**li·bi·do** (de ~(m.)) zin om te vrijen die iemand gemiddeld heeft.

**li·bri·um®** (de ~(v.)) kalmerend middel.

**lic.** (afkorting) (in België) **lic**entiaat.

**li·cen·ti·aat** (zelfst. nw.; licentiaten) **1** (het ~) (in België) diploma dat je kunt halen aan de universiteit en aan sommige hogescholen, te vergelijken met het doctoraal in Nederland **2** (de ~(m.)) (in België) iemand die zo'n diploma heeft.

**li·cen·tie** (de ~(v.); -s) **1** toestemming, vergunning **2** (in België) opleiding tot licentiaat (bet.2).

**li·chaam** (het ~; lichamen) **1** geheel van botten, organen, pezen, spieren, huid enz. waaruit mensen en dieren bestaan ⇒ lijf ◆ hij heeft een dik **lichaam 2** romp ◆ je armen en je benen zitten aan je **lichaam** vast **3** voorwerp met een bepaalde vorm ◆ een kubus is een **lichaam** met een regelmatige vorm; een hemel**lichaam**: een ster of planeet.

**li·chaams·deel** (het ~; -delen) deel van het lichaam, zoals hoofd, romp of heup.

**li·cha·me·lijk** (bijv. nw.) te maken hebbend met je lichaam* (bet.1), het tegenovergestelde van 'geestelijk' ⇒ fysiek ◆ **lichamelijk** letsel: verwondingen aan je lichaam; **lichamelijke** oefening: gymnastiek.

**licht¹** (het ~) **1** dat wat de zon en wat lampen uitstralen, waardoor alles zichtbaar wordt ◆ deze zaklantaarn geeft niet veel **licht**; een dia tegen het **licht** houden: hem zo vasthouden dat er licht doorheen valt; dat werpt een nieuw **licht** op de zaak: (uitdr.) daardoor gaan we er op een nieuwe manier over nadenken; iemand het **licht** in de ogen niet gunnen: (uitdr.) iemand niets gunnen; aan het **licht** komen: (uitdr.) ontdekt worden; je **licht** niet onder de korenmaat zetten: (uitdr.) niet verborgen houden wat je weet of kunt; er gaat me een **licht** op: (uitdr.) ik doorzie het ineens; ook: ik krijg opeens een idee; ergens je **licht** opsteken: (uitdr.) ergens om informatie vragen **2** (-en) lamp ◆ wie heeft het **licht** uitgedaan?; het stop**licht** staat op groen.

**licht²** (bijv. nw.) **1** van weinig gewicht, het tegenovergestelde van 'zwaar' ◆ een **lichte** koffer; gewogen en te **licht** bevonden: (uitdr.) beoordeeld maar niet geschikt gevonden; zo licht als een veertje: (uitdr.) heel erg licht **2** waar veel licht¹* (bet.1) is, het tegenovergestelde van 'donker' ◆ een **lichte** kamer **3** (van kleuren): dichter bij wit dan bij zwart liggend, het tegenovergestelde van 'donker' ◆ geel is een **lichte** kleur; licht**blauw 4** gemakkelijk, soepel, het tegenovergestelde van 'zwaar' ◆ deze fiets loopt **licht**; **lichte** sprongen **5** niet ernstig, het tegenovergestelde van 'zwaar' ◆ een **lichte** verkoudheid; een **licht** vergrijp **6** weinig inspanning vragend, het tegenovergestelde van 'zwaar' ◆ een **lichte** training; **lichte** lectuur: die niet zo moeilijk is.

**licht·beeld** (het ~; -en) (ouderwets) dia.

**lich·te·kooi** (de ~(v.); -en) hoer ⇒ prostituee.

**lich·te·laaie** → lichterlaaie.

**lich·te·lijk** (bijw.) enigszins, een beetje ◆ zij was **lichtelijk** verbaasd.

**lich·ten** (lichtte, heeft gelicht) **1** het licht: het bliksemt **2** iets lichten: iets omhoog tillen ◆ het deksel van de pan **lichten**; het anker **lichten** ▼ de brievenbus **lichten**: hem als beambte van de posterijen leegmaken.

**lich·tend** (bijv. nw.) ▼ *een lichtend voorbeeld:* een voorbeeld dat zo goed is, dat je je leven er helemaal op af kunt stemmen.

**lich·ter·laaie, lich·te·laaie** (zelfst. nw.) ▼ *in lichterlaaie staan:* branden met felle, uitslaande vlammen.

**licht·ge·lo·vig** (bijv. nw.) gauw denkend dat iets waar is ⇒ *goedgelovig.*

**licht·ge·raakt** (bijv. nw.) snel boos of beledigd.

**lich·ting** (de ~(v.); -en) **1** groep mensen die tegelijk met iets begonnen zijn, bijv. met militaire dienst ♦ *de lichting van 1986* **2** het leegmaken van de brievenbus door een beambte van de posterijen ♦ *er zijn drie lichtingen per dag.*

**licht·jaar** (het ~; -jaren) afstand die een lichtstraal in één jaar aflegt; dit is een maat die in de sterrenkunde gebruikt wordt ♦ *die ster is 100 lichtjaren ver.*

**licht·ma·troos** (de ~(m.); -matrozen) matroos in opleiding.

**licht·net** (het ~; -ten) geheel van elektrische leidingen in een gebouw ♦ *een radio aansluiten op het lichtnet.*

**licht·punt** (het ~; -en) iets dat hoop geeft in sombere omstandigheden.

**licht·vaar·dig** (bijv. nw.) waarover niet goed is nagedacht ⇒ *onbezonnen, ondoordacht* ♦ *een lichtvaardig oordeel.*

**licht·voe·tig** (bijv. nw.) speels, vrolijk ♦ *een lichtvoetig toneelstuk.*

**licht·zin·nig** (bijv. nw.) zonder goed na te denken ♦ *lichtzinnig met geld omgaan; een lichtzinnig mens.*

**lid** (het ~; leden) **1** iemand die bij een groep of een club hoort ♦ *zij is lid geworden van de tennisclub; familielid; redactielid* **2** ledemaat, lichaamsdeel ♦ *hij beefde over al zijn leden; het mannelijk lid:* de penis; *iets onder de leden hebben:* (uitdr.) ziek zijn of worden **3** onderdeel ♦ *dat staat in artikel 5, lid 7 van het Wetboek van Strafrecht; in de samenstelling 'rookwolk' is 'wolk' het tweede lid* ▼ *je arm uit het lid draaien:* uit de kom.

**lid·geld** (het ~)(in België □) contributie.

**lid·maat** (de ~of lid ~; lidmaten) iemand die lid* (bet.1) is, vooral iemand die lid is van de protestantse kerk, nadat hij of zij belijdenis heeft gedaan.

**lid·maat·schap** (het ~; -pen) het lid* (bet.1) zijn van een vereniging, commissie of kerk ♦ *hij heeft zijn lidmaatschap opgezegd.*

**lid·staat** (de ~(m.); lidstaten) elk van de landen die lid zijn van een internationale organisatie, zoals de Europese Gemeenschap.

**lid·woord** (het ~; -en)(taal) woord voor een zelfstandig naamwoord dat aangeeft of het om iets bepaalds of om iets onbepaalds gaat, en of het geslacht van het zelfstandig naamwoord mannelijk of vrouwelijk of onzijdig is ⇒ *artikel* ♦ *een bepaald lidwoord:* het woord 'de' of 'het' voor een zelfstandig naamwoord; *onbepaald lidwoord:* het woord 'een' voor een zelfstandig naamwoord.

**lied** (het ~; liederen) tekst die je kunt zingen ⇒ *vers* ♦ *de liederen van Brahms; het lied van een vogel:* het gefluit van een vogel; *het hoogste lied zingen:* (uitdr.) uitgelaten en vrolijk zijn; *het liedje van verlangen zingen:* (uitdr.) proberen wat langer op te mogen blijven; *ik zing geen twee liedjes voor één cent:* (uitdr.)(dit zeg je als je geen zin hebt om te herhalen wat je gezegd hebt); *het is altijd hetzelfde liedje:* (uitdr.)(dit zeg je als je je ergert aan iets dat al veel vaker is gebeurd); *schone (of mooie) liedjes duren niet lang:* (in België □; uitdr.) aangename dingen zijn gauw voorbij.

**lie·den** (zelfst. nw.; meervoud) mensen ⇒ *lui* ♦ *brandweerlieden.*

**lie·der·lijk** (bijv. nw.) geneigd tot uitspattingen.

**lief**[1] (het ~) **1** persoon op wie je verliefd bent ♦ *mijn lief heeft de mooiste ogen van de wereld* ▼ *lief en leed met iemand delen:* de fijne en de verdrietige dingen.

**lief**[2] (bijv. nw.) **1** aardig en vriendelijk voor anderen ♦ *een lief hondje; dat is lief van je* **2** leuk om te zien ♦ *een lief gezicht* **3** waar je op gesteld bent ⇒ *bemind, dierbaar* ♦ *lieve moeder; zijn vrijheid is hem zeer lief; er waren meer mensen dan mij lief was:* ik vond het te druk ▼ *iets voor lief nemen:* iets accepteren, hoewel je het eigenlijk niet wilt; *ik deed het net zo lief niet:* ik zou het eigenlijk liever niet doen.

**lief·da·dig** (bijv. nw.) bedoeld om anderen uit liefde te helpen ⇒ *charitatief* ♦ *een liefdadige instelling.*

**lief·da·dig·heid** (de ~(v.)) hulpvaardigheid voor mensen die het slecht hebben.

**lief·de** (de ~(v.); -s of -n) **1** warm gevoel voor iemand van wie of voor iets waarvan je houdt, het tegenovergestelde van 'haat' ♦ *zij keken elkaar vol liefde aan; moederliefde; hij deed zijn werk met liefde; de liefde kan niet van één kant komen:* (uitdr.) je moet allebei je best doen om een vriendschap in stand te houden; *liefde maakt blind:* (spreekwoord) als je van iemand houdt, zie je zijn of haar fouten niet **2** iets waarvan of iemand van wie je houdt ♦ *haar eerste grote liefde; zijn boot was zijn grote liefde* **3** seksuele omgang, geslachtsgemeenschap ♦ *de liefde bedrijven.*

**lief·de·loos** (bijv. nw.) zonder liefde* (bet.1), onverschillig, koud.

**lief·de·rijk** (bijv. nw.) met veel liefde* (bet.1), met toewijding ⇒ *liefdevol* ♦ *hij werd liefderijk verpleegd.*

**lief·des·ver·driet** (het ~) verdriet om een verbroken liefdesrelatie.

**lief·de·vol** (bijv. nw.) vol liefde* (bet.1), aandachtig, met toewijding ⇒ *liefderijk.*

**lief·de·werk** (het ~) iets dat je uit liefdadigheid doet ♦ *het is allemaal liefdewerk oud papier:* (uitdr.) je doet het allemaal gratis voor het goede doel.

**lie·fe·lijk, lief·lijk** (bijv. nw.) een prettige indruk makend, mooi om te zien of te horen ♦ *een liefelijk landschap.*

**lief·heb·ben** (had lief, heeft liefgehad) iemand of iets liefhebben: van iemand of iets houden ⇒ *beminnen.*

**lief·heb·ber** (de ~(m.); -s), vrouw: **lief·heb·ster** (de ~(v.); -s) iemand die ergens van houdt ♦ *een liefhebber van paarden; zijn er nog liefhebbers voor chocola?:* wil er nog iemand chocola?

**lief·heb·be·ren** (liefhebberde, heeft geliefhebberd) op een niet al te serieuze manier met iets bezig zijn ♦ *hij liefhebberde wat in antiek.*

**lief·heb·be·rij** (de ~(v.); -en) iets dat je voor je plezier doet ⇒ *hobby* ♦ *hij doet het uit liefhebberij; dat wordt een dure liefhebberij:* (uitdr.) dat gaat veel geld kosten.

**lief·heb·ster** → liefhebber.

**lief·je** (het ~; -s) iemand met wie je een liefdesrelatie hebt ⇒ *geliefde* ♦ *hij zit uren te bellen met zijn liefje.*

**lief·jes** (bijw.) op een overdreven lieve manier ♦ *ze glimlachte liefjes.*

**lief·ko·zen** (liefkoosde, heeft geliefkoosd) iemand liefkozen: iemand strelen uit liefde, iemand knuffelen.

**lief·ko·zing** (de ~(v.); -en) gebaar waarmee je iemand liefkoost*.

**lief·lijk** → liefelijk.

**liefst**[1] → graag.

**liefst**[2] (bijw.) ▼ *maar liefst:* (dit gebruik je voor een aantal, om aan te geven dat je het bijzonder hoog vindt); *we hebben maar liefst zestig kilometer gefietst.*

**lief·tal·lig** (bijv. nw.) aantrekkelijk, leuk ⇒ *charmant*.
**lieg·beest** (het ~; -en)(populair)(scheldwoord voor iemand die liegt) ⇒ *leugenaar*.
**lie·gen** (loog, heeft gelogen) de dingen opzettelijk anders vertellen dan ze zijn, niet de waarheid spreken ◆ *liegen alsof het gedrukt staat*: (uitdr.) dingen vertellen die absoluut niet waar zijn; *dat liegt er niet om*: (uitdr.) dat is nogal wat, dat is niet mis.
**liep** → lopen.
**lie·pen** → lopen.
**lier** (de ~; -en) **1** snaarinstrument waarop zangers en dichters zichzelf in vroeger tijden begeleidden ◆ *de lier aan de wilgen hangen*: (uitdr.) ophouden met je werk als kunstenaar (vooral gezegd van dichters of musici die ophouden met dichten of muziek maken) **2** hijswerktuig ▼ *branden als een lier*: (uitdr.) heel fel branden.
**lies** (de ~; liezen) deel van je lichaam dat de grens vormt tussen je onderbuik en je bovenbeen.
**lies·je** (zelfst. nw.) ▼ *vlijtig liesje*: kamerplant die ook in de tuin kan.
**liet** → laten.
**lie·ten** → laten.
**lie·ve·heers·beest·je** (het ~; -s) kevertje met een rood rugschild met zwarte stippen ⇒ *onzelieveheersbeestje*.
**lie·ve·ling** (de ~(m.); -en) **1** (woord waarmee je je geliefde aanspreekt) ⇒ *liefje, schat* **2** iemand die meer gewaardeerd wordt dan anderen ⇒ *favoriet* ◆ *zij is het lievelingetje van de leraar*: zij wordt voorgetrokken.
**lie·ver** ⇒ graag.
**lie·verd·je** (het ~; -s) leuk, maar ook ondeugend kind ⇒ *deugniet, rakker*.
**lie·ver·koek·jes** (zelfst. nw.) ▼ *lieverkoekjes worden niet gebakken*: je moet tevreden zijn met wat je aangeboden krijgt.
**lie·ver·le·de** ▼ *van lieverlede*: langzamerhand, stukje bij beetje; *van lieverlede vergaten zij de ruzie*.
**lie·ve·vrou·we·bed·stro** (het ~) plant die, als hij gedroogd is, naar hooi ruikt.
**lie·vig** (bijv. nw.) zogenaamd lief.
**lif·laf·je** (het ~; -s) iets dat wel lekker, maar helemaal niet voedzaam is.
**lift** (de ~(m.); -en) **1** hokje waarin personen of goederen naar een hogere of lagere verdieping vervoerd worden ◆ *zullen we met de lift gaan?*; *in de lift zitten*: (uitdr.) snel carrière maken of snel beroemd worden **2** het gratis meerijden met een auto ◆ *ik kreeg een lift tot Wenen*.
**lif·ten** (liftte, heeft gelift) proberen een lift* (bet.2) te krijgen door aan de kant van de weg te gaan staan en je duim op te steken.
**lif·ter** (de ~(m.); -s), vrouw: **lift·ster** (de ~(v.); -s) iemand die lift*.
**li·ga** (de ~; liga's) verband, vereniging ◆ *de filmliga*.
**lig·boxen·stal** (de ~(m.); -len) stal waarin de koeien niet vast staan, maar vrij rond kunnen lopen.
**lig·gen** (lag, heeft gelegen) **1** ergens in of op liggen: ergens zijn, vooral in een uitgestrekte houding of in een horizontale stand ◆ *zij ligt in bed*; *het boek ligt op tafel*; *Gent ligt in Vlaanderen*; *er liggen veel schepen in de haven*; *eruit liggen*: (uitdr.) niet langer populair of geliefd zijn **2** *iets ergens laten liggen*: iets ergens per ongeluk achterlaten ◆ *heb ik hier nog iets laten liggen?* **3** *iemand liggen*: aangenaam voor iemand zijn, bij iemand passen ◆ *dit werk ligt mij niet zo* **4** *ergens aan liggen*: iets als oorzaak hebben, ergens door komen ◆ *dat het zo koud is, ligt aan de wind*; *het ligt eraan*: het hangt ervan af **5** *(van de wind) gaan liggen*: afnemen, rustig worden **6** *iemand liggen hebben*: (in België □) iemand te slim af zijn ▼ *je aan iets gelegen laten liggen*: aandacht aan iets schenken.

**lig·ger** (de ~(m.); -s) liggende balk waar iets op steunt, bijv. onder spoorrails, of van een brug ⇒ *legger*.
**lig·ging** (de ~(v.); -en) plaats of manier van liggen* (bet.1) ◆ *deze stad heeft een gunstige ligging*; *een zeilboot met een stabiele ligging*.
**li·gus·ter** (de ~(m.); -s) soort heester, die vaak als heg wordt gebruikt.
**lij·de·lijk** (bijv. nw.) zonder er iets tegen te doen, berustend ◆ *ze keken lijdelijk toe hoe hun huis afbrandde*; *lijdelijk verzet*: (uitdr.) een manier van je verzetten door bijv. niet uit de weg te gaan of alles heel langzaam te doen.
**lij·den** (leed, heeft geleden) **1** kou, pijn, honger enz. lijden: die ondervinden ◆ *zij leed ondragelijke pijnen*; *een nederlaag lijden* **2** ergens aan lijden: ergens last van hebben, ergens mee te kampen hebben ◆ *zij lijdt aan astma* **3** ergens onder lijden: ergens verdriet van hebben ◆ *hij leed erg onder de ruzie met zijn vader* **4** iemand of iets mogen lijden: geen bezwaar hebben tegen iemand of iets, iemand of iets wel leuk vinden ◆ *ik mag lijden dat je een lekke band krijgt!*; *ik mag die man wel lijden* ▼ *het lijdt geen twijfel*: het is beslist waar; *het kan wel lijden*: er is wel geld genoeg voor.
**lij·dend** (bijv. nw.) ▼ *de lijdende vorm*: (taal) vorm van een zin waarin het werkwoord uitdrukt dat het onderwerp iets ondergaat; *de zin 'het huis wordt gebouwd' staat in de lijdende vorm*; *lijdend voorwerp*: (taal) deel van een zin dat aangeeft wie of wat de handeling van het werkwoord ondergaat; *in de zin 'de hond beet de man' is 'de man' het lijdend voorwerp*.
**lij·dens·weg** (de ~(m.); -en) reeks van pijnlijke gebeurtenissen ◆ *het was een hele lijdensweg voordat hij zijn diploma had*.
**lij·der** (de ~(m.); -s), vrouw: **lij·de·res** (de ~(v.); -sen) iemand die ergens aan lijdt* (bet.2) ◆ *een lijder aan vallende ziekte*.
**lijd·zaam** (bijv. nw.) zonder verzet, berustend ⇒ *gelaten*.
**lijf** (het ~; lijven) lichaam ◆ *hij rilde over zijn hele lijf*; *gezond van lijf en leden*: helemaal gezond; *blijf van mijn lijf!*: raak me niet aan!; *aan mijn lijf geen polonaise*: (uitdr.) ik wil er niets mee te maken hebben, ik doe er niet aan mee; *iemand tegen het lijf lopen*: (uitdr.) iemand toevallig tegenkomen; *elkaar te lijf gaan*: (uitdr.) gaan vechten; *niets om het lijf hebben*: (uitdr.) niets te betekenen hebben; *iemand op het lijf geschreven zijn*: (uitdr.) precies bij iemand passen; *in levenden lijve voor iemand staan*: (uitdr.) in eigen persoon.
**lijf·arts** (de ~(m.); -en) je persoonlijke, eigen arts.
**lijf·blad** (het ~; -en) je favoriete blad.
**lijf·ei·ge·ne** (de ~; -n) iemand in de Middeleeuwen die moest gehoorzamen aan een heer die alles over hem of haar te zeggen had.
**lij·fe·lijk** (bijv. nw.) lichamelijk, met het lichaam ◆ *bij basketbal is lijfelijk contact verboden*; *de koning was lijfelijk aanwezig*: de koning was er zelf.
**lijf·je** (het ~; -s)(in België □) hemdje.
**lijf·ren·te** (de ~; -s of -n) geldbedrag dat je regelmatig krijgt zolang je leeft.
**lijf·spreuk** (de ~; -en) spreuk die je vaak herhaalt en waarnaar je leven wilt ⇒ *devies* ◆ *'nooit opgeven!' was zijn lijfspreuk*.
**lijf·straf** (de ~; -fen) lichamelijke straf, pijniging.
**lijf·wacht** (de ~; -en) persoonlijke bewaker of bewaking ◆ *de koninklijke lijfwacht*.
**lijk** (het ~; -en) lichaam van een dode ◆ *het slagveld was bezaaid met lijken*; *over mijn lijk!*: (uitdr.) dat zal niet gebeuren zolang ik leef; *over lijken gaan*: (uitdr.) niets of niemand ontzien, keihard zijn; *die vrouw is een levend lijk*: (uitdr.) ze ziet er heel slecht uit.

**lij·ken** (leek, heeft geleken) **1** op iemand of iets lijken: overeenkomst vertonen met iemand of iets ◆ *je lijkt op je vader* **2** iemand of iets lijken: een bepaalde indruk geven, er op een bepaalde manier uitzien ◆ *hij lijkt wel gek; dat zou mij wel lijken*: dat zou mij wel aanstaan, wel bevallen.

**lijk·schou·wing** (de ~ (v.); -en) onderzoek van het lichaam van een dode, bijv. om na te gaan of die persoon door geweld is overleden.

**lijk·wa·de** (de ~; -n) kleding waarin een dode wordt gehuld.

**lijm** (de ~ (m.); -en) middel om dingen aan elkaar te plakken ⇒ *kleefstof, plaksel* ◆ *houtlijm; behangerslijm*.

**lij·men** (lijmde, heeft gelijmd) **1** iets lijmen: de delen van iets aan elkaar plakken met lijm* ◆ *zou je deze vaas nog kunnen lijmen?; de breuk tussen hen valt niet meer te lijmen*: (uitdr.) ze kunnen niet meer met elkaar verzoend worden **2** iemand lijmen: iemand overhalen ◆ *mijn broertje lijmt mij altijd om zijn bed op te maken*.

**lijn** (de ~; -en) **1** streep ◆ *hij trok een lijn van de ene hoek naar de andere; de bal ging over de zijlijn; één lijn trekken met iemand*: (uitdr.) iets volgens dezelfde normen beoordelen als iemand anders; *een stijgende lijn vertonen*: (uitdr.) steeds beter worden; *ergens geen duidelijke lijn in ontdekken*: (uitdr.) geen duidelijke regelmaat of samenhang **2** verbinding tussen twee punten, per telefoon of vervoermiddel ◆ *telefoonlijn; spoorlijn; buslijn; er zijn vertragingen op de lijn Utrecht-Arnhem*: op de spoorlijn tussen Utrecht en Arnhem; *we hebben Brussel aan de lijn*: aan de telefoon **3** koord, draad ◆ *houd uw hond aan de lijn; iemand aan het lijntje houden*: (uitdr.) iemand niet helemaal geven waar hij of zij om vraagt, zonder hem of haar af te wijzen; *langzaam aan, dan breekt het lijntje niet*: (uitdr.) als we kalm aan doen, bereiken we ons doel wel **4** omtrek van je lichaam, figuur ◆ *zij doet aan de slanke lijn*: ze probeert slanker te worden **5** (in België □) regel ◆ *een paar lijnen verder stond jou naam* ▼ *de harde lijn volgen*: niet toegeven, streng zijn; *dat ligt niet in mijn lijn*: zoiets doe ik niet, dat past niet bij me.

**lijn·dienst** (de ~ (m.); -en) vaste verbinding bijv. per boot of vliegtuig.

**lij·nen** (lijnde, heeft gelijnd) aan de slanke lijn* (bet.4) doen.

**lijn·olie** (de ~) olie uit vlaszaad.

**lijn·recht** (bijv. nw.) ▼ *lijnrecht tegenover elkaar staan*: totaal verschillende meningen hebben, het absoluut niet met elkaar eens kunnen worden.

**lijn·trek·ker** (de ~ (m.); -s), vrouw: **lijn·trek·ster** (de ~ (v.); -s) iemand die expres niet opschiet.

**lijn·vlucht** (de ~; -en) vaste verbinding per vliegtuig, het tegenovergestelde van 'chartervlucht'.

**lijn·zaad** (het ~) zaad van vlas, waar olie uit gewonnen wordt.

**lijp** (bijv. nw.) (populair) gek, dwaas.

**lij·po** (de ~ (m.); lijpo's) (populair) iemand die heel lijp* is ⇒ *mafkees*.

**lijs** (zelfst. nw.) ▼ *een lange lijs*: een lang, sloom persoon.

**lijst** (de ~; -en) **1** opsomming, rij woorden, namen, getallen enz. ◆ *een lijst van klusjes; de zwarte lijst*: (uitdr.) opsomming van personen die vermist zijn of die iets fout gedaan hebben **2** rand, omlijsting ◆ *de lijst is nog mooier dan het schilderij!; de deurlijst*.

**lijst·du·wer** (de ~ (m.); -s) in België: laatste kandidaat op een verkiezingslijst, in Nederland: tweede kandidaat op een verkiezingslijst, meestal een populair persoon.

**lijs·ter** (de ~; -s) vogel uit een familie van zangvogels waartoe o.a. de merel behoort ◆ *zwarte lijster*: merel.

**lijs·ter·bes** (de ~; -sen) boom met fijnvertakte blaadjes en met rode besjes die in trossen groeien.

**lijst·trek·ker** (de ~ (m.); -s) persoon die een politieke partij aanvoert bij de verkiezingen.

**lij·vig** (bijv. nw.) (van boeken): dik, omvangrijk ◆ *een lijvig boek*.

**lij·zig** (bijv. nw.) sloom, saai ◆ *een lijzige stem*.

**lij·zij·de** (de ~) (zeilen) zijkant van een schip waar de wind niet op staat, het tegenovergestelde van 'loefzijde'.

**lik** (de ~ (m.); -ken) **1** beweging waarbij je je tong uitsteekt en hem van beneden naar boven haalt ◆ *hij kreeg een lik van de hond; een lik verf*: (uitdr.) de hoeveelheid die je in één keer met een kwast kunt uitstrijken **2** (populair) gevangenis ⇒ *nor* ▼ *een lik uit de pan*: een fikse uitbrander; *iemand lik op stuk geven*: fel reageren op iemand die ook fel tegen jou deed.

**lik·doorn** (de ~ (m.); -s) pijnlijke eeltplek, meestal aan je tenen ⇒ *eksteroog*.

**li·keur** (de ~; -en) stroperige drank met veel alcohol erin.

**lik·ke·baar·den** (likkebaardde, heeft gelikkebaard) je verheugen op iets lekkers ⇒ *watertanden*.

**lik·ken** (likte, heeft gelikt) (aan) iets likken: met je tong over iets heen en weer gaan ◆ *zij stond aan een lolly te likken*.

**lik·me·vest·je** ▼ *een boek van likmevestje*: (populair) een waardeloos boek.

**li·kwi·de·ren** → liquideren.

**li·la** (bijv. nw.) lichtpaars.

**lil·len** (lilde, heeft gelild) bibberend trillen zoals iets slaps doet ◆ *lillend vlees*.

**lil·li·put·ter** (de ~ (m.); -s) iemand die erg klein is en ook nooit groot wordt.

**li·me·rick** (de ~ (m.); -s) vijfregelig grappig versje.

**li·miet** (de ~; -en) uiterste grens, beperking ◆ *er is een limiet gesteld van 40 deelnemers*: er mogen niet meer dan 40 mensen meedoen.

**li·moen** (de ~ (m.); -en) klein soort citroen met veel sap en een dunne schil.

**li·mo·na·de** (de ~; -s) vruchtensap of een stof die op vruchtensap lijkt met water en suiker.

**li·mo·na·de·si·roop** (de ~; limonadesiropen) siroop die met water aangelengd wordt om er limonade van te maken.

**li·mou·si·ne** [liemœzienə] (de ~ (v.); -s) grote luxe auto met een glazen afscheiding tussen de bestuurder en de passagiers.

**lin·de** (de ~; -n) boom met hartvormige bladeren.

**li·ne·air** [lienɛjɛr] (bijv. nw.) in een rechte lijn ◆ *de lineaire afstand*.

**li·nea rec·ta** (Latijn) [lienɛjaarɛktaa] rechtstreeks, direct ◆ *hij werd linea recta naar het ziekenhuis gebracht*.

**lin·ge·rie** (Frans) [lẽʒərie] (de ~) ondergoed voor vrouwen.

**linguïstiek** lin·gu·ïs·tiek [lingkwistiek] (de ~ (v.)) taalwetenschap, taalkunde.

**li·ni·aal** (de ~ of het ~; linialen) kleine meetlat van ongeveer 30 cm lang.

**li·nie** (de ~ (v.); -s) **1** rij naast elkaar opgestelde soldaten, schepen of tanks ◆ *zij braken door de vijandelijke linies heen; de Hollandse waterlinie*: de Nederlandse wateren die de vijand tegenhouden ▼ *over de hele linie*: op alle punten; *haar werk is over de hele linie wat zwak*.

**link¹** (de ~ (m.); -s of -en) verband ◆ *een link leggen tussen twee gebeurtenissen*.

**link²** (bijv. nw.) **1** (populair) gevaarlijk, riskant ◆ *het is link om met losse handen te fietsen* **2** (populair) sluw, leep ◆ *dat zijn linke jongens*.

**lin·ker** (bijv. nw.) gezegd van iets dat links* zit, het tegenovergestelde van 'rechter' ◆ *linkeroog*; *linkeroever*; hij praatte met zijn *linker* buurman: met degene die links van hem zat.

**lin·ker·hand** (zelfst. nw.) ▼ twee *linkerhanden* hebben: heel onhandig zijn; *laat je linkerhand niet weten wat je rechter doet*: (spreekwoord) als je goed doet, hoef je daar niet over op te scheppen.

**links** (bijv. nw.) **1** gezegd van iets dat zich aan de kant van je lichaam bevindt waar je hart zit, het tegenovergestelde van 'rechts' ◆ *links van mij zat Guido*; *iemand links laten liggen*: (uitdr.) je expres niet met iemand bemoeien; *de politie begon links en rechts bekeuringen uit te delen*: (uitdr.) overal, waar ze maar kwamen **2** gezegd van iemand die het beste zijn of haar linkerhand kan gebruiken, het tegenovergestelde van 'rechts' ◆ *linkshandig* **3** in politiek opzicht niet behoudend, het tegenovergestelde van 'rechts' (kijk ook bij: **behoudend**) ⇒ *progressief* ◆ *links stemmen* **4** onhandig, lomp ◆ ze maakte nogal *linkse* bewegingen.

**links·af** (bijw.) een weg aan de linkerkant in.

**lin·nen** (het ~) weefsel dat uit vlas gemaakt is ◆ *een tafellaken van linnen*; *een boek met een linnen band*.

**lin·nen·goed** (het ~) textiel zoals lakens, handdoeken en ondergoed ◆ *het linnengoed strijken*.

**li·no·le·um** (de ~(m.) of het ~) vloerbedekking die op zeil lijkt, maar zachter en veerkrachtiger is.

**li·no·le·um·sne·de** (de ~; -n) afbeelding die in linoleum is uitgesneden en waar je een afdruk van kunt maken op papier of stof.

**lint** (het ~; -en) lange en smalle reep stof, band ◆ *een lint in het haar*; *het lint van de schrijfmachine verwisselen*; *door het lint gaan*: (uitdr.; populair) je zelfbeheersing verliezen, bijv. door enthousiasme of kwaadheid.

**lint·je** (het ~; -s) eervolle onderscheiding, ridderorde.

**lint·me·ter** (de ~(m.); -s) (in België □) meetlint ⇒ *centimeter*.

**lint·worm** (de ~(m.); -en) platte worm die in de darmen van dieren en mensen voor kan komen.

**lin·zen** (zelfst. nw.; meervoud) bruingroene of rode peulvruchten die op platte erwten lijken.

**lip** (de ~; -pen) **1** elk van de twee roze, iets uitstekende randen van je mond ◆ *je op de lippen bijten*: (om je lachen of huilen in te houden); *je lippen ergens bij aflikken*: (uitdr.) van iets genieten omdat het lekker is; *aan iemands lippen hangen*: (uitdr.) heel aandachtig naar iemand luisteren; *het lag op mijn lippen*: (uitdr.) ik wilde het net zeggen **2** iets dat op een lip (bet.1) lijkt, omdat het uitsteekt of iets afsluit ◆ *het lipje van een bierblikje*, *van een schoen*.

**lip·le·zen** (ww.) uit iemands lipbewegingen opmaken wat hij of zij zegt, zonder hem of haar te horen.

**lip·pen·dienst** (zelfst. nw.) ▼ *lippendienst* bewijzen aan iets: zeggen dat je ergens je best voor doet, maar er in feite niets voor doen.

**lip·pen·stift** (de ~; -en) staafje vettige kleurstof voor je lippen.

**li·qui·de** (lie̯ki̯e̯de̯) (bijv. nw.) ▼ *liquide middelen*: het bezit van een firma dat meteen verkocht kan worden als dat nodig is, dat onmiddellijk om te zetten is in geld.

**li·qui·de·ren** (liquideerde, heeft geliquideerd) **1** een bedrijf liquideren: het opheffen, het sluiten **2** iemand liquideren: iemand uit de weg ruimen.

**li·ra** (de ~; lira's) Turkse munteenheid.

**li·re** (de ~; -s) Italiaanse munteenheid.

**lis** (de ~ of het ~; -sen) waterplant die meestal geel is.

**lis·dod·de** (de ~(m.); -n) moerasplant.

**lis·pe·len** (lispelde, heeft gelispeld) zó spreken dat alleen de s en de z duidelijk hoorbaar zijn.

**list** (de ~; -en) slimme streek waardoor je je doel wilt bereiken ◆ *hij kwam aan de macht door list en bedrog*; *listen en lagen*: (uitdr.) allerlei gemene streken.

**lis·tig** (bijv. nw.) slim, sluw ◆ *het geld was listig verborgen*.

**li·ta·nie** (de ~; litanieën) reeks gebeden in een kerkdienst ◆ *een litanie van klachten*: een lange reeks klachten.

**li·ter** (de ~(m.); -s) inhoudsmaat, zoveel als er in een kubieke decimeter gaat.

**li·te·rair** (lie̯te̯re̯r] (bijv. nw.) met literatuur* te maken hebbend ◆ *een literair tijdschrift*.

**li·te·ra·tuur** (de ~(v.)) **1** gedichten, verhalen, liederen enz. die als kunst bedoeld zijn ◆ *de moderne literatuur* **2** alles wat over een bepaald onderwerp geschreven is ◆ *vakliteratuur*.

**li·tho** (de ~; litho's) afbeelding die door lithografie* (bet.1) is verkregen ⇒ *lithografie*.

**li·tho·gra·fie** (de ~) **1** drukmethode waarbij een afbeelding in een vlakke steen gekrast wordt en dan wordt afgedrukt ⇒ *steendruk* **2** (lithografieën) afbeelding die op die manier gedrukt is ⇒ *litho*.

**lits-ju·meaux** (Frans) [lie̯zjumoo] (de ~ of het ~; lits-jumeaux) (letterlijk: tweelingbed) tweepersoonsbed met twee eenpersoonsmatrassen of twee eenpersoonsbedden die tegen elkaar staan.

**lit·te·ken** (het ~; -s) zichtbaar overblijfsel van een wond of zweer die genezen is ◆ *aan de operatie hield hij een flink litteken over*.

**littera-** → litera-.

**li·tur·gie** (de ~(v.); liturgieën) verzameling gebeden en liederen die na elkaar in een kerkdienst gesproken en gezongen worden.

**li·tur·gisch** (bijv. nw.) behorende bij de liturgie* ◆ *liturgische gewaden*.

**live** (Engels) [lajf] (bijv. nw.) (letterlijk: levend) gezegd van muziek, optredens enz. die uitgezonden worden op het moment dat ze plaatsvinden ◆ *die artiest treedt vanavond live op*: de muziek wordt rechtstreeks door de artiest zelf gemaakt, het is geen playback.

**li·ving** [livving] (de ~; -s) woonkamer, huiskamer.

**li·vrei** (de ~; -en) kostuum van een huisbediende of lakei.

**l.k.** (afkorting) *laatste kwartier*.

**ll.** (afkorting) *laatstleden* ◆ *januari ll.*: afgelopen januari.

**lmo** (het ~) (in Nederland) *lager middenstandsonderwijs*.

**LNV** (in Nederland) *Landbouw, Natuurbeheer en Visserij* (dit is de naam van een ministerie).

**l.o.** (afkorting) **1** *lager onderwijs*, in Nederland tegenwoordig 'basisonderwijs' genoemd **2** (in Nederland) *lichamelijke opvoeding of oefening*.

**lob** (de ~; -ben) afgeronde uitstulping ⇒ *kwab* ◆ *hersens bestaan uit lobben*.

**lob·bes** (de ~(m.); -en) groot en goedaardig dier, vooral een grote, goedaardige hond.

**lob·by** (de ~; lobby's) **1** groep mensen die lobbyt* **2** hal van een hotel ⇒ *lounge*.

**lob·by·en** (lobbyde, heeft gelobbyd) proberen buiten de vergadering om mensen tot je standpunt over te halen.

**local-** → lokal-.

**lo·ca·tie** → lokatie.

**lo·co-bur·ge·mees·ter** (de ~(m.); -s) wethouder die de burgemeester vervangt als dat nodig is.

**lo·co·mo·tief** (de ~; locomotieven) voertuig dat treinwagons trekt of duwt en waarin de bestuurder zit.

**lod·de·rig** (bijv. nw.) ▼ *lodderig* kijken: suf en slaperig kijken.

**lod·der·oog** (het ~; -ogen) oog waar het bovenste ooglid half overheen zit, meestal vanwege de slaap.

**lo·den** (de ~ (m.) of het ~) waterdichte wollen stof ◆ *een loden jas*: die van die stof gemaakt is.

**loe·bas** (de ~ (m.); -sen) **1** (in België □; populair) iemand die lomp (bet.2) is **2** (in België □; populair) sul **3** (in België □; populair) grote, maar brave hond.

**loe·der** (de ~ (m.) of het ~; -s) (populair) vals, gemeen persoon of dier ⇒ *kreng*.

**loef** (zelfst. nw.) ▼ *iemand de loef afsteken*: iemand te snel af zijn, zodat die persoon de kans niet krijgt om te laten zien hoe goed hij of zij is.

**loef·zij·de** (de ~) (zeilen) zijkant van het schip waar de wind op staat, het tegenovergestelde van 'lijzijde' ⇒ *windzijde*.

**loei·en** (loeide, heeft geloeid) **1** *(van koeien)*: 'boe' roepen **2** geluiden maken die op 'uu' en 'oe' lijken ◆ *de wind loeide in de schoorsteen; loeiende sirenes*.

**loei·er** (de ~ (m.); -s) (populair) harde klap, harde trap ◆ *hij gaf de bal een loeier*.

**loem·pia** (de ~; loempia's) Chinees voorgerecht dat bestaat uit een dichtgevouwen, gefrituurde pannenkoek, gevuld met groente, ei en vlees.

**loens** (bijv. nw.) een beetje scheel.

**loen·sen** (loenste, heeft geloenst) loens* kijken.

**loep** (de ~; -en) vergrootglas met een handvat eraan ◆ *iets onder de loep nemen*: (uitdr.) iets nauwkeurig bekijken of overdenken.

**loer** (zelfst. nw.) ▼ *iemand een loer draaien*: iemand bedriegen; *op de loer staan*: uitkijken, afwachten tot je iets uit kunt halen.

**loe·ren** (loerde, heeft geloerd) **1** spieden **2** *loeren op iets*: scherp naar iets kijken om het op het goede moment te pakken te krijgen ◆ *de kat loerde op het vogeltje*.

**loet** (de ~ (m.); -en) (in België □; populair) nuk, gril ◆ *loeten hebben*: nukkig zijn.

**lof** (zelfst. nw.) **1** (de ~ (m.)) dat wat je zegt om iemand te prijzen ◆ *bij zijn pensionering kreeg hij veel lof toegezwaaid; met lof slagen*: (uitdr.) slagen met de vermelding 'cum laude' (wat betekent dat je heel goed bent) **2** (het ~) groente met witgrijze bladeren, die wat bitter smaakt ⇒ *witlof*.

**lof·fe·lijk** (bijv. nw.) lof* (bet.1) verdienend, erg goed ⇒ *prijzenswaardig* ◆ *dat is een loffelijk streven*.

**lof·trom·pet** (zelfst. nw.) ▼ *de loftrompet over iemand of iets steken*: iemand of iets uitbundig prijzen.

**log** (bijv. nw.) groot en zwaar ⇒ *plomp, lomp* ◆ *het logge lichaam van een olifant*.

**log·boek** (het ~; -en) boek waarin wordt opgeschreven wat er van dag tot dag gebeurt, oorspronkelijk alleen op een schip ⇒ *journaal*.

**lo·ge** (Frans) [lɔʒ‿e] (de ~; -s) apart hokje met zitplaatsen, bijv. in een schouwburg.

**lo·gé** [lɔoʒ‿e] (de ~ (m.); -s), vrouw: **lo·gee** (de ~ (v.); -s) iemand die bij je overnacht als gast ◆ *we hebben logés*.

**lo·ge·ment** [lɔoʒ‿əment] (het ~; -en) huis waar je kunt overnachten tegen betaling.

**lo·gen**[1] (loogde, heeft geloogd) *hout logen*: het met loog* behandelen.

**lo·gen**[2] → liegen.

**lo·gen·straf·fen** (logenstrafte, heeft gelogenstraft) *iets logenstraffen*: aantonen dat iets niet waar is ◆ *de feiten logenstraften zijn beweringen*.

**lo·ge·ren** [lɔoʒ‿eerən] (logeerde, heeft gelogeerd) *ergens logeren*: ergens overnachten ◆ *ik logeer bij mijn oom*.

**log·ger** (de ~ (m.); -s) klein soort zeeschip.

**lo·gi·ca** (de ~ (v.)) juiste manier van redeneren, logisch* denken en praten.

**lo·gies** [lɔoʒ‿ies] (het ~) onderdak tegen betaling ◆ *logies met ontbijt*.

**lo·gi·ka** → logica.

**lo·gisch** (bijv. nw.) juist beredeneerd ◆ *een logische conclusie; logisch denken; dat is nogal logisch*: dat spreekt vanzelf.

**lo·go** (het ~; logo's) herkenningsteken, waarin meestal letters verwerkt zijn ⇒ *vignet, beeldmerk* ◆ *op het briefpapier staat het logo van het bedrijf*.

**lo·go·pe·die** (de ~ (v.)) onderwijs in het juist leren spreken.

**lo·go·pe·dist** (de ~ (m.); -en), vrouw: **lo·go·pe·dis·te** (de ~ (v.); -s of -n) spraakleraar.

**lok** (de ~; -ken) pluk haar ◆ *er viel steeds een lok over zijn voorhoofd; goudblonde lokken*: goudblond haar.

**lo·kaal**[1] (het ~; lokalen) **1** ruimte voor een klas of voor bepaalde lessen ◆ *het handenarbeidlokaal* **2** grote ruimte, zaal ◆ *een drinklokaal*: een café.

**lo·kaal**[2] (bijv. nw.) plaatselijk, tot een bepaald gebied beperkt ◆ *lokale onweersbuien; een lokale verdoving*: een verdoving alleen op de plaats waar je geopereerd wordt.

**lok·aas** (het ~; -azen) voedsel om een prooi dichterbij te lokken.

**lo·ka·li·se·ren** (lokaliseerde, heeft gelokaliseerd) *iets lokaliseren*: de plaats van iets bepalen ◆ *ik kan de pijn niet lokaliseren*: ik kan niet precies zeggen waar de pijn zit.

**lo·ka·li·teit** (de ~ (v.); -en) ruimte, zaal ◆ *dit is een geschikte lokaliteit voor een vergadering*.

**\*lo·ka·tie** *(Wdl: locatie)* (de ~ (v.); -s) plaats, plek ◆ *deze film is op lokatie gemaakt*: (uitdr.) niet in de studio.

**lo·ket** (het ~; -ten) raampje of opening boven een balie waardoor je klanten kunt helpen ◆ *voor paspoorten moet u bij loket 12 zijn*.

**lok·ken** (lokte, heeft gelokt) *een mens of een dier lokken*: een mens of een dier naar je toe proberen te halen ◆ *hij lokte de hond met een stuk worst*.

**lok·ker·tje** (het ~; -s) iets dat bedoeld is om mensen te lokken* ◆ *die aanbieding is een lokkertje*.

**lo·ko·mo·tief** → locomotief.

**lol** (de ~) plezier, pret ◆ *voor de lol deden we alsof we zusjes waren*: voor de grap; *doe me een lol*: (uitdr.; populair) doe me een plezier; ook: schei alsjeblieft uit!; *ik kon m'n lol wel op*: (uitdr.) (dit zeg je als je iets helemaal niet zo leuk vindt).

**lol·broek** (de ~ (m.); -en) (populair) iemand die graag grappig doet om leuk gevonden te worden.

**lol·le·tje** (het ~; -s) grapje, pleziertje ⇒ *geintje* ◆ *zullen we een lolletje met haar uithalen?*: een onschuldig grapje; *dat was geen lolletje*: dat was helemaal niet leuk.

**lol·lig** (bijv. nw.) grappig, leuk.

**lol·ly** (de ~ (m.); lolly's) groot snoepje op een stokje, om aan te likken.

**lom·mer** (het ~) (ouderwets) schaduw van bomen en struiken.

**lom·merd** (de ~ (m.); -s) plaats waar je geld kunt lenen terwijl je een kostbaar voorwerp als onderpand geeft ⇒ *pandjeshuis*.

**lom·mer·rijk** (bijv. nw.) met veel schaduw van bomen en struiken ◆ *een lommerrijk bos*.

**lomp** (bijv. nw.) **1** grof en lelijk ⇒ *plomp* ◆ *lompe laarzen* **2** ruw, onbeschaafd, zonder manieren.

**lom·pen** (zelfst. nw.; meervoud) oude en kapotte kleren of lappen ⇒ *vodden, lorren*.

**lom·perd** (de ~ (m.); -s) iemand die bot en onhandig is.

**lom-school** (de ~; -scholen) (in Nederland) school voor kinderen met *l*eer- en *o*pvoedings*m*oeilijkheden.

**lo·nen** (loonde, heeft geloond) zoveel opleveren dat de inspanning of de kosten goedgemaakt worden ♦ *dat werk loont niet*: je moet hard werken voor weinig resultaat; *het loont de moeite niet*: (uitdr.) het is de moeite niet waard.

**long** (de ~; -en) orgaan waarmee je ademhaalt.

**long·drink** (de ~; -s) (letterlijk: lange drank) frisdrank in een hoog glas.

**long·ont·ste·king** (de ~ (v.); -en) ontsteking in de longen.

**lon·ken** (lonkte, heeft gelonkt) *naar iemand lonken*: zogenaamd onopvallend verliefd naar iemand kijken.

**lont** (de ~; -en) brandbare draad in een kaars, aan een staaf dynamiet, vuurwerk enz. ♦ *lont ruiken*: (uitdr.) merken dat er gevaar dreigt.

**loo·che·nen** (loochende, heeft geloochend) *iets loochenen*: (ouderwets) iets ontkennen ♦ *God loochenen*: ontkennen dat Hij bestaat; *dat valt niet te loochenen!*: dat moet je wel toegeven.

**lood** (het ~) **1** zwaar en tamelijk zacht metaal ♦ *kogels van lood*; *met lood in de schoenen iets gaan doen*: (uitdr.) iets gaan doen waar je enorm tegenop ziet; *dat is lood om oud ijzer*: (uitdr.) het maakt niet uit wat je kiest, want allebei de mogelijkheden zijn even slecht ▼ *uit het lood hangen*: scheef hangen; *uit het lood geslagen zijn*: verbaasd, verdrietig en machteloos tegelijk zijn.

**lood·gie·ter** (de ~ (m.); -s) iemand die voor zijn of haar beroep waterleidingen en verwarmingsbuizen aanlegt en repareert.

**lood·grijs** (bijv. nw.) blauwachtig grijs ♦ *een loodgrijze hemel*.

**lood·je** (zelfst. nw.) ▼ *het loodje leggen*: (populair) het begeven, sterven; *de laatste loodjes wegen het zwaarst*: (spreekwoord) het laatste deel van een karwei is het moeilijkst.

**lood·lijn** (de ~; -en) lijn die een rechte hoek vormt met een andere lijn of met een vlak.

**lood·recht** (bijv. nw.) *(van vlakken of lijnen)*: een hoek van 90° vormend met een ander vlak of een andere lijn ♦ *trek twee lijnen die loodrecht op elkaar staan*; *het touw hing loodrecht naar beneden*: zuiver verticaal.

**loods** (zelfst. nw.; -en) **1** (de ~ (m.)) iemand die aan boord van schepen gaat om ze veilig in en uit de haven te leiden **2** (de ~) grote schuur van hout of golfplaat.

**lood·sen** (loodste, heeft geloodst) **1** *een schip in of uit de haven loodsen*: het als loods* (bet.1) de haven in- of uitleiden **2** *iemand ergens heen loodsen*: iemand ergens op een omzichtige en slimme manier naar toe brengen ♦ *ze loodste me mee naar buiten*.

**lood·vrij** (bijv. nw.) zonder lood ♦ *loodvrije benzine*.

**loof** (het ~) groene bladeren, vooral van bomen.

**loof·boom** (de ~ (m.); -bomen) boom waaraan bladeren groeien ♦ *een eik is een loofboom*.

**loog¹** (de ~ of het ~; logen) scherpe, bijtende oplossing van bepaalde stoffen, o.a. gebruikt om voorwerpen te ontvetten.

**loog²** → liegen.

**looi·en** (looide, heeft gelooid) *leer looien*: huiden van dieren zó bewerken dat er leer ontstaat.

**look¹** (de ~ (m.) of het ~; loken) plant van een bepaald geslacht ♦ *knoflook*.

**look²** (Engels) [lœk] (de ~; -s) kledingstijl ♦ *de safarilook*.

**look·alike** (Engels) [lœk∘lajk] (de ~; -s) iemand die op een bekende persoon lijkt of probeert te lijken ♦ *er is een Willem Alexander-lookalikewedstrijd*.

**look·worst** (de ~ (m.); -en) (in België □) worst waarin knoflook is verwerkt.

**loom** (bijv. nw.) een beetje moe en op een prettige manier lui en traag ♦ *wat word je loom van dat warme weer*.

**loon** (het ~; lonen) geld dat je als vergoeding krijgt voor werk ⇒ *salaris* ♦ *dat is je verdiende loon!*: (uitdr.) dat is je straf!

**loon·wer·ker** (de ~ (m.); -s) iemand die een bedrijf heeft met landbouwmachines waarmee hij of zij tegen betaling werk doet op boerderijen van anderen.

**loop** (de ~ (m.)) **1** manier waarop iets zich voortbeweegt of ontwikkelt ♦ *de loop van een rivier*; *de loop van de gebeurtenissen*; *in de loop van de tijd*: (uitdr.) langzamerhand; *op de loop gaan*: (uitdr.) vluchten **2** (lopen) buis van een schietwapen waardoor de kogels naar buiten worden geschoten.

**loop·baan** (de ~; -banen) verschillende banen en functies die iemand achter elkaar heeft ⇒ *carrière* ♦ *hij koos voor een artistieke loopbaan*: hij wilde kunstenaar worden.

**loop·graaf** (de ~; -graven) smalle gang in de grond die soldaten graven om zich tegen de vijand te beschermen.

**loop·je** (het ~; -s) **1** reeks klanken die snel op elkaar volgen ♦ *loopjes oefenen op de piano* ▼ *een loopje met iemand nemen*: iemand voor de gek houden.

**loop·jon·gen** (de ~ (m.); -s) kantoorbediende van de laagste rang die allerlei klusjes moet doen.

**loop·oor** (het ~; looporen) ontstoken oor waaruit vocht komt.

**loop·pas** (de ~ (m.)) snelle manier van lopen, waarbij je knieën buigt.

**loop·plank** (de ~; -en) plank waarover je moet lopen om van een schip op de wal of van de wal op een schip te komen.

**loops** (bijv. nw.) gezegd van vrouwtjeshonden die gedekt willen worden.

**loop·vo·gels** (zelfst. nw.; meervoud) geslacht van vogels die niet kunnen vliegen, zoals de emoe en de struisvogel.

**loos** (bijv. nw.) **1** niet echt, maar wel echt lijkend ♦ *loos alarm*: alarm voor niets, terwijl er niets ernstigs gebeurd is; *dat zijn loze woorden*: die zijn leeg, ze betekenen niets **2** (ouderwets) ondeugend ⇒ *schalks* ♦ *daar was laatst een meisje loos* ▼ *wat is er loos?*: (populair) wat is er aan de hand?

**loot** (de ~; loten) jong takje of jonge stengel ⇒ *uitloper, scheut*.

**lo·pen** (liep) **1** (heeft of is gelopen) je voortbewegen door stappen te nemen ♦ *ga je mee een eindje lopen?*: wandelen; *het op een lopen zetten*: (uitdr.) hard weghollen; *weer lopen als een kieviet*: (uitdr.) weer vlug lopen, weer goed ter been zijn; *over je laten lopen*: (uitdr.) altijd doen wat anderen van je willen; *verloren lopen*: (in België □) (uitdr.) verdwalen **2** (heeft gelopen) in werking zijn, draaien ♦ *de motor loopt*; *de klok loopt niet meer* **3** (is gelopen) zich ontwikkelen, voortgaan ⇒ *verlopen* ♦ *ik moet nog zien hoe het loopt*; *toen liep het fout*: toen ging het mis; *die zin loopt goed*: er zitten geen fouten in **4** (is gelopen) zich uitstrekken in een bepaalde richting ♦ *alle rivieren lopen naar zee* **5** (heeft of is gelopen) (in België □) rennen, hollen.

**lo·pend** (bijv. nw.) ▼ *de lopende meter*: (in België □) de strekkende meter; *lopend water*: (in België □) stromend water.

**lo·per** (de ~ (m.); -s) **1** lang en smal kleed ♦ *een traploper*; *de (rode) loper voor iemand uitleggen*: (uitdr.) iemand feestelijk binnenhalen **2** sleutel die op een heleboel sloten past **3** bepaald schaakstuk.

**lor** (de ~of het ~; -ren) **1** oude lap ⇒ *vod* ▼ *het kan me geen lor schelen:* helemaal niets.

**lord** (Engels) [lɔːrd] (de ~ (m.); -s) (titel van een man van hoge Engelse adel of van een ambtenaar van hoge rang) ◆ *lord Wanhoop:* (uitdr.) iemand die erg onhandig is.

**lorg·net** [lornjet] (de ~of het ~; -ten) ouderwetse bril zonder poten, die je op je neus vastzet ⇒ *knijpbril, pince-nez.*

**lor·rie** (de ~ (v.); -s) laag karretje dat op spoorrails kan rijden.

**lo·rum** (zelfst. nw.) ▼ *in de lorum zijn:* (populair) heel erg dronken zijn.

**los** (bijv. nw.) **1** niet of niet stevig vastzittend ◆ *je veter is los; de hond loopt los; alles wat los en vast zit, is vernield:* (uitdr.) alles is vernield **2** op zichzelf staand, afzonderlijk ◆ *ze betaalde met tien losse guldens:* (niet met een briefje); *dat was maar een losse opmerking:* die sloeg niet op iets in het bijzonder **3** niet stijf, strak of gespannen ◆ *je spieren los maken* ▼ *erop los slaan:* hard en wild slaan; *erop los leven:* leven zonder veel na te denken, alleen maar doen waar je zin in hebt.

**los·ban·dig** (bijv. nw.) waarbij je je niet aan morele regels houdt (kijk ook bij: **moreel**) ⇒ *zedeloos* ◆ *een losbandig leven leiden.*

**los·bar·sten** (barstte los, is losgebarsten) plotseling en hevig uitbarsten ⇒ *losbreken* ◆ *het onweer barstte los; opeens barstte hij los:* opeens liet hij merken dat hij ontzettend kwaad was.

**los·bol** (de ~ (m.); -len) iemand die er maar op los leeft.

**los·bran·den** (brandde los, is losgebrand) op een heftige manier beginnen ◆ *ze brandde los met haar verhaal.*

**los·bre·ken** (brak los, is losgebroken) **1** door kracht of geweld te gebruiken ontsnappen ◆ *de beer brak los* **2** plotseling en hevig uitbarsten ⇒ *losbarsten* ◆ *de storm brak los.*

**los·geld** (het ~; -en) geld dat je moet betalen om iemand die ontvoerd is vrij te kopen.

**los·jes** (bijw.) **1** zó dat het los* (bet.1) is, niet vast of stevig ◆ *je moet die draden losjes aan elkaar knopen* **2** luchtig, soepel, niet stijf ◆ *ze sloeg losjes een das om.*

**los·la·ten** (liet los, heeft losgelaten) **1** iets of iemand loslaten: iets of iemand niet langer vasthouden ◆ *de hond liet het stuk hout niet los; dat laat me niet los:* (uitdr.) daar blijf ik steeds aan denken **2** iets loslaten: iets vertellen terwijl dat eigenlijk niet mag of terwijl je het eigenlijk niet wilt ◆ *ze wilde niets loslaten over de bruiloft* **3** los gaan, niet vast blijven zitten ◆ *de pleister laat los.*

**los·lip·pig** (bijv. nw.) gezegd van iemand die geheimen verklapt.

**los·lo·pen** (liep los, is losgelopen) *het zal wel loslopen:* het zal wel meevallen.

**los·ma·ken** (maakte los, heeft losgemaakt) *bepaalde gevoelens losmaken:* zo'n uitwerking hebben dat die worden opgeroepen ◆ *die film over de oorlog heeft veel losgemaakt.*

**los·prijs** (de ~ (m.); -prijzen) bedrag dat je als losgeld moet betalen.

**löss** [lus] (de ~) grondsoort die uit vruchtbare leem bestaat en die o.a. in Limburg voorkomt, Limburgse klei.

**los·sen** (loste, heeft gelost) **1** iets, bijv. een schip, lossen: er de lading uit halen **2** *een schot lossen:* een keer schieten **3** iets uitspreken: (in België □) iets loslaten ◆ *Nina lost haar knuffelbeest niet.*

**los·slaan** (sloeg los, is losgeslagen) je aan niets en niemand meer storen en alleen maar doen waar je zin in hebt ◆ *ze is helemaal losgeslagen sinds ze op kamers woont.*

**los-vast** (bijv. nw.) niet vast en ook niet los ◆ *ze hebben een los-vaste verkering.*

**lot** (het ~) **1** (-en) briefje met een nummer dat je krijgt als je meespeelt in een loterij ⇒ *loterijbriefje* ◆ *het winnende lot; lootjes trekken:* briefjes trekken met de naam van iemand voor wie je iets moet doen, bijv. een cadeautje kopen met Sinterklaas; *dat is een lot uit de loterij!:* dat is een buitenkansje!; *het grote lot:* (in België □) de hoofdprijs **2** de loop van de gebeurtenissen waarover je geen macht hebt ⇒ *fortuin* ◆ *het lot was mij gunstig gezind:* ik had geluk; *iemand aan zijn of haar lot overlaten:* (uitdr.) je niet om iemands problemen bekommeren, niets doen om iemand te helpen ▼ *van lotje getikt zijn:* (populair) niet goed wijs zijn.

**lo·ten** (lootte, heeft geloot) ergens om loten: de beslissing over iets laten afhangen van het toeval (bijv. van het raden van een getal) ◆ *we loten erom wie mee mogen.*

**lo·te·rij** (de ~ (v.); -en) spel waarbij je een prijs wint als je toevallig het lot* (bet.1) met het juiste nummer hebt gekocht ◆ *de staatsloterij.*

**lot·ge·noot** (de ~ (m.); lotgenoten) iemand die getroffen is door hetzelfde lot* (bet.2) ◆ *we waren lotgenoten:* we maakten hetzelfde mee.

**lot·ge·val·len** (zelfst. nw.; meervoud) dat wat je overkomt, wat je meemaakt ⇒ *belevenis.*

**lo·ti·on** [loosjon, in België: loosjõn] (de ~; -s) lekker ruikende vloeistof waar een beetje alcohol in zit ◆ *haarlotion; gezichtslotion.*

**lot·to** (de ~ (m.) of het ~) spel waarbij je van tevoren moet gokken welke nummers er op de balletjes staan die één voor één uit een speciale machine komen.

**lo·tus** (de ~ (m.); -sen) tropische bloem die op een lelie lijkt.

**lo·tus·hou·ding** (de ~ (v.)) houding waarbij je op de grond zit met je linkervoet op je rechterdij en je rechtervoet op je linkerdij.

**lou·che** [loesj(e)] (bijv. nw.) er onbetrouwbaar, verdacht en griezelig uitziend ⇒ *onguur.*

**lounge** (Engels) [laundzj] (de ~; -s) hal van een hotel ⇒ *lobby.*

**lou·pe** → loep.

**lou·ter** (bijw.) enkel en alleen ⇒ *puur, zuiver* ◆ *dat doe ik louter voor mijn plezier; van louter plezier sloeg hij zich op de knieën.*

**lou·te·ren** (louterde, heeft gelouterd) iemand louteren: iemand zuiveren, iemand reinigen, waardoor hij of zij beter wordt dan voorheen ◆ *ik voel me gelouterd na dat gesprek.*

**louw** ▼ *louw loene:* (populair) dat gaat (of ging) mooi niet door; *ik dacht dat hij me zou helpen, maar louw loene hoor!*

**louw·maand** (de ~ (m.)) de maand januari.

**lo·ven** (loofde, heeft geloofd) **1** iemand loven: iemand prijzen en eren ◆ *God loven* ▼ *loven en bieden:* proberen het over de prijs eens te worden.

**lo·ver** (het ~) (ouderwets) bladeren van een boom.

**lo·ver·tje** (het ~; -s) glimmend versierseltje op kleding ⇒ *paillet* ◆ *een avondjurk met lovertjes.*

**loy·aal** [looj aal] (bijv. nw.) trouw en eerlijk ◆ *hij gedroeg zich loyaal ten opzichte van zijn vriend.*

**lo·zen** (loosde, heeft geloosd) **1** vloeistof lozen: die weg laten lopen in een rivier, in zee enz. ◆ *de fabriek loost koelwater in de rivier; een zucht lozen:* (uitdr.) een keer zuchten **2** iemand lozen: (populair) ervoor zorgen dat je iemand kwijtraakt ◆ *ik heb hem gelukkig kunnen lozen.*

**lp** (de ~; lp's) *long*playrecord; dit is Engels en het betekent: langspeelplaat ⇒ *elpee.*

**LPG** (het ~) *L*iquefied *P*etrol *G*as; dit is een gas waarop auto's kunnen rijden ⇒ *autogas*.

**L.S.** (afkorting) *l*ectori *s*alutem; dit is Latijn en het betekent: de lezer heil (als aanhef boven een brief).

**LSD** (het ~) *l*yserginezuur*d*i*ë*thylamide; dit is een drug.

**lso** (het ~)(in België) *l*ager *s*ecundair *o*nderwijs; dit is de eerste, tweede en derde klas van het secundair onderwijs (kijk ook bij: **secundair**).

**lts** (de ~; lts'en)(in Nederland) *l*agere *t*echnische *s*chool; inmiddels opgegaan in het voorbereidend beroepsonderwijs.

**lub·be·ren** (lubberde, heeft gelubberd)*(van kleding)*: los en flodderig om je lichaam hangen.

**lucht** (de ~; -en) **1** mengsel van vooral zuurstof en stikstof, dat alles op aarde omgeeft en dat je inademt ◆ *Ludo moest zo hoesten dat hij bijna geen **lucht** meer kreeg; de **lucht** is bewolkt*: de hemel; *zwemmen in de open **lucht**:* buiten, niet in een overdekt zwembad; *van de **lucht** leven:* (uitdr.) weinig nodig hebben, weinig geld uitgeven; *een **luchtje** scheppen:* (uitdr.) even naar buiten gaan; *doen alsof iemand **lucht** is:* (uitdr.) doen alsof iemand niet bestaat, iemand totaal negeren; *wat je daar beweert is uit de **lucht** gegrepen:* (uitdr.) dat zeg je zomaar, dat kun je niet bewijzen; *iets in de **lucht** laten vliegen:* (uitdr.) iets laten ontploffen; *het zit in de **lucht**:* (uitdr.) het zit eraan te komen; *de kritiek was niet van de **lucht**:* (uitdr.) er kwam veel kritiek; *hij viel uit de **lucht** toen zij het hem zeiden:* (in België □; uitdr.) hij was stomverbaasd, hij wist nergens van **2** geur ◆ *er hing een zoete **lucht** in de kamer; ergens **lucht** van krijgen:* (uitdr.) beginnen te merken dat iemand iets van plan is.

**lucht·aan·val** (de ~(m.); -len) aanval vanuit vliegtuigen.

**lucht·bal·lon** (de ~(m.); -s of -nen) grote ballon die met gas gevuld wordt, zodat hij opstijgt, en die als luchtvaartuig dient.

**lucht·bed** (het ~; -den) matras die je kunt opblazen.

**lucht·bel** (de ~; -len) blaasje in een vloeistof dat met lucht (bet.1) gevuld is ◆ *aan de **luchtbellen** kun je zien waar de vissen zitten*.

**lucht·brug** (de ~; -gen) verbinding tussen twee plaatsen door vliegtuigverkeer.

**lucht·dicht** (bijv. nw.) zo dat er geen lucht in of uit kan ◆ *vleeswaren in een **luchtdichte** verpakking*.

**lucht·druk** (de ~(m.)) druk die de lucht om de aarde heen uitoefent ◆ *hoe hoger je komt, hoe lager de **luchtdruk** is*.

**luch·ten** (luchtte, heeft gelucht) **1** iets luchten: iets buiten laten uitwaaien ◆ *het beddengoed laten **luchten*** ▼ iemand niet kunnen **luchten** of zien: een vreselijke hekel aan iemand hebben.

**luch·ter** (de ~(m.); -s) versierde hanglamp met kaarsen erin ⇒ *kroonluchter*.

**lucht·har·tig** (bijv. nw.) gezegd van iemand die gemakkelijk en zorgeloos leeft.

**lucht·ha·ven** (de ~; -s) vliegveld.

**luch·tig** (bijv. nw.) **1** *(van gerechten)*: waar veel lucht (bet.1) in zit ◆ *als je eiwit stijf klopt, krijg je een **luchtige** massa* **2** *(van kleren)*: waar de wind doorheen kan, dun en van los geweven stof ◆ *een **luchtig** jurkje* **3** niet ernstig, zonder veel problemen te maken ◆ *zij nam zijn uitbarsting nogal **luchtig** op*.

**lucht·kas·teel** (het ~; -kastelen) mooie fantasie over iets dat nooit werkelijkheid zal worden ⇒ *droombeeld*.

**lucht·kus·sen·vaar·tuig** (het ~; -en) schip dat op samengeperste lucht boven het water zweeft en zich zo verplaatst ⇒ *hovercraft*.

**lucht·le·dig** (bijv. nw.) zonder lucht (bet.1) erin ⇒ *vacuüm*.

**lucht·le·di·ge** (het ~) ruimte waar geen lucht (bet.1) in zit ⇒ *vacuüm* ◆ *hij kletst maar wat in het **luchtledige**:* (uitdr.) hij zwamt maar wat.

**lucht·macht** (de ~; -en) deel van het leger dat gebruik maakt van vliegtuigen, raketten enz..

**lucht·ma·tras** (de ~(m.) of het ~; -sen)(in België □) luchtbed.

**lucht·pijp** (de ~; -en) verbindingskanaal tussen je keel en je longen.

**lucht·post** (de ~) post die per vliegtuig verzonden wordt ⇒ *airmail*.

**lucht·ruim** (het ~) de wijde lucht, de hemel ⇒ *hemelruim* ◆ *de ballon koos het **luchtruim**: hij steeg op; het vliegtuig heeft het Franse **luchtruim** geschonden*: het zonder toestemming door dat deel van de dampkring gevlogen dat bij Frankrijk hoort.

**lucht·spie·ge·ling** (de ~(v.); -en) spiegeling van iets in de lucht, waardoor je iets voor je denkt te zien dat daar helemaal niet is (dit verschijnsel komt o.a. in woestijnen voor) ⇒ *fata morgana*.

**lucht·vaart** (de ~) het verkeer in de lucht, vooral met vliegtuigen.

**lucht·vaart·maat·schap·pij** (de ~(v.); -en) bedrijf dat vliegverkeer verzorgt.

**lucht·we·gen** (zelfst. nw.; meervoud) openingen en buizen waardoor de lucht in je longen komt ⇒ *ademhalingswegen*.

**lucht·zak** (de ~(m.); -ken) gebied in de lucht waarin je, als je in een vliegtuig zit, plotseling daalt.

**lu·ci·de** (bijv. nw.) helder van geest, vol inzicht.

**lu·ci·fer** (de ~(m.); -s) stokje met een zwavelkopje dat gaat branden als je ermee over een bepaald oppervlak strijkt ◆ *een **lucifer** aansteken*.

**lu·cra·tief** (bijv. nw.) waar je veel geld mee verdient ⇒ *winstgevend* ◆ *zo'n ijstentje op het strand is een **lucratieve** zaak*.

**lu·diek** (bijv. nw.) vrolijk en speels ◆ *op Koninginnedag heerst er in Amsterdam een **ludieke** sfeer*.

**lu·gu·ber** (bijv. nw.) zo eng dat je ervan moet griezelen ◆ *een **luguber** verhaal*.

**lui¹** (zelfst. nw.; meervoud) mensen ⇒ *lieden, luitjes* ◆ *jongelui; rijkelui; dat zijn leuke **lui***.

**lui²** (bijv. nw.) zonder zin om iets te doen ◆ *doe ook eens wat, **lui** figuur!; een **lui** oog*: met een afwijking waardoor je dubbel ziet; *een **luie** stoel*: waar je lekker in onderuit kunt zakken.

**lui·aard** (de ~(m.); -s) **1** iemand die lui²* is ⇒ *luilak, luiwammes* **2** zoogdier uit Zuid-Amerika dat ondersteboven in bomen hangt en dat erg traag is.

**luid** (bijv. nw.)*(van geluid)*: hard en helder ◆ *wil je wat **luider** spreken?*

**lui·den** (luidde, heeft geluid) **1** een klok luiden: die heen en weer bewegen, zodat de klepel tegen de binnenkant slaat **2** *(van klokken)*: een helder klinkend geluid laten horen **3** *(van een boodschap, een bericht)*: zijn, klinken ◆ *mijn antwoord **luidt**: nee*.

**luid·keels** (bijw.) met luide stem ◆ *luidkeels zingen*.

**luid·op** (bijw.)(in België □) hardop.

**luid·ruch·tig** (bijv. nw.) met veel lawaai ⇒ *lawaaierig, rumoerig* ◆ *er kwam een **luidruchtig** groepje mensen de zaal binnen*.

**luid·spre·ker** (de ~(m.); -s) apparaat waarin geluid dat door een microfoon is opgevangen versterkt wordt ⇒ *speaker*.

**lui·er** (de ~; -s) doek die baby's om hebben in plaats van een onderbroek zolang ze nog niet zindelijk zijn.

**lui·e·ren** (luierde, heeft geluierd) lui²* zijn, lekker nietsdoen ◆ *ze lag te **luieren** in de zon*.

**lui·fel** (de ~; -s) afdak aan een tent of gebouw.

**luik** (het ~; -en) **1** soort kleine deur in een vloer of in een muur ◆ *door het luik kom je in de kelder* **2** houten schot voor een raam ⇒ *vensterluik, blind* ◆ *de luiken dichtdoen* **3** (in België □) deel van een wet of overeenkomst ◆ *het fiscale luik van het plan*: het deel ervan dat over de belastingen gaat.

**lui·lak** (de ~(m.); -ken) iemand die lui²* is ⇒ *luiwammes, luiaard.*

**lui·lek·ker·land** (het ~) sprookjesland waar je alles volop en voor niets kunt krijgen.

**luim** (de ~; -en) **1** bui waarin je bent ⇒ *humeur, stemming* ◆ *ze heeft zo haar grillen en luimen* **2** (ouderwets) vrolijkheid, opgewektheid ⇒ *jool, jolijt* ◆ *ernst en luim.*

**lui·paard** (de ~(m.); -en) Afrikaanse gevlekte panter.

**luis** (de ~; luizen) insect waarvan verschillende soorten bestaan en dat op mensen, planten en dieren leeft ◆ *zij zijn zo kaal als een luis*: (uitdr.) ze zijn heel arm.

**luis·ter** (de ~(m.)) schittering, pracht ◆ *iets luister* bijzetten: (uitdr.) iets extra feestelijk maken.

**luis·te·raar** (de ~(m.); -s), vrouw: **luis·te·raar·ster** (de ~ (v.); -s) iemand die luistert* (bet.1), vooral iemand die naar de radio luistert* (bet.1).

**luis·te·ren** (luisterde, heeft geluisterd) **1** *naar iets of iemand luisteren*: je aandacht op iets of iemand richten om dat of die persoon te horen ◆ *naar de radio luisteren; mijn kat luistert naar de naam Bor*: hij heet Bor **2** *naar iemand luisteren*: iemand gehoorzamen ◆ *willen jullie wel eens luisteren!* ▼ *dat luistert nauw*: dat komt er heel precies op aan.

**luis·ter·rijk** (bijv. nw.) vol luister*, schitterend ⇒ *glansrijk, prachtig* ◆ *ze behaalden een luisterrijke overwinning.*

**luis·ter·vink** (zelfst. nw.) ▼ *luistervinkje spelen*: stiekem iets afluisteren.

**luit** (zelfst. nw.; -en) **1** (de ~) tokkelinstrument met een ovale klankkast **2** (de ~(m.)) (verkorting) luitenant.

**lui·te·nant** (de ~(m.); -en) iemand in het leger die één rang lager is dan een kapitein.

**lui·tjes** (zelfst. nw.; meervoud) (populair) mensen.

**lui·wa·gen** (de ~(m.); -s) borstel aan een lange steel, om mee te schrobben.

**lui·wam·mes** (de ~(m.); -en) (populair) iemand die lui²* is ⇒ *luilak.*

**lui·zen** (luisde) **1** *(heeft geluisd) iemand erin luizen*: iemand in de val laten lopen, iemand voor de gek houden **2** *(is geluisd) erin luizen*: in de val lopen, voor de gek gehouden worden.

**lui·zen·le·ven** (het ~) (populair) heel gemakkelijk leven.

**luk·ken** (lukte, is gelukt) goed uitvallen, goed gaan, het tegenovergestelde van 'mislukken' ◆ *ons plannetje is gelukt; mijn tekening lukt niet.*

**luk·raak** (bijw.) zonder na te denken, in het wilde weg ◆ *de dronkenlap begon lukraak klappen uit te delen.*

**lu·kra·tief** → lucratief.

**lul** (de ~(m.); -len) **1** (grof) penis ⇒ *pik, piemel* **2** (grof) nare vent ▼ *hij is de lul*: (grof) hij draait op voor het akelige karwei.

**lul·len** (lulde, heeft geluld) (populair) zomaar wat praten, kletsen ◆ *niet lullen, maar doen!*

**lul·lig** (bijv. nw.) (populair) vervelend, naar ◆ *wat lullig voor je dat je gezakt bent.*

**lum·ba·go** (de ~(m.)) (in België □) spit in de lendenen.

**lu·mi·neus** (bijv. nw.) erg slim, geniaal ◆ *dat is een lumineus idee!*

**lum·mel** (de ~(m.); -s) **1** onhandige of slome jongen ◆ *hé lummel, kun je niet uitkijken!* **2** reepje stof met een knoopsgat, bijv. aan de kraag van een regenjas.

**lum·me·len** (lummelde, heeft gelummeld) rondhangen en niets uitvoeren ◆ *op dat kantoor lummelen ze maar wat*: ze werken er niet echt.

**lu·na·park** (het ~; -en) **1** grote kermis op een vaste plek ⇒ *pretpark* **2** (in België □) plaats waar je je kunt vermaken met flipperkasten en speelautomaten.

**lunch** [lunsj] (de ~(m.); -en of -es) maaltijd tussen de middag.

**lun·chen** [lunsjen] (lunchte, heeft geluncht) de lunch* gebruiken.

**lunch·room** [lunsjroem] (de ~; -s) soort restaurant waar je overdag kleine hapjes kunt eten.

**lu·pi·ne** (de ~; -n) tuinplant met bloemen die dicht bij elkaar op één stengel zitten.

**lu·ren** (zelfst. nw.) ▼ *iemand in de luren leggen*: iemand foppen, iemand beetnemen.

**lur·ken** (lurkte, heeft gelurkt) *aan iets lurken*: (populair) vol genot aan iets zuigen ◆ *aan een sigaar lurken; ze stond aan een fles melk te lurken*: ze stond eruit te drinken.

**lur·ven** (zelfst. nw.) ▼ *iemand bij de lurven pakken*: (populair) iemand aanhouden en vastpakken (om die persoon iets te zeggen of om hem of haar te straffen).

**lus** (de ~; -sen) stuk touw of lint dat een rondje vormt en waardoorheen je iets kunt steken ◆ *een lus strikken in je schoenveter; de jas hangt aan een lusje.*

**lust** (de ~(m.)) **1** zin, trek ◆ *ze had geen lust om op reis te gaan; eetlust; de lust vergaat me om …*: ik heb geen zin om … **2** (-en) plezier ⇒ *genoegen* ◆ *zij wil er wel de lusten, maar niet de lasten van hebben*: ze wil er alleen de leuke kanten van meemaken; *ze zongen dat het een lieve lust was*: (uitdr.) ze zongen met veel plezier.

**lus·te·loos** (bijv. nw.) gezegd van iemand die nergens zin in heeft ◆ *hij zat lusteloos in een hoekje.*

**lus·ten** (lustte, heeft gelust) **1** *iets lusten*: iets graag eten, van iets houden ◆ *Guus lust geen spruitjes; zo lust ik er nog wel eentje!*: (uitdr.) (dit zeg je als je het maar onzin vindt wat iemand vertelt) ▼ *je zult ervan lusten!*: ik zal het je betaald zetten!

**lus·ter** (de ~(m.); -s) (in België □) kroonluchter.

**lus·tig** (bijv. nw.) flink en met plezier ◆ *een lustig muziekje; toen de meester binnenkwam, gingen de kinderen lustig door met herrie maken*: ze trokken zich er niets van aan dat de meester binnenkwam.

**lust·oord** (het ~; -en) plaats waar het heerlijk is om te zijn.

**lus·trum** (het ~; lustra) vijf jaar of een veelvoud van vijf jaar ◆ *wij vieren dit jaar het vijfde lustrum van onze vereniging*: wij vieren dit jaar dat onze vereniging 25 jaar bestaat.

**lu·thers** (bijv. nw.) behorend tot de kerk die de leer van Luther preekt.

**lut·tel** (bijv. nw.) niet veel ◆ *in luttele seconden was hij terug*: na een paar tellen; *voor een luttel bedrag kocht ze de vaas*: voor weinig geld.

**lu·wen** (luwde, is geluwd) *(van wind, storm enz.)*: stiller worden, gaan liggen.

**luw·te** (de ~(v.)) plaats uit de wind ◆ *in de luwte zitten.*

**luxe¹** (de ~(m.)) iets dat niet echt nodig is, maar wel heel fijn ⇒ *weelde* ◆ *een huis met een verwarmd zwembad, wat een luxe!*

**luxe²** (bijv. nw.) gezegd van iets dat niet echt nodig, maar wel heel fijn is ◆ *een luxe stukje zeep.*

**luxu·eus** (bijv. nw.) gezegd van iets dat erg luxe²* is ⇒ *weelderig* ◆ *een luxueuze auto.*

**lu·zer·ne** (de ~) plant die o.a. als veevoer gebruikt wordt.

**ly·ce·um** [liseejum] (het ~; lycea of -s) **1** (in Nederland) middelbare school met atheneum en gymnasium **2** (in

België) gemeenschapsschool voor a.s.o., vroeger alleen voor meisjes.

**ly·chee** [liesjee] (de ~; -s) zoete Chinese vrucht.

**lym·fe, lymf** (de ~) heldere vloeistof die door kanaaltjes in je lichaam stroomt en die afvalstoffen afvoert.

**lymf·klier** (de ~; -en) orgaantje in de vorm van een boon, dat lymfvaten verbindt en dat de lymfe uit organen en lichaamsdelen filtert.

**lyn·chen** [linsjen] (lynchte, heeft gelyncht) *iemand lynchen*: iemand voor straf ter dood brengen zonder het vonnis van een rechter af te wachten.

**lynx** (de ~ (m.); -en) roofdier met pluimpjes aan zijn oren, dat lijkt op een grote kat.

**ly·riek** (de ~ (v.)) gedichten of verhalen waarin iemand zijn of haar stemmingen en gevoelens weergeeft.

**ly·risch** (bijv. nw.) **1** behorend tot de lyriek\* ♦ *lyrische gedichten* **2** uitbundig, vol gevoel ♦ *ze schreef een lyrische brief over Ierland*.

**ly·sol** (de ~ (m.) of het ~) vloeibaar ontsmettingsmiddel met een scherpe geur.

# Mm

**m¹** (de ~; m's) de dertiende letter van het alfabet.

**m²** (afkorting) **1** meter **2** (in samenstellingen) milli-; dit is een duizendste gedeelte.

**m.** (afkorting) (taal) mannelijk.

**'m** (pers. vnw.) (spreektaal) hem.

**M¹** Romeins cijfer voor 1000.

**M²** (afkorting) **1** (van kleren): medium; dit is Engels en het betekent: middenmaat **2** (in samenstellingen) mega-; dit is miljoen ♦ *MW*: megawatt, een miljoen watt.

**ma** (de ~ (v.); ma's) mamma.

**maag** (de ~; magen) deel van je lichaam tussen slokdarm en dunne darm, waar je eten wordt verteerd ♦ *mijn maag knort*: (van de honger); *iemand iets in de maag splitsen*: (uitdr.) iemand met iets vervelends opschepen; *ergens mee in je maag zitten*: (uitdr.) iets als een probleem beschouwen; ook: ergens tegenop zien; *die taak ligt me zwaar op de maag*: (uitdr.) daar zie ik erg tegenop; *dat ligt op zijn maag*: (in België □; uitdr.) daar is hij boos om.

**maagd** (de ~ (v.); -en) iemand die nog nooit geslachtsgemeenschap heeft gehad (meestal gezegd van meisjes en vrouwen).

**maag·de·lijk** (bijv. nw.) zuiver als een maagd\* ⇒ ongerept ♦ *een maagdelijk blad papier*: een onbeschreven blad.

**maag·den·vlies** (het ~; -vliezen) vlies in de vagina van een vrouw, dat meestal bij de eerste geslachtsgemeenschap scheurt ⇒ hymen.

**maag·zuur** (het ~) zure vloeistof in de maag waarmee het voedsel verteerd wordt ♦ *brandend maagzuur*: een branderig gevoel in je maag en slokdarm.

**maag·zweer** (de ~; -zweren) aantasting van het slijmvlies van je maagwand.

**maai·en** (maaide, heeft gemaaid) **1** iets, bijv. gras, maaien: iets met een zeis of machine afsnijden **2** grote zwaaiende bewegingen maken, vooral met je armen.

**maak** (zelfst. nw.) ▼ *in de maak zijn*: gemaakt worden.

**maak·sel** (het ~; -s) iets dat door iemand gemaakt\* is ♦ *kleren van eigen maaksel*: zelfgemaakte kleren.

**maak·ster** → maker.

**maal** (zelfst. nw.; malen) **1** (de ~ of het ~) keer ♦ *hoeveel maal ben je daar geweest?*; *drie maal drie is negen*; *te enen male*: (uitdr.) helemaal, totaal; *het is te enen male onmogelijk*; *ten tweeden male*: (uitdr.; deftig) voor de tweede keer **2** (het ~) maaltijd ♦ *een feestelijk maal*.

**maal·stroom** (de ~ (m.); -stromen) ronddraaiende stroming in het water ⇒ draaikolk ♦ *in een maalstroom van gebeurtenissen terechtkomen*: (uitdr.) van alles achter elkaar meemaken, zonder dat je er iets aan kunt doen.

**maal·te·ken** (het ~; -s) teken waarmee je aangeeft dat het getal dat ervoor staat vermenigvuldigd moet worden met het getal dat erachter staat (het teken ' × ').

**maal·tijd** (de ~ (m.); -en) keer per dag dat je voedsel eet ⇒ maal.

**maan** (de ~) **1** het hemellichaam dat in een vaste baan rond de aarde draait en dat de aarde 's nachts verlicht ♦ *het is volle maan*: de maan is helemaal rond; *naar de*

**maan** zijn: (uitdr.) kapot zijn; *loop naar de maan!*: (uitdr.) ik heb genoeg van je! **2** (manen) hemellichaam dat in een vaste baan om een planeet draait ⇒ *satelliet* ◆ *Mars heeft twee manen*.

**maand** (de ~; -en) elk van de twaalf perioden van ongeveer 30 dagen waarin een jaar verdeeld wordt ◆ *de maand december*.

**maan·dag** (de ~ (m.); -en) de eerste dag van de week.

**maan·de·lijks** (bijv. nw.) elke maand* gebeurend ◆ *de maandelijkse loterij; ik bezoek hem maandelijks*.

**maand·ver·band** (het ~; -en) verband dat vrouwen tijdens hun menstruatie dragen (kijk ook bij: **menstruatie**) ⇒ *damesverband*.

**maan·zaad** (het ~) donkergrijs papaverzaad waarmee brood bestrooid wordt.

**maar¹** (bijw.) **1** niet meer dan ⇒ *slechts, enkel* ◆ *ik heb maar tien bladzijden gelezen* **2** (woord zonder vaste betekenis in allerlei zinnen) ◆ *dat is maar al te duidelijk; had ik dat maar gezegd; ze bleef maar kijken*.

**maar²** (voegw.) (geeft een tegenstelling aan) ⇒ *doch* ◆ *het is vervelend maar er zit niets anders op; Samira is klein maar dapper*.

**maar·schalk** (de ~ (m.); -en) legeraanvoerder van de hoogste rang.

**maart** (de ~ (m.)) derde maand van het jaar, ook wel 'lentemaand' genoemd ◆ *maart roert zijn staart*: (uitdr.) eind maart is het soms grillig en koud weer.

**maas** (de ~; mazen) opening tussen de draden van een net ◆ *door de mazen van het net kruipen*: (uitdr.) op een slimme manier aan een gevaar ontsnappen.

**maat** (zelfst. nw.) **1** (de ~; maten) grootte of afmeting van iets, vaak uitgedrukt in een getal of letter ◆ *schoenmaat; de maat van iets nemen*: iets meten; *een kostuum op maat maken*: het zo veranderen dat het past; *zijn prestatie is onder de maat*: (uitdr.) die is onvoldoende; *het is in hoge mate vervelend*: (uitdr.) het is erg vervelend; *met mate*: (uitdr.) niet te veel; *geen maat kunnen houden*: (uitdr.) je niet kunnen beheersen, altijd te veel nemen **2** (de ~; maten) iets waarmee je dingen precies kunt afmeten, bijv. een beker of een lat met cijfers erop ◆ *de maat is vol*: (uitdr.) nu is het genoeg, zo kan het niet langer; *met twee maten meten*: (uitdr.) van twee partijen de ene partij voortrekken **3** (de ~; maten) elk van de deeltjes van een muziekstuk met hetzelfde aantal tellen ◆ *de maat slaan; driekwartsmaat*: indeling in maten waarbij iedere maat drie tellen heeft; *in de maat lopen*: gelijktijdig met de rest van de groep dezelfde voet verzetten **4** (de ~ (m.); maten of maats) vriend, kameraad ⇒ *makker* ◆ *goede maatjes zijn*: (uitdr.) goed bevriend zijn.

**maat·ge·vend** (bijv. nw.) gezegd van iets dat een maatstaf is, dat voorschrijft hoe iets moet ⇒ *normatief*.

**maat·je** (het ~; -s) (in België □) maatjesharing.

**maat·jes·ha·ring** (de ~ (v.); -en) jonge haring waarbij de hom of kuit nog niet ontwikkeld is.

**maat·kle·ding** (de ~ (v.)) kleren die een kleermaker precies in jouw maat maakt, het tegenovergestelde van 'confectie'.

**maat·re·gel** (de ~ (m.); -en of -s) regeling waarmee je ervoor zorgt dat iets in orde komt ◆ *als het zo doorgaat, moet ik harde maatregelen treffen; dat zijn geen halve maatregelen!*: (uitdr.) (dit zeg je van maatregelen waardoor er een heleboel verandert).

**maat·schap** (de ~ (v.); -pen) overeenkomst tussen twee of meer personen om samen te werken.

**maat·schap·pe·lijk** (bijv. nw.) gezegd van iets dat met de maatschappij* te maken heeft ⇒ *sociaal* ◆ *maatschappelijk werk*: hulp aan mensen, gezinnen of groepen die het moeilijk hebben in de maatschappij.

**maat·schap·pij** (de ~ (v.); -en) **1** alle mensen samen en de manieren waarop ze met elkaar omgaan ⇒ *samenleving, gemeenschap* **2** onderneming, vooral een handels- of verzekeringsonderneming.

**maat·staf** (de ~ (m.); -staven) norm ⇒ *standaard* ◆ *dat is geen maatstaf*: daarmee mag je het niet vergelijken.

**ma·ca·ber** (bijv. nw.) gezegd van iets dat met een griezelige sfeer rond de dood te maken heeft.

**ma·ca·dam** (de ~ (m.) of het ~) (in België □) weg met beton.

**ma·ca·ro·ni** (de ~ (m.)) deeg dat in de vorm van kromme pijpjes is gegaard.

**ma·chi·naal** [masjienaal] (bijv. nw.) met machines* gemaakt, met machines* werkend ⇒ *mechanisch* ◆ *in de fabriek worden de grondstoffen machinaal verwerkt*: zonder dat er mensenhanden aan te pas komen; *iets machinaal doen*: (uitdr.) als een machine, zonder erbij te denken.

**ma·chi·ne** [masjiene] (de ~ (v.); -s) apparaat dat een of ander werk kan doen ◆ *de machines in een fabriek; een afwasmachine; een typemachine*.

**ma·chi·ne·rie** [masjienerie] (de ~ (v.); machinerieën) verzameling machines die bij elkaar horen.

**ma·chi·nist** [masjienist] (de ~ (m.); -en) **1** bestuurder van een trein **2** iemand die op een schip de machines repareert en onderhoudt.

**ma·cho¹** (Spaans) [matsjoo] (de ~ (m.); macho's) man die zich overdreven stoer en mannelijk gedraagt ⇒ *bink*.

**ma·cho²** (Spaans) [matsjoo] (bijv. nw.) overdreven stoer en mannelijk.

**macht** (de ~; -en) **1** het de baas zijn en invloed hebben ◆ *in Frankrijk heeft de president meer macht dan de koningin in Nederland; aan de macht komen*: gaan regeren, staatshoofd worden; *iets doen uit de macht der gewoonte*: (uitdr.) iets doen omdat je het altijd gedaan hebt **2** kracht om iets te doen ⇒ *vermogen* ◆ *niet bij machte zijn om …*: (uitdr.) niet in staat zijn om …; *we duwden uit alle macht*: (uitdr.) zo hard als we konden; *boven je macht werken*: met je handen boven je hoofd werken, zodat je lamme armen krijgt **3** groep mensen met een speciale, officiële taak, vooral in het leger ◆ *de luchtmacht; de rechterlijke macht*: alle rechters bij elkaar **4** (rekenen) getal dat aangeeft hoe vaak je een getal met zichzelf moet vermenigvuldigen ◆ *twee tot de derde macht of*: twee tot de macht drie: (2 x 2 x 2) **5** grote hoeveelheid ◆ *hij heeft een macht boeken*.

**mach·te·loos** (bijv. nw.) zonder macht* (bet.1 en 2).

**macht·heb·ber** (de ~ (m.); -s) iemand die aan het hoofd van een land staat.

**mach·tig¹** (bijv. nw.) **1** met veel macht* (bet.1) ⇒ *invloedrijk* ◆ *een machtig vorst* **2** (van voedsel): je maag vullend ◆ *een machtig nagerecht* **3** (populair) erg groot, fijn, leuk enz. ⇒ *geweldig* ◆ *een machtig gebouw; we hadden een machtige vakantie* ▼ *iets machtig zijn*: iets kunnen, iets beheersen; *het werd hem te machtig*: hij kon er niet meer tegen, hij kon zich niet meer beheersen.

**mach·tig²** (bijw.) (populair) heel erg ⇒ *geweldig* ◆ *machtig mooi; het doet hem machtig veel plezier*.

**mach·ti·gen** (machtigde, heeft gemachtigd) iemand machtigen om iets te doen: iemand het recht geven om iets in jouw plaats te doen ◆ *ik heb hem gemachtigd om geld van mijn bankrekening te halen*.

**mach·ti·ging** (de ~ (v.); -en) schriftelijk bewijs waarop staat dat iemand je gemachtigd* heeft.

**machts·wel·lust** (de ~ (m.)) plezier in het willekeurig gebruik maken van je macht.

**ma·cra·mé** (het ~) sierknoopwerk van draad of touw.

**ma·cro** (de ~; macro's) een aantal handelingen achter elkaar die je de computer met één commando laat uitvoeren.

**macro-** groot, het tegenovergestelde van 'micro-' ♦ *macroscopie*: het bekijken van iets met het blote oog; *macrofotografie*: het maken van foto's waarop iets op ware grootte of nog groter staat afgebeeld.

**ma·cro·bi·o·tiek** (de ~(v.)) bepaalde levensfilosofie waarbij de voeding (veel granen en groenten, geen vlees en zuivel) een belangrijke rol speelt.

**ma·cro·bi·o·tisch** (bijv. nw.) gezegd van dingen die met de macrobiotiek* te maken hebben ♦ *macrobiotisch voedsel*.

**ma·dam** (de ~(v.); -men of -s)(populair) vreemde, rare vrouw ♦ *een opgedirkte madam*: een gek mens met veel make-up; *de madam uithangen*:(uitdr.) net doen alsof je een echte dame bent.

**ma·de¹** (de ~; -n) jong van een insect, vooral van een vlieg.

**made²** (Engels) [meed](voltooid deelwoord) ▼ *made in ...*: gemaakt in ... (dit staat op allerlei artikelen); *made in Holland*.

**ma·dei·ra** → madera.

**ma·de·lief·je** (het ~; -s) weideplantje met witte bloemetjes met een geel hart ⇒ *meibloempje, meizoentje*.

**ma·de·ra** (de ~(m.)) wijn van het Portugese eiland Madeira.

**ma·don·na** (de ~(v.); madonna's) afbeelding van Maria, de moeder van Jezus ♦ *een madonnabeeldje*.

**mae·ce·nas** → mecenas.

**maes·tro** (Italiaans) [majstroo](de ~(m.); maestro's)(letterlijk: meester) groot kunstenaar, vooral een musicus.

**maf** (bijv. nw.)(populair) gek, raar, dwaas ♦ *hij is compleet maf*.

**maf·fen** (mafte, heeft gemaft)(populair) slapen ⇒ *pitten*.

**maf·fia** (de ~) organisatie van misdadigers.

**maf·kees** (de ~(m.); mafkezen)(populair) gek, dwaas, rare.

**mag** → mogen.

**ma·ga·zijn** (het ~; -en) opslagruimte, grote bergplaats, bijv. van een winkel ♦ *het magazijn van een geweer*: de houder waar de kogels in zitten.

**ma·ga·zi·ne** (Engels) [meɣɣezin, in België: maɡɡazziene] (het ~; -s) **1** tijdschrift met veel artikelen over politiek, economie of kunst **2** programma over politiek, economie of kunst op tv of radio.

**ma·ger** (bijv. nw.) met weinig vet, het tegenovergestelde van 'dik' ⇒ *schriel, dun* ♦ *het zieke kind was erg mager*; *magere kaas*: waarin weinig vet zit; *een mager resultaat*:(uitdr.) dat slechter is dan was verwacht; *zo mager als een lat*:(uitdr.) heel erg mager; *dat was maar een mager beestje*:(in België □; populair) dat was niet veel zaaks.

**mag·gi** (de ~(m.)) smaakstof die gemaakt is van groenten of vlees en die je vooral gebruikt in de soep.

**ma·gie** (de ~(v.)) toverkunst, tovenarij ♦ *zwarte magie*: duivelse, slechte toverkunst.

**magiër** ma·gi·er (de ~(m.); -s) tovenaar.

**ma·gisch** (bijv. nw.) gezegd van dingen die met magie* te maken hebben ♦ *magische krachten*.

**ma·gi·straal** (bijv. nw.) meesterlijk ⇒ *geweldig* ♦ *een magistrale film*.

**ma·gi·straat** (de ~(m.); magistraten) iemand die een belangrijke baan bij de overheid heeft, vooral bij de rechtbank.

**mag·ma** (het ~) heet, gesmolten gesteente dat bij vulkaanuitbarstingen uit het binnenste van de aarde stroomt (als het buiten de vulkaan is, wordt het lava genoemd).

**mag·naat** (de ~(m.); magnaten) iemand die erg rijk en machtig is geworden door zijn werk ♦ *een oliemagnaat*: iemand die veel geld heeft verdiend aan de handel in olie.

**mag·neet** (de ~(m.); magneten) stuk ijzer dat alles aantrekt wat van ijzer is.

**mag·ne·si·um** (het ~) glanzend, zilverwit metaal dat fel licht geeft als je het verbrandt.

**mag·ne·si·um·poe·der** (het ~) poeder waarmee je je handen stroef kunt maken voor je gaat turnen.

**mag·ne·tisch** (bijv. nw.) met de kracht om dingen aan te trekken zoals een magneet doet ♦ *een magnetisch veld*: gebied waarbinnen de kracht van een magneet heerst.

**mag·ne·ti·se·ren** (magnetiseerde, heeft gemagnetiseerd) **1** iets, bijv. *een stuk ijzer, magnetiseren*: iets magnetisch* maken **2** *iemand magnetiseren*: iemand sterk aantrekken ♦ *de grote stad magnetiseerde hem*.

**mag·ne·ti·seur** (de ~(m.); -s) iemand die voor zijn of haar beroep mensen geneest volgens de theorie van het magnetisme* (bet.2).

**mag·ne·tis·me** (het ~) **1** magnetische* kracht **2** manier om mensen te genezen waarbij je met je handen over of vlak boven het lichaam strijkt.

**mag·ne·tron·oven** (de ~(m.); -s) oven waarin voedsel door elektrische trillingen heel snel warm of gaar gemaakt kan worden ⇒ *magnetron*.

**mag·ni·fiek** (marjiefiek)(bijv. nw.) prachtig ⇒ *geweldig, schitterend*.

**mag·no·lia** (de ~; magnolia's) boom met grote witroze bloemen die op tulpen lijken ⇒ *tulpenboom*.

**ma·ha·rad·ja** (de ~(m.); maharadja's) Indiase koning.

**mah·jong** (het ~) Chinees spel met 144 stenen.

**ma·ho·nie** (het ~) donkerbruine houtsoort.

**mail·lot** [majoo](de ~(m.); -s) **1** dikke kousen met een broekje eraan vast **2** (in België) turnpakje of balletpakje.

**maïs** (de ~(m.)) in kolven groeiend graan met gele korrels.

**maïs·kolf** (de ~; -kolven) lange en dikke aar waar maïskorrels aan zitten.

**maî·tres·se** (Frans) [mɛːtrɛsə](de ~(v.); -s of -n) vrouw die een liefdesverhouding heeft met een getrouwde man ⇒ *minnares*.

**maï·ze·na** (de ~(m.)) meel dat van maïs is gemaakt en dat o.a. gebruikt wordt om soep te binden.

**ma·jes·teit** (de ~(v.); -en) **1** (woord waarmee je een koning(in) of keizer(in) aanspreekt) **2** schittering, pracht.

**ma·jes·teits·schen·nis** (de ~(v.)) belediging van een vorst of vorstin.

**ma·jes·tu·eus** (bijv. nw.) als een majesteit* (bet.1), verheven en statig.

**ma·jeur** [maaʒøːr](de ~) toonsoort waardoor de muziek een beetje vrolijk klinkt.

**ma·joor** (de ~(m.); -s) officier die één rang hoger is dan een kapitein.

**ma·jo·raan** (de ~) plant met ovale grijsgroene blaadjes, gebruikt als keukenkruid ⇒ *marjolein*.

**ma·jo·ret·te** (de ~(v.); -s) meisje in uniform dat op de muziek van een muziekkorps marcheert en danst.

**mak** (bijv. nw.)(van dieren): getemd en rustig ⇒ *tam, gedwee* ♦ *zo mak als een lammetje*:(uitdr.) erg mak.

**ma·ka·dam** → macadam.

**ma·ke·laar** (de ~(m.); -s of makelaren) tussenpersoon die voor andere mensen huizen, land, goederen enz. koopt of verkoopt ♦ *makelaar in onroerende goederen*.

**ma·ke·lij** (zelfst. nw.) ▼ *van Nederlandse enz. makelij*: in Nederland enz. gemaakt; *meubels van buitenlandse makelij*.

**ma·ken** (maakte, heeft gemaakt) **1** *iets maken*: iets in elkaar zetten, iets laten ontstaan ⇒ *vervaardigen, fabrice-*
*ren* ♦ hij *maakt* een konijnenhok; *een deken gemaakt van*
*lapjes; een fout maken; ergens het beste van maken*:
(uitdr.) in moeilijke of vervelende omstandigheden toch
je best doen **2** *iets maken*: iets herstellen ⇒ *repareren* ♦
*kan deze broek nog gemaakt worden?* **3** *iemand of iets …*
*maken*: ervoor zorgen dat iemand of iets … wordt ♦ *je*
*maakt me zenuwachtig met dat gefriemel; ik zal even wat*
*melk warm maken* ▼ hij *zal het niet lang meer maken*: hij
heeft niet lang meer te leven; *je hebt het ernaar ge-*
*maakt*: het is je eigen schuld dat je zo behandeld
wordt; *zij gaat het helemaal maken*: (populair) zij zal veel
succes hebben; *met iemand of iets te maken hebben*: in
betrekking tot iemand of iets staan, niet losstaan van
iemand of iets; *hij kan mij niets maken*: (populair) hij kan
mij nergens de schuld van geven, hij kan mij nergens
voor straffen.
**ma·ker** (de ~(m.); -s), vrouw: **maak·ster** (de ~(v.); -s) iemand die iets maakt* (bet.1) of gemaakt* (bet.1) heeft
⇒ *vervaardiger.*
**make-up** [meekup](de ~(m.)) spullen waarmee je je gezicht opmaakt ⇒ *cosmetica.*
**mak·ke** (zelfst. nw.) ▼ *de makke is dat …*: (populair) het
probleem is dat ….
**mak·ke·lijk** (bijv. nw.) **1** probleemloos, zonder moeite,
het tegenovergestelde van 'moeilijk' ⇒ *gemakkelijk* ♦
*een makkelijk karwei; we komen makkelijk op tijd; hij*
*heeft makkelijk praten*: (uitdr.) hij kan zeggen dat het niet
moeilijk is, omdat hij het zelf niet hoeft te doen **2** comfortabel, gerieflijk ⇒ *gemakkelijk* ♦ *een makkelijke stoel.*
**mak·ken** (ww.) ▼ *geen cent te makken hebben*: (populair)
helemaal geen geld hebben.
**mak·ker** (de ~(m.); -s) vriend, maat ⇒ *kameraad.*
**mak·kie** (het ~)(populair) makkelijk karweitje, klusje dat
geen moeite kost ♦ *ik heb een makkie vandaag*: ik heb
vandaag geen moeilijk of druk werk.
**ma·kreel** (de ~(m.); makrelen) grote, eetbare vis die vooral in de zomer aan de Nederlandse en Belgische kusten
voorkomt.
**makro-**→ macro-.
**mal¹** (de ~(m.); -len) **1** vorm of model waarmee je iets
kunt maken, tekenen enz. ♦ *gips in een mal gieten* ▼ *ie-*
*mand voor de mal houden*: iemand beetnemen, iemand
foppen.
**mal²** (bijv. nw.) raar, maar ook grappig ⇒ *zot, dwaas, gek*
♦ *een malle meid; ben je mal!*: doe niet zo gek, hoe kom
je erbij!
**ma·la·chiet** [ma·la·chiet](de ~(m.); -en) groene edelsteen.
**ma·la·fi·de** (bijv. nw.) met slechte bedoelingen en onbetrouwbaar, het tegenovergestelde van 'bonafide' ♦ *een*
*malafide handelaar.*
**ma·lai·se** [maalɛɪzə](de ~(v.)) sombere, ellendige toestand ♦ *er heerste een algehele malaise.*
**ma·la·ria** (de ~) koorts die je in moerassige gebieden
kunt krijgen door steken van een bepaald soort mug.
**ma·le** → maal.
**ma·len** (maalde) **1** (heeft gemalen) *iets malen*: iets fijnmaken, bijv. tussen stenen, met messen of met je tanden
♦ *koffie malen* **2** (heeft gemaald) steeds weer over iets of
iemand nadenken zonder dat je het kunt stoppen ♦ *ik*
*blijf daar maar over malen; het maalt me door het hoofd*:
ik moet er steeds aan denken **3** *ergens niet om malen*:
(populair) ergens niet om geven.
**ma·len·de** (bijv. nw.) in de war, niet goed wijs.
**mal·heur** [malˈløːr](het ~) ongeluk, pech ♦ *we hebben*
*met die nieuwe auto nogal wat malheur gehad.*

**maliënkolder** ma·li·en·kol·der (de ~(m.); -s) soort hemd
van ijzeren ringetjes als bescherming voor ridders bij
het vechten.
**ma·ling** (zelfst. nw.) ▼ *maling aan iets hebben*: je ergens
niets van aantrekken, je ergens niet aan storen; *iemand*
*in de maling nemen*: iemand beetnemen, iemand voor
de gek houden.
**mal·le·mo·len** (de ~(m.); -s)(ouderwets) draaimolen
⇒ *carrousel.*
**mal·loot** (de ~(m.); malloten) iemand die zich mal²* gedraagt ⇒ *zot.*
**mals** (bijv. nw.) *(van vlees en groenten)*: zacht en sappig,
het tegenovergestelde van 'taai' ♦ *botermalse bonen;*
*een malse regen*: (uitdr.) een zachte, niet te koude regen;
*die kritiek was lang niet mals*: (uitdr.) die was behoorlijk
scherp.
**malt** (de ~(m.) of het ~) alcoholvrij bier.
**mal·ver·sa·tie** (de ~(v.); -s) het stiekem achterhouden
van geld dat mensen op een bank hebben gezet, aan
een goed doel hebben gegeven enz. ⇒ *verduistering.*
**mam** (de ~(v.)) mamma.
**ma·ma** (de ~(v.); mama's) mamma.
**mam·ma** (de ~(v.); mamma's)(aanspreekwoord voor
moeder) ⇒ *ma, mama, mam.*
**mam·moet** (de ~(m.); -en of -s) enorm grote, behaarde
olifant die heel vroeger op aarde leefde.
**mam·moet·tan·ker** (de ~(m.); -s) erg grote tanker.
**mam·mon** (de ~(m.)) god van het geld ♦ *de mammon*
*dienen*: alleen maar leven om geld te verdienen.
**man** (de ~(m.); -nen) **1** volwassen persoon van het mannelijk* geslacht ♦ *mannen en vrouwen; de groenteman;*
*hij is er de man niet naar*: (uitdr.) zo is hij niet, het ligt
niet in zijn aard; *een man van eer*: (uitdr.) iemand op wie
je kunt vertrouwen; *je mannetje staan*: (uitdr.) de problemen wel aankunnen, ertegen opgewassen zijn; *een*
*man een man, een woord een woord*: (spreekwoord) eerlijke mensen houden zich aan hun belofte **2** echtgenoot
♦ *Aicha heeft een lieve man* **3** mens, persoon ♦ *met hoe-*
*veel man zijn we?; het kost een gulden de man*: per persoon; *iets aan de man brengen*: (uitdr.) iets verkopen;
*(recht) op de man af*: (uitdr.) zonder eromheen te draaien,
direct; *er is geen man overboord*: (uitdr.) er is niets ernstigs aan de hand; *het schip is met man en muis vergaan*:
(uitdr.) er zijn geen overlevenden; *man en paard noemen*:
(uitdr.) niets verzwijgen; *een gewaarschuwd man telt*
*voor twee*: (spreekwoord) als je weet dat er iets gaat gebeuren, moet je je er goed op voorbereiden.
**ma·nage·ment** [menˈneɪdʒmənt](het ~) **1** het besturen
van een groot bedrijf ⇒ *leiding* **2** alle managers* (bet.1)
van een bedrijf samen.
**ma·na·ger** [menˈneɪdʒər](de ~(m.); -s) **1** iemand die leiding geeft in een bedrijf **2** iemand die de zaken regelt
voor een popgroep, beroepsvoetballer enz..
**man·che** (Frans) [mãʃ(ə)](de ~; -s) onderdeel van een
wieler-, motor- of ruiterwedstrijd ♦ *de eerste manche*
*bestaat uit 25 ronden.*
**man·ches·ter** [mɛnˈjɛstər](het ~) sterke katoenen stof
met dikke ribbels ⇒ *ribfluweel, corduroy.*
**man·chet** [mãʃɛt](de ~; -ten) **1** boord aan de mouw
van een kledingstuk **2** ring die rond een buis of steel
geschoven zit ⇒ *kraag.*
**man·chet·knoop** [mãʃɛtknoːp](de ~(m.); -knopen)
losse dubbele knoop waarmee je de manchetten van
een overhemd vastmaakt.
**man·co** (het ~; manco's) iets dat ontbreekt ⇒ *tekort.*
**mand** (de ~; -en) bak van gevlochten riet, ijzerdraad of
plastic, meestal met een handvat ♦ *wasmand; winke-*

len met een **mandje** is verplicht; Bello, in je **mand**!; door de **mand** vallen: (uitdr.) tenslotte moeten bekennen, betrapt worden.

**man·daat** (het ~; mandaten) opdracht om iets binnen een bepaalde tijd te regelen ⇒ volmacht.

**man·da·rijn** (de ~ (m.); -en) **1** kleine, zoete vrucht met een oranje schil, die in warme landen groeit **2** minister of hoge ambtenaar in het oude China.

**man·da·ta·ris** (de ~ (m.); -sen) (in België) lid van het parlement, van een gemeenteraad of een provincieraad.

**man·do·li·ne** (de ~ (v.); -s) tokkelinstrument met een ronde kast, een hals en vier paar snaren.

**man·dril** (de ~ (m.); -s) aap uit West-Afrika met een lange snoet in opvallende kleuren.

**ma·ne·ge** [maːneːzjə, in België: manɛːzjə] (de ~; -s) paardenstal met een plaats waar je kunt leren paardrijden.

**ma·nen¹** (zelfst. nw.; meervoud) lange haren op het hoofd en in de nek van paarden en leeuwen.

**ma·nen²** (maande, heeft gemaand) iemand tot iets manen: iemand ergens toe aansporen, iemand zeggen dat hij of zij iets moet doen ◆ hij **maande** ons tot kalmte.

**ma·neu·ver** → manoeuvre.

**man·ga** → mango.

**man·gel** (de ~ (m.); -s) ouderwets toestel met twee rollen waartussen je wasgoed glad of droog kunt persen ◆ iemand door de **mangel** halen: (uitdr.) iemand lange tijd allerlei moeilijke vragen stellen.

**man·ge·len** (mangelde, heeft gemangeld) iets mangelen: iets met een mangel* droog of glad persen ◆ **gemangeld** worden: (uitdr.) het zwaar te verduren hebben.

**man·go** [mɑŋɡoo, in België: mɑŋɡoo], **man·ga** (de ~ (m.); mango's) zoete, tropische vrucht met een grote, platte pit.

**man·gro·ve** (de ~ (m.); -n) tropische bomen die in het water groeien, met wortels die boven het water uitsteken.

**man·haf·tig** (bijv. nw.) moedig ⇒ dapper, manmoedig ◆ ze hebben zich **manhaftig** verdedigd.

**ma·ni·ak** (de ~ (m.); -ken) iemand met een manie*, iemand die iets op een overdreven of gevaarlijke manier doet ⇒ fanaat ◆ snelheids**maniak**: iemand die altijd veel te hard rijdt.

**ma·ni·cu·re** (de ~ (v.)) verzorging van je handen en nagels.

**ma·nie** (de ~ (v.); -s) behoefte of neiging om iets op een overdreven of gevaarlijke manier te doen.

**ma·nier** (de ~; -en) (dit woord gebruik je om te zeggen hoe iets gebeurt of hoe je iets moet doen) ⇒ wijze, methode ◆ wat is de beste **manier** om een hut te bouwen?; dat meisje heeft van die **maniertjes**: ze doet wat overdreven, ze doet gemaakt; dat is geen **manier** van doen: (uitdr.) dat is geen fatsoenlijk gedrag.

**ma·nie·ren** (zelfst. nw.; meervoud) gedrag ◆ ze heeft uitstekende **manieren**; je hebt geen **manieren**: je gedraagt je onbehoorlijk.

**ma·ni·fest¹** (het ~; -en) boek of tekst waarin kort en duidelijk de opvattingen van iemand of van een partij staan.

**ma·ni·fest²** (bijv. nw.) heel erg duidelijk ⇒ onmiskenbaar.

**ma·ni·fes·ta·tie** (de ~ (v.); -s) **1** bijeenkomst van mensen om te demonstreren of om anderen iets te laten zien ⇒ happening ◆ kunst**manifestatie 2** keer dat iets zich manifesteert* ⇒ uiting ◆ een **manifestatie** van liefde.

**ma·ni·fes·te·ren** (manifesteerde, heeft gemanifesteerd) **1** zich manifesteren: zichtbaar worden, zich openbaren ◆ de ziekte **manifesteert** zich door kleine rode bultjes op de huid **2** jezelf manifesteren: laten zien wie je bent.

**ma·ni·pu·la·tie** (de ~ (v.); -s) keer dat je iemand of iets manipuleert*.

**ma·ni·pu·le·ren** (manipuleerde, heeft gemanipuleerd) iemand of iets manipuleren: iemand of iets stiekem proberen te veranderen of te beïnvloeden.

**ma·nisch** (bijv. nw.) ▼ manisch depressief: gezegd van iemand die op een ziekelijke manier nu eens heel opgewekt en dan weer heel somber is.

**man·jaar** (het ~; -jaren) hoeveelheid werk waar één persoon een jaar mee bezig is.

**mank** (bijv. nw.) gezegd van een mens die of dier dat niet goed kan lopen ⇒ kreupel ◆ deze vergelijking gaat **mank**: (uitdr.) die klopt niet.

**man·ke·ment** (het ~; -en) iets waardoor iets het niet goed doet, waardoor het niet in orde is ⇒ gebrek.

**man·ken** (mankte, heeft gemankt) (in België □) hinken.

**man·ke·ren** (mankeerde, heeft gemankeerd) **1** er mankeert iets aan: er is iets niet in orde ◆ er **mankeert** iets aan de machine **2** iets mankeren: iets onder de leden hebben, ergens aan lijden ◆ de dokter heeft mij onderzocht, maar ik **mankeer** niets.

**man·kracht** (de ~) kracht van een mens ◆ het apparaat werkt op **mankracht**; de brandweer heeft gebrek aan **mankracht**: aan manschappen, aan personeel.

**man·lijk** → mannelijk.

**man·moe·dig** (bijv. nw.) dapper ⇒ moedig, manhaftig.

**man·na** (het ~) voedsel dat volgens de bijbel uit de hemel viel toen de Israëlieten in de woestijn waren.

**man·ne·lijk, man·lijk** (bijv. nw.) **1** gezegd van mensen, dieren of planten die tot het geslacht behoren dat zaad voor de bevruchting levert **2** zoals van een man* (bet.1), met de eigenschappen van een man* (bet.1) ⇒ masculien ◆ een **mannelijke** stem: een lage stem; ze gedragen zich **mannelijk**: ze doen stoer **3** (taal) gezegd van zelfstandige naamwoorden die je met 'hij' kunt aanduiden.

**man·ne·quin** [mɑnəkɛ̃] (de ~ (m.); -s) iemand die tijdens een modeshow kleren draagt om ze aan de bezoekers te laten zien.

**man·ne·tje** (het ~; -s) dier van het mannelijk* (bet.1) geslacht.

**man·ne·tjes·put·ter** (de ~ (m.); -s) iemand die groot en sterk is.

**ma·noeu·vre** [maːnœːvrə], in België: **ma·neu·ver** (de ~ (v.) of het ~; -s) **1** beweging om een voertuig van richting te laten veranderen ◆ de **manoeuvre** van een schip om de haven binnen te komen; een verkeerde **manoeuvre** uithalen; een inhaal**manoeuvre 2** (meestal meervoud) gevechtsoefeningen van legertroepen.

**ma·noeu·vre·ren** [maːnœːvreːrən, in België: maːnuvreːrən] (manoeuvreerde, heeft gemanoeuvreerd) **1** zich verplaatsen door manoeuvres* (bet.1) uit te voeren **2** iets manoeuvreren: iets sturen ⇒ wenden ◆ handig **manoeuvreerde** zij haar auto tussen twee vrachtwagens door; hij wist het zo te **manoeuvreren** dat …: (uitdr.) hij wist het zo voor elkaar te krijgen dat ….

**ma·no·me·ter** (de ~ (m.); -s) meter om druk of spanning te meten, bijv. van een autoband ⇒ drukmeter.

**ma·nou** [maːnoe] (het ~) dik riet waar meubels van worden gemaakt.

**mans** (bijv. nw.) ▼ ergens mans genoeg voor zijn: iets best kunnen doen, iets wel aankunnen; heel wat **mans** zijn: heel wat kunnen.

**man·sar·de** (de ~; -s of -n) (in België □) zolderkamer.

**man·schap·pen** (zelfst. nw.; meervoud) soldaten.

**man·tel** (de ~ (m.); -s) jas voor dames ◆ regen**mantel**; iets met de **mantel** der liefde bedekken: (uitdr.) niet verder over iets praten, geen verwijten over iets maken; *iemand de **mantel** uitvegen*: (uitdr.) iemand boos toespreken, iemand berispen.

**man·tel·pak** (het ~; -ken) rok en jasje van dezelfde stof.

**man·tra** (de ~; mantra's) zin die je tijdens een gebed of meditatie steeds herhaalt.

**ma·nu·aal** (het ~; manualen) **1** rij toetsen van een orgel ⇒ *klavier* **2** gebaar met je handen ⇒ *handgebaar*.

**ma·nu·eel** (bijv. nw.) met de handen ♦ *manuele vaardigheid*.

**ma·nu·fac·tu·ren** (zelfst. nw.; meervoud) stoffen die van zijde, katoen, wol of linnen geweven zijn ⇒ *textiel*.

**ma·nus·cript** (het ~; -en) met de hand geschreven of getypte tekst, die nog niet gedrukt is.

**ma·nus·je·van·al·les** (het ~; manusjes-van-alles) iemand die handig is, die allerlei klusjes doet.

**man·wijf** (het ~; -wijven) forse, bazige vrouw ⇒ *kenau*.

**map** (de ~; -pen) kartonnen, plastic of leren omslag, om losse vellen papier in op te bergen.

**ma·quet·te** [makkεttə] (de ~; -s) model in het klein van een gebouw, een gebied enz. ♦ *er is een **maquette** van onze nieuwe school gemaakt*.

**ma·ra·boe** (de ~ (m.); -s) ooievaar in Afrika en Azië met staartveren waarvan o.a. stola's gemaakt worden.

**ma·ra·thon** (de ~ (m.); -s) hardloopwedstrijd over 42 km en 195 m.

**marathon-** gezegd van iets dat heel lang duurt ♦ *een **marathon**vergadering*.

**mar·chan·de·ren** [marʃandeːrən] (marchandeerde, heeft gemarchandeerd) onderhandelen om iets voordelig te kopen of om een gunstige afspraak over iets te maken.

**mar·che** → mars.

**mar·che·ren** [marʃeːrən] (marcheerde, heeft gemarcheerd) met een groep mensen in de pas lopen.

**mar·co·nist** (de ~ (m.); -en) iemand die op een boot of in een vliegtuig voor radioverbindingen zorgt ⇒ *radiotelegrafist*.

**ma·re** (de ~; -n) **1** (deftig) bericht ⇒ *tijding* **2** (deftig) praatje dat door de mensen verteld wordt ⇒ *gerucht*.

**ma·re·chaus·see** [maːrəsjoosɛː] (de ~ (m.)) militaire politie.

**ma·re·tak** (de ~ (m.); -ken) struik die op boomtakken woekert, vooral op fruitbomen en eiken ⇒ *mistletoe*.

**mar·ga·ri·ne** (de ~ (m.); -s) namaakboter, gemaakt van water en van vet van planten of dieren.

**mar·ge** [marʒə] (de ~) **1** (-s) witte, onbeschreven rand rondom een tekst ⇒ *kantlijn* ♦ *aantekeningen maken in de **marge*** **2** tussenruimte, speling ♦ *dat is rommelen in de **marge***: (uitdr.) dat levert niks op, omdat het niet belangrijk genoeg is.

**mar·gi·naal** (bijv. nw.) **1** niet erg belangrijk, van weinig betekenis ♦ *een **marginale** fout* **2** op de grens van wat nog kan om te blijven bestaan ♦ *een **marginaal** bestaan leiden*: zó arm zijn dat een normaal leven eigenlijk niet meer mogelijk is.

**mar·griet** (de ~; -en) plant met witte bloemen, die lijken op grote madeliefjes.

**ma·ri·hu·a·na** [maːriejœwaːnaː] (de ~) drug die gemaakt wordt uit de hennepplant en die je kunt roken (kijk ook bij: **drug**) ⇒ *wiet*.

**ma·ri·na·de** (de ~ (v.); -s) gekruide vloeistof waarin je bijv. vlees legt om de smaak van de kruiden erin te laten trekken ♦ *kip in de **marinade** zetten*.

**ma·ri·ne** (de ~ (v.)) legertroepen die op zee dienen ⇒ *zeemacht*.

**ma·ri·ne·ren** (marineerde, heeft gemarineerd) *iets, bijv. vlees, **marineren***: iets in de marinade* leggen.

**ma·ri·nier** (de ~ (m.); -s) soldaat bij de marine*.

**ma·ri·o·net** (de ~ (m.); -ten) pop die je kunt laten bewegen door aan de touwtjes te trekken die aan zijn armen, benen en hoofd zijn vastgemaakt.

**ma·ri·tiem** (bijv. nw.) met de zeevaart te maken hebbend ♦ *Nederland was vroeger een **maritieme** natie*: in Nederland was de zeevaart vroeger heel belangrijk.

**mar·jo·lein** (de ~) majoraan ⇒ *oregano*.

**mark** (de ~ (m.); -en) Duitse en Finse munteenheid.

**mar·kant** (bijv. nw.) karakteristiek, bijzonder duidelijk uitkomend ♦ *een **markante** persoonlijkheid*: iemand die je niet gauw vergeet.

**mar·keer·stift** (de ~; -en) dikke viltstift met een felle kleur, om tekst te markeren* en op te laten vallen.

**mar·ke·ren** (markeerde, heeft gemarkeerd) *iets **markeren***: duidelijk de plaats van iets aangeven met een bepaald teken ♦ *de rode lijnen in de gymzaal **markeren** het basketbalveld*.

**mar·ke·ring** (de ~ (v.); -en) teken waarmee je iets markeert* ♦ *de **wegmarkering** is hier slecht*: er staat niet goed aangegeven hoe je moet rijden.

**mar·ke·ting** (Engels) [marketing] (de ~) het maken van een plan om een product zo goed mogelijk te verkopen ♦ *reclame maken is een belangrijk onderdeel van **marketing***.

**mar·kies** (de ~ (m.); markiezen) **1** (vrouw: markiezin) iemand van adel die vroeger een bepaald gebied bestuurde ⇒ *markgraaf* **2** opvouwbaar zonnescherm aan de buitenkant van een raam of deur.

**markt** (de ~; -en) **1** samenkomst van handelaren die van alles en nog wat verkopen, meestal in de open lucht ♦ *op woensdag is er groenten**markt*** **2** plaats waar op bepaalde tijden zo'n samenkomst wordt gehouden ⇒ *marktplein* ♦ *bij de **markt** moet je linksaf* **3** koop en verkoop van producten in het algemeen ♦ *computerspelletjes liggen goed in de **markt***: die worden veel verkocht; *van alle **markten** thuis zijn*: (uitdr.) overal wat vanaf weten, veel kunnen; *jezelf uit de **markt** prijzen*: (uitdr.) dingen doen waardoor je kansen verminderen ▼ *het niet onder de **markt** hebben*: (in België □) het vrij lastig hebben.

**markt·kraam** (de ~ (m.); -kramen) kraam waar een marktkoopman of -vrouw spullen kan verkopen.

**mar·me·la·de** (de ~; -s) soort jam, vooral van sinaasappelen.

**mar·mer** (het ~) gesteente met aderachtige strepen, dat meestal wit is.

**mar·mot** (de ~; -ten) groot knaagdier dat hoog in de bergen in het wild leeft ♦ *slapen als een **marmot***: (uitdr.) lekker en diep slapen.

**mars** (de ~; -en) **1** voettocht van een groep die door iemand wordt aangevoerd ♦ *de soldaten hielden een **mars** van drie dagen*; *vanmiddag is er in de stad een protest**mars***; *voorwaarts, **mars**!*: (uitdr.) (bevel om te gaan marcheren) **2** muziekstuk met een duidelijk ritme, zodat je makkelijk in de maat kunt lopen ▼ *heel wat in je **mars** hebben*: veel kunnen.

**mar·se·pein** (de ~ (m.) of het ~) zacht snoepgoed dat gemaakt is van fijngemaakte amandelen en suiker.

**mars·kra·mer** (de ~ (m.); -s) koopman die vroeger met zijn koopwaar langs de huizen ging ⇒ *venter*.

**mar·te·laar** (de ~ (m.); -s of martelaren), vrouw:

**mar·te·la·res** (de ~ (v.); -sen) iemand die zich zonder protest laat pijnigen omdat die persoon zijn of haar overtuiging niet op wil geven.

**mar·te·len** (martelde, heeft gemarteld) *iemand **martelen***: iemand pijnigen en kwellen, als straf of om hem of haar ergens toe te dwingen ⇒ *folteren* ♦ *in veel landen worden gevangenen* **gemarteld**; *ik word* **gemarteld** *door kiespijn*: (uitdr.) ik heb er heel veel last van.

**mar·tel·gang** (de ~ (m.)) lang en moeizaam proces vol kwellingen en problemen (kijk ook bij: **proces**) ⇒ *lijdensweg*.

**mar·te·ling** (de ~ (v.); -en) keer dat je gemarteld* wordt ⇒ *foltering*.

**mar·ter** (de ~ (m.); -s) klein roofdier met een zachte vacht.

**mar·va** (de ~ (v.); marva's) vrouw in dienst van de **Mar**inevrouwenafdeling.

**mar·xis·me** (het ~) communistische leer van Karl Marx (kijk ook bij: **communistisch**).

**mar·xist** (de ~ (m.); -en) iemand die het marxisme* aanhangt.

**mar·xis·tisch** (bijv. nw.) te maken hebbend met het marxisme*.

**mas·ca·ra** (de ~) dikke vloeistof om je wimpers te kleuren.

**mas·cot·te** (de ~; -s) voorwerp of poppetje waarvan je gelooft dat het geluk brengt ⇒ *gelukspop, amulet*.

**mas·cu·lien** (bijv. nw.) mannelijk.

**mas·ker** (het ~; -s) **1** bedekking voor je gezicht, om het te verbergen of te beschermen ♦ *een carnavals****masker***; *een gas****masker***; *zijn gezicht is een* **masker**: (uitdr.) je kunt aan hem niet zien wat hij denkt en voelt; *ze draagt een* **masker**: (uitdr.) ze doet zich anders voor dan ze is **2** soort zalf die je over je hele gezicht smeert en die je er een tijdje op laat zitten om je huid schoon en zacht te maken.

**mas·ke·ra·de** (de ~ (v.); -s of -n) feest of optocht waarbij iedereen een masker* (bet.1) op heeft ♦ *het was een* **maskerade**: (uitdr.) een schijnvertoning.

**mas·ke·ren** (maskeerde, heeft gemaskeerd) *iets maskeren*: iets verborgen houden, vaak door het niet te laten merken ♦ *zijn vriendelijkheid* **maskeerde** *zijn ware bedoelingen*.

**ma·so·chis·me** (het ~) het genieten van en verlangen naar pijn en vernedering, vooral op het gebied van de seksualiteit.

**ma·so·chist** (de ~ (m.); -en) iemand die van masochisme* geniet.

**ma·so·chis·tisch** (bijv. nw.) als een masochist* of als van een masochist*.

**mas·sa** (de ~; massa's) **1** groot aantal mensen bij elkaar ⇒ *menigte* ♦ *de* **massa** *juichte de koningin toe*; *de grote* **massa**: (uitdr.) de gewone mensen **2** grote hoeveelheid ♦ *wat een* **massa** *kleren heb jij* **3** vormeloze klomp of klont ♦ *het zakje snoepjes was een kleverige* **massa** *geworden* **4** (natuurkunde) hoeveelheid stof (bet.2) die een lichaam bevat.

**mas·saal¹** (bijv. nw.) heel groot ♦ *een* **massaal** *bedrijf*.

**mas·saal²** (bijv.) met z'n allen ♦ *de mensen kwamen* **massaal** *in verzet*.

**mas·sa·com·mu·ni·ca·tie** (de ~ (v.)) het meedelen van berichten en meningen aan grote groepen mensen via kranten, radio en televisie.

**mas·sa·ge** [massaazjə] (de ~ (v.); -s) keer dat je iemand masseert*.

**mas·sa·me·dia** (zelfst. nw.; meervoud) middelen die je gebruikt als je iets mee wilt delen aan zoveel mogelijk mensen tegelijk ♦ *kranten, radio en televisie zijn* **massamedia**.

**mas·se·ren** (masseerde, heeft gemasseerd) *iemand masseren*: iemands spieren wrijven, kloppen en kneden, bijv. om ze minder stijf en pijnlijk te maken.

**mas·seur** (de ~ (m.); -s), vrouw: **mas·seu·se** (de ~ (v.); -s) iemand die masseert*.

**mas·sief¹** (het ~; massieven) gebergte dat lang geleden is gevormd, en waarvan de toppen zijn afgesleten.

**mas·sief²** (bijv. nw.) **1** van buiten en van binnen helemaal van dezelfde stof, niet hol ♦ *een ring van* **massief** *goud* **2** heel stevig, groot en sterk ♦ *een* **massief** *gebouw*.

**mast** (de ~ (m.); -en) **1** rechtopstaande paal op een zeilschip waaraan de zeilen vastzitten ♦ *een schip met drie* **masten** **2** rechtopstaande hoge paal of constructie waaraan elektriciteitsleidingen of telefoonkabels vastgemaakt worden ♦ *elektriciteits****mast*** **3** zendinstallatie van radio, televisie of radar ⇒ *zendmast*.

**mas·ter·class** (Engels) [maːstərklaːs] (de ~; -es) korte muziekcursus voor bijzonder getalenteerde leerlingen, gegeven door een beroemd musicus.

**mas·tiek** (de ~ (m.) of het ~) **1** harssoort die als vernis op een schilderij wordt aangebracht **2** soort asfalt dat o.a. gebruikt wordt als dakbedekking.

**mas·to·dont** (de ~ (m.); -en) **1** bepaald soort olifant die lang geleden al is uitgestorven **2** iemand die groot en zwaar is ⇒ *dragonder*.

**mas·tur·be·ren** (masturbeerde, heeft gemasturbeerd) jezelf seksueel bevredigen.

**mat¹** (de ~; -ten) kleed, meestal van gevlochten of geknoopte biezen of touw ♦ *de lange* **mat**: (die gebruikt wordt bij gymnastiekoefeningen); *iemand op het* **matje** *roepen*: (uitdr.) iemand bij je laten komen om hem of haar te bestraffen.

**mat²** (bijv. nw.) **1** zonder glans ⇒ *dof* ♦ *we laten onze foto's altijd* **mat** *afdrukken* **2** stilletjes, niet levendig ♦ *wat ben je* **mat**, *is er iets?* **3** (schaken) gezegd van de koning als je niet meer kunt voorkomen dat je tegenstander hem zal slaan bij zijn volgende zet ⇒ *schaakmat* ♦ *je staat* **mat**.

**mat³** → *meten*.

**ma·ta·dor** (Spaans) [maːtaːadoːr] (de ~ (m.); -s) iemand die bij het stierenvechten de stier op het laatst doodt.

**match** (Engels) [metsj, in België: matsj] (de ~; -es) sportwedstrijd.

**ma·te** → *maat*.

**ma·te·loos** (bijv. nw.) heel groot of heel erg ♦ *je* **mateloos** *ergeren*; **mateloze** *ellende*: waar geen einde aan lijkt te komen.

**ma·te·ma·tisch** → *mathematisch*.

**ma·ten** → *meten*.

**ma·te·ri·aal** (het ~; materialen) alles waarmee je iets kunt maken ♦ *stenen en hout zijn bouw****materialen***; *ik heb nog wat meer* **materiaal** *nodig voor mijn scriptie*: (boeken, artikelen, knipsels enz.).

**ma·te·ri·a·lis·me** (het ~) het sterk hechten aan geld en bezit.

**ma·te·ri·a·list** (de ~ (m.); -en) iemand die sterk hecht aan geld en bezit.

**ma·te·ri·a·lis·tisch** (bijv. nw.) als een materialist* of als van een materialist*.

**ma·te·rie** (de ~ (v.)) **1** zichtbare stof ♦ *kwik is een gevaarlijke* **materie** **2** zaak, kwestie, onderwerp ♦ *dat is een moeilijke* **materie**.

**ma·te·ri·eel¹** (het ~) **1** gereedschappen en machines om iets te maken of te doen **2** wapenvoorraad van het leger ♦ *een legeroefening met zwaar* **materieel**: o.a. met tanks.

**ma·te·ri·eel²** (bijv. nw.) stoffelijk, niet geestelijk ♦ *er was bij dat ongeluk alleen* **materiële** *schade*: er waren geen gewonden, alleen de auto's waren kapot; **materieel** *bezit*: bezit dat bestaat uit goederen en geld.

**mat·glas** (het ~) ondoorzichtig glas.

**ma·the·ma·tisch** (bijv. nw.) wiskundig.

**ma·tig** (bijv. nw.) niet erg veel, goed, groot enz. ♦ *hij is een matige eter*: hij eet nooit erg veel; *ik vond dat maar een matig boek*: ik vond het niet zo mooi.

**ma·ti·gen** (matigde, heeft gematigd) **1** iets matigen: ervoor zorgen dat iets minder wordt ⇒ *intomen, temperen, beteugelen* ♦ *matig uw snelheid*: ga langzamer rijden **2** je matigen: je inhouden, je beperken ♦ *ik word te dik, ik moet me matigen*: ik moet minder gaan eten; *matig je wat!*: doe het eens kalmer aan!

**ma·ti·nee** (de ~(v.); -s) middagvoorstelling.

**ma·ti·neus** (bijv. nw.) gewend om vroeg op te staan ♦ *wat ben jij matineus!*: wat ben je vroeg op!

**mat·je** (het ~; -s) lang haar in de nek bij een jongen die verder kort haar heeft.

**ma·trak** (de ~; -ken)(in België □; populair) knuppel, gummistok.

**ma·tras** (de ~of het ~; -sen) dikke, verende bedekking op een bed, waarop je slaapt.

**ma·tri·ar·chaal** (bijv. nw.) **1** overheerst door de moederfiguur ♦ *een matriarchaal huwelijk*: waarin de vrouw het voor het zeggen heeft **2** gezegd van iets dat te maken heeft met een matriarchaat*.

**ma·tri·ar·chaat** (het ~; matriarchaten) samenleving waarin de vrouwen het voor het zeggen hebben.

**ma·trijs** (de ~; matrijzen) holle vorm om vloeibaar metaal in te gieten, zodat het hard kan worden in de juiste vorm ⇒ *matrix* ♦ *stempels worden met een matrijs gemaakt*.

**ma·trix** (de ~(v.); -en) **1** matrijs **2** schema of grafiek met getallen.

**ma·tro·ne** [maatrozne, in België: maatroone](de ~(v.); -s of -n) **1** deftige oudere dame **2** dikke, bazige vrouw.

**ma·troos** (de ~(m.); matrozen) zeeman van de laagste rang.

**mat·se** (de ~(m.); -s) brood dat gemaakt wordt zonder gist, waardoor het plat en hard uit de oven komt.

**mat·sen** (matste, heeft gematst) iemand matsen:(populair) iemand bevoordelen.

**mat·ten·klop·per** (de ~(m.); -s) voorwerp, meestal van gevlochten riet, om het stof uit kleden en matten te slaan.

**mau·so·le·um** (het ~; -s of mausolea) gebouw als grafmonument ⇒ *praalgraf, graftempel*.

**mau·ve** [moove, in België: mauv(e)](bijv. nw.) zacht paars.

**mau·wen** (mauwde, heeft gemauwd) **1** (van katten): 'miauw' roepen ⇒ *miauwen* **2** (populair) zeuren, mekkeren.

**ma·vo** (de ~; -s) school voor middelbaar algemeen voortgezet onderwijs.

**m.a.w.** (afkorting) met andere woorden.

**max.** (afkorting) **1** maximum **2** maximaal.

**maxi** (het ~) mode waarbij de lengte van rokken en jassen lang is.

**maxi-** heel groot ♦ *een maxi-ijsje*.

**maxi·maal** (bijv. nw.) hoogst, uiterst, het tegenovergestelde van 'minimaal' ♦ *de maximale dosis van een medicijn*: de dosis die niet overschreden mag worden; *je mag hier maximaal 100 km per uur rijden*: je mag niet harder dan 100 km per uur.

**maxi·mum** (Latijn) [maksiemum](het ~; maxima) hoogste, uiterste ♦ *het maximum aantal deelnemers; alleen met een maximum aan inspanning bereik je de top*: alleen als je je uiterste best doet.

**may·o·nai·se** [maajoonezze](de ~(v.); -s) zoetzure saus die gemaakt is van eieren, olie, zout en azijn.

**ma·ze·len** (zelfst. nw.; meervoud) kinderziekte waarbij je hoge koorts hebt en kleine rode vlekjes op je huid krijgt.

**ma·zen** (maasde, heeft gemaasd) een breiwerk of een net mazen: een gat erin repareren door met een naald de steken of lussen na te maken.

**maz·zel** (zelfst. nw.) ▼ *mazzel hebben*:(populair) geluk hebben, boffen; *nou, de mazzel hè!*:(populair) dag, het beste!

**mbo** (het ~)(in Nederland) middelbaar beroepsonderwijs.

**m.b.t.** (afkorting) met betrekking tot.

**m.b.v.** (afkorting) met behulp van.

**me** (vnw.) **1** (pers. vnw.) mij ♦ *sla me niet!* **2** (wederkerend vnw.)(eerste persoon van het enkelvoud) ⇒ *mij* ♦ *sorry, ik vergis me*.

**ME** (zelfst. nw.) **1** (de ~(v.)) mobiele eenheid; dit is de speciaal getrainde politie die in Nederland bij rellen optreedt **2** (afkorting) Middeleeuwen.

**me·an·der** (de ~(m.); -s) **1** kronkelige bocht in een rivier **2** Griekse randversiering van lijnen die rechthoekige figuren vormen.

**me·ao** (het ~)(in Nederland) middelbaar economisch en administratief onderwijs.

**me·ca·ni·cien** [meekaaniesjēn](de ~(m.); -s) werktuigkundige.

**me·ce·nas** (de ~(m.); -sen of mecenaten) iemand die geleerden en kunstenaars geld geeft om ze te steunen, zo genoemd naar de rijke Romein Maecenas.

**me·cha·ni·ca** (de ~(v.)) deel van de natuurkunde dat zich bezighoudt met de wetten van evenwicht en beweging.

**me·cha·niek** (de ~(v.) of het ~) alle bewegende onderdelen van een apparaat die ervoor zorgen dat het werkt ♦ *het mechaniek van die klok is nog goed*.

**me·cha·ni·ka** → mechanica.

**me·cha·nisch** (bijv. nw.) gezegd van iets dat te maken heeft met een mechaniek* ⇒ *machinaal* ♦ *een mechanisch speeldoosje*: dat werkt met een mechaniek; *zij deed haar werk mechanisch*:(uitdr.) als een machine, zonder na te denken.

**me·cha·ni·se·ren** (mechaniseerde, heeft gemechaniseerd) iets, bijv. werk, mechaniseren: iets dat altijd door mensen of dieren is gedaan door machines laten doen ♦ *het werk van de boeren wordt steeds meer gemechaniseerd*.

**me·cha·nis·me** (het ~) manier waarop een apparaat in elkaar zit en werkt ⇒ *werking* ♦ *het mechanisme van een filmcamera is ingewikkeld; je afweermechanisme*: de manier waarop je lichaam zich beschermt tegen ziekten.

**me·cha·ni·ze·ren** → mechaniseren.

**me·dail·le** [meedajje of meedaljje](de ~; -s) metalen plaatje dat je krijgt als beloning of als prijs bij een wedstrijd ♦ *de winnaar kreeg een gouden medaille*.

**me·dail·lon** [meedajjon of meedaljjon](het ~; -s) plat doosje dat je aan een ketting om je hals draagt en waarin je bijv. een fotootje kunt bewaren.

**mede(-)** → mee(-).

**me·de¹, mee** (de ~) drank die uit honing wordt gemaakt.

**me·de²** (bijw.)(deftig) ook ♦ *dat is mede de oorzaak geweest van het ongeluk*.

**me·de·deel·zaam** (bijv. nw.) gezegd van iemand die uit zichzelf gauw meedeelt* wat hem of haar bezighoudt ⇒ *openhartig, spraakzaam*.

**me·de·de·ling** (de ~(v.); -en) iets dat wordt meegedeeld* ⇒ *bericht, kennisgeving* ♦ *op de vergadering deed de voorzitter een belangrijke mededeling*.

**me·de·do·gen** (het ~) (deftig) medelijden.

**me·de·klin·ker** (de ~ (m.); -s) (taal) alle spraakklanken behalve a, e, i, o, u en y ⇒ *consonant*.

**mee¹** → mede.

**me·de·le·ven** (het ~) het met een ander meevoelen ◆ *als blijk van **medeleven** kwam ze de zieke bloemen brengen.*

**me·de·lij·den, mee·lij** (het ~) het meevoelen met iemand die iets vervelends heeft meegemaakt ⇒ *mededogen, deernis, erbarmen.*

**me·de·mens** (de ~ (m.); -en) ieder persoon met wie je op de wereld leeft ⇒ *naaste* ◆ *je **medemens** helpen.*

**me·den** → mijden.

**me·de·plich·tig** (bijv. nw.) gezegd van iemand die bewust heeft meegewerkt aan iets dat verboden is en die daardoor schuldig is.

**me·de·stan·der** (de ~ (m.); -s) iemand die het met je eens is en dat laat merken.

**me·de·wer·ker** (de ~ (m.); -s), vrouw: **me·de·werk·ster** (de ~ (v.); -s) iemand die meewerkt* bij een organisatie of een bedrijf ◆ *de journalist is parlementair **medewerker** bij de krant: hij schrijft stukken in de krant over wat er in het parlement gebeurt.*

**me·de·wer·king** (de ~ (v.)) het meewerken* aan iets ◆ *dit programma is gemaakt met **medewerking** van een beroemd orkest.*

**me·de·werk·ster** → medewerker.

**me·de·we·ten** (zelfst. nw.) ▼ *met **medeweten** van …*: terwijl … ervan op de hoogte is; *buiten **medeweten** van …*: zonder dat … het weet; *deze brief is verstuurd met **medeweten** van alle leden van de club.*

**me·de·zeg·gen·schap** (de ~ (v.) of het ~) het recht om mee te beslissen, om invloed te kunnen uitoefenen op een beslissing ⇒ *inspraak.*

**me·dia** (zelfst. nw.; meervoud) alle middelen waarmee informatie wordt verspreid, zoals kranten en tijdschriften, radio en televisie ⇒ *communicatiemiddelen.*

**me·di·a·miek** (bijv. nw.) gezegd van iemand die medium* (bet.2) is ◆ *die man is **mediamiek**; ze heeft **mediamieke** gaven: ze kan medium zijn.*

**me·di·a·theek** (de ~ (v.); mediatheken) plaats waar kranten, tijdschriften, geluidsbanden en videobanden worden bewaard en soms uitgeleend ⇒ *documentatiecentrum.*

**me·di·ca·ment** (het ~; -en) geneesmiddel.

**me·di·cijn** (de ~; -en) geneesmiddel ◆ *zij studeert **medicijnen**: zij studeert om dokter te worden.*

**me·di·cijn·man** (de ~ (m.); -nen) dokter bij natuurvolken van wie gedacht wordt dat hij toverkracht heeft.

**me·di·ci·naal** (bijv. nw.) geneeskundig ◆ *deze zalf is voor **medicinaal** gebruik.*

**me·di·cus** (de ~ (m.); medici) (deftig) dokter ⇒ *arts.*

**me·di·ka·ment** → medicament.

**me·dio** (bijw.) midden, half ◆ ***medio** maart ontvangt u van ons bericht.*

**me·disch** (bijv. nw.) gezegd van iets dat te maken heeft met de geneeskunde ◆ ***medische** hulp: hulp van een dokter.*

**me·di·ta·tie** (de ~ (v.); -s) keer dat je mediteert* (bet.1).

**me·di·te·ren** (mediteerde, heeft gemediteerd) **1** je heel sterk concentreren op je innerlijk (oorspronkelijk bij oosterse godsdiensten en bij kloosterlingen) **2** diep nadenken, peinzen.

**me·di·um** (het ~) **1** (media) middel om informatie te verspreiden, zoals een krant, een tijdschrift, radio of televisie ⇒ *communicatiemiddel* **2** (mediums) iemand die contact heeft met zielen van gestorven mensen of met bovenaardse geesten.

**med·ley** (Engels) [medlie] (de ~; -s) muziekstuk dat bestaat uit een opeenvolging van korte stukjes uit bekende melodieën ⇒ *potpourri.*

**mee¹** → mede.

**mee²**, ouderwets: **me·de** (bijw.) **1** met iemand of iets ◆ *hij wil met ons **mee**; waar bemoei je je **mee**?* **2** woordje om uit te drukken dat iets gunstig voor je is, het tegenovergestelde van 'tegen' ◆ *iets **mee** hebben*: voordeel van iets hebben; *we hebben de wind **mee***: we gaan van de wind af; *ze heeft haar gezicht **mee***: ze heeft een leuk gezicht.

**mee·bren·gen** (bracht mee, heeft meegebracht) *iets meebrengen*: iets ergens vandaan meenemen ◆ *iets met zich meebrengen*: (uitdr.) iets ten gevolge hebben; *dat **brengt** een hoop ellende met zich **mee**.*

**meed** → mijden.

**mee·de·len**, deftig: **me·de·de·len** (deelde mee, heeft meegedeeld) *iets meedelen*: iets bekendmaken ⇒ *berichten* ◆ *hierbij **deel** ik u **mee** dat …*: (begin van een zakelijke brief).

**mee·din·gen**, deftig: **me·de·din·gen** (dong mee, heeft meegedongen) *naar iets meedingen*: proberen iets te krijgen dat anderen ook proberen te krijgen ◆ *iedereen die de puzzel goed heeft opgelost, **dingt mee** naar de hoofdprijs*: al die mensen maken kans op de hoofdprijs.

**mee·do·gen·loos** (bijv. nw.) zonder mededogen* ⇒ *genadeloos, onbarmhartig.*

**mee·eter** (de ~ (m.); -s) vetpuistje.

**mee·gaan** (ging mee, is meegegaan) **1** bruikbaar blijven ◆ *die fiets **gaat** al jaren **mee*** **2** met iemand meegaan: het met iemand eens zijn ◆ *daarin kan ik met je **meegaan**.*

**mee·gaand** (bijv. nw.) gezegd van iemand die zich niet gauw ergens tegen verzet ⇒ *inschikkelijk.*

**mee·ge·ven** (gaf mee, heeft meegegeven) uitrekken of buigen als je er tegen duwt ◆ *het leer van haar nieuwe laarzen **geeft** niet **mee**.*

**mee·ko·men** (kwam mee, is meegekomen) *mee kunnen komen*: net zo snel en goed in iets zijn als anderen ◆ *zij kan niet **meekomen** op school*: zij leert langzamer dan de andere leerlingen.

**meel** (het ~) graan dat tot poeder gemalen is ◆ *om brood te bakken heb je **meel** nodig.*

**meel·draad** (de ~ (m.); -draden) steeltje met een knopje erop in een bloem, waarin het stuifmeel zit (kijk ook bij: *stuifmeel*).

**mee·le·ven** (leefde mee, heeft meegeleefd) *met iemand meeleven*: veel belangstelling voor iemand tonen als hem of haar iets overkomt ◆ *toen ze haar been gebroken had, **leefde** iedereen met haar **mee**.*

**mee·lij** → medelijden.

**mee·lo·per** (de ~ (m.); -s) iemand die het voorbeeld van anderen volgt zonder dat hij of zij een eigen mening heeft.

**mee·ma·ken** (maakte mee, heeft meegemaakt) *iets meemaken*: iets beleven, ergens bij zijn ◆ *zoiets heb ik nog nooit **meegemaakt**!*: (dit zeg je als er iets vreemds is gebeurd).

**mee·ne·men** (nam mee, heeft meegenomen) **1** *iets meenemen*: iets er even bij doen als je toch bezig bent ◆ *toen ze de muren aan het verven was, **nam** ze ook de plinten **mee**: die verfde ze ook* ▼ *dat is mooi **meegenomen**!*: dat is een fijn voordeeltje!

**meent** (de ~; -en) stuk grond, meestal een wei, dat niet van één persoon is, maar van meer mensen samen.

**mee·pra·ten** (praatte mee, heeft meegepraat) **1** *ergens over kunnen meepraten*: ergens over kunnen vertellen doordat je het meegemaakt hebt **2** met iemand meepraten: dingen zeggen die iemand graag wil horen ⇒ *slij-men, vleien*.

**meer**[1] (het ~; meren) grote waterplas die omsloten is door land ♦ *de Finse meren*.

**meer**[2] (bijw.) **1** naast dat wat al genoemd is, verder ♦ *wie waren er nog meer op zijn verjaardag?*; *onder meer*: (uitdr.) onder andere; *zonder meer*: (uitdr.) zonder dat je er nog over na hoeft te denken; *dat is zonder meer fout* **2** vaker ♦ *je moet wat meer je kamer opruimen* **3** verder in de tijd, langer ♦ *zij kon niet meer slapen; zijn oma is niet meer*: (uitdr.) ze is dood.

**meer**[3] → veel.

**meer·de·re**[1] (de ~; -n) iemand die een hogere rang heeft of die iets beter kan, het tegenovergestelde van 'min-dere' ♦ *in het leger moet je je meerdere groeten; hij is mijn meerdere in kracht: hij is sterker dan ik*.

**meer·de·re**[2] (hoofdtelw.) meer dan één ⇒ *verscheidene* ♦ *hij is meerdere keren gewaarschuwd*.

**meer·der·heid** (de ~ (v.)) grootste groep van een aantal groepen, het tegenovergestelde van 'minderheid' ♦ *de meerderheid was voor het voorstel; de meisjes zijn in de meerderheid: er zijn meer meisjes dan jongens*.

**meer·der·ja·rig** (bijv. nw.) boven de leeftijd waarop je voor de wet wordt beschouwd als volwassen (namelijk 18 jaar), het tegenovergestelde van 'minderjarig'.

**meer·keu·ze·toets** (de ~ (m.); -en) vragentest met bij ie-dere vraag een aantal mogelijke antwoorden, waaruit je het goede moet kiezen ⇒ *multiplechoicetoets*.

**meer·koet** (de ~ (m.); -en) zwarte watervogel met een witte snavel en een witte vlek op zijn kop.

**meer·paal** (de ~ (m.); -palen) paal voor een kade in het water om schepen aan vast te maken.

**meers** (de ~ (m.); -en) (in België □) lage, vochtige wei.

**meer·voud** (het ~; -en) (taal) vorm van een zelfstandig naamwoord of van een werkwoord die je gebruikt als het om meer dan één persoon of zaak gaat, het tegen-overgestelde van 'enkelvoud' ♦ *in 'de jongens lopen op straat' staan 'jongens' en 'lopen' in het meervoud*.

**mees** (de ~; mezen) gekleurd zangvogeltje dat ongeveer even groot is als een mus ♦ *koolmees; pimpelmees*.

**mee·sle·pen** (sleepte mee, heeft meegesleept) **1** iemand meeslepen: iemand ergens mee naar toe nemen terwijl hij of zij het niet of niet zo graag wil ♦ *zij sleepte haar zus mee naar de tandarts* **2** je door iets laten meeslepen: je gevoelens helemaal door iets laten bepalen ♦ *laat je niet door je verdriet meeslepen!; hij werd meegesleept door haar enthousiasme: doordat zij zo enthousiast was, kreeg hij er ook zin in*.

**mees·mui·len** (meesmuilde, heeft gemeesmuild) iets spottend en met een minachtende lach zeggen.

**meest** → veel.

**meest·al** (bijw.) in de meeste gevallen, bijna altijd ⇒ *door-gaans* ♦ *hij gaat meestal om acht uur 's morgens naar zijn werk*.

**mees·ter** (de ~ (m.); -s) **1** (vrouw: meesteres) iemand die de macht heeft, die de baas is ♦ *de knecht dient zijn meester; je van iets meester maken*: (uitdr.) iets in je macht of bezit krijgen door er moeite voor te doen **2** leerkracht, leraar ♦ *hebben jullie een meester of een juf-frouw?* **3** iemand die iets heel goed kan ♦ *de oude Hol-landse meesters: de beroemde Nederlandse kunstschil-ders van vroeger, zoals Rembrandt; hij is een meester in het liegen: hij kan heel goed liegen* **4** (titel van iemand die rechten heeft gestudeerd) ♦ *hij is meester in de rechten*.

**mees·ter·lijk** (bijv. nw.) heel erg goed ⇒ *voortreffelijk, magistraal* ♦ *Anton speelt meesterlijk piano*.

**mees·ter·werk** (het ~; -en) kunstwerk dat heel erg goed is ⇒ *meesterstuk* ♦ *die handgemaakte vaas is een mees-terwerk*.

**meet** (de ~; meten) (ouderwets) startstreep of eindstreep bij wedstrijden ♦ *van meet af aan*: (uitdr.) vanaf het be-gin.

**mee·tel·len** (telde mee, heeft meegeteld) samen met an-dere personen of dingen van belang zijn of waarde hebben ♦ *dat telt niet mee: dat is niet belangrijk, daar houden we geen rekening mee*.

**mee·ting** (Engels) [mieting] (de ~; -s) grote bijeenkomst, meestal in de open lucht.

**meet·kun·de** (de ~ (v.)) deel van de wiskunde dat zich bezighoudt met lijnen, vlakken en figuren ⇒ *geometrie*.

**mee·tro·nen** (troonde mee, heeft meegetroond) iemand meetronen: iemand meenemen nadat je hem of haar met vriendelijke woorden hebt overgehaald.

**meeuw** (de ~; -en) vogel die meestal wit is en die je vooral bij water ziet.

**mee·val·len** (viel mee, is meegevallen) beter of minder erg zijn dan je dacht, het tegenovergestelde van 'te-genvallen' ♦ *de pijn viel erg mee; het valt me van hem mee dat hij op tijd is: dat had ik niet van hem gedacht*.

**mee·val·ler** (de ~ (m.); -s) voordeel dat je niet verwacht had, het tegenovergestelde van 'tegenvaller' ♦ *het was een meevaller dat hij toch een voldoende had gehaald*.

**mee·wa·rig** (bijv. nw.) met een beetje medelijden.

**mee·wer·kend** (bijv. nw.) ▼ *het meewerkend voorwerp*: (taal) het zinsdeel waar 'aan' of 'voor' voor staat, of het zinsdeel waar je 'aan' voor kunt zetten; *in 'ik geef hem het boek' is 'hem' meewerkend voorwerp*.

**mee·zit·ten** (zat mee, heeft meegezeten) goed gaan, zon-der pech gebeuren ♦ *het zit hem niet mee: hij heeft geen geluk; als alles meezit, krijgen we het werk op tijd af: als er niets misgaat*.

**mega-** **1** heel groot ♦ *megaliet: heel grote steen; mega-watt: één miljoen watt* **2** heel geweldig, super ♦ *mega-hit; megaster*.

**me·ga·foon** (de ~ (m.); -s of megafonen) trechtervormige toeter die het geluid van je stem versterkt.

**me·ga·top-50** (de ~) lijst met de vijftig populairste pop-muzieknummers in een bepaalde week.

**mei** (de ~ (m.)) **1** vijfde maand van het jaar, ook wel 'bloeimaand' genoemd ♦ *in mei leggen alle vogeltjes een ei* **2** (in België □) groene tak of boom die op een nieuw huis geplaatst wordt, zodra er een dak op zit **3** (in België □) boom of mast versierd met linten en bloemen die vroeger omstreeks 1 mei op het dorpsplein werd opge-richt, en waaromheen werd gedanst.

**meid** (de ~ (v.); -en) **1** meisje, jonge vrouw ♦ *die meiden zitten de hele tijd te giechelen; zij is een aardige meid* **2** (ouderwets) dienstmeisje.

**mei·doorn** (de ~ (m.); -s) grote struik met doornen en met witte of rode bloemen in trossen ⇒ *haagdoorn*.

**mei·er** (de ~ (m.); -s) (in Nederland; populair) briefje van honderd gulden.

**mei·e·ren** (meierde, heeft gemeierd) (populair) zeuren ⇒ *za-niken, mekkeren*.

**mei·ke·ver** (de ~ (m.); -s) grote kever die in mei uit de grond te voorschijn komt.

**mei·klok·je** (het ~; -s) (in België □) lelietje-van-dalen.

**mein·eed** (de ~ (m.); -eden) het liegen voor de rechtbank, terwijl je gezworen hebt de waarheid te spreken ♦ *meineed plegen*.

**meis·je** (het ~; -s) **1** kind van het vrouwelijk geslacht ♦ *in de klas zitten evenveel meisjes als jongens* **2** vriendin met wie een jongen verkering heeft ♦ *mijn broer heeft* *een* **meisje** 3 jonge vrouw die bij een ander in de huishouding helpt ⇒ *dienstmeisje, meid* ◆ *een* **meisje** *voor halve dagen.*

**meis·jes·naam** (de ~ (m.); -namen) achternaam van een vrouw die ze al had voordat ze getrouwd was.

**mei·zoen·tje** (het ~; -s) madeliefje ⇒ *meibloempje.*

**mej.** (afkorting) *mej*uffrouw.

**me·juf·frouw** (de ~ (v.); -en) (officieel woord om een meisje of ongetrouwde vrouw aan te spreken; tegenwoordig mag je ook 'mevrouw' zeggen).

**me·kaar** (wederkerig vnw.) (spreektaal) elkaar ◆ *we houden van* **mekaar.**

**me·ka·niek** → mechaniek.

**mek·ka** (het ~) plaats waar je volop kunt genieten van je hobby ⇒ *paradijs, eldorado* ◆ *Parijs is het* **mekka** *van de modeontwerpers.*

**mek·ke·ren** (mekkerde, heeft gemekkerd) 1 *(van geiten en schapen):* 'bè-è-è-h' of 'mè-è-è-h' roepen 2 (populair) zeuren ⇒ *zaniken, meieren.*

**me·laats** (bijv. nw.) gezegd van iemand die aan lepra lijdt (kijk ook bij: **lepra**).

**me·lan·cho·liek** (bijv. nw.) in een sombere stemming ⇒ *zwaarmoedig, droefgeestig.*

**me·lan·cho·lisch** (bijv. nw.) *(van een temperament):* somber, zwaarmoedig.

**me·lan·ge** [mēlãnzje] (de ~ (m.) of het ~; -s) mengsel, vooral van koffie-, thee- en tabakssoorten.

**me·las·se** (de ~) stroperige massa die overblijft bij het maken van suiker.

**mel·den** (meldde, heeft gemeld) 1 *iets melden:* iets aan iemand laten weten, iets bekendmaken ⇒ *berichten, aankondigen* ◆ *iemand* **meldde** *dat er telefoon voor hem was; je ziek* **melden**: *bericht geven dat je ziek bent; niets te* **melden** *hebben:* (uitdr.) niet zo'n boeiende gesprekspartner zijn 2 *je melden:* naar iemand toe gaan om te laten weten dat je er bent ◆ *bezoekers moeten zich bij de portier* **melden.**

**mel·ding** (de ~ (v.); -en) keer dat je iets meldt* (bet.1) ◆ *brand***melding**: bericht aan de brandweer dat er ergens brand is; *ergens* **melding** *van maken:* iets noemen, iets vermelden.

**me·lig** (bijv. nw.) 1 (populair) grappig en flauw tegelijk ◆ *doe niet zo* **melig!** 2 gezegd van de rijpe vruchten die droog, korrelig en smakeloos zijn ◆ *een* **melige** *appel.*

**me·lis·se, me·lis** (de ~) geneeskrachtige plant uit Zuid-Europa, die ook als kruid wordt gebruikt ⇒ *citroenkruid.*

**melk** (de ~) witte vloeistof die uit de uiers van een zoogdier kan komen om een pasgeboren jong te voeden en uit de borsten van een vrouw om een baby te voeden ◆ *volle en magere* **melk**: melk van de koe met een hoog en met een laag vetgehalte; *niet veel in de* **melk** *te brokkelen hebben:* (uitdr.) niet veel te vertellen hebben, weinig invloed hebben; *kokos***melk**: wit sap dat in een kokosnoot zit.

**melk·boer** (de ~ (m.); -en) iemand die melk en meestal ook boter, kaas enz. verkoopt.

**mel·ken** (molk of melkte, heeft gemolken) 1 *een koe melken:* de melk* door een trekkende beweging uit de uiers laten komen 2 dieren melken: ze fokken of houden ◆ *duiven* **melken.**

**melk·ge·bit** (het ~; -ten) je eerste tanden en kiezen, waar andere voor in de plaats komen als je ongeveer zeven jaar bent.

**melk·koe** (de ~ (v.); meestal: melkkoetje) iemand die of iets dat je steeds voordeel brengt ◆ *het verhuren van die kamer brengt veel geld op, het is een mooi* **melkkoetje.**

**melk·muil** (de ~ (m.); -en) (populair) jonge man die nog

geen ervaring heeft ◆ *die* **melkmuil** *denkt dat hij precies weet hoe het bedrijf in elkaar zit.*

**melk·ro·bot** (de ~ (m.); -s of -ten) computergestuurde melkmachine.

**melk·weg** (de ~ (m.)) brede strook van heel veel sterren aan de hemel.

**mel·low house** (Engels) [mellohaus] (de ~ (m.)) benaming voor allerlei soorten lichtere housemuziek.

**me·lo·die** (de ~ (v.); melodieën) aantal verschillende tonen achter elkaar die samen zangerig klinken ⇒ *wijs* ◆ *zij speelde een mooie* **melodie** *op haar fluit.*

**me·lo·di·eus** (bijv. nw.) aangenaam om te horen ⇒ *zangerig, welluidend* ◆ *hij heeft een* **melodieuze** *stem.*

**me·lo·dra·ma** (het ~; -drama's) overdreven sentimenteel toneelstuk.

**me·lo·dra·ma·tisch** (bijv. nw.) overdreven sentimenteel.

**me·loen** (de ~; -en) grote, ronde of ovale vrucht met heel sappig vruchtvlees en veel pitjes.

**mem·braan** (de ~ of het ~; membranen) 1 vlies, dun huidje of plaatje dat een afscheiding vormt 2 metalen plaatje, bijv. in geisers en luidsprekers.

**me·men·to mo·ri** (Latijn) [mēmentoomoorie] (letterlijk: gedenk te sterven) (dit is een spreuk die zegt dat je steeds in gedachten moet houden dat je eens zult sterven).

**me·mo** (de ~ (m.) of het ~; memo's) (verkorting) memorandum.

**me·moi·res** (Frans) [mēmwaares] (zelfst. nw.; meervoud) persoonlijke herinneringen van iemand die interessante dingen heeft meegemaakt ◆ *de president van Amerika heeft zijn* **memoires** *geschreven.*

**me·mo·ran·dum** (Latijn) [mēmoorandum] (het ~; -s of memoranda) korte schriftelijke mededeling.

**me·mo·re·ren** (memoreerde, heeft gememoreerd) *iets memoreren:* iets in herinnering brengen door het te noemen ◆ *de directeur* **memoreerde** *in zijn toespraak de grote winst die het bedrijf had gemaakt.*

**me·mo·rie** (de ~ (v.)) 1 geheugen ◆ *hij is kort van* **memorie**: (uitdr.) hij kan dingen niet lang onthouden 2 (-s) tekst over een bepaald onderwerp ◆ *een* **memorie** *van toelichting:* uitleg van een minister bij zijn ontwerp van een nieuwe wet.

**me·mo·ri·se·ren** (memoriseerde, heeft gememoriseerd) *iets memoriseren:* iets van buiten leren.

**men** (onbep. vnw.) (gebruikt als je niet precies aangeeft welke mensen je bedoelt) 'de mensen' ⇒ *je, ze* ◆ **men** *moet zijn beloften altijd nakomen; in China eet* **men** *met stokjes.*

**me·na·ge·rie** [mēnaazjerie] (de ~ (v.); menagerieën of -s) verzameling getemde wilde dieren, bijv. bij een circus.

**me·neer** (de ~ (m.); meneren) 1 (woord waarmee je een volwassen man aanspreekt) ⇒ *mijnheer* ◆ **meneer**, *weet u hoe laat het is?* 2 volwassen man ◆ *er is een* **meneer** *aan de deur geweest.*

**me·nen** (meende, heeft gemeend) 1 *iets menen:* iets serieus bedoelen zoals je het zegt ◆ *je nieuwe jas is mooi, ik* **meen** *het; je* **meent** *het!:* (uitdr.) (dit zeg je wanneer je moeilijk kunt geloven wat iemand zegt) 2 *iets menen:* iets denken ◆ *zij* **meende** *dat hij op vrijdag al op bezoek zou komen* ▼ *het goed met iemand* **menen**: *iets voor iemand doen met goede bedoelingen.*

**me·nens** (bijv. nw.) ▼ *het is* **menens!**: het is ernst!

**men·ge·ling** (de ~ (v.); -en) verschillende dingen die bij elkaar gebracht zijn tot een geheel ◆ *het reisgezelschap was een* **mengeling** *van Engelsen en Fransen.*

**men·gel·moes** (de ~ of het ~; meestal: mengelmoesje) dingen of mensen door elkaar die erg van elkaar verschillen ⇒ *allegaartje, samenraapsel, ratjetoe* ◆ *zij spraken een* **mengelmoes** *van Nederlands en Engels.*

**men·gen** (mengde, heeft gemengd) **1** *twee of meer dingen mengen*: ze door elkaar doen ⇒ *mixen* ◆ *zij* **mengde** *twee kleuren verf*; *noten* **gemengd** *met rozijnen* **2** *je in iets mengen*: je met iets bemoeien ◆ *hij* **mengde** *zich in het gesprek.*

**meng·sel** (het ~; -s) geheel van stoffen die met elkaar gemengd\* (bet.1) zijn ⇒ *mix* ◆ *dat deeg is een* **mengsel** *van meel, boter en suiker.*

**men·hir** (de ~(m.); -s) grote, langwerpige steen uit de prehistorie.

**me·nie** (de ~) rode verfstof die o.a. op ijzer wordt gesmeerd om te voorkomen dat het roest.

**me·nig** (onbep. vnw.)(gebruikt om een vrij grote groep aan te duiden) ◆ **menig** *onderwijzer heeft moeite met de spelling*: vrij veel onderwijzers hebben er moeite mee.

**me·nig·een** (onbep. vnw.) vrij veel mensen ◆ **menigeen** *denkt daar anders over.*

**me·nig·maal** (bijw.)(ouderwets) vaak.

**me·nig·te** (de ~(v.); -n of -s) grote groep mensen ⇒ *massa, schare, drom* ◆ *op het plein stond een* **menigte** *te wachten tot de paus op het balkon zou verschijnen.*

**me·ning** (de ~(v.); -en) dat wat je van iets of iemand vindt ⇒ *opvatting, oordeel, standpunt, opinie* ◆ *hij geeft zijn* **mening** *over het voorstel*; *zij is van* **mening** *dat ...*: zij vindt dat ...; *zij hebben verschil van* **mening**: zij zijn het niet met elkaar eens.

**me·nin·gi·tis** (de ~(v.))(medisch) hersenvliesontsteking.

**me·nis·cus** (de ~(m.); -sen) schijf van kraakbeen in je knie ◆ *die voetballer heeft een* **meniscus**:(uitdr.) de schijf kraakbeen in zijn knie is beschadigd.

**me·nist** (de ~(m.); -en) iemand die doopsgezind is.

**men·nen** (mende, heeft gemend) *een paard mennen*: het met teugels besturen.

**me·no·pau·ze** (de ~) periode in het leven van een vrouw waarin haar menstruatie voorgoed ophoudt; meestal gebeurt dat als zij ongeveer 50 jaar is (kijk ook bij: **menstruatie**) ⇒ *overgang.*

**me·no·ra** (de ~(m.); menora's) kandelaar met zeven armen die in joodse kerken wordt gebruikt.

**mens** (zelfst. nw.; -en) **1** (de ~(m.)) wezen dat kan denken en praten ◆ *ik ben geen* **mens**: ik zie niemand; *wel alle* **mensen!**:(dit zeg je als je ergens verbaasd over bent); *onder de* **mensen** *komen*:(uitdr.) met anderen omgaan; *ik ben ook maar een* **mens!**:(uitdr.) ik kan ook niet alles!; *de inwendige* **mens** *versterken*:(uitdr.) iets eten; *grote* **mensen**:(uitdr.) volwassenen; *de* **mens** *wikt, maar God beschikt*:(uitdr.) als je plannen maakt, moet je er rekening mee houden dat alles anders af kan lopen dan je denkt; *hij heeft daar zijn* **mensen** *voor*:(uitdr.) hij heeft daar helpers, medewerkers voor **2** (de ~(m.)) iemand die ergens speciaal van houdt of die ergens speciaal voor geschikt is ◆ *zij is geen* **mens** *om de hele dag op kantoor te zitten*; *hij is een* **nachtmens**: hij werkt het liefst 's nachts **3** (het ~)(populair) vrouw ◆ *ik vind haar een raar* **mens**; *ach, dat arme* **mens!**

**men·sa** (de ~; mensa's)(letterlijk: tafel) goedkoop restaurant dat vooral bedoeld is voor studenten.

**mens·aap** (de ~(m.); -apen) aap die meer dan andere apen op een mens lijkt, bijv. een gorilla.

**men·se·lijk** (bijv. nw.) **1** gezegd van iets dat te maken heeft met de mens\* (bet.1) ◆ *het* **menselijk** *lichaam*; *vergissen is* **menselijk**: dat kan iedereen overkomen **2** zachtzinnig, niet wreed ⇒ *humaan* ◆ *de gevangenen werden* **menselijk** *behandeld.*

**men·se·lij·ker·wijs** (bijw.) ▼ **menselijkerwijs** *gesproken*: als je het bekijkt op een manier waarbij je rekening houdt met wat mensen kunnen; **menselijkerwijs** *gesproken is dat onmogelijk.*

**men·sen·dieck** (het ~) bepaald soort fysiotherapie (kijk ook bij: **fysiotherapie**).

**men·sen·heu·ge·nis** (zelfst. nw.) ▼ *sinds* **mensenheugenis**: zolang als men zich kan herinneren; *dat gebouw staat daar sinds* **mensenheugenis.**

**men·sen·ken·nis** (de ~(v.)) inzicht in het gedrag van mensen, zodat je van tevoren weet hoe ze zich zullen gedragen.

**men·sen·rech·ten** (zelfst. nw.; meervoud) rechten die ieder mens zou moeten hebben, bijv. het recht om je eigen mening te vertellen (in bepaalde landen hebben mensen die rechten niet).

**mens·heid** (de ~(v.)) alle mensen bij elkaar.

**men·sje·wiek** (de ~(m.); -en) aanhanger van een bepaalde stroming in het Russisch communisme.

**mens·kun·de** (de ~(v.)) leer van het lichaam van de mens.

**mens·on·waar·dig** (bijv. nw.) gezegd van iets dat niet bij de waardigheid van de mens past ◆ *de behandeling van de gevangenen was* **mensonwaardig.**

**men·stru·a·tie** (de ~(v.)) maandelijkse bloeding van het baarmoederslijmvlies bij vrouwen die geslachtsrijp zijn (kijk ook bij: **geslachtsrijp**) ⇒ *ongesteldheid.*

**men·stru·e·ren** (menstrueerde, heeft gemenstrueerd) *(van vrouwen)*: menstruatie\* hebben.

**mens·waar·dig** (bijv. nw.) gezegd van iets dat past bij de waardigheid van de mens ◆ *een* **menswaardig** *bestaan leiden.*

**men·taal** (bijv. nw.) wat de geest betreft, het tegenovergestelde van 'fysiek' ⇒ *geestelijk.*

**men·ta·li·teit** (de ~(v.); -en) manier waarop je denkt en voelt ⇒ *instelling, houding* ◆ *dat is geen* **mentaliteit!**:(dit zeg je als je iets afkeurt dat anderen hebben gedaan).

**men·thol** (de ~(m.)) sterk ruikende en sterk smakende stof uit de olie van de pepermuntplant, die o.a. wordt gebruikt in middelen tegen verkoudheid.

**men·tor** (de ~(m.); -s of -en), vrouw: **men·trix** (de ~(v.); mentrices) iemand die een groep leerlingen of studenten begeleidt en helpt bij problemen.

**me·nu** (de ~(m.) of het ~; menu's) **1** kaart in een restaurant waar alle gerechten op staan die je er kunt bestellen ⇒ *menukaart, spijskaart* ◆ *wat staat er op het* **menu** *vandaag?*: wat krijgen we vandaag te eten? **2** alle gerechten die samen een maaltijd vormen ◆ *dat is een lekker en goedkoop* **menu** **3** lijst van keuzemogelijkheden op het beeldscherm van een computer.

**me·nu·et** (de ~(m.) of het ~; -ten) dans met statige bewegingen.

**mep** (de ~; -pen) **1** klap ◆ *hij gaf de jongen een* **mep** *in zijn gezicht* ▼ *de volle* **mep** *betalen*:(populair) het hele bedrag.

**mep·pen** (mepte, heeft gemept) *iemand in zijn gezicht, op zijn hoofd enz. meppen*: iemand daar een mep\* geven ⇒ *slaan.*

**mer** (de ~(v.); -s) milieueffectrapportage; dit is een rapport waaruit moet blijken wat de gevolgen van een maatregel zijn voor het milieu.

**mer·ci** (Frans) [mersie](tussenw.) dankjewel.

**me·rel** (de ~; -s) zwarte of donkerbruine zangvogel.

**me·ren** (meerde, heeft gemeerd) *een schip meren*: het in een haven vastleggen.

**me·ren·deel** (het ~) het grootste gedeelte ◆ *het* **merendeel** *van de bezoekers vond de film mooi*: de meeste bezoekers.

**me·ren·gue** [mɛrɛ̃ɳɡə](de ~) bepaalde dans uit Midden-Amerika, met Spaanse en Afrikaanse invloed.

**merg** (het ~) zachte en vette stof binnen in botten ♦ *dat gehuil gaat door merg en been*: (uitdr.) het is erg doordringend; ook: *het raakt je van binnen, het is hartverscheurend.*

**mer·gel** (de ~ (m.)) vettige en vruchtbare aarde die bestaat uit klei en kalk.

**merg·pijp** (de ~; -en) bot waar merg in zit, dat je koopt bij de slager ♦ *van een mergpijp kun je soep trekken.*

**me·ri·di·aan** (de ~ (m.); meridianen) lengtecirkel.

**me·rin·gue** [mɛrɛ̃ʁə] (de ~ (m.); -s) (in België □) luchtig gebakje van eiwit en suiker ⇒ *schuimgebakje.*

**me·ri·tes** (zelfst. nw.; meervoud) verdiensten, positieve waarden ♦ *de merites van haar werk*: de goede dingen die ze ermee heeft bereikt; *iemand op zijn of haar merites beoordelen*: kijken naar het goede dat iemand gepresteerd heeft.

**merk** (het ~; -en) **1** teken op een voorwerp dat een speciale eigenschap aangeeft ⇒ *merkteken* ♦ *in de zilveren ring zit een merkje waaraan je kunt zien dat het echt zilver is* **2** naam die een fabrikant geeft aan alle producten die hij maakt ♦ *wat voor een merk auto is dat?; die jas is van een goed merk.*

**mer·ken** (merkte, heeft gemerkt) **1** *iets merken*: iets in de gaten krijgen, iets waarnemen ⇒ *bespeuren* ♦ *zij heeft niet gemerkt dat er iemand is binnengekomen; iemand iets laten merken*: iemand iets duidelijk maken zonder het direct te zeggen **2** *iets merken*: een teken op iets zetten ⇒ *markeren* ♦ *de bomen die omgehakt moeten worden, zijn gemerkt.*

**merk·lap** (de ~ (m.); -pen) lap met borduursteken en geborduurde figuurtjes die je erop gemaakt hebt om te oefenen.

**merk·waar·dig** (bijv. nw.) opvallend, bijzonder en vreemd ♦ *een merkwaardig begin; hij gedroeg zich merkwaardig.*

**mer·rie** (de ~ (v.); -s) vrouwtjespaard.

**mes** (het ~; -sen) voorwerp om mee te snijden ♦ *met mes en vork eten; het mes ergens in zetten*: (uitdr.) aan iets beginnen; ook: op iets bezuinigen; *iemand het mes op de keel zetten*: (uitdr.) iemand ergens toe dwingen; *onder het mes gaan*: (uitdr.) een operatie ondergaan; ook: iets moeilijks, bijv. een examen, ondergaan; *het mes snijdt aan twee kanten*: (uitdr.) (dit zeg je als iets op twee manieren voordeel oplevert).

**mes·ca·li·ne** (de ~ of het ~) drug waarvan je waanvoorstellingen krijgt (kijk ook bij: **drug**).

**me·sjo·che, me·sjok·ke** (bijv. nw.) (populair) gek, niet goed bij je hoofd ⇒ *mal, zot, dwaas, gesjochten* ♦ *ben je nou helemaal mesjoche?*

**mess** (de ~; -es) kantine voor legerofficieren.

**Mes·si·as** (de ~ (m.)) Jezus Christus als verlosser van de mensen ⇒ *Heiland.*

**mes·sing** (het ~) legering van koper en zink (kijk ook bij: **legering**).

**mest** (de ~ (m.)) uitwerpselen van vee ♦ *kunstmest*: niet-natuurlijke mest, die in een fabriek gemaakt is en gebruikt wordt om de grond vruchtbaarder te maken.

**mes·ten** (mestte, heeft gemest) *een dier mesten*: het dik en vet laten worden voor de slacht door het veel eten en weinig beweging te geven ⇒ *vetmesten* ♦ *een mestkalf.*

**mest·vaalt** (de ~; -en) mesthoop.

**met**[1] (bijw.) (spreektaal) net op hetzelfde moment ⇒ *tegelijk, juist* ♦ *met dat ik van de fiets af stap, komt de politie eraan.*

**met**[2] (voorz.) **1** (om aan te geven dat iets of iemand erbij is, of gebruikt wordt, het tegenovergestelde van 'zonder') ♦ *ze gaan met de hele familie op reis; patat met*

*mayonaise* **2** (in verschillende vaste combinaties van woorden) ♦ *met dank aan mevrouw van Vliet; laat me met rust; met wie spreek ik?*

**me·taal** (het ~; metalen) ondoorzichtige en meestal harde stof die makkelijk warmte en elektriciteit geleidt ♦ *goud, ijzer en kwik zijn metalen.*

**me·ta·foor** (de ~; metaforen) uitdrukking waarbij je duidelijk maakt wat je bedoelt door iets te noemen dat erop lijkt ♦ *we spreken van de kop van een spijker, maar dat is een metafoor.*

**me·ta·fy·si·ca** (de ~ (v.)) deel van de wijsbegeerte dat zich bezighoudt met bovenaardse, onstoffelijke dingen.

**me·ta·fy·sisch** (bijv. nw.) met de metafysica* te maken hebbend ⇒ *bovennatuurlijk.*

**me·tal·lic** (Engels) [mɛtɛlik] (bijv. nw.) met een glans als van metaal ♦ *metallic verf; metallic blauw.*

**me·ta·mor·fo·se** (de ~ (v.); -n of -s) gedaanteverwisseling ♦ *een metamorfose ondergaan*: heel sterk veranderen wat je uiterlijk betreft.

**me·tas·ta·se** (de ~ (v.)) (medisch) uitzaaiing van een kankergezwel op een andere plaats in het lichaam.

**met·een** (bijw.) **1** zonder dat er veel tijd verstrijkt ⇒ *onmiddellijk, direct, dadelijk, terstond* ♦ *ze kwam meteen* **2** tegelijkertijd ♦ *mag ik even opbellen en meteen even naar het toilet?*

**me·ten** (mat, heeft gemeten) **1** *iets meten*: bepalen hoe groot, lang, diep, breed of hoog iets is ♦ *de lengte meten* **2** een bepaalde afmeting hebben ♦ *zij meet 1.72 m* **3** *je met iemand meten*: uitproberen wie van de twee het sterkste of het beste is ♦ *jij kunt je niet met hem meten*: jij bent lang niet zo goed als hij.

**me·te·oor** (de ~ (m.); meteoren) stuk steen dat uit de ruimte de dampkring binnenkomt en daarbij verbrandt, ook 'vallende ster' genoemd.

**me·te·o·riet** (de ~ (m.); -en) meteoor* die niet helemaal verbrandt, maar op de aarde valt ⇒ *meteoorsteen.*

**me·te·o·ro·lo·gie** (de ~ (v.)) wetenschap van het weer.

**me·ter** (zelfst. nw.; -s) **1** (de ~ (m.)) afstand van 100 centimeter; dit is ongeveer een flinke stap van een volwassene ♦ *hij stond een paar meter van mij af* **2** (de ~ (m.)) apparaat om te meten* (bet.1) ♦ *een gasmeter*: die meet hoeveel gas je verbruikt **3** (de ~ (v.)) vrouw die een kind ten doop houdt bij de rooms-katholieken ⇒ *peettante.*

**met·ge·zel** (de ~ (m.); -len) iemand die je vergezelt.

**me·tha·don** (het ~) stof die ter vervanging van heroïne aan verslaafden gegeven wordt, en die minder hevige onthoudingsverschijnselen geeft (kijk ook bij: **heroïne**).

**me·tho·de** (de ~ (v.); -s of -n) doordachte en georganiseerde manier om iets te doen ♦ *ik heb leren lezen volgens de methode Aap, Noot, Mies; de methode om een deur te verven*: de handelingen die je in een bepaalde volgorde moet verrichten.

**me·tho·diek** (de ~ (v.)) leer van de methoden* die je moet volgen om iets te doen.

**me·tho·disch** (bijv. nw.) volgens een bepaalde methode* ♦ *hij begon methodisch op te ruimen*: grondig en ordelijk.

**Me·thu·sa·lem** (de ~) persoon uit de bijbel, die heel oud werd ♦ *zo oud als Methusalem*: heel erg oud.

**mé·tier** (Frans) [mɛtjeː] (het ~; -s) vak, beroep.

**metod-** ⇒ **method-.**

**me·triek** (bijv. nw.) ▼ *het metrieke stelsel*: het stelsel van maten en gewichten die tienvoudig van elkaar zijn, waarvan de meter en het kilogram de belangrijkste zijn.

**me·tro** (de ~(m.); metro's) ondergrondse trein.

**me·tro·noom** (de ~(m.); metronomen) apparaat dat tikt met een bepaalde snelheid en dat je gebruikt als hulpmiddel om maat te houden bij het spelen van muziek.

**me·tro·pool, me·tro·po·lis** (de ~; metropolen) grote stad waar mensen uit de hele wereld komen ⇒ *wereldstad*.

**me·trum** (het ~; -s of metra) regelmatige afwisseling van beklemtoonde en onbeklemtoonde lettergrepen in een gedicht ⇒ *maat* ♦ *het metrum van een versregel*.

**met·se·laar** (de ~(m.); -s) iemand die metselen* als zijn of haar beroep heeft.

**met·se·len** (metselde, heeft gemetseld) *iets metselen*: iets bouwen door stenen op elkaar te stapelen en met specie te voegen.

**met·ten** (zelfst. nw.; meervoud) **1** de eerste gebeden van de dag, die in de vroege ochtend in kloosters worden uitgesproken ▼ *korte metten met iets maken*: iets snel afwerken; *hij maakte korte metten met zijn tegenstander*.

**met·ter·daad** (bijw.) met daden, door iets te doen ♦ *zij steunde ons metterdaad*.

**met·ter·tijd** (bijw.) op den duur, over een tijdje ♦ *het zal mettertijd wel beter gaan*.

**met·worst** (de ~; -en) worst die gevuld is met gehakt varkensvlees.

**meu·bel** (het ~; -s of -en) nuttig voorwerp waarmee je een kamer inricht, zoals een tafel, stoel, bank, kast of bed ⇒ *meubelstuk*.

**meu·bi·lair** [meubileːr](het ~) alle meubels* bij elkaar ♦ *we hebben een heel nieuw meubilair aangeschaft*.

**meug** (zelfst. nw.) ▼ *ieder zijn meug*: laat iedereen maar doen waar hij zin in heeft.

**meun** (de ~(m.); -en) bepaald soort zeevis.

**meu·ren** (meurde, heeft gemeurd) **1** (populair) slapen ⇒ *pitten, maffen* **2** (populair) stinken.

**meu·te** (de ~; -n of -s) **1** troep jachthonden **2** (populair) grote groep mensen ♦ *de hele meute komt hier naar toe*.

**mevr.** (afkorting) *mevrouw*.

**me·vrouw** (de ~(v.); -en) **1** (woord waarmee je een volwassen vrouw aanspreekt) ♦ *dag, mevrouw Joosten!; aan mevrouw Dekoninck* **2** volwassen vrouw ♦ *die mevrouw was aan de beurt*.

**me·zelf** (wederkerend vnw.)(eerste persoon enkelvoud) ⇒ *mijzelf* ♦ *ik kon mezelf wel sláán!*

**mez·zo·so·praan** [medzoosoopraːn](de ~; mezzosopranen)(letterlijk: halve sopraan) zangstem die hoger klinkt dan een alt en lager dan een gewone sopraan.

**mg** (afkorting) *milligram*; dit is een duizendste gram.

**Mgr.** (afkorting) *Monseigneur*.

**mi** (zelfst. nw.) **1** (de ~(m.)) platte slierten Chinese deegwaar **2** (de ~) de derde noot van de toonladder.

**m.i.** (afkorting) *mijns inziens*; dit betekent: volgens mij.

**mi·auw** (tussenw.)(geluid van een miauwende kat).

**mi·au·wen** (miauwde, heeft gemiauwd) *(van katten)*: 'miauw' roepen ⇒ *mauwen*.

**mi·ca** (de ~(m.) of het ~) stof die op glas lijkt en tegen hoge temperaturen bestand is ♦ *er zaten mica ruitjes in de kachel*.

**micro-** heel klein, het tegenovergestelde van 'macro-' ♦ *een boek op microfilm*: waarvan de tekst is vastgelegd op een soort kleine fotootjes die je alleen met een vergrotingsapparaat kunt bekijken.

**mi·cro·be** (de ~; -n) heel klein organisme, bijv. een bacterie (kijk ook bij: **organisme**).

**mi·cro·foon** (de ~(m.); -s of microfonen) apparaat dat geluid opvangt en omzet in elektrische trillingen, waar-

door je het kunt versterken of vastleggen op een band ♦ *u moet wel in de microfoon spreken!*

**mi·cro·golf·oven** (de ~(m.); -s)(in België □) magnetron.

**mi·cron** (de ~(m.) of het ~; -s) een duizendste millimeter ⇒ *micrometer* ♦ *een haar van 80 micron dik*.

**mi·cros·coop** (de ~(m.); microscopen) toestel om kleine dingen vergroot te zien ♦ *iets onder de microscoop leggen*.

**mi·cros·co·pisch** (bijv. nw.) gezegd van iets dat zó klein is dat het alleen maar met een microscoop* te zien is ♦ *microscopische diertjes*.

**mid·dag** (de ~(m.); -en) **1** tijd tussen de ochtend en de avond ♦ *zondagmiddag; op woensdag hebben we 's middags vrij* ▼ *tussen de middag*: de tijd tussen de ochtend en de middag, ongeveer van twaalf tot twee.

**mid·dag·eten** (het ~) warme maaltijd tussen de middag.

**mid·del** (het ~) **1** (-s) het smalste deel van je romp ⇒ *taille* ♦ *hij sloeg zijn arm om haar middel* **2** (-en) dat wat je gebruikt om iets te bereiken of te maken ♦ *geneesmiddelen; een bakmiddel; weet jij een middeltje tegen stijve spieren?*: een geneesmiddel; *ik heb de middelen er niet voor*: (uitdr.) ik heb het geld er niet voor; *door middel van ...*: (uitdr.) door gebruik te maken van ...; *ze bracht hem op de hoogte door middel van een telefoontje*.

**mid·del·baar** (bijv. nw.) tussen laag en hoog in ♦ *middelbaar onderwijs*: het voortgezet onderwijs; *een man van middelbare leeftijd*: die ongeveer 50 jaar oud is.

**Mid·del·eeu·wen** (zelfst. nw.; meervoud) de periode tussen ongeveer 500 en 1500 na Chr..

**mid·del·eeuws** [ook: middeleeuws](bijv. nw.) **1** uit of van de Middeleeuwen* ♦ *een middeleeuws klooster* **2** heel erg ouderwets, achterlijk ♦ *jij hebt nog van die middeleeuwse ideeën!*

**mid·de·len** (middelde, heeft gemiddeld) *getallen middelen*: het gemiddelde ervan nemen.

**mid·del·lijn** (de ~; -en) rechte lijn die van een punt op een cirkel door het middelpunt naar een ander punt op die cirkel loopt ⇒ *diameter* ♦ *een buis met een middellijn van 80 cm*.

**mid·del·ma·tig** (bijv. nw.) niet zo erg goed ♦ *een middelmatige prestatie; je werk is zeer middelmatig*: het is nogal slecht.

**mid·del·punt** (het ~; -en) **1** punt dat precies in het midden van een figuur ligt ♦ *het middelpunt van een cirkel* **2** belangrijke plaats ⇒ *centrum* ♦ *Antwerpen is het middelpunt van de diamanthandel; zij was het middelpunt van de belangstelling*: (uitdr.) zij kreeg de meeste aandacht.

**mid·del·punt·vlie·dend** (bijv. nw.) gezegd van kracht die zich vanuit het middelpunt naar de buitenkant beweegt ⇒ *centrifugaal* ♦ *in een centrifuge wordt gebruik gemaakt van de middelpuntvliedende kracht*.

**mid·del·ste** (bijv. nw.) precies tussen twee uitersten in ♦ *ze is de middelste van drie kinderen; de middelste stoel is nog niet bezet*.

**mid·del·vin·ger** (de ~(m.); -s) middelste vinger van je hand.

**mid·den¹** (het ~; -s) punt dat net zo ver van het ene uiterste af ligt als van het andere ♦ *zij stond in het midden, tussen haar vader en haar moeder in; hij woont in het midden van de stad*: in het centrum; *te midden van ...*: (uitdr.) met ... om zich heen; *ergens het midden tussen houden*: (uitdr.) niet helemaal het een, maar ook niet helemaal het ander zijn; *iets in het midden brengen*: (uitdr.) iets zeggen tijdens een gesprek; *iets in het midden laten*: (uitdr.) ergens geen uitspraak over doen.

**mid·den**² (bijw.) in of bij het middelste punt ◆ *hij viel midden in de plas; midden op de dag:* als het volop licht is.

**mid·den·moot** (de ~) groep mensen die niet bij de besten horen maar ook niet bij de slechtsten.

**mid·den·rif** (het ~; -fen) gewelfde plaat van pezen en spieren tussen je borst- en buikholte.

**mid·den·schip** (het ~) grote centrale ruimte die zich uitstrekt in de lengterichting van een kerk.

**mid·den·school** (de ~; -scholen) **1** schooltype waarbij leerlingen van twaalf tot veertien jaar hetzelfde onderwijs krijgen, waarbij de keuze voor een ander schooltype nog even uitgesteld kan worden **2** (in België) school waarin de eerste graad (bet.5) van het secundair onderwijs is ondergebracht.

**mid·den·stand** (de ~(m.)) groep van zelfstandige winkeliers en zakenmensen met een klein bedrijf.

**mid·den·weg** (de ~(m.)) manier van doen waarbij je niet uitsluitend voor het één, maar ook niet uitsluitend voor het ander kiest ⇒ *tussenweg, compromis* ◆ *de gulden middenweg kiezen:* (uitdr.) de oplossing die het beste is omdat iedereen die kan accepteren.

**mid·der·nacht** (de ~(m.)) twaalf uur 's nachts.

**mid·get·golf** (Engels) [mɪdʒɛtκɔlf] (het ~) (letterlijk: dwerggolf) golfspel op een aantal kleine hindernisbanen ⇒ *minigolf.*

**mi·di** (het ~) roklengte tot halverwege de kuit.

**mid·voor** (de ~(m.); -s) (sport) speler die vanuit het midden van het veld de tegenpartij aanvalt.

**mie** → mi.

**mier** (de ~; -en) insect dat in grote kolonies op de grond leeft ◆ *rode bosmieren; zo arm als de mieren:* (uitdr.) heel erg arm.

**mie·ren** (mierde, heeft gemierd) **1** (populair) peuteren, prutsen ◆ *wat zit je toch aan dat slot te mieren?* **2** (populair) zeuren, zaniken ⇒ *meieren.*

**mie·ren·eter** (de ~(m.); -s) zoogdier met een lange snuit en een lange, kleverige tong, dat mieren eet.

**mie·riks·wor·tel** (de ~(m.); -s) scherp smakende wortel.

**mier·zoet** (bijv. nw.) zó zoet dat het niet lekker meer is.

**mie·ters** (bijv. nw.) (populair) heerlijk, fijn, geweldig ◆ *een mieterse vent.*

**mie·tje** (het ~; -s) **1** (scheldwoord voor een verwijfde homoseksuele man) ⇒ *nicht* ▼ *laten we elkaar geen mietje noemen:* laten we niet om de zaak heendraaien.

**mie·ze·ren** (miezerde, heeft gemiezerd) het miezert: het regent zachtjes ⇒ *motregenen.*

**mie·ze·rig** (bijv. nw.) **1** somber en regenachtig ⇒ *druilerig* ◆ *miezerig weer* **2** klein en onbetekenend ◆ *wat een miezerig ventje!*

**mi·grai·ne** [miɤʀɛːnə, in België: miɤʀɛːnə] (de ~) kloppende of bonzende hoofdpijn aan één kant van het hoofd, die regelmatig terugkeert.

**mi·grant** (de ~(m.); -en) iemand die verhuist naar een andere streek of een ander land.

**mi·gra·tie** (de ~(v.); -s) **1** verhuizing van bevolkingsgroepen naar een andere streek **2** regelmatige trek van dieren, vooral vogels, naar een andere streek.

**mi·hoen** (de ~(m.)) dunne Chinese deegslierten, een soort fijne spaghetti.

**mij** (vnw.) **1** (pers. vnw.) (eerste persoon enkelvoud; lijdend of meewerkend voorwerp) ⇒ *me* ◆ *geef het mij maar* **2** (wederkerend vnw.) me ◆ *ik vergis mij zelden.*

**Mij.** (afkorting) maatschappij.

**mij·den** (meed, heeft gemeden) iemand of iets mijden: iemand of iets uit de weg gaan, voorkomen dat je met die persoon of die zaak in aanraking komt ⇒ *ontwijken*

◆ *zij heeft Jean-Marie angstvallig gemeden;* hij *mijdt drukke winkels.*

**mijl** (de ~; -en) bepaalde lengtemaat ◆ *een zeemijl is 1851 meter; een Engelse mijl is 1609 meter; het hangt mij mijlen ver de keel uit:* (uitdr.) ik heb er ontzettend genoeg van; *dat is wel mijl op zeven!:* (uitdr.) dat is wel een grote omweg.

**mijl·paal** (de ~(m.); -palen) belangrijke gebeurtenis in iemands leven ◆ *het behalen van haar diploma was een mijlpaal in haar leven.*

**mij·me·ren** (mijmerde, heeft gemijmerd) over iets mijmeren: lang en peinzend over iets nadenken zonder dat je gedachten een bepaalde lijn volgen ◆ *ze mijmerde over vroeger.*

**mijn**¹ (de ~; -en) **1** ondergrondse plaats waar delfstof gewonnen wordt ◆ *een steenkolenmijn* **2** wapen dat ontploft zodra iets of iemand het aanraakt ◆ *een landmijn; een zeemijn.*

**mijn**² (bez. vnw.) (eerste persoon enkelvoud) van mij ◆ *mijn moeder; daar moet ik het mijne van weten:* (uitdr.) ik wil precies weten hoe dat in elkaar zit; *geen begrip hebben van mijn en dijn:* (uitdr.) rustig het eigendom van een ander meenemen of gebruiken.

**mijn·bouw** (de ~(m.)) het delven van grondstoffen in mijnen¹* (bet.1).

**mij·nen·ve·ger** (de ~(m.); -s) boot die zeemijnen onschadelijk maakt.

**mij·ner·zijds** (bijw.) (deftig) van mijn kant ◆ *mijnerzijds is er geen bezwaar.*

**mijn·heer** (de ~(m.); -heren) (woord waarmee je een volwassen man aanspreekt) ⇒ *meneer* ◆ *dag mijnheer!*

**mij·ter** (de ~(m.); -s) hoge bisschopsmuts ◆ *de mijter van Sinterklaas.*

**mij·zelf** (wederkerend vnw.) mezelf.

**mik** (de ~; -ken) **1** brood van rogge- of tarwemeel ◆ *een krentenmik* ▼ *het is dikke mik tussen die twee:* (populair) ze kunnen erg goed met elkaar opschieten; *dikke mik!:* (populair) bekijk het maar!

**mi·ka** → mica.

**mi·ka·do** (het ~) spel waarbij je steeds een stokje uit een hoop moet zien te halen zonder dat de andere stokjes bewegen.

**mik·ken** (mikte, heeft gemikt) **1** op iets mikken: op iets richten, proberen iets te raken ◆ *hij mikte op de vogel* **2** ergens op mikken: (populair) proberen iets te krijgen ◆ *zij mikt op een zetel in het parlement* **3** iets ergens op, in enz. mikken: (populair) iets ergens op, in enz. gooien ◆ *hij mikte zijn laarzen in een hoek.*

**mik·mak** (zelfst. nw.) ▼ *de hele mikmak:* (populair) alles bij elkaar.

**mik·punt** (zelfst. nw.) ▼ *het mikpunt van iets zijn:* het doelwit van iets zijn, degene zijn die mensen met iets willen treffen; *zij was het mikpunt van hun spot.*

**mikro(-)** → micro(-).

**mil.** (afkorting) militair.

**mild** (bijv. nw.) **1** zacht en vriendelijk ◆ *een milde blik:* een vriendelijke en welwillende blik; *een milde zeep:* zeep waar geen bijtende middelen in zitten; *een mild oordeel:* zachtzinnig, niet streng **2** gul, overvloedig ⇒ *royaal* ◆ *iemand mild belonen.*

**mi·lieu** [miljø] (het ~; -s) **1** sociale omgeving waarin je opgroeit ◆ *hij komt uit een asociaal milieu* **2** geheel van de leefomstandigheden van mensen, planten en dieren ⇒ *leefklimaat* ◆ *uitlaatgassen vormen een bedreiging voor het milieu.*

**mi·lieu·ef·fect·rap·por·ta·ge** (de ~(v.); -s) rapport over de gevolgen die een maatregel kan hebben voor het milieu ⇒ *mer.*

**milieuhygiëne** mi·lieu·hy·gi·e·ne (de ~) zorg voor het milieu.

**mi·lieu·vrien·de·lijk** (bijv. nw.) niet schadelijk voor het milieu (bet.2) ◆ *een milieuvriendelijk wasmiddel.*

**mi·li·tair¹** [mielietɛːr] (de ~(m.); -en) iemand die bij het leger werkt.

**mi·li·tair²** [mielietɛːr] (bijv. nw.) te maken hebbend met het leger ◆ *de militaire* politie: de speciale politie die bij het leger hoort.

**mi·li·tant** (bijv. nw.) strijdbaar, strijdvaardig ◆ *een militante bevrijdingsbeweging.*

**mi·li·ta·ris·me** (het ~) manier van denken van mensen die het leger heel erg belangrijk vinden.

**mi·li·ta·ry** (Engels) [mɪlittərie] (de ~; military's) ruiterwedstrijd die uit verschillende onderdelen bestaat.

**mil·jard** (hoofdtelw.) duizend maal miljoen; een één met negen nullen.

**mil·jar·den·no·ta** (de ~; -nota's) overzicht van de uitgaven en inkomsten die de regering voor een bepaald jaar verwacht ⇒ *miljoenennota.*

**mil·jard·ste** (rangtelw.) komend als nummer miljard.

**mil·joen** (hoofdtelw.) duizend maal duizend; 1.000.000.

**mil·joe·nen·no·ta** (de ~; -nota's) miljardennota.

**mil·joen·ste** (rangtelw.) komend als nummer miljoen ◆ *de miljoenste bezoeker krijgt een cadeau.*

**mil·jo·nair** [miljoonɛːr] (de ~(m.); -s) iemand die een miljoen* gulden of meer bezit.

**milk·shake** (Engels) [mɪlksjeek] (de ~; -s) drank die bestaat uit melk, ijs en vruchtensap.

**mil·le** [miel] (het ~) duizend gulden.

**milli-** een duizendste deel van ... ◆ *milligram; millimeter.*

**mil·li·bar** [mieliebaar] (de ~(m.)) (eenheid van luchtdruk; gebruikt in de meteorologie) (kijk ook bij: **meteorologie**).

**mil·li·me·te·ren** (millimeterde, heeft gemillimeterd) haar millimeteren: het zó kort knippen dat het nog maar een paar millimeter lang is.

**milt** (de ~; -en) orgaan in de linkerkant van je buik, dat o.a. je bloed zuivert ◆ *als je hard rent, kun je pijn in je milt krijgen.*

**mil·va** (de ~(v.); milva's) vrouw in dienst van de *Mil*itaire-*v*rouwen*a*fdeling.

**mime** [miem, in België: miemə] (de ~) theaterspel waarbij de spelers zich uitdrukken door gebaren, en niet door woorden ⇒ *pantomime* ◆ *mime spelen.*

**mi·mi·cry** (de ~) het verschijnsel dat sommige dieren, om niet opgemerkt te worden door hun vijanden, de kleur en soms ook de vorm aannemen van dingen uit hun omgeving.

**mi·miek** (de ~(v.)) de uitdrukkingen van je gezicht ◆ *zij heeft een levendige mimiek.*

**mi·mi·set** (de ~(m.); -s) set van drie tafeltjes die onder elkaar geschoven kunnen worden.

**mi·mo·sa** (de ~) sierheester met felgele bolle bloemetjes.

**min¹** (zelfst. nw.; -nen) **1** (de ~) minteken ◆ *voor getallen onder de nul moet je een min zetten* **2** (de ~) minpunt, het tegenovergestelde van 'plus' **3** (de ~(v.)) vrouw die het kind van iemand anders de borst geeft ⇒ *voedster, zoogster.*

**min²** (bijv. nw.) **1** onbetekenend ◆ *ben ik te min voor jou?:* vind je dat ik niet goed genoeg voor je ben?; *daar moet je niet te min over denken:* dat moet je niet onderschatten **2** slecht, gemeen ◆ *een minne streek.*

**min³** (bijw.) **1** negatief, minder dan nul, het tegenovergestelde van 'plus' ⇒ *minus* ◆ *het was min tien graden!* **2** weinig ◆ *je moet zo min mogelijk verspillen; hij is het*

*daar net zo min mee eens:* (uitdr.) hij is het er ook niet mee eens; *min of meer:* (uitdr.) enigszins.

**min⁴** (voorz.) (om aan te geven dat het tweede getal van het eerste moet worden afgetrokken, het tegenovergestelde van 'plus') ◆ *zeven min drie is vier.*

**min.** (afkorting) *min*uut.

**Mi·na** (zelfst. nw.) ▼ *dolle Mina's:* strijdvaardige feministen in de jaren '60 en '70.

**min·ach·ten** (minachtte, heeft geminacht) *iemand minachten:* op iemand neerkijken, iemand verachten.

**min·ach·ting** (de ~(v.)) het minachten* ◆ *een blik vol minachting.*

**mi·na·ret** (de ~; -ten) slank torentje dat bij een moskee hoort.

**mi·na·ri·ne** (de ~(v.); -s) (in België □) halvarine.

**min·der¹** (bijv. nw.) niet zo groot, goed, belangrijk enz. ◆ *de zieke is vandaag wat minder dan gisteren; mindere goden:* (uitdr.) mensen die niet tot de allerbekendsten behoren.

**min·der²** → weinig.

**min·der·broe·der** (de ~(m.); -s) lid van een onderafdeling van de kloosterorde van de franciscaner monniken.

**min·de·re** (de ~; -n) iemand die een lagere rang heeft of die iets minder goed kan, het tegenovergestelde van 'meerdere' ◆ *hij bleek haar mindere te zijn in rekenen.*

**min·de·ren** (minderde, heeft geminderd) **1** minder²* worden ⇒ *afnemen* ◆ *de pijn mindert al* **2** *iets minderen:* iets kleiner maken ◆ *aan het eind van de mouw moet je steken minderen:* (zodat het breiwerk smaller wordt); *vaart minderen:* langzamer gaan rijden, vliegen of varen.

**min·der·heid** (de ~(v.); -heden) kleinste groep van een aantal groepen ◆ *de jongens waren in de minderheid:* er waren minder jongens dan meisjes; *een culturele minderheid:* een groep van mensen met een andere cultuur die een klein deel van de bevolking uitmaakt.

**min·de·ring** (zelfst. nw.) ▼ *een bedrag in mindering brengen:* het aftrekken van het eindbedrag.

**min·der·ja·rig** (bijv. nw.) onder de leeftijd waarop je voor de wet wordt beschouwd als volwassen (namelijk 18 jaar), het tegenovergestelde van 'meerderjarig'.

**min·der·waar·dig** (bijv. nw.) **1** zonder waarde, slecht ◆ *een minderwaardig product:* dat van slechte kwaliteit is; *je minderwaardig voelen:* het gevoel hebben dat je als mens minder waard bent dan anderen **2** gemeen, slecht, af te keuren ◆ *hij heeft zich minderwaardig gedragen!*

**min·der·waar·dig·heids·com·plex** (het ~; -en) vast idee dat je als mens minder waard bent dan anderen.

**mi·ne·raal¹** (het ~; mineralen) **1** nuttige delfstof, bijv. erts en aardolie **2** stof die je in kleine of grote hoeveelheden nodig hebt om goed te functioneren, zoals kalk, fluor en kalium ◆ *brood zit vol eiwitten en mineralen.*

**mi·ne·raal²** (bijv. nw.) uit de aardkorst afkomstig ◆ *minerale brandstoffen.*

**mi·ne·raal·wa·ter** (het ~) water waar zouten of gassen in opgelost zijn en dat bestemd is voor consumptie ⇒ *bronwater.*

**mi·nes·tro·ne** [mienəstroonə] (de ~) dikke Italiaanse groentesoep met bonen en vermicelli.

**mi·neur** (de ~) toonsoort waardoor de muziek een beetje droevig klinkt ◆ *in mineur zijn:* (uitdr.) in een sombere, neerslachtige stemming.

**mi·ni** (het ~) mode waarbij de lengte van rokken en jassen heel kort is.

**mini-** klein ◆ *een minitheater; een minirok:* een heel korte rok.

**mi·ni·a·tuur** (de ~(v.); miniaturen) **1** afbeelding in het klein ◆ *een miniatuurtrein; een middeleeuws boek met miniaturen*: met kleurige versierde hoofdletters en met plaatjes ter versiering **2** heel klein geschilderd portret.

**mi·ni·disk** (de ~; -s) soort kleine compact disc, waarop je ook zelf muziek kunt opnemen, verplaatsen enz..

**mi·niem** (bijv. nw.) heel klein ◆ *een miniem verschil.*

**mi·nie·men** (zelfst. nw.; meervoud)(in België) spelers van tien tot twaalf jaar die deelnemen aan een sportcompetitie.

**mi·ni·ma** (zelfst. nw.; meervoud) mensen met het laagste inkomen.

**mi·ni·maal**¹ (bijv. nw.) zo klein mogelijk of uiterst klein ◆ *minimale verschillen; het minimale aantal deelnemers is tien*: het kleinste aantal dat mogelijk is.

**mi·ni·maal**² (bijw.) kleinst, geringst, het tegenovergestelde van 'maximaal' ◆ *je moet minimaal tien gulden storten*: je mag niet minder dan tien gulden storten.

**mi·ni·ma·li·se·ren** (minimaliseerde, heeft geminimaliseerd) *iets minimaliseren*: iets zo klein mogelijk maken ◆ *we proberen het risico te minimaliseren.*

**mi·ni·mum** (het ~; minima) minste, kleinste, laagste, het tegenovergestelde van 'maximum' ◆ *het minimumloon; we proberen de schade tot een minimum te beperken*: we proberen de schade zo klein mogelijk te houden; *de verwachte minimumtemperatuur voor de komende nacht is zes graden*: de laagste temperatuur die verwacht wordt.

**mi·ni·se·ren** (miniseerde, heeft geminiseerd) *iets miniseren*: iets zoveel mogelijk verminderen ◆ *het roken miniseren.*

**mi·nis·ter** (de ~(m.); -s) iemand die lid van de regering en hoofd van een ministerie* is ◆ *de minister van Onderwijs, Cultuur en Wetenschappen; een minister zonder portefeuille*: een minister zonder eigen ministerie; *de eerste minister*: de premier, de leider van de regering.

**mi·nis·te·rie** (het ~; -s) afdeling van een regering die zich met bepaalde zaken bezighoudt en waarvoor één minister* speciaal verantwoordelijk is ⇒ *departement* ◆ *het Ministerie van Landbouw, Natuurbeheer en Visserij; hij heeft zijn werkkamer op het ministerie*: in het gebouw waarin het ministerie gevestigd is; *Openbaar Ministerie*: dienst van de overheid die strafbare feiten moet achterhalen en de straffen daarvoor moet opleggen.

**mi·nis·te·ri·eel** (bijv. nw.) van een minister* ◆ *een ministerieel besluit.*

**mi·nis·ter·pre·si·dent** (de ~(m.); ministers-presidenten) de leider van de regering, het hoofd van de ministers* ⇒ *premier.*

**mi·ni·ze·ren** → miniseren.

**mink** (de ~(m.) of het ~) nerts.

**min·ku·kel** (de ~(m.); -s)(populair) domoor, sukkel.

**min·naar** (de ~(m.); -s of minnaren), vrouw: **min·na·res** (de ~(v.); -sen) **1** iemand die van je houdt en met wie je vrijt ⇒ *vrijer* **2** liefhebber ◆ *hij is een minnaar van de jacht.*

**min·ne** (de ~)(ouderwets) liefde ◆ *hoofse minne*: de liefde in de Middeleeuwen tussen ridders en jonkvrouwen; *een geschil in der minne schikken*: (uitdr.) het zó oplossen dat iedereen tevreden is.

**min·ne·ko·zen** (minnekoosde, heeft geminnekoosd) verliefd doen door lieve woordjes te zeggen en liefkozende gebaren te maken.

**min·ne·lijk** (bijv. nw.) ▼ *een minnelijke schikking*: een schikking zonder tussenkomst van de rechter.

**min·nen** (minde, heeft gemind) **1** (ouderwets) vrijen ◆ *minnende paartjes* **2** iets of iemand minnen: (ouderwets)

van iets of iemand houden, iets of iemand liefhebben ⇒ *beminnen* ◆ *ze mint de stilte.*

**min·punt** (het ~; -en) punt dat in het nadeel van iemand of iets is, het tegenovergestelde van 'pluspunt'.

**minst** → weinig.

**min·stens** (bijw.) niet minder dan, in ieder geval ⇒ *zeker* ◆ *er waren minstens dertig mensen; ik dacht minstens dat er brand was, toen je zo schreeuwde.*

**min·streel** (de ~(m.); minstrelen) rondreizende zanger in de Middeleeuwen.

**mint**¹ (de ~) munt (bet.3), een kruid met pepermuntsmaak.

**mint**² (bijv.) met een pastelgroene kleur.

**min·te·ken** (het ~; -s) teken waarmee je aangeeft dat iets ergens van afgetrokken moet worden (het teken '-- ').

**mi·nus** (bijw.) waarvan ... afgetrokken is of moet worden ⇒ *min* ◆ *drie minus twee is een.*

**mi·nus·cuul** (bijv. nw.) heel klein, bijna niet te zien ◆ *minuscule vlekjes.*

**mi·nu·ti·eus** (bijv. nw.) heel precies ⇒ *nauwgezet* ◆ *een minutieuze beschrijving.*

**mi·nuut** (de ~; minuten) **1** tijdsduur van 60 seconden ◆ *in drie minuten was hij klaar* **2** korte poos ⇒ *ogenblik, moment* ◆ *heb je een minuutje tijd?; hij zit geen minuut stil.*

**min·zaam** (bijv. nw.) vriendelijk, maar een tikje uit de hoogte ◆ *we werden minzaam ontvangen.*

**mi·ra·cu·leus** (bijv. nw.) wonderbaarlijk ◆ *een miraculeuze ontsnapping.*

**mi·ra·kel** (het ~; -s of -en) wonder ◆ *het is een mirakel!*: (uitdr.) het is niet te geloven!

**mi·ra·ku·leus** → miraculeus.

**mir·re** (de ~) lekker ruikende stof, namelijk gomhars van bepaalde bomen.

**mis**¹ (de ~; -sen) rooms-katholieke kerkdienst ◆ *een gezongen mis; de mis opdragen*: die als priester leiden.

**mis**² (bijv. nw.) **1** niet raak, naast het doel ◆ *zijn schot was mis* **2** fout, verkeerd ◆ *je hebt het helemaal mis; het is weer mis met hem*: hij heeft weer last van iets, bijv. van een ziekte, een stemming ▼ *dat is niet mis!*: dat is erg veel, erg goed!

**mi·san·troop** (de ~(m.); misantropen) mensenhater.

**mis·baar** (het ~) overdreven lawaai, geschreeuw ◆ *zij maakte groot misbaar over haar verloren kettinkje.*

**mis·bak·sel** (het ~; -s) lelijk, mislukt exemplaar.

**mis·bruik** (het ~) verkeerd gebruik ◆ *hij maakt misbruik van zijn macht; misbruik van de noodrem wordt gestraft.*

**mis·brui·ken** (misbruikte, heeft misbruikt) *iets misbruiken*: een verkeerd gebruik van iets maken ◆ *jij misbruikt zijn goedheid; de naam van God misbruiken*: vloeken.

**mis·daad** (de ~; -daden) slechte daad die strafbaar is ◆ *een misdaad begaan.*

**mis·da·dig** (bijv. nw.) gezegd van iets dat te maken heeft met een misdaad* ⇒ *crimineel* ◆ *een misdadige aanleg hebben.*

**mis·da·di·ger** (de ~(m.); -s), vrouw: **mis·da·dig·ster** (de ~(v.); -s) iemand die een misdaad* heeft begaan ⇒ *crimineel.*

**mis·deeld** (bijv. nw.) gezegd van iemand die veel minder heeft dan de meeste mensen ◆ *misdeelde kinderen.*

**mis·die·naar** (de ~(m.); -s) iemand die een priester helpt tijdens de mis.

**mis·doen** (misdeed, heeft misdaan) *iemand iets misdoen*: iemand onrechtvaardig behandelen ◆ *wat heb ik je misdaan, dat je zo boos op mij bent?*

**mis·dra·gen** (misdroeg, heeft misdragen) *je misdragen*: je slecht gedragen.

**mis·drijf** (het ~; misdrijven) **1** ernstige misdaad ⇒ *delict* **2** (in België; rechtspraak) elk strafbaar feit.

**mi·se-en-scè·ne** [miezáňsęne](de ~) **1** regeling van alles wat nodig is om een toneelstuk werkelijkheid te laten lijken **2** het in elkaar zetten van een plan.

**mi·se·ra·bel** (bijv. nw.) beroerd, slecht, ellendig ♦ *hij voelde zich miserabel; een miserabel klein beetje.*

**mi·sè·re** (de ~) ellende ♦ *in de misère zitten.*

**mi·se·rie** (de ~(v.)) (in België □) ellende.

**mis·ha·gen** (mishaagde, heeft mishaagd) *iemand mishagen:* (deftig) iemand geen genoegen doen, iemand niet bevallen ♦ *zijn gedrag mishaagt mij.*

**mis·han·de·len** (mishandelde, heeft mishandeld) *een mens of een dier mishandelen:* een mens of een dier pijn doen of verwonden ♦ *mishandelde kinderen.*

**mis·han·de·ling** (de ~(v.); -en) het mishandelen* ♦ *dierenmishandeling.*

**mis·ken·nen** (miskende, heeft miskend) *iemand miskennen:* iemand ten onrechte niet waarderen ♦ *hij voelde zich miskend: hij had het gevoel dat hij niet genoeg gewaardeerd werd.*

**mis·kleun** (de ~(m.); -en) (populair) grove vergissing ⇒ *flater, blunder.*

**mis·kleu·nen** (kleunde mis, heeft misgekleund) (populair) *een miskleun\* maken.*

**mis·koop** (de ~(m.); miskopen) aankoop van iets dat z'n geld niet waard is of dat je niet nodig blijkt te hebben.

**mis·kraam** (de ~ of het ~; -kramen) geboorte van een kind dat nog niet buiten de baarmoeder kan leven.

**mis·lei·den** (misleidde, heeft misleid) *iemand misleiden:* iemand opzettelijk iets laten denken wat niet waar is, iemand iets wijsmaken ⇒ *bedriegen.*

**mis·lo·pen** (liep mis, is misgelopen) **1** *iemand mislopen:* iemand net niet tegenkomen ♦ *we hadden bij het station afgesproken, maar we zijn elkaar misgelopen* **2** *iets mislopen:* iets net niet krijgen ♦ *als je iets later was gekomen, was je de traktatie misgelopen* **3** verkeerd gaan, fout aflopen ♦ *dat loopt mis!*

**mis·luk·ken** (mislukte, is mislukt) niet lukken, fout gaan ♦ *de goocheltruc mislukte.*

**mis·luk·king** (de ~(v.); -en) iets dat mislukt* is.

**mis·maakt** (bijv. nw.) gezegd van iemand die er door een lichamelijk gebrek afschuwelijk uitziet.

**mis·mees·te·ren** (mismeesterde, heeft mismeesterd) *iemand mismeesteren:* (in België □; ouderwets) iemand een verkeerde medische behandeling geven.

**mis·moe·dig** (bijv. nw.) neerslachtig, ontmoedigd ♦ *al die mislukkingen maakten haar mismoedig.*

**mis·noegd** (bijv. nw.) ontevreden, niet vergenoegd ♦ *misnoegd zat hij voor zich uit te staren.*

**mis·noe·gen** (het ~) ontevredenheid ⇒ *ongenoegen* ♦ *je het misnoegen van iemand op de hals halen.*

**mis·pak·ken** (mispakte, heeft mispakt) *je mispakken aan iets:* (in België □) je in iets vergissen ♦ *aan dat werk heb ik me lelijk mispakt.*

**mis·pel** (de ~; -s) bruine vrucht die lijkt op een pruim ♦ *zo rot als een mispel:* (uitdr.) heel erg rot.

**mis·plaatst** (bijv. nw.) niet passend bij de omstandigheden ♦ *een misplaatste grap.*

**mis·prij·zend** (bijv. nw.) afkeurend ♦ *misprijzend zag hij het geknoei aan.*

**mis·punt** (het ~; -en) onuitstaanbaar persoon ⇒ *ellendeling.*

**mis·re·ke·ning** (de ~(v.); -en) iets waar je op gerekend hebt, maar dat niet doorgaat ♦ *we dachten dat zij ons zou helpen, maar dat was een misrekening.*

**miss** (de ~(v.); -en of -es) (letterlijk: juffrouw) meisje dat een schoonheidswedstrijd heeft gewonnen ♦ *Miss Europa.*

**mis·saal** (het ~; missalen) boek waarin de teksten voor een mis[1*] staan ⇒ *misboek.*

**mis·schien** (bijw.) zoals zou kunnen, zoals denkbaar is ⇒ *mogelijk, wellicht* ♦ *hij is het misschien vergeten.*

**mis·se·lijk** (bijv. nw.) **1** met een akelig gevoel in je buik, alsof je moet overgeven ⇒ *onpasselijk* ♦ *ze werd misselijk van al dat snoep* **2** vervelend, onuitstaanbaar ♦ *een misselijke streek* ▼ *dat is niet misselijk!:* (populair) dat is veel!

**mis·sen** (miste, heeft gemist) **1** iets missen: iets niet raken, iets niet halen, iets niet benutten ♦ *hij heeft de trein gemist:* hij kwam te laat om nog mee te kunnen; *ik wilde er geen woord van missen:* ik wilde ieder woord horen; *het schot miste zijn doel:* het schot was niet raak **2** iemand of iets missen: sterk voelen dat iemand of iets er niet is ♦ *ik mis je zo, liefste* **3** iemand of iets missen: iemand of iets niet langer hebben ♦ *opeens merkte ik dat ik mijn portemonnee miste; die kinderen moesten hun moeder al jong missen:* hun moeder overleed toen de kinderen nog jong waren; *kunt u wat missen voor het goede doel?:* (uitdr.) wilt u wat geld geven? **4** ontbreken, weg zijn ♦ *er missen twee pionnetjes.*

**mis·ser** (de ~(m.); -s) **1** iets dat je verkeerd doet of verkeerd zegt ♦ *die opmerking van jou was een misser* **2** kans die je voorbij laat gaan.

**mis·sie** (de ~(v.)) **1** werk van missionarissen* **2** (-s) bijzondere opdracht, waarvoor je meestal op reis moet ♦ *missie volbracht!; hij ging met een geheime missie naar Parijs* **3** (-s) groep mensen met zo'n opdracht ♦ *een handelsmissie uit Japan.*

**mis·si·o·na·ris** (de ~(m.); -sen) rooms-katholiek die naar ontwikkelingslanden gaat om de mensen tot het geloof in God te bekeren.

**mis·si·ve** (de ~; -s of -n) (deftig) officiële brief.

**mis·slag** (de ~(m.); -en) vergissing, fout ♦ *een misslag begaan.*

**mis·staan** (misstond, heeft misstaan) **1** iemand misstaan: slecht bij iemand passen, iemand lelijk staan ♦ *die kleur misstaat je niet:* die staat je goed **2** iemand misstaan: niet passend, niet geschikt voor iemand zijn ♦ *dat brutale gedrag misstaat je.*

**mis·stand** (de ~(m.); -en) toestand die dringend verbeterd moet worden.

**mis·stap** (de ~(m.); -pen) verkeerde of slechte daad ♦ *een misstap begaan.*

**mist** (de ~(m.)) wolken vlak boven de grond, waardoor je niet ver kunt kijken ♦ *een dichte mist:* waarbij je niet verder kunt kijken dan 50 meter; *de mist trekt op:* hij verdwijnt langzaam; *de mist in gaan:* (uitdr.) helemaal mislukken.

**mist·bank** (de ~; -en) laag mist boven een vrij kleine oppervlakte.

**mis·ten** (mistte, heeft gemist) *het mist:* er hangt mist*.

**mis·ter** (Engels) [mistęr](de ~(m.); -s) (populair) meneer.

**mis·tig** (bijv. nw.) onhelder door mist* ♦ *het was te mistig om de overkant te zien; mistige ideeën:* (uitdr.) onduidelijke, vage ideeën.

**mis·tle·toe** (Engels) [misęltoo](de ~) struik die op boomtakken woekert, vooral op fruitbomen en eiken ⇒ *maretak.*

**mi·stral** (de ~(m.); -s) koude, droge wind in het zuidoosten van Frankrijk.

**mis·troos·tig** (bijv. nw.) een beetje treurig ⇒ *neerslachtig, somber.*

**mis·val** (de ~(m.); -len) (in België □; ouderwets) miskraam.

**mis·vat·ting** (de ~(v.); -en) idee dat niet klopt ♦ *het is een misvatting dat jullie geen huiswerk hoeven maken.*

**mis·ver·stand** (het ~; -en) het elkaar niet goed begrijpen ♦ *die ruzie berustte op een misverstand; een misverstand uit de weg ruimen:* ervoor zorgen dat mensen elkaar op een bepaald punt niet langer verkeerd begrijpen.

**mis·vor·men** (misvormde, heeft misvormd) *iets of iemand misvormen:* iets of iemand een afwijkende, lelijke vorm geven ♦ *zijn rug is misvormd door een bochel.*

**mi·tel·la** (de ~; mitella's) driehoekige draagdoek voor een gewonde arm, die je om je nek knoopt.

**mi·trail·leur** [mietraajeur] (de ~(m.); -s) vuurwapen dat heel snel achter elkaar kogels kan afvuren ⇒ *machinegeweer.*

**mits** (voegw.) alleen op voorwaarde dat ♦ *opa en oma komen morgen, mits de mist is opgetrokken.*

**m.i.v.** (afkorting) *met ingang van;* dit betekent: vanaf ♦ *m.i.v. 1 april zijn wij 's woensdags gesloten.*

**mix** (de ~(m.); -en) mengsel ♦ *een mix van noten en rozijnen; pannenkoekenmix:* mengsel van meel, rijsmiddelen enz., waar je alleen maar water bij hoeft te doen om beslag te maken.

**mixen** (mixte, heeft gemixt) *twee of meer dingen mixen:* ze mengen ♦ *cola mixen met rum.*

**mixer** (de ~(m.); -s) keukenapparaat om bestanddelen te mixen*.

**ml** (afkorting) *milliliter;* dit is één duizendste liter.

**mm** (afkorting) *millimeter;* dit is één tiende centimeter.

**m.m.** (afkorting) *mutatis mutandis;* dit is Latijn en het betekent: met de nodige veranderingen.

**mmm** (tussenw.) (om aan te geven dat je iets lekker vindt) ♦ *aardbeien met slagroom, mmm!*

**m.m.v.** (afkorting) *met medewerking van.*

**m.n.** (afkorting) *met name.*

**m'n** (bez. vnw.) (spreektaal) mijn.

**m.o.-ak·te** (de ~; -s of -n) (in Nederland) diploma waarmee je les mag geven op een middelbare opleiding.

**MOB** (het ~; MOB's) (in Nederland) *Medisch-Opvoedkundig Bureau.*

**mo·biel¹** (de ~ of het ~; -en) lichte voorwerpen die door middel van dwarslatjes en draadjes aan één hoofddraad hangen en die steeds door een luchtstroom bewogen worden.

**mo·biel²** (bijv. nw.) **1** verplaatsbaar ♦ *een mobiele bouwkeet* **2** inzetbaar op elke plaats ♦ *de mobiele colonne:* het legeronderdeel dat kan invallen waar het nodig is; *de mobiele eenheid (ME):* de speciaal getrainde politie die in Nederland bij rellen optreedt.

**mo·bi·le** → mobiel.

**mo·bi·li·sa·tie** (de ~(v.); -s) het mobiliseren* (bet.1).

**mo·bi·li·se·ren** (mobiliseerde, heeft gemobiliseerd) **1** *een leger mobiliseren:* het klaarmaken voor de oorlog **2** *iemand mobiliseren:* iemand tot actie brengen, iemand inschakelen ♦ *zij mobiliseerde al haar vrienden om haar te helpen bij de verhuizing.*

**mo·bi·lo·foon** (de ~(m.); -s) telefoon in vervoermiddelen die werkt via de radio.

**mo·cas·sin** (de ~(m.); -s) indianenschoen die bestaat uit een lap leer die van boven met een leren veter dichtgebonden wordt.

**mocht** → mogen.

**moch·ten** → mogen.

**mo·daal** (bijv. nw.) zoals het meest voorkomt, met alle eigenschappen van de grootste groep ♦ *een modale leerling:* een leerling die niet uitzonderlijk goed, maar ook niet heel slecht is, de doorsneeleerling; *een modaal inkomen:* een inkomen dat de meeste mensen in een land verdienen, dat dus niet heel laag of heel hoog is.

**mod·der** (de ~(m.)) mengsel van water en aarde ⇒ *slijk, blubber* ♦ *we zakten tot onze enkels in de modder; met modder gooien, iemand door de modder sleuren:* (uitdr.) kwaad van iemand spreken.

**mod·de·ren** (modderde, heeft gemodderd) aan iets werken zonder dat het lukt ⇒ *prutsen* ♦ *ik zit nu al een uur met die fiets te modderen.*

**mo·de** (de ~(v.); -s) bepaalde manier van doen of van kleden die een tijdlang in gebruik en populair is ⇒ *trend* ♦ *Nederlandse liedjes waren jarenlang uit de mode; aan de mode meedoen.*

**mo·del** (het ~; -len) **1** vorm die iets heeft of hoort te hebben ♦ *dit model wasmachine is alweer verouderd; wil jij mijn haar even in model kammen?* **2** voorbeeld van iets dat gemaakt moet worden ⇒ *ontwerp* ♦ *een model van gips; model staan voor iets:* (uitdr.) als voorbeeld dienen voor iets **3** iemand die poseert voor een foto of kunstwerk ♦ *een fotomodel* **4** iets dat in het klein nagemaakt is ⇒ *miniatuur* ♦ *een modelvliegtuigje.*

**model-** voorbeeldig, precies goed ♦ *een modelopa.*

**mo·del·le·ren** (modelleerde, heeft gemodelleerd) *iets modelleren:* een bepaalde vorm aan iets geven, iets in model* (bet.1) brengen.

**mo·del·wo·ning** (de ~(v.); -en) ingericht model* (bet.2) van huizen die te koop of te huur zijn.

**mo·dem** (de ~(m.) of het ~; -s) apparaat waarmee je berichten op de computer via een telefoonlijn naar een andere computer kunt sturen.

**mo·de·pop** (de ~; -pen) opgetutte vrouw die vooral mooi zit te zijn.

**mo·de·ra·men** (het ~) dagelijks bestuur van een kerkgemeenschap.

**mo·de·ra·tor** (de ~(m.); -s of -en) (in België □) iemand die een gesprek of een debat leidt.

**mo·dern** (bijv. nw.) **1** van deze tijd, het tegenovergestelde van 'antiek' en 'klassiek' ⇒ *hedendaags* ♦ *moderne kunst* **2** van nu, wat nu gebruikelijk of in de mode* is, het tegenovergestelde van 'ouderwets' ♦ *ouders met moderne opvattingen over de opvoeding.*

**mo·der·ni·se·ren** (moderniseerde, heeft gemoderniseerd) *iets, bijv. een huis, moderniseren:* iets aanpassen aan de smaak, eisen, stijl enz. van deze tijd.

**mo·de·show** [moodesjoow] (de ~(m.); -s) show waarop kleren getoond worden die de allernieuwste mode zijn.

**mo·di·eus** (bijv. nw.) volgens de mode* ♦ *Willem-Jan ziet er altijd erg modieus uit.*

**mo·dus** (de ~(m.); modi) manier, wijze ♦ *een modus om met elkaar om te gaan.*

**mo·dus vi·ven·di** (Latijn) [moodusfievendie] (letterlijk: manier van leven) voorlopige schikking tussen twee strijdende partijen.

**moe¹** (de ~(v.)) (verkorting) moeder.

**moe²** (bijv. nw.) **1** gezegd van iemand die toe is aan rust of slaap ♦ *ik ga naar bed, ik ben moe* ▼ *iets moe zijn:* ergens genoeg van hebben, iets zat zijn; *jongen, ik ben jouw gezeur moe!*

**moed** (de ~(m.)) **1** durf om iets moeilijks dat gedaan moet worden, te doen ♦ *hij had de moed niet om het haar te zeggen:* hij durfde het niet; *iemand moed inspreken:* (uitdr.) iemand bemoedigen; *met de moed der wanhoop iets doen:* (uitdr.) iets doen dat je eigenlijk niet durft, maar dat toch moet **2** vertrouwen op de goede afloop ♦ *vooral niet de moed opgeven!; ergens met frisse moed tegenaan gaan:* (uitdr.) ergens weer zin in hebben na een rustperiode; *de moed zonk me in de schoenen:* (uitdr.) ik werd helemaal moedeloos, ik had er geen vertrouwen meer in ▼ *het werd hem bang te moede:* hij werd bang.

**moe·de·loos** (bijv. nw.) door tegenslag geen moed* (bet.2) meer hebbend ⇒ *mismoedig* ◆ *het regent nu al meer dan een week, het is om moedeloos van te worden.*

**moe·der** (de ~(v.); -s) vrouw die een of meer kinderen gekregen heeft ◆ *dag meisje, is je moeder thuis?; moeder de vrouw:* (populair) (zo noemen sommige mannen hun vrouw); *zij wordt moeder:* ze krijgt een kind; *zij is moeders mooiste niet:* (uitdr.) (dit zeg je van iemand die lelijk is); *bij moeders pappot blijven zitten:* (uitdr.) veilig thuis blijven, nooit iets ondernemen.

**moe·der·dag** (de ~(m.)) feestdag voor moeders op de tweede zondag in mei.

**moe·de·ren** (moederde, heeft gemoederd) *over iemand moederen:* moederlijk, als een moeder* voor iemand zorgen.

**moe·der·haard** (de ~(m.); -en) kachel die tegelijk de ketel van de cv is.

**moe·der·koek** (de ~(m.); -en) weefsel in de baarmoeder waaraan het ongeboren kind of dier met de navelstreng vastzit en waardoor het voedsel en zuurstof krijgt ⇒ *placenta.*

**moe·der·lijk** (bijv. nw.) als een moeder*, zoals een moeder* doet ◆ *moederlijke zorg aan iemand besteden.*

**moe·der·over·ste** (de ~(v.); -n) non die aan het hoofd staat van een klooster ⇒ *abdis.*

**moe·der·schip** (het ~; -schepen) schip vanwaaraf andere schepen vertrekken of vanwaaraf vliegtuigen opstijgen.

**moe·der·schoot** (zelfst. nw.) ▼ *vanaf de moederschoot:* van jongs af aan.

**moe·der·taal** (de ~; -talen) taal die je het eerst geleerd hebt doordat je ouders die spreken.

**moe·der·vlek** (de ~; -ken) bruine vlek op je huid die er al vanaf je geboorte zit.

**moe·der·ziel** (bijw.) ▼ *moederziel alleen:* helemaal alleen, in je eentje.

**moe·dig** (bijv. nw.) vol moed* (bet.1) ⇒ *dapper, flink* ◆ *zo moedig als een leeuw:* (uitdr.) heel erg moedig.

**moed·wil** (de ~(m.)) boos opzet, kwade bedoeling ◆ *het was geen moedwil.*

**moed·wil·lig** (bijv. nw.) opzettelijk, expres ◆ *hij zit hier moedwillig de sfeer te verpesten.*

**moef·lon** (de ~(m.); -s) wild schaap.

**moei·lijk¹** (bijv. nw.) gezegd van iets dat veel inspanning kost, het tegenovergestelde van 'gemakkelijk' ◆ *wat een moeilijke som; oma loopt moeilijk:* het lopen kost haar veel inspanning; *een moeilijke jongen:* een lastige, onhandelbare jongen; *het ergens moeilijk mee hebben:* (uitdr.) iets niet goed kunnen oplossen of verwerken; *maak het jezelf niet zo moeilijk:* (uitdr.) vat alles niet zo zwaar op.

**moei·lijk²** (bijw.) bezwaarlijk ◆ *ik kan moeilijk doen of ik er niets van weet.*

**moei·lijk·heid** (de ~(v.); moeilijkheden) probleem ◆ *de moeilijkheid is, dat daar geen bussen rijden; hij zit in moeilijkheden:* hij heeft problemen.

**moei·te** (de ~(v.)) inspanning ◆ *het kost moeite; moeite doen voor iets:* je best doen om iets voor elkaar te krijgen; *met moeite:* nauwelijks, alleen met veel inspanning; *dat is de moeite waard:* dat is de inspanning die het kost waard, dat is mooi, leuk enz.; *dat gaat in één moeite door:* (uitdr.) dat kan ook nog wel even gedaan worden, tegelijk met het andere werk; *moeite hebben met iets:* (uitdr.) iets vervelend vinden, niet goed met iets om kunnen gaan.

**moei·zaam** (bijv. nw.) die of dat veel moeite* kost, stroef ◆ *een moeizaam gesprek.*

**moe·ke** (het ~; -s) (zo noemen sommige kinderen hun moeder).

**moer** (zelfst. nw.) **1** (de ~; -en) ijzeren ringetje met schroefdraad binnenin, waar je een bout in draait **2** (de ~(v.)) (ouderwets) moeder **3** vrouwtjeskonijn ▼ *naar zijn malle moer zijn:* (populair) kapot zijn; *dat kan me geen moer schelen:* (populair) helemaal niets.

**moe·ras** (het ~; -sen) drassig, modderig land waarin je wegzakt als je er loopt ◆ *iemand uit het moeras helpen:* (uitdr.) iemand uit de moeilijkheden halen.

**moer·bei** (de ~; -en) schijnvrucht van de moerbeiboom, die op een braam lijkt.

**moe·ren** (moerde, heeft gemoerd) *iets moeren:* (populair) iets kapotmaken, iets vernielen ⇒ *mollen.*

**moers·taal** (zelfst. nw.) ▼ *spreek je moerstaal!:* (populair) spreek je moedertaal! (dit zeg je als iemand moeilijke woorden gebruikt).

**moes** (het ~) tot pap gekookte vruchten ◆ *appelmoes; iemand tot moes slaan:* (uitdr.) iemand helemaal in elkaar slaan.

**moes·son** (de ~(m.); -s) wind die in de landen aan de Indische en de Grote Oceaan waait, in de zomer van zee naar land, in de winter andersom ◆ *de natte moesson:* wind die veel regen meevoert.

**moest** → **moeten.**

**moes·ten** → **moeten.**

**moes·tuin** (de ~(m.); -en) tuin waarin je groenten verbouwt ⇒ *groentetuin.*

**moet** (de ~; -en) deuk, afdruk van een kneep of iets dat knelt.

**moe·ten** (moest, heeft gemoeten) **1** verplicht zijn, niet anders kunnen ◆ *ik moet om acht uur thuis zijn; Lisa moest eraan geloven:* (uitdr.) Lisa was aan de beurt (voor iets vervelends); *die mensen moeten vroeger heel rijk geweest zijn:* men zegt dat ze vroeger heel rijk geweest zijn; *nodig moeten:* (uitdr.; populair) nodig naar de wc moeten **2** willen, wensen ◆ *moet je een kopje thee?; wat moet je?* ▼ *hoeveel moet ik je?:* (in België □) hoeveel geld krijg je van mij?

**mof** (zelfst. nw.; -fen) **1** (de ~) losse mouw van bont of van wol waar je allebei je handen in steekt om ze warm te houden **2** (de ~(m.)) (scheldnaam voor een Duitser).

**mof·fe·len** (moffelde, heeft gemoffeld) **1** *iets ergens in moffelen:* iets ergens stiekem in wegstoppen ◆ *Astrid moffelde een rol snoepjes in haar tas* **2** *iets, bijv. een fiets, moffelen:* iets onder hoge temperaturen van een laklaag voorzien.

**mo·ge** → **mogen.**

**mo·ge·lijk¹** (bijv. nw.) dat of die kan gebeuren of bestaan ◆ *hoe is het mogelijk!:* hoe bestaat het!; *dat houd ik niet voor mogelijk:* ik denk niet dat dat kan.

**mo·ge·lijk²** (bijw.) **1** misschien ◆ *mogelijk komt hij wat later* ▼ *zo ... mogelijk:* zo ... als kan gebeuren; *kom zo snel mogelijk!*

**mo·ge·lijk·heid** (de ~(v.); mogelijkheden) iets dat kan, dat mogelijk¹* is ◆ *dat behoort niet tot de mogelijkheden:* dat kan niet; *een baan met mogelijkheden:* met kansen om vooruit te komen.

**mo·gen** (mocht, heeft gemogen) **1** toestemming hebben ◆ *honden mogen hier niet los lopen; mag ik nog een koekje?* **2** nodig of wenselijk zijn ◆ *je mag wel oppassen!* **3** *iemand mogen:* iemand aardig vinden ◆ *ik mag haar graag* **4** *iets mogen:* (in België □; populair) iets lusten ◆ *ik mag geen vis* ▼ *hij mag er zijn:* hij is knap om te zien; *dat mocht je willen!:* je zou het leuk vinden, maar het gebeurt niet; *het mocht niet baten:* het hielp helaas niet; *mocht je ...:* als je toevallig ....

**mo·gend·heid** (de ~(v.); mogendheden) land dat zichzelf bestuurt ♦ *Amerika is een van de grote mogendheden.*

**mo·hair** [mooheːr] (zelfst. nw.) zachte geitenwol.

**Mo·ham·med** (de ~(m.)) belangrijkste profeet volgens de islam (kijk ook bij: **islam**).

**mo·ham·me·daan** (de ~(m.); mohammedanen), vrouw: **mo·ham·me·daan·se** (de ~(v.); -n) iemand die de profeet Mohammed navolgt, aanhanger van de islam (kijk ook bij: **islam**) ⇒ *moslim.*

**mo·hi·ka·nen** (zelfst. nw.) ▼ *de laatste der mohikanen*: de laatst overgeblevene van een groep die niet meer bestaat.

**mok** (de ~; -ken) beker met een oor ⇒ *kroes* ♦ *wil je koffie uit een mok?*

**mo·ker** (de ~(m.); -s) zware hamer met een rechthoekige kop.

**mok·ka** (de ~(m.)) **1** heel sterke koffie **2** crème of room met een koffiesmaak ♦ *mokkataart.*

**mok·kel** (de ~(v.); -s) (populair) meisje.

**mok·ken** (mokte, heeft gemokt) wel laten merken dat je boos bent maar niet precies zeggen waarom.

**Mo·kum** (het ~) (populair) Amsterdam.

**mol** (zelfst. nw.; -len) **1** (de ~(m.)) zwart diertje met grote graafpoten dat onder de grond leeft en daar tunnels graaft **2** (de ~) teken (♭) voor een muzieknoot om aan te geven dat die noot een halve toon lager gespeeld of gezongen moet worden.

**mo·le·cu·le** (de ~(m.) of het ~; -n) het allerkleinste deeltje van een stof dat nog alle eigenschappen van die stof heeft.

**mo·len** (de ~(m.); -s) **1** bouwwerk met wieken waarin iets gemalen wordt, waarmee water uit een polder wordt gepompt of waarmee energie wordt opgewekt ♦ *met molentjes lopen*: (uitdr.) gek zijn, niet goed bij je verstand zijn **2** voorwerp om iets mee te malen ♦ *koffiemolen; gehaktmolen.*

**mo·le·naar** (de ~(m.); -s) iemand die woont en werkt in een molen* (bet.1) waarin graan gemalen wordt ⇒ *mulder.*

**mo·len·steen** (de ~(m.); -stenen) elk van de twee zware, ronde stenen in een molen waartussen het graan fijngemalen wordt ♦ *dat hangt me als een molensteen om de nek*: (uitdr.) dat is een enorme last voor me, dat zit me erg dwars.

**mo·lest** (het ~) schade die met opzet is veroorzaakt.

**mo·les·te·ren** (molesteerde, heeft gemolesteerd) **1** *iemand molesteren*: iemand lastig vallen door handtastelijk te zijn **2** *iemand molesteren*: iemand in elkaar slaan.

**mo·liè·re** (Frans) [mooljɛːrə] (de ~(m.); -s) lage schoen met een vetersluiting.

**molk** → **melken.**

**mol·ken** → **melken.**

**mol·len** (molde, heeft gemold) *iets mollen*: (populair) iets kapot maken, iets vernielen ⇒ *moeren* ♦ *je molt dat horloge als je het zo strak opwindt.*

**mol·lig** (bijv. nw.) *(van mensen)*: zacht door veel vet, maar niet echt dik.

**molm** (de ~(m.) of het ~) brokkelig overblijfsel van verrot hout.

**mo·lo·tov·cock·tail** [moolootofkoktɛɪl] (de ~(m.); -s) fles met heel brandbare stoffen en een lont erin, die als bom gebruikt wordt.

**mols·hoop** (de ~(m.); -hopen) hoopje aarde dat omhooggekomen is doordat er een mol heeft gegraven ♦ *van een molshoop een berg maken*: (uitdr.) veel drukte maken om niets, iets erg overdrijven.

**mol·ton** (het ~) dikke, zachte stof van wol of katoen ♦ *onderlakens van molton.*

**mom** (zelfst. nw.) ▼ *onder het mom van ...*: onder de schijn van ...; *onder het mom van belangstelling probeerden ze mij uit te horen.*

**mom·bak·kes** (het ~; -en) masker als feestartikel.

**mo·ment** (het ~; -en) korte tijd ⇒ *ogenblik* ♦ *één moment dacht ik dat het de buurman was; Sinterklaas kan nu ieder moment komen.*

**mo·men·teel** (bijw.) op dit moment*, tegenwoordig.

**mo·ment·op·na·me** (de ~; -n) situatie op een willekeurig, niet speciaal uitgezocht moment (het kan dus op een ander moment anders zijn).

**mo·ment su·prê·me** (Frans) [moomãsuprɛːm] (het ~) precies het belangrijkste moment, het hoogtepunt ♦ *de fotograaf knipte op het moment suprême.*

**mom·pe·len** (mompelde, heeft gemompeld) *iets mompelen*: iets binnensmonds en daardoor onverstaanbaar zeggen ♦ *wat zit je daar te mompelen?*

**mo·narch** (de ~(m.); -en) alleenheerser, de koning of de keizer.

**mo·nar·chie** (de ~(v.); monarchieën) staatsvorm met een koning of keizer aan het hoofd.

**mo·nas·tiek** (bijv. nw.) met het kloosterleven te maken hebbend ♦ *het monastieke leven.*

**mond** (de ~(m.); -en) **1** holte achter je lippen waarin je gebit en tong zitten, en waarmee je praat en eet ♦ *hou je mond!*: zwijg, wees stil; *met de mond vol tanden staan*: (uitdr.) niet weten wat je moet zeggen; *iemand een grote mond geven, een grote mond opzetten tegen iemand*: (uitdr.) brutaal tegen iemand zijn; *ergens de mond van vol hebben*: (uitdr.) ergens voortdurend over praten; *iemand naar de mond praten*: (uitdr.) zeggen wat iemand naar jouw idee graag wil horen, met iemand meepraten om hem of haar te vleien; *niet op je mondje gevallen zijn*: (uitdr.) goed kunnen praten, nooit om een antwoord verlegen zitten; *het ging van mond tot mond*: (uitdr.) de een zei het tegen de ander, die het weer tegen de volgende zei enz.; *met twee monden spreken*: (uitdr.) nu eens het ene beweren, en dan weer precies het tegenovergestelde, net hoe het uitkomt; *een mondje Frans, Duits enz. spreken*: (uitdr.) een paar woorden Frans, Duits enz. spreken; *ga je mond spoelen*: (uitdr.) (dit zeg je tegen iemand die een lelijk of vies woord gezegd heeft); *iemand de mond snoeren*: (uitdr.) iemand dwingen te zwijgen; *beter hard geblazen dan de mond gebrand*: (spreekwoord) het is de moeite waard om voorzorgsmaatregelen te nemen **2** opening, ingang, toegang ♦ *de mond van een vulkaan.*

**mon·dain** [mondɛ̃] (bijv. nw.) horend bij een luxe en rijk leven ⇒ *werelds* ♦ *een mondaine vrouw.*

**mond·dood** (bijv. nw.) ▼ *iemand monddood maken*: iemand verbieden of beletten te zeggen wat hij of zij denkt.

**mon·de·ling** (bijv. nw.) door middel van het gesproken woord, het tegenovergestelde van 'schriftelijk' ♦ *een mondeling examen.*

**mond- en klauw·zeer** (het ~) besmettelijke ziekte onder koeien en varkens, waarbij blaren ontstaan in de mond en op de poten.

**mond·har·mo·ni·ca** (de ~(v.); -harmonica's) klein muziekinstrument dat je met de mond bespeelt ⇒ *mondorgel.*

**mon·di·aal** (bijv. nw.) dat of die met de wereld te maken heeft, wereldomvattend.

**mon·dig** (bijv. nw.) in staat om voor jezelf op te komen ♦ *een mondige patiënt*: die tegen de dokter durft te zeggen wat hij vindt en wil.

**mon·ding** (de ~(v.); -en) plaats waar een rivier in zee uitmondt.

**mond·jes·maat** (bijv. nw.) maar net genoeg, in erg kleine hoeveelheden.

**mond-op-mond·be·ade·ming** (de ~(v.)) kunstmatige beademing waarbij iemand met zijn of haar mond lucht in de mond van een ander blaast.

**mond·or·gel** (het ~; -s) mondharmonica.

**mond·stuk** (het ~; -ken) **1** deel van een blaasinstrument dat je tussen je lippen houdt **2** filter aan een sigaar of sigaret.

**mond·voor·raad** (de ~(m.)) eten voor onderweg ⇒ proviand, leeftocht.

**mo·ne·tair** [mɔonetɛːr] (bijv. nw.) te maken hebbend met het muntstelsel.

**mon·gool** (de ~(m.); mongolen) (minder gewenste benaming voor) iemand die lijdt aan het syndroom van Down (kijk ook bij: **syndroom**).

**mo·ni·tor** (de ~(m.); -s of monitoren) **1** soort televisiescherm waarop te zien is wat een tv-camera op dat moment filmt ⇒ beeldscherm **2** soort televisiescherm dat in ziekenhuizen wordt gebruikt om je hartslag zichtbaar te maken ◆ hij ligt aan de **monitor 3** (vrouw: monitrice) (in België) jeugdleider of sportleider **4** (in België) studiebegeleider ⇒ mentor.

**mon·nik** (de ~(m.); -en) man die in een klooster leeft ⇒ kloosterling ◆ gelijke **monniken**, gelijke kappen: (spreekwoord) voor mensen die in dezelfde situatie zijn, gelden dezelfde regels.

**mon·ni·ken·werk** (het ~) werk waarvoor veel geduld en nauwkeurigheid nodig is.

**mo·no** (bijv. nw.) (van geluid): over één spoor of kanaal opgenomen, afgedraaid of uitgezonden, het tegenovergestelde van 'stereo' ◆ het concert werd **mono** uitgezonden.

**mono-** enkel, uit één deel bestaand ◆ **mono**chroom: met één kleur.

**mo·no·cle** (de ~(m.); -s) ouderwets los brillenglas voor één oog.

**mo·no·gaam** (bijv. nw.) gezegd van een vrouw die met één man is getrouwd of van een man die met één vrouw is getrouwd, het tegenovergestelde van 'polygaam'.

**mo·no·ga·mie** (de ~(v.)) toestand waarin een man met één vrouw of een vrouw met één man getrouwd is, het tegenovergestelde van 'polygamie'.

**mo·no·gram** (het ~; -men) figuur van dooreengevlochten voorletters ◆ een theedoek met een geborduurd **monogram**; het **monogram** van de schilder op een schilderij: de eerste letters van zijn naam.

**mo·no·loog** (de ~(m.); monologen) gesprek waarbij één persoon lang achter elkaar praat, terwijl de anderen luisteren, het tegenovergestelde van 'dialoog' ⇒ alleenspraak ◆ een **monoloog** tegen iemand houden.

**mo·no·maan** (bijv. nw.) bezeten van één enkel idee.

**mo·no·po·lie** (het ~; -s of monopoliën) **1** recht om iets te doen, dat je als enige hebt ⇒ alleenrecht ◆ die zaak heeft het **monopolie** voor deze artikelen: alleen die zaak mag ze verkopen **2** gezelschapsspel waarbij je moet proberen zoveel mogelijk huizen en straten op het speelbord te kopen.

**mo·no·toon** (bijv. nw.) waarbij alle tonen dezelfde klank hebben ⇒ eentonig ◆ een **monotone** stem; een **monotoon** landschap: (uitdr.) dat saai en vlak is, zonder afwisseling.

**mon·seig·neur** (Frans) [mɔnsɛɲœr] (de ~(m.); -s) (titel van een hoge rooms-katholieke geestelijke, bijv. een bisschop).

**mon·ster** (het ~; -s) **1** griezelig, lelijk en groot dier, dat in sprookjes en verhalen voorkomt **2** kleine hoeveelheid van een product, om dat uit te proberen ◆ ik heb een paar **monster**tjes shampoo gekregen van de drogist.

**monster-** heel groot, heel bijzonder ◆ een **monster**zege: een grote overwinning.

**mon·ste·ren** (monsterde, heeft gemonsterd) iemand monsteren: iemand van top tot teen kritisch bekijken, iemand keurend opnemen.

**mon·ster·lijk** (bijv. nw.) afschrikwekkend, afschuwelijk ⇒ monstrueus, wanstaltig ◆ een **monsterlijke** misdaad; een **monsterlijke** jurk: een heel lelijke jurk.

**mon·strans** (de ~; -en) kastje dat versierd is met een stralenkrans van zilver of goud en waarin door een ronde opening een hostie te zien is (kijk ook bij: **hostie**).

**mon·stru·eus** (bijv. nw.) monsterlijk, monsterachtig.

**mon·ta·ge** [mɔntaːʒe] (de ~(v.)) het monteren* ◆ bij de kast zat een handleiding voor de **montage**; de **montage** van een film: het aan elkaar vastmaken van de filmstroken, zodat de scènes in de goede volgorde komen.

**mon·ter** (bijv. nw.) opgewekt, vrolijk.

**mon·te·ren** (monteerde, heeft gemonteerd) iets monteren: iets in elkaar zetten ◆ een film **monteren**; hij **monteerde** een bagagedrager op zijn fiets: die maakte hij erop vast.

**mon·tes·so·ri·school** (de ~; -scholen) school van een bepaald type waarbij ieder kind in zijn eigen tempo werkt.

**mon·teur** (de ~(m.); -s) iemand die auto's, machines en leidingen monteert* en repareert ◆ automonteur.

**mon·tuur** (de ~(v.) of het ~; monturen) bril zonder de glazen ⇒ brilmontuur.

**mo·nu·ment** (het ~; -en) bouwwerk of beeld dat bedoeld is om je aan iets of iemand te herinneren ⇒ gedenkteken ◆ er is een **monument** opgericht voor de slachtoffers uit de oorlog.

**mo·nu·men·taal** (bijv. nw.) gezegd van iets dat indrukwekkend is door zijn omvang ◆ een **monumentaal** gebouw.

**mooi** (bijv. nw.) **1** aangenaam om te zien, het tegenovergestelde van 'lelijk' ◆ een **mooi** meisje; een **mooi** schilderij; wie **mooi** wil zijn, moet pijn lijden: (uitdr.) als je er leuk uit wilt zien, moet je daar wat voor over hebben; **mooie** jongen ben jij!: (uitdr.) (dit zeg je als je het niet zo leuk vindt wat iemand gedaan heeft); daar ben je **mooi** mee!: (uitdr.) daar zit je mee opgescheept **2** gunstig, goed ◆ hij verdient een **mooi** salaris; daar zijn we nog **mooi** afgekomen!: zonder veel schade; het is weer **mooi** geweest!: zo is het voldoende, we stoppen!

**moon·boots** (Engels) [mœnbœts] (zelfst. nw.; meervoud) (letterlijk: maanlaarzen) lichte, dikke en warme laarzen van kunststof.

**moord** (de ~; -en) het opzettelijk doden van iemand ◆ een **moord** plegen; daar komt **moord** en doodslag van!: (uitdr.) grote ruzie; **moord** en brand schreeuwen: (uitdr.) heel hard schreeuwen.

**moord-** (populair) geweldig goed, aardig enz. ◆ een **moord**griet!

**moord·da·dig** (bijv. nw.) heel hevig, ontzettend ◆ een **moorddadige** kou.

**moor·den** (moordde, heeft gemoord) mensen met opzet doden.

**moor·de·naar** (de ~(m.); -s), vrouw: **moor·de·na·res** (de ~(v.); -sen) iemand die een moord* gepleegd heeft.

**moor·dend** (bijv. nw.) zoveel inspanning kostend dat je eraan ten onder gaat ⇒ slopend ◆ dat zware werk is **moordend** voor je gezondheid.

**moot** (de ~; moten) afgesneden stuk, meestal van vis ◆ iets in **mootjes** hakken: iets helemaal fijnhakken; iemand in **mootjes** hakken: (uitdr.) iemand vernederen, vernietigende kritiek op iemand hebben.

**mop** (de ~; -pen) **1** grap ◆ *vertel nog eens een mop; moppen tappen* **2** bepaald soort koekje ◆ *Weesper moppen* **3** (ouderwets; populair) wijsje, melodie.

**mop·pe·ren** (mopperde, heeft gemopperd) dingen zeggen uit ontevredenheid over iemand of iets ⇒ brommen ◆ *op iemand mopperen; 'kunnen jullie geen vijf minuten je mond houden?', mopperde de juf.*

**mop·pig** (bijv. nw.)(populair) grappig, leuk ◆ *wat een moppig theepotje!*

**mops·hond** (de ~ (m.); -en) kleine hond met een platte snuit.

**mo·raal** (de ~ (v.)) **1** opvatting over hoe je hoort te leven, over wat je moet doen en laten, over wat goed en slecht is ◆ *de christelijke moraal; een dubbele moraal hebben:* (uitdr.) iets wel goedvinden als de een het doet en het niet goedvinden als de ander het doet **2** wijze les ◆ *de moraal van dit verhaal.*

**mo·ra·li·se·ren** (moraliseerde, heeft gemoraliseerd) anderen vertellen hoe het hoort volgens jou, zedepreken ◆ *de schrijver moraliseert in zijn boek.*

**mo·ra·lis·tisch** (bijv. nw.) met een duidelijke en wat opdringerige moraal* (bet.2).

**mo·ra·li·ze·ren** → moraliseren.

**mo·ra·to·ri·um** (het ~; moratoria) uitstel, tijdelijke opschorting ◆ *er wordt gestreefd naar een moratorium van kernproeven.*

**mor·bi·de** (bijv. nw.) ziekelijk en een beetje eng ◆ *ze heeft een morbide belangstelling voor oorlogsverhalen.*

**mo·reel**[1] (het ~) kracht die maakt dat je je inzet en dat je doorzet als je je erg voor iets moet inspannen ◆ *de generaal hield een toespraak om het moreel op peil te houden.*

**mo·reel**[2] (bijv. nw.) met de moraal* (bet.1) te maken hebbend ◆ *je hebt de morele verplichting haar te helpen; hij heeft morele bezwaren tegen het eten van vlees.*

**mo·rel** (de ~; -len) grote, zure kers.

**mo·re·ne** (de ~; -s of -n) puin aan de rand van een gletsjer.

**mo·res** (zelfst. nw.) ▼ *iemand mores leren:* iemand flink straffen, zodat die persoon duidelijk wordt hoe hij of zij zich voortaan moet gedragen.

**mor·fi·ne** (de ~) verdovend middel dat uit opium gemaakt wordt en dat als pijnstiller wordt gebruikt (kijk ook bij: **opium**).

**mor·gen**[1] (de ~ (m.)) tijd vanaf zonsopgang tot de middag ⇒ ochtend ◆ *'s morgens sta ik vroeg op; goede morgen!; de morgen breekt aan:* het wordt dag.

**mor·gen**[2] (bijw.) de dag na vandaag ◆ *morgen gaan we weg; ja, morgen brengen!:* (uitdr.; populair)(dit zeg je als je ergens geen zin in hebt).

**mor·gen·rood** (het ~) roodgekleurde lucht bij zonsopgang.

**mor·gen·stond** (de ~ (m.)) de eerste uren van de dag, de vroege ochtend ◆ *de morgenstond heeft goud in de mond:* (spreekwoord) je bereikt het beste resultaat als je vroeg begint te werken.

**mor·mel** (het ~; -s) vervelende of lelijke hond.

**mor·moon** (de ~ (m.); mormonen) lid van de Noord-Amerikaanse godsdienstige sekte van Mormon.

**Mor·pheus** [morfuis of morfeus] (de ~) Griekse god van de slaap ◆ *in Morpheus' armen liggen:* (uitdr.) slapen.

**mor·re·len** (morrelde, heeft gemorreld) aan iets, bijv. een slot of een deur, morrelen: proberen iets open te krijgen zonder dat je een sleutel hebt, aan iets rammelen.

**mor·ren** (morde, heeft gemord) binnensmonds en onverstaanbaar je ontevredenheid uiten ◆ *zonder morren ging ze mee:* zonder te protesteren.

**mor·se** (het ~) alfabet waarvan de letters bestaan uit punten en strepen, en dat wordt gebruikt om te seinen.

**mor·sen** (morste, heeft gemorst) iets, bijv. eten of drinken, morsen: een gedeelte van iets per ongeluk laten vallen ◆ *pas op, je morst melk.*

**mor·sig** (bijv. nw.) viezig, maar niet echt smerig ◆ *een morsig uiterlijk.*

**mor·tel** (de ~ (m.)) mengsel van kalk, water en zand, om mee te metselen ⇒ metselspecie.

**mor·tier** (de ~ (m.) of het ~; -en) **1** bepaald soort kanon **2** kom met stamper, waarin apothekers stoffen fijnmaken ⇒ vijzel.

**mor·tu·a·ri·um** (het ~; mortuaria of -s) ruimte waar doden liggen, bijv. in een ziekenhuis.

**mos** (het ~; -sen) klein, laag plantje dat o.a. op vochtige plekken en op rotsen groeit.

**mos·kee** (de ~ (v.); moskeeën) kerk van mohammedanen.

**mos·lim** (de ~ (m.); -s) aanhanger van de islamitische godsdienst ⇒ mohammedaan.

**mos·sel** (de ~ (m.); -s of -en) **1** eetbaar schelpdier met een blauwzwarte schelp ◆ *mossel noch vis,* of: *mossel noch vlees:* (in België □; populair) noch het een noch het ander **2** (in België □; populair) lam, futloos mens ⇒ slappeling.

**most** (de ~ (m.)) vruchtensap dat niet gegist is, meestal druivensap.

**mos·terd** (de ~ (m.)) bruingeel mengsel van gemalen mosterdzaad, azijn en zout ◆ *grove of fijne mosterd:* met grof- of fijngemalen zaadjes; *dat is mosterd na de maaltijd:* (uitdr.) daar heb je nu niets meer aan, dat komt te laat.

**mot** (de ~) **1** (-ten) klein, grauw vlindertje, waarvan de larven textiel, vooral wol, eten ◆ *de mot zit in die trui* **2** (populair) ruzie ◆ *mot hebben.*

**mo·tel** (het ~; -s) hotel voor automobilisten.

**mo·tet** (het ~; -ten) meerstemmig lied met een bijbelse tekst.

**mo·tie** (de ~ (v.); -s) voorstel dat een vergadering doet over iets dat niet aan die vergadering is voorgelegd ◆ *een motie indienen in het parlement; een motie van wantrouwen:* een uitspraak waaruit blijkt dat het beleid van een minister of van het hele kabinet door de leden van het parlement wordt afgekeurd; *die opmerking beschouw ik als een motie van wantrouwen tegen mij:* (uitdr.) uit die opmerking blijkt dat men mij niet vertrouwt.

**mo·tief** (het ~; motieven) **1** reden waarom je iets doet ⇒ drijfveer, beweegreden ◆ *wat is jouw motief om naar de universiteit te gaan?* **2** figuurtje dat regelmatig herhaald wordt en dat als versiering dient ⇒ patroon ◆ *een bloemmotief.*

**mo·ti·va·tie** (de ~ (v.)) zin om iets te doen omdat je denkt dat het nut heeft; het gemotiveerd* (bet.2) zijn ◆ *hij mist de motivatie om het examen over te doen.*

**mo·ti·ve·ren** (motiveerde, heeft gemotiveerd) **1** iets motiveren: motiveren* (bet.1) voor iets geven ◆ *kun je de keuze motiveren?* **2** iemand ergens voor motiveren: ervoor zorgen dat iemand het belang ervan inziet om iets te doen ◆ *ik zal proberen een paar leerlingen voor het schoonmaakwerk te motiveren; ze was niet gemotiveerd.*

**mo·tor** (de ~ (m.); -en of -s) **1** machine die gevoed wordt door brandstof en die een kracht levert waarmee iets in beweging gezet kan worden ◆ *een benzinemotor; ze is de motor achter het werk:* (uitdr.) zij is degene van wie de actie uitgaat **2** motorfiets.

**mo·tor·fiets** (de ~; -en) vervoermiddel met twee wielen en een krachtige motor ⇒ motor.

**mo·tor·home** (Engels) [mooterhoom] (de ~; -s) luxe kampeerbus ⇒ camper.

**mo·to·riek** (de ~(v.)) manier waarop je je beweegt ♦ *ze heeft een houterige motoriek.*

**mo·to·risch** (bijv. nw.) met de motoriek* te maken hebbend ♦ *hij is motorisch gestoord:* hij heeft een afwijking in zijn manier van bewegen.

**mo·tor·rij·tuig** (het ~; -en) vervoermiddel met een motor die een bepaald vermogen heeft (kijk ook bij: **vermogen**).

**mot·re·gen** (de ~(m.)) regen die bestaat uit heel kleine druppeltjes.

**mot·ten·bal** (de ~(m.); -len) balletje van een stof waarvan mottenlarven doodgaan, dat je tussen wollen kleding legt.

**mot·tig** (bijv. nw.) *(van het weer):* (in België □) regenachtig, mistig.

**mot·to** (het ~; motto's) spreuk of zin die kort en krachtig weergeeft waar het om gaat ⇒ *zinspreuk* ♦ *voor in het boek staat een motto; 'vroeg opstaan', dat is mijn motto; onder het motto van ...:* (uitdr.) onder het voorwendsel van ....

**moun·tain·bike** (Engels) [mauntǝnbajk] (de ~(m.); -s) stevige fiets met dikke banden en een recht stuur, waarmee je ook over hobbelig terrein kunt fietsen.

**mous·se** [mœs] (de ~) **1** schuimachtig toetje waar stijfgeklopte room of stijfgeklopt eiwit in verwerkt is ♦ *chocolademousse* **2** (in België □) schuimrubber.

**mous·se·rend** [mœseerǝnt] (bijv. nw.) *(van wijn):* schuimend, bruisend door koolzuurgas.

**mout** (de ~(m.) of het ~) graan, meestal gerst, dat ontkiemd en daarna gedroogd is.

**mouw** (de ~; -en) deel van een kledingstuk dat om je arm past ♦ *iemand iets op de mouw spelden:* (uitdr.) iemand maar wat wijsmaken; *iets uit je mouw schudden:* (uitdr.) iets kunnen zonder er moeite voor te doen; *ergens geen mouw aan weten te passen:* (uitdr.) niet weten hoe je iets voor elkaar moet krijgen; *iets in de mouw hebben:* (in België □) niet te vertrouwen zijn, niet oprecht zijn; *iemand de mouw vegen, strijken:* (in België □) iemand vleien.

**mozaïek** mo·za·iek (het ~; -en) figuur die samengesteld is uit een heleboel stukjes van bijv. gekleurd glas of gekleurde steen.

**MPI** (het ~; MPI's) (in België) **M**edisch **P**edagogisch **I**nstituut.

**mr.** (afkorting) (in Nederland) **m**eester; dit is de titel van iemand die rechten gestudeerd heeft.

**ms.** (afkorting) **m**otor**s**chip.

**mts** (de ~; -en) (in Nederland) **m**iddelbare **t**echnische **s**chool.

**mud** (de ~ of het ~; -den) inhoudsmaat voor droge stoffen, gelijk aan 100 liter ⇒ *hectoliter* ♦ *een mud aardappelen.*

**mues·li** → müsli.

**muf** (bijv. nw.) **1** niet fris, bedompt ♦ *een muffe lucht* **2** niet vers, oudbakken ♦ *de müsli smaakt muf.*

**mug** (de ~; -gen) insect dat kan steken ♦ *van een mug een olifant maken:* (uitdr.) sterk overdrijven.

**mug·gen·zif·ter** (de ~(m.); -s) iemand die altijd op kleine, onbelangrijke punten aanmerkingen heeft.

**mui** (de ~; -en) diepte tussen twee zandbanken, waar de stroming sterk is.

**muil** (zelfst. nw.; -en) **1** (de ~(m.)) bek van een groot roofdier **2** (de ~(m.)) (populair) mond ⇒ *bek* ♦ *houd je muil, jij!* **3** (de ~) slof die je hiel niet bedekt.

**muil·dier** (het ~; -en) dier waarvan de vader een ezel en de moeder een paard is.

**muil·ezel** (de ~(m.); -s) dier waarvan de vader een paard en de moeder een ezelin is.

**muil·korf** (de ~(m.); -korven) vlechtwerk van ijzer of leer dat je om de bek van een dier doet zodat het niet kan bijten.

**muil·peer** (de ~; -peren) (populair) klap of stomp in je gezicht.

**muis** (de ~; muizen) **1** knaagdiertje met een lange, onbehaarde staart ♦ *witte muizen; dat muisje had nog een staartje:* (uitdr.) die gebeurtenis had nog onverwachte gevolgen **2** gedeelte aan de binnenkant van je hand waar je duim vastzit **3** los onderdeel van een computer dat je over tafel schuift en waarmee je de computer sneller bedient dan door middel van het toetsenbord.

**muis·stil** (bijv. nw.) zo stil en zachtjes dat niemand het hoort.

**mui·ten** (muitte, heeft gemuit) *(van scheepsvolk):* oproer maken.

**mui·te·rij** (de ~(v.); -en) opstand van scheepsvolk of soldaten.

**mui·zen** (muisde, is gemuisd) *eruit muizen:* (in België □; populair) stilletjes weggaan, wegsluipen als een muisje.

**mui·ze·nis·sen** (zelfst. nw.; meervoud) kleine probleempjes, die meer inbeelding dan werkelijkheid zijn ♦ *haal je toch niet zoveel muizenissen in je hoofd!*

**mul** (bijv. nw.) *(van zand):* poeierig, waar je moeizaam doorheen loopt of rijdt ⇒ *rul.*

**mu·lat** (de ~(m.); -ten), vrouw: **mu·lat·tin** (de ~(v.); -nen) iemand van wie de ene ouder een blanke is en de andere een neger of negerin.

**mul·der** (de ~(m.); -s) (ouderwets) molenaar.

**mu·lo** (de ~ of het ~; mulo's) school voor **m**eer **u**itgebreid **l**ager **o**nderwijs; dit schooltype is in 1968 opgeheven.

**multi-** meer dan een, veel ♦ *een multimiljonair:* iemand die miljoenen guldens bezit; *multifunctioneel gereedschap:* gereedschap dat voor verschillende doeleinden te gebruiken is.

**mul·ti·me·dia** (de ~) programma's en producten in elektronische vorm die, om informatie over te brengen, gebruik maken van bewegende beelden, geluid en tekst.

**mul·ti·na·tio·nal** (Engels) [multienesjǝnel] (de ~; -s) (letterlijk: van veel landen) grote onderneming die vestigingen heeft in verschillende landen.

**mul·ti·ple choice** (Engels) [multǝpeltsjojs] (de ~) (letterlijk: meer keuze) schriftelijke vraag waarbij je uit een aantal gegeven mogelijkheden het goede antwoord moet kiezen.

**mul·ti·ple scle·ro·se** (de ~(v.)) ziekte met een wisselend verloop waarbij je verlamd raakt en waarbij zich verharde plekken vormen in je hersenen en ruggenmerg.

**mul·to·map** (de ~; -pen) map met metalen ringen in de rug, voor losse bladen waarin aan de zijkant een rij gaatjes zit ⇒ *ringband.*

**mum** (zelfst. nw.) ▼ *in een mum van tijd:* heel snel, in korte tijd.

**mum·me·len** (mummelde, heeft gemummeld) met je mond dicht je lippen en kaken bewegen.

**mum·mie** (de ~(v.); -s) gebalsemd lijk, dat niet vergaat (kijk ook bij: **balsemen**) ♦ *de mummie van een Egyptische farao.*

**mu·ni·tie** (de ~(v.)) dingen waarmee je schiet, zoals kogels ⇒ *ammunitie, schietvoorraad.*

**munt** (de ~) **1** (-en) betaalmiddel van metaal ⇒ *muntstuk, geldstuk* ♦ *klinkende munt:* (uitdr.) contant geld; *ergens munt uit slaan:* (uitdr.) ergens voordeel uit halen; *iemand met gelijke munt terugbetalen:* (uitdr.) iemand op dezelfde vervelende manier behandelen als waarop hij of zij jou behandeld heeft **2** (-en) kant van een munt waar de waarde op staat ◆ *kop of munt gooien:* een muntje opgooien en de kant waarop hij terechtkomt iets laten bepalen **3** plant met een mentholachtige geur en smaak ⇒ *mint* ◆ *pepermunt; munt*thee.

**munt·een·heid** (de ~(v.); -eenheden) eenheid waarin geldbedragen worden uitgedrukt ◆ *de Nederlandse munteenheid is de gulden, de Belgische munteenheid is de frank.*

**mun·ten** (muntte, heeft gemunt) **1** *geld munten:* het maken, munten slaan uit metaal ▼ *het op iemand gemunt hebben:* eropuit zijn iemand te pakken te nemen.

**munt·stuk** (het ~; -ken) munt ⇒ *geldstuk.*

**mur·me·len** (murmelde, heeft gemurmeld) zacht en onduidelijk praten ⇒ *prevelen.*

**murw** (bijv. nw.) gezegd van iemand die geen moed of kracht meer heeft om zich te verzetten ⇒ *lamgeslagen* ◆ *hij was door haar argumenten murw gemaakt; iemand murw slaan:* (uitdr.) iemand een flinke aframmeling geven.

**mus** (de ~; -sen) grijsbruin vogeltje ◆ *de mussen vallen (dood) van het dak:* (uitdr.) het is heel erg warm; *iemand blij maken met een dooie mus:* (uitdr.) iemand blij maken met iets dat achteraf tegenvalt.

**mu·se·um** (het ~; musea of -s) plaats waar bijzondere dingen, vooral kunstvoorwerpen, tentoongesteld en bewaard worden ◆ *het kostuummuseum.*

**mu·se·um·jaar·kaart** (de ~; -en) kaart waarmee je een jaar lang musea kunt bezoeken zonder apart te hoeven betalen.

**mu·si·cal** (Engels) [mjœzekel] (de ~; -s) toneelstuk of film waarin delen van de tekst gezongen worden en waarin wordt gedanst.

**mu·si·ce·ren** (musiceerde, heeft gemusiceerd) muziek\* maken.

**mu·si·cus** (de ~(m.); musici) iemand die muziek\* maakt, meestal voor zijn of haar beroep.

**mus·ket** (het ~) **1** (-ten) lang geweer dat vroeger gebruikt werd **2** kleine witte bolletjes suiker op gebak, koekjes en chocola ◆ *musket*kransjes.

**mus·ke·tier** (de ~(m.); -s) soldaat die met een musket\* (bet.1) bewapend was.

**mus·kiet** (de ~(m.); -en) mug uit de tropen.

**müs·li** [muuslie] (de ~) mengsel van graanvlokken, gedroogde vruchten en noten, dat je met melk of yoghurt eet.

**must** (de ~) (letterlijk: moet) iets dat je gedaan, gezien enz. moet hebben als je op de hoogte wilt zijn ◆ *het Rijksmuseum in Amsterdam is een must voor iedere toerist.*

**mus·tang** (de ~(m.); -s) wild paard dat leeft op de Noord-Amerikaanse prairies.

**mu·ta·tie** (de ~(v.); -s) verandering, wijziging, wisseling ◆ *een mutatie aangeven op een formulier.*

**mu·ta·tis mu·tan·dis** (bijw.) met de nodige veranderingen ◆ *wat voor Stan geldt, geldt mutatis mutandis ook voor Erna.*

**muts** (de ~; -en) hoofddeksel van soepel materiaal ◆ *een wollen ijsmuts.*

**mu·tu·a·li·teit** (de ~(v.); -en) (in België □) ziekenfonds.

**muur** (zelfst. nw.) **1** (de ~(m.); muren) rechtopstaande stenen wand, meestal als deel van een gebouw ◆ *ze heeft veel foto's aan de muur hangen; uit de muur eten:* (uitdr.) voedsel uit een automaat eten; *de muren kwamen op haar af:* (uitdr.) ze voelde zich opgesloten; *de muren hebben hier oren:* (uitdr.) je kunt hier afgeluisterd worden **2** (de ~) bepaald soort onkruid.

**muur·bloem·pje** (het ~; -s) meisje dat niet ten dans gevraagd wordt.

**muur·krant** (de ~; -en) krant die op een muur geplakt is en waarin kritiek wordt gegeven op de bestaande maatschappij.

**muur·vast** (bijv. nw.) heel vast en stevig.

**m.u.v.** (afkorting) met uitzondering van.

**mu·zak** (de ~(m.)) zachte achtergrondmuziek, bijv. in supermarkten (gezegd door mensen die daar niet van houden).

**mu·ze** (de ~(v.); -n) godin van de kunst ◆ *je aan de muzen wijden:* (uitdr.) kunst, vooral de dichtkunst, beoefenen.

**mu·zel·man** (de ~(m.); -nen) moslim ⇒ *mohammedaan.*

**mu·ziek** (de ~(v.)) geordende klanken die door één of meer stemmen of instrumenten worden voortgebracht ⇒ *toonkunst* ◆ *muziek maken; een tekst op muziek zetten:* een melodie componeren waarop die tekst gezongen kan worden; *popmuziek; dat klinkt mij als muziek in de oren:* daar heb ik veel zin in; ook: daar ben ik het helemaal mee eens; *daar zit muziek in:* (uitdr.) daar kun je iets goeds van verwachten.

**mu·ziek·in·stru·ment** (het ~; -en) instrument waarmee je muziek maakt.

**mu·ziek·korps** (het ~; -en) vereniging van mensen die samen fanfare- of harmoniemuziek maken ⇒ *fanfare, harmonie.*

**mu·ziek·noot** (de ~; -noten) teken waarmee je de lengte en hoogte van een toon op papier vastlegt ◆ *kun jij muzieknoten lezen?*

**mu·ziek·uit·voe·ring** (de ~(v.); -en) uitvoering van een muziekstuk ⇒ *concert.*

**mu·zi·kaal** (bijv. nw.) gevoel hebbend voor muziek\*, vooral goed in het maken van muziek\* ◆ *hij is niet zo muzikaal.*

**mu·zi·kant** (de ~(m.); -en) iemand die muziek\* maakt ◆ *straatmuzikanten.*

**mu·zisch** (bijv. nw.) gezegd van iets dat te maken heeft met kunst.

**mv.** (afkorting) meervoud ⇒.

**mw.** (afkorting) mevrouw ⇒ *mevr..*

**my·ce·li·um** (het ~) ondergronds weefsel van dunne draadjes waaruit paddestoelen groeien.

**my·oom** (het ~; myomen) (medisch) goedaardig gezwel.

**mys·te·rie** (het ~; -s of mysteriën) iets raadselachtigs dat niet te begrijpen is ⇒ *raadsel* ◆ *het mysterie van de verdwenen diamant.*

**mys·te·ri·eus** (bijv. nw.) als een mysterie\* ⇒ *raadselachtig, geheimzinnig* ◆ *een mysterieuze vrouw; een mysterieuze verdwijning.*

**mys·tiek¹** (de ~(v.)) het streven om één te worden met God.

**mys·tiek²** (bijv. nw.) **1** geheimzinnig, onverklaarbaar ◆ *mystieke krachten* **2** te maken hebbend met mystiek¹\* ◆ *een mystieke ervaring.*

**my·the** (de ~; -n) **1** verhaal over goden ◆ *de Griekse mythen* **2** verhaal dat verzonnen is ⇒ *fabeltje* ◆ *het is een mythe dat alle negers goed kunnen dansen.*

**my·tho·lo·gie** (de ~(v.)) alle mythen\* (bet.1) van een volk.

**my·tho·lo·gisch** (bijv. nw.) met de mythen\* (bet.1) van een volk te maken hebbend ◆ *een mythologisch handboek.*

**my·tyl·school** (de ~; -scholen) school voor kinderen die een lichamelijk gebrek hebben.

**myxo·ma·to·se** (de ~(v.)) besmettelijke en meestal dodelijke ziekte die bij konijnen voorkomt.

# Nn

**n** (de ~ (m.); n's) de veertiende letter van het alfabet.

**'n** (lidw.)(spreektaal) een ♦ *'n stukje kaas.*

**N.** (afkorting) noord, noorden.

**na¹** (bijw.) **1** dichtbij ⇒ *nabij* ♦ *iemand na staan:* iemand zeer dierbaar zijn; *op twee gulden na:* (uitdr.) waarbij nog twee guldens ontbreken; *iemand te na komen:* (uitdr.) iemand beledigen of lastig vallen ▼ *iets erop na houden:* iets bezitten; *hij houdt er drie auto's op na; wat eten we na?:* wat eten we als toetje?

**na²** (voorz.) **1** later dan, het tegenovergestelde van 'voor' ♦ *na schooltijd; 200 na Christus:* 200 jaar nadat Christus geboren werd **2** achter ♦ *na u!:* (dit zeg je wanneer je iemand voor laat gaan).

**na³** (voegw.) gevolgd door 'te hebben' en een voltooid deelwoord) nadat ♦ *na te hebben gezwommen moet je je direct afdrogen.*

**naad** (de ~ (m.); naden) plaats waar twee delen, bijv. twee stukken stof, twee planken of platen metaal aan elkaar vastgemaakt zijn ♦ *de naden werden dichtgelast; het naadje van de kous willen weten:* (uitdr.) precies willen weten hoe het zit; *je uit de naad werken:* (uitdr.; populair) heel hard werken.

**naaf** (de ~; naven) middenstuk van een wiel, waar de as doorheen gaat.

**naai·en** (naaide, heeft genaaid) *iets naaien:* iets met naald en draad maken of vastmaken ♦ *een knoop aan een jas naaien; een jurk naaien.*

**naai·ma·chi·ne** (de ~ (v.); -s) machine waarmee je kunt naaien.

**naai·ster** (de ~ (v.); -s) vrouw die voor haar beroep kleding naait* ⇒ *coupeuse.*

**naakt¹** (het ~; -en) schilderij van iemand die naakt is.

**naakt²** (bijv. nw.) **1** bloot, zonder kleren aan ♦ *naakt zwemmen* **2** onbegroeid, kaal ♦ *naakte rotsen.*

**naald** (de ~; -en) **1** dun metalen staafje met aan de ene kant een scherpe punt en aan de andere kant een gat om een draad doorheen te doen ⇒ *naainaald* ♦ *iets van naaldje tot draadje vertellen:* (in België □; uitdr.) iets van het begin tot het einde, met alle bijzonderheden vertellen **2** dun, puntig staafje dat dient als gereedschap ♦ *een haaknaald; een breinaald* **3** wijzer op een instrument, vooral op een kompas **4** blad van een naaldboom **5** klein puntje in de arm van een pick-up, dat de groef van de plaat volgt **6** hol buisje aan een injectiespuit ▼ *heet van de naald:* direct nadat het bekend geworden is, terstond; *we kregen het nieuws heet van de naald te horen.*

**naald·boom** (de ~ (m.); -bomen) boom die in plaats van bladeren stekelige naalden (bet.4) heeft, zoals een spar en een den.

**naam** (de ~ (m.); namen) woord waarmee je iemand of iets aanduidt ♦ *zijn naam is Nathan; het mag geen naam hebben:* (uitdr.) het heeft niets te betekenen; *een dokter van naam:* (uitdr.) die bekend is; *zij heeft de naam een klaploopster te zijn:* (uitdr.) veel mensen vinden haar een klaploopster; *met name:* (uitdr.) vooral, in het bijzonder;

*iemand bij name noemen:* (uitdr.) bij zijn of haar naam; *die winkel heeft een goede naam:* (uitdr.) die staat erom bekend betrouwbaar te zijn en goede spullen te verkopen; *een brief ten name van meneer Vandenbrande:* (uitdr.) een brief voor meneer Vandenbrande; *uit naam van de hele klas bood Saskia bloemen aan:* (uitdr.) als vertegenwoordigster van de hele klas; *mijn naam is haas:* (uitdr.) ik weet van niets; *het heeft geen naam:* (in België □; uitdr.) het is ongehoord, schandalig.

**naam·loos** (bijv. nw.) ▼ *een naamloze vennootschap:* zaak waarvan de aandelen openbaar gekocht of verkocht kunnen worden.

**naam·val** (de ~ (m.); -len)(taal) aanduiding van de functie van een woord in de zin, waarbij soms ook de vorm van dat woord verandert ♦ *als een woord onderwerp is, zeggen we dat het in de eerste naamval staat; in 'Davids boek' staat 'David' in de tweede naamval.*

**naam·woord** (het ~; -en)(taal) woord dat zegt wat iemand of iets is ♦ *'huis' is een zelfstandig naamwoord; 'slap' is een bijvoeglijk naamwoord.*

**na·apen** (aapte na, heeft nageaapt) *iemand of iets na-apen:* iemand of iets nadoen ♦ *zij aapte zijn manier van lopen na.*

**naar¹** (bijv. nw.) **1** akelig, ellendig ♦ *een naar verhaal* **2** ziek, misselijk ♦ *ze wordt naar in de auto* **3** vervelend ♦ *een nare vent* ▼ *je naar lachen:* heel erg lachen; *je naar zoeken:* heel lang en goed zoeken.

**naar²** (voorz.) **1** in de richting van ♦ *de trein naar Parijs* **2** net zoals, in overeenstemming met ♦ *alles gaat naar wens; ik heet naar mijn tante; ze heeft erg haar best gedaan, en het resultaat is er dan ook naar:* je kunt aan het resultaat zien dat ze haar best heeft gedaan **3** (in verschillende vaste combinaties van woorden) ♦ *luister naar de juffrouw!; het ruikt naar spiritus.*

**naar³** (voegw.) zoals ♦ *er is een ongeluk gebeurd, naar men zegt.*

**naar·gees·tig** (bijv. nw.) waar je somber van wordt, akelig ♦ *een naargeestige ruïne; naargeestige gedachten.*

**naar·ge·lang** (voegw.) naarmate.

**naar·ling** (de ~ (m.); -en) onuitstaanbaar, vervelend persoon ⇒ *mispunt.*

**naar·ma·te** (voegw.)(geeft een verhouding aan) ♦ *naarmate de reis vorderde, werd het landschap kaler.*

**naar·stig** (bijw.) ijverig, vlijtig ♦ *naarstig naar iets zoeken.*

**naast¹** (bijv. nw.) **1** het meest dichtbij ♦ *de naaste buren; in de naaste toekomst; je naaste vrienden:* je meest vertrouwde vrienden ▼ *ten naaste bij:* zo ongeveer.

**naast²** (voorz.) **1** aan de zijkant van iets of iemand ♦ *wij wonen naast de drogist* **2** (om aan te geven wat of wie er nog meer is) ♦ *naast koffie en thee waren er ook broodjes te krijgen.*

**naas·te** (de ~; -n) medemens.

**naas·ten** (naastte, heeft genaast) *iets naasten:* (ouderwets) iets in beslag nemen ♦ *in oorlogstijd kan de staat alle schepen naasten.*

**na·bau·wen** (bauwde na, heeft nagebauwd) *iemand nabauwen:* iemands manier van spreken spottend nadoen.

**na·be·staan·de** (de ~; -n) familielid van een overledene.

**na·bij¹** (bijv. nw.) dichtbij, niet veraf ♦ *in de nabije toekomst; ik ken hem van nabij:* ik ken hem erg goed.

**na·bij²** (voorz.) in de buurt van, dichtbij ♦ *ze woont nabij Leuven.*

**na·blij·ven** (bleef na, is nagebleven) voor straf na schooltijd op school blijven ⇒ *schoolblijven* ♦ *we moesten nablijven.*

**na·boot·sen** (bootste na, heeft nagebootst) *iets of iemand nabootsen*: iets of iemand nadoen ⇒ *imiteren* ♦ *hij kan prachtig een kraaiende haan nabootsen*.

**na·bu·rig** (bijv. nw.) in de buurt gelegen ♦ *een naburig dorp*.

**nacht** (de ~ (m.); -en) tijd waarin het donker is, het tegenovergestelde van 'dag' ♦ *zo zwart als de nacht*: (uitdr.) heel erg zwart of donker; *zo lelijk als de nacht*: (uitdr.) heel erg lelijk; *bij nacht en ontij*: (uitdr.) op ongewone en onplezierige uren; *'s nachts*: (uitdr.) als het nacht is; *daar moet ik nog eens een nachtje over slapen*: (uitdr.) daar moet ik nog eens goed over nadenken.

**nacht·bra·ker** (de ~ (m.); -s) iemand die 's nachts uitgaat of tot diep in de nacht blijft werken.

**nacht·club** (de ~; -s) gelegenheid waar je tot heel laat kunt uitgaan.

**nacht·dier** (het ~; -en) dier dat vooral 's nachts actief is en overdag slaapt, zoals de uil of de egel.

**nach·te·gaal** (de ~ (m.); nachtegalen) zangvogel die vooral in de avond en voornacht zingt ♦ *de Hollandse nachtegaal*: (uitdr.) de kikker.

**nach·te·lijk** (bijv. nw.) in de nacht* ♦ *de nachtelijke hemel; een nachtelijke aanval*.

**nacht·hemd** (het ~; -en) nachtpon.

**nacht·kaars** (zelfst. nw.) ▼ *als een nachtkaars uitgaan*: aflopen op een teleurstellende, onopvallende manier.

**nacht·mer·rie** (de ~; -s) angstige droom ♦ *het was een nachtmerrie*: (uitdr.) het was afschuwelijk.

**nacht·pon** (de ~ (m.); -nen) wijd kledingstuk dat je in bed draagt ⇒ *nachthemd*.

**nacht·rust** (de ~) slaap ♦ *heb je wel genoeg nachtrust gehad?*

**nacht·scha·de** (de ~; -n) 1 plantenfamilie waartoe o.a. de aardappel en de tomaat behoren 2 plant met witte bloemetjes en giftige zwarte bessen ⇒ *bitterzoet*.

**nacht·slot** (het ~) slot waarin je de sleutel twee keer om moet draaien ♦ *de deur op het nachtslot doen*.

**nacht·spie·gel** (de ~ (m.); -s) (deftig) po.

**nacht·werk** (zelfst. nw.) ▼ *dat wordt nachtwerk*: het wordt heel laat.

**na·da·gen** (zelfst. nw.; meervoud) laatste deel van een periode, na het hoogtepunt ♦ *de nadagen van de Romeinse beschaving*.

**na·dat** (voegw.) na het moment dat ♦ *nadat de kip gekakeld had, lag er een ei in het hok*.

**na·deel** (het ~; -delen) iets waardoor je in een minder gunstige positie bent of komt, het tegenovergestelde van 'voordeel' ♦ *wij zijn in het nadeel; ik wil niets ten nadele van mijn vrienden zeggen*: (uitdr.) ik wil geen negatieve dingen over ze zeggen.

**na·de·lig** (bijv. nw.) nadeel* veroorzakend, het tegenovergestelde van 'voordelig' ⇒ *schadelijk* ♦ *roken is nadelig voor de gezondheid*.

**na·den·ken** (dacht na, heeft nagedacht) *over iets of iemand nadenken*: over iets of iemand je gedachten laten gaan ⇒ *denken* ♦ *zonder erbij na te denken, had hij al ja gezegd*.

**na·der** (bijv. nw.) 1 dichterbij ♦ *we zijn nader tot elkaar gekomen* 2 preciezer, nauwkeuriger ♦ *we moeten dat nader bekijken* 3 meer, uitgebreider ♦ *u zult hier nader van horen; verklaar u nader!*: leg dat eens uit.

**na·de·ren** (naderde, is genaderd) geleidelijk dichterbij komen ⇒ *naken* ♦ *een naderend onweer; we naderen Parijs*.

**na·der·hand** (bijw.) achteraf, later ♦ *naderhand bleek dat hij gelogen had*.

**na·dien** (bijw.) daarna, sinds die tijd ♦ *ik heb haar nadien nooit meer ontmoet*.

**na·doen** (deed na, heeft nagedaan) 1 *iets nadoen*: iets net zo doen als een ander het doet ♦ *dat kun je mij niet nadoen!* 2 *iemand nadoen*: net zo doen als iemand anders doet ⇒ *imiteren, nabootsen* ♦ *hij kan de meester heel goed nadoen*.

**na·druk** (de ~ (m.)) 1 kracht, stelligheid waarmee je iets zegt ♦ *met nadruk verklaarde hij dat hij onschuldig was* 2 klemtoon ⇒ *accent* ♦ *de nadruk valt op de eerste lettergreep; ergens de nadruk op leggen*: (uitdr.) duidelijk maken dat iets heel belangrijk is.

**na·druk·ke·lijk** (bijv. nw.) duidelijk en met nadruk* (bet.1) ⇒ *uitdrukkelijk, expliciet* ♦ *een nadrukkelijke ontkenning; dat heeft ze nadrukkelijk verboden*.

**na·gaan** (ging na, heeft of is nagegaan) 1 *iets nagaan*: kijken of iets klopt ♦ *ik zal dat in de kasboeken nagaan* 2 *iets kunnen nagaan*: je iets kunnen voorstellen door logisch na te denken ♦ *je kunt wel nagaan hoe verbaasd hij toen was!*

**na·ge·boor·te** (de ~ (v.); -n) de geboortevliezen, de moederkoek en een deel van de navelstreng, die kort na een geboorte uit een vrouw of vrouwtjesdier naar buiten komen.

**na·ge·dach·te·nis** (de ~ (v.)) herinnering aan iemand die gestorven is ♦ *ter nagedachtenis aan mijn moeder; iemands nagedachtenis in ere houden*.

**na·gel** (de ~ (m.); -s) 1 stukje hoorn aan het uiteinde van je tenen en vingers ♦ *je nagels knippen* 2 spijker ♦ *betonnagels; zij is een nagel aan mijn doodskist*: (uitdr.) ze bezorgt me veel moeilijkheden, om haar heb ik veel zorgen.

**na·ge·noeg** (bijw.) zo goed als ⇒ *bijna, vrijwel* ♦ *het is nagenoeg nieuw*.

**na·ge·recht** (het ~; -en) iets dat je eet na het hoofdgerecht ⇒ *toetje, dessert*.

**na·ge·slacht** (het ~) kinderen, kleinkinderen, kinderen van kleinkinderen enz. ⇒ *nakomelingen*.

**na·ge·ven** (gaf na, heeft nagegeven) *iemand iets moeten nageven*: moeten erkennen dat iemand iets goed doet ♦ *zij kan pianospelen, dat moet ik haar nageven*.

**na·ïef** na·ief (bijv. nw.) gezegd van iemand die nergens iets achter zoekt, die soms te goed van vertrouwen is.

**na·ijver** (de ~ (m.)) (ouderwets) jaloezie, afgunst.

**na·ïvi·teit** na·i·vi·teit (de ~ (v.)) het naïef* zijn ♦ *kinderlijke naïviteit*.

**na·jaar** (het ~) herfst.

**na·ja·gen** (jaagde of joeg na, heeft nagejaagd) *iets najagen*: iets proberen te krijgen ♦ *roem najagen*.

**na·kaar·ten** (kaartte na, heeft nagekaart) blijven praten over dingen waaraan je niets meer kunt veranderen ♦ *we hadden het anders moeten doen, maar dat is nakaarten*.

**na·ken** (naakte, is genaakt) (deftig) naderbij komen, naderen ⇒ *genaken*.

**na·kie** (zelfst. nw.) ▼ *in je nakie*: (populair) naakt, bloot.

**na·kij·ken** (keek na, heeft nagekeken) 1 *iets nakijken*: kijken of iets klopt ⇒ *nazien* ♦ *de leraar moet proefwerken nakijken; je moet je fiets eens na laten kijken; dat moet ik even nakijken in de encyclopedie* ▼ *hij had het nakijken*: hij kreeg niets.

**na·ko·me·ling** (de ~ (m.); -en), vrouw: **na·ko·me·lin·ge** (de ~ (v.); -n of -s) iemand die tot het nageslacht behoort ⇒ *afstammeling, nazaat* ♦ *de boer stierf zonder nakomelingen*.

**na·ko·men** (kwam na, is nagekomen) *een belofte of verplichtingen nakomen*: je eraan houden, die vervullen.

**na·ko·mer·tje** (het ~; -s) kind dat veel later geboren is dan de andere kinderen in een gezin.

**na·la·ten** (liet na, heeft nagelaten) **1** *iets nalaten:* iets achterlaten bij overlijden ♦ *zij liet veel geld na aan haar neef* **2** *iets nalaten:* iets niet doen, van iets afzien ⇒ *laten* ♦ *ik kon niet nalaten even in de oven te kijken.*

**na·la·ten·schap** (de ~(v.); -pen) alles wat iemand nalaat* (bet.1) bij zijn of haar dood ⇒ *erfenis.*

**na·la·tig** (bijv. nw.) gezegd van iemand die iets niet doet wat hij of zij had moeten doen ♦ *ze is* **nalatig** *in het nakomen van beloftes.*

**na·le·ven** (leefde na, heeft nageleefd) *wetten, regels of voorschriften naleven:* je eraan houden, volgens die wetten, regels of voorschriften leven.

**nam** → nemen.

**NAM** (de ~(v.)) *N*ederlandse *A*ardolie *M*aatschappij.

**na·maak** (de ~(m.)) iets dat nagemaakt* is ⇒ *imitatie* ♦ *namaakbont.*

**na·ma·ken** (maakte na, heeft nagemaakt) *iets namaken:* iets zó maken dat het op het voorbeeld lijkt, meestal met de bedoeling om het echt te laten lijken ♦ *een handtekening* **namaken**; *diamanten* **namaken**.

**na·me** → naam.

**na·me·lijk** (bijw.) **1** te weten ♦ *er zijn drie lidwoorden,* **namelijk** *'de', 'het' en 'een'* **2** immers, toch, want ♦ *logisch dat hij ontslagen is, hij was* **namelijk** *nooit op tijd.*

**na·me·loos** (bijv. nw.) zó ontzettend groot dat er geen woorden voor zijn ♦ *een* **nameloos** *lijden.*

**na·men** → nemen.

**na·mens** (voorz.) uit naam* van ♦ *gefeliciteerd* **namens** *de hele klas!*

**na·mid·dag** [ook: namiddag](de ~(m.); -en) middag.

**nap** (de ~(m.); -pen) kom met een handvat om uit te drinken, vaak gemaakt van hout.

**NAP** (het ~) *N*ormaal *A*msterdams *P*eil; dit is de gemiddelde waterhoogte in Amsterdam, een vaste maat waarmee in Nederland het waterpeil gemeten wordt.

**na·palm** (het ~) brandbare stof die overal aan blijft kleven ♦ *een* **napalmbom**.

**nap·pa** (het ~) soepel leer, meestal van lamsvel.

**na·pra·ten** (praatte na, heeft nagepraat) **1** *iemand napraten:* zeggen wat iemand anders ook al gezegd heeft **2** praten over iets dat voorbij is.

**nar** (de ~(m.); -ren) iemand met malle kleren aan die de mensen vroeger vermaakte met grappen en gebaren.

**nar·cis** [ook: narcis](de ~; -sen) sierplant die in de lente bloeit met witte of gele bloemen.

**nar·cis·tisch** (bijv. nw.) gezegd van iemand die erg met zichzelf ingenomen is.

**nar·co·se** (de ~(v.)) verdoving waarbij je op een kunstmatige manier in slaap wordt gebracht ♦ *iemand onder* **narcose** *brengen.*

**nar·co·ti·ca** (zelfst. nw.; meervoud) drugs.

**nar·co·ti·seur** (de ~(m.); -s) dokter die je onder narcose* brengt voor een operatie ⇒ *anesthesist.*

**na·rig·heid** (de ~(v.); narigheden) iets dat erg vervelend is ⇒ *ellende, misère.*

**nar·rig** (bijv. nw.) mopperig, chagrijnig ⇒ *knorrig, gemelijk.*

**NASA** (de ~) *N*ational *A*eronautics and *S*pace *A*dministration; dit is de Amerikaanse organisatie voor ruimteonderzoek en ruimtevaart.

**na·saal** (bijv. nw.) gezegd van een klank die je door je neus uitspreekt ♦ *een* **nasale** *stem.*

**na·schrift** (het ~; -en) stukje tekst onder aan een brief of aan het einde van een boek ⇒ *postscriptum.*

**na·si** [nassie](de ~(m.)) gekookte rijst ♦ *nasi goreng:* gekookte rijst die in olie gebakken is, met vlees, groente en ui.

**na·slaan** (sloeg na, heeft nageslagen) *iets naslaan:* iets in een boek opzoeken ♦ *dat woord moet ik* **naslaan** *in het woordenboek; daar moet ik het woordenboek op* **naslaan**.

**na·slag·werk** (het ~; -en) boek dat bedoeld is om dingen in op te zoeken, bijv. een encyclopedie of een woordenboek.

**na·sleep** (de ~(m.)) gevolgen die lang voelbaar blijven.

**na·smaak** (de ~(m.)) smaak die je proeft nadat je iets gegeten hebt ♦ *ik heb er een akelige* **nasmaak** *van over:* (uitdr.) ik vind het achteraf erg vervelend wat er gebeurd is.

**na·speu·ren** (speurde na, heeft nagespeurd) *iets naspeuren:* iets nasporen.

**na·spo·ren** (spoorde na, heeft nagespoord) *iets nasporen:* nauwkeurig uitzoeken hoe iets in elkaar zit ⇒ *naspeuren.*

**na·stre·ven** (streefde na, heeft nagestreefd) *iets nastreven:* iets proberen te bereiken ♦ *een doel* **nastreven**.

**na·syn·chro·ni·se·ren** (synchroniseerde na, heeft nagesynchroniseerd) *een film nasynchroniseren:* de gesproken gedeelten ervan opnieuw, maar in een andere taal, opnemen.

**nat¹** (het ~) vocht, vloeistof ♦ *groentenat:* water waar groente in is gekookt; *het zilte* **nat**: (uitdr.) de zee.

**nat²** (bijv. nw.) gezegd van iets waar een vloeistof op of doorheen zit, het tegenovergestelde van 'droog' ♦ *de verf is* **nat**; *de baby is* **nat**: hij heeft in z'n luier geplast; *het is pappen en* **nat** *houden:* (uitdr.) je moet er steeds op letten en er steeds iets aan doen.

**na·tel·len** (telde na, heeft nageteld) *iets natellen:* iets opnieuw tellen om te kijken of het klopt.

**na·tie** (de ~(v.); -s of natiën) alle inwoners van een bepaald land ⇒ *volk.*

**na·ti·o·naal** (bijv. nw.) met een natie* te maken hebbend ♦ *een* **nationale** *feestdag; de* **nationale** *kampioenschappen zwemmen.*

**na·ti·o·naal-so·ci·a·lis·me** (het ~) de politieke ideeën en daden van Hitler en zijn aanhangers.

**na·ti·o·na·li·se·ren** (nationaliseerde, heeft genationaliseerd) *een bedrijf nationaliseren:* het eigendom van de staat maken.

**na·ti·o·na·lis·me** (het ~) grote voorkeur voor alles wat met je eigen land te maken heeft.

**na·ti·o·na·li·teit** (de ~(v.); -en) het behoren tot een bepaalde natie* ⇒ *staatsburgerschap* ♦ *hij heeft de Belgische* **nationaliteit**: hij is Belg.

**na·ti·o·na·li·ze·ren** → nationaliseren.

**nat·je** (zelfst. nw.) ▼ *je natje en je droogje krijgen:* eten en drinken krijgen, niets te kort komen.

**NATO** (de ~) *N*orth *A*tlantic *T*reaty *O*rganization; dit is Engels en het betekent: Noord-Atlantische Verdragsorganisatie ⇒ NAVO.

**na·trek·ken** (trok na, heeft nagetrokken) *iets natrekken:* onderzoeken of iets klopt of waar is.

**na·tri·um** (het ~) chemische stof die o.a. in zout voorkomt.

**nat·tig·heid** (zelfst. nw.) ▼ *nattigheid voelen:* merken dat er iets aan de hand is, iets door krijgen.

**na·tu·ra·li·se·ren** (naturaliseerde, heeft genaturaliseerd) *een buitenlander naturaliseren:* een buitenlander voor de wet tot burger van je land maken.

**na·tu·rel** (bijv. nw.) met zijn eigen kleur, zonder verf of kleurstoffen ♦ *naturel* *linnen.*

**na·tu·rist** (de ~(m.); -en) iemand die ernaar streeft gezond en dicht bij de natuur te leven en die het liefst zonder kleren loopt.

**na·tuur** (de ~(v.)) **1** alle dingen om je heen die niet door mensen zijn gemaakt ◆ *de vrije **natuur***: de gebieden waar geen mensen, maar wel planten en dieren leven **2** karakter, aangeboren eigenschappen ⇒ *aard* ◆ *hij is van **nature** vrolijk; dat is zijn tweede **natuur***: (uitdr.) dat is zijn vaste gewoonte.

**na·tuur·ge·trouw** (bijv. nw.) precies lijkend op de werkelijkheid ◆ *het portret was een **natuurgetrouwe** weergave*.

**na·tuur·kun·de** (de ~(v.)) wetenschap die zich o.a. bezighoudt met elektriciteit, zwaartekracht, licht en magnetisme ⇒ *fysica*.

**na·tuur·lijk¹** (bijv. nw.) **1** gezegd van alles wat met de natuur* (bet.1) te maken heeft, het tegenovergestelde van 'kunstmatig' ◆ ***natuurlijke** begroeiing; een **natuurlijke** dood sterven*: een dood die niet door een ongeluk of een moord is veroorzaakt **2** ongedwongen, ongekunsteld ◆ *ze gedraagt zich heel **natuurlijk** **3** precies als in de werkelijkheid ⇒ *waar, werkelijk* ◆ *een afbeelding op **natuurlijke** grootte*.

**na·tuur·lijk²** (bijw.) zoals iedereen vanzelf begrijpt ⇒ *vanzelfsprekend* ◆ *dat is **natuurlijk** niet waar; ga je mee? **natuurlijk!***

**na·tuur·mo·nu·ment** (het ~; -en) beschermd gebied, vaak met zeldzame planten of dieren, waar je niet zomaar toegang toe krijgt.

**na·tuur·ramp** (de ~; -en) grote ramp die door de natuur ontstaan is, zoals een overstroming of een aardbeving.

**na·tuur·re·ser·vaat** (het ~; -reservaten) beschermd gebied waarin planten en dieren die dreigen uit te sterven beschermd worden.

**na·tuur·ta·lent** (het ~; -en) iemand die iets vanzelf goed kan, zonder ervoor geoefend of geleerd te hebben.

**na·tuur·ver·schijn·sel** (het ~; -en of -s) bijzondere gebeurtenis in de natuur (bet.1), bijv. een regenboog of een zonsverduistering.

**na·tuur·voe·ding** (de ~(v.)) eten en drinken waarvoor geen kunstmest, smaak- en kleurstoffen zijn gebruikt.

**na·tuur·we·ten·schap** (de ~(v.); -pen) elk van de wetenschappen die de natuur (bet.1) bestuderen, zoals biologie, natuurkunde en scheikunde.

**nau·tisch** (bijv. nw.) gezegd van dingen die met varen en watersport te maken hebben ◆ *een sextant is een **nautisch** instrument*.

**nauw¹** (het ~) **1** smal stuk zee ⇒ *zee-engte, zeestraat* ◆ *het **Nauw** van Calais* ▼ *in het **nauw** zitten*: het moeilijk hebben; *iemand in het **nauw** drijven*: iemand in moeilijkheden brengen waaruit hij of zij niet kan ontsnappen.

**nauw²** (bijv. nw.) **1** met weinig ruimte ⇒ *smal, eng* ◆ *een **nauwe** steeg; een broek met **nauwe** pijpen* **2** dicht bij elkaar, niet ver van elkaar verwijderd ◆ *de panter en tijger zijn **nauw** aan elkaar verwant; **nauwe** vriendschapsbanden*: vriendschapsbanden tussen mensen die erg goed met elkaar bevriend zijn **3** precies ⇒ *nauwkeurig* ◆ *hij neemt het niet zo **nauw***: hij is niet zo precies, niet zo serieus; *het komt niet zo **nauw***: het hoeft niet zo nauwkeurig; *dat luistert **nauw***: (uitdr.) het komt sterk aan op nauwkeurigheid.

**nauw³** (bijw.) nauwelijks, bijna niet ◆ *met **nauw** verholen afgunst*: met afgunst die bijna niet verborgen wordt, die tamelijk duidelijk is.

**nau·we·lijks** (bijw.) **1** met moeite, bijna niet ⇒ *amper, ternauwernood* ◆ *ik kan het **nauwelijks** geloven* **2** nog maar net, pas ⇒ *amper* ◆ *de vakantie is **nauwelijks** begonnen of ik verveel me al*.

**nauw·ge·zet** (bijv. nw.) nauwkeurig, precies.

**nauw·keu·rig** (bijv. nw.) **1** gezegd van iemand die zorg-

vuldig en precies werkt ⇒ *nauwgezet, accuraat* **2** precies, exact ⇒ *nauwgezet* ◆ *hij vertelde het verhaal niet erg **nauwkeurig***.

**nauw·let·tend** (bijv. nw.) met grote aandacht, oplettend ◆ *iemand **nauwlettend** in de gaten houden*.

**n.a.v.** (afkorting) *n*aar *a*anleiding *v*an.

**na·vel** (de ~(m.); -s) plaats midden op je buik waar je navelstreng vastgezeten heeft.

**na·vel·band·je** (het ~; -s) verband dat op de navel van een pasgeboren kindje wordt vastgemaakt.

**na·vel·sta·ren** (ww.) opgaan in nadenken over jezelf, zonder dat je let op wat er om je heen gebeurt.

**na·vel·streng** (de ~; -en) snoer waarmee een ongeboren baby of dier in de buik van zijn moeder vastzit en waardoor hij zijn voedingsstoffen krijgt.

**na·ve·nant** (bijv. nw.) in overeenstemming met iets dat eerder genoemd is ⇒ *overeenkomstig* ◆ *hij heeft zijn best niet gedaan en zijn rapport is **navenant***.

**na·vi·ga·tie** (de ~(v.)) het navigeren*.

**na·vi·ge·ren** (navigeerde, heeft genavigeerd) een schip of vliegtuig op de juiste manier besturen.

**NA·VO** (de ~(v.)) *N*oord-*A*tlantische *V*erdragsorganisatie; dit is een verbond tussen landen die rond het noordelijk deel van de Atlantische Oceaan liggen, om elkaar te helpen als er oorlog komt ⇒ *NATO*.

**na·vol·ging** (zelfst. nw.) ▼ *in **navolging** van ...*: omdat ... het ook heeft gedaan; *in **navolging** van andere scholen worden bij ons deze boeken gebruikt*: omdat andere scholen ze gebruiken.

**na·vor·sen** (vorste na, heeft nagevorst) *iets **navorsen***: iets zorgvuldig uitzoeken, kijken hoe iets in elkaar zit ⇒ *nazoeken*.

**na·vraag** (zelfst. nw.) ▼ ***navraag** doen naar iets*: proberen ergens achter te komen door vragen te stellen; *bij **navraag** bleek dat ...*: toen ernaar geïnformeerd werd bleek dat ....

**na·vrant** (bijv. nw.) schrijnend, hartverscheurend.

**naweeën** na·wee·en (zelfst. nw.; meervoud) vervelende gevolgen.

**na·wer·king** (de ~(v.); -en) effect dat je na een tijdje nog steeds merkt ◆ *een pil met een lange **nawerking***.

**na·woord** (het ~; -en) gedeelte dat nog volgt na het officiële einde van een boek of toespraak ⇒ *slotwoord, epiloog*.

**na·zaat** (de ~(m.); nazaten) afstammeling, nakomeling ⇒ *telg* ◆ *zijn **nazaten***: zijn kinderen, kleinkinderen enz..

**na·zi** (de ~(m.); nazi's) nationaal-socialist; dit is een aanhanger van Hitler.

**na·zicht** (het ~) **1** (in België □) controle, toezicht ◆ ***nazicht** van een rekening*: controle of die juist is **2** (in België □) onderhoud van machines, apparaten enz..

**na·zo·mer** (de ~(m.); -s) laatste deel van de zomer, waarin het vaak nog lekker weer is.

**na·zorg** (de ~) extra aandacht en hulp voor iemand die een nare gebeurtenis heeft meegemaakt.

**NB** (afkorting) *n*ota *b*ene; dit is Latijn en het betekent: let goed op.

**N-bom** (de ~; N-bommen) (verkorting) neutronenbom.

**NCMV** (het ~) (in België) *N*ationaal *C*hristelijk *M*iddenstands*v*erbond.

**NCOS** (het ~) (in België) *N*ationaal *C*entrum voor *O*ntwikkelings*s*amenwerking.

**NCRV** (de ~(v.)) *N*ederlandse *C*hristelijke *R*adio *V*ereniging; dit is een omroepvereniging.

**NCW** (het ~) *N*ederlands *C*hristelijk *W*erkgeversverbond.

**Ne·an·der·tha·ler** (de ~(m.); -s) mens van een ras uit de prehistorie, waarvan in het Duitse Neanderdal resten zijn gevonden (kijk ook bij: **prehistorie**).

**neb, neb·be** (de ~; -ben) snavel ⇒ *sneb*.

**ne·cro·lo·gie** (de ~(v.); necrologieën) beschrijving, bijv. in een krant, van het leven van iemand die pas gestorven is.

**ne·cro·se** (de ~(v.)) (medisch) het afsterven van weefsel.

**nec·tar** (de ~(m.)) zoete vloeistof die door bijen uit bloemen gehaald wordt en waarvan de drank gemaakt werd die de Griekse en Romeinse goden dronken.

**nec·ta·ri·ne** (de ~(v.); -s) zoete, gele of oranje vrucht met een dikke pit, die een kruising is tussen een abrikoos en een perzik.

**Ned.** (afkorting) *Ned*erlands.

**ne·der** → neer.

**ne·de·rig** (bijv. nw.) **1** *(van zaken)*: onaanzienlijk, gering, bescheiden ♦ *een nederige woning* **2** *(van personen)*: bescheiden, niet hoogmoedig ♦ *ik groet u nederig*.

**ne·der·laag** (de ~; nederlagen) verlies in een gevecht of wedstrijd ♦ *een nederlaag lijden*.

**Ne·der·lands¹** (het ~) taal die in Nederland en in de noordelijke helft van België gesproken wordt.

**Ne·der·lands²** (bijv. nw.) met Nederland te maken hebbend of bij Nederland horend ♦ *de Nederlandse vlag.*

**ne·der·zet·ting** (de ~(v.); -en) plaats in een vrijwel onbewoond gebied, waar mensen wonen.

**Ned. Herv.** (afkorting) *Ned*erlands *Herv*ormd ⇒ NH.

**nee,** ouderwets: **neen** (tussenw.) (om aan te geven dat je iets ontkent, het tegenovergestelde van 'ja') ♦ *'heb je je bezeerd?' 'nee, hoor!'.*

**neef** (de ~(m.); neven) **1** zoon van je oom of tante **2** zoon van je broer of zus.

**neeg** → nijgen.

**neen** → nee.

**neep¹** (de ~; nepen) (in België □) klein plooitje in een kledingstuk om het beter te laten passen.

**neep²** → nijpen.

**neer¹** (de ~; neren) draaikolk.

**neer²,** ouderwets: **ne·der** (bijw.) omlaag, naar beneden ♦ *op en neer*: omhoog en omlaag.

**neer·bui·gend** (bijv. nw.) wel vriendelijk, maar uit de hoogte.

**neer·ha·len** (haalde neer, heeft neergehaald) *iemand neerhalen*: slechte dingen over iemand vertellen, scherpe kritiek op iemand hebben ⇒ *afkammen*.

**neer·kij·ken** (keek neer, heeft neergekeken) *op iemand neerkijken*: iemand minderwaardig vinden, iemand minachten ⇒ *neerzien*.

**neer·ko·men** (kwam neer, is neergekomen) **1** *het komt erop neer dat …*: het betekent dat …, het houdt in dat … ♦ *het komt erop neer dat het feest niet doorgaat* **2** *op iemand neerkomen*: van iemand afhangen, door iemand gedaan moeten worden ♦ *al het werk komt op mij neer.*

**neer·lan·di·cus** (de ~(m.); neerlandici), vrouw: **neer·lan·di·ca** (de ~(v.); neerlandica's) iemand die aan de universiteit Nederlandse taal- en letterkunde heeft gestudeerd.

**neer·lan·dis·tiek** (de ~(v.)) wetenschap van de Nederlandse taal- en letterkunde.

**neer·leg·gen** (legde neer, heeft neergelegd) **1** *iets naast je neerleggen*: je ergens niets van aantrekken ♦ *hij legde de kritiek naast zich neer* **2** *je bij iets neerleggen*: in iets berusten, iets tegen je zin accepteren ♦ *ze legde zich bij haar verlies neer.*

**neer·slach·tig** (bijv. nw.) somber gestemd ⇒ *gedeprimeerd*.

**neer·slag** (de ~(m.)) **1** regen, sneeuw en hagel **2** resul-

taat of uitkomst van je belevenissen ♦ *zijn opstel vormt de neerslag van zijn avontuur in de polder* **3** stof die niet oplost of die zich afzet ♦ *in het reageerbuisje heeft zich neerslag gevormd; radioactieve neerslag.*

**neer·strij·ken** (streek neer, is neergestreken) *ergens neerstrijken*: ergens gaan zitten of ergens gaan wonen ♦ *we streken neer op een terrasje; hij is in Den Haag neergestreken.*

**neer·zet·ten** (zette neer, heeft neergezet) *iemand of iets neerzetten*: iemand of iets afbeelden of uitbeelden ♦ *de prinses is op dat portret goed neergezet; de acteur wist de oude man uitstekend neer te zetten.*

**neer·zien** (zag neer, heeft neergezien) *op iemand of iets neerzien*: op iemand of iets neerkijken.

**neer·zij·gen** (zeeg neer, is neergezegen) je laten vallen of zakken ♦ *hij zeeg vermoeid neer in een stoel.*

**neet** (de ~; neten) eitje van een luis.

**ne·fast** (bijv. nw.) (in België □) verderfelijk, rampzalig.

**neg, neg·ge** (de ~; -gen) zelfkant van een geweven stof.

**ne·ga·tie** (de ~(v.); -s) ontkenning.

**ne·ga·tief¹** (het ~; negatieven) ontwikkelde foto of ontwikkeld filmbeeld, waarop de donkere kleuren licht en de lichte kleuren donker zijn.

**ne·ga·tief²** (bijv. nw.) **1** afkeurend, ontkennend, het tegenovergestelde van 'positief' ♦ *ik kreeg een negatief antwoord* **2** gezegd van iemand die overal afbrekende kritiek op heeft en die de minder goede kanten van mensen of zaken sterk benadrukt, het tegenovergestelde van 'positief' **3** *(van getallen)*: kleiner dan nul, het tegenovergestelde van 'positief'.

**ne·gen¹** (hoofdtelw.) 9 ♦ *in negen van de tien gevallen*: (uitdr.) bijna altijd.

**ne·gen²** → nijgen.

**ne·gen·de** (rangtelw.) komend als nummer negen.

**ne·gen·oog** (de ~; -ogen) steenpuist met andere puisten eromheen.

**ne·gen·tien** (hoofdtelw.) 19 ♦ *ze is negentien jaar.*

**ne·gen·tien·de** (rangtelw.) komend als nummer negentien.

**ne·gen·tig** (hoofdtelw.) 90.

**ne·gen·tig·ste** (rangtelw.) komend als nummer 90.

**ne·ger** (de ~(m.); -s), vrouw: **ne·ge·rin** (de ~(v.); -nen) iemand met het zwarte ras ⇒ *zwarte*.

**ne·ge·ren¹** (negeerde, heeft genegeerd) *iemand of iets negeren*: net doen alsof iemand of iets er niet is, iemand of iets geen aandacht schenken.

**ne·ge·ren²** (negerde, heeft genegerd) *iemand negeren*: iemand treiteren, iemand erg plagen.

**ne·ge·rin** → neger.

**neg·ge** → neg.

**ne·gli·gé** (Frans) [neɛɫliezjee] (het ~; -s) pyjama, nachtpon of ochtendjas voor vrouwen.

**ne·go·rij** (de ~(v.); -en) **1** klein dorpje in een koloniaal gebied **2** klein, saai dorpje ⇒ *vlek, gat.*

**ne·go·tie** (de ~(v.); -s) **1** handel **2** handelswaar, koopwaar.

**negroïde** ne·gro·i·de (bijv. nw.) met negers* te maken hebbend ♦ *een negroïde ras*: een zwart ras; *een negroïde uiterlijk*: als van een neger.

**ne·gro·spi·ri·tu·al** (Engels) [niekroospirritjoeewel] (de ~; -s) geestelijk lied van Amerikaanse negers.

**nei·gen** (neigde, heeft geneigd) **1** *tot iets neigen*: ergens voor voelen, ergens toe overhellen ♦ *ik neig ertoe om dat te doen* **2** iets, bijv. je hoofd, neigen: iets buigen.

**nei·ging** (de ~(v.); -en) begeerte die steeds terugkeert ♦ *ik heb de neiging om te veel te eten*: als ik niet oplet, eet ik te veel.

**nek** (de ~(m.); -ken) achterkant van je hals ◆ *je breekt hier je **nek** over de rommel*:(uitdr.) het is hier een ontzettende rommel; *iemand met de **nek** aankijken*:(uitdr.) doen of je iemand niet ziet, uit boosheid of uit minachting; *je **nek** uitsteken*:(uitdr.) iets doen waardoor je je kwetsbaar maakt, duidelijk voor je mening uitkomen; *hij zit tot aan zijn **nek** in de schulden*:(uitdr.) hij heeft heel veel schulden; *iemand op z'n **nek** zitten*:(uitdr.) iemand voortdurend lastig vallen; *je kletst uit je **nek!**:(uitdr.) je praat onzin; *over je **nek** gaan*:(uitdr.; populair) overgeven.

**nek·ken** (nekte, heeft genekt) *iemand **nekken**: iemand de genadeslag geven, iemands kracht breken ◆ *de hitte heeft hem **genekt***.

**nek·kramp** (de ~)(populair) hersenvliesontsteking.

**nekro-** → necro-.

**nek·slag** (de ~(m.); -en) iets waardoor iemand genekt wordt ⇒ *genadeslag* ◆ *de slechte oogst gaf de boer de **nekslag***.

**nek·tar** → nectar.

**nel** (de ~(m.); -len) de negen als troefkaart bij het klaverjassen en andere kaartspelen.

**ne·men** (nam, heeft genomen) **1** *iets **nemen***: iets pakken ◆ ***neem** nog een koekje*; ***neem** pen en papier voor je*; *iets op je **nemen***:(uitdr.) voor iets verantwoordelijk willen zijn; *het ervan **nemen***:(uitdr.) jezelf verwennen **2** *iets **nemen***: iets kopen of bestellen, iets aanschaffen ◆ *ze **nemen** een hond; zullen we een taxi **nemen?*** **3** *iets of iemand nemen*: iets of iemand accepteren ◆ *ik **neem** het niet langer!*; *je moet hem **nemen** zoals hij is* **4** *iemand ergens voor nemen*:(in België □) iemand ergens voor houden ◆ *hij **nam** mij voor een Fransman*: hij dacht dat ik een Fransman was; *voor wie **neem** je me?*: wie denk je wel dat ik ben? (dit zeg je als je boos bent) **5** *iets **nemen***: (in België □) iets veronderstellen ◆ ***neem** dat hij niet komt ▼ *iemand serieus **nemen***: de dingen die iemand doet en zegt serieus opvatten; *iemand iets kwalijk **nemen***: boos op iemand zijn omdat hij of zij iets gedaan heeft; *iemand ertussen **nemen***: een grap met iemand uithalen, iemand beetnemen; *les **nemen***: lessen volgen; *vrij **nemen***: niet werken op een moment waarop je gewoonlijk wél werkt; *een foto **nemen***: die maken.

**neo-** nieuw- ◆ *de **neo**klassieke bouwstijl*.

**ne·o·lo·gis·me** (het ~; -n) nieuw woord, dat eerder niet werd gebruikt.

**ne·on·licht** (het ~) fel licht uit gekleurde buizen, dat meestal voor reclame wordt gebruikt.

**nep** (de ~(m.))(populair) iets dat niet echt is, maar wel echt lijkt ⇒ *namaak, imitatie* ◆ *dat hout is **nep**; **nep**leer*.

**ne·pen** → nijpen.

**ne·po·tis·me** (het ~) vriendjespolitiek, vooral ten opzichte van familieleden.

**nep·pen** (nepte, heeft genept) *iemand **neppen***:(populair) iemand bedriegen, iemand oplichten.

**nep·sta·tuut** (het ~; -statuten)(in België □; populair) minder gunstige arbeidsovereenkomst ◆ *BTK, DAC en TWW, dat zijn allemaal **nep**statuten*.

**nerd** (Engels) [nu:rd](de ~(m.); -s) scheldwoord voor een heel technische persoon, die nogal sullig is in de omgang.

**nerf** (de ~; nerven) lijn in hout of in een boomblad.

**ner·gens** (bijw.) **1** op geen enkele plaats ◆ *het woordenboek is **nergens** te vinden*; *hij was **nergens** meer*:(uitdr.) niemand nam hem meer serieus, het was met hem gedaan; ook: hij was wanhopig **2** niets ◆ *hij trok zich **nergens** iets van aan*.

**ne·ring** (de ~(v.); -en) winkel, zaak waarmee je je brood verdient ◆ *hij heeft er een goede **nering***: hij heeft er een goed lopende winkel.

**ne·ring·doen·de** (de ~; -n) winkelier.

**nerts** (zelfst. nw.) **1** (de ~(m.); -en) klein roofdier met een pels waarvan bontjassen worden gemaakt ⇒ *mink* **2** (het ~) bont van dat dier ⇒ *mink*.

**ner·veus** (bijv. nw.) zenuwachtig.

**ner·vo·si·teit** (de ~(v.)) zenuwachtigheid.

**nes** (de ~; -sen) smal stuk land dat in een rivier of in zee uitsteekt ⇒ *landtong*.

**nest** (het ~; -en) **1** plaats waar een vogel eitjes legt en uitbroedt, vaak een vlechtwerk van draadjes, takken, pluisjes enz. ◆ *hij komt uit een goed **nest**:(uitdr.) hij komt uit een goede familie **2** groepje jonge honden, poesjes, muizen enz. die tegelijk geboren zijn **3** (populair) verwaand en vervelend meisje ◆ *ik kan dat **nest** niet uitstaan!* **4** (populair) bed ◆ *kom uit je **nest**, joh!* ▼ *je in de **nesten** werken*: jezelf in moeilijkheden brengen.

**nes·tel** (de ~(m.); -s) veter of draad om mee te rijgen.

**nes·te·len** (nestelde, heeft genesteld) **1** *(van vogels)*: een nest* (bet.1) maken **2** *je ergens **nestelen***: ergens lekker gaan zitten of liggen ◆ *de hond **nestelde** zich op de bank*.

**nes·tor** (de ~(m.); -s) de oudste van de aanwezigen.

**nest·warm·te** (de ~(v.)) gezelligheid van je eigen huis, van het gezin waar je deel van bent ◆ *dat meisje heeft altijd **nest**warmte gemist*.

**net¹** (het ~; -ten) **1** voorwerp van garen of touw dat zó geknoopt is dat er op regelmatige afstanden gaten ontstaan ◆ *een vis**net**; het **net** tussen de twee helften van het volleybalveld*; *achter het **net** vissen*:(uitdr.) te laat komen voor iets dat je wilde hebben **2** aantal wegen, kanalen, lijnen enz. die elkaar snijden of kruisen ⇒ *netwerk* ◆ *het elektriciteits**net**; een wegen**net** **3** aantal televisiezenders die door het hele land op hetzelfde moment hetzelfde programma uitzenden ◆ *op het eerste **net** is een leuke film* **4** (in België □) groep scholen met hetzelfde bestuur ◆ *het vrije **net**: de niet-officiële, meestal katholieke scholen.

**net²** (bijv. nw.) opgeruimd, schoon en verzorgd ⇒ *keurig, ordelijk* ◆ *een **nette** kamer; ik trek mijn **netste** kleren aan; het is een **nette** buurt*: er wonen keurige mensen.

**net³** (bijw.) **1** precies, juist ◆ *ik heb het zoveel als jij; het is **net** echt*: het lijkt wel echt; *net goed!*: eigen schuld!; *zo is het maar **net***: zo is het precies; *dat weet ik nog zo **net** niet*:(uitdr.)(dit zeg je als je twijfelt of het wel klopt wat iemand gezegd heeft) **2** korte tijd geleden ⇒ *daarnet, zojuist, pas, zoëven* ◆ *ik ben **net** binnen*.

**ne·tel** (de ~; -s of -en) plant waarvan verschillende soorten bestaan ◆ *brand**netel**; dove**netel**.

**ne·te·lig** (bijv. nw.) moeilijk en lastig ◆ *een **netelige** situatie*.

**ne·tel·roos** (de ~) branderige en jeukende huiduitslag bij mensen die allergisch zijn voor bepaalde stoffen (kijk ook bij: **allergisch**).

**net·jes** (bijv. nw.) **1** verzorgd, keurig ◆ *hij was **netjes** gekleed; de kamer is weer **netjes* **2** fatsoenlijk, zoals het hoort ◆ *hij heeft me **netjes** behandeld*.

**net·maag** (de ~; -magen) tweede maag van een herkauwend dier.

**net·num·mer** (het ~; -s) nummer dat je eerst moet draaien als je iemand in een andere plaats belt ⇒ *kengetal*.

**net·stroom** (de ~(m.)) elektrische stroom die uit het stopcontact komt ◆ *het koffiezetapparaat werkt op **net**stroom*.

**net·sur·fen** (ww.) een beetje rondkijken op internet om te zien of er iets van je gading is.

**net·to** (bijv. nw.) **1** met aftrek van belastingen, onkosten

en dergelijke, het tegenovergestelde van 'bruto'
⇒ *schoon* ◆ *ik heb er netto f 100,- aan overgehouden* **2**
zonder verpakking gewogen, het tegenovergestelde
van 'bruto' ◆ *dat weegt netto twee kilo.*

**net·vlies** (het ~; -vliezen) vlies aan de binnenkant van je
oog, waarop beelden gevormd worden, zodat je dingen
ziet.

**net·werk** (het ~; -en) geheel van wegen, kanalen, leidingen enz. die op een ingewikkelde manier met elkaar
verbonden zijn.

**net·wer·ken** (netwerkte, heeft genetwerkt) contact leggen
met allerlei mensen waar je misschien iets aan kunt
hebben.

**neu·ken** (neukte, heeft geneukt)(grof) geslachtsgemeenschap hebben.

**neu·riën** neu·ri·en (neuriede, heeft geneuried) *een lied of een
wijsje neuriën:* het zachtjes zingen zonder de woorden
ervan uit te spreken of zonder je mond open te doen.

**neu·ro·lo·gie** (de ~(v.)) wetenschap die zich bezighoudt
met de zenuwen die door je lichaam lopen.

**neu·ro·loog** (de ~(m.); neurologen) dokter die gespecialiseerd is in de neurologie* ⇒ *zenuwarts.*

**neu·root** (de ~(m.); neuroten)(populair) iemand die erg zenuwachtig en gespannen is ⇒ *zenuwpees, zenuwlijder.*

**neu·ro·se** (de ~(v.); -n of -s)(medisch) ziekelijke angst en
gespannenheid waarvoor geen reden is.

**neu·ro·ti·cus** (de ~(m.); neurotici) iemand die aan een
neurose* lijdt.

**neu·ro·tisch** (bijv. nw.) gezegd van dingen die met een
neurose* te maken hebben of van iemand die een neurose* heeft ◆ *een neurotische aandoening:* een neurose;
*wat doe jij neurotisch!:*(uitdr.; populair) wat doe je zenuwachtig!

**neus** (de ~(m.); neuzen) **1** orgaan waarmee je ruikt ◆ *neuzen tellen:* tellen hoeveel mensen er zijn; *een fijne neus
voor iets hebben:*(uitdr.) van tevoren aanvoelen hoe iets
zich zal ontwikkelen; *ze heeft een fijne neus voor wat mode wordt; niet verder kijken dan je neus lang is:* niet goed
zoeken; ook: niet denken aan de toekomst; *je staat er
met je neus bovenop:*(uitdr.) je bent er vlakbij; *iets tussen
neus en lippen door zeggen,* of: *langs je neus weg iets zeggen:*(uitdr.) iets terloops, zonder nadruk zeggen; *het is
een wassen neus:*(uitdr.) het stelt niets voor; *op je neus
kijken:*(uitdr.) beteuterd staan te kijken omdat iets tegenvalt; *doen alsof je neus bloedt:*(uitdr.) doen alsof je niets
merkt; *je neus ergens in steken:*(uitdr.) je met iets bemoei-
en; *je neus stoten:*(uitdr.) afgewezen worden; *je neus voor
iemand ophalen:*(uitdr.) iemand minderwaardig vinden;
*met je neus kijken:*(uitdr.) niet goed zoeken; *dat ga ik jou
niet aan je neus hangen:*(uitdr.) dat vertel ik jou niet; *iemand bij de neus nemen:*(uitdr.) iemand foppen, iemand
beetnemen; *iemand met zijn of haar neus op de feiten
drukken:*(uitdr.) iemand laten zien hoe iets werkelijk in
elkaar zit, terwijl hij of zij het niet verwacht; *met je neus
in de boter vallen:*(uitdr.) boffen, op het goede moment
komen; *iemand iets onder zijn of haar neus wrijven:*(uitdr.)
iemand iets zonder omwegen zeggen omdat het de
waarheid is; *iemand iets door de neus boren:*(uitdr.) ervoor
zorgen dat iemand iets niet krijgt, terwijl hij of zij er wel
recht op heeft; *uit je neus eten:*(uitdr.; populair) niksen;
*het komt me mijn neus uit:*(uitdr.; populair) ik heb er meer
dan genoeg van; *van zijn of haar neus maken:*(in België □;
uitdr.; populair) drukte maken; *wie zijn neus schendt,
schendt zijn aangezicht:*(spreekwoord) van een opvallende
kleine fout heb je meer last dan van een grote fout die
niemand merkt; ook: als je kwaadspreekt van een familielid, krijg je daar zelf last van **2** voorste deel van een
schoen ◆ *de neuzen van die laarzen zijn kaal.*

**neus·hoorn** (de ~(m.); -s) groot zoogdier uit Afrika en
Azië met een hoorn op zijn neus ⇒ *rinoceros.*

**neus·vleu·gel** (de ~(m.); -s) elk van de twee zijkanten
van je neus.

**neus·wor·tel** (de ~(m.); -s) deel van je neus dat tussen
je ogen ligt.

**neut** (de ~; -en)(populair) glaasje sterke drank ⇒ *borrel.*

**neu·traal** (bijv. nw.) **1** gezegd van iemand die geen partij
kiest in een ruzie of oorlog ⇒ *onpartijdig* ◆ *jullie vechten
het maar uit, ik blijf neutraal* **2** niet opvallend ◆ *neutrale vloerbedekking.*

**neu·tra·li·se·ren** (neutraliseerde, heeft geneutraliseerd)
*iets neutraliseren:* de werking van iets opheffen ◆ *thee
neutraliseert het scherpe eten.*

**neu·tra·li·teit** (de ~(v.)) houding van iemand die neutraal* (bet.1) is ◆ *dat land heeft in de oorlog zijn neutrali-
teit bewaard.*

**neu·tra·li·ze·ren** → neutraliseren.

**neu·tron** [nøytron of nøytron](het ~; -en of -s) klein deeltje van een atoom dat geen elektrische lading heeft
(kijk ook bij: **atoom**).

**neu·tro·nen·bom** [nøytroonənbom of nøytroonənbom]
(de ~; -men) bom die een stof bevat die mensen, dieren
en planten doodt, maar gebouwen, auto's enz. heel laat
⇒ *N-bom.*

**neu·trum** (Latijn) [nøytrum of nøytrum](het ~; neutra)
(taal) zelfstandig naamwoord waar je 'het' voor kunt
zetten en dat dus niet mannelijk of vrouwelijk, maar
onzijdig is.

**neu·zen** (neusde, heeft geneusd) zomaar wat kijken, omdat je misschien iets vindt ⇒ *snuffelen* ◆ *ik wil wel eens
neuzen in die winkel.*

**ne·vel** (de ~(m.); -s of -en) lichte mist ◆ *er hing een nevel
boven het weiland; in nevelen gehuld zijn:*(uitdr.) geheimzinnig, raadselachtig zijn.

**ne·ve·lig** (bijv. nw.) een beetje mistig, niet helder.

**neven-** naast, bij ◆ *neveneffect:* bijkomend effect.

**ne·ven·ge·schikt** (bijv. nw.)(taal) gezegd van twee zinnen, woordgroepen of woorden die dezelfde waarde
hebben, het tegenovergestelde van 'ondergeschikt' ◆
*twee zinnen die verbonden zijn door 'en' of 'of' zijn neven-
geschikt.*

**ne·ven·schik·kend** (bijv. nw.)(taal) gezegd van een voegwoord dat twee hoofdzinnen verbindt, bijv. 'en', het tegenovergestelde van 'onderschikkend'.

**new age** (Engels) [njœeetsj](de ~)(letterlijk: nieuwe tijd)
naam voor allerlei stromingen waarin het geloof centraal staat dat alles met elkaar samenhangt.

**new·found·lan·der** (Engels) [njœwfaundlendər](de ~; -s)
bepaald soort grote hond met zwemvliezen tussen zijn
tenen.

**new wave** (Engels) [njœweev](de ~) stroming in de popmuziek die eind jaren zeventig is ontstaan uit de punkmuziek, maar die minder rauw en wat melancholieker
is.

**NH** (afkorting) *N*ederlands *H*ervormd ⇒ *Ned. Herv..*

**N.-H.** (afkorting) *N*oord-*H*olland.

**NHM** (de ~(v.)) *N*ederlandse *H*andels*m*aatschappij.

**nicht** (zelfst. nw.; -en) **1** (de ~(v.)) dochter van je oom of
tante **2** (de ~(v.)) dochter van je broer of zus **3** (de ~(m.))
mietje.

**ni·co·ti·ne** (de ~) giftige stof in tabak ◆ *in sigaretten van
dat merk zit veel nicotine.*

**nie·mand** (onbep. vnw.) geen mens ◆ *niemand wilde me
helpen.*

**nie·mands·land** (het ~) stuk land dat van niemand is,
bijv. tussen twee grenzen of tussen twee vijandelijke
legers.

**nie·men·dal** (onbep. vnw.) (ouderwets) helemaal niets ◆ *hij kreeg niemendal.*

**nie·men·dal·le·tje** (het ~; -s) iets dat niet veel te betekenen heeft ◆ *de danseres droeg een niemendalletje van kant: een luchtig jurkje of pakje, dat veel bloot laat; hij leest alleen maar niemendalletjes: dunne, makkelijke boekjes.*

**nier** (de ~; -en) elk van de twee organen die afvalstoffen uit je bloed halen en urine maken.

**nier·di·a·ly·se** (de ~ (v.)) het zuiveren van het bloed met een apparaat dat de functie van de nieren nabootst.

**nier·steen** (de ~ (m.); -stenen) harde, vaste stof die in je nieren voor kan komen en die veel pijn veroorzaakt.

**nie·sen** → niezen.

**niet**[1] (de ~; -en; meestal: nietje) **1** metalen krammetje waarmee je dingen, meestal bladen papier, aan elkaar vastmaakt ▼ *ergens bij in het niet vallen*: vergeleken met iets anders niet veel voorstellen.

**niet**[2] (bijw.) (woordje dat een ontkenning aangeeft, het tegenovergestelde van 'wel') ◆ *hij kan niet komen, want hij is ziek; dat eten was lekker, niet?*: dat vind jij toch ook?; *heb ik het niet gezegd?*: ik heb het toch gezegd!

**nie·ten** (niette, heeft geniet) *iets nieten*: iets met nieten[1]* of nietjes[1]* vastmaken ◆ *niet die blaadjes maar aan elkaar.*

**nie·tes** (tussenw.) (populair) niet waar, het tegenovergestelde van 'welles' ◆ *'je hebt het zelf gezegd!' 'nietes!'.*

**nie·tig** (bijv. nw.) **1** klein en niet belangrijk ◆ *een nietig dorpje* **2** niet geldig voor de wet ◆ *de rechter heeft hun huwelijk nietig verklaard.*

**niets**[1] (het ~) dat wat niet bestaat, wat er niet is ◆ *zij kwam uit het niets te voorschijn.*

**niets**[2] (onbep. vnw.) geen ding ⇒ niks, niemendal ◆ *ik heb niets voor mijn verjaardag gekregen; weet je niets leukers te verzinnen?*

**niets**[3] (bijw.) helemaal niet ⇒ niks ◆ *dat bevalt me niets.*

**niets·nut** (de ~ (m.); -ten) iemand die nergens geschikt voor is en die niets uitvoert.

**niets·ver·moe·dend** (bijv. nw.) gezegd van iemand die niet beseft dat er iets gaat gebeuren dat grote gevolgen voor hem of haar heeft.

**niets·zeg·gend** (bijv. nw.) zonder inhoud, zonder betekenis ◆ *hij gaf een nietszeggend antwoord.*

**niet·te·gen·staan·de** (voorz.) (deftig) ondanks ◆ *niettegenstaande de regen maakten we een fietstocht.*

**niet·te·min** [ook: niettemin] (bijw.) toch, ondanks dat ⇒ evenwel, nochtans ◆ *het regende hard, niettemin ging hij wandelen.*

**niet·waar** (tussenw.) (aan het einde van een bevestigende zin, om te vragen of het klopt wat je zegt) ⇒ niet, hè ◆ *jullie zijn getrouwd, nietwaar?*

**nieuw** (bijv. nw.) **1** gezegd van iets dat nog niet lang bestaat of nog niet gebruikt is, het tegenovergestelde van 'oud' ◆ *een nieuw boek; de nieuwe mode; een paar nieuwe schoenen*: die nog niet gebruikt zijn; *nieuwe haring*: haring die aan het begin van het seizoen is gevangen **2** ander, volgend op iets of iemand ◆ *vandaag komt er een nieuwe onderwijzer; zij wil een nieuw leven beginnen* ▼ *nieuwe maan*: stand van de maan precies tussen de aarde en de zon, zodat je hem helemaal niet ziet.

**nieuw·bak·ken** (bijv. nw.) gezegd van iemand die pas een bepaalde functie heeft gekregen ⇒ nieuw ◆ *de nieuwbakken burgemeester.*

**nieu·we·ling** (de ~ (m.); -en) iemand die nog maar kort ergens is of werkt ⇒ nieuwkomer ◆ *er komt een nieuweling in de klas.*

**nieu·wer·wets** (bijv. nw.) volgens de laatste mode, het tegenovergestelde van 'ouderwets' (gezegd door mensen die niets moeten hebben van moderne dingen) ◆ *zij draagt van die nieuwerwetse kleding.*

**nieuw·jaar** [ook: nieuwjaar] (het ~) **1** jaar dat gaat komen of pas is begonnen ◆ *ik wens u een vrolijke kerst en een gelukkig nieuwjaar* **2** nieuwjaarsdag ◆ *op nieuwjaar zijn alle scholen en winkels gesloten.*

**nieuw·jaars·brief** (de ~ (m.); -brieven) (in België □) op school voorbereide brief die kinderen op nieuwjaarsdag aan hun ouders voorlezen.

**nieuw·jaars·dag** (de ~ (m.)) eerste dag van het nieuwe jaar, 1 januari ⇒ nieuwjaar.

**nieuw·ko·mer** (de ~ (m.); -s) nieuweling.

**nieuw·kuis** (de ~ (m.)) (in België □) stomerij.

**nieuw·lich·ter** (de ~ (m.); -s) iemand die nieuwe (bet.1) ideeën verkondigt.

**nieuw·prijs** (de ~ (m.); -prijzen) prijs die een product zou hebben als het nieuw (bet.1) zou zijn ◆ *de nieuwprijs van een auto.*

**nieuws** (het ~) berichten over iets dat nog niet bekend was ◆ *ik heb goed nieuws: je bent geslaagd; buitenlands nieuws; het nieuws op de radio en de televisie*: het programma waarin nieuwsberichten worden gegeven, het journaal.

**nieuws·ga·ring** (de ~ (v.)) het verzamelen van nieuws door journalisten.

**nieuws·gie·rig** (bijv. nw.) **1** gezegd van iemand die graag dingen wil weten die niet voor zijn of haar oren bestemd zijn ◆ *ze luisterde het gesprek af, want ze was nieuwsgierig* **2** gezegd van iemand die graag iets wil weten ⇒ benieuwd ◆ *ik ben nieuwsgierig naar wat er in de doos zit.*

**nieuw·tje** (het ~; -s) leuk bericht over iets dat in je omgeving is gebeurd ◆ *jongens, ik heb een nieuwtje te vertellen.*

**nieuw·waar·de** (de ~ (v.); -n) bedrag dat je nodig hebt om iets nieuw (bet.1) te kunnen kopen als het gestolen, beschadigd enz. wordt ◆ *hij heeft zijn fototoestel tegen nieuwwaarde verzekerd*: als er iets mee gebeurt, krijgt hij het geld voor een nieuw fototoestel van de verzekering terug.

**nie·zen, nie·sen** (niesde, heeft geniesd) door een prikkeling in je neus met kracht lucht door je neus naar buiten stoten, zonder dat je het kunt tegenhouden.

**ni·hil** (Latijn) [nie̱hiel] (bijw.) niets ◆ *de opbrengst van de actie was nihil.*

**ni·hi·lis·me** (het ~) het nergens in geloven.

**nijd** (de ~ (m.)) **1** woede ◆ *hij kon van nijd niet uit zijn woorden komen* **2** grote jaloezie ⇒ afgunst, naijver.

**nij·das** (de ~ (m.); -sen) iemand die de vinnig en hatelijk doet.

**nij·dig** (bijv. nw.) kwaad.

**nij·gen** (neeg, heeft genegen) groeten door te buigen.

**nijl·paard** (het ~; -en) groot en log dier met een grijze huid en een enorme bek, dat in en bij het water leeft in Afrika.

**nij·pen** (neep, heeft genepen) **1** (in België □) knijpen **2** (in België □) knellen.

**nij·pend** (bijv. nw.) heel groot en kwellend ◆ *in dat land is een nijpend gebrek aan voedsel.*

**nijp·tang** (de ~; -en) tang met een bek van twee kromme, scherpe ijzers, die dient om bijv. spijkers ergens uit te trekken ⇒ knijptang.

**nij·ver** (bijv. nw.) ijverig ⇒ vlijtig ◆ *een nijvere bij*: (uitdr.) iemand die altijd bezig is en die hard werkt.

**nij·ver·heid** (de ~ (v.)) fabrieken, industrie.

**nik·kel** (het ~) zilverwit metaal waar bijv. munten van worden gemaakt.

**nik·ker** (de ~(m.); -s)(scheldnaam voor een neger).

**niks¹** (onbep. vnw.)(populair) niets ◆ *ze had niks meegenomen.*

**niks²** (bijw.)(populair) helemaal niet, volstrekt niet ◆ *ik vind het niks leuk.*

**nik·sen** (ww.) niks¹* doen ◆ *de jongens zitten de hele middag te niksen.*

**nim·bus** (de ~(m.); -sen) krans van stralen die je op afbeeldingen achter het hoofd van heiligen ziet ⇒ *stralenkrans, aureool.*

**nimf** (de ~(v.); -en)(in verhalen) mooi meisje dat in bossen of rivieren leeft en dat voorkomt in verhalen.

**nim·fo·ma·ne** → nymfomane.

**nim·mer** (bijw.)(deftig) nooit ◆ *hij zal zijn land nimmer verlaten.*

**nip·je** (het ~; -s) klein slokje.

**NI·PO** (het ~) *N*ederlands *I*nstituut voor de *P*ublieke *O*pinie; dit is een instituut dat meningen van grote groepen mensen onderzoekt.

**nip·pel** (de ~(m.); -s) kort stukje buis met schroefdraad, waarmee je pijpen met elkaar verbindt.

**nip·pen** (nipte, heeft genipt) kleine slokjes nemen ◆ *zij nipte aan haar glas wijn.*

**nip·per·tje** (zelfst. nw.) ▼ *op het nippertje:* op het allerlaatste moment, nog net; *ze haalde de trein op het nippertje.*

**nipt** (bijw. nw.) ▼ *een nipte overwinning:* maar net behaald, waarbij maar heel weinig verschil is tussen de prestaties van de winnaar en de verliezer.

**nir·wa·na** (het ~) toestand van grote rust die boeddhisten proberen te bereiken (kijk ook bij: **boeddhist**).

**nis** (de ~; -sen) uitholling in een muur, die bedoeld is om er iets, bijv. een beeld, in te zetten.

**NIS** (het ~)(in België) *N*ationaal *I*nstituut voor de *S*tatistiek.

**nit·wit** (de ~(m.); -s)(populair) dom, onnozel iemand, die niet genoeg van iets af weet.

**ni·veau** [nievoo](het ~; -s) **1** hoogte, meestal van water of van een andere vloeistof, bijv. in een rivier of een ketel ⇒ *peil* ◆ *het niveau van het water stijgt; dat is een onderzoek van niveau:* (uitdr.) een heel goed onderzoek; *een gesprek op hoog niveau:* (uitdr.) tussen belangrijke mensen; ook: over belangrijke dingen **2** kwaliteit, waarde van wat iemand doet ⇒ *peil* ◆ *het niveau van de leerlingen daalt:* ze werken slechter in vergelijking met vroeger.

**ni·vel·le·ren** (nivelleerde, heeft genivelleerd) *inkomens nivelleren:* de verschillen ertussen kleiner maken.

**ni·vo** → niveau.

**NJHC** (de ~) *N*ederlandse *J*eugd*h*erberg*c*entrale.

**nl.** (afkorting) *n*ame*l*ijk.

**n.m.** (afkorting) *n*a*m*iddag ⇒ *p.m.*.

**NMBS** (de ~(v.)) *N*ationale *M*aatschappij der *B*elgische *S*poorwegen.

**NN** (afkorting) *n*omen *n*escio; dit is Latijn en het betekent: de naam weet ik niet (als ondertekening van iets waarvan de schrijver onbekend is of onbekend wil blijven).

**no.** (afkorting) *n*umero ⇒ *nr.*.

**no·bel** (bijw. nw.) met goede en eerlijke bedoelingen, edel van geest ⇒ *edelmoedig.*

**no·bil·jon** (de ~(m.); -s)(in België □; grappig) iemand van adel.

**no·bles·se obli·ge** (Frans) [nooblesooblieezje](spreekwoord; letterlijk: adeldom verplicht) als je ergens talent voor hebt, dan moet je dat gebruiken.

**noch** (voegw.) en ook niet, en ook geen ◆ *de gevangenen kregen eten noch drinken; ze wilden noch het een noch het ander.*

**noch·tans** (bijw.)(deftig) toch, desondanks ⇒ *evenwel, echter, desalniettemin, niettemin* ◆ *je hebt het wel gezegd, maar ik ben het nochtans vergeten.*

**noc·tur·ne** (de ~; -s) dromerig en romantisch muziekstuk dat meestal op een piano wordt gespeeld.

**no·de¹** → nood.

**no·de²** (bijw.) niet graag ⇒ *ongaarne* ◆ *hij kan dat maar node missen:* alleen maar als het echt moet.

**no·de·loos** (bijv. nw.) onnodig ◆ *zij maakt zich nodeloos zorgen.*

**no·den** (noodde, heeft genood) **1** *iemand noden:* iemand vragen je gast te zijn ⇒ *nodigen, uitnodigen, inviteren* ◆ *zij noodde alle gasten aan tafel* **2** *(van zaken) noden tot iets:* aanzetten tot iets, aanmoedigen tot iets ⇒ *nodigen, uitnodigen* ◆ *het weer noodt niet tot zeilen.*

**no·dig** (bijv. nw.) **1** gezegd van iets dat je niet kunt missen, waar je dringend behoefte aan hebt ⇒ *noodzakelijk* ◆ *hij heeft een fiets nodig om naar school te gaan; die opknapbeurt is hard nodig; zij moest zo nodig alleen naar huis fietsen:* (dit zeg je wanneer je vindt dat ze dat beter niet had kunnen doen); *nodig moeten:* (uitdr.; populair) aandrang hebben om naar de wc te gaan **2** gezegd van iets dat er nu eenmaal bij hoort ⇒ *gebruikelijk* ◆ *het feest bracht de nodige rommel met zich mee.*

**no·di·gen** (nodigde, heeft genodigd) **1** *iemand nodigen:* iemand vragen je gast te zijn ⇒ *uitnodigen, noden, inviteren* ◆ *zij nodigden al hun vrienden op het feest* **2** *(van zaken) nodigen tot iets:* uitnodigen tot iets.

**noe·del** (zelfst. nw.; -s) gekookt meelballetje, bijv. voor in de soep ⇒ *knoedel.*

**noe·men** (noemde, heeft genoemd) **1** *iets of iemand … noemen:* iets of iemand … als naam geven ◆ *zij noemen hun zoontje Bart; noem je dat werken?:* (uitdr.) dat is toch geen werken! **2** *iets of iemand noemen:* iets of iemand vermelden door de naam van die zaak of die persoon te zeggen ◆ *noem alle provincies en hun hoofdsteden; noem eens wat voorbeelden:* geef eens wat voorbeelden.

**noe·mer** (de ~(m.); -s)(rekenen) getal in een breuk onder de breukstreep ◆ *in de breuk /9 is 3 de noemer; alles onder één noemer brengen:* (uitdr.) er één groep van maken; *hij bracht alle problemen onder één noemer:* (uitdr.) hij vond dat het gelijksoortige problemen waren.

**noen** (de ~(m.)) **1** (ouderwets) middag **2** twaalf uur 's middags.

**noest¹** (de ~(m.); -en) hard stuk in een plank op de plaats waar een tak van de boom aan de stam heeft gezeten ⇒ *knoest, kwast.*

**noest²** (bijv. nw.) ijverig, hard werkend ⇒ *nijver* ◆ *een noeste werker.*

**nog** (bijw.) **1** opnieuw, weer ◆ *wil je nog een gebakje?* **2** tot op dit ogenblik ◆ *ben je er nog?; hoest je nou nog zo?* **3** (woordje om aan te geven hoeveel er over is of zijn) ◆ *nog twee nachtjes slapen, dan ben je jarig* **4** (woordje zonder vaste betekenis dat in allerlei zinnen voorkomt) ◆ *moet dat nou nog langer duren?:* extra langer; *ik was nog wel bang dat je het zou vergeten:* (ik ben onnodig bang geweest, want je hébt het niet vergeten); *ze zei nog ja ook!:* (ik had niet verwacht dat ze dat zou doen); *al doe je nog zo aardig, ik blijf boos:* hoe aardig je ook doet, ik blijf boos ….

**no·ga** (de ~(m.)) taai snoepgoed dat gemaakt is van eiwit, suiker en noten.

**nog·al** (bijw.) tamelijk, niet al te weinig ◆ *hij is nogal ziek; het gebeurt nogal eens dat Farouk te laat komt:* het gebeurt vrij vaak.

**nog·maals** (bijw.) nog een keer ⇒ *opnieuw, wederom* ◆ *nogmaals bedankt.*

**nok** (de ~; -ken) bovenste rand van een dak.

**no·ma·de** (de ~; -n) iemand die in een woestijn, op een steppe, toendra enz. woont, en van de ene plaats naar de andere trekt ◆ *hij leidt een nomadenbestaan:* hij reist veel.

**no·mi·na·tie** (zelfst. nw.) ▼ *voor een bepaalde functie op de nominatie staan:* ervoor in aanmerking komen.

**no·mi·ne·ren** (nomineerde, heeft genomineerd) *iemand nomineren voor een prijs:* bepalen dat iemand in aanmerking komt voor een prijs.

**non** (de ~(v.); -nen) vrouw die lid is van een kloosterorde ⇒ *zuster.*

**non-** niet- ◆ *non-verbaal:* niet met woorden.

**non-ac·tief** (de ~) ▼ *iemand op non-actief zetten:* iemand, meestal tijdelijk, verbieden te werken; *de dokter heeft mijn vader op non-actief gezet.*

**non·cha·lan·ce** [nonsjaalãnse] (de ~) achteloosheid, onverschilligheid.

**non·cha·lant** [nonsjaalant] (bijv. nw.) achteloos, onverschillig ◆ hij is ontzettend **nonchalant** in het nakomen van afspraken; **nonchalante** kleding: een beetje slordige, vlotte kleding.

**non·kel** (de ~(m.); -s) (in België □; populair) oom.

**no-non·sense** (Engels) [noononsense] (bijv. nw.) (letterlijk: geen onzin) zakelijk, zonder poespas ◆ een **no-nonsense** regering: die niet eindeloos wil overleggen, maar snel dingen wil regelen.

**non-pro·fit** (Engels) [nonproffit] (bijv. nw.) (van ondernemingen en organisaties): er niet op uit om winst te maken.

**non·sens** (de ~(m.)) onzin.

**non-stop** [ook: non-stop] (bijw.) de hele tijd door, zonder ophouden ⇒ onafgebroken ◆ radio 3 is 24 uur per dag **non-stop** in de lucht.

**nood** (de ~(m.); noden) **1** grote moeilijkheden, die vaak gevaar betekenen ◆ een schip in **nood**; in geval van **nood** aan de ketting trekken; van de **nood** een deugd weten te maken: (uitdr.) uit een moeilijke situatie nog iets goeds weten te halen; **nood** breekt wet: (uitdr.) als je in moeilijkheden zit, kun je je niet altijd aan de regels houden; als de **nood** het hoogst is, is de redding nabij: (spreekwoord) op het ellendigste moment komt er hulp **2** dat wat je beslist nodig hebt, je noodzakelijke behoefte ◆ in tijd**nood** komen: geen tijd genoeg hebben; wo**ning**nood: toestand waarin er geen woningen genoeg zijn; hoge **nood** hebben: (uitdr.) nodig naar de wc moeten; iets van **node** hebben: (uitdr.; deftig) iets nodig hebben; van **node** zijn: (uitdr.; deftig) nodig zijn.

**nood·druft** (de ~) (ouderwets) gebrek aan de dingen die je nodig hebt om in leven te blijven.

**nood·gang** (de ~(m.)) grote snelheid ⇒ noodvaart.

**nood·ge·dwon·gen** (bijw.) omdat er geen andere oplossing is ◆ **noodgedwongen** trapte ik een ruitje in, want ik had geen sleutel bij me.

**nood·ge·val** (het ~; -len) situatie waarin je nodig is direct op te treden, omdat er anders ongelukken gebeuren ◆ in **noodgevallen** kun je me bellen; in het ziekenhuis komen dagelijks **noodgevallen** binnen: mensen die direct behandeld moeten worden.

**nood·kreet** (de ~(m.); -kreten) roep om hulp.

**nood·lan·ding** (de ~(v.); -en) gedwongen landing van een vliegtuig, omdat er iets mis is met het toestel.

**nood·lot** (het ~) ongelukkig lot.

**nood·lot·tig** (bijv. nw.) gezegd van iets dat slecht afloopt en dat ongeluk brengt ⇒ fataal, catastrofaal ◆ een **noodlottig** ongeval; die val werd hem **noodlottig**: daardoor liep het slecht met hem af.

**nood·rem** (de ~; -men) toestel in treinen, trams of liften waarmee je die in geval van nood (bet.1) kunt stoppen ◆ misbruik van de **noodrem** wordt gestraft.

**nood·sprong** (de ~(m.); -en) wanhopige poging om uit een moeilijke situatie te komen ◆ die oplossing was een **noodsprong.**

**nood·toe·stand** (de ~(m.); -en) toestand van groot gevaar of grote moeilijkheden ◆ de **noodtoestand** afkondigen in een gebied: officieel verklaren dat de situatie daar voor de bevolking onhoudbaar is.

**nood·uit·gang** (de ~(m.); -en) uitgang waardoor je in geval van nood (bet.1) naar buiten kunt komen.

**nood·vaart** (de ~) grote snelheid ⇒ noodgang.

**nood·weer** (zelfst. nw.) **1** (het ~) erg slecht weer **2** (de ~(m.)) verdediging met geweld, omdat je in gevaar bent ◆ hij handelde uit **noodweer.**

**nood·zaak** (de ~) het feit dat iets erg dringend of onvermijdelijk is ◆ het is bittere **noodzaak** dat we bezuinigen: we moeten wel; ik zie er de **noodzaak** niet van in: ik snap niet waarom het nodig is.

**nood·za·ke·lijk** (bijv. nw.) **1** absoluut nodig, onmisbaar ◆ **noodzakelijke** reparaties **2** onvermijdelijk, waaraan niet te ontkomen is ◆ een **noodzakelijk** gevolg.

**nood·za·ken** (noodzaakte, heeft genoodzaakt) *iemand tot iets noodzaken:* iemand tot iets dwingen, iemand verplichten iets te doen ◆ het slechte weer **noodzaakte** ons naar binnen te gaan; de meester zag zich **genoodzaakt** tot strengere maatregelen: hij voelde zich door de omstandigheden verplicht die te nemen.

**nooit** (bijw.) **1** op geen enkel tijdstip ⇒ nimmer ◆ ik heb hem nog **nooit** gezien; **nooit** ofte nimmer: (uitdr.) absoluut nooit **2** in geen geval, in geen enkele situatie ◆ ik zou het **nooit** doen als ik jou was; an me **nooit** niet!: (uitdr.; populair) dat doe ik beslist niet!

**noord** (de ~(m.)) het noorden, het tegenovergestelde van 'zuid' ◆ oorlog tussen **noord** en zuid.

**noor·de·lijk** (bijv. nw.) komend uit het noorden* of gelegen in het noorden*, het tegenovergestelde van 'zuidelijk' ◆ de **noordelijke** provincies van ons land; het **noordelijk** halfrond; een **noordelijke** wind.

**noor·den** (het ~) gebied dat ligt in de richting waarin de naald van een kompas altijd wijst, het tegenovergestelde van 'zuiden' ◆ ten **noorden** van België ligt Nederland; wij gaan met vakantie naar het **noorden.**

**noor·der·breed·te** (de ~(v.)) (aardrijkskunde) breedte op het noordelijk halfrond (kijk ook bij: **breedte**).

**noor·der·keer·kring** (de ~) (aardrijkskunde) denkbeeldige cirkel om de aardbol, ongeveer 2600 kilometer ten noorden van de evenaar ⇒ kreeftskeerkring.

**noor·der·zon** (zelfst. nw.) ▼ hij is met de **noorderzon** vertrokken: hij is stiletjes vertrokken zonder dat iemand het heeft gemerkt.

**noord·pool** (de ~) **1** het meest noordelijke punt van de aarde **2** gebied rond het meest noordelijke punt van de aarde ◆ op de **noordpool** is het erg koud.

**Noor·man** (de ~(m.); -nen) Scandinavische krijger uit de Middeleeuwen ⇒ viking.

**noot** (de ~; noten) **1** eetbare boomvrucht met een harde schil ◆ **noten** kraken; we moeten een paar harde **noten** kraken: (uitdr.) we moeten dingen doen waar we erg tegenop zien **2** teken in het muziekschrift dat een bepaalde toon aangeeft ⇒ muzieknoot ◆ hij kan geen **noot** lezen: hij kent het muziekschrift niet; veel **noten** op je zang hebben: (uitdr.) niet gauw tevreden zijn, veel eisen **3** aantekening bij een tekst die een extra uitleg of verklaring geeft ◆ de **noten** bij dit stuk vind je aan het einde van het hoofdstuk.

**noot·mus·kaat** (de ~) specerij met een sterke geur, die je bijv. op spruitjes strooit.

**nop¹** (de ~; -pen) **1** stip of bolletje op een lap stof **2** dopje onder aan de zool van een voetbalschoen.

**nop²** (onbep. vnw.) (populair) noppes.

**no·pen** (noopte, heeft genoopt) *iemand tot iets nopen:* (deftig) iemand tot iets noodzaken, iemand tot iets dwingen.

**nop·jes** (zelfst. nw.) ▼ *in je nopjes zijn:* erg tevreden en opgewekt zijn.

**nop·pes** (onbep. vnw.) (populair) niets ⇒ nop ♦ *je kunt het voor noppes krijgen.*

**nor** (de ~; -ren) (populair) gevangenis ⇒ *bajes, petoet, lik, bak.*

**nor·ber·tijn** (de ~ (m.); -en) lid van de kloosterorde die gesticht is door Sint-Norbertus.

**no·ren** (zelfst. nw.; meervoud) schaatsen met lange, rechte ijzers, die meestal vastzitten aan schoenen.

**norm** (de ~; -en) dat wat je als maatstaf aanneemt ⇒ criterium, toetssteen ♦ *de normen van fatsoen; veiligheidsnormen.*

**nor·maal** (bijv. nw.) gewoon, zoals gebruikelijk is, niet bijzonder ♦ *dit is geen normale temperatuur voor de tijd van het jaar; een normaal mens:* die goed bij zijn of haar verstand is; *normaal ben ik om vier uur thuis:* meestal, gewoonlijk.

**nor·maal·school** (de ~; -scholen) (in België) verouderd schooltype waar je voor onderwijzer, kleuterleider of regent leerde (kijk ook bij: **regent (bet.4)**).

**nor·ma·li·se·ren** (normaliseerde, heeft genormaliseerd) *iets normaliseren:* iets normaal* maken ♦ *de betrekkingen tussen beide landen zijn genormaliseerd:* de landen hebben weer op een gewone manier contact met elkaar.

**nor·ma·li·ter** (bijw.) gewoonlijk, meestal ⇒ *normaal, doorgaans* ♦ *normaliter gaan we in het weekend bij oma op bezoek.*

**nor·ma·li·ze·ren** → normaliseren.

**nor·ma·tief** (bijv. nw.) een norm* aangevend ⇒ *maatgevend* ♦ *het groene boekje is normatief wat spelling betreft:* het groene boekje geeft aan hoe een woord gespeld moet worden.

**nors** (bijv. nw.) onvriendelijk en in zichzelf gekeerd ⇒ *bars, stuurs* ♦ *een nors gezicht; een nors antwoord.*

**NOS** (de ~) **1** Nederlandse Omroep Stichting; dit is een publieke omroep in Nederland die vooral nieuws- en sportuitzendingen verzorgt **2** Nederlandse Omroep Stichting; dit is een samenwerkingsorgaan van de publieke omroepen in Nederland.

**nos·tal·gie** (de ~ (v.)) verlangen naar vroeger ♦ *uit nostalgie luistert hij af en toe naar de Beatles.*

**nos·tal·gisch** (bijv. nw.) vol nostalgie* ♦ *nostalgische mode:* mode van nu die lijkt op wat vroeger mode was.

**no·ta** (de ~; nota's) **1** rekening, bon ♦ *als je de nota bewaart, krijg je later het geld van me terug* **2** officiële schriftelijke verklaring waarin iemand een mededeling doet of zijn of haar mening ergens over geeft ♦ *een nota van de minister van Onderwijs* **3** (in België □) aantekening ▼ *ergens nota van nemen:* ergens kennis van nemen, iets onthouden.

**no·ta·be·le** (de ~; -n) voornaam persoon ♦ *de notabelen van het dorp:* de wat rijkere mensen met belangrijke functies, zoals de dokter, de notaris en de burgemeester.

**no·ta be·ne 1** (letterlijk: let goed op) opmerking in een tekst, waarna een mededeling volgt die je beslist niet mag missen ♦ *onder aan de brief stond 'nota bene: vergeet de vergadering op 4 mei niet!'* **2** (uitroep waarmee je laat weten dat je iets gek vindt en er verbaasd over bent) ♦ *hij is nota bene al haar derde vriendje in één jaar!*

**no·ta·ri·eel** (bijv. nw.) gezegd van iets dat door een notaris* gedaan is of gedaan moet worden ♦ *iets notarieel laten vastleggen; een notariële akte:* die door een notaris is opgemaakt.

**no·ta·ris** (de ~ (m.); -sen) iemand die voor zijn of haar beroep afspraken tussen mensen wettelijk vastlegt ♦ *een koopakte van een huis moet door een notaris opgesteld worden.*

**no·ta·tie** (de ~ (v.); -s) manier van noteren* ♦ *de notatie van muziek.*

**note·book** (Engels) [nootboek] (de ~; -s) kleine computer die in een koffertje past, en die op batterijen loopt zodat je geen stopcontact nodig hebt.

**no·te·dop** → notendop.

**no·te·kra·ker** → notenkraker.

**no·ten·balk** (de ~ (m.); -en) vijf evenwijdige lijnen onder elkaar waarop en waartussen muzieknoten worden getekend.

**no·ten·dop** (zelfst. nw.) ▼ *in een notendop:* kort samengevat; *dat is het hele verhaal in een notendop.*

**no·ten·kra·ker** (de ~ (m.); -s) instrumentje waarmee je de bast van noten kapot kunt maken, zodat je de noot eruit kunt halen.

**no·te·ren** (noteerde, heeft genoteerd) *iets noteren:* iets opschrijven ⇒ *aantekenen* ♦ *hoog genoteerd staan:* (uitdr.) hoog in aanzien staan, populair zijn.

**no·tie** (de ~ (v.); -s) vage voorstelling van iets, benul ♦ *ik heb er geen flauwe notie van.*

**no·ti·tie** (de ~ (v.); -s) aantekening ♦ *een notitieblok.*

**n.o.t.k.** (afkorting) nader overeen te komen; dit betekent dat er nog over gepraat moet worden hoe iets precies geregeld zal worden ♦ *tafel te koop, prijs n.o.t.k..*

**no·toir** [nootoor of nootwaar] (bijv. nw.) algemeen bekend ♦ *hij is een notoire leugenaar:* hij staat erom bekend dat hij vaak liegt.

**no·tu·len** (ook: notulen) (zelfst. nw.; meervoud) schriftelijk verslag van wat er besproken is ♦ *de notulen van de vergadering.*

**no·tu·le·ren** (notuleerde, heeft genotuleerd) *iets notuleren:* notulen* van iets maken ♦ *een vergadering notuleren; dit hoef je niet te notuleren.*

**no·tu·list** (de ~ (m.); -en), vrouw: **no·tu·lis·te** (de ~ (v.); -n of -s) iemand die notulen* maakt.

**nou¹** (bijw.) op dit ogenblik ⇒ nu ♦ *ik wil het nou weten!; en nou, wat moeten we nou doen?*

**nou²** (tussenw.) (tussenwoordje dat van alles kan betekenen) ♦ *nou, schiet op!; nou, en toen werd ik wakker.*

**nou·veau·té** (Frans) [noevootee] (de ~; -s) nieuwtje, nieuwigheidje ⇒ *noviteit, snufje.*

**no·veen** (de ~; novenen) reeks van negen dagen waarop een rooms-katholiek bidt tot God of een heilige om een bepaalde gunst te verkrijgen.

**no·vel·le** (de ~ (m.); -n) vertelling die korter is dan een roman en langer dan een kort verhaal.

**no·vem·ber** (de ~ (m.)) elfde maand van het jaar, ook wel 'slachtmaand' genoemd.

**NO·VIB** (de ~ (v.)) Nederlandse Organisatie voor Internationale Bijstand; dit is een organisatie die hulp biedt aan de arme landen in de wereld.

**no·vi·ce** [noovies] (de ~ (m.); -n of -s) nieuweling, vooral iemand die een proeftijd in een klooster doorbrengt.

**no·vi·teit** (de ~ (v.); -en) nieuwtje, nieuwigheidje ⇒ *nouveauté, snufje.*

**no·vum** (het ~; nova) iets nieuws ♦ *die stijl van schilderen is een novum in de beeldende kunst.*

**no·zem** (de ~(m.); -s) jongen, vaak met een vetkuif, die een beetje rondhangt op straat en af en toe baldadige dingen doet (vooral in de jaren 50).

**NPS** (de ~(v.)) **N**ederlandse **P**rogramma**s**tichting; dit is een omroep die culturele, educatieve en informatieve programma's verzorgt.

**nr.** (afkorting) nummer ⇒ no..

**NS** (de ~) **N**ederlandse **S**poorwegen.

**NSB** (de ~(v.)) **N**ationaal-**S**ocialistische **B**eweging; dit is de beweging in Nederland die in de Tweede Wereldoorlog samenwerkte met de Duitsers.

**NSM** (de ~(v.)) **N**ederlandse **S**cheepvaart**m**aatschappij.

**NT** (het ~) **N**ieuwe **T**estament; dit is een deel van de bijbel.

**nu¹** (het ~) dit moment, de tegenwoordige tijd ⇒ heden ◆ het hier en *nu*: de dingen die op deze plaats en op dit moment gebeuren.

**nu²** (bijw.) **1** op dit ogenblik ⇒ nou ◆ ik wil dat het *nu* gebeurt; *nu* en dan: (uitdr.) soms, af en toe **2** tegenwoordig, in deze tijd ⇒ heden ◆ het leven is *nu* heel anders dan vroeger **3** (woordje zonder vaste betekenis, waarmee je iets meer nadruk geeft) ◆ doe dat *nu* niet; wie zegt *nu* zoiets?

**nu³** (voegw.) in deze tijd waarin, op dit moment waarop ◆ *nu* de zon schijnt, moeten we ervan profiteren.

**nu·an·ce** [nuwãsə](de ~; -s of -n) **1** klein onderscheid, klein verschil ◆ *nuances* aanbrengen in een verhaal: de dingen iets anders en preciezer zeggen **2** aanwezigheid van een bepaalde kleur in andere kleuren ◆ turquoise is blauw met een *nuance* van groen: er zit groen in het blauw.

**nu·an·ce·ren** (nuanceerde, heeft genuanceerd) iets nuanceren: nuances* in iets aanbrengen ◆ kun je je vraag nog wat *nuanceren*?

**nu·an·ce·ring** (de ~(v.); -en) keer dat je een nuance* (bet.1) aanbrengt.

**nuch·ter** (bijv. nw.) **1** zonder iets gegeten of gedronken te hebben ◆ sommige medicijnen moet je *nuchter* innemen; wie nog moet autorijden, kan beter *nuchter* blijven: die kan beter geen alcohol drinken **2** praktisch en zakelijk ◆ een *nuchtere* opmerking.

**nu·cle·air** [nuukleejɛːr](bijv. nw.) te maken hebbend met kernenergie en kernbommen (kijk ook bij: **kernbom en kernenergie**) ◆ een *nucleaire* oorlog: waarin kernwapens gebruikt worden.

**nu·dist** (de ~(m.); -en) iemand die in zijn of haar vrije tijd het liefst zonder kleren loopt.

**nuf** (de ~(v.); -fen) aanstellerig meisje dat zichzelf erg mooi en keurig vindt en daarom neerkijkt op bepaalde mensen of op bepaald werk.

**nuf·fig** (bijv. nw.) aanstellerig als een nuf* ◆ *nuffige* gebaren.

**nuk** (de ~(m.); -ken) plotselinge koppige bui van iemand die zijn of haar eigen zin wil doen ⇒ gril, kuur.

**nuk·kig** (bijv. nw.) vol nukken* en daardoor onberekenbaar.

**nul¹** (de ~; -len) **1** het cijfer ' 0 ' ◆ *nul* op het rekest krijgen: (uitdr.) een afwijzend antwoord krijgen **2** iemand die niets presteert ◆ ik ben een *nul* op het gebied van sport.

**nul²** (hoofdtelw.) geen één; 0 ◆ ik had *nul* fouten in mijn werk; schoenen uit het jaar *nul*: (uitdr.) heel ouderwetse schoenen.

**nul·me·ri·di·aan** (de ~(m.); -meridianen)(aardrijkskunde) meridiaan die over Greenwich (bij Londen) loopt; deze meridiaan geeft de scheiding aan tussen wester- en oosterlengte (kijk ook bij: **meridiaan en lengte**).

**nul·punt** (het ~) punt vanwaaruit je begint te tellen of te

meten ◆ de thermometer staat op vier graden onder het *nulpunt*: het vriest vier graden; de stemming was tot het *nulpunt* gedaald: (uitdr.) de stemming was heel erg slecht.

**06-num·mer** (het ~; -s) telefoonnummer, beginnend met 06, dat je kunt bellen om alarm te slaan, informatie te krijgen of geamuseerd te worden.

**nu·me·riek** (bijv. nw.) in getallen uitgedrukt ◆ een *numerieke* code: die bestaat uit cijfers; we waren *numeriek* in de minderheid: ons groepje was het kleinst.

**nu·me·ro** (het ~; numero's) nummer ◆ de *numero's* tien en twaalf moeten zich melden.

**nu·me·rus clau·sus** (de ~(m.))(letterlijk: gesloten getal) numerus fixus.

**nu·me·rus fixus** (de ~(m.))(letterlijk: vastgesteld getal) maatregel waarbij maar een beperkt aantal mensen een bepaalde studie mag volgen ⇒ studentenstop, numerus clausus.

**num·mer** (het ~; -s) **1** cijfer of getal dat de plaats van iets of iemand aangeeft in een reeks ◆ *huisnummer*; *telefoonnummer*; bij de wedstrijd was hij *nummer* negen; het laatste *nummer* van de schoolkrant: de laatste aflevering **2** onderdeel van een optreden of van een plaatopname ◆ het laatste *nummer* voor de pauze was steengoed ▼ iemand op zijn of haar *nummer* zetten: iemand laten voelen dat hij of zij te ver is gegaan.

**num·mer·bord** (het ~; -en) metalen plaat op auto's en andere motorvoertuigen met daarop het nummer waaronder de auto of het motorvoertuig ingeschreven staat ⇒ nummerplaat, kentekenplaat.

**num·me·ren** (nummerde, heeft genummerd) iets of iemand nummeren: iets of iemand een nummer* (bet.1) geven ◆ deze bladzijde is niet *genummerd*.

**num·mer·plaat** (de ~; -platen) nummerbord ⇒ kentekenplaat.

**nun·ti·us** (de ~(m.); -sen of nuntii)(letterlijk: bode) iemand die de paus bij een regering vertegenwoordigt.

**nurks** (bijv. nw.) knorrig, nors.

**nut** (het ~) voordeel ⇒ profijt, baat ◆ ik heb geen *nut* gehad van m'n spiekbriefje: het heeft me niet geholpen; van *nut* zijn: nuttig zijn; ergens het *nut* niet van inzien: denken dat iets geen zin heeft.

**nuts·be·drijf** (het ~; -bedrijven) openbaar bedrijf met een bepaalde taak, dat werkt in het belang van iedereen, bijv. een water-, gas- of elektriciteitsbedrijf.

**nut·te·loos** (bijv. nw.) zonder nut*, zinloos, tevergeefs ◆ al mijn inspanningen waren *nutteloos*.

**nut·tig** (bijv. nw.) nut* met zich meebrengend, bruikbaar ◆ waarmee kan ik me *nuttig* maken?; het *nuttige* met het aangename verenigen: iets dat gedaan moet worden combineren met iets leuks.

**nut·ti·gen** (nuttigde, heeft genuttigd) iets nuttigen: (deftig) iets eten of drinken ⇒ gebruiken, consumeren ◆ een maaltijd *nuttigen*.

**NV** (afkorting) **N**aamloze **V**ennootschap.

**NVSH** (de ~(v.)) **N**ederlandse **V**ereniging voor **S**exuele **H**ervorming; dit is een organisatie die o.a. informatie en hulp geeft op seksueel gebied.

**NWO** (het ~) **N**ederlandse organisatie voor **w**etenschappelijk **o**nderzoek; dit is een organisatie die wetenschappelijk onderzoek subsidieert (vroeger: ZWO).

**ny·lon** [neilon](de ~(m.) of het ~) bepaald soort dunne kunststof ◆ onze tent is van *nylon*.

**nym·fo·ma·ne** (de ~(v.); -s of -n) vrouw die heel vaak geslachtsgemeenschap wil hebben.

**NZHRM** (de ~(v.)) **N**oord- en **Z**uid-**H**ollandse **R**eddings**m**aatschappij.

**o¹** (de ~; o's) de vijftiende letter van het alfabet.

**o²** (tussenw.) (uitroep die van alles kan betekenen, bijv. dat je boos bent, of dat je iets begrijpt, of dat iets je meevalt) ⇒ *oh* ◆ *o, zit dat zó!; o, wat stom!*

**o.** (afkorting) onzijdig.

**O.** (afkorting) oost, oosten.

**o.a.** (afkorting) onder andere of onder anderen.

**oa·se** (de ~(v.); -n of -s) plek in een woestijn waar water is en waar bomen en planten groeien ◆ *een oase van rust:* (uitdr.) een heerlijk rustige plek in een omgeving met veel lawaai.

**oa·sis** (de ~(v.)) groene of bruine kunststof die makkelijk water opneemt en die je gebruikt om bloemen voor bloemstukjes in te steken.

**oa·ze** → oase.

**obe·lisk** (de ~(m.); -en) vierkante, spitse zuil, meestal bedoeld als gedenkteken.

**o-be·nen** (zelfst. nw.; meervoud) benen waarvan de knieën naar buiten staan.

**ober** (de ~(m.); -s) iemand die in een café of restaurant de klanten bedient ⇒ *kelner.*

**ob·ject** (het ~; -en) **1** voorwerp, ding **2** (taal) lijdend of meewerkend voorwerp.

**ob·jec·tief¹** (het ~; objectieven) lens of lenzenstelsel van een microscoop, fototoestel, verrekijker enz..

**ob·jec·tief²** (bijv. nw.) gezegd van iemand die alleen op de feiten let en zich niet door zijn of haar gevoel laat beïnvloeden, het tegenovergestelde van 'subjectief' ◆ *een objectief oordeel; een objectieve rechter.*

**obli·gaat** (bijv. nw.) gebruikelijk of verplicht ◆ *de obligate toespraken bij een plechtigheid:* de toespraken die er nu eenmaal bij horen.

**obli·ga·tie** (de ~(v.); -s) schriftelijk bewijs dat je aan de overheid of aan een bedrijf geld hebt geleend tegen rente.

**ob·sceen** [opsēēn] (bijv. nw.) smerig, schunnig ◆ *obscene taal; vieze woorden.*

**ob·scuur** (bijv. nw.) duister, een ongunstige indruk makend ◆ *hij houdt zich bezig met obscure zaken.*

**ob·se·de·ren** (obsedeerde, heeft geobsedeerd) iemand obsederen: al iemands aandacht opeisen, zodat die persoon aan niets anders meer kan denken.

**ob·ser·va·tie** (de ~(v.); -s) waarneming ◆ *hij moet voor observatie naar het ziekenhuis:* voor onderzoek.

**ob·ser·va·to·ri·um** (het ~; -s of observatoria) gebouw waar je met speciale instrumenten sterren en planeten kunt observeren* ⇒ *sterrenwacht.*

**ob·ser·ve·ren** (observeerde, heeft geobserveerd) iemand of iets observeren: kijken wat iemand of iets doet, hoe iemand of iets zich gedraagt ⇒ *gadeslaan.*

**ob·ses·sie** (de ~(v.); -s) iets waardoor je geobsedeerd* wordt ⇒ *dwanggedachte.*

**ob·skuur** → obscuur.

**ob·sta·kel** (het ~; -s) iets waardoor je belemmerd wordt, iets dat in de weg staat ⇒ *hindernis.*

**ob·ste·trie** (de ~(v.)) verloskunde.

**ob·sti·naat** (bijv. nw.) koppig en tegendraads.

**ob·sti·pa·tie** (de ~(v.)) verstopping van je darmen, waardoor je moeite hebt met naar de wc gaan ⇒ *constipatie, hardlijvigheid.*

**ob·struc·tie** (de ~(v.); -s) **1** (sport) het hinderen van je tegenstander op een manier die niet is toegestaan ◆ *ze pleegt obstructie* **2** (politiek) tegenwerking om het tot stand komen van een wet of besluit te verhinderen ◆ *obstructie voeren.*

**oc·ca·sie** (de ~(v.); -s) **1** (in België □) koopje **2** (in België □) tweedehands artikel, vaak een auto.

**oc·ca·si·on** (Engels) [okkēēzjen, in België: okkazjōn] (de ~; -s) koopje, aanbieding, vooral een tweedehands auto.

**oc·cult** (bijv. nw.) geheim, verborgen ◆ *de occulte wetenschappen:* magie, astrologie enz..

**oce·aan** (de ~(m.); oceanen) grote zee tussen werelddelen ⇒ *wereldzee* ◆ *de Atlantische Oceaan.*

**och** (tussenw.) (uitroep die van alles kan betekenen, bijv. dat je medelijden hebt, dat je iets niet zo erg vindt of dat je geïrriteerd bent) ◆ *och, zielepiet!; och, laat haar maar; och, schiet op jij!*

**och·tend** (de ~(m.); -en) het eerste stuk van de dag, de morgen.

**och·tend·jas** (de ~; -sen) jas van soepele stof voor als je uit bed komt.

**OCMW** (het ~; OCMW's) (in België) Openbaar Centrum voor Maatschappelijk Welzijn; dit is een dienst die je helpt als je in nood bent, doordat je bijv. geen of een te klein inkomen hebt.

**oc·taaf** (de ~of het ~; octaven) omvang van acht opeenvolgende tonen van een toonladder.

**oc·to·ber** → oktober.

**oc·to·pus** (de ~(m.); -sen) inktvis met acht armen.

**oc·trooi** (het ~; -en) recht dat iemand als enige heeft om een uitvinding te verkopen ◆ *octrooi aanvragen op een uitvinding.*

**OCW** (in Nederland) Onderwijs, Cultuur en Wetenschappen (dit is de naam van een ministerie, het vroegere O en W).

**ode** (de ~; -n of -s) lied of gedicht waarmee je iemand of iets prijst of eert ⇒ *loflied, lofdicht* ◆ *we brachten een ode aan het bruidspaar.*

**odeur** (de ~(m.); -s) reukwater, namelijk parfum, lotion of eau de cologne ◆ *een flesje odeur.*

**odys·see** [ōōdissēē] (de ~(v.); -s of odysseeën) zwerftocht waarin je veel avonturen beleeft.

**oe·cu·me·ne** [uikuumēēne of euikuumēēne] (de ~) eenwording van de verschillende christelijke godsdiensten en kerken ◆ *die bisschop heeft veel gedaan voor de oecumene.*

**oe·cu·me·nisch** [uikuumēēnies of euikuumēēnies] (bijv. nw.) met de oecumene* te maken hebbend ◆ *de oecumenische beweging:* de beweging die streeft naar de eenwording van de christelijke godsdiensten en kerken.

**oe·deem** [uidēēm of euidēēm] (het ~; oedemen) (medisch) gezwel van een weefsel waar veel vocht in zit ⇒ *waterzucht.*

**Oe·di·pus·com·plex** [ōjdiepœskompleks] (het ~; -en) (psychologie) verliefdheid van een zoon op zijn eigen moeder en jaloezie en haat jegens zijn vader.

**oef** (tussenw.) (om aan te geven dat je opgelucht bent) ◆ *oef, we zijn nog net op tijd!*

**oe·fe·nen** (oefende, heeft geoefend) iets oefenen: iets een of meer keer doen om het te leren ◆ *ze oefenen een toneelstukje; hij oefende zich in alle sporten.*

**oe·fe·ning** (de ~(v.); -en) iets dat je doet om kennis of vaardigheid te krijgen ◆ *een ademhalingsoefening; een boek met rekenoefeningen; oefening baart kunst:* (spreekwoord) door iets vaak te doen leer je het goed.

**oe·fen·school** (de ~ (v.); -len) school waar aanstaande leerkrachten komen lesgeven.

**oe·hoe** (de ~ (m.); -s) grote uil.

**oei** (tussenw.) (om verdriet, pijn, schrik of verrassing uit te drukken) ◆ *oei, dat is schrikken!*

**oe·le·wap·per** (de ~ (m.); -s) (populair) kluns, sul.

**oen** (de ~ (m.); -en) (populair) dommerik, sukkel.

**oer** (het ~) harde grond waar ijzer in zit.

**oer-** **1** uit de oertijd ◆ *de oermensen woonden in holen:* de mensen die heel vroeger geleefd hebben **2** heel erg ◆ *het was oergezellig.*

**oer·tijd** (de ~ (m.); -en) de tijd uit de geschiedenis van de mensen, waaruit geen geschreven teksten bekend zijn ⇒ *prehistorie.*

**oer·woud** (het ~; -en) groot bos dat niet door mensen is aangetast ⇒ *rimboe, jungle.*

**OESO** (de ~ (v.)) *O*rganisatie voor *E*conomische *S*amenwerking en *O*ntwikkeling.

**oes·ter** (de ~; -s) eetbaar schelpdier.

**oeu·vre** (Frans) [ˈœːvrə] (het ~) het gehele werk van een kunstenaar, vooral van een schrijver.

**oe·ver** (de ~ (m.); -s) plaats waar een rivier, kanaal of meer aan het land grenst ⇒ *waterkant* ◆ *de rivier is buiten haar oevers getreden:* door te hoge waterstand van de rivier is het land overstroomd.

**oe·ver·loos** (bijv. nw.) gezegd van gepraat waar geen eind aan komt en dat tot niets leidt ⇒ *eindeloos* ◆ *oeverloos gezwets.*

**of** (voegw.) **1** (verbindt twee hoofdzinnen met elkaar, die elk een mogelijkheid aangeven) ◆ *blijf je thuis of ga je mee?; wil je die rode of die blauwe?* **2** (verbindt een hoofdzin met een bijzin waarin onzekerheid wordt uitgedrukt) ◆ *ik weet niet of ze komt.*

**of·fen·sief** (het ~; offensieven) aanval, het tegenovergestelde van 'defensief' ◆ *onze club ging tot het offensief over.*

**of·fer** (het ~; -s) **1** gave aan God of aan een godheid ⇒ *offerande* **2** iets dat je voor iemand of iets over hebt ◆ *ze hebben heel wat offers gebracht voor de goede zaak.*

**of·fe·ran·de** (de ~; -n of -s) offer.

**of·fe·ren** (offerde, heeft geofferd) **1** iets offeren: iets als offer* (bet.1) schenken **2** iets offeren: iets ergens voor over hebben, iets ergens voor willen missen ⇒ *opofferen.*

**of·fer·te** (de ~; -s of -n) prijsopgave van een groot karwei, bijv. van de bouw of reparatie van iets.

**of·fi·cial** (Engels) [ɒˈfɪʃəl] (de ~; -s) hoge functionaris bij een sportwedstrijd.

**of·fi·ci·eel** (bijv. nw.) goedgekeurd door degene die de bevoegdheid daartoe heeft ◆ *officiële mededelingen; ik vertel het je wel, maar het is nog niet officieel; officieel onderwijs:* (in België) onderwijs dat door het Rijk, de provincie of de gemeente wordt geregeld, te vergelijken met het openbaar onderwijs in Nederland.

**of·fi·cier** (de ~ (m.); -en of -s) iemand met een hoge rang in het leger, op een schip enz. ◆ *officier van justitie:* ambtenaar met een hoge functie bij de rechtbank.

**of·fi·ci·eus** (bijv. nw.) nog niet officieel*.

**off·line** (Engels) [ɒflajn] (bijv.) niet direct verbonden met een centrale computer (het tegenovergestelde van 'on line').

**of·fre·ren** (offreerde, heeft geoffreerd) iemand iets offreren: (deftig) iemand iets aanbieden ◆ *ze offreerde me een drankje.*

**off·set** (de ~ (m.)) bepaalde vlakdruktechniek met behulp van fotografie.

**off·shore** (Engels) [ɒfsjoːr] (bijv. nw.) op zee, voor de kust ◆ *offshore werkzaamheden aan olieleidingen.*

**of·schoon** (voegw.) hoewel.

**of·wel** (voegw.) of.

**ogen** (oogde, heeft geoogd) eruitzien ◆ *ze oogt erg jong.*

**ogen·blik** (het ~; -ken) korte tijd ⇒ *moment, tel* ◆ *een ogenblikje alstublieft:* (dit zeg je tegen iemand die je even moet laten wachten); *op dit ogenblik is er niemand:* nu is er niemand; *hij kan ieder ogenblik komen:* hij zal er heel binnenkort wel zijn.

**ogen·blik·ke·lijk** (bijw.) onmiddellijk, meteen, direct ◆ *maak ogenblikkelijk dat je weg komt!*

**ogen·schijn·lijk** (bijw.) zoals het lijkt als je alleen op het uiterlijk let ⇒ *schijnbaar* ◆ *hij is ogenschijnlijk gezond.*

**ogen·schouw** (zelfst. nw.) ▼ iets in ogenschouw nemen: iets goed bekijken; ook: het betrekken in je overwegingen.

**oh** (tussenw.) (uitroep die van alles kan betekenen, bijv. bewondering of schrik) ⇒ *o.*

**o.i.** (afkorting) onzes inziens; dit betekent: volgens ons.

**o.i.d.** (afkorting) of iets dergelijks.

**oir** (het ~) (ouderwets) iemands directe afstammelingen.

**o.k.** [ookee] (tussenw.) okay.

**oka·pi** (de ~ (m.); okapi's) Afrikaans zoogdier met een gestreept achterlijf, dat een beetje op een giraf en een beetje op een antilope lijkt.

**okay** (Engels) [ookee] (tussenw.) (om aan te geven dat je het met een afspraak eens bent) ⇒ *o.k., okido, all right, akkoord* ◆ *okay, dan zien we elkaar in de trein.*

**oker** (de ~ (m.); -s) kleurstof waarmee je iets een geelbruine kleur geeft.

**oki·do** (tussenw.) (populair) okay.

**ok·ker·noot** (de ~; -noten) walnoot.

**ok·kult** → occult.

**ok·sel** (de ~ (m.); -s) holte op de plaats waar je arm aan je romp vastzit.

**oks·hoofd** (het ~; -en) (vroeger) vochtmaat.

**ok·taaf** → octaaf.

**ok·to·ber** (de ~ (m.); -s) tiende maand van het jaar, ook wel 'wijnmaand' genoemd.

**ok·to·pus** → octopus.

**ok·trooi** → octrooi.

**old·ti·mer** (Engels) [oltajmer] (de ~; -s) ouderwetse auto.

**ole·an·der** (de ~ (m.); -s) Zuid-Europese groene sierplant met witte of rode bloemen die op rozen lijken.

**olie** (de ~; oliën of olies) **1** vettige vloeistof, die zich niet met water verbindt ◆ *aardolie; zonnebrandolie; olie op het vuur gooien:* (uitdr.) iets doen waardoor anderen zich nog meer opwinden; *olie drijft boven:* (in België □; uitdr.) het goede wint altijd ▼ *in de olie zijn:* dronken zijn.

**olie·bol** (de ~ (m.); -len) koek in de vorm van een bol, die in olie is gebakken en die in Nederland vooral op oudjaar wordt gegeten.

**olie·dom** (bijv. nw.) heel erg dom (dit zeg je van iemand die iets doms zegt of doet).

**oliën** (olie·en (oliede, heeft geolied) iets oliën: iets met olie* bestrijken ⇒ *smeren* ◆ *de scharnieren van de deur moeten geolied worden.*

**olie·noot** (de ~; -noten) pinda waar de dop nog omheen zit ⇒ *aardnoot, apennootje.*

**olie·sel** (het ~) sacrament dat een priester toedient aan iemand die erg ziek is (hij smeert dan een beetje olie op het voorhoofd en de handen van die persoon) (kijk ook bij: **sacrament**).

**olie·tan·ker** [oolietengker of oolietangker] (de ~ (m.); -s) groot schip dat olie vervoert.

**olie·verf** (de ~; -verven) verfstof waar olie in zit ◆ *het portret was gemaakt met olieverf.*

**oli·fant** (de ~(m.); -en) groot grijs dier met een slurf, slagtanden en een dikke huid.

**oli·fants·huid** (zelfst. nw.) ▼ *een olifantshuid hebben*: je niets aantrekken van kritische opmerkingen of beledigingen.

**oli·gar·chie** (de ~(v.); oligarchieën) staatsvorm waarbij de regering bestaat uit een paar personen, die vaak uit rijke families komen.

**olijf** (de ~; olijven) groene of zwarte kleine vrucht van de olijfboom, die o.a. in Italiaans en Grieks eten wordt gebruikt.

**olijk** (bijv. nw.) ondeugend, maar wel grappig ⇒ *guitig* ◆ *zij trok een olijk gezicht*.

**olm** (de ~(m.); -en) bepaald soort loofboom ⇒ *iep*.

**o.l.v.** (afkorting) *onder leiding van*.

**OLV** (afkorting) *Onze-Lieve-Vrouw*.

**olym·pi·a·de** (de ~(v.); -n of -s) Olympische Spelen.

**Olym·pisch** (bijv. nw.) **1** gezegd van iets dat te maken heeft met Olympia (dit is de Griekse plaats waar vroeger om de vier jaar sportwedstrijden werden gehouden) ◆ *Olympische Spelen*: grote sportwedstrijd die om de vier jaar wordt gehouden en waaraan sportmensen uit veel landen meedoen **2** gezegd van iets dat te maken heeft met de Olympische Spelen ◆ *het Olympisch stadion*; *Olympisch goud*: gouden medaille die iemand bij de Olympische Spelen behaalt.

**om¹** (bijw.) **1** rond iets, ergens omheen ◆ *hij doet een das om*; *de auto kwam met een flinke vaart de hoek om* **2** langer dan de gebruikelijke weg ◆ *die weg door het bos is om* **3** voorbij, verstreken ◆ *zij kon bijna niet wachten tot het uur om was* **4** ondersteboven, omver ◆ *ze sloeg een glas om* **5** van richting veranderend, de andere kant op ◆ *het roer moet om* ▼ *om en nabij*: ongeveer; *het is om en nabij tien minuten lopen*; *de sardientjes liggen om en om in het blikje*: de eerste ligt met z'n staart naar de ene kant, de volgende met z'n staart naar de andere kant; *'m om hebben*: (populair) dronken zijn.

**om²** (voorz.) **1** rond, rondom ◆ *om het huis lopen*; *ik woon om de hoek*: aan de andere kant van de hoek **2** op het tijdstip van ◆ *om zeven uur* **3** (om aan te geven dat iets steeds terugkomt) ◆ *om de ene steeds eerst de een en dan de ander* **4** vanwege ◆ *zij staat bekend om haar gulheid* **5** (in verschillende vaste combinaties van woorden) ◆ *bedelen om een ijsje*: bedelen met het doel een ijsje te krijgen; *om het hardst lopen*: een wedstrijd houden waarbij degene die het hardst loopt de winnaar is.

**om³** (voegw.) (verbindt een hoofdzin met een bijzin) ⇒ *teneinde* ◆ *ik doe dit om jou te helpen*; *je ziet eruit om te zoenen*; *om eerlijk te zijn ....*

**o.m.** (afkorting) *onder meer*.

**OM** (afkorting) *Openbaar Ministerie*.

**oma** (de ~(v.); oma's) de moeder van je vader of van je moeder ⇒ *grootmoeder, opoe*.

**om·ar·men** (omarmde, heeft omarmd) *iemand omarmen*: je armen om iemand heen slaan ◆ *het bestuur omarmde het voorstel*: (uitdr.) het bestuur aanvaardde het graag.

**om·bren·gen** (bracht om, heeft omgebracht) *iemand ombrengen*: iemand doden ⇒ *vermoorden*.

**om·buds·man** (de ~(m.); -nen), vrouw: **om·buds·vrouw** (de ~(v.); -en) iemand bij wie je een klacht kunt indienen als je vindt dat je niet goed bent behandeld, bijv. door de overheid of door een reisbureau.

**om·dat** (voegw.) (geeft aan waarom iets gebeurt) ⇒ *aangezien, daar* ◆ *de vlag hangt uit omdat de koningin jarig is*.

**om·draai·en** (draaide om) **1** (heeft omgedraaid) *iets omdraaien*: iets andersom zetten, iets een andere stand of

richting geven ⇒ *omkeren* ◆ *draai de volgorde om*; *hij draait zijn hoofd om*; *een blad van een boek omdraaien*: (in België □) het omslaan **2** (is omgedraaid) aan de terugweg beginnen, teruggaan ⇒ *omkeren* ◆ *halverwege zijn we omgedraaid* **3** (heeft omgedraaid) *je omdraaien*: je lichaam de andere kant op draaien ⇒ *omkeren* ◆ *ze draaide zich om in bed*.

**ome·ga** (de ~; omega's) de laatste letter van het Griekse alfabet (ω of Ω).

**ome·let** (de ~; -ten) pannenkoek van geklutste eieren.

**omen** (het ~; omina) voorteken.

**om·floerst** (bijv. nw.) *(van stemmen)*: zacht, gedempt.

**om·gaan** (ging om, is omgegaan) **1** *met iemand omgaan*: iemand regelmatig spreken en samen met hem of haar dingen doen ◆ *sinds hij verhuisd is, gaan ze niet meer met elkaar om*; *ze kan goed met kinderen omgaan*: ze weet hoe ze kinderen het beste kan behandelen **2** *(van tijd)*: voorbijgaan ⇒ *verstrijken* ◆ *het uur in de wachtkamer ging langzaam om* ▼ *wat gaat er in haar om?*: wat voelt of denkt zij?

**om·gaan·de** ▼ *een brief per omgaande beantwoorden*: hem zo snel mogelijk beantwoorden.

**om·gang** (de ~(m.)) **1** het met mensen omgaan\* (bet.1) ◆ *hij is makkelijk in de omgang*: hij kan met iedereen goed opschieten **2** (-en; ook: ommegang) kerkelijke optocht ⇒ *processie* **3** (-en) loopruimte om de buitenkant van een toren ⇒ *trans, omloop*.

**om·gangs·taal** (de ~) gewone taal, die in het dagelijks leven wordt gesproken.

**om·gangs·vor·men** (zelfst. nw.; meervoud) min of meer vastliggende manieren om met mensen om te gaan ◆ *ze heeft goede omgangsvormen*: ze heeft goede manieren.

**om·ge·keerd** (bijv. nw.) tegenovergesteld, omgedraaid ◆ *het omgekeerde van 8 × 3 is 3 × 8*; *je moet eerst je huiswerk maken en dan je boek lezen, en niet omgekeerd!*: niet andersom.

**om·ge·ven** (omgaf, heeft omgeven) **1** *iets omgeven*: zich om iets heen bevinden ⇒ *omringen* ◆ *de bomen omgeven het huis* **2** *iets of iemand ergens mee omgeven*: dingen om een zaak of persoon heen plaatsen ⇒ *omgaf de spiegel met kersttakken*; *hij omgeeft zich met boeken*.

**om·ge·ving** (de ~(v.)) **1** gebied om iets heen ⇒ *streek, omstreken, omtrek* ◆ *die stad heeft een mooie omgeving* **2** groep mensen met wie je regelmatig omgaat ◆ *hij kent niemand in zijn omgeving die goed kan pianospelen*.

**om·haal** (de ~(m.)) drukte, omslachtigheid ◆ *je hoeft geen omhaal te maken voor de visite*; *met veel omhaal van woorden zei ze dat ze niet mee wilde*: met veel meer woorden dan nodig was.

**om·ha·len** (haalde om, heeft omgehaald) *geld omhalen*: (in België □) het inzamelen.

**om·heen** (bijw.) (woordje dat aangeeft dat iemand of iets zich in de ruimte rondom iets bevindt) ⇒ *om, rondom* ◆ *de tafel waar de stoelen omheen staan*; *ergens niet omheen kunnen*: (uitdr.) iets wel moeten doen; ook: rekening met iets moeten houden.

**om·hei·ning** (de ~(v.); -en) schutting die, of hek of prikkeldraad dat iets, bijv. een tuin of weiland, afgrenst.

**om·hel·zen** (omhelsde, heeft omhelsd) *iemand omhelzen*: je armen om iemands hals slaan.

**om·hel·zing** (de ~(v.); -en) keer dat je iemand omhelst\*.

**om·hoog** (bijw.) naar boven, het tegenovergestelde van 'omlaag' ◆ *handen omhoog!*; *de prijzen gaan omhoog*: ze worden hoger; *van omhoog*: van boven.

**om·hul·sel** (het ~; -s) iets dat om iets anders heen zit ◆ *de nieuwe jurk zat in een plastic omhulsel*: in een plastic hoes.

**omis·sie** (de ~ (v.); -s)(deftig) iets dat is weggelaten of niet is gebeurd ⇒ verzuim, nalatigheid.

**om·ke·ren** (keerde om) **1** (heeft omgekeerd) iets omkeren: iets andersom zetten, iets een andere stand of richting geven ⇒ omdraaien ◆ zij **keert** de pot met jam boven haar boterham **om; keer** de volgorde **om 2** (is omgekeerd) aan de terugweg beginnen, teruggaan ⇒ omdraaien ◆ op weg naar school moest hij **omkeren** omdat hij zijn boeken thuis had laten liggen **3** (heeft omgekeerd) je omkeren: je lichaam de andere kant op keren ⇒ omdraaien ◆ hij **keerde** zich **om** in zijn bed.

**om·kij·ken** (keek om, heeft omgekeken) **1** over je schouder kijken ⇒ omzien ◆ toen zij wegfietste, **keek** ze even **om 2** naar iemand of iets omkijken: belangstelling voor iemand of iets tonen ⇒ omzien ◆ sinds die ruzie **kijkt** zij niet meer naar haar vriendin **om**; hij **kijkt** niet meer naar zijn speelgoed **om**.

**om·kle·den**[1] (omkleedde, heeft omkleed) iets ergens mee omkleden: iets zeggen en er iets omheen vertellen ◆ hij heeft zijn voorstel met redenen **omkleed**: hij heeft verteld waarom hij dat voorstel doet.

**om·kle·den**[2] (kleedde om, heeft omgekleed) je omkleden: andere kleren aantrekken ⇒ verkleden.

**om·ko·men** (kwam om, is omgekomen) doodgaan door een ongeluk, in een oorlog of door gebrek aan eten ◆ bij die brand zijn twee mensen **omgekomen**.

**om·ko·pen** (kocht om, heeft omgekocht) iemand omkopen: iemand geld of cadeaus geven op voorwaarde dat die persoon iets voor jou doet wat hij of zij anders niet zou doen.

**om·laag** (bijw.) naar beneden, het tegenovergestelde van 'omhoog' ◆ hij deed zijn hoofd **omlaag** om beter op de grond te kunnen kijken; de prijs van de koffie gaat **omlaag**: die wordt lager; naar **omlaag**: naar beneden.

**om·lei·den** (leidde om, heeft omgeleid) het verkeer omleiden: het langs een andere, langere weg leiden.

**om·lij·nen** (omlijnde, heeft omlijnd) een plan, een voorstel omlijnen: duidelijk aangeven wat het is, het afbakenen ◆ hij kwam met een goed **omlijnd** plan.

**om·lijs·ten** (omlijstte, heeft omlijst) iets omlijsten: iets omgeven als een lijst* (bet.2) ◆ haar gezicht was **omlijst** met donkere krullen; het programma werd **omlijst** met muziek: tussen de programmaonderdelen door werd muziek gemaakt.

**om·loop** (de ~ (m.); omlopen) **1** baan die een hemellichaam aflegt **2** loopruimte om de buitenkant van een toren ⇒ omgang, trans **3** (in België □) parcours ▼ er zijn veel bankbiljetten in **omloop**: er worden veel bankbiljetten gebruikt; het bericht is in **omloop** gebracht dat …: er wordt verteld dat ….

**om·lo·pen** (liep om, is omgelopen) een eindje omlopen: een eindje wandelen.

**om·me·gang** → omgang (bet.2).

**om·me·keer** (de ~ (m.)) grote verandering ⇒ omwenteling ◆ zijn ziekte bracht een **ommekeer** in zijn leven.

**om·me·tje** (het ~; -s) korte wandeling ◆ een **ommetje** maken.

**om·me·zien** (zelfst. nw.) ▼ in een ommezien: in een ogenblik, heel snel; in een **ommezien** was ze klaar.

**om·me·zij·de** (de ~; -n) achterkant van een stuk papier ◆ zie **ommezijde** (vaak afgekort met z.o.z.): kijk op de achterkant.

**om·me·zwaai** (de ~ (m.)) grote en plotselinge verandering.

**om·ni·bus** (de ~; -sen) **1** boekband met een aantal verhalen of boeken van één schrijver **2** ouderwets soort autobus.

**om·ni·um·ver·ze·ke·ring** (de ~ (v.); -en)(in België) all-riskverzekering.

**om·ni·voor** (de ~ (m.); omnivoren) dier dat zowel planten als vlees eet ⇒ alleseter.

**om·pra·ten** (praatte om, heeft omgepraat) iemand ompraten: er voor zorgen dat iemand van mening verandert door hem of haar al pratend te overtuigen ◆ hij liet zich **ompraten** om toch mee te gaan.

**om·re·ke·nen** (rekende om, heeft omgerekend) iets omrekenen: uitrekenen hoeveel iets in een andere geldsoort is ◆ ze **rekent** guldens **om** in franken.

**om·rin·gen** (omringde, heeft omringd) **1** iets of iemand omringen: om iets of iemand heen zijn ⇒ omgeven ◆ de gracht **omringt** de oude stad; in het verkeer ben je **omringd** door gevaar: daar is aan alle kanten gevaar **2** iets of iemand ergens mee omringen: dingen om een zaak of persoon heen plaatsen ◆ ze **omringde** de zieke met zorgen: (uitdr.) ze zorgde goed voor hem.

**om·roep** (de ~ (m.); -en) organisatie die programma's uitzendt op de radio en de televisie.

**om·roe·pen** (riep om, heeft omgeroepen) iets omroepen: iets bekendmaken door luidsprekers ◆ in het warenhuis werd haar naam **omgeroepen**.

**om·roe·per** (de ~ (m.); -s), vrouw: **om·roep·ster** (de ~ (v.); -s) iemand die op de radio of de televisie de programma's aankondigt.

**om·rui·len** (ruilde om, heeft omgeruild) iets omruilen: iets ruilen voor iets anders.

**om·scha·ke·len** (schakelde om, heeft omgeschakeld) je aanpassen aan een nieuwe situatie ◆ toen er een nieuwe leraar kwam, moesten de leerlingen **omschakelen**.

**om·scho·len** (schoolde om, heeft omgeschoold) iemand omscholen: iemand opleiden voor een ander beroep dan waarvoor hij of zij eerst geleerd had.

**om·schrij·ven** (omschreef, heeft omschreven) iets omschrijven: met woorden aangeven wat iets is of wat iets betekent ◆ hij probeert het rare gevoel te **omschrijven**; in een woordenboek worden de woorden **omschreven**.

**om·schrij·ving** (de ~ (v.); -en) woorden waarmee iets omschreven* is.

**om·sin·ge·len** (omsingelde, heeft omsingeld) iets of iemand omsingelen: aan alle kanten om iets of iemand heen gaan staan ◆ de politieagenten **omsingelen** het gebouw.

**om·slaan** (sloeg om) **1** (heeft omgeslagen) iets omslaan: iets omdoen ◆ **sla** een das **om! 2** (heeft omgeslagen) iets omslaan: de andere kant van iets naar boven of naar buiten keren ◆ een blad **omslaan**; hij had de rand van zijn broek **omgeslagen 3** (is omgeslagen) (van boten): door de wind of door hoge golven kantelen **4** (heeft omgeslagen) kosten omslaan: ze verdelen, zodat ieder een gedeelte betaalt ◆ we hebben de kosten van het feest **omgeslagen 5** (is omgeslagen) (van het weer): plotseling veranderen **6** (heeft omgeslagen) iets omslaan: (in België □) iets verstuiken, iets verzwikken ◆ hij heeft z'n voet **omgeslagen**.

**om·slach·tig** (bijv. nw.) uitvoerig terwijl het niet hoeft ⇒ omstandig ◆ zij vertelde **omslachtig** waarom ze te laat was.

**om·slag** (de ~ (m.) of het ~; omslagen) **1** iets dat omgeslagen* (bet.2) is ◆ de **omslag** van een jas: de revers **2** losse of vastgeplakte kaft om een boek ◆ een stof**omslag 3** plotselinge verandering, bijv. van het weer **4** (in België □) envelop.

**om·sprin·gen** (sprong om, is omgesprongen) op een bepaalde manier met iemand of iets omspringen: op een bepaalde manier met iemand of iets omgaan ◆ hij **springt** leuk met de baby **om**.

**om·stan·ders** (zelfst. nw.; meervoud) mensen die ergens omheen of bij staan ◆ *bij het ongeluk vroeg de dokter aan de omstanders om te helpen.*

**om·stan·dig** (bijv. nw.) uitvoerig terwijl het niet hoeft ⇒ *omslachtig* ◆ *hij legde het probleem omstandig uit.*

**om·stan·dig·heid** (de ~(v.); omstandigheden) iets dat samengaat met een gebeurtenis of een toestand ◆ *onder die omstandigheden moet je niet op vakantie gaan: als de situatie zo is.*

**om·stre·den** (bijv. nw.) gezegd van iets waarover veel is gepraat of geruzied ◆ *het omstreden voorstel werd niet aangenomen.*

**om·streeks** (voorz.) in de buurt van ⇒ *rond* ◆ *omstreeks Pasen komt hij thuis.*

**om·stre·ken** (zelfst. nw.; meervoud) gebied dat om een plaats heen ligt ⇒ *omgeving, omtrek* ◆ *in Amsterdam en omstreken wonen veel mensen.*

**om·stren·ge·len** (omstrengelde, heeft omstrengeld) **1** iets omstrengelen: zich in bochten strak om iets heen slaan ◆ *de klimplant omstrengelt de boom* **2** iemand omstrengelen: je armen strak om iemand heen slaan ◆ *het verliefde paartje liep innig omstrengeld door het park.*

**om·trek** (de ~(m.)) **1** (-ken) buitenste lijn ◆ *hij tekent alleen de omtrek van het huis; de omtrek van een cirkel* **2** gebied dat niet ver weg en om iets heen ligt ⇒ *omgeving, streek, omstreken* ◆ *in de omtrek van het dorp staan weinig boerderijen.*

**om·trent** (voorz.) over ⇒ *aangaande, betreffende* ◆ *omtrent de oorzaak van de brand is niets bekend.*

**om·tur·nen** (turnde om, heeft omgeturnd) iemand omturnen: (populair) ervoor zorgen dat iemand van mening verandert.

**om·vang** (de ~(m.)) grootte van iets, ruimte die iets inneemt ◆ *het pak had een enorme omvang; de omvang van de ramp.*

**om·vang·rijk** (bijv. nw.) met een grote omvang ◆ *een omvangrijk boek.*

**om·vat·ten** (omvatte, heeft omvat) **1** iets omvatten: je handen om iets heen houden ◆ *hij omvatte haar polsen* **2** inhouden ⇒ *bevatten, behelzen* ◆ *dat plan omvat ook het bouwen van een nieuwe school.*

**om·ver** (bijw.) ondersteboven, om ◆ *iemand omver lopen: tegen iemand aan lopen, zodat hij of zij valt.*

**om·weg** (de ~(m.); -wegen) weg die langer is dan de gewone weg ◆ *ze zijn met een omweg naar huis gefietst; zonder omwegen vertelde hij het slechte nieuws: (uitdr.) hij vertelde het meteen.*

**om·wen·te·ling** (de ~(v.); -en) **1** keer dat een voorwerp om zijn as draait ⇒ *rotatie* ◆ *de omwenteling van de aarde* **2** grote verandering ⇒ *ommekeer.*

**om·wil·le** (bijw.) ▼ *omwille van ...: omdat het nodig of goed is voor ...; dat heeft hij omwille van de vriendschap gedaan.*

**om·zei·len** (omzeilde, heeft omzeild) problemen, moeilijkheden omzeilen: er handig voor zorgen dat je er niet mee te maken krijgt.

**om·zet** (de ~(m.); -ten) al het geld dat een winkelier of een andere ondernemer ontvangt voor wat hij of zij in een bepaalde periode verkoopt ◆ *een winkel met een omzet van duizend gulden per dag.*

**om·zet·ten** (zette om, heeft omgezet) **1** iets omzetten: iets verkopen, iets verhandelen ◆ *de bar zette een grote hoeveelheid pils om* **2** iets omzetten in iets anders: iets in iets anders veranderen ◆ *suiker omzetten in karamel.*

**om·zich·tig** (bijv. nw.) voorzichtig, niet rechtstreeks ⇒ *behoedzaam* ◆ *omzichtig benaderde hij de waakhond.*

**om·zien** (zag om, heeft omgezien) **1** over je schouder kij-

ken ⇒ *omkijken* **2** naar iemand of iets omzien: belangstelling voor iemand of iets tonen ⇒ *omkijken* ◆ *er was niemand die naar hem omzag* **3** naar iets omzien: rustig naar iets zoeken, naar iets uitkijken ◆ *je moet eens naar een andere baan omzien.*

**om·zwaai·en** (zwaaide om, is omgezwaaid) **1** van opvatting veranderen **2** van studie veranderen ◆ *zij is omgezwaaid van Frans naar wiskunde.*

**on-1** niet ◆ *onvoordelig; ongelijk* **2** slecht ◆ *onweer; onmens.*

**on·aan·ge·naam** (bijv. nw.) vervelend, akelig, naar.

**on·aan·tast·baar** (bijv. nw.) waar niemand iets tegen kan beginnen ◆ *onaantastbare voorschriften.*

**on·aan·zien·lijk** (bijv. nw.) niet indrukwekkend ◆ *een onaanzienlijk huisje; hij krijgt een niet onaanzienlijk salaris: een behoorlijk hoog salaris.*

**on·acht·zaam** (bijv. nw.) zonder zorg, achteloos ⇒ *nonchalant* ◆ *een onachtzame behandeling.*

**on·af·ge·bro·ken** (bijv. nw.) zonder onderbreking ⇒ *doorlopend, voortdurend* ◆ *hij zat me onafgebroken aan te staren.*

**on·af·han·ke·lijk** (bijv. nw.) in staat zelf beslissingen te nemen, zonder aan iemand te hoeven gehoorzamen ⇒ *zelfstandig* ◆ *de Verenigde Staten verklaarden zichzelf in 1776 onafhankelijk.*

**on·af·schei·de·lijk** (bijv. nw.) helemaal bij elkaar horend, niet los van elkaar te denken ◆ *die twee vrienden zijn onafscheidelijk.*

**on·af·wend·baar** (bijv. nw.) niet af te wenden* (bet.2), onvermijdelijk ◆ *een onafwendbare ramp.*

**on·af·zien·baar** (bijv. nw.) zo groot dat je het niet helemaal kunt overzien ◆ *de jongen verdween in de onafzienbare mensenmassa.*

**ona·ne·ren** (onaneerde, heeft geonaneerd) jezelf seksueel bevredigen ⇒ *masturberen.*

**on·baat·zuch·tig** (bijv. nw.) niet uit op eigen voordeel ⇒ *belangeloos* ◆ *onbaatzuchtige hulp.*

**on·barm·har·tig** (bijv. nw.) zonder enig medelijden ⇒ *genadeloos, ongenadig* ◆ *een onbarmhartig pak slaag; zij zei hem onbarmhartig de waarheid.*

**on·be·daar·lijk** (bijv. nw.) zo hevig dat je niet kunt ophouden ◆ *een onbedaarlijk gelach.*

**on·be·dui·dend** (bijv. nw.) niet belangrijk, niet indrukwekkend ◆ *een onbeduidend voorval.*

**on·be·gon·nen** (bijv. nw.) ▼ *dat is onbegonnen werk: daar kun je net zo goed niet aan beginnen, want het is te moeilijk of te veel.*

**on·be·ha·gen** (het ~) akelig, onrustig gevoel ◆ *de gespannen toestand veroorzaakte veel onbehagen.*

**on·be·hol·pen** (bijv. nw.) onhandig, klungelig.

**on·be·hou·wen** (bijv. nw.) lomp, ongemanierd.

**on·be·kend** (bijv. nw.) ▼ *onbekend maakt onbemind: wat je niet kent, vind je ook niet leuk, niet lekker enz..*

**on·be·kom·merd** (bijv. nw.) zonder je ergens om te bekommeren* ⇒ *onbezorgd, zorgeloos* ◆ *een onbekommerd leventje.*

**on·be·kookt** (bijv. nw.) niet goed overdacht ⇒ *ondoordacht, onbezonnen* ◆ *een onbekookt oordeel.*

**on·be·nul·lig** (bijv. nw.) **1** waaruit blijkt dat je geen benul* van iets hebt ◆ *wat een onbenullige opmerking* **2** van weinig belang ◆ *een onbenullig voorval.*

**on·be·paald** (bijv. nw.) ▼ *de onbepaalde wijs: (taal) de vorm van het hele werkwoord, de infinitief; het onbepaald lidwoord: (taal) het woordje 'een'; een onbepaald voornaamwoord: (taal) een voornaamwoord dat niet een bepaalde persoon of zaak aanduidt, bijv. 'men'.*

**on·be·proefd** (bijv. nw.) ▼ *geen middel onbeproefd laten: alles proberen.*

**on·be·re·ken·baar** (bijv. nw.) grillig, met een niet te voorspellen gedrag ◆ *die jongen is volkomen onberekenbaar.*

**on·be·ris·pe·lijk** (bijv. nw.) waar niets op aan te merken is ◆ *onberispelijk gedrag.*

**on·be·schaamd** (bijv. nw.) zonder enige schaamte*, terwijl je die wel zou mogen verwachten ⇒ *brutaal* ◆ *hij keek onbeschaamd terug.*

**on·be·schoft** (bijv. nw.) grof, ongemanierd.

**on·be·schrij·fe·lijk, on·be·schrijf·lijk** (bijv. nw.) meer of heviger dan je beschrijven* (bet.1) kunt ◆ *hij is onbeschrijfelijk slordig.*

**on·be·spo·ten** (bijv. nw.) *(van landbouwgewassen):* niet bespoten met chemische middelen ◆ *onbespoten fruit.*

**on·be·spro·ken** (bijv. nw.) gezegd van iemand op wie nooit iets aan te merken is geweest ◆ *een heer van onbesproken gedrag.*

**on·be·stemd** (bijv. nw.) vaag, moeilijk te omschrijven ◆ *een onbestemd verlangen.*

**on·be·sten·dig** (bijv. nw.) steeds wisselend, steeds veranderend ⇒ *wisselvallig, grillig, veranderlijk* ◆ *het weer is onbestendig.*

**on·be·stor·ven** (bijv. nw.) ▼ *een onbestorven weduwe, weduwnaar:* een vrouw, man van wie de partner lange tijd weg is.

**on·be·suisd** (bijv. nw.) onnadenkend en wild ⇒ *onstuimig* ◆ *hij kwam onbesuisd de hoek om stormen.*

**on·be·taal·baar** (bijv. nw.) **1** te duur, niet te betalen **2** heel erg leuk ◆ *wat een onbetaalbare opmerking van jou!*

**on·be·ta·me·lijk** (bijv. nw.) niet netjes, niet zoals het hoort ⇒ *onwelvoeglijk, ongepast* ◆ *onbetamelijk gedrag.*

**on·be·tuigd** (bijv. nw.) ▼ *je niet onbetuigd laten:* duidelijk laten merken dat je er ook bent, flink meedoen.

**on·be·van·gen** (bijv. nw.) niet geremd, doordat je niet weet wat er aan de hand is ◆ *zij gaf onbevangen haar mening; hij stond er nog volkomen onbevangen tegenover.*

**on·be·waakt** (bijv. nw.) ▼ *in een onbewaakt ogenblik:* op een moment dat je even niet oplet of niet nadenkt.

**on·be·weeg·lijk** (bijv. nw.) **1** gezegd van iemand die of iets dat niet beweegt* (bet.3) ⇒ *roerloos* ◆ *de erewacht stond onbeweeglijk op een rij* **2** die of dat niet kan bewegen* (bet.3) ⇒ *onwrikbaar* ◆ *de deurkruk zat onbeweeglijk vast.*

**on·be·wust** (bijv. nw.) zonder dat je erover nadenkt ◆ *Else kon niet slapen; verlangde ze onbewust naar huis?*

**on·be·zol·digd** (bijv. nw.) niet betaald, zonder salaris ◆ *een onbezoldigd ambtenaar.*

**on·be·zon·nen** (bijv. nw.) waarbij je niet goed nadenkt ⇒ *onbekookt, onoordacht* ◆ *een onbezonnen daad.*

**on·be·zorgd** (bijv. nw.) zonder zorgen ⇒ *zorgeloos, onbekommerd* ◆ *onbezorgd genieten; een onbezorgde jeugd.*

**on·bruik** (zelfst. nw.) ▼ *in onbruik raken:* steeds minder gebruikt worden.

**on·co·loog** (de ~(m.); oncologen) dokter die gespecialiseerd is in de behandeling van gezwellen.

**on·dank** (de ~(m.)) **1** ondankbaarheid ◆ *ondank is 's werelds loon:* (spreekwoord) voor goede daden krijg je vaak niets terug ▼ *mijns ondanks, zijns ondanks, haars ondanks, huns ondanks:* zonder dat ik, hij, zij het wilde, zonder dat zij het wilden; *mijns ondanks moest ik het hele verhaal aanhoren.*

**on·danks** (voorz.) (om aan te geven dat iets tóch zo is of gebeurt, hoewel er tegenwerking of tegenslag is) ⇒ *niettegenstaande* ◆ *ondanks de dooi ging de schaatstocht door.*

**on·der¹** (bijw.) **1** aan de benedenkant ◆ *onder aan de bladzijde* ▼ *ten onder gaan:* verloren gaan, te gronde gericht worden.

**on·der²** (voorz.) **1** lager dan, het tegenovergestelde van 'boven' ⇒ *beneden* ◆ *een kelder zit onder de grond; onder een auto komen:* aangereden worden; *kinderen onder de twaalf:* die jonger zijn dan twaalf **2** tijdens, gedurende ◆ *we zongen onder de afwas* **3** te midden van, tussen ◆ *die vrouw komt nooit onder de mensen; mannen onder elkaar:* zonder vrouwen erbij; *het blijft onder ons:* (uitdr.) we vertellen het niet verder ▼ *van onderen!:* (waarschuwing aan mensen die beneden staan als er iets van boven kan vallen).

**on·der·aan** (bijw.) op de laagste plaats, het tegenovergestelde van 'bovenaan' ◆ *die club is onderaan geëindigd: als laatste.*

**on·der·aards** (bijv. nw.) onder de grond ◆ *een onderaardse gang.*

**on·der·be·wust·zijn** (het ~) deel van je denken en voelen waarvan je meestal niet beseft dat het er is ◆ *in zijn onderbewustzijn was hij bang om in de steek gelaten te worden.*

**on·der·be·zet** (bijv. nw.) zonder voldoende personeel ◆ *dat kantoor is onderbezet.*

**on·der·bouw** (de ~(m.)) lage klassen of groepen leerlingen van een school.

**on·der·bou·wen** (onderbouwde, heeft onderbouwd) *iets onderbouwen:* iets met argumenten aannemelijk maken.

**on·der·bre·ken** (onderbrak, heeft onderbroken) **1** *iets onderbreken:* tijdelijk met iets stoppen ◆ *de arbeiders hebben het werk onderbroken* **2** *iets of iemand onderbreken:* iets of iemand tijdelijk laten stoppen ◆ *de film werd onderbroken voor het journaal; mag ik u even onderbreken?:* mag ik u even in de rede vallen?

**on·der·bre·king** (de ~(v.); -en) keer dat je iets of iemand onderbreekt* ◆ *zonder onderbreking:* aan één stuk door.

**on·der·bren·gen** (bracht onder, heeft ondergebracht) *iemand ergens onderbrengen:* iemand ergens tijdelijk laten wonen ◆ *de vluchtelingen werden in kampen ondergebracht.*

**on·der·broek** (de ~; -en) broek, meestal zonder pijpen, die je onder andere kleding draagt.

**on·der·daan** (de ~(m.); onderdanen) **1** burger, iemand die aan het staatsgezag moet gehoorzamen ◆ *de koning was zeer geliefd bij zijn onderdanen* **2** (grappig) been.

**on·der·dak** (het ~) plaats om te wonen, woonruimte ⇒ *huisvesting* ◆ *onderdak zoeken.*

**on·der·da·nig** (bijv. nw.) gezegd van iemand die zich tegenover iemand anders als ondergeschikte gedraagt.

**on·der·deel** (het ~; -delen) iets dat deel uitmaakt van een groter geheel ⇒ *gedeelte* ◆ *een zwaar onderdeel van de training; er zijn geen nieuwe onderdelen voor die motor meer.*

**on·der·deur·tje** (het ~) (grappig) klein persoon.

**on·der·doen** (deed onder, heeft ondergedaan) *voor iets of iemand onderdoen:* slechter zijn dan iets of iemand ◆ *in het schaatsen deed hij voor niemand onder.*

**on·der·door** (bijw.) ▼ *ergens aan onderdoor gaan:* ergens helemaal niet tegen kunnen en er ziek van worden.

**on·der·druk·ken** (onderdrukte, heeft onderdrukt) **1** *mensen onderdrukken:* ze door dwang in een ondergeschikte positie houden ◆ *de indianen werden onderdrukt* **2** *iets onderdrukken:* iets tegenhouden, iets in bedwang houden ◆ *hij kon zijn lachen niet onderdrukken; de opstand werd onderdrukt.*

**on·der·dui·ken** (dook onder, is ondergedoken) je lange tijd schuilhouden ♦ *na de mislukte opstand zijn de leiders* **ondergedoken.**

**on·der·dui·ker** (de ~(m.); -s) iemand die zich lange tijd schuilhoudt ♦ *zij hadden in de oorlog joodse* **onderduikers** *in huis.*

**on·der·een** (bijw.) (in België □) onder elkaar of door elkaar.

**on·der·gaan¹** (ging onder, is ondergegaan) *(van de zon):* achter de horizon verdwijnen.

**on·der·gaan²** (onderging, heeft ondergaan) *iets ondergaan:* iets doormaken, iets moeten meemaken ♦ *een operatie* **ondergaan;** *een straf* **ondergaan.**

**on·der·gang** (de ~(m.); -en) het verdwijnen, het te gronde gaan ♦ *de* **ondergang** *van het Romeinse Rijk; dit natuurgebied wordt met de* **ondergang** *bedreigd: het zal verloren gaan als er niets tegen gedaan wordt.*

**on·der·ge·schikt** (bijv. nw.) 1 niet erg belangrijk, van minder betekenis ♦ *hij speelde een rol van* **ondergeschikt** *belang* 2 (taal) gezegd van twee zinnen, woordgroepen of woorden die dezelfde waarde hebben, het tegenovergestelde van 'nevengeschikt' ♦ *in de zin 'hij huilt omdat hij verdriet heeft' is de bijzin 'omdat hij verdriet heeft'* **ondergeschikt** *aan de hoofdzin 'hij huilt'.*

**on·der·ge·schik·te** (de ~; -n) iemand die een lagere rang heeft ⇒ *mindere* ♦ *hij riep zijn* **ondergeschikten** *bij zich.*

**on·der·ge·scho·ven** (bijv. nw.) ▼ *een* **ondergeschoven** *kind:* een aangenomen kind dat voor een eigen kind doorgaat; ook: een kind dat bij de andere kinderen van het gezin achtergesteld wordt.

**on·der·ge·te·ken·de** (de ~) degene die iets schrijft en ondertekent* ♦ **ondergetekende** *verklaart dit formulier naar waarheid ingevuld te hebben; en wie kreeg de schuld?* **ondergetekende***! (uitdr.) ik!

**on·der·goed** (het ~) kleren die je onder je bovenkleding draagt.

**on·der·grond** (de ~(m.)) 1 laag die dient als ondersteuning ♦ *een goede* **ondergrond** *om op te schrijven* 2 alles wat je moet weten om verder te kunnen leren ⇒ *grondslag, basis* ♦ *met zo'n goede* **ondergrond** *kun je nog veel kanten op.*

**on·der·gronds** (bijv. nw.) 1 onder de grond* (bet.1) gelegen ♦ *de metro is een* **ondergrondse** *trein* 2 in het geheim werkend ♦ *het* **ondergrondse** *verzet.*

**on·der·grond·se** (de ~) 1 metro 2 geheime verzetsbeweging ⇒ *illegaliteit, verzet.*

**on·der·hand** (bijw.) 1 intussen ♦ *je belooft wel veel, maar* **onderhand** *doe je waar je zin in hebt* 2 zowat, bijna ♦ *ik ben* **onderhand** *de enige die 's ochtends op tijd is.*

**on·der·han·de·len** (onderhandelde, heeft onderhandeld) *over iets onderhandelen:* over iets praten en proberen het eens te worden ♦ *de werkgevers* **onderhandelden** *met de werknemers over de lonen.*

**on·der·han·de·ling** (de ~(v.); -en) keer dat je onderhandelt* ♦ *we zijn nog in* **onderhandeling.**

**on·der·hands** (bijv. nw.) 1 vertrouwelijk, in het geheim, niet openbaar ♦ *ze hadden het al* **onderhands** *geregeld; een* **onderhandse** *verkoop* 2 *(van een manier van gooien):* met je hand lager dan je schouder, het tegenovergestelde van 'bovenhands'.

**on·der·ha·vig** (bijv. nw.) waar het over gaat, waarover gesproken wordt ♦ *in het* **onderhavige** *geval.*

**on·der·he·vig** (bijv. nw.) *onderhevig aan iets zijn:* aan iets blootgesteld zijn, iets moeten ondergaan ♦ *dat is niet aan twijfel* **onderhevig:** *dat is zeker.*

**on·der·houd** (het ~) 1 het onderhouden* (bet.1 en 2) ♦

deze auto vraagt niet veel **onderhoud;** *in je* **onderhoud** *voorzien:* voor jezelf zorgen, je eigen geld verdienen 2 gesprek ♦ *een ernstig* **onderhoud.**

**on·der·hou·den** (onderhield, heeft onderhouden) 1 *iets onderhouden:* iets in stand houden, iets in goede staat houden ♦ *de tuin* **onderhouden;** *een vriendschap* **onderhouden:** *(uitdr.)* dingen doen waardoor de vriendschap blijft bestaan 2 *iemand onderhouden:* iemand het nodige geven om te leven ♦ *hij kon met moeite zijn gezin* **onderhouden** 3 *iemand over iets onderhouden:* iemand ernstig over iets toespreken ♦ *de directeur* **onderhield** *hem over zijn tekortkomingen* 4 *iemand onderhouden:* iemand aangenaam bezig houden ⇒ *vermaken* 5 *je met iemand onderhouden:* (deftig) met iemand praten ♦ *de koningin* **onderhield** *zich geruime tijd met haar gasten* 6 *wetten, geboden onderhouden:* ze opvolgen, eraan gehoorzamen.

**on·der·hou·dend** (bijv. nw.) boeiend, waarbij je je niet hoeft te vervelen ♦ *een* **onderhoudend** *boek.*

**on·der·huids** (bijv. nw.) 1 onder de huid plaatsvindend ♦ *een* **onderhuidse** *bloeding:* een bloeduitstorting 2 wel gevoeld, maar niet uitgesproken ♦ **onderhuidse** *spanningen.*

**on·der·in** (bijw.) in het onderste gedeelte, het tegenovergestelde van 'bovenin' ♦ *de brief lag helemaal* **onderin.**

**on·der·jurk** (de ~; -en) jurk of rok van dunne stof die je onder een andere jurk of rok draagt.

**on·der·kant** (de ~(m.); -en) gedeelte dat naar beneden is gekeerd of dat beneden hoort, het tegenovergestelde van 'bovenkant' ♦ *op de* **onderkant** *van de doos stond de afzender.*

**on·der·kin** (de ~; -nen) huidplooi die eruitziet als een tweede kin en die vooral bij dikke mensen voorkomt.

**on·der·ko·men¹** (het ~; -s) woonruimte, huisvesting, onderdak ♦ *we zoeken een* **onderkomen** *voor buitenlandse vluchtelingen.*

**on·der·ko·men²** (bijv. nw.) 1 *(van een gebouw):* (in België □) in slechte staat, vervallen 2 *(van een persoon):* (in België) uitgeput.

**on·der·krui·per** (de ~(m.); -s), vrouw: **on·der·kruip·ster** (de ~(v.); -s) 1 klein, onaanzienlijk mens ⇒ *onderkruipsel* 2 iemand dat bij een staking door blijft werken.

**on·der·kruip·sel** (het ~; -s) onderkruiper (bet.1).

**on·der·legd** (bijv. nw.) met voldoende kennis ♦ *zij was uitstekend* **onderlegd** *in de moderne talen.*

**on·der·ling** (bijv. nw.) onder elkaar ♦ *dat moeten jullie maar* **onderling** *uitvechten.*

**on·der·maan·se** (het ~) (deftig) de aarde, het leven op aarde.

**on·der·maats** (bijv. nw.) 1 onvoldoende ♦ *de prestaties van onze turnploeg waren* **ondermaats** ▼ **ondermaatse** *vis:* vis die kleiner is dan de wettelijk vastgestelde maat en die je daarom terug moet gooien in het water als je hem gevangen hebt.

**on·der·mij·nen** (ondermijnde, heeft ondermijnd) *iets ondermijnen:* iets verzwakken, iets aantasten ♦ *hij* **ondermijnt** *het gezag; je* **ondermijnt** *je gezondheid als je zo weinig slaapt.*

**on·der·ne·men** (ondernam, heeft ondernomen) *iets ondernemen:* iets op je nemen, aan iets beginnen ♦ *een reis* **ondernemen;** *actie* **ondernemen.**

**on·der·ne·mend** (bijv. nw.) gezegd van iemand die steeds iets nieuws onderneemt*.

**on·der·ne·mer** (de ~(m.); -s) iemand die een bedrijf of winkel heeft.

**on·der·ne·ming** (de ~(v.); -en) 1 iets dat je onderneemt* ♦ *een fietstocht door de bergen is een hele* **onderneming** 2 zaak, bedrijf ♦ *er zijn drie* **ondernemingen** *failliet gegaan.*

**on·der·ne·mings·raad** (de ~ (m.); -raden) werknemers van een bedrijf die gekozen zijn om regelmatig met de werkgever te overleggen (vaak afgekort tot OR).

**on·der·ons·je** (het ~; -s) kort gesprek tussen een paar mensen, dat anderen niet mogen horen.

**on·der·ont·wik·keld** (bijv. nw.) *(van volkeren en landen)*: achtergebleven in ontwikkeling, het tegenovergestelde van 'ontwikkeld'.

**on·der·op** (bijw.) op de onderkant, het tegenovergestelde van 'bovenop'.

**on·der·pand** (het ~; -en) iets waardevols dat je geeft aan iemand die je iets beloofd hebt en dat je terugkrijgt als je je belofte aan hem of haar bent nagekomen ⇒ *pand* ♦ *ze gaf haar horloge als* **onderpand** *aan de winkelier toen ze de nieuwe fiets ging proberen:* (om te laten zien dat ze niet met de fiets weg zou rijden zonder hem te betalen); *een ring als* **onderpand** *van trouw:* als teken dat je je belofte om trouw te zijn zult nakomen.

**on·der·pas·toor** (de ~ (m.); -s) (in België □) priester die een pastoor helpt ⇒ *medepastoor*.

**on·der·richt** (het ~) les, onderwijs ♦ *onderricht in het gebruik van de computer; hij heeft weinig* **onderricht** *genoten*.

**on·der·rich·ten** (onderrichtte, heeft onderricht) iemand in iets onderrichten: iemand lesgeven in iets ♦ *hij* **onderricht** *hen in zelfverdediging*.

**on·der·schat·ten** (onderschatte, heeft onderschat) iemand of iets onderschatten: denken dat iemand of iets minder of slechter is dan in werkelijkheid, het tegenovergestelde van 'overschatten' ♦ *hij heeft zijn tegenstander schromelijk* **onderschat**; *je moet die repetitie niet* **onderschatten**: die is moeilijker dan je denkt.

**on·der·scheid** (het ~) verschil ♦ *zij maakt geen* **onderscheid** *tussen jongens en meisjes: zij behandelt ze hetzelfde; zonder* **onderscheid** *des persoons:* (uitdr.) op een manier waarbij voor iedereen hetzelfde geldt, waarbij iedereen gelijk behandeld wordt.

**on·der·schei·den** (onderscheidde, heeft onderscheiden) **1** iets of iemand onderscheiden: iets of iemand met moeite zien ♦ *in de mist konden we maar vaag het kasteel* **onderscheiden 2** je onderscheiden: opvallend beter zijn dan anderen, uitmunten ♦ *hij* **onderscheidde** *zich door zijn moed* **3** je van anderen onderscheiden: heel duidelijk anders zijn dan zij, opvallen **4** soorten onderscheiden: ze als verschillend herkennen ♦ *je kunt twee soorten eiken* **onderscheiden**: wintereiken en zomereiken **5** iemand onderscheiden: iemand belonen met een ridderorde of medaille.

**on·der·schei·ding** (de ~ (v.); -en) **1** teken waarmee iemand wordt onderscheiden* (bet.5), ridderorde of medaille ♦ *de generaal had een hele rij* **onderscheidingen** *op zijn borst* **2** (in België) uitslag, bijv. aan de universiteit, waarbij je 70 procent van de punten haalt.

**on·der·schep·pen** (onderschepte, heeft onderschept) iemand of iets onderscheppen: iemand of iets op zijn of haar weg tegenhouden ♦ *ik kon de brief nog net* **onderscheppen**; *de vijandelijke bommenwerper werd* **onderschept** *voor hij schade aan kon richten*.

**on·der·schik·kend** (bijv. nw.) (taal) gezegd van een voegwoord dat een bijzin met een hoofdzin verbindt, bijv. 'omdat', het tegenovergestelde van 'nevenschikkend'.

**on·der·schrij·ven** (onderschreef, heeft onderschreven) iets onderschrijven: het met iets eens zijn ♦ *ik* **onderschrijf** *al uw klachten; wat je nu zegt, zou ik niet graag* **onderschrijven**: als het me gevraagd werd, zou ik niet zeggen dat ik ermee akkoord ga.

**on·der·sneu·wen 1** (sneeuwde onder, heeft onderge-

sneeuwd) iemand ondersneeuwen: iemand al pratend overbluffen, iemand overdonderen ♦ *je moet je door haar niet laten* **ondersneeuwen 2** ondergesneeuwd raken: uit de aandacht verdrongen worden ♦ *we moeten oppassen dat ons probleem niet* **ondergesneeuwd** *raakt*.

**on·der·spit** (zelfst. nw.) ▼ het onderspit delven: verslagen worden; *ons elftal dolf het* **onderspit**.

**on·der·staand** (bijv. nw.) hieronder of hierachter komend ♦ *vul* **onderstaande** *bon in*.

**on·der·ste·bo·ven** (bijw.) **1** met de bovenkant naar onderen ♦ *als je die doos* **ondersteboven** *houdt, valt alles eruit; ze haalden het hele huis* **ondersteboven**: (uitdr.) ze haalden alles van zijn plaats **2** (van mensen): in de war, van streek ♦ *toen hij hoorde dat zijn hond dood was, was hij helemaal* **ondersteboven**.

**on·der·steek** (de ~ (m.); -steken) platte po met een lang handvat, gebruikt voor een zieke die niet uit bed kan.

**on·der·stel·len** (onderstelde, heeft ondersteld) iets onderstellen: (ouderwets) van iets uitgaan, iets aannemen ⇒ *veronderstellen* ♦ **onderstel** *dat hij thuiskomt*.

**on·der·steu·nen** (ondersteunde, heeft ondersteund) **1** iemand of iets ondersteunen: iemand of iets helpen overeind te blijven ♦ *de brug moest* **ondersteund** *worden met palen; hij* **ondersteunde** *de oude vrouw* **2** iemand ondersteunen: iemand helpen als hij of zij het moeilijk heeft ♦ *iemand financieel* **ondersteunen**: iemand helpen door hem of haar geld te geven **3** een voorstel, een verzoek ondersteunen: het ermee eens zijn en helpen er toestemming of medewerking voor te vragen.

**on·der·te·ke·nen** (ondertekende, heeft ondertekend) iets ondertekenen: je handtekening onder iets zetten, waarmee je aangeeft dat je ermee akkoord gaat ♦ *een overeenkomst* **ondertekenen**; *een schuldverklaring* **ondertekenen**.

**on·der·ti·tel** (de ~ (m.); -s) uitbreiding van een titel, die niet bij de eigenlijke titel hoort ♦ *'Het Achterhuis' heeft als* **ondertitel** *'dagboekbrieven 12 juni 1942 - 1 augustus 1944'*.

**on·der·ti·te·len** (ondertitelde, heeft ondertiteld) een film ondertitelen: die van ondertiteling* voorzien.

**on·der·ti·te·ling** (de ~ (v.); -en) tekst onder aan film- en televisiebeelden, die weergeeft wat er gezegd wordt ⇒ *ondertitels* ♦ *een programma met* **ondertiteling** *voor doven en slechthorenden*.

**on·der·ti·tels** (zelfst. nw.; meervoud) ondertiteling ♦ *de* **ondertitels** *vielen weg*.

**on·der·toon** (de ~ (m.)) stemming die in iemands woorden doorklinkt ⇒ *teneur* ♦ *er zat een* **ondertoon** *van teleurstelling in haar verhaal*.

**on·der·trouw** (de ~ (m.)) officiële melding bij de burgerlijke stand dat je wilt gaan trouwen ♦ *zij zijn in* **ondertrouw** *gegaan*.

**on·der·tus·sen** (bijw.) **1** in dezelfde tijd, terwijl dat gebeurt of gebeurde ⇒ *intussen* ♦ *doe jij de vaat, dan haal ik* **ondertussen** *de boodschappen* **2** ondanks dat ⇒ *intussen, desalniettemin* ♦ *maar* **ondertussen**!: (uitdr.) er gebeurt heel iets anders dan gezegd of afgesproken is!

**on·der·uit** (bijw.) **1** onder iets anders uitstekend, het tegenovergestelde van 'bovenuit' **2** omver ♦ **onderuit** *gaan*: uitglijden of struikelen; ook: mislukken; *iemand* **onderuit** *halen*: iemand laten struikelen; ook: iemands plannen laten mislukken **3** languit achterover ♦ *ze gingen even* **onderuit**: (populair) ze gingen even liggen ▼ *daar kan je niet* **onderuit**: dat is een verplichting die je moet nakomen.

**on·der·van·gen** (onderving, heeft ondervangen) iets ondervangen: iets tegengaan, ervoor zorgen dat iets niet gebeurt ♦ *moeilijkheden* **ondervangen**.

**on·der·ver·de·ling** (de ~(v.); -en) indeling die een bestaande indeling verder splitst ◆ *een onderverdeling in een hoofdstuk aanbrengen door het te verdelen in paragrafen.*

**on·der·ver·hu·ren** (verhuurde onder, heeft onderverhuurd) *iets onderverhuren: iets dat je zelf gehuurd hebt aan een ander verhuren* ◆ *een kamer onderverhuren.*

**on·der·vin·den** (ondervond, heeft ondervonden) *iets ondervinden: iets ervaren, iets meemaken* ◆ *verdriet ondervinden; ik heb het nu zelf ondervonden.*

**on·der·vin·ding** (de ~(v.); -en) keer dat je iets ondervindt* ⇒ *ervaring* ◆ *bij ondervinding weten we dat je na één nacht vorst nog niet kunt schaatsen: dat weten we uit ervaring; ik spreek uit ondervinding: ik kan erover oordelen, want ik heb het meegemaakt.*

**on·der·voed** (bijv. nw.) in een slechte conditie doordat je lange tijd te weinig voedsel hebt gekregen.

**on·der·vra·gen** (ondervroeg of ondervraagde, heeft ondervraagd) *(van de politie) iemand ondervragen: iemand vragen stellen over dingen die te maken hebben met een misdaad of een ongeluk* ◆ *de politie ondervroeg alle getuigen.*

**on·der·weg** (bijw.) **1** terwijl je op weg bent, tijdens de tocht ◆ *onderweg vertelde ze iets over het land waar we doorheen reden* **2** vertrokken of verzonden, maar nog niet aangekomen ◆ *er is een brief naar je onderweg; hoe lang zijn we al onderweg?*

**on·der·we·reld** (de ~) **1** wereld van misdadigers **2** plaats waar de aardoppervlakte waar volgens sommige verhalen de mensen die gestorven zijn naar toe gaan.

**on·der·werp** (het ~; -en) **1** dat waarover het gaat in een gesprek, boek, programma enz. ◆ *het onderwerp van de film sprak mij niet zo aan; zij is het onderwerp van al zijn dromen* **2** (taal) deel van een zin dat aangeeft wie of wat de handeling van het werkwoord uitvoert ◆ *in de zin 'ik heb slaap' is 'ik' het onderwerp.*

**on·der·wer·pen** (onderwierp, heeft onderworpen) **1** *een volk onderwerpen: het jouw wil, jouw gezag opleggen* ◆ *de Romeinen onderwierpen de Galliërs* **2** *je aan iets of iemand onderwerpen: iets of iemand gehoorzamen* ◆ *hij onderwierp zich aan de uitspraak van de rechter* **3** *iemand aan iets onderwerpen: iemand iets laten ondergaan* ◆ *iemand aan een verhoor onderwerpen* **4** *iets ergens aan onderwerpen: de beslissing over iets ergens van laten afhangen* ◆ *voor ik deze brief verstuur, wil ik hem aan uw goedkeuring onderwerpen; het geschil werd onderworpen aan het Europese Hof.*

**on·der·wijl** (bijw.) ondertussen, intussen.

**on·der·wijs** (het ~) het onderwijzen* ◆ *op school krijg je onderwijs in taal en rekenen; hij geeft onderwijs aan volwassenen; ze is bij het onderwijs: ze is lerares; het lager onderwijs: de basisschool; speciaal onderwijs: onderwijs voor kinderen met een handicap.*

**on·der·wij·zen** (onderwees, heeft onderwezen) *iemand in iets onderwijzen: iemand kennis over iets bijbrengen, iemand les in iets geven* ◆ *zij onderwees ons in de beginselen van het Frans; het onderwijzend personeel: de onderwijzers of leraren van een school.*

**on·der·wij·zer** (de ~(m.); -s), vrouw: **on·der·wij·ze·res** (de ~(v.); -sen) iemand die les geeft aan leerlingen van een basisschool ⇒ *onderwijsgevende, leerkracht.*

**onderzeeër** on·der·zee·er (de ~(m.); -s) schip dat onder water kan varen ⇒ *duikboot.*

**on·der·zet·ter** (de ~(m.); -s) plaatje of schoteltje om pannen, glazen enz. op te zetten.

**on·der·zoek** (het ~) het onderzoeken* ◆ *een onderzoek*

naar alcoholgebruik onder jongeren; de zaak is in onderzoek: die wordt op dit moment onderzocht.

**on·der·zoe·ken** (onderzocht, heeft onderzocht) **1** *iets onderzoeken: nauwkeurig kijken hoe iets in elkaar zit* ◆ *de politie onderzocht de moordzaak; zij onderzochten de aangespoelde vis* **2** *(van dokters) iemand onderzoeken: nauwkeurig nagaan of iemand ziek is of gebreken heeft.*

**on·der·zoe·ker** (de ~(m.); -s) iemand die iets onderzoekt* (bet.1), meestal op een wetenschappelijke manier.

**on·der·zoeks·rech·ter** (de ~(m.); -s) (in België) rechter die het vooronderzoek in strafzaken leidt.

**on·deugd** (zelfst. nw.; -en) **1** (de ~) slechte eigenschap of gewoonte ◆ *gulzigheid is een ondeugd* **2** (de ~(m.)) iemand die ondeugend* is (gezegd door iemand die dat wel grappig vindt) ⇒ *guit, deugniet, bengel.*

**on·deu·gend** (bijv. nw.) een beetje stout.

**on·dier** (het ~; -en) vreselijk beest, monster ◆ *het ondier spuwde vuur uit zijn muil.*

**on·ding** (het ~; -en) voorwerp dat niet handig is in het gebruik ◆ *ik vind die nieuwe eierklopper een onding.*

**on·dub·bel·zin·nig** (bijv. nw.) gezegd van iets dat niet verkeerd begrepen kan worden, erg duidelijk ◆ *ik ga hem eens ondubbelzinnig de waarheid zeggen.*

**on·echt** (bijv. nw.) **1** niet gemeend, niet vanzelf ◆ *ze doet zo onecht vriendelijk* ▼ *een onecht kind: een kind waarvan de moeder niet getrouwd is.*

**on·eer** (de ~) (deftig) schande ◆ *hij deed zijn familie oneer aan.*

**on·ei·gen·lijk** (bijv. nw.) voor iets anders dan waar het voor bedoeld is ◆ *oneigenlijk gebruik van iets maken; oneigenlijke argumenten: die niet van toepassing zijn, die niet gelden.*

**on·ein·dig** (bijv. nw.) waar geen einde* (bet.1) aan komt of lijkt te komen ⇒ *eindeloos* ◆ *een oneindige rij; oneindig veel soorten.*

**one-man-show** (Engels) [wanmensjoo] (de ~; -s) voorstelling waarbij één persoon alles uitvoert.

**on·enig·heid** (de ~(v.)) meningsverschil, ruzie ◆ *er ontstond onenigheid over de vraag wie de mooiste was; onenigheid zaaien: (uitdr.) ruzies veroorzaken.*

**on·even** (bijv. nw.) *(van getallen)* niet deelbaar door twee, het tegenovergestelde van 'even' ◆ *1, 3, en 5 zijn oneven getallen.*

**on·feil·baar** (bijv. nw.) gezegd van iemand die of iets dat nooit faalt ◆ *niemand is onfeilbaar: iedereen maakt wel eens een fout; een onfeilbaar middel: dat altijd werkt.*

**on·for·tuin·lijk** (bijv. nw.) ongelukkig ◆ *een onfortuinlijke val; zij is erg onfortuinlijk in de liefde.*

**ong.** (afkorting) *ongeveer.*

**on·gans** (bijv. nw.) ▼ *je ongans eten: zoveel eten dat je er misselijk van wordt.*

**on·ge·acht** (voorz.) zonder te letten op, onafhankelijk van ◆ *iedereen, ongeacht zijn leeftijd, mag meedoen.*

**on·ge·bon·den** (bijv. nw.) losjes, vrijgevochten ◆ *een ongebonden levensstijl.*

**on·ge·daan** (bijv. nw.) ▼ *iets ongedaan maken: de gevolgen van iets opheffen; het was fout, maar ik kan het nu niet meer ongedaan maken.*

**on·ge·deerd** (bijv. nw.) zonder verwondingen ◆ *bij het ongeluk bleef de bestuurder ongedeerd.*

**on·ge·dier·te** (het ~) beestjes die geen nut lijken te hebben en die schadelijk of lastig zijn ◆ *deze plant zit onder het ongedierte.*

**on·ge·duld** (het ~) gebrek aan geduld, haast waarmee je wilt dat iets gebeurt.

**on·ge·du·rig** (bijv. nw.) erg onrustig, rusteloos ◆ *ze zat ongedurig op haar nagels te bijten.*

**on·ge·dwon·gen** (bijv. nw.) waarbij je je niet gedwongen voelt je op een bepaalde manier te gedragen ⇒ *vrijmoedig* ◆ *ze zat ongedwongen met de koningin te praten.*

**on·ge·ge·neerd** [ongₑzjₑneᵉrt] (bijv. nw.) zonder gêne* en daardoor onfatsoenlijk ⇒ *schaamteloos* ◆ *hij liet ongegeneerd een boer.*

**on·ge·hoord** (bijv. nw.) raar en onbehoorlijk ◆ *een ongehoord hoge prijs; maar dat is ongehoord!*: dat is afschuwelijk!

**on·gein** (de ~ (m.)) (populair) flauwe grappen, flauwe streken.

**on·ge·kend** (bijv. nw.) zoals nog nooit eerder is voorgekomen ◆ *er was een ongekende belangstelling voor de expositie.*

**on·ge·let·ter·de** (de ~; -n) (in België □) analfabeet.

**on·ge·lijk¹** (het ~) ▼ *ongelijk hebben*: iets zeggen dat niet waar is of niet klopt; *je ongelijk bekennen*: toegeven dat wat je zegt niet waar is of niet klopt.

**on·ge·lijk²** (bijv. nw.) verschillend ◆ *hij droeg twee ongelijke sokken; een ongelijke strijd*: tussen een sterke en een zwakke partij.

**on·ge·li·mi·teerd** (bijv. nw.) onbeperkt, zonder limiet* ◆ *je kunt daar ongelimiteerd kersen eten.*

**on·ge·lo·fe·lijk, on·ge·loof·lijk** (bijv. nw.) zo erg dat je het haast niet kunt geloven* (bet.3) ◆ *in die landen heerst een ongelooflijke armoede; het was ongelofelijk warm.*

**on·ge·lood** (bijv. nw.) waar geen lood in zit ◆ *ongelode benzine.*

**on·ge·lo·vig** (bijv. nw.) niet gelovend* (bet.3) wat er gezegd wordt of gebeurt ◆ *je hoeft niet zo ongelovig te kijken, het is echt waar!*

**on·ge·luk** (het ~) 1 ongunstige samenloop van omstandigheden, ongunstig toeval ⇒ *tegenspoed* ◆ *het lijkt wel of hij voor het ongeluk geboren is: hij heeft nooit eens geluk; per ongeluk*: (uitdr.) zonder het expres te doen; *ik heb per ongeluk de vaas omgestoten* 2 (-ken) onverwachte gebeurtenis die schade of verwondingen veroorzaakt ⇒ *ongeval* ◆ *op het kruispunt is een ongeluk gebeurd; ik bega nog eens een ongeluk aan die man*: (uitdr.) ik ben zo kwaad, dat ik hem wel vermoorden kan; *een ongeluk komt zelden alleen*: (uitdr.) als er eenmaal iets misgaat, gaan andere dingen ook vaak mis; *een ongeluk zit in een klein hoekje*: (uitdr.) er kan je gemakkelijk iets overkomen; *je een ongeluk lachen*: (populair) ontzettend moeten lachen.

**on·ge·luk·kig** (bijv. nw.) 1 niet blij, niet opgewekt ◆ *wat kijk je ongelukkig* 2 ongeluk* (bet.1) brengend, vol ongeluk* (bet.1) ◆ *door een ongelukkig toeval kwam ik hem tegen; een ongelukkige liefde; zij kwam heel ongelukkig terecht: ze viel, met ernstige gevolgen* 3 gehandicapt.

**on·ge·mak** (het ~) 1 hinder, last ⇒ *ongerief* ◆ *de vertragingen bezorgden de treinreizigers veel ongemak* 2 (-ken) iets waar je last van hebt ◆ *op die reis ondervonden ze veel ongemakken.*

**on·ge·ma·nierd** (bijv. nw.) zonder goede manieren*.

**on·ge·meen** (bijv. nw.) ongewoon, zoals je niet vaak ziet ⇒ *buitengewoon* ◆ *de belangstelling voor de expositie was ongemeen groot.*

**on·ge·merkt** (bijw.) zonder dat iemand het merkt* (bet.1) ◆ *ongemerkt is het al laat geworden.*

**on·ge·moeid** (bijv. nw.) ▼ *iemand ongemoeid laten*: iemand met rust laten, iemand niet lastig vallen.

**on·ge·naak·baar** (bijv. nw.) gezegd van iemand die zich niet openstelt voor anderen, met wie je geen contact kunt krijgen ◆ *een trotse, ongenaakbare vrouw.*

**on·ge·na·de** (de ~) toestand waarin iemand heel ongunstig over je denkt ◆ *je iemands ongenade op je hals halen; bij iemand in ongenade vallen*: niet langer gunstig door iemand beoordeeld worden.

**on·ge·na·dig** (bijv. nw.) zonder enig medelijden ⇒ *onbarmhartig, genadeloos* ◆ *hij kreeg er ongenadig van langs.*

**on·ge·nees·lijk** (bijw.) ▼ *ongeneeslijk ziek*: zo ziek dat je niet meer beter kunt worden.

**on·ge·noe·gen** (het ~) 1 ontevredenheid ⇒ *misnoegen* ◆ *je iemands ongenoegen op de hals halen* 2 onenigheid, kleine ruzie ◆ *er ontstond enig ongenoegen over de vraag wie er moest betalen.*

**on·ge·past** (bijv. nw.) niet netjes, onfatsoenlijk ⇒ *onbetamelijk* ◆ *zo'n antwoord is ongepast.*

**on·ge·rech·tig·heid** (de ~ (v.); ongerechtigheden) 1 iets dat niet hoort op de plaats waar het zit, vuiltje 2 klein gebrek, foutje 3 onrechtvaardige daad.

**on·ge·re·de** (zelfst. nw.) ▼ *in het ongerede raken*: door een storing of beschadiging niet meer gebruikt kunnen worden; ook: in de war raken, rommelig worden.

**on·ge·re·geld** (bijv. nw.) 1 niet regelmatig ◆ *ongeregelde werktijden* 2 wanordelijk ⇒ *ordeloos* ◆ *een stelletje ongeregeld*: (populair) een ordeloze groep mensen; ook: een groep mensen die zich niet aan regels houdt, die afwijkt in gedrag.

**on·ge·re·geld·he·den** (zelfst. nw.; meervoud) ruzies tussen of opstand van grote groepen mensen ⇒ *rellen, onlusten.*

**on·ge·rept** (bijv. nw.) door niemand aangeraakt, door niets of niemand veranderd ◆ *ongerepte sneeuw*: waar niemand in gelopen heeft; *ongerepte wouden*: waar nooit iemand geweest is.

**on·ge·rief** (het ~) ongemak ⇒ *hinder, last.*

**on·ge·rijmd** (bijv. nw.) niet logisch, niet kloppend ⇒ *absurd* ◆ *een ongerijmde conclusie.*

**on·ge·rust** (bijv. nw.) met een vervelend gevoel omdat je bang bent dat er iets akeligs gebeurt ⇒ *bezorgd* ◆ *als ik te laat thuiskom, worden mijn ouders ongerust; ik maak me ongerust over mijn kerstrapport.*

**on·ge·steld** (bijv. nw.) 1 (van meisjes en vrouwen) menstruatie hebbend (kijk ook bij: **menstruatie**) ◆ *ongesteld zijn* 2 (ouderwets) een beetje ziek ⇒ *onwel.*

**on·ge·twij·feld** (bijw.) vast en zeker ⇒ *beslist* ◆ *hij zal ongetwijfeld nog bellen.*

**on·ge·val** (het ~; -len) ongeluk (bet.2).

**on·ge·veer** (bijw.) naar schatting, niet precies ⇒ *omtrent, omstreeks, circa, zowat, plusminus* ◆ *we rijden er ongeveer drie uur over; hier moet het ongeveer zijn.*

**on·ge·wis·se** (zelfst. nw.) ▼ *iemand in het ongewisse laten*: iemand in onzekerheid laten, iemand niet inlichten.

**on·ge·zou·ten** (bijv. nw.) openhartig, zonder rekening te houden met iemands gevoelens ◆ *ongezouten kritiek; iemand ongezouten de waarheid zeggen.*

**on·guur** (bijv. nw.) gezegd van iemand die er onbetrouwbaar en griezelig uitziet ◆ *een onguur type.*

**on·han·del·baar** (bijv. nw.) gezegd van iemand die lastig is en zich helemaal niet wil aanpassen.

**on·heb·be·lijk** (bijv. nw.) onbeleefd en vervelend.

**on·heil** (het ~) ellendige gebeurtenis, ramp ◆ *dat gezin is door onheil getroffen.*

**on·heil·spel·lend** (bijv. nw.) waaruit je kunt afleiden dat er iets akeligs gaat gebeuren, heel dreigend ◆ *hij wierp me een onheilspellende blik toe.*

**on·her·berg·zaam** (bijv. nw.) *(van gebieden)*: waar je niet makkelijk kunt verblijven door het klimaat en het landschap.

**on·heug·lijk** (bijv. nw.) ▼ *sinds onheuglijke tijden*: sinds heel lange tijd, al zo lang dat niemand meer weet sinds hoe lang.

**on·heus** (bijv. nw.) onvriendelijk en onbeleefd.

**on·klaar** (bijv. nw.) gezegd van iets dat het niet meer doet doordat het kapot is ⇒ *defect* ◆ *de motor is onklaar geraakt.*

**on·kos·ten** (zelfst. nw.; meervoud) kosten die je ergens voor moet maken ◆ *als je mij dat pakje toestuurt, zal ik je de onkosten vergoeden; mijn broer heeft al heel wat onkosten aan zijn auto gehad*: hij heeft veel geld aan reparaties uit moeten geven.

**on·kreuk·baar** (bijv. nw.) gezegd van iemand die altijd eerlijk en oprecht is ⇒ *integer.*

**on·kruid** (het ~) planten die groeien op plaatsen waar je ze niet wilt hebben ◆ *onkruid vergaat niet*: (uitdr.) (dit zeg je van iemand die heel oud wordt of van iemand die elke tegenslag weer te boven komt).

**on·kun·de** (de ~ (v.)) het niet weten van iets ⇒ *onwetendheid* ◆ *hij probeerde zijn onkunde te verbergen.*

**on·kun·dig** (bijv. nw.) onkundig van iets zijn: niet van iets op de hoogte zijn, iets niet weten ◆ *zij is nog onkundig van ons voorstel.*

**on·langs** [ook: onlangs] (bijw.) kort geleden ◆ *hij heeft mij onlangs een brief geschreven.*

**on·le·dig** (bijv. nw.) je met iets onledig houden: met iets bezig zijn, met iets je tijd doorbrengen ◆ *hij houdt zich onledig met het verzamelen van recepten.*

**on line** (Engels) [onlajn] (bijw.) direct verbonden met een centrale computer (het tegenovergestelde van 'off line').

**on·lus·ten** (zelfst. nw.; meervoud) ruzies tussen of opstand van grote groepen mensen ⇒ *rellen, ongeregeldheden.*

**on·macht** (de ~ (v.)) **1** het niet in staat zijn om in een bepaald geval iets te doen ⇒ *machteloosheid* ◆ *hij moest zijn onmacht bekennen*: hij moest toegeven dat hij niets kon doen ▼ *in onmacht vallen*: flauwvallen.

**on·mens** (de ~ (m.); -en) heel wreed mens ⇒ *wreedaard.*

**on·men·se·lijk** (bijv. nw.) zo wreed dat je het een mens* (bet.1) niet aan mag doen.

**on·me·te·lijk** (bijv. nw.) zo groot dat je het niet meer kunt meten* (bet.1), heel erg groot ⇒ *onbegrensd* ◆ *onmetelijke vlakten.*

**on·mid·del·lijk** (bijv. nw.) **1** waarbij geen tijd verloopt ⇒ *direct, dadelijk* ◆ *ik verlang een onmiddellijk antwoord; hij moest onmiddellijk naar huis* **2** waar niemand of niets tussen zit ⇒ *direct* ◆ *ze woont in de onmiddellijke nabijheid van de stad; wie is uw onmiddellijke chef?*

**on·min** (de ~) onenigheid, langdurige ruzie, slechte verstandhouding ◆ *hij leeft in onmin met zijn moeder.*

**on·mis·ken·baar** (bijv. nw.) duidelijk te zien, waarin je je niet kunt vergissen ⇒ *apert* ◆ *de gelijkenis tussen die zusjes is onmiskenbaar.*

**on·mo·ge·lijk** (bijv. nw.) **1** gezegd van iets dat niet uitgevoerd kan worden ◆ *een onmogelijke opgave* **2** heel moeilijk in de omgang ◆ *een onmogelijk mens; je ergens onmogelijk maken*: (uitdr.) je ergens zo gedraagt dat niemand meer met je om wil gaan.

**on·na·volg·baar** (bijv. nw.) zo goed dat niemand het na kan doen ◆ *op onnavolgbare wijze droeg hij het gedicht voor.*

**on·no·dig** (bijw.) zonder noodzaak ⇒ *nodeloos* ◆ *zij geven onnodig veel geld uit aan kleren.*

**on·noe·me·lijk** (bijv. nw.) zo veel of zo groot dat er geen naam voor is ◆ *een onnoemelijk verdriet.*

**on·no·zel** (bijv. nw.) **1** dom, suf ◆ *lach niet zo onnozel!* **2** onbeduidend, niet belangrijk ⇒ *onbenullig* ◆ *ruzie om een onnozel voorval* **3** (ouderwets) gezegd van iemand die nooit kwaad gedaan heeft, die onschuldig is ◆ *onnozele kinderen.*

**ono·ma·to·pee** (de ~ (v.); onomatopeeën) (taal) woord dat een klank of een geluid nadoet, bijv. 'bimbam' en 'koekoek'.

**on·om·sto·te·lijk** (bijv. nw.) waar niets tegenin te brengen valt ⇒ *onweerlegbaar* ◆ *onomstotelijke bewijzen; het staat onomstotelijk vast dat de mensen vroeger kleiner waren dan nu.*

**on·om·won·den** (bijw.) zonder iets te verhullen of mooier te maken dan het is ⇒ *onverbloemd* ◆ *ik heb hem onomwonden de waarheid gezegd.*

**on·ont·beer·lijk** (bijv. nw.) gezegd van dingen die beslist nodig zijn, die je niet kunt missen ◆ *als je in Nederland gaat wandelen, is regenkleding onontbeerlijk.*

**on·oog·lijk** (bijv. nw.) niet om áán te zien ◆ *een paar onooglijke schoenen.*

**on·over·gan·ke·lijk** (bijv. nw.) (taal) gezegd van een werkwoord dat geen lijdend voorwerp bij zich kan hebben, het tegengestelde van 'overgankelijk' ⇒ *intransitief* ◆ *'lopen' is een onovergankelijk werkwoord.*

**on·over·ko·me·lijk** (bijv. nw.) *(van moeilijkheden, problemen, bezwaren)*: zo ernstig dat je er geen oplossing voor kunt vinden ◆ *de meerderheid had onoverkomelijke bezwaren tegen het plan.*

**on·paar** (bijv. nw.) (in België □) oneven.

**on·pas·se·lijk** (bijv. nw.) met een naar gevoel in je maag, misselijk ⇒ *onwel.*

**on·raad** (het ~) iets dat een gevaar kan betekenen ◆ *onraad bespeuren*: voelen dat er gevaar dreigt.

**on·recht** (het ~) oneerlijke behandeling ◆ *iemand onrecht aandoen*: iemand oneerlijk behandelen; *ten onrechte*: (uitdr.) niet juist, niet terecht; *ik ging er ten onrechte van uit dat hij betrouwbaar was.*

**on·recht·streeks** (bijv. nw.) (in België □) niet rechtstreeks ⇒ *indirect.*

**on·re·gel·ma·tig·he·den** (zelfst. nw.; meervoud) knoeierij met geld, vervalsing in de boekhouding ⇒ *fraude.*

**on·roe·rend** (bijv. nw.) ▼ *onroerend goed*: stukken grond en gebouwen.

**on·rust** (de ~) gevoel dat je iets moet doen, het niet rustig kunnen blijven ◆ *er heerst onrust in de klas.*

**on·rus·tig** (bijv. nw.) vol onrust* ◆ *ze zat onrustig op haar stoel heen en weer te schuiven.*

**ons¹** (het ~) 100 gram ⇒ *hectogram* ◆ *een ons suiker; wachten tot je een ons weegt*: (uitdr.) heel lang wachten; ook: wachten op iets dat niet zal gebeuren.

**ons²** (vnw.) **1** (pers. vnw.) (eerste persoon meervoud; lijdend of meewerkend voorwerp) ◆ *wie helpt ons?* **2** (bez. vnw.) (eerste persoon meervoud) ◆ *ons huis; onze school.*

**on·schend·baar·heid** (de ~ (v.)) het niet verantwoordelijk zijn van de koning of de koningin voor regeringszaken (de ministers zijn hiervoor verantwoordelijk).

**on·schuld** (de ~) het niet hebben van schuld* (bet.1) ◆ *zij kon haar onschuld niet bewijzen; de beledigde onschuld spelen*: (uitdr.) heel verontwaardigd doen omdat je ergens van beschuldigd wordt; *in mijn onschuld dacht ik dat ...*: (uitdr.) omdat ik niet besefte hoe de toestand was, dacht ik dat ....

**on·schul·dig** (bijv. nw.) gezegd van iets dat geen kwaad kan of dat niet kwaad bedoeld is ◆ *een onschuldig aspirientje; een onschuldig grapje.*

**on·ster·fe·lijk¹** (bijv. nw.) zo beroemd dat je nooit meer vergeten zult worden ◆ *door die roman heeft hij zich onsterfelijk gemaakt.*

**on·ster·fe·lijk²** (bijw.) ▼ *je onsterfelijk belachelijk maken: je heel erg belachelijk maken.*

**on·stui·mig** (bijv. nw.) wild, moeilijk te bedwingen ◆ *onstuimige gebaren; onstuimige golven: woeste golven.*

**ont·aard** (bijw.)(populair) heel erg ⇒ *bar* ◆ *het is ontaard koud vandaag.*

**ont·aar·den** (ontaardde, is ontaard) **1** in iets ontaarden: overgaan in iets dat slecht of slechter is, daarop uitlopen ◆ *de discussie ontaardde al gauw in een ruzie* **2** goede, hoogstaande eigenschappen verliezen ⇒ *degeneren, verloederen* ◆ *de voetbalsport ontaardt steeds meer; ze is een ontaarde moeder: ze verwaarloost haar kinderen.*

**ont·be·ren** (ontbeerde, heeft ontbeerd) *iets ontberen: iets missen terwijl je het hard nodig hebt* ◆ *wij moesten haar hulp ontberen.*

**ont·be·ring** (de ~(v.); -en) het missen van het allernoodzakelijkste, van voedsel, kleding, onderdak enz. ◆ *de schipbreukelingen moesten vele ontberingen doorstaan.*

**ont·bie·den** (ontbood, heeft ontboden) *iemand ontbieden: iemand bevelen bij je te komen* ◆ *de koning ontbood zijn ministers.*

**ont·bijt** (het ~; -en) maaltijd die je 's morgens gebruikt.

**ont·bij·ten** (ontbeet, heeft ontbeten) *een ontbijt* gebruiken.

**ont·bin·den** (ontbond, heeft ontbonden) **1** iets, bijv. een vergadering, ontbinden: iets beëindigen, een eind aan iets maken ◆ *de rechter ontbond het huwelijk: hij verklaarde dat het beëindigd was; het parlement ontbinden: de leden naar huis sturen en nieuwe verkiezingen uitschrijven* **2** een getal ontbinden in factoren: (rekenen) uitrekenen welke getallen ('factoren') je met elkaar moet vermenigvuldigen om dat getal te krijgen.

**ont·bin·ding** (de ~(v.)) het vergaan van een lijk.

**ont·bloot** (bijv. nw.) van iets ontbloot zijn: iets niet hebben, iets missen ◆ *dat is niet van gevaar ontbloot: dat is gevaarlijk.*

**ont·blo·ten** (ontblootte, heeft ontbloot) *een lichaamsdeel ontbloten: het bloot* maken ◆ *je hoofd ontbloten: je hoofddeksel afnemen.*

**ont·boe·ze·ming** (de ~(v.); -en) keer dat je vertelt wat je op je hart hebt.

**ont·bran·den** (ontbrandde, is ontbrand) **1** gaan branden* (bet.1), in brand vliegen **2** in een bepaalde hartstocht ontbranden: die in je op voelen komen zonder dat je die kunt onderdrukken ◆ *toen hij haar zag, ontbrandde hij in liefde.*

**ont·bre·ken** (ontbrak, heeft ontbroken) **1** er niet zijn, gemist worden ◆ *er ontbreken drie pionnetjes; wie ontbreekt er nog?* **2** het ontbreekt mij aan iets: ik heb iets niet, ik heb iets niet voldoende ◆ *het ontbreekt hen aan geld; het ontbrak haar niet aan moed: ze had genoeg moed.*

**ont·cij·fe·ren** (ontcijferde, heeft ontcijferd) *iets ontcijferen: er met moeite in slagen te lezen wat ergens staat* ◆ *kun jij zijn handschrift ontcijferen?*

**ont·daan** (bijv. nw.) helemaal van streek, uit je evenwicht gebracht.

**ont·dek·ken** (ontdekte, heeft ontdekt) *iets of iemand ontdekken: te weten komen dat iets of iemand er is of hoe iets of iemand is* ◆ *we hebben een kortere weg ontdekt; ik ontdekte dat hij vals speelde; Columbus heeft Amerika ontdekt: hij kwam erachter dat Amerika bestond.*

**ont·dek·king** (de ~(v.); -en) keer dat je iets of iemand

ontdekt* ◆ *tot de ontdekking komen dat ...: te weten komen dat ..., merken dat ...; ik kwam tot de ontdekking dat ik mijn sleutel vergeten had.*

**ont·doen** (ontdeed, heeft ontdaan) *je ontdoen van iemand of iets: ervoor zorgen dat je iemand of iets kwijtraakt.*

**ont·dooi·en** (ontdooide, heeft ontdooid) *iets dat bevroren is ontdooien: het vocht dat ergens in zit laten smelten* ◆ *de kip moet nog ontdooid worden; eindelijk ontdooide ze:* (uitdr.) eindelijk deed ze minder stijf en koel.

**ont·dui·ken** (ontdook, heeft ontdoken) *iets ontduiken: je op een slimme of handige manier aan iets onttrekken* ◆ *hij ontdook de klappen; de belasting ontduiken: op een meestal oneerlijke manier proberen minder belasting te hoeven betalen.*

**on·te·gen·zeg·lijk** (bijw.) zeer beslist, zeer zeker ◆ *dit is ontegenzeglijk waar.*

**ont·ei·ge·nen** (onteigende, heeft onteigend) (van de overheid) *iets, bijv. huizen of grond, onteigenen: iets tegen betaling van de eigenaar overnemen om het te gebruiken voor iets waar veel mensen nut van hebben* ◆ *voor de aanleg van de nieuwe weg werd de boerderij onteigend.*

**on·tel·baar** (bijv. nw.) heel veel ◆ *er stonden ontelbare auto's in de file.*

**ont·er·ven** (onterfde, heeft onterfd) *iemand onterven: ervoor zorgen dat iemand niets van je erft*.

**ont·fer·men** (ontfermde, heeft ontfermd) *je over iemand ontfermen: iemand onder je hoede nemen, voor iemand zorgen uit goedheid* ◆ *ik ontferm me vanmiddag over de kinderen.*

**ont·fut·se·len** (ontfutselde, heeft ontfutseld) *iemand iets ontfutselen: iets op een slimme of handige manier van iemand afpakken* ◆ *ik heb haar het geheim ontfutseld: ik heb het door een slimme vraag te stellen van haar te horen gekregen.*

**ont·gaan** (ontging, is ontgaan) *iemand ontgaan: niet tot iemand doordringen, aan iemands aandacht ontsnappen* ◆ *de betekenis daarvan ontgaat me.*

**ont·gel·den** (ww.) *het moeten ontgelden: straf krijgen, ervan langs krijgen* ◆ *hij moest het ontgelden, maar hij had niets gedaan.*

**ont·gin·nen** (ontgon, heeft ontgonnen) *grond ontginnen: die geschikt maken voor landbouw.*

**ont·gon → ontginnen.**

**ont·gon·nen → ontginnen.**

**ont·goo·che·ling** (de ~(v.); -en) grote teleurstelling ⇒ *desillusie.*

**ont·groei·en** (ontgroeide, is ontgroeid) *iets ontgroeien: te groot voor iets worden* ◆ *Janneke is de box ontgroeid.*

**ont·haal** (het ~) ontvangst ◆ *een gastvrij onthaal; zijn woorden vonden een goed onthaal:* (uitdr.) er werd met belangstelling en waardering naar hem geluisterd.

**ont·haal·moe·der** (de ~(v.); -s)(in België □) vrouw die tegen betaling op baby's en kleine kinderen past in haar eigen huis, gastmoeder.

**ont·ha·len** (onthaalde, heeft onthaald) *iemand op iets onthalen: iemand op iets trakteren, iemand iets geven omdat hij of zij je gast is* ⇒ *vergasten* ◆ *ze onthaalde ons op koffie en cake.*

**ont·hand** (bijv. nw.) in een ongemakkelijke situatie gebracht doordat je iets mist ◆ *zonder fiets ben ik erg onthand.*

**ont·heemd** (bijv. nw.) ver weg van je huis en van je vertrouwde omgeving, en daardoor eenzaam.

**ont·hef·fen** (onthief, heeft ontheven) *iemand van iets, bijv. een plicht, ontheffen*: iemand van iets ontslaan, zeggen dat iemand iets niet hoeft te doen.

**ont·hef·fing** (de ~(v.); -en) keer dat je iemand van iets ontheft* ⇒ *vrijstelling, dispensatie* ◆ *ze krijgt **ontheffing** van een deel van het examen*: ze hoeft een deel van het examen niet te doen.

**ont·hoof·den** (onthoofdde, heeft onthoofd) *een mens of een dier onthoofden*: zijn hoofd* (bet.1) of kop eraf slaan.

**ont·hou·den** (onthield, heeft onthouden) **1** *iets onthouden*: iets niet vergeten ◆ ***onthoud** wat ik nu zeg* **2** *iemand iets onthouden*: iemand iets niet geven ◆ *dat leuke verhaal wil ik u niet **onthouden***: dat móét ik u vertellen **3** *je van iets onthouden*: geen gebruik van iets maken, van iets afzien ◆ *hij **onthoudt** zich van alcohol*: hij drinkt het nooit; *ik **onthoud** me maar van commentaar*: ik geef maar geen commentaar.

**ont·hul·len** (onthulde, heeft onthuld) **1** *een geheim onthullen*: het vertellen, het bekendmaken **2** *een standbeeld of een ander kunstwerk onthullen*: tijdens een plechtige of feestelijke bijeenkomst het doek dat eroverheen zit eraf trekken.

**ont·hutst** (bijv. nw.) geschrokken en daardoor van streek ◆ *'wat heb je nou gedaan', stamelde hij **onthutst***.

**on·tie·ge·lijk** (bijw.)(populair) heel erg, geweldig ◆ *ze vindt jou **ontiegelijk** aardig*.

**ont·ken·nen** (ontkende, heeft ontkend) *iets ontkennen*: zeggen dat iets niet zo is, het tegenovergestelde van 'bevestigen' ◆ *een **ontkennend** antwoord geven*: nee zeggen; *de dief bleef **ontkennen***: hij bleef zeggen dat hij de diefstal niet gepleegd had.

**ont·ken·ning** (de ~(v.); -en) woord of antwoord waarmee je iets ontkent* ◆ *het woordje 'niet' geeft een **ontkenning** aan*.

**ont·ke·te·nen** (ontketende, heeft ontketend) *iets, bijv. een ruzie of een oorlog, ontketenen*: iets veroorzaken, iets laten beginnen.

**ont·kno·ping** (de ~(v.); -en) slotgedeelte van een spannend verhaal, waarin duidelijk wordt hoe alles in elkaar zit ◆ *het toneelstuk had een verrassende **ontknoping***.

**ont·ko·men** (ontkwam, is ontkomen) *aan iets of iemand ontkomen*: aan iets of iemand weten te ontsnappen ◆ *hij is op het nippertje aan de dood **ontkomen**; er is geen **ontkomen** aan*: (uitdr.) we kunnen ons er met goed fatsoen niet aan onttrekken.

**ont·la·den** (ontlaadde, heeft ontladen) **1** *een geweer of pistool ontladen*: de kogels eruit halen **2** *je ontladen*: je spanning, woede enz. uiten.

**ont·las·ten** (ontlastte, heeft ontlast) *iemand van iets ontlasten*: iemand bevrijden of verlossen van iets dat een last* (bet.2) voor hem of haar is ◆ *ik zal je van die taak **ontlasten***.

**ont·las·ting** (de ~(v.)) uitwerpselen.

**ont·le·den** (ontleedde, heeft ontleed) *iets ontleden*: de verschillende delen waaruit iets bestaat van elkaar losmaken en apart benoemen ⇒ *analyseren* ◆ *een bloem **ontleden**; een zin **ontleden***: de zinsdelen of woordsoorten benoemen.

**ont·le·nen** (ontleende, heeft ontleend) *iets aan iets of iemand ontlenen*: iets van iets of iemand overnemen ◆ *deze woorden zijn aan het Frans **ontleend**; deze auto **ontleent** zijn naam aan de ontwerper*.

**ont·lo·ken** → ontluiken.

**ont·look** → ontluiken.

**ont·lo·pen** (ontliep, heeft ontlopen) **1** *iets of iemand ontlopen*: iets of iemand uit de weg gaan door weg te lopen ◆ *je noodlot kun je niet **ontlopen*** **2** *elkaar ergens niet veel in ontlopen*: op een bepaald punt weinig van elkaar verschillen ◆ *ze **ontlopen** elkaar niet veel in lengte*: ze zijn ongeveer even lang.

**ont·lui·ken** (ontlook, is ontloken) beginnen te groeien en te bloeien ◆ *een **ontluikende** liefde*: (uitdr.) een pas ontstane, prille liefde.

**ont·luis·te·rend** (bijv. nw.) waardoor je je beschaamd voelt ◆ *een **ontluisterende** vertoning*.

**ont·man·te·len** (ontmantelde, heeft ontmanteld) *iets ontmantelen*: iets buiten werking stellen door er iets af of uit te halen ◆ *kernwapens **ontmantelen***: ze onbruikbaar maken door de lading eruit te halen; *een fabriek **ontmantelen***: de machines eruit halen, zodat er niet meer gewerkt kan worden.

**ont·mas·ke·ren** (ontmaskerde, heeft ontmaskerd) *iemand ontmaskeren*: laten zien wie of wat iemand in werkelijkheid is ◆ *een bedrieger **ontmaskeren***.

**ont·moe·di·gen** (ontmoedigde, heeft ontmoedigd) *iemand ontmoedigen*: iemand moedeloos maken, iemand de moed* (bet.2) ontnemen.

**ont·moe·ten** (ontmoette, heeft ontmoet) **1** *iemand ontmoeten*: iemand toevallig tegenkomen ◆ *bij die waterval heb ik haar voor het eerst **ontmoet*** **2** *iemand ontmoeten*: iemand op een afgesproken tijd en plaats treffen ◆ *ze **ontmoeten** elkaar iedere week op de vereniging* **3** *iets ontmoeten*: iets ondervinden, iets voelen ◆ *weerstand **ontmoeten***: voelen dat men het niet met je eens is.

**ont·moe·ting** (de ~(v.); -en) keer dat je iemand ontmoet* (bet.1 en 2).

**ont·ne·men** (ontnam, heeft ontnomen) *iemand iets ontnemen*: iets van iemand afpakken, iemand van iets beroven ◆ *ik wil je de hoop niet **ontnemen***.

**ont·nuch·terd** (bijv. nw.) nuchter* (bet.2) gemaakt, van een verwachting of illusie beroofd.

**on·toe·re·ke·nings·vat·baar** (bijv. nw.) gezegd van iemand die niet goed weet wat hij of zij doet en die je daarom niet verantwoordelijk mag stellen voor zijn of haar daden ◆ *hij is **ontoerekeningsvatbaar** verklaard door de psychiater*.

**ont·plof·fen** (ontplofte, is ontploft) met een knal uit elkaar springen ⇒ *exploderen* ◆ *het vuurwerk is **ontploft**; hij **ontplofte** van kwaadheid*: (uitdr.) hij was heel erg kwaad.

**ont·plof·fing** (de ~(v.); -en) keer dat iets ontploft* ⇒ *explosie*.

**ont·plooi·en** (ontplooide, heeft ontplooid) **1** *je ontplooien*: je talenten ontwikkelen en volledig gebruiken **2** *iets ontplooien*: iets laten zien en het ergens voor gebruiken ◆ *activiteit **ontplooien***: actief worden, iets gaan doen.

**ont·pop·pen** (ontpopte, heeft ontpopt) *je als iets ontpoppen*: je als zodanig ontwikkelen, dat blijken te zijn ◆ *ze **ontpopte** zich als een goede zangeres*.

**ont·red·derd** (bijv. nw.) erg in de war door een gebeurtenis ◆ *totaal **ontredderd** liep ze rond*.

**ont·red·de·ring** (de ~(v.)) verwarring, het ontredderd* zijn ◆ *het huis verkeerde in een toestand van algehele **ontreddering***.

**ont·re·geld** (bijv. nw.) verstoord, niet meer op de gewone manier geregeld* ◆ *het verkeer was door de botsing totaal **ontregeld***.

**ont·rie·ven** (ontriefde, heeft ontriefd) *iemand ontrieven*: (deftig) iemand storen, iets doen wat iemand vervelend vindt ◆ *ik wou hier gaan zitten, als ik u niet **ontrief***.

**ont·roe·ren** (ontroerde, heeft ontroerd) *iemand ontroeren*:

iemand in zijn of haar gevoel treffen met iets fijns of verdrietigs ◆ *die film ontroerde me erg.*

**ont·roe·ring** (de ~(v.)) het ontroerd* zijn.

**on·trouw¹** (de ~) het niet trouw²* zijn, het niet doen wat je beloofd hebt ◆ *ze beschuldigde hem van ontrouw.*

**on·trouw²** (bijv. nw.) niet trouw²*, je niet houdend aan iets dat je beloofd hebt ◆ *iemand ontrouw zijn.*

**ont·rui·men** (ontruimde, heeft ontruimd) *iets, bijv. een huis, ontruimen:* iets leeg maken, alle spullen ergens uit halen ◆ *de krakers hebben het pand vrijwillig ontruimd.*

**ont·schie·ten** (ontschoot, is ontschoten) **1** *iemand ontschieten:* uit iemands geheugen verdwijnen ◆ *dat is me ontschoten* **2** *(van woorden, opmerkingen) iemand ontschieten:* door iemand gezegd worden voor hij of zij het in de gaten heeft ⇒ *ontvallen.*

**ont·sie·ren** (ontsierde, heeft ontsierd) *iets of iemand ontsieren:* iets of iemand minder mooi maken ◆ *al die auto's ontsieren het stadscentrum.*

**ont·slaan** (ontsloeg, heeft ontslagen) **1** *iemand ontslaan:* iemand zeggen dat hij of zij niet langer voor je mag werken **2** *iemand uit het ziekenhuis ontslaan:* iemand weer naar huis laten gaan **3** *iemand van iets ontslaan:* iemand zeggen dat hij of zij iets niet hoeft te doen ⇒ *ontheffen* ◆ *ik ontsla je van je plicht.*

**ont·slag** (het ~; -en) het ontslaan* (bet.1) of het ontslagen* (bet.1) worden ◆ *hij heeft zijn ontslag gekregen.*

**ont·sla·pen** (ontsliep, is ontslapen)(deftig) doodgaan, sterven.

**ont·slui·ten** (ontsloot, heeft ontsloten) *iets ontsluiten:* iets openmaken, iets toegankelijk maken ◆ *een poort ontsluiten; Zeeland is ontsloten doordat er nieuwe wegen zijn aangelegd:* daardoor is die provincie makkelijker bereikbaar geworden.

**ont·smet·ten** (ontsmette, heeft ontsmet) *iets ontsmetten:* iets schoonmaken met een stof die schadelijke bacteriën doodt ⇒ *desinfecteren* ◆ *de wond werd ontsmet en verbonden.*

**ont·snap·pen** (ontsnapte, is ontsnapt) **1** stiekem wegvluchten ⇒ *ontvluchten, ontkomen* ◆ *hij is uit de gevangenis ontsnapt* **2** *aan iemands aandacht ontsnappen:* net niet door iemand opgemerkt worden ⇒ *ontgaan.*

**ont·span·nen¹** (bijv. nw.) rustig, ongedwongen ⇒ *relaxed* ◆ *een ontspannen sfeer.*

**ont·span·nen²** (ontspande, heeft ontspannen) **1** *je ontspannen:* tot rust komen door iets prettigs ⇒ *relaxen* ◆ *ik ontspan me graag met een goed boek* **2** *(van zaken) iemand ontspannen:* ervoor zorgen dat iemand zich prettig en uitgerust gaat voelen ◆ *tuinieren ontspant hem* **3** *iets ontspannen:* iets minder strak spannen* (bet.1), iets losmaken ◆ *ontspan je spieren.*

**ont·span·ning** (de ~(v.)) iets dat je doet om je te ontspannen* (bet.1) ◆ *voetballen is zijn ontspanning.*

**ont·spo·ren** (ontspoorde, is ontspoord) **1** *(van treinen en trams):* uit het spoor* (bet.1), uit de rails raken **2** van het goede pad af raken, verkeerde dingen gaan doen ◆ *nadat ze werkloos was geworden, ontspoorde ze.*

**ont·sprin·gen** (ontsprong, is ontsprongen) **1** *(van rivieren):* ontstaan, beginnen ◆ *de rivier ontspringt hoog in de bergen* **2** *ergens aan ontspringen:* ergens aan ontkomen ◆ *ze kon het gevaar nog net ontspringen.*

**ont·sproot** → ontspruiten.

**ont·spro·ten** → ontspruiten.

**ont·sprui·ten** (ontsproot, is ontsproten) *ergens aan ontspruiten:* ergens uit ontstaan, ergens uit voortkomen ◆ *aan zijn brein ontsproot een listig plan.*

**ont·staan** (ontstond, is ontstaan) vorm krijgen, tot stand komen ◆ *uit dat dorp is later een stad ontstaan; er ontstond een misverstand.*

**ont·ste·ken** (ontstak) **1** (heeft ontstoken) *iets ontsteken:* iets aansteken, ervoor zorgen dat iets gaat branden ◆ *een vuur ontsteken* **2** (is ontstoken) *(van lichaamsdelen):* rood worden en opzwellen door besmetting met ziekteverwekkende bacteriën ◆ *de wond is ontstoken* **3** (is ontstoken) *in woede ontsteken:* heel erg woedend worden ⇒ *ontvlammen.*

**ont·ste·king** (de ~(v.); -en) **1** plaats op of in je lichaam die ontstoken* (bet.2) is ⇒ *infectie* ◆ *een keelontsteking* **2** onderdeel van een motor dat de brandstof ontsteekt* (bet.1).

**ont·steld** (bijv. nw.) geschokt en ontdaan ⇒ *ontzet.*

**ont·stel·lend** (bijv. nw.) schokkend, heel erg ◆ *het was een ontstellende rommel.*

**ont·stel·te·nis** (de ~(v.)) grote schok.

**ont·stemd** (bijv. nw.) uit je humeur, in een slechte stemming.

**ont·sten·te·nis** (zelfst. nw.) ▼ *bij ontstentenis van …:* (deftig) omdat … er niet is; *bij ontstentenis van meneer Verkerke zal meneer Bernaards de vergadering leiden.*

**ont·trek·ken** (onttrok, heeft onttrokken) **1** *je ergens aan onttrekken:* ervoor zorgen dat je iets niet hoeft te doen, je ergens van afmaken ◆ *ze probeert zich aan haar verplichtingen te onttrekken* **2** *iets aan het oog of aan het gezicht onttrekken:* iets onzichtbaar maken door ervoor te gaan staan ◆ *de wolk onttrok de zon aan het gezicht.*

**on·tucht** (de ~) verboden of onfatsoenlijke seks ◆ *ontucht plegen met minderjarigen.*

**ont·val·len** (ontviel, is ontvallen) *iemand ontvallen:* van iemand weggenomen worden door de dood ◆ *haar vader is haar ontvallen.*

**ont·van·gen** (ontving, heeft ontvangen) **1** *iets ontvangen:* iets krijgen ◆ *ze ontving een beloning* **2** *iemand ontvangen:* iemand op bezoek krijgen ◆ *ik werd daar met open armen ontvangen:* ik werd daar heel hartelijk verwelkomd.

**ont·van·ger** (de ~(m.); -s) toestel waarmee je seinen ontvangt* (bet.1), bijv. een radio ⇒ *tuner.*

**ont·vangst** (de ~(v.)) **1** het ontvangen* (bet.1) van iets dat iemand je geeft ◆ *bij ontvangst van het pakje moest ik m'n handtekening zetten* **2** manier waarop je iemand* (bet.2) wordt als je op bezoek komt ◆ *een hartelijke ontvangst* **3** het ontvangen* (bet.1) van radio- en tv-signalen ◆ *de ontvangst van het tweede net is hier slecht.*

**ont·van·ke·lijk** (bijv. nw.) gevoelig voor indrukken van buitenaf, daarvoor openstaand ◆ *ze is ontvankelijk voor de schoonheid van de natuur.*

**ont·vlam·men** (ontvlamde, is ontvlamd) **1** vlam* vatten, gaan branden ◆ *het stro ontvlamde* **2** *in woede ontvlammen:* heel boos worden ⇒ *ontsteken.*

**ont·vluch·ten** (ontvluchtte, is ontvlucht) **1** *iets of iemand ontvluchten:* van iets of iemand wegvluchten ◆ *ze ontvlucht de moeilijkheden* **2** ontsnappen ◆ *hij ontvluchtte in het donker.*

**ont·voe·ren** (ontvoerde, heeft ontvoerd) *iemand ontvoeren:* iemand onder dwang meenemen naar een verborgen plaats, zonder dat je daar het recht toe hebt ⇒ *kidnappen.*

**ont·vou·wen** (ontvouwde, heeft ontvouwd) *iets, bijv. een plan of een voornemen, ontvouwen:* iets uiteenzetten, iets uitleggen.

**ont·vreem·den** (ontvreemdde, heeft ontvreemd) *iets ontvreemden:* iets stelen.

**ont·wa·ken** (ontwaakte, is ontwaakt) wakker* (bet.1) worden.

**ont·wa·pe·nen** (ontwapende, heeft ontwapend) **1** wapens* helemaal of gedeeltelijk afschaffen ◆ *beide lan-*

*den willen* **ontwapenen 2** *iemand ontwapenen: iemand weerloos maken, iemand vertederen* ◆ *haar lach* **ont-wapende** *me.*

**ont·wa·ren** (ontwaarde, heeft ontwaard) *iemand of iets ontwaren: iemand of iets in het oog krijgen, iemand of iets beginnen te zien* ◆ *ik* **ontwaarde** *hem al op grote af-stand.*

**ont·war·ren** (ontwarde, heeft ontward) *iets ontwarren: iets uit de war\* halen* ◆ *het kost me een kwartier om mijn haar te* **ontwarren**; *een ingewikkeld probleem* **ont-warren**: *het proberen op te lossen.*

**ont·wend** (bijv. nw.) ▼ *iets ontwend zijn: niet langer aan iets gewend zijn; ik ben het roken* **ontwend**.

**ont·werp** (het ~; -en) *beschrijving of tekening die aan-geeft hoe iets dat je wilt maken gaat worden* ⇒ *schets* ◆ *een* **ontwerp** *van een nieuwe school; een wets***ontwerp**.

**ont·wer·pen** (ontwierp, heeft ontworpen) *iets ontwerpen: iets bedenken en uitwerken op papier, een ontwerp\* van iets maken* ◆ *ze* **ontwerpt** *prachtige kleding.*

**ont·wij·den** (ontwijdde, heeft ontwijd) *een kerk ontwijden: er de heiligheid van aantasten, bijv. door er dingen ka-pot te maken of te bekladden* ⇒ *ontheiligen.*

**ont·wij·ken** (ontweek, heeft ontweken) *iets of iemand ont-wijken: iets of iemand uit de weg gaan* ◆ *hij kon de klap nog net* **ontwijken**; *iemands blik* **ontwijken**: *iemand ex-pres niet aankijken als hij of zij naar je kijkt.*

**ont·wik·keld** (bijv. nw.) **1** *gezegd van iemand die veel kennis heeft* ⇒ *erudiet* **2** *(van volkeren en landen): waar-van techniek, economie, kunst en cultuur op een vrij hoog niveau staan, het tegenovergestelde van 'onder-ontwikkeld'.*

**ont·wik·ke·len** (ontwikkelde, heeft ontwikkeld) **1** *iets ont-wikkelen: iets ontwerpen en uitvoeren* ◆ *een project* **ont-wikkelen 2** *je kennis vergroten, er din-gen bijleren* **3** *je ontwikkelen tot iets: uitgroeien tot iets, iets worden* ◆ *hij* **ontwikkelde** *zich tot een goede dokter* **4** *een filmpje ontwikkelen: door een aantal handelingen de opnames die je gemaakt hebt zichtbaar maken* **5** *(van dingen) zich ontwikkelen: ontstaan* ◆ *er* **ontwik-kelde** *zich veel rook.*

**ont·wik·ke·ling** (de ~(v.); -en) **1** *groei, groeiproces* ◆ *hij is nog volop in* **ontwikkeling**; *door technische* **ontwikkelin-gen** *is er in dat bedrijf veel veranderd* **2** *datgene wat je geleerd hebt, kennis* ◆ *hij heeft een grote algemene* **ont-wikkeling 3** *het ontwikkelen\* (bet.1)* ◆ *in die fabriek is men bezig met de* **ontwikkeling** *van een nieuw product.*

**ont·wik·ke·lings·land** (het ~; -en) *land dat in zijn eco-nomische en sociale ontwikkeling (bet.1) vooruit gehol-pen wordt door rijkere landen.*

**ont·wrich·ten** (ontwrichtte, heeft ontwricht) **1** *iets ont-wrichten: de normale gang van zaken van iets totaal verstoren, iets lam leggen* ◆ *het verkeer is door het nood-weer* **ontwricht 2** *een arm of een been ontwrichten: die of dat uit het gewricht\* trekken.*

**ont·zag** (het ~) *eerbiedige bewondering, groot respect* ◆ *ik heb* **ontzag** *voor zijn werklust; zijn optreden boezemt ie-dereen* **ontzag** *in.*

**ont·zag·lijk** (bijv. nw.) *heel erg, heel veel, heel groot* ⇒ *enorm, geweldig, ontzettend* ◆ *we hadden een* **ontzaglijke** *honger.*

**ont·zeg·gen** (ontzegde of ontzei, heeft ontzegd) **1** *iemand iets ontzeggen: iemand iets niet geven, niet toestaan, weigeren* ◆ *de toegang werd hem* **ontzegd 2** *je iets plezie-rigs ontzeggen: van iets afzien* ◆ *hij* **ontzegt** *zich ieder pleziertje.*

**ont·ze·nu·wen** (ontzenuwde, heeft ontzenuwd) *iets ontze-nuwen: met argumenten aantonen dat iets niet klopt* ⇒ *ontkrachten* ◆ *een redenering* **ontzenuwen**.

**ont·zet** (bijv. nw.) **1** *geschokt en ontdaan* ⇒ *ontsteld* ◆ **ontzet** *bekeek ze de ravage* **2** *uit z'n verband gerukt, los en scheef* ◆ *de schutting is* **ontzet**.

**ont·zet·ten** (ontzette, heeft ontzet) **1** *iemand uit een func-tie of een ambt ontzetten: iemand eruit ontslaan, iemand wegzenden* ◆ *ze zijn uit de ouderlijke macht* **ontzet 2** *een stad ontzetten: de bezetters eruit wegjagen, de stad be-vrijden.*

**ont·zet·tend** (bijv. nw.) **1** *vreselijk, schokkend* ◆ *een* **ont-zettende** *ramp* **2** *heel erg, heel veel, heel groot* ⇒ *enorm, geweldig, ontzaglijk* ◆ *een* **ontzettende** *puinhoop.*

**ont·zield** (bijv. nw.) *dood* ◆ *de soldaat lag* **ontzield** *op het slagveld.*

**ont·zien** (ontzag, heeft ontzien) *iets of iemand ontzien: een beetje voorzichtig met iets of iemand omgaan, iets of iemand sparen* ◆ **ontzie** *Abdullah een beetje; hij heeft zo'n verdriet; je moet jezelf een beetje* **ontzien** *nu je nog niet helemaal beter bent.*

**on·uit·put·te·lijk** (bijv. nw.) *gezegd van iets dat niet op-houdt, waar steeds iets nieuws uit voortkomt* ◆ *een* **on-uitputtelijke** *fantasie.*

**on·uit·spre·ke·lijk** (bijv. nw.) *zo groot, zo sterk enz. dat er geen woorden voor te vinden zijn* ◆ *een* **onuitspreke-lijke** *vreugde.*

**on·uit·staan·baar** (bijv. nw.) *niet te verdragen, heel er-gerlijk* ◆ *een* **onuitstaanbare** *zeurpiet.*

**on·uit·wis·baar** (bijv. nw.) *gezegd van iets dat je altijd bij zal blijven* ◆ *dat heeft een* **onuitwisbare** *indruk op me gemaakt.*

**on·ver·be·ter·lijk** (bijv. nw.) *te goed of te slecht om ver-beterd\* te kunnen worden* ◆ *een* **onverbeterlijke** *last-post; hij schrijft* **onverbeterlijke** *verhalen.*

**on·ver·bid·de·lijk** (bijv. nw.) *niet te vermurwen, streng* ◆ *een* **onverbiddelijke** *logica: waar niets tegen in te brengen valt, die onweerlegbaar is.*

**on·ver·bloemd** (bijv. nw.) *niet mooier voorgesteld dan het is, eerlijk* ⇒ *onverholen* ◆ *iemand* **onverbloemd** *de waarheid zeggen.*

**on·ver·bre·ke·lijk** (bijv. nw.) *gezegd van iets dat niet verbroken\* (bet.1) kan worden* ⇒ *onlosmakelijk* ◆ *die twee dingen zijn* **onverbrekelijk** *met elkaar verbonden.*

**on·ver·deeld** (bijv. nw.) ▼ *dat was geen* **onverdeeld** *ge-noegen: dat was helemaal niet leuk.*

**on·ver·deeld·heid** (zelfst. nw.) ▼ *uit* **onverdeeldheid** *tre-den:* (in België; rechtspraak) *goederen verdelen onder erf-genamen.*

**on·ver·dro·ten** (bijw.) *zonder je door iets te laten op-houden, ijverig en volhardend* ◆ **onverdroten** *werkte hij door.*

**on·ver·geef·lijk, on·ver·ge·fe·lijk** (bijv. nw.) *heel kwa-lijk, gezegd van iets dat niet vergeven\* (bet.1) kan wor-den* ◆ *een* **onvergeeflijke** *blunder.*

**on·ver·ge·te·lijk** (bijv. nw.) *gezegd van iets dat je niet gauw vergeet\* (bet.1)* ◆ *het was een* **onvergetelijk** *dagje uit.*

**on·ver·hoeds** (bijv. nw.) *plotseling, onverwacht* ◆ *een* **onverhoedse** *beweging.*

**on·ver·ho·len** (bijv. nw.) *niet verborgen* ⇒ *openlijk, onom-wonden* ◆ *ze liet* **onverholen** *merken dat ze verliefd was.*

**on·ver·hoopt** (bijv. nw.) *tegen alle hoop of verwachting in* ◆ *mocht je* **onverhoopt** *verhinderd zijn, bel dan even; dat was een* **onverhoopt** *genoegen: dat was een onver-wachte, aangename verrassing.*

**on·ver·kwik·ke·lijk** (bijv. nw.) *vervelend, akelig, waar je nare gedachten aan overhoudt* ◆ *dat is een* **onverkwik-kelijk** *zaakje: daarmee is iets niet in orde.*

**on·ver·laat** (de ~(m.); onverlaten) *slecht mens* ⇒ *snood-aard.*

**on·ver·let** (bijv. nw.) ▼ *dat laat onverlet dat …: dat neemt niet weg dat …; niets onverlet laten:* (in België □) *alles in het werk stellen.*

**on·ver·mij·de·lijk** (bijv. nw.) niet te vermijden*, niet te voorkomen ◆ *een botsing was onvermijdelijk.*

**on·ver·mo·gen** (het ~) het niet in staat zijn om iets te doen ◆ *zijn onvermogen blijkt uit die fout; een bewijs van onvermogen:* een papier waarop staat dat je iets niet kunt betalen.

**on·ver·rich·ter** (bijv. nw.) ▼ *onverrichter zake terugkeren:* zonder dat je de gelegenheid gehad hebt iets uit te richten.

**on·ver·saagd** (bijv. nw.) dapper, zonder angst ⇒ *onverschrokken, onvervaard* ◆ *onversaagd trokken ze ten strijde.*

**on·ver·schil·lig¹** (bijv. nw.) gezegd van iemand die geen belangstelling of betrokkenheid laat blijken ◆ *hij reageerde onverschillig op haar boosheid; een onverschillig antwoord:* waaruit blijkt dat iemand geen belangstelling heeft of zich niet betrokken voelt.

**on·ver·schil·lig²** (bijw.) zonder dat het verschil uitmaakt ⇒ *ongeacht* ◆ *hij moet naar school, onverschillig of hij het leuk vindt of niet.*

**on·ver·schrok·ken** (bijv. nw.) zonder angst, dapper ⇒ *onversaagd, onvervaard.*

**on·ver·stoor·baar** (bijv. nw.) gezegd van iemand of iets dat door niets verstoord kan worden ◆ *met onverstoorbare kalmte werkte hij door.*

**on·ver·to·gen** (bijv. nw.) ▼ *een onvertogen woord:* onfatsoenlijk of ongepast woord.

**on·ver·vaard** (bijv. nw.) zonder angst, dapper ⇒ *onversaagd, onverschrokken.*

**on·ver·valst** (bijv. nw.) zuiver, echt ◆ *ze praat in onvervalst dialect.*

**on·ver·wacht** (bijv. nw.) gezegd van iemand of iets dat je niet verwacht* had, die of dat je verrast of overvalt ⇒ *onverwachts, ineens, plotseling* ◆ *een onverwachte meevaller; het gebeurde erg onverwacht:* erg plotseling.

**on·ver·wachts** (bijv. nw.) onverwacht.

**on·ver·wijld** (bijw.) zonder uitstel, meteen, dadelijk ◆ *en nu onverwijld aan de slag!*

**on·ver·zet·te·lijk** (bijv. nw.) vaststaand, onbuigzaam en eigenzinnig ◆ *hij heeft een onverzettelijke wil:* als hij iets wil, wijkt hij daar niet van af.

**on·vol·doen·de** (de ~; -s) cijfer dat of beoordeling die uitdrukt dat het werk niet goed genoeg is ◆ *ik heb een onvoldoende voor rekenen.*

**on·vol·ko·men·heid** (de ~(v.); onvolkomenheden) iets waardoor iemand of iets niet volledig is of niet helemaal goed is ◆ *dat is een onvolkomenheid in zijn karakter.*

**on·vol·pre·zen** (bijv. nw.) gezegd van iemand die of iets dat je nooit genoeg kunt prijzen* (bet.1) ◆ *onze onvolprezen buurvrouw staat altijd voor ons klaar.*

**on·vol·waar·dig** (bijv. nw.) met een geestelijk of lichamelijk gebrek.

**on·voor·waar·de·lijk** (bijv. nw.) zonder dat er een voorwaarde* aan verbonden is, zonder dat er iets terugverwacht wordt ◆ *onvoorwaardelijke ouderliefde.*

**on·voor·zien** (bijv. nw.) waarop je niet gerekend had ◆ *onvoorziene uitgaven; onvoorziene omstandigheden.*

**on·vre·de, on·vree** (de ~) 1 ontevredenheid ◆ *er heerst onvrede over de woonomstandigheden* 2 ruzie, onenigheid ⇒ *onmin* ◆ *ze leven in onvrede met elkaar.*

**on·weer,** ouderwets: **on·we·der** (het ~) weer waarbij het bliksemt en dondert ◆ *er is onweer op komst; zijn gezicht staat op onweer:* (uitdr.) hij kijkt heel boos.

**on·weer·staan·baar** (bijv. nw.) waaraan of aan wie je geen weerstand* (bet.1) kunt bieden, waarvan of van wie je wel móet houden ◆ *ze vond hem onweerstaanbaar.*

**on·wel** (bijv. nw.) (deftig) een beetje ziek, lichamelijk niet in orde ◆ *hij wordt onwel in de bus.*

**on·wen·nig** (bijv. nw.) nog niet aan iets of iemand gewend*, nog niet helemaal op je gemak ◆ *ik voel me nog wat onwennig in het nieuwe huis.*

**on·we·ren** (onweerde, heeft geonweerd) het onweert: het bliksemt en dondert.

**on·we·zen·lijk** (bijv. nw.) net of het niet echt is, als in een droom ◆ *toen ze wakker werd, vond ze de kamer heel onwezenlijk.*

**on·wijs** (bijv. nw.) 1 gek, onverstandig ◆ *wat een onwijs antwoord!* 2 (populair) heel erg ◆ *dat was een onwijs leuk feest!; onwijs gaaf:* geweldig, fantastisch.

**on·wil** (de ~(m.)) gebrek aan goede wil* ◆ *het is gewoon een kwestie van onwil.*

**on·wil·le·keu·rig** (bijv. nw.) gezegd van iets dat je niet met opzet doet, dat vanzelf gaat ◆ *een onwillekeurige beweging; onwillekeurig ging ze weer op haar oude plaats zitten.*

**on·wil·lig** (bijv. nw.) gezegd van iemand die geen zin heeft en die weerstand biedt ⇒ *weerspannig.*

**on·wrik·baar** (bijv. nw.) vaststaand, dat niet te veranderen is ⇒ *onwankelbaar* ◆ *ze heeft een onwrikbaar vertrouwen in je.*

**onyx** (de ~(m.); -en) zwartwitte steen met een rechte streep.

**on·za·lig** (bijv. nw.) heel ongelukkig, heel ellendig ◆ *wie kwam er op die onzalige gedachte!:* op dat slechte idee.

**on·ze·de·lijk** (bijv. nw.) niet fatsoenlijk, niet netjes ◆ *onzedelijk gedrag.*

**on·ze·ker** (bijv. nw.) 1 gezegd van iemand die niet goed weet wat hij of zij moet doen of hoe hij of zij iets moet doen ◆ *hij is verlegen en onzeker* 2 gezegd van iets dat niet vaststaat ◆ *een onzekere toekomst tegemoet gaan:* niet weten hoe de toekomst eruit zal zien; *ergens over in het onzekere verkeren:* iets nog niet precies weten 3 onvast, wiebelig ◆ *ze loopt nog erg onzeker sinds die ziekte; met onzekere stem praten.*

**On·ze-Lie·ve-Heer** (de ~(m.)) 1 God 2 Jezus Christus.

**on·ze·lie·ve·heers·beest·je** (het ~; -s) klein rood kevertje met zwarte stipjes ⇒ *lieveheersbeestje.*

**On·ze-Lie·ve-Vrouw** (de ~(v.)) Maria, de moeder van Christus.

**on·zicht·baar** (bijv. nw.) gezegd van iemand die of iets dat je niet kunt zien* (bet.1) ◆ *het toverdrankje maakte hem onzichtbaar.*

**on·zij·dig** (bijv. nw.) (taal) gezegd van een zelfstandig naamwoord waar je 'het' voor kunt zetten, van een woord dat niet mannelijk en niet vrouwelijk is.

**on·zin** (de ~(m.)) dwaasheid, domme praat ⇒ *nonsens, larie* ◆ *wat slaat die jongen een onzin uit!*

**on·zin·de·lijk** (bijv. nw.) niet fris, vies ◆ *een onzindelijke keuken; onzindelijke praatjes.*

**on·zin·nig** (bijv. nw.) dwaas, raar ◆ *zij heeft onzinnige ideeën.*

**ooft** (het ~) (ouderwets) fruit, vooral vruchten van bomen.

**oog** (het ~; ogen) 1 elk van de twee organen waarmee je ziet ◆ *zij heeft bruine ogen; je ogen uitkijken:* (uitdr.) intens genieten van wat je ziet; *iets met andere ogen bekijken:* (uitdr.) iets anders beoordelen omdat je van mening bent veranderd; *grote ogen opzetten:* (uitdr.) erg verbaasd zijn; *je ogen niet kunnen geloven:* (uitdr.) heel verbaasd zijn over wat je ziet; *ogen te kort komen:*

(uitdr.) zoveel tegelijk zien, dat je het niet allemaal in je op kunt nemen; *iets met lede* **ogen** *aanzien:* (uitdr.) iets vervelend vinden maar het niet kunnen verhinderen; *dat geeft schele* **ogen:** (uitdr.) dat maakt anderen jaloers; *ergens* **oog** *voor hebben:* (uitdr.) ergens aandacht voor hebben; *iemand de* **ogen** *uitsteken:* (uitdr.) iemand jaloers maken; *een* **oogje** *op iemand hebben:* (uitdr.) een beetje verliefd op iemand zijn; *een* **oogje** *in het zeil houden:* (uitdr.) toezicht houden, opletten; *iemand onder vier* **ogen** *spreken:* (uitdr.) met iemand praten zonder dat er anderen bij zijn; *iets onder* **ogen** *zien:* (uitdr.) iets tot je door durven laten dringen; *zo op het* **oog:** (uitdr.) oppervlakkig bekeken, vluchtig bekeken; *iets op het* **oog** *hebben:* (uitdr.) iets willen hebben, willen kopen; *iets voor* **ogen** *houden:* (uitdr.) iets goed beseffen, iets in gedachten houden; *in het* **oog** *lopen:* (uitdr.) erg opvallen; *met het* **oog** *op …:* (uitdr.) rekening houdend met …; *iemand naar de* **ogen** *zien:* (uitdr.) je uit bewondering erg volgzaam tegenover iemand gedragen; *je* **ogen** *goed de kost geven:* (uitdr.) aandachtig rondkijken; *uit het* **oog,** *uit het hart:* (spreekwoord) als je iemand niet meer ziet, vergeet je hem of haar; *het* **oog** *van de meester maakt het paard vet:* (spreekwoord) als iemand persoonlijk toezicht houdt, gaan zijn of haar zaken beter; **oog** *om* **oog,** *tand om tand:* (spreekwoord)(dit zeg je als je wraak neemt op iemand die jou wat heeft aangedaan) **2** ronde opening in sommige voorwerpen ♦ *het* **oog** *van een schaar; door het* **oog** *van de naald kruipen:* (uitdr.) nog maar net aan een gevaar ontkomen ▼ *hoge* **ogen** *gooien:* veel kans op succes hebben.

**oog·ap·pel** (de ~ (m.); -s) kind van wie je het meest houdt ⇒ *lieveling* ♦ *haar oudste zoon was haar* **oogappel.**

**oog·ge·tui·ge** (de ~; -n) iemand die een gebeurtenis, bijv. een ongeluk of misdaad, heeft zien plaatsvinden ♦ *de politie ondervraagt* **ooggetuigen** *van de bankoverval.*

**oog·klep** (de ~ (m.); -pen) vierkante klep die op ooghoogte aan beide kanten van het hoofdstel van een paard zit ♦ **oogkleppen** *ophebben:* (uitdr.) niet zien wat voor iedereen duidelijk is.

**oog·lid** (het ~; -leden) stukje huid dat je oog bedekt als je het sluit.

**oog·lui·kend** (bijw.) ▼ *iets* **oogluikend** *toestaan of toelaten:* iets toestaan terwijl je doet alsof je het niet ziet (omdat het iets is dat niet mag).

**oog·merk** (het ~; -en)(deftig) doel, bedoeling ♦ *ze eet weinig met het* **oogmerk** *af te vallen.*

**oog·op·slag** (de ~ (m.)) blik, manier van kijken of keer dat je kijkt ♦ *hij heeft een schuchtere* **oogopslag;** *iets in* *één* **oogopslag** *zien:* (uitdr.) iets direct zien.

**oog·punt** (het ~; -en) standpunt vanwaaruit je iets bekijkt ⇒ *gezichtspunt* ♦ *uit het* **oogpunt** *van de veiligheid is dat niet verstandig:* rekening houdend met de veiligheid.

**oog·scha·duw** (de ~) gekleurd poeder dat je op je oogleden aanbrengt om jezelf mooier te maken.

**oogst** (de ~ (m.); -en) opbrengst aan graan, groente, fruit enz. ♦ *de boeren hebben dit jaar een rijke* **oogst.**

**oog·sten** (oogstte, heeft geoogst) *gewassen oogsten:* die van het land of van de boom halen als ze volgroeid zijn ♦ *lof, dank, bijval* **oogsten:** (uitdr.) die krijgen.

**oogst·maand** (de ~ (m.)) de maand augustus.

**oog·ver·blin·dend** (bijv. nw.) **1** heel erg indrukwekkend en mooi ♦ **oogverblindende** *decors* **2** erg fel voor je ogen ♦ **oogverblindend** *licht.*

**oog·ver·blin·ding** (de ~ (v.))(in België □) boerenbedrog.

**oog·wenk** (zelfst. nw.) ▼ *in een* **oogwenk:** heel snel; *in een* **oogwenk** *was hij terug.*

**ooi** (de ~ (v.); -en) vrouwtjesschaap.

**ooi·e·vaar** (de ~ (m.); -s of ooievaren) grote witte vogel met een lange rode snavel, lange poten en zwarte randen aan zijn vleugels.

**ooit** (bijw.) op een of ander moment, wel eens een keer ♦ *ben jij* **ooit** *in Brussel geweest?; wel heb je* **ooit!:** (dit zeg je als je verbaasd of verontwaardigd bent).

**ook** (bijw.) **1** net als iemand of iets anders ⇒ *eveneens* ♦ *Johan heeft* **ook** *een baard; ik ben er* **ook** *nog!:* (dit zeg je als je bang bent dat je wordt overgeslagen; ook: als je iemand die je hulp nodig heeft, gerust wilt stellen) **2** bovendien ♦ *ik vind dat niet alleen leuk, maar* **ook** *erg nuttig* **3** misschien ♦ *kunt u me* **ook** *zeggen hoe ik bij het station kan komen?* **4** woordje zonder vaste betekenis ♦ *dat is me* **ook** *wat moois!:* (dit zeg je als je verontwaardigd bent); *wie dan* **ook:** het doet er niet toe wie; *jij* **ook** *altijd!:* (dit zeg je als iemand van wie je dat wel gewend bent, iets onzinnigs beweert).

**oom** (de ~ (m.); -s) broer of zwager van je vader of moeder.

**oor¹** → oir.

**oor²** (het ~; oren) **1** elk van de twee organen waarmee je hoort ♦ *Bianca heeft gaatjes in haar* **oren:** (voor oorbellen); *je* **oren** *spitsen:* (uitdr.) opeens aandachtig luisteren; *er is mij ter* **ore** *gekomen dat …:* (uitdr.) ik heb gehoord dat …; *je* **oren** *niet kunnen geloven:* (uitdr.) heel verbaasd zijn over wat je hoort; *één en al* **oor** *zijn:* (uitdr.) heel aandachtig luisteren; *ergens wel* **oren** *naar hebben:* (uitdr.) ergens wel zin in hebben; *mijn* **oren** *tuiten:* (uitdr.) (dit zeg je als je te veel druk gepraat aan hebt moeten horen); *dat gaat het ene* **oor** *in en het andere* **oor** *uit:* (uitdr.) (dit zeg je als iets niet echt doordringt tot degene tegen wie het gezegd wordt); *met een half* **oor** *luisteren:* (uitdr.) zonder veel aandacht luisteren; *nog op één* **oor** *liggen:* (uitdr.) nog liggen te slapen; *iemand de* **oren** *van het hoofd eten, kletsen:* (uitdr.) erg veel eten, kletsen; *iemand een* **oor** *aannaaien:* (uitdr.) iemand voor de gek houden; *iets in je* **oren** *knopen:* (uitdr.) goed naar iets luisteren en het onthouden; *tot over je* **oren** *verliefd zijn:* (uitdr.) heel erg verliefd zijn; *nog niet droog achter je* **oren** *zijn:* (uitdr.) nog niet volwassen zijn; *dat is op een* **oor** *na gevild:* (uitdr.) het is bijna klaar; *iemand de* **oren** *van de kop zagen:* (in België □; uitdr.; populair) iemand vervelen, bijv. door onophoudelijk iets te vragen; *veel rond je* **oren** *hebben:* (in België □; uitdr.; populair) veel zorgen hebben, veel te doen hebben; *van zijn* **oren** *maken:* (in België □; uitdr.; populair) herrie maken of boos worden; *je kunt op je twee* **oren** *slapen:* (in België □; uitdr.) je hoeft je geen zorgen te maken **2** handgreep in de vorm van een halve cirkel ♦ *het* **oor** *van het kopje is gebroken* ▼ *kijkt of hij zijn laatste* **oortje** *versnoept heeft:* hij kijkt heel beteuterd.

**oor·bel** (de ~; -len) sieraad dat je aan je oor draagt ⇒ *oorhanger.*

**oord** (het ~; -en) plek, plaats ♦ *een toevluchtsoord:* een plaats waar je veilig bent.

**oor·deel** (het ~; oordelen) dat wat je vindt van iemand of iets ⇒ *opvatting, mening* ♦ *wat is jouw* **oordeel** *over hem?; naar mijn* **oordeel** *kan dat niet op tijd klaar zijn:* volgens mij; *van* **oordeel** *zijn dat …:* denken dat ….

**oor·de·len** (oordeelde, heeft geoordeeld) *over iets of iemand oordelen:* een oordeel* over iets of iemand hebben ♦ **oordeel** *niet te snel!; hij* **oordeelde** *die plaats niet geschikt:* hij vond dat die plaats niet geschikt was; *een* **oordeel** *vellen:* een oordeel uitspreken.

**oor·knop** (de ~(m.); -pen) sieraad voor in je oor, dat de vorm heeft van een knop.

**oor·kon·de** (de ~; -n) officieel papier waarop iets vermeld staat dat het gedenken waard is ◆ *de slager kreeg een oorkonde voor zijn zelfgemaakte worst.*

**oor·lam** (de ~ (m.) of het ~; -men) (ouderwets) borrel.

**oor·lel** (de ~; -len; meestal: oorlelletje) afhangend stukje vel onderaan je oorschelp.

**oor·log** (de ~ (m.); -en) strijd tussen twee of meer landen of volkeren ◆ *oorlog voeren.*

**oor·logs·pad** (zelfst. nw.) ▼ *op het oorlogspad zijn:* je vijandig gedragen, ruzie zoeken.

**oor·sprong** (de ~(m.); -en) begin, punt waar iets begint ◆ *de oorsprong van een rivier; van Nederlandse, Belgische enz. oorsprong zijn:* als Nederlander, Belg enz. geboren zijn, van Nederlandse, Belgische enz. origine zijn; *de kok is van oorsprong Italiaan.*

**oor·spron·ke·lijk** (bijv. nw.) **1** te maken hebbend met het begin ◆ *die kast is oorspronkelijk groen geweest* **2** niet van iemand of iets anders overgenomen, erg bijzonder ⇒ *origineel* ◆ *een oorspronkelijk kunstwerk.*

**oor·veeg** (de ~; -vegen) klap die je voor straf krijgt tegen de zijkant van je hoofd ⇒ *oorvijg.*

**oor·ver·do·vend** (bijv. nw.) *(van geluiden):* ontzettend hard ◆ *het was een oorverdovend lawaai.*

**oor·vijg** (de ~; -en) oorveeg.

**oor·wurm** (de ~(m.); -en) insect dat op een lange tor lijkt ◆ *met een gezicht als een oorwurm:* (uitdr.) met een heel ontevreden gezicht.

**oor·zaak** (de ~(v.); oorzaken) datgene waardoor iets komt, datgene wat iets tot gevolg heeft ◆ *een koe op de rails was de oorzaak van dat treinongeluk.*

**oost** (de ~ of het ~) het oosten, het tegenovergestelde van 'west' ◆ *oost west, thuis best:* (spreekwoord) het is het fijnste om thuis te zijn.

**Oost** (de ~) het vroegere Nederlands-Indië.

**Oost·blok** (het ~) de communistische landen in Europa die tot 1990 door een verdrag met de voormalige Sovjet-Unie verbonden waren (kijk ook bij: **communistisch**).

**oos·te·lijk** (bijv. nw.) in het oosten* gelegen of uit het oosten* komend ◆ *de oostelijke landen; de wind waait uit oostelijke richting.*

**oos·ten** (het ~) gebied dat ligt in de richting waar de zon opgaat, het tegenovergestelde van 'westen' ◆ *zij woont ten oosten van Brussel:* aan de oostelijke kant van Brussel; *het Midden-Oosten:* de gebieden aan de oostelijke kust van de Middellandse Zee.

**oos·ter·leng·te** (de ~) (aardrijkskunde) lengte ten oosten van de nulmeridiaan (kijk ook bij: **lengte**).

**oos·ters** (bijv. nw.) gezegd van iemand die of iets dat uit landen ten oosten* van Europa komt.

**oot·je** (zelfst. nw.) ▼ *iemand in het ootje nemen:* iemand voor de gek houden.

**oot·moed** (de ~(m.)) nederigheid, onderworpenheid ⇒ *deemoed.*

**oot·moe·dig** (bijv. nw.) waaruit ootmoed* blijkt ⇒ *nederig, deemoedig* ◆ *een ootmoedige houding.*

**op¹** (bijw.) **1** omhoog, naar de hoogte ◆ *de trap op lopen* **2** zo dat er niets meer over is, verbruikt ◆ *alle koekjes zijn op; het kan niet op:* (dit zeg je als je heel erg verwend wordt of als je vindt dat er te royaal met iets omgesprongen wordt); *ik ben op:* (uitdr.) ik kan niet meer, ik heb geen energie meer over **3** (als aansporing) ◆ *vertel op* **4** niet in bed ◆ *ben je nog op?*

**op²** (voorz.) **1** (om de plaats aan te geven waar iets is of gebeurt) ◆ *ze zit op de wc; op een onbewoond eiland* **2** (om de tijd aan te geven wanneer iets gebeurt) ◆ *op*

donderdag heb ik fluitles **3** (in verschillende vaste combinaties van woorden) ◆ *op iets afkomen; de auto loopt één op elf:* hij verbruikt één liter benzine om elf kilometer te rijden.

**opa** (de ~(m.); opa's) de vader van je moeder of vader ⇒ *grootvader.*

**opaal** (de ~(m.); opalen) edelsteen die in allerlei kleuren voor kan komen.

**op·ba·ren** (baarde op, heeft opgebaard) *een dode opbaren:* een dode mooi aangekleed neerleggen voor mensen die hem of haar nog een keer willen zien.

**op·bel·len** (belde op, heeft opgebeld) **1** *iemand opbellen:* via de telefoon contact met iemand zoeken ⇒ *bellen* **2** gebruik maken van de telefoon ⇒ *bellen, telefoneren* ◆ *kan ik hier even opbellen?*

**op·ber·gen** (borg op, heeft opgeborgen) *iets opbergen:* iets ergens in stoppen, bijv. in een kast of een la ⇒ *wegbergen, opruimen* ◆ *berg die kopjes eens op!*

**op·beu·ren** (beurde op, heeft opgebeurd) **1** *iets opbeuren:* iets optillen **2** *iemand opbeuren:* iemand nieuwe moed geven, iemand uit zijn of haar somberheid halen ⇒ *opmonteren, opvrolijken.*

**op·biech·ten** (biechtte op, heeft opgebiecht) *iets opbiechten:* iets dat je eerst stil hebt gehouden toch eerlijk vertellen ⇒ *bekennen* ◆ *een geheim opbiechten;* ze *biechtte op dat ze gelogen had.*

**op·bla·zen** (blies op, heeft opgeblazen) **1** *iets opblazen:* iets met springstof laten ontploffen ◆ *ze gaan die kerktoren opblazen* **2** een vooroval opblazen: het erger of mooier voorstellen dan het was, het sterk overdrijven.

**op·bod** (zelfst. nw.) ▼ *iets bij opbod verkopen:* iets verkopen aan degene die er het meeste geld voor biedt.

**op·bok·sen** (bokste op, heeft opgebokst) *tegen iets of iemand opboksen:* met veel moeite tegen iets of iemand ingaan ◆ *opboksen tegen ouderwetse opvattingen.*

**op·bou·wen** (bouwde op, heeft opgebouwd) *iets opbouwen:* iets in elkaar zetten, iets samenstellen, het tegenovergestelde van 'afbreken' ◆ *ze zijn de kermis aan het opbouwen; een bedrijf opbouwen:* het stichten en groter maken; *hij heeft een grote vriendenkring opgebouwd:* langzaam aan heeft hij veel vrienden gekregen; *opbouwende kritiek:* kritiek waar je iets van kunt leren.

**op·bouw·werk** (het ~) maatschappelijk werk in wijken of buurten waaraan de mensen die er wonen zelf meedoen.

**op·bre·ken** (brak op) **1** (heeft opgebroken) *iets opbreken:* iets uit elkaar halen, afbreken of openbreken ◆ *een tent opbreken; een straat opbreken* **2** (is opgebroken) weggaan ◆ *kom, we breken op* **3** (is opgebroken) *iemand opbreken:* een probleem voor iemand worden, iemand last bezorgen ◆ *dat zal haar nog lelijk opbreken* **4** (is opgebroken) *(van voedsel) iemand opbreken:* in kleine hoeveelheden in de keel terugkomen ◆ *paprika breekt mij altijd op.*

**op·bren·gen** (bracht op, heeft opgebracht) **1** *iets opbrengen:* iets opleveren, iets voortbrengen ◆ *hoeveel heeft dat tafeltje opgebracht?:* hoeveel hebben ze ervoor betaald?; *de akker heeft dit jaar veel opgebracht:* er was een grote oogst **2** *iemand opbrengen:* iemand naar het politiebureau brengen ◆ *de winkeldief werd opgebracht* **3** *iets opbrengen:* tot iets in staat zijn, iets kunnen ◆ *ik bracht het niet meer op om dat hele eind te lopen; dat is te duur, dat kunnen we niet opbrengen:* dat kunnen we niet betalen.

**op·brengst** (de ~(v.); -en) **1** som geld die een verkoop of een collecte opbrengt* (bet.1) **2** oogst van een stuk land.

**op·da·gen** (ww.) *komen opdagen:* verschijnen, je vertonen ◆ *er kwam geen mens opdagen.*

**op·dat** (voegw.)(geeft een doel aan) ◆ *kom allemaal vroeg, opdat we bijtijds kunnen vertrekken.*

**op·dek·ken** (dekte op, heeft opgedekt) *een bed opdekken:* (in België □) *een bed opmaken.*

**op·die·nen** (diende op, heeft opgediend) *eten opdienen:* het op tafel zetten ⇒ *serveren.*

**op·die·pen** (diepte op, heeft opgediept) **1** *iets uit je zak of tas opdiepen:* iets daaruit te voorschijn halen **2** *iets opdiepen:* erin slagen iets te krijgen, iets met moeite weten te vinden ◆ *waar heb je die fiets opgediept?*

**op·dir·ken** (dirkte op, heeft opgedirkt) *je opdirken:* je een beetje opzichtig opmaken en kleden.

**op·dis·sen** (diste op, heeft opgedist) *iets, bijv. een verhaal, opdissen:* iets vertellen dat niet erg geloofwaardig klinkt of dat bedoeld is om iemand te misleiden.

**op·doe·ken** (doekte op, heeft opgedoekt) *een zaak opdoeken:* die opheffen, er een einde aan maken.

**op·doe·men** (doemde op, is opgedoemd) in de verte te voorschijn komen, zichtbaar worden ◆ *er doemt een schip op aan de horizon.*

**op·doen** (deed op, heeft opgedaan) **1** *kennis of ervaring opdoen:* die verkrijgen, die verwerven **2** *iets opdoen:* iets krijgen zonder dat je het weet of wilt ⇒ *oplopen* ◆ *pas op dat je geen verkoudheid opdoet* **3** *geld opdoen:* (in België □) het verteren, het opmaken.

**op·dof·fen** (dofte op, heeft opgedoft) *je opdoffen:* je mooi aankleden en je mooi opmaken ⇒ *optutten* ◆ *ze had zich helemaal opgedoft voor deze speciale gelegenheid.*

**op·dof·fer** (de ~(m.); -s)(populair) harde klap, dreun ⇒ *opduvel, opdonder, opstopper, optater.*

**op·don·der** (de ~(m.); -s)(populair) opdoffer.

**op·don·der·tje** (het ~; -s)(populair) iemand die erg klein is.

**op·draai·en** (draaide op, heeft opgedraaid) *ergens voor opdraaien:* iets moeten doen, de verantwoordelijkheid voor iets krijgen ◆ *ik kon weer voor dat karweitje opdraaien; ze liet mij voor de schade opdraaien:* ik moest de schade betalen.

**op·dracht** (de ~; -en) **1** iets dat iemand je opdraagt* (bet.1) ⇒ *taak* ◆ *de gemeente gaf hem de opdracht een winkelcentrum te ontwerpen* **2** woorden voor in een boek die aangeven dat je het boek aan iemand opdraagt* (bet.2) ◆ *'voor mijn vrouw' luidde de opdracht.*

**op·dra·gen** (droeg op, heeft opgedragen) **1** *iemand iets opdragen:* iemand zeggen dat hij of zij iets moet doen ◆ *ze droeg hem op de kamer te stofzuigen* **2** *iets, bijv. een boek, aan iemand opdragen:* iemand iets aanbieden als teken van waardering of dankbaarheid door voorin een korte tekst voor hem of haar te laten drukken **3** *(van priesters) de mis opdragen:* die lezen.

**op·drin·gen** (drong op) **1** (is opgedrongen) naar voren dringen ◆ *de mensenmassa drong op* **2** (heeft opgedrongen) *iemand iets opdringen:* net zo lang op iemand in praten tot hij of zij iets aanneemt ◆ *ze probeerde hem haar mening op te dringen* **3** (heeft opgedrongen) *je aan iemand opdringen:* voortdurend op een vervelende manier contact met iemand zoeken ◆ *ze dringt zich op aan mijn vrienden* **4** (heeft opgedrongen) *(van gedachten) zich aan iemand opdringen:* bij iemand opkomen zonder dat hij of zij er wat tegen kan doen ◆ *onmiddellijk drong de gedachte zich aan me op dat dat verkeerd was* **5** (heeft opgedrongen) *(van maatregelen) zich opdringen:* (in België □) gewenst zijn, nodig zijn.

**op·drin·ge·rig** (bijv. nw.) gezegd van iemand die zich aan anderen opdringt* (bet.3) ◆ *staat het opdringerig als ik vraag of ik mee mag?*

**op·druk** (de ~(m.); -ken) afbeelding of letters die ergens op gedrukt zijn ◆ *een sweater met opdruk.*

**op·dui·ke·len** (duikelde op, heeft opgeduikeld) *iets opduikelen:* erin slagen iets te krijgen, iets toevallig vinden ◆ *op zo'n rommelmarkt kun je hele leuke dingen opduikelen.*

**op·dui·ken** (dook op, is opgedoken) plotseling verschijnen ◆ *Hamid dook naast haar op.*

**op·du·vel** (de ~(m.); -s)(populair) harde klap, dreun ⇒ *opdonder, opdoffer, optater, opstopper.*

**OPEC** (Engels) [oopek](de ~) Organisation of Petroleum Exporting Countries; dit is een organisatie van landen die olie exporteren.

**op·een** (bijw.) op elkaar, bij elkaar ◆ *we zaten dicht opeen in de auto.*

**op·eens** (bijw.) onverwacht ⇒ *plotseling, eensklaps, ineens.*

**op·ei·sen** (eiste op, heeft opgeëist) *iets opeisen:* zeggen dat je iets wilt hebben omdat je er recht op hebt ⇒ *vorderen* ◆ *ze eiste haar deel van de erfenis op.*

**open** (bijv. nw.) **1** niet afgesloten, waar je zo in of bij kunt, het tegenovergestelde van 'dicht' en 'gesloten' ◆ *de deur staat open; de speeltuin is op woensdagmiddag open; een open haard:* een haard die niet dicht is aan de voorkant **2** leeg, niet ingevuld ◆ *laat dat vakje maar open; een film met een open einde:* een einde waarna nog van alles kan gebeuren; *een open plek in het bos:* waar geen bomen staan; *wat we die dag doen laat ik nog even open:* dat bepaal ik nu nog niet **3** *(van mensen):* met een karakter of een houding waaruit blijkt dat je je niet voor je omgeving afsluit ◆ *ze is erg open; we staan open voor nieuwe ideeën* ▼ *open en bloot:* vrij, zonder schaamte; *ze praten daar open en bloot over.*

**open·baar** (bijv. nw.) **1** waar iedereen in kan of aan kan deelnemen, het tegenovergestelde van 'bijzonder' of 'particulier' ◆ *een openbare bibliotheek; een openbare school; een openbare vergadering; openbaar vervoer:* vervoer per bus, trein, tram, metro enz.; *in het openbaar:* zó dat iedereen het kan zien **2** algemeen bekend ◆ *hij maakte het schandaal openbaar.*

**open·baar·heid** (zelfst. nw.) ▼ *in de openbaarheid komen:* bekend worden bij het publiek.

**open·ba·ren** (openbaarde, heeft geopenbaard) **1** *iets, bijv. een geheim, openbaren:* (ouderwets) iets bekendmaken ⇒ *onthullen* **2** *zich openbaren:* merkbaar of bekend worden ◆ *wanneer openbaarde die ziekte zich voor het eerst?*

**open·ba·ring** (de ~(v.); -en) dat wat geopenbaard* (bet.1) wordt of dat wat zich openbaart* (bet.2) ◆ *dat was een hele openbaring voor me:* dat gaf me een nieuwe kijk op de dingen.

**open·deur·dag** (de ~(m.); -en)(in België □) open dag van een school, bedrijf enz..

**ope·nen** (opende, heeft geopend) **1** *iets openen:* iets open* (bet.1) maken ◆ *open dat raam even; een fles openen* **2** *iets openen:* met iets beginnen, met iets starten ◆ *een rekening openen bij de bank; een vergadering openen; het vuur openen:* beginnen te schieten.

**ope·ner** (de ~(m.); -s) voorwerp waarmee je dingen kunt openen* (bet.1) ◆ *een blikopener.*

**open·har·tig** (bijv. nw.) gezegd van iemand die gemakkelijk dingen over zichzelf vertelt ◆ *een openhartig gesprek:* een gesprek waarin persoonlijke zaken eerlijk besproken worden.

**ope·ning** (de ~(v.); -en) **1** gat ◆ *de deuropening* **2** het openen* (bet.2) ◆ *de opening van een tentoonstelling* ▼ *opening van zaken geven:* inlichtingen geven over hoe de zaken ervoor staan.

**open·lijk** (bijv. nw.) niet verborgen, niet geheim ◆ *open-*

*lijk geweld; hij kwam er **openlijk** voor uit*: hij vertelde het eerlijk.

**op-en-top** (bijw.) helemaal, geheel en al ◆ *hij is **op-en-top** een musicus.*

**ope·ra** (de ~(m.); opera's) **1** toneelstuk waarbij de spelers hun tekst zingen, begeleid door een orkest **2** gebouw waar zulke toneelstukken uitgevoerd worden ◆ *we zijn in de **opera** van Milaan geweest.*

**ope·ra·tie** (de ~(v.); -s) **1** behandeling door een chirurg via een opening die in het lichaam van de patiënt gemaakt is ◆ *een blindedarm**operatie*** **2** ingewikkelde handeling of actie, vaak van het leger.

**ope·ra·tief** (bijv. nw.) door middel van een operatie* (bet.1) ◆ *een **operatieve** ingreep.*

**ope·ra·ti·o·neel** (bijv. nw.) geschikt om ermee te werken, klaar voor gebruik ◆ *iets **operationeel** maken.*

**ope·ra·tor** (Engels) [opperreetər] (de ~; -s) iemand die een computer of machine bedient.

**ope·re·ren** (opereerde, heeft geopereerd) **1** iemand opereren: een operatie* (bet.1) bij iemand uitvoeren ◆ *ze is aan haar knie **geopereerd*** **2** operaties* (bet.2) uitvoeren ◆ *deze bende **opereert** vooral in het zuiden van het land.*

**ope·ret·te** (de ~; -s) vrolijke opera* (bet.1) waar de tekst voor een deel gezongen en voor een deel gesproken wordt.

**op·fleu·ren** (fleurde op) **1** (is opgefleurd) vrolijker en levenslustiger worden ◆ *door die vakantie ben ik helemaal **opgefleurd*** **2** (heeft opgefleurd) iets opfleuren: iets vrolijker en fleuriger* maken ◆ *hij **fleurde** de kamer **op** met nieuw behang.*

**op·fris·sen** (friste op, heeft opgefrist) **1** je opfrissen: je even wassen als je moe bent, jezelf fris[2]* maken **2** iemands geheugen opfrissen: iemand iets in herinnering brengen.

**op·gaaf** → opgave.

**op·gaan** (ging op, is opgegaan) **1** (van de zon): omhoog komen, zichtbaar worden ⇒ rijzen, opkomen ◆ *de zon **gaat op** in het oosten* **2** ergens in opgaan: zo aandachtig met iets bezig zijn dat je alles om je heen vergeet ◆ *ze **gaat** helemaal **op** in die tekencursus* ▼ *dat **gaat** niet **op**: dat klopt niet, dat is hier niet van toepassing.*

**op·gang** (de ~(m.)) **1** trap die naar de voordeur van een bovenhuis leidt ◆ *een bovenwoning met vrije **opgang**: met een trap die je niet met je buren hoeft te delen* ▼ *opgang maken: populair worden, succes hebben; die zangeres heeft veel **opgang** gemaakt.*

**op·ga·ve, op·gaaf** (de ~; -n) **1** taak, vraagstuk ◆ *een rekenopgave; dat is geen gemakkelijke **opgave*** **2** het opgeven* (bet.2) van bepaalde gegevens ◆ *een belasting**opgave** invullen; iets doen met **opgaaf** van redenen: iets doen terwijl je erbij vertelt waarom je het doet.*

**op·ge·bla·zen** (bijv. nw.) **1** vol, dik, opgezwollen ◆ *na het eten had ik een **opgeblazen** gevoel* **2** verwaand, hoogmoedig ◆ *wat een **opgeblazen** kerel!*

**op·ge·fokt** (bijv. nw.) druk en zenuwachtig.

**op·ge·la·ten** (bijv. nw.) gezegd van iemand die zich ongemakkelijk voelt, omdat hij of zij zich ergens voor schaamt.

**op·geld** (het ~) **1** percentage dat je op een veiling boven de koopsom aan het veilinghuis moet betalen ▼ *opgeld doen*: (van meningen) populair worden, succes hebben.

**op·ge·prikt** (bijv. nw.) zo netjes gekleed dat je je niet op je gemak voelt ◆ *ze zat er **opgeprikt** bij.*

**op·ge·ruimd** (bijv. nw.) vrolijk, monter ◆ *een **opgeruimd** karakter.*

**op·ge·scho·ten** (bijv. nw.) lang en bijna volwassen ◆ *een stel **opgeschoten** jongens.*

**op·ge·schroefd** (bijv. nw.) overdreven en onecht, vaak

vanwege spanning ⇒ geforceerd ◆ *ze was vrolijk, maar erg **opgeschroefd**.*

**op·ge·smukt** (bijv. nw.) overdadig versierd.

**op·ge·to·gen** (bijv. nw.) erg blij ⇒ verrukt.

**op·ge·ven** (gaf op, heeft opgegeven) **1** iets opgeven: met iets ophouden omdat je er niet mee door kunt gaan ◆ *na twee keer proberen **gaf** ze het al **op*** **2** iets opgeven: iets noemen omdat het je gevraagd wordt ◆ *ze **gaf** een andere naam **op*** **3** iets opgeven: iets opdragen als taak ◆ *hij **gaf** geen huiswerk **op*** **4** je ergens voor opgeven: je melden om te zeggen dat je aan iets mee wilt doen ⇒ aanmelden ◆ *ze **gaf** zich **op** voor een cursus Spaans* **5** iemand of iets opgeven: iemand of iets als verloren beschouwen ◆ *de zieke is **opgegeven**: hij zal niet meer beter worden* **6** iets, bijv. slijm, opgeven: iets uitspuwen ▼ *hoog **opgeven** van iets: zeggen dat iets erg mooi, goed of geweldig is.*

**op·ge·was·sen** (bijv. nw.) tegen iemand of iets opgewassen zijn: sterk genoeg zijn om iemand of iets aan te kunnen ◆ *ze is niet tegen het vele werk **opgewassen**.*

**op·ge·wekt** (bijv. nw.) in een goed humeur ⇒ vrolijk, blij, opgeruimd.

**op·ge·won·den** (bijv. nw.) druk en zenuwachtig.

**op·gra·ving** (de ~(v.); -en) heel oud voorwerp dat uit de grond opgegraven is ◆ *de **opgravingen** laten zien hoe de mensen vroeger leefden.*

**op·groei·en** (groeide op, is opgegroeid) groot worden, volwassen worden ◆ *de **opgroeiende** jeugd; ik ben met dieren **opgegroeid**: ik heb als kind altijd dieren om me heen gehad.*

**op·ha·len** (haalde op, heeft opgehaald) **1** iemand of iets ophalen: iemand of iets komen halen om die persoon of die zaak mee te nemen ⇒ afhalen ◆ *wanneer kom je die boeken nou eens **ophalen**?* **2** herinneringen of kennis ophalen: je er weer mee bezighouden, er weer over spreken ⇒ opfrissen ◆ *ik moet mijn wiskunde eens **ophalen*** **3** geld ophalen: het inzamelen door bij mensen langs te gaan ◆ *er is veel geld **opgehaald** bij de collecte* **4** een onvoldoende ophalen: er een beter cijfer tegenover stellen, zodat het gemiddelde hoger wordt ◆ *vlak voor de vakantie heeft hij al zijn cijfers **opgehaald**.*

**op·han·den** (bijv. nw.) ▼ *ophanden zijn*: binnenkort gebeuren; *er was een feest **ophanden**.*

**op·han·gen** (hing op, heeft opgehangen) **1** iemand ophangen: iemand doden door die persoon aan een strop rond zijn of haar nek te laten hangen ⇒ opknopen **2** de hoorn van de telefoon op de haak leggen, het gesprek beëindigen **3** een verhaal ophangen: het vertellen ◆ *hij **hing** een raar verhaal **op**.*

**op·heb·ben** (had op, heeft opgehad) **1** veel of niet veel met iemand ophebben: erg of niet erg met iemand ingenomen zijn, iemand leuk of niet leuk vinden ◆ *ze **heeft** niet veel **op** met haar nieuwe buren* **2** huiswerk ophebben: het moeten doen omdat het opgegeven is **3** iemand hoog ophebben: (in België □) een hoge dunk van iemand hebben.

**op·hef** (de ~(m.)) overdreven aandacht, opgewonden drukte ◆ *er werd veel **ophef** gemaakt over het resultaat.*

**op·hef·fen** (hief op, heeft opgeheven) iets opheffen: een eind aan iets maken, iets laten ophouden ⇒ beëindigen ◆ *die winkel wordt binnenkort **opgeheven**: die wordt gesloten.*

**op·hef·ma·kend** (bijv. nw.) (in België □) opschudding veroorzakend ⇒ sensationeel, opzienbarend ◆ *een **ophefmakend** interview.*

**op·hel·de·ren** (helderde op, heeft opgehelderd) iets ophelderen: de onduidelijkheid die over iets bestaat wegnemen, iets verklaren ◆ *alle misverstanden werden opgehelderd*.

**op·he·me·len** (hemelde op, heeft opgehemeld) *iemand of iets ophemelen*: iemand of iets erg of overdreven prijzen.

**op·hit·sen** (hitste op, heeft opgehitst) *iemand ophitsen*: iemand tot verzet aanzetten ⇒ *opstoken* ◆ *een opgehitste hond*; *de oproerkraaiers hitsten het volk op tegen de regering*.

**op·hoe·pe·len** (hoepelde op, is opgehoepeld) (populair) weggaan ⇒ *opkrassen* ◆ *opgehoepeld!*: maak dat je wegkomt!

**op·ho·ren** (hoorde op, heeft opgehoord) *ergens van ophoren*: verbaasd zijn over iets dat je gehoord hebt ⇒ *opkijken, opzien*.

**op·hou·den** (hield op) **1** (is opgehouden) niet meer doorgaan, stoppen ⇒ *uitscheiden, eindigen* ◆ *de regen is opgehouden*; *ze hield op met breien* **2** (heeft opgehouden) *iemand of iets ophouden*: iemand of iets een tijdje tegenhouden ◆ *door de file was de bus opgehouden*; *ik zal je niet langer ophouden* **3** (heeft opgehouden) *de schijn ophouden*: blijven doen alsof **4** (heeft opgehouden) *je ergens ophouden*: ergens zijn, je ergens bevinden ◆ *de herten houden zich op in de bosjes* **5** (heeft opgehouden) *je met iets ophouden*: tijd aan iets besteden, je met iets bezighouden.

**opi·aat** (het ~; opiaten) geneesmiddel waar opium* in zit.

**opi·nie** (de ~ (v.); -s) mening, oordeel ◆ *de publieke opinie*: de mening van de mensen in het algemeen, de openbare mening.

**opi·um** (de ~ (m.) of het ~) verdovend middel dat van papavers wordt gemaakt ◆ *opium schuiven*: opium roken.

**op·ja·gen** (joeg of jaagde op, heeft opgejaagd) *iemand opjagen*: iemand tot haast aanzetten en hem of haar daardoor zenuwachtig maken ⇒ *opjutten*.

**op·jut·ten** (jutte op, heeft opgejut) *iemand opjutten*: iemand opjagen.

**op·ka·le·fa·te·ren** (kalefaterde op, heeft opgekalefaterd) **1** *iets of iemand opkalefateren*: (populair) ervoor zorgen dat iets of iemand min of meer weer in orde komt ⇒ *oplappen* ◆ *die oude fiets kan ik nog wel opkalefateren* **2** *je opkalefateren*: (populair) je mooi aankleden en opmaken.

**op·ka·mer** (de ~; -s) kamer die wat hoger ligt dan de kamer waar hij op uitkomt.

**op·kij·ken** (keek op, heeft opgekeken) **1** *tegen iemand opkijken*: ontzag en bewondering voor iemand hebben ⇒ *opzien* **2** *ergens van opkijken*: verbaasd over iets zijn ⇒ *opzien, ophoren*.

**op·kik·ker** (de ~ (m.); -s; meestal: opkikkertje) iets waarvan je opkikkert*.

**op·kik·ke·ren** (kikkerde op, is opgekikkerd) **1** *ergens van opkikkeren*: ergens levendig en vrolijk van worden, ergens nieuwe energie door krijgen ⇒ *opknappen* ◆ *ze kikkerde op van het goede nieuws* **2** *iemand opkikkeren*: iemand levendig en vrolijk maken, iemand nieuwe energie geven ⇒ *oppeppen* ◆ *koffie kikkert me altijd geweldig op*.

**op·kla·ren** (klaarde op, is opgeklaard) (van de lucht): helder worden ◆ *na de onweersbui is de lucht weer opgeklaard*; *zijn gezicht klaarde helemaal op*: (uitdr.) het kreeg een vrolijke uitdrukking.

**op·kla·ring** (de ~ (v.); -en) het wegtrekken van de bewolking ◆ *het weerbericht voorspelt opklaringen*.

**op·klop·pen** (klopte op, heeft opgeklopt) *iets opkloppen*: iets overdrijven, iets aandikken ◆ *een opgeklopt verhaal*.

**op·knap·pen** (knapte op, heeft opgeknapt) **1** *iets opknap-*

pen: iets weer in orde maken ◆ *oude meubels opknappen*: ze repareren, verven, opnieuw bekleden enz. **2** *een karweitje opknappen*: iets doen, iets uitvoeren ◆ *kun jij dat even voor me opknappen?*; *hij moet drie maanden opknappen*: (uitdr.) hij moet drie maanden de gevangenis in **3** *iemand ergens mee opknappen*: iemand een vervelend karweitje laten doen, iemand ergens mee opzadelen.

**op·kno·pen** (knoopte op, heeft opgeknoopt) *iemand opknopen*: iemand ophangen.

**op·ko·men** (kwam op, is opgekomen) **1** omhoog komen, groter beginnen te worden ◆ *de maan komt op*; *een opkomende hoofdpijn*: een beginnende hoofdpijn; *in het voorjaar komen de krokussen op*; *die gedachte was niet in me opgekomen*: daaraan had ik niet gedacht **2** *voor iemand of iets opkomen*: iemand of iets verdedigen ◆ *hij komt altijd voor zijn broertje op* **3** *bij verkiezingen opkomen*: (in België □) je kandidaat stellen ▼ *kom op*, laat zien wat je kunt!: (als aansporing); *kom maar op als je durft!*: kom maar, ik kan je wel aan!

**op·komst** (de ~ (v.)) **1** het verschijnen, bijv. op een vergadering ◆ *de opkomst bij de verkiezingen was groot*: er kwamen veel mensen naar het stemlokaal **2** het groeien, het beginnen ◆ *een toneelgroep in opkomst*: een groep die bekend begint te worden.

**op·ko·pen** (kocht op, heeft opgekocht) *iets opkopen*: alles kopen wat je van iets kunt krijgen ◆ *de handelaar kocht de hele partij goederen op*.

**op·ko·per** (de ~ (m.); -s) iemand die oude spullen opkoopt*.

**op·kra·men** (kraamde op, is opgekraamd) (in België □; populair) weggaan ⇒ *opkrassen*.

**op·kras·sen** (kraste op, is opgekrast) (populair) weggaan ⇒ *ophoepelen*.

**op·krik·ken** (krikte op, heeft opgekrikt) *iets opkrikken*: iets met allerlei middeltjes beter maken ⇒ *opvijzelen* ◆ *we moeten de kwaliteit van het spel nog wat opkrikken*.

**op·krop·pen** (kropte op, heeft opgekropt) *iets opkroppen*: iets niet uiten, iets onderdrukken ◆ *al haar opgekropte woede kwam er opeens uit*.

**op·laag** → oplage.

**op·laai·en** (laaide op, is opgelaaid) fel gaan branden ◆ *de emoties laaiden hoog op*: (uitdr.) er kwamen heftige emoties los.

**op·la·den** (laadde op, heeft opgeladen) **1** *batterijen of accu's opladen*: die opnieuw laden met elektriciteit **2** *je opladen*: nieuwe energie verzamelen ◆ *voor de wedstrijd laden we ons op in een trainingskamp*.

**op·la·ge, op·laag** (de ~; oplagen) aantal boeken, kranten enz. dat in één keer wordt gedrukt ◆ *de schoolkrant heeft een oplage van 250 exemplaren*.

**op·lap·pen** (lapte op, heeft opgelapt) *iets oplappen*: iets repareren of in orde maken, maar niet helemaal zoals dat zou moeten ⇒ *opkalefateren*.

**op·la·waai** (de ~ (m.); -en) (populair) klap, mep ⇒ *optater*.

**op·leg·gen** (legde op, heeft opgelegd) *iemand iets opleggen*: iemand zeggen dat hij of zij iets moet doen ⇒ *opdragen* ◆ *hij kreeg een flinke boete opgelegd*: die moest hij betalen.

**op·leg·ger** (de ~ (m.); -s) aanhangwagen waarvan het voorste gedeelte rust op de achterkant van een truck ⇒ *trailer*.

**op·lei·den** (leidde op, heeft opgeleid) *iemand opleiden*: iemand een vak of vaardigheid leren ◆ *Noortje is opgeleid tot ingenieur*.

**op·lei·ding** (de ~ (v.); -en) school of cursus waar je voor iets opgeleid* wordt.

**op·let·ten** (lette op, heeft opgelet) je aandacht erbij houden ◆ *opgelet, we beginnen.*

**op·le·ven** (leefde op, is opgeleefd) vrolijk worden, energie krijgen ◆ *we leefden op na het goede bericht.*

**op·le·ve·ren** (leverde op, heeft opgeleverd) **1** *iets opleveren:* iets als resultaat of voordeel hebben ⇒ *opbrengen* ◆ *het werk levert niets op* **2** *iets opleveren:* iets als het af is aan de eigenaar overdragen ◆ *een huis opleveren.*

**op·lich·ten** (lichtte op, heeft opgelicht) **1** *iemand oplichten:* iemand bedriegen en hem of haar zo geld afhandig maken ◆ *we zijn voor tien gulden opgelicht* **2** een beetje licht uitstralen ◆ *deze fietsbanden lichten op in het donker.*

**op·lich·ter** (de ~(m.); -s), vrouw: **op·licht·ster** (de ~(v.); -s) iemand die mensen oplicht* (bet.1) ⇒ *bedrieger, zwendelaar, flessentrekker.*

**op·loop** (de ~(m.)) het samenlopen van mensen op straat als er iets gebeurd is.

**op·lo·pen** (liep op) **1** (is opgelopen) *(van een geldbedrag, schuld enz.):* groter of hoger worden, toenemen **2** (heeft opgelopen) *iets oplopen:* iets krijgen zonder dat je het weet of wilt ⇒ *opdoen* ◆ *hij liep een pak slaag op; ze heeft een griepje opgelopen* **3** (heeft opgelopen) *met iemand oplopen:* met iemand dezelfde weg lopen ◆ *zal ik een eindje met je oplopen?; hoog met iemand oplopen:* (in België □; uitdr.) veel met iemand ophebben, iemand erg aardig vinden.

**op·los·sen** (loste op) **1** (heeft opgelost) *een probleem of een vraagstuk oplossen:* er een goed antwoord op vinden, afleiden wat de uitkomst ervan moet zijn ◆ *wie lost deze puzzel op?* **2** (is opgelost) in een vloeistof opgenomen worden ◆ *suiker lost op in thee* **3** (heeft opgelost) *iets in een vloeistof oplossen:* iets in een vloeistof doen om het daarin opgenomen te laten worden ◆ *je kunt suiker in thee oplossen.*

**op·los·sing** (de ~(v.); -en) **1** antwoord op een vraagstuk of een probleem, uitkomst ervan ◆ *niemand heeft de oplossing van deze som gevonden* **2** vloeistof waarin een andere stof is opgelost* (bet.2) ◆ *die vlek kun je verwijderen met een oplossing van water en azijn.*

**op·luch·ten** (luchtte op, heeft opgelucht) *iemand opluchten:* iemands spanning of zorg wegnemen ◆ *we haalden opgelucht adem toen hij heelhuids terugkwam.*

**op·luch·ting** (de ~(v.)) het wegvallen van spanning of zorg ◆ *wat een opluchting dat het examen voorbij is.*

**op·luis·te·ren** (luisterde op, heeft opgeluisterd) *iets opluisteren:* het feestelijker maken ◆ *de bruiloft werd opgeluisterd met muziek.*

**opm.** (afkorting) opmerking.

**op·ma·ken** (maakte op, heeft opgemaakt) **1** *iets opmaken:* ergens alles van gebruiken, ergens niets van overlaten ◆ *ik heb al mijn zakgeld opgemaakt* **2** *iets opmaken:* iets klaarmaken, iets in orde maken ◆ *ik heb mijn bed opgemaakt; de agent maakte een proces-verbaal op* **3** *je opmaken om iets te doen:* je gereedmaken tot iets ◆ *hij maakte zich op om te vertrekken* **4** *jezelf opmaken:* make-up op je gezicht doen ◆ *ze maakte zich zwaar op:* ze deed veel make-up op haar gezicht **5** *iets ergens uit opmaken:* iets ergens uit begrijpen, ergens een conclusie uit trekken ◆ *ik maak uit je reactie op dat je geen zin hebt.*

**op·mars** (de ~) het oprukken, het groeien in aantal en belangrijkheid ◆ *de opmars van de video; de computer is in opmars:* je ziet steeds meer computers en ze worden steeds belangrijker.

**op·mer·ke·lijk** (bijv. nw.) de aandacht trekkend, opvallend ◆ *een opmerkelijke prestatie.*

**op·mer·ken** (merkte op, heeft opgemerkt) **1** *iets of iemand*

opmerken: iets of iemand zien ◆ *hij merkte de kou niet op:* het drong niet tot hem door dat het koud was; *sorry, ik had je niet opgemerkt:* ik zag je niet staan **2** *iets opmerken:* iets zeggen ◆ *hij merkte op dat het niet koud was.*

**op·mer·king** (de ~(v.); -en) iets dat je opmerkt* (bet.2) ◆ *ik wil een opmerking maken.*

**op·merk·zaam** (bijv. nw.) oplettend, met aandacht ◆ *hij zat de vogel opmerkzaam te bekijken; iemand op iets opmerkzaam maken:* iemands aandacht op iets vestigen.

**op·mon·te·ren** (monterde op, heeft opgemonterd) *iemand opmonteren:* iemand monter* maken ⇒ *opvrolijken.*

**op·na·me** (de ~; -n) keer dat je iets opneemt* (bet.4) of keer dat iemand of iets ergens in wordt opgenomen (bet.8) ◆ *ze zijn bezig met de opname van een nieuwe film; dat is een slechte opname van het concert; opname in een ziekenhuis.*

**op·ne·men** (nam op, heeft opgenomen) **1** *iets opnemen:* iets oppakken ◆ *ze nam de telefoon niet op:* ze nam de hoorn niet van de haak, ze gaf geen gehoor; *hij wil zijn oude beroep weer opnemen:* (uitdr.) hij wil er weer mee beginnen **2** *iets goed, kwaad enz. opnemen:* iets goed, kwaad enz. opvatten ◆ *ze namen het grapje goedmoedig op* **3** *iemand of iets opnemen:* iemand of iets goed bekijken ◆ *ze nam hem van top tot teen op* **4** *geluiden of beelden opnemen:* ze vastleggen op een band of een film ◆ *het concert wordt opgenomen* **5** *geld opnemen:* het van je bank- of girorekening afhalen **6** *iets opnemen:* meten hoe groot iets is ⇒ *opmeten* ◆ *heb je de vloer van de kamer opgenomen?; ze neemt de tijd op met een stopwatch* **7** *een bestelling opnemen:* die opschrijven ⇒ *noteren* ◆ *de ober kwam de bestelling opnemen* **8** *iemand of iets ergens in opnemen:* iemand of iets ergens een deel van maken ◆ *ze werd snel in de groep opgenomen* **9** *iets opnemen:* iets opvegen, iets opdweilen ◆ *met een dweil kun je het water opnemen* **10** *iets vloeibaars opnemen:* iets opzuigen ⇒ *absorberen* ◆ *de dweil neemt het water op; ze nam zijn woorden goed in zich op:* (uitdr.) ze luisterde er aandachtig naar **11** *het voor iemand opnemen:* iemand verdedigen **12** *het tegen iemand opnemen:* de strijd met iemand aangaan.

**op·nieuw** (bijw.) weer, nog eens ◆ *die avond waren we opnieuw laat thuis; je moet helemaal opnieuw beginnen:* je moet weer helemaal vanaf het begin beginnen.

**opoe** (de ~(v.); -s) oma, grootmoeder.

**op·of·fe·ren** (offerde op, heeft opgeofferd) **1** *iets ergens voor opofferen:* iets ergens voor afstaan, iets ergens voor over hebben ◆ *daar wil ik mijn vrije middag niet aan opofferen* **2** *jezelf opofferen:* je beschikbaar stellen om iets te doen dat goed of nuttig is en dat niemand anders wil doen ◆ *als niemand wil helpen, offer ik me wel op.*

**op·of·fe·ring** (de ~(v.); -en) iets dat je voor een ander of voor een goede zaak over hebt.

**op·ont·houd** (het ~) tijd waarin je niet verder kunt, waarin je wordt opgehouden* (bet.2) ⇒ *vertraging* ◆ *we hadden een uur oponthoud in de tunnel.*

**opp.** (afkorting) oppervlakte.

**op·pas** (de ~(m.); -sen) iemand die ergens op past* (bet.3), vooral op kleine kinderen.

**op·pas·sen 1** (paste op, heeft opgepast) je aandacht erbij houden ⇒ *opletten, uitkijken* ◆ *pas op voor het afstapje!* **2** toezicht op een kind houden als zijn ouders weg zijn ⇒ *babysitten.*

**op·pas·ser** (de ~(m.); -s) iemand die in een dierentuin op dieren past* (bet.3).

**op·pep·pen** (pepte op, heeft opgepept) *iemand oppeppen:* (populair) iemand nieuwe energie geven ⇒ *opkikkeren.*

**op·pe·ren** (opperde, heeft geopperd) *iets opperen*: iets naar voren brengen in een gesprek ♦ *hij opperde een nieuw idee*.

**op·per·hoofd** (het ~; -en) hoofdman, vooral van een indianenstam.

**op·per·huid** (de ~) bovenste laagje van je huid.

**op·perst** (bijv. nw.) bovenst, hoogst ♦ *de opperste laag van de aarde*; *het opperste geluk*: het grootste geluk dat je je voor kunt stellen.

**op·per·vlak** (het ~; -ken) bovenste of buitenste vlak ⇒ *oppervlakte* ♦ *het wateroppervlak*.

**op·per·vlak·kig** (bijv. nw.) aan de oppervlakte* (bet.1) blijvend, niet diepgaand ♦ *een oppervlakkige vriendschap*; *ze heeft een oppervlakkige kennis van de examenstof*: ze kent de examenstof niet goed.

**op·per·vlak·te** (de ~(v.); -n of -s) **1** bovenste of buitenste vlak ⇒ *oppervlak* ♦ *de zeehond kwam aan de oppervlakte*: hij kwam boven water **2** grootte van dat vlak, de lengte maal de breedte ♦ *de oppervlakte van mijn kamer is twaalf vierkante meter*.

**op·pom·pen** (pompte op, heeft opgepompt) *iets oppompen*: iets met een pomp* vol lucht blazen ♦ *hij pompt zijn fietsbanden heel hard op*.

**op·po·nent** (de ~(m.); -en) tegenstander, bijv. in een debat.

**op·por·tu·nist** (de ~(m.); -en), vrouw: **op·por·tu·nis·te** (de ~(v.); -n of -s) iemand die makkelijk van mening verandert als hij of zij daar voordeel bij heeft.

**op·por·tu·nis·tisch** (bijv. nw.) als een opportunist* of als van een opportunist*.

**op·por·tuun** (bijv. nw.) op het goede moment komend, gelegen komend ♦ *zo'n opmerking is niet opportuun*.

**op·po·si·tie** (de ~(v.)) **1** tegenstand ⇒ *verzet* ♦ *ze voeren oppositie tegen de voorstellen van de regering* **2** partijen en politici die zich verzetten tegen de regering.

**op·pot·ten** (potte op, heeft opgepot) *geld oppotten*: het niet uitgeven, het angstvallig bewaren.

**op·punt·stel·len** (stelde oppunt, heeft oppuntgesteld) *iets oppuntstellen*: (in België □) iets in orde maken ♦ *een wasmachine oppuntstellen*.

**op·ra·ke·len** (rakelde op, heeft opgerakeld) *iets oprakelen*: ervoor zorgen dat iets weer begint ♦ *ze rakelde de oude ruzie weer op*.

**op·ra·pen** (raapte op, heeft opgeraapt) *iets oprapen*: iets van de grond optillen ⇒ *rapen* ♦ *ze hebben geld voor het oprapen*: (uitdr.) ze hebben heel veel geld.

**op·recht** (bijv. nw.) eerlijk, welgemeend ♦ *oprechte vriendschap*; *ze waren oprecht verontwaardigd*.

**op·rich·ten** (richtte op, heeft opgericht) **1** *iets, bijv. een club, oprichten*: iets stichten **2** *je oprichten*: rechtop gaan staan of zitten.

**op·rich·ter** (de ~(m.); -s), vrouw: **op·rich·ster** (de ~(v.); -s) iemand die iets heeft opgericht* (bet.1) ⇒ *stichter, grondlegger*.

**op·ris·ping** (de ~(v.); -en) keer dat gassen uit je maag door je keel naar buiten komen ⇒ *boer*.

**op·rit** (de ~(m.); -ten) strook van een snelweg waarover auto's die weg oprijden.

**op·roep** (de ~(m.); -en) bevel of verzoek om ergens naar toe te komen of om ergens aan mee te doen ♦ *hij kreeg een oproep voor militaire dienst*.

**op·roe·pen** (riep op, heeft opgeroepen) **1** *iemand oproepen*: iemand dringend vragen of bevelen ergens te verschijnen ♦ *Karel is opgeroepen voor de keuring* **2** *iets bij iemand oproepen*: iemand een bepaald gevoel geven ♦ *die foto riep veel herinneringen bij oma op*.

**op·roer** (het ~; -en) opstand tegen het gezag.

**op·roer·kraai·er** (de ~(m.); -s), vrouw: **op·roer·kraai·ster** (de ~(v.); -s) iemand die mensen tot oproer aanzet ⇒ *onruststoker*.

**op·rol·len** (rolde op, heeft opgerold) *een bende oprollen*: die opheffen door alle leden ervan gevangen te nemen.

**op·rui·en** (ruide op, heeft opgeruid) *iemand opruien*: iemand ontevreden en opstandig maken, iemand tot verzet aanmoedigen ⇒ *opstoken, ophitsen*.

**op·rui·men** (ruimde op, heeft opgeruimd) **1** *iets opruimen*: iets ergens leggen of zetten waar het niet in de weg ligt of staat ⇒ *opbergen* ♦ *we hebben al ons speelgoed opgeruimd*; *de kamer is opgeruimd*: die ziet er weer netjes uit; *opgeruimd staat netjes!*: (uitdr.) (dit zeg je als je klaar bent met opruimen; ook: als je blij bent dat iemand weg is) **2** *(van winkels) iets opruimen*: iets in de uitverkoop doen.

**op·rui·ming** (de ~(v.); -en) verkoop van artikelen tegen lagere prijzen dan normaal ⇒ *uitverkoop*.

**op·ruk·ken** (rukte op, is opgerukt) je naar je doel verplaatsen, naar voren gaan ♦ *de tanks rukken op naar de stad*.

**op·schar·re·len** (scharrelde op, heeft opgescharreld) *iemand of iets opscharrelen*: iemand of iets na lang zoeken vinden ♦ *de hond had ergens een kluif opgescharreld*.

**op·sche·pen** (scheepte op, heeft opgescheept) *iemand met iets opschepen*: iemand iets tegen zijn of haar zin geven of laten doen ⇒ *opzadelen* ♦ *wie kunnen we met dit werkje opschepen?*; *ik zit met hem opgescheept*: ik moet tegen mijn wil met hem omgaan.

**op·schep·pen** (schepte op, heeft opgeschept) *ergens over opscheppen*: erg veel nadruk op iets leggen omdat je er trots op bent ⇒ *pochen, opsnijden* ♦ *die mensen scheppen erg op over hun kinderen*.

**op·schep·per** (de ~(m.); -s), vrouw: **op·schep·ster** (de ~ (v.); -s) iemand die opschept* ⇒ *pocher*.

**op·schie·ten** (schoot op, is opgeschoten) **1** haast maken, voortmaken ♦ *schiet op, anders komen we te laat* **2** snel gaan, vooruitkomen ⇒ *vorderen* ♦ *het schiet lekker op*; *ik schiet op met m'n huiswerk* **3** met iemand kunnen opschieten: prettig met iemand kunnen omgaan ♦ *ik kan goed met hem opschieten*.

**op·schik** (de ~(m.)) versiering, sieraden ⇒ *tooi, opsmuk*.

**op·schik·ken** (schikte op, heeft opgeschikt) je een stukje verplaatsen, zodat er voor anderen ruimte ontstaat om te zitten ⇒ *opschuiven* ♦ *kun je wat opschikken?*

**op·schor·ten** (schortte op, heeft opgeschort) *iets opschorten*: met iets ophouden om er later mee door te gaan ♦ *de vergadering werd opgeschort*.

**op·schrift** (het ~; -en) tekst die ergens op geschreven[1]* (bet.1) staat ♦ *er staat een onleesbaar opschrift boven de kasteelpoort*.

**op·schrij·ven** (schreef op, heeft opgeschreven) *iets opschrijven*: iets op papier schrijven, iets aantekenen ⇒ *noteren* ♦ *ik heb alles wat er gebeurd is opgeschreven*; *schrijf je naam op*.

**op·schroe·ven** (schroefde op, heeft opgeschroefd) **1** *prijzen, belastingen opschroeven*: ze hoger maken **2** *een verhaal opschroeven*: het overdrijven ⇒ *opkloppen*.

**op·schud·ding** (de ~(v.)) opwinding en verwarring ⇒ *consternatie, tumult* ♦ *er ontstond grote opschudding over de moord*.

**op·schui·ven** (schoof op) **1** (is opgeschoven) aan de kant gaan, plaats maken ⇒ *opschikken* **2** (heeft opgeschoven) *iets opschuiven*: iets naar een andere plaats schuiven, iets verder schuiven ♦ *we moeten ons afspraakje een week opschuiven*: we moeten het een week uitstellen **3** (is opgeschoven) omhoog gaan, een hoger gelegen plaats innemen ◆ *die single is drie plaatsen* **opgeschoven** *in de top 40.*

**op·slaan** (sloeg op) **1** (heeft opgeslagen) *iets opslaan:* een voorraad van iets aanleggen ⇒ *bewaren* ◆ *de goederen werden* **opgeslagen** *in het pakhuis; je moet de getallen* **opslaan** *in het geheugen van je rekenmachientje* **2** (heeft opgeslagen) *een bal opslaan:* die met een bepaalde slag in het spel brengen ⇒ *serveren* **3** (is opgeslagen) duurder worden ◆ *de koffie is* **opgeslagen**.

**op·slag** (de ~(m.)) **1** verhoging van je loon ⇒ *loonsverhoging* ◆ **opslag** *krijgen:* meer gaan verdienen **2** het opslaan* (bet.1) van goederen ◆ *een winkel met een grote* **opslagruimte 3** (sport) het opslaan* (bet.2) van een bal ⇒ *serve, service*.

**op·slui·ten** (sloot op, heeft opgesloten) *een mens of dier opsluiten:* een mens of dier in een (gesloten) ruimte zetten waar die mens of dat dier niet uit kan.

**op·smuk** (de ~(m.)) dingen die iemand of iets mooi moeten maken ⇒ *versiering, tooi, opschik*.

**op·snij·den** (sneed op, heeft opgesneden) *ergens over opsnijden:* opscheppen over iets.

**op·snor·ren** (snorde op, heeft opgesnord) *iets of iemand opsnorren:* (populair) iets of iemand opzoeken omdat je die zaak of die persoon nodig hebt ◆ *we moeten iemand* **opsnorren** *die ons kan helpen.*

**op·sol·fe·ren** (solferde op, heeft opgesolferd) *iemand iets opsolferen:* (in België □; populair) iemand iets aansmeren.

**op·som·men** (somde op, heeft opgesomd) *dingen opsommen:* ze allemaal achter elkaar noemen.

**op·spe·len** (speelde op, heeft opgespeeld) tekeergaan, razen ◆ *vader* **speelde** *vreselijk* **op** *toen we te laat waren; mijn maag* **speelt op**: ik heb last van mijn maag.

**op·spo·ren** (spoorde op, heeft opgespoord) *iemand of iets opsporen:* iemand of iets zoeken en vinden ◆ *de politie heeft de dader* **opgespoord**.

**op·spraak** (zelfst. nw.) ▼ *iemand in* **opspraak** *brengen:* veroorzaken dat er op een afkeurende manier over iemand gepraat wordt; *door zijn bedrog heeft hij zichzelf in* **opspraak** *gebracht; in* **opspraak** *komen:* degene zijn over wie met afkeuring gepraat wordt; *door haar onfatsoenlijke manieren kwam ze in* **opspraak**.

**op·staan** (stond op, is opgestaan) **1** gaan staan, overeind komen ◆ *hij* **stond** *voor niemand* **op**; **opgestaan**, *plaats vergaan:* (uitdr.) (dit zeg je tegen iemand die zijn of haar plaats bezet vindt nadat hij of zij even weg is geweest) **2** uit je bed komen ◆ *hoe laat ben je* **opgestaan**? **3** *tegen iemand opstaan:* (ouderwets) tegen iemand in opstand* komen, je verzetten tegen iemands gezag ◆ *het volk is tegen de koning* **opgestaan**.

**op·stal** (de ~(m.); -len) iets dat op een stuk grond is gebouwd, gebouw zonder de grond erbij ◆ *de* **opstal** *van een fabrieksterrein:* alle fabriekshallen, kantoren, loodsen en schuren.

**op·stand** (de ~(m.); -en) verzet ◆ *tegen iemand of iets in* **opstand** *komen:* je tegen iemand of iets verzetten; *een* volks**opstand**: verzet van een grote groep mensen tegen het gezag.

**op·stan·de·ling** (de ~(m.); -en) iemand die in opstand* komt tegen het gezag ⇒ *rebel*.

**op·stan·dig** (bijv. nw.) gezegd van iemand die in opstand* komt ◆ *de* **opstandige** *mensenmassa werd door de politie bedwongen; de zieke is erg* **opstandig**: hij kan zich niet neerleggen bij zijn lot.

**op·stan·ding** (de ~(v.)) het opstaan* (bet.1) uit de dood, vooral van Jezus Christus ⇒ *verrijzenis*.

**op·sta·pe·len** (stapelde op, heeft opgestapeld) **1** *iets opstapelen:* een stapel[1]* van iets maken ◆ *het kind* **stapelde**

*de blokken* **op 2** zich opstapelen: steeds meer worden ◆ *het werk heeft zich* **opgestapeld**.

**op·stap·je** (het ~; -s) **1** tree voor een hoger gelegen vloer **2** iets waardoor je verder of hogerop komt ◆ *deze school is een* **opstapje** *naar een goede baan.*

**op·stap·pen** (stapte op, is opgestapt) **1** weggaan, vertrekken ◆ *ik* **stap** *eens* **op**; *de directeur is* **opgestapt**: hij heeft ontslag genomen **2** in een bus of tram gaan zitten ◆ *bij welke halte ben je* **opgestapt**? **3** op de fiets gaan zitten.

**op·ste·ken** (stak op) **1** (heeft opgestoken) *ergens iets van opsteken:* ergens wijzer van worden, ergens iets van leren ◆ *ik heb er niets van* **opgestoken 2** (heeft opgestoken) *een sigaret opsteken:* die aansteken om hem op te roken **3** (is opgestoken) *(van wind):* beginnen te waaien ◆ *'s avonds* **stak** *er een storm* **op**.

**op·ste·ker** (de ~(m.); -s) (populair) meevaller, voordeeltje.

**op·stel** (het ~; -len) stuk dat je over een bepaald onderwerp schrijft, meestal voor school.

**op·stel·len** (stelde op, heeft opgesteld) **1** *iemand of iets opstellen:* iemand of iets ergens neerzetten, iemand of iets op een plaats zetten ◆ *de soldaten waren in een rij* **opgesteld 2** *je opstellen:* ergens gaan staan ◆ *ik* **stelde** *me verdekt* **op 3** *een tekst of een plan opstellen:* die of dat bedenken, die of dat ontwerpen ◆ *een brief* **opstellen 4** *je op een bepaalde manier opstellen:* je zo gedragen, zo'n houding hebben ◆ *ze* **stelt** *zich kritisch* **op**.

**op·stel·ler** (de ~(m.); -s) (in België) beambte in dienst van de overheid ◆ *hij begon zijn loopbaan als* **opsteller** *bij het ministerie van Financiën.*

**op·stel·ling** (de ~(v.); -en) **1** het opgesteld* (bet.1) zijn ◆ *de* **opstelling** *van de deelnemers; een* **opstelling** *van meetinstrumenten* **2** de manier waarop je je opstelt* (bet.4) ⇒ *houding* ◆ *ik kan je* **opstelling** *wel begrijpen.*

**op·stij·gen** (steeg op, is opgestegen) **1** omhoog gaan **2** op een paard gaan zitten.

**op·sto·ken** (stookte op, heeft opgestookt) **1** *vuur opstoken:* het feller laten branden door er brandstof op te gooien of door er met iets in te rommelen **2** *iemand opstoken:* iemand tot iets aanzetten, iemand ophitsen ◆ *ze* **stookte** *hem op om kattenkwaad uit te halen.*

**op·stoot·je** (het ~; -s) ruzie op straat waarbij mensen blijven staan of mee gaan doen ⇒ *oploop, rel*.

**op·stop·per** (de ~(m.); -s) (populair) harde stomp.

**op·stop·ping** (de ~(v.); -en) verkeer dat niet door kan rijden ◆ *door werkzaamheden aan het wegdek is er een* **opstopping** *ontstaan.*

**op·strij·ken** (streek op, heeft opgestreken) *geld opstrijken:* (populair) het krijgen en het zelf houden ◆ *ze heeft alle winst* **opgestreken**.

**op·ta·ter** (de ~(m.); -s) (populair) klap, mep ⇒ *oplawaai*.

**op·te·ke·nen** (tekende op, heeft opgetekend) *iets optekenen:* iets opschrijven, ergens een aantekening van maken ⇒ *noteren* ◆ *hij* **tekende** *de verhalen* **op** *die zijn grootmoeder vertelde.*

**op·tel·len** (telde op, heeft opgeteld) *getallen of bedragen optellen:* uitrekenen hoeveel het bij elkaar is.

**op·te·ren** (opteerde, heeft geopteerd) *ergens voor opteren:* (deftig) ergens voor kiezen, ergens de voorkeur aan geven.

**op·ti·cien** [optiesjɛ̃] (de ~(m.); -s) iemand die voor zijn of haar beroep brillen en lenzen maakt en verkoopt.

**op·tie** (de ~(v.); -s) **1** recht om pas over een tijdje te beslissen of je iets koopt, terwijl in die tussentijd niemand anders het kan kopen ◆ *ze hebben een* **optie** *op dat huis* **2** (in België) vakkenpakket.

**op·tiek** (de ~(v.)) manier om iets te bekijken, om iets te beoordelen ⇒ *perspectief, gezichtshoek* ◆ *ik kan het van-uit zijn* **optiek** *wel begrijpen.*

**op·ti·maal** (bijv. nw.) zo goed mogelijk, best ◆ *dit zijn* **op-timale** *omstandigheden om te gaan zeilen; hij functioneert* **optimaal** *in zijn nieuwe baan: hij functioneert heel erg goed.*

**op·ti·mis·me** (het ~) houding waarbij je alles van de gunstige kant bekijkt, het tegenovergestelde van 'pessimisme'.

**op·ti·mist** (de ~ (m.); -en) iemand die alles van de gunstige kant bekijkt, het tegenovergestelde van 'pessimist'.

**op·ti·mis·tisch** (bijv. nw.) als een optimist*, het tegenovergestelde van 'pessimistisch' ◆ *wees daar maar niet al te* **optimistisch** *over!: verwacht daarvan maar niet te veel goeds!*

**op·ti·o·neel** (bijv. nw.) naar keuze, zoals je wilt, niet verplicht of vastgelegd ◆ *de volgorde waarin je de vragen moet beantwoorden is* **optioneel**.

**op·tisch** (bijv. nw.) gezegd van dingen die met kijken te maken hebben ◆ **optische** *instrumenten: instrumenten waar je door kunt kijken, zoals een microscoop en een verrekijker; lachspiegels zijn* **optisch** *bedrog: daarin zie je de dingen anders dan ze er in werkelijkheid uitzien.*

**op·tocht** (de ~ (m.); -en) groep mensen die in een rij over straat lopen, bijv. bij een feest of demonstratie ⇒ *stoet.*

**op·tor·nen** (tornde op, heeft of is opgetornd) *tegen de wind* optornen: met moeite tegen de wind in vooruit komen ◆ *de fietsers* **tornden** *tegen de wind* **op**.

**op·tre·den¹** (het ~) **1** (-s) keer dat je optreedt* (bet.1) ⇒ *voorstelling, performance, uitvoering* ◆ *het* **optreden** *van de goochelaar was verbluffend* **2** manier waarop iemand handelt, waarop iemand zich gedraagt ◆ *het ruwe* **optreden** *van de supporters.*

**op·tre·den²** (trad op) **1** (heeft opgetreden) *(van artiesten):* een uitvoering geven **2** (heeft of is opgetreden) *tegen iets of iemand optreden:* iets tegen iets of iemand doen, ingrijpen ◆ *we moeten* **optreden** *tegen die vandalen* **3** (is opgetreden) vanzelf gebeuren, vanzelf plaatsvinden ◆ *er* **treedt** *een onverwacht verschijnsel* **op**.

**op·trek·je** (het ~; -s) kleine woning.

**op·trek·ken** (trok op) **1** (is opgetrokken) sneller gaan rijden, vooral van auto's, treinen enz. die wegrijden **2** (is of heeft opgetrokken) *met iemand optrekken:* met iemand omgaan, samen met iemand leuke dingen doen **3** (heeft opgetrokken) *een muur, een huis optrekken:* die of dat bouwen ◆ *de kerk was* **opgetrokken** *uit ruwe stenen.*

**op·trom·me·len** (trommelde op, heeft opgetrommeld) *mensen optrommelen:* ze bij elkaar roepen, ze samen laten komen.

**op·tui·gen** (tuigde op, heeft opgetuigd) **1** *een schip optuigen:* zeilen, touwen en alles wat er verder op hoort erop vastmaken **2** *iets optuigen:* iets versieren ◆ *wanneer gaan we de kerstboom* **optuigen**? **3** *jezelf optuigen:* jezelf optutten ⇒ *opdirken.*

**op·tut·ten** (tutte op, heeft opgetut) *jezelf optutten:* jezelf mooi aankleden en opmaken ⇒ *opdirken, optuigen.*

**opus** (het ~; opera) werk, kunstwerk ◆ **opus** *67 van Beethoven: het 67e werk dat hij gecomponeerd heeft.*

**op·val·len** (viel op, is opgevallen) de aandacht trekken, heel duidelijk anders zijn dan anderen ◆ *hij draagt* **op-vallende** *kleren.*

**op·vang** (de ~ (m.)) hulp aan mensen met problemen ◆ *een* **opvang**centrum.

**op·van·gen** (ving op, heeft opgevangen) **1** *iets opvangen:* iets vangen terwijl het door de lucht beweegt of valt ◆ *ik kon de stapel borden nog net* **opvangen 2** *iets opvan-*

gen: iets toevallig horen ◆ *ze luisterde aan de deur en* **ving** *de stem van haar tante* **op**; *ik heb iets* **opgevangen** *over een feest: ik heb er mensen over horen praten* **3** *iemand opvangen:* iemand helpen met zijn of haar problemen ◆ *de slachtoffers werden door het Rode Kruis* **opgevangen 4** *iemand opvangen:* iemand verwelkomen namens iemand anders ◆ *ik werd op het station door een onbekende* **opgevangen**.

**op·va·ren·de** (de ~; -n) iemand op een varend schip ◆ *na de schipbreuk zijn alle* **opvarenden** *gered.*

**op·vat·ten** (vatte op, heeft opgevat) **1** *iets op een bepaalde manier opvatten:* iets op een bepaalde manier begrijpen, iets op een bepaalde manier voor jezelf uitleggen ◆ *hij* **vatte** *de grap sportief* **op 2** *een plan opvatten:* het krijgen, het maken ◆ *we hebben het plan* **opgevat** *naar Londen te gaan* **3** *iets opvatten:* met iets beginnen ◆ *hij* **vatte** *zijn oude hobby weer* **op 4** *een gevoel voor iemand opvatten:* een bepaald gevoel voor iemand krijgen ◆ *ze* **vatte** *haat tegen hem* **op**.

**op·vat·ting** (de ~ (v.); -en) dat wat je over iets denkt, mening ◆ *ze houdt er moderne* **opvattingen** *op na.*

**op·vij·ze·len** (vijzelde op, heeft opgevijzeld) *iets opvijzelen:* iets met allerlei middeltjes beter maken ⇒ *opkrikken* ◆ *je moet je gezondheid wat* **opvijzelen**.

**op·vlie·gen** (vloog op, is opgevlogen) **1** driftig, boos worden ⇒ *opstuiven* ◆ *bij het minste of geringste* **vliegt** *ze* **op ▼** *je kunt voor mijn part* **opvliegen**!: *het interesseert me niet wat je doet!; ook:* ga toch weg!

**op·vlie·gend** (bijv. nw.) snel boos, snel geprikkeld ⇒ *driftig, heetgebakerd.*

**op·voe·den** (voedde op, heeft opgevoed) *een mens of een dier opvoeden:* ervoor zorgen dat die mens of dat dier volwassen wordt ⇒ *grootbrengen* ◆ *dat meisje is slecht* **opgevoed**: *ze weet zich niet te gedragen, ze heeft slechte manieren.*

**op·voe·der** (de ~ (m.); -s) (in België) iemand die kinderen en jongeren begeleidt, vooral in internaten.

**op·voe·ding** (de ~ (v.); -en) manier waarop iemand wordt opgevoed* of is opgevoed* ◆ *hij heeft geen* **opvoe-ding** *gehad: hij heeft slechte manieren.*

**op·voed·kun·de** (de ~ (v.)) wetenschap die zich bezighoudt met het opvoeden ⇒ *pedagogie.*

**op·voe·ren** (voerde op, heeft opgevoerd) **1** *een toneelstuk opvoeren:* het op het podium vertonen ⇒ *uitvoeren* **2** *iets opvoeren:* iets sterker, groter, hoger maken ◆ *ze willen de prijs* **opvoeren**; *een brommer met een* **opgevoerde** *motor: die extra hard kan rijden doordat er iets aan de motor is gedaan* **3** *iets opvoeren:* iets in het midden brengen als argument ◆ *hij* **voerde** *allerlei zaken* **op** *die er niets mee te maken hadden.*

**op·voe·ring** (de ~ (v.); -en) keer dat iets wordt opgevoerd* (bet.1) ⇒ *uitvoering, voorstelling.*

**op·vol·gen** (volgde op) **1** (heeft of is opgevolgd) *iemand opvolgen:* iemands plaats innemen als die persoon zijn of haar functie niet meer vervult ◆ *de prins* **volgde** *de koningin* **op 2** (heeft opgevolgd) *een bevel of raad opvolgen:* eraan gehoorzamen, ernaar luisteren.

**op·vol·ger** (de ~ (m.); -s), vrouw: **op·volg·ster** (de ~ (v.); -s) iemand die een ander opvolgt* (bet.1).

**op·waarts** (bijv. nw.) naar boven gericht, omhoog ◆ *de* **opwaartse** *kracht in water: de kracht waardoor iets dat in het water ligt naar boven gedrukt wordt.*

**op·wach·ten** (wachtte op, heeft opgewacht) *iemand opwachten:* wachten tot iemand komt omdat je van plan bent iets met hem of haar te gaan doen ◆ *ze stonden haar met z'n allen* **op** *te* **wachten**: *(bijv. om haar feestelijk te ontvangen).*

**op·wach·ting** (zelfst. nw.) ▼ *ergens je* **opwachting** *maken*: ergens een plechtig of feestelijk bezoek afleggen; *hij maakte zijn* **opwachting** *bij de directeur*.

**op·we·gen** (woog op, heeft opgewogen) *tegen iets opwegen*: evenveel waard zijn ◆ *dat kleine beetje geld* **weegt** *niet* **op** *tegen de moeite die je ervoor moet doen*.

**op·wek·ken** (wekte op, heeft opgewekt) **1** *iets opwekken*: ervoor zorgen dat iets er komt ◆ *zijn gedrag* **wekte** *argwaan* **op**; *de dokter probeerde de ademhaling van de drenkeling weer* **op** *te* **wekken 2** *iemand opwekken*: iemand overhalen, iemand aansporen ⇒ *stimuleren, aanzetten* ◆ *ze proberen me* **op** *te* **wekken** *om mee te doen; hij werd tot een grotere prestatie* **opgewekt**.

**op·wek·kend** (bijv. nw.) vrolijk makend, stimulerend.

**op·wel·ling** (de ~(v.); -en) keer dat je plotseling iets denkt of wilt doen, keer dat je plotseling iets voelt ⇒ *impuls* ◆ *mijn eerste* **opwelling** *was om thuis te blijven; hij heeft haar in een* **opwelling** *al zijn knikkers gegeven*.

**op·wer·ken** (werkte op, heeft opgewerkt) *je opwerken*: ervoor zorgen dat je een betere baan krijgt, carrière maken ⇒ *vooruitkomen* ◆ *hij heeft zich* **opgewerkt** *tot secretaris*.

**op·wer·kings·fa·briek** (de ~(v.); -en) fabriek waar brandstofstaven die in kerncentrales zijn gebruikt zo worden bewerkt dat ze opnieuw gebruikt kunnen worden.

**op·wer·pen** (wierp op, heeft opgeworpen) **1** *een vraag opwerpen*: die stellen, die naar voren brengen ⇒ *opperen* **2** *je opwerpen als iets*: zeggen dat je een bepaalde taak op je wilt en kunt nemen, dat je een bepaalde functie wilt en kunt vervullen ◆ *hij* **wierp** *zich* **op** *als ceremoniemeester*.

**op·win·den** (wond op, heeft opgewonden) **1** *iets, bijv. een horloge of klok, opwinden*: de veer opnieuw spannen, bijv. door aan een knopje te draaien, waardoor het horloge of de klok weer gaat lopen **2** *wol, garen of touw opwinden*: er een bol of een kluwen van maken **3** *je opwinden over iets*: je heel erg aan iets ergeren, je druk om iets maken ◆ **wind** *je niet* **op** *over zo'n kleinigheid!* **4** *iemand opwinden*: iemand een spannend gevoel bezorgen ◆ *het idee* **wond** *hem erg* **op**.

**op·win·ding** (de ~(v.)) het opgewonden* (bet.4) zijn ◆ *ze had een kleur van* **opwinding**; *de brand zorgde voor de nodige* **opwinding**: *er ontstond daardoor een drukke en zenuwachtige toestand*.

**op·za·de·len** (zadelde op, heeft opgezadeld) *iemand met iets opzadelen*: iemand met iets vervelends belasten, iemand iets vervelends laten doen ◆ *met dat vuile werk* **zadelen** *ze mij altijd* **op**.

**op·zeg·gen** (zegde of zei op, heeft opgezegd) **1** *iets, bijv. een abonnement of een lidmaatschap, opzeggen*: een einde maken aan de afspraak die je over iets gemaakt hebt ◆ *de huur van een huis* **opzeggen**: zeggen dat je het niet langer wilt huren **2** *een gedicht opzeggen*: het uit je hoofd voordragen.

**op·zet** (zelfst. nw.) **1** (de ~(m.); -ten) plan, manier waarop iets is georganiseerd ◆ *de bijeenkomst verliep volgens* **opzet**; *de* **opzet** *van het toneelstuk klopt niet* **2** (het ~) bewuste bedoeling, moedwilligheid ◆ *met* **opzet** *iets doen*: iets expres doen.

**op·zet·te·lijk** (bijv. nw.) met opzet* (bet.2), moedwillig ⇒ *expres* ◆ *ze kwam* **opzettelijk** *te laat*.

**op·zet·ten** (zette op) **1** (heeft opgezet) *iets opzetten*: iets oprichten, met iets beginnen volgens een plan ◆ *ze wil graag een eigen bedrijfje* **opzetten**; *het is* **opgezet** *spel*: (in België □) het is afgesproken werk, twee partijen hebben iets bekokstoofd waar een derde partij niets van weet **2** (heeft opgezet) *een tent opzetten*: die overeind zetten, meestal met behulp van stokken **3** (is opgezet) dik worden, opzwellen ◆ *m'n verstuikte enkel* **zet** *op* **4** (heeft opgezet) *een dood dier opzetten*: de ingewanden eruit halen en het opvullen, zodat je het kunt bewaren **5** (heeft opgezet) *iemand tegen iemand of iets opzetten*: iemand aanmoedigen tot verzet, iemand opstoken ◆ *ze had haar twee vriendinnen tegen elkaar* **opgezet**: ze had ervoor gezorgd dat haar vriendinnen ruzie kregen **6** *ergens mee opgezet zijn*: (in België □) ergens mee ingenomen zijn ▼ *zet 'm* **op**!: doe je best!

**op·zicht** (zelfst. nw.) ▼ *in een bepaald* **opzicht**: vanuit een bepaalde kant bekeken; *in dat* **opzicht** *is ze niets veranderd*: wat dat betreft, op dat punt; *in alle* **opzichten**: hoe je het ook bekijkt; *ten* **opzichte** *van*: vergeleken met, ten aanzien van; *ze zijn erop vooruitgegaan ten* **opzichte** *van vroeger*.

**op·zich·ter** (de ~(m.); -s) iemand die ergens toezicht op houdt, bijv. bij bouwwerkzaamheden.

**op·zich·tig** (bijv. nw.) *(van kleding, sieraden enz.)*: erg opvallend, veel aandacht trekkend.

**op·zien¹** (zelfst. nw.) ▼ *dat zal veel* **opzien** *baren*: daar zal iedereen van opkijken of verbaasd over zijn.

**op·zien²** (zag op, heeft opgezien) **1** *tegen iemand opzien*: ontzag, bewondering en respect voor iemand hebben ⇒ *opkijken* **2** *ergens van opzien*: verbaasd over iets zijn ⇒ *opkijken* **3** *ergens tegen opzien*: er niet veel zin in hebben omdat je denkt dat het moeilijk of vervelend is.

**op·zien·ba·rend** (bijv. nw.) gezegd van iets dat opzien¹* baart, verbazingwekkend.

**op·zij** (bijw.) aan de kant, uit de weg ◆ *ga eens* **opzij**; *geld* **opzij** *leggen*: (uitdr.) het sparen.

**op·zit·ten** (zat op, heeft opgezeten) **1** *(van honden)*: op de achterpoten zitten met de voorpoten voor de borst ◆ *we moesten de hele tijd* **opzitten** *en pootjes geven*: (uitdr.) we moesten de hele tijd tegen onze zin beleefd doen **2** niet naar bed gaan ⇒ *opblijven* ◆ *we hebben de hele nacht* **opgezeten**.

**op·zoe·ken** (zocht op, heeft opgezocht) **1** *iets opzoeken*: iets proberen te vinden ◆ *dat woord* **zoeken** *we* **op**: (in een woordenboek); *de schaduw* **opzoeken**: in de schaduw gaan zitten **2** *iemand opzoeken*: bij iemand op bezoek gaan ⇒ *bezoeken*.

**op·zwe·pen** (zweepte op, heeft opgezweept) *iemand opzwepen*: iemand sterk tot iets aanzetten, iemand sterk opjagen en ophitsen ◆ *zijn eerzucht* **zweepte** *hem* **op**.

**OR** (de ~(m.)) ondernemingsraad.

**oraal** (bijv. nw.) met de mond te maken hebbend ◆ *deze medicijnen worden* **oraal** *toegediend*: via de mond.

**ora·kel** (het ~; -s of -en) **1** raadselachtige boodschap van een god, die door een priester wordt overgebracht **2** plaats waar vroeger zulke boodschappen doorgegeven werden ◆ *het* **orakel** *van Delphi*.

**orang-oe·tang** (de ~(m.); -s) staartloze mensaap die in Indonesië voorkomt.

**oran·je** (bijv. nw.) met de kleur van een sinaasappel.

**Oran·je·huis** (het ~) de Nederlandse koninklijke familie.

**ora·tie** (de ~(v.); -s) redevoering ⇒ *rede, toespraak*.

**ora·tor** (de ~(m.); -en of -s) iemand die een oratie* houdt ⇒ *redenaar*.

**ora·to·ri·um** (het ~; oratoria of -s) muziekstuk voor solozangers, koor en orkest, dat meestal een verhaal uit de bijbel tot onderwerp heeft.

**or·chi·dee** [orgidee] (de ~; orchideeën) exotische plant, die in veel soorten voorkomt.

**or·de** (de ~) **1** plaatsing of rangschikking die niet willekeurig is, waar lijn en regelmaat in zitten ◆ *het huis is op orde*: het is opgeruimd; *iets in **orde** maken*:(uitdr.) iets regelen; ***orde** op zaken stellen*:(uitdr.) dingen opruimen of rangschikken; ook: iets goed regelen; *dat is aan de **orde** van de dag*:(uitdr.) dat komt vaak voor; *terugkeren tot de **orde** van de dag*:(uitdr.) tot de dagelijkse gang van zaken; *dat is nu niet aan de **orde***:(uitdr.) daar hebben we het nu niet over **2** toestand van regelmaat en rust, waarin alles onder controle is ◆ *de relschoppers verstoorden de openbare **orde**; de nieuwe juf kan geen **orde** houden; hij voelt zich niet in **orde***: niet helemaal gezond; *iemand tot de **orde** roepen*:(uitdr.) iemand een standje geven **3** (-n of -s) groep kloosterlingen die volgens bepaalde regels leven ◆ *de **orde** van de Benedictijnen* ▼ *in die **orde** van grootte*: zo ongeveer; *in die **orde** van grootte moet je je dat voorstellen*.

**or·de·lijk** (bijv. nw.) waarin orde* (bet.1), waarin regelmaat en netheid is ◆ *ze leeft erg **ordelijk***.

**or·de·nen** (ordende, heeft geordend) *iets ordenen*: orde* (bet.1) in iets aanbrengen, iets rangschikken ◆ *papieren **ordenen**; ze **ordende** haar verwarde kapsel*.

**or·de·ning** (de~(v.); -en) het ordenen* ◆ *ruimtelijke **ordening***: het inrichten van land, het geven van een bestemming aan gebieden.

**or·den·te·lijk** (bijv. nw.) fatsoenlijk, behoorlijk ⇒ *betamelijk* ◆ *zorg ervoor je dat je er **ordentelijk** uitziet*.

**or·der** (de~of het ~; -s) **1** bevel, opdracht ◆ *tot uw **orders**:*(uitdr.) zoals u wilt, tot uw dienst; *iets uitstellen tot nader **order**:*(uitdr.) iets voorlopig uitstellen **2** opdracht om iets te leveren ⇒ *bestelling* ◆ *een **order** plaatsen bij een firma*: daar een bestelling doen.

**or·di·nair** [ordienɛːr] (bijv. nw.) onbeschaafd, platvloers ⇒ *vulgair* ◆ *een **ordinair** type*.

**ord·ner** (de ~; -s) map om losse bladen papier in op te bergen ⇒ *opbergmap*.

**or·don·ne·ren** (ordonneerde, heeft geordonneerd) *iets ordonneren*: iets bevelen ⇒ *gelasten, verordonneren*.

**öre** [øːrə] (de ~) Scandinavische munt.

**ore·ga·no** (de ~) wilde marjolein, als kruid gebruikt ⇒ *majoraan*.

**ore·ren** (oreerde, heeft georeerd) **1** druk praten en betogen ◆ *hij stond daar maar te **oreren*** **2** een oratie* houden.

**or·gaan** (het ~; organen) **1** deel van het lichaam van een mens, een dier of een plant met een eigen functie ◆ *de maag is het **orgaan** waarin voedsel verteerd wordt* **2** krantje of blad van een club of vereniging.

**or·ga·ni·sa·tie** (de ~(v.); -s) **1** het organiseren* ◆ *Luuk neemt de **organisatie** van het feest voor zijn rekening* **2** vereniging, verbond ◆ *een verzets**organisatie***.

**or·ga·ni·sa·tor** (de ~(m.); -s of -en), vrouw: **or·ga·ni·sa·tri·ce** (de ~(v.); -s) iemand die iets organiseert*.

**or·ga·nisch** (bijv. nw.) **1** met organen* (bet.1) ◆ *organische wezens* **2** met een organisme* te maken hebbend ◆ *organisch afval*: afval van planten en dieren, dat vanzelf verteert; *het team vormde een **organisch** geheel*: (uitdr.) alle leden ervan werkten goed samen.

**or·ga·ni·se·ren** (organiseerde, heeft georganiseerd) *iets organiseren*: iets regelen, iets grondig voorbereiden en tot stand brengen ◆ *de wedstrijd was goed **georganiseerd***.

**or·ga·nis·me** (het ~; -n of -s) levend wezen, wezen met organen* (bet.1) ◆ *micro-**organismen***: hele kleine levende wezens, zoals bacteriën.

**or·ga·nist** (de ~(m.); -en), vrouw: **or·ga·nis·te** (de ~(v.); -n of -s) iemand die orgel* speelt.

**or·gas·me** (het ~; -n) hoogtepunt en ontlading van seksuele opwinding.

**or·gel** (het ~; -s) groot muziekinstrument met pijpen, klavieren en pedalen.

**or·gie** (de ~(v.); orgiën) losbandig feest waar veel gegeten en gedronken wordt.

**Oriënt** Ori·ent (de ~(m.) of het ~) het Oosten, de oosterse landen.

**oriëntaals** ori·en·taals (bijv. nw.) afkomstig uit of gebruikelijk in de Oriënt*, oosters.

**oriëntatie** ori·en·ta·tie (de ~(v.)) het oriënteren* ◆ *ter **oriëntatie**: om je te oriënteren*.

**oriënteren** ori·en·te·ren (oriënteerde, heeft georiënteerd) **1** *je oriënteren*: bepalen op welke plaats je bent, de juiste richting zoeken ◆ *in deze nieuwbouwwijk kun je je moeilijk **oriënteren*** **2** *je oriënteren*: zoveel mogelijk informatie verzamelen om daarna je standpunt te bepalen ◆ *ik wil me eerst eens **oriënteren** voor ik een nieuwe fiets koop*.

**ori·gi·ne** [ɔːriezjienə] (zelfst. nw.) ▼ *van origine*: van oorsprong, van afkomst; *ze is van Vlaamse **origine***: ze komt oorspronkelijk uit Vlaanderen.

**ori·gi·neel¹** [ɔːriezjieneːl] (het ~; originelen) het oorspronkelijke stuk, de eerste of oudste versie ◆ *is dat schilderij een **origineel** of een kopie?*

**ori·gi·neel²** [ɔːriezjieneːl] (bijv. nw.) **1** niet van iemand of iets anders overgenomen, erg bijzonder ⇒ *oorspronkelijk* ◆ *hij heeft **originele** ideeën*: die uit hemzelf voortkomen **2** oorspronkelijk, onvervalst ◆ *de **originele** versie van dat toneelstuk is veel uitgebreider; een **originele** Rubens*: een schilderij dat echt door Rubens gemaakt is.

**or·ka** (de ~(m.); orka's) zwaardwalvis.

**or·kaan** (de ~(m.); orkanen) hevige storm.

**or·kest** (het ~; -en) grote groep mensen die muziek maken op verschillende muziekinstrumenten ◆ *het **orkest** speelt een symfonie van Beethoven*.

**or·kest·ze·tel** (de ~(m.); -s) (in België ▢) zitplaats in een schouwburg op een van de voorste rijen ⇒ *stallesplaats*.

**or·naat** (zelfst. nw.) ▼ *in vol ornaat*: met al je kleding, onderscheidingen en versierselen die bij je positie horen; *in vol **ornaat** kwam ze binnen*: in haar mooiste kleren.

**or·na·ment** (het ~; -en) versiersel ◆ *een schilderijlijst met **ornamenten***.

**or·ni·tho·loog** (de ~(m.); ornithologen), vrouw: **or·ni·tho·lo·ge** (de ~(v.); -s of -n) vogelkenner.

**or·tho·don·tist** (de ~(m.); -en), vrouw: **or·tho·don·tis·te** (de ~(v.); -s en -n) specialist die onregelmatige gebitten weer in orde maakt ◆ *ik kreeg een beugel van de **orthodontist***.

**or·tho·dox** (bijv. nw.) gezegd van iemand die niet afwijkt van de leer, die zich precies aan de oorspronkelijke regels houdt ⇒ *rechtzinnig* ◆ *een **orthodox** gelovige*.

**or·tho·pe·da·goog** (de ~(m.); orthopedagogen) specialist die zich bezighoudt met de opvoeding van kinderen met een geestelijke of lichamelijke afwijking.

**or·tho·pe·dist** (de ~(m.); -en), vrouw: **or·tho·pe·dis·te** (de ~(v.); -n of -s) orthopeed.

**or·tho·peed** (de ~(m.); orthopeden) specialist die afwijkingen in botten, spieren en gewrichten behandelt ⇒ *orthopedist*.

**os** (de ~(m.); -sen) gecastreerde stier ◆ *slapen als een **os***: (uitdr.) heel diep en vast slapen; *van de **os** op de ezel springen*: (in België ▢; uitdr.; populair) telkens over iets anders beginnen te praten, van de hak op de tak springen.

**os·sen·haas** (de ~(m.)) stuk vlees uit de lendenen van een rund.

**os·ten·ta·tief** (bijv. nw.) met opzet de aandacht trekkend om iets duidelijk te maken dat je niet zegt ⇒ *demonstratief*.

**OT** (het ~) Oude *T*estament; dit is een deel van de bijbel.

**ot·ter** (de ~ (m.); -s) roofdier dat op een marter lijkt en dat in en om het water leeft ◆ *zwemmen als een otter*: (uitdr.) heel goed zwemmen.

**ou·bol·lig** (bijv. nw.) grappig op een wat flauwe en melige manier ◆ *een oubollig toneelstuk*.

**oud¹** (zelfst. nw.) ▼ *oud en nieuw vieren*: de overgang van het oude naar het nieuwe jaar vieren.

**oud²** (bijv. nw.) **1** gezegd van iemand die of iets dat al lang geleefd heeft, het tegenovergestelde van 'jong' ◆ *mijn oma is al erg oud*; *zoals de ouden zongen, piepen de jongen*: (uitdr.) (dit zeg je als kinderen ongeveer net zo praten of handelen als hun ouders); *zo oud als Methusalem*: (uitdr.) heel oud **2** gezegd van iets dat al lang bestaat, het tegenovergestelde van 'nieuw' ◆ *een oud gebouw; zijn oude kwaaltje stak weer de kop op*: het kwaaltje dat hij al heel lang heeft; *ze zijn oude vrienden*: ze zijn al heel lang vrienden; *alles bij het oude laten*: (uitdr.) alles laten zoals het is, niets veranderen; *zo oud als de wereld, zo oud als de weg naar Rome*: (uitdr.) heel erg oud **3** een bepaalde leeftijd hebbend ◆ *zij is 31 jaar oud; hoe oud ben jij?*

**oud-** voormalig, ex- ◆ *een oud-leerling; Oud-Frans*: het Frans van heel vroeger.

**oud·bak·ken** (bijv. nw.) (van brood en koek): niet vers meer.

**ou·der** (de ~ (m.); -s) vader of moeder ◆ *mijn ouders zijn het daar niet mee eens*.

**ou·der·dom** (de ~ (m.)) **1** hoge leeftijd ◆ *door haar ouderdom kan ze niet goed meer lopen; de ouderdom komt met gebreken*: (uitdr.) als je oud wordt, ga je steeds meer mankeren **2** de tijd dat iets bestaat ◆ *de juiste ouderdom van dat gebouw is niet bekend*.

**ou·der·lijk** (bijv. nw.) van je ouders* ◆ *het ouderlijk huis*.

**ou·der·ling** (de ~ (m.); -en) lid van de kerkenraad van een protestantse kerk.

**ou·der·wets** (bijv. nw.) van vroeger, wat nu niet meer gebruikelijk of in de mode is, het tegenovergestelde van 'modern' ⇒ *verouderd* ◆ *een ouderwetse jurk; het was weer ouderwets gezellig*: net zo gezellig als vroeger.

**oud·ge·dien·de** (de ~; -n) iemand die veel ervaring heeft in een of ander vak.

**oud·heid** (de ~ (v.)) de tijd van de oude Grieken en Romeinen (tot ± 500 na Chr.) ◆ *dat stamt nog uit de grijze oudheid*: (uitdr.) dat is iets van heel lang geleden.

**oud·jaar** (het ~) laatste dag van het jaar, 31 december.

**oud·je** (het ~; -s) **1** oud* (bet.1) mens **2** (populair) oud* (bet.2) en versleten ding.

**oud·oom** (de ~ (m.); -s) oom van je vader of moeder.

**ouds·her** (bijw.) ▼ *van oudsher*: altijd al, zolang als je je kunt herinneren; *onze familie woont van oudsher in deze streek*.

**oud·tan·te** (de ~ (v.); -s) tante van je vader of moeder.

**out·cast** (Engels) [ɑutkɑːst] (de ~; -s) iemand die door de maatschappij verstoten is, die er niet bij hoort ⇒ *paria*.

**out·fit** (de ~) kleren die je aan hebt, met de dingen die daarbij horen.

**ou·til·la·ge** (Frans) [oetieja̯aːzjə] (de ~ (v.)) alle machines en apparaten waarmee een bedrijf is uitgerust.

**out·put** (Engels) [ɑutpœt] (de ~) uitkomst van een computerbewerking, het tegenovergestelde van 'input'.

**out·si·der** (Engels) [ɑutsajdər] (de ~ (m.); -s) buitenstaander, het tegenovergestelde van 'insider'.

**ou·ver·tu·re** [œvertuːrə] (de ~ (v.); -s of -n) muziekstuk dat door een orkest gespeeld wordt aan het begin van bijv. een opera.

**ou·vreu·se** [œvreuzə] (de ~ (v.); -s) vrouw die in een

schouwburg of bioscoop bezoekers hun plaatsen aanwijst.

**ou·wel** (de ~ (m.); -s) **1** dun wit baksel van water en bloem, zoals dat bijv. onder kokoskoeken zit **2** hostie.

**ou·we·lijk** (bijv. nw.) gezegd van iets dat je ouder doet lijken dan je bent ◆ *zij gedraagt zich ouwelijk*.

**ovaal¹** (het ~; ovalen) langwerpig figuur zonder hoeken, met de vorm van een ei ⇒ *ellips* ◆ *het ovaal van haar gezicht*.

**ovaal²** (bijv. nw.) met de vorm van een ei.

**ova·ri·um** (het ~; ovaria of -s) (medisch) eierstok.

**ova·tie** (de ~ (v.); -s) groot applaus met toejuichingen ◆ *aan het eind van het toneelstuk kregen de spelers een ovatie*.

**ova·ti·o·neel** (bijv. nw.) als een ovatie* ◆ *een ovationeel applaus*.

**oven** (de ~ (m.); -s) ruimte om voedsel of voorwerpen in te bakken, te drogen of te smelten ◆ *dat brood komt net uit de oven; een pottenbakkersoven*.

**oven·vast** (bijv. nw.) gezegd van iets dat niet kapot kan gaan door de hitte van een oven ⇒ *vuurvast* ◆ *deze schaal is ovenvast*.

**over¹** (bijw.) **1** voorbij ◆ *de kiespijn is over* **2** van de ene kant naar de andere ◆ *zij liepen de markt over; over en weer*: (uitdr.) van allebei de kanten; *over en weer werden stenen gegooid* **3** nog aanwezig terwijl de rest op of weg is ◆ *na het feest was er niets meer over van de taart* **4** nog een keer, overnieuw ⇒ *opnieuw* ◆ *zij doet het werk over* **5** van de ene plaats naar de andere ◆ *al haar klasgenoten zijn over*: ze gaan naar een hogere klas; *haar oom en tante uit Canada zijn over*: ze zijn op bezoek ▼ *te over*: meer dan genoeg; *er is hier ruimte te over om te voetballen; daar kan ik niet van over*: (in België □; populair) daar sta ik versteld van.

**over²** (voorz.) **1** wat te maken heeft met, omtrent ⇒ *aangaande, betreffende, inzake* ◆ *zij weet alles over konijnen* **2** verder dan, voorbij ◆ *het is tien over vier; net over de grens* **3** (om aan te geven dat iets bedekt wordt) ◆ *een tafelkleed over de tafel* **4** via ◆ *zullen we over Amsterdam of over Utrecht rijden?* **5** (in verschillende vaste combinaties van woorden) ◆ *de baas over iemand spelen*.

**over-** heel erg ◆ *overbezorgd; oververmoeid*.

**over·al¹**, Engels: **over·all** (de ~ (m.); -s) werkpak uit één stuk dat je over je andere kleren aantrekt ◆ *de schilder draagt een witte overal*.

**over·al²** (bijw.) **1** op alle plaatsen ◆ *als het feest is, hangen overal de vlaggen uit* **2** (gevolgd door een voorzetsel) alles ◆ *hij weet overal van*.

**over·be·vol·king** (de ~ (v.)) toestand waarin er te veel mensen wonen in een bepaald gebied.

**over·blijf·sel** (het ~; -s of -en) iets dat over¹* (bet.3) is ⇒ *rest, restant, overschot* ◆ *dat kasteel is een overblijfsel uit de Middeleeuwen; de overblijfselen van het avondeten*.

**over·blij·ven** (bleef over, is overgebleven) in de middagpauze niet naar huis gaan, maar op school blijven.

**over·bo·dig** (bijv. nw.) niet nodig ⇒ *onnodig, overtollig* ◆ *dat is een overbodige vraag*.

**over·boord** (bijw.) over de reling van een schip het water in ◆ *man overboord!*: er is iemand in het water gevallen!; *je plannen overboord zetten*: (uitdr.) ervan afzien.

**over·brie·ven** (briefde over, heeft overgebriefd) iets overbrieven: iets verklikken, iets doorvertellen.

**over·brug·gen** (overbrugde, heeft overbrugd) iets overbruggen: een overgang of verbinding tot stand brengen

◆ *hij wil de dagen tot zijn ouders thuiskomen* **overbrug-gen** *door bij een vriend te gaan logeren; een afstand* **over-bruggen:** *die op een of andere manier afleggen.*

**o̲ver·buur·man** (de ~(m.); -nen) *buurman die aan de overkant van de straat woont.*

**o̲ver·com·pleet** (bijv. nw.) *te veel, niet nodig* ⇒ *overtol-lig, overbodig* ◆ *een* **overcomplete** *tafel; ik voel me hier* **overcompleet.**

**o̲ver·daad** (de ~) *erg grote of te grote hoeveelheid* ◆ *de zaal was versierd met een* **overdaad** *van bloemen;* **over-daad** *schaadt:* (uitdr.) *het is niet goed te veel van iets te gebruiken of te hebben.*

**o̲ver·da·dig** (bijv. nw.) *met overdaad* ◆ *zij zette haar gasten een* **overdadige** *maaltijd voor.*

**o̲ver·dag** (bijw.) *als het dag is, het tegenovergestelde van ''s nachts'.*

**o̲ver·den·ken** (overdacht, heeft overdacht) *iets overden-ken: over iets nadenken* ◆ *hij* **overdacht** *wat hij fout had gedaan.*

**o̲ver·doen** (deed over, heeft overgedaan) *iets aan iemand overdoen: iets aan iemand afstaan, soms tegen betaling* ◆ *hij* **doet** *zijn auto aan zijn zoon over.*

**o̲ver·dracht** (de ~; -en) *keer dat je iets aan iemand over-draagt* ◆ *de* **overdracht** *van een schip: het overgeven aan de eigenaar.*

**o̲ver·drach·te·lijk** (bijv. nw.) *figuurlijk, niet letterlijk* ◆ *in 'het oog van de naald' wordt 'oog'* **overdrachtelijk** *ge-bruikt.*

**o̲ver·dra·gen** (droeg over, heeft overgedragen) *iets aan ie-mand overdragen: iets officieel aan iemand geven* ◆ *de burgemeester* **droeg** *zijn ambt* **over** *aan zijn opvolger; het huis wordt volgende week* **overgedragen:** *dan wordt het aan de eigenaar gegeven.*

**o̲ver·dre·ven** (bijv. nw.) *te veel of te erg* ◆ *zij doet* **over-dreven** *vriendelijk.*

**o̲ver·drij·ven** (overdreef, heeft overdreven) *iets overdrij-ven: iets groter, mooier of erger voorstellen dan het is.*

**o̲ver·drive** (Engels) [oo_verdrajf](de ~; -s) *extra versnel-ling in een auto, waardoor hij bij een hoge snelheid weinig benzine verbruikt.*

**o̲ver·druk** (de ~(m.); -ken) *afdruk van een artikel in een tijdschrift* ◆ *de uitgever stuurde de schrijver van het arti-kel een paar* **overdrukken** *toe.*

**o̲ver·dwars** (bijw.) *dwars, in de breedte, het tegenover-gestelde van 'overlangs'* ◆ *brood snijd je* **overdwars.**

**o̲ver·een** (bijw.) (in België □) *over elkaar.*

**o̲ver·een·ko·men** (kwam overeen, is overeengekomen) **1** *met iets overeenkomen: voor een deel of helemaal het-zelfde zijn, met iets kloppen* ⇒ *overeenstemmen, stro-ken, rijmen, corresponderen* ◆ *de beschrijving in de reis-gids* **komt overeen** *met de werkelijkheid; mijn mening* **komt overeen** *met die van jou* **2** *iets met iemand overeen-komen: iets met iemand afspreken* ◆ *hij is met zijn baas* **overeengekomen** *dat hij meer gaat verdienen* **3** *goed, slecht met iemand overeenkomen:* (in België □) *het goed, slecht met iemand kunnen vinden.*

**o̲ver·een·komst** (de ~(v.); -en) **1** *gelijkheid, het hele-maal of gedeeltelijk hetzelfde zijn* ⇒ *overeenstemming, gelijkenis* ◆ *er zijn veel* **overeenkomsten** *tussen die twee steden* **2** *afspraak* ◆ *een* **overeenkomst** *sluiten.*

**o̲ver·een·kom·stig¹** (bijv. nw.) *gezegd van dingen die overeenkomen* (bet.1) ⇒ *corresponderend, navenant* ◆ *ze hebben* **overeenkomstige** *problemen.*

**o̲ver·een·kom·stig²** (voorz.) *in overeenstemming met, net zoals* ⇒ *volgens, conform* ◆ **overeenkomstig** *zijn wens is hij in stilte begraven.*

**o̲ver·een·stem·men** (stemde overeen, heeft overeenge-

stemd) *met iets overeenstemmen: met iets overeenkomen* (bet.1) ◆ *de toneelvoorstelling* **stemde overeen** *met mijn verwachtingen.*

**o̲ver·een·stem·ming** (de ~(v.)) *overeenkomst* ◆ *de bei-de partijen zijn tot* **overeenstemming** *gekomen: ze zijn het met elkaar eens geworden; dat is niet in* **overeen-stemming** *met de regels: dat gaat tegen de regels in.*

**o̲ver·eind** (bijw.) *rechtop* ◆ *toen hij was gevallen, kon hij niet meer* **overeind** *komen; die afspraak blijft* **overeind:** (uitdr.) *die blijft geldig.*

**o̲ver·gaan** (ging over, is overgegaan) **1** *aan het eind van het schooljaar toegelaten worden tot een hogere klas of groep, het tegenovergestelde van 'blijven zitten'* **2** *van de ene toestand in de andere overgaan: van de ene toestand in de andere veranderen* ◆ *als water heel koud wordt,* **gaat** *het over in ijs* **3** *tot iets overgaan: iets gaan doen* ◆ *de vergadering* **gaat over** *tot stemmen* **4** *op iets overgaan: iets gaan gebruiken nadat je eerst iets anders gebruikt hebt* ⇒ *overschakelen, overstappen* ◆ *we gaan over op centrale verwarming* **5** (van een bel): *rinkelen* ◆ *de telefoon* **ging** *drie keer* **over.**

**o̲ver·gang** (de ~(m.)) **1** *het overgaan* (bet.1 en 2) ◆ *ze had een goed* **overgangs**rapport; *de* **overgang** *van water in stoom* **2** *periode in het leven van een vrouw waarin haar vruchtbaarheid ophoudt (meestal als ze ongeveer 50 jaar is)* ⇒ *menopauze.*

**o̲ver·gan·ke·lijk** (bijv. nw.) (taal) *gezegd van een werk-woord dat een lijdend voorwerp bij zich heeft of kan hebben, het tegenovergestelde van 'onovergankelijk'* ⇒ *transitief* ◆ *'slaan' is een* **overgankelijk** *werkwoord.*

**o̲ver·ga·ve** (de ~) **1** *grote toewijding* ◆ *zij doet haar werk met* **overgave** **2** *het opgeven van weerstand, berusting* ◆ *ze dwongen hun tegenstanders tot* **overgave.**

**o̲ver·ge·ven** (gaf over, heeft overgegeven) **1** *de stoffen die in je maag zitten vanzelf terugkrijgen in je mond en ze naar buiten laten komen* ⇒ *braken, kotsen, spugen* **2** *je overgeven: je gevangen laten nemen door de vijand of de strijd opgeven* ⇒ *capituleren* **3** *je aan iets overgeven: je helemaal aan iets wijden, helemaal in iets opgaan* **4** *iets overgeven: iets aan God overlaten, ergens in berus-ten.*

**o̲ver·ge·voe·lig** (bijv. nw.) *heel erg gevoelig, snel boos of verdrietig.*

**o̲ver·gooi·er** (de ~(m.); -s) *jurk zonder mouwen, die je over een bloes, trui enz. heen draagt.*

**o̲ver·groot·moe·der** (de ~(v.); -s) *moeder van je oma of opa.*

**o̲ver·groot·va·der** (de ~(m.); -s) *vader van je oma of opa.*

**o̲ver·haast** (bijv. nw.) *te haastig* ⇒ *overijld* ◆ *een* **over-haaste** *beslissing: die te snel genomen is.*

**o̲ver·ha·len** (haalde over, heeft overgehaald) *iemand ergens toe overhalen: iemand ertoe bewegen iets te doen* ⇒ *over-reden* ◆ *zij* **haalde** *hem* **over** *om toch mee te gaan fietsen.*

**o̲ver·hand** (zelfst. nw.) ▼ *de* **overhand** *hebben of krijgen: de meeste macht of invloed hebben of krijgen, het sterkst zijn of worden; wie heeft de* **overhand** *in de strijd?: wie is er aan het winnen?*

**o̲ver·han·di·gen** (overhandigde, heeft overhandigd) *iets aan iemand overhandigen: iemand iets in handen* geven ◆ *de actiegroep* **overhandigde** *de brief aan de minister.*

**o̲ver·head·pro·jec·tor** [oo_verhɛ:tproojektor](de ~; -s) *apparaat met afbeeldingen die op een doorzichtig vel getekend zijn op een scherm te laten zien.*

**o̲ver·heb·ben** (had over, heeft overgehad) *iets voor iemand of iets overhebben: iets voor een persoon of zaak willen doen, iets voor een persoon of zaak kunnen missen* ◆ *daar* **heb** *ik heel wat geld voor* **over.**

**over·heen** (bijw.) **1** over de oppervlakte van iets ◆ *een bed met een sprei er*overheen **2** buiten iets uitstekend ◆ *zij hangt met haar benen* **over** *de rand van de boot* **heen 3** over de bovenkant van iets ◆ *de bal schoot er*overheen; *ergens* overheen *zijn:* (uitdr.) ergens geen last meer van hebben, iets verwerkt hebben; *ze is nog niet* **over** *de dood van haar man* **heen 4** voorbij ◆ *er ging twee jaar* overheen *voordat zij hem terugzag; ergens* overheen *lezen:* (uitdr.) iets bij het lezen niet opmerken.

**over·heer·sen** (overheerste, heeft overheerst) **1** het sterkst zijn, de meeste macht of invloed hebben ⇒ domineren ◆ *de smaak van gember* overheerste *in de koek* **2** een land, een volk overheersen: erover heersen* (bet.1), de baas erover zijn ◆ *Nederland is lang* overheerst *door Frankrijk.*

**over·heer·sing** (de ~(v.); -en) het overheersen* (bet.2).

**over·heid** (de ~(v.); overheden) regering van een land, provincie of gemeente.

**over·hel·len** (helde over, heeft overgeheld) **1** met de bovenkant naar opzij hangen ◆ *het schip* **helt over 2** naar of tot iets overhellen: ergens de neiging toe hebben, ergens door aangetrokken worden ◆ *hij* **helt over** *naar de mening van de tegenpartij.*

**over·hemd** (het ~; -en) kledingstuk van dunne stof met knopen aan de voorkant, dat vaak door mannen wordt gedragen.

**over·he·ve·len** (hevelde over, heeft overgeheveld) vloeistof overhevelen: die met een hevel* van het ene vat in het andere brengen ◆ *de ambtenaren werden van de ene provincie naar de andere* overgeheveld: (uitdr.) ze werden van de ene provincie naar de andere overgeplaatst.

**over·hoeks·lijn** (de ~; -en) (in België □) diagonaal.

**over·hoop** (bijw.) door elkaar ⇒ dooreen, ondersteboven ◆ *hij gooit de stapel papieren* overhoop; *met elkaar* **overhoop** *liggen:* (uitdr.) ruzie hebben.

**over·ho·ren** (overhoorde, heeft overhoord) iemand overhoren: controleren of iemand iets goed geleerd heeft door hem of haar vragen te stellen.

**over·hou·den** (hield over, heeft overgehouden) het houdt niet over: het kon beter.

**ove·rig** (bijv. nw.) **1** gezegd van iets dat nog over[1]* (bet.3) is ◆ *de* overige *dagen houdt hij vakantie; voor het* **overige**: wat de rest betreft **2** ander, verder ◆ *de* overige *bezoekers.*

**ove·ri·gens** (bijw.) **1** voor de rest, behalve dat ◆ *hij is soms wat kortaf,* overigens *is het een aardige jongen* **2** trouwens ◆ *hij was* overigens *vanmorgen wel te laat op school.*

**over·ijld** (bijv. nw.) overhaast.

**over·ja·rig** (bijv. nw.) (van voedingsmiddelen): erg oud ◆ *overjarige kaas.*

**over·jas** (de ~; -sen) jas die je over je andere kleren draagt als je naar buiten gaat.

**over·kant** (de ~(m.)) de kant tegenover deze kant ⇒ overzijde ◆ *haar vriendin woont aan de* **overkant**: aan de andere kant van de straat.

**over·kap·ping** (de ~(v.); -en) grote kap* (bet.2) ergens overheen ◆ *de* overkapping *van het station.*

**over·koe·pe·lend** (bijv. nw.) andere dingen onder zich verenigend ◆ *een* overkoepelende *organisatie:* die aan het hoofd staat van andere organisaties.

**over·ko·ken** (kookte over, is overgekookt) (van vloeibare stoffen): zo hevig koken dat het over de rand van de pan komt ◆ *de melk* **kookt over**.

**over·ko·men[1]** (overkwam, is overkomen) iemand overkomen: onverwacht met iemand gebeuren ◆ *er is hem een ongeluk* overkomen; *ik wist niet wat me* **overkwam**!: (dit zeg je als je erg verbaasd over iets bent).

**over·ko·men[2]** (kwam over, is overgekomen) (van een boodschap): ontvangen worden ◆ *het telegram is zonder fouten* overgekomen; *zijn woorden* **kwamen** *niet goed* **over** *bij het publiek:* het publiek begreep ze niet goed.

**over·la·den[1]** (bijv. nw.) met te veel van iets ◆ *een* overladen *programma:* dat te vol is.

**over·la·den[2]** (overlaadde, heeft overladen) iemand met iets overladen: iemand te veel van iets geven ⇒ overstelpen ◆ *de onderwijzer* overlaadt *zijn leerlingen met huiswerk.*

**over·langs** (bijw.) in de lengte, het tegenovergestelde van 'overdwars' ◆ *snijd de cake maar* overlangs.

**over·lap·pen** (overlapte, heeft overlapt) iets overlappen: iets voor een deel bedekken, voor een deel met iets samenvallen ◆ *die twee landkaarten* **overlappen** *elkaar:* een gedeelte van wat op de ene kaart staat, staat ook op de andere.

**over·last** (de ~(m.)) hinder ◆ *de buren bezorgen ons veel* **overlast**; *geluidsoverlast.*

**over·la·ten** (liet over, heeft overgelaten) iets aan iemand overlaten: iemand iets laten doen, iemand voor iets laten zorgen ◆ *die beslissing* **laat** ik aan haar **over**: die moet zij maar nemen; *ik kan ook niets aan jou* **overlaten**!: je kunt ook niets zelfstandig doen!

**over·le·den** → overlijden.

**over·le·de·ne** (de ~; -n) iemand die is overleden* ⇒ dode.

**over·leed** → overlijden.

**over·leg** (het ~) **1** nadenkendheid, verstandigheid ◆ *iets met* **overleg** *doen* **2** het overleggen* ◆ *zij hebben dat gedaan in* **overleg** *met hun ouders:* nadat ze met hun ouders erover hadden gepraat.

**over·leg·gen** (overlegde, heeft overlegd) iets met iemand overleggen: met iemand over iets praten om zijn of haar mening erover te horen ⇒ beraadslagen.

**over·le·ven** (overleefde, heeft overleefd) **1** een ramp, een ongeluk overleven: erna nog in leven zijn **2** iemand overleven: langer leven dan die persoon ◆ *die man heeft al zijn kinderen* overleefd.

**over·le·ven·de** (de ~; -n) iemand die na een ramp of ongeluk nog leeft.

**over·le·ve·ren** (leverde over, heeft overgeleverd) **1** iemand aan iemand anders overleveren: iemand in handen van een ander geven om die ander een beslissing over hem of haar te laten nemen ◆ *de inbreker werd aan de politie* overgeleverd **2** een verhaal overleveren: het doorvertellen aan de mensen die na jou op de wereld gekomen zijn **3** aan iets overgeleverd zijn: aan iets blootgesteld zijn.

**over·le·ve·ring** (de ~(v.); -en) verhaal dat steeds weer overgeleverd* (bet.2) is ◆ *volgens de* **overlevering** *ligt daar een schat begraven.*

**over·le·vings·pen·si·oen** (het ~; -en) (in België □) pensioen voor een weduwe of weduwnaar.

**over·lij·den** (overleed, is overleden) doodgaan ⇒ sterven, ontslapen.

**over·loop** (de ~(m.); overlopen) gang op een verdieping van een huis, waar de trap uitkomt.

**over·lo·pen[1]** (liep over, is overgelopen) **1** (van iets waar vloeistof in zit): zo vol zijn dat de vloeistof eruit stroomt ⇒ overstromen ◆ *toen hij vergeten was de kraan dicht te draaien,* **liep** *de gootsteen* **over**; *ze* **loopt over** *van enthousiasme:* (uitdr.) ze is heel enthousiast **2** je aansluiten bij een ander partij of groep dan die waar je eerst toe behoorde ◆ *de soldaat* **liep over** *naar de vijand.*

**over·lo·pen[2]** (overliep, heeft overlopen) een krant, boek overlopen: (in België □) die of dat vluchtig inkijken, die of dat vluchtig lezen.

**over·maat** (zelfst. nw.) ▼ tot **overmaat** van ramp: bij alle ellende die we al hadden; tot **overmaat** van ramp begon het ook nog te regenen.

**over·macht** (de ~) dwingende omstandigheden die je niet kunt voorzien ◆ dat was **overmacht**: daar kon ik niets aan doen.

**over·ma·ken** (maakte over, heeft overgemaakt) een bedrag overmaken: het van de ene postgiro- of bankrekening naar de andere overbrengen ⇒ overschrijven, gireren.

**over·man·nen** (overmande, heeft overmand) iemand overmannen: de baas over iemand worden door geweld te gebruiken ⇒ overmeesteren, overweldigen ◆ de inbreker **overmande** de bewaker; hij werd door slaap **overmand**: hij viel zonder dat hij dat wilde in slaap.

**over·ma·tig** (bijv. nw.) te veel, te erg ⇒ buitensporig, overdadig ◆ hij houdt niet van **overmatig** eten.

**over·mees·te·ren** (overmeesterde, heeft overmeesterd) iemand overmeesteren: de baas over iemand worden door geweld te gebruiken ⇒ overmannen, overweldigen ◆ de misdadiger werd door de agent **overmeesterd**; zij werd door verdriet **overmeesterd**: haar verdriet was zo sterk dat ze er niets tegen kon doen.

**over·moed** (de ~(m.)) grote durf omdat je je heel sterk voelt.

**over·moe·dig** (bijv. nw.) vol overmoed*.

**over·mor·gen** (bijw.) op de dag na morgen.

**over·nach·ten** (overnachtte, heeft overnacht) ergens overnachten: ergens blijven slapen ⇒ logeren ◆ zij **overnachten** in een hotel.

**over·ne·men** (nam over, heeft overgenomen) **1** een taak van iemand overnemen: die uitvoeren nadat iemand anders eraan gewerkt heeft ◆ zal ik het van je **overnemen**?: zal ik ermee verder gaan? **2** iets van iemand overnemen: iets van iemand kopen ◆ hij heeft de auto van zijn ouders **overgenomen** **3** iets van iemand overnemen: wat een ander uit gewoonte doet zelf ook gaan doen ◆ dat stopwoord heeft hij van zijn vrienden **overgenomen**.

**over·nieuw** (bijw.) nog een keer, opnieuw.

**over·pein·zing** (de ~(v.); -en) diepe en ernstige gedachte over iets ⇒ overdenking.

**over·plaat·sen** (plaatste over, heeft overgeplaatst) iemand overplaatsen: iemand op een andere plaats zijn of haar werk laten doen ◆ de soldaten worden naar een andere kazerne **overgeplaatst**.

**over·pro·duc·tie** (de ~(v.)) te grote productie ◆ in dat land is een **overproductie** van graan.

**over·re·den** (overreedde, heeft overreed) iemand overreden: iemand overhalen door te praten ⇒ bepraten, ompraten ◆ zij wist de agent te **overreden** haar geen bekeuring te geven.

**over·rij·den** (overreed, heeft overreden) iemand of iets overrijden: over iemand of iets heen rijden ◆ het konijntje is door een auto **overreden**.

**over·rom·pe·len** (overrompelde, heeft overrompeld) iemand overrompelen: iemand heel onverwacht bezoeken of iemand heel onverwacht iets meedelen of vragen ⇒ overvallen ◆ de agenten **overrompelden** de dief; zij **overrompelde** haar ouders met haar plannen.

**over·scha·du·wen** (overschaduwde, heeft overschaduwd) iemand of iets overschaduwen: iemand of iets overtreffen en daardoor minder belangrijk laten lijken ⇒ overvleugelen ◆ die knappe leerling **overschaduwt** al zijn klasgenoten.

**over·scha·ke·len** (schakelde over, heeft overgeschakeld) **1** een verbinding verbreken en gelijk een andere verbinding tot stand brengen ◆ wij **schakelen** nu **over** naar onze verslaggever in Brussel **2** op iets overschakelen: iets

gaan gebruiken in plaats van iets anders ⇒ overgaan, overstappen ◆ in dat bedrijf **schakelen** ze **over** op olie.

**over·schat·ten** (overschatte, heeft overschat) iemand of iets overschatten: denken dat iemand of iets meer of beter is dan in werkelijkheid, het tegenovergestelde van 'onderschatten' ◆ hij heeft zijn kracht **overschat**: hij is niet zo sterk als hij dacht.

**over·schie·ten** (schoot over, is overgeschoten) overblijven, over zijn ⇒ resten ◆ wat **schiet** er voor mij **over**?; hij is bang dat hij **overschiet**: dat hij geen partner zal vinden.

**over·schot** (het ~; -ten) **1** dat wat er van iets over is ⇒ rest, restant, overblijfsel ◆ het stoffelijk **overschot** van iemand: iemands lijk **2** dat wat er te veel is, het tegenovergestelde van 'tekort' ◆ een **overschot** aan personeel; je hebt **overschot** van gelijk: (in België □; uitdr.) je hebt volkomen gelijk.

**over·schrij·den** (overschreed, heeft overschreden) **1** iets, bijv. een grens, overschrijden: over iets heen gaan ◆ de opbrengst van de actie heeft de grens van een miljoen gulden **overschreden**: de opbrengst is groter dan een miljoen **2** iets, bijv. regels, overschrijden: je niet aan iets houden.

**over·schrij·ven** (schreef over, heeft overgeschreven) **1** iets overschrijven: iets precies zo opschrijven als het ergens anders staat ◆ huiswerk van iemand **overschrijven** **2** een bedrag overschrijven: het overmaken (bet.1) ⇒ gireren.

**over·slaan** (sloeg over) **1** (heeft overgeslagen) iemand of iets overslaan: iemand of iets met opzet of per ongeluk vergeten ◆ toen hij zijn huiswerk maakte, **sloeg** hij de helft van de sommen **over**; bij het uitdelen werd zij **overgeslagen** **2** (heeft overgeslagen) goederen overslaan: ze van het ene vervoermiddel in het andere doen ⇒ overladen **3** (is overgeslagen) (van vlammen): snel naar iets anders overgaan ◆ de vlammen **slaan over** naar het huis ernaast **4** (is overgeslagen) (van stemmen): hoog uitschieten ◆ zijn stem **sloeg over** van kwaadheid.

**over·slag** (de ~(m.); -en) **1** gedeelte van een kledingstuk dat over iets anders heen zit ◆ de **overslag** van een jas **2** het overslaan* (bet.2) van goederen ◆ een **overslag**haven: waar goederen van het ene schip in het andere worden geladen.

**over·span·nen** (bijv. nw.) gezegd van iemand die zich geestelijk zo erg heeft ingespannen dat hij of zij er ziek van is geworden.

**over·spel** (het ~) seksuele relatie met een ander dan degene met wie je bent getrouwd ⇒ echtbreuk.

**over·staan** (zelfst. nw.) ▼ ten overstaan van …: in aanwezigheid van …, waar … bij is; het testament wordt getekend ten **overstaan** van de notaris.

**over·stag** (bijw.) ▼ overstag gaan: (van personen) van mening veranderen; (van zeilschepen) met de neus door de wind draaien zodat de wind vanaf de andere kant in de zeilen komt.

**over·stap·pen** (stapte over, is overgestapt) **1** uit het ene vervoermiddel stappen en in het andere gaan zitten ◆ als hij met de trein naar Amsterdam gaat, moet hij in Utrecht **overstappen**: dan moet hij in Utrecht een andere trein nemen **2** op een ander onderwerp overstappen: daarover gaan praten.

**over·ste** (de ~; -n) **1** hoofd van een klooster ⇒ abt ◆ moeder-**overste**: vrouw die aan het hoofd staat van een klooster **2** luitenant-kolonel.

**over·steek** (de ~(m.); oversteken) boottocht of vliegtocht dwars over het water ◆ veel mensen hebben de **oversteek** van Europa naar Amerika gemaakt.

**over·ste·ken** (stak over, heeft of is overgestoken) een weg, een rivier enz. oversteken: van de ene kant ervan naar de andere kant gaan ◆ *gelijk* **oversteken**: (uitdr.) (dit zeg je als je een ander iets geeft en vindt dat hij jou tegelijk ook iets moet geven).

**over·stel·pen** (overstelpte, heeft overstelpt) *iemand met iets overstelpen*: iemand iets in grote hoeveelheid geven, iemand ergens onder bedelven ◆ *toen zij in het ziekenhuis lag, werd zij* **overstelpt** *met kaarten*.

**over·stro·men**[1] 1 (overstroomde, is overstroomd) onder water komen te staan, onderlopen ◆ *het land is* **overstroomd** 2 overstroomd worden door mensen of met zaken: er een grote hoeveelheid tegelijk van krijgen ◆ *het bedrijf werd met klachten* **overstroomd**.

**over·stro·men**[2] (stroomde over, is overgestroomd) 1 *(van iets waar vloeistof in zit)*: overlopen ◆ *doe de kraan dicht, het bad* **stroomt over** 2 van iets overstromen: ergens heel vol mee zijn ◆ *hij* **stroomt over** van vriendelijkheid: hij is heel erg vriendelijk.

**over·stro·ming** (de ~(v.); -en) het onder water lopen van stukken land.

**over·stuur** (bijv. nw.) in de war en van streek ◆ *zij was* **overstuur** *van de inbraak*.

**over·tocht** (de ~(m.); -en) bootreis van de ene oever naar de andere of van het ene land naar het andere ⇒ *oversteek*.

**over·tol·lig** (bijv. nw.) in grotere hoeveelheid dan nodig is, die of dat te veel is ⇒ *overbodig, onnodig* ◆ *laat het* **overtollige** *water maar weglopen*.

**over·tre·den** (overtrad, heeft overtreden) *wetten of regels overtreden*: je er niet aan houden ⇒ *schenden*.

**over·tre·ding** (de ~(v.); -en) het overtreden* van een wet of regel ◆ *als je steelt, ben je in* **overtreding**: dan doe je iets wat volgens de wet niet mag.

**over·tref·fen** (overtrof, heeft overtroffen) *iemand of iets overtreffen*: beter, mooier, groter of sterker dan iemand anders of iets anders zijn ◆ *hij* **overtreft** *zijn broer in lengte*: hij is langer dan zijn broer; *de opbrengst* **overtrof** *hun verwachtingen*: die was groter dan zij hadden verwacht; *hij heeft zichzelf* **overtroffen**: hij heeft het nog nooit zo goed gedaan als deze keer.

**over·trek·ken**[1] (overtrok, heeft overtrokken) 1 *iets overtrekken*: stof om iets heen doen ⇒ *bekleden* ◆ *de kussens van de stoel zijn met een nieuwe stof* **overtrokken** 2 *iets overtrekken*: iets erger of belangrijker voorstellen dan het is ⇒ *overdrijven, opblazen*.

**over·trek·ken**[2] (trok over, heeft overgetrokken) *lijnen overtrekken*: ze met een pen of potlood volgen op een doorzichtig blad dat je erbovenop hebt gelegd.

**over·troe·ven** (overtroefde, heeft overtroefd) *iemand overtroeven*: erin slagen iets beter te doen dan iemand anders.

**over·tuigd** (bijv. nw.) gezegd van iemand die niet twijfelt, die iets heel zeker weet ◆ *hij is een* **overtuigd** *tegenstander van dat plan*; *zij is* **overtuigd** *van haar gelijk*: ze weet zeker dat ze gelijk heeft.

**over·tui·gen** (overtuigde, heeft overtuigd) 1 *iemand van iets overtuigen*: iemand duidelijk maken dat iets waar is ◆ *zij wist hem ervan te* **overtuigen** *dat hij ongelijk had* 2 *jezelf van iets overtuigen*: je ervan verzekeren dat iets zo is ◆ *hij* **overtuigde** *zich ervan dat alle deuren op slot zaten*.

**over·tui·ging** (de ~(v.); -en) iets waarvan je overtuigd* bent ◆ *het is zijn* **overtuiging** *dat zijn vriend gelogen heeft*.

**over·uur** (het ~; -uren) uur dat je werkt boven het aantal uren waarvoor je aangenomen bent ◆ *nu het zo druk is op kantoor, maakt zij veel* **overuren**.

**over·val** (de ~(m.); -len) onverwachte aanval ◆ *een bank-* **overval**.

**over·val·len** (overviel, heeft overvallen) 1 *iemand of iets overvallen*: iemand of iets plotseling aanvallen ◆ *de soldaten werden door de vijand* **overvallen**; *een bank* **overvallen**: die beroven 2 *iemand overvallen*: iemand heel onverwacht bezoeken of iemand heel onverwacht iets meedelen of vragen ⇒ *overrompelen* ◆ *zij* **overviel** *mij met die uitnodiging*.

**over·val·ler** (de ~(m.); -s) iemand die een overval* pleegt.

**over·vleu·ge·len** (overvleugelde, heeft overvleugeld) *iemand of iets overvleugelen*: iemand of iets overtreffen en daardoor minder belangrijk laten lijken ⇒ *overschaduwen*.

**over·vloed** (de ~(m.)) zeer grote hoeveelheid ◆ *er is eten in* **overvloed**; *ten* **overvloede**: (uitdr.) terwijl het eigenlijk niet meer nodig is; *ten* **overvloede** *zei hij nog een keer waar hij woonde*.

**over·vloe·dig** (bijv. nw.) met of in overvloed* ◆ *een* **overvloedige** *maaltijd*: waarbij er heel veel te eten is.

**over·voe·ren** (overvoerde, heeft overvoerd) *iemand of iets ergens mee overvoeren*: iemand of iets ergens te veel van geven ⇒ *overladen* ◆ *de bezoekers van het museum werden* **overvoerd** *met folders*.

**over·vra·gen** (overvroeg of overvraagde, heeft overvraagd) een te hoge prijs vragen voor wat je wilt verkopen ◆ *die marktkoopman* **overvraagt**.

**over·waai·en** (waaide of woei over, is overgewaaid) *(van gewoonten, mode enz.)*: ergens anders vandaan komen ◆ *die nieuwe trend is uit Amerika* **overgewaaid**.

**over·weg**[1] (de ~(m.); -wegen) plaats waar een weg en een spoorbaan elkaar kruisen ◆ *een onbewaakte* **overweg**: zonder spoorbomen.

**over·weg**[2] (bijw.) ▼ *met iemand of iets* **overweg** *kunnen*: met iemand of iets om kunnen gaan, weten hoe je iemand of iets moet behandelen; *hij kan niet met dat nieuwe apparaat* **overweg**: hij kan het niet goed bedienen.

**over·we·gen** (overwoog, heeft overwogen) *iets overwegen*: over iets nadenken, de voor- en nadelen van iets op een rijtje zetten ⇒ *overdenken*.

**over·we·gend** (bijw.) voor het grootste gedeelte ⇒ *hoofdzakelijk, voornamelijk* ◆ *het proefwerk is in die klas* **overwegend** *slecht gemaakt*.

**over·we·ging** (de ~(v.); -en) 1 het overwegen* ◆ *iets in* **overweging** *nemen*: over iets gaan nadenken 2 reden om iets te doen of te laten ⇒ *motief* ◆ *uit financiële* **overwegingen** *hebben we besloten dit jaar niet op vakantie te gaan*.

**over·wel·di·gen** (overweldigde, heeft overweldigd) *iemand of iets overweldigen*: de baas over iemand of iets worden door geweld te gebruiken ⇒ *overmannen, overmeesteren* ◆ *de stad werd door de vijand* **overweldigd**; *hij werd door ontroering* **overweldigd**: zijn ontroering was zo sterk dat hij er niets tegen kon doen.

**over·wel·di·gend** (bijv. nw.) heel groot, geweldig ⇒ *ontzaglijk, enorm* ◆ *dat was een* **overweldigend** *succes*.

**over·werk** (het ~) werk dat je in overuren doet.

**over·wer·ken** (werkte over, heeft overgewerkt) langer werken dan gewoonlijk, overuren maken.

**over·werkt** (bijv. nw.) gezegd van iemand die overspannen is door zijn of haar werk.

**over·wicht** (het ~) invloed die groter is dan de invloed van anderen ⇒ *gezag* ◆ *de leraar kan geen orde houden in de klas, hij heeft geen* **overwicht**.

**over·win·nen** (overwon, heeft overwonnen) 1 *iemand overwinnen*: in een gevecht of strijd sterker zijn en daardoor van hem of haar winnen ⇒ *verslaan* 2 *een ge-*

*voel overwinnen:* het onderdrukken of bedwingen ◆ *hij overwon zijn angst.*

**over·win·ning** (de ~(v.); -en) keer dat je overwint* (bet.1) ⇒ *zege, triomf* ◆ *het voetbalelftal heeft de* **overwinning** *behaald:* het heeft gewonnen; *een* **overwinning** *op jezelf behalen:* iets doen wat je niet eerder hebt gedaan omdat je er heel erg tegenop zag.

**over·win·te·ren** (overwinterde, heeft overwinterd) *ergens overwinteren:* ergens de winter* doorbrengen ◆ *veel mensen* **overwinteren** *in Spanje.*

**over·zees** (bijv. nw.) aan de overkant van de zee liggend of daarmee te maken hebbend ◆ **overzeese** *gebiedsdelen.*

**over·zicht** (het ~; -en) **1** het overzien* ◆ *op de top van de heuvel heb je een mooi* **overzicht** *van de omgeving; daar heb ik geen* **overzicht** *over:* dat kan ik niet goed beoordelen **2** duidelijke samenvatting ◆ *hij maakt een* **overzicht** *van wat hij deze maand heeft uitgegeven.*

**over·zich·te·lijk** (bijv. nw.) gezegd van iets dat je makkelijk kunt overzien* ◆ *een* **overzichtelijke** *plattegrond.*

**over·zien** (overzag, heeft overzien) **1** iets overzien: iets in zijn geheel duidelijk zien ◆ *hij kan vanaf de berg het dal* **overzien 2** *iets overzien:* je iets voorstellen, begrijpen wat iets betekent ◆ *de gevolgen van zijn beslissing kan hij niet* **overzien**; *de ellende is niet te* **overzien**: die is erg groot.

**ovu·la·tie** (de ~(v.); -s) het loskomen van een eicel uit de eierstok van een vrouw of vrouwtjesdier (als dit gebeurt kan zij bevrucht worden) ⇒ *eisprong.*

**oxi·de** (het ~; -n of -s) verbinding van een scheikundig element met zuurstof ◆ *het haantje van de kerktoren is bedekt met een groen laagje koper***oxide.**

**oxi·de·ren** (oxideerde, is geoxideerd) *(van scheikundige elementen):* een verbinding aangaan met zuurstof ◆ **ge***oxideerd ijzer:* ijzer met een roestlaag.

**ozon** (de ~(m.) of het ~) sterk en fris ruikend gas dat je soms ruikt als het geregend of geonweerd heeft.

**ozon·laag** (de ~(m.); ozonlagen) laag in de dampkring die veel ozon bevat en die ons beschermt tegen de ultraviolette stralen van de zon.

# Pp

**p** (de ~; p's) de zestiende letter van het alfabet.

**p.** (afkorting) *p***agina** ⇒ *pag.*.

**pa** (de ~(m.); pa's) (verkorting) papa.

**p.a.**[1] (afkorting) *p***er** *a***dres.**

**p.a.**[2] (de ~(v.); p.a.'s) (in Nederland) *p***edagogische** *a***cademie**; deze academie heet nu: pedagogische academie voor het basisonderwijs (pabo).

**paai·en** (paaide, heeft gepaaid) *iemand paaien:* iemand inpalmen, iemand tevredenstellen, zodat hij of zij doet wat jij wilt ◆ *ze* **paaide** *hem met mooie beloften.*

**paal** (de ~(m.); palen) **1** langwerpig stuk hout, metaal of steen dat rechtop in de grond staat ◆ *grens***paal**; *hei***paal**; *dat staat als een* **paal** *boven water:* (uitdr.) dat is absoluut zeker; *paal en perk aan iets stellen:* (uitdr.) precies aangeven tot hoever iets mag gaan, zodat het niet erger kan worden ▼ *voor* **paal** *staan:* voor gek staan.

**paap** (de ~(m.); papen) (scheldnaam voor iemand die rooms-katholiek is).

**paaps** (bijv. nw.) gezegd van iemand die rooms-katholiek is (door iemand die daar minachting voor heeft).

**paar**[1] (het ~) **1** (paren) twee mensen, dieren of voorwerpen die bij elkaar horen ⇒ *stel, koppel, span* ◆ *een* **paar** *schoenen; het bruids***paar**; *dat is een ander* **paar** *mouwen:* (in België □; uitdr.) dat is iets heel anders **2** klein aantal ◆ *hij gaat een* **paar** *dagen logeren.*

**paar**[2] (bijv. nw.) (in België □) even ◆ *pare nummers.*

**paard** (het ~; -en) **1** dier met vier benen dat wordt gebruikt om op te rijden, wagens te trekken, voor dressuur enz. ◆ *je vergeet het beste* **paard** *van stal:* (uitdr.) slaat de beste persoon van het gezelschap over; *op het verkeerde* **paard** *wedden:* (uitdr.) voor iets kiezen dat achteraf tegenvalt; *het* **paard** *achter de wagen spannen:* (uitdr.) het verkeerd aanpakken; ook: te laat met een oplossing komen; *zij is over het* **paard** *getild:* (uitdr.) zij is verwend en daardoor verwaand; *een blind* **paard** *kan daar geen schade doen:* (uitdr.) (dit zeg je van een armoedige en kale boel); *het* **paard** *ruikt de stal:* (uitdr.) (dit zeg je wanneer iemand harder gaat werken om eerder klaar te zijn of wanneer hij of zij harder gaat lopen om eerder thuis te zijn); *honger hebben als een* **paard**: (uitdr.) erge honger hebben; *zo sterk als een* **paard**: (uitdr.) heel sterk; *je mag een gegeven* **paard** *niet in de bek kijken:* (spreekwoord) je mag niet ontevreden zijn met iets dat je hebt gekregen **2** gymnastiektoestel met twee beugels, waar je overheen kunt springen **3** bepaald schaakstuk.

*****paar·den·bloem** *(Wdl: paardebloem)* (de ~; -en) gele weidebloem waarvan de zaadpluisjes in een bolletje op de stengel zitten.

**paar·den·kracht** (de ~; -en) kracht die nodig is om 75 kilo in één seconde één meter op te tillen.

**paar·den·mid·del** (het ~; -en) middel met een sterke werking, dat je alleen gebruikt als niets anders helpt.

**paar·den·mo·len** (de ~(m.); -s) (in België □) draaimolen.

**paar·den·staart** (de ~(m.); -en) haren die in een bos zijn samengebonden op je achterhoofd.

**paar·den·vijg** (de ~; -en) uitwerpsel van een paard.

**paar·le·moer, pa·rel·moer** (het ~) zilverachtige stof met een veelkleurige glans, aan de binnenkant van bepaalde schelpen ◆ *knoopjes van **paarlemoer**.*

**paars** (bijv. nw.) met een kleur die een mengeling is van rood en blauw, de kleur van rode kool.

**paas·best** (zelfst. nw.) ▼ *op je **paasbest** gekleed zijn*: je mooiste kleren aanhebben.

**paas·bloem** (de ~; -en)(in België □) gele narcis.

**paas·ei** (het ~; -eieren) beschilderd kippenei of ei van chocolade of suiker dat met Pasen wordt gegeten.

**paas·haas** (de ~(m.); -hazen)(in kinderverhalen) haas die paaseieren rondbrengt.

**paas·klok** (de ~; -ken)(in België □) klok die de paaseieren brengt.

**pa·bo** (de ~(v.); pabo's)(in Nederland) **p**edagogische **a**cademie voor het **b**asisonderwijs; dit is de school waar je opgeleid wordt tot leerkracht voor de basisschool.

**pace·ma·ker** (Engels) [pεesmεekᵉr](de ~; -s) elektronisch apparaatje dat de hartslag regelt en dat iemand met bepaalde hartafwijkingen bij zich draagt.

**pacht** (de ~; -en) huur van een stuk land of van een gebouw waarin je een bedrijf hebt.

**pach·ten** (pachtte, heeft gepacht) *een stuk land, een gebouw pachten*: het huren.

**pach·ter** (de ~(m.); -s), vrouw: **pach·te·res** (de ~(v.); -sen) iemand die iets pacht*.

**pa·ci·fi·ca·tie** (de ~(v.); -s) overeenkomst waarbij vrede gesloten wordt.

**pa·ci·fis·me** (het ~) houding waarbij je streeft naar vrede en waarbij je je verzet tegen geweld.

**pa·ci·fist** (de ~(m.); -en), vrouw: **pa·ci·fis·te** (de ~(v.); -n of -s) aanhanger van het pacifisme*.

**pa·ci·fis·tisch** (bijv. nw.) te maken hebbend met het pacifisme*.

**pac·man** (Engels) [pεkmεn](de ~of het ~) computerspelletje waarbij een figuurtje in een doolhof vraatzuchtige tegenstanders moet ontlopen.

**pact** (het ~; -en) belangrijke overeenkomst tussen twee of meer landen ⇒ *verdrag* ◆ *het **pact** van Warschau*: tot 1991 het bondgenootschap tussen de landen achter het IJzeren Gordijn.

**pad** (zelfst. nw.) **1** (het ~; -en) smalle weg, meestal bestemd voor voetgangers of fietsers ◆ *fietspad; zandpad; op pad gaan*: van huis weggaan, eropuit gaan; *iemand weer op het goede **pad** brengen*: (uitdr.) ervoor zorgen dat iemand geen verkeerde dingen meer doet **2** (de ~; -den) dier dat lijkt op een kikker en dat een bobbelige huid heeft.

**pad·del** → peddel.

**pad·den·trek** (de ~(m.)) jaarlijkse trek van padden naar de plek waar ze paren en eieren leggen, en weer terug.

**pad·de·stoel** (de ~(m.); -en) **1** zachte, sponsachtige plant zonder bladgroen, bestaande uit een korte steel met daarop een hoed ◆ *een champignon is een eetbare paddestoel; als paddestoelen uit de grond schieten*: (uitdr.) plotseling overal te voorschijn komen; *in die stad schieten de snackbars als **paddestoelen** uit de grond* **2** lage vierkante wegwijzer langs fietspaden.

**pad·dock** (Engels) [pεddok](de ~(m.); -s) stuk grond met een hek eromheen bij een renbaan, waar paarden staan voor een wedstrijd.

**pad·vin·der** (de ~(m.); -s), vrouw: **pad·vind·ster** (de ~(v.); -s) scout.

**pad·vin·de·rij** (de ~(v.)) scouting.

**pad·vind·ster** → padvinder.

**pa·el·la** [pεaeljae](de ~; paella's) Spaans gerecht dat bestaat uit gebakken rijst met groente, mosselen, garnalen enz..

**paf** (bijv. nw.) ▼ *paf staan*: heel verbaasd zijn.

**paf·fen** (pafte, heeft gepaft) **1** (populair) roken **2** (populair) schieten.

**paf·fe·rig** (bijv. nw.) opgeblazen, ongezond dik.

**pag.** (afkorting) *pag*ina ⇒ *p.*.

**pa·gaai** (de ~(m.); -en) korte, brede roeispaan ⇒ *peddel*.

**pa·ga·nis·me** (het ~) het heiden zijn, heidense opvattingen ⇒ *heidendom*.

**pa·ge** [pεazjᵉ](de ~(m.); -s) jongen in dienst van bijv. een koning of een ridder ⇒ *edelknaap*.

**pa·ge·kop·je** (het ~; -s) kapsel waarbij je haar op je voorhoofd recht en in je nek en opzij kort en recht is geknipt.

**pa·gi·na** (de ~; pagina's) bladzijde.

**pa·go·de** (de ~(v.); -n of -s) oosterse tempel of toren die de vorm heeft van een piramide.

**pail·let** [pajjεt](de ~; -ten) glimmend versierseltje op kleding ⇒ *lovertje, glitter*.

**paint·ball** (Engels) [pεentbool](de ~) spel waarbij twee partijen elkaar beschieten met verfbolletjes uit een luchtdrukpistool.

**pais, peis** (zelfst. nw.) ▼ *alles is weer pais en vree*: alles is weer vredig en rustig.

**pak** (het ~; -ken) **1** kartonnen doos waarin levensmiddelen verpakt zijn ◆ *een pak melk* **2** bundel van voorwerpen ◆ *een pak oude kranten* **3** iets dat ingepakt is, bijv. een geschenk, of iets dat je over de post verstuurt ⇒ *pakket* **4** broek met een jasje en soms een vest, meestal door mannen gedragen ⇒ *kostuum* ◆ *een nat pak halen*: (uitdr.) nat regenen; ook: in het water vallen **5** hoeveelheid van iets ◆ *er ligt een dik pak sneeuw*: een dikke laag; *zijn vader geeft hem een pak slaag*: een paar klappen ▼ *dat is een pak van mijn hart*: dat is een grote opluchting; *bij de pakken neerzitten*: moedeloos zijn.

**pak·huis** (het ~; -huizen) gebouw dat bestemd is om grote hoeveelheden goederen in te bewaren.

**pak·ijs** (het ~) drijvende stukken ijs die op en over elkaar liggen en een grote vlakte vormen.

**pak·je** (het ~; -s) rok en jasje die bij elkaar horen ◆ *mantelpakje*.

**pak·jes·avond** (de ~(m.); -en)(in Nederland) de avond van 5 december, waarop pakjes worden rondgedeeld vanwege de verjaardag van Sinterklaas ⇒ *sinterklaasavond*.

**pak·ken** (pakte, heeft gepakt) **1** *iets pakken*: iets grijpen of te voorschijn halen ⇒ *nemen* ◆ *hij pakte het touw en trok de boot op de kant; ze pakten de fiets*: ze gingen op de fiets; *iemand te pakken krijgen*: (uitdr.) iemand te spreken krijgen **2** *iemand pakken*: iemand betrappen of gevangennemen ◆ *de politie heeft de daders gepakt* **3** *een koffer, tas enz. pakken*: alles wat je wilt meenemen erin doen ⇒ *inpakken* **4** *(van sneeuw of verf)*: vast blijven zitten, blijven kleven ◆ *die natte sneeuw pakt niet* **5** *(van een boek, een film enz.) iemand pakken*: iemand boeien ◆ *dat is een pakkend verhaal* ▼ *iemand te pakken nemen*: iemand voor de gek houden; *de tandarts heeft hem goed te pakken gehad*: hij heeft hem een zware behandeling gegeven; *zij heeft het lelijk te pakken*: zij is erg ziek; *dat pakte niet*: (in België □; uitdr.; populair) dat lukte niet.

**pak·kerd** (de ~(m.); -s) dikke zoen met een omhelzing.

**pak·ket** (het ~; -ten) pak (bet.3) dat met de post verstuurd wordt ◆ *een pakket maatregelen of eisen*: (uitdr.) een aantal maatregelen of eisen die bij elkaar horen.

**pakt** → pact.

**pak·weg** (bijw.) zo ongeveer ◆ *er waren pakweg zestien mensen op haar verjaardag.*

**pal¹** (de~(m.); -len) metalen staafje waarmee je bijv. iets dat draait kunt vastzetten of waarmee je iets vergrendelt.

**pal²** (bijw.) **1** precies, juist ◆ *zij woont pal tegenover de school; de wind staat pal op het raam* ▼ *ergens pal voor staan:* iets met overtuiging blijven verdedigen.

**pa·la·dijn** (de~(m.); -en) ridder, meestal aan het hof van Karel de Grote of koning Arthur.

**pa·leis** (het ~; paleizen) **1** woning van een koning of van een ander vorstelijk persoon ◆ *hun huis is een paleisje:* (uitdr.) het is heel leuk en mooi **2** groot gebouw met een speciale bestemming ◆ *het paleis van justitie:* het gebouw waar recht wordt gesproken; *een gokpaleis:* een grote gokhal.

**pa·le·o·gra·fie** (de~(v.)) wetenschap die zich bezighoudt met oude, vooral middeleeuwse handschriften.

**pa·le·on·to·lo·gie** (de~(v.)) wetenschap die zich bezighoudt met planten en dieren die zijn uitgestorven en met de fossielen daarvan (kijk ook bij: **fossiel**).

**pa·let** (het ~; -ten) plankje, meestal ovaal, met een gat erin voor je duim, waarop een kunstschilder verf mengt.

**pal·fre·nier** (de~(m.); -s) helper van een koetsier, in een mooi pak.

**pa·lin·droom** (het ~; -s) woord dat hetzelfde blijft of een aantal woorden bij elkaar die hetzelfde blijven als je ze van achteren naar voren leest, bijv. 'negen'.

**pa·ling** (de~(m.); -en) lange, dunne en glibberige vis ⇒ *aal.*

**pa·lis·sa·de** (de~(v.); -n of -s) hek van in de grond geslagen palen die ergens omheen staan.

**pa·lis·san·der** (het ~) harde, roodbruine houtsoort waarvan meubels worden gemaakt.

**pal·jas** (de~(m.); -sen) grappenmaker ⇒ *hansworst, clown.*

**pal·let** (Engels) [pɛlɛt, in België: pallɛt](de ~; -s) verplaatsbaar vloertje van planken, waarop je bijv. bakstenen kunt vervoeren met een vorkheftruck.

**pal·lie·ter** (de~(m.); -s)(in België □) vrolijke kerel, levensgenieter.

**palm** (de~(m.); -en) **1** tropische boom met alleen bovenaan takken met grote, wijd uitlopende groene bladeren **2** binnenkant van je hand ⇒ *handpalm.*

**pal·ma·res** (de~(m.); -sen)(in België □) lijst van overwinningen en knappe sportprestaties ◆ *in 1986 had hij al 24 medailles op zijn palmares staan.*

**Palm·pa·sen** (de~(m.)) zondag voor Pasen, waarop rooms-katholieke kinderen stokken ronddragen die met takjes en snoep versierd zijn ⇒ *palmzondag.*

**palm·zon·dag** (de~(m.)) Palmpasen.

**pam·flet** (het ~; -ten) blaadje met een korte tekst waarin vaak fel tegen iets wordt geprotesteerd ◆ *op straat werden pamfletten uitgedeeld.*

**pam·pa** (de ~; pampa's) grasvlakte zonder bomen in Zuid-Amerika.

**pan** (de ~; -nen) **1** voorwerp om eten in te koken of te bakken ◆ *een pan aardappels; de kosten van het feest rijzen de pan uit:* (uitdr.) ze worden erg hoog; *de vijand in de pan hakken:* (uitdr.) de vijand helemaal verslaan **2** dakpan ◆ *onder de pannen zijn:* (uitdr.) je nergens meer zorgen over hoeven te maken.

**pa·na·cee** (de~(v.); -s) wondermiddel tegen alle kwalen.

**pa·na·ma·hoed** (de~(m.); -en) hoed gevlochten van panamastro; dit is een Zuid-Amerikaanse plant.

**pan-Ame·ri·kaans** (bijv. nw.) gezegd van iets dat te maken heeft met alle staten van Amerika.

**pan·cake** (Engels) [pɛnkeːk](de ~) staaf make-up waarmee je je hele gezicht insmeert om oneffenheden weg te werken.

**pan·cre·as** (de~(m.) of het ~; -sen)(medisch) alvleesklier.

**pand** (zelfst. nw.; -en) **1** (het ~) gebouw ◆ *er zijn twee bedrijfspanden afgebrand* **2** (het ~) onderpand ⇒ *waarborg* **3** (de~(m.) of het ~) deel van een kledingstuk ◆ *het voorpand van een jurk; de panden van een jas:* de delen aan weerskanten van het split aan de achterkant.

**pan·da** (de~(m.); panda's) dier met een zwart met wit vel, dat lijkt op een beer.

**pan·de·mo·ni·um** (het ~) hels lawaai.

**pand·jes·huis** (het ~; -huizen) plaats waar je geld kunt lenen terwijl je een kostbaar voorwerp als onderpand geeft ⇒ *lommerd.*

**pan·doer** (de~(m.) of het ~) bepaald kaartspel.

**pand·ver·beu·ren** (ww.) spel waarbij een speler die een fout maakt een pand (bet.2) moet inleveren dat die speler terugkrijgt als hij of zij een opdracht heeft uitgevoerd.

**pa·neel** (het ~; panelen) **1** rechthoekige houten plaat, bijv. op een deur **2** bord met schakelaars ◆ *bedieningspaneel.*

**pa·neer·meel** (het ~) fijngestampt beschuit of geroosterd brood waarmee je iets paneert.

**pa·nel** (Engels) [pɛnɛl](het ~; -s) groep deskundigen, bijv. op een bijeenkomst of in een quiz ⇒ *forum.*

**pa·ne·ren** (paneerde, heeft gepaneerd) *vlees of vis paneren:* dat of die voor het bakken met paneermeel bestrooien, zodat er een korstje omheen komt.

**pan·fluit, pans·fluit** (de ~; -en) blaasinstrument dat bestaat uit een rij pijpjes van groot naar klein.

**pang** (tussenw.)(geluid van een schot, knal of klap) ◆ *pang! de ballon was geklapt.*

**pan·ha·ring** (de~(m.); -en) verse haring die geschikt is om in de pan te bakken.

**pa·niek** (de~(v.)) plotselinge grote schrik en angst ◆ *bij de brand raakte iedereen in paniek.*

**pa·niek·voet·bal** (het ~)(grappig) zenuwachtig en onnadenkend gedrag.

**pa·niek·zaai·er** (de~(m.); -s) iemand die zorgt voor paniek ⇒ *onruststoker.*

**pa·nisch** (bijv. nw.) gezegd van iets dat te maken heeft met paniek* ◆ *panische angst.*

**pan·kre·as** → pancreas.

**pan·ne** (de ~) **1** pech met de auto of met een ander voertuig **2** (-s)(in België □) pech ⇒ *defect, storing.*

**pan·nen·koek** (de~(m.); -en) dunne en ronde gebakken koek van o.a. meel en eieren.

**pan·nen·lap** (de~(m.); -pen) lapje om hete pannen mee vast te pakken.

**pa·no·ra·ma** (het ~; panorama's) **1** uitzicht naar alle kanten, bijv. vanaf de top van een heuvel **2** schilderij over de hele binnenkant van een rond gebouw.

**pans·fluit** → panfluit.

**pan·ta·lon** (de~(m.); -s) lange broek.

**pan·ter** (de~(m.); -s) roofdier dat op een grote kat lijkt en een gevlekte huid heeft, meestal geel met zwart ⇒ *luipaard.*

**pantheïsme** pan·the·is·me (het ~) leer die zegt dat God en de wereld één geheel zijn.

**pantheïst** pan·the·ist (de~(m.); -en) aanhanger van het pantheïsme*.

**pan·the·on** (het ~) gebouw waar beroemde mensen eervol begraven liggen.

**pan·tof·fel** (de ~; -s) dunne schoen die makkelijk zit en die je binnenshuis draagt ⇒ *slof.*

**pan·tof·fel·dier·tje** (het ~; -s) diertje dat uit één cel bestaat.

**pan·tof·fel·held** (de ~(m.); -en)(grappig) man die niets te vertellen heeft, over wie zijn vrouw de baas is.

**pan·to·mi·me** (de ~) manier van toneelspelen waarbij de spelers niet spreken, maar alleen gebaren maken, vaak met dans en muziek ⇒ *mime*.

**pan·try** (Engels) [pɛntrie](de ~; pantry's) keukentje aan boord van een schip of een vliegtuig.

**pant·ser** (het ~; -s) **1** bekleding van staal die als bescherming dient, bijv. van een schip of een tank **2** harde huidlaag bij dieren.

**pant·se·ren** (pantserde, heeft gepantserd) **1** *iets pantseren*: iets met een pantser* (bet.1) versterken ◆ *de minister rijdt in een gepantserde auto* **2** *je tegen iets pantseren*: je tegen iets beschermen door je buitenkant harder te maken ⇒ *wapenen*.

**pant·ser·wa·gen** (de ~(m.); -s) wagen die met platen staal versterkt is en waarop een kanon of een ander wapen vastzit.

**pan·ty** (Engels) [pɛntie, in België: pɑntie](de ~; panty's) dunne kousen met een broekje eraan vast, gedragen door vrouwen.

**pap** (de ~) **1** halfvloeibaar eten gemaakt van melk of water met bijv. meel of rijst ◆ *daar lust zij wel pap van*: (uitdr.) daar is zij dol op; *niets in de pap te brokken hebben*: (in België □; uitdr.) niets te zeggen hebben **2** half vloeibaar mengsel van andere stoffen ◆ *van verf een papje maken* **3** pappa ▼ *geen pap meer kunnen zeggen*: je buik vol gegeten hebben; ook: doodmoe zijn.

**pa·pa** (de ~(m.); papa's) pappa.

**pa·pa·ja** (de ~; papaja's) tropische vrucht die op een meloen lijkt.

**pa·pa·ver** (de ~; -s) plant van een geslacht waartoe o.a. de klaproos behoort.

**pa·pe·gaai** (de ~(m.); -en) tropische, meestal felgekleurde vogel, die je soms kunt leren praten.

**pa·pe·ras·sen** (zelfst. nw.; meervoud) beschreven of bedrukte papieren die bij elkaar horen.

**pa·per·back** (Engels) [pɛperbɛk](de ~; -s)(letterlijk: papieren rug) boek met een slappe kaft (vaak kun je hetzelfde boek voor meer geld ook met een harde kaft kopen).

**pa·per·clip** [pɛperklip](de ~; -s) metalen draadje dat zo omgebogen is dat je er papieren mee aan elkaar kunt vastklemmen.

**Pa·pi·a·men·to** (het ~) taal die gesproken wordt op Curaçao, Bonaire en Aruba, met o.a. Spaanse, Portugese en Nederlandse woorden.

**pa·pier** (het ~) dun materiaal dat o.a. van hout en van plantenvezels is gemaakt, dat geschikt is om op te schrijven en waarvan bijv. boeken worden gemaakt ◆ *een vel papier*; *iets op papier zetten*: iets opschrijven; *een cadeautje in een papiertje pakken*; *op papier heeft de club 60 leden*: (uitdr.) in naam, officieel (maar in de praktijk zijn het er minder); *dat loopt in de papieren*: (uitdr.) dat kost veel geld.

**pa·pie·ren** (zelfst. nw.; meervoud) officiële verklaringen op papier ⇒ *documenten* ◆ *hij heeft goede papieren*: hij heeft goede getuigschriften en diploma's (dit zeg je bijv. bij een sollicitatie); *de douane controleerde haar papieren*: haar paspoort, rijbewijs enz.; *in slechte papieren zitten*: (in België □; uitdr.) in moeilijkheden zitten (vooral gezegd als je te weinig geld hebt).

**pa·pier-ma·ché** (Frans) [pɑapiermasjee](het ~)(letterlijk: natgemaakt papier) mengsel van papier en o.a. lijm waarvan je figuren boetseert die je daarna hard laat worden.

**pa·pier·win·kel** (de ~(m.))(populair) veel papieren waar je geen wijs uit kunt worden.

**pa·pil·lot** [pɑapiejot](de ~; -ten) **1** reepje papier of stof waarmee je krullen in je haar zet **2** gekruld stuk papier dat je als versiering om bijv. de poot van een gebraden kip doet ⇒ *manchet*.

**pa·pi·rus** → papyrus.

**pap·kind** (het ~; -eren; vaak: papkindje) zwak kind dat gauw bang is en niet voor zichzelf opkomt.

**pap·le·pel** (zelfst. nw.) ▼ *dat is haar met de paplepel ingegoten*: ze heeft dat al geleerd toen ze nog heel jong was.

**pap·pa** (de ~(m.); pappa's)(aanspreekwoord voor vader) ⇒ *pa, pap, papa*.

**pap·pen** (ww.) ▼ *je moet pappen en nat houden*: je moet zorgen dat de zaak blijft draaien.

**pap·pen·hei·mers** (zelfst. nw.) ▼ *hij kent zijn pappenheimers*: hij kent de mensen met wie hij te maken heeft, hij weet wat hij aan ze heeft.

**pap·pe·rig** (bijv. nw.) zacht en week als pap* (bet.1) ◆ *die aardappelen zijn papperig*.

**pa·pri·ka** (de ~; paprika's) rode, groene of gele vrucht die je als groente eet en die binnenin rijen witte zaadjes heeft.

**pa·py·rus** (de ~(m.); -sen of papyri) **1** hoge moerasplant waarvan vroeger papier werd gemaakt **2** papier gemaakt van die moerasplant ◆ *papyrusrollen*.

**pap·zak** (de ~(m.); -ken)(populair) iemand die erg dik is.

**pa·ra** (de ~(m.); para's)(verkorting) parachutist.

**pa·raaf** (de ~(m.); parafen) verkorte handtekening, waarbij je alleen de beginletters van je naam opschrijft.

**pa·raat** (bijv. nw.) gereed, startklaar ◆ *parate kennis*: kennis die je meteen kunt toepassen, die je zonder inspanning uit je geheugen naar boven haalt; *parate troepen*: soldaten die meteen in actie kunnen komen.

**pa·ra·bel** (de ~; -s of -en) symbolisch verhaal waar je uit kunt leren hoe je moet leven ⇒ *gelijkenis* ◆ *in de bijbel staan veel parabels*.

**pa·ra·bool** (de ~; parabolen)(meetkunde) lijn in de vorm van een symmetrische boog (kijk ook bij: **symmetrisch**).

**pa·ra·chu·te** [pɑaraasjuut](de ~(m.); -s) groot doek met touwen waaraan je vanaf een grote hoogte, bijv. vanuit een vliegtuig, langzaam naar beneden valt ⇒ *valscherm*.

**pa·ra·chu·tist** [pɑaraasjuutist](de ~(m.); -en), vrouw: **pa·ra·chu·tis·te** (de ~(v.); -s of -n) iemand die met een parachute* vanaf een grote hoogte naar beneden springt.

**pa·ra·de** (de ~(v.); -s) feestelijke optocht om naar te kijken.

**pa·ra·de·paard·je** (het ~; -s) iemand op wie of iets waarop je trots bent en met wie of waarmee je pronkt.

**pa·ra·de·ren** (paradeerde, heeft geparadeerd) **1** heen en weer lopen om gezien te worden **2** *(van soldaten)*: een parade* houden.

**pa·ra·dig·ma** (het ~; paradigma's of paradigmata) wetenschappelijke opvattingen of theorieën die voor een onderzoeker als uitgangspunt kunnen dienen, waar hij bij aan kan sluiten of zich tegen af kan zetten.

**pa·ra·dijs** (het ~) **1** de volmaakte tuin waarin Adam en Eva volgens de bijbel woonden **2** (paradijzen) vredige plaats waar de natuur heel erg mooi is ⇒ *lusthof, eldorado, mekka*.

**pa·ra·dox** (de ~(m.); -en) uitspraak die niet lijkt te kloppen ◆ *'droge wijn' is een paradox*.

**pa·ra·doxaal** (bijv. nw.) als een paradox*, tegenstrijdig lijkend ◆ *paradoxale opmerkingen*.

**pa·ra·fe·ren** (parafeerde, heeft geparafeerd) *een brief, een rekening enz. paraferen:* die goedkeuren door je paraaf* erop te zetten.

**pa·raf·fi·ne** (de ~) stof die op was lijkt en waarvan o.a. kaarsen worden gemaakt.

**pa·ra·fra·se** (de ~(v.); -n of -s) omschrijving van de betekenis van een woord, of de inhoud van een tekst in andere woorden ◆ *'iemand die les geeft'* is een *parafrase van 'leraar'*.

**pa·ra·fra·se·ren** (parafraseerde, heeft geparafraseerd) *een woord of een tekst parafraseren:* er een parafrase* van geven.

**pa·rag·nost** (de ~(m.); -en) helderziende.

**pa·ra·graaf** (de ~(m.); paragrafen) **1** onderdeel van een hoofdstuk in een boek of onderdeel van een artikel **2** (in België □) genummerd onderdeel van een wetsartikel (in Nederland: lid).

**pa·ra·graaf·te·ken** (het ~; -s) teken waarmee je aangeeft dat er een nieuwe paragraaf begint (het teken '§').

**pa·ral·lel¹** (de ~; -len) **1** lijn die evenwijdig loopt aan een andere lijn ◆ *een parallel trekken tussen twee schrijvers:* (uitdr.) die schrijvers met elkaar vergelijken omdat ze overeenkomsten vertonen **2** (aardrijkskunde) breedtecirkel.

**pa·ral·lel²** (bijv. nw.) evenwijdig ◆ *die lijnen lopen parallel aan elkaar; de ziekte van zijn vader verloopt parallel aan die van zijn opa:* (uitdr.) die lijkt daar heel sterk op.

**pa·ral·lel·lo·gram** (het ~; -men) (meetkunde) figuur met vier hoeken, waarvan de zijden die tegenover elkaar liggen parallel²* lopen ◆ *een rechthoek is een parallellogram.*

**pa·ra·ly·se** [paaraliezǝ] (de ~(v.); -s) (medisch) verlamming.

**pa·ra·me·disch** (bijv. nw.) gezegd van iets dat wel te maken heeft met de geneeskunde, maar er niet echt toe behoort ◆ *diëtist is een paramedisch beroep.*

**pa·ra·nimf** (de ~(m.); -en) elk van de twee personen die iemand begeleiden als hij of zij gaat promoveren (kijk ook bij: **promoveren**).

**pa·ra·noia** (de ~(v.)) (medisch) ziekte van de geest waarbij je steeds denkt dat je achtervolgd wordt ⇒ *achtervolgingswaanzin.*

**paranoïde** pa·ra·no·i·de (bijv. nw.) (medisch) gezegd van iemand die aan paranoia* lijdt ◆ *wat doe jij paranoïde !:* (uitdr.; populair) wat doe je achterdochtig!

**pa·ra·noot** (de ~; -noten) grote noot met een bruine, driekantige bast.

**pa·ra·nor·maal** (bijv. nw.) gezegd van dingen die je ervaart buiten je vijf normale zintuigen om en die niet volgens de gangbare natuurkundige wetten verklaard kunnen worden ◆ *ze is paranormaal begaafd:* ze heeft gaven die de meeste mensen niet hebben, bijv. de gave van helderziendheid; *paranormale vermogens:* helderziendheid, telepathie enz..

**pa·ra·plu** (de ~(m.); paraplu's) rond scherm op een steel, dat je uitklapt om je te beschermen tegen de regen.

**pa·ra·psy·cho·lo·gie** (de ~(v.)) onderdeel van de psychologie dat zich bezighoudt met paranormale vermogens en verschijnselen, bijv. met helderziendheid (kijk ook bij: **paranormaal**).

**pa·ra·siet** (de ~(m.); -en) **1** dier, bijv. een lintworm of vlo, dat leeft op of in een ander dier, of op of in een mens **2** plant die leeft van een andere plant **3** iemand die misbruik maakt van de goedheid van anderen door op hun kosten te leven ⇒ *klaploper, uitvreter.*

**pa·ra·si·te·ren** (parasiteerde, heeft geparasiteerd) leven als een parasiet*.

**pa·ra·sol** (de ~(m.); -s) rond scherm op een steel dat je uitklapt om je te beschermen tegen de zon.

**pa·ra·sta·ta·le** (de ~(v.); -n) (in België) semi-overheidsinstelling ◆ *de NMBS is een parastatale.*

**pa·ra·troe·pen** (zelfst. nw.; meervoud) groepen soldaten die met een parachute ergens landen.

**pa·ra·ty·fus** (de ~(m.)) besmettelijke ziekte van de darmen, die lijkt op tyfus, maar minder ernstig is.

**par·cours** [parkoer(s)], **par·koers** (het ~; -en) route die de deelnemers aan een wedstrijd moeten afleggen ⇒ *traject.*

**par·does** (bijw.) plotseling, ineens ⇒ *onverwachts* ◆ *hij viel pardoes in de sloot.*

**par·don¹** (zelfst. nw.) ▼ *zonder pardon:* zonder medelijden, resoluut; *hij werd zonder pardon de deur uitgezet.*

**par·don²** (tussenw.) (om aan te geven dat je je verontschuldigt) ⇒ *sorry.*

**pa·rel** (de ~; -s of -en) klein wit bolletje dat groeit in de schelp van een pareloester, waarvan kostbare sieraden worden gemaakt ◆ *een ketting van echte parels; parels voor de zwijnen gooien:* (uitdr.) iets moois of iets kostbaars geven aan mensen die daarvan niet genieten; ook: wijze woorden spreken tegen mensen die daar niets van snappen.

**pa·re·len** (parelde, heeft gepareld) *(van zweet):* te voorschijn komen in de vorm van druppels, die glimmen als parels* ◆ *het zweet parelde op zijn voorhoofd.*

**pa·rel·hoen** (het ~; -hoenders) grijze of zwarte vogel met witte stippen die lijkt op een kalkoen.

**pa·rel·moer** → paarlemoer.

**pa·ren** (paarde, heeft gepaard) *(van een mannetjes- en een vrouwtjesdier):* zich verenigen voor de voortplanting.

**pa·ren·the·se, pa·ren·the·sis** (de ~(v.); -n of -s) elk van de twee ronde haakjes die om een woord, zin, letter of cijfer kunnen staan.

**pa·re·ren** (pareerde, heeft gepareerd) **1** *een aanval pareren:* die afslaan, je ertegen verdedigen **2** *iets pareren:* iets als antwoord geven, iets tegenwerpen.

**par·fum** (de ~(m.) of het ~; -s) vloeistof met een heel sterke geur die je gebruikt om lekker te ruiken.

**par·fu·me·rie** (de ~(v.); parfumerieën of -s) winkel waar je o.a. parfums* kunt kopen.

**pa·ria** (de ~; paria's) iemand die door de samenleving is buitengesloten, die er niet meer bij hoort ⇒ *outcast.*

**pa·ri·teit** (de ~(v.); -en) gelijkheid ◆ *de pariteit in de regering:* (in België) er zijn even veel Nederlandstalige als Franstalige ministers, met uitzondering van de premier.

**park** (het ~; -en) grote aangelegde tuin die meestal vrij toegankelijk is ◆ *'s zondags wandelen veel mensen in het park.*

**par·ka** (de ~(m.); parka's) halflange, sportieve jas met een kap.

**par·keer·ha·ven** (de ~; -s) parkeerplaats langs de weg voor één auto.

**par·keer·plaats** (de ~; -en) **1** plaats om een auto te parkeren **2** groot terrein waar mensen hun auto kunnen parkeren.

**par·ke·ren** (parkeerde, heeft geparkeerd) *een voertuig, bijv. een auto, parkeren:* het tijdelijk ergens neerzetten.

**par·ket** (het ~; -ten) **1** vloer van stroken hout ⇒ *parketvloer* **2** bepaalde rang van zitplaatsen in een schouwburg of bioscoop **3** bureau van het Openbaar Ministerie (kijk ook bij: **ministerie**) ▼ *in een lastig parket zitten:* in een moeilijke situatie zitten.

**par·ket·wacht** (de ~(m.); -en) politieagent die orde moet houden in de rechtszaal.

**par·kiet** (de ~(m.); -en) klein soort papegaai die vaak als huisdier wordt gehouden.

**par·king** (de ~(v.); -s)(in België □) parkeerterrein of parkeergarage.

**par·koers** → parcours.

**par·le·ment** (het ~; -en) groep mensen die via verkiezingen door de bevolking zijn afgevaardigd om samen met de regering het land te besturen ⇒ *volksvertegenwoordiging* ◆ *in Nederland bestaat het parlement uit de Eerste en de Tweede Kamer, in België uit de Kamer van Volksvertegenwoordigers en de Senaat.*

**par·le·men·tair** [parlementε:r](bijv. nw.) 1 gezegd van iets dat met het parlement* te maken heeft ◆ *het parlementaire stelsel*: de staatsvorm waarin alles wat de regering wil doen, eerst door het parlement goedgekeurd moet worden 2 beschaafd en behoedzaam ◆ *je parlementair uitdrukken.*

**parlementariër** par·le·men·ta·ri·er (de ~(m.); -s) lid van een parlement* ⇒ *kamerlid.*

**par·le·vin·ken** (parlevinkte, heeft geparlevinkt) 1 met een bootje langs de schepen in een haven gaan om levensmiddelen te verkopen 2 (populair) praten, redeneren ◆ *hij kan al aardig in het Engels parlevinken.*

**par·le·vin·ker** (de ~(m.); -s) iemand die parlevinkt* (bet.1).

**par·lo·foon** (de ~(m.); -s of parlofonen)(in België □) deurtelefoon.

**par·man·tig** (bijv. nw.) zelfbewust en een beetje eigenwijs ◆ *het kleine meisje stapte parmantig het podium op.*

**pa·ro·chi·aan** (de ~(m.); parochianen) iemand die deel uitmaakt van een parochie*.

**pa·ro·chie** (de ~(v.); -s) gemeenschap van gelovigen rond een rooms-katholieke kerk, die door een pastoor geleid wordt ◆ *voor eigen parochie preken*: (uitdr.) je mening verkondigen tegen mensen die het al bij voorbaat met je eens zijn.

**pa·ro·die** (de ~(v.); parodieën) toneelstukje of geschrift waarin iets of iemand op een spottende en lachwekkende manier wordt nagebootst ◆ *de actrice gaf een parodie op de koningin.*

**parodiëren** pa·ro·di·e·ren (parodieerde, heeft geparodieerd) *iets parodiëren*: een parodie* op iets geven.

**pa·ro·don·to·se** (de ~(v.))(medisch) ziekte van je tandvlees en je kaakbeen.

**pa·rool** (het ~; parolen) 1 gedragsregel, leefregel ⇒ *devies, leus, lijfspreuk, motto* ◆ *zijn parool is: liever lui dan moe*: met die instelling leeft hij; *als je de straat oversteekt, is uitkijken het parool*: dan moet je goed uitkijken 2 wachtwoord ⇒ *schibbolet* ◆ *als je het parool niet kent, kun je niet naar binnen.*

**part** (het ~; -en) 1 deel, gedeelte ◆ *een appel in partjes snijden; ergens part noch deel aan hebben*: (uitdr.) ergens helemaal niets mee te maken hebben, onschuldig zijn; *voor mijn part*: dat doe je zelf: (uitdr.) wat mij betreft (maar eigenlijk kan het me niet schelen) ▾ *dat speelt mij parten*: dat bezorgt mij last, dat zit mij in de weg; *de angst speelde hem parten.*

**par·ter·re** [partε:rε](de ~of het ~; -s) 1 verdieping op de begane grond ⇒ *benedenverdieping* 2 bepaalde rang van zitplaatsen in een bioscoop of schouwburg ◆ *twee kaartjes parterre alstublieft.*

**par·ti·ci·pant** (de ~(m.); -en) deelnemer ◆ *de participanten van de cursus; hij wordt participant in dat bedrijf*: mede-eigenaar.

**par·ti·ci·pa·tie** (de ~(v.)) het participeren* ⇒ *deelname* ◆ *jouw participatie is niet gewenst*: (deftig) je mag niet meedoen.

**par·ti·ci·pe·ren** (participeerde, heeft geparticipeerd) *in iets participeren*: eraan deelnemen, eraan meedoen ◆ *participeren in een bedrijf*: mede-eigenaar worden door aandelen te kopen.

**par·ti·ci·pi·um** (Latijn) [partiesiepiejum](het ~; -s of participia)(taal) deelwoord.

**par·ti·cu·lier¹** (de ~(m.); -en) 1 iemand die zelfstandig werkt, die niet in dienst is van een bedrijf of van de overheid ◆ *hij heeft zich als particulier gevestigd* 2 iemand die spullen koopt en verkoopt voor eigen gebruik ◆ *een boekenbeurs voor particulieren.*

**par·ti·cu·lier²** (bijv. nw.) 1 van één persoon, niet van iedereen ⇒ *persoonlijk, privé* ◆ *dit is mijn particuliere mening; als filmster heb je nauwelijks een particulier leven* 2 niet door de overheid, maar door burgers of ondernemers ingesteld, niet openbaar ⇒ *privaat* ◆ *een particuliere school; de particuliere sector*: het bedrijfsleven.

**par·ti·eel** (bijv. nw.) gedeeltelijk, voor een deel ◆ *als je zestien bent, ben je nog maar partieel leerplichtig*: dan moet je nog wel naar school, maar niet meer iedere dag.

**par·tij** (de ~(v.); -en) 1 groep mensen met dezelfde ideeën en belangen, vaak op het gebied van de politiek ◆ *er doen ongeveer twintig partijen aan de verkiezingen mee; in de oorlog leden beide partijen grote verliezen; van de partij zijn*: (uitdr.) meedoen, ook komen 2 spel of wedstrijd met twee of meer deelnemers ◆ *een partijtje dammen* 3 (meestal: partijtje) feest ⇒ *party, fuif* ◆ *een verjaardagspartij* 4 muziek die één stem of één instrument uitvoert in een meerstemmig muziekstuk ◆ *de pianopartij; de baspartij* 5 onbepaalde hoeveelheid of voorraad ◆ *een partij schoenen; een partij koffie; die schaatser heeft een enorme bilpartij*: (populair) hij heeft grote, dikke billen.

**par·tij·dig** (bijv. nw.) niet rechtvaardig omdat één van de partijen* (bet.1) bevoordeeld wordt ⇒ *vooringenomen* ◆ *een partijdig oordeel.*

**par·ti·kel** (het ~; -s)(taal) woord dat niet verbogen kan worden, zoals een lidwoord, voegwoord, voorzetsel of bijwoord.

**par·ti·ku·lier** → particulier.

**par·ti·tuur** (de ~(m.); partituren) blad waarop alle partijen* (bet.4) van een meerstemmig muziekstuk staan genoteerd.

**par·ti·zaan** (de ~(m.); partizanen) iemand die in een gebied woont dat door de vijand bezet is en tegen die vijand vecht zonder in het officiële leger te zitten ⇒ *guerrillastrijder.*

**part·ner** (de ~; -s) 1 iemand met wie je samen speelt of met wie je samen iets onderneemt ◆ *op dansles heb ik altijd dezelfde partner; ze zijn bridgepartners; ik zoek een partner om een modezaak te beginnen*: een maat, een compagnon 2 degene met wie je samenleeft of getrouwd bent.

**part·time** (Engels) [partajm](bijv. nw.) voor een gedeelte van de tijd, het tegenovergestelde van 'fulltime' ⇒ *deeltijd* ◆ *een parttime baan.*

**par·tus** (de ~(m.))(medisch) bevalling.

**par·ty** (Engels) [pa:rtie](de ~; party's) feest, fuif ⇒ *partij.*

**par·ve·nu** (de ~(m.); parvenu's) iemand van lage afkomst die wel rijk, maar niet erg beschaafd is geworden.

**pas¹** (de ~(m.); -sen) 1 stap, schrede ◆ *hij versnelde zijn pas; in de pas lopen*: (uitdr.) in een rij lopen en dezelfde passen maken; ook: je netjes gedragen; *pas op de plaats maken*: (uitdr.) stappen maken zonder van je plaats te komen; ook: niet vooruit komen; *iemand de pas afsnijden*: (uitdr.) iemand tegenhouden door vóór hem of haar te gaan staan; ook: iemand te vlug af zijn **2** paspoort ◆ *zonder pas kom je de grens niet over* **3** (meestal: pasje) klein kaartje met je naam en soms met je foto erop, dat je gebruikt om te laten zien wie je bent, bijv. als je een cheque uitschrijft ◆ *een giropasje; een Pas 65: een pasje waarmee mensen van 65 jaar en ouder voor minder geld bijv. musea kunnen bezoeken* **4** doorgang tussen twee bergtoppen ◆ *de Sint-Gotthardpas* **5** deel aan de voorkant van een kledingstuk, dat er apart op is gezet, meestal als versiering ◆ *een kinderjurkje met een geborduurd pasje* ▼ *van pas komen:* nuttig, goed te gebruiken zijn; *het woordenboek moest eraan te pas komen:* de hulp van het woordenboek was nodig; *dat geeft geen pas; het komt niet te pas:* dat hoort niet; *ik kom er nooit aan te pas:* ik mag nooit meedoen; *te pas en te onpas:* op ieder willekeurig moment; *te pas en te onpas zeurt ze daarover.*

**pas²** (bijv. nw.) passend, zo dat het past* (bet.1) ◆ *een jurk pas maken.*

**pas³** (bijw.) **1** zojuist, nog maar net ⇒ *zoëven, daarnet* ◆ *je bent pas begonnen; hij is pas teruggekomen van vakantie:* kort geleden **2** niet ouder, meer, later of langer dan ..., het tegenovergestelde van 'al' ◆ *ik ben pas achttien:* nog maar achttien; *kom je pas om acht uur?:* (niet eerder?) ▼ *dat is pas werken!:* dat is erg hard werken!; *op de noordpool is het pas koud!:* daar is het écht koud!

**pas de deux** (Frans) [pa·de·deu] (de ~; pas de deux) ballet voor twee dansers.

**Pa·sen** (de ~ (m.)) christelijk feest waarop herdacht wordt dat Christus uit het graf is opgestaan ◆ *als Pasen en Pinksteren op één dag vallen, dan doe ik het:* (uitdr.) (dit zeg je als je bedoelt dat je iets nooit zult doen, omdat Pasen en Pinksteren nooit op één dag zullen vallen).

**pas·fo·to** (de ~ (m.); -foto's) klein portretfotootje voor op je paspoort of voor op een pasje (bet.3).

**pas·ja** (de ~ (m.); pasja's) hoogste ambtenaar in het oude Turkije ◆ *hij zit als een pasja op de bank:* (uitdr.) hij zit lui onderuit en laat zich bedienen.

**pas·klaar** (bijv. nw.) helemaal af, precies passend ◆ *ik heb geen pasklare oplossing voor dit probleem.*

**pas·kwil** (het ~; -len) iets belachelijks, idiote grap ◆ *ergens een paskwil van maken:* iets belachelijk maken, iets niet serieus nemen.

**pas·munt** (de ~) geld in munten, waarmee je kleine betalingen doet en waarmee je precies gepast kunt betalen.

**pas·poort** (het ~; -en) officieel papier waarop o.a. je naam, je foto, je geboortedatum en je nationaliteit staan, en dat je nodig hebt om toegelaten te worden in het buitenland ⇒ *pas* ◆ *een cultureel jongerenpaspoort (CJP):* een pasje waarmee je tot en met je 25e jaar gratis of met korting toegang krijgt tot sommige musea, schouwburgen, bioscopen enz..

**pass** (Engels) [pas *of* pæs] (de ~; -es) (sport) trap, worp of slag waarmee je de bal, puck enz. aan een teamgenoot toespeelt.

**pas·saat** (de ~ (m.); passaten) regelmatige wind die van subtropische gebieden naar de evenaar waait.

**pas·sa·ge** [passaazje] (de ~ (v.); -s) **1** ruimte waar je doorheen moet om ergens te komen ⇒ *doortocht, doorgang* ◆ *de passage is geblokkeerd* **2** gedeelte uit een tekst of een muziekstuk ◆ *lees de volgende passage* voor **3** overdekte winkelstraat **4** bewijs van toegang voor een overtocht per boot of per vliegtuig ◆ *passage boeken:* een ticket kopen en een plaats reserveren.

**pas·sa·gier** [passaazjier, in België: passaggier] (de ~ (m.);

-s) reiziger die niet zelf rijdt, maar die zich laat vervoeren, bijv. in een trein of een taxi.

**pas·sa·gie·ren** [passaazjieren, in België: passaggieren] (passagierde, heeft gepassagierd) een bootreis onderbreken om aan wal te gaan en plezier te maken.

**pas·sant** (de ~ (m.); -en) **1** voorbijganger **2** iemand die op doortocht is ◆ *een passantenhotel.*

**pas·sé** (Frans) [passee] (bijv. nw.) voorbij, tot het verleden behorend ◆ *die mode is allang passé.*

**pas·sen** (paste, heeft gepast) **1** precies op maat zijn, aansluiten ◆ *dit puzzelstukje past precies; maat 36 past mij nooit; het was passen en meten om het voor elkaar te krijgen:* (uitdr.) het kostte veel moeite **2** een kledingstuk passen: het aantrekken en kijken of de maat goed is ◆ *pas die broek eens* **3** op iemand of iets passen: toezicht houden op iemand of iets, op iemand of iets letten ◆ *kun je vanavond op de kinderen passen?; op het huis passen; je moet wel een beetje op je woorden passen:* je kunt niet zomaar alles zeggen **4** bij iets of iemand passen: bij iets of iemand aansluiten, met iets of iemand in overeenstemming zijn ◆ *die trui past niet bij die broek:* die staat er niet bij; *zij passen niet bij elkaar:* ze zijn te verschillend om goed met elkaar om te kunnen gaan **5** op zijn plaats zijn ⇒ *betamen, voegen* ◆ *het past niet om in zulke oude kleren op bezoek te gaan:* dat is niet netjes **6** geld passen: precies het juiste bedrag betalen, niet te veel en niet te weinig ◆ *ik heb geen wisselgeld, kunt u het passen?* **7** (kaartspel) je beurt voorbij laten gaan omdat je slechte kaarten hebt ◆ *ik pas; ergens voor passen:* (uitdr.) iets niet willen doen.

**pas·send** (bijv. nw.) geschikt voor de gelegenheid ◆ *een passend antwoord; een passend geschenk.*

**pas·se·par·tout** (Frans) [paspartoe] (de ~ (m.) of het ~; -s) **1** rand van dun karton om een ingelijste foto of prent heen **2** kaartje waarmee je toegang krijgt tot alle voorstellingen ◆ *een passe-partout voor het jazzfestival.*

**pas·ser** (de ~ (m.); -s) tweebenig instrumentje met aan het ene been een scherpe punt en aan het andere een potlood, waarmee je cirkels of bogen tekent.

**pas·se·ren** (passeerde) **1** (heeft of is gepasseerd) iemand of iets passeren: langs iemand of iets heen gaan ⇒ *voorbijgaan* ◆ *mag ik u even passeren?; de sportwagen passeerde de vrachtauto* **2** (heeft of is gepasseerd) iets passeren: ergens doorheen trekken, ergens langs komen ◆ *als u de brug gepasseerd bent, moet u rechtsaf* **3** (heeft gepasseerd) iemand passeren: iemand overslaan, iemand over het hoofd zien ◆ *ze voelde zich gepasseerd omdat haar niets gevraagd was; hij werd bij die benoeming gepasseerd:* hij werd niet benoemd, terwijl hij eigenlijk aan de beurt was **4** (is gepasseerd) gebeuren ◆ *er is sinds die tijd heel wat gepasseerd.*

**pas·sie** (de ~ (v.); -s) **1** vurige liefde voor iets of iemand ⇒ *hartstocht* ◆ *hij heeft een passie voor schaken* **2** het lijdensverhaal van Jezus Christus ◆ *de Mattheuspassie van Bach:* het lijdensverhaal zoals Mattheus het opschreef, op muziek gezet door Bach.

**pas·sief** (bijv. nw.) zonder iets te doen, het tegenovergestelde van 'actief' ◆ *een passieve houding.*

**pas·sim** (bijw.) verspreid, op verschillende plaatsen in een boek ◆ *zie bladzijde 50 passim:* zie bladzijde 50 en bepaalde stukjes op bladzijden die daarna komen.

**pas·ta** (de ~ (m.) of het ~; pasta's) **1** dikke, smeerbare massa ◆ *tandpasta; chocoladepasta* **2** verzamelnaam voor Italiaanse deegwaren, zoals macaroni, spaghetti en lasagne.

**pas·tei** (de ~ (m.); -en) **1** smeerbare massa die bestaat uit vlees of groenten met vocht en kruiden ⇒ *paté* ◆ *lever-*

**pastei** 2 (meestal: pasteitje) dun, knapperig gebak van hartig deeg, met een vulling van gehakt vlees of groenten.

**pas·tel** (het ~; -s of -len) **1** droge kleurstof in de vorm van een staafje, om mee te tekenen ⇒ *pastelkrijt* **2** tekening die met zo'n staafje kleurstof is gemaakt.

**pas·tel·tint** (de ~) zachte, niet-felle kleur, zoals roze en lichtblauw.

**pas·teu·ri·se·ren** (pasteuriseerde, heeft gepasteuriseerd) *melk pasteuriseren*: die korte tijd verhitten tot ongeveer 70° C, zodat de meeste bacteriën doodgaan en de melk langer houdbaar is.

**pas·ti·che** [pastiesj] (de ~ (m.); -s) slechte nabootsing van een antiek voorwerp of een kunstwerk.

**pas·til·le** [pastieje] (de ~; -s) plat, rond tabletje of chocolaatje ♦ keel*pastilles*.

**pas·ti·naak** (de ~; pastinaken) eetbare witte wortel die o.a. als veevoer wordt gebruikt.

**pas·toor** (de ~ (m.); -s) hoofd van een parochie (kijk ook bij: **parochie**).

**pas·tor** (de ~ (m.); -s of pastores) geestelijke die zorgt voor het geestelijk welzijn van een groep mensen, bijv. in een parochie, ziekenhuis of school ♦ een studenten*pastor*.

**pas·to·raal** (bijv. nw.) **1** te maken hebbend met kerkelijke leiders, zoals pastoors* en pastors* ♦ *pastoraal* werk **2** te maken hebbend met het leven van herders en met het landleven ♦ *pastorale* muziek: rustige, lieflijke muziek.

**pas·to·raat** (het ~) zielzorg door een geestelijke (kijk ook bij: **zielzorg**).

**pas·to·ra·le** (de ~; -n of -s) **1** verhaal, gedicht, toneelstuk of lied waarin het eenvoudige leven van herders wordt verheerlijkt **2** rustig, lieflijk stuk muziek.

**pas·to·rie** (de ~ (v.); pastorieën) woning van een pastoor* of predikant.

**pat** (het ~) (schaken) stand van de koning als hij bij iedere mogelijke zet schaak komt te staan (de partij eindigt dan onbeslist) (kijk ook bij: **schaak**) ⇒ *patstelling*.

**pa·tat** (de ~) **1** (verkorting) patates frites ⇒ *friet* ♦ een zakje *patat* **2** (-ten) (in België □; populair) aardappel.

**pa·ta·tes fri·tes** [patatfriet] (zelfst. nw.; meervoud) reepjes aardappel die in frituurvet zijn gebakken ⇒ *patat, friet*.

**pa·tat·ge·ne·ra·tie** (de ~ (v.); -s) jongere generatie (zo genoemd door mensen die de jongeren lui en verwend vinden).

**patch·work** (Engels) [petsjwurk] (het ~) handwerktechniek waarbij je kleine lapjes in een patroon aan elkaar naait ♦ een *patchwork*deken.

**pa·té** (de ~; -s) smeerbare massa van gehakt vlees of groenten met vocht en kruiden ⇒ *pastei*.

**pa·tent**¹ (het ~; -en) bewijsstuk dat jij het recht hebt een product te produceren of te verkopen ♦ *patent* op iets aanvragen.

**pa·tent**² (bijv. nw.) zeer goed, voortreffelijk, uitmuntend ♦ je ziet er *patent* uit.

**pa·ter** (de ~ (m.); -s) rooms-katholieke geestelijke die tot priester is gewijd en die meestal woont in een klooster.

**pa·ter·na·lis·tisch** (bijv. nw.) met de neiging om de dingen autoritair, van bovenaf te regelen ♦ een *paternalistische* regering: die niet wil luisteren naar wat het volk wil.

**pa·ter·nos·ter** (Latijn) [paternoster] (het ~; -s) **1** het onzevader; dit is een christelijk gebed waarin God als vader wordt toegesproken ♦ ze bad een *paternoster* **2** lift die bestaat uit een aantal lifthokjes die voortdurend op

en neer gaan zonder dat je op een knop drukt ⇒ *paternosterlift* **3** (de ~ (m.)) (in België □) snoer met kralen dat bij het bidden van de rozenkrans (bet.2) gebruikt wordt.

**pa·the·tisch** (bijv. nw.) met pathos*, overdreven hartstochtelijk en hoogdravend ♦ een *pathetische* toespraak.

**pa·tho·geen** (bijv. nw.) (medisch) ziekte veroorzakend ♦ *pathogene* bacteriën.

**pa·tho·lo·gie** (de ~ (v.)) deel van de medische wetenschap dat onderzoekt wat de oorzaken van een ziekte zijn en hoe je lichaam op die ziekte reageert ⇒ *ziekteleer*.

**pa·tho·lo·gisch** (bijv. nw.) **1** te maken hebbend met de pathologie* ♦ een *pathologisch* onderzoek **2** niet normaal, ziekelijk ♦ een *pathologische* angst voor katten.

**pa·tho·loog** (de ~ (m.); pathologen) dokter die zich bezighoudt met de pathologie*.

**pa·tho·loog-ana·toom** (de ~ (m.); pathologen-anatomen) dokter die o.a. lijken van mensen onderzoekt en eventueel opensnijdt om te onderzoeken waaraan ze zijn gestorven ♦ bij moordzaken wordt altijd het oordeel van de *patholoog-anatoom* gevraagd.

**pa·thos** (het ~) overdreven hartstochtelijkheid en hoogdravendheid ♦ met *pathos* spreken.

**pa·tien·ce** (Frans) [paasjãs of pasjãs(e)] (het ~) (letterlijk: geduld) kaartspel voor één persoon waar je een hoop geduld voor nodig hebt.

**pa·tiënt** [paasjent] (de ~ (m.); -en), vrouw: **pa·tiën·te** (de ~ (v.); -s of -n) iemand die ziek is en door een dokter behandeld moet worden ⇒ *zieke*.

**pa·tio** (de ~ (m.); patio's) binnenplaats van een huis of huizenblok.

**pa·tis·se·rie** (de ~ (v.); patisserieën) **1** banketbakkerij **2** dingen die in een banketbakkerij gemaakt worden, zoals gebakjes en chocola **3** (in België □) gebak.

**pato-** → patho-.

**pa·tri·arch** (de ~ (m.); -en) **1** stamvader van een volk ⇒ *aartsvader* ♦ Abraham was de *patriarch* van het joodse volk **2** hoge rang in de Grieks-katholieke kerk.

**pa·tri·ar·chaal** (bijv. nw.) overheerst door de vaderfiguur ♦ een *patriarchaal* huwelijk: waarin de man het voor het zeggen heeft.

**pa·tri·ar·chaat** (het ~; patriarchaten) **1** samenleving waarin de mannen het voor het zeggen hebben **2** gebied waarin het gezag van een patriarch* (bet.2) geldt.

**patri·ciër** pa·tri·ci·er (de ~ (m.); -s) rijke en voorname burger ♦ in Amsterdam heb je veel *patriciërs*huizen.

**pa·trijs** (de ~; patrijzen) vogel die op een fazant lijkt, maar een kortere staart heeft.

**pa·trijs·hond** (de ~ (m.); -en) hond van een ras dat speciaal geschikt is voor de jacht op patrijzen.

**pa·trijs·poort** (de ~; -en) rond raampje in een scheepswand.

**pa·tri·ot** (de ~ (m.); -ten) iemand die van zijn of haar eigen land houdt en dat land dient.

**pa·tro·naat** (het ~; patronaten) **1** bescherming, hulp van iemand die machtig is ♦ een vereniging onder *patronaat* van de Prins der Nederlanden ▼ het *patronaat*: (in België □) de werkgevers.

**pa·troon** (zelfst. nw.) **1** (het ~; patronen) versiering van regelmatig herhaalde figuren, bijv. op stof ⇒ *motief* ♦ behang met een bloemen*patroon* **2** (het ~; patronen) model van papier dat je gebruikt bij het knippen van stoffen voor bijv. kleren **3** (het ~; patronen) manier waarop een ingewikkelde zaak in elkaar zit ♦ de stakingen verlopen volgens hetzelfde *patroon* als de vorige keer; het bestedings*patroon* van de laagstbetaalden: de manier waarop de laagstbetaalden hun geld besteden **4** (de ~; patronen) huls met een kogel en kruit die in een geweer of pistool past **5** (de ~; patronen) vulling, bijv. voor een pen **6** (de ~ (m.); patronen) beschermer, beschermheer ♦ *de prins is de patroon van onze vereniging; Sint-Lucas is de patroon van de schilders:* hij is hun beschermheilige **7** (de ~(m.); patroons)(ouderwets) eigenaar van een zaak ⇒ *baas.*

**pa·trouil·le** [p a trœje](de ~) **1** (-s) groep soldaten of scouts die samen iets bewaken of onderzoeken **2** het patrouilleren* ♦ *de agenten gaan op patrouille in de wijk.*

**pa·trouil·le·ren** [p a trœjeeren](patrouilleerde, heeft ge-patrouilleerd) heen en weer lopen, rijden of varen om een gebied te bewaken ♦ *er wordt minder gesmokkeld sinds de marine voor de kust patrouilleert.*

**pats** (tussenw.)(geluid van een slag of klap) ♦ *pats!, daar kreeg hij een draai om zijn oren.*

**pat·ser** (de ~(m.); -s)(populair) man die graag opschept, vooral met zijn bezit.

**pat·stel·ling** (de ~(v.); -en)(schaken) stand van de koning als hij verzet móét worden, terwijl hij bij iedere mogelijke zet schaak komt te staan (de partij eindigt dan onbeslist)(kijk ook bij: **schaak**) ⇒ *pat* ♦ *ze zijn met hun ruzie in een patstelling beland:*(uitdr.) ze kunnen hun ruzie niet oplossen.

**pauk** (de ~; -en) trom die van onderen afgerond is en waar je op slaat met stokken met balletjes aan de uiteinden.

**pau·ke·nist** (de ~(m.); -en), vrouw: **pau·ke·nis·te** (de ~ (v.); -s of -n) iemand die pauken* bespeelt.

**pau·per** (de ~(m.); -s) iemand die in armoede leeft en die geen kans heeft op een beter leven.

**paus** (de ~(m.); pausen) hoofd van de rooms-katholieke kerk, die zetelt in het Vaticaan te Rome.

**pauw** (de ~(m.); -en) vogel met een grote groenblauwe staart die hij sierlijk kan opzetten ♦ *zo trots als een pauw:*(uitdr.) heel erg trots.

**pau·wen·oog, pauw·oog** (het ~; -ogen) ronde vlek op een pauwenstaart, die op een oog lijkt.

**pau·ze** (de ~; -s of -n) tijd waarin je even ophoudt met je werk of waarin een voorstelling even onderbroken wordt ♦ *een pauze inlassen; koffiepauze.*

**pau·ze·ren** (pauzeerde, heeft gepauzeerd) een pauze* houden ♦ *we pauzeren tien minuten.*

**pa·vil·joen** (het ~; -en of -s) **1** bijgebouw, bijv. van een ziekenhuis **2** huisje in een park waar je kunt zitten en iets kunt drinken.

**pax** (de ~(v.)) vrede.

**PCB** (het ~) poly**c**hloor**b**ifenyl; dit is een stof die o.a. in koelkasten zit, en heel schadelijk voor het milieu is.

**pct** (afkorting) **p**er**c**en**t**.

**p.e.** (afkorting) **p**ar **e**xemple; dit is Frans en het betekent: bijvoorbeeld.

**pea·nuts** (Engels) [pienuts](zelfst. nw.; meervoud) ▼ *dat is peanuts:*(letterlijk: pinda's; populair) dat stelt niets voor.

**pech** (de ~(m.)) **1** toestand waarin je tegenslag ondervindt ⇒ *tegenspoed* ♦ *pech hebben* **2** mankement aan een vervoermiddel, meestal een auto ⇒ *panne.*

**pech·vo·gel** (de ~(m.); -s)(populair) iemand die altijd pech* (bet.1) heeft.

**pe·daal** (de ~(m.) of het ~; pedalen) onderdeel waar je op moet trappen om een machine of instrument te bedienen ♦ *het gaspedaal van een auto; de pedalen van een piano; de pedalen van een fiets:* de trappers.

**pe·daal·em·mer** (de ~(m.); -s) afvalemmer waarvan je het deksel openmaakt door op een pedaal te trappen.

**pe·da·go·ge** → pedagoog.

**pe·da·go·gie, pe·da·go·giek** (de ~(v.)) wetenschap die zich bezighoudt met het opvoeden van kinderen ⇒ *opvoedkunde.*

**pe·da·go·gisch** (bijv. nw.) te maken hebbend met pedagogie* ⇒ *opvoedkundig* ♦ *een pedagogisch verantwoorde speeltuin:* waar speeltoestellen staan waar kinderen op een leerzame manier mee kunnen spelen.

**pe·da·goog** (de ~(m.); pedagogen), vrouw: **pe·da·go·ge** (de ~(v.); -n of -s) iemand die zich bezighoudt met pedagogie* ⇒ *opvoeder, opvoedkundige.*

**pe·dant** (bijv. nw.) verwaand ⇒ *waanwijs.*

**ped·del, pad·del** (de ~(m.); -s) stok met aan één of aan beide kanten een breed blad, waarmee je een kano voortbeweegt ⇒ *pagaai.*

**ped·de·len** (peddelde, heeft of is gepeddeld) **1** met een peddel* roeien **2** rustig fietsen.

**pe·del** (de ~(m.); -len of -s)(in Nederland) iemand die op een universiteit examens en plechtigheden regelt.

**pe·de·stal** → piëdestal.

**pe·di·cu·re** (de ~; -s) iemand die voor zijn of haar beroep voeten verzorgt, eelt weghaalt, nagels knipt enz..

**pe·do·fiel** (de ~(m.); -en) volwassene die wil vrijen met kinderen.

**pe·do·lo·gie** (de ~(v.)) bestudering en behandeling van psychisch gestoorde kinderen.

**pee** (zelfst. nw.) ▼ *de pee in hebben:*(populair) de pest in hebben, een slecht humeur hebben.

**peen** (de ~; penen) **1** eetbare oranje wortel ▼ *peentjes zweten:* erg zenuwachtig of bang zijn.

**peer** (de ~; peren) **1** sappige vrucht die aan de kant van het steeltje smal is en naar onderen toe breed uitloopt ♦ *met de gebakken peren zitten:*(uitdr.) voor iets moeten opdraaien, in moeilijkheden komen **2** gloeilamp ♦ *een kaal peertje:* een lamp zonder kap eromheen **3** (populair) klap in je gezicht ⇒ *muilpeer.*

**pees** (de ~; pezen) **1** taai uiteinde van een spier, waarmee hij aan een bot vastzit **2** snaar aan een boog, waardoor hij krom staat.

**peet·oom** (de ~(m.); -s) man die een kind ten doop houdt en die belooft extra aandacht aan dat kind te zullen schenken ⇒ *peter.*

**peet·tan·te** (de ~(v.); -s) vrouw die een kind ten doop houdt en die belooft extra aandacht aan dat kind te zullen schenken ⇒ *meter.*

**pe·gel** (de ~(m.); -s) kegel van ijs die ergens aan hangt, bijv. aan een dakgoot.

**peig·noir** (Frans) [pinwaar](de ~(m.); -s) ochtendjas voor vrouwen.

**peil** (het ~) **1** hoogte, meestal van water of van een andere vloeistof, bijv. in een rivier of een ketel ⇒ *niveau* ♦ *het oliepeil controleren; het peil van de lonen* **2** kwaliteit, waarde van wat iemand doet ⇒ *niveau* ♦ *het peil van de voorstelling was erg hoog:* de voorstelling was erg goed; *zijn prestaties zijn beneden peil:* ze zijn onvoldoende; *wat je doet is beneden alle peil:* het is slecht, gemeen ▼ *ergens geen peil op kunnen trekken:* ergens niets zekers van kunnen zeggen, ergens niet van op aan kunnen.

**pei·len** (peilde, heeft gepeild) **1** iets peilen: kijken hoe diep of hoe hoog iets is **2** iets of iemand peilen: onderzoeken hoe iets is of wat iemand van iets vindt ♦ *de stemming peilen; hij heeft de directeur gepeild.*

**peil·glas** (het ~; -glazen) glazen buisje aan een ketel waaraan je het peil* (bet.1) van de vloeistof die erin zit, afleest.

**pei·ling** (de ~(v.); -en) het peilen* ♦ *een opiniepeiling houden:* onderzoeken wat mensen van iets vinden; *iemand in de peiling hebben:*(uitdr.) aanvoelen wat iemand van plan is, iemand doorhebben.

**peil·lood** (het ~; -loden) apparaat waarmee je de diepte van het water peilt* (bet.1) ⇒ *dieplood*.

**peil·loos** (bijv. nw.) gezegd van iets waarvan de diepte of de grootte niet te peilen* (bet.1) of te meten is ♦ *ze staarde in de peilloze diepte; een peilloos verdriet: een heel groot verdriet.*

**pein·zen** (peinsde, heeft gepeinsd) *over iets peinzen:* diep en ernstig over iets nadenken ♦ *peinzend staarde hij naar de wolken:* in gedachten verzonken; *ik peins er niet over:* (uitdr.) ik denk er niet over, er is geen sprake van.

**peis** → **pais**.

**pek, pik** (de ~; (m.) of het ~) zwarte, kleverige stof die uit teer is gemaakt ♦ *wie met pek omgaat, wordt ermee besmet:* (spreekwoord) wie met slechte mensen omgaat, wordt zelf slecht.

**pe·kel** (de ~; (m.)) 1 water waarin zout is opgelost 2 grof zout waarmee wegen bij gladheid bestrooid worden.

**pe·ke·len** (pekelde, heeft gepekeld) 1 *voedsel pekelen:* het in pekel* (bet.1) leggen om het lang te kunnen bewaren 2 *wegen pekelen:* er pekel* (bet.2) op strooien om ijzel en sneeuw te laten smelten.

**pe·ki·nees** (de ~; (m.); pekinezen) kleine hond met een stompe neus en korte pootjes, die uit China afkomstig is.

**pel** (de ~; -len) harde schil ⇒ *dop* ♦ *pindapellen; eierpellen.*

**pe·le·ri·ne** [pelerien] (de ~; (v.); -s) kort manteltje dat alleen je schouders bedekt ♦ *een regenjas met een pelerine:* met een extra opgezet wijd schouderstuk.

**pel·grim** (de ~; (m.); -s) iemand die een bedevaart maakt ⇒ *bedevaartganger.*

**pe·li·kaan** (de ~; (m.); pelikanen) grote vogel met een lange snavel met aan de onderkant een zak om voedsel in te bewaren.

**pel·len** (pelde, heeft gepeld) *iets, bijv. pinda's, pellen:* de pel* van iets af halen.

**pe·lo·ton** (het ~; -s) 1 kleine groep soldaten die onder bevel van een luitenant of vaandrig staat en die deel uitmaakt van een compagnie 2 groep wielrenners, hardlopers enz. die in een wedstrijd bij elkaar in de buurt blijven.

**pels** (de ~; (m.); pelzen) dichtbehaarde huid van een dier ⇒ *vacht.*

**pe·luw** (de ~; -s of -en) ouderwets lang en smal kussen dat je onder je hoofdkussen legt.

**pen** (de ~; -nen) 1 voorwerp waarmee je met inkt schrijft ♦ *een balpen; een vulpen; het valt met geen pen te beschrijven:* (uitdr.) het is te indrukwekkend, te erg voor woorden; *in de pen klimmen:* (uitdr.) gaan schrijven; *ze leeft van de pen:* (uitdr.) ze verdient haar geld met schrijven 2 smalle staaf, bijv. om mee te breien ⇒ *naald* ♦ *een haakpen* 3 grote en stevige veer van een vogel 4 houten of metalen stift waarmee je iets vastzet ⇒ *pin, spie.*

**pe·nal·ty** (Engels) [penneltie, in België: pinnaltie] (de ~; penalty's) (voetbal) strafschop.

**pe·na·rie** (zelfst. nw.) ▼ *in de penarie zitten:* moeilijkheden hebben.

**pen·dant** (de ~; (m.) of het ~; -en) iemand die bij een ander past omdat hij of zij die persoon in een bepaald opzicht aanvult, of iets dat samen met iets anders een paar vormt ⇒ *tegenhanger* ♦ *de pendant van dit portret van de koningin is het portret van haar zoon; de CIA, de Amerikaanse geheime dienst, was de Amerikaanse pendant van de Russische KGB.*

**pen·del** (de ~; (m.); -s) 1 onderdeel van een hanglamp waarmee je hem in hoogte verstelt 2 voorwerp dat aan een draadje hangt en dat als antwoord op vragen bewegingen maakt waaraan een bepaalde waarde wordt toegekend.

**pen·de·len** (pendelde, heeft gependeld) heen en weer reizen tussen de plaats waar je woont en de plaats waar je op school zit of werkt ⇒ *forenzen.*

**pen·du·le** (de ~; -s) lage staande klok voor op een schoorsteenmantel, kast enz..

**pe·ne·trant** (bijv. nw.) doordringend ♦ *een penetrante geur.*

**pe·ne·tre·ren** (penetreerde, is gepenetreerd) *ergens in penetreren:* in iets doordringen, iets binnendringen ♦ *het leger is 25 km in het buurland gepenetreerd.*

**pe·ni·bel** (bijv. nw.) moeilijk, lastig, pijnlijk ⇒ *hachelijk, netelig* ♦ *een penibele situatie.*

**pe·ni·cil·li·ne** (de ~) geneesmiddel voor infecties dat van bepaalde schimmels wordt gemaakt.

**pe·nis** (de ~; (m.); -sen) geslachtsdeel van een man.

**pe·ni·ten·tie** (de ~; (v.); -s) 1 boete, boetedoening ♦ *penitentie doen* 2 straf die je van een priester opgelegd krijgt voor zonden die je opgebiecht hebt.

**pen·nen** (pende, heeft gepend) snel of veel schrijven.

**pen·nen·strijd** (de ~; (m.)) ruzie die wordt uitgevochten in stukken in een krant of tijdschrift ⇒ *polemiek.*

**pen·nen·vrucht** (de ~; -en) (deftig) stuk of boek dat iemand heeft geschreven.

**pen·ning** (de ~; (m.); -en) munt ♦ *een gedenkpenning; ze is erg op de penning:* (uitdr.) erg gierig, erg zuinig.

**pen·ning·mees·ter** (de ~; (m.); -s) iemand die voor een vereniging of club alles regelt wat met geld te maken heeft.

**pe·no·ze** (Jiddisch) [penooze] (de ~) (populair) de wereld van dieven, oplichters enz. ⇒ *onderwereld.*

**pens** (de ~; pensen) 1 eerste maag van een herkauwend dier 2 (populair) buik ♦ *hij heeft zijn pens vol gegeten* 3 (in België □; populair) worst.

**pen·seel** (het ~; penselen) kwastje met een lange steel, waarmee kunstschilders schilderen.

**pen·si·oen** (het ~; -en) geld dat iemand maandelijks of jaarlijks krijgt als hij of zij is opgehouden met werken omdat hij of zij een bepaalde leeftijd heeft bereikt ♦ *met pensioen gaan.*

**pen·si·on** (het ~; -s) huis waar mensen tegen betaling kost en inwoning krijgen.

**pen·si·o·naat** (het ~; pensionaten) kostschool ⇒ *internaat.*

**pen·si·o·na·ris** (de ~; (m.); -sen) iemand die vroeger het bestuur van een stad of gewest raad gaf in zaken die met het recht te maken hadden.

**pen·si·o·ne·ren** (pensioneerde, heeft gepensioneerd) *iemand pensioneren:* iemand met pensioen* laten gaan.

**penta-** vijf- ♦ *pentagonaal:* vijfhoekig.

**pep** (de ~) (populair) pit, vuur, fut ⇒ *energie* ♦ *haar enthousiasme gaf me weer een beetje pep.*

**pe·per** (de ~; (m.)) 1 scherp smakende specerij die bestaat uit zwarte of witte korreltjes, die meestal worden fijngemalen 2 scherp smakende rode of groene langwerpige vrucht die je als specerij gebruikt ♦ *Spaanse peper.*

**pe·per-en-zout·kleu·rig** (bijv. nw.) ▼ *peper-en-zoutkleurig haar:* grijsblond haar, dat niet licht en niet donker is.

**pe·per·koek** (de ~; (m.); -en) zoete koek die met peper en speculaaskruiden wordt gekruid ⇒ *ontbijtkoek.*

**pe·per·munt** (de ~) 1 wit snoepje met een frisse smaak ♦ *een rolletje pepermunt* 2 plant met groene, fris smakende blaadjes die je o.a. gebruikt om thee van te maken of om eten mee te kruiden ⇒ *munt.*

**pe·per·noot** (de ~; -noten) klein stukje peperkoek of speculaas waarmee in de sinterklaastijd gestrooid wordt.

**pep·mid·del** (het ~; -en) middel dat je energie geeft ♦ *een koude douche is een goed **pepmiddel***.

**pep·pel** (de ~(m.); -s) (ouderwets) populier ⇒ *abeel*.

**per** (voorz.) **1** gerekend naar elk(e) ♦ *ijsjes van een gulden per stuk; twintig kilometer **per** uur* **2** met ♦ *reizen **per** trein* **3** met ingang van, vanaf ♦ ***per** 1 november hebben we een nieuw telefoonnummer*.

**per·ceel** (het ~; percelen) **1** gebouw, pand ♦ *de brand sloeg over naar de belendende **percelen**: naar de gebouwen naast het brandende gebouw* **2** stuk grond ♦ *een **perceel** aardappelen*.

**per·cent** (het ~; -en) honderdste deel ⇒ *procent* ♦ *75 **percent** van de leerlingen deed mee; een rente van zeven **percent** per jaar*.

**per·cen·ta·ge** [persentaazje](het ~; -s) getal waarmee je aangeeft om hoeveel percent* het gaat ♦ *ik krijg een **percentage** van wat hij verdient*.

**per·cep·tie** (de ~(v.); -s) waarneming ♦ ***perceptie**stoornissen*: problemen bij o.a. het zien en horen.

**per·co·la·tor** (de ~(m.); -s) filtertoestel, vooral een bepaald soort koffiefilterapparaat.

**per·cus·sie** (de ~(v.); -s) **1** (muziek) begeleiding door slaginstrumenten ⇒ *slagwerk* **2** (medisch) het kloppen op iemands lichaam om op grond van de klank uit een lichaamsholte te beoordelen hoe het met een orgaan dat daar vlak bij ligt, gesteld is.

**pe·re·laar** (de ~(m.); -s) perenboom.

**per·fect** (bijv. nw.) volmaakt, zonder fouten of gebreken ♦ *een **perfecte** balletuitvoering; het is **perfect** in orde*.

**per·fec·tie** (de ~(v.)) afwezigheid van fouten of gebreken ⇒ *volmaaktheid*.

**per·fec·ti·o·ne·ren** (perfectioneerde, heeft geperfectioneerd) *iets perfectioneren*: iets perfect* maken, ergens de fouten uit halen ⇒ *vervolmaken* ♦ *dit model wordt nog **geperfectioneerd***.

**per·fec·ti·o·nist** (de ~(m.); -en), vrouw:
**per·fec·ti·o·nis·te** (de ~(v.); -n of -s) iemand die alles perfect* wil hebben.

**per·fec·tum** (het ~)(taal) voltooid tegenwoordige tijd.

**per·fi·de** (bijv. nw.) door en door slecht, volkomen onbetrouwbaar.

**per·fo·ra·tie** (de ~(v.); -s) gaatje of reeks gaatjes ♦ *hij scheurde de postzegel langs de **perforatie** af*.

**per·fo·ra·tor** (de ~(m.); -en of -s) apparaat waarmee je ergens gaatjes in maakt, meestal twee gaatjes in papieren die in een map opgeborgen moeten worden.

**per·fo·re·ren** (perforeerde, heeft geperforeerd) *iets perforeren*: een of meer gaten in iets maken ♦ *een **geperforeerde** strook*: een strook die je af kunt scheuren langs een rand van gaatjes.

**per·for·mance** (Engels) [perfo:rmens](de ~; -s) **1** opvoering van een toneelstuk, show enz. ⇒ *voorstelling, optreden* **2** manier waarop iemand iets voordraagt of uitvoert ⇒ *voordracht, optreden*.

**per·go·la** (de ~; pergola's) met slingerplanten begroeide overkapping van palen en latwerk in een tuin of om een terras.

**pe·ri·fe·rie** (de ~(v.)) buitenste rand, buitenkant ♦ *ze wonen in de **periferie** van Antwerpen*.

**pe·ri·ke·len** (zelfst. nw.; meervoud) spannende of vervelende belevenissen, gevaarlijke avonturen.

**pe·ri·o·de** (de ~(v.); -s of -n) bepaalde hoeveelheid tijd ⇒ *tijdvak* ♦ *een drukke **periode** op school; **perioden** met zon*.

**pe·ri·o·diek¹** (de ~(v.) of het ~; -en) tijdschrift.

**pe·ri·o·diek²** (bijv. nw.) gezegd van iets dat regelmatig gebeurt ♦ *een **periodieke** zonsverduistering*.

**pe·ris·coop** (de ~(m.); periscopen) kijktoestel waarmee je bijv. vanuit een duikboot naar dingen kijkt die boven water zijn.

**pe·ris·tal·tisch** (bijv. nw.) ▼ *de **peristaltische** beweging*: de beweging van je darmen waardoor hun inhoud verder wordt geduwd.

**perk** (het ~; -en) stuk grond dat afgebakend is ♦ *een bloemperk; een grasperk; het strijdperk*: de plaats waar gevochten wordt; *iets binnen de **perken** houden*: (uitdr.) iets niet overdrijven, ergens maat in houden; *dat gaat alle **perken** te buiten*: (uitdr.) dat gaat te ver, dat overschrijdt de grenzen.

**per·ka·ment** (het ~) dunne dierenhuid die geschikt gemaakt is om op te schrijven, meestal gebruikt in de tijd dat er nog geen papier was.

**per·kus·sie** → percussie.

**per·ma·nent¹** (de ~of het ~) kunstmatige krullen of golven in je haar die lang blijven zitten.

**per·ma·nent²** (bijv. nw.) niet tijdelijk ⇒ *blijvend* ♦ ***permanente** kleuren*.

**per·ma·nent³** (bijw.) zonder ophouden ⇒ *voortdurend, onafgebroken* ♦ *het regende **permanent***.

**per·mis·sie** (de ~(v.); -s) toestemming, verlof ♦ *heb je wel **permissie** om zo laat op te blijven?; dat is, met **permissie**, een grote leugen*: dat is, als ik het zo mag zeggen, een grote leugen.

**per·mit·te·ren** (permitteerde, heeft gepermitteerd) *je iets kunnen permitteren*: je iets kunnen veroorloven, geld of tijd voor iets hebben ♦ *we kunnen ons geen vakantie **permitteren**; ik kan me niet **permitteren** daar te laat te komen*.

**per·pe·tu·um mo·bi·le** (Latijn) [perpeetuuwummoobielee](het ~)(letterlijk: voortdurende beweging) toestel dat voortdurend beweegt zonder dat je er brandstof, stroom of andere energie aan toevoegt (zo'n toestel is nooit uitgevonden maar veel mensen proberen dat).

**per·plex** (bijw.) verbijsterd, van je stuk gebracht ⇒ *stomverbaasd* ♦ *ik stond **perplex***.

**per·ron** (het ~; -s) hoge stoep langs de rails op een station, waar passagiers in en uit de trein kunnen stappen.

**pers** (zelfst. nw.) **1** (de ~; persen) apparaat waarmee je iets perst* ♦ *knoflookpers; een drukpers voor het drukken van boeken; vers van de pers*: (uitdr.) net gedrukt; ook: heel nieuw **2** (de ~) de nieuwsbladen en de journalisten die daarvoor schrijven ♦ *ze stond de **pers** te woord*: ze beantwoordde vragen van journalisten **3** (de ~(m.); perzen) Perzisch, oosters tapijt.

**pers·bu·reau** [persbuuroo](het ~; -s) bureau dat nieuws verzamelt en dat tegen betaling aan kranten, radio en tv doorgeeft ♦ *het Algemeen Nederlands **Persbureau** (het ANP)*: het landelijk bureau waar de nieuwsberichten binnenkomen.

**pers·con·fe·ren·tie** (de ~(v.); -s) bijeenkomst waarop iemand die in het nieuws is vragen van journalisten beantwoordt.

**per se** (Latijn) [persee] beslist, met alle geweld ♦ *hij wil per se mee; moet je **per se** zoveel lawaai maken?*

**per·se·cu·tie** (de ~(v.); -s) vervolging van mensen wegens hun politieke of godsdienstige overtuiging.

**per·sen** (perste, heeft geperst) **1** *iets persen*: hard op iets duwen ♦ *sinaasappels **persen**: het sap eruit halen* **2** *kleren, stoffen persen*: ze onder een vochtige doek met een heet strijkijzer gladstrijken **3** (iets persen) het vormen of

maken door te drukken ◆ *grammofoonplaten persen* **4**
*(van een barende vrouw)*: spierbewegingen maken
waardoor de baby uit haar buik geduwd wordt.

**per·se·ve·re·ren** (persevereerde, heeft gepersevereerd)
(deftig) stug doorgaan met iets ⇒ *volharden*.

**per·si·fla·ge** [persiefl*aa*zj*e*] (de ~(v.); -s) overdreven nabootsing om iemand of iets te bespotten.

**pers·klaar** (bijv. nw.) klaar om gedrukt te worden ◆ *een
manuscript persklaar maken*.

**pers·mus·kiet** (de ~(m.); -en) (grappig) journalist die je
voortdurend met lastige vragen bestookt.

**per·so·na·ge** [persoon*aa*zj*e*] (de ~(v.) of het ~; -s) **1** persoon, figuur ◆ *een personage uit de filmwereld* **2** persoon die in een boek, toneelstuk of film voorkomt.

**per·so·na·lia** (zelfst. nw.; meervoud) je persoonlijke gegevens, zoals je naam en geboortedatum.

**per·so·na non gra·ta** (Latijn) [persoon*aa*non*kr**aat**aa*] (de
~) ongewenst persoon, vaak gezegd van iemand die
een land wordt uitgezet en er niet meer binnen mag
komen.

**per·so·neel¹** (het ~) groep mensen die ergens in dienst
zijn ◆ *de kasteelheer heeft vijf man personeel*.

**per·so·neel²** (bijv. nw.) uit personen* bestaand ◆ *perso-
nele hulpmiddelen*.

**per·so·ni·fi·ca·tie** (de ~(v.); -s) voorstelling van een
zaak of begrip door middel van een persoon ◆ *hij is de
personificatie van de gierigheid*.

**personifiëren** per·so·ni·fi·e·ren (personifieerde, heeft ge-
personifieerd) *iets personifiëren*: iets uitbeelden of voorstellen als een mens ◆ *de geblinddoekte vrouw met een
weegschaal, Vrouwe Justitia, personifieert de rechtvaardigheid*.

**per·so·ni·fi·ka·tie** → personificatie.

**per·soon** (de ~(m.); personen) **1** mens, individu ◆ *hoeveel
personen gaan er mee?*; *het kost vijf gulden per persoon*;
*je bent de aangewezen persoon om het te doen*: je bent er
precies geschikt voor; *in eigen persoon*: (uitdr.) zelf **2**
(taal) vorm waarin het werkwoord staat en die afhankelijk is van het onderwerp van de zin ◆ *de eerste, tweede,
derde persoon*: de ik/wij-vorm, de jij/jullie-vorm, de
hij/zij/het-vorm.

**per·soon·lijk¹** (bijv. nw.) gezegd van iets dat bij een bepaalde persoon* hoort, of voor een bepaalde persoon*
is bestemd ◆ *persoonlijke eigendommen*; *een persoonlijke vriend van de burgemeester*: een vriend van de burgemeester zelf; *een persoonlijk onderhoud*: een gesprek
onder vier ogen; *strikt persoonlijk*: alleen bestemd voor
degene wiens naam erop staat; *hij gaf een persoonlijk
tintje aan de officiële gebeurtenis*: hij legde er iets van
zichzelf in, waardoor het niet alleen maar stijf en formeel was; *ik bedoel het niet persoonlijk*: ik bedoel niet
iemand in het bijzonder.

**per·soon·lijk²** (bijw.) in eigen persoon*, zelf ◆ *je moet je
persoonlijk melden*; *hij trekt het zich persoonlijk aan*: hij
voelt zich er emotioneel bij betrokken.

**per·soon·lijk·heid** (de ~(v.); persoonlijkheden) **1** iemands eigenschappen en karaktertrekken die hem of
haar uniek maken ⇒ *aard* ◆ *iemand met een gespleten
persoonlijkheid*: iemand die schizofreen is, die zich als
twee verschillende personen gedraagt **2** opvallende
persoon*, iemand met een sterk eigen karakter.

**per·spec·tief** (zelfst. nw.) **1** (het ~; perspectieven) punt
vanwaaruit je iets bekijkt in samenhang met andere
dingen ⇒ *gezichtspunt* ◆ *vanuit zijn perspectief bekeken
kan ik me voorstellen dat hij boos is*; *dat biedt nieuwe perspectieven*: dat biedt nieuwe kansen **2** (de ~) dieptewerking van een tekening of schilderij die door een bepaalde tekentechniek ontstaat.

**per·spex** (het ~) doorzichtig plastic ⇒ *plexiglas*.

**pers·vrij·heid** (de ~(v.)) vrijheid van drukpers, het recht
om je ideeën via een boek of krant openbaar te maken.

**per·te to·ta·le** (Frans) [pert*oo*tal] (bijv. nw.) *(van voertuigen)*: (in België) door een ongeluk in zo'n slechte staat,
dat reparatie duurder is dan de waarde van het voertuig ⇒ *total loss* ◆ *door de botsing is de brommer van Rik
perte totale*.

**per·ti·nent** (bijv. nw.) onbetwistbaar, absoluut zeker ◆
*dat is pertinent onjuist*.

**per·vers** (bijv. nw.) gezegd van iemand die dingen leuk of
lekker vindt waar de meeste mensen van walgen, vooral op seksueel gebied ⇒ *tegennatuurlijk* ◆ *een perverse
belangstelling voor lijken*.

**per·zik** (de ~; -en) ronde, gele, sappige vrucht met een
donzige schil.

**Pe·sach** (het ~) joods paasfeest.

**pe·se·ta** (de ~(m.); peseta's) Spaanse munteenheid.

**pes·sa·ri·um** (het ~; -s of pessaria) rubber schermpje
voor de ingang van de baarmoeder om zwangerschap
te voorkomen.

**pes·si·mis·me** (het ~) houding waarbij je somber bent
en de neiging hebt om te denken dat alles slecht afloopt, het tegenovergestelde van 'optimisme'.

**pes·si·mist** (de ~(m.); -en) iemand met sombere verwachtingen, die denkt dat alles slecht afloopt, het tegenovergestelde van 'optimist'.

**pes·si·mis·tisch** (bijv. nw.) van een pessimist* of als een
pessimist*, het tegenovergestelde van 'optimistisch'
⇒ *zwaartillend*.

**pest** (de ~) **1** besmettelijke ziekte waaraan vroeger veel
mensen stierven ◆ *varkenspest*; *iemand mijden als de
pest*: (uitdr.; populair) niet met hem of haar om willen
gaan **2** (populair) iets dat heel slecht of hinderlijk is ◆
*snoepen is de pest voor je tanden* ▼ *de pest in hebben*:
(populair) een slecht humeur hebben; *de pest aan iets
hebben*: (populair) een grote hekel aan iets hebben.

**pest-** ▼ *wat een klein pestfietsje*: (populair) (dit zeg je minachtend van een fiets die heel erg klein is); *het is pest-
weer*: (populair) het is slecht weer.

**pes·ten 1** (pestte, heeft gepest) *iemand pesten*: iemand gemeen plagen **2** (ww.) bepaald kaartspel.

**pes·ti·ci·de** (het ~; -n) middel tegen plantenziektes of
tegen onkruid.

**pest·kop** (de ~(m.); -pen) iemand die veel of erg pest*.

**pes·to** (de ~) groene Italiaanse saus met basilicum.

**pet¹** (de ~; -ten) plat hoofddeksel met een klep ◆ *met de
pet rondgaan*: (uitdr.) geld ophalen; *daar neem ik mijn
petje voor af*: (uitdr.) daar heb ik grote bewondering
voor; *een hoge pet van iemand op hebben*: (uitdr.) een
hoge dunk van iemand hebben; *het is huilen met de pet
op*: (uitdr.) het is hopeloos slecht; *ergens met de pet naar
gooien*: (uitdr.) je best niet doen, heel slecht werken; *dat
gaat boven mijn pet*: (uitdr.) dat is te moeilijk voor me,
dat snap ik niet; *daar kan ik met mijn pet niet bij*: (uitdr.)
ik kan het helemaal niet begrijpen.

**pet²** (bijv. nw.) (populair) waardeloos, slecht ⇒ *knudde* ◆
*het is weer pet*; *een petvakantie*.

**pe·te·kind** (het ~; -kinderen) kind dat je ten doop gehouden hebt, waarvan je de peetoom of peettante bent.

**pe·te·moei** (de ~(v.); -en) (ouderwets) peettante.

**pe·ter** (de ~(m.); -s) peetoom.

**pe·ter·se·lie**, ouderwets: **pie·ter·se·lie** (de ~) plant met
gekrulde of gladde blaadjes, die je als keukenkruid gebruikt.

**pe·tie·te·rig** (bijv. nw.) erg klein ⇒ *nietig*.

**pe·tit·four** (Frans) [p*e*tiefo*er*] (de ~(m.); -s) klein gebakje
met een vulling van crème.

**pe·ti·tie** (de ~(v.); -s) schriftelijk verzoek aan de regering, aan de directie van een bedrijf enz. om iets te doen of te laten ⇒ *verzoekschrift, rekest, petitionnement* ♦ *de actievoerders boden het schoolhoofd een **petitie** aan.*

**pe·ti·ti·on·ne·ment** (het ~; -en) **1** het indienen van een petitie* **2** petitie*.

**pe·toet** (de ~(m.)) (populair) gevangenis ⇒ *nor, bak, bajes, lik.*

**pe·to·maan** (de ~(m.); petomanen) iemand die van winden laten een kunst maakt.

**pe·tro·che·misch** (bijv. nw.) te maken hebbend met de verwerking van aardolie ♦ *de **petrochemische** industrie.*

**pe·tro·le·um** (de ~(m.)) brandstof die van aardolie wordt gemaakt ♦ *een **petroleumkacheltje**.*

**pets** (de ~(m.); -en) klap die je iemand geeft ⇒ *tik.*

**pet·ti·coat** (Engels) [pettiekoot] (de ~; -s) wijde, stijve onderrok.

**pe·tu·nia** (de ~; petunia's) kleine sierplant met kleurige bloemen die de vorm hebben van een trechtertje.

**peuk** (de ~(m.); -en) **1** stukje dat overblijft van een opgerookte sigaar of sigaret **2** (populair) sigaret ♦ *wie heeft er een **peuk** voor me?*

**peul** (de ~(m.); -en) **1** (meestal: peultje) kleine, platte, groene boon ♦ *lust je nog **peultjes**?*: (uitdr.) (dit zeg je als je denkt dat iemand geen weerwoord zal hebben) **2** schil van peulvruchten, zoals bonen en erwten.

**peu·len·schil** (zelfst. nw.) ▼ *het is een **peulenschil**: het is een makkelijk werkje, het is zo gebeurd.*

**peul·vrucht** (de ~; -en) lange vrucht met een rij zaadjes erin, bijv. een boon.

**peul·vruch·ten** (zelfst. nw.; meervoud) zaadjes van zulke vruchten, bijv. erwten of linzen.

**peu·ren** (peurde, heeft gepeurd) *iets ergens uit peuren*: iets met veel moeite ergens uit proberen te krijgen.

**peut** (de ~(m.)) vloeistof waarmee je verf verdunt en kwasten schoonmaakt ⇒ *terpentine.*

**peu·ter** (de ~(m.); -s) klein kind dat geen baby meer is, maar ook nog geen kleuter.

**peu·te·ren** (peuterde, heeft gepeuterd) met je vingers of met een spits voorwerp wroeten of wriemelen, meestal om iets ergens uit te halen of om het los te maken ♦ *in je neus **peuteren**; hij heeft eindelijk de knoop uit het touw **gepeuterd**.*

**peu·ter·tuin** (de ~(m.); -en) (in België) speelschool voor heel kleine kinderen.

**peu·ze·len** (peuzelde, heeft gepeuzeld) met kleine, knagende hapjes en met smaak iets eten dat je steeds dicht bij je mond houdt.

**pe·zen** (peesde, heeft gepeesd) **1** (populair) haast maken ⇒ *jakkeren, jagen* ♦ *hij **peesde** op zijn fiets naar huis* **2** hard werken ♦ *pezen voor een examen.*

**pf** (tussenw.) **1** (om aan te geven dat je het warm hebt) ♦ *pf, het is hier om te stikken!* **2** (om aan te geven dat je iets of iemand niet de moeite waard vindt) ♦ *ik bang? pf, voor jou zeker.*

**p.f.** (afkorting) pour féliciter; dit is Frans en het betekent: om geluk te wensen.

**pfeif·fer** [pfajfer] (de ~) verkorting van de ziekte van Pfeiffer; dit is een ziekte waarbij je lange tijd koorts hebt en erg moe bent.

**pi** (de ~; pi's) **1** de zestiende letter van het Griekse alfabet (π) **2** (wiskunde) getal dat je krijgt als je de omtrek van een cirkel deelt door zijn middellijn (ongeveer 3,14).

**pi·a·ma** → pyjama.

**pi·a·nist** (de ~(m.); -en), vrouw: **pi·a·nis·te** (de ~(v.); -n of -s) iemand die piano¹* speelt.

**pi·a·no¹** (de ~; piano's) muziekinstrument met witte en zwarte toetsen, waarmee je hamertjes tegen snaren laat slaan.

**pi·a·no²** (bijw.) (muziek) zacht ♦ *dit stuk moet **piano** gespeeld worden; **piano** aan doen*: (uitdr.; populair) kalm aan doen.

**pi·a·no·la** (de ~; pianola's) piano die met behulp van een rol muziek speelt zonder dat je zelf de toetsen aan hoeft te slaan.

**pi·as** (de ~(m.); -sen) iemand die zot en gek doet ⇒ *paljas, zot, clown* ♦ *hij hangt de **pias** uit.*

**pic·ca·lil·ly** (de ~(m.)) gekruide zure saus met uitjes en stukjes groente erin ⇒ *pickles.*

**pic·co·lo** [piekooloo] (de ~(m.); piccolo's) **1** kleine dwarsfluit **2** jongen die de lift bedient in een hotel of warenhuis.

**pick·les** [pikkels] (zelfst. nw.; meervoud) piccalilly.

**pick·nick** (de ~(m.); -s) maaltijd in de buitenlucht met etenswaren die je zelf hebt meegenomen.

**pick·nic·ken** (picknickte, heeft gepicknickt) een picknick* houden.

**pick-up** (de ~(m.); -s) **1** toestel waarmee je grammofoonplaten afspeelt ⇒ *grammofoon, platenspeler* **2** kleine vrachtwagen met een open laadbak.

**\*pi·co·bel·lo** (Wdl: pico bello) (bijv. nw.) goed in orde, goed verzorgd ⇒ *piekfijn* ♦ *je kamer is weer **picobello**.*

**pic·to·gra·fisch** (bijv. nw.) bestaande uit pictogrammen* ♦ *pictografisch schrift.*

**pic·to·gram** (het ~; -men) eenvoudige afbeelding in o.a. stations, waardoor iets wordt aangeduid of meegedeeld, bijv. een mes en vork ter aanduiding van een restaurant.

**pie·chem** (de ~(m.); -s) (populair) gekke, rare vent ⇒ *kwibus.*

**pied-à-ter·re** (Frans) [pjee aaterr] (het ~) plaats in een andere stad waar je terecht kunt om er te slapen of te wonen ♦ *ik zoek een **pied-à-terre** in Parijs.*

**piëdestal** pi·e·de·stal [pjædestal], **pe·de·stal** (de ~(m.) of het ~; -s of -len) voetstuk voor bijv. een beeld of een vaas ⇒ *sokkel.*

**pief** (de ~(m.); -en) (populair) man, vent ⇒ *snuiter* ♦ *een hoge **pief**: een man met een hoge positie.*

**pief·je** (het ~; -s) (populair) dingetje, klein onderdeeltje dat je niet precies kunt benoemen.

**pie·gem** → piechem.

**piek** (zelfst. nw.) **1** (de ~; -en) spitse punt, top ♦ *een bergpiek; de **piek** van een kerstboom*: de kerstbal die boven op de top zit **2** (de ~; -en) toppunt, hoogtepunt ⇒ *top* ♦ *hij heeft de **piek** van zijn carrière nog niet bereikt; de vakantiepiek*: de tijd waarin de meeste mensen vakantie hebben **3** (de ~; -en) pluk haar die uitsteekt **4** (de ~(m.)) (populair) gulden ⇒ *pieterman* ♦ *ik heb twee **piek** bij me.*

**pie·ken** (piekte, heeft gepiekt) *(van haren)*: in punten uitstaan, pieken* (bet.3) hebben.

**pie·ke·ren** (piekerde, heeft gepiekerd) *ergens over piekeren*: zorgelijk of ingespannen over iets nadenken.

**piek·fijn** (bijv. nw.) helemaal in orde, keurig verzorgd ⇒ *picobello.*

**piel** (de ~(m.); -en) (grof) penis ⇒ *piemel, plasser.*

**pie·len** (pielde, heeft gepield) (populair) bezig zijn met iets dat niet wil lukken ⇒ *klungelen, prutsen, klooien* ♦ *aan je fiets **pielen**.*

**pie·mel** (de ~(m.); -s) penis ⇒ *plasser, piel.*

**pien·ter** (bijv. nw.) slim, intelligent en bijdehand ⇒ *schrander.*

**piep** (tussenw.) (geluid van een piepende muis).

**pie·pen** (piepte, heeft gepiept) **1** een hoog geluid maken ♦ *een **piepende** muis; een **piepend** scharnier* **2** klagerig of huilerig je gevoelens uiten ◆ *ze begint bij het minste of geringste al te piepen; dan zal hij wel anders piepen:* (uitdr.) dan zal hij wel van gedachten veranderen **3** net even zichtbaar zijn ◆ *er piepte een haarlok onder haar muts uit* ▼ *het is zo gepiept:* (populair) het is snel klaar, het is zo gebeurd; *ze is 'm gepiept:* (populair) ze is er stiekem vandoor gegaan.

**pie·per** (de ~ (m.); -s) **1** apparaatje dat je bij je draagt en waarmee je door middel van een pieptoon opgeroepen kunt worden ⇒ *semafoon* **2** (populair) aardappel ◆ *piepers jassen:* aardappels schillen.

**piep·kui·ken** (het ~; -s) jong kuiken.

**piep·schuim** (het ~) witte kunststof die bestaat uit witte, samengeperste bolletjes, die voor verpakkingen wordt gebruikt en die erg piept als je ermee over gladde voorwerpen wrijft.

**piep·zak** (zelfst. nw.) ▼ *in je piepzak zitten:* (populair) in de problemen en in angst zitten.

**pier** (de ~ (m.); -en) **1** worm ◆ *hij is zo dood als een pier:* (uitdr.; populair) helemaal dood **2** lange, smalle dam van steen die in de zee uitsteekt **3** overdekte gang op een vliegveld waardoor je naar het vliegtuig loopt ▼ *de kwaaie pier zijn:* (populair) de schuld krijgen, het gedaan hebben.

**pier·cing** (de ~ (v.); -s) gaatje dat in een lichaamsdeel geboord is, bijv. in je oor of je neus, om er sieraden doorheen te kunnen doen.

**pie·re·ment** (het ~; -en) groot draaiorgel.

***pie·ren·bad** *(Wdl: pierebad)* (het ~; -baden) ondiep zwembad voor jonge kinderen.

**pie·re·waai·en** (pierewaaide, heeft gepierewaaid) (populair) uitgaan in cafés en bars en daar pret maken, aan de zwier zijn.

**pier·la·la** (zelfst. nw.) ▼ *een lange pierlala:* een lang persoon die er slungelig uitziet.

**pier·rot** (Frans) [pjerroo] (de ~ (m.); -s) droevige, witgeschminkte clown met een zwart kapje op zijn hoofd.

**pies** (de ~ (m.)) urine ⇒ *pis, plas.*

**pie·sen** (pieste, heeft gepiest) plassen ⇒ *pissen.*

**piet** (de ~ (m.); -en) **1** (populair) kanarie, soms ook een andere vogel **2** zwarte knecht van Sinterklaas ◆ *zwarte Piet strooide pepernoten* ▼ *iemand de zwartepiet toespelen:* de schuld van het probleem op iemand anders afschuiven; *ergens een hele piet in zijn:* ergens goed in zijn; *stinken als de pieten:* (uitdr.) erg stinken; *een hoge piet:* (populair) iemand met een hoge functie.

**Piet** (zelfst. nw.) ▼ *voor Piet Snot staan:* (uitdr.) een dom of gek figuur slaan; *er voor Piet Snot bij zitten:* (uitdr.) er zomaar bij zitten, niet echt meedoen; *een Pietje precies:* iemand die erg precies is; *Pietje de Dood:* (in België □) de dood, magere Hein.

**piëteit** pi·e·teit (de ~ (v.)) eerbied, vooral voor God of voor overleden mensen ◆ *uit piëteit niet schreeuwen in een kerk.*

**pie·te·peu·te·rig** (bijv. nw.) erg precies of erg klein ⇒ *priegelig* ◆ *een pietepeuterig werkje; een pietepeuterig handschrift:* met kleine, kriebelige letters.

**pie·ter·man** (de ~ (m.); -nen) **1** stekelige zeevis **2** (populair) gulden ⇒ *piek.*

**pie·ter·se·lie** → *peterselie.*

**piet·je** (het ~; -s) (populair) hoofdluis ◆ *hij heeft pietjes.*

**piet·lut·tig** (bijv. nw.) gezegd van iemand die zich druk maakt over kleinigheden.

**piets·je, piet·sie** (het ~; -s) (populair) een klein beetje ◆ *er moet een pietsje zout in.*

**pig·mee** → *pygmee.*

**pig·ment** (het ~) kleurstof die o.a. in de huid van mensen en dieren zit.

**pij** (de ~; -en) lang bovenkleed van monniken en nonnen ⇒ *habijt.*

**pijl** (de ~ (m.); -en) **1** wapen dat bestaat uit een staaf met een spitse punt en dat je wegschiet met een boog ◆ *hij rende weg als een pijl uit de boog:* (uitdr.) bliksemsnel; *nog meer pijlen op je boog hebben:* (uitdr.) nog andere plannetjes hebben om je doel te bereiken **2** afbeelding van een pijl of iets dat erop lijkt, bedoeld als richtingaanwijzer ◆ *volg de pijlen op de borden:* ga in de richting die ze aangeven.

**pij·ler** (de ~ (m.); -s) paal of zuil die een deel van een gebouw of brug ondersteunt ◆ *goede voeding is een van de pijlers van je gezondheid:* (uitdr.) die kun je niet missen als je gezond wilt blijven.

**pijl·kruid** (het ~) waterplant met bladeren met spitse punten.

**pijn** (de ~; -en) **1** sterk onaangenaam gevoel op een bepaalde plek in je lichaam, dat je o.a. kunt hebben als je ziek of gewond bent ◆ *buikpijn; hoofdpijn; die kleur doet pijn aan je ogen; pijn in je portemonnee hebben:* (grappig; populair) geldgebrek hebben **2** verdriet ⇒ *leed, smart* ◆ *je hebt haar erg veel pijn gedaan met die woorden; iets met veel pijn en moeite voor elkaar krijgen:* (uitdr.) met erg veel inspanning.

**pijn·bank** (de ~; -en) toestel waarop mensen vroeger werden gemarteld om ze misdaden te laten bekennen ◆ *ze hebben hem wel flink op de pijnbank gelegd:* (uitdr.) ze hebben het hem wel flink moeilijk gemaakt.

**pijn·boom** (de ~ (m.); -bomen) bepaald soort naaldboom.

**pij·ni·gen** (pijnigde, heeft gepijnigd) iemand pijnigen: iemand met opzet pijn* (bet.1) doen ⇒ *folteren, martelen.*

**pijn·lijk** (bijv. nw.) **1** gezegd van iets dat pijn* doet ◆ *een pijnlijke klap; een pijnlijke rug; het bericht trof me pijnlijk* **2** moeilijk, lastig, naar ◆ *een pijnlijk misverstand; er viel een pijnlijke stilte.*

**pijn·stil·ler** (de ~ (m.); -s) middel dat je pijn (bet.1) verzacht.

**pijp** (de ~; -en) **1** voorwerp dat rond, lang en hol is ⇒ *buis* ◆ *een kachelpijp; een orgelpijp* **2** elk van de twee delen van een broek waar je been in moet ⇒ *broekspijp* **3** voorwerp dat bestaat uit een steel en een kop waar je tabak uit rookt ⇒ *tabakspijp* ◆ *ze zal nog een zware pijp roken:* (uitdr.) ze zal het nog zwaar te verduren krijgen; *de pijp aan Maarten geven:* (uitdr.) sterven; ook: ergens mee ophouden, omdat je het niet meer wil doen ▼ *de pijp uitgaan:* (populair) sterven; *naar iemands pijpen dansen:* (kijk bij: pijpen).

**pij·pen** (ww.) (ouderwets) fluiten ◆ *naar iemands pijpen dansen:* (uitdr.) doen wat iemand zegt, je aan iemands grillen aanpassen.

**pij·pen·kop** (de ~ (m.); -pen) (in België □) verbreding aan het eind van een doodlopende straat.

**pij·pen·la** (de ~; -la's of -den) lange, smalle kamer.

**pij·pen·ra·ger** (de ~ (m.); -s) dun en lang borsteltje waarmee je een pijp (bet.3) schoonmaakt.

**pij·pen·ste·len** (zelfst. nw.) ▼ *het regent pijpenstelen:* het regent hard, het plenst.

**pik** (zelfst. nw.) **1** (de ~; -ken) penis ⇒ *lul* **2** (de ~ (m.) of het ~) pek ▼ *de pik op iemand hebben:* iemand niet mogen en hem of haar tegenwerken.

**pi·kant** (bijv. nw.) **1** *(van gerechten):* scherp gekruid **2** gezegd van iets dat je nieuwsgierigheid prikkelt omdat het iets onthult dat je meestal niet te zien of te horen krijgt ◆ *een pikant verhaal; pikante kleding.*

**pi·ket** (zelfst. nw.; -ten) **1** (de ~ (m.)) houten paaltje dat in de grond geslagen wordt, bijv. bij opmetingen **2** (het ~) groep soldaten die in geval van nood meteen kan uitrukken **3** (het ~) (in België □; populair) stakingspost.

**pi·keur** (de ~(m.); -s) **1** iemand die paarden africht of paardrijles geeft **2** iemand die ergens heel goed of het beste in is.

**pik·hou·weel** (het ~; -houwelen) houweel met een punt en een beitel waarmee je harde of steenachtige grond loswerkt.

**pik·kel** (de ~(m.); -s) **1** (in België □; ouderwets) poot van een tafel, stoel enz. **2** (in België □; grappig) been van een mens.

**pik·ken** (pikte, heeft gepikt) **1** (van vogels): met de snavel happen ◆ de merel *pikt* in de grond **2** iets *pikken*: (populair) iets stelen ⇒ gappen, jatten **3** iets *pikken*: (populair) iets nemen, pakken ◆ een bioscoopje *pikken*: naar de film gaan **4** iets *pikken*: (populair) iets accepteren, iets laten gebeuren zonder je te verzetten ◆ ik *pik* het niet langer!

**piknik(-)** → picknick(-).

**pil** (zelfst. nw.; -len) **1** (de ~) geneesmiddel in de vorm van een schijfje of bolletje, om in te nemen ◆ een bittere *pil* te slikken krijgen: (uitdr.) een teleurstelling te verwerken krijgen; de *pil* vergulden: (uitdr.) iets vervelends wat minder erg laten lijken **2** (de ~) middel dat vrouwen slikken om te voorkomen dat ze zwanger worden ⇒ anticonceptiepil ◆ ze is aan de *pil* **3** (de ~)(populair) dik boek **4** (de ~ (m.))(populair) dokter.

**pi·laar** (de ~(m.); pilaren) paal of zuil die een deel van een gebouw, bijv. het dak, ondersteunt ⇒ kolom.

**pi·lo** (het ~) sterke stof, gemaakt van linnen en katoen.

**pi·loot** (de ~(m.); piloten) bestuurder van een vliegtuig ⇒ vlieger, vliegenier.

**pi·lot·stu·die** [pajletstuudie](de ~(v.); -s) klein onderzoekje om te kijken hoe je een groot onderzoek moet doen ⇒ vooronderzoek.

**pils** (de ~(m.) of het ~) bepaald soort heldergeel bier ◆ een *pilsje*: een glas of een flesje bier.

**pi·ment** (het ~) specerij die gemaakt wordt van bepaalde gedroogde tropische bessen.

**pim·pe·len** (pimpelde, heeft gepimpeld)(populair) alcoholhoudende dranken drinken.

**pin** (de ~; -nen) **1** klein houten of ijzeren staafje waarmee je iets vastmaakt **2** bitse en vinnige vrouw ▼ iemand de *pin* op de neus zetten: iemand aansporen zich voortaan beter te gedragen.

**pi·na·kel** (de ~(m.); -s) siertorentje.

**pin·ce·nez** (Frans) [pẽsnee](de ~(m.); pince-nezs) ouderwetse bril zonder pootjes die je op je neus klemt ⇒ knijpbril, lorgnet.

**pin·cet** (de ~(m.) of het ~; -ten) verend tangetje dat bestaat uit twee smalle metalen plaatjes, waarmee je kleine dingen vastpakt ◆ een splinter uit je voet halen met een *pincet*.

**pin·cher** [pinsjer](de ~(m.); -s) jachthond van een bepaald ras.

**pin·co·de** (de ~; -s) geheime code die hoort bij je pinpas.

**pin·da** (de ~; pinda's) kleine ovale noot die uit twee helften bestaat ⇒ aardnoot, olienoot, apennoot.

**pin·da·kaas** (de ~(m.)) dikke pasta van gemalen pinda's, die je eet als broodbeleg.

**pi·neut** (zelfst. nw.) ▼ de *pineut* zijn: (populair) het slachtoffer, de dupe zijn.

**pin·ge·len** (pingelde, heeft gepingeld) **1** (populair) proberen voor elkaar te krijgen dat je minder hoeft te betalen dan de verkoper vraagt ⇒ afdingen, marchanderen **2** zomaar wat op de piano spelen **3** (van verbrandingsmotoren): een tikkend bijgeluid laten horen.

**pingoeïn** pin·goe·in → pinguïn.

**ping-ping** (de ~(m.))(populair) geld.

**ping·pong** (het ~)(populair) tafeltennis.

**pinguïn** pin·gu·in [pingkwin](de ~(m.); -s) rechtoplopende watervogel met een zwarte rug en een witte buik, die goed kan zwemmen maar niet kan vliegen.

**pink** (de ~(m.); -en) **1** de kleinste vinger aan je hand **2** jonge koe, ongeveer vanaf zes maanden oud ▼ erg bij de *pinken* zijn: erg bijdehand, erg pienter zijn.

**pin·ke·len** (pinkelde, heeft gepinkeld) flonkeren ⇒ twinkelen ◆ *pinkelende* sterren.

**pin·ken** (pinkte, heeft gepinkt) een traan uit je oog pinken: die eruit vegen, vaak met je pink* (bet.1).

**pink·ster·be·we·ging** (de ~(v.)) beweging in de christelijke kerk die het geloof op een bezielde en enthousiaste manier uitdraagt.

**pink·ster·bloem** (de ~; -en) weideplant met lila bloemetjes die in de tijd rond Pasen bloeit.

**Pink·ste·ren** (de ~(m.)) de vijftigste dag na Pasen, waarop de christenen vieren dat de Heilige Geest is neergedaald.

**pin·nig** (bijv. nw.) gezegd van iemand die fel en onvriendelijk reageert ⇒ vinnig, bits, kattig.

**pin·pas** (de ~(m.); -sen) pas waarmee je elektronisch, via een automaat, kunt betalen of geld kunt opnemen.

**pint** (de ~; -en) **1** (populair) glas bier **2** oude vochtmaat (ongeveer een halve liter).

**pin-up** (Engels) [pin·up](de ~(v.); -s)(letterlijk: prik op) foto van een mooi meisje dat weinig kleren aan heeft, die bedoeld is om aan de muur te prikken.

**pi·oen** (de ~; -en) sierplant met grote, stevige bloemen ⇒ pioenroos.

**pi·on** (de ~(m.); -nen) **1** figuurtje van hout of plastic dat je bij gezelschapsspelen over het bord verplaatst **2** bepaald schaakstuk.

**pi·o·nier** (de ~(m.); -s) iemand die als eerste iets onderneemt, bijv. iemand die zich als eerste in een gebied vestigt.

**pi·o·nie·ren** (pionierde, heeft gepionierd) als eerste iets ondernemen, bijv. je als eerste in een gebied vestigen.

**pip** (de ~) **1** ziekte van vogels, meestal kippen, waarbij ze moeilijk adem kunnen halen ▼ krijg de *pip*!: (populair) (dit zeg je als je geen zin meer hebt om je met iemand te bemoeien).

**pi·pet** (de ~of het ~; -ten) smal glazen buisje waarmee je vloeistof opzuigt of afmeet.

**pips** (bijv. nw.) een beetje bleek en ongezond ⇒ witjes.

**pi·raat** (de ~(m.); piraten) **1** zeerover ⇒ kaper **2** verboden radio- of tv-zender.

**pi·ra·mi·de** (de ~(v.); -n of -s) vierkant bouwwerk dat naar boven toe steeds smaller wordt en uitloopt in een spitse punt (hierin werden vroeger Egyptische vorsten begraven).

**pi·ran·ha** [pieranjaa](de ~; piranha's) kleine tropische roofvis die ook mensen aanvalt.

**pi·rou·et·te** [pierœwette](de ~; -n of -s) keer dat je op één voet om je eigen as draait ◆ de balletdanseres maakte een *pirouette*.

**pis** (de ~(m.))(grof) urine ⇒ pies.

**pi·sang** (de ~; -s) **1** banaan ◆ *pisang* goreng: gebakken banaan ▼ hij is een rare *pisang*: (populair) een eigenaardig persoon; de *pisang* zijn: (populair) een vervelend karweitje moeten opknappen.

**pis·paal** (de ~(m.)) iemand die binnen een groep de meeste kritiek en verwijten krijgt.

**pis·se·bed** (de ~; -den) beestje met een grijs rugschild dat op donkere en vochtige plaatsen leeft.

**pis·sen** (piste, heeft gepist)(grof) plassen, wateren ⇒ piesen, zeiken.

**pis·sig** (bijv. nw.)(populair) erg kwaad, nijdig ⇒ *giftig*.

**pi·sta·che** [piestasj](de ~; -s) groen amandelnootje.

**pi·ste** [pieste](de ~; -s of -n) **1** middelste deel van een circustent, waar opgetreden wordt **2** baan voor wielrenners of skiërs.

**pi·sto·let** [piestoolet, in België: piestoolee](de ~(m.); -s) klein rond broodje met in het midden een groef.

**pi·ston** (de ~(m.); -s) ventiel aan een blaasinstrument dat je indrukt.

**pi·stool** (het ~; pistolen) handvuurwapen met een korte loop.

**pit** (zelfst. nw.) **1** (de ~; -ten) zaadkorrel van een vrucht, die in het vruchtvlees zit ◆ *sinaasappelpitten*; *pruimenpit* **2** (de ~; -ten) draad in een kaars ⇒ *lont* **3** (de ~; -ten) deel van een kooktoestel waarop één pan verwarmd wordt ⇒ *brander* ◆ *iets op een laag pitje zetten*:(uitdr.) je voorlopig niet te veel met iets bezighouden **4** (de ~of het ~) kracht, energie, levendigheid ◆ *dat meisje heeft pit*.

**pi·ta·brood·je** (het ~; -s) plat broodje waar o.a. shoarmavlees tussen gedaan wordt.

**pit·cher** (Engels) [pitsjer](de ~; -s) degene die bij honk- of softbal de bal gooit naar de speler die hem weg moet slaan.

**pi·thon** → python.

**pit·ten** (pitte, heeft gepit) **1** (populair) slapen ⇒ *maffen* **2** *aardappels pitten*: de stukjes schil die in de putjes van de aardappels zitten eruit halen.

**pit·tig** (bijv. nw.) **1** gezegd van iemand die pit* (bet.4) heeft **2** *(van gerechten)*: scherp gekruid ◆ *een pittige saus* **3** behoorlijk moeilijk ◆ *dat zijn pittige sommen*.

**pit·to·resk** (bijv. nw.) schilderachtig ◆ *een pittoresk dorpje*.

**piz·za** (Italiaans) [piedzaa, in België: piezaa](de ~; pizza's) dunne koek van deeg die bedekt is met tomaten, kaas, kruiden enz..

**piz·ze·ria** (Italiaans) [piedzeriea, in België: piezeriea](de ~; pizzeria's) restaurant waar je pizza's* kunt eten.

**pk** (afkorting) *paardenkracht* ◆ *een motor van 1000 pk*.

**plaag** (de ~; plagen) grote ramp of kwelling, vooral een die bestaat uit een besmettelijke ziekte of uit het plotseling verschijnen van een groot aantal schadelijke dieren ◆ *een mierenplaag*.

**plaag·geest** (de ~(m.); -en) iemand die anderen graag plaagt* (bet.1).

**plaat** (de ~; platen) **1** afbeelding die op papier of karton is gedrukt ⇒ *prent* ◆ *plaatjes kijken in een tijdschrift*; *plaatjes schieten*:(taal; populair) foto's maken; *dat kind is een plaatje*:(uitdr.) het is heel mooi om te zien **2** groot en plat stuk van hard materiaal ◆ *een dak van golfplaat*; *een plafond van gipsplaat* **3** platte schijf met groeven, die geluid weergeeft als je hem afspeelt op een pick-up ⇒ *grammofoonplaat* ◆ *platen draaien* **4** (in België □) röntgenfoto ▼ *de plaat poetsen*: ervandoor gaan, wegvluchten.

**plaats** (de ~; -en) **1** bepaalde ruimte of bepaald punt in die ruimte ⇒ *plek* ◆ *dat is een goede plaats voor het schilderij*; *een zitplaats*; *plaats maken voor iemand*: ruimte voor iemand maken om te zitten of om te lopen; *opgestaan, plaats vergaan*:(uitdr.)(dit zeg je tegen iemand als je op de plaats bent gaan zitten waar hij of zij eerst zat); *ergens op z'n plaats zijn*: ergens goed passen; *de politie was snel ter plaatse*:(uitdr.) op de plaats waar iets gebeurde; *je plaats kennen*:(uitdr.) weten hoe je je tegenover meerderen moet gedragen; *in plaats van ...*:(uitdr.) ter vervanging van ...; *in plaats van aardappels aten we rijst* **2** punt in een rangorde ◆ *hij eindigde op de tweede plaats*; *in de eerste plaats ...*:(uitdr.) ten eerste ... **3** stad

of dorp ◆ *Leiden is een tamelijk grote plaats* **4** plein ◆ *marktplaats*; *we hebben geen tuin, maar wel een plaatsje*: een niet overdekte betegelde ruimte die ommuurd is **5** (in België □) kamer ◆ *een huis met vier plaatsen* ▼ *ter plaatse trappelen*:(in België □) niet opschieten, niet verder komen.

**plaat·se·lijk** (bijv. nw.) op of van een plaats* (bet.1 en 3) ◆ *plaatselijke buien*: op sommige plaatsen, maar niet overal; *een plaatselijke verdoving*: waarbij alleen die plek verdoofd wordt die behandeld wordt; *de plaatselijke brandweer rukte uit*: de brandweer van het dorp of de stad waar de brand was.

**plaat·sen** (plaatste, heeft geplaatst) **1** *iets of iemand plaatsen*: iets of iemand een plaats* (bet.1) geven ⇒ *installeren* ◆ *ze plaatsten de tafel tegen de muur*; *een goed geplaatste bal*: die op een goede plaats terechtkomt; *ergens geplaatst worden*: ergens een plaats krijgen, bijv. om te werken; *iets niet kunnen plaatsen*:(uitdr.) niet begrijpen waar iets mee te maken heeft; *iemand niet kunnen plaatsen*:(uitdr.) niet meer weten waar je iemand van kent **2** *je ergens voor plaatsen*:(sport) een plaats* (bet.1) bereiken ◆ *die club heeft zich voor de finale geplaatst*.

**plaats·grij·pen** (greep plaats, heeft plaatsgegrepen) gebeuren.

**plaats·heb·ben** (had plaats, heeft plaatsgehad) gebeuren.

**plaat·sing** (de ~(v.)) het plaatsen* ⇒ *installatie* ◆ *de plaatsing van kruisraketten*.

**plaats·ver·van·ger** (de ~(m.); -s) iemand die jouw taak overneemt als je er niet bent.

**plaats·vin·den** (vond plaats, heeft plaatsgevonden) gebeuren ⇒ *plaatshebben, plaatsgrijpen*.

**plaat·werk** (het ~; -en) boek met gedrukte platen erin.

**pla·ce·bo** (de ~; placebo's) namaakgeneesmiddel dat er echt uitziet (het wordt vaak aan mensen gegeven die denken dat ze alleen door medicijnen te gebruiken beter kunnen worden).

**place·mat** (Engels) [pleesmet](de ~; -s) matje voor onder je bord en bestek.

**pla·cen·ta** (de ~; placenta's)(medisch) moederkoek.

**placht** → plegen.

**plach·ten** → plegen.

**pla·dijs** (de ~(m.); pladijzen)(in België □) schol[1].

**pla·fond** [plaafon(t)](het ~; -s) het vlak van een kamer dat je ziet als je omhoog kijkt ⇒ *zoldering* ◆ *de schilder heeft het plafond gewit*; *tegen het plafond zitten*:(uitdr.) een positie of inkomen hebben waarbij je niet hogerop kunt.

**pla·fon·niè·re** (Frans) [plaafonjerre](de ~; -s) lamp die vlak tegen het plafond* hangt.

**plag, plag·ge** (de ~; -gen) afgestoken stuk gras- of heidegrond ⇒ *zode*.

**pla·gen** (plaagde, heeft geplaagd) **1** *een mens of een dier plagen*: een mens of een dier voor de grap een beetje boos proberen te maken ◆ *de kinderen op school plagen hem met z'n grote oren* **2** *door iets geplaagd worden*: sterk door iets gehinderd worden, veel last van iets hebben ◆ *ik word geplaagd door hoofdpijn*; *het land werd door rampen geplaagd*.

**pla·ge·rij** (de ~(v.); -en) iets dat je doet of zegt om iemand te plagen* (bet.1) ◆ *die opmerking was als plagerij bedoeld*.

**plag·ge** → plag.

**pla·gi·aat** (zelfst. nw.) ▼ *plagiaat plegen*: ideeën of tekst van iemand overnemen of gebruiken en doen alsof je die zelf hebt bedacht.

**plaid** (Engels) [pleed](de ~(m.); -s) geruite reisdeken.

**plak** (de ~; -ken) **1** dun stuk dat van iets eetbaars is afgesneden ⇒ *snee, schijf* ◆ *een plak koek; een plakje kaas* **2** (populair) medaille ◆ *ze won een gouden plak* **3** kleverige aanslag op je tanden en kiezen ⇒ *tandplak, plaque* ▼ *onder de plak zitten*: niets te vertellen hebben; *hij zit bij zijn vrouw behoorlijk onder de plak*: zij is de baas over hem.

**plak·band** (het ~) strook plastic of papier, die aan één kant met een kleefstof is bedekt.

**plak·boek** (het ~; -en) boek of schrift met lege bladzijden, om zelf plaatjes, foto's, knipsels enz. in te plakken ⇒ *album*.

**plak·kaat** (het ~; plakkaten) groot papier waarop mededelingen of aankondigingen staan ⇒ *aanplakbiljet, affiche*.

**plak·kaat·verf** (de ~) ondoorzichtige verf, die je met water aanmaakt.

**plak·ken** (plakte, heeft geplakt) **1** *iets plakken*: iets met lijm vastmaken ◆ *foto's in een album plakken; een postzegel op een brief plakken* **2** kleven ◆ *als plakband oud is, plakt het niet meer; aan iemand plakken*: (uitdr.) steeds in iemands buurt blijven, terwijl hij of zij dat niet wil **3** *ergens blijven plakken*: je vertrek steeds uitstellen.

**plak·ker** (de ~ (m.)) **1** zelfklevend stukje papier ⇒ *sticker* **2** iemand die maar niet weggaat, die veel te lang ergens blijft.

**plak·ke·rig** (bijv. nw.) gezegd van iets dat of iemand die plakt* (bet.2) ⇒ *kleverig* ◆ *het deeg was een plakkerige massa*.

**plak·sel** (het ~; -s) stof waarmee je dingen aan elkaar vast plakt* (bet.1) ⇒ *lijm, kleefstof* ◆ *behangersplaksel*.

**pla·mu·ren** (plamuurde, heeft geplamuurd) *een oppervlak plamuren*: de putjes en scheurtjes die erin zitten opvullen met plamuur*, zodat het vlak wordt en geschilderd kan worden.

**pla·muur** (de ~ (m.) of het ~) slap soort stopverf waarmee je putjes en scheurtjes in een oppervlak dichtstopt voor je gaat verven.

**plan** (het ~; -nen) **1** aantal samenhangende gedachten over de manier waarop en de volgorde waarin je iets wilt gaan aanpakken ⇒ *voornemen* ◆ *ze hield haar plannetje geheim; iets van plan zijn*: (uitdr.) iets willen, een voornemen hebben **2** uitgewerkte beschrijving of tekening van hoe je iets wilt gaan maken of doen ◆ *een bouwplan* **3** niveau, peil ◆ *het muziekonderwijs op onze school staat op een hoog plan; een kunstenaar van het tweede plan*: die niet zo goed is in wat hij doet ▼ *je plan trekken*: (in België □; populair) je weten te redden, je behelpen.

**plan·chet** [plansjet] (het ~; -ten) smal plankje boven een wastafel.

**plan de cam·pa·gne** (Frans) [plandekampanje] (het ~) groot en uitgewerkt plan (bet.1).

**pla·neet** (de ~; planeten) hemellichaam dat om de zon draait ◆ *de Aarde, Mars en Saturnus zijn planeten*.

**pla·ne·ta·ri·um** (het ~; -s of planetaria) gebouw waarin de ruimte en de bewegingen van de zon, de planeten en de sterren worden nagebootst.

**plank** (de ~; -en) plat en lang stuk hout ◆ *kastplanken*: horizontale delen van een kast waarop je iets zet of legt; *de plank misslaan*: (uitdr.) je vergissen; *zo stijf als een plank zijn*: (uitdr.) heel erg stijf zijn; *op de planken staan*: (uitdr.) aan het toneel zijn, optreden.

**plan·ken·koorts** (de ~) zenuwachtige angst voor een optreden.

**plank·gas** (het ~) gaspedaal dat helemaal ingedrukt is ◆ *plankgas geven*: zo hard mogelijk rijden.

**plan·kier** (het ~; -en) houten vloer in de open lucht, bijv. een steiger.

**plank·ton** (het ~) diertjes of plantjes die in het water zweven en die door vissen worden gegeten.

**plank·zei·len** (ww.) zeilen waarbij je op een plank met een zeil staat ⇒ *windsurfen, surfen*.

**plan·nen** [plennen, in België: plannen] (plande, heeft gepland) *iets plannen*: een plan* (bet.1 en 2) voor iets maken ◆ *er is gepland dat het werk volgende week af moet zijn; dat was niet gepland*: daar hadden we niet op gerekend.

**plan·ning** (Engels) [plenning, in België: planning] (de ~) schema dat aangeeft hoe en wanneer iets, bijv. werk, moet gebeuren ◆ *we lopen achter op de planning*: we hebben nog niet af wat al af had moeten zijn.

**pla·no·lo·gie** (de ~ (v.)) leer over de verdeling en de bestemming van ruimte en land, bijv. waar woonwijken, wegen of sportvelden komen, ruimtelijke ordening.

**pla·no·lo·gisch** (bijv. nw.) gezegd van iets dat met planologie* te maken heeft ◆ *de planologische dienst van de gemeente*.

**pla·no·loog** (de ~ (m.); planologen), vrouw: **pla·no·lo·ge** (de ~ (v.); -n of -s) iemand die zich voor zijn of haar beroep bezighoudt met planologie*.

**plant** (de ~; -en) iets dat groeit en dat een stengel, bladeren en wortels heeft ◆ *een orchidee is een zeldzame plant*.

**plant·aar·dig** (bijv. nw.) van planten* gemaakt of afkomstig ◆ *plantaardig voedsel*: dat uit planten bestaat.

**plan·ta·ge** [plantaazje] (de ~ (v.); -s) uitgestrekt veld in de tropen waar koffie, tabak, katoen enz. geteeld wordt.

**plan·ten** (plantte, heeft geplant) **1** *een gewas planten*: het in de grond zetten om te laten groeien ⇒ *poten* ◆ *geraniums planten* **2** *iets ergens planten*: (populair) iets ergens neerzetten ◆ *de stoel was midden in de kamer geplant*.

**plan·ter** (de ~ (m.); -s) eigenaar of opzichter van een plantage.

**plant·kun·de** (de ~ (v.)) onderdeel van de biologie dat zich bezighoudt met planten.

**plant·soen** (het ~; -en) park, meestal klein, waar iedereen mag komen.

**plaque** (Frans) [plak] (de ~) kleverige aanslag op je tanden en kiezen ⇒ *plak, tandplak*.

**pla·quet·te** [plakette] (de ~; -s) plaat waarop een voorstelling in reliëf staat, die meestal gemaakt is naar aanleiding van een bijzondere gebeurtenis ⇒ *gedenkplaat*.

**plas** (de ~ (m.); -sen) **1** hoeveelheid regenwater die is blijven liggen ◆ *niet door de plassen lopen op straat!* **2** hoeveelheid van een vloeistof die ergens uit gestroomd is ◆ *een plasje inkt* **3** groot water dat niet stroomt ⇒ *meer* ◆ *de Vinkeveense plassen* **4** urine ◆ *je plas ophouden*: niet gaan plassen als je wel moet; *een plasje doen*: urine lozen.

**plas·ma** (de ~) kleurloze en vloeibare stof in je bloed ⇒ *bloedplasma*.

**plas·sen** (plaste, heeft geplast) **1** een plas* (bet.4) doen ⇒ *urineren* **2** met of in water spelen ◆ *de kleuters plasten in de teil met een bootje*.

**plas·ser** (de ~ (m.); -s) penis ⇒ *piemel, piel*.

**plas·tic** [plestik] (het ~; -s) kunststof die door druk en verhitting in allerlei vormen kan worden geperst ◆ *een beker van plastic*.

**plas·tiek** (de ~ (v.); -en) **1** kunstwerk dat geboetseerd of gebeeldhouwd is **2** (het ~) (in België □) plastic.

**plas·ti·fi·ce·ren** (plastificeerde, heeft geplastificeerd) *iets plastificeren*: iets met een laagje plastic* overtrekken ◆ *een schrift met een geplastificeerd kaft*.

**plas·tisch** (bijv. nw.) **1** zo, dat je je er een beeld bij voor kunt stellen ⇒ *beeldend* ◆ *je plastisch uitdrukken* ▼ *plas-*

*tische* chirurgie: operaties die je een mooier uiterlijk geven.

**plas·tron** (de ~(m.) of het ~; -s) **1** gesteven voorstuk van een overhemd of jurk **2** borststuk als bescherming bij het schermen.

**plat¹** (het ~; -ten) (vaak: platje) plat dak op een huis, waarop je kunt zitten ⇒ *dakterras*.

**plat²** (bijv. nw.) **1** niet dik of hoog ♦ *een platte neus:* die niet ver uitsteekt; *zo plat als een dubbeltje:* (uitdr.) helemaal plat **2** niet schuin of rechtop, horizontaal ♦ *een plat dak; plat gaan:* (uitdr.; populair) gaan slapen; *een patiënt plat spuiten:* (uitdr.; populair) een patiënt erg veel kalmerende middelen inspuiten **3** met dialect ♦ *zij praten plat Amsterdams* **4** niet netjes, onbeschaafd ⇒ *platvloers, ordinair* ♦ *een platte klucht* ▼ *de fabriek gaat plat:* er wordt gestaakt.

**pla·taan** (de ~(m.); platanen) loofboom met een stam die afschilfert en daardoor gevlekt is.

**plat·bo·dem** (de ~(m.); -s) schip met een platte bodem, zoals een tjalk of een botter.

**pla·teau** [pl ɑːtoo] (het ~; -s) **1** hoogvlakte met steile hellingen **2** verhoging in een etalage waarop iets uitgestald is ⇒ *tableau*.

**pla·ten·spe·ler** (de ~(m.); -s) apparaat waarop je grammofoonplaten afspeelt ⇒ *pick-up, draaitafel, grammofoon*.

**plate·ser·vice** (Engels) [pleːtsuːrvɛs] (de ~) het opdienen van een maaltijd in een restaurant op één bord.

**plat·form** (het ~; -s of -en) **1** podium in de open lucht ♦ *de spreker stond op een platform* **2** verhard gedeelte op een vliegveld waarop de vliegtuigen geparkeerd staan **3** groep mensen uit verschillende groeperingen die met elkaar overleg plegen ♦ *een landelijk platform over kernenergie*.

**pla·ti·na** (het ~) edel metaal met de kleur van zilver.

**plat·jes** (zelfst. nw.; meervoud) schaamluis.

**pla·to·nisch** (bijv. nw.) ▼ *een platonische liefdesverhouding:* een liefdesverhouding die alleen geestelijk is, zonder seks.

**plat·te·grond** (de ~(m.); -en) vel papier waarop op schaal de ligging van wegen, gebouwen enz. of de indeling van een huis of gebouw zijn aangegeven ⇒ *kaart*.

**plat·te·kaas** (de ~(m.)) (in België □; populair) kwark.

**plat·te·land** (het ~) streek met bouw- en weiland.

**plat·vis** (de ~(m.); -sen) platte zeevis, zoals schol of tong.

**plat·vloers** (bijv. nw.) onbeschaafd, grof ⇒ *plat, ordinair*.

**plat·voe·ten** (zelfst. nw.; meervoud) voeten waarvan de zolen helemaal plat op de grond komen en niet gewelfd zijn.

**plat·zak** (bijv. nw.) ▼ *platzak zijn:* (populair) geen geld meer hebben, blut zijn.

**plau·si·bel** (bijv. nw.) geloofwaardig, aannemelijk ♦ *ik vind de reden die hij opgeeft niet erg plausibel*.

**pla·vei·en** (plaveide, heeft geplaveid) *een weg plaveien:* die bedekken met asfalt of straatstenen ⇒ *bestraten*.

**pla·vei·sel** (het ~; -s) wegdek, bestrating.

**pla·vuis** (de ~(m.); plavuizen) stenen vloertegel.

**play·back** (Engels) [pleːjbɛk] (bijw.) ▼ *playback zingen of spelen:* net doen of je zingt of speelt, terwijl het geluid van een plaat of band komt.

**play·boy** (Engels) [pleːjboj] (de ~(m.); -s) (letterlijk: speeljongen) rijke jongen of man die alleen voor z'n plezier leeft en er veel vriendinnen op na houdt.

**ple·be·jer** (de ~(m.); -s) iemand die zich altijd grof en onbeschaafd gedraagt ⇒ *proleet*.

**plebs** (het ~) het gewone volk (gezegd door mensen die daarop neerkijken) ⇒ *gepeupel*.

**plecht** (de ~; -en) dek aan de voor- of achterkant van een schip ♦ *ze lag te zonnen op de voorplecht*.

**plech·tig** (bijv. nw.) officieel en ernstig ♦ *een plechtige kerkdienst; ik beloof het je plechtig*.

**plech·tig·heid** (de ~(v.); plechtigheden) plechtige* bijeenkomst, bijv. ter gelegenheid van een huwelijk of begrafenis ⇒ *ceremonie* ♦ *ik heb zondag een doopplechtigheid bijgewoond*.

**plecht·sta·tig** (bijv. nw.) heel plechtig en statig ♦ *plechtstatig trok de stoet door het dorp*.

**plec·trum** (het ~; -s of plectra) hard plaatje waarmee je een snaarinstrument bespeelt.

**plee** (de ~(m.); -s) (populair) wc.

**pleeg·kind** (het ~; -eren) kind dat je verzorgt maar dat niet jouw eigen kind is.

**pleeg·ou·ders** (zelfst. nw.; meervoud) ouders die voor je zorgen, maar die niet je eigen vader en moeder zijn.

**ple·gen 1** (placht) *plegen te …:* (deftig) gewend zijn te …, gewoon zijn te … ♦ *hij pleegt elke week z'n moeder te bezoeken* **2** (pleegde, heeft gepleegd) *een moord plegen:* die begaan.

**plei·dooi** (het ~; -en) betoog waarin je iets probeert te bereiken of waarin je iets of iemand verdedigt ♦ *een pleidooi houden*.

**plein** (het ~; -en) open, bestrate ruimte tussen of voor gebouwen ⇒ *plaats* ♦ *dorpsplein; schoolplein*.

**pleis·ter** (zelfst. nw.) **1** (de ~; -s) stukje stof of kunststof met in het midden een verbandgaasje, dat je op een wond plakt ♦ *het is een pleister op de wonde:* (uitdr.) het is bedoeld om het leed wat te verzachten **2** (het ~) mengsel van kalk of gips en water om muren mee te bestrijken.

**pleis·te·ren** (pleisterde, heeft gepleisterd) *een muur pleisteren:* die met pleister* (bet.2) bestrijken.

**pleis·ter·plaats** (de ~; -en) plaats waar je onderweg even uitrust.

**pleit** (zelfst. nw.) ▼ *het pleit winnen:* gelijk krijgen in een geschil; *het pleit is beslecht:* er is beslist wie gelijk krijgt.

**pleit·be·zor·ger** (de ~(m.); -s) iemand die voor iets of iemand pleit* (bet.1 en 2).

**plei·te** (bijv. nw.) ▼ *pleite zijn:* (populair) weg zijn, verdwenen zijn; *pleite gaan:* (populair) weggaan.

**plei·ten** (pleitte, heeft gepleit) **1** voor iemand of iets pleiten: iemand verdedigen voor de rechtbank **2** voor iets pleiten: een betoog houden om iets gedaan te krijgen ♦ *pleiten voor de restauratie van een kerk* **3** (niet) voor iets of iemand pleiten: (niet) in het voordeel van iets of iemand werken ♦ *dat je zo je best doet, pleit voor je*.

**plek** (de ~; -ken) bepaalde ruimte of bepaald punt in die ruimte ⇒ *plaats* ♦ *een plek om uit te rusten; een blauwe plek op je been; een open plek in het bos; ter plekke:* (uitdr.) op de plaats zelf.

**ple·nair** [plɛnɛːr] (bijv. nw.) waar iedereen aan meedoet of bij is ♦ *een plenaire vergadering; iets plenair bespreken*.

**plen·gen** (plengde, heeft geplengd) *tranen plengen:* (deftig) die laten stromen, huilen.

**plens** (de ~(m.); plenzen) hoeveelheid vocht die in één keer wordt uitgestort ⇒ *guts, scheut* ♦ *de kat kreeg een plens water over zich heen*.

**plen·ty** (Engels) [plɛntie] (bijw.) (populair) meer dan genoeg, heel veel ⇒ *volop* ♦ *in het nieuwe huis hebben we plenty ruimte*.

**plen·zen** (plensde, heeft geplensd) *het plenst:* het regent heel hard ⇒ *gieten, stortregenen, hozen*.

**ple·o·nas·me** (het ~; -n) (taal) uitdrukking waarmee je

iets dubbelop zegt door een eigenschap van iets te noemen die toch al duidelijk is, bijv. 'witte sneeuw'.

**plet·ten** (plette, heeft geplet) **1** iets pletten: iets plat[2*] (bet.1) maken ◆ graankorrels pletten **2** (van stoffen, zoals fluweel): plat[2*] (bet.1) worden.

**plet·ter** ▼ te pletter vallen: kapot vallen, in stukken vallen; de auto viel te pletter op de rotsen; je te pletter schrikken: (populair) heel erg schrikken.

**pleu·ren** (pleurde, heeft gepleurd) iets ergens op of in pleuren: (populair) iets ergens op of in gooien ◆ pleur die jas maar op het bed.

**pleu·ri·tis** (de ~(v.)) (medisch) borstvliesontsteking.

**ple·vier** → pluvier.

**plexi·glas** (het ~) doorzichtige kunststof ⇒ perspex.

**ple·zant** (bijv. nw.) (in België □; populair) plezierig.

**ple·zier** (het ~) iets dat je leuk vindt, genoegen ⇒ pret, vermaak, lol ◆ ergens plezier in hebben; ik doe dat voor mijn plezier; hij denkt alleen maar aan zijn eigen pleziertjes; iemand een plezier doen: iets voor iemand doen dat hem of haar blij maakt.

**ple·zie·rig** (bijv. nw.) leuk, prettig, aangenaam ◆ een plezierige middag gehad?

**plicht** (de ~; -en) dat wat je volgens jezelf of volgens anderen hoort te doen ⇒ taak ◆ ik vind het mijn plicht hem te helpen; je plicht verzuimen: niet doen wat je moet doen; de plicht roept!: (uitdr.) ik moet weer aan het werk.

**plicht·ma·tig** (bijv. nw.) gezegd van iemand die iets zonder enthousiasme doet, omdat die persoon het zijn of haar plicht* vindt ◆ hij speelde plichtmatig een spelletje schaak met z'n opa.

**plicht·ple·gin·gen** (zelfst. nw.; meervoud) dingen die je doet uit beleefdheid, omdat het zo hoort ◆ hij vertrok zonder verdere plichtplegingen: zomaar, zonder afscheid te nemen.

**plichts·be·sef** (het ~) het weten wat je plicht is ⇒ plichtsgevoel ◆ dat deed hij uit plichtsbesef.

**plichts·be·trach·ting** (de ~(v.)) het doen van je plicht.

**plichts·ge·trouw** (bijv. nw.) waarbij je je heel precies aan je plicht houdt ◆ plichtsgetrouw maakte ze haar huiswerk.

**plichts·ge·voel** (het ~) plichtsbesef.

**plint** (de ~; -en) smal plankje dat onder aan wanden zit, op de plaats waar muur en vloer een hoek vormen.

**plis·sé** (Frans) [pliesee] (het ~) stof met plooien die er met een machine in gemaakt zijn ◆ een plissérok.

**plis·se·ren** [plieseeren] (plisseerde, heeft geplisseerd) een stof plisseren: die met een machine in plooien persen.

**PLO** (de ~) Palestine Liberation Organization; dit is Engels en het betekent: Palestijnse Bevrijdingsorganisatie.

**ploeg** (de ~; -en) **1** landbouwwerktuig met grote, scherpe ijzers waarmee je aarde omkeert en er voren in trekt **2** groep arbeiders of sportlieden ◆ de nachtploeg: de groep arbeiders die 's nachts werkt.

**ploe·gen** (ploegde, heeft geploegd) land of akkers ploegen: er met een ploeg* (bet.1) doorheen gaan ◆ we ploegden door het mulle zand: (uitdr.) we liepen er met grote moeite doorheen.

**ploe·gen·dienst** (de ~(m.); -en) het werken in ploegen die elkaar afwisselen zodat het werk dag en nacht door kan gaan.

**ploert** (de ~(m.); -en) **1** (populair) schoft, gemene kerel ▼ de koperen ploert: (populair) de zon.

**ploer·ten·do·der** (de ~(m.); -s) wapen dat bestaat uit een stok met een loden knop.

**ploe·te·ren** (ploeterde, heeft geploeterd) hard werken ⇒ zwoegen.

**plof** (de ~(m.); -fen) kort, dof geluid ◆ met een plof viel de krant op de deurmat.

**plof·fen** (plofte, heeft geploft) een kort, dof geluid maken ◆ de tas plofte op de grond; een ploffende motor.

**plom·be·ren** (plombeerde, heeft geplombeerd) een tand of kies plomberen: die vullen met een bepaald vulmateriaal.

**plomp¹** (zelfst. nw.) **1** (de ~(m.)) (populair) water, bijv. vijver of sloot ◆ hij is in de plomp gevallen **2** (de ~(m.)) kort, dof geluid van iets dat in het water valt ▼ gele plomp: plant met grote gele bloemen, die op het water drijft.

**plomp²** (bijv. nw.) grof en zwaar gebouwd ⇒ log, lomp ◆ plompe schoenen.

**plom·pen** (plompte, heeft geplompt) **1** iets in het water plompen: iets er met een plomp¹* (bet.2) in gooien **2** met een plomp¹* (bet.2) in het water terechtkomen.

**plomp·ver·lo·ren** (bijw.) onverwachts en zonder na te denken, zomaar ◆ hij ging er plompverloren vandoor.

**plons** (de ~(m.); -en of plonzen) geluid van iets dat met kracht in het water valt ◆ met een plons kwam ze in het water terecht.

**plon·zen** (plonsde, heeft geplonsd) **1** iets in het water plonzen: iets er met een plons* in gooien **2** met een plons* in het water terechtkomen.

**plooi** (de ~; -en) **1** golvende of platte rimpel of vouw in stof die bij elkaar getrokken wordt ◆ een plooirok; plooien in de gordijnen; je gezicht in de plooi trekken: (uitdr.) ernstig gaan kijken **2** (in België □) vouw.

**plooi·baar** (bijv. nw.) gezegd van iemand die zich makkelijk aanpast of schikt ⇒ inschikkelijk, meegaand.

**plooi·en** (plooide, heeft geplooid) **1** stof plooien: er plooien* in maken ◆ een kraagje plooien; hij plooide zijn mond tot een lach: (uitdr.) hij kreeg een lachende gezichtsuitdrukking **2** iets plooien: iets tactisch regelen, iets handig in orde maken ◆ ze wist het zo te plooien dat iedereen kon komen **3** je naar iemand of iets plooien: je naar iemand of iets schikken, je aan iemand of iets aanpassen ◆ hij plooit zich makkelijk naar haar wensen **4** iets, bijv. papier, plooien: (in België □) iets vouwen.

**ploos** → pluizen.

**plop·per** (de ~; -s) houten steel met een rubber zuignap eraan, waarmee je een gootsteen ontstopt ⇒ gootsteenontstopper.

**plot** (Engels) [plot] (de ~; -s) dingen die er aan de hand zijn in een verhaal, film of toneelstuk en die er de spanning in brengen ⇒ intrige.

**plots** (bijw.) plotseling ⇒ plotsklaps.

**plot·se·ling** (bijw.) onverwacht, ineens ⇒ eensklaps, plotsklaps, plots ◆ plotseling begon het jongetje te huilen.

**plots·klaps** (bijw.) plotseling ⇒ plots.

**plo·zen** → pluizen.

**plu** (de ~(m.); plu's) (verkorting) paraplu.

**plu·che** [pluusj(e)] (de ~(m.) of het ~) dikke stof die op fluweel lijkt en die o.a. gebruikt wordt als meubelstof ◆ gordijnen van rode pluche; een beer van pluche.

**plug** (de ~; -gen) **1** plastic pijpje dat je in een geboord gat doet en waar je een schroef in draait, die dan steviger in de muur zit **2** stekkertje bij geluidsapparatuur.

**plug·gen** (plugde, heeft geplugd) een cd pluggen: die vaak laten horen op radio of tv om de verkoop ervan te bevorderen.

**pluim** (de ~; -en) **1** bosje haren of veren ◆ een leeuw met een pluim aan zijn staart; een pluim op een hoed: een veer of een versiering die daarop lijkt; een rookpluim: (uitdr.) een dikke sliert rook; de pluimen maken de vogel: (in België □; uitdr.) als je goed gekleed bent, maak je een goede indruk ▼ iemand een pluim geven: iemand prijzen omdat hij of zij iets goed gedaan heeft; *van je pluimen laten:* (in België) niet beantwoorden aan de hooggespannen verwachtingen.

**plui·ma·ge** [pluimaazje] (zelfst. nw.) ▼ *vogels van diverse pluimage:* allerlei soorten mensen.

**plui·men** (pluimde, heeft gepluimd) *een vogel pluimen:* (in België □) zijn veren uittrekken ⇒ *plukken* ◆ *iemand pluimen:* (uitdr.; populair) iemand zijn of haar geld of bezit afnemen.

**pluim·strij·ke·rij** (de ~ (v.)) overdreven gevlei.

**pluim·vee** (het ~) tamme vogels zoals kippen of ganzen, die gehouden worden voor de eieren of het vlees.

**pluis¹** (zelfst. nw.) **1** (de ~; pluizen; meestal: pluisje) stofje, harig draadje ◆ *pluisjes van een jas borstelen* **2** (het ~) draadjes, vlokjes, stofjes enz. ◆ *er zit pluis op het vloerkleed.*

**pluis²** (bijv. nw.) ▼ *het is daar niet pluis:* het is daar niet in orde, er klopt iets niet.

**plui·zen 1** (pluisde, heeft gepluisd) pluisjes\* (bet.1) afgeven ◆ *mijn nieuwe trui pluist erg* **2** (ploos, heeft geplozen) *iets, bijv. touw, pluizen:* pluisjes\* (bet.1) van iets maken, iets uiteenrafelen.

**pluk** (de ~ (m.); -ken) **1** (meestal: plukje) een bosje van iets dat ergens vanaf gehaald is ⇒ *dot, toef* ◆ *een plukje haar; een plukje mensen:* (uitdr.) een klein groepje **2** het plukken\* (bet.1), bijv. van fruit ◆ *de kersenpluk.*

**pluk·ken** (plukte, heeft geplukt) **1** *bloemen, vruchten enz. plukken:* die van de plant of boom af halen ◆ *bessen plukken; pluk de dag:* (spreekwoord) geniet van het heden, denk niet aan de zorgen van later **2** *een vogel plukken:* de veren ervanaf halen ◆ *iemand plukken:* (uitdr.; populair) iemand zijn of haar geld of bezit afnemen.

**plu·meau** [pluumoo] (de ~ (m.); -s) steel met lange zachte veren, waarmee je stof afneemt.

**plun·de·ren** (plunderde, heeft geplunderd) *iets, bijv. een huis of gebied, plunderen:* iets met geweld leegroven ◆ *de ijskast plunderen:* (uitdr.) alles wat eetbaar is eruit halen.

**plun·je** (de ~) (populair) kleren die je aanhebt ⇒ *kloffie* ◆ *mijn oude plunje.*

**plun·je·zak** (de ~ (m.); -ken) zak voor bagage, vooral van soldaten of matrozen.

**plu·ra·lis** (Latijn) [pluuraalis] (de ~ (m.); -sen of pluralia) (taal) meervoud, het tegenovergestelde van 'singularis' ◆ *pluralis majestatis:* deftig meervoud, zoals een vorst dat gebruikt, bijv.: 'Wij, de koningin ...'.

**plu·ri·form** (bijv. nw.) veelvormig, met allerlei soorten ◆ *een pluriforme samenleving:* die bestaat uit allerlei soorten mensen.

**plus¹** (de ~ (m.) of het ~) **1** plusteken, het tegenovergestelde van 'min' **2** pluspunt, voordeel.

**plus²** (bijv. nw.) **1** (voor een getal) boven nul, voorgesteld door het teken ' + ', het tegenovergestelde van 'min' ◆ *het is plus 21° C* **2** (achter een getal) minstens zoveel als het getal aangeeft ◆ *ik heb een acht plus* (ook: 8⁺) *gehaald:* meer dan een acht, maar nog geen acht en een half; *40 plus* (ook: 40⁺) *kaas:* kaas met minstens 40 procent vet; *65 plus* (ook: 65⁺): 65 jaar of ouder.

**plus³** (voorz.) (om aan te geven dat het tweede getal bij het eerste moet worden opgeteld, het tegenovergestelde van 'min') ◆ *elf plus zeven is achttien.*

**plus·four** [plusfoor] (de ~ (m.); -s) broek met ruime, halflange pijpen die nauw rond je kuiten sluiten ⇒ *drollenvanger.*

**plus·mi·nus** (bijw.) (voor een getal) ongeveer, voorgesteld door het teken ' ± ' ⇒ *circa* ◆ *er zaten plusminus tien kinderen in de auto.*

**plus·punt** (het ~; -en) iets dat gunstig is, voordeel ⇒ *plus* ◆ *hij noemde alle pluspunten van de nieuwe fiets.*

**plus·sen** (ww.) ▼ *plussen en minnen:* piekeren over een oplossing, nadenken over berekeningen; *ze zat te plussen en minnen hoe ze alle rekeningen moest betalen.*

**plus·te·ken** (het ~; -s) teken waarmee je aangeeft dat wat er volgt opgeteld moet worden (het teken ' + ') ⇒ *plus.*

**plu·to·ni·um** (het ~) stof die in kerncentrales gemaakt kan worden en die in kernwapens wordt gebruikt.

**plu·vier, ple·vier** (de ~ (m.); -en) vogel met een korte snavel, waarvan verschillende soorten bestaan.

**p.m.** (afkorting) **1** *post meridiem;* dit is Latijn en het betekent: na het midden van de dag, in de middag ⇒ *n.m.* ◆ *om 4 uur p.m.* **2** *pro memoria;* dit is Latijn en het betekent: ter herinnering, om niet te vergeten **3** *per maand.*

**PMS-cen·trum** (het ~; PMS-centra) (in België) *psycho-medisch-sociaal centrum;* dit is een dienst die je raad geeft in verband met studie en beroepskeuze.

**pneu·ma·tisch** (bijv. nw.) gezegd van machines of onderdelen van machines die op luchtdruk werken ◆ *een pneumatische boor.*

**pneu·mo·nie** (de ~ (v.)) (medisch) longontsteking.

**po** (de ~ (m.); po's) pot om in te plassen en je behoefte in te doen ⇒ *pot, nachtspiegel.*

**p.o.** (afkorting) *per omgaande.*

**po·chen** (pochte, heeft gepocht) opscheppen, grootspreken ⇒ *snoeven, opsnijden* ◆ *hij pochte op zijn nieuwe huis.*

**po·che·ren** [posjeeren] (pocheerde, heeft gepocheerd) *iets pocheren:* iets gaar laten worden in heet water dat niet kookt ◆ *gepocheerde eieren:* die zonder schaal in heet water zijn gedompeld.

**po·chet** [posjet] (de ~; -ten) opgevouwen doekje dat uit het borstzakje van een colbert steekt ⇒ *lefdoekje.*

**poc·ket** (de ~; -s) klein, meestal goedkoop boek met een slappe kaft.

**po·di·um** (het ~; -s of podia) verhoging waarop een optreden plaatsvindt.

**poe** (tussenw.) **1** (om aan te geven dat je opgelucht bent) ◆ *poe, dat ging maar net goed!* **2** (om aan te geven dat je je niets van anderen aantrekt) ◆ *poe! waar bemoei jij je mee!*

**poe·del** (de ~ (m.); -s) hond met kort, sterk gekruld haar.

**poe·de·len** (poedelde, heeft gepoedeld) met water spetteren, je met veel water wassen.

**poe·del·prijs** (de ~ (m.); -prijzen) kleine prijs als troost voor de verliezer ⇒ *troostprijs.*

**poe·der, poei·er** (zelfst. nw.) **1** (de ~ (m.) of het ~) fijn maalsel of fijne korreltjes ◆ *poedersuiker; talkpoeder; in de poeier liggen:* (uitdr.; populair) helemaal kapot zijn **2** (de ~) fijngemaakt geneesmiddel ◆ *een poeder voor de hoofdpijn.*

**poe·de·ren, poei·e·ren** (poederde, heeft gepoederd) *iets poederen:* poeder\* (bet.1) op iets doen ◆ *ze poedert haar wangen.*

**poëet** po-eet (de ~ (m.); poëten) (deftig) dichter.

**poef** (de ~ (m.); -s) groot rond kussen om op te zitten, dat meestal van leer is gemaakt.

**poeh** → poe.

**poe·ha** [ook: poeha] (de ~ (m.) of het ~) (populair) drukte om de aandacht te trekken ⇒ *drukdoenerij, tamtam* ◆ *met veel poeha kwam hij binnen.*

**poei·er** (de ~ (m.); -s) (populair) harde trap of klap ◆ *hij gaf een poeier tegen de bal.*

**poeier(-)** → poeder(-).

**poel** (de ~(m.); -en) ondiepe plas, vaak met vies water ◆ *een poel van verderf:* (uitdr.) een huis of stad waar veel slechte dingen gebeuren; *een poel van ellende:* (uitdr.) één en al ellende.

**poe·let** (de ~(m.) of het ~) blokjes vlees, waar je o.a. bouillon van trekt.

**poe·lier** (de ~(m.); -s) iemand die gevogelte en wild verkoopt.

**poe·ma** (de ~(m.); poema's) roofdier dat op een grote kat lijkt en een gele huid heeft.

**poen** (de ~(m.) of het ~)(populair) geld.

**poe·nig** (bijv. nw.)(populair) opschepperig, patserig.

**poep** (de ~(m.)) **1** onverteerde voedselresten die via je anus je lichaam verlaten ⇒ *uitwerpselen, ontlasting, feces* **2** (in België □; populair) bips.

**poe·pen** (poepte, heeft gepoept) **1** poep* (bet.1) produceren, je behoefte doen ⇒ *drukken* **2** (in België □; grof) geslachtsgemeenschap hebben.

**poe·perd** (de ~(m.); -s) achterwerk, billen ⇒ *gat, kont.*

**poep·je** (het ~; -s) windje dat aan je darmen ontsnapt ◆ *iemand een poepje laten ruiken:* (uitdr.) iemand versteld doen staan door iets bijzonders te presteren.

**poes** (de ~; poezen) **1** kat, vaak alleen vrouwtjeskat ◆ *dat is niet voor de poes:* (uitdr.) dat is erg indrukwekkend ▼ *mis poes!:* lekker mis, lekker fout!

**poe·sie·al·bum** (het ~; -s)(eigenlijk: poëziealbum) album waarin je mensen die je aardig vindt versjes laat schrijven, als aandenken.

**poes·lief** (bijv. nw.) overdreven lief om iets van iemand gedaan te krijgen.

**poes·pas** (de ~(m.)) onnodige drukte, overbodig gedoe ⇒ *heisa, omhaal.*

**poes·ta** (de ~; poesta's) grote grasvlakte in Hongarije.

**poet** (de ~)(populair) wat bij een diefstal aan geld gestolen wordt.

**poë·tisch** poe·tisch (bijv. nw.) dichterlijk, romantisch, het tegenovergestelde van 'prozaïsch'.

**poets** (zelfst. nw.) ▼ *iemand een poets bakken:* een grap met iemand uithalen; *poets wederom poets:* (in België □) (gezegd wanneer je iemand fopt die jou ook gefopt heeft).

**poet·sen** (poetste, heeft gepoetst) *iets poetsen:* iets schoon of glanzend wrijven ◆ *je tanden poetsen; koper poetsen.*

**poe·ze·lig** (bijv. nw.) om te knuffelen, zacht en rond.

**poë·zie** poe·zie (de ~(v.)) gedichten, dichtkunst ◆ *een poëziebundel.*

**pof** (zelfst. nw.) ▼ *iets op de pof kopen:* (populair) iets kopen zonder meteen te betalen.

**pof-** met bolstaande plooien ◆ *pofmouwtjes; een pofbroek.*

**pof·fen** (pofte, heeft gepoft) **1** *iets poffen:* iets in hete as of op een hete plaat, zonder toevoeging van vet of water, gaar laten worden ◆ *aardappels poffen* **2** *(van mouwen of broekspijpen):* bolstaande plooien hebben.

**pof·fer·tje** (het ~; -s) klein, rond en dik pannenkoekje dat op een bakplaat met kuiltjes gebakken is.

**po·gen** (poogde, heeft gepoogd) *iets pogen:* iets proberen, ergens je best voor doen ⇒ *trachten* ◆ *Rosalie poogde haar zusje aan het lachen te maken.*

**po·ging** (de ~(v.); -en) keer dat je iets poogt* ◆ *een vergeefse poging; hij deed een poging om haar over te halen.*

**pogoën** po·go·en (ww.) springend dansen op punkmuziek, terwijl je wild met je armen om je heen slaat.

**po·grom** (de ~(m.); -s) georganiseerde vervolging en uitmoording van joden.

**poin·te** (Frans) [pwɛ̃ntə](de ~; -s) dat waar het aan het eind van een grap of verhaal enz. om gaat ⇒ *clou.*

**pok·da·lig** (bijv. nw.)*(van een gezicht):* bedekt met littekens, oneffen.

**po·ken** (pookte, heeft gepookt) met een pook* (bet.1) in het vuur porren.

**po·ker** (het ~) bepaald dobbel- of kaartspel waarbij gewed wordt.

**po·ker·face** (Engels) [pookərfeːs](het ~; -s) gezichtsuitdrukking waar je totaal niets uit af kunt leiden, gezicht van iemand die niet laat blijken wat hij of zij denkt.

**pokke-** (populair) slecht, naar ◆ *pokkeweer; pokkevent.*

**pok·ken** (zelfst. nw.; meervoud) besmettelijke ziekte waarbij je zweertjes en blaasjes op je huid krijgt ◆ *je de pokken werken:* (uitdr.; populair) keihard werken.

**pol** (de ~(m.); -len) bosje gras of sprieten van een andere plant met een kluit aarde eraan.

**po·lair** [poolɛːr](bijv. nw.) afkomstig uit de poolstreken ◆ *polaire lucht.*

**po·la·ri·se·ren** (polariseerde, heeft gepolariseerd) de spanning en onenigheid tussen mensen groter maken.

**po·la·ri·teit** (de ~(v.)) grote tegenstelling tussen mensen of groepen mensen.

**po·la·ri·ze·ren** → polariseren.

**po·la·roid·ca·me·ra** (de ~; -camera's) camera waar meteen een foto uit komt.

**pol·der** (de ~(m.); -s) stuk land tussen dijken op een plaats waar vroeger water was.

**pol·der·pop** (de ~) Nederlandstalige popmuziek.

**po·le·miek** (de ~(v.); -en) ruzie via brieven of stukjes in kranten en tijdschriften ⇒ *pennenstrijd* ◆ *ze voeren een polemiek over stadsvernieuwing.*

**po·le·mi·se·ren** (polemiseerde, heeft gepolemiseerd) in een krant of tijdschrift een polemiek* voeren.

**po·le·mo·lo·ge** → polemoloog.

**po·le·mo·lo·gie** (de ~(v.)) wetenschap die zich bezighoudt met de oorzaken van oorlog en de voorwaarden voor vrede.

**po·le·mo·loog** (de ~(m.); polemologen), vrouw: **po·le·mo·lo·ge** (de ~(v.); -n of -s), iemand die zich met polemologie* bezighoudt.

**po·len·ta** (de ~) grof gemalen maïsmeel.

**po·li** (de ~(v.))(verkorting) polikliniek.

**po·liep** (de ~; -en) **1** klein waterdier dat zich op de bodem vastzet en dat meestal een paar voelarmen heeft **2** gezwel op een slijmvlies, vooral in de neus of de baarmoeder.

**po·lijs·ten** (polijstte, heeft gepolijst) *iets polijsten:* iets glad en glanzend schuren ◆ *een edelsteen polijsten.*

**po·li·kli·niek** (de ~(v.); -en) ziekenhuis of afdeling van een ziekenhuis waar patiënten behandeld worden die niet in het ziekenhuis zijn opgenomen ⇒ *poli.*

**po·li·kli·nisch** (bijv. nw.) te maken hebbend met een polikliniek*.

**po·lio** (de ~)(verkorting) poliomyelitis.

**po·li·o·my·e·li·tis** (de ~(v.))(medisch) besmettelijke ziekte bij kinderen die tijdelijke of blijvende verlamming van armen en benen tot gevolg heeft ⇒ *polio, kinderverlamming.*

**po·lis** (de ~; -sen) schriftelijk bewijs dat je een verzekering hebt afgesloten.

**po·li·ti·co·lo·ge** → politicoloog.

**po·li·ti·co·lo·gie** (de ~(v.)) wetenschap die bestudeert hoe de politiek[1*] (bet.1) in elkaar zit.

**po·li·ti·co·loog** (de ~(m.); politicologen), vrouw: **po·li·ti·co·lo·ge** (de ~(v.); -n of -s) iemand die zich met politicologie* bezighoudt.

**po·li·ti·cus** (de ~(m.); politici), vrouw: **po·li·ti·ca** (de ~(v.); politica's) iemand die een beroep heeft in de politiek[1*] (bet.1).

**po·li·tie** (de ~(v.)) groep ambtenaren die toezicht houdt op het naleven van de wet, de veiligheid op straat en die overtreders van de wet opspoort.

**po·li·tie·agent** (de ~(m.); -en) iemand die bij de politie werkt ⇒ *agent, diender, smeris*.

**po·li·tiek**¹ (de ~(v.)) **1** het opstellen van regels die te maken hebben met het regeren en besturen van een land, stad enz. ◆ *de binnenlandse politiek* **2** manier waarop je je doel probeert te bereiken ⇒ *beleid* ◆ *het is zijn politiek om eerst af te wachten*.

**po·li·tiek**² (bijv. nw.) te maken hebbend met politiek¹* ◆ *politieke partijen; een politieke gevangene:* iemand die gevangen zit vanwege zijn of haar ideeën over de manier waarop het land bestuurd moet worden.

**po·li·tie·rech·ter** (de ~(m.); -s) (in België) rechter die oordeelt over kleine zaken en overtredingen.

**po·li·ti·o·neel** (bijv. nw.) van of door de politie* ◆ *politionele acties*.

**pol·ka** (de ~; polka's) levendige, snelle dans.

**poll** (de ~; -s) onderzoek naar de mening van mensen, meestal over politiek ⇒ *opiniepeiling*.

**pol·len** (het ~) stuifmeel van bepaalde grassen, bloeiende planten, bomen enz..

**pol·le·pel** (de ~(m.); -s) **1** platte houten lepel met een lange steel waarmee je in pannen roert **2** grote lepel in de vorm van een halve bol met een lange steel, om soep op te scheppen.

**pol·lu·tie** (de ~(v.)) milieuvervuiling.

**po·lo** (het ~) **1** sport voor twee groepen ruiters die met een houten hamer een bal in een doel proberen te slaan **2** waterpolo **3** (polo's) sportief truitje met een kraagje en een klein halssplit met knoopjes.

**po·lo·nai·se** [pooloonε:zə] (de ~(v.); -s) vrolijke dans waarbij de dansers in een lange rij achter elkaar aan hossen.

**pols** (de ~(m.); -en) **1** het gewricht tussen je hand en je onderarm ◆ *iets uit de losse pols doen:* (uitdr.) met het grootste gemak **2** polsslag ◆ *iemand de pols voelen:* aan de slagader in iemands pols voelen hoe zijn of haar hartslag is.

**pol·sen** (polste, heeft gepolst) *iemand polsen:* erachter proberen te komen hoe iemand over iets denkt door voorzichtige vragen te stellen.

**pols·slag** (de ~(m.); -en) het aantal hartslagen per minuut dat je aan de slagader in iemands pols kunt voelen.

**pols·stok** (de ~(m.); -ken) lange stok waarmee je over iets hoogs of iets breeds springt.

**pols·je** (het ~) klein tas om papieren, bijv. autopapieren, in te doen, dat met een riempje om de pols gedragen wordt en die meestal gedragen wordt door mannen.

**poly-** veel- ◆ *polytheïsme:* geloof in het bestaan van meer dan één god.

**po·ly·ami·de** (het ~) dunne, sterke kunststof ⇒ *nylon*.

**po·ly·es·ter** (de ~(m.) of het ~) bepaalde harde kunststof ◆ *een kano van polyester*.

**po·ly·ether** (de ~(v.) of het ~) zachte, verende kunststof die o.a. voor matrassen wordt gebruikt ⇒ *schuimrubber, schuimplastic*.

**po·ly·foon** (bijv. nw.) (muziek) meerstemmig, het tegenovergestelde van 'homofoon'.

**po·ly·gaam** (bijv. nw.) gezegd van een vrouw die met meer dan één man is getrouwd of van een man die met meer dan één vrouw is getrouwd, het tegenovergestelde van 'monogaam'.

**po·ly·ga·mie** (de ~(v.)) toestand waarin een man met meer dan één vrouw of een vrouw met meer dan één man getrouwd is, het tegenovergestelde van 'monogamie'.

**po·ly·glot** (de ~(m.); -ten) iemand die veel talen spreekt.

**po·ly·va·lent** (bijv. nw.) ▼ *een polyvalente zaal:* (in België □) een zaal die geschikt is voor toneelvoorstellingen, concerten, vergaderingen enz..

**po·me·rans** (de ~; -en) goudgele ronde vrucht met een bittere smaak, waarvan een drank wordt gemaakt die op jenever lijkt.

**pom·ma·de** (de ~; -s) **1** crème waarmee je je haar zacht en glanzend maakt **2** zalf voor een droge huid ◆ *lippenpommade*.

**pomp** (de ~; -en) werktuig waarmee je water, benzine, gas enz. ergens uit zuigt of ergens in perst ◆ *een fietspomp:* werktuig om lucht in fietsbanden te pompen; *loop naar de pomp!:* (uitdr.; populair) ik wil niet meer naar je luisteren, ga toch weg!

**pomp·af** (bijv. nw.) (in België □; populair) doodmoe, bekaf.

**pom·pel·moes** (de ~; pompelmoezen) grote gele citrusvrucht met een bitterzoete smaak ⇒ *grapefruit*.

**pom·pen** (pompte, heeft gepompt) *iets pompen:* iets met een pomp* ergens uit zuigen of ergens in persen ◆ *lucht in een band pompen; 't is pompen of verzuipen:* (uitdr.) je moet gauw iets doen, anders loopt het slecht af.

**pom·peus** (bijv. nw.) overdadig, overdreven, dikdoenerig ◆ *pompeuze versieringen; pompeuze meubels:* die groot en zwaar zijn.

**pom·poen** (de ~(m.); -en) **1** grote, ronde, eetbare vrucht, met oranje vruchtvlees **2** pluizig balletje van bij elkaar gebonden draadjes, als versiering aan bijv. mutsen.

**pon** (de ~(m.); -nen) nachthemd voor meisjes of vrouwen ⇒ *nachtpon*.

**pon·cho** [ponsjoo] (de ~(m.); poncho's) kledingstuk tegen de kou of de regen dat bestaat uit een rechthoekige lap plastic met in het midden een gat voor je hoofd.

**pond** (het ~; -en) **1** gewicht van 500 gram ◆ *het volle pond betalen:* (uitdr.) de hele som, het hele bedrag **2** munteenheid in verschillende landen, o.a. Ierland.

**pond ster·ling** (het ~; ponden sterling) Engelse munteenheid.

**po·nem** (Jiddisch) [poonεm] (het ~) (populair) gezicht ⇒ *porem*.

**po·ne·ren** (poneerde, heeft geponeerd) *iets poneren:* iets naar voren brengen als je idee of je overtuiging ⇒ *stellen*.

**pon·sen** (ponste, heeft geponst) *metaal of kaarten ponsen:* er gaatjes in maken met een bepaalde machine.

**pons·kaart** (de ~; -en) kaart waarin volgens een bepaald systeem gaatjes zijn geponst* om informatie vast te leggen.

**pont** (de ~; -en) boot waarmee mensen, dieren en voertuigen over een rivier of kanaal worden vervoerd op een plaats waar geen brug is ⇒ *veer, veerpont*.

**pon·te·neur** (zelfst. nw.) ▼ *op je ponteneur staan:* (populair) ergens een erekwestie van maken.

**pon·ti·fex maxi·mus** (de ~(m.)) (eretitel voor de paus).

**pon·ti·fi·caal** (bijv. nw.) gewichtig en nadrukkelijk ◆ *ze ging pontificaal in de deuropening staan*.

**pon·ton** (de ~(m.); -s) platte boot of drijvend platform als steun voor een brug of een aanlegsteiger.

**po·ny** [ponnie] (zelfst. nw.; pony's) **1** (de ~(m.)) klein paardje **2** (de ~(m.) of het ~) haar dat over je voorhoofd valt.

**pooi·er** (de ~(m.); -s) man die een of meer prostituees voor zich laat werken en die hen in ruil daarvoor beschermt ⇒ *souteneur*.

**pook** (de ~; poken) **1** ijzeren staaf waarmee je in het vuur port **2** hendel waarmee je de versnelling van een auto bedient.

**pool¹** (de ~; polen) **1** gebied in het uiterste noorden of zuiden van de aarde, waar het altijd erg koud is **2** elk van de twee uiteinden van een magneet of batterij **3** opstaande haartjes van tapijt of van bepaalde stoffen zoals fluweel.

**pool²** (Engels) [pœl](de ~; -s) **1** systeem van wedden over een uitslag, vooral van sportwedstrijden ◆ *de voetbal-pool winnen* **2** Amerikaans biljartspel.

**pools·hoog·te** (zelfst. nw.) ▼ *poolshoogte nemen*: gaan kijken hoe de zaken erbij staan of wat er aan de hand is.

**Pool·ster** (de ~) de ster die het dichtst bij de noordpool staat en die vaak erg helder is.

**poon** (de ~(m.); ponen) zeevis met een brede kop, waarvan verschillende soorten bestaan.

**poort** (de ~; -en) grote doorgang in een muur of ingang in een gebouw, meestal met deuren of een hek ervoor ◆ *de stadspoorten*; *de fabriekspoort*; *het bedrijf heeft de poorten gesloten*: (uitdr.) het is voorgoed stilgelegd.

**poor·ter** (de ~(m.); -s) burger van een middeleeuwse stad.

**poos** (de ~; vaak: poosje) tijdje, tijd ◆ *ze bleef een hele poos weg*.

**poot** (de ~(m.); poten) **1** been van een dier ◆ *het komt wel op zijn pootjes terecht*: (uitdr.) het loopt wel goed af **2** deel van o.a. een stoel of een tafel dat als steun dient ◆ *iets op poten zetten*: (uitdr.) iets organiseren, met iets beginnen; *de poten onder iemands stoel vandaan zagen*: (uitdr.) ervoor zorgen dat iemand zich niet kan handhaven **3** (populair) hand, voet of been ◆ *poten thuishouden!*: afblijven!; *geen poot uitsteken*: (uitdr.) helemaal niets doen; *met hangende pootjes terugkomen*: (uitdr.) teleurgesteld, verslagen en beschaamd; *op hoge poten*: (uitdr.) verontwaardigd, erg boos; *op je poot spelen*: (uitdr.) erg tekeer gaan uit kwaadheid; *je poot stijf houden*: (uitdr.) niet toegeven, niet van mening veranderen; *iemand een poot uitdraaien*: (uitdr.) iemand afzetten, iemand oplichten; *geen poot hebben om op te staan*: (uitdr.) geen enkel argument hebben waarmee je kunt aantonen dat je gelijk hebt; *bij iemand geen poot aan de grond krijgen*: (uitdr.) bij iemand geen enkele kans krijgen om voor elkaar te krijgen wat je wilt.

**poot·aan** (bijw.) ▼ *pootaan spelen*: hard werken, er flink tegenaan gaan.

**poot·je·ba·den** (heeft pootje gebaad of heeft gepootjebaad) met je blote voeten in het water zitten of lopen.

**pop** (zelfst. nw.) **1** (de ~; -pen) figuur met de vorm van een mens, meestal als speelgoed ◆ *met poppen spelen*; *een etalagepop*; *nu heb je de poppen aan het dansen*: (uitdr.) nu begint de ruzie, de ellende; *poppetje gezien, kastje dicht*: (uitdr.)(dit zeg je als je iets heel even laat zien) **2** (de ~; -pen) rups die zich in een cocon heeft ingesponnen om een volwassen insect te worden **3** (de ~)(populair) gulden ⇒ *piek* ◆ *het kost vijf pop* **4** (de ~(m.))(verkorting) popmuziek ◆ *een popconcert* ▼ *de poppetjes van je ogen*: je pupillen; *kijk eens in de poppetjes van mijn ogen*: kijk me eens goed aan (dan zie je wat ik voel).

**pop-art** (de ~) richting in de kunst uit de jaren 60 waarin o.a. met alledaagse dingen kunstvoorwerpen werden gemaakt.

**po·pe·len** (popelde, heeft gepopeld) heel erg verlangen, bijna niet kunnen wachten ◆ *popelen van ongeduld*; *hij popelde om weg te gaan*.

**pop·groep** (de ~; -en) groep musici die popmuziek maken.

**po·pi** (bijv. nw.)(populair) populair ◆ *een popi uitdrukking*; *ze doet erg popi*.

**pop·mu·ziek** (de ~(v.))(verkorting) populaire muziek; dit is moderne muziek waarin allerlei stijlen bestaan, o.a. rock, disco, folk, punk en soul ⇒ *pop*.

**pop·pen·kast** (de ~; -en) kast met aan de voorkant een opening waarin je met poppen een toneelstukje speelt ◆ *wat een poppenkast!*: (uitdr.) wat een overdreven, dwaze vertoning!

**pop·pen·spe·ler** (de ~(m.); -s) iemand die voorstellingen geeft met marionetten of poppenkastpoppen.

**pop·pe·rig** (bijv. nw.) klein alsof het van een pop\* (bet.1) is ◆ *een popperig huisje*; *popperige babykleertjes*.

**po·pu·lair** [poopuulɛr](bijv. nw.) **1** geliefd en bekend bij veel mensen, in trek ◆ *een populair tv-programma*; *Margot is erg populair bij de jongens* **2** eenvoudig en begrijpelijk ◆ *iets populair uitdrukken*.

**po·pu·la·ri·se·ren** (populariseerde, heeft gepopulariseerd) iets populariseren: iets populair\* (bet.2) maken ◆ *de wetenschap populariseren*.

**po·pu·la·tie** (de ~(v.); -s) **1** bevolking van een bepaald gebied ◆ *de vossenpopulatie in de bossen* **2** (statistiek) groep mensen of dingen waaruit je een steekproef trekt.

**po·pu·lier** (de ~(m.); -en) loofboom met een erg rechte stam, die verwant is aan de wilg ⇒ *peppel*.

**por** (de ~(m.); -ren) stomp, stoot ◆ *ze gaf hem een por in de zij*.

**po·rem** (de ~(m.))(populair) gezicht ⇒ *smoel, tronie, ponem, bakkes* ◆ *dat is geen porem!*: (uitdr.) dat is niet om aan te zien, dat ziet er vreselijk uit!

**po·reus** (bijv. nw.) met een heleboel piepkleine gaatjes, zodat er water of lucht doorheen kan ◆ *poreus gesteente*; *een poreuze binnenband*.

**po·rie** (de ~(v.); poriën) hele kleine openingen in de huid van mensen en dieren, en in de stelen en bladeren van planten ⇒ *huidmondje*.

**por·no** (de ~(v.))(verkorting) pornografie.

**por·no·gra·fie** (de ~(v.)) film die of boek dat bedoeld is om de kijker of de lezer seksueel op te winden ⇒ *porno*.

**por·ren** (porde, heeft gepord) **1** iemand porren: iemand een por\* geven ⇒ *duwen, stompen, stoten* ◆ *ze is er wel voor te porren*: (uitdr.) ze heeft er wel zin in **2** in het vuur porren: er met een stok of pook in heen en weer bewegen ⇒ *poken*.

**por·se·lein** (het ~) fijn geglazuurd aardewerk dat een beetje doorschijnend is en waar serviesgoed van wordt gemaakt.

**port** (zelfst. nw.) **1** (de ~(m.) of het ~) geld dat je moet betalen als je iets met de post verstuurt ⇒ *porto, portokosten* **2** (de ~(m.)) zoete, zware wijn.

**por·taal** (het ~; portalen) ruimte, gang of hal bij de ingang van een gebouw.

**por·ta·ble** (Engels) [pɔrtəbəl](bijv. nw.) draagbaar ◆ *een portable radio*.

**por·tee** (de ~(v.)) de volledige betekenis van wat iemand zegt of schrijft ⇒ *strekking, draagwijdte* ◆ *ik begrijp de portee van zijn woorden niet*.

**por·te·feuil·le** [pɔrtəfœijə](de ~(m.); -s) **1** mapje dat je bij je draagt met papiergeld en andere belangrijke papieren **2** map voor het opbergen van papieren die bij elkaar horen ◆ *de leesportefeuille*: een map met allerlei tijdschriften, waarop je je kunt abonneren **3** speciale taak die een minister of wethouder (in België: een schepen) te doen krijgt ◆ *wie heeft de universiteit in zijn portefeuille?*: wie gaat daarover?; *een minister zonder portefeuille*: een minister zonder eigen ministerie.

**por·te·mon·nee** (de ~ (m.); -s) tasje of zakje voor je geld ⇒ *beurs*.

**por·tie** (de ~ (v.); -s) bepaalde hoeveelheid werk of voedsel ♦ *een flinke portie werk; een portie appelmoes: een hoeveelheid voor één persoon; hij heeft zijn portie wel gehad:* (uitdr.) hij heeft heel wat vervelende dingen meegemaakt; *geef mijn portie maar aan Fikkie:* (uitdr.; populair) ik hoef niet meer, ik doe niet meer mee.

**por·tiek** (de ~ (v.) of het ~; -en) nis voor de ingang van een gebouw ♦ *we schuilden voor de regen in een portiek.*

**por·tier** (zelfst. nw.) **1** (de ~ (m.); -s) iemand die een gebouw bij de ingang bewaakt, aan bezoekers de weg wijst enz. **2** (het ~; -en) deur van een auto, bus of trein.

**por·to** (de ~ (m.) of het ~; porti of porto's) **1** geld dat je moet betalen als je iets met de post verstuurt ⇒ *port, portokosten* **2** (in België □) port (bet.2).

**por·to·foon** (de ~ (m.); -s) draagbaar apparaatje waarmee je berichten ontvangt en verzendt ⇒ *walkie-talkie.*

**por·tret** (het ~; -ten) **1** schilderij, tekening of foto van iemand, meestal alleen van zijn of haar gezicht ♦ *een gefilmd portret van iemand:* (uitdr.) een film die een beeld geeft van hoe iemand is **2** (populair) vervelend en eigenwijs persoon ♦ *ze is een lastig portret.*

**po·rum** → porem.

**po·se** (de ~ (v.); -s of -n) **1** manier van staan of zitten ⇒ lichaamshouding, stand ♦ *opa nam een deftige pose aan voor de foto* **2** onnatuurlijke manier van doen ⇒ houding, air ♦ *het is maar een pose, hij is niet echt zo.*

**po·se·ren** (poseerde, heeft geposeerd) een bepaalde pose* (bet.1) aannemen om geschilderd of gefotografeerd te worden, model staan.

**po·si·tie** (de ~ (v.); -s) **1** plaats waar iemand of iets zich bevindt ⇒ ligging ♦ *de positie van een schip; ik reed in de voorste positie: ik reed vooraan; je positie bepalen:* (uitdr.) je standpunt, je houding **2** toestand, situatie of omstandigheden, waarin iemand zich bevindt ♦ *ik verkeer niet in de positie om jullie toestemming te geven; ze was in een moeilijke positie terechtgekomen; in positie zijn:* (uitdr.) een baby verwachten, zwanger zijn **3** baan, functie ⇒ betrekking ♦ *ze heeft een hoge positie bij de gemeente* **4** stand van je lichaam of van een lichaamsdeel ♦ *de posities bij het ballet; de positie van je hand bij het gitaarspelen.*

**po·si·tief** (bijv. nw.) **1** goedkeurend, instemmend, het tegenovergestelde van 'negatief' ♦ *een positief antwoord* **2** gezegd van iemand die alleen opbouwende kritiek heeft en die de goede kanten van mensen of zaken benadrukt, het tegenovergestelde van 'negatief' **3** (van getallen en cijfers) groter dan nul, het tegenovergestelde van 'negatief' ♦ *positieve getallen.*

**po·si·tie·kle·ding** (de ~ (v.)) kleding voor een vrouw die in verwachting is.

**po·si·tie·ven** (zelfst. nw.; meervoud) ▼ *goed bij je positieven zijn:* goed opletten, alles in de gaten hebben; *weer bij je positieven komen:* weer bij bewustzijn komen.

**pos·ses·sief** (Latijn) [possessief] (bijv. nw.) (taal) bezittelijk ♦ *een possessief pronomen:* een bezittelijk voornaamwoord.

**post** (zelfst. nw.) **1** (de ~) brieven, pakjes enz. die door een besteldienst zoals de PTT worden bezorgd ♦ *is er nog post?; de post doornemen* **2** (de ~) bedrijf of instelling die er o.a. voor zorgt dat brieven, pakjes enz. worden bezorgd ⇒ *posterijen* ♦ *iets naar de post brengen:* naar het postkantoor; *iets op de post doen:* iets in een brievenbus gooien **3** (de ~ (m.); -en) onderdeel van een rekening of boekhouding ♦ *een post voor onvoorziene uitgaven* **4** (de ~ (m.); -en) plaats waar iemand de wacht

houdt ♦ *de wachtpost bij het paleis; ergens post vatten:* (uitdr.) ergens gaan staan; *op je post blijven:* (uitdr.) op je plaats blijven; ook: je plicht blijven doen **5** (de ~ (m.); -en) baan, betrekking, functie ♦ *een post bekleden:* een baan hebben ▼ *post vatten:* (van ideeën, meningen en gevoelens) bij één of meer mensen ontstaan.

**post-** na, het tegenovergestelde van 'pre-' ♦ *het postkoloniale tijdperk:* de periode na de koloniale tijd.

**pos·taal** (bijv. nw.) gezegd van iets dat met de post* (bet.2) te maken heeft.

**post·bo·de** (de ~ (m.); -n of -s) iemand die post (bet.1) aan huis bezorgt ⇒ *brievenbesteller.*

**post·bus** (de ~; -sen) bus die je op een postkantoor huurt en waar je post (bet.1) in gedaan wordt, die je zelf ophaalt.

**post·check** [postsjek] (de ~ (m.)) (in België) dienst van de post die geld uitbetaalt of overschrijft (te vergelijken met de Postbank in Nederland).

**post·co·de** (de ~ (m.); -s) (in Nederland) combinatie van een aantal letters en cijfers die een plaats en straat aanduiden, waardoor de post (bet.1) sneller gesorteerd kan worden.

**post·duif** (de ~; -duiven) duif die afgericht is om berichten over te brengen of om wedstrijden te vliegen.

**pos·te·lein** (de ~ (m.)) plant met kleine blaadjes die als groente gegeten wordt.

**pos·ten** (postte, heeft gepost) **1** iets posten: iets op de post* (bet.2) doen, iets in een brievenbus stoppen **2** op wacht staan ♦ *de stakers posten bij de ingang van de fabriek:* ze bewaken de ingang om de mensen die wel willen werken tegen te houden.

**pos·ter** (Engels) [pooster, in België: poster] (de ~; -s) grote gedrukte afbeelding, bijv. als versiering in je kamer ⇒ *affiche.*

**pos·te·ren** (posteerde, heeft geposteerd) *je posteren:* ergens gaan staan met een bepaald doel ♦ *ze posteren zich bij de ingang:* (bijv. om iemand op te wachten).

**pos·te res·tan·te** (bijw.) (letterlijk: blijvende post) gezegd van brieven en andere poststukken die op het postkantoor blijven totdat degene voor wie ze bestemd zijn, ze komt ophalen ♦ *op de brief stond: Hr. Jansen, poste restante, hoofdpostkantoor, Amsterdam.*

**pos·te·rij·en** (zelfst. nw.; meervoud) bedrijf dat of instelling die zorgt voor de verzending van brieven, pakjes enz. ⇒ *post.*

**post·fris** (bijv. nw.) (van postzegels): ongebruikt, nog met een gomlaag en zonder enige beschadiging.

**pos·til·jon** (de ~ (m.); -s) iemand die vroeger te paard of met een postkoets de post vervoerde.

**post·kan·toor** (het ~; -kantoren) gebouw waar je o.a. postzegels kunt kopen en waar je allerlei geldzaken kunt regelen.

**post·koets** (de ~; -en) reiskoets die vroeger tussen twee plaatsen heen en weer reed en die passagiers vervoerde.

**post·merk** (het ~; -en) poststempel ♦ *datum postmerk:* (dit zet je boven een brief die je niet gedateerd hebt om aan te geven dat de ontvanger de datum van het postmerk als verzenddatum moet beschouwen).

**post·na·taal** (bijv. nw.) gebeurend na de geboorte ♦ *een postnatale depressie:* een depressie waar sommige vrouwen last van hebben als ze net een kind hebben gekregen.

**post·num·mer** (het ~; -s) (in België) postcode ♦ *het postnummer van Brugge is 8000.*

**pos·to·gram** (het ~; -men) (in België) versierde kaart die je op het postkantoor koopt en die bezorgd wordt op de dag die jij kiest.

**post·scrip·tum** (het ~; -s of postscripta) mededeling die je onder een brief schrijft als de brief eigenlijk al af is; meestal schrijf je er 'PS' voor ⇒ *naschrift*.

**post·stem·pel** (de ~ (m.) of het ~; -s) stempel van het postkantoor waaraan je ziet in welke plaats en op welke datum een brief, pakje enz. is gepost ⇒ *postmerk*.

**pos·tu·le·ren** (postuleerde, heeft gepostuleerd) *iets postuleren*: iets veronderstellen, aannemen dat iets waar is.

**pos·tuum** (bijv. nw.) gebeurend na iemands dood ◆ *het boek verschijnt postuum*: na de dood van de schrijver.

**pos·tuur** (het ~) lichaamsbouw, gestalte ◆ *ze is klein van postuur*.

**post·wis·sel** (de ~ (m.); -s) formulier dat je gebruikt om geld per post te verzenden ◆ *een postwissel innen*: het bedrag dat erop staat afhalen op het postkantoor.

**post·ze·gel** (de ~ (m.); -s) zegel van een bepaalde waarde die je op een brief, pakje enz. plakt om de verzendkosten te betalen.

**pot** (zelfst. nw.) **1** (de ~ (m.); -ten) vat van aardewerk, glas, koper enz. om iets in te doen ◆ *potten en pannen; een spaarpot; een koffiepot; je moet eten wat de pot schaft*: (uitdr.) wat er toevallig wordt klaargemaakt; *hij kookt zijn eigen potje*: (uitdr.) hij maakt zijn eigen eten klaar; *ze kan een potje bij hem breken*: (uitdr.) hij wordt niet gauw boos op haar; *rond de pot draaien*: (in België □; uitdr.) om de zaak heen draaien; *de gebroken potten betalen*: (in België □; uitdr.) de schade vergoeden, het gelag betalen; *tussen pot en pint*: (in België □; uitdr.; populair) bij een glas (bier), gemoedelijk, informeel; *een potje gedekt houden of laten*: (in België □; uitdr.) ergens niet over praten, een zaak die bedenkelijk is verder niet onderzoeken; *de pot verwijt de ketel dat hij zwart ziet*: (spreekwoord) je verwijt een ander vaak wat je zelf ook fout doet; *kleine potjes hebben grote oren*: (spreekwoord) kleine kinderen horen en begrijpen vaak meer dan je denkt **2** (de ~ (m.); -ten) laag vat om in te plassen ⇒ *po, nachtspiegel* ◆ *hij kan me de pot op*: (uitdr.; populair) ik trek me niets van hem aan **3** (de ~ (m.)) geld dat de spelers die aan een spel meedoen, inzetten ◆ *ik heb de pot gewonnen* **4** (de ~ (v.); -ten) lesbische vrouw ▼ *het is allemaal één pot nat!*: het is allemaal hetzelfde; *ergens een potje van maken*: ergens een rommeltje van maken.

**po·ten** (pootte, heeft gepoot) *plantjes poten*: ze in de grond zetten ◆ *aardappels poten*.

**po·tent** (bijv. nw.) *(van mannen)*: lichamelijk in staat om geslachtsgemeenschap te hebben.

**po·ten·taat** (de ~ (m.); potentaten) iemand die wil dat alle mensen hem of haar gehoorzamen, die de baas speelt.

**po·ten·tie** (de ~ (v.); -s) **1** kracht of mogelijkheid om iets te worden of te doen ⇒ *vermogen* ◆ *je hebt de potentie om een topsporter te worden* **2** het potent* zijn.

**po·ten·ti·eel¹** (het ~; potentiëlen) mensen of machines die voor iets beschikbaar zijn, beschikbaar vermogen ◆ *het arbeidspotentieel is gegroeid*: er zijn meer arbeidskrachten beschikbaar gekomen.

**po·ten·ti·eel²** (bijv. nw.) gezegd van iemand die of iets dat het genoemde kan worden ◆ *ze zijn de potentiële winnaars*.

**po·tig** (bijv. nw.) grof gebouwd en gespierd ◆ *een potige kerel*.

**pot·je** (het ~; -s) één ronde van een spel ⇒ *partij* ◆ *een potje kaarten; hij zit een potje te huilen*: (uitdr.) hij huilt (gezegd door iemand die dat kinderachtig vindt).

**pot·jes·la·tijn** (het ~) het Latijn dat in de medische wereld gebruikt wordt, maar dat geen echt Latijn is.

**pot·ka·chel** (de ~; -s) eenvoudige, ronde kachel waar je op kunt koken.

**pot·lood** (het ~; potloden) houten staafje met een zwarte of gekleurde stof erin, waarmee je schrijft of tekent.

**pot·pour·ri** [potpœrie] (de ~ (m.) of het ~; potpourri's) opeenvolging van verschillende melodieën of delen daarvan die achter elkaar worden gespeeld ⇒ *medley* ◆ *een potpourri van sinterklaasliedjes*.

**pot·sen·ma·ker** (de ~ (m.); -s) grappenmaker ⇒ *pias, hansworst, clown*.

**pot·sier·lijk** (bijv. nw.) gezegd van iemand die of iets dat er zó uitziet, dat je moet lachen ◆ *je ziet er potsierlijk uit in die kleren*.

**pot·te·kij·ker** → pottenkijker.

**pot·ten** (potte, heeft gepot) **1** *planten, stekjes potten*: ze in bloempotten zetten **2** *geld potten*: het sparen, het niet uitgeven ⇒ *oppotten*.

**pot·ten·bak·ker** (de ~ (m.); -s) iemand die potten, vazen en ander aardewerk bakt.

**pot·ten·kij·ker** (de ~ (m.); -s) iemand die toekijkt terwijl je dat niet wilt.

**pot·ver·te·ren** (ww.) het geld dat je met z'n allen bij elkaar gebracht hebt, opmaken door er leuke dingen van te doen.

**pot·vis** (de ~ (m.); -sen) walvis van een erg grote soort.

**pou·le** [pœl] (de ~; -s) aantal ploegen of deelnemers die in een sportwedstrijd tegen elkaar moeten spelen.

**po·ver** (bijv. nw.) armoedig, schamel, miezerig ◆ *een pover resultaat*: dat niet al te best is.

**p.p.** (afkorting) *p*er *p*ersoon.

**PPR** (de ~ (v.)) *P*olitieke *P*artij *R*adikalen; dit was een politieke partij in Nederland die in 1991 is opgegaan in GroenLinks.

**pr** (afkorting) *p*ublic *r*elations.

**p.r.** (afkorting) *p*oste *r*estante.

**praal** (de ~) dat waarmee je praalt* ◆ *pracht en praal*.

**praam** (de ~; pramen) kleine boot met een platte bodem.

**praat** (de ~ (m.)) het praten*, dat wat je zegt ◆ *vieze praat uitslaan*: vieze dingen zeggen; *praats hebben*: veel praten; ook: doen alsof je belangrijk bent; *met iemand aan de praat raken*: met iemand in gesprek raken; *iemand aan de praat houden*: iemand oponthoud bezorgen door te blijven praten; *een motor aan de praat krijgen*: (uitdr.) hem op gang krijgen.

**praat·je** (het ~; -s) **1** kort gesprek over gewone dingen ◆ *de buurvrouw kwam een praatje maken; praatjes krijgen*: (uitdr.) brutaal worden; *praatjes vullen geen gaatjes*: (uitdr.) met alleen maar praten wordt het werk niet gedaan **2** iets dat mensen over iemand vertellen, meestal iets ongunstigs ⇒ *roddelpraatje* ◆ *er gaat een gemeen praatje over je* **3** korte toespraak ⇒ *causerie* ◆ *de burgemeester hield een praatje bij de opening van het museum*.

**praat·jes·ma·ker** (de ~ (m.); -s) opschepper.

**praat·paal** (de ~ (m.); -palen) **1** paal met een telefoon erin die langs een snelweg staat en die dient om een ongeluk te melden, hulp te vragen enz. **2** iemand aan wie je je problemen vertelt en die aandachtig naar je luistert.

**praat·show** (de ~ (m.); -s) televisieprogramma waarin iemand met een of meer gasten gesprekken voert ⇒ *talkshow*.

**praat·ster** → prater.

**praat·stoel** (zelfst. nw.) ▼ *op je praatstoel zitten*: veel praten.

**pracht** (de ~ (m.)) iets dat heel erg mooi is ◆ *pracht en praal; de kleurenpracht van de herfst; een pracht van een boek*: een erg mooi boek.

**prach·tig** (bijv. nw.) heel erg mooi ⇒ *schitterend* ◆ *een prachtig rapport; dat komt prachtig uit*: het komt uitstekend uit.

**prac·ti·cal joke** (Engels) [prektikkəldzjook] (de ~; -s) grap die je met iemand uithaalt ⇒ *poets*.

**prac·ti·cum** (het ~; -s of practica) les waarin je je in iets oefent ♦ *een scheikundepracticum; een talenpracticum*.

**prac·tijk** → praktijk.

**prac·tisch** → praktisch.

**prae** → pre.

**praedica-** → predika-.

**prae·fix** → prefix.

**prae·his·to·rie** → prehistorie.

**prae·mis·se** → premisse.

**prae·ses** → preses.

**prae·si·di·um** → presidium.

**prag·ma·tisch** (bijv. nw.) gezegd van iemand die handelend optreedt en die uitgaat van de feiten en de mogelijkheden die er zijn ♦ *ze is erg pragmatisch ingesteld*.

**prai·rie** [prɛːrie] (de ~(v.); -s) grote grasvlakte in Noord-Amerika.

**prak** (de ~(m.); -ken) hoeveelheid warm, meestal fijngestampt eten ♦ *een prakje hutspot; een auto in de prak rijden*: (uitdr.) daarmee tegen iets aan rijden waardoor hij helemaal kapot is.

**prak·ken** (prakte, heeft geprakt) *eten prakken*: het fijnmaken met een vork en het door elkaar mengen.

**prak·ke·se·ren, prak·ki·se·ren** (prakkeseerde, heeft geprakkeseerd) (ouderwets) steeds maar nadenken over hoe je een probleem moet oplossen ⇒ *piekeren* ♦ *ik prakkeseer er niet over*: geen sprake van, ik doe het niet.

**prak·tijk** (de ~) **1** het doen, het uitoefenen van iets (vaak gebruikt als tegenovergestelde van 'theorie') ♦ *het geleerde in praktijk brengen; een vak in de praktijk leren*: door het te doen en niet door er van tevoren over te leren **2** (-en) werkkring van een dokter, advocaat enz. ♦ *een praktijk openen; hij heeft een grote praktijk*: hij heeft veel patiënten of cliënten **3** (-en) nare manier van doen, akelige handelwijze ♦ *ik ben niet gediend van zulke praktijken*.

**prak·tisch**[1] (bijv. nw.) **1** met de praktijk* (bet.1) te maken hebbend, het tegenovergestelde van 'theoretisch' ♦ *praktische kennis; dat is theoretisch misschien wel denkbaar, maar praktisch niet uitvoerbaar* **2** handig, doelmatig ♦ *een praktisch huis; hij gaat praktisch te werk*.

**prak·tisch**[2] (bijw.) bijna, zo goed als ⇒ *vrijwel, haast* ♦ *dat komt praktisch nooit voor*.

**prak·ti·se·rend** (bijv. nw.) gezegd van iemand die actief bezig is met iets, die dat in praktijk* (bet.1) brengt ♦ *hij is praktiserend arts*: hij werkt als arts.

**pra·len** (praalde, heeft gepraald) *met iets pralen*: met iets pronken, trots met iets te koop lopen.

**pra·li·ne** (de ~(m.); -s) snoepje van chocolade met een vulling van room, fruit, marsepein enz..

**pra·men** (praamde, heeft gepraamd) *iemand pramen*: (in België □) iemand aansporen, iemand aanzetten tot iets ♦ *Vera liet zich niet pramen om mee naar het zwembad te gaan*: ze ging meteen mee.

**prat** (bijv. nw.) ▼ *ergens prat op gaan*: ergens trots op zijn en je erop laten voorstaan.

**pra·ten** (praatte, heeft gepraat) **1** woorden uitspreken, iets zeggen ⇒ *spreken* ♦ *baby's kunnen nog niet praten; iemand laten praten*: (uitdr.) je niets van iemand aantrekken; *praat me er niet van*: (uitdr.) ik wil er niets over horen; *jij hebt makkelijk praten!*: (uitdr.) (dit zeg je tegen iemand die luchthartig over een probleem praat waar hij of zij zelf niet mee zit) **2** een gesprek voeren ♦ *ik zal eens met hem praten*: (om te proberen hem tot andere gedachten te brengen); *met jou kan ik praten!*: (uitdr.) wij begrijpen elkaar!; *langs elkaar heen praten*: (uitdr.) een gesprek voeren, maar elkaar niet begrijpen, zonder dat te merken.

**pra·ter** (de ~(m.); -s), vrouw: **praat·ster** (de ~(v.); -s) iemand die de praat* (bet.1) of die van praten* houdt ♦ *hij is geen prater*: hij zegt nooit veel.

**prauw** (de ~; -en) plat bootje, gemaakt van een uitgeholde boomstam dat je voortbeweegt met roeispanen of een stok.

**pre** (Latijn) [prɛː] (de ~(m.) of het ~; pre's) voordeel.

**pre-** voor-, voorafgaand, het tegenovergestelde van 'post-' ♦ *prenatale zorg*: medische zorg voor een kind vóór de geboorte.

**pre·am·bu·le** (de ~; -s) (deftig) inleiding, inleidende woorden of zinnen.

**pre·cair** [prekɛːr] (bijv. nw.) gevaarlijk, erg onzeker ⇒ *hachelijk* ♦ *de toestand van de zieke is precair*.

**pre·ce·dent** (het ~; -en) geval dat al eerder is voorgekomen en waarop je je kunt beroepen ♦ *dit is zonder precedent*: het is nooit eerder voorgekomen; *een precedent scheppen*: een beslissing nemen of iets doen waarnaar je later terug kunt verwijzen als er iets soortgelijks gebeurt.

**pre·cies** (bijv. nw.) **1** juist, nauwkeurig ⇒ *exact* ♦ *om tien uur precies; dat is precies hetzelfde* **2** zorgvuldig, nauwgezet ⇒ *secuur* ♦ *ze is erg precies op haar spullen*: ze is er zuinig op.

**pre·ci·eus** (bijv. nw.) erg verfijnd, soms overdreven verfijnd ♦ *precieuze gebaren; ze schrijft in een precieuze stijl*.

**pre·ci·se·ren** (preciseerde, heeft gepreciseerd) *iets preciseren*: iets preciezer* (bet.1) zeggen, iets met meer bijzonderheden omschrijven ♦ *ik wil mijn plannen wel preciseren*.

**pre·ci·sie** (de ~(v.)) nauwkeurigheid, juistheid.

**pre·ci·ze·ren** → preciseren.

**pre·des·ti·na·tie** (de ~(v.)) leer die inhoudt dat God al vóór je geboorte voorbeschikt heeft wat voor leven je zult leiden.

**pre·di·kaat** (het ~; predikaten) **1** (taal) gezegde **2** eretitel, eervolle benaming of toevoeging ♦ *ze kreeg het predikaat 'met lof' toen ze slaagde*.

**pre·di·kant** (de ~(m.); -en), vrouw: **pre·di·kan·te** (de ~ (v.); -s of -n) iemand die in een protestantse kerk de dienst leidt ⇒ *dominee*.

*****pre·di·ka·tief** (Wdl: predicatief) (bijv. nw.) (taal) gezegd van een bijvoeglijk naamwoord dat de functie heeft van predikaat* (bet.1) ♦ *in de zin 'de kip is wit' is het bijvoeglijk naamwoord 'wit' predikatief gebruikt*.

**pre·di·ken** (predikte, heeft gepredikt) **1** een toespraak houden als predikant* ⇒ *preken* **2** *iets prediken*: iets fel of fanatiek verkondigen om mensen te overtuigen ♦ *ze prediken de vrede*.

**preek** (de ~; preken) toespraak in een kerk, die bedoeld is om je iets te leren over het geloof ♦ *ik kreeg een hele preek*: (uitdr.) een serie verwijten en berispingen.

**preek·stoel** (de ~(m.); -en) verhoging in een kerk waarvanaf gepreekt wordt ⇒ *kansel*.

**prees** → prijzen.

**prefab-** (Engels) [priefep of preefap] (verkorting) prefabricated; dit betekent: geprefabriceerd ⇒ *voorgemonteerd* ♦ *prefabwoningen*.

**pre·fa·bri·ce·ren** (prefabriceerde, heeft geprefabriceerd) *iets prefabriceren*: iets op de fabriek al gedeeltelijk in elkaar zetten ⇒ *voormonteren*.

**pre·fect** (de ~(m.); -en), vrouw: **pre·fec·te** (de ~(v.); -n of -s) **1** (in België) hoofd van een atheneum of lyceum **2** (in België) iemand die op een katholieke school orde houdt onder de leerlingen.

**pre·fe·re·ren** (prefereerde, heeft geprefereerd) *iets prefere-ren*: (deftig) de voorkeur aan iets geven ⇒ *verkiezen* ♦ *ik prefereer klassieke muziek.*

**pre·fix** (Latijn) [pre̱efiks] (het ~; -en) (taal) voorvoegsel.

**preg·nant** (bijv. nw.) **1** *(van woorden)*: met meer beteke-nis dan in het normale spraakgebruik ♦ *'hij drinkt' is pregnant voor 'hij is verslaafd aan alcohol'* **2** kort en kernachtig ♦ *iets pregnant uitdrukken.*

**pre·his·to·rie** (de ~(v.)) de tijd uit de geschiedenis van de mensen waaruit geen schriftelijke documenten be-staan ⇒ *oertijd.*

**prei** (de ~(m.); -en) lange, smalle plant, die bovenaan groen en onderaan wit is en als groente gegeten wordt.

**pre·ken** (preekte, heeft gepreekt) **1** een preek* houden ⇒ *prediken* **2** *iets preken*: iets fel of fanatiek verkondi-gen om mensen te overtuigen ⇒ *prediken.*

**pre·laat** (de ~(v.); prelaten) rooms-katholieke geestelijke met een hoge functie, bijv. een aartsbisschop of een abt.

**pre·li·mi·nair** [pre̱eliemiene̱er] (bijv. nw.) inleidend, voor-bereidend ♦ *preliminaire vaardigheden*: dingen die je al moet kunnen voor je iets anders kunt leren.

**pre·lu·de** (de ~(m.); -s) voorspel in een muziekstuk.

**pre·lu·de·ren** (preludeerde, heeft gepreludeerd) *op iets pre-luderen*: naar iets vooruitwijzen, zinspelen op wat ko-men gaat.

**pre·ma·tuur** (bijv. nw.) te vroeg, voorbarig ♦ *die plannen lijken me prematuur.*

**pre·mie** (de ~(v.); -s) **1** beloning of prijs ♦ *een premie uit-loven; een premie winnen in een wedstrijd* **2** geld dat je moet betalen voor een verzekering.

**pre·mier** [premje̱e] (de ~(m.); -s) de eerste minister, lei-der van een kabinet (kijk ook bij: **kabinet**) ⇒ *minister-pre-sident.*

**pre·miè·re** [premje̱re] (de ~; -s) eerste uitvoering van een toneelstuk of eerste vertoning van een film ♦ *het stuk gaat morgen in première.*

**pre·mi·nie·men** (zelfst. nw.; meervoud) (in België) spelers van zes tot tien jaar die deelnemen aan een competitie.

**pre·mis·se** (de ~(v.); -n) stelling die je aanneemt en waar je van uitgaat in je redenering ♦ *als je je voorneemt later veel te reizen, ga je uit van de premisse dat je geld genoeg zult hebben.*

**pre·na·taal** (bijv. nw.) voor de geboorte ♦ *prenatale zorg*: deel van de geneeskunde dat zich bezighoudt met de zorg voor kinderen voor hun geboorte.

**prent** (de ~; -en) **1** afbeelding die op papier of karton is gedrukt ⇒ *plaat* ♦ *hij verzamelt prentjes* **2** pootafdruk van wild ⇒ *spoor.*

**prent·brief·kaart** (de ~; -en) (ouderwets) briefkaart met aan één kant een afbeelding ⇒ *ansichtkaart.*

**pren·ten** (prentte, heeft geprent) *iets in je hoofd of je geheu-gen prenten*: iets goed in je opnemen, zodat je het niet vergeet.

**pre·oc·cu·pa·tie** (de ~(v.); -s) het voortdurend denken aan iets, het in beslag genomen worden door iets.

**pre·pa·raat** (het ~; preparaten) **1** scheikundige stof die is klaargemaakt, zoals een geneesmiddel of rattengif ♦ *een eiwitpreparaat* **2** klein stukje van het weefsel van een plant, dier of mens dat klaargemaakt is voor mi-croscopisch onderzoek.

**pre·pa·re·ren** (prepareerde, heeft geprepareerd) **1** *iets pre-pareren*: iets klaarmaken, iets voorbereiden ♦ *een verta-ling prepareren*: die alvast in voorlopige vorm maken **2** *je prepareren*: je klaarmaken, je voorbereiden ♦ *je voor een tentamen prepareren* **3** *een dood dier prepareren*: het opzetten.

**pre·po·si·tie** (de ~(v.); -s) (taal) voorzetsel.

**pre·ro·ga·tief** (het ~; prerogatieven) (deftig) voorrecht.

**pre·sent¹** (het ~; -en; vaak: presentje) cadeau, geschenk.

**pre·sent²** (bijv. nw.) aanwezig, het tegenovergestelde van 'absent' ⇒ *tegenwoordig* ♦ *toen dat gebeurde, was ik pre-sent; present!*: (dit zeg je als iemand die de namen van de aanwezigen opnoemt, jouw naam noemt).

**pre·sen·ta·tie** (de ~(v.); -s) het presenteren* (bet.2) ♦ *de presentatie van een tv-programma*: de manier waarop het gebracht wordt.

**pre·sen·ta·tor** (de ~(m.); -en), vrouw: **pre·sen·ta·tri·ce** (de ~(v.); -s) iemand die een radio- of tv-programma pre-senteert* (bet.2).

**pre·sen·te·ren** (presenteerde, heeft gepresenteerd) **1** ie-mand iets presenteren: iemand iets aanbieden ♦ *hapjes en drank presenteren; de ober presenteerde ons de reke-ning* **2** *een radio- of tv-programma presenteren*: het leiden of inleiden als gastheer of gastvrouw.

**pre·sent·exem·plaar** (het ~; -exemplaren) boek dat een uitgever aan iemand cadeau doet.

**pre·ses** (de ~(m.); -sen) voorzitter, meestal van een stu-dentenvereniging.

**pre·si·dent** (de ~(m.); -en), vrouw: **pre·si·den·te** (de ~(v.); -s of -n) **1** hoofd van een republiek **2** voorzitter van een vergadering.

**pre·si·den·ti·eel** (bijv. nw.) van of door een president* (bet.1) ♦ *het presidentiële paleis.*

**pre·si·de·ren** (presideerde, heeft gepresideerd) *iets preside-ren*: de voorzitter van iets zijn, iets leiden ⇒ *voorzitten* ♦ *een vergadering presideren.*

**pre·si·di·um** (het ~; -s of presidia) **1** alle voorzitters en ondervoorzitters van een politieke partij, een groot be-drijf enz. samen **2** voorzitterschap ♦ *onder presidium van Adriaan*: terwijl Adriaan voorzitter is.

**pres·sen** (preste, heeft geprest) *iemand tot iets pressen*: ie-mand tot iets dwingen ♦ *je moet hem tot lezen pressen, anders doet hij het niet.*

**pres·se-pa·pier** (Frans) [prespapje̱e] (de ~(m.); -s) zwaar voorwerp, meestal van glas of steen, dat je op losse pa-pieren legt, zodat ze niet wegwaaien.

**pres·sie** (de ~(v.); -s) sterke druk of dwang ♦ *pressie op iemand uitoefenen.*

**pres·ta·tie** (de ~(v.); -s) daad waarmee je je lof of eer ver-dient, dat wat je presteert* ♦ *een prestatie leveren; zijn prestaties zijn beneden peil*: zijn werk is niet goed ge-noeg.

**pres·te·ren** (presteerde, heeft gepresteerd) *iets presteren*: iets doen, iets tot stand brengen ⇒ *verrichten* ♦ *hij pres-teert slecht; hij heeft het gepresteerd om ...*: hij is zo bru-taal geweest om ....

**pres·ti·ge** [presti̱e·zje] (het ~) aanzien en overwicht.

**pres·to** (bijw.) (muziek) snel, vlug.

**pre·sup·po·si·tie** (de ~(v.); -s) iets waarvan je eerst moet veronderstellen dat het waar is, voor je je betoog kunt voortzetten ⇒ *vooronderstelling.*

**pret** (de ~) genoegen, vermaak, lol ⇒ *plezier* ♦ *dat was dolle pret, dikke pret*: dat was heel leuk; *dat mag de pret niet drukken*: (uitdr.) dat is geen reden om minder plezier te hebben; *ook*: dat is geen bezwaar.

**pre·ten·dent** (de ~(m.); -en), vrouw: **pre·ten·den·te** (de ~(v.); -s of -n) iemand die iets wil krijgen, die aanspraak op iets maakt, vooral op de troon ♦ *een kroonpreten-dent.*

**pre·ten·de·ren** (pretendeerde, heeft gepretendeerd) *iets pretenderen*: een bepaalde pretentie* hebben, beweren dat je iets bent of kunt ♦ *hij pretendeert er alles van te weten.*

**pre·ten·tie** (de ~(v.); -s) gedrag of uitspraak waaruit eigendunk blijkt ◆ *iemand zonder* **pretenties**.

**pre·ten·ti·eus** (bijv. nw.) met veel pretenties*, een beetje verwaand ⇒ *aanmatigend* ◆ *een* **pretentieus** *boek*: waarvan de schrijver zelf denkt dat het over iets belangrijks gaat.

**pret·park** (het ~; -en) grote speeltuin, terrein met allerlei attracties ⇒ *lunapark*.

**pret·tig** (bijv. nw.) aangenaam, plezierig ◆ *een* **prettige** *dag verder!*

**preuts** (bijv. nw.) verlegen wat betreft dingen die met seks te maken hebben, overdreven kuis.

**pre·va·le·ren** (prevaleerde, heeft geprevaleerd) (deftig) belangrijker zijn ◆ *je moet het belang van de groep laten* **prevaleren** *boven je eigen wensen.*

**pre·ve·le·ment** (het ~; -en) (populair) gepreveld zinnetje.

**pre·ve·len** (prevelde, heeft gepreveld) *iets prevelen*: iets zachtjes binnensmonds zeggen ⇒ *mompelen* ◆ *de monnik* **prevelde** *een gebed.*

**pre·ven·tie** (de ~(v.); -s) maatregel om nare dingen te voorkomen ◆ *brand***preventie**.

**pre·ven·tief** (bijv. nw.) bedoeld om iets naars te voorkomen ◆ **preventieve** *maatregelen*; **preventieve** *geneeskunde*: geneeskunde gericht op het voorkomen van ziekten.

**pre·view** (Engels) [prīvjœ] (de ~; -s) vertoning van stukjes uit een film, tv-programma enz. waardoor je een idee krijgt van hoe de echte film, het echte programma enz. eruit zal zien ⇒ *voorvertoning*.

**pre·zen** → prijzen.

**prezent(-)** → present(-).

**pri·eel** (het ~; priëlen) klein huisje in een tuin dat bedoeld is om in te zitten ⇒ *tuinhuisje*.

**prie·ge·len** (priegelde, heeft gepriegeld) een klein en secuur werkje doen.

**prie·ge·lig** (bijv. nw.) heel klein ⇒ *petieterig* ◆ *een* **priegelig** *handschrift*: waarvan de letters heel klein zijn en dicht op elkaar staan.

**priem** (de ~(m.); -en) **1** staaf met een smalle, scherpe punt waarmee je gaatjes maakt, bijv. in leer **2** (in België □) breinaald.

**prie·men** (priemde, heeft gepriemd) met een priem* (bet.1) gaten in iets maken ◆ *gaatjes* **priemen** *in een riem; iemand met* **priemende** *ogen aankijken*: (uitdr.) met een felle, doorborende blik.

**priem·ge·tal** (het ~; -len) (rekenen) getal groter dan 1 dat alleen deelbaar is door 1 en door zichzelf, bijv. 2, 3, 5 en 7.

**pries·ter** (de ~(m.); -s) **1** rooms-katholieke geestelijke die door een bisschop is gewijd en die o.a. de mis opdraagt **2** (vrouw: priesteres) iemand die godsdienstige plechtigheden leidt en die bemiddelt tussen mensen en een god.

**priet·praat** (de ~(m.)) zinloos, onnozel geklets ⇒ *geleuter, leuterpraat*.

**prij·ken** (prijkte, heeft geprijkt) (van dingen waar je trots op bent) *ergens prijken*: ergens duidelijk en opvallend bevestigd zijn, zitten of hangen ◆ *op zijn borst* **prijkte** *de medaille*.

**prijs** (de ~(m.); prijzen) **1** bedrag dat je voor iets moet betalen, dat wat iets kost ◆ *iets voor een zacht* **prijsje** *kopen*: voor weinig geld; *tot elke* **prijs**: (uitdr.) per se, koste wat het kost; *dat doe ik voor geen* **prijs**: (uitdr.) beslist niet **2** beloning voor de winnaar ◆ *Trudy behaalde de eerste* **prijs**; *in de* **prijzen** *vallen*: (uitdr.) een prijs winnen ▼ *ergens* **prijs** *op stellen*: ergens waarde aan hechten, iets waarderen; *ze stelden geen* **prijs** *op onze hulp*: ze wilden liever niet dat we hielpen.

**prijs·com·pen·sa·tie** (de ~(v.)) verhoging van de lonen, omdat de kosten van het levensonderhoud zijn gestegen.

**prijs·ge·ven** (gaf prijs, heeft prijsgegeven) *iets prijsgeven*: iets opgeven, afstand van iets doen ◆ *ze moesten het kasteel* **prijsgeven** *aan de vijand*; *hij heeft enkele geheimen* **prijsgegeven**: (uitdr.) hij heeft ze bekendgemaakt, verklapt.

**prijs·je** (het ~; -s) kaartje of plakkertje waarop staat hoeveel iets kost ⇒ *prijskaartje*.

**prijs·vraag** (de ~; -vragen) opdracht die aan het publiek wordt voorgelegd, waarbij je een prijs kunt winnen als je met een goede oplossing komt ◆ *de krant schreef een* **prijsvraag** *uit voor kinderverhalen*.

**prij·zen 1** (prees, heeft geprezen) *iemand of iets prijzen*: zeggen dat iemand of iets heel goed is, iemand of iets loven ◆ *de leraar* **prees** *de leerlingen; ik* **prijs** *me gelukkig dat* …: (uitdr.) ik ben blij dat … **2** (prijsde, heeft geprijsd) artikelen prijzen: er een prijskaartje aan vastmaken ◆ *in de uitverkoop was alle kleding scherp* **geprijsd**: die kostte niet veel geld.

**prij·zig** (bijv. nw.) duur.

**prik** (de ~(m.)) **1** (-ken) lichte stoot of steek met een puntig voorwerp ◆ *een* **prik** *met een pen; een* **prik** *halen bij de dokter*: een injectie, spuitje **2** limonade met koolzuur ⇒ *priklimonade, gazeuse* ▼ *dat is vaste* **prik**: dat gebeurt regelmatig.

**prik·ac·tie** (de ~(v.); -s) korte staking, waarbij het bedrijf meestal niet helemaal stilgelegd wordt ◆ *de werknemers hielden* **prikacties**.

**prik·bord** (het ~; -en) bord waar je mededelingen, plaatjes enz. op vastprikt.

**prik·kel** (de ~(m.); -s) iets waardoor je tot actie aangezet wordt ⇒ *aansporing, stimulans* ◆ *de* **prikkel** *tot werken*.

**prik·kel·baar** (bijv. nw.) snel boos ⇒ *opvliegend*.

**prik·kel·draad** (de ~(m.) of het ~) ijzerdraad met scherpe stekels waarmee bijv. een weiland wordt omheind.

**prik·ke·len** (prikkelde, heeft geprikkeld) **1** iemand prikkelen: iemand boos maken ⇒ *ergeren, irriteren* ◆ *hij reageert* **geprikkeld 2** iemand tot iets prikkelen: iemand tot iets aanzetten, iemand opwekken iets te gaan doen ◆ *dat boek* **prikkelde** *me tot het lezen van meer boeken van die schrijver* **3** een gevoel prikkelen: het opwekken, het stimuleren ◆ *mijn nieuwsgierigheid werd* **geprikkeld 4** een gevoel veroorzaken alsof je op een aantal plaatsen zachtjes gestoken wordt ⇒ *prikken* ◆ *die wollen das* **prikkelt**.

**prik·ken** (prikte, heeft geprikt) **1** iemand of iets prikken: iemand of iets met een klein puntig voorwerp, bijv. met een naald, steken ◆ *ze* **prikte** *de poster met punaises op de deur; de dokter* **prikte** *de patiënt in de arm*: hij gaf de patiënt daar een injectie **2** een gevoel veroorzaken alsof je op een aantal plaatsen zachtjes gestoken wordt ⇒ *prikkelen* ◆ *jodium* **prikt** *als je er een wondje mee ontsmet* **3** een datum, een naam prikken: er zomaar een kiezen en kijken of die geschikt is ◆ *we zullen een datum* **prikken** *voor een afspraak*.

**prik·kie** (het ~) (populair) klein geldbedrag ⇒ ◆ *dat heb ik voor een* **prikkie** *gekocht*.

**prik·klok** (de ~; -ken) klok met een stempel waarmee je controleert hoe laat iemand op zijn of haar werk komt en hoe laat hij of zij weer weggaat.

**prik·li·mo·na·de** (de ~(v.); -s) limonade die prikt op je tong doordat er koolzuur in zit ⇒ *prik, gazeuse*.

**pril** (bijv. nw.) pas ontstaan, nog erg jong en onbedorven ◆ *een* **prille** *liefde; in mijn* **prille** *jeugd*: toen ik nog heel klein was.

**pri·ma** (bijv. nw.) heel erg goed ⇒ uitstekend ◆ *we hebben een **prima** vakantie gehad*.

**pri·maat** (zelfst. nw.) **1** (het ~) iets dat op de eerste plaats komt en dat belangrijker is dan al het andere **2** (de ~ (m.); primaten) hoofd van de rooms-katholieke kerk in een land, aartsbisschop of paus.

**pri·ma bal·le·ri·na** (de~(v.); prima ballerina's) belangrijkste danseres bij een ballet.

**pri·ma don·na** (de ~(v.); prima donna's) de beste zangeres, toneelspeelster of danseres van een gezelschap.

**pri·mair** [priemε:r](bijv. nw.) gezegd van iets dat op de eerste plaats komt ◆ *primaire kleuren*: die niet zijn samengesteld uit andere kleuren (nl. rood, geel en blauw); *het gaat er mij **primair** om dat iedereen op tijd komt*: in de eerste plaats; *ze reageert erg **primair***: erg direct.

**pri·me·ren** (primeerde, heeft geprimeerd) (in België □) op de eerste plaats komen, nummer één zijn, de voorrang hebben.

**pri·meur** (de ~; -s) **1** de eerste bekendmaking van iets nieuws ◆ *de krant had een **primeur*** **2** de eerste jonge groente.

**pri·mi·tief** (bijv. nw.) **1** *(van volkeren)*: weinig ontwikkeld, met name op het gebied van de techniek **2** erg eenvoudig en simpel, en daardoor vaak gebrekkig en onbeholpen ◆ *een **primitief** huisje*: zonder modern comfort, waarin je je behelpen moet; *primitieve schilderkunst*: waarbij schilders schilderijen maken die er heel eenvoudig uitzien.

**pri·mu·la** (de ~; primula's) sierplant met kleine bloemetjes.

**pri·mus** (de~(m.); -sen) kooktoestel met één brander, dat op petroleum brandt ◆ *de kampeerders kookten op een primus*.

**pri·mus in·ter pa·res** (Latijn) [priemus·interpa:res](de ~(m.)) de nummer één in een groep mensen die in andere opzichten gelijk zijn ◆ *bij wiskunde is hij de **primus inter pares***: de beste leerling van een groep goede leerlingen.

**prin·ci·pe** (het ~; -s) **1** vaste overtuiging ⇒ beginsel ◆ *hij weigert uit **principe***; *in **principe***:(uitdr.)(dit zeg je als je gaat vertellen wat je uitgangspunt is zonder dat je met allerlei bijkomende zaken rekening houdt); *in **principe** ben ik ertegen* **2** manier waarop iets werkt of in elkaar zit ⇒ beginsel, grondbeginsel ◆ *hij legde het **principe** van de benzinemotor uit*.

**prin·ci·pi·eel** (bijv. nw.) uit principe* (bet.1) ◆ *ik ben het er **principieel** niet mee eens; een **principiële** weigering*.

**prins** (de~(m.); -en) **1** (vrouw: prinses) zoon van een vorst ◆ *de **kroonprins***: de eerste zoon van een vorst, die later koning wordt **2** (in sommige landen: titel van de man van de koningin) ◆ *prins Claus* ▼ *van de **prins** geen kwaad weten*: nergens iets van weten, helemaal onschuldig zijn.

**prin·se·lijk** (bijv. nw.) gezegd van iets dat met een prins* of prinses* heeft te maken ◆ *het **prinselijk** paar*: de prins en zijn vrouw of de prinses en haar man.

**prin·ses** → prins.

**prin·ses·sen·boon** (de ~; -bonen) sperzieboon.

**prins-ge·maal** (de~(m.); prinsen-gemaal) echtgenoot van een regerende vorstin.

**prins·heer·lijk** (bijw.) lekker lui, lekker op je gemak ◆ *ze ligt **prinsheerlijk** op de bank*.

**prins·jes·dag** (de~(m.)) de derde dinsdag in september, waarop in Nederland het nieuwe regeringsjaar plechtig wordt geopend en waarop o.a. de troonrede voorgelezen wordt (kijk ook bij: **troonrede**).

**print** (de ~; -s) **1** afdruk van computergegevens op papier ⇒ uitdraai, output **2** bedrukking op stof of ander materiaal ◆ *een bloes met tijger**print***.

**prin·ten** (printte, heeft geprint) iets printen: iets afdrukken met een printer*.

**prin·ter** (de ~; -s) apparaat waarmee je computergegevens op papier afdrukt.

**pri·or** (de ~(m.); -s) overste, soms de plaatsvervangend overste, in een mannenklooster.

**pri·o·ri·teit** (de ~(v.); -en) iets dat voorrang heeft ◆ *prioriteiten stellen*: kijken wat het belangrijkste is, wat het eerste gedaan moet worden.

**pris·ma** (het ~; prisma's) driehoekig stuk glas of ander doorschijnend materiaal dat bijv. in verrekijkers wordt gebruikt om lichtstralen te richten.

**pri·vaat** (het ~; privaten) (ouderwets) wc.

**pri·va·cy** (Engels) [prajvεsie](de~(v.)) mogelijkheid om alleen te zijn zonder gestoord te worden en zonder dat anderen je kunnen bespieden of afluisteren ◆ *op een slaapzaal heb je helemaal geen **privacy***; *je **privacy** beschermen*: verhinderen dat allerlei mensen persoonlijke dingen van jou te weten komen.

**pri·vé** (bijv. nw.) alleen voor jezelf, persoonlijk ⇒ particulier ◆ *dit is een **privé**zaak*: hier hebben anderen niets mee te maken.

**pri·vi·le·ge** [prievielεε·zje](het ~; -s) voorrecht ◆ *zelf weten hoe laat je naar bed gaat, is het **privilege** van volwassenen*.

**prk** (afkorting)(in België) **p**ostrekening; dit is een rekening bij de postcheck (kijk ook bij: **postcheck**).

**pro¹** (het ~; pro's) punt in het voordeel, het tegenovergestelde van 'contra' ◆ *de **pro's** en contra's van een maatregel*.

**pro²** (bijw.) vóór, het tegenovergestelde van 'anti' en van 'contra' ◆ *ik ben **pro***: ik stem voor; *hij is **pro**-Amerikaans*: hij is het eens met de politiek van Amerika.

**pro·baat** (bijv. nw.) ▼ *een **probaat** middel*: waarvan gebleken is dat het goed helpt; *een **probaat** middel tegen kiespijn*.

**pro·beer·sel** (het ~; -s) iets wat je zomaar eens probeert.

**pro·be·ren** (probeerde, heeft geprobeerd) **1** iets proberen: ergens je best voor doen, je ergens voor inspannen ⇒ pogen, trachten ◆ *ik **probeerde** mijn lachen in te houden* **2** iets proberen: ergens een proef mee nemen, ergens iets mee doen zonder te weten hoe dat uit zal vallen ⇒ uitproberen, uittesten ◆ *probeer het eerst maar eens, voordat je zegt dat je het niet lust; Leen wil **proberen** of het ijs sterk genoeg is*.

**pro·bleem** (het ~; problemen) vraag waar je niet direct een antwoord op hebt of moeilijkheid waar je niet direct een oplossing voor hebt ◆ *een **probleem** oplossen; een wiskundig **probleem***.

**pro·ble·ma·tiek** (de~(v.)) alle problemen* samen, die met een bepaalde situatie te maken hebben ◆ *de problematiek van de zure regen*.

**pro·ble·ma·tisch** (bijv. nw.) met veel problemen*, moeilijk op te lossen ◆ *een **problematische** kwestie*.

**pro·cé·dé** (het ~; -s) geheel van handelingen die je achter elkaar uitvoert om iets te maken of te behandelen ⇒ werkwijze ◆ *een nieuw **procédé** om leer waterafstotend te maken*.

**pro·ce·de·ren** (procedeerde, heeft geprocedeerd) tegen iemand procederen: iemand bij de rechter aanklagen en een proces* (bet.1) tegen hem of haar voeren.

**pro·ce·du·re** (de ~; -s) systematische manier van werken, aanpak ◆ *welke **procedure** zullen we volgen bij het kiezen van een voorzitter?*

**pro·cent** (het ~; -en) honderdste deel ⇒ percent ♦ zes procent van een gulden is zes cent; het is voor negenennegentig procent zeker: (uitdr.) het is bijna helemaal zeker; ik voel me niet honderd procent: (uitdr.) ik voel me niet helemaal goed.

**pro·cent·te·ken** (het ~; -s) teken achter een getal dat een aantal procenten uitdrukt (het teken ' % ').

**pro·cen·tu·eel** (bijv. nw.) gezegd van een verhouding tussen getallen die in procenten* is uitgedrukt ♦ de dierentuin kreeg 1000 bezoekers meer dan vorig jaar; procentueel is dat maar een kleine stijging.

**pro·ces** (het ~; -sen) 1 zaak waarbij de rechtbank onderzoekt of iemand schuldig is aan een wetsovertreding of misdrijf ⇒ rechtszaak, geding ♦ een proces tegen iemand aanspannen; een proces voeren: de klagende partij in een rechtszaak zijn 2 het achter elkaar komen van de verschillende fasen van een ontwikkeling ♦ een moeizaam genezingsproces.

**pro·ces·sie** (de ~(v.); -s) plechtige optocht van gelovigen met een of meer priesters aan het hoofd.

**pro·ces·sor** (de ~; -s) onderdeel van een computer dat de instructies uit het programma leest en uitvoert ♦ een personal computer heeft een microprocessor.

**pro·ces-ver·baal** (het ~; -verbalen) verslag van een wetsovertreding dat door een politieambtenaar geschreven is ♦ een proces-verbaal opmaken van een inbraak.

**pro·cla·ma·tie** (de ~(v.); -s) 1 officiële bekendmaking aan de bevolking ⇒ afkondiging ♦ de proclamatie van de republiek: de officiële bekendmaking dat het land een republiek is geworden 2 (in België □) het bekendmaken van uitslagen en resultaten ♦ op de proclamatie van de wedstrijd hoorde Veronique welke prijs ze gewonnen had.

**pro·cla·me·ren** (proclameerde, heeft geproclameerd) iets proclameren: iets officieel bekendmaken ⇒ afkondigen.

**pro·cu·ra·tie·hou·der** (de ~(m.); -s) iemand die zaken regelt in naam van de directie van een firma of bedrijf.

**pro·cu·reur** (de ~(m.); -s) iemand die bij een gewone rechtbank werkt en die in rechtszaken optreedt in naam van de aanklager, zodat hij of zij ervoor kan zorgen dat het proces volgens de regels gevoerd wordt ♦ procureur des Konings: (in België) ambtenaar die belast is met de vervolging van strafbare feiten en die de vonnissen aan de rechtbank moet doen uitvoeren (in Nederland: officier van justitie).

**pro·cu·reur-ge·ne·raal** (de ~(m.); procureurs-generaal) hoofd van het Openbaar Ministerie bij de Hoge Raad of bij een gerechtshof.

**pro Deo** (Latijn) [proodeejoo] (letterlijk: voor God) voor niets, gratis ♦ iets pro Deo doen.

**pro·du·cent** (de ~(m.); -en), vrouw: **pro·du·cen·te** (de ~(v.); -s of -n) iemand die produceert* (bet.1), maker, het tegenovergestelde van 'consument' ♦ hij is producent van fietsbellen.

**pro·du·cer** (Engels) [proodjoeser] (de ~(m.); -s) iemand die het mogelijk maakt dat een theatervoorstelling, film of plaatopname gemaakt wordt, door er geld voor beschikbaar te stellen en de organisatie te regelen.

**pro·du·ce·ren** (produceerde, heeft geproduceerd) 1 iets produceren: iets maken, iets vervaardigen in een fabriek ♦ deze fabriek produceert voetbalschoenen 2 een film, theaterstuk, plaat produceren: de voorwaarden scheppen om die te maken, o.a. door geld beschikbaar te stellen.

**pro·duct** (het ~; -en) 1 voortbrengsel van industrie of akkerbouw ♦ Nederland voert veel landbouwproducten uit; producten van de textielindustrie 2 (rekenen) uitkomst van een vermenigvuldiging ♦ 24 is het product van 8 en 3.

**pro·duc·tie** (de ~(v.); -s) het produceren* (bet.1) ♦ we moeten de productie opvoeren; het productieproces: de fasen van grondstof tot eindresultaat.

**pro·duc·tief** (bijv. nw.) 1 veel producerend* (bet.1) ♦ deze schrijver is erg productief: hij schrijft veel 2 vruchtbaar, winstgevend ♦ hij probeerde zijn uitvinding productief te maken.

**pro·duc·ti·vi·teit** (de ~(v.)) vermogen om veel te produceren* (bet.1) ♦ de productiviteit van de fabriek werd opgevoerd.

**proef** (de ~; proeven) 1 onderzoek waaruit moet blijken of iets of iemand voldoet aan de eisen en verwachtingen ⇒ test ♦ iets op proef nemen: iets nemen op voorwaarde dat je het terug kunt geven als het niet bevalt; ergens op proef werken: ergens voorlopig werken zodat de werkgever de gelegenheid heeft te beoordelen of je werk zo goed is dat hij of zij je definitief aanneemt; de proef op de som nemen: (uitdr.) onderzoeken of iets wat je uitgedacht hebt echt klopt; iemand op de proef stellen: (uitdr.) iemand in een moeilijke situatie brengen om daardoor te weten te komen of hij of zij geschikt is of niet 2 wetenschappelijk onderzoek waarbij je mensen of zaken, bijv. scheikundige stoffen, in een bepaalde situatie brengt om iets over hun eigenschappen te weten te komen ⇒ experiment ♦ een laboratoriumproef.

**proef·dier** (het ~; -en) dier dat gebruikt wordt voor wetenschappelijke proeven, vooral in de medische wetenschap ♦ het nieuwe medicijn werd op proefdieren uitgetest.

**proef·draai·en** (draaide proef, heeft proefgedraaid) iets laten werken om te zien of alles het goed doet.

**proef·ko·nijn** (het ~; -en) iemand op wie iets nieuws uitgeprobeerd wordt ♦ ik heb geen zin om proefkonijn te spelen.

**proef·on·der·vin·de·lijk** (bijv. nw.) door middel van een experiment ♦ proefondervindelijk is vastgesteld dat dit apparaat niet veilig is.

**proef·per·soon** (de ~(m.); -personen) iemand die meedoet aan een wetenschappelijk experiment.

**proef·schrift** (het ~; -en) wetenschappelijk boek dat iemand schrijft na zijn of haar studie aan de universiteit om de titel 'doctor' te halen ⇒ dissertatie.

**proef·stuk** (zelfst. nw.) ▼ niet aan je proefstuk zijn: (in België □) iets niet voor het eerst doen.

**proef·tijd** (de ~(m.)) 1 periode dat je ergens op proef* (bet.1) werkt ♦ een proeftijd duurt meestal twee maanden 2 strafperiode waarin je niet in de gevangenis hoeft zolang je je goed gedraagt.

**proef·werk** (het ~; -en) stel vragen en opdrachten die je schriftelijk moet beantwoorden, om te laten zien of je voldoende weet van een bepaald onderwerp.

**proes·ten** (proestte, heeft geproest) 1 in lachen uitbarsten 2 niezen ♦ hoesten en proesten.

**proe·ve** (de ~; -n) 1 geschreven stuk waarin de schrijver iets probeert ♦ een proeve van een nieuw wetsontwerp: een stuk waarin een schets wordt gegeven van een nieuw wetsontwerp ▼ een proeve van bekwaamheid afleggen: iets doen als test om anderen te laten zien wat je kunt.

**proe·ven** (proefde, heeft geproefd) iets proeven: iets in je mond nemen om te onderzoeken hoe het smaakt.

**prof** (de ~(m.)) 1 (-s) (verkorting) professional ♦ een profvoetballer: een beroepsvoetballer 2 (-s of -fen) (verkorting) professor.

**prof.** (afkorting) professor.

**pro·faan** (bijv. nw.) 1 niet kerkelijk ⇒ wereldlijk ♦ profane gebruiken 2 waaruit een gebrek aan eerbied blijkt voor heilige of verheven zaken ⇒ *ontheiligend* ◆ *profa-ne taal spreken*.

**pro·feet** (de ~(m.); profeten), vrouw: **pro·fe·tes** (de ~(v.); -sen) iemand die door ingeving van God ziet wat er in de toekomst zal gebeuren en die dit in het openbaar verkondigt ◆ *de profeet Elia:* (een profeet in het Oude Testament); *een onheilsprofeet:* iemand die rampen voorspelt; *een profeet wordt in eigen land nooit geëerd:* (spreekwoord)(dit zeg je als iemand die erg goed in iets is, door zijn of haar omgeving miskend wordt).

**pro·fes·sie** (de ~(v.); -s)(deftig) beroep ◆ *hij is leraar van professie*.

**pro·fes·si·o·nal** (Engels) [prɔofesjenel](de ~; -s) iemand die van sporten zijn of haar beroep gemaakt heeft, het tegenovergestelde van 'amateur' ⇒ *prof*.

**pro·fes·si·o·neel** (bijv. nw.) **1** door beroepsmensen ge-daan ◆ *professionele hulp* **2** niet stuntelig, goed geor-ganiseerd, het tegenovergestelde van 'amateuristisch' ◆ *iets professioneel aanpakken*.

**pro·fes·sor** (de ~(m.); -s of -en)(titel van een hoogleraar) ◆ *een verstrooide professor:* (uitdr.) iemand die altijd in gedachten met ingewikkelde problemen bezig is en daardoor zijn of haar aandacht niet bij gewone dingen kan houden.

**pro·fe·te·ren** (profeteerde, heeft geprofeteerd) *iets profete-ren:* iets voorspellen.

**pro·fe·tes** → profeet.

**pro·fe·tie** (de ~(v.); profetieën) voorspelling die door God is ingegeven ◆ *de profetieën van Elia*.

**pro·fe·tisch** (bijv. nw.) met voorspellende kracht, als van een profeet* ◆ *hij sprak profetische woorden:* hij zei dingen die later uit zouden komen.

**pro·fi·ci·at** (tussenw.) gefeliciteerd.

**pro·fiel** (het ~; -en) **1** gezicht zoals dat er van opzij uit-ziet ◆ *door haar wipneus heeft ze een opvallend profiel* **2** korte beschrijving van iemands karakter en kundighe-den ⇒ *profielschets* ◆ *er is niemand die past in het profiel van de nieuwe medewerker:* er is niemand die aan alle eisen en wensen voldoet **3** oppervlak van een voor-werp dat bestaat uit speciaal gevormde ribbels, putjes enz. ◆ *het profiel van een schilderijlijst; het profiel van een autoband, van een schoen:* (waardoor band of schoen meer greep hebben op de weg of het terrein).

**pro·fijt** (het ~) voordeel, nut ◆ *ergens profijt van trekken of hebben:* ergens voordeel uit halen, ergens nut van hebben.

**pro·fij·tig** (bijv. nw.) **1** (in België ▫) zuinig **2** (in België ▫) goedkoop.

**pro·fi·le·ren** (profileerde, heeft geprofileerd) **1** *je profileren:* door je manier van doen je eigen karakter duidelijk la-ten uitkomen ◆ *zij profileert zich als een harde werker; deze politieke partij wil zich beter profileren:* wil duidelij-ker laten zien waarin zij verschilt van andere partijen **2** *iemand profileren:* een profiel* (bet.2) van iemand geven ⇒ *schetsen, karakteriseren* ◆ *zij profileerde hem als een wijs en beminnelijk man* **3** *iets profileren:* een profiel* (bet.3) in iets aanbrengen ◆ *schoenen met een geprofi-leerde zool*.

**pro·fi·te·ren** (profiteerde, heeft geprofiteerd) *ergens van profiteren:* ergens profijt* van hebben, ergens voordeel of nut uit halen ◆ *we hebben van de gelegenheid geprofi-teerd:* we hebben er gebruik van gemaakt.

**pro·fi·teur** (de ~(m.); -s) iemand die er altijd op uit is er-gens voordeel uit te halen, desnoods ten koste van an-deren.

**pro for·ma** (Latijn) [prɔofɔrmaa] voor de vorm, niet echt van harte.

**prog·no·se** (de ~(v.); -s) uitspraak over hoe iets waar-schijnlijk zal verlopen ⇒ *voorspelling* ◆ *een prognose over de uitslag van een wedstrijd*.

**pro·gram** (het ~; -s) programma, vooral van een politie-ke partij.

**pro·gram·ma** (het ~; programma's) **1** opsomming van wat er gaat gebeuren ⇒ *program* ◆ *het programma van een muziekuitvoering:* de lijst waarop de uit te voeren stukken en de musici genoemd worden; *wat staat er voor morgen op het programma?:* wat zijn de plannen voor morgen? **2** uitzending via de radio of de televisie ◆ *een programma over ruimtevaart* **3** verklaring van een politieke partij waarin staat hoe het land volgens die partij moet worden bestuurd ⇒ *program* ◆ *een ver-kiezingsprogramma* **4** instructie in computertaal die be-schrijft hoe een computer bepaalde gegevens moet ver-werken ⇒ *computerprogramma*.

**pro·gram·ma·tuur** (de ~(v.)) bij elkaar horende compu-terprogramma's ⇒ *software*.

**pro·gram·me·ren** (programmeerde, heeft geprogram-meerd) **1** *iets programmeren:* een programma* (bet.1) voor iets maken ◆ *de muziekavond was zo geprogram-meerd dat er geen tijd voor een pauze was* **2** *een computer programmeren:* er een programma* (bet.4) voor beden-ken en dat erin stoppen.

**pro·gram·meur** (de ~(m.); -s) iemand die computers programmeert* (bet.2) ⇒ *computerprogrammeur*.

**pro·gres·sie** (de ~(v.); -s) opklimming in stappen waar-bij de stappen groter worden als iets anders groter wordt ◆ *progressie in de inkomstenbelasting:* systeem waarbij er een groter deel van je loon naar de belasting gaat naarmate je meer verdient (bijv. 10% als je weinig verdient en 15% als je iets meer verdient).

**pro·gres·sief** (bijv. nw.) **1** strevend naar verandering van de samenleving, het tegenovergestelde van 'conserva-tief' ⇒ *vooruitstrevend, links* ◆ *een progressieve partij* **2** waar progressie* in zit, opklimmend in stappen waar-bij de stappen groter worden als iets anders groter wordt ◆ *progressieve schoolgeldheffing:* systeem waar-bij je een groter deel van je loon aan schoolgeld moet betalen naarmate je meer verdient.

**pro·ject** (het ~; -en) **1** ontwerp of plan dat uitgevoerd moet worden ◆ *een bouwproject* **2** onderwerp waar een groepje leerlingen gezamenlijk een werkstuk over maakt ◆ *we zijn bij aardrijkskunde met een project be-zig*.

**pro·jec·te·ren** (projecteerde, heeft geprojecteerd) **1** *een dia of film projecteren:* de opnamen die erop staan door middel van een lamp en een lens uitvergroot op een scherm of op de muur laten zien **2** *je gedachten en ge-voelens op iemand projecteren:* denken dat het de ge-dachten en gevoelens van iemand anders zijn doordat je er zelf zo vervuld van bent dat je geen onderscheid meer kunt maken tussen wat jij denkt en voelt en wat anderen denken en voelen **3** *een driedimensionale figuur, bijv. een bol, projecteren:* die uittekenen op een plat vlak (kijk ook bij: **driedimensionaal**) ◆ *in een atlas is de aarde geprojecteerd weergegeven*.

**pro·jec·tie** (de ~(v.); -s) **1** het projecteren* (bet.1) van een dia of film ◆ *een projectiescherm* **2** het projecteren* (bet.2) van gedachten en gevoelens op iemand anders **3** afbeelding van een driedimensionale figuur op een plat vlak.

**pro·jec·tiel** (het ~; -en) voorwerp dat wordt afgeschoten of dat naar iemand of iets wordt gegooid ◆ *de actievoer-ders gooiden met stenen en andere projectielen*.

**pro·ject·on·der·wijs** (het ~) vorm van onderwijs waarbij door leerlingen aan projecten* (bet.2) wordt gewerkt en waarbij verschillende vakken worden gecombineerd.

**pro·ject·ont·wik·ke·laar** (de ~(m.); -s) iemand die of bureau dat zich bezighoudt met het ontwerpen en starten van projecten* (bet.1), vooral in de bouw.

**pro·jec·tor** (de ~(m.); -s) apparaat waarmee je dia's of films projecteert* (bet.1).

**proklam-** → proclam-.

**prokur-** → procur-.

**pro·leet** (de ~(m.); proleten) iemand die zich altijd grof en onbeschaafd gedraagt ⇒ plebejer.

**pro·le·ta·ri·aat** (het ~) de gewone arbeiders zonder geld en bezit ♦ volgens het communisme moet het **proletariaat** de macht krijgen.

**proletariër** pro·le·ta·ri·er (de ~(m.); -s) iemand die tot het proletariaat* behoort, arbeider zonder geld of bezit.

**pro·le·ta·risch** (bijv. nw.) te maken hebbend met het proletariaat* ♦ **proletarisch** winkelen: (uitdr.) boodschappen halen zonder ervoor te betalen.

**pro·lon·ge·ren** (prolongeerde, heeft geprolongeerd) iets prolongeren: ervoor zorgen dat iets langer duurt, iets verlengen ♦ deze film wordt een week **geprolongeerd**: hij blijft nog een week draaien.

**pro·loog** (de ~(m.); prologen) beschrijving in een boek, toneelstuk of film van wat er gebeurd is voor het eigenlijke verhaal begint ♦ het boek begint met een **proloog** en eindigt met een epiloog.

**pro me·mo·rie** (Latijn) [pro͞omeem̲o̲o̲rie] (letterlijk: ter herinnering) (dit gebruik je als je voor de zekerheid iemand herinnert aan iets dat je al eerder hebt gezegd) ♦ **pro memorie**: deze week kom ik niet.

**pro·me·na·de** (de ~(v.); -s) weg die alleen toegankelijk is voor voetgangers ♦ een winkel**promenade**.

**pro·mes·se** (de ~(v.); -n of -s) papier dat je ondertekent, waarop staat dat je geld schuldig bent en dat je dat op een bepaalde datum zult terugbetalen ⇒ schuldbekentenis.

**pro·mil·la·ge** (Frans) [pro͞omiel̲a̲a̲zje] (het ~) hoeveelheid of bedrag dat uitgedrukt is in promillen* ♦ het alcohol**promillage** in zijn bloed was te hoog.

**pro·mil·le** [pro͞omiel̲, in België: pro͞omie̲l(e)] (het ~; -n) duizendste deel ♦ één **promille** van 500 gulden is 50 cent.

**pro·mil·le·te·ken** (het ~; -s) teken achter een getal dat een aantal promillen uitdrukt (het teken ' ‰ ').

**pro·mi·nent** (bijv. nw.) belangrijk en bekend, vooraanstaand ♦ er waren enkele **prominente** gasten bij de première van het toneelstuk.

**promiscuïteit** pro·mis·cu·ï·teit (de ~(v.)) het hebben van seks met allerlei verschillende mensen.

**pro·mo·ten** (promootte, heeft gepromoot) iemand of iets promoten: reclame voor iemand of iets maken, ervoor zorgen dat iemand of iets bekend wordt ♦ een nieuwe elpee **promoten**.

**pro·mo·tie** (de ~(v.); -s) 1 het bereiken van een hogere functie in je werk, het tegenovergestelde van 'degradatie' ⇒ bevordering ♦ **promotie** maken: hogerop komen 2 (sport) bevordering naar een hogere klasse of hogere divisie in de competitie, het tegenovergestelde van 'degradatie' 3 het behalen van de doctorsgraad, na het schrijven en verdedigen van een proefschrift (kijk ook bij: **proefschrift en doctor**) 4 (in België □) reclame, propaganda 5 (in België) groep personen die in hetzelfde jaar hun einddiploma behaald hebben ♦ de **promotie** van 1986.

**pro·mo·tor** (de ~(m.); -s of -en) 1 hoogleraar die begeleiding geeft aan een doctorandus (in België: licentiaat)

die wil promoveren (kijk ook bij: **promoveren**) 2 iemand die iets of iemand promoot* ♦ hij is de **promotor** van dit popfestival.

**pro·mo·ven·dus** (de ~(m.); promovendi) doctorandus (in België: licentiaat) die gaat promoveren* (bet.2), die doctor wil worden (kijk ook bij: **doctor**).

**pro·mo·ve·ren** (promoveerde, is gepromoveerd) 1 (sport) in een hogere klasse of hogere divisie ingedeeld worden ♦ de hockeyclub **promoveerde** 2 de doctorsgraad behalen (kijk ook bij: **doctor**).

**prompt¹** (de ~(m.); -s) teken op het beeldscherm dat aangeeft dat je de computer een instructie moet geven.

**prompt²** (bijv. nw.) 1 vlot, snel, direct ♦ zij reageerde **prompt**; een **prompte** betaler: iemand die altijd snel betaalt 2 nauwkeurig, stipt, precies ♦ ze kwam **prompt** op tijd.

**pronk** (de ~(m.)) het laten zien van iets om indruk te maken ♦ iets te **pronk** zetten: iets dat je mooi vindt voor de sier neerzetten.

**pron·ken** (pronkte, heeft gepronkt) met iets pronken: iets laten zien om er indruk mee te maken ♦ hij **pronkte** met z'n nieuwe fiets.

**pron·ker** (de ~(m.); -s) bepaald soort snijboon.

**pro·no·men** (het ~; pronomina) (taal) voornaamwoord.

**pro·nos·tiek** (de ~(m.); -en) (in België □) voorspelling.

**pront** (bijv. nw.) prompt.

**prooi** (de ~; -en) dier dat door een roofdier achternagezeten en verscheurd wordt ♦ de leeuw was op zoek naar een **prooi**; aan iets ten **prooi** vallen: (uitdr.) door iets verwoest worden; ik was aan wroeging ten **prooi**: (uitdr.) ik had vreselijk veel wroeging.

**proost¹** (de ~(m.); -en) (in België) rooms-katholiek priester die in het bestuur zit van een vereniging of jeugdbeweging.

**proost²** (tussenw.) (dit zeg je als je op iemands gezondheid drinkt) ⇒ santé.

**prop** (de ~; -pen) 1 bal van samengedrukt materiaal, bijv. papier of watten ♦ met **propjes** schieten; ik kreeg een **prop** in m'n keel: (uitdr.) ik was zo ontroerd dat ik niet kon slikken 2 (meestal: propje) klein, dik persoon ▼ met iets op de **proppen** komen: met iets voor de dag komen.

**pro·pae·deu·se** → propedeuse.

**pro·pa·gan·da** (de ~) geheel van pogingen om aanhangers te vinden voor een zaak die in jouw ogen goed is ♦ **propaganda** maken voor beter onderwijs.

**pro·pa·ge·ren** (propageerde, heeft gepropageerd) iets propageren: propaganda* voor iets maken, iets sterk aanraden.

**pro·pe·deu·se** (Latijn) [pro͞oped̲ui̲ze] (de ~(v.)) eerste studiejaar aan een universiteit in Nederland, aan het einde waarvan je een examen moet halen voor je verder mag studeren.

**pro·pel·ler** (de ~(m.); -s) schroef aan de voorkant van een vliegtuig, die het vliegtuig voortstuwt.

**pro·per** (bijv. nw.) schoon en netjes ⇒ hygiënisch, zindelijk.

**pro·por·tie** (de ~(v.); -s) grootte van de ene afmeting in vergelijking met de andere afmetingen ⇒ verhouding ♦ de **proporties** in die tekening kloppen niet; je moet de dingen in de juiste **proporties** zien: (uitdr.) je moet ze beoordelen op wat ze waard zijn; dit is buiten alle **proporties**: (uitdr.) dit is erg overdreven.

**pro·po·si·tie** (de ~(v.); -s) (deftig) voorstel, aanbod.

**prop·pen** (propte, heeft gepropt) iets ergens in proppen: iets ergens in duwen, vaak met grote hoeveelheden ♦ **prop** je mond niet zo vol!

**pros·pec·tus** (de ~(m.) of het ~; -sen) folder waarin een bedrijf een beschrijving geeft van de nieuwe producten die het op de markt gaat brengen ◆ *de voorjaarsprospectus van de uitgeverij.*

**pros·taat** (de ~ (m.); prostaten) klier in de penis die het vocht afscheidt waarin zaadcellen naar buiten komen.

**pros·ti·tu·ee** (de ~ (v.); -s) vrouw die voor geld met mannen geslachtsgemeenschap heeft ⇒ *hoer.*

**pros·ti·tu·tie** (de ~ (v.)) het verschijnsel dat iemand zich laat betalen voor seks.

**prot.** (afkorting) *prot*estant.

**pro·ta·go·nist** (de ~ (m.); -en) belangrijkste figuur in een boek, film of toneelstuk ⇒ *hoofdpersoon.*

**pro·tec·tie** (de ~ (v.)) bescherming ◆ *onder protectie van zijn lijfwacht verscheen de president op het balkon; iemand protectie verlenen.*

**pro·tec·ti·o·nis·me** (het ~) het nemen van maatregelen waardoor de eigen handel en industrie van een land niet worden bedreigd door de buitenlandse handel en industrie (dit gebeurt vaak als het met de economie slecht gaat).

**pro·té·gé** (Frans) [prootee zjee] (de ~ (m.); -s), vrouw:
**pro·té·gee** (de ~ (v.); -s) iemand die in bescherming wordt genomen en die gesteund wordt, vaak met geld ⇒ *beschermeling.*

**proteïne** pro·te·i·ne (de ~ of het ~; -n) bepaalde voedingsstof die je lichaam nodig heeft ⇒ *eiwit.*

**protek-** → protec-.

**pro·te·se** → prothese.

**pro·test** (het ~; -en) uiting van verzet ◆ *onder protest liet hij zich wegvoeren; ergens protest tegen aantekenen:* ergens tegen protesteren; *een protestmars:* een optocht van mensen die daarmee duidelijk willen maken dat ze ergens tegen zijn.

**pro·tes·tant, pro·tes·tants** (bijv. nw.) met het protestantisme* te maken hebbend ◆ *die mensen zijn protestant; het protestantse geloof.*

**pro·tes·tan·tis·me** (het ~) leer van de kerkgenootschappen die als gevolg van de kerkhervorming in de zestiende eeuw werden gesticht als protest* tegen de katholieke kerk.

**pro·tes·tants** → protestant.

**pro·tes·te·ren** (protesteerde, heeft geprotesteerd) *ergens tegen protesteren:* je tegen iets verzetten, laten merken dat je het niet met iets eens bent.

**pro·the·se** (de ~ (v.); -n of -s) lichaamsdeel van kunststof dat het echte vervangt ◆ *hij is al zijn tanden kwijt en krijgt nu een prothese:* een kunstgebit.

**pro·to·col** (het ~; -len) **1** gebruiken en regels die aangeven hoe je je moet gedragen tijdens officiële gelegenheden waarbij staatshoofden en hoge gezagsdragers betrokken zijn ◆ *het staatsbezoek van de koning verliep precies volgens het protocol* **2** nauwkeurig, letterlijk verslag van wat er gezegd of gedaan is.

**pro·ton** (het ~; -en) (natuurkunde) deel van een atoom met een positieve elektrische lading.

**pro·to·plas·ma** (het ~) (biologie) geleiachtige stof die samen met een kern een cel vormt.

**pro·to·ty·pe** (het ~; -s of -n) het eerste model, dat dient als voorbeeld voor een serie producten ◆ *een prototype van een nieuwe auto; het prototype van iets of iemand zijn:* (uitdr.) precies die eigenschappen bezitten die maken dat je die zaak of die persoon bent; *hij is het prototype van een snelle zakenman.*

**prot·se·rig** (bijv. nw.) overdreven luxueus, pronkerig ◆ *een protserige auto.*

**pro·vi·and** (de ~ (m.) of het ~) voorraad eten en drinken ⇒ *mondvoorraad, leeftocht* ◆ *proviand inslaan voor het weekend.*

**pro·vin·ci·aal**[1] (de ~ (m.); provincialen) bewoner van het platteland (als scheldwoord gebruikt door mensen die in de stad wonen).

**pro·vin·ci·aal**[2] (bijv. nw.) te maken hebbend met een provincie* (bet.1) ◆ *het provinciale bestuur.*

**pro·vin·cie** (de ~ (v.); -s of provinciën) **1** gebied binnen een staat met een eigen bestuur ⇒ *gewest* **2** deel van een land buiten de steden (vaak minachtend gebruikt door mensen die in de stad wonen) ⇒ *platteland* ◆ *hij komt uit de provincie.*

**pro·vin·cie·raad** (de ~ (m.); -raden) (in België) raad van gekozen mensen die een provincie bestuurt.

**pro·vi·sie** (de ~ (v.); -s) geld dat iemand die iets helpt verkopen als beloning krijgt, waarbij de hoogte van het bedrag afhangt van de totale verkoopsom ◆ *hij krijgt 5% provisie over elk schilderij dat hij helpt verkopen.*

**pro·vi·sie·kast** (de ~ (m.); -en) voorraadkast voor levensmiddelen.

**pro·vi·so·risch** (bijv. nw.) voorlopig, niet definitief ◆ *iets provisorisch repareren.*

**pro·vo** (de ~ (m.); provo's) jongere in de jaren 60 die in opstand kwam tegen het gezag, die het gezag *provo*ceerde.

**pro·vo·ca·tie** (de ~ (v.); -s) het provoceren*, uitdaging.

**pro·vo·ce·ren** (provoceerde, heeft geprovoceerd) *iemand provoceren:* iets doen of zeggen om een reactie van iemand uit te lokken ⇒ *uitdagen* ◆ *de soldaat provoceerde de sergeant door geen enkel bevel op te volgen.*

**pro·za** (het ~) tekstvorm waarbij de regellengte niet door de schrijver wordt vastgelegd en waarin de woorden niet rijmen ◆ *een verhaal in proza.*

**prozaïsch** pro·za·isch (bijv. nw.) niet verheven, alledaags en nuchter.

**pruik** (de ~ (v.); -en) dun kapje met haar dat je op je hoofd zet.

**prui·ken·tijd** (de ~ (m.)) periode in de achttiende eeuw waarin de mensen uit de hogere standen pruiken droegen.

**prui·len** (pruilde, heeft gepruild) zonder veel te zeggen duidelijk laten merken dat je je slecht behandeld voelt ⇒ *mokken.*

**pruil·lip** (de ~) ontevreden mond van iemand die pruilt ◆ *een pruillip trekken.*

**pruim** (de ~; -en) **1** ronde of ovale vrucht met een rode, paarse of gele kleur, die ongeveer zo groot is als een kippenei **2** plukje tabak om op te kauwen.

**prui·men** (pruimde, heeft gepruimd) **1** *tabak pruimen:* erop kauwen ◆ *het eten is niet te pruimen:* (uitdr.; populair) het is niet lekker; *het boek is niet te pruimen:* (uitdr.; populair) het is heel saai of moeilijk **2** *iets niet pruimen:* (populair) iets niet accepteren, iets niet pikken.

**prui·men·mond·je** (het ~) klein, samengetrokken mondje als teken van preutsheid ◆ *een pruimenmondje trekken.*

**prul** (het ~; -len) voorwerp zonder waarde ⇒ *lor* ◆ *op de rommelmarkt worden voornamelijk prullen verkocht; een prul van een vent:* (uitdr.) iemand die niets presteert.

**prul·la·ria** (zelfst. nw.; meervoud) aantal prullen* of prulletjes* bij elkaar ◆ *er stonden een hoop prullaria op het buffet.*

**prul·le·tje** (het ~; -s) snuisterij.

**pru·nus** (de ~ (m.); -sen) sierheester met roze bloemen, Japanse kers.

**prut** (de ~) **1** vieze brij ◆ *als de koffie is doorgelopen, blijft er prut in de filter achter* **2** brij, bijv. verschillende groenten door elkaar ◆ *een prutje van ui, tomaat en bonen.*

**pruts** (de ~; -en) **1** (in België □) prul **2** (in België □) (lief woordje voor een peuter) ⇒ uk ◆ *Stijn Streuvels noemde zijn dochtertje 'Prutske'.*

**prut·sen** (prutste, heeft geprutst) onhandig bezig zijn ⇒ *klungelen.*

**prut·ser** (de ~(m.); -s) iemand die prutst* ⇒ *klungel.*

**prut·te·len** (pruttelde, heeft geprutteld) **1** zachtjes koken en borrelen ◆ *de koffie staat te pruttelen* **2** een beetje mopperen, tegenspreken ⇒ *sputteren.*

**ps.** (afkorting) *ps*alm.

**PS** (het ~) *p*ostscriptum ⇒ *naschrift.*

**psalm** (de ~(m.); -en) elk van de 150 liederen, o.a. van David, waarvan de tekst in de bijbel staat.

**psal·te·ri·um** (het ~; -s of psalteria) **1** kleine harp met dertien snaren **2** psalmboek.

**pseudo-** [psuidoo *of* pseudoo] niet echt, schijn, namaak ◆ *een pseudo-geleerde:* iemand die zich geleerd voordoet, maar het niet is.

**pseu·do·niem** [psuidooniem *of* pseudooniem](het ~; -en) verzonnen naam die je gebruikt om je eigen naam verborgen te houden ⇒ *schuilnaam* ◆ *schrijven onder een pseudoniem.*

**pso·ri·a·sis** (de ~(v.))(medisch) ziekte waarbij je rode, schilferige plekken op je huid krijgt.

**PSP** (de ~(v.)) *P*acifistisch *S*ocialistische *P*artij; dit is een politieke partij in Nederland die in 1991 is opgegaan in GroenLinks.

**pst** (tussenw.) (om zachtjes iemands aandacht te trekken).

**psy·che** [psiege] (de ~; -s of -n) innerlijk, al je gedachten en gevoelens ⇒ *geest.*

**psy·chi·a·ter** (de ~(m.); -s) dokter die gespecialiseerd is in de psychiatrie*.

**psy·chi·a·trie** (de ~(v.)) wetenschap die zich bezighoudt met de ziekten van de geest.

**psy·chi·a·trisch** (bijv. nw.) te maken hebbend met de psychiatrie* ◆ *een psychiatrische kliniek:* voor mensen die geestelijk ziek zijn.

**psy·chisch** (bijv. nw.) te maken hebbend met je psyche*, geestelijk, het tegenovergestelde van 'fysiek' ◆ *psychisch gestoord zijn:* geestesziek zijn; *hoofdpijn is vaak psychisch:* de oorzaak ervan is vaak niet lichamelijk, maar geestelijk.

**psy·cho·ana·ly·se** (de ~(v.); -n of -s) methode om ziekten van de geest te genezen door patiënten te leren hun gedachten en gevoelens te begrijpen, zodat ze er beter mee om kunnen gaan ◆ *in psychoanalyse zijn:* behandeld worden volgens de methode van de psychoanalyse.

**psy·cho·lo·ge** → psycholoog.

**psy·cho·lo·gie** (de ~(v.)) wetenschap die zich bezighoudt met hoe de psyche* in elkaar zit en werkt ⇒ *zielkunde.*

**psy·cho·lo·gisch** (bijv. nw.) te maken hebbend met de psychologie* ⇒ *zielkundig* ◆ *een psychologisch onderzoek; psychologisch zit dit verhaal goed in elkaar:* er worden mensen in beschreven die zo denken en reageren dat je het je goed voor kunt stellen; *psychologisch was dit het juiste moment om met iets nieuws voor de dag te komen:* men was toe aan verandering en dus kwam het goed uit.

**psy·cho·loog** (de ~(m.); psychologen), vrouw: **psy·cho·lo·ge** (de ~(v.); -n of -s) iemand die psychologie* heeft gestudeerd ◆ *deze schrijver is een goed psycholoog:* hij voelt aan hoe mensen denken, voelen en reageren.

**psy·choot** (de ~(m.); psychoten) iemand die lijdt aan een psychose*.

**psy·cho·paat** (de ~(m.); psychopaten) iemand met een ziekelijke afwijking in zijn of haar karakter, waardoor die persoon zich zo gedraagt dat hij of zij een gevaar vormt voor de samenleving.

**psy·cho·se** (de ~(v.); -n of -s) ziekte van je geest die veroorzaakt wordt door een lichamelijke, soms erfelijke, afwijking.

**psy·cho·so·ma·tisch** (bijv. nw.) zowel lichamelijk als psychisch ◆ *psychosomatische* ziekten.

**psy·cho·the·ra·pie** (de ~(v.)) behandeling die bedoeld is om mensen met psychische problemen te helpen.

**PTT** (de ~) (in Nederland) *P*osterijen, *T*elegrafie en *T*elefonie; dit is het voormalige overheidsbedrijf dat er o.a. voor zorgt dat je post kunt versturen en dat je kunt opbellen ⇒ *post, posterijen.*

**PTT-te·le·com·pe·ti·tie** (de ~(v.)) de belangrijkste afdeling van het betaald voetbal in Nederland.

**pub** (de ~; -s) Engels café.

**pu·ber** (de ~; -s) jongen of meisje in de puberteit*.

**pu·be·raal** (bijv. nw.) als een puber* of zoals van een puber* ◆ *hij gedraagt zich erg puberaal.*

**pu·ber·teit** (de ~(v.)) de periode in je leven waarin je snel groeit en seksueel volwassen wordt, ongeveer van je dertiende tot je achttiende jaar ◆ *in de puberteit voel je je dikwijls onzeker.*

**pu·bli·ca·tie** (de ~(v.); -s) **1** het publiceren* ◆ *de publicatie van een nieuwe wet* **2** iets dat gepubliceerd* is, bijv. een boek of artikel ◆ *hij heeft heel wat publicaties op zijn naam staan.*

**pu·bli·ce·ren** (publiceerde, heeft gepubliceerd) iets, bijv. een boek, publiceren: iets laten drukken en verspreiden, zodat iedereen het kan lezen ◆ *deze journalist publiceert veel.*

**pu·bli·cist** (de ~(m.); -en), vrouw: **pu·bli·cis·te** (de ~(v.); -n of -s) iemand die geregeld artikelen publiceert*, vaak over onderwerpen die in de belangstelling staan.

**pu·bli·ci·teit** (de ~(v.)) **1** bekendheid bij heel veel mensen ⇒ *openbaarheid* ◆ *dit onderwerp staat al lang in de publiciteit:* er wordt al lang over geschreven en gepraat **2** (in België □) reclame.

**pu·blic re·la·tions** (Engels) [publikrieleesjens] (zelfst. nw.; meervoud) het leggen en onderhouden van goede contacten met iedereen die je voor je werk wel eens nodig zou kunnen hebben ◆ *hij doet de public relations voor de zaak.*

**pu·bliek¹** (het ~) mensen die komen kijken of luisteren als je optreedt ◆ *de voorstelling trok veel publiek; dat boek is niet geschikt voor zulk jong publiek:* voor zulke jonge lezers; *het grote publiek:* (uitdr.) de massa, de mensen.

**pu·bliek²** (bijv. nw.) **1** niet geheim, voor iedereen toegankelijk ⇒ *openbaar* ◆ *iets publiek maken:* ergens bekendheid aan geven; *een publiek geheim:* iets dat iedereen weet ook al wordt er niet over gesproken **2** van of voor iedereen ◆ *die filmster wordt beschouwd als publiek bezit:* doordat ze zo bekend is, is ze zo'n beetje het bezit van iedereen.

**pu·blie·ke·lijk** (bijv. nw.) in het openbaar, waar publiek¹* bij is ◆ *hij werd publiekelijk geprezen.*

**pu·bli·ka·tie** → publicatie.

**puck** (de ~; -s) schijf van hard rubber waarmee je ijshockey speelt.

**pud·ding** (de ~(m.); -en of -s) gekookt mengsel van melk, suiker en meel, dat als nagerecht wordt gegeten ◆ *als een pudding in elkaar zakken:* (uitdr.) plotseling aflopen en mislukken.

**puf** (de ~(v.)) zin, energie ⇒ *fut* ◆ *ergens geen puf in hebben; heb jij puf om te gaan hardlopen?*

**puf·fen** (pufte, heeft gepuft) blazen en hijgen van de warmte ◆ *we liepen te **puffen** in de stad.*

**pui** (de ~(v.); -en) voorgevel van een huis of winkel.

**puik** (bijv. nw.)(populair) van goede kwaliteit, prima, uitstekend ◆ *het eten ziet er **puik** uit.*

**puik·je** (het ~) het beste deel ergens van ⇒ *bloem* ◆ *op die bijeenkomst was het **puikje** van de dichters; het **puikje** van de zalm*: (uitdr.) het beste van het beste.

**pui·len** (puilde, heeft gepuild) *ergens uit puilen*: ergens bijna uitbarsten ◆ *de kleren **puilen** uit je kast; zijn ogen **puilden** uit hun kassen*: (uitdr.) hij was ontzettend verbaasd.

**puim·steen** (de ~(m.) of het ~) steen vol kleine gaatjes, waarmee je iets glad kunt schuren.

**puin** (het ~) verbrokkelde stenen van een afgebroken muur ◆ *op de bouwplaats lag een hoop **puin**; een voertuig in **puin** rijden*: (uitdr.) het finaal kapot, total loss rijden.

**puin·hoop** (de ~(m.); -hopen)(populair) rommel ⇒ *troep, rotzooi* ◆ *wat een **puinhoop** is het in je kamer.*

**puist** (de ~; -en) bobbeltje op je huid, meestal veroorzaakt door een ontsteking ⇒ *pukkel.*

**puk** (de ~(m.); -ken) klein kind ⇒ *uk, hummel, dreumes.*

**puk·kel** (de ~; -s) **1** puist **2** schoudertas van canvas, met een klep die sluit met twee riempjes (oorspronkelijk gebruikt in het leger).

**pul** (de ~; -len) beker met een oor eraan waaruit je bier drinkt.

**pul·ken** (pulkte, heeft gepulkt) met je vingertop proberen iets ergens af of uit te halen ⇒ *peuteren* ◆ *het prijsje van een cadeautje **pulken**; in je neus **pulken**.*

**pul·li** [pɔɛlie](de ~; pulli's) dunne trui met een col.

**pull·over** (de ~(m.); -s) trui die je over een bloes of overhemd draagt.

**pulp** (de ~) **1** brij van fijngeperste groente of aardappelen of pap van fijngemaakt hout ◆ *bieten**pulp** wordt als veevoer gebruikt; van hout**pulp** wordt papier gemaakt* **2** boeken en films die niet erg ingewikkeld zijn en die bedoeld zijn als amusement ◆ *die film was **pulp**: hij was waardeloos.*

**pul·ver** (het ~)(ouderwets) poeder ◆ *iets tot **pulver** stampen.*

**pu·ma** → *poema.*

**pum·mel** (de ~(m.); -s) onbeschaafde jongen of man.

**pump** (de ~(m.); -s) instapschoen met hoge hak voor dames.

**pu·nai·se** [puːnɛzə](de ~(v.); -s) scherp pinnetje met een brede, platte kop, waarmee je papier vastprikt op een muur of prikbord.

**punch** [punsj](de ~(m.)) drank van wijn of rum met suiker en citroensap.

**punc·tie** (de ~(v.); -s) prik waarbij vocht uit je lichaam wordt gezogen om het te onderzoeken of om overtollig vocht weg te laten vloeien ◆ *een ruggenmerg**punctie**.*

**punc·tu·eel** (bijv. nw.) gezegd van iemand die erg precies is, vooral van iemand die altijd precies op tijd is ⇒ *stipt, nauwgezet.*

**punk¹** (de ~(m.)) **1** beweging van jongeren, begonnen rond 1980, die het niet eens zijn met de maatschappij en die dat o.a. laten merken door agressief uitziende kleren, felgekleurd en rechtopstaand haar en eigen popmuziek **2** (-s) iemand die bij deze beweging hoort ⇒ *punker.*

**punk²** (bijv. nw.) met de punkbeweging te maken hebbend ◆ *wat zit je haar **punk**.*

**pun·ker** (de ~(m.); -s) iemand die bij de punkbeweging hoort ⇒ *punk.*

**punkt-** → *punct-.*

**pun·ni·ken** (punnikte, heeft gepunnikt) *iets punniken*: iets breien op een klosje met vier spijkers erop.

**punt** (zelfst. nw.; -en) **1** (de ~) kleine stip ⇒ *spikkel* ◆ *ik had allemaal rode **puntjes** op m'n huid* **2** (de ~) leesteken dat je aan het einde van een zin zet (het teken . ) en het teken dat op de i en de j staat ◆ *ergens een **punt** achter zetten*: (uitdr.) ergens mee ophouden; *punt uit!*: (uitdr.) ik wil er niets meer van horen; *de **puntjes** op de i zetten*: (uitdr.) iets heel precies afmaken; *dat is tot in de **puntjes** geregeld*: (uitdr.) dat is heel goed geregeld, er is aan alles gedacht **3** (de ~(m.)) spits toelopend uiteinde ◆ *het **puntje** van je neus; een naald met een scherpe **punt**; ergens een **punt** aan draaien*: (uitdr.) je ergens makkelijk van afmaken; ook: ergens een einde aan maken; *op het **puntje** van je stoel zitten*: (uitdr.) van opwinding, spanning of ongeduld op het randje van je stoel zitten; *daar kun jij een **puntje** aan zuigen*: (uitdr.) daar kun je een voorbeeld aan nemen **4** (het ~) cijfer dat waardering uitdrukt ◆ *voor elk goed antwoord krijg je tien **punten**; we hebben de wedstrijd gewonnen met vijf **punten** verschil* **5** (het ~) plek of plaats die je nauwkeurig aan kunt duiden ◆ *op dat **punt** heb je een mooi uitzicht* **6** (het ~) moment, tijdstip ◆ *ik sta op het **punt** weg te gaan*: ik zou net weggaan; *we moeten even over het dode **punt** heen*: (uitdr.) het moment waarop er geen beweging, geen vooruitgang meer zit in iets **7** (het ~) kwestie, onderwerp ◆ *een **punt** van discussie; op dat **punt** ben ik het niet met je eens*: over die kwestie, in dat opzicht ben ik het niet met je eens; *een teer **punt***: (uitdr.) een gevoelige kwestie, een onderwerp waar je niet zo makkelijk over praat omdat je er gauw ruzie over krijgt; *dat is geen **punt***: (uitdr.) geen probleem ▼ *als **puntje** bij paaltje komt, krabbel je terug*: als het ernst wordt, als het echt belangrijk wordt, krabbel je terug.

**punt·dicht** (het ~; -en) kort, geestig en kritisch gedicht ⇒ *epigram.*

**pun·ter** (de ~(m.); -s) open boot met een puntige voorsteven en een platte bodem.

**pun·te·ren** (punterde, heeft gepunterd) met een punter* varen.

**punt·haak** (de ~(m.); -haken) puntige haak als leesteken (de tekens < en > ).

**punt·hoofd** (zelfst. nw.) ▼ *ergens een **punthoofd** van krijgen*: ergens niet meer tegen kunnen, ergens gek van worden.

**pun·tig** (bijv. nw.) **1** uitlopend in een punt* (bet.3) ⇒ *scherp, spits* ◆ *een **puntige** neus* **2** (van opmerkingen) geestig en raak ⇒ *spits* ◆ *een **puntig** gezegde.*

**punt·je** (het ~; -s) broodje met spitse uiteinden.

**punt·kom·ma** (de ~; -komma's) leesteken waarmee je aangeeft dat er een nieuwe zin volgt die dan nog sterk bij de vorige hoort (het teken ; ).

**pup** (de ~(m.) of het ~; -s) jong hondje ⇒ *puppy.*

**pu·pil** (de ~; -len) **1** het zwarte rondje midden in je oog, dat kleiner wordt naarmate het lichter is en dat groter wordt naarmate het donkerder is **2** kind voor wie iemand als voogd of leraar verantwoordelijkheid heeft, beschermeling of leerling **3** lid van een sportvereniging dat nog geen twaalf jaar oud is ◆ *hij voetbalt nog bij de **pupillen**.*

**pup·py** (de ~(m.) of het ~; puppy's) pup.

**pu·ree** (de ~(v.)) brij van fijngestampte of gemalen gekookte groente of aardappelen ◆ *tomaten**puree**; in de **puree** zitten*: (uitdr.) moeilijkheden hebben, in de narigheid zitten.

**pu·ren** (puurde, heeft gepuurd) *kracht, moed of troost ergens uit puren*: (deftig) die of dat ergens uit putten ◆ *ze **puurde** kracht uit zijn medeleven.*

**pu·re·ren** (pureerde, heeft gepureerd) *groente of aardappelen pureren:* er puree* van maken.

**pur·ge·rend** (bijv. nw.) gezegd van een middel waardoor je ontlasting makkelijker gaat, waardoor je darmen gezuiverd worden ⇒ *laxerend.*

**pu·ris·me** (het ~) **1** het streven om je eigen taal vrij te maken en vrij te houden van woorden uit een andere taal ⇒ *taalzuivering* **2** (-n) de vertaling in je eigen taal van een vreemd woord dat ook in jouw taal gebruikt wordt, bijv. 'doelman' voor 'keeper'.

**pu·rist** (de ~(m.); -en) aanhanger van het purisme* (bet.1) ⇒ *taalzuiveraar.*

**pu·ri·tein** (de ~(m.); -en) iemand die probeert zuiver te leven en daarom erg streng is voor zichzelf en anderen ♦ *omdat haar vader zo'n **puritein** is, mag ze nooit naar de disco.*

**pur·per** (het ~) paarsrode verfstof ♦ *koningen droegen vaak een **purperen** mantel:* met een paarsrode kleur.

**pur sang** (Frans) [puɪrsaŋɡ] (bijv. nw.) (letterlijk: zuiver bloed) echt, op-en-top ⇒ *ras-* ♦ *hij is een **pur sang** voetballer.*

**pur·ser** (Engels) [puɪrsɐr] (de ~(m.); -s) iemand die aan het hoofd staat van de personeelsleden die de passagiers verzorgen op passagiersschepen en in vliegtuigen.

**pus** (de ~(m.) of het ~) geelachtig vocht dat uit een ontstoken wond komt ⇒ *etter.*

**pu·shen** [pœsjɐn] (pushte, heeft gepusht) **1** *iemand pushen:* (populair) er heel erg bij iemand op aandringen dat hij of zij iets doet **2** *iemand pushen voor een functie:* er de aandacht op vestigen dat iemand geschikt is voor een functie, iemand naar voren schuiven ♦ *zij wordt **gepusht** voor het voorzitterschap.*

**push-up-bh** [pœsj·u̲·bɛːh æ] (de ~(m.); push-up-bh's) bh met kussentjes onder in de cups, waardoor je borsten omhooggeduwd worden.

**put** (de ~(m.); -ten) **1** smal en diep gat dat in de grond gegraven is om er water uit te halen ♦ *water**put**; in de **put** zitten:* (uitdr.) verdrietig, neerslachtig zijn; *dat is een bodemloze **put**:* (uitdr.) (dit zeg je als het geen zin heeft om geld aan iets of iemand te geven omdat het toch nooit genoeg is); ook: dat heeft geen zin want het houdt maar niet op; *wie een **put** graaft voor een ander, valt er zelf in:* (in België □; spreekwoord) wie een ander kwaad wil doen, heeft daar vaak zelf last van **2** lager gelegen opening in huis of buitenshuis waar het afvoerwater in terecht komt en die in verbinding staat met het riool ♦ *het afvoer**putje** in de douche is verstopt; de **putten** op straat kunnen het regenwater niet meer verwerken* **3** kuil waarop een huis gebouwd wordt ⇒ *bouwput* **4** (meestal: putje) deukje ♦ *wat lelijk, al die **putjes** in de vloer* ▼ *in het **putje** van de winter:* (in België □) in het hartje van de winter, wanneer het het koudst is.

**puts** (de ~; -en) emmer aan boord van een schip.

**put·ten** (putte, heeft geput) **1** *water putten:* het uit een put* (bet.1) ophalen **2** *kracht, moed, troost enz. ergens uit putten:* het ergens uit halen, het ergens door krijgen ⇒ *puren* ♦ *zij **putte** weer moed uit zijn troostende woorden.*

**put·ter** (de ~(m.); -s) vogeltje met veel kleuren ⇒ *distelvink.*

**puur¹** (bijv. nw.) zuiver, echt ♦ ***puur** vruchtensap; hij vroeg dat uit **pure** belangstelling; **pure** chocola:* chocola waaraan geen melk toegevoegd is.

**puur²** (bijw.) enkel, alleen ⇒ *louter, zuiver* ♦ *het was **puur** een vergissing dat je niet uitgenodigd bent.*

**puz·zel** (de ~(m.); -s) opgave die je voor je plezier oplost of maakt ♦ *een leg**puzzel**:* verschillende stukjes van

een afbeelding die je aan elkaar moet leggen; *een kruiswoord**puzzel**:* een opgave waarbij woorden horizontaal en verticaal in vakjes moeten worden ingevuld; op de plaats waar ze elkaar kruisen hebben ze een letter gemeen.

**puz·ze·len** (puzzelde, heeft gepuzzeld) **1** een puzzel* maken **2** *ergens over puzzelen:* er lang over nadenken hoe je iets kloppend of in orde moet maken.

**puz·zel·tocht** (de ~(m.); -en) route die je lopend, met de fiets of met de auto voor je plezier aflegt, waarbij je allerlei vragen moet beantwoorden.

**puz·zle** → puzzel.

**pvc** (afkorting) **p**oly**v**inyl**c**hloride; dit is een harde kunststof waarvan o.a. afvoerbuizen gemaakt worden.

**PvdA** (de ~(v.)) **P**artij **v**an **d**e **A**rbeid; dit is een Nederlandse politieke partij.

**pyg·mee** (de ~(m.); pygmeeën) iemand die behoort tot de dwergvolken van Afrika en Nieuw-Guinea.

**py·ja·ma** (de ~(m.); pyjama's) nachtkleding die bestaat uit een broek en een jasje.

**py·ro·maan** (de ~(m.); pyromanen) iemand die de afwijking heeft dat hij of zij telkens brand sticht.

**py·thon** (de ~(m.); -s) grote slang die niet giftig is, maar die zijn prooi door wurging doodt.

# Qq

**q** (de ~; q's) de zeventiende letter van het alfabet.

**q.e.** (afkorting) *q*uod *e*st; dit is Latijn en het betekent: wat betekent.

**q.q.** (afkorting) *q*ualitate *q*ua; dit is Latijn en het betekent: in de genoemde hoedanigheid.

**qua** (voorz.) wat betreft, in het genoemde opzicht ♦ *qua kleur is die stof wel mooi.*

**qua·draat** → kwadraat.

**qua·dra·fo·nie** (de ~(v.)) systeem waarbij muziek via vier kanalen wordt opgenomen en door vier luidsprekers wordt weergegeven.

**qua·dril·le** (Frans) [kwaːdrɪejə] (de ~; -s) dans uit de achttiende eeuw voor paren die in een vierkant tegenover elkaar staan.

**quali-** → kwali-.

**qua·li·ta·te qua** (Latijn) [kwaːliːetaːtəkwaː] in de genoemde hoedanigheid (vaak afgekort tot q.q.) ♦ *er werd een arts geïnterviewd, die qualitate qua zijn mening gaf over de gevolgen van een kernoorlog: als arts, beroepshalve.*

**quanti-** → kwanti-.

**quan·tum** → kwantum.

**qua·ran·tai·ne** [kaːranteːnə] (de ~) het afzonderen van mensen, dieren of dingen die een besmettelijke ziekte zouden kunnen overdragen ♦ *de koeien worden voor drie maanden in quarantaine geplaatst; het schip ligt in quarantaine.*

**quar·té** (Frans) [kartee] (de ~(m.); -s) (in België □) weddenschap bij de paardenrennen waarbij je gokt welke vier paarden het eerst aankomen.

**qua·si** (bijw.) zogenaamd, doende alsof ♦ *ze deed quasi vriendelijk tegen hem.*

**qua·tre-mains** (Frans) [katrəmɛ̃] (het ~; quatre-mains) (letterlijk: vier handen) muziekstuk dat door twee mensen op één piano wordt uitgevoerd.

**quatsch** [kwatsj] (de ~(m.)) (populair) onzin, kletspraat.

**quees·te** (de ~(v.); -n) lange, moeizame speurtocht.

**que·ru·lant** (de ~(m.); -en) iemand die steeds ruzie zoekt of zich steeds beklaagt omdat hij of zij zich onrechtvaardig behandeld voelt.

**queue** (Frans) [køː] (de ~; -s) **1** rij mensen die wachten tot ze aan de beurt zijn, bijv. bij een kassa of loket **2** bol uitstaande achterkant van een ouderwetse rok.

**quick·step** (Engels) [kwɪkstep] (de ~; -s) (letterlijk: snelle stap) dans voor twee personen, waarbij je kleine, snelle pasjes maakt ⇒ foxtrot.

**quin·tes·sens** → kwintessens.

**quin·tet** → kwintet.

**quit·te** (Frans) [kiet] (bijw.) ▼ *quitte staan*: gelijk staan bij een wedstrijd; ook: elkaar niets meer schuldig zijn; ook: wraak op elkaar genomen hebben; *quitte spelen*: evenveel geld binnenkrijgen als je uitgegeven hebt.

**qui-vi·ve** (Frans) [kievievə] (zelfst. nw.) ▼ *op je qui-vive zijn*: goed opletten, op je hoede zijn.

**quiz** (de ~(m.); -zen) spel waarbij je vragen moet beantwoorden, bijv. op tv.

**quiz·mas·ter** (Engels) [kwɪsmaːstər] (de ~(m.); -s) iemand die vragen stelt in een quiz en die een quiz leidt.

**quo·tiënt** [koosjɛnt] (het ~; -en) uitkomst van een deelsom.

**quo·tum** (het ~; -s of quota) vastgesteld deel, meestal een evenredig deel ♦ *het is de vissers in de EG-landen verboden meer te vangen dan het quotum dat voor ieder land is afgesproken.*

**re·a·li·teit** (de ~(v.)) werkelijkheid ◆ *dat is de harde realiteit*: zo liggen de feiten, zo is het nu eenmaal.

**re·a·li·ze·ren** → realiseren.

**re·a·ni·ma·tie** (de ~(v.)) geheel van maatregelen om de hartslag of de ademhaling weer op gang te helpen, vaak met behulp van apparatuur.

**reb·be·len** (rebbelde, heeft gerebbeld) veel en snel praten ⇒ *ratelen.*

**re·bel** (de ~(m.); -len) iemand die rebelleert* ⇒ *opstandeling.*

**re·bel·le·ren** (rebelleerde, heeft gerebelleerd) in opstand komen tegen de machthebbers.

**re·bels** (bijv. nw.) gezegd van iemand die zich gauw tegen iets verzet ⇒ *opstandig.*

**re·bus** (de ~(m.); -sen) puzzel waarbij je door middel van tekeningetjes een woord of een zin moet vinden.

**re·cal·ci·trant** (bijv. nw.) gezegd van iemand die gauw ergens tegenin gaat of die gauw iets niet wil ⇒ *onwillig, weerspannig.*

**re·ca·pi·tu·le·ren** (recapituleerde, heeft gerecapituleerd) *de inhoud van een gesprek, boek enz. recapituleren*: die in het kort herhalen door alleen de belangrijkste dingen te noemen ⇒ *samenvatten.*

**re·cen·sent** (de ~(m.); -en) iemand die een boek, een voorstelling enz. recenseert* ⇒ *criticus.*

**re·cen·se·ren** (recenseerde, heeft gerecenseerd) *een boek, een voorstelling enz. recenseren*: als deskundige in een krant of tijdschrift schrijven wat je ervan vindt.

**re·cen·sie** (de ~(v.); -s) oordeel van een recensent* in een krant of tijdschrift ◆ *dat toneelstuk heeft alleen maar goede recensies gekregen.*

**re·cent** (bijv. nw.) gezegd van iets dat niet lang geleden is gemaakt of is gebeurd ◆ *hij heeft dat in een recent artikel gelezen; een recente foto.*

**re·cept** (het ~; -en) **1** beschrijving van de manier waarop je een gerecht kunt klaarmaken ◆ *zij maakt oliebollen volgens het recept van haar oma* **2** briefje van de dokter waarop staat welke medicijnen de apotheker jou moet geven.

**re·cep·tie** (de ~(v.); -s) **1** feestelijke ontvangst van veel mensen die bijv. een bruidspaar of een jubilaris komen feliciteren **2** ruimte bijv. in een kantoor of hotel waar bezoekers zich kunnen melden.

**re·cep·ti·o·nist** (de ~(m.); -en), vrouw: **re·cep·ti·o·nis·te** (de ~(v.); -n of -s) iemand die in een receptie* (bet.2) bezoekers ontvangt.

**re·ces** (het ~) vakantie, vooral van een bestuur ◆ *het kerstreces; het parlement is op reces.*

**re·ces·sie** (de ~(v.); -s) teruggang in de welvaart, achteruitgang van de economie.

**re·cet·te** (de ~; -s) al het geld bij elkaar dat bezoekers, bijv. van een film of een sportwedstrijd, hebben betaald om binnen te komen.

**re·chaud** [reesjoo] (de ~ of het ~; -s) plat toestelletje voor op tafel, waarop je een schaal met eten warm houdt.

**re·cher·che** [reʃerzje] (de ~) afdeling van de politie die misdadigers opspoort.

**re·cher·cheur** [reʃersjeur] (de ~(m.); -s) iemand die bij de recherche* werkt.

**recht¹** (het ~) **1** geheel van door de overheid in wetten vastgelegde regels, waarin staat wat je wel of niet mag doen ◆ *belastingrecht* **2** het eerlijk en billijk zijn ⇒ *rechtvaardigheid, gerechtigheid* ◆ *iemand recht doen*: iemand eerlijk en billijk beoordelen; *iemand recht doen wedervaren*: (uitdr.) iemand rechtvaardig behandelen; *met recht*: (uitdr.) op grond van goede redenen, terecht; *ze zeggen dat hij streng is, en met recht* **3** (-en) iets waar-

van is afgesproken dat je het mag doen of hebben ◆ *mannen en vrouwen hebben gelijke rechten; de rechten van de mens*: dingen die iedereen moet kunnen doen of waar iedereen op moet kunnen rekenen, zoals het recht op vrije meningsuiting; *recht op iets hebben*: (uitdr.) iets volgens afspraak mogen of moeten krijgen; *hij heeft recht op schadevergoeding; je rechten laten gelden*: (uitdr.) opeisen wat je volgens afspraak moet krijgen; *dat is haar goed recht*: (uitdr.) dat mag zij; *het recht van de sterkste*: (uitdr.) het feit dat de sterkste de baas is ▼ *tegen de witte muur komt dat schilderij goed tot zijn recht*: als het daar hangt, zie je goed hoe mooi het is; *hij komt in die baan goed tot zijn recht*: iedereen kan zien hoe goed hij is.

**recht²** (bijv. nw.) **1** niet gebogen, het tegenovergestelde van 'krom' ◆ *een rechte lijn trekken; zij gaat recht op haar doel af*: zonder omwegen; *je moet niet proberen recht te praten wat krom is*: (uitdr.) je moet niet proberen verkeerde, slechte dingen goed te praten **2** horizontaal of verticaal, het tegenovergestelde van 'schuin' en 'scheef' ◆ *een rechte lijn; het schilderij hangt recht; mijn vriendin woont recht tegenover mij*: precies tegenover mij; *een rechte hoek*: die gevormd wordt door twee haaks op elkaar staande lijnen of vlakken **3** (van breisteken): aan de voorkant ingestoken, het tegenovergestelde van 'averecht'.

**recht·bank** (de ~; -en) gebouw waar rechtgesproken wordt ◆ *voor de rechtbank verschijnen*: beoordeeld worden door een rechter.

**recht·door** (bijw.) verder in dezelfde richting.

**rech·ten** (zelfst. nw.; meervoud) studie van het recht¹* (bet.1) ⇒ *rechtsgeleerdheid.*

**rech·tens** (bijw.) volgens het recht¹* (bet.1) ⇒ *rechtmatig* ◆ *zij krijgt wat haar rechtens toekomt.*

**rech·ter¹** (de ~(m.); -s) iemand die benoemd is om te beslissen of een ander zich volgens de wet heeft gedragen en of hij of zij een straf heeft verdiend ◆ *eigen rechter spelen*: (uitdr.) zelf wraak nemen op iemand in plaats van hem of haar bij de rechtbank aan te klagen.

**rech·ter²** (bijv. nw.) gezegd van iets dat rechts* zit, het tegenovergestelde van 'linker' ◆ *rechterarm; in de rechter kast staan de glazen.*

**rech·ter·hand** (de ~; -en) iemand die je altijd helpt door veel werk van je over te nemen ◆ *hij is de rechterhand van de directeur.*

**rech·ter·lijk** (bijv. nw.) gezegd van iets dat te maken heeft met een rechter¹* ◆ *de rechterlijke macht*: alle rechters bij elkaar.

**recht·ge·aard** (bijv. nw.) echt, met de aard die je van iemand verwacht ◆ *een rechtgeaarde Nederlander houdt van fietsen.*

**recht·heb·ben·de** (de ~; -n) iemand die recht¹ (bet.3) heeft op iets, bijv. op een deel van een erfenis.

**recht·hoek** (de ~(m.); -en) figuur met vier rechte hoeken en met vier zijkanten ◆ *een vierkant is een rechthoek waarvan alle zijden even lang zijn.*

**recht·lij·nig** (bijv. nw.) waarbij je maar aan één doel denkt en geen rekening houdt met andere dingen ◆ *een rechtlijnige redenering.*

**recht·ma·tig** (bijv. nw.) volgens het recht¹* (bet.1) ◆ *zij zijn de rechtmatige eigenaars van dat huis.*

**recht·op** (bijw.) met een rechte houding ⇒ *overeind* ◆ *de oude man kan niet meer rechtop lopen; zij ging rechtop in bed zitten.*

**rechts** (bijv. nw.) **1** gezegd van iets dat zich niet aan de kant van je lichaam bevindt waar je hart zit, het tegenovergestelde van 'links' ◆ *in het verkeer moet je rechts*

**houden 2** gezegd van iemand die het beste zijn of haar rechterhand kan gebruiken, het tegenovergestelde van 'links' ⇒ *rechtshandig* **3** behoudend in politiek opzicht, het tegenovergestelde van 'links' (kijk ook bij: **behoudend**) ⇒ *conservatief*.

**rechts·af** (bijw.) een weg aan de rechterkant in.

**recht·scha·pen** (bijv. nw.) eerlijk en oprecht ⇒ *integer*, *onkreukbaar*.

**rechts·gel·dig** (bijv. nw.) geldig volgens de wet ♦ *een verlopen paspoort is niet rechtsgeldig*.

**recht·spraak** (de ~) het rechtspreken*.

**recht·spre·ken** (sprak recht, heeft rechtgesproken) *(van een rechter)*: beslissen of iemand zich wel of niet volgens de wet heeft gedragen en of hij of zij een straf verdient.

**rechts·staat** (de ~ (m.); -staten) land waar iedereen rechten heeft die zijn vastgelegd in wetten waaraan iedereen moet gehoorzamen ♦ *Nederland en België zijn rechtsstaten*.

**recht·staan** (stond recht, is rechtgestaan) (in België □) opstaan, gaan staan.

**recht·stan·dig** (bijv. nw.) in of met een rechte stand ⇒ *loodrecht* ♦ *de zwemmer dook rechtstandig naar beneden*.

**recht·streeks** (bijv. nw.) **1** zonder omwegen ⇒ *direct* ♦ *na school gaat hij rechtstreeks naar huis* **2** *(van een radio- of tv-programma)*: uitgezonden op hetzelfde moment dat de microfoons of camera's het registreren ⇒ *direct, live*.

**rechts·ver·vol·ging** (de ~ (v.)) het voor de rechter moeten verschijnen omdat je ervan wordt verdacht dat je je niet aan de wet hebt gehouden ♦ *ontslag van rechtsvervolging*: uitspraak van de rechter dat je niet strafbaar bent.

**rechts·we·ge** ▼ *van rechtswege*: volgens het recht; *de voogd werd van rechtswege benoemd*.

**rechts·zaak** (de ~; -zaken) gelegenheid waarbij een rechter onderzoekt en beslist of je je volgens de wet gedragen hebt en of je straf verdient.

**rechts·zaal** (de ~; -zalen) zaal waarin je voor de rechter verschijnt.

**recht·toe, recht·aan** (bijw.) op de makkelijkste en meest gewone manier, recht op het doel af.

**recht·trek·ken** (trok recht, heeft rechtgetrokken) *iets rechttrekken*: ervoor zorgen dat iets goed komt, iets verbeteren omdat het fout of oneerlijk was.

**recht·uit** (bijw.) naar voren in een rechte lijn ♦ *rechtuit lopen*.

**recht·vaar·dig** (bijv. nw.) volgens het recht[1]* (bet.2), eerlijk en billijk ♦ *een rechtvaardige verdeling*.

**recht·vaar·di·gen** (rechtvaardigde, heeft gerechtvaardigd) *iets rechtvaardigen*: laten zien dat iets juist of rechtvaardig is ♦ *jouw gedrag valt niet te rechtvaardigen*.

**recht·zet·ten** (zette recht, heeft rechtgezet) *iets rechtzetten*: duidelijk maken hoe iets dat verkeerd gezegd of begrepen was in elkaar zit.

**recht·zin·nig** (bijv. nw.) streng volgens een godsdienstige leer, het tegenovergestelde van 'vrijzinnig' ⇒ *orthodox*.

**re·ci·di·vist** (de ~ (m.); -en) iemand die opnieuw iets strafbaars doet.

**recipiëren** re·ci·pi·e·ren (recipieerde, heeft gerecipieerd) een receptie (bet.1) houden ♦ *het bruidspaar recipieert van vijf tot zeven uur*.

**re·ci·tal** [riesajtel, in België: reesietal](het ~; -s) muziekuitvoering door één persoon.

**re·ci·ta·tief** (het ~; recitatieven) gedeelte van bijv. een opera dat half zingend en half sprekend wordt voorgedragen.

**re·ci·te·ren** (reciteerde, heeft gereciteerd) *een tekst reciteren*: die voordragen.

**re·cla·me** (de ~; -s) **1** het aanprijzen van een artikel, dienst of bedrijf om de mensen over te halen het te kopen of er gebruik van te maken ♦ *reclame voor iets maken*; *op de televisie kun je vaak reclames voor levensmiddelen zien*; *bij de groenteman is de sla in de reclame*: daar is de sla goedkoper dan normaal **2** het reclameren* ♦ *reclames binnen acht dagen na aankoop*.

**re·cla·me·ren** (reclameerde, heeft gereclameerd) *ergens over reclameren*: een klacht over iets indienen, bezwaar tegen iets maken ♦ *de klant reclameerde bij de chef over de slechte bediening*; *haar moeder reclameerde omdat ze te laat thuiskwam*: (in België □; populair) ze mopperde.

**re·clas·se·ring** (de ~ (v.)) dienst van de overheid die mensen die uit de gevangenis komen helpt om in de maatschappij terug te komen, bijv. door een baan en huisvesting voor ze te zoeken.

**re·com·man·de·ren** (recommandeerde, heeft gerecommandeerd) *iemand of iets recommanderen*: iemand of iets aanbevelen ⇒ *aanprijzen*.

**re·con·struc·tie** (de ~ (v.); -s) het reconstrueren* of iets dat gereconstrueerd* is.

**re·con·stru·e·ren** (reconstrueerde, heeft gereconstrueerd) **1** *iets dat vernield is reconstrueren*: iets in de oorspronkelijke vorm herstellen ♦ *ze hebben de oude kerk mooi gereconstrueerd* **2** *een gebeurtenis reconstrueren*: op grond van de gegevens die je hebt nagaan hoe die gebeurtenis zich heeft afgespeeld ♦ *het reconstrueren van een ongeluk*.

**re·con·ver·sie** (de ~ (v.)) (in België) omschakeling naar een modernere industrie ♦ *de reconversie van de Limburgse steenkoolnijverheid*.

**re·cord** [rekɔr, in België: rekort](het ~; -s) de beste prestatie die ooit is geleverd, het hoogste dat ooit is bereikt ♦ *hij heeft het record op de 100 meter hardlopen gebroken*: hij heeft de 100 meter sneller gelopen dan ooit iemand heeft gedaan; *vandaag stijgt de temperatuur tot 35 graden, dat is een record voor deze zomer*.

**re·cor·der** [riekɔrder, in België: rekorder](de ~; -s) apparaat waarmee je geluiden of beelden opneemt en weergeeft ♦ *bandrecorder; videorecorder*.

**re·co·ve·ry** [riekovverie](de ~; recovery's) kamer in het ziekenhuis waar mensen die zijn geopereerd weer bijkomen uit hun verdoving ⇒ *verkoeverkamer*.

**re·cre·ant** (de ~ (m.); -en) iemand die recreëert*.

**re·cre·a·tie** (de ~ (v.)) het recreëren* ♦ *een recreatiegebied*.

**re·cre·a·tief** (bijv. nw.) gezegd van iets dat met recreatie* te maken heeft ♦ *recreatief sporten*: meer voor je ontspanning dan om grote prestaties te leveren.

**recreëren** re·cre·e·ren (recreëerde, heeft gerecreëerd) op een ontspannende manier je vrije tijd doorbrengen op een plaats die daar speciaal voor bestemd is, bijv. een park of sporthal.

**recru-** → rekru-.

**rec·taal** (bijv. nw.) (medisch) gezegd van iets dat te maken heeft met het rectum* ♦ *de temperatuur rectaal opnemen*: via je anus.

**rec·ti·fi·ca·tie** (de ~ (v.); -s) het rectificeren* of woorden waarmee iets gerectificeerd* wordt ♦ *in de krant staat een rectificatie van het bericht van gisteren*.

**rec·ti·fi·ce·ren** (rectificeerde, heeft gerectificeerd) *een onjuiste mededeling rectificeren*: die verbeteren door een nieuwe mededeling te doen die wél juist is.

**rec·tor** (de ~ (m.); rectoren of -s), vrouw: **rec·trix of rec·tri·ce** (de ~ (v.); rectrices) **1** iemand die de leiding heeft over een school voor voortgezet onderwijs **2** (in België) iemand die de leiding heeft over een universiteit.

**rec·tor mag·ni·fi·cus** (Latijn) [rektormagnie̱fiekus] (de ~ (m.); rectores magnifici) voorzitter van het bestuur van een universiteit of hogeschool.

**rec·tum** (het ~) (medisch) endeldarm.

**re·çu** [resṳ] (het ~; reçu's) bon die dient als bewijs dat je iemand iets hebt gegeven ⇒ ontvangstbewijs.

**re·cu·pe·re·ren** (recupereerde, heeft gerecupereerd) herstellen, weer op krachten komen ◆ tussen twee etappes in hebben de wielrenners tijd om te recupereren.

**re·cy·cla·ge** [reesieklaa̱zje] (de ~ (m.)) **1** (in België □) herscholing, omscholing ◆ recyclage van langdurig werklozen **2** (in België □) recycling ◆ door recyclage van oud papier wordt kringlooppapier gemaakt.

**re·cy·cling** (Engels) [riesajkling] (de ~) het gebruik maken van afvalstoffen om nieuwe producten te maken ◆ glas is geschikt voor recycling.

**red.** (afkorting) **1** redactie **2** redacteur.

**re·dac·teur** (de ~ (m.); -en of -s), vrouw: **re·dac·tri·ce** (de ~ (v.); -s) iemand die een tijdschrift, krant of tekst redigeert*.

**re·dac·tie** (de ~ (v.); -s) **1** persoon of groep personen die de inhoud van een krant, een tijdschrift enz. samenstelt of bewerkt **2** het redigeren* ◆ de redactie van dat artikel is niet goed.

**re·dac·ti·o·neel** (bijv. nw.) gezegd van iets dat met de redactie* te maken heeft ◆ een redactioneel artikel: dat door de mensen van de redactie geschreven is.

**re·dac·tri·ce** → redacteur.

**red·de·loos** (bijv. nw.) niet te redden* (bet.1) ◆ het schip is reddeloos verloren.

**red·den** (redde, heeft gered) **1** iemand of iets redden: iemand of iets uit gevaar of moeilijkheden halen ◆ iemands leven redden **2** het redden: het voor elkaar krijgen, erin slagen ◆ zij redt het net niet om dat werk voor vijf uur af te krijgen **3** je redden: je ergens doorheen slaan, niet in moeilijkheden raken ◆ zij kan zich in het Frans goed redden: ze spreekt voldoende Frans om iets te vragen of duidelijk te maken; hij redt zich wel: hij kan wel voor zichzelf zorgen.

**red·der** (de ~ (m.); -s) iemand die een ander redt* (bet.1) ◆ een redder in de nood: (uitdr.) iemand die je precies op tijd komt helpen.

**red·de·ren** (redderde, heeft geredderd) druk bezig zijn, van alles in orde maken ◆ zij loopt altijd in huis te redderen.

**red·ding** (de ~ (v.)) het redden* (bet.1) ◆ het zwemvest was zijn redding: daardoor werd hij gered.

**re·de** (de ~) **1** verstand, vermogen om te denken ⇒ ratio ◆ hij is niet voor rede vatbaar: hij wil niet naar goede argumenten luisteren; iemand tot rede brengen: ervoor zorgen dat iemand zijn of haar verstand gebruikt **2** (-s) toespraak ⇒ redevoering ◆ iemand in de rede vallen: (uitdr.) iemand niet laten uitspreken **3** (-n; ook: ree) beschutte ankerplaats voor schepen buiten de haven.

**re·de·ka·ve·len** (redekavelde, heeft geredekaveld) over iets redekavelen: meningen over iets uitwisselen.

**re·de·kun·dig** (bijv. nw.) ▼ redekundig ontleden: (taal) ontleden in zinsdelen, in onderwerp, gezegde, lijdend voorwerp enz..

**re·de·lijk¹** (bijv. nw.) **1** kloppend met wat de mensen juist vinden ⇒ billijk ◆ dat is een redelijke prijs **2** niet slecht, behoorlijk goed ◆ hij heeft een redelijk cijfer gehaald **3** met rede* (bet.1) ◆ de mens is een redelijk wezen.

**re·de·lijk²** (bijw.) nogal, behoorlijk ⇒ tamelijk ◆ zij kan redelijk hard lopen.

**re·de·lijk·heid** (de ~ (v.)) het redelijk¹* (bet.1) zijn ◆ dat kun je in alle redelijkheid niet van haar verwachten: het is niet eerlijk als je dat van haar verwacht.

**re·de·loos** (bijv. nw.) gezegd van iets waar geen rede* (bet.1) aan te pas komt ◆ redeloze woede.

**re·den¹** (de ~; -en) **1** oorzaak, grond ◆ om technische redenen kan de filmvoorstelling niet doorgaan; zij heeft geen reden tot klagen **2** omstandigheid die je ertoe brengt iets te doen ⇒ beweegreden, motief ◆ zij heeft dat voorstel met redenen omkleed: ze heeft uitgelegd wat haar argumenten waren om het te doen; daar heb ik zo mijn redenen voor: (dit zeg je als je niet wilt vertellen waarom je iets doet).

**re·den²** → rijden.

**re·de·naar** (de ~ (m.); -s) iemand die een rede* (bet.2) houdt ◆ hij is geen groot redenaar: (uitdr.) hij spreekt niet erg goed in het openbaar.

**re·de·ne·ren** (redeneerde, heeft geredeneerd) uiteenzetten waar je van uitgaat en welke stappen je neemt in je denken ◆ je redeneert niet logisch: de ene gedachte volgt bij jou niet logisch op de andere; tegen hem valt niet te redeneren: hij trekt zich niets aan van logische argumenten.

**re·de·ne·ring** (de ~ (v.); -en) ideeën die je uitspreekt en die samen een logische gedachtegang vormen ◆ ik kan je redenering niet volgen.

**re·der** (de ~ (m.); -s) iemand die een aantal schepen bezit en geld verdient door daar passagiers of goederen mee te vervoeren.

**re·de·rij** (de ~ (v.); -en) bedrijf van een reder*.

**re·de·rij·ker** (de ~ (m.); -s) lid van een letterkundige vereniging uit de vijftiende, zestiende en zeventiende eeuw.

**re·de·twis·ten** (redetwistte, heeft geredetwist) met iemand ergens over redetwisten: met iemand strijd over iets voeren door middel van woorden.

**re·de·voe·ring** (de ~ (v.); -en) toespraak ⇒ rede.

**re·di·ge·ren** (redigeerde, heeft geredigeerd) een tekst redigeren: hem schrijven of bewerken.

**re·du·ce·ren** (reduceerde, heeft gereduceerd) iets reduceren: iets kleiner of minder maken ⇒ terugbrengen ◆ het aantal vrije dagen is gereduceerd tot tien.

**re·duc·tie** (de ~ (v.); -s) korting ◆ als je met een groep naar het pretpark gaat, krijg je reductie.

**re·dun·dant** (bijv. nw.) gezegd van iets dat een herhaling is van wat al eerder is gezegd en dat niet strikt noodzakelijk is om de hoofdgedachte te volgen ◆ in de zin 'hij is ziek en voelt zich niet lekker' is 'voelt zich niet lekker' redundant.

**ree¹** (de ~ of het ~; reeën) roodbruin dier dat op een hert lijkt.

**ree²** → rede.

**reed** → rijden.

**reeds** (bijw.) al.

**reëel** re·eel (bijv. nw.) **1** werkelijk, echt, niet denkbeeldig ◆ de reële gevaren van het verkeer **2** met de werkelijkheid als uitgangspunt ⇒ realistisch ◆ je moet wel reëel blijven: je moet geen dingen willen die niet kunnen.

**reef** → rif.

**reeg** → rijgen.

**reeks** (de ~; -en) **1** rij van dingen die op elkaar volgen ⇒ serie ◆ een reeks van jaren **2** (in België □; sport) klasse, afdeling.

**reel** → rail.

**reep** (de ~ (m.); repen) **1** lang en smal stuk ◆ een reep papier **2** smal, rechthoekig stuk chocola.

**rees** → rijzen.

**reet**[1] (de ~; reten) **1** (grof) achterwerk ⇒ *kont, gat* **2** (ouderwets) smalle opening, spleet ⇒ *kier* ♦ *de reten in de planken vloer.*

**reet**[2] → rijten.

**re·fe·raat** (het ~; referaten) voordracht over een onderwerp dat je hebt bestudeerd.

**re·fe·ree** (Engels) [refɛrie] (de ~; -s) scheidsrechter.

**re·fe·rein** → refrein.

**re·fe·ren·dum** (het ~; -s of referenda) stemming van het hele volk over een beslissing die de regering moet nemen ⇒ *volksstemming, volksraadpleging* ♦ *een referendum over kernenergie.*

**re·fe·ren·tie** (de ~(v.); -s) iemand die inlichtingen kan geven over je persoon en je werk, bijv. je baas ♦ *referenties opgeven in een sollicitatiebrief:* namen noemen van personen die inlichtingen over jou kunnen geven.

**re·fe·re·ren** (refereerde, heeft gerefereerd) *aan iets refereren:* naar iets verwijzen ♦ *de journalist refereerde vandaag in de krant aan zijn artikel van gisteren.*

**re·flec·tant** (de ~(m.); -en) iemand die op een advertentie reflecteert* (bet.2).

**re·flec·te·ren** (reflecteerde, heeft gereflecteerd) **1** licht terugkaatsen ♦ *reflecterende trappers aan een fiets* **2** *op een advertentie reflecteren:* erop reageren door een brief te schrijven of door op te bellen.

**re·flec·tie** (de ~(v.)) **1** (-s) weerkaatsing van licht **2** het nadenken ⇒ *overweging* ♦ *zonder enige reflectie stemde ze toe.*

**re·flec·tor** (de ~(m.); -s of -en) plaatje dat licht terugkaatst, bijv. op een fiets of auto.

**re·flex** (de ~(m.); -en) snelle reactie op een plotselinge gebeurtenis, waar je niet bij nadenkt ♦ *ze hield in een reflex haar armen voor haar hoofd toen er een steen naar haar werd gegooid.*

**re·flexief** (bijv. nw.) (taal) wederkerend.

**reform-** [rieform of reeform] gezegd van etenswaren en medicijnen die zuivere natuurproducten zijn, zonder chemische toevoegingen ♦ *reformhoning.*

**Re·for·ma·tie** (de ~(v.); -s) Hervorming, de kerkhervorming aan het begin van de zestiende eeuw waaruit het protestantse geloof ontstaan is.

**re·for·ma·to·risch** (bijv. nw.) gezegd van kerken, scholen enz. die gebaseerd zijn op de leer van de Reformatie (kijk ook bij: **Reformatie**).

**re·form·huis** [rieformhuis of reeformhuis] (het ~; -huizen) winkel waar je reformproducten kunt kopen.

**re·frein** (het ~; -en) gedeelte van een gedicht of lied dat na elk couplet wordt herhaald.

**ref·ter** (de ~(m.); -s) **1** eetzaal in een klooster **2** (in België □) eetzaal in een school of fabriek.

**re·fu·gié** (Frans) [refuuzjee] (de ~(m.); -s) iemand die om politieke of godsdienstige redenen uit zijn of haar land gevlucht is, vooral gebruikt voor een Franse protestant in de zeventiende eeuw.

**re·gel** (de ~(m.); -s of -en) **1** lijn waarop woorden worden geschreven of gedrukt ♦ *ik heb een regel overgeslagen; schrijf een paar regels aan opa:* een briefje; *iets tussen de regels door lezen:* (uitdr.) begrijpen wat met iets wordt bedoeld, hoewel dat niet letterlijk geschreven staat **2** woorden waarin is vastgelegd wat wel en niet mag ⇒ *voorschrift* ♦ *hij houdt zich niet aan de regels; iets doen volgens de regelen der kunst:* (uitdr.) iets doen zoals het moet, iets perfect doen ▼ *in de regel:* gewoonlijk; *in de regel beginnen we om negen uur.*

**re·ge·len** (regelde, heeft geregeld) *iets regelen:* ervoor zorgen dat iets in orde komt of dat iets op de goede manier verloopt ♦ *ik regel mijn zaakjes zelf wel; het verkeer regelen; vrijkaartjes regelen:* ervoor zorgen dat je ze krijgt; *hij regelde de geluidssterkte:* hij zorgde ervoor dat het geluid zo hard klonk als het moest.

**re·ge·ling** (de ~(v.); -en) het regelen*, het nemen van maatregelen om te zorgen dat iets goed verloopt ♦ *de dienstregeling van de treinen; geboorteregeling:* het bewust beïnvloeden van het aantal geboorten binnen een gezin of land; *een regeling treffen:* afspraken maken waardoor iets goed kan verlopen.

**re·gel·maat** (de ~) vaste volgorde van gebeurtenissen of vaste tijdsduur tussen gebeurtenissen ♦ *orde en regelmaat; regelmaat ontdekken in een reeks getallen; met de regelmaat van de klok:* (uitdr.) op vaste tijden, geregeld.

**re·gel·ma·tig**[1] (bijv. nw.) **1** met regelmaat* ♦ *je moet regelmatig naar de tandarts gaan* **2** gezegd van iets waarin alles op de juiste plaats staat ♦ *een regelmatig gebit:* met rechte, goed op elkaar aansluitende tanden en kiezen; *een regelmatig handschrift:* waarbij de letters niet schots en scheef staan.

**re·gel·ma·tig**[2] (bijw.) vaak ⇒ *geregeld* ♦ *er wordt regelmatig ingebroken in zijn winkel.*

**re·gel·recht** (bijw.) in een rechte lijn, zonder omweg ⇒ *rechtstreeks, direct* ♦ *ze ging regelrecht naar huis; iemand regelrecht de waarheid zeggen:* (uitdr.) ronduit, op de man af.

**re·gen**[1] (de ~(m.)) waterdruppels die uit wolken vallen ♦ *een regen van prijzen:* (uitdr.) een grote hoeveelheid prijzen; *van de regen in de drup komen:* (uitdr.) een vervelende of ongunstige situatie proberen te verbeteren en dan juist in een ergere situatie terechtkomen; *na regen komt zonneschijn:* (spreekwoord) na een vervelende tijd krijg je altijd weer een leuke tijd.

**re·gen**[2] → rijgen.

**re·gen·ach·tig** (bijv. nw.) met regen* ♦ *een regenachtige dag.*

**re·gen·boog** (de ~(m.); -bogen) boog met zeven kleurbanen die je soms in de lucht ziet als het regent en als tegelijkertijd de zon schijnt.

**re·gen·boog·vlies** (het ~; -vliezen) gekleurd vlies rondom de pupil in je oog (kijk ook bij: **pupil**) ⇒ *iris.*

**re·ge·nen** (regende, heeft geregend) *het regent:* er vallen regendruppels uit de wolken ♦ *het regent dat het giet:* (uitdr.) het regent heel hard; *het regende complimentjes:* (uitdr.) er werden veel complimentjes gegeven.

**re·gent** (de ~(m.); -en) **1** (vrouw: regentes) iemand die de taak van de vorst waarneemt, bijv. als die nog te jong is om te regeren **2** (vrouw: regentes) iemand die vroeger een stad, een weeshuis, een ziekenhuis enz. bestuurde **3** hoge inlandse bestuurder in de vroegere kolonie Nederlands-Indië **4** (vrouw: regentes) (in België □) niet-officiële benaming voor een leraar die is opgeleid aan een normaalschool en die lesgeeft in de lagere klassen van het secundair onderwijs (de officiële benaming is: geaggregeerde voor het lager secundair onderwijs).

**re·gen·woud** (het ~) oerwoud in een tropisch gebied waar het veel regent.

**re·ge·ren** (regeerde, heeft geregeerd) *een land regeren:* er het hoogste gezag hebben en het besturen ♦ *er regeerde een wijze vorst over het volk.*

**re·ge·ring** (de ~(v.); -en) ministers die regeren*, met aan het hoofd het staatshoofd, bijv. de president of koning ♦ *de regering is afgetreden.*

**re·ge·rings·raad** (de ~(m.); -raden) (in België) vergadering van alle inlandse ministers en hun staatssecretarissen.

**reg·gae** [rekkee] (de ~) muziek uit Jamaica met een dreunend en traag ritme.

**re·gie** [rezjie of rezjie] (de ~(v.); -s) **1** leiding over de uitvoering van een toneelstuk, de opname van een film of een tv-uitzending **2** (in België) openbaar nutsbedrijf ♦ *de Regie van Telegrafie en Telefonie.*

**re·gi·me** [reezjiem](het ~; -s) **1** strenge, harde manier van besturen door een regering die niet democratisch gekozen is (kijk ook bij: **democratisch**) ♦ *een gewelddadig regime voeren* **2** (in België □) dieet.

**re·gi·ment** [reezjiement](het ~; -en) groep van 500 tot 1000 soldaten die bestaat uit twee of meer bataljons.

**re·gio** (de ~; regio's) streek, gebied rond een stad ⇒ *gewest* ♦ *er is maar één schouwburg in de regio.*

**re·gi·o·naal** (bijv. nw.) van of voor de regio* ⇒ *gewestelijk* ♦ *een regionaal ziekenhuis; regionale radiozenders.*

**re·gi·o·nen** (zelfst. nw.) ▼ *in hogere regionen verkeren:* met je gedachten bij verheven onderwerpen zijn; ook: omgaan met mensen uit de hoogste kringen.

**re·gis·se·ren** (regisseerde, heeft geregisseerd) *een film, toneelstuk of tv-programma regisseren:* er de regie* over voeren.

**re·gis·seur** (de ~(m.); -s), vrouw: **re·gis·seu·se** (de ~(v.); -s) iemand die de regie* voert.

**re·gis·ter** (het ~; -s) **1** officiële lijst waarop gegevens over mensen of dingen worden bijgehouden ♦ *geboorteregister:* lijst waarop iedereen de geboren wordt, wordt bijgeschreven **2** lijst met belangrijke termen of namen achter in een boek ♦ *een alfabetisch register* **3** reeks orgelpijpen die je met een knop bedient en die de tonen een bepaalde klankkleur geven (kijk ook bij: **klankkleur**) ♦ *alle registers opentrekken:* (uitdr.) je uiterste best doen om te laten zien hoe goed je iets kunt.

**re·gi·stra·tie** (de ~(v.); -s) het registreren* (bet.1 en 2) ♦ *de registratie van goederen die ingevoerd worden; de registratie van een concert:* de bandopname ervan.

**re·gi·stre·ren** (registreerde, heeft geregistreerd) **1** *iets registreren:* iets in een register* (bet.1) opnemen ♦ *alle ongevallen worden op het politiebureau geregistreerd* **2** *iets registreren:* met opname- of meetapparatuur vastleggen ⇒ *opnemen* ♦ *een concert registreren; een aardbeving registreren* **3** *iets registreren:* iets zien of horen en het goed tot je door laten dringen ♦ *hij registreerde vreemde geluiden in huis.*

**re·gle·ment** (het ~; -en) aantal regels* (bet.2) waarvan is afgesproken dat ze in een bepaalde situatie of voor een bepaalde groep mensen gelden ♦ *het reglement van de voetbalclub; het verkeersreglement; het reglement overtreden.*

**re·gle·men·tair** (bijv. nw.) van het reglement* of volgens het reglement* ♦ *reglementaire bepalingen; hij is niet reglementair aan die prijs gekomen:* op een ongeoorloofde manier.

**re·gu·le·ren** (reguleerde, heeft gereguleerd) *iets reguleren:* iets in goede banen leiden ♦ *het verkeer wordt gereguleerd door stoplichten.*

**re·gu·lier** (bijv. nw.) gangbaar, zoals het gewoonlijk gedaan wordt ♦ *dat is niet de reguliere schrijfwijze van dat woord.*

**re·ha·bi·li·te·ren** (rehabiliteerde, heeft gerehabiliteerd) *iemand rehabiliteren:* in het openbaar meedelen dat iemand ten onrechte van iets beschuldigd is ♦ *jezelf rehabiliteren:* iets dat je een vorige keer slecht had gedaan heel goed doen.

**rei** (de ~(m.); -en) **1** groep mensen die in een toneelstuk na elk bedrijf zingt (kijk ook bij: **bedrijf (bet.2)**) **2** (de ~; -en) stadsgracht in Brugge ♦ *wij maakten een tochtje op de reien.*

**rei·dans** (de ~(m.); -en) rondedans.

**rei·ger** (de ~(m.); -s) grote vogel met een lange snavel en

lange poten, waarvan de grijsblauwe soort bij ons voorkomt aan slootkanten en in weilanden.

**rei·ken** (reikte, heeft gereikt) **1** *naar iets reiken:* iets proberen te pakken of aan te raken ♦ *ik kan niet zo ver reiken:* ik kan er niet bij; *naar de macht reiken:* (uitdr.) de macht proberen te krijgen **2** *tot een bepaalde afstand, hoogte enz. reiken:* zover komen, zover gaan ♦ *zo ver het oog reikte* was er niets te zien **3** *iemand de hand reiken:* iemand je hand toesteken; ook: iemand helpen.

**reik·hal·zend** (bijv. nw.) ▼ *reikhalzend naar iets uitzien:* vol verlangen.

**reik·wijd·te** (de ~(v.)) afstand die door iets bereikt wordt ⇒ *bereik* ♦ *de reikwijdte van het geweer; de reikwijdte van een maatregel:* (uitdr.) de grootte van het effect van een maatregel.

**rei·len** ▼ *het reilen en zeilen van iets:* de manier waarop het er toegaat, met de prettige en vervelende dingen die erbij horen.

**rein** (bijv. nw.) **1** (ouderwets) zuiver, schoon ♦ *reine handen; ik heb een rein geweten:* ik ben onschuldig; *reine dieren:* (uitdr.) dieren waarvan je volgens bepaalde godsdiensten het vlees mag eten ▼ *je reinste onzin:* klinkklare onzin, pure onzin; *iets in het reine brengen:* de misverstanden of conflicten over iets oplossen; *met jezelf in het reine komen:* iets voor jezelf oplossen, zodat je een rustig geweten hebt.

**re·ïn·car·na·tie** (de ~(v.); -s) het na je dood opnieuw geboren worden in een ander lichaam (vooral volgens oosterse godsdiensten) ⇒ *wedergeboorte* ♦ *men gelooft dat hij een reïncarnatie van Boeddha is:* men gelooft dat de ziel van Boeddha in hem is teruggekomen.

**rei·ne·clau·de** (de ~; -s) zoete, groene pruim.

**rei·net** → renet.

**rei·ni·gen** (reinigde, heeft gereinigd) *iets reinigen:* iets schoonmaken ♦ *een wond reinigen; kleren chemisch laten reinigen.*

**reis** (de ~; reizen) tocht van de ene plaats naar de andere ♦ *een voetreis; een reis maken; op reis gaan; een enkele reis:* een kaartje waarmee je heen mag reizen, maar niet terug; *van een kale reis thuiskomen:* (in België □; uitdr.) ergens slecht vanaf komen terwijl je zulke hoge verwachtingen had.

**reis·bu·reau** [reizbuuroo](het ~; -s) bedrijf dat reizen organiseert, vliegtuigstoelen en hotelkamers reserveert enz..

**reis·lei·der** (de ~(m.); -s) iemand die meereist met een groep en onderweg informatie geeft en praktische zaken regelt.

**reis·vaar·dig** (bijv. nw.) klaar om te vertrekken voor een reis ♦ *de oude man maakte zich reisvaardig.*

**rei·zen** (reisde, heeft of is gereisd) een reis* maken ♦ *ze reist dagelijks op en neer tussen Rotterdam en Utrecht; hij heeft veel gereisd:* hij heeft veel landen bezocht.

**rei·zi·ger** (de ~(m.); -s), vrouw: **rei·zig·ster** (de ~(v.); -s) iemand die een reis* maakt ♦ *treinreizigers.*

**rek** (zelfst. nw.) **1** (het ~; -ken) voorwerp met stangen, latten of planken waar je iets aan kunt ophangen of in kunt opbergen, of waar je op kunt steunen ♦ *een droogrek voor de was; een rek voor wijnflessen; een looprek voor een gehandicapte; een klimrek in een speeltuin* **2** (de ~ (m.)) eigenschap van iets dat gerekt* (bet.1) kan worden ⇒ *elasticiteit, rekbaarheid* ♦ *er zit een goede rek in die maillot; de rek is eruit bij hem:* (uitdr.) hij kan niet meer zo makkelijk problemen verwerken of inspannend werk doen.

**re·ka·pi·tu·le·ren** → recapituleren.

**rek·baar** (bijv. nw.) waar rek* (bet.2) in zit ⇒ *elastisch* ♦

een broek met een **rekbare** band; dat is een **rekbaar** begrip: (uitdr.) je kunt er verschillende dingen onder verstaan.

**re·kel** (de ~ (m.); -s) ondeugende, lastige jongen ⇒ *rakker.*

**re·ke·nen** (rekende, heeft gerekend) **1** sommen maken, getallen optellen, aftrekken, vermenigvuldigen of delen ⇒ *cijferen* ♦ *ze kan prima rekenen; naar je toe rekenen:* (uitdr.) zo tellen dat je er zelf voordeel van hebt **2** *op iemand of iets rekenen:* op iemand of iets vertrouwen, geloven dat iemand iets voor je zal doen of dat iets zal gebeuren ♦ *je kunt op me rekenen, het komt in orde; je kunt er niet op rekenen dat de trein op tijd is; reken maar!:* ga er maar vanuit dat het waar is **3** *op iemand of iets rekenen:* geloven dat iemand of iets er zal zijn ♦ *ik reken op tien personen; je kunt op mooi weer rekenen* **4** *een bedrag voor iets rekenen:* een bedrag voor iets vragen ♦ *ik reken er tien gulden voor* **5** *iemand ergens toe rekenen:* vinden dat iemand ergens bij hoort ♦ *ik reken haar tot mijn vriendinnen.*

**re·ke·ning** (de ~ (v.); -en) **1** papier waarop staat hoeveel je moet betalen ⇒ *nota* ♦ *een hoge rekening; iets in rekening brengen:* voor iets laten betalen; *iets op rekening kopen:* iets kopen en de kosten ervan op laten schrijven en later betalen; *het is voor mijn rekening:* ik betaal ervoor; *dat neem ik voor mijn rekening:* (uitdr.) daar zal ik voor zorgen; *die opmerking is voor jouw rekening:* (uitdr.) die heb jij gemaakt en daar ben je zelf verantwoordelijk voor; *de rekening voor iets gepresenteerd krijgen:* (uitdr.) voor iets moeten boeten ▼ *per slot van rekening:* als je alles goed overweegt; *ergens rekening mee houden:* ervan uitgaan dat iets kan gebeuren; *met iemand rekening houden:* aan iemand denken bij wat je doet of zegt.

**re·ken·kun·dig** (bijv. nw.) ▼ *een rekenkundige reeks:* een reeks getallen die volgens een bepaald systeem op elkaar volgen; 2, 4, 6, 8, 10 is een *rekenkundige* reeks.

**re·ken·li·ni·aal** (de ~; -linialen) lat met een uitsparing waarin je een schuif heen en weer beweegt, om berekeningen snel uit te voeren.

**re·ken·ma·chi·ne** (de ~ (v.); -s) apparaat om berekeningen mee uit te voeren ⇒ *calculator.*

**re·ken·schap** (de ~ (v.)) **1** uitleg waarom je iets gedaan hebt, verdediging van je daden ⇒ *verantwoording* ♦ *rekenschap afleggen of geven;* ik ben hem geen *rekenschap* verschuldigd: ik hoef hem geen verklaring te geven ▼ *je ergens rekenschap van geven:* iets heel goed beseffen.

**re·kest, re·kwest** (het ~; -en) schriftelijk verzoek ⇒ *verzoekschrift* ♦ *een rekest indienen.*

**rek·ken** (rekte) **1** (is gerekt) wijder of langer worden als je eraan trekt of als je het spant **2** (heeft gerekt) *iets rekken:* iets langer laten duren ♦ *de kinderen probeerden de tijd dat ze op mochten blijven te rekken; het leven van een patiënt rekken.*

**rekla-** → recla-.

**re·kom·man·de·ren** → recommanderen.

**rekonstru-** → reconstru-.

**rekord(-)** → record(-).

**rekre-** → recre-.

**re·kru·te·ren** (rekruteerde, heeft gerekruteerd) *iemand rekruteren:* iemand voor militaire dienst oproepen ♦ *mensen rekruteren voor een functie:* (uitdr.) ze uitnodigen te solliciteren en ze aannemen.

**re·kruut** (de ~ (m.); rekruten) iemand die pas in militaire dienst is gekomen.

**rek·stok** (de ~ (m.); -ken) horizontaal hangende stok waaraan je gymnastiekoefeningen doet.

**rektifi-** → rectifi-.

**rek·tor** → rector.

**re·ku·pe·re·ren** → recupereren.

**re·kwest** → rekest.

**re·kwi·siet** (het ~; -en) voorwerp dat gebruikt wordt in een toneelvoorstelling.

**re·kwi·si·toor** → requisitoir.

**rel** (de ~ (m.); -len) hooglopende ruzie waarbij een aantal mensen betrokken is ♦ *een rel op straat; een rel schoppen:* tekeergaan uit protest.

**re·laas** (het ~; relazen) verslag van iets dat je hebt meegemaakt.

**re·lais** [rɛlɛ] (het ~; relais) bepaald soort schakelaar in een elektrisch apparaat.

**re·lan·ce** [rǝlãs] (de ~ (v.)) (in België □) heropleving van de economie.

**re·la·te·ren** (relateerde, heeft gerelateerd) *iets ergens aan relateren:* iets ergens mee in verband brengen ♦ *ziekteverzuim is gerelateerd aan het weer:* het staat ermee in verband.

**re·la·tie** (de ~ (v.); -s) **1** verhouding tussen mensen, bijv. een liefdesverhouding ♦ *een goede relatie met de buren hebben; met iemand een relatie aanknopen; ze heeft een eind gemaakt aan haar relatie; goede relaties hebben:* belangrijke of invloedrijke mensen kennen; *een zakenrelatie:* iemand met wie je zaken doet **2** verband tussen dingen ♦ *de relatie tussen roken en longkanker.*

**re·la·tief** (bijv. nw.) betrekkelijk ♦ *de relatieve waarde van een gebruiksvoorwerp:* die groot is als je het voorwerp nodig hebt en klein als je het voorwerp niet kunt gebruiken; *het is relatief goedkoop:* het kost weinig als je kijkt naar wat het waard is.

**re·la·tie·ge·schenk** (het ~; -en) cadeau dat een firma aan zakenrelaties en klanten geeft.

**re·la·ti·ve·ren** (relativeerde, heeft gerelativeerd) *iets relativeren:* het betrekkelijke van iets inzien of aangeven ♦ *je eigen problemen relativeren; ze relativeerde door haar opmerking de gebeurtenis die iedereen zo interessant vond.*

**re·laxed** (Engels) [rielɛkst, in België: reːlaːkst] (bijv. nw.) (populair) lekker op je gemak ⇒ *ontspannen.*

**re·laxen** [rielɛksǝn, in België: reːlaːksǝn] (relaxte, heeft gerelaxt) je ontspannen.

**re·le·vant** (bijv. nw.) van belang, belangrijk ♦ *je opmerking is niet relevant voor deze discussie.*

**re·lict** (het ~; -en) overblijfsel uit een vroegere ontwikkelingsfase ♦ *relicten van middeleeuwse burchten.*

**re·liëf** (het ~) **1** het uitsteken boven iets anders ♦ *een wereldbol met reliëf:* waarop de berggebieden meer uitsteken dan de rest; *reliëf aan een verhaal geven:* (uitdr.) het sprekender maken door het een beetje aan te dikken **2** (-s) beeldhouwwerk dat gedeeltelijk vastzit op een vlakke achtergrond.

**re·liek** (de ~ (v.); -en) relikwie.

**re·li·gie** (de ~ (v.); -s) godsdienst.

**re·li·gi·eus** (bijv. nw.) godsdienstig, vroom.

**re·likt** → relict.

**re·li·kwie** (de ~ (v.) of het ~; relikwieën) **1** voorwerp dat vereerd wordt omdat het afkomstig is van Jezus of van een heilige, bijv. een stukje van het kruis of een botje ⇒ *reliek* **2** voorwerp waar je erg aan gehecht bent omdat het afkomstig is van iemand van wie je veel hield of van iemand die je vereert.

**re·ling** (de ~; -en) bovenrand van een hek aan een scheepsdek ♦ *over de reling hangen.*

**re·li·pop** (de ~) religieuze popmuziek.

**rem** (zelfst. nw.) **1** (de ~; -men) onderdeel van een voertuig of apparaat waarmee je het langzamer kunt laten lopen of kunt laten stoppen ♦ *op de rem trappen; alle remmen losgooien:* (uitdr.) je helemaal laten gaan **2** (de ~ (m.))

eenheid waarmee de hoeveelheid radioactieve straling in planten, dieren en mensen of in de lucht wordt uitgedrukt (kijk ook bij: **radioactief**).

**rem·bours** [rambœrs] (zelfst. nw.) ▼ *iets onder rembours versturen:* een artikel dat iemand heeft gekocht per post aan hem of haar toesturen, waarbij de postbode het alleen mag afgeven als het meteen betaald wordt.

**re·me·di·al tea·cher** (Engels) [riemiediejeltietsjer] (de ~; -s) leerkracht voor kinderen met een leerachterstand.

**re·me·die** (de ~ (v.) of het ~; -s) iets waarmee je een kwaal verhelpt ♦ *massage is een goede remedie tegen spierpijn.*

**rem·geld** (het ~; -en) (in België) bedrag dat een patiënt moet betalen voor geneeskundige verzorging en dat het ziekenfonds niet terugbetaalt.

**re·mi·gre·ren** (remigreerde, is geremigreerd) weer in je eigen land gaan wonen.

**re·mi·se** (de ~ (v.); -s) **1** garage voor bussen, trams en treinen **2** onbesliste afloop van een schaak- of dampartij.

**rem·men** (remde, heeft geremd) **1** de rem* (bet.1) gebruiken ♦ *ik kon bijtijds remmen voor de overstekende kinderen* **2** iets of iemand remmen: iets of iemand tegenhouden ⇒ afremmen ♦ *de ontwikkeling van dat volk wordt geremd door de grote armoede.*

**rem·ming** (de ~ (v.); -en) iets in jezelf dat je tegenhoudt je te gedragen zoals je het liefst zou willen.

**re·mon·strants** (bijv. nw.) behorende bij de Remonstrantse Broederschap; dit is een kerkgenootschap dat door de aanhangers van Arminius in de zeventiende eeuw is gesticht.

**rem·pla·çant** [ramplæsant] (de ~ (m.); -en) plaatsvervanger of plaatsvervangend middel ⇒ vervanger.

**rem·weg** (de ~ (m.); -en) afstand die een voertuig bij een bepaalde snelheid nodig heeft om volledig tot stilstand te komen.

**ren** (zelfst. nw.; -nen) **1** (de ~ (m.)) het rennen*, snelle loop ♦ *in volle ren; paardenrennen:* draafwedstrijden voor paarden **2** (de ~) omheind stukje grond waar dieren, bijv. kippen kunnen lopen.

**re·nais·san·ce** (Frans) [renessãnse] (de ~) (letterlijk: wedergeboorte) opbloei van de kunst en wetenschap in de vijftiende-zestiende eeuw die het gevolg was van een hernieuwde belangstelling voor de klassieke oudheid.

**ren·da·bel** (bijv. nw.) gezegd van een zaak die voldoende winst oplevert om ermee door te gaan ⇒ lonend, winstgevend ♦ *dat buurtwinkeltje is niet meer rendabel.*

**ren·de·ment** (het ~; -en) de opbrengst van iets vergeleken met wat het kost aan geld of inspanning ♦ *deze motor heeft een hoog rendement:* hij levert veel energie, in verhouding tot de brandstof of stroom die hij gebruikt.

**ren·de·ren** (rendeerde, heeft gerendeerd) rendabel* zijn, winst opleveren.

**ren·dez-vous** (Frans) [rãndeevoe] (het ~) afgesproken ontmoeting, vooral van twee geliefden.

**ren·dier** (het ~; -en) groot hert met een breed gewei, dat in noordelijke gebieden leeft.

**re·net** (de ~; -ten) appel van een bepaalde zurige soort.

**ren·nen** (rende, heeft gerend) heel hard lopen ⇒ hollen, draven.

**re·no·va·tie** (de ~ (v.); -s) het renoveren*.

**re·no·ve·ren** (renoveerde, heeft gerenoveerd) een woning renoveren: die zo verbouwen dat hij voldoet aan de eisen van deze tijd.

**ren·ta·bi·li·teit** (de ~ (v.)) het rendabel* zijn.

**ren·te** (de ~; -n of -s) vergoeding voor geleend geld die bestaat uit een percentage van dat geleende geld (kijk ook bij: **percentage**) ⇒ interest.

**ren·te·nier** (de ~ (m.); -s), vrouw: **ren·te·nier·ster** (de ~ (v.); -s) iemand die renteniert*.

**ren·te·nie·ren** (rentenierde, heeft gerentenierd) van je rente* leven, niet hoeven werken omdat je rijk genoeg bent.

**ren·te·nier·ster** → rentenier.

**ren·te·voet** (de ~ (m.)) percentage, hoogte van de rente ♦ *een rentevoet van 8%.*

**rent·mees·ter** (de ~ (m.); -s) iemand die het eigendom van een ander beheert, vooral een huis of een landgoed.

**ren·tree** [rãntree] (de ~) terugkeer in het theater of in de wereld van de kunst of sport ⇒ comeback ♦ *je rentree maken als zanger.*

**re·or·ga·ni·se·ren** (reorganiseerde, heeft gereorganiseerd) iets reorganiseren: iets anders organiseren, iets opnieuw inrichten of indelen ♦ *de winkel wordt gereorganiseerd.*

**rep** (zelfst. nw.) ▼ *in rep en roer zijn:* in grote opwinding zijn en druk bezig zijn; iedereen was in rep en roer voor de bruiloft.

**re·pa·ra·tie** (de ~ (v.); -s) keer dat je iets repareert* ♦ *de reparatie kost ƒ 10,-; mijn fiets is in de reparatie:* hij wordt gerepareerd.

**re·pa·re·ren** (repareerde, heeft gerepareerd) iets repareren: dat wat kapot aan iets is weer in orde brengen ⇒ herstellen.

**repatriëren** re·pa·tri·e·ren (repatrieerde, is gerepatrieerd) naar je vaderland terugkeren als je lang in het buitenland hebt gewoond.

**re·per·cus·sie** (de ~ (v.); -s) **1** tegenmaatregel, wraakneming ♦ *uit angst voor repercussies van hun tegenstander durfden ze niets tegen hem te ondernemen* **2** weerslag, nadelig gevolg ♦ *de repercussie van nieuwe maatregelen.*

**re·per·toi·re** [reepertwaar] (het ~; -s) alle nummers of trucs die een kunstenaar of artiest beheerst en kan uitvoeren ♦ *je hele repertoire afwerken:* alles wat je kunt laten horen of zien.

**re·pe·te·ren** (repeteerde, heeft gerepeteerd) **1** een muziek- of toneelstuk repeteren: het oefenen, het instuderen om het te kunnen uitvoeren **2** iets repeteren: iets herhalen ♦ *deze les moet gerepeteerd worden; een repeterende breuk:* een breuk met een cijfer achter de komma dat tot in het oneindige herhaald kan worden.

**re·pe·ti·tie** (de ~ (v.); -s) **1** schriftelijke vragen en opdrachten over stof die in de les behandeld is **2** keer dat je een muziek- of toneelstuk repeteert* (bet.1).

**re·pe·ti·tor** (de ~ (m.); -s of -en) iemand die mensen helpt om een examen voor te bereiden of om iets in te studeren.

**re·pli·ca** (de ~; replica's) kopie van een kunstvoorwerp.

**re·pli·ce·ren** (repliceerde, heeft gerepliceerd) iets repliceren: iets als repliek* geven ⇒ antwoorden.

**re·pliek** (de ~ (v.); -en) antwoord, vaak een opmerking waarmee je ingaat tegen wat iemand zei ⇒ weerwoord ♦ *iemand van repliek dienen:* (uitdr.) iemand een afdoend antwoord geven, iemand op zijn of haar nummer zetten.

**re·por·ta·ge** [reeportaazje] (de ~ (v.); -s) verslag van gebeurtenissen in een krant, op de radio of de televisie.

**re·por·ter** [rieporter, in België: reporter] (de ~ (m.); -s) iemand die reportages* maakt ⇒ verslaggever.

**rep·pen** (repte, heeft gerept) **1** over iets reppen: over iets beginnen te praten ♦ *hij repte er met geen woord over* **2** je reppen: je haasten, voortmaken ♦ *hij repte zich naar huis.*

**re·pre·sail·le** [reeprezzajje] (de ~; -s) iets dat je doet als vergelding of om wraak te nemen ◆ *represaille*maatregelen; *represailles nemen*.

**re·pre·sen·tant** (de ~(m.); -en), vrouw:
**re·pre·sen·tan·te** (de ~(v.); -n of -s) **1** iemand die officieel de belangen van iemand anders behartigt ⇒ *vertegenwoordiger* **2** iemand die een typisch voorbeeld of vertegenwoordiger is van een bepaalde stroming ⇒ *exponent* ◆ *ze is een representante van de vredesbeweging*.

**re·pre·sen·ta·tie** (de ~(v.); -s) **1** het representeren* (bet.1) ⇒ *vertegenwoordiging* **2** uitbeelding, voorstelling ◆ *dat wandkleed is een representatie van een middeleeuwse jachtpartij*.

**re·pre·sen·ta·tief** (bijv. nw.) **1** gezegd van mensen of dingen die een goed beeld geven van de groep waar ze bij horen ◆ *die uitvoering is representatief voor het peil van dit toneelgezelschap* **2** iemand of iets vertegenwoordigend, namens iemand of iets optredend ◆ *een representatieve functie* **3** waarmee je voor de dag kunt komen, netjes en verzorgd ◆ *een representatief uiterlijk*.

**re·pre·sen·ta·tie·kos·ten** (zelfst. nw.; meervoud) geld dat je uit moet geven omdat je een bepaalde functie of positie hebt, bijv. geld voor kleding, diners, cadeaus enz..

**re·pre·sen·te·ren** (representeerde, heeft gerepresenteerd) **1** iemand of iets representeren: in de plaats van iemand of iets aanwezig zijn, iemand of iets vertegenwoordigen ◆ *de minister laat zich representeren door zijn secretaris* **2** (van een afbeelding) iemand of iets representeren: iemand of iets voorstellen.

**re·pres·sie** (de ~(v.); -s) (in België) bestraffing van collaborateurs na de Eerste en Tweede Wereldoorlog (kijk ook bij: **collaborateur**).

**re·pres·sief** (bijv. nw.) gezegd van acties of maatregelen die bedoeld zijn om verzet of opstand te onderdrukken.

**re·pri·man·de** (de ~; -s) (deftig) berisping.

**re·pri·se** (de ~(v.); -s) herhaling van een film of van een toneel- of muziekstuk.

**re·pro** (de ~; repro's) (verkorting) reproductie.

**re·pro·du·ce·ren** (reproduceerde, heeft gereproduceerd) *iets reproduceren*: iets opnieuw voortbrengen, iets weergeven ◆ *een schilderij reproduceren*: het namaken, het kopiëren; *hij kon precies reproduceren wat ze had gezegd*: hij kon het letterlijk navertellen.

**re·pro·duc·tie** (de ~(v.); -s) nagemaakt of gekopieerd kunstwerk.

**rep·tiel** (het ~; -en) kruipend, koudbloedig dier met een wervelkolom, dat eieren legt en vooral op het land leeft, zoals de slang en de hagedis.

**re·pu·bliek** (de ~(v.); -en) staatsvorm waarbij het staatshoofd wordt gekozen, in tegenstelling tot bijv. een koninkrijk of dictatuur.

**re·pu·bli·kein** (de ~(m.); -en), vrouw: **re·pu·bli·kein·se** (de ~(v.); -n) iemand die een republiek* de beste staatsvorm vindt.

**re·pu·ta·tie** (de ~(v.); -s) goede of slechte naam waaronder iemand of iets bekend is ◆ *die winkel heeft een uitstekende reputatie; ze heeft een reputatie hoog te houden*: ze heeft een goede naam en ze moet ervoor zorgen dat ze die behoudt.

**re·qui·em** (Latijn) [reekwiejem] (het ~; -s) muziek die geschreven is voor een begrafenisplechtigheid.

**re·qui·siet** → rekwisiet.

**re·qui·si·toir** [reekwiezietwaar of reekwiezietoor] (het ~; -s of -en) (rechtspraak) aanklacht, beschuldiging, vaak in de vorm van een betoog door de officier van justitie.

**re·search** (Engels) [riesuurtsj] (de ~) onderzoek, vooral wetenschappelijk onderzoek ◆ *research verrichten*.

**re·ser·vaat** (het ~; reservaten) beschermd gebied ◆ *natuurreservaat; indianenreservaat*.

**re·ser·ve** (de ~) **1** (-s) iets dat je bewaart om te gebruiken als je het nodig hebt, bijv. geld, eten of kleren ◆ *reservevoedsel; iets in reserve houden* **2** (-s) persoon of groep personen die als het nodig is anderen kan helpen of voor anderen kan invallen ◆ *reservetroepen; het team bestond uit acht spelers, waarvan twee reserves* **3** voorbehoud, bedenking ⇒ *terughoudendheid* ◆ *iemand met reserve tegemoet treden; zonder enige reserve vertelde ze haar plannen*.

**re·ser·ve·ren** (reserveerde, heeft gereserveerd) **1** iets reserveren: afspreken dat iets voor je vrijgehouden wordt ⇒ *bespreken* ◆ *een tafel reserveren in een restaurant; een boek in de bibliotheek laten reserveren* **2** iets ergens voor reserveren: iets ergens voor bewaren om het alleen daarvoor te gebruiken ◆ *we willen geld reserveren voor de vakantie*.

**re·ser·voir** [reezervwaar] (het ~; -s) bewaarplaats voor een voorraad vloeistof of gas ⇒ *tank* ◆ *een waterreservoir*: een plaats waar een grote hoeveelheid water wordt verzameld en bewaard.

**re·si·dent** (de ~(m.); -en) Nederlands bestuurder in de vroegere kolonie Nederlands-Indië.

**re·si·den·tie** (de ~(v.); -s) **1** stad waar de regering is gevestigd ◆ *Den Haag is de residentie van Nederland* **2** gebied dat vroeger door een resident* werd bestuurd.

**re·si·de·ren** (resideerde, heeft geresideerd) *ergens residere*n: (deftig) ergens wonen, ergens verblijf houden ⇒ *zetelen*.

**re·si·du** (het ~; residu's of -en) overblijfsel, rest, vooral een stof die overblijft na een scheikundige reactie.

**re·sig·na·tie** [reezienjaa(t)sie] (de ~(v.)) **1** het resigneren* (bet.1) ⇒ *berusting, gelatenheid* **2** (-s) keer dat je resigneert* (bet.2).

**re·sig·ne·ren** [reezienjeeren] (resigneerde, heeft geresigneerd) **1** ergens in berusten, je ergens bij neerleggen **2** ophouden met een ambt of functie.

**re·si·stent** (bijv. nw.) niet vatbaar voor een ziekte, daartegen bestand ⇒ *immuun* ◆ *dit aardappelras is resistent tegen de meeste plantenziekten*.

**re·so·lu·tie** (de ~(v.); -s) **1** besluit van de overheid of van een hoge functionaris **2** conclusie aan het eind van een vergadering die de mening van de aanwezigen over een belangrijk onderwerp weergeeft.

**re·so·luut** (bijv. nw.) beslist, vastberaden ◆ *iemand resoluut de waarheid zeggen; een resoluut antwoord*.

**re·so·ne·ren** (resoneerde, heeft geresoneerd) naklinken, weergalmen.

**resp.** (afkorting) *resp*ectievelijk.

**res·pect** (het ~) eerbied en waardering ◆ *respect voor iemand hebben; uit respect voor mijn moeder; met alle respect*: (dit zeg je voor- of nadat je een harde of felle uitspraak over iemand of iets doet, om die wat te verzachten).

**res·pec·ta·bel** (bijv. nw.) eerbiedwaardig ◆ *een respectabele buurt*: waar nette mensen wonen.

**res·pec·te·ren** (respecteerde, heeft gerespecteerd) **1** iemand respecteren: respect* voor iemand hebben **2** iets respecteren: iets met respect* behandelen, iets ontzien, iets in zijn waarde laten ◆ *ik respecteer je gevoelens* **3** wetten, voorschriften enz. respecteren: die naleven, die in acht nemen.

**res·pec·tief** (bijv. nw.) gezegd van iets dat afzonderlijk bij één van de genoemde mensen of dingen behoort ◆ *jullie kunnen je respectieve eigendommen komen ophalen*: iedereen van de groep kan zijn eigen eigendommen komen ophalen.

**res·pec·tie·ve·lijk** (bijw.) in de volgorde die net genoemd is ◆ *Carlos, Michiel en Yasmin haalden respectievelijk een 7, een 6 en een 8*: Carlos haalde een 7, Michiel een 6 en Yasmin een 8.

**res·pijt** (het ~) uitstel dat je krijgt om iets te doen ◆ *geef mij een dag respijt, dan zal ik betalen.*

**res·pon·dent** (de ~ (m.); -en) iemand die antwoordt op een schriftelijke enquête.

**res·pons** (de ~ (v.) of het ~) antwoord, vooral een reactie op een verzoek om aan een onderzoek mee te werken ◆ *de enquêteur kreeg veel respons; ik kreeg helemaal geen respons op mijn voorstel.*

**res·sort** [ressɔ̱r](het ~; -s) **1** (in België □) springveer **2** (in België □) spiraalmatras **3** (in België □) deel van een bed waar de matras op ligt.

**res·sor·te·ren** (ressorteerde, heeft geressorteerd) *onder iets of iemand ressorteren*: bij iets of iemand horen, onder iets of iemand vallen ◆ *de gemeentepolitie ressorteert onder de burgemeester*: de burgemeester is er verantwoordelijk voor.

**rest** (de ~; -en) iets dat overblijft, dat nog over is ⇒ *restant, overschot* ◆ *de rest doen we morgen; we eten een restje*: eten dat van de vorige dag over is, een kliekje; *voor de rest weet ik het ook niet*: verder; *de stoffelijke resten*: (uitdr.) het lichaam van een dode.

**res·tant** (het ~; -en) rest, overschot ◆ *de restanten van de maaltijd; de winkel houdt opruiming van restanten*: van het onverkochte deel van de voorraad.

**res·tau·rant** [restoorant of restooraⁿ](het ~; -s) plaats waar je tegen betaling kunt eten.

**res·tau·ra·teur** [restooraateu̱r](de ~ (m.); -s) **1** iemand die restauraties* (bet.1) verricht aan kunstwerken en gebouwen **2** eigenaar van een restaurant*.

**res·tau·ra·tie** [restooraa(t)sie](de ~ (v.); -s) **1** het restaureren* van kunstwerken, oude gebouwen enz. **2** gedeelte van een station of trein waar je iets kunt eten of drinken.

**res·tau·re·ren** [restooreeren](restaureerde, heeft gerestaureerd) *een gebouw of een kunstwerk restaureren*: het opknappen, het in de vroegere toestand terugbrengen.

**res·ten** (restte, heeft gerest) *iemand resten*: voor iemand over blijven om te doen of te zeggen ◆ *mij rest niets anders dan naar huis te gaan; het werk dat ons nog rest.*

**res·te·ren** (resteerde, heeft geresteerd) nog overblijven, over zijn ◆ *de resterende dagen van de vakantie; het resterende bedrag scheld ik je kwijt*: het bedrag dat je nog moet terugbetalen.

**res·ti·tu·e·ren** (restitueerde, heeft gerestitueerd) *geld restitueren*: het terugbetalen ◆ *de voorstelling gaat niet door, uw entreegeld wordt gerestitueerd.*

**res·ti·tu·tie** (de ~ (v.); -s) terugbetaling.

**res·tric·tie** (de ~ (v.); -s) beperkende voorwaarde ◆ *toestemming zonder restricties.*

**re·sul·taat** (het ~; resultaten) dat wat iets oplevert of dat wat het uiteindelijke gevolg is ⇒ *opbrengst, uitkomst* ◆ *het resultaat van het onderzoek*: de uitslag ervan; *ik heb het geprobeerd, maar zonder resultaat*: zonder dat het succes had; *dik worden is vaak het resultaat van te veel eten*: het gevolg.

**re·sul·te·ren** (resulteerde, heeft geresulteerd) *ergens in resulteren*: iets als resultaat* hebben ◆ *zijn luiheid resulteerde in een reeks onvoldoendes.*

**re·su·mé** (het ~; -s) samenvatting.

**re·su·me·ren** (resumeerde, heeft geresumeerd) *iets, bijv. de inhoud van een gesprek, resumeren*: een resumé* van iets geven ⇒ *samenvatten.*

**re·sus·fac·tor** (de ~ (m.))(medisch) stof die bij de meeste mensen in het bloed voorkomt en die werkt als een gif als hij in aanraking komt met bloed dat deze stof niet bevat (dit kan gebeuren als bij een ongeboren kindje de stof wel voorkomt en bij de moeder niet).

**re·ten** → rijten.

**re·ti·na** (de ~; retina's)(medisch) netvlies.

**re·ti·ra·de** (de ~ (v.); -s)(ouderwets) openbare wc in een gebouw.

**re·ti·re·ren** (retireerde, heeft geretireerd) *je retireren*: je terugtrekken.

**re·to·ri·ca** (de ~ (v.)) **1** kunst om in het openbaar dingen zó te zeggen dat je bedoeling overkomt en dat de mensen graag naar je luisteren ⇒ *welsprekendheid* **2** (in België) de hoogste Latijnse klas in het secundair onderwijs (kijk ook bij: **secundair**).

**re·to·riek** (de ~ (v.)) gebruik van mooi bedachte maar nietszeggende woorden.

**re·to·ri·ka** → retorica.

**re·to·risch** (bijv. nw.) te maken hebbend met retorica* (bet.1) ◆ *zij heeft een retorisch talent*: zij kan goed praten in het openbaar; *een retorische vraag*: vraag waarop je geen antwoord verwacht omdat dat antwoord wel duidelijk is.

**re·tort** (de ~; -en) glazen bol met een gebogen hals eraan, om stoffen in te destilleren (kijk ook bij: **destilleren**).

**re·tou·che·ren** [rætoesjeeren](retoucheerde, heeft geretoucheerd) **1** *een foto retoucheren*: die met een stift of met verf bijwerken zodat hij er wat mooier uitziet **2** *kleren retoucheren*: (in België □) ze passend maken door kleine veranderingen aan te brengen, bijv. door ze wat langer te maken.

**re·tour**[1] [rətoe̱r](het ~; -s) **1** treinkaartje waarmee je heen en terug kunt reizen, het tegenovergestelde van 'enkeltje' ◆ *één retour Gent alstublieft* ▼ *op je retour zijn*: minder presteren dan vroeger.

**re·tour**[2] [rətoe̱r](bijw.) terug naar de afzender of naar de plaats van vertrek ◆ *ze stuurde de brief ongeopend retour; retourvlucht*: terugreis van een vliegtuig.

**re·tour·ne·ren** [rətoerneeren](retourneerde, heeft geretourneerd) *iets retourneren*: iets terugsturen naar de afzender ◆ *de beschadigde zending werd geretourneerd.*

**re·trai·te** (Frans) [rətrɛː̱te](de ~; -s) tijdelijke afzondering om rustig over dingen na te kunnen denken ◆ *in retraite gaan.*

**re·trie·ver** (Engels) [rietrie̱ver](de ~ (m.); -s) bepaald hondenras, waartoe de golden retriever en de labrador behoren.

**re·tro** (de ~) stijl in muziek en mode, die teruggaat op de jaren 60 en 70.

**re·tros·pec·tief**[1] (de ~ (m.); retrospectieven) overzicht of tentoonstelling waarin aandacht besteed wordt aan het verleden ◆ *een retrospectief van de films van Spielberg*: een overzicht en vertoning van de films die hij gemaakt heeft.

**re·tros·pec·tief**[2] (bijv. nw.) terugkijkend naar wat geweest is ◆ *een retrospectieve benadering van de zaak.*

**re·turn** (Engels) [rietu̱rn](de ~; -s) **1** tweede wedstrijd tegen dezelfde tegenstander **2** het terugslaan van de bal bij tennis of van de shuttle bij badminton, die de tegenstander naar jou heeft geslagen.

**reu** (de ~ (m.); -en) mannetjeshond.

**reuk** (de ~ (m.)) **1** vermogen om geuren waar te nemen, om te ruiken ◆ *de meeste dieren hebben een betere reuk dan mensen; het reukorgaan*: de neus; *in een kwade reuk staan*: (uitdr.) slecht bekend staan **2** geur, lucht ◆ *de hond ging op de reuk af.*

**reu·ma** (het ~) ziekte waarbij spieren, pezen en gewrichten ontstoken en pijnlijk zijn ⇒ *reumatiek*.

**reu·ma·tiek** (de ~(v.)) reuma* ♦ *zij loopt krom van de reumatiek*.

**reünie** re·u·nie (de ~(v.); -s) bijeenkomst van een groep mensen die elkaar lang niet hebben gezien ♦ *een reünie van de eerste klas van de lagere school.*

**reus** (de ~(m.); reuzen), vrouw: **reu·zin** (de ~(v.); -nen) sprookjesfiguur die eruitziet als een heel groot mens ⇒ *gigant, kolos* ♦ *Klein Duimpje en de reus; een reus van een boom:* (uitdr.) een heel grote boom.

**reus·ach·tig** (bijv. nw.) 1 erg groot, zoals een reus* ⇒ *gigantisch, kolossaal* ♦ *een reusachtig bedrijf; een reusachtig beest* 2 geweldig, fantastisch ⇒ *reuze, enorm* ♦ *een reusachtig idee.*

**reut** (de ~) (populair) grote ongeordende groep mensen of dingen ⇒ *reutemeteut, zwik* ♦ *je mag de hele reut meenemen:* je mag alle spullen meenemen.

**reu·te·len** (reutelde, heeft gereuteld) met een borrelend geluid ademhalen, doordat er slijm in de weg zit.

**reu·te·me·teut** (de ~) (populair) reut.

**reu·ze** (bijv. nw.) fantastisch, geweldig, heel erg ⇒ *enorm, reusachtig* ♦ *hij is reuze blij met z'n zakmes; een reuze bof.*

**reu·zel** (de ~(m.)) gesmolten varkensvet ♦ *iets bakken in reuzel.*

**reu·zen·rad** (het ~) kermisattractie die bestaat uit een enorm ronddraaiend rad met stoeltjes.

**reu·zin** → reus.

**re·va·li·da·tie** (de ~(v.)) het revalideren* ♦ *een revalidatiecentrum:* een gebouw met middelen en personeel om een gehandicapte te helpen bij het revalideren.

**re·va·li·de·ren** (revalideerde, heeft of is gerevalideerd) jezelf weer leren redden nadat je een ongeluk hebt gehad of ernstig ziek geweest bent.

**re·va·lu·a·tie** (de ~(v.)) vermeerdering van de waarde van een munt ten opzichte van de waarde van buitenlands geld, het tegenovergestelde van 'devaluatie'.

**re·van·che** [revãsj] (de ~; -s) wedstrijd tegen een tegenstander van wie je eerder verloren hebt ♦ *revanche nemen:* winnen van iemand van wie je eerder verloren hebt.

**re·van·che·ren** [revãsjeeren] (revancheerde, heeft gerevancheerd) *jezelf revancheren:* revanche* nemen.

**re·veil** (Frans) [reveij] (het ~) (letterlijk: opwekking) herleving van bepaalde ideeën, vooral op het gebied van de godsdienst.

**re·veil·le** (Frans) [reveije] (de ~) signaal waarmee je een grote groep mensen, bijv. soldaten, wekt ♦ *de reveille blazen:* (bijv. op een hoorn).

**re·ven** (reefde, heeft gereefd) *zeilen reven:* ze een stukje oprollen, zodat ze minder wind vangen.

**re·ve·nu** (het ~; -en of revenu's; meestal meervoud) inkomsten die niet direct in verband staan met werk dat je hebt gedaan, bijv. rente uit aandelen of andere bezittingen ♦ *de revenuen van iets trekken.*

**re·vé·ren·ce** (Frans) [reeverãs(e)] (de ~; -s) diepe, sierlijke buiging.

**re·vers** [reveer] (de ~(m.); revers) rand aan de voorkant van een jas of bloes, die samen met de kraag naar buiten omgeslagen wordt.

**re·vier** (het ~) begrensd gebied waar gejaagd wordt of dat om een of andere reden doorzocht wordt.

**re·vi·se·ren** (reviseerde, heeft gereviseerd) *iets, bijv. een machine, reviseren:* iets helemaal nakijken en als het nodig is repareren ♦ *de piano moet gereviseerd worden.*

**re·vi·sie** (de ~(v.); -s) het reviseren* ♦ *de auto moet nodig in de revisie:* hij moet nodig nagekeken worden.

**re·vi·val** (Engels) [rievajvel] (de ~) het opnieuw in de belangstelling staan ⇒ *herleving* ♦ *de revival van de rock-'n-rollmuziek.*

**re·vi·ze·ren** → reviseren.

**re·vol·te** (de ~(v.); -s) hevig protest waarbij mensen vaak in actie komen door geweld te gebruiken ⇒ *opstand.*

**re·vo·lu·tie** (de ~(v.); -s) 1 aanval op het heersende gezag met de bedoeling de macht te grijpen en politieke en sociale veranderingen door te voeren ⇒ *omwenteling* ♦ *de Franse Revolutie* vond plaats in 1789 2 snelle en totale verandering op een bepaald gebied ⇒ *ommekeer* ♦ *een revolutie in de mode; de industriële revolutie:* de periode in de negentiende eeuw waarin de industrie heel snel tot ontwikkeling kwam, waardoor de samenleving totaal veranderde.

**re·vo·lu·ti·o·nair¹** [reevooluu(t)sjooneer] (de ~(m.); -en) iemand die revolutionair² (bet.1) is.

**re·vo·lu·ti·o·nair²** [reevooluu(t)sjooneer] (bijv. nw.) 1 gezegd van iemand die overtuigd is van de noodzaak van een revolutie* (bet.1) ♦ *revolutionaire werknemers* 2 helemaal nieuw en totaal verschillend van het bestaande ♦ *een revolutionaire uitvinding.*

**re·vol·ver** (de ~(m.)) handvuurwapen met een draaibaar patronenmagazijn dat na elk schot automatisch een nieuwe kogel voor de loop brengt.

**re·vue** [revuu] (de ~; -s) 1 theatervoorstelling met mooie kostuums en decors, waarin kleine toneelstukjes worden afgewisseld door zang en dans ▼ *dingen de revue laten passeren:* (uitdr.) ze één voor één nauwkeurig bekijken of bespreken.

**re·zen** → rijzen.

**rhe·sus·fac·tor** → resusfactor.

**rhythm and blues** (Engels) [riddemenbloees] (de ~) stroming in de Amerikaanse jazzmuziek waarin blues is vermengd met een sterk beatritme.

**RI·AGG** (het ~; RIAGG's) (in Nederland) *R*egionaal *I*nstituut voor *A*mbulante *G*eestelijke *G*ezondheidszorg; dit is een bureau van de overheid waar je terecht kunt als je in geestelijke nood bent.

**ri·ant** (bijv. nw.) bijzonder aantrekkelijk en ruim ♦ *een riant uitzicht; een riante villa.*

**rib, rib·be** (de ~; -ben) 1 elk van de 24 dunne, platte beenderen in de vorm van een boog, die deel uitmaken van de borstkas ♦ *een por in je ribben krijgen:* in je zij; *je kunt zijn ribben tellen:* (uitdr.) hij is erg mager; *dat is een rib uit m'n lijf:* (uitdr.) dat is erg duur 2 balk in het houten geraamte van een bouwwerk ♦ *de ribben in de romp van een schip* 3 (meetkunde) rand waar twee vlakken samenkomen ♦ *de ribben van een kubus.*

**rib·bel** (de ~; -s) smalle verhoging in een stof of op een oppervlak ♦ *ribbels op het wegdek.*

**rib·ben·kast** (de ~; -en) deel van een geraamte dat door ribben (bet.1) wordt gevormd.

**ri·bes** (de ~(m.); -sen) sierheester met rode bloemen.

**rib·flu·weel** (het ~) sterke fluwelen stof met ribbels ⇒ *corduroy, manchester.*

**ri·chel** (de ~; -s) uitstekende rand of uitstekende bovenlat van een kozijn ♦ *leg de sleutel maar op de richel boven de deur.*

**rich·ten** (richtte, heeft gericht) 1 *iets richten:* iets in een bepaalde richting* (bet.1) sturen ♦ *een geweer richten:* op het doel mikken; *je schreden naar iets richten:* ergens op afgaan; *een vraag richten tot iemand:* die aan iemand stellen; *deze brief is aan mij gericht:* hij is voor mij bestemd 2 *je tot iemand richten:* je naar iemand toe keren, bijv. om iets te zeggen of te vragen ♦ *hij richtte zich tot zijn buurman; tot wie moet ik mij richten met dit ver-*

zoek?: aan wie moet ik dit vragen? **3** *je op iemand of iets richten*: je aandacht op iemand of iets vestigen ◆ *hij richt zich helemaal op het halen van zijn examen* **4** *zich naar iemand of iets richten*: iemand of iets tot voorbeeld nemen ◆ *hij richt zich naar de laatste mode.*

**rich·ting** (de ~(v.); -en) **1** denkbeeldige pijl die naar een bestemming wijst ⇒ *kant* ◆ *in zuidelijke richting gaan; hij is vertrokken richting Amsterdam:* hij is de kant van Amsterdam opgegaan; *richting aangeven in het verkeer:* aangeven naar welke kant je af wilt slaan **2** geheel van opvattingen en ideeën over een bepaald onderwerp, manier van denken ◆ *er zijn verschillende richtingen binnen de protestantse kerk* ▼ *eigen richting:* het straffen van een misdadiger door gewone burgers, waarbij het oordeel van de rechter niet wordt afgewacht of gerespecteerd.

**richt·lijn** (de ~; -en) aanwijzing die duidelijk maakt hoe je je moet gedragen of hoe je moet handelen ◆ *ik heb het volgens de richtlijnen van de gebruiksaanwijzing in elkaar gezet.*

**richt·snoer** (het ~; -en) voorschrift, regel waarnaar je je moet richten* (bet.4) ◆ *die partij gebruikt de bijbel als richtsnoer voor het politieke handelen.*

**rid·der** (de ~(m.); -s) **1** iemand die in de Middeleeuwen door een vorst met de ridderslag werd aangesteld als verdediger van de rust en orde in het land (kijk ook bij: **ridderslag**) **2** iemand die van de koning(in) een ridderorde heeft ontvangen (kijk ook bij: **ridderorde**) ◆ *ridder in de orde van Oranje-Nassau* **3** iemand die zich hoffelijk en als een beschermer gedraagt, speciaal ten opzichte van vrouwen.

**rid·de·ren** (ridderde, heeft geridderd) **1** *iemand ridderen:* iemand tot ridder* (bet.1) slaan, iemand ridder* (bet.1) maken **2** *iemand ridderen:* iemand een ridderorde opspelden (kijk ook bij: **ridderorde**).

**rid·der·lijk** (bijv. nw.) **1** zoals past bij een ridder* (bet.1), eerlijk, dapper en edelmoedig ◆ *een ridderlijke strijd* **2** als een ridder* (bet.3), hoffelijk en beschermend ◆ *haar ridderlijke begeleider.*

**rid·der·or·de** (de ~; -n of -s) onderscheiding in de vorm van een lintje, medaille of speld die door het staatshoofd wordt uitgereikt aan iemand die het land een bijzondere dienst heeft bewezen.

**rid·der·slag** (de ~(m.)) zachte klap met een zwaard tegen de hals, waarmee iemand in de Middeleeuwen tot ridder* (bet.1) werd geslagen.

**rid·der·spoor** (de ~; -sporen) plant met kleine witte, blauwe, paarse of roze bloemen.

**ri·di·cuul** (bijv. nw.) belachelijk ⇒ *bespottelijk* ◆ *een ridicuul hoedje.*

**ried** → raden.

**rie·del** (de ~(m.); -s) aantal noten die je vlug achter elkaar op een muziekinstrument speelt ◆ *ze speelde een riedeltje op de piano.*

**rie·den** → raden.

**riek** (de ~(m.); -en) (landbouw) grote ijzeren vork met drie of meer tanden, waarmee je hooi of mest verplaatst.

**rie·ken** (rook, heeft geroken) **1** (ouderwets) een geur verspreiden, geuren ◆ *de rozen rieken; dat riekt naar bedrog:* (uitdr.) het heeft veel weg van bedrog **2** (in België □; populair) ruiken ◆ *iemand niet kunnen rieken of zien:* (uitdr.) iemand niet kunnen uitstaan.

**riem** (de ~(m.); -en) **1** band van stevig materiaal met een gesp om iets mee vast te binden ◆ *een broekriem; sandalen met riempjes* **2** veiligheidsgordel in een auto ◆ *doe de riemen om* **3** roeispaan ◆ *roeien met de riemen die je hebt:* (uitdr.) je behelpen met de mogelijkheden die

je ter beschikking staan **4** bepaalde hoeveelheid papier, namelijk 500 vel.

**riep** → roepen.

**rie·pen** → roepen.

**riet** (het ~) **1** grassoort die langs het water groeit met hoge, stugge stengels **2** (-en) plaatje, gemaakt van die grassoort in het mondstuk van een klarinet, hobo of fagot, dat gaat trillen als je erop blaast en zo het instrument laat klinken.

**riet·je** (het ~; -s) dun buisje van kunststof waardoor je limonade uit een glas of flesje zuigt.

**riet·sui·ker** (de ~(m.)) suiker die gemaakt wordt uit het sap van suikerriet.

**rif** (het ~) **1** (riffen) lang, smal stuk land met een rotsachtige bodem dat vlak onder de zeespiegel ligt of dat alleen bij eb boven het water uitsteekt ◆ *een koraalrif* **2** (reven; ook: reef) strook aan een zeil die kan worden gereefd*.

**ri·gi·de** (bijv. nw.) gezegd van iemand die strak vasthoudt aan regels en principes, die niet soepel is ⇒ *star, strikt.*

**ri·gou·reus** [riegooreus of riegœreus] (bijv. nw.) erg grondig en vergaand ◆ *rigoureuze maatregelen nemen.*

**rij** (de ~; -en) aantal mensen of dingen die naast of achter elkaar geplaatst zijn ◆ *een rij huizen; er stond een lange rij bij de bushalte; een rijtje jaartallen leren; alle dingen op een rijtje zetten:* (uitdr.) erover nadenken en ze goed ordenen in je hoofd, zodat je een overzicht krijgt van het geheel.

**rij·be·wijs** (het ~; -bewijzen) officieel papier waarop staat dat je in staat en bevoegd bent een auto of motor te besturen ◆ *je rijbewijs halen:* slagen voor je rijexamen.

**rij·den** (reed) **1** (is of heeft gereden) (van voertuigen): zich voortbewegen, vooruit komen ◆ *de trein kan niet meer rijden; mijn fiets rijdt lekker licht* **2** (is of heeft gereden) in of op een voertuig of op een rijdier vooruit komen ◆ *ze reden de berg af; rijd jij vanavond terug?:* bestuur jij het voertuig? **3** (heeft gereden) *iemand rijden:* iemand in een voertuig vervoeren ◆ *kun jij mij naar huis rijden?*

**rij·gen** (reeg, heeft geregen) **1** *kralen rijgen:* er een draad doorheen halen ◆ *kralen aan een ketting rijgen* **2** *een veter, koord enz. door iets rijgen:* die of dat door open halen van iets dat met de veter, het koord enz. dichtgemaakt wordt ◆ *een veter door een schoen rijgen* **3** *iets rijgen:* iets met een grote steek voorlopig losjes vastnaaien.

**rijk¹** (het ~; -en) gebied waarover iemand de heerschappij voert ◆ *het rijk van Karel de Grote; het Derde Rijk:* Duitsland onder de heerschappij van Hitler, van 1933 - 1945; *het rijk alleen hebben:* (uitdr.) alleen thuis zijn en dus kunnen doen waar je zin in hebt; *iets naar het rijk der fabelen verwijzen:* (uitdr.) aantonen dat iets onzin is.

**rijk²** (bijv. nw.) **1** met veel geld en bezit, het tegenovergestelde van 'arm' ◆ *een rijk man; de rijke landen:* de westerse landen; *slapend rijk worden:* (uitdr.) geld ontvangen zonder dat je er iets voor hoeft te doen **2** ruim voorzien, overvloedig ◆ *een rijke ontbijttafel:* uitgebreid, waarop veel lekkere dingen staan uitgestald; *hij heeft een rijke verbeelding:* hij fantaseert veel **3** *rijk zijn aan iets:* veel van iets hebben ◆ *Koeweit is rijk aan aardolie.*

**-rijk** met veel ... ◆ *invloedrijk; kleurrijk.*

**Rijk** (het ~) (in Nederland) landelijke overheid ◆ *hij is door het Rijk aangesteld.*

**rijk·aard** (de ~(m.); -s) iemand die rijk²* (bet.1) is (meestal zo genoemd door iemand die daar jaloers op is).

**rijk·dom** (de ~(m.)) **1** (-men) veel geld en bezit ⇒ *vermogen* ◆ *rijkdom vergaren; de natuurlijke rijkdommen van een* land: de bodemschatten, de grondstoffen **2** wat in grote hoeveelheden aanwezig is ◆ *een rijkdom aan woorden*.

**rij·ke·lijk** (bijw.) royaal, overvloedig ◆ *iemand rijkelijk belonen; je bent rijkelijk laat: je bent vrij laat.*

**rij·ke·lui** (zelfst. nw.; meervoud) rijke mensen.

**rijks·daal·der** (de ~ (m.); -s) Nederlands muntstuk dat twee en een halve gulden waard is ⇒ *knaak, riks.*

**rijks·ge·noot** (de ~ (m.); rijksgenoten) iemand die in het-zelfde rijk[1*] (bet.1) woont als jij, in Nederland in het bij-zonder de mensen die op de Antillen wonen.

**rijks·po·li·tie** (de ~ (v.)) (in Nederland) politie die door het Rijk is ingesteld en die in het hele land werkt (in tegen-stelling tot de gemeentepolitie die alleen binnen één gemeente optreedt).

**rijks·voor·lich·tings·dienst** (de ~ (m.)) dienst die het publiek inlicht over allerlei zaken die met de regering of het koninklijk huis te maken hebben.

**rijks·wacht** (de ~) (in België) nationale politie, te vergelij-ken met de marechaussee in Nederland, maar geen on-derdeel van het leger.

**rijks·wach·ter** (de ~ (m.); -s) (in België) lid van de rijks-wacht.

**rijks·weg** (de ~ (m.); -en) snelweg die door het Rijk is aangelegd en wordt onderhouden.

**rijks·we·ge** ▼ *van rijkswege*: door het Rijk; *in Nederland is van rijkswege bepaald dat 30 april een officiële feestdag is.*

**rijm** (zelfst. nw.) **1** (het ~) verschijnsel dat het einde van twee verschillende woorden hetzelfde klinkt, zoals 'stap' en 'klap' ◆ *een versje op rijm* **2** (het ~; -en; meestal: rijmpje) lied of vers met woorden die rijmen* (bet.1) ◆ *een boek vol rijmpjes* **3** (de ~ (m.)) bevroren dauw of mist ⇒ *rijp.*

**rij·me·la·rij** (de ~ (v.); -en) gedicht waarin de zinnen wel rijmen* (bet.1) maar dat verder niet veel voorstelt.

**rij·men** (rijmde, heeft gerijmd) **1** (van woorden) op elkaar rijmen: dezelfde eindklank of eindklanken hebben ◆ *'hikken' rijmt op 'schrikken'* **2** woorden en zinnen ma-ken op rijm* (bet.1) ◆ *ik kan niet rijmen* **3** met elkaar rij-men: met elkaar in overeenstemming zijn, kloppen ◆ *zo'n daad rijmt met zijn karakter: het is precies wat je van hem kunt verwachten* **4** *iets (niet) kunnen rijmen met iets anders: iets (niet) met iets anders in overeen-stemming kunnen brengen, merken dat iets (niet) klopt ◆ wat je nu doet kan ik niet rijmen met wat je altijd zegt* **5** *het rijmt:* (in België □) er vormt zich rijm* (bet.3).

**rijn·aak** (de ~; -aken) grote aak die op de rivier de Rijn vaart.

**rijp[1]** (de ~ (m.)) bevroren dauw of mist ⇒ *rijm.*

**rijp[2]** (bijv. nw.) **1** (van vruchten en gewassen): geschikt om geoogst en gegeten te worden ◆ *de appels zijn rijp* **2** (van personen): volwassen, met levenservaring, het te-genovergestelde van 'groen' ◆ *zij is rijp voor haar leef-tijd: ze is jong, maar lijkt al erg volwassen; hij leest rijp en groen:* (uitdr.) hij leest alles door elkaar, goede en slechte boeken **3** *rijp voor iets zijn*: voor iets geschikt ge-worden of gemaakt zijn ◆ *de auto is rijp voor de sloop; de tijd is niet rijp voor een revolutie.*

**rij·pen** (rijpte) **1** (is gerijpt) rijp[2*] (bet.1 en 2) worden ◆ *het koren begint te rijpen; een gerijpt karakter: een vol-groeid, volwassen karakter* **2** (heeft gerijpt) iets rijpen: iets rijp[1*] (bet.1 en 2) maken ◆ *de zon rijpt het koren.*

**rijs** (het ~; rijzen) jong, dun takje ⇒ *teen, twijg.*

**rijs·hout** (het ~) jonge, buigzame takken, vooral van wil-gen.

**rijst** (de ~ (m.)) korrels van een bepaalde graansoort ◆ *zil-vervliesrijst: rijstkorrels waar het vliesje nog omheen zit; witte rijst: rijstkorrels zonder het vliesje.*

**rijs·te·brij** (de ~ (m.)) pap van rijst die in melk gekookt is.

**rijs·te·brij·berg** (zelfst. nw.) ▼ *je door de rijstebrijberg heen eten: eerst de vervelende of moeilijke dingen doen voor je aan de prettige toekomt* (net zoals je je in het verhaal door een rijstebrijberg heen moest eten voor je in Luilekkerland kwam).

**rijst·pap** (de ~) (in België □) pap van rijst en melk, meest-al met saffraan ◆ *in de hemel eet iedereen rijstpap met gouden lepeltjes:* (in België □; uitdr.) in de hemel is het za-lig.

**rijst·pa·pier** (het ~) heel dun papier dat gemaakt is van de halmen van rijstplanten.

**rij·strook** (de ~) gedeelte van een verharde weg, breed genoeg voor één auto.

**rijst·ta·fel** (de ~; -s) Indische of Chinese maaltijd die be-staat uit rijst en veel verschillende kleine gerechten.

**rij·ten** (reet, heeft gereten) iets uit elkaar rijten: iets kapot scheuren ◆ *ze reet zijn overhemd aan flarden: ze scheurde het in stukken.*

**rij·tuig** (het ~; -en) **1** wagen die door een of meer paar-den wordt getrokken en waarin personen vervoerd worden **2** trein- of tramwagen ⇒ *wagon.*

**rij·wiel** (het ~; -en) fiets.

**rij·zen** (rees, is gerezen) **1** (van deeg of beslag): omhoog ko-men door de werking van gist of een ander rijsmiddel **2** (deftig) omhoog komen, zich verheffen ◆ *de keizer rees van zijn zetel; het rijzen van de zon: het opgaan van de zon* **3** (van vragen, problemen): ontstaan, opkomen ◆ *er zijn enkele problemen gerezen.*

**rij·zig** (bijv. nw.) (van personen): lang en goed gebouwd ◆ *een rijzige gestalte.*

**rik·ke·tik** (de ~ (m.); -ken) (populair) hart.

**riks** (de ~ (m.); -en) (populair) rijksdaalder.

**rik·sja** (de ~ (m.); riksja's) kar met twee wielen waarin één persoon kan zitten, die door één man getrokken wordt, o.a. gebruikt in Indonesië.

**ril·len** (rilde, heeft gerild) voortdurend golven van kou door je lichaam voelen trekken en daardoor beven.

**ril·le·rig** (bijv. nw.) af en toe rillend* (vaak een teken dat je ziek wordt) ◆ *ik voel me de hele dag al rillerig.*

**ril·ling** (de ~ (v.); -en) keer dat je rilt* ◆ *er liep een rilling over zijn rug; ik kreeg er de koude rillingen van:* (bijv. van ontroering of van schrik).

**rim·boe** (de ~; -s) oerwoud ⇒ *jungle.*

**rim·pel** (de ~ (m.); -s) plooi waar je huid te ruim is ◆ *oma heeft een gezicht vol rimpels; ze trok rimpels in haar voor-hoofd:* (bijv. bij ingespannen nadenken of bij boosheid).

**rim·pe·len** (rimpelde) **1** (is gerimpeld) rimpels* krijgen ◆ *een gerimpeld voorhoofd; een gerimpeld wateroppervlak: met allemaal kleine golfjes* **2** (heeft gerimpeld) iets rimpe-len: het in rimpels* trekken ◆ *hij rimpelde zijn voor-hoofd.*

**rim·pe·lig** (bijv. nw.) vol rimpels* ◆ *een rimpelig oud vrouwtje.*

**ring** (de ~ (m.); -en) **1** sieraad om een vinger ◆ *een trouw-ring* **2** voorwerp in de vorm van een cirkel ◆ *een stier met een ring door zijn neus; met gymnastiek kregen we ringen: gymnastiekoefeningen die je uitvoert aan hou-ten ringen die aan touwen hangen* **3** afgeperkte ruimte waarin een wedstrijd gehouden wordt ◆ *de boksers staan in de ring* **4** (in België □) verkeersweg rondom een stad ▼ *je ziet eruit om door een ringetje te halen:* (dit zeg je tegen iemand die er heel netjes en verzorgd uitziet).

**ring·band** (de ~ (m.); -en) map met een of ring ringen bin-nenin om bladen papier met gaatjes vast te klemmen ⇒ *multomap.*

**rin·gel·oren** (ww.) *je niet laten ringeloren: je niet door een ander laten vertellen wat je moet doen, je niet laten betuttelen.*

**rin·gen** (ringde, heeft geringd) **1** *een vogel ringen:* een ringetje* (bet.2) met een merkje erin om zijn poot doen om hem te kunnen herkennen **2** *een varken ringen:* het een ring* (bet.2) door de neus doen, zodat het niet kan wroeten.

**ring·slang** (de ~; -en) slang met een witte ring achter zijn kop, die leeft in weilanden en moerassen.

**ring·vin·ger** (de ~ (m.); -s) vinger naast je pink, waaraan ringen meestal gedragen worden.

**ring·worm** (de ~ (m.); -en) worm van een soort waarvan het lichaam bestaat uit ringen of segmenten.

**rin·ke·len** (rinkelde, heeft gerinkeld) *(van glas of metaal):* een helder geluid maken dat steeds onderbroken wordt ♦ *de bel rinkelde; toen hij de deur dichtsmeet, rinkelden de ruiten.*

**ri·no·ce·ros** (de ~ (m.); -sen) neushoorn.

**rins** (bijv. nw.) zachtzuur, een beetje zuur ♦ *rinse appelstroop.*

**ri·o·le·ring** (de ~ (v.); -en) stelsel van rioolbuizen ♦ *dit huis is niet aangesloten op de riolering.*

**ri·ool** (het ~; riolen) ondergronds afvoerkanaal waardoor water uit gootstenen, wasbakken, toiletten enz. wordt weggespoeld.

**RIP** (afkorting) requiescat *in pace;* dit is Latijn en het betekent: moge hij of zij rusten in vrede (als grafschrift).

**ris, rist** (de ~; -sen) **1** rij ⇒ rits, serie ♦ *een ris mensen bij de bushalte; een ris boeken* **2** rijtje bessen of druiven aan een takje.

**ri·see** (de ~) iemand die door iedereen uitgelachen wordt ♦ *hij is de risee van de school.*

**ri·si·co** (de ~ (m.) of het ~; risico's) kans dat er iets vervelends met je gebeurt ♦ *zo zonder jas loop je het risico dat je kou vat; je moet niet het risico nemen dat je te laat komt:* je moet niet iets doen waardoor je te laat kunt komen; *het betreden van het wildpark geschiedt op eigen risico:* als er iets misgaat, is het je eigen schuld; *dat is niet zonder risico:* dat is vrij gevaarlijk.

**risk** (het ~) bepaald gezelschapsspel.

**ris·kant** (bijv. nw.) risico* opleverend, gevaarlijk ♦ *een riskante onderneming.*

**ris·ke·ren** (riskeerde, heeft geriskeerd) *iets riskeren:* het risico* lopen dat iets gebeurt ♦ *iemand zou ons kunnen betrappen, maar dat moeten we maar riskeren.*

**ris·sen** (riste, heeft gerist) *bessen rissen:* ze losmaken van het steeltje waar ze in een rij aan vastzitten.

**rist** → ris.

**rit** (de ~ (m.); -ten) **1** tocht die je aflegt met een vervoermiddel of op een rijdier ♦ *autorit; busrit* **2** (wielrennen) etappe ♦ *de eerste rit van de Ronde van Frankrijk.*

**ri·te** (de ~; -n of -s) plechtige godsdienstige handeling die volgens vaste voorschriften wordt uitgevoerd.

**rit·me** (het ~; -n) **1** regelmatige afwisseling van benadrukte en onbenadrukte klanken ♦ *het opzwepende ritme van zigeunermuziek* **2** regelmatige afwisseling ♦ *het ritme van de seizoenen; door die gebeurtenis ben ik helemaal uit m'n ritme:* uit m'n dagelijkse regelmaat.

**rit·miek** (de ~ (v.)) het ritmisch* zijn ♦ *de ritmiek van popmuziek.*

**rit·misch** (bijv. nw.) met of in een bepaald ritme* ♦ *ritmische bewegingen.*

**rits** (de ~; -en) **1** ritssluiting **2** rij, serie ⇒ ris.

**rit·se·len** (ritselde, heeft geritseld) **1** een zacht, onregelmatig ruisend of schuifelend geluid maken ♦ *ritselende blaadjes; er ritselt een muis achter het behang* **2** iets

**ritselen:** (populair) iets in orde maken, iets regelen ⇒ versieren ♦ *dat ritselt hij wel even.*

**rits·slui·ting** (de ~ (v.); -en) sluiting die bestaat uit metalen of plastic klemmetjes die op twee stroken zitten en die in elkaar grijpen doordat je er een lipje langs trekt ⇒ rits ♦ *een broek met een ritssluiting.*

**ri·tu·eel¹** (het ~; rituelen) plechtige handeling waarbij je bepaalde dingen in een vaste volgorde doet ♦ *een inwijdingsritueel; bij het opstaan volg ik altijd een vast ritueel:* (uitdr.) dan doe ik altijd dezelfde dingen in dezelfde volgorde.

**ri·tu·eel²** (bijv. nw.) een ritueel¹ vormend ♦ *een rituele dans.*

**ri·vaal** (de ~ (m.); -en), vrouw: **ri·va·le** (de ~ (v.); -n of -s) iemand die hetzelfde probeert te bereiken als jij en die daardoor een bedreiging voor jou vormt.

**ri·va·li·teit** (de ~ (v.)) het elkaars rivalen* zijn ♦ *de rivaliteit tussen Ajax en Feyenoord.*

**ri·vier** (de ~; -en) vrij brede, natuurlijke waterstroom die uitmondt in zee of in een andere rivier.

**ri·vier·bed·ding** (de ~ (v.); -en) geul waardoor het water van een rivier loopt.

**RI·ZIV** (het ~) (in België) *R*ijksinstituut voor *Z*iekte- en *I*nvaliditeits*v*erzekering.

**r.-k.** (afkorting) *r*ooms-*k*atholiek.

**RMZ** (de ~ (m.)) (in België) *R*ijksdienst voor *M*aatschappelijke *Z*ekerheid.

**roa·die** (Engels) [roodie] (de ~; -s) iemand die als hulp met een popgroep meegaat op tournee, bijv. als technicus of als podiumbouwer.

**roast·beef** → rosbief.

**rob** (de ~ (m.); -ben) zeehond ⇒ zeerob.

**rob·be·does** (de ~ (m.); robbedoezen) beweeglijk en levendig kind dat van wilde spelletjes houdt.

**rob·ber·tje** (zelfst. nw.) ▼ *een robbertje vechten:* (populair) een partijtje vechten.

**ro·be** (Frans) [rɔbə] (de ~; -s) (deftig) jurk ⇒ japon.

**ro·bijn** (de ~ (m.); -en) rode edelsteen.

**ro·bot** (de ~ (m.); -s) automaat, bijv. in fabrieken, die bediend wordt d.m.v. een computerprogramma.

**ro·buust** (bijv. nw.) *(van mensen):* sterk en stevig gebouwd ♦ *een robuuste kerel.*

**ro·cha·de** → rokade.

**ro·che·len** (rochelde, heeft gerocheld) het slijm dat in je keel in de weg zit weghalen door te kuchen.

**ro·che·ren** → rokeren.

**rock** (de ~ (m.)) harde popmuziek met een stampend ritme ⇒ rockmuziek.

**rock-'n-roll** (de ~) wilde, snelle popmuziek uit de jaren 50, waarop op een bepaalde manier gedanst werd.

**ro·co·co** (het ~) stijl in de bouwkunst en in de versierende kunst uit de eerste helft van de achttiende eeuw, met overdadige sierlijke lijnen en krullen.

**rod·del** (de ~ (m.); -s) ongunstig verhaal over iemand, dat verteld wordt als hij of zij er niet bij is ⇒ laster.

**rod·de·len** (roddelde, heeft geroddeld) *over iemand roddelen:* roddels* over iemand vertellen.

**rod·del·pers** (de ~) tijdschriften waarin roddels en verzonnen verhalen over bekende mensen worden verteld.

**ro·de·hond** (de ~ (m.)) ziekte, meestal bij kinderen, waarbij je rode vlekjes op je huid krijgt.

**ro·deo** [ook: rodeo] (de ~ (m.); rodeo's) wedstrijd waarbij de deelnemers wilde paarden of stieren proberen te vangen met een lasso of proberen en zo lang mogelijk op te blijven zitten.

**ro·de·ren** (rodeerde, heeft gerodeerd) **1** *een auto roderen:* (in

België □) die inrijden **2** (in België □) trainen, inspelen **3** (in België □) je inwerken.

**ro·do·den·dron** (de ~(m.); -s) struik met dikke bladeren en grote bloemen.

**roe, roe·de** (de ~; roeden) **1** bosje takken waarmee kinderen vroeger voor straf geslagen werden ⇒ *gard* ♦ *Zwarte Piet zwaait met de roe* **2** stok van metaal, bijv. om gordijnen aan op te hangen ♦ *een traproe*: die de traploper op z'n plaats houdt.

**roe·bel** (de ~(m.); -s) Russische munteenheid.

**roe·de** → roe.

**roe·del** (het ~; -s) kudde van bepaalde dieren, vooral van herten.

**roef** (de ~; roeven) kajuit binnen in een schip.

**roei·en** (roeide, heeft geroeid) je in een boot over het water voortbewegen door roeispanen door het water te halen.

**roei·riem** (de ~(m.); -en) roeispaan.

**roei·spaan** (de ~; -spanen) stok met aan een kant een blad, waarmee je een roeiboot voortbeweegt ⇒ *roeiriem, riem*.

**roek** (de ~(m.); -en) grote zwarte vogel die familie is van de kraai.

**roe·ke·loos** (bijv. nw.) zonder te denken aan het gevaar waarin je jezelf brengt ♦ *roekeloos klom hij op het dak*.

**roem** (de ~(m.)) het gekend en bewonderd worden door heel veel mensen ⇒ *faam, vermaardheid* ♦ *de roem van Vondel*; *eigen roem stinkt*:(uitdr.)(dit zeg je als iemand erg opschept over zichzelf).

**roe·men** (roemde, heeft geroemd) *iemand of iets roemen*: iemand of iets prijzen tegenover anderen ♦ *ze roemde zijn kookkunst*.

**roe·mer** (de ~(m.); -s) groot wijnglas.

**roem·rijk** (bijv. nw.) veel geroemd, met veel roem* ⇒ *glorieus* ♦ *een roemrijke heldendaad*.

**roem·rucht** (bijv. nw.) overal bekend, vermaard ♦ *de roemruchte Brigitte Bardot*.

**roep** (de ~(m.)) **1** het roepen* ♦ *een roep om hulp*; *de roep van een uil*: het speciale geluid dat hij maakt **2** eis van een grote massa ♦ *de roep om meer banen voor jongeren*.

**roe·pen** (riep, heeft geroepen) **1** *iets roepen*: iets heel hard zeggen ♦ *'help', riep hij* **2** *iemand roepen*: iemand zeggen dat hij of zij moet komen ♦ *roep de dokter!*; *je komt als geroepen*:(uitdr.)(dit zeg je als iemand komt die je net nodig had); *daar voel ik me niet toe geroepen*:(uitdr.) ik vind niet dat ik dat hoef te doen.

**roe·pia** (de ~(m.); roepia's) Indonesische munteenheid.

**roe·ping** (de ~(v.); -en) gevoel dat je bestemd bent voor een bepaalde taak ♦ *mensen helpen is zijn roeping*.

**roep·naam** (de ~(m.); -namen) naam waarmee je aangesproken wordt, vaak een verkorting van je volledige voornaam ♦ *naam: Petronella, roepnaam: Petra*.

**roer** (het ~; -en) blad met een stok eraan, waarmee je een boot bestuurt ♦ *hou het roer recht, of we varen het riet in!*; *aan het roer zitten*: een schip besturen; *het roer moet om*:(uitdr.)(dit zeg je als je vindt dat iets anders moet gaan dan het tot nu toe gegaan is); *het roer in handen houden*:(uitdr.) de leiding hebben en houden.

**roer·bak·ken** (roerbakte, heeft geroerbakt) *groente roerbakken*: die al roerend kort bakken.

**roer·domp** (de ~(m.); -en) moerasvogel die familie is van de reiger.

**roe·ren** (roerde, heeft geroerd) **1** *in iets roeren*: met een voorwerp, bijv. een lepel, in iets ronddraaien ♦ *roer jij even in de pap?* **2** *iemand roeren*: iemand ontroeren ⇒ *raken, treffen* ♦ *hij was geroerd door dat gedicht*.

**roe·rend¹** (bijv. nw.) waardoor je geroerd* (bet.2) wordt ⇒ *aandoenlijk* ♦ *een roerend verhaal*.

**roe·rend²** (bijw.) ▼ *het roerend met iemand eens zijn*: het helemaal met iemand eens zijn.

**roer·gan·ger** (de ~(m.); -s) degene die het roer van een boot bedient.

**roe·rig** (bijv. nw.) onrustig, druk ♦ *de kinderen zijn erg roerig*.

**roer·loos** (bijv. nw.) zonder je te bewegen ⇒ *onbeweeglijk* ♦ *de vogel zat roerloos op een paaltje*.

**roer·se·len** (zelfst. nw.) ▼ *de roerselen van je ziel*: je meest verborgen gedachten en gevoelens.

**roes** (de ~(m.); roezen) **1** bedwelming door sterke drank ♦ *hij moet z'n roes uitslapen* **2** toestand van blijde opwinding, waardoor je het besef van de werkelijkheid een beetje kwijtraakt ♦ *ze verkeerde in een roes van verliefdheid*; *een overwinningsroes*.

**roes·je** (het ~; -s) randje gerimpelde stof, o.a. aan kleding of aan gordijnen ⇒ *ruche*.

**roest** (de ~(m.) of het ~) roodbruine aanslag op ijzer die ontstaat door de inwerking van vocht en lucht ♦ *oud roest*: verroeste ijzeren voorwerpen.

**roes·ten** (roestte, is geroest) met roest* bedekt raken ♦ *goud kan niet roesten*.

**roes·tig** (bijv. nw.) met roest* bedekt ♦ *een roestig blikje*.

**roest·vrij** (bijv. nw.) gezegd van iets dat niet kan roesten* ♦ *roestvrij staal*.

**roet** (het ~) zwart stof dat ontstaat bij verbranding van bijv. hout ♦ *de schoorsteen zit vol roet*; *roet in het eten gooien*:(uitdr.) iets leuks bederven.

**roet·sjen** (roetsjte, is geroetsjt) *naar beneden roetsjen*: met een vaart naar beneden glijden ♦ *ik ben van de trapleuning af geroetsjt*.

**roet·zwart** (bijv. nw.) heel erg vuil.

**roe·ze·moe·ze·rig** (bijv. nw.) roezemoezig.

**roe·ze·moe·zig** (bijv. nw.) rumoerig, met het doffe, gonzende geluid van mensen die door elkaar heen praten ♦ *een roezemoezige zaal*.

**rof·fel** (de ~(m.); -s) aantal korte, harde slagen achter elkaar ♦ *een roffel op de trom geven*.

**rof·fe·len** (roffelde, heeft geroffeld) *op iets roffelen*: ergens een roffel* op geven.

**rog** (de ~(m.); -gen) platte zeevis.

**rog·ge** (de ~) bepaalde graansoort ♦ *roggebrood*.

**rok** (de ~(m.); -ken) **1** kledingstuk voor vrouwen dat van af het middel los over de benen valt **2** geklede zwarte jas voor mannen, met korte voorpanden en lange achterpanden ♦ *een rokkostuum*.

**ro·ka·de** (de ~(v.); -s) bepaalde zet in het schaakspel.

**ro·ken¹** (rookte, heeft gerookt) **1** *een sigaret, sigaar, pijp roken*: die brandend houden door er steeds even aan te zuigen, en de rook* die dan ontstaat inademen ♦ *roken als een schoorsteen, als een ketter*:(uitdr.) heel veel roken **2** rook* afgeven ♦ *een rokend vuur* **3** *voedsel, bijv. vlees of vis, roken*: het in de rook* van een vuur hangen om er een bepaalde smaak aan te geven ♦ *gerookte paling*.

**ro·ken²** → ruiken.

**ro·ke·ren** (rokeerde, heeft gerokeerd)(schaken) *een rokade uitvoeren*.

**rok·ken·ja·ger** (de ~(m.); -s) man die vrouwen probeert te versieren.

**rol** (de ~; -len) **1** iets dat opgerold* is en dat de vorm heeft van een cilinder ♦ *een rol behang; een rol wc-papier* **2** persoon die door een acteur wordt uitgebeeld in een toneelstuk of film ♦ *wie speelt de rol van de heks?*; *een rol spelen*:(uitdr.) je anders voordoen dan je bent; *uit je rol* *vallen*: (uitdr.) opeens even laten zien hoe je werkelijk bent **3** functie die iets of iemand in een groter geheel vervult ◆ *de rol van de vrouw in het gezin; geld speelt geen rol*: (uitdr.) we hoeven niet zuinig te zijn, er is geld genoeg; *de rollen omdraaien*: (uitdr.) in de positie van een ander terechtkomen, terwijl die ander in jouw positie terechtkomt ▼ *aan de rol zijn*: uitgaan en pret maken.

**rol·be·roer·te** (zelfst. nw.) ▼ *je een rolberoerte schrikken*: (populair) heel erg schrikken; *een rolberoerte krijgen van het lachen*: (populair) heel erg lachen.

**rol·door·bre·kend** (bijv. nw.) gezegd van iets waarmee de traditionele rollen (bet.3) van man en vrouw doorbroken worden ◆ *dat veel mannen hun kinderen verzorgen werkt roldoorbrekend*.

**rol·la·de** (de ~ (v.); -s of -n) opgerolde lap vlees met touwtjes eromheen.

**rol·len** (rolde) **1** (is gerold) zich omwentelend voortbewegen ◆ *de knikker rolt over de stoep; de tranen rolden over zijn wangen; door een examen rollen*: (uitdr.) er goed doorheen komen; *ergens in rollen*: (uitdr.) ergens toevallig in terechtkomen; *een zaak aan het rollen brengen*: (uitdr.) die op gang brengen **2** (heeft gerold) *iets rollen*: iets laten voortbewegen door het te wentelen ◆ *hij rolde het vat over de stoep* **3** (heeft gerold) *iets ergens omheen rollen*: iets ergens in steeds groter wordende cirkels omheen doen ◆ *een lap om een stok rollen* **4** (heeft gerold) *iets rollen*: iets bewerken door er iets overheen te rollen (bet.2) ◆ *deeg rollen; gras rollen*: het maaien met een grasmaaier **5** (heeft gerold) *een sigaret rollen*: die maken door tabak in een vloeitje tot een rolletje* (bet.1) te draaien **6** (heeft gerold) *iets rollen*: iets uit iemands zak stelen ◆ *zijn portemonnee is gerold* **7** (is gerold) *(van geluid)*: klinken als iets dat rolt (bet.1) ◆ *een rollende donder; een rollende r* **8** (heeft gerold) *iemand rollen*: (in België □; populair) iemand bedriegen **9** (heeft gerold) (in België □; populair) fuiven, boemelen.

**rol·len·spel** (het ~; -en) spel waarbij je een bepaalde situatie uit het maatschappelijk leven uitbeeldt om te leren hoe je je in zo'n situatie voelt en gedraagt ◆ *in het rollenspel speelde de ene helft van de klas de voorstanders van kernenergie en de andere helft de tegenstanders*.

**rol·ler** (de ~ (m.); -s) **1** krulspeld **2** grote golf ⇒ *breker*.

**rol·ler·skate** (Engels) [roolerskeet of rollerskeet] (de ~; -s) schoen met vier kunststof wieltjes eronder.

**rol·luik** (het ~; -en) (in België) oprolbaar luik voor een raam (vooral tegen inbraak).

**rol·mops** (de ~ (m.); -en) opgerolde haring die in azijn wordt bewaard.

**rol·prent** (de ~; -en) film.

**rol·schaats** (de ~; -en) ijzer met vier wieltjes eronder, dat je onder je schoen bindt.

**rol·stoel** (de ~ (m.); -en) stoel met grote wielen aan de zijkant voor mensen die niet kunnen lopen.

**rol·trap** (de ~ (m.); -pen) bewegende trap, o.a. in stations en warenhuizen, waarop je naar boven of naar beneden gaat zonder dat je zelf hoeft te lopen.

**rol·ve·ger** (de ~ (m.); -s) apparaat dat bestaat uit ronddraaiende borstels aan een steel, waarmee je stof opveegt.

**ROM** (het ~) read only memory; dit is het computergeheugen waarin de meest basale functies van de computer zijn opgeslagen, die niet verdwijnen als je de elektriciteit uitschakelt.

**Ro·maans** (bijv. nw.) **1** gebouwd in de stijl van de twaalfde eeuw, met boogramen, dikke muren en lage torens ◆ *een Romaanse kerk* **2** *(van talen)*: afstammend van het Latijn ◆ *Frans is een Romaanse taal*.

**ro·man** (de ~ (m.); -s) uitgebreid verhaal in proza ◆ *een historische roman*: die zich in het verleden afspeelt.

**ro·man·ce** [roomãnse] (de ~; -s of -n) **1** mooie liefdesaffaire, meestal van korte duur ⇒ *liefdesavontuur* **2** kort muziekstuk voor instrumenten ◆ *een romance voor viool en piano*.

**ro·man·cier** [roomansjee, in België: rommansier] (de ~ (m.); -s), vrouw: **ro·man·ciè·re** (de ~ (v.); -s) schrijver van romans*.

**ro·ma·nesk** (bijv. nw.) als in een roman*, sterk sprekend tot je gevoel en je verbeelding ◆ *een romaneske reis*: die avontuurlijk is.

**ro·ma·nist** (de ~ (m.); -en) iemand die Romaanse talen gestudeerd heeft.

**ro·man·ti·cus** (de ~ (m.); romantici) iemand die romantisch* (bet.2) is.

**ro·man·tiek** (de ~ (v.)) **1** dat wat tot je gevoel en je verbeelding spreekt ◆ *de romantiek van de liefde*: de mooie en gevoelige kanten ervan, waardoor je als het ware uit de werkelijkheid wordt weggevoerd **2** stroming in de kunst van het einde van de achttiende eeuw tot en met de eerste helft van de negentiende eeuw waarin het gevoelsleven en de verbeelding overheersen.

**ro·man·tisch** (bijv. nw.) **1** tot het gevoel en de verbeelding sprekend ◆ *een romantisch plekje in het bos* **2** *(van mensen)*: graag wegdromend uit de werkelijkheid.

**ro·mig** (bijv. nw.) met veel room* erin ◆ *romige vla; romige kaas*: zachte kaas, waar veel vet in zit.

**rom·mel** (de ~) **1** spullen die wanordelijk door elkaar liggen ⇒ *troep, bende, rotzooi* ◆ *rommel opruimen* **2** spullen van slechte kwaliteit of spullen waar je niets aan hebt ⇒ *troep* ◆ *koop die plastic rommel toch niet!*

**rom·me·len** (rommelde, heeft gerommeld) **1** een dof rollend geluid maken ◆ *m'n maag rommelt; er komt onweer, je hoort het in de verte rommelen* **2** ergens in rommelen: ergens in zoeken, iets overhoop halen ◆ *rommelen in een kist met kleren* **3** allerlei kleine dingen doen ◆ *ik heb gisteren lekker wat in huis gerommeld*.

**rom·me·lig** (bijv. nw.) waar alles door elkaar ligt, niet ordelijk ⇒ *wanordelijk* ◆ *een rommelige keuken; een rommelig weekend*: waarin van alles tegelijk gebeurt, zodat je het overzicht kwijt raakt.

**rom·mel·markt** (de ~ (m.); -en) markt waar oude, tweedehands spullen verkocht worden.

**rom·mel·pot** (de ~ (m.); -ten) zelfgemaakt muziekinstrument dat bestaat uit een bus die bespannen is met een varkensblaas en een stok, waarmee kinderen op Driekoningen of op Sint-Maarten langs de deuren lopen om snoep of geld op te halen.

**romp** (de ~ (m.); -en) **1** het lichaam van een mens zonder armen, benen en hoofd, of het lichaam van een dier zonder poten, kop en staart **2** vliegtuig of schip zonder uitstekende delen, zoals vleugels en masten.

**romp·slomp** (de ~ (m.)) omslachtig, tijdrovend en lastig gedoe ⇒ *soesa* ◆ *het invullen van zo'n formulier is een hele rompslomp*.

**rond¹** (bijv. nw.) **1** met de vorm van de letter o, of van een bol ◆ *dat wiel is niet meer rond; zo rond als een ton*: (uitdr.) (dit zeg je van heel dikke mensen); *in het rond kijken*: om je heen **2** voltooid, afgerond ◆ *de zaak is rond; iets rond krijgen*: (uitdr.) iets tot een goed einde brengen **3** *(van getallen)*: zonder cijfers achter de komma ◆ *een rond bedrag*: een bedrag dat op een of meer nullen eindigt, bijv. 100 gulden **4** *(van tijd)*: van het begin tot het einde ◆ *het jaar rond; het klokje rond slapen*: twaalf uur achter elkaar.

**rond²** (bijw.) eerlijk, oprecht ◆ *ergens rond voor uitkomen*.

**rond³** (voorz.) **1** rondom, om ... heen ◆ *de huizen rond het plein* **2** omstreeks, in de buurt van ◆ *een vrouw van rond de veertig; rond Pasen.*

**rond·ba·zui·nen** (bazuinde rond, heeft rondgebazuind) *iets rondbazuinen: iets overal en aan iedereen vertellen.*

**rond·bor·stig** (bijv. nw.) openhartig, oprecht ◆ *ergens rondborstig voor uitkomen: iets zeggen zonder je ervoor te schamen.*

**ron·de** (de ~; -n of -s) **1** rondgang, bijv. van iemand die iets controleert ◆ *de nachtwaker doet zijn ronde; de postbode loopt z'n dagelijkse ronde; er doen allerlei praatjes de ronde:* (uitdr.) *er worden allerlei praatjes verspreid* **2** eenmaal de omtrek van een wedstrijdbaan ◆ *de hardloper lag een ronde voor op zijn tegenstanders* **3** serie wedstrijden in een toernooi ◆ *de winnaars gaan door naar de volgende ronde* **4** wedstrijd voor wielrenners ◆ *de Ronde van Frankrijk:* de Tour de France **5** deel van een bokswedstrijd.

**ron·deel** (het ~; rondelen) **1** ronde toren in een vestingmuur **2** gedicht waarvan de eerste regel halverwege en aan het eind herhaald wordt.

**ron·den** (rondde, heeft gerond) *(van schepen) iets, bijv. een boei, ronden:* om iets heen varen.

**rond·han·gen** (hing rond, heeft rondgehangen) *ergens rondhangen: ergens zijn en blijven zonder dat je er iets te doen hebt ◆ de jongens hingen maar wat rond in het winkelcentrum.*

**rond·hout** (het ~; -en) rond stuk hout waaraan het tuig van een schip wordt vastgemaakt, bijv. een mast.

**rond·je** (het ~; -s) drankje voor iedereen die aanwezig is ◆ *een rondje geven in een café.*

**rond·ko·men** (kwam rond, is rondgekomen) *van of met iets, bijv. je salaris, rondkomen: genoeg hebben aan iets, van iets kunnen leven ◆ ze komt niet rond van haar pensioen.*

**rond·lei·den** (leidde rond, heeft rondgeleid) *iemand ergens rondleiden: iemand ergens alles laten zien en er informatie over geven ◆ we zijn in het museum rondgeleid door een gids.*

**rond·lei·ding** (de ~(v.); -en) keer dat je iemand rondleidt* ◆ *een rondleiding door de oude binnenstad.*

**rond·lo·pen** (liep rond, heeft rondgelopen) *met iets rondlopen: ergens voortdurend aan denken of over piekeren* ◆ *ze liep al weken rond met het plan om weg te lopen.*

**rond·om** (voorz.) in de buurt van, om ... heen ⇒ rond ◆ *de oude bomen rondom het kasteel.*

**rond·punt** (het ~; -en) (in België □) verkeersplein, rotonde.

**rond·schrij·ven** (het ~) brief die aan een aantal mensen binnen een bepaalde kring verstuurd wordt ⇒ circulaire.

**rond·strui·nen** (struinde rond, heeft rondgestruind) rondlopen en naar iets zoeken.

**rond·te** (de ~(v.)) ▼ *in de rondte:* in het rond; *de kinderen sprongen in de rondte.*

**rond·uit** (bijw.) **1** onomwonden, openlijk ◆ *ronduit zeggen wat je op je hart hebt* **2** beslist, zonder meer ◆ *daar heb ik ronduit een hekel aan.*

**rond·vaart** (de ~; -en) boottocht langs allerlei bezienswaardigheden ◆ *een rondvaart door de haven van Antwerpen.*

**rond·weg** (de ~(m.); -en) snelweg om een stad of plaats heen ◆ *de rondweg om Utrecht.*

**rond·zin·gen** (ww.) verschijnsel dat geluid uit een luidspreker weer door de microfoon wordt opgevangen, waardoor een hoge fluittoon ontstaat.

**ron·ken** (ronkte, heeft geronkt) **1** *(van motoren):* een

zwaar, brommend geluid maken **2** hard snurken **3** *(van insecten):* (in België □) gonzen, zoemen **4** *(van katten):* (in België □) spinnen (bet.2).

**ron·se·len** (ronselde, heeft geronseld) *mensen voor iets ronselen:* ze overhalen iets te doen, vaak door middel van bedrog ◆ *ik heb tien man geronseld voor het schoonmaakwerk.*

**rönt·gen·fo·to** [runtgɘnfootoo] (de ~; -foto's) foto die gemaakt is met behulp van röntgenstralen ◆ *een röntgenfoto van de maag.*

**rönt·gen·stra·len** [runtgɘnstraːlɘn] (zelfst. nw.; meervoud) bepaald soort lichtstralen waarmee het inwendige van je lichaam gefotografeerd kan worden.

**rood** (bijv. nw.) **1** met de kleur van bloed ◆ *zo rood als bloed; rode rozen; een hoofd zo rood als een biet:* (uitdr.) *een heel rood hoofd (van verlegenheid of schaamte); zo rood als een kreeft:* (uitdr.) *roodverbrand door de zon; over de rooie gaan:* (uitdr.) *zo boos of moe zijn dat je je helemaal laat gaan* **2** communistisch of socialistisch ◆ *het rode leger:* bijnaam voor het voormalige Russische leger ▼ *rood staan bij de bank:* geld tekort hebben op je bankrekening.

**rood·bont** (bijv. nw.) met rode vlekken of een rood patroon op een witte ondergrond ◆ *roodbonte koeien; roodbonte gordijntjes.*

**rood·borst·je** (het ~; -s) vogeltje met een oranjerode borst.

**rood·gloei·end** (bijv. nw.) ▼ *de telefoon staat roodgloeiend:* er wordt voortdurend opgebeld.

**rood·huid** (de ~(m.); -en) indiaan.

**rood·vonk** (de ~) besmettelijke ziekte waarbij je over je hele lichaam rode vlekken krijgt.

**roof** (de ~(m.)) het roven* of beroven* ◆ *'s nachts gaan de vossen op roof uit; hij werd gezocht wegens roof:* omdat hij iemand beroofd had.

**roof·bouw** (de ~(m.)) landbouw zonder rustperiode voor de grond, waardoor de grond uitgeput raakt en steeds minder voortbrengt ◆ *roofbouw plegen op je gezondheid:* (uitdr.) *gedurende lange tijd te veel van je krachten vergen, waardoor je uiteindelijk ziek zult worden.*

**roof·dier** (het ~; -en) zoogdier dat leeft van het vlees van dieren die hij doodt ◆ *een leeuw is een roofdier.*

**roo·fing** (Engels) [roefing] (de ~(m.)) (in België □) waterdichte kunststof op basis van asfalt, vooral gebruikt als dakbedekking.

**roof·over·val** (de ~(m.); -len) overval met de bedoeling iets te roven*.

**roof·vis** (de ~(m.); -sen) vis die leeft van vissen die hij doodt.

**roof·vo·gel** (de ~(m.); -s) vogel die leeft van het vlees van dieren die hij doodt ◆ *een arend is een roofvogel.*

**rooie** → rood.

**rooi·en** (rooide, heeft gerooid) **1** *een gewas rooien:* het uit de grond trekken ◆ *aardappels rooien; bomen rooien:* die met wortels en al uit de grond halen **2** *het rooien:* het redden, het klaarspelen ◆ *we rooien het wel.*

**rooi·lijn** (de ~; -en) lijn die de grens aangeeft tussen het gebied waar gebouwd wordt en de openbare weg.

**rook¹** (de ~(m.)) grijswitte wolkjes en slierten die opstijgen van iets dat brandt ◆ *de kamer staat blauw van de rook:* (uitdr.) *er hangt verschrikkelijk veel sigaren- of sigarettenrook; onder de rook van een stad wonen:* (uitdr.) *dicht bij een stad wonen; in rook opgaan:* (uitdr.) *verdwijnen, verloren gaan; waar rook is, is vuur,* of: *geen rook zonder vuur:* (uitdr.) *er is altijd wel iets waar van geruchten en praatjes.*

**rook²** → ruiken.

**rook·bom** (de ~; -men) bom die na ontploffing veel rook verspreidt.

**rook·glas** (het ~) bruin, halfdoorzichtig glas.

**rook·gor·dijn** (het ~; -en) scherm van met opzet veroorzaakte rook, die in de strijd wordt gebruikt, zodat je vijand niet kan zien wat je doet ◆ *een rookgordijn van woorden optrekken:* (uitdr.) veel misleidende woorden gebruiken om je ware bedoelingen te verbergen.

**rook·vlees** [ook: rookvlees] (het ~) gerookt vlees van een rund of paard, dat je als broodbeleg eet.

**rook·worst** (de ~; -en) gerookte worst.

**room** (de ~ (m.)) vette delen van melk ◆ *wil je room in de koffie?*

**room·bo·ter** (de ~) boter.

**rooms** (bijv. nw.) (verkorting) rooms-katholiek.

**rooms-ka·tho·liek** (bijv. nw.) horend bij de kerk van Rome, een christelijke kerk met aan het hoofd de paus ⇒ *katholiek, rooms.*

**roos** (de ~; rozen) **1** bepaalde bloem met doornen aan de steel ◆ *een bos rode rozen; geen rozen zonder doornen:* (uitdr.) aan leuke dingen zitten altijd ook vervelende kanten; *op rozen zitten:* (uitdr.) het erg goed hebben; *slapen als een roos:* (uitdr.) heel diep en lekker slapen **2** rond middelpunt van een schietschijf ◆ *in de roos!:* raak!; *in de roos schieten:* (uitdr.) iets zeggen of doen dat precies goed is **3** schilfers van je hoofdhuid ◆ *shampoo tegen roos.*

**roos·kleu·rig** (bijv. nw.) erg gunstig, veelbelovend ◆ *haar toekomst ziet er rooskleurig uit.*

**roos·ter** (de ~ (m.) of het ~; -s) **1** metalen raamwerk ⇒ *raster* ◆ *bij de achterdeur ligt een rooster om je voeten op te vegen; iemand op de rooster leggen:* (in België □; uitdr.) iemand scherp ondervragen, iemand flink aan de tand voelen **2** schema waarin staat in welke volgorde bepaalde dingen moeten worden gedaan en door wie ◆ *een lesrooster; een schoonmaakrooster.*

**roos·te·ren** (roosterde, heeft geroosterd) *iets roosteren:* iets op een rooster* (bet.1) boven een vuur gaar maken ◆ *geroosterde worstjes; geroosterd brood:* brood dat in een broodrooster bruin en knapperig is gemaakt.

**ros¹** (zelfst. nw.; -sen) **1** (het ~) (ouderwets) paard ◆ *het stalen ros:* (uitdr.) de fiets **2** (de ~ (v.)) (in België □; populair) feeks ◆ *wat een ros!*

**ros²** (bijv. nw.) (in België □) koperkleurig, roodachtig ◆ *ze heeft ros haar.*

**ro·sa·ri·um** (het ~; -s) rozentuin of rozenkwekerij.

**ros·bief, roast·beef** (de ~ (m.)) geroosterd of gebraden rundvlees.

**ro·se** → roze.

**ro·sé** (de ~) lichtrode wijnsoort, die niet veel alcohol bevat.

**ros·kam** (de ~ (m.); -men) metalen kam voor paarden.

**ros·sig** (bijv. nw.) roodachtig, met een rode gloed ◆ *rossig haar.*

**rot¹** (zelfst. nw.) ▼ *een oude rot in het vak:* iemand die er veel ervaring in heeft.

**rot²** (bijv. nw.) **1** gezegd van iets dat aan het bederven of aan het vergaan is ◆ *rotte groente; onder de oude vloer zitten rotte balken; zo rot als een mispel:* (uitdr.) heel erg rot **2** (populair) vervelend, ellendig ⇒ *rottig* ◆ *dat is rot voor je* **3** (populair) heel erg, heel hard ◆ *hij werkt zich rot; we verveelden ons daar rot.*

**rot-** **1** (populair) (woordje dat je gebruikt om aan te geven dat iemand of iets vervelend of ellendig is) ◆ *een rotstreek; een rotvent* **2** (populair) (woordje dat je gebruikt om aan te geven dat iets heel erg of heel hard is) ◆ *een rotklap; zij kwam met een rotgang aanrijden.*

**ro·tan** (de ~ (m.) of het ~) stevige rietsoort waarvan meubels worden gemaakt.

**ro·te·ren** (roteerde, heeft geroteerd) ronddraaien om een as ◆ *de aarde maakt een roterende beweging:* de aarde draait om zijn eigen as.

**rot·gans** (de ~; -ganzen) vogel die op een gans lijkt en die in koude streken voorkomt.

**ro·ti** [rottie] (de ~; roti's) Surinaams gerecht dat bestaat uit een soort dikke pannenkoek waarin een gekruid mengsel van aardappels, groenten en vlees of kip zit.

**rot·je** (het ~; -s) **1** klein stukje vuurwerk dat een knal geeft als je het afsteekt ▼ *je een rotje lachen:* (populair) erg lachen.

**ro·ton·de** (de ~; -n of -s) rond verkeersplein waarop een aantal wegen uitkomt.

**rots** (de ~; -en) ruwe steenmassa die boven het oppervlak van de zee of het land uitsteekt ◆ *de meeuwen zaten op de rotsen; een rots in de branding:* (uitdr.) iemand op wie je kunt vertrouwen als je in moeilijkheden zit.

**rot·ten** (rotte, is gerot) rot²* (bet.1) worden of zijn ⇒ *verrotten.*

**rot·tig** (bijv. nw.) (populair) vervelend, ellendig ◆ *nou moet ik dat rottige eind lopen!; voor dat rottige bedrag doe ik het niet:* voor dat lage bedrag.

**rot·tig·heid** (de ~ (v.)) (populair) moeilijkheden, narigheid ◆ *ze heeft een hoop rottigheid meegemaakt.*

**rot·ting** (de ~ (m.); -en) wandelstok van rotan die vroeger door deftige mensen gebruikt werd.

**rot·zooi** (de ~) **1** (populair) spullen die wanordelijk door elkaar liggen ⇒ *rommel, troep, bende* **2** (populair) spullen van slechte kwaliteit of spullen waar je niets aan hebt ◆ *op de rommelmarkt was alleen rotzooi te koop.*

**rot·zooi·en** (rotzooide, heeft gerotzooid) (populair) rotzooi* (bet.1) maken, knoeien ◆ *hij rotzooit maar wat aan:* hij doet maar wat.

**rou·ge** (Frans) [roezje] (de ~ (m.) of het ~) poeder waarmee je je wangen een kleurtje geeft.

**rou·la·tie** [roelaatsie] (zelfst. nw.) ▼ *een product in roulatie brengen:* het op de markt brengen, het verkopen; *een product uit de roulatie nemen:* ophouden het te maken en te verkopen; *uit de roulatie zijn:* een tijdje niet meedoen (bijv. omdat je ziek bent).

**rou·le·ren** [roeleeren] (rouleerde, heeft gerouleerd) **1** in omloop zijn, gebruikt worden ◆ *roulerende munten; er rouleert een foto door de klas:* er wordt een foto in de klas doorgegeven **2** (van een taak): om de beurt door verschillende personen gedaan worden ◆ *het voorzitterschap van die vereniging rouleert:* telkens is iemand anders voorzitter.

**rou·let·te** [roelette] (de ~; -s) kansspel waarbij een balletje wordt gegooid op een draaiende schijf die verdeeld is in zwarte en rode vakjes met nummers; je moet dan gokken in welk vakje het balletje blijft liggen als de schijf stilstaat.

**rou·te** [roete] (de ~; -s of -n) weg die je moet volgen om ergens te komen ◆ *dat ligt niet op de route:* daar komen we onderweg niet langs.

**rou·ti·ne** [roetiene] (de ~ (v.)) vaardigheid die je ergens in krijgt als je het vaak hebt gedaan, waardoor het als vanzelf gaat.

**rouw** (de ~ (m.)) verdriet omdat iemand dood is ◆ *zij zijn in de rouw:* zij dragen zwarte kleding om te laten zien dat zij treuren om een dode.

**rouw·dou·wer** (de ~ (m.); -s) lomperd.

**rou·wen** (rouwde, heeft gerouwd) *om iemand rouwen:* verdrietig zijn omdat iemand dood is.

**rou·wig** (bijv. nw.) ▼ *ergens niet rouwig om zijn:* iets helemaal niet erg vinden; *de leerlingen zijn er niet* **rouwig** *om dat de les vandaag niet doorgaat.*

**rouw·ran·den** (zelfst. nw.; meervoud) zwarte randen vuil onder je nagels.

**roux** (Frans) [rœ] (de ~) warm mengsel van boter en bloem om sauzen en soepen dikker te maken.

**ro·ven** (roofde, heeft geroofd) *iets roven:* iets stelen door geweld te gebruiken.

**ro·ver** (de ~(m.); -s) iemand die rooft* ♦ *een zee*rover.

**ro·wan** (de ~(m.); -s) (in Nederland) jongen tussen veertien en zeventien jaar die lid is van scouting (kijk ook bij: **scouting**).

**roy·aal** (bijv. nw.) **1** vrijgevig, gul ♦ *met een* **royaal** *gebaar deed hij veel geld in de collectebus* **2** ruim, groot ♦ *een* **royale** *woonkamer.*

**roy·al·ty** [rojjeltie] (de ~; royalty's) deel van de opbrengst van een boek dat aan de schrijver wordt betaald.

**roy·e·ren** [rwajjeeren] (royeerde, heeft geroyeerd) *iemand royeren:* iemand als lid van een vereniging schrappen.

**ro·ze** (bijv. nw.) met een lichtrode kleur.

**ro·ze·bot·tel** → rozenbottel.

**ro·ze·geur** → rozengeur.

**ro·ze·ma·rijn** (de ~(m.)) bepaald keukenkruid.

**ro·zen·bot·tel** (de ~; -s) kleine, rode vrucht van de wilde roos.

**ro·zen·geur** (zelfst. nw.) ▼ *het is niet altijd* **rozengeur** *en maneschijn:* er gebeuren niet alleen fijne dingen, er komen ook moeilijkheden.

**ro·zen·krans** (de ~(m.); -en) **1** snoer met kralen dat rooms-katholieke gelovigen in hun handen houden bij bepaalde gebeden **2** serie van bepaalde gebeden in de rooms-katholieke kerk.

**ro·zet** (de ~; -ten) ronde versiering in de vorm van een roos (bet.1) ♦ *een plafond met een* **rozet** *van pleisterwerk.*

**ro·zig** (bijv. nw.) **1** (van wangen en lippen): lichtrood, roze **2** loom en slaperig door de zon en de buitenlucht ♦ *na die dag aan zee was ze helemaal* **rozig**.

**ro·zijn** (de ~; -en) gedroogde druif.

**RPF** (de ~(v.)) *R*eformatorische *P*olitieke *F*ederatie; dit is een politieke partij in Nederland.

**r.s.v.p.** (afkorting) *r*épondez *s*'il *v*ous *p*laît; dit is Frans en het betekent: wilt u alstublieft antwoorden (hiermee wordt op een uitnodiging aangegeven dat je moet laten weten of je komt).

**RTBF** (de ~) *R*adio-*T*élévision *B*elge de la Communauté culturel *f*rançaise; dit is in België de Franstalige publieke omroep.

**RTL** (de ~) *R*adio-*T*élévision *L*uxembourg; dit is een commerciële tv-zender in Luxemburg, die voor Nederland programma's uitzendt.

**RU** (afkorting) *R*ijks*u*niversiteit.

**rub·ber** (de ~(m.) of het ~) **1** elastische stof gemaakt van het sap van rubberbomen **2** (populair) condoom.

**ru·bri·ce·ren** (rubriceerde, heeft gerubriceerd) **1** *iets rubriceren:* iets in rubrieken* (bet.1) verdelen ♦ *de boeken in de bibliotheek zijn* **gerubriceerd** **2** *iets rubriceren:* iets bij een bepaalde rubriek* (bet.1) onderbrengen.

**ru·briek** (de ~(v.); -en) **1** afdeling, groep van dingen die bij elkaar horen ⇒ categorie ♦ *dat boek staat onder de* **rubriek** *'kunst'* **2** gedeelte van een krant of tijdschrift dat altijd over hetzelfde onderwerp gaat ♦ *de economische* **rubriek**.

**ru·che** [rusje of rœsje] (de ~; -s) randje gerimpelde stof aan kleding, gordijnen enz. ⇒ roesje.

**rucht·baar** (bijv. nw.) ▼ *iets* **ruchtbaar** *maken:* iets algemeen bekendmaken, iets aan iedereen laten weten.

**ru·di·ment** (het ~; -en) orgaan of lichaamsdeel dat niet

tot volle ontwikkeling is gekomen en dat daardoor geen duidelijke functie heeft ♦ *de verstandskiezen bij de mens zijn* **rudimenten**.

**ru·di·men·tair** (bijv. nw.) **1** (van organen of lichaamsdelen): als rudiment* aanwezig ♦ *het stuitbeen bij de mens wordt wel als* **rudimentaire** *staart beschouwd* **2** basaal, elementair ♦ *hij heeft een* **rudimentaire** *kennis van het Frans.*

**rug** (de ~(m.); -gen) **1** deel van je lichaam aan de achterkant van je romp ♦ *de* **rug** *van een stoel:* (uitdr.) het gedeelte waar je met je rug tegenaan zit; *de* **rug** *van je hand:* (uitdr.) de bovenkant; *de* **rug** *van een boek:* (uitdr.) de kant waar de bladen aan elkaar vastzitten; *een brede* **rug** *hebben:* (uitdr.) veel kunnen verdragen, goed tegen vervelende praatjes kunnen; ook: overal de schuld van krijgen; *iemand de* **rug** *toekeren:* (uitdr.) niets meer van iemand willen weten; *achter iemands* **rug** *(om) iets doen:* (uitdr.) iets doen wat iemand wel aangaat, maar waar hij of zij niets van weet; *dat is achter de* **rug**: (uitdr.) dat is voorbij (dit zeg je meestal van iets vervelends); *met de* **rug** *tegen de muur staan:* (uitdr.) gedwongen zijn iets te doen wat je niet wilt, klem gezet zijn; *je kunt m'n* **rug** *op!:* (uitdr.; populair) je kunt me nog meer vertellen, bekijk het maar! ▼ *een rooie* **rug**: (in Nederland; populair) een briefje van 1000 gulden.

**rug·by** (Engels) [rœbbie of rugbie] (het ~) sport voor twee ploegen van vijftien spelers, die een ovale bal in een doel moeten gooien of trappen.

**rug·ge·lings** (bijw.) **1** met de ruggen* (bet.1) tegen elkaar ♦ *de bandieten werden* **ruggelings** *vastgebonden* **2** met je rug* (bet.1) naar achteren ♦ *hij viel* **ruggelings** *van de trap:* achterover.

**rug·gen·graat** (de ~; -graten) de reeks door kraakbeen met elkaar verbonden botjes in het midden van je rug (kijk ook bij: **kraakbeen**) ⇒ wervelkolom ♦ *iemand met* **ruggengraat**: (uitdr.) iemand die niet gauw opgeeft, iemand met pit.

**rug·gen·merg** (het ~) zachte massa zenuwcellen binnen in je ruggengraat.

**rug·gen·steun** (de ~(m.)) iets dat een grote hulp voor je betekent.

**rug·ge·spraak** (zelfst. nw.) ▼ **ruggespraak** *met iemand houden:* met iemand overleggen om te weten te komen wat hij of zij ergens van vindt.

**rug·zak** (de ~(m.); -ken) tas met banden of beugels die je op je rug draagt.

**rui** (zelfst. nw.) **1** (de ~(m.)) periode waarin een dier ruit* ♦ *onze kanarie is in de* **rui** **2** (de ~) vroegere stadsgracht in Antwerpen ♦ *in de negentiende eeuw werden de* **ruien** *overwelfd.*

**rui·en** (ruide, heeft geruid) (van dieren): nieuwe veren of haren krijgen en de oude verliezen.

**ruif** (de ~; ruiven) schuine voederbak met houten of ijzeren traliewerk in een stal.

**ruig** (bijv. nw.) **1** met een oppervlak van stijve, borstelige haren ♦ *een* **ruige** *mat* **2** (populair) wild, onstuimig ♦ *dat was een* **ruig** *feest;* **ruige** *taal uitslaan:* grove woorden, vloeken enz. gebruiken.

**rui·ken** (rook, heeft geroken) **1** *iets ruiken:* iets met je neus waarnemen ♦ *laat mij die parfum eens* **ruiken**; *gevaar* **ruiken**: (uitdr.) voelen dat er gevaar dreigt; *hoe kan ik dat nou ruiken?*: (uitdr.; populair) hoe kan ik dat weten? **2** een bepaalde geur verspreiden ♦ *dat eten* **ruikt** *heerlijk.*

**rui·ker** (de ~(m.); -s) bos bij elkaar gebonden bloemen ⇒ boeket, tuil.

**ruil** (de ~(m.); -en) het ruilen* ♦ *zij heeft een goede* **ruil** *gedaan:* zij heeft meer gekregen of iets beters gekregen dan ze heeft weggegeven; *ik geef jou dit boekje in* **ruil** *voor die pen:* als ik van jou die pen krijg.

**rui·len** (ruilde, heeft geruild) *iets ruilen: iets weggeven terwijl je er iets anders voor in de plaats krijgt* ♦ *in de winkel heeft zij de rode bal **geruild** voor een blauwe; zij **ruilen** van plaats: wisselen; ik zou niet met hem willen **ruilen**:* (uitdr.) *ik vind dat ik in een betere situatie ben dan hij; waar er twee **ruilen** moet er één huilen:* (uitdr.) *als er geruild wordt, is de een altijd beter af dan de ander.*

**ruil·han·del** (de ~ (m.)) handel waarbij goederen tegen andere goederen en niet tegen geld verwisseld worden.

**ruil·ver·ka·ve·ling** (de ~ (v.)) nieuwe verdeling van stukken grond waarbij kleine, verspreid liggende stukken bij elkaar gevoegd worden.

**ruim**[1] (het ~; -en) ruimte in een schip waar goederen worden opgeslagen.

**ruim**[2] (bijv. nw.) groot, royaal ♦ *in die winkel heb je een **ruime** keus; hij heeft een **ruim** inkomen; een **ruime** kamer; een **ruime** jas: een jas die wijd is.*

**ruim**[3] (bijw.) iets meer dan ♦ ***ruim** honderd mensen hebben de tentoonstelling bezocht.*

**ruim·den·kend** (bijv. nw.) gezegd van iemand die voor veel dingen begrip heeft, het tegenovergestelde van 'bekrompen'.

**rui·men** (ruimde, heeft geruimd) **1** *sneeuw, puin ruimen:* die of dat opruimen, die of dat weghalen **2** *iets uit de weg ruimen:* ervoor zorgen dat iets geen belemmering meer vormt ♦ *het nieuwe plan **ruimt** alle bezwaren uit de weg* **3** *iemand uit de weg ruimen:* (populair) iemand vermoorden **4** *(van de wind):* draaien in de richting van de klok, bijv. van het westen naar het noorden, het tegenovergestelde van 'krimpen'.

**ruim·schoots** (bijw.) in ruime mate ♦ *zij kwamen **ruimschoots** op tijd: ze kwamen iets te vroeg; dat is **ruimschoots** voldoende: het is meer dan voldoende.*

**ruim·te** (de ~ (v.)) **1** plaats waar je kunt zijn en bewegen, plek ♦ *in de auto is **ruimte** voor vier personen; de piano neemt veel **ruimte** in; iemand de **ruimte** geven om iets te doen:* (uitdr.) iemand de kans voor iets geven **2** (-n of -s) plaats die door muren wordt omgeven ♦ *de gymzaal is een grote **ruimte*** **3** heelal ⇒ *luchtruim* ♦ *de mensen kunnen tegenwoordig door de **ruimte** reizen; dat is geklets in de **ruimte**:* (uitdr.) dat is onzin.

**ruim·te·lijk** (bijv. nw.) te maken hebbend met ruimte* (bet.1) ♦ ***ruimtelijke** ordening: het bepalen hoe het grondgebied in een land wordt gebruikt; een schilderij met een **ruimtelijke** werking: waarbij je het idee krijgt dat er niet alleen hoogte en breedte, maar ook diepte is.*

**ruim·te·vaar·der** (de ~ (m.); -s) iemand die door de ruimte* (bet.3) reist ⇒ *astronaut.*

**ruim·te·vaart** (de ~) het reizen door de ruimte* (bet.3).

**ruim·te·vaar·tuig** (het ~; -en) voertuig voor in de ruimte, zoals een spaceshuttle.

**ruim·te·veer** (het ~; -veren) ruimtevaartuig dat na een reis door de ruimte naar de aarde terugkeert ⇒ *spaceshuttle.*

**ruin** (de ~ (m.); -en) gecastreerde hengst.

**ruïne** ru·i·ne (de ~ (v.); -s of -n) overblijfsel van een verwoest of vervallen gebouw ♦ *de **ruïne** van een middeleeuws kasteel.*

**ruïneren** ru·i·ne·ren (ruïneerde, heeft geruïneerd) **1** *iets ruïneren:* iets kapot maken ♦ *met het voetballen hebben de jongens de tuin **geruïneerd*** **2** *iemand ruïneren:* iemand arm maken ♦ *doordat hij veel gegokt had, was hij **geruïneerd**.*

**ruis** (de ~ (m.)) storend bijgeluid, in een apparaat dat geluid weergeeft of versterkt.

**rui·sen** (ruiste, heeft geruist) een zacht, monotoon geluid maken dat lang aanhoudt ♦ *de wind **ruist** door de bomen; het **ruisen** van de golven.*

**ruit** (de ~; -en) **1** glas in een raam ♦ *bij het voetballen vloog de bal door de **ruit*** **2** patroon van horizontale en verticale lijnen ♦ *een rok met een Schotse **ruit**; voor rekenen gebruik je papier met **ruitjes*** **3** (meetkunde) figuur met vier rechte zijden en twee scherpe hoeken ♦ *een wybertje heeft de vorm van een **ruit**.*

**rui·ten** (de ~) een van de vier figuren van een kaartspel, dat rood van kleur is en de vorm heeft van een ruit* (bet.3).

**rui·ten·wis·ser** (de ~ (m.); -s) instrumentje op de ruit van bijv. een auto dat bij regen of sneeuw de ruit schoonmaakt door automatisch heen en weer te bewegen.

**rui·ter** (de ~ (m.); -s) iemand die op een paard rijdt.

**rui·te·rij** (de ~ (v.)) deel van het leger dat bestaat uit soldaten te paard ⇒ *cavalerie.*

**rui·ter·lijk** (bijv. nw.) ronduit en eerlijk ♦ *hij gaf **ruiterlijk** toe dat hij een fout had gemaakt.*

**rui·ter·tje** (het ~; -s) verplaatsbaar klemmetje, bijv. op bepaalde kaarten in een kaartenbak om die te markeren ⇒ *tab.*

**rui·te·wis·ser** → ruitenwisser.

**ruk** (de ~ (m.); -ken) **1** snelle, trekkende beweging ♦ *met een **ruk** aan het touw trok hij de boot uit de modder; in één **ruk** iets doen:* (uitdr.) zonder te stoppen ▼ *een hele **ruk**: een grote afstand; van Amsterdam naar Brussel is nog een hele **ruk**; ik snap er geen **ruk** van:* (populair) helemaal niets.

**ruk·ken** (rukte, heeft gerukt) **1** *iets ergens vanaf, uit enz. rukken:* iets met een ruk* ergens af, uit enz. trekken ♦ *hij **rukt** de poster van de muur; zij **rukte** het boek uit zijn handen* **2** *aan iets rukken:* een ruk* aan iets geven ♦ *hij **rukte** aan de bel.*

**ruk·wind** (de ~ (m.); -en) plotselinge, harde windvlaag.

**rul** (bijv. nw.) *(van grond, vooral van zand):* erg los ⇒ *mul.*

**rum** (de ~ (m.)) drank waarin veel alcohol zit en die gemaakt is uit suikerrietsap.

**rum·ba** (Spaans) [rɔmbaa] (de ~ (m.); rumba's) Zuid-Amerikaanse dans.

**ru·moer** (het ~) lawaai van veel geluiden door elkaar.

**ru·moe·rig** (bijv. nw.) druk en lawaaierig, vol rumoer* ♦ *de kinderen zijn **rumoerig**.*

**run** (de ~ (m.)) **1** plotselinge toeloop van mensen die iets willen kopen ⇒ *stormloop* ♦ *er is een **run** op dat nieuwe speelgoed* **2** sprint bij cricket of honkbal door een speler van de slagpartij.

**rund** (het ~; -eren) **1** dier van een familie van herkauwende zoogdieren met hoorns, waartoe o.a. de koe, de buffel en de karbouw behoren ♦ *bloeden als een **rund**:* (uitdr.; populair) heel erg bloeden **2** (populair) (scheldwoord voor iemand die heel dom of onhandig is) ⇒ *stommeling.*

**ru·ne** (de ~; -n) teken uit het Oud-Germaanse alfabet.

**run·nen** (runde, heeft gerund) *een zaak of een bedrijf runnen:* de leiding ervan hebben en ervoor zorgen dat alles er goed loopt.

**run·ner** (de ~ (m.); -s) wieltje dat over een gordijnrail loopt met een oogje eraan waarin je een gordijnhaak vasthaakt.

**run·ning** (zelfst. nw.) ▼ *in de **running** zijn: actief bezig zijn.*

**ru·pi·ah** → roepia.

**rups** (de ~; -en) klein, lang diertje met twee lange rijen pootjes dat verandert in een vlinder; het is de larve van een vlinder.

**rups·band** (de ~ (m.); -en) brede band om twee of meer wielen achter elkaar, waarmee een voertuig, bijv. een tank, over oneffen terrein kan rijden.

**rus** (de ~(m.); -sen) (populair) rechercheur ⇒ *stille*.

**rust** (de ~) **1** toestand waarin je niets doet, niet actief bent ♦ *de zieke moet veel* **rust** *hebben; iedereen is in diepe* **rust**: *iedereen slaapt; iemand met* **rust** *laten*: iemand niet lastig vallen; *geen* **rust** *hebben*: ongerust, bezorgd zijn; **rust** *noch duur hebben*: (uitdr.) erg ongerust zijn; *een minister in* **ruste**: (uitdr.) die niet meer werkt; *op* **rust** *gaan*: (in België □; populair) met pensioen gaan; **rust** *roest*: (spreekwoord) als je een tijd niet werkt, kun je daarna niet meer zo goed op gang komen **2** toestand waarbij er geen drukte is of waarbij er geen geluiden zijn ⇒ *stilte* ♦ *de* **rust** *werd door een brommer verstoord; de eerste regel van het muziekstuk begint met een* **rust**: een of meer tellen zonder muziek **3** onderbreking van een sportwedstrijd om pauze te houden ♦ *bij een voetbalwedstrijd is het na drie kwartier spelen* **rust**.

**rus·te·loos** (bijv. nw.) zo gespannen dat je niet rustig kunt zitten, liggen of bezig zijn ⇒ *onrustig, ongedurig* ♦ *zij liep* **rusteloos** *heen en weer*.

**rus·ten** (rustte, heeft gerust) **1** rust* (bet.1) houden ⇒ *uitrusten* ♦ *nadat ze een uur had gefietst,* **rustte** *ze een kwartier; iets laten* **rusten**: (uitdr.) ergens niet over praten; *we kunnen dat gevoelige onderwerp maar beter laten* **rusten**; *hij* **ruste** *in vrede*: (tekst op een grafsteen) **2** op iets rusten: op iets liggen ♦ *zijn hand* **rustte** *op haar schouder; die planken* **rusten** *maar op twee steunen; haar blik bleef op de deur* **rusten**: zij bleef naar de deur kijken; *er* **rust** *geen zegen op dit werk*: (dit zeg je wanneer het steeds mis gaat met het werk).

**rust·huis** (het ~; -huizen) gebouw waar mensen verzorgd worden die rust nodig hebben.

**rus·tiek** (bijv. nw.) landelijk ♦ *het huis staat in een* **rustieke** *omgeving*.

**rus·tig** (bijv. nw.) zonder drukte of opwinding, het tegenovergestelde van 'druk' ⇒ *kalm* ♦ *zij doet* **rustig** *haar werk; het is* **rustig** *op straat*: er is weinig verkeer; *blijf* **rustig**!: maak je niet druk, wind je niet op!; *doe maar* **rustig** *aan*: haast je maar niet; *de zee is nu weer* **rustig**: er zijn geen wilde golven meer; *een* **rustig** *behangetje*: niet met veel figuren of felle kleuren.

**rust·pen·si·oen** (het ~; -en) (in België) pensioen voor iemand die zijn of haar beroep niet meer uitoefent, te vergelijken met het ouderdomspensioen in Nederland.

**rust·punt** (het ~; -en) iemand of iets waar je rust (bet.2) zoekt ♦ *de bezoeken aan zijn moeder waren het* **rustpunt** *in zijn drukke leven*.

**rut** (bijv. nw.) (populair) gezegd van iemand die al zijn of haar geld kwijtgeraakt is ⇒ *blut, platzak*.

**ruw** (bijv. nw.) **1** oneffen, met een grof oppervlak dat ruig aanvoelt, het tegenovergestelde van 'glad' ♦ *ruwe planken; ruwe handen* **2** onbewerkt ♦ *ruwe olie*: olie zoals die uit de bodem komt, die nog niet bewerkt is **3** niet nauwkeurig, grof ♦ *ruw geschat hebben we nu vijf kilometer gefietst; een* **ruwe** *schets van het gebouw*: met alleen de grote lijnen **4** wild, onstuimig ♦ *ga niet zo* **ruw** *met dat kind om*.

**ru·zie** (de ~(v.); -s) toestand waarin twee of meer mensen kwaad zijn op elkaar of lelijke dingen tegen elkaar zeggen omdat ze het niet met elkaar eens zijn ⇒ *twist* ♦ *zij maken de hele dag* **ruzie** *met elkaar; zoek je* **ruzie**?: (dit zeg je als je iemand wilt uitdagen).

**ruziën** ru·zi·en (ruziede, heeft geruzied) ruzie* maken.

**RVA** (de ~(m.)) (in België) **R**ijksdienst **v**oor **A**rbeidsvoorziening; dit is een dienst die werklozen helpt.

**RVD** (de ~(m.)) (in Nederland) **R**ijks**v**oorlichtings**d**ienst.

**RWW** (de ~(v.)) (in Nederland) **R**ijksgroepsregeling **W**erkloze **W**erknemers.

# Ss

**s** (de ~; s'en) de negentiende letter van het alfabet.

**'s** (lidw.) des ♦ *'s winters*: in de winter; *'s middags*: in de middag.

**S** (afkorting) **1** **S**anctus; dit is Latijn en het betekent: heilig **2** (van kleren): **S**mall; dit is Engels en het betekent: klein.

**saai** (bijv. nw.) waarbij of bij wie je je verveelt ⇒ *eentonig, droog* ♦ *een* **saai** *verhaal*: waarin niets spannends gebeurt.

**saam** → samen.

**saam·ho·rig·heid** (de ~(v.)) gevoel bij elkaar te horen, grote verbondenheid.

**saam·pjes** (bijw.) knus met z'n tweetjes.

**sab·bat** (de ~(m.); -ten) wekelijkse joodse rustdag, van vrijdagavond tot zaterdagavond ♦ *sabbat* vieren.

**sab·be·len** (sabbelde, heeft gesabbeld) op iets sabbelen: aan iets likken en zuigen ♦ *op een snoepje* **sabbelen**.

**sa·bel** (de ~(m.); -s) gebogen zwaard dat aan één zijkant scherp is.

**sa·bel·bont** (het ~) kostbaar bont van het sabeldier (dit is een marterachtig roofdier).

**Sa·be·na** (de ~(v.)) Belgische luchtvaartmaatschappij.

**sa·bo·ta·ge** [saabootaazje] (de ~(v.)) het saboteren* ♦ *het ongeluk is veroorzaakt door* **sabotage**; *sabotage* plegen.

**sa·bo·te·ren** (saboteerde, heeft gesaboteerd) iets saboteren: iets met opzet kapot maken of laten mislukken om anderen last te bezorgen of om te protesteren ♦ *je zit de les te* **saboteren**; *de motoren van het vliegtuig werden* **gesaboteerd**.

**sa·bo·teur** (de ~(m.); -s) iemand die sabotage* pleegt.

**sa·cha·ri·ne** (de ~) sterke kunstmatige zoetstof.

**sa·cha·ro·se** [saggaarooze] (de ~(v.)) suiker ⇒ *sucrose*.

**sa·che·rijn** (zelfst. nw.) **1** (het ~) humeur waarbij je onvriendelijk bent en op alles en iedereen moppert ⇒ *chagrijn* **2** (de ~(m.); -en) humeurig, onvriendelijk persoon ⇒ *chagrijn*.

**sa·che·rij·nig** (bijv. nw.) humeurig, ontevreden, mopperig ⇒ *chagrijnig* ♦ *kijk niet zo* **sacherijnig**.

**sa·chet** [sasje] (het ~; -s) **1** zakje met geurige kruiden dat je tussen je kleren in je klerenkast legt **2** zakje met een geneesmiddel in poedervorm.

**sa·craal** (bijv. nw.) gewijd, heilig ♦ *sacrale* voorwerpen uit de eredienst.

**sa·cra·ment** (het ~; -en) **1** elk van de zeven gewijde handelingen in de rooms-katholieke kerk, o.a. doop, biecht, huwelijk en oliesel ♦ *het* **sacrament** *der zieken*: het oliesel **2** doop en avondmaal in de protestantse kerk, als instellingen van Christus.

**sa·cris·tie** (de ~(v.); sacristieën) kamer in een rooms-katholieke kerk waar voorwerpen worden bewaard voor de mis en waar de priester zich omkleedt.

**sa·dis·me** (het ~) het genieten van en verlangen naar het pijn doen van mensen en dieren.

**sa·dist** (de ~(m.); -en) iemand die van sadisme* geniet.

**sa·dis·tisch** (bijv. nw.) als een sadist* of als van een sadist* ♦ *sadistische* neigingen; *sadistisch* lachen: vol leedvermaak.

**sa·fa·ri** (de ~; safari's) tocht door een gebied waar wilde dieren leven ◆ *we gaan op safari.*

**safe**[1] (Engels) [seef] (de ~ (m.); -s) brandkast, kluis.

**safe**[2] (Engels) [seef] (bijv. nw.) (populair) veilig, betrouwbaar ◆ *is die oude trap wel safe?; op safe spelen:* (uitdr.) geen enkel risico nemen, het zekere voor het onzekere nemen.

**safe sex** (Engels) [seefseks] (de ~) (letterlijk: veilig vrijen) het vrijen met condooms, om geslachtsziekten, zoals aids, te voorkomen.

**saf·fier** (de ~ (m.); -en) edelsteen die meestal blauw is.

**saf·fraan** (de ~ (m.)) specerij of kleurstof met een helder-gele kleur, die gemaakt wordt van een krokussoort.

**sa·ge** (de ~; -n) volksverhaal dat steeds is doorverteld en dat vaak gebaseerd is op een echte gebeurtenis uit het verleden.

**saggerijn(-)** → **sacherijn(-).**

**sa·go** (de ~ (m.)) meel dat gemaakt wordt van het merg van palmen en bepaalde andere planten.

**sail·lant** [sajant] (bijv. nw.) opvallend en wetenswaardig ◆ *saillante details.*

**sa·jet** (de ~ (m.)) garen van ongekamde wol.

**sa·ke** [saakee], **sa·ki** (de ~ (m.)) sterk alcoholische Japanse drank die van rijst wordt gemaakt ⇒ *rijstbrandewijn.*

**sak·ke·ren** (sakkerde, heeft gesakkerd) (in België □) mopperen, foeteren.

**sakr-** → **sacr-.**

**sa·la·de** (de ~; -s) koud gerecht van groente, aardappels, mayonaise en kruiden, soms ook met vlees of vis erin ⇒ *slaatje.*

**sa·la·man·der** (de ~ (m.); -s) **1** klein amfibie met vier poten en een lange staart (kijk ook bij: **amfibie**) **2** ouderwetse ronde oliekachel.

**sa·la·mi** (de ~ (m.)) vette, harde worst die met knoflook gekruid is.

**salariëren** sa·la·ri·e·ren (salarieerde, heeft gesalarieerd) *iemand salariëren:* iemand een salaris* betalen ⇒ *bezoldigen.*

**salariëring** sa·la·ri·e·ring (de ~ (v.)) betaling, salaris ◆ *salariëring in overleg vast te stellen.*

**sa·la·ris** (het ~; -sen) geld dat iemand verdient met het werk dat hij of zij doet en dat regelmatig uitbetaald wordt ⇒ *loon.*

**sal·do** (het ~; saldo's of saldi) verschil tussen uitgaven en ontvangsten ◆ *een batig saldo:* een overschot; *een negatief saldo:* een tekort; *per saldo:* (uitdr.) uiteindelijk, tenslotte.

**sales ma·na·ger** (Engels) [seelsmennedzjer] (de ~; -s) verkoopleider.

**sa·let·jon·ker** (de ~ (m.); -s) ijdele, verwijfde jongen.

**sa·lie** (de ~ (v.)) plant die als keukenkruid en als geneesmiddel wordt gebruikt.

**sal·mi·ak** (de ~ (m.)) zout smakende scheikundige stof die o.a. in drop wordt gebruikt.

**sal·mo·nel·la** (de ~; salmonella's) bacteriesoort die via besmet voedsel in je lichaam komt en die veel ziekten veroorzaakt.

**Sa·lo·mons·oor·deel** (het ~; -oordelen) wijs oordeel bij een conflict.

**sa·lo·mons·ze·gel** (de ~ (m.); -s) plant die in het wild groeit en die op een lelietje-van-dalen lijkt.

**sa·lon** (de ~ (m.) of het ~; -s) **1** kamer met mooie meubels waarin je gasten ontvangt **2** (in België □) bankstel **3** (in België □) beurs, tentoonstelling ◆ *het autosalon.*

**sa·lon·so·ci·a·list** (de ~ (m.); -en) iemand die wel socialistische ideeën zegt te hebben, maar er niet naar handelt.

**sa·loon** [seloe:n] (de ~; -s) café in het wilde westen.

**sa·loon·deu·ren** (zelfst. nw.; meervoud) houten klapdeuren die de boven- en onderkant van een deuropening onbedekt laten.

**sa·lo·pet·te** [saaloopet] (de ~; -s) wijde broek met een voorstukje en draagbanden.

**sal·pe·ter** (de ~ (m.) of het ~) scheikundige stof die o.a. gebruikt wordt bij het maken van kruit en kunstmest.

**sal·sa** (de ~) uit Midden-Amerika afkomstige muziek met elementen uit jazz en rhythm 'n blues, waarop goed gedanst kan worden.

**sal·to** (de ~ (m.); salto's) koprol in de lucht ◆ *een salto mortale:* (letterlijk: een dodelijke sprong) een hele gevaarlijke salto.

**sa·lu·e·ren** (salueerde, heeft gesalueerd) groeten op de militaire manier door je rechterarm omhoog te brengen en met je hand je hoofd aan te raken.

**sa·luut** (het ~; saluten) militaire groet ◆ *een saluutschot:* een kanonschot dat bedoeld is als groet; *saluut!:* (uitdr.; populair) gegroet, het beste!

**sal·vo** (het ~; salvo's) schoten van geweren of kanonnen die tegelijk afgaan.

**Sa·ma·ri·taan** (zelfst. nw.) ▼ *een barmhartige Samaritaan:* iemand die zich uit goedheid over een ander ontfermt.

**sam·ba** (de ~; samba's) vrolijke dans uit Zuid-Amerika.

**sam·ba·bal·len** (zelfst. nw.; meervoud) twee ovaalronde bollen met een handvat en met rijstkorrels of kogeltjes erin, die je heen en weer schudt op de maat van de muziek.

**sam·bal** (de ~ (m.); -s) scherp smakende, dikke Indonesische saus van gemalen pepers, waarmee rijstgerechten gekruid worden.

**sa·men,** ouderwets: **saam** (bijw.) bij of met elkaar, niet in je eentje ◆ *ze zitten samen te tekenen; het is samen f 25,-:* bij elkaar opgeteld; *ze hebben iets samen:* (uitdr.) ze hebben een geheim; ook: ze hebben een liefdesverhouding; *samen uit, samen thuis:* (uitdr.) (dit zeg je als je iets dat je met anderen begonnen bent ook met hen afmaakt).

**sa·men·bal·len** (balde samen, heeft samengebald) *je vuisten samenballen:* ze stevig dichtknijpen ⇒ *ballen.*

**sa·men·ge·steld** (bijv. nw.) gezegd van iets dat uit twee of meer delen bestaat ◆ *een samengestelde zin:* (taal) die uit een hoofdzin en een of meer bijzinnen bestaat.

**sa·men·hang** (de ~ (m.)) het samenhangen* ⇒ *verband* ◆ *er is geen samenhang tussen het eerste en het tweede deel van het verhaal.*

**sa·men·han·gen** (hing samen, heeft samengehangen) *ergens mee samenhangen:* ergens mee in verband staan, ergens bij horen, ergens mee te maken hebben ◆ *het rookverbod hangt samen met het brandgevaar.*

**sa·men·komst** (de ~ (v.); -en) het bij elkaar komen ⇒ *bijeenkomst* ◆ *de plaats van samenkomst wordt nog bekend gemaakt.*

**sa·men·le·ven** (leefde samen, heeft samengeleefd) *met iemand samenleven:* met iemand als partner in hetzelfde huis wonen ⇒ *samenwonen.*

**sa·men·le·ving** (de ~ (v.); -en) maatschappij ⇒ *gemeenschap.*

**sa·men·loop** (zelfst. nw.) ▼ *een samenloop van omstandigheden:* het toevallig tegelijkertijd gebeuren van verschillende dingen; *door een samenloop van omstandigheden konden we niet komen.*

**sa·men·raap·sel** (het ~; -s) verzameling dingen die niet bij elkaar horen of passen ⇒ *allegaartje, mengelmoesje.*

**sa·men·scho·ling** (de ~ (v.); -en) groep bij elkaar gekomen mensen die kwade bedoelingen hebben.

**sa·men·span·nen** (spande samen, heeft samengespannen) *tegen iemand samenspannen*: samen met anderen geheime plannen maken om iemand dwars te zitten ⇒ *samenzweren*.

**sa·men·spel** (het ~) goede samenwerking tussen mensen die iets samen doen, vooral tussen de leden van een orkest of van een sportteam.

**sa·men·spraak** (de ~) tekst of voordracht in de vorm van een dialoog (kijk ook bij: **dialoog**) ◆ *iets in samenspraak beslissen*: (uitdr.) in overleg.

**sa·men·stel·len** (stelde samen, heeft samengesteld) *iets samenstellen*: iets uit verschillende delen tot een geheel maken ◆ *een programma samenstellen*.

**sa·men·stel·ler** (de ~(m.); -s), vrouw: **sa·men·stel·ster** (de ~(v.); -s) iemand die iets samenstelt* ◆ *de samenstellers van een tijdschrift*.

**sa·men·stel·ling** (de ~(v.); -en) **1** manier waarop iets samengesteld* is, of delen waaruit iets dat samengesteld* is, bestaat ◆ *wat is de samenstelling van pindakaas?; de samenstelling van een elftal* **2** (taal) woord dat gevormd is door twee of meer andere woorden aan elkaar te verbinden ◆ *'huisdeur' is een samenstelling*.

**sa·men·stel·ster** → samensteller.

**sa·men·val·len** (viel samen, is samengevallen) op dezelfde tijd gebeuren ◆ *hun verjaardagen vallen samen*.

**sa·men·vat·ten** (vatte samen, heeft samengevat) *iets samenvatten*: in het kort de belangrijkste dingen van iets weergeven ⇒ *recapituleren, resumeren* ◆ *een lange toespraak samenvatten*.

**sa·men·vat·ting** (de ~(v.); -en) iets dat ontstaat als je iets samenvat* ⇒ *resumé* ◆ *een samenvatting van de wedstrijd*.

**sa·men·wer·ken** (werkte samen, heeft samengewerkt) met een of meer anderen werken aan hetzelfde.

**sa·men·wo·nen** (woonde samen, heeft samengewoond) *met iemand samenwonen*: met iemand als partner in hetzelfde huis wonen ⇒ *samenleven*.

**sa·men·zwe·ren** (zwoer samen, heeft samengezworen) *tegen iemand samenzweren*: samen met anderen geheime plannen maken om iemand dwars te zitten ⇒ *samenspannen*.

**sa·men·zwe·ring** (de ~(v.); -en) het samenzweren*, geheim verbond om een aanslag te plegen ⇒ *complot*.

**sa·moe·rai** (de ~(m.); samoerai) Japanse ridder uit de twaalfde tot de zeventiende eeuw die volgens strenge regels leefde en vocht.

**sa·mo·war** (de ~; -s) grote Russische theepot met een kraantje.

**sa·na·to·ri·um** (het ~; -s of sanatoria) ziekenhuis en rusthuis tegelijk voor mensen met tuberculose (kijk ook bij: **tuberculose**).

**sanc·tie** (de ~(v.); -s) strafmaatregel waarmee je dreigt om iemand tot iets te dwingen ◆ *aan overtreding van deze regel zijn strenge sancties verbonden*.

**sanc·ti·o·ne·ren** (sanctioneerde, heeft gesanctioneerd) *iets sanctioneren*: iets toestaan, iets goedkeuren.

**san·daal** (de ~; sandalen) open zomerschoen.

**sand·wich¹** (Engels) [sɛntwitsj](de ~(m.); -es) twee sneetjes brood met hartig beleg ertussen.

**sand·wich²** [sɑntwisj](de ~(m.); -es) (in België □) puntvormig broodje, dat meestal een beetje zoet smaakt.

**sand·wich·man** [sɛntwitsjmɛn](de ~(m.); sandwichmannen) iemand die met een reclamebord op zijn borst en op zijn rug loopt.

**sa·ne·ren** (saneerde, heeft gesaneerd) *iets saneren*: iets grondig opknappen ◆ *een oude wijk saneren*: de bouwvallige huizen slopen en er nieuwe voor in de plaats zetten; *een gebit saneren*: alle gaatjes vullen.

**san·gria** [saŋɡriejaa](de ~) Spaanse drank die bestaat uit wijn met stukjes fruit erin.

**san·gui·nisch** [saŋɡwienies](bijv. nw.) *(van een temperament)*: opvliegend, driftig.

**sa·ni·tair¹** [saanietɛːr](het ~) installaties in een wc of badkamer, bijv. wc-pot, badkuip en wasbak.

**sa·ni·tair²** [saanietɛːr](bijv. nw.) van of voor een badkamer of wc ◆ *een camping met goede sanitaire voorzieningen*: met goede wc's en douches; *een sanitaire stop maken*: een reis onderbreken om naar de wc te gaan.

**san·se·ve·ria** (de ~; sanseveria's) sierplant met lange smalle bladeren die recht omhoog staan ⇒ *vrouwentongen*.

**Sans·kriet** (het ~) oude taal uit India waarin heilige boeken geschreven zijn ◆ *dat is Sanskriet voor me*: (uitdr.) daar begrijp ik niets van.

**sans ran·cu·ne** (Frans) [sãrangkuune] zonder rancune, zonder wrok, zonder vijandige gevoelens (dit zeg je als je een ruzie met iemand goedmaakt).

**sant** (zelfst. nw.) ▼ *niemand is sant in eigen land*: (in België □) in het buitenland hebben de mensen vaak meer respect voor je dan in je eigen land.

**san·té** (tussenw.) proost.

**san·ten·kraam** (zelfst. nw.) ▼ *de hele santenkraam*: (populair) alles en iedereen bij elkaar, de hele boel.

**sant·jes** (tussenw.) (populair) santé.

**sap** (het ~; -pen) vocht van een vrucht of plant ◆ *sap uit sinaasappels persen*.

**sap·je** (het ~; -s) glas vruchtensap.

**sap·pel** (zelfst. nw.) ▼ *je (te) sappel maken over iets*: (populair) je over iets opwinden, een probleem van iets maken.

**sap·pe·len** (sappelde, heeft gesappeld) hard werken ⇒ *ploeteren, sloven, zwoegen*.

**sap·per·loot** (tussenw.) (populair) (om aan te geven dat je verbaasd bent).

**sap·pig** (bijv. nw.) **1** met veel sap* of vocht ◆ *sappig fruit; een sappig biefstukje* **2** (van woorden of van een verhaal): levendig, niet saai ⇒ *smeuïg* ◆ *ze kan sappig vertellen*.

**sa·ra·ban·de** (de ~; -s) langzame, plechtige dans.

**sar·cas·me** bittere spot, waarbij je iemand niet ontziet.

**sar·cas·tisch** (bijv. nw.) te maken hebbend met sarcasme*, vol bittere spot ◆ *een sarcastische opmerking*.

**sar·co·faag** (de ~(m.); sarcofagen) stenen doodskist met gebeeldhouwde versieringen.

**sar·di·ne, sar·dien** (de ~; -s; meestal: sardientje) kleine vis die op een haring lijkt.

**sar·do·nisch** (bijv. nw.) ▼ *sardonisch lachen*: boosaardig en spottend lachen.

**sa·ri** (de ~(m.); sari's) Indiaas kledingstuk voor vrouwen dat uit één lap bestaat die je om je lichaam wikkelt.

**sark·** → sarc-.

**sa·rong** (de ~(m.); -s) Indonesisch kledingstuk voor mannen en vrouwen, dat bestaat uit een lap die je om je heupen wikkelt.

**sar·ren** (sarde, heeft gesard) *iemand sarren*: iemand steeds weer op een gemene manier plagen, totdat hij of zij op een gegeven moment boos wordt ⇒ *jennen, treiteren*.

**sas** (het ~; -sen) **1** schutsluis ▼ *in je sas zijn*: het naar je zin hebben, blij en tevreden zijn.

**Sa·tan** (de ~(m.)) duivel.

**sa·ta·nisch** (bijv. nw.) als de Satan* ⇒ *duivels*.

**sa·té** (de ~) kleine stukjes geroosterd vlees aan een stokje.

**sa·tel·liet** (de ~(m.); -en) **1** hemellichaam dat rond een planeet draait ⇒ *maan* **2** toestel dat door mensen in een baan rond de aarde is gebracht en dat informatie stuurt naar de aarde of naar een andere satelliet ⇒ *kunstmaan*.

**sa·tel·liet·staat** (de ~(m.); -staten) land dat sterk onder invloed staat van een machtig buurland.

**sa·ter** (de ~(m.); -s)(in verhalen) plaagduivel die eruitziet als een kleine man met hoorntjes en bokkenpoten.

**sa·tijn** (het ~) zachte, glanzende zijden stof.

**sa·ti·re** (de ~; -n of -s) verhaal waarin iets of iemand belachelijk wordt gemaakt, waarin met iets of iemand wordt gespot.

**sa·ti·risch** (bijv. nw.) spottend, hekelend ◆ *een satirisch tv-programma*.

**sa·tis·fac·tie** (de ~(v.)) **1** (deftig) tevredenheid, voldoening ⇒ *bevrediging* ◆ *het probleem is tot algemene satisfactie opgelost*: iedereen is tevreden met de oplossing **2** (deftig) eerherstel na een belediging, schadeloosstelling ⇒ *genoegdoening* ◆ *satisfactie eisen*.

**sa·tyr** → sater.

**sau·cijs** [sooseis *of* sauseis](de ~; saucijzen) klein worstje om te braden of te grillen, waarvan er vaak meer in een streng aan elkaar vastzitten.

**sau·na** (de ~(m.); sauna's) badhuis waar je heteluchtbaden of stoombaden neemt.

**saus** (de ~) **1** (-en of sauzen) gebonden vocht met kruiden enz. voor over een gerecht ◆ *iets met een geleerd sausje overgieten*: (uitdr.) iets een beetje geleerd laten lijken **2** dunne verf om muren mee te verven **3** (in België □) jus.

**sau·sen** (sausde, heeft gesausd) *muren sausen*: er saus* (bet.2) op smeren.

**sau·te·ren** [sooteeren](sauteerde, heeft gesauteerd) *iets sauteren*: iets in een pan op een groot vuur snel bruin bakken.

**sau·zen** → sausen.

**sa·van·ne** (de ~; -n of -s) grote grasvlakte in tropische en subtropische gebieden, met hier en daar wat bomen.

**sa·voir-vi·vre** (Frans) [saavwaarvie·vre](het ~) levenskunst.

*****sa·vooi·e·kool** (Wdl: savooienkool) (de ~; -kolen) witgele kool met gekrulde bladeren.

**sa·wa** (de ~(m.); sawa's) rijstveld dat trapsgewijs op een berghelling is aangelegd.

**saxo·fo·nist** (de ~(m.); -en), vrouw: **saxo·fo·nis·te** (de ~ (v.); -n of -s) iemand die saxofoon* speelt.

**saxo·foon** (de ~(m.); -s of saxofonen) metalen blaasinstrument met kleppen, dat vooral gebruikt wordt in de jazz.

**SBS** (de ~) *S*candinavian *B*roadcasting *S*ystem; dit is een commerciële omroep in Nederland.

**sc.** (afkorting) *sc*ilicet; dit is Latijn en het betekent: namelijk.

**sca·breus** (bijv. nw.)*(van taalgebruik)*: schunnig, niet netjes.

**sca·la** (de ~; scala's) serie dingen waarvan de volgende steeds een klein beetje verschilt van de vorige ◆ *een kleurenscala; een scala van mogelijkheden*: (uitdr.) heel veel verschillende mogelijkheden.

**scalp** (de ~(m.); -en) stuk hoofdhuid met haar dat vroeger door Noord-Amerikaanse indianen van het hoofd van een overwonnen vijand werd afgesneden en als trofee werd meegenomen.

**scal·pe·ren** (scalpeerde, heeft gescalpeerd) *iemand scalperen*: een scalp* van iemands hoofd snijden.

**scam·pi** (de ~; scampi's) grote garnaal.

**scan** (Engels) [sken, in België: skan](de ~; -s) onderzoek waarbij een voorwerp of lichaamsdeel elektronisch wordt afgetast ◆ *om de breuk op te sporen werd een botscan gemaakt*.

**scan·da·leus** (bijv. nw.) schandelijk, aanstootgevend ◆ *scandaleus gedrag*.

**scan·de·ren** (scandeerde, heeft gescandeerd) *een vers scanderen*: het metrum ervan aangeven (kijk ook bij: **metrum**) ◆ *een leus scanderen*: die samen met anderen luid en ritmisch opzeggen.

**scan·nen** [skennen, in België: skannen](scande, heeft gescand) *iemand of iets scannen*: iemand of iets onderzoeken met behulp van een scanner* **2** radiozenders zoeken op een radio-ontvanger.

**scan·ner** (Engels) [skenner, in België: skanner](de ~; -s) **1** (medisch) apparaat dat met stralen organen, botten enz. aftast en het resultaat in een afbeelding weergeeft **2** radio-ontvanger die als je een knop indrukt automatisch bepaalde golflengten afzoekt.

**sca·ra·bee** (de ~; scarabeeën) **1** mestkever die als heilig dier werd vereerd door de oude Egyptenaren **2** sieraad, meestal van blauwe steen, in de vorm van zo'n kever.

**sce·na·rio** [senaarjoo](het ~; scenario's) beschrijving van de opeenvolgende scènes* (bet.1) in een toneelstuk, opera of film.

**scene** (Engels) [sie:n](de ~; -s)(populair) groep mensen met een bepaalde eigen sfeer om zich heen, wereldje ◆ *de drugsscene*.

**scè·ne** [se:ne](de ~; -s) **1** gedeelte van een toneelstuk, opera of film tussen de opkomst en het vertrek van een of meer van de acteurs ◆ *de laatste scènes van de film zijn het mooist; iets, bijv. een vechtpartij, in scène zetten*: (uitdr.) van tevoren afspreken hoe het moet verlopen **2** gebeurtenis voor de ogen van een toeschouwer ⇒ *vertoning* ◆ *op straat speelde zich een komische scène af* **3** grote ruzie ◆ *een scène maken* **4** (in België □) toneel (bet.2), podium.

**scep·sis** [sepsis *of* skepsis](de ~(v.)) twijfel en bedenkingen of iets goed afloopt of waar is.

**scep·ter** [septer *of* skepter](de ~(m.); -s) staf die het symbool is van koninklijk gezag ◆ *ergens de scepter zwaaien*: (uitdr.) ergens de baas zijn, ergens heersen.

**scep·ti·cus** [septiekus *of* skeptiekus](de ~(m.); sceptici) iemand die vaak sceptisch* is.

**scep·tisch** [septies *of* skepties](bijv. nw.) vol scepsis*, twijfelend en met bedenkingen ◆ *vader stond nogal sceptisch tegenover mijn plannen*.

**scha** → schade.

**schaaf** (de ~; schaven) gereedschap waarmee je ergens een dun laagje af haalt ◆ *kaasschaaf*.

**schaak¹** (het ~) **1** schaakspel ◆ *een partij schaak spelen* **2** stand van schaakstukken waarbij de koning geslagen kan worden.

**schaak²** (bijv. nw.)(schaken) gezegd van een koning die geslagen kan worden ◆ *iemand schaak zetten*.

**schaak·mat** (bijv. nw.)(schaken) gezegd van de koning als je niet meer kunt voorkomen dat je tegenstander hem zal slaan bij de volgende zet (je hebt het spel dan verloren) ⇒ *mat* ◆ *iemand schaakmat zetten*: (uitdr.) iemand in zo'n positie brengen dat hij of zij geen kant meer op kan.

**schaak·spel** (het ~) spel voor twee personen dat op een bord met 32 witte en 32 zwarte vlakken wordt gespeeld met 16 witte en 16 zwarte stukken.

**schaak·stuk** (het ~; -ken) elk van de witte en zwarte figuurtjes waarmee het schaakspel wordt gespeeld ⇒ *stuk* ◆ *enkele schaakstukken zijn: het paard, de toren en de koning*.

**schaal** (de ~) **1** (schalen) diepe schotel waar je vruchten, koekjes, groente enz. in kunt bewaren of opdienen **2** (schalen) harde buitenkant of schil van bijv. eieren of nootjes ⇒ *dop* **3** lijn met streepjes of reeks getallen waarmee je aangeeft hoe groot, sterk, hoog enz. iets naar verhouding is ◆ *de schaal*verdeling op een thermometer: de verdeling in graden; *de schaal van Richter:* (daarop wordt de kracht van een aardbeving aangegeven) **4** getalsverhouding waarmee je aangeeft hoeveel keer iets kleiner of groter is dan iets anders ◆ *een landkaart met schaal* 1 : 10 000: (één centimeter op de landkaart is in werkelijkheid 10 000 centimeter); *iets op schaal tekenen:* iets in het klein of in het groot zo natekenen dat de verhoudingen kloppen; *iets op grote schaal aanpakken:* (uitdr.) iets groots, bijv. met grote hoeveelheden, aanpakken.

**schaal·dier** (het ~; -en) dier dat een schaal* (bet.2) om zich heen heeft, bijv. een garnaal.

**schaam·been** (het ~; -deren) bot onder aan je buik, vlak boven je geslachtsdelen.

**schaam·de·len** (zelfst. nw.; meervoud) uitwendige geslachtsdelen.

**schaam·haar** (het ~) haar dat rond je geslachtsdelen gaat groeien als je in de puberteit komt.

**schaam·lip·pen** (zelfst. nw.; meervoud) de dubbele huidplooien bij de vagina.

**schaam·luis** (de ~) luis in het schaamhaar ⇒ *platjes*.

**schaam·rood** (het ~) blos van iemand die zich schaamt ◆ *met het schaamrood op de kaken bekende hij zijn fout.*

**schaam·te** (de ~(v.)) onbehaaglijk gevoel dat je krijgt als je je schuldig of opgelaten voelt ◆ *plaatsvervangende schaamte:* schaamte die je voelt als iemand iets doet waarvoor jij je schaamt; *valse schaamte:* schaamte over iets waarvoor je je niet zou hoeven schamen; *van schaamte door de grond gaan:* (uitdr.) je heel erg schamen.

**schaam·te·loos** (bijv. nw.) zonder schaamte*, erg brutaal ⇒ *ongegeneerd.*

**schaap** (het ~; schapen) **1** herkauwend zoogdier dat wol geeft en meestal in een kudde leeft ◆ *een trui van schapenwol; het zwarte schaap van de familie:* (uitdr.) degene die dingen doet die de andere familieleden afkeuren, het buitenbeentje; *een schaap met vijf poten:* (uitdr.) iemand die alles kan; *je schaapjes op het droge hebben:* (uitdr.) genoeg verdiend hebben om een leven zonder zorgen te leiden; *er gaan veel makke schapen in een hok:* (uitdr.) (dit zeg je als er veel mensen in één ruimte bij elkaar zijn); *als er één schaap over de dam is, volgen er meer:* (spreekwoord) als één persoon het voorbeeld geeft, komen de anderen vanzelf ook **2** iemand die hulpeloos of beklagenswaardig is ◆ *och, het arme schaap!*

**schaap·ach·tig** (bijv. nw.) dom, onnozel ◆ *iemand schaapachtig aankijken.*

**schaar**[1] (de ~; scharen) **1** gereedschap dat uit twee scherpe helften bestaat en waarmee je knipt ◆ *de schaar in iets zetten:* in iets beginnen te knippen **2** grijporgaan van sommige dieren, bijv. van kreeften en schorpioenen.

**schaar**[2] → schare.

**schaars** (bijv. nw.) gezegd van iets waar maar heel weinig van is, waar maar kleine hoeveelheden van beschikbaar zijn ◆ *koffie was in de oorlog een schaars artikel; schaarse momenten van geluk.*

**schaars·te** (de ~(v.)) het schaars* zijn van iets ⇒ *gebrek, tekort* ◆ *schaarste aan drinkwater; tijden van schaarste.*

**schaats** (de ~; -en) lang en smal geslepen ijzer dat je onder je schoen vastmaakt of waar een schoen aan vastzit en waarmee je je over het ijs voortbeweegt ◆ *een scheve schaats rijden:* (uitdr.) iets doen dat niet mag of dat niet hoort.

**schaat·sen** (schaatste, heeft geschaatst) je op schaatsen* over het ijs voortbewegen ⇒ *schaatsenrijden.*

**schaat·sen·rij·den** (ww.) schaatsen.

**schaat·ser** (de ~(m.); -s), vrouw: **schaats·ster** (de ~(v.); -s) iemand die schaatst*.

**schaats·plank** (de ~; -en) plank op wieltjes waarop je je steppend of staand voortbeweegt ⇒ *skateboard.*

**schaats·ster** → schaatser.

**scha·bloon** → sjabloon.

**schacht** (de ~; -en) **1** gat in de grond dat naar onderaardse gangen of gewelven leidt, bijv. als toegang tot een mijn **2** recht, langwerpig gedeelte van bijv. een pijl, speer, sleutel **3** deel van een laars dat om je been zit **4** (in België □) rekruut **5** (in België □) eerstejaarsstudent **6** (in België □) nieuweling, groentje.

**scha·de, scha** (de ~) **1** nadeel dat je ondervindt door verlies, een ongeluk of een andere vervelende gebeurtenis ◆ *schade lijden; iemand schade berokkenen; je schade inhalen:* (uitdr.) alsnog nemen wat je te kort gekomen bent; *door schade en schande wijs worden:* (uitdr.) leren van je fouten en mislukkingen **2** aantasting waardoor iets niet meer gaaf is ◆ *de storm heeft veel schade aangericht; blikschade aan een auto:* krassen, deuken e.d.; *de schade opmaken:* kijken wat er stuk of beschadigd is en hoeveel de reparatie gaat kosten; *wat is de schade?:* (grappig) (dit zeg je als je in een winkel of restaurant wilt weten hoeveel je moet betalen).

**scha·de·claim** [sχaːdəkleːm] (de ~(m.); -s) eis tot schadevergoeding ◆ *een schadeclaim indienen.*

**scha·de·lijk** (bijv. nw.) gezegd van iets dat schade* (bet.1) veroorzaakt ◆ *schadelijke dieren; schadelijk voor de gezondheid.*

**scha·de·loos·stel·ling** (de ~(v.)) vergoeding van schade of herstel van wat beschadigd is.

**scha·den** (schaadde, heeft geschaad) iemand of iets schaden: schadelijk zijn voor iemand of iets, iemand of iets schade* (bet.1) bezorgen.

**scha·de·post** (de ~(m.); -en) iets waaraan schade (bet.2) is toegebracht of dat kapot is gegaan en waarvoor je moet betalen.

**scha·de·ver·goe·ding** (de ~(v.)) geld dat je krijgt als vergoeding voor schade.

**scha·duw** (de ~) **1** plaats waar het licht van de zon of van een lamp wordt tegengehouden en waar het donkerder is ◆ *in de schaduw van een boom zitten; iemand in de schaduw stellen:* (uitdr.) iemand overtreffen **2** (schaduwen) donkere vorm op een muur, op de grond enz. van mensen of dingen die in het licht staan ◆ *de schaduw van mijn hand; het ongelukje wierp een schaduw op het feest:* (uitdr.) daardoor was iedereen iets minder vrolijk; *de oorlog wierp zijn schaduw vooruit:* (uitdr.) het was van tevoren al merkbaar dat er oorlog zou komen; *niet in iemands schaduw kunnen staan:* (uitdr.) veel minder goed zijn dan iemand anders; *hij is nog maar een schaduw van wat hij is geweest:* (uitdr.) hij is heel zwak vergeleken bij vroeger.

**scha·du·wen** (schaduwde, heeft geschaduwd) iemand schaduwen: iemand voortdurend achtervolgen zonder dat hij of zij het merkt ◆ *een tegenstander schaduwen:* (sport) voortdurend in zijn buurt zijn om te beletten dat hij de bal aangespeeld krijgt.

**scha·duw·zij·de** (de ~; -n) nadeel van iets waar ook goede kanten aan zitten ◆ *de schaduwzijde van zijn plan is dat het erg duur wordt.*

**schaf·fen** (schafte, heeft geschaft) raad schaffen: een oplossing bedenken voor iemand die daar zelf niet in slaagt.

**schaft** (de ~; -en) lunchpauze van een arbeider ⇒ schaft-tijd.

**schaf·ten** (schaftte, heeft geschaft) 1 (van arbeiders): het werk onderbreken om te eten ♦ we **schaften** van twaalf tot één 2 (n)iets met iemand te schaften hebben: (populair) (n)iets met iemand te maken hebben.

**scha·kel** (de ~; -s) elk van de in elkaar vastgrijpende delen van een ketting ⇒ schalm ♦ je verhaal is onbegrijpelijk doordat er een schakel ontbreekt: (uitdr.) doordat je een onmisbaar gedeelte overslaat; hij is de zwakke **schakel** in het geheel: (uitdr.) hij is degene die fouten zou kunnen maken.

**scha·ke·laar** (de ~(m.); -s) klein toestel waarmee je elektrische apparaten aan- en uitzet.

**scha·kel·bord** (het ~; -en) paneel of bord met een groep schakelaars ⇒ schakelpaneel.

**scha·ke·len** (schakelde, heeft geschakeld) 1 de versnelling van een auto, brommer enz. bedienen 2 dingen schakelen: ze achter elkaar zetten en ze met elkaar verbinden tot een keten.

**scha·kel·pa·neel** (het ~; -panelen) schakelbord.

**scha·ken** (schaakte, heeft geschaakt) 1 schaak[1]* spelen 2 een meisje of vrouw schaken: haar uit liefde ontvoeren.

**scha·ke·ring** (de ~(v.); -en) andere tint van een zelfde kleur ♦ gordijnen in allerlei **schakeringen** blauw.

**scha·lie** (de ~(v.); -s of schaliën) (in België □) lei (bet.1).

**schalk** (de ~(m.); -en) iemand die ondeugend en leuk tegelijk is ⇒ guit.

**schalks** (bijv. nw.) op een leuke manier ondeugend ⇒ guitig.

**schal·len** (schalde, heeft geschald) luid klinken ♦ **schallende** trompetten; zijn stem **schalde** over straat.

**schalm** (de ~(m.); -en) schakel in een ketting.

**schal·mei** (de ~; -en) eenvoudige, houten herdersfluit.

**scha·mel** (bijv. nw.) armoedig, armzalig ⇒ pover ♦ een **schamel** bestaan; een **schamel** resultaat.

**scha·men** (schaamde, heeft geschaamd) je schamen: schaamte* voelen ⇒ generen ♦ ik **schaam** me dood dat ik die afspraak vergeten ben.

**scham·pen** (schampte, heeft of is geschampt) (langs) iets schampen: iets in het voorbijgaan van opzij even raken ♦ de kogel **schampte** langs zijn wang.

**scham·per** (bijv. nw.) minachtend en spottend ♦ een **schamper** lachje.

**schan·daal** (het ~; schandalen) gebeurtenis of situatie waar veel mensen schande* van spreken ♦ de bankdirecteur veroorzaakte een **schandaal** door met een miljoen naar het buitenland te verdwijnen.

**schan·da·lig** (bijv. nw.) heel ergerlijk, sterk af te keuren ⇒ schandelijk ♦ hij heeft zich **schandalig** gedragen; in dat restaurant vragen ze **schandalig** hoge prijzen.

**schan·de** (de ~) iets waardoor de mensen afkeurend over je praten ♦ het is een **schande** dat je dat geleende boek nog steeds niet teruggebracht hebt; **schande** van iets spreken: verontwaardigd zeggen dat je iets afkeurt.

**schan·de·lijk** (bijv. nw.) schandalig ♦ **schandelijk** gedrag; dit kind wordt **schandelijk** verwend.

**schand·paal** (de ~(m.); -palen) paal op een plein of markt waaraan vroeger misdadigers werden vastgebonden, zodat iedereen hen kon komen bekijken en bespotten ♦ iemand aan de **schandpaal** nagelen: (uitdr.) bekendmaken wat iemand verkeerd heeft gedaan.

**schand·vlek** (de ~; -ken) persoon of gebeurtenis die maakt dat de mensen afkeurend over iemand praten ♦ hij is een **schandvlek** voor zijn familie.

**schans** (de ~; -en) 1 helling waar skiërs vanaf glijden om vaart te zetten voor hun sprong ⇒ springschans, ski-schans 2 wal als versterking of ter verdediging.

**schap** (de ~(m.) of het ~; -pen) plank in een winkelrek, in een kast of aan de muur.

**scha·pen·does** (de ~(m.); schapendoezen) langharige herdershond van een Nederlands ras.

**scha·pen·wol·ken** (zelfst. nw.; meervoud) kleine, dicht op elkaar gepakte wolkjes, die doen denken aan een kudde schapen.

**schap·pe·lijk** (bijv. nw.) niet al te veeleisend ⇒ redelijk ♦ iemand **schappelijk** behandelen; ik heb deze fiets voor een **schappelijk** prijsje gekocht.

**schar** (de ~; -ren) kleine, platte vis die in de Noordzee veel voorkomt.

**scha·re, schaar** (de ~; scharen) grote groep mensen.

**scha·ren** (schaarde, heeft geschaard) 1 zich om iets of iemand scharen: in een kring om iets of iemand heen gaan staan of zitten 2 je achter iemand of achter een idee scharen: verklaren dat je het met iemand of met een idee eens bent.

**scha·ren·sliep** (de ~(m.); -en) (ouderwets) scharenslijper.

**scha·ren·slij·per** (de ~(m.); -s) iemand die voor zijn of haar beroep langs de huizen gaat om messen en scharen te slijpen ⇒ scharensliep.

**schar·la·ken** (bijv. nw.) felrood ♦ een **scharlaken** koningsmantel.

**schar·min·kel** (de ~(m.) of het ~; -s) erg mager dier of mens.

**schar·nier** (het ~; -en) verbindingsstuk, bijv. tussen een deurpost en een deur, waardoor twee onderdelen zo aan elkaar vastzitten dat ze ten opzichte van elkaar kunnen bewegen.

**schar·rel** (de ~(m.); -s) korte, niet serieuze liefdesrelatie ♦ aan de **scharrel** zijn: (uitdr.) zo af en toe een los vriendje of vriendinnetje hebben.

**scharrel-** gezegd van producten of dieren die niet uit de bio-industrie komen ♦ **scharrel**vlees; **scharrel**eieren; **scharrel**kip.

**schar·re·laar** (de ~(m.); -s) iemand zonder vast beroep, die op allerlei manieren geld verdient.

**schar·rel·ei** (het ~; -eren) ei van een scharrelkip.

**schar·re·len** (scharrelde, heeft gescharreld) 1 met allerlei karweitjes bezig zijn ♦ ik heb wat in huis **gescharreld** 2 met iemand scharrelen: een kort liefdesavontuurtje met iemand beleven 3 (van bijv. kippen): rondlopen en in de grond wroeten 4 langzaam en onhandig vooruitkomen ♦ de peuter **scharrelde** door de tuin 5 iets bij elkaar scharrelen: op allerlei plaatsen naar iets zoeken en het bij elkaar brengen.

**schasch·lik** → sjasliek.

**schat** (de ~(m.); -ten) 1 grote hoeveelheid geld of kostbare voorwerpen ♦ de speurtocht leidde naar een verborgen **schat**; hij heeft **schatten** verdiend met die uitvinding: (uitdr.) hij heeft er veel geld mee verdiend; gezondheid is de grootste **schat**: (uitdr.) het kostbaarste dat je hebt 2 grote hoeveelheid van iets dat erg waardevol is ♦ hij bezit een **schat** aan boeken; hij heeft met dat werk een **schat** aan ervaring opgedaan 3 iemand die je lief vindt ♦ je bent een **schat** als je dat voor me doet.

**scha·te·ren** (schaterde, heeft geschaterd) heel hard en vrolijk lachen ♦ hij **schaterde** het uit.

**schat·ka·mer** (de ~; -s) ruimte waarin veel geld, juwelen of andere waardevolle dingen zijn verzameld.

**schat·kist** (de ~; -en) 1 kist of koffer waarin een schat (bet.1) wordt bewaard 2 (populair) het totaal aan geld dat een staat bezit en dat door de overheid wordt beheerd ♦ de bodem van de **schatkist** komt in zicht: de overheid heeft bijna geen geld meer te besteden.

**schat·plich·tig** (bijv. nw.) ▼ **schatplichtig** zijn aan iemand: veel aan iemand te danken hebben.

**schat·te·bout** (de ~(m.); -en) iemand die je erg lief vindt.

**schat·ten** (schatte, heeft geschat) iets schatten: denken dat iets een bepaalde grootte, waarde, tijdsduur enz. heeft, zonder het precies te meten, uit te rekenen of na te gaan ⇒ taxeren ◆ ik schat dat het tien minuten lopen is; ik schat dit huis op 120.000 gulden: ik denk dat het 120.000 gulden waard is.

**schat·tig** (bijv. nw.) 1 erg lief ◆ een schattig briefje 2 erg leuk om te zien ◆ een schattig boeketje.

**schat·ting** (de ~(v.); -en) het schatten* ⇒ taxatie ◆ een schatting maken van de kosten.

**scha·ven** (schaafde, heeft geschaafd) 1 iets schaven: iets glad maken door er met een schaaf* overheen te gaan ◆ planken schaven 2 aan iets schaven: slechte onderdelen van iets verbeteren ◆ we hebben heel wat aan de plannen moeten schaven voor we tevreden waren 3 je huid schaven: zo vallen of ergens langs schuren dat je vel een beetje kapot is ◆ hij heeft altijd geschaafde knieën.

**scha·vot** (het ~; -ten) houten stellage waarop vroeger in het openbaar de doodstraf of een lijfstraf werd voltrokken (kijk ook bij: lijfstraf).

**scha·vuit** (de ~(m.); -en) ondeugd, deugniet.

**sche·de** (de ~; -n) 1 platte koker die precies past om het lemmet van een mes of een zwaard ◆ het zwaard in de schede steken 2 vagina.

**sche·del** (de ~(m.); -s) 1 ronde, bovenste deel van het hoofd van de mens ◆ hij heeft een kale schedel 2 beenderen van het hoofd van een mens of dier ⇒ doodshoofd.

**scheeën uit** schee·en uit → uitscheiden.

**scheef** (bijv. nw.) 1 niet evenwijdig met iets anders of overhellend naar één kant, het tegenovergestelde van 'recht' ◆ het schilderij hangt scheef; het kleedje ligt scheef 2 niet zoals het moet, onjuist ⇒ verkeerd ◆ de zaak loopt helemaal scheef; dat is een scheve voorstelling van zaken.

**scheel** (bijv. nw.) 1 (van mensen en dieren): met ogen die niet precies in dezelfde richting kijken ◆ hij kijkt scheel ▼ schele hoofdpijn: hoofdpijn vlak boven je ogen, vaak aan één kant van je hoofd.

**scheen¹** (de ~; schenen) voorkant van je been onder je knie ◆ iemand tegen de schenen schoppen: (uitdr.) iemand met opzet erg kwetsen.

**scheen²** → schijnen.

**scheep** (bijw.) ▼ scheep gaan: aan boord gaan.

**scheeps·jour·naal** (het ~; -journalen) dagboek over het verloop van een scheepsreis, dat door de kapitein wordt bijgehouden.

**scheep·vaart** (de ~) het varen van schepen ◆ in de zomer is er veel scheepvaart op de Friese meren; in de zeventiende eeuw bloeide de Nederlandse scheepvaart: er waren veel schepen in bedrijf, vooral voor de handel.

**scheer·lijn** (de ~; -en) stuk touw aan een tent, waarmee de tent strak gezet wordt.

**scheer·lings** (bijw.) (in België □) rakelings.

**scheer·wol** (de ~) wol die van een schaap is afgeschoren ◆ een trui van zuiver scheerwol.

**scheet¹** (de ~(m.); scheten) 1 (populair) darmgassen die uit je anus ontsnappen ⇒ wind 2 (populair) lief mens, schat.

**scheet²** → schijten.

**schee uit** → uitscheiden.

**schei·den** (scheidde) 1 (heeft gescheiden) mensen of dingen scheiden: ze in twee of meer onderdelen of groepen verdelen, ze niet samen laten blijven ◆ scheid het eiwit van de dooier; we blijven bij elkaar tot de dood ons scheidt; een gracht scheidde ons van het kasteel: er was een gracht tussen ons en het kasteel; de politie moest de vechtenden scheiden: uit elkaar halen 2 (is gescheiden) (van echtgenoten): het huwelijk beëindigen, uit elkaar gaan ◆ mijn ouders zijn gescheiden 3 (heeft gescheiden) scheiden van iemand of iets: weggaan van iemand of iets, iemand of iets achterlaten 4 (heeft gescheiden) (zich) scheiden: niet langer samengaan of samenblijven ◆ hier scheiden (zich) onze wegen.

**schei·ding** (de ~(v.)) 1 het scheiden* (bet.1) of het gescheiden* (bet.1) zijn ◆ scheiding van werk en privé-leven; een scheiding van enkele dagen: het gedurende enkele dagen niet bij elkaar zijn 2 (-en) beëindiging van een huwelijk ⇒ echtscheiding 3 (-en) lijn op je hoofd vanwaaruit je haren in twee verschillende richtingen gekamd zijn.

**scheids·rech·ter** (de ~(m.); -s) iemand die een spel of een wedstrijd leidt ⇒ arbiter, referee.

**schei·kun·de** (de ~(v.)) wetenschap die onderzoekt hoe stoffen (bet.2) zijn samengesteld en wat er gebeurt als je ze met elkaar in contact brengt ⇒ chemie.

**schei·kun·dig** (bijv. nw.) te maken hebbend met scheikunde* ⇒ chemisch ◆ een scheikundig laboratorium: een ruimte waar proeven met stoffen worden gedaan; een scheikundige reactie: een proces waarbij een of meer stoffen omgezet worden in een of meer andere stoffen.

**schei·kun·di·ge** (de ~; -n) iemand die scheikunde* gestudeerd heeft.

**schel¹** (de ~; -len) 1 (ouderwets) bel ▼ de schellen vielen mij van de ogen: (dit zeg je als je plotseling inziet hoe slecht een persoon of zaak in werkelijkheid is).

**schel²** (bijv. nw.) 1 (van geluid): hard en scherp ◆ een schelle stem 2 (van licht en van kleuren): erg scherp, pijnlijk aan je ogen.

**schel·den** (schold, heeft gescholden) op iemand schelden: met lelijke, beledigende woorden duidelijk maken dat je kwaad op iemand bent of dat je een hekel aan iemand hebt ◆ schelden doet geen zeer, slaan zoveel te meer: (uitdr.) (dit zeg je om duidelijk te maken dat het je niet kan schelen dat je uitgescholden wordt).

**scheld·ka·non·na·de** (de ~(v.); -s) lange reeks van scheldwoorden ◆ ik kreeg een scheldkanonnade over me heen.

**scheld·naam** (de ~(m.); -namen) beledigende bijnaam ◆ 'vuurtoren' is een scheldnaam voor iemand met rood haar.

**sche·len** (scheelde, heeft gescheeld) 1 verschillend zijn, verschil uitmaken ◆ dat scheelt: daardoor wordt het anders; het scheelde niet veel of ik had de trein gemist: ik had bijna de trein gemist; zij schelen drie jaar: de een is drie jaar ouder dan de ander; het kan me niets schelen: (uitdr.) het maakt me niet uit, ik heb geen voorkeur; ook: ik vind het niks erg 2 er scheelt iets aan: er is iets niet in orde, er mankeert iets aan.

**schel·len** (schelde, heeft gescheld) (ouderwets) een bel, bijv. de deurbel, laten rinkelen.

**schel·ling** (de ~(m.); -en) zilveren muntstuk met een vrij kleine waarde, dat vroeger gebruikt werd.

**schel·lin·kje** (het ~) (populair) goedkoopste zitplaatsen in de schouwburg.

**schelm** (de ~(m.); -en) iemand die dingen uithaalt waar je eigenlijk niet echt kwaad om kunt worden.

**schelp** (de ~; -en) beschermend omhulsel van kalk waarin een weekdier leeft of heeft geleefd ◆ een strand vol schelpen; uit je schelp komen: (in België □; uitdr.) te voorschijn komen; ook: je ergens mee bemoeien.

**schel·vis** (de ~(m.); -sen) zeevis die veel gegeten wordt.

**sche·ma** (het ~; schema's of schemata) **1** tekening die op een eenvoudige manier laat zien hoe iets werkt of in elkaar zit ♦ *een schema van de werking van de telefoon* **2** overzicht van wat er wanneer gedaan moet worden ♦ *een schema voor de klusjes in huis; we liggen achter op het schema*: we doen er langer over dan we gepland hadden **3** plan dat ongeveer aangeeft hoe iets gedaan wordt ♦ *een schema maken voor een opstel*: kort opschrijven wat er allemaal in moet komen.

**sche·ma·tisch** (bijv. nw.) op de manier van een schema* (bet.1 en 3) ♦ *iets schematisch voorstellen*.

**sche·mer** (de ~(m.)) tijd waarin het halfdonker is, tijd dat de zon nog niet helemaal op of onder is ⇒ *schemering* ♦ *de schemer valt*: het begint donker te worden.

**sche·me·ren** (schemerde, heeft geschemerd) **1** het schemert: het is al of nog een beetje donker ♦ *in de winter begint het om vier uur al te schemeren* **2** vaag zichtbaar zijn ♦ *er schemert iets wits tussen de bomen; de letters schemerden voor mijn ogen*: ik kon ze niet duidelijk zien (bijv. door vermoeidheid) **3** in de schemer* zitten zonder iets te doen.

**sche·me·rig** (bijv. nw.) tussen licht en donker ♦ *schemerig licht.*

**sche·me·ring** (de ~(v.)) schemer.

**sche·mer·lamp** (de ~; -en) lamp die een zacht licht verspreidt.

**schen·den** (schond, heeft geschonden) **1** iets schenden: geen eerbied voor iets hebben en het kapot maken ♦ *graven schenden; iemands goede naam schenden; slechte dingen over iemand rondvertellen; een belofte schenden*: je er niet aan houden **2** iemand of iets schenden: iemand of iets ernstig verwonden of beschadigen.

**schen·ding** (de ~(v.); -en) het schenden* (bet.1) ♦ *schending van de mensenrechten.*

**sche·nen** → schijnen.

**schen·kel** (de ~(m.); -s) onderste deel van de poot van geslachte dieren.

**schen·ken** (schonk, heeft geschonken) **1** een vloeistof schenken: die overgieten van het ene in het andere vat ♦ *thee schenken*: die in de kopjes of glazen doen **2** iets aan iemand schenken: iemand iets geven ♦ *hij schonk mij een gouden ring; ik schenk je vergiffenis*: ik vergeef je; *zij schonk hem zeven kinderen*: ze kregen samen zeven kinderen.

**schen·king** (de ~(v.); -en) gift ♦ *een schenking voor een goed doel.*

**schen·nis** (de ~(v.)) het schenden* (bet.1) ♦ *schennis van een ambtsgeheim; majesteitsschennis*: belediging van een vorst.

**schep** (zelfst. nw.; -pen) **1** (de ~) voorwerp om mee te scheppen* (bet.1) dat bestaat uit een steel met een blad eraan **2** (de ~(m.)) hoeveelheid die je met zo'n voorwerp op kunt scheppen* (bet.1) ♦ *een schepje suiker; er een schepje bovenop doen*: (uitdr.) je nog meer inspannen; ook: nog sterker overdrijven; *een schep geld*: (uitdr.) heel veel geld.

**sche·pel** (de ~(m.) of het ~; -s) oude inhoudsmaat van tien liter.

**sche·pen** (de ~(m.); -en) **1** lid van het bestuurscollege van een stad in vroeger tijd (ongeveer hetzelfde als wat nu in Nederland wethouder heet) ♦ *de schout en de schepenen* **2** (in België) iemand die samen met de burgemeester een gemeente bestuurt (te vergelijken met de 'wethouder' in Nederland).

**sche·per** (de ~(m.); -s) (in België □) herdershond.

**schep·net** (het ~; -ten) net dat als een zak aan een stok hangt, waarmee je vissen uit het water schept (bet.1).

**schep·pen 1** (schepte, heeft geschept) iets scheppen: iets met een hol voorwerp ergens uit of af halen en het ergens anders in of op doen ♦ *water uit een put scheppen; eten op een bord scheppen; de boot schept water*: hij gaat zo schuin dat er water over de rand stroomt **2** (schepte, heeft geschept) vreugde of behagen in iets scheppen: van iets genieten **3** (schiep, heeft geschapen) iets scheppen: iets maken, iets laten ontstaan ⇒ creëren ♦ *volgens de bijbel schiep God de wereld in zes dagen; werkgelegenheid scheppen; orde in de chaos scheppen; ergens voor geschapen zijn*: (uitdr.) ergens precies geschikt voor zijn.

**schep·per** (de ~(m.); -s) degene die iets geschapen* (bet.3) heeft ♦ *wie is de schepper van dit kunstwerk?; volgens de bijbel is God de schepper van hemel en aarde.*

**schep·ping** (de ~(v.)) **1** het scheppen* (bet.3) ♦ *de schepping van de wereld* **2** (-en) dat wat geschapen* is ⇒ creatie ♦ *deze opera is een schepping van Wagner.*

**schep·sel** (het ~; -s of -en) **1** levend wezen, mens of dier ⇒ creatuur ♦ *de schepselen der aarde* **2** iemand die je vervelend vindt of iemand met wie je medelijden hebt ♦ *je bent een ondankbaar schepsel.*

**sche·ren 1** (schoor, heeft geschoren) iemand scheren: iemands baardhaar of ander haar afsnijden met een speciaal apparaat of met een mesje ♦ *mijn vader scheert zich elektrisch* **2** (schoor, heeft geschoren) dieren, meestal schapen, scheren: hun vacht kort maken of afsnijden, bijv. met een tondeuse **3** (scheerde, heeft gescheerd) rakelings langs iets gaan, snel bewegen ♦ *de uil scheerde over de boomtoppen.*

**scherf** (de ~; scherven) afgebroken stuk glas of aardewerk ♦ *de vaas viel in scherven; scherven brengen geluk*: (uitdr.)(dit zeg je als iemand per ongeluk iets kapot heeft laten vallen).

**sche·ring** (de ~(v.); -en) **1** de draden die in de lengterichting van een weefsel lopen ⇒ ketting ▼ *dat is schering en inslag*: dat komt erg vaak voor.

**scherm** (het ~; -en) **1** rechtop of schuin staand vlak dat je beschermt* of dat iets afschermt* ♦ *een windscherm; een kamerscherm; achter de schermen blijven*: (uitdr.) niet op de voorgrond treden, onopvallend je werk doen **2** vlak waarop beelden, bijv. een film, wordt vertoond ♦ *de nieuwslezer verscheen op het scherm*: op de tv.

**scher·men** (schermde, heeft geschermd) **1** met een degen of sabel proberen je tegenstander te overwinnen, als sport ♦ *hij schermde met een mes voor mijn ogen*: (uitdr.) hij zwaaide er wild mee heen en weer **2** met iets schermen: met iets indruk proberen te maken of met iets dreigen ♦ *met grote woorden schermen.*

**scher·mut·se·ling** (de ~(v.); -en) **1** klein gevecht **2** plagerig geruzie.

**scherp¹** (het ~) **1** zijkant van een voorwerp waarmee je snijdt of punt van een steekwapen ♦ *het scherp van een mes; op het scherp van de snede*: (uitdr.) met heel weinig mogelijkheden om anders te doen dan afgesproken is **2** kogels ♦ *de soldaten schoten met scherp; het geweer staat op scherp*: als je eraan komt, worden de kogels weggeschoten; *ze staat op scherp voor het examen*: (uitdr.) ze is heel erg gespannen.

**scherp²** (bijv. nw.) **1** (van snijwerktuigen): zo geslepen dat je er goed mee kunt snijden, het tegenovergestelde van 'bot' ♦ *een scherpe schaar* **2** met een spitse punt, het tegenovergestelde van 'stomp' ♦ *een scherp potlood; scherpe stekels; een scherpe hoek*: (meetkunde) die kleiner is dan 90 graden **3** duidelijk, nauwkeurig ♦ *een scherpe foto; ze ziet niet scherp zonder bril; scherp op iets letten; hij heeft een scherp gehoor*: zelfs de kleinste geluidjes hoort hij **4** sterk, soms pijnlijk inwerkend op je zintuigen, bijtend ◆ *een scherpe geur; een scherpe smaak; scherp licht; een scherpe wind* **5** *(van kritiek of een oordeel)*: onvriendelijk en duidelijk afkeurend ◆ *scherpe kritiek; iets scherp veroordelen* **6** scherpzinnig en gevat ⇒ spits ◆ *een scherpe opmerking.*

**scher·pen** (scherpte, heeft gescherpt) *iets scherpen*: iets scherp²⁺ (bet.1 en 2) maken ⇒ slijpen ◆ *een mes scherpen; je verstand scherpen*: (uitdr.) het oefenen door over moeilijke problemen na te denken.

**scherp·rech·ter** (de ~(m.); -s) beul.

**scherp·schut·ter** (de ~(m.); -s) iemand die heel goed kan schieten (bet.1).

**scherp·slij·per** (de ~(m.); -s) iemand die in een meningsverschil overdreven nadruk legt op allerlei kleinigheden.

**scherp·te** (de ~(v.); -n of -s) het scherp²⁺ zijn ◆ *de scherpte van haar oordeel.*

**scherp·zin·nig** (bijv. nw.) gezegd van iemand die slim is, een goed verstand heeft en goed onderscheid tussen dingen kan maken ⇒ schrander.

**scherts** (de ~) grappen, plagerijen ◆ *dat was als scherts bedoeld.*

**schert·sen** (schertste, heeft geschertst) iets zeggen of doen bij wijze van scherts* ◆ *een schertsende opmerking.*

**sche·ten** → schijten.

**schets** (de ~; -en) tekening of korte beschrijving van hoe iets is of van hoe het eruit moet gaan zien ◆ *een schets maken van een landschap; een schets geven van de gebeurtenissen.*

**schet·sen** (schetste, heeft geschetst) *iets schetsen*: een schets* van iets maken of geven ◆ *een portret schetsen; een plan schetsen; wie schetst mijn verbazing toen ik haar opeens tegenkwam*: (uitdr.) daarover was ik heel verbaasd.

**schet·te·ren** (schetterde, heeft geschetterd) harde en schelle geluiden maken ◆ *de muziek schetterde over de kermis; een schetterende stem.*

**scheu·ken** (scheukte, heeft gescheukt) *je scheuken*: met je lichaam ergens tegenaan wrijven omdat je jeuk hebt of omdat je dat een fijn gevoel vindt ⇒ schurken ◆ *de hond scheukte zich tegen de tafelpoot.*

**scheur** (de ~; -en) **1** plaats waar iets gescheurd* (bet.1), gebarsten of gespleten is ◆ *een scheur in een jas; een scheur in een muur* **2** (populair) mond ⇒ waffel, bek ◆ *je scheur opentrekken*: een grote mond opzetten.

**scheur·buik** (de ~(m.) of het ~) ziekte waarbij je je zwak voelt en waarbij je tandvlees gaat bloeden doordat je niet genoeg verse groente of fruit eet (deze ziekte kwam vroeger vaak voor bij zeelieden).

**scheu·ren** (scheurde) **1** (heeft gescheurd) *iets, bijv. textiel of papier, scheuren*: iets kapot of los trekken ◆ *hij heeft z'n broek gescheurd aan het prikkeldraad; ze scheurde het etiket van het potje* **2** (is gescheurd) kapot getrokken worden, splijten of barsten ◆ *het muurtje was gescheurd* **3** (is of heeft gescheurd) (populair) hard en roekeloos rijden ◆ *de auto scheurde voorbij.*

**scheu·ring** (de ~(v.); -en) opsplitsing van een groep of partij in twee of meer groepen als gevolg van een verschil van opvattingen ⇒ schisma.

**scheur·ka·len·der** (de ~(m.); -s) kalender waarbij iedere dag op een apart blaadje staat, zodat je iedere dag een blaadje af moet scheuren.

**scheur·mand** (de ~; -en) (in België □) prullenmand.

**scheut** (de ~(m.); -en) **1** hoeveelheid vloeistof die je in één keer uitschenkt ◆ *thee met een scheutje melk* **2** korte, stekende pijn ◆ *hij kreeg een scheut in zijn rug* **3** nieuw takje of steeltje aan een plant ⇒ loot, uitloper.

**scheu·tig** (bijv. nw.) **1** gezegd van iemand die zonder aarzeling iets geeft ⇒ gul, royaal ◆ *ze is niet scheutig met complimentjes* **2** ergens scheutig op zijn: (in België □) belust zijn op iets.

**schib·bo·let** (Jiddisch) [sjibbool̲et] (het ~; -s) wachtwoord, herkenningswoord ⇒ parool.

**schicht** (de ~(m.); -en) korte, felle lichtflits, meestal een bliksemstraal.

**schich·tig** (bijv. nw.) schrikachtig ◆ *een schichtig paard; hij wierp een schichtige blik in mijn richting*: een snelle en bange blik.

**schie·lijk** (bijv. nw.) snel, haastig ◆ *schielijk eten; een schielijke dood*: die plotseling intreedt.

**schiep** → scheppen.

**schie·pen** → scheppen.

**schier** (bijw.) (deftig) bijna ◆ *dat is schier onmogelijk.*

**schier·ei·land** (het ~; -en) stuk land dat bijna helemaal rondom door water is omgeven ◆ *Italië is een schiereiland.*

**schie·ten** (schoot) **1** (heeft geschoten) kogels of pijlen afvuren ◆ *de soldaat durfde niet te schieten* **2** (heeft geschoten) *dieren schieten*: die raken of doden met een kogel of pijl ◆ *ik kan hem wel schieten*: (uitdr.) ik heb een grote hekel aan hem **3** (heeft geschoten) *een bal in een bepaalde richting schieten*: hem hard in die richting trappen ◆ *kogels schieten; de bal in het doel schieten*: die erin trappen **4** (is geschoten) snel en plotseling bewegen of iets doen ◆ *de raket schoot de lucht in; in je jas schieten*: die snel aantrekken; *de tulpen schieten de grond uit*: ze groeien hard; *haar ogen schoten vol tranen*: haar ogen kwamen opeens vol tranen; *in de lach schieten*: plotseling beginnen te lachen **5** *iets, bijv. een touw, laten schieten*: iets loslaten ◆ *een kans laten schieten*: (uitdr.) die voorbij laten gaan; *iemand laten schieten*: (uitdr.) niet meer met iemand omgaan ▼ *te kort schieten*: niet doen wat je moet doen; *er schoot hem iets te binnen*: plotseling herinnerde hij zich iets; *het goed geschoten hebben*: geboft hebben, alles voor jezelf in orde hebben.

**schiet·gat** (het ~; -en) gat in een muur van een vesting, om door te schieten.

**schiet·ge·bed** (het ~; -en) kort gebed dat je hardop of in gedachten uitspreekt als je plotseling in moeilijkheden komt ◆ *een schietgebedje doen.*

**schiet·lood** (het ~; -loden) touw met een gewichtje eraan dat je bijv. langs een muur houdt om te kijken of hij recht staat ⇒ paslood.

**schiet·schijf** (de ~; -schijven) schijf met een puntenverdeling, die je bij het schieten moet raken.

**schiet·stoel** (de ~(m.); -en) stoel in de cockpit van een vliegtuig waarmee de piloot zichzelf naar buiten kan schieten als het toestel in moeilijkheden komt.

**schif·ten** (schiftte) **1** (heeft geschift) *dingen schiften*: ze van elkaar scheiden en soort bij soort leggen ◆ *kaf en koren schiften* **2** (is geschift) (van melk of room): klontjes vormen.

**schijf** (de ~; -schijven) **1** plat en rond voorwerp of stuk ◆ *damschijven; een schijfje worst* **2** (in België □) deel van een lening, loterij of bedrag ◆ *de minister heeft een eerste schijf van vijf miljoen frank uitgetrokken voor de slachtoffers* ▼ *dat loopt over veel schijven*: daarmee bemoeien zich heel veel verschillende personen of instanties.

**schijn** (de ~(m.)) **1** dat wat niet echt is, maar wat er wel bedrieglijk echt uitziet ◆ *zijn vriendelijkheid is maar schijn; schijn bedriegt; dat is alleen maar schone schijn!*: het is niet zo mooi als het lijkt; *het heeft er alle schijn van dat ze verliefd zijn*: daar lijkt het erg op; *de schijn op-*

houden: (uitdr.) doen alsof er niets aan de hand is ▼ *geen schijn van kans hebben*: helemaal geen kans hebben.

**schijn·baar** (bijv. nw.) niet echt, maar wel echt lijkend ◆ *schijnbaar toevallig kwamen ze elkaar tegen; dat was een schijnbare vergissing*.

**schijn·be·we·ging** (de ~ (v.); -en) beweging die je maakt om iemand het idee te geven dat je iets anders van plan bent dan je werkelijk van plan bent ◆ *vlak voor het doel maakte de voetballer een schijnbeweging*.

**schijn·dood** (bijv. nw.) gezegd van een mens of een dier dat dood lijkt, maar het niet is.

**schij·nen** (scheen, heeft geschenen) **1** licht of glans geven ◆ *de zon schijnt; die lamp schijnt in m'n gezicht* **2** een bepaalde indruk maken ⇒ lijken ◆ *ze schijnt haar verdriet verwerkt te hebben* **3** iets schijnen te doen: iets volgens de mensen doen ◆ *hij schijnt teruggekomen te zijn:* (dat heb ik horen zeggen).

**schijn·ge·stal·te** (de ~ (v.); -n of -s) elk van de vormen waarin de maan aan de hemel verschijnt ◆ *het 'eerste kwartier' is een van de schijngestalten van de maan*.

**schijn·hei·lig** (bijv. nw.) gezegd van iemand die zich beter voordoet dan hij of zij is ⇒ huichelachtig, hypocriet.

**schijn·sel** (het ~) zacht licht ◆ *het schijnsel van een kaars*.

**schijn·tje** (het ~) laag geldbedrag ⇒ prikkie, grijpstuiver ◆ *voor een schijntje kocht ze een nieuwe fiets*.

**schijn·wer·per** (de ~ (m.); -s) lamp met een sterk en gebundeld licht, die o.a. op het toneel gebruikt wordt ⇒ spot ◆ *in de schijnwerpers staan:* (uitdr.) in het middelpunt van de aandacht staan.

**schijt** (de ~ (m.) of het ~) **1** (grof) ontlasting ▼ *ergens schijt aan hebben*: ergens niets om geven, ergens geen rekening mee willen houden.

**schij·ten** (scheet, heeft gescheten) (grof) je behoefte doen.

**schij·te·rig** (bijv. nw.) (populair) bangelijk en laf.

**schik** (de ~ (m.)) pret, plezier, vrolijkheid ◆ *schik hebben in iets of iemand; ergens mee in je schik zijn*: blij zijn met iets.

**schik·ken** (schikte, heeft geschikt) **1** dingen schikken: ze op een bepaalde manier ordenen of neerzetten ◆ *bloemen schikken; stoelen om een tafel schikken* **2** je schikken: op een bepaalde manier plaatsnemen ◆ *de gasten schikten zich om de tafel* **3** je in de omstandigheden schikken: je eraan aanpassen, erin berusten **4** je naar iets of iemand schikken: je aan iets of iemand aanpassen **5** het schikt (niet): het komt (niet) gelegen ◆ *schikt het als ik morgen kom?*

**schik·king** (de ~ (v.); -en) **1** plaatsing volgens een bepaalde orde of regelmaat ◆ *een tafelschikking maken*: bepalen wie aan tafel naast wie komt te zitten **2** afspraak waarbij je aan elkaars eisen of verlangens tegemoet komt ◆ *een schikking treffen; een minnelijke schikking*: een vriendschappelijke oplossing van een ruzie ▼ *schikkingen nemen*: (in België □) maatregelen treffen.

**schil** (de ~; -len) huid of bast van een vrucht of knol ◆ *aardappelschillen*.

**schild** (het ~; -en) **1** plaat van bijv. hout of staal, die iemand aan zijn of haar arm draagt om zichzelf tegen aanvallen te beschermen ◆ *iets in je schild voeren*: (uitdr.) een geheim plan hebben **2** harde laag op de rug van bijv. kevers en schildpadden.

**schil·der** (de ~ (m.); -s) **1** (vrouw: schilderes) kunstenaar die voorstellingen maakt met verf ⇒ kunstschilder **2** iemand die voor zijn of haar beroep muren, deuren enz. verft.

**schil·der·ach·tig** (bijv. nw.) mooi en lieflijk zoals een schilderij kan zijn ⇒ pittoresk ◆ *een schilderachtig oud stadje*.

**schil·de·ren** (schilderde, heeft geschilderd) **1** iets schilderen: iets met verf bedekken ◆ *de kozijnen zijn geschilderd* **2** een voorstelling schilderen: die met verf aanbrengen op papier of doek ◆ *een landschap schilderen* **3** iets schilderen: in beeldende taal vertellen hoe iets is ◆ *hij schilderde het zonnige vakantieland*.

**schil·de·rij** (de ~ (v.) of het ~; -en) voorstelling die geschilderd* (bet.2) is.

**schil·de·ring** (de ~ (v.); -en) voorstelling die op een muur of wand geschilderd* (bet.2) is ◆ *een plafondschildering*.

**schil·ders·ezel** (de ~ (m.); -s) toestel van latten of stokken waarop een kunstschilder het schilderij zet waar hij aan werkt.

**schild·klier** (de ~; -en) klier binnen in je hals die o.a. je stofwisseling regelt (kijk ook bij: **stofwisseling**).

**schild·knaap** (de ~ (m.); -knapen) jongen die een ridder altijd vergezelde en door hem opgeleid werd tot strijder.

**schild·pad** (de ~; -den) dier met een schild (bet.2) om zijn rug en buik.

**schild·wacht** (de ~ (m.); -en of -s) soldaat of bewaker die op wacht staat, bijv. voor een paleis.

**schil·fer** (de ~ (m.); -s) dun stukje van een harde stof dat heeft losgelaten ◆ *er viel een schilfer kalk van het plafond; huidschilfers*: kleine droge stukjes vel.

**schil·fe·ren** (schilferde, is geschilferd) schilfers* vormen ◆ *de verf is geschilferd*.

**schil·fe·rig** (bijv. nw.) met schilfers* ◆ *een schilferige muur*.

**schil·len** (schilde, heeft geschild) een vrucht of knol schillen: de schil* ervanaf halen.

**schil·len·boer** (de ~ (m.); -en) iemand die langs de huizen gaat om afval als schillen en oud brood op te halen om dat als veevoer te verkopen.

**schil·ling** [sjilling] (de ~; -en) Oostenrijkse munteenheid.

**schim** (de ~; -men) spookachtige figuur, die je niet scherp kunt waarnemen ◆ *ze ziet eruit als een schim*: (uitdr.) ze ziet er bleek, mager en ongezond uit.

**schim·mel** (de ~ (m.); -s) **1** begroeiing van piepkleine plantjes op bijv. bedorven voedsel **2** wit paard.

**schim·me·len** (schimmelde, is geschimmeld) bedekt raken met schimmel* (bet.1) ⇒ beschimmelen.

**schim·me·lig** (bijv. nw.) gezegd van iets waar schimmel* (bet.1) op zit of iets dat daarop lijkt.

**schim·mel·kaas** (de ~ (m.); -kazen) kaas die zijn smaak dankt aan het feit dat er schimmel op of in gegroeid is, zoals brie en roquefort.

**schim·men·rijk** (het ~) plaats onder de aardoppervlakte waar volgens sommige verhalen de mensen die gestorven zijn naar toe gaan ⇒ onderwereld, dodenrijk.

**schim·men·spel** (het ~) voorstelling met schaduwbeelden.

**schim·mig** (bijv. nw.) vaag en duister als een schim* ◆ *er sloop een schimmige figuur om het huis*.

**schim·pen** (schimpte, heeft geschimpt) op iemand schimpen: schampere, spottende dingen over iemand zeggen ⇒ honen.

**schimp·scheut** (de ~ (m.); -en) schampere, spottende opmerking ⇒ sneer.

**schimp·schrift** (het ~; -en) schotschrift.

**schip** (het ~; schepen) groot vaartuig ⇒ boot ◆ *het schip van de woestijn*: (uitdr.) de kameel; *alle schepen achter je verbranden*: (uitdr.) iets doen waardoor je niet meer terug kunt als dat nodig zou zijn; *het zinkende schip verlaten*: (uitdr.) maken dat je wegkomt voor het te laat is; *in het schip zitten*: (uitdr.) in moeilijkheden zitten die je niet op kunt lossen; *schoon schip maken*: (uitdr.) oude problemen uitpraten en opnieuw beginnen; *we zien wel waar het schip strandt:* (uitdr.) we beginnen gewoon, en we zien wel of het lukt.

**schip·breuk** (de ~; -en) het vergaan van een schip ◆ *de bemanning heeft schipbreuk geleden; het plan heeft schipbreuk geleden:* (uitdr.) er is niets van terecht gekomen.

**schip·per** (de ~ (m.); -s) iemand die een binnenvaartschip of een pleziervaartuig bestuurt.

**schip·pe·ren** (schipperde, heeft geschipperd) een conflict vermijden door iedereen een beetje zijn zin te geven ◆ *een politicus moet schipperen.*

**schis·ma** (het ~; schisma's of schismata) opsplitsing van een groep mensen, meestal gelovigen, in twee of meer groepen, als gevolg van een verschil van opvattingen ⇒ scheuring.

**schit·te·ren** (schitterde, heeft geschitterd) **1** een fel licht uitstralen dat beweegt ◆ *schitterende ogen; de diamant schittert* **2** opvallen en bewonderd worden ◆ *ze schitterde op het feest; schitteren door afwezigheid:* (grappig) opvallen door er niet te zijn.

**schit·te·rend** (bijv. nw.) heel mooi, geweldig, prachtig ◆ *wat een schitterende schoenen heb je aan!; de film was schitterend.*

**schit·te·ring** (de ~ (v.); -en) het schitteren* (bet.1) ◆ *de schittering in het water.*

**schi·zo·freen¹** [sgiedzoofreen] (de ~ (m.); schizofrenen) (medisch) iemand die lijdt aan schizofrenie*.

**schi·zo·freen²** [sgiedzoofreen] (bijv. nw.) (medisch) gezegd van iemand die of iets dat te maken heeft met schizofrenie* ⇒ gespleten ◆ *schizofreen gedrag.*

**schi·zo·fre·nie** [sgiedzoofreenie] (de ~ (v.)) (medisch) ziekte van je geest waarbij je het gevoel hebt dat je twee verschillende personen tegelijk bent ⇒ gespletenheid.

**schla·ger** (Duits) [sjlaaker] (de ~; -s) populair lied dat makkelijk in het gehoor ligt en dat je makkelijk mee kunt zingen.

**schle·miel** (Jiddisch) [sjlemiel] (de ~ (m.); -en) (populair) iemand die onnozel en dom is en altijd pech heeft.

**schmink** [sjmiengk, in België: sjmingk] (de ~ (m.)) spullen waarmee je je opmaakt voor het toneel ⇒ grime.

**schmin·ken** [sjmiengken, in België: sjmingken] (schminkte, heeft geschminkt) iemand schminken: iemand opmaken voor het toneel ⇒ grimeren.

**schnab·bel** (Jiddisch) [sjnabbel] (de ~ (m.); -s) kortdurend werk waarmee iemand, bijv. een artiest, binnen zijn of haar beroep iets extra's verdient.

**schnab·be·len** (Jiddisch) [sjnabbelen] (schnabbelde, heeft geschnabbeld) een schnabbel* hebben.

**schnit·zel** (Duits) [sjnietsel] (de ~; -s) dun lapje gepaneerd vlees.

**schob·be·jak** (de ~ (m.); -ken) slechte, gemene kerel of schooier.

**schoei·en** (schoeide, heeft geschoeid) iemand schoeien: iemand van schoeisel* voorzien, iemand schoenen aantrekken.

**schoei·sel** (het ~) schoenen, klompen of wat verder als voetbedekking dient, zoals slippers en laarzen ◆ *goed schoeisel is belangrijk voor kinderen in de groei.*

**schoel·je** (het ~) gespuis, tuig.

**schoen** (de ~ (m.); -en) elk van beide dingen die je aan je voeten doet als je naar buiten gaat, met een zool van sterk materiaal, bijv. leer of rubber ◆ *je schoenen poetsen; je schoen zetten:* (uitdr.) je schoen in de tijd voor sinterklaas naast de kachel zetten om er een cadeautje in te krijgen; *naast je schoenen lopen van trots:* (uitdr.) erg trots zijn; *stevig in je schoenen staan:* (uitdr.) zeker of standvastig zijn; *ik zou niet graag in zijn schoenen*

staan: (uitdr.) ik zou niet graag in de situatie verkeren waarin hij verkeert; *iemand iets in de schoenen schuiven:* (uitdr.) beweren dat iemand iets gedaan of gezegd heeft terwijl dat niet waar is; *de stoute schoenen aantrekken:* (uitdr.) iets doen waarvoor je eerst moed hebt moeten verzamelen; *weten waar de schoen wringt (in België: waar het schoentje nijpt):* (uitdr.) weten wat de problemen zijn, wat er hapert of mankeert; *je moet geen oude schoenen weggooien voor je nieuwe hebt:* (spreekwoord) je moet niet iets weggooien of afdanken voor je wat beters hebt; *wie de schoen past, trekke hem aan:* (spreekwoord) als je voelt dat het verwijt dat uitgesproken is op jou slaat, moet je je gedrag verbeteren.

**schoe·ner** (de ~ (m.); -s) snel zeilschip met twee of meer masten.

**schoen·lap·per** (de ~ (m.); -s) (ouderwets) schoenmaker.

**schoen·le·pel** (de ~ (m.); -s) voorwerp dat op een lepel lijkt en dat je tussen je hiel en je schoen steekt om hem makkelijk aan te kunnen doen.

**schoen·ma·ker** (de ~; -s) iemand die voor zijn of haar beroep schoenen, laarzen en vaak ook tassen repareert ◆ *schoenmaker, blijf bij je leest:* (spreekwoord) je moet niet iets doen of je niet bemoeien met iets waar je geen verstand van hebt.

**schoep** (de ~; -en) elk van de schuine plankjes of scheppen die rond de buitenkant van een schoepenrad zitten.

**schoe·pen·rad** (het ~; -eren) wiel met schoepen rond de buitenkant dat de kracht van stromend water, gas, stoom of wind omzet in energie.

**schof·fel** (de ~; -s) tuingereedschap dat bestaat uit een stok met een scherp metalen plaatje eraan, waarmee je onkruid afsteekt.

**schof·fe·len** (schoffelde, heeft geschoffeld) de tuin, de grond schoffelen: het onkruid afsteken met een schoffel*.

**schof·fe·ren** (schoffeerde, heeft geschoffeerd) iemand schofferen: iemand zwaar beledigen door je woorden of je gedrag.

**schof·fie** (het ~; -s) jongetje dat op straat rondhangt en kattenkwaad uithaalt.

**schoft** (zelfst. nw.; -en) **1** (de ~ (m.)) slechte en gemene kerel ⇒ schurk **2** (de ~) hoogste deel van de rug van een paard of rund, tussen de schouders.

**schok** (de ~ (m.); -ken) **1** korte heftige beweging door een klap, stoot of ruk ◆ *met een schok kwam de wagen tot stilstand; een elektrische schok:* de trilling en verstijving van je lichaam die je voelt als je onder stroom komt te staan **2** plotseling en heftig gevoel van schrik ◆ *een schok van herkenning; er ging een schok door de mensen heen toen ze het nieuws van de ramp hoorden* ▼ *op schok gaan:* (in België □; populair) aan de zwier gaan.

**schok·bre·ker** (de ~ (m.); -s) onderdeel van een voertuig dat ervoor zorgt dat je schokken (bet.1) minder sterk voelt ⇒ schokdemper.

**schok·dem·per** (de ~ (m.); -s) schokbreker.

**schok·ken** (schokte, heeft geschokt) **1** met schokken* (bet.1) bewegen of schokken* (bet.1) krijgen ◆ *de bus schokte over het landweggetje* **2** iemand schokken: iemand een schok* (bet.2) bezorgen ◆ *iedereen was geschokt door het bericht* ▼ *iemands vertrouwen schokken:* iets zeggen of doen waardoor iemands vertrouwen in jou minder wordt.

**schok·schou·de·rend** (bijv. nw.) je schouders een paar keer ophalend, om onverschilligheid of onwilligheid uit te drukken.

**schol¹** (de ~ (m.); -len) platte vis.

**schol²** (tussenw.) (in België; populair) gezondheid, proost.

**schold** → schelden.

**schol·den** → schelden.

**schol·ek·ster** (de ~; -s) vogel met een zwarte rug, een witte buik en een oranje snavel.

**scho·len¹** (schoolde, heeft geschoold) iemand scholen: iemand een opleiding geven ⇒ opleiden.

**scho·len²** → schuilen.

**scho·len·ge·meen·schap** (de ~ (v.); -pen) 1 school (bet.1) die bestaat uit verschillende onderwijstypen in één gebouw 2 (in België) een aantal scholen die samenwerken.

**scho·lier** (de ~ (m.); -en), vrouw: **scho·lie·re** (de ~ (v.); -n of -s) kind dat onderwijs volgt op een school* (bet.1).

**scho·lie·ren** (zelfst. nw.; meervoud) (in België; sport) spelers van vijftien en zestien jaar, die deelnemen aan een competitie.

**scho·ling** (de ~ (v.)) opleiding, meestal voor een bepaald beroep ♦ ze heeft veel scholing ontvangen.

**schom·mel** (de ~; -s) 1 horizontale plank die aan twee touwen hangt, waarop je heen en weer zwaait 2 (populair) dikke vrouw, die zich waggelend voortbeweegt.

**schom·me·len** (schommelde, heeft geschommeld) 1 op een schommel* (bet.1) heen en weer zwaaien 2 heen en weer bewegen, op en neer gaan ♦ de boot schommelde toen we instapten; de prijzen schommelen: (uitdr.) ze zijn nu eens hoog, dan weer laag.

**schond** → schenden.

**schon·den** → schenden.

**schonk¹** (de ~; -en) grof bot.

**schonk²** → schenken.

**schon·ken** → schenken.

**schon·kig** (bijv. nw.) met grove botten die duidelijk zichtbaar zijn ♦ een schonkig paard.

**schoof¹** (de ~; schoven) hoeveelheid bij elkaar gebonden korenhalmen ⇒ korenschoof, opper.

**schoof²** → schuiven.

**schooi·en** (schooide, heeft geschooid) bedelend vragen ♦ de hond schooit om een koekje.

**schooi·er** (de ~ (m.); -s) 1 iemand die schooit* en die er armoedig uitziet 2 slechte en gemene kerel ⇒ schoft, schurk.

**school¹** (de ~; scholen) 1 gebouw waar onderwijs gegeven wordt ♦ een school voor basisonderwijs; op school zitten; een vrije school: school waar onderwijs wordt gegeven vanuit de antroposofie (leer die gebaseerd is op de ideeën van Rudolf Steiner) 2 groep vissen ♦ een school karpers 3 richting in de kunst of wetenschap met een eigen theorie of eigen regels ♦ een schilder van de Hollandse school; ergens school mee maken: (uitdr.) aanhang vinden voor iets, medestanders krijgen ▼ uit de school klappen: geheimen doorvertellen.

**school²** → schuilen.

**school·bank** (de ~; -en) bank of stoel met een tafeltje eraan vast, gebruikt op scholen ♦ ik ken hem nog van de schoolbanken: van vroeger, toen we samen op school zaten.

**school·blij·ven** (ww.) voor straf na de lessen op school blijven ⇒ nablijven.

**school·bord** (het ~; -en) zwart of groen geverfd bord in een schoollokaal waarop je met krijt schrijft.

**school·geld** (het ~) geld dat je ouders moeten betalen om jou naar school te laten gaan ♦ ik zou m'n schoolgeld maar terughalen!: (uitdr.) (dit zeg je tegen iemand die niet veel weet).

**school·jaar** (het ~; -jaren) periode van augustus tot augustus ⇒ leerjaar ♦ het schooljaar 1987-1988.

**school·mees·ter** (de ~ (m.); -s) 1 iemand die les geeft op een basisschool ⇒ onderwijzer, meester 2 iemand die alles beter denkt te weten en die anderen steeds terechtwijst ⇒ frik.

**school·on·der·zoek** (het ~; -en) het deel van het eindexamen dat door de school wordt afgenomen en dat bestaat uit een aantal examens verspreid over het laatste schooljaar.

**School·pact** (het ~) (in België) overeenkomst tussen de politieke partijen over de gelijke behandeling van vrij en officieel onderwijs.

**school·reis·je** (het ~; -s) reisje dat je maakt met een of meer groepen van je school ♦ een schoolreisje naar een museum.

**schools** (bijv. nw.) (van opleidingen): waarbij je weinig of geen gelegenheid krijgt zelfstandig te werken.

**school·slag** (de ~ (m.)) manier van zwemmen waarbij je je armen en benen eerst intrekt en ze vervolgens spreidt en weer bij elkaar brengt.

**school·tijd** (de ~ (m.); -en) tijd waarin er op school les gegeven wordt ♦ iedere dag hebben we andere schooltijden; huiswerk maak je na schooltijd.

**school·ver·la·ter** (de ~ (m.); -s) iemand die net van school af is, die net eindexamen heeft gedaan.

**school·voor·beeld** (het ~; -en) voorbeeld dat heel goed laat zien waar het om gaat en dat vaak gebruikt wordt.

**school·ziek** (bijv. nw.) gezegd van iemand die doet of hij of zij ziek is om niet naar school te hoeven.

**schoon¹** (het ~) dat wat mooi is ♦ natuurschoon.

**schoon²** (bijv. nw.) 1 zonder stof, viezigheid of vlekken, het tegenovergestelde van 'vuil' ⇒ rein ♦ de pan is weer schoon 2 (deftig) mooi om te zien of te horen ♦ een schone dame; schone muziek 3 (populair) netto, het tegenovergestelde van 'vuil' ♦ ze verdient f 80,- schoon per dag.

**schoon³** (bijw.) ▼ al het eten is schoon op: helemaal op; je hebt schoon gelijk: volkomen gelijk; ik heb er schoon genoeg van: ik ben het erg zat.

**schoon·broer** (de ~ (m.); -s) (in België □) zwager.

**schoon·doch·ter** (de ~ (v.); -s) de vrouw van je zoon.

**schoon·fa·mi·lie** (de ~ (v.); -s) de familie van je man of vrouw.

**schoon·heid** (de ~ (v.); schoonheden) 1 het schoon²* (bet.2) zijn ♦ de schoonheid van het landschap 2 vrouw die of meisje dat schoon²* (bet.2) is ♦ een oosterse schoonheid.

**schoon·heids·fout·je** (het ~; -s) klein foutje of gebrek dat niet echt storend is ♦ in de uitverkoop kocht hij een jasje met een schoonheidsfoutje.

**schoon·heids·spe·ci·a·lis·te** (de ~ (v.); -s of -n) vrouw die voor haar beroep het uiterlijk, vooral het gezicht van mensen verzorgt.

**schoon·heids·wed·strijd** (de ~ (m.); -en) wedstrijd waarbij het erom gaat wie de mooiste is.

**schoon·maak** (de ~ (m.)) het schoonmaken* van je huis ♦ aan de schoonmaak zijn.

**schoon·ma·ken** (maakte schoon, heeft schoongemaakt) 1 iets schoonmaken: het vuil van iets af halen, iets wassen of poetsen ⇒ reinigen ♦ de gootsteen schoonmaken 2 etenswaren schoonmaken: de delen die je niet kunt eten of die niet lekker zijn eruit of eraf halen ♦ vis schoonmaken: de ingewanden eruit snijden.

**schoon·moe·der** (de ~ (v.); -s) de moeder van je man of vrouw.

**schoon·rij·den** (ww.) sport waarbij je op schaatsen rijdt en mooie figuren en bewegingen maakt.

**schoon·sprin·gen** (ww.) sport waarbij je mooie sprongen maakt vanaf een duikplank.

**schoon·va·der** (de ~(m.); -s) de vader van je man of vrouw.

**schoon·zoon** (de ~(m.); -s of -zonen) de man van je dochter.

**schoon·zus** (de ~(v.); -sen) **1** de zus van je man of vrouw **2** de vrouw met wie je broer of de broer van je vrouw getrouwd is.

**schoon·zwem·men** (ww.) sport waarbij je mooie bewegingen maakt terwijl je zwemt.

**schoor** → scheren.

**schoor·steen** (de ~(m.); -stenen) **1** buis waardoor rook van een kachel of stookplaats wordt afgevoerd ⇒ rookkanaal ♦ de fabrieksschoorstenen steken overal bovenuit; de schoorsteen vegen: het roet eruit halen; die man rookt als een schoorsteen: (uitdr.) hij rookt veel **2** schoorsteenmantel.

**schoor·steen·man·tel** (de ~(m.); -s) uitstekende rand boven of rondom een kachel of haard ⇒ schoorsteen.

**schoor·voe·tend** (bijv. nw.) aarzelend en een beetje bang ♦ schoorvoetend kwamen ze naderbij.

**schoot**[1] (de ~(m.)) **1** je bovenbenen als je zit, als plek om iets op te laten rusten ♦ de baby zat op moeders schoot; haar handen rustten in haar schoot; iets in de schoot geworpen krijgen: (uitdr.) iets krijgen zonder dat je er iets voor hoeft te doen; de schoot der aarde: (uitdr.) het binnenste van de aarde, de grond **2** touw aan een zeil, waarmee je dat zeil strak zet.

**schoot**[2] → schieten.

**schoot·com·pu·ter** [sgootkompjoeter] (de ~; -s) draagbare computer waarmee je op je schoot kunt werken ⇒ laptop.

**schoots·veld** (het ~; -en) gebied waar de kogels uit een schietwapen terecht kunnen komen ♦ de vijand bevond zich buiten het schootsveld van de soldaten.

**schop** (zelfst. nw.; -pen) **1** (de ~(m.)) harde stoot met je voet ⇒ trap ♦ een vrije schop: (voetbal) keer dat je de bal weg mag trappen zonder dat de tegenpartij je mag hinderen **2** (de ~) werktuig om mee te graven dat bestaat uit een breed en een beetje gebogen blad aan een steel.

**schop·pen**[1] (zelfst. nw.; meervoud) een van de vier figuren van een kaartspel, dat zwart van kleur is en de vorm heeft van een omgekeerd hartje op een steel.

**schop·pen**[2] (schopte, heeft geschopt) **1** tegen iets aan schoppen: een schop* (bet.1) tegen iets geven ⇒ trappen ♦ tegen een deur schoppen; de bal in het doel schoppen; het ver schoppen: (uitdr.) carrière maken, in een hoge functie komen; ergens tegenaan schoppen: (uitdr.) er-gens voortdurend tegenin gaan omdat je het er niet mee eens bent, je ergens tegen afzetten ▼ herrie schoppen: (populair) lawaai maken.

**schop·stoel** (zelfst. nw.) ▼ op de schopstoel zitten: ieder moment ontslagen of weggestuurd kunnen worden.

**schor**[1], **schor·re** (de ~; -ren) stuk aangeslibd land buiten een dijk ⇒ kwelder, gors.

**schor**[2] (bijv. nw.) (van je stem of je keel): een hees en rauw geluid gevend ♦ je schor schreeuwen.

**scho·rem** (het ~) slechte en gemene mensen ⇒ schorremorrie, tuig.

**scho·ren**[1] (schoorde, heeft geschoord) iets, bijv. een muur, schoren: iets steunen met een schuine paal.

**scho·ren**[2] → scheren.

**schor·pi·oen** (de ~(m.); -en) dier dat op een grote spin lijkt en dat een gifangel heeft.

**schor·re** → schor.

**schor·rie·mor·rie, schor·re·mor·rie** (het ~) (populair) schorem.

**schors** (de ~; -en) buitenste laag van takken en bomen ⇒ bast ♦ berkenschors.

**schor·sen** (schorste, heeft geschorst) **1** iets, bijv. een vergadering, schorsen: iets voor een tijdje onderbreken **2** iemand schorsen: iemand voor een tijdje verbieden zijn of haar functie uit te oefenen, meestal als straf ♦ de minister is geschorst; de voetballer werd geschorst: hij mocht voor straf een tijdje niet meespelen in de wedstrijden.

**schor·se·neer** (de ~; schorseneren) eetbare, lange, dunne wortel met een zwarte schil.

**schor·sing** (de ~(v.); -en) het schorsen*.

**schort** (de ~of het ~; -en) kledingstuk dat je tijdens je werk voorbindt om je kleren tegen vuil te beschermen.

**schor·ten** (schortte, heeft geschort) er schort iets aan: er is iets mis.

**schot** (het ~) **1** (-en) keer dat je schiet* (bet.1 en 3) ♦ iemand onder schot nemen: je wapen op iemand richten; dat was een schot in de roos: (uitdr.) dat was raak; buiten schot blijven: (uitdr.) niet aan iets meedoen en zo voorkomen dat je moeilijkheden krijgt; een schot voor de boeg: (uitdr.) een waarschuwing **2** (-ten) rechtopstaand wandje dat als afscheiding dient ▼ er zit schot in: het schiet op.

**scho·tel** (de ~; -s) **1** plat schaaltje, meestal bedoeld om een kopje op te zetten ♦ vliegende schotels: (uitdr.) ruimteschepen die op schotels lijken en waarvan niemand weet of ze echt bestaan **2** gerecht ♦ een ovenschotel met bloemkool en kaas.

**scho·tel·an·ten·ne** (de ~; -s of -n) televisieantenne in de vorm van een schotel op of aan een gebouw, waardoor signalen ontvangen worden die via satellieten naar de aarde gestuurd worden.

**scho·tel·doek** (de ~(m.); -en) (in België □) vaatdoek.

**scho·ten** → schieten.

**schots**[1] (de ~; -en) plat, drijvend stuk ijs ⇒ ijsschots.

**schots**[2] (bijv. nw.) ▼ schots en scheef: rommelig, in de war en verkeerd; hij had het servies schots en scheef in de kast gezet.

**schot·schrift** (het ~; -en) geschrift waarin iemand of iets bespot wordt ⇒ schimpschrift.

**schou·der** (de ~(m.); -s) elk van de twee delen van je lichaam aan de bovenkant van je romp, tussen je hals en je armen ♦ je schouders ophalen: ze even omhoog trekken om te laten zien dat je iets niet weet of dat iets je onverschillig laat; je schouders onder iets zetten: (uitdr.) heel hard aan iets gaan werken; ze zoekt een schouder om op uit te huilen: (uitdr.) iemand die naar haar problemen wil luisteren en haar wil troosten.

**schou·der·blad** (het ~; -en) elk van de twee platte botstukken aan de achterkant van je lichaam, op de plaats waar je armen aan je romp zitten.

**schou·der·klop·je** (het ~; -s) opmerking of gebaar waarmee je iemand laat merken dat hij of zij iets goed heeft gedaan ♦ een schouderklopje krijgen: (uitdr.) een complimentje krijgen.

**schou·der·op·ha·len** (het ~) keer dat je je schouders ophaalt, om te laten merken dat je iets niet weet of dat iets je onverschillig laat ♦ hij beantwoordde de vraag met een schouderophalen.

**schout** (de ~(m.); -en) hoofd van de rechtbank en van de politie in vroegere tijden.

**schout-bij-nacht** (de ~(m.); -s of schouten-bij-nacht) hoge rang bij de marine, twee rangen lager dan de admiraal.

**schouw** (de ~; -en) **1** stookplaats met schoorsteen **2** bepaald soort platte boot **3** (in België □) schoorsteen op het dak.

**schouw·burg** (de ~(m.); -en) gebouw waar o.a. toneelstukken worden opgevoerd ⇒ theater.

**schou·wen** (schouwde, heeft geschouwd) *iets schouwen:* (ouderwets) iets zien, naar iets kijken.

**schou·wing** (de ~ (v.)) (in België) controle waarbij de automobielinspectie nagaat of een voertuig verkeersveilig is ⇒ *autokeuring.*

**schouw·spel** (het ~; -en) gebeurtenis die je ziet, die de moeite waard is om naar te kijken ⇒ *tafereel* ◆ *die sportwedstrijd was een prachtig schouwspel.*

**scho·ven** → schuiven.

**schraag** (de ~; schragen) los onderstel voor onder een tafelblad ◆ *de behangtafel staat op twee schragen.*

**schraal** (bijv. nw.) **1** *(van je huid):* ruw en pijnlijk door de kou ◆ *in de winter heeft hij vaak last van schrale handen* **2** *(van de wind):* guur en droog **3** *(van grond):* weinig vruchtbaar **4** mager, met weinig inhoud ◆ *een schraal vrouwtje; schraal eten:* dat weinig voedzaam is; *dat is een schrale troost:* iets dat geen echte troost is.

**schraal·hans** (zelfst. nw.) ▼ *schraalhans is daar keukenmeester:* je krijgt daar niet veel te eten.

**schra·gen** (schraagde, heeft geschraagd) *iets schragen:* iets ondersteunen ⇒ *stutten* ◆ *een schuine balk schraagde de verzakkende muur.*

**schram** (de ~; -men) lichte wond aan de oppervlakte van je huid, die de vorm heeft van een streep.

**schran·der** (bijv. nw.) met een helder verstand, knap en slim ⇒ *intelligent, pienter.*

**schran·sen, schran·zen** (schranste, heeft geschranst) gulzig en veel eten ⇒ *bunkeren.*

**schrap** (bijv. nw.) ▼ *je schrap zetten:* je voorbereiden om je te verweren tegen een aanval of om iets vervelends aan te horen.

**schra·pen** (schraapte, heeft geschraapt) **1** *worteltjes of aardappels schrapen:* met een scherp voorwerp het buitenste laagje ervanaf halen ⇒ *schrappen* **2** *je keel schrapen:* even kuchen of 'h'm' zeggen voor je gaat praten om je stem helder te laten klinken ◆ *voordat hij aan de toespraak begon, schraapte hij zijn keel* **3** *geld bij elkaar schrapen:* het met kleine beetjes tegelijk verzamelen.

**schrap·pen** (schrapte, heeft geschrapt) **1** *iets schrappen:* iets weghalen door het door te strepen ◆ *zijn naam is van de lijst geschrapt* **2** *aardappels, worteltjes schrappen:* met een scherp voorwerp het bovenste laagje ervanaf halen ⇒ *schrapen.*

**schre·de** (de ~; -n) (deftig) stap, pas ◆ *met rasse schreden naderen:* snel; *op je schreden terugkeren:* (uitdr.) zeggen dat iets dat je eerder gezegd hebt niet klopt.

**schre·den** → schrijden.

**schreed** → schrijden.

**schreef¹** (de ~) **1** (in België □) grens ◆ *over de schreve:* (in België □; uitdr.) in Frans-Vlaanderen ▼ *over de schreef gaan:* iets doen dat niet mag.

**schreef²** → schrijven.

**schreeuw** (de ~ (m.); -en) hard geluid met je stem, bijv. van angst, vreugde of pijn ⇒ *kreet.*

**schreeu·wen** (schreeuwde, heeft geschreeuwd) *iets schreeuwen:* iets hard roepen ◆ *schreeuw niet zo, ik ben niet doof!; de deur schreeuwt om een nieuw verfje:* (uitdr.) die moet nodig geschilderd worden.

**schreeu·wend¹** (bijv. nw.) ▼ *een schreeuwende kleur:* een erg felle kleur die onmiddellijk opvalt.

**schreeu·wend²** (bijw.) heel erg, in grote mate ◆ *dat is schreeuwend duur.*

**schreeu·wer, schreeu·werd** (de ~ (m.); -s) iemand die altijd een grote mond opzet ⇒ *schreeuwlelijk.*

**schreeuw·le·lijk** (de ~ (m.); -en) schreeuwer.

**schrei·en** (schreide, heeft geschreid) (ouderwets) huilen ⇒ *wenen.*

**schre·ven** → schrijven.

**schriel** (bijv. nw.) erg mager.

**schrift** (het ~) **1** (-en) dun boek met lege bladzijden om in te schrijven **2** letter- en cijfertekens van een taal ◆ *het Chinese schrift is heel anders dan het onze; iets op schrift stellen:* (uitdr.) iets opschrijven **3** manier van schrijven ⇒ *handschrift* ◆ *een tekst in onleesbaar schrift.*

**Schrift** (de ~) de Heilige Schrift; dit is de bijbel.

**schrif·te·lijk** (bijv. nw.) door middel van het geschreven woord, het tegenovergestelde van 'mondeling' ◆ *een schriftelijk examen:* waarbij de antwoorden moeten worden opgeschreven.

**schrift·ge·leer·de** (de ~ (m.); -n) iemand die veel weet van de heilige boeken, vooral bij de joden en de mohammedanen.

**schrif·tuur** (de ~ (v.) of het ~; schrifturen) (deftig) geschreven of gedrukt stuk tekst.

**schrij·den** (schreed, heeft of is geschreden) plechtig lopen ◆ *de koningin schreed naar haar troon.*

**schrijf·ma·chi·ne** (de ~ (v.); -s) typemachine.

**schrijf·ster** → schrijver.

**schrijf·taal** (de ~) woorden en zinnen die je niet zo gauw zegt omdat ze een beetje deftig zijn, en die je alleen gebruikt als je schrijft.

**schrij·lings** (bijw.) met een been aan iedere kant van datgene waar je op zit ◆ *zij zit schrijlings op het paard.*

**schrijn** (de ~ of het ~; -en) mooi versierd kistje waarin iets kostbaars wordt bewaard, meestal een relikwie (kijk ook bij: **relikwie**).

**schrij·nen** (schrijnde, heeft geschrijnd) *(van een wond):* pijn doen met een branderig gevoel.

**schrij·nend** (bijv. nw.) gezegd van iets dat zo onaangenaam en ernstig is dat het pijn doet in je binnenste ⇒ *navrant* ◆ *schrijnende armoede; er is daar een schrijnend gebrek aan voedsel.*

**schrijn·wer·ker** (de ~ (m.); -s) **1** (ouderwets) meubelmaker **2** (in België □) timmerman.

**schrij·ven¹** (het ~) (deftig) brief ◆ *hij heeft een schrijven van de burgemeester ontvangen.*

**schrij·ven²** (schreef, heeft geschreven) **1** *iets schrijven:* iets in letters of cijfers met een pen, potlood enz. op papier zetten ◆ *op school leer je lezen en schrijven; zij schrijft erg duidelijk; hoe schrijf je dat woord; met een c of een k?:* hoe spel je die op de juiste manier?; *die pen schrijft goed:* daar kun je goed mee schrijven **2** *iets, bijv. een brief of een boek, schrijven:* de tekst van iets bedenken en op papier zetten **3** *iets aan iemand schrijven:* iemand iets laten weten door het op papier te zetten ◆ *hij schrijft dat hij een week eerder komt logeren.*

**schrij·ver** (de ~ (m.); -s), vrouw: **schrijf·ster** (de ~ (v.); -s) **1** iemand die iets geschreven* (bet.2) heeft ◆ *ik weet niet wie de schrijver van die brief is* **2** iemand die boeken schrijft* (bet.2) ⇒ *auteur.*

**schrij·ver·tje** (het ~; -s) torretje dat zich over het wateroppervlak beweegt.

**schrik** (de ~ (m.)) **1** plotselinge angst of geschoktheid ◆ *de kinderen hebben van schrik; met de schrik vrijkomen:* (uitdr.) bij een ongeluk niet gewond raken, maar alleen erg schrikken; *hij kreeg de schrik van zijn leven:* (uitdr.) hij schrok erg; *de schrik sloeg haar om het hart:* (uitdr.) ze schrok, ze werd bang; *de schrik zit hem nog in de benen:* (uitdr.) hij is nog niet over zijn angst heen, hij is nog steeds een beetje bibberig **2** persoon of zaak die de mensen bang maakt ◆ *die rover is de schrik van het wilde westen.*

**schrik·ba·rend** (bijw.) zo erg dat je je er zorgen over maakt ◆ *de prijzen zijn schrikbarend hoog.*

**schrik·beeld** (het ~; -en) gedachte aan iets dat je angst aanjaagt ◆ *het schrikbeeld van de oorlog.*

**schrik·be·wind** (het ~) manier van regeren waarbij de bevolking voortdurend bang gemaakt wordt door moord en geweld.

**schrik·draad** (het ~) ijzerdraad waar elektrische spanning op staat, gebruikt als afrastering om een weiland.

**schrik·kel·jaar** (het ~; -jaren) jaar met 366 dagen in plaats van 365, dat eens in de vier jaar voorkomt ◆ *in een schrikkeljaar heeft de maand februari 29 dagen in plaats van 28.*

**schrik·ken** (schrok, is geschrokken) **1** door schrik* (bet.1) getroffen worden waarbij je soms een wilde beweging maakt ◆ *hij schrok van de harde knal; wakker schrikken; je dood schrikken:* (uitdr.) heel erg schrikken ▼ *eieren laten schrikken:* ze na het koken meteen in koud water leggen (zodat de schaal bij het pellen makkelijker loslaat).

**schril** (bijv. nw.) **1** (*van geluiden*): hoog en scherp ◆ *een schrille stem* ▼ *een schrille tegenstelling:* een tegenstelling die erg groot en schrijnend is; *in New York is er een schrille tegenstelling tussen arm en rijk.*

**schrob·ben** (schrobde, heeft geschrobd) *iets, bijv. een vloer, schrobben:* iets met water en een borstel of bezem schoonmaken.

**schrob·be·ring** (de ~(v.); -en) flink standje ⇒ *uitbrander* ◆ *iemand een schrobbering geven.*

**schroef** (de ~; schroeven) **1** metalen staafje met een spiraalvormige gleuf eromheen, dat je in een gat draait ◆ *het rek zit met schroeven aan de muur; dat plan staat op losse schroeven:* (uitdr.) het is onzeker of het doorgaat **2** voorwerp dat al draaiend een boot of vliegtuig voortstuwt en dat bestaat uit een as met gebogen bladen eromheen.

**schroef·draad** (de ~(m.); -draden) spiraalvormige gleuf in een dop, schroef enz. waardoor de dop of schroef ergens op- of ingedraaid kan worden ◆ *een deksel met schroefdraad:* die je op een pot kunt schroeven.

**schroei·en** (schroeide) **1** (heeft geschroeid) *iets schroeien:* de oppervlakte van iets een beetje verbranden ◆ *hij heeft zijn trui aan een kaars geschroeid; de zon schroeit het gras* **2** is geschroeid: aan de oppervlakte een beetje verbranden ◆ *er schroeit hier iets, dat kun je ruiken.*

**schroe·ven** (schroefde, heeft geschroefd) *iets ergens in, op, aan enz. schroeven:* iets ergens in, op, aan enz. vastmaken met een of meer schroeven* (bet.1) ◆ *hij schroeft het rekje aan de muur; een kast uit elkaar schroeven.*

**schroe·ven·draai·er** (de ~(m.); -s) stuk gereedschap met een handvat en een dunne ijzeren staaf eraan waarmee je schroeven los of vast draait.

**schrok** → schrikken.

**schrok·ken¹** (schrokte, heeft geschrokt) snel en met grote, gulzige happen eten.

**schrok·ken²** → schrikken.

**schrok·op** (de ~(m.); schrokoppen) iemand die schrokt*.

**schro·me·lijk** (bijw.) heel erg, in grote mate ◆ *dat is schromelijk overdreven.*

**schro·men** (schroomde, heeft geschroomd) *schromen iets te doen:* iets niet goed durven, aarzelen uit angst of verlegenheid ◆ *hij schroomde haar te zeggen hoe aardig hij haar vond.*

**schroom** (de ~(m.)) aarzeling om iets te doen omdat je bang of verlegen bent ◆ *met enige schroom las hij zijn gedicht voor.*

**schroom·val·lig** (bijv. nw.) beschroomd.

**schroot** (zelfst. nw.) **1** (het ~) stukken oud ijzer **2** (de ~ (m.); schroten; meestal: schrootje) smalle strook hout ◆ *hij heeft schrootjes tegen de wand getimmerd.*

**schroot·hoop** (zelfst. nw.) ▼ *iets op de schroothoop gooien:* iets afdanken, iets als waardeloos beschouwen.

**schub, schub·be** (de ~; -ben) dun plaatje dat aan één kant vastzit en waarvan er heel veel op de huid van sommige dieren, bijv. vissen, zitten.

**schuch·ter** (bijv. nw.) verlegen en bang om de aandacht te trekken ⇒ *bedeesd.*

**schud·de·bui·ken** (ww.) ▼ *schuddebuiken van het lachen:* zo hard lachen dat je buik ervan op en neer gaat.

**schud·den** (schudde, heeft geschud) **1** iets schudden: iets een aantal keren heen en weer of op en neer bewegen ◆ *je moet het pak sinaasappelsap schudden voordat je het openmaakt; nee schudden:* je hoofd van links naar rechts en andersom bewegen om 'nee' uit te drukken; *de kaarten schudden:* ze door elkaar doen zodat ze in willekeurige volgorde komen; *iemand de hand schudden:* iemand een hand geven; *iemand wakker schudden:* iemand wakker maken door hem of haar heen en weer te bewegen; *iemand door elkaar schudden:* (omdat je kwaad op hem of haar bent) **2** heen en weer of op en neer bewegen ◆ *zij schudde van het lachen* ▼ *je kunt het wel schudden:* je hoeft er niet op te rekenen, het gaat niet door.

**schu·er** (de ~(m.); -s) borstel voor kleden of kleren.

**schu·e·ren** (schuierde, heeft geschuierd) *een kleed of kleren schuieren:* het of die met een schuier* schoonvegen.

**schuif** (de ~; schuiven) **1** grendel ⇒ *knip* **2** (in België □) lade ◆ *bij iemand in de bovenste schuif liggen:* (uitdr.) bij iemand in de gunst staan.

**schuif·deur** (de ~; -en) deur die niet draait, maar opzij schuift ◆ *tussen de schuifdeuren optreden:* (uitdr.) voor je familieleden en kennissen.

**schui·fe·len** (schuifelde, heeft geschuifeld) **1** met kleine passen lopen terwijl je je voeten bijna niet optilt ◆ *na de voorstelling schuifelde het publiek naar de uitgang* **2** langzaam dansen, dicht tegen je partner aan ⇒ *slijpen.*

**schuif·je** (het ~; -s) speldje dat je in je haar schuift* (bet.1) om het op zijn plaats te houden ⇒ *schuifspeldje.*

**schuif·trom·pet** (de ~; -ten) trompet waarbij je het achterste stuk in en uit moet schuiven om verschillende tonen te maken ⇒ *trombone.*

**schui·len 1** (schuilde, heeft geschuild) beschutting zoeken, meestal tegen regen, hagel of sneeuw ◆ *schuilen voor de regen* **2** (school, heeft gescholen) ergens verborgen zijn, je ergens verbergen ◆ *de zon schuilt achter de wolken; er schuilt gevaar in zijn plannen.*

**schuil·gaan** (ging schuil, is schuilgegaan) *achter iets schuilgaan:* achter iets verborgen zijn en daardoor niet te zien zijn ◆ *achter zijn onvriendelijke gezicht gaat een aardig mens schuil.*

**schuil·hou·den** (hield schuil, heeft schuilgehouden) *je ergens schuilhouden:* je ergens verbergen om niet opgemerkt te worden.

**schuil·kel·der** (de ~(m.); -s) ruimte onder de grond waar je schuilt (bet.1) tegen aanvallen vanuit de lucht.

**schuil·naam** (de ~(m.); -namen) verzonnen naam die je gebruikt als je je eigen naam verborgen wilt houden ⇒ *pseudoniem.*

**schuil·plaats** (de ~; -en) plaats waar je je verborgen houdt.

**schuim** (het ~) **1** massa met lucht of gas gevulde blaasjes, vooral aan de oppervlakte van een vloeistof ◆ *schuim van zeepsop; een glas bier met een laagje schuim; het schuim stond hem op de lippen:* (uitdr.) hij was heel erg kwaad ▼ *het schuim der natie:* mensen van het allerslechtste soort, tuig.

**schuim·bek·ken** (schuimbekte, heeft geschuimbekt) (*van*

*dieren)*: schuim van speeksel om de mond hebben (meestal van inspanning) ◆ **schuimbekken** *van woede:* (uitdr.) heel erg boos zijn.

**schui·men** (schuimde, heeft geschuimd) schuim* geven ◆ *schuimende golven.*

**schui·mer** (de ~(m.); -s) (in België □) klaploper.

**schuim·kop** (de ~(m.); -pen) laag schuim op een golf.

**schuim·kraag** (de ~(m.); -kragen) laag schuim op een glas bier.

**schuim·pje** (het ~; -s) snoepje van een luchtig mengsel van eiwit en suiker.

**schuim·plas·tic** (het ~) nagemaakt schuimrubber van plastic.

**schuim·rub·ber** (de ~(m.) of het ~) veerkrachtige stof die bestaat uit rubber met luchtbelletjes erin ◆ *een matras van schuimrubber.*

**schuim·spaan** (de ~; schuimspanen) platte lepel met gaatjes en een lange steel, waarmee je bijv. groente uit het water waarin het gekookt is, schept.

**schuim·wijn** (de ~(m.); -en) (in België □) mousserende wijn.

**schuin** (bijv. nw.) **1** niet horizontaal en niet verticaal, het tegenovergestelde van 'recht' ◆ *een zolderkamer met een schuine wand; hij woont hier schuin tegenover* ▼ *een schuine mop:* die te maken heeft met seks.

**schuins** (bijv. nw.) in schuine richting ◆ *iemand schuins aankijken:* iemand met opzij onderzoekend, spottend of met een blik van verstandhouding aankijken.

**schuins·mar·cheer·der** (de ~(m.); -s) iemand die een leven leidt dat anderen niet netjes vinden.

**schuit** (de ~; -en) **1** platte boot, waarmee meestal iets vervoerd wordt ◆ *in hetzelfde schuitje zitten:* (uitdr.) hetzelfde mee moeten maken, je in dezelfde moeilijke situatie bevinden **2** (populair) grote schoen.

**schui·ven** (schoof) **1** (heeft geschoven) *iets in een bepaalde richting schuiven:* iets verplaatsen door ertegen te duwen ◆ *hij schoof de stoel weg; iemand terzijde schuiven:* (uitdr.) geen aandacht meer aan iemand besteden **2** (is geschoven) zich dicht langs een oppervlak voortbewegen ◆ *dat gordijn schuift niet goed; schuif eens wat opzij; laat hem maar schuiven:* (uitdr.; populair) laat hem zijn gang maar gaan, hij komt wel goed terecht.

**schui·ver** (de ~(m.); -s) (populair) beweging die je maakt als je uitglijdt en valt ◆ *hij maakte een flinke schuiver op het ijs.*

**schuld** (de ~) **1** verantwoordelijkheid voor een fout die je hebt gemaakt ◆ *schuld bekennen:* toegeven dat je een fout hebt gemaakt; *iemand ergens de schuld van geven:* zeggen dat die persoon degene is die een fout gemaakt heeft; *ergens schuld aan hebben:* degene zijn die een fout veroorzaakt heeft; *dat is je eigen schuld:* dat heb je aan jezelf te wijten **2** (-en) bedrag dat je nog moet betalen ◆ *de schuld die hij bij de bank gemaakt heeft, kan hij niet meer betalen; zij heeft zich diep in de schulden gestoken:* zij moet aan anderen veel geld betalen, terwijl ze dat niet heeft.

**schuld·be·ken·te·nis** (de ~(v.); -sen) **1** verklaring op papier dat je iemand een bedrag schuldig bent ⇒ *promesse* **2** verklaring waarin je toegeeft dat je iets verkeerds hebt gedaan ◆ *de moordenaar legde een schuldbekentenis af.*

**schuld·be·wust** (bijv. nw.) heel goed wetend dat je iets verkeerds hebt gedaan ◆ *schuldbewust kijken.*

**schuld·ei·ser** (de ~(m.); -s) iemand die geld van een ander te vorderen heeft ⇒ *crediteur.*

**schul·de·naar** (de ~(m.); -s of schuldenaren), vrouw: **schul·de·na·res** (de ~(v.); -sen) iemand die een ander geld schuldig is ⇒ *debiteur.*

**schul·dig** (bijv. nw.) **1** gezegd van iemand die schuld* (bet.1) heeft ◆ *zij is schuldig aan diefstal* **2** *iemand geld schuldig zijn:* het iemand moeten betalen ◆ *zij is hem 100 gulden schuldig.*

**schulp** (zelfst. nw.) ▼ *in je schulp kruipen:* je terugtrekken uit verlegenheid of onzekerheid.

**schun·nig** (bijv. nw.) erg onfatsoenlijk, smerig ◆ *schunnige taal uitslaan.*

**schu·ren** (schuurde, heeft geschuurd) **1** *iets schuren:* met iets ruws, bijv. schuurpapier, hard over iets heen wrijven om het schoon of glad te maken ◆ *je moet het hout schuren voordat je het verft; een pan schuren* **2** door wrijving een schrijnend gevoel geven ◆ *het koordje schuurde in mijn nek* **3** *een vloer, de straat schuren:* (in België □) die schrobben.

**schurft** (de ~ of het ~) besmettelijke huidziekte die vooral bij dieren voorkomt ◆ *ergens de schurft aan hebben:* (uitdr.; populair) een grote hekel aan iets hebben.

**schurk** (de ~(m.); -en) slecht en gemeen mens ⇒ *boef.*

**schur·ken** (schurkte, heeft geschurkt) *zich schurken:* met je lichaam tegen iets aan wrijven omdat je jeuk hebt of omdat je dat een fijn gevoel vindt ⇒ *scheuken* ◆ *de koe schurkte zich tegen het hek.*

**schut** (zelfst. nw.) ▼ *voor schut lopen, staan:* er belachelijk uitzien, voor gek lopen, staan; *iemand voor schut zetten:* iemand belachelijk maken.

**schut·blad** (het ~; -en) het stevige blad voor in of achter in een boek.

**schut·kleur** (de ~; -en) kleur van iets of iemand waardoor die zaak of die persoon niet opvalt in zijn of haar omgeving.

**schut·sluis** (de ~; -sluizen) sluis met dubbele sluisdeuren waardoor een schip van water met een hoge stand naar water met een lage stand, of andersom, kan varen ⇒ *sas.*

**schuts·pa·troon** (de ~(m.); -patronen of -s) beschermheilige.

**schut·ten** (schutte, heeft geschut) *een schip schutten:* het door een schutsluis van hoog naar laag water brengen, of andersom (kijk ook bij: *schutsluis*).

**schut·ter** (de ~(m.); -s) **1** iemand die schiet ◆ *scherpschutter; boogschutter* **2** iemand die lid is van een schutterij*.

**schut·te·ren** (ww.) onhandig doen uit verlegenheid ◆ *hij kon niet meer uit zijn woorden komen, hij stond maar wat te schutteren.*

**schut·te·rig** (bijv. nw.) onhandig doordat je verlegen bent.

**schut·te·rij** (de ~(v.); -en) schietvereniging.

**schut·ting** (de ~(v.); -en) hoog hek van aaneensluitende planken of betonnen platen, vaak om een tuin heen.

**schut·ting·taal** (de ~) vieze, grove woorden.

**schuur** (de ~; schuren) eenvoudig gebouw bij een huis of boerderij om spullen in op te bergen ◆ *de fietsen staan in de schuur; een graanschuur.*

**schuur·pa·pier** (het ~) papier met korrels erop waarmee je schuurt.

**schuw** (bijv. nw.) bang om in de buurt van mensen te komen ◆ *herten zijn schuwe dieren.*

**schu·wen** (schuwde, heeft geschuwd) *iets schuwen:* iets uit de weg gaan omdat je er bang voor bent of omdat je het niet leuk vindt ⇒ *mijden* ◆ *zij schuwt drukke straten.*

**schwung** (Duits) [sjwœng] (de ~) vaart en zwierigheid in je woorden of bewegingen ◆ *met veel schwung vertelde ze haar verhaal.*

**sci·ence·fic·tion** (Engels) [sajensfiksjen] (de ~) verzonnen verhalen die zich ver in de toekomst afspelen en waarin de techniek en de samenleving veel verder ontwikkeld zijn dan in werkelijkheid ◆ *een sciencefictionboek.*

**scoo·ter** (Engels) [skœtǝr] (de ~ (m.); -s) motorvoertuig met twee brede, kleine wielen.

**sco·re** (de ~ (m.); -s) aantal punten dat in een wedstrijd is behaald ◆ *de score van de voetbalwedstrijd is 2-0.*

**sco·ren** (scoorde, heeft gescoord) **1** punten scoren: die maken of behalen ◆ *in die wedstrijd heeft de voetballer twee keer gescoord:* twee doelpunten gemaakt; *hoog scoren:* veel punten halen **2** *(van iemand die ergens aan verslaafd is)* een bepaalde dosis scoren: (populair) die te pakken krijgen ◆ *heroïne scoren; een cd scoren:* (grappig) een cd kopen.

**Scot·land Yard** (Engels) [skotlǝndja:rd] (de ~ (m.)) opsporingsdienst van de Engelse politie (genoemd naar de straat in Londen waar die dienst vroeger was gevestigd).

**scout** (de ~ (m.); -s) **1** iemand die lid is van scouting ⇒ *padvinder* **2** iemand die jonge mensen opspoort die talent hebben, bijv. voor een sportvereniging of voor een kunstopleiding.

**scou·ting** (de ~ (v.)) (in Nederland) organisatie voor de jeugd waar je veel leert over de natuur, over samenwerken en spelen met anderen ⇒ *padvinderij.*

**scrab·ble**° (Engels) [skrɛbbǝl, in België: skrabbǝl] (het ~) spel waarbij je van losse letters woorden moet leggen op een bord.

**scram·bler** (Engels) [skrɛmblǝr, in België: skrambǝlr] (de ~; -s) apparaat dat je stemgeluid vervormt en waarmee je berichten die je doorseint onverstaanbaar maakt voor mensen die je afluisteren.

**scrat·chen** [skrɛtsjǝn, in België: skratsjǝn] (ww.) een plaat draaien en die op het ritme van de muziek onder de naald heen en weer bewegen.

**scree·nen** [skri:nǝn] (screende, heeft gescreend) *iemand screenen:* onderzoeken wat iemand doet of heeft gedaan om te kijken of hij of zij voor een bepaalde baan geschikt is.

**screen·test** (Engels) [skri:ntest] (de ~; -s) test waarin wordt nagegaan of je geschikt bent voor een rol in een film.

**scri·ba** (de ~ (m.); scriba's) secretaris van een kerkenraad.

**scri·bent** (de ~ (m.); -en) schrijver (vaak minachtend gebruikt).

**script** (de ~ (m.) of het ~; -s) geschreven tekst voor een film, een radio- of televisieprogramma enz..

**scrip·tie** (de ~ (v.); -s) werkstuk dat je voor je studie moet schrijven.

**scro·tum** (het ~) balzak.

**scru·pu·les** (zelfst. nw.; meervoud) gewetensbezwaren ◆ *zonder scrupules zetten ze hun hond uit de auto toen ze op vakantie gingen.*

**scru·pu·leus** (bijv. nw.) heel gewetensvol en nauwkeurig ◆ *een scrupuleuze onderzoeker.*

**sculp·tuur** (de ~ (v.); sculpturen) gebeeldhouwd kunstwerk ⇒ *beeldhouwwerk.*

**SDI** (het ~) **S**trategisch **D**efensie **I**nitiatief; dit is een Amerikaans programma dat de mogelijkheden onderzoekt naar een afweersysteem tegen raketten vanuit andere continenten ⇒ *Star Wars.*

**se·an·ce** (Frans) [seejãːsǝ] (de ~; -s) spiritistische bijeenkomst (kijk ook bij: **spiritistisch en spiritisme**).

**sec¹** (bijv. nw.) *(van wijn):* niet zoet ⇒ *droog.*

**sec²** (bijw.) zonder meer, zonder dingen eromheen ◆ *iets sec vertellen:* zonder er van alles bij te halen.

**sec.** (afkorting) *sec*onde.

**se·con·dair** → secundair.

**se·con·dant** (de ~ (m.); -en), vrouw: **se·con·dan·te** (de ~ (v.); -n of -s) iemand die een ander die iets moet presteren, bijstaat.

**se·con·de** (de ~; -n) zestigste deel van een minuut ◆ *op zijn horloge zit ook een wijzer die de seconden aangeeft.*

**se·con·de·ren** (secondeerde, heeft gesecondeerd) *iemand seconderen:* iemands secondant* zijn.

**se·creet** (het ~; secreten) gemene vrouw ⇒ *loeder, kreng.*

**se·cre·tai·re** [sikrɛːtɛːrǝ] (de ~ (m.); -s) kast met laden en deurtjes om papieren in op te bergen en met een klep die je neer kunt klappen om op te schrijven.

**se·cre·ta·res·se** (de ~ (v.); -n) vrouw die voor een bedrijf of instelling, of voor één persoon de brieven schrijft, de administratie doet, de afspraken maakt enz..

**se·cre·ta·ri·aat** (het ~; secretariaten) afdeling van een organisatie of bedrijf waar een of meer secretaressen werken.

**se·cre·ta·rie** (de ~ (v.); secretarieën) kantoor waar de papieren en brieven van het bestuur van een gemeente worden bewaard.

**se·cre·ta·ris** (de ~ (m.); -sen) degene in een bestuur die de briefwisseling verzorgt en de papieren bijhoudt.

**se·cre·ta·ris-ge·ne·raal** (de ~ (m.); secretarissen-generaal) iemand die de leiding heeft over de mensen die werken bij een ministerie (kijk ook bij: **ministerie**).

**sect(-)** → sekt(-).

**sec·tie** (de ~ (v.); -s) **1** het opensnijden van een lijk om te onderzoeken waaraan die persoon is doodgegaan ⇒ *autopsie* ◆ *sectie verrichten* **2** afdeling van een organisatie die zich met een bepaald onderdeel bezighoudt ◆ *de sectie geschiedenis op een middelbare school:* de leraren die geschiedenis geven **3** deel van een stadswijk.

**sec·tor** (de ~ (m.); -s of -en) afdeling in de samenleving, vooral op economisch gebied ◆ *de agrarische sector:* de boeren en alle bedrijven die met de landbouw te maken hebben.

**se·cu·la·ri·sa·tie** (de ~ (v.)) het proces dat allerlei organisaties, bijv. scholen en verenigingen, zich losmaken van de kerk ⇒ *verwereldlijking.*

**se·cu·la·ri·se·ren** (seculariseerde, is geseculariseerd) *(van organisaties):* zich losmaken van de kerk ⇒ *verwereldlijken.*

**se·cu·lier** (bijv. nw.) gezegd van een rooms-katholieke geestelijke die niet bij een kloosterorde hoort ⇒ *wereldlijk.*

**se·cun·dair** [sɛːkundɛːr], **se·con·dair** (bijv. nw.) gezegd van iets dat op de tweede plaats komt ⇒ *bijkomend* ◆ *dat is van secundair belang:* dat is minder belangrijk; *secundaire wegen:* wegen tussen de steden en dorpen die aansluiten op de grote wegen; *secundair reageren:* heel traag reageren of reageren op dingen die zijdelings met de zaak te maken hebben; *secundaire arbeidsvoorwaarden:* regelingen bij het werk die buiten het loon vallen, bijv. een vakantieregeling of reiskostenvergoeding; *het secundair onderwijs:* (in België) het onderwijs dat op het basisonderwijs volgt (te vergelijken met het 'voortgezet onderwijs' in Nederland); *na het secundair onderwijs komt het hoger onderwijs.*

**se·cuur** (bijv. nw.) precies en zorgvuldig, nauwgezet ◆ *dat is een secuur werkje.*

**se·dert¹** (voorz.) (deftig) sinds ◆ *sedert zijn vertrek heb ik niets meer van hem vernomen.*

**se·dert²** (voegw.) (deftig) sinds ◆ *sedert we verhuisd zijn, ben ik haar uit het oog verloren.*

**se·di·ment** (het ~; -en) **1** gesteente dat is ontstaan uit een stof, bijv. slib, die door water, wind of ijs is afgezet ⇒ *afzettingsgesteente* **2** bezinksel in een vloeistof ⇒ *neerslag*.

**seer·suc·ker** [si̱ersukker] (de ~(m.) of het ~) dunne stof met ingeweven bobbeltjes, waarvan zomerkleren worden gemaakt.

**sef·fens** (bijw.) **1** (in België □) meteen, dadelijk **2** (in België □) straks (bet.1).

**seg·ment** (het ~; -en) **1** deel van een gelede plant, een geleed dier of een bouwsel ◆ *een kreeft bestaat uit segmenten* **2** deel van een bol of cirkel.

**seig·neur** (Frans) [senje̱ur] (de ~(m.); -s) heer, man ◆ *de grand seigneur spelen*: de grote, rijke heer spelen.

**sein** (het ~; -en) **1** teken, bijv. een gebaar of geluid, waarmee je een ander iets duidelijk wilt maken of wilt waarschuwen ⇒ *signaal* ◆ *jullie moeten binnenkomen als ik een seintje geef; het sein tot vertrek geven* **2** voorwerp waarmee je zo'n teken geeft, bijv. een lamp of een bel ◆ *het sein staat op rood*.

**sei·nen** (seinde, heeft geseind) *een bericht seinen*: het aan een ander bekendmaken door seinen* te geven ◆ *het schip seinde dat het in nood was*.

**seis·mo·graaf** (de ~(m.); seismografen) toestel dat trillingen in de aardkorst en de kracht van een aardbeving meet.

**sei·zoen** (het ~; -en) **1** jaargetijde **2** periode van het jaar waarin iets gebeurt of wordt gedaan ◆ *het visseizoen*: de periode waarin je mag vissen; *het voetbalseizoen*: de periode waarin de officiële wedstrijden worden gespeeld.

**sekon(-)** → secon(-).

**se·kreet** → secreet.

**sekretar-** → secretar-.

**seks** (de ~(m.)) (verkorting) seksualiteit.

**sek·se** (de ~(v.); -n) mannelijk of vrouwelijk geslacht waartoe een mens of dier behoort ⇒ *kunne*.

**sek·sis·me** (het ~) het discrimineren van mensen op grond van hun geslacht, meestal het discrimineren van vrouwen (kijk ook bij: **discrimineren**).

**sek·sis·tisch** (bijv. nw.) gezegd van iets dat te maken heeft met seksisme* ◆ *een seksistische opmerking*.

**seks·tant** → sextant.

**sek·su·a·li·teit** (de ~(v.)) gevoelens en handelingen die te maken hebben met vrijen en met lichamelijke opwinding.

**sek·su·eel** (bijv. nw.) gezegd van iets dat te maken heeft met seksualiteit* ◆ *seksuele voorlichting*: informatie over voortplanting en over vrijen.

**sek·ta·risch** (bijv. nw.) gezegd van iets dat te maken heeft met een sekte*.

**sek·te** (de ~; -n) religieuze groepering met een leider, buiten de officiële kerken.

**sek·tie** → sectie.

**sek·tor** → sector.

**sekul-** → secul-.

**se·kuur** → secuur.

**sel·der** (de ~(m.)) (in België □) selderie.

**sel·de·rie, sel·de·rij** (de ~(m.)) plant die in twee vormen voorkomt: als bladselderie en als knolselderie, en die als groente wordt gegeten.

**se·lect** (bijv. nw.) speciaal uitgezocht ⇒ *uitgelezen* ◆ *een select gezelschap*.

**se·lec·te·ren** (selecteerde, heeft geselecteerd) *iemand of iets selecteren*: iemand of iets uitzoeken op een bepaalde eigenschap ◆ *de verkoper selecteerde de broeken op maat en kleur*.

**se·lec·tie** (de ~(v.); -s) **1** het selecteren* ◆ *op de kandida-ten wordt een scherpe selectie toegepast*: er wordt heel streng gekeken naar wie de besten zijn **2** personen of dingen die zijn uitgekozen ⇒ *keuze* ◆ *dit is een selectie uit de stripboeken die ik thuis heb*.

**se·lec·tief** (bijv. nw.) kritisch uitkiezend ◆ *je moet selectief te werk gaan als je de boekenkast opruimt*.

**self-ful·fil·ling pro·phe·cy** (Engels) [selfœl-fillingproffesie] (de ~) voorspelling die wel móét uitkomen omdat het uitspreken ervan invloed heeft op de loop van de gebeurtenissen.

**self·made** (Engels) [selfme̱ed] (bijv. nw.) ▼ *een selfmade man*: iemand die door hard werken en doorzetten op eigen kracht een goede positie in de samenleving heeft bereikt.

**self·ser·vice** (Engels) [selfsu̱:rvis] (de ~) zelfbediening.

**se·ma·foon** (de ~(m.); -s of semafonen) apparaatje dat je bij je draagt en waarmee je door middel van een pieptoon opgeroepen kunt worden ⇒ *pieper*.

**se·mes·ter** (het ~; -s) periode van een halfjaar, vooral een half studiejaar.

**semi-** half ◆ *een semi-bungalow*: een huis dat op een bungalow lijkt, maar dat toch meer verdiepingen heeft.

**se·mi·nar** [se̱mminer of se̱mienar] (het ~; -s) bijeenkomst waarop vakmensen een bepaald onderwerp bespreken.

**se·mi·na·rie** (het ~; -s) instituut waar je tot priester wordt opgeleid.

**se·naat** (de ~(m.); senaten) Eerste Kamer (o.a. in België en in Amerika, ook wel in Nederland).

**se·na·tor** (de ~(m.); -en of -s) lid van een senaat*.

**se·niel** (bijv. nw.) kinds.

**se·ni·or** (bijv. nw.) gezegd van de oudere van twee mensen uit één gezin met dezelfde naam ◆ *meneer A. de Graaf senior*: (niet zijn zoon die ook A. de Graaf heet).

**se·ni·o·ren** (zelfst. nw.; meervoud) ploeg van ouderen in een sportclub ◆ *het seniorenelftal*.

**sen·sa·tie** (de ~(v.); -s) **1** grote opwinding of opschudding ◆ *de toespraak verwekte veel sensatie; de sensatiepers*: kranten en tijdschriften vol roddels en schandalen **2** gewaarwording met je zintuigen ◆ *een aangename sensatie*.

**sen·sa·ti·o·neel** (bijv. nw.) sensatie* (bet.1) verwekkend ◆ *een sensationele overwinning*.

**sen·si·bel** (bijv. nw.) gevoelig voor indrukken van je zintuigen ◆ *een sensibel karakter*.

**sen·si·tief** (bijv. nw.) erg gevoelig, overgevoelig.

**sen·si·ti·vi·ty·trai·ning** (Engels) [sensitti̱vvittietre̱ening] (de ~; -en) groepscursus om jezelf en je gedrag beter te leren begrijpen.

**sen·sor** (de ~(m.); -en) gedeelte van een meettoestel dat gevoelig is voor bijv. licht, geluid of warmte.

**sen·su·eel** (bijv. nw.) zinnelijk.

**sen·ti·ment** (het ~; -en) gevoeligheid waardoor je snel ontroerd raakt ◆ *de bedelaar speelt in op de sentimenten van de voorbijgangers; jeugdsentiment*: gevoelens waardoor je ontroerd raakt als je aan je jeugd herinnerd wordt.

**sen·ti·men·teel** (bijv. nw.) met veel sentiment*, overdreven gevoelig ◆ *een sentimentele film*.

**se·pa·ra·tie** (de ~(v.); -s) iets dat dient als scheiding ◆ *een separatiewand*.

**se·pa·ra·tis·me** (het ~) verlangen of streven van een groep mensen om zich af te scheiden van hun staat en zelf een nieuwe staat te vormen.

**se·po·ne·ren** (seponeerde, heeft geseponeerd) *een rechtszaak seponeren*: die niet verder behandelen, er niet mee doorgaan.

**sep·tem·ber** (de~(m.)) negende maand van het jaar, ook wel 'herfstmaand' genoemd.

**se·quen·tie** (de~(v.); -s) opeenvolging.

**se·quoia** [seekwojjæ](de~; sequoia's) bepaald soort naaldboom die heel hoog en dik kan worden.

**SER** (de~(m.))(in Nederland) *S*ociaal-*E*conomische *R*aad; dit is een raad die de regering advies geeft over sociale en economische problemen.

**se·raf** (de~(m.); -s) serafijn.

**se·ra·fijn** (de~(m.); -en) engel van de hoogste rang ⇒ *se-raf*.

**se·rail** [seeraj](het ~; -s) paleis van een Turkse vorst.

**se·reen** (bijv. nw.) kalm en vredig, waarbij je in harmonie bent met de wereld om je heen ◆ *ze was in een serene stemming*.

**se·re·na·de** (de~(v.); -s) muziekuitvoering waarmee je iemand in de avond in de open lucht hulde brengt (in de morgen heet dit 'aubade') ◆ *iemand een serenade brengen*.

**ser·ge** [serzje](de~) bepaalde lichte wollen stof.

**ser·geant** [serzjant](de~(m.); -en of -s) laagste onderofficier in het leger.

**se·rie** (de~(v.); -s of seriën) rij dingen die op elkaar volgen ⇒ *reeks* ◆ *hij heeft de hele serie postzegels compleet; een serie volgen op tv*: naar elke aflevering van een vervolgverhaal op de tv kijken; *hij heeft een hele serie boeken*: (uitdr.) hij heeft er heel veel.

**se·ri·eus** (bijv. nw.) ernstig, echt gemeend ◆ *een serieus antwoord; hij is een serieuze kandidaat voor de wereldtitel*: hij heeft veel kans om de wereldtitel te halen; *iemand serieus nemen*: ervan uitgaan dat iemand meent wat hij of zij zegt en je oprecht tegen hem of haar gedragen.

**se·ring** (de ~; -en) heester die in het voorjaar bloeit met sterk ruikende bloemtrossen.

**ser·moen** (het ~; -en)(ouderwets) preek.

**se·ro·po·si·tief** (bijv. nw.) gezegd van iemand die besmet is met het hiv-virus, en die dus grote kans heeft aids te krijgen (kijk ook bij: **aids**).

**ser·pent** (het ~; -en) **1** iemand met een gemeen en onbetrouwbaar karakter **2** (ouderwets) slang.

**ser·pen·ti·ne** (de~(v.); -s) smal rolletje gekleurd papier dat je tot een slinger uitrolt, vaak door het naar iemand toe te gooien.

**ser·re** [serre](de~; -s) **1** uitbouw aan een huis, met grote ramen **2** (in België □) broeikas.

**se·rum** (het ~; -s of sera) stof die uit dierenbloed gemaakt is en die gebruikt wordt om mensen in te enten tegen besmettelijke ziekten.

**SERV** (de~(m.)) *S*ociaal-*E*conomische *R*aad van *V*laanderen.

**serve** (Engels) [surv](de ~; -s)(tennis; volleybal; badminton) service, opslag ◆ *wie is er aan serve?*: wie is aan de beurt om de bal op te slaan?

**ser·veer·ster** (de~(v.); -s) vrouw die in een café of restaurant de klanten bedient.

**ser·ver** (Engels) [surver](de~(m.); -s) centrale computer van een computersysteem.

**ser·ve·ren** (serveerde, heeft geserveerd) **1** *een gerecht of een drankje serveren*: het op een verzorgde manier opdienen of aanbieden **2** (tennis; volleybal; badminton) de bal of shuttle opslaan.

**ser·vet** (het ~; -ten) doekje of stuk papier waaraan je tijdens het eten je mond en handen afveegt en waarmee je je kleding tegen vlekken beschermt ◆ *hij is te groot voor servet en te klein voor tafellaken*: (uitdr.) hij is geen kind meer, maar ook nog niet volwassen.

**ser·vice** (Engels) [survis, in België: servies](de ~) **1** gratis hulp die een winkelier zijn klanten biedt ◆ *deze zaak verleent goede service* **2** (tennis; volleybal; badminton) opslag ⇒ *serve*.

**ser·vice·flat** [survisflet](de~(m.); -s) flat voor oudere mensen waarin ze voor een deel verzorgd worden en voor een deel zelfstandig zijn.

**ser·viel** (bijv. nw.) onderdanig, slaafs.

**ser·vies** (het ~; serviezen) bij elkaar horende schotels, borden, koppen, glazen enz. ◆ *een ontbijtservies*.

**se·sam·zaad** (het ~) bruingeel zaad van een tropische plant.

**ses·sie** (de~(v.); -s) bijeenkomst, vergadering.

**set** (de~(m.); -s) **1** stel voorwerpen die bij elkaar horen ◆ *een gereedschapsset* **2** (tennis; volleybal; badminton) onderdeel van een wedstrijd dat op zichzelf staat **3** plek waar een film wordt opgenomen.

**set·te·len** (settelde, heeft gesetteld) *je settelen*: ergens definitief gaan wonen, je ergens vestigen.

**set·ter** (de~(m.); -s) langharige jachthond, waarvan verschillende soorten bestaan.

**set·ting** (de ~) iets dat de achtergrond of de omlijsting van een gebeurtenis vormt ⇒ *decor* ◆ *het bos is een ideale setting voor een picknick*.

**sex** → seks.

**sex-ap·peal** (Engels) [seksepiel](de ~) seksuele aantrekkingskracht.

**sexe** → sekse.

**sexis-** → seksis-.

**sex·tant** (de~(m.); -en) instrument voor op een schip, waarmee je je positie bepaalt.

**sexu-** → seksu-.

**sexy** (bijv. nw.) gezegd van iemand die sex-appeal heeft of van kleren waarmee je er opwindend uitziet.

**sfeer** (de ~; sferen) **1** stemming onder een groep mensen of in een bepaalde omgeving ◆ *er heerst op die school een prettige sfeer* ▼ *in die sfeer heb ik al vaker opmerkingen gemaakt*: zulk soort opmerkingen heb ik al vaker gemaakt; *hij is in hoger sferen*: hij zit te dromen over aangename dingen.

**sfeer·vol** (bijv. nw.) gezegd van iets dat een gezellige sfeer uitstraalt ◆ *een sfeervolle woonkamer*.

**sfinx** (de~(m.); -en) **1** Egyptisch beeld met het lichaam van een leeuw en het hoofd van een mens **2** iemand die ondoorgrondelijk is, bij wie je er niet precies achter komt wat hij of zij denkt of voelt.

**s.g.** (afkorting) *s*oortelijk *g*ewicht.

**SGP** (de~(v.)) *S*taatkundig *G*ereformeerde *P*artij; dit is een politieke partij in Nederland.

**shab·by** (Engels) [sjebbie](bijv. nw.) *(van mensen)*: met armoedige, sjofele kleren.

**shag** [sjek](de~(m.)) tabak om een sigaret van te rollen.

**sham·poo** [sjampoo](de~(m.); -s) vloeibare zeep waarmee je je haar wast.

**shawl** [sjæl](de ~; -s) sjaal.

**sheet** (Engels) [sjiet](de ~; -s) doorzichtig vel van plastic dat gebruikt wordt om met een overheadprojector afbeeldingen te projecteren.

**sheik** → sjeik.

**shel·ter** (Engels) [sjelter](de ~; -s) klein, eenvoudig tentje om mee te kamperen.

**she·riff** (Engels) [sjerrif](de~(m.); -s) hoofd van de politie op het platteland in de Verenigde Staten.

**sher·pa** (zelfst. nw.; sherpa's) **1** (de~(m.)) berggids in Nepal **2** (de~(v.))(in Nederland) meisje tussen veertien en zeventien jaar dat lid is van scouting (kijk ook bij: **scouting**).

**sher·ry** [sjerrie] (de ~(m.); sherry's) bepaalde wijnsoort uit Spanje.

**shift** (Engels) [sjift] (de ~(m.); -en) (in België □) ploeg ◆ *in shift werken*: in ploegen.

**shirt** (Engels) [sjuːrt] (het ~; -s) overhemd of dunne trui.

**shit** (Engels) [sjit] (de ~) **1** (populair) onzin of troep **2** hasjiesj.

**sho·ar·ma** [sjoowarmaa] (de ~) geroosterd schapenvlees ◆ *een broodje shoarma*.

**shock** (Engels) [sjok] (de ~; -s) **1** (medisch) levensgevaarlijke toestand waarin bepaalde organen plotseling te weinig bloed krijgen en waardoor je bewusteloos kunt raken, bijv. bij een ongeluk **2** toestand van iemand die helemaal in de war is door een vreselijke ervaring.

**shoc·ke·ren** → choqueren.

**shop** (Engels) [sjop] (de ~; -s) (populair) winkel.

**short** (Engels) [sjoːrt, in België: sjort] (de ~; -s) korte zomerbroek.

**shot** (Engels) [sjot] (de ~; -s) **1** foto- of filmopname **2** injectie met drugs.

**shot·ten** (shotte, heeft geshot) (in België □; voetbal; populair) tegen de bal trappen.

**show** (Engels) [sjoo] (de ~(m.); -s) **1** voorstelling met muziek, dans, voordrachten enz. ◆ *een wervelende dansshow; de show stelen*: (uitdr.) de meeste aandacht krijgen, het meeste succes hebben **2** tentoonstelling, presentatie ◆ *een modeshow; een autoshow* **3** tv-programma met veel amusement ◆ *een praatshow*.

**show·bink** (de ~(m.); -en) (populair) man of jongen die zich graag overal laat zien om indruk te maken met zijn uiterlijk en zijn geld.

**show·busi·ness, show·bizz** (de ~) de wereld van de mensen die toneel en films maken.

**sho·wen** [sjoowen] (showde, heeft geshowd) *iets showen*: iets met veel vertoon laten zien ◆ *je nieuwe kleren showen*.

**show·room** (Engels) [sjoorœm] (de ~; -s) ruimte waar dingen, meestal auto's of meubels, worden tentoongesteld ⇒ *toonzaal*.

**shunt** (Engels) [sjunt] (de ~; -s) buisje dat in een ader is ingeplant en waarmee je op een infuus of een nierdialyseapparaat kunt worden aangesloten (kijk ook bij: **infuus en nierdialyse**).

**shut·tle** (Engels) [sjuttel] (de ~; -s) **1** rubberen dop met veertjes die je bij badminton heen en weer slaat **2** spaceshuttle.

**si** → ti.

**si·a·mees** (de ~(m.); siamezen) kat met een beige vacht, donkere poten en blauwe ogen.

**Si·a·mees** (bijv. nw.) ▼ *een Siamese tweeling*: twee kinderen die in de baarmoeder gedeeltelijk aan elkaar vastgegroeid zijn.

**Si·be·risch** (bijv. nw.) ▼ *het laat mij Siberisch*: ik blijf er onverschillig onder, het laat me helemaal koud.

**sic** (bijw.) zo (dit gebruik je in een citaat op een plaats waar je extra de aandacht op wilt vestigen, omdat je het verkeerd vindt wat daar staat) (kijk ook bij: **citaat**).

**sid·der·aal** (de ~(m.); -alen) grote vis die op een slang lijkt en die elektrische schokken kan veroorzaken.

**sid·de·ren** (sidderde, heeft gesidderd) heel erg trillen van angst.

**sier** (de ~) alle dingen die iemand of iets mooi moeten maken ◆ *dat vaasje is voor de sier; goede sier met iets maken*: (uitdr.) om iets bewonderd te worden.

**sie·raad** (het ~; sieraden) voorwerp waarmee je jezelf mooi maakt, bijv. ringen, kettingen en oorbellen.

**sie·ren** (sierde, heeft gesierd) *iemand sieren*: iemand tot eer strekken, iemand waardevol maken ◆ *eenvoud siert de mens*.

**sier·lijk** (bijv. nw.) mooi en met vloeiende lijnen ⇒ *gracieus, bevallig* ◆ *sierlijke gebaren; sierlijke letters*.

**siësta** si·es·ta (de ~; siësta's) middagrust tijdens het heetste deel van de dag ◆ *siësta houden*.

**si·fon** (de ~(m.); -s) **1** krom deel of potje van de afvoerbuis van een wastafel of gootsteen, waar altijd water in blijft staan, zodat je de riolering niet ruikt **2** metalen fles met een hendel die voor spuitwater wordt gebruikt.

**si·gaar** (de ~; sigaren) **1** rolletje van snippers tabak met een tabaksblad eromheen, dat je rookt ▼ *de sigaar zijn*: (populair) het slachtoffer, de dupe zijn; *een sigaar krijgen*: (in België □; uitdr.; populair) een standje krijgen.

**si·ga·ret** (de ~; -ten) papieren rolletje met gesnipperde tabak erin, dat je rookt.

**sight·see·ing** (Engels) [sajtsiejing] (de ~) toeristische tocht waarbij je de bezienswaardigheden van een stad of streek bekijkt.

**sig·naal** [sinjaal] (het ~; signalen) teken dat er iets gaat gebeuren of dat je iets moet doen of laten ◆ *de bel luidde als signaal dat de boot ging vertrekken; rood licht is het signaal dat je moet stoppen*.

**sig·na·le·ment** [sinjaalement] (het ~; -en) beschrijving van het uiterlijk van iemand, bijv. van iemand die gezocht wordt ◆ *het signalement van de bankrover is doorgegeven aan de politie*.

**sig·na·le·ren** [sinjaaleeren] (signaleerde, heeft gesignaleerd) *iemand of iets signaleren*: opmerken dat iemand of iets ergens aanwezig is en daar de aandacht op vestigen ◆ *hij werd vooraan in de stoet gesignaleerd; een gevaar signaleren*.

**sig·na·li·sa·tie** [sinjaaliezaa(t)sie] (de ~(v.); -s) (in België □) markering op of naast de weg, zoals witte strepen, verkeersborden en wegwijzers.

**sig·na·tuur** [sinjaatuur] (de ~(v.); signaturen) **1** handtekening, vooral van schilders of beeldhouwers op hun werk **2** manier van denken of optreden, aard die een persoon of groep kenmerkt ◆ *een politieke partij van linkse signatuur*.

**sig·ne·ren** [sinjeeren] (signeerde, heeft gesigneerd) *iets signeren*: je handtekening in of onder iets zetten ◆ *morgen signeert de schrijver zijn nieuwste boek*.

**sig·ni·fi·cant** (bijv. nw.) belangrijk door zijn betekenis ◆ *een significant verschil*: een verschil dat groot genoeg is om belangrijk te zijn.

**sij·pe·len** (sijpelde, is gesijpeld) (van vloeistoffen): met druppels of kleine straaltjes ergens uit, door of langs lopen ◆ *de regen sijpelde in mijn kraag*.

**sijs** (de ~; sijzen) kleine zangvogel uit de familie van de vinken.

**sik** (de ~; -ken) **1** klein spits baardje ◆ *ik krijg er een sik van*: (uitdr.; populair) ik krijg er schoon genoeg van **2** geit.

**sik·kel** (de ~; -s) mes dat de vorm heeft van een halve maan, en waarmee je riet enz. kunt snijden ◆ *de sikkel van de maan*: (uitdr.) de halve cirkel van de maan.

**sik·ke·neu·rig** (bijv. nw.) mopperig, chagrijnig ⇒ *humeurig*.

**sik·ke·pit** (zelfst. nw.) ▼ *geen sikkepit*: helemaal niets; *ik snap er geen sikkepit van*.

**sil·hou·et** [sielœwet] (de ~ of het ~; -ten) zwarte of donkere figuur die alleen de omtrek van iemand of iets aangeeft ◆ *het silhouet van de toren tekent zich af tegen de hemel; een silhouet van Mozart*: een portretje dat alleen de omtrekken van zijn gezicht laat zien.

**si·li·co·nen·kit** (de ~ of het ~) vulmiddel om kieren en gaten dicht te maken.

**si·li·co·se** (de ~ (v.)) (medisch) longziekte die mensen kunnen krijgen die langdurig stof inademen, zoals mijnwerkers, steenhouwers enz..

**sil·la·be** → syllabe.

**si·lo** (de ~ (m.); silo's) rechtopstaande grote koker met een trechter aan de onderkant, voor de opslag van graan, veevoer enz..

**sim** (de ~; -men) snoer van een hengel met lood en dobber.

**sim·pel** (bijv. nw.) **1** gezegd van iets dat niet ingewikkeld is of niet veel moeite kost ⇒ eenvoudig ◆ laten we het simpel houden; een simpel karweitje **2** (populair) onnozel, niet goed wijs ◆ ik word er simpel van: (uitdr.) (dit zeg je als je saaie of vervelende dingen moet doen).

**sim·pli·fi·ce·ren** (simplificeerde, heeft gesimplificeerd) iets simplificeren: iets eenvoudiger maken ⇒ vereenvoudigen.

**sim·plis·tisch** (bijv. nw.) (van redeneringen, theorieën enz.): al te eenvoudig, al te simpel ◆ simplistisch denken.

**si·mu·la·tie** (de ~ (v.); -s) het simuleren* ◆ simulatie van een ziekte.

**si·mu·la·tor** (de ~ (m.); -s) toestel dat iets nabootst, bijv. een toestel dat net de cockpit van een vliegtuig is en waarin piloten kunnen oefenen.

**si·mu·le·ren** (simuleerde, heeft gesimuleerd) iets simuleren: net doen alsof iets zo is ◆ simuleren dat je blind bent.

**si·mul·taan** (bijv. nw.) gelijktijdig ◆ simultaan dammen: gelijktijdig tegen meer dan één tegenstander dammen; simultaan vertalen: iemands woorden vertalen terwijl hij of zij spreekt.

**si·naas·ap·pel** (de ~ (m.); -en of -s) sappige zuidvrucht in een oranje schil.

**si·nas** (de ~ (m.)) priklimonade met sinaasappelsmaak.

**sinds¹** (voorz.) vanaf ⇒ sedert ◆ sinds gisteren is die winkel gesloten.

**sinds²** (voegw.) vanaf het moment dat ⇒ sedert ◆ sinds Noura een bril draagt, gaat het op school beter.

**sinds·dien** (bijw.) sinds die tijd, vanaf die tijd.

**si·ne·cu·re** (de ~; -s of -n) (letterlijk: zonder zorg) makkelijke baan, karwei dat weinig inspanning of tijd kost ◆ dat is geen sinecure!: daar komt veel bij kijken, dat is een moeilijk karwei.

**sin·gel** (de ~ (m.); -s) **1** gracht om een stad **2** sterke draagband, bijv. onder de zitting van een stoel.

**sin·gle** (Engels) [singkel] (de ~; -s) kleine grammofoonplaat dat aan beide kanten maar één nummer.

**sin·glet** (Engels) [singklet] (de ~; -s) kort hemd zonder mouwen.

**sin·gu·la·ris** (Latijn) [singgulaaris] (de ~ (m.); -sen of singularia) (taal) enkelvoud, het tegenovergestelde van 'pluralis'.

**sin·gu·lier** (bijv. nw.) niet alledaags, heel bijzonder ⇒ uitzonderlijk ◆ een mens met singuliere gaven.

**si·nis·ter** (bijv. nw.) angstaanjagend, onheilspellend ◆ een sinister kasteel; hij heeft een sinistere blik in zijn ogen.

**sin·jeur** (de ~ (m.); -s) vreemde kerel ◆ een rare sinjeur.

**sin·joor** (de ~ (m.); sinjoren) (in België □) (bijnaam voor een Antwerpenaar).

**Sink·sen** (de ~ (m.)) (in België □; ouderwets) Pinksteren.

**si·no·lo·gie** (de ~ (v.)) wetenschap van de Chinese taal en cultuur.

**Sint** (de ~ (m.)) **1** heilige ◆ Sint-Anna; Sint-Jan **2** Sinterklaas.

**sint-ber·nards·hond** (de ~ (m.); -en) grote hond die vroeger werd gebruikt om mensen te zoeken die in de bergen waren verdwaald of ondergesneeuwd.

**sin·tel** (de ~ (m.); -s) stuk verbrande steenkool, dat o.a. wordt gebruikt om hardloopbanen te verharden.

**Sin·ter·klaas** (de ~) Sint-Nicolaas, een bisschop die lang geleden leefde en in wiens verjaardag nog steeds op 5 of 6 dec. gevierd wordt; dan krijg je cadeautjes ⇒ Sint.

**sint-jut·te·mis** (zelfst. nw.) ▼ met sint-juttemis: nooit; wachten tot sint-juttemis: eindeloos wachten.

**Sint-Ni·co·laas** (de ~ (m.)) Sinterklaas.

**si·nus** (de ~ (m.); -sen) (medisch) holte, vooral in je schedel, zoals je voorhoofdsholte.

**si·nu·si·tis** (de ~ (v.)) (medisch) ontsteking van een sinus*, vooral van je voorhoofdsholte.

**sip** (bijv. nw.) (van een manier van kijken): een beetje verdrietig omdat je teleurgesteld bent ⇒ beteuterd.

**Si·re** (de ~ (m.)) (titel waarmee je een koning of keizer aanspreekt).

**SI·RE** (de ~ (v.)) (in Nederland) Stichting Ideële Reclame; dit is een stichting die reclame maakt voor goede doelen en niet uit is op het maken van winst.

**si·re·ne** (de ~ (v.); -n of -s) **1** alarmtoestel dat harde, loeiende geluiden kan maken **2** (in oude Griekse verhalen) vrouw met het onderlijf van een vis die schepelingen met gezang naar zich toe lokt, waardoor ze schipbreuk lijden of in het water springen.

**si·roc·co** (de ~; sirocco's) hete, droge wind die in het voor- en najaar rond de Middellandse Zee waait.

**si·roop** (de ~; siropen) **1** dikke, zoete vloeistof met vruchtensmaak, waaraan je water toevoegt om er limonade van te maken ⇒ limonadesiroop **2** stroperig drankje, gebruikt als geneesmiddel bijv. tegen hoest ⇒ hoestsiroop.

**sir·ta·ki** (de ~; sirtaki's) Griekse volksdans.

**si·sal** (de ~ (m.)) gedroogde vezels van agavebladeren, waarvan touw gemaakt wordt.

**sis·sen** (siste, heeft gesist) een scherp geluid laten klinken dat lijkt op een lang aangehouden 's' ◆ met sissende stem; de slang siste; 'schiet op', siste zij.

**sis·ser** (zelfst. nw.) ▼ het is met een sisser afgelopen: het heeft geen ernstige gevolgen gehad, het is erg meegevallen.

**si·tar** (de ~ (m.); -s) snaarinstrument uit India dat lijkt op een luit.

**si·tu·a·tie** (de ~ (v.); -s) omstandigheden waarin iemand of iets zich bevindt ⇒ toestand ◆ het stuurloze schip veroorzaakte een gevaarlijke situatie.

**si·tu·e·ren** (situeerde, heeft gesitueerd) iemand of iets situeren: vaststellen in welke plaats of tijd iemand of iets thuishoort, iemand of iets plaatsen ◆ die gebeurtenissen moet je in de vorige eeuw situeren.

**sjaal** (de ~ (m.); -s) **1** langwerpige doek van warme stof voor om je hals ◆ een sjaal omslaan **2** sierdoek van dunne stof voor om je hals, vooral door dames gedragen.

**sja·bloon, sja·blo·ne** (de ~; sjablonen) stuk papier of plastic enz. waar letters of figuren in zijn uitgesneden die je daarmee ergens op kunt tekenen of schilderen ⇒ mal.

**sja·che·raar** (de ~ (m.); -s) iemand die sjachert*.

**sja·che·ren** (sjacherde, heeft gesjacherd) op een onduidelijke manier geld verdienen met onwettige handel of met handel in allerlei dingen.

**sjagrijn(-)** → chagrijn(-).

**sjah** [sjaa] (de ~ (m.); sjahs) vroegere koning van Iran.

**sja·lot** (de ~; -ten) bepaald soort kleine ui.

**sja·maan** (de ~ (m.); sjamanen) toverpriester, tovenaar.

**sjans** (zelfst. nw.) ▼ *sjans hebben met iemand:* (populair) contact met iemand hebben omdat die persoon met je flirt.

**sjas·liek** (de ~) gerecht van stukjes vlees, groenten enz. die aan pennen zijn geregen en geroosterd.

**sjees** (de ~; sjezen) **1** hoog, licht rijtuig op twee wielen **2** (populair) groot aantal ♦ *een hele sjees kinderen.*

**sjeik** (de ~(m.); -s) Arabisch stamhoofd.

**sjek·kie** (het ~; -s) (populair) van shag* gedraaide sigaret.

**sjerp** (de ~(m.); -en) brede band die je als versiering of als teken van je waardigheid schuin over je schouder of om je middel draagt.

**sjer·pa** → sherpa.

**sje·zen** (sjeesde, is gesjeesd) **1** (populair) hard rennen of rijden ⇒ *jakkeren, scheuren* **2** (populair) zakken voor een tentamen of examen ⇒ *stralen* ♦ *een gesjeesde student:* die zijn studie niet heeft afgemaakt.

**sjib·bo·let** → schibbolet.

**sjiek** → chic.

**sjoe·ge** (zelfst. nw.) ▼ *ergens geen sjoege van hebben:* (populair) ergens geen verstand van hebben; *geen sjoege geven:* (populair) geen antwoord geven, niet reageren.

**sjoel** (de ~(m.); -s) synagoge.

**sjoel·bak** (de ~(m.); -ken) houten bak voor het sjoelen.

**sjoe·len** (sjoelde, heeft gesjoeld) een spel spelen waarbij je houten schijven in een houten bak laat schuiven met de bedoeling ze in vakken achter poortjes te krijgen.

**sjoe·me·len** (sjoemelde, heeft gesjoemeld) niet helemaal eerlijk te werk gaan en dat proberen te verdoezelen.

**sjo·fel** (bijv. nw.) *(van kleding):* armoedig en versleten ⇒ *shabby.*

**sjok·ken** (sjokte, heeft of is gesjokt) zwaar en slepend lopen.

**sjon·ge** (tussenw.) (om aan te geven dat je verbaasd bent of onder de indruk van iets) ⇒ *tjonge, jonge.*

**sjon·nie** (de ~(m.); -s) (populair) bepaald type sullige en ordinaire jongen (zo genoemd door andere jongeren).

**sjor·ren** (sjorde, heeft gesjord) *ergens aan sjorren:* aan iets trekken om het voort te slepen of om het los of vast te maken ♦ *aan een touw sjorren; iets de trap op sjorren.*

**sjot·ten** → shotten.

**sjouw** (zelfst. nw.) ▼ *op sjouw zijn:* op stap zijn, onderweg zijn voor je werk, om iets te bezichtigen of om iets te doen.

**sjou·wen** (sjouwde, heeft gesjouwd) *(met) iets sjouwen:* iets met moeite dragen, iets meeslepen ⇒ *zeulen* ♦ *met een tas vol boodschappen sjouwen.*

**ska·breus** → scabreus.

**skai** (het ~) kunststof die eruitziet als leer, imitatieleer.

**skalp(-)** → scalp(-).

**skan·de·ren** → scanderen.

**ska·ra·bee** → scarabee.

**skate·board** (Engels) [skeedbɔːrd] (het ~; -s) ovale plank met wieltjes eronder, waarop je staande kunt rijden ⇒ *schaatsplank.*

**ska·ter** (Engels) [skeetər] (de ~(m.); -s) (populair) type jongere die zich vaak voortbeweegt op een skateboard of skeelers, en veel te grote, wijde kleren draagt.

**skee·ler** (Engels) [skielər] (de ~; -s) schaats met op de plaats van het ijzer vier wieltjes achter elkaar, waarmee je op geasfalteerd kunt rijden.

**ske·let** (het ~; -ten) alle botten van een mens of dier samen ⇒ *geraamte.*

**skel·ter** (de ~(m.); -s) **1** laag, open wagentje met een motor **2** trapauto voor kinderen die op zo'n wagentje lijkt.

**skep-** → scep-.

**sketch** (Engels) [sketsj] (de ~; -es) kort, grappig toneelstukje.

**ski** (de ~(m.); ski's) lange smalle lat voor onder je schoen, waarop je door de sneeuw kunt glijden.

**skiën** ski-en (skiede, heeft of is geskied) op ski's* door de sneeuw glijden.

**skiff** (de ~(m.); -s) lange, smalle, lichte roeiboot voor één persoon.

**skin·head** (Engels) [skinhed] (de ~; -s) jongere met een kaalgeschoren hoofd en vaak zwarte kleren met veel leer en metaal.

**skip·py·bal** (de ~(m.); -len) grote bal met een handvat waarop je kunt zitten en als een kangoeroe kunt springen.

**skrip·tie** → scriptie.

**skrupul-** → scrupul-.

**skulp·tuur** → sculptuur.

**skût·sje·si·len** [skœtsjesielən] (ww.) (in Nederland) zeilen met een skûtsje, een traditioneel type Friese zeilboot.

**sla** (de ~) **1** plant met groene bladeren die rauw worden gegeten ♦ *een krop sla* **2** gerecht van rauwe bladgroente, klaargemaakt met olie, azijn enz. ♦ *andijviesla.*

**slaaf** (de ~(m.); slaven), vrouw: **sla·vin** (de ~(v.); -nen) **1** iemand die een ander dient en die niet over zijn of haar eigen leven mag beslissen **2** iemand die willoos doet wat er van hem of haar verlangd wordt ♦ *hij is een slaaf van zijn gewoontes:* (uitdr.) hij kan die gewoontes maar niet afleren.

**slaafs** (bijv. nw.) onderworpen, onderdanig ♦ *een slaafse houding.*

**slaag** (de ~(m.)) aframmeling, klappen ♦ *een pak slaag; slaag krijgen.*

**slaags** (bijw.) ▼ *slaags raken:* ruzie krijgen en gaan vechten.

**slaan** (sloeg, heeft geslagen) **1** iemand of iets slaan: iemand of iets klappen of tikken geven ♦ *iemand bont en blauw slaan; een spijker in de muur slaan; hij sloeg de bal over het net; de trommel slaan:* trommelen; *iemand tot ridder slaan:* iemand met een zachte slag tegen zijn schouders tot ridder benoemen; *de maat slaan:* met bewegingen van je handen of armen de maat aangeven; *al sla je me dood:* (uitdr.) (dit zeg je als je absoluut geen antwoord op een vraag weet); *hij is er niet weg te sláán:* (uitdr.) hij is er voortdurend bij aanwezig **2** *op iemand of iets slaan:* betrekking op iemand of iets hebben, naar iemand of iets verwijzen ♦ *zijn opmerking slaat op mij; dat slaat nergens op:* het is onzin **3** een dreunend geluid maken ♦ *de klok slaat drie uur; er slaat een deur* **4** (van je hart, je pols): kloppen (bet.3) ▼ *je erdoorheen slaan:* het tot het einde volhouden; *een damsteen slaan:* die van de tegenstander winnen door jouw steen over de zijne te laten springen.

**slaap** (de ~(m.)) **1** toestand waarin je uitrust en waarin je bewustzijn nauwelijks functioneert, zodat je niets merkt van wat er om je heen gebeurt ♦ *een diepe slaap; in slaap vallen; ze kon de slaap niet vatten:* ze kon niet inslapen; *in slaap sukkelen:* langzaam in slaap vallen; *slaap krijgen:* zin hebben om te gaan slapen **2** (slapen) elk van de twee zijvlakken van je hoofd tussen je ogen en je oren ♦ *hij wordt al grijs bij de slapen.*

**slaap·dron·ken** (bijv. nw.) door slaap nog wankel en in de war.

**slaap·muts·je** (het ~; -s) borreltje voordat je naar bed gaat.

**slaap·stad** (de ~; -steden) saaie stad of voorstad waar mensen wonen die ergens anders werken en waar ze alleen maar naar terugkeren om te slapen.

**slaap·wan·de·len** (slaapwandelde, heeft geslaapwandeld) rondlopen terwijl je slaapt.

**slaap·zak** (de ~(m.); -ken) zak van dikke stof die met een ritssluiting open kan en waarin je kunt slapen.

**slaatje** sla·tje (het ~; -s) **1** koud gerecht van groente, aardappels, mayonaise en kruiden, soms ook met vlees of vis erin ⇒ salade ▼ ergens een **slaatje** uit slaan: ergens voordeel uit halen.

**slab** (de ~; -ben) doekje dat kleine kinderen omgeknoopt krijgen bij het eten, om hun kleren te beschermen.

**sla·bak·ken** (slabakte, heeft geslabakt) **1** (populair) niets doen, niet doorwerken **2** (van een zaak, een onderneming): (in België □) slecht gaan, achteruit gaan.

**sla·boon** (de ~; -bonen) sperzieboon.

**slacht** (de ~) het slachten* van vee op een boerderij.

**slacht·bank** (de ~; -en) groot blok hout waarop dieren geslacht worden ◆ naar de **slachtbank** geleid worden: (uitdr.) iets moeten ondergaan dat heel moeilijk en vervelend is.

**slach·ten** (slachtte, heeft geslacht) een dier slachten: het doden om het op te eten of om het te offeren.

**slacht·huis** (het ~; -huizen) gebouw waarin dieren geslacht worden ⇒ abattoir.

**slach·ting** (de ~(v.); -en) geweld waarbij veel doden vallen ⇒ slachtpartij.

**slacht·maand** (de ~(m.)) de maand november.

**slacht·of·fer** (het ~; -s) iemand die buiten zijn of haar schuld schade lijdt ◆ de **slachtoffers** van de overstroming.

**sla·dood** (de ~(m.)) (populair) lang en mager mens.

**slag** (zelfst. nw.; slagen) **1** (de ~(m.)) keer dat je slaat* (bet.1) ◆ een vuistslag; wie is aan slag?: (uitdr.; sport) wie is aan de beurt om de bal te slaan? **2** (de ~(m.)) grote schok, groot verdriet ⇒ klap ◆ dat was een hele **slag** voor haar **3** (de ~(m.)) gewapend gevecht tussen vijandelijke legers ◆ de **slag** om Arnhem; veldslag; het plan werd zonder **slag** of stoot aangenomen: (uitdr.) zonder meer, zonder dat erover gestreden hoefde te worden **4** (de ~ (m.)) keer dat iets, bijv. een klok, slaat* (bet.3) ◆ het was op **slag** van zessen: (uitdr.) het was bijna zes uur **5** keer dat je hart of pols slaat* (bet.3) ◆ polsslag **6** (de ~(m.)) vaardigheid die nodig is om iets te doen ◆ de **slag** te pakken hebben; iets doen met de Franse **slag**: (uitdr.) iets een beetje haastig en oppervlakkig doen; hij heeft er **slag** van om ...: (uitdr.) hij is er goed en handig in om ... **7** (de ~(m.)) beweging met je armen en benen bij het zwemmen en schaatsen ◆ met lange **slagen** zwom hij naar de overkant; schoolslag: bepaalde manier van zwemmen waarbij je op je buik in het water ligt **8** (het ~) soort, groep met een eigen karakter ◆ tegenwoordig gaat hij met een ander **slag** mensen om **9** (de ~ of het ~) golf in je haar ▼ een **slag** kleiner, groter: iets kleiner, groter; ergens een **slag** naar slaan: ergens naar raden, iets gokken; je **slag** slaan: de kans die je krijgt benutten, van de gunstige gelegenheid gebruik maken; aan de **slag** gaan: aan het werk gaan; van **slag** zijn: van streek zijn, overstuur en in de war zijn; het slachtoffer was op **slag** dood: hij was direct dood; een **slag** om de arm houden: geen definitieve uitspraak doen zodat anderen je niet kunnen vastpinnen op wat je zegt; je uit de **slag** trekken: (in België □) je uit de moeilijkheden redden, je behelpen.

**slag·ader** (de ~; -s of -en) grote ader waardoor bloed vanuit je hart naar je andere lichaamsdelen stroomt ⇒ arterie.

**slag·bal** (het ~) balspel waarbij je met een slaghout een bal wegslaat en dan snel naar een honk toe holt.

**slag·boom** (de ~(m.); -bomen) balk die de toegang tot iets afsluit en die je omhoog kunt doen ◆ een **slagboom** voor een parkeerplaats.

**sla·gen** (slaagde, is geslaagd) **1** voor iets slagen: het examen voor iets halen ◆ hij is **geslaagd** voor de cursus; slagen voor je rijbewijs **2** ergens in slagen: iets met succes doen ◆ hij **slaagde** erin te ontsnappen **3** een succes worden of zijn, goed lukken ◆ ik hoop maar dat het feest **slaagt**; een **geslaagde** foto; bent u **geslaagd**?: (in een winkel) hebt u iets van uw keuze gevonden?

**sla·ger** (de ~(m.); -s) iemand die voor zijn of haar beroep vlees verkoopt.

**sla·ge·rij** (de ~(v.); -en) winkel van een slager*.

**slag·hout** (het ~; -en) langwerpig stuk hout waarmee je een bal het veld in slaat, bijv. bij softbal en slagbal.

**slag·in·stru·ment** (de ~(m.); -en) muziekinstrument waar je op slaat, zoals een trommel.

**slag·or·de** (de ~; -n) bepaalde opstelling van schepen of legertroepen waarin ze slag (bet.4) leveren.

**slag·pen** (de ~; -nen) grote veer uit de vleugel van een vogel.

**slag·re·gen** (de ~(m.); -s) hevige regen die met grote kracht neerslaat.

**slag·room** (de ~(m.)) room die meestal stijfgeklopt en met suiker wordt gegeten.

**slag·schip** (het ~; -schepen) groot en zwaarbewapend oorlogsschip ◆ een **slagschip** van een auto: (uitdr.) een enorm grote auto.

**slag·tand** (de ~(m.); -en) elk van de twee grote, uit de bek stekende tanden van sommige dieren, bijv. een olifant en een everzwijn.

**slag·vaar·dig** (bijv. nw.) **1** klaar om in te grijpen en om problemen op te lossen ◆ een **slagvaardige** directie **2** gezegd van iemand die overal iets op terug weet te zeggen ⇒ gevat, ad rem.

**slag·veld** (het ~; -en) veld waar een slag (bet.4) geleverd wordt ◆ de kamer was een waar **slagveld**: (uitdr.) het was er een enorme bende.

**slag·werk** (het ~) instrumenten waarop je slaat, zoals drums of pauken, en die vooral dienen om het ritme aan te geven.

**slag·zij** (zelfst. nw.) ▼ **slagzij** maken: (van een schip) naar één kant overhellen.

**slag·zin** (de ~(m.); -nen) zin die kort en krachtig uitdrukt hoe goed iets is ⇒ slogan ◆ op het winkelraam stond de **slagzin**: 'voor iets beters naar Peeters'.

**slak** (de ~; -ken) **1** langwerpig slijmerig diertje zonder poten, dat zich traag voortbeweegt en dat vaak een huisje op z'n rug heeft ◆ op alle **slakken** zout leggen: (uitdr.) op alle kleine, onbelangrijke punten aanmerkingen maken **2** afval ontstaan bij het smelten van metalen of bij het uitsmelten van metaalertsen.

**sla·ken** (slaakte, heeft geslaakt) een kreet, een gil of een zucht slaken: die uiten, dat geluid maken.

**slak·ken·gang** (zelfst. nw.; meestal: slakkengangetje) ▼ met een **slakkengangetje** vooruitkomen: heel langzaam.

**slak·ken·huis** (het ~; -huizen) gedraaide schelp van kalk op de rug van sommige slakken, waarin ze helemaal kunnen verdwijnen.

**sla·lom** (de ~(m.); -s) (sport) traject met palen waar je zigzaggend omheen moet ◆ een **slalom** skiën.

**slam·pam·per** (de ~(m.); -s) (populair) iemand die lui en sloom is en die niets uitvoert ⇒ nietsnut.

**slang¹** (de ~; -en) **1** lang dier met schubben en zonder poten dat zich kronkelend voortbeweegt ◆ een giftige **slang 2** smalle, holle en buigzame buis ◆ een tuinslang; de **slang** van een stofzuiger.

**slang**[2] (Engels) [sleng] (het ~) populaire woorden en uitdrukkingen die in een bepaalde groep gangbaar zijn.

**slank** (bijv. nw.) vrij dun, maar niet mager ♦ *een slanke vrouw.*

**sla·olie** (de ~) olie die je gebruikt bij het klaarmaken van voedsel, bijv. om sla aan te maken.

**slap** (bijv. nw.) **1** niet gespannen, niet strak ♦ *het touw hangt slap* **2** zonder veel kracht, het tegenovergestelde van 'sterk' ⇒ *zwak* ♦ *ze is nog wat slap na die griep; we hebben ons slap gelachen:*(uitdr.) we hebben heel erg gelachen; *zo slap als een vaatdoek:*(uitdr.) heel erg slap, heel erg zwak; *slappe koffie of thee:*(uitdr.) waarvan de smaak niet zo doordringend is doordat er bij het zetten veel water is gebruikt in verhouding tot de hoeveelheid koffie of thee **3** zonder wilskracht en doorzettingsvermogen ♦ *een slap karakter; slap kletsen:*(uitdr.) dingen zeggen die nergens op slaan.

**sla·pe·loos** (bijv. nw.) waarbij je niet slaapt* (bet.1) ♦ *ik heb de nacht slapeloos doorgebracht.*

**sla·pen** (sliep, heeft geslapen) **1** in slaap* (bet.1) zijn ♦ *ik ga slapen; slapen als een marmot, als een roos:*(uitdr.) lekker en diep slapen **2** *(van armen en benen):* tintelen en gevoelloos zijn doordat je in een houding gezeten hebt waarin je bloed niet goed door kan stromen.

**sla·per** (de ~(m.); -s) dijk tussen twee andere dijken, de 'dromer' en de 'waker' zijn.

**sla·pe·rig** (bijv. nw.) gezegd van iemand die slaap* (bet.1) heeft ♦ *het kind moet naar bed, het is zo slaperig.*

**sla·pie** (het ~; -s) (leger) degene naast wie je slaapt.

**slap·ja·nus** (de ~(m.); -sen) (populair) iemand met een slap (bet.3) karakter.

**slap·stick** (Engels) [slepstik] (de ~) komische film met veel gooi- en smijtwerk.

**sla·ven·drij·ver** (de ~(m.); -s) iemand die zijn of haar personeel erg hard laat werken.

**sla·ver·nij** (de ~(v.)) toestand waarin je iemands slaaf* (bet.1) bent ♦ *de slavernij is allang afgeschaft.*

**sla·vin** → slaaf.

**sla·vink** (de ~; -en) rolletje gehakt dat in een lapje spek gerold is.

**Sla·visch** (bijv. nw.) te maken hebbend met Oost-Europese en Zuidoost-Europese landen en volkeren ♦ *Slavische dansen; Slavische talen:* o.a. Russisch, Pools, Tsjechisch en Bulgaars.

**sla·vist** (de ~(m.); -en) iemand die Slavische talen heeft gestudeerd.

**slecht**[1] (bijv. nw.) **1** gezegd van iets dat niet voldoet aan de normen, of van iets dat minder is dan het gemiddelde, het tegenovergestelde van 'goed' ♦ *een slecht horloge; ik heb slecht geslapen; hij ziet er slecht uit* **2** met een verkeerde uitwerking of invloed ♦ *dat is slecht voor de lijn; het loopt nog eens slecht met hem af.*

**slecht**[2] (bijw.) moeilijk, bezwaarlijk ♦ *ik kan haar slecht weer naar huis sturen.*

**slech·ten** (slechtte, heeft geslecht) **1** *een muur slechten:* die afbreken, die slopen **2** *een weg slechten:* die vlak maken.

**slechts** (bijw.) alleen maar, niet meer dan ⇒ *enkel* ♦ *dat kost slechts een gulden; je hoeft slechts ja te zeggen.*

**sle·de** → slee (bet.1).

**slee** (de ~; sleeën) **1** (ook: slede) houten constructie op twee gladde ijzers of plastic kuip waarmee je door de sneeuw of over het ijs glijdt **2** (populair) grote personenauto.

**slee·doorn** (de ~(m.); -s) struik met doornen en harde blauwe vruchten.

**sleeën** slee·en (sleede, heeft gesleed) met een slee* (bet.1) glijden ♦ *van een heuvel af sleeën.*

**sleep**[1] (de ~(m.); slepen) **1** apart en afhangend deel van een jurk dat over de grond sleept* (bet.1) ♦ *een trouwjurk met een sleep* **2** lange rij ♦ *er liep een sleep kinderen achter het hondje aan.*

**sleep**[2] → slijpen.

**sleep·boot** (de ~; -boten) boot die andere boten trekt.

**sleep-in** (Engels) [sliepin] (de ~; -s) gebouw waar je voor weinig geld kunt overnachten.

**sleep·touw** (zelfst. nw.) ▼ *iemand op sleeptouw nemen:* iemand overal mee naar toe nemen als niemand anders zich over hem of haar wil ontfermen.

**sleet** → slijten.

**sleets** (bijv. nw.) *(van kleren):* versleten of bijna versleten ♦ *een sleetse oude jas.*

**sle·miel** → schlemiel.

**slem·pen** (slempte, heeft geslempt) te veel sterke drank drinken.

**slenk** (de ~; -en) brede geul in het strand of in een schor, waar het zeewater in en uit stroomt ⇒ *slufter.*

**slen·te·ren** (slenterde, heeft geslenterd) langzaam en rustig lopen ⇒ *kuieren* ♦ *langs de winkels slenteren.*

**sle·pen**[1] (sleepte, heeft gesleept) **1** *iets slepen:* iets over de grond of door het water voorttrekken ♦ *hij sleepte de matras naar de zolder; het schip wordt de haven in gesleept* **2** tot op de grond of tot in het water hangen en zo voortbewogen worden ♦ *haar lange rok sleepte over de grond* **3** *iemand ergens doorheen slepen:* iemand helpen ergens goed vanaf te komen ♦ *de leraar sleepte haar door het examen heen.*

**sle·pen**[2] → slijpen.

**sle·pend** (bijv. nw.) **1** gezegd van iets dat lang duurt en dat niet verandert of verbetert ♦ *een slepende ziekte; een slepende kwestie:* een probleem dat er al heel lang is en dat maar niet opgelost wordt **2** traag en langgerekt ♦ *slepende klanken.*

**slet** (de ~(v.); -ten) onfatsoenlijke vrouw.

**sle·ten** → slijten.

**sleuf** (de ~; sleuven) gleuf.

**sleur** (de ~(m.)) gang van zaken die altijd hetzelfde is en die daardoor vervelend en saai is geworden ♦ *laten we iets doen om de dagelijkse sleur te doorbreken.*

**sleu·ren** (sleurde, heeft gesleurd) *iemand of iets over de grond sleuren:* iemand of iets ruw over de grond slepen.

**sleu·tel** (de ~(m.); -s) **1** plat voorwerp waarmee je een slot opent of sluit ♦ *huissleutel; de sleutel van het vraagstuk:*(uitdr.) datgene waardoor je tot een oplossing komt **2** gereedschap waarmee je moeren enz. los of vast draait **3** (muziek) teken voor aan een notenbalk dat aangeeft hoe je noten op de notenbalk moet lezen ♦ *een g-sleutel; een solsleutel.*

**sleu·tel·bloem** (de ~; -en) bepaald soort plant.

**sleu·te·len** (sleutelde, heeft gesleuteld) *aan iets sleutelen:* iets proberen te repareren ♦ *aan een brommer sleutelen.*

**sleu·tel·gat** (het ~; -en) gat in een slot waar je een sleutel in steekt ♦ *nieuwsgierig door het sleutelgat gluren.*

**sleu·tel·kind** (het ~; -eren) kind dat de huissleutel meekrijgt om zelf naar binnen te kunnen als zijn ouders overdag weg zijn.

**sleu·tel·po·si·tie** (de ~(v.); -s) belangrijke positie waarin anderen van jou afhankelijk zijn ♦ *die adviseur neemt een sleutelpositie in de politiek in.*

**slib** (het ~) slijk dat is aangeslibd.

**sli·ding** (Engels) [slajding] (de ~(m.); -s) (sport) keer dat je expres met je benen vooruit over de grond glijdt om de bal te pakken of om een honk nog net op tijd te bereiken.

**sliep** → slapen.

**slie·pen** → slapen.

**slier** (de ~ (m.); -en) sliert* (bet.2).

**slie·ren** (slierde, heeft geslierd) je in een slier* voortbewegen ◆ *arm in arm over het ijs slieren.*

**sliert** (de ~ (m.); -en) **1** iets dat lang, dun en slap is ◆ *zijn haar hing in slierten langs zijn gezicht; slierten vermicelli* **2** lange rij ⇒ slier ◆ *er stond een hele sliert mensen te wachten.*

**slijk** (het ~) weke, modderige grond ⇒ slik ◆ *het slijk der aarde:* (uitdr.) geld.

**slijm** (de ~ (m.) of het ~) dik, glibberig vocht dat op verschillende plaatsen in je lichaam gemaakt wordt ◆ *slijm in je keel.*

**slijm·bal** (de ~ (m.); -len) (populair) iemand die slijmt*.

**slij·men** (slijmde, heeft geslijmd) (populair) iemand overdreven vleien om iets van hem of haar gedaan te krijgen.

**slij·me·rig** (bijv. nw.) **1** week en glibberig als slijm* ◆ *een slijmerige kwal* **2** (populair) gezegd van iemand die veel slijmt* ◆ *een slijmerige vent.*

**slijm·vlies** (het ~; -vliezen) vlies op verschillende plaatsen binnen in je lichaam dat slijm afscheidt ◆ *het maagslijmvlies.*

**slij·pen** (sleep, heeft geslepen) **1** iets, bijv. een mes of een schaats, slijpen: iets weer scherp maken door het een aantal keren langs iets anders, bijv. een steen, te halen ◆ *een potlood slijpen:* er weer een punt aan maken **2** iets, bijv. een edelsteen of brillenglas, slijpen: iets glad maken of er een andere vorm aan geven door het een aantal keren langs iets anders dat hard is te halen **3** langzaam dansen, dicht tegen je partner aan ⇒ schuifelen.

**slij·ta·ge** [sleitaːzjə] (de ~ (v.)) het slijten* (bet.1) ◆ *de bank is onderhevig aan slijtage:* die slijt in het gebruik.

**slij·ten** (sleet) **1** (is gesleten) in het gebruik langzaam kapot gaan, achteruitgaan in kwaliteit ◆ *autobanden slijten snel; verdriet slijt na verloop van tijd:* (uitdr.) het wordt na een tijdje vanzelf minder **2** (heeft gesleten) *de tijd ergens slijten:* die ergens doorbrengen ◆ *zijn laatste jaren sleet hij in de tropen* **3** (heeft gesleten) iets aan iemand slijten: iets aan iemand verkopen of kwijt kunnen, omdat hij of zij het wil hebben ◆ *kan ik deze fiets niet aan jou slijten?*

**slij·ter** (de ~ (m.); -s) iemand die wijn, bier en sterke drank verkoopt.

**slij·te·rij** (de ~ (v.); -en) winkel van een slijter* ⇒ drankzaak.

**slik** (het ~) slijk.

**slik·ken** (slikte, heeft geslikt) **1** een beweging met je keel maken waardoor wat in je mond zit in je maag komt **2** *pillen slikken:* die innemen **3** iets slikken: iets zonder protest aanvaarden of iets zonder argwaan geloven ◆ *ze slikken die maatregelen nooit!; hij slikte dat rare verhaal.*

**slim** (bijv. nw.) snel in het bedenken van oplossingen en in het doorzien van bedoelingen ⇒ pienter, goochem ◆ *iemand te slim af zijn:* (uitdr.) iemands plannen doorzien en ervoor zorgen dat ze niet slagen.

**slim·me·rik** (de ~ (m.); -en) iemand die slim* is.

**slin·ger** (de ~ (m.); -s) **1** lang en kleurig versiersel dat je ophangt ⇒ guirlande ◆ *slingers ophangen als er iemand jarig is; een bloemenslinger:* lang versiersel van aan elkaar gevlochten of geknoopte bloemen **2** zwaar stuk metaal dat heen en weer slingert en dat een klok aan de gang houdt **3** metalen arm die je op en neer beweegt of ronddraait om een toestel in werking te brengen ◆ *de slinger van een pomp; de slinger van een antieke auto.*

**slin·ge·ren** (slingerde) **1** (is of heeft geslingerd) hangend heen en weer zwaaien ◆ *de aap slingerde van tak tot tak* **2** (is of heeft geslingerd) zich niet langs een rechte lijn voortbewegen, nu eens de ene kant op, dan weer de andere kant op gaan ◆ *de dronken man slingerde over straat; het beekje slingert door het landschap* **3** (heeft geslingerd) slordig op verschillende plekken neergegooid zijn ◆ *z'n kleren slingerden door de kamer; laat je spullen niet zo slingeren* **4** (heeft geslingerd) iets in een bepaalde richting slingeren: iets met een krachtige zwaai in een bepaalde richting gooien ◆ *hij slingerde het touw om een paal; bij het ongeluk werden ze uit de auto geslingerd.*

**slin·ger·plant** (de ~; -en) plant die zich om iets heen slingert en die zo omhoog groeit.

**slin·ken** (slonk, is geslonken) minder of kleiner worden ◆ *spinazie slinkt tijdens het koken.*

**slinks** (bijv. nw.) slim, maar niet eerlijk.

**slip** (zelfst. nw.) **1** (de ~; -pen) afhangende punt van een kleed of kledingstuk ◆ *de slippen van een jas* **2** (de ~ (m.); -s; vaak: slipje) onderbroekje zonder pijpen ◆ *dames- en herenslips* **3** (de ~) het slippen* ◆ *de auto raakte in een slip.*

**slip of the pen** (Engels) [slipɔvdəpɛn] (de ~) iets dat je per ongeluk verkeerd opschrijft ⇒ verschrijving.

**slip of the tongue** (Engels) [slipɔvdətʌŋ] (de ~) iets dat je per ongeluk verkeerd zegt ⇒ verspreking.

**slip-over** (de ~ (m.); -s) trui zonder mouwen die je over een bloes of overhemd draagt ⇒ spencer.

**slip·pen** (slipte, is geslipt) (van een voertuig): naar opzij glijden en slingeren doordat het de greep op het wegdek verliest ◆ *de auto slipte op de gladde weg.*

**slip·per** (de ~ (m.); -s) schoen zonder hiel.

**slip·per·tje** (het ~; -s) heimelijke korte seksuele relatie met een ander dan de vaste partner ◆ *een slippertje maken.*

**slis·sen** (sliste, heeft geslist) praten waarbij je de ' s ' uitspreekt met je tong tussen je tanden.

**slob·be·ren** (slobberde, heeft geslobberd) **1** (van kleding): slordig en veel te ruim om je lichaam zitten ◆ *die trui slobbert aan alle kanten* **2** (van dieren) iets, bijv. water, slobberen: iets duidelijk hoorbaar met de tong naar binnen werken ◆ *Hector slobberde z'n bak leeg.*

**slob·kous** (de ~; -en) kous zonder zool die je vroeger over je schoen droeg.

**slob·sok** (de ~; -ken) kous die zo gebreid is dat hij om je benen slobbert.

**slod·der·vos** (de ~ (m.); -sen) iemand die erg slordig is.

**sloe·ber** (de ~ (m.); -s) **1** (in België □; populair) deugniet, vlegel ▼ *een arme sloeber:* een stakker, een zielepoot.

**sloeg** → slaan.

**sloe·gen** → slaan.

**sloep** (de ~; -en) bepaald soort roeiboot, soms met een mast, die vaak als reddingsboot bij een groter schip hoort.

**sloe·rie** (de ~ (v.); -s) (populair) onfatsoenlijke, ordinaire vrouw ⇒ slet, del.

**slof** (de ~ (m.); -fen) **1** pantoffel zonder hiel ◆ *dat kan hij op z'n sloffen halen:* (uitdr.) zonder moeite; uit je slof schieten: (uitdr.) heel boos uitvallen; ook: een groot cadeau of een groot bedrag geven terwijl dat niet je gewoonte is **2** pak met een aantal pakjes sigaretten erin ◆ *een slof sigaretten.*

**slof·fen** (slofte, heeft of is gesloft) lopen zonder je voeten goed op te tillen.

**slo·gan** (Engels) [sloːɣən, in België: sloːɣɑn] (de ~ (m.); -s) slagzin.

**slok** (de ~ (m.); -ken) hoeveelheid vocht die je door één keer te slikken binnenkrijgt ⇒ *teug* ◆ *dat scheelt een slok op een borrel*: (uitdr.) dat scheelt veel.

**slok·darm** (de ~(m.); -en) verbindingskanaal tussen je mond en je maag.

**slok·ken** (slokte, heeft geslokt) *iets naar binnen slokken*: iets gulzig inslikken.

**slok·op** (de ~(m.); -pen) iemand die gulzig en veel eet.

**slonk** → slinken.

**slon·ken** → slinken.

**slons** (de ~(v.); slonzen) vrouw die haar uiterlijk niet goed verzorgt en haar huis niet goed schoonhoudt.

**slon·zig** (bijv. nw.) als een slons*, slordig en haveloos ◆ *wat loop jij er slonzig bij!*

**sloof** (zelfst. nw.; sloven) **1** (de ~(v.)) vrouw die altijd voor haar gezin aan het sloven* is **2** (de ~) (ouderwets) schort ⇒ *voorschoot*.

**sloom** (bijv. nw.) traag en futloos ◆ *ik word zo sloom van de warmte.*

**sloop¹** (zelfst. nw.) **1** (de ~of het ~; slopen) overtrek voor een hoofdkussen **2** (de ~(m.)) het slopen* ◆ *die auto is rijp voor de sloop.*

**sloop²** → sluipen.

**sloot¹** (de ~; sloten) **1** smal afvoerkanaal voor overtollig water dat om akker- of weiland heen gegraven is ◆ *in die sloot zitten veel kikkers; hij loopt niet in zeven sloten tegelijk*: (uitdr.) (dit zeg je om iemand die zich ongerust maakt over een ander gerust te stellen) **2** (populair) grote hoeveelheid vloeistof ◆ *ik heb vandaag een hele sloot koffie op.*

**sloot²** → sluiten.

**slop** (het ~; -pen) smalle steeg, vooral een doodlopende smalle steeg ◆ *in het slop raken*: (uitdr.) vastlopen en vergeten worden; *zijn plannen zijn in het slop geraakt.*

**slo·pen¹** (sloopte, heeft gesloopt) *iets slopen*: iets uit elkaar halen, iets afbreken ◆ *die oude huizen worden gesloopt.*

**slo·pen²** → sluipen.

**slo·pend** (bijv. nw.) gezegd van iets dat je uitput ◆ *een slopende drukte.*

**slo·per** (de ~(m.); -s) iemand die voor z'n beroep dingen sloopt* ◆ *autosloper.*

**slor·dig** (bijv. nw.) **1** niet netjes, onverzorgd ◆ *een slordig kapsel; ze werkt erg slordig* **2** (populair) gezegd van een hoog bedrag, waarvan je niet precies weet hoe hoog het is ◆ *hij verdient zo'n slordige f 100.000,- per jaar.*

**slor·pen** → slurpen.

**slot** (het ~) **1** (-en) sluiting met een verend deel of een uitschietend staafje, die je meestal open en dicht doet met een sleutel ◆ *de deur op slot doen; een fietsslot; het slotje van een halsketting; hij zit achter slot en grendel*: (uitdr.) in de gevangenis, opgesloten **2** einde van bijv. een verhaal, een film ⇒ *besluit* ◆ *tot slot wil ik nog opmerken dat ...; ten slotte*: (uitdr.) in de laatste plaats, om mee te eindigen; *per slot van rekening*: (uitdr.) alles goed beschouwd **3** (-en) kasteel dat beschermd is tegen aanvallen ⇒ *burcht* ◆ *slot Loevestein.*

**slo·ten** → sluiten.

**slot·som** (de ~; -men) einduitkomst van een redenering ⇒ *conclusie* ◆ *we zijn tot deze slotsom gekomen.*

**slo·ven** (sloofde, heeft gesloofd) hard werken in het huishouden zonder ooit te rusten.

**slo·wen** [sloowen] (ww.) heel langzaam dansen.

**slow mo·tion** (Engels) [sloomoosjen] (de ~) (van filmbeelden): vertraagd tempo dat ontstaat door de filmband langzaam af te draaien ◆ *een herhaling van een doelpunt in slow motion.*

**sluf·ter** (de ~(m.); -s) geul met zeewater in de duinen of in een zandbank ⇒ *slenk.*

**slui·er** (de ~(m.); -s) **1** dunne doek die sommige vrouwen voor hun gezicht of over hun hoofd dragen ◆ *de bruid droeg een witte sluier* **2** waas waardoor dingen minder goed zichtbaar zijn ◆ *een mistsluier.*

**sluik** (bijv. nw.) *(van haar)*: plat en steil.

**sluik·re·cla·me** (de ~) situatie waarin er stiekem reclame wordt gemaakt, terwijl het eigenlijk ergens anders over gaat.

**slui·mer** (de ~(m.)) lichte slaap.

**slui·me·ren** (sluimerde, heeft gesluimerd) **1** licht slapen **2** aanwezig zijn zonder dat je het meteen ziet of merkt ◆ *in hem sluimert een groot talent.*

**slui·pen** (sloop, is geslopen) heel voorzichtig en zachtjes lopen, zodat niemand je opmerkt ◆ *ze sloop de trap af; er zijn wat drukfouten in dat boek geslopen*: (uitdr.) die zijn er onopgemerkt in terechtgekomen.

**sluip·moor·de·naar** (de ~(m.); -s) iemand die zijn of haar slachtoffer vanuit een hinderlaag vermoordt.

**sluip·rou·te** (de ~; -n of -s) route buiten de hoofdwegen om, die gekozen wordt om drukke punten te vermijden.

**sluis** (de ~; sluizen) bouwwerk in een rivier of kanaal met een schuifwand of met deuren, waarmee de waterstand geregeld wordt ◆ *er liggen tien schepen voor de sluis.*

**slui·ten** (sloot) **1** (heeft gesloten) *iets sluiten*: iets dichtmaken, dichtdoen ◆ *het raam sluiten* **2** (is gesloten) dichtgaan ◆ *de winkels sluiten om zes uur; deze kist sluit niet goed* **3** (heeft gesloten) *iets sluiten*: iets officieel vastleggen, iets aangaan ◆ *een verbond sluiten; een huwelijk sluiten; vriendschap sluiten* **4** (heeft gesloten) *iets sluiten*: iets beëindigen ◆ *de vergadering sluiten* **5** (is gesloten) kloppen, juist zijn ◆ *een sluitende redenering.*

**slui·ter** (de ~(m.); -s) deel van een fototoestel dat even licht doorlaat als je op een knop drukt, zodat er een beeld vastgelegd wordt op je filmpje ◆ *de sluitertijd instellen.*

**slui·ting** (de ~(v.); -en) **1** voorwerp waarmee je iets sluit* (bet.1) ◆ *een ritssluiting* **2** het sluiten* (bet.2) ◆ *de sluiting van de fabriek kostte 400 mensen hun baan*: het voorgoed dichtgaan van de fabriek.

**sluit·post** (zelfst. nw.) ▼ *de sluitpost van de begroting*: iets waar maar weinig geld voor over is, omdat het onder aan de lijst staat.

**sluit·spier** (de ~; -en) spier die de vorm heeft van een cirkel en die een lichaamsopening afsluit, bijv. je anus.

**slun·gel** (de ~(m.); -s) lange, magere jongen die zijn armen en benen onhandig beweegt.

**slurf** (de ~; slurven) **1** lange snuit van een olifant **2** verplaatsbare gang waardoor je een vliegtuig binnengaat.

**slur·pen, slor·pen** (slurpte, heeft geslurpt) vloeistof hoorbaar naar binnen zuigen ◆ *hete soep slurpen; die auto slurpt benzine*: (uitdr.) die verbruikt veel benzine.

**sluw** (bijv. nw.) slim en gemeen ⇒ *geslepen, doortrapt* ◆ *sluwe streken; zo sluw als een vos*: (uitdr.) heel sluw.

**smaad** (de ~(m.)) belediging in het openbaar, waarmee je goede naam geschaad wordt ◆ *iemand smaad aandoen.*

**smaak** (de ~(m.)) **1** vermogen om te proeven ◆ *suiker naar smaak toevoegen*: zoveel als je lekker vindt; *ze at met smaak*: genietend van het voedsel **2** (smaken) dat wat je proeft als je iets eet of drinkt ◆ *deze vrucht heeft een bittere smaak; van zoiets krijg ik een vieze smaak in m'n mond*: (uitdr.) zoiets vind ik naar en oneerlijk; *de smaak te pakken krijgen*: (uitdr.) iets leuk gaan vinden en er dan bijna niet meer mee op kunnen houden **3** (smaken) gevoel voor wat mooi is ◆ *ze heeft haar huis met*

**smaak** ingericht; *zij heeft een dure* **smaak**: *zij houdt van dure dingen*; **smaken** *verschillen*: (uitdr.) (dit zeg je als iemand heel andere dingen mooi vindt dan jij); *over* **smaak** *valt niet te twisten*: (uitdr.) het heeft geen zin om te proberen het eens te worden over wat mooi is; *in de* **smaak** *vallen*: (uitdr.) gewaardeerd, goed of mooi gevonden worden.

**smaak·je** (het ~; -s) **1** vieze bijsmaak ◆ *er zit een* **smaakje** *aan die soep* **2** smaak* (bet.2) die je ergens aan toevoegt ◆ *lippenstift met een* **smaakje**.

**smaak·pa·pil** (de ~; -len) elk van de kleine bobbeltjes op je tong waarmee je de smaak (bet.2) van iets proeft.

**smaak·stof** (de ~; -fen) stof waarmee je een bepaalde smaak (bet.2) aan iets geeft ◆ *natuurlijke en kunstmatige* **smaakstoffen**.

**smaak·vol** (bijv. nw.) met smaak (bet.3) ◆ *hij is altijd* **smaakvol** *gekleed*.

**smach·ten** (smachtte, heeft gesmacht) *naar iets smachten*: hevig naar iets verlangen, veel behoefte aan iets hebben ◆ *ik* **smacht** *naar vakantie*; *ze wierp hem* **smachtende** *blikken toe*.

**sma·de·lijk** (bijv. nw.) vol smaad*. vernederend en beledigend ◆ *een* **smadelijke** *behandeling*; *een* **smadelijke** *nederlaag*.

**smak** (de ~(m.); -ken) **1** harde klap of val ◆ *de deur met een* **smak** *dichtgooien*; *een flinke* **smak** *maken*: hard terechtkomen bij een val ▼ *een* **smak** *geld*: (populair) een heleboel geld.

**sma·ke·lijk** (bijv. nw.) **1** lekker smakend* ◆ **smakelijke** *soep* **2** met plezier, genietend en vrolijk ◆ *een* **smakelijk** *verhaal*; *eet* **smakelijk**!; **smakelijk** *lachen*.

**sma·ke·loos** (bijv. nw.) gezegd van iets dat niet van een goede smaak* (bet.3) getuigt ◆ *een* **smakeloos** *interieur*; **smakeloze** *humor*: grappen die helemaal niet leuk zijn.

**sma·ken** (smaakte, heeft gesmaakt) een bepaalde smaak* (bet.2) hebben ◆ *wat* **smaakt** *dat zout*; *heeft het ge-* **smaakt**?: was het lekker?; *dit* **smaakt** *naar meer*!: (uitdr.) (dit zeg je als je iets zo lekker vindt dat je er nog wel wat van lust).

**smak·ken** (smakte, heeft gesmakt) **1** een vies geluid maken bij het eten door met open mond te kauwen **2** tegen de grond smakken: plotseling hard vallen **3** *iets ergens in of op smakken*: iets ergens neersmijten ⇒ *kwakken* ◆ *ze* **smakte** *haar tas in de hoek*.

**smal** (bijv. nw.) niet breed, nauw ◆ *een* **smalle** *steeg*.

**smal·deel** (het ~; -delen) hoofdafdeling van een vloot ⇒ *eskader*.

**sma·len** (smaalde, heeft gesmaald) iets met geringschatting zeggen, minachtend over iets of iemand spreken ◆ *'dat kun jij toch niet'*, **smaalde** *hij*.

**smal·film** (de ~(m.); -s) film van 16 of 8 mm breed, die vooral door amateurs gebruikt wordt (een bioscoopfilm is 35 mm breed).

**sma·ragd** (de ~(m.); -en) groene edelsteen.

**smart** (de ~(v.); -en) (ouderwets) verdriet ⇒ *leed* ◆ *ze dacht met* **smart** *aan haar weggelopen zoon*; *met* **smart** *op iemand wachten*: (uitdr.) op iemand wachten die je heel dringend nodig hebt; *gedeelde* **smart** *is halve* **smart**: (spreekwoord) als je weet dat je niet de enige bent die onder een bepaald verdriet lijdt, kun je je verdriet makkelijker dragen.

**smar·te·lijk** (bijv. nw.) vol smart* ◆ *de dood van de hond betekende een* **smartelijk** *verlies*.

**smar·ten·geld** (het ~) geld dat je krijgt als vergoeding voor schade die eigenlijk niet in geld is uit te drukken, bijv. voor leed dat iemand je heeft aangedaan ◆ *na een operatiefout kreeg ze* **smartengeld** *van het ziekenhuis*.

**smart·lap** (de ~(m.); -pen) sentimenteel lied ⇒ *levenslied* ◆ *een* **smartlap** *over een jong gesneuvelde soldaat*.

**smash** (Engels) [smɛʃ, in België: smaʃ] (de ~; -es) (tennis; badminton; volleybal) harde klap boven op een hoog aangespeelde bal.

**sme·den** (smeedde, heeft gesmeed) **1** metaal smeden: het in een bepaalde vorm hameren als het gloeiend heet is ◆ *een hoefijzer* **smeden** **2** iets, bijv. een plan of een complot, smeden: iets uitdenken, iets beramen.

**sme·de·rij** (de ~(v.); -en) smidse.

**smeed·ijzer** (het ~) bepaald soort ijzer dat je makkelijk kunt smeden (bet.1) ◆ *een fornuis van* **smeedijzer**.

**smeer** (de ~(m.) of het ~) vettige stof die eruitziet als een soort zalf ◆ *schoen**smeer***; *oor**smeer***; *omwille van de* **smeer** *likt de kat de kandeleer*: (spreekwoord) (dit zeg je als iemand uit eigenbelang aardig doet tegen iemand die hij of zij niet mag).

**smeer·geld** (het ~) geld waarmee je iemand omkoopt ⇒ *steekpenningen*.

**smeer·kees** (de ~(m.); -kezen) viezerik ⇒ *smeerpoets*.

**smeer·lap** (de ~(m.); -pen) **1** viezerik ⇒ *smeerpoets* **2** (populair) iemand die gemeen en oneerlijk is.

**smeer·pijp** (de ~(m.); -en) **1** (populair) viezerik ⇒ *smeerpoets* **2** pijpleiding waardoor vies afvalwater van fabrieken geloosd wordt.

**smeer·poets** (de ~; -en) viezerik ⇒ *smeerlap, smeerpijp, smeerkees*.

**smeer·wor·tel** (de ~(m.)) plant met ruwe bladeren.

**smeet** → smijten.

**smeg·ma** (het ~) wit huidsmeer dat afgescheiden wordt in de uitwendige geslachtsorganen.

**sme·ken** (smeekte, heeft gesmeekt) *iemand om iets smeken*: iemand iets nederig en dringend vragen ⇒ *bidden* ◆ *hij* **smeekte** *zijn tegenstander om genade*.

**smel·ten** (smolt, is gesmolten) **1** (van vaste stoffen): door warmte zacht of vloeibaar worden ◆ *het ijs is* **gesmolten**; *ze* **smolt** *van liefde*: (uitdr.) ze werd helemaal week **2** iets smelten: iets zacht of vloeibaar maken door het te verwarmen ◆ **smelt** *de boter in een pan*.

**smelt·kroes** (zelfst. nw.) ▼ *een* **smeltkroes** *van volkeren*: een plaats waar mensen uit veel verschillende landen samenleven.

**sme·ren** (smeerde) **1** (heeft gesmeerd) iets, bijv. een scharnier, smeren: olie of vet op of in iets doen om het soepeler te laten werken **2** (heeft gesmeerd) iets ergens op smeren: iets ergens over uitstrijken ◆ *jam op je brood* **smeren**; *zalf op je been* **smeren** **3** (is gesmeerd) *'m smeren*: (populair) ervandoor gaan, wegvluchten ◆ *de politie! we* **smeren** *'m*.

**sme·rig** (bijv. nw.) vies, vuil, onsmakelijk ◆ **smerige** *handen*; *wat een* **smerig** *verhaal*.

**sme·ris** (de ~(m.); -sen) (populair) politieagent ⇒ *tuut*.

**smet** (de ~; -ten) **1** vlek **2** iets dat je goede naam aantast ⇒ *blaam* ◆ *iemand van alle* **smetten** *zuiveren*: laten zien dat er niets op iemand aan te merken is.

**sme·ten** → smijten.

**smet·te·loos** (bijv. nw.) zonder smet* (bet.1), erg schoon ⇒ *vlekkeloos* ◆ *een* **smetteloos** *tafellaken*.

**smeuïg** smeu·ig (bijv. nw.) **1** (van voedsel): vettig en romig, goed smeerbaar ◆ *een* **smeuïge** *saus* **2** (van een verhaal): levendig verteld en daardoor leuk om naar te luisteren ⇒ *smakelijk* ◆ *hij kan* **smeuïg** *vertellen*.

**smeu·len** (smeulde, heeft gesmeuld) (van vuur): zachtjes branden zonder vlam ⇒ *gloeien* ◆ *aardappels pof je in de* **smeulende** *as*; *er* **smeulde** *haat in zijn ogen*: (uitdr.) er was haat in zijn ogen te zien.

**smid** (de ~(m.); smeden) iemand die voor zijn of haar be-

roep ijzer en metaal bewerkt tot kunst- of gebruiksvoorwerpen, die smeedt* (bet.1) ◆ *een hoefsmid*: die
hoefijzers onder de hoeven van paarden slaat; *een edel-
smid*: die van edele metalen, zoals goud en zilver, sieraden maakt.

**smid·se** (de ~; -n) werkplaats van een smid* ⇒ *smederij*.

**smiecht** (de~(m.); -en) handig persoon die op een niet
helemaal eerlijke manier iets voor elkaar krijgt.

**smie·spe·len** (smiespelde, heeft gesmiespeld) achterbaks
en zachtjes praten ⇒ *smoezen*.

**smie·zen** (zelfst. nw.) ▼ *iets in de smiezen hebben*: (populair) iets merken, iets in de gaten hebben; *iemand in de
smiezen hebben*: (populair) iemand doorhebben, in de
gaten hebben wat iemand van plan is.

**smij·ten** (smeet, heeft gesmeten) **1** iets smijten naar, op
enz. iemand of iets: iets heel hard naar, op enz. iemand
of iets gooien ◆ *kleren op de grond smijten; iemand een
boek naar zijn of haar hoofd smijten* **2** met iets smijten:
iets heel hard van je af gooien ◆ *de demonstranten sme-
ten met straatstenen naar de politie; met de deuren smijten*: die heel hard dichtslaan.

**smik·ke·len** (smikkelde, heeft gesmikkeld) met kleine
hapjes genietend eten.

**smoel** (de~(m.); -en) **1** (populair) mond ◆ *houd je smoel!*;
*een grote smoel opzetten*: (uitdr.) brutaal zijn **2** (populair)
gezicht ◆ *wat een lief smoeltje heeft dat kind; rare smoe-
len trekken*.

**smoel·werk** (het ~; -en) (populair) lelijk en onbetrouwbaar gezicht ◆ *dat smoelwerk van jou staat me niet aan*.

**smoes** (de ~; smoezen; vaak: smoesje) **1** verzinsel om je
uit een vervelende situatie te redden ⇒ *uitvlucht, voorwendsel* ◆ *hij heeft elke keer een andere smoes als hij te
laat komt* **2** kletspraatje dat nergens over gaat ◆ *hij
heeft een hoop smoesjes*.

**smoe·ze·lig** (bijv. nw.) een beetje vuil ⇒ *groezelig* ◆ *een
smoezelige jurk*.

**smoe·zen** (smoesde, heeft gesmoesd) achterbaks en
zachtjes praten ⇒ *smiespelen*.

**smog** (Engels) [smɔk] (de ~) dikke mist die vervuild is
door uitlaatgassen en rook van fabrieken.

**smo·king** (de~(m.); -s) deftig wit of zwart pak voor heren waarvan het jasje lange, glanzende revers heeft.

**smok·ke·laar** (de~(m.); -s, vrouw: **smok·ke·laar·ster**
(de ~(v.); -s) iemand die smokkelt* (bet.1).

**smok·ke·len** (smokkelde, heeft gesmokkeld) **1** *goederen
smokkelen*: ze in het geheim van het ene naar het andere land vervoeren, terwijl het gaat om verboden goederen of goederen waarover eigenlijk invoerrechten moeten worden betaald ◆ *de douane controleert of je niet
smokkelt; op het schoolfeest had iemand sterke drank mee
naar binnen gesmokkeld*: (uitdr.) die had hij stiekem
meegenomen **2** niet helemaal eerlijk te werk gaan ◆ *de
kruidenier smokkelt bij het afwegen van de vleeswaren*:
hij geeft iets minder dan hij afrekent.

**smok·ken** (smokte, heeft gesmokt) *een kledingstuk smok-
ken*: de stof rimpelen en op de rimpels borduren ◆ *een
kinderjurkje met een gesmokt bovenstukje*.

**smolt** → smelten.

**smol·ten** → smelten.

**smook** (de~(m.)) dikke, vette rook ⇒ *walm*.

**smoor** (zelfst. nw.) ▼ *de smoor in hebben over iets*: (populair) door iets een slecht humeur hebben; *de smoor aan
iets hebben*: (populair) een enorme hekel aan iets hebben.

**smo·ren** (smoorde) **1** (is gesmoord) geen adem kunnen
krijgen, stikken ◆ *het is hier om te smoren*: het is hier
heel erg warm; *met gesmoorde stem iets zeggen*: nauwe-

lijks verstaanbaar, bijv. omdat je erg ontroerd bent **2**
(heeft gesmoord) *iemand smoren*: maken dat iemand niet
meer kan ademen, iemand verstikken ◆ *iemand in liefde smoren*: (uitdr.) iemand zoveel liefde geven, dat hij of
zij het er benauwd van krijgt **3** (heeft gesmoord) *vlees,
vis, groente smoren*: dat of die op een laag pitje gaar laten worden, in een gesloten pan met een beetje vet en
water.

**smør·re·brød** (Scandinavisch) [smʊrrəbrœt] (het ~) dun
sneetje brood met veel beleg.

**smout** (het ~) (in België □; ouderwets) reuzel.

**smout·bol, smou·te·bol** (de~(m.); -len) (in België □) olie-
bol.

**smul·len** (smulde, heeft gesmuld) genietend eten ◆ *dat
wordt smullen!*: (dit zeg je als er lekkere dingen klaarstaan); *een verhaal om van te smullen*: (uitdr.) waarvan je
erg kunt genieten.

**smul·paap** (de ~(m.); -papen) iemand die van veel en
lekker eten houdt.

**smurf** (de~(m.); -en) klein blauw wezentje met een witte
broek en muts, dat in stripverhalen en tekenfilms
voorkomt.

**smur·rie** (de ~) vieze, kleverige stof ⇒ *derrie*.

**smyr·na** (het ~) handwerktechniek waarbij je draden op
een grofgeweven ondergrond knoopt (zo kun je o.a. ta-
pijten maken).

**snaai·en** (snaaide, heeft gesnaaid) *iets snaaien*: (populair)
iets snel wegpakken voordat iemand anders erbij kan
◆ *ze snaaide het laatste koekje uit de trommel*.

**snaak** (de~(m.); snaken) vrolijke en ondeugende jongen.

**snaaks** (bijv. nw.) ondeugend, maar wel grappig ◆ *een
snaakse kerel*.

**snaar** (de ~; snaren) draad van metaal, van darm of van
kunststof, die tussen twee punten gespannen wordt ◆
*de snaren van een gitaar, harp, piano enz.; de snaren van
een tennisracket; een gevoelige snaar raken*: (uitdr.) iets
zeggen dat heftige gevoelens losmaakt.

**snaar·in·stru·ment** (het ~; -en) muziekinstrument met
snaren die tonen voortbrengen als je ze aanraakt.

**snack** (Engels) [snɛk, in België: snak] (de ~; -s) hartig hapje,
bijv. een kroket of een frikadel.

**snack·bar** [snɛkbar] (de ~; -s) kleine winkel waar je
snacks kunt kopen, en waar je aan een toonbank bediend wordt.

**snak·ken** (snakte, heeft gesnakt) **1** *ergens naar snakken*:
heftig naar iets verlangen ◆ *na vier uur lopen snakte hij
naar een groot glas water* **2** *naar adem snakken*: naar
lucht happen, omdat je het benauwd hebt.

**snap·pen** (snapte, heeft gesnapt) **1** *iets of iemand snappen*:
iets of iemand begrijpen ◆ *ik snap niets van deze som* **2**
*iemand snappen*: iemand betrappen als hij of zij iets
doet dat niet mag ◆ *de dief werd gesnapt*.

**snap·shot** (Engels) [snɛpsjɔt] (het ~; -s) foto die even snel
genomen is.

**snars** (zelfst. nw.) ▼ *ergens geen snars van begrijpen*: (populair) iets helemaal niet snappen.

**sna·ter** (de ~(m.); -s) (populair) mond ⇒ *snavel* ◆ *houd alsjeblieft je snater!*

**sna·te·ren** (snaterde, heeft gesnaterd) **1** (van eenden en
ganzen): druk kwaken **2** (van mensen): druk praten
⇒ *kwekken*.

**snauw** (de~(m.); -en) onvriendelijk woord, op bitse toon
uitgesproken ⇒ *grauw*.

**snau·wen** (snauwde, heeft gesnauwd) onvriendelijke
woorden zeggen, kortaf en bits zijn ◆ *'doe het zelf!',
snauwde hij*.

**sna·vel** (de ~(m.); -s) **1** bek van een vogel ⇒ *sneb, neb* ◆

*roofvogels hebben kromme snavels 2* (populair) mond ⇒ *tater, snater.*

**snea·ker** (Engels) [sniːkər] (de ~; -s) sportschoen die veel steun geeft aan je voeten.

**sneb, sneb·be** (de ~; -ben) snavel.

**sne·de** → snee.

**sne·den** → snijden.

**sne·dig** (bijv. nw.) gevat en scherp ◆ *een snedig antwoord.*

**snee, sne·de** (de ~; sneeën) **1** opening of wond die is ontstaan doordat er met iets scherps gesneden* (bet.1) is ◆ *een snee in je vinger; hij maakte met een zakmes een snee in de boom* **2** plak of schijf die ergens vanaf gesneden* (bet.1) is ◆ *een sneetje koek* **3** scherpe kant van een voorwerp waarmee je kunt snijden* (bet.1) ◆ *de snee van een zwaard* ▼ *verguld op snee:* gezegd van boeken met goudverf aan de randen van de bladzijden.

**sneed** → snijden.

**sneer, snier** (de ~ (m.); sneren) hatelijke opmerking.

**sneeuw** (de ~) waterdeeltjes die bij vorst als witte vlokken uit de lucht komen vallen ◆ *er is vannacht sneeuw gevallen; zo wit als sneeuw:* (uitdr.) heel erg wit; *verdwijnen als sneeuw voor de zon:* (uitdr.; populair) heel snel helemaal verdwijnen; *zwarte sneeuw zien:* (in België □; uitdr.; populair) veel ellende, armoede kennen.

**sneeuw·bal·ef·fect** (het ~; -en) verschijnsel dat iets zich heel snel ontwikkelt als het eenmaal op gang is gebracht.

**sneeu·wen** (sneeuwde, heeft gesneeuwd) het sneeuwt: er valt sneeuw* uit de lucht ◆ *het heeft vannacht gesneeuwd.*

**sneeuw·grens** (de ~; -grenzen) de grens hoog in de bergen tussen het gebied waar altijd sneeuw ligt en het gebied waar sneeuw weer wegsmelt.

**sneeuw·klas** (de ~ (v.); -klassen) (in België) groep leerlingen die 's winters naar de bergen gaat, er aangepast onderwijs volgt en er leert skiën.

**sneeuw·klok·je** (het ~; -s) klein wit bloempje dat al bloeit als het nog winter is.

**sneeuw·pop** (de ~; -pen) beeld in de vorm van een mens of dier, dat gemaakt is van sneeuw.

**snel** (bijv. nw.) **1** zo dat je niet veel tijd nodig hebt, het tegenovergestelde van 'langzaam' ⇒ *vlug* ◆ *doe het snel, we hebben haast; een snelle reactie* **2** gezegd van iets dat zich vlug kan voortbewegen ◆ *een snelle auto* **3** (populair) modieus, modern ◆ *een snelle jas.*

**snel·bin·der** (de ~ (m.); -s) dik elastiek waarmee je iets op je bagagedrager vastbindt.

**snel·buf·fet** (het ~; -ten) cafetaria.

**snel·heid** (de ~ (v.)) mate waarin iemand of iets zich snel voortbeweegt ⇒ *tempo* ◆ *de auto sukkelde voort met een snelheid van 20 km per uur; een gazelle kan een enorme snelheid bereiken.*

**snel·kook·pan** (de ~; -nen) pan met een deksel dat geen lucht doorlaat, zodat bij het koken de luchtdruk in de pan hoog wordt, waardoor het eten snel gaar is (kijk ook bij: **luchtdruk**) ⇒ *hogedrukpan.*

**snel·len** (snelde, is gesneld) **1** *naar iets of iemand toe snellen:* snel* (bet.1) naar iets of iemand toe gaan ◆ *iemand tegemoet snellen; iemand te hulp snellen* **2** zich snel* (bet.1) voortbewegen ◆ *de trein snelde voorbij.*

**snel·trein** (de ~ (m.); -en) trein die alleen op de grote stations stopt ⇒ *intercity.*

**snel·ver·keer** (het ~) verkeer dat bestaat uit motorvoertuigen.

**snel·wan·de·len** (ww.) sport waarbij je heel vlug loopt met altijd één voet op de grond.

**snel·weg** (de ~ (m.); -en) weg waar alleen motorvoertuigen mogen rijden die minstens 60 km per uur kunnen en mogen halen ◆ *de digitale, elektronische snelweg:* (uitdr.) mogelijkheid om via computernetwerken snel te communiceren.

**snep** → snip.

**sne·ren, snie·ren** (sneerde, heeft gesneerd) een hatelijke opmerking maken.

**sner·pen** (snerpte, heeft gesnerpt) **1** een scherp geluid maken dat pijn doet aan je oren ◆ *een snerpende fluittoon* **2** een felle, snijdende pijn veroorzaken ◆ *we moesten tegen een snerpende wind in fietsen.*

**snert¹** (de ~) erwtensoep.

**snert²** (bijv. nw.) (populair) waardeloos ⇒ *flut* ◆ *de televisie is vanavond weer snert; een snertboek!*

**sneu** (bijv. nw.) zielig, teleurstellend, jammer ◆ *mag je niet meedoen? wat sneu voor je.*

**sneu·ve·len** (sneuvelde, is gesneuveld) **1** omkomen in de oorlog of in een gevecht ◆ *er zijn duizenden soldaten gesneuveld* **2** (populair) kapotgaan, breken ◆ *er is een kopje gesneuveld bij de afwas.*

**sneu·vel·tekst** (de ~ (m.); -en) (in België □) voorlopige tekst die nog gewijzigd kan worden ⇒ *concept.*

**snib·big** (bijv. nw.) kattig, vinnig ◆ *een snibbige opmerking.*

**snier** → sneer.

**snij·bloem** (de ~; -en) bloem die men kweekt om af te snijden en in een vaas te zetten.

**snij·boon** (de ~; snijbonen) **1** lange platte boon die in reepjes gesneden wordt voor hij gekookt wordt ▼ *een rare snijboon:* een vreemd persoon.

**snij·bran·der** (de ~ (m.); -s) apparaat dat een steekvlam geeft waarmee je metaal of harde kunststof kunt snijden.

**snij·den** (sneed, heeft gesneden) **1** *iets snijden:* iets met een scherp voorwerp in stukken of in tweeën splijten ◆ *brood snijden; ze sneed zich met een mes in haar vinger; snijdende kou:* (uitdr.) felle kou die bijna pijn doet **2** *(van twee lijnen):* elkaar kruisen **3** *iemand snijden:* (in het verkeer) iemand inhalen en te snel naar rechts gaan, zodat hij of zij sterk moet afremmen.

**snij·der** (de ~ (m.); -s) (ouderwets) kleermaker.

**snij·punt** (het ~; -en) punt waar twee lijnen elkaar kruisen.

**snij·tand** (de ~ (m.); -en) voortand in je gebit waarmee je bijt.

**snik¹** (de ~ (m.); -ken) **1** keer dat je bij het huilen hijgend of stotend ademhaalt ◆ *in snikken uitbarsten:* (uitdr.) plotseling hevig beginnen te huilen ▼ *tot aan je laatste snik:* tot aan je dood.

**snik²** (bijv. nw.) ▼ *niet goed snik zijn:* gek zijn, niet goed wijs zijn.

**snik·ken** (snikte, heeft gesnikt) huilen waarbij je hijgend of stotend ademhaalt.

**snip** (de ~; -pen) **1** (ook: snep) vogel met een lange snavel **2** (in Nederland; populair) briefje van 100 gulden waarop zo'n vogel staat afgebeeld.

**snip·per** (de ~ (m.); -s) klein stukje of reepje dat van iets is afgescheurd, afgeknipt of afgesneden ◆ *de grond lag bezaaid met snippers papier; uiensnippers bakken.*

**snip·per·dag** (de ~ (m.); -en) vrije dag die je opneemt wanneer je wilt, en die van je vakantiedagen wordt afgetrokken.

**snip·pe·ren** (snipperde, heeft gesnipperd) *iets snipperen:* iets tot snippers* scheuren, knippen of snijden ◆ *een uitje snipperen.*

**snit** (de ~; -ten) manier waarop de stof van een kledingstuk geknipt is, die bepaalt of het goed past ⇒ *coupe* ♦ *deze jas heeft een goede **snit**; **snit** en naad:* (in België □) knippen en naaien.

**snob** (de ~ (m.); -s) iemand die net doet of hij of zij meer kennis en beschaving heeft dan hij of zij werkelijk bezit.

**sno·bis·me** (het ~) manier van doen van een snob*.

**sno·bis·tisch** (bijv. nw.) van een snob* of als van een snob*.

**snoei·en** (snoeide, heeft gesnoeid) **1** *bomen en struiken snoeien:* de takken ervan korter maken, zodat ze daarna beter en mooier groeien ♦ *in de winter worden de vruchtbomen **gesnoeid*** **2** *ergens in snoeien:* (populair) op iets bezuinigen, minder geld aan iets uitgeven.

**snoek** (de ~ (m.); -en) roofvis die in zoet water leeft.

**snoep** (de ~ (m.)) zoete dingen zonder voedingswaarde, die je eet omdat ze lekker zijn, zoals zuurtjes, dropjes en chocola ⇒ *snoepgoed.*

**snoe·pen** (snoepte, heeft gesnoept) **1** snoep* eten **2** *van iets snoepen:* stiekem van iets eten omdat het zo lekker is ♦ *van de suiker **snoepen.***

**snoep·goed** (het ~) snoep.

**snoep·je** (het ~; -s) klein stukje snoep*, bijv. een toffee of een zuurtje.

**snoep·reis·je** (het ~; -s) reisje dat je maakt voor je werk en dat je niet zelf hoeft te betalen.

**snoer** (het ~; -en) **1** koord of touw waaraan je iets rijgt of dat iets bij elkaar houdt ♦ *kralen aan een **snoer** rijgen* **2** rij aan elkaar geregen of aan elkaar vastzittende voorwerpen ♦ *een **snoer** parels; veel vissen leggen een **snoer** van eitjes* **3** elektriciteitsdraad met een beschermende laag van kunststof eromheen ♦ *het **snoer** van de televisie.*

**snoe·ren** (snoerde, heeft gesnoerd) *iets snoeren:* iets heel strak vastbinden ♦ *het touw zat om haar middel **gesnoerd.***

**snoes** (de ~; snoezen) iemand die of iets dat je lief en schattig vindt ♦ *je bent een **snoes** als je dat voor me doet; een **snoes** van een jurk.*

**snoes·haan** (zelfst. nw.) ▼ *een vreemde **snoeshaan**:* een vreemd persoon, een rare snuiter.

**snoet** (de ~ (m.); -en; meestal: snoetje) gezicht ⇒ *snuit* ♦ *wat een lief **snoetje** heeft dat kind.*

**snoe·ven** (snoefde, heeft gesnoefd) opscheppen, pochen ♦ *hij **snoeft** op zijn afkomst.*

**snoe·zig** (bijv. nw.) erg lief en schattig ⇒ *beeldig* ♦ *een snoezig mutsje.*

**snol** (de ~ (v.); -len) hoer ⇒ *slet.*

**snood** (bijv. nw.) ▼ *snode plannen:* boosaardige plannen.

**snood·aard** (de ~ (m.); -s) booswicht, slechterik (gezegd in situaties waarin dat juist leuk wordt gevonden).

**snoof** → snuiven.

**snoo·ker** (Engels) [snœkər] (de ~) Engels biljartspel.

**snoot** → snuiten.

**snor**¹ (de ~; -ren) **1** haar op de bovenlip ♦ *hij laat z'n snor staan* ▼ *je snor drukken:* (populair) je ergens aan onttrekken, niet meedoen terwijl het wel van je wordt verwacht.

**snor**² (bijw.) ▼ *dat zit wel snor:* dat is in orde, dat zit wel goed.

**snor·fiets** (de ~; -en) bromfiets die weinig lawaai maakt, die niet harder mag dan 20 km per uur, en waarop je zonder valhelm mag rijden.

**snor·kel** (de ~ (m.); -s) pijp met een mondstuk eraan, die bij het onderwaterzwemmen gedeeltelijk boven water blijft, zodat je adem kunt blijven halen.

**snor·ke·len** (snorkelde, heeft gesnorkeld) onder water zwemmen met een snorkel*.

**snor·ren** (snorde, heeft gesnord) een zacht brommend geluid maken ♦ *het spinnewiel **snorde**; de auto **snorde** met een vaart voorbij.*

**snot** (de ~ (m.) of het ~) slijmerig vocht dat uit je neus komt.

**snot·aap** (de ~ (m.); -apen) iemand die nog niet voor vol wordt aangezien, die niet meetelt ⇒ *snotjongen, snotneus.*

**sno·ten** → snuiten.

**snot·lap** (de ~ (m.); -pen) (populair) zakdoek.

**snot·neus** (de ~ (m.); -neuzen) snotaap.

**snot·te·ren** (snotterde, heeft gesnotterd) **1** de hele tijd je neus ophalen omdat er snot* in zit ♦ *zit niet zo te **snotteren**, snuit liever je neus* **2** huilen met veel gesnif en gesnuit.

**sno·ven** → snuiven.

**snow·board** (Engels) [snoobɔrd] (de ~; -s) brede plank waarop je door de sneeuw kunt glijden.

**snuf·fe·len** (snuffelde, heeft gesnuffeld) **1** (van dieren): aandachtig de geur van iets opsnuiven ⇒ *snuiven* ♦ *de hond **snuffelde** aan de bal* **2** rondneuzen, nieuwsgierig zoeken ♦ *hij **snuffelt** graag in oude boeken.*

**snuf·fel·paal** (de ~ (m.); -palen) mast met een apparaat eraan dat meet hoe sterk de luchtverontreiniging in de omgeving is.

**snuf·fen** (snufte, heeft gesnuft) **1** je neus ophalen om snot kwijt te raken of om te ruiken **2** (populair) een beetje huilen.

**snuf·ferd** (de ~ (m.); -s) (populair) gezicht ♦ *hij viel languit op zijn snufferd.*

**snuf·je** (het ~; -s) **1** modieus nieuwigheidje ⇒ *noviteit* ♦ *deze auto is voorzien van de nieuwste technische snufjes* **2** snuifje.

**snug·ger** (bijv. nw.) slim, pienter ♦ *een snuggere opmerking.*

**snuif·je** (het ~; -s) **1** kleine hoeveelheid van een poederachtige stof ⇒ *snufje* ♦ *een snuifje zout* **2** klein beetje snuiftabak dat je tussen duim en wijsvinger opsnuift (kijk ook bij: **snuiftabak**).

**snuif·ta·bak** (de ~ (m.)) tabak die tot poeder gemalen is en die een prettig, prikkelend gevoel geeft in je neus als je hem opsnuift.

**snuis·te·rij** (de ~ (v.); -en; vaak snuisterijtjes of snuisterijen) klein siervoorwerp dat meestal niet veel waarde heeft ⇒ *prulletje* ♦ *oma heeft een hoop snuisterijen op de schoorsteenmantel staan.*

**snuit** (de ~ (m.)) **1** vooruitstekend deel van de kop van sommige dieren ♦ *een herdershond heeft een spitse snuit* **2** (populair) gezicht ⇒ *snoet* ♦ *ze heeft een leuk snuitje.*

**snui·ten** (snoot, heeft gesnoten) *je neus snuiten:* krachtig door je neus blazen en het snot in je zakdoek opvangen.

**snui·ter** (de ~ (m.); -s) **1** (populair) jongen ▼ *een rare snuiter:* een vreemd persoon, een vreemde snoeshaan.

**snui·ven** (snoof, heeft gesnoven) **1** hoorbaar door je neus ademen ♦ *snuiven van woede; een snuivend paard* **2** cocaïne snuiven: die via je neus in je lichaam opnemen **3** snuffelen (bet.1) ♦ *de hond snoof aan mijn jas.*

**snul** (de ~ (m.); -len) (in België □) sufferd, sul.

**snur·ken** (snurkte, heeft gesnurkt) **1** in je slaap bij het ademen een ronkend of brommend keelgeluid maken **2** (populair) slapen ⇒ *maffen, pitten* ♦ *hij lag om 9 uur nog lekker te snurken.*

**soa** (de ~ (v.); soa's) seksueel overdraagbare aandoening ⇒ *geslachtsziekte.*

**soap** (Engels) [soop] (de ~) soap opera.

**soap ope·ra** (Engels) [sōopōoperaa] (de ~ (m.); soap opera's) overdreven dramatische televisieserie.

**so·ber** (bijv. nw.) zonder overdaad, eenvoudig en matig ⇒ karig ◆ een **sober** maal; hij vertelde het verhaal in **so**bere woorden.

**so·ci·aal** (bijv. nw.) **1** te maken hebbend met of bestemd voor de maatschappij ⇒ maatschappelijk ◆ hij doet **soci**aal werk: hij helpt mensen met problemen zich beter thuis te voelen in de maatschappij; de **sociale** wetenschappen: alle wetenschappen die zich bezighouden met de bestudering van de mens en zijn plaats in de maatschappij, zoals sociologie en psychologie; de **sociale** dienst: de instelling van de gemeentelijke overheid die hulp aan mensen regelt, vooral op het gebied van de uitkeringen; het ministerie van **Sociale** Zaken: het ministerie dat zich bezig houdt met kwesties als de lonen, uitkeringen, afspraken tussen werknemers en werkgevers; **sociale** woningen: (in België) woningen die gebouwd zijn met geld van de overheid; **sociaal** assistent: (in België) welzijnswerker; onderwijs voor **sociale** promotie: (in België) cursussen voor volwassenen, vooral avond- en weekendonderwijs **2** met gevoel en begrip voor je medemensen ◆ het is niet erg **sociaal** om de radio zo hard te zetten **3** gezegd van mensen en dieren die geneigd zijn om in groepen te leven ◆ een olifant is een **sociaal** dier.

**so·ci·a·lis·me** (het ~) systeem binnen een maatschappij waarin men streeft naar gelijke behandeling van mensen, naar afschaffing van privékapitaal, en naar gemeenschappelijke zorg voor allen.

**so·ci·a·list** (de ~ (m.); -en), vrouw: **so·ci·a·lis·te** (de ~ (v.); -n of -s) aanhanger van het socialisme*.

**so·ci·a·lis·tisch** (bijv. nw.) te maken hebbend met het socialisme* ◆ een **socialistische** partij.

**sociëteit** so·ci·e·teit (de ~ (v.); -en) gezelligheidsvereniging ⇒ soos ◆ oma is lid van een bejaarden**sociëteit**.

**so·ci·e·ty** (Engels) [sōosajjetie] (de ~) groep van rijke en voorname mensen in de maatschappij.

**so·ci·o·lo·ge** → socioloog.

**so·ci·o·lo·gie** (de ~ (v.)) wetenschap die de menselijke samenleving bestudeert.

**so·ci·o·loog** (de ~ (m.); sociologen), vrouw: **so·ci·o·lo·ge** (de ~ (v.); -n of -s) iemand die sociologie* heeft gestudeerd.

**so·da** (de ~) **1** bepaald soort zout dat o.a. gebruikt wordt als grondstof voor zeep, en dat je in de huishouding gebruikt als schoonmaak- en ontsmettingsmiddel **2** sodawater ◆ een whisky-**soda**.

**so·da·wa·ter** (het ~) spuitwater.

**so·do·mie** (de ~ (v.)) seksueel gedrag dat algemeen wordt beschouwd als tegennatuurlijk en verwerpelijk, bijv. seks tussen mensen en dieren.

**soe·bat·ten** (soebatte, heeft gesoebat) om iets soebatten: onvermoeibaar en met veel vleiende woorden om iets vragen ◆ hij **soebatte** om mee te mogen doen.

**soe·laas** (zelfst. nw.) ▼ dat biedt geen **soelaas**: dat geeft geen verlichting, dat is geen troost.

**soep** (de ~; -en) vloeibaar voedsel dat bestaat uit water waarin vlees of groenten zijn meegekookt en dat vaak als voorgerecht wordt gegeten ◆ erwten**soep**; in de **soep** lopen: (uitdr.) mislukken; de **soep** wordt nooit zo heet gegeten als hij wordt opgediend: (spreekwoord) iets is nooit zo erg als het op het eerste gezicht lijkt (dit zeg je bijv. als maatregelen op het eerste gezicht erg streng lijken).

**soe·pel** (bijv. nw.) **1** makkelijk te buigen, zacht maar sterk, het tegenovergestelde van 'stijf' of 'stug' ◆ een tas van **soepel** leer; om piano te kunnen spelen, heb je soe-

pele vingers nodig **2** zonder problemen te geven, gemakkelijk ◆ de auto schakelt **soepel**; dat is **soepel** geregeld zo.

**soeps** (bijw.) ▼ dat is niet veel **soeps**: dat is niet veel bijzonders.

**soes** (de ~; soezen) gebakje dat bestaat uit een holle deegbol die gevuld kan worden met bijv. pudding of slagroom.

**soe·sa** (de ~ (m.)) gedoe, omslachtige drukte ◆ een hoop **soesa** om niets.

**soe·ve·rein** (bijv. nw.) niet onderworpen aan een hoger gezag ◆ een **soevereine** staat: die onafhankelijk en zelfstandig is.

**soe·ve·rei·ni·teit** (de ~ (v.)) hoogste staatsgezag.

**soe·za** → soesa.

**soe·zen** (soesde, heeft gesoesd) half slapen ⇒ dutten ◆ ik zat boven m'n boeken te **soezen**.

**sof** (de ~ (m.)) mislukking, tegenvaller ⇒ flop ◆ het uitstapje werd een **sof**.

**so·fa** (de ~ (m.); sofa's) rustbank met een rugleuning, die met stof bekleed is ⇒ canapé ◆ een dutje doen op de so**fa**.

**so·fi·num·mer** (het ~; -s) **so**ciaal-**fi**scaal nummer; de belastingdienst geeft iedereen een eigen sofinummer.

**soft** (Engels) [soft] (bijv. nw.) **1** (populair) halfzacht, niet kordaat en praktisch ◆ een **softe** manier van werken; een **soft** karakter ▼ **soft** drugs: drugs met een lichte werking, waaraan je niet snel verslaafd raakt.

**soft·bal** (het ~) balsport die lijkt op honkbal maar die gespeeld wordt met een grotere en zachtere bal.

**soft·drug** (Engels) [sovdruk, in België: sovdrug] (de ~; -s) drug waar je niet zo snel aan verslaafd raakt, zoals marihuana.

**sof·te·non·kind** (het ~; -eren) kind met misvormingen die ontstaan zijn doordat de moeder tijdens de zwangerschap het, inmiddels verboden, slaapmiddel softenon gebruikte.

**soft·ijs** (het ~) zacht ijs dat uit een machine komt.

**soft·ware** (Engels) [softwerr] (de ~) programma's en gegevens die je in een computer stopt.

**soi·ree** (Frans) [swaaree] (de ~ (v.)) (deftig) gezellige bijeenkomst of feestje in de avond.

**soit** (Frans) [swa] (tussenw.) (letterlijk: het zij zo) dat is het dan, nu is het genoeg geweest.

**so·ja** (de ~ (m.)) bepaald soort subtropische plant waaraan de sojaboon, een eiwitrijke peulvrucht, groeit.

**sok** (de ~; -ken) **1** kledingstuk voor om je voet dat tot even boven je enkel komt, korte kous ◆ wollen **sokken** **2** (bij viervoetige zoogdieren): onderste deel van een poot met een andere kleur dan de rest van de poot ▼ iemand van de **sokken** rijden: (populair) iemand omver rijden; er de **sokken** in zetten: (populair) hard gaan lopen.

**sok·kel** (de ~ (m.); -s) voetstuk voor een beeld.

**sol** (de ~) de vijfde noot van de toonladder.

**so·la·ri·um** (het ~; -s) apparaat dat kunstmatig zonlicht uitstraalt waardoor je bruin wordt.

**sol·daat** (de ~ (m.); soldaten) **1** man die in het leger dient en die geen rang heeft ▼ iets **soldaat** maken: (populair) iets opeten of opdrinken.

**sol·de** (de ~ (v.); -n of -s) (in België □; populair) koopje.

**sol·deer** (de ~ (m.) of het ~) stuk van een bepaald metaal dat gemakkelijk smelt, bijv. tin of zilver, waarmee je twee metalen voorwerpen aan elkaar vasthecht.

**sol·deer·bout** (de ~ (m.); -en) apparaat waarmee je soldeert*.

**sol·den** (de ~ (v.); meervoud) (in België □; populair) uitverkoop ⇒ opruiming.

**sol·de·ren** (soldeerde, heeft gesoldeerd) *twee stukken metaal aan elkaar solderen: die aan elkaar vasthechten met soldeer*.

**sol·dij** (de ~(v.)) loon van soldaten.

**so·le·ren** (soleerde, heeft gesoleerd) als solist* (bet.1) optreden.

**so·li·dair** [soolieders] (bijv. nw.) verbonden met anderen omdat je met hen meevoelt en bereid bent hen te helpen ⇒ *saamhorig* ◆ *ik verklaar me solidair met de Chileense vluchtelingen*.

**so·li·da·ri·teit** (de ~(v.)) gevoel van saamhorigheid en verbondenheid met anderen.

**so·li·de** (bijv. nw.) stevig in elkaar zittend, niet makkelijk kapot te krijgen ⇒ *hecht* ◆ *een solide bouwwerk*.

**so·list** (de ~(m.); -en), vrouw: **so·lis·te** (de ~(v.); -n of -s) **1** iemand die tijdens een muziekuitvoering in z'n eentje optreedt **2** iemand die het liefst in z'n eentje werkt ◆ *je kunt niet met hem samenwerken, hij is een echte solist*.

**so·li·tair** [soolieters] (bijv. nw.) alleen en in afzondering levend ◆ *een kluizenaar leeft solitair*.

**sol·len** (solde, heeft gesold) *met iets of iemand sollen: iets of iemand niet met rust laten en van de ene plaats naar de andere slepen* ◆ *niet zo sollen met dat kleine poesje!; niet met je laten sollen:* (uitdr.) voor jezelf opkomen.

**sol·li·ci·tant** (de ~(m.); -en), vrouw: **sol·li·ci·tan·te** (de ~ (v.); -n of -s) iemand die solliciteert* ◆ *er waren meer dan 30 sollicitanten voor deze baan*.

**sol·li·ci·ta·tie** (de ~(v.); -s) het solliciteren* ◆ *zij heeft drie sollicitaties lopen: ze is bezig met het solliciteren naar drie banen* (ze heeft bijv. drie sollicitatiebrieven geschreven).

**sol·li·ci·te·ren** (solliciteerde, heeft gesolliciteerd) aan een werkgever laten weten dat je een bepaalde baan die vrij is, graag wilt hebben, meestal door het schrijven van een brief ◆ *solliciteren naar een baan; jij solliciteert zeker naar een pak slaag?:* (uitdr.; grappig) pas op, of wil je soms geslagen worden?

**so·lo¹** (de ~(m.) of het ~; solo's) een optreden als solist* (bet.1) ◆ *de pianist speelde een solo; een drumsolo*.

**so·lo²** (bijv. nw.) in je eentje ◆ *een solo-optreden*.

**so·lu·tie** (de ~(v.)) lijmsoort die je gebruikt voor het plakken van gaatjes in luchtbanden.

**som** (de ~; -men) **1** vraagstuk waarbij je moet rekenen ◆ *een moeilijke deelsom* **2** geheel van getallen of bedragen bij elkaar ⇒ *totaal* ◆ *de som van 26 en 44 is 70* **3** bepaald bedrag aan geld ◆ *die motorboot heeft een aardig sommetje gekost*.

**so·ma·tisch** (bijv. nw.) (medisch) lichamelijk ◆ *somatische ziekten*.

**som·ber** (bijv. nw.) **1** niet opgewekt, alsof je over iets treurt of piekert ⇒ *droefgeestig* ◆ *er heerste een sombere stemming; somber kijken* **2** donker, zodat je er treurig van wordt ◆ *een somber huis*.

**som·ma** (zelfst. nw.) ▼ *de somma van …: het bedrag van …; ik heb dit gekocht voor de somma van f 10,95*.

**som·me·ren** (sommeerde, heeft gesommeerd) *iemand iets sommeren: iemand dwingen iets te doen, iets van iemand eisen* ◆ *de politie sommeerde de automobilist te stoppen*.

**som·mi·ge** (onbep. vnw.) (gebruikt om een vrij kleine hoeveelheid aan te duiden) ◆ *sommige mensen durven niet op een roltrap*.

**som·nam·bu·le** (de ~; -s) slaapwandelaar.

**soms** (bijw.) **1** zo nu en dan ◆ *ik slaap soms zo slecht* **2** (in een vraagzin) misschien ◆ *weet je de weg soms niet?*

**so·nar** (de ~(m.)) apparaat aan boord van schepen waarmee voorwerpen onder water kunnen worden opgespoord door middel van uitgezonden geluidstrillingen die worden teruggekaatst.

**so·na·te** (de ~; -s) muziekstuk voor een of enkele instrumenten, dat meestal uit vier delen bestaat.

**so·na·ti·ne** (de ~(v.); -s) kleine sonate* voor één instrument.

**son·de** (de ~; -s) **1** dun, buigzaam staafje waarmee je wonden en holten in het lichaam onderzoekt **2** dun, buigzaam buisje dat in het lichaam wordt ingebracht om vocht af te nemen of toe te dienen ◆ *de zieke krijgt voedsel door een maagsonde* **3** onbemand ruimtevaartuig.

**song** (de ~; -s) (letterlijk: lied) lied van een popgroep of popzanger.

**song·fes·ti·val** (het ~; -s) wedstrijd waarbij het erom gaat wie het mooiste liedje zingt.

**son·net** (het ~; -ten) gedicht van veertien regels, dat min of meer uit twee delen bestaat: twee strofen van vier regels en twee strofen van drie regels.

**so·noor** (bijv. nw.) (van geluid): met een prettige, heldere klank ⇒ *welluidend* ◆ *een sonore stem*.

**soort** (de ~ of het ~) **1** (-en) verzameling van mensen of dingen die op een bepaalde manier bij elkaar horen omdat ze een aantal dezelfde eigenschappen hebben ◆ *leraren zijn een bepaald soort mensen; je kunt kiezen uit twee soorten thee; hij is een leugenaar van de ergste soort; deze antieke kast is enig in zijn soort:* (uitdr.) daarvan bestaat geen tweede exemplaar; *soort zoekt soort:* (uitdr.) mensen met dezelfde eigenschappen zoeken elkaar altijd op **2** (-en) (van dieren en planten): groep met bepaalde erfelijke kenmerken en eigenschappen, onderafdeling van een geslacht ◆ *er zijn verschillende soorten spinnen* **3** iets dat lijkt op wat daarna genoemd wordt, maar het niet precies is ◆ *aan het eind van de cursus moeten we een soort examen doen*.

**soor·te·lijk** (bijv. nw.) ▼ *soortelijk gewicht:* (natuurkunde) het gewicht van een vaststaande hoeveelheid van een stof; *het soortelijk gewicht van ijzer is groter dan dat van water: een bepaalde hoeveelheid ijzer is zwaarder dan eenzelfde hoeveelheid water; soortelijke massa, soortelijke dichtheid:* (natuurkunde) de massa van een vaststaande hoeveelheid van een stof.

**soor·te·ment** (het ~) (populair) een soort van …, ongeveer zoiets als … ◆ *een soortement hoed*.

**soort·ge·lijk** (aanw. vnw.) van dezelfde soort, ongeveer dezelfde ◆ *met propjes en soortgelijke dingen mag niet gegooid worden*.

**soort·naam** (de ~(m.); -namen) **1** (taal) woord dat aanduidt tot welke soort mensen, dieren of dingen behoren (dus niet de naam van die mens, dat dier of dat ding zelf) **2** wetenschappelijke naam voor planten en dieren van dezelfde soort.

**soos** (de ~) (verkorting; populair) sociëteit.

**sop** (het ~; -pen) **1** water met schuimend zeep ◆ *een trui in lauw sop wassen; het ruime sop kiezen:* (uitdr.) de zee op gaan; *de boot koos het ruime sop* ▼ *iemand in zijn of haar eigen sop gaar laten koken: je niet met iemand bemoeien omdat hij of zij boos of vervelend is; het sop is de kool niet waard: het is de moeite niet waard om je er druk om te maken, het is te onbelangrijk*.

**so·phis·ti·ca·ted** (Engels) [soofistiekeetid] (bijv. nw.) waaruit blijkt dat je een goede ontwikkeling en een verfijnde smaak hebt ◆ *ze hadden hun huis sophisticated ingericht*.

**sop·pen** (sopte, heeft gesopt) **1** *iets soppen: iets met sop**

schoonmaken ◆ *de badkamer soppen* **2** *iets soppen:* iets in iets vloeibaars dopen, bijv. brood in saus of een koekje in de thee ◆ *lopen te soppen:* (uitdr.) in kletsnatte schoenen lopen.

**so·praan** (de ~; sopranen) hoogste zangstem.

**sor·bet** (de ~ (m.); -s) ijs met vruchten, vruchtensiroop en slagroom in een hoog glas.

**so·res** (Jiddisch) [s̲o̲r̲es] (zelfst. nw.; meervoud) (populair) zorgen, problemen ◆ *ik heb al te veel sores aan mijn hoofd.*

**sor·ry** (tussenw.) pardon ◆ *sorry, mag ik even passeren?*

**sor·te·ren** (sorteerde, heeft gesorteerd) *dingen sorteren:* ze uitzoeken en wat bij elkaar hoort bij elkaar leggen ◆ *de was sorteren; gesorteerde postzegels.*

**sor·te·ring** (de ~ (v.); -en) verzameling voorwerpen van verschillende vorm, kleur, soort enz. ⇒ *assortiment* ◆ *een ruime sortering snoep.*

**SOS** (het ~) *Save Our Souls;* dit is Engels en het betekent: red onze zielen (hiermee geef je aan dat je in nood zit).

**sot·to vo·ce** (Italiaans) [sottoovootsje] (bijw.) (muziek) zacht, ingehouden.

**sou** (Frans) [soe] (zelfst. nw.) ▼ *geen sou:* helemaal geen geld, geen rooie cent.

**souf·flé** (Frans) [soeflee] (de ~; -s) gerecht met geklopt eiwit dat in de oven rijst.

**souf·fle·ren** [soefleeren] (souffleerde, heeft gesouffleerd) *iemand iets souffleren:* iemand iets fluisterend voorzeggen, iemand iets toefluisteren, vooral bij het toneel.

**souf·fleur** [soefleur] (de ~ (m.); -s, vrouw: **souf·fleu·se** (de ~ (v.); -s) iemand die bij toneelstukken souffleert* als een toneelspeler zijn of haar tekst kwijt is.

**soul·mu·ziek** [soolmuuziek] (de ~ (v.)) bepaald soort swingende Amerikaanse muziek.

**sound** (Engels) [saund] (de ~) (populair) herkenbare stijl van muziek maken of herkenbaar eigen geluid van een muziekgroep ◆ *een discosound; de sound van de jaren 60.*

**sound·ma·chi·ne** (Engels) [saundmesjien] (de ~ (v.); -s) grote draagbare radiocassetterecorder ⇒ *gettoblaster.*

**sound·track** (Engels) [sauntrek] (de ~; -s) plaat of bandje met de muziek van een film.

**sou·per** (Frans) [soepee] (het ~; -s) lichte maaltijd laat op de avond.

**sou·pe·ren** [soepeeren] (soupeerde, heeft gesoupeerd) een souper* gebruiken.

**sou·ples·se** [soeplesse] (de ~) lenigheid, soepelheid van spieren ◆ *met souplesse schaatsen.*

**sou·ta·ne** [soetane] (de ~; -s) lang priesterkleed met aan de voorkant een rij knoopjes.

**sou·te·neur** [soeteneur] (de ~ (m.); -s) man die prostituees voor zich laat werken en die hun in ruil daarvoor bescherming biedt ⇒ *pooier.*

**sou·ter·rain** (Frans) [soeterein] (het ~; -s) gedeelte van een woning dat lager ligt dan de straat.

**sou·ve·nir** [soevenier] (het ~; -s) voorwerp dat een herinnering is aan iemand of iets ⇒ *aandenken.*

**sov·choz** (de ~; -en) landbouwbedrijf in de voormalige Sovjet-Unie dat eigendom was van de staat.

**sov·jet** (zelfst. nw.) ▼ *de opperste sovjet:* de groep mensen die de voormalige Sovjet-Unie bestuurde.

**Sov·jets** (zelfst. nw.; meervoud) vroegere naam voor Russen.

**so·wie·so** (Duits) [zoowiezoo] (bijw.) in ieder geval, hoe dan ook ◆ *we gaan sowieso zwemmen, of het regent of niet.*

**sowjet(-)** → sovjet(-).

**SP** (de ~ (v.)) **1** *S*ocialistische *P*artij; dit is een politieke partij in Nederland **2** *S*ocialistische *P*artij; dit is een politieke partij in België.

**spa, spa·de** (de ~; -den) platte scherpe schop om mee te spitten en te graven ◆ *de eerste spa in de grond steken:* (uitdr.) beginnen met de bouw van een huis of ander bouwwerk.

**spaak¹** (de ~; spaken) elk van de smalle houten of ijzeren verbindingen tussen de as en de velg van een wiel ◆ *een spaak in het wiel steken:* (uitdr.) ervoor zorgen dat iets niet doorgaat, het laten mislukken.

**spaak²** (bijw.) ▼ *spaak lopen:* vastlopen, mislukken; *de mooie vakantieplannen zijn helemaal spaak gelopen.*

**spaan** (de ~; spanen) grote houtsplinter ⇒ *spaander* ◆ *ergens geen spaan van heel laten:* (uitdr.) iets helemaal kapot maken; ook: iets erg negatief beoordelen.

**spaan·der** (de ~ (m.); -s) spaan* ◆ *waar gehakt wordt vallen spaanders:* (spreekwoord) als er flink wordt gewerkt, worden er ook fouten gemaakt.

**spaan·plaat** (de ~) bouwmateriaal dat gemaakt is van geperst houtafval.

**Spaans** (bijw.) ▼ *het Spaans benauwd hebben:* het heel erg benauwd hebben, erg bang zijn; *het gaat er Spaans aan toe:* het gaat er hard, wild aan toe.

**spaar·bank** (de ~; -en) instelling die je geld bewaart en die je daar rente voor geeft.

**spaar·bek·ken** (het ~; -s) reservoir waarin drinkwater of water voor de elektriciteitsproductie wordt verzameld ⇒ *waterreservoir.*

**spaar·bran·der** (de ~ (m.); -s) deel van een gaskachel of kooktoestel waarmee je het vuur laag kunt laten branden ◆ *op koude zomeravonden zet ze de kachel op de spaarbrander.*

**spaar·pot** (de ~ (m.); -ten) pot, busje enz., meestal met een gleuf, om je spaargeld in te doen.

**spaar·var·ken** (het ~; -s) spaarpot in de vorm van een varken.

**spaar·zaam¹** (bijv. nw.) zuinig, weinig gebruikend ◆ *een spaarzaam leven leiden; hij is spaarzaam met woorden:* hij zegt niet veel.

**spaar·zaam²** (bijw.) weinig, niet veel of niet vaak ◆ *de nieuwe bouwtechniek wordt nog spaarzaam toegepast.*

**space·cake** [speeskeek] (de ~; -s) gebak waar hasj in verwerkt is.

**space·shut·tle** (Engels) [speessjuttel] (de ~; -s) ruimteveer ⇒ *shuttle.*

**spa·de** → spa.

**spa·gaat** (de ~ (m.)) gymnastiek- en balletoefening met je benen in een uiterste spreidstand.

**spag·het·ti** [spaggettie *of* spaagettie] (de ~) lange dunne slierten deeg.

**spalk** (de ~; -en) lat waarmee je de delen gebroken ledematen of andere gebroken dingen recht en tegen elkaar houdt.

**spal·ken** (spalkte, heeft gespalkt) *iets spalken:* de delen van iets met een spalk* aan elkaar binden ◆ *een gebroken been spalken.*

**span** (het ~; -nen) **1** twee of meer trekdieren die voor een wagen, ploeg enz. zijn gespannen **2** twee mensen die goed bij elkaar passen ⇒ *stel* ◆ *ze vormen een aardig span.*

**span·doek** (de ~ (m.) of het ~; -en) stuk doek of laken waarop leuzen staan.

**spaniël** spa·ni·el [spenjel *of* spaanjel] (de ~ (m.); -s) kleine jachthond met lange haren en hangende oren.

**span·jool** (de ~ (m.); spanjolen) (populair) Spanjaard.

**span·ne** (zelfst. nw.) ▼ *een korte spanne tijds:* een kort poosje.

**span·nen** (spande, heeft gespannen) **1** *iets spannen*: iets strak trekken en vastmaken ◆ *een waslijn* **spannen**; *je spieren* **spannen**: ze samentrekken **2** *een dier ergens voor spannen*: het ergens voor vastmaken **3** *gespannen zijn*, strak zitten ◆ *de broek* **spant** *om zijn billen* **4** *het spant erom*: het is spannend hoe de afloop zal zijn ◆ *het zal erom* **spannen** *wie er wint*.

**span·nend** (bijv. nw.) **1** gezegd van iets dat spanning* geeft, boeiend en opwindend ◆ **spannende** *verhalen*; *een* **spannend** *ogenblik* **2** (in België □) strak zittend ◆ *een* **spannende** *rok*.

**span·ning** (de ~ (v.); -en) **1** gevoel van opwinding en zenuwachtigheid bij iets waarvan je wilt weten hoe het afloopt, waarvan je denkt dat het gevaarlijk wordt enz. ◆ *ergens over in* **spanning** *zitten; de* **spanning** *was op de gezichten te lezen; internationale* **spanningen**: dreigende ruzies tussen verschillende landen; *de* **spanning** *is te snijden*: (uitdr.) de situatie is erg pijnlijk en gespannen; *de* **spanning** *stijgt ten top*: (uitdr.) het is heel erg spannend **2** druk die op iets staat, bijv. van lucht ◆ *ze bracht haar fietsband op* **spanning 3** kracht van iets dat elektrisch geladen is ◆ *de* **spanning** *op het elektriciteitsnet*.

**span·ning·zoe·ker** (de ~ (m.); -s) schroevendraaier met een lampje in het handvat dat gaat branden als je er iets mee aanraakt dat onder elektrische spanning staat.

**spant** (het ~; -en) dwarsverbinding in een dak of in de romp van een schip of vliegtuig, die voor de stevigheid zorgt.

**span·wijd·te** (de ~ (v.); -n of -s) **1** afstand tussen de uiteinden van de vleugels van een vogel of vliegtuig **2** afstand tussen twee steunpunten van een dak, tussen twee pijlers van een brug enz..

**spar** (de ~ (m.); -ren) bepaald soort naaldboom met korte naalden en een rechte stam.

**spa·ren** (spaarde, heeft gespaard) **1** *geld sparen*: het bewaren, het niet uitgeven ◆ **sparen** *voor de vakantie; hij heeft f 50,-* **gespaard 2** *iets sparen*: een verzameling van iets aanleggen ◆ *postzegels* **sparen 3** *iemand of iets sparen*: zuinig of voorzichtig met iemand of iets zijn, niet te veel van iemand of iets eisen ⇒ *ontzien* ◆ *hij* **spaart** *zijn krachten voor later; ze* **spaart** *niemand met haar geplaag; ze* **spaarden** *het leven van de krijgsgevangenen*: ze doodden hen niet.

**spar·ring·part·ner** (Engels) [sperringpartner of sparringpartner] (de ~; -s) tegenstander met wie je oefent voor een bokswedstrijd.

**Spar·taans** (bijv. nw.) hard, streng en sober ◆ *een* **Spartaanse** *opvoeding*.

**spar·te·len** (spartelde, heeft gesparteld) je armen en benen wild heen en weer bewegen, heen en weer kronkelen, vooral in water ◆ *de vis* **spartelde** *op het droge*.

**spas·me** (het ~; -n of -s) krampachtige samentrekking van je spieren ⇒ *stuiptrekking*.

**spas·tisch** (bijv. nw.) gezegd van iemand die lijdt aan een stoornis in de hersenen waardoor die persoon onwillekeurige spiersamentrekkingen heeft, zodat hij of zij zich niet soepel kan bewegen ◆ **spastisch** *doen*: (uitdr.; populair) onnatuurlijk, geforceerd of raar doen.

**spat** (de ~; -ten; vaak: spatje) **1** druppel vocht, modder enz. die ergens op terechtkomt en soms vlekken veroorzaakt ⇒ *spetter* ◆ *verf* **spatten** ▼ *ze is geen* **spat** *veranderd*: ze is helemaal niets veranderd.

**spat·ader** (de ~; -s of -en) ader die blijvend opgezwollen is en die je daardoor goed ziet, vooral op benen.

**spat·bord** (het ~; -en) smalle gebogen kap boven het wiel van een fiets, auto enz. om spatten tegen te houden.

**spa·tel** (de ~; -s) soort platte lepel ◆ *de dokter drukte mijn tong neer met een* **spatel**; *een* **spatel** *om de verf te roeren*.

**spa·tie** (de ~ (v.); -s) tussenruimte tussen twee woorden die net zo groot is als één letter ◆ *de* **spatie**balk *van een typemachine*: de lange, smalle toets onder aan het toetsenbord waar je op drukt om de woorden door een tussenruimte te scheiden.

**spat·lap** (de ~ (m.); -pen) rubberen lap onder aan een spatbord als bescherming tegen opspattend water en opspattende modder.

**spat·ten** (spatte, heeft gespat) spatten* veroorzaken ◆ *mijn pen* **spat**; **spat** *niet zo met het water*.

**spea·ker** (Engels) [spieker] (de ~; -s) **1** luidspreker **2** persoon die toelichting geeft tijdens een sportwedstrijd, modeshow enz. **3** (in België □) omroeper.

**spe·ce·rij** (de ~ (v.); -en) gedroogde en vaak gemalen delen van planten met een sterke geur en smaak, zoals kaneel, komijn, kruidnagel en peper.

**specht** (de ~ (m.); -en) vogelsoort die met zijn snavel gaten in de schors van bomen klopt om daar insecten uit te eten.

**spe·ci·aal¹** (bijv. nw.) bijzonder en apart, niet met iemand of iets anders te vergelijken ◆ *met* **speciale** *aandacht; hij is een* **speciaal** *geval*.

**spe·ci·aal²** (bijw.) in het bijzonder ⇒ *vooral* ◆ *ergens* **speciaal** *op letten;* **speciaal** *voor kinderen*: juist voor hen bedoeld.

**spe·cial** (Engels) [spesjel] (de ~; -s) uitzending van een radio- of tv-programma over één bepaald onderwerp.

**spe·ci·a·li·se·ren** (specialiseerde, heeft gespecialiseerd) *je in iets specialiseren*: je speciaal²* met iets bezighouden, je op iets toeleggen ◆ *deze boekhandelaar heeft zich* **gespecialiseerd** *in schoolboeken; hij gaat zich* **specialiseren** *als oogarts*.

**spe·ci·a·lis·me** (het ~; -n) vak of onderwerp waarin iemand zich heeft gespecialiseerd* ◆ *het repareren van fietsen is zijn* **specialisme**; *ze studeert geschiedenis en haar* **specialisme** *is de Eerste Wereldoorlog*.

**spe·ci·a·list** (de ~ (m.); -en), vrouw: **spe·ci·a·lis·te** (de ~ (v.); -n of -s) **1** iemand die zich ergens in gespecialiseerd* heeft ⇒ *expert, deskundige* ◆ *dat probleem kunnen we zelf niet oplossen, daar moet een* **specialist** *bij komen* **2** dokter die zich gespecialiseerd* heeft op een bepaald gebied ◆ **huid**specialist.

**spe·ci·a·lis·tisch** (bijv. nw.) gezegd van iets waarvoor je de kennis of ervaring van een specialist* (bet.1) nodig hebt ◆ *niemand interesseert zich voor zo'n* **specialistisch** *onderwerp*.

**spe·ci·a·li·teit** (de ~ (v.); -en) iets waarin iemand erg goed is ◆ *moppen vertellen is een* **specialiteit** *van hem; dat restaurant heeft vooral vis***specialiteiten**: bijzondere gerechten met vis.

**spe·ci·a·li·ze·ren** → specialiseren.

**spe·cie** (de ~ (v.); -s of speciën) dik mengsel van zand, water en cement om mee te metselen, te pleisteren enz. ⇒ *mortel*.

**spe·ci·fi·ca·tie** (de ~ (v.); -s) nadere aanduiding van de onderdelen waaruit iets bestaat, de details van iets ◆ *op de rekening van de loodgieter stond een* **specificatie** *van het werk dat hij had gedaan*.

**spe·ci·fi·ce·ren** (specificeerde, heeft gespecificeerd) **1** *iets specificeren*: een specificatie* van iets maken ◆ *een rekening* **specificeren 2** *iets specificeren*: iets nader uitleggen, met voorbeelden en toelichting ◆ *ik zal* **specificeren** *wat ik bedoel*.

**spe·ci·fiek** (bijv. nw.) **1** in het bijzonder op iets gericht ◆

we moeten ons **specifiek** met de lesstof bezighouden: vooral daarmee, en niet met andere dingen; deze pillen zijn **specifiek** tegen de koorts: daar helpen ze vooral tegen **2** speciaal bij iemand of iets horend ⇒ kenmerkend, typerend ◆ dat gedrag is **specifiek** voor die vogelsoort.

**spe·ci·fi·ka·tie** → specificatie.

**spe·ci·men** (het ~; -s of specimina) exemplaar dat als voorbeeld dient ◆ u ziet hier een **specimen** van een zeldzame diersoort.

**spec·ta·cu·lair** [spektaakuuleːr](bijv. nw.) opzienbarend, sensationeel om te zien ◆ een **spectaculaire** achtervolging.

**spec·trum** (het ~; -s of spectra)(natuurkunde) strook of band met strepen in verschillende kleuren die ontstaat als je licht door middel van bijv. een prisma uiteen laat vallen (kijk ook bij: **prisma**) ◆ het zonne**spectrum**: de zeven kleuren van de regenboog.

**spe·cu·laas** (de ~(m.) of het ~) gekruide koek die in de vorm van allerlei figuren wordt gebakken.

**spe·cu·lant** (de ~(m.); -en) iemand die speculeert* (bet.3) ◆ een huizen**speculant**.

**spe·cu·la·tie** (de ~(v.); -s) gissing, veronderstelling ◆ **speculaties** over het motief van de moordenaar: mogelijke verklaringen voor zijn daad.

**spe·cu·le·ren** (speculeerde, heeft gespeculeerd) **1** op iets speculeren: ervan uitgaan dat iets waar is of dat iets zal gebeuren, op iets gokken ◆ hij **speculeerde** op een grote overwinning **2** over iets speculeren: mogelijkheden voor iets bedenken, dingen over iets bedenken die waar kunnen zijn ◆ ze **speculeerden** over de oorzaak van het ongeluk **3** aandelen, huizen, goederen enz. kopen in de verwachting dat de prijs ervan zal stijgen, zodat je ze met winst kunt verkopen.

**spe·cu·lum** (het ~; -s)(medisch) spiegel om in een holte van het lichaam te kijken.

**speech** (Engels) [spietsj](de ~(m.); -es of -en) toespraak ⇒ rede, redevoering.

**spee·chen** [spietsjen](speechte, heeft gespeecht) een speech* houden.

**speed** (Engels) [spieːd](de ~)(letterlijk: vaart) drugs die je energie geven.

**speed·boot** (de ~; -boten) kleine motorboot waarmee je heel hard kunt varen.

**speed·way** (Engels) [spieːdweej](het ~) motorsport waarbij motoren zonder versnellingen of remmen worden gebruikt op gesloten banen van 400 meter.

**speek·sel** (het ~) het vocht in je mond ⇒ spuug.

**speel·bal** (de ~(m.); -len) slachtoffer dat zich niet kan verweren ◆ het schip was de **speelbal** van de golven.

**speel·doos** (de ~; -dozen) doos met een hendeltje waar je aan draait, of met een sleuteltje waarmee je hem opwindt, om er muziek uit te laten komen.

**speel·film** (de ~(m.); -s) film waarin acteurs spelen.

**speel·goed** (het ~) voorwerpen die bedoeld zijn voor kinderen om mee te spelen ◆ een bal is een stuk **speelgoed**.

**speel·huis** (het ~; -huizen) gebouw waar je kunt gokken ⇒ gokhuis, casino.

**speel·man** (de ~(m.); -lieden of -lui) rondtrekkende muzikant in vroeger tijd.

**speel·plein** (het ~; -en) **1** (in België) terrein waar in de vakantie allerlei activiteiten georganiseerd worden voor kinderen van ouders die werken **2** (in Nederland) plein waarop kinderen kunnen spelen.

**speel·ruim·te** (de ~(v.)) mogelijkheid om iets een beetje anders te doen dan is afgesproken.

**speels** (bijv. nw.) **1** gezegd van een kind of van een dier dat graag speelt* (bet.1) ◆ die jonge hond is nog erg **speels 2** vrolijk en niet strak ◆ behang met een **speels** patroon.

**speel·ster** → speler.

**speel·ta·fel** (de ~; -s) tafel waarop een gokspel wordt gespeeld.

**speel·tuin** (de ~(m.); -en) terrein met speeltoestellen voor kinderen, zoals een wip en een schommel.

**speel·vo·gel** (de ~(m.); -s)(in België □) speels kind.

**speen** (zelfst. nw.) **1** (de ~; spenen) tepel van een zoogdier **2** (de ~; spenen) dop met een gaatje erin op een zuigfles **3** (de ~; spenen) voorwerp dat bestaat uit een rubberen pijpje en een rond plastic schildje met een ring eraan, waarop baby's zuigen ⇒ fopspeen **4** (het ~)(in België □) aambeien.

**speen·kruid** (het ~) plantje met gele bloemen.

**speen·var·ken** (het ~; -s) klein varken dat nog melk bij het moedervarken drinkt ◆ gillen als een mager **(speen)varken**:(uitdr.) heel hard gillen.

**speer** (de ~; speren) wapen dat bestaat uit een lange houten steel met een metalen punt, dat je werpt of waarmee je steekt ⇒ spies.

**speet** → spijten.

**spek** (het ~) laag vet onder de huid van sommige dieren, bijv. varkens ◆ gerookt **spek**; voor **spek** en bonen meedoen:(uitdr.) meedoen zonder mee te tellen; dat is **spekje** voor jouw bekje:(uitdr.) dat is net iets voor jou, dat is precies voor jou bestemd; het **spek** aan zijn been hebben:(in België □; uitdr.; populair) beetgenomen zijn, in de luren gelegd zijn, ergens mee opgescheept zijn.

**spek·ken** (spekte, heeft gespekt) iemands beurs of de kas spekken: die vullen met veel geld.

**spek·ta·kel** (het ~; -s) grote vertoning die veel opschudding veroorzaakt ◆ het optreden van de popgroep was een enorm **spektakel**.

**spek·trum** → spectrum.

**spekul-** → specul-.

**spek·zool** (de ~; -zolen) dikke schoenzool van rubber.

**spel** (het ~) **1** (-en) bezigheid om je te vermaken, vaak volgens regels en in de vorm van een wedstrijd ◆ de kinderen gingen helemaal op in hun **spel**; een **spelletje** met iemand spelen:(uitdr.) iemand voor de gek houden; iemand buiten **spel** zetten:(uitdr.) ervoor zorgen dat iemand niet meer mee kan doen; er was bedrog in het **spel**:(uitdr.) er was sprake van bedrog, bedrog speelde een rol; iets op het **spel** zetten:(uitdr.) iets wagen, iets in gevaar brengen; je leven op het **spel** zetten **2** (-len) spullen die je voor zo'n bezigheid nodig hebt, zoals een bord en speelstukken ◆ een **spel** kaarten; een computer**spel** ▼ de wind heeft hier vrij **spel**: die wordt hier door niets tegengehouden; iemand vrij **spel** geven: iemand laten doen wat hij of zij wil.

**spel·bre·ker** (de ~(m.); -s), vrouw: **spel·breek·ster** (de ~(v.); -s) iemand die iets in de war stuurt ◆ bij de picknick was de regen de **spelbreker**.

**speld** (de ~; -en) **1** dun metalen staafje met aan de ene kant een scherpe punt en aan de andere kant een kleine kop, waarmee je iets vastmaakt en dat je vooral bij naaien gebruikt ◆ de jurk zit met **spelden** voorlopig in elkaar; je kon er een **speld** horen vallen:(uitdr.) het was er doodstil; daar is geen **speld** tussen te krijgen:(uitdr.) je kunt er niets tegenin brengen; ook: je krijgt geen kans om een woord te zeggen **2** sieraad dat vastzit met een dun metalen staafje dat door je kleren prikt ⇒ sierspeld ◆ een das**speld** met een parel.

**spel·den** (speldde, heeft gespeld) iets spelden: het met een of meer spelden* (bet.1) vastmaken of in elkaar zetten ◆ een broche op een trui **spelden**; een jurk **spelden**.

**spel·den·prik** (de ~(m.); -ken) kleine hatelijke opmerking ◆ *iemand* **speldenprikken** *geven.*

**spe·len** (speelde, heeft gespeeld) **1** met een spel* bezig zijn ◆ *zij* **spelen** *de hele middag buiten met de bal; hij* **speelt** *iedere week tennis* **2** een toneelstuk of muziekstuk spelen: het opvoeren of uitvoeren **3** een persoon spelen: die persoon voorstellen op het toneel ◆ *hij* **speelt** *de rijke koning* **4** piano, blokfluit enz. spelen: er muziek mee maken **5** *(van verhalen en films)*: plaatsvinden of zich afspelen ◆ *dat verhaal* **speelt** *in de vorige eeuw.*

**spe·len·der·wijs** (bijw.) op een speelse manier, bijna vanzelf ◆ *kleine kinderen leren een vreemde taal vaak* **spelenderwijs**.

**spe·le·o·loog** (de ~(m.); speleologen), vrouw: **spe·le·o·lo·ge** (de ~(v.); -n of -s) iemand die grotten en holen bestudeert.

**spe·ler** (de ~(m.); -s), vrouw: **speel·ster** (de ~(v.); -s) iemand die aan een spel* meedoet ◆ *de* **spelers** *renden vlak voor de wedstrijd het veld op.*

**spe·le·va·ren** (spelevaarde, heeft gespelevaard) varen voor je plezier, waarbij het er meer om gaat dat je op het water bent dan dat je vooruit komt.

**spe·ling** (de ~(v.); -en) **1** mogelijkheid om binnen een kleine ruimte te bewegen ◆ *er zit* **speling** *in het voorwiel van zijn fiets: het zit niet goed vast* **2** tussenruimte, ruimte of tijd die je over hebt tussen twee dingen ⇒ *marge* ◆ *de les duurt tot twee uur en de voetbalwedstrijd begint om kwart over twee, we hebben dus een kwartier* **speling** ▼ *een* **speling** *van de natuur: een afwijking, een vreemde vorm in de natuur; door een* **speling** *van het lot: door een vreemde, verrassende gebeurtenis.*

**spel·len** (spelde, heeft gespeld) een woord spellen: de letters ervan één voor één in de goede volgorde noemen of opschrijven ◆ *zij* **spelde** *haar naam door de telefoon; spel je 'onmiddellijk' met één l of met twee l's?; de krant, een brief* **spellen**: (uitdr.) die heel goed lezen.

**spel·ling** (de ~(v.); -en) manier waarop je woorden schrijft ⇒ *schrijfwijze* ◆ *regels voor de* **spelling** *van werkwoorden; een andere* **spelling** *van 'bloes' is 'blouse'.*

**spe·lonk** (de ~; -en) donkere grot.

**spelt** (de ~) bepaald soort tarwe.

**spen·cer** (de ~(m.); -s) trui zonder mouwen die je over een bloes of overhemd draagt ⇒ *slip-over.*

**spen·de·ren** (spendeerde, heeft gespendeerd) *iets, bijv. geld of tijd, ergens aan spenderen: iets ergens aan besteden* ◆ *hij* **spendeert** *al zijn zakgeld aan snoep; zij wil geen moeite aan dat werk* **spenderen**.

**sper·ma** (het ~) zaad van een man of van een mannetjesdier.

**sper·tijd** (de ~(m.); -en) tijd in de avond waarin het in de Tweede Wereldoorlog verboden was op straat te komen.

**sper·vuur** (het ~) schietpartij met meerdere wapens tegelijk ◆ *een* **spervuur** *van vragen:* (uitdr.) veel vragen die snel achter elkaar gesteld worden.

**sper·wer** (de ~(m.); -s) roofvogel die familie is van de valk.

**sper·zie·boon** (de ~; -bonen) groene, langwerpige boon met een rij zaadjes erin ⇒ *prinsessenboon, slaboon.*

**spet·ter** (de ~(m.); -s) **1** spat ◆ *bij het bakken kreeg ze een* **spetter** *vet op haar broek* **2** (populair) jongen die of meisje dat erg knap is om te zien ⇒ *stuk.*

**spet·te·ren** (spetterde, heeft gespetterd) erg spatten ◆ *het kind zit in bad te* **spetteren**; *de boter* **spettert** *in de pan als je er water bij doet.*

**speu·ren** (speurde, heeft gespeurd) naar iets speuren: iets zoeken door er goed naar uit te kijken ◆ *zij* **speurt** *naar een plaats om te parkeren.*

**speur·neus** (de ~(m.); -neuzen) iemand die goed iets kan opsporen.

**speur·tocht** (de ~(m.); -en) tocht waarbij je onderweg allerlei opdrachten moet uitvoeren en via verborgen aanwijzingen de weg moet vinden.

**spicht** (de ~(v.); -en) lang en mager kind.

**spich·tig** (bijv. nw.) lang en dun ◆ *spichtige benen.*

**spie** (de ~; spieën) dunne ijzeren staaf waarmee je iets vastzet.

**spie·den** (spiedde, heeft gespied) geconcentreerd en zoekend kijken ⇒ *loeren* ◆ *zij* **spiedde** *naar alle kanten om te zien of er iemand kwam.*

**spie·gel** (de ~(m.); -s) plat voorwerp van glas met een zilverkleurige laag op de achterkant, dat het beeld weerkaatst van alles wat ervoor staat ◆ *ze kamde haar haar voor de* **spiegel**; *iemand een* **spiegel** *voorhouden:* (uitdr.) iemand laten zien wat er verkeerd is in zijn of haar gedrag.

**spie·gel·beeld** (het ~; -en) afbeelding van iets zoals dat er in de spiegel uitziet ◆ *de foto's waren per ongeluk in* **spiegelbeeld** *afgedrukt: wat links moest staan stond rechts, en omgekeerd.*

**spie·gel·ei** (het ~; -eren) **1** gebakken ei waarvan de dooier heel is gebleven **2** stok met een ronde schijf, waarmee een conducteur het sein geeft dat de trein kan vertrekken.

**spie·ge·len** (spiegelde, heeft gespiegeld) **1** licht en beelden weerkaatsen als een spiegel* ◆ *de etalageruit* **spiegelt** **2** je aan iemand spiegelen: een voorbeeld aan iemand nemen.

**spie·gel·schrift** (het ~) manier van schrijven waarbij je van rechts naar links schrijft en de letters andersom schrijft ◆ *een woord dat in* **spiegelschrift** *is geschreven, kun je goed lezen als je het voor de spiegel houdt.*

**spie·ken** (spiekte, heeft gespiekt) bij een proefwerk of examen stiekem in je boek of op een blaadje met aantekeningen kijken of bij een ander afkijken.

**spie·le·rei** (Duits) [spieleraj] (de ~) (populair) bezigheden die niet serieus bedoeld zijn ◆ *die gedichten zijn maar* **spielerei**.

**spier** (de ~; -en) **1** elk van de strengen weefsel in je lichaam die je kunt samentrekken en weer strekken, waardoor je bewegingen kunt maken ◆ *arm- en been-* **spieren**; *hij vertrok geen* **spier**: (uitdr.) zijn gezicht bewoog niet, hij liet geen enkele emotie merken ▼ *er was vandaag geen* **spiertje** *zon:* (populair) er was helemaal geen zon.

**spier·bal·len** (zelfst. nw.; meervoud) verdikking van je spieren, doordat je ze krachtig spant of doordat je ze getraind hebt ◆ *de gewichtheffer heeft enorme* **spierballen**.

**spie·ring** (de ~(m.); -en) kleine zeevis.

**spies** (de ~; -en) **1** speer **2** metalen pin waaraan je stukjes vlees en groente steekt om ze te roosteren.

**spiet·sen** (spietste, heeft gespietst) *iets ergens aan spietsen: iets op een puntig voorwerp prikken of iets ergens aan rijgen* ◆ *ze* **spietst** *de stukjes vlees aan een stokje.*

**spij·be·laar** (de ~(m.); -s), vrouw: **spij·be·laar·ster** (de ~(v.); -s) iemand die spijbelt*.

**spij·be·len** (spijbelde, heeft gespijbeld) niet naar school gaan als je wel zou moeten gaan.

**spij·ker** (de ~(m.); -s) metalen staafje met aan de ene kant een punt en aan de andere kant een kop, waarmee je iets in elkaar timmert of waaraan je iets ophangt ◆ *hij slaat een* **spijker** *in de muur om het schilderijtje op te hangen; de* **spijker** *op de kop slaan:* (uitdr.) precies zeggen waar het om gaat; **spijkers** *met koppen slaan:*

(uitdr.) doortastend te werk gaan, goede beslissingen nemen; *spijkers op laag water zoeken*: (uitdr.) vervelende opmerkingen maken over iets onbelangrijks; *een spijker in je kop hebben*: (uitdr.; populair) hoofdpijn hebben als je de avond ervoor veel alcohol gedronken hebt.

**spij·ker·broek** (de ~; -en) stevige broek van denim die oorspronkelijk op sommige plaatsen versterkt werd met koperen nageltjes (kijk ook bij: **denim**) ⇒ *jeans, blue jeans.*

**spij·ke·ren** (spijkerde, heeft gespijkerd) *iets spijkeren*: iets met een of meer spijkers* vastmaken ◆ *een houten plaat tegen een deur spijkeren.*

**spij·ker·schrift** (het ~) heel oud schrift uit het Midden-Oosten, waarvan de tekens op spijkers lijken.

**spij·ker·stof** (de ~; -fen) stof waarvan spijkerbroeken gemaakt worden ⇒ *denim.*

**spijl** (de ~; -en) elk van de verticale stangen van een hek ◆ *de houten spijlen van een box.*

**spijs** (de ~; spijzen) **1** (vaak: spijzen)(deftig) klaargemaakt eten ◆ *spijs en drank; op de tafel stonden heerlijke spijzen uitgestald* **2** zoet mengsel van o.a. gemalen amandelen en suiker, dat bijv. in gevulde koeken en banketletters zit.

**spijs·kaart** (de ~; -en) lijst van gerechten die je in een restaurant kunt bestellen ⇒ *menukaart.*

**spijs·ver·te·ring** (de ~(v.)) het proces in je lichaam waarbij je voedsel door je maag en je darmen wordt verwerkt; de voedingsstoffen worden daarbij opgenomen en de afvalstoffen worden afgevoerd.

**spijt** (de ~) gevoel dat je hebt als je iets hebt gedaan waarvan je later vindt dat je het niet of anders had moeten doen ◆ *hij heeft er spijt van dat hij zijn vriend heeft uitgescholden; tot mijn spijt kan ik niet op uw feest komen*: ik vind het jammer.

**spij·ten** (speet, heeft gespeten) *het spijt mij*: ik vind het jammer ◆ *het spijt haar erg dat hij niet is geslaagd; het spijt me*: (dit zeg je om je excuses aan te bieden).

**spij·tig** (bijv. nw.) jammer ◆ *het is spijtig dat het feest niet kan doorgaan.*

**spij·zi·gen** (spijzigde, heeft gespijzigd) *iemand spijzigen*: (deftig) iemand te eten geven.

**spikes** (Engels) [spajks](zelfst. nw.; meervoud) sportschoenen met metalen punten aan de zool.

**spik·kel** (de ~(m.); -s) vlekje, stip ◆ *de hond heeft een bruine vacht met witte spikkels.*

**spil** (de ~; -len) ronde staaf waarom iets draait ⇒ *as* ◆ *de spil van een molen; zij is de spil van de organisatie*: (uitdr.) zij is de belangrijkste persoon.

**spil·le·be·nen** (zelfst. nw.; meervoud) dunne benen.

**spil·ziek** (bijv. nw.) gezegd van iemand die graag veel geld uitgeeft.

**spin** (de ~; -nen) **1** klein dier met acht poten dat een web maakt om insecten in te vangen **2** losse snelbinder met ten minste vier uiteinden met haken eraan.

**spin·aker** → spinnaker.

**spi·na·zie** (de ~) groente die bestaat uit groene blaadjes.

**spi·net** (het ~; -ten) instrument met snaren en toetsen dat op een klavecimbel lijkt.

**spin·na·ker** (de ~; -s) groot en bol zeil dat je gebruikt als je voor de wind zeilt.

**spin·nen** (spon, heeft gesponnen) **1** draden maken door lange vezels, bijv. wolvezels, in elkaar te draaien ◆ *de spin spint een groot web* **2** (ook: heeft gespind)(van katten): een snorrend geluid maken van tevredenheid.

**spin·nen·web** (het ~; -ben) net van dunne draadjes gemaakt door een spin, waarin hij insecten vangt.

**spin·ne·wiel** (het ~; -en) toestel met een wiel, om mee te spinnen (bet.1).

**spin·rag** (het ~) draden van een spinnenweb.

**spint** (de ~) spinsel van een bepaald soort mijt, dat plantenziekten veroorzaakt.

**spin·zen** (spinsde, heeft gespinsd) *ergens op spinzen*: (populair) stiekem op iets hopen, op iets vlassen.

**spi·on** (de ~(m.); -nen), vrouw: **spi·on·ne** (de ~(v.); -s of -n) iemand die spioneert*.

**spi·o·na·ge** (de ~(v.)) het spioneren*.

**spi·o·ne·ren** (spioneerde, heeft gespioneerd) stiekem dingen bekijken en informatie verzamelen bij je vijand om te weten te komen wat hij van plan is en wat zijn zwakke plekken zijn.

**spi·on·kop** (de ~(m.); -pen) groep fanatieke voetbalsupporters die door hun optreden het spelverloop proberen te beïnvloeden.

**spi·on·ne** → spion.

**spi·on·ne·tje** (het ~; -s) spiegeltje aan de buitenkant van een raam, waarin je ziet wie er voor de deur staat.

**spi·raal** (de ~; spiralen) **1** kromme lijn in een plat vlak die om een vast punt draait en er steeds verder vanaf gaat **2** kromme lijn die zich om een as slingert, zoals de schroefdraad van een schroef **3** deel van een bed waar de matras op rust, dat bestaat uit gevlochten ijzerdraad.

**spi·raal·tje** (het ~; -s) voorbehoedmiddel dat door een dokter in de baarmoeder van een vrouw wordt aangebracht.

**spi·rea** (de ~(m.); spirea's) sierstruik met rode, roze of witte bloemen in de vorm van een pluim.

**spi·rit** (Engels) [spirrit](de ~)(populair) pit, fut ◆ *dat is iemand met spirit.*

**spi·ri·tis·me** (het ~) geloof dat na de dood de geest van een mens blijft bestaan, en dat de mensen die nog leven met deze geest in contact kunnen komen.

**spi·ri·tis·tisch** (bijv. nw.) te maken hebbend met spiritisme*.

**spi·ri·tu·al** (Engels) [spirritjœwel](de ~; -s) geestelijk lied van Amerikaanse negers ⇒ *negrospiritual.*

**spiritualiën** spi·ri·tu·a·li·en (zelfst. nw.; meervoud) alcoholhoudende dranken.

**spi·ri·tu·eel** (bijv. nw.) geestelijk.

**spi·ri·tus** (de ~(m.)) blauwe alcoholhoudende vloeistof die kan branden en waarmee je bijv. ramen kunt schoonmaken.

**spit** (het ~) **1** (-ten of speten) metalen staaf met een scherpe punt waaraan je vlees steekt om te braden terwijl het ronddraait boven een vuur of in een oven ⇒ *braadspit* ◆ *een varken aan het spit* **2** plotselinge pijn onder in je rug, waardoor je je niet goed meer kunt bewegen.

**spits¹** (de ~; -en) **1** puntig uiteinde ◆ *de spits van de toren* **2** spitsuur ◆ *de ochtend- en avondspits* **3** de voorste spelers in een voetbalelftal, die de taak hebben aan te vallen ◆ *hij speelt in de spits* ▾ *de of het spits afbijten*: als eerste iets doen waar je moed voor nodig hebt; *iets op de spits drijven*: iets te ver voeren, te lang met iets doorgaan.

**spits²** (bijv. nw.) **1** puntig toelopend ◆ *een hond met een spitse snuit; een spitse punt* **2** pienter en gevat ⇒ *scherp* ◆ *een spits antwoord.*

**spits·boog** (de ~(m.); -bogen) boog in een bouwwerk die gevormd wordt door twee gebogen lijnen die bovenaan samenkomen in een punt ⇒ *kruisboog.*

**spit·sen** (spitste, heeft gespitst)(van dieren) *de oren spitsen*: ze omhoog zetten ◆ *de hond spitste zijn oren toen hij wat hoorde.*

**spits·kool** (de ~; -kolen) bepaald soort kool die in een punt toeloopt.

**spits·roe·den** (zelfst. nw.) ▼ *spitsroeden* lopen: iets heel moeilijks moeten doen, een vuurproef ondergaan.

**spits·uur** (het ~; -uren) tijd van de dag waarop er druk verkeer is, meestal 's ochtends vroeg en aan het eind van de middag, wanneer veel mensen naar hun werk en weer naar huis gaan.

**spits·von·dig** (bijv. nw.) vernuftig bedacht, maar wel vergezocht ◆ *een spitsvondige* redenering.

**spit·ten** (spitte, heeft gespit) met een spa of schep grond omscheppen of een kuil graven.

**spit·zen** (Duits) [sp<u>ie</u>tsen](zelfst. nw.; meervoud) balletschoenen met een verharde punt waarmee je op de punt van je tenen kunt dansen.

**spleen** (Engels) [spli:n](het ~) gevoel van diepe somberheid omdat je vindt dat de werkelijkheid niet is zoals hij zou moeten zijn ⇒ *weltschmerz*.

**spleet**¹ (de ~; spleten) smalle opening ⇒ *kier, reet* ◆ *hij keek door een spleet in de muur.*

**spleet²** → splijten.

**sple·ten** → splijten.

**splij·ten** (spleet) **1** (heeft gespleten) iets, bijv. een blok hout, splijten: iets met een scherp voorwerp in de lengte in stukken slaan ⇒ *kloven* **2** (is gespleten) in de lengte in stukken breken ◆ *de plank splijt* als je er een te grote spijker in slaat.

**splin·ter** (de ~(m.); -s) klein en smal stukje hout, glas enz. dat ergens vanaf is gesprongen ◆ *zij heeft een splinter in haar vinger; hij ziet wel de splinter in het oog van een ander, maar niet de balk in zijn eigen oog:* (uitdr.) kleine fouten van een ander ziet hij wel, maar de grote fouten die hij zelf maakt, ziet hij niet.

**splin·ter·par·tij** (de ~(v.); -en) kleine politieke partij die voortkomt uit een grotere partij.

**split** (het ~; -ten) opening in een rok, jurk of jas waarbij het lijkt of de stof van onderaf is ingesneden.

**split·sen** (splitste, heeft gesplitst) **1** iets splitsen: iets in delen scheiden ◆ *de groep werd in tweeën gesplitst; touw splitsen* **2** zich splitsen: in delen uiteengaan ◆ *de weg splitst zich hier in drieën; de rivier splitst zich hier:* (in twee delen).

**split·sing** (de ~(v.); -en) **1** plaats waar een weg zich splitst* (bet.2) ◆ *bij de splitsing* moet je rechtsaf slaan **2** het splitsen* (bet.1) ◆ *atoomsplitsing*.

**spoed** (de ~(m.)) grote snelheid die nodig is om iets te doen ◆ *zij werd met spoed naar het ziekenhuis gebracht; haastige spoed is zelden goed:* (spreekwoord) als je al te haastig werkt, gaat er vaak iets mis.

**spoe·den** (spoedde, heeft gespoed) je ergens heen spoeden: (deftig) ergens snel heen gaan.

**spoed·ge·val** (het ~; -len) geval dat dringend is, waarbij snel iets moet worden gedaan ◆ *de dokter werd weggeroepen naar een spoedgeval.*

**spoe·dig** (bijw.) binnen korte tijd ⇒ *gauw, weldra, binnenkort* ◆ *zij vertrekt spoedig naar het buitenland; wij zullen het u zo spoedig mogelijk laten weten:* zo snel mogelijk.

**spoel** (de ~; -en) voorwerp waar je iets omheen windt, bijv. garen of een filmband.

**spoe·len** (spoelde) **1** (heeft gespoeld) iets spoelen: iets schoonmaken met stromend water of door het in water heen en weer te bewegen ◆ *je mond spoelen* na het tandenpoetsen; *wasgoed spoelen* in koud water **2** (heeft gespoeld) iets spoelen: iets door middel van stromend water weg laten lopen ◆ *de zeep uit je haar spoelen; zij spoelde de bedorven melk door de gootsteen:* ze liet de melk door de gootsteen weglopen **3** (is gespoeld) door een stroom verplaatst worden ◆ *het stuk hout is naar zee gespoeld.*

**spo·gen** → spugen.

**spoi·ler** (Engels) [spojlər](de ~; -s) plaat onder aan de bumper van een auto of op het dak die ervoor zorgt dat de lucht er beter langs glijdt, waardoor de auto minder brandstof verbruikt.

**spo·ken** (spookte, heeft gespookt) **1** het spookt: er waart een spook* rond ◆ *het spookt* in dat huis; *het spookt* op zee: (uitdr.) het stormt **2** als spook* rondwaren ◆ *de gedachte aan zijn zieke moeder spookte* door zijn hoofd: (uitdr.) die liet hem niet met rust; *door het huis spoken:* (uitdr.) 's nachts op zijn terwijl anderen op bed liggen en je af en toe horen.

**spon** → spinnen.

**spon·de** (de ~; -n) (deftig) bed.

**spon·nen** → spinnen.

**spon·ning** (de ~(v.); -en) gleuf waarin iets past ◆ *de sponning van een raam:* de gleuf waarin een glasplaat past.

**spons** (de ~; -en of sponzen) voorwerp van een veerkrachtige stof met veel luchtbellen erin, dat veel water op kan zuigen en dat je gebruikt om iets schoon te maken ◆ *ramen lappen met spons en zeem; een badspons.*

**spon·sor** (de ~(m.); -s) persoon die of bedrijf dat geld beschikbaar stelt aan sportmensen of voor de organisatie van evenementen ◆ *de spelers droegen de naam van hun sponsor op hun kleding.*

**spon·taan** (bijv. nw.) **1** gezegd van iets dat je uit jezelf doet omdat het zo in je opkomt ◆ *een spontaan applaus; zij gaf hem spontaan een zoen* **2** gezegd van iemand die meteen zegt en doet wat in hem of haar opkomt.

**spon·ta·ni·teit, spontaneïteit** spon·ta·ne·i·teit (de ~(v.)) het spontaan* (bet.2) zijn.

**spoog** → spugen.

**spook** (het ~; spoken) **1** geest van een dode die rondwaart, bovennatuurlijke verschijning, die in kinderverhalen vaak wordt voorgesteld als een bewegend laken met ogen ⇒ *schim, geest, fantoom* ◆ *het spook* van de werkloosheid: (uitdr.) het angstaanjagende beeld van de werkloosheid; *spoken zien:* (uitdr.) bang zijn voor dingen die er helemaal niet zijn **2** vervelend meisje.

**spook·huis** (het ~; -huizen) donkere tent op de kermis met allerlei enge figuren en voorwerpen erin, waar je met een wagentje doorheen rijdt.

**spook·rij·der** (de ~(m.); -s) automobilist die op de verkeerde weghelft zit en tegen het verkeer in rijdt.

**spoor**¹ (zelfst. nw.) **1** (het ~) rails waar treinen over rijden ◆ *het spoor* oversteken **2** (het ~; sporen) afdruk op de grond van voeten, poten of wielen ◆ *de sporen van het wild volgen; een karrenspoor; het spoor bijster zijn:* (uitdr.) de weg niet meer weten; ook: niet meer weten wat je moet doen; *op het goede spoor zitten:* (uitdr.) goede dingen doen nadat je een tijd niet wist wat of hoe je iets moest doen; *hij kon geen spoor van de ontvoerders ontdekken:* (uitdr.) hij kon niets ontdekken dat er op wees welke kant ze uit waren gegaan; *iemand op het spoor komen:* (uitdr.) erachter komen waar iemand of iets zou kunnen zijn of is geweest **3** (de ~; sporen) metalen beugel om een rijlaars met een pinnetje aan de achterkant, waarmee je een paard aanspoort ◆ *het paard de sporen geven:* hem aansporen met je sporen ▼ *je sporen verdiend hebben:* bewezen hebben dat je iets goed kunt; *hij heeft zijn sporen verdiend in de muziek.*

**spoor²** → spore.

**spoor·boek·je** (het ~; -s) boekje waarin staat hoe laat de treinen aankomen en vertrekken en waar ze heen gaan.

**spoor·boom** (de ~(m.); -bomen) balk die bij een overweg dwars over de weg wordt neergelaten als er een trein aankomt, zodat het verkeer niet door kan rijden.

**spoor·lijn** (de ~; -en) rails voor treinen ⇒ spoorweg, spoor.

**spoor·loos** (bijw.) ▼ spoorloos verdwenen zijn: verdwenen zijn zonder een spoor achter te laten en daardoor onvindbaar zijn.

**spoor·slags** (bijw.) onmiddellijk en snel ♦ zij rijdt spoorslags naar het ziekenhuis.

**spoor·weg** (de ~(m.); -en) rails waarover treinen rijden ⇒ spoorrails, spoor, spoorlijn.

**spoot** → spuiten.

**spo·ra·disch** (bijw.) een heel enkele keer, zelden ♦ die ziekte komt sporadisch voor.

**spo·re, spoor** (de ~; -n) cel waarmee bepaalde diertjes en planten, bijv. varens, zich voortplanten.

**spo·ren** (spoorde) 1 (heeft of is gespoord) met de trein reizen ♦ ze spoort iedere dag van Gent naar Brussel 2 (heeft gespoord) met iets sporen: bij iets passen, met iets in overeenstemming zijn ♦ de bouwplannen van de gemeente sporen niet met de wensen van de inwoners van het dorp 3 (heeft gespoord) (van de wielen van een voertuig): een recht spoor* (bet.2) maken zonder afwijkingen.

**sport** (de ~; -en) 1 bezigheid waarbij je je vooral lichamelijk inspant, vaak samen met anderen, in de vorm van een spel of wedstrijd ♦ aan sport doen; voetbal, schaatsen en zwemmen zijn bekende sporten; schaken en dammen zijn denksporten; ergens een sport van maken: (uitdr.) iets graag en veel doen, voor de lol 2 tree van een ladder.

**spor·ten** (sportte, heeft gesport) een sport* (bet.1) beoefenen.

**spor·tief** (bijv. nw.) 1 gezegd van iemand die veel sport* 2 flink, als iemand die goed tegen zijn of haar verlies kan ♦ hij vat zijn verlies sportief op 3 (van kleding): die makkelijk zit en vlot staat ♦ een sportieve trui.

**spor·tie·ve·ling** (de ~(m.); -en) (populair) iemand die sportief* (bet.1) doet.

**spot** (zelfst. nw.) 1 (de ~(m.)) het spotten* ♦ de spot met iemand of iets drijven: iemand of iets belachelijk maken, met iemand of iets spotten 2 (de ~; -s) reclamefilmpje op de televisie of in de bioscoop 3 (de ~; -s; vaak: spotje) lamp die een bundel gericht licht geeft ♦ een spotje boven een schilderij.

**spo·ten** → spuiten.

**spot·light** (Engels) [spotlajt](de ~; -s) grote spot (bet.3) die bij het toneel, in studio's enz. gebruikt wordt ⇒ schijnwerper.

**spot·prent** (de ~; -en) tekening waarin iemand of iets belachelijk wordt gemaakt ⇒ karikatuur.

**spot·prijs** (de ~(m.); -prijzen) heel lage prijs.

**spot·ten** (spotte, heeft gespot) met iemand of iets spotten: iemand of iets belachelijk maken, vaak door minachtend over die persoon of die zaak te praten ♦ hij laat niet met zich spotten: je moet niet proberen hem voor de gek te houden; daarmee valt niet te spotten: je moet het serieus nemen, er geen grapjes over maken; spot er maar mee!: je kunt er wel om lachen, maar het is helemaal niet leuk!

**spot·vo·gel** (de ~(m.); -s) vogel die het geluid van andere vogels nadoet.

**spouw·muur** (de ~(m.); -muren) dubbele muur waar lucht tussen zit, waardoor de kou beter wordt tegengehouden.

**spraak** (de ~) 1 het vermogen om te spreken* (bet.1) ♦

na dat ongeluk moest hij zijn spraak missen: toen kon hij niet meer praten ▼ er is sprake van een groot feest voor alle inwoners van de stad: er wordt over gesproken, men is het van plan; er was sprake van een vergissing: er was een vergissing gemaakt; geen sprake van!: dat mag beslist niet!; iets ter sprake brengen: over iets beginnen te praten; dat onderwerp is niet ter sprake gekomen: we hebben het er niet over gehad.

**spraak·ge·brek** (het ~; -en) het niet of niet goed kunnen uitspreken van bepaalde letters of woorden ♦ iemand die slist, heeft een spraakgebrek.

**spraak·kunst** (de ~(v.)) grammatica.

**spraak·ma·kend** (bijv. nw.) belangrijk omdat iedereen erover praat ♦ er stond een spraakmakend artikel in de schoolkrant over het autoritaire gedrag van de directeur; de spraakmakende gemeente: (uitdr.) de mensen die door hun taalgebruik de taal veranderen.

**spraak·ver·war·ring** (de ~(v.)) toestand waarbij mensen elkaars woorden en bedoelingen niet begrijpen ♦ over die term heerst enige spraakverwarring: daar verstaat iedereen iets anders onder; een Babylonische spraakverwarring: (uitdr.) enorm grote spraakverwarring.

**spraak·wa·ter·val** (de ~(m.); -len) (grappig) iemand die heel veel praat.

**spraak·zaam** (bijv. nw.) gezegd van iemand die graag praat.

**sprak** → spreken.

**spra·ke** → spraak.

**spra·ke·loos** (bijv. nw.) gezegd van iemand die niet kan praten, bijv. van verbazing.

**spra·ken** → spreken.

**spran·ke·len** (sprankelde, heeft gesprankeld) schitteren, zodat het lijkt of er vonken vanaf vliegen ⇒ fonkelen ♦ sprankelende wijn; een sprankelend gevoel voor humor: (uitdr.) dat heel levendig is.

**sprank·je** (het ~; -s) heel kleine hoeveelheid ♦ een sprankje hoop.

**spray** (Engels) [spræj](de ~; -s) vloeistof die je verstuift met een spuitbus ♦ haarspray.

**spreek·beurt** (de ~; -en) voordracht over een bepaald onderwerp ♦ voor de groep een spreekbeurt houden over paddestoelen.

**spreek·buis** (de ~; -buizen) iemand die de mening van een ander of van een groep verkondigt ♦ hij is de spreekbuis van die politieke partij.

**spreek·ka·mer** (de ~; -s) kamer waarin een dokter of tandarts zijn patiënten behandelt.

**spreek·koor** (het ~; -koren) groep mensen die samen dezelfde tekst uitspreken ♦ bij de demonstratie klonken verschillende spreekkoren.

**spreek·ster** → spreker.

**spreek·taal** (de ~) woorden en zinnen die je gebruikt als je gewoon praat, dus geen deftige of officiële taal.

**spreek·uur** (het ~; -uren) vaste tijd waarop je naar een dokter kunt gaan zonder dat je van tevoren een afspraak hebt gemaakt.

**spreek·woord** (het ~; -en) vaste zin die een bepaalde wijsheid of waarheid bevat en die je in een bepaalde situatie gebruikt ♦ 'de appel valt niet ver van de boom' is een bekend spreekwoord.

**spreeuw** (de ~; -en) gespikkelde vogel die grijs, zwart en bruin is.

**sprei** (de ~; -en) sierdeken voor over een bed ♦ een gehaakte sprei.

**sprei·den** (spreidde, heeft gespreid) 1 dingen spreiden: die uitvouwen en vlak neerleggen ⇒ uitspreiden ♦ zij *spreidde de deken in het gras om erop te gaan zitten* **2** *je armen, benen, vingers spreiden: ze van elkaar af houden* **3** *dingen spreiden: die uit elkaar plaatsen en verdelen, bijv. over de tijd* ◆ *de schoolvakanties worden* **gespreid**: niet alle scholen hebben in dezelfde tijd vakantie.

**sprei·ding** (de ~(v.)) het spreiden* (bet.3) ◆ *de spreiding van de macht: de verdeling ervan over meerdere personen.*

**spre·ken** (sprak, heeft gesproken) **1** praten, iets zeggen ◆ *ze* **spreekt** *de waarheid: het is waar wat ze zegt; de politicus* **spreekt** *vaak in het openbaar: hij houdt vaak een toespraak; om met mijn vader te* **spreken**: *die jongen deugt niet:*(uitdr.) *zoals mijn vader altijd zegt: ...; er* **spreekt** *wantrouwen uit zijn houding:*(uitdr.) *dat blijkt eruit; dat* **spreekt** *voor zich, dat* **spreekt** *vanzelf:*(uitdr.) *dat hoef je niet uit te leggen; stout* **gesproken** *is half gewonnen:*(in België □; uitdr.) *een brutaal mens krijgt meestal zijn zin* **2** *iemand spreken: met iemand praten* ◆ *ik wil onmiddellijk de burgemeester* **spreken**!; *ergens niet over te* **spreken** *zijn:*(uitdr.) *ergens boos over zijn, iets vervelend vinden* **3** *een taal spreken: in die taal kunnen praten, die taal gebruiken om iets te zeggen* ◆ *zij* **spreekt** *vloeiend Engels.*

**spre·kend** (bijv. nw.) **1** treffend, opvallend ◆ *zij lijken* **sprekend** *op elkaar;* **sprekende** *kleuren* ▼ **sprekende** *klok:*(in België) de tijdmelding per telefoon.

**spre·ker** (de ~(m.); -s), vrouw: **spreek·ster** (de ~(v.); -s) iemand die een toespraak houdt of die bijv. in een vergadering aan het woord is ◆ *ik sluit me bij de vorige* **spreker** *aan: ik ben het met de vorige spreker eens.*

**spren·ke·len** (sprenkelde, heeft gesprenkeld) *een vloeistof ergens op sprenkelen: die in druppels over iets uitgieten* ◆ *ze* **sprenkelt** *wat eau de cologne op haar zakdoek.*

**spreuk** (de ~; -en) vaste zin waarin een algemene wijsheid wordt uitgedrukt ◆ *een* **spreuk** *uit de bijbel; aan de muur hangt een tegeltje met een* **spreuk** *erop.*

**spriet** (de ~(m.); -en) dunne en rechte stengel van een plant ◆ *een lange, dunne* **spriet**:(uitdr.) een lang, mager meisje.

**spring·bal·se·mien** (de ~; -en) plant met vruchten die openspringen, zodat de zaadjes worden weggeslingerd.

**sprin·gen** (sprong) **1** (heeft of is gesprongen) met kracht omhoog gaan door je met je voeten af te zetten ◆ *hij* **springt** *over de sloot; op de fiets* **springen**: *haastig op de fiets stappen; staan te* **springen** *om iets te doen:*(uitdr.) *vol ongeduld voor iets klaar staan; ergens om zitten te* **springen**:(uitdr.) *iets heel hard nodig hebben; die of dat* **springt** *eruit:*(uitdr.) *die of dat valt het meest op* **2** (is gesprongen) plotseling van toestand veranderen ◆ *het verkeerslicht* **springt** *op groen* **3** (is gesprongen) kapot gaan, barsten, knappen ◆ *het glas is* **gesprongen**; *mijn lippen zijn* **gesprongen** *door de kou* **4** (iets laten springen) iets laten ontploffen ◆ *de soldaten hebben de brug laten* **springen**: *ze hebben hem opgeblazen.*

**sprin·ge·rig** (bijv. nw.) gezegd van haar dat niet goed blijft zitten doordat het krult.

**spring-in-'t-veld** (de ~(m.); -en) levendig en beweeglijk kind.

**spring·le·vend** (bijv. nw.) levend en goed gezond.

**spring·schans** (de ~; -en) schuin aflopende baan om op ski's vanaf te springen.

**spring·stof** (de ~; -fen) stof die kan ontploffen ⇒ *explosief.*

**spring·tij** (het ~) springvloed.

**spring·touw** (het ~; -en) touw waarmee je touwtjespringt.

**spring·tuig** (het ~; -en)(in België □) bom, explosief.

**spring·uur** (het ~; -uren)(in België □) vrij uur tussen twee lesuren, tussenuur.

**spring·veer** (de ~; -veren) veer in de vorm van een spiraal ◆ *een matras met* **springveren**.

**spring·vloed** (de ~(m.); -en) hoge vloed die ontstaat bij een bepaalde stand van de zon en de maan ⇒ *springtij.*

**sprink·haan** (de ~(m.); -hanen) insect met lange achterpoten waarmee hij ver kan springen (bet.1).

**sprint** (de ~(m.); -en of -s) **1** plotselinge kortdurende verhoging van de snelheid waarmee je je voortbeweegt ◆ *een* **sprint** *trekken* **2** hardloop- of schaatswedstrijd over een korte afstand.

**sprin·ten** (sprintte, heeft gesprint) hard lopen, fietsen, schaatsen enz. over een korte afstand ⇒ *spurten* ◆ *toen de bel ging,* **sprintte** *ze naar de deur.*

**sprin·ter** (de ~(m.); -s) **1** iemand die sprint* **2** bepaald type trein dat heel snel optrekt en dat in de randstad rijdt tussen een groot aantal steden.

**sprits** (de ~; -en) koek die wordt gemaakt door deeg in repen op een bakplaat te spuiten.

**sproei·en** (sproeide, heeft gesproeid) *een vloeistof, meestal water, sproeien: het in veel fijne druppels over iets uitgieten* ◆ *als het droog weer is, moet je regelmatig de tuin* **sproeien**.

**sproei·er** (de ~(m.); -s) apparaat waarmee je sproeit* ◆ *de* **sproeier** *van de douche.*

**sproet** (de ~; -en) lichtbruin vlekje op je huid dat door de zon te voorschijn komt.

**sprok·ke·len** (sprokkelde, heeft gesprokkeld) hout sprokkelen: afgevallen takjes verzamelen.

**sprok·kel·maand** (de ~) de maand februari.

**sprong¹** (de ~(m.); -en) keer dat je springt* (bet.1) ◆ *zij maakte een* **sprong** *van twee meter; dat is een* **sprong** *in het duister:*(uitdr.) *iets waarvan je helemaal niet weet hoe het af zal lopen; de* **sprong** *wagen:*(uitdr.) *iets gedurfds doen; met* **sprongen** *vooruitgaan:*(uitdr.) *ineens een heel stuk beter worden; zijn gezondheid gaat met* **sprongen** *vooruit.*

**sprong²** → springen.

**spron·gen** → springen.

**sprook·je** (het ~; -s) verzonnen verhaal waarin figuren voorkomen als kabouters, heksen, feeën, sprekende dieren enz. ◆ *het* **sprookje** *van Doornroosje; het landschap was een* **sprookje**:(uitdr.) *het was heel erg mooi; iemand* **sprookjes** *vertellen:*(uitdr.) *iemand iets wijsmaken.*

**sproot** → spruiten.

**sprot** (de ~(m.); -ten) visje dat op haring lijkt en dat vooral gerookt wordt gegeten.

**spro·ten** → spruiten.

**sprouw** → spruw.

**spruit** (de ~; -en) **1** jonge stengel met bladeren ⇒ *scheut, uitloper* **2** (grappig) kind, nakomeling ◆ *Caroline is hun jongste* **spruit**.

**sprui·ten** (sproot, is gesproten) **1** (van aardappels): uitlopers krijgen ⇒ *uitlopen* **2** voortkomen ◆ *hij* **spruit** *uit een adellijk geslacht: hij komt voort uit een adellijk geslacht.*

**spruit·jes** (zelfst. nw.; meervoud) kleine kropjes kool die aan een stengel groeien en die je als groente eet.

**spruw, sprouw** (de ~) ontsteking in de mond die vooral bij baby's voorkomt ⇒ *aften.*

**spu·gen** (spuugde, heeft gespuugd of spoog, heeft gespogen) **1** vocht in je mond met kracht naar buiten werpen ⇒ *spuwen, tuffen* ◆ *hij* **spuugt** *op de grond; op iemand of iets* **spugen**:(uitdr.) *erg op iemand of iets neerkijken* **2** overgeven ⇒ *kotsen, spuwen, braken.*

**spui·en** (spuide, heeft gespuid) **1** *grachten, kanalen enz.* spuien: het water eruit laten lopen en tegelijk nieuw water erin laten stromen **2** *iets, bijv. kennis, kritiek enz.* spuien: iets uiten ♦ *toen hij voor zijn examen gezakt was, moest hij even spuien:* toen moest hij even vertellen wat hij ervan vond.

**spui·ga·ten** (zelfst. nw.) ▼ *het loopt de spuigaten uit:* het is te erg, het gaat te ver.

**spuit** (de ~; -en) **1** voorwerp met een nauwe opening, om mee te spuiten* (bet.1 en 3) ♦ *een brandspuit;* iemand *een spuitje geven* tegen de pijn: iemand een injectie geven met een pijnstillend middel; *een dier een spuitje geven:* (uitdr.) het doden door het met een giftige stof in te spuiten; *spuit elf geeft modder.* (uitdr.) (dit zeg je als iemand die niet zoveel te vertellen heeft ook nog eens zijn of haar mening geeft) **2** (populair) geweer.

**spuit·bus** (de ~; -sen) bus met een vloeistof erin die eruit wordt gespoten als je op een knop drukt ♦ *haarlak in een spuitbus.*

**spui·ten** (spoot) **1** (heeft gespoten) *een vloeistof spuiten:* ervoor zorgen dat die met kracht door een nauwe opening naar buiten komt ♦ *zij spuit water over de tegels; een auto spuiten:* er met een spuit autolak op aanbrengen **2** (is gespoten) *(van vloeistoffen):* met veel kracht ergens uit komen ♦ *het water spoot uit de kapotte leiding* **3** (heeft gespoten) drugs gebruiken door jezelf injecties te geven.

**spuit·gast** (de ~(m.); -en) iemand die een brandspuit bedient ⇒ *brandweerman.*

**spul** (het ~) **1** (populair) hoeveelheid van een stof (bet.2) die of materiaal dat je niet precies kunt of wilt noemen ♦ *wat ligt daar voor raar spul op de grond?; deze doos is voor het kleine spul:* de kleine dingetjes ▼ *het hele spul:* (populair) de hele groep; *het hele spul ging op weg naar de speeltuin.*

**spul·len** (zelfst. nw.; meervoud) voorwerpen die je ergens voor nodig hebt of die je eigendom zijn ♦ *hij is de spullen voor de vergadering vergeten:* de papieren enz.; *zij heeft al haar spullen in de trein laten staan:* alle dingen die ze bij zich had; *ze heeft haar spulletjes goed voor elkaar:* (uitdr.) ze heeft alles goed geregeld.

**spur·ten** (spurtte, is of heeft gespurt) plotseling hard gaan lopen of fietsen ⇒ *sprinten.*

**sput·te·ren** (sputterde, heeft gesputterd) **1** een pruttelend geluid maken ♦ *de motor sputtert* **2** mopperen, laten merken dat je ergens ontevreden over bent.

**spu·tum** (het ~) (medisch) slijm uit je longen.

**spuug** (het ~) speeksel.

**spu·wen** (spuwde, heeft gespuwd) spugen ⇒ *tuffen.*

**squash** (Engels) [skwosj, in België: skwasj] (het ~) sport die je speelt met z'n tweeën en waarbij je om de beurt een zachte bal met een racket tegen een muur slaat.

**squaw** [skwɔ] (de ~(v.); -s) indiaanse vrouw.

**sr.** (afkorting) senior.

**Sra·nan** (het ~) Sranangtongo.

**Sra·nang·ton·go** (het ~) Surinaamse taal, zoals de negers in Suriname die spreken ⇒ *Sranan.*

**SS** (de ~(v.)) *S*chutz*s*taffel; dit was een Duitse organisatie die in de Tweede Wereldoorlog moest zorgen voor de veiligheid van de nazi's (kijk ook bij: **nazi**).

**sst** (tussenw.) (om aan te geven dat je het stil wilt hebben) ♦ *sst, de baby slaapt!*

**SST** (de ~(m.)) (in België □) *s*uper*s*nelle *t*rein.

**s.s.t.t.** (afkorting) *s*alvis *t*i*t*ulis; dit is Latijn en het betekent: met behoud van titels (dit zet je op een brief achter de naam van iemand als je niet weet welke titels hij of zij heeft of als je ze niet wilt opschrijven).

**St.** (afkorting) *S*int.

**staaf** (de ~; staven) lang en dun voorwerp, dat rond of plat is ♦ *een staaf goud; een banketstaaf.*

**staak** (de ~(m.); staken) **1** lange, dunne stok ♦ *de planten in de moestuin zijn vastgebonden aan staken* **2** lange en magere arm of lang en mager been.

**staakt-het-vu·ren** (het ~) het stoppen met een strijd of oorlog.

**staal** (het ~) **1** bepaald soort heel hard ijzer ♦ *een schip met een romp van staal; roestvrij staal* **2** (stalen; vaak: staaltje) kleine hoeveelheid van een stof die als voorbeeld dient ♦ *stalen tapijtstof; hij toonde ons een staaltje van zijn kracht:* (uitdr.) hij liet zien hoe sterk hij was; *daar kan ik je een sterk staaltje van vertellen:* (uitdr.) daar kan ik je een treffend voorbeeld van geven.

**staal·kaart** (de ~; -en) verzameling stalen (bet.2) die op kaarten zijn geplakt.

**staal·pil** (de ~; -len) pil waarin een bepaald soort ijzer zit en die je krijgt als je bloedarmoede hebt.

**staal·wol** (de ~) schuurmiddel dat is gemaakt van dunne gekrulde draadjes ijzer die in elkaar zitten.

**staan** (stond, heeft gestaan) **1** op voeten of op poten overeind zijn ♦ *bij het applaus gingen de leden van het orkest staan; ergens buiten staan:* (uitdr.) ergens niets mee te maken hebben; *ergens op staan:* (uitdr.) per se willen dat iets gebeurt; *achter iemand of iets staan:* (uitdr.) iemand of iets verdedigen; *ergens van staan te kijken:* (uitdr.) verbaasd over iets zijn; *de voorstelling staat of valt met die acteur:* (uitdr.) het succes van de voorstelling hangt helemaal van hem af; *ergens boven staan:* (uitdr.) je ergens niets van aantrekken, je ergens niet door van je stuk laten brengen **2** *(van zaken):* op iets rusten of ergens zijn ♦ *die stoel staat op drie poten; het eten staat op tafel; hij heeft zijn melk laten staan; hij heeft die niet opgedronken; dat geval staat op zichzelf:* dat heeft niet met iets anders te maken **3** zich in een bepaalde toestand bevinden ♦ *het huis staat leeg; zij staat bekend als een goede zangeres; de ballon staat op springen:* die kan ieder moment springen **4** opgeschreven, getekend, gedrukt enz. zijn ♦ *dat woord staat niet in het woordenboek* **5** *(van kleren)* iemand staan: mooi bij iemand passen ♦ *die jas staat je erg goed:* daarmee zie je er goed uit ▼ *hij staat voor niets:* hij kan en durft alles; *dat staat nog te bezien:* dat is nog niet zeker; *er staat hem heel wat te wachten:* hij krijgt nog heel wat te doen; ook: hij moet nog veel doorstaan.

**staan·de¹** (bijv. nw.) ▼ *je staande houden:* vol weten te houden in een discussie of in een gevecht; *iets staande houden:* iets blijven beweren; *iemand staande houden:* iemand tegenhouden, vooral als politieagent, om die persoon te vragen wie hij of zij is; *een staande klok:* die op de grond staat en niet aan de muur hangt.

**staan·de²** (voorz.) (deftig) gedurende, tijdens ♦ *staande de vergadering ....*

**staan·der** (de ~(m.); -s) stuk hout of ijzer dat verticaal staat en dat iets ondersteunt.

**staar** (de ~) bepaalde oogziekte, waardoor je steeds minder ziet.

**staart** (de ~(m.); -en) **1** verlengstuk van de ruggengraat van een dier, dat meestal hangt ♦ *de hond kwispelt met zijn staart; met de staart tussen de benen afdruipen:* (uitdr.) bang of vernederd weglopen **2** bos samengebonden haar ♦ *zij heeft haar haar in twee staartjes* **3** achterste of laatste deel van iets ♦ *de staart van een vliegtuig; een staartje wijn:* een restje; *die zaak heeft nog een staartje:* (uitdr.) die heeft nog wat gevolgen.

**staart·been** (het ~; -beenderen) stuitbeen.

**staart·de·ling** (de ~(v.); -en) deelsom die je maakt door getallen onder elkaar te schrijven.

**staart·klok** (de ~; -ken) bepaald soort hangklok waarvan de achterkant langer is dan de voorkant.

**staart·stuk** (het ~; -ken) achterste stuk van iets ◆ *het staartstuk van een vliegtuig.*

**staat** (de ~(m.); staten) **1** manier waarop iemand of iets is ⇒ *toestand* ◆ *het oude gebouw is in zijn oude staat hersteld; hij verkeert in een staat van opwinding:* hij is opgewonden; *het huis is in goede staat:* het is degelijk en goed onderhouden; *staat van beleg:* toestand waarbij militairen de baas zijn en burgerwetten niet meer gelden; *burgerlijke staat:* de situatie dat iemand getrouwd, ongetrouwd of samenwonend is **2** gemeenschap van mensen die geordend wordt bestuurd ◆ *de Staat der Nederlanden; de Verenigde Staten van Amerika* **3** overzicht of lijst, vooral van ontvangsten en uitgaven ⇒ *tabel* ◆ *een staat van dienst:* overzicht waarin staat hoe lang iemand gewerkt heeft en wat hij of zij heeft gedaan ▼ *een grote staat voeren:* een luxe leven leiden en veel geld uitgeven; *ergens staat op kunnen maken:* op iets kunnen rekenen; *in alle staten zijn:* heel erg opgewonden of wanhopig zijn; *tot iets in staat zijn:* iets kunnen doen; *hij is tot alles in staat:* hij kan van alles doen, je kunt alles van hem verwachten.

**staat·huis·houd·kun·de** (de ~(v.)) economie.

**staat·kun·de** (de ~(v.)) wetenschap die zich bezighoudt met hoe een staat (bet.2) bestuurd moet worden.

**staat·kun·dig** (bijv. nw.) te maken hebbend met de staatkunde* ◆ *de staatkundige kaart van Europa:* waarop staat in welke landen Europa is verdeeld.

**Staats·bos·be·heer** (het ~) (in Nederland) instelling die zorgt voor de bossen en andere stukken natuur die eigendom van de overheid zijn.

**staats·bur·ger** (de ~(m.); -s) iemand die in een staat (bet.2) woont en daardoor bepaalde rechten en plichten heeft ◆ *volgens zijn paspoort is hij Amerikaans staatsburger.*

**staats·ge·heim** (het ~; -en) zaak die geheim moet blijven omdat dat beter is voor de staat (bet.2).

**staats·greep** (de ~(m.); -grepen) plotselinge overname van de macht ⇒ *coup.*

**staats·hoofd** (het ~; -en) iemand die het hoogste gezag heeft in een land, bijv. de president of de koning.

**staat·sie** (de ~(v.)) pracht, uiterlijk vertoon ◆ *het bezoek vond met veel staatsie plaats.*

**staat·sie·be·zoek** (het ~; -en) officieel bezoek van een staatshoofd aan een ander land.

**staats·in·rich·ting** (de ~(v.); -en) manier waarop het bestuur van een land in elkaar zit.

**staats·man** (de ~(m.); -lieden) iemand die een hoge positie bekleedt in het bestuur van een land.

**staats·recht** (het ~) recht dat te maken heeft met de organisatie van het bestuur van een land.

**staats·se·cre·ta·ris** (de ~(m.); -sen) belangrijkste helper van een minister ⇒ *onderminister* ◆ *de staatssecretaris van Sociale Zaken.*

**staats·vij·and** (de ~(m.); -en) persoon of toestand die een gevaar is voor het land ◆ *de werkloosheid is staatsvijand nummer één:* (uitdr.) werkloosheid is grootste bedreiging voor het welzijn van de mensen.

**sta·biel** (bijv. nw.) gezegd van iets dat niet of niet gauw uit z'n evenwicht raakt of dat niet veel verandert, het tegenovergestelde van 'labiel' ◆ *de toestand van de zieke is stabiel.*

**sta·bij** (de ~(m.); -s) hond van een bepaald Fries ras.

**sta·bi·li·se·ren** (stabiliseerde, heeft gestabiliseerd) *iets sta-*

biliseren: iets stabiel* maken ◆ *de toestand stabiliseert zich:* die blijft hetzelfde.

**stac·ca·to** (bijw.) (muziek) op een manier waarbij je korte, stotende klanken laat horen, die niet in elkaar overvloeien ◆ *een muziekstuk staccato spelen.*

**stad** (de ~; steden) grote plaats waar mensen wonen (vroeger heette een plaats een stad als er een muur omheen gebouwd was en die plaats stadsrechten had) ◆ *Amsterdam en Brussel zijn grote steden; zij zijn verhuisd van het dorp naar de stad; de stad in gaan:* naar het centrum gaan, bijv. om te winkelen; *daar heb ik stad en land voor af gelopen:* (uitdr.) ik heb overal geprobeerd dat te krijgen of te kopen.

**sta·de** ▼ *te stade komen:* (deftig) van pas komen.

**stad·hou·der** (de ~(m.); -s) iemand die vroeger als plaatsvervanger van de koning een deel van zijn rijk bestuurde.

**stad·huis** (het ~; -huizen) gebouw waar het bestuur van een stad zit, en waar je bijv. heen gaat om te trouwen ⇒ *gemeentehuis, raadhuis.*

**sta·di·on** (het ~; -s) groot sportterrein met tribunes eromheen die de mensen plaats bieden.

**sta·di·um** (het ~; -s of stadia) bepaalde periode in een ontwikkeling ⇒ *fase* ◆ *de ziekte is nu in het eerste stadium; de bouwplannen zijn in hun laatste stadium:* ze zijn bijna klaar; *in dit stadium kan ik er niets over zeggen:* op dit moment.

**stads** (bijv. nw.) horend bij de stad* of bij de mensen die in de stad* wonen ⇒ *steeds* ◆ *stadse manieren.*

**stads·mens** (de ~(m.) of het ~; -en) persoon die graag in een stad woont, die zich daar thuis voelt.

**staf** (de ~(m.); staven) **1** versierde stok die o.a. bisschoppen bij zich dragen als teken van hun waardigheid ◆ *de staf van Sinterklaas; een toverstaf:* een stokje waarmee een fee tovert **2** groep mensen die de leiding heeft in een organisatie ◆ *de staf van het ziekenhuis.*

**stag** (het ~; -en) dik touw of van staaldraad dat de mast van een zeilboot overeind houdt.

**sta·ge** [staːʒə] (de ~; -s) periode waarin een student of leerling onder leiding ergens werkt om de praktijk van een vak te leren ◆ *stage lopen in een bedrijf:* er een stageperiode doorbrengen.

**stage·di·ven** [steːdʒdajvən] (ww.) van een podium af in het publiek springen, waarbij je je door de mensenmassa laat opvangen.

**sta·gi·air** [staʒɛːr] (de ~(m.); -s), vrouw: **sta·gi·ai·re** (de ~(v.); -s) iemand die stage* loopt.

**stag·na·tie** (de ~(v.); -s) het stagneren* ⇒ *stremming* ◆ *een stagnatie in het verkeer.*

**stag·ne·ren** (stagneerde, heeft gestagneerd) stilstaan, niet verder gaan ◆ *de aanvoer van verse groenten stagneert door de staking.*

**stak** → steken.

**sta·ken¹** (staakte, heeft gestaakt) **1** (van werknemers): niet werken uit protest tegen bepaalde regelingen van de werkgever, bijv. tegen de betalingsregeling **2** iets staken: met iets stoppen, iets niet meer doen ◆ *betalingen staken; een studie staken* ▼ *de stemmen staken:* er zijn evenveel stemmen voor als tegen.

**sta·ken²** → steken.

**sta·ker** (de ~(m.); -s) werknemer die staakt* (bet.1).

**sta·ket·sel** (het ~; -s) hek dat bestaat uit een rij palen of staken met latten en prikkeldraad ertussen.

**sta·king** (de ~(v.); -en) het staken* (bet.1).

**sta·kings·post** (de ~(m.); -en) groepje stakers dat wil beletten dat de mensen die toch willen werken het bedrijf binnengaan.

**stak·ker** (de ~(m.); -s) iemand die zielig is, met wie je medelijden hebt ⇒ *stumper, zieleoot*.

**stal**[1] (de ~(m.); -len) gebouw of deel van een gebouw voor vee ♦ *de koeien staan op stal; je ruikt zeker de stal*: (uitdr.) (dit zeg je tegen iemand die harder gaat lopen of rijden als hij of zij bijna thuis is); *iets van stal halen*: (uitdr.) iets ouds weer gebruiken.

**stal**[2] → **stelen**.

**sta·lac·tiet** (de ~(m.); -en) stuk druipsteen dat in een grot hangt en dat naar onderen uitloopt in een punt.

**sta·lag·miet** (de ~(m.); -en) stuk druipsteen dat op de bodem van een grot staat en dat naar boven uitloopt in een punt.

**sta·lak·tiet** → **stalactiet**.

**sta·len**[1] (staalde, heeft gestaald) *iets of iemand stalen*: iets of iemand hard of sterk maken ♦ *zij is door tegenslag gestaald*.

**sta·len**[2] → **stelen**.

**stal·len** (stalde, heeft gestald) *een voertuig stallen*: dat in een garage of bewaarplaats zetten.

**stal·les** (zelfst. nw.; meervoud) de voorste rijen gelijkvloers in een schouwburg, of de middelste rijen in een bioscoop.

**stal·le·tje** (het ~; -s) kraampje op een markt of op straat ♦ *een boekenstalletje*.

**stal·ling** (de ~(v.); -en) plaats waar je fietsen of brommers kunt stallen* ♦ *bij het station is een bewaakte fietsenstalling*.

**stam** (de ~(m.); -men) **1** deel van een boom waar de takken aan vastzitten **2** groep mensen met eigen gewoonten, een eigen cultuur en een eigen grondgebied ♦ *een indianenstam* **3** (taal) vorm van een werkwoord die hoort bij 'ik'; bijv.: de stam van 'drinken' is 'drink' ♦ *in 'hij wordt' moet 'wordt' met dt, want bij 'hij' krijg je stam + t* **4** (ouderwets) groep personen die uit dezelfde voorvader zijn voortgekomen ⇒ *geslacht*.

**stam·boek·vee** (het ~) vee van een zuiver ras, waarvan de kenmerken en de afstamming beschreven staan in een register.

**stam·boom** (de ~(m.); -bomen) schema, vaak in de vorm van een boom met takken, waarin de namen van je voorouders en waarin je precies kunt zien wie van wie afstamt ♦ *een stamboom van een familie maken*.

**stam·ca·fé** (het ~; -s) café waar iemand vaste bezoeker is.

**sta·me·len** (stamelde, heeft gestameld) *iets stamelen*: iets met moeite en met korte onderbrekingen zeggen, vaak omdat je bang of verlegen bent ⇒ *hakkelen*.

**stam·gast** (de ~(m.); -en) vaste bezoeker van een café.

**stam·hou·der** (de ~(m.); -s) oudste zoon van de oudste zoon in een familie.

**stam·men** (stamde, is gestamd) *uit iets stammen*: ergens vandaan komen, ergens uit afkomstig zijn ♦ *zijn opa stamt uit Limburg; dat woord stamt uit het Latijn*.

**stamp** (de ~(m.); -en) (in België □) schop of duw.

**stam·pei** (zelfst. nw.) ▼ *stampei maken*: enorme drukte maken.

**stam·pen** (stampte, heeft gestampt) **1** je voet met kracht op de grond laten neerkomen ♦ *ze stampt van kwaadheid; stampende machines*: (uitdr.) die dreunende en schokkende bewegingen maken **2** *iets stampen*: iets fijn of klein maken door erop te slaan ♦ *gestampte muisjes* **3** *(van schepen)*: op en neer gaan, waarbij de boeg diep in de golven steekt **4** *woordjes, jaartallen enz. in je hoofd stampen*: die met veel inspanning proberen te leren of te onthouden.

**stam·per** (de ~(m.); -s) **1** voorwerp waarmee je stampt*

(bet.2) **2** vrouwelijk deel van een bloem dat het stuifmeel opneemt en vruchten vormt (kijk ook bij: **stuifmeel**).

**stamp·pot** (de ~(m.); -ten) gerecht dat bestaat uit door elkaar gestampte (bet.2) groente en aardappelen ♦ *zuurkoolstamppot met worst*.

**stamp·voe·ten** (stampvoette, heeft gestampvoet) een paar keer stampen (bet.1) omdat je kwaad bent.

**stam·tij·den** (zelfst. nw.; meervoud) (taal) vormen van een werkwoord waarvan je alle tijden voor alle personen kunt afleiden, bijv. van 'klimmen': klimmen, klom, geklommen.

**stam·va·der** (de ~(m.); -s) man van wie een geslacht of familie afstamt.

**stand**[1] (de ~(m.); -en) **1** manier waarop iemand of iets staat* (bet.1 en 2) ♦ *die strandstoel kun je in verschillende standen zetten; de stand van de maan* **2** toestand waarin iets zich bevindt ♦ *de stand van zaken; de visstand*: de hoeveelheid vis in een meer, rivier enz.; *de waterstand*: de hoogte van het water **3** puntenaantal bij een sportwedstrijd ♦ *de stand in de wedstrijd is 2-1 voor de thuisploeg*: de thuisploeg heeft twee punten, de andere ploeg één punt **4** rang of plaats in de maatschappij ♦ *de hoge standen*: de mensen van voorname afkomst; *de geestelijke stand*: alle geestelijken; *je stand ophouden*: (uitdr.) dingen doen die bij je maatschappelijke positie passen; *boven je stand leven*: (uitdr.) een duurder leven leiden dan je kunt betalen; *beneden je stand trouwen*: (uitdr.) trouwen met iemand die van lagere afkomst is dan jij ▼ *iets in stand houden*: ervoor zorgen dat iets blijft bestaan; *iets tot stand brengen*: iets laten ontstaan, iets voor elkaar krijgen; *tot stand komen*: gemaakt worden, ontstaan.

**stand**[2] [stend, in België: stant] (de ~(m.); -s) kleine afgeperkte ruimte, bijv. een kraam op een tentoonstelling, waar een bedrijf laat zien wat het verkoopt of doet, of waar een organisatie laat zien wat zij doet.

**stan·daard**[1] (de ~(m.); -en of -s) **1** constructie die iets ondersteunt of voetstuk waarop iets rust ♦ *de standaard van een fiets; de standaard van een parasol* **2** hoeveelheid of maat die officieel is vastgesteld en die als norm dient.

**stan·daard**[2] (bijv. nw.) als regel, normaal ♦ *deze auto wordt standaard met twee deuren geleverd*.

**stan·daar·di·se·ren** (standaardiseerde, heeft gestandaardiseerd) *iets standaardiseren*: iets zo maken dat het overeenkomt met een bepaalde standaard* (bet.2) ♦ *de kledingmaten in Europa zijn nog niet gestandaardiseerd*: ze zijn nog niet overal hetzelfde.

**stan·daard·taal** (de ~(v.)) de vorm van de taal die als norm geldt.

**stan·daard·werk** (het ~; -en) boek dat veel informatie geeft over een bepaald vakgebied en dat door iedereen wordt gebruikt ♦ *die encyclopedie is een standaardwerk*.

**stand-alone** (Engels) [stendəloon] (de ~; -s) losse computer, die niet aangesloten is op een netwerk.

**stand·beeld** (het ~; -en) beeld van een persoon dat op een voetstuk staat en dat is bedoeld om hem of haar eer te bewijzen.

**stand-by** (Engels) [stendbaj] (bijv. nw.) **1** reserve ♦ *een stand-by stewardess*: die in kan vallen als het nodig is; *stand-by staan*: klaar staan om te helpen **2** *(van beeld- en geluidsapparatuur)*: klaar om met de afstandsbediening te gebruiken.

**stand·hou·den** (hield stand, heeft standgehouden) blijven bestaan ondanks iets dat tegenwerkt ♦ *die vriendschap zal niet lang standhouden; de belegerde stad heeft twee weken standgehouden*.

**stand-in** (Engels) [stendin] (de ~; -s) iemand die bij film-opnames de rol van de eigenlijke acteur even over-neemt, vooral in een gevaarlijke scène.

**stan·ding** [stending, in België: standing] (zelfst. nw.) ▼ *van standing zijn*: voornaam zijn, van goede komaf zijn; *dat is een zaak van standing*.

**stand·je** (het ~; -s) **1** keer dat een stout kind boos toege-sproken wordt ◆ *een standje krijgen* ▼ *een opgewonden standje*: iemand die druk en zenuwachtig is.

**stand·plaats** (de ~; -en) **1** vaste plaats voor voertuigen ◆ *een standplaats voor taxi's; een standplaats voor een caravan op een camping* **2** plaats op een markt of kermis waar je met een kraam mag staan ◆ *een standplaats voor de vlooienmarkt kost f 30,- per dag* **3** plaats waar ie-mand werkt voor een bedrijf dat meer vestigingen heeft ◆ *de nieuwe vertegenwoordiger krijgt als standplaats Utrecht*.

**stand·punt** (het ~; -en) punt vanwaaruit je ergens te-genaan kijkt, waardoor je mening bepaald wordt ⇒ *ge-zichtspunt* ◆ *hij neemt een ander standpunt in; zij stelt zich op het standpunt dat …: zij verkondigt als haar me-ning dat …*.

**stand-up co·me·di·an** (Engels) [stendupkommiediejen] (de ~(m.); -s) cabaretier die gedeeltelijk improviseert in samenspraak met het publiek.

**stand·vas·tig** (bijv. nw.) gezegd van iemand die vol-houdt van iets dat duurzaam is ⇒ *onwrikbaar* ◆ *een standvastige liefde; hij weigert standvastig*.

**stang** (de ~; -en) **1** lange, dunne staaf van metaal ◆ *de stang van een herenfiets* ▼ *iemand op stang jagen*: ie-mand op een plagerige manier proberen kwaad te ma-ken.

**stan·gen** (stangde, heeft gestangd) *iemand stangen*: probe-ren iemand op een plagerige manier kwaad te maken.

**stank** (de ~(m.)) onaangename geur ◆ *stank van rotte ei-eren; stank voor dank krijgen*: (uitdr.) niet bedankt wor-den voor wat je hebt gedaan, maar er zelfs nog aan-merkingen op krijgen.

**stan·sen** (stanste, heeft gestanst) *iets stansen*: iets uit me-taal, leer, rubber enz. slaan of iets erin aanbrengen met een scherp voorwerp ◆ *gaten stansen in een riem; schoenzolen stansen uit een stuk leer*.

**stan·te pe·de** (Latijn) [stantepede] meteen, op staande voet ◆ *stante pede maatregelen nemen*.

**stan·zen** → stansen.

**stap** (de ~(m.); -pen) keer dat je je ene voet voor de ande-re zet ⇒ *pas, schrede* ◆ *hij liep met grote stappen naar de deur; stap voor stap*: (uitdr.) langzaam, iedere keer een stukje verder; *een stap in de goede richting*: (uitdr.) iets waardoor je dichter bij je doel komt; *dat is een hele stap*: (uitdr.) dat is iets heel ingrijpends; *stappen tegen iets on-dernemen*: (uitdr.) maatregelen nemen om iets te verhin-deren; *op stap gaan*: (uitdr.) ergens heen gaan, uitgaan.

**sta·pel¹** (de ~(m.); -s) **1** aantal voorwerpen die op elkaar gelegd of gezet zijn ◆ *een stapel boeken* ▼ *te hard van stapel lopen*: ergens al te enthousiast mee beginnen; *op stapel staan*: nog te gebeuren staan.

**sta·pel²** (bijv. nw.) (populair) niet goed wijs, gek ◆ *ergens stapel op zijn*: dol zijn op iets, erg van iets houden.

**sta·pel·bed** (het ~; -den) bed dat bestaat uit twee bed-den boven elkaar.

**sta·pe·len** (stapelde, heeft gestapeld) *iets stapelen*: een of meer stapels[1*] van iets maken ◆ *stenen stapelen*.

**sta·pel·huis** (het ~; -huizen) (in België) pakhuis.

**sta·pel·wolk** (de ~; -en) wolk die bestaat uit een aantal wolken op elkaar en die van boven ronde vormen heeft en van onderen afgeplat is ⇒ *cumulus*.

**stap·pen** (stapte, heeft of is gestapt) **1** stappen* maken of een stap* zetten ◆ *het kleine meisje stapte door de tuin; uit de auto stappen; ergens uit stappen* (bijv. *uit een on-derneming*): (uitdr.) ergens niet langer aan meedoen, je ergens uit terugtrekken **2** (populair) uitgaan, naar cafés gaan ◆ *vanavond gaan we stappen*.

**stap·voets** (bijw.) heel langzaam ◆ *de auto rijdt stap-voets over het woonerf*.

**star** (bijv. nw.) onbeweeglijk, vast ◆ *een starre blik; starre opvattingen*: die niet of niet gauw veranderen.

**sta·ren** (staarde, heeft gestaard) *naar iemand of iets staren*: strak je blik op iemand of iets gericht houden zonder dat je die persoon of dat ding bewust ziet.

**start** (de ~(m.); -s) het starten* ◆ *een vlotte start*: een vlot begin; *van start gaan*: (uitdr.) beginnen; *de actie gaat op 14 mei van start*.

**START** (de ~) **S**trategic **A**rms **R**eduction **T**alks; dit zijn be-sprekingen over de vermindering van strategische wa-pens.

**start·blok** (het ~; -ken) voetsteun waartegen hardlopers zich afzetten bij de start ◆ *in de startblokken staan*: (uitdr.) op het punt staan te beginnen.

**star·ten** (startte) **1** (heeft gestart) *iets starten*: het begin-nen ◆ *een actie starten* **2** (heeft gestart) *een voertuig star-ten*: ervoor zorgen dat de motor gaat draaien **3** (is ge-start) in een wedstrijd bij het beginpunt vertrekken ◆ *de lopers starten om negen uur*.

**Star Wars** (Engels) [sta:rwɔːrs] (de ~) Amerikaans pro-gramma dat onderzoek doet naar de ontwikkeling van een afweersysteem tegen raketten vanuit andere conti-nenten.

**sta·te** (de ~; -n) adellijk landgoed in Friesland.

**state·ment** (Engels) [steetment] (het ~; -s) krachtige be-wering.

**sta·ten·bij·bel** (de ~(m.); -s) bijbel in de vertaling van 1637.

**Sta·ten-Ge·ne·raal** (zelfst. nw.; meervoud) (naam voor het Nederlandse parlement).

**sta·tief** (het ~; statieven) standaard met drie of vier uit-schuifbare poten waarop een fototoestel of een filmca-mera kan staan.

**sta·tie·geld** (het ~) geld dat je moet betalen voor potjes, flessen en kisten en dat je terugkrijgt als je die leeg te-rugbrengt.

**sta·tig** (bijv. nw.) er voornaam uitziend ◆ *een statig land-huis*.

**sta·ti·on** (het ~; -s) **1** plaats waar treinen stoppen en vertrekken en waar je kunt in- of uitstappen ◆ *dat is een gepasseerd station*: (uitdr.) dat is verleden tijd, daar komen we niet op terug **2** plaats die is ingericht voor een praktisch of wetenschappelijk doel ◆ *een station van de wegenwacht; ruimtestation*.

**sta·ti·o·nair** [staasjoonε:r] (bijv. nw.) stilstaand ◆ *een mo-tor stationair laten draaien*: zonder te rijden.

**sta·tion·car** (Engels) [steesjenka:r] (de ~; -s) personenauto met een uitgebouwde achterkant, zodat er veel goede-ren mee vervoerd kunnen worden.

**sta·ti·o·ne·ren** (stationeerde, heeft gestationeerd) **1** *iets of iemand ergens stationeren*: iets of iemand ergens een vaste standplaats geven ◆ *onze nieuwe medewerker wordt in Oostende gestationeerd* **2** *een voertuig statione-ren*: (in België □) het parkeren.

**sta·tisch** (bijv. nw.) **1** onveranderlijk, niet bewegend, het tegenovergestelde van 'dynamisch' ◆ *een statische si-tuatie* **2** met een elektrische lading, zonder dat er elek-triciteit is die stroomt ◆ *van die droge kou wordt je haar statisch*.

**sta·tis·tiek** (de ~(v.); -en) **1** overzicht van een grote hoeveelheid verzamelde gegevens, op zo'n manier dat je ze makkelijk met elkaar kunt vergelijken ♦ *een statistiek met de geboortecijfers van de afgelopen twintig jaar; volgens de statistieken is het aantal werklozen toegenomen* **2** wetenschap die zich bezighoudt met het maken en verklaren van zulke overzichten.

**sta·tis·tisch** (bijv. nw.) te maken hebbend met statistieken* ♦ *statistische gegevens.*

**sta·tus** (de ~(m.)) **1** rang in de maatschappij ♦ *het beroep van notaris brengt een bepaalde status met zich mee* **2** plaats die je volgens de wet inneemt waar bepaalde rechten en plichten bij horen ♦ *de vluchtelingenstatus.*

**sta·tus-quo** (Latijn) [statuskwoo](de ~(m.) of het ~) toestand waarin iets zich op een bepaald moment bevindt ♦ *de regering probeert de status-quo te handhaven: ze probeert de situatie te houden zoals die is.*

**sta·tus·sym·bool** (het ~; -symbolen) iets waaraan je kunt zien hoe voornaam iemand is ♦ *die dure auto is voor hem een statussymbool.*

**sta·tuut** (het ~; statuten) officiële tekst waarin de regels staan van een organisatie ♦ *in de verenigingsstatuten staat dat iemand niet langer dan vier jaar voorzitter mag zijn.*

**sta·vast** ▼ *een man van stavast*: een flinke, betrouwbare man.

**sta·ven** (staafde, heeft gestaafd) *iets staven*: iets bevestigen of bewijzen, of iets kracht bijzetten ♦ *hij staaft zijn bewering met vele voorbeelden.*

**steak** (Engels) [steːk, in België: stek](de ~; -s) klaargemaakte biefstuk.

**ste·a·ri·ne** (de ~) bepaalde vette stof waarvan o.a. kaarsen worden gemaakt.

**ste·de** (de ~; -n)(ouderwets) plaats, plek ♦ *hier ter stede*: (uitdr.) in deze stad; *in stede van*:(uitdr.) in plaats van.

**ste·de·lijk** (bijv. nw.) te maken hebbend met de stad* ♦ *de stedelijke bevolking.*

**ste·de·ling** (de ~(m.); -en) iemand die in een stad* woont.

**stee** (de ~; steeën)(ouderwets) plaats, plekje ♦ *een zwakke stee in een lap stof.*

**steeds** (bijw.) iedere keer weer ♦ *hij neemt steeds dezelfde weg naar huis; de vakantie gaat steeds meer kosten; zijn kies doet nog steeds zeer*: zonder ophouden tot nu toe.

**steef** → stijven.

**steeg¹** (de ~; stegen) heel smal straatje tussen huizen.

**steeg²** → stijgen.

**steek** (de ~(m.); steken) **1** keer dat je steekt* (bet.1) of gestoken* (bet.1) wordt ♦ *iemand een steek toebrengen; een steek van een wesp; iemand een steek onder water geven*:(uitdr.) met bedekte woorden, dus niet openlijk, iets vervelends tegen iemand zeggen **2** korte, hevige pijn op één bepaalde plek ♦ *na het eten voelde hij een steek in zijn maag* **3** manier waarop je bij handwerken de naald in de stof steekt* (bet.2) en de draad erdoor haalt ♦ *borduursteek; tien steken breien; een steek laten vallen*:(uitdr.) iets doms of iets verkeerds doen; *aan hem is een steekje los*:(uitdr.) hij is een beetje gek **4** hoofddeksel met aan twee of drie kanten een opgeslagen rand, dat vooral vroeger gedragen werd **5** platte po voor mensen die in bed liggen ⇒ *ondersteek* ▼ *iemand in de steek laten*: iemand niet of niet meer helpen als hij of zij in moeilijkheden zit; *mijn geheugen laat me in de steek*: ik kan me het niet meer herinneren; *geen steek*: helemaal niets; *hij gelooft er geen steek van.*

**steek·hou·dend** (bijv. nw.)*(van een argument, bewering enz.)*: goed in elkaar zittend en daardoor bestand tegen kritiek ♦ *zijn bezwaren waren niet steekhoudend.*

**steek·pen·nin·gen** (zelfst. nw.; meervoud) geld waarmee je iemand omkoopt ⇒ *smeergeld* ♦ *de directeur van dat bedrijf heeft steekpenningen aangenomen.*

**steek·proef** (de ~; -proeven) proef waarbij je een aantal willekeurige mensen of dingen uit een groep uitkiest om te onderzoeken, waarna je de uitslag voor de hele groep laat gelden ♦ *om te zien of de partij appelen goed was, nam hij een paar steekproeven.*

**steek·spel** (het ~; -en) gevecht met woorden ♦ *een politiek steekspel.*

**steek·vlam** (de ~; -men) hoge vlam die plotseling oplaait.

**steel** (de ~(m.); stelen) **1** handvat in de vorm van een stok ♦ *bezemsteel* **2** deel van een plant waarmee een bloem, een blad of een vrucht aan een tak vastzit.

**steel·band** (Engels) [stiːlbent, in België: stiːlbant](de ~; -s) muziekgroep die muziek maakt op instrumenten die gemaakt zijn van olievaten.

**steel·drum** (Engels) [stiːldrum](de ~(m.); -s) drum die gemaakt is van een leeg olievat.

**steels** (bijv. nw.) stiekem ⇒ *heimelijk, tersluiks* ♦ *een steelse blik.*

**steen** (zelfst. nw.) **1** (de ~(m.) of het ~) harde stof die in de aardbodem voorkomt en die niet kan branden ♦ *blauwe steen*:(in België □; ouderwets) arduin, hardsteen; *zo hard als steen*:(uitdr.) heel hard **2** (de ~(m.); stenen) ruw of bewerkt stuk van die harde stof ♦ *de stenen van een muur; een grafsteen; met steentjes gooien; dat ligt als een steen op de maag*:(uitdr.) dat is zwaar te verteren; *een steen des aanstoots*:(uitdr.) iets dat ergernis veroorzaakt; *ergens een steentje aan bijdragen*:(uitdr.) aan iets meehelpen **3** (de ~(m.); stenen) stuk in bepaalde spellen, bijv. dammen **4** (het ~; stenen)(in België □) middeleeuwse stenen burcht ♦ *het Steen in Antwerpen* ▼ *steen en been klagen*: heel erg klagen.

**steen·bok** (de ~(m.); -ken) dier met grote gebogen hoorns dat hoog in de bergen leeft en dat op een geit lijkt.

**steen·boks·keer·kring** (de ~(m.)) zuiderkeerkring.

**steen·druk** (de ~(m.)) **1** drukmethode waarbij een afbeelding in een vlakke steen gekrast wordt ⇒ *lithografie* **2** (-ken) afbeelding die op zo'n manier gedrukt is ⇒ *litho, lithografie.*

**steen·ezel** (de ~(m.); -s)(in België □)(scheldwoord voor iemand die heel dom of koppig is) ⇒ *sufferd, stijfkop.*

**steen·goed** (bijv. nw.) heel erg goed, heel erg knap.

**steen·gril·len** (ww.) vlees grillen op een hete steen, een variant op het barbecueën, fonduen en gourmetten.

**steen·kool** (de ~) zwarte brandbare stof die in de grond gevonden wordt en die bestaat uit samengeperste plantendelen ♦ *witte steenkool*:(uitdr.) energie die verkregen wordt met behulp van stromend of vallend water.

**steen·puist** (de ~; -en) harde en pijnlijke puist.

**steen·slag** (het ~) **1** kleine stukken natuursteen, die o.a. gebruikt worden om wegen mee te bedekken **2** steentjes die los op de weg liggen.

**steen·weg** (de ~(m.); -en)(in België □) grote bestrate of geplaveide weg.

**steen·worp** (zelfst. nw.) ▼ *op een steenworp afstand*: vlakbij; *het zwembad ligt op een steenworp afstand van de school.*

**stee·ple·chase** (Engels) [stiːpəltsjeːs](de ~(m.); -s) wedstrijd met hindernissen voor paarden of atleten.

**stee·vast** (bijw.) volgens een vaste gewoonte, iedere keer weer ♦ *zij komt steevast te laat op haar werk.*

**ste·gen** → stijgen.

**stei·ger** (de ~(m.); -s) **1** houten aanlegplaats voor schepen langs of haaks op een oever **2** bouwwerk van stangen en planken waar bijv. schilders of bouwlieden op staan bij het bouwen of opknappen van een gebouw ♦ *het plan staat in de steigers*: (uitdr.) het wordt voorbereid.

**stei·ge·ren** (steigerde, heeft gesteigerd) *(van paarden):* op de achterbenen staan met de voorbenen in de lucht ♦ *zij steigerde toen haar ouders besloten dat ze naar een andere school moest:* (uitdr.) toen protesteerde ze hevig.

**steil** (bijv. nw.) **1** heel schuin oplopend of afdalend ♦ *steil omhoog; een steile trap; ergens steil van achterover slaan:* (uitdr.) heel verbaasd over iets zijn **2** *(van haar):* niet krullend.

**stek** (de ~(m.); -ken) **1** afgesneden takje van een plant, dat je in de aarde zet om er een nieuwe plant uit te laten groeien **2** plaats die je hebt uitgekozen ♦ *die oude man zit elke dag op zijn stekje in het park; de visser zit op zijn stek* **3** rotte plek in een vrucht.

**ste·ke·blind** (bijv. nw.) helemaal blind ♦ *hij ziet niet dat zijn vader zich zorgen om hem maakt, hij moet wel stekeblind zijn:* (uitdr.) hij voelt dat waarschijnlijk helemaal niet aan.

**ste·kel** (de ~(m.); -s) puntig uitsteeksel op de huid van een dier of aan een plant ♦ *een egel heeft stekels op zijn rug; je stekels opzetten:* (uitdr.) geprikkeld reageren.

**ste·kel·baars** (de ~(m.); -baarzen) bepaald soort kleine vis met stekels op zijn rug en buik.

**ste·kel·bes** (de ~; -sen) (in België □) kruisbes.

**ste·ke·lig** (bijv. nw.) **1** vol met stekels* ♦ *een stekelige struik* **2** een beetje hatelijk ♦ *zij maakt een stekelige opmerking.*

**ste·kel·var·ken** (het ~; -s) groot knaagdier met lange stekels op zijn rug.

**ste·ken** (stak, heeft gestoken) **1** *iemand of iets steken:* iemand of iets met een puntig voorwerp, bijv. met een mes, krachtig in het lichaam treffen ♦ *de misdadiger heeft de agent gestoken met een mes; de wesp stak Marga in haar vinger; de zon steekt:* (uitdr.) hij schijnt zo fel dat het pijn doet aan je ogen; *het steekt hem dat ...:* (uitdr.) hij vindt het erg dat ..., het doet hem pijn dat ...; ook: het maakt hem jaloers dat ... **2** *iets ergens in of op steken:* iets ergens in of op plaatsen, iets ergens in of op doen ♦ *een spa in de grond steken; hij steekt de sleutels in zijn zak; je in het zwart steken:* zwarte kleren aantrekken **3** *tijd, geld enz. in iets steken:* tijd, geld enz. aan iets besteden **4** *ergens in bevestigd zijn, ergens in vastzitten* ♦ *de sleutel steekt in het slot; blijven steken:* niet verder komen, vast blijven zitten; *daar steekt geen kwaad in:* (uitdr.) daar is niets verkeerds aan ▼ *dat steekt niet zo nauw:* dat komt niet zo nauw.

**stek·ken** (stekte, heeft gestekt) *een plant stekken:* er een stek* (bet.1) van nemen en die in aarde zetten om er een nieuwe plant uit te laten groeien.

**stek·ker** (de ~(m.); -s) voorwerp aan het eind van een elektriciteitsdraad met twee staafjes die je in een stopcontact moet steken.

**stel** (het ~; -len) **1** twee mensen of dingen die bij elkaar horen ⇒ *paar* ♦ *die jongen en dat meisje vormen een leuk stel; een stel ondergoed:* een hemd en een onderbroek **2** groep mensen of voorwerpen ♦ *op het bed ligt een stel boeken:* een aantal; *het hele stel gaat naar de film:* de hele groep ▼ *op stel en sprong:* meteen, onmiddellijk; *ze wilde dat ik op stel en sprong meeging.*

**stè·le** (de ~; -s) vierkante zuil waar iets op geschreven staat en die op een graf staat of als grenspaal dient.

**ste·len** (stal, heeft gestolen) *iets stelen:* iets stiekem weg-
nemen terwijl het niet van jou is ⇒ *ontvreemden, jatten, pikken* ♦ *haar fiets is gestolen; dat kind ziet eruit om te stelen:* (uitdr.) het ziet er heel mooi of lief uit; *dat kan me gestolen worden:* (uitdr.) daar vind ik niets aan; *iets niet gestolen hebben:* (in België □; uitdr.) iets verdiend hebben; *die mevrouw Vrolijk heeft haar naam niet gestolen:* (uitdr.) ze heeft altijd veel plezier.

**stel·la·ge** [stel*a*zj*e*] (de ~(v.); -s) bouwwerk met planken, om iets of iemand te dragen.

**stel·len** (stelde, heeft gesteld) **1** *iets of iemand stellen:* iets of iemand plaatsen ♦ *je hebt me voor een groot probleem gesteld; bedankt voor je hulp, ik wil er graag iets tegenover stellen:* ik wil graag iets voor je terugdoen **2** *iets stellen:* iets veronderstellen, iets aannemen ♦ *stel dat je rijk was, wat zou je dan doen?* **3** *het zonder iets of iemand stellen:* er genoegen mee nemen dat iets of iemand er niet is ♦ *je moet het een week zonder me stellen* **4** *je in iets stellen:* (in België □) in iets berusten ▼ *veel met iemand te stellen hebben:* veel moeite en problemen hebben om met iemand om te gaan; *het goed stellen:* (in België □) het goed maken.

**stel·le·tje** (het ~) groep mensen (gezegd door mensen die die groep minachten) ♦ *dat stelletje zit de hele dag vervelend te doen.*

**stel·lig** (bijv. nw.) zeker, beslist ♦ *dat is een stellige uitspraak; ze beweert stellig dat ze niemand heeft gezien:* met zekerheid.

**stel·ling** (de ~(v.); -en) **1** bewering waarvan je aanneemt dat die waar is **2** stellage of open kast om iets in op te bergen ♦ *in het magazijn staan stellingen met dozen* **3** manier waarop een leger is opgesteld voor de aanval ♦ *de soldaten lagen in stelling:* ze waren klaar om aan te vallen; *stelling nemen tegen iets:* (uitdr.) je tegen iets verzetten; *iets, bijv. argumenten, in stelling brengen:* (uitdr.) het naar voren brengen; *de stelling van de schaakstukken:* (uitdr.) de manier waarop de stukken tijdens het spel op het bord geplaatst zijn **4** (in België □) steiger ♦ *ons huis staat in de stellingen.*

**stel·pen** (stelpte, heeft gestelpt) *iets, bijv. bloed of tranen, stelpen:* ervoor zorgen dat het ophoudt met vloeien ♦ *haar tranen waren niet te stelpen:* ze was ontroostbaar.

**stel·re·gel** (de ~(m.); -s) regel die je hanteert ⇒ *principe, richtsnoer, beginsel* ♦ *zijn stelregel is dat je een ander nooit moet beledigen.*

**stel·sel** (het ~; -s) **1** geordend geheel, netwerk ♦ *een stelsel van onderaardse gangen; het zenuwstelsel* **2** geheel van regels, afspraken of maatregelen ⇒ *systeem* ♦ *belastingstelsel; het regeringsstelsel:* de manier waarop een land geregeerd wordt.

**stel·sel·ma·tig** (bijv. nw.) volgens een bepaald stelsel* (bet.2) ⇒ *systematisch* ♦ *het onkruid wordt stelselmatig bestreden; iets stelselmatig weigeren:* iets steeds opnieuw weigeren.

**stelt** (de ~; -en) **1** elk van de twee lange stokken met halverwege een dwarsbalkje om je voet op te zetten, waarmee je grote passen kunt maken ♦ *in de carnavalsoptocht liepen mannen op stelten mee; lange stelten:* (uitdr.) lange, dunne benen ▼ *de boel op stelten zetten:* opschudding veroorzaken, alles op zijn kop zetten; *het hele huis stond op stelten.*

**stelt·lo·per** (de ~(m.); -s) bepaalde vogelsoort met lange, dunne poten om mee in en langs het water te lopen ⇒ *waadvogel.*

**stem** (de ~; -men) **1** geluid dat je voortbrengt met je stembanden, bijv. als je praat of zingt ♦ *zij heeft een doordringende stem; je stem verheffen:* harder gaan praten; *zij is haar stem kwijt:* ze kan niets meer hardop zeggen, alleen maar fluisteren; *de tweede stem zingen:* (uitdr.) een andere melodie met hogere of lagere tonen, die bij de hoofdmelodie past **2** het laten weten naar wat of wie je voorkeur uitgaat, bijv. in een vergadering ◆ *je stem uitbrengen:* voor of tegen iets stemmen; *bij meerderheid van stemmen werd besloten dat de school dicht moest:* omdat de meeste mensen ervoor waren, werd dat besloten; *er gaan stemmen op om dat te doen:* enkele mensen vinden dat dat gedaan moet worden; *een stem in het kapittel hebben:* (uitdr.) mee mogen beslissen.

**stem·ban·den** (zelfst. nw.; meervoud) orgaan in je keel waarmee je je stemgeluid voortbrengt.

**stem·bui·ging** (de ~(v.); -en) verandering in toonhoogte tijdens het spreken ⇒ *intonatie.*

**stem·bus** (de ~; -sen) bus waarin de biljetten worden gegooid waarop de mensen hebben aangegeven op wie of waarop ze stemmen (bet.1) ◆ *naar de stembus gaan:* gaan stemmen.

**stem·ge·rech·tigd** (bijv. nw.) gezegd van iemand die volgens de wet mag stemmen ◆ *als je achttien of ouder bent, ben je stemgerechtigd.*

**stem·men** (stemde, heeft gestemd) **1** bij verkiezingen of op vergaderingen je stem* (bet.2) uitbrengen ◆ *op een politieke partij stemmen; over dat voorstel wordt gestemd* **2** *een muziekinstrument stemmen:* het op de juiste toonhoogte instellen, bijv. door de snaren strakker of losser te draaien ◆ *voor het concert moesten de instrumenten gestemd worden* **3** *(van dingen) iemand verdrietig, blij enz. stemmen:* iemand verdrietig, blij enz. maken ◆ *het ruisen van de regen stemde hem treurig.*

**stem·mig** (bijv. nw.) **1** niet opvallend, passend bij een plechtige gelegenheid ◆ *zij droeg op de begrafenis stemmige kleding* **2** (in België □) gezellig, knus ◆ *een stemmig feestje.*

**stem·ming** (de ~(v.); -en) **1** bepaald gevoel dat je een tijdje hebt ⇒ *humeur, bui* ◆ *hij is niet in de stemming om grapjes te maken* **2** sfeer die ergens heerst ◆ *er heerst in de klas een vrolijke stemming; de zanger bracht de stemming erin bij het publiek: het publiek kreeg het naar zijn zin* **3** het stemmen* (bet.1) ◆ *een voorstel in stemming brengen:* erover laten stemmen.

**stem·pel** (zelfst. nw.; -s) **1** (de ~(m.)) voorwerp met aan de onderkant een uitgesneden letter of figuur die je met inkt kunt afdrukken ◆ *een naamstempel; een datumstempel* **2** (de ~(m.) of het ~) afdruk van een letter of figuurtje op bijv. papier of stof ◆ *het stempel op de postzegel was van 14 mei; je stempel ergens op drukken:* (uitdr.) een duidelijke invloed op iets hebben **3** (de ~(m.)) bovenste deel van de stamper van een bloem, waarop de bevruchting plaatsvindt ▼ *iemand van de oude stempel:* iemand die ouderwets is, die vasthoudt aan vroeger.

**stem·pe·len** (stempelde, heeft gestempeld) **1** iets stempelen: er een stempel* (bet.2) op zetten ◆ *de brief is niet gestempeld* **2** (in België) als je werkloos bent, en kaart laten afstempelen, om een uitkering te kunnen krijgen.

**stem·pel·kus·sen** (het ~; -s) klein, plat kussentje dat met inkt is doordrenkt en waarop je een stempel (bet.1) nat maakt.

**stem·vork** (de ~; -en) metalen voorwerp in de vorm van een vork met twee tanden dat een vaste toon laat horen als je het ergens tegenaan slaat en dat je gebruikt bij het stemmen (bet.2) van instrumenten.

**sten·cil** (de ~(m.) of het ~; -s) afdruk, meestal van een tekst, die met een speciale machine gemaakt is (tegenwoordig meestal vervangen door de kopie) ◆ *iedereen kreeg een stencil met de teksten van de liedjes.*

**sten·ci·len** (stencilde, heeft gestencild) *iets, bijv. een tekst, stencilen:* met een speciale machine afdrukken van iets maken (tegenwoordig vervangen door kopiëren).

**sten·gel** (de ~(m.); -s) dunne steel van een plant.

**sten·gun** [stengun] (de ~(m.); -s) machinepistool dat je tegen je schouders laat steunen.

**ste·ni·gen** (stenigde, heeft gestenigd) *iemand stenigen:* stenen* (bet.2) naar iemand gooien om hem of haar te doden.

**sten·nis** (zelfst. nw.) ▼ *stennis maken:* (populair) drukte maken, herrie schoppen.

**ste·no** (de ~(m.) of het ~) (verkorting) stenografie ◆ *een brief in steno.*

**ste·no·gra·fie** (de ~(v.)) manier om snel woorden op te schrijven door bepaalde tekens en afkortingen te gebruiken.

**sten·tor·stem** (de ~; -men) zware en doordringende stem.

**step** (de ~(m.); -pen) plankje op twee wielen met een stuur, dat je met één voet vooruitduwt ⇒ *autoped.*

**step-in** (de ~(m.); -s) elastisch korset dat rondom gesloten is.

**step·pe** (de ~; -n) grote dorre grasvlakte.

**step·pen** (stepte, heeft gestept) op een step* rijden.

**ster** (de ~; -ren) **1** hemellichaam dat uit gloeiende gassen bestaat en dat uit zichzelf licht geeft ◆ *de Poolster; het staat in de sterren:* (uitdr.) het is voorspeld; *de sterren van de hemel zingen of spelen:* (uitdr.) heel erg mooi zingen of spelen; *sterretjes zien:* (uitdr.) erg duizelig zijn, bijv. na een klap of val; *tegen de sterren op:* (in België □; uitdr.; populair) zonder maat te houden, tegen de klippen op; *hij vloekte tegen de sterren op* **2** figuur met punten die naar verschillende kanten uitsteken ◆ *de ruit gebarsten, er zit een ster in; een generaal heeft vijf sterren op zijn uniform:* onderscheidingstekens in stervorm **3** persoon die beroemd is omdat hij of zij iets heel goed kan, bijv. een acteur of een zangeres **4** elk van de stervormige aanduidingen die de kwaliteit van iets aangeven (hoe meer sterren, hoe beter) ◆ *een driesterrenhotel* ▼ *het hoog in zijn ster hebben:* (in België □; populair) hoogmoedig zijn.

**STER** (de ~(v.)) (in Nederland) **st**ichting **e**therr**e**clame; dit is de organisatie die reclames op radio en televisie verzorgt.

**ster·al·lu·res** (zelfst. nw.; meervoud) grillig gedrag van een ster (bet.3) die ervan uitgaat dat iedereen voor hem of haar klaar staat.

**ste·reo** (bijv. nw.) *(van geluid):* over twee sporen of kanalen opgenomen, afgedraaid of uitgezonden, het tegenovergestelde van 'mono'.

**ste·re·o·me·trie** (de ~(v.)) onderdeel van de meetkunde dat zich bezighoudt met ruimtelijke figuren, dus niet met figuren in een plat vlak.

**ste·re·os·coop** (de ~(m.); stereoscopen) toestel waarmee je afbeeldingen op een plat vlak kunt zien alsof ze diepte hebben.

**ste·re·o·tiep** (bijv. nw.) gezegd van iets dat steeds weer op dezelfde manier gebeurt, volgens een vast patroon ◆ *hij maakte stereotiepe grapjes.*

**sterf·bed** (het ~; -den) tijd dat je stervend op bed ligt ◆ *op zijn sterfbed bedankte de oude man zijn zoon voor alles wat hij voor hem had gedaan:* toen hij op sterven lag.

**ster·fe·lijk, sterf·lijk** (bijv. nw.) gezegd van wezens die een keer moeten sterven* ◆ *mensen zijn sterfelijk.*

**sterf·ge·val** (het ~; -len) het sterven van iemand ⇒ *overlijden* ◆ *zij hebben een sterfgeval in de familie:* er is iemand doodgegaan.

**sterf·lijk** → sterfelijk.

**sterf·te** (de ~(v.)) het sterven* of het aantal mensen of dieren dat is gestorven ◆ *er is grote sterfte onder de vogels in dat gebied:* er gaan daar veel vogels dood.

**ste·riel** (bijv. nw.) **1** *(van mensen en dieren)*: onvruchtbaar **2** zonder bacteriën ◆ *bij een operatie moeten de instrumenten steriel zijn; een steriele woonkamer:* (uitdr.) die er zo netjes uitziet dat hij ongezellig is.

**ste·ri·li·sa·tie** (de ~(v.); -s) het steriliseren*.

**ste·ri·li·se·ren** (steriliseerde, heeft gesteriliseerd) **1** *een mens of een dier steriliseren:* een mens of een dier steriel* (bet.1) maken **2** *iets steriliseren:* iets steriel* (bet.2) maken ◆ *gesteriliseerde melk* **3** *groenten, vruchten steriliseren:* (in België □) die wecken.

**sterk¹** (bijv. nw.) **1** met veel kracht, het tegenovergestelde van 'slap' of 'zwak' ◆ *een sterke man; hij heeft een sterke wil:* hij weet goed wat hij wil en wijkt daar niet gauw vanaf; *sterke lijm:* die goed plakt; *een sterke speler:* die goed speelt; *zo sterk als een paard:* (uitdr.) heel erg sterk; *ergens sterk in zijn:* (uitdr.) iets goed kunnen; *een sterke stijging van het aantal leerlingen:* (uitdr.) een grote stijging; *sterke drank:* (uitdr.) met veel alcohol erin; *sterke koffie of thee:* (uitdr.) met een doordringende smaak doordat er bij het zetten weinig water is gebruikt in verhouding tot de hoeveelheid koffie of thee; *een sterke bril:* (uitdr.) die veel vergroot, met dikke glazen; *je voor iemand of iets sterk maken:* (uitdr.) moeite voor iemand of iets doen; *sterk staan:* (uitdr.) goede argumenten voor iets hebben, niet snel overwonnen kunnen worden **2** gezegd van iets dat veel kan verdragen, dat niet gauw slijt of kapot gaat ⇒ stevig ◆ *dat zijn sterke schoenen* **3** bijna niet te geloven ⇒ kras, stug ◆ *een sterk staaltje; een sterk verhaal* ▼ *ik maak me sterk dat …:* ik weet bijna zeker dat …; *een sterk werkwoord:* (taal) dat klinkerwisseling heeft in de verleden en voltooide tijd, zoals 'lopen'.

**sterk²** (bijw.) zeer, erg ◆ *dat gerecht is sterk gekruid; dat is sterk overdreven.*

**ster·ken** (sterkte, heeft gesterkt) *iets of iemand sterken:* iets of iemand sterker* (bet.1) maken ⇒ versterken ◆ *hij sterkt zijn lichaam door elke dag te joggen; die gebeurtenis sterkt haar in haar mening:* die maakt dat ze nog meer overtuigd is van wat ze al vond.

**ster·kers** → sterrenkers.

**sterk·te** (de ~(v.); -n of -s) het sterk* (bet.1 en 2) zijn ◆ *de sterkte van een draad; de sterkte van een geluid; sterkte!:* (dit zeg je om iemand moed in te spreken).

**stern** (de ~; -en) bepaalde zeevogel waarvan veel soorten bestaan.

**ster·ren·beeld** (het ~; -en) groep sterren met een vaste stand ten opzichte van elkaar die een bepaalde figuur vormen (volgens de astrologie hebben zulke sterrengroepen invloed op je leven) (kijk ook bij: **astrologie**) ◆ *de Grote Beer is een sterrenbeeld; enkele sterrenbeelden waar de astrologie mee werkt zijn Leeuw, Maagd, Waterman en Vissen.*

**ster·ren·kers, ster·kers** (de ~) klein groen plantje dat je eet als broodbeleg of in salades ⇒ waterkers, tuinkers.

**ster·ren·kij·ker** (de ~(m.); -s) grote sterke verrekijker waarmee je naar de sterren kunt kijken ⇒ telescoop.

**ster·ren·kun·de** (de ~(v.)) wetenschap die zich bezighoudt met de zon, de maan en de sterren ⇒ astronomie.

**ster·ren·wacht** (de ~; -en) gebouw waarin instrumenten staan waarmee de loop van de sterren, de zon en de maan wordt bestudeerd ⇒ observatorium.

**ster·ren·wi·che·la·rij** (de ~(v.)) astrologie.

**ster·re·tje** (het ~; -s) **1** staafje vuurwerk waar vonkjes

vanaf springen als je het aansteekt **2** teken in de vorm van een sterretje om naar iets te verwijzen (het teken *) ⇒ asterisk.

**ster·ve·ling** (de ~(m.); -en), vrouw: **ster·ve·lin·ge** (de ~ (v.); -s of -n) mens (zo genoemd omdat hij eens sterft*) ◆ *in het bos was geen sterveling:* (uitdr.) er was niemand.

**ster·ven** (stierf, is gestorven) **1** *(van mensen):* doodgaan ⇒ overlijden, ontslapen, heengaan ◆ *zijn opa ligt op sterven; zij is op sterven na dood:* (uitdr.) ze is bijna dood; *sterven van de kou:* (uitdr.) het heel koud hebben ▼ *het sterft hier van de …:* (populair) er zijn hier heel veel ….

**ste·thos·coop** (de ~(m.); stethoscopen) medisch instrument waarmee je het hart en de longen kunt beluisteren.

**steun** (de ~(m.)) **1** (-en) iets waarop iets anders rust ⇒ stut ◆ *de boekenplank ligt op twee steunen; een hoofdsteun aan een autostoel; deze stoel geeft steun in de rug:* je rug kan er goed tegen leunen **2** hulp die je krijgt als je problemen hebt of verdrietig bent ◆ *toen zijn vader was overleden, was zijn oom een grote steun voor hem; financiële steun:* hulp in de vorm van geld; *zij is zijn steun en toeverlaat:* (uitdr.) zij helpt hem als hij problemen heeft **3** (ouderwets) uitkering aan mensen die werkloos zijn ◆ *steun trekken:* een uitkering krijgen omdat je werkloos bent.

**steun·beer** (de ~(m.); -beren) uitspringend metselwerk aan een muur dat dient als steun voor de bogen van een gewelf.

**steu·nen** (steunde, heeft gesteund) **1** *op of tegen iets steunen:* op of tegen iets rusten of leunen ◆ *de houten vloer steunt op balken; zij steunt op haar vriendin:* (uitdr.) zij zoekt hulp bij haar **2** *iemand of iets steunen:* een steun* (bet.2) voor iemand of iets zijn ◆ *zij steunde het project:* zij gaf er geld voor; *hij steunt het voorstel:* hij is ervoor, hij vindt het goed **3** klagend en zuchtend iets zeggen ◆ *'ik kan niet meer', steunde hij.*

**steun·pi·laar** (de ~(m.); -pilaren) iemand op wie iets of iemand steunt ◆ *de steunpilaar van een bedrijf.*

**steun·zool** (de ~; -zolen) losse zool met een speciale vorm, die je in een schoen legt en die in de holte van je voet steun (bet.1) geeft.

**steur** (de ~(m.); -en) vis waarvan de kuit als kaviaar gegeten wordt (kijk ook bij: *kuit en kaviaar*).

**ste·ven¹** (de ~(m.); -s) voorste of achterste gedeelte van een schip ◆ *de voorsteven; de achtersteven; de steven wenden:* de koers veranderen, in een andere richting gaan varen.

**ste·ven²** → stijven.

**ste·ve·nen** (stevende, is gestevend) *op iets of iemand af stevenen:* vastberaden of met grote stappen naar iemand of iets toegaan ◆ *de verkoper stevende op de klant af; hij stevent recht op zijn doel af:* (uitdr.) hij probeert direct, zonder omwegen, zijn doel te bereiken.

**ste·vig** (bijv. nw.) **1** sterk en goed in elkaar zittend ⇒ solide, degelijk ◆ *een stevige tafel* **2** krachtig, flink ◆ *stevig doorlopen; een stevig pak slaag; stevige kost:* voedzaam eten **3** met een grote omvang ⇒ fors ◆ *een stevige vrouw; een stevige prijs:* een hoge prijs.

**ste·ward** (Engels) [stjœwˌrt] (de ~(m.); -s), vrouw: **ste·war·dess** (de ~(v.); -en) iemand die in een vliegtuig of op een schip de passagiers verzorgt, die bijv. de maaltijden brengt.

**stich·te·lijk** (bijv. nw.) **1** gezegd van iets dat je gevoel voor godsdienst, voor wat goed is, moet vergroten ◆ *een stichtelijk boek* ▼ *ik dank je stichtelijk!:* ik heb er beslist geen zin in.

**stich·ten** (stichtte, heeft gesticht) **1** *iets stichten:* het laten ontstaan door het te bouwen of in te stellen ◆ *een gezin stichten*; *een stad stichten* 2 *iets stichten*: het veroorzaken ⇒ *teweegbrengen* ◆ *vrede stichten*; *verwarring stichten* 3 *iemand stichten*: iemand sterken in zijn of haar godsdienstig gevoel of in zijn of haar gevoel voor wat goed is ◆ *de dominee sticht de kerkgangers*.

**stich·ter** (de ~ (m.); -s), vrouw: **stich·te·res of sticht·ster** (de ~ (v.); stichteressen of stichtsters) iemand die iets sticht* (bet.1) ◆ *de stichter van de stad*.

**stich·ting** (de ~ (v.)) 1 het stichten* (bet.1) ◆ *de stichting van een club* 2 (-en) organisatie die is opgericht voor een bepaald doel en die niet de bedoeling heeft winst te maken.

**stick** (de ~; -s) voorwerp in de vorm van een staaf ◆ *hockeystick*; *lipstick*.

**stic·ker** (de ~; -s) plaatje met een zelfklevende achterkant.

**stic·kie** (de ~; -s) (populair) zelfgerolde sigaret met hasj of marihuana erin (kijk ook bij: **hasj en marihuana**) ⇒ *joint*.

**stief** (bijv. nw.) ▼ *een stief kwartiertje*: (populair) lange tijd (meestal heel wat langer dan een kwartier).

**stief·broer** (de ~ (m.); -s) zoon van je stiefvader of stiefmoeder.

**stie·fe·len** (stiefelde, heeft of is gestiefeld) (populair) op een bepaalde manier lopen.

**stief·kind** (het ~; -eren) kind dat je man of vrouw heeft uit een eerder huwelijk.

**stief·moe·der** (de ~ (v.); -s) vrouw die met je vader getrouwd is nadat het huwelijk tussen hem en jouw moeder beëindigd is.

**stief·moe·der·lijk** (bijv. nw.) liefdeloos ⇒ *hardvochtig* ◆ *stiefmoederlijk bedeeld worden*: (uitdr.) minder aandacht krijgen dan terecht is.

**stief·va·der** (de ~ (m.); -s) man die met je moeder getrouwd is nadat het huwelijk tussen haar en jouw vader beëindigd is.

**stief·zus·ter** (de ~ (v.); -s) dochter van je stiefvader of stiefmoeder.

**stie·kem** (bijv. nw.) gezegd van iets dat anderen niet mogen weten of niet mogen merken ◆ *hij haalt stiekem wat koekjes uit de trommel*; *een stiekeme streek*: een gemene streek.

**stiel** (de ~ (m.); -en) (ouderwets) vak, beroep ◆ *dat is mijn stiel niet*: (uitdr.) dat kan ik niet.

**stier** (de ~ (m.); -en) mannetjesrund ◆ *balen als een stier*: (uitdr.; populair) heel erg balen.

**stierf** → sterven.

**stier·lijk** (bijw.) ▼ *je stierlijk vervelen*: je heel erg vervelen.

**stier·ven** → sterven.

**stift** (de ~; -en) 1 pen die bestaat uit een buisje met een staafje vilt dat doordrenkt is met kleurstof ⇒ *viltstift* 2 vulling voor een vulpotlood of een balpen.

**stift·tand** (de ~ (m.); -en) kunsttand die met een dun staafje is vastgeschroefd.

**stig·ma** (het ~; stigma's of stigmata) onaangenaam kenmerk dat mensen aan iemand blijven toekennen ◆ *nadat hij één keer iets verkeerds had gedaan, kreeg hij het stigma van misdadiger*.

**stig·ma·ti·se·ren** (stigmatiseerde, heeft gestigmatiseerd) *iemand stigmatiseren*: iemand een stigma* geven ◆ *iemand die niet kan praten, wordt vaak gestigmatiseerd als een geestelijk gehandicapte*.

**stijf**[1] (bijv. nw.) 1 moeilijk te buigen, niet meegaand, het tegenovergestelde van 'soepel' ◆ *een overhemd met een stijve boord*; *een stijve nek*: die je alleen met pijn kunt bewegen; *eiwit stijf kloppen*: zolang kloppen tot het niet

meer vloeibaar is; *hij is zo stijf als een plank*: (uitdr.) hij is heel erg stijf; *die tekst staat stijf van de fouten*: (uitdr.) er zitten heel veel fouten in; *een stijve krijgen*: (uitdr.) een erectie krijgen 2 onhandig en houterig ◆ *een stijf gebaar*; *een stijve vent*.

**stijf**[2] (bijw.) stevig, krachtig ◆ *zij houdt het pakje stijf tegen zich aan gedrukt*.

**stijf·jes** (bijv. nw.) niet erg hartelijk, terughoudend ◆ *ze groette hem stijfjes*.

**stijf·kop** (de ~ (m.); -pen) koppig persoon.

**stijf·sel** (de ~ (m.) of het ~) dik mengsel van water en zetmeel dat je gebruikt om kleding te stijven of als plakmiddel.

**stijg·beu·gel** (de ~ (m.); -s) elk van de twee beugels die met een riem aan het zadel van een paard vastzitten en die je gebruikt als steun voor je voeten.

**stij·gen** (steeg, is gestegen) 1 omhoog gaan, het tegenovergestelde van 'dalen' ◆ *het vliegtuig blijft stijgen*; *het water in de rivier stijgt*; *de weg stijgt* 2 hoger worden, een grotere waarde krijgen, het tegenovergestelde van 'dalen' ◆ *de prijzen stijgen*; *de temperatuur stijgt*; *de stemming in de zaal stijgt*: die wordt steeds beter; *de postzegel is in waarde gestegen*: hij is meer waard geworden.

**stijl** (de ~ (m.); -en) 1 manier waarop iemand schrijft of spreekt, of manier waarop iemand een schilderij, gebouw, beeld enz. maakt ◆ *die brief is in een heldere stijl geschreven*; *de stijl van Rembrandt* 2 manier waarop je dingen doet, manier waarop je handelt ◆ *dat rare feestje is helemaal in zijn stijl*; *zij doet dat met stijl*: op een goede en mooie manier; *het huis is helemaal in stijl ingericht*: alles past bij elkaar; *dat is geen stijl*: (uitdr.) dat is een slechte manier van doen.

**stijl·bloem·pje** (het ~; -s) woorden of zinnen waarmee iemand zijn of haar stijl van schrijven mooi wil maken, maar die een vreemde of belachelijke indruk maken.

**stijl·dan·sen** (ww.) dansen in paren volgens vaste regels die aangeven hoe je je moet bewegen ◆ *ze hebben de wals en de tango geleerd op een cursus stijldansen*.

**stijl·fi·guur** (de ~; -figuren) bepaalde keuze of volgorde van woorden die niet voor de hand ligt, maar die bedoeld is om je stijl van schrijven of spreken mooier te maken.

**stijl·loos** (bijv. nw.) ongepast, onbehoorlijk ◆ *hij heeft haar een uur laten wachten; dat vind ik stijlloos*.

**stijl·vol** (bijv. nw.) met een mooie stijl (bet.2) ⇒ *smaakvol* ◆ *een stijlvolle inrichting*.

**stij·ven** 1 (steef, heeft gesteven) *kleding stijven*: die met stijfsel stijf* (bet.1) maken ◆ *een gesteven tafellaken* 2 (stijfde, heeft gestijfd) *iemand in iets stijven*: iemand in iets aanmoedigen, iemand in iets steunen ◆ *iemand in het kwaad stijven*; *die gebeurtenis heeft me in mijn opvattingen gestijfd*: daardoor ben ik nog sterker overtuigd geraakt van wat ik vind.

**stik·ken** (stikte) 1 (is gestikt) doodgaan doordat je geen lucht meer krijgt ◆ *bij de brand is hij gestikt*; *iemand laten stikken*: (uitdr.) iemand in de steek laten; *stikken van het lachen*: (uitdr.; populair) heel erg moeten lachen; *stikken van de warmte*: (uitdr.; populair) het erg warm hebben; *stikken van woede*: (uitdr.; populair) heel boos zijn; *stik!*: (uitdr.; populair) (dit zeg je als je heel kwaad op iemand bent); *stikken in het geld*: (uitdr.; populair) erg veel geld hebben 2 (heeft gestikt) *iets stikken*: iets naaien met een bepaalde, eenvoudige steek ◆ *een zoom in een gordijn stikken*.

**stik·kie** → stickie.

**stik·stof** (de ~) bepaald soort gas zonder kleur, smaak of reuk, dat deel uitmaakt van de lucht die je inademt.

**stil** (bijv. nw.) **1** met weinig of geen geluid ♦ *ze woont in een stille straat; de kinderen zitten stil te lezen; ergens stil van zijn*: (uitdr.) zo van iets onder de indruk zijn dat je niets weet te zeggen **2** niet of weinig bewegend ♦ *sta stil!; de boot ligt stil* **3** verborgen, stiekem ♦ *zij heeft een stille aanbidder; hij is een stille drinker; ik heb een stille hoop dat ze komen*: in gedachten hoop ik het.

**sti·le·ren** (stileerde, heeft gestileerd) *iets stileren*: iets vereenvoudigd uitbeelden waarbij de kenmerkende vormen naar voren komen ♦ *een schilderij met gestileerde dierfiguren.*

**sti·let·to** (de ~(m.); stiletto's) scherp mes waarvan het lemmet uit het heft schiet als je op een veer drukt.

**sti·lis·tisch** (bijv. nw.) te maken hebbend met een stijl* (bet.1) van schrijven of spreken.

**stil·le** (de ~(m.); -n) (populair) rechercheur ⇒ *rus.*

**stil·len** (stilde, heeft gestild) *honger of pijn stillen*: ervoor zorgen dat die ophoudt.

**stil·le·tjes** (bijw.) zonder drukte of lawaai te maken, zodat niemand of bijna niemand iets merkt ♦ *hij zit stilletjes te lezen.*

**stil·le·ven** [ook: stilleven] (het ~; -s) schilderij waar voorwerpen op staan die niet kunnen bewegen, zoals een kan en fruit.

**stil·staan** (stond stil, heeft stilgestaan) *ergens bij stilstaan*: even over iets nadenken, iets beseffen ♦ *hij had er nooit bij stilgestaan dat hij wel eens ziek zou kunnen worden.*

**stil·stand** (de ~(m.)) toestand waarin iets niet beweegt ♦ *de auto kwam tegen een boom tot stilstand; stilstand is achteruitgang*: (spreekwoord) om op het zelfde niveau te blijven, moet er altijd groei zijn, bijv. in de economie.

**stil·te** (de ~(v.); -n of -s) het stil* (bet.1) zijn ♦ *de voorzitter van de vergadering vroeg om stilte*: hij vroeg of iedereen zijn mond wilde houden; *zij werd in stilte begraven*: zonder ophef, zonder dat er veel mensen waren; *de stilte voor de storm*: (uitdr.) de onheilspellende periode van rust vlak voor een uitbarsting.

**stil·zwij·gen** (het ~) toestand waarin je niet spreekt ♦ *het stilzwijgen in acht nemen of bewaren*: niets zeggen; *iemand het stilzwijgen opleggen*: iemand verbieden iets te zeggen.

**stil·zwij·gend** (bijv. nw.) zonder dat erover gesproken is ♦ *zij namen stilzwijgend aan dat zij niet hoefden af te wassen; een stilzwijgende afspraak*: een regel waaraan iedereen zich vanzelf houdt, zonder dat het een echte afspraak is.

**sti·mu·lans** (de ~(m.); -en) iets dat stimuleert* ⇒ *prikkel* ♦ *de voldoende voor zijn repetitie was een stimulans om nog harder te gaan werken.*

**sti·mu·le·ren** (stimuleerde, heeft gestimuleerd) *iemand of iets stimuleren*: iemand aansporen of iets bevorderen ♦ *hij stimuleerde zijn vriend om door te gaan met studeren; die medicijnen stimuleren de bloedsomloop; stimulerende middelen*: medicijnen die ervoor zorgen dat je betere prestaties kunt leveren, bijv. bij het sporten.

**stink·bom** (de ~; -men) buisje met een vloeistof erin die een vieze lucht verspreidt als je het kapot gooit.

**stink·dier** (het ~; -en) wit met zwart gevlekt zoogdier dat een doordringende stank verspreidt als hij in gevaar komt.

**stin·ken** (stonk, heeft gestonken) stank* verspreiden, vies ruiken ♦ *bedorven vlees stinkt; de kachel stinkt naar gas; het stinkt hier!*: (uitdr.) (dit zeg je als iemand over zichzelf zit op te scheppen).

**stin·kend** (bijw.) ▾ *stinkend rijk*: (populair) heel erg rijk.

**stin·kerd** (zelfst. nw.) ▾ *een rijke stinkerd*: (populair) iemand die erg rijk is.

**stins** (de ~; -en) versterkte woning van de vroegere adel in Friesland.

**stip** (de ~; -pen) klein rondje ♦ *een blauwe rok met witte stippen; dat stadje is maar een stip op de kaart van België.*

**sti·pen·di·um** (het ~; -s of stipendia) som geld die iemand, bijv. een kunstenaar of een onderzoeker, van de overheid krijgt om verder te kunnen werken ⇒ *beurs.*

**stip·pel** (de ~; -s) streepje of puntje ♦ *de snelweg die ze aan het maken zijn, staat op de kaart met stippels aangegeven.*

**stip·pe·len** (stippelde, heeft gestippeld) *iets stippelen*: iets met stippels* aangeven ♦ *de snelweg in aanbouw staat op de kaart gestippeld; stippel een lijn door het midden van de cirkel.*

**stipt** (bijv. nw.) precies, nauwkeurig ♦ *hij belde stipt om drie uur aan; hij volgde de aanwijzingen stipt op.*

**stipt·heids·ac·tie** (de ~(v.); -s) manier van protesteren waarbij werknemers zich zo strikt aan de regels houden dat het werk heel langzaam verloopt ♦ *stiptheidsacties bij de douane.*

**sti·pu·le·ren** (stipuleerde, heeft gestipuleerd) *iets stipuleren*: gedaan krijgen dat iets afgesproken wordt ⇒ *bedingen.*

**stock** (de ~(m.); -s) voorraad.

**stock·car** (Engels) [stokka:r] (de ~; -s) personenauto die wordt gebruikt in een bepaald soort races.

**stoc·ke·ren** (stockeerde, heeft gestockeerd) (in België ▯) goederen stockeren: goederen opslaan.

**stoe·fen** (stoefte, heeft gestoeft) *ergens mee of ergens over stoefen*: (in België ▯) ergens mee of ergens over opscheppen ⇒ *pochen.*

**stoei·en** (stoeide, heeft gestoeid) *(van twee of meer mensen of dieren)*: voor de grap met elkaar vechten ⇒ *ravotten.*

**stoel** (de ~(m.); -en) meubelstuk met een zitting, een rugleuning en poten, waarop één persoon kan zitten ♦ *om de tafel staan zes stoelen; een leunstoel*: een gemakkelijke stoel met armleuningen; *de Heilige Stoel*: (uitdr.) de macht van de paus; *van je stoel vallen van verbazing*: (uitdr.) heel erg verbaasd zijn; *iets niet onder stoelen of banken steken*: (uitdr.) iets aan veel anderen vertellen, geen geheim van iets maken.

**stoe·len** (stoelde, heeft gestoeld) *ergens op stoelen*: ergens op gegrond zijn, iets als basis hebben ♦ *die beschuldiging stoelt nergens op.*

**stoe·len·dans** (de ~(m.); -en) spel waarbij een aantal mensen om een kring van stoelen loopt waarin één stoel te weinig staat, en waarbij ze allemaal moeten proberen op een stoel terecht te komen als de muziek ophoudt.

**stoel·gang** (de ~(m.)) het naar de wc gaan ♦ *een geregelde stoelgang hebben.*

**stoel·tjes·klok** (de ~; -ken) klok waarvan de kast met het uurwerk op een plankje staat dat aan de muur hangt.

**stoel·tjes·lift** (de ~(m.); -en) lift die bestaat uit een kabelbaan met stoeltjes eraan.

**stoep** (de ~; -en) verhoogde strook langs de rijweg, die voor voetgangers is bedoeld ⇒ *trottoir* ♦ *op de stoep mag je niet fietsen; bij iemand op de stoep staan*: bij iemand voor de deur staan om binnengelaten te worden.

**stoer** (bijv. nw.) gezegd van iemand die sterk is en veel durft ♦ *een stoer jack*: een jack waarmee je er stoer uit ziet; *stoer doen*: je flinker voordoen dan je bent.

**stoet** (de ~(m.); -en) **1** rij personen of voertuigen die zich plechtig voortbewegen ♦ *een begrafenisstoet* **2** bepaald soort brood.

**stoe·te·rij** (de ~(v.); -en) plaats waar paarden gefokt worden.

**stoet·has·pel** (de ~(m.); -s) onhandig persoon.

**stof** (zelfst. nw.) **1** (het ~) kleine, droge deeltjes die overal vandaan komen en die o.a. door de lucht zweven en neerdalen op voorwerpen ◆ *stof afnemen; na de wandeling zaten haar schoenen onder het stof; veel stof doen opwaaien:* (uitdr.) veel opschudding veroorzaken; *in het stof bijten:* (uitdr.) neervallen, bijv. in een gevecht; *voor iemand door het stof kruipen:* (uitdr.) je slaafs, overdreven nederig tegenover iemand gedragen **2** (de ~; -fen) dat waaruit iets bestaat, substantie ⇒ *materie* ◆ *zoutzuur is een giftige stof* **3** (de ~; -fen) weefsel gemaakt van draden ⇒ *textiel* ◆ *een jurk van een dure stof* **4** (de ~) onderwerp ◆ *de stof die je voor een examen moet kennen; dat geeft hem stof tot nadenken; lang van stof zijn:* (uitdr.) alles heel uitvoerig vertellen.

**stof·doek** (de ~(m.); -en) zachte doek waarmee je stof (bet.1) afneemt.

**stof·feer·der** (de ~(m.); -s) iemand die huizen en meubels stoffeert*.

**stof·fe·lijk** (bijv. nw.) uit stof* (bet.2) bestaand ◆ *het stoffelijk overschot van de verongelukte man:* zijn dode lichaam; *een stoffelijk bijvoeglijk naamwoord:* (taal) dat aangeeft van welke stof iets is gemaakt, bijv. 'ijzeren' in 'een ijzeren hek'.

**stof·fen** (stofte, heeft gestoft) *iets, bijv. meubels, stoffen:* het stof* (bet.1) van iets af halen, stof* (bet.1) afnemen ◆ *je slaapkamer stoffen.*

**stof·fer** (de ~(m.); -s) borstel met een handvat eraan waarmee je stof* (bet.1) bij elkaar veegt ⇒ *veger* ◆ *stoffer en blik.*

**stof·fe·ren** (stoffeerde, heeft gestoffeerd) **1** *een huis stofferen:* het van gordijnen en vloerbedekking voorzien **2** *meubels stofferen:* ze met stof* (bet.3) bekleden.

**stof·fig** (bijv. nw.) vol stof* (bet.1), met stof* (bet.1) bedekt ◆ *een stoffige zolder.*

**stof·goud** (het ~) goud in de vorm van fijne korrels, van stof (bet.1).

**stof·jas** (de ~; -sen) dunne jas die je over je kleren draagt als bescherming tegen stof (bet.1).

**stof·naam** (de ~(m.); -namen) (taal) naam van een stof (bet.2), zoals 'goud', 'ijzer' en 'hout'.

**stof·nest** (het ~; -en) plaats waar zich veel stof (bet.1) verzamelt ◆ *een boekenkast is een echt stofnest.*

**stof·wis·se·ling** (de ~(v.)) het proces waarbij je lichaam voedsel omzet in stoffen die door de verschillende organen opgenomen worden, waarna weer afvalstoffen worden afgescheiden.

**stof·zui·gen** (stofzuigde, heeft gestofzuigd) *iets, bijv. een kamer of een vloer, stofzuigen:* ergens met een stofzuiger* het stof (bet.1) wegzuigen.

**stof·zui·ger** (de ~(m.); -s) elektrisch apparaat waarmee je stof (bet.1) opzuigt.

**stoïcijn** sto·i·cijn (de ~(m.); -en) iemand die onverstoorbaar en gelijkmoedig blijft onder alle omstandigheden.

**stoïcijns** sto·i·cijns (bijv. nw.) op de manier van een stoïcijn* ◆ *met stoïcijnse gelatenheid liet hij zich plagen.*

**stok** (de ~(m.); -ken) **1** lang, dun en rond stuk hout ◆ *een aanwijsstok; een wandelstok; hij heeft een stok nodig om de hond te slaan:* (uitdr.) hij zoekt een voorwendsel om op iemand kritiek te leveren; *een stok achter de deur:* (uitdr.) iets vervelends dat zal gebeuren als je je werk niet doet, waardoor je aangespoord wordt om het wél te doen; *je krijgt haar er met geen stok naar toe:* (uitdr.) het lukt je niet haar daar naar toe te krijgen; *het met iemand aan de stok krijgen:* (uitdr.) ruzie met iemand krij-

gen; *ergens een stokje voor steken:* (uitdr.) iets verhinderen, ervoor zorgen dat iets niet gebeurt; *stokken in de wielen steken:* (in België □; uitdr.; populair) ervoor zorgen dat iets niet doorgaat, iets laten mislukken ▼ *van je stokje gaan:* flauwvallen.

**stok·brood** (het ~; -broden) smal en langwerpig brood met een harde korst.

**sto·ken** (stookte, heeft gestookt) **1** *een vuur stoken:* het laten branden **2** de kachel of verwarming laten branden ◆ *in de winter stoken we veel* **3** mensen tegen elkaar opzetten, ervoor zorgen dat ze ruzie krijgen ◆ *zij zit voortdurend te stoken in haar familie* **4** sterke drank stoken: het destilleren uit graan (kijk ook bij: **destilleren**) ◆ *whisky stoken.*

**sto·ker** (de ~(m.); -s) **1** iemand die vroeger het vuur stookte* (bet.1) op een schip of locomotief dat nodig was om de motor te laten werken **2** iemand die stookt* (bet.3).

**stok·ken** (stokte, is gestokt) plotseling geen woord meer kunnen uitbrengen, blijven steken in je verhaal ◆ *midden in het verhaal stokte hij.*

**stok·paard·je** (het ~; -s) iets waar je vaak en graag over praat ◆ *politiek is zijn stokpaardje.*

**stok·stijf** (bijv. nw.) rechtop en onbeweeglijk ◆ *de soldaat stond stokstijf in de houding.*

**stok·vis** (de ~(m.); -sen) gedroogde kabeljauw.

**stol** (de ~(m.); -len) rond of ovaal krentenbrood, meestal met spijs erin ◆ *een kerststol.*

**sto·la** (de ~; stola's) brede en lange sjaal die vrouwen om hun schouders dragen bij avondkleding.

**stol·len** (stolde, is gestold) *(van vloeistoffen):* hard worden, in vaste vorm overgaan ◆ *gestold kaarsvet.*

**stolp** (de ~; -en) glazen kap die je over iets heen zet om het te beschermen ◆ *een kaasstolp.*

**stom** (bijv. nw.) **1** dom, onnadenkend ◆ *wat stom van mij!; hij is zo stom als het achtereind van een varken:* (uitdr.; populair) hij is heel erg stom **2** gezegd van iemand die niet kan spreken ◆ *hij is doof en stom; een stomme film:* waarin niet gesproken wordt **3** niet leuk, vervelend ◆ *een stom kind* ▼ *een stomme e:* die klinkt als een u, omdat er geen nadruk op valt, zoals de e in 'snorkel'.

**sto·ma** (de ~; stomata) (medisch) kunstmatige opening in de buikwand die gemaakt is voor de afvoer van ontlasting en urine.

**sto·men** (stoomde) **1** (heeft gestoomd) stoom* afgeven ◆ *de ketel water staat op het vuur te stomen* **2** (heeft gestoomd) *voedsel stomen:* het door middel van stoom* gaar laten worden ◆ *gestoomde rijst* **3** (heeft gestoomd) *kleding stomen:* die door middel van chemische damp schoonmaken ◆ *een jas laten stomen* **4** (is gestoomd) *(van grote schepen):* varen ◆ *de veerboot stoomde voorbij.*

**sto·me·rij** (de ~(v.); -en) zaak waar je kleren kunt laten stomen* (bet.3).

**stom·heid** (zelfst. nw.) ▼ *met stomheid geslagen zijn:* niets meer kunnen zeggen, bijv. van verbazing.

**stom·me·len** (stommelde, heeft gestommeld) tastend en zoekend door het huis lopen, waarbij je doffe geluiden maakt ◆ *de trap op stommelen.*

**stom·me·ling** (de ~(m.); -en) iemand die stom* (bet.1) is ⇒ *stomkop* ◆ *kijk uit, stommeling!*

**stom·me·tje** (zelfst. nw.) ▼ *stommetje spelen:* niets zeggen, vooral uit boosheid of koppigheid; *ze hebben een uur lang stommetje gespeeld.*

**stom·mi·teit** (de ~(v.); -en) stomme* (bet.1) streek ⇒ *blunder, flater* ◆ *stommiteiten begaan.*

**stomp**[1] (de ~(m.); -en) **1** stoot met je vuist of met je elleboog **2** (vaak: stompje) kort en dik overblijfsel van iets dat lang is geweest ◆ *een stompje kaars.*

**stomp**[2] (bijv. nw.) met een afgeronde punt, het tegenovergestelde van 'scherp' ◆ *een stomp potlood; een stompe toren; een stompe hoek:*(meetkunde) die groter is dan 90 graden.

**stom·pen** (stompte, heeft gestompt) *iemand stompen:* iemand een stomp[1*] (bet.1) geven.

**stomp·zin·nig** (bijv. nw.) heel erg dom ◆ *een stompzinnig antwoord.*

**stom·toe·val·lig** (bijw.) helemaal toevallig (dit zeg je als je iets dat toevallig gebeurt heel leuk vindt) ◆ *stomtoevallig kwam ik een oude schoolvriendin tegen.*

**stom·ver·baasd** (bijv. nw.) zo verbaasd dat je niets meer kunt zeggen ◆ *stomverbaasd keek hij haar aan.*

**stond** → staan.

**ston·de** (de ~(m.); -n)(deftig) tijdstip ◆ *te aller stonde ben je welkom:*(uitdr.) op ieder tijdstip, altijd.

**ston·den** → staan.

**stoned** (Engels) [sto͞ont](bijv. nw.) onder invloed van drugs (kijk ook bij: **drug**).

**stonk** → stinken.

**ston·ken** → stinken.

**stoof**[1] (de ~; stoven) vierkant houten kastje met gaten in de bovenkant en met gloeiende kolen erin, waarop mensen vroeger hun voeten warmden ◆ *een Leuvense stoof:*(in België ▯) ouderwetse kachel met een kookplaat die ver naar achteren doorloopt.

**stoof**[2] → stuiven.

**stoom** (de ~(m.)) hete damp van kokend water ◆ *stoom afblazen:*(uitdr.) je emoties uiten of afreageren.

**stoom·cur·sus** (de ~(m.); -sen) cursus die je snel opleidt voor een examen of voor een bepaalde taak.

**stoor·nis** (de ~(v.); -sen) iets dat stoort* (bet.2) of gestoord* (bet.2) is, of dat hindert ◆ *een communicatiestoornis:* iets waardoor de communicatie niet vlot verloopt; *hij heeft last van spraakstoornissen:* hij kan af en toe niet goed praten (bijv. omdat hij een bepaalde ziekte heeft gehad).

**stoot** (zelfst. nw.; stoten) **1** (de ~(m.)) harde duw ◆ *een stoot onder de gordel:*(uitdr.) een gemene opmerking **2** (de ~(m.))(populair) grote hoeveelheid ⇒ *hoop* ◆ *hij heeft een stoot platen* **3** (de ~(v.))(populair) mooie, aantrekkelijke vrouw.

**stoot·troe·pen** (zelfst. nw.; meervoud) groep soldaten die een speciale training heeft gekregen en die als eerste tot de aanval overgaat.

**stop** (de ~(m.)) **1** (-pen) klein voorwerp waarmee je een opening afsluit ◆ *de stop op de fles doen* **2** (-pen) porseleinen apparaatje of knop die in een meterkast zit en die de elektrische stroom verbreekt als die te sterk wordt ⇒ *zekering* ◆ *bij kortsluiting slaan de stoppen door; alle stoppen sloegen bij hem door:*(uitdr.) hij raakte van woede zijn zelfbeheersing kwijt **3** (-pen) plek waar een weefsel of breiwerk gestopt* (bet.5) is ◆ *een sok met drie stoppen* **4** (-s) keer dat je onderweg stopt* (bet.1) ◆ *een sanitaire stop:* een onderbreking van de reis om naar de wc te gaan **5** (-s) grens aan iets die door de regering of het gezag is vastgesteld ◆ *een personeelsstop:* een besluit om geen personeel meer aan te nemen.

**stop·con·tact** (het ~; -en) doos waarin je de stekker van een lamp of apparaat stopt om aansluiting te krijgen op de elektrische leiding.

**stop·lap** (de ~(m.); -pen) **1** woord dat je alleen gebruikt om een dichtregel op te vullen **2** nietszeggende uitdrukking.

**stop·licht** (het ~; -en) paal met een rode, een oranje en een groene lamp eraan waarmee aangegeven wordt of je moet stoppen of doorrijden ⇒ *verkeerslicht* ◆ *het stoplicht staat op rood.*

**stop·pels** (zelfst. nw.; meervoud) **1** korte, stekelige baardharen **2** korte, stekelige overblijfsels van gemaaid gras of koren.

**stop·pen** (stopte) **1** (is gestopt) tot stilstand komen ◆ *de taxi stopte voor de deur* **2** (heeft gestopt) *iets stoppen:* het tot stilstand brengen ◆ *je stopt de mixer door op deze knop te drukken* **3** (heeft gestopt) *iets ergens in stoppen:* iets ergens in steken, iets ergens in duwen ◆ *iets in je mond stoppen; al je energie ergens in stoppen:*(uitdr.) al je energie daarvoor gebruiken **4** (is gestopt) *ergens mee stoppen:* met iets ophouden, iets niet meer doen ◆ *Helma is gestopt met roken* **5** (heeft gestopt) *een gat stoppen:* het dichtmaken ◆ *kousen stoppen.*

**stop·trein** (de ~(m.); -en) trein die op alle stations van het traject stopt (bet.1).

**stop·verf** (de ~) kneedbare stof waarmee je gaten en scheuren in hout stopt (bet.5) en waarmee je ruiten vastzet.

**stop·watch** (Engels) [stopwotsj](de ~; -es) soort horloge dat je stilzet of laat lopen met een knop, en dat je gebruikt om nauwkeurig te zien hoe lang iemand ergens over gedaan heeft, o.a. bij wedstrijden ⇒ *chronometer.*

**stop·woord** (het ~; -en) woord dat je erg vaak gebruikt bij alles wat je zegt ◆ *'maf' is haar stopwoord.*

**sto·ren** (stoorde, heeft gestoord) **1** *iemand storen:* iemand hinderlijk onderbreken bij zijn of haar bezigheden ◆ *die muziek stoort me* **2** *iets storen:* de normale gang van zaken van iets onderbreken ◆ *die wasmachine stoort de radio:* de radio geeft een krakerig geluid als de wasmachine aanstaat **3** *je aan iemand of iets storen:* je aan iemand of iets ergeren of je iets aantrekken van iemand of iets ◆ *stoor je maar niet aan hem.*

**sto·rend** (bijv. nw.) gezegd van iets dat stoort* (bet.1) ⇒ *hinderlijk* ◆ *storend gepraat; storende drukfouten.*

**sto·ring** (de ~(v.); -en) iets dat stoort* (bet.2) ◆ *een zenderstoring; storingen in de atmosfeer.*

**storm** (de ~(m.); -en) weer waarbij het erg hard waait ◆ *er is storm op komst; een storm in een glas water:*(uitdr.) grote ophef over iets dat erg meevalt; *een storm van protesten over je heenkrijgen:*(uitdr.) een heleboel felle protesten tegelijk te horen krijgen.

**storm·ach·tig** (bijv. nw.) heel heftig, heel fel ◆ *een stormachtige verliefdheid.*

**stor·men** (stormde, heeft gestormd) **1** *het stormt:* het waait heel hard **2** *ergens naar toe stormen:* ergens heel hard heen lopen ◆ *de kinderen stormden de school uit; de soldaten stormden op de vijandelijke troepen af.*

**storm·loop** (de ~(m.)) plotselinge toeloop van mensen die iets willen hebben ⇒ *run* ◆ *toen er oorlog dreigde, was er een stormloop op blikgroente.*

**storm·lo·pen** (liep storm, heeft stormgelopen) **1** *op of tegen iets stormlopen:* iets met grote vaart aanvallen ◆ *stormlopen op de burcht* **2** *het loopt storm:* er komen ontzettend veel mensen op af.

**storm·ram** (de ~(m.); -men) grote paal waarmee vroeger muren omver geramd werden.

**stort** (de ~(m.) of het ~; -en)(in België ▯) vuilnisbelt.

**stort·bad** (het ~; -en)(ouderwets) douche.

**stor·ten** (stortte) **1** (is gestort) hard naar beneden vallen ◆ *in een afgrond storten* **2** (heeft gestort) *iets, bijv. grind, graan of zand, storten:* iets ergens uit gooien ◆ *puin storten op een vuilnishoop* **3** (heeft gestort) *je op iets storten:* je enthousiast met iets gaan bezighouden ◆ *ze stortte* *zich op de schaaksport* **4** (heeft gestort) *geld storten (op een rekening):* het overmaken naar een bank- of girorekening (in België: postrekening).

**stor·ting** (de ~(v.); -en) het storten* (bet.4) van geld op een rekening ◆ *een bewijs van storting.*

**stort·re·gen** (de ~(m.); -s) hevige regenval.

**stort·vloed** (de ~(m.); -en) overweldigende hoeveelheid ◆ *een stortvloed van woorden.*

**sto·ten** (stootte) **1** (heeft gestoten) *je aan iets stoten:* hard tegen iets aan komen ◆ *ik heb me **gestoten** aan het bureau* **2** (heeft gestoten) *iets, bijv. je hoofd of je been, stoten:* met iets hard tegen iets anders aan komen **3** (heeft gestoten) *iets open, omver, ergens vanaf enz. stoten:* door een of meer stoten* (bet.1) maken dat iets open, omver, ergens vanaf enz. valt ◆ *een kopje van de tafel **stoten** **4** (heeft gestoten) *je aan iets stoten:* je aan iets ergeren **5** (is gestoten) *ergens op stoten:* iets toevallig vinden of tegenkomen ⇒ *stuiten* ◆ *de soldaten **stootten** in het bos op vijandelijke troepen.*

**stot·te·raar** (de ~(m.); -s), vrouw: **stot·te·raar·ster** (de ~ (v.); -s) iemand die stottert*.

**stot·te·ren** (stotterde, heeft gestotterd) moeilijk uit je woorden komen waarbij je het begin van woorden een paar keer herhaalt, vooral als spraakgebrek.

**stout¹** (de ~of het ~) donker Engels bier.

**stout²** (bijv. nw.) gezegd van een kind dat iets doet dat niet mag ⇒ *ongehoorzaam* ◆ *een **stoute** jongen.*

**stout·moe·dig** (bijv. nw.) erg dapper, maar ook roekeloos ⇒ *vermetel, driest.*

**stou·wen** (stouwde, heeft gestouwd) *dingen ergens in stouwen:* die ergens krachtig in duwen, zodat ze dicht op elkaar komen te zitten ◆ *stouw die koffers maar in de kofferbak.*

**sto·ven¹** (stoofde) **1** (heeft gestoofd) *eten stoven:* eten langzaam gaar laten worden op een zacht vuur of in de oven ◆ *vis **stoven*** **2** (is gestoofd) *(van eten):* op een zacht vuur of in de oven langzaam gaar worden ◆ *laat de peertjes drie uur **stoven.***

**sto·ven²** → stuiven.

**sto·ve·rij** (zelfst. nw.) ▼ *Gentse **stoverij***: (in België □) stukjes gestoofd vlees in een dikke saus.

**straal¹** (de ~; stralen) **1** bundel licht of warmte ◆ *zonnestraal* **2** stroom vloeistof die met kracht uit een opening te voorschijn komt ◆ *de champagne spoot in een **straal** uit de fles; hij richtte de **straal** van de tuinslang op mij* **3** (meetkunde) rechte lijn vanuit het middelpunt van een cirkel naar een punt op die cirkel ◆ *een cirkel met een **straal** van 10 cm.*

**straal²** (bijw.) (populair) helemaal, totaal ◆ *ik was het **straal** vergeten!; ze liep me **straal** voorbij:* zomaar, zonder me te zien.

**straal·ja·ger** (de ~(m.); -s) snel gevechtsvliegtuig.

**straal·ka·chel** (de ~; -s) bepaald soort elektrische kachel.

**straat** (de ~; straten) **1** verharde weg tussen twee rijen huizen ◆ *niet op de **straat** spelen!; in welke **straat** woon jij?; zo kun je niet over **straat**:* (uitdr.) zoals je er nu uitziet kun je niet naar buiten; *op **straat** komen te staan:* (uitdr.) dakloos worden; ook: ontslagen worden; *dat past precies in zijn **straatje**:* (uitdr.) dat komt helemaal overeen met zijn opvattingen, zijn plannen; *een **straatje** zonder eind:* (in België □; uitdr.) een hopeloos geval **2** plaats tussen twee stukken land waar de zee erg smal is ⇒ *zeestraat, zee-engte* ◆ *de **straat** van Gibraltar.*

**straat·jon·gen** (de ~(m.); -s), vrouw: **straat·meid** (de ~ (v.); -en) jongen die altijd op straat rondzwerft.

**straat·lo·per** (de ~(m.); -s) (in België □) nietsnut.

**straat·steen** (de ~(m.); -stenen) steen waarmee straten zijn geplaveid ⇒ *klinker* ◆ *iets aan de **straatstenen** niet kwijt kunnen:* (uitdr.) iets niet kunnen verkopen, met iets blijven zitten.

**straf¹** (de ~(v.); -fen) vervelende maatregel omdat je iets gedaan hebt dat niet mag ◆ *voor **straf** in de hoek moeten staan; dat is geen **straf** voor me:* (uitdr.) dat vind ik helemaal niet naar; *je **straf** uitzitten:* net zolang in de gevangenis blijven tot de tijd waartoe je door de rechter veroordeeld was om is; *op **straffe** van …:* (uitdr.) met … als straf; *spieken is verboden op **straffe** van een onvoldoende.*

**straf²** (bijv. nw.) streng, strak en krachtig ◆ *een **straffe** maatregel; een **straffe** oostenwind:* die hard en koud is.

**straf·baar** (bijv. nw.) gezegd van iets waarvoor je straf¹* kunt krijgen ◆ *op de stoep fietsen is **strafbaar**.*

**straf·bank** (de ~) plaats waar de verdachte zit bij een rechtszaak ⇒ *beklaagdenbank* ◆ *op het **strafbankje** zitten:* (uitdr.) een standje krijgen.

**straf·blad** (het ~) officiële lijst waarop staat welke misdrijven iemand gepleegd heeft ◆ *hij heeft een blanco **strafblad**:* hij heeft nooit iets strafbaars gedaan.

**straf·fe·loos** (bijw.) zonder er straf¹* voor te krijgen ⇒ *ongestraft* ◆ *zoiets kun je niet **straffeloos** doen.*

**straf·fen** (strafte, heeft gestraft) *iemand ergens voor straffen:* iemand ergens straf¹* voor geven.

**straf·port** (de ~of het ~) geld dat je moet betalen voor een poststuk dat onvoldoende gefrankeerd is en dat aan jou gericht is.

**straf·punt** (het ~; -en) punt in je nadeel dat je krijgt als je de spelregels overtreedt.

**straf·recht** (het ~) alle regels en wetten over het straffen van mensen die de wet hebben overtreden ◆ *het Wetboek van **Strafrecht**.*

**straf·schop** (de ~(m.); -pen) (voetbal) schop die rechtstreeks op het doel is gericht en die alleen de keeper mag tegenhouden (vooral genomen door het ene elftal na een ernstige overtreding van het andere) ⇒ *penalty.*

**straf·ver·vol·ging** (de ~(v.)) het voor de rechtbank onderzoeken of iemand die ergens van verdacht wordt ook inderdaad schuldig is ◆ *overgaan tot **strafvervolging**.*

**straight** (Engels) [strɛjt] (bijv. nw.) (populair) rechtstreeks, ronduit.

**strak** (bijv. nw.) **1** gespannen, zodat er geen vouwen, plooien of bochten in zitten ◆ *een laken **strak** trekken; een **strakke** broek:* die nauw om je lichaam sluit; *iemand **strak** houden:* (uitdr.) iemand weinig toestaan, iemand streng behandelen **2** onbeweeglijk ◆ *je ogen **strak** op iemand gericht houden; een **strak** gezicht:* waarop geen emoties te zien zijn **3** (populair) heel leuk, perfect.

**strak·jes** (bijw.) (populair) straks.

**straks** (bijw.) na korte tijd ⇒ *strakjes* ◆ *we gaan **straks** uit eten; pas op, **straks** val je nog.*

**stra·len** (straalde) **1** (heeft gestraald) licht of warmte uitzenden ◆ *de zon **straalt*** **2** (heeft gestraald) heel gelukkig en blij kijken ◆ *ze **straalde** bij dat compliment* **3** (is gestraald) (populair) zakken voor een examen ⇒ *bakken.*

**stra·lend** (bijv. nw.) met veel zonneschijn ◆ *stralend weer; een **stralende** dag.*

**stra·ling** (de ~(v.); -en) het stralen* (bet.1) ◆ *radioactieve **straling**.*

**stram** (bijv. nw.) stijf en moeizaam bewegend ◆ *stramme benen van de spierpijn.*

**stra·mien** (het ~) grof weefsel waarop je borduurt ◆ *op een bepaald **stramien** voortborduren:* (uitdr.) op die bepaalde manier doorgaan.

**strand** (het ~; -en) strook grond met zand of stenen langs de zee of een meer ◆ *we gaan een* **strand***wandeling maken; een zand***strand**.

**stran·den** (strandde, is gestrand) **1** *(van schepen)*: vastlopen op het strand* **2** *ergens stranden*: niet verder kunnen dan een bepaalde plek, op een bepaalde plek vastlopen ◆ *midden in het bos zijn ze* **gestrand***; een* **gestrand** *huwelijk*: (uitdr.) dat mislukt is.

**strand·jut·ter** (de ~(m.); -s) iemand die langs het strand loopt om aangespoelde dingen te zoeken.

**strap·less** (Engels) [strɛpləs] (bijv. nw.) *(van dameskleding)*: zonder schouderbandjes ◆ *een* **strapless** *beha*.

**stra·teeg** (de ~(m.); strategen) iemand die goed is in het bedenken van een strategie* ◆ *een beroemd* **strateeg** *uit de Tweede Wereldoorlog*.

**stra·te·gie** (de ~(v.); strategieën) **1** groots opgezet plan voor het voeren van een oorlog **2** manier waarop je te werk gaat om je doel te bereiken ⇒ *tactiek*.

**stra·te·gisch** (bijv. nw.) met een strategie* te maken hebbend, volgens een strategie* ◆ **strategisch** *te werk gaan; die winkel ligt op een* **strategisch** *punt*: op een punt waar veel mensen langs komen.

**stra·ten·ma·ker** (de ~(m.); -s) iemand die voor z'n beroep straten plaveit ◆ *hij wordt* **stratenmaker** *op zee*: (uitdr.) er zal niet veel van hem terechtkomen.

**stra·tos·feer** (de ~) bovenste gedeelte van de atmosfeer (kijk ook bij: **atmosfeer**).

**strea·ken** [striːkən] (streakte, heeft gestreakt) bloot over straat of door een ruimte met mensen hollen om te laten zien dat je heel wat durft (dit was een rage in de jaren 70).

**stre·ber** (Duits) [streːbər, in België: sjtreːbər] (de ~(m.); -s) iemand die erg ambitieus is en er alles voor over heeft om vooruit te komen in de maatschappij (gezegd door mensen die dat afkeuren).

**stre·den** → strijden.

**streed** → strijden.

**streek¹** (de ~; streken) **1** gebied in een land of provincie dat min of meer een eenheid is ◆ *ik hou erg van de* **Maasstreek***; in deze* **streek** *spreken de mensen dialect* **2** plek rond een orgaan ◆ *ze voelde een steek in de lever***streek** **3** ondeugende daad of een daad die je afkeurt ◆ *wat een gemene* **streek***!; hij is z'n* **streken** *nog niet kwijt* **4** strijkende beweging of haal met een kwast of een pen ◆ *die deur heeft een* **streekje** *verf nodig*: die moet geverfd worden ▼ *van* **streek** *zijn*: door een schok in de war zijn; *iemand op* **streek** *helpen*: iemand helpen een begin met iets te maken.

**streek²** → strijken.

**streep** (de ~; strepen) **1** resultaat van een rechte haal met een pen, kwast enz. ⇒ *lijn* ◆ *een witte* **streep** *op de weg; stof met een* **streepjes***patroon; ergens een* **streep** *onder zetten*: (uitdr.) iets als afgedaan beschouwen, je niet meer met iets bezig houden; *dat is een* **streep** *door de rekening*: (uitdr.) een tegenvaller; *er loopt bij hem een* **streepje** *door*: (uitdr.) hij is niet goed wijs; *iemand over de* **streep** *trekken*: (uitdr.) iemand ergens toe overhalen **2** aanduiding van een rang op een uniform ◆ *op je* **strepen** *staan*: (uitdr.) volhouden tot je krijgt waar je recht op meent te hebben **3** (in België □) scheiding in het haar ▼ *een* **streepje** *voor hebben bij iemand*: wat meer van iemand mogen dan anderen.

**streep·jes·co·de** (de ~(m.); -s) rij streepjes van verschillende dikte op de verpakking van artikelen, waarin in code gegevens over die artikelen staan ⇒ *barcode, zebracode*.

**stre·ken** → strijken.

**strek·ken** (strekte, heeft gestrekt) **1** *je armen of benen strekken*: ze recht en lang maken ◆ *even de benen* **strekken**: (uitdr.) even een stukje lopen **2** van kracht zijn, reiken ◆ *hoever* **strekt** *jullie invloed?; zolang de voorraad* **strekt**: zolang er voldoende voorraad is **3** *iemand tot eer, voordeel, schande enz. strekken*: eer, voordeel, schande enz. voor iemand betekenen ◆ *het* **strekt** *hem tot eer dat hij die mensen geholpen heeft*.

**strek·kend** (bijv. nw.) ▼ *vloerbedekking van f 100,- per* **strekkende** *meter*: per meter die in de lengte gemeten is.

**strek·king** (de ~(v.); -en) de volledige betekenis van wat iemand zegt of schrijft ⇒ *portee, draagwijdte, tendens* ◆ *de* **strekking** *van een betoog; woorden van gelijke* **strekking**.

**stre·len** (streelde, heeft gestreeld) *iets of iemand strelen*: zachtjes met je handen over iets of iemand heen gaan ⇒ *aaien* ◆ *ze* **streelde** *zijn haar*.

**stre·ling** (de ~(v.); -en) keer dat je streelt* ⇒ *aai* ◆ *dat schilderij is een* **streling** *voor het oog*: (uitdr.) het is erg mooi.

**strem·men** (stremde) **1** (heeft gestremd) *een vloeistof stremmen*: ervoor zorgen dat die dik wordt **2** (is gestremd) *(van vloeistoffen)*: dik worden ◆ *de melk* **stremt** **3** (heeft gestremd) *iets stremmen*: iets tegenhouden, iets belemmeren ◆ *het verkeer was tijdelijk* **gestremd**.

**strem·sel** (het ~; -s) stof die melk doet stremmen* (bet.1).

**streng¹** (de ~; -en) ineengevlochten bundel draden, garen of haar ◆ *een* **strengetje** *borduurzijde*.

**streng²** (bijv. nw.) gezegd van iemand die zich strak aan regels houdt en niet toegeeft ◆ *een* **strenge** *vader; een* **strenge** *straf*: een harde straf; *een* **strenge** *winter*: (uitdr.) een heel koude winter.

**stren·ge·len** (strengelde, heeft gestrengeld) **1** *zich ergens omheen strengelen*: zich ergens omheen winden ◆ *de klimplant* **strengelt** *zich om het balkon* **2** *iets ergens omheen strengelen*: iets ergens omheen winden ◆ *ze* **strengelde** *haar armen om zijn hals*.

**stress** (Engels) [stres] (de ~) grote geestelijke druk, door spanningen van buitenaf, meestal op je werk ◆ *omdat er nog maar zo weinig tijd was, werkten we onder* **stress**.

**stres·sen** (ww.) onder zware druk bezig zijn ◆ *mijn zus zit te* **stressen** *voor haar examen*.

**stretch** (Engels) [stretsj] (bijv. nw.) van rekbare stof ◆ *een* **stretch** *trainingspak*.

**stret·chen** [stretsjən] (ww.) rek- en strekoefeningen doen om je spieren soepel te maken.

**stret·cher** (Engels) [stretsjər] (de ~; -s) opvouwbaar, licht bed ⇒ *veldbed*.

**streu·vel·haar** (het ~) (in België □) ruig of verward haar.

**stre·ven¹** (het ~) het streven²*, datgene waarnaar je streeft²* ◆ *ons* **streven** *is samenwerking*.

**stre·ven²** (streefde, heeft gestreefd) *naar iets streven*: je iets als doel stellen en er je best voor doen ◆ *ze* **streven** *naar een grotere veiligheid op de weg*.

**striem** (de ~; -en) streep op je huid die ontstaat door een slag met bijv. een touw.

**strie·men** (striemde, heeft gestriemd) hard tegen iemand of iets aan komen en een pijnlijk gevoel geven als van een zweepslag ◆ *de hagel* **striemde** *haar in het gezicht*; **striemende** *woorden*: (uitdr.) woorden die je pijn doen.

**strijd** (de ~(m.)) gevecht met wapens, woorden of met andere middelen ◆ *de legers hebben een zware* **strijd** *geleverd; een innerlijke* **strijd** *voeren*: het heel moeilijk hebben omdat je voelt dat je een andere beslissing zou moeten nemen dan je eigenlijk wilt; *de* **strijd** *aanbinden* tegen iets: (uitdr.) tegen iets gaan strijden; *ergens mee in strijd* zijn: (uitdr.) ergens tegen ingaan, ergens niet mee kloppen; *zij probeerden om strijd* ...: (uitdr.) de een deed nog meer zijn best dan de ander om ....

**strijd·baar** (bijv. nw.) bereid of in staat te strijden* ◆ *we zullen ons strijdbaar opstellen.*

**strijd·bijl** (zelfst. nw.) ▼ *de strijdbijl begraven:* vrede sluiten.

**strij·den** (streed, heeft gestreden) *voor, over, om iets strijden:* voor, over, om iets strijd* leveren ⇒ *vechten* ◆ *strijden voor je principes; laten we hier niet over strijden.*

**strij·der** (de ~ (m.); -s), vrouw: **strijd·ster** (de ~ (v.); -s) iemand die strijdt* ◆ *een strijder voor de vrede.*

**strij·dig** (bijv. nw.) *ergens strijdig mee zijn:* ergens mee in strijd* zijn, ergens tegen ingaan ◆ *dat is strijdig met de voorschriften.*

**strijd·perk** (het ~; -en) met zand bestrooide plaats waar gevechten of wedstrijden worden gehouden ⇒ *arena* ◆ *in het strijdperk treden:* (uitdr.) de strijd aangaan.

**strijd·vaar·dig** (bijv. nw.) klaar voor de strijd* ◆ *strijdvaardig liep ze op hem af.*

**strijk** (zelfst. nw.) ▼ *strijk en zet:* iedere keer weer, herhaaldelijk; *dat loopt strijk en zet fout.*

**strij·ka·ges** [streikaːzjes] (zelfst. nw.) ▼ *veel strijkages maken:* overdreven beleefd zijn.

**strijk·bout** (de ~ (m.); -en) strijkijzer.

**strij·ken** (streek, heeft gestreken) **1** *over of langs iets strijken:* zachtjes over iets heen of langs iets gaan met je hand of met een voorwerp ◆ *de wind streek langs zijn wang; met een strijkstok over de snaren strijken* **2** *kleren, lakens enz. strijken:* er met een heet strijkijzer overheen gaan om ze glad te maken ◆ *een bloes strijken* **3** *zeilen of de mast strijken:* die laten zakken, die naar beneden halen.

**strij·ker** (de ~ (m.); -s), vrouw: **strijk·ster** (de ~ (v.); -s) iemand die een strijkinstrument bespeelt.

**strijk·ijzer** (het ~; -s) metalen voorwerp met een handvat eraan, dat heet kan worden en waarmee je kleren, lakens enz. strijkt (bet.2) ⇒ *strijkbout.*

**strijk·in·stru·ment** (het ~; -en) muziekinstrument met snaren, waar je met een strijkstok overheen strijkt (bet.1), zoals een viool of een cello.

**strijk·je** (het ~; -s) klein orkest dat bestaat uit strijkinstrumenten.

**strijk·licht** (het ~) licht dat schuin op iets valt, bijv. het licht van de ondergaande zon ⇒ *spreidlicht.*

**strijk·plank** (de ~; -en) plank met een inklapbaar onderstel om op te strijken (bet.2).

**strijk·ster** → strijker.

**strijk·stok** (de ~ (m.); -ken) **1** stok die bespannen is met paardenhaar en die je over de snaren van een strijkinstrument beweegt ▼ *er blijft veel aan de strijkstok hangen:* (dit zeg je als veel geld dat opgebracht is voor een goed doel in de zakken van de organisatoren verdwijnt).

**strik** (de ~ (m.); -ken) **1** de twee lussen en de twee uiteinden van een in elkaar geknoopt lint, touwtje enz. ◆ *een pakje met een rode strik erop* **2** val van metaaldraad om dieren mee te vangen ◆ *een strik zetten om konijnen te vangen.*

**strik·ken** (strikte, heeft gestrikt) **1** *iets, bijv. een veter, strikken:* een strik* (bet.1) maken in iets, iets tot een strik* (bet.1) knopen ◆ *een stropdas strikken:* die op een bepaalde manier knopen **2** *iemand voor iets strikken:* iemand op een slimme manier zo ver krijgen dat hij of zij iets doet ◆ *ze had hem gestrikt om haar band te plakken.*

**strikt** (bijv. nw.) precies en nauwkeurig, waarvan niet afgeweken mag worden ◆ *dat is strikt geheim:* daar mag absoluut niet over gepraat worden; *strikt genomen betekent dat woord iets anders:* als je heel precies kijkt.

**strik·vraag** (de ~; -vragen) listig gestelde vraag om iemand erin te laten lopen.

**strin·gent** (bijv. nw.) waar je niet om heen kunt, dwingend ◆ *een stringente eis.*

**strip** (zelfst. nw.) **1** (de ~; -s) verhaal dat door middel van een serie plaatjes verteld wordt en waarin weinig tekst voorkomt **2** (de ~ (m.); -pen) strook ◆ *tochtstrip langs een deur plakken; een doordrukstrip met pillen* **3** (de ~ (m.); -pen) strookje op een strippenkaart.

**strip·pen·kaart** (de ~; -en) plaatsbewijs voor bus, tram of metro dat verdeeld is in een aantal strippen die worden afgestempeld.

**strip·tease** (Engels) [striptiːz] (de ~) voorstelling waarbij een vrouw of een man zich langzaam uitkleedt.

**stro** (het ~) gedroogde stengels van gedorst koren ◆ *een stal met stro op de vloer; gekapt stro:* (in België □; uitdr.; populair) iets onsamenhangends.

**stro·bos·coop·lamp** (de ~; -en) lamp die snel aan en uit flitst, waardoor het lijkt of je schokkerige bewegingen maakt (zo'n lamp wordt in discotheken gebruikt).

**stro·breed** (zelfst. nw.) ▼ *iemand geen strobreed in de weg leggen:* iemand in geen enkel opzicht tegenwerken, iemand volledig zijn of haar gang laten gaan.

**stroef** (bijv. nw.) **1** met een ruw oppervlak, waardoor iets niet glijdt ◆ *deze dansvloer is veel te stroef* **2** niet vlot, niet gemakkelijk ◆ *deze schrijver heeft een stroeve stijl; een stroef karakter.*

**stro·fe** (de ~; -n) los deel van een gedicht.

**stro·halm** (zelfst. nw.) ▼ *je aan een (laatste) strohalm vastklampen:* je (laatste) hoop stellen op iets heel onzekers.

**stro·ken** (strookte, heeft gestrookt) *met iets stroken:* met iets overeenstemmen, met iets kunnen samengaan ◆ *dat strookt niet met mijn plannen.*

**stro·man** (de ~ (m.); -nen) iemand die werkt voor een ander die onbekend wil blijven, meestal bij een niet helemaal eerlijke zaak.

**stro·men** (stroomde, heeft of is gestroomd) *(van vloeistof)* zich met kracht en in grote hoeveelheden tegelijk voortbewegen ◆ *de rivier stroomt naar de zee; de mensen stroomden naar buiten:* (uitdr.) veel mensen gingen tegelijk naar buiten.

**stro·ming** (de ~ (v.); -en) **1** het stromen* van vloeistof ⇒ *stroom* ◆ *er staat een sterke stroming in de rivier* **2** aantal opvattingen over politiek, kunst of godsdienst die een tijd van kracht zijn.

**strom·pe·len** (strompelde, heeft of is gestrompeld) moeilijk en struikelend lopen ◆ *ze strompelde met haar verstuikte enkel naar huis.*

**stronk** (de ~ (m.); -en) **1** onderste gedeelte van een omgezaagde boom, dat is blijven staan ⇒ *boomstronk* **2** onderste en binnenste harde gedeelte van koolplanten, sla of andijvie ◆ *geef die stronk maar aan het konijn.*

**stront** (de ~ (m.)) (grof) ontlasting ⇒ *poep* ◆ *er is stront aan de knikker:* (uitdr.) (dit zeg je als er iets mis gaat waardoor je in moeilijkheden kunt komen).

**stront·je** (het ~; -s) klein zweertje aan je ooglid.

**strooi·en** (strooide, heeft gestrooid) *iets strooien:* iets verspreid neergooien ◆ *zand strooien op een gladde weg; pepernoten strooien met sinterklaas.*

**strook** (de ~; stroken) smalle reep van iets ◆ *een strook kant aan een jurk; de vluchtstrook langs een snelweg.*

**stroom** (de ~ (m.)) **1** elektrische spanning ◆ *de wasma-*

chine gebruikt veel **stroom**; kom daar niet aan, het staat onder **stroom 2** (stromen) voortstromende hoeveelheid vloeistof ◆ *een* **stroom** *bloed; een tranen***stroom**; *een* **stroom** *van mensen*: (uitdr.) veel mensen die zich in een bepaalde richting voortbewegen **3** (stromen) rivier of beek ◆ *ze sprongen over het berg***stroompje** **4** stroming ◆ *tegen de* **stroom** *op roeien*: (uitdr.) proberen iets te bereiken tegen de heersende opvattingen in.

**stroom·af·waarts** (bijw. nw.) in de richting waarin de rivier stroomt, het tegenovergestelde van 'stroomopwaarts' ◆ *we voeren* **stroomafwaarts** *de rivier af.*

**stroom·lijn** (de ~) strakke vorm van een voertuig of voorwerp die ervoor zorgt dat de luchtweerstand zo klein mogelijk is ◆ *deze auto heeft een uitgekiende* **stroomlijn**: (daardoor kan hij snel rijden).

**stroom·op·waarts** (bijw. nw.) tegen de richting waarin de rivier stroomt in, het tegenovergestelde van 'stroomafwaarts'.

**stroom·ver·snel·ling** (de ~(v.); -en) plaats in water waar de stroom sterker is dan op andere plaatsen ◆ *in een* **stroomversnelling** *raken*: (uitdr.) zich plotseling sneller ontwikkelen.

**stroop** (de ~) dikke bruine plakkerige vloeistof die ontstaat bij de fabricage van suiker ◆ *een pannenkoek met* **stroop**; *iemand* **stroop** *om de mond smeren*: (uitdr.) iemand vleien omdat je iets van hem of haar gedaan wilt krijgen.

**stroop·lik·ker** (de ~(m.); -s) iemand die overdreven lief doet, meestal om dingen voor elkaar te krijgen ⇒ *slijmerd.*

**stroop·sme·ren** (ww.) overdreven lief doen, meestal om iets voor elkaar te krijgen ⇒ *slijmen.*

**stroop·tocht** (de ~(m.); -en) tocht door een gebied waarbij je alles rooft wat je te pakken kunt krijgen ◆ *hij hield een* **strooptocht** *door de stad op zoek naar een kamer*: (uitdr.) hij ging de hele stad af en zocht heel goed.

**strop** (de ~; -pen) **1** lus in een touw die je vast kunt trekken, en die vooral gebruikt wordt om iemand mee op te hangen ◆ *hij krijgt de* **strop**: hij zal worden opgehangen **2** nadeel waarop je niet had gerekend ⇒ *tegenvaller* ◆ *de boer had een* **strop** *door de hagelschade.*

**strop·das** (de ~; -sen) lange das die je onder de kraag van je overhemd door doet en vaststrikt.

**stro·pen** (stroopte, heeft gestroopt) **1** dieren, bijv. hazen of konijnen, stiekem vangen in een gebied waar dat niet mag **2** dode dieren stropen: het vel eraf halen ⇒ *villen* **3** op rooftocht gaan **4** *iemand stropen*: (in België □; populair) iemand te veel laten betalen, iemand afzetten.

**stro·per** (de ~(m.); -s) iemand die stroopt* (bet.1).

**stro·pe·rig** (bijv. nw.) *(van vloeistoffen)*: dik en plakkerig als stroop*.

**strot** (de ~; -ten) voorste deel van je keel, waar je luchtpijp zit ◆ *iemand de* **strot** *dichtknijpen; iemand naar de* **strot** *vliegen*: iemand in drift bij de keel grijpen; *woorden niet door je* **strot** *kunnen krijgen*: (uitdr.; populair) ze niet willen uitspreken, bijv. omdat je ze lelijk vindt.

**strot·ten·hoofd** (het ~; -en) verwijd gedeelte van je luchtpijp, waar je stembanden en adamsappel zitten.

**strub·be·lin·gen** (zelfst. nw.; meervoud) problemen of moeilijkheden doordat je het met iemand oneens bent ◆ *er zijn* **strubbelingen** *op mijn werk.*

**struc·tu·reel** (bijv. nw.) gezegd van dingen die met de structuur* van iets samenhangen, die niet toevallig zijn ◆ **structurele** *problemen*: die steeds terugkeren doordat iets achterliggends fout zit.

**struc·tu·re·ren** (structureerde, heeft gestructureerd) *iets structureren*: een structuur* in iets aanbrengen ◆ *een*

warrige tekst **structureren**: de volgorde van de zinnen en alinea's veranderen en verbindingswoorden invoegen, zodat het verband duidelijk wordt.

**struc·tuur** (de ~(v.); structuren) manier waarop iets is opgebouwd en het verband tussen de delen waaruit het bestaat ◆ *bodem***structuur**; *de* **structuur** *van de bevolking*: de manier waarop de bevolking is samengesteld; *de* **structuur** *van een film*: de opbouw van het verhaal; *ik kan er geen* **structuur** *in ontdekken*: ik kom er niet achter hoe het in elkaar zit.

**struif** (de ~) mengsel van eiwit en eierdooier van een kapot ei.

**struik** (de ~(m.); -en) **1** grote plant die niet één hoofdstam heeft, maar die zich al vanaf de grond vertakt ⇒ *heester* ◆ *een* **struik** *rozen*: (populair) een groot boeket rozen **2** krop bladgroente ◆ *een* **struik** *andijvie.*

**strui·kel·blok** (het ~; -ken) iets waar je problemen mee hebt omdat het te moeilijk voor je is ◆ *rekenen is een* **struikelblok** *voor haar.*

**strui·ke·len** (struikelde, is gestruikeld) **1** over iets struikelen: ergens met je voet achter blijven haken en vallen of bijna vallen ◆ *hij* **struikelde** *over het snoer; op Terschelling* **struikel** *je over de konijnen*: (uitdr.) je ziet ze daar overal, er zijn er heel veel **2** ergens over struikelen: ergens problemen mee hebben ◆ *over je woorden* **struikelen**: zo snel willen praten dat je begint te stotteren of de woorden maar half uitspreekt; *hij* **struikelde** *over zijn theorie-examen*: dat deel van het examen haalde hij niet, daar kwam hij niet doorheen.

**struik·ge·was** (het ~) groep struiken die dicht op elkaar groeien.

**struik·ro·ver** (de ~(m.); -s) rover die zich in bossen, struiken enz. verbergt en voorbijgangers overvalt.

**strui·nen** (struinde, heeft of is gestruind) **1** zoekend rondlopen om te kijken of je iets geschikts kunt vinden **2** stevig doorstappen, meestal met een doel ◆ *in de pauze* **struinde** *ze naar de winkels.*

**struis** (bijv. nw.) zwaargebouwd, groot en krachtig (meestal gezegd van vrouwen) ⇒ *fors.*

**struis·vo·gel** (de ~(m.); -s) grote Afrikaanse loopvogel met een lange, dunne hals.

**struis·vo·gel·po·li·tiek** (de ~(v.)) gedrag van iemand die zijn of haar ogen sluit voor problemen of gevaren, die zijn of haar kop in het zand steekt (zoals men zegt dat struisvogels doen).

**struktu-** → **structu-**.

**stru·ma** (de ~(m.) of het ~) ziekte waarbij je last hebt van een verdikking van je keel doordat je schildklier is opgezwollen (kijk ook bij: **schildklier**) ⇒ *krop.*

**stru·weel** (het ~) (ouderwets) struikgewas.

**strych·ni·ne** [strignine] (de ~ of het ~) zeer sterk gif dat van een bepaalde noot wordt gemaakt en dat een geneeskrachtige werking heeft als je er heel kleine hoeveelheden van inneemt.

**stuc** [stuk] (het ~) gips met kalk en water dat je gebruikt om figuren en versieringen op muren en plafonds aan te brengen.

**stu·dent** (de ~(m.); -en), vrouw: **stu·den·te** (de ~(v.); -s of -n) iemand die studeert* (bet.1).

**stu·den·ten·ha·ver** (de ~) mengsel van verschillende soorten noten en rozijnen.

**stu·den·ti·koos** (bijv. nw.) op de manier van studenten*.

**stu·de·ren** (studeerde, heeft gestudeerd) **1** iets studeren: onderwijs in iets volgen, vooral aan een universiteit of hbo-instelling ◆ *hij heeft bouwkunde* **gestudeerd** *aan de Technische Universiteit; voor leraar* **studeren** **2** op iets studeren: iets aandachtig bekijken om te proberen het te begrijpen, iets grondig bestuderen ◆ *ze* **studeerden** *met z'n allen op de gebruiksaanwijzing* **3** oefenen in het bespelen van een muziekinstrument ◆ *de pianist* **studeert** *elke dag vier uur.*

**stu·die** (de ~ (v.); -s) **1** bestudering van een bepaald vak, vooral aan een universiteit of hbo-instelling ◆ *een* **studie** *volgen; hoe lang duurt de* **studie** *wiskunde?* **2** bestudering van boeken en artikelen om iets te weten te komen ◆ *ergens een* **studie** *van maken* **3** boek of artikel waarin je verslag doet van je onderzoek ◆ *een* **studie** *schrijven* **4** tekening die of schilderij dat als oefening bedoeld is **5** (in België) tijd buiten de lesuren dat leerlingen onder toezicht op school zijn ◆ *middagstudie; avondstudie.*

**stu·die·beurs** (de ~ (m.); -beurzen) geld dat een student van de overheid krijgt of leent om zijn of haar studie en levensonderhoud te betalen.

**stu·die·mees·ter** (de ~ (m.); -s) (in België) (school) iemand die toezicht houdt op de leerlingen buiten de lessen en die ook op het schoolsecretariaat werkt.

**stu·die·pre·fect** (de ~ (m.); -en) (in België) hoofd van een atheneum.

**stu·dio** (de ~ (m.); studio's) **1** ruimte of gebouw waarin opnamen worden gemaakt voor radio, tv of film **2** atelier van een kunstenaar **3** (in België) flat waar de woonkamer ook als slaapkamer dient.

**stud·je** (het ~; -s) (populair) iemand die overdreven hard studeert.

**stuf** (het ~) vlakgom ⇒ *gum.*

**stuff** (Engels) [stuf] (de ~) (populair) drugs.

**stug¹** (bijv. nw.) **1** *(van materiaal)*: moeilijk buigbaar, het tegenovergestelde van 'soepel' ⇒ *stijf* ◆ *schoenen van* **stug** *leer* **2** *(van mensen)*: terughoudend, niet gemakkelijk in de omgang **3** (populair) moeilijk te geloven, sterk ⇒ *kras* ◆ *een* **stug** *verhaal; dat lijkt me* **stug**!

**stug²** (bijw.) ▼ **stug** *doorlopen, doorwerken enz.*: onverstoorbaar, zonder je af te laten leiden.

**stuif·meel** (het ~) poeder dat in meeldraden van een bloem wordt gevormd en dat voor de bevruchting zorgt als het op een stamper terechtkomt ⇒ *pollen.*

**stuip** (de ~; -en) aanval waarbij je spieren zich krampachtig samentrekken en waarbij je half of helemaal bewusteloos raakt ◆ *koorts***stuip**; *iemand de* **stuipen** *op het lijf jagen*: (uitdr.) iemand erg laten schrikken of erg bang maken; *we lagen in een* **stuip** *toen hij die mop vertelde*: (uitdr.) we moesten ontzettend lachen.

**stuip·trek·king** (de ~ (v.); -en) krampachtige beweging of samentrekking van je spieren die je niet kunt tegenhouden ◆ *de overreden kat bewoog zich nog: dat waren* **stuiptrekkingen**.

**stuit** (de ~; -en; meestal: stuitje) onderste deel van je stuitbeen ◆ *op je* **stuitje** *vallen.*

**stuit·been** (het ~; -deren) onderste vier wervels van je ruggengraat ⇒ *staartbeen.*

**stui·ten** (stuitte) **1** (heeft gestuit) *(van ballen)*: tegen de grond of tegen een ander oppervlak komen en terugveren ◆ *de bal* **stuitte** *tegen de ruit* **2** (heeft gestuit) de bal tegen de grond of tegen een ander oppervlak gooien en laten terugveren **3** (is gestuit) *op of tegen iets* **stuiten**: niet langs iets kunnen, tegen iets tot stilstand komen ◆ *ze* **stuitten** *met grote vaart op elkaar; ik* **stuitte** *op verzet*: (uitdr.) er waren mensen die zich verzetten tegen wat ik wilde **4** (is gestuit) *op iets* **stuiten**: iets toevallig tegenkomen of vinden ⇒ *stoten* ◆ *ik* **stuitte** *bij het graven op een donkerrode doos* **5** (heeft gestuit) *iemand of iets* **stuiten**: iemand of iets tegenhouden, iemand of iets afremmen ◆ *haar energie is niet te* **stuiten**; *we moeten hem in zijn enthousiasme* **stuiten**.

**stui·tend** (bijv. nw.) weerzinwekkend ⇒ *afstotend* ◆ **stuitend** *lelijk; een* **stuitende** *opmerking.*

**stui·ter** (de ~ (m.); -s) grote glazen knikker.

**stui·te·ren** (stuiterde, heeft gestuiterd) een paar keer stuiten* (bet.1) ◆ *de bal* **stuiterde** *over de weg.*

**stui·ven** (stoof) **1** (heeft gestoven) in kleine korrels, druppels enz. opwaaien ◆ *de sneeuw* **stuift** *naar binnen; het* **stuift** *erg op het strand*: er waait veel zand op **2** (is gestoven) je met grote snelheid in een bepaalde richting voortbewegen ◆ *de kinderen* **stoven** *uit elkaar*: ze renden alle kanten op ▼ *het zal er* **stuiven**!: (in België) (populair) we zullen er herrie over krijgen, het zal er heftig toegaan, er zal wat zwaaien; *als moeder die vlek op het kleed ontdekt, zal het er* **stuiven**.

**stui·ver** (de ~ (m.); -s) Nederlandse munt van vijf cent.

**stui·vers·ro·man** (de ~ (m.); -s) goedkoop boekje met een makkelijk en sentimenteel verhaal over de liefde ⇒ *keukenmeidenroman.*

**stui·ver·tje·wis·se·len** (ww.) een spel spelen waarbij je met anderen van plaats moet verwisselen en moet proberen te voorkomen dat jij als enige zonder plaats overblijft ◆ *ze hebben* **stuivertje gewisseld**: (uitdr.) ze hebben elkaars plaats ingenomen.

**stuk¹** (het ~) **1** (-ken) deel van iets ◆ *een* **stukje** *brood; hij las een* **stuk** *voor uit zijn nieuwe boek; iets aan* **stukken** *slaan*: iets kapot slaan; *een* **stukje** *mee-eten*: een hapje mee-eten; *een* **stuk** *met iemand meelopen*: een eindje; *een man van één* **stuk**: (uitdr.) een betrouwbare man, iemand op wie je kunt rekenen; *aan één* **stuk** *doorpraten*: (uitdr.) onafgebroken, zonder ophouden; **stukje** *bij beetje*: (uitdr.) langzaam en geleidelijk; *werken dat de* **stukken** *eraf vliegen*: (uitdr.) keihard werken **2** (-ken) groot deel, grote hoeveelheid van iets ◆ *ze is een* **stuk** *groter; ik ben nu een* **stuk** *verder; het is daar* **stukken** *goedkoper;* **stuk** *ongeluk!*: (uitdr.; populair) naarling!; *op geen* **stukken** *na*: (uitdr.) bij lange na niet, in de verste verte niet; *hij heeft het op geen* **stukken** *na gehaald* **3** (-s) exemplaar van iets waar er meer van zijn ◆ *een* **stuk** *zeep; tien* **stuks** *vee; iets per* **stuk** *verkopen*: iets los verkopen; *een* **stuk** *of twaalf*: (uitdr.) ongeveer twaalf; **stuk** *voor* **stuk**: (uitdr.) de een na de andere **4** (-ken) kort bericht enz. dat iemand ergens over schrijft ⇒ *artikel* ◆ *een* **stukje** *schrijven voor de krant* **5** (-ken) (populair) man of vrouw met een mooi, aantrekkelijk lichaam ⇒ *spetter* **6** (-ken) elk van de papieren die over een bepaald onderwerp gaan en die je gebruikt bij een vergadering ⇒ *document* ◆ *een officieel* **stuk**; *hij nam snel de* **stukken** *door* **7** (-ken) kunstwerk, bijv. een muziekstuk of een toneelstuk ◆ *ze spelen een* **stuk** *van Shakespeare; een schilderstuk van Picasso* **8** (-ken) waardepapier, zoals een effect of een aandeel **9** (-ken) schaakstuk **10** (-ken) kanon ▼ *klein van* **stuk**: met een klein postuur; *op je* **stuk** *blijven staan*: niet toegeven, je mening niet veranderen; *iemand van zijn of haar* **stuk** *brengen*: iemand in de war maken, iemand in verwarring brengen; *van je* **stuk** *raken*: niet meer weten wat je moet zeggen, in de war raken; *een* **stuk** *in je kraag hebben*: (populair) dronken zijn; *een stout* **stukje**: een overmoedige daad; *dat kost* **stukken** *van mensen*: (in België) dat kost heel veel geld; *hij is zeker van zijn* **stuk**: (in België) hij is zeker van zijn zaak, hij weet dat het zal lukken.

**stuk²** (bijv. nw.) **1** gebroken, aan stukken* (bet.1) ⇒ *kapot* ◆ *het speelgoed is* **stuk**; *het glas is* **stuk** *gevallen* **2** gezegd van iets dat het niet meer doet ⇒ *kapot, defect* ◆ *mijn speelgoedtrein is* **stuk** **3** **stuk** *zijn van iemand of iets*: (populair) erg onder de indruk zijn van iemand of iets ◆ *ze was helemaal* **stuk** *van de film.*

**stu·ka·door** (de ~ (m.); -s) iemand die voor zijn of haar beroep muren en plafonds pleistert.

**stu·ka·do·ren** (stukadoorde, heeft gestukadoord) *iets stukadoren:* iets stuken.

**stu·ken** (stuukte, heeft gestuukt) *iets stuken:* iets pleisteren, een laag stuc* op iets aanbrengen ⇒ stukadoren.

**stuk·goed** (het ~; -eren) vrachtgoed dat per stuk wordt verpakt of vervoerd, in tegenstelling tot bulkgoed.

**stuk·loon** (het ~; -lonen) loon dat wordt berekend per hoeveelheid werk die je aflevert en niet per uur dat je werkt.

**stuk·werk** (het ~) werk dat per afgeleverd stuk wordt betaald.

**stulp** (de ~; -en) kleine, eenvoudige woning, vooral op het platteland.

**stum·per, stum·perd** (de ~ (m.); -s) zielig persoon, iemand die medelijden opwekt ⇒ stakker.

**stunt** (de ~ (m.); -s) opvallende, onverwachte daad die bedoeld is om de aandacht te trekken ♦ *wat voor stunt heeft ze nu weer uitgehaald?; een stuntvlieger:* die met zijn vliegtuig gevaarlijke trucs uithaalt; *stuntprijzen:* opvallend lage prijzen.

**stun·te·len** (stuntelde, heeft gestunteld) onhandig doen, onhandig bezig zijn ♦ *hij stond wat te stuntelen voor de klas.*

**stun·ten** (stuntte, heeft gestunt) een stunt* uithalen, iets doen dat de aandacht trekt.

**stunt·man** (de ~ (m.); -nen) iemand die voor zijn beroep gevaarlijke stunts uitvoert, meestal als vervanger voor een filmacteur.

**stu·pi·de** (bijv. nw.) dom, stompzinnig ♦ *een stupide glimlach.*

**stu·ren** (stuurde, heeft gestuurd) **1** *een voertuig sturen:* het in een bepaalde richting laten gaan ♦ *ze stuurt de auto naar links; mag ik sturen?* **2** *iets sturen:* iemand of iets ergens naar toe zenden of laten gaan ♦ *iemand een brief sturen; hij werd naar huis gestuurd; ik stuur iemand om je te halen* **3** *een apparaat sturen:* het bedienen, het op de juiste manier laten werken ♦ *de telefooncentrale wordt gestuurd door een computer.*

**stut** (de ~ (m.); -ten) balk, pilaar, schraag enz. waar iets op steunt.

**stut·ten** (stutte, heeft gestut) *iets stutten:* iets met een stut* ondersteunen, een balk, pilaar enz. onder iets zetten ⇒ schragen.

**stuur** (het ~; sturen) onderdeel van een voertuig waarmee je het bestuurt ♦ *achter het stuur zitten; hij verloor de macht over het stuur.*

**stuur·boord** (het ~) rechterkant van een schip, het tegenovergestelde van 'bakboord'.

**stuur·loos** (bijv. nw.) gezegd van mensen of dingen die niet bestuurd kunnen worden, die niet onder controle te krijgen zijn ♦ *het schip drijft stuurloos rond.*

**stuur·man** (de ~ (m.); -nen of stuurlieden of stuurlui) iemand die een schip of boot bestuurt ♦ *de beste stuurlui staan aan wal:* (spreekwoord) de mensen die zelf het werk niet hoeven te doen, denken altijd dat ze beter weten hoe het moet dan degene die het werk wel moet doen.

**stuurs** (bijv. nw.) onvriendelijk en humeurig ⇒ nors ♦ *stuurs kijken; een stuurs gezicht.*

**stuur·wiel** (het ~; -en) stuur van een voertuig of vaartuig in de vorm van een wiel.

**stuw** (de ~ (m.); -en) stuwdam.

**stu·wa·door** (de ~ (m.); -s) iemand die voor zijn of haar beroep schepen laadt en lost.

**stuw·dam** (de ~ (m.); -men) dam in een meer of rivier die is aangelegd om de waterstand te verhogen, bijv. voor irrigatie of voor het opwekken van elektriciteit (kijk ook bij: **irrigatie**).

**stu·wen** (stuwde, heeft gestuwd) *iets stuwen:* ervoor zorgen dat iets zich voortbeweegt, iets voortduwen ♦ *het hart stuwt het bloed door de aderen; hij is de stuwende kracht van het bedrijf:* (uitdr.) hij zorgt ervoor dat het bedrijf goed loopt.

**stuw·kracht** (de ~; -en) kracht die ervoor zorgt dat iets wordt voortgestuwd, dat iets sneller gaat bewegen ♦ *de stuwkracht van een raketmotor.*

**stuw·meer** (-meren) meer dat afgesloten wordt door een stuwdam.

**sub** (voorz.) onder ♦ *sub artikel 3 van het wetboek staat vermeld dat ....*

**sub·cul·tuur** (de ~ (v.); -culturen) maatschappelijke groepering met eigen normen en regels, die sterk afwijken van de heersende normen en regels.

**su·biet** (bijw.) **1** (populair) direct, onmiddellijk ♦ *hou daar subiet mee op* **2** (populair) beslist, zeker ⇒ ongetwijfeld ♦ *dat gaat subiet mis.*

**sub·ject** (het ~; -en) (taal) onderwerp.

**sub·jec·tief** (bijv. nw.) gezegd van iemand die vooral uitgaat van zijn of haar gevoel en intuïtie, en niet van de feiten, het tegenovergestelde van 'objectief' ♦ *ze gaf een subjectief oordeel over de sollicitant.*

**su·bliem** (bijv. nw.) heel erg mooi of indrukwekkend ⇒ schitterend.

**sub ro·sa** (Latijn) [suproozaa] (letterlijk: onder de roos) in vertrouwen ♦ *dat heeft ze mij sub rosa verteld.*

**sub·si·die** (de ~ (v.) of het ~; -s) geld van de overheid dat bedoeld is om mensen, verenigingen, bedrijven enz. te steunen ♦ *iemand subsidie verlenen.*

**subsidiëren** sub·si·di·e·ren (subsidieerde, heeft gesubsidieerd) *iemand of iets subsidiëren:* iemand of iets subsidie* geven.

**sub·stan·tie** (de ~ (v.); -s) stof waaruit een massa bestaat ♦ *in de bonbon zat een kleverige substantie.*

**sub·stan·ti·eel** (bijv. nw.) van wezenlijk belang ♦ *substantiële zaken bespreken; iets substantieels eten:* (uitdr.) iets voedzaams.

**sub·stan·tief** (het ~; substantieven) (taal) zelfstandig naamwoord.

**sub·sti·tu·e·ren** (substitueerde, heeft gesubstitueerd) *iets substitueren:* iets in de plaats van iets anders stellen, iets als vervanging gebruiken ♦ *overal waar een 3 staat moet je een 2 substitueren.*

**sub·sti·tuut** (het ~; substituten) vervangingsmiddel.

**sub·tiel** (bijv. nw.) gezegd van dingen die je alleen maar kunt zien, horen, begrijpen enz. als je heel precies kijkt, luistert of nadenkt ♦ *subtiele verschillen; een subtiel gedicht.*

**sub·tro·pisch** (bijv. nw.) gezegd van het gebied tussen de tropen en de gematigde luchtstreken ♦ *een subtropisch klimaat.*

**sub·ver·sief** (bijv. nw.) (van mensen of daden): tegen het gezag gericht ⇒ ondermijnend ♦ *subversieve acties.*

**suc·ces** (het ~; -sen) gunstige afloop, gunstig resultaat ♦ *hij had meteen succes; succes met je examen!; het toneelstuk had succes:* het publiek was er enthousiast over; *het feest was geen succes:* het was niet geslaagd.

**suc·ces·sie** (de ~ (v.)) opvolging door een erfgenaam ♦ *successieoorlogen:* die ontstaan door ruzie over de troonsopvolging; *de derde in successie:* (uitdr.) de derde van een serie opeenvolgende mensen of zaken.

**suc·ces·sie·recht** (het ~; -en) belasting die je moet betalen over geld dat je erft.

**suc·ces·sie·ve·lijk** (bijw.) de een na de ander, achtereenvolgens ◆ *de winnaars van de derde, tweede en eerste prijs verschenen successievelijk op het podium.*

**su·cro·se** (de ~) suiker ⇒ *sacharose.*

**sud·de·ren** (sudderde, heeft gesudderd) *(van eten)*: zachtjes pruttelend op een laag pitje gaar worden.

**su·è·de** (de ~of het ~) zacht, fluweelachtig leer.

**suf** (bijv. nw.) sloom en slaperig, niet met een levendige geest ◆ *ik ben veel te suf om m'n huiswerk te maken; je suf zoeken, piekeren enz.*: (uitdr.) heel erg zoeken, piekeren enz..

**suf·fen** (sufte, heeft gesuft) suf* zijn, niet opletten ◆ *loop niet zo te suffen!*

**suf·ferd** (de ~(m.); -s) iemand die iets doms doet doordat hij of zij niet oplet ◆ *sufferd, kijk uit waar je loopt!*

**suf·fix** (het ~; -en) (taal) achtervoegsel.

**suf·fra·get·te** (Frans) [suufrææzjettə] (de ~(v.); -s) vrouw die omstreeks 1900 streed voor vrouwenemancipatie, vooral voor het recht van vrouwen om te stemmen bij verkiezingen (kijk ook bij: **emancipatie**).

**sug·ge·re·ren** (suggereerde, heeft gesuggereerd) **1** iets suggereren: ervoor zorgen dat iemand een bepaald idee krijgt zonder dat rechtstreeks uit te spreken ◆ *zij suggereren dat hij die fiets gestolen heeft* **2** iets suggereren: een suggestie* (bet.2) doen, iets voorstellen, iets opperen ◆ *'laten we bloemen geven' suggereerde hij.*

**sug·ges·tie** (de ~(v.); -s) **1** idee dat door iemand gesuggereerd* (bet.1) wordt ◆ *hij wekt de suggestie dat hij alles van auto's weet; je bent niet echt ziek, het is maar suggestie*: je beeldt het je alleen maar in **2** idee dat je naar voren brengt, voorstel ◆ *wie heeft er nog suggesties voor het schoolfeest?*

**sug·ges·tief** (bijv. nw.) bedoeld om een bepaalde suggestie* (bet.1) te wekken ◆ *suggestieve krantenkoppen.*

**su·ï·cide** su·i·ci·de (de ~(v.)) zelfmoord.

**sui·ker** (de ~(m.); -s) **1** zoete, witte of bruine stof die uit suikerbieten en suikerriet gemaakt wordt **2** (populair) suikerziekte.

**sui·ker·biet** (de ~; -en) plant waarvan de wortel suiker (bet.1) bevat.

**sui·ker·boon** (de ~; -bonen) (in België □) snoepje dat op een boon lijkt en dat je krijgt als er een kindje geboren is.

**sui·ker·oom** (de ~(m.); -s) kinderloze oom die jou extra verwent, en van wie je misschien ook geld erft.

**sui·ker·tan·te** (de ~(v.); -s) kinderloze tante die jou extra verwent, en van wie je misschien geld erft.

**sui·ker·ziek·te** (de ~(v.)) ziekte waarbij je te veel suiker in je bloed hebt ⇒ *diabetes.*

**sui·ker·zoet** (bijv. nw.) overdreven lief en duidelijk niet gemeend ◆ *ze begroette ons met een suikerzoet glimlachje.*

**sui·te** (Frans) [switə] (de ~; -s) **1** twee of meer kamers die met elkaar in verbinding staan door middel van schuifdeuren of openslaande deuren **2** muziekstuk dat bestaat uit verschillende dansmelodieën.

**sui·ze·bol·len** (suizebolde, heeft gesuizebold) duizelig worden ◆ *na de klap stond ze te suizebollen.*

**sui·zen** (suisde, heeft gesuisd) **1** een blazend geluid maken ◆ *een suizende gaslamp* **2** je snel voortbewegen zodat er een luchtstroom ontstaat die een blazend geluid maakt ⇒ *zoeven* ◆ *hij suisde voorbij op z'n racefiets.*

**su·jet** (Frans) [suuzjet] (het ~; -ten) persoon die een ongunstige indruk maakt ⇒ *individu* ◆ *een onguur sujet.*

**su·ka·de** (de ~) gekonfijte schil van een onrijpe cederappel (dit is een citrusvrucht) ◆ *koek met sukade.*

**suk·kel** (de ~(m.); -s) iemand die erg onhandig is

⇒ *kluns, klungel* ◆ *die sukkel gaat altijd op m'n tenen staan bij het dansen.*

**suk·ke·len** (sukkelde) **1** (heeft gesukkeld) *met je gezondheid sukkelen*: vaak ziek zijn of last van kwalen hebben ⇒ *kwakkelen* **2** (is gesukkeld) langzaam en moeizaam lopend vooruitkomen ◆ *we sukkelden met blaren op onze voeten over de eindstreep.*

**suk·kel·straat·je** (zelfst. nw.) ▼ *in het sukkelstraatje zitten*: (in België) sukkelen met je gezondheid, pech of moeilijkheden hebben.

**sukses(-)** → succes(-).

**sul** (de ~(m.); -len) goedig mens die een beetje sloom is ◆ *die sul vindt alles maar goed.*

**sul·fiet** (het ~) soort zout dat sommige slagers in het vlees doen om het roder te maken en dat ook gebruikt wordt als conserveringsmiddel.

**sul·ky** (de ~(m.); sulky's) licht wagentje met twee wielen waarvoor een paard gespannen wordt, gebruikt bij draverijen.

**sul·tan** (de ~(m.); -s) islamitische vorst.

**sum·ma cum lau·de** (Latijn) [sœmaakœmlaudə] met de hoogste lof; dit is een beoordeling bij een examen die betekent dat iemand heel goed geslaagd is.

**sum·mier** (bijv. nw.) gezegd van iets waarvan alleen de hoofdlijnen kort weergegeven worden ◆ *een boek summier bespreken.*

**sum·mum** (het ~) toppunt ◆ *dat is het summum van gierigheid.*

**su·per** (bijv. nw.) (populair) geweldig, fantastisch ◆ *die film is super; een super vakantie.*

**super-** heel groot ◆ *een supertanker.*

**su·per·hef·fing** (de ~(v.)) (in Nederland) boete die een boer moet betalen als hij meer melk levert dan is afgesproken door de landen van de Europese Gemeenschap.

**su·pe·ri·eur¹** (de ~(m.); -en) iemand met een hogere rang in het bedrijf waar je werkt, je baas ⇒ *meerdere.*

**su·pe·ri·eur²** (bijv. nw.) iets of iemand anders overtreffend, beter ◆ *hij voelt zich superieur*: hij denkt dat hij beter is dan anderen; *een superieur merk*: een voortreffelijk merk.

**su·pe·ri·o·ri·teit** (de ~(v.)) het superieur²* zijn ◆ *ze moesten haar superioriteit erkennen*: ze moesten toegeven dat zij beter was.

**su·per·la·tief** (bijv. nw.) (taal) overtreffende trap van een bijvoeglijk naamwoord, bijv. 'mooist', 'best', 'grootst' ◆ *in superlatieven over iemand praten*: (uitdr.) iemand uitbundig prijzen.

**su·per·markt** (de ~; -en) grote zelfbedieningszaak in levensmiddelen.

**su·per·soa·ker** (Engels) [sœpersookər] (de ~(m.); -s) groot waterpistool.

**su·per·so·nisch** (bijv. nw.) sneller dan het geluid ◆ *een supersonische straaljager.*

**su·per·vi·sie** (de ~(v.)) toezicht en leiding ◆ *ze werken onder supervisie van mevrouw Janssen.*

**sup·ple·ment** (het ~; -en) **1** aanvulling op een boek, tijdschrift of krant ◆ *op zaterdag zit er een extra dik supplement bij de krant* **2** (in België □) toeslag.

**sup·poost** (de ~(m.); -en) iemand die toezicht houdt in bijv. een museum of een voetbalstadion.

**sup·por·ter** (de ~(m.); -s) iemand die een bepaalde club aanmoedigt bij wedstrijden ◆ *de supporters van Ajax.*

**su·pre·ma·tie** (de ~(v.)) hoogste gezag, oppermacht.

**surf·board** (Engels) [surfboord] (de ~; -s) kleine surfplank zonder zeil waarop je over de golven glijdt.

**sur·fen** (surfte, heeft gesurft) **1** windsurfen ⇒ *plankzeilen* **2** je staande op een plank voortbewegen op de golven.

**surf·plank** (de ~; -en) gestroomlijnde plank waarop je surft*.

**sur·plus** [suurpluu of surplus] (het ~) overschot, te grote hoeveelheid ◆ *een surplus aan graan.*

**sur·pri·se** (de ~ (v.); -s) grappig ingepakt cadeautje ◆ *sinterklaassurprises.*

**sur·re·a·lis·me** (het ~) richting in de beeldende kunst en in de literatuur die gebruik maakt van het onderbewustzijn (kijk ook bij: **onderbewustzijn**).

**sur·re·a·lis·tisch** (bijv. nw.) **1** te maken hebbend met het surrealisme* ◆ *een surrealistisch schilderij* **2** spookachtig of onwerkelijk als in een droom.

**sur·ro·gaat** (het ~; surrogaten) vervangingsmiddel, namaakproduct ◆ *een surrogaat voor koffie.*

**sur·se·an·ce** [suurseejãnse] (zelfst. nw.) ▼ *surseance van betaling:* tijdelijk uitstel van de betaling van je schulden, dat de rechter je kan verlenen.

**sur·veil·le·ren** [surveijeeren] (surveilleerde, heeft gesurveilleerd) toezicht houden ◆ *surveillerende politieagenten.*

**sur·vi·val** (Engels) [survajvel] (de ~; -s) tocht in ruig gebied, onder moeilijke omstandigheden, als uitdaging ⇒ *overlevingstocht* ◆ *op survival gaan.*

**sus·sen** (suste, heeft gesust) *iemand of iets sussen:* iemand of iets door kalmerende woorden laten bedaren ◆ *een ruzie sussen.*

**s.v.p.** (afkorting) *s'il vous plaît*; dit is Frans en het betekent: alstublieft ◆ *stilte s.v.p..*

**swas·ti·ka** (de ~; swastika's) hakenkruis.

**swea·ter** (Engels) [swetter of swieter] (de ~ (m.); -s) sportieve, katoenen trui ⇒ *sweatshirt.*

**sweat·shirt** (Engels) [swetsjurt] (het ~; -s) sweater.

**swing·beat** (Engels) [swingbiet] (de ~) bepaald soort jazzmuziek waarop je goed kunt dansen.

**swin·gen** (swingde, heeft geswingd) dansen door met je hele lichaam vloeiend te bewegen op de maat van popmuziek.

**swit·chen** [switsjen] (switchte, heeft geswitcht) overstappen op iets anders, omschakelen ◆ *hij switcht voortdurend van het ene standpunt naar het andere.*

**sy·fi·lis** [siefielis] (de ~ (v.)) besmettelijke ziekte die wordt overgebracht door onveilig vrijen, en die het hele lichaam aantast.

**syl·la·be** (de ~; -n) lettergreep ◆ *er klopt geen syllabe van:* (uitdr.) helemaal niets.

**syl·la·bus** (de ~ (m.); -sen of syllabi) door een docent bijeengebracht of geschreven studiemateriaal dat je bij een cursus of college gebruikt.

**syl·lo·gis·me** (het ~; -n) redenering die bestaat uit twee stellingen (premissen) en een daaruit getrokken conclusie, bijv.: eerste premisse: alle katten zijn dom; tweede premisse: Floor is een kat; conclusie: Floor is dom (kijk ook bij: **premisse**).

**sym·bi·o·se** (de ~ (v.)) het samenleven van twee planten- of diersoorten die van elkaar afhankelijk zijn, bijv. het leven van bacteriën in de maag van herkauwende dieren.

**sym·bo·liek** (de ~ (v.); -en) het gebruik van symbolen* of het feit dat iets een symbool* is ◆ *de symboliek van dit schilderij ontgaat me.*

**sym·bo·lisch** (bijv. nw.) als symbool* bedoeld ◆ *een symbolische afbeelding; een symbolisch bedrag:* een heel klein bedrag dat je betaalt als je zogenaamd iets van iemand koopt, terwijl het in werkelijkheid cadeau krijgt.

**sym·bo·li·se·ren** (symboliseerde, heeft gesymboliseerd) *iets symboliseren:* het symbool* van iets zijn, iets voorstellen ◆ *een hart met een pijl erdoor symboliseert verliefdheid.*

**sym·bool** (het ~; symbolen) ding of dier dat volgens afspraak of overlevering een begrip, zoals liefde of vrede, voorstelt ⇒ *zinnebeeld* ◆ *een anker is het symbool van de hoop.*

**sym·fo·nie** (de ~ (v.); symfonieën) muziekstuk voor een groot orkest.

**sym·me·trie** (de ~ (v.)) het bestaan uit twee helften die elkaars spiegelbeeld zijn.

**sym·me·trisch** (bijv. nw.) symmetrie* vertonend ◆ *een symmetrisch aangelegde tuin.*

**sym·pa·thie** (de ~ (v.); sympathieën) gevoel dat je iemand heel aardig vindt, het tegenovergestelde van 'antipathie' ◆ *sympathie voor iemand voelen; liberale sympathieën:* (uitdr.) instemming met en waardering voor liberale ideeën.

**sym·pa·thiek** (bijv. nw.) gezegd van iemand die of iets dat je sympathie* opwekt ◆ *een sympathiek mens.*

**sym·pa·thi·sant** (de ~ (m.); -en) iemand die met iets sympathiseert* ◆ *een sympathisant van de vredesbeweging.*

**sym·pa·thi·se·ren** (sympathiseerde, heeft gesympathiseerd) sympathiseren met een opvatting of met een beweging: ermee instemmen, erachter staan ◆ *sympathiseren met de vredesbeweging.*

**sym·po·si·um** (het ~; symposia of -s) bijeenkomst van geleerden waar lezingen of discussies over een bepaald onderwerp gehouden worden ◆ *een symposium over vandalisme.*

**symp·to·ma·tisch** (bijv. nw.) een symptoom* (bet.2) vormend ◆ *dat je pas 's avonds laat een repetitie voor de volgende dag gaat leren, is symptomatisch voor jouw manier van werken.*

**symp·toom** (het ~; symptomen) **1** verschijnsel dat optreedt bij een bepaalde ziekte ◆ *witte puntjes in je keel zijn een symptoom van keelontsteking* **2** verschijnsel waaraan je kunt merken dat er iets aan de hand is ◆ *die rellen zijn het symptoom van de algemene ontevredenheid.*

**sy·na·go·ge** (de ~; -n) joods kerkgebouw.

**syn·chroon** (bijv. nw.) gelijktijdig, samenvallend in de tijd ◆ *het geluid loopt soms niet synchroon met de film.*

**syn·dic** (de ~ (m.); -s) (in België □; populair) syndicus.

**syn·di·caat** (het ~; syndicaten) (ouderwets) vakbond, vakvereniging.

**syn·di·cus** (de ~ (m.); syndici) (in België □) iemand die in opdracht van de eigenaars een flatgebouw beheert ⇒ *huismeester.*

**syn·di·kaat** → syndicaat.

**syn·droom** (het ~; syndromen) alle symptomen van een ziekte of afwijking bij elkaar (kijk ook bij: **symptoom**) ◆ *iemand met het syndroom van Down:* iemand met een verstandelijke handicap die voortkomt uit de aanwezigheid van een extra chromosoom (kijk ook bij: **chromosoom**).

**sy·no·de** (de ~ (v.); -n of -s) vergadering van de hoogste vertegenwoordigers van een kerk ◆ *een bisschoppelijke synode; de synode van de gereformeerde kerken.*

**sy·no·niem¹** (het ~; -en) woord dat dezelfde betekenis heeft als een ander woord ◆ *'rijwiel' is een synoniem van 'fiets'.*

**sy·no·niem²** (bijv. nw.) gezegd van woorden met dezelfde betekenis ◆ *'kapot' is synoniem met 'stuk'.*

**sy·nop·sis** (de ~ (v.); -sen) samenvatting, kort overzicht.

**syn·the·se** (de ~ (v.); -n of -s) het opgaan van verschillende en soms tegengestelde delen in een nieuw geheel ◆ *een synthese van uiteenlopende opvattingen.*

**syn·the·si·zer** (Engels) [sɪntəsajzər] (de ~; -s) elektronisch muziekinstrument met een toetsenbord, dat o.a. gebruikt wordt om instrumenten na te bootsen.

**syn·the·tisch** (bijv. nw.) gezegd van producten die kunstmatig vervaardigd zijn en die producten uit natuurlijke grondstoffen kunnen vervangen ♦ *synthetisch rubber; acryl is een synthetische stof.*

**sy·steem** (het ~; systemen) **1** iets dat op een doordachte manier geordend of geregeld is ♦ *een kaartsysteem* **2** doordachte manier waarop iets geordend of geregeld is ⇒ systematiek ♦ *er zit geen systeem in zijn betoog:* het is niet volgens een bepaald plan opgebouwd **3** geheel van regels, afspraken of maatregelen ⇒ stelsel ♦ *het Nederlandse of Belgische belastingsysteem.*

**sy·ste·ma·tiek** (de ~ (v.)) systeem* (bet.2) ♦ *ik kan geen enkele systematiek in zijn werk ontdekken.*

**sy·ste·ma·tisch** (bijv. nw.) volgens een systeem* (bet.2) ♦ *een systematische indeling van een bibliotheek.*

**sy·ste·ma·ti·se·ren** (systematiseerde, heeft gesystematiseerd) *iets systematiseren:* systeem* (bet.2) in iets aanbrengen ♦ *de boekhouding systematiseren.*

**sy·sto·le** (de ~; -n) (medisch) één samentrekking van je hart (die je voelt als polsslag).

# Tt

**t** (de ~; t's) de twintigste letter van het alfabet.

**'t** (lidw.) (spreektaal) het ♦ *'t is wat; er zaten twee vogeltjes op 't nestje.*

**taai** (bijv. nw.) **1** gezegd van iets dat je bijna niet kunt breken of doorsnijden omdat het zo buigbaar en rekbaar is ♦ *taai vlees; noga is taai snoepgoed; een taai boek:* (uitdr.) waarvan het lezen je veel moeite kost, omdat het saai of moeilijk is **2** gezegd van mensen die veel aan kunnen, het lang kunnen volhouden, zonder moe of ziek te worden ♦ *een taaie oude man; hou je taai!:* (uitdr.) doe je best, hou vol!

**taai·taai** (de ~ (m.) of het ~) taaie, kruidige koek, vaak in de vorm van een poppetje, die je vooral in de sinterklaastijd eet.

**taak** (de ~; taken) **1** werk dat je moet doen ♦ *een taak op je nemen; het is jouw taak om op te letten; je iets tot taak stellen:* je voornemen iets te doen **2** huiswerk voor een bepaald schoolvak dat je in de vakantie moet maken om over te gaan ♦ *een taak voor wiskunde.*

**taak·leer·kracht** (de ~; -en) (in België) leerkracht voor kinderen met een leerachterstand ⇒ remedial teacher.

**taal** (de ~; talen) **1** systeem van klanken, letters en woorden dat mensen gebruiken om elkaar dingen duidelijk te maken ♦ *de Nederlandse taal; klassieke talen:* Grieks en Latijn; *moderne talen:* Engels, Frans en Duits; *vreemde talen:* buitenlandse talen; *een dode taal:* die niemand meer spreekt; *grove taal uitslaan:* (uitdr.) grove woorden gebruiken; *zwijgen in alle talen:* (uitdr.) helemaal niets zeggen; *dit spreekt een duidelijke taal:* (uitdr.) hier kan geen twijfel over bestaan; *taal noch teken geven:* (uitdr.) helemaal niets van je laten horen; *de tale Kanaäns:* (uitdr.) bijbelse, hoogdravende taal **2** middel dat meestal bestaat uit tekens en dat gebruikt wordt om iets duidelijk te maken ♦ *bijentaal; computertaal; de taal van het lichaam:* bewegingen die je maakt en die iets kunnen zeggen over hoe je bent.

**taal·be·heer·sing** (de ~ (v.)) onderdeel van een talenstudie waarin alles bestudeerd wordt dat met het goed kunnen gebruiken van die taal te maken heeft.

**taal·grens** (de ~; -grenzen) denkbeeldige scheidslijn tussen gebieden waar de mensen verschillende talen spreken ♦ *in België loopt de Frans-Nederlandse taalgrens ten zuiden van Brussel.*

**taal·kamp** (het ~; -en) (in België □) vakantie voor jongeren waarin een vreemde taal wordt geleerd.

**taal·kun·de** (de ~ (v.)) onderdeel van een talenstudie dat de manier bestudeert waarop die taal in elkaar zit ⇒ taalwetenschap.

**taal·rol** (de ~; -len) (in België) lijst van personen die een bepaalde taal spreken ♦ *hoeveel ambtenaren staan er op de Nederlandse taalrol?*

**taan** (de ~) bruingele verfstof ♦ *taankleurige zeilen.*

**taart** (de ~; -en) **1** groot stuk versierd gebak, bijv. met slagroom en vruchten ▼ *een oude taart:* (populair) een oude vrouw.

**taart·je** (het ~; -s) gebakje.

**tab** (Engels) [tep, in België: tap] (de ~(m.); -s) strookje dat tussen de kaarten in een kaartenbak omhoog steekt om het zoeken te vergemakkelijken ⇒ *ruitertje*.

**ta·bak** (de ~(m.)) **1** gedroogde en bewerkte bladeren van bepaalde planten, waarvan sigaren, sigaretten en vulling voor pijpen gemaakt worden ▼ *ergens tabak van hebben*: (populair) ergens schoon genoeg van hebben, iets zat zijn.

**tab·berd** (de ~(m.); -s) rode mantel van Sinterklaas.

**ta·bee** (tussenw.) (deftig) (afscheidsgroet) ⇒ *dag*.

**ta·bel** (de ~; -len) overzichtelijke lijst met gegevens, bijv. namen of cijfers.

**ta·ber·na·kel** (de ~(m.) of het ~; -s) kastje op een altaar in een rooms-katholieke kerk, waarin de gewijde hosties worden bewaard (kijk ook bij: **hostie**).

**ta·bleau** [tɑbloo] (het ~; -s) **1** groot schilderij, tafereel **2** plaat waarop voorwerpen in een etalage of winkel liggen uitgestald ⇒ *plateau* ♦ *een tableau met armbanden*.

**ta·bleau de la trou·pe** (Frans) [tɑbloodəlaatrœp] (het ~; tableaux de la troupe) lijst met leden van een toneelgezelschap.

**ta·bleau vi·vant** (Frans) [tɑbloovievãn] (het ~; tableaux vivants) (letterlijk: levend schilderij) groep stilstaande personen die iets uitbeelden.

**ta·blet** (de ~ of het ~; -ten) **1** geneesmiddel in de vorm van een plat pilletje **2** rechthoekige plak, meestal van iets eetbaars, bijv. van chocola.

**ta·boe¹** (de ~(m.) of het ~; -s) iets waarvan mensen vinden dat je het niet mag doen of niet mag gebruiken, of dat je er niet over mag praten ♦ *bij de mohammedanen rust er een taboe op het eten van varkensvlees*; *een taboe doorbreken: iets doen dat tot dan toe niet mocht*.

**ta·boe²** (bijv. nw.) gezegd van iets waarvan mensen vinden dat je het niet mag doen of niet mag gebruiken, of dat je er niet over mag praten ♦ *roken in de klas is taboe*.

**ta·boe·ret** (de ~(m.); -ten) kruk of stoeltje zonder leuning.

**ta·bu·la ra·sa** (zelfst. nw.) ▼ *tabula rasa maken*: helemaal opnieuw, met een schone lei beginnen.

**ta·bu·la·tor** (de ~(m.); -s) toets op een schrijfmachine die je gebruikt om namen en cijfers in rechte kolommen onder elkaar te typen.

**ta·cho·graaf** (de ~(m.); tachografen) apparaatje in vrachtwagens, bussen enz. dat bijhoudt hoeveel uur en hoeveel kilometers de chauffeur rijdt.

**tach·tig** (hoofdtelw.) 80.

**tach·tig·ste** (rangtelw.) komend als nummer 80.

**tac·ke·len** [tɛkkələn] (tackelde, heeft getackeld) *iemand tackelen*: iemand beentje lichten tijdens een sportwedstrijd, ervoor zorgen dat iemand valt.

**ta·co** (de ~; taco's) Mexicaanse pannenkoek van maïsmeel met een vulling van vlees of groenten.

**tact** (de ~(m.)) voorzichtige manier waarop je te werk gaat, zonder mensen te beledigen of te kwetsen ♦ *iets met tact aanpakken*.

**tac·tiek** (de ~(v.)) weloverwogen manier waarop je te werk gaat om een doel te bereiken ⇒ *strategie* ♦ *de aanvalstactiek van een leger*; *van tactiek veranderen*: anders te werk gaan.

**tac·tisch** (bijv. nw.) **1** met tact* ♦ *een tactisch antwoord op een moeilijke vraag* **2** te maken hebbend met tactiek* ⇒ *strategisch* ♦ *een tactische zet bij het dammen*: een slimme zet.

**tact·vol** (bijv. nw.) met veel tact*.

**taf** (de ~(m.) of het ~) effen stof van zijde.

**ta·fel** (de ~; -s) **1** horizontaal blad op poten om aan te

eten, te werken, te spelen enz. ♦ *de tafel dekken*; *een tafel reserveren in een restaurant*; *we gaan om zes uur aan tafel*: dan gaan we eten; *om de tafel gaan zitten*: (uitdr.) gaan overleggen hoe een probleem opgelost moet worden; *iemand onder tafel drinken*: (uitdr.) net zo lang met iemand meedrinken tot dié persoon dronken is, maar jij niet; *iets ter tafel brengen*: (uitdr.) over iets gaan praten, iets als gespreksonderwerp naar voren brengen; *iets onder tafel vegen of schuiven*: (uitdr.) niet op iets ingaan, iets als onbelangrijk afdoen; *scheiden van tafel en bed*: (uitdr.) apart gaan wonen maar toch voor de wet getrouwd blijven **2** (rekenen) tafel van vermenigvuldiging; dit is een lijst van uitkomsten die je krijgt als je een getal vermenigvuldigt met de getallen één tot en met tien ♦ *de tafel van zes*: 1 x 6, 2 x 6, 3 x 6 ... tot en met 10 x 6.

**ta·fel·da·me** (de ~(v.); -s) vrouw die tijdens een diner rechts naast een man zit.

**ta·fe·len** (tafelde, heeft getafeld) aan tafel* (bet.1) eten ♦ *ze tafelen altijd lang*.

**ta·fel·heer** (de ~(m.); -heren) man die tijdens een diner links naast een vrouw zit.

**ta·fel·la·ken** (het ~; -s) lap stof die je over een tafel legt als je hem gaat dekken.

**ta·fel·ten·nis** (het ~) spel waarbij je met een plankje een licht balletje over een net op een tafel naar je tegenstander slaat ⇒ *pingpong*.

**ta·fel·tje-dek·je** (het ~) organisatie die warme maaltijden bezorgt bij mensen die zelf niet kunnen koken omdat ze bijv. oud of ziek zijn.

**ta·fe·reel** (het ~; taferelen) afbeelding of situatie om naar te kijken ⇒ *schouwspel* ♦ *op het schilderij zie je een zomers tafereel*; *hij schetste een vrolijk tafereel*: hij beschreef een vrolijke gebeurtenis.

**tag** (Engels) [teːk] (de ~; -s) soort handtekening van iemand die graffiti schrijft op muren, metro's enz..

**ta·gli·a·tel·li** [taljaatelli] (de ~) Italiaanse pasta die bestaat uit brede deegslierten.

**ta·hin** [taːhien] (de ~) sesampasta.

**ta·hoe** (de ~) soort kaas die van sojamelk gemaakt is ⇒ *tofoe*.

**tai·foen** → **tyfoon**.

**tai·ga** [tajkaa] (de ~; taiga's) streek met naaldwouden langs de noordrand (kijk ook bij: **toendra**).

**tail·le** [tajjə] (de ~; -s) je middel ♦ *een slanke taille*.

**tail·le·ren** [tajjeːrən] (tailleerde, heeft getailleerd) *een kledingstuk tailleren*: het nauwer maken bij de taille* ♦ *een getailleerd overhemd*.

**tak** (de ~(m.); -ken) **1** deel van een boom of struik dat zich van de stam of van andere takken afsplitst ♦ *dorre takken* **2** onderdeel van iets dat zich in verschillende delen splitst ⇒ *vertakking* ♦ *een zijtak van de Maas*; *schermen is een tak van sport*; *de Belgische tak van dit Amerikaanse bedrijf is gevestigd in Kortrijk*.

**ta·kel** (de ~(m.) of het ~; -s) toestel met een of meer katrollen om iets mee omhoog te hijsen (kijk ook bij: **katrol**).

**ta·ke·len** (takelde, heeft getakeld) *iemand of iets takelen*: iemand of iets met een takel* omhoog hijsen ♦ *de piano moest getakeld worden*.

**taks** (de ~; -en) **1** maximale hoeveelheid ♦ *vier boterhammen is haar taks*; *ik zit aan mijn taks*: (uitdr.) ik heb genoeg **2** (in België □) belasting, heffing.

**takt(-)** → **tact(-)**.

**tal** (het ~) hoeveelheid, aantal ♦ *dodental*; *tal van voordelen*: veel voordelen; *mensen zonder tal*: zo veel dat je ze niet kunt tellen.

**ta·len** (taalde, heeft getaald) *ergens niet naar talen*: ergens totaal niet naar verlangen ◆ *hij was echt ziek, want hij* **taalde** *niet naar snoep.*

**ta·lent** (het ~; -en) **1** aangeboren vermogen om iets goed te kunnen ⇒ *gave, begaafdheid, aanleg* ◆ *hij heeft* **talent** *voor poëzie; met je* **talenten** *woekeren:* (uitdr.) je begaafdheid zo ontwikkelen dat je er zoveel mogelijk voordeel van hebt **2** iemand die aanleg voor iets heeft ◆ *ze is een groot piano* **talent**; *een* **talenten** *jacht.*

**talg** (de ~ (m.)) vettige stof die de huid van mensen en dieren afscheidt ⇒ *huidsmeer.*

**ta·lis·man** (de ~ (m.); -s) voorwerp dat geluk brengt en dat je beschermt tegen ongeluk ⇒ *amulet.*

**talk·poe·der** (de ~ (m.) of het ~) bepaald mineraal in poedervorm, dat als toiletartikel gebruikt wordt.

**talk·show** (Engels) [tɔːkʃoʊ] (de ~; -s) tv-programma waarin mensen ergens over praten ⇒ *praatprogramma.*

**tal·loos** (bijv. nw.) heel veel, niet te tellen ◆ *talloze va- kantiegangers.*

**tal·men** (talmde, heeft getalmd) treuzelen, dat wat je moet doen steeds uitstellen ⇒ *dralen* ◆ *de minister* **talmt** *met zijn beslissing.*

**tal·moed** (de ~ (m.)) joods boek dat een aanvulling is op het Oude Testament en waarin veel leefregels voor de joden staan opgetekend.

**tal·rijk** (bijv. nw.) in een groot aantal, veel ◆ *de* **talrijke** *verkeersborden langs een snelweg.*

**ta·lud** (het ~; -s) helling langs een weg, dijk, spoorbaan enz..

**tam** (bijv. nw.) **1** *(van dieren):* niet bang voor mensen, aan mensen gewend ◆ *een* **tamme** *kraai* **2** niet krachtig of fel, maar slap en mat ◆ *een* **tam** *feest* **3** *(van planten):* gekweekt, niet wild ◆ *een* **tamme** *kastanje.*

**ta·ma·ri** (de ~) bepaald soort sojasaus.

**ta·ma·rin·de** (de ~; -n of -s) tropische loofboom met vruchten waarvan o.a. geneesmiddelen worden gemaakt.

**tam·boer** (de ~ (m.); -s) iemand die bij een muziekkorps of drumband op de trommel speelt ⇒ *trommelaar.*

**tam·boe·rijn** (de ~ (m.); -en) houten ring met belletjes die je in de maat laat rinkelen en waarop soms een vel is gespannen.

**ta·me·lijk** (bijw.) nogal, redelijk, behoorlijk ◆ *er waren* **tamelijk** *veel mensen;* **tamelijk** *mooi.*

**tam·pon** (de ~ (m.); -s) **1** staafje van geperste watten dat vrouwen tijdens de menstruatie in hun vagina dragen en waar het bloed in wordt opgenomen (kijk ook bij: **menstruatie en vagina**) **2** voorwerp dat dient om vocht dat ergens vrijkomt af te zuigen of op te vangen.

**tam·tam** (de ~ (m.); -s) grote Afrikaanse trom ◆ *iets met veel* **tamtam** *doen:* (uitdr.) iets zo doen dat het de aandacht trekt, ergens veel ophef over maken.

**tand** (de ~ (m.); -en) **1** hard, wit uitsteeksel in je boven- en onderkaak, waar je mee kunt bijten en kauwen ◆ *je* **tanden** *laten zien:* (uitdr.) iemand bij wijze van waarschuwing dreigend laten zien dat je niet bang bent; *met lange* **tanden** *eten:* (uitdr.) met tegenzin; *tot de* **tanden** *gewapend zijn:* (uitdr.) zwaar bewapend zijn; *iemand aan de* **tand** *voelen:* (uitdr.) iemand ondervragen, onderzoeken wat iemand weet; *aangetast worden door de* **tand** *des tijds:* (uitdr.) slijten of lelijker worden door ouderdom **2** puntig of scherp uitsteeksel aan een voorwerp, bijv. aan een tandwiel ◆ *de* **tanden** *van een kam.*

**tand·arts** (de ~ (m.); -en) dokter die gebreken aan je gebit verhelpt.

**tan·dem** [tɛndɛm, in België: tandɛm] (de ~ (m.); -s) fiets met twee zadels, twee sturen en twee stel trappers achter elkaar, waar je met z'n tweeën op rijdt.

**tan·den·knar·sen** (tandenknarste, heeft getandenknarst) een knarsend, schrapend geluid maken door je tanden en kiezen langs elkaar te bewegen ◆ *hij* **tandenknarste** *van woede.*

**tan·den·sto·ker** (de ~ (m.); -s) puntig stokje waarmee je etensresten tussen je tanden en kiezen uit kunt halen.

**tand·heel·kun·de** (de ~ (v.)) wetenschap die bestudeert hoe je gebreken aan tanden en kiezen en ziektes van tandvlees moet verhelpen.

**tand·pas·ta** (de ~ (m.) of het ~; -pasta's) dikke stof, die in een tube zit en die je gebruikt om je tanden te poetsen.

**tand·plak** (de ~) kleverige aanslag op je gebit ⇒ *plak, plaque.*

**tand·rad** (het ~; -raderen) tandwiel.

**tand·steen** (het ~) aanslag op je tanden en kiezen die op kalk lijkt.

**tand·tech·ni·cus** (de ~ (m.); -technici) iemand die kunstgebitten, kronen enz. maakt.

**tand·vlees** (het ~) vlees dat rond je tanden op je kaakbeenderen zit ◆ *hij loopt op zijn* **tandvlees**: (uitdr.) hij is bijna uitgeput.

**tand·wiel** (het ~; -en) wiel met tanden (bet.2) rond de buitenrand die in de tanden (bet.2) van een ander wiel grijpen, zodat in een mechaniek de beweging van het ene onderdeel op het andere wordt overgebracht ⇒ *tandrad.*

**ta·nen** (taande, is getaand) minder, zwakker worden ⇒ *verflauwen* ◆ *zijn roem* **taant.**

**tang** (de ~ (m.); -en) **1** gereedschap dat uit twee scharnierende delen bestaat en waarmee je iets kunt vastpakken, buigen, knijpen, knippen enz. ◆ *nijptang; waterpomptang; iemand in de* **tang** *nemen:* (uitdr.) iemand aan alle kanten belagen, zodat hij of zij nergens meer naar toe kan; *dat slaat als een* **tang** *op een varken:* (uitdr.) dat slaat nergens op ▼ *een oude* **tang**: (populair) een boosaardige oude vrouw.

**tan·ga** [tɑŋɡ̂aa of tɑŋɡaa] (de ~; tanga's) zwembroek of onderbroek die bestaat uit twee driehoekjes stof aan elkaar.

**tan·go** [tɑŋɡoo, in België: tɑŋɡoo] (de ~ (m.); tango's) Argentijnse dans.

**tan·gram** (het ~) Chinees spel waarbij je met zeven stukken van verschillende vorm allerlei figuren moet vormen.

**ta·nig** (bijv. nw.) bruinig geel, vaalgeel ◆ *een* **tanige** *huidskleur.*

**tank** [tɛŋk, in België: tank] (de ~ (m.); -s) **1** bak of houder voor het bewaren of vervoeren van vloeistoffen ⇒ *reservoir* ◆ *benzinetank; melktank* **2** zwaar gepantserd gevechtsvoertuig op rupsbanden, meestal met een draaibaar kanon.

**tan·ken** [tɛŋkən, in België: taŋkən] (tankte, heeft getankt) *benzine, olie enz.* **tanken**: die in een tank* doen.

**tan·ker** [tɛŋkər, in België: taŋkər] (de ~ (m.); -s) boot met een of meer tanks*, waarin olie vervoerd wordt.

**tan·ta·lus·kwel·ling** (de ~ (v.); -en) situatie waarbij je iets heel graag wilt hebben waar je net niet bij kunt.

**tan·te** (de ~ (v.); -s) zuster of schoonzuster van je vader of moeder.

**tan·tiè·me** [tɑntjɛːm] (het ~; -s) gedeelte van de winst van een bedrijf dat aan personeel en directie wordt uitbetaald.

**tant pis** (Frans) [tɑ̃pie] (tussenw.) jammer, maar niets aan te doen ◆ *die vlek gaat er niet meer uit,* **tant pis.**

**tap** (de ~ (m.); -pen) lage kast met kranen waar je bier kunt tappen* en andere drank kunt schenken ⇒ *tapkast, buffet, toog, bar* ◆ *iets aan de* **tap** *bestellen.*

**t.a.p.** (afkorting) (in Nederland) *t*ijdelijke *a*rbeids*p*laats; dit is een baan waarin iemand die geen werk heeft tijdelijk ervaring op kan doen.

**tap·dan·sen** [te̱bdansₑn, in België: ta̱bdansₑn] (tapdanste, heeft getapdanst) dansen met snelle voetbewegingen op speciale schoenen met stukjes metaal onder de zolen, zodat je klakkende geluiden maakt.

**tape** (Engels) [te̱p] (de ~; -s) **1** plakband ◆ *isolatietape* **2** bandje voor het opnemen of afspelen van muziek op een bandrecorder.

**tape·re·cor·der** (Engels) [te̱epriekɔːrdₑr] (de ~; -s) bandrecorder.

**ta·pijt** (het ~; -en) kleed dat je als bedekking of versiering op de vloer legt of aan de wand hangt ◆ *een Perzisch tapijt.*

**ta·pi·o·ca** (de ~(m.)) meel van de wortel van een bepaalde tropische struik.

**ta·pir** (de ~(m.); -s) gevlekt zoogdier met een korte slurf.

**ta·pis-plain** (Frans) [ta̱apieple̱n] (de ~(m.)) (in België □) vaste vloerbedekking.

**ta·pis·se·rie** (de ~; tapisserieën) geweven wandtapijt.

**tap·kast** (de ~; -en) tap.

**tap·pen** (tapte, heeft getapt) **1** *iets vloeibaars tappen:* het in een glas, kan enz. laten lopen, meestal uit een kraan ◆ *bier tappen; rubber tappen:* het sap van rubberbomen opvangen in emmertjes **2** *moppen tappen:* die vertellen.

**taps** (bijv. nw.) met de vorm van een kegel (bet.3), schuin toelopend ⇒ *conisch* ◆ *een taps toelopende staaf.*

**tap·te·melk** (de ~) melk die overblijft nadat je er de room af hebt geschept.

**tap·toe** (de ~(m.); -s) muziekuitvoering door militairen.

**ta·ran·tel·la** (de ~; tarantella's) snelle Italiaanse dans.

**tar·bot** (de ~(m.); -ten) grote eetbare platvis.

**ta·rief** (het ~; tarieven) vast bedrag dat je moet betalen als je van iets gebruik maakt, of als iemand iets voor je doet ◆ *het tarief van een enkele reis; de posttarieven.*

**tar·ra** (de ~) gewicht van de verpakking van iets, het verschil tussen bruto- en nettogewicht (kijk ook bij: **bruto en netto**).

**tar·taar** (de ~(m.)) gemalen of gehakte rauwe biefstuk.

**tar·ten** (tartte, heeft getart) **1** *iemand tarten:* iemand op een uitdagende manier laten merken dat je hem of haar aandurft ◆ *ik tart je om dat te bewijzen; het noodlot tarten:* (uitdr.) niet bang voor gevaar zijn, roekeloos zijn; *dat tart elke beschrijving:* (uitdr.) er zijn geen woorden voor, het is erger dan je kunt zeggen **2** *iemand tarten:* iemand heel erg treiteren.

**tar·we** (de ~) graansoort waar o.a. brood van gemaakt wordt.

**tas** (zelfst. nw.; -sen) **1** (de ~) voorwerp met een handvat of draagriem, waarin je dingen kunt meenemen ◆ *fietstassen; een schooltas* **2** (de ~(m.)) (ouderwets) stapel ◆ *een tas stenen.*

**tas·jes·kruid** (het ~) wilde plant ⇒ *herderstasje.*

**TASS** (de ~) vroegere naam van het officiële Russische persbureau (tegenwoordig ITAR/TASS).

**tast** (zelfst. nw.) ▼ *op de tast:* voelend, tastend met je handen of voeten (als je niets kunt zien); *ik vond op de tast mijn weg door het donker.*

**tast·baar** (bijv. nw.) duidelijk te merken of aan te tonen ⇒ *concreet* ◆ *de maatregel had tastbare resultaten.*

**tas·ten** (tastte, heeft getast) met je handen zoeken of voelen zonder dat je iets ziet ◆ *de blinde liep tastend door de gang; ik tastte naar de lichtknop.*

**tast·zin** (de ~(m.)) vermogen om dingen te voelen.

**ta·ter** (zelfst. nw.) ▼ *hou je tater!:* (populair) hou je mond!

**ta·toe·a·ge** [ta̱atœwaːzjₑ] (de ~(v.); -s) figuur die op je huid getatoeëerd* is.

**tatoeëren** ta·toe·e·ren (tatoeëerde, heeft getatoeëerd) *iemand tatoeëren:* met een naald en kleurstof figuren in iemands huid maken die er nooit meer af gaan.

**tau·gé** [ta̱uǩeː] (de ~) kiemen van een bepaalde Indische erwt.

**t.a.v.** (afkorting) **1** *t*er *a*ttentie *van* ◆ *aan firma De Jong t.a.v. mevrouw Vandersteen:* (dit schrijf je op een brief aan firma De Jong die voor mevrouw Vandersteen bestemd is) **2** *t*en *a*anzien *van* ◆ *t.a.v. de kosten kunnen we nog niets meedelen:* over de kosten, wat de kosten betreft.

**ta·veer·ne, ta·ver·ne** (de ~; -n) (ouderwets) café, restaurant ⇒ *herberg.*

**taxa·teur** (de ~(m.); -s) iemand die voor zijn of haar beroep goederen taxeert* (bet.1).

**taxa·tie** (de ~(v.); -s) het taxeren* (bet.1) ⇒ *schatting* ◆ *taxatie van de schade; volgens mijn taxatie ben je geschikt voor het conservatorium:* naar mijn oordeel.

**taxe** → taks.

**taxe·ren** (taxeerde, heeft getaxeerd) **1** *iets taxeren:* iets schatten, bepalen hoeveel iets ongeveer waard is, hoe groot iets ongeveer is of zal worden ◆ *de waarde van een huis taxeren; iets op zijn juiste waarde taxeren* **2** *iemand taxeren:* kijken wat die persoon voor iemand is, iemand beoordelen door hem of haar te peilen ◆ *ze keek me met een taxerende blik aan.*

**tax·free** (Engels) [te̱ksfrie, in België: ta̱ksfrie] (bijv. nw.) belastingvrij, zonder er belasting over te hoeven betalen ◆ *iets taxfree kopen op het vliegveld.*

**taxi** (de ~(m.); taxi's) auto met chauffeur die mensen tegen betaling naar hun plaats van bestemming vervoert.

**taxiën** taxi·en (taxiede, heeft of is getaxied) *(van vliegtuigen):* op de grond rijden voor het opstijgen of na de landing.

**Taxi·stop** (de ~(m.)) (in België) organisatie die ervoor zorgt dat je heel goedkoop in iemands auto kunt meerijden.

**taxus** (de ~(m.); -sen) heester met rode, giftige bessen.

**tb, tbc** (de ~(v.)) tuberculose.

**tbr** (de ~(v.)) *t*er *b*eschikkingstelling van de *r*egering; dit heet nu tbs ◆ *tbr krijgen.*

**tbs** (de ~(v.)) *t*er *b*eschikkingstelling; dit is een veroordeling waarbij de misdadiger voor onbepaalde tijd in een psychiatrische inrichting geplaatst wordt (vroeger: tbr) ◆ *tbs krijgen.*

**t.b.v.** (afkorting) **1** *t*en *b*ehoeve *van* **2** *t*en *b*ate *van.*

**te¹** (bijw.) meer dan goed of wenselijk is ◆ *je bent te laat; dat is te duur; die trui is te klein voor je; dat is te mooi om waar te zijn:* dat kan bijna niet waar zijn.

**te²** (voorz.) **1** (voor plaatsnamen) in ◆ *de schilder Rubens woonde te Antwerpen* **2** (voor het hele werkwoord) (zonder speciale betekenis) ◆ *ik probeerde te slapen* **3** (in verschillende vaste combinaties van woorden) ◆ *hij ging de politie met een mes te lijf; dat huis is te koop.*

**teak** [tiek] (de ~) houtsoort die gebruikt wordt om meubels van te maken ⇒ *teakhout.*

**team** (Engels) [tiem] (het ~; -s) groep mensen die samenwerken of samen een partij vormen bij sport ⇒ *ploeg* ◆ *een voetbalteam; een team verpleegsters.*

**team·geest** [ti̱emɣeːst] (de ~(m.)) sfeer in een groep die er is als mensen goed samenwerken.

**team·work** (Engels) [ti̱emwuːrk] (het ~) samenwerking.

**tea·room** (Engels) [ti̱erœm] (de ~; -s) zaak waar je thee of koffie kunt drinken, gebak kunt eten enz..

**teat-**→ theat-.

**tech·neut** (de ~(m.); -en)(populair) iemand die erg technisch is of die zich bezighoudt met techniek.

**tech·ni·cus** (de ~(m.); technici) iemand die technisch* werk doet ♦ *de geluidstechnicus van een popgroep:* degene die de geluidsapparatuur bedient en onderhoudt.

**tech·niek** (de ~(v.); -en) **1** kennis en hulpmiddelen die nodig zijn om machines, voertuigen, apparaten enz. te ontwerpen, te laten werken en te repareren, bijv. voor de industrie ♦ *bouwtechniek; een tv met de modernste techniek; de techniek van een ruimtelancering* **2** manier waarop je te werk gaat als je iets maakt of uitvoert ♦ *de schildertechniek; de techniek van een voetballer; de techniek van het fietsen.*

**tech·nisch** (bijv. nw.) gezegd van mensen of dingen die met techniek* (bet.1) te maken hebben ♦ *de technische dienst van een ziekenhuis; een technisch beroep; technische middelen; technisch zijn:* verstand hebben van techniek, handig zijn; *haar pianospel is technisch in orde:* ze beheerst de techniek van het pianospelen.

**tech·no·cra·tie** (de ~(v.)) toestand waarin de techniek (bet.1) erg veel invloed heeft op het leven van mensen ♦ *computers passen helemaal in de huidige technocratie.*

**tech·no·lo·gie** (de ~(v.)) toepassing van de wetenschap in de techniek* (bet.1).

**tec·kel** (de ~(m.); -s) kleine hond met korte pootjes en een lang lijf ⇒ takshond.

**tec·tyl**® (de ~(m.)) middel tegen het roesten van auto's.

**tec·ty·le·ren** (tectyleerde, heeft getectyleerd) *een auto tectyleren:* die met tectyl®* tegen roest behandelen.

**ted·dy** (de ~(m.) of het ~) zachte harige stof, zoals van een teddybeer.

**ted·dy·beer** (de ~(m.); -beren) speelgoedbeer met een zachte, harige vacht.

**te·der** (bijv. nw.) zacht en liefdevol ♦ *iemand teder aankijken.*

**tee** → thee.

**TEE** (de ~) *Trans Europa Expres;* dit is een speciale trein tussen grote steden in Europa.

**teef** (de ~(v.); teven) vrouwtjeshond.

**teek** (de ~; teken) klein beestje dat zich op de huid van zoogdieren, bijv. honden en paarden, vasthecht en van hun bloed leeft.

**teel·bal** (de ~(m.); -len) elk van de twee ballen vlak bij de penis van mannen of mannetjesdieren waarmee zaad geproduceerd wordt ⇒ zaadbal, testikel, bal.

**teelt** (de ~(v.); -en) het telen* van gewassen of het fokken van dieren ♦ *de aardappelteelt; veeteelt; bijenteelt; eigen teelt:* groenten die je zelf gekweekt hebt.

**teen** (zelfst. nw.; tenen) **1** (de ~(m.)) elk van de vijf beweegbare uitsteeksels aan je voet, waar een nagel aan groeit ♦ *op je tenen lopen:*(uitdr.) je uiterste best doen; *ik zat met kromme tenen te luisteren:*(uitdr.) vol schaamte of ergernis; *gauw op je teentjes getrapt zijn* of: *lange tenen hebben:*(uitdr.) snel beledigd zijn **2** (de ~) dunne, buigzame tak, vooral van wilgenbomen ⇒ rijs, twijg ▼ *knoflookteentje:* elk van de delen waaruit een knoflookbol is samengesteld.

**teen·ager** (Engels) [tieneedzjǝr](de ~; -s) tiener.

**teer**[1] (de ~(m.) of het ~) zwarte, kleverige en sterk ruikende stof die uit steenkool gemaakt is.

**teer**[2] (bijv. nw.) **1** breekbaar, snel stuk of snel ziek, niet sterk ⇒ broos, fragiel ♦ *tere bloemen; een tere gezondheid; tere meubeltjes* **2** gezegd van dingen die gevoelig liggen, waar je moeilijk over kunt praten ⇒ delicaat ♦ *een teer onderwerp; een teer punt aanraken.*

**teer·ling** (zelfst. nw.) ▼ *de teerling is geworpen:* het besluit is genomen, de beslissing is gevallen.

**tee·vee** (de ~; -s) tv, televisie.

**tef·lon** (het ~) kunststof die goed tegen hitte kan ♦ *een koekenpan met een teflonlaagje.*

**te·gel** (de ~(m.); -s) plat, rechthoekig stuk steen of aardewerk waarmee je stoepen, vloeren of wanden kunt bedekken ♦ *badkamertegels; een wandtegel met een spreuk erop; tapijttegels:* vierkante stukjes vloerbedekking.

**te·ge·lijk** (bijw.) op hetzelfde ogenblik, samen ⇒ tegelijkertijd ♦ *we kwamen tegelijk aan; je kunt geen twee dingen tegelijk doen; de volumeknop is tegelijk de aan- en uitknop.*

**te·ge·lij·ker·tijd** (bijw.) tegelijk.

**te·ge·moet** (bijw.)(samen met een werkwoord) naar iemand of iets toe ♦ *de warmte komt je tegemoet:* die voel je al van een afstand; *we zagen de gebeurtenissen met angst tegemoet:* we waren van tevoren al bang; *iemand tegemoet komen in zijn of haar eisen:*(uitdr.) voor een gedeelte doen wat iemand eist.

**te·ge·moet·ko·ming** (de ~(v.); -en) hulp door middel van geld ♦ *een tegemoetkoming in de kosten.*

**te·gen**[1] (bijw.) **1** (woordje om uit te drukken dat je het niet met iets eens bent of dat je iets niet goed vindt, het tegenovergestelde van 'voor') ♦ *we vertrekken nu, wie is tegen?; hij stemde tegen; ergens iets op tegen hebben:* iets om een bepaalde reden niet leuk vinden of niet willen **2** (woordje om uit te drukken dat iets niet gunstig voor je is, het tegenovergestelde van 'mee') ♦ *alles zit hem tegen; ze heeft haar uiterlijk tegen* ▼ *je iets tegen eten:* zo veel van iets eten dat je het daarna niet meer lust.

**te·gen**[2] (voorz.) **1** (om aan te geven dat iets of iemand iets of iemand anders aanraakt) ♦ *tegen een muur leunen* **2** (om aan te geven dat iets bestreden wordt) ♦ *een pilletje tegen de hoofdpijn; België voetbalt vanavond tegen Italië* **3** (om aan te geven dat je tegenstander bent, het tegenovergestelde van 'voor') ♦ *tegen een voorstel stemmen* **4** kort voor, nog net niet ♦ *tegen zes uur* **5** (in verschillende vaste combinaties van woorden) ♦ *ik praat tegen je; hij kan niet tegen lawaai:* lawaai vindt hij heel vervelend; *tien tegen één dat …:*(uitdr.) er is een hele grote kans dat … **6** (in België □) in de buurt van … ♦ *Damme tegen Brugge.*

**te·gen·aan** (bijw.) rakend aan iets ♦ *hij sloeg er met een stok tegenaan; ergens toevallig tegenaan lopen:*(uitdr.) iets toevallig vinden; *er stevig tegenaan gaan:*(uitdr.) hard werken, flink aanpakken.

**te·gen·be·richt** (zelfst. nw.) ▼ *zonder tegenbericht:* als je geen bericht krijgt dat het anders is; *zonder tegenbericht verwacht ik je zondag.*

**te·gen·deel** (het ~) het omgekeerde, het tegenovergestelde ♦ *ik dacht dat hij streng was, maar het tegendeel is waar; ze is het tegendeel van haar moeder.*

**te·gen·draads** (bijv. nw.) gezegd van iemand die anders wil dan anderen, die tegenwerkt ⇒ recalcitrant, weerspannig.

**te·gen·een** (bijw.) (in België □) tegen elkaar.

**te·gen·gaan** (ging tegen, heeft of is tegengegaan) *iets tegengaan:* proberen om iets te laten ophouden of iets te verhinderen ⇒ bestrijden ♦ *alcoholmisbruik tegengaan.*

**te·gen·gas** (zelfst. nw.) ▼ *tegengas geven:* tegen iemand of iets ingaan, tegenspel bieden.

**te·gen·ge·steld** (bijv. nw.) precies omgekeerd ⇒ tegenovergesteld ♦ *in tegengestelde richting vertrekken; 'warm' is het tegengestelde van 'koud'.*

**te·gen·gif** (het ~) middel dat helpt tegen een vergiftiging.

**te·gen·han·ger** (de ~(m.); -s) iemand die bij een ander past omdat hij of zij die ander in bepaald opzicht aanvult, of iets dat samen met iets anders een paar vormt ⇒ *pendant*.

**te·gen·hou·den** (hield tegen, heeft tegengehouden) iemand of iets tegenhouden: iemand of iets niet verder laten gaan, iemand of iets de doorgang beletten ◆ *verkeer aan de grens tegenhouden; hij laat zich door niemand tegenhouden*.

**te·gen·ko·men** (kwam tegen, is tegengekomen) **1** iemand of iets tegenkomen: iemand of iets ontmoeten, treffen ◆ *we kwamen elkaar tegen in de boekhandel; tussen de rommel kwam ik deze foto tegen* ▼ *kom dat tegen!:* (in België □) het zal je overkomen! het zal je gebeuren!

**te·gen·lig·ger** (de ~(m.); -s) auto, trein, boot enz. die je tegemoet komt vanuit de richting waarin jij je beweegt.

**te·gen·op** (bijw.) langs een helling naar boven ◆ *ergens tegenop zien:* (uitdr.) het moeilijk vinden om aan iets te beginnen; *ergens niet tegenop kunnen:* (uitdr.) iets niet aankunnen.

**te·gen·over** (voorz.) **1** aan de overkant van ... ◆ *hij woont tegenover een bakker* **2** ten opzichte van ... ⇒ *jegens* ◆ *zij staan heel vijandig tegenover elkaar*.

**te·gen·over·ge·steld** (bijv. nw.) precies naar de andere kant gericht ⇒ *omgekeerd, tegengesteld* ◆ *nu zeg je het tegenovergestelde van wat je gisteren zei; de tegenovergestelde hoeken van een vierkant: de hoeken die tegenover elkaar liggen*.

**te·gen·par·tij** (de ~(v.); -en) partij of persoon met andere belangen, tegenstander.

**te·gen·pool** (de ~; -polen) iemand die in alles verschilt van een ander ◆ *ze zijn elkaars tegenpolen*.

**te·gen·pres·ta·tie** (de ~(v.); -s) iets dat je doet om iets terug te doen voor iemand die iets voor jou heeft gedaan ◆ *hier is een cadeautje als tegenprestatie voor je hulp*.

**te·gen·slag** (de ~(m.); -en) gebeurtenis waardoor je plannen mislukken of waardoor het niet goed met je gaat ⇒ *pech* ◆ *hij ondervond veel tegenslag*.

**te·gen·spar·te·len** (spartelde tegen, heeft tegengesparteld) je ergens een beetje tegen verzetten.

**te·gen·spel** (zelfst. nw.) ▼ *tegenspel* bieden: actief meedoen door te reageren en reacties uit te lokken.

**te·gen·spe·ler** (de ~(m.); -s) toneelspeler of acteur ten opzichte van een andere toneelspeler of acteur met wie hij of zij in hetzelfde stuk optreedt.

**te·gen·spoed** (de ~(m.)) toestand waarin er van alles tegenzit of waarin het niet goed met je gaat, het tegenovergestelde van 'voorspoed' ◆ *we hadden met tegenspoed te kampen*.

**te·gen·spraak** (de ~(v.)) **1** verzet met woorden ◆ *ze duldt geen tegenspraak* **2** uitspraak die niet klopt met een of meer andere uitspraken ◆ *dat is in tegenspraak met wat je gisteren zei*.

**te·gen·spre·ken** (sprak tegen, heeft tegengesproken) **1** iemand tegenspreken: dingen tegen iemand zeggen waaruit blijkt dat je het niet met hem of haar eens bent **2** iets tegenspreken: zeggen dat iets niet waar is, iets ontkennen **3** (van feiten, gegevens enz.) elkaar tegenspreken: niet met elkaar kloppen.

**te·gen·sput·te·ren** (sputterde tegen, heeft tegengesputterd) laten horen dat je het er niet mee eens bent, een beetje protesteren.

**te·gen·staan** (stond tegen, heeft tegengestaan) iemand tegenstaan: iemands afkeer opwekken ◆ *het eten staat hem tegen*.

**te·gen·stand** (de ~(m.)) alles wat je doet om iemand te-

gen te houden of dwars te zitten ⇒ *verzet* ◆ *onze ploeg bood nauwelijks tegenstand; ik ondervond veel tegenstand bij het uitvoeren van mijn plan*.

**te·gen·stan·der** (de ~(m.); -s), vrouw:
**te·gen·stand·ster** (de ~(v.); -s) iemand die tegen iets of iemand vecht of die zich tegen iets of iemand verzet ◆ *we spelen tegen een moeilijke tegenstander; tegenstanders van kernbewapening*.

**te·gen·ste·ken** (stak tegen, heeft tegengestoken) (in België □) afkeer verwekken ⇒ *tegenstaan* ◆ *dat kinderachtige gedoe steekt mij tegen*.

**te·gen·stel·ling** (de ~(v.); -en) verschil tussen mensen of dingen die elkaars tegenovergestelde zijn ⇒ *contrast* ◆ *hij probeerde de tegenstellingen tussen de partijen te overbruggen; in tegenstelling tot wat hij had beloofd, kwam hij niet:* (uitdr.) hij had beloofd dat hij zou komen, maar hij kwam niet.

**te·gen·stre·ven** (streefde tegen, heeft tegengestreefd) tegenwerken, je verzetten ◆ *zonder tegenstreven ging de arrestant mee*.

**te·gen·stre·ver** (de ~(m.); -s) (in België □) tegenstander.

**te·gen·strib·be·len** (stribbelde tegen, heeft tegengestribbeld) je een beetje verzetten ⇒ *tegenspartelen*.

**te·gen·strij·dig** (bijv. nw.) gezegd van dingen die niet met elkaar kloppen ◆ *door die tegenstrijdige berichten weten we niet precies wat er aan de hand is*.

**te·gen·val·len** (viel tegen, is tegengevallen) niet zo mooi, leuk, veel enz. zijn als je had gedacht, het tegenovergestelde van 'meevallen' ◆ *door de droogte valt de oogst tegen; je valt me tegen*.

**te·gen·val·ler** (de ~(m.); -s) iets dat tegenvalt*, het tegenovergestelde van 'meevaller' ⇒ *teleurstelling* ◆ *dat zijn vriendje niet kwam was een grote tegenvaller*.

**te·gen·voe·ter** (de ~(m.); -s) iemand die precies aan de andere kant van de aardbol woont ⇒ *antipode* ◆ *Australiërs zijn onze tegenvoeters*.

**te·gen·wer·ken** (werkte tegen, heeft tegengewerkt) iemand tegenwerken: ervoor zorgen dat iemand zijn of haar doel niet bereikt ◆ *hij verloor omdat iedereen hem tegenwerkte; het weer werkt tegen: het weer is ongunstig voor onze plannen*.

**te·gen·wer·ping** (de ~(v.); -en) uitspraak waarmee je laat merken dat je het met iemand of iets niet eens bent ⇒ *bezwaar* ◆ *tegenwerpingen maken*.

**te·gen·wicht** (het ~) iets dat tegen iets anders opweegt, zodat het geheel in evenwicht komt ◆ *we moeten tegenwicht bieden aan die doordrammer; dit vrolijke programma vormt een mooi tegenwicht tegen al die serieuze uitzendingen*.

**te·gen·woor·dig¹** (bijv. nw.) **1** in deze tijd, van nu ⇒ *huidig* ◆ *de tegenwoordige burgemeester is sympathieker dan de vorige* **2** bij iets tegenwoordig zijn: bij iets aanwezig zijn ◆ *de hele familie was bij de plechtigheid tegenwoordig*.

**te·gen·woor·dig²** (bijw.) nu, in deze tijd ⇒ *thans* ◆ *tegenwoordig zie je zulke auto's bijna niet meer*.

**te·gen·woor·dig·heid** (de ~(v.)) aanwezigheid ⇒ *bijzijn* ◆ *in tegenwoordigheid van de hele familie: waar de hele familie bij is; tegenwoordigheid van geest hebben:* (uitdr.) snel en goed reageren in onverwachte omstandigheden; *hij had de tegenwoordigheid van geest om aan de noodrem te trekken*.

**te·gen·zin** (de ~(m.)) gevoel dat je hebt als je iets vies of vervelend vindt ◆ *ik deed het vroeger met tegenzin, maar nu vind ik het leuk*.

**te·gen·zit·ten** (zat tegen, heeft tegengezeten) (van omstandigheden) iemand tegenzitten: ongunstig voor iemand zijn, iemand hinderen in het bereiken van zijn of haar doel ◆ *alles zit hem tegen:* hij heeft veel pech.

**te·goed** (het ~; -en) geld dat iemand je nog moet betalen ◆ *een tegoed bij een bank hebben:* geld op je rekening hebben.

**te·huis** (het ~; -huizen) instelling waar mensen worden verzorgd ◆ *bejaardentehuis; ik zoek een goed tehuis voor de jonge poesjes:* een goed onderdak.

**teil** (de ~; -en) ronde of ovalen bak van plastic of zink ◆ *een afwasteil.*

**teint** (Frans) [tε:nt] (de ~ of het ~) kleur van je gezicht, gelaatskleur.

**teis·te·ren** (teisterde, heeft geteisterd) *iemand of iets teisteren:* iemand of iets gedurende lange tijd veel schade of last bezorgen ◆ *een storm teisterde de kust; door ziekten geteisterd worden.*

**te·keer·gaan** (ging tekeer, is tekeergegaan) hard lawaai maken ⇒ *razen* ◆ *de wind gaat tekeer rond het huis; de boze vrouw ging vreselijk tekeer:* ze stond hard te schreeuwen en te schelden.

**te·ken** (het ~; -s of -en) **1** iets dat iets anders aanduidt ◆ *een frisse huidskleur is een teken van gezondheid; iemand een teken geven dat hij of zij dichterbij moet komen; dat is een goed, een slecht teken:* dat belooft iets goeds, iets slechts; *een teken van leven geven:* laten merken dat je nog leeft; *ten teken van rouw droeg hij zwarte kleren:* (uitdr.) om aan te geven dat hij in de rouw was **2** figuur die je maakt of schrijft om er iets anders mee aan te duiden ⇒ *symbool* ◆ *vraagteken; tekens zetten in de kantlijn; dat is een teken aan de wand:* (uitdr.) daaraan zie je dat er iets mis is ▼ *de tekens van de dierenriem:* groepen sterren waarin je bepaalde figuren kunt zien; *in het teken van iets staan:* helemaal aan iets gewijd zijn of helemaal door iets bepaald worden.

**te·ke·naar** (de ~ (m.); -s), vrouw: **te·ke·na·res** (de ~ (v.); -sen) iemand die voor zijn of haar beroep tekeningen* (bet.1) maakt.

**te·ke·nen** (tekende, heeft getekend) **1** *iemand of iets tekenen:* een tekening* (bet.1) van iemand of iets maken ◆ *een portret tekenen; de architect tekent een huis* **2** *iemand of iets tekenen:* duidelijk laten uitkomen hoe iemand of iets is ◆ *zo'n opmerking tekent hem helemaal:* je kunt er precies aan zien wat hij voor iemand is **3** *iets tekenen:* je handtekening onder iets zetten ⇒ *ondertekenen* ◆ *een aanvraagformulier tekenen; ergens voor tekenen:* (uitdr.) iets graag willen doen of hebben.

**te·ke·nend** (bijv. nw.) *tekenend zijn voor iets of iemand:* kenmerkend zijn voor iets of iemand ◆ *zulke gebeurtenissen zijn tekenend voor de gespannen toestand tussen hen.*

**te·ken·film** (de ~ (m.); -s) film met bewegende getekende figuren.

**te·ke·ning** (de ~ (v.); -en) **1** afbeelding die je met potlood, pen of krijt hebt gemaakt ◆ *een portrettekening* **2** patroon van lijnen en kleuren, bijv. op een dierenhuid ◆ *een zebra heeft een tekening van witte en zwarte strepen.*

**tek·kel** → teckel.

**tek·ke·len** → tackelen.

**te·kort** (het ~; -en) hoeveelheid die je te weinig hebt, bijv. van geld, voedsel enz., het tegenovergestelde van 'teveel' ◆ *een tekort aan vitaminen; een tekort van f 25,-.*

**te·kort·ko·ming** (de ~ (v.); -en) fout of gebrek.

**tekst** (de ~ (m.); -en) de woorden van een geschreven stuk ◆ *de tekst van een lied; een bijbeltekst:* een zin uit de bijbel; *de actrice was haar tekst kwijt:* ze wist niet meer welke woorden ze moest zeggen; *iemand tekst en uitleg geven:* (uitdr.) iemand alles precies uitleggen.

**tekst·bal·lon** (de ~; -s) ovale vorm in een strip waarin staat wat een stripfiguur zegt.

**tekst·haak** (de ~ (m.); -haken) vierkante haak als leesteken (de tekens ' ').

**tekst·ver·wer·ker** (de ~ (m.); -s) computer waarmee je snel en makkelijk teksten kunt schrijven en veranderen ⇒ *wordprocessor.*

**tel** (de ~ (m.); -len) **1** kort ogenblik dat je nodig hebt om een getal uit te spreken ◆ *je moet tien tellen wachten; de tel kwijt zijn:* vergeten zijn hoever je was met tellen; *hij was in een paar tellen terug:* (uitdr.) heel snel ▼ *in tel zijn:* belangrijk gevonden worden; *hij is daar helemaal niet in tel.*

**tel.** (afkorting) *tel*efoon.

**tele-** ver, over een afstand ◆ *telefoon:* apparaat waarmee je over een afstand met iemand anders kunt praten.

**Te·le·ac** (de ~ (v.)) *Tele*visie*ac*ademie; dit is een instelling in Nederland die cursussen geeft via de televisie.

**te·le·fo·ne·ren** (telefoneerde, heeft getelefoneerd) een gesprek door de telefoon* voeren ⇒ *bellen, opbellen* ◆ *naar huis telefoneren.*

**te·le·fo·nisch** (bijv. nw.) door de telefoon*, per telefoon* ◆ *je kunt het artikel telefonisch bestellen; hij is telefonisch niet bereikbaar.*

**te·le·fo·nist** (de ~ (m.); -en), vrouw: **te·le·fo·nis·te** (de ~ (v.); -n of -s) iemand die een telefooncentrale bedient en mensen met elkaar doorverbindt ◆ *als je naar kantoor belt, krijg je eerst de telefoniste.*

**te·le·foon** (de ~ (m.); -s of telefonen) apparaat waarmee je over een afstand met iemand kunt praten door een bepaald nummer te draaien of in te toetsen ◆ *de telefoon gaat:* hij rinkelt of zoemt omdat er iemand opbelt; *er is telefoon voor je:* er belt iemand op die je wil spreken.

**te·le·foon·bot·je** (het ~; -s) botje aan je elleboog waar je het gevoel van een elektrische schok krijgt als je je eraan stoot.

**te·le·foon·kaart** (de ~; -en) plastic kaart met magnetische codes, waarmee je via kaarttelefoons kunt telefoneren.

**te·le·foon·tje** (het ~; -s) keer dat je opbelt of opgebeld wordt ◆ *ik verwacht een telefoontje; een telefoontje plegen:* (uitdr.; populair) even opbellen.

**te·le·graaf** (de ~ (m.); telegrafen) toestel waarmee je vroeger via een kabel berichten in morsetekens kon ontvangen en verzenden (kijk ook bij: **morse**).

**te·le·gra·fe·ren** (telegrafeerde, heeft getelegrafeerd) *een bericht telegraferen:* het door middel van een telegram (vroeger: met een telegraaf*) overbrengen ◆ *hij telegrafeerde dat hij geslaagd was.*

**te·le·gra·fie** (de ~ (v.)) het verzenden van berichten door middel van een telegraaf*.

**te·le·gra·fisch** (bijv. nw.) door middel van een telegraaf* ◆ *telegrafisch geld overmaken:* (uitdr.) via een speciale snelle dienst van de PTT.

**te·le·gram** (het ~; -men) kort bericht met alleen de belangrijkste woorden, dat je aan de post opgeeft en dat direct wordt bezorgd.

**te·le·gram·stijl** (de ~ (m.)) manier van schrijven waarbij je alle onbelangrijke woorden weglaat, zoals in een telegram.

**te·le·lens** (de ~; -lenzen) lens op een foto- of filmcamera waarmee je duidelijke opnamen kunt maken van dingen die erg ver weg zijn.

**te·len** (teelde, heeft geteeld) *groenten of vruchten telen:* ze zaaien of planten en oogsten ⇒ *verbouwen* ◆ *we telen onze eigen aardbeien.*

**te·le·pa·thie** (de ~(v.)) het kennen van gedachten en gevoelens van iemand anders zonder dat je daar je normale zintuigen voor gebruikt.

**te·les·coop** (de ~(m.); telescopen) grote verrekijker waarmee je de maan, sterren enz. kunt bekijken.

**te·le·tekst** (de ~(m.)) systeem waarbij je televisietoestel op een centrale computer is aangesloten zodat je allerlei nieuws en informatie op het beeldscherm kunt ontvangen.

**te·leur·stel·len** (stelde teleur, heeft teleurgesteld) *iemand teleurstellen*: niet zo zijn als iemand had gehoopt of verwacht ◆ *hij werd in zijn verwachtingen **teleurgesteld**; de film **stelt** erg **teleur***.

**te·leur·stel·ling** (de ~(v.)) **1** het teleurgesteld* zijn ◆ *ze kon een gevoel van **teleurstelling** niet onderdrukken* **2** (-en) iets dat teleurstelt*, iets dat tegenvalt ⇒ *tegenvaller* ◆ *het feestje was een grote **teleurstelling***.

**te·le·vi·sie** (de ~(v.); -s) apparaat waarmee je bewegende beelden en geluiden die op een andere plaats worden uitgezonden, kunt ontvangen ◆ ***televisie** kijken; wat is er op de **televisie** vanavond?*

**te·le·wer·ken** (ww.) thuis werken via een computer die op een netwerk is aangesloten.

**te·lex** (de ~(m.); -en) apparaat waarmee berichten in getypte vorm worden overgeseind.

**telg** (de ~(m.); -en) afstammeling ◆ *ze is de laatste **telg** van een oud geslacht*.

**tel·gan·ger** (de ~(m.); -s) dier met vier poten of benen dat tijdens het lopen gelijktijdig de voor- en achterpoot of het voor- en achterbeen aan de ene kant verzet en daarna die aan de andere kant.

**tel·kens** (bijw.) elke keer, steeds weer ◆ ***telkens** als ik wat zeg, begint ze te lachen*.

**tel·len** (telde, heeft geteld) **1** getallen die op elkaar volgen, opsommen ◆ *tot 100 **tellen**; je kijkt of je niet tot tien kunt **tellen***: (uitdr.) je kijkt erg onnozel; *op je **tellen** passen*: (uitdr.) opletten dat je niets verkeerds zegt of doet **2** *mensen, dieren, dingen tellen*: bepalen hoeveel ervan zijn ◆ *je geld **tellen*** **3** een bepaalde waarde hebben ◆ *dat doelpunt **telt** niet*: het is niet geldig; *voor deze dictator **telt** een mensenleven niet*: voor hem is dat niet belangrijk; *ze **telt** twaalf jaar*: ze is twaalf jaar; *deze kaart **telt** dubbel*: die is twee keer zoveel waard als de andere; *hij **telt** voor twee*: hij kan zoveel werk aan, zoveel eten enz. als twee mensen.

**tel·ler** (de ~(m.); -s) (rekenen) getal in een breuk boven de breukstreep.

**te·loor·gaan** (ging teloor, is teloorgegaan) (deftig) verloren gaan, verdwijnen.

**te·loor·gang** (de ~(m.)) (deftig) het teloorgaan* ⇒ *ondergang* ◆ *de **teloorgang** van de Romeinse beschaving*.

**tel·raam** (het ~; -ramen) rechthoek van latjes waarin staafjes zijn vastgemaakt waarover je kralen heen en weer kunt schuiven als hulp bij het leren rekenen.

**tel·woord** (het ~; -en) (taal) woord waarmee je aangeeft hoeveel er van iets is ◆ *'tien' is een bepaald **telwoord**; 'veel' is een onbepaald **telwoord***.

**tema(-) → thema(-).**

**te·meer** (bijw.) ▼ *temeer omdat; temeer daar*: vooral omdat; *ik ben boos dat je niet gekomen bent, **temeer** omdat we dat duidelijk afgesproken hadden*.

**te·men** (teemde, heeft geteemd) op een zeurderige manier praten.

**tem·men** (temde, heeft getemd) *een wild dier temmen*: het tam* (bet.1) maken ◆ *iemand **temmen***: (uitdr.) iemand zijn of haar wilde gedrag afleren, iemand leren gehoorzamen.

**tem·pé** (de ~) koek van sojabonen.

**tem·pel** (de ~(m.); -s) gebouw waarin een god wordt vereerd.

**tem·pe·lier** (zelfst. nw.) ▼ *drinken als een **tempelier***: veel alcohol drinken.

**tem·pen** (tempte, heeft getempt) *iemand tempen*: (populair) iemand temperaturen.

**tem·pe·ra·ment** (het ~; -en) kant van je karakter die bepaalt of je heftig, fel en emotioneel reageert of juist niet ◆ *hun **temperamenten** zijn totaal verschillend; iemand met **temperament***: (uitdr.) met een vurig, fel karakter.

**tem·pe·ra·tu·ren** (temperatuurde, heeft getemperatuurd) *iemand temperaturen*: iemands temperatuur* opnemen ⇒ *tempen*.

**tem·pe·ra·tuur** (de ~(v.); temperaturen) warmte of koude van iets, meestal uitgedrukt in graden ◆ *een **temperatuur** van 100 graden; er heerst nu een aangename **temperatuur** in het gebouw; de **temperatuur** van iemand opnemen*: met een thermometer bepalen hoe warm iemands lichaam is.

**tem·pe·ren** (temperde, heeft getemperd) *iets, bijv. licht, temperen*: ervoor zorgen dat iets zwakker of minder wordt ◆ *iemands enthousiasme **temperen***.

**tem·pex** (het ~) lichte, brokkelige en meestal witte kunststof die gebruikt wordt als verpakkingsmateriaal ⇒ *piepschuim*.

**tem·po** (het ~; tempo's) snelheid waarmee je iets doet of waarmee iets gebeurt ◆ *hij kan het **tempo** niet bijhouden; een muziekstuk in een langzaam **tempo**; **tempo** maken*: sneller gaan, sneller werken; ***tempo!***: (uitdr.) snel, opschieten!

**tem·po·reel** (bijv. nw.) tijdelijk ◆ ***temporele** maatregelen*.

**tem·pus** (de ~(m.) of het ~; tempora) (taal) tijd* (bet.4).

**ten** (samentrekking van 'te' en 'den') ◆ *vergadering **ten** huize van ...*: in het huis van ....

**ten·dens** (de ~; -en) **1** richting waarin iets zich ontwikkelt ⇒ *trend* ◆ *in dit bedrijf heerst een **tendens** om steeds meer met computers te werken* **2** bedoeling of boodschap van een boek, film enz. ⇒ *strekking*.

**ten·den·ti·eus** (bijv. nw.) gezegd van berichten, boeken, films enz. die de bedoeling hebben om je ideeën een bepaalde kant op te sturen.

**ten·de·ren** (tendeerde, heeft getendeerd) *naar iets tenderen*: zich ontwikkelen in die richting, die kant op gaan ◆ *je opmerking **tendeert** naar een belediging*.

**ten·ein·de** (voegw.) (deftig) om.

**te·neur** (de ~(m.)) sfeer van woorden, van een boek, van een film enz. waaruit de bedoeling blijkt ⇒ *ondertoon*.

**ten·gel** (de ~(m.); -s) latje dat je gebruikt om een wand te betengelen.

**ten·gels** (zelfst. nw.; meervoud) (populair) vingers, handen ⇒ *poten, jatten, fikken*.

**ten·ger** (bijv. nw.) slank en fijngebouwd ◆ *ze heeft een **tenger** figuur*.

**te·niet·doen** (deed teniet, heeft tenietgedaan) *iets tenietdoen*: iets vernietigen, iets ongedaan maken ◆ *de storm heeft het werk van een heel jaar **tenietgedaan**; een maatregel **tenietdoen***.

**te·niet·gaan** (ging teniet, is tenietgegaan) verdwijnen, ophouden te bestaan.

**ten·min·ste** (bijw.) **1** in elk geval, althans ◆ *het is een nieuw boek, ik heb er **tenminste** nog nooit van gehoord; ik zal het hem vragen, als hij **tenminste** thuis is*: (als hij niet thuis is, kan ik het hem niet vragen) **2** (woordje dat je gebruikt om te versterken wat je zegt) ◆ *dat is **tenminste** mannentaal!*: dat is nog eens mannentaal!

**ten·nis** (het ~) sport waarbij je met een racket een bal naar je tegenstander slaat op een veld dat door een net in tweeën is gedeeld.

**ten·nis·arm** (de ~ (m.)) spierontsteking bij je elleboog.

**ten·nis·sen** (tenniste, heeft getennist) tennis* spelen.

**te·nor** [tenoor, in België: teenor] (de ~ (m.)); -en of -s) een na laagste zangstem, tussen alt en bas in.

**ten·sie** (de ~ (v.)) (medisch) bloeddruk.

**ten·slot·te** (bijw.) per slot van rekening, alles goed beschouwd ⇒ *uiteindelijk* ♦ *ze kennen elkaar goed, ze zijn* **tenslotte** *al lang vrienden; het cadeau is voor haar, zij is* **tenslotte** *jarig.*

**tent** (de ~; -en) **1** bouwsel van doek en stokken dat je ergens tijdelijk opzet om er in te wonen, een feest te houden enz. ♦ *een circus***tent***; kamperen in een* **tent***; ergens je* **tenten** *opslaan:* (uitdr.) *ergens gaan wonen; iemand uit zijn of haar* **tent** *lokken:* (uitdr.) *proberen iemand zijn of haar mening te laten zeggen; ze braken de* **tent** *bijna af:* (uitdr.) *ze waren heel uitbundig en enthousiast (gezegd van een groep mensen in een gebouw)* **2** verplaatsbaar winkeltje op markten en kermissen ⇒ *kraam* ♦ *een oliebollen***tent 3** (populair) café of restaurant ♦ *een gezellige* **tent** *om te eten; de* **tent** *sluiten.*

**ten·ta·kel** (de ~ (m.); -s) elk van de beweegbare uitsteeksels van sommige dieren waarmee ze voedsel vangen ⇒ *vangarm.*

**ten·ta·men** (het ~; -s of tentamina) deel van een examen, vooral aan de universiteit.

**ten·ta·mi·ne·ren** (tentamineerde, heeft getentamineerd) iemand tentamineren: iemand een tentamen* afnemen.

**ten·toon·stel·len** (stelde tentoon, heeft tentoongesteld) voorwerpen, vooral kunstvoorwerpen, tentoonstellen: ze ergens neerzetten of ophangen zodat belangstellenden ze kunnen zien ⇒ *exposeren.*

**ten·toon·stel·ling** (de ~ (v.); -en) verzameling voorwerpen die tentoongesteld* wordt ⇒ *expositie* ♦ *een beelden***tentoonstelling**.

**te·nue** [tenuu] (de ~ of het ~; -s) kleding die bij een bepaald beroep of een bepaalde gelegenheid hoort ♦ *avond***tenue***: avondkleding.*

**ten·zij** (voegw.) behalve als, alleen als niet ♦ *Monique koopt elke dag druiven,* **tenzij** *ze duurder zijn dan f 1,95 per kilo.*

**teo-** → theo-.

**te·pel** (de ~ (m.); -s) bobbeltje waarin een melkklier uitmondt (bij mensen op de borst).

**te·qui·la** [teekiela of teekjelæ] (de ~) sterke Mexicaanse drank, gemaakt van cactussap.

**ter** (samenstelling van 'te' en 'der' ) ♦ *ter aarde: op de aarde; ter plaatse: op de plaats.*

**ter·aar·de·be·stel·ling** (de ~ (v.); -en) (deftig) begrafenis.

**terap-** → therap-.

**ter·de·ge** (bijw.) flink, grondig ♦ *ik ben me* **terdege** *bewust van mijn fouten.*

**te·recht** (bijw. nw.) **1** teruggevonden, op de goede plaats ♦ *het verdwenen kind is weer* **terecht***; wanneer kan ik bij je* **terecht***?: wanneer mag ik komen?* **2** gezegd van iets waar een goede reden voor is ⇒ *juist, gerechtvaardigd* ♦ *deze straf is* **terecht***, want je was ongehoorzaam.*

**te·recht·bren·gen** (bracht terecht, heeft terechtgebracht) ergens niets van terechtbrengen: iets niet naar tevredenheid doen, iets niet goed doen ♦ *hij* **bracht** *niets* **terecht** *van zijn sommen.*

**te·recht·ko·men** (kwam terecht, is terechtgekomen) **1** ergens terechtkomen: ergens toevallig aankomen of neerkomen ⇒ *belanden, verzeilen* ♦ *de bal* **kwam** *in de tuin van de buren* **terecht 2** in orde komen, goed komen ♦

*wat zal er van hem* **terechtkomen?***: wat voor mens zal hij later worden?*; *er is niets van* **terechtgekomen***: alles is mislukt, het is slecht afgelopen.*

**te·recht·staan** (stond terecht, heeft terechtgestaan) voor de rechter komen omdat je ergens van verdacht wordt ♦ *ze* **staan terecht** *wegens inbraak.*

**te·recht·stel·len** (stelde terecht, heeft terechtgesteld) iemand terechtstellen: iemand doden als straf ⇒ *executeren.*

**te·recht·stel·ling** (de ~ (v.); -en) het terechtstellen* van iemand ⇒ *executie.*

**te·recht·wij·zen** (wees terecht, heeft terechtgewezen) iemand terechtwijzen: iemand op zijn of haar fouten wijzen en zeggen hoe hij of zij ze kan verbeteren.

**te·recht·wij·zing** (de ~ (v.); -en) keer dat je iemand terechtwijst*.

**te·ren** (teerde, heeft geteerd) **1** iets, bijv. een hek, teren: teer* smeren op iets **2** ergens op teren: het ergens mee doen, van iets leven ♦ *op twee boterhammen kan ik niet* **teren***: dat is te weinig voor me; ze* **teert** *op haar oude roem:* (uitdr.) *ze heeft er nu nog voordeel van dat ze vroeger beroemd was.*

**ter·gen** (tergde, heeft getergd) iemand tergen: iemand gemeen plagen ⇒ *treiteren.*

**ter·gend** (bijw.) ▼ *tergend langzaam: zo langzaam dat het ondraaglijk is.*

**te·ring** (de ~ (v.)) **1** tuberculose ▼ *de tering naar de nering zetten: niet meer geld uitgeven dan je verdient.*

**ter·loops** (bijv. nw.) gezegd van iets dat je tussen andere dingen door doet of zegt zonder er veel nadruk op te leggen ♦ *terloopse opmerkingen; ze groette me* **terloops***.*

**term** (de ~ (m.); -en) woord voor iets ♦ *technische* **termen***; dat is de geijkte* **term** *voor zo'n apparaat: zo wordt dat altijd genoemd; iets in bedekte* **termen** *zeggen:* (uitdr.) *iets niet openlijk zeggen, maar laten merken dat je het wel bedoelt.*

**ter·men** → thermen.

**ter·miek** → thermiek.

**ter·miet** (de ~ (m.); -en) tropisch insect dat op een mier lijkt.

**ter·mijn** (de ~ (m.); -en) periode waarbinnen je iets moet hebben gedaan ♦ *een* **termijn** *van een maand; het moet op korte* **termijn** *geregeld zijn: heel binnenkort; een schuld in* **termijnen** *betalen: in gedeelten.*

**ter·mi·naal** (bijv. nw.) gezegd van iets dat te maken heeft met het einde van het leven na een ziekte ♦ *een afdeling voor* **terminale** *patiënten;* **terminale** *zorg: verzorging van een stervende.*

**ter·mi·nal** (Engels) [turminnel] (de ~; -s) **1** toetsenbord met scherm dat op een computer is aangesloten en waarmee je gegevens in de computer kunt invoeren **2** begin- of eindpunt van een boot- of vliegreis.

**ter·mi·no·lo·gie** (de ~ (v.); terminologieën) alle termen* die in een bepaald vak of op een bepaald gebied gebruikt worden ⇒ *jargon* ♦ *medische* **terminologie***.*

**ter·mi·nus** (de ~ (m.); -sen of termini) (in België □) eindstation van trein, tram of bus.

**termo-** → thermo-.

**ter·nau·wer·nood** (bijw.) nauwelijks, maar net ⇒ *amper* ♦ *we zijn* **ternauwernood** *aan het gevaar ontsnapt.*

**ter·neer, ter·ne·der** (bijw.) (ouderwets) omlaag, naar beneden.

**ter·neer·ge·sla·gen** (bijv. nw.) moedeloos en somber.

**terp** (de ~ (m.); -en) heuvel in Friesland die door mensen is gemaakt in de tijd dat er nog geen dijken waren, om veilig te zijn voor overstromingen.

**ter·pen·tijn** (de ~ (m.)) vloeistof die van hars gemaakt is en waarmee je olieverf kunt verdunnen en kwasten kunt schoonmaken.

**ter·pen·ti·ne** (de ~) vloeistof die uit aardolie gemaakt is en die je kunt gebruiken als vervangingsmiddel voor terpentijn ⇒ *peut.*

**ter·ra** (bijv. nw.) met de roodbruine kleur van terracotta (kijk ook bij: **terracotta**).

**ter·ra·cot·ta** (het ~) roodbruin aardewerk dat bij een hoge temperatuur is gebakken.

**ter·ra in·cog·ni·ta** (de ~(v.) of het ~) (letterlijk: onbekend gebied) iets waarvan je niets weet ♦ *dat is* **terra incognita** *voor me.*

**ter·ra·ri·um** (het ~; -s of terraria) glazen bak om insecten en reptielen in te houden.

**ter·ras** (het ~; -sen) **1** vlakke, meestal betegelde plek bij een huis waar je in de buitenlucht kunt zitten ♦ *een* **terrasje** *van een café; een* **terras** *op het dak* **2** vlak horizontaal terrein tegen de helling van een heuvel of berg.

**ter·rein** (het ~; -en) **1** stuk land ⇒ *gebied* ♦ *een heuvelachtig* **terrein***; kampeer***terrein***; je op gevaarlijk* **terrein** *begeven:* (uitdr.) dingen zeggen of doen waar je problemen mee kunt krijgen **2** alles wat bij een vak, kunst of hobby hoort ⇒ *gebied* ♦ *het* **terrein** *van de kunst.*

**ter·reur** (de ~) gewelddadig gedrag dat bedoeld is om je zo bang te maken dat je gehoorzaamt ♦ *de dictator regeert door* **terreur***.*

**terriër** ter·ri·er (de ~(m.); -s) hond van een ras waarvan er verschillende bestaan ♦ *je als een* **terriër** *in iets vastbijten:* (uitdr.) hardnekkig met iets bezig blijven, iets niet opgeven.

**ter·ri·ne** (de ~(v.); -s) diepe schaal op een voetstuk, voor het opdienen van soep.

**ter·ri·to·ri·aal** (bijv. nw.) gezegd van iets dat met een territorium* te maken heeft ♦ **territoriale** *wateren:* meren, rivieren en gedeelten van de zee die bij een bepaald land horen.

**ter·ri·to·ri·um** (het ~; -s of territoria) gebied waarover iemand de macht heeft ⇒ *grondgebied* ♦ *Belgisch* **territorium***; het* **territorium** *van een dier:* het gebied dat een dier bewoont en verdedigt tegen indringers.

**ter·ro·ri·se·ren** (terroriseerde, heeft geterroriseerd) iemand *terroriseren:* iemand voortdurend door terreur* bang maken ♦ *de misdadigers* **terroriseren** *de hele stad.*

**ter·ro·ris·me** (het ~) gebruik van terreur* om politieke doelen te bereiken.

**ter·ro·rist** (de ~(m.); -en), vrouw: **ter·ro·ris·te** (de ~(v.); -n of -s) iemand die terreur* pleegt, meestal om politieke doelen te bereiken.

**ter·ro·ri·ze·ren** → terroriseren.

**ter·sluiks** (bijv. nw.) heimelijk, stiekem ♦ *een* **tersluikse** *blik.*

**ter·stond** (bijw.) meteen ⇒ *onmiddellijk.*

**ter·ti·air** [ter(t)sjε:r] (bijv. nw.) gezegd van dingen die de derde plaats innemen ♦ *de* **tertiaire** *sector:* de dienstverlenende sector, waar bejaardenzorg, ziekenhuizen enz. onder vallen; **tertiair** *onderwijs:* hoger beroeps- of universitair onderwijs.

**terts** (de ~; -en) afstand tussen twee muzieknoten die op de toonladder drie plaatsen uit elkaar liggen.

**te·rug** (bijw.) **1** ergens vandaan, het tegenovergestelde van 'heen' ♦ *ik ben om vier uur* **terug***;* **terug** *van weggeweest;* **terug** *naar af:* naar het punt waar je begonnen bent **2** geleden ♦ *een tijdje* **terug** **3** in ruil ♦ *heeft u te***rug** *van honderd gulden?* wil me wisselgeld geven als ik met 100 gulden betaal? ; *ergens niet van* **terug** *hebben:* ergens niet op kunnen antwoorden of ergens niet tegenop kunnen **4** (in België □) weer, opnieuw.

**te·rug·blik** (de ~(m.)) overzicht van wat er vroeger is gebeurd ♦ *het tv-programma begon met een* **terugblik** *op wat voorafging.*

**te·rug·bren·gen** (bracht terug, heeft teruggebracht) iets *terugbrengen:* iets verminderen, iets verkleinen ⇒ *reduceren* ♦ *de omvang van de schoolklassen moet worden te***ruggebracht***.*

**te·rug·dein·zen** (deinsde terug, is teruggedeinsd) ergens *voor terugdeinzen:* achteruit gaan omdat je bang bent voor iets ♦ *hij* **deinst** *voor niets* **terug***:* hij is nergens bang voor.

**te·rug·draai·en** (draaide terug, heeft teruggedraaid) iets *terugdraaien:* ervoor zorgen dat iets weer wordt zoals het was, iets ongedaan maken ⇒ *terugschroeven* ♦ *maatregelen* **terugdraaien***.*

**te·rug·flui·ten** (floot terug, heeft teruggefloten) iemand te*rugfluiten:* iemand vragen op te houden met wat hij of zij doet, omdat je dat niet kunt toestaan.

**te·rug·hou·dend** (bijv. nw.) gezegd van iemand die niet snel laat merken wat hij of zij denkt of voelt en die zich op de achtergrond houdt ⇒ *gereserveerd.*

**te·rug·kaat·sen** (kaatste terug, heeft teruggekaatst) iets te*rugkaatsen:* iets terug laten gaan in de richting waar het vandaan kwam ♦ *in de echoput wordt het geluid van mijn stem* **teruggekaatst***.*

**te·rug·keer** (de ~(m.)) het terugkomen.

**te·rug·ke·ren** (keerde terug, is teruggekeerd) terugkomen.

**te·rug·ko·men** (kwam terug, is teruggekomen) **1** ergens op *terugkomen:* weer over iets gaan praten ♦ *ik wil even te***rugkomen** *op wat ik gisteren zei* **2** ergens op *terugkomen:* ergens van afzien, iets herroepen ♦ **terugkomen** *op een besluit:* zeggen dat je het er niet meer mee eens bent **3** ergens van *terugkomen:* anders over iets gaan denken nadat je er ervaring mee hebt opgedaan ♦ *hij denkt dat het leuk is om werkloos te zijn, maar daar* **komt** *hij wel van* **terug***.*

**te·rug·kop·pe·len** (koppelde terug, heeft teruggekoppeld) *een idee of een voorstel naar iemand terugkoppelen:* met iemand gaan overleggen, omdat hij of zij degene is van wie dat idee of dat voorstel afkomstig is.

**te·rug·krab·be·len** (krabbelde terug, is teruggekrabbeld) laten merken dat je je niet wilt houden aan wat je hebt beloofd.

**te·rug·lo·pen** (liep terug, is teruggelopen) minder worden, achteruitgaan ♦ *het aantal klanten* **loopt** *terug.*

**te·rug·schrik·ken** (schrikte, is teruggeschrikt of schrok terug, is teruggeschrokken) ergens *voor terugschrikken:* je ergens door laten afschrikken, iets niet durven.

**te·rug·schroe·ven** (schroefde terug, heeft teruggeschroefd) iets *terugschroeven:* iets terugdraaien.

**te·rug·slaan** (sloeg terug, heeft teruggeslagen) op iets dat *eerder genoemd is terugslaan:* betrekking op iets hebben, naar iets verwijzen ♦ *zijn opmerking van net* **sloeg** *te***rug** *op wat gisteren gebeurd is.*

**te·rug·slag** (de ~(m.)) nadelig gevolg ♦ *nu ondervindt zij de* **terugslag** *van dat slaaptekort.*

**te·rug·trek·ken** (trok terug, heeft teruggetrokken) **1** je te*rugtrekken:* je naar de achtergrond verwijderen ♦ *ze* **trokken** *zich* **terug** *voor een gesprek onder vier ogen* **2** een *leger terugtrekken:* het weg laten trekken uit het gebied waar de vijand zich bevindt **3** je *terugtrekken:* niet langer meedoen ♦ *de directeur wil zich uit de zaak* **terugtrekken 4** iets *terugtrekken:* zeggen dat iets niet meer geldt ⇒ *intrekken* ♦ *een belofte* **terugtrekken***.*

**te·rug·val·len** (viel terug, is teruggevallen) **1** op iemand of *iets terugvallen:* rekenen op de hulp van iemand of iets als er moeilijkheden zijn ♦ *als er iets is, kun je op je* *ouders* ***terugvallen*** **2** minder gaan presteren ◆ *na een goede start* ***viel*** *hij snel* ***terug*** **3** *in iets terugvallen: ergens weer in terechtkomen, je ergens weer aan overgeven* ◆ *hij* ***viel*** *weer* ***terug*** *in zijn slechte gewoontes.*

**te·rug·wed·strijd** (de ~(m.); -en)(in België □) returnwedstrijd.

**te·rug·weg** (de ~(m.)) het gaan naar het punt vanwaar je vertrokken was, het tegenovergestelde van 'heenweg'.

**te·rug·wer·kend** (bijv. nw.) ▼ *met* ***terugwerkende*** *kracht:* (gezegd van wetten of regels die ook van toepassing zijn op een periode vóórdat ze zijn ingesteld); *je krijgt met* ***terugwerkende*** *kracht tot 1980 de te veel betaalde huur terug: je krijgt alles wat je vanaf 1980 te veel betaald hebt terug.*

**ter·wijl** (voegw.)(geeft aan dat iets gelijktijdig gebeurt) ◆ ***terwijl*** *vader afwast, doet moeder de baby in bad.*

**ter·zij·de**[1] (het ~; -s) opmerking die een toneelspeler zijdelings tegen het publiek maakt en niet tegen de andere spelers.

**ter·zij·de**[2] (bijw.) ▼ *iets* ***terzijde*** *laten:* (uitdr.) niet over iets spreken, iets buiten beschouwing laten; *iemand* ***terzijde*** *nemen:* (uitdr.) iemand apart nemen om wat tegen hem of haar te zeggen; *iemand* ***terzijde*** *staan:* (uitdr.) iemand helpen; *iets* ***terzijde*** *leggen:* (uitdr.) geen aandacht aan iets besteden, niet op iets ingaan; *dit* ***terzijde****:* (uitdr.)(dit zeg je om duidelijk te maken dat de opmerking die je net gemaakt hebt niets met de rest van het gesprek te maken heeft).

**te·se** → these.

**te·sis** → thesis.

**test** (zelfst. nw.) **1** (de ~(m.); -s) proef ◆ *voor je mee mag doen moet je eerst een* ***test*** *afleggen* **2** (de ~; -en)(populair) hoofd ⇒ kop, harses **3** (de ~; -en) bakje van aardewerk voor gloeiende kooltjes dat vroeger gebruikt werd om stoven warm te maken.

**tes·ta·ment** (het ~; -en) schriftelijke verklaring waarin je zegt wat er na je dood met je bezittingen moet gebeuren ◆ *je* ***testament*** *opmaken; iemand iets bij* ***testament*** *vermaken:* officieel regelen dat iemand iets na je dood krijgt.

**Tes·ta·ment** (zelfst. nw.) ▼ *het Oude* ***Testament****:* het eerste deel van de bijbel; *het Nieuwe* ***Testament****:* het tweede deel van de bijbel.

**test·beeld** (het ~; -en) beeld op je televisiescherm aan de hand waarvan je je tv kunt instellen.

**test·case** (Engels) [testkɛs](de ~; -s) gebeurtenis waarbij iemand of iets getest wordt en waarbij je ziet wat die persoon of die zaak waard is ⇒ proefgeval.

**tes·ten** (testte, heeft getest) iemand of iets testen: iemand of iets een test* onderzoeken ⇒ beproeven ◆ *het nieuwe model wordt nu* ***getest****.*

**tes·ti·kel** (de ~(m.); -s) teelbal ⇒ zaadbal, bal.

**tes·ti·mo·ni·um** (het ~; -s of testimonia) schriftelijke verklaring, vooral als bewijs dat je een tentamen hebt gehaald (kijk ook bij: **tentamen**).

**te·ta·nus** (de ~(m.)) besmettelijke ziekte waarbij je erge krampen in je spieren krijgt.

**tê·te-à-tê·te** (Frans) [tɛːtaːtɛːt](het ~; -s)(letterlijk: hoofd aan hoofd) gesprek onder vier ogen ⇒ onderonsje.

**tet·te·ren** (tetterde, heeft getetterd) hard en druk praten.

**teug** (de ~; -en) hoeveelheid vloeistof die je in één keer in je mond neemt ⇒ slok ◆ *hij dronk het glas in één* ***teug*** *leeg; met volle* ***teugen*** *genieten:* (uitdr.) heel intens genieten.

**teu·gel** (de ~(m.); -s) riem waarmee je een paard of ander dier bestuurt ⇒ leidsel, breidel ◆ *de* ***teugels*** *laten vie-*

*ren:* (uitdr.) minder streng worden; *iemand de vrije* ***teugel*** *laten:* (uitdr.) iemand zijn of haar gang laten gaan.

**teu·nis·bloem** (de ~; -en) wilde plant met lichtgele bloemen.

**teut**[1] (de ~; -en)(populair) treuzelaar.

**teut**[2] (bijv. nw.)(populair) dronken.

**teu·ten** (teutte, heeft geteut) niet opschieten, treuzelen ⇒ tutten.

**te·veel** (het ~) deel van iets dat te veel is, dat je overhoudt, het tegenovergestelde van 'tekort' ◆ *dat kind heeft een* ***teveel*** *aan energie.*

**te·vens** (bijw.) ook ⇒ eveneens ◆ *hij is goed in talen en* ***tevens*** *in wiskunde.*

**te·ver·geefs** (bijv. nw.) gezegd van iets dat je niet lukt, waar je geen resultaat mee hebt ◆ *al mijn pogingen waren* ***tevergeefs****; hij probeerde haar* ***tevergeefs*** *over te halen.*

**te·vo·ren** (bijw.) vroeger, eerder ◆ *hij heeft gewonnen, hoewel hij twee dagen* ***tevoren*** *nog ziek in bed lag; van te**voren:** (uitdr.) vooraf, op een eerder tijdstip; ze had van* ***tevoren*** *al bedacht hoe het af zou lopen.*

**te·vre·den** (bijv. nw.) gezegd van iemand die geen wensen meer heeft ⇒ content, voldaan ◆ *ze kwamen* ***tevreden*** *terug van vakantie; iedereen was met het plan* ***tevreden****.*

**tew** (de ~)(in België) *t*oegepaste *e*conomische *w*etenschappen ◆ *gevraagd: licentiaat* ***tew*** *voor de afdeling boekhouding.*

**te·weeg·bren·gen** (bracht teweeg, heeft teweeggebracht) iets teweegbrengen: iets veroorzaken ◆ *het nieuws* ***bracht*** *een enorme opwinding* ***teweeg****.*

**te·werk·stel·len** (stelde tewerk, heeft tewerkgesteld) iemand ergens tewerkstellen: iemand ergens werk laten doen ◆ *de gevangenen werden in fabrieken* ***tewerkgesteld****.*

**tex·tiel** (de ~(m.) of het ~) geweven stof en alles wat daarvan is gemaakt, zoals kleren, handdoeken en lakens ⇒ goed ◆ *een* ***textiel****winkel.*

**t.g.v.** (afkorting) **1** *t*er *g*elegenheid *v*an **2** *t*en *g*unste *v*an.

**TGV** (de ~(m.)) *T*rain à *G*rande *V*itesse; dit is Frans en het betekent: heel snelle trein.

**t.h.** (afkorting)(in België □) *t*en *h*onderd; dit betekent: procent ◆ *15* ***t.h.****.*

**TH** (de ~; TH's)(in Nederland) *T*echnische *H*ogeschool; die heet nu Technische Universteit.

**thans** (bijw.)(deftig) nu ◆ ***thans*** *is die diersoort uitgestorven.*

**the·a·ter** (het ~) **1** (-s) schouwburg **2** toneel ◆ *poppentheater; dat is allemaal* ***theater****:* (uitdr.) dat is allemaal aanstellerij.

**the·a·traal** (bijv. nw.) overdreven dramatisch, alsof je in een toneelstuk speelt ◆ *een* ***theatraal*** *gebaar.*

**thee** (de ~(m.); theeën) gedroogde bladeren van bepaalde planten die je laat trekken in kokend water ◆ ***thee*** *zetten; kamille****thee****.*

**thee·blad** (het ~; -en) dienblad om kopjes op te dragen.

**thee·doek** (de ~(m.); -en) dunne doek om de vaat af te drogen ⇒ droogdoek.

**thee·ei** (het ~; -eren) bolletje met gaatjes erin waarin je thee doet, en dat je in een theepot of kopje hangt.

**thee·leut** (de ~; -en)(populair) iemand die graag en veel thee drinkt.

**thee·muts** (de ~; -en) kap van gevoerde stof, die je over de theepot zet om hem warm te houden.

**thee·wa·ter** (zelfst. nw.) ▼ *boven je* ***theewater*** *zijn:* te veel sterke drank gedronken hebben.

**the·ma** (zelfst. nw.; thema's) **1** (het ~) onderwerp van een boek, film, toespraak enz. ◆ *de oorlog is een geliefd thema* 2 (het ~) bepaalde melodie in een muziekstuk die telkens terugkomt ◆ *dat muziekstuk bestaat uit variaties op een thema*: dezelfde melodie wordt in dat stuk telkens op een andere manier gespeeld 3 (de ~of het ~) oefening op school waarbij je een tekst of losse zinnen moet vertalen.

**the·ma·tiek** (de ~(v.)) een of meer thema's* (bet.1) van bijv. een boek.

**the·ma·tisch** (bijv. nw.) te maken hebbend met een thema* (bet.1) ◆ *de woorden zijn niet alfabetisch, maar thematisch gerangschikt*: ze staan niet op alfabet, maar op onderwerp.

**the·o·lo·ge** → theoloog.

**the·o·lo·gie** (de ~(v.)) wetenschap die zich bezighoudt met God en godsdienst ⇒ *godgeleerdheid*.

**the·o·lo·gisch** (bijw. nw.) te maken hebbend met theologie*.

**the·o·loog** (de ~(m.); theologen), vrouw: **the·o·lo·ge** (de ~(v.); -s) iemand die theologie* heeft gestudeerd.

**the·o·re·ti·cus** (de ~(m.); theoretici) iemand die zich bezighoudt met de theorieën* van de wetenschap, niet met de praktijk.

**the·o·re·tisch** (bijv. nw.) te maken hebbend met een theorie*, het tegenovergestelde van 'praktisch' ◆ *een theoretisch examen; een theoretische oplossing*: die alleen in theorie bestaat.

**the·o·re·ti·se·ren** (theoretiseerde, heeft getheoretiseerd) volgens theorieën* redeneren.

**the·o·rie** (de ~(v.); theorieën) leer of regels die ten grondslag liggen aan een wetenschap, kunst of techniek (vaak gebruikt als het tegenovergestelde van 'praktijk') ◆ *een economische theorie; bij het rijexamen is hij voor de theorie geslaagd, maar voor de praktijk gezakt; in theorie is dat mogelijk, maar in de praktijk niet*: je kunt het wel bedenken, maar niet uitvoeren.

**the·ra·peut** [teeraputt of teeraputt] (de ~(m.); -en), vrouw: **the·ra·peu·te** (de ~(v.); -s of -n) iemand die een therapie* geeft ◆ *fysiotherapeut*.

**the·ra·pie** (de ~(v.); therapieën) manier om zieken te genezen ⇒ *geneeswijze* ◆ *bewegingstherapie; in therapie zijn*: (uitdr.) gesprekken hebben met een psycholoog om je problemen op te lossen.

**ther·men** (zelfst. nw.; meervoud) badhuizen met warme baden in de Romeinse tijd.

**ther·miek** (de ~(v.)) opstijgende warme luchtstroom, waarvan zweefvliegtuigen gebruik maken om op te stijgen of in de lucht te blijven.

**ther·mo·me·ter** (de ~(m.); -s) instrument waarmee je de temperatuur meet.

**ther·mo·pane** (Engels) [termoopeen] (de ~) dubbel glas in een raam voor extra isolatie (kijk ook bij: **isolatie**).

**ther·mos·fles** (de ~; -sen) fles met een dubbele wand waarin een drank lang warm of koud blijft.

**ther·mos·taat** (de ~(m.); thermostaten) instrument waarmee je de temperatuur regelt van verwarming, oven, koelkast enz..

**the·sau·rus** (de ~(m.); thesauri) 1 groot boekwerk waar alle woorden van een bepaalde taal in staan, of alle woorden die een bepaalde schrijver gebruikt 2 de schatkist van het Rijk.

**the·se** (de ~(v.); -n of -s) stelling die op een wetenschappelijke manier wordt verdedigd.

**the·sis** (de ~(v.); -sen of theses) 1 (in België □) these 2 (in België □) scriptie.

**Tho·mas** (de ~) een van de twaalf discipelen van Jezus ◆ *een ongelovige Thomas*: (uitdr.) iemand die niet gauw iets gelooft.

**tho·ra** (de ~(v.)) de wet van Mozes, zoals die in het Oude Testament staat.

**tho·rax** (de ~(m.)) (medisch) borstkas.

**thril·ler** (Engels) [srillər] (de ~(m.); -s) heel enge en spannende film of heel eng en spannend verhaal.

**thuis¹** (het ~) woning waar je woont en waar je je meestal op je gemak voelt ◆ *de flat van zijn oma is een tweede thuis voor hem.*

**thuis²** (bijw.) in je woning ◆ *ze moet om tien uur thuis zijn; hij voelt zich daar thuis*: op zijn gemak; *doe alsof je thuis bent*: (uitdr.) maak het je gemakkelijk; *niet thuis geven*: (uitdr.) niet reageren, geen antwoord geven; *ergens goed in thuis zijn*: (uitdr.) veel van iets af weten.

**thuis·bren·gen** (ww.) iemand of iets niet kunnen thuisbrengen: niet weten waar je iemand of iets van kent of waar die persoon of die zaak vandaan komt.

**thuis·front** (het ~) familie en vrienden die thuis blijven, bijv. als je op vakantie bent, of als je als soldaat moet gaan vechten.

**thuis·ko·men** (kwam thuis, is thuisgekomen) bij je huis aankomen.

**thy·mus** (de ~(m.)) (medisch) zwezerik.

**ti, si** (de ~) de zevende noot van de toonladder.

**ti·a·ra** (de ~; tiara's) 1 diadeem voor vorstelijke personen 2 hoofddeksel van witte zijde met drie gouden kronen, dat de paus bij bijzondere gelegenheden draagt.

**tic** (de ~(m.); -s) 1 zenuwtrek waarbij de spieren in je gezicht samentrekken, bijv. knipperen met je ogen 2 rare gewoonte ◆ *dat is een tic van haar* 3 scheutje sterke drank dat je in frisdrank doet ◆ *cola met een tic.*

**tic·ket** (Engels) [tikkət, in België: tikkęt] (het ~; -s) plaatskaart voor een vliegtuig of schip.

**tien** (hoofdtelw.) 10 ◆ *een tien met een griffel (en een zoen van de juffrouw)*: (uitdr.) heel goed gedaan; *hij heeft praatjes voor tien*: (uitdr.) hij heeft veel praatjes; *tien tegen één dat ik gelijk heb*: (uitdr.) het is zo goed als zeker dat ik gelijk heb.

**tien·de** (rangtelw.) komend als nummer tien.

**tien·dui·zend** (hoofdtelw.) tien maal duizend; 10.000.

**tien·dui·zend·ste** (rangtelw.) komend als nummer tienduizend.

**tie·ner** (de ~(m.); -s) jongen of meisje tussen de tien en de twintig jaar ⇒ *teenager*.

**tien·tje** (het ~; -s) (in Nederland) briefje van tien gulden ◆ *een gouden tientje*: een gouden munt van tien gulden.

**tier·cé** (Frans) [tjersęe] (de ~(m.); -s) (in België □) weddenschap bij de paardenrennen waarbij je gokt welke drie paarden het eerst aankomen.

**tie·re·lan·tijn·tjes, tier·lan·tijn·tjes** (zelfst. nw.; meervoud) overbodige versierselen ◆ *een jurk met tierelantijntjes.*

**tie·ren** (tierde, heeft getierd) 1 tekeergaan omdat je kwaad bent 2 goed gedijen ◆ *het meisje wilde bij haar tante niet tieren*: ze kon bij haar tante niet aarden; *welig tieren*: in overvloed groeien; *het onkruid tiert welig.*

**tier·lan·tijn·tjes** → tierelantijntjes.

**tiet** (de ~; -en) elk van de twee borsten van een vrouw.

**tig** (hoofdtelw.) (populair) een groot aantal (in plaats van dertig, veertig enz.) ◆ *ik heb al tig keer geroepen.*

**tij** (het ~; -en) eb en vloed ◆ *dood tij*: moment waarop de eb op z'n laagst is of de vloed op z'n hoogst en waarop de beweging van het water even stopt; *opkomend tij*: periode waarin de zee opkomt, waarin het vloed wordt; *het tij is gekeerd*: (uitdr.) de situatie is veranderd.

**tijd** (de ~(m.); -en) 1 opeenvolging van momenten ◆ *in de loop van de tijd is het hout verweerd; de tijd vliegt*: (uitdr.) hij gaat snel voorbij; *de tijd zal het leren*: (uitdr.) later zullen we het weten; *tijd is geld*:(uitdr.) tijd is kostbaar; *de tijd heelt alle wonden*:(uitdr.) op den duur slijt elk verdriet **2** punt of plaats in de opeenvolging van momenten ⇒ *tijdstip, moment* ♦ *gisteren om deze tijd*; *de tijd van aankomst*; *het is tijd om te eten*; *hij komt op tijd*: op het goede of afgesproken moment, niet te laat; *van tijd tot tijd*:(uitdr.) zo nu en dan; *bij de tijd zijn*:(uitdr.) slim, bijdehand zijn; *zij is over tijd*:(uitdr.) ze is niet ongesteld geworden, terwijl het daar wel de tijd voor was; *er is een tijd van komen en een tijd van gaan*:(uitdr.)(dit zeg je als je ergens weggaat); *komt tijd, komt raad*:(uitdr.) over een tijdje vind je vanzelf wel een oplossing; *op tijd en stond*:(in België □; uitdr.) op het goede ogenblik **3** deel van de opeenvolging van momenten ⇒ *tijdsduur, periode* ♦ *dat is een tijd geleden*; *in een jaar tijd*; *een lange tijd*; *vrije tijd*: uren of dagen dat je niet hoeft te werken; *de laatste tijd ziet hij er slecht uit*; *in mijn tijd* …:(uitdr.) toen ik jong was …; *hij heeft de tijd*:(uitdr.) hij hoeft zich niet te haasten; *het zal mijn tijd wel duren*:(uitdr.) ik maak me er niet druk over; *ik heb hem in tijden niet gezien*:(uitdr.) ik heb hem lang niet gezien; *de tijd doden, verdrijven of korten*:(uitdr.) iets doen als je moet wachten of als je je verveelt; *die schoenen hebben hun tijd gehad*:(uitdr.) ze zijn versleten; *ten tijde van Karel de Grote*:(uitdr.) toen Karel de Grote leefde; *de jurk is uit de tijd*:(uitdr.) die is ouderwets; *met je tijd meegaan*:(uitdr.) je aanpassen aan nieuwe ontwikkelingen; *je tijd vooruit zijn*:(uitdr.) ideeën hebben die pas jaren later gewaardeerd worden **4** (taal) vorm van een werkwoord die aangeeft of de zin zich in het verleden, het heden of de toekomst afspeelt ♦ *de verleden tijd van 'ik krijg' is 'ik kreeg'*.

**tijd·bom** (de ~; -men) bom met een tijdklok die op een ingestelde tijd ontploft.

**tij·de·lijk** (bijv. nw.) maar voor enige tijd* (bet.3), niet voor vast of voor altijd ♦ *een tijdelijke baan; de straat is tijdelijk afgesloten*.

**tij·dens** (voorz.) ten tijde van, zolang iets duurt ⇒ *gedurende* ♦ *tijdens de busrit mag je niet spreken met de chauffeur*.

**tijd·geest** (de ~(m.)) manier waarop de mensen denken en doen in een bepaalde tijd (bet.3).

**tij·dig** (bijv. nw.) gezegd van iets dat op tijd* (bet.2) gebeurt ♦ *ze heeft tijdig het formulier opgestuurd*.

**tij·ding** (de ~(v.); -en)(ouderwets) bericht ⇒ *mare*.

**tijd·klok** (de ~; -ken) apparaat dat op een bepaald tijdstip een installatie, bijv. een alarm of een radio, aan- of uitzet.

**tijd·loos** (bijv. nw.) niet aan tijd gebonden ♦ *die jas is tijdloos*: die raakt nooit uit de mode.

**tijd·perk** (het ~; -en) elk van de perioden waarin de geschiedenis van de aarde en van de mensheid wordt verdeeld ⇒ *tijdvak* ♦ *het stenen tijdperk*: het tijdperk waarin men met stenen gereedschap werkte.

**tijd·rit** (de ~(m.); -ten) rit waarbij wielrenners na elkaar starten en een bepaalde afstand zo snel mogelijk moeten afleggen.

**tijd·ro·vend** (bijv. nw.) gezegd van iets dat veel tijd (bet.3) kost ♦ *de tuin verzorgen is een tijdrovende bezigheid*.

**tijds·be·stek** (het ~) bepaalde tijdsduur ♦ *dat moet in een kort tijdsbestek gebeuren*: in korte tijd.

**tijd·schrift** (het ~; -en) blad dat regelmatig, bijv. elke week of elke maand, verschijnt ⇒ *periodiek* ♦ *een tijdschrift over voetbal*.

**tijd·stip** (het ~; -pen) bepaald punt in de tijd (bet.1) ♦ *de voorstelling zal op een later tijdstip beginnen*.

**tijd·vak** (het ~; -ken) elk van de perioden waarin de geschiedenis van de aarde en van de mensheid wordt verdeeld ⇒ *tijdperk*.

**tijd·ver·drijf** (het ~) bezigheid die wel leuk, maar meestal niet nuttig is, waarmee je de tijd (bet.3) doorbrengt.

**tij·gen** (toog, is getogen)(deftig) gaan, je begeven ♦ *ze toog opgewekt aan het werk*.

**tij·ger** (de ~(m.); -s), vrouwtjesdier: **tij·ge·rin** (de ~(v.); -nen) groot katachtig roofdier dat een gele huid heeft met donkere strepen.

**tij·ger·oog** (de ~(m.); -ogen) edelsteen met gele en bruine kleuren die doet denken aan een glinsterend oog als je hem onder het licht beweegt.

**tijk** (het ~) katoenen of linnen stof die bijv. om matrassen zit.

**tijm** (de ~(m.)) bepaald soort tuinkruid.

**tik¹** (de ~(m.); -ken) zachte klap of slag ♦ *hij geeft zijn zoontje een tik*; *ergens een tik van meekrijgen*:(uitdr.) de slechte invloed van iets ondergaan.

**tik²** → tic.

**tik·je** (het ~) tikkeltje.

**tik·kel·tje** (het ~) heel klein beetje ⇒ *tikje, ietsje, ietsepietsje* ♦ *een tikkeltje meer zout*.

**tik·ken** (tikte, heeft getikt) **1** een of meer tikken¹* geven ♦ *de klok tikt*; *de regen tikt tegen het raam*; *ze tikt hem op de schouder* **2** een brief, een tekst enz. tikken: die typen **3** iemand tikken: iemand een tik¹* geven (in allerlei spelen, als teken dat hij of zij erbij is).

**tik·ker·tje** (het ~) spel waarbij een van de spelers de anderen moet tikken* (bet.3) ⇒ *krijgertje*.

**tik·tak** (tussenw.)(geluid van een tikkende klok).

**til** (de ~; -len) **1** duivenhok **2** vloertje van planken vlak onder een dak, dat dient als bergplaats ▼ *er is zwaar weer op til*: er komt slecht weer; *er zijn veranderingen op til*: er komen veranderingen.

**til·bu·ry** [tilburrie](de ~(m.); tilbury's) rijtuigje uit de vorige eeuw op twee wielen en met een kap.

**til·de** (de ~; -s) teken in het Spaans boven een n waarmee je aangeeft dat hij als nj moet worden uitgesproken en in het Portugees boven de a, o of e om aan te geven dat het neusklanken worden (het teken 'õ').

**til·len** (tilde, heeft getild) **1** iemand of iets tillen: iemand of iets omhoog brengen, opbeuren ♦ *hij tilt het kind in de stoel* **2** iemand tillen:(populair) iemand oplichten ♦ *ze hebben me voor 100 gulden getild*: door hun bedrog heb ik 100 gulden verloren.

**tilt** (zelfst. nw.) ▼ *op tilt slaan of springen*:(dit zeg je van flipperkasten die afslaan omdat eraan geschud wordt); *op tilt staan*:(populair) buiten jezelf zijn van woede.

**tim·bre** (Frans) [tɛmbrə](het ~; -s) speciale klank waaraan je een stem of instrument herkent ⇒ *klankkleur*.

**time** (Engels) [tajm](de ~; -s)(in België □; sport) helft van een wedstrijd ♦ *extra time*: verlenging van een wedstrijd.

**ti·men** [tajmən](timede, heeft getimed) *iets timen*: iets precies op het goede moment laten gebeuren of de duur van iets precies goed schatten ♦ *de actie was goed getimed*.

**time-out** (Engels) [tajmaut](de ~; -s) korte onderbreking van een wedstrijd waarin de spelers met elkaar kunnen overleggen.

**ti·mi·de** (bijv. nw.) verlegen en een beetje angstig ⇒ *bedeesd*.

**ti·ming** (Engels) [tajming](de ~) het timen* ♦ *de timing van haar vraag was perfect*: ze stelde de vraag precies op het juiste moment.

**tim·me·ren** (timmerde, heeft getimmerd) iets timmeren: iets met behulp van hamer, zaag, spijkers enz. in elkaar zetten ◆ hij timmert een kippenhok; iemand in elkaar timmeren: (uitdr.) iemand in elkaar slaan.

**tim·mer·man** (de ~(m.); -lieden of -lui) iemand die voor zijn beroep timmert*.

**tim·paan** (het ~; timpanen) driehoekig stuk van een gevel boven de ingang van een gebouw.

**tin** (het ~) bepaald metaal dat gesmolten en in allerlei vormen gegoten wordt.

**tinc·tuur** (de ~; tincturen) sterk aftreksel van kruiden dat is opgelost in alcohol of ether.

**tin·ge·len** (tingelde, heeft getingeld) het heldere, hoge geluid van een klokje of belletje laten horen ◆ het carillon tingelde een vrolijk wijsje.

**tin·ge·ling** (tussenw.) (geluid van een belletje).

**tink·tuur** → tinctuur.

**tin·nef** (Jiddisch) [tinnεf] (het ~) product van slechte kwaliteit ⇒ rommel, rotzooi, troep ◆ koop die tinnef toch niet!

**tin·nen** (zelfst. nw.; meervoud) getande muur op een middeleeuwse wal of toren waarachter ridders zich schuilhielden tijdens een gevecht.

**tint** (de ~; -en) kleur die dezelfde is als een andere kleur, maar lichter of donkerder is ◆ een schilderij in heldere tinten; een feestelijk tintje aan iets geven: (uitdr.) iets een beetje feestelijk maken.

**tin·te·len** (tintelde, heeft getinteld) 1 (van ledematen): een voortdurend en zacht prikkelend gevoel geven ◆ m'n vingers tintelen 2 steeds even oplichten ◆ z'n ogen tintelden ondeugend.

**tin·te·ling** (de ~(v.); -en) keer dat iets tintelt*.

**tip** (de ~(m.); -s) 1 kort en handig advies ⇒ wenk ◆ een handige tip voor het verwijderen van een vetvlek; tips die leiden tot het oplossen van een misdrijf 2 fooi ▼ een tipje van de sluier oplichten: een deel van een geheim onthullen.

**tip·pel** (zelfst. nw.) ▼ een hele tippel: een heel eind lopen; dat is nog een hele tippel, van hier naar de stad.

**tip·pe·len** (tippelde, heeft getippeld) 1 lopen, vooral met kleine pasjes 2 (van prostituees): op straat lopen om klanten aan te trekken.

**tip·pen** (tipte, heeft getipt) 1 iemand tippen: iemand een tip* (bet.1) geven ◆ de politie was door een buurvrouw getipt 2 niet aan iemand of iets kunnen tippen: iemand of iets op geen stukken na kunnen evenaren ◆ zij tennist zo goed, daar kun jij niet aan tippen.

**tip·sy** (bijv. nw.) (populair) een beetje dronken ⇒ aangeschoten.

**tip·top** (bijv. nw.) goed verzorgd, keurig netjes ◆ ze ziet er tiptop uit; de kamer is weer tiptop in orde.

**ti·ra·de** (de ~(v.); -s) felle woordenstroom waarin je ontevredenheid uit ◆ een tirade houden.

**ti·ran** (de ~(m.); -nen) iemand die in z'n eentje op een strenge en wrede manier regeert ⇒ dictator ◆ wat een kleine tiran is dat kind!: (uitdr.) het dwingt zijn omgeving te doen wat hij wil.

**ti·ran·nie** (de ~(v.); tirannieën) heerschappij van een tiran*.

**ti·ran·niek** (bijv. nw.) als een tiran* ◆ ik ben zijn tirannieke optreden zat.

**ti·ran·ni·se·ren** (tiranniseerde, heeft getiranniseerd) iemand tiranniseren: iemand overheersen als een tiran* ◆ die jongen tiranniseert de hele buurt.

**tis·sue** (Engels) [tisjœ] (de ~; -s) doekje van zacht papier.

**ti·tan** (de ~(m.); titanen) (in oude Griekse verhalen) reus die de hemel probeert te bestormen.

**ti·tel** (de ~(m.); -s) 1 naam van een verhaal, gedicht, film,

toneelstuk of boek ◆ de titel van het boek is 'Alleen op de wereld' 2 aanduiding die je voor of achter je naam mag zetten, bijv. als je van adel bent of als je een diploma aan de universiteit hebt behaald ◆ 'jonkheer', 'monseigneur' en 'ingenieur' zijn titels 3 aanduiding dat je kampioen bent ◆ die club gaat de wereldtitel verdedigen ▼ op persoonlijke titel iets doen of zeggen: iets namens jezelf doen of zeggen (en niet namens het bedrijf of de instelling waar je werkt).

**ti·tel·hou·der** (de ~(m.); -s) iemand die de titel* (bet.3) van kampioen heeft.

**ti·tel·rol** (de ~; -len) (in Nederland) lijst met de titel van en de namen van de medewerkers aan een film of tv-programma, die verschijnt bij het begin of het einde ervan.

**tit·tel** (zelfst. nw.) ▼ geen tittel of jota: totaal niets; hij weet er geen tittel of jota van.

**ti·tu·la·ris** (de ~(m.); -sen) 1 (in België □) klassenleerkracht 2 (in België □) iemand met een hoog ambt of een titel ◆ zij is titularis van een leerstoel aan de universiteit: zij is professor ▼ titularis van een postrekening: (in België □) iemand die een postrekening heeft, rekeninghouder.

**ti·tu·la·tuur** (de ~(v.); titulaturen) de gezamenlijke titels* (bet.2), bijv. op een lijst of voor je naam ◆ voor in een agenda staat een titulatuur.

**tja** (tussenw.) (geeft aan dat je twijfelt) ◆ tja, daar weet ik niet direct een antwoord op.

**tjalk** (de ~; -en) zeilschip met een ronde boeg en een platte bodem.

**tjap·tjoi** (de ~) Chinees gerecht van groenten en vlees.

**tjif·tjaf** (de ~(m.); -fen of -s) kleine zangvogel.

**tjil·pen** (tjilpte, heeft getjilpt) (van vogels): een zacht piepend geluid maken.

**tjir·pen** (tjirpte, heeft getjirpt) (van krekels en vogels): een scherp piepend geluid maken.

**tjon·ge** (tussenw.) (om aan te geven dat je verbaasd of onder de indruk van iets bent) ⇒ sjonge, jonge.

**t.k.a.** (afkorting) te koop aangeboden.

**tl** (de ~) tube luminescent; dit is Frans en het betekent: lichtgevende buis ◆ een tl-buis: een buislamp die zeer sterk licht geeft.

**TM** (de ~(v.)) Transcendente Meditatie; dit is een vorm van meditatie waarbij je door het herhalen van bepaalde klanken je lichaam helemaal probeert te vergeten (kijk ook bij: **meditatie**).

**TNO** (het ~) (in Nederland) Toegepast Natuurwetenschappelijk Onderzoek; dit is een instituut dat voorwerpen en stoffen test.

**t.n.v.** (afkorting) ten name van.

**t.o.** (afkorting) tegenover.

**toast** (de ~(m.)) 1 geroosterd brood ◆ toastjes met kaas en paté ▼ een toast op iemand uitbrengen: het glas heffen om iemand gezondheid, succes enz. toe te wensen.

**toas·ten** (toastte, heeft getoast) een toast* uitbrengen.

**tob·be** (de ~; -n of -s) houten bak die van boven breder is dan van onderen, waarin vroeger de was gedaan werd.

**tob·ben** (tobde, heeft getobd) 1 ergens over tobben: voortdurend over iets piekeren omdat je er zorgen over hebt ◆ ze zat over haar toekomst te tobben 2 ergens mee tobben: ergens problemen mee hebben, ergens mee sukkelen ◆ ze tobt met haar gezondheid.

**tob·ber** (de ~(m.); -s) iemand die veel tobt*.

**toch** (bijw.) 1 ondanks dat ⇒ desalniettemin ◆ je bent wel jarig, maar toch mag je niet opblijven 2 (woordje zonder vaste betekenis), o.a. gebruikt om ergens nadruk op te leggen) ◆ ik leer het toch nooit; waar blijf je toch?; kind, wat hoest je toch!

**tocht** (de ~(m.); -en) **1** koude luchtstroom in een ruimte waar twee tegenover elkaar liggende ramen of deuren openstaan ◆ *doe dat raam dicht, ik zit op de* **tocht**; *iets, bijv. een plan, op de* **tocht** *zetten:*(uitdr.) de uitvoering ervan onzeker maken **2** wandeling of rit ◆ *een* **tocht** *maken door de Ardennen; een fietstocht*.

**toch·ten** (tochtte, heeft getocht) het tocht: er staat een koude luchtstroom ◆ *je* **tocht** *hier weg*.

**toch·tig** (bijv. nw.) *(van koeien):* verlangend om gedekt te worden.

**toe¹** (bijw.) **1** dicht ◆ *hij deed zijn oogjes* **toe 2** erbij, als extra ◆ *geld* **toe** *krijgen* **3** (voorafgegaan door 'naar') heen ◆ *we gaan naar de speeltuin* **toe** ▼ *aan iets* **toe** *zijn:* aan iets willen of kunnen beginnen; *ik ben aan vakantie* **toe**: *die heb ik hard nodig.*

**toe²** (tussenw.) (om iemand aan te sporen) ⇒ *komaan* ◆ **toe**, *kleed je aan!*

**toe·an** (de ~(m.); -s) (in het vroegere Nederlands-Indië) heer, meester.

**toe·be·de·len** (bedeelde toe, heeft toebedeeld) *iemand iets toebedelen:* iemand een deel van iets geven ⇒ *toemeten* ◆ *dit zijn de kralen die ik jou heb* **toebedeeld**.

**toe·be·ho·ren¹** (zelfst. nw.; meervoud) alle dingen die bij een apparaat horen ◆ *een breimachine met* **toebehoren**.

**toe·be·ho·ren²** (behoorde toe, heeft toebehoord) *(aan) iemand toebehoren:* (deftig) van iemand zijn, iemands eigendom zijn ◆ *die auto* **behoort** *hem* **toe**.

**toe·be·reid·se·len** (zelfst.nw.;meervoud) voorbereidingen ◆ *de* **toebereidselen** *voor een bruiloft*.

**toe·bren·gen** (bracht toe, heeft toegebracht) *iemand iets toebrengen:* iemand iets aandoen, iets bij iemand veroorzaken ◆ *iemand een nederlaag* **toebrengen**.

**toe·clip** (Engels) [toeklip] (de ~; -s) beugel op de trapper van een racefiets waarin je je voet plaatst, zodat je meer kracht kunt zetten.

**toe·dek·ken** (dekte toe, heeft toegedekt) *iemand toedekken:* een deken over iemand heen trekken ◆ *ze* **dekte** *de kinderen* **toe**.

**toe·dich·ten** (dichtte toe, heeft toegedicht) *iemand iets toedichten:* menen dat hij of zij degene is die iets gemaakt of gedaan heeft ⇒ *toeschrijven* ◆ *die spreuk wordt aan Napoleon* **toegedicht**.

**toe·die·nen** (diende toe, heeft toegediend) *iemand iets toedienen:* ervoor zorgen dat iemand iets krijgt, iemand iets geven ◆ *ze* **diende** *hem de medicijnen* **toe** *met een injectienaald*.

**toe·doen** (zelfst. nw.) ▼ *door toedoen van ...:* door wat ... gedaan heeft; *door* **toedoen** *van mijn broer ben ik mijn fiets kwijt:* door zijn schuld.

**toe·dracht** (de ~) manier waarop iets gebeurd is ◆ *de ware* **toedracht** *van het ongeluk is nog niet bekend*.

**toe·ei·ge·nen** (eigende toe, heeft toegeëigend) *je iets toeeigenen:* iets tot je eigendom maken, iets in bezit nemen, meestal terwijl het niet mag.

**toef** (de ~; -en) een beetje van iets, pluk ◆ *een* **toef** *haar; een toefje slagroom:* een dotje slagroom uit een spuit.

**toe·gang** (de ~(m.); -en) **1** plaats waar je ergens binnenkomt **2** het ergens naar binnen gaan ◆ *bewijs van* **toegang**; *verboden* **toegang**.

**toe·gan·ke·lijk** (bijv. nw.) open, met een vrije toegang ◆ *dit gebouw is voor iedereen* **toegankelijk**; *dit boek is niet erg* **toegankelijk**:(uitdr.) niet erg gemakkelijk te begrijpen.

**toe·ge·daan** (bijv. nw.) ▼ *een bepaalde mening* **toegedaan** *zijn:* die hebben.

**toe·geef·lijk, toe·ge·fe·lijk** (bijv. nw.) gezegd van iemand die gauw toegeeft* (bet.2).

**toe·ge·ne·gen** (bijv. nw.) *iemand toegenegen zijn:* (deftig) veel om iemand geven ◆ *je* **toegenegen** *vriendin:* (dit schrijf je onder aan een brief).

**toe·ge·ven** (gaf toe, heeft toegegeven) **1** *iets toegeven:* iets inzien en daar ook voor uitkomen, iets erkennen ◆ *ik moet* **toegeven** *dat ze haar best doet* **2** je verzet opgeven, voor een bepaalde druk bezwijken ◆ *ze wilde eerst niet mee, maar ten slotte* **gaf** *ze* **toe 3** *aan een neiging toegeven:* je eraan overgeven, je er niet tegen verzetten ◆ **toegeven** *aan vraatzucht*.

**toe·ge·wijd** (bijv. nw.) vol inzet, met hart voor de zaak ◆ *een* **toegewijd** *huisarts; hij is z'n gezin erg* **toegewijd**.

**toe·gift** (de ~; -en) muziekstuk, dansnummer enz. dat niet op het programma staat, maar dat na afloop als extraatje wordt uitgevoerd.

**toe·hoor·der** (de ~(m.); -s), vrouw: **toe·hoor·ster** (de ~ (v.); -s) **1** iemand die naar iets, bijv. een redevoering, luistert **2** iemand die een cursus volgt, maar geen examen doet.

**toe·jui·chen** (juichte toe, heeft toegejuicht) *iets, bijv. een plan, toejuichen:* het helemaal met iets eens zijn.

**toe·jui·chin·gen** (zelfst. nw.; meervoud) uitingen van bijval, bijv. gejuich of applaus.

**toe·kan** (de ~(m.); -s) tropische vogel met een grote, brede snavel.

**toe·ken·nen** (kende toe, heeft toegekend) *iets aan iemand of iets toekennen:* iets aan iemand of iets geven, omdat je vindt dat die persoon of die zaak het verdient ◆ *de jury* **kende** *hem de prijs voor de letterkunde* **toe**; *een bepaalde waarde* **toekennen** *aan een schilderij*.

**toe·kij·ken** (keek toe, heeft toegekeken) ergens naar kijken terwijl je niet mee mag doen ◆ *zij zaten lekker te eten en ik mocht* **toekijken**.

**toe·ko·men** (kwam toe, is toegekomen) **1** *ergens aan toekomen:* tijd voor iets hebben, aan iets kunnen beginnen ◆ *ik ben nog niet aan dat klusje* **toegekomen 2** *iemand iets doen toekomen:* (deftig) iemand iets sturen, iemand iets toezenden ◆ *hierbij doen wij u de rekening* **toekomen 3** *met iets toekomen:* genoeg aan iets hebben, met iets uitkomen ◆ *wij* **komen** *toe met f 800,- per maand* **4** *dat komt jou toe:* daar heb je recht op, dat valt jou ten deel ◆ *dat compliment* **komt** *haar* **toe 5** (in België □) aankomen.

**toe·ko·mend** (bijv. nw.) ▼ *de toekomende tijd:* (taal) werkwoordsvorm die aangeeft dat een handeling in de toekomst plaatsvindt.

**toe·komst** (de ~(v.)) tijd die nog komt ◆ *ik kan niet in de* **toekomst** *kijken; dat bedrijf heeft geen* **toekomst**: (uitdr.) dat bedrijf zal niet lang standhouden.

**toe·kom·stig** (bijv. nw.) van of in de toekomst* ◆ *de* **toekomstige** *generaties*.

**toe·komst·mu·ziek** (zelfst. nw.) ▼ *dat is* **toekomstmuziek**: *dat klinkt ongelofelijk mooi, maar het zal voorlopig wel niet gebeuren*.

**toe·la·chen** (lachte toe, heeft toegelachen) *iemand toelachen:* vriendelijk en vrolijk naar iemand kijken ◆ *het leven* **lacht** *hem weer* **toe**: (uitdr.) het leven ziet er weer vrolijk voor hem uit.

**toe·la·ge** (de ~; -n) geld om van te leven dat je regelmatig, bijv. elke maand, krijgt, soms naast je loon ◆ *een maandelijkse* **toelage**.

**toe·la·ten** (liet toe, heeft toegelaten) **1** *iets toelaten:* iets goedvinden ⇒ *toestaan* ◆ *als de omstandigheden het* **toelaten**: *als die gunstig zijn; de nieuwe regeling* **laat** *dat* **toe**: *het kan volgens de nieuwe regeling, er is ruimte voor* **2** *iemand ergens toelaten:* iemand ergens binnenlaten ◆ *hij werd er niet* **toegelaten** *zonder stropdas; ze* werd **toegelaten** op de filmacademie: ze werd er aangenomen als leerling **3** iemand iets toelaten: (in België □) iemand iets mogelijk maken.

**toe·leg·gen** (legde toe, heeft toegelegd) **1** op iets moeten **toeleggen**: ergens geld bij moeten doen ◆ de zaak liep zo slecht, dat hij erop moest **toeleggen 2** je op iets toeleggen: je ijverig met iets bezighouden ◆ ze **legde** zich **toe** op het hardlopen.

**toe·lich·ten** (lichtte toe, heeft toegelicht) iets toelichten: duidelijk maken wat je met iets bedoelt ◆ ik zal deze uitspraak even **toelichten**.

**toe·lich·ting** (de ~ (v.); -en) woorden waarmee je iets toelicht* ◆ kunt u hierop een **toelichting** geven?

**toe·loop** (de ~ (m.)) aantal mensen dat op iets af komt ◆ er was een grote **toeloop** naar het concert.

**toe·maat·je** (het ~; -s) **1** (in België □) dessert **2** (in België □) extraatje.

**toe·me·ten** (mat toe, heeft toegemeten) iemand iets toemeten: iemand een deel van iets geven ⇒ toebedelen ◆ ik hoop dat het me lukt in de mij **toegemeten** tijd.

**toen¹** (bijw.) **1** op dat ogenblik, in die tijd ◆ **toen** waren er nog maar drie; korte rokken waren **toen** in de mode **2** daarna, vervolgens ◆ ... en **toen** gleed ik uit en **toen** viel ik.

**toen²** (voegw.) (geeft een tijdstip aan in het verleden) ◆ dat was **toen** zij in het ziekenhuis lag; vroeger, **toen** er nog geen televisie was ...; we wilden nét weggaan, **toen** de telefoon ging.

**toe·na·de·ring** (de ~ (v.)) keer dat je nader tot iemand komt, dat je wat meer contact met iemand krijgt ◆ **toenadering** zoeken tot iemand.

**toe·na·me** (de ~) het toenemen* ◆ een **toename** in gewicht; een **toename** van het aantal auto's.

**toen·dra** (de ~; toendra's) uitgestrekte mosvlakte in de noordelijke poolstreken.

**toe·ne·men** (nam toe, is toegenomen) groter of heviger worden, het tegenovergestelde van 'afnemen' ◆ het aantal zieken **neemt toe**; de belangstelling voor die dichter **neemt toe**.

**toen·ma·lig** (bijv. nw.) van die tijd ◆ de **toenmalige** president.

**toen·ter·tijd** (bijw.) in die vroegere tijd, toen ⇒ destijds ◆ hij was **toentertijd** nog voorzitter van de voetbalclub.

**toe·pas·se·lijk** (bijv. nw.) op z'n plaats, passend ◆ een **toepasselijk** grapje.

**toe·pas·sen** (paste toe, heeft toegepast) iets, bijv. een methode of regel, toepassen: het gebruiken, het in praktijk brengen ⇒ hanteren.

**toe·pas·sing** (de ~ (v.); -en) het toepassen* ◆ een verkeerde **toepassing** van dat woord; niet van **toepassing**: (dit vul je in op een formulier als de vraag niet voor jou geldt); op iemand of iets van **toepassing** zijn: (uitdr.) voor iemand of iets gelden.

**toe·pen** (ww.) een bepaald kaartspel spelen.

**toer** (de ~ (m.); -en) **1** rondrit ◆ een **toer** maken door het Zwarte Woud **2** keer dat iets ronddraait ⇒ omwenteling ◆ een 45-**toerenplaat**: een grammofoonplaat die per minuut 45 keer ronddraait (dit is een single); op volle **toeren** draaien: (uitdr.) druk aan het werk zijn, volop in bedrijf zijn **3** kunstje, truc ◆ acrobatische **toeren** vertonen; dat is nog een hele **toer**: (uitdr.) dat zal nog moeilijk worden **4** rij gehaakte steken naast elkaar **5** (in België □; populair) beurt ◆ ieder op **toer**: om de beurt ▼ over je **toeren** zijn: overstuur zijn; een **toer** bouwen: (populair) indruk proberen te maken; op een bepaalde **toer** gaan: (populair) zo gaan doen; ze gaat op de sentimentele **toer**.

**toer·beurt** (zelfst. nw.) ▼ bij **toerbeurt**: om de beurt, ieder op zijn beurt.

**toe·rei·kend** (bijv. nw.) genoeg, voldoende ◆ een **toereikend** bedrag.

**toe·re·ke·nings·vat·baar** (bijv. nw.) gezegd van iemand die verantwoordelijk gesteld kan worden voor zijn of haar gedrag ◆ de psychiater verklaarde hem niet **toerekeningsvatbaar**.

**toe·ren** (toerde, heeft getoerd) een toer* (bet.1) maken ◆ met de fiets door Frankrijk **toeren**.

**toe·ris·me** (het ~) het reizen voor je plezier, bijv. om steden en landen te bezoeken ◆ aan de Noordzeekust vormt het **toerisme** een belangrijke bron van inkomsten.

**toe·rist** (de ~ (m.); -en) iemand die voor zijn of haar plezier reist, bijv. om steden en landen te bezoeken.

**toe·ris·tisch** (bijv. nw.) van of voor toeristen* ◆ we fietsen langs een **toeristische** route; de kust van Spanje is erg **toeristisch**.

**toer·ma·lijn** (de ~ (m.); -en) edelsteen die in veel kleuren voor kan komen.

**toer·nee** → tournee.

**toer·nooi** (het ~; -en) serie wedstrijden die op één plaats wordt gespeeld, waarbij je een titel of kampioenschap kunt behalen ◆ een tennis**toernooi**.

**toe·rus·ten** (rustte toe, heeft toegerust) iemand toerusten: iemand geven wat hij of zij nodig heeft om iets te doen ⇒ uitrusten ◆ goed **toegerust** voor de reis gingen ze op weg; een leger **toerusten**: de soldaten wapens en voedsel geven.

**toe·schie·te·lijk** (bijv. nw.) gezegd van iemand die behulpzaam en tegemoetkomend is.

**toe·schou·wer** (de ~ (m.); -s), vrouw: **toe·schouw·ster** (de ~ (v.); -s) iemand die naar iets kijkt of die iets ziet gebeuren ◆ de **toeschouwers** op de tribune juichten bij het eerste doelpunt.

**toe·schrij·ven** (schreef toe, heeft toegeschreven) **1** iets ergens aan toeschrijven: zeggen dat iets ergens door komt, iets ergens aan wijten ◆ ze **schreef** de slechte resultaten **toe** aan haar verkoudheid **2** iets aan iemand toeschrijven: zeggen dat die persoon iets gemaakt of gedaan heeft, of dat hij of zij iets heeft ◆ het schilderij wordt **toegeschreven** aan Picasso; de mensen **schrijven** hem allerlei slechte eigenschappen **toe**.

**toe·slaan** (sloeg toe, heeft toegeslagen) **1** slachtoffers maken ◆ de griep **sloeg toe 2** je kans benutten ◆ geef inbrekers geen kans om **toe** te **slaan**; je moet op het goede moment **toeslaan**.

**toe·slag** (de ~ (m.); -en) bedrag dat je extra moet betalen of extra krijgt ◆ je krijgt een **toeslag** op je zakgeld; een speciale trein met **toeslag**.

**toe·spe·len** (speelde toe, heeft toegespeeld) iemand iets toespelen: ervoor zorgen dat iemand iets krijgt zonder dat iemand anders het merkt ◆ ze **speelde** me onder de les een briefje toe.

**toe·spe·ling** (de ~ (v.); -en) opmerking waarmee je iets bedoelt zonder dat je dat letterlijk zegt ◆ ze maken **toespelingen** op mijn uiterlijk: ze zeggen dingen waarmee ze bedoelen dat ik er raar uitzie.

**toe·spijs** (de ~; -spijzen) **1** (ouderwets) nagerecht ⇒ dessert, toetje **2** (in België □) broodbeleg.

**toe·spit·sen** (spitste toe, heeft toegespitst) **1** iets ergens op toespitsen: iets ergens vooral op richten ◆ het onderzoek is **toegespitst** op de indianen in Zuid-Amerika **2** je ergens op toespitsen: je ergens speciaal op richten.

**toe·spraak** (de ~; toespraken) woorden waarmee je een groep mensen of je publiek iets vertelt ⇒ rede, redevoering ◆ een **toespraak** houden.

**toe·spre·ken** (sprak toe, heeft toegesproken) iemand toespreken: iemand iets zeggen, het woord tot iemand richten ◆ hij **sprak** de hond bestraffend **toe**.

**toe·staan** (stond toe, heeft toegestaan) *iets toestaan:* iets goedvinden, zeggen dat iets mag ⇒ *toelaten* ◆ *ik kan niet toestaan dat jullie alles kapotmaken.*

**toe·stand** (de ~ (m.); -en) **1** staat waarin iemand of iets zich bevindt ◆ *de toestand van de patiënt is goed; het huis verkeert in een slechte toestand; wat een toestanden!:* (uitdr.) wat een nare gebeurtenissen! **2** (populair) ding ◆ *de dame droeg een malle toestand op haar hoofd.*

**toe·ste·ken** (stak toe, heeft toegestoken) *iemand iets toesteken:* iets naar iemand uitstrekken, iemand iets aanreiken ◆ *iemand een hand toesteken.*

**toe·stel** (het ~; -len) **1** voorwerp dat zo in elkaar zit, dat het een bepaalde werking heeft ⇒ *apparaat* ◆ *telefoontoestel; gymnastiektoestel* **2** vliegtuig ◆ *het toestel is op tijd geland.*

**toe·stem·men** (stemde toe, heeft toegestemd) *in iets toestemmen:* iets goedvinden, het met iets eens zijn ⇒ *goedkeuren* ◆ *ze stemden allemaal toe in het plan.*

**toe·stem·ming** (de ~ (v.)) het toestemmen* ⇒ *permissie, goedkeuring* ◆ *iemand toestemming verlenen.*

**toe·stop·pen** (stopte toe, heeft toegestopt) *iemand iets toestoppen:* iets stilletjes aan iemand geven ◆ *mijn vriendin stopte me een briefje toe.*

**toet** (de ~ (m.); -en) (populair) gezicht ◆ *de baby heeft een bolle toet.*

**toe·ta·ke·len** (takelde toe, heeft toegetakeld) *iemand of iets toetakelen:* iemand of iets zo mishandelen of slecht behandelen dat die persoon of die zaak er heel lelijk uitziet.

**toe·tas·ten** (tastte toe, heeft toegetast) *iets te eten pakken,* beginnen te eten ◆ *de hongerige wandelaars tastten flink toe.*

**toe·ten** (ww.) ▼ *van toeten noch blazen weten:* volkomen onkundig zijn, van niets weten.

**toe·ter¹** (de ~ (m.); -s) recht of gebogen metalen instrument met een breed uiteinde, waarmee je geluidssignalen geeft ◆ *een scheepstoeter; de toeter van een auto:* de claxon; *met allerlei toeters en bellen:* (uitdr.) met veel versieringen; ook: met veel drukte.

**toe·ter²** (bijv. nw.) (populair) heel erg dronken ⇒ *ladderzat.*

**toe·te·ren** (toeterde, heeft getoeterd) met een toeter¹* of claxon geluid maken.

**toe·tje** (het ~; -s) nagerecht ⇒ *dessert, toespijs.*

**toe·tre·den** (trad toe, is toegetreden) *toetreden tot een vereniging:* er lid van worden.

**toets** (de ~ (m.); -en) **1** onderzoek waarin bekeken wordt of leerlingen bepaalde kennis beheersen ◆ *een toets voor aardrijkskunde; de toets der kritiek kunnen doorstaan:* (uitdr.) goed genoeg zijn **2** knop die je met je vingers moet indrukken om een apparaat te bedienen of om een piano of orgel te bespelen ◆ *een telefoon met druktoetsen.*

**toet·sen** (toetste, heeft getoetst) *iemand of iets toetsen:* iemand of iets door middel van een toets* (bet.1) onderzoeken ◆ *we worden morgen getoetst op onze kennis van de verkeersregels; een veronderstelling toetsen:* onderzoeken of die juist is.

**toet·sen·bord** (het ~; -en) onderdeel van een computer waarop de toetsen met letters, cijfers en tekens zitten.

**toets·steen** (de ~ (m.); -stenen) dat wat je als maatstaf aanneemt ⇒ *criterium, norm.*

**toe·val** (zelfst. nw.) **1** (het ~) gebeurtenis die je van tevoren niet had kunnen voorzien ◆ *het was puur toeval dat we elkaar zagen* **2** (de ~ (m.) of het ~; -len) aanval van epilepsie (kijk ook bij: **epilepsie**).

**toe·val·lig¹** (bijv. nw.) bij toeval* (bet.1), door een samenloop van omstandigheden ◆ *iemand toevallig ontmoeten; toevallige voorbijgangers.*

**toe·val·lig²** (bijw.) **1** misschien, soms ◆ *kom je toevallig langs de bakker?* **2** zoals het nu eenmaal is ◆ *toevallig heb ik gelijk en jij niet.*

**toe·vals·tref·fer** (de ~ (m.); -s) iets dat toevallig raak of juist is ◆ *de oplossing was een toevalstreffer:* een toevallige goede vondst.

**toe·ven** (toefde, heeft getoefd) *ergens toeven:* (ouderwets) ergens een tijdje zijn ⇒ *vertoeven, verblijven* ◆ *het was aangenaam toeven aan het strand.*

**toe·ver·laat** (de ~ (m.)) iemand bij wie je terecht kunt in moeilijke omstandigheden.

**toe·ver·trou·wen** (vertrouwde toe, heeft toevertrouwd) **1** *iemand iets toevertrouwen:* iets aan iemand geven omdat je weet dat hij of zij er goed voor zorgt ◆ *iemand je geld toevertrouwen; een kind aan de zorgen van een ander toevertrouwen; dat is hem wel toevertrouwd:* (uitdr.) dat kan hij wel **2** *iemand iets toevertrouwen:* iemand iets in vertrouwen vertellen ◆ *hij vertrouwde me een geheimpje toe.*

**toe·vloed** (de ~ (m.)) samenstromende mensen.

**toe·vlucht** (de ~) iemand bij wie of iets waarbij je redding, veiligheid vindt ◆ *je toevlucht nemen tot iets:* (uitdr.) iets gebruiken of doen als je niets anders meer weet; *hij nam zijn toevlucht tot geweld.*

**toe·voe·gen** (voegde toe, heeft toegevoegd) **1** *iemand of iets ergens aan toevoegen:* iemand ergens bij plaatsen of iets ergens bij doen ◆ *voeg een snufje zout toe; er werd een nieuwe leerling aan onze groep toegevoegd* **2** *iemand iets toevoegen:* iets op een onvriendelijke manier tegen iemand zeggen.

**toe·voer** (de ~ (m.)) aanvoer van een vloeistof ◆ *de watertoevoer.*

**toe·wij·ding** (de ~ (v.)) aandacht en liefde voor iets dat je doet ◆ *iemand met toewijding verzorgen; hij ging met toewijding aan de studie.*

**toe·wij·zen** (wees toe, heeft toegewezen) *iets aan iemand toewijzen:* bepalen dat iemand iets krijgt ◆ *na de echtscheiding werd het kind aan de vader toegewezen; de rechter wees de eigendommen van de veroordeelde aan de staat toe.*

**toe·zeg·gen** (zei of zegde toe, heeft toegezegd) *iets aan iemand toezeggen:* beloven dat iemand iets krijgt ◆ *vijf mensen zegden hun medewerking toe.*

**toe·zeg·ging** (de ~ (v.); -en) keer dat je iets toezegt* ⇒ *belofte* ◆ *hij heeft de toezegging gedaan dat we zijn fiets mogen lenen.*

**toe·zicht** (het ~) het op iemand of iets letten om te kijken of die persoon of die zaak goed werkt, of er niets verkeerd wordt gedaan enz. ◆ *toezicht houden op iemand of iets; het verkeersexamen werd afgenomen onder toezicht van de politie; onder toezicht staan:* in de gaten gehouden worden.

**toe·zien** (zag toe, heeft toegezien) *op iets toezien:* toezicht* op iets houden ◆ *de ceremoniemeester moet erop toezien dat alles goed verloopt.*

**tof** (bijv. nw.) (populair) leuk, fijn ◆ *een toffe meid.*

**tof·fee** (de ~ (m.); -s) taai en zoet snoepje, meestal in een papiertje.

**to·foe** [toofœ] (de ~) tahoe.

**to·ga** (de ~; toga's) lang, ruim, vaak zwart gewaad dat mensen met bepaalde beroepen, bijv. predikanten, advocaten, hoogleraren, tijdens hun werk of bij plechtigheden dragen.

**to·gen** → **tijgen**.

**toi·let** [twaalet] (het ~; -ten) **1** wc **2** damesjapon ▼ *toilet maken:* je aankleden en je haar, je gezicht enz. verzorgen.

**toi·let·ar·ti·ke·len** (zelfst. nw.; meervoud) spullen die je nodig hebt om je te wassen, je haar en je gezicht te verzorgen enz..

**tok·ke·len** (tokkelde, heeft getokkeld) een snaarinstrument bespelen met je vingers of met een plectrum (kijk ook bij: **plectrum**) ◆ *op een banjo tokkelen*.

**to·ko** (de ~ (m.); toko's) winkel waar je Indonesische of Chinese artikelen kunt kopen.

**tol** (de ~ (m.)) **1** (-len) speelgoed in de vorm van een kegeltje met onderaan een punt, dat je met grote snelheid kunt laten ronddraaien **2** geld dat je moet betalen om over een weg of brug te mogen gaan ⇒ tolgeld ◆ *tol heffen voor een weg of kanaal; ergens de tol voor moeten betalen:* (uitdr.) nadeel van iets ondervinden.

**to·le·rant** (bijv. nw.) gezegd van iemand die mensen vrijlaat om anders te denken of te doen dan hij- of zijzelf ⇒ verdraagzaam ◆ *zij stelt zich tolerant op tegenover mensen met een ander geloof*.

**to·le·ran·tie** (de ~ (v.)) het tolerant* zijn ⇒ verdraagzaamheid.

**to·le·re·ren** (tolereerde, heeft getolereerd) *iets tolereren:* dulden dat iets er is of dat iets gebeurt ⇒ toelaten.

**tolk** (de ~ (m.); -en) iemand die vertaalt wat een ander zegt.

**tol·len** (tolde) **1** (heeft getold) een tol* (bet.1) laten draaien **2** (is of heeft getold) snel ronddraaien ◆ *de dansers tolden over de dansvloer; de herinneringen tollen door mijn hoofd:* ik herinner me een heleboel verschillende dingen tegelijk.

**to·maat** (de ~; tomaten) zachte, ronde, rode vrucht die je als groente eet.

**to·ma·hawk** [toomaahɔːk](de ~ (m.); -s) bijl die de indianen vroeger gebruikten om mee te vechten.

**tom·be** (de ~; -s of -n) graf dat versierd is met beeldhouwwerk.

**tom·bo·la** (de ~ (m.); tombola's) loterij, meestal voor een goed doel, waarbij je altijd een prijs wint.

**to·me·loos** (bijv. nw.) wild en onbedwingbaar ◆ *in tomeloze vaart raasde de auto voorbij; een tomeloze energie*.

**tom·my** (de ~ (m.); tommy's)(populair) Engelse soldaat.

**ton** (de ~; -nen) **1** vat dat in het midden wijder is dan aan de onder- en bovenkant ◆ *regenton; een ton bier; hij is zo rond als een ton:* (uitdr.) hij is erg dik **2** honderdduizend gulden **3** duizend kilo.

**ton·del·doos** (de ~; -dozen) doos met een vuursteen en een stof die snel brandt, waarmee mensen vroeger vuur maakten.

**ton·deu·se** (de ~ (v.); -s) werktuig waarmee je haren kort kunt afscheren.

**to·neel** (het ~) **1** spel waarbij mensen voor een publiek een verhaal uitbeelden, meestal op een podium ⇒ theater ◆ *een toneeluitvoering; bij het toneel gaan:* acteur of actrice worden **2** (tonelen) verhoging in een schouwburg waarop mensen zo'n spel opvoeren ⇒ podium ◆ *iets ten tonele voeren:* (uitdr.) iets vertonen, iets opvoeren; *van het toneel verdwijnen:* (uitdr.) ergens niet meer gezien worden; *het toneel van de strijd:* (uitdr.) de plaats waar gevochten wordt **3** (tonelen) iets wat je voor je ogen ziet gebeuren ⇒ tafereel, schouwspel ◆ *er speelde zich een leuk toneeltje af op straat*.

**to·neel·spe·len** (speelde toneel, heeft toneelgespeeld) **1** een rol in een toneelstuk spelen ⇒ acteren **2** doen alsof, vaak op een aanstellerige manier.

**to·neel·stuk** (het ~; -ken) verhaal dat geschreven is om door acteurs gespeeld te worden ⇒ toneelspel.

**to·nen** (toonde, heeft getoond) **1** *iets tonen:* iets laten zien ◆ *ze toonde me al haar verjaardagscadeaus; dankbaar-*

heid tonen: laten merken dat je dankbaar bent **2** *dik, donker, leuk enz. tonen:* zo'n indruk maken, er dik, donker, leuk enz. uitzien ◆ *de kamer toont niet met al die rommel:* hij ziet er niet mooi uit.

**tong** (de ~; -en) **1** beweeglijk orgaan in je mond, waarmee je spreekt en proeft ◆ *je tong uitsteken; het ligt vóór op mijn tong:* (uitdr.) ik weet het bijna, ik kan het zó zeggen; *met de tong op de schoenen:* (uitdr.) uitgeput, bekaf; *het streelt de tong:* (uitdr.) het is heel lekker; *heb je je tong verloren (ingeslikt)?:* (uitdr.) kun je niet meer praten?; *de tongen komen los:* (uitdr.) de mensen beginnen te praten; *iemand over de tong laten gaan:* (uitdr.) over iemand roddelen; *met dubbele tong spreken:* (uitdr.) tegenovergestelde dingen beweren tegen twee verschillende mensen; ook: moeilijk kunnen praten omdat je te veel alcohol hebt gedronken; *een scherpe tong hebben:* (uitdr.) harde dingen zeggen, waarmee je mensen niet ontziet; *kwade tongen beweren dat ...:* (uitdr.) roddelaars zeggen dat ...; *niet op je tong gevallen zijn:* (in België □; uitdr.) welbespraakt zijn, goed kunnen praten **2** bepaalde eetbare platvis.

**tong·riem** (zelfst. nw.) ▼ *goed van de tongriem gesneden zijn:* vlot kunnen praten, niet om woorden verlegen zitten.

**tong·val** (de ~ (m.); -len) manier waarop iemand woorden uitspreekt ⇒ accent ◆ *je herkent haar aan haar Limburgse tongval*.

**to·nic** [tonnik](de ~) bittere kleurloze priklimonade.

**to·ni·cum** (het ~; -s of tonica) bepaald versterkend of opwekkend drankje.

**to·nijn** (de ~ (m.); -en) bepaald soort eetbare zeevis.

**ton·na·ge** [tonnaazjə](de ~ (v.)) grootte van de last die een schip kan vervoeren uitgedrukt in tonnen* (bet.3).

**ton·sil** (de ~; -len)(medisch) amandel.

**ton·sil·lec·to·mie** (de ~ (v.))(medisch) het knippen van de amandelen.

**ton·sil·li·tis** (de ~ (v.))(medisch) amandelontsteking.

**ton·suur** (de ~ (v.); tonsuren) kaalgeschoren kruin van een priester.

**toog¹** (de ~ (m.); togen) **1** tapkast ⇒ buffet, bar, tap **2** (in België □) balie **3** (in België □; populair) toonbank in een winkel.

**toog²** → **tijgen**.

**tooi** (de ~ (m.)) opsmuk, opschik ◆ *een indianentooi:* een band met veren die indianen om hun hoofd dragen.

**tooi·en** (tooide, heeft getooid) *iemand of iets met iets tooien:* (ouderwets) iemand of iets ergens mee versieren ◆ *ze tooide zich met haar mooiste sieraden*.

**toom** (de ~ (m.); tomen) teugel en bit waar je een dier mee leidt ◆ *iemand of iets in toom houden:* (uitdr.) iemand of iets in bedwang houden.

**toon** (de ~ (m.); tonen) **1** klank met een bepaalde hoogte ◆ *de hoge tonen van een sirene; de toon aangeven:* (uitdr.) het voorbeeld voor anderen zijn; *uit de toon vallen:* (uitdr.) zo anders zijn dan de rest dat het niet past; *een toontje lager zingen:* (uitdr.) bescheidener worden, minder praatjes hebben **2** manier van praten ◆ *ze vertelde op luide toon een mop; een andere toon aanslaan:* anders, vooral beleefder, gaan praten ▼ *iets ten toon spreiden:* iets openlijk tonen, iets duidelijk laten zien; *ze spreidt veel ijver ten toon*.

**toon·aan·ge·vend** (bijv. nw.) gezegd van iemand die of iets dat een voorbeeld voor anderen is ◆ *hij is een toonaangevend kunstenaar*.

**toon·aard** (de ~ (m.); -en) toonsoort ◆ *hij loofde zijn moeder in alle toonaarden:* (uitdr.) op alle mogelijke manieren; *ze zweeg in alle toonaarden:* (uitdr.) ze zei helemaal niets.

**toon·baar** (bijv. nw.) gezegd van iemand die of iets dat mooi of netjes genoeg is om aan anderen te laten zien ♦ *het huis ziet er weer **toonbaar** uit, nu ik het heb opgeruimd.*

**toon·bank** (de ~; -en) lange tafel of lage kast in een winkel tussen de winkelier en de klanten in ♦ *iets onder de **toonbank** verkopen:* (uitdr.) iets stiekem verkopen.

**toon·beeld** (het ~; -en) ideaal voorbeeld ♦ *hij is het **toonbeeld** van ijver.*

**toon·der** (de ~(m.); -s) iemand die een papier bezit dat geld waard is en aan wie het geld uitbetaald wordt als hij of zij dat papier toont* (bet.1).

**toon·kunst** (de ~(v.)) kunst van het componeren en uitvoeren van muziek.

**toon·lad·der** (de ~; -s) reeks van acht op elkaar volgende tonen.

**toon·soort** (de ~; -en) aanduiding van de toonladder waarop een muziekstuk gebaseerd is, genoemd naar de belangrijkste toon van die ladder.

**toon·zaal** (de ~; -zalen) ruimte waarin dingen, bijv. auto's of meubels, worden tentoongesteld ⇒ *showroom.*

**toon·zet·ten** (toonzette, heeft getoonzet) *iets toonzetten:* iets componeren.

**toorn** (de ~(m.)) (ouderwets) grote boosheid ⇒ *woede* ♦ *in **toorn** ontsteken:* woedend worden.

**toor·nig** (bijv. nw.) (ouderwets) erg boos ⇒ *woedend.*

**toorts** (de ~; -en) **1** stok die aan een uiteinde kan branden en die je als verlichting kunt gebruiken ⇒ *fakkel, flambouw* ♦ *toortslicht* **2** bepaalde plant die op een toorts (bet.1) lijkt.

**toost** → toast.

**toos·ten** → toasten.

**top** (de ~(m.); -pen) **1** hoogste of bovenste punt ♦ *boomtoppen; vingertoppen; van top tot teen:* (uitdr.) helemaal, van onder tot boven; *het topje van de ijsberg:* (uitdr.) het kleine zichtbare gedeelte van iets slechts of vervelends dat veel groter is; *aan de top staan:* (uitdr.) bovenaan staan; *hoge **toppen** scheren:* (in België □; uitdr.) veel succes hebben **2** groep mensen die de baas of het beste zijn, die bovenaan staan ♦ *hij behoort tot de schaaktop; topconferentie:* vergadering van de hoogste machthebbers.

**top-** hoogste, belangrijkste, beste enz. ♦ *topsport; topdrukte; een topjaar:* een jaar waarin het heel goed ging.

**to·paas** (de ~(m.); topazen) edelsteen die in alle kleuren voor kan komen.

**top·hit** (de ~(m.); -s) lied dat vaak wordt gezongen, waarvan veel platen worden verkocht.

**top·je** (het ~; -s) hemdje, vaak zonder schouderbandjes, dat 's zomers door vrouwen gedragen wordt.

**top·less** (bijv. nw.) *(van vrouwen):* met bloot bovenlijf.

**to·po·gra·fie** (de ~(v.); topografieën) onderdeel van de aardrijkskunde dat beschrijft hoe een land, stad of gebied eruitziet, d.w.z. welke plaatsen, meren en rivieren er zijn, waar die liggen enz..

**to·po·niem** (het ~; -en) naam van een plaats.

**top·pen** (topte, heeft getopt) *planten toppen:* de top* (bet.1) eraf halen.

**top·per** (de ~(m.); -s) **1** iets dat veel belangstelling trekt of dat het hoogtepunt vormt ♦ *de **topper** van de avond was het optreden van een clown* **2** iemand, bijv. een artiest of sporter, die ergens in uitblinkt.

**top·punt** (het ~; -en) het uiterste van iets, waarna niets meer volgt ⇒ *summum* ♦ *het **toppunt** van ellende; dat is het **toppunt**!:* dat is te gek, de maat is vol!

**top se·cret** (Engels) [topsiekrit] (bijv. nw.) uiterst geheim.

**top·spin** (de ~) draaiing die een bal krijgt als je er op een bepaalde manier tegen slaat, waardoor je hem moeilijk kunt opvangen of terugslaan.

**top·sport** (de ~) sport op het hoogste niveau.

**top·vorm** (zelfst. nw.) ▼ *in **topvorm** zijn:* in een heel goede conditie zijn, heel goede prestaties leveren.

**top·zwaar** (bijv. nw.) gezegd van iets dat aan de bovenkant zwaarder is dan aan de onderkant, waardoor het dreigt om te vallen.

**tor** (de ~; -ren) insect met een rugschild waar vleugels onder zitten ⇒ *kever* ♦ *zo zwart als een tor:* (uitdr.) heel vuil; *zo dronken als een tor:* (uitdr.) heel dronken.

**to·ra** → thora.

**to·re·a·dor** (Spaans) [tooreejaadorr] (de ~(m.); -s) stierenvechter ⇒ *torero.*

**to·ren** (de ~(m.); -s) **1** hoog en smal bouwsel ♦ *de **toren** van een kerk; boortoren; een **toren** bouwen van blokken; hoog van de **toren** blazen:* (uitdr.) een grote mond hebben en veel eisen stellen; *in een ivoren **toren** leven:* (uitdr.) je niet met anderen bemoeien omdat je je boven hen verheven voelt **2** bepaald stuk in het schaakspel ⇒ *kasteel.*

**to·re·ro** (Spaans) [torreeroo] (de ~(m.); torero's) stierenvechter ⇒ *toreador.*

**torn** (de ~; -en) naad die losgeraakt is.

**tor·na·do** (de ~; tornado's) zeer hevige wervelstorm, die vooral in de vallei van de Mississippi in de VS voorkomt.

**tor·nen** (tornde, heeft getornd) stiksel van naaiwerk losmaken ♦ *aan deze regel, afspraak enz. valt niet te tornen:* (uitdr.) deze regel, afspraak enz. kan niet veranderd worden.

**tor·pe·de·ren** (torpedeerde, heeft getorpedeerd) **1** *iets torpederen:* iets door middel van een torpedo* laten ontploffen **2** *iets, bijv. een plan, torpederen:* ervoor zorgen dat iets mislukt.

**tor·pe·do** (de ~; torpedo's) bom die vanuit een boot, onderzeeër of vliegtuig kan worden afgeschoten en die onder water op zijn doel af gaat.

**tors** → torso.

**tor·sen** (torste, heeft getorst) *iemand of iets torsen:* iemand of iets met grote inspanning dragen ♦ *ze **torste** een zware boodschappentas.*

**tor·so, tors** (de ~(m.); torso's) romp van een mens ♦ *een gespierde torso; een marmeren torso:* een beeld van een mens zonder hoofd, armen en benen.

**tor·tel·duif** (de ~; -duiven) bepaald soort kleine, wilde duif ♦ *ze gedragen zich als twee tortelduiven:* (uitdr.) ze doen heel verliefd tegen elkaar.

**tor·te·len** (tortelde, heeft getorteld) verliefd doen.

**tor·til·la** (Spaans) [tortiejaa of tortiejaa] (de ~; tortilla's) Mexicaanse pannenkoek van maïsmeel.

**tos·sen** (toste, heeft getost) een munt opwerpen bij wijze van loting.

**tos·ti** (de ~; tosti's) twee sneetjes brood die je roostert met ham en kaas ertussen.

**tot¹** (voorz.) **1** niet verder dan ♦ *de trein rijdt tot Zwolle; tot en met bladzijde tien:* bladzijde tien nog meegerekend; *dat is nog **tot** daar aan toe:* (uitdr.) dat is nog niet zo heel erg **2** niet langer dan ♦ *het feest duurt tot elf uur* **3** (in verschillende vaste combinaties van woorden) ♦ *iemand opleiden **tot** arts; tot elke prijs:* (uitdr.) hoe dan ook, wat we er ook voor moeten doen.

**tot²** (voegw.) niet langer dan ⇒ *totdat* ♦ *wacht tot ik het zeg.*

**to·taal¹** (het ~; totalen) geheel van getallen of bedragen bij elkaar ⇒ *som* ♦ *het **totaal** bedraagt elf gulden.*

**to·taal²** (bijv. nw.) geheel ⇒ *compleet* ♦ *het totale bedrag; ik ben het totaal vergeten.*

**to·ta·li·sa·tor** (de ~(m.); -s) **1** optelmachine, vooral gebruikt om bedragen op te tellen die bij het gokken op paarden worden ingezet **2** toto.

**to·ta·li·tair** [tootaalieteːr] (bijv. nw.) (van een regering): waarin alles door de staat gecontroleerd en beheerst wordt.

**to·ta·li·teit** (zelfst. nw.) ▼ in zijn **totaliteit**: in zijn geheel, totaal; het was in zijn **totaliteit** een leuke vakantie.

**to·tal loss** (Engels) [tootellos] (bijv. nw.) (van een voertuig): zo beschadigd door een ongeluk dat het niet meer de moeite waard is het te repareren.

**tot·dat** (voegw.) niet langer dan, tot het moment waarop ⇒ tot ◆ we speelden buiten **totdat** het donker was.

**to·tem** (de ~(m.); -s) heilig voorwerp van primitieve volkeren dat volgens hen beschermt en kracht geeft.

**to·tem·paal** (de ~(m.); -palen) paal die met houtsnijwerk en verf versierd is en aan een goden gewijd is.

**to·to** (de ~(m.)) gokspel waarbij je de uitslagen van een aantal voetbalwedstrijden van tevoren moet raden ⇒ totalisator.

**tou·che·ren** [toesjeeren] (toucheerde, heeft getoucheerd) **1** iets toucheren: iets licht aanraken **2** een mens of dier toucheren: een mens of dier met de vingers inwendig onderzoeken **3** geld toucheren: (deftig) het krijgen ⇒ ontvangen ◆ de zangeres **toucheerde** 1000 dollar voor haar optreden.

**tou·pe·ren** [toepeeren] (toupeerde, heeft getoupeerd) haar touperen: het op een bepaalde manier kammen, zodat het bol gaat staan.

**tou·pet** [toepet] (de ~(m.); -s) kleine pruik voor een kale plek op het hoofd van een man ⇒ haarstukje.

**tour** [toer] (de ~(m.); -s) reis langs verschillende plaatsen ⇒ toer, rondrit ◆ een **tour** door Zuid-Europa; de **Tour** de France: de Ronde van Frankrijk; dit is een jaarlijkse wielerwedstrijd.

**tour de for·ce** (Frans) [toerdefors] (de ~) krachttoer.

**tou·ring·car** (Engels) [toeringkaːr] (de ~; -s) luxueuze autobus voor dagtochten en vakantiereizen.

**tour·ne·dos** (Frans) [toernedoo] (de ~; tournedos) biefstuk van de haas, een bepaald soort goede biefstuk.

**tour·nee** (de ~(v.); -s) **1** reis van een of meer artiesten, die in verschillende plaatsen optreden **2** (in België □; populair) rondje in een café.

**tour·ni·quet** [toernieke of toernieket] (de ~(m.) of het ~; -s) draaihekje in de vorm van een kruis.

**tour·ope·ra·tor** (Engels) [toeroppereeter] (de ~; -s) persoon die of bedrijf dat vakantiereizen organiseert.

**touw** (het ~; -en) **1** in elkaar gedraaide vezels, waar je iets mee kunt vastbinden ◆ de zak was met **touw** dichtgebonden; een **touwtje**: een stukje touw; de **touwtjes** in handen hebben: (uitdr.) beslissen wat anderen moeten doen, de baas zijn; er is geen **touw** aan vast te knopen: (uitdr.) er is niets van te begrijpen; aan de **touwtjes** trekken: (uitdr.) alles regelen ▼ in **touw** zijn: druk bezig zijn; iets op **touw** zetten: iets organiseren.

**touw·sla·ger** (de ~(m.); -s) iemand die vroeger touw maakte.

**touw·tje·sprin·gen** (ww.) spel waarbij je over een touw springt dat om je heen draait.

**touw·trek·ken** (ww.) **1** spel waarbij twee personen of twee groepen aan beide uiteinden van een touw trekken om te kijken wie het hardst kan trekken **2** situatie waarin twee partijen strijden om hetzelfde.

**t.o.v.** (afkorting) ten opzichte van.

**to·ve·naar** (de ~(m.); -s of tovenaren), vrouw:

**to·ve·na·res** (de ~(v.); -sen) iemand die kan toveren* ⇒ magiër.

**to·ve·na·rij** (de ~(v.)) het toveren* ⇒ toverij, magie.

**to·ve·ren** (toverde, heeft getoverd) iets toveren: iets opeens te voorschijn brengen of in iets anders veranderen, op een bovennatuurlijke manier (vooral in verhalen) ◆ ze **toverde** een gouden koets; iets te voorschijn **toveren**: (uitdr.) iets verrassends laten zien; ik kan niet **toveren**: (uitdr.) (dit zeg je als iemand het onmogelijke van je vraagt of als hij of zij erg ongeduldig is).

**to·ver·heks** (de ~(v.); -en) tovenares, vooral een oude, lelijke vrouw die met haar tovenarij gemene of akelige dingen doet ⇒ toverkol.

**to·ve·rij** (de ~(v.); -en) tovenarij.

**to·ver·kol** (de ~(v.); -len) toverheks.

**to·ver·lan·taarn** (de ~; -s) ouderwets toestel waarmee je plaatjes op een scherm kunt projecteren (de voorloper van de diaprojector).

**to·ver·slag** (zelfst. nw.) ▼ als bij **toverslag**: plotseling, geheel onverwacht.

**toxi·co·lo·gie** (de ~(v.)) wetenschap die zich met het onderzoek naar giftige stoffen bezighoudt.

**toxisch** (bijv. nw.) gezegd van iets dat te maken heeft met giftige stoffen ◆ **toxische** verschijnselen: verschijnselen van vergiftiging.

**tra** (de ~; tra's of tras) open strook in een bos die dient als weg en als afscheiding bij brand.

**traag** (bijv. nw.) langzaam ◆ een **trage** start; ze is **traag** van begrip: ze snapt niet snel iets.

**traan** (zelfst. nw.) **1** (de ~; tranen) druppel vocht die uit je oog komt, bijv. als je huilt ◆ hij was in **tranen**: hij huilde; in **tranen** uitbarsten: hevig beginnen te huilen; ik zal er geen **traan** om laten: (uitdr.) het kan me niets schelen; **tranen** met tuiten huilen: (uitdr.) heel erg huilen; bittere, hete **tranen** plengen: (uitdr.) heel erg huilen van verdriet **2** (de ~(m.)) vette olie die gewonnen wordt uit o.a. spek van walvissen.

**traan·gas** (het ~) gas waar je ogen erg van gaan prikken en tranen, en dat o.a. door de politie gebruikt wordt bij rellen.

**tra·cé** (het ~; -s) stuk van een weg tussen twee punten.

**tra·ce·ren** (traceerde, heeft getraceerd) iemand of iets traceren: iemand of iets opsporen.

**tra·chea** (de ~(v.); trachea's) (medisch) luchtpijp.

**trach·ten** (trachtte, heeft getracht) iets trachten: (deftig) iets proberen ⇒ pogen ◆ hij **trachtte** voor de regen binnen te zijn.

**track** (Engels) [trek] (de ~; -s) **1** nummer op een grammofoonplaat of cd **2** spoor op een magneetband waarop muziek, computergegevens enz. kunnen worden opgenomen.

**tracta-** → trakta-.

**trac·te·ren** → trakteren.

**trac·tor** [traktor of trektor] (de ~(m.); -en of -s) voertuig met grote achterwielen dat iets trekt, bijv. een kar of een landbouwwerktuig ⇒ trekker.

**trad** → treden.

**tra·den** → treden.

**tra·di·tie** (de ~(v.); -s) gebruik dat van het ene geslacht op het andere wordt overgeleverd ◆ de oudste zoon volgde volgens de **traditie** zijn vader op in de winkel; het is **traditie** dat de hele familie met nieuwjaar bij elkaar komt.

**tra·di·ti·o·neel** (bijv. nw.) volgens de traditie* ◆ een **traditioneel** volksfeest; **traditionele** mensen: die erg vasthouden aan oude gewoontes; **traditionele** partijen: (in België) CVP, PVV en SP.

**tra·ge·die** (de ~(v.); -s) **1** ernstig toneelstuk met een droevige of slechte afloop ⇒ treurspel, drama **2** gebeurtenis met een erg droevige of slechte afloop ⇒ drama ◆ het ongeluk veroorzaakte een **tragedie** in veel gezinnen.

**tra·giek** (de ~(v.)) het tragische*, dat wat iets tot een tra-gedie* (bet.2) maakt.

**tra·gisch** (bijv. nw.) extra treurig door de omstandighe-den ◆ *hij vond een tragisch einde op zee; doe niet zo tra-gisch*: doe niet zo overdreven verdrietig.

**trai·ler** (Engels) [tre:lər] (de ~; -s) **1** aanhangwagen achter een truck waarvan het voorste gedeelte rust op de ach-terkant van de truck ⇒ *oplegger* **2** aanhanger achter een personenauto voor het vervoer van een boot of voor het vervoer van paarden **3** fragmenten uit een film die in een voorprogramma vertoond worden.

**trai·nee** (Engels) [tre:nie] (de ~; -s) iemand die een specia-le opleiding binnen een bedrijf volgt.

**trai·nen** [tre:nən, in België: trɛnən] (trainde, heeft ge-traind) **1** oefeningen doen met je lichaam ◆ *trainen voor een wedstrijd* **2** *een mens of dier ergens in trainen*: een mens of dier oefeningen laten doen om zich voor te bereiden op een wedstrijd of op iets wat die mens of dat dier goed moet kunnen ◆ *een goed getraind elftal; een hond trainen in het volgen van sporen; ik heb me ge-traind in het vroeg opstaan.*

**trai·ner** [tre:nər, in België: trɛnər] (de ~(m.); -s), vrouw: **train·ster** (de ~(v.); -s) iemand die mensen traint* (bet.2) in een bepaalde sport.

**trai·ne·ren** [tre:neːrən] (traineerde, heeft getraineerd) *iets traineren*: iets opzettelijk langer laten duren ◆ *als jullie de boel blijven traineren, komen we te laat.*

**trai·ning** [tre:ning, in België: trɛning] (de ~(v.); -en) het trainen* ⇒ *oefening.*

**train·ster** → trainer.

**trait-d'u·ni·on** (Frans) [trɛ:dyːnjõ] (de ~(m.) of het ~; -s) streepje dat twee woorden met elkaar verbindt (het te-ken ' - ') ⇒ *verbindingsstreepje, koppelteken* ◆ *'secretaris-generaal' schrijf je met een trait-d'union.*

**trai·teur** (Frans) [trɛtøːr] (de ~; -s) kok die lekkere en bij-zondere gerechten klaarmaakt en die in een winkel verkoopt of thuis bezorgt.

**tra·ject** (het ~; -en) weg die je aflegt ◆ *de treinen op het traject Amsterdam - Haarlem.*

**trak·taat** (het ~; traktaten) uitvoerig opstel over een be-paald onderwerp, vooral over filosofie en godsdienst.

**trak·ta·tie** (de ~(v.); -s) iets lekkers waar je mee verwend wordt ◆ *kersen zijn een traktatie voor me.*

**trak·te·ment** (het ~; -en) (ouderwets) loon, salaris.

**trak·te·ren** (trakteerde, heeft getrakteerd) *iemand trakte-ren*: iemand iets lekkers aanbieden ◆ *als ik jarig ben, trakteer ik op gebak; ik trakteer*: ik betaal de rekening.

**trak·tor** → tractor.

**tra·lie** (de ~(v.); -s) metalen staaf die zo in een venster, hek enz. is vastgemaakt, dat je er niet langs kunt.

**tram** (de ~(m.); -s of -men) elektrisch voertuig dat over rails door een stad rijdt om passagiers te vervoeren.

**tram·me·lant** (de ~of het ~) (populair) moeilijkheden, na-righeid ◆ *je krijgt er trammelant mee als je die ruit in-gooit.*

**tram·po·li·ne** (de ~(v.); -s) verende mat die in een raam-werk gespannen is en waarop je heel hoge sprongen kunt maken.

**trance** [trãs, in België: trãs(ə)] (zelfst. nw.) ▼ *in trance*: in een toestand waarbij je bewustzijn verandert, in een soort droomtoestand; *de helderziende raakt in trance.*

**tran·che·ren** [trãʃeːrən] (trancheerde, heeft getran-cheerd) *iets, bijv. kip of kalkoen, trancheren*: iets in stuk-ken snijden voordat je het op tafel zet.

**tra·nen** (traande, heeft getraand) *(van ogen)*: tranen* (bet.1) afscheiden, bijv. als je er een vuiltje in hebt ge-kregen.

**tran·quil·li·zer** (Engels) [trɛnkielajzər] (de ~; -s) medicijn waar je rustig van wordt ⇒ *kalmeringsmiddel.*

**trans** (de ~(m.); -en) rand rondom de buitenkant van een toren, waarop je kunt lopen.

**trans·ac·tie** (de ~(v.); -s) overeenkomst waarbij goede-ren worden verkocht ⇒ *handelsovereenkomst.*

**trans·cen·dent** (bijv. nw.) gezegd van iets dat boven de grens van de waarneming met je zintuigen uitgaat ◆ *transcendente meditatie*: vorm van meditatie waarbij je door het herhalen van bepaalde klanken je lichaam he-lemaal probeert te vergeten.

**trans·crip·tie** (de ~(v.); -s) het overzetten van een bood-schap in andere tekens.

**trans·fer** [transfyːr of transfeːr] (de ~(m.) of het ~; -s) **1** overdracht van een speler van een sportclub aan een andere sportclub tegen betaling **2** het overmaken van geld van het ene land naar het andere.

**trans·for·ma·tie** (de ~(v.); -s) het transformeren*, om-zetting in een andere vorm.

**trans·for·ma·tor** (de ~(m.); -s of -en) apparaat dat elek-trische stroom transformeert* (bet.2).

**trans·for·me·ren** (transformeerde, heeft getransformeerd) **1** *iets transformeren*: iets omzetten in een andere vorm **2** *elektrische stroom transformeren*: de spanning ervan omzetten in een andere spanning.

**tran·sis·tor** (de ~(m.); -s of -en) **1** elektronisch onderdeel dat elektrische signalen versterkt, bijv. in een radio **2** radio waarin zo'n onderdeel zit ⇒ *transistorradio.*

**tran·si·tief** (bijv. nw.) ▼ *een transitief werkwoord*: (taal) een overgankelijk werkwoord.

**tran·si·to** (de ~(m.) of het ~) vervoer van goederen van het ene land naar het andere via het grondgebied van een derde land ⇒ *doorvoer.*

**trans·krip·tie** → transcriptie.

**trans·mis·sie** (de ~(v.); -s) overdracht, overbrenging, vooral van kracht of beweging.

**trans·pa·rant** (bijv. nw.) doorschijnend.

**tran·spi·ra·tie** (de ~(v.)) het transpireren*.

**tran·spi·re·ren** (transpireerde, heeft getranspireerd) zwe-ten.

**trans·plan·ta·tie** (de ~(v.); -s) het transplanteren* ◆ *huidtransplantatie.*

**trans·plan·te·ren** (transplanteerde, heeft getransplan-teerd) *een orgaan of weefsel transplanteren*: dit overbren-gen naar het lichaam van iemand van wie dit orgaan of weefsel niet goed functioneert of beschadigd is ◆ *een nier transplanteren.*

**trans·port** (het ~; -en) het transporteren* ⇒ *vervoer* ◆ *het transport van levensmiddelen.*

**trans·por·te·ren** (transporteerde, heeft getransporteerd) *iets transporteren*: iets overbrengen van de ene plaats naar de andere ⇒ *vervoeren.*

**trans·sek·su·eel** (de ~(m.); transseksuelen) man die zich vrouw voelt en vrouw wil zijn of vrouw die zich man voelt en man wil zijn.

**trans·ves·tiet** → travestiet.

**trant** (de ~(m.)) manier, wijze ◆ *zijn trant van redeneren bevalt me niet; iets in de trant van ...*: zoiets als ....

**trap** (de ~(m.); -pen) **1** schuin bouwsel met een aantal treden, waarlangs je naar boven of naar beneden kunt lopen ◆ *hij is van de trap gevallen*: (uitdr.) zijn haar is erg kort geknipt; *op de hoogste trap van de maatschappelijke ladder staan*: (uitdr.) een heel hoge positie hebben **2** har-de stoot met je voet ⇒ *schop* ◆ *zij kreeg een trap van het paard; een vrije trap*: (voetbal) keer dat de bal mag wor-den weggetrapt zonder dat de tegenpartij mag hinde-ren; *iemand een trap na geven*: (uitdr.) iemand nog eens beledigen of vernederen terwijl hij of zij zich niet meer kan verdedigen **3** (taal) elk van de drie vormen van een bijvoeglijk naamwoord die een graad uitdrukken ◆ *de stellende* **trap***, de vergrotende* **trap** *en de overtreffende* **trap** *van 'hoog' zijn: hoog, hoger, hoogst.*

**tra·pe·ze** (de ~; -s) rekstok aan touwen in de nok van een circus, waaraan acrobaten kunsten vertonen.

**tra·pe·zi·um** (het ~; -s of trapezia) meetkundige figuur met vier hoeken, waarvan twee zijden evenwijdig zijn.

**trap·pe·len** (trappelde, heeft getrappeld) **1** je voeten snel om de beurt optillen en weer neerzetten, meestal van de kou of van ongeduld **2** liggend met je voeten in de lucht schoppen ◆ *de baby lag te* **trappelen** *in de wieg.*

**trap·pel·zak** (de ~ (m.); -ken) zak waarin baby's in bed kunnen trappelen (bet.2) zonder dat ze zich bloot kunnen woelen.

**trap·pen** (trapte) **1** (is getrapt) ergens op of in trappen: je voeten op of in iets neerzetten ◆ *je mag niet op de bloemen* **trappen***; erin* **trappen***:* (uitdr.) je voor de gek laten houden, in de val lopen **2** (heeft getrapt) *tegen iets aan* trappen: een trap* (bet.2) tegen iets geven ⇒ *schoppen* ◆ *ze* **trapte** *van kwaadheid tegen de deur; ergens tegenaan* **trappen***:* (uitdr.) ergens voortdurend tegenin gaan omdat je het er niet mee eens bent, je ergens tegen afzetten **3** *iemand* trappen: iemand een trap* (bet.2) geven ◆ *iemand eruit* **trappen***:* (uitdr.; populair) iemand wegsturen, iemand ontslaan **4** (heeft getrapt) fietsen ◆ *zij* **trapt** *door weer en wind naar school* **5** lol, rotzooi of herrie trappen: (populair) plezier maken, vervelend doen of lawaai maken.

**trap·per** (de ~ (m.); -s) onderdeel van een fiets met behulp waarvan je je wielen ronddraait om de fiets voort te bewegen ⇒ *pedaal.*

**trap·pist** (de ~ (m.)) **1** (-en) lid van de kloosterorde die genoemd is naar de abdij La Trappe in Normandië **2** bepaald soort donker bier.

**traps·ge·wijs** (bijv. nw.) gezegd van iets dat zich niet geleidelijk maar bij kleine beetjes tegelijk ontwikkelt ◆ *een* **trapsgewijze** *toename van het aantal leerlingen.*

**tras·si** (de ~ (m.)) massa van gedroogde, fijngestampte vis en garnalen die wordt gebruikt in de Indische keuken.

**trau·ma** (de ~ of het ~; trauma's of traumata) **1** ernstige geestelijke schok die is ontstaan door een nare ervaring, bijv. een ongeluk, waaraan je heel lang angstige gedachten overhoudt **2** (medisch) lichamelijke verwonding.

**trau·ma·tisch** (bijv. nw.) te maken hebbend met een trauma* (bet.1) ◆ *dat ongeluk was een* **traumatische** *ervaring: het veroorzaakte een trauma bij haar.*

**tra·ver·se** (de ~ (v.); -n) dwarsverbinding tussen twee wegen ◆ *voetgangers***traverse***:* verbindingsweg alleen voor voetgangers.

**tra·ver·so** (de ~ (m.); traverso's) bepaald soort dwarsfluit.

**tra·ves·tiet, trans·ves·tiet** (de ~ (m.); -en) iemand die graag de kleren van het andere geslacht draagt, meestal een man die zich kleedt en opmaakt als een vrouw.

**tra·want** (de ~ (m.); -en) helper van iemand die slechte dingen doet ⇒ *handlanger.*

**traw·ler** (Engels) [trɔːlər] (de ~ (m.); -s) treiler.

**trech·ter** (de ~ (m.); -s) voorwerp dat van boven een wijde opening heeft en van onderen toeloopt in een smalle tuit, waarmee je iets door een nauwe opening kunt gieten ◆ *limonade door een* **trechter** *in een veldfles gieten.*

**tred** (de ~ (m.); -en) manier waarop je loopt ⇒ *gang* ◆ *gelijke* **tred** *met iets of iemand houden:* (uitdr.) zich in hetzelfde tempo ontwikkelen, in hetzelfde tempo iets doen.

**tre·de, tree** (de ~; -n) elk van de schuin boven elkaar geplaatste vlakken die samen een trap vormen ⇒ *traptree.*

**tre·den** (trad, is getreden) (deftig) stappen, lopen ◆ *naar voren* **treden***;* **treed** *nader!:* kom dichterbij!; *de rivier is buiten haar oevers* **getreden***:* (uitdr.) het water is over de oevers gestroomd; *hij is daar per 1 maart in dienst* **getreden***:* toen is hij daar gaan werken.

**tred·mo·len** (zelfst. nw.) ▼ *in de* **tredmolen** *lopen:* altijd hetzelfde vervelende werk doen.

**tree** → trede.

**treeft·je** (het ~; -s) metalen roostertje waar je bijv. pannen op kunt zetten.

**tree·plank** (de ~; -en) plank die als opstapje dient bij een trein, bus enz..

**tref·fen¹** (het ~) samenkomst ◆ *een bloedig* **treffen***:* een bloedig gevecht; *een* **treffen** *tussen twee teams:* een wedstrijd.

**tref·fen²** (trof, heeft getroffen) **1** iets of iemand treffen: iets of iemand raken ◆ *de soldaat werd door een kogel* **getroffen** **2** *mij treft geen schuld, verwijt enz.:* ik heb geen schuld, mij kan niets verweten worden enz. **3** *iemand* treffen: iemand ontroeren ◆ *het gedicht* **trof** *mij* **4** *iemand treffen:* iemand vinden, iemand tegenkomen ◆ *zij* **trof** *hem in de keuken* **5** *iemand treffen:* iemands aandacht trekken, iemand opvallen ◆ *het* **trof** *hem dat ze zo bleek zag* **6** *het treffen:* geluk hebben ◆ *je* **treft** *het dat ik thuis ben:* je hebt geluk dat ik thuis ben **7** *maatregelen, voorbereidingen treffen:* ze nemen, ze uitvoeren ▼ *dat* **treft***!:* dat is toevallig! dat komt goed uit!

**tref·fend** (bijv. nw.) opvallend en raak ◆ *een* **treffende** *gelijkenis.*

**tref·punt** (het ~; -en) plaats waar mensen elkaar treffen* (bet.4).

**tref·woord** (het ~; -en) woord dat het begin vormt van een lemma in een woordenboek, encyclopedie of catalogus (kijk ook bij: *lemma*) ◆ *'zo dom als een ezel' zoek je op onder het* **trefwoord** *'dom' of 'ezel'.*

**tref·ze·ker** (bijv. nw.) gezegd van iets dat of iemand die zijn of haar doel zeker bereikt ◆ *hij schoot* **trefzeker** *in de roos.*

**trei·ler** (de ~ (m.); -s) schip waarop met een sleepnet wordt gevist ⇒ *trawler.*

**trein** (de ~ (m.); -en) voertuig dat over rails rijdt en dat mensen of goederen vervoert van het ene station naar het andere ◆ *zij gaan met de* **trein** *naar Parijs; de* **trein** *missen; iemand van de* **trein** *halen:* iemand afhalen op het station; *dat loopt als een* **trein***:* (uitdr.) dat gaat prima; *op een rijdende* **trein** *springen:* (uitdr.) mee gaan doen met iets dat al aan de gang is.

**trein·sur·fen** (ww.) meereizen van jongeren op het dak van een trein of metro, voor de kick.

**trein·taxi** (de ~ (m.); treintaxi's) taxi die mensen relatief goedkoop van een station naar hun bestemming brengt, en weer terug.

**trei·te·ren** (treiterde, heeft getreiterd) iemand treiteren: iemand voortdurend gemeen plagen tot hij of zij boos wordt ⇒ *sarren, jennen.*

**trek** (de ~ (m.)) **1** (-ken) keer dat je trekt* (bet.1) ⇒ *haal, ruk* ◆ *een* **trek** *aan een touw geven; hij nam een* **trek** *van zijn sigaret:* hij zoog er een keer aan **2** eetlust ◆ *Anne heeft geen* **trek** *vanavond; hij heeft* **trek** *in een gebakken ei:* hij heeft er zin in **3** (-ken) lijn in het gezicht ◆ *hij heeft de* **trekken** *van zijn moeder* **4** luchtstroom ◆ *er zit geen* **trek** *in de schoorsteen* **5** het trekken* (bet.5) van vogels ◆ *de* **trek** *van de ganzen naar het zuiden* ▼ *in* **trek** *zijn:* gewild zijn, begeerd worden; *aan je* **trekken** *komen:* je deel krij-*

gen en ervan genieten; *je **trekken** thuiskrijgen: op jouw beurt benadeeld of gestraft worden; een verhaal in grote **trekken** vertellen:* de hoofdzaken ervan vertellen.

**trek·gat** (het ~; -en) gat bij een oven, kachel of haard waardoor lucht aangevoerd wordt, zodat het vuur kan branden.

**trek·je** (het ~; -s) eigenschap die kenmerkend is voor iemand ♦ *het is een vervelend **trekje** van hem dat hij altijd zo overdrijft.*

**trek·ken** (trok) **1** (heeft getrokken) *ergens aan trekken:* iets met kracht naar je toe halen ♦ ***trek** maar aan het touwtje, dan gaat de deur vanzelf open!; aan een sigaret **trekken**:* eraan zuigen en de rook inademen; *er hard aan **trekken**:* (uitdr.) hard werken, flink je best doen **2** (heeft getrokken) *iets ergens uit, op, in enz. trekken:* iets ergens uit, op, in enz. brengen door het met kracht naar je toe te halen ♦ *hij **trekt** de boot op de oever; de tandarts **trekt** een kies; lootjes **trekken** **3** (is of heeft getrokken) een tocht maken waarbij je van de ene plaats naar de andere gaat ♦ *door de Ardennen **trekken**; eropuit **trekken**:* (uitdr.) weggaan, op vakantie gaan **4** (heeft getrokken) *iemand trekken:* aantrekkelijk voor iemand zijn ♦ *Spanje **trekt** me niet als vakantieland* **5** (is getrokken) *(van vogels):* in een bepaalde tijd van het jaar verhuizen naar een ander gebied ♦ *in de winter **trekken** de ooievaars naar warmere streken* **6** (heeft getrokken) *het trekt:* het tocht **7** (heeft getrokken) *iemand of iets trekken:* (in België □; ouderwets) iemand of iets fotograferen **8** (heeft getrokken) *op iets of iemand trekken:* (in België □; ouderwets) op iets of iemand lijken ♦ *dat **trekt** op niets:* dat lijkt nergens naar **9** *iets niet trekken:* (populair) het niet redden, het niet aankunnen.

**trek·ker** (de ~ (m.); -s) **1** onderdeel waaraan je moet trekken* (bet.1) om iets gedaan te krijgen ♦ *de **trekker** van een wc; de **trekker** van een pistool:* onderdeel dat je overhaalt om een kogel af te schieten **2** tractor.

**trek·king** (de ~ (v.); -en) het trekken* (bet.2) van loten in een loterij.

**trek·pleis·ter** (de ~; -s) iets dat je naar een bepaalde plaats trekt* (bet.4) ♦ *het zwembad bij het vakantiehuisje was voor haar de **trekpleister**.*

**trek·schuit** (de ~; -en) boot die vroeger door een paard dat op de wal liep, werd voortgetrokken.

**trek·tang** (de ~; -en) (in België □) nijptang.

**trek·tocht** (de ~ (m.); -en) tocht waarbij je van de ene plaats naar de andere trekt* (bet.3).

**trek·vo·gel** (de ~ (m.); -s) vogel die in de herfst, als het kouder wordt, naar warmere streken vliegt, en in het voorjaar, als het warmer wordt, weer terugkomt.

**trek·zalf** (de ~; -zalven) zalf die het vocht van een ontsteking naar buiten trekt* (bet.2).

**trem** → **tram**.

**tre·ma** (het ~; trema's) leesteken boven een klinker waarmee je aangeeft dat er een nieuwe lettergreep begint (kijk ook bij: **klinker**) ⇒ *deelteken* ♦ *in 'feeën' staat boven de derde e een **trema**.*

**tre·mor** (de ~ (m.)) (medisch) het voortdurend trillen, vooral van handen, van mensen met een zenuwziekte.

**trench·coat** (Engels) [trensjkoot] (de ~; -s) regenjas met op de schouders een strookje stof dat vastzit met een knoop, en met om het middel een ceintuur.

**trend** (de ~ (m.); -s) **1** richting waarin iets zich ontwikkelt ⇒ *tendens* ♦ *de **trend** van de grondstofprijzen* **2** heersende mode ♦ *de nieuwste **trend** is om kleding in felle kleuren te dragen.*

**trend·set·ter** (de ~ (m.); -s) iemand die aangeeft wat de trend (bet.2) is.

**trend·vol·ger** (de ~ (m.); -s) iemand die een dienstverlenend beroep heeft en van wie het salaris in dezelfde mate omhoog of omlaag gaat als dat van de ambtenaren (kijk ook bij: **ambtenaar**).

**tren·dy** (Engels) [trendie] (bijv. nw.) (populair) volgens de nieuwste trend* (bet.2) ♦ *zij is **trendy** gekleed.*

**trens** (de ~; trenzen) **1** lusje van garen waarin je een haakje vastmaakt **2** bit aan een paardenhoofdstel.

**tres** (de ~; -sen) versiersel op kleding, bijv. op een uniform, van goud- of zilverdraad.

**treu·ren** (treurde, heeft getreurd) *om of over iets treuren:* verdrietig om of over iets zijn.

**treu·rig** (bijv. nw.) zo naar dat je erom kunt treuren* ⇒ *droevig, triest* ♦ *een **treurige** afloop van een verhaal; de toestand van het huis is **treurig**:* die is heel slecht.

**treur·spel** (het ~; -en) toneelstuk met een treurige afloop ⇒ *tragedie, drama.*

**treu·ze·len** (treuzelde, heeft getreuzeld) iets langzaam doen dat je ook wel sneller zou kunnen doen, niet opschieten ⇒ *teuten.*

**tri·an·gel** (de ~ (m.); -s) muziekinstrument dat bestaat uit een metalen driehoek aan een koordje, dat een heldere toon geeft als je er met een staafje tegen slaat.

**tri·bu·naal** (het ~; tribunalen) speciale rechtbank waarin ook mensen die geen rechter zijn, rechtspreken.

**tri·bu·ne** (de ~; -s) bouwsel van schuin oplopende rijen zitplaatsen voor toeschouwers, bijv. in een voetbalstadion ♦ *de publieke **tribune** in een vergaderzaal:* het aparte gedeelte voor het publiek.

**tric·ky** (bijv. nw.) (populair) gevaarlijk, riskant.

**tri·cot** [triekoo of triekoo] (zelfst. nw.) **1** (het ~) machinaal gebreide stof ♦ *een sweater van katoenen **tricot*** **2** (de ~ (m.) of het ~; -s) pakje dat van die stof is gemaakt en dat strak om je lichaam zit ♦ *de acrobaat draagt een **tricot**.*

**triest** (bijv. nw.) waar je droevig van wordt ⇒ *treurig* ♦ *het is **triest** weer; dat is **triest**:* dat is heel naar.

**trijp** (het ~) fluweelachtige stof die wordt gebruikt voor de bekleding van meubels.

**trik·trak** (het ~) kansspel voor twee personen dat gespeeld wordt op een bord met schijven en dobbelstenen ⇒ *backgammon.*

**tril·joen** (hoofdtelw.) miljard maal miljard; een één met achttien nullen.

**tril·len** (trilde, heeft getrild) heel snel een klein beetje heen en weer bewegen (bijv. van kou of van angst) ⇒ *beven, bibberen* ♦ *de ruiten **trillen** door de vrachtauto's die voorbijrijden; zij stond te **trillen** van woede; hij sprak met **trillende** stem.*

**tril·ler** (de ~ (m.); -s) snelle afwisseling van twee of meer tonen, gezongen of gespeeld op een instrument ♦ *ze zingt met lang aangehouden **trillers**.*

**tril·ling** (de ~ (v.); -en) het trillen* ♦ *de **trilling** van de lucht door de warmte.*

**tri·lo·gie** (de ~ (v.); trilogieën) drie verhalen, boeken of toneelstukken die bij elkaar horen.

**tri·mes·ter** (het ~; -s) periode van drie maanden ⇒ *kwartaal.*

**trim·men** (trimde, heeft getrimd) **1** oefeningen doen, bijv. hardlopen, om fit te blijven **2** *een hond trimmen:* zijn haar knippen en verzorgen.

**tring** (tussenw.) (geluid van een fietsbel, huisbel of telefoon).

**trio** (het ~; trio's) groep van drie personen die samen optreden, die bijv. muziek maken.

**tri·omf** (de ~ (m.); -en) grote overwinning ⇒ *victorie, zege* ♦ *triomfen vieren.*

**tri·om·fan·te·lijk** (bijv. nw.) als iemand die een triomf* viert, zegevierend ◆ *hij keek zijn vriend triomfantelijk aan.*

**tri·om·fe·ren** (triomfeerde, heeft getriomfeerd) een triomf* behalen of vieren ⇒ *zegevieren, zegepralen* ◆ *ze triomfeerden over hun tegenstanders.*

**trip** (de ~(m.); -s) **1** (populair) reis ◆ *zij maakt een trip naar de Bahama's* **2** ervaring in je geest die je hebt als je drugs, bijv. LSD, hebt gebruikt.

**tri·plex** (de ~(m.) of het ~) hout dat bestaat uit drie dunne lagen hout die op elkaar zijn gelijmd.

**tri·plo** ▼ *in triplo*: in drievoud; *hij moet zijn werkstuk in triplo inleveren:* hij moet drie exemplaren inleveren.

**trip·pe·len** (trippelde, heeft of is getrippeld) met kleine en lichte pasjes lopen ◆ *de muis trippelde door de gang.*

**trip·pen** (tripte, heeft of is getript) **1** *(van vogels en muizen):* met kleine sprongetjes of pasjes vooruit komen **2** een trip* (bet.2) maken.

**trip·tiek** (de ~(v.); -en) schilderij dat uit drie delen bestaat die bij elkaar horen ⇒ *drieluik.*

**tris·ser** (de ~(m.); -s) (in België □; populair) student die al voor de derde keer dezelfde lessen volgt.

**trits** (de ~; -en) drie bij elkaar horende dingen.

**tri·vi·aal** (bijv. nw.) **1** niet van wezenlijk belang ⇒ *onbeduidend* ◆ *een triviale opmerking* **2** zo gewoon dat het niet te pas komt, akelig alledaags ⇒ *banaal.*

**troe·bel** (bijv. nw.) *(van vloeistoffen):* met vuil of een andere stof erin, het tegenovergestelde van 'helder' ◆ *troebele wijn; een troebele blik:* (uitdr.) een blik waaruit blijkt dat iemand niet helder kan denken.

**troef** (de ~; troeven) speelkaart die aangeeft welke figuur in het spel een hogere waarde heeft dan elk van de andere figuren ◆ *bij dit spelletje klaverjassen is schoppen troef; je laatste troef uitspelen:* (uitdr.) je laatste kans gebruiken.

**troel** (de ~(v.); -en) (populair) (liefkozende naam voor een meisje of vrouw).

**troep** (de ~(m.)) **1** (-en) groep mensen of dieren die bij elkaar horen ◆ *een troep toneelspelers; legertroepen* **2** rommelige of vieze boel ⇒ *bende, rotzooi, rommel* ◆ *de kamer was een grote troep; die troep eet hij niet.*

**troe·tel·dier** (het ~; -en) speelgoedbeest waar je veel van houdt.

**troe·tel·kind** (het ~; -eren) kind dat wordt verwend en beschermd.

**trof** → **treffen.**

**tro·fee** (de ~(v.); trofeeën) voorwerp, meestal een beker, dat je krijgt als je een sportwedstrijd hebt gewonnen.

**trof·fel** (de ~(m.); -s) metselaarsgereedschap dat bestaat uit een metalen driehoekje aan een gebogen steel.

**trof·fen** → **treffen.**

**trog** (de ~(m.); -gen) grote voederbak die van boven wijder is dan van onderen.

**troj·ka** (de ~; trojka's) Russische wagen met drie paarden ervoor.

**trok** → **trekken.**

**trok·ken** → **trekken.**

**trol** (de ~(m.); -len) (in verhalen) duivelachtig wezen, boze geest.

**trol·ley·bus** [trolliebus] (de ~; -sen) autobus die zich voortbeweegt op elektriciteit die hij via een beugel van de elektrische bovenleiding afneemt ◆ *Arnhem is de enige stad in Nederland waar trolleybussen rijden.*

**trom** (de ~; -men) slaginstrument dat de vorm heeft van een brede cilinder en dat aan beide kanten met een vel is bespannen ⇒ *trommel* ◆ *de grote trom slaan; met stille trom vertrekken:* (uitdr.) stilletjes, onopgemerkt vertrekken.

**trom·bo·ne** [trombɔːnə, in België: trombɔːnə] (de ~; -s) schuiftrompet.

**trom·bo·nist** (de ~(m.); -en), vrouw: **trom·bo·nis·te** (de ~(v.); -s of -n) iemand die op een trombone* speelt.

**trom·bo·se** (de ~(v.)) het ontstaan van bloedstolsels in een bloedvat.

**trom·mel** (de ~; -s) **1** blikken doos met een deksel waarin je iets bewaart of iets dat ongeveer die vorm heeft ◆ *koektrommel; verbandtrommel; de trommel van een wasmachine:* het ronddraaiende deel, waar je het wasgoed in doet **2** trom.

**trom·me·len** (trommelde, heeft getrommeld) **1** op een trommel* (bet.2) slaan **2** met je vingers trommelen: je vingers snel heen en weer bewegen en ergens op of tegen tikken ◆ *hij trommelt met zijn vingers op tafel* **3** mensen bij elkaar trommelen: ze bij elkaar roepen ◆ *hij trommelde iedereen bij elkaar om te komen helpen.*

**trom·mel·vlies** (het ~; -vliezen) vlies tussen het inwendige en het uitwendige gedeelte van je oor.

**trom·pet** (de ~; -ten) koperen blaasinstrument met ventielen dat een schetterend geluid geeft.

**trom·pet·tist** (de ~(m.); -en), vrouw: **trom·pet·tis·te** (de ~(v.); -s of -n) iemand die op een trompet* speelt.

**tro·nen** (troonde, heeft getroond) op een vorstelijke manier, breeduit zitten ◆ *zij troonde op de eerste rij in de schouwburg.*

**tro·nie** (de ~(v.); -s) (populair) gemeen of brutaal gezicht ◆ *een boeventronie.*

**troon** (de ~(m.); tronen) grote, fraaie zetel van een vorst ◆ *de troon beklimmen, bestijgen:* (uitdr.) koning, keizer enz. worden; *iemand van de troon stoten:* (uitdr.) iemand met geweld de heerschappij ontnemen.

**troon·re·de** (de ~; -s) (in Nederland) toespraak die door de koning(in) wordt uitgesproken op prinsjesdag, en waarin in grote lijnen staat wat de regering het komende jaar zal gaan doen (kijk ook bij: **prinsjesdag**).

**troost** (de ~(m.)) iets dat je verdriet minder erg maakt ◆ *zij zoekt troost bij haar vriendin.*

**troos·te·loos** (bijv. nw.) waar je somber van wordt ◆ *als het regent, ziet het bos er troosteloos uit.*

**troos·ten** (troostte, heeft getroost) iemand troosten: iemand troost* geven ◆ *zij troostte het jongetje dat was gevallen; hij troost zich met de gedachte dat zijn zus ook niet mag gaan logeren.*

**tro·pen** (zelfst. nw.; meervoud) gebied tussen de twee keerkringen, waar het erg warm en vochtig is (kijk ook bij: **keerkring**) ◆ *Indonesië ligt in de tropen.*

**tro·pen·roos·ter** (het ~; -s) les- of werkrooster waarbij je 's ochtends heel vroeg begint, zodat je vroeg in de middag, als het heel heet wordt, klaar bent.

**tro·pisch** (bijv. nw.) te maken hebbend met de tropen* ◆ *tropische ziekten; tropische temperaturen:* heel hoge temperaturen.

**tros** (de ~(m.); -sen) **1** stel bloemen of vruchten die met kleine steeltjes aan één hoofdsteel zitten ◆ *een tros druiven; de bloemtrossen van een sering* **2** dik gevlochten touw ◆ *de trossen losgooien:* ze losmaken om weg te varen.

**TROS** (de ~(v.)) *T*elevisie en *R*adio *O*mroep *S*tichting; dit is een omroep in Nederland.

**trots**[1] (de ~(m.)) **1** gevoel dat je wilt pronken met wat je gedaan of gekregen hebt ◆ *met trots keek ze naar de kamer die ze behangen had; hij is de trots van zijn ouders:* zijn ouders zijn trots op hem **2** sterk eergevoel ◆ *door haar trots is ze niet erg geliefd.*

**trots**[2] (bijv. nw.) **1** trots op iets zijn: een gevoel van trots[1]* hebben omdat je iets gedaan of gekregen hebt ◆ *zij is* *trots op haar nieuwe fiets; hij is er **trots** op dat hij zo goed kan zwemmen; **trots** op iemand zijn:* vinden dat iemand een geweldige prestatie heeft geleverd; *zo **trots** als een pauw:*(uitdr.) heel erg trots **2** gezegd van iemand die zich meer voelt dan de anderen ⇒ *hoogmoedig, hooghartig* ◆ *hij is te **trots** om te bekennen dat hij het verkeerd heeft gedaan.*

**trot·se·ren** (trotseerde, heeft getrotseerd) *iets, bijv. gevaar, trotseren:* iets doorstaan, je ergens niet door laten verslaan ◆ *ze **trotseerden** de kou door warme kleren aan te trekken.*

**trot·toir** [trotwa͟ar](het ~; -s) verhoogd voetpad langs een weg ⇒ *stoep.*

**trou·ba·dour** (Frans) [trœba͟adœr](de ~(m.); -s) zanger in de Middeleeuwen die rondtrok en meestal over de liefde zong.

**trou·vail·le** (Frans) [trœvaͥ͟jə](de ~; -s) knappe vondst, goede oplossing.

**trouw¹** (de ~) **1** het trouw²* zijn ◆ *huwelijkstrouw; hij zweert **trouw** aan de wet:* hij zweert dat hij zich altijd aan de wet zal houden; *te goeder **trouw** zijn:*(uitdr.) eerlijk en oprecht zijn; *te kwader **trouw** zijn:*(uitdr.) slechte bedoelingen hebben **2** (in België □) bruiloft.

**trouw²** (bijv. nw.) je houdend aan wat je beloofd of afgesproken hebt ◆ *zij heeft **trouwe** vrienden:* die haar niet in de steek laten; *Sander maakt **trouw** zijn huiswerk:* altijd, zonder een keer over te slaan.

**trouw·boek·je** (het ~; -s) boekje dat je krijgt als bewijs dat je getrouwd bent.

**trou·wen** (trouwde) **1** (is getrouwd) in het huwelijk treden, iemand tot je wettige man of vrouw nemen ⇒ *huwen* ◆ *zo zijn we niet **getrouwd**:*(uitdr.) dat hebben we niet afgesproken; *je bent er niet mee **getrouwd**:*(uitdr.) je zit er niet voor altijd aan vast **2** (heeft getrouwd) *iemand trouwen:* die persoon tot je wettige man of vrouw nemen, met die persoon in het huwelijk treden ⇒ *huwen.*

**trou·wens** (bijw.) afgezien daarvan, daar komt nog bij ◆ ***trouwens**, ik heb helemaal geen fiets, dus ik kan toch niet mee.*

**trou·we·rij** (de ~(v.); -en) feest van twee mensen die trouwen* (bet.1) ⇒ *bruiloft.*

**trouw·har·tig** (bijv. nw.) eerlijk, met goede bedoelingen.

**truc** (de ~(m.); -s) slimme, handige manier om iets te doen ⇒ *foefje* ◆ *goocheltrucs; hij heeft haar **trucjes** door:* haar maniertjes om dingen voor elkaar te krijgen.

**tru·ca·ge** [truuka͟azjə](de ~(v.)) gebruik van kunstmiddelen bij een film of bij toneel om speciale effecten te bereiken ◆ *in die film kunnen de hoofdpersonen vliegen, maar dat is allemaal **trucage**.*

**truck** [truk](de ~(m.); -s) vrachtauto waarvan de aanhangwagen vastzit op een draaibaar onderstel.

**truc·ker** [trukkər](de ~(m.); -s) vrachtwagenchauffeur.

**truf·fel** (de ~; -s) **1** eetbare paddestoel die in de vorm van knollen onder de grond groeit **2** bonbon die bestaat uit een bolletje slagroom of crème met chocola en cacaopoeder eromheen.

**trui** (de ~; -en) gebreid kledingstuk met mouwen voor het bovenlichaam ◆ *de gele **trui**:*(uitdr.) het shirt dat door de leider van het algemeen klassement in de Tour de France wordt gedragen.

**trust** (de ~(m.); -s) het samengaan van een aantal bedrijven die bijv. hetzelfde product maken, om zo te proberen het monopolie te krijgen (kijk ook bij: **monopolie**).

**trut** (de ~; -ten) stijf of vervelend meisje.

**trut·tig** (bijv. nw.) stijfjes en saai ◆ *een **truttige** jurk.*

**truuk** → truc.

**try-out** (Engels) [traja͟ut](de ~; -s)(letterlijk: het uitprobe-ren) toneelrepetitie met publiek erbij om te zien hoe het publiek reageert.

**tsaar** (de ~(m.); tsaren) Russische vorst in vroegere tijden.

**tsa·ri·na** (de ~(v.); tsarina's) vrouw van een tsaar*.

**T-shirt** (Engels) [tie͟sjurt](het ~; -s) dun katoenen truitje zonder kraag, dat vrij strak om je lijf zit.

**tsjilp** (tussenw.)(geluid van een vogel).

**tso** (het ~)(in België) **t**echnisch **s**ecundair **o**nderwijs (kijk ook bij: **secundair**).

**TT** [tieti͟e](de ~) **T**ourist **T**rophy; dit is de naam (van de prijs) van een internationale motorrace in Assen.

**tu·ba** (de ~(m.); tuba's) groot koperen blaasinstrument dat lage tonen geeft.

**tu·be** (de ~; -n of -s) kokertje van zacht metaal of plastic dat aan de ene kant plat toeloopt en aan de andere kant een schroefdop heeft ◆ *een **tube** tandpasta; een **tube** lijm.*

**tu·ber·cu·lo·se** (de ~(v.)) besmettelijke ziekte die meestal begint in de longen ⇒ *tb, tbc, tering.*

**tucht** (de ~) het heel streng handhaven van de regels ◆ *in de kazerne heerst orde en **tucht**.*

**tuch·ti·gen** (tuchtigde, heeft getuchtigd) *iemand tuchtigen:* iemand lichamelijk straffen om te proberen zijn of haar gedrag te verbeteren ⇒ *kastijden.*

**tuf·fen** (tufte) **1** (heeft of is getuft) in een auto op je gemak ergens heen rijden ◆ *wij **tuften** naar zee* **2** (heeft getuft) spugen (bet.1).

**tuf·steen** (de ~(m.) of het ~) poreus vulkanisch gesteente.

**tuig** (het ~) **1** (-en) geheel van riemen en koorden dat je gebruikt voor een paard of een ander trek- of lastdier **2** snoer, haak, lood en dobber van een vishengel **3** slecht volk, slechte mensen ⇒ *gajes, gespuis* ◆ *dat **tuig** heeft de hele bushalte vernield; **tuig** van de richel:*(uitdr.) mensen van het allerslechtste soort.

**tui·ga·ge** [tuiga͟azjə](de ~(v.)) touwwerk op een schip.

**tuig·je** (het ~; -s) riempjes waarmee je een kind vastmaakt in bed, in een kinderstoel enz..

**tuil** (de ~(m.); -en)(vaak: tuiltje) kleine bundel bloemen.

**tui·me·len** (tuimelde, heeft of is getuimeld) over de kop vallen ◆ *het kind **tuimelde** van de trap.*

**tui·mel·raam** (het ~; -ramen) raam dat draait om een horizontale as.

**tuin** (de ~(m.); -en) stuk grond bij een huis of ander gebouw waarop planten, bloemen, gras, bomen enz. staan ◆ *iemand om de **tuin** leiden:*(uitdr.) iemand bedriegen, iemand misleiden; *wie zijn eigen **tuintje** wiedt, ziet het onkruid van een ander niet:*(spreekwoord) wie zorgt voor zijn eigen zaken, heeft geen tijd om zich te bemoeien met een ander (dit zeg je als iemand zich ten onrechte met je bemoeit).

**tuin·boon** (de ~; -bonen) grote groene boon.

**tuin·bouw** (de ~(m.)) het verbouwen van groenten en fruit.

**tuin·broek** (de ~; -en) broek met aan de voorkant een vierkant stuk stof over je borst, dat met twee banden over je schouders aan de achterkant vastzit ⇒ *salopette.*

**tuin·der** (de ~(m.); -s) iemand die een tuinbouwbedrijf heeft ⇒ *kweker.*

**tui·nie·ren** (tuinierde, heeft getuinierd) als hobby de tuin* verzorgen.

**tuin·kers** (de ~) sterrenkers.

**tuin·man** (de ~(m.); -nen, tuinlieden of tuinlui) iemand die voor zijn beroep tuinen verzorgt ⇒ *tuinier, hovenier.*

**tuit** (de ~; -en) spits toelopende pijp, bijv. aan een theepot, waar je door schenkt.

**tui·ten** (tuitte, heeft getuit) *je lippen tuiten*: ze samenknijpen en naar voren steken.

**tuk¹** (de ~(m.)) **1** (meestal: tukje) korte slaap ⇒ *dutje* ◆ *een tukje doen* ▼ *ik heb je tuk!*: ik heb je mooi voor de gek gehouden!

**tuk²** (bijv. nw.) *tuk op iets zijn*: gek op iets zijn en iedere gelegenheid aangrijpen om het te krijgen.

**tuk·ker** (de ~(m.); -s) iemand uit Twente, een streek in het oosten van Nederland.

**tul·band** (de ~(m.); -en) **1** doek die mannen in oosterse landen om hun hoofd winden **2** ronde cake met een gat in het midden.

**tu·le** (de ~) fijne, doorzichtige stof, waarvan o.a. sluiers gemaakt worden.

**tulp** (de ~; -en) typisch Hollandse bloem die groeit uit een bol.

**tu·mor** (de ~(m.); -s) (medisch) gezwel.

**tum·tum** (de ~(m.) of het ~) zachte snoepjes in allerlei kleuren.

**tu·mult** (het ~) luidruchtige opwinding, opschudding ◆ *de kermis veroorzaakte een enorm tumult in de stad.*

**tune** (Engels) [tjoːn] (de ~; -s) herkenningsmelodie van een radio- of tv-programma ⇒ *leader, jingle.*

**tu·ner** (Engels) [tjoːnər] (de ~; -s) radio zonder versterker en luidsprekers.

**tu·niek** (de ~(v.); -en) **1** wijde, lange bloes die je over een broek of rok draagt **2** kort uniformjasje.

**tun·nel** (de ~(m.); -s) weg onder de grond of door een berg ◆ *voetgangerstunnel.*

**tur·bi·ne** (de ~(v.); -s) schoepenrad of serie schoepenraderen die de kracht van stromend water, gas, stoom of wind omzetten in energie, bijv. elektriciteit.

**tur·bo** (de ~; turbo's) onderdeel van een motor dat ervoor zorgt dat de benzine onder druk in de cilinder komt, waardoor de motor krachtiger wordt.

**turbo-** met extra kracht ◆ *een turbostofzuiger.*

**tur·bu·lent** (bijv. nw.) onrustig, woelig ◆ *de turbulente zestiger jaren.*

**tu·re·luurs** [ook: tureluurs] (bijv. nw.) ▼ *tureluurs van iets worden*: (populair) dol van iets worden.

**tu·ren** (tuurde, heeft getuurd) ingespannen, met samengeknepen ogen naar iets kijken ◆ *door een verrekijker turen.*

**turf** (de ~(m.); turven) stuk gedroogd veen dat je als brandstof kunt gebruiken ◆ *een ventje van drie turven hoog*: (uitdr.) een klein jongetje.

**tur·koois¹** (de ~(m.); turkooizen) hemelsblauwe tot groenblauwe edelsteen.

**tur·koois²** → turquoise.

**tur·nen** (turnde, heeft geturnd) gymnastiekoefeningen doen, bijv. aan de ringen, de rekstok of op de brug.

**tur·quoi·se** [turkwaːzə], **tur·koois** (bijv. nw.) met de kleur van de edelsteen turkoois, tussen blauw en groen in.

**tur·ven** (turfde, heeft geturfd) tellen door streepjes in blokjes van vijf te zetten waarbij vier streepjes rechtop staan en het vijfde schuin door er dwars overheen gezet.

**tus·sen** (voorz.) **1** op een plaats na het eerste en vóór het tweede genoemde ◆ *tussen Keulen en Parijs* **2** op een tijd na het eerste en vóór het tweede genoemde ◆ *tussen zonsopgang en zonsondergang* **3** temidden van, onder ◆ *het vogeltje verdween tussen de struiken; dat blijft tussen ons*: (uitdr.) niemand anders mag het weten **4** (in verschillende vaste combinaties van woorden) ◆ *wat is het verschil tussen lila en paars?; kiezen tussen twee dingen* ▼ *tussen de middag*: de tijd tussen de ochtend en de middag, ongeveer van twaalf tot twee.

**tus·sen·bei·de** (bijw.) ▼ *tussenbeide komen*: je mengen in een strijd van twee anderen en ervoor zorgen dat de strijd ophoudt.

**tus·sen·door** (bijw.) tussen andere bezigheden door ◆ *ik ga tussendoor boodschappen doen.*

**tus·sen·door·tje** (het ~; -s) iets dat je tussen de maaltijden door eet.

**tus·sen·komst** (de ~(v.)) **1** het tussenbeide komen ⇒ *interventie* ◆ *door tussenkomst van een agent werd de ruzie snel gesust* **2** (in België □) bijdrage in de kosten ◆ *een financiële tussenkomst.*

**tus·sen·per·soon** (de ~(m.); -personen) bemiddelaar ⇒ *intermediair.*

**tus·sen·po·zen** (zelfst. nw.) ▼ *met tussenpozen*: af en toe; *zonder tussenpozen*: aan één stuk door.

**tus·sen·taal** (de ~; -talen) (taal) taal die geen dialect is maar ook geen Algemeen Nederlands.

**tus·sen·tijd** (zelfst. nw.) ▼ *in de tussentijd*: intussen, ondertussen.

**tus·sen·tijds** (bijv. nw.) tussen twee afgesproken tijdstippen in, niet op de gewone tijd ◆ *hij ging tussentijds even naar huis; tussentijdse verkiezingen*: verkiezingen die plaatsvinden voordat de regeerperiode officieel voorbij is.

**tus·sen·werp·sel** (het ~; -s) (taal) woord dat of woordgroep die de functie heeft van een uitroepende zin, zoals 'binnen!', 'helaas', 'boe' en 'brr'.

**tut** (de ~(v.); -ten) (populair) stom of sloom meisje.

**tut·je** (het ~; -s) opgetut meisje.

**tu·toy·e·ren** [tuːtwajeːrən] (tutoyeerde, heeft getutoyeerd) *iemand tutoyeren*: iemand met jij en jou aanspreken.

**tut·ten** (tutte, heeft getut) teuten.

**tut·ti·frut·ti** (de ~(m.)) mengsel van gedroogde zuidvruchten.

**tut·tig** (bijv. nw.) stijfjes en onelegant.

**tuut** (de ~(m.); tuten) (populair) politieagent ⇒ *smeris.*

**tv** (de ~(v.); tv's) televisie.

**t.w.** (afkorting) te weten.

**twaalf** (hoofdtelw.) 12.

**twaalf·de** (rangtelw.) komende als nummer twaalf.

**twaalf·uur·tje** (het ~; -s) brood dat je tussen de middag opeet ⇒ *lunch.*

**twee** (hoofdtelw.) 2 ◆ *twee maal twee is vier; de spiegel brak in tweeën.*

**tweed** (Engels) [twiːd] (het ~) grof geweven stof, die vooral voor jassen en pakken gebruikt wordt.

**twee·de** (rangtelw.) komend als nummer twee ◆ *zij hebben een tweede huis in Frankrijk.*

**twee·de·hands** (bijv. nw.) gezegd van dingen die je niet nieuw koopt of krijgt, maar die eerst van iemand anders zijn geweest.

**twee·de·rangs** (bijv. nw.) middelmatig of slecht, niet zo erg goed ◆ *een tweederangs acteur.*

**twee·dracht** (de ~) onenigheid, ruzie ◆ *tweedracht zaaien tussen mensen*: ervoor zorgen dat ze ruzie krijgen.

**twee·ër·lei** twee·er·lei (onbep. vnw.) (deftig) van twee soorten, twee verschillende ◆ *er stonden tweeërlei groenten op tafel.*

**twee·kamp** (de ~(m.); -en) gevecht of wedstrijd tussen twee personen of twee groepen.

**twee·klank** (de ~(m.); -en) (taal) klank die door twee verschillende klinkers gevormd wordt, bijv. au, ui en eu (kijk ook bij: **klinker**).

**twee·ling** (de ~(m.); -en) twee kinderen van één vader en moeder die binnen enkele uren na elkaar geboren zijn.

**twee·slach·tig** (bijv. nw.) **1** met mannelijke en vrouwelijke voortplantingsorganen ◆ *tweeslachtige* bloemen **2** met de eigenschappen van twee tegengestelde dingen ◆ *een tweeslachtige houding.*

**twee·spalt** (de ~) toestand waarin onenigheid heerst.

**twee·spraak** (de ~; -spraken) gesprek tussen twee personen ⇒ *dialoog.*

**twee·strijd** (de ~(m.)) toestand van twijfel over wat je moet kiezen ◆ *ik verkeer in tweestrijd of ik mee zal gaan of niet.*

**twee·ta·lig** (bijv. nw.) **1** twee talen sprekend **2** waar twee talen gesproken worden ◆ *België is tweetalig:* er wordt Vlaams en Frans gesproken **3** in twee talen opgesteld ◆ *een tweetalig plaatsnaambord.*

**twee·voud** (zelfst. nw.) ▼ *in tweevoud:* in twee exemplaren, in duplo.

**twee·woonst** (de ~(v.); -en) (in België □) twee huizen naast elkaar, onder één dak.

**twen** (de ~(m.); -s) iemand die tussen de 20 en 30 jaar oud is ⇒ *twintiger.*

**twij·fel** (de ~(m.); -s) toestand van onzekerheid waarbij je niet weet wat je moet doen, wat je van iets of iemand moet denken enz. ◆ *twijfel koesteren:* twijfelen; het is *zonder twijfel* waar: het is zeker waar; *het lijdt geen twijfel dat* ...:(uitdr.) het is zeker dat ...; *iets in twijfel trekken:*(uitdr.) niet geloven dat iets waar is; *het is boven alle twijfel verheven:*(uitdr.) het is absoluut zeker.

**twij·fe·laar** (de ~(m.); -s) **1** (vrouw: twijfelaarster) iemand die twijfelt* **2** bed dat groter is dan een eenpersoonsbed en kleiner dan een tweepersoonsbed.

**twij·fel·ach·tig** (bijv. nw.) **1** gezegd van iets waar je aan twijfelt* ◆ *het is twijfelachtig of ze overgaat* **2** gezegd van mensen of dingen die vermoedelijk slecht of onbetrouwbaar zijn ⇒ *dubieus* ◆ *deze firma heeft een twijfelachtige reputatie.*

**twij·fe·len** (twijfelde, heeft getwijfeld) **1** twijfel* hebben, niet weten wat je moet kiezen of besluiten ◆ *hij twijfelt nog of hij mee zal doen* **2** ergens aan twijfelen: iets niet helemaal geloven, denken dat iets niet waar of niet echt kan zijn ◆ *twijfel je aan mijn woorden?; hij twijfelt aan het bestaan van vliegende schotels.*

**twijg** (de ~; -en) smalle buigzame tak ⇒ *teen, rijs.*

**twin·ke·len** (twinkelde, heeft getwinkeld) **1** (van sterren): beurtelings helder en zwak licht geven **2** (van ogen): vrolijk glanzen.

**twin·set** (de ~(m.) of het ~; -s) vest met bijbehorend truitje.

**twin·tig** (hoofdtelw.) 20.

**twin·tig·ste** (rangtelw.) komend als nummer twintig.

**twist** (zelfst. nw.) **1** (de ~(m.); -en) ruzie, onenigheid **2** (de ~) snelle dans uit het begin van de jaren zestig.

**twis·ten** (twistte, heeft getwist) **1** ergens over twisten: ergens ruzie over maken ◆ *twisten over politiek* **2** de twist* (bet.2) dansen.

**two-sea·ter** (Engels) [to͞esiet͜ər] (de ~; -s) tweepersoonsauto.

**TWW** (de ~(m.)) (in België) *Te*werkgestelde *W*erkloze.

**ty·foon** [tajfo͞e:n], **tai·foen** (de ~(m.); -s) zware wervelstorm in de tropen.

**ty·fus** (de ~(m.)) besmettelijke ziekte van je darmen waar je hoge koorts bij krijgt.

**tym·paan** → timpaan.

**ty·mus** → thymus.

**ty·pe** (het ~; -n of -s) **1** soort met bepaalde kenmerken ◆ *een nieuw type stofzuiger; zij behoort tot het type mens dat nooit kwaad wordt* **2** persoon van wie bepaalde kenmerken of eigenschappen genoemd worden ⇒ *figuur* ◆

*een gezellig type; wat een type is dat!:* wat een eigenaardig, apart mens!

**type·ma·chi·ne** (de ~(v.); -s) toestel dat letters en cijfers op papier zet als je op de bijbehorende toetsen drukt ⇒ *schrijfmachine.*

**ty·pen** (typte, heeft getypt) met een typemachine schrijven.

**ty·pe·ren** (typeerde, heeft getypeerd) iemand of iets typeren: met een voorbeeld of korte schets duidelijk maken hoe iemand of iets is ⇒ *karakteriseren, kenschetsen* ◆ *hij typeerde Malou als een vrolijk meisje; dat botte antwoord typeert hem wel:* dat is echt iets voor hem.

**ty·pisch** (bijv. nw.) **1** eigenaardig, vreemd ◆ *een typisch huis* **2** kenmerkend ◆ *het typische gedrag van een torenvalk; typisch iets voor jou om te laat te komen.*

**ty·pist** (de ~(m.); -en), vrouw: **ty·pis·te** (de ~(v.); -n of -s) iemand die voor zijn of haar beroep op een kantoor brieven, verslagen enz. typt*.

**ty·po·gra·fie** (de ~(v.)) verzorging van een gedrukte tekst, o.a. de keuze van het lettertype en de afstand tussen de regels ◆ *de typografie van dat boek is goed verzorgd.*

**t.z.p.** (afkorting) *te zelfder plaatse.*

**t.z.t.** (afkorting) *te zijner tijd* ◆ *t.z.t. kom ik daar nog op terug.*

# Uu

**u¹** (de ~; u's) de 21e letter van het alfabet.

**u²** (vnw.) **1** (pers. vnw.)(beleefdheidsvorm van de tweede persoon enkelvoud en meervoud) ♦ *je ouders met **u** aanspreken; iets waar je '**u**' tegen zegt:* (uitdr.) *iets dat heel groot is, dat indruk maakt* **2** (wederkerend vnw.)(beleefdheidsvorm van de tweede persoon enkelvoud en meervoud; bij bevelen) ♦ *ontspan **u**.*

**über·haupt** (Duits) [ˌuːbərˈhaupt](bijw.) helemaal, in het geheel genomen ♦ *'lust jij biefstuk?' 'ik lust **überhaupt** geen vlees'.*

**ufo** (de ~; ufo's) **u**nidentified **f**lying **o**bject; dit is Engels en het betekent: onbekend vliegend voorwerp (bijv. een vliegende schotel).

**ui** (de ~(m.); -en) plant met een scherp ruikende bol die uit laagjes bestaat en die je als groente kunt eten.

**ui·er** (de ~(m.); -s) melkklier van o.a. koeien en geiten, die als een soort zak bij hun achterpoten hangt.

**uil** (de ~(m.); -en) nachtvogel met grote ronde ogen en een korte kromme snavel ♦ *het oehoegeroep van een uil; een **uiltje** knappen:* (uitdr.) *een dutje doen; elk meent zijn **uil** een valk te zijn:* (spreekwoord) *iedereen denkt dat wat van hem of haar is, bijv. zijn of haar kind, iets heel bijzonders is.*

**ui·len·bal** (de ~(m.); -len) bal die uilen uitspugen en die bestaat uit onverteerde voedselresten.

**ui·len·bril** (de ~(m.); -len) bril met grote ronde glazen.

**uils·kui·ken** (het ~; -s)(populair) sufferd.

**uit¹** (bijv. nw.) *op iets uit zijn:* op pad zijn om naar iets te zoeken, iets proberen te krijgen ♦ *zij is **uit** op complimentjes.*

**uit²** (bijw.) **1** (woordje waarmee je een richting of beweging aangeeft) ♦ *de andere kant **uit**; voor je **uit** kijken* **2** afgelopen, niet meer in werking, het tegenovergestelde van 'aan' ♦ *de kachel is **uit**; hun verkering is **uit*** **3** niet langer in de mode, het tegenovergestelde van 'in' ♦ *broeken met wijde pijpen zijn **uit*** **4** (sport) buiten de lijn (bijv. van een bal) **5** (woordje dat dezelfde betekenissen kan hebben als het voorzetsel 'uit', maar anders in de zin gebruikt wordt) ♦ *kom je bed eens **uit**; de fut is **eruit**; ik ben er helemaal **uit**:* ik weet niet meer hoe het was; ook: ik weet niet meer waar ik gebleven ben; *eruit zijn:* (uitdr.) uit de problemen, uit de moeilijkheden zijn ▼ *ergens niet over **uit** kunnen:* heel verbaasd over iets zijn.

**uit³** (voorz.) **1** ergens vandaan, buiten, van ♦ *mijn oom **uit** Canada; bier **uit** een flesje drinken* **2** (om een richting aan te geven van binnen naar buiten, het tegenovergestelde van 'in') ♦ *ga de klas **uit**!* **3** vanwege, op grond van ♦ *handelen **uit** liefde* **4** (in verschillende vaste combinaties van woorden) ♦ *het boek bestaat **uit** drie delen; **uit** rijden gaan.*

**uit·ade·men** (ademde uit, heeft uitgeademd) de lucht in je longen er weer uit laten stromen.

**uit·ban·nen** (bande uit, heeft uitgebannen) *een boze geest of kwaad uitbannen:* hem of het wegjagen, hem of het verdrijven.

**uit·bar·sten** (barstte uit, is uitgebarsten) *in lachen, in hui-*

len *of in woede uitbarsten:* plotseling hard gaan lachen, heftig gaan huilen, of heel boos worden ⇒ *uitbreken.*

**uit·bar·sting** (de ~(v.); -en) keer dat iemand plotseling boos wordt ♦ *de **uitbarsting** van een vulkaan:* het plotseling gaan werken en vuur en lava spuwen.

**uit·ba·ten** (baatte uit, heeft uitgebaat) *een bedrijf, een restaurant enz. uitbaten:* het exploiteren.

**uit·beel·den** (beeldde uit, heeft uitgebeeld) *iets of iemand uitbeelden:* iets of iemand voorstellen door woorden, gebaren of beelden ♦ *ze **beeldt** een vissersvrouw **uit**.*

**uit·be·nen** (beende uit, heeft uitgebeend) *vlees uitbenen:* het been (bet.3) eruit halen.

**uit·be·ste·den** (besteedde uit, heeft uitbesteed) **1** *werk uitbesteden:* het door een ander laten doen en hem of haar daarvoor betalen **2** *een kind uitbesteden:* het bij een ander onderbrengen ♦ *we **besteden** tijdens de vakantie de kinderen bij oma **uit**.*

**uit·bij·ten** (beet uit, heeft uitgebeten) *iets uitbijten:* de kleur, de lak enz. van iets aantasten ♦ *dat tafeltje is helemaal **uitgebeten** door de ammoniak.*

**uit·bla·zen** (blies uit, heeft uitgeblazen) **1** *een vlam uitblazen:* die doven door te blazen **2** uitrusten na een grote inspanning, op adem komen ⇒ *uitpuffen.*

**uit·blij·ven** (bleef uit, is uitgebleven) niet gebeuren terwijl je het wel verwachtte, achterwege blijven ♦ *het voorspelde onweer **bleef uit**.*

**uit·blin·ken** (blonk uit, heeft uitgeblonken) *ergens in uitblinken:* ergens opvallend goed in zijn ⇒ *uitmunten, excelleren* ♦ *hij **blinkt uit** in wiskunde.*

**uit·blin·ker** (de ~(m.); -s) iemand die ergens in uitblinkt*.

**uit·bot·ten** (botte uit, is uitgebot) *(van bomen en struiken):* knoppen krijgen ⇒ *uitlopen* ♦ *al het groen **bot uit**.*

**uit·bouw** (de ~(m.); -en) gedeelte van een huis of gebouw dat uitsteekt.

**uit·bran·der** (de ~(m.); -s) flink standje ⇒ *schrobbering* ♦ *Philippe kreeg een flinke **uitbrander** toen hij laat thuis kwam.*

**uit·brei·den** (breidde uit, heeft uitgebreid) **1** *iets uitbreiden:* iets groter in omvang maken ♦ *een winkel **uitbreiden**; je kennis **uitbreiden*** **2** iets uitbreiden: groter worden, in omvang toenemen ♦ *de familie **breidt** zich **uit**.*

**uit·bre·ken** (brak uit, is uitgebroken) **1** *(van mensen die opgesloten zitten):* uit een gevangenis of inrichting ontsnappen ♦ *we zijn er een middag **uitgebroken**:* (uitdr.) we zijn een middag iets heel anders gaan doen omdat we ontspanning nodig hadden **2** (van een oorlog, een epidemie, een brand enz.): plotseling en hevig gaan woeden, plotseling en hevig optreden ♦ *de pest **brak uit** in Europa; er **breekt** brand **uit*** **3** in tranen, in een schaterlach enz. *uitbreken:* plotseling beginnen te huilen, te schaterlachen enz. ⇒ *uitbarsten* **4** *het zweet breekt me uit:* ik zweet plotseling heel erg.

**uit·bren·gen** (bracht uit, heeft uitgebracht) **1** *iets uitbrengen:* iets uitspreken, iets uiten ♦ *verslag **uitbrengen**; van schrik geen woord kunnen **uitbrengen*** **2** *een plaat of boek uitbrengen:* die of dat maken en proberen te verkopen.

**uit·broe·den** (broedde uit, heeft uitgebroed) *een plan uitbroeden:* het uitdenken ⇒ *beramen.*

**uit·bui·ten** (buitte uit, heeft uitgebuit) **1** *iemand uitbuiten:* misbruik van iemand maken ♦ *de werknemers worden in dat bedrijf **uitgebuit*** **2** *iets uitbuiten:* zoveel mogelijk je voordeel met iets doen ♦ *de gelegenheid **uitbuiten**; je kansen **uitbuiten**.*

**uit·bun·dig** (bijv. nw.) vrolijk en uitgelaten ♦ *iemand **uitbundig** begroeten.*

**uit·da·gen** (daagde uit, heeft uitgedaagd) **1** *iemand uitdagen*: iets doen of zeggen om een reactie bij iemand uit te lokken ⇒ *provoceren* ◆ *de jongens spatten ons nat om ons uit te dagen* **2** *iemand uitdagen tot een strijd*: iemand daarvoor uitnodigen ◆ *de grootmeester daagde hem uit tot een tweekamp*.

**uit·da·gend** (bijv. nw.) gezegd van iemand die een ander uitdaagt* (bet.1) ◆ *uitdagend keek ze hem aan; 'dat durf je niet', zei hij uitdagend*.

**uit·da·ging** (de ~(v.); -en) iets dat je uitdaagt* ◆ *een uitdaging aannemen*.

**uit·de·len** (deelde uit, heeft uitgedeeld) *iets uitdelen*: alle aanwezigen wat van iets geven ⇒ *ronddelen* ◆ *snoep uitdelen op je verjaardag*.

**uit·den·ken** (dacht uit, heeft uitgedacht) *iets, bijv. een plan of een list, uitdenken*: bedenken hoe je iets zult uitvoeren.

**uit·die·pen** (diepte uit, heeft uitgediept) *iets, bijv. een onderwerp of een probleem, uitdiepen*: dieper op iets ingaan.

**uit·dij·en** (dijde uit, is uitgedijd) toenemen in omvang, dikker worden.

**uit·doen** (deed uit, heeft uitgedaan) **1** *een vlek, een fout enz. uitdoen*: (in België □) die doen verdwijnen **2** *bomen, aardappelen uitdoen*: (in België □) die rooien **3** *de school uitdoen*: (in België □) die volledig doorlopen.

**uit·dok·te·ren** (dokterde uit, heeft uitgedokterd) *iets uitdokteren*: (populair) ergens na enig onderzoek achter komen ⇒ *uitvogelen, uitvissen* ◆ *ik moet nog uitdokteren hoe ik dat lek moet repareren*.

**uit·dos·sen** (doste uit, heeft uitgedost) *jezelf uitdossen*: je feestelijk en opvallend kleden.

**uit·draai** (de ~(m.); -en) afdruk van computergegevens op papier ⇒ *print*.

**uit·draai·en** (draaide uit, is uitgedraaid) *ergens op uitdraaien*: een bepaald resultaat hebben, op een bepaalde manier eindigen ⇒ *uitlopen* ◆ *die stoeipartij draait natuurlijk weer op ruzie uit*.

**uit·dra·gen** (droeg uit, heeft uitgedragen) **1** *iets, bijv. een mening of boodschap, uitdragen*: iets verkondigen **2** *een dode uitdragen*: (ouderwets) een dode begraven.

**uit·dra·ge·rij** (de ~(v.); -en) (ouderwets) winkel waar je tweedehands kleren en meubels kunt kopen.

**uit·drij·ven** (dreef uit, heeft uitgedreven) *een duivel, een boze geest uitdrijven*: die verjagen door gebed of door een bezwering.

**uit·dro·gen** (droogde uit, is uitgedroogd) droog worden door te weinig vocht.

**uit·druk·ke·lijk** (bijv. nw.) in duidelijke taal, op een duidelijke manier en met nadruk ⇒ *nadrukkelijk, expliciet* ◆ *vader verbood zijn zoontje uitdrukkelijk alleen over te steken*.

**uit·druk·ken** (drukte uit, heeft uitgedrukt) **1** *je uitdrukken*: je gedachten in woorden uiten ◆ *kun je je wat duidelijker uitdrukken?; dat is wat sterk uitgedrukt*: dat is wat overdreven gezegd **2** *een gevoel of idee uitdrukken*: het tonen, het voorstellen ◆ *met dat gebaar drukt de actrice nederigheid uit; wat deze ring voor mij betekent, is niet in geld uit te drukken*.

**uit·druk·king** (de ~(v.); -en) **1** vast groepje woorden dat een figuurlijke betekenis heeft, bijv. 'het gras voor iemands voeten wegmaaien' **2** datgene wat je gezicht uitdrukt* (bet.2) ⇒ *expressie* **3** het uitdrukken* (bet.2) ◆ *tot uitdrukking komen*: (uitdr.) duidelijk worden, naar voren komen.

**uit·dui·den** (duidde uit, heeft uitgeduid) *iemand iets uitduiden*: iemand iets duidelijk maken door middel van aanwijzingen ◆ *ik zal je even uitduiden hoe je fietsen moet*.

**uit·dun·nen** (dunde uit, heeft uitgedund) *iets uitdunnen*: een gedeelte van iets weghalen zodat de begroeiing minder dicht is ◆ *haar uitdunnen; dicht struikgewas uitdunnen*.

**uit·een** (bijw.) uit elkaar ◆ *bij die kruising gaan we uiteen*.

**uit·een·lo·pen** (liep uiteen, is uiteengelopen) niet overeenkomen, onderling verschillen ◆ *de opvattingen hierover lopen sterk uiteen*.

**uit·een·zet·ten** (zette uiteen, heeft uiteengezet) *iets, bijv. een plan of idee, uiteenzetten*: iets tot in de bijzonderheden uitleggen ◆ *een theorie uiteenzetten*.

**uit·een·zet·ting** (de ~(v.); -en) het uiteenzetten* ◆ *ze gaf een uiteenzetting van haar ideeën*.

**uit·ein·de** (het ~; -n) laatste stuk, eind van iets ◆ *je kunt dat het beste bij het uiteinde vastpakken; een zalig uiteinde!*: (uitdr.)(dit zeg je als je iemand een prettige oudejaarsavond toewenst).

**uit·ein·de·lijk**[1] (bijv. nw.) waarop niets meer volgt ⇒ *definitief* ◆ *de uiteindelijke winnaar*.

**uit·ein·de·lijk**[2] (bijw.) ten slotte, op het laatst ◆ *uiteindelijk kwam alles nog goed*.

**ui·ten** (uitte, heeft geuit) **1** *je uiten*: zeggen of laten blijken wat je denkt of voelt ◆ *hij kan zich moeilijk uiten* **2** *iets uiten*: iets uitspreken of laten blijken ◆ *je ongenoegen uiten*.

**ui·ten·treu·ren** (bijw.) zo lang of vaak dat het vervelend wordt ◆ *ze vertelt uitentreuren datzelfde verhaal*.

**ui·ter·aard** (bijw.) vanzelfsprekend, natuurlijk ◆ *dat ging uiteraard per ongeluk*.

**ui·ter·lijk**[1] (het ~) buitenkant van iemand, manier waarop iemand eruitziet ⇒ *voorkomen* ◆ *zij geeft niets om haar uiterlijk*.

**ui·ter·lijk**[2] (bijv. nw.) wat de buitenkant betreft ◆ *uiterlijk leek ze kalm, maar inwendig was ze woedend; dat is uiterlijke schijn*: dat lijkt alleen maar zo.

**ui·ter·lijk**[3] (bijw.) op z'n laatst ◆ *je moet het formulier uiterlijk 1 juni inleveren*.

**ui·ter·ma·te** (bijw.) buitengewoon, heel erg ⇒ *uiterst* ◆ *de film was uitermate saai*.

**ui·terst**[1] (bijv. nw.) waarna je niet verder kunt gaan of waarna het niet erger kan worden ◆ *je uiterste best doen; in het uiterste geval kun je altijd mijn hulp inroepen*: als het echt nodig is.

**ui·terst**[2] (bijw.) buitengewoon, heel erg ⇒ *uitermate* ◆ *dat is uiterst onaangenaam*.

**ui·ter·ste** (het ~; -n) datgene waarna niets meer komt of mogelijk is ◆ *je tot het uiterste verdedigen*: (uitdr.) tot het allerlaatst; *iemand tot het uiterste brengen*: (uitdr.) iemand razend maken; *uitersten trekken elkaar aan*: (uitdr.) mensen die totaal verschillend zijn, trekken elkaar aan; *van het ene uiterste in het andere vervallen*: (uitdr.) je eerst overdreven gedragen op de ene manier, en je dan overdreven gedragen op precies de tegenovergestelde manier.

**ui·ter·waard** (de ~; -en) stuk weiland dat tussen een dijk en een rivier ligt en dat bij hoog water onderloopt.

**uit·flui·ten** (floot uit, heeft uitgefloten) *iemand die optreedt uitfluiten*: door fluiten laten merken dat je iemand niet goed vindt.

**uit·gaaf** → uitgave.

**uit·gaan** (ging uit, is uitgegaan) **1** voor je plezier op stap gaan, bijv. naar de film, naar een café enz. ◆ *we gaan vanavond gezellig uit* **2** *van iets uitgaan*: iets aannemen bij wat je doet of denkt, iets veronderstellen ◆ *ik ga ervan uit, dat hij het goed bedoelt*.

**uit·gang** (de ~(m.); -en) opening in een gebouw of in een ruimte waardoor je naar buiten gaat, het tegenovergestelde van 'ingang ' ♦ *waar is hier de **uitgang**?*

**uit·gangs·punt** (het ~; -en) dat waar je van uitgaat* (bet.2) bij wat je doet of denkt.

**uit·ga·ve**, **uit·gaaf** (de ~; -n) **1** geld dat je uitgeeft* (bet.1) ♦ *die auto was een hele **uitgave*** **2** boek of ander drukwerk dat uitgegeven* (bet.2) is ♦ *een jubileumuitgave; dit boekje is een heel zeldzame **uitgave**.*

**uit·ge·breid** (bijv. nw.) met alle bijzonderheden erbij ⇒ uitvoerig ♦ *iets **uitgebreid** vertellen; een **uitgebreid** diner*: dat uit veel gerechten bestaat.

**uit·geef·ster** → uitgever.

**uit·ge·hon·gerd** (bijv. nw.) erg hongerig, uitgeput van de honger.

**uit·ge·kakt** (bijv. nw.)(populair) doodmoe.

**uit·ge·ke·ken** (bijv. nw.) ergens op uitgekeken zijn: iets niet meer leuk vinden ♦ *ik ben **uitgekeken** op die jas.*

**uit·ge·kiend** (bijv. nw.) knap en handig bedacht voor een speciaal doel ♦ *een **uitgekiende** methode om het werk zo snel mogelijk te doen.*

**uit·ge·kookt** (bijv. nw.) erg slim, berekenend ⇒ gewiekst ♦ *ze is een **uitgekookte** tante*:(uitdr.) een vrouw die heel gewiekst is.

**uit·ge·la·ten** (bijv. nw.) vrolijk en een beetje baldadig.

**uit·ge·lei·de** (zelfst. nw.) ▼ *iemand **uitgeleide** doen*: iemand naar de deur begeleiden als hij of zij weggaat.

**uit·ge·le·zen** (bijv. nw.) heel geschikt, voortreffelijk, alsof het speciaal is uitgezocht ♦ *dit is een **uitgelezen** dag om te gaan zwemmen.*

**uit·ge·mer·geld** (bijv. nw.) uitgeput en erg vermagerd door honger of ziekte.

**uit·ge·plo·zen** → uitpluizen.

**uit·ge·put** (bijv. nw.) aan het eind van je krachten, heel erg moe ⇒ afgemat, uitgeteld ♦ *na de fietstocht waren we volledig **uitgeput**.*

**uit·ge·re·kend**[1] (bijv. nw.)(van zwangere vrouwen) uitgerekend zijn op een bepaalde datum: vermoedelijk op of omstreeks die dag moeten bevallen ♦ *ze is half november **uitgerekend**.*

**uit·ge·re·kend**[2] (bijw.) juist, precies (terwijl dat net ongelukkig uitkomt) ♦ ***uitgerekend** op haar verjaardag werd ze ziek.*

**uitgescheeën** uit·ge·schee·en → uitscheiden.

**uit·ge·sla·pen** (bijv. nw.) erg bijdehand.

**uit·ge·spro·ken** (bijw.) bepaald, echt wat je noemt ♦ *ze is **uitgesproken** vriendelijk.*

**uit·ge·stor·ven** (bijv. nw.) heel verlaten, zonder tekenen van leven ♦ *de studentenstad is in juli **uitgestorven**.*

**uit·ge·stre·ken** (bijv. nw.)(van een gezicht): onbewogen, waarmee je je gevoelens niet verraadt ⇒ effen ♦ *met een **uitgestreken** gezicht krabbelde hij weer overeind.*

**uit·ge·strekt** (bijv. nw.)(van gebieden, velden enz.): ruim, breed, wijd ♦ *een **uitgestrekte** vlakte.*

**uit·ge·teld** (bijv. nw.) tot niets meer in staat van moeheid, na een grote inspanning ⇒ uitgeput.

**uit·ge·val·len** (bijv. nw.) ▼ *zus of zo **uitgevallen** zijn*: die aard hebben; *hij is niet bang **uitgevallen**.*

**uit·ge·ven** (gaf uit, heeft uitgegeven) **1** geld aan iets uitgeven: het aan iets besteden ♦ *ze geven handen vol geld uit aan platen* **2** boeken en tijdschriften uitgeven: ze laten drukken en proberen ze te verkopen ♦ *die uitgever geeft alleen medische boeken uit* **3** je voor iemand uitgeven: zeggen dat je die persoon bent, je als die persoon voordoen ♦ *hij gaf zich voor dokter uit* **4** (van ramen, deuren) uitgeven op iets:(in België □) op iets uitzien, op iets uitkomen ♦ *dit raam geeft uit op de tuin; de deur geeft uit op de gang*: die komt uit op de gang.

**uit·ge·ver** (de ~(m.); -s), vrouw: **uit·geef·ster** (de ~(v.); -s) iemand die boeken of tijdschriften uitgeeft* (bet.2).

**uit·ge·ve·rij** (de ~(v.); -en) bedrijf dat boeken of tijdschriften uitgeeft* (bet.2).

**uit·ge·woond** (bijv. nw.)(van een huis): in slechte staat doordat het intensief bewoond en slecht onderhouden is.

**uit·ge·zon·derd** (voegw.) behalve.

**uit·glij·den** (gleed uit, is uitgegleden) door glijden vallen ♦ *ik gleed uit over een bananenschil.*

**uit·haal** (de ~(m.); -halen) **1** keer dat je uithaalt* (bet.2) **2** keer dat je stem bij het zingen enorm omhoog gaat en luid klinkt.

**uit·ha·len** (haalde uit, heeft uitgehaald) **1** iets, bijv. een streek of kattenkwaad, uithalen: iets doen terwijl het niet mag ⇒ uitvreten, uitspoken ♦ *kattenkwaad uithalen; wat heb je nu weer **uitgehaald**?* **2** naar iemand of iets uithalen: iemand of iets met een arm of been plotseling slaan of schoppen ♦ *ze haalde dreigend naar hem uit; uithalen naar de bal; ze haalde flink uit naar haar vader*: (uitdr.) ze ging behoorlijk tegen hem tekeer, ze zei lelijke dingen tegen hem **3** een handwerkje uithalen: de steken ervan weer lostrekken ▼ *dat haalt niets uit*: dat helpt niets, dat heeft geen zin.

**uit·hang·bord** (het ~; -en) bord dat dwars op de gevel van een zaak bevestigd is en waarop staat wat voor zaak het is.

**uit·han·gen** (hing uit, heeft uitgehangen) **1** ergens uithangen:(populair) ergens zijn, je ergens bevinden ♦ *waar heb jij toch **uitgehangen**?* **2** de stoere bink, de grote meneer enz. uithangen:(populair) je zo gedragen, doen alsof je dat bent.

**uit·heems** (bijv. nw.) buitenlands, het tegenovergestelde van 'inheems' ♦ *een **uitheems** gerecht.*

**uit·hoek** (de ~(m.); -en) afgelegen gebied ♦ *ze wonen in een **uithoek**.*

**uit·hol·len** (holde uit, heeft uitgehold) iets uithollen: iets hol maken, wat ergens in zit eruit halen ♦ *de boomstam uithollen; het gezag wordt meer en meer uitgehold*: (uitdr.) het krijgt steeds minder invloed.

**uit·ho·ren** (hoorde uit, heeft uitgehoord) iemand uithoren: proberen iets van iemand te weten te komen wat hij of zij liever geheim wil houden.

**uit·hou·den** (hield uit, heeft uitgehouden) **1** iets uithouden: iets tot het einde toe verdragen ♦ *die pijn is niet uit te houden* **2** het ergens uithouden: het volhouden om ergens te blijven ♦ *ik snap niet hoe zij het in de zon uithoudt!*

**uit·hou·dings·ver·mo·gen** (het ~) het vermogen om je lange tijd achter elkaar in te spannen.

**uit·hui·len** (huilde uit, heeft uitgehuild) net zo lang huilen tot je verdriet over is ♦ *uithuilen en opnieuw beginnen; bij iemand uithuilen* :(uitdr.) iemand over je verdriet vertellen en troost bij hem of haar zoeken.

**uit·hui·zig** (bijv. nw.) vaak niet thuis, vaak uit ♦ *hij is erg uithuizig.*

**uit·hu·we·lij·ken** (huwelijkte uit, heeft uitgehuwelijkt) een dochter uithuwelijken: met een man afspreken dat hij met haar mag trouwen (vaak zonder haar mening te vragen).

**ui·ting** (de ~(v.); -en) keer dat of manier waarop je iets uit* (bet.2) ♦ *het spinnen van een poes is een **uiting** van tevredenheid.*

**uit·je** (het ~; -s) keer dat je uitgaat (bet.1).

**uit·jou·wen** (jouwde uit, heeft uitgejouwd) iemand uitjouwen: iemand spottend van alles toeroepen.

**uit·kam·men** (kamde uit, heeft uitgekamd) een gebied uitkammen: het heel zorgvuldig doorzoeken ◆ *de hele wijk werd **uitgekamd** toen er een kind vermist werd.*

**uit·ke·ren** (keerde uit, heeft uitgekeerd) *iemand geld uitkeren:* het iemand geven omdat hij of zij er recht op heeft ◆ *het pensioen wordt hem elke maand **uitgekeerd.***

**uit·ke·ring** (de ∼(v.); -en) geld dat uitgekeerd* wordt ◆ *een **uitkering** van de sociale dienst.*

**uit·ke·rings·ge·rech·tig·de** (de ∼(m.); -s) iemand die leeft van een uitkering van de sociale dienst.

**uit·kie·nen** (kiende uit, heeft uitgekiend) *iets uitkienen:* iets op een handige manier uitdenken of berekenen ⇒ uitknobbelen ◆ *hij had het zo **uitgekiend** dat iedereen evenveel kreeg.*

**uit·kie·zen** (koos uit, heeft uitgekozen) *iemand of iets uitkiezen:* iemand of iets uit verschillende mensen, dingen of mogelijkheden nemen ⇒ uitzoeken.

**uit·kijk** (zelfst. nw.) ▼ *op de **uitkijk** staan:* staan kijken of er iemand aankomt.

**uit·kij·ken** (keek uit, heeft uitgekeken) **1** voorzichtig zijn, oppassen ⇒ opletten ◆ *kijk uit met die zaag; **uitkijken** met oversteken* **2** *naar iets uitkijken:* je op iets verheugen ⇒ uitzien ◆ *ik **kijk** nu al **uit** naar m'n verjaardag* **3** *naar iets uitkijken:* naar iets op zoek gaan, naar iets uitzien (bet.3) ⇒ omzien ◆ *naar een ander huis **uitkijken*** **4** *ergens op uitkijken:* iets zien als je naar buiten kijkt, iets als uitzicht hebben ⇒ uitzien ◆ *het huis **kijkt uit** op de kerk.*

**uit·kla·ren** (klaarde uit, heeft uitgeklaard) *goederen, schepen of vliegtuigen uitklaren:* ze voor vertrek naar het buitenland bij de douane aangeven, het tegenovergestelde van 'inklaren'.

**uit·kle·den** (kleedde uit, heeft uitgekleed) **1** *iemand uitkleden:* iemands kleren uittrekken ◆ *kleed je uit en ga naar bed* **2** *iemand uitkleden:* (populair) iemand veel te veel laten betalen ◆ *pas op, in die winkel **kleden** ze je uit.*

**uit·klop·pen** (klopte uit, heeft uitgeklopt) *iets uitkloppen:* het stof en vuil uit iets slaan ◆ *een deken **uitkloppen.***

**uit·ko·men** (kwam uit, is uitgekomen) **1** *(van bloemen):* uit de knop te voorschijn komen **2** *(van eieren):* opengebroken worden door het kuiken of jong dat erin zit **3** ontdekt, bekend worden ◆ *het bedrog is **uitgekomen*** **4** *ergens uitkomen:* een oplossing voor iets bedenken ◆ *kun je me helpen met die som, ik **kom** er niet **uit*** **5** *met iets uitkomen:* genoeg aan iets hebben ◆ *met vijftig gulden kan ik **uitkomen** tot volgende week* **6** *op iets uitkomen:* ergens eindigen of iets als resultaat hebben ◆ *die straat **komt** op een pleintje **uit**; de som **komt uit** op nul* **7** *ergens voor uitkomen:* iets eerlijk toegeven ◆ *ze **komt** er rond voor **uit** dat ze niet kan zwemmen* **8** goed zichtbaar zijn, tot zijn recht komen ◆ *dat schilderij **komt** niet zo goed **uit** tegen dat bloemetjesbehang* **9** *(van boeken en tijdschriften):* verschijnen ◆ *die roman is kort geleden **uitgekomen*** **10** *het komt goed of slecht uit:* het gebeurt op een gunstig of ongunstig moment ⇒ schikken ◆ *dat **komt** me helemaal niet **uit**.*

**uit·komst** (de ∼(v.); -en) **1** getal waarop een som uitkomt* (bet.6) ◆ *de **uitkomst** moet tien zijn* **2** redding, oplossing ◆ *bij een klein brandje kan een emmer water **uitkomst** bieden.*

**uit·kra·men** (kraamde uit, heeft uitgekraamd) *onzin uitkramen:* (populair) onzin vertellen.

**uit·laat** (de ∼(m.); -laten) pijp waardoor de verbrandingsgassen van een motor kunnen ontsnappen ◆ *de **uitlaat** van een brommer.*

**uit·laat·gas** (het ∼; -sen) gas dat vrijkomt als de brandstof in de motor van een voertuig wordt verbrand.

**uit·laat·klep** (de ∼; -pen) mogelijkheid om je spanningen af te reageren ◆ *schilderen is voor mij een **uitlaatklep**.*

**uit·la·chen** (lachte uit, heeft uitgelachen) *iemand uitlachen:* spottend om iemand lachen ◆ *stel je niet aan, iedereen **lacht** je **uit**!*

**uit·la·ten** (liet uit, heeft uitgelaten) **1** *een hond uitlaten:* met hem wandelen, zodat hij zijn behoefte kan doen **2** *iemand uitlaten:* iemand naar de deur brengen als hij of zij bij je weggaat **3** *je ergens over uitlaten:* ergens wat over zeggen ◆ *hij **laat** zich niet **uit** over zijn nieuwe baan.*

**uit·la·ting** (de ∼(v.); -en) keer dat je je ergens over uitlaat* (bet.3) of woorden waarmee je je ergens over uitlaat* (bet.3) ◆ *daar wens ik geen **uitlatingen** over te doen: daar wil ik niets over zeggen.*

**uit·leg** (de ∼(m.)) woorden waarmee je iets uitlegt* (bet.1).

**uit·leg·gen** (legde uit, heeft uitgelegd) **1** *iets uitleggen:* iets duidelijk en begrijpelijk maken ◆ *een som **uitleggen*** **2** *iets op een bepaalde manier uitleggen:* iets zo opvatten ◆ *ik heb zijn zwijgen **uitgelegd** als boosheid* **3** *kleding uitleggen:* die groter maken door de naden te verplaatsen, het tegenovergestelde van 'innemen'.

**uit·lek·ken** (lekte uit, is uitgelekt) *(van geheimen):* toch bekend worden.

**uit·le·ven** (leefde uit, heeft uitgeleefd) *je uitleven:* ongeremd doen wat je leuk vindt, je helemaal laten gaan ◆ *de kinderen konden zich lekker **uitleven** op het strand.*

**uit·le·ve·ren** (leverde uit, heeft uitgeleverd) *een verdachte uitleveren:* een verdachte die in het buitenland gearresteerd is overdragen aan de rechtbank van het land waar hij of zij terecht moet staan.

**uit·le·ve·ring** (de ∼(v.)) het uitleveren* ◆ *Nederland heeft een verzoek om **uitlevering** van de ontvoerders gedaan aan Frankrijk.*

**uit·lok·ken** (lokte uit, heeft uitgelokt) *iets uitlokken:* er door je houding of gedrag voor zorgen dat iets gebeurt ◆ *je hebt die klap zelf **uitgelokt**.*

**uit·loop** (de ∼(m.)) het uitlopen* (bet.1) ◆ *we rekenen op een **uitloop** van een maand.*

**uit·lo·pen** (liep uit, is uitgelopen) **1** langer duren dan afgesproken was of verwacht werd ◆ *de uitzending is een halfuur **uitgelopen*** **2** met een grote menigte naar iets toe komen ◆ *de hele straat **liep uit** om de brand te zien* **3** *(van planten en bomen):* nieuwe takjes, knoppen en blaadjes krijgen ⇒ uitbotten **4** *op iets uitlopen:* iets als resultaat hebben, ergens toe leiden ⇒ uitmonden ◆ *het meningsverschil **liep uit** op ruzie; dat is weer op niets **uitgelopen*** **5** *(van kleurstof of oogmake-up):* vlekkerig of streperig worden doordat die met vocht in aanraking komt.

**uit·lo·per** (de ∼(m.); -s) **1** jong takje of jonge stengel ⇒ loot, scheut **2** vertakking van een bergketen ◆ *een **uitloper** van het Juragebergte.*

**uit·lo·ven** (loofde uit, heeft uitgeloofd) *een prijs uitloven:* die beschikbaar stellen voor degene die ergens het beste in is of die een bijzondere prestatie verricht.

**uit·lui·den** (luidde uit, heeft uitgeluid) *iets uitluiden:* feestvieren omdat iets afgelopen is ◆ *het schooljaar **uitluiden** met een bonte avond.*

**uit·ma·ken** (maakte uit, heeft uitgemaakt) **1** *iets uitmaken:* iets bepalen, iets beslissen ◆ *dat **maak** ik zelf wel **uit**; een **uitgemaakte** zaak: een zaak die vaststaat, iets dat zeker is* **2** *iets uitmaken:* iets vormen, iets zijn ◆ *dat **maakt** er nu juist de waarde van **uit*** **3** *het maakt uit:* er is verschil, het is van belang of van invloed ◆ *het **maakt** niet **uit** op welke plaats je gaat zitten* **4** *het uitmaken met* iemand: je verkering met iemand beëindigen ◆ *ze heeft het uitgemaakt met Coen* **5** *iemand voor iets uitmaken:* iemand ergens voor uitschelden ◆ *iemand voor dief uitmaken; iemand uitmaken voor alles wat mooi en lelijk is:* allerlei scheldwoorden tegen iemand zeggen.

**uit·mes·ten** (mestte uit, heeft uitgemest) *iets uitmesten:* het vuil en de rommel uit iets halen ◆ *een kast uitmesten.*

**uit·mon·den** (mondde uit, is uitgemond) **1** *(van een rivier)* uitmonden in zee, in een meer of in een andere rivier: daarop uitkomen* (bet.6) **2** *ergens in uitmonden:* ergens in eindigen, iets tot gevolg of resultaat hebben ⇒ *uitlopen* ◆ *de lezing mondde uit in een discussie.*

**uit·mon·ste·ring** (de ~(v.); -en) gekke kleren of kleren voor een speciale gelegenheid.

**uit·mun·ten** (muntte uit, heeft uitgemunt) *ergens in uitmunten:* ergens heel goed in zijn, ergens anderen in overtreffen.

**uit·mun·tend** (bijv. nw.) uitstekend, voortreffelijk ⇒ *excellent, uitnemend* ◆ *Clemens en Pim hebben uitmuntend gewerkt.*

**uit·ne·mend** (bijv. nw.) uitmuntend.

**uit·no·di·gen** (nodigde uit, heeft uitgenodigd) **1** *iemand uitnodigen:* iemand vragen je gast te zijn ⇒ *inviteren, noden, nodigen* ◆ *iemand uitnodigen voor een feestje; ik heb haar uitgenodigd om naar de film te gaan; de minister werd uitgenodigd om een toespraak te houden:* dat werd hem gevraagd **2** *(van zaken) uitnodigen tot iets:* tot iets aanzetten, tot iets aanmoedigen ⇒ *noden* ◆ *het weer nodigt niet uit tot zeilen.*

**uit·no·di·ging** (de ~(v.); -en) mondeling of schriftelijk bericht waarmee je iemand uitnodigt* (bet.1) ⇒ *invitatie* ◆ *uitnodigingen versturen voor een bruiloft:* kaarten waarmee je mensen uitnodigt; *ik ben hier op uitnodiging van m'n zus:* zij heeft me uitgenodigd.

**uit·oe·fe·nen** (oefende uit, heeft uitgeoefend) **1** *een beroep, een vak uitoefenen:* het in praktijk brengen ◆ *het beroep van tandarts uitoefenen* **2** *iets, bijv. gezag, uitoefenen:* iets hebben en het gebruiken, iets van je uit laten gaan ◆ *kritiek uitoefenen:* kritiek geven.

**uit·pak·ken** (pakte uit) **1** (heeft uitgepakt) *iets uitpakken:* iets uit de verpakking halen **2** (is uitgepakt) *goed, verkeerd, anders uitpakken:* goed, verkeerd, anders aflopen ◆ *het is allemaal anders uitgepakt dan we verwacht hadden* **3** (heeft uitgepakt) *flink uitpakken:* erg gul zijn, niets nalaten om iemand een plezier te doen **4** (heeft uitgepakt) *tegen iemand uitpakken:* tegen iemand tekeergaan **5** (heeft uitgepakt) *met iets uitpakken:* (in België □) met iets pronken ◆ *Ali pakt uit met zijn nieuwe fiets.*

**uit·plui·zen** (ploos uit, heeft uitgeplozen) *iets uitpluizen:* tot in de bijzonderheden nagaan hoe iets zit, hoe iets gekomen is enz. ⇒ *uitspitten.*

**uit·pra·ten** (praatte uit) **1** (is uitgepraat) net zo lang praten tot je niets meer te zeggen hebt ◆ *laat me toch uitpraten!; ergens niet over uitgepraat raken:* (uitdr.) ergens uit enthousiasme steeds maar over praten **2** (heeft uitgepraat) *iets, bijv. een ruzie, uitpraten:* een oplossing voor iets vinden.

**uit·pro·be·ren** (probeerde uit, heeft uitgeprobeerd) **1** *iets nieuws uitproberen:* proberen of iets goed werkt om het later te gaan gebruiken ⇒ *uittesten* ◆ *met dit proefmonster kunt u de nieuwe shampoo uitproberen* **2** *iemand uitproberen:* uittesten hoe vervelend je bij iemand kunt doen voor hij of zij kwaad wordt ◆ *de kinderen proberen de oppas uit.*

**uit·pui·len** (puilde uit, heeft uitgepuild) bol uitsteken ◆ *zijn ogen puilden uit z'n hoofd van schrik; uitpuilende zakken.*

**uit·put·ten** (putte uit, heeft uitgeput) **1** *iets uitputten:* iets helemaal opmaken ◆ *een voorraad uitputten; mijn geduld is uitgeput* **2** *iemand uitputten:* iemand van al zijn of haar krachten beroven ⇒ *afmatten* ◆ *zo'n lange wandeling put je uit* **3** *je uitputten in verontschuldigingen, dankbetuigingen enz.:* op een bijna overdreven manier verontschuldigingen, dankbetuigingen enz. uiten.

**uit·put·tend** (bijw.) geheel en al, tot op de bodem ◆ *een onderwerp uitputtend behandelen.*

**uit·put·ting** (de ~(v.)) het uitgeput* (bet.2) zijn ◆ *sterven van uitputting.*

**uit·rei·ken** (reikte uit, heeft uitgereikt) *iets uitreiken:* iets officieel overhandigen, meestal aan een aantal personen ◆ *morgen worden de diploma's uitgereikt.*

**uit·re·ke·nen** (rekende uit, heeft uitgerekend) *iets uitrekenen:* iets door rekenen bepalen ◆ *heb je al uitgerekend hoeveel je overhoudt?*

**uit·rek·ken** (rekte uit, heeft uitgerekt) *je uitrekken:* je langer maken, vooral als je stijf bent na het slapen of nadat je lang gezeten hebt ◆ *hij rekte zich uit om de optocht te kunnen zien.*

**uit·rich·ten** (richtte uit, heeft uitgericht) *iets uitrichten:* iets doen dat onmiddellijk resultaat heeft ◆ *de arts kon niets meer uitrichten.*

**uit·rit** (de ~(m.); -ten) pad waarover een auto van een parkeerterrein of van een privéterrein de weg op rijdt ◆ *uitrit vrijhouden.*

**uit·roei·en** (roeide uit, heeft uitgeroeid) *planten of dieren uitroeien:* ervoor zorgen dat er niet één van overblijft ◆ *onkruid uitroeien; olifanten lopen het gevaar uitgeroeid te worden; het kwaad uitroeien:* (uitdr.) ervoor zorgen dat het helemaal ophoudt.

**uit·roep** (de ~(m.); -en) woord dat of woorden die je uitroept* (bet.1) ⇒ *kreet* ◆ *een uitroep van verbazing.*

**uit·roe·pen** (riep uit, heeft uitgeroepen) **1** *iets uitroepen:* iets blij, geschrokken, boos, verontwaardigd enz. roepen ◆ *'hoera!', riepen ze uit* **2** *iets uitroepen:* in het openbaar zeggen dat iets begonnen is ◆ *de staking uitroepen* **3** *iemand tot iets uitroepen:* in het openbaar zeggen dat iemand iets is ◆ *hij werd uitgeroepen tot voetballer van het jaar.*

**uit·roep·te·ken** (het ~; -s) leesteken dat gezet wordt achter uitroepen, bevelen en zinnen waarvan je de inhoud nadruk wilt geven (het teken ' ! ').

**uit·ruk·ken** (rukte uit, is uitgerukt) *(van brandweer, politie enz.):* haastig naar buiten gaan om dienst te doen ◆ *toen er een ongeluk gebeurd was, rukte de ziekenwagen uit.*

**uit·rus·ten** (rustte uit, heeft uitgerust) **1** rusten tot je niet meer moe bent **2** *iets of iemand uitrusten met iets:* iets of iemand daarvan voorzien ◆ *uitgerust met wandelschoenen en rugzak gingen we op pad.*

**uit·rus·ting** (de ~(v.); -en) spullen die je voor een bepaalde onderneming nodig hebt ◆ *een slaapzak hoort tot een kampeeruitrusting.*

**uit·scha·ke·len** (schakelde uit, heeft uitgeschakeld) **1** *een elektrisch toestel uitschakelen:* het afzetten, zodat het niet meer werkt, het tegenovergestelde van 'inschakelen' **2** *iemand uitschakelen:* ervoor zorgen dat iemand niets meer kan doen ◆ *een tegenstander uitschakelen; door haar ziekte is ze een tijdje uitgeschakeld.*

**uit·schei·den 1** (scheidde uit, is uitgescheiden of schee uit, is uitgescheeën) *ergens mee uitscheiden:* ergens mee ophouden ◆ *schei uit met die praatjes!* **2** (scheidde uit, heeft uitgescheiden) *iets uitscheiden:* iets naar buiten doen komen ◆ *het lichaam scheidt vocht uit.*

**uit·schel·den** (schold uit, heeft uitgescholden) *iemand uitschelden:* scheldwoorden naar iemand roepen.

**uit·schie·ten** (schoot uit, is uitgeschoten) per ongeluk plotseling een beweging maken ◆ *het mes schoot uit*.

**uit·schie·ter** (de ~(m.); -s) iets dat sterk van het gemiddelde afwijkt ◆ *die ene voldoende was voor haar een uitschieter:* (want gewoonlijk haalt ze slechte cijfers).

**uit·schij·nen** (ww.) iets laten uitschijnen: (in België □) iets laten blijken, iets te verstaan geven ◆ *de politie laat uitschijnen dat de dief heel goed wist waar het geld verborgen was*.

**uit·schot** (het ~) slechte mensen of slechte spullen ◆ *het uitschot van de maatschappij*.

**uit·slaan** (sloeg uit) **1** (heeft uitgeslagen) *armen, benen, vleugels uitslaan:* ze spreiden **2** (heeft uitgeslagen) *bepaalde taal uitslaan:* die praten ◆ *wartaal uitslaan* **3** (is uitgeslagen) *(van zaken):* uitslag* (bet.1) vertonen ◆ *dat kastje is groen uitgeslagen*.

**uit·slag** (de ~(m.)) **1** dat wat ergens op zit en van binnenuit komt, zoals schimmel en vochtplekken of eczeem en puistjes ◆ *huiduitslag* **2** (-en) resultaat, afloop ◆ *de uitslag van een examen; de verkiezingsuitslag*.

**uit·sla·pen** (sliep uit, heeft uitgeslapen) **1** doorslapen tot je geen slaap meer nodig hebt ◆ *uitslapen tot elf uur* ▼ *je roes uitslapen:* je dronkenschap door slapen over laten gaan.

**uit·slo·ven** (sloofde uit, heeft uitgesloofd) *je uitsloven:* heel erg je best doen zonder dat het van je gevraagd wordt ◆ *ze had zich erg uitgesloofd voor haar gasten; die jongens sloven zich uit om indruk te maken*.

**uit·slo·ver** (de ~(m.); -s), vrouw: **uit·sloof·ster** (de ~(v.); -s) iemand die zich op een overdreven manier uitslooft* om indruk te maken.

**uit·slui·ten** (sloot uit, heeft uitgesloten) **1** *iets uitsluiten:* iets niet mogelijk vinden ◆ *ik sluit niet uit dat hij de prijs wint:* volgens mij zou hij best de prijs kunnen winnen; *dat is uitgesloten:* dat kan absoluut niet; *het een sluit het ander niet uit:* het is allebei mogelijk **2** *iemand van deelname uitsluiten:* niet toestaan dat iemand meedoet aan een wedstrijd.

**uit·slui·tend** (bijw.) enkel en alleen ◆ *dat is uitsluitend voor volwassenen bestemd*.

**uit·sluit·sel** (het ~) beslissend antwoord ◆ *de dokter kon nog geen uitsluitsel geven over het bloedonderzoek*.

**uit·smij·ter** (de ~(m.); -s) **1** brood met gebakken eieren **2** man die in cafés, disco's enz. lastige bezoekers de deur uit zet **3** het laatste, daverende nummer van een programma of uitvoering.

**uit·span·ning** (de ~(v.); -en) restaurant of café in een recreatiegebied of langs de weg.

**uit·span·sel** (het ~) (deftig) de ruimte boven de aarde, de lucht ⇒ *firmament, hemel*.

**uit·spa·ren** (spaarde uit, heeft uitgespaard) **1** *een bedrag uitsparen:* het onnodig maken dat uit te geven ◆ *als je zelf je kleren maakt, spaar je een boel geld uit* **2** *een ruimte uitsparen:* die open laten, die niet opvullen of bedekken ◆ *in die muur zijn een paar openingen uitgespaard*.

**uit·spat·ting** (de ~(v.); -en) keer dat je je te buiten gaat, dat je je losbandig gedraagt ◆ *je overgeven aan financiële uitspattingen:* zomaar veel geld uitgeven.

**uit·spe·len** (speelde uit, heeft uitgespeeld) **1** *iets tegen iemand uitspelen:* iets noemen omdat iemand zich daardoor gedwongen zal voelen jou je zin te geven ◆ *die misstap werd grof tegen hem uitgespeeld* **2** *mensen tegen elkaar uitspelen:* ze doen geloven dat ze elkaars vijanden zijn om er zelf voordeel van te hebben.

**uit·spit·ten** (spitte uit, heeft uitgespit) *iets uitspitten:* grondig nagaan hoe iets zit, hoe iets gekomen is enz. ⇒ *uitpluizen*.

**uit·spo·ken** (spookte uit, heeft uitgespookt) *iets uitspoken:* iets doen terwijl het niet mag ⇒ *uitvreten, uithalen* ◆ *wat spook jij daar uit?*

**uit·spraak** (de ~) **1** manier waarop je iets uitspreekt* (bet.1) ◆ *wat is de uitspraak van cashewnoot?; ik heb moeite met de uitspraak van Engelse woorden* **2** (uitspraken) mening die of oordeel dat je uitspreekt* (bet.2) ◆ *daar durf ik geen uitspraak over te doen; een rechterlijke uitspraak; dat is een uitspraak van een bekende filosoof*.

**uit·sprei·den** (spreidde uit, heeft uitgespreid) *iets uitspreiden:* iets uitvouwen en neerleggen ◆ *een laken op de grond uitspreiden*.

**uit·spre·ken** (sprak uit, heeft uitgesproken) **1** *een woord uitspreken:* het in klanken weergeven, het zeggen ◆ *hoe spreek je dit woord uit?* **2** *iets uitspreken:* iets bekendmaken met gesproken woorden ◆ *hij sprak zijn dankbaarheid hierover uit; een vonnis uitspreken:* het officieel bekendmaken.

**uit·staan** (stond uit, heeft uitgestaan) **1** *iemand of iets niet kunnen uitstaan:* een grote hekel aan iemand of iets hebben ◆ *ik kan het niet uitstaan dat zij altijd haar zin doordrijft* **2** *(van geld):* op een rekening staan of uitgeleend zijn, zodat je rente ontvangt ▼ *doodsangsten uitstaan:* heel bang zijn; *veel met iemand uit te staan hebben:* veel van iemand moeten verdragen, het niet makkelijk met iemand hebben.

**uit·stal·len** (stalde uit, heeft uitgestald) *iets uitstallen:* iets zo neerleggen dat iedereen het kan zien ◆ *sieraden uitstallen in een vitrine*.

**uit·stap·je** (het ~; -s) dagje uit, tochtje ◆ *een uitstapje naar de Efteling*.

**uit·stap·pen** (stapte uit, is uitgestapt) uit een voertuig stappen, het tegenovergestelde van 'instappen' ◆ *bij de volgende halte moeten we uitstappen*.

**uit·stek** (zelfst. nw.) ▼ *bij uitstek:* vóór alles, meer dan wie of wat ook; *zij is een sportvrouw bij uitstek*.

**uit·ste·ken** (stak uit, heeft uitgestoken) **1** *iets uitsteken:* iets naar buiten steken ◆ *je tong uitsteken; (op de fiets) je hand uitsteken:* je arm uitstrekken om aan te geven in welke richting je af wilt slaan **2** *boven iets uitsteken:* boven iets uit komen, hoger zijn dan dat ◆ *die flat steekt boven de andere huizen uit; zij steekt in kennis boven alle anderen uit:* (uitdr.) ze overtreft iedereen.

**uit·ste·kend** (bijv. nw.) heel goed, beter dan iets of iemand anders ⇒ *uitmuntend, uitnemend, excellent, voortreffelijk* ◆ *hij is een uitstekend verteller; je werk was uitstekend, Goedele*.

**uit·stel** (het ~) het uitstellen* ⇒ *respijt* ◆ *uitstel van militaire dienst vragen; van uitstel komt afstel:* (spreekwoord) als je iets uitstelt, doe je het helemaal niet meer.

**uit·stel·len** (stelde uit, heeft uitgesteld) *iets uitstellen:* iets verschuiven naar een later tijdstip, iets nog niet doen met de bedoeling het later te doen ◆ *de vergadering werd een week uitgesteld; stel niet uit tot morgen wat je vandaag kunt doen*.

**uit·ster·ven** (stierf uit, is uitgestorven) *(van soorten dieren):* steeds minder in aantal worden en op den duur ophouden te bestaan ◆ *ooievaars zijn in ons land bijna uitgestorven*.

**uit·stij·gen** (steeg uit, is uitgestegen) **1** *boven iets of iemand uitstijgen:* iets of iemand overtreffen ◆ *hij stijgt ver boven zijn klasgenoten uit:* hij kan veel beter leren dan de anderen **2** (deftig) uitstappen ◆ *de koningin steeg uit de gouden koets*.

**uit·stip·pe·len** (stippelde uit, heeft uitgestippeld) *iets, bijv. een plan of een route, uitstippelen:* vooraf aanduiden hoe iets zal worden of hoe iets zal lopen.

**uit·sto·ten** (stiet of stootte uit, heeft uitgestoten) **1** *iemand uitstoten:* iemand uit een groep verdrijven ⇒ *verstoten* ◆ *toen zijn misdaad aan het licht kwam, werd hij door zijn familie uitgestoten* **2** *klanken uitstoten: die krachtig laten horen* ◆ *hij stootte enkele onverstaanbare kreten uit.*

**uit·stra·len** (straalde uit, heeft uitgestraald) *iets uitstralen:* een bepaalde uitstraling* hebben ◆ *zij straalt een enorme rust uit.*

**uit·stra·ling** (de ~(v.); -en) dat wat van iemand uitgaat, de indruk die hij of zij maakt ◆ *zij heeft een krachtige uitstraling:* zij wekt de indruk krachtig te zijn, er gaat kracht van haar uit.

**uit·strek·ken** (strekte uit, heeft uitgestrekt) *zich uitstrekken over, tot iets:* een bepaalde oppervlakte beslaan ◆ *de bossen strekken zich uit tot aan de rivier; zijn macht strekt zich uit over het hele gebied.*

**uit·strijk·je** (het ~; -s) kleine hoeveelheid slijm uit de baarmoedermond die op een glazen plaatje wordt gelegd en met een microscoop wordt onderzocht.

**uit·stul·ping** (de ~(v.); -en) plaats waar een bobbel zit.

**uit·tes·ten** (testte uit, heeft uitgetest) *iets nieuws uittesten:* iets uitproberen.

**uit·tocht** (de ~(m.)) vertrek van een heleboel mensen tegelijk ◆ *een uittocht van vakantiegangers.*

**uit·tre·den** (trad uit, is uitgetreden) **1** een ambt of vereniging officieel verlaten ◆ *hij treedt uit als priester:* hij verlaat het priesterambt; *hij treedt vervroegd uit:* hij gaat met pensioen vóór hij 65 jaar is **2** in een toestand komen waarbij je geest los is van je lichaam.

**uit·trek·ken** (trok uit, heeft uitgetrokken) **1** *kleren of schoenen uittrekken:* die uitdoen **2** *tijd of geld ergens voor uittrekken:* die of dat voor iets beschikbaar stellen ◆ *ik trek voor deze klus een dag uit* **3** *een tekst uittrekken:* er een uittreksel* van maken.

**uit·trek·sel** (het ~; -s) korte samenvatting ◆ *een uittreksel maken van een boek.*

**uit·vaar·di·gen** (vaardigde uit, heeft uitgevaardigd) *iets uitvaardigen:* iets als een bevel of een dwingend voorschrift openbaar maken ◆ *een wet uitvaardigen.*

**uit·vaart** (de ~; -en) (deftig) begrafenis.

**uit·val** (de ~(m.); -len) **1** keer dat iemand uitvalt* (bet.1) ◆ *de klas was niet bedacht op de uitval van de leraar* **2** plotselinge aanval van iemand die in de verdediging was gedrongen ◆ *de bewoners van de bezette stad deden een uitval naar de belegeraars.*

**uit·val·len** (viel uit, is uitgevallen) **1** *tegen iemand uitvallen:* plotseling boos en heftig tegen iemand praten ◆ *tegen iemand uitvallen* **2** *(van haren, veren enz.):* loslaten en afvallen ◆ *de vogel is in de rui, de veren vallen uit* **3** wegvallen, niet meer door kunnen gaan ◆ *hij is in de laatste ronde van de wedstrijd uitgevallen; de stroom is uitgevallen* **4** op een bepaalde manier aflopen, een bepaald resultaat hebben ◆ *de grap viel anders uit dan hij bedoeld had; mijn tekening is goed uitgevallen:* hij is goed gelukt.

**uit·va·ren** (voer uit, is uitgevaren) **1** met een schip wegvaren, een boottreis beginnen **2** *tegen iemand uitvaren:* iemand woedend toespreken.

**uit·ver·kocht** (bijv. nw.) niet meer verkrijgbaar omdat de hele voorraad verkocht is ◆ *de zaal (de voorstelling) is helemaal uitverkocht:* er zijn geen kaartjes meer voor de voorstelling te krijgen.

**uit·ver·koop** (de ~(m.)) het opruimen van de voorraad van een winkel door alles tegen lagere prijzen te verkopen ◆ *die tas heb ik in de uitverkoop gekocht.*

**uit·ver·ko·ren** (bijv. nw.) gezegd van iets dat speciaal is uitgekozen omdat het het meest geliefd is ◆ *het uitverkoren volk van God.*

**uit·vin·den** (vond uit, heeft uitgevonden) **1** *iets uitvinden:* iets als eerste bedenken of maken ◆ *hij heeft een nieuw geneesmiddel uitgevonden* **2** *iets uitvinden:* iets te weten komen ◆ *heb je al uitgevonden hoe laat je daar moet zijn?*

**uit·vin·der** (de ~(m.); -s), vrouw: **uit·vind·ster** (de ~(v.); -s) iemand die iets heeft uitgevonden* (bet.1) ◆ *wie is de uitvinder van de stoommachine?*

**uit·vin·ding** (de ~(v.); -en) dat wat uitgevonden* (bet.1) is ◆ *de computer is een fantastische uitvinding.*

**uit·vind·ster** → uitvinder.

**uit·vis·sen** (viste uit, heeft uitgevist) *iets uitvissen:* (populair) iets te weten komen door het op een slimme manier te onderzoeken ⇒ *uitvogelen, uitdokteren* ◆ *heb je al uitgevist wie het gedaan heeft?*

**uit·vlak·ken** (vlakte uit, heeft uitgevlakt) *iets uitvlakken:* iets met een gummetje wegvegen ◆ *dat moet je niet uitvlakken:* (uitdr.) je moet niet denken dat het onbelangrijk is.

**uit·vloei·sel** (het ~; -s of -en) gevolg dat niet bedoeld of voorzien was.

**uit·vlucht** (de ~; -en) verzinsel om iets niet te hoeven doen of om je uit een vervelende situatie te redden ⇒ *smoes* ◆ *hij heeft altijd een uitvlucht als er afgewassen moet worden.*

**uit·voer** (de ~(m.)) **1** het uitvoeren* (bet.1) van goederen naar het buitenland, het tegenovergestelde van 'invoer' ⇒ *export* ▼ *iets ten uitvoer brengen:* iets uitvoeren* (bet.2).

**uit·voer·der** (de ~(m.); -s), vrouw: **uit·voer·ster** (de ~(v.); -s) iemand die de leiding heeft bij het uitvoeren* (bet.2) van bouwprojecten.

**uit·voe·ren** (voerde uit, heeft uitgevoerd) **1** *goederen uitvoeren:* ze vanuit het eigen land naar het buitenland brengen, het tegenovergestelde van 'invoeren' ⇒ *exporteren* ◆ *Nederland voert veel tuinbouwproducten uit* **2** *iets uitvoeren:* iets doen waarvan vastgesteld is hoe het gedaan moet worden ◆ *een aannemer voerde de bouwwerkzaamheden uit; een plan uitvoeren* **3** *iets uitvoeren:* iets doen, met iets bezig zijn ◆ *wat voer jij daar uit?* **4** *een muziek-, dans- of toneelstuk uitvoeren:* het voor publiek vertonen of het aan publiek laten horen ◆ *het orkest voerde de eerste symfonie van Mahler uit.*

**uit·voe·rig** (bijv. nw.) met alle bijzonderheden erbij ⇒ *uitgebreid* ◆ *iets uitvoerig vertellen.*

**uit·voe·ring** (de ~(v.); -en) **1** het uitvoeren* (bet.2 en 4) ◆ *de uitvoering van de werkzaamheden; we gaan vanavond naar een balletuitvoering* **2** manier waarop iets is uitgevoerd* (bet.2) ◆ *dit horloge is ook in een zilveren uitvoering te krijgen.*

**uit·vo·ge·len** (vogelde uit, heeft uitgevogeld) *iets uitvogelen:* (populair) uitvissen ◆ *heb je al uitgevogeld hoe het in elkaar zit?*

**uit·vre·ten** (vrat uit, heeft uitgevreten) *iets uitvreten:* (populair) iets doen terwijl het niet mag ⇒ *uitspoken, uithalen* ◆ *wat is hij nu weer aan het uitvreten?*

**uit·vre·ter** (de ~(m.); -s) iemand die misbruik maakt van andermans goedheid door van zijn of haar geld te leven ⇒ *klaploper, parasiet.*

**uit·was** (de ~(m.) of het ~; -sen) ongewenste ontwikkeling of ongewenst gevolg ◆ *vandalisme is een uitwas van de moderne maatschappij.*

**uit·weg** (de ~(m.); -en) manier of middel om uit een vervelende situatie te komen ◆ *hij ziet geen uitweg meer:* hij weet niet hoe hij dit op moet lossen.

**uit·wei·den** (weidde uit, heeft uitgeweid) *ergens over uitweiden:* al te uitgebreid over iets vertellen ◆ *hij weidde uit over het lekkere eten op het feest.*

**uit·wen·dig** (bijv. nw.) aan de buitenkant van je lichaam, het tegenovergestelde van 'inwendig' ◆ *uitwendig is er niets aan hem te zien; een geneesmiddel voor uitwendig gebruik*: dat je niet moet innemen, bijv. zalf.

**uit·wer·ken** (werkte uit) **1** (heeft uitgewerkt) *iets uitwerken*: iets bewerken of nauwkeuriger maken aan de hand van een ruwe schets of opzet ◆ *een plan uitwerken; een som uitwerken* **2** *uitgewerkt zijn*: geen effect of resultaat meer hebben ◆ *de verdoving is uitgewerkt.*

**uit·wer·king** (de ~ (v.)) **1** resultaat, effect ◆ *de straf had geen uitwerking op hem*: hij veranderde er niet door; *haar woorden misten hun uitwerking niet*: ze hadden precies het effect dat ze bedoeld had **2** (-en) keer dat je iets uitwerkt* (bet.1) ◆ *de uitwerking van het plan kostte veel tijd.*

**uit·werp·se·len** (zelfst. nw.; meervoud) alle afvalstoffen die door de anus van een mens of een dier uit het lichaam worden afgevoerd ⇒ *fecaliën, feces, ontlasting.*

**uit·wij·ken** (week uit, is uitgeweken) **1** *(van voertuigen)*: een stukje opzij gaan voor iets dat zich op de weg bevindt ◆ *de auto moest uitwijken voor een fietser* **2** *ergens naar toe uitwijken*: ergens heen gaan omdat je niet kunt komen bij de plaats waar je heen wilde ◆ *omdat de camping vol was, moesten we uitwijken naar een andere plek* **3** (in België □) emigreren.

**uit·wij·zen** (wees uit, heeft uitgewezen) **1** *(van onderzoek) iets uitwijzen*: iets aantonen, iets aan het licht brengen ◆ *het onderzoek wees uit dat hij onschuldig was* **2** *iemand uitwijzen*: bepalen dat iemand het land uit moet ◆ *de regering wees de vluchtelingen uit.*

**uit·wis·se·len** (wisselde uit, heeft uitgewisseld) *iets of iemand uitwisselen tegen iets of iemand anders*: het ene ding of de ene persoon in ruil geven voor een ander ding of een ander persoon ◆ *de twee landen wisselden krijgsgevangenen uit*: allebei lieten ze krijgsgevangenen vrij; *ervaringen uitwisselen*: met iemand praten over jouw ervaringen en naar zijn of haar ervaringen luisteren.

**uit·wis·se·ling** (de ~ (v.); -en) ruil ◆ *uitwisseling van gegevens.*

**uit·zaai·ing** (de ~ (v.); -en) verspreiding van kankercellen door het lichaam ⇒ *metastase.*

**uit·zend·bu·reau** (het ~; -s) bureau dat mensen tijdelijk in dienst neemt en ze naar werkgevers stuurt die tijdelijke werkkrachten nodig hebben.

**uit·zen·den** (zond uit, heeft uitgezonden) **1** *iets uitzenden*: iets via de radio of televisie laten horen of laten zien ◆ *vanavond wordt er een mooie film uitgezonden* **2** *iemand uitzenden*: iemand ergens naar toe sturen met een speciale opdracht ◆ *hij is als arts naar Afrika uitgezonden*: hij gaat daar ontwikkelingswerk doen als arts.

**uit·zen·ding** (de ~ (v.); -en) programma dat via de radio of televisie wordt uitgezonden* (bet.1) ◆ *heb je die uitzending over diepzeeduiken gezien?*

**uit·zend·kracht** (de ~; -en) iemand die via een uitzendbureau werkt.

**uit·zet** (de ~ (m.) of het ~; -ten) complete uitrusting van lakens, handdoeken enz. en kleine huishoudelijke spulletjes ◆ *voordat ze trouwde had ze al een hele uitzet; een babyuitzet*: alle spullen en kleertjes die je nodig hebt voor een baby.

**uit·zet·ten** (zette uit) **1** (is uitgezet) groter en dikker worden ◆ *als je ijzer verhit, zet het uit* **2** (heeft uitgezet) *iets uitzetten*: iets buiten werking stellen ⇒ *afzetten, uitdoen* ◆ *zet de televisie uit* **3** (heeft uitgezet) *vreemdelingen uitzetten*: ze het land uit sturen **4** (heeft uitgezet) *een speurtocht uitzetten*: de route en opdrachten aangeven **5**

(heeft uitgezet) *vis uitzetten in een vijver*: vissen in een vijver doen om ze daar gelegenheid te geven te groeien en zich te vermenigvuldigen **6** (heeft uitgezet) *geld uitzetten*: het uitlenen of op de bank zetten met de bedoeling er rente over te krijgen.

**uit·zicht** (het ~) **1** het uitzien* (bet.1) ◆ *de muur belemmert het uitzicht*: doordat er een muur staat kun je niet ver naar buiten kijken; *als je op de toren staat, heb je een schitterend uitzicht*: dan kun je goed de mooie omgeving zien **2** kans om in de toekomst iets te krijgen ◆ *hij heeft uitzicht op een goede baan.*

**uit·zicht·loos** (bijv. nw.) zonder uitzicht* (bet.2) ◆ *een uitzichtloos bestaan.*

**uit·zien** (zag uit, heeft uitgezien) **1** *uitzien op iets*: zicht op iets hebben, iets te zien geven ⇒ *uitkijken* ◆ *mijn kamer ziet uit op een weiland* **2** *ergens naar uitzien*: verlangend wachten tot iets dichterbij komt ⇒ *uitkijken* ◆ *uitzien naar vakantie* **3** *ergens naar uitzien*: iets proberen te krijgen, naar iets op zoek gaan ⇒ *uitkijken, omzien* ◆ *uitzien naar een baantje.*

**uit·zin·gen** (zong uit, heeft uitgezongen) *het uitzingen*: (populair) het volhouden met een beperkte hoeveelheid van iets dat je nodig hebt ◆ *ik kan het nog wel een poosje uitzingen met die 100 gulden.*

**uit·zin·nig** (bijv. nw.) dol en dwaas, alsof je je verstand kwijt bent ◆ *toen hij hoorde dat hij geslaagd was, was hij uitzinnig van vreugde.*

**uit·zit·ten** (zat uit, heeft uitgezeten) *iets vervelends uitzitten*: er tot het einde toe bij blijven zitten ◆ *hij heeft de film helemaal uitgezeten; je straf uitzitten*: je straftijd in de gevangenis doorbrengen.

**uit·zoe·ken** (zocht uit, heeft uitgezocht) **1** *iets uitzoeken*: iets uit verschillende dingen of mogelijkheden nemen ⇒ *uitkiezen* ◆ *zoek maar iets uit voor je verjaardag* **2** *iets uitzoeken*: iets op orde brengen door de dingen die bij elkaar horen bij elkaar te leggen ⇒ *sorteren* ◆ *de foto's moeten nodig uitgezocht worden* **3** *iets uitzoeken*: proberen iets te weten te komen door het te onderzoeken ◆ *zoek eens voor me uit wie in 1964 de Tour de France won; ze zoeken het maar uit*: (uitdr.) ik bemoei me niet meer met hen.

**uit·zon·de·ren** (zonderde uit, heeft uitgezonderd) *iets of iemand uitzonderen*: bepalen dat iets dat voor andere dingen of mensen geldt niet geldt voor de zaak of die persoon ◆ *hij is uitgezonderd van deelname aan de wedstrijd*: hij mag niet meedoen.

**uit·zon·de·ring** (de ~ (v.); -en) geval waarin iets niet geldt dat gewoonlijk of voor andere mensen of dingen wél geldt ◆ *bij uitzondering mochten we opblijven*: omdat het een speciale gelegenheid was; *met uitzondering van Willy is iedereen over*: alleen Willy is blijven zitten; *de uitzondering bevestigt de regel*: (uitdr.) op elke regel is wel een uitzondering.

**uit·zon·der·lijk** (bijv. nw.) heel bijzonder, weinig voorkomend ◆ *hij heeft een uitzonderlijk talent voor muziek.*

**uit·zui·gen** (zoog uit, heeft uitgezogen) *iemand uitzuigen*: iemand langdurig erg uitbuiten (bet.1) ◆ *in Indiase weverijen worden sommige kinderen uitgezogen.*

**uit·zui·ger** (de ~ (m.); -s), vrouw: **uit·zuig·ster** (de ~ (v.); -s) iemand die anderen uitzuigt*.

**uk** (de ~ (m.); -ken) klein kind ⇒ *dreumes, hummel, puk.*

**UK** (afkorting) *United Kingdom*; dit is Engels en het betekent: Verenigd Koninkrijk (de officiële naam van Groot-Brittannië).

**uke·le·le** [jœkelille] (de ~ (m.); -s) snaarinstrument uit Hawaï, dat eruitziet als een kleine gitaar met vier snaren.

**ule·vel** (de ~; -len) ouderwets snoepje in een papiertje met een rijmpje erop.

**ulo** (de ~; ulo's) school voor **u**itgebreid **l**ager **o**nderwijs; deze school heet nu mavo.

**ul·tiem** (bijv. nw.) allerlaatste ◆ *een ultieme poging.*

**ul·ti·ma·tum** (het ~; -s) laatste kans die je van je tegenstander krijgt om een conflict op te lossen voordat er strafmaatregelen volgen ◆ *de ontvoerders stelden als ultimatum dat er binnen 24 uur losgeld bezorgd moest worden.*

**ul·ti·mo** (bijw.) op de laatste dag van de maand ◆ *ultimo november:* 30 november.

**ultra-** heel erg, uiterst ◆ *een ultramoderne kamer; zijn politieke opvattingen zijn ultralinks.*

**um·laut** (Duits) [œmlaut](de ~(m.); -en)(taal) teken waarmee je aangeeft dat de uitspraak van een klinker verandert (kijk ook bij: **klinker**) ◆ *het meervoud van het Duitse woordje 'Mann' krijgt een umlaut; je krijgt dan 'Männer' en dat spreek je uit als 'menner'.*

**um·pire** (Engels) [umpajjer](de ~; -s) scheidsrechter, vooral bij tennis.

**una·niem** (bijv. nw.) met instemming van iedereen ◆ *het voorstel werd unaniem aangenomen:* iedereen was het ermee eens.

**Unc·tad** (de ~(v.)) **U**nited **N**ations **C**onference on **T**rade **a**nd **D**evelopment; dit is een bijeenkomst die wordt georganiseerd door de Verenigde Naties, waar alle landen van de wereld met elkaar praten over de economische ontwikkelingen.

**un·der·dog** (Engels) [underdoꭓ](de ~; -s) **1** iemand die altijd zwakker is dan anderen en slecht behandeld wordt **2** iemand of een partij van wie iedereen verwacht dat die zal verliezen.

**un·der·state·ment** (Engels) [understeetment](het ~; -s) opmerking waarin je iets ergs heel laconiek zegt, met het effect dat iedereen snapt hoe erg het is (kijk ook bij: **laconiek**).

**Unes·co** (de ~(v.)) **U**nited **N**ations **E**ducational, **S**cientific and **C**ultural **O**rganization; dit is een onderafdeling van de Verenigde Naties die contacten tussen landen op het gebied van onderwijs, wetenschap en cultuur bevordert.

**un·fair** (Engels) [unfeer](bijv. nw.) oneerlijk, niet fair ◆ *een unfaire wedstrijd.*

**Uni·cef** (de ~(v.)) **U**nited **N**ations **I**nternational **C**hildrens **E**mergency **F**und; dit is een onderafdeling van de Verenigde Naties die geld beschikbaar stelt voor hulp over de hele wereld aan kinderen in nood.

**uni·cum** (het ~; -s of unica) iets unieks, iets dat maar één keer gebeurt ◆ *dit is een unicum in de geschiedenis van de sport.*

**unie** (de ~(v.); -s) vereniging van staten of van bedrijven ⇒ *verbond* ◆ *de West-Europese Unie:* samenwerkingsverband van West-Europese landen op het gebied van defensie.

**Unie 55+** (de ~(v.)) politieke partij in Nederland.

**uniek** (bijv. nw.) gezegd van iets moois of waardevols waar er maar één van is ◆ *een uniek exemplaar; een unieke gelegenheid:* een gelegenheid die zich maar één keer voordoet.

**uni·form**¹ (het ~; -en) speciale kleding die wordt gedragen door alle mensen die tot een bepaalde groep behoren of die een bepaald beroep uitoefenen ◆ *een padvindersuniform; het uniform van de postbode.*

**uni·form**² (bijv. nw.) gelijk van vorm en inhoud, helemaal gelijk ⇒ *eenvormig* ◆ *een serie boeken in uniforme uitvoering.*

**unit** (Engels) [joenit](de ~; -s) onderdeel of afdeling van een groter geheel ◆ *er wordt een nieuwe unit aan het ziekenhuis gebouwd.*

**uni·ver·seel** (bijv. nw.) allesomvattend, in alle gevallen bruikbaar of van toepassing ◆ *een universeel middel; een universeel erfgenaam:* die alles erft.

**uni·ver·si·tair** [uunieverzieteer](bijv. nw.) betrekking hebbend op een universiteit* ◆ *een universitaire opleiding:* een opleiding aan een universiteit.

**uni·ver·si·teit** (de ~(v.); -en) instelling voor wetenschappelijk onderwijs.

**uni·ver·sum** (het ~) heelal.

**UNO** (de ~(v.)) **U**nited **N**ations **O**rganization; dit is de Engelse naam voor de Verenigde Naties.

**up·pie** (zelfst. nw.) ▼ *in je uppie:* (populair) alleen, in je eentje.

**ups en downs** [upsendauns](zelfst. nw.; meervoud) goede en slechte momenten ◆ *ieder mens heeft zo zijn ups en downs.*

**up-to-date** (Engels) [uptœdeet](bijw.) modern, van deze tijd ◆ *hij is up-to-date gekleed.*

**ura·ni·um** (het ~) metaal dat radioactieve straling uitzendt en dat, nadat het verrijkt is, gebruikt wordt voor de opwekking van kernenergie.

**ur·ba·ni·sa·tie** (de ~(v.)) **1** het verschijnsel dat dorpen op het platteland uitgroeien tot steden ⇒ *verstedelijking* **2** het verschijnsel dat de plattelandsbevolking naar de steden verhuist.

**ure** → **uur**.

**ure·thra** (de ~(v.); urethra's of urethrae)(medisch) buisje in je lichaam waardoor de urine vanuit de blaas naar buiten wordt gevoerd ⇒ *urinebuis.*

**ur·gent** (bijv. nw.) dringend, waarbij grote spoed nodig is ◆ *ik moet je onmiddellijk spreken, het is urgent.*

**uri·ne** (de ~) gele vloeistof die de afvalstoffen van je nieren bevat en die via de blaas uit je lichaam wordt afgevoerd ⇒ *plas.*

**uri·ne·ren** (urineerde, heeft geürineerd) urine* lozen ⇒ *plassen, wateren.*

**uri·noir** [uurienwaar](het ~; -s) openbare gelegenheid voor mannen om te urineren*.

**urn** (de ~; -en) stenen vaas waarin de as van iemand die gecremeerd is, bewaard wordt.

**uro·loog** (de ~(m.); urologen), vrouw: **uro·lo·ge** (de ~(v.); -s of -n) dokter die gespecialiseerd is in nier- en blaasziekten.

**US** (de ~) **U**nited **S**tates; dit is Engels en het betekent: Verenigde Staten ⇒ USA.

**USA** (de ~) **U**nited **S**tates of **A**merica; dit is Engels en het betekent: Verenigde Staten van Amerika ◆ *de USA hebben (of: heeft) besloten deel te nemen aan de conferentie.*

**USSR** (de ~(v.)) **U**nie van **S**ocialistische **S**ovjetrepublieken; dit was tot 1992 de officiële naam voor Rusland.

**usur·pa·tor** (de ~(m.); -s of -en) overweldiger, iemand die iets met geweld in bezit heeft genomen.

**ute·rus** (de ~(m.); -sen)(medisch) baarmoeder.

**uto·pie** (de ~(v.); utopieën) droombeeld van een volmaakte toestand in de maatschappij die nooit verwezenlijkt kan worden ◆ *het ideaal van de wereldvrede is tot nu toe een utopie gebleken.*

**uur** (het ~; uren) tijdsduur van 60 minuten, 24e deel van een etmaal ◆ *om vier uur gaat de school uit; ik ben over een half uurtje bij je; 's woensdags hebben we het laatste uur gymnastiek:* het laatste lesuur; *zijn laatste uur heeft geslagen:* (uitdr.) hij gaat dood; *het uur der waarheid is aangebroken:* (uitdr.) nu zullen we achter de waarheid komen; *in de kleine uurtjes:* (uitdr.) diep in de nacht, na middernacht; *de mensen van het eerste uur:* (uitdr.) de mensen die vanaf het begin bij iets betrokken waren; *te elfder ure:* (uitdr.) op het laatste moment.

**uur·roos·ter** (de ~ (m.) of het ~; -s) **1** (in België □) lesrooster **2** (in België □) dienstregeling van treinen, bussen enz..

**uur·werk** (het ~; -en) **1** apparaat dat de tijd aangeeft ⇒ klok **2** binnenwerk van een klok.

**uw** (bez. vnw.) (beleefdsheidsvorm van de tweede persoon enkelvoud en meervoud) van u ◆ *mevrouw, mag ik uw pen even lenen?; heren, wilt u even uw mond houden?*

**uzelf** (wederkerend vnw.) (beleefdheidsvorm van de tweede persoon enkelvoud en meervoud) ◆ *ken uzelf.*

**uzi** [œzie] (de ~ (v.); uzi's) machinepistool, pistoolmitrailleur.

# Vv

**v** (de ~; v's) de 22e letter van het alfabet.

**V¹** (afkorting) *volt.*

**V²** Romeins cijfer voor 5.

**vaag** (bijv. nw.) niet goed zichtbaar of herkenbaar, onduidelijk ◆ *vaag kon je in de verte de kerktoren zien; een vaag vermoeden hebben dat ...: geneigd zijn te denken dat ....*

**vaak¹** (de ~ (m.)) (in België □) slaperig gevoel ◆ *vaak hebben:* slaap hebben; *Klaas Vaak:* sprookjesfiguur die de kinderen zand in de ogen strooit, waardoor ze slaap krijgen.

**vaak²** (bijw.) op veel momenten, vele keren ⇒ *dikwijls* ◆ *hij zwemt zo vaak als het maar kan.*

**vaal** (bijv. nw.) grauw en dof, niet helder ⇒ *flets* ◆ *een vale spijkerbroek; vaal licht; een vale huid:* een bleke, ongezonde huid.

**vaam** → vadem.

**vaan·del** (het ~; -s) vlag met een voorstelling erop ◆ *het vaandel van een gymnastiekvereniging; iets hoog in het vaandel hebben staan:* (uitdr.) iets erg belangrijk vinden.

**vaan·drig** (de ~ (m.); -s) militair die het examen voor reserveluitenant heeft gehaald, maar die in de praktijk nog moet laten zien of hij geschikt is voor die functie.

**vaan·tje** (het ~; -s) klein vlaggetje ◆ *een zeilboot heeft een windvaantje boven in de mast; naar de vaantjes zijn:* (in België □; uitdr.; populair) kapot of verknoeid zijn.

**vaar·boom** (de ~ (m.); -bomen) lange stok met een haak, waarmee je een boot vooruit duwt.

**vaar·dig** (bijv. nw.) behendig, bedreven ◆ *zij is vaardig met naald en draad.*

**-vaardig** klaar om te beginnen met ... ◆ *reisvaardig; strijdvaardig.*

**vaar·dig·heid** (de ~ (v.); vaardigheden) behendigheid, bedrevenheid ◆ *aan de sollicitant werd gevraagd over welke vaardigheden hij beschikte.*

**vaar·geul** (de ~; -en) gedeelte van een waterweg dat diep genoeg is voor de scheepvaart.

**vaars** (de ~ (v.); vaarzen) jonge koe van ongeveer twee jaar die voor 't eerst moet kalven of gekalfd heeft.

**vaart** (de ~) **1** grote snelheid ◆ *de auto's botsten in volle vaart op elkaar; vaart achter iets zetten:* (uitdr.) haast met iets maken; *het zal zo'n vaart niet lopen:* (uitdr.) het zal wel meevallen **2** het varen* ◆ *een schip uit de vaart nemen:* er niet langer mee varen, bijv. omdat het schade heeft opgelopen; *de grote vaart:* de vaart van koopvaardijschepen naar landen buiten Europa; *behouden vaart!:* een voorspoedige reis over het water! **3** (-en) gegraven waterweg, kanaal ◆ *een weg langs de vaart.*

**vaar·tuig** (het ~; -en) vervoermiddel voor over water of onder water.

**vaar·wa·ter** (zelfst. nw.) ▼ *in iemands vaarwater komen of zitten:* (uitdr.) op iemands gebied komen of zitten en hem of haar daardoor dwarszitten.

**vaar·wel** (tussenw.) (afscheidsgroet wanneer iemand voor lange tijd vertrekt).

**vaas** (de ~; vazen) sierkan om bloemen in te zetten.

**vaat** (de ~) alle vuile spullen die bij het koken en eten zijn gebruikt ⇒ *afwas* ♦ *de vaat doen.*

**vaat·doek** (de ~(m.); -en) doekje om de gootsteen, het aanrecht en het fornuis mee schoon te vegen ♦ *zij is zo slap als een vaatdoek:* (uitdr.) zij is erg slap, erg zwak.

**vaat·werk** (het ~) al het serviesgoed dat in een huishouden wordt gebruikt.

**vaat·ziek·te** (de ~(v.); -n of -s) ziekte van de bloedvaten.

**va·cant** (bijv. nw.) niet bezet, onvervuld ♦ *deze baan is vacant.*

**va·can·tie** → vakantie.

**va·ca·tu·re** (de ~(v.); -s) baan die door niemand bezet wordt ♦ *als hij weggaat bij dat bedrijf, komt er een vacature.*

**vac·cin** [vaksèn] (het ~; -s) vloeistof waarmee je wordt ingeënt om te voorkomen dat je een bepaalde ziekte krijgt ♦ *een vaccin tegen mazelen.*

**vac·ci·ne·ren** [vaksieneeren] (vaccineerde, heeft gevaccineerd) *een mens of een dier vaccineren:* een mens of een dier een vaccin* inspuiten ⇒ *inenten.*

**vacht** (de ~; -en) behaarde huid van een dier.

**vacuüm¹** va·cu·um (het ~; -s) luchtledige ruimte ♦ *na haar studie kwam ze in een vacuüm terecht:* (uitdr.) in een leegte, toen wist ze niets meer te doen.

**vacuüm²** va·cu·um (bijv. nw.) zonder lucht erin ⇒ *luchtledig* ♦ *de koffie is vacuüm verpakt.*

**va·dem, vaam** (de ~(m.); -en of -s) dieptemaat van ongeveer één meter zeventig ♦ *het water is hier 25 vadem diep.*

**va·de·me·cum** (het ~; -s) (letterlijk: ga met mij) boekje met beknopte informatie over een bepaald onderwerp, dat je als handleiding gebruikt.

**va·der** (de ~(m.); -s) man die een of meer kinderen heeft ♦ *ergens de geestelijke vader van zijn:* (uitdr.) degene zijn die iets bedacht heeft, de grondlegger; *zo vader zo zoon:* (uitdr.) de zoon is net zoals de vader.

**va·der·dag** (de ~(m.)) feestdag voor vaders op de derde zondag in juni.

**va·der·land** (het ~; -en) land waarin je geboren bent ♦ *Frankrijk is haar tweede vaderland:* (uitdr.) daar voelt ze zich erg thuis.

**va·der·lands** (bijv. nw.) gezegd van iets dat te maken heeft met het vaderland* ♦ *vaderlandse liederen.*

**va·der·lijk** (bijv. nw.) van of als van een vader* ♦ *het vaderlijk gezag; hij doet erg vaderlijk tegen me.*

**vad·sig** (bijv. nw.) gezegd van een mens die of een dier dat lui en sloom is door zijn dikte.

**va·gant** (de ~(m.); -en) student of geestelijke die in de Middeleeuwen rondtrok en een avontuurlijk leven leidde.

**va·ge·bond** (de ~(m.); -en) zwerver, landloper.

**va·ge·vuur** (het ~) plaats waar volgens het rooms-katholieke geloof mensen na hun dood naar toe gaan als ze nog niet in de hemel kunnen worden toegelaten.

**va·gi·na** (de ~; vagina's) deel van het geslachtsorgaan van een vrouw dat de ingang tot de baarmoeder vormt ⇒ *schede, kut.*

**vak** (het ~; -ken) **1** beroep, ambacht ♦ *het loodgietersvak; een vak leren; hij verstaat zijn vak:* (uitdr.) hij is goed in zijn werk **2** onderdeel van een wetenschap die of een kennisgebied dat je bestudeert ♦ *wiskunde is een moeilijk vak* **3** plat vlak dat begrensd wordt door rechte lijnen ♦ *de vakjes op het dambord; in dat vak komen kruiden te staan* **4** hokje in een kast, kist of la ♦ *in dit vakje bewaar ik mijn haarspelden.*

**VA·KA** (het ~) Vlaams Aktiekomitee tegen Atoomwapens.

**va·kant** → vacant.

**va·kan·tie** (de ~(v.); -s) periode waarin je vrij hebt van school of van je werk ♦ *met vakantie gaan:* naar een andere plaats gaan in de periode dat je vrij hebt.

**va·kan·tie·ko·lo·nie** (de ~(v.); -s) plaats waar kinderen die moeten aansterken met vakantie heen gaan ♦ *een vakantiekolonie aan zee.*

**va·kan·tie·park** (het ~; -en) groot terrein met vakantiehuisjes en allerlei voorzieningen, zoals een zwembad en een speeltuin.

**va·ka·tu·re** → vacature.

**vak·be·we·ging** (de ~(v.)) alle vakbonden samen (kijk ook bij: **vakbond**) ♦ *de vakbeweging protesteerde tegen de plannen van de regering.*

**vak·bond** (de ~(m.); -en) vereniging van werknemers uit hetzelfde vak (bet.1) of dezelfde bedrijfstak, die opkomt voor de belangen van die werknemers ♦ *elk jaar onderhandelen de werkgevers met de vakbonden over de lonen.*

**vak·idi·oot** (de ~(m.); -idioten) iemand die zich heel fanatiek met zijn of haar vak (bet.1) bezighoudt.

**vak·ken·pak·ket** (het ~; -ten) de vakken (bet.2) die een leerling kiest voor het eindexamen.

**vak·kun·dig** (bijv. nw.) bekwaam, met veel vakkennis ♦ *dat kastje is vakkundig gemaakt.*

**vak·man** (de ~(m.); -nen, vaklui of vaklieden) iemand die goed is in zijn vak (bet.1) ♦ *we laten een vakman komen om de badkamer te betegelen.*

**vak·werk** (het ~) **1** werk dat door een vakman gedaan is of gedaan lijkt te zijn ♦ *mooi gedaan hoor, dat is vakwerk!* **2** bouwstijl waarbij de muren bestaan uit een raamwerk van houten balken met gepleisterd metselwerk ertussen.

**val** (de ~(m.); -len) **1** keer dat je valt* (bet.1 en 5) ♦ *hij maakte een lelijke val op het ijs; ten val komen:* (uitdr.) vallen; ook: je invloed en macht verliezen; *het kabinet kwam ten val* **2** toestel om dieren mee te vangen ♦ *een muizenval; in de val lopen:* (uitdr.) beetgenomen worden, betrapt worden **3** (in België □) valluik.

**val·avond** (de ~(m.)) (in België □) zonsondergang ♦ *bij valavond:* tegen het vallen van de avond, in de avondschemering.

**va·le·ri·aan** (de ~; valerianen) plant waarvan de wortels gebruikt worden om een drankje te maken dat helpt tegen zenuwachtigheid.

**val·helm** (de ~(m.); -en) helm die je hoofd moet beschermen als je valt ♦ *bromfietsers moeten een valhelm dragen.*

**va·li·de** (bijv. nw.) geldig, overtuigend ♦ *valide argumenten.*

**va·lies** (het ~; valiezen) (ouderwets) koffer, reistas.

**va·li·um*** (het ~) kalmerend middel.

**valk** (de ~; -en) bepaald soort roofvogel.

**val·ke·nier** (de ~(m.); -s) iemand die valken* verzorgt en africht voor de jacht.

**val·ken·oog** (de ~(m.); -ogen) blauwe edelsteen die doet denken aan een glinsterend oog als je hem onder het licht beweegt.

**val·kuil** (de ~(m.); -en) **1** kuil die van bovenaf onzichtbaar gemaakt is, en die gegraven wordt om dieren in te vangen **2** iets waar mensen makkelijk door misleid worden.

**val·lei** (de ~; -en) uitgestrekt dal.

**val·len** (viel, is gevallen) **1** plotseling en per ongeluk op de grond terechtkomen, onderuitgaan ♦ *een gat in je knie vallen; er is veel sneeuw gevallen:* uit de lucht naar beneden gekomen; *de stof van die rok valt mooi:* die hangt mooi naar beneden; *na de voorstelling viel het* _doek_: toen werd het doek neergelaten; _met **vallen** en opstaan iets bereiken_:(uitdr.) door het steeds opnieuw te proberen als het niet gelukt is **2** _ergens over vallen_: ergens boos om worden, ergens aanstoot aan nemen ◆ _hij **viel** over haar ruwe woorden_ **3** _op iemand of iets vallen_: iemand of iets heel erg leuk of aantrekkelijk vinden ◆ _Teresa **valt** op jonge hondjes_ **4** in de strijd omkomen, sneuvelen ◆ _de soldaat is voor het vaderland **gevallen**_ **5** je macht en invloed verliezen, je moeten overgeven ◆ _het kabinet is **gevallen**_: de ministers zijn afgetreden **6** _ergens onder vallen_: ergens bij horen ◆ _deze vraag **valt** nog onder hoofdstuk zes_ ▼ _het voorstel is niet goed **gevallen**_: het werd niet goed ontvangen; _het licht **valt** op tafel_: het schijnt op tafel; _Sinterklaas **valt** dit jaar op donderdag_: het is dit jaar op een donderdag sinterklaasfeest; _er **vielen** harde woorden_: er werden harde woorden gesproken; _de avond **valt**_: het wordt avond; _het werk **valt** me zwaar_: het is zwaar voor me; _er **valt** niets meer over te zeggen_: er kan of hoeft niets meer over gezegd te worden.

**val·le·tje** (het ~; -s) gordijnstrook.

**val·reep** (zelfst. nw.) ▼ _op de **valreep**_: op het allerlaatste moment.

**vals** (bijv. nw.) **1** boosaardig, niet te vertrouwen ◆ _een **valse** hond_ **2** onwaar, onjuist ◆ _**vals** alarm_: alarm zonder dat er gevaar is; _iemand **vals** beschuldigen_: iemand beschuldigen terwijl hij of zij niets heeft gedaan; _**vals** zingen_: niet zuiver zingen **3** onecht, nagemaakt ◆ _**vals** geld_.

**val·scherm** (het ~; -en) parachute.

**val·se·mun·ter** (de ~(m.); -s) iemand die geld namaakt.

**val·strik** (de ~(m.); -ken) gemene poging om iemand beet te nemen of in moeilijkheden te brengen ◆ _iemand in een **valstrik** lokken_.

**va·lu·ta** (de ~; valuta's) geldig betaalmiddel in een bepaald land, zoals de gulden in Nederland en de frank in België ◆ _buitenlandse **valuta**_.

**vamp** (Engels) [vamp] (de ~(v.); -s) vrouw die mysterieus en verleidelijk doet tegen mannen.

**vam·pier** (de ~(m.); -s) (in verhalen) dode die 's nachts opstaat uit zijn graf en zich dan voedt met mensenbloed.

**van¹** (bijw.) (woordje dat dezelfde betekenissen kan hebben als het voorzetsel 'van', maar anders in de zin gebruikt wordt) ◆ _daar komt narigheid **van**; hout om een hut **van** te maken; zij weet daar alles **van**; waar ken ik jou **van**?_

**van²** (voorz.) **1** (om aan te geven waar iemand of iets vandaan komt) ◆ _de paus **van** Rome; eieren **van** de boerderij_ **2** vanaf ◆ _bezoekuur **van** 3 tot 5_ **3** (om aan te geven bij wie of wat iets of iemand hoort) ◆ _die pen is **van** mij; de vriend **van** mijn zus; de schilderijen **van** Rubens_ **4** (om aan te geven welk materiaal gebruikt is) ◆ _een hut **van** hout_ **5** over, betreffende ◆ _het sprookje **van** Repelsteeltje_ **6** wat betreft ⇒ _qua_ ◆ _**van** beroep is hij onderwijzer; ik ken hem **van** gezicht_ **7** (in verschillende vaste combinaties van woorden) ◆ _ik houd niet **van** macaroni; wat ben je **van** plan?; hij schrok **van** de knal._

**van·af** (voorz.) te beginnen bij ◆ _**vanaf** het station is het nog vier kilometer; **vanaf** negen uur zijn de winkels open._

**van·avond** (bijw.) tijdens de avond van deze dag ◆ _wat komt er **vanavond** op de televisie?_

**van·daag** (bijw.) op deze dag ⇒ _heden_ ◆ _**vandaag** of morgen_:(uitdr.) binnenkort; _liever **vandaag** dan morgen_: (uitdr.) het liefst zo snel mogelijk; _**vandaag** de dag_: (uitdr.) tegenwoordig.

**van·daal** (de ~(m.); vandalen) iemand die zomaar dingen vernielt.

**van·daan** (bijw.) weg van ... ◆ _is de bibliotheek hier ver **vandaan**?; waar kom jij **vandaan**?; waar moet ik het geld **vandaan** halen?_: hoe kom ik aan het geld?; _waar haalt hij het **vandaan**!_:(uitdr.) hoe komt hij erbij!

**van·daar** (bijw.) om die reden, daarom ◆ _ik heb drie uur gefietst, **vandaar** dat ik zo moe ben; o, **vandaar**!_:(uitdr.) o, zit dat zo!

**van·da·lis·me** (het ~) het vernielen van dingen op straat en in openbare gebouwen, uit verveling en baldadigheid.

**van·een** (bijw.) **1** van, uit elkaar **2** (in België □; populair) gescheiden ◆ _Kitty en Walter zijn **vaneen**._

**vang·arm** (de ~(m.); -en) elk van de beweegbare uitsteeksels van sommige dieren waarmee ze voedsel vangen ⇒ _tentakel_.

**van·gen** (ving, heeft gevangen) **1** mensen, dieren of dingen vangen: ze grijpen ◆ _vliegen **vangen**; een boef **vangen**; een bal **vangen**_: die in je hand opvangen; _iemands blik proberen te **vangen**_:(uitdr.) proberen iemand jou aan te laten kijken; _geld voor iets **vangen**_:(uitdr.; populair) geld voor iets krijgen **2** (in België; populair) getikt zijn.

**vang·rail** (de ~; -s) laag hek van metalen stroken langs een snelweg, dat voorkomt dat auto's bij een ongeluk van de weg raken of op de verkeerde rijbaan terechtkomen.

**vangst** (de ~(v.); -en) het vangen* ◆ _de vis**vangst**_.

**va·nil·le** [vanieljə of vanieljee] (de ~) geurige, zoete specerij die gemaakt wordt van de vrucht van een tropische klimplant ◆ _**vanille**vla_.

**van·mid·dag** (bijw.) tijdens de middag van deze dag.

**van·mor·gen** (bijw.) tijdens de morgen van deze dag ⇒ _vanochtend_.

**van·nacht** (bijw.) **1** tijdens de nacht die aan deze dag voorafging **2** tijdens de nacht die op deze dag zal volgen.

**van·och·tend** (bijw.) tijdens de ochtend van deze dag ⇒ _vanmorgen_.

**van·ouds** (bijw.) ▼ _als **vanouds**_: weer net zoals het vroeger was.

**van·uit** (voorz.) (om aan te geven vanaf welke plaats iets gebeurt) ◆ _ik heb je gezien **vanuit** het zolderraam._

**van·waar** (bijw.) om welke reden, waarom ◆ _**vanwaar** die angst?_

**van·we·ge** (voorz.) (om een reden aan te geven) ◆ _**vanwege** de optocht is deze straat afgesloten voor het verkeer._

**van·zelf** (bijw.) **1** zomaar, zonder hulp of inspanning van iets of iemand anders ◆ _het ging **vanzelf** kapot_ **2** vanzelfsprekend, natuurlijk ◆ _doe je ook mee? **vanzelf**!_

**van·zelf·spre·kend¹** (bijv. nw.) voor de hand liggend, natuurlijk ◆ _dat is helemaal niet zo **vanzelfsprekend**._

**van·zelf·spre·kend²** (bijw.) natuurlijk, uiteraard.

**VA·RA** (de ~(v.)) **V**ereniging van **A**rbeiders-**R**adio-**A**mateurs; dit is een omroep in Nederland.

**va·ren¹** (de ~; -s) plant die zich voortplant door middel van sporen (kijk ook bij: _spore_).

**va·ren²** (voer, heeft of is gevaren) **1** je met een vaartuig over het water voortbewegen ◆ _op de Rijn wordt druk **gevaren**; hij vaart_:(uitdr.) hij is zeeman ▼ _ergens wel bij **varen**_: door iets in een toestand komen waarin het je goed gaat; _iets, bijv. een plan, laten **varen**_: ervan afzien; _het zal hem **varen**_:(in België □; populair) het zal hem niet meevallen.

**va·ria** (zelfst. nw.; meervoud) verschillende dingen door elkaar, mengelmoes ⇒ _allerhande_ ◆ _in onze krant staat een rubriek **varia**._

**va·ri·a·bel** (bijv. nw.) veranderlijk of veranderbaar ◆ _**variabele** werktijden_: werktijden die niet gebonden zijn aan vaste uren, werktijden die elke dag anders kunnen zijn.

**va·ri·a·be·le** (de ~; -n)(wiskunde) grootheid die steeds een andere waarde kan hebben ◆ *in a + 3 is a de variabele:* (je kunt voor a elk getal invullen).

**va·ri·ant** (de ~; -en) iets dat in vorm afwijkt van de meest gewone vorm, andere versie ◆ *er zijn verscheidene varianten van dat sprookje overgeleverd.*

**va·ri·a·tie** (de ~(v.); -s) verandering, afwisseling ◆ *laten we voor de variatie eens ergens anders naar toe gaan; er is zoveel variatie dat je niet weet wat je kiezen moet; variaties op een thema:* verschillende bewerkingen van hetzelfde onderwerp.

**va·ri·ë·ren** va·ri·e·ren (varieerde, heeft gevarieerd) **1** veranderen, wisselen ◆ *de prijzen variëren van f 10,- tot f 15,-* **2** iets variëren: ergens iets aan veranderen, ergens variatie* in aanbrengen ◆ *een regel in een liedje variëren.*

**va·ri·é·té** (het ~) vorm van theater waarbij zang, dans, toneelspel enz. afgewisseld worden.

**va·ri·ë·teit** va·ri·e·teit (de ~(v.); -en) soort van iets waar meerdere soorten van zijn ◆ *deze snackbar heeft een heleboel variëteiten ijs.*

**var·ken** (het ~; -s) tam zoogdier, meestal met een roze kleur en een krul in de staart ⇒ *zwijn* ◆ *varkens vetmesten; gillen als een mager (speen)varken:* (uitdr.) hard en schel gillen; *we zullen dat varkentje eens even wassen:* (uitdr.) we zullen dat karwei even opknappen; *vele varkens maken de spoeling dun:* (uitdr.) als je iets met veel mensen moet delen, krijg je maar weinig; *vieze varkens worden niet vet:* (uitdr.)(dit zeg je tegen iemand die allerlei dingen niet eet omdat hij of zij er vies van is).

**var·si·ty** (de ~; varsity's) roeiwedstrijd tussen studenten.

**va·sec·to·mie** (de ~(v.)) het wegsnijden van een bepaald buisje in de teelbal van een man of mannetjesdier, waardoor hij of het geen kinderen of jongen meer kan verwekken (kijk ook bij: **teelbal**).

**va·se·li·ne** (de ~) witte, vettige stof die o.a. gebruikt wordt als zalf en om metaal tegen roest te beschermen.

**vast¹** (bijv. nw.) **1** stevig met iets verbonden, niet beweegbaar, het tegenovergestelde van 'los' ◆ *vaste vloerbedekking; een vaste brug* **2** stevig ◆ *vast voedsel:* niet in vloeibare vorm; *vaste stoffen:* stoffen die geen vloeistof en geen gas zijn; *weer vaste grond onder je voeten hebben:* (na een boot- of vliegreis) **3** onveranderlijk, steeds dezelfde of hetzelfde ◆ *een vaste prijs; hij komt op vaste dagen; vast slapen:* diep slapen, slapen zonder steeds wakker te worden; *nog geen vaste plannen hebben:* nog niet definitief beslist hebben wat je gaat doen.

**vast²** (bijw.) **1** zeker, stellig ◆ *ze komt vast wel; vast en zeker:* (uitdr.) zonder twijfel **2** zonder te wachten op iemand of iets ⇒ *alvast* ◆ *ga maar vast, ik kom later.*

**vast·be·ra·den** (bijv. nw.) vast van plan om te doen wat je besloten hebt ⇒ *resoluut* ◆ *vastberaden gingen ze op pad.*

**vast·bij·ten** (beet vast, heeft vastgebeten) *je in iets vastbijten:* je in iets verdiepen met de bedoeling het helemaal te begrijpen of op te lossen.

**vas·te·land** (het ~) grote landmassa ⇒ *continent* ◆ *het vasteland van Europa.*

**vas·ten¹** (de ~(m.)) tijd waarin je vast² omdat dat volgens je godsdienst verplicht is.

**vas·ten²** (vastte, heeft gevast) niets of weinig eten en drinken.

**vast·goed** (het ~) bezittingen die je niet kunt verplaatsen, zoals huizen en land, onroerend goed.

**vast·hou·den** (hield vast, heeft vastgehouden) **1** *iemand of iets vasthouden:* iemand of iets in je handen houden en niet loslaten ◆ *een touw vasthouden; je aan iemand of iets vasthouden:* iemand of iets goed beetpakken zodat je niet valt; *de winkelier zal het boek voor me vasthouden:* (uitdr.) hij zal het voor me bewaren tot ik het kom kopen **2** *aan iets vasthouden:* iets niet veranderen, je aan iets houden ◆ *aan een gewoonte vasthouden; hij hield aan zijn overtuiging vast.*

**vast·klam·pen** (klampte vast, heeft vastgeklampt) *je aan iemand of iets vastklampen:* je met inspanning aan iemand of iets vasthouden ◆ *het kleine aapje klampte zich vast aan zijn moeder; je aan een idee vastklampen:* (uitdr.) er krampachtig mee bezig blijven omdat je er iets goeds van verwacht.

**vast·leg·gen** (legde vast, heeft vastgelegd) **1** *iets vastleggen:* iets opschrijven of iets op grammofoonplaten, cd's, films, magnetische banden of schijven opnemen ◆ *zij heeft haar avonturen in een boek vastgelegd* **2** *je ergens op vastleggen:* vast afspreken dat je aan iets zult houden, je aan iets binden.

**vast·lig·gen** (lag vast, heeft vastgelegen) niet te veranderen zijn, definitief zijn ◆ *de datum ligt vast.*

**vast·lo·pen** (liep vast, is vastgelopen) ergens in terechtkomen waar je niet meer uit kunt ◆ *de tractor is in de modder vastgelopen; het gesprek is vastgelopen:* (uitdr.) het heeft geen zin verder te praten, iedereen blijft bij zijn eigen standpunt.

**vast·om·lijnd** (bijv. nw.) ▼ *vastomlijnde plannen:* die al helemaal vaststaan, waaraan niets meer veranderd wordt.

**vast·pin·nen** (pinde vast, heeft vastgepind) *iemand ergens op vastpinnen:* (populair) van iemand eisen dat hij of zij zich aan iets houdt.

**vast·recht** (het ~) vast bedrag dat je betaalt voor het leveren van gas of stroom.

**vast·staan** (stond vast, heeft vastgestaan) zeker zijn, niet meer te veranderen zijn ◆ *het staat vast dat hij onschuldig is; mijn besluit staat vast.*

**vast·staand** (bijv. nw.) gezegd van iets waar je niet aan hoeft te twijfelen ⇒ *zeker* ◆ *een vaststaand feit.*

**vast·stel·len** (stelde vast, heeft vastgesteld) **1** *iets vaststellen:* merken dat iets zo is nadat je er speciaal op gelet hebt ⇒ *constateren* ◆ *ik stel vast dat niemand eraan gedacht heeft* **2** *(iets vaststellen)* het precies aangeven, het bepalen ◆ *de oorzaak van het ongeluk kon niet vastgesteld worden; de hoogte van een bedrag vaststellen.*

**vast·zit·ten** (zat vast, heeft vastgezeten) **1** in de gevangenis zitten **2** *ergens aan vastzitten:* iets moeten doen of ergens niet vanaf kunnen ◆ *ik heb mijn handtekening gezet en zit nu vast aan een abonnement voor een jaar.*

**vat** (het ~; -en) **1** ronde, diepe bak van hout, ijzer of aardewerk, waar je dingen in kunt bewaren ◆ *bier uit het vat; uit een ander vaatje gaan tappen:* (uitdr.) tijdens een gesprek op een andere manier tegen iemand gaan praten; *wat in het vat zit, verzuurt niet:* (spreekwoord)(dit zeg je als iets dat beloofd of afgesproken is, wordt uitgesteld, om duidelijk te maken dat het ooit wel door zal gaan); *holle vaten klinken het hardst:* (spreekwoord) mensen die ergens niets vanaf weten, willen er vaak het meest over zeggen **2** houder, kom of kan waar je iets in kunt doen ◆ *zoutvaatje; communicerende vaten:* (natuurkunde) buizen die met elkaar in verbinding staan ▼ *vat op iets hebben:* greep op iets hebben; ook: iets beginnen te begrijpen; *geen vat op iemand krijgen:* niet te weten komen hoe iemand is.

**vat·baar** (bijv. nw.) ▼ *vatbaar zijn:* snel ziek of verkouden worden; *niet voor rede vatbaar zijn*: niet naar verstandig advies willen luisteren.

**vat·ten** (vatte, heeft gevat) **1** *iemand of iets vatten*: iemand of iets vastpakken ♦ *iemand in zijn of haar kraag vatten*; *kou vatten*:(uitdr.) verkouden worden; *de slaap niet kunnen vatten*:(uitdr.) niet in slaap kunnen komen **2** *iets vatten*:(populair) iets begrijpen ♦ *ik vat de bedoeling nog niet*.

**va·zal** (de ~(m.); -len) iemand die in de Middeleeuwen bepaalde diensten verrichtte voor een koning of keizer en die daarvoor werd beloond met een stuk leengrond.

**VB** (het ~) *Vlaams Blok*; dit is een politieke partij in België.

**vbo** (het ~)(in Nederland) *voorbereidend beroepsonderwijs*.

**VBO** (het ~) *Verbond van Belgische Ondernemingen*.

**v. Chr.** (afkorting) *voor Christus* ♦ *Rome is waarschijnlijk gesticht in 753 v. Chr.*.

**v.d.** (afkorting) *van de, van den of van der*.

**vech·ten** (vocht, heeft gevochten) **1** tegen elkaar tekeergaan door je vuisten of wapens te gebruiken ♦ *vechtende kinderen*; *de tegenstanders begonnen meteen met elkaar te vechten* **2** *ergens voor vechten*: je erg inspannen om iets te bereiken ♦ *voor je idealen vechten*.

**vech·ters·baas** (de ~(m.); -bazen) iemand die vaak of graag vecht* ⇒ *vechtjas*.

**vecht·jas** (de ~(m.); -sen) vechtersbaas.

**ve·da** (de ~(m.); veda's) oud heilig boek van de hindoes.

**ve·del** (de ~; -s) middeleeuws strijkinstrument.

**ve·der** → veer.

**ve·det·te** (de ~; -n of -s) iemand die vanwege zijn of haar prestaties in de kunst of sport erg populair is.

**vee** (het ~) nuttige dieren op een boerderij die bijv. melk, vlees of wol leveren, zoals koeien, varkens, paarden, schapen enz..

**vee·arts** (de ~(m.); -en) dokter voor grote huisdieren, zoals dieren op een boerderij.

**veeg¹** (de ~; vegen) **1** beweging van iemand die iets ergens af veegt* (bet.2) ♦ *met een paar vegen waren de kruimels van de tafel*; *een veeg uit de pan krijgen*:(uitdr.) een scherp verwijt te horen krijgen **2** vlek of streep die door een vegende* (bet.2) beweging is ontstaan ♦ *vieze vegen op de muur*.

**veeg²** (bijv. nw.) ▼ *het vege lijf redden*: aan een groot gevaar ontkomen; *een veeg teken*: een onheilspellend teken.

**veel¹** (bijw.) **1** heel wat, in grote mate ♦ *hij heeft veel meer dan ik*; *het is veel te groot*; *zij houdt veel van hem* **2** vaak ♦ *hij kijkt veel tv*.

**veel²** (hoofdtelw.; vergrotende trap: meer; overtreffende trap: meest)(geeft een groot aantal aan) ♦ *er waren vandaag al veel mensen, maar morgen komen er nog meer*.

**veel·al** (bijw.) meestal ⇒ *gewoonlijk*.

**veel·be·lo·vend** (bijv. nw.) gezegd van mensen van wie of dingen waarvan je in de toekomst veel kunt verwachten ♦ *veelbelovende leerlingen*; *een veelbelovend begin*.

**veel·be·wo·gen** (bijv. nw.) met veel aangrijpende gebeurtenissen ♦ *een veelbewogen leven*.

**veel·eer** (bijw.) eerder, meer ♦ *hij is veeleer verlegen dan hooghartig*.

**veel·voud** (het ~; -en) getal dat je krijgt door een getal met een ander getal te vermenigvuldigen ♦ *8, 12, 16 enz. zijn veelvouden van 4*; *het nieuwe gebouw kostte een veelvoud van het bedrag dat ervoor begroot was*:(uitdr.) het kostte aanzienlijk meer.

**veel·vraat** (de ~(m.); -vraten) **1** iemand die veel en gulzig eet ⇒ *vreetzak* **2** roofdier dat op een marter lijkt.

**veel·vul·dig** (bijv. nw.) gezegd van iets dat vaak voorkomt ⇒ *talrijk, frequent* ♦ *ergens veelvuldig op bezoek gaan*: vaak.

**veel·zeg·gend** (bijv. nw.) gezegd van iets waaruit je duidelijk begrijpt wat er aan de hand is ♦ *ze wierp hem een veelzeggende blik toe*.

**veel·zij·dig** (bijv. nw.) gezegd van iemand die op verschillende gebieden goede prestaties levert ♦ *een veelzijdig sportman*.

**veem** (het ~; vemen) pakhuis.

**veen** (het ~; venen) grondsoort die voornamelijk bestaat uit verkoolde plantenresten en waarvan turf wordt gemaakt (kijk ook bij: turf).

**veen·ko·lo·nie** (de ~(v.); -s of -koloniën) dorp dat oorspronkelijk gebouwd is voor de arbeiders in een veengebied.

**veer** (zelfst. nw.; veren) **1** (de ~; ook:(ouderwets) veder) elk van de buisjes met aan weerszijden een soort haartjes die de huidbekleding van vogels vormen ♦ *een pauwenveer*; *zo licht als een veertje*:(uitdr.) erg licht; *vroeg uit de veren zijn*:(uitdr.) vroeg op zijn; *een veer moeten laten*: (uitdr.) je met minder tevreden moeten stellen; *met andermans veren pronken*:(uitdr.) een complimentje krijgen voor iets dat je niet zelf hebt gedaan, of dat niet van jou is **2** (de ~) metalen voorwerp in de vorm van een spiraal dat weer in zijn oude stand terugkomt nadat het ingedrukt of uitgerekt is, en dat o.a. dient om schokken op te vangen ♦ *de veer in een matras*; *de veer van een horloge* **3** (het ~) boot die regelmatig heen en weer vaart tussen twee oevers, om mensen en voertuigen te vervoeren ♦ *het veer naar Engeland*.

**veer·krach·tig** (bijv. nw.) gezegd van iets dat weer terugveert nadat het is ingedrukt ♦ *veerkrachtige mosgrond*; *een veerkrachtig persoon*:(uitdr.) iemand die in staat is ziekten of problemen weer te boven te komen; *met veerkrachtige tred*:(uitdr.) met krachtige, soepele passen.

**veer·tien** (hoofdtelw.) 14 ♦ *wij gaan veertien dagen op vakantie*.

**veer·tien·de** (rangtelw.) komend als nummer veertien.

**veer·tig** (hoofdtelw.) 40.

**veer·tig·ste** (rangtelw.) komend als nummer veertig.

**vee·sta·pel** (de ~(m.); -s) al het vee op een boerderij of in een land.

**vee·teelt** (de ~) het fokken en het houden van vee.

**ve·ga·nist** (de ~(m.); -en), vrouw: **ve·ga·nis·te** (de ~(v.); -s of -n) iemand die helemaal niets eet dat van dieren afkomstig is.

**ve·gen** (veegde, heeft geveegd) **1** *iets vegen*: iets met een bezem of borstel schoonmaken zonder er water bij te gebruiken ♦ *de stoep vegen* **2** *iets ergens af of uit vegen*: iets ergens af of uit halen door er met je hand, met een doek, borstel of bezem overheen te gaan ♦ *de kruimels van tafel vegen*; *hij veegde de tranen uit zijn ogen*.

**ve·ger** (de ~(m.); -s) stoffer of bezem.

**vegetariër** ve·ge·ta·ri·er (de ~(m.); -s) iemand die geen vlees eet.

**ve·ge·ta·risch** (bijv. nw.) van of voor vegetariërs*.

**ve·ge·ta·tie** (de ~(v.)) plantengroei ♦ *een gebied met een rijke vegetatie*.

**ve·ge·te·ren** (vegeteerde, heeft gevegeteerd) leven als een plant, zonder te beseffen wat je doet of wat er gebeurt.

**ve·hi·kel** (het ~; -s) vreemd of versleten voertuig.

**veil** (bijv. nw.) ▼ *je leven voor iets veil hebben*: je leven voor iets over hebben.

**vei·len** (veilde, heeft geveild) *iets veilen*: iets in het openbaar verkopen aan degene die er het meeste voor wil betalen.

**vei·lig** (bijv. nw.) **1** buiten gevaar, beschermd tegen gevaar ◆ *de vluchteling is hier veilig; iets veilig opbergen* **2** zonder gevaar, zonder risico ◆ *een veilig slot; veilig verkeer; je kunt veilig aannemen dat het waar is: dat kun je gerust aannemen; het sein staat op veilig: het geeft aan dat er geen gevaar is; veilig vrijen: vrijen met condooms, om te voorkomen dat je geslachtsziekte krijgt.*

**vei·lig·heids·speld** (de ~; -en) gebogen speld die sluit met een metalen kapje.

**vei·ling** (de ~ (v.); -en) het veilen* of gelegenheid waarbij iets geveild* wordt ◆ *veiling van oude meubels; iets naar de veiling brengen.*

**vein·zen** (veinsde, heeft geveinsd) *iets veinzen:* net doen alsof iets echt is ⇒ *voorwenden* ◆ *vriendschap veinzen; ze veinsde dat ze sliep.*

**vel** (het ~; -len) **1** huid van mensen of dieren ◆ *een tijgervel; uit je vel springen:* (uitdr.) erg woedend worden; *vel over been zijn:* (uitdr.) erg mager zijn; *iemand het vel over de oren halen:* (uitdr.) iemand veel te veel voor iets laten betalen **2** dun laagje of vlies dat ergens op of omheen zit ◆ *het vel van de worst halen; een vel op de melk* ▼ *een vel papier:* een blad papier.

**veld** (het ~; -en) **1** onbebouwd land buiten een stad of dorp ◆ *in het open veld wandelen; ze was in geen velden of wegen te bekennen:* (uitdr.) nergens **2** terrein dat voor een speciaal doel wordt gebruikt ◆ *tarweveld; sportvelden* **3** vakje op een bord of schild ◆ *de velden van het dambord* **4** vakgebied, werkgebied ◆ *het onderzoeksveld; de mensen in het veld:* (uitdr.) uit de praktijk ▼ *vallen op het veld van eer:* tijdens een gevecht in de oorlog sterven; *tegen iets te velde trekken:* iets bestrijden; *het veld ruimen:* je terugtrekken nadat je verloren hebt; *veld winnen:* meer aanhangers krijgen; *uit het veld geslagen zijn:* in verwarring gebracht zijn, onzeker zijn; *een magnetisch veld:* gebied waarin magnetische krachten werken.

**veld·bed** (het ~; -den) opvouwbaar, licht bed ⇒ *stretcher.*

**veld·sla** (de ~) bepaald soort sla met kleine blaadjes.

**veld·slag** (de ~ (m.); -en) groot gevecht tussen legers ◆ *een veldslag leveren.*

**veld·tocht** (de ~ (m.); -en) tocht van een leger om ergens een actie te ondernemen.

**veld·wach·ter** (de ~ (m.); -s) (ouderwets) politieagent op het platteland.

**veld·werk** (het ~) praktisch onderzoek of praktisch werk.

**ve·len** (ww.) *iets kunnen velen:* iets kunnen verdragen, ergens tegen kunnen ⇒ *hebben* ◆ *dat kan wel een stootje velen.*

**ve·ler·lei** (onbep. vnw.) (deftig) van vele soorten ◆ *er zijn velerlei antwoorden mogelijk.*

**velg** (de ~; -en) buitenste rand van een wiel, waar de band omheen zit.

**vel·len** (velde, heeft geveld) **1** *een boom vellen:* hem omhakken **2** *iemand vellen:* iemand neerslaan, iemand uitschakelen ◆ *geveld door een vuistslag; geveld door de griep* **3** *een vonnis, een oordeel vellen:* dat uitspreken.

**ve·lo·droom** (de ~ (m.) of het ~; -s) (in België □) wielerbaan.

**ve·lours** [vəlo͞ər] (de ~ (m.) of het ~) stof die op fluweel lijkt.

**ven** (het ~; -nen) meertje op de hei.

**ven·det·ta** (de ~) bloedwraak.

**ven·du** (de ~ (m.) of het ~; vendu's) openbare verkoping, vooral van meubelen.

**ve·ne·risch** (bijv. nw.) ▼ *venerische ziekten:* geslachtsziekten.

**ve·nijn** (het ~) nijd en valsheid in iemands woorden of blikken ◆ *venijn spuwen:* (uitdr.) gemene dingen zeggen; *het venijn zit in de staart:* (uitdr.) het moeilijkste komt op het einde.

**ve·nij·nig** (bijv. nw.) nijdig en vals ◆ *een venijnige opmerking; een venijnige kou:* (uitdr.) een felle, bijtende kou.

**ven·kel** (de ~) groente die een beetje naar anijs smaakt.

**ven·noot** (de ~ (m.); vennoten) iemand die lid is van een vennootschap.

**ven·noot·schap** (de ~ (v.); -pen) zaak die gesticht of uitgebreid is met geld van mensen die daarvoor een of meer aandelen krijgen (kijk ook bij: **aandeel**) ◆ *besloten vennootschap (BV):* zaak waarvan de aandelen niet openbaar gekocht of verkocht kunnen worden; *naamloze vennootschap (NV):* zaak waarvan de aandelen openbaar gekocht of verkocht kunnen worden.

**ven·ster** (het ~; -s) raam.

**ven·ster·bank** (de ~; -en) horizontale plank of stenen plaat onder een raam, waar je iets op kunt zetten ◆ *planten in de vensterbank.*

**vent** (de ~ (m.); -en) man of jongen ⇒ *kerel* ◆ *een forse vent; je bent een flinke vent!*

**ven·ten** (ventte, heeft gevent) *(met) koopwaar venten:* die langs de huizen verkopen.

**ven·tiel** (het ~; -en) **1** afsluitbaar klepje waardoor lucht of gas ergens in of uit kan stromen ◆ *het ventiel van een fietsband* **2** dopje op een blaasinstrument dat je moet indrukken om de toon te verlagen ◆ *een trompet met ventielen.*

**ven·ti·la·tie** (de ~ (v.)) het ventileren* (bet.1) ⇒ *luchtverversing* ◆ *de ventilatie in de werkplaats is goed.*

**ven·ti·la·tor** (de ~ (m.); -s of -en) apparaat dat ventileert* (bet.1) en dat bestaat uit een paar waaiers die snel ronddraaien.

**ven·ti·le·ren** (ventileerde, heeft geventileerd) **1** de lucht verversen **2** *een mening, een klacht enz. ventileren:* die duidelijk tegen anderen uiten.

**vent·weg** (de ~ (m.); -en) weg langs een drukke weg die bedoeld is voor fietsers en ander langzaam verkeer ⇒ *parallelweg.*

**ve·nus·heu·vel** (de ~ (m.); -s) onderste gedeelte van de onderbuik van een vrouw dat een beetje naar voren gebold is en vlak boven haar schaamdelen zit.

**ver**, in uitdrukkingen: **ver·re** (bijv. nw.) **1** op een grote afstand, het tegenovergestelde van 'dichtbij' ◆ *een ver land; China ligt ver hiervandaan; in de verre toekomst:* over een lange tijd; *zijn verjaardag is nog ver:* het duurt nog lang voor hij jarig is; *het is verre van …:* (uitdr.) het is beslist niet …; *van verre:* (uitdr.) vanuit de verte; *ver heen zijn:* (uitdr.) erg dronken of geestesziek zijn ▼ *het ver brengen, het ver schoppen:* carrière maken, vooruitkomen in het leven.

**ver-** **1** (als eerste deel van een werkwoord dat aangeeft dat iets op een andere plaats terechtkomt of dat iets er anders uit komt te zien of een andere eigenschap krijgt) ◆ *iets verzetten:* iets ergens anders zetten; *iets vergroten:* iets groter maken; *verbleken:* bleker worden; *verstenen:* in steen veranderen **2** (als eerste deel van een werkwoord dat aangeeft dat er iets mis gaat) ◆ *je verrekenen:* een fout maken bij het rekenen; *je verslikken:* verkeerd slikken, bijv. doordat je te haastig eet **3** (als eerste deel van een werkwoord dat aangeeft dat er iets verkeerd gebruikt wordt) ◆ *je tijd verpraten; je zakgeld versnoepen.*

**ver·ach·te·lijk** (bijv. nw.) gezegd van iemand die of iets dat het waard is om veracht* te worden ◆ *een verachtelijke streek; een verachtelijke blik:* waaruit verachting blijkt.

**ver·ach·ten** (verachtte, heeft veracht) *iets of iemand verachten*: iets of iemand diep minachten.

**ver·ade·ming** (de ~(v.)) gevoel van opluchting ♦ *het grote huis was een verademing na die kleine flat.*

**ver·af** (bijw.) op een grote afstand ♦ *van veraf kun je het dorpje al zien liggen.*

**ver·af·go·den** (verafgoodde, heeft verafgood) *iemand verafgoden*: iemand op een dwepende manier, als een afgod*, vereren ♦ *zij verafgoodt die popzanger.*

**ver·af·schu·wen** (verafschuwde, heeft verafschuwd) *iemand of iets verafschuwen*: afschuw* voor iemand of iets voelen ♦ *ze verafschuwt films waarin gevochten wordt.*

**ve·ran·da** (de ~; veranda's) overdekte galerij of serre aan de voor- of achterkant van een huis ⇒ *waranda.*

**ver·an·de·ren** (veranderde) 1 (heeft veranderd) *iets veranderen*: iets anders[1*] maken ⇒ *wijzigen* ♦ *hij heeft zijn kamer veranderd; Rosa heeft haar naam veranderd in 'Roosje'* 2 (is veranderd) anders[1*] worden ♦ *door de droogte was het grasveld veranderd in een dorre vlakte; van mening veranderen*: een andere mening krijgen.

**ver·an·de·ring** (de~(v.); -en) het veranderen* ⇒ *wijziging* ♦ *voor de verandering eten we vandaag spaghetti; verandering van spijs doet eten*: (uitdr.) als je regelmatig wat anders eet of doet, blijf je er zin in houden.

**ver·an·der·lijk** (bijv. nw.) gezegd van iemand die of iets dat gauw verandert* (bet.2) ⇒ *onbestendig* ♦ *het weer is veranderlijk.*

**ver·an·ke·ren** (verankerde, heeft verankerd) *iets verankeren*: iets heel stevig vastmaken ♦ *het vertrouwen ligt diep in hem verankerd*: (uitdr.) hij heeft een heel vast vertrouwen.

**ver·ant·woord** (bijv. nw.) zonder risico's, veilig ♦ *het is niet verantwoord om in de Rijn te zwemmen.*

**ver·ant·woor·de·lijk** (bijv. nw.) 1 gezegd van iemand die iets moet kunnen verantwoorden* ⇒ *aansprakelijk* ♦ *hij is verantwoordelijk voor de administratie van het kantoor; iemand verantwoordelijk stellen voor zijn of haar daden* 2 gezegd van iets waarbij je veel moet kunnen verantwoorden* ♦ *een verantwoordelijke baan.*

**ver·ant·woor·de·lijk·heid** (de~(v.)) het feit dat je iets moet verantwoorden* ⇒ *aansprakelijkheid* ♦ *hij neemt de verantwoordelijkheid voor de kinderen op zich.*

**ver·ant·woor·den** (verantwoordde, heeft verantwoord) *iets verantwoorden*: uitleggen waarom je iets hebt gedaan en bewijzen dat het goed was dat je het hebt gedaan ♦ *ze kan haar beslissing verantwoorden; hij moet zich voor het bestuur verantwoorden*: hij moet het bestuur uitleggen waarom hij bepaalde dingen heeft gedaan.

**ver·ant·woor·ding** (de~(v.)) het verantwoorden* ♦ *verantwoording afleggen van of over iets; iemand ter verantwoording roepen; op jouw verantwoording*: jij bent verantwoordelijk voor de gevolgen.

**ver·baal** (bijv. nw.) in woorden, met woorden ♦ *verbaal begaafd zijn*: goed kunnen praten, niet om woorden verlegen zitten; *verbaal geweld gebruiken*: proberen te overtuigen door een stortvloed van woorden.

**ver·baasd** (bijv. nw.) gezegd van iemand die iets vreemd vindt omdat hij of zij het niet verwacht had ♦ *ergens verbaasd over staan; verbaasd kijken.*

**ver·ba·li·se·ren** (verbaliseerde, heeft geverbaliseerd) *iemand verbaliseren*: een proces-verbaal* tegen iemand opmaken om hem of haar te bekeuren.

**ver·band** (het ~) 1 (-en) stuk dunne stof dat je op een wond doet of om een gewond lichaamsdeel draait ♦ *de verpleegster legt een verband aan; hij heeft zijn hand in*

*het verband* 2 het met elkaar te maken hebben, samenhang ⇒ *betrekking, relatie* ♦ *ergens mee in verband staan*: met iets te maken hebben; *haar ontslag staat in verband met haar slechte gedrag; in verband met werkzaamheden is de radiozender buiten werking; iets uit zijn verband rukken*: iets zeggen zonder de dingen die erbij horen te vertellen 3 bepaald contact tussen personen, organisaties of landen ♦ *er worden in Europees verband maatregelen genomen*: verschillende Europese landen hebben met elkaar afgesproken dat ze maatregelen nemen.

**ver·ban·nen** (verbande, heeft verbannen) *iemand verbannen*: iemand voorgoed wegsturen uit een bepaald gebied, meestal een land.

**ver·ba·zen** (verbaasde, heeft verbaasd) 1 *iets verbaast me*: ik had het niet verwacht, ik vind het vreemd ⇒ *bevreemden, verwonderen* ♦ *het verbaast me dat hij er nog niet is; dat verbaast me niets*: dat had ik wel verwacht 2 *je ergens over verbazen*: ergens verbaasd* over staan.

**ver·ba·zing** (de ~(v.)) het verbaasd* zijn ⇒ *verwondering* ♦ *tot haar grote verbazing had ze een tien voor de overhoring.*

**ver·beel·den** (verbeeldde, heeft verbeeld) 1 *je iets verbeelden*: je iets voorstellen, terwijl het niet waar is ♦ *ze verbeeldt zich dat ze de beste is; verbeeld je!*: stel je voor! 2 *iets verbeelden*: iets voorstellen, iets uitbeelden ♦ *die tekening moet een boom verbeelden.*

**ver·beel·ding** (de ~(v.)) 1 het vermogen je iets voor te stellen ⇒ *fantasie* ♦ *een levendige verbeelding; dat spreekt tot de verbeelding*: dat maakt veel indruk 2 verwaandheid ♦ *ze heeft een hoop verbeelding.*

**ver·bei·den** (verbeidde, heeft verbeid) *iets verbeiden*: (deftig) iets afwachten of verwachten ♦ *de komst van de koning is lang verbeid.*

**ver·ber·gen** (verborg, heeft verborgen) *iets verbergen*: ervoor zorgen dat anderen iets niet zien of merken ⇒ *verstoppen, verhullen* ♦ *hij verbergt het cadeau onder zijn jas; het meisje verbergt zich achter de muur; hij probeert zijn verdriet te verbergen.*

**ver·be·ten** (bijv. nw.) vastberaden en fanatiek ♦ *hij werkt verbeten door.*

**ver·be·te·ren** (verbeterde) 1 (heeft verbeterd) *iets verbeteren*: iets beter* (bet.1) maken ♦ *een slechte situatie verbeteren; een fout verbeteren*: die herstellen; *dat kan ik hem niet verbeteren*: (uitdr.) dat kan ik niet beter doen dan hij 2 (is verbeterd) beter* (bet.1) worden ♦ *zijn gezondheid is verbeterd* 3 (heeft verbeterd) *huiswerk, opstellen, toetsen verbeteren*: (in België □) die nakijken en corrigeren.

**ver·be·te·ring** (de ~(v.); -en) het verbeteren* ♦ *die verandering is een hele verbetering.*

**ver·beurd·ver·kla·ren** (verklaarde verbeurd, heeft verbeurdverklaard) (van de overheid) *goederen verbeurdverklaren*: die als straf op grond van de wet eigendom maken van het Rijk ♦ *de gesmokkelde goederen werden verbeurdverklaard.*

**ver·bie·den** (verbood, heeft verboden) *iets verbieden*: zeggen dat iets niet mag, het tegenovergestelde van 'toestaan' ♦ *roken is hier verboden; hij verbiedt zijn zoon buiten te spelen.*

**ver·bijs·terd** (bijv. nw.) sprakeloos en in de war door grote verbazing ♦ *ze was verbijsterd toen ze van het ongeluk hoorde.*

**ver·bijs·te·rend** (bijv. nw.) gezegd van iets dat je verbijsterd* maakt, verbazingwekkend ♦ *het gebouw is verbijsterend hoog.*

**ver·bij·ten** (verbeet, heeft verbeten) 1 *een lach, tranen ver-*

bijten: die met moeite inhouden 2 *je verbijten*: je met moeite inhouden.

**ver·bin·den** (verbond, heeft verbonden) 1 *een wond, een lichaamsdeel verbinden*: er verband* (bet.1) op of omheen doen 2 *twee of meer zaken verbinden*: ze aan elkaar vastmaken, er verband* (bet.2) tussen aanbrengen ♦ *deze weg verbindt het dorp met de stad; ik ben verkeerd verbonden*: ik heb een verkeerd telefoonnummer gedraaid; *aan dat spel zijn enkele risico's verbonden*: er zitten enkele risico's aan vast; *hij is als leraar geschiedenis aan de school verbonden*: hij werkt daar als leraar geschiedenis.

**ver·bin·ding** (de ~(v.); -en) het verbinden* (bet.2) of verbonden* (bet.2) zijn ♦ *de treinverbinding* Arnhem-Utrecht; *de verbinding werd verbroken*: het contact via de telefoon, via een zender enz.; *je met iemand in verbinding stellen*: contact met iemand opnemen.

**ver·bin·te·nis** (de ~(v.); -sen) belofte waardoor je je aan iemand of iets verbindt (bet.2) ♦ *een verbintenis aangaan*.

**ver·bit·terd** (bijv. nw.) vol haat en bittere* gevoelens doordat je te vaak tegenslag of verdriet hebt gehad ♦ *de soldaat vecht verbitterd*.

**ver·bit·te·ring** (de ~(v.)) het verbitterd* zijn.

**ver·ble·ken** (verbleekte, is verbleekt) bleek2* of bleker2* worden ♦ *de kleuren van de bloes zijn verbleekt in de was; hij verbleekt van schrik; de herinnering aan haar oma verbleekt*: die wordt steeds zwakker.

**ver·blij·den** (verblijdde, heeft verblijd) *iemand verblijden*: iemand blij* maken ♦ *ze verblijdt haar moeder met het grote nieuws*.

**ver·blijf** (het ~; verblijven) 1 het verblijven* ♦ *tijdens zijn verblijf in Frankrijk heeft hij veel mensen ontmoet* 2 plaats waar je verblijft* ♦ *het dagverblijf in een ziekenhuis*.

**ver·blijfs·ver·gun·ning** (de ~(v.); -en) vergunning die iemand krijgt om een bepaalde tijd in een ander land te wonen.

**ver·blij·ven** (verbleef, heeft of is verbleven) 1 *ergens verblijven*: ergens wonen of logeren ⇒ vertoeven ♦ *hij verblijft bij vrienden in Antwerpen* ▼ *inmiddels verblijf ik, hoogachtend …*:(formule waarmee je een zakelijke brief beëindigt).

**ver·blin·den** (verblindde, heeft verblind) *(van licht) iemand verblinden*: ervoor zorgen dat iemand even niets ziet.

**ver·blin·dend** (bijv. nw.) betoverend mooi ♦ *een verblindende schoonheid*.

**ver·bloe·men** (verbloemde, heeft verbloemd) *iets verbloemen*: iets verbergen door het niet of niet helemaal te vertellen ⇒ verdoezelen ♦ *de waarheid verbloemen*.

**ver·bluf·fend** (bijv. nw.) gezegd van iets waarover je heel verbaasd bent, waarvan je versteld staat ♦ *hij ruimde verbluffend snel de rommel op*.

**ver·bluft** (bijv. nw.) heel verbaasd ⇒ perplex, versteld.

**ver·bod** (het ~; -en) het verbieden* ♦ *parkeerverbod*.

**ver·bo·den** → verbieden.

**ver·bol·gen** (bijv. nw.) boos en verontwaardigd ⇒ gebelgd.

**ver·bond¹** (het ~; -en) 1 plechtige overeenkomst, vooral tussen twee of meer landen ⇒ verdrag, pact, liga, unie 2 groep mensen die samen voor een doel werken ⇒ bond.

**ver·bond²** → verbinden.

**ver·bon·den** → verbinden.

**ver·bood** → verbieden.

**ver·borg** → verbergen.

**ver·bor·gen** → verbergen.

**ver·bou·wen** (verbouwde, heeft verbouwd) 1 *een huis verbouwen*: het veranderen door er bijv. muren uit te hakken of er een nieuwe kamer bij te maken 2 *gewassen verbouwen*: die kweken ♦ *de boer verbouwt aardappels en maïs*.

**ver·bou·we·reerd** (bijv. nw.) erg verbaasd.

**ver·bou·wing** (de ~(v.); -en) het verbouwen* (bet.1).

**ver·bran·den** (verbrandde) 1 (heeft verbrand) *iets verbranden*: iets door vuur vernietigen ♦ *hout verbranden; in de Middeleeuwen werden mensen soms levend verbrand* 2 (is verbrand) door vuur vernietigd of gedood worden ♦ *al haar foto's zijn verbrand in de oorlog* 3 (is verbrand) *een rode en pijnlijke huid krijgen door de zon*.

**ver·bran·ding** (de ~(v.); -en) het verbranden*.

**ver·bras·sen** (verbraste, heeft verbrast) *geld verbrassen*: het verspillen ⇒ verkwisten.

**ver·bre·den** (verbreedde, heeft verbreed) 1 *iets verbreden*: iets breder* (bet.2) maken ♦ *hij verbreedt het tuinpad* 2 *zich verbreden*: breder* (bet.2) worden ♦ *de weg verbreedt zich daar*.

**ver·brei·den** (verbreidde, heeft verbreid) 1 *zich verbreiden*: zich over een grote oppervlakte uitstrekken ⇒ verspreiden ♦ *de ziekte verbreidt zich snel* 2 *een nieuwtje, een gerucht verbreiden*: het bekendmaken aan veel mensen, het rondvertellen.

**ver·bre·ken** (verbrak, heeft verbroken) 1 *iets verbreken*: iets stukmaken door het te breken ♦ *het zegel van een brief verbreken; de telefoonverbinding is verbroken; een relatie verbreken*: er een eind aan maken 2 *een belofte, een eed enz. verbreken*: je er niet meer aan houden.

**ver·brij·ze·len** (verbrijzelde, heeft verbrijzeld) *iets verbrijzelen*: iets helemaal in kleine stukken slaan ♦ *met een hamer verbrijzelt hij de steen; haar arm is bij het ongeluk verbrijzeld*.

**ver·brod·den** (verbrodde, heeft verbrod) *iets verbrodden*: (in België □; populair) iets verknoeien.

**ver·brui·en** (verbruide, heeft verbruid) *iets verbruien*: iets bederven, iets verknoeien ♦ *het bij iemand verbruid hebben*:(uitdr.) bij iemand uit de gunst zijn, een slechte naam bij iemand hebben.

**ver·brui·ken** (verbruikte, heeft verbruikt) *iets verbruiken*: iets opmaken door het te gebruiken ♦ *die auto verbruikt veel benzine*.

**ver·bui·gen** (verboog, heeft verbogen) *een naamwoord verbuigen*:(taal) de uitgang ervan veranderen, bijv. door van het enkelvoud meervoud te maken ♦ *'paaltje' is een verbogen vorm van 'paal'*.

**ver·bum** (het ~; verba)(taal) werkwoord.

**ver·dacht** (bijv. nw.) 1 gezegd van iemand die of van iets dat niet helemaal betrouwbaar is ♦ *zij doet verdacht vriendelijk; een verdacht persoon* 2 *ergens op verdacht zijn*: op iets voorbereid zijn, iets verwachten ⇒ bedacht ♦ *zij was niet op die tegenligger verdacht*.

**ver·dach·te** (de ~; -n) iemand die ervan wordt verdacht* iets strafbaars te hebben gedaan ♦ *de verdachte verschijnt voor de rechter*.

**ver·da·gen** (verdaagde, heeft verdaagd) *een vergadering, een zitting enz. verdagen*: de voortzetting ervan uitstellen tot een andere dag*.

**ver·dam·pen** (verdampte, is verdampt)*(van een vloeistof)*: in damp* veranderen ♦ *al het water is verdampt door de hitte*.

**ver·de·di·gen** (verdedigde, heeft verdedigd) *iets verdedigen*: iets beschermen tegen aanvallen ♦ *de soldaten verdedigen het land; de advocaat verdedigt de verdachte voor de rechter; het doel verdedigen*: proberen te voorkomen dat de tegenpartij de bal in het doel krijgt; *een plan verdedigen*: mensen ervan overtuigen dat het een goed plan is.

**ver·de·di·ger** (de ~ (m.); -s), vrouw: **ver·de·dig·ster** (de ~ (v.); -s) iemand die iets of iemand anders verdedigt*.

**ver·de·di·ging** (de ~ (v.); -en) het verdedigen*.

**ver·de·dig·ster** → verdediger.

**ver·deeld** (bijv. nw.) onderling afwijkend, niet eensgezind ◆ zijn vrienden reageerden **verdeeld** op zijn voorstel; de meningen zijn **verdeeld**: iedereen denkt er anders over.

**ver·dekt** (bijv. nw.) ▼ je **verdekt** opstellen: je zo opstellen dat je niet gezien wordt.

**ver·de·len** (verdeelde, heeft verdeeld) iets **verdelen**: iets in delen* (bet.1) splitsen ◆ een taart in stukken **verdelen**; ze **verdelen** het geld onder elkaar.

**ver·del·gen** (verdelgde, heeft verdelgd) insecten of onkruid **verdelgen**: die of dat uitroeien of vernietigen.

**ver·den·ken** (verdacht, heeft verdacht) iemand ergens van **verdenken**: vermoeden dat iemand iets verkeerds heeft gedaan ◆ ze **verdenkt** hem ervan dat hij spijbelt.

**ver·den·king** (de ~ (v.); -en) het verdenken* ◆ hij werd gearresteerd op **verdenking** van diefstal; een **verdenking** koesteren tegen of jegens iemand: iemand ergens van verdenken.

**ver·der**[1] (bijv. nw.) gezegd van iets dat volgt of overblijft ◆ de **verdere** dag bleef ze thuis; **verdere** maatregelen werden er niet genomen.

**ver·der**[2] (bijw.) **1** daarna, vervolgens ⇒ voorts ◆ **verder** gebeurde er niets meer **2** ook nog, bovendien ⇒ voorts ◆ **verder** kocht hij brood en melk **3** (woordje om aan te geven dat een bepaalde handeling wordt voortgezet) ◆ na de pauze werkt hij **verder**.

**ver·derf** (het ~) ondergang, ongeluk ◆ iemand in het **verderf** storten: (uitdr.) ervoor zorgen dat het slecht met iemand afloopt.

**ver·der·fe·lijk** (bijv. nw.) gezegd van iets dat tot verderf* leidt, dat erg slecht is ◆ ze heeft een **verderfelijke** invloed op hem.

**ver·die·nen** (verdiende, heeft verdiend) **1** geld **verdienen**: geld ontvangen in ruil voor werk ◆ hij **verdient** goed bij dat bedrijf: hij krijgt daar een hoog loon; als je die brommer voor honderd gulden verkoopt, **verdien** je er twintig gulden op: dan heb je twintig gulden winst **2** iets verdienen: iets ontvangen in ruil voor iets dat je hebt gedaan ◆ Leilah heeft wel een complimentje **verdiend**; ze **verdient** het niet te winnen.

**ver·dien·ste** (de ~ (v.); -n) iets goeds dat je hebt verricht en waarvoor je lof verdient ◆ een man van grote **verdiensten**: die veel goeds heeft gedaan.

**ver·dien·ste·lijk** (bijv. nw.) **1** gezegd van iemand die lof verdient ◆ je **verdienstelijk** maken: je nuttig maken **2** vrij goed ◆ ze kan **verdienstelijk** tekenen.

**ver·dien·sten** (zelfst. nw.; meervoud) loon, inkomsten ◆ zijn **verdiensten** zijn niet erg ruim.

**ver·die·pen** (verdiepte, heeft verdiept) je ergens in **verdiepen**: iets heel grondig bestuderen, je ergens met veel aandacht mee bezighouden ◆ hij **verdiept** zich in de vaderlandse geschiedenis.

**ver·die·ping** (de ~ (v.); -en) ruimte tussen twee vloeren van een gebouw ⇒ etage ◆ een flatgebouw met acht **verdiepingen**.

**ver·dik·kie** (tussenw.) (om aan te geven dat je iets vervelend vindt) ⇒ verdorie ◆ **verdikkie**, we zijn te laat!

**ver·dik·king** (de ~ (v.); -en) plaats waar iets dikker* (bet.1) wordt ◆ eelt is een **verdikking** van de huid.

**ver·doen** (verdeed, heeft verdaan) je tijd **verdoen**: die nutteloos besteden.

**ver·doe·ze·len** (verdoezelde, heeft verdoezeld) iets **verdoezelen**: iets verbergen door het niet of niet helemaal te

vertellen ⇒ verbloemen ◆ hij probeert de waarheid te **verdoezelen**.

**ver·dom·hoek·je** (zelfst. nw.) ▼ in het **verdomhoekje** zitten: degene zijn die overal de schuld van krijgt, die het altijd verkeerd gedaan heeft en die achtergesteld wordt.

**ver·don·ke·re·ma·nen** (verdonkeremaande, heeft verdonkeremaand) iets **verdonkeremanen**: iets stiekem inpikken of achterhouden ⇒ achteroverdrukken.

**ver·do·rie** (tussenw.) (populair) (om aan te geven dat je iets vervelend vindt) ◆ **verdorie**, wat is het koud!

**ver·dor·ren** (verdorde, is verdord) dor* (bet.1) worden ◆ de planten zijn **verdord**.

**ver·dor·ven** (bijv. nw.) door en door slecht in zedelijk opzicht.

**ver·do·ven** (verdoofde, heeft verdoofd) iemand of een lichaamsdeel **verdoven**: iemand of een lichaamsdeel gevoelloos maken ◆ de tandarts **verdooft** je kaak als hij een kies trekt; **verdovende** middelen: stoffen waardoor pijn, verdriet of angst minder worden, bijv. morfine of heroïne; hij is **verdoofd** door het grote verdriet: (uitdr.) hij is er stil door geworden.

**ver·do·ving** (de ~ (v.); -en) het verdoven* ◆ de **verdoving** is na een paar uur uitgewerkt.

**ver·draag·zaam** (bijv. nw.) gezegd van iemand die veel van anderen kan verdragen* ⇒ tolerant ◆ zij hebben **verdraagzame** buren.

**ver·draaid** (bijw.) (populair) erg, heel ◆ dat is een **verdraaid** leuk huisje!

**ver·draai·en** (verdraaide, heeft verdraaid) iets **verdraaien**: iets verkeerd voorstellen, iets zo veranderen dat het niet meer klopt ◆ de waarheid **verdraaien**; iemands woorden **verdraaien**: ze verkeerd weergeven; hij **verdraait** zijn stem: hij laat hem anders klinken.

**ver·drag** (het ~; -en) officiële overeenkomst, vooral tussen twee of meer landen ⇒ pact ◆ vredes**verdrag**.

**ver·dra·gen** (verdroeg, heeft verdragen) iets **verdragen**: ergens tegen kunnen, ergens niet kwaad, wanhopig of ziek van worden ◆ zij kan de pijn niet meer **verdragen**; het lawaai van de buren is niet te **verdragen**; zijn maag kan die medicijnen niet **verdragen**.

**ver·driet** (het ~) ellendig gevoel vanwege iets naars, waardoor je soms moet huilen ⇒ leed, smart ◆ zij heeft **verdriet** om de dood van haar oma; iemand **verdriet** doen.

**ver·drie·tig** (bijv. nw.) **1** verdriet* hebbend ⇒ droevig ◆ een **verdrietige** blik: waaruit blijkt dat je verdriet hebt **2** waar je verdriet* om hebt ⇒ droevig, treurig ◆ een **verdrietige** gebeurtenis.

**ver·drij·ven** (verdreef, heeft verdreven) iets of iemand **verdrijven**: iets of iemand wegjagen, ervoor zorgen dat iets of iemand verdwijnt ⇒ verjagen ◆ met een kaars kun je de stank **verdrijven**; ze werden uit hun dorpen **verdreven**; de tijd **verdrijven** met iets: die daarmee doorbrengen.

**ver·drin·gen** (verdrong, heeft verdrongen) **1** iemand of iets **verdringen**: iemand of iets van zijn of haar plaats verdrijven om die zelf in te nemen ◆ de mensen **verdringen** elkaar voor de ingang; die zwemmer heeft zijn rivaal van de eerste plaats **verdrongen**: die zwemmer staat nu op de eerste plaats, terwijl hiervoor zijn rivaal eerste was; de koets is bijna helemaal door de auto **verdrongen**: er worden haast alleen nog maar auto's gebruikt, en bijna geen koetsen meer **2** (van een groep mensen) zich **verdringen**: elkaar wegduwen om een goed plekje te krijgen ◆ de menigte **verdringt** zich bij de hekken.

**ver·drin·ken** (verdronk) **1** (is verdronken) in het water doodgaan doordat je geen adem meer kunt halen ⇒ verzuipen ◆ zij **verdrinkt** in die trui: (uitdr.) die trui is veel te groot voor haar **2** (heeft verdronken) *een mens of dier verdrinken*: een mens of dier onder water houden zodat die mens of dat dier geen adem meer kan halen ⇒ *verzuipen*.

**ver·druk·king** (zelfst. nw.) ▼ *in de* **verdrukking** *raken*: niet genoeg aandacht krijgen, niet tot zijn recht komen; *door het vele werk is het uitstapje in de* **verdrukking** *geraakt*: daardoor zijn er nooit meer verdere plannen voor gemaakt.

**ver·duis·te·ren** (verduisterde, heeft verduisterd) **1** *iets verduisteren*: iets duister²* (bet.1) maken ♦ *in de oorlog moesten alle ramen 's avonds* **verduisterd** *worden, zodat er geen licht meer van buiten te zien was* **2** *geld verduisteren*: geld dat niet van jou is wel voor jezelf gebruiken.

**ver·du·ren** (ww.) ▼ *heel wat te* **verduren** *hebben*: intensief gebruikt worden en daardoor snel slijten of kapotgaan; *die kinderfietsen hebben heel wat te* **verduren**; *hij heeft het zwaar te* **verduren**: hij moet veel verdragen.

**ver·dwaasd** (bijv. nw.) gezegd van iemand die even het besef is kwijtgeraakt van wat hij of zij doet of waar hij of zij is ♦ *zij keek* **verdwaasd** *om zich heen*.

**ver·dwa·len** (verdwaalde, is verdwaald) de weg kwijtraken, niet meer weten waar je bent of waar je heen moet.

**ver·dween** → verdwijnen.

**ver·dwe·nen** → verdwijnen.

**ver·dwij·nen** (verdween, is verdwenen) onzichtbaar worden door weg te gaan ♦ *hij is spoorloos* **verdwenen**; **verdwijn** *uit mijn ogen!*; **verdwijnen** *als sneeuw voor de zon*: (uitdr.) ineens helemaal verdwijnen.

**ver·een·vou·di·gen** (vereenvoudigde, heeft vereenvoudigd) *iets vereenvoudigen*: iets eenvoudiger¹* maken ♦ *een breuk* **vereenvoudigen**: (rekenen) de teller en de noemer door hetzelfde getal delen.

**ver·een·zel·vi·gen** (vereenzelvigde, heeft vereenzelvigd) *je met iemand of iets vereenzelvigen*: je voorstellen dat jij iemand of iets bent ⇒ *identificeren* ♦ *zij had zich met de hoofdrolspeelster* **vereenzelvigd**.

**ver·eeu·wi·gen** (ww.) ▼ *je laten* **vereeuwigen**: een portret, beeld of foto van je laten maken.

**ver·ef·fe·nen** (vereffende, heeft vereffend) *een schuld of een rekening vereffenen*: die betalen ♦ *iets met iemand te* **vereffenen** *hebben*: (uitdr.) nog een schuld bij iemand moeten aflossen; ook: nog iets met iemand goed te maken hebben.

**ver·ei·sen** (vereiste, heeft vereist) *iets vereisen*: iets vragen omdat het nodig is ⇒ *vergen* ♦ *dat werk* **vereist** *veel geduld; voor de baan wordt een diploma* **vereist**.

**ver·eis·te** (de ~(v.) of het ~; -n) iets dat vereist* wordt ♦ *een eerste* **vereiste** *voor dat werk is nauwkeurigheid*: om dat werk te doen moet je vooral nauwkeurig zijn.

**ve·ren** (veerde, heeft geveerd) als een veer* (bet.2) werken, weer omhoogkomen na ingedrukt of naar beneden gedrukt te zijn ♦ *de springplank* **veert**; *een verende matras*; *hij* **veert** *overeind*: hij staat snel op.

**ver·eni·gen** (verenigde, heeft verenigd) **1** *twee of meer zaken verenigen*: ze samenvoegen, er één geheel van maken **2** *zich verenigen*: samengaan, één geheel worden ♦ *de verschillende partijtjes hebben zich in één grote partij* **verenigd 3** *je ergens niet mee kunnen verenigen*: het ergens niet mee eens zijn, iets niet kunnen accepteren.

**ver·eni·ging** (de ~(v.); -en) organisatie met leden die zich hebben verenigd* (bet.1) voor een bepaald doel ♦ *sport***vereniging**.

**ver·eren** (vereerde, heeft vereerd) *iemand vereren*: iemand diep bewonderen of eer¹* bewijzen ♦ *een heilige* **vereren**; *ik ben zeer* **vereerd**!: ik vind het een grote eer!; ie-

mand met een bezoek **vereren**: (uitdr.) iemand bezoeken.

**verf** (de ~) dikke vloeistof van een bepaalde kleur waar je een kwast in doopt om te schilderen ♦ *het huis zit nog goed in de* **verf**: het schilderwerk is nog goed; *niet uit de* **verf** *komen*: (uitdr.) niet tot zijn recht komen, niet zo mooi, goed enz. zijn als de bedoeling was of als had gekund; *het toneelstukje kwam niet uit de* **verf**.

**ver·flau·wen** (verflauwde, is verflauwd) minder, zwakker of slapper worden ♦ *hun vriendschap* **verflauwt**.

**ver·foei·en** (verfoeide, heeft verfoeid) *iets of iemand verfoeien*: een grote hekel aan iets of iemand hebben ⇒ *verafschuwen* ♦ *zij* **verfoeit** *lange rijen voor de kassa*.

**ver·fom·faaid** (bijv. nw.) verkreukeld, uit z'n model ♦ *ze zag er* **verfomfaaid** *uit*: haar kleren en haren zaten in de war.

**ver·from·me·len** (verfrommelde, heeft verfrommeld) *iets, bijv. een papiertje, verfrommelen*: iets verkreukelen door het in elkaar te drukken.

**ver·gaan** (verging, is vergaan) **1** uit elkaar vallen, wegrotten of wegteren, geleidelijk ophouden te bestaan ♦ *de bekleding van de stoel is* **vergaan 2** vernietigd worden, ten onder gaan ♦ *er is verschillende keren voorspeld dat de wereld zal* **vergaan**; *het schip is in de storm* **vergaan**; *de lust* **vergaat** *me om* …: (uitdr.) ik heb totaal geen zin meer om … **3** *vergaan van de honger, dorst, pijn enz.*: heel erge honger, dorst, pijn enz. hebben ▼ *hoe is het jou* **vergaan**?: wat heb jij meegemaakt, hoe is het met jou gegaan?

**ver·gaand** (bijv. nw.) grote gevolgen hebbend ♦ **vergaande** *maatregelen*.

**ver·ga·de·ren** (vergaderde, heeft vergaderd) **1** een vergadering* houden of bijwonen ♦ *het bestuur* **vergadert** *vanmiddag* **2** *mensen vergaderen*: (ouderwets) ze bijeenbrengen ♦ *de menigte was op het plein* **vergaderd**.

**ver·ga·de·ring** (de ~(v.); -en) bijeenkomst van een groep mensen die met elkaar bepaalde beslissingen moeten nemen ♦ *de voorzitter opent de* **vergadering**; *zij zijn in* **vergadering**.

**ver·gaf** → vergeven.

**ver·gal·len** (vergalde, heeft vergald) *iemands plezier of leven vergallen*: het bederven.

**ver·ga·lop·pe·ren** (vergaloppeerde, heeft vergaloppeerd) *je vergalopperen*: je mond voorbij praten of een blunder begaan doordat je ondoordacht te werk gaat.

**ver·gan·ke·lijk** (bijv. nw.) gezegd van iets dat eens zal vergaan* (bet.1) ♦ *roem is* **vergankelijk**.

**ver·ga·pen** (vergaapte, heeft vergaapt) *je ergens aan vergapen*: lang en in bewondering naar iets kijken ♦ *ze* **vergaapte** *zich aan de modieuze kleren in de etalage*.

**ver·ga·ren** (vergaarde, heeft vergaard) *iets vergaren*: iets verzamelen ♦ *kennis* **vergaren**.

**ver·gas·sen** (vergaste, heeft vergast) *iemand vergassen*: iemand met gas* (bet.1) doden.

**ver·gas·ten** (vergastte, heeft vergast) *iemand op iets vergasten*: iemand op iets trakteren ⇒ *onthalen*.

**ver·gat** → vergeten.

**ver·ga·ten** → vergeten.

**ver·ga·ven** → vergeven.

**ver·geefs** (bijv. nw.) zonder resultaat ♦ *dat is* **vergeefse** *moeite*; *zij zocht* **vergeefs** *naar werk*.

**ver·geet·boek** (zelfst. nw.) ▼ *in het* **vergeetboek** *raken*: op den duur vergeten worden.

**ver·geet-mij-niet·je** (het ~; -s) plant met kleine blauwe bloemetjes.

**ver·gel·den** (vergold, heeft vergolden) *iets vergelden*: iets belonen, ergens iets tegenover stellen ♦ *een goede daad* **vergelden**.

**ver·ge·leek** → vergelijken.

**ver·ge·le·ken** → vergelijken.

**ver·ge·lijk** (zelfst. nw.) ▼ tot een **vergelijk** komen: het eens worden, een compromis sluiten.

**ver·ge·lijk·baar** (bijv. nw.) wat vergeleken kan worden met iets anders ◆ de situatie is **vergelijkbaar** met die van vorig jaar.

**ver·ge·lij·ken** (vergeleek, heeft vergeleken) twee of meer zaken of personen (met elkaar) vergelijken: bekijken wat de verschillen en de overeenkomsten tussen die zaken of personen zijn ◆ hij **vergelijkt** de twee boeken voordat hij beslist welke hij koopt; **vergeleken** met gisteren is het vandaag mooi weer; die twee dingen kun je niet **vergelijken**: die zijn in alle opzichten verschillend.

**ver·ge·lij·king** (de ~(v.), -en) keer dat je zaken of personen met elkaar vergelijkt* ◆ hij maakt een **vergelijking** tussen de twee schilderijen; 'zo trots als een pauw' is een **vergelijking**.

**ver·gen** (vergde, heeft gevergd) iets vergen: iets vragen omdat het nodig is ⇒ vereisen ◆ dat **vergt** veel aandacht; de verhuizing heeft te veel van zijn krachten **gevergd**.

**ver·ge·noegd** (bijv. nw.) heel tevreden en genietend ◆ hij keek **vergenoegd** rond in zijn tuin.

**ver·ge·tel·heid** (zelfst. nw.) ▼ in de **vergetelheid** raken: langzamerhand vergeten worden; iets aan de **vergetelheid** ontrukken: (deftig) ervoor zorgen dat iets niet vergeten wordt.

**ver·ge·ten** (vergat) **1** (is vergeten) iets vergeten: iets niet meer weten ◆ hij is haar naam **vergeten**; alles is **vergeten** en vergeven: (uitdr.) we denken niet meer aan de ruzie en we nemen elkaar niet langer iets kwalijk **2** (heeft of is vergeten) iets vergeten: niet aan iets denken terwijl dat wel zou moeten ◆ ik ben **vergeten** de planten water te geven; hij heeft zijn jas **vergeten**: hij heeft er niet aan gedacht hem mee te nemen; **verget** het maar!: zet het maar uit je hoofd! **3** (is vergeten) jezelf vergeten: buiten jezelf raken (van woede, enthousiasme enz.).

**ver·ge·ven** (ww.) **1** (vergaf, heeft vergeven) iemand iets vergeven: iemand iets niet meer kwalijk nemen, niet meer kwaad om iets zijn ◆ zij **vergeeft** hem zijn slechte gedrag **2** iets vergeven hebben: iets weg kunnen geven ◆ hij heeft een heleboel schilderijen te **vergeven** ▼ ergens van **vergeven** zijn: ergens vol mee zitten (dit zeg je van iets vervelends); het is hier **vergeven** van de muggen.

**ver·ge·ving** (de ~(v.)) het vergeven* (bet.1) ⇒ vergiffenis, genade ◆ hij smeekt om **vergeving**.

**ver·ge·wis·sen** (vergewiste, heeft vergewist) je ergens van vergewissen: ervoor zorgen dat je iets zeker weet ◆ ze **vergewiste** zich ervan dat alle deuren op slot waren.

**ver·ge·zel·len** (vergezelde, heeft vergezeld) iemand vergezellen: iemand tot gezelschap dienen, met iemand meegaan ⇒ begeleiden ◆ ergens van **vergezeld** gaan: (uitdr.) ergens mee samengaan, ergens mee gepaard gaan.

**ver·ge·zicht** (het ~; -en) weids uitzicht.

**ver·giet** (de ~of het ~; -en) ronde bak met gaatjes erin, waarin je gewassen groente laat uitlekken.

**ver·gif, ver·gift** (het ~) stof met een schadelijke en soms dodelijke werking ⇒ gif ◆ snelwerkend **vergif**; daar kun je **vergif** op innemen: (uitdr.) dat is absoluut zeker.

**ver·gif·fe·nis** (de ~(v.)) vergeving ⇒ genade.

**ver·gift** → vergif.

**ver·gif·tig** (bijv. nw.) gezegd van iets waar vergif* in zit of dat als vergif* werkt ⇒ giftig ◆ **vergiftige** paddestoelen.

**ver·gif·ti·gen** (vergiftigde, heeft vergiftigd) **1** iemand vergiftigen: iemand met vergif* doden **2** voedsel vergiftigen: er vergif* in doen.

**ver·gis·sen** (vergiste, heeft vergist) je vergissen: per ongeluk iets verkeerds doen of zeggen ◆ ik **vergis** me: hij heet niet Martien maar Karim; je in iemand **vergissen**: een indruk van iemand hebben die achteraf onjuist blijkt te zijn.

**ver·gis·sing** (de ~(v.); -en) het je vergissen* ◆ een **vergissing** maken; de brief voor de buren is per **vergissing** bij ons bezorgd.

**ver·goe·den** (vergoedde, heeft vergoed) iets vergoeden: iets goedmaken, vooral door er geld voor te geven ◆ schade **vergoeden**; hij krijgt zijn overuren niet **vergoed**: hij krijgt er geen geld voor; het heerlijke diner **vergoedde** veel van de nare dag: het maakte dat de nare dag minder erg leek.

**ver·goe·ding** (de ~(v.); -en) geld waarmee iets vergoed* wordt.

**ver·goe·lij·ken** (vergoelijkte, heeft vergoelijkt) iets vergoelijken: iets goedpraten ◆ 'hij meent het niet zo', zei moeder **vergoelijkend**.

**ver·gooi·en** (vergooide, heeft vergooid) **1** iets, bijv. je leven of toekomst, vergooien: iets verpesten, iets verknoeien **2** jezelf vergooien: iets doen dat ver beneden je waardigheid ligt.

**ver·grijp** (het ~; -en) daad waarmee je je niet aan de regels of aan de wet houdt ◆ hij zit gevangen vanwege een ernstig **vergrijp**.

**ver·grij·pen** (vergreep, heeft vergrepen) (van mannen) zich aan een vrouw vergrijpen: haar dwingen tot geslachtsgemeenschap ⇒ verkrachten.

**ver·grij·zen** (vergrijsde, is vergrijsd) (van groepen, organisaties enz.): voor een steeds groter deel uit oude mensen gaan bestaan.

**ver·groeid** (bijv. nw.) ergens mee vergroeid zijn of raken: ergens bijna één mee geworden zijn, je ergens sterk mee verbonden zijn gaan voelen ◆ hij is met die vereniging **vergroeid**.

**ver·gro·ting** (de ~(v.); -en) afdruk van een foto op een groot formaat.

**ver·gui·zen** (verguisde, heeft verguisd) iemand verguizen: alleen maar negatief over iemand spreken.

**ver·guld** (bijv. nw.) **1** met een laagje goud* bedekt ◆ een **vergulde** kandelaar **2** ergens mee verguld zijn: ergens heel blij mee zijn.

**ver·gun·nen** (vergunde, heeft vergund) iemand vergunnen iets te doen: iemand iets toestaan ⇒ veroorloven ◆ het was hem niet **vergund** dat mee te maken: hij mocht het niet beleven.

**ver·gun·ning** (de ~(v.); -en) officiële toestemming ◆ bouw**vergunning**; drank**vergunning**: toestemming om bepaalde dranken te verkopen.

**ver·haal** (het ~) **1** (verhalen) verslag van gebeurtenissen die echt of verzonnen zijn ⇒ geschiedenis, vertelling ◆ een boek met spannende **verhalen**; je **verhaal** doen: vertellen wat je te vertellen hebt; het **verhaal** gaat dat hij vroeger heel rijk is geweest: (uitdr.) dat zegt men; om een lang **verhaal** kort te maken: ...: (uitdr.) kort gezegd: ... **verhaal** halen: schadeloosstelling, genoegdoening eisen; op **verhaal** komen: op adem komen, bijkomen.

**ver·ha·len** (verhaalde, heeft verhaald) **1** iets verhalen: het verhaal* van iets doen, iets vertellen **2** de schade, de kosten enz. op iemand verhalen: zorgen dat iemand die schade, die kosten enz. moet betalen.

**ver·han·de·ling** (de ~(v.); -en) tekst of lezing over een wetenschappelijk onderwerp.

**ver·hap·stuk·ken** (ww.) ▼ *heel wat te verhapstukken hebben:* (populair) nog veel moeten regelen of doen; *met iemand nog wat te verhapstukken hebben:* (populair) nog iets met iemand moeten bespreken omdat je daarover met hem of haar van mening verschilt.

**ver·ha·ren** (verhaarde, is verhaard) **1** haar* verliezen ♦ *de kat verhaart erg* **2** *(van lippen, handen):* (in België □) ruw of schraal worden.

**ver·has·pe·len** (verhaspelde, heeft verhaspeld) *woorden verhaspelen:* ze verkeerd uitspreken of schrijven.

**ver·heer·lij·ken** (verheerlijkte, heeft verheerlijkt) *iemand of iets verheerlijken:* iemand of iets loven ♦ *God verheerlijken.*

**ver·heer·lijkt** (bijv. nw.) *(van gezichten):* waaruit blijdschap spreekt.

**ver·hef·fen** (verhief, heeft verheven) **1** *iemand tot een hogere rang verheffen:* iemand die rang verlenen ♦ *hij is tot de adelstand verheven* **2** *je stem verheffen:* harder gaan praten **3** *zich verheffen:* verrijzen, statig boven de omgeving uitsteken ♦ *in de verte verheft zich het gebergte* **4** *een getal tot een bepaalde macht verheffen:* (wiskunde) het zo vaak met zichzelf vermenigvuldigen als die macht aangeeft (kijk ook bij: **macht (bet.4)**).

**ver·hef·fend** (bijv. nw.) gezegd van iets dat je tot betere en mooiere gedachten brengt ♦ *dat is geen verheffend boek.*

**ver·hel·de·ren** (verhelderde, heeft verhelderd) *iets verhelderen:* iets helder* (bet.6) maken, iets duidelijker maken ⇒ *verduidelijken* ♦ *de plaatjes in dat boek zijn verhelderend.*

**ver·he·len** (verheelde, heeft verheeld) *iets verhelen:* (deftig) iets verbergen of verzwijgen ♦ *zij kon haar woede niet voor hem verhelen.*

**ver·hel·pen** (verhielp, heeft verholpen) *iets, bijv. een mankement, verhelpen:* iets herstellen.

**ver·he·mel·te** (het ~; -n of -s) bovenste deel van de binnenkant van je mond ⇒ *gehemelte.*

**ver·heugd** (bijv. nw.) *ergens verheugd over zijn:* ergens blij om zijn ♦ *zij is verheugd over haar succes.*

**ver·heu·gen** (verheugde, heeft verheugd) **1** *je ergens op verheugen:* iets met veel plezier afwachten, ergens veel zin in hebben ♦ *zij verheugt zich op het feest* **2** *iemand verheugen:* iemand blij maken ♦ *het verheugt ons dat hij geslaagd is* ▼ *hij verheugt zich in een goede gezondheid:* hij is goed gezond.

**ver·he·ven** (bijv. nw.) gezegd van iets dat beter, edeler is dan het gewone ♦ *verheven gedachten; een verheven stijl:* een deftige stijl.

**ver·hin·de·ren** (verhinderde, heeft verhinderd) *iemand of iets verhinderen:* iemand of iets tegenhouden, ervoor zorgen dat iemand of iets niet door kan gaan ⇒ *beletten, belemmeren* ♦ *hij kon zijn val nog net verhinderen; hij verhinderde haar weg te gaan; de directeur is vanmiddag verhinderd:* hij kan dan niet komen.

**ver·hit** (bijv. nw.) erg opgewonden, opgezweept ♦ *een verhitte discussie.*

**ver·hoe·den** (verhoedde, heeft verhoed) *iets verhoeden:* voorkomen dat iets gebeurt ♦ *ze kon maar net verhoeden dat het kind viel.*

**ver·ho·ging** (de ~(v.)) **1** (-en) deel van een oppervlak dat wat hoger* (bet.1) is dan de rest ♦ *de leider stond op een verhoging* **2** (-en) het hoger* (bet.2) worden ♦ *een loonsverhoging; ter verhoging van de gezelligheid* **3** lichaamstemperatuur die wat hoger* (bet.2) is dan normaal.

**ver·ho·len** (bijv. nw.) verborgen ♦ *met nauwelijks verholen leedvermaak.*

**ver·hon·ge·ren** (verhongerde, is verhongerd) van honger* (bet.1) sterven.

**ver·hoor** (het ~; verhoren) ondervraging door bijv. de politie of de rechter ♦ *iemand een verhoor afnemen.*

**ver·ho·ren** (verhoorde, heeft verhoord) **1** *iemand verhoren:* iemand een verhoor* afnemen, iemand officieel ondervragen ♦ *getuigen verhoren* **2** *een gebed verhoren:* het in vervulling laten gaan.

**ver·hou·den** (verhield, heeft verhouden) *zich als iets tot iets anders verhouden:* in een bepaalde verhouding* tot iets staan ♦ *de lengte verhoudt zich tot de breedte als twee staat tot één (2:1).*

**ver·hou·ding** (de ~(v.); -en) onderlinge betrekking tussen twee zaken of mensen ♦ *de verhouding tussen de directeur en de werknemers in dit bedrijf is goed; de verhouding tussen inkomsten en uitgaven is zoek:* er wordt veel meer geld uitgegeven dan er binnenkomt; *ze hebben al tien jaar een verhouding:* (uitdr.) een liefdesrelatie; *naar verhouding:* (uitdr.) als je het met iets vergelijkt dat ongeveer hetzelfde is; *dat is naar verhouding erg goedkoop.*

**ver·hui·zen** (verhuisde) **1** (is verhuisd) in een ander huis* gaan wonen ♦ *we verhuizen naar Groningen; het ziekenhuis verhuist naar een nieuwbouwwijk:* het wordt daar naar toe verplaatst; *de boeken verhuisden van de kast naar de tafel:* (uitdr.) ze werden van de kast naar de tafel verplaatst **2** (heeft verhuisd) *iemand verhuizen:* iemands spullen overbrengen naar een nieuwe woning.

**ver·hul·len** (verhulde, heeft verhuld) *iets verhullen:* iets verbergen door het anders te laten lijken dan het is ♦ *de waarheid verhullen.*

**ver·hu·ren** (verhuurde, heeft verhuurd) *iets verhuren:* iets te huur* (bet.1) aanbieden, iets een ander laten gebruiken in ruil voor huur* (bet.2) ♦ *fietsen verhuren.*

**verifiëren** ve·ri·fi·e·ren (verifieerde, heeft geverifieerd) *iets verifiëren:* nagaan of iets juist is ♦ *kunt u deze gegevens laten verifiëren?*

**ver·ij·de·len** (verijdelde, heeft verijdeld) *iets verijdelen:* ervoor zorgen dat iets mislukt, iets tegenhouden ♦ *een staatsgreep verijdelen.*

**ver·jaar·dag** (de ~(m.); -en) dag waarop je jarig bent.

**ver·ja·gen** (verjaagde of verjoeg, heeft verjaagd) *een mens of een dier verjagen:* een mens of een dier wegjagen, een mens of een dier verdrijven ♦ *de kat verjoeg de vogels uit de tuin.*

**ver·ja·ren** (verjaarde, is verjaard) **1** niet meer geldig zijn omdat er een bepaald aantal jaren is verlopen ♦ *een verjaard recht; een verjaarde misdaad:* een misdaad waarvoor je je niet meer gestraft kunt worden omdat er sindsdien al te veel jaren verlopen zijn **2** (ouderwets) jarig* zijn.

**ver·kapt** (bijv. nw.) niet openlijk, verborgen ♦ *de brief was een verkapte liefdesverklaring.*

**ver·ka·ve·len** (verkavelde, heeft verkaveld) *land verkavelen:* het in kavels* verdelen.

**ver·keer** (het ~) **1** alle voertuigen en personen die van de openbare weg gebruik maken ♦ *een verkeersopstopping; luchtverkeer:* het vervoeren van mensen en goederen met vliegtuigen **2** omgang van mensen met elkaar.

**ver·keerd** (bijv. nw.) fout, onjuist ♦ *je pakt dat helemaal verkeerd aan; de verkeerde voor hebben:* (uitdr.) iemand voor een ander aanzien; *verkeerd verbonden:* (uitdr.) (dit zeggen veel mensen als ze het verkeerde telefoonnummer gedraaid hebben).

**ver·keers·licht** (het ~; -en) stoplicht.

**ver·keers·wis·se·laar** (de ~(m.); -s) (in België) kruispunt van snelwegen dat soms op een klaverblad met vier blaadjes lijkt ⇒ **klaverblad**.

**ver·ke·ken** (bijv. nw.) ▼ *je kansen zijn* **verkeken**: ze zijn voorbij, je kunt ze niet meer benutten.

**ver·ken·nen** (verkende, heeft verkend) *iets, bijv. een terrein, verkennen*: ergens overal rondkijken om te ontdekken hoe het is ◆ *de omgeving* **verkennen**.

**ver·ken·ner** (de ~(m.); -s) **1** iemand, bijv. een soldaat, die iets verkent* **2** (in Nederland) jongen tussen tien en veertien jaar die lid is van scouting (kijk ook bij: **scouting**) **3** (in België) jongen tussen de veertien en zeventien jaar die lid is van scouting.

**ver·ken·ning** (de ~(v.)) het verkennen* ◆ *op* **verkenning** *uitgaan*.

**ver·ke·ren** (verkeerde, heeft verkeerd) **1** *in bepaalde omstandigheden verkeren*: je daarin bevinden ◆ *ze* **verkeert** *in levensgevaar* **2** *in bepaalde kringen, onder bepaalde mensen verkeren*: er regelmatig komen, regelmatig met ze omgaan ◆ *in hofkringen* **verkeren** ▼ *het kan* **verkeren**: (dit zeg je als een situatie opeens helemaal veranderd is).

**ver·ke·ring** (de ~(v.); -en) omgang tussen twee mensen die verliefd op elkaar zijn ◆ *ze hebben vaste* **verkering**.

**ver·kie·zen** (verkoos, heeft verkozen) *iets verkiezen*: iets liever willen dan iets anders ⇒ prefereren ◆ *ik* **verkies** *de rust boven de drukte.*

**ver·kie·zin·gen** (zelfst. nw.; meervoud) gelegenheid waarbij mensen door te stemmen de persoon of de politieke partij kiezen waardoor ze bestuurd willen worden.

**ver·kij·ken** (verkeek, heeft verkeken) *je op iets verkijken*: iets verkeerd beoordelen, iets verkeerd inschatten ◆ *ik heb me* **verkeken** *op de tijd die dat werk kost*.

**ver·kik·kerd** (bijv. nw.) *verkikkerd op iemand zijn*: (populair) verliefd op iemand zijn.

**ver·klap·pen** (verklapte, heeft verklapt) *iets, bijv. een geheim, verklappen*: iets vertellen terwijl het geheim moest blijven.

**ver·kla·ren** (verklaarde, heeft verklaard) **1** *iets verklaren*: duidelijk maken hoe iets in elkaar zit of waardoor iets veroorzaakt wordt ◆ *zulke verschijnselen zijn niet te* **verklaren**; **verklaar** *je nader*: (uitdr.) leg eens uit wat je bedoelt **2** *iemand iets verklaren*: iemand iets officieel of plechtig meedelen ◆ *een land de oorlog* **verklaren**; *iemand je liefde* **verklaren**; *de verdachte* **verklaarde** *dat hij onschuldig was*.

**ver·kla·ring** (de ~(v.); -en) het verklaren* of iets waarmee je iets verklaart* ◆ *ze hebben nog geen* **verklaring** *voor dat voorval*; *een* **verklaring** *onder ede afleggen*.

**ver·kle·den** (verkleedde, heeft verkleed) **1** *je verkleden*: andere kleren aantrekken ⇒ omkleden ◆ *Hannah* **verkleedde** *zich voor haar feestje* **2** *je verkleden*: voor de lol leuke of gekke kleren aantrekken ◆ *Pim was* **verkleed** *als clown.*

**ver·kleumd** (bijv. nw.) stijf van de kou ◆ **verkleumde** *handen*.

**ver·klik·ken** (verklikte, heeft verklikt) *iets wat een ander gedaan heeft verklikken*: iets stiekem doorvertellen ⇒ verraden, overbrieven.

**ver·klik·ker** (de ~(m.); -s) toestel dat iets aangeeft dat je niet direct kunt zien of horen ◆ *door de* **verklikker** *kwamen ze erachter dat er brand was in het magazijn*.

**ver·knal·len** (verknalde, heeft verknald) *iets verknallen*: (populair) iets verknoeien ⇒ verprutsen, verpesten, verknollen ◆ *je hebt m'n hele avond* **verknald**.

**ver·kneu·ke·len** (verkneukelde, heeft verkneukeld) *je verkneukelen*: voorpret of binnenpret hebben ⇒ verkneuteren ◆ *hij* **verkneukelde** *zich bij het vooruitzicht*.

**ver·kneu·te·ren** (verkneuterde, heeft verkneuterd) *je verkneuteren*: je verkneukelen.

**ver·knipt** (bijv. nw.) (populair) niet goed wijs, raar ⇒ gek, maf, getikt ◆ *een* **verknipte** *persoonlijkheid*.

**ver·knocht** (bijv. nw.) *aan iets of iemand verknocht zijn*: heel erg aan iets of iemand gehecht zijn.

**ver·knoei·en** (verknoeide, heeft verknoeid) **1** *iets verknoeien*: verkeerd met iets omgaan en het zo bederven ⇒ verprutsen, verknallen, verpesten ◆ *een tekening* **verknoeien** **2** *tijd verknoeien*: die verspillen door niets nuttigs te doen.

**ver·knol·len** (verknolde, heeft verknold) *iets verknollen*: (populair) iets verknoeien ⇒ verknallen.

**ver·koe·ver·ka·mer** (de ~; -s) kamer waar mensen na een operatie uit de narcose kunnen bijkomen ⇒ recovery.

**ver·kom·me·ren** (verkommerde, is verkommerd) wegkwijnen door verwaarlozing ◆ *hij laat zijn tuin* **verkommeren**.

**ver·kon·di·gen** (verkondigde, heeft verkondigd) *iets verkondigen*: iets in het openbaar vertellen ◆ *het evangelie* **verkondigen**.

**ver·kon·di·ging** (de ~(v.); -en) het verkondigen*.

**ver·koop** (de ~(m.); verkopen) het verkopen* ◆ *de* **verkoop** *van koffie is tijdelijk gestaakt.*

**ver·koop·ster** → verkoper.

**ver·ko·pen** (verkocht, heeft verkocht) *iets verkopen*: iets aan een ander geven in ruil voor geld ◆ *een huis* **verkopen**; *nee* **verkopen**: (uitdr.) zeggen dat je het gevraagde niet in voorraad hebt; *de minister weet z'n plannen goed te* **verkopen**: (uitdr.) hij vertelt ze zó dat ze heel aantrekkelijk klinken.

**ver·ko·per** (de ~(m.); -s), vrouw: **ver·koop·ster** (de ~(v.); -s) iemand die voor zijn of haar beroep dingen verkoopt*.

**ver·ko·ping** (de ~(v.); -en) gelegenheid waarbij iets verkocht* wordt ◆ *een openbare* **verkoping**: een veiling.

**ver·kou·den** (bijv. nw.) gezegd van iemand die kou gevat heeft, waardoor zijn of haar neus verstopt is en hij of zij hoest of keelpijn heeft.

**ver·koud·heid** (de ~(v.)) toestand dat iemand verkouden is.

**ver·krach·ten** (verkrachtte, heeft verkracht) **1** (van mannen) *een vrouw of meisje verkrachten*: haar met geweld dwingen tot geslachtsgemeenschap **2** *iets, bijv. de wet, verkrachten*: iets schenden, iets op een grove manier overtreden.

**ver·krij·gen** (verkreeg, heeft verkregen) *iets verkrijgen*: iets krijgen, vaak door je in te spannen ◆ *dat boek is helaas niet meer te* **verkrijgen**; *een goed resultaat* **verkrijgen**.

**ver·krop·pen** (ww.) *iets niet kunnen verkroppen*: iets maar niet kunnen aanvaarden ◆ *ik kan het niet* **verkroppen** *dat ze zomaar weggegaan is*.

**ver·kwan·se·len** (verkwanselde, heeft verkwanseld) *iets verkwanselen*: iets zomaar verkopen om aan geld te komen ⇒ verpatsen.

**ver·kwik·ken** (verkwikte, heeft verkwikt) *iemand verkwikken*: iemand weer fit en fris maken ◆ *die koude douche* **verkwikte** *hem*.

**ver·kwis·ten** (verkwistte, heeft verkwist) *geld verkwisten*: het in grote hoeveelheden uitgeven aan dingen die het niet waard zijn.

**ver·laat** (het ~; verlaten) kleine sluis.

**ver·la·gen** (verlaagde, heeft verlaagd) *je verlagen*: iets doen wat je minderwaardig vindt.

**ver·lak·ken** (verlakte, heeft verlakt) *iemand verlakken*: (populair) iemand bedriegen, iemand bedotten ⇒ vernachelen.

**ver·lamd** (bijv. nw.) *(van een lichaamsdeel)*: waarvan de spieren niet werken, waardoor het niet kan bewegen ◆ *onze poes heeft een* **verlamde** *achterpoot.*

**ver·lan·gen**[1] (het ~; -s) het verlangen[2]* ◆ *met* **verlangen** *naar iets uitkijken; ik kan niet aan al haar* **verlangens** *voldoen:* aan al haar wensen; *branden van* **verlangen** *om iets te doen:* (uitdr.) heel hevig verlangen om iets te doen.

**ver·lan·gen**[2] (verlangde, heeft verlangd) **1** *naar iets of iemand verlangen:* grote behoefte aan iets of iemand hebben ◆ *naar huis* **verlangen 2** *iets van iemand verlangen:* iets van iemand willen, iets eisen ◆ *ik* **verlang** *van jou dat je rustig bent; dat kun je niet van haar* **verlangen**.

**ver·la·ten** (verliet, heeft verlaten) **1** *iets of iemand verlaten:* van iets of iemand weggaan ◆ *je land* **verlaten 2** *je op iets of iemand verlaten:* helemaal op iets of iemand vertrouwen ◆ *op dat oude spoorboekje kun je je niet* **verlaten**.

**ver·le·den**[1] (het ~) tijd die voorbij is ◆ *het* **verleden** *bestuderen; zij leeft in het* **verleden**: (uitdr.) ze denkt alleen nog maar aan dingen die voorbij zijn.

**ver·le·den**[2] (bijv. nw.) vorig, vroeger ◆ **verleden** *week zijn we naar zee geweest:* een week geleden; *dat is alweer* **verleden** *tijd:* dat is alweer voorbij.

**ver·le·gen** (bijv. nw.) **1** bang en onzeker tegenover anderen ⇒ *bleu, schuchter, timide, bedeesd* ◆ *ze is zo* **verlegen**, *ze zegt nooit wat in de klas* **2** *ergens verlegen mee zijn:* ergens niet goed raad mee weten ◆ *hij was met de situatie* **verlegen 3** *verlegen zitten om iets:* behoefte aan iets hebben, iets nodig hebben ◆ *we zitten om hulp* **verlegen**; *beter mee* **verlegen** *dan om* **verlegen**: (uitdr.) je kunt beter te veel van iets hebben dan te weinig.

**ver·lei·de·lijk** (bijv. nw.) waardoor je gemakkelijk verleid* wordt ⇒ *aanlokkelijk* ◆ *een* **verleidelijk** *voorstel.*

**ver·lei·den** (verleidde, heeft verleid) *iemand tot iets verleiden:* iemand ergens toe overhalen, hoewel hij of zij het eigenlijk niet wil of terwijl het eigenlijk niet mag ◆ *iemand tot een misdaad* **verleiden**.

**ver·lei·ding** (de ~(v.); -en) het verleiden* ◆ *ze kon de* **verleiding** *niet weerstaan:* ze móést het wel doen.

**ver·le·nen** (verleende, heeft verleend) *iets aan iemand of iets verlenen:* iets aan iemand of iets geven ◆ *hulp* **verlenen** *aan bejaarden.*

**ver·leng·de** (zelfst. nw.) ▼ *in het* **verlengde** *van iets liggen:* de voortzetting van iets zijn; *de Hoofdstraat ligt in het* **verlengde** *van de Kerkstraat.*

**ver·lep·pen** (verlepte, is verlept) *(van bloemen):* uitgebloeid raken, slap en lelijk worden ⇒ *verwelken* ◆ *een* **verlept** *gezicht:* (uitdr.) een gezicht dat slap en lelijk is geworden.

**ver·le·ren** (verleerde, heeft of is verleerd) *iets verleren:* gaandeweg niet meer kunnen wat je vroeger geleerd hebt ◆ *fietsen* **verleer** *je nooit.*

**ver·licht** (bijv. nw.) met moderne opvattingen ◆ *een* **verlicht** *vorst.*

**ver·lich·ten** (verlichtte, heeft verlicht) *iets verlichten:* iets minder zwaar of makkelijker te dragen maken ⇒ *dit drankje* **verlicht** *de pijn.*

**ver·liefd** (bijv. nw.) *verliefd zijn op iemand:* heel erg dol op iemand zijn en hem of haar de allerliefste vinden.

**ver·lies** (het ~; verliezen) het verliezen* ◆ *de dood van haar man betekende een groot* **verlies** *voor haar; **verlies** lijden:* geld kwijtraken met zaken doen; *niet tegen je* **verlies** *kunnen:* er niet tegen kunnen dat je een spel niet wint.

**ver·lies·la·tend** (bijv. nw.) (in België □) verliesgevend.

**ver·liet** → verlaten.

**ver·lie·ten** → verlaten.

**ver·lie·zen** (verloor, heeft verloren) **1** *iets of iemand verlie-*

zen: in een toestand komen waarin je iets of iemand niet meer hebt ⇒ *kwijtraken* ◆ *ze heeft haar portemonnee* **verloren**; *je geduld* **verliezen 2** *iets, bijv. een spel of wedstrijd, verliezen:* bij die gelegenheid verslagen worden, het tegenovergestelde van 'winnen' **3** *op iets verliezen:* voor iets minder geld krijgen dan je er zelf in gestoken hebt ◆ *die fabriek* **verliest** *op z'n producten* **4** *verloren gaan:* verdwijnen, te gronde gaan ◆ *heel wat kunst uit de oudheid is* **verloren** *gegaan; onze club gaat nooit* **verloren**.

**ver·lof** (het ~; verloven) **1** vrije dagen ◆ *met* **verlof** *gaan; zwangerschaps***verlof**: periode waarin een vrouw vrij heeft rond de geboorte van haar baby; *betaald* **verlof**: extra vrije dagen waarop je doorbetaald wordt **2** toestemming ⇒ *permissie* ◆ **verlof** *vragen om iets te doen; hij kreeg* **verlof** *om naar huis te gaan.*

**ver·loo·che·nen** (verloochende, heeft verloochend) *iemand of iets verloochenen:* zeggen dat je niets met iemand of iets te maken hebt terwijl dat wel zo is, doen alsof je iemand of iets niet kent ◆ *je beste vriend* **verloochenen**; *je vroegere idealen* **verloochenen**.

**ver·loof·de** (de ~; -n) degene met wie je verloofd* bent ⇒ *aanstaande.*

**ver·loop** (het ~) **1** het verlopen[2]* (bet.1) ◆ *ik ben benieuwd naar het* **verloop** *van die geschiedenis; na* **verloop** *van tijd:* na een tijdje **2** verschijnsel dat ergens aan de ene kant mensen of dingen bij komen, terwijl er aan de andere kant mensen of dingen af gaan ◆ *in deze flat is het* **verloop** *van de bewoners groot; natuurlijk* **verloop** *in een bedrijf:* het wisselen van personeelsleden doordat er mensen met pensioen gaan, een andere baan nemen, overlijden enz. **3** het naar boven toe smaller worden van iets ◆ *het* **verloop** *van een muur.*

**ver·loor** → verliezen.

**ver·lo·pen**[1] (bijv. nw.) gezegd van iemand aan wie je kunt zien dat hij of zij slecht voor zichzelf zorgt, veel sterke drank drinkt enz..

**ver·lo·pen**[2] (verliep, is verlopen) **1** voorbijgaan, verstrijken ◆ *hoeveel tijd is er sindsdien* **verlopen**?; *de reis is probleemloos* **verlopen**; *alles* **verloopt** *naar wens:* alles gaat naar wens **2** ongeldig worden doordat er een bepaalde tijd verstreken is ◆ *mijn paspoort is* **verlopen**.

**ver·lo·ren**[1] (bijv. nw.) **1** eenzaam te midden van veel mensen ◆ *ze zat er* **verloren** *bij* **2** niet te redden ◆ *hij is* **verloren**.

**ver·lo·ren**[2] → verliezen.

**ver·los·kun·de** (de ~(v.)) deel van de geneeskunde dat zich bezighoudt met de geboorte en alles wat daarmee te maken heeft ⇒ *obstetrie.*

**ver·los·kun·di·ge** (de ~; -n) iemand die voor zijn of haar beroep vrouwen helpt bij bevallingen ⇒ *vroedvrouw.*

**ver·los·sen** (verloste, heeft verlost) *iemand of iets ergens uit of ergens van verlossen:* iemand of iets ergens uit of ergens van bevrijden ◆ *hij* **verloste** *de vos uit de strik.*

**ver·los·sing** (de ~(v.); -en) het verlossen*.

**ver·lo·ten** (verlootte, heeft verloot) *iets verloten:* door loten* bepalen wie iets krijgt.

**ver·lo·ven** (verloofde, is verloofd) *je met iemand verloven:* je officieel met iemand verbinden door trouwbelofte.

**ver·lo·ving** (de ~(v.); -en) het verloven* of het verloofd* zijn ◆ *ze vieren hun* **verloving** *met een receptie; een* **verloving** *verbreken.*

**ver·luch·ten** (verluchtte, heeft verlucht) *een boek verluchten met plaatjes, foto's enz.:* (ouderwets) het daarmee illustreren.

**ver·lui·den** (ww.) ▼ *naar* **verluidt**: zoals men zegt; *naar* *verluidt* wordt hij burgemeester; ik heb horen **verluiden** dat die school gesloten wordt: ik heb gehoord dat ....

**ver·lus·ti·gen** (verlustigde, heeft verlustigd) *je in iets verlustigen*: plezier in iets hebben, je met iets vermaken ⇒ **vermeien**.

**ver·maak** (het ~) iets waar je je mee vermaakt*, plezier, amusement.

**ver·maard** (bijv. nw.) beroemd ⇒ *befaamd* ♦ **vermaarde** *musici*.

**ver·ma·ke·lijk** (bijv. nw.) vermaak* gevend ⇒ *amusant, grappig* ♦ *een* **vermakelijk** *verhaal*.

**ver·ma·ken** (vermaakte, heeft vermaakt) **1** *iemand vermaken*: iemand plezier geven ⇒ *amuseren* ♦ *ze* **vermaakt** *me met haar grappen; hij* **vermaakt** *zich kostelijk bij de toneelclub* **2** *een kledingstuk vermaken*: het veranderen **3** *iets aan iemand vermaken*: iemand iets in een testament als erfenis toewijzen.

**ver·ma·nen** (vermaande, heeft vermaand) *iemand vermanen*: iemand waarschuwend zeggen dat hij of zij iets moet doen of laten ♦ *een ondeugend kind* **vermanen**.

**ver·ma·ning** (de ~ (v.); -en) keer dat je iemand vermaant* ♦ *een ernstige* **vermaning** *krijgen*.

**ver·man·nen** (vermande, heeft vermand) **1** *je vermannen*: je emoties weer de baas worden, jezelf weer in bedwang krijgen **2** *je vermannen*: moed vatten.

**ver·meend** (bijv. nw.) ▼ *de vermeende* ...: waarvan men denkt dat hij ... is; *de* **vermeende** *eigenaar van die boot*.

**ver·meer·de·ren** (vermeerderde, heeft vermeerderd) *iets vermeerderen*: ervoor zorgen dat iets meer wordt.

**ver·mei·en** (vermeide, heeft vermeid) *je in iets vermeien*: (deftig) plezier in iets hebben, je met iets vermaken ⇒ **verlustigen**.

**ver·mel·den** (vermeldde, heeft vermeld) *iemand of iets vermelden*: iemand of iets noemen of opschrijven ♦ *s.v.p. je leeftijd* **vermelden**.

**ver·mel·ding** (de ~ (v.); -en) het vermelden* ♦ *een eervolle* **vermelding** *krijgen*: apart genoemd worden omdat je heel goed was, maar niet gewonnen hebt.

**ver·me·nig·vul·di·gen** (vermenigvuldigde, heeft vermenigvuldigd) **1** *iets vermenigvuldigen*: meer exemplaren van iets maken ♦ *een tekst* **vermenigvuldigen** *door hem te fotokopiëren* **2** *zich vermenigvuldigen*: groter in aantal worden ♦ *konijnen* **vermenigvuldigen** *zich snel: die planten zich snel voort* **3** *een getal met een ander getal vermenigvuldigen*: (rekenen) het zoveel keer bij zichzelf optellen als dat andere getal aangeeft ♦ *met welk getal moet je drie* **vermenigvuldigen** *om vijftien te krijgen?*

**ver·me·tel** (bijv. nw.) dapper, maar ook roekeloos ⇒ *stoutmoedig* ♦ *een* **vermetel** *plan*.

**ver·mi·cel·li** (de ~ (m.)) deegwaar in slierten of andere vormen, voor in de soep.

**ver·mij·den** (vermeed, heeft vermeden) *iets vermijden*: ervoor zorgen dat iets niet gebeurt of dat iets je niet overkomt ♦ *een botsing proberen te* **vermijden**.

**ver·mil·joen** (het ~) helderrode kleurstof.

**ver·min·de·ren** (verminderde, heeft verminderd) *iets verminderen*: ervoor zorgen dat iets minder wordt.

**ver·min·ken** (verminkte, heeft verminkt) *iemand verminken*: iemand ernstig verwonden ♦ *de soldaat was in de oorlog* **verminkt**.

**ver·mis·te** (de ~; -n) iemand die verdwenen is en gezocht wordt ♦ *na de overstroming waren er 25 doden en 49* **vermisten**.

**ver·mits** (voegw.) (in België □) omdat.

**ver·moe·de·lijk** (bijv. nw.) zoals vermoed* kan worden ♦ *de* **vermoedelijke** *dader; hij komt* **vermoedelijk** *op de fiets*.

**ver·moe·den**[1] (het ~; -s) het vermoeden[2]*, idee ♦ *ik had al zo'n* **vermoeden** *dat hij boos was*.

**ver·moe·den**[2] (vermoedde, heeft vermoed) *iets vermoeden*: iets op grond van bepaalde aanwijzingen denken ♦ *ik* **vermoed** *dat ze me willen verrassen, want ze doen zo geheimzinnig*.

**ver·moei·en** (vermoeide, heeft vermoeid) *iemand vermoeien*: iemand moe* maken ♦ **vermoei** *de kinderen niet te erg*.

**ver·moet** → vermout.

**ver·mo·gen**[1] (het ~) **1** rijkdom, bezit ♦ *een* **vermogen** *verdienen*: (uitdr.) heel veel geld; *een bijdrage geven naar* **vermogen**: (uitdr.) zoveel bijdragen als redelijk is in verhouding tot wat je verdient of bezit **2** (-s) het kunnen van iets ♦ **denkvermogen**; *het* **trekvermogen** *van een tractor*: de trekkracht; *doen wat in je* **vermogen** *ligt*: doen wat je kunt.

**ver·mo·gen**[2] (vermocht, heeft vermocht) *iets vermogen*: (deftig) iets kunnen, tot iets in staat zijn ♦ *op zulke vragen* **vermag** *ik niet te antwoorden*.

**ver·mo·gend** (bijv. nw.) met een groot vermogen[1]* (bet.1) ⇒ *bemiddeld, kapitaalkrachtig, rijk* ♦ *een* **vermogende** *vrouw*.

**ver·molmd** (bijv. nw.) *(van hout)*: verrot.

**ver·mom·men** (vermomde, heeft vermomd) *je vermommen*: je zo verkleden dat je onherkenbaar bent ♦ *de koning begaf zich* **vermomd** *onder de mensen*.

**ver·mom·ming** (de ~ (v.); -en) dat wat je aangetrokken hebt om je te vermommen*.

**ver·moor·den** (vermoordde, heeft vermoord) *iemand vermoorden*: iemand met opzet doden.

**ver·mor·ze·len** (vermorzelde, heeft vermorzeld) *iets vermorzelen*: iets helemaal stukslaan of kapot drukken ♦ *een glas onder je voet* **vermorzelen**; *'ik* **vermorzel** *je!'*, riep hij dreigend.

**ver·mout** [vermœt] (de ~ (m.)) witte wijn vermengd met een aftreksel van kruiden.

**ver·mur·wen** (vermurwde, heeft vermurwd) *iemand vermurwen*: iemand mild stemmen en hem of haar overhalen ♦ *ze wisten vader te* **vermurwen** *met lieve woordjes*.

**ver·na·che·len** (vernachelde, heeft vernacheld) *iemand vernachelen*: (populair) iemand bedriegen, iemand bedotten ⇒ **verlakken**.

**ver·ne·de·ren** (vernederde, heeft vernederd) *iemand vernederen*: iemand kwetsen door hem of haar minachtend te behandelen.

**ver·ne·men** (vernam, heeft vernomen) *iets vernemen*: iets te weten komen door het te horen ♦ *ik heb* **vernomen** *dat je gaat verhuizen*.

**ver·neu·ken** (verneukte, heeft verneukt) *iemand verneuken*: (grof) iemand bedriegen.

**ver·nie·len** (vernielde, heeft vernield) *iets vernielen*: iets kapotmaken.

**ver·nie·ling** (zelfst. nw.) ▼ *in de* **vernieling** *raken*: (populair) in een heel slechte toestand terechtkomen.

**ver·nie·ti·gen** (vernietigde, heeft vernietigd) *iets vernietigen*: ervoor zorgen dat ergens niets van overblijft ♦ *afval* **vernietigen**; *een vonnis* **vernietigen**: het ongedaan maken.

**ver·nie·ti·gend** (bijv. nw.) gezegd van iets waaruit blijkt dat je iemand helemaal afkeurt ♦ *iemand* **vernietigend** *aankijken; een* **vernietigend** *oordeel*.

**ver·nieu·wen** (vernieuwde, heeft vernieuwd) *iets vernieuwen*: iets veranderen zodat het weer nieuw lijkt.

**ver·nik·ke·len** (ww.) (populair) stijf van de kou worden, het heel koud hebben ⇒ *verkleumen* ♦ *ik zit hier te* **vernikkelen**.

**ver·nis** (de ~(m.) of het ~; -sen) doorzichtige vloeistof die je met een kwast op voorwerpen aanbrengt om ze te beschermen en om ze te laten glanzen.

**ver·nis·sa·ge** [vernissa zjə] (de ~(v.); -s) feestelijke opening van een tentoonstelling.

**ver·nuft** (het ~; -en) helder verstand waarmee je iets uit kunt denken ♦ *hij is een technisch vernuft*: hij is heel goed op het gebied van de techniek.

**ver·nuf·tig** (bijv. nw.) gezegd van iets waaruit vernuft* blijkt ♦ *een vernuftig apparaat*.

**ver·on·acht·za·men** (veronachtzaamde, heeft veronachtzaamd) *iemand of iets veronachtzamen*: niet goed op iemand of iets letten, niet goed voor iemand of iets zorgen ♦ *je gezondheid veronachtzamen*.

**ver·on·der·stel·len** (veronderstelde, heeft verondersteld) *iets veronderstellen*: iets als waar aannemen en ervan uitgaan ♦ *ik veronderstel dat jullie kunnen lezen*.

**ver·on·der·stel·ling** (de ~(v.); -en) dat wat je veronderstelt* ♦ *in de veronderstelling verkeren dat ...*: denken dat ....

**ver·on·ge·lijkt** (bijv. nw.) met het gevoel dat je onrecht aangedaan is, dat je onbillijk behandeld bent ♦ *'hij krijgt altijd het meeste', zei ze verongelijkt*.

**ver·on·ge·luk·ken** (verongelukte, is verongelukt) door een ongeluk* (bet.2) doodgaan.

**Ve·ro·ni·ca** (het ~) commerciële omroep in Nederland.

**ver·ont·rei·ni·gen** (verontreinigde, heeft verontreinigd) *iets verontreinigen*: iets vuil maken ♦ *afvallozingen verontreinigen het rivierwater*.

**ver·ont·rust** (bijv. nw.) erg ongerust.

**ver·ont·schul·di·gen** (verontschuldigde, heeft verontschuldigd) *je verontschuldigen*: zeggen dat het je spijt ⇒ *excuseren* ♦ *hij verontschuldigde zich voor het oponthoud*; *hij is verontschuldigd*: (uitdr.) hij kan niet komen of meedoen en heeft daar een goede reden voor; *je laten verontschuldigen*: (uitdr.) iemand laten zeggen dat je tot je spijt niet kunt komen.

**ver·ont·schul·di·ging** (de ~(v.); -en) dat wat je zegt om je te verontschuldigen* ⇒ *excuus* ♦ *je verontschuldigingen aanbieden*.

**ver·ont·waar·digd** (bijv. nw.) erg boos om wat jou of een ander wordt aangedaan ♦ *wij zijn verontwaardigd over de jacht op jonge zeehondjes*.

**ver·ont·waar·di·ging** (de ~(v.)) het verontwaardigd* zijn.

**ver·oor·de·len** (veroordeelde, heeft veroordeeld) **1** *(van rechters) iemand tot iets veroordelen*: bepalen dat iemand die straf moet krijgen ♦ *iemand veroordelen tot gevangenisstraf* **2** *iets veroordelen*: zeggen dat je iets verkeerd vindt, iets afkeuren ♦ *liegen veroordeel ik*.

**ver·oor·de·ling** (de ~(v.); -en) het veroordelen*.

**ver·oor·lo·ven** (veroorloofde, heeft veroorloofd) *iemand iets veroorloven*: iemand iets toestaan ⇒ *permitteren* ♦ *het werkschema veroorlooft ons een dag rust te nemen*; *hij veroorloofde zich een paar brutale opmerkingen*: hij nam de vrijheid een paar brutale opmerkingen te maken; *je iets kunnen veroorloven*: iets kunnen betalen.

**ver·oor·za·ken** (veroorzaakte, heeft veroorzaakt) *iets veroorzaken*: de oorzaak* zijn van dingen die volgen ⇒ *teweegbrengen* ♦ *een muggenbeet veroorzaakt jeuk*.

**ver·oot·moe·di·gen** (verootmoedigde, heeft verootmoedigd) *je verootmoedigen*: ootmoedig* worden.

**ver·or·be·ren** (verorberde, heeft verorberd) *eten verorberen*: het gulzig en met smaak opeten.

**ver·or·de·ning** (de ~(v.); -en) voorschrift van het gezag, waar je je aan moet houden ♦ *een politieverordening*: een regel die door de politie is uitgevaardigd.

**ver·or·don·ne·ren** (verordonneerde, heeft verordonneerd) *iemand iets verordonneren*: iemand iets bevelen of voorschrijven.

**ver·ou·derd** (bijv. nw.) in onbruik geraakt, niet meer bruikbaar ♦ *een verouderde opvatting*; *dit model is verouderd*.

**ver·ove·ren** (veroverde, heeft veroverd) *iets veroveren*: iets na een strijd in bezit nemen ♦ *land veroveren*; *de eerste prijs veroveren*; *ze had een mooi plaatsje veroverd*: dat had ze gevonden en ingenomen.

**ver·ove·ring** (de ~(v.); -en) het veroveren* ♦ *heb je zijn nieuwe verovering al gezien?*: (uitdr.) zijn nieuwe vriendin.

**ver·pach·ten** (verpachtte, heeft verpacht) *iets verpachten*: iets in pacht* geven ♦ *bouwland verpachten*.

**ver·pak·ken** (verpakte, heeft verpakt) *iets verpakken*: iets in papier of in een doos of kist doen om het te versturen, te verkopen of mee te nemen ♦ *glaswerk in kranten verpakken*; *ze verpakte haar kritiek in een paar grappen*: (uitdr.) ze gaf haar kritiek in de vorm van grappen.

**ver·pak·king** (de ~(v.); -en) dat waarin iets verpakt* is.

**ver·pan·den** (verpandde, heeft verpand) **1** *iets verpanden*: iets inruilen voor geld ⇒ *belenen* ♦ *sieraden verpanden* **2** *je hart aan iemand of iets verpand hebben*: iemand of iets heel leuk of geweldig vinden.

**ver·pat·sen** (verpatste, heeft verpatst) *iets verpatsen*: (populair) iets verkopen om aan geld te komen ⇒ *verkwanselen*.

**ver·pau·pe·ren** (verpauperde, is verpauperd) arm of armoedig worden, achteruitgaan in aanzien ♦ *die buurt is sterk verpauperd*.

**ver·pes·ten** (verpestte, heeft verpest) *iets verpesten*: (populair) iets bederven ⇒ *verknallen, verknollen, verknoeien* ♦ *de sfeer verpesten*.

**ver·pie·terd** (bijv. nw.) **1** *(van eten)*: slap en smakeloos, omdat het te lang op het vuur gestaan heeft **2** *(van mensen)*: er slecht uitziend ♦ *m'n haar is verpieterd door de regen*.

**ver·pin·ken** (ww.) ▼ *zonder verpinken*: (in België □) ijskoud, zonder dat je je gevoelens toont.

**ver·plaat·sen** (verplaatste, heeft verplaatst) *je in iemand verplaatsen*: je in iemands toestand inleven, je voorstellen hoe het is om die persoon te zijn ♦ *ik kan me niet in je gedachtegang verplaatsen*: ik kan me niet voorstellen waarom je zo denkt.

**ver·plaat·sing** (de ~(v.); -en) **1** (in België □) dienstreis **2** (in België □) overplaatsing van een ambtenaar of leerkracht ▼ *op verplaatsing spelen*: (in België □) een uitwedstrijd spelen.

**ver·pleeg·huis** (het ~; -huizen) instelling waar mensen die lang ziek zijn, verpleegd worden.

**ver·pleeg·kun·de** (de ~(v.)) wetenschap die zich bezighoudt met de verpleging van zieken.

**ver·pleeg·kun·di·ge** (de ~; -n) iemand die voor zijn of haar beroep zieken verpleegt*.

**ver·pleeg·ster** → verpleger.

**ver·ple·gen** (verpleegde, heeft verpleegd) *een zieke verplegen*: een zieke verzorgen.

**ver·ple·ger** (de ~(m.); -s), vrouw: **ver·pleeg·ster** (de ~ (v.); -s) verpleegkundige.

**ver·ple·ging** (de ~(v.)) het verplegen* ♦ *zij krijgt een goede verpleging*; *in de verpleging gaan*: (uitdr.) verpleegster of verpleger worden.

**ver·plet·te·ren** (verpletterde, heeft verpletterd) *iemand of iets verpletteren*: iemand of iets vernietigen door op iemand of iets terecht te komen ♦ *de auto werd door het rotsblok verpletterd*; *die mededeling verpletterde hem*: (uitdr.) daardoor werd hij volkomen terneergeslagen.

**ver·plet·te·rend** (bijv. nw.) waarvan je erg onder de indruk raakt, verbijsterend ◆ *een verpletterend bericht.*

**ver·plicht** (bijv. nw.) **1** een plicht* vormend ◆ *Nederlands is een verplicht vak; je tot iets verplicht voelen:* vinden dat je iets moet doen **2** *iets verplicht zijn:* iets moeten ◆ *op een brommer ben je verplicht een helm te dragen* **3** *iemand verplicht zijn:* (deftig) iemand dankbaar zijn ⇒ *erkentelijk* ◆ *ik ben u zeer verplicht.*

**ver·plich·ten** (verplichtte, heeft verplicht) **1** *iemand tot iets verplichten:* iemand iets als plicht* opleggen ◆ *rondkijken in de winkel verplicht je niet tot kopen* **2** *iemand aan je verplichten:* iets voor iemand doen waarvoor die persoon je dankbaar moet zijn of waarvoor hij of zij iets terug moet doen.

**ver·plich·ting** (de~(v.); -en) iets waartoe je verplicht* (bet.1) bent ◆ *je verplichtingen nakomen:* doen wat je moet doen; *verplichtingen scheppen:* (uitdr.) iets doen waardoor je een ander aan je verplicht.

**ver·po·zen** (verpoosde, heeft verpoosd) *je verpozen:* (deftig) je ontspannen, uitrusten.

**ver·prut·sen** (verprutste, heeft verprutst) *iets verprutsen:* iets laten mislukken, bijv. door onhandigheid ⇒ *verknoeien* ◆ *ze heeft die appeltaart helemaal verprutst.*

**ver·raad** (het ~) het verraden* (bet.1) ◆ *verraad plegen.*

**ver·ra·den** (verraadde of verried, heeft verraden) **1** *iemand of iets verraden:* iemand of iets niet trouw zijn, of iemand of iets uitleveren aan de vijand ◆ *je land verraden* **2** *een geheim verraden:* het vertellen aan iemand die het niet mocht weten ◆ *haar gezicht verraadt haar verdriet:* (uitdr.) uit haar gezicht blijkt zonder dat ze het wil dat ze verdriet heeft.

**ver·ra·der·lijk** (bijv. nw.) gezegd van iets dat gevaarlijk is terwijl je het niet verwacht ◆ *er zitten verraderlijke zwakke plekken in het ijs.*

**ver·ram·sjen** (Jiddisch) [vɛramsjɛn] (verramsjte, heeft verramsjt) *koopwaar verramsjen:* het voor (te) weinig geld verkopen om ervan af te zijn, het in de ramsj* doen.

**ver·ras·sen** (verraste, heeft verrast) **1** *iemand verrassen:* iemand blij maken terwijl hij of zij dat niet verwacht ◆ *ze verraste oma met een bos rozen* **2** *iemand of iets verrassen:* iemand of iets onverwacht overvallen ◆ *we werden door het onweer verrast; de politie verraste de inbreker.*

**ver·ras·send** (bijv. nw.) zo dat je wordt verrast* (bet.1) ◆ *een verrassende ontknoping; er kwam verrassend snel antwoord op mijn brief.*

**ver·ras·sing** (de~(v.); -en) iets waarmee je iemand verrast* (bet.1) of waarmee je verrast* (bet.1) wordt ◆ *tante bracht een verrassing mee; tot mijn verrassing vond ik mijn horloge terug:* terwijl ik er niet meer op gerekend had.

**ver·re** → ver.

**ver·re·ke·nen** (verrekende, heeft verrekend) **1** *een schuld of tegoed verrekenen:* die of dat optellen bij of aftrekken van het totaal dat je iemand uitbetaalt **2** *je verrekenen:* je vergissen bij het rekenen.

**ver·re·kij·ker** (de~(m.); -s) instrument waardoor je op grote afstand dingen kunt zien alsof ze dichtbij zijn.

**ver·rek·ken** (verrekte, heeft verrekt) *een spier verrekken:* hem door een verkeerde beweging op een pijnlijke manier te ver uitrekken ◆ *verrekken van de honger, van de kou enz.:* (uitdr.; populair) heel erge honger hebben, het heel erg koud hebben enz..

**ver·re·weg** (bijw.) meer dan iets of iemand anders ⇒ *veruit* ◆ *dat is verreweg de beste oplossing.*

**ver·rich·ten** (verrichtte, heeft verricht) *iets verrichten:* (deftig) iets doen, iets uitvoeren ◆ *een taak verrichten.*

**ver·rich·ting** (de~(v.); -en) dat wat verricht* wordt ⇒ *handeling* ◆ *de nodige verrichtingen om een auto te starten.*

**ver·ried** → verraden.

**ver·rie·den** → verraden.

**ver·rij·ken** (verrijkte, heeft verrijkt) *iets of iemand verrijken:* iets of iemand waardevoller maken ◆ *je kennis verrijken:* iets nieuws leren; *verrijkt uranium:* uranium dat zo is bewerkt dat het beter gebruikt kan worden voor het opwekken van kernenergie.

**ver·rij·zen** (verrees, is verrezen) omhoogkomen, rechtop gaan staan ◆ *op dit terrein zal een flatgebouw verrijzen:* dat zal hier gebouwd worden; *Christus is uit de dood verrezen:* uit de dood opgestaan.

**ver·rij·ze·nis** (de~(v.)) het verrijzen* van Christus.

**ver·roe·ren** (verroerde, heeft verroerd) *je niet verroeren:* je niet bewegen, doodstil blijven zitten, liggen of staan.

**ver·rot·ten** (verrotte, is verrot) rot worden ◆ *al het fruit was verrot.*

**ver·ruk·ke·lijk** (bijv. nw.) heel erg lekker ⇒ *zalig* ◆ *een verrukkelijke taart; het is verrukkelijk weer.*

**ver·ruk·king** (de~(v.); -en) het verrukt* zijn ⇒ *opgetogenheid* ◆ *iemand in verrukking brengen.*

**ver·rukt** (bijv. nw.) verrukt zijn van iets of iemand: enthousiast zijn over iets of iemand ⇒ *opgetogen* ◆ *hij is verrukt van die zangeres.*

**vers¹** (het ~; verzen) **1** gedicht ◆ *een versje opzeggen* **2** lied ◆ *een versje zingen* **3** couplet, deel van een lied ◆ *gezang 70, het eerste vers; dat is vers twee:* (uitdr.) dat zien we later wel, dat is nu niet belangrijk **4** regel in een gedicht **5** genummerde zin in een hoofdstuk in de bijbel ◆ *Johannes 15, vers 17:* de zeventiende zin in hoofdstuk vijftien van het evangelie van Johannes.

**vers²** (bijv. nw.) fris, pas geoogst, pas klaargemaakt, pas geslacht enz. ◆ *verse groente:* pas geoogst; ook: niet ingeblikt of ingevroren; *vers brood:* dat pas gebakken is; *verse paarden:* net van stal gehaald, uitgerust.

**ver·sa·gen** (versaagde, heeft versaagd) (deftig) de moed opgeven ◆ *niet versagen!*

**ver·schaf·fen** (verschafte, heeft verschaft) *iemand iets verschaffen:* iemand iets geven, ervoor zorgen dat iemand iets krijgt ⇒ *bezorgen* ◆ *iemand werk verschaffen.*

**ver·scha·len** (verschaalde, is verschaald) (van alcoholhoudende vloeistoffen): door te lang staan geur of smaak verliezen ◆ *verschaald bier.*

**ver·schal·ken** (verschalkte, heeft verschalkt) *iets verschalken:* iets met smaak opeten ◆ *een gebakje verschalken.*

**ver·schan·sen** (verschanste, heeft verschanst) *je achter iets verschansen:* achter iets een veilige plaats zoeken, achter iets bescherming zoeken ◆ *hij verschanste zich achter een brede eik.*

**ver·schei·den** (verscheidde, is verscheiden) (deftig) sterven ⇒ *ontslapen.*

**ver·schei·de·ne** (onbep. vnw.) (gebruikt om een vrij grote hoeveelheid aan te duiden) ⇒ *verschillende, ettelijke* ◆ *er zijn verscheidene kinderen ziek.*

**ver·schei·den·heid** (de~(v.)) verschil, afwisseling ◆ *ons pretpark biedt een verscheidenheid aan mogelijkheden.*

**ver·sche·pen** (verscheepte, heeft verscheept) *goederen verschepen:* die in een schip* (bet.1) laden om ze te vervoeren.

**ver·scher·pen** (verscherpte, heeft verscherpt) *iets verscherpen:* iets scherper* (bet.3), strenger maken ◆ *de controle verscherpen.*

**ver·scheu·ren** (verscheurde, heeft verscheurd) *iets verscheuren:* iets in stukken scheuren* (bet.1) ◆ *verscheur die brief maar; roofdieren verscheuren hun prooi; gods-*

diensttwisten **verscheuren** dat volk: (uitdr.) die verdelen het volk in verschillende partijen.

**ver·schiet** (zelfst. nw.) ▼ in het **verschiet** liggen: in de toekomst gaan gebeuren.

**ver·schie·ten** (verschoot, is verschoten) **1** vaal, bleek worden ◆ de gordijnen zijn **verschoten**; ze **verschoot** van kleur: (van schrik, verbazing enz.) **2** (in België □) schrikken.

**ver·schij·nen** (verscheen, is verschenen) te voorschijn komen, zich vertonen ◆ ze is niet op de afgesproken plaats **verschenen**; dat boek is pas **verschenen**: het is pas in de handel gebracht.

**ver·schij·ning** (de ~(v.); -en) persoon met een bepaald uiterlijk ◆ wat een griezelige **verschijning**.

**ver·schijn·sel** (het ~; -en of -s) iets dat **verschijnt***, iets dat zich voordoet ◆ dat is een heel normaal **verschijnsel**: dat gebeurt heel vaak.

**ver·schil** (het ~; -len) punt waarop twee of meer mensen, dieren of dingen van elkaar verschillen* ⇒ onderscheid ◆ wat is het **verschil** tussen een dromedaris en een kameel?; er is een groot **verschil** in leeftijd tussen die broertjes; **verschil** van mening met iemand hebben: (uitdr.) anders over iets denken dan iemand anders, en daarover twisten; een **verschil** van dag en nacht: (uitdr.) een heel groot verschil.

**ver·schil·len** (verschilde, heeft verschild) van iets of iemand verschillen: in een bepaald opzicht anders zijn dan iets of iemand ◆ hun opvattingen over politiek **verschillen** nogal; de nieuwe directeur **verschilt** in vele opzichten van zijn voorganger; de dagprijs van de tong **verschilt** f 2,50 met die van gisteren.

**ver·schil·lend** (bijv. nw.) anders, afwijkend ◆ wij denken daar heel **verschillend** over.

**ver·schil·len·de** (onbep. vnw.) verscheidene.

**ver·scho·len** → verschuilen.

**ver·scho·nen** (verschoonde, heeft verschoond) **1** een bed verschonen: er schoon² (bet.1) beddengoed op leggen **2** een baby verschonen: een baby een schone²* (bet.1) luier omdoen.

**ver·scho·ning** (de ~(v.); -en) **1** schoon²* (bet.1) ondergoed **2** (ouderwets) excuus ⇒ verontschuldiging ◆ duizend maal **verschoning**, machtige koning.

**ver·school** → verschuilen.

**ver·schoond** (bijv. nw.) ▼ van iets **verschoond** blijven: (deftig) voor iets gespaard blijven, met iets niet in aanraking komen; van dergelijke opmerkingen wens ik **verschoond** te blijven.

**ver·schop·pe·ling** (de ~(m.); -en) iemand die door een bepaalde groep niet geaccepteerd wordt, die eruit ligt.

**ver·schot** (het ~) (in België □) spit (bet.2).

**ver·schrik·ke·lijk** (bijv. nw.) **1** heel erg akelig ⇒ vreselijk, afschuwelijk ◆ de gevolgen waren **verschrikkelijk 2** heel of heel veel ⇒ vreselijk, ontzettend, erg ◆ een **verschrikkelijk** harde knal; een **verschrikkelijke** honger.

**ver·schrik·king** (de ~(v.); -en) iets verschrikkelijks* (bet.1) ◆ dat zware werk was een **verschrikking** voor hem.

**ver·schrom·pe·len** (verschrompelde, is verschrompeld) uitdrogen en daardoor kleiner en rimpelig worden ◆ een **verschrompeld** appeltje.

**ver·schui·len** (verschool, heeft verscholen) je verschuilen: je verbergen ⇒ wegkruipen ◆ het kind **verschool** zich achter de rug van z'n vader.

**ver·schul·digd** (bijv. nw.) gezegd van iets dat je schuldig* (bet.2) bent, waar iemand recht op heeft ◆ ik betaal u het **verschuldigde** bedrag morgen; iemand veel dank **verschuldigd** zijn.

**ver·sie** (de ~(v.); -s) elk van de manieren waarop iets verteld of aan een publiek gepresenteerd wordt ◆ jouw **versie** van de toedracht van dat ongeluk wijkt af van de zijne; dit is de verbeterde **versie** van mijn opstel.

**ver·sier·der** (de ~(m.); -s) man die vrouwen versiert* (bet.3) ⇒ Don Juan.

**ver·sie·ren** (versierde, heeft versierd) **1** iets versieren: iets er feestelijk uit laten zien met behulp van bepaalde dingen ⇒ tooien ◆ de kamer met slingers **versieren 2** iets versieren: (populair) ervoor zorgen dat iets er komt of dat iets gebeurt, iets in orde maken ⇒ ritselen, regelen ◆ ik kan wel **versieren** dat jij mee mag **3** iemand versieren: iemand zover krijgen dat hij of zij met jou wil vrijen.

**ver·sie·ring** (de ~(v.); -en) het versieren* (bet.1) of datgene waarmee je iets versiert* (bet.1) ◆ de **versiering** van de kerstboom; dat dient alleen maar ter **versiering**.

**ver·sier·sel** (het ~; -s of -en) datgene waarmee iets versierd* (bet.1) is.

**ver·slaafd** (bijv. nw.) aan iets verslaafd zijn: geestelijk of lichamelijk niet meer buiten iets kunnen ◆ ze is **verslaafd** aan de alcohol.

**ver·slaaf·de** (de ~(m.); -n) iemand die verslaafd* is, vooral aan drugs of alcohol.

**ver·slaan** (versloeg, heeft verslagen) **1** een tegenstander verslaan: een tegenstander overwinnen **2** een gebeurtenis verslaan: er een verslag* van maken ◆ een voetbalwedstrijd **verslaan**.

**ver·slag** (het ~; -en) beschrijving van een toestand of gebeurtenis ◆ het **verslag** van een vergadering; verslag uitbrengen.

**ver·sla·gen** (bijv. nw.) gezegd van iemand die alle moed verloren heeft ◆ **verslagen** stonden ze bij het afgebrande huis.

**ver·slag·ge·ver** (de ~(m.); -s), vrouw:

**ver·slag·geef·ster** (de ~(v.); -s) iemand die voor de krant, de radio of de televisie verslagen maakt ⇒ reporter ◆ een bericht van onze **verslaggever** in Moskou.

**ver·sla·pen** (versliep, heeft verslapen) je verslapen: langer slapen dan de bedoeling was ◆ ik heb me **verslapen**.

**ver·sla·vend** (bijv. nw.) waaraan je gemakkelijk verslaafd* raakt ◆ heroïne is erg **verslavend**.

**ver·sla·ving** (de ~(v.)) het verslaafd* zijn ◆ alcohol**verslaving**.

**ver·slij·ten** (versleet, heeft versleten) **1** iets, bijv. kleding, verslijten: iets gebruiken en daardoor maken dat het slijt* (bet.1) ◆ zij heeft drie echtgenoten **versleten**: (uitdr.; populair) zij is met drie mannen getrouwd geweest **2** iemand voor iets verslijten: iemand voor iets aanzien, denken dat iemand iets is ◆ ik heb hem altijd voor dom **versleten**.

**ver·slik·ken** (verslikte, heeft verslikt) je verslikken in iets: verkeerd slikken* (bet.1) zodat iets in plaats van in je slokdarm in je luchtpijp terechtkomt ◆ ik **verslikte** me in een stuk appel; je in iets of iemand **verslikken**: (uitdr.) meer moeilijkheden met iets of iemand hebben dan je gedacht had.

**ver·slin·den** (verslond, heeft verslonden) (van roofdieren) iets verslinden: iets gulzig opeten ◆ een boek **verslinden**: (uitdr.) het gretig lezen.

**ver·slin·gerd** (bijv. nw.) aan iets of iemand verslingerd zijn: (populair) heel dol zijn op iets of iemand en niet meer buiten die zaak of die persoon kunnen.

**ver·slof·fen** (ww.) iets laten versloffen: iets verwaarlozen, iets niet bijhouden ◆ hij heeft z'n wiskunde laten **versloffen**.

**ver·slond** → verslinden.

**ver·slon·den** → verslinden.

**ver·slui·e·rend** (bijv. nw.) gezegd van woorden die je werkelijke bedoeling verbergen.

**ver·smach·ten** (versmachtte, is versmacht) **1** *van iets, bijv. van dorst of liefde, versmachten*: ergens heel erg onder lijden **2** (in België □) stikken.

**ver·sma·den** (versmaadde, heeft versmaad) *iets of iemand versmaden*: iets of iemand met minachting afwijzen, niets van iets of iemand willen weten ◆ *zo'n lekkere pruim is niet te versmaden; iemands liefde versmaden*.

**ver·sna·pe·ring** (de ~(v.); -en) iets lekkers dat je tussen de maaltijden door opeet.

**ver·snel·ling** (de ~(v.); -en) mechanisme waarmee je door te schakelen de kracht die nodig is voor de beweging van een fiets, auto enz. doelmatiger gebruikt ◆ *schakel de auto maar in de derde versnelling*.

**ver·snip·pe·ren** (versnipperde, heeft versnipperd) *iets versnipperen*: iets in snippers*, in kleine stukjes verdelen ◆ *je moet je tijd niet zo versnipperen*: je moet niet nu eens korte tijd aan het een, dan weer korte tijd aan wat anders besteden.

**ver·spe·len** (verspeelde, heeft verspeeld) *iets verspelen*: iets door je eigen schuld kwijtraken, iets verloren laten gaan ◆ *je kansen verspelen*.

**ver·spe·nen** (verspeende, heeft verspeend) *jonge plantjes verspenen*: ze wat verder uit elkaar zetten om ze meer groeiruimte te geven.

**ver·sper·ren** (versperde, heeft versperd) *een weg, een doorgang versperren*: die met een of meer obstakels afsluiten ◆ *iemand de weg versperren*: ervoor zorgen dat iemand niet door kan lopen of rijden.

**ver·spie·der** (de ~(m.); -s) iemand die het terrein van de vijand stiekem verkent.

**ver·spil·len** (verspilde, heeft verspild) *iets verspillen*: iets in grote hoeveelheden gebruiken zonder dat het nut heeft ◆ *je krachten verspillen*.

**ver·spil·ling** (de ~(v.)) het verspillen* ◆ *energieverspilling*.

**ver·sprei·den** (verspreidde, heeft verspreid) **1** *iets verspreiden*: ervoor zorgen dat iets in de wijde omtrek komt, iets over een gebied verdelen ◆ *folders verspreiden; de fabriek verspreidt een enorme stank; geruchten verspreiden*: die rondvertellen **2** *(van een groep mensen) zich verspreiden*: zich over een bepaald gebied verdelen.

**ver·spre·ken** (versprak, heeft versproken) *je verspreken*: per ongeluk iets zeggen dat je niet had willen zeggen.

**ver·sprin·gen** (versprong, is versprongen) niet in één lijn liggen ◆ *de regels verspringen*: voor de ene regel is meer wit opengelaten dan voor de andere.

**ver·staan** (verstond, heeft verstaan) **1** *iemand of iets verstaan*: goed kunnen horen wat iemand zegt of wat er gezegd wordt ◆ *spreek wat harder, ik versta je niet!*; achter in de zaal kun je niets verstaan **2** *iets ergens onder verstaan*: iets ergens mee bedoelen ◆ *wat versta jij onder 'vrije tijd'*? **3** *je vak verstaan*: dat goed beheersen, er goed in zijn **4** *iemand iets te verstaan geven*: iemand iets te kennen geven, iemand iets duidelijk zeggen ◆ *de lerares gaf haar te verstaan dat ze weg kon gaan* **5** *iemand verstaan*: (ouderwets) iemand begrijpen ◆ *die twee verstaan elkaar uitstekend*.

**ver·staan·der** (zelfst. nw.) ▼ *een goed verstaander heeft maar een half woord nodig*: (spreekwoord) (hiermee geef je aan dat je niet alles vertelt, maar dat iemand die weet waar je het over hebt, je wel zal begrijpen).

**ver·stand** (het ~) **1** vermogen om te denken en dingen te begrijpen ⇒ rede ◆ *ze heeft een goed verstand; gebruik je verstand; hij is niet goed bij zijn verstand*: (uitdr.) hij is een beetje gek, hij is geestelijk niet volwaardig; *dat*

*gaat mijn verstand te boven*: (uitdr.) dat begrijp ik niet ▼ *met dien verstande*: onder die voorwaarde, mits.

**ver·stan·de·lijk** (bijv. nw.) met het verstand* te maken hebbend ◆ *zijn verstandelijke vermogens zijn niet in orde; bekijk alles niet zo verstandelijk*: zonder je gevoel mee te laten spreken.

**ver·stand·hou·ding** (de ~(v.)) manier waarop mensen het met elkaar kunnen vinden ◆ *de verstandhouding laat te wensen over*.

**ver·stan·dig** (bijv. nw.) gezegd van iemand die zijn of haar verstand* gebruikt ◆ *wees verstandig en ga naar bed*.

**ver·stands·kies** (de ~; -kiezen) elk van de vier achterste kiezen die pas doorkomen als je volwassen bent.

**ver·stands·ver·bijs·te·ring** (de ~(v.)) krankzinnigheid ◆ *een moment van verstandsverbijstering*.

**ver·ste·de·lij·king** (de ~(v.)) het verschijnsel dat dorpen op het platteland uitgroeien tot steden ⇒ urbanisatie.

**ver·stek** (het ~) **1** schuine naad tussen twee planken die loodrecht op elkaar staan ▼ *verstek laten gaan*: niet komen opdagen, niet verschijnen; *iemand bij verstek veroordelen*: (rechtspraak) iemand veroordelen terwijl hij of zij er niet is.

**ver·ste·ke·ling** (de ~(m.); -en) iemand die stiekem meevaart op een schip of meevliegt in een vliegtuig ◆ *een verstekeling aan boord hebben*.

**ver·steld** (bijv. nw.) *versteld staan van iets*: erg verbaasd over iets zijn.

**ver·stel·len** (verstelde, heeft versteld) *stof, bijv. kleding, verstellen*: die repareren.

**ver·ster·ken** (versterkte, heeft versterkt) *iemand of iets versterken*: iemand of iets sterker* maken ◆ *ons team wordt met drie mensen versterkt*.

**ver·ster·ker** (de ~(m.); -s) apparaat als deel van geluidsapparatuur dat geluid versterkt.

**ver·ster·king** (de ~(v.)) hulp die je krijgt terwijl je al met iets bezig bent ◆ *de vechtende jongens kregen versterking van hun zusjes*.

**ver·sto·ken** (bijv. nw.) *van iets verstoken zijn*: het zonder iets moeten stellen, iets moeten missen.

**ver·stokt** (bijv. nw.) ▼ *een verstokte vrijgezel*: een vrijgezel die vast van plan is nooit te trouwen.

**ver·sto·len** (bijv. nw.) zonder dat iemand het merkt ⇒ heimelijk, steels ◆ *een verstolen blik op iemand werpen*.

**ver·stom·men** (verstomde, is verstomd) *van geluid*: afnemen zodat het stil wordt ◆ *het geroezemoes in de zaal verstomde*.

**ver·stond** → verstaan.

**ver·ston·den** → verstaan.

**ver·stoord** (bijv. nw.) boos, geërgerd.

**ver·stop·pen** (verstopte, heeft verstopt) *iemand of iets verstoppen*: iemand of iets op een geheime plaats brengen ⇒ verbergen, verhullen ◆ *hij verstopte het snoep in zijn trui; ze verstopte zich achter de gordijnen*.

**ver·stop·per·tje** (het ~) spel waarbij een van de spelers de anderen, die zich verstopt hebben, moet zoeken ◆ *verstoppertje spelen*.

**ver·stop·ping** (de ~(v.); -en) het verstopt* zijn ◆ *een verstopping in de afvoer; last van verstopping hebben*: niet naar de wc kunnen.

**ver·stopt** (bijv. nw.) gezegd van een doorgang die dicht zit, omdat er iets in de weg zit dat niets meer doorlaat ◆ *een verstopte afvoerpijp; mijn neus is verstopt*.

**ver·sto·ren** (verstoorde, heeft verstoord) *een bepaalde toestand verstoren*: er een einde aan maken, die laten ophouden ◆ *de rust werd verstoord door geknetter van brommers*.

**ver·sto·ten** (verstootte, heeft verstoten) *iemand verstoten:* iemand uit je omgeving verwijderen of verjagen ◆ *de pasgeboren poesjes werden door hun moeder* **verstoten**.

**ver·stou·wen** (verstouwde, heeft verstouwd) *een grote hoeveelheid van iets verstouwen:* die verwerken ◆ *ze kon zoveel verdriet niet* **verstouwen**; *hij kan heel wat* **verstouwen**: hij kan veel aan; ook: hij kan veel eten.

**ver·strek·ken** (verstrekte, heeft verstrekt) *iemand iets verstrekken:* iets aan iemand geven, ervoor zorgen dat iemand iets krijgt ⇒ verschaffen ◆ *voedsel* **verstrekken**.

**ver·strek·kend** (bijv. nw.) met een grote omvang, verreikend ◆ **verstrekkende** *gevolgen*.

**ver·strij·ken** (verstreek, is verstreken) *(van tijd):* voorbijgaan ⇒ verlopen ◆ *er* **verstreek** *een uur zonder dat er iets gebeurde*.

**ver·strikt** (bijv. nw.) *in iets verstrikt raken:* in iets vastlopen ◆ *hij raakte in zijn woorden* **verstrikt**: (uitdr.) hij begon zichzelf tegen te spreken, hij kwam niet goed meer uit zijn woorden.

**ver·strooid** (bijv. nw.) gezegd van iemand die dingen door elkaar haalt of wat afwezig reageert ◆ *een* **verstrooide** *professor;* **verstrooid** *antwoorden*.

**ver·strooi·en** (verstrooide, heeft verstrooid) **1** *mensen of dingen verstrooien:* ze naar verschillende kanten uiteendrijven ⇒ verspreiden ◆ *de ballonnen werden door de wind* **verstrooid**; *de menigte* **verstrooide** *zich:* die ging uiteen **2** *iemand verstrooien:* iemand afleiding bezorgen, iemand aan andere en leukere dingen laten denken.

**ver·strooi·ing** (de ~(v.)) ontspanning, afleiding ◆ *ze zochten* **verstrooiing** *in de bioscoop*.

**ver·stui·ken** (verstuikte, heeft verstuikt) *een lichaamsdeel verstuiken:* de gewrichtsbanden ervan te ver of verkeerd buigen ◆ *je enkel* **verstuiken**.

**ver·suft** (bijv. nw.) met een dof gevoel in je hoofd, bijv. na een klap of val ◆ **versuft** *door de klap keek hij rond*.

**ver·tak·ken** (vertakte, heeft vertakt) *zich vertakken:* zich in takken* splitsen ◆ *de boomstam* **vertakt** *zich op drie meter boven de grond; de rivier* **vertakt** *zich daar*.

**ver·tak·king** (de ~(v.); -en) deel van iets dat zich vertakt* ⇒ tak ◆ *een organisatie met* **vertakkingen** *over de hele wereld*.

**ver·ta·len** (vertaalde, heeft vertaald) **1** *iets vertalen:* iets in een andere taal* (bet.1) overbrengen ◆ *iets in het Engels* **vertalen 2** *iets ergens in vertalen:* iets ergens in omzetten om het bruikbaar te maken ◆ *ze hebben die ideeën* **vertaald** *in een serie nieuwe maatregelen*.

**ver·ta·ling** (de ~(v.); -en) het vertalen* of iets dat vertaald* is ◆ *dit is een letterlijke* **vertaling** *van de originele tekst*.

**ver·te** (de ~(v.); -n of -s) gebied dat veraf ligt van het punt vanwaaruit je kijkt ◆ *in de* **verte** *zagen we een zeilschip; het lijkt er in de verste* **verte** *niet op:* (uitdr.) het lijkt er helemaal niet op.

**ver·te·braal** (bijv. nw.) (medisch) bij de wervels behorend ◆ *het* **vertebrale** *stelsel:* het ruggenmerg en de zenuwen die daarbij horen.

**ver·te·de·ren** (vertederde, heeft vertederd) *iemand vertederen:* gevoelens van tederheid en ontroering bij iemand opwekken ◆ *de jonge hondjes* **vertederden** *haar*.

**ver·te·gen·woor·di·gen** (vertegenwoordigde, heeft vertegenwoordigd) **1** *iemand of iets vertegenwoordigen:* namens iemand of iets aanwezig zijn of optreden ◆ *wie* **vertegenwoordigt** *onze school bij de quiz?; goed* **vertegenwoordigd** *zijn:* met een groot aantal aanwezig zijn **2** *iets vertegenwoordigen:* de waarde of betekenis van iets hebben ◆ *die auto* **vertegenwoordigt** *een heel kapitaal*.

**ver·te·gen·woor·di·ger** (de ~(m.); -s), vrouw: **ver·te·gen·woor·dig·ster** (de ~(v.); -s) **1** persoon die iemand of iets vertegenwoordigt* (bet.1) ◆ *een ambassadeur is een* **vertegenwoordiger** *van een buitenlandse regering* **2** iemand die voor een fabriek of firma artikelen verkoopt aan winkels.

**ver·te·gen·woor·dig·ster** → vertegenwoordiger.

**ver·te·ke·nen** (vertekende, heeft vertekend) *een beeld vertekenen:* het een andere, onjuiste vorm geven ⇒ vervormen ◆ *de lens van dit fototoestel* **vertekent** *erg; een* **vertekend** *beeld van iets krijgen:* (uitdr.) een onjuiste indruk van iets krijgen doordat op bepaalde dingen nadruk is gelegd en andere, belangrijke dingen zijn weggelaten.

**ver·tel·len** (vertelde, heeft verteld) *iets vertellen:* iets mondeling meedelen ◆ *een sprookje* **vertellen**; *ze* **vertelde** *wat er was gebeurd; je kunt me nog meer* **vertellen**!: (uitdr.) dat geloof ik niet!; ook: je kunt wel veel willen, maar dat gaat mooi niet door!

**ver·tel·ler** (de ~(m.); -s), vrouw: **ver·tel·ster** (de ~(v.); -s) iemand die een verhaal vertelt*.

**ver·tel·sel** (het ~; -s) praatje dat de mensen vertellen* en dat niet waar is.

**ver·tel·ster** → verteller.

**ver·te·ren** (verteerde) **1** (heeft verteerd) *voedsel verteren:* het in je maag en darmen verwerken ◆ *een makkelijk te* **verteren** *gerecht; iets niet kunnen* **verteren**: (uitdr.) iets onaanvaardbaar vinden **2** (is verteerd) *(van voedsel):* door je maag en darmen verwerkt worden ◆ *bruinbrood* **verteert** *langzamer dan witbrood* **3** (heeft verteerd) *geld verteren:* het opmaken, het uitgeven ◆ *hij heeft weinig* **verteerd** *tijdens de vakantie* **4** (is verteerd) wegrotten, vergaan ◆ *het papier is helemaal* **verteerd**; *door een bepaald gevoel* **verteerd** *worden:* (uitdr.) heel sterk dat gevoel hebben en eronder lijden; *ze werd* **verteerd** *door jaloezie*.

**ver·te·ring** (de ~(v.); -en) dat wat je verteert* (bet.2), vooral je consumpties ◆ *wie betaalt de* **vertering**?

**ver·ti·caal** (bijv. nw.) loodrecht omhoog of omlaag, het tegenovergestelde van 'horizontaal'.

**ver·tier** (het ~) gelegenheid tot ontspanning en vermaak ◆ *de nieuwe speeltuin biedt veel* **vertier**.

**ver·ti·kaal** → verticaal.

**ver·tik·ken** (vertikte, heeft vertikt) *iets vertikken:* (populair) iets weigeren ◆ *ik* **vertik** *het om nog langer te wachten; de motor* **vertikt** *het:* hij doet het niet.

**ver·toe·ven** (vertoefde, heeft vertoefd) *ergens vertoeven:* (deftig) ergens een tijdje zijn ⇒ toeven, verblijven ◆ *hij* **vertoeft** *in het buitenland*.

**ver·tol·ken** (vertolkte, heeft vertolkt) **1** *iets vertolken:* iets onder woorden brengen ◆ *gevoelens* **vertolken 2** *een toneelrol, muziekpartij enz. vertolken:* die uitvoeren ◆ *de hoofdrol werd* **vertolkt** *door een onbekende acteur*.

**ver·to·nen** (vertoonde, heeft vertoond) **1** *iets vertonen:* iets laten zien, iets zichtbaar maken ◆ *mijn fiets* **vertoont** *gebreken; een film* **vertonen 2** *je vertonen:* je laten zien ◆ *je in het openbaar* **vertonen**; *met die kapotte jas durf ik me niet te* **vertonen**.

**ver·to·ning** (de ~(v.); -en) vreemde opvoering, raar schouwspel ◆ *het was een malle* **vertoning**.

**ver·toon** (zelfst. nw.) ▼ *op* **vertoon** *van je rijbewijs, je lidmaatschapskaart enz.*: als je je rijbewijs, je lidmaatschapskaart enz. laat zien; *met veel uiterlijk* **vertoon**: met veel dingen om het er mooi uit te laten zien.

**ver·toornd** (bijv. nw.) erg boos.

**ver·tra·gen** (vertraagde) **1** (heeft vertraagd) *iets vertragen:* iets trager* maken ◆ *hij* **vertraagde** *zijn pas:* hij ging langzamer lopen **2** (is vertraagd) trager* worden ◆ *door het ongeluk is de trein* **vertraagd**.

**ver·tra·ging** (de ~(v.); -en) het vertragen* ◆ *de trein had een uur vertraging*: hij was een uur te laat.

**ver·trek** (het ~) **1** het vertrekken* (bet.1) ◆ *het vertrek voor de reis is om acht uur; het vertrek uitstellen* **2** (-ken) kamer.

**ver·trek·ken** (vertrok) **1** (is vertrokken) weggaan ◆ *we vertrekken morgen* **2** (heeft vertrokken) *je mond of gezicht vertrekken*: hem of het een andere uitdrukking geven ◆ *hij vertrok zijn mond tot een grijns* **3** (is vertrokken) *vertrekken van een standpunt, idee, vermoeden enz.*: (in België □) ervan uitgaan.

**ver·troe·te·len** (vertroetelde, heeft vertroeteld) *iemand vertroetelen*: iemand erg verwennen.

**ver·trok** → vertrekken.

**ver·trok·ken** → vertrekken.

**ver·tros·sing** (de ~(v.)) het verschijnsel dat oppervlakkig amusement een steeds grotere plaats gaat innemen.

**ver·trouwd** (bijv. nw.) **1** gezegd van mensen of dingen die je goed kent ◆ *een vertrouwd gezicht; een vertrouwde omgeving* **2** *met iets vertrouwd zijn*: al vaak met iets te maken gehad hebben en er daardoor mee bekend zijn **3** gezegd van mensen of dingen die je kunt vertrouwen[2]* (bet.1) ◆ *het is in vertrouwde handen; het is niet vertrouwd dat zij alleen oversteekt.*

**ver·trou·we·lijk** (bijv. nw.) **1** zoals mensen die elkaar goed kennen en elkaar vertrouwen ◆ *ze stonden vertrouwelijk te praten* **2** niet voor vreemden bestemd ◆ *dit is vertrouwelijke informatie.*

**ver·trou·we·ling** (de ~(m.); -en), vrouw:
**ver·trou·we·lin·ge** (de ~(v.); -n of -s) iemand die je vertrouwt[2]* (bet.1) en die je om hulp en raad kunt vragen.

**ver·trou·wen[1]** (het ~) het geloof dat je op iemand of iets kunt rekenen, dat je niet in de steek gelaten of bedrogen zult worden, het tegenovergestelde van 'wantrouwen' ◆ *vertrouwen in iemand hebben; daar heb ik geen vertrouwen in*: ik geloof niet dat dat zal lukken of dat dat goed is; *ze is erg goed van vertrouwen*: ze denkt dat iedereen eerlijk is; *in vertrouwen*: in het geheim, zonder dat anderen het mogen weten; *iemand in vertrouwen nemen*: iemand een geheim vertellen terwijl je erop rekent dat hij of zij dat niet verder vertelt.

**ver·trou·wen[2]** (vertrouwde, heeft vertrouwd) **1** *iemand vertrouwen*: geloven dat iemand eerlijk is, het tegenovergestelde van 'wantrouwen' ◆ *die leugenaars zijn niet te vertrouwen* **2** *op iemand of iets vertrouwen*: op iemand of iets rekenen, geloven dat iemand of iets je niet in de steek zal laten ◆ *ze vertrouwt op haar gevoel; ik vertrouw erop dat alles goed afloopt.*

**ver·twij·feld** (bijv. nw.) in de war, wanhopig en niet wetend wat te doen ◆ *vertwijfeld rondkijken.*

**ver·uit** (bijw.) verreweg ◆ *ze is veruit de beste.*

**ver·vaar·di·gen** (vervaardigde, heeft vervaardigd) *iets vervaardigen*: iets maken ⇒ fabriceren.

**ver·vaar·lijk** (bijv. nw.) woest en angstaanjagend ◆ *vervaarlijke slagtanden.*

**ver·val** (het ~) **1** het vervallen* (bet.1) ⇒ aftakeling ◆ *het kasteel vertoont tekenen van verval; in verval raken* **2** hoogteverschil van het water tussen twee plaatsen in een rivier of kanaal.

**ver·val·len** (verviel, is vervallen) **1** bouwvallig worden, aftakelen ◆ *een vervallen gebouw* **2** ongeldig of afgeschaft worden ◆ *het contract is vervallen; als er iets tussen komt, vervalt onze afspraak; de voorstelling vervalt*: die gaat niet door **3** *in iets vervallen*: iets gaan doen, ergens in terechtkomen ◆ *in je oude fouten vervallen* **4** tot iets vervallen: ergens tegen je wil in terechtkomen ◆ tot

armoe *vervallen* **5** *aan iemand vervallen*: iemands eigendom worden ◆ *al zijn bezit vervalt aan zijn weduwe.*

**ver·val·sen** (vervalste, heeft vervalst) *iets vervalsen*: iets namaken en de mensen laten geloven dat het echt is ◆ *schilderijen vervalsen.*

**ver·van·gen** (verving, heeft vervangen) **1** *iemand of iets vervangen*: de plaats van iemand of iets innemen ◆ *ze vervangt de zieke onderwijzer* **2** *iemand of iets door iemand of iets anders vervangen*: iemand of iets weghalen en iemand of iets anders in zijn of haar plaats stellen ◆ *alle onderdelen moeten vervangen worden.*

**ver·van·ging** (de ~(v.)) het vervangen* ◆ *deze oude tas is aan vervanging toe*: er moet een nieuwe voor in de plaats komen.

**ver·ve** (zelfst. nw.) ▼ *met veel verve*: heel enthousiast, vol geestdrift; *iets met veel verve vertellen.*

**ver·veeld** (bijw.) ▼ *ergens mee verveeld zitten*: (in België □) ergens mee opgescheept zitten, ergens geen raad mee weten.

**ver·ve·len** (verveelde, heeft verveeld) **1** *je vervelen*: niets leuks kunnen bedenken om te doen en je daardoor niet prettig voelen ◆ *in de vakantie verveelt Esther zich altijd* **2** *iemand vervelen*: iemand niet boeien ◆ *dat boek verveelt me; hij verveelt iedereen met zijn flauwe mopjes*: hij is iedereen tot last; *tot vervelens toe*: (uitdr.) totdat het hinderlijk wordt; *hij draait tot vervelens toe dezelfde plaat.*

**ver·ve·lend** (bijv. nw.) **1** onaangenaam, naar ◆ *een vervelende gebeurtenis; wat vervelend voor je!* **2** saai ◆ *een lange, vervelende film.*

**ver·ve·ling** (de ~(v.)) toestand waarin je je verveelt* (bet.1) ◆ *hij weet van verveling niet wat hij moet doen*: hij doet zomaar wat, omdat hij zich verveelt.

**ver·vel·len** (vervelde, is verveld) een nieuw vel* (bet.1) of een nieuwe huid krijgen en het oude vel of de oude huid verliezen ◆ *als je verbrand bent door de zon, ga je na een tijdje vervellen.*

**ver·ven** (verfde, heeft geverfd) *iets verven*: iets met verf* kleuren ◆ *een deur verven; je lippen verven.*

**ver·vlie·gen** (vervloog, is vervlogen) (van bepaalde vloeistoffen): in damp veranderen ◆ *alcohol vervliegt snel.*

**ver·voe·gen** (vervoegde, heeft vervoegd) **1** *een werkwoord vervoegen*: (taal) er de uitgang aan geven die bij de tijd en de persoon hoort ◆ *als je 'lopen' vervoegt in de tegenwoordige tijd, krijg je 'ik loop, jij loopt, hij loopt' enz.* **2** *je bij iemand of iets vervoegen*: naar iemand of iets toegaan, je tot iemand of iets wenden ◆ *voor kaartjes moet u zich bij het loket vervoegen.*

**ver·voer** (het ~) het vervoeren* ⇒ transport ◆ *goederenvervoer; openbaar vervoer*: treinen, bussen, trams enz..

**ver·voe·ren** (vervoerde, heeft vervoerd) *iemand of iets vervoeren*: iemand of iets naar een andere plaats brengen ⇒ transporteren.

**ver·voe·ring** (de ~(v.)) toestand waarin je door je gevoelens wordt meegesleept ⇒ extase ◆ *ze raakten in vervoering door het plan.*

**ver·voer·mid·del** (het ~; -en) middel waardoor je je kunt verplaatsen, zoals een fiets, een auto of een trein.

**ver·volg** (het ~; -en) deel van een gebeurtenis, verhaal, televisieserie enz. dat op een vorig deel volgt* (bet.3) ◆ *deze vervelende gebeurtenis heeft hopelijk geen vervolg; het vervolg van dit verhaal kun je in de krant van morgen lezen; in het vervolg*: (uitdr.) voortaan, vanaf nu; *in het vervolg moet je eerst kloppen voor je mijn kamer binnenkomt.*

**ver·vol·gen** (vervolgde, heeft vervolgd) **1** *iets vervolgen*: met iets doorgaan, met iets verder gaan ⇒ voortzetten

◆ *je weg vervolgen* **2** *iemand vervolgen:* iemand achterna zitten om hem of haar gevangen te nemen ◆ *de ketters werden* **vervolgd** **3** *iemand vervolgen:* iemand voor de rechter laten komen ⇒ *aanklagen* ◆ **vervolgd** *worden wegens fraude.*

**ver·vol·gens** (bijw.) daarna, daarop volgend.

**ver·vol·ging** (de ~(v.); -en) het vervolgen* (bet.2 en 3) ◆ *de joden***vervolging**.

**ver·vor·men** (vervormde) **1** (is vervormd) een andere, onjuiste vorm* (bet.1) te zien geven ⇒ *vertekenen* ◆ *je gezicht* **vervormt** *helemaal in deze lachspiegel; het geluid* **vervormt** *door zo'n slechte pick-up: het klinkt anders dan het moet klinken* **2** (heeft vervormd) *iets vervormen:* een andere, onjuiste vorm* aan iets geven ⇒ *vertekenen* ◆ *de lens van dit toestel* **vervormt** *het beeld; speciale apparaten* **vervormen** *de klank van de gitaar: die laten het geluid anders klinken.*

**ver·vreem·den** (vervreemdde, is vervreemd) *van iemand of iets vervreemden:* minder vertrouwd met iemand of iets worden, je verbondenheid met iemand of iets kwijtraken.

**ver·vui·ling** (de ~(v.)) het vuil²* worden of zijn ⇒ *verontreiniging* ◆ **vervuiling** *van het rivierwater door chemisch afval.*

**ver·vuld** (bijv. nw.) *ergens van vervuld zijn:* ergens helemaal vol van zijn en met niets anders meer bezig zijn ◆ *ze waren* **vervuld** *van vreugde.*

**ver·vul·len** (vervulde, heeft vervuld) **1** *iets vervullen:* aan iets voldoen omdat het verwacht wordt ◆ *de dienstplicht* **vervullen**; *je belofte* **vervullen** **2** *wensen of hoop vervullen:* die werkelijkheid laten worden ◆ *al mijn wensen werden* **vervuld** **3** *een ambt of functie vervullen:* dat of die uitoefenen ⇒ *bekleden*.

**ver·waand** (bijv. nw.) gezegd van iemand die denkt dat hij of zij beter is dan anderen ⇒ *pedant, hooghartig, arrogant* ◆ *hij is een* **verwaande** *kwast.*

**ver·waar·di·gen** (verwaardigde, heeft verwaardigd) *je verwaardigen om iets te doen:* iets doen terwijl het eigenlijk beneden je waardigheid is ◆ *de profvoetballer* **verwaardigde** *zich om een balletje met ons mee te trappen.*

**ver·waar·lo·zen** (verwaarloosde, heeft verwaarloosd) *iemand of iets verwaarlozen:* niet langer aandacht of zorg aan iemand of iets besteden ◆ *de* **verwaarloosde** *hond wordt nu goed verzorgd; je* **verwaarloost** *je gezondheid door zo slecht te eten.*

**ver·wach·ten** (verwachtte, heeft verwacht) **1** *iemand of iets verwachten:* ervan uitgaan dat iemand of iets komt ◆ *gasten* **verwachten**; *er wordt onweer* **verwacht**; *Thea* **verwacht** *een baby: ze is zwanger* **2** *iets verwachten:* denken dat iets zal gebeuren ◆ *ik* **verwacht** *dat je zult winnen; dat had ik van jou niet* **verwacht**; *je* **verwacht** *te veel van me: je wilt dat ik meer voor je doe dan ik kan.*

**ver·wach·ting** (de ~(v.); -en) het verwachten* ◆ *de* **verwachting** *overtreffen; de weers***verwachting**; *dat beantwoordt aan de* **verwachting**: *dat is zoals we hadden gedacht; in* **verwachting** *zijn: zwanger zijn; hoge* **verwachtingen** *koesteren: erg veel verwachten.*

**ver·want¹** (de ~(m.); -en) iemand die familie van je is.

**ver·want²** (bijv. nw.) gezegd van twee of meer mensen of dingen die nauw met elkaar verbonden zijn of die veel op elkaar lijken ◆ *familieleden zijn aan elkaar* **verwant**; *je met iemand* **verwant** *voelen;* **verwante** *talen.*

**ver·want·schap** (de ~(v.)) het verwant²* zijn ◆ *er is een* **verwantschap** *tussen een paard en een ezel; geest***verwantschap**: *sterk gevoel van verbondenheid met iemand.*

**ver·ward** (bijv. nw.) **1** in de war*, niet geordend ⇒ *wanordelijk, chaotisch* ◆ **verwarde** *ideeën; hij sprak* **verward** **2** *(van mensen):* in de war* gebracht door verlegenheid, verbazing enz. ⇒ *confuus*.

**ver·war·men** (verwarmde, heeft verwarmd) *iets verwarmen:* iets warm* (bet.1) maken ◆ *melk* **verwarmen** *op het vuur; de kachel* **verwarmt** *de kamer.*

**ver·war·ming** (de ~(v.); -en) toestel dat of installatie die dient om een huis te verwarmen* ◆ *centrale* **verwarming**: systeem waarbij vanuit één punt meer ruimten verwarmd worden; *iets op de* **verwarming** *te drogen leggen: op de radiatoren.*

**ver·war·ren** (verwarde, heeft verward) **1** *iets verwarren:* iets in de war* maken, iets door elkaar doen ◆ *wie heeft dat touw zo* **verward**?; *ergens in* **verward** *raken:* in iets vast komen te zitten **2** *mensen of dingen verwarren:* ze door elkaar halen, ze per ongeluk verwisselen in je gedachten ◆ *omdat ik veel op mijn broer lijk,* **verwarren** *ze me vaak met hem* **3** *iemand verwarren:* iemand in de war* brengen door hem of haar verlegen te maken, te verbazen enz..

**ver·war·ring** (de ~(v.)) het verward* zijn ⇒ *chaos* ◆ *het verkeer raakt in* **verwarring**; **verwarring** *stichten; door alle aandacht was hij in* **verwarring** *gebracht.*

**ver·wa·te·ren** (verwaterde, is verwaterd) verslappen, minder diep, intens of sterk worden ◆ *de vriendschap is* **verwaterd**.

**ver·weer** (het ~) het verweren* ⇒ *tegenstand, verdediging, verzet* ◆ **verweer** *bieden tegen een beschuldiging; door ondervoeding hebben ze geen* **verweer** *tegen ziekten.*

**ver·weerd** (bijv. nw.) afgesleten en aangetast door de invloed van het weer¹* (bet.1) ◆ *een* **verweerde** *kasteelmuur; een* **verweerd** *gezicht: dat rimpelig en ruw is.*

**ver·wek·ken** (verwekte, heeft verwekt) **1** *iets verwekken:* iets veroorzaken ⇒ *wekken, teweegbrengen* ◆ *die mededeling* **verwekte** *onrust* **2** *(van mannen en mannetjesdieren) een kind of een jong verwekken:* voor bevruchting van een eicel zorgen.

**ver·wel·ken** (verwelkte, is verwelkt) *(van bloemen):* uitgebloeid raken, slap en lelijk worden ⇒ *verleppen*.

**ver·wel·ko·men** (verwelkomde, heeft verwelkomd) *iemand verwelkomen:* iemand laten merken dat hij of zij welkom is, iemand begroeten.

**ver·wen·nen** (verwende, heeft verwend) **1** *iemand verwennen:* iemand goed verzorgen en die persoon geven wat hij of zij leuk of lekker vindt **2** *iemand verwennen:* iemand altijd zijn of haar zin geven en die persoon daardoor bederven en vervelend maken ◆ **verwende** *kinderen.*

**ver·wen·sen** (verwenste, heeft verwenst) *iemand of iets verwensen:* iemand of iets iets slechts toewensen ◆ *hij* **verwenste** *de machine die iedere keer kapot ging.*

**ver·we·reld·lij·king** (de ~(v.)) proces dat allerlei organisaties, bijv. scholen en verenigingen, zich losmaken van de kerk ⇒ *secularisatie*.

**ver·we·ren** (verweerde, heeft verweerd) *je verweren:* je verdedigen, je verzetten tegen iemand die jou iets aan wil doen.

**ver·wer·ken** (verwerkte, heeft verwerkt) **1** *iets verwerken:* iets gebruiken om er iets van te maken of mee te doen ◆ *de bloemist had de mooiste bloemen in het bloemstukje* **verwerkt**; *hout tot papier* **verwerken**; *gegevens laten* **verwerken** *door een computer:* gegevens door een computer laten ordenen en bewerken **2** *iets, meestal een nare gebeurtenis, verwerken:* erover nadenken en ermee bezig zijn tot je het kunt aanvaarden ◆ *het duurde lang voor ze de dood van haar opa* **verwerkt** *had.*

**ver·wer·pe·lijk** (bijv. nw.) onaanvaardbaar slecht, sterk af te keuren ◆ **verwerpelijke** *ideeën.*

**ver·wer·pen** (verwierp, heeft verworpen) *iets verwerpen:* iets afkeuren, iets niet willen gebruiken ◆ *iedereen **verwierp** dat idee.*

**ver·wer·ven** (verwierf, heeft verworven) *iets verwerven:* iets krijgen door er moeite voor te doen ◆ *kennis **verwerven.***

**ver·we·ven** (bijv. nw.) *verweven zijn met iets of iemand:* sterk met iets of iemand samenhangen of verbonden zijn ◆ *drugsgebruik en criminaliteit zijn nauw met elkaar **verweven.***

**ver·we·zen·lij·ken** (verwezenlijkte, heeft verwezenlijkt) *iets verwezenlijken:* ervoor zorgen dat iets werkelijkheid wordt ⇒ *realiseren* ◆ *je plannen **verwezenlijken.***

**ver·wierf** → verwerven.

**ver·wier·ven** → verwerven.

**ver·wij·de·ren** (verwijderde, heeft verwijderd) *iemand of iets verwijderen:* iemand of iets weghalen of laten verdwijnen ◆ *vlekken **verwijderen;** een leerling uit de klas **verwijderen;** je **verwijderen:** weggaan.*

**ver·wijfd** (bijv. nw.) *(van mannen):* met vrouwelijke maniertjes.

**ver·wijt** (het ~; -en) opmerking waarmee je laat merken dat je iemand iets kwalijk neemt ◆ *ze maakte hem een **verwijt** over zijn slordigheid.*

**ver·wij·ten** (verweet, heeft verweten) *iemand iets verwijten:* iemand een verwijt* over iets maken.

**ver·wij·zen** (verwees, heeft verwezen) **1** *iemand ergens heen verwijzen:* iemand ergens heen doorsturen ◆ *hij werd naar de hartspecialist **verwezen;** ze **verwees** me naar het volgende loket* **2** *naar iets verwijzen:* iets noemen omdat het ermee te maken heeft ⇒ *refereren* ◆ *die schrijver **verwijst** in zijn nieuwe boek naar zijn eerste boek.*

**ver·wik·keld** (bijv. nw.) *in iets verwikkeld zijn:* bij iets moeilijks of vervelends betrokken zijn ◆ *we waren in een moeilijk gesprek **verwikkeld.***

**ver·wik·ke·ling** (de ~(v.); -en) gebeurtenis waardoor iets extra ingewikkeld wordt, vervelend bijverschijnsel ⇒ *complicatie* ◆ *politieke **verwikkelingen.***

**ver·wis·se·len** (verwisselde, heeft verwisseld) **1** *iets verwisselen:* iets door iets anders vervangen ◆ *een band **verwisselen*** **2** *iemand met iemand anders verwisselen:* denken dat iemand een ander is ◆ *ik **verwissel** haar altijd met haar zus.*

**ver·wit·ti·gen** (verwittigde, heeft verwittigd) *iemand van iets verwittigen:* (in Nederland: deftig) iemand van iets op de hoogte stellen ◆ *we zullen u **verwittigen** zodra de reparatie klaar is.*

**ver·woed** (bijv. nw.) met veel inspanning of inzet ◆ *de geboeide man deed **verwoede** pogingen om los te komen; een **verwoed** roker.*

**ver·woes·ten** (verwoestte, heeft verwoest) *iets verwoesten:* iets helemaal vernietigen ⇒ *ruïneren* ◆ *de lawine **verwoestte** het dorp; ze **verwoestte** haar gezondheid.*

**ver·won·den** (verwondde, heeft verwond) *een mens of een dier verwonden:* een mens of een dier een wond* toebrengen.

**ver·won·de·ren** (verwonderde, heeft verwonderd) **1** *iets verwondert me:* iets verbaast me ◆ *zijn vreemde gedrag **verwonderde** ons* **2** *je ergens over verwonderen:* je over iets verbazen.

**ver·won·de·ring** (de ~(v.)) verbazing.

**ver·woor·den** (verwoordde, heeft verwoord) *iets verwoorden:* iets onder woorden* (bet.1) brengen, iets in woorden* (bet.1) uitdrukken ◆ *ik weet niet hoe ik dat gevoel moet **verwoorden.***

**ver·wor·den** (verwerd, is verworden) in verval raken, achteruitgaan.

**ver·wor·ven** → verwerven.

**ver·za·digd** (bijv. nw.) **1** met het tevreden gevoel dat je genoeg hebt ◆ *geheel **verzadigd** vertrokken we uit het restaurant* **2** *verzadigd zijn van iets:* er helemaal mee gevuld zijn ◆ *de markt voor computers is nog lang niet **verzadigd:*** (uitdr.) er zijn nog een heleboel mensen die geen computer hebben.

**ver·za·ken** (verzaakte, heeft verzaakt) *je plicht verzaken:* niet doen wat je zou moeten doen.

**ver·za·me·len** (verzamelde, heeft verzameld) **1** *mensen of dingen verzamelen:* ze op één plaats bij elkaar brengen ◆ *ze **verzamelde** de gevallen appels in haar schort; de mensen **verzamelden** zich rond de straatmuzikant* **2** *iets verzamelen:* een verzameling* van iets aanleggen, iets sparen ◆ *postzegels **verzamelen.***

**ver·za·me·ling** (de ~(v.); -en) groep van dingen die je bij elkaar hebt gebracht en die samen een geheel vormen ⇒ *collectie* ◆ *een boeken**verzameling.***

**ver·zan·den** (verzandde, is verzand) *ergens in verzanden:* ergens op uitlopen en daardoor mislukken ◆ *het gesprek **verzandde** in flauwe grappen.*

**ver·ze·ge·len** (verzegelde, heeft verzegeld) *iets verzegelen:* iets met een zegel* (bet.2) zo afsluiten, dat je het alleen maar kunt openmaken door dat zegel te verbreken ◆ *een brief met lak **verzegelen.***

**ver·zeild** (bijv. nw.) ▼ *ergens verzeild raken:* ergens toevallig terechtkomen; *we raakten onderweg bij kennissen **verzeild.***

**ver·ze·ke·ren** (verzekerde, heeft verzekerd) **1** *iets verzekeren:* zeggen of ervoor zorgen dat het zeker* is ⇒ *garanderen* ◆ *hij **verzekerde** me dat hij zou komen; de landelijke omgeving **verzekert** u van een rustige vakantie; succes **verzekerd!*** **2** *je van iets verzekeren:* je ervan overtuigen dat iets zeker* is ◆ *hij **verzekerde** zich ervan dat alle deuren gesloten waren* **3** *iets verzekeren:* een verzekering* (bet.2) voor iets afsluiten ◆ *een fiets tegen diefstal **verzekeren.***

**ver·ze·ke·ring** (de ~(v.); -en) **1** bewering, uitspraak dat iets zeker* is ⇒ *garantie* ◆ *ik geef je de **verzekering** dat alles in orde komt* **2** overeenkomst die bepaalt dat je tegen betaling van een jaarlijkse premie eventuele schade, bijv. door brand of diefstal, vergoed krijgt (kijk ook bij: **premie**) ◆ *een **verzekering** afsluiten.*

**ver·zen·den** (verzond, heeft verzonden) *iets verzenden:* iets naar een andere plaats sturen, meestal per post ⇒ *versturen* ◆ *de brief is gisteren **verzonden.***

**ver·zen·gend** (bijv. nw.) ▼ *verzengende hitte:* hitte waarbij alles wegschroeit.

**ver·zet** (het ~) **1** het je verzetten* (bet.1 en 2) tegen iets of iemand ⇒ *tegenstand* ◆ *verzet tegen een maatregel; tegen iets in **verzet** komen:* je tegen iets gaan verzetten **2** organisatie die zich verzet* (bet.1) tegen overheersing, vooral tegen de Duitsers in de Tweede Wereldoorlog **3** (-ten) versnelling op een fiets.

**ver·zet·je** (het ~; -s) iets leuks waardoor je even met iets anders bezig bent of aan iets anders denkt ◆ *ze hebben een **verzetje** nodig na al dat harde werken.*

**ver·zet·ten** (verzette, heeft verzet) **1** *je tegen iemand verzetten:* tegen iemand in opstand komen ◆ *ze **verzetten** zich tegen hun vijand* **2** *je tegen iets verzetten:* proberen iets te laten ophouden of niet door te laten gaan ◆ *het onderwijs **verzet** zich tegen de nieuwe bezuinigingsmaatregelen; de arrestant **verzette** zich fel:* hij probeerde los te komen **3** *werk verzetten:* het doen, het uitvoeren.

**ver·zie·ken** (verziekte, heeft verziekt) *iets verzieken:* je zo gedragen dat niemand nog plezier in iets heeft ⇒ *verpesten* ◆ *de les **verzieken.***

**ver·ziend** (bijv. nw.) gezegd van iemand die alleen ver verwijderde dingen scherp kan zien.

**ver·zil·ve·ren** (verzilverde, heeft verzilverd) *iets verzilve-ren*: iets in geld omzetten ♦ *een cheque verzilveren*.

**ver·zin·ken** (verzonk, is verzonken) wegzakken ♦ *het kasteel is in het moeras verzonken; in gedachten verzonken zijn*: (uitdr.) diep nadenken zonder op je omgeving te letten.

**ver·zin·nen** (verzon, heeft verzonnen) *iets verzinnen*: iets bedenken ♦ *verzin eens een leuk cadeau; een smoesje verzinnen; een verzonnen verhaal*: dat niet echt gebeurd is.

**ver·zin·sel** (het ~; -s) iets dat iemand heeft verzonnen* ♦ *je moet die verzinsels niet geloven*.

**ver·zoek** (het ~; -en) vraag of iemand iets voor je wil doen ♦ *een verzoek om stilte; op verzoek van de leerlingen; een verzoek indienen*.

**ver·zoe·ken** (verzocht, heeft verzocht) *iemand om iets verzoeken*: vragen of iemand iets wil doen ♦ *hij verzocht om stilte; mag ik u verzoeken aan tafel te gaan?*

**ver·zoe·king** (de ~(v.); -en) (ouderwets) verleiding om iets te doen wat niet mag ♦ *iemand in verzoeking brengen*.

**ver·zoe·nen** (verzoende, heeft verzoend) **1** iemand met iemand anders verzoenen: iemand vrede laten sluiten met een ander ♦ *verzoenende woorden spreken; de ruziemakers verzoenden zich alweer snel met elkaar* **2** je met iets verzoenen: iets aanvaarden, je ergens bij neerleggen ♦ *hij had zich met het idee verzoend dat ze dit jaar niet op vakantie zouden gaan*.

**ver·zon** → verzinnen.

**ver·zon·nen** → verzinnen.

**ver·zor·gen** (verzorgde, heeft verzorgd) **1** iemand of iets verzorgen: ervoor zorgen dat iemand of iets krijgt wat nodig is ♦ *een zieke verzorgen; wie verzorgt de planten?; ze ziet er altijd goed verzorgd uit*: fris en netjes **2** iets verzorgen: ervoor zorgen dat iets in orde komt of dat iets er is ♦ *wie verzorgt de muziek op het feest?*

**ver·zor·gings·huis** (het ~; -huizen) gebouw waar ouderen kunnen wonen en verzorgd worden ⇒ bejaardenhuis.

**ver·zot** (bijv. nw.) verzot zijn op iets: iets heel leuk of lekker vinden, dol zijn op iets.

**ver·zuch·ten** (verzuchtte, heeft verzucht) *iets verzuchten*: iets klagend zeggen.

**ver·zui·ling** (de ~(v.)) toestand waarbij een volk verdeeld is in groepen katholieken, protestanten, socialisten enz., elk met hun eigen omroep, krant, politieke partij enz..

**ver·zuim** (het ~) keer dat je iets verzuimt* ♦ *een verzuim goedmaken*.

**ver·zui·men** (verzuimde, heeft verzuimd) *iets verzuimen*: iets niet doen hoewel het van je wordt verwacht ⇒ nalaten ♦ *hij heeft verzuimd op tijd te waarschuwen; de les verzuimen*: niet naar de les komen, spijbelen.

**ver·zui·pen** (verzoop) **1** (is verzopen) (populair) verdrinken ♦ *ik verzuip in die kleren*: (uitdr.) ze zijn me veel te groot **2** (heeft verzopen) een mens of een dier verzuipen: (populair) een mens of een dier verdrinken.

**ver·zwel·gen** (verzwolg, heeft verzwolgen) *iets verzwelgen*: iets in grote stukken opslokken ♦ *de wolf verzwolg het geitje; het schip is door de zee verzwolgen*: (uitdr.) het is in één keer in zee verdwenen.

**ver·zwij·gen** (verzweeg, heeft verzwegen) *iets verzwijgen*: iets opzettelijk niet zeggen, iets geheim houden ♦ *hij verzweeg dat hij straf had gekregen*.

**ver·zwik·ken** (verzwikte, heeft verzwikt) *een lichaamsdeel, bijv. je voet, verzwikken*: het te ver of verkeerd buigen

en daardoor het gewricht ervan beschadigen ⇒ verstuiken.

**ver·zwolg** → verzwelgen.

**ver·zwol·gen** → verzwelgen.

**ves·per** (de ~; -s) kerkdienst in de namiddag of avond.

**vest** (het ~; -en) **1** soort trui waarbij het voorpand uit twee delen bestaat die je kunt sluiten met een rits of met knopen **2** jasje zonder mouwen, met een rij knopen, dat onder een kostuum gedragen wordt **3** (in België □) colbert.

**ves·te** (de ~; -n) (ouderwets) vesting.

**ves·ti·ai·re** [vestiejɛrə] (de ~(m.); -s) garderobe in een groot gebouw, bijv. in een schouwburg.

**ves·ti·bu·le** (de ~(m.); -s) grote ruimte achter de voordeur van een gebouw ⇒ hal.

**ves·ti·gen** (vestigde, heeft gevestigd) **1** iets ergens vestigen: iets ergens een vaste plaats geven ♦ *hij heeft zich in het noorden gevestigd*: hij is daar gaan wonen **2** iets vestigen: ervoor zorgen dat iets er komt, iets tot stand brengen ♦ *dit bedrijf is in 1886 gevestigd; hij vestigde een record* **3** iets ergens op vestigen: iets ergens op richten ♦ *alle ogen waren op mij gevestigd; mag ik er even de aandacht op vestigen dat ...* **4** je vestigen als arts, als advocaat enz.: een praktijk beginnen als arts, als advocaat enz..

**ves·ti·ging** (de ~(v.); -en) gebouw waar een winkel of bedrijf in gevestigd* (bet.1) is ♦ *onze firma heeft vestigingen door het hele land*.

**ves·ting** (de ~(v.); -en) plaats of stad waaromheen ter verdediging wallen zijn aangelegd ⇒ veste.

**vet¹** (het ~; -ten) **1** bepaald soort stof in menselijk, dierlijk en plantaardig weefsel, die o.a. dient als reservebrandstof ♦ *een randje vet aan de kotelet; iemand zijn vet geven*: (uitdr.) iemand flink de waarheid zeggen; *iemand in zijn of haar eigen vet gaar laten smoren*: (uitdr.) niet met iemand bemoeien, iemand links laten liggen **2** product dat gemaakt is van vet (bet.1) ♦ *in magere melk zit minder vet dan in volle melk; bak- en braadvet; vloeibare vetten*: oliën; *smeervet*: stof afkomstig uit aardolie, o.a. gebruikt om iets te beschermen tegen inwerking van vocht; *iets in het vet zetten*: iets ergens mee insmeren.

**vet²** (bijv. nw.) **1** met veel vet¹*, het tegenovergestelde van 'mager' ♦ *het eten is erg vet; zo vet als modder*: (uitdr.) heel erg vet; *de vette jaren*: (uitdr.) de jaren met veel welvaart; *hij heeft een vet salaris*: (uitdr.; populair) hij verdient veel **2** vies of glad door vet¹* (bet.2) ♦ *vet haar; je vette vingers afvegen* ▼ *een vet gedrukt woord*: dat dik gedrukt is; *een vette lach*: een luide, onaangename lach.

**ve·te** (de ~; -n of -s) toestand van voortdurende haat en ruzie tussen mensen of tussen hele families.

**ve·ter** (de ~(m.); -s) dun koordje dat door lussen of gaatjes zit en waarmee je iets kunt dichtsnoeren ♦ *een schoenveter*.

**ve·te·raan** (de ~(m.); veteranen) iemand die tot de groep ouderen of tot de groep met de meeste ervaring behoort, vooral in de sport en in het leger.

**ve·te·ri·nair** [veːterinɛr] (bijv. nw.) gezegd van iets dat met diergeneeskunde te maken heeft ♦ *de veterinaire faculteit*: de afdeling van de universiteit waar je diergeneeskunde kunt studeren.

**vet·kuif** (de ~; -kuiven) kapsel met een grote, glimmende, naar achteren gekamde kuif.

**ve·to** (het ~; veto's) (letterlijk: ik verbied) uitspraak waarmee iemand iets verbiedt ♦ *je veto over iets uitspreken*.

**vet·plant** (de ~; -en) lid van een plantenfamilie met dik-

ke, sappige bladeren, die vooral in warme en droge gebieden groeien.

**veu·len** (het ~; -s) jong paard of jonge ezel, zebra of kameel.

**veu·le·nen** (veulende, heeft geveulend) *(van merries)*: een
veulen* krijgen.

**VEV** (het ~) *V*laams *E*conomisch *V*erbond.

**ve·zel** (de ~; -s) dunne draad of op een draad lijkend
deel in vlees, planten, stoffen enz..

**vgl.** (afkorting) verge*l*ijk.

**v.h.** (afkorting) **1** *v*an *h*et, *v*oor *h*et **2** *v*oor*h*een (dit wordt
geschreven voor de oude naam van winkels of firma's
die een nieuwe naam hebben gekregen) ◆ *bakkerij Wil-*
*lems, v.h. Smeets.*

**via** (voorz.) **1** (om aan te geven langs welk punt iemand
of iets gaat) ⇒ *over* ◆ *bent u via Utrecht of via Amster-*
*dam gereden?* **2** door middel van, met behulp van ◆ *ik*
*heb dat baantje via mijn oom gekregen; dat heb ik via via*
*gehoord:* ik heb het gehoord van iemand die het weer
van iemand anders had gehoord (enz.).

**vi·a·duct** (het ~; -en) brug waarmee een weg over een
andere weg, een dal enz. wordt geleid.

**vi·bra·foon** (de~(m.); -s of vibrafonen) muziekinstrument
met metalen staafjes waar je met hamertjes op moet
slaan, dat een vibrerend* geluid geeft.

**vi·bra·tie** (de~(v.); -s) trilling.

**vi·bra·to** (het ~; vibrato's) trillende klank van een stem
of instrument.

**vi·bre·ren** (vibreerde, heeft gevibreerd) trillen.

**vi·ca·ris** (de~(m.); -sen) plaatsvervanger van een dominee, pastoor of bisschop.

**vice-** gezegd van de tweede persoon die in een functie
wordt benoemd om de eerste te helpen of te vervangen
◆ *de vice-voorzitter.*

**vi·ce ver·sa** heen en terug ◆ *ik reis elke dag van Rotter-*
*dam naar Antwerpen vice versa.*

**vi·ci·eus** (bijv. nw.) ▼ *een vicieuze cirkel:* een redenering
waar je niets aan hebt, omdat hij eindigt met de gedachte waar je mee begon; ook: een reeks vervelende
toestanden waar je maar niet uit kunt komen.

**vic·to·rie** (de~(v.); -s) overwinning ⇒ *zege, triomf.*

**victualiën** vic·tu·a·li·en (zelfst. nw.; meervoud) voedsel dat
je op een reis meeneemt ⇒ *proviand, leeftocht.*

**vi·de** (de~(v.) of het ~; -s) open ruimte in een gebouw die
niet bij een van de kamers hoort, vanwaaruit je uitzicht hebt op andere verdiepingen.

**vi·dé** (de~(m.); -s) (in België □; populair) pasteitje.

**vi·deo** (zelfst. nw.) **1** (de ~) systeem voor het opnemen
van beelden en geluiden, bijv. van de tv, die je kunt afdraaien op een tv-toestel **2** (de~(m.); video's) videorecorder.

**vi·deo·ca·me·ra** (de ~; -camera's) camera waarmee je
opnamen kunt maken die je met behulp van een videorecorder op een tv-toestel kunt afdraaien.

**vi·deo·clip** (de ~; -s) kort filmpje dat op tv vertoond
wordt tijdens popnummers.

**vi·deo·game** (Engels) [vi̯edeejooʁeem] (de ~; -s) videospel-
letje.

**vi·deo·re·cor·der** (de~(m.); -s) toestel waarmee je tv-
beelden en -geluiden kunt opnemen die je kunt afdraaien op een tv-toestel ⇒ *video.*

**vi·de·o·theek** (de~(v.); videotheken) winkel waar je vi-
deofilms kunt huren.

**vief** (bijv. nw.) vlug en levendig ⇒ *kwiek* ◆ *toen hij uit het*
*ziekenhuis kwam, was hij weer heel vief.*

**viel** → vallen.

**vie·len** → vallen.

**vier** (hoofdtelw.) 4 ◆ *de vier seizoenen.*

**vier·de** (rangtelw.) komend als nummer vier ◆ *Hendrik*
*de Vierde; mensen van de vierde leeftijd:* (in België □) mensen die 80 jaar of ouder zijn.

**vie·ren** (vierde, heeft gevierd) **1** *iets vieren:* op een feestelijke of plechtige manier aandacht aan iets besteden ◆
*een verjaardag vieren* **2** *touwen, kabels enz. laten vieren:*
ze steeds verder naar het uiteinde vastpakken, ze
steeds een stukje laten schieten.

**vie·ren·de·len** (vierendeelde, heeft gevierendeeld) *iemand*
*vierendelen:* iemand door vier paarden in vier stukken
uiteen laten trekken (dit was vroeger een straf voor
misdadigers).

**vier·kant**[1] (het ~; -en) figuur met vier even lange zijden
en rechte hoeken ◆ *de stoelen stonden in een vierkant*
opgesteld.

**vier·kant**[2] (bijv. nw.) **1** met de vorm van een vierkant[1]* ◆
*een vierkante tuin* **2** (gezegd van oppervlaktematen, om
aan te geven dat je lengte en breedte met elkaar hebt
vermenigvuldigd) ◆ *onze woning is 100 vierkante meter.*

**vier·kant**[3] (bijw.) ronduit, onomwonden ◆ *iemand vier-*
*kant de waarheid zeggen; ze lachen hem vierkant uit; hij*
*is er vierkant tegen:* hij is er helemaal tegen.

**vier·klau·wens** (bijw.) (in België □) haastig en gejaagd,
hals over kop ◆ *vierklauwens rent Benjamin de trap op.*

**vier·voe·ter** (de~(m.); -s) dier dat op vier poten loopt,
zoals een hond of paard.

**vies** (bijv. nw.) **1** met een onaangename smaak, het tegenovergestelde van 'lekker' ◆ *pillen met een vieze*
*smaak* **2** met vuil besmeurd, smerig ◆ *vieze vlekken;*
*het hele huis vies maken* **3** weerzin oproepend of uitdrukkend, onaangenaam ◆ *een vies gezicht trekken;*
*vies weer; iemand vies te pakken nemen:* iemand op een
hele gemene manier te pakken nemen **4** *ergens vies*
*van zijn:* iets niet leuk of lekker vinden ◆ *daar ben ik*
*niet vies van:* dat zou ik heel graag willen **5** (in België □;
populair) slecht gehumeurd ▼ *vieze moppen:* moppen
die met seks te maken hebben.

**vies·peuk** (de~(m.); -en) viezerik.

**vie·wer** (Engels) [vjœwɛr] (de ~; -s) toestel met een vergrootglas waardoor je dia's kunt bekijken.

**vie·ze·rik** (de~(m.); -en) iemand die er vies* (bet.2) uitziet of die knoeit ⇒ *viespeuk.*

**vig·net** [vinjet] (het ~; -ten) **1** teken of figuur waaraan je
een firma, winkel enz. herkent ⇒ *logo, beeldmerk* **2** (in
België □) strookje dat je ergens opplakt.

**vij·and** (de ~(m.)) **1** (-en; vrouw: vijandin) iemand die je
haat ◆ *zij zijn gezworen vijanden:* zij haten elkaar heel
erg; *dat zou je je ergste vijand nog niet toewensen:* (uitdr.)
het is heel erg als dat je overkomt **2** land waar jouw
land tegen vecht in een oorlog.

**vij·an·de·lijk** (bijv. nw.) van de vijand* (bet.2), zoals een
vijand* (bet.2) ◆ *vijandelijke soldaten.*

**vij·an·dig** (bijv. nw.) als van een vijand* (bet.1) ◆ *een vij-*
*andige houding aannemen; vijandige blikken:* blikken
vol haat.

**vij·an·din** → vijand.

**vij·and·schap** (de~(v.); -pen) het feit dat iemand je vij-
and* is ◆ *de vijandschap tussen de twee volkeren.*

**vijf** (hoofdtelw.) 5 ◆ *een vijf voor rekenen; geef me de vijf!:*
(uitdr.) geef me de hand!

**vijf·de** (rangtelw.) komend als nummer vijf ◆ *Karel de*
*Vijfde.*

**vijf·je** (het ~; -s) Nederlands muntstuk van vijf gulden.

**vijf·tien** (hoofdtelw.) 15.

**vijf·tien·de** (rangtelw.) komend als nummer vijftien.

**vijf·tig** (hoofdtelw.) 50.

**vijf·tig·ste** (rangtelw.) komend als nummer 50.

**vijg** (de ~; -en) ronde, zoete, subtropische vrucht ◆ *vijgen na Pasen*: (in België □; uitdr.; populair) mosterd na de maaltijd (dit zeg je als iets te laat komt).

**vijl** (de ~; -en) gereedschap waarmee je ruw materiaal glad maakt ◆ *nagelvijl; ijzervijl*.

**vij·len** (vijlde, heeft gevijld) *iets vijlen*: iets met een vijl* bewerken.

**vijs** (de ~; vijzen) (in België □; populair) schroef ◆ *een vijs los hebben*: (uitdr.) niet goed snik zijn, gek zijn.

**vij·ver** (de ~ (m.); -s) meertje in een tuin of park ◆ *visvijver*.

**vij·zel** (de ~ (m.); -s) kom waarin je met een stamper iets fijn kunt maken ⇒ *mortier*.

**vi·ka·ris** → vicaris.

**vi·king** (de ~ (m.); -s of -en) Scandinaviër die in de Middeleeuwen in Europa en op zee op strooptocht ging ⇒ *Noorman*.

**vikt-** → vict-.

**vil·la** [viel·aa of vill·aa] (de ~; villa's) groot en luxe woonhuis met een tuin eromheen.

**vil·len** (vilde, heeft gevild) *een dier villen*: de huid eraf stropen ◆ *ik kan hem wel villen*: (uitdr.) ik ben ontzettend boos op hem.

**vilt** (het ~) stof van geperste woldraadjes of van ander haar van dieren.

**vilt·je** (het ~; -s) stukje karton dat op vilt* lijkt waar je een glas of kopje op kunt zetten.

**vilt·stift** (de ~; -en) pen met een punt van een soort vilt.

**vim** (de ~) schuurpoeder.

**vin** (de ~; -nen) elk van de platte ledematen waarmee vissen en sommige andere waterdieren zwemmen ◆ *geen vin verroeren*: (uitdr.) je helemaal niet bewegen.

**vin·den** (vond, heeft gevonden) **1** *iemand die of iets dat je zoekt vinden*: erin slagen iemand of iets te ontdekken ◆ *ze heeft de verloren ring weer gevonden; hij heeft een baantje gevonden; de toerist kon de weg niet vinden; iemand bereid vinden iets te doen*: van iemand te horen krijgen dat hij of zij wil doen wat jij van hem of haar verlangt; *ergens iets op vinden*: (uitdr.) een oplossing voor iets bedenken; *ze hebben elkaar gevonden*: (uitdr.) ze zijn het eens geworden; ook: ze zijn verliefd op elkaar geworden; *ergens voor te vinden zijn*: (uitdr.) het leuk vinden om ergens aan mee te doen **2** *iemand of iets vinden*: iemand of iets aantreffen, iemand of iets toevallig tegenkomen ◆ *ik vond een leuk boek in de bibliotheek; ze vond een portemonnee op straat* **3** *iets vinden*: een bepaald oordeel, een bepaalde mening hebben ⇒ *oordelen* ◆ *ik vind het leuk; hij vond dat het de moeite waard was* **4** *iets vinden*: iets krijgen, iets ondervinden ◆ *de nieuwe mode vond snel navolging; hij vond geen baat bij de medicijnen* **5** *het goed met iemand kunnen vinden*: graag met iemand omgaan **6** *je ergens in kunnen vinden*: het met iets eens kunnen zijn.

**vin·der** (de ~ (m.); -s), vrouw: **vind·ster** (de ~ (v.); -s) iemand die toevallig iets vindt* (bet.2) ◆ *de eerlijke vinder van de verloren beurs*.

**vin·ding** (de ~ (v.); -en) uitvinding om iets slim of handig te doen ◆ *een handige vinding voor in de keuken*.

**vin·ding·rijk** (bijv. nw.) met slimme en handige ideeën ⇒ *inventief*.

**vind·ster** → vinder.

**ving** → vangen.

**vin·gen** → vangen.

**vin·ger** (de ~ (m.); -s) elk van de vijf beweegbare uitsteeksels aan je hand ◆ *wijsvinger; ringvinger; vieze vingers op de deur*: vlekken en afdrukken van iemands vieze

vingers; *iets in de vingers hebben*: (uitdr.) iets goed kunnen, iets beheersen; *geen vinger uitsteken*: (uitdr.) niets doen om iemand te helpen; *dat kun je op je vingers natellen*: (uitdr.) dat kun je makkelijk nagaan en begrijpen; *het is om je vingers bij af te likken*: (uitdr.) het is heel erg lekker; *iemand op de vingers tikken*: (uitdr.) kritiek op iemand geven, iemand terechtwijzen; *met de vinger nagewezen worden*: (uitdr.) uitgelachen of geminacht worden; *iets dat eigenlijk niet mag, een fout, door de vingers zien*: (uitdr.) net doen alsof je het niet ziet; *iemand op zijn of haar vingers kijken*: (uitdr.) toekijken bij wat iemand doet om hem of haar te controleren; *iemand om je vinger winden*: (uitdr.) iemand inpalmen; *je in de vingers snijden*: (uitdr.) iets doen waar je zelf nadeel van hebt; *een vinger in de pap hebben*: (uitdr.) meebeslissen, invloed hebben; *een vinger aan de pols houden*: (uitdr.) blijven oppletten hoe het verder gaat, het in de gaten houden; *de vinger op de zere plek leggen*: (uitdr.) over datgene beginnen te praten waar nou net moeilijkheden mee zijn; *hij heeft lange vingers*: (uitdr.; populair) (dit zeg je van iemand die steelt); *ze is met de natte vinger te lijmen*: (uitdr.) je kunt haar makkelijk overhalen ergens aan mee te doen; *iets met de natte vinger doen*: (uitdr.) iets snel en zonder studie vooraf doen; *als je hem één vinger geeft, neemt hij de hele hand*: (uitdr.) zodra je hem een klein beetje toegeeft, denkt hij dat hij alles mag.

**vin·ger·hoed** (de ~ (m.); -en) beschermdopje dat je bij het naaien draagt op de vinger waarmee je de naald door de stof duwt.

**vin·ger·hoeds·kruid** (het ~) plant met een rij kelkvormige bloemen.

**vin·ger·wij·zing** (de ~ (v.); -en) duidelijke aanwijzing dat je iets moet doen of laten.

**vink** (de ~; -en) **1** bepaald soort zangvogeltje ▼ *blinde vink*: rolletje kalfsvlees gevuld met gehakt.

**vin·ken·slag** (zelfst. nw.) ▼ *op vinkenslag zitten*: (in België □) ongeduldig en gespannen wachten om toe te slaan, op de loer liggen.

**vin·ken·touw** (zelfst. nw.) ▼ *op het vinkentouw zitten*: ongeduldig en gespannen wachten om toe te slaan, op de loer liggen.

**vin·nig** (bijv. nw.) **1** fel en scherp ⇒ *snibbig, kattig* ◆ *een vinnig antwoord* **2** (in België □) bijdehand, levendig ◆ *een vinnig jongetje*.

**vi·nyl** (het ~) kunststof die op rubber lijkt.

**vi·o·let** (het ~) blauwpaars, een van de kleuren van de regenboog.

**vi·o·list** (de ~ (m.); -en), vrouw: **vi·o·lis·te** (de ~ (v.); -n of -s) iemand die viool* speelt.

**vi·ool** (de ~; violen) muziekinstrument met vier snaren waar je met een strijkstok over strijkt ◆ *de eerste viool spelen*: (uitdr.) de baas zijn.

**vi·ool·tje** (het ~; -s) laag plantje met bloemen in allerlei kleuren.

**vip** (de ~; vip's) *very important person*; dit is Engels en het betekent: erg belangrijk persoon.

**vi·riel** (bijv. nw.) mannelijk, stoer.

**vir·tu·al re·a·li·ty** (Engels) [vuːrtsjoëweelriejelletie] (de ~ (v.)) een door de computer gemaakte wereld, waarvan je het gevoel hebt dat je er zelf bent.

**vir·tu·eel** (bijv. nw.) denkbeeldig, niet echt bestaand.

**vir·tu·oos** (bijv. nw.) gezegd van iemand die ergens briljant in is, vooral van zangers en musici, of van het werk van zo iemand ◆ *een virtuoos uitgevoerde sonate*.

**vi·rus** (het ~; -sen) ziekteverwekkend organisme dat nog kleiner is dan een bacterie (kijk ook bij: **organisme**).

**vis** (de ~ (m.); -sen) koudbloedig gewerveld dier dat in het water leeft en door kieuwen ademt ◆ *vis vangen; we eten vandaag vis; iemand voor rotte vis uitmaken:* (uitdr.; populair) iemand erg uitschelden; *zo gezond als een vis:* (uitdr.) helemaal gezond; *je voelen als een vis in het water:* (uitdr.) je helemaal in je element voelen; *de vis wordt duur betaald:* (uitdr.) je moet er veel voor over hebben.

**vis·af·slag** (de ~ (m.); -afslagen) plaats aan de haven waar vissers hun vis verkopen.

**vi·sa·gist** [viezaazjist] (de ~ (m.); -en), vrouw: **vi·sa·gis·te** (de ~ (v.); -s of -n) schoonheidsspecialist, speciaal voor het gezicht.

**vis-à-vis** (Frans) [viezaavie] (bijw.) recht tegenover, oog in oog ◆ *ze stonden plotseling vis-à-vis*.

**vis·co·se** (de ~ (v.)) kunststof die uit houtvezels wordt gemaakt en die vooral wordt gebruikt voor het maken van garens en stoffen.

**vi·se·ren** (viseerde, heeft geviseerd) **1** *op iemand of iets viseren:* (in België □) op iemand of iets mikken met een schietwapen **2** *iets viseren:* (in België □) iets beogen, iets willen ◆ *de besparingen die de regering viseert:* de besparingen die de regering wil doorvoeren **3** *iemand viseren:* (in België □) iemand bekritiseren, iemand op de korrel nemen ◆ *hij voelt zich altijd geviseerd:* hij denkt dat niemand iets van hem kan verdragen.

**vi·sie** (de ~ (v.); -s) manier waarop je over iets denkt of over iets oordeelt ⇒ kijk, zienswijze ◆ *ik heb mijn visie op de gebeurtenissen gegeven*.

**vi·si·oen** (het ~; -en) beeld dat je voor je ogen ziet, maar dat er niet echt is ⇒ droombeeld ◆ *visioenen van toekomstig geluk; koortsvisioenen*.

**vi·si·o·nair** [viezjoonèr] (bijv. nw.) te maken hebbend met visioenen* ◆ *een visionaire ervaring:* een visioen of iets dat daarop lijkt.

**vi·si·ta·tie** (de ~ (v.); -s) **1** officieel bezoek van kerkelijke leiders aan gemeenten en parochies **2** onderzoek van je lichaam door de douane of politie om te kijken of je smokkelwaar bij je hebt.

**vi·si·te** (de ~) **1** (-s) bezoek bij mensen thuis ◆ *bij iemand op visite zijn; een visite van de huisarts bij een patiënt* **2** een of meer mensen die bij iemand op bezoek zijn ◆ *we krijgen visite*.

**vi·si·te·kaart·je** (het ~; -s) kaartje waarop staat wie je bent, dat je afgeeft bij een bezoek ◆ *de telefoniste is het visitekaartje van het bedrijf:* (uitdr.) door haar wordt bepaald wat voor indruk de klant van het bedrijf krijgt.

**vis·ko·se** → viscose.

**vis·sen** (viste, heeft gevist) **1** met hengels, netten enz. vis* uit het water proberen te halen ◆ *ze vissen op kabeljauw* **2** *naar iets vissen:* ergens achter proberen te komen door er voorzichtig naar te vragen ◆ *ze zat te vissen naar wat er precies was gebeurd, maar ik heb niets verraden*.

**vis·ser** (de ~ (m.); -s) iemand die vist* (bet.1), vooral iemand die dat voor zijn of haar beroep doet.

**vis·sers·la·tijn** (het ~) verhaal waarin je opschept over je buit of je vangst.

**vi·su·eel** (bijv. nw.) gezegd van iets dat met zien of met het gebruik van je ogen te maken heeft ◆ *een visueel geheugen:* een goed geheugen voor beelden.

**vi·sum** (het ~; -s of visa) officieel bewijs dat je een land binnen mag.

**vi·taal** (bijv. nw.) **1** vol leven en energie ◆ *vitale bejaarden* **2** belangrijk voor het leven ◆ *vitale delen van je lichaam; de vitale delen van een machine:* (uitdr.) de delen die belangrijk zijn voor het functioneren ervan; *dit is van vitaal belang:* (uitdr.) dit is heel belangrijk.

**vi·ta·mi·ne** (de ~; -n of -s) bepaalde stof in je voedsel die nodig is om gezond te blijven.

**vi·tra·ge** [vietraazje] (de ~; -s) dun doorzichtig gordijn ⇒ glasgordijn.

**vi·tri·ne** (de ~ (v.); -s) **1** glazen kast voor het tentoonstellen van artikelen **2** etalage.

**vit·ten** (vitte, heeft gevit) *op iemand vitten:* iemand op allerlei kleine punten bekritiseren.

**vi·vi·sec·tie** (de ~ (v.)) het gebruiken van levende dieren bij medische en scheikundige proeven.

**vi·ze·ren** → viseren.

**vi·zier** (zelfst. nw.) **1** (het ~; -en) klep voor de opening van een ridderhelm, waar je door kunt kijken ◆ *iemand met open vizier bestrijden:* (uitdr.) openlijk, zo dat iemand weet wie je bent en wat je vindt **2** (het ~; -en) onderdeel op de loop van een geweer of kanon waar je door moet kijken om te richten ◆ *iemand in het vizier krijgen:* (uitdr.) iemand beginnen te zien **3** (de ~ (m.); -s of -en) minister of hooggeplaatste persoon aan de vroegere hoven in Turkije en Perzië.

**vi·zi·oen** → visioen.

**VJH** (de ~) Vlaamse Jeugdherbergcentrale.

**vla** (de ~; vla's of vlaas) **1** zoet en koud, dikvloeibaar nagerecht **2** vlaai.

**vlaag** (de ~; vlagen) plotseling opkomende en snel weer verdwijnende wind of regen ◆ *bij vlagen:* (uitdr.) af en toe, met tussenpozen; *in een vlaag van verstandsverbijstering:* (uitdr.) op een moment dat je totaal in de war was.

**vlaai** (de ~; -en) plat rond gebak van gistdeeg met bijv. een laag vruchten of rijstepap erop ⇒ vla ◆ *Limburgse vlaaien*.

**Vlaams¹** (het ~) **1** het Nederlands zoals het in België gesproken wordt **2** het dialect van het vroegere graafschap Vlaanderen, dat ongeveer overeenkomt met de Belgische provincies Oost- en West-Vlaanderen.

**Vlaams²** (bijv. nw.) gezegd van iets dat met Vlaanderen of Vlamingen te maken heeft ◆ *Vlaamse beweging:* streven naar emancipatie van het Vlaamse volk op cultureel, sociaal en economisch gebied; *Vlaamse Leeuw:* volkslied van de Vlaamse Gemeenschap; ook: vlag van de Vlaamse Gemeenschap; *Vlaamse Raad:* parlement van de Vlaamse Gemeenschap.

**vla·flip** (de ~ (m.); -s) nagerecht van yoghurt, vla en siroop.

**vlag** (de ~; -gen) stuk doek met bepaalde kleuren of figuren dat het symbool is van een land, een partij of een vereniging ◆ *de vlag hijsen; de vlag uitsteken:* (als teken van feest); *de witte vlag:* (teken dat je je overgeeft); *onder valse vlag varen:* (uitdr.) je voor iemand anders uitgeven; *met vlag en wimpel slagen:* (uitdr.) met een erg goed resultaat slagen; *de vlag dekt de lading niet:* (uitdr.) (dit zeg je als de manier waarop iets gepresenteerd wordt niet overeenkomt met wat je ervan kunt verwachten); *dat is een vlag op een modderschuit:* (uitdr.) de versiering is veel te mooi vergeleken met de rest.

**vlag·gen** (vlagde, heeft gevlagd) een vlag* of vlaggen* uitsteken als teken van feest ◆ *je vlagt:* (uitdr.) je onderjurk komt onder je rok uit.

**vlak¹** (het ~; -ken) **1** min of meer plat, begrensd gedeelte ◆ *de vlakken van een dobbelsteen; de vlakken van een schaakbord:* de witte en zwarte velden; *op een hellend vlak raken:* (uitdr.) steeds slechtere dingen gaan doen **2** gebied waarop mensen werken of bezig zijn ⇒ terrein, gebied ◆ *het politieke vlak; problemen in het persoonlijke vlak*.

**vlak²** (bijv. nw.) **1** plat en zonder oneffenheden ◆ *het vlakke deel van het strand; de vlakke hand:* de uitgestrekte, open hand; *de tafel moet vlak staan:* horizontaal, niet schuin **2** zonder hoogte- en dieptepunten, zonder contrasten ◆ *haar stem klonk wat* **vlak** *door de telefoon; een* **vlak** *toneelstuk.*

**vlak³** (bijw.) zonder tijd of ruimte ertussen, onmiddellijk ◆ *vlak erna;* **vlak** *bij de boom.*

**vlak·af** (bijw.)(in België □) ronduit, openlijk ⇒ *onomwonden, onverbloemd* ◆ *ik zei hem* **vlakaf** *dat hij loog.*

**vlak·gom** (de ~(m.) of het ~) gum waarmee je potloodstrepen uitvlakt.

**vlak·te** (de ~(v.); -n of -s) vlak²* (bet.1) gebied ◆ *de uitgestrekte polder***vlakte**; *tegen de* **vlakte** *gaan:* (uitdr.)(van gebouwen) afgebroken worden; (van mensen) flauwvallen; *iemand tegen de* **vlakte** *slaan:* (uitdr.) iemand bewusteloos slaan; *je op de* **vlakte** *houden:* (uitdr.) niet duidelijk je mening geven, geen duidelijke uitspraak doen.

**vlam** (de ~; -men) **1** vuur met een beweeglijke, op een tong lijkende vorm ◆ *de* **vlammen** *sloegen uit het dak; de* **vlam** *sloeg in de pan;* **vlam** *vatten:* gaan branden; *de* **vlammen** *sloegen me uit:* (uitdr.) ik had het heel warm; ook: ik werd rood van de spanning, verlegenheid of schaamte **2** iemand op wie je verliefd bent ◆ *ze is een oude* **vlam** *van me.*

**vlam·men** (vlamde, heeft gevlamd) met vlammen* (bet.1) branden ◆ *met* **vlammende** *ogen:* (uitdr.) die fonkelen van woede; *een* **vlammend** *protest:* (uitdr.) een fel, vurig protest.

**vlas** (het ~) plantensoort waarvan de stengels gebruikt worden voor het maken van linnen en de zaadjes voor het maken van lijnzaadolie.

**vlas·aard** (de ~(m.); -s)(in België □) veld waarop vlas verbouwd wordt.

**vlas·sen** (vlaste, heeft gevlast) *op iets vlassen:* sterk verlangen naar iets dat je hoopt te krijgen.

**vlas·sig** (bijv. nw.) *(van haar):* dun en pluizig.

**VLD** (de ~(v.))(in België) **V**laamse **L**iberalen en **D**emocraten; dit is een politieke partij in België.

**vlecht** (de ~; -en) streng gevlochten* haar.

**vlech·ten** (vlocht, heeft gevlochten) *iets vlechten:* iets in strengen verdelen en die beurtelings om elkaar heen slaan ◆ *haar* **vlechten**; *een mand* **vlechten** *van riet.*

**vleer·muis** (de ~; -muizen) zoogdier dat vliegt en vooral in de schemering en 's nachts actief is.

**vlees** (het ~) zacht veerkrachtig weefsel om de botten van mensen en dieren heen; vlees van dieren dient vaak tot voedsel ◆ **vlees** *braden; kippen***vlees**; *goed in het* **vlees** *zitten:* (uitdr.) niet mager zijn; *een mens van* **vlees** *en bloed:* (uitdr.) een mens met zijn hartstochten en gevoelens; *je eigen* **vlees** *en bloed:* (uitdr.) je eigen kinderen; *het is* **vlees** *noch vis:* (uitdr.) het hoort nergens bij; *ik wil weten wat voor* **vlees** *ik in de kuip heb:* (uitdr.) met wat voor soort mens ik te doen heb.

**vlees·wa·ren** (zelfst. nw.; meervoud) van vlees gemaakt broodbeleg.

**vleet** (zelfst. nw.) ▼ *bij de* **vleet**: heel veel, overvloedig; *zij koopt kleren bij de* **vleet**.

**vle·gel** (de ~(m.); -s) **1** ondeugende, brutale jongen ⇒ *vlerk* **2** lange stok waaraan aan de bovenkant een korte stok is vastgemaakt en waarmee vroeger graan werd gedorst (kijk ook bij: **dorsen**).

**vlei·en** (vleide, heeft gevleid) *iemand vleien:* overdreven vriendelijk of lief tegen iemand doen om iets gedaan te krijgen of om in de gunst te komen ◆ *vleiende woorden:* woorden die je strelen, die je een prettig gevoel geven; *je* **gevleid** *voelen door iets:* (uitdr.) je ergens door gestreeld voelen, iets als een complimentje beschouwen.

**vlek** (zelfst. nw.; -ken) **1** (de ~) vuile plek ⇒ *smet* ◆ *er zit een koffie***vlek** *op haar rok* **2** (de ~) plek in een andere

kleur dan het oppervlak eromheen ◆ *rode* **vlekjes** *op je arm door de brandnetels; een hond met een witte* **vlek** *op zijn borst; een blinde* **vlek**: (uitdr.) iets dat je niet kunt leren of begrijpen **3** (het ~) verzameling huizen die nog kleiner is dan een dorp ⇒ *gehucht, buurtschap.*

**vlek·ke·loos** (bijv. nw.) zonder fouten ◆ *een* **vlekkeloos** *leven.*

**vlerk** (zelfst. nw.; -en) **1** (de ~(m.)) brutale jongen ⇒ *vlegel* **2** (de ~) vleugel van een vogel ⇒ *wiek* ◆ *blijf er met je* **vlerken** *vanaf!*: (uitdr.; populair) blijf eraf met je handen!

**vlet** (de ~; -ten) bepaald soort kleine boot die o.a. als reddingsboot wordt gebruikt.

**vleug** (de ~; -en) richting waarin haar groeit of waarin de haartjes of draden van een weefsel vallen.

**vleu·gel** (de ~(m.); -s) **1** elk van de delen die een vogel of insect uitklapt als hij of het vliegt ◆ *roofvogels hebben enorme* **vleugels**; *de* **vleugels** *van een vliegtuig:* de twee of meer uitstekende delen die het vliegtuig dragen in de lucht; *je* **vleugels** *uitslaan:* (uitdr.) je ontplooien, nieuwe dingen gaan doen; *de linker- of rechter***vleugel** *van een politieke partij:* (uitdr.) de groep binnen de partij met linkse of rechtse politieke ideeën **2** grote piano met een liggende klankkast waarvan je de klep schuin omhoog zet als je speelt **3** deel van een gebouw dat zich links of rechts van het middengedeelte bevindt.

**vleu·gel·moer** (de ~; -en) moer met twee plaatjes in de vorm van vleugels, waarmee je hem aandraait.

**vleug·je** (het ~) klein beetje ◆ *een* **vleugje** *hoop; een* **vleugje** *parfum.*

**vle·zig** (bijv. nw.) met veel vlees* of vruchtvlees ◆ *een* **vlezige** *nek.*

**vlg.** (afkorting) **1** *volg*ens **2** *volg*ende.

**vlie·den** (vlood, is gevloden)(van de tijd): (deftig) snel voorbijgaan.

**vlieg** (de ~; -en) bepaald insect met twee vleugels ◆ *twee* **vliegen** *in één klap slaan:* (uitdr.) twee dingen tegelijk voor elkaar krijgen; *geen* **vlieg** *kwaad doen:* (uitdr.) heel zachtaardig zijn; *iemand* **vliegen** *afvangen:* (uitdr.) iemand te vlug af zijn omdat je die persoon zijn of haar succes niet gunt.

**vlieg·dek·schip** (het ~; -schepen) groot schip waarvan vliegtuigen kunnen opstijgen en waarop ze kunnen landen.

**vlie·gen** (vloog, heeft of is gevlogen) **1** (van vogels en insecten): zich met vleugels door de lucht voortbewegen ◆ *in de herfst* **vliegen** *sommige vogels naar het zuiden; hij ziet ze* **vliegen**: (uitdr.) hij is niet goed wijs; *erin* **vliegen**: (uitdr.) beetgenomen zijn **2** in een vliegtuig ergens heen gaan ◆ *zij* **vliegt** *morgen naar Amerika* **3** zich snel voortbewegen ◆ *hij* **vloog** *overeind; de steen* **vliegt** *door de ruit; in* **vliegende** *vaart:* heel snel; *een* **vliegende** *kiep:* een keeper die niet alleen in het doel staat, maar ook meespeelt; *een* **vliegende** *start:* een start waarbij je niet vanuit stilstand begint, maar waarbij je al vaart hebt; *iemand om de hals* **vliegen**: iemand enthousiast omhelzen; *de tijd* **vliegt**: (uitdr.) die gaat heel snel voorbij; *eruit* **vliegen**: (uitdr.) ontslagen worden.

**vlie·ge·nier** (de ~(m.); -s), vrouw: **vlie·ge·nier·ster** (de ~ (v.); -s)(ouderwets) piloot.

**vlie·gen·raam** (het ~; -ramen)(in België □) hor.

**vlie·ger** (de ~(m.); -s) voorwerp dat bestaat uit een paar gekruiste latjes met dunne stof of papier ertussen, en dat je aan een lang touw in de lucht laat zweven ◆ *die* **vlieger** *gaat niet op:* (uitdr.)(dit zeg je als een poging om iets voor elkaar te krijgen niet lukt).

**vlieg·tuig** (het ~; -en) toestel dat kan vliegen en waarin mensen of goederen vervoerd worden.

**vlieg·veld** (het ~; -en) groot terrein met start- en landingsbanen voor vliegtuigen ⇒ *luchthaven*.

**vlieg·wiel** (het ~; -en) wiel aan een machine dat een machine geruime tijd nadat het aan het draaien gebracht is aan de gang houdt.

**vlier** (de ~(m.); -en) bepaald soort struik die de eetbare besjes levert.

**vlie·ring** (de ~; -en) ruimte in een huis boven de zolder, vlak onder het dak.

**vlies** (het ~; vliezen) dun velletje ♦ *het vliesje om een pinda.*

**vlie·se·li·ne** (de ~) bepaald soort geperste stof die je gebruikt om kragen, manchetten enz. te verstevigen.

**vliet** (de ~(m.); -en) riviertje, beek, stroom.

**vlij·en** (vlijde, heeft gevlijd) *iets of iemand vlijen*: iets of iemand zachtjes neerleggen ♦ *hij vlijt zich in het gras; ze vlijde de baby in de wieg.*

**vlijm·scherp** (bijv. nw.) heel erg scherp ♦ *een vlijmscherp mes.*

**vlijt** (de ~) ijver ♦ *zij werkt met vlijt.*

**vlij·tig** (bijv. nw.) met vlijt* ⇒ *ijverig.*

**vlin·der** (de ~(m.); -s) bepaald soort insect met vleugels, dat eerst een rups is geweest ♦ *vlinders in je buik hebben*: (uitdr.) verliefd zijn.

**vlin·de·ren** (vlinderde, heeft gevlinderd) zorgeloos leven, vooral het ene vriendje of vriendinnetje na het andere hebben.

**vlin·der·slag** (de ~(m.)) zwemslag waarbij je op je buik drijft en je beide armen tegelijk boven het water naar voren brengt.

**vli·zo·trap** (de ~(m.); -pen) trap naar de zolder of vliering, die boven op een luik zit en die je moet uittrekken (vlizo is een samentrekking van 'vliering' en 'zolder').

**v.l.n.r.** (afkorting) *van links naar rechts* ♦ *op de foto v.l.n.r.: tante Ria, oma en opa.*

**vlo** (de ~; vlooien) klein springend insect dat leeft op mensen en dieren, en dat zich met hun bloed voedt ♦ *de hond heeft vlooien.*

**v.l.o.** (het ~) (in België) *vernieuwd lager onderwijs.*

**vlocht** → vlechten.

**vloch·ten** → vlechten.

**vlo·den** → vlieden.

**vloed** (de ~(m.)) 1 verschijnsel waarbij het water van de zee steeds verder het strand op komt of steeds hoger stijgt, het tegenovergestelde van 'eb' ♦ *eb en vloed* 2 grote stroom of hoeveelheid ♦ *een vloed van tranen; een woordenvloed* ▼ *witte vloed*: wit of doorzichtig vocht dat soms uit de vagina van de vrouw komt.

**vloed·golf** (de ~; -golven) verschijnsel dat plotseling opkomt ♦ *een vloedgolf van mensen*: een grote massa mensen die ergens vandaan of naar toe komt.

**vloei** (het ~) 1 dun papier waarin je tabak voor sigaretten rolt ♦ *een vloeitje*: een stukje van dat papier dat precies groot genoeg is voor één sigaret 2 papier dat inkt opzuigt ⇒ *vloeipapier.*

**vloei·baar** (bijv. nw.) gezegd van stoffen die kunnen vloeien* (bet.1), bijv. van water ♦ *vloeibaar voedsel*: pap, soep enz..

**vloei·en** (vloeide) 1 (is gevloeid) (van water enz.): zachtjes stromen ♦ *de koffie vloeide over het boek; de kleuren vloeien in elkaar over*: (uitdr.) er is een geleidelijke overgang tussen de kleuren 2 (heeft gevloeid) (van vrouwen): bloeden uit de vagina.

**vloei·end** (bijv. nw.) zonder haperingen of knikken ♦ *een vloeiende lijn; vloeiend Frans spreken.*

**vloei·stof** (de ~; -fen) vloeibare stof, bijv. water.

**vloek** (de ~(m.); -en) 1 uitspraak waarin onheil over iets wordt afgeroepen ♦ *er rust een vloek op dat huis* 2 verwensing waarin de naam van God of een verbastering daarvan voorkomt ♦ *in een vloek en een zucht*: (uitdr.) in heel korte tijd.

**vloe·ken** (vloekte, heeft gevloekt) 1 een vloek* (bet.2) laten horen ♦ *vloeken als een ketter, als een ketellapper*: (uitdr.) heel erg vloeken 2 (van kleuren): lelijk tegen elkaar afsteken.

**vloer** (de ~(m.); -en) grondvlak van een ruimte ♦ *een vloer van planken; bij iemand over de vloer komen*: (uitdr.) iemand regelmatig bezoeken; *de vloer met iemand aanvegen*: (uitdr.) vernietigende kritiek op iemand uitoefenen; *je kunt er van de vloer eten*: (uitdr.) het is daar heel schoon, heel netjes.

**vloe·ren** (vloerde, heeft gevloerd) *iemand vloeren*: (populair) iemand op de vloer* gooien.

**vlo·gen** → vliegen.

**vlok** (de ~; -ken) plukje van een stof die weinig weegt ♦ *stofvlokken; een sneeuwvlok; vlokken schuim; vlokken voor op de boterham*: broodbeleg dat bestaat uit lichte platte stukjes chocola.

**vlon·der** (de ~(m.); -s) losse houten vloer, bijv. op een balkon.

**vlood** → vlieden.

**vloog** → vliegen.

**vlooi·en** (vlooide, heeft gevlooid) *een dier, bijv. een hond, vlooien*: de vlooien* bij hem weghalen.

**vloot** (de ~; vloten) groep schepen die bij elkaar horen ♦ *vissersvloot.*

**vlot**[1] (het ~; -ten) geheel van aan elkaar gebonden planken of balken dat op het water blijft drijven.

**vlot**[2] (bijv. nw.) 1 snel of gemakkelijk verlopend ♦ *vlotte betaling; een vlotte prater* 2 (van personen): gemakkelijk in de omgang 3 (van kleding): die leuk staat en modern is ♦ *een vlotte jurk* ▼ *een schip vlot trekken*: zo trekken dat het niet meer vastzit.

**vlot·ten** (vlotte, heeft gevlot) vlot[2]* (bet.1) verlopen of opschieten ♦ *het werk wil niet vlotten.*

**vlot·ter** (de ~(m.); -s) voorwerp dat drijft in een bak met water, bijv. de stortbak van de wc, en dat de hoogte van het water regelt.

**vlucht** (de ~; -en) 1 het vluchten* ♦ *op de vlucht slaan*: (uitdr.) vluchten; *een vlucht uit de werkelijkheid*: (uitdr.) een poging om de werkelijkheid te vergeten 2 het vliegen* (bet.1 of 2) ♦ *de vogel werd in zijn vlucht neergeschoten; de volgende vlucht naar Amerika is om tien uur; een hoge vlucht nemen*: (uitdr.) zich goed ontwikkelen; *de handel in dit land heeft een hoge vlucht genomen* 3 groep vogels die samen vliegen ♦ *een vlucht eenden.*

**vluch·te·ling** (de ~(m.); -en), vrouw: **vluch·te·lin·ge** (de ~(v.); -s of -n) iemand die op de vlucht* (bet.1) is.

**vluch·ten** (vluchtte, is gevlucht) *voor iemand of iets, bijv. gevaar, vluchten*: snel weggaan om iemand of iets te ontkomen ♦ *de soldaten vluchten voor de vijand; zij vlucht uit het brandende huis; hij vlucht in het verleden*: (uitdr.) hij probeert het heden te vergeten door alleen aan vroeger te denken.

**vlucht·heu·vel** (de ~(m.); -s) stukje stoep midden op een straat waar je wacht tot je veilig kunt oversteken.

**vluch·tig** (bijv. nw.) 1 snel en oppervlakkig ♦ *vluchtig een boek doorkijken* 2 (van vloeistoffen): snel verdampend ♦ *spiritus is een vluchtige stof.*

**vlucht·mis·drijf** (het ~; -misdrijven) (in België) het doorrijden nadat je een ongeluk veroorzaakt hebt.

**vlucht·strook** (de ~; -stroken) rijstrook langs een snelweg waarnaar je kunt uitwijken, bijv. bij pech.

**vlug** (bijv. nw.) snel, het tegenovergestelde van 'langzaam' ◆ hij loopt *vlug* naar buiten; *een vlugge beweging; iemand te vlug af zijn*:(uitdr.) iets net even eerder doen dan iemand anders; *vlug van begrip zijn*:(uitdr.) iets snel begrijpen; *zo vlug als water zijn*:(uitdr.) heel vlug zijn.

**vlug·schrift** (het ~; -en) korte tekst waarin meestal fel tegen iets wordt geprotesteerd en die onder veel mensen wordt verspreid ⇒ *pamflet*.

**vlug·zout** (het ~) zout dat gebruikt wordt om mensen die zijn flauwgevallen, bij te brengen.

**v.m.** (afkorting) *voormiddag* ⇒ *a.m.*.

**VN** (zelfst. nw.; meervoud) *Verenigde Naties*; dit is een organisatie die de vrede en samenwerking tussen de aangesloten landen wil bevorderen.

**vnl.** (afkorting) *voornamelijk*.

**VNO** (het ~) *Verbond van Nederlandse Ondernemingen*; dit is een organisatie van werkgevers.

**VOC** (de ~ (v.)) *Verenigde Oost-Indische Compagnie*; dit was een handelsmaatschappij tussen Nederland en Indië in de zeventiende eeuw.

**vo·caal¹** (de ~; vocalen)(taal) klinker (bet.1).

**vo·caal²** (bijv. nw.) te maken hebbend met je stem ◆ *vocale* muziek: zang.

**vo·ca·bu·lai·re** [vookaːbuːlɛːr(e)](het ~; -s) alle woorden van een taal of alle woorden die je kent ⇒ *woordenschat* ◆ *zijn vocabulaire is niet groot.*

**vo·ca·list** (de ~(m.); -en), vrouw: **vo·ca·lis·te** (de ~(v.); -n of -s) zanger.

**vocht¹** (het ~; -en) vloeistof ◆ *het vocht in je lichaam; er zit vocht in de muur*: waterdamp.

**vocht²** → vechten.

**voch·ten** → vechten.

**voch·tig** (bijv. nw.) een beetje nat ◆ *een vochtige doek; een vochtige kamer*: een kamer met veel waterdamp in de lucht (door slechte ventilatie) of met muren die vocht doorlaten.

**vod** (de ~ of het ~; -den) **1** oude doek ⇒ *lomp, lor* ◆ *die jurk is een vod* **2** (in België □) doek, stofdoek, vaatdoek ▼ *iemand achter zijn of haar vodden zitten*: iemand aansporen om op te schieten.

**vod·ka** → wodka.

**voe·den** (voedde, heeft gevoed) *een mens of een dier voeden: een mens of een dier voedsel* geven ◆ *zij heeft drie kinderen te voeden; Elske voedt de baby zelf*: ze geeft hem borstvoeding; *die stamppot voedt goed*:(uitdr.) daar zitten veel voedzame stoffen in; *dat voedt zijn haat*: (uitdr.) dat maakt zijn haat groter; *de klok wordt door batterijen gevoed*:(uitdr.) de klok krijgt daar stroom uit.

**voe·de·ren** (voederde, heeft gevoederd) *een dier voederen: het voedsel* geven ⇒ *voeren*.

**voe·ding** (de ~(v.)) voedsel en drank.

**voe·dings·stof** (de ~(m.); -fen) stof die je lichaam energie geeft, zoals eiwit en vet.

**voed·sel** (het ~) eten ◆ *we hebben voedsel voor drie dagen bij ons.*

**voed·ster** (de ~(v.); -s) vrouw die een kind van een andere vrouw borstvoeding geeft ⇒ *min*.

**voed·zaam** (bijv. nw.) met veel voedingsstoffen erin, goed voedend* ◆ *bruinbrood is voedzaam.*

**voeg** (de ~; -en) kier tussen twee stenen, planken enz. ◆ *hij smeert de voegen tussen de tegels dicht; uit zijn voegen zijn*:(van ramen, deuren enz.) scheef, niet meer goed op zijn plaats zijn; *het gebouw kraakt in zijn voegen*:(uitdr.) het is oud en bouwvallig.

**voe·ge** (zelfst. nw.) ▼ *in dier voege dat ...*:(deftig) zodanig dat ..., op die wijze dat ...; *in voege zijn*:(in België □) in gebruik zijn; ook: van kracht zijn.

**voe·gen** (voegde, heeft gevoegd) **1** *iets ergens bij voegen:*

iets ergens mee verenigen, iets ergens bij doen ◆ *hij voegt een kopie van zijn diploma bij de brief* **2** *je bij een groep voegen*: daar deel van uit gaan maken **3** *een muur of tegels voegen*: de voegen* tussen de stenen of tegels opvullen met specie **4** *je naar iemand of iets voegen*: je aan iemand of iets aanpassen ⇒ *schikken* ◆ *hij voegt zich naar de wensen van zijn vrouw.*

**voeg·woord** (het ~; -en)(taal) woord dat twee zinnen of delen van een zin aan elkaar voegt, bijv. 'omdat' of 'en'.

**voeg·zaam** (bijv. nw.)(ouderwets) passend ◆ *een voegzaam antwoord.*

**voe·len** (voelde, heeft gevoeld) **1** *iets voelen*: iets met je gevoel*, met je tastzin waarnemen ◆ *pijn voelen; ze voelt de koele hand op haar voorhoofd; hij is in zak of zijn portemonnee er nog in zit*: hij onderzoekt het door te tasten; *voel je wat ik bedoel?*:(uitdr.) begrijp je wat ik bedoel? **2** *iets voelen*: iets gewaarworden, iets ondervinden ◆ *je ziek voelen; je ergens thuis voelen* **3** een bepaalde gewaarwording geven, aanvoelen ◆ *die stof voelt heel zacht* ▼ *ergens veel voor voelen*: iets een aantrekkelijk idee vinden.

**voel·hoorn** (de ~(m.); -s) voelspriet ◆ *je voelhoorns uitsteken*:(uitdr.) voorzichtig proberen te weten te komen wat de moeilijkheden zijn.

**voe·ling** (zelfst. nw.) ▼ *voeling houden met iemand of iets*: met iemand of iets contact houden om op de hoogte te blijven.

**voel·spriet** (de ~(m.); -en) spriet op de kop van bepaalde dieren, bijv. vlinders, waarmee ze voelen ⇒ *voelhoorn, antenne*.

**voer¹** (het ~) voedsel voor dieren.

**voer²** → varen.

**voe·ren¹** (voerde, heeft gevoerd) **1** *dieren voeren: ze voer* geven ⇒ *voederen* ◆ *iemand voeren*:(uitdr.) dingen tegen iemand zeggen waarvan je weet dat hij of zij er heftig op zal reageren; *iemand dronken voeren*:(uitdr.) iemand zoveel alcohol te drinken geven dat hij of zij dronken wordt **2** *iemand of iets in een bepaalde richting voeren*: aangeven welke kant iemand of iets op moet, iemand of iets sturen ⇒ *leiden* ◆ *de agenten voerden de gevangene naar zijn cel* **3** in een bepaalde richting gaan ⇒ *leiden* ◆ *deze weg voert naar het bos; dat voert te ver*: (uitdr.) dat gaat te ver, dan dwalen we te veel van het onderwerp af **4** *het bevel, een proces, oorlog enz. voeren*: het bevel hebben, een proces houden, in oorlog zijn enz. **5** *wapens, zeilen, een vlag voeren*: die dragen ◆ *het schip voert de Nederlandse vlag; een titel voeren*: je daarmee aan laten spreken **6** *een kledingstuk voeren*: er een voering* in maken ◆ *een gevoerde rok.*

**voe·ren²** → varen.

**voe·ring** (de ~(v.); -en) extra laag stof aan de binnenkant van een kledingstuk.

**voer·taal** (de ~; -talen) taal waarin gesproken en geschreven wordt ◆ *bij die besprekingen is Frans de voertaal.*

**voer·tuig** (het ~; -en) toestel dat personen of goederen over land vervoert, bijv. een auto.

**voet** (de ~(m.); -en) **1** deel van je lichaam onder aan je been, waarop je staat en loopt, en dat vijf tenen heeft ◆ *je moet je voeten goed optillen als je loopt; voeten vegen!; voetje voor voetje lopen*:(uitdr.) heel langzaam lopen; *te voet*:(uitdr.) lopend; *voet aan wal zetten*:(uitdr.) van boord gaan; *onder de voet gelopen worden*:(uitdr.) verdrukt worden door een menigte; *voet bij stuk houden*:(uitdr.) niet toegeven; *op staande voet*:(uitdr.) meteen, onmiddellijk; *ergens vaste voet krijgen*:(uitdr.) je ergens een plaats veroveren; *iemand of iets op de voet vol-*

gen: (uitdr.) iemand of iets van heel dichtbij volgen; *iemand voor de* **voeten** *lopen*: (uitdr.) iemand in de weg lopen; *iemand iets voor de* **voeten** *gooien*: (uitdr.) iemand iets verwijten; *iemand op vrije* **voeten** *stellen*: (uitdr.) iemand vrijlaten; *je uit de* **voeten** *maken*: (uitdr.) vluchten; *dat is hem ten* **voeten** *uit*: (uitdr.) zo is hij precies; *ergens mee uit de* **voeten** *kunnen*: (uitdr.) ergens mee overweg kunnen, weten wat je ergens mee moet doen; *heel wat* **voeten** *in de aarde hebben*: (uitdr.) veel moeite kosten; *aan iemands* **voeten** *liggen*: (uitdr.) iemand vereren; *een wet, een regel met* **voeten** *treden*: (uitdr.) je er niet aan houden; *met iemand op goede* **voet** *staan*: (uitdr.) vriendschappelijk met iemand omgaan; *op* **voet** *van gelijkheid*: (uitdr.) als twee gelijken; *op grote* **voet** *leven*: (uitdr.) veel geld uitgeven; *iets op de oude* **voet** *voortzetten*: (uitdr.) op de vroegere manier; *een wit* **voetje** *bij iemand halen*: (uitdr.) bij iemand in de gunst komen; *met iemands* **voeten** *spelen*: (in België □; uitdr.; populair) iemand voor de gek houden; *het hangt mijn* **voeten** *uit*: (in België □; uitdr.; populair) ik heb er genoeg van, ik ben het beu; *er zijn* **voeten** *aan vegen*: (in België □; uitdr.; populair) er niets om geven, er zijn best niet voor doen; *ergens met de vuile* **voeten** *door gaan*: (in België □; uitdr.; populair) hardhandig te werk gaan ▼ *alle vijf* **voeten**: (in België □; populair) ieder ogenblik, om de haverklap.

**voet·an·gel** (zelfst. nw.) ▼ *voetangels en klemmen*: verborgen moeilijkheden of gevaren.

**voet·bal** (zelfst. nw.) **1** (het ~) sport die wordt gespeeld door twee groepen van elf spelers, die proberen de bal in het doel van de tegenstander te schoppen of te koppen **2** (de ~ (m.); -len) bal die bij die sport wordt gebruikt.

**voet·bal·knie** (de ~; -knieën) knie waarvan het gewricht beschadigd is, vooral een knie waarvan de meniscus gescheurd is (deze beschadiging komt vaak bij voetballers voor) (kijk ook bij: **meniscus**).

**voet·gan·ger** (de ~(m.); -s) iemand die lopend deelneemt aan het verkeer.

**voet·licht** (het ~; -en) lamp die vóór op het toneel van onderaf de acteurs belicht ♦ *voor het* **voetlicht** *komen*: (uitdr.) je aan een grote groep mensen vertonen; *iets voor het* **voetlicht** *brengen*: (uitdr.) in het openbaar over iets spreken.

**voet·noot** (de ~; -noten) noot (bet.3) onder aan een bladzijde.

**voet·pad** (het ~; -en) **1** pad voor voetgangers **2** trottoir.

**voet·spoor** (zelfst. nw.) ▼ *in de* **voetsporen** *van iemand treden*: iemands voorbeeld volgen; *in het* **voetspoor** *van iemand*: naar iemands voorbeeld.

**voet·stap** (de ~(m.); -pen) indruk van een stap, spoor ♦ **voetstappen** *in de sneeuw*.

**voet·stap·pen** (zelfst. nw.; meervoud) geluid van iemand die loopt ♦ *hij hoort* **voetstappen** *op de gang*.

**voet·stoots** (bijw.) ▼ *iets* **voetstoots** *aannemen*: iets geloven zonder het eerst te onderzoeken.

**voet·stuk** (het ~; -ken) verhoging waarop een standbeeld, een zuil enz. staat ⇒ *sokkel* ♦ *iemand op een* **voetstuk** *plaatsen*: (uitdr.) iemand bewonderen, tegen iemand opkijken; *iemand van zijn of haar* **voetstuk** *stoten*: (uitdr.) ervoor zorgen dat iemand niet meer bewonderd wordt.

**voet·val** (zelfst. nw.) ▼ *een* **voetval** *voor iemand doen*: iemand om genade smeken.

**voet·veeg** (zelfst. nw.) ▼ *iemand als een* **voetveeg** *behandelen*: iemand van alles laten verduren.

**voet·zoe·ker** (de ~(m.); -s) vuurwerk dat laag over de grond schiet als je het afsteekt.

**vo·gel** (de ~(m.); -s) **1** dier met vleugels, twee poten en een snavel dat zich voortplant door eieren ♦ *een zang-* **vogel**; *de* **vogel** *is gevlogen*: (uitdr.) degene die je moet hebben, is ervandoor; **vogels** *van diverse pluimage*: (uitdr.) heel verschillende mensen; *zo vrij als een* **vogeltje** *(in de lucht)*: (uitdr.) helemaal vrij; *dat is een* **vogel** *voor de kat*: (in België □; uitdr.) (gezegd van iemand die niet lang meer zal leven); *elk* **vogeltje** *zingt zoals het gebekt is*: (spreekwoord) iedereen praat en doet zoals hij is; *beter één* **vogel** *in de hand dan tien in de lucht*: (spreekwoord) je kunt beter tevreden zijn met het beetje dat je hebt dan verlangen naar al het moois dat je misschien nooit zult krijgen **2** (populair) persoon ⇒ *figuur, snuiter* ♦ *een vreemde* **vogel**.

**vo·gel·pik** (de ~(m.)) (in België □) darts.

**vo·gel·ver·schrik·ker** (de ~(m.); -s) pop die op een mens lijkt en die gebruikt wordt om in een boomgaard of op een stuk land vogels af te schrikken.

**vo·gel·vlucht** (zelfst. nw.) ▼ *iets in* **vogelvlucht** *behandelen*: een kort overzicht van iets geven.

**vo·gel·vrij** (bijv. nw.) gezegd van iemand die niet meer door de wet wordt beschermd, en die door iedereen vervolgd mag worden ♦ *iemand* **vogelvrij** *verklaren*.

**voi·le** (Frans) [vwaːlə] (de ~(m.); -s) dunne sluier die aan een dameshoed hangt, om het gezicht te bedekken ♦ *op de begrafenis droeg zij een zwarte* **voile**.

**vo·kaal** → vocaal.

**vol** (bijv. nw.) **1** zoveel van iets bevattend, dat er niets of bijna niets meer bij kan, het tegenovergestelde van 'leeg' ♦ *een* **vol** *glas*; *je moet niet met* **volle** *mond praten*; *de tafel ligt* **vol** *papieren*; *een* **volle** *zaal*: met op alle plaatsen mensen; *ten* **volle**: (uitdr.) geheel en al, volkomen **2** *vol zijn van iets of iemand*: de hele tijd opgewonden aan iets of iemand denken of over iets of iemand praten **3** gezegd van iets waaraan niets ontbreekt ♦ *hij ging met zijn* **volle** *gewicht op haar teen staan*; *zij wacht al een* **vol** *uur*; **vol** *gas geven*: het gaspedaal helemaal indrukken; **volle** *maan*: die helemaal rond is; **volle** *melk*: melk waar geen of heel weinig room uit is gehaald ▼ *in* **volle** *ernst*: heel ernstig; *de boom staat in* **volle** *bloei*: de bloei is op z'n hoogtepunt; *iemand voor* **vol** *aanzien*: iemand serieus nemen.

**vol·bloed** (de ~(m.); -en) paard van een zuiver ras.

**vol·bren·gen** (volbracht, heeft volbracht) *iets, bijv. een taak, volbrengen*: iets helemaal uitvoeren ⇒ *volvoeren*.

**vol·daan** (bijv. nw.) tevreden.

**vol·doen** (voldeed, heeft voldaan) **1** *een rekening voldoen*: hem betalen **2** *ergens aan voldoen*: aan iets beantwoorden, iets vervullen ♦ *aan de eisen* **voldoen**; *het nieuwe boek* **voldoet** *niet aan mijn verwachtingen*; *de nieuwe verkoper* **voldoet** *niet*: hij doet zijn werk niet goed genoeg.

**vol·doen·de¹** (de ~ of het ~; -s of -n) cijfer dat gelijk is aan of hoger is dan een zes, dat je krijgt voor een proefwerk, een examen enz..

**vol·doen·de²** (onbep. vnw.) genoeg, toereikend ♦ *dat antwoord is* **voldoende**; *er is* **voldoende** *ruimte om te zitten*.

**vol·doe·ning** (de ~(v.)) het voldaan* zijn ⇒ *tevredenheid* ♦ *dat werk geeft hem* **voldoening**.

**vol·don·gen** (bijv. nw.) ▼ *een* **voldongen** *feit*: iets dat niet meer te veranderen is.

**vol·ge·ling** (de ~(m.); -en), vrouw: **vol·ge·lin·ge** (de ~(v.); -n of -s) iemand die de ideeën van een persoon aanhangt ⇒ *leerling, aanhanger* ♦ *de* **volgelingen** *van Jezus*.

**vol·gen** (volgde) **1** (heeft of is gevolgd) *iemand of iets volgen*: achter iemand of iets aan gaan, dezelfde weg nemen ♦ *zij* **volgt** *hem naar de tuin*; *de pijlen* **volgen**: gaan in de richting die ze aanwijzen; *de weg* **volgen**: erlangs of erop blijven lopen of rijden; *je hart* **volgen**:(uitdr.) *je door je gevoel laten leiden*; *de leerling kan niet* **volgen**: (in België □) *hij raakt achterop* **2** (heeft gevolgd) *iets volgen*: aandacht aan iets geven en het begrijpen ◆ *ze kan het gesprek goed* **volgen**; *ik kan je niet* **volgen**: ik begrijp niet wat je zegt **3** (is gevolgd) *op iets volgen*: na iets komen ◆ *op de dag* **volgt** *de nacht*; *hij antwoordde als* **volgt**: ...; *nader bericht* **volgt**: dat komt nog **4** (is gevolgd) *ergens uit volgen*: ergens logisch uit voortvloeien ◆ *Alex is groter dan Heleen*; *Heleen is groter dan Jeroen*; *hieruit* **volgt** *dat Alex groter is dan Jeroen* **5** (heeft gevolgd) *een cursus, een opleiding volgen*: daaraan geregeld deelnemen.

**vol·gend** (bijv. nw.) gezegd van dat wat of degene die volgt* (bet.3) ◆ **volgend** *jaar*; **volgende** *klant!*

**vol·gens** (voorz.) **1** zoals iemand of iets zegt ◆ **volgens** *het weerbericht blijft het morgen droog*; **volgens** *mij zijn we te laat*: ik denk dat we te laat zijn **2** kloppend met ⇒ *overeenkomstig, conform* ◆ *alles liep* **volgens** *plan*.

**volg·or·de** (de ~; -n of -s) orde waarin dingen op een bepaalde manier op elkaar volgen (bet.3) ◆ *de namen staan in alfabetische* **volgorde**; *de klanten worden in* **volgorde** *van binnenkomst geholpen*.

**volg·zaam** (bijv. nw.) gezegd van iemand die gauw bevelen of aanwijzingen van een ander opvolgt ⇒ *gedwee*.

**vol·har·den** (volhardde, heeft volhard) *ergens in volharden*: ondanks problemen of kritiek met iets doorgaan, iets standvastig blijven volhouden ◆ *hij* **volhardt** *in zijn mening dat hij goed gehandeld heeft*: dat blijft hij denken.

**vol·hou·den** (hield vol, heeft volgehouden) **1** *iets volhouden*: niet met iets ophouden, met iets doorgaan ◆ *hij* **houdt** *dat tempo uren* **vol 2** *iets volhouden*: iets blijven beweren ◆ *hij* **houdt vol** *dat hij onschuldig is*.

**vo·liè·re** [voljɛrə](de ~; -s) grote vogelkooi.

**volk** (het ~) **1** (-en of -eren) grote groep mensen die samen in een land wonen en die dezelfde taal, gewoonten en geschiedenis hebben ◆ *het Engelse* **volk 2** groep mensen, menigte ◆ *er was veel* **volk** *op de been*; *kerkvolk*: mensen die naar de kerk gaan; *het gewone* **volk**: de gewone mensen, de massa ▼ **volk**!: (dit roep je als je een huis binnenkomt, om aan te geven dat er bezoek is).

**vol·ko·men** (bijw.) helemaal, geheel ⇒ *volledig, volslagen, volstrekt* ◆ *hij heeft* **volkomen** *gelijk*.

**volkoren-** met hele graankorrels erin, die grof gemalen zijn ◆ **volkoren**brood.

**volks** (bijv. nw.) horend bij het gewone volk* (bet.2) ◆ *een* **volkse** *buurt*.

**volks·dan·sen** (ww.) dansen uitvoeren die uit een bepaald land of uit een bepaalde streek komen, waarbij vaak bijpassende kostuums gedragen worden.

**volks·mond** (zelfst. nw.) ▼ *in de* **volksmond**: in gewone spreektaal; *'stelen' wordt in de* **volksmond** *ook wel 'jatten' genoemd*.

**volks·stam** (de ~(m.); -men) groep mensen die een primitieve samenleving vormen met eigen gewoonten en vaak een eigen taal ◆ *hele* **volksstammen**:(uitdr.) heel veel mensen; *er kwamen hele* **volksstammen** *naar de opening van de winkel*.

**volks·tuin** (de ~(m.); -en) stukje grond dat je huurt om er groenten op te verbouwen, en dat op een terrein met meerdere van die stukjes grond ligt.

**volks·ver·te·gen·woor·di·ger** (de ~(m.); -s) in Nederland: lid van het parlement, in België: een door het volk gekozen kamerlid.

**volks·ver·te·gen·woor·di·ging** (de ~(v.); -en) groep bestuurders die via verkiezingen door het volk (bet.1) is afgevaardigd om samen met de regering het land te be-

sturen (in Nederland de Eerste en Tweede Kamer) ⇒ *parlement*.

**vol·le·dig** (bijv. nw.) gezegd van iets waaraan niets ontbreekt ⇒ *compleet, totaal* ◆ *een* **volledig** *spel kaarten*; *een* **volledige** *baan*: waarbij je vijf dagen in de week de hele dag werkt; *het huis is* **volledig** *afgebrand*: het is helemaal afgebrand.

**vol·leerd** (bijv. nw.) gezegd van iemand die alles geleerd heeft wat over iets te leren valt ◆ *hij is een* **volleerd** *elektricien*.

**vol·ley·bal** [vɔliebal](het ~) balsport waarbij aan elke kant van een net zes spelers staan die proberen de bal over het net bij de tegenstanders op de grond te slaan.

**vol·maakt** (bijv. nw.) gezegd van iets waaraan je niets kunt verbeteren ⇒ *perfect* ◆ *dat schilderij is* **volmaakt**; *ze zijn* **volmaakt** *gelukkig*.

**vol·macht** (de ~; -en) afspraak waarbij je een ander opdracht geeft iets in jouw naam te regelen ⇒ *mandaat*.

**vol·mon·dig** (bijv. nw.) niet terughoudend, ronduit ◆ *iets* **volmondig** *beamen*.

**vo·lon·tair** [voːlɔntɛːr](de ~(m.); -s), vrouw: **vo·lon·tai·re** (de ~(v.); -s of -n) vrijwilliger.

**vol·op** (bijw.) in overvloed, zoveel je wilt ◆ *in de zomer zijn daar* **volop** *kersen te krijgen*.

**vol·sla·gen** (bijv. nw.) geheel en al ⇒ *compleet, volkomen* ◆ **volslagen** *onzin*.

**vol·staan** (volstond, heeft volstaan) **1** *ergens mee volstaan*: niet méér doen, je ergens toe beperken ◆ *hij* **volstond** *met een korte groet*; *als het zo koud is, kun je niet* **volstaan** *met een dunne jas*: dan heb je daar niet genoeg aan **2** voldoende zijn ◆ *dat* **volstaat** *niet*.

**vol·strekt** (bijv. nw.) absoluut ⇒ *volkomen, volledig, volslagen* ◆ *dat is* **volstrekt** *onduidelijk*.

**volt** (de ~(m.); -s) eenheid waarin elektrische spanning wordt uitgedrukt ◆ *op een stopcontact staat een spanning van 220* **volt**.

**vol·ta·ge** [vɔltaːzjə](de ~(v.) of het ~; -s) elektrische spanning uitgedrukt in volts* ◆ *een* **voltage** *van 220 volt*.

**vol·tal·lig** (bijv. nw.) compleet in aantal ◆ *het* **voltallige** *bestuur was aanwezig*.

**vol·ti·ge** [vɔltiːzjə](de ~; -s) het springen en kunsten maken op een galopperend paard.

**vol·tooi·en** (voltooide, heeft voltooid) *iets voltooien*: iets helemaal afmaken.

**vol·tref·fer** (de ~(m.); -s) kogel of bom die precies zijn doel treft ◆ *het schot van die voetballer was een* **voltreffer**:(uitdr.) hij schoot de bal precies in het doel.

**vol·trek·ken** (voltrok, heeft voltrokken) **1** *een huwelijk of een vonnis voltrekken*: ervoor zorgen dat het plaatsvindt, het uitvoeren **2** *zich voltrekken*: gebeuren, plaatsvinden ◆ *er* **voltrok** *zich een ramp*.

**vol·uit** [ook: voluit](bijw.) zonder afkorting, volledig ◆ *je moet je naam* **voluit** *opschrijven*.

**vo·lu·me** (het ~; -n of -s) **1** inhoud, grootte van de ruimte van iets ◆ *een bak met een klein* **volume**: waar weinig in kan **2** sterkte van geluid ◆ *de zangeres heeft een groot stemvolume*.

**vo·lu·mi·neus** (bijv. nw.) met een groot volume* (bet.1) ⇒ *omvangrijk* ◆ *een* **volumineus** *boek*.

**vol·waar·dig** (bijv. nw.) de volle waarde* (bet.2) hebbend, zonder gebreken ◆ *een* **volwaardige** *maaltijd*: een maaltijd die alle stoffen bevat die je lichaam nodig heeft; *hun kind is geestelijk niet* **volwaardig**: het is geestelijk niet helemaal gezond.

**vol·was·sen** (bijv. nw.) lichamelijk en geestelijk volgroeid.

**vol·was·se·ne** (de ~; -n) iemand die volwassen* is.

**vol·zet** (bijv. nw.) (in België □) vol, helemaal bezet ◆ *met Pasen waren alle hotels aan zee volzet.*

**vol·zin** (de ~ (m.); -nen) lange, goed geordende zin ◆ *de redenaar sprak in prachtige volzinnen.*

**vo·me·ren** (vomeerde, heeft gevomeerd) (deftig) overgeven ⇒ braken.

**v.o.n.** (afkorting) (in Nederland) *v*rij *o*p *n*aam (dat wil zeggen dat de verkoper de overdrachtsbelasting betaalt) ◆ *het huis kost ƒ 80.000,- v.o.n..*

**vond** → vinden.

**von·de·ling** (de ~ (m.); -en), vrouw: **von·de·lin·ge** (de ~ (v.); -n of -s) baby die ergens is neergelegd en die door anderen is gevonden en meegenomen ◆ *een baby te vondeling leggen.*

**von·den** → vinden.

**vondst** (de ~ (v.); -en) iets dat je gevonden* (bet.1 en 2) of bedacht hebt ◆ *bij de inval deed de politie een grote vondst; wat een vondst om dat zo op te lossen!*

**vonk** (de ~; -en) stukje brandend of gloeiend materiaal dat afspringt van iets dat brandt ◆ *de vonk sloeg over:* (uitdr.) anderen werden ook enthousiast.

**von·nis** (het ~; -sen) uitspraak van een rechter waarin hij of zij beslist of iemand straf krijgt, en zo ja, wat voor een straf ◆ *een vonnis vellen; zijn doodvonnis is getekend:* (uitdr.) hij gaat dood.

**VOO** (de ~ (v.)) *V*eronica *O*mroep *O*rganisatie; dit is een omroep in Nederland.

**voo·doo** [vœdœ] (de ~) geheel van magische en godsdienstige handelingen en gebruiken van de negers in Haïti en in het zuiden van de Verenigde Staten ◆ *een voodoopriester.*

**voogd** (de ~ (m.); -en), vrouw: **voog·des** (de ~ (v.); -sen) iemand die de voogdij* heeft over een minderjarig kind.

**voog·dij** (de ~ (v.)) verantwoordelijkheid voor een minderjarig kind, vaak in plaats van de ouders.

**voor¹, vo·re** (de ~; voren) groef die met een ploeg in de grond gemaakt is ◆ *diepe voren trekken.*

**voor²** (bijw.) **1** aan de voorkant, het tegenovergestelde van 'achter' ◆ *hij heeft een schort voor; de auto staat voor:* hij staat voor het huis **2** (woordje om aan te geven dat je het ergens mee eens bent, het tegenovergestelde van 'tegen') ◆ *hij is er niet voor* **3** (woordje om aan te geven dat iemand beter of verder is dan anderen, het tegenovergestelde van 'achter') ◆ *hij staat vier punten voor* **4** aan het begin van ◆ *we moeten dat vóór in het jaar regelen* ▼ *iets vóór zijn:* iets nog net voorkomen; *iemand vóór zijn:* iets net even eerder doen dan iemand anders; *het was Peter voor en Peter na:* er werd de hele tijd alleen maar lovend over Peter gepraat.

**voor³** (voorz.) **1** aan de voorkant van, het tegenovergestelde van 'achter' ◆ *de auto staat voor het huis; kijk vóór je:* kijk recht vooruit **2** eerder dan, het tegenovergestelde van 'na' ◆ *ik was voor jou aan de beurt* **3** (om aan te geven wie iets krijgt) ◆ *dit heb ik voor jou bewaard; dat is niets voor mij:* dat vind ik helemaal niet leuk **4** (om aan te geven welk doel iets heeft) ◆ *een appel voor onderweg* **5** in plaats van ◆ *een kwartje voor de moeite; tien stuks voor één gulden* **6** (geeft aan dat je voorstander bent, het tegenovergestelde van 'tegen') ◆ *ik ben voor Feyenoord* **7** (in verschillende vaste combinaties van woorden) ◆ *ben jij bang voor muizen?; voor één keertje dan: alleen deze ene keer; wat is dat voor beest?: van welke soort is dat beest?*

**voor⁴** (voegw.) voordat ◆ *voor je het weet is de dag weer om.*

**voor·aan·staand** (bijv. nw.) belangrijk, invloedrijk ◆ *een vooraanstaand econoom.*

**voor·af** (bijw.) van tevoren, voor iets anders ◆ *we eten soep vooraf; het koor wil vooraf even oefenen.*

**voor·af·je** (het ~; -s) voorgerecht.

**voor·al** (bijw.) in de eerste plaats, in het bijzonder ⇒ voornamelijk, hoofdzakelijk, bovenal ◆ *het feest is vooral voor oma bedoeld; let vooral op de mooie kleuren.*

**voor·als·nog** (bijw.) voorlopig ◆ *vooralsnog kun je dit boek gebruiken.*

**voor·avond** (de ~ (m.)) **1** eerste gedeelte van de avond ▼ *aan de vooravond van iets staan:* je bevinden in een tijd die aan iets belangrijks voorafgaat; *wij staan aan de vooravond van een grote verandering.*

**voor·baat** (zelfst. nw.) ▼ *bij voorbaat:* van tevoren, alvast; *bij voorbaat dank:* (dit zeg je tegen of schrijf je aan iemand die je bedankt voor iets dat hij of zij voor jou gaat doen).

**voor·ba·rig** (bijv. nw.) op de gebeurtenissen vooruitlopend, te vroeg ◆ *een voorbarige conclusie.*

**voor·be·de** (de ~; -n) gebed waarbij je hardop voor anderen bidt.

**voor·beeld** (het ~; -en) **1** iemand die je nadoet of iets dat je namaakt ◆ *hij tekent een boom met een steen als voorbeeld; zijn vader is voor hem een voorbeeld; voorbeeld aan iemand nemen:* iemand navolgen, proberen net zo te doen als iemand anders; *het goede voorbeeld geven:* laten zien hoe het moet **2** iets dat je aanvoert om iets beter uit te leggen ◆ *in dit woordenboek staan bij veel woorden voorbeelden van het gebruik ervan.*

**voor·beel·dig** (bijv. nw.) zo goed dat het als voorbeeld* (bet.1) kan dienen ◆ *voorbeeldig gedrag.*

**voor·be·hoed·mid·del** (het ~; -en) middel dat een man of een vrouw gebruikt om te voorkomen dat bij geslachtsgemeenschap de vrouw in verwachting raakt, bijv. een condoom of de pil.

**voor·be·houd** (het ~) voorwaarde, beperking ⇒ reserve ◆ *een voorbehoud maken; ik beloof het je zonder voorbehoud:* zonder meer, zeker; *iets onder voorbehoud afspreken:* (uitdr.) iets afspreken terwijl je erbij zegt dat er nog iets tussen kan komen.

**voor·be·hou·den** (behield voor, heeft voorbehouden) **1** iets aan iemand voorbehouden: voor iemand bestemmen ◆ *die eer was hem voorbehouden* **2** je het recht voorbehouden om ...: het als je recht beschouwen om ... ◆ *ik behoud me het recht voor om vragen te stellen* ▼ *uitzonderingen voorbehouden:* uitzonderingen zijn mogelijk; *prijswijzigingen voorbehouden:* de prijzen kunnen veranderen.

**voor·be·rei·den** (bereidde voor, heeft voorbereid) **1** iets voorbereiden: alles dat voor iets nodig is klaarmaken of regelen ◆ *het feest is goed voorbereid* **2** je voorbereiden voor iets of op iets: ervoor zorgen dat je iets kunt doen, dat je ergens klaar voor bent ◆ *je voorbereiden voor een examen; we bereidden ons voor op de lange reis* **3** iemand ergens op voorbereiden: iemand duidelijk maken wat hij of zij kan verwachten, waar hij of zij rekening mee moet houden ◆ *ze is op het ergste voorbereid.*

**voor·be·rei·ding** (de ~ (v.); -en) het voorbereiden* (bet.1) of een maatregel die je neemt om iets voor te bereiden* (bet.1) ◆ *die vergadering vraagt veel voorbereiding; voorbereidingen treffen voor de komst van een gast.*

**voor·bij¹** (bijv. nw.) gezegd van iets dat geweest is ⇒ afgelopen ◆ *de voorbije jaren; de pijn is nu voorbij.*

**voor·bij²** (bijw.) verder, langs ◆ *hij rijdt de school voorbij; iemand voorbij laten; een kans voorbij laten gaan:* die niet benutten.

**voor·bij³** (voorz.) verder dan ◆ *voorbij de stoplichten moet u linksaf.*

**voor·bij·gaan** (ging voorbij, is voorbijgegaan) **1** *ergens aan voorbijgaan:* ergens geen aandacht aan schenken ▼ *in het voorbijgaan:* terloops; *ik zal het hem in het voorbijgaan eens vragen.*

**voor·bij·gan·ger** (de ~(m.); -s), vrouw: **voor·bij·gang·ster** (de ~(v.); -s) iemand die ergens voorbij komt, vooral op straat ⇒ *passant.*

**voor·bij·ge·streefd** (bijv. nw.)(in België □) achterhaald.

**voor·bo·de** (de ~(m.); -n of -s) zaak of gebeurtenis die iets aankondigt ♦ *de krokus is de voorbode van de lente.*

**voor·dat** (voegw.)(geeft aan dat een tijdstip nog niet bereikt is) ⇒ *alvorens, voor, eer, aleer* ♦ *voordat de bel ging, had iedereen zijn tas al ingepakt.*

**voor·deel** (het ~; -delen) iets waardoor je in een gunstiger positie bent of komt, het tegenovergestelde van 'nadeel' ♦ *dat heeft het voordeel dat je niet zo vroeg op hoeft te staan; de voordelen zijn groter dan de nadelen; doe uw voordeel en koop dit artikel nu voor de halve prijs; ze is in haar voordeel veranderd:* (uitdr.) ze is leuker of aardiger geworden; *iemand het voordeel van de twijfel gunnen:* (uitdr.) iets dat je niet zeker weet gunstig voor iemand opvatten.

**voor·de·lig** (bijv. nw.) voordeel* opleverend, het tegenovergestelde van 'nadelig' ♦ *een voordelige koop; dit afwasmiddel is voordeliger in het gebruik.*

**voor·deur** (de ~; -en) deur die de hoofdingang is en die meestal aan de straatkant van een huis zit.

**voor·doen** (deed voor, heeft voorgedaan) **1** *iets voordoen:* iets doen om aan anderen te laten zien hoe het moet ♦ *kijk goed, ik doe het kunstje maar één keer voor* **2** *zich voordoen:* plaatsvinden, er zijn ♦ *zo'n gelegenheid doet zich niet vaak voor* **3** *je ... voordoen, je voordoen als ...:* anderen laten geloven dat jij ... bent ♦ *hij doet zich beter voor dan hij is.*

**voor·dracht** (de ~; -en) het voordragen* (bet.1) of dat wat je voordraagt* (bet.1).

**voor·dra·gen** (droeg voor, heeft voorgedragen) **1** *iets, bijv. een gedicht, voordragen:* iets opzeggen **2** *iemand voordragen:* iemand als kandidaat voorstellen ♦ *het bestuur draagt hem voor als nieuwe voorzitter.*

**voor·gaan** (ging voor, is voorgegaan) *iemand ergens in voorgaan:* iets eerder doen dan iemand anders ♦ *voorgaan in gebed:* voorbidden.

**voor·gaan·de** (het ~; -n) **1** (in België □) precedent ▼ *een feest zonder voorgaande:* (in België □) een feest zonder weerga, een feest zoals we nooit eerder hadden meegemaakt.

**voor·gan·ger** (de ~(m.); -s), vrouw: **voor·gang·ster** (de ~(v.); -s) **1** iemand die ergens in is voorgegaan* ♦ *deze directeur doet het net zo goed als zijn voorganger* **2** iemand die een protestantse kerkdienst leidt.

**voor·ge·recht** (het ~; -en) gerecht dat je aan het begin van de maaltijd, voor het hoofdgerecht, eet.

**voor·ge·schie·de·nis** (de ~(v.)) alles wat gebeurd is voor een bepaalde gebeurtenis, bijv. voor een ruzie ♦ *als je de voorgeschiedenis kent, begrijp je waarom hij dat heeft gedaan.*

**voor·ge·slacht** (het ~; -en) voorouders.

**voor·ge·ven** (gaf voor, heeft voorgegeven) *iets voorgeven:* zeggen dat iets zo is terwijl het niet zo is ♦ *zij geeft voor hoofdpijn te hebben.*

**voor·ge·voel** (het ~; -ens) gevoel dat er iets gaat gebeuren.

**voor·goed** (bijw.) voor altijd ♦ *hij gaat voorgoed naar Australië.*

**voor·grond** (de ~(m.)) voorste gedeelte van een ruimte die je ziet ♦ *op de foto zie je op de voorgrond twee jon-*

gens staan; *op de voorgrond treden:* (uitdr.) een belangrijke rol spelen; *je op de voorgrond plaatsen:* (uitdr.) de belangrijkste willen zijn.

**voor·hand** (zelfst. nw.) ▼ *op voorhand:* van tevoren, bij voorbaat; *op voorhand kan ik daar nog niets over zeggen.*

**voor·han·den** (bijv. nw.) ▼ *voorhanden zijn:* beschikbaar of voorradig zijn; *dat boek is niet meer voorhanden.*

**voor·heb·ben** (had voor, heeft voorgehad) *iets voorhebben met iemand of iets:* iets met iemand of iets van plan zijn of willen ♦ *hij heeft het beste met zijn zoontje voor; wat heb je daarmee voor?:* wat voor plannen heb je daarmee?

**voor·heen** (bijw.) vroeger, vóór deze tijd ♦ *voorheen stond daar een oud gebouw.*

**voor·his·to·risch** (bijv. nw.) uit de prehistorie ♦ *een voorhistorische auto:* (uitdr.)(dit zeg je spottend van een oud model auto).

**voor·hoe·de** (de ~; -n of -s) voorste gedeelte van een leger of vloot of van een groep spelers, bijv. bij voetbal ♦ *de voorhoede van een politieke partij:* (uitdr.) de actiefste en belangrijkste leden.

**voor·hoofd** (het ~; -en) deel van je hoofd dat loopt van je wenkbrauwen tot aan je haar ♦ *een hoog voorhoofd.*

**voor·hou·den** (hield voor, heeft voorgehouden) *iemand iets voorhouden:* iemand op iets wijzen, iemands aandacht op iets vestigen ♦ *iemand zijn of haar slechte gedrag voorhouden; hij hield zichzelf voor dat dat het beste was om te doen.*

**voor·huid** (de ~; -en) huidplooi over de punt van de penis.

**voor·in·ge·no·men** (bijv. nw.) van tevoren al een bepaalde houding of mening over iets of iemand hebbend ⇒ *bevooroordeeld, gepreoccupeerd* ♦ *hij is vooringenomen tegen zijn nieuwe buurjongen:* hij vindt hem al onaardig voordat hij hem heeft leren kennen.

**voor·jaar** (het ~; -jaren) lente.

**voor·kant** (de ~(m.); -en) kant aan de voorzijde, het tegenovergestelde van achterkant ♦ *ons huis is aan de voorkant wit, en aan de achterkant rood.*

**voor·keur** (de ~) keus voor iets boven iets anders ♦ *hij geeft de voorkeur aan een woning buiten de stad; ze wil bij voorkeur op vrijdag vrij hebben.*

**voor·ko·men¹** (het ~) manier waarop iemand eruitziet ⇒ *uiterlijk* ♦ *een deftig voorkomen.*

**voor·ko·men²** (voorkwam, heeft voorkomen) *iets voorkomen:* ervoor zorgen dat iets niet gebeurt ♦ *ze kon het ongeluk niet voorkomen; voorkomen is beter dan genezen:* (uitdr.) je kunt er beter voor zorgen dat iets ergs niet gebeurt, dan dat je daarna de schade moet herstellen.

**voor·ko·men³** (kwam voor, is voorgekomen) **1** gebeuren of er zijn ♦ *het komt niet vaak voor dat hij ziek is; die bomen komen hier veel voor* **2** voor de rechtbank verschijnen **3** *iemand vreemd, ongeloofwaardig enz. voorkomen:* een vreemde, ongeloofwaardige enz. indruk op iemand maken ♦ *dat komt mij vreemd voor* **4** *het komt mij voor dat ...:* het lijkt mij dat ... ⇒ *toeschijnen* ♦ *het komt me voor dat ze zenuwachtig is.*

**voor·ko·mend** (bijv. nw.) vriendelijk en hulpvaardig ⇒ *attent* ♦ *een voorkomend gastheer.*

**voor·laatst** (bijv. nw.) op een na de laatste ♦ *dat staat op de voorlaatste bladzijde.*

**voor·land** (het ~) dat wat je in de toekomst te wachten staat.

**voor·let·ter** (de ~; -s) eerste letter van een voornaam ♦ *haar voorletters zijn M.J.M..*

**voor·le·zen** (las voor, heeft voorgelezen) *iemand iets voorlezen:* iets hardop voor iemand lezen.

**voor·lich·ten** (lichtte voor, heeft voorgelicht) **1** *iemand er- gens over voorlichten:* iemand informatie over iets geven **2** *iemand voorlichten:* iemand informatie geven over seksualiteit.

**voor·lich·ting** (de ~(v.)) het voorlichten* ♦ *seksuele voorlichting.*

**voor·lief·de** (de ~(v.)) liefde of voorkeur voor iets of ie- mand boven andere zaken of personen ♦ *ze heeft een voorliefde voor oude huizen.*

**voor·lijk** (bijv. nw.) gezegd van een kind dat ver ontwik- keld is voor zijn leeftijd.

**voor·lo·per** (de ~(m.); -s) iemand die een bepaalde ont- wikkeling aankondigt ♦ *Rietveld was de voorloper van de moderne architectuur.*

**voor·lo·pig¹** (bijv. nw.) gezegd van iets dat geldt voor een beperkte periode, en dat dan vervangen wordt door een definitieve oplossing ♦ *een voorlopige beslissing.*

**voor·lo·pig²** (bijw.) de eerste tijd ♦ *voorlopig moet ze in het ziekenhuis blijven.*

**voor·ma·lig** (bijv. nw.) vorig, vroeger ♦ *de voormalige ei- genaars van de woning.*

**voor·man** (de ~(m.)) **1** (-nen of voorlieden) iemand die de leiding heeft over een aantal werklieden **2** (-nen) be- langrijkste man, leider ♦ *de voormannen van een partij.*

**voor·mid·dag** (de ~(m.); -en) **1** gedeelte van de dag voor de middag, tussen negen en twaalf uur **2** eerste gedeel- te van de middag tussen twaalf en twee uur.

**voorn** (de ~(m.); -s) zoetwatervis.

**voor·naam¹** (de ~(m.); -namen) naam die aan je familie- naam voorafgaat ♦ *haar voornaam is Naima.*

**voor·naam²** (bijv. nw.) **1** belangrijk ♦ *een voorname re- den; het voornaamste is, dat zij er heelhuids afgekomen is* **2** deftig ♦ *een voorname buurt.*

**voor·naam·woord** (het ~; -en) (taal) woord dat een per- soon of een zelfstandig begrip aanduidt, zonder die persoon of dat begrip te noemen ⇒ *pronomen* ♦ *'die' is een aanwijzend voornaamwoord.*

**voor·na·me·lijk** (bijw.) vooral, voor het grootste deel ⇒ *hoofdzakelijk* ♦ *in deze straat wonen voornamelijk ou- de mensen.*

**voor·ne·men¹** (het ~; -s) dat wat je je hebt voorgeno- men* ♦ *wat zijn jouw goede voornemens voor het nieu- we jaar?*

**voor·ne·men²** (nam voor, heeft voorgenomen) *je iets voor- nemen:* met jezelf afspreken iets te doen ♦ *ze neemt zich vast voor nooit meer te roken.*

**voor·ne·mens** (bijv. nw.) ▼ *voornemens zijn iets te doen:* iets van plan zijn.

**voor·noemd** (bijv. nw.) gezegd van iets dat eerder in de tekst al genoemd is ⇒ *bovengenoemd.*

**voor·on·der** (het ~; -s) ruimte onderin en voorin een schip.

**voor·on·der·stel·ling** [ook: vooronderstelling] (de ~(v.); -en) stelling waarvan je nog niet weet of die waar is, maar die je voorlopig wel als waar beschouwt ⇒ *hypothe- se* ♦ *hij gaat uit van de vooronderstelling dat ....*

**voor·oor·deel** (het ~; -oordelen) negatief oordeel dat je over iemand of iets hebt, voordat je die persoon of die zaak hebt leren kennen.

**voor·ou·ders** (zelfst. nw.; meervoud) de mensen van wie je afstamt ⇒ *voorvaderen, voorgeslacht.*

**voor·over** (bijw.) naar voren en naar beneden ♦ *ze zit voorover gebogen.*

**voor·proef·je** (het ~; -s) gelegenheid waarbij je van te- voren iets kunt meemaken van wat later komt ♦ *op de open dag kreeg hij een voorproefje van de lessen op die school.*

**voor·raad** (de ~(m.); voorraden) hoeveelheid die voor- handen is en waar je uit kunt putten ♦ *in de winkel heb- ben ze die schoenen niet meer in voorraad; de aanbieding geldt zolang de voorraad strekt:* zolang de artikelen er nog zijn.

**voor·rang** (de ~(m.)) recht om iets te doen voordat an- deren het mogen doen ♦ *de auto van rechts heeft voor- rang:* die auto mag het eerst verder rijden; *met iemand om de voorrang strijden:* (uitdr.) proberen eerder of beter te zijn dan iemand anders.

**voor·recht** (het ~; -en) recht dat anderen niet hebben ⇒ *privilege* ♦ *ik beschouw het als een voorrecht u als eer- ste te mogen toespreken:* ik stel het zeer op prijs, ik be- schouw het als een grote eer.

**voor·rij·kos·ten** (zelfst. nw.; meervoud) bedrag dat je in elk geval moet betalen als je een monteur laat komen, los van de reparatiekosten en de onderdelen.

**voor·ron·de** (de ~; -n of -s) wedstrijd om te bepalen wie er aan een toernooi mee mogen doen ♦ *onze club werd in de voorrondes al uitgeschakeld.*

**voor·schie·ten** (schoot voor, heeft voorgeschoten) *iemand geld voorschieten:* het voor iemand betalen met de af- spraak dat hij of zij het later terugbetaalt.

**voor·schijn** ▼ *te voorschijn:* aan het licht, voor de dag, zodat iedereen het kan zien; *de goochelaar haalde uit zijn hoed een wit konijn te voorschijn.*

**voor·schoot** (de ~(m.) of het ~; voorschoten) **1** grote leren schort ♦ *een voorschoot groot:* (in België □) klein van op- pervlakte.

**voor·schot** (het ~; -ten) bedrag dat je vast krijgt, hoewel je er pas later officieel recht op hebt ♦ *een voorschot op je salaris.*

**voor·scho·te·len** (schotelde voor, heeft voorgeschoteld) *ie- mand een gerecht voorschotelen:* het iemand voorzetten ♦ *op die bijeenkomst kregen we grote onzin voorgescho- teld:* (uitdr.) daar werd grote onzin verteld.

**voor·schrift** (het ~; -en) het voorschrijven* of dat wat voorgeschreven* is ♦ *op voorschrift van de dokter is hij gaan sporten.*

**voor·schrij·ven** (schreef voor, heeft voorgeschreven) *ie- mand iets voorschrijven:* iemand iets als regel of op- dracht geven ♦ *de dokter schrijft haar dit middel voor:* hij zegt haar dat ze dat moet gebruiken.

**voors·hands** (bijw.) voorlopig.

**voor·sor·te·ren** (sorteerde voor, heeft voorgesorteerd) een eind voor een kruispunt of zijstraat op het linker, rech- ter of middelste weggedeelte gaan rijden, afhankelijk van de kant die je op wilt.

**voor·spel** (het ~; -en) muziek die als inleiding, bijv. op een lied, wordt gespeeld.

**voor·spel·len** (voorspelde, heeft voorspeld) *iets voorspel- len:* zeggen dat iets gaat gebeuren ♦ *bij het weerbericht werd regen voorspeld; dat voorspelt niet veel goeds:* (uitdr.) dat betekent vast dat we narigheid krijgen.

**voor·spel·ling** (de ~(v.); -en) het voorspellen* of dat wat voorspeld* is ♦ *zijn voorspelling is niet uitgekomen.*

**voor·spie·ge·len** (spiegelde voor, heeft voorgespiegeld) *ie- mand iets voorspiegelen:* zeggen dat iemand iets kan verwachten, met de bedoeling het aantrekkelijk voor hem of haar te maken.

**voor·spoed** (de ~(m.)) toestand waarbij alles goed gaat, het tegenovergestelde van 'tegenspoed' ♦ *iemand voor- spoed wensen.*

**voor·spoe·dig** (bijv. nw.) met voorspoed* ♦ *onze reis is voorspoedig verlopen; een voorspoedig nieuwjaar!*

**voor·spraak** (de ~) het aanbevelen of verdedigen van iemand ♦ *op zijn voorspraak heeft zij de baan gekregen.*

**voor·sprong** (de ~(m.); -en) afstand die je op een ander voor ligt of toestand waarbij je verder bent dan een ander ◆ *een voorsprong van tien seconden; ze heeft een voorsprong doordat ze veel gelezen heeft.*

**voor·staan** (stond voor, heeft voorgestaan) **1** *iets voorstaan: iets verdedigen of voor iets pleiten* ◆ *hij staat deze verandering voor* **2** *je ergens op laten voorstaan: ergens overdreven trots op zijn, je er al te belangrijk door voelen.*

**voor·stad** (de ~; -steden) stad die tegen een grote stad aan ligt en die daar langzamerhand mee vergroeit.

**voor·stan·der** (de ~(m.); -s), vrouw: **voor·stand·ster** (de ~(v.); -s) iemand die iets voorstaat*, die ergens vóór is.

**voor·ste·ken** (stak voor, heeft voorgestoken) *een voertuig voorsteken:* (in België □) het inhalen.

**voor·stel** (het ~; -len) het voorstellen* (bet.1) of dat wat je voorstelt* (bet.1) ◆ *iemand een voorstel doen.*

**voor·stel·len** (stelde voor, heeft voorgesteld) **1** *iemand iets voorstellen: iemand iets als plan voorleggen* ◆ *ze stelt hem voor te gaan fietsen* **2** *mensen aan elkaar voorstellen: vertellen wie ze zijn of hoe ze heten* ◆ *de gastvrouw stelt haar gasten aan elkaar voor; de nieuweling stelde zich meteen voor* **3** *iemand of iets voorstellen: iemand of iets uitbeelden of verbeelden, de bedoeling hebben iemand of iets te lijken* ◆ *in dat toneelstuk stelt hij de koning voor; die tekening stelt een landschap voor; dat stelt niets voor:* (uitdr.) dat is niets, dat is waardeloos **4** *je iets voorstellen: je een beeld van iets vormen, iets in gedachten voor je zien* ◆ *bij het woord 'vakantie' stelt hij zich zon en zee voor; ik stel me voor om tien uur te vertrekken: ik ben dat van plan; ze had zich er veel meer van voorgesteld:* (uitdr.) ze had er veel meer van verwacht; *stel je voor!:* (uitdr.) (dit roep je als je verontwaardigd bent) **5** *iets voorstellen alsof …: iets zo vertellen dat het net lijkt of ….*

**voor·stel·ling** (de ~(v.); -en) **1** keer dat iets, bijv. een film of een toneelstuk, wordt opgevoerd of vertoond ⇒ *opvoering, performance, vertoning* ◆ *vanavond zijn er twee voorstellingen in de schouwburg* **2** afbeelding, iets dat iets voorstelt* (bet.3) ◆ *een wandkleed met voorstellingen erop* **3** dat wat je je voorstelt* (bet.4) ⇒ *beeld* ◆ *ze kan zich daar geen voorstelling van maken; hij geeft een verkeerde voorstelling van zaken: hij geeft de dingen verkeerd weer.*

**voort** (bijw.) (ouderwets) verder.

**voort·aan** [ook: voortaan] (bijw.) van nu af ◆ *je moet voortaan achterom lopen om binnen te komen.*

**voort·bren·gen** (bracht voort, heeft voortgebracht) *iets voortbrengen: iets doen ontstaan, iets scheppen* ⇒ *produceren* ◆ *kinderen voortbrengen; de boom brengt vruchten voort; dat land heeft veel grote kunstenaars voortgebracht:* (uitdr.) daar komen veel grote kunstenaars vandaan.

**voort·du·ren** (duurde voort, heeft voortgeduurd) steeds doorgaan, niet ophouden.

**voort·du·rend** (bijv. nw.) zonder onderbrekingen ⇒ *aanhoudend, onophoudelijk, permanent, continu* ◆ *het regent voortdurend.*

**voor·te·ken** (het ~; -s of -en) teken dat aankondigt dat er iets gaat gebeuren ⇒ *omen* ◆ *dat is een slecht voorteken: dat voorspelt niet veel goeds; als de voortekenen niet bedriegen …:* (uitdr.) het ziet ernaar uit dat ….

**voort·gaan** (ging voort, is voortgegaan) *ergens mee voortgaan: met iets doorgaan, met iets verder gaan* ⇒ *voortzetten, vervolgen* ◆ *hij ging voort met werken.*

**voort·gang** (de ~(m.)) het voortgaan* ◆ *er zit geen voortgang in de besprekingen: er wordt voorlopig niets mee bereikt.*

**voor·tij·dig** (bijv. nw.) gezegd van iets dat voor het verwachte tijdstip gebeurt ⇒ *vroegtijdig* ◆ *de wedstrijd werd voortijdig afgebroken.*

**voort·ko·men** (kwam voort, is voortgekomen) *ergens uit voortkomen: ergens uit ontstaan* ⇒ *voortvloeien* ◆ *daar komt alleen maar ellende uit voort.*

**voort·ma·ken** (maakte voort, heeft voortgemaakt) *ergens mee voortmaken: ergens mee opschieten.*

**voor·touw** (zelfst. nw.) ▼ *het voortouw nemen: als eerste iets doen of iets ondernemen; bij de organisatie van het schoolfeest nam Henk het voortouw.*

**voort·plan·ten** (plantte voort, heeft voortgeplant) **1** *(van mensen, dieren of planten) zich voortplanten: zich vermenigvuldigen, voor nageslacht zorgen* **2** *(van geluid en licht): zich verbreiden.*

**voort·plan·ting** (de ~(v.)) het zich voortplanten*.

**voor·tref·fe·lijk** (bijv. nw.) zeer goed ⇒ *uitstekend* ◆ *een voortreffelijk diner.*

**voor·trek·ken** (trok voor, heeft voorgetrokken) *iemand voortrekken: iemand beter behandelen dan anderen* ◆ *de leraar trekt hem altijd voor.*

**voor·trek·ker** (de ~(m.); -s) iemand die als eerste iets nieuws doet ⇒ *pionier.*

**voorts** (bijw.) **1** daarna, vervolgens ⇒ *verder* ◆ *voorts liet hij de rest van de foto's zien* **2** ook nog, bovendien ⇒ *verder* ◆ *voorts ben ik het oneens met de tweede uitspraak.*

**voort·va·rend** (bijv. nw.) gezegd van iemand die niet aarzelt en die snel beslist en handelt ⇒ *doortastend* ◆ *ze gaat voortvarend te werk.*

**voort·vloei·en** (vloeide voort, is voortgevloeid) *ergens uit voortvloeien: ergens uit voortkomen* ◆ *die conclusie vloeit voort uit de redenering.*

**voort·vluch·tig** (bijv. nw.) op de vlucht, nog niet gepakt ◆ *de daders zijn nog steeds voortvluchtig.*

**voort·zet·ten** (zette voort, heeft voortgezet) *iets voortzetten: met iets doorgaan* ◆ *na een pauze werd de vergadering voortgezet.*

**voor·uit** (bijw.) **1** naar voren, het tegenovergestelde van 'achteruit' ◆ *loop alvast maar een stukje vooruit; recht vooruit zie je het huis liggen* **2** van tevoren, vooraf ◆ *de kinderen eten vooruit; iets vooruit weten* **3** naar voren ◆ *borst vooruit!; vooruit, lopen!* ▼ *vooruit dan maar!:* (dit zeg je wanneer je iets gaat doen of ergens toestemming voor geeft, terwijl je eigenlijk bezwaren hebt).

**voor·uit·gaan** (ging vooruit, is vooruitgegaan) vorderingen maken ◆ *hij gaat op school goed vooruit; erop vooruitgaan:* (uitdr.) in een betere toestand komen of in betere omstandigheden terechtkomen.

**voor·uit·gang** (de ~(m.)) het vooruitgaan* ⇒ *verbetering* ◆ *economische vooruitgang; dat is een enorme vooruitgang.*

**voor·uit·ko·men** (kwam vooruit, is vooruitgekomen) verder komen, opklimmen in rang of positie ◆ *hij zal in dat bedrijf wel vooruitkomen.*

**voor·uit·lo·pen** (liep vooruit, is vooruitgelopen) *ergens op vooruitlopen: iets doen of aannemen voordat het gebeurd is terwijl je het pas zou moeten doen of aannemen als het gebeurd is* ◆ *je moet niet op de zaken vooruitlopen; op het verhaal vooruitlopen: dingen vertellen die pas later aan de orde zouden moeten komen.*

**voor·uit·stre·vend** (bijv. nw.) strevend naar vernieuwing en verbetering ⇒ *progressief.*

**voor·uit·zicht** (het ~; -en) verwachting van wat er in de toekomst gaat gebeuren ◆ *haar gezicht klaarde op bij dat vooruitzicht; hij heeft goede vooruitzichten: hij gaat een goede toekomst tegemoet; iets in het vooruitzicht stellen: zeggen dat iets in de toekomst zal gebeuren.*

**voor·va·der** (de ~(m.); -s of -en) man van wie je een nakomeling bent.

**voor·val** (het ~; -len) gebeurtenis, vaak een onverwachte of een ongewone gebeurtenis ⇒ incident.

**voor·val·len** (viel voor, is voorgevallen) *(van iets vreemds of onverwachts)*: gebeuren.

**voor·vech·ter** (de ~(m.); -s), vrouw: **voor·vecht·ster** (de ~(v.); -s) iemand die voor een doel vecht, die zich daarvoor inzet ◆ *hij is een voorvechter van de vrede.*

**voor·voeg·sel** (het ~; -s)(taal) lettergreep die je niet los gebruikt, maar die je voor een woord zet om een ander woord te maken ⇒ prefix ◆ *'ver-' is een voorvoegsel.*

**voor·waar** (bijw.)(deftig)(aan het begin van een uitspraak) zeker ◆ *voorwaar, ik zeg u, uw moeite zal beloond worden.*

**voor·waar·de** (de ~(v.); -n) eis die je vooraf stelt en waaraan moet worden voldaan ⇒ conditie ◆ *ik zal afwassen op voorwaarde dat ik het morgen niet hoef te doen; onder geen voorwaarde mag je laat thuiskomen:* je mag in geen enkel geval laat thuiskomen.

**voor·waar·de·lijk** (bijv. nw.) onder een bepaalde voorwaarde* ◆ *een voorwaardelijke straf:* die je alleen krijgt als je je niet aan bepaalde voorwaarden houdt.

**voor·waarts** (bijv. nw.) vooruit, naar voren, het tegenovergestelde van 'achterwaarts' ◆ *hij doet twee stappen voorwaarts; een voorwaartse beweging; voorwaarts, mars!*

**voor·wen·den** (wendde voor, heeft voorgewend) *iets voorwenden:* doen alsof iets er is terwijl het er niet is ◆ *zij wendde hoofdpijn voor en ging gauw weg:* ze gebruikte de hoofdpijn als smoes om weg te kunnen gaan.

**voor·wend·sel** (het ~; -s of -en) dat wat je voorwendt*, valse reden ⇒ smoes ◆ *onder het voorwendsel van …:* met … als smoes.

**voor·werk** (het ~) **1** werk dat je doet om het echte werk voor te bereiden **2** dat wat in een boek vóór de tekst zelf staat, dus de titel, het voorwoord, de inhoudsopgave enz..

**voor·werp** (het ~; -en) **1** ding dat je kunt zien en voelen ⇒ object ◆ *gevonden voorwerpen; kunstvoorwerpen* ▼ *een voorwerp van spot, discussie, liefde enz.:* iets dat je bespot, waarover je discussieert, waarvan je houdt enz..

**voor·woord** (het ~; -en) korte tekst die in een boek voor de tekst zelf staat, woord vooraf.

**voor·zeg·gen** (zei voor, heeft voorgezegd) *iemand iets voorzeggen:* iemand iets zeggen om die persoon te helpen als hij of zij het antwoord op een vraag niet weet.

**voor·zet** (de ~(m.); -ten)(sport) trap of slag waardoor de bal voor het doel komt.

**voor·zet·sel** (het ~; -s)(taal) woordje dat een betrekking aanduidt tussen twee mensen of dingen in een zin, vooral een betrekking van plaats of tijd, bijv. voor een zelfstandig naamwoord ⇒ prepositie ◆ *in 'het vogeltje zit in de kooi' en 'hij is na mij' zijn 'in' en 'na' voorzetsels.*

**voor·zich·tig** (bijv. nw.) heel goed lettend op wat je doet, omdat er anders iets mis zou kunnen gaan ⇒ behoedzaam ◆ *als het glad is, moet je voorzichtig lopen; ze vroeg voorzichtig of ze wat later thuis mocht komen.*

**voor·zien** (voorzag, heeft voorzien) **1** *iets voorzien:* iets van tevoren zien aankomen ◆ *zij voorziet grote moeilijkheden; dat was te voorzien:* dat had je van tevoren kunnen weten **2** *ergens in voorzien:* ergens voor zorgen ◆ *in je onderhoud voorzien:* ervoor zorgen dat je geld genoeg hebt om van te leven; *de regels voorzien daar niet in:* in de regels staat daar niets over **3** *iemand ergens van voorzien:* ervoor zorgen dat iemand iets krijgt ⇒ verschaffen

◆ *in die winkel zijn ze van alles voorzien; hij heeft zich van het nodige voorzien* **4** *het op iets of iemand voorzien hebben:* iets of iemand moeten hebben, iets of iemand proberen te pakken te krijgen ▼ *ik heb het niet zo op hem voorzien:* ik vertrouw hem niet.

**voor·zie·nig·heid** (de ~(v.)) leiding die God aan de wereld geeft, het feit dat God bepaalt wat er gebeurt.

**voor·zie·ning** (de ~(v.); -en) maatregel of middel waarmee je ergens in voorziet* (bet.2) ◆ *de watervoorziening; sociale voorzieningen:* maatregelen om mensen die werkloos, ziek enz. zijn, op te vangen, vooral door geld te geven; *sanitaire voorzieningen:* wc, bad, wastafel en douche; *voor de sportwedstrijd moeten speciale voorzieningen getroffen worden:* speciale maatregelen, bijv. het bouwen van extra tribunes.

**voor·zit·ster** → voorzitter.

**voor·zit·ten** (zat voor, heeft voorgezeten) *een vergadering voorzitten:* er de leiding van hebben.

**voor·zit·ter** (de ~(m.); -s), vrouw: **voor·zit·ster** (de ~(v.); -s) **1** iemand die een vergadering voorzit* **2** iemand die de leiding heeft van het bestuur van een vereniging of politieke partij.

**voor·zorg** (zelfst. nw.) ▼ *uit voorzorg:* om narigheid te voorkomen; *uit voorzorg deed hij alle deuren op slot; ministerie van sociale voorzorg:* (in België) het ministerie van sociale zaken.

**voos** (bijv. nw.) **1** *(van vruchten):* zonder sap en stevig vruchtvlees ◆ *voze radijs* **2** krachteloos en nietszeggend ◆ *voze praatjes.*

**vor·de·ren** (vorderde) **1** (is gevorderd) verder komen ⇒ vooruitgaan ◆ *het werk vordert snel; op gevorderde leeftijd:* op hoge leeftijd **2** (heeft gevorderd) *iets vorderen:* iets opeisen ◆ *geld vorderen; in de oorlog werden veel fietsen en auto's gevorderd:* die werden door de overheid in beslag genomen.

**vor·de·ring** (de ~(v.); -en) **1** keer dat je vordert* (bet.1) ⇒ vooruitgang ◆ *vorderingen maken* **2** het vorderen* (bet.2) ⇒ eis ◆ *een vordering van een miljoen.*

**vo·re** → voor.

**vo·ren¹** → voorn.

**vo·ren²** (bijw.) ▼ *naar voren:* in de richting waarin de voorkant is; *naar voren komen:* duidelijk worden; *uit zijn woorden komt naar voren dat hij teleurgesteld is; van voren:* van de voorkant; *van voren af aan:* vanaf het begin; *iets naar voren brengen:* iets zeggen in een gesprek.

**vo·rig** (bijv. nw.) **1** onmiddellijk voorafgaand ◆ *vorige week; op de vorige bladzijde* **2** gezegd van iets dat eerder gebeurd is ◆ *op een vorige verjaardag heb ik hem wel eens ontmoet.*

**vork** (de ~; -en) **1** voorwerp waarmee je eet, dat bestaat uit een steel en een breder stuk dat uitloopt in drie of vier platte punten ◆ *mes, vork en lepel; weten hoe de vork in de steel zit:* (uitdr.) precies weten hoe iets in elkaar zit **2** iets in de vorm van zo'n voorwerp ◆ *stemvork; de vork van een fiets:* de buizen waarin het wiel vastzit.

**vork·hef·truck** [vorkheftruck](de ~(m.); -s) wagentje met aan de voorkant een verschuifbare plaat in de vorm van een vork waarmee je makkelijk grote en zware kisten enz. optilt ⇒ heftruck.

**vorm** (de ~(m.); -en) **1** uiterlijke gedaante ◆ *een bal heeft een ronde vorm; een tekst in boekvorm uitgeven:* in de vorm van een boek; *vaste vorm aannemen:* (uitdr.) bijna klaar zijn; *vorm geven aan een gedachte, idee enz.:* (uitdr.) die of dat onder woorden brengen; ook: die of dat uitvoeren; *niet in vorm zijn:* (uitdr.) je taak niet zo goed kunnen doen als je zou willen doordat iets in jezelf je

hindert **2** voorwerp waarmee je iets zijn uiterlijke gedaante geeft ♦ *een vorm om koekjes te bakken; iets in een
andere vorm gieten:* (uitdr.) iets op een andere manier
doen of zeggen **3** vaste manier waarop je je hoort te gedragen ♦ *omgangsvormen; voor de vorm:* (uitdr.) alleen
omdat het zo hoort, niet echt gemeend.

**vor·me·lijk** (bijv. nw.) stijf, volgens de vormen* (bet.3)
⇒ *formeel* ♦ *hij groette haar vormelijk.*

**vor·men** (vormde, heeft gevormd) **1** *iets vormen:* iets een
bepaalde vorm* (bet.1) geven ♦ *een beeld uit klei vormen* **2** *iets vormen:* de vorm* (bet.1) van iets hebben ♦
*die straten vormen een kruis* **3** *iets vormen:* iets maken,
iets doen ontstaan ♦ *een kring vormen; je een mening
vormen* **4** uitmaken, zijn ♦ *die rivier vormt de grens tussen die twee landen; dat vormt een onderdeel van het geheel* **5** *iemand vormen:* iemand opvoeden, iemands persoonlijkheid ontwikkelen.

**vorm·ge·ving** (de ~ (v.)) het geven van een vorm (bet.1)
aan iets ♦ *industriële vormgeving:* het geven van een
goede vorm aan producten die in een fabriek worden
gemaakt.

**vor·ming** (de ~ (v.)) het vormen* ♦ *besluitvorming; de
vorming van de jeugd.*

**Vorm·sel** (het ~) rooms-katholiek sacrament waarbij
een bisschop door handoplegging en zalving je geloof
versterkt (kijk ook bij: **sacrament**) ♦ *iemand het Heilig
Vormsel toedienen.*

**vor·sen** (vorste, heeft gevorst) *naar iets vorsen:* proberen
iets te weten te komen ♦ *een vorsende blik:* een onder-
zoekende blik.

**vorst** (de ~ (m.)) **1** het vriezen* **2** (-en; vrouw: vorstin)
hoofd van een rijk ♦ *ik zit hier als een vorst:* (uitdr.) ik zit
hier heerlijk.

**vor·ste·lijk** (bijv. nw.) van of als van een vorst* (bet.2) ♦
*het vorstelijk paleis; een vorstelijk geschenk:* een heel
mooi en duur geschenk.

**vor·stin** (de ~ (v.); -nen) **1** vrouwelijke vorst* (bet.2) **2**
echtgenote van een vorst* (bet.2).

**vorst·ver·let** (het ~) toestand waarbij het werk, vooral
in de bouw, stilligt omdat het vriest of omdat er
sneeuw ligt.

**vort** (tussenw.) (om een paard aan te sporen).

**vos** (de ~ (m.); -sen) roodbruin roofdier met een dikke
staart ♦ *zo slim als een vos:* (uitdr.) heel slim; *een vos
verliest wel zijn haren, maar niet zijn streken:* (spreekwoord) iemand die ouder wordt, blijft dezelfde aard
houden; *als de vos de passie preekt, boer pas op je kippen:* (spreekwoord) vertrouw niet op iemand met al te
mooie praatjes.

**vos·sen** (voste, heeft gevost) heel hard studeren ⇒ *blokken.*

**vo·tum** (het ~; vota of -s) vaste formule aan het begin
van een kerkdienst.

**vouw** (de ~; -en) lijn waarlangs iets gevouwen* (bet.1) is
♦ *een vouw in een broek.*

**vou·wen** (vouwde, heeft gevouwen) **1** *iets vouwen:* iets
dubbelslaan en de rand waarlangs je het dubbelslaat
plat maken ♦ *kranten vouwen; een hoedje van papier
vouwen* **2** *je handen vouwen:* ze samendoen door je vingers ineen te strengelen.

**voy·eur** (Frans) [vwæjøʀ] (de ~; -s) gluurder.

**VPRO** (de ~) **V**rijzinnig-**P**rotestantse **R**adio-**O**mroep; dit
is een omroep in Nederland.

**vr.** (afkorting) **vr**ouwelijk.

**vraag** (de ~) **1** (vragen) keer dat je iets vraagt* ♦ *iemand
een vraag stellen; de vragen van een examen; dat is nog
de vraag:* (uitdr.) dat is onzeker; *voor jou een vraag, voor*

*mij een weet:* (uitdr.) (dit zeg je als iemand je een vraag
stelt waarop je het antwoord wel weet maar niet wilt
geven) **2** belangstelling voor een artikel dat te koop is
♦ *er is veel vraag naar verse groente; de vraag is groter
dan het aanbod.*

**vraag·baak** (de ~; vraagbaken) persoon die of boekwerk
dat het antwoord op veel vragen (bet.1) geeft.

**vraag·ge·sprek** (het ~; -ken) gesprek tussen twee personen waarbij de een vragen stelt die de ander beantwoordt ⇒ *interview.*

**vraag·stuk** (het ~; -ken) **1** groot en moeilijk probleem ♦
*het vraagstuk van de werkloosheid* **2** som, opgave ♦ *een
algebravraagstuk.*

**vraag·te·ken** (het ~; -s) leesteken waarmee je aangeeft
dat de zin die voorafgaat een vraag is (het teken ' ? ') ♦
*ergens vraagtekens bij zetten:* (uitdr.) ergens niet zeker
van zijn.

**vraat·zuch·tig** (bijv. nw.) erg gulzig.

**vracht** (de ~; -en) lading ♦ *een vracht hout; hij heeft een
hele vracht boeken:* (uitdr.) hij heeft er erg veel.

**vracht·au·to** (de ~ (m.); -auto's) auto met een laadruimte
die bedoeld is om goederen te vervoeren ⇒ *vrachtwagen.*

**vracht·wa·gen** (de ~ (m.); -s) vrachtauto.

**vra·gen** (vroeg, heeft gevraagd) *(aan) iemand iets vragen:*
iets tegen iemand zeggen omdat je iets van die persoon wilt hebben of om een antwoord van hem of haar
te krijgen ♦ *zij vroeg haar opa hoe oud hij was; een
vrouw ten huwelijk vragen; iemand om toestemming vragen; als het mij vraagt:* volgens mij; *naar iemands gezondheid vragen:* ernaar informeren; *hij vraagt veel
geld voor die fiets:* hij wil er veel geld voor hebben; *nu
vraag ik je!:* (uitdr.) (dit zeg je wanneer je ergens verontwaardigd over bent); *vragen staat vrij:* (uitdr.) je kunt altijd vragen stellen als je iets wilt weten; *dat vraagt veel
geduld:* (uitdr.) daar heb je veel geduld voor nodig; *dat is
te veel gevraagd:* (uitdr.) daarmee stel je te hoge eisen;
*dat is vragen om moeilijkheden:* (uitdr.) zo lok je de moeilijkheden uit.

**vrat** → vreten.

**vra·ten** → vreten.

**vre·de, vree** (de ~) **1** toestand waarin er geen oorlog is
♦ *vrede sluiten:* een oorlog beëindigen; ook: een ruzie
bijleggen **2** toestand van rust ♦ *moge hij rusten in vrede:*
(als tekst op een grafsteen); *ergens vrede mee hebben:*
(uitdr.) iets accepteren.

**vre·de·lie·vend** (bijv. nw.) gezegd van iemand die niet
graag vecht of ruzie maakt ⇒ *vreedzaam* ♦ *de mensen in
dat land zijn vredelievend.*

**vre·de·rech·ter** (de ~ (m.); -s) (in België) rechter die oordeelt over kleine zaken, bijv. in verband met huur of
geschillen tussen buren (te vergelijken met een kan-
tonrechter in Nederland).

**vre·des·naam** (zelfst. nw.) ▼ *in vredesnaam:* (woorden
waarmee je een wens of uitroep versterkt); *laat haar in
vredesnaam maar hier blijven; hoe is het in vredesnaam
mogelijk!*

**vre·de·pijp** (de ~; -en) pijp die indianen aan de gasten
te roken geven of pijp die gerookt wordt bij het sluiten
van vrede.

**vre·dig** (bijv. nw.) in vrede* (bet.2), kalm en rustig ♦ *een
vredig dorpje.*

**vree**[1] → vrede.

**vree**[2] → vrijen.

**vreed·zaam** (bijv. nw.) vredelievend ♦ *een vreedzame
oplossing:* waaraan geen geweld te pas komt.

**vreeën** vree·en → vrijen.

**vreemd** (bijv. nw.) **1** onbekend, niet vertrouwd ◆ *hij is hier vreemd*; *vreemde talen*: buitenlandse talen; *dat heeft hij van niemand vreemd*: (uitdr.) die karaktertrek zit in de familie; *vreemd gaan*: (uitdr.) geslachtsgemeenschap hebben met een ander dan je vaste partner **2** ongewoon, raar ◆ *een vreemde gewoonte*; *ergens vreemd van opkijken*: iets raar vinden.

**vreem·de** (de ~; -n) **1** iemand die niet uit de streek of uit het land komt ⇒ *vreemdeling* **2** iemand die je niet kent ◆ *dat heeft hij van geen vreemde*: (uitdr.) die karaktertrek zit in de familie ▼ *in den vreemde*: in het buitenland.

**vreem·de·ling** (de ~ (m.); -en), vrouw: **vreem·de·lin·ge** (de ~ (v.); -n of -s) vreemde (bet.1).

**vrees** (de ~) angst ◆ *hij doet de deur op slot uit vrees voor inbrekers*; *hoogtevrees*.

**vrees·lijk** → vreselijk.

**vreet·zak** (de ~ (m.); -ken) (populair) iemand die veel eet.

**vrek** (de ~ (m.); -ken) iemand die heel gierig is ⇒ *gierigaard*.

**vre·se·lijk¹**, **vrees·lijk** (bijv. nw.) **1** heel groot of heftig ⇒ *enorm, verschrikkelijk* ◆ *heb jij ook zo'n vreselijke dorst?* **2** gezegd van iets dat je vrees* aanjaagt, dat heel erg is ⇒ *afschuwelijk, verschrikkelijk* ◆ *het was een vreselijk ongeluk.*

**vre·se·lijk²**, **vrees·lijk** (bijw.) heel erg ⇒ *ontzettend, verschrikkelijk* ◆ *het is vreselijk koud.*

**vre·ten** (vrat, heeft gevreten) **1** (van mensen): (grof) eten of veel en snel eten ◆ *hij at niet, hij vrat*; *is er nog iets te vreten?* **2** (van dieren): eten **3** (van zaken) iets vreten: iets in grote hoeveelheden verbruiken ◆ *de elektrische kachel vreet stroom*; *dat werk vreet energie* **4** (van verdriet, spijt enz.) aan iemand vreten: steeds in iemands gedachten zijn en hem of haar een naar gevoel geven ⇒ *knagen* ◆ *zijn schuld vrat aan hem.*

**vreug·de** (de ~ (v.)) blijdschap, plezier ◆ *de ouders beleven veel vreugde aan hun kind.*

**vre·zen** (vreesde, heeft gevreesd) **1** iets vrezen: vrees* voor iets voelen ◆ *hij heeft niets te vrezen*: hij hoeft nergens bang voor te zijn; *het ergste vrezen*: bang zijn dat er iets heel ergs zal gebeuren; *er wordt voor zijn leven gevreesd*: er is een grote kans dat hij binnenkort zal overlijden **2** God vrezen: eerbied voor Hem hebben.

**vriend** (de ~ (m.); -en), vrouw: **vrien·din** (de ~ (v.); -nen) **1** persoon met wie je veel optrekt, die je vertrouwt, en die je erg aardig vindt ◆ *zij zijn al dikke vrienden vanaf hun jeugd*; *even goede vrienden*: (uitdr.) (dit zeg je om te laten merken dat je een ander toch aardig vindt, ook al wil hij iets niet); *iemand te vriend houden*: (uitdr.) ervoor zorgen dat iemand je aardig blijft vinden (omdat je daar voordeel van hebt) **2** iemand met wie je een liefdesrelatie hebt ◆ *hij heeft een aardige vriendin.*

**vrien·de·lijk** (bijv. nw.) aardig, welwillend ◆ *een vriendelijke heer hielp hem overeind*; *een vriendelijk dorpje*: dat er gastvrij uitziet.

**-vriendelijk** welwillend, goed gezind jegens ... ◆ *Nederland is een fietsvriendelijk land*: er zijn veel fietspaden en voorzieningen voor fietsers; *een vrouwvriendelijk bedrijf*: dat vrouwen niet discrimineert.

**vrien·din** → vriend.

**vriend·jes·po·li·tiek** (de ~ (v.)) manier van doen waarbij je je vrienden bevoordeelt.

**vriend·schap** (de ~ (v.); -pen) het vrienden* (bet.1) of vriendinnen zijn ◆ *vriendschap met iemand sluiten.*

**vriend·schap·pe·lijk** (bijv. nw.) zoals past bij een vriendschap* of waaruit vriendschap* blijkt ◆ *een vriendschappelijke tik op de schouder.*

**vries·punt** (het ~) temperatuur waarbij water bevriest

(nul graden Celsius) ◆ *vannacht daalt de temperatuur tot vijf graden onder het vriespunt.*

**vrie·zen** (vroor, heeft gevroren) *het vriest*: het is zo koud dat water bevriest, het is onder nul graden Celsius ◆ *het vriest tien graden*: het is tien graden onder nul; *het vriest dat het kraakt*: (uitdr.) het vriest heel hard.

**vrie·zer** (de ~ (m.); -s) soort koelkast of koelkist waarin je levensmiddelen in bevroren toestand bewaart ⇒ *diepvries.*

**vrij¹** (bijv. nw.) **1** niet gevangen, niet onderworpen aan anderen ◆ *de gevangenen zijn nu weer vrij*; *zo vrij als een vogeltje in de lucht*: (uitdr.) heel vrij **2** ongehinderd, door niets of niemand beperkt of niet bepaald door wetten en regels ◆ *de weg is vrij*; *een vrij beroep*: waarbij je eigen baas bent, bijv. het beroep van dokter; *in dit museum heb je vrij toegang*: daar kun je in zonder betalen; *een vrije vertaling*: een niet-letterlijke vertaling; *door die hoge schutting om de tuin kun je er heerlijk vrij zitten*: op je gemak, zonder dat je het gevoel hebt dat je door anderen bekeken wordt; *vrij onderwijs*: (in België) niet officieel onderwijs **3** niet in gebruik of besproken, het tegenovergestelde van 'bezet' ◆ *de wc is vrij*; *is deze plaats nog vrij?* **4** gezegd van iemand die niet hoeft te werken of die niet naar school hoeft ◆ *hij is vandaag vrij*; *vrije tijd* **5** niet verlegen, brutaal ◆ *mag ik zo vrij zijn hier plaats te nemen?* **6** vrij van iets zijn: iets niet hebben ◆ *de zieke is koortsvrij*; *nu is hij vrij van schulden.*

**vrij²** (bijw.) nogal, tamelijk ◆ *dat bureau is vrij zwaar.*

**vrij·af** (bijv. nw.) ▼ *vrijaf hebben*: niet hoeven werken of niet naar school hoeven.

**vrij·blij·vend** (bijv. nw.) gezegd van iets waarbij je nergens toe verplicht wordt ◆ *een vrijblijvend gesprek.*

**vrij·brief** (de ~ (m.); -brieven) reden om iets onbeperkt te doen ◆ *dat geeft hem geen vrijbrief voor bedrog.*

**vrij·bui·ter** (de ~ (m.); -s) iemand die vrije (bet.2) opvattingen heeft of die zich moeilijk aan regels en wetten houdt ◆ *die vrijbuiter komt altijd te laat.*

**vrij·dag** (de ~ (m.); -en) de vijfde dag van de week.

**vrij·den·ker** (de ~ (m.); -s) iemand die tegen geloof volgens dogma's is (kijk ook bij: **dogma**).

**vrij·en** (vrijde, heeft gevrijd, of vree, heeft gevreeën) met iemand vrijen: iemand kussen, strelen en soms ook: geslachtsgemeenschap met hem of haar hebben ◆ *ze vrijt met die jongen*: (uitdr.) ze heeft verkering met hem.

**vrij·er** (de ~ (m.); -s) man of jongen met wie een vrouw of meisje verkering heeft.

**vrij·ge·lei·de** (het ~; -n of -s) verklaring waarin staat dat je niet mag worden aangevallen op vijandelijk gebied ◆ *de overvallers eisen een vrijgeleide naar de grens.*

**vrij·ge·ven** (gaf vrij, heeft vrijgegeven) iets vrijgeven: iets goedkeuren om gebruikt te worden ◆ *de wedstrijdbaan werd door de jury vrijgegeven*; *het bericht is om tien uur vrijgegeven*: toen is het bekendgemaakt.

**vrij·ge·vig** (bijv. nw.) gul.

**vrij·ge·voch·ten** (bijv. nw.) gezegd van iemand die vrije opvattingen en een vrije levenswijze heeft ◆ *dat is een vrijgevochten stel.*

**vrij·ge·zel** (de ~ (m.); -len) iemand die niet getrouwd is en ook geen vaste relatie heeft.

**vrij·he·den** (zelfst. nw.; meervoud) uitingen van tamelijk onbeleefd gedrag, vrijpostigheden ◆ *hij veroorlooft zich allerlei vrijheden.*

**vrij·heid** (de ~ (v.)) toestand waarin je vrij* (bet.1 en 2) bent ◆ *de gevangene is in vrijheid gesteld*: hij is vrijgelaten; *vrijheid van godsdienst*: toestand waarbij je zelf mag bepalen wat en hoe je gelooft; *op haar werk heeft* ze een grote **vrijheid**: daar kan ze vaak zelf bepalen wat ze doet; *dichterlijke **vrijheid**:* het gebruik van woorden of zinnen door een dichter waarbij hij zich niet houdt aan de regels van de taal.

**vrij·hou·den** (hield vrij, heeft vrijgehouden) *iemand vrijhouden*: alle kosten van eten en drinken voor iemand betalen ◆ *ze **hield** haar ouders in het restaurant **vrij**.*

**vrij·markt** (de ~; -en) markt waarbij je zonder vergunning spullen mag verkopen.

**vrij·met·se·la·rij** (de ~(v.)) besloten vereniging die over de hele wereld verspreid is en waarvan de leden streven naar vriendschap en saamhorigheid.

**vrij·moe·dig** (bijv. nw.) je vrij (bet.5) voelend, niet verlegen ⇒ *onbevangen*.

**vrij·plaats** (de ~; -en) plaats waarheen je vlucht en waar je niet achtervolgd mag worden ⇒ *asiel*.

**vrij·pos·tig** (bijv. nw.) brutaal en onbeleefd, te vrij (bet.5).

**vrij·spraak** (de ~) het vonnis dat iemand vrijgesproken* wordt.

**vrij·spre·ken** (sprak vrij, heeft vrijgesproken) *iemand vrijspreken*: voor de rechtbank verklaren dat iemand niet schuldig is.

**vrij·staan** (stond vrij, heeft vrijgestaan) *het staat je vrij*: het is je toegestaan ◆ *het **staat** hem **vrij** dat te doen.*

**vrij·stel·ling** (de ~(v.); -en) het niet hoeven voldoen aan een bepaalde verplichting ◆ *ze krijgt **vrijstelling** voor Frans en Duits: ze hoeft die vakken niet te volgen.*

**vrij·ster** (zelfst. nw.) ▼ *een oude **vrijster**:* een oudere, ongetrouwde vrouw.

**vrij·uit** [ook: vrijuit](bijv.) **1** zonder je door iets te laten tegenhouden ◆ *hij spreekt **vrijuit*** ▼ *vrijuit gaan:* niet gestraft worden omdat er geen bewijs van schuld is.

**vrij·wa·ren** (vrijwaarde, heeft gevrijwaard) *iemand voor of tegen iets vrijwaren*: ervoor zorgen dat iemand niet met iets te maken krijgt, iemand voor iets behoeden ◆ *wij zijn **gevrijwaard** tegen schade.*

**vrij·wel** (bijw.) zo goed als, bijna helemaal ⇒ *nagenoeg* ◆ *hij gaat **vrijwel** nooit met de trein.*

**vrij·wil·lig** (bijv. nw.) uit vrije (bet.2) wil, niet door anderen opgelegd ◆ *een **vrijwillige** bijdrage; hij meldt zich **vrijwillig** aan.*

**vrij·wil·li·ger** (de ~(m.); -s), vrouw: **vrij·wil·lig·ster** (de ~(v.); -s) iemand die vrijwillig* iets doet, vooral iemand die werk doet dat niet betaald wordt ◆ *in het buurthuis werken veel **vrijwilligers**.*

**vrij·zin·nig** (bijv. nw.) gezegd van iemand die tegen geloof volgens dogma's is (kijk ook bij: **dogma**) ⇒ *liberaal, vrijdenkend* ◆ *vrijzinnig protestant; feest van de **vrijzinnige** jeugd:* (in België) plechtigheid waarbij twaalfjarige meisjes en jongens zich openlijk uitspreken voor het vrije denken.

**vrind** (de ~(m.); -en) (ouderwets) vriend.

**vroed** (bijv. nw.) (ouderwets) wijs ◆ *de **vroede** vaderen:* de regeerders, vooral het gemeentebestuur.

**vroed·vrouw** (de ~(v.); -en) vrouw die voor haar beroep vrouwen helpt bij bevallingen ⇒ *verloskundige*.

**vroeg¹** (bijv. nw.) eerder in de tijd dan gebruikelijk of afgesproken is, het tegenovergestelde van 'laat' ◆ *hij gaat **vroeg** naar bed; dit jaar hebben we een **vroege** Pasen; ik kan er op zijn **vroegst** om acht uur zijn:* niet eerder dan acht uur.

**vroeg²** → vragen.

**vroe·gen** → vragen.

**vroe·ger¹** (bijv. nw.) gezegd van iets dat in het verleden heeft plaatsgevonden ◆ *in **vroeger** jaren is hij daar vaak geweest.*

**vroe·ger²** (bijw.) in het verleden ◆ *vroeger fietste hij veel; zijn opa vertelt graag over **vroeger**:* over zijn verleden.

**vroeg·te** (zelfst. nw.) ▼ *in alle **vroegte**:* heel vroeg; *hij stond in alle **vroegte** op.*

**vroeg·tij·dig** (bijv. nw.) vroeg, bijtijds ◆ *zij vertrekken **vroegtijdig**.*

**vro·lijk** (bijv. nw.) blij en opgewekt, in een heel goede stemming ◆ *ze lacht **vrolijk**; **vrolijke** muziek:* waar je vrolijk van wordt.

**VROM** (afkorting) **V**olkshuisvesting, **R**uimtelijke **O**rdening en **M**ilieubeheer (dit is de naam van een ministerie in Nederland).

**vroom** (bijv. nw.) **1** gezegd van iemand die erg gelovig is en die dat ook laat merken ▼ *een **vrome** wens:* een wens die niet of niet gauw in vervulling gaat.

**vroor** → vriezen.

**vrouw** (de ~(v.); -en) **1** volwassen persoon van het vrouwelijk geslacht **2** echtgenote ⇒ *eega, gade, gemalin* **3** bepaalde kaart in het kaartspel.

**vrou·we·lijk** (bijv. nw.) **1** gezegd van mensen, dieren of planten die tot het geslacht behoren dat het zaad voor de bevruchting ontvangt ◆ *een **vrouwelijke** chirurg* **2** zoals van een vrouw*, met de eigenschappen van een vrouw* ◆ *ze gedraagt zich **vrouwelijk**; een man met een **vrouwelijke** stem:* met een hoge stem **3** (taal) gezegd van naamwoorden die je met 'zij' kunt aanduiden.

**vrou·wen·ton·gen** (zelfst. nw.; meervoud) sanseveria, een bepaalde kamerplant.

**vrucht** (de ~; -en) **1** voortbrengsel van een boom, struik of plant waar de zaadjes in zitten, zoals een peer, appel, noot of eikel ◆ *ijs met verse **vruchten**; de **vrucht** van zijn inspanningen:* (uitdr.) het resultaat ervan; *de **vruchten** ergens van plukken:* (uitdr.) ergens voordeel van hebben; *vruchten afwerpen:* (uitdr.) resultaat hebben **2** ongeboren kind of dier ⇒ *foetus*.

**vrucht·baar** (bijv. nw.) **1** waar veel kan groeien ◆ *een **vruchtbaar** land; een **vruchtbare** onderneming:* (uitdr.) die veel resultaat heeft **2** in staat kinderen of jongen voort te brengen.

**vrucht·be·gin·sel** (het ~; -s) onderste deel van de stamper van een plant, dat uitgroeit tot de vrucht.

**vruch·te·loos** (bijv. nw.) zonder resultaat ⇒ *vergeefs, tevergeefs* ◆ *een **vruchteloze** poging.*

**vrucht·ge·bruik** (het ~) het recht om het eigendom, bijv. de grond, van een ander te gebruiken en de opbrengst ervan te houden.

**vrucht·vlees** (het ~) eetbaar, sappig deel van een vrucht.

**vrucht·vlies** (het ~; -vliezen) vlies dat om ongeboren kinderen en om sommige ongeboren dieren zit.

**vrucht·wa·ter** (het ~) vocht dat in het vruchtvlies rondom een ongeboren kind of dier zit.

**vs.** (afkorting) **1** vers **2** versus (dit is Latijn en het betekent: tegen of tegenover).

**VS** (zelfst. nw.; meervoud) **V**erenigde **S**taten; dit zijn de ± 50 staten van Amerika ⇒ *US, USA*.

**vso** (het ~) (in België) **v**ernieuwd **s**ecundair **o**nderwijs (kijk ook bij: **secundair**).

**VSOA** (het ~) (in België) **V**rij **S**yndicaat **O**penbaar **A**mbt.

**VTB-VAB** (de ~(m.)) **V**laamse **T**oeristen**b**ond - **V**laamse **A**utomobilisten**b**ond.

**V-te·ken** (het ~; -s) teken van vrede of victorie dat je maakt door je wijsvinger en middelvinger gespreid op te steken.

**VTM** (de ~(v.)) **V**laamse **T**elevisie **M**aatschappij; dit is een commerciële kabelzender in België.

**VU** (de ~(v.)) **V**olks**u**nie; dit is een politieke partij in België.

**vuig** (bijv. nw.) gemeen, slecht, laag ♦ *vuige laster*.

**vuil¹** (het ~) **1** iets dat iets anders vuil²* (bet.1) maakt ♦ *de ruiten zitten onder het vuil* **2** afval, vieze en afgedankte dingen die je weggooit ⇒ *vuilnis* ♦ *het schuurtje ligt vol met vuil; dat ligt daar voor oud vuil*: (uitdr.) dat ligt daar alsof het niet meer gebruikt hoeft te worden.

**vuil²** (bijv. nw.) **1** gezegd van dingen die gewassen of schoongemaakt moeten worden omdat er stof, viezigheid of vlekken op zitten, het tegenovergestelde van 'schoon' ⇒ *vies, smerig* ♦ *vuile handen; vuil werk*: waar je vies van wordt **2** gemeen, slecht, oneerlijk ♦ *een vuile streek; vuile verrader!; iemand vuil aankijken* **3** (populair) bruto, het tegenovergestelde van 'schoon' ♦ *hoeveel verdien jij vuil per maand?*

**vui·lak** (de ~(m.); -ken) (populair) viezerik.

**vuil·nis** (de ~(v.) of het ~) afval van het huishouden ⇒ *vuil, huisvuil* ♦ *vuilnis zak*.

**vuil·nis·belt** (de ~; -en) plaats waar vuilnis wordt verzameld.

**vuil·tje** (het ~; -s) klein stukje vuil¹* ♦ *ze heeft een vuiltje in haar oog; er is geen vuiltje aan de lucht*: (uitdr.) er is niets aan de hand.

**vuist** (de ~; -en) **1** hand waarvan de vingers zo ver mogelijk naar binnen zijn gebogen ♦ *ze balde haar vuisten van kwaadheid; op de vuist gaan*: (uitdr.) gaan vechten; *een vuist maken*: (uitdr.) samen met anderen in verzet komen; *brood uit het vuistje eten*: (uitdr.) uit de hand, dus niet van een bord; *in je vuistje lachen*: (uitdr.) stiekem plezier hebben om de tegenslag van een ander of om je eigen voordeel ▼ *voor de vuist weg*: onvoorbereid; *hij hield voor de vuist weg een geestige toespraak; recht voor de vuist*: (in België ▢) openhartig.

**vuist·re·gel** (de ~(m.); -s) praktische regel die je in de meeste gevallen kunt gebruiken.

**vul·gair** [vulgɛːr] (bijv. nw.) erg plat of grof ⇒ *ordinair* ♦ *vulgaire taal*.

**vul·kaan** (de ~(m.); vulkanen) vuurspuwende berg ♦ *op een vulkaan leven*: (uitdr.) gespannen leven omdat er ieder moment iets ergs kan gebeuren.

**vul·len** (vulde, heeft gevuld) *iets ergens mee vullen*: iets met iets vol* (bet.1) maken ♦ *hij vult de kan met koffie; de tandarts vult de kies; je tijd vullen met lezen*.

**vul·ling** (de ~(v.); -en) dat waarmee iets gevuld* is ♦ *de vulling van een bonbon; de vulling van een kies*.

**vul·va** (de ~; vulva's) (medisch) ingang van de vagina met de schaamlippen.

**vun·zig** (bijv. nw.) grof en schunnig, smerig ♦ *een vunzige opmerking*.

**vu·ren** (vuurde, heeft gevuurd) schieten met een vuurwapen.

**vu·rig** (bijv. nw.) heftig, hartstochtelijk ♦ *ze hoopte vurig dat hij terug zou komen; een vurige blik*.

**VUT** (de ~(v.)) (in Nederland) *ver*vroegde *uit*treding; dit is een regeling waarbij mensen eerder met pensioen kunnen gaan dan hun 65e jaar.

**vuur** (het ~; vuren) **1** verschijnsel dat licht en vlammen geeft en dat je ziet als iets brandt ♦ *het vuur verspreidde zich snel; een vuurtje stoken; heeft u vuur?*: (dit zeg je als je een sigaret enz. wilt aansteken); *een pan op het vuur zetten*: die op een gaspit zetten; *ik heb wel voor heter vuren gestaan*: (uitdr.) ik heb wel eens moeilijkere dingen gedaan; *voor iemand door het vuur gaan*: (uitdr.) alles voor iemand willen doen; *het vuur uit je sloffen lopen*: (uitdr.) je erg uitsloven om iets gedaan te krijgen; *met vuur spelen*: (uitdr.) onvoorzichtig te werk gaan, waardoor je jezelf en anderen in gevaar brengt; *in vuur en vlam staan*: (uitdr.) heel enthousiast zijn; ook: heel

verliefd zijn; *dat nieuws ging als een lopend vuurtje rond*: (uitdr.) iedereen wist het heel snel; *iemand het vuur na aan de schenen leggen*: (uitdr.) het iemand heel moeilijk maken; *wie het dichtst bij het vuur zit, warmt zich het best*: (spreekwoord) als je de beste kans hebt om iets te doen, heb je er het meeste voordeel van **2** enthousiasme, bezieling, geestdrift ⇒ *elan* ♦ *iets met vuur verdedigen*: iets heel fel verdedigen **3** het schieten met vuurwapens ♦ *iemand onder vuur nemen*: iemand beschieten; *tussen twee vuren zitten*: (uitdr.) van twee kanten kritiek krijgen.

**vuur·doop** (de ~(m.)) eerste keer dat je in het openbaar iets moeilijks moet doen.

**vuur·doorn** (de ~(m.); -s) struik met doorns die altijd groen is en waaraan besjes groeien.

**vuur·pijl** (de ~(m.); -en) stuk vuurwerk dat hoog de lucht in schiet.

**vuur·proef** (de ~; -proeven) zware proef die beslist of iemand of iets ergens voor geschikt is ♦ *hij heeft de vuurproef doorstaan*.

**vuur·steen** (de ~(m.); -stenen) steen waar vonken vanaf springen als je er met een andere steen tegenaan slaat.

**vuur·steen·tje** (het ~; -s) klein steentje in aanstekers dat vonkjes geeft en zo voor de ontsteking zorgt.

**vuur·to·ren** (de ~(m.); -s) **1** toren aan de kust die lichtsignalen uitzendt, zodat schepen op zee weten waar ze zijn **2** (grappig) iemand met rood haar.

**vuur·vast** (bijv. nw.) bestand tegen vuur (bet.1) of hoge temperaturen ♦ *een vuurvaste schaal*.

**vuur·vre·ter** (de ~(m.); -s) kunstenmaker die vuur lijkt te eten.

**vuur·wa·pen** (het ~; -s of -en) wapen, bijv. een pistool, waaruit een kogel of hagel wordt geschoten door ontploffing van de stof waar het mee geladen is.

**vuur·werk** (het ~) stoffen die bij ontsteking veel licht en vaak een harde knal geven en die in hulzen zitten ♦ *vuurwerk afsteken bij de jaarwisseling*.

**vv** (afkorting) **1** *v*ice *v*ersa; dit is Latijn en het betekent: heen en terug ♦ *een reisje van Londen naar Parijs vv* **2** *v*oorzien *v*an.

**VVD** (de ~(v.)) *V*olkspartij voor *V*rijheid en *D*emocratie; dit is een politieke partij in Nederland.

**VVDM** (de ~(v.)) (in Nederland) *V*ereniging *v*an *D*ienstplichtige *M*ilitairen; dit is een vakbond voor soldaten.

**VVV** (de ~(v.)) *V*ereniging *v*oor *V*reemdelingen*v*erkeer; dit is een organisatie waar toeristen informatie kunnen krijgen.

**vwo** (het ~) (in Nederland) school voor *v*oorbereidend *we*tenschappelijk *o*nderwijs.

**VWS 1** (in Nederland) *V*olksgezondheid, *W*elzijn en *S*port (dit is een ministerie, het vroegere WVC) **2** (het ~) (in België) *V*ast *W*ervings *S*ecretariaat; dit is een dienst die ambtenaren selecteert.

**vzw** (de ~(v.)) (in België) *v*ereniging *z*onder *w*instoogmerk.

# Ww

**w** (de ~; w's) de 23e letter van het alfabet.

**WA** (de ~(v.)) (in Nederland) **w**ettelijke **a**ansprakelijkheid; dit is het aansprakelijk zijn voor schade die je veroorzaakt ◆ een **WA**-verzekering.

**waag** (de ~; wagen) gebouw waar vroeger koopwaar gewogen werd door de gemeente ◆ de stads**waag**; heksen**waag**: gebouw waar vrouwen in de Middeleeuwen werden gewogen om te beoordelen of ze heks waren of niet.

**waag·hals** (de ~(m.); -halzen) iemand die veel waagt* en die roekeloos is.

**waag·schaal** (zelfst. nw.) ▼ je leven in de **waagschaal** stellen: het riskeren, je aan groot gevaar blootstellen.

**waag·stuk** (het ~; -ken) daad waarbij je veel waagt en roekeloos bent.

**waai·en** (woei of waaide, heeft gewaaid) (van de wind): blazen ◆ de wind **waait** door het woud; de pannen **waaien** van het dak: de wind blaast de pannen van het dak; laat maar **waaien**: (uitdr.; populair) laat maar zitten, praat er maar niet meer over.

**waai·er** (de ~(m.); -s) meestal opvouwbaar schermpje in de vorm van een halve cirkel, waarmee je jezelf koelte toewuift.

**waak·hond** (de ~(m.); -en) hond die je huis en erf bewaakt door te blaffen als er vreemden komen.

**waaks** (bijv. nw.) (van honden): waakzaam.

**waak·vlam** (de ~; -men) kleine vlam in een gasapparaat, zoals een geiser of een kachel, die altijd brandt en die het aandoen makkelijker maakt.

**waak·zaam** (bijv. nw.) goed oplettend ⇒ alert.

**Waals** (bijv. nw.) te maken hebbend met Wallonië ◆ **Waalse** Haan: vlag van de Franstalige gemeenschap in België.

**waan** (de ~(m.)) opvatting die niet klopt met de werkelijkheid ◆ hij verkeerde in de **waan** dat hij erg populair was; iemand in de **waan** laten dat ...: (uitdr.) iemands foute ideeën niet verbeteren, iemand laten denken dat ....

**waan·idee** (het ~; -ideeën) gedachte die je je inbeeldt, die niet klopt met de werkelijkheid.

**waan·wijs** (bijv. nw.) gezegd van iemand die ten onrechte denkt dat hij of zij wijs is ⇒ pedant ◆ **waanwijze** opvattingen.

**waan·zin** (de ~(m.)) **1** krankzinnigheid, het gek (bet.1) zijn ◆ iemand tot **waanzin** drijven: iemand helemaal gek of wanhopig maken **2** grote onzin ◆ dat plan van hem is complete **waanzin**.

**waan·zin·nig**[1] (bijv. nw.) **1** krankzinnig, gek ◆ hij is **waanzinnig** geworden van verdriet **2** dwaas, raar ◆ een **waanzinnig** hoedje.

**waan·zin·nig**[2] (bijw.) in hevige mate, geweldig ◆ voetbal is **waanzinnig** populair.

**waar**[1] (de ~; waren) koopwaar ◆ de koopman stalde zijn **waren** uit; **waar** voor je geld krijgen: (uitdr.) iets goeds krijgen voor het geld dat je uitgeeft; alle **waar** is naar zijn geld: (uitdr.) (dit zeg je als iets dat goedkoop was, niet zo goed blijkt te zijn).

**waar**[2] (bijv. nw.) in overeenstemming met de werkelijkheid ◆ een **waar** gebeurd verhaal; het is hier een **waar** paradijs: je kunt dit echt wel een paradijs noemen; 't is toch niet **waar**!: (uitroep van verbazing); het is helaas maar al te **waar**: (uitdr.) (dit zeg je als iemand een vervelend bericht niet kan geloven); iets voor **waar** aannemen: (uitdr.) iets geloven; o ja, dat is **waar** ook: (uitdr.) (dit zeg je als je je ineens herinnert dat je nog iets moet zeggen).

**waar**[3] (bijw.) op welke plaats ◆ **waar** woon jij?; **waar** ga je naar toe?; het kantoor **waar** ik werk.

**waar·ach·tig**[1] (bijv. nw.) oprecht, eerlijk ◆ **waarachtige** liefde.

**waar·ach·tig**[2] (bijw.) werkelijk, echt (om te bevestigen wat gezegd is) ⇒ waarlijk, heus ◆ dat is **waarachtig** een hele opgave!

**waar·borg** (de ~(m.); -en) belofte dat iets echt of goed is ⇒ garantie.

**waar·bor·gen** (waarborgde, heeft gewaarborgd) iets **waarborgen**: verzekeren dat iets echt of goed is, voor iets instaan ⇒ garanderen ◆ de kwaliteit van onze producten is gewaarborgd.

**waard**[1] (zelfst. nw.; -en) **1** (de ~(m.); vrouw: waardin) baas van een café of herberg ⇒ herbergier, kastelein ◆ zoals de **waard** is, vertrouwt hij zijn gasten: (spreekwoord) als iemand jou niet vertrouwt, zal hij of zij zelf wel niet te vertrouwen zijn **2** (de ~) gebied dat door rivieren omsloten is ▼ buiten de **waard** gerekend hebben: een mooi plannetje bedacht hebben maar er niet op gerekend hebben dat iemand dat zou dwarsbomen; ik wilde vroeg weggaan, maar ik had buiten de **waard** gerekend.

**waard**[2] (bijv. nw.) **1** een bepaalde waarde* hebbend ◆ dat horloge is veel geld **waard**; wat is het je **waard**?: wat heb je ervoor over?; ze is nog niet veel **waard**: (uitdr.) ze is nog niet erg fit, nog tot weinig in staat ▼ **waarde** vriend!: (deftig) beste vriend (als aanhef van een brief of toespraak).

**waar·de** (de ~(v.); -n) **1** dat wat iets aan geld kan opbrengen ◆ voorwerpen van **waarde**; de **waarde** van dat schilderij wordt op een miljoen geschat; iets beneden de **waarde** verkopen: (uitdr.) voor minder geld dan je ervoor zou kunnen krijgen; een boekenbon ter **waarde** van ƒ 25,-: (uitdr.) voor dat bedrag **2** dat wat iets of iemand voor je betekent ◆ zij is van onschatbare **waarde** voor hem; ergens **waarde** aan hechten: ergens een betekenis aan verbinden, iets belangrijk vinden; **waarden** en normen: (uitdr.) opvattingen over wat goed of slecht is; iemand in zijn of haar **waarde** laten: (uitdr.) iemand aanvaarden zoals hij of zij is, niet meer van iemand eisen dan hij of zij kan geven; iemand of iets naar **waarde** schatten: (uitdr.) beseffen wat iemand of iets betekent, hoe belangrijk iemand of iets is; dat is van nul en generlei **waarde**: (uitdr.) dat is volstrekt waardeloos.

**waar·de·loos** (bijv. nw.) zonder waarde* ◆ knutselen met **waardeloos** materiaal: met dozen, lapjes en andere dingen die meestal weggegooid worden; een **waardeloze** film: een slechte film.

**waar·de·ren** (waardeerde, heeft gewaardeerd) iemand of iets **waarderen**: beseffen welke waarde* (bet.2) iemand of iets voor je heeft ⇒ appreciëren ◆ ik **waardeer** het dat je me geholpen hebt: ik stel het op prijs.

**waar·de·ring** (de ~(v.); -en) het waarderen* ◆ je **waardering** voor iemand uitspreken; ze kreeg veel **waardering** voor haar werk.

**waar·de·vol** (bijv. nw.) met een grote waarde* ◆ **waardevolle** sieraden; **waardevolle** informatie.

**waar·dig** (bijv. nw.) **1** eerbied verdienend, eerbied afdwingend **2** waaruit eerbied blijkt, passend bij de waarde* (bet.2) van iets of iemand ◆ *een **waardige** ontvangst; een **waardig** antwoord* ▼ *iets niet **waardig** zijn*: iets niet verdienen, niet goed genoeg voor iets zijn.

**waar·dig·heid** (de ~(v.)) het waardig* zijn ◆ *iets beneden je **waardigheid** achten*: (uitdr.) vinden dat je ergens te goed voor bent.

**waar·din** (de ~(v.); -nen) **1** vrouw van een waard[1]* **2** vrouwelijke waard[1]*.

**waar·heid** (de ~(v.)) dat wat waar[2]* is ◆ *de **waarheid** spreken; iets naar **waarheid** vertellen; de **waarheid** geweld aandoen*: (uitdr.) dingen vertellen die niet waar zijn, een beetje liegen; *iemand ongezouten de **waarheid** zeggen*: (uitdr.) iemand ronduit zeggen wat je van hem of haar vindt; *om je de **waarheid** te zeggen …*: (uitdr.) eerlijk gezegd, eigenlijk …; *dat is bezijden de **waarheid***: (uitdr.) dat is niet of niet helemaal waar; *een **waarheid** als een koe*: (uitdr.) iets erg vanzelfsprekends; *de **waarheid** ligt in het midden*: (uitdr.) bij een meningsverschil heeft iedereen vaak een beetje gelijk.

**waar·lijk** (bijw.) (ouderwets) werkelijk, heus ⇒ *waarachtig* ◆ ***waarlijk**, ze kan goed zingen*.

**waar·ma·ken** (maakte waar, heeft waargemaakt) **1** iets, bijv. een belofte, waarmaken: iets uitvoeren, ervoor zorgen dat iets werkelijk gebeurt ⇒ *verwezenlijken* ◆ *al die mooie voornemens kun je toch niet **waarmaken*** **2** jezelf waarmaken: bewijzen dat je heel wat kunt of heel wat bent.

**waar·merk** (het ~; -en) merk of teken waaruit blijkt dat iets echt is, bijv. een handtekening op een schilderij.

**waar·neem·ster** → waarnemer.

**waar·ne·men** (nam waar, heeft waargenomen) **1** iets of iemand waarnemen: iets of iemand met je zintuigen opmerken, vooral met je ogen of oren ◆ *veranderingen **waarnemen*** **2** iets voor of van iemand waarnemen: iets in iemands plaats doen, iemand vervangen ◆ *dokter de Groot **neemt** de praktijk van dokter Vis **waar*** ▼ *de kans, de gelegenheid **waarnemen**: die benutten*.

**waar·ne·mer** (de ~(m.); -s), vrouw: **waar·neem·ster** (de ~(v.); -s) iemand die waarneemt* ◆ *toen de dokter ziek was kwam zijn **waarnemer***.

**waar·ne·ming** (de ~(v.); -en) het waarnemen* ◆ *een interessante **waarneming** doen*: iets interessants opmerken.

**waar·om** (bijw.) om welke reden ◆ ***waarom** zing jij niet mee?; ik weet niet **waarom** hij dat gedaan heeft*.

**waar·schijn·lijk** (bijv. nw.) gezegd van iets dat vermoedelijk waar[2]* is ◆ *het lijkt mij niet **waarschijnlijk** dat we dit op tijd af krijgen*.

**waar·schijn·lijk·heid** (zelfst. nw.) ▼ *naar alle **waarschijnlijkheid***: zeer waarschijnlijk.

**waar·schu·wen** (waarschuwde, heeft gewaarschuwd) **1** iemand waarschuwen: iemand wijzen op mogelijk gevaar, nadeel of mogelijke schade ◆ *ze had hem nog **gewaarschuwd** voor die ruziemaker; ik **waarschuw** je voor de laatste keer!*: (dit zeg je om te dreigen) **2** iemand waarschuwen: iemand van iets op de hoogte brengen, iemand iets laten weten ⇒ *verwittigen* ◆ *na het ongelukje werd de dokter onmiddellijk **gewaarschuwd**; **waarschuw** me als ik moet komen*.

**waar·schu·wing** (de ~(v.); -en) keer dat je iemand waarschuwt* (bet.1) ◆ *dit is de laatste **waarschuwing**: als je het nog één keer doet …*.

**waar·zeg·ger** (de ~(m.); -s), vrouw: **waar·zeg·ster** (de ~(v.); -s) iemand die je de toekomst kan voorspellen ⇒ *ziener*.

**waas** (het ~) damp die ergens hangt als een soort dunne mist ◆ *een **waas** van geheimzinnigheid*: geheimzinnigheid

waardoor je er niet achter komt wat er aan de hand is; *een **waas** voor je ogen krijgen*: (uitdr.) alles als door een mist zien, bijv. van woede.

**wacht** (de ~) **1** het waken* ◆ *de **wacht** houden*: waken; *op **wacht** staan*: (uitdr.) als soldaat ergens opgesteld staan om te waken; *in de **wacht** zitten*: (uitdr.) in een ziekenhuis nachtdienst hebben; *van **wacht** zijn*: (in België □; uitdr.) (van dokters en apothekers) nachtdienst of weekenddienst hebben **2** iemand of groep personen die waakt* (bet.1) ◆ *kust**wacht**; wegen**wacht*** ▼ *iemand de **wacht** aanzeggen*: iemand voor de laatste keer waarschuwen en met straf dreigen als hij of zij zijn of haar plicht niet doet; *iets in de **wacht** slepen*: iets weten te krijgen, je van iets meester maken.

**wacht·dienst** (de ~(m.); -en) (in België □) weekend- of nachtdienst van dokters of apothekers.

**wach·ten** (wachtte, heeft gewacht) **1** wachten op iemand of iets: ergens blijven tot iemand of iets komt ◆ *ik **wacht** op de bus; **wacht** even, ik kom eraan* **2** nog niet beginnen ◆ *laten we nog even **wachten** met eten tot mama komt; dat kan wel **wachten**: dat kan wel uitgesteld worden* **3** je voor iets wachten: voor iets hoeden, voor iets oppassen ◆ ***wacht** u voor de hond*.

**wach·ter** (de ~(m.); -s) iemand die de wacht* (bet.1) houdt ⇒ *wacht*.

**wacht·geld** (het ~) uitkering voor ambtenaren die werkloos zijn geworden zonder dat het hun eigen schuld is.

**wacht·ka·mer** (de ~; -s) kamer waar je op je beurt wacht, bijv. bij een dokter of tandarts.

**wacht·lijst** (de ~; -en) lijst waarop je naam staat als je nog niet direct voor iets aan de beurt bent ◆ *er is voor die flats een **wachtlijst** van een halfjaar*: na een halfjaar kom je aan de beurt om erin te gaan wonen.

**wacht·woord** (het ~; -en) afgesproken woord dat je tegen iemand die de wacht (bet.1) houdt moet zeggen om toegelaten te worden ⇒ *parool, schibbolet*.

**wad** (het ~; -den) doorwaadbare plaats in zee, vooral elk van de stukken grond ten noorden van Friesland en Groningen die met eb droog komen te liggen.

**wad·den·ei·land** (het ~; -en) elk van de eilanden in de Waddenzee ◆ *Ameland is een van de **waddeneilanden***.

**wa·den** (waadde, heeft of is gewaad) door ondiep water lopen ◆ *naar de overkant van de rivier **waden***.

**wad·jang, wad·jan** (de ~(v.); -s) pan met een halfronde bodem, waarin je Indisch en Chinees eten klaarmaakt ⇒ *wok*.

**waf** (tussenw.) (geluid van een blaffende hond) ⇒ *woef*.

**wa·fel** (de ~; -s) platte, luchtige koek met een ruitjespatroon ◆ *warme **wafels** met slagroom; een stroop**wafel***: twee platte wafels met stroop ertussen.

**waf·fel** (de ~; -s) (populair) mond.

**wa·gen[1]** (de ~(m.); -s) vervoermiddel dat bestaat uit een kar of bak met wielen ◆ *paard en **wagen**; kinder**wagen**; ze komen met de **wagen***: (uitdr.) met de auto.

**wa·gen[2]** (waagde, heeft gewaagd) **1** iets wagen: iets durven ondernemen, het risico om iets te doen ◆ ***waag** het niet te laat te komen!; een kansje **wagen***: iets proberen; *wie niet **waagt**, die niet wint*: (spreekwoord) als je iets wilt bereiken, moet je wel eens een risico nemen ▼ *je leven **wagen***: het op het spel zetten, je blootstellen aan gevaar; *het erop **wagen***: het risico toch nemen, het proberen.

**wa·gen·park** (het ~; -en) alle auto's of vrachtwagens die bij een bedrijf horen.

**wa·gen·wijd** (bijv. nw.) ▼ ***wagenwijd** openstaan*: heel erg wijd openstaan; *de deur staat **wagenwijd** open*.

**wag·ge·len** (waggelde, heeft gewaggeld) lopen waarbij je schommelende bewegingen maakt naar opzij ◆ *de eend waggelde naar de vijver.*

**wa·gon** (de ~(m.); -s) rijtuig van een trein ◆ *deze wagon wordt bij het volgende station losgekoppeld.*

**wa·jang·pop** (de ~; -pen) platte pop of marionet uit een Javaans poppenspel.

**wak** (het ~; -ken) gat in het ijs of plek waar het ijs heel dun is.

**wa·ken** (waakte, heeft gewaakt) **1** wakker blijven om op te letten, om toezicht te houden ◆ *bij een zieke waken* **2** *over iemand of iets waken*: goed op iemand of iets passen, ervoor zorgen dat iemand of iets geen kwaad overkomt ◆ *de poes waakt over haar jongen.*

**wa·ker** (de ~(m.); -s) dijk vlak langs de zee of een rivier waarna nog twee andere dijken volgen, de 'slaper' en de 'dromer'.

**wak·ker** (bijv. nw.) **1** niet slapend ◆ *daar lig ik niet wakker van*: (uitdr.) daar maak ik me geen zorgen over; *iemand wakker schudden*: (uitdr.) iemand van iets bewust maken, iemand iets laten inzien **2** pienter en fris ⇒ *uitgeslapen* ◆ *een wakkere meid.*

**wal** (de ~(m.); -len) **1** waterkant, vasteland ◆ *de matrozen gingen aan wal*; *van wal steken*: (uitdr.) beginnen te vertellen; *tussen wal en schip terechtkomen, tussen wal en schip raken*: (uitdr.) het een noch het ander krijgen, alles net mislopen; *aan lager wal raken*: (uitdr.) in armoedige, slechtere omstandigheden terechtkomen; *van twee walletjes eten*: (uitdr.) niet kiezen tussen twee dingen en van allebei profiteren; *iemand van de wal in de sloot helpen*: (uitdr.) iemand nog meer moeilijkheden bezorgen dan die persoon al heeft door hem of haar op de verkeerde manier te helpen **2** stenen muur die om een stad heen gebouwd is als bescherming ▼ *wallen onder je ogen hebben*: donkere kringen, bijv. door te weinig slaap.

**wald·hoorn** (de ~(m.); -s) koperen blaasinstrument dat een zachte klank geeft.

**wal·ge·lijk, walg·lijk** (bijv. nw.) om van te walgen* ⇒ *weerzinwekkend* ◆ *een walgelijke smaak.*

**wal·gen** (walgde, heeft gewalgd) *van iets of iemand walgen*: een grote afkeer hebben van iets of iemand ◆ *ik walg van zijn schijnheiligheid*; *ze walgt van melk.*

**wal·ging** (de ~(v.)) het walgen*, grote afkeer ◆ *zijn gezicht drukte walging uit.*

**walg·lijk** → walgelijk.

**wal·hal·la** (het ~) plaats waar volgens de oude Germanen strijders terechtkwamen na hun dood ◆ *dat is een walhalla voor watersportliefhebbers*: (uitdr.) een heel goede plaats, een paradijs.

**wal·kie-tal·kie** (Engels) [wɔːkietɔːkie, in België: walkietalkie] (de ~; -s) draagbaar zend- en ontvangapparaat ⇒ *portofoon.*

**walk·man®** (Engels) [wɔːkmen] (de ~(m.); -s) (letterlijk: loopman) kleine draagbare cassetterecorder, soms met radio, met een koptelefoon.

**wal·le·bak·ken** (wallebakte, heeft gewallebakt) (in België □; populair) fuiven, boemelen.

**wal·lin·gant** (de ~(m.); -en) **1** Waal die opkomt voor de rechten van de Walen in België **2** Waal die een zelfstandig Wallonië wil.

**walm** (de ~(m.); -en) dikke, vette damp ◆ *de walm van gebakken friet.*

**wal·men** (walmde, heeft gewalmd) walm* afgeven ◆ *de pas gedoofde kaarsen stonden nog te walmen.*

**wal·noot** (de ~; -noten) ronde noot met een lichtbruine bast, die uit twee gelijke helften bestaat ⇒ *okkernoot.*

**wal·rus** (de ~(m.); -sen) zoogdier met twee grote hoektanden, dat in de poolzee leeft.

**wals** (de ~; -en) **1** machine met een grote, zware rol om iets te pletten ◆ *asfalt effenen met een wals* **2** bepaalde dans of dansmuziek in driekwartsmaat.

**wal·sen** (walste, heeft gewalst) **1** *iets walsen*: met een wals* (bet.1) over iets heen gaan om het plat te maken ◆ *een weg walsen* **2** *ergens overheen walsen*: ergens botweg geen aandacht aan besteden, ergens aan voorbijgaan ◆ *de voorzitter walste over mijn argumenten heen* **3** een wals* (bet.2) dansen.

**wal·stro** (het ~) plantje met blaadjes die de vorm van een ster hebben.

**wal·vis** (de ~(m.); -sen) groot zoogdier dat in zee leeft.

**wam·buis** (het ~; wambuizen) ouderwets kledingstuk voor mannen dat het bovenlijf tot aan het middel bedekt.

**wan** (de ~) grote, platte mand waarin koren geschud wordt, zodat het kaf weg kan waaien.

**wan-** verkeerd, slecht ◆ *wanverhouding*; *wangedrag.*

**wand** (de ~(m.); -en) afscheiding tussen twee ruimtes in een gebouw of schip.

**wan·daad** (de ~(m.); wandaden) slechte daad.

**wan·del** (zelfst. nw.) ▼ *aan de wandel zijn*: (populair) wandelen.

**wan·de·len** (wandelde, heeft gewandeld) lopen voor je ontspanning, als tijdverdrijf ◆ *een eindje wandelen in het park*; *iemand wandelen sturen*: (in België □; uitdr.) iemand afschepen.

**wan·del·gan·gen** (zelfst. nw.) ▼ *iets in de wandelgangen horen, vernemen*: iets te weten komen zonder dat het officieel bevestigd is.

**wan·de·ling** (de ~(v.); -en) **1** keer dat je wandelt* ◆ *we gaan een wandeling door de bossen maken* ▼ *in de wandeling*: gewoonlijk, in het dagelijks leven; *de Grote Van Dale, in de wandeling 'de Dikke Van Dale' genoemd*: die meestal 'de Dikke Van Dale' genoemd wordt.

**wan·del·wa·gen** (de ~(m.); -s) wagen waarin je een zittend kind voortduwt.

**wa·nen** (waande, heeft gewaand) **1** *je iets wanen*: je inbeelden dat je iets (anders) bent ◆ *hij waant zichzelf een mislukkeling* **2** *je ergens wanen*: je inbeelden dat je ergens (anders) bent ◆ *we waanden ons in de woestijn.*

**wang** (de ~; -en) elk van de twee min of meer bolle delen van je gezicht, aan weerskanten van je neus ⇒ *koon.*

**wang·zak** (de ~(m.); -ken) ruime plooi aan de binnenkant van de wang van sommige dieren, bijv. hamsters, waarin ze voedsel verzamelen en bewaren.

**wan·hoop** (de ~) gevoel dat je elke hoop* (bet.4) op iets goeds verloren hebt ◆ *je brengt me tot wanhoop met je eeuwige gezeur*; *de wanhoop nabij zijn*: bijna alle hoop op een oplossing voor de moeilijkheden verloren hebben.

**wan·ho·pen** (wanhoopte, heeft gewanhoopt) geen hoop* (bet.4) hebben op een goede afloop.

**wan·ho·pig** (bijv. nw.) vol wanhoop* ◆ *de gevangen genomen soldaat keek wanhopig rond*; *een wanhopige poging*: een laatste poging, zonder veel hoop op succes.

**wan·kel** (bijv. nw.) gezegd van iemand die of iets dat niet stevig op de grond staat of dreigt te vallen ⇒ *labiel* ◆ *een wankel krukje*; *het pasgeboren veulen stond nog wankel op zijn benen.*

**wan·ke·len** (wankelde, heeft gewankeld) **1** wankel* staan of wankel* lopen ◆ *de zieke wankelde door de kamer* **2** (van geloof, vertrouwen, macht enz.) aan het wankelen raken: minder krachtig, minder vast worden.

**wan·kel·moe·dig** (bijv. nw.) vol twijfel en onzekerheid.

**wan·klank** (de ~(m.); -en) gebeurtenis die de sfeer een beetje bederft ◆ *een bijeenkomst zonder één* **wanklank**.

**wan·neer**[1] (bijw.) op welke tijd of dag, in welk jaar enz. ◆ **wanneer** *kom je?;* **wanneer** *zul je nu eens tevreden zijn?:* in welk geval?

**wan·neer**[2] (voegw.) **1** (geeft een tijdstip aan) ⇒ *als* ◆ **wanneer** *ik wegga, waarschuw ik wel even* **2** (geeft een mogelijkheid of voorwaarde aan) ⇒ *als, indien, zo, ingeval* ◆ *het zou beter gaan,* **wanneer** *je meer je best deed.*

**wan·or·de** (de ~) gebrek aan orde* ⇒ *chaos* ◆ *er heerst een grote* **wanorde** *in huis.*

**wan·stal·tig** (bijv. nw.) afstotend lelijk ⇒ *monsterlijk.*

**want**[1] (zelfst. nw.) **1** (de ~; -ten) handschoen zonder aparte vingers, maar met een duim **2** (het ~) alle touwen aan de masten van een schip.

**want**[2] (voegw.)(geeft een reden aan) ◆ *ik denk dat het geregend heeft* **want** *mijn fiets is nat.*

**wan·ten** (ww.) ▼ *van* **wanten** *weten:* goed en snel kunnen werken.

**wan·trou·wen**[1] (het ~) gevoel dat je iemand of iets niet kunt vertrouwen[2*], het tegenovergestelde van 'vertrouwen[1]' ⇒ *achterdocht, argwaan* ◆ **wantrouwen** *jegens iemand koesteren.*

**wan·trou·wen**[2] (wantrouwde, heeft gewantrouwd) *iemand of iets wantrouwen:* iemand of iets niet vertrouwen[2*] ◆ *ik* **wantrouw** *haar bedoelingen.*

**wan·trou·wig** (bijv. nw.) vol wantrouwen[1*] ⇒ *achterdochtig, argwanend* ◆ *een* **wantrouwige** *blik.*

**WAO** (de ~)(in Nederland) **W**et op de **A**rbeids**o**ngeschiktheidsverzekering; dit is een wet die ervoor zorgt dat iemand die een baan heeft en langdurig ziek wordt, toch geld krijgt.

**wa·pen** (het ~; -s of -en) **1** voorwerp dat je gebruikt om iemand mee aan te vallen of om je mee te verdedigen ◆ *schietwapen; steekwapen; iemand met zijn of haar eigen* **wapens** *verslaan:*(uitdr.) van iemand winnen met dezelfde argumenten of dezelfde werkwijze die hij- of zijzelf gebruikt; *iemand de* **wapens** *uit handen slaan:* (uitdr.) ervoor zorgen dat iemand zijn of haar argumenten niet meer kan gebruiken; *iemand onder de* **wapenen** *roepen:*(uitdr.) iemand voor militaire dienst oproepen; *te* **wapen!:**(uitdr.)(bevel om de wapens te grijpen) **2** figuur, meestal in de vorm van een versierd schild, waar je een adellijke familie, een stad, land enz. aan herkent ◆ *het* **wapen** *van Utrecht.*

**wa·pe·nen** (wapende, heeft gewapend) **1** *iemand wapenen:* iemand een of meer wapens* (bet.1) geven ⇒ *bewapenen* **2** *je tegen iets wapenen:* ervoor zorgen dat je ergens tegen kunt ◆ *met zo'n dikke jas ben je goed* **gewapend** *tegen de kou* **3** *je met iets wapenen:* iets meenemen omdat je het waarschijnlijk nodig zult hebben ◆ *we* **wapenden** *ons met paraplu's en regenjassen en gingen op pad.*

**wa·pen·feit** (het ~; -en) heldhaftige daad, prestatie waarmee je lof verdient.

**wa·pen·rok** (zelfst. nw.) ▼ *'s konings* **wapenrok** *dragen:* (uitdr.) in militaire dienst zijn.

**wa·pen·rus·ting** (de ~(v.); -en) wapens en ijzeren kledingstukken van een middeleeuwse ridder of soldaat.

**wa·pen·schild** (het ~; -en) schild of bord met het wapen (bet.2) van een adellijke familie, van een stad, land enz..

**wa·pen·stil·stand** (de ~(m.)) overeenkomst tussen twee legers of tussen twee landen die in oorlog zijn, om voorlopig niet meer te vechten ⇒ *bestand.*

**wap·pe·ren** (wapperde, heeft gewapperd)(van haren en textiel): snel heen en weer bewegen door de wind ◆ **wapperende** *vlaggen.*

**war** (zelfst. nw.) ▼ *in de* **war** *zijn:* verward zijn, alles door elkaar halen; *iets in de* **war** *sturen:* ervoor zorgen dat iets misloopt; *in de* **war** *zitten:* verstrikt en vol knopen zitten.

**wa·ran·da** (de ~; waranda's) veranda.

**wa·rat·je** (bijw.) warempel.

**war·boel** (de ~) ongeordende rommel ⇒ *warwinkel* ◆ *ik kan in die* **warboel** *niets vinden.*

**wa·re** → zijn.

**wa·rem·pel** (bijw.) toch nog, hoewel je het niet verwachtte ⇒ *zowaar, waratje* ◆ *hij is* **warempel** *op tijd!*

**wa·ren**[1] (zelfst. nw.; meervoud) dingen die je in een winkel kunt kopen ⇒ *koopwaar* ◆ *de koopman prees zijn* **waren** *aan.*

**wa·ren**[2] (waarde, heeft gewaard)(van spoken, geesten, verschijningen):(ouderwets) zonder een vaste richting rondgaan ⇒ *ronddwalen.*

**wa·ren**[3] → zijn.

**wa·ren·huis** (het ~; -huizen) **1** grote winkel waar je allerlei waren[1] kunt kopen **2** grote kas waarin groente of fruit geteeld wordt.

**war·hoofd** (het ~of het ~; -en) iemand die altijd een beetje in de war is, die in zijn of haar hoofd alles door elkaar haalt ⇒ *chaoot.*

**warm** (bijv. nw.) **1** met een hoge temperatuur, het tegenovergestelde van 'koud' ◆ **warm** *eten;* **warme** *kleren:* kleren die je warm houden; *het ging er* **warm** *aan toe:* (uitdr.) er werd flink gevochten; *niet* **warm** *of koud van iets worden:*(uitdr.) je ergens niets van aantrekken, ergens onbewogen bij blijven; *iets, bijv. een plannetje,* **warm** *houden:*(uitdr.) ervoor zorgen dat het in de belangstelling blijft; **warm** *lopen voor iets:*(uitdr.) enthousiast voor iets worden; *iets* **warm** *aanbevelen:*(uitdr.) iets van harte aanbevelen **2** hartelijk, welgemeend ◆ *in* **warme** *bewoordingen heette hij ons welkom; een* **warme** *belangstelling voor de zieke* ▼ *je bent* **warm:** je hebt het bijna gevonden of geraden; **warme** *kleuren:* kleuren die een prettige indruk geven.

**warm·bloe·dig** (bijv. nw.) **1** vurig, temperamentvol ◆ *een* **warmbloedig** *volk* ▼ **warmbloedige** *dieren:* dieren met een lichaamstemperatuur die altijd hetzelfde is en niet afhankelijk is van de omgeving, namelijk zoogdieren en vogels.

**war·men** (warmde, heeft gewarmd) **1** *iets warmen:* iets warm* (bet.1) maken ◆ *je handen* **warmen** *boven het vuur* **2** *je warmen:* weer warm* (bet.1) worden dicht bij een vuur of kachel.

**war·ming-up** (Engels) [wɔɔrmingup, in België: warmingup](de ~; -s) reeks oefeningen die je vlak voor een wedstrijd of voorstelling doet om je spieren los te maken.

**warm·pjes** (bijw.) lekker warm* (bet.1) ◆ *ze kleedde haar baby* **warmpjes** *aan; er* **warmpjes** *bij zitten:*(uitdr.) rijk zijn.

**warm·te** (de ~) **1** het warm* (bet.1) zijn ◆ *zonne***warmte** **2** het warm* (bet.2) zijn ⇒ *hartelijkheid* ◆ *de* **warmte** *van zijn woorden deed iedereen goed.*

**war·re·len** (warrelde, heeft gewarreld) warrig door elkaar zweven ◆ **warrelende** *sneeuwvlokken; de gedachten* **warrelden** *door mijn hoofd.*

**war·rig** (bijv. nw.) verward, ongeordend ◆ *de dame vertelde een* **warrig** *verhaal.*

**wars** (bijv. nw.) ▼ **wars** *van iets zijn:* ergens een hekel aan hebben, ergens niets van willen weten; *hij is* **wars** *van roddelpraatjes.*

**War·schau·pact** [warsjaupakt](het ~) tot 1991 het verbond tussen de Sovjet-Unie, Polen, Oost-Duitsland en enkele andere Oostbloklanden om elkaar te helpen als er oorlog komt.

**war·taal** (de ~) woorden of zinnen die niet te begrijpen zijn ⇒ *nonsens, onzin* ◆ *wartaal uitslaan*: onbegrijpelijk praten.

**war·win·kel** (de ~(m.)) warboel.

**was¹** (zelfst. nw.) **1** (de ~(m.)) het wassen* (bet.1) ◆ *de was doen*: wassen **2** (de ~(m.)) alles wat gewassen* (bet.1) moet worden of al gewassen* (bet.1) is ⇒ *wasgoed* ◆ *de witte was en de bonte was*; *de was strijken*; *de vuile was buiten hangen*: (uitdr.) aan mensen die er niets mee te maken hebben vertellen wat je thuis voor problemen en ruzies hebt **3** (de ~(m.) of het ~) doorschijnende, vettige stof, zoals bijv. door bijen wordt gemaakt ◆ *boenwas*; *iets in de was zetten*: iets ermee insmeren; *als was in iemands handen zijn*: (uitdr.) erg gewillig zijn, precies doen wat iemand zegt ▼ *goed in de slappe was zitten*: (populair) rijk zijn.

**was²** → zijn.

**was·beer** (de ~(m.); -beren) grijs roofdiertje met zwartwitte dwarsstrepen op zijn staart.

**was·bord** (het ~; -en) plank met aan één kant geribbeld blik, waarop vroeger de vuile was werd schoongewreven.

**was·dom** (de ~(m.)) (deftig) groei ◆ *tot volle wasdom komen*: helemaal uitgroeien.

**wa·sem** (de ~(m.)) zichtbare damp, bijv. door kokend water ◆ *een wasem op de ruiten*.

**was·goed** (het ~) was (bet.2).

**was·hand·je** (het ~; -s) zakje van badstof dat je om je hand doet om je ermee te wassen.

**was·knij·per** (de ~(m.); -s) klemmetje waarmee je wasgoed aan de waslijn kunt vastmaken ⇒ *knijper*.

**was·lijn** (de ~; -en) lijn waaraan je wasgoed te drogen hangt.

**was·lijst** (de ~; -en) lange lijst, lange opsomming ◆ *een waslijst met boodschappen*; *een waslijst met klachten*.

**was·sen 1** (waste, heeft gewassen) *iemand of iets wassen*: iemand of iets met water, en meestal met zeep, schoonmaken ◆ *je handen wassen*; *hij moet zich wassen*; *kleren wassen* **2** (wies, is gewassen) (ouderwets) groter worden ⇒ *groeien* ◆ *het graan is flink gewassen*; *de wassende maan*; *het wassende water*: de opkomende vloed.

**was·se·ret·te** (de ~(v.); -s) zaak met wasmachines waar je tegen betaling zelf je was* (bet.1) kunt doen.

**was·se·rij** (de ~(v.); -en) zaak met wasmachines waar je tegen betaling je was* (bet.1) kunt laten doen.

**was·ta·fel** (de ~; -s) bak met kranen en een afvoer waaraan je je kunt wassen.

**wat¹** (vnw.) **1** (betr. vnw.) (woord waarmee je aan het begin van een bijzin verwijst naar iets uit de hoofdzin) ◆ *is er nog iets wat je wilt weten?* **2** (vr. vnw.) (woord waarmee je naar iets vraagt) ◆ *wat bedoel je?*; *wat kost dat?*: hoeveel kost dat? **3** (onbep. vnw.) iets ◆ *ik heb maar wat gezegd* **4** (onbep. vnw.) een vrij kleine hoeveelheid ◆ *er kunnen nog wat mensen bij*; *heel wat*: (uitdr.) nogal veel; *we hebben nog heel wat te doen*.

**wat²** (bijw.) **1** een beetje ⇒ *enigszins* ◆ *hij is nog wat te klein*; *het is wat laat om nog weg te gaan* **2** erg ⇒ *zeer* ◆ *ze zijn er wát gelukkig mee* **3** (woord dat je gebruikt om te laten merken hoe verbaasd, geschokt of verrast je bent) ◆ *wat erg voor je!*

**wat³** (tussenw.) (om aan te geven dat je iets niet goed verstaan of begrepen hebt, of dat je iets niet kunt geloven) ⇒ *hè* ◆ *wát, tien eieren voor maar één gulden?*

**wa·ter** (het ~) **1** de heldere reukloze en kleurloze vloeistof waaruit zeeën, rivieren enz. bestaan en die noodzakelijk is voor alle levende wezens ◆ *leidingwater*; *drinkwater*; *regenwater*; *een schip te water laten*: een nieuwgebouwd schip in het water laten glijden; *hoog water*: vloed; *onder water staan*: overstroomd zijn; *hoog water hebben*: (uitdr.; populair) nodig moeten plassen; *zo vlug als water zijn*: (uitdr.) heel snel en behendig zijn; *de boot maakt water*: (uitdr.) hij is lek; *een ... van het zuiverste water*: (uitdr.) een hele echte ...; *een oplichter van het zuiverste water*; *op water en brood zitten*: (uitdr.) in de gevangenis zitten; *ze zijn als water en vuur*: (uitdr.) ze kunnen elkaar niet uitstaan; *water bij de wijn doen*: (uitdr.) toegeven, niet koppig zijn; *water naar de zee dragen*: (uitdr.) iets doen dat geen enkele zin heeft; *bang zijn je aan koud water te branden*: (uitdr.) overdreven voorzichtig zijn; *het water staat me tot de lippen*: (uitdr.) ik zit in vreselijke problemen, ik zie geen uitweg meer; *weer boven water komen*: (uitdr.) weer komen opdagen, gevonden worden; *in het water vallen*: (uitdr.) niet doorgaan of mislukken; *het water loopt me in de mond*: (uitdr.) het lijkt me erg lekker **2** (de ~ of -s) rivier, meer, beek enz. ◆ *er stroomde een watertje door het dal*; *stille wateren hebben diepe gronden*: (spreekwoord) mensen die niet veel praten, hebben vaak verrassende gedachten.

**wa·ter·bouw·kun·de** (de ~(v.)) de techniek van het aanleggen van dijken, sluizen, kanalen, bruggen enz..

**wa·ter·clo·set** (het ~; -ten) (ouderwets) toilet.

**wa·ter·damp** (de ~(m.)) water in de vorm van damp, bijv. wat uit de ketel komt als het water kookt.

**wa·ter·dicht** (bijv. nw.) **1** geen water doorlatend ◆ *een waterdicht horloge* **2** gezegd van redeneringen, contracten enz. die kloppen tot in de kleinste details ⇒ *sluitend* ◆ *een waterdichte afspraak*.

**wa·te·ren** (waterde, heeft gewaterd) (deftig) plassen ⇒ *urineren*.

**wa·ter·golf** (de ~) kapsel waarbij er golven in het haar zijn gemaakt.

**wa·ter·gru·wel** (de ~(m.)) nagerecht van gort, krenten, bessensap, suiker en water.

**wa·ter·hoofd** (het ~; -en) dik, opgezwollen hoofd doordat er te veel vocht in de hersenholten zit.

**wa·te·rig** (bijv. nw.) met veel water* (bet.1), of lijkend op water* (bet.1) ◆ *waterige soep*; *waterige oogjes*: met tranen erin, bijv. van het huilen of van het gapen.

**wa·ter·juf·fer** (de ~; -s) libel.

**wa·ter·kans** (de ~; -en) (in België □; populair) uiterst kleine kans.

**wa·ter·kers** (de ~) sterrenkers.

**wa·ter·lan·ders** (zelfst. nw.; meervoud) (populair) tranen.

**wa·ter·lei·ding** (de ~(v.); -en) buizenstelsel waardoor drinkwater naar een kraan, wasmachine enz. loopt.

**wa·ter·le·lie** (de ~; -s) waterplant met grote bladeren en bloemen die op het water drijven.

**wa·ter·merk** (het ~; -en) figuur in papier dat je goed kunt zien als je het papier tegen het licht houdt ◆ *het watermerk in bankbiljetten*.

**wa·ter·pas** (de ~ of het ~; -sen) gereedschap waarmee je kunt kijken of iets precies horizontaal of verticaal is (kijk ook bij: **horizontaal en verticaal**).

**wa·ter·plant** (de ~; -en) plant die helemaal of voor een groot deel in het water groeit.

**wa·ter·pok·ken** (zelfst. nw.; meervoud) besmettelijke kinderziekte waarbij je rode vlekjes en blaasjes op je huid krijgt.

**wa·ter·po·lo** (het ~) balsport voor twee ploegen van zeven personen in het water.

**wa·ter·pomp·tang** (de ~; -en) platte, verstelbare tang waarmee je bijv. buizen en bouten kunt vastdraaien.

**wa·ter·proof** (Engels) [wɔːtərpruːf](bijv. nw.) waterdicht.

**waterskiën** wa·ter·ski·en (heeft gewaterskied) je door een snelle boot over het water laten voorttrekken, waarbij je op een of twee ski's staat.

**wa·ters·nood** (de ~(m.)) overstromingsramp.

**wa·ter·spie·gel** (de ~(m.)) wateroppervlak.

**wa·ter·staat** (de ~(m.)) dienst van de Nederlandse overheid die voor de stand van het water in kanalen en polders zorgt en voor dijken, sluizen, bruggen enz..

**wa·ter·stof** (de ~) kleurloos, reukloos en brandbaar gas.

**wa·ter·stof·bom** (de ~; -men) kernbom waarbij waterstof wordt gebruikt om de kracht voor de ontploffing te leveren (kijk ook bij: **kernbom**).

**wa·ter·stof·per·oxi·de** (het ~) scheikundige stof die o.a. wordt gebruikt als ontsmettingsmiddel en als bleekmiddel.

**wa·ter·tan·den** (watertandde, heeft gewatertand) veel zin hebben in iets lekkers dat je voor je ziet ♦ *een taart om van te watertanden*.

**wa·ter·trap·pen** (ww.) rechtop in het water blijven drijven door met je benen te trappen.

**wa·ter·val** (de ~(m.); -len) krachtige waterstroom van een beek of rivier die van een bergwand naar beneden valt.

**wa·ter·verf** (de ~) verf die je met water moet mengen voor je ermee kunt schilderen.

**wa·ter·weg** (de ~(m.); -en) rivier of kanaal waar je met schepen over kunt varen.

**wa·ter·zooi, wa·ter·zo** (de ~) (in België □) gerecht van gekookte kip met groenten en room.

**wat·je** (het ~; -s) klein propje watten*.

**wat·je·kouw** (de ~(m.); -en) (populair; ouderwets) harde klap ⇒ opstopper.

**watt** (Engels) [wat] (de ~(m.)) eenheid van elektrische energie die een elektrisch toestel levert of verbruikt ♦ *een lamp van 60 watt.*

**wat·ten** (zelfst. nw.; meervoud) gezuiverde katoenvezels, o.a. gebruikt als verband ♦ *iemand in de watten leggen:* (uitdr.) iemand erg verwennen en goed verzorgen.

**wat·te·ren** (watteerde, heeft gewatteerd) *iets watteren:* iets met watten* opvullen ♦ *gewatteerde dekens.*

**wau·we·len** (ww.) dom of vervelend praten.

**wave** (Engels) [wɛːv](de ~; -s) golfbeweging die de toeschouwers in een stadion maken, door één voor één op te staan.

**waxi·ne·licht·je** (het ~; -s) laag kaarsje dat je o.a. gebruikt in schotelwarmers en theelichtjes.

**wa·zig** (bijv. nw.) achter een waas* schuilgaand, het tegenovergestelde van 'helder' ⇒ onscherp ♦ *in de wazige verten zag je de stad liggen; wazig kijken:* (uitdr.) versuft.

**wc** (de ~(m.); wc's) watercloset; dit is een ouderwets woord voor: toilet.

**we** (pers. vnw.) wij.

**web** (het ~; -ben) netwerk van draden dat een spin maakt om er zijn prooi in te vangen ⇒ spinnenweb.

**wec·ken** (weckte, heeft geweckt) *groenten of fruit wecken:* ze lang houdbaar maken door ze heet in luchtdichte potten te doen.

**wed.** (afkorting) *wed*uwe.

**wed·de** (de ~; -n) salaris, vooral van militairen.

**wed·den** (wedde, heeft gewed) *met iemand wedden:* met iemand afspreken dat hij of zij geld of een andere beloning aan jou geeft als blijkt dat jij gelijk hebt, en omgekeerd ♦ *wedden om een ijsje?; ik wed op het bruine paard:* ik voorspel dat het bruine paard wint; *ik wil wedden dat ...*:(uitdr.) ik geloof vast dat ....

**wed·den·schap** (de ~(v.); -pen) het wedden* ♦ *een weddenschap aangaan; een weddenschap winnen.*

**weder(-)** → weer(-).

**we·der·dienst** (de ~(m.); -en) dienst of hulp aan iemand die jou eerder geholpen heeft ♦ *iemand een wederdienst bewijzen:* iets voor iemand terugdoen.

**we·der·helft** (de ~; -en) (populair) degene met wie je getrouwd bent.

**we·de·rik** (de ~(m.); -en) plant met gele bloemen.

**we·der·ke·rend** (bijv. nw.) (taal) gezegd van werkwoorden en voornaamwoorden die op het onderwerp zelf betrekking hebben ⇒ reflexief ♦ *het wederkerend voornaamwoord:* het woord 'zich' of een vorm daarvan (dus: me, je, ons of jullie); *wederkerende werkwoorden:* werkwoorden die 'zich' of een vorm daarvan bij zich hebben, bijv. 'zich wassen', 'zich ergeren'.

**we·der·ke·rig** (bijv. nw.) gezegd van iets dat voor beide personen of dingen opgaat ⇒ wederzijds ♦ *ze haten elkaar wederkerig; het wederkerig voornaamwoord:* (taal) het woord 'elkaar'.

**we·der·om** (bijw.) (deftig) weer, opnieuw.

**we·der·op·stan·ding** (de ~(v.)) het weer opstaan uit de dood, zoals in de bijbel van Jezus beschreven wordt.

**we·der·rech·te·lijk** (bijv. nw.) in strijd met de wet of met het recht ♦ *je iets wederrechtelijk toe-eigenen.*

**we·der·ver·ko·per** (de ~(m.); -s) iemand die spullen inkoopt om ze daarna aan anderen door te verkopen.

**we·der·waar·dig·he·den** (zelfst. nw.; meervoud) dingen die je meemaakt, belevenissen ⇒ lotgevallen ♦ *vertel eens iets over je wederwaardigheden tijdens je vakantie.*

**we·der·zijds** (bijv. nw.) gezegd van iets dat van beide partijen uitgaat ♦ *wederzijdse ontwapening; wederzijdse trouw beloven:* beloven dat je elkaar trouw zult zijn.

**wed·ijver** (de ~(m.)) het wedijveren* ⇒ competitie, rivaliteit ♦ *er bestaat altijd een wedijver tussen die twee broers.*

**wed·ijve·ren** (wedijverde, heeft gewedijverd) *met iemand wedijveren:* proberen beter te zijn dan iemand anders ⇒ concurreren ♦ *ze wedijverden met elkaar om de prijs voor de beste honkballer:* ze deden allebei erg hun best om die prijs te krijgen.

**wed·loop** (de ~(m.); wedlopen) wedstrijd in hardlopen tussen mensen of dieren.

**wed·strijd** (de ~(m.); -en) strijd tussen mensen of groepen mensen waaruit moet blijken wie de beste is ♦ *voetbalwedstrijd; schaakwedstrijd.*

**we·du·we, ** ouderwets: **weeuw** (de ~(v.); -n) vrouw van wie de echtgenoot gestorven is.

**we·duw·naar** (de ~(m.); -s) man van wie de echtgenote gestorven is.

**wee**[1] (de ~; weeën) pijnlijke samentrekking van de baarmoeder van een zwangere vrouw vlak voor en tijdens de bevalling.

**wee**[2] (bijv. nw.) slap en misselijk ♦ *ik ben wee van de honger; een weeë lucht:* waar je misselijk van wordt.

**wee**[3] (tussenw.) **1** (om droefheid uit te drukken) ♦ *wee mij, ongelukkige!* **2** (om een dreigement uit te drukken) ♦ *o wee als je dat nog eens doet.*

**weed** → wiet.

**weef·ge·touw** (het ~; -en) toestel om mee te weven.

**weef·sel** (het ~; -s) **1** geweven* stof ♦ *wollen en katoenen weefsels; fijn weefsel* **2** deel van een levend organisme dat uit een heleboel dezelfde cellen bestaat (kijk ook bij: **organisme en cel (bet.2)**) ♦ *spierweefsel.*

**weeg·bree** (de ~; weegbreeën) plant die in het wild groeit langs wegen en in weiden.

**weegs** (zelfst. nw.) ▼ *ieder ging zijns weegs*: ieder ging zijn eigen kant op.

**weeg·schaal** (de ~; -schalen) toestel om mee te wegen.

**week¹** (de ~) **1** (weken) periode van zeven dagen ◆ *een weekje op vakantie gaan*; *door de week*: op werkdagen, niet op zondag; *week in week uit*: (uitdr.) altijd maar door ▼ *iets in de week zetten*: iets laten weken.

**week²** (bijv. nw.) **1** zacht en slap, niet stevig ◆ *modder is een weke massa* **2** weekhartig.

**week³** → wijken.

**week·dag** (de ~(m.); -en) doordeweekse dag, geen zondag ⇒ *werkdag* ◆ *deze bus rijdt alleen op weekdagen*.

**week·dier** (het ~; -en) klein dier met een week lichaam zonder skelet, zoals slakken, mossels en inktvissen.

**week·ein·de** → weekend.

**week·end** (Engels) [wiɛkənt], **week·ein·de** (het ~; -s of -en) periode aan het eind van de week, de zaterdag en zondag, waarin de meeste mensen niet hoeven te werken ◆ *een weekend eropuit gaan*.

**week·har·tig** (bijv. nw.) gevoelig, snel ontroerd.

**wee·kla·gen** (weeklaagde, heeft geweeklaagd) klagend jammeren.

**weel·de** (de ~) overvloed van iets moois of prettigs ⇒ *luxe* ◆ *in weelde leven*; *een weelde van bloemen in de tuin*: ontzettend veel mooie bloemen.

**weel·de·rig** (bijv. nw.) overvloedig ⇒ *luxueus* ◆ *een weelderig leven leiden*; *een weelderige tuin*: een tuin vol mooie bloemen en planten; *een weelderige haardos*: een mooie, volle haardos.

**wee·moed** (de ~(m.)) stemming waarin je een klein beetje bedroefd bent om iets fijns dat voorbij is ◆ *met weemoed denk ik terug aan de vakantie*.

**wee·moe·dig** (bijv. nw.) vol weemoed*.

**weer¹** (zelfst. nw.) **1** (het ~; ouderwets: weder) toestand van de atmosfeer op een bepaald moment op een bepaalde plaats, vooral met betrekking tot de temperatuur, de bewolking, de neerslag en de wind ◆ *hoe is het weer vandaag?*; *in weer en wind*: (uitdr.) altijd, hoe de weersomstandigheden ook zijn; *mooi weer spelen*: (uitdr.) vriendelijk doen en net doen of er niets aan de hand is, terwijl er wél iets aan de hand is; *mooi weer spelen van andermans centen*: (uitdr.) het geld van iemand anders verkwisten **2** (het ~; ouderwets: weder) beschadiging die is veroorzaakt door de inwerking van temperatuur en vocht ◆ *het weer zit in de spiegel* **3** (de ~(m.) of het ~; weren) (in België □) kwast (bet.5) in hout ◆ *op een weer zitten*: (uitdr.) niet verder kunnen, geen besluit kunnen nemen ▼ *je weer stellen tegen iets*: weerstand bieden aan iets; *in de weer zijn met iets*: met iets bezig zijn.

**weer²**, ouderwets: **we·der** (bijw.) **1** nog een keer, opnieuw ◆ *de tv doet het weer*; *we stappen weer eens op* **2** terug ⇒ *weerom* ◆ *heen en weer*; *die tijd komt nooit weer* ▼ *ook weer*: ook alweer; *hoe moet dat ook weer?*

**weer·baar** (bijv. nw.) in staat je te verdedigen ◆ *weerbare mannen*; *hij bleek niet weerbaar genoeg*: hij bleek het niet aan te kunnen.

**weer·bar·stig** (bijv. nw.) **1** niet makkelijk over te halen of te overtuigen ⇒ *koppig* ◆ *een weerbarstig karakter* **2** niet gemakkelijk te buigen en te bewerken, stijf en stug ◆ *weerbarstig materiaal*; *weerbarstig haar*.

**weer·be·richt** (het ~; -en) mededeling op radio, tv of in de krant over het weer dat verwacht wordt.

**weer·ga** (zelfst. nw.) ▼ *als de weerga*: (populair) heel snel; *loop als de weerga nog even naar de bakker*; *zijn weerga niet hebben*: beter, knapper enz. zijn dan andere mensen of dingen; *zonder weerga*: niet met iets of iemand te vergelijken, zo goed, zo bijzonder enz..

**weer·gal·men** (weergalmde, heeft weergalmd) steeds opnieuw klinken door weerkaatsing van het geluid ⇒ *echoën, resoneren* ◆ *het geschreeuw weergalmde in de straten*.

**weer·ga·loos** (bijv. nw.) zonder weerga, met niets en niemand te vergelijken ◆ *hij speelt weergaloos mooi piano*.

**weer·ga·ve** (de ~; -n) iets dat weergegeven* (bet.1) is of wordt ◆ *geluidsweergave*; *deze fotokopie is een slechte weergave van het origineel*.

**weer·ge·ven** (gaf weer, heeft weergegeven) **1** iets weergeven: iets ergens anders opnieuw laten horen of zien ◆ *de woorden van de minister werden in de krant letterlijk weergegeven* **2** iets weergeven: iets op een andere manier tot uitdrukking brengen ⇒ *vertolken* ◆ *deze muziek geeft mijn gevoelens goed weer*.

**weer·haak** (de ~(m.); weerhaken) uitsteeksel aan een voorwerp waardoor je dit voorwerp als je het ergens in gestoken hebt er alleen met heel veel moeite weer uit kunt halen ◆ *weerhaakjes aan een plug*.

**weer·hou·den 1** (weerhield, heeft weerhouden) iemand ergens van weerhouden: iemand tegenhouden als hij of zij iets wil gaan doen ◆ *ik heb hem daar nog net van kunnen weerhouden* **2** iets weerhouden: (in België □) iets in overweging nemen, rekening met iets houden **3** iemand weerhouden: (in België □) iemand aanwijzen, iemand uitkiezen **4** weerhouden zijn: (in België □) verhinderd zijn.

**weer·kaat·sen** (weerkaatste, heeft of is weerkaatst) licht of geluid weerkaatsen: terugkaatsen ◆ *het zonlicht werd door het water weerkaatst*; *onze voetstappen weerkaatsen in de grot*.

**weer·klank** (zelfst. nw.) ▼ *de woorden vonden weerklank*: er werd instemmend op gereageerd.

**weer·klin·ken** (weerklonk, heeft weerklonken) hard en ver klinken (bet.1) ◆ *een schot weerklonk in de nacht*.

**weer·leg·gen** (weerlegde, heeft weerlegd) iets, bijv. een bewering, weerleggen: met argumenten aantonen dat het niet klopt.

**weer·licht** (de ~(m.) of het ~) bliksemflits ◆ *als de weerlicht*: (uitdr.; populair) heel snel.

**weer·lich·ten** (weerlichtte, heeft geweerlicht) het weerlicht: het bliksemt.

**weer·loos** (bijv. nw.) niet in staat je te verweren* ◆ *een weerloos slachtoffer*.

**weer·man** (de ~(m.); -nen) iemand die op de radio of op de televisie het weer voorspelt.

**weer·om** (bijw.) (ouderwets) terug ⇒ *weer* ◆ *hij komt nooit weerom*.

**weer·om·stuit** (zelfst. nw.) ▼ *van de weeromstuit*: als reactie op wat er gebeurt; *ik begon van de weeromstuit ook te lachen*.

**weer·schijn** (de ~(m.)) teruggekaatst licht ◆ *de weerschijn van de zon in de rivier*.

**weers·kan·ten** (zelfst. nw.) ▼ *aan weerskanten*: aan beide kanten; *van weerskanten*: van beide kanten.

**weer·slag** (de ~(m.)) vervelend gevolg ⇒ *repercussie* ◆ *de weerslag van een maatregel*.

**weer·span·nig** (bijv. nw.) je verzettend, tegendraads ⇒ *recalcitrant, onwillig* ◆ *een weerspannig kind*.

**weer·spie·ge·len** (weerspiegelde, heeft weerspiegeld) iets weerspiegelen: het spiegelbeeld van iets laten zien ⇒ *reflecteren* ◆ *de koe werd in de sloot weerspiegeld*; *zijn gezicht weerspiegelde zijn gevoelens*: (uitdr.) je kon aan zijn gezicht zien wat hij voelde.

**weer·spre·ken** (weersprak, heeft weersproken) iemand of iets weerspreken: iemand of iets tegenspreken.

**weer·staan** (weerstond, heeft weerstaan) iemand of iets

*weerstaan*: je met succes verzetten tegen iemand of iets ◆ *ik kon de verleiding niet* **weerstaan** *een taartje te eten*.

**weer·stand** (de ~(m.)) **1** (-en) verzet, tegenstand ◆ **weerstand** *ondervinden; hij bood* **weerstand** *aan de verleiding: hij deed het niet, hoewel hij het wel aantrekkelijk vond; een vliegtuig ondervindt* **weerstand** *van de lucht* **2** vermogen van je lichaam om je tegen ziektes te beschermen ◆ *hij is nooit ziek, hij heeft een hoop* **weerstand 3** (-en) onderdeel van een elektrisch apparaat, waarmee de stroom gedeeltelijk tegengehouden wordt, zodat de spanning plaatselijk lager wordt **4** (in België □) verzetsbeweging in de oorlog.

**weers·zij·den** (zelfst. nw.) ▼ *van* **weerszijden**: van beide kanten; *aan* **weerszijden**: aan beide kanten.

**weer·werk** (zelfst. nw.) ▼ **weerwerk** *geven*: een reactie geven, tegenspel bieden.

**weer·wil** (zelfst. nw.) ▼ *in* **weerwil** *van ...*: ondanks ....

**weer·wolf** (de ~(m.); -wolven)(in verhalen) mens die 's nachts in een wolf verandert en dan op mensenjacht gaat.

**weer·woord** (het ~) antwoord als reactie ⇒ repliek ◆ *hij had geen* **weerwoord** *op haar boze opmerkingen*.

**weer·zien** (het ~) ontmoeting met iemand die je lang niet hebt gezien ◆ *een hartelijk* **weerzien** *na de vakantie; tot* **weerziens!**: (afscheidsgroet).

**weer·zin** (de ~(m.)) gevoel dat je iets erg onaangenaam of afstotend vindt ⇒ afkeer, aversie ◆ *Lies heeft een grote* **weerzin** *tegen katten; met* **weerzin** *begon Armand aan zijn huiswerk*.

**weer·zin·wek·kend** (bijv. nw.) weerzin veroorzakend ⇒ walgelijk.

**wees¹** (de ~; wezen) kind van wie de ouders gestorven zijn.

**wees²** → wijzen.

**wees³** → zijn.

**wees·ge·groet·je** (het ~; -s) klein gebed van rooms-katholieken tot Maria, de moeder van Jezus, dat begint met 'wees gegroet, Maria'.

**weest** → zijn.

**weet¹** (de ~) iets dat je weet* ◆ *in dat tijdschrift staan allerlei* **weetjes**: dingen die interessant zijn om te weten; *iets aan de* **weet** *komen*: ergens achter komen; *ergens geen* **weet** *van hebben*: ergens niets vanaf weten omdat je er niets mee te maken hebt.

**weet²** → wijten.

**weet·al** (de ~(m.); -len) iemand die erover opschept dat hij of zij overal verstand van heeft en meer weet dan andere mensen.

**weet·gie·rig** (bijv. nw.) verlangend veel te leren en te weten ⇒ leergierig.

**weeuw** → weduwe.

**weg¹** (de ~(m.); -en) **1** strook grond die geschikt is gemaakt om er verkeer over te laten rijden ◆ *een* **weg** *aanleggen; de grote* **weg**: de snelweg; *je eigen* **weg** *gaan*: (uitdr.) op je eigen manier je leven inrichten; *aan de* **weg** *timmeren*: (uitdr.) op een nadrukkelijke manier iets doen om publieke aandacht te krijgen; *zo oud als de* **weg** *naar Rome*: (uitdr.) heel oud; *er zijn vele* **wegen** *die naar Rome leiden*: (uitdr.) je kunt je doel op allerlei manieren bereiken **2** route die je moet volgen om van de ene naar de andere plaats te komen ◆ *de* **weg** *weten*: weten hoe je ergens moet komen; *iemand de* **weg** *wijzen*: iemand vertellen hoe hij of zij moet lopen of rijden om te komen waar hij of zij wil zijn; *in de* **weg** *staan*: de doorgang versperren; *uit de* **weg!**: opzij!; *op* **weg** *gaan*: (uitdr.) ergens naar toe gaan; *iemand op* **weg** *hel-*

*pen*: (uitdr.) iemand in het begin even helpen; *dat ligt niet op mijn* **weg**: (uitdr.) dat is niet mijn taak; *naar de bekende* **weg** *vragen*: (uitdr.) iets vragen waar je het antwoord eigenlijk al op weet; *de* **weg** *van de minste weerstand*: (uitdr.) de makkelijkste maar ook minst waardevolle manier om iets te doen; *je een* **weg** *banen door de rommel*: (uitdr.) proberen erdoorheen te komen; *iemand uit de* **weg** *gaan*: (uitdr.) iemand mijden; *iemand uit de* **weg** *ruimen*: (uitdr.) iemand vermoorden.

**weg²** (bijv. nw.) **1** niet meer aanwezig ⇒ afwezig ◆ *je komt te laat, hij is al* **weg**; **weg** *met de school!*: de school moet verdwijnen!; *maak dat je* **weg** *komt!*: (uitdr.) ga weg!; *het is niet meer* **weg** *te denken*: (uitdr.) het is heel belangrijk geworden, het is onmisbaar **2** niet te vinden, verdwenen ⇒ zoek, kwijt ◆ *mijn fiets is* **weg 3** weg van iets of iemand zijn: verrukt van iets of iemand zijn ◆ *zij is* **weg** *van de nieuwe tv-serie* ▼ *veel* **weg** *hebben van ...*: erg op ... lijken; *die zusjes hebben veel van elkaar* **weg**; *dat is nooit* **weg!**: daar heb je altijd iets aan; *ergens mee* **weg** *zijn*: (in België □; populair) iets gesnapt hebben, iets kunnen, iets te pakken hebben; *toen we leerden haken, was Fatima er dadelijk mee* **weg**.

**weg·cij·fe·ren** (cijferde weg, heeft weggecijferd) **1** *jezelf* **wegcijferen**: steeds aan anderen denken en niet aan je eigen belangen **2** *iets* **wegcijferen**: net doen of iets er niet is ◆ *dat valt niet* **weg** *te* **cijferen**: dat is tamelijk belangrijk.

**weg·co·de** (de ~(m.); -s)(in België □) verkeersreglement.

**weg·dek** (het ~) harde bovenlaag van een weg ◆ *er zaten scheuren in het* **wegdek**.

**-wege** van de kant van, door ◆ *van regerings***wege** *werd medegedeeld dat ...*: door de regering werd meegedeeld dat ....

**weg·eb·ben** (ebde weg, is weggeëbd) heel langzaam verdwijnen ◆ *na een jaar was zijn verdriet* **weggeëbd**; *de klanken van de viool* **ebden** *weg*.

**we·gel** (de ~(m.); -s)(in België □) weggetje ⇒ paadje ◆ *een zand***wegel** *op de heide*.

**we·gen** (woog, heeft gewogen) **1** *iets of iemand* **wegen**: nagaan, vooral met behulp van een weegschaal, hoe zwaar iets of iemand is ◆ *zij* **weegt** *zich elke dag; appels* **wegen 2** *iets* **wegen**: een gewicht hebben ◆ *ik* **weeg** *47 kilo, en jij?; veel* **wegen**: zwaar zijn.

**we·gens** (voorz.)(om een reden aan te geven) ⇒ vanwege ◆ **wegens** *vakantie gesloten*.

**we·gen·wacht** (de ~) organisatie die helpt als je met autopech langs de weg staat.

**weg·ge·ven** (gaf weg, heeft weggegeven) *een nummertje, liedje enz.* **weggeven**: het zomaar zonder dat het ingestudeerd is laten zien of horen.

**weg·leg·gen** (legde weg, heeft weggelegd) **1** *iets, bijv. geld,* **wegleggen**: iets bewaren voor later, iets sparen ◆ *wij* **leggen** *elke maand wat* **weg** *voor de vakantie* **2** *niet voor iemand* **weggelegd** *zijn*: voor iemand niet bereikbaar, niet mogelijk zijn ◆ *een dure auto is niet voor iedereen* **weggelegd**.

**weg·lig·ging** (de ~(v.)) stevigheid waarmee voertuigen op de weg blijven als ze rijden ◆ *die auto heeft een slechte* **wegligging**.

**weg·lo·pen** (liep weg, is weggelopen) **1** ervandoor gaan en niet meer terugkomen ◆ *de poes is* **weggelopen 2** **weglopen** *met iets of iemand*: erg enthousiast over iets of iemand zijn ◆ *hij* **loopt** *weg met de nieuwe buurman*.

**weg·mof·fe·len** (moffelde weg, heeft weggemoffeld) *iets* **wegmoffelen**: iets stiekem voor iemand wegstoppen ◆ *toen de meester eraan kwam, probeerde hij het spiekbriefje* **weg** *te* **moffelen**.

**weg·ne·men** (nam weg, heeft weggenomen) *dat neemt niet weg dat …*: ondanks dat blijft het een feit dat … ◆ *hij is wel over, maar dat neemt niet weg dat hij beter zijn best had kunnen doen.*

**weg·pin·ken** (pinkte weg, heeft weggepinkt) *een traan wegpinken*: die met een vinger wegvegen.

**weg·pi·raat** (de ~ (m.); -piraten) iemand die met zijn of haar bromfiets, motor of auto de weg onveilig maakt, omdat hij of zij veel te hard en gevaarlijk rijdt.

**weg·sche·ren** (ww.) ▼ *scheer je weg!*: maak dat je weg komt!

**weg·ste·ken** (stak weg, heeft weggestoken) **1** *iets wegsteken*: (in België □) iets opbergen ◆ *steek dat boek weg* **2** *iets wegsteken*: (in België □) iets verbergen ◆ *hij had het briefje zo goed weggestoken dat hij het zelf niet meer kon vinden* **3** *gevoelens wegsteken*: (in België □) die niet tonen.

**weg·ster·ven** (stierf weg, is weggestorven) *(van geluiden)*: langzaam zachter worden en tenslotte onhoorbaar zijn ◆ *toen het laatste akkoord was weggestorven, barstte er een enorm applaus los.*

**weg·va·gen** (vaagde weg, heeft weggevaagd) *iets wegvagen*: iets in één keer radicaal vernietigen of laten verdwijnen ◆ *de orkaan heeft een heel dorp weggevaagd.*

**weg·val·len** (viel weg, is weggevallen) verdwijnen, niet meer zichtbaar of hoorbaar zijn ◆ *er is een regel in de tekst weggevallen; praat eens wat harder, je stem valt telkens weg.*

**weg·werp·ar·ti·kel** (het ~; -en) gebruiksvoorwerp dat bedoeld is om het één keer te gebruiken en dat je daarna weg kunt gooien.

**weg·wijs** (bijw.) ▼ *iemand wegwijs maken*: iemand laten zien waar hij of zij iets kan vinden of hoe hij of zij iets moet doen; *ik zal je wegwijs maken in de bibliotheek.*

**weg·wij·zer** (de ~ (m.); -s) **1** bord (bet.1) langs de weg waarop staat waar die weg naar toe gaat en hoe ver dat nog is **2** handleiding in de vorm van een folder of boekje.

**weg·zak·ken** (zakte weg, is weggezakt) eventjes niet meer met je aandacht erbij zijn, even wegdutten ◆ *ik zakte voortdurend weg onder die saaie les.*

**wei** (de ~) **1** (-den; ook: weide) stuk grasland waar vee op graast ⇒ weiland ◆ *de koeien staan in de wei* **2** dunne vloeistof die overblijft als melk tot kaas is gestremd.

**wei·den** (weidde, heeft geweid) *vee weiden*: het in de wei* (bet.1) laten grazen.

**weids** (bijv. nw.) groots en ruim ◆ *een weids uitzicht.*

**wei·fe·len** (weifelde, heeft geweifeld) niet kunnen besluiten, aarzelen ◆ *hij weifelde of hij nog een boterham zou nemen.*

**wei·ge·ren** (weigerde, heeft geweigerd) *iets weigeren*: iets niet willen, ergens 'nee' op zeggen ◆ *hij weigerde te antwoorden; ze weigerde een tweede kopje koffie; het paard weigerde voor de hindernis*: het wilde niet springen; *de motor weigert*: hij wil niet op gang komen.

**wei·ge·ring** (de ~ (v.); -en) keer dat je iets weigert* ◆ *ik blijf bij mijn weigering*: ik wil het nog steeds niet.

**wei·land** (het ~; -en) stuk grasland waarop dieren kunnen grazen ⇒ wei.

**wei·nig¹** (bijw.) bijna niet ⇒ nauwelijks ◆ *ze geeft weinig om geld; wij gaan weinig uit.*

**wei·nig²** (hoofdtelw.; vergrotende trap: minder; overtreffende trap: minst) (geeft een klein aantal aan) ◆ *ik had weinig punten, maar mijn zusje had er nog minder en mijn vader had er het minst*; het is vandaag *minder koud dan gisteren; kan het wat minder?*: (uitdr.) doe niet zo luidruchtig; *op z'n minst; of: ten minste*: (uitdr.) niet minder dan, in ieder geval; *hij heeft op zijn minst 100 boeken; bij het minste of geringste*: (uitdr.) bij de kleinste, meest onbenullige aanleiding; *bij het minste of geringste wordt zij kwaad.*

**weir·do** (Engels) [wie̲rdoo] (de ~ (m.); weirdo's) heel vreemde, enigszins enge persoon.

**we·ke·lijks** (bijv. nw.) gezegd van iets dat één keer in de week¹* gebeurt ◆ *de wekelijkse boodschappen.*

**we·ken¹** (weekte) **1** (is geweekt) week²* (bet.1) worden in een vloeistof, meestal water **2** (heeft geweekt) *iets weken*: iets week²* (bet.1) laten worden door het in een vloeistof, meestal water, te zetten ◆ *bonen weken* ▼ *iets dat vuil is laten weken*: iets in het water zetten om het vuil los te laten komen.

**we·ken²** → wijken.

**wek·ken** (wekte, heeft gewekt) **1** *iemand wekken*: iemand wakker maken ▼ *iets wekken*: iets doen ontstaan ⇒ opwekken, veroorzaken, teweegbrengen ◆ *onrust wekken; dat wekte zijn belangstelling.*

**wek·ker** (de ~ (m.); -s) klokje dat je zo instelt dat het op een bepaald tijdstip geluid laat horen om je te wekken* (bet.1) ◆ *ze zette de wekker op zeven uur.*

**wel¹** (de ~; -len) **1** plaats waar water door een natuurlijke oorzaak uit de grond opborrelt ⇒ bron ▼ *iemands wel en wee*: de goede en nare dingen die iemand meemaakt; *heb je naar haar wel en wee geïnformeerd?*

**wel²** (bijv. nw.) (deftig) gezond, in orde ◆ *ze voelde zich niet wel; laten we wel wezen*: (uitdr.) laten we eerlijk zijn.

**wel³** (bijw.) **1** (woordje waarmee je iets bevestigt of een ontkenning tegenspreekt, het tegenovergestelde van 'niet') ◆ *Jack gaat niet mee, maar Ivo wel; ze heeft het wél gedaan!* **2** nogal, tamelijk ◆ *het was wel leuk; 'hoe gaat het ermee?' 'het gaat wel'*: (dit zeg je als het niet goed en niet slecht gaat) **3** (woordje met allerlei verschillende betekenissen) ◆ *dat was me het avondje wel!*: (dit zeg je als de avond ongewoon is verlopen); *hij zal het wel vergeten zijn*: hij is het waarschijnlijk vergeten; *je hebt het wel laat gemaakt*: (om aan te geven dat je dat afkeurt); *hij is wel twee meter lang*: (om aan te geven dat je dat erg lang vindt); *wel eens*: een enkele keer; *zeg dat wel!*: inderdaad!

**wel⁴** (tussenw.) (na een ontkennende zin, om te vragen of het klopt wat je zegt) ⇒ hè ◆ *de heer van Loon werkt hier niet meer, wel?*

**wel·be·ha·gen** (het ~) (deftig) genoegen ◆ *met welbehagen ergens naar kijken.*

**wel·be·spraakt** (bijv. nw.) gezegd van iemand die goed en vlot spreekt.

**wel·daad** (de ~; -daden) iets dat heel aangenaam is ◆ *na die kou is een warm bad een weldaad.*

**wel·da·dig** (bijv. nw.) gezegd van iets dat heel aangenaam aandoet ◆ *een weldadige warmte.*

**wel·doe·ner** (de ~ (m.); -s), vrouw: **wel·doen·ster** (de ~ (v.); -s) iemand die goede dingen voor anderen doet, meestal door geld te geven.

**wel·dra** (bijw.) binnenkort of korte tijd daarna ◆ *hij zal weldra komen; weldra volgde er antwoord.*

**weled.** (afkorting) weledele.

**wel·edel** (bijv. nw.) (dit zet je op een brief voor 'heer' of 'mevrouw').

**wel·edel·ge·bo·ren** (bijv. nw.) (dit zet je op een brief aan een belangrijk persoon, voor 'heer' of 'mevrouw').

**wel·edel·ge·leerd** (bijv. nw.) (dit zet je op een brief aan een doctorandus, voor 'heer' of 'mevrouw') (kijk ook bij: **doctorandus**).

**wel·edel·ge·streng** (bijv. nw.) (dit zet je op een brief aan bijv. een ingenieur, een advocaat of een notaris, voor 'heer' of 'mevrouw').

**wel·edel·zeer·ge·leerd** (bijv. nw.)(dit zet je op een brief aan iemand die doctor is, voor 'heer' of 'mevrouw')(kijk ook bij: **doctor**).

**wel·eer**[1] (zelfst. nw.) ▼ *van weleer:* (deftig) van vroeger, uit het verleden; *de tijden van weleer.*

**wel·eer**[2] (bijw.)(deftig) vroeger ⇒ *eertijds.*

**wel·eer·waard** (bijv. nw.)(dit zet je op een brief aan bepaalde geestelijken, bijv. aan een predikant, voor 'heer' of 'mevrouw').

**wel·ge·daan** (bijv. nw.) gezond en stevig.

**wel·ge·moed** (bijv. nw.) opgewekt.

**wel·ge·scha·pen** (bijv. nw.)*(van baby's):* gezond en met een goed gevormd lichaam ◆ *zij hebben een welgeschapen* zoon.

**wel·ge·steld** (bijv. nw.) rijk ⇒ *bemiddeld* ◆ *hij heeft welgestelde* ouders.

**wel·ge·val·len** (ww.) *je iets laten welgevallen:* niet tegen iets protesteren, iets laten gebeuren.

**wel·ge·zind** (bijv. nw.) *iemand welgezind zijn:* het goede voor iemand willen.

**wel·haast** (bijw.) bijna ⇒ *haast* ◆ *dat is welhaast onmogelijk.*

**we·lig** (bijv. nw.) in overvloed groeiend ◆ *welige plantengroei; het onkruid tiert welig:* er groeit volop onkruid.

**wel·is·waar** (bijw.)(dit zeg je als je iets toegeeft, maar er een 'maar' aan toevoegt) ◆ *deze route is weliswaar langer, maar ook mooier.*

**welk** (betr. vnw.) **1** (woordje waarmee je vraagt naar het precieze voorwerp, getal, de precieze naam enz.) ◆ *weet u welke rivier dat is?* **2** (vr. vnw.)(deftig)(woord in een bijzin dat verwijst naar een persoon of zaak in de hoofdzin) ⇒ *die* ◆ *de huizen, welke in 1950 gebouwd zijn, ....*

**wel·kom**[1] (het ~) het ontvangen worden ⇒ *onthaal, ontvangst* ◆ *een hartelijk welkom.*

**wel·kom**[2] (bijv. nw.) gezegd van iemand die of iets dat blij wordt ontvangen ◆ *een welkome afleiding; ergens niet welkom zijn:* ergens niet meer mogen komen; *iemand welkom heten:* (uitdr.) hardop tegen iemand zeggen dat je blij bent dat hij of zij er is.

**wel·kom**[3] (tussenw.)(geeft aan dat je iemand hartelijk ontvangt) ◆ *welkom thuis!*

**wel·len** (welde) **1** (heeft geweld) *iets, bijv. rozijnen, wellen:* iets in water zacht laten worden en laten opzwellen **2** (is geweld) *(o.a. van gedroogde vruchten):* in water zacht worden en opzwellen.

**wel·les** (tussenw.)(populair) wel waar, het tegenovergestelde van 'nietes'.

**wel·le·tjes** (bijv. nw.) ▼ *zo is het welletjes:* (populair) zo is het genoeg!

**wel·le·vend** (bijv. nw.) beleefd en welgemanierd.

**wel·licht** (bijw.) misschien wel, mogelijk.

**wel·lui·dend** (bijv. nw.)*(van een stem):* mooi klinkend ⇒ *sonoor* ◆ *een welluidende stem.*

**wel·lust** (de ~(m.)) genot waarmee je een behoefte bevredigt.

**wel·ne·men** (zelfst. nw.) ▼ *met uw welnemen:* als u het goedvindt.

**wel·nu** (tussenw.)(woordje dat je aan het begin van een zin gebruikt, bijv. als je een conclusie trekt of als je het voorgaande samenvat).

**welp** (zelfst. nw.; -en) **1** (de ~(m.) of het ~) jong van een leeuw, vos of beer **2** (de ~(m.)) jongen tussen zeven en tien jaar die lid is van scouting (kijk ook bij: **scouting**).

**wel·sla·gen** (het ~) goed resultaat, goede afloop ◆ *het welslagen van de onderneming hangt van hem af:* het hangt van hem af of het plan lukt.

**wel·stand** (de ~(m.)) toestand waarin je vrij veel geld hebt en waarin alles goed gaat ◆ *in goede welstand verkeren:* (uitdr.) goed gezond zijn.

**wel·te·rus·ten** (tussenw.)(om iemand een goede nacht toe te wensen) ⇒ *goedenacht.*

**welt·schmerz** (Duits) [weltsjmerts] (de ~) gevoel van diepe somberheid omdat je vindt dat de werkelijkheid niet is zoals die zou moeten zijn ⇒ *spleen.*

**wel·vaart** (de ~) toestand van voorspoed in de maatschappij ◆ *in dat land is de welvaart gestegen.*

**wel·va·ren** (voer wel, is welgevaren) gezond zijn of in gunstige omstandigheden verkeren ◆ *hij vaart daar wel* bij: hij heeft daar voordeel van.

**wel·va·rend** (bijv. nw.) welvaart* hebbend ◆ *een welvarend land; hij ziet er welvarend uit:* je kunt aan hem zien dat het goed met hem gaat.

**wel·ven** (welfde, heeft gewelfd) *zich welven:* de vorm van een boog hebben.

**wel·ving** (de ~(v.); -en) het gewelfd* zijn ⇒ *ronding.*

**wel·voeg·lijk** (bijv. nw.) passend, volgens de goede manieren ⇒ *fatsoenlijk, netjes.*

**wel·wil·lend** (bijv. nw.) je goede wil tonend ◆ *iemand welwillend behandelen.*

**wel·zijn** (het ~) toestand waarbij het je aan niets ontbreekt en waarbij je je prettig voelt.

**wel·zijns·werk** (het ~) werk dat erop gericht is het welzijn van mensen te bevorderen.

**wel·zijns·wer·ker** (de ~(m.); -s) iemand die in het welzijnswerk* zit ⇒ *agoog.*

**we·me·len** (wemelde, heeft gewemeld) *het wemelt van ...:* het zit vol met ... ◆ *het wemelt hier van de muggen.*

**wen·den** (wendde, heeft gewend) **1** *iets wenden:* iets draaien, een andere richting aan iets geven ◆ *het stuur wenden; hoe je het ook wendt of keert:* (uitdr.) hoe je het ook bekijkt **2** *je tot iemand wenden:* je tot iemand richten, iets tegen iemand zeggen of iemand iets vragen ◆ *ze wendde zich tot de directeur om raad.*

**wen·ding** (de ~(v.); -en) verandering, draai ◆ *het gesprek een andere wending geven:* over iets anders gaan praten.

**we·nen** (weende, heeft geweend)(ouderwets) huilen ⇒ *schreien.*

**wen·gé** (het ~) donkerbruine en harde houtsoort.

**wenk** (de ~(m.); -en) **1** beweging met je hoofd, je ogen of je handen om iemand iets duidelijk te maken ◆ *iemand op zijn of haar wenken bedienen:* (uitdr.) meteen alles voor iemand doen wat hij of zij wil **2** aanwijzing of advies ⇒ *tip* ◆ *praktische wenken voor het fotograferen.*

**wenk·brauw** (de ~; -en) elk van de licht gebogen streepjes haar boven je ogen ◆ *je wenkbrauwen fronsen; op je wenkbrauwen lopen:* (uitdr.) heel moe zijn.

**wen·ken** (wenkte, heeft gewenkt) *iemand wenken:* iemand een wenk* (bet.1) geven, vooral een gebaar maken dat hij of zij naar je toe moet komen.

**wen·nen** (wende, is gewend) *ergens aan wennen:* iets gewoon gaan vinden ◆ *ze is aan het lawaai gewend; dat went wel:* dat ga je wel gewoon vinden.

**wens** (de ~(m.); -en) dat wat je wenst* (bet.1) of keer dat je iets wenst* (bet.1) ◆ *wat zijn je wensen voor je verjaardag?; een wens doen:* iets uitspreken, in gedachten of hardop, dat je heel graag zou willen hebben; *de beste wensen voor het nieuwe jaar!:* veel goeds toegewenst!; *alles gaat naar wens:* (uitdr.) alles gaat zoals het moet; *de wens is de vader van de gedachte:* (spreekwoord)(dit zeg je als iemand denkt dat iets zal gebeuren omdat hij of zij graag wil dat het gebeurde).

**wen·se·lijk** (bijv. nw.) gezegd van iets dat je wenst*

(bet.1) ⇒ *gewenst* ◆ *het is* **wenselijk** *dat iedereen aanwezig is.*

**wen·sen** (wenste, heeft gewenst) **1** *iets wensen*: willen dat iets gebeurt of dat je iets krijgt ◆ *wat* **wenst** *u?*; *hij* **wenst** *daar niets mee te maken te hebben*: hij wil daar niets mee te maken hebben; *dat laat veel te* **wensen** *over*: (uitdr.) daar mankeert veel aan, dat is lang niet goed **2** *iemand iets, vooral iets goeds, wensen*: laten weten dat je hoopt dat iemand dat zal overkomen ⇒ *toewensen* ◆ *iemand succes* **wensen**.

**wen·te·len** (wentelde, heeft of is gewenteld) **1** *iets wentelen*: iets om zijn as draaien, iets omdraaien ◆ *een steen* **wentelen 2** *zich wentelen*: omrollen, ronddraaien om zijn as ◆ *de hond* **wentelde** *zich op zijn rug.*

**wen·tel·teef·je** (het ~; -s) snee brood die door een mengsel van melk en eieren is gehaald en met kaneel en suiker is bestrooid, en die daarna is gebakken.

**wen·tel·trap** (de ~ (m.); -pen) trap in de vorm van een spiraal.

**werd** → worden.

**wer·den** → worden.

**we·reld** (de ~; -en) **1** aardbol ◆ *een atlas van de* **wereld**; *een reis om de* **wereld**; *een kind ter* **wereld** *brengen*: (uitdr.) het baren; *iemand naar de andere* **wereld** *helpen*: (uitdr.) iemand doden; *zo oud als de* **wereld**: (uitdr.) heel oud **2** samenleving, groep mensen ◆ *de sport***wereld**; *de* **wereld** *van een kind*: de mensen met wie en de dingen waarmee het te maken heeft; *de derde* **wereld**: (uitdr.) de ontwikkelingslanden; *een man, een vrouw van de* **wereld**: (uitdr.) een man, een vrouw die veel heeft gereisd en meegemaakt en die makkelijk met allerlei soorten mensen omgaat; *hij leeft in een eigen* **wereld**: (uitdr.) hij leeft in zijn eigen gedachten; *hij is niet van deze* **wereld**: (uitdr.) hij is erg zweverig en te idealistisch **3** geheel waar orde in zit ◆ *de planten***wereld**: alle planten, de flora ▼ *een* **wereld** *van verschil*: een groot verschil.

**wereld-** heel geweldig, fantastisch ◆ *een* **wereld**goal.

**we·reld·bol** (de ~ (m.); -len) draaibare bol die de aarde voorstelt en waarop alle landen, zeeën enz. staan afgebeeld ⇒ *globe.*

**we·reld·bur·ger** (de ~ (m.); -s) mens als bewoner van de wereld ◆ *een nieuwe* **wereldburger**: een pasgeboren baby.

**we·reld·deel** (het ~; -delen) elk van de grote stukken vasteland waarin de wereld is verdeeld, nl. Afrika, Europa, Australië, Amerika en Azië (en eventueel Antarctica) ⇒ *continent.*

**we·reld·die·ren·dag** (de ~ (m.); -en) dag waarop extra aandacht aan dieren wordt besteed, 4 oktober (de sterfdag van Franciscus van Assisi).

**we·reld·kun·dig** (bijv. nw.) ▼ *iets* **wereldkundig** *maken*: iets openbaar maken.

**we·reld·lijk** (bijv. nw.) behorend tot de wereld* (bet.2) buiten de kerk en de kloosters, het tegenovergestelde van 'geestelijk' ⇒ *profaan.*

**we·relds** (bijv. nw.) te maken hebbend met de wereld* (bet.1) ⇒ *aards.*

**we·reld·stad** (de ~; -steden) heel grote stad die handel drijft met landen uit de hele wereld, bijv. New York ⇒ *metropool.*

**we·reld·vreemd** (bijv. nw.) gezegd van iemand die niet weet wat er in de wereld (bet.2) gebeurt.

**we·reld·win·kel** (de ~ (m.); -s) winkel waar je informatie kunt krijgen over ontwikkelingslanden en waar je producten uit die landen kunt kopen (kijk ook bij: **ontwikkelingsland**).

**we·reld·won·der** (het ~; -en) iets buitengewoons dat over de hele wereld bekend is, vooral elk van de zeven bijzondere bouw- en kunstwerken uit de Oudheid, bijv. de piramiden in Egypte.

**we·ren** (weerde, heeft geweerd) **1** *iets of iemand weren*: iets of iemand tegenhouden, ervoor zorgen dat iets of iemand ergens niet komt ◆ *die vervelende jongens worden uit het clubhuis* **geweerd**; *ze* **weerde** *door de ramen te sluiten* **2** *je weren*: je verdedigen ◆ *ze heeft zich flink* **geweerd**: (uitdr.) ze heeft flink haar best gedaan.

**werf** (de ~; werven) werkplaats bij het water, waar schepen worden gemaakt of gerepareerd.

**werk** (het ~) **1** het werken* (bet.1) ◆ *aan het* **werk** *gaan*; *dat is veel* **werk**; **werk** *in uitvoering*: (uitdr.) (dit staat op borden als er op straat gewerkt wordt); *alles in het* **werk** *stellen om …*: (uitdr.) al het mogelijke doen om …; *lang* **werk** *hebben*: (uitdr.) ergens lang over doen; *op een bepaalde manier te* **werk** *gaan*: (uitdr.) iets op een bepaalde manier doen; *ergens* **werk** *van maken*: (uitdr.) je voor iets inspannen; ook: naar de politie of rechter gaan als jou onrecht is aangedaan; *er is* **werk** *aan de winkel*: (uitdr.) er is veel te doen; *het vuile* **werk** *opknappen*: (uitdr.) het moeilijkste of vervelendste deel van een karwei doen; *half* **werk** *leveren*: (uitdr.) iets niet goed doen **2** dingen die je doet om geld te verdienen ⇒ *arbeid* ◆ **werk** *zoeken*: een baan zoeken; *vrijwilligers***werk**: waarvoor je niet betaald wordt; *naar je* **werk** *gaan*: naar de plaats waar je werkt **3** (-en) dat wat iemand gemaakt heeft ◆ *kunst***werk**; *wetenschappelijke* **werken**: wetenschappelijke boeken ▼ *dat is afgesproken* **werk**: dat is geen toeval, al moet het wel zo lijken; *dat is geen* **werk**: dat is geen manier van doen, dat is oneerlijk.

**werk·dag** (de ~ (m.); -en) doordeweekse dag, geen zondag ⇒ *weekdag.*

**wer·ke·lijk**[1] (bijv. nw.) gezegd van iets dat echt bestaat of gebeurd is ⇒ *waar, echt* ◆ *is de evenaar een* **werkelijke** *of een denkbeeldige lijn?*

**wer·ke·lijk**[2] (bijw.) echt, heus ⇒ *waarlijk* ◆ *het is* **werkelijk** *waar.*

**wer·ke·lijk·heid** (de ~ (v.)) alles wat werkelijk[1] is, wat echt bestaat ⇒ *realiteit* ◆ *de alledaagse* **werkelijkheid**; *in* **werkelijkheid**: (uitdr.) in het echt, in feite; *dat gemene kind in het toneelstukje is in* **werkelijkheid** *heel aardig.*

**wer·ke·loos** [ook: werkeloos], **werk·loos** (bijv. nw.) **1** gezegd van iemand die geen baan heeft ◆ *hij is al twee jaar* **werkeloos 2** zonder iets te doen ◆ *ze keek* **werkeloos** *toe.*

**wer·ken** (werkte, heeft gewerkt) **1** een taak verrichten, iets doen ◆ *hard* **werken**; *voor school* **werken**; *ergens aan* **werken**: (uitdr.) ergens iets aan doen **2** bezig zijn om geld te verdienen ⇒ *arbeiden* ◆ *ze* **werkt** *halve dagen*: ze heeft een baan voor halve dagen **3** *(van apparaten enz.)*: dat doen waarvoor ze gemaakt zijn ⇒ *functioneren* ◆ *de rem* **werkt** *niet*; *hoe* **werkt** *dat?* **4** effect of invloed hebben ◆ *die pillen* **werken** *goed*; *dat* **werkt** *op mijn zenuwen*: daar word ik zenuwachtig van **5** *(van materialen, bijv. van hout)*: langzaam krimpen, scheuren, uitzetten enz. ▼ *een* **werkende** *vulkaan*: een vulkaan die tot uitbarsting kan komen; *iets naar binnen* **werken**: iets haastig of gulzig opeten of opdrinken.

**werk·geef·ster** → werkgever.

**werk·ge·le·gen·heid** [ook: werkgelegenheid] (de ~ (v.)) mogelijkheden in een land of stad om mensen betaald werk (bet.2) te geven.

**werk·ge·ver** (de ~ (m.); -s), vrouw: **werk·geef·ster** (de ~ (v.); -s) persoon bij wie, bedrijf of organisatie waarbij een of meer mensen werken.

**wer·king** (de ~ (v.); -en) **1** het werken* (bet.3) ◆ *de* **wer-**

*king* van het fototoestel; een apparaat in **werking** zetten of stellen: het aanzetten **2** het werken* (bet.4) ⇒ *effect, invloed, uitwerking* ◆ *een pijnstiller met een snelle **werking***.

**wer·kings·kos·ten** (zelfst. nw.; meervoud) (in België ☐) organisatiekosten.

**werk·je** (het ~; -s) versiering in textiel of behang ◆ *in de sluier zit een mooi **werkje***.

**werk·kring** (de ~ (m.); -en) omstandigheden waaronder je werkt (bet.2), het werk (bet.2) zelf en de mensen met wie je werkt (bet.2) ◆ *hij heeft een passende **werkkring** gevonden*.

**werk·loos** → werkeloos.

**werk·ne·mer** (de ~ (m.); -s), vrouw: **werk·neem·ster** (de ~ (v.); -s) iemand die bij een persoon, bedrijf of organisatie werkt (bet.2).

**werk·paard** (het ~; -en) (populair) iemand die hard werkt (bet.2), het tegenovergestelde van 'luxepaard'.

**werk·plaats** (de ~; -en) ruimte waar met machines en gereedschap dingen gemaakt of hersteld worden.

**werk·ster** (de ~ (v.); -s) vrouw die werkt* (bet.2) als schoonmaakster bij iemand in huis.

**werk·tuig** (het ~; -en) voorwerp dat je gebruikt bij het maken of repareren van iets, groot stuk gereedschap.

**werk·tuig·kun·di·ge** (de ~; -n) iemand die machines onderhoudt en repareert, bijv. in fabrieken of op schepen ⇒ *mecanicien*.

**werk·tuig·lijk** (bijv. nw.) als vanzelf, zonder erover na te denken of je het wilt of niet ◆ *ze veegt **werktuiglijk** de tafel schoon*.

**werk·vrouw** (de ~ (v.); -en) (in België ☐) werkster, schoonmaakster.

**werk·wij·ze** (de ~ (v.); -n) manier waarop iemand te werk gaat ⇒ *methode*.

**werk·woord** (het ~; -en) (taal) woord dat een handeling, een toestand of een proces aangeeft, bijv. 'lopen', 'staan' of 'bevriezen'.

**werk·zaam** (bijv. nw.) **1** gezegd van iemand die werkt* (bet.2) ◆ *ze is **werkzaam** op een kantoor* **2** gezegd van iets dat werkt* (bet.4) ◆ ***werkzame** stoffen in een pil*.

**wer·pen** (wierp, heeft geworpen) **1** iets werpen: iets met een zwaai uit je hand loslaten zodat het op een andere plaats terechtkomt ⇒ *gooien* ◆ *hij **werpt** zijn jas over de stoel; een dobbelsteen **werpen**; je ergens op **werpen**:* (uitdr.) enthousiast aan iets beginnen **2** (van zoogdieren) *jongen werpen*: die ter wereld brengen ◆ *onze hond heeft vijf jongen **geworpen***.

**wer·vel** (de ~ (m.); -s) elk van de botjes die samen de wervelkolom vormen.

**wer·ve·len** (wervelde, heeft gewerveld) snel ronddraaien ◆ *de dansparen **wervelden** door de zaal; een **wervelende** show*: (uitdr.) een vlotte, afwisselende show met veel dans en glitter.

**wer·vel·ko·lom** (de ~; -men) rij wervels, die verticaal over het midden van je rug loopt ⇒ *ruggengraat*.

**wer·vel·storm** (de ~ (m.); -en) storm met een wervelwind (kijk ook bij: **wervelwind**) ⇒ *cycloon, tornado*.

**wer·vel·wind** (de ~ (m.); -en) wind die snel ronddraait ◆ *als een **wervelwind***: (uitdr.) heel snel en energiek.

**wer·ven** (wierf, heeft geworven) *mensen werven*: hen lid maken of hen in dienst nemen ◆ *een actie om leden te **werven***.

**wesp** (de ~; -en) insect met een zwart-geel gestreept lijf, dat steekt als het zich bedreigd voelt.

**wes·pen·nest** (zelfst. nw.) ▼ *je in een **wespennest** steken*: je bemoeien met een ingewikkelde zaak en daardoor in de problemen komen.

**wes·pen·tail·le** [wɛspɛntɑjə] (de ~; -s) erg slanke taille.

**west** (de ~) het westen, het tegenovergestelde van 'oost'.

**wes·te·lijk** (bijv. nw.) in het westen* gelegen of uit het westen* komend, het tegenovergestelde van 'oostelijk' ◆ *hij vertrok in **westelijke** richting*.

**wes·ten** (het ~) **1** gebied dat ligt in de richting waar de zon ondergaat, het tegenovergestelde van 'oosten' ◆ *het wilde **westen**:* (uitdr.) westelijk deel van de Verenigde Staten dat in de negentiende eeuw door blanken in bezit werd genomen, en waar veel strijd was tussen blanken en indianen; *het **Westen***: West-Europa, de Verenigde Staten en Canada; *ten **westen** van*: (uitdr.) aan de westkant van ▼ *buiten **westen**:* bewusteloos, knock-out.

**wes·ter·leng·te** (de ~ (v.)) (aardrijkskunde) lengte ten westen van de nulmeridiaan (kijk ook bij: **lengte**).

**wes·tern** (Engels) [wɛstɛrn] (de ~; -s) film over cowboys en indianen, die speelt in het wilde westen ⇒ *wildwestfilm*.

**wes·ters** (bijv. nw.) die of dat uit West-Europa, Canada of de Verenigde Staten komt ◆ *de **westerse** samenleving*.

**wet** (de ~; -ten) **1** regel die door de overheid is bepaald en waaraan iedereen zich moet houden ◆ *stelen is volgens de **wet** verboden; dat is geen **wet** van Meden en Perzen*: (uitdr.) dat gebeurt niet per se op deze manier, dat komt niet altijd in deze vorm voor; *iemand de **wet** voorschrijven*: (uitdr.) iemand zeggen wat hij of zij wel en niet mag doen **2** regel waarmee in de wetenschap een verschijnsel wordt beschreven ◆ *de **wet** van de zwaartekracht; economische **wetten***.

**wet·boek** (het ~; -en) boek waar wetten (bet.1) in staan die met elkaar te maken hebben ◆ *het **Wetboek** van Strafrecht*.

**we·ten¹** (zelfst. nw.) ▼ *bij mijn **weten**:* voor zover ik weet; *buiten mijn **weten**:* zonder dat ik het wist; *iets doen tegen beter **weten** in*: iets doen terwijl je weet dat je het beter niet kunt doen.

**we·ten²** (wist, heeft geweten) **1** iets weten: van iets op de hoogte zijn, kennis van iets hebben ◆ *ergens veel van **weten**; iets te **weten** komen*: iets vernemen, iets horen of lezen; *voor je het **weet** ...:* voordat je het in de gaten hebt ...; *wie **weet**!:* (uitdr.) dat zou best kunnen!; *niets van iemand of iets willen **weten**:* (uitdr.) niets met iemand of iets te maken willen hebben; *van niks **weten**:* (uitdr.) nergens van op de hoogte zijn; ook: onschuldig zijn, er niets mee te maken hebben; *weet ik veel!*: (uitdr.) dat weet ik niet en dat interesseert me ook niet; *wat niet **weet** wat niet deert*: (spreekwoord) als je ergens niet van op de hoogte bent, kun je je er ook niet druk om maken **2** weten te ...: erin slagen te ... ◆ *hij **wist** te ontsnappen* **3** ergens iets op weten: een oplossing voor iets hebben ▼ *ze **wist** van geen ophouden*: ze hield maar niet op.

**we·ten³** → wijten.

**we·ten·schap** (de ~ (v.); -pen) **1** geheel van kennis op een bepaald gebied en van regels waarmee je meer kennis kunt verkrijgen ◆ *de natuur**wetenschappen*** **2** het ergens van op de hoogte zijn, het weten² (bet.1) ◆ *in de **wetenschap** dat het toch geen zin had, hield hij er mee op*: omdat hij dat wist.

**we·ten·schap·pe·lijk** (bijv. nw.) te maken hebbend met wetenschap* (bet.1) ◆ ***wetenschappelijk** onderwijs; iets **wetenschappelijk** bewijzen*.

**we·tens·waar·dig·heid** (de ~ (v.); wetenswaardigheden) iets dat interessant is om te weten² (bet.1).

**wet·ge·ving** (de ~ (v.); -en) de wetten in een land.

**wet·hou·der** (de ~ (m.); -s) lid van het dagelijks bestuur van een gemeente ◆ *burgemeester en* **wethouders**; *de* **wethouder** *van cultuur.*

**wet·ma·tig·heid** (de ~ (v.); wetmatigheden) iets dat gebeurt op een manier die in overeenstemming is met de wetten (bet.2) van wetenschap.

**wets·dok·ter** (de ~ (m.); -s) (in België) dokter die in dienst is van de politie.

**wets·ont·werp** (het ~; -en) voorstel voor een nieuwe wet dat door de volksvertegenwoordiging beoordeeld moet worden.

**wet·te·lijk** (bijv. nw.) in een wet* (bet.1) bepaald ◆ *een* **wettelijke** *regeling; dat is* **wettelijk** *voorgeschreven.*

**wet·ten** (wette, heeft gewet) iets, bijv. een mes, wetten: iets slijpen, iets scherp maken.

**wet·tig** (bijv. nw.) volgens of in overeenkomst met de wet* (bet.1) ⇒ *legitiem* ◆ *zijn* **wettige** *echtgenote:* de vrouw met wie hij voor de wet getrouwd is.

**wet·ti·gen** (wettigde, heeft gewettigd) iets wettigen: iets rechtvaardigen ◆ *dat* **wettigde** *zijn woede.*

**WEU** (de ~ (v.)) West-Europese Unie; dit is een samenwerkingsverband van West-Europese landen op het gebied van defensie.

**we·ven** (weefde, heeft geweven) een stof weven: die maken door draden op een bepaalde manier dooreen te vlechten.

**we·zel** (de ~; -s) schuw roofdiertje dat bruinrood van kleur is en een witte buik heeft ◆ *zo bang als een* **wezel**: (uitdr.) erg bang.

**we·zen**[1] (het ~; -s) 1 mens of dier of ander schepsel ◆ *levende* **wezens** 2 dat wat iemand of iets maakt tot wat die persoon of die zaak is, het belangrijkste kenmerk van iemand of iets ◆ *in* **wezen** *is hij geen kwade vent; het* **wezen** *van de mens is dat hij kan denken en praten.*

**we·zen**[2] (ww.) (populair) zijn ◆ *je moet in die gang* **wezen**; *hij mag er* **wezen**: hij is leuk om te zien; *ze is* **wezen** *kijken:* ze is erheen gegaan om te kijken.

**we·zen**[3] → wijzen.

**we·zen**[4] → zijn.

**we·zen·lijk** (bijv. nw.) gezegd van iets dat met het wezen[1]* (bet.2) te maken heeft ⇒ *essentieel* ◆ *een* **wezenlijk** *verschil.*

**we·zen·loos** (bijv. nw.) zonder besef van de dingen om je heen ◆ *hij staart* **wezenloos** *voor zich uit; je* **wezenloos** *schrikken:* (uitdr.; populair) erg schrikken.

**whip·pet** (Engels) [wippɛt] (de ~ (m.); -s) bepaald soort windhond.

**whirl·pool** (Engels) [wʉːrlpœl] (de ~; -s) bubbelbad.

**whis·ky** [wɪskie] (de ~ (m.)) bepaalde drank met veel alcohol.

**wi·che·laar** (de ~ (m.); -s), vrouw: **wi·che·la·res** (de ~ (v.); wichelaarsters of wichelaressen) iemand die uit bepaalde tekens de toekomst voorspelt ⇒ *waarzegger, ziener.*

**wi·chel·roe·de** (de ~ (v.); -n) stok met de vorm van een tweetandige vork, die door mensen met een bepaalde gevoeligheid wordt gebruikt om water of metaal onder de grond te vinden of om aardstralen op te sporen (kijk ook bij: **aardstralen**).

**wicht** (het ~; -en) (populair) meisje ◆ *wat een dom* **wicht**!

**wie** (vnw.) 1 (betr. vnw.) (woordje waarmee je aan het begin van een bijzin verwijst naar een persoon uit de hoofdzin) ◆ *dat is het meisje met* **wie** *ik ga trouwen;* **wie** *dit leest is gek:* ieder die dit leest 2 (vr. vnw.) welke persoon ◆ **wie** *heeft er suiker in de erwtensoep gedaan?*

**wie·be·len** (wiebelde, heeft gewiebeld) heen en weer bewegen, vaak doordat er niet genoeg steun is ◆ *de kast* **wiebelt**; *met je voet* **wiebelen**.

**wie·den** (wiedde, heeft gewied) onkruid wieden: het uit de grond halen.

**wie·des** (bijv. nw.) ▼ *nogal* **wiedes**! (populair) natuurlijk, dat spreekt vanzelf!

**wieg** (de ~; -en) bedje voor een baby ◆ *van de* **wieg** *tot het graf:* (uitdr.) je hele leven; *aan de* **wieg** *van iets gestaan hebben:* (uitdr.) ergens vanaf het eerste begin bij geweest zijn; *hij heeft aan de* **wieg** *gestaan van dat bedrijf; ergens voor in de* **wieg** *gelegd zijn:* (uitdr.) aanleg voor iets hebben, speciaal geschikt zijn voor iets.

**wie·gen** (wiegde, heeft gewiegd) 1 een kind wiegen: het in een schommelwieg of op je arm heen en weer bewegen 2 heen en weer bewegen ⇒ *schommelen* ◆ *de boot* **wiegt** *op het water.*

**wiek** (de ~; -en) 1 elk van de vier balken met een rechthoekig latwerk eraan die draaien aan een molen ⇒ *molenwiek* 2 vleugel ◆ *op eigen* **wieken** *drijven:* (uitdr.) zelfstandig zijn, je alleen kunnen redden ▼ *in je* **wiek** *geschoten zijn:* beledigd zijn.

**wiel** (het ~; -en) plat, rond voorwerp dat kan draaien, dat op de bodem rust en dat ervoor zorgt dat iets rijdt als het voortbewogen wordt ◆ *de* **wielen** *van een auto; een bed op* **wieltjes**; *het* **wiel** *weer uitvinden:* (uitdr.) iets bedenken dat iemand anders al eerder bedacht heeft; *iemand in de* **wielen** *rijden:* (uitdr.) iemand tegenwerken; *het vijfde* **wiel** *aan de wagen:* (uitdr.) iemand die of iets dat overbodig is.

**wie·ler·klas·sie·ker** (de ~ (m.); -s) belangrijke traditionele wielerwedstrijd, zoals de Ronde van Vlaanderen.

**wie·le·waal** (de ~ (m.); wielewalen) geel-zwarte zangvogel.

**wiel·ren·nen** (ww.) sport waarbij het erom gaat zo hard mogelijk te rijden op een racefiets.

**wiel·rij·der** (de ~ (m.); -s), vrouw: **wiel·rijd·ster** (de ~ (v.); -s) fietser.

**wiens** (vnw.) 1 (betr. vnw.) van wie, van welke persoon ◆ *de jongen* **wiens** *broek gescheurd was, kwam huilend thuis* 2 (vr. vnw.) van wie, van welke persoon ◆ **wiens** *jas is dit?*

**wier**[1] (het ~) plant waarvan er verschillende soorten zijn, meestal met lange stengels en sprieten, die in zee of in zoet water groeien ⇒ *algen* ◆ *zeewier.*

**wier**[2] (vnw.) 1 (betr. vnw.) van wie, van welke vrouw of personen ◆ *de vrouw* **wier** *geld gestolen was …* 2 (vr. vnw.) (ouderwets) van wie, van welke vrouw of personen ◆ **wier** *kinderen spelen daar?*

**wierf** → werven.

**wie·rook** (de ~ (m.)) stof die een lekkere geur afgeeft als je hem aansteekt.

**wierp** → werpen.

**wier·pen** → werpen.

**wier·ven** → werven.

**wies** → wassen.

**wie·sen** → wassen.

**wiet** (de ~) (populair) marihuana.

**wig** (de ~; -gen) driehoekig stuk hout of metaal waarmee je hout splijt of iets vastklemt ⇒ *spie* ◆ *een* **wig** *tussen twee mensen drijven:* (uitdr.) ervoor zorgen dat ze onenigheid krijgen.

**wig·wam** (de ~ (m.); -s) tent van een indiaan.

**wij** (pers. vnw.) (eerste persoon meervoud; onderwerp) ⇒ *we.*

**wijd** (bijv. nw.) 1 met veel ruimte, niet nauw ◆ *een* **wijde** *mouw; je mond* **wijd** *open doen;* **wijd** *en zijd:* (uitdr.) overal 2 (honkbal) gezegd van een bal die te ver van de slagman af gegooid wordt.

**wij·den** (wijdde, heeft gewijd) 1 iemand of iets wijden: ie-

mand of iets met een godsdienstige plechtigheid zegenen ◆ *iemand tot priester* **wijden**: iemand de waardigheid van priester verlenen **2** *je ergens aan* **wijden**: je
energie en aandacht aan iets geven ◆ *ze* **wijdt** *zich aan
haar studie* **3** *iets ergens aan* **wijden**: iets ergens helemaal aan besteden ◆ *hij heeft zijn leven aan de wetenschap* **gewijd**.

**wijd·lo·pig** (bijv. nw.) al te uitvoerig ◆ *een* **wijdlopig** *verslag*.

**wijd·te** (de ~(v.); -n of -s) afstand tussen twee punten
van iets dat wijd\* (bet.1) is ◆ *de* **wijdte** *van een boord*.

**wijf** (het ~; wijven)(populair) vrouw ◆ *hij is een oud* **wijf**:
(uitdr.) een zeurkous.

**wijf·je** (het ~; -s) vrouwelijk dier.

**wijk** (de ~; -en) **1** gedeelte van een stad of dorp ⇒ kwartier
◆ *een krantenwijk*: de straten waar iemand de krant bezorgt ▼ *de* **wijk** *nemen*: vluchten.

**wij·ken** (week, is geweken) uit de weg gaan, opzij gaan ◆
*de vijand moest* **wijken**; *de muur* **wijkt**: hij staat schuin
naar achteren; *voor iemand* **wijken**: (uitdr.) plaats voor
iemand maken.

**wijk·ver·pleeg·ster** (de ~(v.); -s) verpleegster die in een
wijk de zieken in hun eigen huis verzorgt ⇒ wijkzuster.

**wij·le** (de ~)(deftig) korte tijd, poosje ◆ *hij wachtte een
wijle*; *bij wijlen*: (uitdr.) soms.

**wij·len** (bijv. nw.)(van personen): overleden ◆ **wijlen** *mijn
vader*.

**wijn** (de ~(m.); -en) alcoholhoudende drank die wordt gemaakt van druiven ◆ *wilt u een glas rode of witte* **wijn**?;
*klare* **wijn** *schenken*: (uitdr.) precies zeggen wat je bedoelt; *oude* **wijn** *in nieuwe zakken*: (uitdr.) iets dat al bekend is in een nieuwe vorm; *goede* **wijn** *behoeft geen
krans*: (spreekwoord) iets dat goed is, hoeft niet geprezen
te worden.

**wijn·gaard** (de ~(m.); -en) veld waar druiven worden gekweekt.

**wijn·maand** (de ~(m.)) de maand oktober.

**wijn·stok** (de ~(m.); -ken) klimplant waaraan druiven
groeien waarvan wijn wordt gemaakt.

**wijs¹**, ouderwets: **wij·ze** (de ~; wijzen) **1** melodie, liedje ◆
*hij fluit een vrolijk* **wijsje**; *we zingen deze tekst op de* **wijze**
*van het Wilhelmus*; *geen* **wijs** *kunnen houden*: vals zingen; *iemand van de* **wijs** *brengen*: (uitdr.) iemand in de
war brengen **2** (taal) bepaalde vorm van het werkwoord
◆ *de gebiedende* **wijs**: (dit is de vorm van het werkwoord
die een bevel aangeeft, bijv. 'loop').

**wijs²** (bijv. nw.) **1** verstandig, veel wetend ◆ *een* **wijze**
*vrouw*; *na* **wijs** *besluit*; *hij is niet* **wijzer**: hij weet niet
beter; *de* **wijste** *zijn*: (uitdr.) toegeven; *ergens geen* **wijs**
*uit kunnen worden*: (uitdr.) ergens niets van begrijpen
doordat het ingewikkeld is; *niet goed* **wijs** *zijn*: (uitdr.)
gek zijn, niet goed bij je verstand zijn **2** (populair) heel
leuk ◆ *wat een* **wijze** *jas*.

**wijs·be·geer·te** (de ~(v.)) wetenschap die zich bezighoudt met het wezen van alle dingen en begrippen
⇒ filosofie.

**wij·se·lijk** (bijw.) om verstandig te zijn, op een wijze²\*
manier ◆ *ze hield* **wijselijk** *haar mond*.

**wijs·geer** (de ~(m.); wijsgeren) iemand die zich bezighoudt met wijsbegeerte\* ⇒ filosoof.

**wijs·ge·rig** (bijv. nw.) te maken hebbend met wijsbe-
geerte\* ⇒ filosofisch ◆ *een* **wijsgerige** *beschouwing*.

**wijs·heid** (de ~(v.)) het wijs²\* (bet.1) zijn, kennis ◆ *waar
heb je die* **wijsheid** *vandaan*?: hoe weet je dat?; *hij meent
de* **wijsheid** *in pacht te hebben*: (uitdr.) hij denkt dat alleen hij het goed weet.

**wijs·heids·tand** (de ~(m.); -en)(in België □) verstands-
kies.

**wijs·ma·ken** (maakte wijs, heeft wijsgemaakt) **1** *iemand
iets wijsmaken*: ervoor zorgen dat iemand iets gelooft,
terwijl het niet waar is ◆ *hij* **maakt** *zichzelf* **wijs** *dat niemand hem aardig vindt*: die gedachte komt steeds in
hem op, terwijl die niet klopt ▼ *het iemand* **wijsmaken**:
(in België □; populair) het iemand aan zijn of haar verstand brengen; *kan jij hem* **wijsmaken** *dat hij ongelijk
heeft*?

**wijs·neus** (de ~(m.); -neuzen) iemand die denkt dat hij of
zij veel weet.

**wijs·vin·ger** (de ~(m.); -s) vinger die het dichtst bij je
duim zit en waarmee je wijst.

**wij·ten** (weet, heeft geweten) *iets ergens aan wijten*: zeggen dat iets ergens door komt ◆ *hij* **wijt** *het ongeluk aan
onvoorzichtigheid*; *dat heb je aan jezelf te* **wijten**: dat is je
eigen schuld.

**wij·ting** (de ~(m.); -en) bepaald soort vis die in de Noordzee voorkomt.

**wij·wa·ter** (het ~) gewijd water waarin katholieken hun
vingers kunnen dopen voordat ze een kruisteken maken.

**wij·ze¹** → wijs.

**wij·ze²** (de ~; -n) **1** (ouderwets: wijs) manier ◆ *het probleem kan op verschillende* **wijzen** *opgelost worden*; *een
werkwijze*; *bij* **wijze** *van spreken*: (uitdr.) om het zo maar
eens te zeggen **2** wijs²\* (bet.1) mens ◆ *de* **wijzen** *uit het
Oosten*: de drie koningen, die Jezus bij zijn geboorte ge-
schenken brachten.

**wij·zen** (wees, heeft gewezen) **1** *naar iets of iemand wijzen*:
je hand of je arm in de richting van iets of iemand houden om de aandacht op die persoon of die zaak te vestigen ⇒ aanwijzen ◆ *hij* **wijst** *naar de andere kant van de
straat*; *de pijl* **wijst** *naar links*: de punt ervan is naar
links gericht **2** *iemand iets wijzen*: iemand duidelijk maken waar iets is of hoe iets moet ◆ *iemand de weg* **wij-
zen**; *zij* **wijst** *het kind hoe het moet tekenen*; *dat* **wijst** *zich
vanzelf*: dat wordt duidelijk als je bezig bent **3** *iemand
ergens op wijzen*: iemands aandacht op iets vestigen ◆
*ik* **wijs** *u erop dat het formulier zo snel mogelijk moet worden ingeleverd* **4** *ergens op wijzen*: aanwijzingen vormen
dat iets zo is ⇒ duiden ◆ *alles* **wijst** *erop dat hij de schuldige is*.

**wij·zer** (de ~(m.); -s) naald op een wijzerplaat die de minuten of de uren aangeeft.

**wij·zer·plaat** (de ~; -platen) deel van een klok of horloge waarop met wijzers de tijd wordt aangegeven.

**wij·zi·gen** (wijzigde, heeft gewijzigd) *iets wijzigen*: iets veranderen ◆ *de volgorde van de onderwerpen is* **gewijzigd**.

**wik·ke** (de ~; -n) plantengeslacht waartoe o.a. de tuin-
boon behoort.

**wik·kel** (de ~(m.); -s) stukje papier waarin een artikel,
bijv. een reep chocola, gewikkeld\* is.

**wik·ke·len** (wikkelde, heeft gewikkeld) *iets of iemand ergens in wikkelen*: iets of iemand ergens in hullen, iets of
iemand ergens in draaien ◆ *hij* **wikkelt** *zich in een deken*; *een krant om een bos wortelen* **wikkelen**; *in een gesprek* **gewikkeld** *zijn*: (uitdr.) een gesprek voeren waarmee je niet zomaar kunt ophouden.

**wik·ken** (wikte, heeft gewikt) overwegen ◆ *na lang* **wik-
ken** *en wegen*: na lang en goed nadenken.

**wil** (de ~(m.)) vermogen van de mens om bewust te proberen iets te doen ◆ *dat gebeurde tegen zijn* **wil**: terwijl
hij het niet wilde; *hij doet het uit vrije* **wil**: zonder dat hij
gedwongen wordt; *van goede* **wil** *zijn*: (uitdr.) het goed
bedoelen; *tegen* **wil** *en dank*: (uitdr.) hoewel je dat helemaal niet wilt; *ik kan me dat met de beste* **wil** *van de wereld niet herinneren*: (uitdr.) ik herinner me dat absoluut

niet meer; *iemand ter* **wille** *zijn:* (uitdr.) iemand helpen met wat hij of zij van je vraagt; *ter* **wille** *van:* (uitdr.) om een gunst te bewijzen aan, ten behoeve van; *er is daar voor elk wat* **wils:** (uitdr.) er is daar voor iedereen iets dat hij leuk vindt.

**wild**[1] (het ~) **1** dieren waarop gejaagd wordt, bijv. hazen, fazanten, reeën ▼ *in het* **wild:** in de vrije natuur, waar de mens niet ingrijpt; *die dieren leven daar in het* **wild.**

**wild**[2] (bijv. nw.) **1** *(van dieren):* niet getemd, het tegenovergestelde van 'tam' ♦ **wilde** *paarden; een leeuw is een* **wild** *dier* **2** *(van planten):* niet veredeld, zoals voorkomend in de natuur ♦ **wilde** *rozen* **3** *(van mensen):* zonder moderne beschaving ♦ **wilde** *stammen* **4** onbeheerst, ruw ⇒ **woest** ♦ **wilde** *gebaren maken; een* **wilde** *staking:* een spontane staking die niet is georganiseerd; *de* **wilde** *vaart:* de vrachtvaart waarbij je telkens naar andere plaatsen vaart; *in het* **wilde** *weg:* (uitdr.) zomaar, zonder goed te kijken of te denken; *in het* **wilde** *weg schieten* **5** *ergens* **wild** *op zijn:* ergens gek op zijn, ergens veel van houden ▼ *je* **wild** *schrikken:* heel erg schrikken.

**wil·de** (de ~; -n) iemand die wild[2]* (bet.3) is, zeer primitief persoon.

**wil·de·bras** (de ~; -sen) kind dat zich wild[2]* (bet.4) gedraagt.

**wil·der·nis** (de ~ (v.); -sen) gebied waar de mens niet heeft ingegrepen in de natuur.

**wild·groei** (de ~ (m.)) wilde, ongeremde ontwikkeling ♦ *in die stadswijk is sprake van een* **wildgroei** *van buurthuizen:* het aantal buurthuizen neemt heel snel toe, zonder dat er een goed plan voor gemaakt is.

**wild·tun·nel** (de ~ (m.); -s) tunnel onder een snelweg waardoor wild veilig over kan steken ⇒ **ecotunnel.**

**wild·west·film** (de ~ (m.); -s) western.

**wilg** (de ~ (m.); -en) boom met buigzame takken, smalle bladeren en in het voorjaar katjes ♦ *de lier aan de* **wilgen** *hangen:* (uitdr.) ophouden met je werk, vooral met je werk als kunstenaar.

**wil·gen·roos·je** (het ~; -s) wilde plant met lichtpaarse bloemen.

**wil·le·keur** (de ~) manier van handelen die afhangt van datgene waar je toevallig zin in hebt, en die vaak onrechtvaardig is.

**wil·le·keu·rig** (bijv. nw.) zomaar gekozen, niet volgens een regel ♦ *een* **willekeurige** *keuze uit de gedichten van Annie M.G. Schmidt; een* **willekeurige** *naam:* een of andere naam.

**wil·len** (wou of wilde, heeft gewild) **1** *iets* **willen:** de wil* tot iets hebben, iets verlangen of wensen ♦ *hij* **wil** *naar het feest gaan; wil je koffie of thee?; dat* **wil** *ik niet hebben:* dat vind ik niet goed; *hoe* **wil** *hij dat doen?:* hoe denkt hij dat te doen?; *ergens niet aan* **willen:** (uitdr.) weigeren iets te aanvaarden **2** zullen ♦ **willen** *we wat eerder weggaan?; wij je dat laten!:* laat dat! **3** (hulpwerkwoord dat een mogelijkheid aangeeft) ♦ *het* **wil** *nogal eens gebeuren dat de auto niet start* ▼ *dat* **wil** *zeggen dat ...:* dat betekent dat ...; *de lamp* **wil** *niet branden:* het lukt niet hem te laten branden; *het verhaal* **wil** *dat ...:* volgens het verhaal ....

**wil·lens** (bijw.) ▼ **willens** *en wetens iets doen:* iets met opzet en bewust doen.

**wil·lig** (bijv. nw.) **1** gehoorzaam, volgzaam ♦ *een* **willig** *kind* **2** *(van dieren):* verlangend om gedekt te worden.

**wil·loos** (bijv. nw.) zonder wil* of zonder je wil* duidelijk te maken ♦ *ze liet zich* **willoos** *meenemen.*

**wils·kracht** (de ~) energie waarmee je iets wilt (bet.1) ♦ *met grote* **wilskracht** *heeft hij zijn studie afgemaakt.*

**wim·pel** (de ~ (m.); -s) lange smalle vlag of strook aan een vlag.

**wim·per** (de ~; -s) haartje dat aan het uiteinde van je oogleden zit.

**wind** (de ~ (m.); -en) **1** voelbare stroming van lucht buitenshuis ♦ *er staat een sterke westenwind; de fietser heeft* **wind** *tegen; de* **wind** *van voren krijgen:* (uitdr.) een uitbrander krijgen; *de* **wind** *eronder hebben:* (uitdr.) altijd goed gehoorzaamd worden; *een raad of advies in de* **wind** *slaan:* (uitdr.) je er niets van aantrekken; *met alle* **winden** *meewaaien:* (uitdr.) met iedereen meepraten omdat je geen eigen standpunt hebt; *het gaat hem voor de* **wind:** (uitdr.) het gaat voorspoedig met hem, alles zit hem mee; *ergens een frisse* **wind** *door laten waaien:* (uitdr.) veranderingen en vernieuwingen aanbrengen die hard nodig zijn; *iemand de* **wind** *uit de zeilen nemen:* (uitdr.) ervoor zorgen dat iemand bepaalde opmerkingen niet meer kan maken door ze zelf te maken; *van de* **wind** *kun je niet leven:* (uitdr.) je moet werken om aan de kost te komen; *wie* **wind** *zaait, zal storm oogsten:* (spreekwoord) als je mensen aanspoort tot verzet, word je er zelf het slachtoffer van **2** darmgassen die uit je anus ontsnappen ⇒ **scheet** ♦ *een* **wind** *laten.*

**win·de** (de ~; -n of -s) slingerplant met klokvormige bloemen.

**wind·ei** (het ~; -eren) ei zonder kalkschaal ♦ *dat zal hem geen* **windeieren** *leggen:* (uitdr.) daar zal hij veel voordeel van hebben.

**win·den** (wond, heeft gewonden) **1** *iets ergens om of op* **winden:** iets ergens omheen draaien ⇒ **wikkelen** ♦ *ze* **windt** *het verband om haar enkel; een draad op een klos* **winden 2** *zich om iets heen* **winden:** zich om iets heen slingeren ♦ *de klimplant* **windt** *zich om het hek.*

**wind·hond** (de ~ (m.); -en) hazewind.

**wind·kracht** (de ~) kracht waarmee de wind (bet.1) waait ♦ *het stormt, het is wel* **windkracht** *tien.*

**wind·stil** (bijv. nw.) zonder wind (bet.1).

**wind·streek** (de ~; -streken) gebied waaruit de wind (bet.1) komt ♦ *de vier* **windstreken** *zijn noord, oost, zuid en west; uit alle* **windstreken:** (uitdr.) overal vandaan.

**wind·sur·fen** (windsurfte, heeft gewindsurft) sport waarbij je op een plank met een zeil over het water glijdt ⇒ **plankzeilen, surfen.**

**wind·vlaag** (de ~; -vlagen) plotselinge sterke wind (bet.1) die onmiddellijk weer gaat liggen.

**win·gerd** (de ~ (m.); -s of -en) klimplant met bladeren die in de herfst rood worden.

**win·kel** (de ~ (m.); -s) gebouw waar je dingen kunt kopen ♦ *een boekwinkel; in een* **winkel** *staan:* (uitdr.) werken als winkelbediende.

**win·kel·cen·trum** (het ~; -centra) soms overdekte plaats waar een heleboel winkels bij elkaar gebouwd zijn.

**win·ke·len** (winkelde, heeft gewinkeld) winkels* bezoeken om rond te kijken en dingen te kopen.

**win·kel·haak** (de ~ (m.); -haken) **1** rechthoekige scheur in een kledingstuk **2** stuk gereedschap om rechte hoeken mee te maken.

**win·ke·lier** (de ~ (m.); -s), vrouw: **win·ke·lier·ster** (de ~ (v.); -s) iemand die een winkel* heeft.

**win·naar** (de ~ (m.); -s), vrouw: **win·na·res** (de ~ (v.); -sen) iemand die een wedstrijd of een spel gewonnen* (bet.1) heeft.

**win·nen** (won, heeft gewonnen) **1** *een wedstrijd of een spel* **winnen:** de beste zijn, de meeste punten behalen, het tegenovergestelde van 'verliezen' ♦ *die voetbalclub heeft al vier keer van onze club* **gewonnen;** *een prijs* **winnen;** *je* **gewonnen** *geven:* (uitdr.) het opgeven; *zo* **gewonnen,** *zo geronnen:* (uitdr.) dat wat je op een makkelijke of oneerlijke manier hebt verkregen, blijft nooit lang in je bezit **2** *iets winnen*: iets volgens een bepaalde bewerking ergens uit halen ◆ *olie winnen; zaad winnen uit plantjes* **3** *iemand voor je winnen*: iemand aan jouw kant krijgen, iemands sympathie opwekken **4** *winnen aan invloed, aan gezag*: meer invloed, meer gezag krijgen.

**winst** (de ~ (v.); -en) bedrag dat je overhoudt als je de kosten die je hebt gemaakt aftrekt van de opbrengst ◆ *hij verkoopt zijn brommer met winst; tel uit je winst*: (uitdr.) (dit zeg je als iets veel gaat opleveren).

**winst·be·jag** (het ~) het eropuit zijn winst te behalen ◆ *dat deed ze uit winstbejag*.

**win·ter** (de ~ (m.); -s) jaargetijde van 22 december tot 21 maart, waarin het koud is ◆ *van de winter*: (uitdr.) in de komende of de afgelopen winter; *pik in, 't is winter*: (uitdr.)(dit zeg je als je een voordeeltje hebt).

**win·ter·han·den** (zelfst. nw.; meervoud) opgezwollen en ontstoken handen door de kou.

**win·ter·hard** (bijv. nw.) *(van planten)*: bestand tegen de winter.

**win·ter·ko·nin·kje** (het ~; -s) bruin zangvogeltje dat 's winters niet naar het zuiden vliegt.

**win·ter·maand** (de ~ (m.)) de maand december.

**win·ters** (bijv. nw.) te maken hebbend met de winter* ◆ *een winterse dag; het is winters koud*.

**win·ter·slaap** (de ~ (m.)) bewegingloze toestand van sommige dieren in de winter waarin ze zich hebben teruggetrokken en geen voedsel nodig hebben.

**win·ter·sport** (de ~; -en) wintervakantie naar een gebied waar je kunt skiën of langlaufen ◆ *op wintersport gaan*.

**win·ter·te·nen** (zelfst. nw.; meervoud) tenen die door de kou gezwollen en ontstoken zijn.

**win·ter·tijd** (de ~ (m.)) de gewone tijdrekening die geldt van oktober tot en met maart, waarin de klok een uur achter loopt ten opzichte van de zomertijd (kijk ook bij: **zomertijd**).

**win·ter·wor·tel** (de ~ (m.); -s of -en) grote, dikke peen.

**wip** (de ~; -pen) **1** speeltoestel dat bestaat uit een balk die in het midden op een standaard rust, en waarop twee personen op en neer kunnen bewegen door zich, zittend op de twee uiteinden, om de beurt van de grond af te zetten ⇒ *wipwap* ◆ *op de wip zitten*: (uitdr.) ieder ogenblik ontslagen kunnen worden; ook: veel haast hebben om weg te komen ▼ *in een wip*: (populair) in heel korte tijd.

**wip·neus** (de ~ (m.); -neuzen) neus waarvan het puntje een beetje naar boven wijst.

**wip·pen** (wipte) **1** (heeft gewipt) op een wip* spelen **2** (heeft gewipt) heen en weer bewegen als op een wip* ◆ *ze zat te wippen op haar stoel* **3** (is of heeft gewipt) je met sprongetjes snel en licht voortbewegen ◆ *de vogel wipt over de tak; ergens binnen wippen*: (uitdr.) ergens even snel naar binnengaan **4** (heeft gewipt) *iets ergens uit of in wippen*: iets ergens met een lichte, snelle beweging uit halen of in doen ◆ *ze wipt de punaises uit het doosje* **5** (heeft gewipt) *iemand wippen*: (populair) iemand ontslaan.

**wip·schie·ting** (de ~ (v.)) (in België □) wedstrijd waarbij de deelnemers met pijl en boog een houten vogel van een hoge paal af moeten schieten.

**wip·wap** (de ~ (m.); -pen) (populair) wip.

**wir·war** (de ~ (m.)) verward geheel ◆ *een wirwar van draden*.

**wis** (bijv. nw.) zeker, stellig ⇒ *gewis* ◆ *iemand van een wisse dood redden; wis en waarachtig*: (uitdr.) zeer zeker.

**wi·sent** (de ~ (m.); -en) Europese bizon.

**wish·ful thin·king** (Engels) [wisjfœlsingking](de ~)(let-

terlijk: wensend denken) redenering waarbij je niet uitgaat van feiten maar van wat je graag wilt.

**wis·kun·de** (de ~ (v.)) wetenschap die zich bezighoudt met de eigenschappen van getallen, en waarvan algebra en meetkunde een onderdeel zijn ⇒ *mathematica*.

**wis·kun·dig** (bijv. nw.) te maken hebbend met de wiskunde* ⇒ *mathematisch* ◆ *iets wiskundig bewijzen*.

**wis·pel·tu·rig** (bijv. nw.) gezegd van iemand die telkens van mening verandert.

**wis·sel** (zelfst. nw.; -s) **1** (de ~ (m.) of het ~) voorziening in de rails die het mogelijk maakt dat een trein op een ander spoor overgaat **2** (de ~ (m.)) officieel papier waarin de ondergetekende iemand de opdracht geeft een bepaald bedrag te geven aan een ander ◆ *een wissel op de toekomst trekken*: (uitdr.) er bij het maken van plannen van uitgaan dat de ontwikkelingen in de toekomst gunstig zullen zijn **3** (de ~ (m.)) het wisselen* (bet.1) van spelers in een wedstrijd.

**wis·sel·agent** (de ~ (m.); -en) (in België) iemand die voor zijn of haar beroep vreemde munten en effecten koopt en verkoopt (kijk ook bij: **effect (bet.2)**).

**wis·sel·be·ker** (de ~ (m.); -s) beker die bij telkens terugkerende wedstrijden aan de nieuwe winnaar wordt gegeven, maar die je mag houden als je hem een bepaald aantal keren gewonnen hebt.

**wis·se·len** (wisselde, heeft gewisseld) **1** *dingen wisselen*: het één geven voor het ander ⇒ *ruilen* ◆ *ze wisselen van fiets; geld wisselen*: het ruilen voor een aantal munten en bankbiljetten met dezelfde waarde; *woorden wisselen*: (uitdr.) die tegen elkaar zeggen; *van gedachten wisselen*: (uitdr.) met elkaar praten om elkaars mening te horen **2** veranderen, nu eens zus, dan weer zo zijn ◆ *de stemming wisselt; het is wisselend bewolkt* **3** je melktanden en -kiezen verliezen en er blijvende tanden en kiezen voor in de plaats krijgen.

**wis·sel·geld** (het ~) geld dat je terugkrijgt als je iets niet gepast hebt betaald.

**wis·se·ling** (de ~ (v.); -en) het wisselen* (bet.1) ◆ *de wisseling van de seizoenen; de jaarwisseling*.

**wis·sel·koers** (de ~ (m.); -en) waarde van geld in vergelijking met de waarde van buitenlands geld ⇒ *koers*.

**wis·sel·op·los·sing** (de ~ (v.); -en) (in België □) alternatieve oplossing.

**wis·sel·slag** (de ~ (m.)) onderdeel van een zwemwedstrijd waarbij de zwemmers achtereenvolgens vlinderslag, rugslag, schoolslag en vrije slag zwemmen.

**wis·sel·stroom** (de ~ (m.)) elektrische stroom zoals die door het elektriciteitsbedrijf geleverd wordt en bijv. uit een stopcontact komt.

**wis·sel·stuk** (het ~; -ken) (in België □) reserveonderdeel.

**wis·sel·val·lig** (bijv. nw.) veranderlijk, onbestendig ◆ *wisselvallig weer*.

**wis·sel·wer·king** (de ~ (v.); -en) toestand waarbij het een het ander beïnvloedt en omgekeerd ⇒ *interactie* ◆ *er is een wisselwerking tussen de vraag naar artikelen en de prijs ervan*.

**wis·sen** (wiste, heeft gewist) *iets ergens af wissen*: iets ergens vanaf vegen ◆ *hij wiste zich het zweet van zijn voorhoofd; het schoolbord wissen*: het krijt ervanaf vegen.

**wis·ser** (de ~ (m.); -s) voorwerp dat wist* of waarmee je wist* ◆ *bordenwisser; ruitenwisser*.

**wis·se·was·je** (het ~; -s) kleinigheid, onbelangrijk iets ◆ *ik ga niet voor ieder wissewasje naar haar toe*.

**wist** → weten.

**wis·ten** → weten.

**wit** (bijv. nw.) **1** licht en zonder kleur, het tegenovergestelde van 'zwart' ◆ *witte wolken; witte wijn; **witte** bonen; de bruid draagt een **witte** jurk; een **witte** kerst:* waarbij er sneeuw ligt; *een half **wit**:* witbrood; *zo **wit** als sneeuw:* (uitdr.) erg wit **2** bleek in het gezicht ◆ *hij ziet **wit**; **wit** wegtrekken:* bleek worden; *zo **wit** als een doek:* (uitdr.) erg bleek **3** niet onwettig, niet verboden, het tegenovergestelde van 'zwart' ◆ *wit werken:* waarbij je de verplichte belastingen over je loon betaalt ▼ *witte artikelen of producten:* goedkope producten zonder merknaam.

**wit·heet** (bijv. nw.) heel erg kwaad.

**wit·kalk** (de ~(m.)) witte muurverf die bestaat uit een mengsel van kalk en water.

**wit·kiel** (de ~(m.); -en) kruier op een station.

**wit·lof**, in België □: **wit·loof** (het ~) bitter smakende groente die bestaat uit langwerpige stronkjes met witte, stevige bladeren.

**wit·te·broods·we·ken** (zelfst. nw.; meervoud) de eerste weken na iemands trouwdag.

**wit·te·ke** (het ~; -s) (in België □; populair) glaasje jenever.

**wit·ten** (witte, heeft gewit) *een muur witten:* die wit* (bet.1) maken met witkalk.

**witz** (Duits) [wits] (de ~; -en) grap.

**WK** (het ~) wereld*k*ampioenschap.

**w.o.** (afkorting) *w*etenschappelijk *o*nderwijs.

**WO** (afkorting) *w*ereld*o*orlog.

**wod·ka** (de ~(m.)) Russische brandewijn.

**woe·de** (de ~) grote boosheid ⇒ *razernij, toorn* ◆ *je **woede** op iets of iemand koelen:* (uitdr.) je boosheid op iets of iemand afreageren.

**woe·den** (woedde, heeft gewoed) *(van brand, oorlog, storm):* wild tekeergaan, fel en hevig aan de gang zijn.

**woe·dend** (bijv. nw.) heel erg kwaad ⇒ *furieus, razend, hels, woest*.

**woef** (tussenw.) (geluid van een blaffende hond) ⇒ *waf*.

**woei** → waaien.

**woei·en** → waaien.

**woe·ke·ren** (woekerde, heeft gewoekerd) **1** voortdurend groeien, waardoor andere dingen in de verdrukking kunnen komen ◆ *het onkruid **woekert**; een **woekerend** kankergezwel* **2** *met iets woekeren:* iets met veel inspanning zo gebruiken dat je er het meeste voordeel van hebt ◆ *ze **woekert** met haar tijd.*

**woe·ke·ring** (de ~(v.); -en) het woekeren* (bet.1).

**woe·ker·prijs** (de ~(m.); -prijzen) veel te hoge prijs die wordt gevraagd door iemand die veel winst wil maken ten koste van anderen.

**woe·len** (woelde, heeft gewoeld) onrustig heen en weer bewegen, vooral in bed ◆ *de baby heeft zich bloot **gewoeld**:* de baby heeft zo liggen trappelen dat de dekentjes niet meer over hem heen liggen.

**woe·lig** (bijv. nw.) onrustig, druk ◆ *een **woelige** zee; een **woelige** tijd:* waarin veel gebeurt.

**woel·wa·ter** (de ~; -s) druk en beweeglijk kind.

**woens·dag** (de ~(m.); -en) de derde dag van de week.

**woerd** (de ~(m.); -en) mannetjeseend.

**woest** (bijv. nw.) **1** wild, niet bewerkt of verzorgd ◆ *een **woest** landschap; een **woeste** baard* **2** erg kwaad ⇒ *woedend, razend, furieus, hels.*

**woes·te·nij** (de ~(v.); -en) woest* (bet.1) gebied.

**woes·tijn** (de ~; -en) groot gebied dat dor en droog en daardoor onbewoonbaar is.

**wo·gen** → wegen.

**wok** (de ~; -ken) wadjang.

**wol** (de ~) geheel van zachte, dunne haren van sommige dieren, o.a. van schapen ◆ *een **wollen** jas; **wol** spinnen:* op een spinnewiel van vlokken wol draden maken; *on-*

*der de **wol** kruipen:* (uitdr.) lekker naar bed gaan; *door de **wol** geverfd zijn:* (uitdr.) veel ervaring hebben, zodat niemand je iets wijs kan maken.

**wolf** (de ~(m.); wolven), vrouwtjesdier: **wol·vin** (de ~(v.); -nen) roofdier dat op een hond lijkt ◆ *een **wolf** in schaapskleren:* (uitdr.) iemand die zich onschuldig voordoet, maar die in feite gevaarlijk is; *huilen met de **wolven** in het bos:* (uitdr.) doen wat de anderen doen, je aanpassen omdat dat je het meeste voordeel oplevert.

**wolf·ijzers** (zelfst. nw.) ▼ *wolfijzers en schietgeweren:* (in België □) allerlei verborgen gevaren; voetangels en klemmen.

**wolfs·kers** (de ~) plant met giftige bessen.

**wolfs·klauw** (de ~; -en) wilde plant, waarvan verschillende soorten bestaan.

**wolfs·melk** (de ~) plant waarvan de stengel een melkachtig sap bevat.

**wolk** (de ~; -en) verzameling van heel kleine, zwevende waterdruppeltjes of stukjes ijs hoog in de lucht, waaruit regen, sneeuw of hagel kan vallen ◆ *in de **wolken** zijn:* (uitdr.) heel blij zijn; *donkere **wolken** pakken zich samen:* (uitdr.) het ziet ernaar uit dat er nare dingen gaan gebeuren; *er is geen **wolkje** aan de lucht:* (uitdr.) alles is in orde en het ziet er niet naar uit dat er iets mis zal gaan; *een **wolk** van een baby:* (uitdr.) een gezonde en mollige baby; *thee of koffie met een **wolkje** melk:* (uitdr.) met een scheutje melk; *achter de **wolken** schijnt de zon:* (spreekwoord) na iets naars komt altijd iets leuks.

**wolk·breuk** (de ~; -en) hevige stortregen.

**wol·ken·krab·ber** (de ~(m.); -s) erg hoog gebouw met woningen of kantoren ⇒ *torenflat*.

**wol·le·tje** (het ~; -s) wollen hemdje ⇒ *borstrok*.

**wol·lig** (bijv. nw.) *(van taal):* mooi klinkend, maar met een onduidelijke betekenis ◆ *de directeur zei haar in **wollige** taal dat ze ontslagen zou worden.*

**wol·vin** → wolf.

**won** → winnen.

**wond**[1] (de ~; -en) plaats waar een beschadiging van je huid of van een lichaamsdeel nog niet genezen is ◆ *brandwond; de **wond** genas heel langzaam; oude **wonden** openrijten:* (uitdr.) verdriet uit het verleden opnieuw voelbaar maken; *je **wonden** likken:* (uitdr.) in stilte bijkomen van een nederlaag.

**wond**[2] → winden.

**won·den** → winden.

**won·der**[1] (het ~; -en) onverklaarbare gebeurtenis die door God of door een bijzondere kracht veroorzaakt is ⇒ *mirakel* ◆ *de **wonderen** der natuur; de **wonderen** die Jezus heeft verricht; het is een **wonder** dat hij nog leeft:* (uitdr.) dat is onverklaarbaar; *dat middel doet **wonderen**:* (uitdr.) dat helpt erg goed; ***wonder** boven **wonder**:* (uitdr.) tot ieders verrassing; *de **wonderen** zijn de wereld nog niet uit:* (uitdr.) (dit zeg je als er iets gebeurt dat je nooit verwacht had); *geen **wonder** dat ...:* (uitdr.) het is logisch dat ....

**won·der**[2] (bijv. nw.) **1** (ouderwets) wonderlijk ◆ *de **wondere** avonturen van ridder Boudewijn* ▼ ***wonder** wat:* heel wat; *ze verwachtte **wonder** wat van haar feest, maar het viel tegen.*

**won·der·baar·lijk** (bijv. nw.) gezegd van iets dat je erg verwondert ⇒ *miraculeus* ◆ *hij is op een **wonderbaarlijke** manier voor zijn examen geslaagd.*

**won·der·dok·ter** (de ~(m.); -s) iemand die niet voor arts gestudeerd heeft en die op onverklaarbare manier mensen geneest.

**won·der·kind** (het ~; -eren) kind dat heel erg intelligent is, of dat uitzonderlijk goed iets kan, bijv. een muziekinstrument bespelen.

**won·der·lijk** (bijv. nw.) erg vreemd, erg merkwaardig ♦ *een wonderlijke man.*

**won·der·olie** (de ~) olie uit de zaden van de wonderboom, die wordt gebruikt als laxerend middel (kijk ook bij: **laxerend**).

**won·der·wel** (bijw.) heel goed, tegen de verwachting in ♦ *het is wonderwel gelukt.*

**wond·koorts** (de ~) koorts die je krijgt doordat er via een wond bacteriën je lichaam zijn binnengedrongen.

**wo·nen** (woonde, heeft gewoond) ergens wonen: ergens je vaste verblijfplaats hebben ♦ *hij woont in een flat; op kamers wonen.*

**wo·ning** (de ~(v.); -en) huis, flat of etage waarin je woont*.

**wo·ning·nood** (de ~(m.)) gebrek aan woningen.

**won·nen** → winnen.

**woog** → wegen.

**woon·ach·tig** (bijv. nw.) wonend, gehuisvest ♦ *hij is woonachtig in Antwerpen.*

**woon·erf** (het ~; -erven) straat met verkeersdrempels, plantenbakken enz., waar auto's langzaam moeten rijden.

**woon·groep** (de ~; -en) groep mensen die in één huis wonen en die een aantal dingen samen doen, bijv. eten.

**woon·huis** (de ~(m.); woonhuizen) huis om in te wonen.

**woon·ka·mer** (de ~(m.); -s) kamer in een woonhuis waar mensen overdag meestal zijn ⇒ *huiskamer.*

**woon·wa·gen** (de ~(m.); -s) gebouw om in te wonen dat in zijn geheel of in delen kan worden verplaatst.

**woord** (het ~; -en) 1 groep klanken die je uitspreekt of groep letters met een eigen betekenis ♦ *'rijwiel' is een ander woord voor 'fiets'; een vies woord: een grof woord dat slaat op seksualiteit of ontlasting; met twee woorden spreken:* (uitdr.)(bijv. 'ja meneer' zeggen in plaats van 'ja'); *hij heeft het niet met zoveel woorden gezegd:* (uitdr.) hij heeft het niet precies gezegd, maar het was duidelijk dat hij het bedoelde; *met andere woorden:* (uitdr.) anders gezegd; *een kort woordje spreken:* (uitdr.) een korte toespraak houden; *woorden hebben:* (uitdr.) ruzie maken; *iets onder woorden brengen:* (uitdr.) iets vertellen, iets zeggen; *ergens geen woorden voor hebben:* (uitdr.) iets heel goed of heel erg vinden; *je haalt me de woorden uit de mond:* (uitdr.)(dit zeg je als iemand iets zegt dat jij net wilde zeggen); *iemand woorden in de mond leggen:* (uitdr.) niet juist navertellen wat iemand gezegd heeft; *niet uit je woorden kunnen komen:* (uitdr.) er niet in slagen te zeggen wat je wilt zeggen; *het laatste woord willen hebben:* (uitdr.) als laatste nog iets ergens over willen zeggen; *een goed woordje voor iemand doen:* (uitdr.) iemand bij een ander aanbevelen; *een woordje meespreken:* (uitdr.) ook invloed hebben; *hij kan zijn woordje doen:* (uitdr.) hij redt zich wel, hij kan wel voor zichzelf opkomen; *ergens niet veel woorden aan vuil willen maken:* (uitdr.) over een nare zaak niet veel willen zeggen; *eindelijk kwam het hoge woord eruit:* (uitdr.)(dit zeg je als iemand iets verteld heeft terwijl hij of zij daar duidelijk tegenop gezien had); *iemand aan het woord laten:* (uitdr.) iemand de gelegenheid geven het gezelschap toe te spreken; *het woord tot iemand richten:* (uitdr.) tegen iemand spreken; *een hartig woordje met iemand spreken:* (uitdr.) boos tegen iemand spreken; *het hoogste woord hebben:* (uitdr.) op een drukke en overheersende manier praten; *iemand te woord staan:* (uitdr.) iemand de gelegenheid geven met jou te praten; *het woord van God:* (uitdr.) de bijbel; *hij zei geen gebenedijd woord:* (in België □; uitdr.) hij zei niets 2 belof-

te, erewoord ♦ *je woord houden:* doen wat je beloofd hebt; *ik geloof u op uw woord:* ik geloof u omdat u dat zegt, u hoeft het niet te bewijzen.

**woord·blind** (bijv. nw.) gezegd van iemand die niet in staat is letters, woorden of zinnen goed te lezen.

**woor·de·lijk** (bijv. nw.) woord voor woord, helemaal letterlijk ♦ *iets woordelijk navertellen.*

**woor·den·boek** (het ~; -en) boek waarin een lange lijst woorden staat met daarachter de uitleg of de vertaling in een andere taal ♦ *een woordenboek Frans-Nederlands; een puzzelwoordenboek:* boek waarin achter een woord andere woorden staan die hetzelfde of ongeveer hetzelfde betekenen.

**woor·den·schat** (de ~(m.)) alle woorden van een taal of alle woorden die je kent ⇒ *vocabulaire.*

**woor·den·wis·se·ling** (de ~(v.); -en) kleine ruzie.

**woord·soort** (de ~; -en)(taal) groep woorden die op dezelfde manier in een zin gebruikt worden, bijv. zelfstandige naamwoorden, werkwoorden of voegwoorden.

**woord·spe·ling** (de ~(v.); -en) grapje met woorden, het verwisselen van twee betekenissen van een woord.

**woord·voer·der** (de ~(m.); -s), vrouw: **woord·voer·ster** (de ~(v.); -s) iemand die namens een of meer anderen spreekt ♦ *de woordvoerder van de vakbond.*

**wor·den** (werd, is geworden) 1 (koppelwerkwoord dat aangeeft dat het onderwerp in de genoemde toestand raakt, dat het onderwerp het genoemde begint te zijn of in de toekomst zal zijn) ♦ *ziek worden; het wordt koud; ik word in september dertien; wat is er van hem geworden?:* (uitdr.) wat is hij nu voor iemand, hoe gaat het met hem? 2 (hulpwerkwoord van de lijdende vorm)(kijk ook bij: **lijdend**) ♦ *hij werd geslagen; dat wordt altijd zo gedaan.*

**wor·ding** (zelfst. nw.) ▼ *in staat van wording verkeren:* beginnen te ontstaan; *dit is een stad in wording:* dit ontwikkelt zich tot een stad.

**word·pro·ces·sor** (Engels) [wuːrtprooˈsesər](de ~; -s) tekstverwerker.

**wor·gen** → wurgen.

**work·a·ho·lic** (Engels) [wuːrkəˈhollik](de ~; -s) iemand die verslaafd is aan zijn of haar werk.

**work·shop** (Engels) [wuːrksjop](de ~; -s) groep mensen die bij elkaar komen om samen iets creatiefs te doen ♦ *een toneelworkshop.*

**worm, wurm** (de ~(m.); -en) 1 diertje met een lang, dun, rond en heel buigzaam lichaam, dat kruipend vooruitkomt ⇒ *pier* 2 lange, dunne, ronde insectenlarve ♦ *houtworm.*

**worm·ste·kig** (bijv. nw.) gezegd van fruit waar wormen (bet.2) in zitten of in hebben gezeten ♦ *een wormstekige appel.*

**worp** (de ~(m.); -en) 1 keer dat je werpt* (bet.1), of de manier waarop je iets werpt* (bet.1) ♦ *de verschillende worpen bij judo* 2 keer dat een vrouwtjesdier jongen werpt* (bet.2) ♦ *het konijn kreeg tien jongen in één worp.*

**worst** (de ~(m.); -en) 1 rolletje dat bestaat uit stukjes vlees in een vlies ♦ *gekookte worst* ▼ *dat zal me (een) worst wezen:* (populair) dat interesseert me helemaal niet; *of je worst lust:* (populair)(dit zeg je als iemand tegen je zegt: 'wat zei je?', terwijl hij of zij niet goed naar je luisterde).

**wor·ste·len** (ww.) 1 sport waarbij je je tegenstander vastpakt en op de grond probeert te krijgen 2 (worstelde, heeft geworsteld) met veel inspanning vechten of proberen iets voor elkaar te krijgen ♦ *hij worstelde om boven water te komen; ze worstelt zich door dat moeilijke boek heen:* ze leest het met veel moeite.

**wor·tel** (de ~(m.)) **1** (-s of -en) deel van een plant dat onder de grond zit, waarmee de plant water en voedsel uit de grond haalt ♦ *boomwortels*; *wortel schieten:* (van planten die verpoot zijn) zich met de wortels vasthechten in de grond; *ergens wortel schieten:* (uitdr.) ergens heel lang blijven wonen; *iets met wortel en tak uitroeien:* (uitdr.) iets helemaal uitroeien; *de wortel van het kwaad:* (uitdr.) de oorzaak ervan **2** (-s of -en) plant waarvan je het ondergrondse deel kunt eten, of dat deel zelf, dat oranje van kleur is ⇒ *peen* ♦ *bij de vis eten we worteltjes* **3** (-s of -en) deel waarmee iets vastgehecht of ingeplant zit ♦ *tandwortel*; *haarwortel* **4** (-s) (rekenen) getal dat je met zichzelf moet vermenigvuldigen om het getal te krijgen dat onder het √-teken staat ♦ *de wortel uit negen is drie* ($\sqrt{9} = 3$).

**wor·tel·trek·ken** (ww.) (rekenen) de wortel (bet.4) van een getal berekenen.

**wou** → **willen**.

**woud** (het ~; -en) oud, groot en dichtbegroeid bos met hoge bomen ♦ *een woud van scheepsmasten:* (uitdr.) een grote hoeveelheid scheepsmasten.

**woud·reus** (de ~(m.); -reuzen) grote boom in het bos.

**would-be** (Engels) [wœdbi͜e] (bijv. nw.) zogenaamd, gezegd van iemand die iets wil lijken wat hij of zij niet is ♦ *een would-be filmster*.

**wraak** (de ~) vergelding van onrecht of leed dat een ander jou heeft aangedaan ♦ *hij zint op wraak*; *wraak nemen op iemand.*

**wraak·gie·rig** (bijv. nw.) gezegd van iemand die wraak wil nemen.

**wrak¹** (het ~; -ken) zwaar beschadigd en onbruikbaar geworden voertuig, vliegtuig of schip ♦ *hij is een wrak:* (uitdr.) hij is tot niets meer in staat, hij is door ziekte of tegenslag totaal uitgeput.

**wrak²** (bijv. nw.) beschadigd en slecht in elkaar zittend ♦ *een wrak meubel.*

**wrang** (bijv. nw.) **1** met een scherpe, zure smaak waardoor je mond samentrekt ♦ *wrange appels* **2** gezegd van iets dat je een akelig gevoel geeft, dat moeilijk te verwerken is ♦ *een wrange opmerking.*

**wrat** (de ~; -ten) ruw bultje op je huid, bijv. op je hand.

**wreed** (bijv. nw.) **1** gezegd van iemand die een ander met opzet en zonder medelijden pijn of verdriet doet ♦ *een wrede dictator* **2** (populair) geweldig ♦ *weet joh, die nieuwe cd!*

**wreef¹** (de ~; wreven) hoogste gedeelte van de bovenkant van je voet.

**wreef²** → **wrijven**.

**wre·ken** (wreekte, heeft gewroken) **1** *je op iemand wreken:* wraak* op iemand nemen ♦ *dat wreekt zich later:* (uitdr.) daar ondervind je later de nare gevolgen van **2** *iets wreken:* wraak* nemen op degene die iets gedaan of veroorzaakt heeft ♦ *hij heeft gezworen de dood van zijn vriend te wreken.*

**wre·vel** (de ~(m.)) het geërgerd en geprikkeld zijn.

**wre·ve·lig** (bijv. nw.) met wrevel*.

**wre·ven** → **wrijven**.

**wrie·me·len** (wriemelde, heeft gewriemeld) **1** (van insecten en andere kleine diertjes): zich alle kanten op door elkaar heen bewegen ⇒ *krioelen* ♦ *wriemelende mieren* **2** friemelen.

**wrij·ven** (wreef, heeft gewreven) **1** een of meer malen krachtig over de oppervlakte van iets strijken of twee dingen langs elkaar bewegen ♦ *ze wreef met een doek over de tafel; tevreden je handen wrijven* **2** *iets ergens op of in wrijven:* iets ergens op of in brengen door er een of meer malen krachtig overheen te strijken ♦ *crème op je gezicht wrijven.*

**wrij·ving** (de ~(v.); -en) **1** onenigheid **2** weerstand die optreedt als een voorwerp bewogen wordt en daarbij langs of over een ander voorwerp gaat.

**wrik·ken** (wrikte, heeft gewrikt) een voorwerp dat ergens in vastzit, proberen heen en weer te bewegen om het los te krijgen.

**wrin·gen** (wrong, heeft gewrongen) **1** *iets wringen:* iets met een draaiende beweging samenknijpen ♦ *wasgoed wringen:* het water eruit knijpen; *je handen wringen:* ze om elkaar klemmen en er draaiende bewegingen mee maken, meestal uit ongerustheid of wanhoop **2** *je door een nauwe opening wringen:* erdoorheen komen door je smal te maken en je te draaien ⇒ *wurmen* ♦ *hij wrong zich door de mensenmassa.*

**wrin·ger** (de ~(m.); -s) toestel om wasgoed te wringen* (bet.1).

**wroch·ten** (wrochtte, heeft gewrocht) *een kunstwerk of iets kunstigs wrochten:* (deftig) het scheppen, het maken.

**wroe·ging** (de ~(v.); -en) knagend schuldgevoel.

**wroe·ten** (wroette, heeft gewroet) **1** snuffelend in de grond graven ♦ *wroetende varkens; in iemands verleden, in iemands privéleven wroeten:* (uitdr.) proberen daar schandelijke gebeurtenissen in te ontdekken **2** (in België □; populair) hard werken, zwoegen ⇒ *ploeteren.*

**wrok** (de ~(m.)) bitter gevoel dat je hebt doordat iemand je verdriet of onrecht heeft gedaan ⇒ *rancune* ♦ *wrok koesteren.*

**wrok·kig** (bijv. nw.) vol wrok*.

**wrong¹** (de ~(m.); -en) los in elkaar gedraaide bundel haren.

**wrong²** → **wringen**.

**wron·gel** (de ~) gestremde en uitgelekte melk, waarvan kaas wordt gemaakt.

**wron·gen** → **wringen**.

**wuft** (bijv. nw.) lichtzinnig en uitdagend ♦ *zij is wuft gekleed.*

**wui·ven** (wuifde, heeft gewuifd) **1** je arm opsteken en je hand heen en weer bewegen als groet ⇒ *zwaaien* ♦ *de koningin wuifde naar ons* **2** heen en weer bewegen om een vast punt ⇒ *zwaaien* ♦ *het wuivende koren.*

**wulk** (de ~; -en) gedraaide schelp van een zeeslak.

**wulp** (de ~(m.); -en) vogel uit de familie van de snippen, met een lange omlaag gebogen snavel.

**wulps** (bijv. nw.) uitdagend en wellustig ♦ *een wulpse vrouw.*

**wur·gen**, ouderwets: **wor·gen** (wurgde, heeft gewurgd) *iemand wurgen:* iemand doden door zijn of haar keel dicht te knijpen ♦ *een wurgende angst:* (uitdr.) een angst waar je het benauwd van krijgt, zodat het lijkt of je keel wordt dichtgeknepen.

**wurm¹** → **worm**.

**wurm²** (de ~(m.); -en) (populair) klein, meestal zielig kind.

**wur·men** (wurmde, heeft gewurmd) **1** *iets ergens in, door enz. wurmen:* iets ergens met veel moeite in, door enz. krijgen **2** *je ergens in, door enz. wurmen:* ergens met moeite in, door enz. komen door je smal te maken en je te draaien ⇒ *wringen.*

**WVC** (afkorting) (in Nederland) **W**elzijn, **V**olksgezondheid en **C**ultuur (dit was tot 1994 de naam van een ministerie in Nederland).

**W.v.S.** (afkorting) (in Nederland) **W**etboek **v**an **S**trafrecht.

**WW** (de ~) (in Nederland) **W**erkloosheids**w**et.

**WWV** (de ~) (in Nederland) **W**et **W**erkloosheids**v**oorziening.

# Xx

**x** (de ~; x'en) de 24e letter van het alfabet.

**X** Romeins cijfer voor 10.

**xan·tip·pe** (de ~(v.); -s) boze, felle vrouw.

**x-be·nen** (zelfst. nw.; meervoud) benen waarvan de knieën naar binnen staan.

**xe·no·fo·bie** (de ~(v.)) haat jegens buitenlanders ⇒ *vreemdelingenhaat*.

**XL** (afkorting) *(van kleren)*: e*x*tra *l*arge; dit is Engels en het betekent: extra groot.

**XTC** (Engels) [ɛkstesie] (de ~) ecstasy, een middel dat soms geslikt wordt op houseparty's, en waarvan je gaat hallucineren (als je de letters op zijn Engels uitspreekt, klinken ze als ecstasy, het Engelse woord voor extase) (kijk ook bij: **hallucineren**).

**xy·lo·foon** (de ~(m.); xylofonen) slaginstrument dat bestaat uit een rij smalle plaatjes van hout of metaal, waar je met hamertjes op slaat.

# Yy

**y** (de ~; y's) de 25e letter van het alfabet, ook Griekse ij genoemd ⇒ *i-grec, ypsilon*.

**yaht·zee** [jatsee] (het ~) spel met vijf dobbelstenen, waarbij je moet proberen bepaalde combinaties van getallen te gooien.

**yang** [jang] (het ~) het actieve, mannelijke dat volgens de macrobiotiek samen met yin zorgt voor een evenwicht in de mens (kijk ook bij: **yin en macrobiotiek**).

**yan·kee** (Engels) [jengkie] (de ~(m.); -s) (populair) Amerikaan.

**yard** (Engels) [jaːrd] (de ~(m.); -s) Engelse afstandsmaat van bijna een meter.

**yell** [jel] (de ~(m.); -s) kreet of leuze die geroepen wordt, vaak als aanmoediging van een sportploeg.

**yen** [jen] (de ~) Japanse munteenheid.

**yes** (Engels) [jes] (tussenw.) ja ◆ *reken maar van yes!*: (uitdr.; populair) zeer zeker! absoluut!

**yin** [jin] (het ~) het passieve, vrouwelijke dat volgens de macrobiotiek samen met yang zorgt voor een evenwicht in de mens (kijk ook bij: **yang en macrobiotiek**).

**yo·ga** [joogaa] (de ~) Indiase leer die zegt hoe je door meditatie, concentratie, ademhalingsoefeningen enz. gezond van lichaam en geest kunt blijven.

**yog·hurt** [joggurt] (de ~(m.)) dikvloeibaar, wit melkproduct dat een beetje zurig smaakt, en dat als nagerecht gegeten wordt.

**yo·gi** [joogie] (de ~(m.); yogi's) iemand die erg veel doet aan yoga.

**yp·si·lon** [ipsielon of upsielon] (de ~; -s) Griekse ij ⇒ *i-grec*.

**yuc·ca** [joekaa] (de ~(m.); yucca's) sierplant met een stam waaruit lange, puntige bladeren groeien.

**yup·pie** [juppie] (de ~; -s) (populair) *y*oung *u*rban *p*rofessional; dit is Engels en betekent: een jong iemand die veel geld verdient en een luxe leven leidt.

# Zz

**z** (de ~; z's) de 26e letter van het alfabet.
**Z** (afkorting) **z**uid.
**zaad** (het ~) **1** hoeveelheid zaadjes* ◆ gemengd **zaad**: zaadjes van verschillende planten **2** vocht uit de teelballen van mannen of mannetjesdieren, waarmee eitjes van vrouwen of vrouwtjesdieren bevrucht kunnen worden ⇒ sperma ▼ op zwart **zaad** zitten: (populair) geen geld hebben.
**zaad·bal** (de ~ (m.); -len) elk van de twee ballen aan weerszijden van de penis van mannen en mannetjesdieren waarmee zaad (bet.2) geproduceerd wordt ⇒ testikel, teelbal, bal.
**zaad·cel** (de ~; -len) elk van de cellen in het zaad (bet.2) van mannen of mannetjesdieren, die voor de bevruchting van eicellen zorgen (kijk ook bij: **cel**).
**zaad·je** (het ~; -s) voortbrengsel van een plant of boom dat soms in een vrucht zit en waaruit weer een nieuwe plant of boom kan groeien ◆ een **zaadje** van de stokroos.
**zaad·lo·zing** (de ~ (v.); -en) keer dat een man of een mannetjesdier zaad (bet.2) uitstort ⇒ ejaculatie.
**zaag** (de ~; zagen) **1** ijzeren blad met scherpe kartels aan een handvat, waarmee je hout, metaal enz. zaagt* **2** (in België □; populair) zeurkous.
**zaag·sel** (het ~) houtpoeder dat bij het zagen ontstaat ◆ **zaagsel** in je hoofd hebben: (uitdr.) dom en vergeetachtig zijn.
**zaai·en** (zaaide, heeft gezaaid) iets, bijv. tarwe, bonen, gras, zaaien: het zaad* (bet.1) ergens van in de grond stoppen of op de grond strooien ◆ onrust, tweedracht **zaaien**: (uitdr.) het teweegbrengen, het veroorzaken; dun gezaaid zijn: (uitdr.) slechts in hele kleine aantallen of hoeveelheden voorkomen.
**zaai·goed** (het ~) zaad (bet.1) om te zaaien.
**zaak** (de ~; zaken) **1** iets dat besproken of behandeld wordt ⇒ kwestie, aangelegenheid ◆ dit is een **zaak** voor de politie; bemoei je met je eigen **zaken**!; een **zaak** van gewicht: een belangrijke kwestie; het ministerie van Buitenlandse **Zaken**: voor aangelegenheden die met het buitenland te maken hebben; iemands **zaken** waarnemen: iemands belangen behartigen; de **zaak** komt morgen voor: de rechtszaak; ter **zake** kundig zijn: (uitdr.) goed thuis zijn op het gebied waarover je praat; ter **zake** komen: (uitdr.) over het onderwerp gaan praten waarvoor je bij elkaar gekomen bent; dat doet niet ter **zake**: (uitdr.) dat is nu niet belangrijk **2** winkel of bedrijf ◆ een goed lopende **zaak 3** ding, voorwerp ◆ je **zaken** bij elkaar pakken: je spullen ▼ zoals de **zaken** nu staan ...: zoals de situatie nu is ...; het is **zaak** om ...: we moeten ervoor zorgen dat ...; gedane **zaken** nemen geen keer: je kunt dingen die gebeurd zijn, niet meer terugdraaien; gemene **zaak** met iemand maken: met iemand samen oneerlijke dingen doen; je hebt er geen **zaken** mee: (in België □) je hebt er niets mee te maken.
**zaaks** (bijv. nw.) ▼ niet veel **zaaks** zijn: niet zo goed of niet veel bijzonders zijn.

**zaal** (de ~; zalen) elk van de grote ruimten waarin een gebouw verdeeld is ◆ bal**zaal**; een **zaaltje** huren voor een feest; op **zaal** liggen in een ziekenhuis: niet op een een- of tweepersoonskamer, maar met meer mensen; dat orkest trekt volle **zalen**: er komt heel veel publiek op af.
**zacht** (bijv. nw.) **1** gemakkelijk in te drukken, week, het tegenovergestelde van 'hard' ◆ een **zachte** matras **2** (van geluid): niet luid, het tegenovergestelde van 'hard' ◆ zet de radio wat **zachter 3** met weinig kracht, nauwelijks voelbaar, het tegenovergestelde van 'hard' ◆ ik kwam gelukkig **zacht** terecht; zij gaf hem een **zacht** tikje op zijn schouder **4** (van weer): aangenaam, niet erg koud of winderig ◆ een **zachte** winter; een **zacht** klimaat **5** (van kleuren en licht): niet schel of fel ◆ **zachte** pasteltinten **6** vriendelijk en rustig ◆ een **zacht** meisje; op z'n **zachtst** gezegd: (uitdr.) om het zo vriendelijk mogelijk te zeggen; hij is op z'n **zachtst** gezegd een apart type ▼ de **zachte** sector: het welzijnswerk.
**zacht·aar·dig** (bijv. nw.) met een zacht (bet.6) karakter ⇒ zachtmoedig ◆ een **zachtaardige** man.
**zacht·ge·kookt** (bijv. nw.) ▼ een **zachtgekookt** ei: met nog vloeibaar eigeel.
**zacht·jes** (bijw.) stil, rustig ◆ **zachtjes** lopen; sst, **zachtjes!**
**zacht·moe·dig** (bijv. nw.) zachtaardig.
**zacht·zin·nig** (bijv. nw.) gezegd van iemand die voorzichtig met mensen of dingen omgaat.
**za·del** (het ~; -s) **1** zitting voor de bestuurder van een fiets, bromfiets of motor **2** zitting van leer of kunststof op een rijdier ◆ vast in het **zadel** zitten: (uitdr.) een sterke positie innemen, vooral in een bedrijf of in een regering; iemand in het **zadel** helpen: (uitdr.) iemand helpen bij het begin van zijn of haar carrière; iemand weer in het **zadel** helpen: (uitdr.) iemand er weer bovenop helpen.
**za·del·pijn** (de ~) pijn aan je achterwerk van het zitten op een zadel.
**zag** → zien.
**za·ge·meel** (het ~) (in België □) zaagsel.
**za·gen¹** (zaagde, heeft gezaagd) een stuk uit iets halen of iets in stukken verdelen door met een zaag* heen-en-weergaande bewegingen te maken ◆ hout **zagen**; wilt u die plank doormidden **zagen**?
**za·gen²** → zien.
**zak** (de ~ (m.); -ken) **1** voorwerp van papier, stof of ander slap materiaal dat aan één kant open is en waar je iets in kunt stoppen ◆ een **zak** friet; de **zak** van Sinterklaas: de jute zak waarin zijn cadeautjes zitten **2** ruimte in je kleren die bedoeld is om er iets in te stoppen ◆ met je handen in je **zakken** lopen; geld op **zak** hebben: geld bij je hebben; dat kun je in je **zak** steken!: (uitdr.) die opmerking was raak; iemand in je **zak** kunnen steken: (uitdr.) veel beter zijn dan iemand anders, iemand ver overtreffen **3** (populair) balzak ⇒ scrotum ▼ op iemands **zak** teren: van iemands geld leven; in **zak** en as zitten: erg somber en terneergeslagen zijn, in de put zitten; iemand de **zak** geven: (populair) iemand ontslaan; iemand in de **zak** steken: (in België □; populair) iemand bedriegen.
**zak·cent·je** (het ~) extra bedrag dat je voor jezelf mag besteden.
**zak·doek** (de ~ (m.); -en) doek die je in je zak (bet.2) draagt en waarin je je neus snuit ◆ papieren **zakdoekjes**; zakdoekje leggen: (bepaald kringspel voor kinderen).
**za·ke** → zaak.
**za·ke·lijk** (bijv. nw.) **1** met zaken* te maken hebbend ◆ **zakelijke** beslommeringen **2** nuchter en praktisch, niet

beïnvloed of afgeleid door emoties ◆ *je moet dat probleem* **zakelijk** *benaderen; een* **zakelijke** *schrijfstijl: een* onpersoonlijke stijl.

**za·ken** (zelfst. nw.; meervoud) het sluiten van een of meer overeenkomsten in de handel ◆ **zaken** *doen; voor* **zaken** *op reis zijn;* **zaken** *gaan vóór het meisje:* (uitdr.) je werk is belangrijker dan afspraakjes.

**za̱·ken·man** (de ~(m.); zakenlieden of zakenlui) iemand die zaken doet.

**zak·for·maat** (zelfst. nw.) ▼ *in* **zakformaat**: zo klein dat je het in je zak (bet.2) kunt stoppen; *een atlas in* **zakformaat**.

**zak·geld** (het ~) geld voor kleine uitgaven, zoals snoep, cadeautjes enz..

**zak·ken** (zakte, is gezakt) **1** naar beneden gaan, omlaag gaan ◆ *het water in de rivier is een meter* **gezakt 2** *(van pijn)*: minder worden **3** *voor een examen* **zakken**: het niet halen, er niet voor slagen.

**zak·ken·rol·ler** (de ~(m.); -s) dief die dingen wegpakt uit je zak (bet.2) of uit je tas.

**zak·lan·taarn** (de ~; -s) lamp die brandt op batterijen en die je bij je kunt dragen.

**zak·lo·pen** (ww.) spel waarbij je met beide benen in een jute zak (bet.1) zo snel mogelijk moet lopen.

**zak·mes** (het ~; -sen) mes dat je kunt inklappen en in je zak (bet.2) met je meedraagt.

**zal** → zullen.

**zalf** (de ~; zalven) vetachtig smeersel waardoor je huid zachter wordt of een wond sneller geneest ◆ *baby***zalf**.

**za·lig** (bijv. nw.) **1** heel fijn of heel lekker ⇒ *verrukkelijk* ◆ *een* **zalige** *soep;* **zalig** *weer* **2** gered van het eeuwige verderf **3** gezegd van iets dat bijdraagt tot geluk of heil ◆ *het is* **zaliger** *te geven dan te ontvangen*.

**za·li·ger** (bijv. nw.) gezegd van iemand die overleden is ◆ *mijn vader* **zaliger**.

**za·lig·heid** (zelfst. nw.) ▼ *iemand zijn of haar* **zaligheid** *geven*: (in België □; populair) iemand flink de waarheid zeggen.

**zalm** (de ~(m.); -en) bepaald soort zeevis die zich voortplant in rivieren ◆ *gerookte* **zalm**.

**zal·ven** (zalfde, heeft gezalfd) **1** iemand zalven: iemand met zalfolie bestrijken, als teken van eerbied ◆ *toen de nieuwe koning werd gekroond, werd hij* **gezalfd 2** slepend en dweperig praten ◆ *op* **zalvende** *toon*.

**zand** (het ~) stof die bestaat uit fijne korrels en die een groot deel van de aardbodem bedekt ◆ *een* **zand**weg; *een strand met wit* **zand**; **zand** *erover*: (uitdr.) laten we er niet meer over praten en het vergeten; **zand** *schuurt de maag*: (uitdr.) (dit zeg je als iemand klaagt dat er zand in het eten zit); *het hangt als los* **zand** *aan elkaar*: (uitdr.) het vertoont geen samenhang; *iemand* **zand** *in de ogen strooien*: (uitdr.) iemand misleiden.

**zand·bak** (de ~(m.); -ken) bak vol met zand, als speelgelegenheid voor kinderen.

**zand·bank** (de ~; -en) verhoging van de bodem van de zee of van een rivier.

**zand·lo·per** (de ~(m.); -s) toestelletje van glas waarmee je de tijd meet, doordat een bepaalde hoeveelheid zand in een bepaalde tijd door een smalle opening van boven naar beneden loopt.

**zand·stra·len** (zandstraalde, heeft gezandstraald) *iets* zandstralen: iets met behulp van een krachtige straal zand schoonspuiten ◆ *gevels* **zandstralen**.

**zang** (de ~(m.)) het zingen* ◆ **zang** *en dans; een* **zang**koor.

**zan·ger** (de ~(m.); -s), vrouw: **zan·ge·res** (de ~(v.); -sen) iemand die zingt* (bet.1), vaak voor zijn of haar beroep.

**zang·vo·gel** (de ~(m.); -s) vogel die mooi zingt, zoals de lijster en de nachtegaal.

**za·ni·ken** (zanikte, heeft gezanikt) zeuren.

**zap·pen** [zeppen, in België: zappen] (zapt, heeft gezapt) met de afstandsbediening steeds overschakelen naar een ander televisiekanaal ⇒ *kanaalzwemmen*.

**zat**¹ (bijv. nw.) **1** *iets* **zat** *zijn*: genoeg van iets hebben, iets beu zijn ◆ *ik ben zijn gezanik* **zat 2** (populair) dronken.

**zat**² (onbep. vnw.)(populair) meer dan nodig is, meer dan genoeg ◆ *we hebben potloden* **zat**.

**zat**³ → zitten.

**za·ten** → zitten.

**za·ter·dag** (de ~(m.); -en) de zesde dag van de week.

**zat·lap** (de ~(m.); -pen)(populair) dronkaard.

**ze** (vnw.) **1** (pers. vnw.) zij **2** (onbep. vnw.) men ◆ *in Engeland rijden* **ze** *links*.

**ze·boe** (de ~(m.); -s) rund met een vetbult tussen de schouders, dat in Azië en Afrika leeft.

**ze·bra** (de ~(m.); zebra's) **1** zwart-wit gestreept zoogdier dat lijkt op een paard en dat in Afrika leeft **2** zwart-wit gestreepte oversteekplaats voor voetgangers ⇒ *zebra*pad.

**ze·bra·co·de** (de ~(m.); -s) streepjescode.

**ze·de** (de ~; -n) traditioneel gebruik of gewoonte van een land of volk.

**ze·de·lijk** (bijv. nw.) met de zeden* te maken hebbend ◆ **zedelijke** *beginselen*.

**ze·de·loos** (bijv. nw.) tegen de zeden* ingaand ◆ *een* **zedeloos** *leven leiden*.

**ze·den** (zelfst. nw.; meervoud) handelingen en gedragingen die goed en fatsoenlijk gevonden worden, vooral op seksueel gebied ◆ *in strijd met de goede* **zeden**; *een vrouw van lichte* **zeden**: een prostituee.

**ze·den·leer** (de ~) **1** ethiek **2** (in België) schoolvak voor leerlingen die geen godsdienstles volgen.

**ze·den·po·li·tie** (de ~(v.)) afdeling van de politie die zich bezighoudt met het voorkomen en oplossen van misdaden die met seksualiteit te maken hebben.

**ze·den·preek** (de ~; -preken) vermaning waarin je op je zedelijke* plichten gewezen wordt.

**ze·dig** (bijv. nw.) gezegd van iemand die zich keurig volgens de goede zeden* gedraagt ◆ *een* **zedige** *blik*.

**zee** (de ~; zeeën) **1** grote hoeveelheid zout water die een groot oppervlak van de aarde bedekt ◆ *de Noord***zee**; *de Middellandse* **Zee**; *een vakantie aan* **zee** *doorbrengen; het schip is op volle* **zee**: (uitdr.) midden op zee; *met iemand in* **zee** *gaan*: (uitdr.) met iemand een verbintenis aangaan; *geen* **zee** *gaat hem te hoog*: (uitdr.) hij is nergens bang voor; *recht door* **zee**: (uitdr.) eerlijk, direct **2** grote hoeveelheid ◆ *een* **zee** *van licht; een mensen***zee**: een enorme massa mensen.

**zee·ban·ket** (het ~) voedsel dat uit de zee afkomstig is, zoals vis, garnalen enz..

**zee·be·nen** (zelfst. nw.) ▼ **zeebenen** *hebben*: geen last van zeeziekte hebben.

**zeef** (de ~; zeven) voorwerp, meestal in de vorm van een halve bol, met een handvat eraan en fijne gaatjes erin, waar je dingen door laat lopen om ze te zeven¹* ◆ *zo lek als een* **zeef**: (uitdr.) heel lek.

**zeef·druk** (de ~(m.)) **1** manier van drukken waarbij je metaalgaas met daarop een sjabloon gebruikt, en als ondergrond stof, papier, metaal enz. (kijk ook bij: **sjabloon**) **2** (-ken) prent die op zo'n manier gemaakt is.

**zee·gat** (het ~; -en) toegang tot de open zee (bet.1) ◆ *het* **zeegat** *uit varen*.

**zee·hond** (de ~(m.); -en) zoogdier dat in zee leeft, vis eet en een blaffend geluid maakt.

**zee·kli·maat** (het ~) klimaat van de landen die dicht bij zee liggen, met koele zomers en zachte winters ◆ *Nederland en België hebben een zeeklimaat.*

**zee·koe** (de ~; -ien) groot plantenetend zoogdier dat in zee leeft.

**zee·kraal** (de ~) plant die op de zeebodem groeit en die je kunt eten.

**zeel** (het ~; zelen)(in België □) dik touw ◆ *aan één zeel trekken (of: aan hetzelfde zeel trekken)*: (uitdr.) samen hetzelfde doel willen bereiken en elkaar daarin steunen.

**zee·leeuw** (de ~(m.); -en) groot zoogdier dat een groot deel van zijn leven in het water doorbrengt en o.a. leeft van vis.

**zeelt** (de ~; -en) zoetwatervis die op een karper lijkt.

**zeem** (de ~(m.) of het ~; zemen) stuk zeemleer waarmee je gewassen ramen afdroogt ◆ *spons en zeem.*

**zee·man** (de ~(m.); zeelieden of zeelui) iemand die voor zijn beroep op zee vaart.

**zee·meer·min** (de ~(v.); -nen)(in sprookjes en verhalen) vrouw met een onderlijf dat lijkt op het achterlijf van een vis.

**zeem·leer** (het ~) soepel zacht leer waarvan o.a. zemen gemaakt worden.

**zeen** (het ~) harde pees in vlees, die je niet fijn kunt kauwen.

**zeep** (de ~) middel om schoon te maken of om je mee te wassen ◆ *een stukje zeep; iemand om zeep helpen*: (uitdr.; populair) iemand doden.

**zee·paard·je** (het ~; -s) zeevisje dat rechtopstaand zwemt en waarvan het kopje op een paardenhoofd lijkt.

**zeep·bel** (de ~; -len) soort ballonnetje van zeepschuim ◆ *haar dromen spatten als een zeepbel uiteen*: (uitdr.) er was plotseling niets meer van over.

**zeer**[1] (zelfst. nw.) ▼ *oud zeer*: een pijnlijke herinnering of iets waar je al lange tijd verdriet van hebt.

**zeer**[2] (bijv. nw.) pijnlijk ◆ *een zere keel; au, dat doet zeer*: dat is pijnlijk.

**zeer**[3] (bijw.) heel erg ⇒ *enorm, geweldig, buitengewoon* ◆ *we hebben zeer veel plezier gehad.*

**zee·rob** (de ~(m.); -ben) ervaren zeeman.

**zee·ro·ver** (de ~(m.); -s) iemand die vanaf een schip andere schepen aanvalt en berooft ⇒ *piraat, kaper.*

**zeer·ste** (zelfst. nw.) ▼ *ten zeerste*: zeer, heel erg, buitengewoon; *ik ben me er ten zeerste van bewust dat ....*

**zee·slag** (de ~(m.); -en) gevecht op zee (bet.1).

**zee·spie·gel** (de ~(m.); -s) hoogte van het zeewater ◆ *Nederland ligt voor een deel onder de zeespiegel.*

**zee·vruch·ten** (zelfst. nw.; meervoud)(in België □) gerecht van garnalen, zeekreeftjes, inktvis en allerlei schelpdieren.

**zee·waar·dig** (bijv. nw.)(van schepen): geschikt om er op zee (bet.1) mee te varen ◆ *een zeewaardig zeiljacht.*

**zee·ziek** (bijv. nw.) misselijk door het schommelen van de boot.

**zeg** (tussenw.)(om iemands aandacht te vragen) ◆ *wat er nu toch gebeurd is, zeg!; zeg Julius, hoe oud ben jij?*

**ze·ge** (de ~; -s) overwinning ⇒ *victorie, triomf* ◆ *de zege behalen.*

**ze·gel** (zelfst. nw.) **1** (de ~(m.); -s) gekarteld rechthoekig stukje papier waarop iets gedrukt staat en dat je ergens op kunt plakken ◆ *een postzegel; een spaarzegel* **2** (het ~; -s) afdruk in was of lak op iets, bijv. op een akte, die je de zekerheid geeft dat het echt of betrouwbaar is ◆ *het zegel van de brief was verbroken*: de brief was opengemaakt.

**ze·gel·ring** (de ~(m.); -en) ring met een steen waarin iets, bijv. een wapen, gegraveerd is, waarmee je zegels (bet.2) kunt afdrukken.

**ze·gen** (de ~(m.)) **1** woorden waarmee een priester of dominee de bescherming en gunst van God over iemand of iets wil laten komen ◆ *het uitspreken van de zegen; mijn zegen heb je*: (uitdr.) ik vind het best wat je van plan bent **2** gunst van God die je geluk bevordert ◆ *gezondheid is een zegen.*

**ze·ge·nen** (zegende, heeft gezegend) **1** iemand of iets zegenen: de zegen* (bet.1) over iemand of iets uitspreken **2** met iets gezegend zijn: zo gelukkig zijn iets te bezitten ◆ *hij is gezegend met een goed verstand; daar ben je mee gezegend*: (uitdr.) het is vervelend om met zo iemand of zo iets opgescheept te zitten.

**ze·ge·ning** (de ~(v.); -en) iets waarmee je gezegend* (bet.2) bent ◆ *de zegeningen van de techniek*: de gunstige kanten, de voordelen daarvan.

**ze·ge·pra·len** (zegepraalde, heeft gezegepraald) een overwinning vieren ⇒ *triomferen.*

**ze·ge·vie·ren** (zegevierde, heeft gezegevierd)(deftig) winnen ⇒ *triomferen* ◆ *het recht heeft gezegevierd!*

**zeg·ge**[1] (de ~) grassoort met lange, scherpe bladeren.

**zeg·ge**[2] → zeggen.

**zeg·gen** (zei, heeft gezegd) **1** iets zeggen: iets in gesproken woorden uiten ◆ *nee zeggen; ze zei dat ze morgen zou vertrekken; hij heeft daar niets over gezegd; hij zegt in zijn brief dat …: hij schrijft dat …; zo gezegd, zo gedaan*: (uitdr.) het is gebeurd zoals het was gezegd; *onder ons gezegd en gezwegen …*: (uitdr.)(dit zeg je als je iets gaat vertellen dat verder geheim moet blijven); *al zeg ik het zelf*: (uitdr.)(dit zeg je als je net zelf gezegd hebt dat je iets goeds gedaan hebt); *zeg dat wel!*: (uitdr.) inderdaad!; *daar is veel voor te zeggen*: (uitdr.) dat is een vrij goed idee; *ergens iets te zeggen hebben*: (uitdr.) ergens bevelen mogen geven; *het voor het zeggen hebben*: (uitdr.) de baas zijn **2** betekenen ◆ *dat wil zeggen dat …; dat wil wat zeggen*: dat betekent heel veel; *iemand iets zeggen*: betekenis voor iemand hebben; *die naam zegt me niets* ▼ *dat zegt niets*: dat bewijst niets; *zegge en schrijve*: (dit zeg je voor een aantal om aan te geven dat je het bijzonder laag vindt); *ze is zegge en schrijve tien minuten met haar huiswerk bezig geweest.*

**zeg·gen·schap** (de ~(v.) of het ~) recht om ergens over te beslissen ◆ *daar heeft zij geen zeggenschap over.*

**zeg·je** (zelfst. nw.) ▼ *je zegje doen*: zeggen wat je te zeggen hebt.

**zegs·man** (de ~(m.); zegslieden), vrouw: **zegs·vrouw** (de ~(v.); -en) persoon die iets gezegd heeft, die inlichtingen gegeven heeft ⇒ *informant* ◆ *wie is jouw zegsman?*: van wie heb je dat gehoord?

**zegs·wij·ze** (de ~; -n) uitdrukking.

**zei** → zeggen.

**zei·den** → zeggen.

**zei·ken** (zeikte, heeft gezeikt of zeek, heeft gezeken) **1** (grof) zeuren **2** (grof) plassen **3** (grof) heel hard regenen.

**zeil** (het ~) **1** (-en) grote, sterke doek die aan een mast op een schip zit om wind te vangen, waardoor het schip vooruit gaat ◆ *de zeilen hijsen; alle zeilen bijzetten*: (uitdr.) alle krachten en middelen die je hebt, gebruiken; *met opgestoken zeilen naar iemand toegaan*: (uitdr.) terwijl je kwaad bent; *onder zeil gaan*: (uitdr.) gaan slapen **2** (-en) stuk van een stof die bedekt is met of bestaat uit waterdicht materiaal, dat wordt gebruikt om iets te beschermen of iets af te dekken ◆ *het grondzeil van de tent; een zeiltje om het matras van een kinderledikant* **3** bepaald soort vloerbedekking met een harde laag die tegen water kan.

**zeil·boot** (de ~; -boten) boot met zeilen (bet.1).

**zei·len** (zeilde, heeft of is gezeild) **1** in een zeilboot varen **2** zich glijdend of zwevend voortbewegen ◆ *de fietser zeilde de heuvel af.*

**zeil·plank** (de ~; -en) surfplank met een zeil.

**zeis** (de ~; -en) krom puntig mes aan een stok, waarmee je gras of koren maait.

**ze·ker** (bijv. nw.) gezegd van iets waaraan je niet twijfelt, dat vaststaat ⇒ *gewis* ◆ *hij is zeker de schuldige; ergens zeker van zijn*: ergens niet aan twijfelen; *iets zeker weten*: ergens niet aan twijfelen; *het zekere voor het onzekere nemen*:(uitdr.) geen risico nemen; *op zeker spelen*: (uitdr.) geen risico nemen.

**ze·ker·heid** (de ~(v.); zekerheden) **1** het zeker* zijn of iets waarvan je zeker* bent ◆ *dat kan ik niet met zekerheid zeggen; ze verloor al haar zekerheden* **2** veiligheid ◆ *voor alle zekerheid doe je de deur op slot* ▼ *sociale zekerheid*: het geheel van de regelingen die ervoor zorgen dat je geld krijgt wanneer je geen werk hebt, ziek bent enz..

**ze·ker·heids·kaart** (zelfst. nw.) ▼ *sociale zekerheidskaart*:(in België) kaart die je moet inleveren als je bijv. werklozensteun trekt, en die je moet kunnen tonen als je werkt.

**ze·ke·ring** (de ~(v.); -en) apparaatje dat de elektrische stroom verbreekt als die te sterk wordt ⇒ *stop*.

**zel·den** (bijw.) bijna nooit ◆ *hier kom ik zelden.*

**zeld·zaam** (bijv. nw.) gezegd van iets dat heel weinig voorkomt of van een voorwerp waarvan er maar weinig zijn ◆ *een zeldzame munt; dat schilderij is zeldzaam mooi*: zo'n mooi schilderij zie je bijna nooit.

**zelf**, ouderwets: **zel·ve** (aanw. vnw.) in eigen persoon ◆ *Omar had de tekening zelf gemaakt; wat je zegt dat ben je zelf!*:(dit zeg je tegen iemand die jou uitscheldt).

**zelf·be·die·ning** (de ~(v.)) systeem in een winkel of restaurant waarbij de klanten zelf de artikelen pakken en ermee naar de kassa gaan.

**zelf·be·heer·sing** (de ~(v.)) het bedwingen van de neiging om te doen wat in je opkomt, bijv. om heftige gevoelens te uiten ◆ *hij verloor zijn zelfbeheersing en gaf zijn broer een klap in zijn gezicht.*

**zelf·be·schik·kings·recht** (het ~) recht van een volk om zelf te beslissen bij welk land zijn gebied zal horen en hoe het bestuurd zal worden.

**zelf·be·vre·di·ging** (de ~(v.)) het jezelf seksueel bevredigen ⇒ *masturbatie.*

**zelf·be·wust** (bijv. nw.) je eigen waarde goed beseffend ◆ *ze liep zelfbewust naar de microfoon om haar speech te houden.*

**zelf·de** (bijv. nw.; na een lidwoord of aanwijzend voornaamwoord) niet anders of niet een andere ◆ *ze zeiden precies hetzelfde; Martine heeft dezelfde schoenen als Paula.*

**zelf·do·ding** (de ~(v.); -en) zelfmoord ⇒ *suïcide.*

**zelf·in·ge·no·men** (bijv. nw.) gezegd van iemand die laat blijken dat hij of zij erg tevreden met zichzelf is.

**zelf·kant** (de ~(m.); -en) zijkant van een stuk stof, die vaster is geweven zodat hij niet uitrafelt ⇒ *neg* ◆ *aan de zelfkant van de maatschappij leven*:(uitdr.) tot die groep mensen behoren die zich niet aanpassen aan de maatschappij.

**zelf·moord** (de ~; -en) het jezelf doden ⇒ *suïcide, zelfdoding* ◆ *zelfmoord plegen.*

**zelf·por·tret** (het ~; -ten) portret dat een schilder van zichzelf maakt.

**zelfs** (bijw.) anders dan je zou denken ◆ *zelfs op school heeft hij geen vrienden; vorig jaar heeft het in oktober al gevroren en zelfs gesneeuwd.*

**zelf·stan·dig** (bijv. nw.) **1** op zichzelf staand, niet van iemand of iets afhankelijk ◆ *wat een zelfstandig kind is dat!; ze woont zelfstandig*: niet meer bij haar ouders; *hij werkt zelfstandig*: hij heeft geen baas boven zich ▼ *een zelfstandig naamwoord*:(taal) woord waar je een lidwoord voor kunt zetten; *'kind', 'ijzer' en 'vergissing' zijn zelfstandige naamwoorden.*

**zelf·stan·di·ge** (de ~; -n) iemand die niet in loondienst werkt, maar die een eigen bedrijf heeft, bijv. een winkelier.

**zelf·stu·die** (de ~(v.)) studie die je op eigen kracht, dus niet op een school, doet.

**zelf·ver·trou·wen** (het ~) het vertrouwen op je eigen mogelijkheden.

**zelf·ver·ze·kerd** (bijv. nw.) zeker van jezelf, vol zelfvertrouwen.

**zelf·zuch·tig** (bijv. nw.) egoïstisch.

**zel·ve** → zelf.

**ze·me·len¹** (zelfst. nw.; meervoud) fijngemaakte vliezen van graankorrels.

**ze·me·len²** (zemelde, heeft gezemeld) (populair) op een vervelende manier lang of telkens weer over iets praten ⇒ *zeuren, zaniken.*

**ze·men** (zeemde, heeft gezeemd) *ramen zemen*: die met een zeem* schoonmaken.

**zen·boed·dhis·me** (het ~) vorm van boeddhisme waarbij er veel nadruk wordt gelegd op meditatie (kijk ook bij: **boeddhisme en meditatie**).

**zen·de·ling** (de ~(m.); -en), vrouw: **zen·de·lin·ge** (de ~ (v.); -s of -n) protestant die naar ontwikkelingslanden gaat om de mensen tot het geloof in God te bekeren.

**zen·den** (zond, heeft gezonden) *iets of iemand ergens heen zenden*:(deftig) iets of iemand ergens naar toe sturen ◆ *een brief naar iemand zenden.*

**zen·der** (de ~(m.); -s) apparaat of installatie waarmee je radioprogramma's of berichten uitzendt ◆ *een piratenzender.*

**zen·ding** (de ~(v.); -en) **1** partij goederen die verzonden wordt ◆ *een zending boeken* **2** werk van zendelingen*.

**zend·tijd** (de ~(m.); -en) tijd die een omroep heeft om radio- en televisieprogramma's uit te zenden.

**ze·nit** (het ~) punt aan de hemel dat zich precies boven jou bevindt.

**ze·nuw** (de ~; -en) soort draad die je spieren en je zintuigen verbindt met je hersenen en je ruggenmerg, zodat je kunt bewegen, voelen enz. ◆ *sterke of stalen zenuwen hebben*:(uitdr.) niet gauw zenuwachtig of bang worden; *in de zenuwen zitten*:(uitdr.) zenuwachtig en bang zijn; *ergens de zenuwen van krijgen*:(uitdr.) ergens zenuwachtig van worden; *dat werkt op mijn zenuwen*: (uitdr.) daar word ik zenuwachtig van; *óp zijn van de zenuwen*:(uitdr.) heel erg zenuwachtig zijn.

**ze·nuw·ach·tig** (bijv. nw.) angstig en gespannen omdat je het gevoel hebt dat iets verkeerd kan aflopen ⇒ *nerveus* ◆ *een zenuwachtige man; ze is zenuwachtig voor haar examen.*

**ze·nuw·gas** (het ~; -sen) gas dat je zenuwen beschadigt en dat gebruikt wordt als wapen in oorlogen.

**ze·nuw·pees** (de ~; -pezen) (populair) erg zenuwachtig persoon.

**ze·nuw·slo·pend** (bijv. nw.) zoveel spanning veroorzakend dat het bijna niet te dragen is ◆ *een zenuwslopend sollicitatiegesprek.*

**ze·nuw·stel·sel** (het ~) het geheel van zenuwcellen en zenuwen in je lichaam ◆ *het centrale zenuwstelsel*: de hersenen en het ruggenmerg.

**ze·nuw·ziek** (bijv. nw.) ▼ *zenuwziek van iemand of iets* *worden:* (populair) heel zenuwachtig door iemand of iets worden.

**zep·pe·lin** (de ~(m.); -s) luchtvaartuig in de vorm van een heel grote dikke sigaar.

**zerk** (de ~; -en) grafsteen ⇒ *grafzerk.*

**zes** (hoofdtelw.) 6 ◆ *zes gooien met een dobbelsteen; ze is van zessen klaar:* (uitdr.) ze is flink en weet van aanpakken.

**zes·de** (rangtelw.) komend als nummer zes ◆ *het zesde hoofdstuk.*

**zes·tien** (hoofdtelw.) 16.

**zes·tien·de** (rangtelw.) komend als nummer zestien.

**zes·tig** (hoofdtelw.) 60 ◆ *ben je zestig?:* (uitdr.) ben je mal?

**zes·tig·ste** (rangtelw.) komend als nummer zestig.

**zet** (de ~(m.); -ten) 1 duw ◆ *hij gaf zijn buurman een zet* 2 het verplaatsen van een stuk op een dam- of schaakbord ◆ *een zet doen; wie is er aan zet?:* wie is er aan de beurt om te zetten?; *een goede zet:* (uitdr.) een slimme daad of een rake opmerking.

**zet·baas** (de ~(m.); -bazen) iemand die voor een vast loon of voor een deel van wat hij of zij omzet een zaak van een ander beheert.

**ze·tel** (de ~(m.); -s) 1 (deftig) stoel 2 plaats voor een vertegenwoordiger van een politieke partij in een bestuur, vooral in het parlement of in de gemeenteraad ◆ *de verkiezingsuitslag betekende drie zetels winst voor die partij* 3 plaats waar iets gevestigd is ◆ *de zetel van de Verenigde Naties is New York* 4 (in België □) fauteuil, luie stoel.

**ze·te·len** (zetelde, heeft gezeteld) ergens zetelen: ergens zijn zetel* (bet.3) hebben, ergens gevestigd zijn ◆ *de Nederlandse regering zetelt in Den Haag.*

**zet·meel** (het ~) meel dat als reservevoedsel in planten ontstaat, en dat een belangrijk onderdeel van de voeding van mensen en dieren is.

**zet·pil** (de ~; -len) langwerpige pil die je via je anus in je lichaam brengt.

**zet·ten** (zette, heeft gezet) 1 iets zetten: iets plaatsen, iets een plaats geven ◆ *zet de schalen maar op tafel; heb je de bloemen al in het water gezet?; iemand gevangen zetten;* je naam onder een brief zetten: die eronder schrijven; *je ergens overheen zetten:* (uitdr.) besluiten niet meer aan iets te denken of iets niet meer erg te vinden 2 koffie of thee zetten: die bereiden 3 maken dat iets of iemand iets gaat doen ◆ *iets in beweging zetten; iemand aan het werk zetten; je ergens toe zetten:* je tegenzin overwinnen en aan iets beginnen 4 een gebroken arm of been zetten: het bij de breuk weer in de goede stand brengen 5 een tekst zetten: die op een bepaalde manier afdrukken ▼ *een tekst op muziek zetten:* er muziek bij maken, er een lied van maken; *alles op alles zetten:* alles doen wat je kunt; *iemand of iets niet kunnen zetten:* iemand of iets niet uit kunnen staan.

**zeug** (de ~(v.); -en) vrouwtjesvarken dat tenminste één keer jongen heeft gehad.

**zeu·len** (zeulde, heeft gezeuld) iets zeulen: iets met moeite dragen of meeslepen ⇒ *sjouwen* ◆ *ze zeulde de koffer de trap op; hij zeult met een kind door de stad.*

**zeur** (de ~; -en) iemand die zeurt* ⇒ *zeurpiet, zeurkous* ◆ *een ouwe zeur.*

**zeu·ren** (zeurde, heeft gezeurd) op een vervelende manier lang of telkens weer over iets praten ⇒ *zaniken, zemelen* ◆ *de kinderen zeurden om zakgeld; zeur toch niet zo!*

**zeur·kous** (de ~; -en) zeur.

**zeur·piet** (de ~(m.); -en) zeur.

**ze·ven¹** (zeefde, heeft gezeefd) iets zeven: iets door een zeef* laten lopen ◆ *meel zeven.*

**ze·ven²** (hoofdtelw.) 7 ◆ *een week heeft zeven dagen.*

**ze·ven·de** (rangtelw.) komend als nummer zeven ◆ *hun zevende kind is geboren.*

**ze·ven·tien** (hoofdtelw.) 17.

**ze·ven·tien·de** (rangtelw.) komend als nummer zeventien.

**ze·ven·tig** (hoofdtelw.) 70.

**ze·ven·tig·ste** (rangtelw.) komend als nummer zeventig.

**ze·ve·ren** (zeverde, heeft gezeverd) 1 (populair) flauwe praatjes verkopen 2 kwijlen 3 (in België □) motregenen.

**z.g.a.n.** (afkorting) zo goed als nieuw.

**zgn.** (afkorting) zogenaamd.

**Z.-H.** (afkorting) Zuid-Holland.

**Z.H.** (afkorting) 1 Zijne Hoogheid (titel van een prins) 2 Zijne Heiligheid (titel van de paus).

**zich** (wederkerend vnw.) 1 (derde persoon enkelvoud en meervoud) ◆ *Fred heeft dropjes bij zich; zich wassen* 2 (beleefdheidsvorm van de tweede persoon enkelvoud en meervoud) ◆ *u vergist zich.*

**zicht** (het ~) het zien* (bet.1) of mogelijkheid om te zien* (bet.1) ◆ *het zicht is slecht door de mist; het schip kwam in zicht:* het kwam zo dichtbij dat het zichtbaar werd; *iets op zicht hebben:* (uitdr.) iets een tijdje te leen hebben voordat je het koopt om te zien of het je bevalt; *ergens zicht op hebben:* (uitdr.) doorhebben hoe iets in elkaar zit, iets kunnen overzien.

**zicht·baar** (bijv. nw.) gezegd van iemand die of iets dat je kunt zien* (bet.1) ◆ *vanaf de heuvel is het hele dal zichtbaar; hij is zichtbaar opgelucht:* (uitdr.) je kunt zien dat hij opgelucht is.

**zich·zelf** (wederkerend vnw.) 1 (derde persoon enkelvoud en meervoud) ◆ *zichzelf in de spiegel zien; in zichzelf keren:* (uitdr.) geen contact meer met anderen maken; *tot zichzelf komen:* (uitdr.) na veel drukte weer rustig worden; *op zich(zelf) vind ik dat best:* (uitdr.) apart bekeken, los van andere dingen 2 (beleefdheidsvorm van de tweede persoon enkelvoud en meervoud) ◆ *u moet zichzelf wat meer ontzien.*

**zie·den** (ziedde) ▼ *zieden van woede:* buiten jezelf zijn van woede, verschrikkelijk kwaad zijn.

**zie·dend** (bijv. nw.) woedend ⇒ *razend.*

**ziek** (bijv. nw.) je naar voelend omdat er iets met je lichaam niet in orde is, het tegenovergestelde van 'gezond' ◆ *hij is ernstig ziek; zo ziek als een hond:* (uitdr.) erg ziek of beroerd; *ergens ziek van worden:* (uitdr.) ergens schoon genoeg van hebben; *je ziek lachen:* (uitdr.) erg lachen.

**ziek·bed** (het ~; -den) bed waarop een zieke ligt ◆ *de familie heeft weken aan zijn ziekbed gezeten; een langdurig ziekbed:* (uitdr.) een lange ziekteperiode.

**zie·ke** (de ~; -n) iemand die ziek* is.

**zie·ke·lijk¹** (bijv. nw.) gezegd van iemand die telkens weer of altijd ziek* is.

**zie·ke·lijk²** (bijw.) abnormaal ◆ *ze is ziekelijk jaloers.*

**zie·ken** (ww.) (populair) de stemming bederven door flauwe opmerkingen te maken.

**zie·ken·boeg** (de ~(m.); -en) ruimte, o.a. op een schip, waar de zieken verzorgd worden.

**zie·ken·fonds** (het ~; -en) organisatie waarvan de leden verzekerd zijn tegen de kosten die ze maken als ze ziek worden.

**zie·ken·huis** (het ~; -huizen) gebouw waar zieken worden onderzocht, behandeld en verpleegd ⇒ *hospitaal* ◆ *hij ligt al twee weken in het ziekenhuis.*

**zie·ken·wa·gen** (de ~(m.); -s) auto die speciaal is ingericht voor het vervoer van zieken en die de mogelijkheid heeft met zwaailicht en sirene te rijden ⇒ *ambulance.*

**ziek·te** (de ~ (v.); -n of -s) het ziek* zijn, het tegenovergestelde van 'gezondheid' ♦ *een besmettelijke **ziekte**; tijdens haar **ziekte**: toen ze ziek was; als de **ziekte**:* (uitdr.; populair) *heel erg.*

**ziek·te·beeld** (het ~; -en) het geheel van de verschijnselen en van het verloop van een ziekte.

**ziek·te·kiem** (de ~; -en) bacterie die of virus dat een ziekte veroorzaakt.

**ziel** (de ~; -en) **1** het onstoffelijke deel van een mens, het onbewuste of het innerlijke, dat volgens gelovigen voortleeft na je dood ⇒ *geest, psyche* ♦ *ter **ziele** gaan:* (uitdr.) doodgaan; ook: kapot gaan of ophouden te bestaan; *met je **ziel** onder je arm lopen:* (uitdr.) doelloos rondlopen en niet weten wat je moet doen; *je **ziel** en zaligheid voor iets willen verkopen:* (uitdr.) alles voor iets over hebben; *iemand op zijn of haar **ziel** trappen:* (uitdr.) iemand erg kwetsen; *hij is de **ziel** van die onderneming:* (uitdr.) hij is degene die de anderen inspireert; *het dorpje telt 100 **zielen**:* (uitdr.) 100 inwoners; ***zieltjes** winnen:* (uitdr.) mensen tot je geloof bekeren; ook: mensen lid maken van je politieke partij; *hoe meer **zielen**, hoe meer vreugd:* (spreekwoord) hoe meer mensen er bij elkaar zijn, des te gezelliger het wordt **2** zielepoot.

**\*zie·le·piet** *(Wdl: zielenpiet)* (de ~ (m.); -en) (populair) zielepoot.

**\*zie·le·poot** *(Wdl: zielenpoot)* (de ~ (m.); -poten) zielig persoon ⇒ *ziel, zielepiet, stakker.*

**zie·lig** (bijv. nw.) medelijden opwekkend.

**ziels-** erg of diep ♦ ***ziels**gelukkig; **ziels**veel.*

**ziel·to·gen** (zieltoogde, heeft gezieltoogd) op sterven liggen ♦ *een **zieltogend** bedrijf:* (uitdr.) een bedrijf dat bijna failliet is.

**ziel·zorg, ziels·zorg** (de ~) zorg van pastores, priesters enz. voor de mensen in hun parochie of gemeente.

**zien** (zag, heeft gezien) **1** iets zien: iets met je ogen waarnemen ♦ *zie je in de verte de kerktoren?; iets laten **zien**: iets tonen; tot **ziens**!:* (uitdr.) (dit zeg je als je afscheid van iemand neemt); *ze mag **gezien** worden:* (uitdr.) ze is mooi; *we zullen wel **zien**:* (uitdr.) we wachten maar af; *het ergens wel **gezien** hebben:* (uitdr.) geen zin hebben ergens nog langer te blijven; *mij niet **gezien**!:* (uitdr.) dat doe ik niet!; *ziende blind zijn:* (uitdr.) iets dat overduidelijk is, niet in de gaten hebben; *dat **zie** ik hem nog niet doen!:* (uitdr.) ik kan me niet voorstellen dat hij dat doet; *iets **zien** zitten:* (uitdr.) goede verwachtingen van iets hebben; *het niet meer **zien** zitten:* (uitdr.) geen hoop meer hebben dat het goed zal komen; *ergens tegenop **zien**:* (uitdr.) verwachten dat iets moeilijk of akelig zal zijn en er helemaal geen zin in hebben; *iemand graag **zien**:* (in België □) van iemand houden; *het heeft er niets mee te **zien**:* (in België □; uitdr.) het heeft er niets mee te maken; ***gezien** zijn:* (in België □; uitdr.) bedrogen zijn, gefopt zijn **2** iets zien: iets inzien, iets begrijpen ♦ *ze **ziet** nu wat ze verkeerd heeft gedaan* **3** een bepaald uiterlijk hebben ♦ *hij **ziet** bleek* **4** iets **zien** te ...: proberen iets te ... ♦ *zie jij dat maar eens voor elkaar te krijgen.*

**zien·der·ogen** (bijw.) zo dat je het duidelijk kunt zien ♦ *zijn gezondheid gaat **zienderogen** achteruit.*

**zie·ner** (de ~ (m.); -s), vrouw: **zie·ne·res** (de ~ (v.); -sen) (ouderwets) waarzegger.

**ziens·wij·ze** (de ~; -n) manier waarop je over iets denkt of over iets oordeelt ⇒ *visie, kijk.*

**zier** (zelfst. nw.) ▼ *dat kan me geen **zier** schelen:* dat maakt mij niets uit.

**zie·zo** (tussenw.) (om opluchting of tevredenheid uit te drukken omdat iets klaar is).

**zif·ten** (ziftte, heeft gezift) iets ziften: iets zeven.

**zi·geu·ner** (de ~ (m.); -s), vrouw: **zi·geu·ne·rin** (de ~ (v.); -nen) lid van een volk dat in Europa en Azië rondzwerft.

**zig·zag** (bijw.) langs een lijn die van links naar rechts en van rechts weer naar links enz. loopt ♦ *de weg loopt **zigzag** door het landschap.*

**zig·zag·gen** (zigzagde, heeft of is gezigzagd) je zigzag* verplaatsen ♦ *hij **zigzagde** door de drukke winkel naar buiten.*

**zij¹** → zijde.

**zij²** (pers. vnw.) **1** (derde persoon enkelvoud, vrouwelijke vorm; onderwerp) ⇒ *ze* ♦ ***zij** heet Tineke* **2** (derde persoon meervoud, mannelijke en vrouwelijke vorm; onderwerp) ⇒ *ze* ♦ *weet jij welk telefoonnummer **zij** hebben?*

**zij·beuk** (de ~; -en) elk van de twee ruimten in een kerk die zich aan weerszijden van het middenstuk uitstrekken.

**zij·de, zij** (de ~) **1** (-n) vlak van een voorwerp ⇒ *kant* ♦ *de zes **zijden** van een kubus; aan de voor**zijde** of aan de achter**zijde** van het gebouw?; op beide **zijden** van het papier stond iets gedrukt; de drie **zijden** van een driehoek: de drie grenslijnen ervan; van de **zijde** van zijn familie heeft hij niets gehoord:* (uitdr.) van zijn familie heeft hij niets gehoord **2** (-n) zijkant ♦ *op je **zij** liggen:* op de zijkant van je lichaam; *niet van iemands **zijde** wijken:* (uitdr.) altijd bij iemand zijn **3** linker- of rechterkant van je middel ♦ *zet je handen in je **zij**; van het hardlopen krijgt hij pijn in zijn **zij*** **4** spinsel van de zijderups of de dunne, glanzende stof die daarvan gemaakt is ♦ *een jurk van **zijde**.*

**zij·de·lings¹** (bijv. nw.) van opzij ♦ *een **zijdelingse** blik.*

**zij·de·lings²** (bijw.) niet rechtstreeks ⇒ *indirect* ♦ *dat heeft er maar **zijdelings** mee te maken.*

**zij·ig** (bijv. nw.) niet krachtdadig, slap ♦ *een **zijig** mens.*

**zij·kant** (de ~ (m.); -en) vlak dat niet het onderste of het bovenste vlak is ♦ *de **zijkanten** van een doos.*

**zijn¹** (was, is geweest) **1** een werkelijkheid vormen, bestaan ♦ *er **zijn** mensen die genoeg hebben aan vier uur slaap; er was eens ...: er leefde eens ...; hij is niet meer:* (uitdr.) hij is dood; *hij is er **geweest**:* (uitdr.; populair) hij is dood; *wat is er?:* (uitdr.) wat scheelt eraan?; *er mogen **zijn**:* (uitdr.) indrukwekkend zijn; *als het **ware**:* (uitdr.) (dit geeft aan waarmee je iets kunt vergelijken); *dit boek neemt je als het **ware** mee op reis; **ware** het niet dat ...:* (uitdr.) als het niet zo zou zijn dat ...; *ik zou je wel komen helpen, **ware** het niet dat ik al een afspraak heb* **2** ergens zijn: je ergens bevinden ♦ *is je moeder thuis?; er moet nog eten in huis **zijn**; we **zijn** er:* we zijn op de plaats van bestemming **3** aan het fietsen, dansen, afwassen enz. zijn: bezig zijn met fietsen, dansen, afwassen enz. **4** te redden, te horen, te doen enz. zijn: gered, gehoord, gedaan enz. kunnen worden **5** (koppelwoord dat aangeeft dat het onderwerp de genoemde hoedanigheid, eigenschap, functie, rang enz. heeft of in de genoemde toestand verkeert) ♦ *zij **is** moeder van twee kinderen; haar muts **is** rood; de jongen **is** ziek; als ik jou **was**, dan ...:* (dit zeg je als je iemand raad geeft); *jij **bent** 'm:* (dit zeg je bij tikkertje of verstoppertje tegen de persoon die moet tikken of zoeken) **6** (hulpwerkwoord van tijd dat aangeeft dat iets al gebeurd is) ♦ *hij **is** gevallen.*

**zijn²** (bez. vnw.) (derde persoon enkelvoud, mannelijke vorm) van hem ♦ ***zijn** schoenen.*

**zij·span** (de ~ (m.) of het ~; -nen) wagentje op één wiel dat aan de zijkant van een motorfiets zit.

**zij·spoor** (zelfst. nw.) ▼ *iemand op een **zijspoor** zetten:* iemand niet meer mee laten doen, iemand uitschakelen.

**zij·waarts** (bijv. nw.) naar de zijkant, naar opzij ♦ *een **zijwaartse** sprong.*

**zilt** (bijv. nw.)*(van zeewater)*: zout ◆ *het zilte nat:*(uitdr.) de zee.

**zil·ver** (het ~) edel metaal dat witachtig is en glanst en waarvan o.a. gebruiksvoorwerpen en sieraden worden gemaakt ◆ *de messen en vorken zijn van zilver; het zilver moet gepoetst worden:* de voorwerpen van zilver; *hij heeft zilver gewonnen:*(uitdr.) hij heeft de zilveren medaille, dat is de tweede prijs, gewonnen; *spreken is zilver, zwijgen is goud:*(spreekwoord) je kunt beter zwijgen dan spreken.

**zil·ve·ren** (bijv. nw.) ▼ *een zilveren bruiloft:* feest omdat twee mensen 25 jaar getrouwd zijn.

**zil·ver·ling** (de ~(m.); -en) oude munt van zilver* die in de bijbel genoemd wordt.

**zil·ver·pa·pier** (het ~) dun, zilverachtig papier ◆ *de reep chocola is verpakt in zilverpapier.*

**zil·ver·ui·tje** (het ~; -s) klein uitje dat meestal wordt ingemaakt (kijk ook bij: **inmaken**).

**zil·ver·vlies·rijst** (de ~(m.)) rijstkorrels waar de zilverachtige vliesjes nog om zitten.

**zin** (de ~(m.)) **1** dat wat jij verlangt of wilt dat er gebeurt ◆ *je zin krijgen:* het krijgen zoals jij het wilt; *je zin doordrijven:* net zolang doorzeuren tot er gebeurt wat jij wilt; *ergens zin in hebben:*(uitdr.) iets graag willen doen; ook: ergens trek in hebben; *het naar je zin hebben:* (uitdr.) het fijn hebben, tevreden zijn; *iets in de zin hebben:*(uitdr.) iets van plan zijn **2** (-nen) reeks woorden die volgens de regels van de taal bij elkaar horen, en waar een punt achter staat ◆ *een zin van drie regels* **3** betekenis ◆ *een woord in figuurlijke zin gebruiken; in zekere zin:* (uitdr.) in een bepaald opzicht, als je het op een bepaalde manier opvat **4** nut ◆ *het heeft geen zin drie keer hetzelfde te zeggen; de zin van het leven* ▼ *goede, slechte zin hebben:* in een goede, slechte bui zijn.

**zin·de·lijk** (bijv. nw.) **1** gezegd van jonge kinderen die het niet meer in hun broek doen en van jonge dieren die niet meer zomaar in huis hun behoeften doen **2** (ouderwets) schoon en netjes ⇒ *proper, hygiënisch.*

**zin·de·ren** (zinderde, heeft gezinderd) een trillende aanblik bieden door de warmte ◆ *de zinderende woestijn.*

**zin·gen** (zong, heeft gezongen) **1** *een lied zingen:* de woorden ervan achter elkaar op een muzikale manier laten horen ◆ *Joop zingt in een koor* **2** *(van vogels):* op een muzikale manier geluiden laten horen ◆ *een zingende nachtegaal.*

**zink** (het ~) blauwachtig wit metaal ◆ *het dak bestaat uit platen zink.*

**zin·ken** (zonk, is gezonken) naar de bodem van de zee, van een rivier, van een bak met water enz. zakken ◆ *het schip is gezonken; diep zinken:*(uitdr.) minderwaardige dingen gaan doen; *in een diepe slaap zinken:*(uitdr.) wegzakken in een diepe slaap.

**zink·stuk** (het ~; -ken) vlechtwerk van hout dat met stenen is verzwaard en dat je op de bodem van een rivier, meer enz. laat zinken om iets te gaan bouwen.

**zin·loos** (bijv. nw.) geen zin* (bet.4) hebbend, nutteloos, het tegenovergestelde van 'zinvol' ◆ *doorgaan met praten is zinloos.*

**zin·ne·beeld** (het ~; -en) ding of dier dat volgens afspraak of overlevering een begrip, zoals liefde of vrede, voorstelt ⇒ *symbool* ◆ *de duif is het zinnebeeld van de vrede.*

**zin·ne·lijk** (bijv. nw.) gezegd van iemand die heel graag geniet van wat hij of zij voelt, ruikt, proeft enz. ⇒ *sensueel.*

**zin·nen¹** (zelfst. nw.; meervoud) **1** je verstand ◆ *buiten zinnen zijn van woede:*(uitdr.) zo woedend zijn dat je niet

goed weet wat je doet ▼ *je zinnen ergens op gezet hebben:* iets per se willen doen of hebben.

**zin·nen²** **1** (zon, heeft gezonnen) *ergens op zinnen:* er diep over nadenken hoe je iets voor elkaar kunt krijgen ◆ *op wraak zinnen* **2** (zinde, heeft gezind) *iets zint mij:* iets is naar mijn zin* (bet.1) ⇒ *aanstaan* ◆ *dat zinde hem niet.*

**zin·nig** (bijv. nw.) verstandig ◆ *geen zinnig mens zal zoiets doen; een zinnige opmerking.*

**zins·be·goo·che·ling** (de ~(v.); -en) misleiding van je zintuigen, het waarnemen van iets dat er niet is.

**zins·bouw** (de ~(m.)) manier waarop woorden tot een zin bij elkaar gevoegd zijn.

**zins·deel** (het ~; -delen)(taal) onderdeel van een zin, bijv. onderwerp of gezegde.

**zin·sne·de** (de ~; -n) zin die of deel van een zin dat één geheel vormt.

**zin·spe·len** (zinspeelde, heeft gezinspeeld) *ergens op zinspelen:* iets niet openlijk, maar in bedekte termen aanduiden, ergens op doelen.

**zin·tuig** (het ~; -en) elk van de vijf vermogens om iets waar te nemen: smaak, reuk, gehoor, gezicht en gevoel ◆ *je zesde zintuig:*(uitdr.) het vermogen iets waar te nemen wat je niet met een van de vijf zintuigen kunt waarnemen, je intuïtie.

**zin·tuig·lijk** (bijv. nw.) te maken hebbend met de zintuigen*.

**zin·vol** (bijv. nw.) zin* (bet.4) hebbend, nuttig, het tegenovergestelde van 'zinloos' ◆ *een zinvolle bezigheid.*

**zi·o·nis·me** (het ~) het streven om alle joden uit de wereld samen te brengen in een eigen staat, in Palestina.

**zit** (de ~(m.)) het zitten* (bet.1) ◆ *dat was een hele zit:* (uitdr.)(dit zeg je als je lang achter elkaar hebt moeten zitten).

**zit·je** (het ~; -s) plaats die bedoeld is om er te zitten* (bet.1) ◆ *een zitje in de tuin:* tafel met stoelen; *een kinderzitje op de fiets:* stoeltje voor een kind achter- of voorop een fiets.

**zit·ten** (zat, heeft gezeten) **1** op je zitvlak rusten ◆ *op een stoel zitten; zit!:*(dit zeg je tegen een hond); *ergens voor gaan zitten:*(uitdr.) uitgebreid de tijd voor iets nemen; *ergens mee blijven zitten:*(uitdr.) iets niet kwijt raken; *ergens mee zitten:*(uitdr.) iets een probleem vinden; *iemand laten zitten:*(uitdr.) iemand in de steek laten **2** je ergens bevinden ◆ *thuis zitten; in de gevangenis zitten; waar heb je toch gezeten?; in een bestuur zitten:*(uitdr.) bestuurslid zijn; *op school zitten:*(uitdr.) leerling zijn op een school; *op voetbal zitten:*(uitdr.) lid zijn van een voetbalclub; *blijven zitten:*(uitdr.) niet overgaan naar de volgende groep **3** zich in de genoemde toestand bevinden, in die toestand verkeren ◆ *in spanning zitten; de spullen zitten onder het stof* **4** *(van zaken):* zich bevinden ◆ *er zit een vlek op je broek; de haarspeld blijft niet zitten; de bal zit:* de bal is in het doel geweest; *het zit me tot hier:*(uitdr.) ik heb er meer dan genoeg van; *dat zit hem hoog:*(uitdr.) daar is hij heel verontwaardigd over; *daar zit iets achter:*(uitdr.) dat heeft een bijbedoeling; *het er niet bij laten zitten:*(uitdr.) maatregelen nemen om er iets aan te veranderen **5** *(van kleding):* passen ◆ *de jas zit goed; dat zit als gegoten:*(uitdr.) dat past erg goed **6** bevestigd of gemaakt zijn ◆ *hoe zit dat in elkaar?* **7** zitten te zeuren, te plagen enz.: dat doen, daarmee bezig zijn ▼ *aan iemand of iets zitten:* iemand of iets aanraken; *achter iemand aan zitten:* iemand achtervolgen; ook: versieren of iemand proberen te krijgen; *iets niet op je laten zitten:* iemand iets dat hij of zij jou heeft aangedaan, betaald zetten; *dat zit zo ...:*(dit zeg je als je uit gaat leggen hoe iets gekomen is); *laat maar zitten:* ik hoef er niet meer over te praten; ook: ik hoef dat geld niet terug; *het zit er niet in dat ...*: het is niet mogelijk dat ...; ernaast *zitten*: het mis hebben; *dat zit wel goed*: dat is wel in orde; *die zit*: die opmerking was raak; *het zit erop*: het is voorbij; ook: het werk is gedaan; *het zit erop*: (in België □; populair) er is grote herrie; *er zit niets anders op*: het is de enige oplossing, het zal wel moeten; *er voor niets tussen zitten*: (in België □) er niets mee te maken hebben.

**zit·ten·blij·ver** (de ~(m.); -s) iemand die een klas moet overdoen, die niet overgaat.

**zit·tend** (bijv. nw.) in functie ◆ *de zittende voorzitter van het bestuur*.

**zit·ting** (de ~(v.); -en) **1** gedeelte van een stoel of bank waar je op zit* (bet.1) **2** vergadering, vooral in een rechtbank ◆ *de raad houdt vanmiddag zitting* ▼ *zitting in een bestuur hebben*: lid van dat bestuur zijn.

**zit·vlak** (het ~; -ken) achterwerk.

**zit·vlees** (zelfst. nw.) ▼ *geen zitvlees hebben*: niet rustig kunnen blijven zitten.

**Z.K.H.** (afkorting) *Z*ijne *K*oninklijke *H*oogheid.

**z.k.m.** (afkorting) *z*oekt *k*ennismaking *m*et.

**z'n** (bez. vnw.) (spreektaal) zijn.

**zo¹** (bijw.) **1** overeenstemmend met iets uit de werkelijkheid ◆ *zo iemand ontmoet je niet vaak*; *dat is zo* **2** in die mate ⇒ *dusdanig, zodanig* ◆ *hij is net zo groot als zijn vader*; *zo'n herrie heb ik nog nooit gehoord*; *stel je niet zo aan*; *zijn ze al zo ver?*; *zo goed als*: (uitdr.) bijna **3** op deze of die manier ◆ *kijk, dat gaat zo*; *dat moet je zo niet doen* **4** over enkele ogenblikken ⇒ *dadelijk, zo meteen* ◆ *ik kom zo* ▼ *zo'n*: (voor een getal) ongeveer; *de tuinslang is zo'n vijf meter lang*.

**zo²** (voegw.) **1** (geeft een vergelijking aan) ⇒ *evenals, gelijk* ◆ *zo moeder zo dochter* **2** (ouderwets)(geeft een voorwaarde aan) ⇒ *als, indien* ◆ *zo nodig kom ik je helpen*.

**zo³** (tussenw.)(om bijv. tevredenheid of verbazing uit te drukken).

**zo·al** (bijw.) onder meer ◆ *wat heb je zoal in je vakantie gedaan?*

**zo·als** (voegw.)(geeft een vergelijking aan) ◆ *zoals het klokje thuis tikt, tikt het nergens*.

**zocht** → zoeken.

**zoch·ten** → zoeken.

**zo·da·nig¹** [ook: zodanig] (aanw. vnw.) dergelijk ⇒ *dusdanig* ◆ *aan zodanige mensen heb ik een grote hekel*.

**zo·da·nig²** [ook: zodanig] (bijw.) in die mate ⇒ *zo, dusdanig* ◆ *het regende zodanig dat we besloten niet naar het bos te gaan*.

**zo·dat** (voegw.)(geeft een gevolg aan) ◆ *de toren is van de kerk gewaaid, zodat die voorlopig niet gebruikt kan worden*.

**zo·de** (de ~; -n) afgestoken stuk gras- of heidegrond ⇒ *plag* ◆ *dat zet geen zoden aan de dijk*: (uitdr.) dat helpt niet echt; *onder de groene zoden liggen*: (uitdr.) dood en begraven zijn.

**zo·doen·de** (bijw.) daardoor, door dat te doen ◆ *hij heeft vanochtend gewerkt, zodoende heeft hij geen boodschappen gedaan*.

**zo·dra** (voegw.) direct op het moment dat, zo gauw als ◆ *zodra ik zestien ben, koop ik een brommer*.

**zoek¹** (zelfst. nw.) ▼ *naar iets op zoek zijn*: iets zoeken.

**zoek²** (bijv. nw.) kwijt, weg ◆ *zijn horloge is zoek*.

**zoek·bren·gen** (bracht zoek, heeft zoekgebracht) tijd zoekbrengen: tijd doorbrengen.

**zoe·ken** (zocht, heeft gezocht) **1** (naar) iets of iemand zoeken: proberen iets of iemand te vinden ◆ *hij heeft overal naar zijn horloge gezocht*; *we hebben je de hele middag*

gezocht; naar woorden *zoeken*: (uitdr.) zo gauw niet weten wat je moet zeggen; *iets niet achter iemand zoeken*: (uitdr.) iets niet van iemand verwachten, niet denken dat iemand zoiets zou kunnen doen; *wat heeft hij hier te zoeken?*: (uitdr.) wat doet hij hier?; *overal iets achter zoeken*: (uitdr.) achterdochtig zijn, van alles iets verkeerds denken **2** iets zoeken: proberen iets te krijgen ◆ *werk zoeken*; *bij iemand hulp zoeken*; *zoek je ruzie?* ▼ *niet weten waar je het zoeken moet*: niet weten wat je moet doen; *dat is ver gezocht*: dat verband is wel heel onwaarschijnlijk.

**zoe·ker** (de ~(m.); -s) kijkglaasje op een camera waardoor je kunt zien wat er op de foto komt als je afdrukt.

**zoek·licht** (het ~; -en) lamp die een bundel erg sterk licht geeft en die wordt gebruikt om 's nachts voorwerpen of mensen te zoeken.

**zoel** (bijv. nw.) (van de wind of van het weer): aangenaam warm.

**zoe·men** (zoemde, heeft gezoemd) een gelijkmatig gonzend en trillend geluid maken ◆ *bijen zoemen*.

**zoe·mer** (de ~(m.); -s) apparaat dat een zoemtoon laat horen en dat vaak wordt gebruikt in plaats van een bel.

**zoen** (de ~(m.); -en) kus ◆ *ze geeft haar oma een zoen*.

**zoe·nen** (zoende, heeft gezoend) iemand zoenen: iemand een of meer zoenen* geven ⇒ *kussen* ◆ *dat is om te zoenen*: (uitdr.) dat is schattig.

**zoet** (bijv. nw.) **1** een aangename smaak hebbend, die vooral veroorzaakt wordt door suiker ◆ *zoete druiven*; *zoet water*: (uitdr.) water dat niet zout is, bijv. rivierwater; *zoete tonen*: (uitdr.) aangenaam om te horen **2** (van kinderen en huisdieren): gehoorzaam en lief ◆ *wie zoet is, krijgt lekkers*; *iemand ergens mee zoet houden*: (uitdr.) iemand met iets bezig laten zijn zodat hij of zij niet de kans krijgt vervelend te worden.

**zoe·te·kauw** (de ~; -en) iemand die van zoet (bet.1) eten en drinken houdt.

**zoe·ten** (zoette, heeft gezoet) eten of drinken zoeten: het zoet* (bet.1) maken.

**zoet·hou·der·tje** (het ~; -s) kleine gunst om iemand tevreden te stellen.

**zoe·tig·heid** (de ~(v.); zoetigheden) zoet* (bet.1) voedsel of snoep.

**zoet·je** (het ~; -s) klein tabletje waarmee je thee of koffie zoet* (bet.1) maakt zonder suiker te gebruiken.

**zoet·jes·aan** (bijw.) langzamerhand ◆ *we moeten zoetjesaan gaan opruimen*.

**zoet·sap·pig** (bijv. nw.) **1** slap, zonder pit ◆ *een zoetsappig verhaal* **2** zogenaamd vriendelijk ◆ *ze vroeg dat op zoetsappige toon*.

**zoet·zuur** (bijv. nw.) **1** zoet en tegelijkertijd een beetje zuur ◆ *zoetzure appels* **2** ingemaakt in azijn en suiker (kijk ook bij: **inmaken**) ◆ *zoetzure augurken*.

**zoe·ven** (zoefde, heeft gezoefd) zich snel voortbewegen zodat er een luchtstroom ontstaat en die een suizend geluid maakt ◆ *de auto's zoeven voorbij*.

***zoëven** zo·e·ven (Wdl: zo-even) (bijw.) zojuist ⇒ *daarnet, net*.

**zog** (het ~) moedermelk.

**zo·gen¹** (zoogde, heeft gezoogd) een kind zogen: het aan de borst laten zuigen, het moedermelk geven.

**zo·gen²** → zuigen.

**zo·ge·naamd** (bijv. nw.) **1** die naam hebbend, zo genoemd ◆ *in dit boek staan vetgedrukte woorden met een uitleg erachter, de zogenaamde lemma's* **2** gezegd van iemand die of iets dat ergens voor doorgaat, maar het niet is ⇒ *quasi* ◆ *die zogenaamde vriend van je*.

**zo·ge·zegd** (bijw.) om het zo te noemen ◆ *ze is zogezegd een tang*.

**zo·juist** (bijw.) heel kort geleden, net ⇒ *pas, zoëven, daarnet* ◆ *we hebben dat* ***zojuist*** *besloten.*

**zo·lang**[1] (bijw.) gedurende de genoemde of bedoelde tijd ◆ *ga jij* ***zolang*** *maar op zolder slapen.*

**zo·lang**[2] (voegw.) gedurende de tijd dat ◆ *de buurman verzorgt de planten,* ***zolang*** *wij op vakantie zijn.*

**zol·der** (de ~ (m.); -s) bovenste verdieping van een huis onder het schuine dak ◆ *dat oude kastje staat op* ***zolder***.

**zol·de·ring** (de ~ (v.); -en) onderkant van de vloer van een hoger gelegen verdieping of onderkant van het dak.

**zo·maar** (bijw.) zonder aanleiding of reden ◆ *ze komen* ***zomaar*** *even op bezoek; dat gaat* ***zomaar*** *niet:* (uitdr.) zonder het te vragen.

**zom·bie** (de ~ (m.); -s) **1** iemand die (volgens een bepaald magisch geloof) uit de dood is teruggekeerd, geen wil meer heeft en niet kan praten **2** iemand die er slecht en een beetje eng uitziet, die niet goed voor zichzelf zorgt.

**zo·mer** (de ~ (m.); -s) jaargetijde dat loopt van 21 juni tot 23 september en waarin het meestal warm weer is ◆ *in de* ***zomer*** *gaan veel mensen op vakantie.*

**zo·me·ren** (zomerde, heeft gezomerd) *het zomert:* het is zomer en het is warm weer ◆ *het begint al aardig te* ***zomeren***.

**zo·mer·ka·de** (de ~; -n) lage dijk langs een rivier die hoog genoeg is om niet al te grote stijgingen van het water op te vangen en waar het water in de winter vaak overheen stroomt.

**zo·mer·kleed** (het ~) vacht of veren die dieren in de zomer dragen.

**zo·mer·maand** (de ~ (m.)) de maand juni.

**zo·mers** (bijv. nw.) horend bij de zomer* ◆ *een* ***zomerse*** *dag:* een dag waarop het warmer is dan 25 graden Celsius.

**zo·mer·tijd** (de ~ (m.)) tijdrekening die geldt van maart tot en met september, waarbij de klok een uur voorloopt ten opzichte van de wintertijd.

**zon**[1] (de ~) **1** hemellichaam dat licht en warmte geeft en waar de aarde omheen draait ◆ *de* ***zon*** *gaat op; in de* ***zon*** *zitten:* zo zitten dat je het licht en de warmte van de zon op je huid voelt; *de* ***zon*** *schijnt:* hij is niet achter de wolken verborgen; *er is niets nieuws onder de* ***zon***: (uitdr.) er gebeurt niets nieuws; *de* ***zon*** *niet in het water kunnen zien schijnen:* (uitdr.) jaloers zijn op het succes van een ander; *het* ***zonnetje*** *in huis zijn:* (uitdr.) degene zijn die vrolijkheid in huis brengt; *iemand in het* ***zonnetje*** *zetten:* (uitdr.) iemand huldigen **2** (-nen) hemellichaam dat zelf licht uitstraalt en aan andere hemellichamen licht en warmte geeft.

**zon**[2] → zinnen.

**zo'n** (aanw. vnw.) van die soort of in die mate ◆ *Ingrid had* ***zo'n*** *buikpijn dat ze er niet van kon slapen.*

**zo·na** (de ~) (in België □) gordelroos.

**zo·naal** (bijv. nw.) te maken hebbend met een zone* ◆ ***zonale*** *gesprekken:* (in België □) lokale of plaatselijke telefoongesprekken, waarvoor je dus geen kengetal moet draaien.

**zond** → zenden.

**zon·daar** (de ~ (m.); -s of zondaren), vrouw: **zon·da·res** (de ~ (v.); -sen) iemand die een zonde[1]* heeft begaan.

**zon·dag** (de ~ (m.); -en) de zevende en laatste dag van de week ◆ *'s* ***zondags*** *gaat zij naar de kerk:* op zondag.

**zon·dags** (bijv. nw.) te maken hebbend met de zondag* ◆ ***zondagse*** *kleren:* nette kleren die je alleen op zondag draagt.

**zon·dags·kind** (het ~; -eren) iemand die veel geluk heeft.

**zon·dags·rij·der** (de ~ (m.); -s) iemand die niet goed kan autorijden en daardoor de anderen in het verkeer ergert.

**zon·da·res** → zondaar.

**zon·de**[1] (de ~; -n) iets dat volgens de regels van de godsdienst niet mag ◆ *vloeken is een* ***zonde***.

**zon·de**[2] (bijv. nw.) jammer, spijtig ◆ *wat* ***zonde*** *dat die mooie vaas gebroken is!*

**zon·de·bok** (de ~ (m.); -ken) iemand die de schuld krijgt ◆ *een* ***zondebok*** *zoeken:* iemand zoeken aan wie je de schuld kunt geven.

**zon·den** → zenden.

**zon·der**[1] (voorz.) **1** (om aan te geven dat iemand of iets er niet bij is of er niet bij gebruikt wordt, het tegenovergestelde van 'met') ◆ *thee* ***zonder*** *suiker; wat moest ik* ***zonder*** *jou beginnen?* **2** (in verschillende vaste combinaties van woorden) ◆ ***zonder*** *dat iemand het wist:* terwijl niemand het wist; *dat kan ik niet* ***zonder*** *meer goedkeuren:* zonder er eerst nog over te praten; *dat is* ***zonder*** *meer waar:* dat is helemaal waar.

**zon·der**[2] (voegw.) (geeft aan dat iets niet gebeurt) ◆ ***zonder*** *een woord te zeggen liep ze weg.*

**zon·der·ling**[1] (de ~ (m.); -en), vrouw: **zon·der·lin·ge** (de ~ (v.); -s of -n) iemand die zich zonderling[2]* gedraagt.

**zon·der·ling**[2] (bijv. nw.) ongewoon en raar ⇒ *vreemd.*

**zon·de·val** (de ~ (m.)) (volgens de bijbel) het zondigen van Adam en Eva, waardoor alle mensen zondig werden.

**zon·dig** (bijv. nw.) te maken hebbend met zonden* ◆ *een* ***zondig*** *leven leiden.*

**zon·di·gen** (zondigde, heeft gezondigd) een of meer zonden* begaan ◆ ***zondigen*** *tegen een regel:* (uitdr.) je er niet aan houden.

**zond·vloed** (de ~ (m.)) (volgens de bijbel) enorme overstroming waarmee God de mensen strafte omdat zij teveel zonden begingen, en waarbij alleen de Ark van Noach gespaard bleef ◆ *na ons de* ***zondvloed***!: (uitdr.) we maken ons nu niet druk over wat er later gebeurt.

**zo·ne** [zɔːnə, in België: zoːnə] (de ~; -n of -s) gebied tussen bepaalde grenzen ◆ *een neutrale* ***zone*** *tussen twee landen; parkeerzone of: blauwe* ***zone***: gebied in een stad waar je alleen met een parkeerschijf mag parkeren.

**zong** → zingen.

**zon·gen** → zingen.

**zonk** → zinken.

**zon·ken** → zinken.

**zon·ne·ba·den** (zonnebaadde, heeft gezonnebaad) in de zon zitten of liggen om bruin te worden ⇒ *zonnen.*

**zon·ne·bank** (de ~; -en) apparaat dat kunstmatig zonlicht uitstraalt en waar je onder gaat liggen als je bruin wilt worden.

**zon·ne·bloem** (de ~; -en) grote bloem met gele bloembladeren en een bruin hart.

**zon·ne·brand** (de ~ (m.)) **1** het verbranden van je huid door de zon **2** (populair) olie of crème die je op je huid smeert tegen het verbranden door de zon.

**zon·ne·bril** (de ~ (m.); -len) bril met donkere glazen om je ogen te beschermen tegen fel zonlicht.

**zon·ne·dauw** (de ~ (m.)) moerasplantje dat insecten vangt met zijn bladeren.

**zon·ne·klaar** (bijv. nw.) heel duidelijk, overduidelijk ◆ *hij is verliefd op haar, dat is* ***zonneklaar***.

**zon·ne·klop·per** (de ~ (m.); -s) **1** (in België □) iemand die graag in de zon ligt **2** (in België □) iemand die niet veel uitvoert ⇒ *leegloper.*

**zon·nen**[1] (zonde, heeft gezond) zonnebaden.

**zon·nen**[2] → zinnen.

**zon·ne·scherm** (het ~; -en) scherm dat boven een raam wordt uitgeklapt om het zonlicht tegen te houden.

**zon·ne·slag** (de ~(m.)) (in België □) zonnesteek.

**zon·ne·steek** (de ~(m.)) plotselinge hoofdpijn en misselijkheid of bewusteloosheid die wordt veroorzaakt door te felle zonneschijn op je hoofd.

**zon·ne·stel·sel** (het ~; -s) zon (bet.2) met alle hemellichamen die eromheen draaien.

**zon·ne·wij·zer** (de ~(m.); -s) ring of schijf waarop uren zijn aangegeven waarop de schaduw valt van een staaf, zodat je kunt zien hoe laat het is.

**zon·nig** (bijv. nw.) met veel zonneschijn ◆ *een zonnige dag; een zonnig humeur:* (uitdr.) vrolijk.

**zoo** [zoo] (de ~) dierentuin.

**zoog** → zuigen.

**zoog·dier** (het ~; -en) geweveld dier dat levende jongen ter wereld brengt die het moederdier met haar melk voedt.

**zooi** (de ~) **1** (populair) grote hoeveelheid ⇒ *zootje* ◆ *hij koopt een zooi snoep* **2** (populair) troep, rommel ⇒ *keet* ◆ *wat een zooi is het hier.*

**zool** (de ~; zolen) onderkant van je voet of van je schoen ◆ *laarzen met leren zolen; een halve zool:* (uitdr.) raar persoon, halve gare.

**zoölogie** zo·o·lo·gie (de ~(v.)) wetenschap die zich bezighoudt met dieren ⇒ *dierkunde.*

**zoom** (de ~; zomen) **1** omgeslagen en vastgenaaide rand onderaan een stuk stof of onderaan een kledingstuk ◆ *de zoom van zijn jas is los* ▼ *de zoom van het bos:* de rand van het bos.

**zoon** (de ~(m.); zonen of -s) jongen of man als kind van iemand ◆ *hij is de jongste zoon; hij is een echte zoon van zijn vader:* (uitdr.) hij lijkt in zijn gedrag op zijn vader.

**zoop** → zuipen.

**zoot·je** (het ~) zooi.

**zo·pen** → zuipen.

**zo·pie** (zelfst. nw.) ▼ *koek en zopie:* kraampje op het ijs waar je iets te eten en te drinken kunt krijgen (vooral koek en chocolademelk).

**zorg** (de ~; -en) **1** moeite die je doet om iets of iemand in een zo goed mogelijke toestand te brengen of te houden ◆ *iets met zorg doen:* iets met veel aandacht doen; *ze heeft de zorg voor drie kinderen:* ze moet drie kinderen verzorgen en opvoeden; *gezondheidszorg:* alles wat er wordt gedaan voor de gezondheid van de mensen; *zorg voor iets dragen:* erop toezien dat iets gebeurt **2** (meestal: zorgen) angst dat iets verkeerd zal aflopen ◆ *je ergens zorgen over maken; geldzorgen:* angst dat je geen geld genoeg hebt voor de noodzakelijke uitgaven; *dat is van later zorg:* (uitdr.) daar maken we ons nu nog niet druk om, dat zien we dan wel weer; *geen zorgen voor de dag van morgen:* (uitdr.) je moet je niet druk maken over iets dat nog niet aan de orde is; *dat zal mij een zorg zijn:* (uitdr.) dat kan me niks schelen.

**zor·ge·lijk, zorg·lijk** (bijv. nw.) **1** zorgen* (bet.2) veroorzakend ⇒ *zorgwekkend* ◆ *een zorgelijke toestand* **2** zorgen* (bet.2) uitdrukkend ◆ *een zorgelijk gezicht.*

**zor·ge·loos** (bijv. nw.) zonder zorg* (bet.2) ⇒ *onbezorgd* ◆ *een zorgeloos leven leiden.*

**zor·gen** (zorgde, heeft gezorgd) **1** voor iets of iemand zorgen: zorg* (bet.1) voor iets of iemand hebben ◆ *de ouders zorgen voor hun kinderen; vanavond zorgt hij voor het eten* **2** (ervoor) zorgen dat …: bewerkstelligen dat … ◆ *zorg (ervoor) dat je op tijd komt.*

**zor·gen·kind** (het ~) kind dat veel zorgen (bet.2) geeft.

**zorg·lijk** → zorgelijk.

**zorg·ver·ze·ke·raar** (de ~(m.); -s) bedrijf waar mensen zich kunnen verzekeren tegen ziektekosten.

**zorg·vul·dig** (bijv. nw.) gezegd van iets dat met veel zorg* (bet.1), met veel aandacht en voorzichtig, gebeurt.

**zorg·wek·kend** (bijv. nw.) zorg* (bet.2) veroorzakend ⇒ *zorgelijk.*

**zorg·zaam** (bijv. nw.) vol zorg* (bet.1) ◆ *een zorgzame oppas.*

**zot** (bijv. nw.) dwaas, gek ◆ *doe niet zo zot.*

**zou** → zullen.

**zou·den** → zullen.

**zoudt** → zullen.

**zout¹** (het ~) **1** stof in de vorm van fijne witte korreltjes die je bij het eten doet om de smaak te versterken ◆ *in zeewater zit zout; heb je al zout bij de aardappels gedaan?; peper en zout; het zout in de pap:* (uitdr.) datgene waardoor iets aantrekkelijk wordt; *het zout in de pap niet verdienen:* (uitdr.) bijna niets verdienen **2** (-en) scheikundige stof die op zout (bet.1) lijkt ⇒ *zuiveringszout:* middel tegen brandend maagzuur.

**zout²** (bijv. nw.) met zout¹* (bet.1) erin of erop ◆ *zoute drop:* drop met salmiak; *zout water:* zeewater; *zo zout heb ik het nog nooit gegeten:* (uitdr.) zoiets raars of brutaals heb ik nog nooit meegemaakt.

**zout·arm** (bijv. nw.) met weinig zout¹ (bet.1) ◆ *ze moet zoutarm eten.*

**zou·te·loos** (bijv. nw.) flauw, niet geestig ◆ *zouteloze grappen.*

**zou·ten** (zoutte, heeft gezouten) *eten zouten:* het met zout¹* (bet.1) klaarmaken.

**zout·je** (het ~; -s) zout²* koekje, hartige bol of stengel enz..

**zout·loos** (bijv. nw.) zonder toegevoegd zout¹* (bet.1) ◆ *een zoutloos dieet.*

**zout·zak** (zelfst. nw.) ▼ *als een zoutzak zitten:* in elkaar gezakt, niet rechtop zitten.

**zo·ver** [ook: zover], in uitdrukkingen: **zo·ver·re** (bijw.) over een bepaalde afstand, tot een bepaald punt ◆ *zover als je kunt kijken is alles groen; voor zover ik weet, gaat ze niet mee:* (uitdr.) ik weet niet beter dan dat ze niet meegaat; *we zijn het in zoverre eens, dat …:* (uitdr.) we zijn het eens op het punt dat …; *we zijn zover:* (uitdr.) we zijn klaar.

**zo·waar** (bijw.) toch nog, terwijl je het niet verwacht had ⇒ *warempel* ◆ *ze was zowaar op tijd.*

**zo·wat** (bijw.) bijna, net niet ◆ *ze zijn zowat even groot.*

**zo·wel** (bijw.) ▼ *zowel …, als …:* niet alleen …, maar ook …; *zowel de leerlingen als de leraren vonden het schoolfeest gezellig.*

**z.o.z.** (afkorting) zie ommezijde.

**zo·zeer** (bijw.) ▼ *niet zozeer …, als wel …:* (om aan te geven dat het tweede meer geldt dan het eerste); *hij werkt niet zozeer voor het geld, als wel voor zijn plezier; dat niet zozeer:* (dit zeg je als iemand iets veronderstelt dat niet klopt); *'je hebt zeker honger?' 'dat niet zozeer, ik heb eerder dorst'.*

**zo·zo** (bijw.) matig, niet geweldig ◆ *hij vindt het maar zozo.*

**z.s.m.** (afkorting) zo spoedig mogelijk.

**zucht** (zelfst. nw.) **1** (de ~(m.); -en) diepe uitademing waarbij je een zacht ruisend geluid maakt en waarmee je vaak een gevoel uitdrukt ◆ *met een diepe zucht ging hij weer aan het werk; een zucht van verlichting slaken:* heel opgelucht zijn **2** (de ~) sterk of overdreven sterk verlangen ◆ *vraatzucht; zucht naar rijkdom.*

**zuch·ten** (zuchtte, heeft gezucht) **1** met kracht hoorbaar uitademen, een zucht* (bet.1) slaken ◆ *van de dokter moest ik een paar keer diep zuchten; zuchten van de pijn;*

*zuchtend* en steunend deed hij wat hem was opgedragen: met veel klagen deed hij dat **2** ergens naar *zuchten*: (ouderwets) erg naar iets verlangen ◆ *het volk zucht naar vrijheid.*

**zuid** (de ~) het zuiden, het tegenovergestelde van 'noord' ◆ *van noord naar zuid varen.*

**zui·de·lijk** (bijv. nw.) in het zuiden* gelegen of uit het zuiden* komend ◆ *zuidelijke wind; het zuidelijk halfrond; varen in zuidelijke richting.*

**zui·den** (het ~) gebied dat ligt tegenover de richting waarin de naald van een kompas altijd wijst, het tegenovergestelde van 'noorden'.

**zui·der·breed·te** (de ~(v.)) (aardrijkskunde) breedte op het zuidelijk halfrond (kijk ook bij: **breedte (bet.2)**).

**zui·der·keer·kring** (de ~(m.)) denkbeeldige cirkel om de aardbol, ongeveer 2600 km ten zuiden van de evenaar ⇒ *steenbokskeerkring.*

**zuid·pool** (de ~) **1** het meest zuidelijke punt van de aarde **2** gebied rond het meest zuidelijke punt van de aarde.

**zuid·vrucht** (de ~; -en) vrucht die uit een zuidelijk land, vooral uit een subtropisch land, komt, bijv. een sinaasappel of een dadel.

**zuid·wes·ter** (de ~(m.); -s) waterdichte hoed met een brede rand die je draagt als het regent.

**zui·ge·ling** (de ~(m.); -en) baby.

**zui·gen** (zoog, heeft gezogen) **1** iets ergens uit halen door je lippen er tegenaan te zetten en je adem naar binnen te halen ◆ *opa zoog aan zijn pijp; limonade met een rietje uit een glas zuigen; op een snoepje zuigen*: erop sabbelen **2** (van machines): iets verplaatsen door lucht naar zich toe te trekken ◆ *de pomp zuigt het water naar boven* **3** stofzuigen.

**zui·ger** (de ~(m.); -s) apparaat met een zuigende* werking dat vaak een onderdeel is van een pomp, motor enz..

**zuig·fles** (de ~; -sen) fles met een speen erop waaruit baby's drinken.

**zui·ging** (de ~(v.)) het meetrekken van iets in een stroom van lucht of water ◆ *de zuiging van de eb-stroom.*

**zuil** (de ~; -en) **1** stenen paal die dient om een deel van een gebouw te ondersteunen ⇒ *kolom, pilaar* ◆ *de zuilen van een galerij* ▼ *de zuilen in de samenleving*: de verschillende groepen in de bevolking met hun eigen ideeën of godsdienst.

**zui·nig** (bijv. nw.) **1** gezegd van iemand die of iets dat zo weinig mogelijk van iets gebruikt ⇒ *spaarzaam* ◆ *zuinig leven*: weinig geld uitgeven; *de kachel brandt zuinig*: hij verbruikt weinig brandstof; *ergens zuinig op zijn*: (uitdr.) heel voorzichtig met iets omgaan; *en niet zo zuinig ook!*: (uitdr.) en niet zo'n beetje, maar behoorlijk! ▼ *zuinig kijken*: teleurgesteld kijken; ook: een niet erg toeschietelijke indruk maken.

**zui·pen** (zoop, heeft gezopen) (populair) veel alcoholhoudende drank drinken ◆ *hij heeft te veel gezopen.*

**zuip·lap** (de ~(m.); -pen) (populair) iemand die veel alcoholhoudende drank drinkt.

**zui·vel** (de ~(m.) of het ~) melk en melkproducten zoals yoghurt en kaas ◆ *de zuivelindustrie.*

**zui·ver¹** (bijv. nw.) **1** vrij van wat er niet in of bij hoort ⇒ *puur* ◆ *zuiver goud; de lucht is zuiver*: zij is schoon; *een zuiver geweten hebben*: (uitdr.) niets oneerlijks hebben gedaan; *zuivere winst*: (uitdr.) dat wat je overhoudt als je alle kosten van de inkomsten hebt afgetrokken **2** helemaal zoals het hoort ◆ *hij spreekt zuiver Nederlands; een zuivere toon*: op precies de goede hoogte, niet vals.

**zui·ver²** (bijw.) enkel en alleen ⇒ *puur, louter* ◆ *dat is zuiver geluk.*

**zui·ve·ren** (zuiverde, heeft gezuiverd) iets zuiveren: iets zuiver¹* (bet.1) maken ◆ *water zuiveren; een gebied zuiveren*: (uitdr.) je tegenstanders die daar zijn of wonen gevangen nemen of doden.

**zui·ve·ring** (de ~(v.)) het zuiveren* ◆ *een luchtzuiveringsinstallatie; etnische zuiveringen*: (uitdr.) het op grote schaal wegvoeren van een volk, zoals in voormalig Joegoslavië gebeurd is.

**zulk** (aanw. vnw.) van die soort of in die mate ◆ *het is zulk lekker brood dat ik er wel vijf sneetjes van lust; het was gisteren zulk mooi weer!*: het was verschrikkelijk mooi weer.

**zul·len** (zou) **1** (hulpwerkwoord van tijd dat aangeeft dat iets in de toekomst gaat gebeuren) ◆ *hij heeft beloofd het te zullen brengen; ik zal het je uitleggen* **2** (hulpwerkwoord waarmee je een mogelijkheid of waarschijnlijkheid aangeeft) ◆ *hij zal je niet gehoord hebben; jullie zullen wel honger hebben; zou het?*: (uitdr.) denk je dat dat zo is?; *dat zul je altijd zien*: (uitdr.) zo gaat het nu altijd; *zou je je niet?*: (uitdr.) (dit zeg je als je een pak rammel zou willen geven) **3** moeten, verplicht zijn ◆ *je zult je bord leegeten!; gij zult niet doden*: (een van de tien geboden uit de bijbel) **4** (hulpwerkwoord dat aangeeft dat iets geen werkelijkheid is) ◆ *als ik rijk zou zijn, zou ik verre reizen maken* **5** (hulpwerkwoord dat je bij een verzoek gebruikt) ◆ *zou je wat eerder naar huis mogen?*

**zult** (de ~(m.)) fijngehakt kopvlees dat in een bepaalde vorm wordt geperst en met zout en azijn wordt ingemaakt (kijk ook bij: **inmaken**) ◆ *zure zult.*

**zu·ring** (de ~) plant waarvan verschillende soorten bestaan.

**zur·kel** (de ~) (in België □) zuring.

**zus¹** (de ~(v.); -sen) **1** vrouw of meisje met dezelfde ouders als jij ⇒ *zuster* ◆ *hij heeft vier zussen* **2** (populair) (aanspreekvorm voor een meisje van wie je de naam niet weet) ◆ *hé zus, ga eens opzij!*

**zus²** (bijw.) ▼ *zus en zo*: op de ene manier en op de andere manier; *de een doet het zus, de ander zo.*

**zus·ter** (de ~(v.); -s) **1** vrouwelijke verpleegkundige ⇒ *verpleegster* ◆ *nachtzuster* **2** zus ◆ *jenne zuster!*: (uitdr.) dat zou je wel willen, dat gaat niet door! **3** vrouw die lid is van een kloosterorde ⇒ *non* ◆ *missiezuster.*

**zuur¹** (het ~) **1** iets dat zuur²* (bet.1) is ◆ *augurken in het zuur*: in azijn; *het zuur hebben*: (uitdr.) last van maagzuur hebben **2** (zuren) bepaalde scheikundige stof.

**zuur²** (bijv. nw.) **1** een scherpe smaak hebbend waarvan je mond een beetje samentrekt, niet zoet ⇒ *wrang* ◆ *een zure appel* **2** onaangenaam, vervelend ◆ *het is zuur voor haar dat niemand aan haar verjaardag heeft gedacht; zuur kijken*: onvriendelijk kijken ▼ *nou ben je zuur*: (populair) nou ben je erbij, nou ben je betrapt.

**zuur·de·sem** (de ~(m.)) verzuurd deeg dat je gebruikt om brood te laten rijzen.

**zuur·kool** (de ~) gesneden en gezouten witte kool die zuur gemaakt is door er bepaalde bacteriën op te laten inwerken.

**zuur·pruim** (de ~; -en) iemand die nors en chagrijnig is.

**zuur·stof** (de ~) gas zonder kleur, reuk of smaak dat in de lucht voorkomt en dat nodig is voor de ademhaling van mensen en dieren.

**zuur·stok** (de ~(m.); -ken) snoepgoed in de vorm van een stok, dat je op de kermis kunt kopen.

**zuur·tje** (het ~; -s) snoepje met een friszoete smaak.

**zuur·ver·diend** (bijv. nw.) met hard werken verdiend ◆ *zuurverdiende spaarcentjes.*

**zuur·zoet** (bijv. nw.) half ontevreden en half vriendelijk ◆ *een zuurzoet glimlachje.*

**zwaai** (de ~(m.); -en) zwaaiende\* beweging ◆ *met een zwaai sprong hij over het hek.*

**zwaai·en** (zwaaide) **1** (heeft gezwaaid) groeten door je arm op te steken en je hand heen en weer te bewegen ⇒ *wuiven* **2** (heeft gezwaaid) *met iets dat aan een uiteinde vastzit zwaaien:* iets om het vaste punt heen en weer bewegen ◆ *met je armen zwaaien* **3** (heeft gezwaaid) om een vast punt heen en weer bewegen ⇒ *wuiven* ◆ *de bomen zwaaiden in de wind* **4** (heeft of is gezwaaid) bochten maken, zwenken ◆ *de auto zwaaide de hoek om; de dronken man zwaaide over de straat* ▼ *er zwaait wat voor je:* je zult een uitbrander krijgen.

**zwaai·licht** (het ~; -en) ronddraaiend licht, bijv. op een ambulance of een brandweerauto.

**zwaan** (de ~; zwanen) witte of zwarte zwemvogel met een lange, sierlijke hals.

**zwaar** (bijv. nw.) **1** met veel gewicht, het tegenovergestelde van 'licht' ◆ *een zware koffer; zo zwaar als lood:* (uitdr.) erg zwaar; *wat het zwaarst is, moet het zwaarst wegen:* (uitdr.) het belangrijkste gaat voor; *ergens zwaar aan tillen:* (uitdr.) iets als een groot bezwaar zien, veel nadruk op iets leggen **2** niet gemakkelijk, niet soepel, het tegenovergestelde van 'licht' ◆ *deze fiets trapt zwaar* **3** ernstig, het tegenovergestelde van 'licht' ◆ *een zwaar vergrijp; zwaar ziek zijn* **4** gezegd van iets dat veel moeite en inspanning kost, moeilijk, het tegenovergestelde van 'licht' ◆ *zware arbeid; een zwaar examen; een zware straf:* een strenge en harde straf; *zwaar voedsel:* machtig voedsel, dat moeilijk te verteren is; *zwaar getafeld hebben:* voedsel gegeten hebben dat moeilijk te verteren is **5** stevig en sterk, van degelijke kwaliteit ◆ *zwaar papier* **6** met een grote uitwerking, sterk, hevig ◆ *een zware storm; zwaar parfum:* met een sterke, bedwelmende geur; *zwaar geschut:* bijv. kanonnen en tanks **7** (van geluiden): laag en diep ◆ *een zware stem* ▼ *een zware jongen:* iemand die zware misdaden begaat; ook: iemand die ergens, bijv. in een bedrijf of organisatie, heel veel macht heeft.

**zwaard** (het ~; -en) **1** recht en plat steek- en slagwapen, dat aan beide zijkanten scherp is ◆ *het zwaard omgorden:* (uitdr.) ten strijde trekken; *het zwaard van Damocles:* (uitdr.) dreigende gevaren of moeilijkheden **2** ovaal schild aan de zijkanten of in de bodem van een zeilschip, dat voorkomt dat het schip omslaat of afdrijft **3** (in België □) zwoerd.

**zwaar·lij·vig** (bijv. nw.) dik en log ◆ *een zwaarlijvige man.*

**zwaar·moe·dig** (bijv. nw.) somber, terneergeslagen ⇒ *depressief* ◆ *een zwaarmoedig mens.*

**zwaar·te** (de ~(v.)) gewicht, het zwaar\* (bet.1 of 4) zijn ◆ *ijzer zinkt door zijn zwaarte.*

**zwaar·te·kracht** (de ~) aantrekkingskracht van de aarde, die maakt dat voorwerpen niet zweven, maar op de grond vallen of blijven staan.

**zwaar·te·punt** (het ~; -en) **1** punt waaromheen de zwaarte van een voorwerp aan alle kanten hetzelfde is **2** voornaamste punt, hoofdzaak ◆ *het zwaartepunt van de kwestie.*

**zwaar·til·lend** (bijv. nw.) gezegd van iemand die alles somber inziet ⇒ *pessimistisch.*

**zwaar·wich·tig** (bijv. nw.) gezegd van iets dat belangrijk moet lijken ◆ *een zwaarwichtig betoog; zwaarwichtig zitten te praten.*

**zwab·ber** (de ~(m.); -s) slappe, zachte veger aan een lange steel waarmee je gladde vloeren stoft.

**zwab·be·ren** (zwabberde, heeft gezwabberd) vegen met een zwabber\*.

**zwach·tel** (de ~(m.); -s) lange, smalle lap van linnen of verbandgaas waarmee je wonden of kneuzingen verbindt.

**zwa·ger** (de ~(m.); -s) **1** broer van de man of vrouw met wie je getrouwd bent **2** man met wie je zus of schoonzus getrouwd is.

**zwak¹** (het ~; -ken) **1** kleine onvolkomenheid in iemands karakter of in zijn of haar manier van doen ⇒ *zwakheid* ◆ *het is een zwak van hem dat hij altijd opschept over zijn kinderen* ▼ *een zwak voor iemand of iets hebben:* een voorliefde voor iemand of iets hebben; *ze heeft een zwak voor jonge hondjes.*

**zwak²** (bijv. nw.) **1** met weinig kracht, het tegenovergestelde van 'sterk' ⇒ *slap* ◆ *een zwakke, oude man; er scheen een zwak licht; een zwak karakter; een zwakke leerling:* die veel moeite heeft met leren; *een zwak argument:* zonder overtuigingskracht; *zwak staan:* (uitdr.) zo'n positie hebben dat je makkelijk verliest **2** tegen weinig bestand, gauw kapot, het tegenovergestelde van 'sterk' ⇒ *broos, teer* ◆ *een zwakke gezondheid* ▼ *een zwak werkwoord:* (taal) dat geen klinkerwisseling heeft in de verleden en in de voltooide tijd, zoals 'praten'.

**zwak·heid** (de ~(v.); zwakheden) zwak¹\*.

**zwak·stroom** (de ~(m.)) elektrische stroom met een lage spanning ◆ *een zaklantaarn en een fietslamp werken op zwakstroom.*

**zwak·te** (de ~(v.)) zwakheid ⇒ *zwak* ◆ *in een moment van zwakte heb ik een taartje gegeten, terwijl ik eigenlijk moet afvallen.*

**zwak·te·bod** (het ~; -en) voorstel of gedrag waaruit blijkt dat je zwak² (bet.1) staat en dat je je toevlucht hebt moeten nemen tot de laatste mogelijkheid die is overgebleven.

**zwak·zin·nig** (bijv. nw.) (ouderwets) gezegd van mensen met een verstandelijke handicap.

**zwal·ken** (zwalkte, heeft gezwalkt) rondzwerven, dwalen ◆ *op zee zwalken.*

**zwa·luw** (de ~; -en) trekvogel met een gevorkte staart in de vorm van een V ◆ *één zwaluw maakt nog geen zomer:* (spreekwoord) als één ding goed gaat, wil dat nog niet zeggen dat meteen alles goed zal gaan.

**zwa·luw·staart** (de ~(m.); -en) verbinding van twee stukken hout waarbij aan het ene stuk uitsteeksels gemaakt zijn die precies passen in de inkepingen in het andere stuk.

**zwam** (de ~(v.); -men) plant die geen bladgroen heeft en die zich voortplant met sporen, bijv. een paddestoel.

**zwam·men** (zwamde, heeft gezwamd) (populair) onzinnige taal uitslaan ⇒ *zwetsen.*

**zwa·nen·hals** (de ~(m.); -halzen) buis in de vorm van een S, die in de afvoerpijp van een gootsteen of wastafel zit en waar altijd water in blijft staan, zodat je de riolering niet ruikt.

**zwa·nen·zang** (de ~(m.)) laatste schepping van een kunstenaar, die hij kort voor zijn dood heeft gemaakt.

**zwang** (zelfst. nw.) ▼ *in zwang zijn:* in de mode zijn, in gebruik zijn.

**zwan·ger** (bijv. nw.) **1** (van vrouwen): in verwachting van een kind **2** *zwanger van iets zijn:* met iets vervuld zijn ◆ *de lucht was zwanger van zomergeuren.*

**zwan·ger·schap** (de ~(v.); -pen) periode dat een vrouw zwanger\* (bet.1) is, de periode vanaf de bevruchting tot de geboorte van het kind.

**zwart** (bijv. nw.) **1** donker en zonder kleur, het tegenovergestelde van 'wit' ◆ *een zwart schoolbord; zwarte voe-*

ten: vuile voeten; *een **zwarte** lucht*: met donkere wolken; *het **zwarte** werelddeel*: (uitdr.) Afrika; *het zag **zwart** van de mensen*: (uitdr.) het was ontzettend druk; *iets **zwart** op wit willen hebben*: (uitdr.) iets op papier vastgelegd willen zien; *zo **zwart** als een tor*: (uitdr.) heel zwart **2** slecht en rampzalig ◆ *een **zwarte** dag in de geschiedenis*; *alles **zwart** inzien*: niet geloven dat er iets goeds of leuks kan gebeuren; *iemand **zwart** maken*: (uitdr.) slechte dingen over iemand vertellen **3** onwettig, verboden, het tegenovergestelde van 'wit' ◆ ***zwart** geld*: inkomsten waarover geen belasting is betaald en die niet aan de belastingdienst zijn opgegeven; ***zwart** rijden in de bus*: zonder te betalen **4** gezegd van iemand met een donkere huidskleur ▼ ***zwart** goed*: (in België □) kerkelijk bezit dat tijdens de Franse revolutie werd aangeslagen en verkocht; *in 1798 werd de abdij van Averbode als **zwart** goed verkocht*.

**zwart·boek** (het ~; -en) boekwerk waarin misstanden op een bepaald gebied bekend gemaakt worden ◆ *een **zwartboek** over de bio-industrie*.

**zwar·te** (de ~; -n) **1** neger of negerin **2** (in België □) persoon die in de oorlog met de Duitsers samenwerkte.

**zwar·te·piet** (de ~ (m.); -en) speelkaart die je bij een bepaald spelletje steeds zo snel mogelijk moet zien kwijt te raken ◆ *iemand de **zwartepiet** toespelen*: (uitdr.) proberen iemand ergens voor op te laten draaien, iemand aanwijzen als de schuldige.

**zwart·gal·lig** (bijv. nw.) zwaarmoedig en pessimistisch.

**zwart·kij·ker** (de ~ (m.); -s) **1** iemand die alles somber inziet ⇒ *pessimist* **2** iemand die televisie kijkt zonder kijkgeld te betalen.

**zwart·wer·ker** (de ~ (m.); -s) iemand die geld verdient en daar ten onrechte geen belasting over betaalt.

**zwart-wit** (bijw.) op een manier waaruit blijkt dat je in tegenstellingen denkt en geen nuances kent (kijk ook bij: **nuance**) ◆ *je stelt de zaken veel te **zwart-wit** voor*.

**zwa·vel** (de ~ (m.)) scheikundige stof, die makkelijk ontvlamt en die vooral wordt gevonden in vulkanische streken ◆ *lucifers hebben **zwavel**kopjes*.

**zwa·vel·stok·je** (het ~; -s) stokje waarvan het uiteinde in zwavel is gedoopt, om er iets mee aan te steken, de voorloper van de lucifer.

**zweef·mo·len** (de ~ (m.); -s) soort draaimolen met stoeltjes die aan kettingen hangen.

**zweef·vlie·gen** (ww.) vliegen in een vliegtuigje zonder motor, waarbij je op luchtstromingen zweeft.

**zweeg** → zwijgen.

**zweem** (de ~ (m.)) keer dat iets een beetje blijkt ◆ *hij toonde geen **zweem** van angst*: hij was helemaal niet bang.

**zweep** (de ~; zwepen) stok met een reep leer eraan, die bijv. gebruikt wordt om rijdieren aan te sporen harder te lopen door ermee te slaan of te knallen ◆ *de **zweep** erover leggen*: (uitdr.) iemand flink aansporen; *het klappen van de **zweep** kennen*: (uitdr.) door ervaring weten hoe iets werkt of hoe het in elkaar zit.

**zweep·slag** (de ~ (m.); -en) plotselinge scherpe pijn in je kuit, doordat je een spier verrekt.

**zweer** (de ~; zweren) etterende ontsteking.

**zweet** (het ~) vocht dat door je huid naar buiten komt, bijv. als je het erg warm hebt ⇒ *transpiratievocht* ◆ *badend in het **zweet** werd hij wakker*: heel erg nat van het zweet; *het **zweet** stond me in de handen*: (van de zenuwen of van angst); *je in het **zweet** werken*: (uitdr.) erg hard werken; *het **zweet** brak hem uit*: (uitdr.) hij was doodsbang; *in het **zweet** uws aanschijns zult gij uw brood verdienen*: (uitdr.; bijbel) met hard werken.

**zwe·gen** → zwijgen.

**zwel·gen** (zwolg, heeft gezwolgen) *ergens in zwelgen*: iets in overvloed hebben en er op een overdreven manier in opgaan ◆ ***zwelgen** in zelfmedelijden*.

**zwel·len** (zwol, is gezwollen) groter en dikker worden, uitzetten of opzetten ◆ *na zijn val had hij een **gezwollen** knie*; ***zwellen** van trots*: (uitdr.) je heel erg trots voelen.

**zwel·ling** (de ~ (v.); -en) gezwollen* plek.

**zwem·bad** (het ~; -en) enorme bak met water om in te zwemmen ◆ *een overdekt **zwembad***.

**zwe·men** (zweemde, heeft gezweemd) *ergens naar zwemen*: ergens een beetje op lijken, iets bijna zijn ⇒ *neigen* ◆ *deze kleur blauw **zweemt** naar groen*; *dat **zweemt** naar bedrog*.

**zwem·men** (zwom, heeft gezwommen) in het water vooruitkomen door bepaalde bewegingen te maken met je lichaam ◆ ***zwemmen** in het geld*: (uitdr.) heel rijk zijn.

**zwem·vest** (het ~; -en) vest of gordel van kurk of van met lucht gevuld materiaal, waarmee je je drijvend houdt.

**zwem·vlies** (het ~; -vliezen) **1** dun vlies tussen de tenen van watervogels en sommige reptielen, waardoor ze beter kunnen zwemmen **2** soort schoen met een lange plastic of rubber flap als hulpmiddel bij het zwemmen.

**zwem·vo·gel** (de ~ (m.); -s) vogel van een soort die bij en in het water leeft en die kan zwemmen.

**zwen·del** (de ~ (m.)) oneerlijke handel, oplichterij.

**zwen·de·laar** (de ~ (m.); -s), vrouw: **zwen·de·laar·ster** (de ~ (v.); -s) iemand die zwendelt*.

**zwen·de·len** (zwendelde, heeft gezwendeld) oneerlijk handel drijven, mensen oplichten.

**zwen·gel** (de ~ (m.); -s) deel van een hefboom dat je op en neer of heen en weer beweegt om de hefboom te laten werken (kijk ook bij: **hefboom**) ◆ *de **zwengel** van een pomp*.

**zwen·ge·len** (zwengelde, heeft gezwengeld) *aan iets zwengelen*: de zwengel* van iets heen en weer of op en neer bewegen ◆ *aan een pomp **zwengelen***.

**zwen·ken** (zwenkte, heeft of is gezwenkt) een andere richting op gaan ⇒ *wenden* ◆ *de auto **zwenkte** naar links*.

**zwenk·wiel** (het ~; -en) wiel dat in alle richtingen mee kan draaien ◆ *een piano met **zwenkwielen***.

**zwe·ren 1** (zwoer, heeft gezworen) *iets zweren*: een eed over iets afleggen ◆ *hij heeft **gezworen** dat hij voortaan goed zijn best zal doen* **2** (zwoer, heeft gezworen) *ergens bij zweren*: volkomen op iets vertrouwen omdat je vindt dat het goed is ◆ *hij **zweert** bij dat geneesmiddel* **3** (zweerde of zwoor, heeft gezworen) tot een zweer* worden of een zweer* of zweren* krijgen ◆ *mijn vinger begint te **zweren***.

**zwerf·ster** → zwerver.

**zwerk** (het ~) (deftig) hemel, de lucht ⇒ *firmament, uitspansel*.

**zwerm** (de ~ (m.); -en) ongeordende menigte dieren of mensen, die druk aan het bewegen zijn ◆ *een **zwerm** vogels*; *een **zwerm** bijen*; *een **zwerm** mensen op het plein*.

**zwer·men** (zwermde, heeft gezwermd) in een zwerm* bewegen of vliegen ◆ *de fans **zwermden** rond de popster*.

**zwer·ven** (zwierf, heeft gezworven) rondtrekken zonder vaste verblijfplaats ◆ *in de vakantie **zwerven** we het liefst een beetje rond*; *door de hele kamer **zwierven** kleren*: (uitdr.) er lagen overal kleren.

**zwer·ver** (de ~ (m.); -s), vrouw: **zwerf·ster** (de ~ (v.); -s) iemand die zwerft*.

**zwe·ten** (zweette, heeft gezweet of gezweten) **1** (van mensen en dieren): zweet* uitwasemen ⇒ *transpireren* ◆ ***zweten** van de hitte*; *ergens op zitten **zweten***: (uitdr.) erg je best op iets doen **2** *(van dingen)*: van binnenuit vocht uitwasemen ♦ *zwetende kaas; zwetende muren.*

**zwet·sen** (zwetste, heeft gezwetst)(populair) onzin praten ⇒ *zwammen.*

**zwe·ven** (zweefde, heeft gezweefd) vanzelf in de lucht blijven hangen, door vleugels of door weinig gewicht ♦ *een zwevende vogel.*

**zwe·ve·rig** (bijv. nw.) **1** duizelig, licht in je hoofd ♦ *als ik één glas wijn drink, voel ik me al zweverig* **2** vaag, niet duidelijk ♦ *zweverige taal.*

**zwe·ze·rik** (de ~(m.); -en) klier in de borstholte, die het grootst is bij nog niet volgroeide mensen of dieren ⇒ *thymus.*

**zwich·ten** (zwichtte, is gezwicht) *zwichten voor iets of iemand*: geen weerstand kunnen bieden aan iets of iemand ♦ *hij is voor de verleiding gezwicht.*

**zwie·pen** (zwiepte, heeft gezwiept) **1** doorbuigen en weer terugveren ♦ *de bomen zwiepten in de storm* **2** *iets of iemand ergens heen, in enz. zwiepen*:(populair) iets of iemand met een krachtige zwaai ergens heen, in enz. gooien ♦ *hij zwiepte zijn benen over de heg; ze zwiepten hem in het water.*

**zwier** (de ~(m.)) **1** opvallende sierlijkheid van bewegingen ♦ *zij droeg haar wijde rok met veel zwier* ▼ *aan de zwier gaan*: uitgaan en feestvieren.

**zwie·ren** (zwierde, heeft gezwierd) **1** *(van dingen)*: slingerend heen en weer bewegen ♦ *haar vlechten zwierden langs haar gezicht* **2** *(van mensen)*: je draaiend en zwaaiend voortbewegen ♦ *zwieren over de dansvloer.*

**zwierf** → zwerven.

**zwie·rig** (bijv. nw.) met zwier* ♦ *zwierige krullen*: losse en sierlijke krullen.

**zwier·ven** → zwerven.

**zwij·gen** (zweeg, heeft gezwegen) je stem niet laten horen, niet praten ♦ *daarover heeft ze gezwegen; kunnen zwijgen*:(uitdr.) een geheim weten te bewaren; *iemand het zwijgen opleggen*:(uitdr.) iemand verbieden te spreken; *er het zwijgen toe doen*:(uitdr.) je ergens niet over uitlaten; *wie zwijgt, stemt toe*:(uitdr.) als je geen bezwaren laat horen, gaat men ervan uit dat je je goedkeuring geeft; *de muziek zweeg*:(uitdr.) de muziek stopte.

**zwijg·zaam** (bijv. nw.) gezegd van iemand die niet vaak spreekt of die niet veel zegt.

**zwijm** (zelfst. nw.) ▼ *in zwijm vallen*: flauwvallen, bewusteloos raken.

**zwij·me·len** (zwijmelde, heeft gezwijmeld) **1** in een roes, in vervoering raken ♦ *muziek om bij te zwijmelen* **2** (in België □) wankelen.

**zwijn** (het ~; -en) varken ♦ *een wild zwijn*: varken met donkere haren en slagtanden, dat in bossen leeft.

**zwij·nen** (zwijnde, heeft gezwijnd)(populair) geluk hebben, boffen.

**zwij·nen·stal** (de ~(m.); -len) vieze, smerige boel ♦ *je maakt van je kamer een zwijnenstal.*

**zwik** (de ~(m.); meestal: zwikje of zwikkie)(populair) allerlei spullen bij elkaar ⇒ *boel, zootje* ♦ *je mag het hele zwikje gratis hebben.*

**zwik·ken** (ww.) **1** (zwikte, is gezwikt)*(van voeten)*: omknakken en een beetje ontwricht raken ♦ *ik zwik steeds op hoge hakken* **2** een bepaald kaartspel spelen.

**zwoe·gen** (zwoegde, heeft gezwoegd) keihard werken ♦ *hij zwoegde op zijn huiswerk.*

**zwoel** (bijv. nw.) **1** *(van het weer)*: vochtig warm, drukkend **2** sterk gericht op seksualiteit en erotiek (kijk ook bij: **erotiek**) ♦ *een zwoele stemming; een zwoele film.*

**zwoer** → zweren.

**zwoerd** (het ~; -en) rand om het spek van een varken.

**zwoe·ren** → zweren.
**zwol** → zwellen.
**zwolg** → zwelgen.
**zwol·gen** → zwelgen.
**zwol·len** → zwellen.
**zwom** → zwemmen.
**zwom·men** → zwemmen.
**zwoor** → zweren.
**zwo·ren** → zweren.

# Verantwoording

## Inleiding

Vóór in dit boek staat een gebruiksaanwijzing voor de kinderen voor wie het *Basiswoordenboek* bestemd is. Omdat het boek speciaal bedoeld is voor gebruik op school, willen we op deze plaats verantwoording van onze werkwijze afleggen ten behoeve van de leerkrachten, en daarbij de mogelijkheden en grenzen van het *Basiswoordenboek* aangeven.
De punten die hier achtereenvolgens aan de orde komen, corresponderen met de manier waarop een trefwoord behandeld wordt: eerst de trefwoorden en varianten, daarna de uitspraak, vervolgens taalkundige informatie, dan de wijze van definiëren en ten slotte de voorbeeldzinnen.

## Trefwoorden

### 1 Selectiecriteria

#### 1.1 Algemeen

In het *Basiswoordenboek* zijn ruim 25.000 trefwoorden bijeengebracht, waaronder 687 woorden die alleen in België gangbaar zijn.
Wij meenden dat dit aantal nodig was om de kans zo klein mogelijk te maken dat kinderen het woordenboek tevergeefs opslaan.
Bij de keuze van de woorden hebben we rekening gehouden met de leeftijd van de doelgroep en met het gebruik van het boek in de klas.

We hebben opgenomen:

- *gewone, veel voorkomende woorden:*
  **boek, enkel, kunnen, grap, hoi, verdelen, hard, rekenen, schouder.**
  Hieronder vallen ook planten- en dierennamen (**roos, gerbera, scholekster, snoek, pinguïn**), de dagen van de week, de maanden van het jaar, de letters van het alfabet, de omroeporganisaties en politieke partijen, de munteenheden van de landen van West-Europa en van nog een aantal andere landen.
  Nieuw in de tweede druk is de opname van vervoegingen van sterke werkwoorden als trefwoord, zowel de enkel- als de meervoudsvorm. Bij die trefwoorden wordt een verwijzing gegeven naar de infinitief. Voorbeeld: **zong → zingen**.
  Daarmee komen we tegemoet aan een vraag van veel gebruikers.

- *'moeilijke' woorden*
  waarvan we vermoeden dat de doelgroep die tegen kan komen en zou willen opzoeken (vanwege de spelling of de betekenis): **pendule, latent, kwintessens, authentiek, haptonomie, mythologisch, nulmeridiaan, restitueren, influenza, klavecinist, schizofreen.**

- *woorden of woordgroepen uit een vreemde taal*
  voor zover ze ingeburgerd zijn in het Nederlandse spraakgebruik: **harddrug, enfant terrible, fulltime, feeling, vis-à-vis, überhaupt, casu quo, sciencefiction.**

- *afkortingen:*
  **m.b.v., i.c., ISBN, BOM, KLM, e.c.g., drs..**

- *telwoorden:*
  Opgenomen zijn de telwoorden één tot en met twintig, de tientallen tot en met honderd, en de getallen duizend, tienduizend, honderdduizend, miljoen, miljard, biljoen, biljard, triljoen, en de bijbehorende rangtelwoorden.

- *samenstellingen die niet doorzichtig zijn,*
  dus waarvan de betekenis niet is af te leiden uit de afzonderlijke delen: **hoogtezon, kruistocht, hemelbed, dakpan.**
  Doorzichtige samenstellingen zijn alleen opgenomen als er ook een niet-doorzichtige betekenis is. De doorzichtige betekenis is dan weggelaten: **doorzagen** (alleen de betekenis: blijven zeuren), **klaverblad** (alleen de betekenis: verkeersplein), **paardenkracht** (alleen de betekenis: kracht die nodig is om 75 kilo in één seconde één meter op te tillen), **slaapmutsje** (alleen de betekenis: borreltje voor het slapengaan).
  Het is van belang in de lessen aandacht te besteden aan dit feit, omdat leerlingen zich erover zouden kunnen verbazen dat ze doorzichtige samenstellingen of betekenissen niet in het woordenboek aantreffen.

- *termen uit populaire vakgebieden*
  zoals de sport- en computerwereld, en termen die te maken hebben met de massamedia: **penalty, homerun, smash, klunen, umpire, videoclip, live, slow motion, cd, chip, floppydisk, alfanumeriek.** In de tweede druk is een groot aantal nieuwe woorden toegevoegd (zie *Voorwoord bij de tweede druk*).

- *voor- en achtervoegsels*
  met een duidelijke betekenis: **-achtig, -vriendelijk, top-, her-, ex-.**

Niet opgenomen zijn:

- *vaktermen*
  waarmee onze doelgroep vermoedelijk nog niet in aanraking komt: **perineum, cosinus, auctoriaal, kathode.**

- *doorzichtige samenstellingen:*
  **mars** en **muziek** wel, **marsmuziek** niet; **mee** en **zingen** wel, **meezingen** niet.

- *vreemdtalige woorden en woordgroepen die niet frequent zijn:*
  **clairvoyance, coverstory, trompe-l'oeil, multum in parvo.**

- *archaïsche woorden:*
  **blo, frisuur.**

■ *dialectwoorden*:
**wout** voor: politieagent, **houdoe** als groet, **siepel** voor: ui.

■ *encyclopedische termen*:
**dadaïsme, mesozoïcum, Olympus, Habakuk**.

■ *vloeken*:
**verdomme**.

Een lijst met aardrijkskundige namen is apart vóór in het boek opgenomen. Deze woorden zijn geen ingang in het woordenboek.

### 1.2 Het Nederlands in België

In het *Basiswoordenboek* is een beperkt aantal woorden, betekenissen en uitdrukkingen opgenomen die het taalgebruik in het Nederlandssprekende deel van België typeren. Met inachtneming van de hierboven genoemde selectiecriteria zijn de volgende categorieen opgenomen:

■ woorden die in Nederland minder gebruikelijk zijn dan in België.
Deze woorden hebben geen speciale aanduiding.
Bijvoorbeeld: **artificieel, belfort, heemkunde**.

■ namen voor Belgische instellingen en termen uit het Belgisch maatschappelijk bestel waarvoor in Nederland andere woorden of uitdrukkingen gehanteerd worden.
Deze woorden en uitdrukkingen zijn aangeduid met (in België). Bijvoorbeeld: **brugpensioen, indexeren**.
Namen voor Nederlandse instellingen en termen uit het Nederlands maatschappelijk bestel hebben de aanduiding (in Nederland) gekregen.
Als de situering in België uit de omschrijving van het woord blijkt, is de aanduiding (in België) weggelaten.
Bijvoorbeeld: **VTB-VAB**.

■ woorden, betekenissen en uitdrukkingen die uitsluitend of vooral in België gebruikt worden en die in Nederland, althans boven de Moerdijk, onbekend zijn.
Deze woorden en uitdrukkingen zijn opgenomen met de aanduiding (in België □). Onder deze categorie vallen onder andere:
– enkele woorden die in andere woordenboeken ongemarkeerd staan, maar die in Nederland zeer zelden voorkomen, bijv.: **enggeestig, moderator**.
– woorden, vaste woordverbindingen, uitdrukkingen en betekenissen die alleen in België voorkomen, maar daar tot de Nederlandse standaardtaal gerekend worden, of er althans vrij algemeen worden omdat het standaardtalige equivalent er vrijwel onbekend is, bijv.: **bandbreuk, druivelaar, kijkwoning, sneuveltekst, de ijzeren Rijn, zonder verpinken, de klop van de hamer krijgen, van de hemelse dauw leven**, en **sandwich** in de betekenis 'puntvormig broodje dat meestal zoet smaakt'.
– varianten van woorden en uitdrukkingen uit de standaardtaal die in België ook tot de standaardtaal worden gerekend, bijv. **bemeubelen, witlof**.
– vreemde (voornamelijk Engelse en Franse) woorden en bastaardwoorden die in België veel worden gebruikt in de plaats van de Nederlandse equivalenten, bijv.: **cache-pot, curry, demoderen, hold-up, microgolfoven, parlofoon, roofing**.
– enkele veel gebruikte purismen, bijv.: **droogzwierder, ereloon, schuimwijn**.

– enkele veel gebruikte gallicismen, bijv.: **aprilvis, wijsheidstand, zonneslag**.

Woorden met het label (in België □) kunnen dus meestal door een ander Nederlands woord vervangen worden, maar woorden met het label (in België) (zonder vierkantje) kunnen niet door een ander Nederlands woord vervangen worden: het gaat om een exclusief Vlaamse term.

### 2 Vorm van een trefwoord

Een trefwoord kan bestaan uit een al of niet verbogen *woord* (**aardappel, razend, lurven, spuigaten**), een *woorddeel* (**multi-, ras-**), een *woordgroep* (**enfant terrible, mutatis mutandis**) of een *afkorting* (**TROS, b.g.g., NAVO, etc.**).

Verschillende woorden die hetzelfde geschreven worden (homografen) hebben één ingang wanneer ze tot dezelfde woordsoort behoren. Eventuele taalkundige verschillen zijn dan per betekenisnummer aangegeven:

**bal** (zelfst. nw.) **1** (de ~ (m); -len) voorwerp dat bol en rond is (...) **5** (het ~; -s) (...) deftig dansfeest

**bakken** (bakte) **1** (heeft gebakken) *koekjes, taarten enz. bakken*: die in de oven gaar laten worden (...) **4** (is gebakt) (populair) *zakken voor je examen*.

Homografen die niet tot dezelfde woordsoort behoren hebben aparte genummerde ingangen. Dit geldt ook als er sprake is van accent- of uitspraakverschil:

**kussen**[1] (het ~; -s) hoes die ....
**kussen**[2] (kuste, heeft gekust) *iemand of iets kussen*: iemand of iets een kus* geven

**doorbreken**[1] (doorbrak, heeft doorbroken) *iets, bijv. de stilte, doorbreken*: iets veranderen door juist iets anders te doen
**doorbreken**[2] (brak door, is doorgebroken) **1** stukbreken, openbreken (...).

### 3 Volgorde van de trefwoorden

De volgorde van homografen wordt bepaald door de woordsoort: eerst het zelfstandig naamwoord, dan het bijvoeglijk naamwoord, dan het werkwoord, dan voornaamwoord, bijwoord, voorzetsel, telwoord, lidwoord, voegwoord, tussenwerpsel.

Afkortingen staan niet bij elkaar aan het begin van de letter (zoals in sommige woordenboeken gedaan wordt), maar alfabetisch door de letter heen. We hebben dit vooral gedaan omdat je anders met een categorie twijfelgevallen blijft zitten van woorden die wel een afkorting zijn, maar gewoon als woord uitgesproken worden (**havo, marva**). Het is wel zaak hier speciaal aandacht aan te besteden in de klas, omdat de leerlingen het misschien anders gewend zijn.

Buitenlandse woordgroepen staan ook alfabetisch: **self-fulfilling prophecy** komt na **selectief, in dubio** na **indrukwekkend**.

## 4 Afbrekingen

Voor het eerst zijn in deze nieuwe druk ook de mogelijke afbreekplaatsen van woorden opgenomen. In trefwoorden met meer dan één lettergreep staan puntjes op de plaatsen waar een woord mag worden afgebroken:
**po·pu·lair**.
Als er een trema in het woord staat, staan de afbreekpuntjes niet in het trefwoord zelf (een trema vervalt immers bij een afbreking). Het trefwoord wordt dan herhaald, met afbrekingen en zonder trema:
**hiërarchisch** hi·e·rar·chisch.

## Uitspraakweergave

### 1 Klemtoon

In de eerste druk was de klemtoon aangegeven door een apostrof vóór de beklemtoonde lettergreep. Omdat sommige woordenboeken die apostrof juist ná de beklemtoonde lettergeep plaatsen, bleek die aanduiding verwarring op te roepen. Daarom onderstrepen we in deze druk -in aansluiting bij andere Van Dale producten- de klinker(s) in de beklemtoonde lettergreep:
**kabouter, stadion, paneren, essentieel, palissade, respect, bioscoop**.
In een trefwoord staat maar één klemtoonaanduiding, namelijk waar het hoofdaccent van het woord (onafhankelijk van de context) ligt:
**godsdienstoefening, parapsychologie, onovergankelijk**.
Alleen bij woordgroepen kan er meer dan één klemtoonaanduiding voorkomen: **idem dito**.

Soms kan de klemtoon op twee verschillende plaatsen liggen. Dan volgt na het trefwoord direct de tweede mogelijkheid: **rookvlees** [ook: rookvlees], **notulen** [ook: notulen].

Indien er ook uitspraakweergave gegeven wordt, staat de klemtoonaanduiding daarin, en niet ook nog eens in het trefwoord.

### 2 Uitspraak

Achter de trefwoorden waarvan de uitspraak voor kinderen verwarring zou kunnen opleveren, hebben we een uitspraakweergave genoteerd. Met opzet hebben we voor een eenvoudig, op de spelling geënt systeem gekozen, omdat de bestaande systemen met fonetische tekens voor kinderen eerder barrières kunnen opleveren dan dat ze een ondersteunende functie hebben.
We geven de uitspraak weer tussen rechte haken [...]. Het is belangrijk dat kinderen deze vormen niet als de spelling van het woord beschouwen, vandaar de aparte typografie.

De volgende tekens komen voor in de uitspraakweergave:
– ǩ als een g wordt uitgesproken als een zachte k, zoals in **joggen** [dzjoǩǩen].
– eː betekent dat een klinker gerekt wordt, zoals in **elitair** [eelieteːr], **manoeuvre** [maanœuːvre].
– eñ, añ, oñ, uñ als de klinker die aan de n voorafgaat door de neus wordt uitgesproken en de n bijna niet hoorbaar is, zoals in **en passant** [añpassañ].

– e is een 'stomme e', de e zoals in **bagage** [baagaazje].

Daarnaast is er een verschil gemaakt tussen de harde, stemloze g-klank [g] en de zachte, stemhebbende g-klank [g]. In het noorden van het taalgebied wordt veelal geen onderscheid meer gemaakt tussen deze g's, zoals in **ligt** en **liggen**.

Soms wordt er nog een uitspraakvariant gegeven. Vaak gaat het dan om een uitspraak die alleen in Vlaanderen gebezigd wordt:
**camping** [kemping; in België: kamping].
Overigens zijn de verschillen die te maken hebben met klinkerreductie (aa wordt a enz., zoals in **signalement**) niet apart aangegeven.

De klemtoonaanduiding (onderstreping van de beklemtoonde klinkers) staat altijd in de uitspraakweergave. Als er geen uitspraakweergave is, wordt de klemtoonaanduiding in het trefwoord gegeven.

Bij woorden die onveranderd uit een vreemde taal zijn overgenomen en die nog duidelijk als vreemdtalig herkend worden, is vóór de uitspraakweergave de taal vermeld waaruit het woord afkomstig is. Dat kan ondersteunende informatie zijn voor kinderen die al wat van de moderne vreemde talen geleerd hebben.

## Varianten

### 1 Algemeen

We onderscheiden twee soorten varianten: vormvarianten (met een andere spelwijze en uitspraak) en vrouwelijke varianten.
Voor varianten geldt dat ze niet worden gegeven bij samenstellingen. De variant van een samenstelling kan gevonden worden bij het woorddeel dat een variant heeft. Bij **baas** staat **bazin**, bij **huisbaas** niet **huisbazin**.

Wanneer de variant maar voor één of enkele van de betekenissen geldt, staat die niet achter het trefwoord, maar achter het betreffende betekenisnummer:

**leer** (zelfst. nw.) **1** (het ~; ook: leder) dierenhuid die op een speciale manier bewerkt is **2** (de ~; leren) aantal ideeën of regels (...) **3** (de ~; leren) (ouderwets) trap, ladder

**kijker** (de ~ (m.); -s) **1** verrekijker (...) **3** (vrouw: kijkster) iemand die kijkt*

De varianten zijn zelf ook ingang in het woordenboek, tenzij ze alfabetisch onmiddellijk op het trefwoord met de variant volgen of eraan voorafgaan. Is dat niet het geval, dan wordt met een pijl naar het behandeltrefwoord verwezen: **bazin → baas**.

Met de nieuwe spelling zijn de vroegere spelvarianten (meestal: de toegelaten spelling) komen te vervallen. Ze zijn dus ook niet meer als varianten in dit boek opgenomen. Wel hebben we nog de oude spelling gegeven met een verwijzing naar de nieuwe spelling, uit oogpunt van gebruikersvriendelijkheid: **cadaver → kadaver**.
Soms is een aantal verwijzingen samengenomen om ruimte te besparen: **candida- → kandida-**.

## 2 Vormvarianten

De vormvarianten worden van het trefwoord gescheiden door een komma: **la¹**, **lade**.
We geven alleen van de vorm die we behandelen de verbuiging of vervoeging, dus niet van de variant.

## 3 Vrouwelijke vormen

Vrouwelijke vormen van persoons- of diernamen zijn behandeld als vormvarianten. Ze worden voorafgegaan door de aanduiding 'vrouw' of 'vrouwtjesdier':
**leeuw** (de ~ (m.); -en), vrouwtjesdier: **leeuwin** (de ~ (v.); -nen) (...)
**leraar** (de ~ (m.); leraren of -s), vrouw: **lerares** (de ~ (v.); -sen) (...).
Vrouwelijke vormen die ons geforceerd in de oren klinken, hebben we niet opgenomen (**gasfitster, slageres, landbouwster**).

# Taalkundige informatie

## 1 Algemeen

Bij de woordsoortaanduiding volgen we de traditionele grammatica. In geval van twijfel werd de *Algemene Nederlandse Spraakkunst (ANS)* geraadpleegd. Voor taalkundige informatie geldt hetzelfde als voor de varianten: als die informatie voor het hele artikel geldt, staat die vooraan, vóór de betekenisnummers, anders direct ná het betreffende betekenisnummer. De taalkundige informatie staat tussen haken.

## 2 Zelfstandige naamwoorden

### 2.1 Woordgeslacht

Van zelfstandige naamwoorden in het *Basiswoordenboek* wordt aangegeven of ze een de- of het-woord zijn. Achter de-woorden kan dan de aanduiding (m.) of (v.) volgen, om aan te geven dat het om respectievelijk een mannelijk of een vrouwelijk woord gaat.
Na het lidwoord wordt het trefwoord vervangen door een tilde (~):
**liefde** (de ~ (v.)).

### 2.2 Meervoud

De meervoudsvorm van het trefwoord is aangegeven door een liggend streepje met daarachter de uitgang:
**step** (de ~ (m.); -pen)
**lucifer** (de ~ (m.); -s).
Wanneer er in het trefwoord in het meervoud echter iets verandert, geven we de meervoudsvorm voluit:
**huis** (het ~; huizen)
**fanaat** (de ~ (m.); fanaten).
De meervoudsvorm hebben we ook volledig gegeven bij meervoudsuitgangen met een trema en bij meervoudsuitgangen op 's:
**lolly** (de ~ (m.); lolly's)
**fee** (de ~ (v.); feeën)
**bacterie** (de ~ (v.); bacteriën).
Bij samenstellingen wordt niet de hele samenstelling in de meervoudsvorm herhaald als er iets in het trefwoord verandert, maar alleen het laatste betekenisdragende deel:
**lom-school** (de ~; -scholen)
**kaasschaaf** (de ~; -schaven).

Soms geven we meer dan één meervoudsvorm, gescheiden door 'of', zonder een voorkeur uit te spreken:

**ziekte** (de ~ (v.); -n of -s)
**dienaar** (de ~ (m.); dienaren of -s).
Soms wordt ook aangegeven dat een woord meestal in het meervoud of als verkleinvorm voorkomt:
**snoet** (de ~ (m.); -en; meestal: snoetje).

## 3 Werkwoorden

Van werkwoorden die vervoegd kunnen worden, staan in het *Basiswoordenboek* de verleden tijd en de voltooid tegenwoordige tijd (hulpwerkwoord en voltooid deelwoord) van de derde persoon enkelvoud genoteerd:
**klemmen** (klemde, heeft geklemd)
**exploderen** (explodeerde, is geëxplodeerd)
**lopen** (liep, heeft of is gelopen).

Bij werkwoorden die alleen in de onbepaalde wijs voorkomen staat (ww.):
**kogelstoten** (ww.).

## 4 Bijvoeglijke naamwoorden

Bijna elk bijvoeglijk naamwoord kan ook bijwoordelijk gebruikt worden. Dat hebben we niet apart aangegeven. In zo'n geval noemen we het woord bijvoeglijk naamwoord, waarbij soms het bijwoordelijk gebruik in een voorbeeldzin geïllustreerd wordt.
Alleen als het woord als bijwoord een aparte betekenis heeft, wordt het als aparte ingang opgenomen:
**even¹** (bijv. nw.) **1** deelbaar door twee (...)
**even²** (bijw.) **1** net zo.

De vergrotende en de overtreffende trap zijn alleen opgenomen als ze onregelmatig zijn.

## 5 Afkortingen

Trefwoorden die uit een afkorting bestaan, worden aangeduid door (afkorting). Afkortingen echter waarvoor een lidwoord geplaatst kan worden, hebben in plaats van de aanduiding (afkorting) het bepaald lidwoord en de geslachtsaanduiding van het kernwoord van de uitgeschreven vorm:
**NSB** (de ~ (v.)).

In de uitgeschreven vorm worden de letters van de afkorting onderstreept:
**t.z.t.** (afkorting) *te zijner tijd*.

# Labels

## 1 Algemeen

Labels zijn aanduidingen omtrent de gebruikssfeer van een woord. Labels staan vóór de definitie, of tussen voorbeeldzin en verklaring. Soms staat er een label voor een vormvariant:
**krant**, ouderwets: **courant**.
In de volgende paragrafen wordt een aantal labels behandeld. Voor de labels (uitdrukking) en (spreekwoord) verwijzen we naar p. 599.

## 2 Stijllabels

Iedere stijlaanduiding draagt een subjectief element in zich: wat de een heel gewoon vindt, kan een ander grof in de oren klinken. Het leek ons daarom niet gewenst in dit boek een groot aantal verschillende stijlaanduidingen te geven. We hebben gezocht naar een voor kinderen duidelijke benaming voor formeel en informeel taalgebruik en zijn tot de volgende indeling gekomen:

- neutrale woorden: geen label
- informele woorden: label (populair)
  NB (populair) is hier dus nadrukkelijk gebruikt als stijlaanduiding, en wil niet zeggen dat het woord erg in trek of geliefd is.
- formele, schrijftalige woorden: label (deftig)
- woorden die als ze gebruikt worden in geschreven taal een onzorgvuldige indruk maken: label (spreektaal) NB (spreektaal) staat dus niet, zoals in sommige andere woordenboeken, voor informeel taalgebruik.
- ruwe, grove woorden: label (grof)

**dokter, levensmiddelen, uitstekend**
**tent** (= café),
**jatten** (= stelen),
**piek** (= gulden),
**popi** (= populair)

**nochtans, medicus, coiffeur, excellent**
'm (= hem), **effe** (= even)

**klauw** (= hand),
**zeiken** (= zeuren)

### 3 Het label (ouderwets)
Woorden die verouderd zijn maar nog wel gebruikt worden, hebben het label (ouderwets) gekregen:
**einder** (= horizon), **kwekeling** (= onderwijzer in opleiding).

### 4 Het label (grappig)
Woorden die schertsend of grappig bedoeld zijn, hebben het label (grappig):
**onderdaan** (= been), **centenbak** (= mond met vooruitstekende onderkaak).

### 5 Vaklabels
Zoals gezegd op p.593 hebben we weinig vakjargon opgenomen. Als er vaktermen zijn opgenomen, is meestal in de definitie aangegeven om welke gebieden het gaat. Wanneer dat niet mogelijk of niet gewenst was, is het gebied door middel van een label aangegeven:
**voegwoord** (...) (taal)
**penalty** (...) (voetbal)
**meningitis** (...) (medisch)

## Definities

### 1 Algemeen
In het algemeen zijn de definities in het *Basiswoordenboek* eenvoudig gehouden. Moeilijke woorden hebben we geprobeerd te vermijden, en als dat niet mogelijk was, is aan het eind van de definitie naar het moeilijke woord verwezen.
**elektron** (...) deel van een atoom met een negatieve elektrische lading (kijk ook bij: **atoom**).

Circulaire definities hebben we geprobeerd te vermijden: als er bij **rijwiel** 'fiets' staat, staat er bij **fiets** niet zonder meer 'rijwiel'.

De stijl van de definities is direct en persoonlijk, al te lange zinnen en ingewikkelde constructies zijn vermeden.

Wat de selectie van de betekenissen van een woord betreft: om binnen de gestelde omvang te blijven en om het boek voor kinderen hanteerbaar te houden, moes-

ten er keuzes gemaakt worden. In het algemeen hebben we ons daarbij laten leiden door dezelfde overwegingen die bij de trefwoordselectie een rol hebben gespeeld: doorzichtige betekenissen, verouderde betekenissen of vakbetekenissen zijn weggelaten. Soms is een aantal betekenissen onder één betekenisnummer samengebracht.

Er zijn verschillende soorten definities gebruikt.

### 2 Definities door middel van een zin
De meeste definities in het *Basiswoordenboek* bestaan uit een zinnetje waarin het trefwoord duidelijk omschreven is. We hebben daarbij geprobeerd zo veel mogelijk nuanceverschillen tussen verschillende woorden die ongeveer hetzelfde betekenen tot uitdrukking te brengen, juist ook daar waar andere woordenboeken een aantal woorden ten onrechte op één hoop gooien:
**glinsteren** (...) een fel en onregelmatig licht weerkaatsen
**glimmen** (...) een regelmatig licht weerkaatsen.

### 3 Definities door middel van synoniemen
Een synoniem als definitie komt alleen voor in die gevallen waarin er sprake is van een moeilijk woord waar ook een eenvoudig woord voor bestaat. Dat eenvoudige woord doet dan dienst als definitie, en is zelf als ingang opgenomen met een definitie door middel van een zin:
**arts** (...) dokter
**dokter** (...) iemand die ervoor gestudeerd heeft om je te helpen als je ziek of gewond bent ⇒ *arts, medicus, geneesheer*
**dissertatie** (...) proefschrift
**proefschrift** (...) wetenschappelijk boek dat iemand schrijft na zijn of haar studie aan de universiteit om de titel 'doctor' te halen ⇒ *dissertatie*.

### 4 Definities met een grondwoord
Bij een cluster van woorden dat bestaat uit een woord en een of meer afleidingen (bijvoorbeeld evacueren, evacué, evacuatie), staat bij het woord dat we als grondwoord gekozen hebben een definitie door middel van een zin:
**evacueren** (...) *mensen evacueren*: ze ergens anders onder dak brengen als ze gevaar lopen.
Bij de afleiding wordt in de definitie dat grondwoord gebruikt. Door middel van een asterisk (*) wordt het grondwoord aangeduid en de verwantschap aangegeven:
**evacué** (...) iemand die geëvacueerd* is.
Nog een voorbeeld van de behandeling van een grondwoord en een afleiding:
**luisteren** (...) *naar iets of iemand luisteren*: je aandacht op iets of iemand richten om dat of die persoon te horen
**luisteraar** (...) iemand die luistert*, vooral iemand die naar de radio luistert*.

Wanneer de verwantschap slechts voor één of enkele betekenissen geldt, wordt het betreffende betekenisnummer aangegeven. Als er geen betekenisnummer is vermeld, is er sprake van één betekenis, of geldt de verwantschap voor alle betekenissen.

De asterisk is alleen gegeven bij afleidingen, niet bij samenstellingen.

## 5 Definities door middel van omschrijvingen van het gebruik van woorden

In bepaalde gevallen was het niet mogelijk een echte definitie te geven, maar is in plaats daarvan het gebruik van het woord tussen haakjes aangegeven:

**joepie** (...) (om aan te geven dat je blij met iets bent)
**monseigneur** (...) (titel van een hoge rooms-katholieke geestelijke, bijv. een bisschop).

Vooral bij grammaticale woorden (voegwoorden, voorzetsels e.d.) komen dergelijke omschrijvingen veel voor.

## 6 Syntactische beperkingen

Bij werkwoorden en bijvoeglijke naamwoorden staat soms voor de definitie tussen haakjes wat of wie het onderwerp van het werkwoord is en op wat of wie het bijvoeglijk naamwoord betrekking heeft:

**machtig** (...) **2** *(van voedsel)*: je maag vullend
**kwispelen** (...) *(van honden)*: met de staart heen en weer bewegen van blijdschap of opwinding.

Door van deze aanduidingen gebruik te maken, hebben we al te ruime en gewrongen definities kunnen vermijden.

## 7 Verplichte verbindingen vóór de definitie

Bij werkwoorden die een lijdend of meewerkend voorwerp of vast voorzetsel bij zich hebben, wordt dat lijdend of meewerkend voorwerp of voorzetsel vóór de definitie in combinatie met het trefwoord gegeven. Het wordt dan meegedefinieerd. We geven niet met zoveel woorden aan of een werkwoord overgankelijk of onovergankelijk is, omdat op lang niet alle basisscholen die termen gehanteerd worden. Wel wordt het lijdend of meewerkend voorwerp aangegeven in de vorm van 'iemand of iets' (of een nadere precisering, als dat mogelijk is). Dat leek ons een concretere aanduiding van het (on)overgankelijk zijn van een werkwoord dan die termen zelf.
Verplichte verbindingen komen voor in de volgende gevallen:

bij werkwoorden met een lijdend voorwerp:
**noteren** (...) *iets noteren*: iets opschrijven
**tutoyeren** (...) *iemand tutoyeren*: iemand met jij en jou aanspreken
**rectificeren** (...) *een onjuiste mededeling rectificeren*: die verbeteren.

bij werkwoorden met een meewerkend voorwerp:
**schenken** (...) **2** *iets aan iemand schenken*: iemand iets geven.

bij werkwoorden met een vast voorzetsel:
**spinzen** (...) *ergens op spinzen*: (populair) stiekem op iets hopen, op iets vlassen
**kampen** (...) **1** *met iets kampen*: last van iets hebben.

bij werkwoorden met een vaste bepaling:
**knipperen** (...) **2** *met je ogen knipperen*: ze snel achter elkaar open- en dichtdoen.

bij onpersoonlijke werkwoorden:
**misten** (...) *het mist*: er hangt mist*.

bij wederkerende werkwoorden:
**meten** (...) **3** *je met iemand meten*: uitproberen wie van de twee het sterkste of het beste is
**specialiseren** (...) *je in iets specialiseren*: je speciaal²* met iets bezighouden, je op iets toeleggen.

bij bijvoeglijke naamwoorden met een vast voorzetsel:
**gek²** (bijv. nw.) (...) **3** *gek zijn op iemand of iets*: veel van iemand of iets houden
**strijdig** (bijv. nw.) *ergens strijdig mee zijn*: ergens mee in strijd* zijn, ergens tegen ingaan.

## 8 Synoniemen

Na een definitie zijn soms een of meer synoniemen van het trefwoord gegeven, voorafgegaan door een dubbelschachtige pijl (⇒). We hebben alleen 'zuivere' synoniemen opgenomen, dus geen woorden die qua betekenis wel ergens in de buurt van het trefwoord liggen, maar er inhoudelijk toch van verschillen.
**Nood** en **ellende** hebben een verschillende definitie en zijn dus geen synoniemen. Een woord kan wel als synoniem gegeven worden als het alleen qua stijl van het trefwoord verschilt:

**dokter** (...) ⇒ *medicus*
**stelen** (...) ⇒ *ontvreemden, jatten, pikken*.

## 9 Antoniemen

Aan het eind van de definitie, voor de eventuele synoniemen, kan ter verduidelijking een antoniem genoemd zijn, een woord met tegengestelde betekenis aan het trefwoord. Ook hier geldt weer: alleen bij zuivere antoniemen (hard/zacht, voor/tegen enz.), dus niet bij complementaire begrippenparen zoals oom/tante, flora/fauna.
Bijvoorbeeld:

**kort²** (bijv. nw.) **1** met een kleine lengte, het tegenovergestelde van 'lang'.

## 10 Letterlijke vertaling van een trefwoord

Bij woorden of woordgroepen uit een vreemde taal kan direct voor het betekenisnummer een letterlijke vertaling van het woord of de woordgroep gegeven zijn. We hebben dit alleen gedaan als een letterlijke vertaling een extra verduidelijking van de betekenis oplevert:

**ladykiller** [leediekiller] (de ~ (m.); -s) (letterlijk: damesdoder) man die vrouwen verleidt
**enfant terrible** [anfanterriieble] (het ~; enfants terribles) (letterlijk: verschrikkelijk kind) persoon die door zijn gedrag of worden anderen in verlegenheid brengt
**no-nonsense** (...) (letterlijk: geen onzin) zakelijk, zonder poespas.

## 11 Volgorde van de betekenissen

De volgorde van de betekenissen wordt bepaald door de frequentie: de meest gangbare betekenis staat vooraan. Bij gelijke frequentie staan betekenissen zonder label voor betekenissen met een label:

**spetter** (...) **1** spat **2** (populair) jongen die of meisje dat erg knap is om te zien.

# Voorbeeldzinnen

## 1 Algemeen

Na een betekenisnummer kunnen een of meer voorbeelden volgen gemarkeerd door een wybertje. Voorbeeldzinnen kunnen verschillende functies hebben:

ze illustreren het gebruik van het trefwoord in een zin:

**naast²** (voorz.) **1** aan de zijkant van iets of iemand ◆ *wij wonen naast de drogist*

**mechanisme** (het ~) manier waarop een apparaat in elkaar zit en werkt ◆*het mechanisme van een filmcamera is ingewikkeld.*

ze geven extra informatie over de betekenis:

**bloedlichaampje** (...) deeltje in het bloed dat een bepaalde functie heeft ◆*rode bloedlichaampjes* (die zuurstof door je lichaam vervoeren); *witte bloedlichaampjes* (die je lichaam beschermen tegen ziekten).

ze demonstreren vaste combinaties:

**kamer** (...) ◆ *hij woont op kamers*
**kans** (...) ◆ *ergens kans toe zien*
**interview** (...) ◆ *een interview geven*
**ministerie** (...) ◆ *het Ministerie van Landbouw, Natuurbeheer en Visserij.*

ze geven een vaste verbinding met het trefwoord aan, die gemarkeerd is door het label (uitdr.) of (spreekwoord):

**joker** (...) ◆ *voor joker staan:* (uitdr.) voor gek staan
**kalf** (...) ◆ *als het kalf verdronken is, dempt men de put:* (spreekwoord) de fout wordt pas goedgemaakt als het te laat is.

De voorbeeldzinnen zijn dikwijls afkomstig uit de leefwereld van de doelgroep.

## 2 Uitdrukkingen en spreekwoorden

In het *Basiswoordenboek* zijn alle vaste verbindingen (dat wil zeggen uitdrukkingen, gezegdes en anderszins vaste combinaties) alsook figuurlijk gebruikte betekenissen zonder zelfstandig betekenisnummer gemarkeerd door het label (uitdr.).
Spreekwoorden zijn aangeduid als (spreekwoord).

Voorbeelden van uitdrukkingen:

– *ergens geen kaas van gegeten hebben*
– *iemand de wind uit de zeilen nemen*
– *in Morpheus' armen liggen*
– *zo gezond als een vis*
– *door middel van.*

Uitdrukkingen zijn zoveel mogelijk zonder context gegeven om te voorkomen dat kinderen denken dat de context deel van de uitdrukking uitmaakt.
Dus niet: *doordat ze te laat kwam, viste Ineke achter het net,* maar: *achter het net vissen.*

In plaats van *zich* gebruiken we in voorbeeldzinnen het meer directe *je*: *je een hoedje schrikken.*

Uitdrukkingen en spreekwoorden zijn opgenomen onder het eerste zelfstandige naamwoord in de zin; *de kool en de geit willen sparen* staat dus bij **kool**, *veel noten op je zang hebben* bij **noot**. Als er geen zelfstandig naamwoord in de zin staat, komt de uitdrukking bij het eerste bijvoeglijk naamwoord. *Eerlijk duurt langst* staat dus bij **eerlijk**. Als er ook geen bijvoeglijk naamwoord in de zin voorkomt, staat de uitdrukking of het spreekwoord bij het eerste werkwoord.

Voor dit systeem is gekozen uit overwegingen van ruimtebesparing. De leerlingen zullen hier misschien in het begin wat mee moeten oefenen (*de kat uit de boom kijken* staat dus niet bij **boom**) maar vermoedelijk went het snel, temeer daar uitdrukkingen in 99 procent van de gevallen wel een zelfstandig naamwoord bevatten.

## 3 De omgekeerde driehoek (▼)

Met een omgekeerde driehoek (▼) zijn de volgende vaste verbindingen gemarkeerd:

■ die waarin er geen relatie is tussen de uitdrukking en een van de betekenissen van het trefwoord. Dat kan zijn omdat die betekenis niet is opgenomen, bijvoorbeeld vanwege doorzichtigheid (**kinderhand** in: *een kinderhand is gauw gevuld*, **pijpenstelen** in: *het regent pijpenstelen*), ofwel omdat niet duidelijk is onder welke van de betekenissen de uitdrukking thuishoort (*aan de bak komen, voor paal staan*).

■ die waarin het trefwoord geen betekenis heeft en nooit los voorkomt: *op je hurken zitten, de pineut zijn.*

▼-zinnen horen dus nooit bij een de betekenissen en staan derhalve altijd onder aan het artikel.

## 4 Verklaring van voorbeeldzinnen

Als een voorbeeldzin voor zichzelf spreekt, dus als het gebruik van het trefwoord in de zin aansluit bij de definitie, volgt er geen verklaring:

**bestijgen** (...) *iets bestijgen:* op iets klimmen ◆ *hij besteeg zijn paard.*

Als de betekenis van de voorbeeldzin niet zo makkelijk af te leiden is, volgt er een verklaring:

**bankroet²** (...) met grote schulden en zonder geld om die te betalen ⇒ *failliet* ◆ *die zaak gaat bankroet:* die kan de schulden niet meer betalen.

Uitdrukkingen en spreekwoorden zijn altijd verklaard. Soms is een verklaring een aanduiding voor het gebruik van een spreekwoord of uitdrukking. Die aanduiding staat dan tussen haakjes:

**oor²** (...) ◆ *dat gaat het ene oor in en het andere oor uit:* (uitdr.) (dit zeg je als iets niet echt doordringt tot degene tegen wie het gezegd wordt.)

*Monique Huijgen*
*Marja Verburg*

# Korte gebruiksaanwijzing

**trefwoord:** woord dat je opzoekt (dik gedrukt).

**genummerde trefwoorden:** worden hetzelfde geschreven, maar de uitspraak of de woordsoort is verschillend.

**onderstreping:** onder de klinker(s) van de lettergreep waar de klemtoon op valt.
**puntjes in trefwoord:** geven aan waar je het woord mag afbreken aan het eind van een regel.
**uitspraak,** soms met de **taal** waar het woord vandaan komt (tussen rechte haken). *Bijzondere tekens:* k̂=zachte k; ẽñ, ãñ, õñ, ũñ=klinker door je neus uitspreken; uː=klinker ervóór rekken bij het uitspreken; ᵉ= stomme e (sjwa).

**vorm** van een woord die ook bestaat (dik gedrukt, na de komma).
→ **verwijzing** naar de juiste spelling of de meest voorkomende vorm van een woord. Daar kun je verder zoeken.

**taalkundige informatie** (tussen haakjes)
– *over zelfstandige naamwoorden:* de-woord of het-woord; sommige de-woorden zijn mannelijk (m.) of vrouwelijk (v.); meervoudsvorm van het trefwoord.
– *over werkwoorden:* verleden tijd en voltooid deelwoord; vervoeging met 'hebben' of 'zijn'.
– *over andere woorden:* woordsoort. Bijvoorbeeld 'bijv. nw.' (bijvoeglijk naamwoord) of 'onbep. vnw.' (onbepaald voornaamwoord).

**betekenissen** van een trefwoord.

**vaste combinatie** van een werkwoord of bijvoeglijk naamwoord met andere woorden (schuin gedrukt, vóór de betekenisomschrijving).

\* **verwijzing** naar het woord waarvan het trefwoord is afgeleid. Verder zoeken bij het woord met het sterretje. Let op: gemachtigd\* betekent: kijk bij **machtigen**.

⇒ **synoniem:** woord dat hetzelfde betekent als het trefwoord (schuin gedrukt, na een ⇒).

◆ **voorbeelden:** zinnetjes waarin het trefwoord voorkomt (schuin gedrukt, na een wybertje). Soms wordt dit voorbeeld ook nog uitgelegd.

▼ voor **uitdrukkingen** die niets met een van de genoemde betekenissen van het trefwoord te maken hebben.

**gebruiksaanduiding** van een trefwoord, bijvoorbeeld 'grappig', 'medisch', 'in België' (tussen haakjes).

---

**ka·det·je** (het~; -s) broodje.
**m.a.w.** (afkorting) **m**et **a**ndere **w**oorden.
**band**¹ (de~(m.); -en) rubberen ring met lucht erin, om wielen van fietsen, auto's enz.
**band**² (Engels) [bent, in België: bant] (de ~; -s) groep musici die moderne muziek speelt.

**mar·kant**

**im·pro·vi·se·ren**

**bun·ga·low** [bungk̂aaloo]
**bul·le·tin** (Frans) [bulletẽñ]
**mi·li·tair** [mielieteːr]
**ba·ga·ge** [baagaazⁱe]

**drup·pel, droppel**

**co·pie** → kopie

**brug** (de~; -gen)
**kaas** (de~(m.); kazen)
**mu·se·um** (het~; musea of -s)

**in·stap·pen** (stapte in, is ingestapt)
**ma·ti·gen** (matigde, heeft gematigd)

**scha·mel** (bijv. nw.)
**ie·mand** (onbep. vnw.)

**zus·ter** (de~(v.); -s) **1** vrouwelijke verpleegkundige ⇒ *verpleegster* **2** zus **3** vrouw die lid is van een kloosterorde ⇒ *non.*

**uit·han·gen** (hing uit, heeft uitgehangen) **1** *ergens uithangen:* ergens zijn, je ergens bevinden **2** *de stoere bink, de grote meneer enz. uithangen:* je zo gedragen, doen alsof je dat bent.

**mach·ti·ging** (de~(v.); -en) schriftelijk bewijs waarop staat dat iemand je *gemachtigd\** heeft.

**mas·cot·te** (de~; -s) voorwerp of poppetje waarvan je gelooft dat het geluk brengt ⇒ *gelukspop, amulet.*

**bam·boe** (de~(m.) of het~) tropische rietsoort met lange houtachtige stengels ◆ *een fluit van bamboe.*

**koe** (de~(v.); koeien) **1** herkauwend dier met hoorns, dat meestal gevlekt is ▼ *koeien van fouten:* heel grote fouten.

**on·der·daan** (de~(m.); onderdanen) **1** burger **2** (grappig) been.
**car·ci·noom** (het~; carcinomen) (medisch) kwaadaardig kankergezwel.
**F** (afkorting) (in België) frank.